DICCIONARIO
CRÍTICO ETIMOLÓGICO
CASTELLANO E HISPÁNICO

VOLUMEN II

BIBLIOTECA ROMÁNICA HISPÁNICA

Fundada por DÁMASO ALONSO

V. DICCIONARIOS, 7

DICCIONARIO
CRÍTICO ETIMOLÓGICO
CASTELLANO E HISPÁNICO

POR

JOAN COROMINAS

Profesor de Filología Románica en la Universidad de Chicago
Miembro del Institut d'Estudis Catalans

CON LA COLABORACIÓN DE

JOSÉ A. PASCUAL

Profesor de Gramática Histórica de la Lengua Española en la Universidad de Sevilla

CE-F

EDITORIAL GREDOS
MADRID

EDITORIAL GREDOS, S. A.

López de Hoyos, 141, Madrid.
www.editorialgredos.com

PRIMERA EDICIÓN, 1980.
    6.ª reimpresión.

Depósito Legal: M. 19719 - 2007

ISBN 978-84-249-1362-5. Obra completa.
ISBN 978-84-249-1363-2. Tomo II.

Impreso en España. Printed in Spain
Impreso en Top Printer Plus, S.A.

CE

CE!, interjección con que se llama, se hace detener o se pide atención a una persona: de la consonante fricativa o africada *sss* o *tsss*, que suele emplearse en estos casos. *1.ª doc.*: 1465-73, *Coplas del Provincial*.

Es muy frecuente en la *Celestina* (*Cl. C.* I, 60.3, 127.12, 178.16; II, 82.21) y en la comedia clásica (Tirso, *Burlador*, II, 252; *Vergonzoso*, III, 1263; etc.). Covarr. y la Acad. quieren relacionar con el lat. ECCE 'he aquí', de significado. y forma muy diferentes. Para la relación con la interjección argentina *che*, V. principalmente A. Alonso, *RFE* XX, 74[1].

DERIV. *Cecear* 'llamar a alguno diciendo ¡ce!' [1605: *La Pícara Justina*; *Quijote* I, xliii, *Cl. C.* IV, 135; Cej. VIII, §§ 51, 53]; *ceceo*. Independiente de este *cecear*, es el vocablo homónimo en el sentido de 'pronunciar la *s* como *c*' [1272-84, *Gral. Est.* I, 302b1], derivado del nombre de esta última letra (comp. «*cecear*: balbutio» en Nebr.); *ceceo*, *ceceoso*[2]; el opuesto *sesear* es moderno [*Aut.*]. Para otros derivados verbales de la interjección *tsss*, V. *CHISTAR*.

[1] *Che* está en uso en la Argentina, Uruguay y Paraguay, y, como es sabido, sirve para dirigir la palabra a una persona a quien se tutea. En Chile, sólo se emplea para remedar a los argentinos. Sólo satisface la explicación de Alonso: alteración de *ce*, pronunciada antiguamente *tse*; cuando do la africada dental se volvió una mera *s*, la interjección *ce* se convirtió en *che* para conservar el carácter africado. Es la única explicación que puede hallarse aplicable a un tiempo a la interjección rioplatense y al *xe* (pron. *čé*) del catalán de Valencia, que tiene un uso idéntico: sería demasiado casual que dos voces de origen diverso hubiesen coincidido tan absolutamente. Por lo tanto, yo no puedo creer ni siquiera en que existiese un refuerzo por parte del *che* araucano (como llega a admitir Alonso), que además es un sustantivo y significa 'gente', o a lo más, 'persona' (Augusta); mucho menos puede admitirse, con Lenz, *Dicc.* 269-71, y Tiscornia, *BDHA* III, 126, que la etimología única sea esta voz araucana. Por la misma razón, es improbable que venga del pronombre personal gallego y port. ant. *che* 'a ti', 'te', como sugiere R. S. Boggs, *Bol. de Filología*, Montevideo IV (1943), 80-81, que sólo de lejos puede acercarse a alguno de los empleos del *che* rioplatense: aun en el caso de «¿Te gusta, *che*, este reloj?», estamos distantes del uso gallego, que es siempre el de un pronombre á t o n o, de significado afectivo, un dativo ético o un mero expletivo. También es otra cosa el *che* despectivo de Honduras, el mismo que en la Cordillera venezolana equivale a 'nada me importa' o 'eso no me escuece' (Picón Febres, s. v.), que no es inverosímil mirar como alteración de *quia*, según propone Cuervo, *Ap.*[1], p. 611. ¿Hay, además, un *che* andaluz? Sería importante averiguarlo, pero no me consta, pues aunque Toro (*RH* XLIX, 412) cita «¡Ché, mira! Date asín y repéyate» en una obra del escritor malagueño Salvador Rueda, falta saber si no se trata ahí de palabras atribuídas a un argentino o un valenciano: justamente Rueda vivió bastante tiempo en ambas tierras; por desgracia, no puedo comprobarlo; figura también en *La Reja*, novela corta, esta frase que A. Venceslada cita s. v. *repellarse*. Amado Alonso, *NRFH* I, 6n., señala la presencia de *che* en *La Lozana Andaluza* (1534), y el empleo de una interjección andaluza *che, che, che* en los Hermanos Quintero, así con repetición y con valor desaprobatorio (V. allí los pasajes); estoy conforme con Alonso en que esto no debe de ser más que una «representación gráfica del desaprobatorio chasquido linguo-palatal»; en todo caso creo que esto queda muy alejado del *che* argentino-valenciano, por el diferente valor semántico. En todo caso, todos

miran esta interjección como característica del
Río de la Plata y del País Valenciano, pues si a
éste se le llama «la Tèrra del Xè» (V. el libro
de Martí Gadea, de este título) a los argentinos
los conocen popularmente en Chile y otras partes 5
por *los ches* o *los cheyes*. En Valencia se dice
alguna vez *xi* (así en el castellonense Borrás y
Jarque, *Bol. de la Soc. Castellon. de Cultura* XIV,
90) y Aguiló cita *xec* («xec, escolta!»), *čéik* se
emplea en Tortosa y Gandesa (*BDLC* IV, 221; 10
Amades *Excursions* III, 191) y *xec* en Pena-roja
(Teruel: *BDC* IX, 72), pero dudo que esto pruebe una relación con *xic* 'muchacho': *xi* puede
ser alteración fonética de *xe*, y *xec* resultará de
un cruce entre los empleos de *xe* y de *xic*, que a 15
menudo se rozan.—A pesar de la variante valenciana o más bien tortosina *xe(i)c*, está claro
que no hay que pensar tampoco en el ár. *šáih*
(vulgar *šéih*) 'viejo', 'hombre respetable, jefe'.
Recientemente escribe M. A. Morínigo «se trata 20
del *chei* del aimará propagado en el Plata por
los soldados de la independencia, vueltos de la
campaña del Alto Perú» (*RPhCal.* IV, 320). Habrá
que esperar a que dé más explicaciones, que yo
no puedo suplir. Pero el *xe* valenciano me deja 25
escéptico ante toda etimología americana. Desde
luego, no se puede pensar ni en que el *xe* valenciano sea importación de la Argentina, ni en que
el *che* argentino proceda de Valencia.— [2] Variante
zazoso [*Aut.*], con su regresivo *zazo* 'balbuciente' 30
(aparece como cast. más que gall., en 1755, Sarm.
CaG. 194v). *Zopas* o *zopitas*, con el mismo sentido, es la voz *sopas*, mal pronunciada, por ser
comida de niños, entre quienes abunda el ceceo.

Ceaja, V. *cegajo*

CEANOTO, tomado del gr. χεάνωθος íd. *1.ª*
doc.: 1802, Cavanilles.

Ceaja, V. *segallo   Ceba, cebada, cebadal, ceba-*
dar, cebadazo, cebadera, cebadería, cebadero, ce-
badilla, cebado, cebador, cebadura, cebar, V *cebo*
Cebellina, V. *cibelina   Cebilla*, V. *hebilla*

CEBO, del lat. CĬBUS 'alimento, manjar'. *1.ª*
doc.: Berceo.
Fuera del español, sólo se ha conservado con
carácter popular en el port. *cevo* 'íd.', mozár. cat.
atxevo 'cebo venenoso para matar culebras' (oído
en Margalef, Priorato), *atxeu* 'cebo para cazar pájaros', *atxevar* 'atraer a los animales de caza con
cebo' (Gandesa: Alcover), y en algunos dialectos
sardos e italianos. En la Edad Media tenía
(APal. 84b, 126d, 165b; Nebr.). En la misma época significa comúnmente 'alimento, manjar', como
en latín («santiguaba su *cevo* quando querié comer», *S. Dom.*, 16). La aplicación especial moderna 'pedazo de comida que se da a un animal para
cazarlo o pescarlo' tiene ya antecedentes en latín 60

(Tíbulo) y aparece en el castellano del S. XIV,
pero conviviendo con la general hasta el Siglo de
Oro, si bien con tendencia a especializarse en el
sentido de 'comida para animales' en general; en
este aspecto, *Celestina*, G. A. de Herrera, Sta. Teresa, etc.
DERIV. *Cebero* 'capazo para el grano de las bestias', murc. *Cebique* 'cebo que dan las aves a sus
hijuelos', salm. *Cebar* [Berceo]; en este autor significa todavía 'alimentar a una persona: *S. Lor.*,
32; *Loor.*, 30; pero pronto se especializa en los
sentidos de 'alimentar animales, esp. para engor-
darlos y cazarlos', 'atraer con algún incentivo', 'alimentar el fuego, las armas, las pasiones', *cebarse*
'ensañarse', vid. Cuervo, *Dicc.* II, 93-95; en ast.
es todavía «dar de comer a los niños y a los adultos que no pueden servirse de sus manos»; del
lat. CĬBARE 'alimentar', derivado de CIBUS; cat.
«acebar: inescare» 1575, O. Pou, *Thes. Pue.* 66,
pero en cat. central se dice *escar. Ceba* ast. 'cebo
para el ganado' (V). *Cebada* [Cid], todavía significa 'pienso' en general en *Cid*, 581, y en otros
textos medievales, pero pronto se especializa designando el cereal más empleado como pienso de
los caballos, lat. *hŏrdĕum* (sólo conservado en el
alto arag. y nav. *ordio, BDC* XXIV, 176; *ordio*
'cebada' se oye todavía en bastantes lugares de
Aragón: en Ballobar (Bajo Cinca) he anotado
«ordio, este año, no'n cogeremos ni pa las gallinas»; así también en portugués, y en castellano
ya, inequívocamente, en los glosarios de Toledo y
del Escorial (si bien éste admite también la traducción *annona* 'cereales') y en Nebr., traducido
por *hordeum*; en catalán y en lengua de Oc *civa-*
da tomó, en cambio, la ac. 'avena', revelando así
cuál era la clase de pienso por excelencia en los
dos territorios; *cebadal; cebadazo; cebadilla; en-*
cebadar, encebadamiento. Cebadera 'manta o morral que sirve de pesebre para dar pienso a los animales en el campo' [*Gr. Conq. de Ultr.*, 193], y por
comparación de forma 'vela que se envergaba en
una percha cruzada bajo el bauprés' [h. 1600,
Rosas de Oquendo, *RFE* IX, 344]; ast. 'boquete
de la *tenada* sobre el pesebre' (V); *cebadero. Ce-*
bado. Cebador, Cebadura, Cebón, Cebuche ast.
'especie de pajel de color pardo gris' (V). *Cibera*
[*cebera*, 949: Oelschl.; *cibera*, Berceo, *Sacr.*,
175b[1]] 'grano que se muele para harina', del lat.
CĬBARIA 'víveres, alimentos', plural de CIBARIUM
'alimento', 'harina grosera'; hoy es palabra rural
o anticuada, sólo usada alguna vez en la frase
moler como cibera; no está bien explicada la *i*
moderna (la forma con *e* es la más usada en la
Edad Media, vid. Oelschl. y *DHist.*, s. v.); de
ahí el derivado *aciberar* 'moler, reducir a polvo'
[1618: Villegas], de donde *acibarrar* 'abarrar, estrellar contra la pared' [1582-5: Fr. L. de Grana-
da] por cruce con *ABARRAR*.
Recebar; recebo. Derivados cultos: *cibal, ciba-*
rio; escibar [Acad. ya 1843].

CPT. *Aguacibera* arag. 'agua empleada para regar un secano' [*Aut.*], parasintético.

¹ Así en el ms. de princ. S. XIV, reproducido por Solalinde; pero *cevera* en el texto de Ibarreta, *Sacr.* 265, *S. D.* 445. Ast. *cebera* 'porción de trigo o de maíz que se lleva al molino' (V).

Cebo, V. *cefo*

CEBOLLA, del lat. CEPŬLLA 'cebolleta', diminutivo de CĒPA 'cebolla.' *1.ª doc.*: 1277, *BHisp.* LVII, 452; h. 1295, *Crón. Gral.*

Del mismo origen: port. *cebola*, engad. *tschiguolla*, it. *cipolla*, logud. *chibudda*, dalm. *kapula*, svcr. *čipula*, eslov. *čebùla, kàpula* (Skok, *ZRPh.* LIV, 206), a. alem. medio *zibolle* (alem. *zwiebel*), dan. *cipul*; mientras que en catalán, lengua de Oc, francés antiguo, friulano, rumano, albanés, irlandés y anglosajón se ha conservado CĒPA, y *cibol(l)a* en lengua de Oc y catalán conserva el significado latino, o designa otras plantas.

DERIV. *Cebollada. Cebollana* (para un uso semejante del sufijo *-ana*, comp. *arvejana*, cat. *ervianes*). *Cebollar. Cebollero. Cebolleta. Cebollino*; ast. *cebollín* íd. (V). *Cebollón. Cebolludo. Acebollado. Acebolladura. Encebollar, encebollado. Ceborrancha* [1784-9, Fernández Maldonado, en Colmeiro], *ceborrincha* [1867, Guijo], nombres extremeños de la cebolla albarrana, conservan una huella aislada de CĒPA en territorio castellano; el sufijo *-ancho, -incho*, parte de *cardincho, -ancho, -encho, -oncho* < CARDŬNCŬLUS. *Cepita* [1925], derivado culto del lat. *cepa. Cipolino*, aplicado a una especie de mármol verdoso [*cipolini*, Terr.], del it. *cipollino* 'cebollana', 'mármol cipolino' (por el color), derivado de *cipolla* 'cebolla'. Gall. orensano *cebullo* o *cibullo* 'lo que queda de una calabaza seca y no son las pepitas' (Sarm. *CaG.* 161*v*): comparable a la cebolla cocida, con metafonía ante la *-u* masculina.

CPT. *Cebolla montés* ast. 'cólquico' (V).

Cebón, V. *cebo*   *Ceborrincha*, V. *cebolla*

CEBRA, 'asno salvaje', ant., 'Equus zebra, animal sudafricano', origen incierto, quizá del lat. vg. *ECĪFĔRUS, lat. cl. EQUĪFĔRUS 'caballo salvaje', compuesto de EQUUS 'caballo' y FERUS 'silvestre, fiero'. *1.ª doc.*: *zebra*, doc. de 1207 (Arch. Catedral de Toledo).

Trataron de la cuestión A. Castro, *RFE XV*, 173-9; M. P., *RRQ XXIX* (1938), 74-78; poniendo al día el interés que existía en España sobre el origen del vocablo, desde la memoria de 40 folios que escribió acerca de ella el P. Sarmiento en 1752 (cf. *CaG.*, p. 75), en la cual puede quedar todavía algún dato de interés. La palabra presenta las formas *zebro, zebra, enzebro, enzebra, ezebra* y *azebra* en el castellano medieval y en el portugués de la misma época, donde *zevra* ya aparece en 1166, *zevro* y *zevra* en 1179 (Viterbo), etc.; una laguna *Ezebrera* se menciona ya en doc. leonés de 1091. Gall. ant. «*onager* por asno montés ou por *zebro*... os asnos mõteses ou os *ezebros* et as corças» *Gral. Est. gall.* 221.20. Una abundante documentación nos demuestra que el onagro o asno salvaje fué frecuente en España en toda la Edad Media; los nombres de lugar como *Encebros, Encebrico, Cebreros* nos demuestran su difusión por Portugal, Galicia, León, Burgos, Ávila, Albacete, etc., y hay también testimonios para el País Valenciano. En obras literarias es corriente la mención de la cebra como tipo de animal arisco[1] y muy veloz: de aquí que en un romance fechable h. 1500 (pliego suelto gótico del S. XVI) se hable de la fuga del Rey Marsín «caballero en una *zebra*, no por mengua de rocín» (*RFE IV*, 171), que E. de Villena (*Arte Cisoria*, cap. VI, p. 44) nos explique que la carne de la *ensebra* se come «para quitar *peresa*», y que en textos valencianos del S. XV se mencione como el animal corredor por excelencia («per ser a l'*asperges* més corre qu'*enzebra*», *Procés de les Olives, Canc. Satiric Val.*, p. 78; «*corrents atzebres*» en el *Spill* de J. Roig, v. 7775). Es natural, por lo tanto, que se mirara al cebro medieval como el producto de la unión del Céfiro con las yeguas veloces, con arreglo a una conocida leyenda clásica. De ahí, pues, que M. P. partiera de ZĔPHȲRUS. Como el cambio de una -F- o -PH- intervocálica en -*v*- es normal[2], y podría citarse algún otro caso de prótesis vocálica ante z-[3], no habría otra dificultad fonética que la falta de diptongación de la Ĕ en castellano, dificultad que M. P. trata de salvar, admitiendo que el vocablo sea de origen portugués. Spitzer, *MLN LIV*, 78, agrega a este escrúpulo el causado por la sílaba inicial *a-* o *en-*, y llama la atención hacia la forma francesa *azoïvre* (*Roman de Thèbes*, v. 4775) y la oc. *sibra* (*Flamenca*, v. 4291), de las cuales, por lo demás, sólo la primera se aplica claramente al onagro. Es verdad que el vocalismo de estas formas tampoco está de acuerdo con el étimo ZĔPHȲRUS, pero se trata en ambos casos de un hapax en las lenguas respectivas, y como no parece haber habido onagros en Francia, debemos tenerlas por adaptaciones ocasionales de la palabra española, hechas un poco al azar. Así, pues, si no se hallara otra etimología aceptable[4], podríamos tener por buena la etimología de M. P., a condición de admitir que el vocablo se fijó en su forma portuguesa, leonesa occidental o mozárabe[5]: este último dialecto podría explicar juntamente la falta de diptongo, la sílaba *a-*, *e(n)-* (artículo arábigo aglutinado), y la *-b-* catalana (en lugar de *u* que debería allí esperarse).

Pero últimamente Joaquín de Silveira (*Rev. Port. de Filol.* II, 220-47) hace notar que el onagro fué mucho más frecuente en Castilla que en Portugal, lo cual obliga a desechar la hipótesis de un portuguesismo, y propone partir del lat. EQUĪFĔRUS 'caballo salvaje' (empleado por Plinio y otros), o más precisamente de un vulgar *ECIFERUS, explicable por la pronunciación ECUS que el vulgo daba al clásico EQUUS. Como esta etimología soluciona todas las dificultades fonéticas y no presenta dificultades de otro orden, no hay inconveniente en aceptarla. La etimología EQUIFERUS la han aceptado además, últimamente, M. P., Giese y K. Baldinger (*ZRPh.* LXXI, 314-8), artículo útil que resume el problema y da una lista completa de las formas antiguas y demás datos. También han tratado de la cuestión S. Agero (que en folleto de 16 pp. publicado en Madrid, 1947, quisiera derivar de SEPARARE, propuesta insostenible), M. Cohen (*Rom.* LXXVI, 145-82)[6], y Spitzer (*MLN* LXXI, 281), cuyos escrúpulos fonéticos ante EQUIFERUS son infundados: los datos históricos y zoológicos demuestran que el cat. ant. *atzebra* y el fr. ant. *azoivre*, por lo demás raros, son advenedizos (su sugestión de relacionar con el a. alem. ant. y longob. *zëbar* 'animal empleado como víctima religiosa' es imposible, entre otras, por evidentes razones geográficas: el nombre de un animal estrictamente hispano no pudo sufrir la mutación consonántica alto-alemana).

La aplicación del nombre del onagro a la cebra sudafricana[7] (ya en Covarr.) se debe a los portugueses descubridores del Cabo de Buena Esperanza.

DERIV. *Cebrado* [Acad. ya 1884]. *Cebrero* 'sitio quebrado frecuentado por los asnos salvajes' (comp. Acad. 1936, sin autoridades, quizá basado exclusivamente en la toponimia; doc. de 1148 en Oelschl). *Cebruno* '(caballería) de color entre oscuro y zaino' [invent. aragonés de 1379: *BRAE* II, 711; med. S. XV, Gómez Manrique; 1580, Fz. de Andrada], más tarde *cervuno* [1729], suele identificarse con *cervuno* 'perteneciente al ciervo' [1351], pero la precesión cronológica de las dos formas y la z- de 1379 y de Gómez Manrique, así como la forma *adzebruno* empleada en catalán por la *Menescalia* de Díeç (S. XV), indican que viene del color del *cebro* o asno salvaje[8]. Gall. ant. *zevron* 'hombre grosero, bruto e impetuoso' (como un *zevro*), aplicado a unos famosos infanzones de Lemos en muchas cantigas del trovador Lopo Lias (h. 1300), R. Lapa, *CEsc.* n.º 250-256, y pp. 380-391, 763-4.

[1] En la Biblia hebrea de Constantinopla *zebro* es adjetivo, aplicado a un hombre montesino o silvestre (*BRAE* V, 364).— [2] Es posible que la forma *Zeverus* o *Zeferus* por *Zephyrus* (viento) se hallara ya en el texto original de las Etimologías de San Isidoro, a juzgar por ciertos elementos de la tradición manuscrita (ed. Lindsay, XIII, xi, 8).— [3] Cat. *atzero* 'cero', *itzeta* 'letra zeta'. Sin embargo, son casos diferentes.— [4] La etimología etiópica *zigra* 'gallina de Faraón', *zigrīt* '(traje) de rayas blancas y negras' propuesto por Hess y Steiger (*Contr.*, 145 n.), además de muy alejada geográficamente, se basa todavía en

la idea falsa de que *cebra* era el Equus Zebra. No hay objeciones, en cambio, a la posibilidad de enlazar con el nombre del cebro un *zibriqân* que sería el de un animal salvaje o una fiera según el Nowairí, S. XIV (egipcio, pero autor de una historia de África y de otra de España), que explica que el *bäbr* (que unos traducen por 'pantera' pero que quizá es más bien el castor) resulta del acoplamiento del *zibriqân* con la leona (Dozy *Suppl.* I, 579b) [-*qân* sería CANIS?].— [5] Según nota Castro (p. 177, n.4), los testimonios de *cebra* faltan totalmente, no sólo en Aragón, sino también en Cataluña y en la parte Este de Castilla la Vieja; los fueros que citan el vocablo son leoneses o de Castilla la Nueva; los topónimos, son de Albacete y de Portugal, los demás presentan el vocablo en derivados donde la *e* es átona. El testimonio de Abenarabí se refiere a Andalucía, y el de Marineo Sículo a la Bética y a Lisboa. En catalán sólo existen testimonios valencianos. Del artículo de Tilander en Vidal Mayor resulta que *cebro* fué también usual en Aragón en el S. XIII y que la forma etimológica *ezebro* fué relativamente frecuente (varios ejemplos en los Fueros de Alcaraz y de Usagre). Esta forma y la temprana localización en Usagre, León (1091), Portugal (1166), Ávila, Galicia y otras localidades occidentales recuerdan persistentemente el epíteto *isibraia* que acompaña el nombre de la divinidad prerromana (sobre todo lusitana) *Bandis* 'Tutela' en tres inscripciones halladas en la Beira Baixa (J. M. Blázquez, *Hom. Tovar,* 1972, 82), cf., por otra parte, el gall. *enxebre* 'intacto, sin mezcla, en ayunas, impune', para el cual V. aquí s. v. *PARAR.*— [6] Trata sobre todo, y casi exclusivamente, de la historia del conocimiento y nombre europeo de la cebra africana.— [7] Para ésta, vid. Loewe, *Zs. f. vgl. Sprachforsch.* LX, 145-84; LXI, 37-136; Friederici, *ZFSL* LVIII, 135 ss.; artículos que no tienen en cuenta las investigaciones de M. P. y Castro.— [8] El lat. CERVŪNUS, en un glosario trasmitido en códice del S. X, aparece dos veces con aplicación al ciervo (M-L., *Zu den lat. Glossen,* 1903; *CGL* III, 557.5, 6), en el ms. *B* de San Isidoro, es nombre de pelo de caballo (*K* altera en *ceruleus*: ed. Lindsay, XII, i, 45-55). Esto podría indicar que el cruce entre *ciervo* y *cebro* ya es antiguo en esta denominación; sea que San Isidoro latinizara un *zevruno* vulgar contemporáneo, sea que inversamente *cervuno* sufriera en la Edad Media el influjo normal de *zevro, atzebra*. Más datos acerca de *cebruno* en Tiscornia, *BDHA* III, 107; Granada, *BRAE* VIII, 192. En Cuba *cevoruno* (Pichardo, p. 81). Claro está que las declaraciones de escritores que identifican *cebruno* con el color del *ciervo*, en los SS. XVI y siguientes, cuando ya no había cebros en España, no tienen más valor que el de una etimología popular.

Cebro, cebruno, V. *cebra*   *Cebuche,* V. *cebo*

CECA, del hispanoárabe *sékka*, abreviación de *dâr as-sékka* 'casa de la moneda', del ár. *síkka* 'reja de arado', 'punzón para marcar la moneda', 'moneda' (derivado de *sakk* 'cavar'). *1.ª doc.:* doc. cast. de 1511, escrito en Sicilia (citado por Terlingen, p. 291); 1528, Francisco Delicado.

Dozy, *Gloss.,* 251; Eguílaz, 367; Cej. VIII, § 53. Del mismo origen cat. *seca* [1417: *BDC* XXIV, 113; otro de 1416 en Ag.], it. *zecca*. Los vocabularios hispanoárabes registran *sákka* (R. Martí, pron. *sékka*), *çeq* (PAlc.) en el sentido de 'moneda', que se halla también en otras fuentes vulgares (Dozy, *Suppl.* I, 666a). La primera aparición de la voz castellana en Sicilia y la ausencia de artículo árabe aglutinado, podría sugerir que el vocablo castellano vino de Italia; sin embargo, la forma catalana es antigua, y ahí es frecuente también la no aglutinación del artículo árabe. Por lo demás, en nuestro caso, es posible que la falta de *a-* se deba a una deglutinación, así que nada se opone a que *ceca* sea arabismo directo. Para un posible duplicado, V. *ACICATE.* La ac. argentina 'reverso de la moneda', se explica por la obligación de indicar el lugar de acuñación en esta parte (Ambrosoli-Gnecchi, *Manuale Elementare di Numismatica,* Milán, 1922, p. 113), costumbre seguida también en Chile y Arg. hasta el S.XVIII (Medina, *Las Monedas Chilenas,* 1902, p. XCVIII, CCLXXIII, moneda argentina en CCLXXXII)[1]. En la frase *De Ceca en Meca* o *de la Ceca a la Meca* (ya en Tirso de Molina y otros autores de princ. S. XVII: *DHist.*), se trata de la misma palabra, elegida por su consonancia con la Meca, lugar célebre por su lejanía, y perteneciente al mundo árabe como *ceca* (inaceptable la etimología bereb. *azzeqqa* 'casa, pueblo', propuesta por la Acad.).

Deriv. *Cequí* [Cervantes, Lope], del ár. *sikkî* 'cierta moneda' (Lane, Freytag), derivado de *sikka;* Dozy, *Gloss.,* 253; Eguílaz, 369; del mismo origen it. *zecchino,* etc.

[1] Indica ya este origen Emilia González, *Bol. del Inst. de Filología de B. A.* I, 55-56.

Cecal, V. *ciego*   *Ceceante, cecear, ceceo, ceceoso,* V. *cel!*

CECIAL, adj., 'seco y curado al aire', aplicado al pescado, origen incierto, quizá derivado en *-al* de un adjetivo lat. vg. *SĬCCĬDUS,* derivado a su vez de *SĬCCUS* 'seco'. *1.ª doc.:* J. Ruiz, 1118b.

Vall. da también *cicial* como anticuado en gallego. Cej. VIII, § 66. Se escribe con dos *ç* sordas en castellano antiguo: J. Ruiz, E. de Villena (*Arte Cisoria,* Glos.), G. de Segovia (Tallgren, 79; aquí *çiçial*). La analogía de *CECINA* *SĬCCĪNA* presta verosimilitud a esta etimología propuesta por Tallgren. El adjetivo *SĬCCĬDUS* es derivado posible en

latín, donde se formaron *albidus* de *albus, flaccidus* de *flaccus, rubidus* de *rubeus (rufus),* etc. Pero mientras no se le halle parentela romance o algún testimonio latino, deberemos mirar esta etimología como insegura. Tratándose de un término marino, cabría considerarlo como un galleguismo antiguo, y entonces podría pensarse en un derivado de *cecina,* con pérdida total de la *n,* aun tras *i,* por la posición pretónica; sin embargo, la ausencia del vocablo en portugués y su rareza en gallego no recomienda esta hipótesis. Inaceptable fonéticamente es derivar de SALSUS 'salado', como quiere Cabrera.

CECINA, f., 'carne salada, enjuta y seca al aire, al sol o al humo', antiguamente adjetivo, probablemente de un lat. vg. (CARO) *SĬCCĪNA 'carne seca' (comp. el anterior). *1.ª doc.:* h. 1250, *Apol., Alex.*

Tienen el mismo origen el gall. *chaciña* 'cecina', 'carne de vaca o de cerdo adobada' (Vall.) y el port. *chacina* 'carne salada y en conserva' [fin. S. XVI: Diogo Bernardes; *chacinar,* desde el 3r. cuarto del mismo siglo: F. Mendes Pinto, Antonio Prestes]. En castellano, el vocablo tiene dos *ç* sordas constantemente en la Edad Media: *Alex.,* J. Ruiz, G. de Segovia (p. 79), etc.[1]. Da gran verosimilitud a esta etimología de Cornu (*GGr.* I², §§ 125, 174) el hecho de que en el *Libro de Apolonio* (625c) el vocablo aparece todavía como adjetivo («fumeyauan las casas, ffazian grandes cozinas, / trayen grant abundancia de carnes montesinas, / de toçinos e vacas rezientes e *çeçinas*»), oponiendo *vaca çeçina* 'carne de vaca seca' a *vaca reziente* 'carne fresca'. El cambio de *s* en *ç* es normal en palabras que contienen otra *ç* o *z* (cedazo SETACEUM, *cición* ACCESSIONEM, *ceniza* CINISIA, y análogamente *cerveza, cereza*). El port. *chacina*[2], como prueba su terminación, ha de ser voz advenediza, influída en su inicial por la palabra autóctona, hoy anticuada, *chacim* 'cerdo, así doméstico como montés' (Viterbo), documentado, según Moraes, en Severim de Faria (S. XVII)[3]. Desde luego, no es admisible que el vocablo portugués tenga origen diferente del castellano, como sugiere Gonçalves Viana (*Apostilas* I, 275-8), ni tampoco que el significado del primero demuestre que ambos vienen del lat. INSICIUM 'salchichón, morcilla', según quiere M-L., *REW* 4551[4]; sobre todo, de tratarse de un descendiente de INSICIUM, o de un *INSICINA, debiéramos tener, en castellano antiguo y en portugués, formas con *-z-* sonora. Cej. VIII, § 66.

Deriv. *Cecinar* [S. XV: Montoro] o *acecinar* [1600].

[1] De los dos pasajes del *Apol.,* el primero (103a) trae *cezina,* mientras que hay *çeçina* en el citado luego; pero el manuscrito arcaico de este texto carece de autoridad en este punto, puesto que escribe *façer, bendiçia, plaçer* (passim). Más documentación en Cuervo, *Obr. Inéd.,* 376.—

[2] G. de Diego, *Dialectalismos Castellanos*, *RFE* III, 307, habla de un *chacina* duplicado de *cecina*. Pero no es claro si se trata de una forma portuguesa, leonesa o dialectal castellana: vid. Cej. IX, § 178; es extremeño según Acad. 1780 y 1832, luego será un mozarabismo así en portugués como en extremeño.— [3] Es improbable que el influjo proceda del nombre del pueblo trasmontano de *Chacim*, como quiere C. Michaëlis, *RL* III, 138-9, por más que allí se prepare muy bien la carne de cerdo salada y ahumada. Así ocurre en todos los pueblos de montaña. Y se trata de una localidad demasiado oscura para el caso. Si el nombre de ésta tiene el mismo origen que *chacim* 'cerdo', es otra cuestión, que aquí no importa. Si el significado primitivo de *chacim* fuese 'jabalí', podría ser un derivado del galicismo portugués *chaçar* 'dar caza'. También se podría admitir que SICCĪNA diese **çachina* > *chacina* en mozárabe portugués, y que de *chacina* se extrajera *chacim*. Esto parece lo más probable, dada la dificultad de explicar un *-im* primario en portugués; por lo demás, desde Portugal el vocablo se ha extendido hasta el gall. *chacina* 'cecina' (Sarm. *CaG.* 134r).— [4] Indudablemente, la *cecina*, así como la *chacina* portuguesa, suele conservarse en pedazos cortados, e INSICIUM es un derivado latino de SECARE 'cortar', pero en INSICIUM no se trata de carne cortada a pedazos, sino de carne picada, desmenuzada, que es lo que significa INSECARE en latín; además, el hecho de estar cortada en pedazos, es de importancia secundaria en la cecina. Lo esencial es que es carne seca o en conserva. M-L. deforma, para su conveniencia, la definición del port. *chacina*, al decir que es 'carne de cerdo picada para embutidos', comp. los datos semánticos de G. Viana y de Moraes. El artículo CICIUM 'carne' del *REW*, 1905, ha sido suprimido con razón en la tercera ed. del diccionario, pues no existe tal palabra latina, y el it. *ciccio* 'chicharrón', it. infantil *ciccia* 'carne', cat. *xixina* 'carne picada', son vocablos de otro origen (V. CHICHARRÓN, SALCHICHA) y sin relación posible con *cecina*; a lo sumo la *ch-* de *chacina* puede ser debida a influjo de esta otra familia. En cambio, es oportuno llamar la atención, como hacen Jud y Spitzer (*WS* VI, 128), hacia *siccamen*, mencionado junto a *lardum* y otros nombres de viandas, en el *Capitulare de Villis* (h. 800), formación paralela a *SICCĪNA.

Cecografía, cecógrafo, V. *ciego*   *Cecotrí, cecutrí*, V. *sucotrino*   *Cecha*, V. *acechar*   *Cechero*, V. *acechar*   *Ceda* 'cerda', V. *cerda*

CEDAZO, del lat. vg. (CRIBRUM) SAETACEUM 'criba hecha de cerdas', derivado del lat. SAETA 'cerda, crin'. *1.ª doc.*: *çedaçuelo*, J. Ruiz, 919b; *sedaço*, invent. arag. de 1379 (*BRAE* II, 711);

cedazo, h. 1400 (Glos. del Escorial).

La *c-* inicial del cast. *cedazo* resulta de una asimilación a la otra *ç*, todavía no cumplida en el inventario de 1379; para casos análogos, V. los dos artículos precedentes. En el glosario del Escorial figura en tres pasajes diferentes la grafía *cedazo*, con la *-z-* sonora que debería esperarse, pero lo común es hallar *-aço* por influjo recíproco de la sorda inicial: así en J. Ruiz, *Canc.* de Baena, G. de Segovia (79), Nebr., APal. (515d), PAlc., y hoy en judeoespañol y en Malpartida y Serradilla de Cáceres (Espinosa, *Arc. Dial.*, 32). El lat. *cribrum setacium* figura en un glosario placidiano (ms. del S. VIII), así como en el texto latino del glosario del Escorial. Ha dejado descendencia en todos los romances, excepto el rumano. Cej. VIII, § 66.

DERIV. *Cedacear* 'oscurecerse (la vista)' (1605, Rey de Artieda). *Cedacero; cedacería. Cedacillo. Cedacito. Cedazuelo* (V. arriba).

Cedebones, V. *ceribones*

CEDER, tomado del lat. *cēdĕre* 'retirarse, marcharse', 'ceder, no resistir'. *1.ª doc.*: Fernando de Herrera (1582 o algo antes); todavía para Quevedo era culterano (*Aguja de navegar cultos*, *RH* LXXVII, 341).

Para ejemplos clásicos, véase Cuervo, *Dicc.* II, 95-97.

DERIV. (todos cultos). *Cedente. Cesión* [Cascales, † 1642; S. XVI, *N. Recopil.*], de *cessio, -onis*, íd.; *cesionario, cesionista. Cesible. Ceso. Cesar* [Berceo; vid. Cuervo, *Dicc.* II, 136-9], de *cessare* 'entretenerse', 'descansar', 'pararse', 'cesar', frecuentativo de *cedere* (comp. *CEJAR*); *cesación* 'cesamiento; cesante, cesantía; cese* (de la 3ª persona sing. del pres. de subj. de *cesar*, empleada en las órdenes de cese); *incesante, incesable. Absceso*, de *abscessus, -ūs*, íd., derivado de *abscedere* 'alejarse'. *Acceder* [Terr.; comp. Cuervo, *Dicc.* I, 97-8] de *accēdĕre* 'acercarse'. *Accesible* [1.ª mitad S. XV, Santillana; después no vuelve a aparecer hasta el S. XVIII; Cuervo, *Dicc.* I, 98,], de *accessibĭlis* íd. *Accesión* [*Partidas*], de *accessio, -onis*, íd. *Accésit* [ya Acad. 1884], de *accessit* 'se acercó', pretérito de *accedere. Acceso* [1493, Pulgar], de *accessus, -ūs*, íd. *Accesorio* [*Canc.* de Baena; Cuervo, *Dicc.* I, 98-9]; es verosímil que estemos ante un antiguo plural neutro de este adjetivo, en la forma *açesuria* de un doc. de 1427, puesto que significa algo como 'honorarios' o 'gastos' (*BHisp.* LVIII, 87); de lo que no puede tratarse, desde luego, es de *asesoría*, como dice Pottier. *Anteceder* [una vez en Alfonso X; no vuelve a aparecer hasta el S. XVI, Cuervo, *Dicc.* I, 483], de *antecēdĕre* íd.; *antecedente* [*Canc.* de Baena; Cuervo, *Dicc.* I, 482-3], *antecedencia; antecesor* [Berceo, *SD*, 54, *Mil.*, 68; 1251, *Calila*], de *antecessor*, íd. *Conceder* [h. 1335, J. Manuel; los ejemplos citados por

Oelschl. parecen ser latinos; Cuervo, *Dicc.* II,
310-2], de *concĕdĕre* 'retirarse', 'ceder', 'conceder';
concedente; *concesible*; *concesión*, de *concessio,
-onis*, íd., de donde *concesionario*; *concesivo. Deceso*, ant., de *decessus, -ūs,* 'partida', 'retirada', 5
'muerte', derivado de *decedere* 'retirarse'; *decesión,
decesor*[1]. *Predecesor [Corbacho* (C. C. Smith,
BHisp. LXI), A. Pal. 332*b*] de *praedecessor* íd.,
propiamente 'el que murió primero', 'antepasado'.
Exceder [eçeder 'exceder', 1444, J. de Mena (*Lab.* 10
46*c*); J. de Pineda («las debía enviar a los Jueces
para que les quitassen la ventaja con que a los
otros fierros *excedian», Passo Honroso,* 70 [59*b*]);
1605, *Quijote*], de *excedere* 'salir'; *excedente, excedencia*; *exceso [eçesso,* Mena, *Lab.* 214*g*]; 1583- 15
5, Fr. L. de León], de *excessus, -ūs,* 'salida'; '*excesivo [Corbacho,* C. C. Smith, *BHisp.* LXI].
Interceder [1499, Núñez de Toledo], de *intercedere*
'ponerse en medio', 'intervenir'; *intercesión, inter-
cesor [Corbacho,* C. C. Smith, *BHisp.* LXI]. *Preceder* [APal. 376*d*], de *praecedere* íd.; *precedente* 20
[Villena, C. C. Smith, *BHisp.* LXI], *precedencia*;
precesión. Proceder [J. de Mena ('avanzar', *Lab.*
47*c*); APal. 147*b*], de *procedere* 'adelantar, ir
adelante'; *procedente, procedido, procedimiento*;
procesión [Berceo], de *processio, -onis,* 'acción de 25
adelantarse', 'salida solemne'; de ahí *procesional,
procesionario*; *proceso* [Berceo], de *processus, -ūs,*
'progresión', 'progreso'; de donde *procesar* [S.
XVII], *procesado, procesal, procesamiento. Receso,*
de *recessus, -ūs,* 'retirada'; *recésit*, de *recessit* 'se 30
retiró', pret. de *recedere. Retroceder* [h. 1440, Mena,
Santillana (C. C. Smith, *BHisp.* LXI), 1684, Solís],
de *retrocedere* íd.; *retrocesión, retroceso. Secesión*
[APal. 441*d*], de *secessio, -ōnis,* íd., derivado de 35
secedere 'separarse'; *secesionista; seceso. Suceder*
['entrar', J. de Mena, *Lab.* 26*b*]; APal. 478], de
succedere íd.; *sucediente, sucedido; sucedáneo*, de
succedanĕus 'que reemplaza'; *sucesión* [Villena (C.
C. Smith, *BHisp.* LXI), APal. 387*b*], de *successio,* 40
-onis, íd.]; *sucesible; sucesivo; suceso* [APal. 147*b*],
de *successus, -ūs,* 'secuencia, sucesión', 'éxito'];
sucesor [Berceo], de *successor, -oris,* íd.; *suce-
sorio.*

[1] La Acad. (ya 1843) cita un antiguo *deciente* 45
«el que cae o muere» (?), que quizá sea forma
semiculta de *decedente*, más que derivado del
lat. *decĭdĕre* 'caer', como se supone en este diccionario.

Cedicio, V. *cedizo*

CEDIÉRVEDA, palabra rara, que en esta forma o con variantes semejantes, entre ellas *cillérvedas*, aparece en algún texto medieval de Cas- 55
tilla y en el uso local de algunas comarcas actuales
de Castilla la Vieja y León, y designa una pieza
muy apreciada de ciertas reses: 'carne de puerco
pegada a las costillas', 'residuo de partes gruesas
que queda después de haber descarnado las reses'; 60

de origen incierto, probablemente de un compuesto célt. *CAERO-RĔBRĔTA,* simplificado en *CAERÉBRE-
TA* 'costillares o gorduras de jabalí, ciervo, cabrito,
etc.', compuesto de CAERO- 'cabrón' con REBRO-
'costilla'. *1.ª doc.:* h. 1330, J. Ruiz 1093*b*.

Aparece en E. de Villena (a. 1423), en Melchor
de Sta. Cruz (1598), «un hombre que parecía que
le avían sacado *cillérvedas* de las quixadas»; «chorizos, longanizas y *cilluérvedas*» en Lope; hoy
'costillares de cerdo descarnados' en varios pueblos 10
de Ávila y Segovia. Mz. Pidal, *RFE* VII, 45.

Hay varias pistas etimológicas. Acaso del lat. SCI-
RIBILITA, que aparece como variante más rara del
poco frecuente SCRIBLITA, citado por Plauto, Petronio, Catón y Marcial, como nombre de una 15
especie de torta; sin embargo podría tratarse de
algo parecido a una pizza napolitana, con carne
de cerdo o de pescado, y de ahí haber pasado a
distinguir estas carnes; suponiendo que la I penúltima fuese breve (los diccionarios la dan como 20
larga, pero quizá sin mucha razón) y admitiendo
la existencia de otra variante *SCĬRIBĬLLĬTA,* podríamos llegar con metátesis a *cillérveda*. Más
difícil sería justificar *cediérveda*, que justamente
es la variante antigua, y todo junto exige una serie 25
de supuestos, bastante hipotéticos y arriesgados.

Lo mismo digo del lat. tardío CICIRBITA (siglo VI), de donde el it. *cicèrbita,* Pistoya *cicèrbita*
'cerraja'; con disimilación: *cez-* en *ced-*, pero aunque es concebible el paso de 'ensalada, con peda- 30
citos de carne' a esos pedacitos, es semántica harto
hipotética.

En todo caso me parece seguro que la coincidencia con el bretón *killévardon* «du porc frais»
citado por Mz. Pidal, se debe a una casualidad: 35
de ahí sale el fr. *guilverdons* (vid. Rabelais II 13,
Godefroy, Huguet; A. Thomas, *Rom.* XXIX, 435),
cuya aparición repetida en textos del Occidente
francés en el S. XVI, revela un compuesto formado en Bretaña con el bretón *kik* 'carne' en fecha 40
relativamente tardía (V. en Victor Henry, *Gloss.
Étym. du Breton Moderne*, el otro posible componente, más local y reciente todavía: *Levardon =*
frisón *Leuwarden* 'puerto donde los navegantes 45
bretones suelen ir a abastecerse de cerdo fresco').

La terminación en *-eda,* bien documentada en
varias palabras célticas continentales, hace pensar
en la de abstracto o colectivo en -RĔTON, que es
de las más productivas en céltico antiguo, luego
quizá se trataría de un *KERESRĔTON (derivado del 50
indoeur. KERAS- o KERES- 'cabeza, cerebro'), cuyo
plural *KERESRĔTA se habría cambiado en latín
vulgar hispánico, sea por influjo del CEREBRUM
latino, sea porque una evolución fonética de -SR-
en -BR-, paralela a la que se da en latín, existiese 55
también en hispanocéltico, lo cual es mero supuesto,
pero no forzado: en todo caso lo que es bien conocido es que el grupo inicial SR- se cambiaba en FR-
en céltico continental; luego lo más probable sería
suponer una forma básica *CERĔFRĔTA, como base 60

de las formas romances: -FR- se sonorizaría primero en -br- como en *ábrego* AFRICUS y luego sufriría una trasposición enteramente paralela a la que observamos en el nombre de estructura análoga *Sepúlveda* de *SEPPOBRIGA (o *Septem Publica*, aunque éste tiene aires de ser una mera etimología «popular» de notarios medievales). Así, con una doble y divergente disimilación, llegaríamos por una parte a *ciliérveda* (de donde *cillérveda*) y por la otra a *cediérveda* (*cid-*). El sentido primitivo tendría que ser entonces algo como 'manjar de sesos, de meollos o de páncreas de ternera (ingl. *sweetbreads*)'.

Pero de nuevo ahí el aspecto semántico nos obligaría a partir de bastante lejos. Así que lo más razonable que veo sería un compuesto céltico *CAERO-RĔBRĔ-TĀ (simplificado en *CAEREBRETA) formado por *CAERO- 'cabrón, macho de varios cuadrúpedos' (galés *caer-iwrch* 'ciervo macho', gr. χάπρος 'jabalí', latín *caper*, ags. *häfer* 'chivo'), e irl. ant. *remor* 'gordo, grueso', galés *rhef* 'grande, espeso', eslavón *rebro*, a. alem. ant. *rippa* 'costilla' (de la familia de ἐρέφειν 'techar'). Y así *CAERO-RĔBRĔ-TĀ pudo significar 'costillares o gorduras de jabalí, ciervo, cabrito etc'. De todos modos no creo que la idea de Meyer-Lübke (*RFE* VIII) de partir del lat. CELĔBRĬTAS -TIS (sólo documentado en el sentido de 'celebridad' o 'frecuentación', y no en el de 'bocado exquisito') estuviera bien orientada: entre otras razones no se explica entonces la -d- de las formas antiguas ni la conservación de un nominativo en un vocablo meramente rural y culinario.

CEDIZO, 'que empieza a podrirse o corromperse', aplicado a cosas de comer, de *seedizo* 'estadizo', derivado del antiguo *seer* 'estar, estar quieto', procedente del lat. SEDĒRE 'estar sentado'. *1.ª doc.*: *cedicio*, Nebr.; *cedizo*, 1565, Zúñiga y Sotomayor.

Port. *sèdiço* «quasi podre; v. g.: agua que esteve por tempos sem movimento; os ovos velhos; os doces velhos; *annexim, dito sediço*, mui velho, sabido e trilhado» (Moraes), «diz-se da agua assente, estagnada, corrupta; *fig.*: que está fora da moda; antigo; rotineiro; corriqueiro» (Fig.), *água sediça* «stagnant water» (Vieira). A. Epiphánio Dias, *RL* I, 175; *REW*, 7780; Cuervo, *Obr. Inéd.*, 379. La *è* átona pero tensa del portugués, atestiguada por Moraes y Dias, demuestra que hubo allí contracción de dos vocales; gall. *cedizo*: una vasija ha cogido un *cedizo* 'ha cogido cierto sabor' (Sarm., *CaG.* 112r: por más que éste dice que es sabor agrio, no parece asegurar tanto este detalle, que quizá le sugiera sólo su etim. *acedizo*). Nebr. traduce *cedicio* por «cosa lacia, flaccidus», lo cual debemos entender en el sentido de 'marchito', que tienen el cast. *lacio* y el fr. *flétri* (< FLACCID-ITUS), puesto que a Nebr. paso a paso, traduce *cedicio* por *muntehí*, participio de *'intáhà* que él mismo explica por 'marchitarse'[1]. Partiendo de la idea de 'agua estancada' se pasó a 'carne medio podrida' y de ahí a 'vegetal maduro o marchito'. Expresiones paralelas son el cast. *estadizo* y el cat. *estantís*, y en el dialecto italiano de los Abruzos se emplea *sędęticcię*, del mismo origen que la voz hispanoportuguesa. Para el cambio de *s-* en *c-* por dilación de la *-z-* siguiente, vid. *CECINA, CECIAL*.

[1] También significa 'estar maduro' (R. Martí, PAlc.); se trata de un derivado de *nahy* 'estanque' (Dozy, *Suppl.* II, 730b), que sufrió la misma evolución semántica que la voz romance.

CEDO, ant., 'pronto, en seguida', del lat. cĭto 'pronto, aprisa'. *1.ª doc.*: 1241, F. *Juzgo*.

Usual en los siglos XIII y XIV (*P. de Alf. XI*, 1103; *Rim. de Palacio*, 150, 748; etc.), queda después relegado al lenguaje popular (*Corbacho*) y villanesco (Lope, *Peribáñez*, ed. Losada, II, xiii, p. 139), o al estilo arcaizante (Góngora, Rojas Zorrilla). Se ha perdido en los demás romances, excepto huellas sueltas en Italia y Cerdeña (*REW* 1954), pero sigue vivo en portugués y gallego 'temprano' (Lugrís pp. 74, 152): en la Edad Media éste suele significar 'pronto' (*Ctgs.* 21.26 y passim *MirSgo.* 36.20, 67.9) pero también lo hallamos ya en el sentido de 'temprano' (*MirSgo.* 121.15, *Ctgs.* 37.36) y ambos son portugueses clásicos y modernos.

CEDOARIA, del b. lat. *zedoarium* y éste del ár. *zadwâr*, de origen persa. *1.ª doc.*: 1537.

Dozy, *Gloss.*, 251. En árabe se halla también *ğadwâr*. Duplicado popular de *cedoaria* es *cetoal* (*Alex.*, 1301), o *citoal*[1], hermano del cat. ant. *sitoval, sitovar* [1252]; para una forma *s[i]t[u]wâl*, dada como genovesa, remite Dozy en adición marginal, a una nota suya a Abenalbéitar II, 21d. La forma culta está ya documentada en el ingl. *zedoary*, en 1475.

[1] Vid. A. Castro, *RFE* VIII, 337-8. *Titoal*, por errata, en *Gr. Conq. de Ultr.*, p. 322.

Cedra, cedras, V. *cítara*   *Cedreleón, cedreno,* V. *cedro*   *Cedrero*, V. *cítara*

CEDRO, tomado del lat. *cĕdrus*, y éste del gr. χέδρος íd. *1.ª doc.*: Berceo.

Para un cuasi-sinónimo popular, vid. *ALERCE*; Nebr. los da como equivalentes.

DERIV. *Cedreno. Cedria* [variante *cidria*, ambas ya Acad. 1884], tomado del gr. χεδρία íd. *Cédride. Cedrino. Cedrito.*

CPT. *Cedreleón* [Acad. 1925], del gr. χεδρέλαιον íd., compuesto con ἔλαιον 'aceite'; también *cedróleo* [Acad. 1925], con sustitución de esta voz griega por su traducción latina *olĕum*.

Cedrón, V. *cidro*

CÉDULA, tomado del lat. tardío *schedŭla* 'hoja de papel, página', diminutivo del lat. *scheda* íd. *1.ª doc.*: 1396 (*Ordin. de Barbastro*); el ej. de 1019 citado por Oelschl. será latino.

Hay también algún ej. de *ceda* 'escritura, documento', en textos aragoneses o de influjo aragonés (SS. XV-XVI: *DHist.*), representante del lat. *scheda*. Ast. *ceula* 'cédula' (V).

DERIV. *Cedulaje. Cedular. Cedulario.*

CEFÁLICO, tomado del lat. *cephalĭcus* y éste del gr. χεφαλιχός 'perteneciente a la cabeza', derivado de χεφαλή 'cabeza'. *1.ª doc.*: 1537 (Vigo).

DERIV. *Cefalea* [princ. S. XVI, Gordonio], del lat. *cephalaea* y éste del gr. χεφαλαία íd. *Cefalitis. Céfalo* [1599], de χέφαλος íd. *Acéfalo* [*Alex.*, comp. *acebaleos*, forma del llamado latín popular leonés, empleada en el Concilio de Córdoba de 839: M. P., *Oríg.*, 259]; de ἀχέφαλος 'sin cabeza'; *acefalia, acefalismo. Encéfalo* [ya Acad. 1884], de ἐγχέφαλον íd.; *encefálico, encefalitis.*

CPT. *Cefalalgia* [1555, Laguna], de χεφαλαλγία íd., compuesto con ἄλγος 'dolor'; *cefalálgico. Cefalópodo*, compuesto con ποῦς, ποδός, 'pie'. *Cefalotórax*, con θώραξ 'pecho'. *Braquicéfalo*, con βραχύς 'corto'. *Dolicocéfalo*, con δολιχός 'largo'. *Macrocéfalo*, con μαχρός 'grande'; *macrocefalía* (sic Acad. 1936, y *microcefalía*, pero *dolicocefalia*). *Microcéfalo*, con μιχρός 'pequeño'.

CÉFIRO, tomado del lat. *zĕphўrus* y éste del gr. ζέφυρος íd. *1.ª doc.*: S. XV (*Bursario*, atribuído a Rz. de la Cámara).

Para usos figurados, V. lo dicho a propósito de *CEBRA*.

CEFO, tomado del lat. *cephus* y éste del gr. χῆπος íd. *1.ª doc.*: 1624, Huerta (con variante *cebo*, gr. χῆβος, también *celfo*).

Cegador, cegajear, cegajez, V. *ciego   Cegajo*, V. *segalio   Cegajoso, cegama, cegamiento, cegar, cegarra, cegarrita*, V. *ciego   Cegatero*, V. *cicatero   Cegato, cegatoso*, V. *ciego   Ceguda*, V. *cicuta   Ceguecillo, ceguedad, ceguera, ceguezuelo*, V. *ciego   Cegulo*, V. *cigarra*

CEIBA, 'cierto árbol bombáceo, de talla gigantesca, propio de los países ribereños del Caribe', parece ser voz del taíno de Santo Domingo. *1.ª doc.*: 1535, Fz. de Oviedo.

Cuervo, *Ap.*, § 971; Hz. Ureña, *RFE* XXII, 180, *Indig.*, 103, 118 y 120; Friederici, *Am. Wb.*, 158-9. El P. Las Casas atestigua dos veces que se pronunciaba *ceiba*, pero ya J. de Castellanos a fines del siglo mide *ceiba* como bisílabo. (Para este caso y otros semejantes de cambio de acento, vid. Hz. Ureña, p. 111)[1]. En uno de estos pasajes (*Hist.* V, 322) declara formalmente aquel autor que era voz empleada por los indios haitianos («unos árboles que los indios desta isla llamaban *ceyba*; la *y*, letra luenga»). No hay otro testimonio, que yo sepa, del indigenismo del vocablo, que I. de Armas afirmó era de origen arábigo.

Más valor que esta opinión tiene el que en las costas de Galicia se llame *ceiba* una alga o sargazo en forma de cinta [*Aut.*, s. v. *alga*][2]. En esta ac. parece claro que el vocablo no es de origen americano, sino procedente de la palabra gall. *ceive* 'suelto, en libertad' (*un muro ceibe, unha finca ceibe*, Limia, Apéndice a Eladio Rdz.; Castelao[3]) o *ceibo, -vo* (Vall., Lugrís, Carré, Eladio Rdz.), ast. occid. *céibe* 'suelto, libre (ganado)' (Acevedo), port. sept. *ceive* 'libre, no vedado (terreno, etc.)' (Póvoa de Varzim y V. do Conde: *RL* X, 333), gall. *ceivar* 'soltar, desatar, dar libertad a una persona, animal'[4], miñoto y trasm. *ceivar* 'soltar, dar libertad', 'desprender del yugo (a los bueyes)', 'abrir, destapar (un depósito de agua)' (Vall., Fig.); el gall. *ceiba* 'alga', como vegetal que se mueve libremente, ha de ser idéntico a este vocablo, por su étimo sea el lat. CAELEBS, -ĬBIS, como admite Leite de V., *RL* X, 233[5], o los lat. MANCĬPĬUM, EMANCĬPARE —según la opinión de C. Michaëlis aceptada por el *REW* (2856) y anteriormente por Leite— o finalmente el hispanoár. *sá'iba* 'cosa no guardada, sobre la cual no se ejerce el derecho de propiedad', como prefieren M. L. Wagner y Steiger (*VRom.* I, 183). Teniendo en cuenta que el adjetivo es más bien *ceibe* que *ceibo* en las fuentes del gallego normal y no hay más que *ceibe* en gallego-asturiano, en la Limia y en Portugal, más bien me inclinaría por CAELEBS, preferible también al étimo arábigo por razones geográficas y a MANCIPIUM por la mayor simplicidad de la etimología.

¿Sería posible admitir que la ceiba americana tomó nombre del sargazo gallego, que pudo muy bien ser conocido de los descubridores? No es inconcebible, pero me parece difícil por tratarse de vegetales separados por tan enormes diferencias, y por el contrario es muy verosímil que la ceiba americana, tan nueva para los españoles y tan impresionante por su gran tamaño, conservara el nombre con que la conocían los indios. Más difícil es averiguar de dónde viene *ceibo*, como nombre de otro árbol, anarcardiáceo, propio de la Arg.[6]; por lo demás la forma masculina *ceibo* fué aplicada por A. de Herrera (1601) y otros a la ceiba antillana (quizá a consecuencia del género masculino *el ceiba* a que hace referencia Friederici), y no es improbable que el árbol argentino fuese bautizado por los descubridores de Buenos Aires con el nombre de su homónimo tropical, que hubo de serles bien conocido.

DERIV. *Ceibal. Ceibón.*

[1] La acentuación *ceiba* no recibe apoyo de la afirmación de Toro Gisbert de que hoy pronuncia así la gente culta de Buenos Aires. En esta zona, donde *páis, máiz* (o *méiz*) han sido generales, la pronunciación opuesta, en palabra donde

el diptongo es lo común, debe mirarse como un caso de ultracorrección. El testimonio de Zayas, en el mismo sentido, para la América Central, es dudoso que tenga mayor valor.— [2] Hay variante sin diptongo, que se explica fonéticamente así a base de CAELEBS (> *céeba* > *ceba* ~ *seba*) como de MANCIPIUM. Sarm., *CaG.* da *sebas* y *xebas* 'especie de correas o cintas de argazo más anchas que la *correola*' (83r), gall. *sebiña*, cast. *seba*, pontev. *xiba* (225r), ferrolano *sebra* (83r, 220v; y cf. pp. 205, 220). Menos probable en lo semántico sería identificarlo con el gall. *sebe* 'seto vivo' a base de la idea de 'cinta que cierra el paso'. La -*r*- de la variante *xebra* será debida a influjo de *xebrar* SEPARARE.— [3] «Por verme *ceibe* de xeira tan macabra», «*ceibe* de murmuración», «o corazón *ceibe*» 202.15, 205.14, 284.21.— [4] «*Ceibar* a derradeira verba», «*ceibar* risadas, gargalladas, un período», «*ceibarse* dos moinantes, das influencias», Castelao 179.32, 226.11, 246.13, 71. 22, 217.17, 76.5; *ceibador*: «botar fora de min, num brado *ceibador*, aquel medo abafante», Castelao 149.19, 28.7, 76.4.— [5] Contra éste objeta D. Alonso (*Cuad. Est. Gall.* II, 251n.) que la -L- no se hubiera perdido en asturiano occidental, ni, agregaré, en la Cabrera Baja. Claro que no es argumento decisivo tratándose de zonas fronterizas, donde puede haberse tomado de las vecinas hablas gallego-portuguesas. En la Cabrera se llamaban *ceibas* los «emparejamientos de mozos y mozas que, de mayo a octubre, dormían juntos por los *palleiros* de los pueblos, después que los hombres solicitaban a una mujer y ésta aceptaba» (Caro, *Pueblos de Esp.*, 320). Esta arcaica ac. no creo que pueda invocarse en favor de MANCIPIUM: importante me parece ahí el matiz de 'emparejamiento de *solteros*'.— [6] Datos en Martiniano Leguizamón, *Hombres y Cosas que pasaron*, 1926. Grabado en *La Prensa*, 14-IV-1941.

Ceibe, ceibo, ceibón, V. *ceiba*

CEJA, de CĪLĬA, plural del lat. imperial CĪLĬUM 'párpado', 'ceja', extraído secundariamente del lat. arcaico y clásico SUPERCĬLĬUM 'ceja'. 1.ª doc.: *revolver mala ceja* 'causar una preocupación', en Berceo, *Mil.* 505c; *cejo* 'expresión del semblante', ib. 466b, 471b; *Apol.* 188a; J. Ruiz 251; *Rim. de Palacio* 315; *ceja* en el sentido actual, J. Ruiz.

SUPERCILIUM 'ceja' se halla desde Plauto, y que su etimología sea SUPER-(O)CULIUM (como admitió M-L., *WS* VI, 115-6) o SUPER-CULIUM (de OCCULERE 'tapar', como prefiere Walde), de todos modos es la voz primitiva, de la cual no se extrajo CILIUM hasta fecha tardía (Plinio), y con valores diversos, por lo común 'párpado', pero otras veces 'pestaña' y otras 'ceja' (así en el vulgar Chiron, S. IV d. C.); vacilación lógica, pues algunos creyeron que el CILIUM debía ser lo que había de-

bajo del SUPERCILIUM o ceja, y otros supusieron que SUPER- era un elemento superfluo y prescindible, e hicieron a CILIUM sinónimo de aquél. La lucha entre la vieja palabra y su hijo advenedizo prosiguió en romance, y todavía Berceo (*S. Mill.*, 220), el autor del *Alex.* (O 354 y 1713), y J. Ruiz (988) emplean *soberceja* (*sobreceja*, el último) en el sentido de 'cejas'[1], y ésta es todavía la única voz empleada por el portugués (*sobrancelha*)[2]; en otros romances: el francés mantiene una distinción parecida a la del latín imperial (*sourcil* 'ceja' junto a *cil* 'pestaña'), el engadino sigue confundiendo (Alta Engadina *survaschella*, Baja Engadina *tschaigl*, ambos 'ceja' y 'pestaña' a un tiempo, según Pallioppi, *Dt.-Rom. Wb.*), y otros se han decidido en el mismo sentido que el castellano moderno (cat. *cella*, it. *ciglio*, 'ceja'; oc. *ceio*, *ciho*, 'pestaña' en unas partes y 'ceja' en otras).

Acs. figuradas de interés: *ceja de la sierra* o *del monte* 'línea de cumbre' [1616, Oudin; hoy vivo en América y empleado por Cuervo, *Ap.*[7], p. 425; Sarmiento, *Facundo*, ed. Losada, p. 190; a lo mismo se referirá el dominicano Brito al definir *ceja* como «pedazo de monte»; *ceja del precipicio* 'borde' en el riojano argentino Luis Franco, *La Prensa*, 15-IX-1940][3]; *ceja de la guitarra* (M. *Fierro*, ed. Tiscornia, pp. 140, 141).

DERIV. *Cejo* [V. arriba], del lat. CILIUM. *Cejilla. Cejudo. Cejuela. Ciliar* y *superciliar:* derivados cultos.

CPT. *Cejijunto* [1438, *Corbacho*] o, por haplología, *cejunto* [Nebr.]. *Entrecejo* [APal., 219d], del lat. tardío ĪNTERCĪLĬUM id. (San Isidoro).

[1] Todavía *sobrecejo* 'supercilium' en el Glosario de Toledo (1400). Nebr. admite *ceja* en los dos sentidos de «*ceja sobre los ojos*: supercilium» y «*ceja, la cuenca mesma del ojo*: cilium». En APal. (75b) sólo hallo «supercilium, que es la *ceja*». El *Lucidario* (ms. leonés del S. XIV) emplea *çeberçeja* 'ceja' (*RFE* XXIII, 33).— [2] *Sobrencellas* ya *Ctgs.* 241.50. En gallego también *sobrancellas* (Lugrís) hasta hoy, aunque ahí luego se ha imitado al castellano diciendo otros *cellas* (Lugrís, Eladio, Alv. Cunqueiro), pero el carácter invasor de esta formación lo denuncia la forma castellana desembozada *cexas* que es lo que se emplea en muchas partes (en Verín según Crespo). Hay además *sobrencello* 'entrecejo' (Iglesias Alvariño, *sobrancello* Eladio), y la curiosa renovación *sobr-ollo* (Lugrís, Carré) que reproduce el tipo etimológico *super-oculium* del latín preliterario. Ya θéza en el habla semiportuguesa de San Martín de Trevejo (Cáceres): Leite, *RL* XXXI, 241.— [3] Comp. gasc. *celh* 'borde de un glaciar', 'grosor de la nieve'. El mozarabismo andaluz *cellajo* significa 'escarpe superior del camino hecho en una ladera' (AV), comp. *ceja de monte* 'camino estrecho' en el Perú, costa atlántica colombiana y Santo Domingo (Malaret. *Supl.*).

CEJAR, 'retroceder, andar hacia atrás', 'ceder o aflojar en un empeño', indudablemente relacionado con *cesar*, lat. CESSARE, frecuentativo del lat. CEDERE; es probable que *cejar* venga de un lat. vg. *CESSIARE 'retirarse', derivado de CĒDĔRE íd. (participio CESSUS). *1.ª doc.*: h. 1475, G. de Segovia (52); Rodrigo de Reynosa, *Coplas de unos tres Pastores* (fin S. XV: *Philol. Q.* XXI, 35, v. 293)[1]

Está fuera de duda que tenía *x* sorda en castellano antiguo, pues en Reynosa rima con *quexo*, y Segovia, Nebr. y PAlc. coinciden en la grafía *cexar*; ahora bien, en ninguno de estos autores hay todavía caso alguno de confusión de *x* con *j*. Luego es preciso abandonar la etimología de Spitzer (*AILC* II, 11-13), que consideró *cejar* derivado de *ceja*, en el sentido de 'mover las cejas', 'pestañear', 'ceder', y volver a la idea de Diez, que relacionaba *cejar* con *cesar*. Del mismo origen bearn. ant. *se ceyssar* «se soustraire a une obligation», *ceys* «moyen dilatoire, excuse», Alpes del Delfinado *ceissar* 'retroceder' (hablando de los bueyes que se dan vuelta en el surco)' (*FEW* II, 615a)[2]. El significado casi constante en los SS. XV-XVII es el de 'retroceder, marchar hacia atrás'; entre los numerosos ejs. recogidos por el *DHist.* y por Cuervo, *Dicc.* II, 100-101, para esta época, sólo dos del S. XVII (Melo y Suárez de Figueroa) inician la evolución hacia la ac. moderna de 'aflojar en un empeño', y aun éstos se pueden mirar como empleos figurados del sentido de 'retirarse (en una contienda)', con conciencia de la metáfora («fué la salida de los franceses sentidísima en todo el principado, e hizo *cejar* mucho en la afición con que los miraban», «estaba ya echada la suerte y el *cejar* se tenía por caso de menos valer»). Esta circunstancia sugiere a G. de Diego (*Homen. a M. P.* II, 19) la idea de que *cejar* no sea más que un derivado regresivo de *recejar* 'recular, retroceder', documentado en un pasaje de Nieremberg († 1658) y de otro escritor de la época, derivado del burg. *recejo* 'retroceso del agua en los remansos'; cita también variante *recezar, recezo*, cuya localización o fuente no precisa; en cuanto a *recejo* coincide perfectamente con el lat. RECESSUS, -ŪS, 'retroceso'. Pero la rareza y fecha más tardía de *recejar* (aun añadiendo *arrecejar* 'recular [un animal]', en Valderrama, 1603, *DHist.*, s. v.) hacen poco verosímil este supuesto.

Para la *x* de *cexar* se ha pensado en un *CESSIARE, variante de CESSARE (M-L., *Rom. Gramm.* II, 606), o en alteración de este último, sea por dilación de la palatalidad de la c^e latina (el mismo autor, posteriormente, en *Mod. Philol.* XXVII, 415), sea por disimilación frente a la c^e castellana (el mismo, en *REW*³, 1851). Ambos procesos fonéticos son sumamente inverosímiles. No sería aventurado creer que *cexar* sea sencillamente el cultismo *cessar*, que al introducirse en el uso común fué atraído por *dexar* LAXARE, con el cual coincidía del todo en muchos casos, como cuando *cessar* no significaba 'interrumpir una acción que se venía haciendo', sino 'abstenerse de una acción que no se hacía, dejar de hacerla' («todos aquellos que *cesaren de* escarmentar su maldad por alguna manera, sufran los mandamientos de los sanctos Padres», *Fuero Juzgo*; «lo qual *cesamos* de poner en obra, porque a vuestra señoría plugo que se no hiciese por aquella via», *Crón. de Juan II*: citas de Cuervo; «los que después dellos en estos nuestros tiempos han escripto o escriven, *cesso* de los nonbrar», *Proemio del M. de Santillana, RH* LV, 47, en el ms. de la Biblioteca del R. Patrimonio—S. XV—y en otros, mientras que los demás manuscritos ponen *dexo* en vez de *cesso*). La debilidad de este punto de vista estriba en que *cexar* en el sentido de 'cesar' sólo puede documentarse en Nebr. («*cexar* lo mesmo es que *cessar*»), en su seguidor PAlc. (traduce por el ár. *fátar*, que en otra parte explica como «dexar por cesar», Dozy, *Suppl.* II, 239a), y quizá en R. de Reynosa (pero el texto de éste no es claro); ahora bien, Nebr. no está libre de la sospecha de una preocupación etimológica. Y como *cexar* en los autores clásicos y preclásicos que lo empleron aparece constantemente en el sentido material de 'retroceder, marchar atrás'[3] y CESSARE sólo es 'tardar en hacer algo', 'interrumpirse', valdrá más admitir un lat. vg. *CESSIARE derivado de CEDĔRE 'retirarse' (part. CESSUS), así como CAPTIARE viene de CAPERE, PULSIARE de PELLERE, COMPTIARE de COMERE, COCTIARE de COQUERE, etc. Claro que el vulgar *CESSIARE pudo heredar además alguna de las acs. de su hermano CESSARE[4].

DERIV. *Cejadero. Cejador* 'especie de chicote' (en la Arg., V. ilustración de A. Villador, en *Mundo Argentino*, 26-IV-1939; etc.). *Recejar* (V. arriba). *Recejo* (íd.).

[1] «Calla, cárguete vergüeña, / ten alguna conosciencia; / quantas veces con querencia, / so la peña, / migavas en mi terreña; / ravia en tal conoscimiento; / calla, pues, que [yo] no *cexo*, / pues de ti, zagal, me quexo; / para ésta, por tu mal, / que tu calles...». Más datós, Cej. VIII, § 12.— [2] La forma francesa *cessier* 'no tener lugar (una batalla)', en un texto de h. 1230, citada por el mismo diccionario, parece ser sencillamente una ultracorrección de *cesser* 'cesar' por parte de alguien que escribiendo tradicionalmente *laissier* emplearía ya la forma moderna *laisser*.— [3] Todavía para el dominicano Brito *cejando* significa 'retrocediendo'.— [4] No sé cuál es exactamente el significado de *tajo cejado* (quizá 'estocada en retroceso') en esta descripción de un duelo criollo por Borcosque, *A través de la Cordillera*, 159, que refleja el habla de San Juan, Arg.: «Cuando Huarpiano tocó la manta del otro, en un certero tajo *cejado*, Juan Luna sintió un revuelco en el corazón».

CEJE, 'cierta mata que se emplea para curar

las erupciones', murc., del cat. *setge* f. 'escrofularia', abreviación del fr. *herbe du siège*, de *siège* 'asiento', así llamada porque pasa por curar las almorranas. *1.ª doc.*: 1932, G. Soriano.

Cat. *setge* [1766: Ag.; *setxe* 'hierba cicatrizante' en Sopeira, Huesca: *Congr. de la Ll. Cat.*, 429], *herba de seige* (empleada contra los dolores de orina y de estómago, en Castellón de la Plana: Borrás y Jarque, *Bol. de la Soc. Castellon. de Cult.* XV, 246), oc. *erbo-dóu-siège*, *èrbo-dóu-bon-sèdi*, *-sèti* (Mistral), fr. *herbe à siège*, *herbe du siège* [1538, Rolland, *Flore Pop.* VIII, 154].

Cejijunto, cejilla, cejo, cejudo, cejuela, cejunto, V. *ceja*   Cela, V. *celda*   Celada, V. *celar* II   Celador, celaduría, V. *celo*   Celaje, celajería, V. *cielo*   Celambre, V. *celo*

CELÁN, 'especie de arenque', origen desconocido. *1.ª doc.*: Acad. 1925.

Comp. *celita* 'especie de pez grande que se halla en aguas de Jibraltar' [1524, *DHist.*]. No sé dónde se emplea *celán* (que falta en Carus, Medina Conde, Vall., etc.). La *Clupea alosa*, la *Clupea finta* y la *Clupea pilchardus*, peces de la familia del arenque, se llaman *salacca* en Génova y Nápoles, *saràca* en Nápoles y Catania (Carus II, 552-3), nombre que tal vez resulte de un cruce de *sardina* con su sinónimo cast. *alache*, it. *laccia*, napol. *aleke*, mozár. *laǧ*, lat. HALLEC (o tal vez de éste con *sábalo*, *saboga*, que también designan la *Clupea alosa*, o con los tres a la vez). ¿Será *celán* una forma mozárabe procedente del mismo cruce?

Celante, celar I 'demostrar celo', 'vigilar', V. *celo*   Celar, V. *ciar*

CELAR II, 'encubrir, ocultar', del lat. CELARE íd. *1.ª doc.*: fin S. XII, *Auto de los Reyes Magos*; Berceo.

Cuervo, *Dicc.* II, 103.

DERIV. *Celada* 'emboscada' [*Cid*]: del mismo origen port. ant. y trasm. *ciada* íd., hoy *cilada* 'lugar donde se esconde el cazador', 'traición', 'embuste' (forma influída por el latín), cat. *celada* 'emboscada' [S. XIII]; en b. lat. español *celata* está documentado con esta ac. desde 731 (Du C.). *Celada* 'casco que cubría el rostro' [h. 1460, *Crón. de Juan II* y de *Álvaro de Luna, Canc. de Gómez Manrique*]: del mismo origen y significado son el cat. *celada* [1429; ej. de 1459 en *Rom.* XVII, 200], oc. *salada* [1495, doc. de los Alpes Marítimos; > fr. *salade*, 1419], it. *celata* [1516, *Orlando Furioso*[1]]; lo característico de esta pieza de armadura, según la descripción de Leguina, es que servía para tapar el rostro, y sólo en época posterior se introdujo la llamada *celada descubierta*, que dejaba ver parte de la cara; según datos de Muntaner y Simón ésta se inventó a princ. S. XIV; antes sólo se usaba *capellina*

[S. XIII, cast., cat.], que no cubría más que la parte superior de la cabeza, prolongándola hacia abajo con una cubrenuca de mallas; en vista de tales hechos debemos considerar *celada* como abreviación de *capellina celada* o 'cubierta', como ya indicaron Du C. y M-L. (*REW*, 1800), no como derivado del lat. CAELARE 'cincelar' (Diez), pues la celada no solía llevar mucho adorno y este verbo apenas ha dejado descendencia romance, ni tampoco derivado de *cielo* (*FEW* II, 36a), pues el ser de forma convexa no era distintivo de la celada frente a la capellina, cervellera, elmo, casco, almete y otras piezas de armadura de la cabeza; la primera *a* de oc. *salada*, fr. *salade*, parece indicar trasmisión por el catalán (donde la *e* pretónica suena como *a*): sabida es la fama internacional de las armas toledanas e hispanoárabes[2]; el port. *celada* por su *l* ha de ser de origen castellano.

Encelar, ant., 'encubrir'; *encelamiento*.

Recelar [1251, *Calila* 18.46; *1.ª Crón. Gral.* 392a45; *Zifar* 41.9; *Conde Luc.*; J. Ruiz, etc.] 'temer', 'desconfiar, sospechar', también port. *recear* (ya en Don Denís, h. 1300, vv. 715, 718, 'temer, tener miedo de [algo]'[3], gall. *arrezéo* 'miedo, recelo' ya en un antiguo adagio «non ay atallo sen traballo, nen rodeo sen arrezeo» (Sarm. *CaG.* 65v); cat. *recelar* íd. [1374, *recelar-se d'algú* 'desconfiar', doc. barcelonés, en Giese, *Anthologie der geist. Kult. auf d. Pyrenäenhalbinsel*, 198.33][4], oc. ant. *recel* 'causa de temor' [h. 1220, en el lemosín Gausbert de Puycibot: Levy, *PSW*, s. v.][5]; a primera vista *recelar*, por su significado, parece derivado de CELAR I 'demostrar celo, tener celos', como sostiene Nobiling, *ASNSL* CXXVII, 377, pero la *c* sorda del catalán y occitano (donde, por lo demás, el verbo *zelar* es cultismo raro) demuestra que ha de venir de *celar* 'ocultar' (comp. cat., oc. *zel* 'celo', *gelós* 'celoso', *gelosia* 'celos'), con paso de *recelar-se de* 'ocultarse de alguien' a 'desconfiar de alguien' (*se recelave del dit Francesch* en el citado doc. catalán); la construcción original fué *recelarse de*, como escriben J. Manuel (*Lucanor*, ed Knust, p. 1) y J. Ruiz (1435d), y como siguen haciendo Corral (*Crón. Sarracina*, h. 1430, en M. P., *Floresta de Ley. Ép.* I, 189.3) y todavía Mariana («los Carthagineses, de quien mucho todos se recelaban») y otros autores del S. XVII (V. *Aut.*), mas pronto apareció junto a éste el uso intransitivo (J. Manuel; J. Ruiz; APal. 214d; Nebr.; e introducido en el texto de Corral por manuscritos posteriores); en castellano antiguo la grafía con *c* sorda es casi del todo general[6]; el fr. *recéler* ha conservado el sentido etimológico de 'tener oculto' [S. XII], pero el fr. ant. *recel*, *recelee*, 'secreto', 'emboscada', y oc. ant. *encelat* 'discreto', están ya más cerca de la evolución hispánica.

Recelo [*Conde Lucanor*]; *receloso* [J. Ruiz]; *recelamiento*.

¹ Como en un doc. latino de 1417 el duque de Saboya hace importar *cellatas* de Milán, el vocablo puede considerarse atestiguado indirectamente para esta fecha en Lombardía y zona francoprovenzal.— ² A no ser que la forma languedociana *salà* por *celar* 'ocultar', citada por Mistral, sea antigua, de lo que no hay testimonios. En todo caso este pormenor fonético indica que la voz francesa no viene del italiano, como han admitido Wartburg y otros, sino de la lengua de Oc; falta sólo asegurar si en este idioma es autóctona o procedente del Sur.— ³ Matiz secundario que también existió en castellano: «que no te vendrá, *recelo*» en Rojas Zorrilla, *Cada qual lo que toca*, v. 270. De ahí a veces 'desesperar': «que pueda llegar, *rezelo*» 'desespero de que llegue' en Vélez de Guevara, *La Serrana de la Vera*, v. 2906.— ⁴ No puede ponerse en duda el carácter genuino de la voz catalana, no sólo frecuente en textos del S. XV, de lenguaje bastante puro, como *Tirante el Blanco*, sino también en el *Dotzèn del Crestià* (1386); ahora bien, en el S. XIV un castellanismo es inadmisible, a no ser en palabras de significado muy especial. El sustantivo *recel* (escrito *rasel*) aparece también, traduciendo el fr. ant. *souspeçon* 'sospecha, recelo', en Francesc Oliver, *Madama sense Mercè* (h. 1460), v. 546: *Rom.* LXII, 517.— ⁵ «Car serà ma grans dolors / *recels* e temensa».— ⁶ J. Manuel, J. Ruiz, G. de Segovıa, APal., Nebr., PAlc.; *rezelar* en Corral es la única excepción. Es verdad que esto solo_no probaría mucho, pues si bien *zelo* y *zelador* no son raros (Cuervo, *RH* II, 25; Tallgren, p. 86) la grafía con *c* predomina en el representante castellano de ZELUS, comp. *ciar, ciúme* en portugués. En este idioma y en castellano los representantes de ZELARE y de CELARE se influyeron recíprocamente, lo cual explica la *c* portuguesa y la grafía de Corral. Que escriba con *z Aut.*, carece ya de valor. Pero en las demás lenguas romances nunca se han confundido *c-* y *z-*.

CELAR III, 'cincelar', tomado del lat. *caelare* íd., derivado de *caelum* 'cincel'. *1.ª doc.:* 1580, F. de Herrera.

Hapax legomenon.

CELASTRO, 'cierto arbusto americano y africano', tomado del gr. χήλαστρον 'cambrón'. *1.ª doc.:* 1888, López Martínez.

DERIV. *Celastríneo* [1899] o *celastráceo* [1910].

CELDA, tomado del lat. *cĕlla* 'cuarto o habitación pequeña', 'santuario', 'granero', almacén'. *1.ª doc.:* h. 1400 (*Canc.* de Baena); *cella*, por la misma fecha en Sánchez de Vercial (Rivad, LI, 451), en E. de Villena y ya en la *Crón. Gral.* (DHist.); *guárdalo en la çela*¹ *de la memoria,* en J. Ruiz, ed. Ducamin, p. 4, lín. 6.

El grupo *ld* resulta de un esfuerzo fracasado por pronunciar la *ll* doble latina. Había existido una forma popular *ciella*, empleada por Berceo (*Mil.* 89, 166, 875; *Sacrif.*, 89; *S. Or.*, 132) y en el *Apol.* (400c), que posteriormente toma la forma *cilla* 'granero' (*çillas*, doc. andaluz de 1419, M. P. D. L., 362.35; en Castilla, según *Aut.*), 'renta decimal' (Acad.). Con el arcaico *cilla* tiene aspecto de estar relacionado de cerca el hapax del diccionario de Oudin (1607) *cillerca*, nombre de un hongo o seta, que sin más precisiones explica como «une espèce de potiron»; en cuanto al sentido se explicaría fácilmente por el aspecto compartimentado en filamentos —por decirlo así, la estructura o enceldado— de la cara inferior del sombrero o de tantos hongos. Más oscura es la terminación, que se nos puede antojar celtoide; pero si era nombre de la mitad Sur de España, fácilmente se aclararía como mozárabe: base *CELLARĬCA.

DERIV. *Celdilla. Enceldar, enceldamiento.*

Célula [S. XV, J. de Mena; *Bursario*, atribuído a Rz. de la Cámara], tomado del lat. *cĕllŭla*, diminutivo de *cella; celulado; celular; celulario; celulita; celuloso* y *celulosa*, de donde *celuloide.*

Derivados populares, relacionados con *ciella, cilla: cillazgo; cillero* 'el que guarda la *cilla*'; *cillero* 'cilla', 'bodega' [*cellero*, Berceo; *cillero:* APal. 68d, 267d, Nebr.], de CELLARIUM 'despensa'. (comp. cat. *celler*, fr. *cellier*, alem. *keller* 'bodega'), de donde *cillerero, cillería, cillerizo, -iza.*

¹ Otro ej. de Lope, en el *DHist.*

Celde f., V. *acetre*

CELDRANA, 'variedad de aceituna gorda', murciano, derivado de *Celdrán,* apellido del que introdujo el cultivo de esta especie. *1.ª doc.:* 1741.

G. Soriano, *Vocab. del Dial. Murc.*, s. v.

CÉLEBRE, tomado del lat. *cĕlĕber, -bris, -bre,* 'frecuentado, concurrido', 'celebrado'. *1.ª doc.:* Nebr.

DERIV. (cultos). *Celebridad* [1629, G. del Corral], del lat. *celebritas, -tatis,* 'frecuentación', 'celebración'. *Celebérrimo. Celebrar* [Berceo], de *celebrare* 'frecuentar', 'asistir a una fiesta', entró como término religioso, y no tiene todavía otra ac. en el S. XIII (Cuervo, *Dicc.* II, 104-6; *Obr. Inéd.* 229); *celebración; celebrador; celebrante; celebrero.*

Celebro, V. *cerebro*

CELEMÍN, 'medida de varios tipos, especialmente la de áridos equivalente a cuatro cuartillos', del hispanoár. *ṭamānī,* plural de *ṭumnîya* 'vaso de barro, cantarillo', antiguamente 'medida equivalente a la octava parte de otra mayor', derivado de *ṭamâniya* 'ocho'. *1.ª doc.:* S. XIII, *Fuero de Soria; Gral. Estoria.*

En ast. es 'medida para áridos, de 1/4 de fanega' (V). Steiger, *Contr.*, 123; Neuvonen, 222-3.
Port. *celamim* íd.; gall. ant. *ceremin* (plur. *-mis,
-mins*) con disimilación diferente («tres *ceremiis*
de pan: medio millo e medio centéo» Pontevedra
a. 1492 y 1527, *ceremines* 1520, *ceramiis* 1439,
Sarm. *CaG.* 172*v*, 173*v*, 174*v*, 176*r*). Se comprende
la generalización del plural en un nombre de medida, que en la mayor parte de los casos se emplea
en este número. PAlc. sólo registra la ac. 'vaso de
barro', 'cantarillo', pero como nota Dozy, *Suppl.*
I, 164*a*, el hecho de ser un derivado de *ṯamâniya*
indica que debió ser primitivamente una medida
equivalente a la octava parte de otra; es posible
que ésta fuese el alqueire (ár. *káįl*), pues la variedad de esta medida portuguesa conocida hoy por
el diminutivo *alqueirinho*, de uso ya medieval (vid.
Viterbo), equivalía justamente a 8 celemines. Nuestro vocablo presenta uno de los pocos casos de
ṯ arábigo (cuyo sonido equivalía al de la z moderna castellana) representado por ç del castellano
antiguo (que valía por ts): se trata de una transcripción aproximada de un sonido extranjero, de
la que hallamos ejs. sólo en *AZUMBRE* y en el
nombre propio *Cegrí*. La variante etimológica *celemi* está documentada en Burriel (V. *DHist.*), de
ahí un *celemil* que ha dado lugar al vulgarismo
cubano *ceremil*. Para la adición de una *-n*, vid.
Steiger, 346. Por lo demás hubo metátesis *cenemín* y luego disimilación *celemin*; otra disimilación en el gall. ant. *ceramín* 'medida de capacidad' (1333, 1348, *Boletim de Filol.* XII, 344).
Neuvonen encuentra escrúpulo en la acentuación,
pues PAlc. acentúa *ṯamini* y así él supone que en
árabe clásico sería *ṯamâniy*, pero Steiger admite
como forma originaria *tamâni(y)* y así es probable
que fuese, correspondiendo a uno de los numerosos plurales cuadrisílabos de este tipo, que después hicieron retroceder el acento en árabe vulgar;
la forma romance será anterior a este retroceso[1].

DERIV. *Celeminada. Celeminear. Celeminero.*
[1] También podría pensarse en el ár. *ṯaminín*
'ochenta', pero es difícil de concebir una medida
que equivaliera a ochenta de un tipo más reducido. Desde este punto de vista no habría dificultad en derivar de *ṯamâniya* 'ocho', según quiere la Acad., pero la forma de esta voz en hispanoárabe (*tamînia*, PAlc.) se opone a ello.

Celenterios, V. *celíaco*   *Celera*, V. *celos*

CELERADO, ant., 'malvado', tomado del lat.
sceleratus 'criminal', derivado de *scelus* 'crimen'.
1.ª doc.: h. 1500, *Canc.* de Castillo.
Raro y culto. Se empleó también *escelerado*
(Acad.).
DERIV. Otros derivados cultos de *scelus: celerario; celeratísimo; celeroso* (*DHist.*).

Celerar, -ramiento, V. *célere   Celerario,* V.
celerado

CÉLERE, adj., 'pronto, rápido', tomado del lat.
cĕler, -ĕris, -ĕre, íd. *1.ª doc.*: Acad. ya 1884.
Poético y raro.
DERIV. También los derivados de este adjetivo
aparecen en castellano en forma culta, pero son
más frecuentes. *Celeridad* [Pérez de Guzmán,
† h. 1460], de *celerĭtas, -atis,* íd. *Acelerar* [h. 1460:
Crón. de Juan II; el participio *acelerado* es ya
algo anterior—Santillana—, pero la ac. 'inconsiderado, violento' que tiene con frecuencia en la
lengua clásica y preclásica, indica que en él se
confundieron los lat. *acceleratus* y *sceleratus* 'criminal', V. artículo anterior]; comp. Cuervo, *Dicc.*
I, 102-3; también se dijo *celerar*, según *Aut.*, que
lo da como anticuado; *aceleración, acelerador, aceleramiento, aceleratriz.*

Celescopio, V. *celiaco   Celeste, celestial, celestina, celestinesco, celestre*, V. *cielo   Celfo*, V.
cefo

CELÍACO, tomado del lat. *coeliăcus* y éste del
gr. κοιλιακός 'perteneciente al vientre', derivado
de κοιλία 'vientre', y éste de κοῖλος adj. 'hueco'.
1.ª doc.: 1555, Laguna.
DERIV. *Celíaca.*
CPT. *Celenterios* (Acad. 1925, 1936) o *celentéreos* [1909], formado con κοῖλος y ἔντερον 'intestinos'. *Celescopio* [Acad. 1925], formado con
κοῖλος y la terminación de *telescopio* (procedente
de σκοπεῖν 'mirar, examinar'): de haberse formado correctamente con los elementos griegos, habría sido *celoscopio.*

Celiandro, V. *culantro*

CÉLIBE, tomado del lat. *caelebs, -ĭbis,* 'soltero'. *1.ª doc.*: h. 1625, A. Pantaleón.
Cultismo muy raro en esta época, no se hace
algo más frecuente hasta el S. XIX, pero siempre
lo ha sido mucho menos que *celibato*. Para la probable etimología del gall. *ceibe*, duplicado popular
de *célibe,* vid. *CEIBA.*
DERIV. *Celibato* [Ribadeneira † 1611], tomado
del lat. *caelibatus, -ūs,* íd.; también se ha empleado como adjetivo sinónimo de *célibe* [Moreto];
el derivado *celibatario,* que algunos emplearon en
el S. XIX, es galicismo.

Célico, celícola, V. *cielo*

CELIDONIA, tomado del lat. *chelidŏnĭa* íd., y
éste del gr. χελιδόνιον íd., neutro de χελιδόνιος
'semejante a la golondrina' (χελιδών, -όνος), por
el color azul oscuro del algunas variedades, semejante al de este pájaro. *1.ª doc.*: APal., 69*b*.
Se emplearon otras formas más populares: *ci-*

ridueña («*c.: hierba de golondrina*; chelidonia»), en Nebr., comp. ast. *cirigüeña; celidueña* [1565, etc., *DHist.*], vco. vizc. *sarandoi.* Para nombres romances de esta planta, vid. Bertoldi, *ARom.* VII, 275 ss. La denominación griega de esta planta dió lugar a leyendas etimológicas, como la que relata APal., relativa a la curación de los ojos de sus crías por parte de las golondrinas.

DERIV. *Celidónico. Celidonato.*

Celinda, V. *jeringa*   *Celindrate*, V. *culantro*
Celita, V. *celán*

CELO, tomado del lat. *zēlus* 'ardor, celo', 'emulación', 'celos', y éste del gr. ζῆλος íd., derivado de ζεῖν 'hervir'. *1.ª doc.*: Berceo.

Cej. IV, § 8. Aunque se halla también la forma *zelo*, con *z* sonora, en la época antigua, lo más común es *celo;* para la extensión de ambas formas, y por el influjo de CELARE 'ocultar', a que se debe la *c*, V. CELAR II. En castellano y portugués (*cio*) no es voz de evolución enteramente popular (comp. la *g* de cat., oc. *gelós*, fr. *jaloux*, it. *geloso*), pero pertenece a la capa más antigua de cultismos del idioma. Cuervo, *Dicc.* II, 106-109. Para la historia de la idea de 'celos' en romance, y para los derivados de esta palabra, vid. H. Hatzfeld, *Objektivierung subjektiver Begriffe im Mittelfranz.*, 1915; Grzywacz, *Eifersucht in d. roman. Spr.*, 1937; Spitzer, *Rom.* LXIV, 256-61; Lerch, *ARom.* XXIV, 174; Jud, *VRom.* IV, 347-8.

DERIV. *cela* f. 'celo de los animales' [Meléndez Valdés, *Egl.* 1, ed. 1820 II, 376; Rivad. LXIII, 178a]. *Celambre* [Tirso]. *Celar* [1438, J. de Mena][1], 'velar, vigilar', 'tener celos', tomado del lat. tardío *zelari* 'demostrar celo', 'tener celos'; *celador, celaduría, celante. Celera. Celoso* [Berceo][2], derivado que sustituyó ál lat. *zelotes* (para la formación, comp. Jud, l. c.; es posible que el vocablo naciera en oc.—*gelós*—, donde se halla por vez primera[3]; igual en los demás romances occidentales (port. *cioso*[4], y las formas ya citadas en g- o *j*-); *celosia* 'celos' (SS. XV-XVII), 'enrejado de madera que se pone en las ventanas para que las personas que están en lo interior vean sin ser vistas', así llamada por la causa que determina su uso [1555, *Viaje a Turquía;* es dudosa la fecha del romance que cita el *DHist.; celosía* (enrejado) ya estaría en doc. de 1526 (*BHisp.* LVIII, 357) según una colección de docs. de Guadalajara cuyos datos dan lugar a duda con notable frecuencia], acepción que aparece por primera vez en el it. *gelosia* [1493], de donde el vocablo pasó a Grecia [τζιλοτζά, 1699: Kahane, *Byz.-Neugr. Jahrb.* XV, 119], a Francia [1588], y seguramente a España (vid. Spitzer, l. c.); la variante anticuada *celogía* [h. 1549: Hurtado de Mendoza; *G. de Alfarache*, Cl. C. III, 22.7; etc.], puede deberse a una evolución fonética de la *s* ante *i* (como en *registir, igreja*) o bien a metátesis de la forma

italiana (comp. *gelosía* en Méjico: R. Duarte). *Encelar* 'dar celos', 'poner en celo'. *Recelar* 'poner el caballo frente a la yegua para incitarla a que admita el garañón' [*Aut.*, s. v.]; *recelador* [íd.], *recela.*

CPT. *Celotipia* [S. XVI], tomado del lat. *zelotypia* y éste del gr. ζηλοτυπία íd., derivado de ζηλότυπος 'celoso', compuesto con τύπτειν 'golpear'.

[1] En J. Ruiz, 660d, no es claro si se trata de esta palabra o de CELAR II. Comp. Cuervo, *Dicc.* II, 101-2.— [2] Ejs. y construcciones en Cuervo, *Dicc.* II, 109-111.— [3] Parece que también se empleó en mozárabe, y que se halla en *ḥarǧas*, aunque para ello hay que enmendar algo el texto (y es extraño que tome la forma *ǧelóš* o *ǧiloš*, sin -o, contra lo que debería esperarse en mozárabe). Cf. los trabajos de Gerold Hilty en *Fs. Alwin Kuhn*, 1963, 237-254; *Fs. Harri Meier*, 1971, 227-252; y *Al-And.* XXXVI, 127-144, sobre esta cuestión y otras relativas a *celos, recelar* y su familia. El Sr. Hilty parece muy empeñado en corregir toda clase de detalles en mi libro; sus ideas resultan harto confusas y se toma grandes libertades en sus «restituciones» del texto de las *ḥarǧas*. De todos modos remito a esos trabajos, que contienen datos de interés.— [4] *Ceoso* en el gallego de las *Ctgs.* «Casou con hũa dona, e foi dela tan *ceoso*, / como sse fezesse torto», «a Virgen mui groriosa... dos que ama é *ceosa*» 341.12, 42.5.

Celogía, celosía, celoso, celotipia, V. *celo*
Celongrina, V. *fardacho*   *Celsitud*, V. *excelente*

CELTÍDEO, derivado culto de *celthis, -is,* fi (o *celtis*), que figura en Plinio como nombre africano del almez. *1.ª doc.*: 1865, *Dicc. de Farmacia.*

Celtre, V. *acetre*   *Célula, celulado, celular, ce1lulario, celulita, celuloide, celulosa, celuloso*, V. *celda*   *Cellajo*, V. *ceja*   *Cellar*, V. *cello*

CELLENCO 'achacoso, decrépito', y CELLENCA 'ramera vieja o sucia', con su variante *zullenco, zullenca*, son alteraciones de *sellenca* 'la ramera que espera sentada en el burdel', derivado de *siella* por 'silla'; más tarde, al aplicarse al viejo que se ensucia involuntariamente con su deposición, el vocablo se alteró en *zullenco* a causa de *zullarse* 'ensuciarse al ir de vientre', que viene del cat. *sullar-se* (o *sollar-se*) 'ensuciarse', del mismo origen incierto que el fr. *souiller* 'ensuciar' (V. mi DECat.). *1.ª doc.*: Quevedo, antes de 1617[1].

Wagner, *RFE* XXI, 228-30, señaló el parentesco de *cellenco* con *zullenco* (que *Aut.* trae con la definición citada) y con *zullarse*, pero cree que éste sea de origen onomatopéyico como el sinónimo *zurrarse*. Sin embargo, *zullarse* [*Aut.*, con los derivados *zulla* 'excremento humano' y *zullón* 'el que se ventosea'², ibíd.; Cej. VIII, § 108] y el murc. *zullirse*, son, como ya indicó G. de Diego, *RFE* VII, 115, inseparables del fr. *souiller* 'ensuciar', pero no deberán considerarse hermanos de esta palabra, sino tomados de la forma catalana de la misma, cat. *sollar*, mall. *soiar*, cat. ant. y val. *sullar* 'emporcar, ensuciar' (*sullar* en Eiximenis, Terç del Crestià, N. Cl. VI, 37, 64, 64; J. Roig, *Spill*, vv. 3614, 7666: *sulle, sulla* rimando con *mulle, qualsevulla;* para el uso actual de esta forma en Valencia, vid. la nota de Chabás en la p. 298; Barnils, *Die Mundart von Alacant*, p. 95), que justamente tiene la ac. especial de 'ensuciar con excrementos'³. No es imposible que un adjetivo **sullenc* existiera ya en catalán, teniendo en cuenta que -*enco* es sufijo tan raro en español como frecuente en aquel idioma; sin embargo, el vocablo no ha sido recogido por los diccionarios existentes⁴, y creo que en realidad es otro el origen.

Cellenca significaba además 'mujer pública' (según la Acad., eds. de 1832 a 1843, con nota de anticuado, que después se le ha suprimido; sin esta nota ya en 1780). Ahora bien, *cellenca* en este sentido es leve alteración de *sellenca* 'la ramera que aguarda sentada en el burdel', que figura en ediciones tardías de Oudin (cita de Cej. IX, p. 388; no en la de 1616), y deriva de *siella* 'silla'. En efecto, era común decir que las rameras tenían *silla* o *cadira* en tal burdel: Juan de Mena en una diatriba obscena dijo que fulana «aun en el burdel de Valencia ha tenido *cadira*» (*Canc. de Obras de Burlas*, 169). *Sellenca*, como palabra insultante, acabaría por designar despectivamente a las rameras viejas y aun se aplicaría como injuria a cualquier vieja de aspecto repugnante y despreciable. Entonces el vocablo cayó bajo el influjo del catalanismo *zullarse* 'ensuciarse con excrementos': de ahí la forma contaminada *zullenca* (después *zullenco*) y aun la *c* de la forma intermedia *cellenca*, que sea en el significado de 'ramera' o en el de 'vieja odiosa' aparece ya en Quevedo⁵. Spitzer, *RFE* XII, 234, cree que *cellenco* significaría primitivamente 'caballo viejo' y vendría de *CELLO* 'aro', al cual atribuye la ac. 'cincha', propia de su étimo CĬNGŬLUM, comp. it. *stare sulle cigne*, frase aplicada a caballos enfermos y a personas enfermizas, que apenas pueden tenerse de pie, y mall. *cingladura* 'enfermedad que padecen las caballerías en el lugar donde se les cincha'; idea que no puede aceptarse en vista de la relación con *zellenco, zullarse;* a lo sumo podría imaginarse que un *zullenco* derivado de *zullar* se alterara en *cellenco* por influjo de *cello*, pero el hecho es que no hay testimonios de que *cello* o *cellenco* se aplicaran jamás a caballerías. M-L., en la primera ed. del *REW* (1802), quiso derivar *cellenco* de CELLA en el sentido de 'inmovilizado en su celda o cuarto', idea que Segl, *ZRPh* XLII, 99, aceptó extendiéndola a la ramera, como per-

sona confinada a la celda de un burdel; como reconoció M-L. en su tercera edición, tal etimología tiene escaso fundamento semántico y no da cuenta del singular sufijo del vocablo. En cuanto al étimo SENĬCŬLUS 'viejecito' (Acad.) es imposible fonéticamente, e inverosímil desde todos los puntos de vista.

Del fr. *souiller* deriva el fr. ant. *souillard* 'pinche de cocina' [1356, en el *DGén.*, todavía empleado por Rabelais]⁶, que pasaría al castellano en la forma **sollarte*, alterándose luego por repercusión y disimilación en **sollartre, sollastre* (comp. *pillastre* de *pillard*, cast. ant. *pillarte; sastre* de *sartre*), documentado primeramente en el sentido propio en 1428, trad. de la *Commedia* atribuída a Villena (traduciendo a «i cuoci a lor *vassalli*», Inf., XXI, terc. 19), en la traducción del *De las Ilustres Mujeres* de Boccaccio, Zaragoza, 1494 y en 1599, *G. de Alfarache*⁷, y luego 'pícaro redomado' en Quevedo (evolución semántica documentada en PÍCARO y ACOQUINARSE), vid. *Aut.* y Fcha. (falta todavía en C. de las Casas y Covarr.).

Igual que del francés podría tratarse del oc. ant. *solhart* «marmiton» (Mistral, *souiart*), documentado por Levy en la forma *solhardo coquine* en dos docs. latinos de la Gironda (*solhardus* «garçon qui lave la vaisselle» está ya en los Estatutos de Magalona de 1331, *ARom.* III, 372), derivado de oc. *solhar* 'ensuciar', equivalente de dicha voz francesa. Etimología ya indicó G. de Diego, *RFE* VII, 116, aunque sin explicar la evolución fonética castellana (no es derivado de un cast. *sollar* con sufijo -ASTER, como dice M-L., *R. G.* II, 523, y quizá entiende M. P., *Fg. Mussafia*, 388). *Sollastría.* La frase cubana *arrancar el · sollastre* (Pichardo, s. v. *arrancar*) 'hablar mal de alguno' es deformación de *arr. el sollate* o *soyate* 'pellejo' (Pichardo s. v.; *Ca.* 40), el cual parece ser lo mismo que el mej. y hond. *zoyate* 'palma', tomado del náh. *çóyatl* íd. (Molina), cambio de sentido explicable porque se arrancan las hojas de la palmera (pegadas al tronco como el pellejo al cuerpo humano) para hacer esteras, etc.

¹ En el *DHist.* se cita además un texto manuscrito sin fecha.— ² Según Oudin éste vale 'pedo' («vesse») y *zullonear* «vessir».— ³ «El que es gita en elles [criatures], a lo millor ja se veu orinat o *çullat*», M. Gadea, *Tèrra del Gè* I, 391. Ag. la documenta en el S. XVII.— ⁴ Escrig-Llombart trae *cellench* con la misma definición que la voz castellana, pero poca fe se le puede dar, teniendo en cuenta que los autores de este diccionario valencianizan muchas veces las palabras halladas en el diccionario académico español.— ⁵ Parece ser 'ramera sucia': «¿Quemé yo tus abuelos sobre Cuenca, / que en polvos sirven ya de salvadera, / aunque pese a la sórdida *cellenca*?» (composición satírica *Riesgos del Matrimonio*, Rivad. LXIX, 235). Reconozco que no puedo explicar la alusión ahí encerrada, y que también

podría tratarse de 'vieja decrépita'. Otras ediciones traerían la variante *zullenca*, que es como cita este pasaje el diccionario de Autoridades (la ed. crítica de Fz. Guerra, II, 263, trae también *cellenca*.— [6] «Aussi bien se fasche Lucifer de leurs ames; et les renvoye ordinairement aux Diables *souillars* de cuisine, sinon quand elles sont saulpoudrées» IV, cap. 46, p. 170.— [7] «Parecióle mejorarme sacándome de aquel oficio a *sollastre* o pícaro de cocina», *Cl. C.* II, 56.1.

Cellerisca, *-iscu*, V. *cellisca*   *Cellerizo*, *cellero*, V. *celda*

CELLISCA, 'borrasca de nieve, agua y viento', origen incierto, quizá de un verbo *cellar*, derivado del lat. CĬNGŬLUM 'cincha', en el sentido de 'azotar con una cincha', 'azotar la cara (el viento)'. *1.ª doc.*: Sor María de Ágreda († 1665)[1].

El santanderino Pereda (*De tal palo tal astilla*, cap. 1, p. 14) empleó con el mismo significado *cellisca* y *cellerisca*, y en el Sudeste de su provincia corre *celleriscu* (G. Lomas). Propuso la etimología indicada Spitzer, *RFE* XII, 234, comparando con el fr. *cingler* 'azotar', dicho también del viento que azota la cara, Anjou *cingalée* 'chaparrón', mall. y val. *cinglar* 'azotar'. El sufijo sería el mismo de *ventisca*, *pedrisco*. En efecto, *cellisca* pudo salir de *cellar* como *nevisca* de *nevar*. Es etimología posible, aunque dudosa mientras no se den pruebas de la existencia de *cellar*. Para la evolución fonética del grupo -NG'L-, comp. CELLO. Sumamente inverosímil la etimología PROCELLA 'tormenta' propuesta en ciertas ediciones de la Acad.

DERIV. *Cellisquear* [Acad. ya 1869].

[1] Ayala Manrique (que empezó su obra en 1693), inmediatamente después de publicarse *Aut.* comenta el artículo del dicc. diciendo que él no ha leído tal palabra en autor alguno, por lo que sospecha sea provincial.

Cellisca, V. *cenceño*

CELLO, 'aro con que se sujetan las duelas de los toneles', del lat. CĬNGŬLUM 'cinturón', 'cincha', derivado de CINGĔRE 'ceñir'. *1.ª doc.*: *cenllo*, 1614[1]; *cello*, h. 1620, *Lazarillo de Luna*.

G. de Diego, *RFE* XII, 5; Spitzer, ibid. XII, 233. Además del citado autor, que era aragonés, aparece el vocablo en el dialecto aragonés de la Litera ('llanta de carro'[2]) y en los vizcaínos Terreros y Trueba (en éste, *cella*). Se trata de una evolución dialectal oriental del grupo -NG'L- comparable a la sufrida en el port. *cilha* 'cincha' y en los gall. *unlla* UNGŬLA y *senllos* SINGŬLOS; comp. arag. *escalla* SCANDŬLA. No puede venir de CIRCULUS, como sugiere la Acad., pues esta base no podía dar más que *cercho* en castellano. Otra evolución presenta *ceño* 'cerco o aro de hierro', 'cer-

co elevado alrededor del casco de una caballería' [1629], arag. y murc., que no es derivado de *ceñir* (según quiere la Acad.), comp. *uña* ŬNGŬLA.

DERIV. *Hierro cellar* [Acad. 1884]. Además, V. *CELLISCA* y *ENCELLA*.

[1] «Una cuba con *çenllos* de yerro», en invent. murciano, G. Soriano, *BRAE* XIII, 502.— [2] Misma ac. en Soria (G. de Diego).

Cembellín, V. *cibelina*   *Cembo*, *cembrio*, V. *cimbra*   *Cementación*, *cementar*, V. *cimiento*

CEMENTERIO, tomado del lat. tardío *coemetērium* id., y éste del gr. κοιμητήριον 'dormitorio', derivado de κοιμᾶν 'acostar'. *1.ª doc.*: *cimiterio*, *ciminterio*, Berceo; *cementerio*, h. 1400, glos. de Toledo.

De la última forma se citan ejs. anteriores, pero en ediciones inseguras. El etimológico *cemeterio* se halla todavía en la *Agricultura* de Pineda (1589); *cimiterio* en la *Gr. Conq. de Ultr.* (Rivad. XLIV, 142); port. *cemitério*, gall. *cimeterio* (Castelao 171.17); *cimenterio*, en las *Partidas* I, tít. XI (ed. Acad. de la Hist., I, 371); etc. Para las diversas variantes del vocablo, vid. Cuervo, *Ap.*, § 804, *Obr. Inéd.*, 192. La *n* adventicia se halla también en el cat. *cementiri*, oc. *cementeri*, en varios dialectos franceses y alto-italianos, en el pol. *cmentarz*, etc.; este último da razón a Schuchardt (*ZRPh.* XXXV, 75) cuando admite que no es debida—o no es debida únicamente—a influjo de CAEMENTUM 'cimiento, cemento', sino a propagación fonética de la nasalidad. La ac. 'cementerio' se halla ya en griego y en latín tardíos, pero sólo en autores cristianos.

DERIV. *Cementerial*.

Cemento, *cementoso*, V. *cimiento*   *Cemita*, V. *acemite*   *Cena*, V. *escena*

CENA, del lat. CĒNA 'comida de las tres de la tarde'. *1.ª doc.*: *Cid*.

Aunque Nebr. define todavía *cena* como «comida a la tarde», seguramente por latinismo, ya en el *Cid* indica la comida que se toma al fin de una jornada de marcha, oponiéndose a *yantar* 'comida del mediodía', y en Berceo, *S. Dom.*, 455a, la cena se come bastante más tarde de las tres[1].

DERIV. *Cenar* [*Cid*], del lat. CENARE 'comer la cena'; comp. Cuervo, *Dicc.* II, 111. *Cenadero*. *Cenado*. *Cenador*. *Cenaduría*. *Cenata*, col., cub. *Cenáculo* [1604: Fr. J. de los Ángeles], tomado del lat. *cenacŭlum* 'comedor', aplicado en castellano a la sala en que se celebró la santa cena, después 'reunión de personas que profesan unas mismas ideas' [Castelar, † 1899; no admitido aún por la Acad. 1936].

CPT. *Cenaaoscuras*.

[1] En el *Rim. de Palacio*, 464b, parece tratarse de 'cada una de las comidas principales de un

día': «aquí non podemos aver / solamente una *cena* para nos mantener».

CENACHO, 'espuerta de esparto o palma, con asas, empleada para llevar víveres', del mozár. 5 *šannâč* 'capacho, cenacho, canasta', voz emparentada con el cat. *senalla* 'cenacho para grano', 'cenacho en general'; probablemente del mismo origen que el fr. ant. y dial. *senail* 'granero', 'henil', a saber, del lat. CENACŬLUM 'cámara alta', 'piso su- 10 perior de un edificio' (derivado de CENARE 'cenar', por ser este piso donde solía estar el comedor); en mozárabe el vocablo sufrió en su terminación el influjo de *capacho* y de *qanâč* 'canasto', y pasó sucesivamente por las fases semánticas 'piso alto' 15 > 'granero' > 'recipiente para grano'. *1.ª doc.:* 1603, P. de Oña.

· En castellano designa una especie de capacho o espuerta para llevar viandas de muchas clases; concretamente puede servir para llevar pescado a 20 vender (así en Andalucía, a juzgar por el derivado *cenachero*, 'el que lleva un cenacho de esta clase': Toro G., *RH* XLIX, s. v.; A. Venceslada), para ir a buscar setas (oído así en Almería), y otros usos semejantes (Rodríguez Rubí, *Poesías* 25 *andaluzas, DHist.*). No creo que sea casual el que todos estos testimonios se refieran a tierras andaluzas. Pero también los hay referentes al Este: 'bolsa de piel o de esteras que cuelga de una de las barandillas del carro, dividida en dos compar- 30 timientos, que se destinan a la bota y a otras provisiones', en el Bajo Aragón (Puyoles-Valenzuela); de ahí pasaría el vocablo a Cataluña con el mismo significado (Ag., s. v. *cenatxo*), o con el de 'maletín, pequeña maleta de mano para viajar' (así en 35 Barcelona, donde se siente como palabra castellana)[1].

Ya Simonet (s. v. *canách*), seguido por Dozy (*Suppl.* I, 846a), Eguílaz (368), M-L. (*REW*[1] 1601), Steiger (*Contr.*, 176) y Lokotsch, vieron que 40 el cast. *cenacho* era solidario, tanto del cat. *senalla* como del mozár. *šannâč*, pero mientras Simonet y Eguílaz creen que esta palabra mozárabe tiene el mismo origen que *qanâč* 'cesto', y por lo tanto viene del lat. CANISTRUM, los tres últimos dan a 45 entender que es palabra genuinamente arábiga[2], y Dozy se abstiene de opinar acerca del origen. Obsérvese ante todo que *šannâč* o *šannâǧ* es palabra ajena al árabe propiamente dicho. Traen *šannâǧ* 'cesta, canasto' el español Abenalauam 50 (S. XII), R. Martí, y como palabra marroquí Lerchundi (*šannâǧ* o *sannâǧ* 'capacho, cenacho')[3] y A. Martin; *çanách* figura en PAlc. con la definición «capacho del molino de aceite»[4], que deberemos entender como grafía imperfecta de *çannách*, en 55 vista del plural *çanánich*[5]. En cuanto al cat. *senalla*, su significado es el mismo del cast. *cenacho*: 'espuerta de esparto o de palma', por lo común de tamaño mayor que la llamada *cabàs* 'capacho'; es voz muy antigua en el idioma, docu- 60

mentada desde el S. XIII[6]. Claro está que es tan imposible fonéticamente derivar *senalla* del mozár. *šannâč*, como considerar a ambos como descendientes del lat. CANISTRUM, según quiere Simonet.

En la Acad. (1936) leemos, como etimología de *cenacho*: «lat. *cenaculum*, de *cenare* 'comer'»; la última parte de esta explicación se referirá al detalle de que el cenacho suele emplearse para llevar alimentos. No está ahí la explicación semántica; y sin embargo creo que la idea de relacionar con CENACULUM, aunque por otro camino, no era desacertada. Hay hermandad muy probable entre *senalla* y el fr. ant. *ceignail* (S. XIII), fr. medio *chenail*, pic. *šenal*, valón *sinail*, 'granero', 'henil', que hoy tiene gran difusión en los dialectos franceses: *senail, cénas, sinaut*, y formas parecidas, se emplean en el Bajo Loire, en Bretaña, Normandía, Picardía, Valonia, Lorena, Champagne, etc. (*FEW* II, 577b); ahora bien, todos están de acuerdo en derivar esta palabra del lat. CENACULUM en el sentido de 'piso superior de un edificio', 'cámara alta'. De 'granero' se pudo pasar a 'recipiente para grano', que es, en efecto, el uso a que se destina muchas veces la *senalla* catalana (así en Capellades, etc., según Griera, *BDC* XX, 315); es muy frecuente que una misma palabra signifique 'granero' y 'cesta, canasto': port. dial. *canastru* 'granero' (*WS* X, 91); murc. *horón* 'sitio en que se guarda el trigo', junto al cast. *horón* 'serón', lat. *ero* 'cesta de mimbres'; gót. *bansts*, b. alem. y alem. centr. *banse* 'henil' junto al lat. vg. *banasta* 'canasta' (Kluge; *FEW*, s. v. *BANSA); pallar. *calàs* 'depósito para guardar grano' junto a fr. *calais* 'canasta', Blonay *tsǝ* «casier d'un bahùt à grains», Bregaglia *catla* 'cesta para llevar objetos a la espalda', cat. *calaix* 'cajón de escritorio' (*BDC* XXIII, 280); Berry *barž* 'cobertizo para guardar el heno', b. alem. *barg* 'henil' junto a Como *bar(a)k*, Verzasca, Tesino *bargei* 'cesta' (*REW, FEW*, s. v. *BARGA); cast. *troj(a)* 'espacio limitado por tabiques para guardar frutos y especialmente cereales' junto a cast. ant. *troja* 'alforja, talega o mochila'; arg. *cesta* 'troj' (*AILC* III, 50); svcr. *boš* 'cesta', 'granero'; ingl. *crib* 'cesta', 'granero'; etc.

Ahora bien, si admitimos CENACULUM o su plural CENACULA como étimo del cat. *senalla* (*senall*), también deberemos admitirlo para el mozár. *šannâč*; si bien, reconociendo que su terminación no se explica por la de la voz latina, deberemos aceptar que es debida al influjo de sus dos sinónimos mozárabes, CAPACHO y la forma que la voz CANASTO tomó en este dialecto, es decir, *qanâč* (Abencuzmán[7], PAlc.), con el paso de ST a *č*, que es normal allí (*BDC* XXIV, 71; A. Alonso, *PMLA*, 1947) y en gallego (*ganacho* 'especie de cesto'; terminación verbal *-ache* < -ASTI)[8].

[1] En Mallorca es 'espuerta con asas pequeñas', y en Valencia *sarnatxo* es lo mismo que el cast. *cenacho* o bien una 'escarcela de cazador a manera de red' (Escrig, s. v. *sarnajo*); en Martí

Gadea es la mochila del pescador, donde éste mete la pesca (*Tèrra del Gè* II, 102). Sabido es que en estos textos valencianos *j* representa *tx* = cast. *ch*. Creo que en Mallorca y Valencia será también castellanismo, pero también podría ser mozarabismo indígena. La forma valenciana sufrió el influjo del indígena *sària 'serón'*. Teniendo en cuenta la probabilidad de que esta *-r-* sea secundaria y de que en valenciano y mallorquín no sea palabra antigua, se hace muy dudoso que tengan algo que ver con esto las dos freguesías portuguesas llamadas *Cernache* que otros escriben con *S-* (una junto a Coímbra por el S., la otra a medio camino de Coímbra al Tajo), comp. los numerosos *Sernadas* y *-nados* o *C-* y *Cernance-lhe.—* [2] Steiger rectificó después. En *VRom.* IV, 357, declara brevemente que no es palabra arábiga. También M-L. pone un interrogante en la 3.ª ed. de su diccionario (7583a).— [3] De aquí el bereber (Beni-Snous) *asennaž* «nasse d'alfa, corbeille de roseau, longue et étroite, sans anses», en el que Bertoldi, *AGI* XXXVI, 17n.34, quisiera ver un derivado de *tsennît 'esparto'*, voz bereber que se cree de origen líbico; pero la opinión de Bertoldi parece aventurada en vista de las diferencias fonéticas entre las dos palabras. Evidentemente el bereb. *asennaž* ha de relacionarse con *cenacho*, voz que Bertoldi no parece conocer. En cuanto a suponer que *cenacho* venga del bereber, me parece fuera de toda posibilidad por muchas razones, entre ellas las fonéticas, a que aludo en la última nota de este artículo.— [4] Para la exacta descripción del objeto a que se refiere PAlc., vid. Dozy.— [5] Por otra parte, *ṣannâǧ* en Egipto y en otras partes designa algo enteramente distinto, esto es, la persona que toca el instrumento llamado *ṣánǧa* o *ṣanǧ 'especie de címbalo o de castañetas de metal'*, palabra de origen persa en árabe. Salta a la vista que este vocablo no puede ser la fuente de la voz hispanoárabe, de significado tan remoto, aunque sí pudo ser causa de que el mozárabe *ṣanâč* tomara una *nn* doble secundaria. Griffin en su tesis sobre R. Martí explica ahora la *ṣ* y la *nn* de *ṣannač* por influjo de la voz semítica *ṣann 'canastilla para el pan'*. Sin duda atinadamente. También explica así la *e* (y no *i*) del cat. *senalla*, lo cual ya es menos claro: hay que estudiarlo. Del fr. dial. *cenail* pasó al bret. *senailh* f. *'granero'* (Ernault).— [6] Ag. sólo recoge un ej. del XVI, y uno del derivado *senaller* en el XV (otros de los SS. XIV y XV, s. v. *sanalla*). Leo *senalla* en el Consulado de Mar («Que algun exavaguer, pescador ne altre no gos metre ne llançar nances ab pedra ne ab *senalles* ne en altra manera en la mar», ed. Pardessus, p. 205) y en Raimundo Lulio («dix al ortolà que li donàs sa *sanalla* hon portava los fems», *Meravelles, N. Cl.* I, 102). La forma masculina *senall*, única que registra M-L., es mucho más rara; sólo la recogen el

diccionario catalán de Bulbena y el valenciano de Escrig («especie de cesto de mimbres; *senall en tapa*: excusabaraja»), obras recientes, de valor desigual, a veces nulo. Yo no la he oído nunca.— [7] Comprobado en la ed. de G.ª Gómez 90.9.2 (cf. III, 395) donde hay que leer *q(a)nâǧ* y no *q(i)nâǧ* como supone el editor arbitrariamente, y no traducir 'cenacho' sino, conforme al contexto, 'canastilla (de flores)' con la cual compara el poeta a una mujer atractiva. PAlc., 137b35, traduce *canasta como cuévano* por *canácha*, pl. *canachít.—* [8] Que *ṣannâǧ* (aun suponiendo que fuese árabe tal palabra) no podía dar *cenacho*, está claro incluso desde el punto de vista puramente castellano: el resultado habría sido en castellano *açañeche*, pues la *â* larga da *e* cuando no está en contacto con enfáticas. Contra la etimología CENACULUM sólo queda un pequeño escrúpulo de fonética catalana. En catalán y en lengua de Oc la *e* pretónica precedida de *c* suele convertirse en *i*, lo cual no ocurre cuando la misma vocal se halla detrás de *s*: *cirera* CERASEA, *ciment* CAEMENTUM, *cistella* CĬSTELLA, *civada* CĬBATA, *cigonya* CĬCONIA, *cigró* CĬCERONEM, *cibolla* (oc. *cibou-lo*) CEPULLA, *cigala* CĬCADA, *cimbell* = fr. ant. *cembel* CȲMBALUM (-ELLUM), *cisterna* CĬSTERNA, *cimolsa* CĬMUSSA, *civera* CĬBARIA, *cinyell* CĬNGEL-LUM, *cipella* CĬPP-ELLA, *calcigar* CALCĬCARE. *cisalla* CAESALIA, *cisell* CAESELLUM, oc. *acipà* AD-CĬPP-ARE, oc. *cisoiros* CAESORIA, oc. *cisampa* = lion. *cesampa*, oc. *cigudo* CĬCUTA (gasc. *cegudo* se debe a disimilación ante *ü*, como *delus* DIE LUNAE; Fabra da una forma *ceguda* como catalana; también Griera [*Tresor*], sin localización, y Alcover, que sólo la localiza vagamente en Cataluña; podría tratarse de una forma gascona, del Valle de Arán, donde efectivamente recogí el vocablo), oc. *(r)eissidar* EXCĬTARE; frente a los cuales sólo podemos citar *cervell* CEREBELLUM, *cerfull* CHAEREFOLIUM, *cervesa* CEREVESIA, *Cerdanya* CE-RETANIA—en los cuales parece haber un influjo particular de la *r* implosiva—, *Ceret* CERĒTUM, *cercar* CIRCARE (influjo de *cerca*), *cepat* (¿influjo de *cep*?), *celler* (¿influjo de *cella* CELLA?, pero esta palabra quedó confinada muy pronto a la toponimia), *centella* SCINTILLA, *celar* (influjo del presenta *cela*), *cementiri* (disimilación), *Celoni* o *Celdoni* CELEDONIUS (semiculto) y pocos o ninguno más; en cambio tras *s* la *e* se conserva (*sedàs, segur, segon, segell, seixanta, senar, sencer*, etc.). Por otra parte, la confusión de la antigua africada *ç* (*c*) con la fricativa *s*, que no es rara en el catalán de la 2.ª mitad del S. XIV, dudo que se halle todavía en manuscritos del XIII, y sin embargo *senalla* aparece constantemente con *s*, no sólo desde el S. XV, sino ya en Lulio y en el Consulado de Mar. Finalmente la representación normal de la c° en mozárabe era *ch-*, mientras que *s-* da allí *ç-* (en grafía arábiga *ṣ* o *s*). Todo esto invitaría más bien a buscar un étimo con s-. Por otra parte, con esta consonante no se ve ningún étimo posible, ya que SĬNUS 'seno' y su descendencia romance (*REW* 7950) se hallan completamente alejados en lo semántico. Y ninguno de los tres argumentos indicados es decisivo (aunque no carecen de fuerza al coincidir los tres), pues los manuscritos en que se basan las ediciones de Lulio y del Consulado son posteriores al S. XIII (debería examinarse un manuscrito coetáneo), no falta en catalán algún caso de *ceᴬ* (¿tratamiento ante *n?*, comp. *centella*) y las palabras mozárabes con *ç* < *Cᵉ* no son nada raras (vid. A. Alonso, *RFH* VIII, 34 ss.).

Cenadero, cenado, cenador, cenaduría, V. *cena*   *Cenagal, cenagoso*, V. *cieno*

CENAL, 'aparejo que llevan los faluchos y sirve para cargar la vela por lo alto', del cat. *senal* o quizá del it. ant. *senale* íd., los cuales son derivados del lat. SENI, SENAE, SENA, 'de seis en seis', por ser éste el número de los cabos de cuerda que lo componían. *1.ª doc.*: 1831, *Dicc. Marítimo Esp.*

En la costa catalana *senal* designa hoy un cabo doble que pasa por un motón colgado junto a la punta del mástil, empleado para sujetar a éste el botalón, y atado por abajo a unas clavijas de la cara inferior del banco. Lo he oído en Sant Pol de Mar y en L'Escala, y también se emplea en la Costa de Poniente (*BDC* XII, 64; XIV, 61, 78). En italiano se halla *senale* en Francesco da Barberino († 1348), y la forma latina *senarius* figura con el mismo sentido en un contrato italiano de 1268. Como nota Jal, el hecho de que Barberino mencione el *senale* junto con otros cabos llamados *ternale, quadernale* y *quinale*, prueba que se trataba entonces de un aparejo formado por seis cuerdecitas que pasaban por dos motones triples. La transcripción de *s-* por *c-* no es rara en los catalanismos (*Cerdeña, zozobra*).

Cenar, cenata, V. *cena*   *Cencellada*, V. *cenceño*

CENCEÑO, 'delgado, enjuto', 'puro, sin mezcla', 'ácimo', origen incierto, quizá del lat. cĬnCĬNNUS 'tirabuzón, rizo pendiente en espiral', 'zarcillo, sarmiento', con el sentido primitivo de 'sarmentoso, nervudo'. *1.ª doc.*: S. XIII (ms. bíblico escurialense I. j. 8: *Bol. Inst. de Filol. Univ. de Chile* IV, 330; *1.ª Crón. Gral.*, 120a14); J. Ruiz.

Por lo común tiene las dos *ç* sordas antiguamente (G. de Segovia; APal. 84*b*, 133*d*; Nebr.; Glos. del Escorial; *seseña* con sordas en judeoespañol: Subak, *ZRPh*. XXX, 175-6)¹. Cej. VIII, § 40. La Biblia escurialense, J. Ruiz, el Glos. del Escorial, APal., Nebr., Antón de Montoro († 1480) y otros lo emplean, como hoy todavía, en el sentido de '(pan) ácimo'; para el propio Nebr.² y

para D. Gracián (1571) es 'puro, sin mezcla', ac. anticuada; pero lo más común es que signifique 'delgado, enjuto de carnes', ya desde Juan de Mena († 1456: V. muchos ejs. en el *DHist.*; hoy en Cáceres y en muchas partes)³. C. Michaëlis, *Misc. Caix-Canello*, 155, y tras ella Subak y G. de Diego, *RFE* VII, 118, dieron por seguro que *cenceño*, lo mismo que SENCIDO 'intacto', 'vedado', 'virgen', salía de SINCĒRUS 'puro, sin mezcla' (> cat. *sencer* 'entero', arag. *sencero* 'no pacido'), por cambio de sufijo. Desde el punto de vista semántico es una idea aceptable, pues es fácil el tránsito a los significados modernos: comp. gasc. ant. *sencer* 'ácimo' (en la Historia Sagrada en bearnés, Levy, *PSW*), y el mismo lat. *azymus* se traducía en la Edad Media por 'cosa limpia' (Glos. de Toledo), seguramente en reminiscencia de que el gr. ζύμη 'levadura' (de donde el privativo ἄζυμος) se toma en el Evangelio de San Mateo (16,6) por 'causa de corrupción'; por otra parte el cat. *prim*, hoy 'delgado', era etimológicamente 'sutil, refinado' (PRĪMUS), y el it. *schietto* 'sencillo', puede tener el significado de 'ágil' y 'sutil'; fonéticamente G. de Diego llamó la atención acerca de la forma *senceño* en el aragonés B. de Villalba (también en un pasaje de la Biblia escurialense, *senseno* en otro), y la dilación *s-c* > *c-c* es de tipo ordinario (V. CEDAZO)⁴. Sin embargo causa escrúpulo la sustitución de un sufijo tan frecuentísimo, como *-ero*, por otro bastante más raro, como *-eño* -IGNUS. Esta dificultad aumentaría hasta una total inverosimilitud si averiguáramos que la terminación etimológica no es -IGNUS, sino -ĬNNUS.

Ahora bien, esto, que ya puede sospecharse por las variantes leonesas *cenceno, senceno* y *senseno* del citado texto bíblico, se hace evidente por la existencia en leonés y en el portugués del Norte de una serie de formas dialectales, de significado concreto, que por la forma difícilmente pueden separarse de *cenceño*: trasm. (Mogadouro) *sencêno* o *sencenada*, (Moncorvo) *sanceno* 'carámbano que pende de los árboles', 'hielo producido por la congelación de las neblinas' (*RL* V, 105; XIII, 123), trasm. *sinceno* íd. (*RL* XII, 124), port. *sincelo* íd.⁵, trasm. *senceno* 'neblina' (Fig.); ahora bien, el área de esta forma se prolonga más acá del límite lingüístico en la forma *sinceño* 'neblina' (Miranda de Duero), salm. *cenceñada, cencellada, recencellada*, 'escarcha', 'niebla húmeda y fría de los días de hielo'⁶. No se comprueban en los diccionarios (Carré, Vall.) los gall. *cercenar, cercellar* «llovíznar» en que *GdDD* 1656 pretende apoyar su etimología CIRCIUS, y aunque sea cierto que hay un *cerzallada* 'niebla' en algún punto de Galicia (*Cuad. de Est. Gall.* XIII, 177), esto no asegura esta etimología, ya que pueden ser formas locales debidas a un cruce (V. en ZARAZAS lo que digo del tipo *sarracear*, que *GdDD* también quisiera derivar de *cierzo*); en cuanto a *CELLIS-*

CA, explicarlo por *cercellisca es del todo inverosímil; para el gall. circio 'tenso, intenso, vivo', vid. CERCENAR. El gall. cenceno 'la punta de la caña del maíz' (Vall.), 'especie de penacho (flor) que nace en el extremo del tallo del maíz' (Carré), muestra otro significado, pero también es sustantivo. En fin, hay prueba terminante en el gallego antiguo de la Gral. Est. (princ. S. XIV) el pan ácimo es cenceno: «Loth... mandou-lles fazer grãdes mãjares, et fezo cozer para elles pã çenceno» (206.25). Salta a la vista que la oposición entre n gallegoportuguesa y ñ española postula un étimo con -NN-, y no podremos negarnos a ver ahí un descendiente popular del lat. CǏNCǏNNUS 'rizo', 'cabello que cae ondulado en espirales', que en Festo (p. 57) y en una glosa latina (ms. Vaticano del S. X) aparece con el significado de 'sarmiento, zarcillo de vid' (comp. zarcillo CIRCELLUS)[7]. Claro está que se comparó los carámbanos pendientes de un árbol con los zarcillos de vid o con los rizos espirales. Por otra parte sería fácil pasar de la idea de 'carámbano pendiente' a 'persona enjuta de carnes'[8], y a nadie extrañaría la comparación de un individuo de este tipo con un sarmiento de vid, comp. sarmentoso 'cenceño, apergaminado' en la Arg.[9]; de 'delgado' se habría llegado secundariamente a 'nervudo, sano', y a 'puro, sin mezcla', 'ácimo'. Por lo demás, alguna de estas acs. pudo verse favorecida por el contacto material con sencido (ce-) y con sencero[10].

[1] Sin embargo, cendeñu en Malpartida de Plasencia, localidad que distingue entre sorda y sonora, y otras dos localidades de Cáceres, que suelen confundir. Espinosa, Arc. Dial., 105-6, nota que puede ser debido a cendillu 'sencillo', lo cual parece probable. Quizá el influjo ya fuese antiguo, pues el ms. S de J. Ruiz escribe cenzeño, frente a çençeño en G y çençeno en T (1183c). Más testimonios de la grafía antigua en Cuervo, Obr. Inéd., 377.— [2] «C.: sin dobladura; syncerus».— [3] Además B. de las Casas escribe «tan sano y tan cencello, como si mal nunca hobiera tenido». Puede significar 'entero, sano, robusto'. La disimilación n-ñ > n-ll no es sorprendente.— [4] Pero la disimilación c-c > s-c no es menos fácil. El glosario de Palacio escribe serceta por *CERCEDŬLA. Según BKKR en el texto de Apol. aparece sercenar por cercenar CIRCINARE, aunque aquella variante no la hallo en el texto de Marden. En la Biblia del Escorial (S. XIII) hay varios ejs. de sierço por cierzo. De todos modos, pues, la forma senceño, no prueba nada.— [5] Igual disimilación que en el cencello ya citado y en las formas salmantinas que menciono abajo; muy fácil en este caso por cuanto -eno no es sufijo portugués y -elo lo es muy frecuente. Fig. da sincelo como voz de uso general, Moraes como propio de la Beira.— [6] El ej. que cita Lamano «están encarambanados los árboles con la recencellada que ha caído esta madrugada»

muestra que en realidad se trata de carámbanos. La definición de Lamano, bastante complicada, y la ac. de 'rocío' que le agrega, dan la impresión de que el autor se deja influir por la palabra vecina recencio, recienzo, 'rocío', 'brisa húmeda y fría', procedente de RECENTIARE (como indicó G. de Diego, RFE XV, 233). Pero desde luego el origen del port. senceno, sincelo, leon. sinceño, cenceñada, ha de ser otro. Si el secundario enlace semántico entre los dos familias se produjo en la mente de los hablantes o sólo en la del lexicógrafo, es detalle que no tiene mucha importancia.— [7] También Varrón, De Re Rust., I, 31,4, compara los zarcillos de vid con cincinni. Para la vida de cincinnus en bajo latín, donde aparece con el significado 'hilillo de sangre, chorro delgado', vid. Du C., en dicho artículo y en cincinnium (de significado oscuro).— [8] Nótese que Aut. define cenceño como «cosa enjuta, delgada y d e r e c h a», ilustrándolo con un ej. de Fr. Luis de León. Y hoy cinceño en la Sierra de Francia se aplica a la persona que no sólo es delgada, sino «alta y esbelta» (Lamano).— [9] «Doña Damiana, una india sarmentosa... que debió ser de la familia de los araucanos», en el sanjuanino Borcosque, Puque, p. 84. Grossmann, que en su diccionario español-alemán recoge muchos argentinismos, registra también sarmentoso «sehnig», 'nervudo, tendinoso'. Pero creo que este adjetivo se emplea con el mismo significado en otras partes. Quizá el apellido Sarmiento (Galicia, Arg.) significara propiamente 'nervudo, enjuto de carnes'.— [10] El Prof. Yakov Malkiel ha llegado por su parte a la misma sospecha de que cenceño viene de CINCINNUS, quizá por el mismo camino. Al comunicarme sin detalles, en setiembre de 1947, su propósito de publicar un estudio en este sentido, me alegré de la feliz coincidencia que este anuncio espontáneo revelaba con la idea que se me ocurrió extractando la RL en mayo de 1946. En las pruebas al OCEC pude ya añadir la referencia a su trabajo: Studies in Philology XLV, 1948, 37-49.

Cencero, V. sencido

CENCERRO, de formación onomatopéyica, quizá tomado del vasco zinzerri íd. 1.ª doc.: 2.ª mitad del S. XIII, Vidal Mayor 4.18.2 'campanilla del perro'; J. Ruiz, 1188b; el derivado cencerrado '(carnero) provisto de cencerro', ya h. 1300 en los Fueros de Aragón (Tilander, § 318.1) y el femenino cencerra desde el F. Juzgo (DHist.).

En la Edad Media tenía dos c sordas: F. de Aragón, J. Ruiz, Glos. de Palacio y del Escorial, Refranes que dizen las Viejas (RH XXV, 148, n.º 77, 83), G. de Segovia (81), Nebr., PAlc., J. de Valdés (Diál. de la L., 50.7)'. Gall. cinzarro (Ebeling). En BhZRPh. VI, 38, Schuchardt consideraba que el vasco guip. zinzerri, guip., a. nav.,

b. nav. *zinzarri*, guip. y a. nav. *txintxerri*, guip. *txintxarri*, b. nav., sul. *(t)xinxila*, lab., a. nav., b. nav. *(t)xilintxa*, vizc. *txilin*, *intxarri*, 'cencerro', procede del castellano, pero posteriormente (*RIEV* VI, 10)[2] admitió que la palabra castellana es de origen vasco, aunque en definitiva la formación del vocablo es onomatopéyica. Esto último es seguro en vista de otras formas como sul. *txintxa*, *txintxasko* (Lhande), ronc. *txintxerko*, vasco *txintxin*, *tintxirrin* (Azkue); comp., además, el salm. *changarra*, *-arro* (Lamano), Cespedosa *changarro* 'cencerro', 'cosa desajustada, descompuesta' (*RFE* XV, 260). En romance es palabra exclusiva del castellano y del gallego, comp. cat. *esquella*, gasc. *esquera*, port. *chocalho*, y aun leon. CHOCALLO. Cej. VIII, § 41.

DERIV. *Cencerra* (V. arriba). *Cencerrada*. *Cencerrado* (V. arriba; *cencerrado* 'encerrado' ant., en Acad. 1843, procederá de una confusión). *Cencerrear*, *cencerreo*. *Cencerril*. *Cencerrillas*. *Cencerrón* 'redrojo' (1513: G. A. de Herrera), porque cuelga solo como un cencerro. *Encencerrado*.

[1] Hoy en Cáceres (Espinosa, *Arc. Dial.*, 45-46), pero allí es palabra poco popular. El port. alentejano *cencerro* será castellanismo. En el gallego del Limia uno de los pueblos que distinguen entre *z* y *ç* pronuncia θenθeŕáđa y el otro *ƶenƶeŕáđa* (*VKR* XI, 114). *Sancerro*, castellanismo, en dos textos valencianos de fines del S. XV (Ag., s. v.), cf. árabe marroquí *šinšāna* (Benéitez Cantero).— [2] Cito de segunda mano este artículo, que no ha estado a mi alcance.

Cencido, cencío, V. *sencido*

CENCIVERA, arag., 'cierta clase de uva menuda y temprana', quizá del lat. *zinzĭber*, *-ĕris*, 'jengibre', por comparación del gusto agridulce de las uvas tempranas con el sabor acre y picante del jengibre. *1.ª doc.*: 1859-73, Borao.

El paso de esdrújulas a llanas (*cencívera > cencívera*) es normal en Aragón. Formalmente compárese it. ant. *zenzavero*, *zenzovero*, 'jengibre'.

Cencha, V. *cincho*

CENDAL, palabra común con el fr. ant. (*cendal* íd.) y con otros romances, de origen incierto; es dudoso que venga del gr. σινδών, -όνος, 'tejido fino, especie de muselina de origen índico'. *1.ª doc.*: Cid[1].

También cat. ant. *cendal* (raro, S. XIV), oc. ant. *cendal* (en el Monje de Montaudon, h. 1200), fr. ant. *cendal*[2] [2.ª mitad S. XII: *Roman de Thèbes*, Chrétien de Troyes], b. lat. *cendalum* [837, doc. belga, en Du C.]; el it. *zendale* (*sendale* en Barberino, † 1348), y a. alem. med. *zindal*, *zëndal* (hoy *zindel*) parecen ser de origen francés, y el ár. *ṣándal* [S. XIX, Egipto y Norte de África; Dozy, *Gloss.*, 378; *Suppl.* I, 846a] procede tam-

bién de Europa. Junto a esta forma existe cat. ant. *cendat* [S. XIII: Costumbres de Tortosa, Crón. de Jaime I, Ordenanzas de 1271] > arag. ant. *cendat* (invent. de 1402: *BRAE* II, 220; también *cendatum* en un inventario de Toledo, de 1280), oc. ant. *cendat* [2.ª mitad S. XII: Bertran de Born; > it. *zendado*, a. alem. med. *zindat*, *zëndat*], fr. ant. *cendé* [2.ª mitad S. XII: *Romans de Thèbes*, *de Troie*]; más raro es fr. ant. *cender* (S. XIII)[3]. Alessio (*RLiR* XVIII, 64-66) propone explicar el oc.-cat. *cendat*, it. ant. *zendado*, a base de un griego *χεντατός, al que atribuye el sentido de 'recamado', como adjetivo verbal de χεντεῖν 'aguijonear, picar, herir', propuesta que debe rechazarse, como hace Prati, *RLiR* XIX, 219-20: tendría que ser una forma dórica y derivada de la rara y tardía χεντᾶν (comp. τιμητός de τιμᾶν), y el paso de 'picar, herir' a 'perforar' y luego 're-camar' es 'hipotético' (además de que χεντητός más que 'picado' sería 'susceptible de serlo'); el hápax *cendetum* de un doc. de 1305 es seguramente una errata. Prati compara la doble terminación *zendale = zendado* con el caso de *arsenale = arzanà = b. lat. tarsenatus*, y no cree que pueda haber relación con el nombre de lugar chino *Sindu* citado por Marco Polo. Sigue oscuro el problema.

Desde el punto de vista semántico no habría dificultad en identificar con el griego σινδῶν, -όνος, lat. *sindon*, *-ōnis* (Marcial), tanto más cuanto que hay referencias de que el *cendal* podía traerse de Oriente[4], si bien era también de fabricación occidental. Pero el cambio de terminación (que aceptaron Diez, *Wb.*, 346, y M-L., *REW*, 7935) es muy violento. Es difícil semánticamente derivar del ár. vg. *sendâl* 'chapa, lámina delgada de metal' (alteración del ár. *sandân* 'yunque'), como propone Covarrubias (comp. Dozy, *Suppl.* I, 693a); además en romance esperaríamos entonces **cendel*.

DERIV. *Cendalí* [1637, M. de Zayas]. *Cendalino* murc. '(palomo) · de color ceniciento' (?).

[1] Para documentación antigua, vid. M. P., *Cid*, 5712; A. Castro, *RFE* VIII, 333-4; Cej. VIII, § 40.— [2] Me pregunto si no será variante picarda de *cendal* y el moderno *chandail*, al cual se le busca (vid. Bloch) una complicada etimología anecdótica, cuya fundamentación convendría examinar con ojos críticos y algo escépticos.— [3] Cuatro ejs. en Tobler. No es imposible que de ahí salga el cat. y arag. *sendera* 'red que se pone a la embocadura de una madriguera para cazar conejos y liebres' [Cortes de Zaragoza, de 1528: *BRAE* XVI, 60-1], vid. *BDC* XXIV, 180. Según *GdDD* 6043 *sendera* 'red de cazar conejos' vendría de *senda* por ponerse en las sendas que forman los conejos en la hierba, lo cual no negaré por ahora, pero es indispensable confirmar el dato.— [4] *Cendaus d'Andre*, en los *Romans de Thèbes* y *de Troie*, y en otros viejos textos franceses (Tobler), localidad que se ha identificado con Andros. Existen también otras opiniones

acerca de los *cendales de Adria* del *Cid*, 1971, en relación evidente con esta denominación francesa; vid. M. P., *Cid*, s. v. *Adria*; Crescini, *RFE* IV, 278.

CENDOLILLA, 'mozuela liviana que no sabe estar quieta en un lugar', quizá del ár. vg. *sandālīya*, derivado de *sandâl* 'ocioso, desocupado, papanatas', anteriormente 'hoja de metal delgada', para cuyo origen dentro del árabe, V. el artículo anterior. *1.ª doc.*: Covarr.

Aut. indica que es «voz de poco uso», pero la usa Pereda, que no suele emplear palabras aprendidas en el diccionario. Propone esta etimología Eguílaz, 368; aunque ya Covarr. había relacionado *cendolilla* con el ár. *sandâl* «por ser tan liviana como la hoja, que qualquier aire la menea»; pero *sandâl* significa 'hoja de metal' y nunca ha valido por 'hoja de árbol'. El diccionario del árabe egipcio por Bocthor recoge *sandâl* (plural *sandâla, sanâdala*) definiéndolo por «batteur de pavé, vagabond, oisif», «gobe-mouche»[1]. Como observa Dozy, *Suppl.* I, 693*b*, puede tratarse de una comparación del *batteur de pavé* con el batihoja, u obrero que golpeaba los metales sobre un yunque hasta reducirlos a hojas muy delgadas, llamado *sandālī* (vulgar *sendâlî*) en hispanoárabe, según el Padre Guadix[2]. El femenino correspondiente *sandālīya* podría explicarnos directamente el vocablo español, aunque también podría tratarse de un diminutivo castellano de la voz arábiga. Las posibilidades semánticas son muchas: podría también compararse el movimiento incesante de la *cendolilla* con el golpeteo repetido del batihoja.

[1] Eguílaz, que cita de segunda mano, entiende que sólo el plural árabe tiene esta ac., pero no es esto lo que dice Bocthor.— [2] También pudiera haber comparación con lo endeble y liviano de la hoja de metal.

Cendra, cendrada, cendradilla, cendrado, cendrar, cendrazo, V. *ceniza*

CENEFA, del ár. *ṣanîfa* 'borde, orillo'. *1.ª doc.*: h. 1400, *Glos.* del Escorial; la variante *açanafe* figura ya en una ley de Cortes de 1348, referente a Toledo (*RFE* VIII, 334).

También port. y cat. *sanefa* (de los cuales no conozco documentación anterior al S. XIX), sic. *zinefra* «bordura, frangia». Cast. *azanefa* es corriente en el S. XVI y *açanefa* o *acenefa* figura en las Ordenanzas de Sevilla (1527), vid. *DHist*. La forma del árabe clásico era *ṣinf, ṣinfa* o *ṣánifa*, que habían indicado como étimo Engelmann (en Dozy, *Gloss.*, 224), Eguílaz (319) y Steiger (*Contr.*, 118); pero Dozy, *Suppl.* I, 849*b*, recogió la variante arriba citada en Abenalauam (S. XII), en Almacarí y en Abulualid Móslim; de ella vienen las formas romances. Nótese, sin embargo, que *açanafe* parece representar el plural árabe de esta variante, *ṣanâ'if*, y como la *î* y la *i* arábigas entre *n* y *f* suelen transcribirse por *i* en romance, es posible y aun verosímil que *cenefa* y congéneres salgan también de dicho plural.

Cenero, V. *sencido*   *Cenestesia*, V. *cenobio*

CENÍ, 'especie de latón muy fino', del ár. *ṣînî* 'especie de cobre', propiamente '(metal) chino'. *1.ª doc.*: 1256-76, *Libros del Saber de Astronomia*. Dozy, *Gloss.*, 252.

Cenia, V. *aceña*   *Cenicero*, V. *ceniza*   *Cenicienta, ceniciento, cenicilla*, V. *ceniza*   *Cenismo*, V. *cenobio*

CENIT, abreviación del ár. *samt ar-ra's* 'el paraje de la cabeza'; parece tratarse de una antigua mala lectura *zenit* en vez de *zemt* (= *samt*) en los manuscritos de Alfonso el Sabio. *1.ª doc.*: 1256-76, *Libros del Saber ae Astronomia*[1].

Dozy, *Gloss.*, 227; Devic, 70. *Samt* era la palabra empleada por los astrónomos árabes para designar un paraje determinado del cielo (de su plural *sumût* viene el cast. *acimut*); para designar el *cenit* se combinaba esta palabra con *ra's* 'cabeza'. Según las normas de transcripción de aquella época *samt* (pronunciado vulgarmente *semt*) se transcribiría *zemt* en caracteres latinos; la corrupción alfonsí *zenit* se propagó desde el castellano a todos los idiomas modernos. El punto opuesto al *cenit* es el *nadir* [1515, Fz. de Villegas (C. C. Smith, *BHisp.* LXI); 1611, Covarr.; Pantaleón de Ribera[2]], del ár. *nazîr* 'opuesto' (Dozy, *Gloss.*, 323). La pronunciación bárbara *nádir, cénit*, está desmentida ya por los versos de Pantaleón de Ribera.

[1] Variante *zenich* en E. de Villena y Matías de los Reyes (*DHist*.).— [2] No sé si figura en las obras de Alfonso el Sabio. No sale en los sumarios de los capítulos del *Libro de la Açafeha*.

CENIZA, del lat. vg. *CĬNĪSĬA* 'cenizas mezcladas con brasas', derivado colectivo del lat. CĬNĬS, -ĔRIS, 'ceniza', que ha sustituído al primitivo en castellano, en portugués y en varios dialectos sardos, réticos y dalmáticos, y que ha dejado otras huellas en casi todos los romances. *1.ª doc.*: *cenisa*, Berceo; *ceniza*, J. Ruiz, 75*a* (rimando con *atiza, desliza, enriza*)[1].

La forma etimológica *cenisa* se halla también en *Alex.* O, 2311*d* (pero *ceniça* en P) y en los Fueros de Aragón de h. 1300 (Tilander, 139.6); hoy sigue pronunciándose así en el habla de Ansó (informe del Sr. J. Giner March, y anotado por mí mismo en 1966). La dilación que convirtió *cenisa* en *ceniza* es la misma que se produjo en *CEREZA, CERVEZA*, y en sentido contrario *CEDAZO* y ejs. citados en este artículo. El port. *cinza*[2], así como el friul. *cinisgia*, vegl. *kanaisa*, galurés *kižina*, logud. *kisina* (Bosa: *KĬRPh.* VIII, i, 169), *kiniza* (Nuoro), campid. *žinižu*, significan 'ceniza en general', mientras que el it. *cinigia* es «cenere calda con qualche favilla ancora di foco» (Toscana y varios dialectos de las tres zo- 5 nas de la Península)[3], y la misma o análoga ac. de 'cenizas mezcladas con brasas' tiene el vocablo en el oc. sept. *ceniso*[4], fr. dial. *cenise* (Sudeste: Champagne, Morvan, Franco Condado, hablas francoprovenzales, etc.), b. eng. *schnisch*[5]. Por otra 10 parte *cenuşă* significa 'ceniza' en rumano y *cianugia* se dice en Córcega, formas que representan *CINUSIA. De suerte que el catalán es el único romance donde no quedan formas afines a *ceniza*. Indudablemente el significado de *CINISIA debió 15 ser de tipo colectivo-adjetivo, y el caso debe ponerse en relación con el de PAVESA (∼ *povisa*) *PULVĬSIA (derivado de PULVIS), y aun con otros más diferentes, como CAMĪSIA (junto *CAMĪSE > it. *càmice*, fr. ant. *chainse*, mall. *càmis*), CAPĬTIA (> CA- 20 BEZA, derivado de CAPUT), CORTĬCĔA (> CORTEZA, derivado de CORTEX), *CARĬSIA (> CRESA), que en su conjunto muestran una tendencia particularmente arraigada en hispanoportugués, aunque según los casos se extiende más o menos a otros 25 romances.

La formación de este *CINISIA, representado imperfectamente por *cinissa* en un ms. del S. VI (ALLG IV, 340), presenta en latín vulgar ciertas dificultades. Una de ellas estriba en la longitud de la ī tónica, que en nuestro caso es ge- 30 neral, y que en otros análogos alterna localmente con formas que postulan ĭ (*pavesa* junto a *povisa*; rum. *cămaşă* junto a las formas ítalo-franco-hispánicas en -*isa*, -*icia*, etc.; *cerveza* y análogos junto a it. ant. *cervigia*; vid. RPhCal. I, 97, n. 45), 35 pues tratándose de un derivado de CĬNĬS, CĬNĔRIS, esperaríamos -ĬSĬA. Por otra parte extraña la conservación de la -S-, que en todas las formas oblicuas de CINIS se ha convertido en -R-. Se trata 40 comúnmente de un vocablo masculino en latín, y algunas veces femenino, pero un neutro vulgar CINUS está documentado (ALLG I, 76), y partiendo del acusativo CINUS, olvidadas ya las formas del tipo CINĔRIS, de poco uso en vulgar, nos 45 explicamos el *CINUSIA que ha dado rum. *cenuşă*; como observa M-L. (*Litbl.* V, 186) puede suponerse que CINISIA partió de un neutro *CINIS, compromiso entre CINIS m. y CINUS n., y de análoga manera comprendemos PULVISIA de PULVIS 50 m. (o f.) junto a los neutros PULVUS (> *polvo*) y PULVIS (documentado indirectamente por el plural PULVERA)[6]. En cuanto al aspecto semántico no está claro si CINISIA es una formación de tipo adjetivo como lo es ciertamente CORTICEA, o un colectivo 55 (así FEW II, 688a) basado quizá en un plural neutro del latín vulgar (comp. lo dicho bajo CABEZA), como podrían darlo a entender formal y semánticamente los casos coincidentes de PULVISIA y CINISIA. 60

DERIV. *Cenicero;* ast. -*eru* 'paño de lienzo que se pone encima de la tina para colar' (V). *Ceniciento, cenicienta. Cenicilla* 'oídio' (ya *činšyéḷa* o *činšéḷa* 'fumaria officinalis' y 'ajuga chamaepitys' en el botánico anónimo de h. 1100—Asín, p. 100—, que hace hincapié en el color ceniciento de la última). *Cenizal. Cenizo* adj. 'de color ceniciento' (en Huerta, 1624, y en Espinar, 1644). *Cenizoso. Encenizar* [Guevara, *Epístolas*, II, p. 127: «traía las ropas rotas y la cabeça enceniçada» (Nougué, BHisp. LXVI)].

Cernada [Nebr.: «cinis lexivus»] y *cernadero* [Cervantes, *Quijote*, II, xxxii, *Cl. C.* VI, 280; y en su *Teatro*] son derivados de CINIS, -ĔRIS, que pudieron ya formarse en latín vulgar (comp. port., cat., oc. *cendrada*, fr. *cendrée*, it. *cenerata*, etc.), o derivaron de un cast. preliterario *cén(e)re o *cerne*, anterior a la generalización de *ceniza* (-*isa*), cuando éste todavía significaba 'cenizas mezcladas con brasas'; *encernadar*. Teniendo en cuenta su significado exclusivamente técnico y su fecha tardía [A. de la Torre, h. 1440], así como el grupo -*ndr*-, no debemos ver en *cendra* 'pasta de ceniza de huesos con que se preparan las copelas para afinar el oro y la plata[7] una continuación de dicha forma preliteraria, sino un préstamo, sea del fr. *cendre* 'ceniza' o más bien del cat. *cendra* íd.[8]; de ahí derivan *acendrar* 'depurar, afinar', -*ado* [1539-42, A. de Guevara], antes *cendrar*, -*ado* [Santillana, Pérez de Guzmán, Nebr.] o *encendrar; cendrada; cendradilla; cendrazo.*

Cultos: *cinerario* [ya Acad. 1884], -*aria, cinéreo* [íd.], *cinericio* [íd.]; *subcinericio. Incinerar* [princ. S. XVIII, F. Palacios, en *Aut.*], del lat. *incinerare* íd.; *incineración* [*Aut.*] o *cineración.*

Además vid. *CENIZO.*

[1] -*z*- sonora asimismo en APal. 76b, en Nebr. y en general en la Edad Media.— [2] Las localidades gallegas que distinguen entre *s* y *z*, tienen por lo común θínza o θínsa, mientras que θínθa es más raro. Así en el Limia y en otras zonas de Orense (VKR XI, 119). También tenemos *ç-s* en gallego ant.: *cüsa* en las Ctgs. (95.22), *cijnsa* o *cijsa* en la Gral. Est. gall. (205.34, 211.11). Sabido es que el paso de *cēiḷsa* a *cisa* > *cinza* es normal en gallegoportugués.— [3] B. Croce supuso que el nap. *cenisa* fuese hispanismo, pero formas parecidas se hallan no sólo en Sicilia, sino en los Abruzos y otras zonas meridionales sin influjos españoles.— [4] En dialectos de los Alpes y del Delfinado, de la Creuse, del Perigord y, aisladamente, en el Gers (centro de Gascuña). Hay ya un ej. de oc. *cenisa* en una poesía medieval anónima, transmitida por el ms. *P* y por lo tanto anterior al S. XIV, de lenguaje también septentrional (*blancha, tochada, vacha*, etc.). *Abanz fos eu cremat soz la cenisa* significa ahí, como sugiere Kolsen (ASNSL CXLIII, 265; comp. Neuphil. Mitt. XXXIX, 160), 'antes quisiera perécer carbonizado en un incendio'. Para la extensión dialectal en

francés, occitano e italiano, vid. *FEW* II, 688.—
[5] Cuando Berceo escribe que un hombre quemado vivo «quanto contarié omne pocos de pi-
piones, / en tanto fo tornado *cenisa e carbones*»
tenemos más bien el significado primitivo 'brasas con ceniza', pero ya en el *Alex.* y en J. Ruiz
el matiz es claramente el moderno.— [6] Realmente
hay buenos indicios, desde el punto de vista del
latín arcaico y del indoeuropeo, de que CINIS
fuese primeramente neutro y de que lo fuese
también su hermano o afín el gr. χόνις 'polvo'
'ceniza' (cambiado luego en femenino), pues sólo
así se comprenden los derivados o compuestos
lat. *cinisculus*, gr. χονίω 'yo empolvo, cubro de
polvo' (< χονίσjω) χονί-σαλος 'polvareda' 'polvo
removido', de suerte que todo indica que primero
se dijo *χόνι: es lo que admiten Benveniste (*Or.
F. N. en Ie.*, 34) y Lejeune (*Phon. Myc. Gr.
Anc.* p. 132), por razones de morfología indoeuropea o griega, pese a no conocer los hechos
romances coincidentes. Es inexacta, seguramente,
la expresión «derivado romance CINISIA» que emplean Ernout-M., pues lo más sencillo entonces
sería admitir que este vocablo es un plural neutro que se formara en latín vulgar arcaico sobre
el neutro acusativo-nominativo CINIS. Incluso la
ī se podría tal vez explicar de esta manera, pues
el gr. χονίς se mide con ī (3 veces en Esquilo).—
[7] Probablemente no de oc. ant. *cendre* f., cuya terminación difiere de *femna* FEMĬNA, o de *bona* y
demás palabras en -A. También en catalán se dijo
primitivamente *cendre* f. (forma conservada en el
Pallars y en otras hablas occidentales: *BDC*
XXIII, 284; VIII, 39; en vista de las cuales no
debe pensarse en un plural neutro *CĬNĚRA
como quisiera Wartburg, *FEW* II, 687a), pero
aquí esta forma fué pronto sustituída (ya S. XIII,
Costumbres de Tortosa) por *cendra*, a causa de
la comunidad de plurales (-*es* < -ES y -AS).
'Cendra' se dice hoy en francés *cendrée* y en catalán *cendrada*, y ambas formas son antiguas,
pues la ac. análoga, y seguramente derivada de
ésta, 'metal reducido a pequeños fragmentos', es
ya anterior al S. XIV en Francia, y la citada voz
catalana se halla en 1417 (*BDC* XXIV, 105) y
ya desde el S. XIII (Alcover); pero *cenra cla-
villada*, en calidad de mercadería de importación,
figura aquí en doc. de 1288.— [8] Bien se puede
afirmar que hoy los descendientes de CINĔREM
son ajenos al territorio lingüístico español, pues
sólo conozco *senra* en el habla semicatalana de
Venasque (Ferraz). Rohlfs, *BhZRPh.* LXXXV,
§ 257, cita además Borao, p. 83, con error en
la cita, pues nada esto figura en dicha página de
esta edición. Por lo demás, en esta parte de su
libro el autor cita muchas voces antiguas que el
autor no ha incluído en su diccionario por considerarlas con harta razón sospechosas de catalanismo. Para la locución castellana *ser una cendra* (o
ser vivo como una cendra), donde se ha pasado

de la idea de afinación a la de viveza, vid. los
ejs. del *DHist.*, y además la frase *eres en todo
una cendra* dirigida como alabanza a mujeres jóvenes y enamoradas en Quiñones de B., *NBAE
XVIII, 613, 658.

CENIZO y **CEÑIGLO**, nombre de planta, origen incierto, probablemente de *ceniza*, por el aspecto ceniciento de las hojas. 1.ª doc.: *ceñiglo*,
J. Ruiz, 1008d; *cenizo*, Aut.

Según noticias orales recogidas de gente de Almería, el *cenizo* es planta que se emplea para la
extracción de sosa, caracterizada porque sus hojas
están siempre llenas de polvo: de un objeto polvoriento suele decirse que *parece un cenizo. Aut.*
confirma este detalle diciendo que sus hojas son
de color de ceniza por fuera, y agrega que nace
en estercoleros y tierras viciosas; la Acad. explica
que es una salsolácea, y Colmeiro (IV, 528), fundándose en Lagasca (1817), identifica el *cenizo
blanco* de Sanlúcar de Barrameda con una espi-
naciea, subdivisión de las salsoláceas, la *Obione
portulacoides*, a la cual en Alicante se da el nombre de *sabonera* (por la sosa que de ella se extrae).

Por otra parte, según la Acad., fundada en
Cavanilles (1802) y otros autores modernos, el
cenizo en esta acepción se llama también *ceñiglo*;
lo cual viene confirmado por Sánchez Sevilla, quien
indica *ceñilgo* y *jenijo* como formas usadas en los
alrededores de Cespedosa para la planta que en la
población misma se llama *cenizo*; y por Colmeiro
(IV, 522), quien da *ceñilgo* y *ceñiglo untuoso* como
nombres del *Blitus Bonus-Henricus*, salsolácea análoga a las espinacieas[1]. Sarm. *ceñiglo* en Castilla
(*CaG.* 158r) y en Cistiérniga, Valladolid (p. 76).
Ahora bien, el toledano Pedro Sánchez de Arce
(1589) habla de una tierra que «cría abrojos, cardos
y espinas y *ceñiglos*», y es evidente que a esta propiedad de criarse entre plantas espinosas, o a su
aspecto polvoriento y sucio, aludirá J. Ruiz cuando
dice que una serrana tiene «talla de mal *ceñiglo*»[2];
gall. *ceñizo* 'ceñiglo, hierba que se cría junto a las
paredes' (Carré).

En cuanto a la etimología no habría dificultad
en derivar *cenizo* de *ceniza*, en vista de su color
ceniciento, puesto que existe el adjetivo *cenizo
'de color parecido al de ceniza'* (V. artículo anterior), y que de ahí ha de venir indudablemente
el vocablo en su otra acepción de 'oídio'[3]. En
cuanto a *ceñiglo*, las dificultades crecen. Quizá se
trate aquí del diminutivo CINISCULUS 'un poco de
ceniza', alterado en ambientes semicultos en *ci-
niclo* > *ceñiglo* o en *cinizgo*, de donde por una
parte *ceñilgo* (con *l* leonesa) y por la otra *cenijo*
(como *rasguño* > *rajuño, juzgar* > *jujar*) > *jenijo*.
La *ñ* se debería a una contaminación[4]. Por lo
menos fonéticamente sería buena base para el nombre de planta gall. *saincho*, que sería «el *sonchus*
del (botánico) Vigier, como lechuga de puercos»

(Sarm., *CaG.* 135*v*, vid. también J. L. Pensado, *Opusc. Gall.* S. XVIII).

¹ *Ceñilgo* en J. Salvador Ruiz (1862), quien recoge nombres de la región leonesa.— ² Está claro que Spitzer, *Bol. del Inst. Caro y Cuervo* II, 7, cae en una confusión cuando identifica el *ceñiglo* de Sánchez con la primera ac. de *cenizo* en la Acad., a saber oídio, pequeñísimo hongo parásito que no se podría equiparar a abrojos, cardos y espinas. Partiendo de este mal fundamento cree el sabio etimologista que debe separarse el *ceñiglo* de J. Ruiz del de Sánchez, y propone interpretar el vocablo en el primero de estos autores como 'fantasma' trayéndolo del lat. SIG-NACULUM. Idea difícil ya por la vocal tónica, que ahora debe desecharse por razones semánticas.— ³ Este parásito forma unos filamentos blanquecinos y polvorientos, que también le dieron nombre en Portugal, donde se llama *cinzeiro* (de *cinza* 'ceniza') y *poeiro* (de *pó* 'polvo').— ⁴ Hay, sin embargo, otras posibilidades. El lat. SENECIO, -ONIS, 'hierba cana', se ha aplicado científicamente a plantas que nacen en la vecindad de las aguas, como la barrilla o sosa se hace junto al mar (*senecio praealtus, senecio foliosus* o *zuzón*: Steiger-Hess, *VRom.* II, 69n.; Colmeiro III, 262; se trata, sin embargo, de plantas pertenecientes a la familia de las compuestas), y cabría fonéticamente deducir de ahí, como representantes semicultos, *cenizo* y **cenizgo* > *jenijo, ceñilgo* (> *ceñiglo*). No puedo resolver si hay o no relación con el port. trasm. *cinisga* 'clítoris', 'muchacha flacucha, entrometida y chismosa' (*RL* V, 40, 110, comp. allí mismo *cinascos* 'migajas'), port. pop. *senisga* 'borrachera' (*RL* XXIV, 256). Creo que no la hay con el cat. *cenís* 'Phragmites communis', gramínea, llamada también *canyís*, que crece en grandes colonias a orillas de los ríos (Fabra); parece tratarse de un plural dialectal de *senill* 'especie herbácea que se cría en lugares húmedos' (en Poboleda, según Amades, *BDC* XIX, 205), 'caña de los prados' (en Tortosa, *BDC* III, 109), 'alga, sargazo' (?, Vogel, s. v. *cenill*). Luego se tratará de una planta muy diferente. Véase el artículo correspondiente de mi futuro *DECat.*

CENOBIO, tomado del lat. tardío *coenobĭum* íd., y éste del gr. κοινόβιον 'vida en común', compuesto de κοινός 'común' y βίος 'vida'. *1.ª doc.:* Berceo.

DERIV. *Cenobial. Cenobita,* tomado del lat. tardío *coenobīta* íd., derivado de *coenobium; cenobítico; cenobitismo.*

Cenismo 'mezcla de dialectos' [Acad. 1925], tomado del gr. κοινισμός, derivado de κοινός.

Epiceno [*epicheno*, APal. 177*d*, comp. 135*b*; *epiceno*, 1604, Jiménez Patón], tomado del lat. *epicoenus* íd. y éste del gr. ἐπίκοινος 'común', derivado del citado κοινός.

Cenestesia [1936, *DHist.*], compuesto de este adjetivo con αἴσθησις 'sensación'.

Cenojil, V. *hinojo* II   *Cenopegias*, V. *escena*   *Cenoria*, V. *zanahoria*   *Cenoso*, V. *cieno*

CENOTAFIO, tomado del lat. *cenotaphĭum* y éste del gr. κενοτάφιον íd., compuesto de κενός 'vacío' y τάφος 'sepulcro'. *1.ª doc.:* 1600, Mariana.

Cenoyo, V. *hinojo*

CENOZOICO, compuesto de καινός 'nuevo' y ζῷον 'animal'. *1.ª doc.:* 1909.

Cenraya, V. *cerraja*

CENSO, tomado del lat. *census, -ūs,* íd., derivado de *censēre* 'estimar, evaluar' (part. *census*). *1.ª doc.:* 1155 (Fuero de Avilés).

DERIV. *Censal* arag., murc. [1272; 1295-1317, doc. en las *Mem. de Fernando IV,* referente a Murcia; todos los testimonios posteriores son aragoneses y Nebr. lo registra como tal]; *censalero,* murc.; *censalista. Censatario. Censido. Censual,* tomado del lat. tardío *censualis; censualista; censuario. Acensuar,* o *acensar,* o *censuar,* o *encensuar,* o *encensar* [así en Nebr., con el derivado *encenso* «census»]; *assençar* 'acensar' 1264. Para estos y otros muchos datos de esta familia, vid. Pottier, *Orbis* V, 505-507.

Deriv. del asimilado *senso: sensuar* > *sesubar,* etc. 'acensar': «en la dicha parede, *asensuamos*-vos la dicha uerta» Pontevedra a. 1501, «e queden e paguen e *sesuban* qualquier foro ou penson que o mosteiro... ten en a dita heredad» ib. a. 1492, «e mais que eu *susuba* e pague os mrs. que en cada un ano ha de pension» ib. a. 1496 (Sarm. *CaG.* 172*v,* 172*v*3, 179*r*), en parte pasado a la tercera conjug., por influjo del parónimo *subir.*

Censor [h. 1460, *Crón. de Juan II*], tomado del lat. *censor, -ōris,* íd., derivado de *censēre; censorino; censorio. Censura* [1471; 1473], tomado de *censūra* 'oficio de censor', 'examen, crítica'; *censurista; censurar* [Ribadeneira, † 1611; más ejs., Cuervo, *Dicc.* II, 111-2], *censurable, censurador, censurante.*

Centalla, V. *centella*

CENTAURO, tomado del lat. *centaurus,* y éste del gr κένταυρος íd. *1.ª doc.:* 1256-76, *Libros del Saber de Astronomía; 1.ª Crón. Gral.* 8a26.

DERIV. *Centaurea* [1555, Laguna], o en forma más popular, *centaura* [1555, *Viaje a Turquía*], tomados del lat. *centauria* o *centaurēum* y éstos del gr. jónico κενταυρίη (de κενταύρειος 'propio del centauro'); *centaureo, centaurina.*

Centavo, V. *ciento*

CENTELLA, del lat. SCĬNTĬLLA 'chispa'. *1.ª
doc.*: 1251, *Calila*, 23.203, y otras obras de Alfonso X.

Sólo conservado popularmente en francés (*étin-
celle*) y en los dialectos sardos (*istinchidda, cincid-
da*); el rum. *scînteie* presenta dificultades fonéticas,
el port. *centelha* es castellanismo, y el autoctonismo del cat. *centella* no es enteramente seguro
(comp. cat. ant. *centilla*); además pasó al vasco
txindar (o *txingar*): Schuchardt, *Museum* (Leiden)
X, 398; *ZRPh.* XXX, 213 y s.; *BhZRPh.* VI, 17;
Uhlenbeck, *ZRPh.* XXIX, 232. Quizá sea errata
la variante cast. *centalla* (1572, *DHist.*, hapax).

Deriv. *Centellear* [1513, G. A. de Herrera] o
centellar [S. XV, *Mujeres Ilustres*; Nebr.]; *cen-
tellador, centellante* [princ. S. XV, E. de Villena]
o *centelleante; centelleo. Centellero* o *centillero.
Centellón. Centilar*, tomado del lat. *scintillare* íd.;
de aquí *centilación* [Acad., 1783, como ant.; *cin-
tilación*: 1709, Tosca]. Gall. *escentilar* 'resplandecer de, brillar de': figuradamente «*escentilaban*
contentamento», Castelao 204.25.

Centén, centena 'centenar', V. *ciento*   *Centena* 'caña de centeno', V. *centeno*   *Centenada,
centenal* 'centenar', 'atador de una madeja', V.
ciento   *Centenal* 'campo de centeno', V. *centeno*   *Centenar, centenario*, V. *ciento*

CENTENO, del lat. hispánico CENTĒNUM íd., y
éste del lat. CENTĒNI 'de ciento en ciento', porque
se cree da cien granos por cada uno que se siembra. *1.ª doc.*: 1212, Oelschl.¹.

Rönsch, *ZRPh.* I, 420; Wölfflin, *Sitzungsber.
der bayr. Akad.* 1894, p. 106; *ALLG* XII, 382.
Sale CENTĒNUM en el Edicto de Diocleciano (a. 301),
en San Isidoro (*Etym.* XVII, iii, 12)², y en una
glosa conservada en un ms. vaticano del S. X
(*CGL* III, 429.64: «*centenum*: scandula, σεκάλη,
ζέα»). Ya Plinio (*N. H.* XVIII, 16.40) dice que
el *secale* o 'centeno' «nascitur qualicumque solo
cum *centesimo* grano». No creo que M-L. tuviera razón al poner en duda esta etimología (*Litbl.*
XXIV, 412); se fundaba dicho lingüista en la supuesta semejanza del leon. ant. *candena*, que designó un vegetal muy diferente y que además era
palabra esdrújula (V. *CANDANO*). CENTĒNUM era
sólo palabra hispánica, si bien entendida en otros
puntos del Imperio romano. Se ha conservado
únicamente en castellano, en el port. *centeio* y en
las formas bereberes *ašĕntįl, ĕššĕnti, tāšĕntio, išen-
ti, tĩšĕntĩt* [S. XV], vid. Colin, *Hesperis* VI, 70.
Mozár. *čenteno* (en glosas de 1219: Simonet, s.
v. *chenteno*)³. Los demás romances, incluyendo el
catalán y el gascón, tienen representantes del lat.
SECALE.

Deriv. *Centena. Centenal* o *centenar. Centena-
za. Centenero. Centenilla. Centenoso.*

¹ También en doc. de Sahagún del a. 1264
(Staaff, 58.46).— ² «*Centenum* appellatur eo quod
in plerisque locis iactus seminis eius in incrementum frugis centesimum renascatur».— ³ El
nombre de lugar *Centinares* (Bédar, prov. Almería) quizá venga de otra forma mozárabe **cen-
tino*.

Centeno 'centésimo', V. *ciento*   *Centenoso*,
V. *centeno*   *Centesimal, centésimo, centi-*, V.
ciento   *Centilación*, V. *centella*   *Centilitro,
centiloquio*, V. *ciento*   *Centillero*, V. *centella*
Centimano, centímetro, céntimo, V. *ciento*

CENTINELA, del it. *sentinella* 'servicio de vigilancia que presta un soldado en un lugar fijo',
'el soldado encargado de este servicio', derivado
de *sentire* 'oír', 'sentir'. *1.ª doc.*: h. 1530, J. de
Oznayo, *Relación de la Batalla de Pavía*; Garcilaso, †1536; más ejemplos de estas fechas proporciona Gillet, *HispR.* XXVI, 272-3.

Cabrera, s. v.; Cuervo, *Obr. Inéd.*, 382; Terlingen, 184-5; Cej. VIII, § 68. Todavía D. Hurtado de Mendoza, h. 1570, califica *centinela* de
vocablo nuevo y extranjero, explicando que antes
se llamaba *atalayas* a los centinelas de día, y *escuchas* a los de noche (término empleado todavía
por Hernando del Pulgar, en 1490). La ac. primitiva fué la abstracta (ya en Garcilaso); a consecuencia de ello, como denominación del soldado
que hace la centinela, el vocablo se empleó primero
como femenino (así hasta Cervantes y aun en Larra), lo mismo que *guarda, escucha, imaginaria*,
etc., que se hallan en el mismo caso. Para la derivación del vocablo en italiano, V. los materiales
allegados por Spitzer, *ARom.* VII, 394-6, y especialmente *gherminella* 'juego de manos con que
se hace desaparecer algo', derivado de *ghermire*
'coger'. Alessio, *RLiR* XVIII, 43-44, cree que el
punto de partida preciso es el it. ant. *sentina*
«accortezza» (Monaci, *Crest.*, 511), lat. tardío *sen-
tinare* «subtiliter periculum vitare» (*CGL* V, 513.41;
Bull. Du C. IX, 425); pero hay que atender a las
rectificaciones de Prati, *RLiR* XIX, 201. La *c* castellana se debe a la articulación convexa y predor-
sal de la *s italiana*. De este idioma proceden también el fr. *sentinelle* y las formas de los demás
idiomas¹.

¹ Aunque la formación del ingl. *sentry* [1611]
no está bien averiguada, no basta para revisar la
etimología admitida del it. *sentinella*. Las conjeturas de Skeat son aventuradas, y lo más probable parece la sugestión del *NED* de que sea
derivado regresivo de los anticuados *centrinel* y
centronel (S. XVI).

Centinodia, centiplicado, centipondio, V. *ciento*

CENTOLLA, 'crustáceo marino con un caparazón cubierto de tubérculos cónicos', origen incier-

to, probablemente de un célt. CINTULLOS (documentado sólo como nombre de persona), de un más antiguo KINTU-OLLOS 'el principal y grande', así llamado por ser una de las variedades más grandes y poderosas del cangrejo. *1.ª doc.*: Nebr. ⁵ («*centolla*, pescado: testudo celtina»).

Es vivo hoy, entre otras partes, en el cast. de Galicia y en Andalucía (Estébanez Calderón: *Escenas And.*, ed. 1926, p. 297). Port. ant. y gall. *centola* (Vall., etc.), port. *santola*. En portugués ¹⁰ *centola* se halla desde med. S. XVI (L. de Castanheda, Manuel Thomás; vid. Fig., Moraes, Cortesão) y, ya en 1519, en Gil Vicente (ed. Hamburgo II, 408); la misma forma figura en la traducción castellana de Mendes Pinto (ed. de 1620, ori- ¹⁵ ginal portugués del 3r. cuarto del S. XVI), y todavía la prefería la Acad. en 1884; pero *centolla* se halla en Nebr., en Lope y en autores modernos; R. Santamaría (1933) registra *centollo*; ast. *centollu* (V). Cej. VIII, § 40. La forma mas- ²⁰ culina debe de estar bastante extendida, no sólo en Asturias sino también en Galicia, pues hay un islote llamado *El Centolo* frente al Cabo de Finisterre: Tofiño de San Miguel, en su *Derrotero de las Costas del Atlántico*, p. 97, dice que es «re- ²⁵ dondo, chico y en forma de cubilete»¹. Con esta forma redonda coincide la descripción que la Acad. da de la *centolla* («se asemeja a una araña de figura redonda» 1832, «de caparazón casi redondo» 1939); el naturalista Bolívar (1909) dice que es ³⁰ «de caparazón piriforme, estrechado o puntiagudo por delante»; la Espasa, que es de «caparazón oval redondeado, con pico muy saliente, cuerpo con frecuencia cubierto de pelos ganchudos... caparazón bombeado cubierto de espinas agudas». ³⁵ Ésta, por lo demás, es sólo una de las especies del género Maja, el Maja Squinado Rond., propio del Atlántico, pero es precisamente la que lleva el nombre de *centolla*; en el Mediterráneo hay el Maja Verrucosa M. Edw., cuyo caparazón es poco ⁴⁰ bombeado (it. *grancevola*), pero el nombre *centolla* no parece aplicarse más que al Maja Squinado, y en el Mediterráneo el nombre de *centolla* no parece ser conocido (falta en Medina Conde, etc.). Se trata de un crustáceo, malacóstraco, de- ⁴⁵ cápodo, braquiuro, de la familia de los oxirrincos. Es cangrejo de mar de gran tamaño, de color rojo, el que en inglés se llama *spider-crab*². La correspondencia cast. *ll* ~ port. *l* indica un étimo con LL. Acaso se trate primitivamente de ⁵⁰ un nombre propio de persona: *Centot*, en latín CENTŬLLUS, fué nombre de persona muy empleado en Gascuña durante la Edad Media, y recuerdo algún ej. del mismo en Aragón. La Acad. propone lat. CENTŎCŬLUS 'de cien ojos'³, por los tubérculos ⁵⁵ que cubren la centolla, que fonéticamente sólo sería posible en castellano admitiendo que *centolla* es forma tomada del portugués, pero entonces el port. y gall. *centola* sería imposible o muy difícil de explicar, pues ni siquiera sería aceptable alegar que ⁶⁰

hubo intrusión del sufijo dimin. *-ola* de otros romances, ya que éste toma la forma *-ó* (*-oa*) en gallego-portugués.

En cuanto a lo que concierne a la etimología, mis averiguaciones me han conducido a resultados que pueden considerarse definitivos en su aspecto negativo, y poco menos en el positivo. Desde ahora podemos asegurar que *centolla* no puede venir de CENTOCULUS, base que no podría explicar ni la terminación con *-l-* del gallegoportugués ni la con *-ll-* del castellano. Pese al área geográfica, tratándose de un nombre de animal marino podría pensarse en un étimo griego (comp. el caso de *LOBAGANTE*), y uno que podría tomarse en consideración es χεντροφόρος 'provisto de aguijón', lo cual, como se ha visto, no carece de base semántica. En el aspecto fonético habría dificultades mucho mayores. Admitiendo eliminación disimilatoria de la primera *-r-* y cambio de la segunda en *-l-* podría fácilmente argüirse que pasando por *centóvolo* llegaríamos en gallegoportugués a *centolo* tal como de FABULARI a *falar*, y en castellano a *centollo* como de INSUBULUM a *enjullo*. Pero hay que reconocer que estos dos vocablos aducidos como paralelos fonéticos presentan tratamientos excepcionales, y en particular el paso de FABULARI a *fablar* y luego *falar* sólo se explica en portugués por tratarse de un vocablo empleadísimo, muy desgastado fonéticamente, y ayudando además la disimilación de labiales, factores que no existen en el caso de *centolo, -ola*; lo normal y general en gall.-port., en casos semejantes, es que se pierda primero la *-L-* intervocálica antes de desaparecer la vocal precedente (de donde *povoar, povo, névoa, távoa*, etc.); por otra parte la disimilación sólo pudo actuar eliminando la primera *-r-* o bien cambiando la segunda en *-l-*, pero no en ambos sentidos a la vez; luego si acaso habría que suponer que el cambio de *-r-* en *-l-* se debe a un cambio de «sufijo», pero entonces seguramente la fecha de esta *-l-* sería demasiado tardía para dar lugar a una alteración tan profunda y antigua como la sufrida por *enjullo* o *trillar*. Y en una palabra, no estando χεντροφόρος atestiguado como nombre de la centolla ni de pescado alguno, esta etimología no pasa de una fantasía difícilmente defendible.

Por otra parte el vocablo es propio de la costa atlántica, y en particular lo es de Galicia y Portugal, y de algunas zonas del Oeste de Asturias y del Oeste de Andalucía. Área muy favorable a un origen céltico. Y si hemos de suponer que la base fué *CENTŬLLUS, *CENTOLLUS o *CĬNT- (la localización muy occidental del vocablo en castellano permitiría partir aun de una ŏ, en todo caso de una ǫ), estas bases tienen realmente un aire céltico, y nos recuerdan los conocidos nombres de persona del celta antiguo como CONDOLLUS, CICOLLOS, BITUOLLUS, COUXOLLI. Se trata de una terminación que corresponde a una palabra

céltica bien identificada, irl. ant. *oll* 'grande', galés v bret. *oll* 'entero, todo', y que en el celta continental debió de existir con el primero de estos
significados en vista de otros nombres de persona,
compuestos a la inversa, como OLLO-UDIOS y
OLLO-DAGUS (Weisgerber, *Die Spr. der Festlandk.*,
198, 197, 205, 215) y otros nombres propios todavía, de persona y de lugar, OLLOCNUS, OLLOG-
NATUS, OLLOSINUS, OLLOBRIGA, OLLOGABIAE, OLLO-
TOTAE, OLLOVICON[4]. Aunque los compuestos del tipo «dvandva» no sean muy frecuentes en céltico,
hay algunos en el celta isleño (irl. ant. *find-chass*
'blanco y rizado', 'el de blancos rizos', Pedersen,
Vgl. Gr. II, 4) y en el del Continente, donde pasan por haber sido más numerosos (vid. Weisgerber, *op. cit.*, 215; Schnetz, *Glotta* XVI, 131); uno
de ellos es evidentemente CINTUMAROS, compuesto
de CĬNTU- «primus, praecipuus, praestans» (irl. ant.
cét, etc.) y MAROS 'grande' (irl. ant. *már* «mag-
nus», galés *môr* «insignis, amplus», bret. *meur*).
Ahora bien, es indudable que CINTUMAROS, documentado en una inscripción de Dijon, tuvo un sinónimo más frecuente *CINTUOLLOS (formado con
OLLOS, el sinónimo de MAROS documentado más
arriba), pues no dudo en identificar con él el
nombre CĬNTULLUS, que es frecuentísimo en inscripciones de la Galia y que permaneció como
nombre de persona medieval en la onomástica de
Gascuña (*Centot, -ol*), desde donde pasó algunas
veces a Aragón. Se comprende que *CINTUOLLOS
se redujera ya en latín vulgar a CĬNTŎLLUS o CĬN-
TŬLLUS, tal como QUATTUŎRDECIM se redujo a
QUATTŎRDECI (cast. *catorce*, cat. *catorze*, it. *quattŏr-
dici*). Y no se comprende menos bien que se llamara al centollo 'el principal y grande', 'el primero
y grande', puesto que se trata de una de las variedades más grandes y poderosas de cangrejo[5]. Ésta
es la etimología céltica que me parece más fácil
y convincente, aunque podrían imaginarse otras[6].
Sea como quiera, *centolla* puede ser aumentativo
romance de *centollo*, o haber existido ya como variante femenina en céltico.

[1] *Centulo* era el nombre de un comparsa (también *cagala olla* m.) del día de Corpus en Pontevedra, vestido extrañamente y con una máscara que le da cara de demonio, y cargado de
cencerros con que espanta a los niños. Lo empleó ya Sarm. en sus coplas de 1746 y lo registra
en muchos pasajes de su *CaG*. (ed. Pensado,
pp. 70 y 515b), buscándole lejanas e imposibles
etimologías; pero él mismo admite ya la natural:
«la concha en la centóla es máscara, y acaso de
ahí el *centulo* como mascarón» (166r). Hubo
metafonía de *ó* ante *-u* en el masculino singular
y no en el femenino, como era normal fonéticamente. En otras partes se impuso la *ó* del femenino y del plural *cintolos* (ante *-os*). Esta era la
forma empleada en lugar de *centolla* en la costa
Nordeste (Viveiro) en tiempo de Sarm. (220v).—
[2] El lexicógrafo San José escribía en 1619 (se-

gún Gili) que el «clavel de Indias es planta muy
conocida, así la que lleva los rosones (que llaman *centollas* en Andalucía) como la de las flores aterciopeladas». Luego al parecer se ha dado en alguna parte de Andalucía el nombre de
centollas a una especie de clavel también llamado *rosón*, que por lo tanto será de forma parecida a una rosa grande, o sea de figura redondeada. Lo cual coincide con la forma redondeada del caparazón de la centolla. A la documentación castellana de *centolla* 'crustáceo' puede agregarse que lo empleó, según Terreros, Fr. Juan
de Torquemada en su libro de 1613 referente
a Méjico.— [3] También Couceiro Freijomil, *Geogr.
Gral. del R. de Galicia*, p. 209, dando un gall.
centolla, forma desmentida unánimemente por los
diccionarios gallegos: todos registran *centola* y
Crespo Pozo declara además que «*centolla* es
nombre gallego castellanizado». *Centóla* lo registró ya Sarm. muchas veces («una como araña
de mar a imitación a cangrejo de mar» a. 1745,
84r y en otros nueve pasajes de su *CaG.*, p. 515),
mientras que él mismo había oído *centolla* en
Asturias, en Gijón [ya en 1720-25] (ib. 166r,
167r).— [4] Vid. Holder, que agrega todavía más,
de celticidad dudosa, como CIPOLLUS, HEREOL-
LUS.— [5] Nótese la definición concorde de los varios diccionarios portugueses: «g r a n d e caranguejo vermelho». A esta denominación pudo contribuir la propiedad a que se refiere el *DHist.*:
«fué considerado antiguamente como símbolo de
la p r u d e n c i a porque, cuando muda el te-
gumento, se oculta entre las algas hasta que el
nuevo esté bastante duro». Detalle confirmado
por naturalistas modernos, que se citan en la Espasa. En realidad parece que entonces estos cangrejos viven en una especie de letargo. Por otra
parte esta y otras variedades semejantes practican
en alto grado, con propósitos defensivos y ofen-
sivos, la mimesis, cubriéndose de vegetaciones y
animalitos que disimulan completamente su color; también tienen la propiedad de emitir señales amenazadoras que su guarida, para avisar
al importuno que «no están en casa» para él.
Detalles que leo en las Enciclopedias Británica
e Italiana. A un tal animal «sesudo» le conviene el epíteto célt. CINTUS «praestans» = 'superior,
eminente'. Los compuestos de CINTU- son también muy frecuentes en la antigua onomástica celta (*Cintugnatus, Cintugenus, Cintusmius*, etc.).—
[6] Partiendo de la forma redonda del caparazón,
y suponiendo que al galés y bret. *cant* 'círculo',
'anillo', 'corro de gente', galo *cantus* 'llanta de
rueda', 'pilar redondo', irl. mod. *cet*, irl. *ceat*
'pilar redondo', irl. med. *céte* (J. Loth, *RCelt.*
XLII, 353-4; Vendryes, *RCelt.* XLV, 331-3;
Weisberger, *Die Spr. d. FK.*, 196) correspondiera *CENTO- 'círculo' en hispano-céltico, *CENT-
OLLO- sería 'el gran círculo'. Si se tratara de
una N indoeuropea no habría dificultad fonética,

puesto que en el galo-británico continental coexistieron, como representación de este sonido, *en* y *an* (Weisgerber, 185-6: *argento-* y *arganto-*, *benno-* y *banno-*, *grenno-* y bret. *grann*). Es cierto que Pokorny, *Idg. Et. Wb.*, supone que esta familia léxica parte de una base indoeur. KANT- (y N no puede alternar con AN), fijándose en el gr. χανθός 'rincón del ojo', lo cual por cierto es fundamento harto frágil, por el gran alejamiento semántico. Entonces el paso de AN a EN sólo se justificaría en los dialectos goidélicos, que precisamente también estuvieron representados en España, según las teorías de Pokorny. Sin embargo hay en todo esto una serie de elementos dudosos que hacen muy vulnerable esta otra etimología y me invitan a dar preferencia a la primera. En cuanto a buscar en la inicial CENT- la raíz indoeuropea KENT- 'picar, punzar' (por las espinas y pelos ganchudos de la centolla), sería imprudente, puesto que según Pedersen y Pokorny los representantes célticos de esta raíz no son antiguos, sino tomados del gr. χέντρον, seguramente a través del latín.

Centollo, V. *centolla*

CENTÓN, tomado del lat. *cento, -ōnis*, 'paño remendado', 'centón'. *1.ª doc.*: APal. 70d.
DERIV.: *centonar*.

CENTRO, tomado del lat. *centrum* y éste del gr. χέντρον 'aguijón', 'centro'. *1.ª doc.*: 1256-76, *Libros del Saber de Astronomía*.

El cambio de significado se explica pasando por la ac. documentada en latín 'pierna fija del compás entorno a la cual gira la otra', comparada con un aguijón; de ahí, después, 'el punto donde se clava esta pierna'[1].

DERIV. *Central; centralismo, centralista; centralizar, centralización, centralizador. Centrar* (también *encentrar*); *centrado. Céntrico*, antiguamente *centrical. Descentrar, descentrado. Centrina* o *centrino* (pescado), tomado del gr. χεντρίνης, -ου, íd., por el aguijón de que está provisto. Análogamente: *centrisco*, del gr. χεντρίσχος, diminutivo de χέντρον. *Concentrar* [S. XVI, S. Juan de la Cruz][2], derivado culto del lat. *centrum; concentrable, concentrabilidad, concentración, concentrado, concentrador, reconcentrar, -ación, -amiento; concéntrico* [1633, Paravicino: *RFE* XXIV, 313][3], tomado del b. lat. *concentricus* íd. *Excéntrico* [Lope; la ac. 'extravagante', que falta aún Acad. 1899, empleada ya por P. A. de Alarcón, † 1891, está tomada del ingl. *eccentric*, donde ya aparece en 1630]; *excentricidad*, que falta aún Acad. *Paracentesis*, tomado de παραχέντησις, derivado de χεντεῖν 'punzar', de la misma raíz que χέντρον.

CPT. *Centrífugo* (con *centrifugador*) y *centrípeto*, compuestos con los lat. *fugĕre* 'huir de (algo)' y *petĕre* 'dirigirse hacia'. *Centrobárico*, compuesto

con el gr. βάρος 'pesadez'. *Epicentro*, formado con ἐπί 'sobre'. *Metacentro*, con μετά 'más allá'.

[1] Para acs. figuradas, vid. *DHist*. De la 14 ('lugar en que uno halla su mayor bienestar') se llegó a 'medio ambiente', en que el vocablo figura en *La Vida es Sueño*, de Calderón, y ya en Lope, *Pedro Carbonero*, v. 2507 («en un *centro* tan vano / nunca el corazón reposa»).— [2] Cuervo, *Dicc.* II, 312. Amplió sus acs. en el S. XIX por influencia francesa (Baralt).— [3] Vid. Cuervo, *Dicc.* II, 312-3.

Centunviral, centunvirato, centunviro, centuplicar, céntuplo, centuria, centurión, centurionazgo, V. *ciento*

CÉNZALO, 'mosquito de trompetilla', del lat. de glosas ZINZALA íd., voz imitativa del zumbido de este insecto. *1.ª doc.*: *zénzalo*, 1615, Villaviciosa.

Falta en Covarr.; y *Aut.*, *Terr.* y el *DHist*. se basan únicamente en Villaviciosa, que emplea el vocablo varias veces. No sería imposible que este poeta se hubiera inspirado en su modelo italiano para dar este nombre a los mosquitos, mas parece que el vocablo existió realmente en castellano[1]. It. *zanzàra, zenzàra* (ambos muy frecuentes, y el primero ya en Dante), it. ant. *zanzala*, rum. *ţînţar*, logud. *tintula*, fr. ant. *cincele*. Diez, *Wb.*, 346; *REW*, 9623; Jud, *ASNSL* CXXII, 433n.15. En oc. *zinzin* la onomatopeya es más visible y moderna. *Zinzala* se halla en un glosario de origen galorománico trasmitido por un códice del S. X (*CGL* V, 526.1). Es dudoso que el ár. marroq. *šĕnwíla* 'mosquito que sale de los higos' tenga que ver con *cénzalo* o con el lat. *ciniphes*, según quiere Colin, *Hespéris* VI, 71.

DERIV. *Cenzalino* (formación individual de Villaviciosa).

[1] *Zenzal* figura en APal., aunque el contexto, según la transcripción de que dispongo, no es claro: «*culex*: animal pequeño mosquito bolante assi dicho porque su aguijon con que saca sangre es *zenzal*: estos mosquitos no tocan al ombre que se untare...» (100d). Presumo que debe leerse *por* en vez de *porque* y poner comas tras pequeño, mosquito y sangre.

CENZAYA, rioj., alav., 'niñera', del vasco *seinzaia* 'la niñera', compuesto de *sein* 'niño' y *zai* o *zain* 'guardián'. *1.ª doc.*: *Aut*.

Cinzaya, en Burgos y Álava (Acad.). Está hoy desusado en vasco (falta en Azkue), pero *seinzai* (con artículo *seinzaia*) era un compuesto tan natural como *artzai* 'pastor ovejero' de *ardi* 'oveja', o *auntzai* 'cabrero' de *auntz* 'cabra'. Por lo demás *Aut*. cita un vasco *ceinzaiña*, que al parecer sería usual en este tiempo. Vid. Schuchardt, *Wiener Sitzungsber.* CCII, iv, 20; *REW*, 7792. Otro compuesto análogo (si no es errata) ha de ser el cast.

orzaya 'niñera' [Acad. 1914 o 1899] cuyo primer componente es el vasco (*h*)*aur* 'niño' (Michelena, *BSVAP* X, 383).

DERIV. *Cenzayo*.

Cenzoncle, cenzonte, V. *sinzonte*   *Ceñar*, V. *ceño*   *Ceñideras, ceñidero, ceñido, ceñidor, ceñidura*, V. *ceñir*   *Ceñiglo, ceñilgo*, V. *cenizo*

CEÑIR, del lat. CĬNGĔRE íd. *1.ª doc.*: *Cid*. Cuervo, *Dicc.* II, 112-6. Cat. *cenyir*, port. *cingir*, gall. *cinguir* («un sentimento que a *cingue* toda» Castelao 268.6f.).

DERIV. *Ceñidero* [Nebr.], *ceñideras. Ceñido. Ceñidor. Ceñidura* [Nebr]. *Desceñir* [Nebr.], *desceñidura. Precinto* [Acad. S. XIX], tomado de *praecinctus* 'acción de ceñir'; *precinta; precintar. Procinto* ant., tomado de *procinctus, -ūs*, 'preparación para el combate'. *Recinto* [1643 Varén, *Aut.*], seguramente tomado del it. *recinto. Sucinto* [h. 1580, F. de Herrera, *Aut.*], tomado de *succinctus* 'apretado, achaparrado', part. de *succingere* 'arremangar'; *sucintarse* (sólo en Cervantes, *Persiles*). Además, vid. CINCHO, CINTA.

Ceño 'cerco', V. *cello*

CEÑO II, 'expresión severa del rostro, que se toma dejando caer el sobrecejo o arrugando la frente', del lat. tardío CĬNNUS 'señal que se hace con los ojos'. *1.ª doc.*: h. 1475, G. de Segovia, 88; h. 1500, J. del Encina; arag. a. *cenno* 'guiño, guiñada', 2.ª mitad del S. XIII, Vidal Mayor 2.2. 3; comp. *aceñar*, *O*, 355*b*, o *ceñar*, *P*, 'hacer señas con los ojos' en *Alex.*[1]; *ceñudo*, 1438, Corbacho.

M-L., *Das Kat.* § 14; *RL* XXII, 104-6; *RFE* XIII, 177-8; Spitzer, *RFE* XII, 249-51; *RFE* XIII, 279; Cej. VIII, § 61. Todos los ejs. antiguos del cast. *ceño* y del port. *cenho* coinciden en tener el significado 'aspecto severo del rostro, expresado por las cejas o la frente', pues aunque el vocablo se ha aplicado también al aire imponente y amenazador que toman ciertas cosas, como el cielo [1607, Fr. J. de los Ángeles], el mar o una montaña (V. los tres ejs. de Calderón citados por H. R. Lang, *ZRPh.* XIV, 227), claro está que estos usos figurados no autorizan a decir que el vocablo haya significado 'ceja' o 'entrecejo' en castellano, como afirma Lang, ni puede deducirse lo mismo de la moderna frase *fruncir* o *arrugar el ceño* (S. XIX: *DHist.*, 3), donde hay combinación de *fruncir el entrecejo* con la frase clásica *mostrar ceño* o *mirar con ceño*, que es lo único que se halla en Moreto, Cervantes, Sánchez de Badajoz, Juan del Encina y demás autores de los SS. XVI y XVII.

Junto a la ac. corriente, en textos y dialectos arcaicos hallamos formas que indican sentido original más amplio: *ceñar* o *aceñar* 'hacer señas con los ojos' en *Alex., aceñar* 'señalar' («to point

to») en el *Recontamiento de Alixandre* (texto morisco aragonés del S. XVI: *RH* LXXVII, 588), 'señalar con la mano' en otros textos de la misma procedencia (glosario del *Memorial Hist. Esp.*, V), *ceñar* 'hacer señas con los ojos' en el aragonés Pellicer (1626, DHist.), arag. *ceña* 'seña, guiño' (Jordana), Miranda de Duero *aceiño* 'gesto con la mano o con la cabeza' (Leite, *Phil. Mir.* II, 150), gall. del Limia *azanar, acenear*, 'hacer señas' (*VKR* XI, 262), gall. *acenar* 'hacer señas con la mano, con la cabeza, con los ojos, para expresar lo que no se puede decir de palabra', port. *acenar* íd. [«conniveo», S. XIV, *RPhCal.* VI, 78, § 584], port. y gall. *aceno* 'seña', vasco *keinu* (o *kheiñu*) 'gesto, seña, guiño, mueca, amenaza, amago', *keinatu* 'amenazar, amagar', *keinada* 'seña con el ojo, amenaza, embestida'. Michelena, *BSVAP* X, 383, cree que el vasco *k(e)iñu* pertenece a la familia de GUIÑO, mientras que de *ceño* viene el vasco *z(e)iñu* 'mueca, ceño', separación que a mí me parece menos segura, dado el sentido de CINNUS en latín. Si estas palabras vascas vienen del cast. *guiño, guiñar*, según quiere una autoridad en la materia, como Schuchardt (en el artículo de Spitzer), esto nos indica cuán fácil es pasar de 'señal de los ojos' a 'expresión amenazadora', pero aunque ello no fuese cierto, y la voz vasca viniese del mismo origen que *ceño*, como prefiere M-L.[2], este cambio semántico sería más fácil aún que el de 'ceja' o 'sobrecejo' a 'ceño, expresión severa', del que también existen muchos ejs. (lat. *supercilium* 'severidad, gravedad' > it. *cipiglio* íd., fr. *sourcilleux* 'preocupado, ceñudo', griego ἐπισκύνιον 'piel de la frente; aire severo, gravedad; orgullo'), y que justamente presupone la fase intermedia 'signo que se hace con las cejas'. Claro está que las señas con las cejas o los párpados son las más fáciles de las señas posibles, de suerte que una especialización semántica en este sentido, no es nada sorprendente.

Una vez admitida la posibilidad de que el cast. *ceño* provenga del sentido del port. y gall. *aceno*, mirand. *aceiño* 'seña con los ojos, etc.', es evidente que éstos son inseparables del it. *cenno* íd., *accennare* 'hacer seña', 'señalar', fr. ant. *cener, acener*, oc. ant. *cenar* íd., que vienen de la voz del latín tardío CINNUS 'guiño', documentada en el africano Fabio Fulgencio h. 500 d. C. (M-L., *KJRPh.* VI, i, 123) y en varias glosas, con la traducción 'señal con la cabeza','mueca' («νεῦμα, tortio oris»: *CGL* II, 100.50; IV, 219.23, etc.), CINNARE «nictare, innuere, promittere» (*CGL* V, 277.24; 261.39). No vacilo, pues, en dar la razón a Spitzer contra M-L., que, siguiendo una sugestión de Baist (*RF* I, 134-5), propuso como étimo el gr. ἐπισκύνιον[3].

Los fundamentos de Meyer-Lübke, además de los semánticos, son endebles. La *e* vasca: ¿podría corresponder a una ɪ latina, tratándose de una palabra antigua en el idioma, como lo muestra la *k*?;

sin duda: siendo el cambio de ĭ en *e* propio del
S. II d. C., mientras que la alteración definitiva,
de la cˡ latina es fenómeno posterior en algunos
siglos, debe admitirse la posibilidad de que haya
palabras vascas con *ke* < cĭ; por lo demás la etimología del vocablo vasco no es segura; en cuanto
a la *nh* del port. *cenho* [Corte Real, † 1588; Fr. B
de Brito, † 1617], *sobrecenho* [Arraes, 1589], tiene
aún menos fuerza: dada la fecha de los ejs. citados nada se opone a que sea castellanismo, pero
también podría deberse a un cruce con SĬGNUM,
como el que tenemos inequívocamente en el engad. *tschegn*, genov. ant. *cegno* 'seña con los ojos'
(y demás formas de los dialectos italianos estudiadas en el *AGI* XV, 53), fr. ant. *cigner* 'guiñar los ojos como advertencia' (*FEW* II, 689a); en
la primera alternativa el origen forastero explicaría la ac. exclusivamente figurada de *cenho* 'expresión severa' frente a la primaria 'seña' que tiene el
autóctono *aceno*, mientras que en la segunda se
trataría de una repartición de acs. como la que tan
a menudo observamos en los duplicados de un
idioma; por lo demás, el trasm. *cêno* «sobrecen-
nho», 'ceñudo' (Mogadouro, *RL* V, 37), indica que
esta repartición no es la misma en todas partes⁴.

Existe una variante *zuño* con el mismo significado de *ceño*, empleada por Villaviciosa (1615
«la Furia Aleto, con el torvo *zuño* / apretando
serpientes en el puño»), y registrada a base de este
ej. único por *Aut.*, pero ya figura en G. de Segovia, en 1475 (*çuño*: p. 88), y Oudin la define «une
mine de la bouche comme par desdain; c'est aussi un hochement de teste pour signifier qu'on ne
veut pas une chose»; Cej. VIII, § 122. Fijándose
en esta definición, cree Spitzer (*RFE* XII, 248-9)
que en el origen sería un refunfuño o gruñido,
después otra seña de desaprobación y finalmente
'ceño': se trataría de un derivado de *zuñir*, port.
zunir, 'hacer un zumbido', y ahí tendríamos, en
palabra independiente, otra prueba del proceso semántico admitido para *ceño*. Bien puede tener razón, aunque debe tenerse en cuenta que el ast.
zuna es 'mala maña', 'resabio en el ganado caballar o vacuno' (usado por el P. Feijoo, según
Rato), santand. *zuna* 'resabio de una caballería',
'perfidia o mala intención de una persona' (ejs. de
Pereda en G. Lomas; más datos en Fdz. Gonzz.,
Oseja, 370), los cuales nos conducen al bearn.
sune 'rabieta, cara de enojo' («bouderie»), Bigorra *sùnio* íd. (Palay), gasc. *suno* «face, front»
(en Fleurance-du-Gers, *Era Bouts dera Mounta-*
nho XXIX, Supl., 56, 64). Estas palabras pueden
indicar otro origen, o podrían adaptarse en rigor a
la idea de Spitzer, suponiendo que de 'gruñido'
se llegara a 'cara de enojo' y a 'cara en general'.
Es verdad que la *ç* sorda de G. de Segovia no
anda de acuerdo con la *z-* del port. *zunir*, y si
bien podría admitirse que en castellano el vocablo
sufrió el influjo de la sorda inicial de *ceño*, para
las formas gasconas, esto sería más difícil. Sea

como quiera, *zuño* debe tener etimología diferente de *ceño*⁵. Tal vez se trate del ár. *súnna* 'precepto o tradición religiosa', que en cat. ant. *çuna*
tomó, como es natural, el sentido de 'malas mañas' («tota lur çuna, / ley, art e manya, / pràctica
stranya, / hipocresia / e ronceria / te vull mostrar», Jaume Roig, v. 7686, 8958; «en contra mi
hages ley e no *suna*» Auziás Marc en Ag.), de
donde fácilmente se pasaba a 'malignidad', 'enojo', etc. Comp. la historia paralela de *RONCE*⁶.

DERIV. *Ceñoso*. *Ceñudo* (V. arriba). *Ceña, ce-*
ñar, aceñar (V. arriba). *Sobreceño* (V. arriba).

¹ «Venus... descubrióse el boço quando ovo
de fablar, / cató contra Paris, començó de se-
ñar; / dixo: si quieres, Paris, el derecho jud-
gar / ya lo puedes ver qui la deve levar».— ² Y
parece probable. La misma ecuación *in* = NN
hallamos en otro antiguo romanismo vasco: *boi-*
na ABONNIS.— ³ Hay también un ej. del raro
σκύνιον 'entrecejo', en Nicandro de Colofón (S. II
a. C.). Baist se fija en la alternativa vocálica *ce-*
ño ~*zuño*, que a él le sugería un étimo con υ.
Pero ya el propio M-L. rechazó este fundamento
haciendo notar que una υ griega sólo podía dar
u castellana, a condición de que existiera una forma con U en latín vulgar, y un lat. *(EPI)SCUNIUM*
no explicaría la *z-* de *zuño*. Quizá cupiera escapar a esta argumentación, harto lógica, admitiendo un lat. vg. *SCIUNIUM*, con la transcripción de
la vocal mixta υ por IU, como en γῦρος > GIU-
RUS > rum. *jur*; pero esto no ofrece la menor
verosimilitud, pues sólo hay algún caso de esta
transcripción en el latín de Oriente, y en España lo único parecido que se halla es υ > UI
(*AILC* II, 135). En consecuencia M-L. prefería
explicar *zuño* por una contaminación con *azuzar*,
y partía de una traducción o adaptación de ἐπισκύνιον, como *(SUPER)SCENIUM*, debida a la pronunciación tardía de la υ como ö. En cuanto al
vasco, habría reemplazado *SCENIUM* por *CENIUM*,
debido a la falta de *s* líquida en este idioma, explicación forzada y nada convincente. M-L. había admitido la etimología CĬNNUS en la primera
edición del *REW*; en el artículo correspondiente
de la tercera edición (1933) suprimió el cast. *ceño*
remitiendo a un artículo 2880a, que había de ser
evidentemente EPISCYNIUM, pero llegado a esta
parte de la obra, no escribió tal artículo, sea por
olvido o porque su hipótesis ya no le pareciera
sólida.— ⁴ En cuanto al origen del lat. CĬNNUS, Ernout-M. no se pronuncian, y Walde-H. se incli-
narían por derivarlo de ἐπισκύνιον, atribuyendo
la idea a M-L., en lo cual hay confusión, y
claro está que no es posible. Más bien serán
CĬNNUS y *guiño* voces de creación expresiva, donde el movimiento rápido del párpado se indica
por *kinn-* o *ginn-*.— ⁵ El parecido con el hispanoár. *xunn*, *xuntúra*, 'seno de vestidura' (PAlc.),
marroq. y argel. *šun* 'seno entre la piel y la camisa' (Simonet), parece ser casual.— ⁶ No creo

que se trate de la ac. etimológica del ár. *súnna* 'rostro, facciones' y luego 'usanza, hábito', sentidos clásicos que no parece se conservaran en árabe vulgar (faltan en Dozy, Beaussier, R. Martí, Tedjini, Probst, PAlc., etc.).

Ceñoso, 'que tiene un cerco alrededor del casco', V. *cello   ceñoso* 'ceñudo', *ceñudo,* V. *ceño*

CEO, 'cierto pez acantopterigio', tomado del lat. *zaeus,* y éste del gr. ζαιός íd. *1.ª doc.:* 1624; Huerta.

Apenas puede considerarse voz castellana este latinismo conservado por Huerta de su original Plinio.

Cepa, cepadgo, cepeda, cepejón, cepellón, cepera, cepilladura, cepillar, cepillo, V. *cepo   Cepita,* V. *cebolla*

CEPO, 'pie del tronco de un árbol', 'instrumento de madera agujereado, en el cual se aseguraba la garganta o la pierna de un reo', 'trampa de madera para coger animales salvajes', del lat. CĪPPUS 'mojón', 'columna funeraria', 'palo puntiagudo oculto en un agujero del suelo y destinado a detener la marcha del enemigo'. *1.ª doc.:* 2.ª ac., 1050 (Oelschl.); 1.ª ac., Berceo, *S. Dom.,* 597c; 3.ª ac., S. XIII, Fuero de Zorita.

Cej VIII, § 73. Las dos primeras acs. latinas eran de uso común, la tercera pertenecía al habla de los soldados y se halla ya en César (*B. G.* VIII, 73.4; vid. Heraeus, *ALLG* XII, 255-80); de ahí se pasó a 'trampa donde un animal queda cogido por las piernas' y al instrumento parecido donde se aprisiona o atormenta a una persona, sentido en el cual ya aparece en glosas latinas[1] y en algún autor merovingio (*FEW* II, 694a); estas dos acs. son hoy peculiares al castellano (aquélla es también portuguesa), pero se han hallado también en otros romances: mozár. *chipp* «cepo, prisión» (PAlc.), cat. ant. *cep* íd. (Consulado de Mar, ed. Pardessus, p. 203), *cepó* 'trampa' (Costumbres de Tortosa, ed. Oliver, p. 141), etc. La ac. general 'pie del tronco de una planta', que hallamos en Berceo, en *Alex.* (*O,* 2391b; *P: cepa*) y en otros autores (*DHist..* 1, 2, 3), en castellano pasó esencialmente a *cepa,* pero sobrevive en León y Galicia (*DHist.*), y, especializada en la cepa de vid, en Aragón (Coll A.) y Murcia, lo mismo que en francés, occitano y catalán, y la vemos ya en el *Alex.* 2070c («semejavan majuelos[2] de *cepos* arrancados»). Duplicado culto: *cipo* [*cippo,* Terr.].

DERIV. *Cepa* [Berceo], comp. arriba[3]. *Cepadgo. Cepeda. Cepejón* 'raíz gruesa que arranca del tronco' [h. 1295, *Crón. Gral.*], 'pescuezo cortado' (en el Norte argentino: Lugones, *Guerra Gaucha,* 361). *Cepera. Cepillo* 'arquilla de madera para limosnas en la iglesia', 'instrumento de carpintería' [Nebr.], comparados con el pie del tronco de un

árbol; de la 2.ª ac. se pasó posteriormente a 'instrumento de manojitos de cerdas para sacar el polvo'; *cepillar* [J. Ruiz, Rivad., 965], o *acepillar* (*DHist.*); *cepilladura,* y el derivado antiguo con ac. etimológica *cepellón. Cepón. Ceporro,* gall. dial. *ceporro* (Eladio Rdz.). *Cepote* 'pieza de hierro del fusil' (comp. cat. *cep* 'culata' en Sant Hilari, *BDLC* VII, 146; *encep* 'cureña': Ag.), comp. *CIPOTE. Descepar* [Guevara, *Epístolas* II, 157: «cuchillo que descepe pies y manos»; Pagés cita ejs. de Hernando del Castillo y del Romancero (Nougué, *BHisp.* LXVI)]. *Encepar* [Oviedo, *Sumario,* p. 481b (Nougué, l. c.)]; *encepador, encepadura, encepe. Cipera* (falta aún Acad. 1889), derivado de *cipo.* Leon. *zapico* 'cántaro o vasija de madera' cuyo primitivo vemos en el gall. *cepo* «vaso o jarro de madera por donde se bebe el vino» (Sarm. *CaG.* 199v).

[1] «*Cippus:* illud in quo pedes reorum constringuntur» en la Panormia de Osbern, ed. Mai, p. 125, y otras citas en *ALLG* XII, 261.— [2] *O: moçuelos; P:* morruques.— [3] De ahí *cepa caballo* (contracción de *cepa de caballo*), ya en la *Celestina,* acto I, Rivad. III, 11b; hoy usual en la Arg. (Tiscornia, *M. Fierro coment.,* p. 252; Borcosque, *A través de la cordillera,* p. 77; etc.) y en otras partes.

CEPRÉN, arag., 'palanca para levantar pesos', del cat. *alçaprem* íd., compuesto de los imperativos de *alçar* 'levantar' y *prémer* 'apretar'. *1.ª doc.:* 1836, Peralta.

Debe partirse de la pronunciación del catalán oriental *əlsəprém.* Se tomó *al-* (pronunciado *əl*) por el artículo.

Cequera, cequia, V. *acequia   Cequí,* V. *ceca Cequión,* V. *acequia*

CERA, del lat. CĒRA íd. *1.ª doc.:* Berceo.

DERIV. *Ceración. Cerato* [1599], tomado del lat. *ceratum* íd., latinización de *cerōtum,* que procede del adjetivo gr. κηρωτός, -ή, -όν, 'mezclado con cera', derivado del gr. κηρός 'cera', voz hermana de la latina; del gr. κηρωτή 'mezcla de cera, aceite, goma, etc.; cerato', femenino sustantivado del anterior, viene el cast. *cerote* 'mezcla de pez y cera,. o de cera y aceite, que usan los zapateros', 'hez de la cera' [Nebr.], con sus derivados *cerotear, cerotero* [1605, López de Úbeda, p. 56b (Nougué, *BHisp.* LXVI)], *cerotico, encerotar* [López de Úbeda, p. 135a (Nougué, l. c.)]; también se dijo *ceroto* 'cerato'; comp. alto arag. *zorote* 'glebas de harina en la pasta' (*RLiR* XI, 182), mozár. *churrút* 'cerapez, ungüento' (PAlc.), hispanoár. *cairót* 'emplasto, ungüento para ablandar' (PAlc., procede directamente del griego), port., val., mall. *cerol,* cat. *cerot. Cereño* 'de color de cera' [1495, otro ej. en *DHist.*[1]. En esta misma fecha de 1495 se publicó el *Epílogo en Medicina,* aragonés, que también lo da como nombre de color]. *Céreo*, tomado del lat. *cērĕus* íd. *Cerero, cerería. Cerilla, cerillo, cerillera, cerillero. Cerina. Ceriolario*, tomado del lat. tardío *ceriolarius* íd., derivado vulgar de *cereolus*, diminutivo de *cērĕus* (comp. *CIRIO*). *Ceriondo* salm., 'amarillento (aplicado a cereales)': las apariencias son de un derivado de *cera* con el sufijo *-iondo*, que procede del lat. *-ĬBŬNDUS*, pero en vista de las variantes que cita Lamano, es más probable que venga de *serondio* SEROTĬNUS (V. *ZARANDAJA*). *Ceroma*, tomado del lat. *ceroma*, y éste del gr. χήρωμα íd., derivado del citado χηρός; *ceromático. Cerón, ceronero. Ceroso*. Ast. *ceruyu* 'resina del cerezo' (V). *Cerumen* [1728], derivado culto de *cera. Cerusa*, tomado del lat. *cerussa* íd., quizá procedente de un adjetivo griego *χηρόεσσα 'hecha con cera', derivado de χηρός, pues existen testimonios de que la *cerussa* se había hecho con cera; *cerusita. Encerar* [Nebr.], *encerado, encerador, enceramiento*. Además, vid. *CIRIO, CIRUELA, CEREÑO* (s. v. *SEDA*, n. 1) y *ZURULLO*.

CPT. *Ceracate* [1925], compuesto con el grecolatino *achātes* 'ágata'. *Cerapez* 'cerote' [Nebr.]. *Cerífero*, con el lat. *ferre* 'llevar'. *Cerífica*, con el lat. *facere* 'hacer'. *Ceriflor* [1802], compuesto con *flor*, por la creencia ya antigua de que las abejas sacan la cera de ahí, comp. el nombre grecolatino *cerinthe*, del gr. χήρινθος 'alimento de abejas', derivado de χηρός. *Ceroferario*, tomado del lat. tardío *ceroferarius*, compuesto con *ferre. Cerógrafo*, derivado del gr. χηρογραφεῖν 'pintar con cera', compuesto de χηρός y γράφειν 'escribir, pintar'. *Ceroleína*, con el lat. *oleum* 'aceite'. *Ceromancia*, con el gr. μαντεία 'adivinación'. *Ceromiel. Ceroplástica*, tomado de χηροπλαστιχός 'consistente en modelar con cera', compuesto con πλάττειν 'modelar'.

¹ Aplazo el tratar del arag. *cereño* 'robusto', hasta mi *DECat.*, s. v. *sedeny*.

Ceraciar, cerazo, V. *zarazas Cerafolio*, V. *perifollo*

CERÁMICA, tomado del gr. χεραμιχός 'hecho de arcilla', derivado de χέραμος 'arcilla'. *1.ª doc.*: Acad. 1869.

DERIV. *Cerámico*, del mismo adjetivo griego. *Ceramista. Ceramita*, derivado culto de χέραμος.

Ceranda, V. *zaranda Cerando*, V. *serondo Cerapez*, V. *cera Cerasiote*, V. *cereza*

CERASTA, tomado del lat. *cerastes*, y éste del gr. χεράστης íd., y 'cornudo', derivado de χέρας 'cuerno'. *1.ª doc.*: Santillana.

Para las variantes *cerastas, ceraste(s)*, vid. *DHist.*

DERIV. *Cerástide*, derivado culto de χεράστης. *Cerasita*, íd., de χέρας 'cuerno', por la dureza de la cerasita.*Ceratias*, tomado de χερατίας íd., derivado de χέρας por la cola o cuerno del cometa.

CPT. *Cerorrinco*, compuesto del mismo vocablo griego con ῥύγχος 'pico'.

Ceratán, V. *zaratán Cerate*, V. *quilate Ceratias*, V. *cerasta Cerato*, V. *cera*

CERAUNIA, tomado del lat. *ceraunia* íd., derivado del gr. χεραυνός 'rayo'.

DERIV. *Ceraunomancia*, compuesto del mismo vocablo griego con μαντεία 'adivinación'. *Ceraunómetro*, íd. con μέτρον 'medida'.

Cerayo, V. *zurullo Ceraza*, V. *zarazas*

CERBATANA, del ár. vg. *zarbaṭâna* íd., ár. *zabaṭâna*, de origen persa. *1.ª doc.*: *zebratana*, 1493 (Nebr.; Pulgar¹; Exped. Legazpi a Filipinas en 1565, impr. Barcelona 1566, p. 3); *cerbatana*, 1535, Fz. de Oviedo.

: Cej. IX, § 209. En árabe designaba un tubo para matar pájaros, y también para otros menesteres²; en el S. XVI y posteriormente, se aplicó, como en español, a una culebrina y a otras armas de fuego. Dozy, *Gloss.*, 251; *Suppl.* II, 584b; Eguílaz, 367. La adición de una *r* quizá se deba a influjo del nombre de otro juguete: *zarbût* 'peonza', pero V. un caso comparable s. v. *JOROBA*. Del mismo origen port. *sarabatana*, cat. *sarbatana* (sin documentación antigua), it. *cerbottana*; de origen iberorromance: fr. *sarbacane* [*sarbatenne: BhZRPh.* LIV, 138-9; luego alterado por influjo de oc. *cano* 'caña'].

¹ Como forma latina, Nebr. da *zarbatana*. La variante *zebr-* se halla en autores de todo el S. XVI, y no falta algún ej. de princ. S. XVIII *DHist.*). También *zebretana* en doc. de 1550, San Miguel de los Reyes (*RABM* 1871, 110), *zebratana* en PAlc.— ² La traducción «latrina», que le da R. Martí, se referirá a un caño de cloaca.

Cerca, cercado, cercador, cercadura, cercamiento, cercandanza, cercania, cercanidad, cercano, cercar, V. *cerco Cercear*, V. *cierzo Cercén*, V. *cercenar*

CERCENAR, del lat. *CĬRCĬNARE* 'redondear, dar forma redonda'. *1.ª doc.*: 1240, F. Juzgo; Apol.

Ya en latín se aplica a la copa de los árboles, en el sentido de darle forma redondeada. De ahí 'podar' y 'cortar la barba', que es una de las acs. más antiguas de la voz castellana (*cercenarse* 'cortarse la barba o el cabello', *los alfagemes tienen priessa de cercenar*, ambos en *Apol.*), y finalmente 'recortar (cualquier cosa)'. Igual especialización se halla en portugués (*cercear¹*), y en dialectos italianos y sardos (*REW*, 1941), mientras que el fr. *cerner* es 'trazar un círculo en torno, rodear'².

DERIV. *A cercén* [*Aut.*], anteriormente *a cércen*

[1584, Rufo][3], y más antiguamente *cercen*, como adverbio [Nebr.][4]; del lat. AD CIRCĪNUM 'en círculo' (Vitruvio), locución formada con el sustantivo CIRCINUS 'compás', del cual deriva el verbo CIRCINARE. Sentido latino conservado en el alto-santand. *cércene* m. «instrumento de carpintero, que sirve para trazar grandes circunferencias, empleándose para redondear las ruedas», *BRAE* XXV, 383. Hay un ej. aislado de una variante CIRCEN, -ĪNIS, aplicado a la revolución del sol, que explicaría bien la forma de la voz española, del port. *cerce*[5] adv. '(cortado) de raíz'[1] y del it. *cércine* m. 'paño de forma circular empleado para llevar pesos sobre la cabeza', mas por desgracia, esta forma, que se hallaba solamente en una inscripción latina en verso, hoy perdida, es incierta (otros leyeron *circile*, que Bücheler propuso enmendar en *circite*); la antigüedad de la construcción adverbial *cerce(n)*, en español y en portugués, invita a suponer un adverbio *CĬRCĬNE[6], basado en un uso de CIRCINUS como adjetivo, comp. port. *cérceo* 'cortado de raíz', salm. *cérceno* íd., Versilia *vento cercine* 'torbellino'[7].

Cercenador, cercenadura, cercenamiento.

[1] De este verbo y del adverbio *cerce* deriva seguramente el adjetivo gallego *círcio* (si bien es probable que haya influjo semántico del parónimo *CENCEÑO*): «recto, derecho» (Vall., Lugrís), 'tenso' (Lugrís), 'tirante, sostenido' hablando de un hilo, un cordel (Vall.), o bien con sentido figurado '(trabajo) intenso', '(significado) vivo, acendrado': «era forza pechá-los ollos ó *círcio* traballo, en espera do retorno feliz», «en lendas de *círcia* siñificación poética», Castelao 193.7, 88.11.— [2] *Cerceñar cabelos*, Ctgs. 5.48; *cercear* íd. *MirSgo.* 58.19; *Canc. Vat.*, etc. Es vocablo ajeno a la lengua de Oc y al catalán, por lo menos el moderno. Alcover trae dos ejs. antiguos (1300, 1493), el primero, aplicado al pelo, en las Cortes de Lérida; el segundo, a la moneda. No es bien seguro que no sean aragonesismos. Además, en el *Llibre de Daniel*, v. 875 (Moret y Sans, *RH*), se dice con referencia a Babilonia: «Per mig loch Eufrates passava, / Tigris tot lo mur *cercenava*», lo cual parece más bien 'rodear'. Pero no sé si es lectura segura (comp. *circumdar*).— [3] El *DHist.* cita ej. en el libro 2.º del *Amadís* (S. XV) y en autores de med. S. XVI, en los cuales seguramente deberá pronunciarse *a cércen*, pero siendo textos en prosa no hay seguridad.— [4] «*Cercen*, adv.: circum». «Tomando el capullito... se lo cortaban *cercen* con cierto cochillo», en el P. Las Casas. También en Fz. de Oviedo (1535) y en varios autores del S. XVI.— [5] *A cerce*, se halla también en Lope (*DHist.*).— [6] Un adverbio análogo podría hallarse en el glosario de Toledo: «*circino*: enderredor». Pero Castro sospecha que es verbo y que hubo olvido de *cortar*, en la trad. castellana.— [7] Para testimonios de la pronunciación antigua *a cércen*, vid. Cuervo, *Ap.*, § 112. En Fresno

el Viejo (Valladolid: Sánchez Sevilla, *RFE* XV, 159) y en Salamanca todavía se pronuncia *a cércene*, mientras que en Cespedosa ya dicen *cercén*. Esta pronunciación se debe al influjo de *cercéna*, presente del verbo *cercenar*. Para el origen del fr. *cerce*, que nada tiene en común con la voz española, comp. O. Bloch, *RLiR* XI, 332-3.

Cercera, V. cierzo

CERCETA, del lat. vg. CERCEDŬLA, lat. QUERQUETŬLA íd. *1.ª doc.: Alex. P*, 1477a (pero *garçetas* en *O*); 1325-6, J. Manuel (*Caza*, ed. Baist, 72. 18)[1].

También port. *cerceta* (Mor., Fig.) o *serzeta* (Fig.); en gallego tiene empleo meramente local: Sarm. lo conocía sólo en el extremo Norte (Viveiro, *CaG.* 103r, A20v); cat. *cerceta*[2], *xarxet* (Fabra), *sarset* (Tortosa: *BDC* III, 109); por otra parte, oc. ant. *cercela* (hoy *sarcello*, Mistral; *so-*, Vayssier), fr. *sarcelle*, Bari *tertsédola* (*REW* 6952). En latín se halla QUERQUETŬLA en Varrón (Ernout-M.), QUERQUEDULA en varias glosas (*CGL* III, 17.59, 319.13, 526.62), en otras, *quercedula* (III, 497.46), *cercedula* (258.12), *circetula* (188.41); en griego χερχιθαλίς 'garza' (Hesiquio, comp. χέρχος 'gallo' ibíd., y vid. Walde, s. v., y la forma χερχήδης que figura en las glosas citadas III, 319.13, 526.62, *cercedes*, con grafía latina en 497.46). Hallándose estas formas griegas en Hesiquio, que contiene tantas palabras del griego de Sicilia, no tiene mucho sentido decir que la voz latina viene del griego; tampoco es seguro que se formara en latín con una palabra gala *kerku* (deducible del céltico insular), más la terminación de FICEDULA (Jud, *ASNSL* CXXIV, 402). Lo más probable es que las palabras de todas estas lenguas, el alem. *krick-ente*, etc., sean onomatopeyas paralelas, formadas con el grito del animal. Como indica M-L., *Einf.*, § 147, el latín vulgar disimilaría QUERQUEDULA en *CERQUEDULA (como CINQUE por QUINQUE) y luego igualaría en CERCEDULA para restablecer el carácter reduplicado de la formación. En cuanto a la terminación de las formas hispánicas, puede pensarse en cambio de sufijo, partiendo de la etapa galorrománica *CERCELLA > *CERCITTA, o bien suponer una formación regresiva *CERCETTA partiendo del QUERQUETULA de Varrón, según quería Claussen (Walde), lo cual quizá sea más aventurado, pero no es imposible, pues la reduplicación -TT- es típica de las palabras de cuño popular en latín, y en cierto modo podía reemplazar a la terminación diminutiva.

[1] En ambos textos y en los demás medievales, con ambas *c* sordas. Covarr. y *Aut.* registran una variante *zarceta* (*çarceta*).— [2] En la gramática catalana de Nebr. Escrito *sarceta*, en un texto valenciano de 1369, y en otro catalán de 1592 (Ag.).

Cercillo, V. *cerco* y *zarcillo*   *Cerciorar*, V. *cierto*.

CERCO, 'círculo', 'aro y otros objetos circulares', 'asedio de una plaza', del lat. cĭRCUS 'círculo', 'circo'. *1.ª doc.*: Berceo.

La ac. 'cercado, vallado', hoy olvidada en España, donde se dice *cerca* o *cercado*, pero muy extendida en América, desde el Río de la Plata hasta Nuevo Méjico (*BDHA* III, 94; IV, 48), no es rara en autores del S. XVI (ya en la *Demanda del Santo Grial*, ed. 1535; vid. *DHist.*, 12). Para otras acs. particulares, V. este diccionario. Gall. *cerco*, nombre de un «aparejo para pescar; más corto que el *real*» Vall. (Sarm. habla ya de la sardina pescada en *cercos*, pontev., *CaG.* 120r).

DERIV. *Cerquillo*. *Cerquillu* «el remate del *ramu*, consistente en una armadura de madera a modo de corona, adornada con cintas y relicarios» ast. (V). *Cercote*. *Cercar* [1099: Cuervo, *Dicc.* II, 123-5], del lat. tardío cĭRCARE 'dar una vuelta, recorrer'[1]; antes también *encercar* y *encerco*; *cercado, cercador, cercadura, cercamiento, descercar* [ya 3.ʳ cuarto S. XIII, *Fn. Gonz.* 713d, 716d; Nebr.], *descercado, descercador, descerco*; *cerca* ['asedio', 1076; 'cercado', 1241: *F. Juzgo*; *Apol.*, ed. Janer, 87][2].

Cerca adv. [prep., 998; adv., 1034: Oelschl.; más ejs. en Cuervo, *Dicc.* II, 116-20; para el paso de adverbio a preposición y viceversa, ast. *RPhCal.* I, 29][3], del lat. cĭRCA 'alrededor'; *cerquita*; *acerca* [*Cid.* vid. Cuervo, *Dicc.* I, 106-9]; *acercar* [*Cid*, vid. íd., I, 109-111], *acercador, acercamiento, acercanza*; *cercano* [S. XIII, *Calila* 21.135, *Fuero Viejo de Castilla, Partidas, Libros del Saber de Astronomía*; vid. Cuervo, *Dicc.* II, 212-3], *cercanía* [h. 1460: *Crón. de Á. de Luna*; vid. Cuervo, *Dicc.* II, 120-1], *cercanidad* [Nebr.].

Cercillo [*cerciello*: 1256-76, *Libros del Saber de Astronomía*; *cercillo*, todavía en Juanelo, † 1585, y hoy en Salamanca], más tarde *zarcillo* [princ. S. XVII: G. del Corral, Lope] 'aro', 'arco', 'pendiente', 'tallito voluble con que se ase la vid', del lat. cĭRCĔLLUS 'circulito'[4]; *zarcillitos*.

CULTISMOS. *Circo* [Nebr.; 1545: P. Mejía], duplicado culto de *cerco*; *circense*. *Círculo* [APal, 29d; una forma semipopular *cérculo*, se halla ya en los *Libros del Saber de Astr.*, vid. DHist.], de *circulus* íd., diminutivo de *circus*; *circular* adj. [Villena (C. C. Smith, *BHisp.* LXI); APal. 17b], del lat. *circularis* íd.; *circular*, v., [Villamediana, † 1622; Quevedo], de *circulare* o *circulari* 'redondear', 'formar grupo', de donde *circulación* [APal. 470d], *circulante, circulatorio*; *semicírculo, semicircular*. *Circun-*, prefijo tomado del lat. *circum*, propiamente preposición con el significado 'alrededor' (para las palabras castellanas en *circun-*, V. el radical respectivo a que se junta este prefijo). Además vid. *CERCHA*.

CPT. *Cercandanza*, ant., compuesto de *cerca* y

andar. *Circumcirca*, tomado del latín, sin modificación, donde significa 'alrededor' y se compone de los citados *circum* y *circa*.

¹ Se halla en glosas, en textos de agrimensores y en inscripciones, desde el S. II o III d. C. (*ALLG* III, 559; VIII, 186).— ² Parece postverbal, pero el fr. ant. *cerche* induce a Bloch (*RLiR* XI, 332-3) a admitir un lat. vg. *cĭRCA 'círculo' ³ Más testimonios de *cerca* prep. en Tilander, *Fueros de Aragón*, p. 317; Gillet, *Spanish Play Battle Pavia*, p. 528.— ⁴ *Cierzas* 'vástagos o renuevos de la vid' (Acad. 1936, falta aún 1898), quizá sea derivado regresivo de *cercillos*.

CERCOPITECO, tomado del lat. *cercopithēcus*, y éste del gr. χερχοπίθηκος íd., compuesto de χέρχος 'rabo' y πίθηκος 'mono'. *1.ª doc.*: Lope (que acentúa helénicamente *cercopíteco*).

DERIV. *Cércope* [1628, Huerta] o *cércopo* [Acad., 1925], tomado del gr. χερχώπη 'cigarra', compuesto de la primera palabra con ὤψ 'aspecto'.

Cercote, V. *cerco*

CERCHA, 'patrón de contorno curvo empleado principalmente en arquitectura y en carpintería', tomado del fr. antic. *cerche* (hoy *cerce*) íd., y 'aro flexible para montar cedazos y cribas', procedente de un lat. vg. *cĭRCA (V. *cerca*, s. v. *CERCO*), derivado del lat. cĭRCUS 'círculo'. *1.ª doc.*: 1633; 1708 (Palomino, Tosca), comp. el diminutivo *cerchuela*, ya en López de Arenas (1633), *Carpintería de lo Blanco*, cap. 14, p. 29, quien también emplea *cercha* una vez en la p. 59, cap. 20.

Para el origen de la voz francesa, documentada desde el S. XII en la forma *cerche* (más raramente *cherche*), vid. O. Bloch, *RLiR* XI, 332-3.

DERIV. *Cerchón* [1661]. *Cerchar* 'encorvar' [como término de arquitectura, Fr. L. de San Nicolás, 1736], 'combar (la madera)' (en el aragonés de Litera), 'acodar (las vides)' [Acad., 1803]; M. P., *RFE* VII, 35, considera la posibilidad de que sea descendiente popular de CIRCULARE, en lo que no habría dificultad fonética ni semántica, pero la fecha tardía de aparición de esta familia, la anterioridad del sustantivo *cercha*, y el empleo primitivo como término de arquitectura y carpintería, indican origen francés. *Cerchearse*, arag.

Cerchear, cerchón, V. *cercha*

CERDA, ant. 'mechón de pelos', mod. 'cada uno de los pelos duros y gruesos de ciertos animales, como el caballo o el cerdo', del lat. vg. cĭRRA 'vellón', 'mechón de pelos', derivado colectivo del lat. cĭRRUS 'rizo de cabellos', 'la crin de un caballo', 'copete de una ave'. *1.ª doc.*: 1.ª ac., h. 1280, *1.ª Crón. Gral.*[1]; 2.ª ac., Nebr. («*cerdas* de bestia*: iuba*»).

Con *c* sorda en cast. antiguo (G. de Segovia,

Nebr., etc). Del mismo origen port. *cerda* 'cerda de animal' [Vieira, 3r. cuarto S. XVII; el derivado *cerdoso* ya en Camoens], cat. *cerra* íd.[2] El lat. CIRRA, traducido por μαλλός o por *villus*, se halla en cinco glosarios antiguos, entre ellos los atribuídos a Cirilo y al gramático Servio, trasmitidos en mss. de los SS. VII y VIII (*CGL* II, 364.39, 492.52, 518.12, 540.26, 552.51); CIRRUS, en el sentido de 'la crin de un caballo', se lee en Vegecio. Una evolución semántica análoga a la de la voz iberorrománica hallamos en el mazár. *chirr* 'cerneja de bestia', 'guedeja de cabellos' (PAlc.), *čérra* '[manojo de] lino' [escrito *ǧárra* en R. Martí]. No es admisible derivar *cerda* de *cerdo* y éste del vasco guip., lab. y a.. nav. *zerri*, b. nav., guip., lab. y sul. *txerri* 'cerdo', (cast. de Vizcaya *charri:* Arriaga, *Revoladas*, glos. s. v.), según quiere Rohlfs, *ZRPh.* XLVII, 398, seguido por M-L., *REW*³, 9616b, pues *cerdo* [*Aut.;* un ej. muy dudoso[3] de Lope en *DHist.*][4] es formación eufemística de fecha muy posterior a la de *cerda*, y por lo tanto, derivó de esta voz, al mismo tiempo que el americano *chancho*, cuando *puerco* y sus sucedáneas *marrano* y *cochino* se hicieron de mal tono[5]. La voz vasca es romanismo de igual origen que la castellana, con paso de la forma articulada *txerrua (z-) a *txerria*, como en *zeria* 'el cielo' junto a *zerua* CAELUM[6]. Michelena (*BSVAP* X, 383): el paso de *txerrua a *txerria* en vasco sólo sería posible en los dialectos roncalés y suletino, pero de todos modos la palabra antigua para decir 'cerdo' en vasco es *urde* (luego, si la propagación de *txerri* es secundaria, bien podría ser voz de origen dialectal). En otros romances se ha conservado sólo el primitivo lat. CIRRUS: it. *cerro*, cat. *cerro* 'manojo de lino o cáñamo', que también fué aragonés: *cierro de cáñamo* (inventarios de 1362, 1365 y 1369: *BRAE* III, 89; IV, 342; II, 709; con apertura antietimológica de la *e* por influjo de la *rr*), y castellano [1513, G. A. de Herrera y en otros autores del S. XVI, *DHist.*, s. v. *7'*; posteriormente en el leonés Correas y en Pardo Bazán, gallega; en Sajambre *cerro* 'cáñamo mojado para hilarlo' (Fdz. Gonzz., *Oseja*, 230); en la Lomba (León) *cerras* «flecos, cordoncillos, en pasamanería», *BRAE* XXX, 167]. Para el tratamiento fonético -RR- > -rd-, V. ejs. en *VRom.* II 455[8]. Infundada históricamente es la etimología de Cuervo (*RH* II, 19), lat. SORDĬDUS. En sentido parecido trata de la etimología de *cerdo* Cuervo, *Obr. Inéd.* 378; la suya de *cerda* (lat. SAETŬLA) no es posible fonéticamente. Duplicado culto: *cirro* [en la ac. botánica, Terr.].

DERIV. *Cerdal* (*DHist.*). *Cerdamen. Cerdear. Cerdoso.. Cerdudo* 'cerdoso', ant. 'cerdo' [1682, Cornejo]. *Cerro* 'manojo de lino o cáñamo' (V. arriba). *Cerras*, leon., pl., 'fleco de ciertas prendas de vestir' (Garrote), comp. cat. *serrell* íd. *Cerrón* 'lienzo basto semejante a la estopa, fabricado en Galicia' [Acad. 1783].

CPT. *Cerristopa* salm. 'tela grosera de cerro y estopa de lino', 'camisa hecha con esta combinación. *Cerrevedijón* 'vedija grande' [1627, G. Correas]. *Cirrópodo* o *cirrípedo*, compuestos con el gr. πούς, ποδός, o con el lat. *pes, pedis*, 'pie'.

¹ Éste es el significado que tiene el vocablo en el nombre de don Fernando de la Cerda, el hijo de Alfonso el Sabio y padre de los famosos Infantes. Por un mechón de pelo que le nacía en un lunar. Olvidado este significado, más tarde se habló de un pelo duro como una cerda.— ² Documentado desde la primera mitad del S. XV (*Manescalia* de Díeç). En Eiximenis, *Terç del Crestià* (1381-6), *N. Cl.* VI, 36, significa 'fleco de hilos que cuelga de una toalla'. Hoy la homonimio con SĚRRA ha restado vitalidad a este vocablo en el catalán central, pero sigue siendo muy vivo en las Baleares, donde el vocalismo *cé* < ĭ se distingue bien de *e* < ĕ.— ³ En la *Comedia de Bamba* los godos, que buscan al rey labrador, le dicen «deja el *cerdo* y tardo buey» (ed. Acad. VII, 52). Se extraña la falta de artículo ante *tardo*. El hecho de que para Covarr. la palabra *cerdo* no existe todavía, invitaría a leer *lerdo*. La edición es defectuosa. Más abajo es evidente que debe leerse «Señores, ¿que no os burláis?», donde la edición actual trae un amétrico y galicado «Señores ¿es que no os burláis?». Pera aunque este ej. de *cerdo* fuese auténtico, es seguro que no era palabra común en la época. Sabido es que *cerdo* es todavía ajeno a América o a su mayor parte, donde se emplea CHANCHO (véase). *Cerdo* es, en efecto, ajeno a la mayor parte de América, aunque no a toda, pues lo he oído a gente del bajo pueblo en Soledad, costa colombiana del Atlántico. Pero ya en Bogotá y en el Cauca sólo se dice *marrano* o *puerco*, más al Sur *chancho*.— ⁴ Covarrubias no registra todavía *cerdo*, y sólo *ganado de la cerda* 'ganado porcino' (comp. mall. *bestiar de cerra* íd., *BDLC* XIII, 10). No hay duda de que si en su tiempo se hubiera empleado *cerdo*, nos lo advertiría al mencionar esta expresión. No trae documentación antigua Cej. VIII, § 434. Cervantes, *Quij.* II, lxxxviii, 259 rº, habla de la *cerdosa aventura* de Don Quijote al referirse a la de los puercos, pero esto se refiere evidentemente a la expresión *ganado de cerda*. *Cerdo* falta en el *Quijote*, Percivale, Oudin, Minsheu, Franciosini y es ajeno al léxico de Góngora. Es seguro que no pertenecía a la lengua común del Siglo de Oro.— ⁵ J. L. Pensado (*CaG.*, pp. 62-3) opina que en gallego, y aun en portugués (por lo menos el trasmontano) *cerdo* es tan antiguo como en castellano: lo pone Sarm. ya en boca de sus rústicos en 1746. Razones convincentes, lo mismo que la generalidad del uso actual en Tras-os-Montes, Galicia, etc.— ⁶ No es necesario suponer que *cerdo* venga de *cerdudo*, para que pueda salir de *cerda*, según pretende M-L. De *ganado*

de cerda se pasó fácilmente a *cerdo*. El arag.
tocino 'cerdo (animal vivo)' viene análogamente
de *tocino* 'carne gorda de cerdo', partiendo de
algo característico de este animal, como lo son
también las cerdas. Sabido es cómo procede el [5]
idioma para formar tales derivados eufemísticos.
Es oportuna la comparación con el langued. *poilo*
'hembra del puerco', procedente del fr. ant. *poil*
'pelo', que hace Sainéan, *Sources Indig.* II, 73,
abundando en el mismo sentido.— [7] Dos ejs. de [10]
Talavera en el testamento de Fernando de Rojas,
1541 (*RFE* XVI, 377).— [8] En este caso ayudaría la coexistencia de *ceda* 'cerda de caballo', que
figura en Mateo Alemán (*DHist.*), y viene del
lat. SĒTA 'cerda', pero resintiéndose en la *c-* del [15]
influjo de *cerda*. Viceversa hay *serda* con *s* en
gallego.

Cerdilla, V. *ardilla*

CEREAL, tomado del lat. *cerealis* 'perteneciente a la diosa Ceres', 'relativo al trigo o al pan'. [20]
1.ª doc.: en la 1.ª de estas acs., Acad. 1822 (Terr.
sólo con referencia a las fiestas Cereales de la
Antigüedad); como sustantivo, aplicado al trigo, [25]
centeno, etc., 1873 (P. A. de Alarcón).
DERIV. *Cerealina. Cerealista* [1908, Arg.].

CEREBRO, tomado del lat. *cerĕbrum* íd. *1.ª
doc.: celebro,* 1251, Calila. [30]
Cultismo muy antiguo, documentado sin interrupción desde el S. XIII, y tomado con la acentuación vulgar *cerébrum*. Sólo se ha conservado en
forma vulgar en rumano (*creer*); los demás romances emplean descendientes populares del di- [35]
minutivo CEREBELLUM, excepto el portugués, donde hoy corre *cérebro* (acentuación que puede ser
antigua, en vista del ast. occid. *célebro:* Acevedo),
y antes se dijo *miolos;* también en castellano se
empleó en este sentido *meollos* y, por lo menos [40]
desde el S. XVI, *SESOS*. La forma disimilada
celebro fué general o poco menos en literatura,
hasta el Siglo de Oro, y todavía *Aut.* declara que
es la más común; Covarr. no menciona otra, y
es la única que figura en las ediciones cervantinas [45]
coetáneas de su autor; el *DHist.* cita ejs. de *cerebro* desde el S. XV, pero debe contarse con la
probabilidad de modernizaciones posteriores. Hoy
celebro se ha hecho vulgar, y lo popular es *sesos*.
Nótese la frase *caer de celebro* por 'caer de cogo- [50]
te', citada por Covarr., comp. arag. y murc. *dormir de memoria* 'dormir boca arriba', el cat. *caure
de memòria,* equivalente de la frase castellana, etc.
DERIV. *Cerebral. Cerebrina. Descelebrar* ant.
'descalabrar' [Nebr., s. v. *descalabrar*]; la Acad. [55]
moderniza en *descerebrar* (comp. cat. *eixelebrat*
'atolondrado' EXCEREBRATUS). *Cerebelo* 'parte del
encéfalo que ocupa las fosas occipitales inferiores'
[1551], tomado del lat. *cerebĕllum,* diminutivo de
cerebrum; la forma *cerbelo* [1578, Ercilla], que [60]

emplean varios autores del Siglo de Oro, no significa 'cerebelo' sino 'cerebro', y es italianismo (*cervello*) y no latinismo. *Cervillera,* ant. 'capacete'
(citado por Acad. 1899), tomado del cat. *cervellera* íd., derivado de *cervell* 'cerebro' CEREBELLUM.
CPT. *Cerebroespinal.*

Cereceda, cerecilla, V. *cereza*   *Ceremeña,* V.
cermeña   *Ceremil,* V. *celemín*

CEREMONIA, tomado del lat. *caeremŏnĭa* o
caerimonia 'carácter sagrado', 'práctica religiosa',
'ceremonias, actos rituales'. *1.ª doc.: cerimonia*
h. 1375, Lz. de Ayala, *Crón. de D. Pedro.*
La forma con *i,* muy corriente hasta el S. XVII,
es la más clásica en latín, y es la que registran
como castellana APal. (71*d*), Nebr. y, como forma normal, Covar.. (aunque éste ya emplea *ceremonia,* s. v. *ceremoniático); Aut.* admite ambas
pero ya con preferencia para ésta. Cuervo, *Obr.
Inéd.,* 182. En todos los romances es palabra puramente culta, y aun el port. antic. *ceramunha,
çarmunha, cirmonha,* es semicultismo. De un cruce de *cerimonia* con *acato* puede salir **cericata,* y
de aquí *ciquiricata* 'demostración con que se intenta lisonjear a alguno' [Terr., definido 'ceremonia, cumplimiento'], con una duplicación consonántica de tipo expresivo (comp. *zagalagarda* por
ZALAGARDA, *de bóbilis bóbilis < de vobis vó-
bilis*).
DERIV. *Ceremonial. Ceremoniático. Ceremonie-
ro. Ceremonioso.*

Cerengue, V. *zorongo*   *Cereño,* V. *cera* y
seda   *Céreo, cerería, cerero,* V. *cera*   *Cere-
sina,* V. *cereza*   *Cerevisina,* V. *cerveza*

CEREZA, del antiguo *ceresa,* y éste del lat. vg.
CERĒSĬA, lat. CERĂSĬUM íd. *1.ª doc.: ceresa, Alex.*[1]
J. Ruiz, 1291*d,* ya acopla en rima *cereza* con
corteza, pereza y *naturaleza;* pero todavía en APal.
leemos *cereso* junto a *cerezo* (71*b*). La *-z-* moderna es debida a una dilación de tipo corriente
(comp. *CENIZA, CERVEZA*)[2]. En latín el vocablo es de origen griego, pero vulgarmente fué
adaptado a la fonética latina con paso de la Ă interna a Ĕ. *Ceresium* se halla en Antimo, médico
del rey merovingio Teodorico; *ceresia* figura en
glosas, y de esta forma proceden las ibero y galorromances y parte de las italianas, así como el
ingl. *cherry,* alem. *kirsche* y vasco *garezi, keriza.*
En cuanto al gr. χέρασος, que algunos han creído
de origen mediterráneo, y otros traco-frigio (o
sea indoeuropeo), se le han señalado parientes
de sentido más o menos divergente aunque no
muy alejado en otras varias lenguas indoeuropeas:
se supone que existiría un lit. **kirnas* 'cerezo'
pues *kirnis* fué el nombre del antiguo dios lituano
protector de los cerezos, y el grupo de nombres
del cornejo y de su frutita (griego χράνος, χράνον,

lat. *cornus, cornum*) designa una baya semejante
a una cereza silvestre; el lit. *kĕras* es 'mata',
letón *cers* y prus. ant. *kirno* 'arbusto' (Elb. 637),
ker-berse 'leña o madera de ciertos arbustos (*wir-
sen*)'.

Junto a esto se encuentran otras palabras bálticas
y eslavas que significan 'raíz' o ideas análogas
(paleosl., rs., etc., *kórenĭ* 'raíz', checo *keř* 'arbusto',
rs. *čéren* 'tallo', rs. dial. y ant. *korĭ* 'raíz', lit. *kìrna*
'varas de sauce', *kìrba, kìrnis* 'tremedal, pantano'
etc.) (Walde-P. I, 411.2; Walde-H. 221.2, 276.7;
Pok. *IEW* 572.3; cf. Ernout-M.). Todo junto
daría base para sospechar que uno de los nombres
gallegos de la fresa sea de origen prerromano
indoeuropeo (más bien sorotáptico que céltico)
pues si la fresa no es una cereza o baya de cornejo ni tampoco una raíz ni un arbusto, está entre
las dos cosas y en todo caso es una mata, como
el lit. *kĕras*. Sarmiento en 1745 recogió *careixôs*
como nombre de las fresas en Viveiro (entre el
Ferrol y la costa asturiana) (*CaG.* 61*v*) y después anotó *caraixo(s)* como nombre de la misma
fruta hacia el País del Ferrol (íd. 157*v*). Era palabra por lo visto local, no recogida por los diccionarios. Sin embargo hoy se señala un *cacareixón*
'fresa silvestre' en Vilamaior do Miño (al Sur de
Lugo, entre Sarria y Chantada, Ape. a Eladio),
con una geminación curiosa de la sílaba inicial,
que más bien parece debida a una geminación
antigua que a una búsqueda moderna de la expresividad. Quizá también tengan que ver con ello
caraxotes 'troncos grandes de alga', propio de Viveiro (Sarm., ib. *A*17*v*, y aun *caroixa* 'grano de
centeno o trigo que no ha llegado a criarse por
entero', propio de la zona luguense de Barcia (Ape.
cit.) (a no ser que se trate de la palabra *careixa*
nombre del insecto que ataca el queso y el cerdo
y que en algún punto de la misma comarca ha
llegado a designar un agujero en el tronco de un
árbol según An. Otero). En conclusión me parece
verosímil (si bien claro está que incierta) la existencia de un sorotáptico **KARESIO(N)* 'mata de
fresas' emparentado con estas palabras y especialmente afín al lit. *kĕras* 'mata', letón *cers* y checo
keř 'arbusto', y griego χέρσος 'cerezo', del cual
vendría el gall. *careixôs, cacareixón,* 'fresas (silvestres)'[4]. Además cf. GROSELLA.

DERIV. *Cerezo* [944: *cereso*, Cuervo, *Obr. Inéd.,*
385; 1210: *cereso* y *cerezo*, en Oelschl.; en bajo
latín se halla *cereseum* con este significado ya
h. 700: *FEW* II, 600*b*; a las formas galorrománicas allí citadas puede agregarse el cat. dial. *ci-
rer*]. *Cerezal* [*ceresal*, 1086, Oelsch.l; f., ast. 'cerezo' (V). *Cereceda. Cerecilla.* En gallegoportugués
se pasó de *cerezeira* 'cerezo' a *cerzeira*, disimilado
en *cerdeira* que sigue siendo hoy gallego (Castelao 62.27) y aparece ya en el portugués A. López
de Baião, poco después de 1250 (*CEsc.* 57.45).

[1] O, 2396*c*; pero *cereza* en P.— [2] También aran.
cerida corresponde aparentemente a -ITIA, pero

ahí se trata más bien de disimilación.— [3] Está
muy lejos esto de Santander o de Llanes, de
donde tendría que proceder para que fuese castellanismo, de *caraxo* pron. del cast. *carajo* en
este país.— [4] Por lo demás me guardo de descartar un origen céltico, pues algo se acerca a
lo que buscamos el irl. ant. *caer*, genitivo *caerach*,
'racimo', 'conglomerado', que supone un proto-
céltico **KAIRĀK-*; Thurneysen *ZCPh.* XIII, 107,
derivaba de ahí el nombre de los *Caeracates* de
Renania (Tácito, Weisgerber, *Rhenania Germ.-
Celt.*, pp. 336 y 341); etim. dudosa la del nombre de tribu pues los *Caeracates* parecen ser lo
mismo que los *Caerosi* de César y de Orosio y
los *Caruces* de autores posteriores (cf. Holder
III s. v. y I, 678), identificación ante la cual
Weisgerber, 332, se muestra quizá demasiado escéptico; sea lo que quiera del nombre tribal (en
rigor se podría imaginar que *-ac-* fuese sílaba
derivativa), sacar de ahí el gall. *careixós* y demás
formas romances es difícil, mas no enteramente inconcebible: acaso una formación derivada
KAIRAK-SO- con eliminación disimilatoria en la
etapa **cairaixo > *caraixo*. Claro que esto es
más complicado en lo fonético y morfológico sin
ser bien evidente en lo semántico.

Cerfollo, V. *perifollo*   *Cergazo*, V. *jaguarzo*
Ceriballo, V. *cirigallo, perifollo*

CERIBONES 'cesión de bienes', ant., de *cedebones* íd., y éste tomado de la frase latina *cēde
bŏna* 'cede los bienes', que contiene el imperativo
del verbo *cedĕre* 'ceder'. 1.ª *doc.*: *cedebones*, 1568,
E. de Salazar; *ceribones*, h. 1590, A. Pérez; *ce-
dabón* h. 1528 y otros ejs. en Gillet, *HispR.* XXVI,
273.

Wahlgren, en *Skrifter utgivna av K. Humanistis-
ka Vetenskaps-Samfundet i Uppsala*, XXVI (1930),
iv. La terminación neutra plural *-ona* fué sustituída por *-ones*, en vez de *-onos* como hubiera
sido natural, por influjo del sufijo catellano *-ón*,
pl. *-ones*. Terr. da también *cedibón*. El cambio de
-*d-* en -*r-*, como en *seguirilla, cerilla* por *seguidi-
lla, cedilla*.

Cérido, V. *cerio*   *Cerífero, cerífica, ceriflor,*
V. *cera*   *Cerifolio*, V. *perifollo*   *Cerilla*, V.
cera y *seda*   *Cerillera, cerillero, cerillo, cerina,*
V. *cera*

CERIO, del nombre del planeta Ceres, que se
descubrió en los primeros años del S. XIX, al
mismo tiempo que este metal. 1.ª *doc.*: 1853.
NED.
DERIV. *Cérido. Cerita.*

Ceriolario, V. *cera*   *Ceriondo*, V. *cera* y *serondo*   *Cerita*, V. *cerio*

CERMEÑA, 'variedad de pera, temprana, de tamaño reducido y muy olorosa', origen incierto, quizá del lat. tardío SARMĬNĬA 'perifollo', por lo aromático de esta hierba. *1.ª doc.*: J. Ruiz, 241*a*; Cej. VIII, § 83.

Define *Aut.* «*cermeña*: especie de pera, la más temprana y pequeña de todas, suave al gusto y olorosa; su forma es a modo de campanilla»; en ediciones posteriores la Academia explica que madura al fin de primavera. J. Ruiz cita la cermeña como cosa de poco valor («non valya una *cermeña*»); Lope se refiere varias veces a la cermeña como una fruta de color de cera (*Rimas Humanas*, en Rivad. XXXVIII, 454*b*), notable por su olor (ed. Sancha, II, 411), y a esta misma propiedad se refieren otras autoridades de las reunidas por los diccionarios académicos (Venegas del Busto, Cédula Real). Como significados secundarios, pueden tenerse en cuenta los de *cermeño* 'hombre tosco, sucio, necio' (en Torres Villarroel y Gz. del Castillo), por lo áspero del gusto de esta pera temprana, y 'miembro viril' en Andalucía (AV). El vocablo tenía *c* sorda, según la grafía de J. Ruiz, G. de Segovia (p. 88) y Sánchez de Badajoz; este último da una variante *ceremeña* («ciruelas de mil tenores, / *ceremeñas* y albacores», *Recop. en metro* II, 134), que hoy se conserva en ciertos puntos de Aragón (Borao) y en la Ribera salmantina del Duero (*ceremeño*, árbol, en Lamano). Variantes análogas, que pueden explicarse por una anaptixis análoga a la de *caravajal* o *caramañola*, se hallan en portugués. En Tras os Montes se emplea *sarmenho* (Fig.) o *cermanho* (*RL* V, 37) o *sormenho* (en Madureyra Feijó, princ. S. XVIII, que era de Braganza), y aparece ya *çormenho* en el S. XVI (según Silveira, *RL* XXXIII, 262-3), pero también hay *ceromenho* según el mismo autor, *soromênho* en Moraes, *saramenho* y *soromenheiro* en Fig., el último como alentejano; gall. *cermeña* (Sarm. *CaG.* 92*v*). En todas partes como nombre de un peral silvestre, con las correspondientes formas femeninas para el fruto (que Silveira califica de «duro y acerbo»); además *Seromenho* y *Sormanho* como nombres de lugar[1]: la mayoría de ellos no son nombres de lugar importantes, y tampoco llega a feligresía un trasm. *Sermanha*, situado junto al trifinio con el Douro y la Beira Alta; y *Soromenho*, *Seromenho* como apellidos. En catalán *sarmenya*, o con variante puramente gráfica, *cermenya*, es el nombre de una fruta temprana, por lo general una clase de pera (de manzana en algún punto: Ag.), y se emplea especialmente en la Segarra (*l. c.*), en la Conca de Barberá (Joan Santamaría, *La Publicitat*, 9-XII-1926, que compara a un hombre áspero con una *sarmenya grenyal* 'no bien madura'), y en el Priorato (*saramenya* 'pera menuda', en Arabia, *Miscell. Folklórica*, 157); lo hallamos ya, en 1385, en Eiximenis («gínjols, nous, avellanes, *sarmenyes*, lledons, garrofes...», *Regiment de Prínceps*, N. Cl., 25.14), y

sin definición aparece *cermenya* en el diccionario de rimas de Jacme Marc, catorce años antes. Para terminar con las formas de esta palabra que designan un fruto, mencionaré el vasco guip., a. y b. nav. *txermen*, ronc. *zermein*, 'peruétano, cierta pera pequeña y dulce', que en otros puntos de Guipúzcoa se ha hecho sinónimo de 'pera' en general (Azkue)[2], y cuya *tx*- corresponde bien a una *c*ᵉ en los préstamos de fecha romance primitiva[3].

Sólo Simonet propuso una etimología: fijándose en el mozár. *azárra* 'especie de pera de sabor dulce, en extremo olorosa y del tamaño de una uva, que se criaba en Valencia', documentado en Abensaíd († 1274), según Almacarí, y en R. Martí (comp. Dozy, *Suppl.* I, 19), cree que ambas palabras salen del lat. ACERBA 'áspera, agria, prematura'; no habría dificultad semántica, pero la *rr* doble del mozárabe, bien atestiguada por R. Martí, se opone a que identifiquemos 'azárra así con ACERBA como con *cermeña*; deberá tratarse de un mero homónimo de la voz castellana, como lo es *avugo*, ambos sin relación etimológica con ella[4]. En cuanto a *cermeña*, parece menos difícil que salga de *acerbeña, y M-L. (*REW*, 94) aceptó la idea de Simonet, pero ahora sabemos, por las autoridades de los SS. XIV-XV, y por el testimonio del portugués y el catalán, que el vocablo empezaba en *c* sorda, y como no puede tratarse, en vista del sufijo popular -*eña*, de un derivado del cultismo *acerbo*, nos veríamos obligados a admitir una base ya latina *ACERBĬGNA, que perdiera la A- ya en fecha latina, antes de que la C pudiera sonorizarse, hipótesis sumamente arriesgada, mayormente por la rareza del sufijo en latín.

Por otra parte, en Francia hallamos un vocablo de significado diferente, pero de homofonía tan perfecta, que cuesta admitir como casual: oc. *menha* en Daudé de Pradas (h. 1225), *sermunna* en una receta medieval, Perigord *cermino* o *ec(h)ermino*, frprov. *sermîlli*, *sarmîlli* (Lión, Ain, Isère), en un diccionario francés de 1656 *salmille*, en un glosario francés arcaico *sermenna*, todos ellos con el significado de 'perifollo'; A. Thomas (*Rom.* XXXIII, 215) indicó que se trata del lat. tardío SARMINIA (o SARMINIUM, SARMINA) de igual significado, trasmitido sólo en glosas botánicas que figuran en tres manuscritos de los SS. IX y X, SIRMINIA, y en unas recetas en notas tironianas, del S. IX; ahora bien, Ernout-M. observan atinadamente que puede ser un derivado de SARPĔRE 'podar la vid', con sufijo hermano del que figura en otros derivados de SARPERE, el clásico SARMENTUM 'sarmiento' y su sinónimo arcaico SARMEN, -ĬNIS, y comparable al de SEMINIUM junto a SEMEN y SEMENTUM; se les puede dar la razón, en vista de los tallos del perifollo, finos como sarmientos. Para derivar de ahí *cermeña*, haría falta admitir que a este fruto, cuyo aroma famoso he documentado arriba, se le dió el nombre del perifollo, conocido ante todo como condimento, por su perfume agradable. La inicial *ce-* puede justificarse de varias maneras, sea por una alteración meramente fonética, o por cruce con CAEREFOLIUM (> *perifollo*), antes del cambio de significado; más probablemente por influjo de *cera* debido al color céreo de la carmeña, que llamaba la atención a Lope de Vega[5].

La etimología *SORBĬNĔUS 'parecido a la serba', de *GdDD* 6231*a*, no es imposible, pero con la condición de no tomarla en el sentido de una formación latina, sino de un derivado romance, de *serba* en cast. y cat., de *sorba* en portugués (de donde port. *çormenho, sarmenho*), con el sufijo romance *-eño*, y a base de suponer (como hay que hacerlo también con el étimo SARMINIUM) que la *c-* se deba al influjo de *cera*. Sin embargo da que pensar el hecho de que el sufijo *-eny* apenas vive en catalán, donde sin embargo *sarmenya* ya se documenta en el S. XIV. Podrían agregarse otras objeciones, pero es preferible dejar por ahora la cuestión en suspenso.

DERIV. *Cermeñal, Cermeño* (V. arriba).

[1] Ya en docs. del S. X aparece *Sarmenia*, como nombre del afluente del Duero llamado hoy *Seromenha*. No sé por qué razón cree Silveira que en este caso la etimología es otra.— [2] En Vizcaya significa 'injerto', y el verbo *txermendu* es allí 'injertar', y en Guipúzcoa 'podar la vid'. Schuchardt, *ZRPh.* XXXVI, 37, no conociendo las formas iberorromances, sugiere que éstos pueden ser los significados originarios, y propone como étimo el lat. GERMEN. Pero como el tratamiento de G[e] no me parece normal, sospecho que estas acs. han de explicarse como secundarias, debidas a algún injerto que se practique en el cultivo de la cermeña, o bien se tratará de un vocablo independiente del nombre de nuestro fruto y procedente de INSERERE (> *injerir, injerto*).— [3] En Baja Navarra, donde toda *tx-* pasa a *x-*, se halla también *xermen* (Azkue).— [4] *Acerrae* era el nombre de una localidad de Campania, que Virgilio menciona en sus Geórgicas. Sabido es que una población vecina, *Abella*, fué famosa, tanto por sus manzanas (de las cuales tomó nombre), como por sus avellanas (a las cuales se lo dió). No sería absurdo conjeturar que 'azárra (que también podría pronunciarse 'azérra) tomara nombre de *Acerrae*, pues al fin y al cabo el cast. *manzana* viene también de un nombre propio (véanse otros casos del fenómeno en CAMUESA). Por otra parte, *azerra* existe en bereber, me advierte David Griffin (que prepara un estudio sobre el diccionario atribuído a Martí) y de allí puede venir el vocablo mozárabe; sin relación con *cermeña*, de todas maneras.— [5] La existencia de formas semipopulares de CAERIMONIA en portugués, *ceramunha, çarmunha, cirmonha* (C. Michaëlis, *Misc. Caix-Canello*, 121), nos podría autorizar a suponer que un *CAERIMONIUS diera *cermueño > *cermeño* en castellano, pasando de 'ceremonio-

so' a 'afectado' y 'necio', el sentido real de *cermeño*; de aquí luego 'desabrido' aplicado a la cermeña prematura. Pero todo esto es demasiado hipotético, no halla más que un débil apoyo en las formas dialectales modernas *ceremeño, ceromenho, saramenya*, y obligaría a admitir que las formas portuguesa, vasca y catalana son castellanismos recientes, a pesar de la *tx-* vasca y de la aparición en el S. XIV catalán. Pensar en un *CERUMĬNĬA, derivado de CERUMEN, -INIS (voz que es sólo del latín moderno, S. XVIII), y éste de CĒRA, es todavía más aventurado.

Cernada, cernadero, V. *ceniza*   *Cernaja,* V. *cerneja   Cerne,* V. *cierne   Cernear, cernedera, cernedero, cernedor,* V. *cerner*

CERNEJA, ant., 'mechón de cabellos', 'cabellera', 'crin o melena de los animales', mod. 'mechón de pelo que tienen las caballerías detrás del menudillo', de un lat. vg. *CERNĬCŬLA, plural de *CERNĬCŬLUM 'separación de los cabellos', derivado de CERNĔRE 'separar', 'distinguir'. 1.ª *doc.*: princ. S. XIII, *Sta. M. Egipc.*, v. 217.

En este texto *cernejas* significa 'cabellera'[1]; en el Glosario de Toledo («crinis») y en Villalobos *cerneja* tiene el mismo significado, mientras que en el Maestro Correas es más bien 'mechón de cabellos' («los que traen *cernejas* en los aladares y altos copetes» hablando del proverbio «cabello luengo y corto el seso»), y probablemente tendría la misma ac. en el remoquete *Pelay Çerneja*, que hallamos como nombre de un personaje en un doc. de Toro, de 1291 (Staaff, 70.26); hoy *Cernégula* es un pueblo de 200 habitantes en el part. judicial de Sedano, 34 km. al N. de Burgos. El masculino *cerniyu* (= *cernejo*) todavía vale 'mechón de pelo o de lana' en asturiano (Concejo de Lena), Neira, p. 217. En la *General Estoria* es la 'melena del león', y aplicado a la del caballo lo hallamos en el mismo Glosario de Toledo, y hoy en las Canarias (*BRAE* VII, 333), comp. «*cernejas de bestia*: crinis» en Nebr. Finalmente, lo más común, desde princ. S. XVI (*DHist.* 1) es que designe el mechón que tienen las caballerías detrás del menudillo. Según indicaron M-L. (*REW* 1833) y Wartburg (*FEW* II, 607*a*), sobre las huellas de Ascoli (*AGI* I, 354, 514), d'Ovidio (*AGI* XIII, 380) y otros, el vocablo pertenece a una familia romance de amplia extensión: toscano *cernecchio* 'mechón de cabello que pende de la frente o de las sienes', especialmente si es cabello desordenado, b. engad. *tscharnaglia* 'mechón de cabello', 'trenza', dolomítico *čornadl* 'separación de los cabellos' (Marebbe), friul. *çerneli* 'frente'[2]; por otra parte, port. *cernelha* «cruz dos cavallos, é no fim do pescoço a parte, onde as espádoas se atão», con ej. antiguo, *cernelha do porco* «a carne do fio do lombo até um palmo antes da barriga, com toucinho misturadamente», Viana-do-Castelo *cernêlho* 'columna vertebral' (*RL* XXVIII, 2ᵒ9).

Es visible que ahí tenemos un derivado de CER-NERE, aplicado a la separación de los dos costados del animal, y que en las demás formas romances debe partirse de la idea de separación de los cabellos en crenchas o mechones (comp. la palabra *CRENCHA*), con traslación secundaria en el Friúl a la parte de la cabeza donde se hallan los mechones; empleado el vocablo en plural se pasaría de 'mechones' a 'cabellera'; en Salamanca *cernajas* son una 'especie de fleco, terminado en borlitas, que se pone a los bueyes en el testuz para espantarles las moscas'. No sé que CERNICULUM esté documentado en latín con aplicación a la cabeza o al cabello[3], sólo se halla en glosas en el sentido de 'criba' (así también en dialectos italianos) o de 'juicio, discernimiento', procedentes de otras acepciones del verbo CERNERE, pero podemos dar por asegurada la existencia de aquella aplicación en el latín vulgar; por lo demás, *discerniculum*, procedente de un derivado de *cernere*, 'es alfiler u horquilla para separar el cabello' (ya en Nonio). Partir de CRINICULUM es imposible, no sólo por la fecha antiquísima en que deberíamos suponer un fenómeno que es siempre tan moderno como la trasposición de R, sino también a causa de la I. No es claro si el murc. *ceneja* «tejido de esparto; ceñidor» (G. Soriano) viene de *cerneja*, con debilitación andaluza de la *r* ante *n*, o más bien de *cenefa*.

De CERNICULUM saldría un gall. dial. **cernégoo* con propagación **cernengo* y disimilación *cerengo* 'línea superior': «polo *cerengo* do monte» en el Caurel (entre Lugo y el Bierzo) (Apéndice a Eladio Rdz.).

DERIV. *Cernejudo.*

[1] En la descripción de una mujer hermosa, se dice que tenía «alva fruente fasta las *cernejas*». — [2] Wartburg agrega Comelico θarnoi, Padua *cernegia*, Bormio *tšernǫ̀la*, creo con la misma ac. que la voz dolomítica. En los Pirineos gascones *cernelhe, sarnelho*, es 'montón de nieve acumulada por el viento', por comparación de los ventisqueros de las cumbres, de corte agudo, con la separación del cabello; en Bergua (V. Broto) *cernillón* es «la parte exterior más alta de un edificio, encima de la cumbrera». — [3] M-L. traduce por «scheitel», pero se trata de una deducción etimológica, que debemos entender en el sentido primitivo de la voz alemana, 'separación del cabello en lo más alto de la cabeza'.

CERNER, 'separar con el cedazo la harina del salvado y otras materias sutiles', del lat. CĔRNĔRE 'separar', 'distinguir', 'mirar', 'comprender'. 1.ª doc.: Berceo, *S. Dom.*, 457c (el participio *farina cernuda*).

Cej. IX, § 203. La aplicación especial a la separación por medio del cedazo, se halla ya en latín (Catón), y ha quedado fijada en rumano (*cer-*

ne), sardo (*cherrere*), occitano (*cęrner*), catalán (*ce(r)ndre*) y en dialectos italianos y réticos. La ac. especial 'mover las aves sus alas manteniéndose quietas en el aire o volando lentamente' (como intransitivo en autores del S. XVI, como reflexivo desde *Aut.*: *DHist.* 5) se explica por el movimiento de balance pausado que es propio del cerner con cedazo y de las aves que se ciernen, comp. *CERNÍCALO*. La variante *cernir*, por cambio de conjugación, es ya la registrada por Nebr., la usada por Fr. Luis de Granada y otros (*DHist.*, s. v.), y hoy corre en Salamanca, en la Arg., en Méjico y en otros países de América. Comp. *CIERNE*.

DERIV. *Cernera. Cernear. Cernedera. Cernedero. Cernedor. Cernidillo* (comp. *CIERNE*). *Cernido. Cernidura. Subcierna* (debiera escribirse *sucierna*, de *so-cierna* con metafonía). Los demás derivados son cultismos. *Discernir* [2.º cuarto S. XV: Santillana, Juan de Mena], 'distinguir, separar mentalmente', tomado del lat. *discernĕre* íd.[1]; Santillana y otros autores del S. XV emplean *discerner*, y hoy se sigue conjugando *discerniendo, discernieron*, como si perteneciera a la 2.ª conjugación (vid. Cuervo, *Ap.* § 283); *discernidor, discerniente, discernimiento. Discreto* [Berceo; Cej. IX, § 208], tomado del lat. *discrētus*, participio de *discernĕre* 'distinguir, discernir'; *discretear, discreteo, discretorio; discreción* [Berceo][2], tomado del lat. *discretio, -onis*, 'discernimiento, selección'; *discrecional. Discrimen* 'riesgo, peligro' [1597, Bobadilla; 1604, Sandoval], tomado del lat. *discrīmen* 'línea divisoria', 'momento decisivo o crítico'; *discriminar* 'separar, diferenciar', arg. col. [Cuervo, *Ap.*, § 892; falta aún Acad. 1899], de *discriminare* íd.; *discriminación* arg., col. *Concernir* [Santillana: vid. Cuervo, *Dicc.* II, 314], tomado del b. lat. *concernere* 'atañer', derivado de *cernĕre* en el sentido de 'mirar'[3]; *concerniente* [1491, vid. Cuervo, *Dicc.*, II, 313-4]; *concernencia.*

Decreto [Berceo][4], tomado del lat. *decrētum* íd., derivado de *decernĕre* 'decidir, determinar' (participio *decrētus*), *decretero, decretista; decretar* [*degredar*, Canc. de Baena; *decretar*, 1583-5, Fr. L. de León; Cuervo, *Dicc.* II, 833-4], *decretación; decretal*, tomado del lat. tardío *decretalis* 'ordenado por decreto'; *decretalista; decretorio*, tomado del lat. *decretorius*.

Excremento [1582-5, Fr. L. de Granada], tomado del lat. *excrementum* 'cernedura', 'secreción', 'excremento', derivado de *excernĕre* 'separar cribando'; *excrementoso, excrementicio, excremental, excrementar; excreto*, tomado de *excrētus*, participio del anterior; *excretar, excretor, excretorio, excreción.*

Secreto [Berceo; Cej. IX, § 203], tomado del lat. *secrētus* 'separado, aislado, remoto', 'secreto', participio de *secernĕre* 'separar, aislar'; *secreta, secretear, secreteo, secretista; secretario* [med. S. XV: Gómez Manrique (C. C. Smith, *BHisp.* LXI), 1958, Lope], *secretaria, secretaría; secreción*

[*Aut.*, con cita de una obra reciente de Martín Martínez], tomado del lat. *secretio, -onis*, 'separación'; *secretar, secretor, secretorio*.

¹ Hoy, en gran parte de América (Arg., Chile, Colombia, etc.) se emplea *discernir un premio, una distinción*, probablemente por adaptación bárbara del fr. *décerner*, que viene de *decernĕre*, y hubiera debido adaptarse en *decernir*; pudo ayudar, sin embargo, el uso de *discernir la tutela*, que ya es más viejo [1597], y que es también mala adaptación de *decernere*. Vid. Cuervo, *Ap.* § 476, y para esto y todo lo referente a *discernir*, V. su *Dicc.* II, 1243-6.— ² Variantes y documentación en Cuervo, *Obr. Inéd.*, 197.— ³ La historia de este cultismo en romance, es algo fragmentaria y oscura. En francés se halla desde 1385. En italiano es también frecuente y clásico, por lo menos desde Firenzuola († 1543). En español no tanto, pero fué muy usado en el S. XV, y *concerniente* lo ha sido siempre. En todas partes con el mismo sentido, cuyos primeros ejs. en bajo latín, según los materiales de Du C., no serían anteriores a 1406. Antes sólo se hallan testimonios aislados y de sentido dispar: 'considerar, tener en estudio' (S. XIV), 'contemplar juntamente' (en una glosa del *CGL*), 'mezclar con otras cosas' (en San Agustín, partiendo de 'cerner juntamente'), y Forcellini cita un ej. ciceroniano en el sentido de 'decidir, determinar' (comp. *decernere* en este sentido). Parece un vocablo que se recreó muchas veces, dándole por fin el sentido correspondiente a *cernere* 'mirar', 'estar orientado hacia'. Pero no es imposible que deba tomarse como base el sentido agustiniano, según opina Cuervo, partiendo de 'afectar a varias cosas a la vez'.— ⁴ En castellano antiguo se halla alguna vez una forma semipopular *degredo*, hoy conservada en Galicia (G. de Diego, *RFE* VII, 143).

CERNÍCALO, del lat. ᴄᴇʀɴɪ̆ᴄᴜ̆ʟᴜᴍ 'criba, cedazo', por comparación del ave cuando se cierne en el aire con el movimiento balanceante de un cedazo; tomado por vía culta o más bien mozárabe. *1.ª doc.*: *cerniclo*, Valladolid, 1243 (M. P., *D. L.* 227.19); *cernicalo*, S. XIV, *Castigos de D. Sancho*; Nebr.; Cej. IX, § 203.

Existen todavía otras formas arcaicas: *cerrenícolo*¹, en *Elena y María: RFE* I, 65-66; *cernigolo*, en el *Espéculo* atribuído a Alfonso el Sabio (*RFE* VIII, 350); *cernícolos* y *cernícoles*, en Juan Manuel (*Libro del Caball.*, 504); *cerrenicalo*, en López de Ayala (*Aves*, 155); hoy dialectalmente, *cerranícale* en Salamanca (Lamano), *cerramícalo* entre los charros de los alrededores de esta ciudad (Araujo, *Est. de Fon. Kast.*, p. 16), Mérida *cerremicle, zurrumicle* (Zamora V.), *sorromicalo* en otras partes (C. Michaëlis). Como indicaron M. P. (*Festgabe Mussafia*, 393-4) y M-L. (*RFE* X, 395-6), hay un buen número de nombres del cerníca-

lo, y de otras aves parecidas, que las comparan con una criba o cedazo: ast. *peñerín, peñerina*, port. *peneireiro*, derivados de *peneirar* (ast. *peñerar*) 'cerner', mozár. *ǵarbâl* 'azor' (R. Martí), Niza *escriveu* 'gavilán', it. dial. *crivello* 'especie de halcón', todos ellos procedentes de ᴄʀɪʙᴇʟʟᴜᴍ 'criba', Valtournanche *kröblo* 'especie de halcón' ᴄʀɪʙʀᴜᴍ, alem. *wannenweihe* íd. (compuesto de *wanne* 'bieldo'), fr. *vanneau* 'avefría'² (derivado de *van* 'bieldo').

La comparación se basa en el vuelo pausado y oscilante del cernícalo cuando busca su presa. M. P. creía que *cernícalo* deriva de *cernerse* 'balancearse', con el elemento sufijado *-ic-*, como en *lloriquear*, y el sufijo átono romance *-alo*; pero el citado *-ic-* es principalmente verbal, y la variante *cernigolo* demuestra que aquí tenemos otra cosa; por lo tanto, debemos dar la razón a M-L., que identifica nuestro vocablo con el lat. de glosas ᴄᴇʀɴɪ̆ᴄᴜ̆ʟᴜᴍ 'cedazo', conservado en su sentido propio por varios dialectos italianos; aunque el citado etimologista no logre explicar satisfactoriamente el aspecto semántico³. Fonéticamente, esta etimología presenta, sin embargo, importantes dificultades por el tratamiento de la terminación, que hubiera debido dar *-ejo* en castellano.

Admite M-L. que es cultismo inventado por los latinistas de conventos y escuelas. Pero esto es muy extraño, tratándose de una ave que interesa a la gente del campo y no a los eruditos, y hay una flagrante contradicción entre este supuesto carácter culto y la procedencia de la voz ᴄᴇʀɴɪᴄᴜʟᴜᴍ, ajena al latín clásico y propia de glosas y de dialectos vulgares. Siendo rasgos mozárabes, tanto la conservación de las oclusivas sordas intervocálicas como la de la ɪ̆ breve latina (vid. *RPhCal.* I, 89, n. 23), y también la pérdida de la *-o* en la forma de Juan Manuel y de Salamanca, hay fuerte presunción en favor de un dialectalismo de esta procedencia. El cambio de *-olo* en *-alo* es fenómeno frecuente (vid. *CARÁMBANO*), y tenemos un caso enteramente paralelo en un vocablo bien conocido como mozárabe, *piztical*, que según indicó Simonet procede de *ᴘɪ̆ꜱᴛɪ̆ᴄᴜ̆ʟᴜᴍ*⁴. Para el origen mozárabe, la única dificultad es de poca monta: la ausencia de testimonios de esta procedencia y la antigüedad de los testimonios castellanos; pues si bien es cierto que cᵉ da, por lo común, *ch* en mozárabe, no faltan casos indudables de *ç*, como *CENACHO*.

Schuchardt, *ZRPh.* XXXV, 738, relacionaba con el gr. χέρχνη, gr. mod. χιρχινέλι 'especie de halcón', que por influjo de *korydálos* 'especie de alondra', se convertiría en *cerchinálus* y luego *cernichălus*, proceso complicado e inverosímil.

Es curioso que el vocablo castellano reaparezca en bretón, donde por lo demás *kernigel* f. designa una zancuda, el «vanneau» ('tringa vanellus' y 'charadrius spinosus'): así como el nombre francés es derivado de *van* 'harnero, criba' el nombre bretón ha de ser préstamo del lat. *cerniculum*, como el castellano; los celtistas deberán revisar la etimología de este vocablo, que Loth y V. Henry quieren derivar de un *CORNICILLA 'corneja', pero como indica M-L. (*REW* 1833) no es verosímil separarlo de nuestro *cernícalo* (aunque se cite una variante bret. *kornigell*, y galés *cornicell* «pluvier»)[5].

[1] Se lee solamente *c* y *nicolo*, pero queda hueco en medio para cuatro letras.— [2] Vid. Brüch en *ZFSL* LVI y Spitzer ibíd. LVIII.— [3] Para éste, vid. Riegler, *Misc. Schuchardt*, 1922, p. 3.— [4] Rosal (1601) nos informa de que los disfrazados que seguían a las procesiones, llamados *zaharrones* en otras partes, en Zamora se llamaban en su tiempo *diablicalos* (cita de M. P., *Poesía Jugl.*, p. 27). Claro que aquí tenemos un diminutivo culto DIABOL-ICULUS 'diablito', pero el cultismo no puede extrañar tratándose de comparsas de procesiones.— [5] No sé cómo se explica la ac. jergal 'manto' que Juan Hidalgo (1609) da a *cernícalo* (*RH* XIII, 47). La de 'borrachera' (Terr.) se comprende fácilmente partiendo de ésta, o bien desde el nombre del ave, sea directamente, o por medio de la de 'hombre ignorante y rudo', pero si bien es frecuente llamar *mantos* o *mantillas* a las borracheras (cat. *mantellina*, *paperina*), no sería normal llegar a 'manto', por el camino inverso: aunque en un término jergal, todos los escamoteos semánticos son posibles. Las formas antiguas y dialectales en *cerre-* o *cerra-*, quizá se expliquen por una mera anaptixis, con refuerzo de la articulación de la *r* implosiva, siempre más larga que la intervocálica (comp. salm. *morreciégano* 'murciélago'); pudo ayudar el jergal *cerra* 'mano' [h. 1500] < fr. *serre* 'garra'. C. Michaëlis, *Misc. Caix-Canello*, 123-4, quería identificar con *cernícalo* la palabra *ceñiglo* empleada por Juan Ruiz, suponiéndola errata por *cerniglo*, pero después se ha visto que los tres manuscritos coinciden en este punto y que hay posibilidad de explicar *ceñiglo* de otro modo (V. *CENIZO*).

Cernidillo, cernido, cernidura, V. *cerner* *Cernígolo*, V. *cernícalo* *Cernillón*, V. *cerneja* *Cerno*, V. *cierne*

CERO, tomado del it. *zèro*, alteración no bien explicada del b. lat. *zephyrum* íd., y éste del ár. *șifr* 'vacío', 'cero', pronunciado vulgarmente *șéfer*. *1.ª doc.*: h. 1600, P. de Oña; Fr. J. de los Ángeles; Cervantes, *Teatro*.

Devic, 29; Gonçalves Viana, *Apost.*, I, 304-7; comp. Mahn, *Etym. Untersuch.*, 46; Dozy, *Gloss.*, 253; Baist, *RF* IV, 377; *REW*[3], 7902a. Del italiano proceden asimismo el fr. *zéro* [S. XVI] y cat. *zero*, antic. *atzero*; del italiano, por conducto del francés, vienen el ingl. *zero* [1604] y el port. *zero* (falta todavía en Moraes). El b. lat. *zephyrum* aparece por primera vez en el S. XII, en Leonar-

do de Pisa; en el griego Máximo Planudes, S. XIV, aparece τζίφρα con el mismo valor, y por esta fecha fué cuando se introdujeron permanentemente en Europa los números arábigos. Lo antiguo en la Península Ibérica fué *cifra*, que primitivamente se empleó con el valor de 'cero' y no con el de 'guarismo'; todavía conserva normalmente aquel valor en portugués, y lo tiene a veces en inglés actual (*cipher*). El cambio de *șifr* o de *zephyrum* en *cero* no se explicaría bien en español, pues no es normal que desaparezca una *f* ante *r*, ni lo sería el cambio de *ph* o *f* en *h* en un cultismo como éste, que no llegó a ser popular hasta fecha muy reciente; por lo demás, no existe una forma *zéhero* (que es la que M-L. sugiere como intermedia). Por otra parte, la documentación comprueba la mayor antigüedad en Italia, pues ahí ya hallamos *zero* en el *Morgante* de Luigi Pulci (1466-1483), aparece en el *Orlando Furioso*, etc. Spitzer (*MLN* LXXI, 281) sospecha que el paso de *zephyrum* a *zero* se deba a una mala lectura de una abreviación *zero*. Quizá sea esto así. En todo caso la alteración fonética de tipo *zephyrum* > *zero* no está bien investigada, pero no es disconforme al genio fonético del italiano la desaparición pura y simple de toda la sílaba postónica interna; comp. *prete* PRAE(S)BŸTER, *vuoto* VOCĬTUS, *piato* PLACĬTUS, *torre* TOLLĔRE, *dito* DIGĬTUS, etc., que, si bien no son casos rigurosamente iguales al de *zephyrum* > *zero*, tienen, sin embargo, un comportamiento fonético paralelo.

Ceroferario, cerógrafo, ceroleina, V. *cera* *Ceroja, cerollo*, V. *acerola* *Ceroma, ceromancia, ceromántico, ceromiel, cerón, ceronero, ceroplástica*, V. *cera* *cerorrinco*, V. *cerasta* *Ceroso, Cerote*, V. *cera* y *zurullo*, *Cerotear, cerotero, cerotico, ceroto*, V. *cera* *Ceroyo*, V. *zurullo* *Cerpa*, V. *zarpa* *Cerpillejo*, V. *ardilla* *Cerquillo, cerquita*, V. *cerco* *Cerra*, V. *cerrar, cerda* *Cerracatín*, V. *cicatero* *Cerrada* 'parte de la piel del animal', V. *cerro* *Cerrada* 'acción de cerrar', *cerradera, cerradero, cerradizo, cerrado, cerrador, cerradura, cerraduría, cerraja* 'cerradura', V. *cerrar*.

CERRAJA, 'compuesta agreste parecida a la lechuga', del lat. SERRATŬLA 'betónica', en el latín hispánico 'cerraja' (forma vulgar *serralia*), derivado de SERRARE 'aserrar', y éste de SERRA 'sierra', por la forma dentada de sus hojas. *1.ª doc.*: mozár. *šarrâlla*, en Abenalɣazzar, † 1004; *cerraja*, Nebr.; Cej. VIII, § 79.

Tienen el mismo origen el port. *serralha* íd. y el ast. *cenraya* «especie de cerraja... crece entre las hortalizas» (V) (creo que no existe el cat. *serralla* que se cita en el *REW*, 7865). Plinio da *serratula* como nombre itálico de la betónica, planta labiada, explicando que se debe a la forma de sus hojas; en el mismo sentido emplea Apu-

leyo *serrata* (o *serratula* según otras ediciones). La
betónica es planta bastante diferente de la cerraja,
pero coincidente con ésta en la forma dentada de
las hojas; como nombre de la cerraja aparece *sa-*
rracla en dos glosas botánicas antiguas (*CGL* III,
540.36, 567.16, en dos mss. casinense y vaticano de
los siglos IX y X, que contienen otras glosas coincidentes con palabras españolas), y *serralia* (en ciertos manuscritos *sarralia*) en San Isidoro (*Etym.*
XVII, x, 11: «lactuca agrestis est quam *serraliam*
nominamus, quod dorsum eius in modum serrae
est»; bibliografía acerca del vocablo en Sofer, 156-
7). Es evidente, como indica ya Cornu, *GGr.* I, §
139, que *sarracla* y *serralia* son formas del latín vulgar resultantes de SERRATULA[1] por la evolución regular de -T'L- en -CL- > -*l*-[2]. En textos mozárabes,
el vocablo español es frecuente: *šarrálla*, como
nombre español, en Abenalŷazzar, *šarrálya* en
Abenbuclárix y en Abenalbéitar (Simonet), *šarrálla*,
šarrálya o *šarrál* como equivalentes de diversas variedades de lechuga silvestre en el Anónimo de
h. 1100 (Asín, pp. 276-7), *xarráyla* en PAlc.
  La *c*- de la forma española es consecuencia de
la vacilación entre SE(R)RARE y *CERRAR*.
  Renovación romance de SERRATULA es SERRATE-
LLA > *serradela*, nombre gallego (pontev.) de la
serratula (Sarm. *CaG.* A167v).

  [1] La coincidencia con el nombre grecolatino de
la cerraja, σέρις, -ιδος, es casual, aunque éste
pudo contribuir a que SERRATULA quedase fijado
en la nueva acepción.— [2] En la *ALLG* III, 503,
se cita *serracia* «lactuca silvatica» en la *Dynami-*
dia II, 52. No puedo decir si se trata de un derivado de SERRA con sufijo -ACEA, o de una mala
lectura en lugar de *serracla*. No parece que el cat.
sarreig, *xereix*, val. *serreig* 'cadillo' (> murc.
cerriche) pueda ser descendiente mozárabe de
este SERRACEA, puesto que el vocablo existe en
lengua de Oc en la forma *sarrais*, *sarèch*. V. mi
futuro *DECat.* Por el sentido nos acercamos a
esta gramínea más que a *cerraja* con el berc. *ce-*
rrillo «hierba que nace entre los trigos, con gra-
nita, algo parecida a la avena, y difícil de separar
del trigo» (Sarm. *CaG.* 145v), aunque algún enlace no es ni impracticable, ni nada seguro, con el
uno ni con el otro.

  Cerraje, V. *serrallo*   *Cerramicalo*, **cerranicale**
V. *cernícalo*

CERRAR, del lat. tardío SERARE íd., derivado de
SERA 'cerrojo', 'cerradura'. *1.ª doc.*: Cid.
  Cuervo, *Dicc.* II, 128-136; Cej. IX, § 205. Las
formas con -RR-, debidas a una confusión vulgar
con SERRA 'sierra' y SERRARE 'aserrar', se hallan ya
en un palinsesto del S. V («serras ferreas conte-
ram», Lactancio, *Wiener Sitzungsber.* CVIII, 295
y 336) y en varias glosas latinas («serra μοχλός»,
«serrae unde ianuae muniuntur»: CGL II, 520.34,
541.36; III, 190.62, 339.37, 463.51, 473.6; IV,

189.24, 283.19; comp. *ALLG* V, 467; «serrato-
rium: μοχλός», *CGL* III, 23.45) y son generales
en castellano; V. empero ZARAPITO. Del mismo
origen: port. *cerrar* íd. (también *çarrar*[1], *sarrar*,
vid. C. Michaëlis, *RL* XIII, 389-92), oc. ant. *se-*
rrar (o *sarrar*) 'apretar', 'cerrar', fr. *serrer* 'apretar', retorrom. *serrar* (sabreselv.), -*er* (engad.) 'ce-
rrar', it. *serrare* 'cerrar (con llave, cerrojo)' (frente a *chiudere* 'cerrar en general'), sardo *serrare*
'cerrar', bret. *serra* íd. En textos arcaicos castellanos aparece *serrar* con s- (Fuero de Avilés, línea
104; doc. de Santoña, 1210, en Oelschl.); la forma con c- se debe a influjo de *cercar*, con el cual
se codeaba *cerrar* en el lenguaje de la caza y de
la fortificación, y especialmente en la ac. 'cercar,
vallar, rodear', documentada para nuestro verbo
desde el S. XIII (*DHist.*, 9)[2]; el siguiente ejemplo me parece claro a este respecto: «el señor
toviera este castillo de Perescote *çercado* e lo avía
entrado por fuerça... e la razón porque él *cerrava*
este castillo era...» (Clavijo, *Embajada a Tamor-*
lán, ed. L. Estrada, 121.25); nacería como forma
ocasional, luego aprovechada para evitar la confusión con (*a*)*serrar*, en épocas de la lengua más
preocupadas de la claridad de concepto que el latín vulgar[3].
  DERIV. *Cerrada* 'acción de cerrar'. *Cerradera*;
cerradero. *Cerradizo*. *Cerrado*. *Cerrador*. *Cerradu-*
ra [Berceo]. *Cerraduría*. *Cerramiento*. *Cerrazón*
[1594, B. de Mendoza]. *Cerrón*, gnía. *Cierre*;
gall. *cerre*[4]. *Cierro*; ast. *cierru* 'cercado' (V). *En-*
cerrar [*Cid*]; aunque es muy antiguo, siguió empleándose *cerrarse* por 'encerrarse' en la Edad Media, y aun más tarde en el estilo familiar (Sta. Teresa), en algún texto clásico (Cervantes; Rojas
Zorrilla, *Cada qual lo que le toca*, v. 2471, «en
su quarto se *çerró*») y ocasionalmente hasta hoy
en día (*DHist.*, 24); una formación paralela a
encerrar se produjo también en el francés del S.
XVI: «ils s'estoient *enserrez* en La Roche Cler-
maud» (*Gargantua*, cap. 30, ed. 1919, p. 152).
Encerradero, *encerrado*, *encerrador*, *encerradura*,
encerramiento, *encerrona*, *encierro*, *encierra*. El
primitivo *serra* o *serreira* 'tranca con que se cierra
la puerta' quedó en gallego (Sarm. *CaG.* 198v),
y también *sarreira* (íd. 133v).
  Cerraja 'cerradura' [Berceo][5], del lat. de glosas
SERRACŬLUM íd. (*CGL* V, 564.39, 633.28), conservado en dialectos italianos, franceses y occitanos;
cerrajero [1351, Cortes], comp. port. *cerralheiro*,
cat. *serraller*, oc. ant. *seralhier*; *cerrajería*, *cerra-*
jear, *cerrajerillo*; *descerrajar* [Nebr.], *descerrajado*,
descerrajadura.
  Cerralle 'cercado' [1571], tomado de oc. ant. *se-*
rralh 'lugar donde se encierra algo', procedente
del citado lat. tardío SERRACULUM.
  Cerra 'mano', gnía. [1555, *Canc. Gen.*, publicado en el de Castillo II, 613; comp. nota al *Qui-*
jote II, lvii, *Cl. C.* VIII, 38], del fr. *serre* 'zarpa,
garra', derivado de *serrer* 'apretar' (V. arriba);

con sus derivados *acerrar*, *acerrador* (*DHist.*)[6].

Cerreta [1831], 'brazal, varenga', mar., tomado del it. *serretta* íd., derivado de *serrare* 'apretar' porque sirven para reforzar (Jal, 1345*b*): del mismo origen cat. *serreta* (*BDC* XII, 65, 105), fr. *serre* [1538]. *Cerruma* [ya Acad. 1843: 'cuartilla de las caballerías cuando está mal formada'; hoy 'cuartilla de las caballerías'], probablemente tomado del gall. *cerrume* 'cerca, vallado, cárcava que rodea un terreno': así llamada porque la cuartilla o murecillo está alrededor de las patas, por encima de la corona del casco; *descerrumarse* [1731: *Aut.*].

En las hablas hispánicas occidentales hallamos una palabra romance de la forma *SERĪCULU* o *-ĪLIU*, que por intermedio de un fem. *SERICULA*, se cree derivada de SERA 'barra o tranca para cerrar' (y 'cerrojo') con el sentido de 'aspa de aspar hilo': de ahí el port. *serilho* y *sarilho* 'aspa de devanar o aspar', 'especie de cabrestante' [princ. S. XVIII, Bluteau, Moraes], gall. *sarillo* 'aspa íd.' (Sarm., con descripción precisa y figura, en *CaG.* 128*v*), también gall. *sarelo* (128*v*), ast. *xareyu* (y *serelu* en un dialecto alto-italiano): es etimología de Schuchardt, aceptada generalmente (M-L. *REW* 7850, Krüger, G. de Diego) y no imposible en latín vulgar, en lo semántico y aun morfológico, si bien dudosa desde aquel punto de vista y en lo morfológico aceptable sólo como cosa de baja época; es admisible provisionalmente, pero con carácter bastante incierto, pues también se podría deducir, y aun con más justificación morfológica, no sólo de SERICUS 'de seda' (Cortesão) sino de SERĪLIA 'cuerdas de junco, cordajes' (deriv. de SERERE 'trenzar') y del lat. tardío SERICULA 'clavija o tarugo para unir dos listones o tablas en ángulo recto' (fr. *queue d'aronde*) 'hacha pequeña' (> nap. *sarrecchia* íd.), variante haplológica de SECURICULA, dimin. de SECURIS, no menos fundados y aun tal vez preferibles desde el punto de vista semántico: recuérdese que el aspa o *sarillo*, como se expresa Sarm., es un «palo como en cruz, contrapuesto, en que se va formando la madeja» (ib. 96*v*).

CPT. Para *zarapito* (ant. *cerapico*), V. artículo aparte. Gall. oriental *serrapio* «apretura entre dos sierras» (Sarm. *CaG.* 232*r*) y hay pueblo de *Serrapio*, unos 20 km. NE. de Pontevedra, junto al Lérez; como éste se encuentra en el fondo de un valle hondo y algo lejos de las sierras, supongo que no es derivado de *sierra*, sino haplología de *cerra-rápi(d)o(s)* 'lugar donde se terminan los rápidos de un río', situación que corresponde bien a ambos lugares: aunque el segundo puede estar en zona de seseo, el primero seguramente no, Sarmiento no distinguía bien y además intervendría el influjo de *sierra*. Sin embargo, como hay todavía sendas aldeas *Serrapio* en la prov. de la Coruña, Lugo y Asturias, falta examinar la situación de éstas, y como llama la atención la *S-* constante no descarto la idea de que se trate de algo

relacionado con los nombres de lugar altoarag. *Serrablo* y *Sarabillo*, bastante repetido éste: el más conocido es un pueblo en un paraje muy estrecho del alto Cinca, por lo cual he supuesto otras veces que se trate de un *SERABULUM, -BELLUM*, deriv. lat. vg. de SERA (y SERARE) 'cerradura'; para el nombre gallego habría mayor dificultad fonética, que sugeriría contaminación, por lo menos de *SERABULUM* por parte de RAPIDUM.

[1] Forma, debida al influjo de la RR, que se halla también en textos castellanos del S. XIII (*Alexandre*, Fuero de Medinaceli; «labredes e chantedes e esterquedes, *zaredes*, a dita viña» Pontevedra, a. 1426, Sarm. *CaG.* 169*v*). En portugués existe también *fechar*, que es más material ('cerrar con llave, cerrojo, etc.').— [2] El ast. *cierrar* es 'cerrar' y además 'cercar (una finca)' (V). La explicación de esta *c* por influjo de *encerrar*, donde se debería al elemento oclusivo que contiene la *n*, sugerida por Malkiel, *HispR.* XVII, 210-2, es inadmisible. Este fenómeno se produce en retorrománico y en francés arcaico, pero no hay ejemplo alguno en iberorromance ni en lengua de Oc: y se comprende, porque en estos idiomas la pronunciación ordinaria de *ns* profiere la *n* sin oclusión bucal, por adaptación a la *s*; de ahí oc. *pensar* > *pessar*, *pans* > *pas*, y la pronunciación *pẽnsar* o *pẽsar* tan común en castellano y portugués. Todos los supuestos ejs. de Malkiel son evidentemente falsos: *San Çalvador* y *Gonçalo* deben su *ç* a la *t* o *d* del étimo y no a la *n*, *trance* no tiene que ver con *tránsito*, y el port. ant. *çujo* < *çuzio* 'sucio', es un caso de dilación de la africada siguiente.— [3] Para la historia semántica del vocablo, vid. Cuervo y *DHist.* Agrego documentación para algunas acs. singulares. *Cerrar la noche*: Rojas Zorrilla, *Cada qual lo que le toca*, v. 1867 (y los textos citados en nota por A. Castro); *Quijote* I, iii, ed. Cl. Cast. I, 99 y nota; antes se había dicho *cerrarse la noche* (*DHist.*, 28), que todavía se oye en la Argentina (A. M. Sampol de Herrero, *La Prensa* 21-IX-1941) y en otras partes. De la idea de 'apiñar las tropas antes del ataque' (*DHist.*, 16) se vino a *cerrar con alguien, con el enemigo*, 'atacarle' (Timoneda, *Patrañuelo*, Rivad. III, 140; Pérez de Hita, ed. Blanchard II, 113; *DHist.*, 29), de donde la frase *Santiago, y cierra, España*, para cuya explicación vid. Cuervo, p. 135*a* (comp. Ruiz de Alarcón, *La Verdad Sospechosa*, ed. Reyes, p. 19; la nota al *Quijote* II, lviii, Cl. C. VIII, 56). *Cerrarse* 'mantenerse firme en un propósito' (*se cerraron en que había de morir*, Pérez de Hita, ed. Rivad., 647*a*; texto cambiado en la ed. Blanchard, II, 219; *DHist.* 32).— [4] 'Cercado, etc.': «non hay cimeterio, adro parroquial, *cerre* de capela, encrucillada de camiño vello, que non teña un cruceiro» Castelao 93.25.— [5] Frecuente en la Edad Media y período clásico, vid. *DHist.* y A. Castro, *RFE* VIII, 335; Rojas Zorrilla, *Cada*

qual, v. 3213; hoy anticuado o dialectal [arag. ant. *cerralla*, invent. de 1379: *BRAE* II, 711; a. arag. *cerralla, cerraja, zarralla: RLiR* XI, 21; Cej. IX, § 205].— [6] En vista de la perfecta identidad semántica entre *cerrar* 'asir' (así en John M. Hill, *Poesías Germanescas* XXXI, 253) y *aferrar* íd. (en Hidalgo e ibíd. XXX, 137, 251; XXXIII, 913) parece seguro que hubo por lo menos contacto secundario entre los dos verbos. O bien *cerrar* será alteración de *aferrar*, y *cerra* derivado de *cerrar*.

Cerras, V. *cerda*   *Cerrazón*, V. *cerrar*   *Cerrebajar*, V. *perifollo*   *Cerrejon*, V. *cerro*   *Cerrenícolo*, V. *cernícalo*   *Cerrería, cerrero*, V. *cerro*   *Cerreta*, V. *cerrar*   *Cerrevedijón*, V. *cerda*   *Cerriche*, V. *cerraja*   *Cerril, cerrilla, cerrillar, cerrillo*, V. *cerro*

CERRIÓN, 'carámbano de hielo', origen incierto, quizá de **cirión*, derivado de *cirio*, por comparación de forma. *1.ª doc.*: APal. 77b; Nebr.: «*cerrión de carámbano*: stiria».

Esta palabra latina significa 'gota congelada', 'gota que cae de la nariz cuando hace frío'. Parece tratarse de una equivalencia latina solamente aproximada (aunque Oudin reprodujo esta ac. de Nebr.), pues lo único que hallamos en autores[1], en Covarr. y en *Aut.*, es 'el agua helada que cuelga de las canales de los tejados o de las peñas'. Por influjo de *chorro*, *cerrión* se ha convertido en *chorreón* en el habla de Almería, donde llaman así los cilindros de hielo que cuelgan de una ventana, etc., y también las manchas largas causadas por un chorro de líquido espeso.

R. Cabrera, seguido por Diez, partía del lat. STĬRIA, que presenta insuperable dificultad fonética[2]. Larramendi dice que «viene del vascuence *chirria, gelachirria*, que significa lo mismo»; en realidad, lo único que podría significar lo mismo en vasco, es el compuesto **jelatxirria* 'el chorro de hielo' (aunque parece ser compuesto forjado por Larramendi[3], pues *txirri* es 'chorro'—voz del mismo origen onomatopéyico que el cast. *chorro*—, y *jela* es 'hielo'; debe desecharse, pues, este origen. M-L., *REW*[3], 9621a, deriva *cerrión* del vasco *zinzerri* 'cencerro', étimo de la voz castellana del mismo significado; no habría gran dificultad semántica para ello, pues *cencerrón* es 'redrojo, racimo de uva aislado que cuelga de una vid' [1513], y una comparación análoga de un carámbano con el cencerro que cuelga del cuello de un animal, sería concebible; pero formalmente *cerrión* está bastante lejos de *cencerro*, y no se ve explicación para la caída de la sílaba *cen-*. Probablemente esta idea se la sugeriría a M-L. la forma *cencerrión* 'carámbano' registrada sólo por el diccionario académico en 1783; pero tratándose de una forma tan tardía y aislada, conviene explicarla por un cruce de *cerrión* con el leonés y portugués *cenceño, cen-*

ceno, sinceno, 'carámbano' (vid. *CENCEÑO*).

Más verosímil me parece el étimo de Covarrubias, lat. CĬRRUS 'rizo de cabellos', 'la crin de un caballo', 'copete de una ave', de donde nuestro *cerro* 'manojo de lino o cáñamo', puesto que, al fin y al cabo, el port. *sinceló* viene probablemente de CINCINNUS 'rizo, tirabuzón'. El pasaje de APal. donde se relaciona nuestro vocablo con el lat. *cirratus*, presta gran apoyo aparente a esta etimología; sin embargo, hay que desconfiar, pues es claro que el humanista medieval está haciendo una interpretación etimológica[4]. Y siempre quedaría la *i* de *cerrión* por explicar.

Finalmente, tomando en consideración el gran número de denominaciones romances del carámbano que significan propiamente 'candela'—port. *candeia*, alav. *candela*, cast. *candelizo*, y las numerosas formas dialectales italianas, occitanas y francesas reunidas en el *FEW* II, 178b, y en el *REW*, 1578—, me inclino por mirar *cerrión* como derivado de CĒREŬS 'cirio', con *rr* debida a influjo de otras palabras y particularmente del citado *cerro*.

[1] Lo emplearon los castellanos viejos Juan de Pineda (1589) y Colmenares (1637), y el tudelano Arbolanche (a. 1566): «hallando que enterneciera / los muy elados cerriones», 64b2. Nebr., en su diccionario latino-español, da además la ac. 'queso blando o fresco', reproducida por Oudin y Franciosini, que puede explicarse por comparación con el frescor de un carámbano.— [2] ST- > c- sólo se explicaría admitiendo un intermediario mozárabe en *eçti- > eçi-*; pero ni hay huellas de formas con vocal inicial, ni tenemos noticias de que el vocablo se empleara en mozárabe o en el Sur de España. Además la ī hubiera dado *i* y no *e*; la otra ı habría desaparecido, uniéndose con la vocal precedente; y todavía quedaría la discrepancia entre la *rr* castellana y la R sencilla del latín.— [3] Lo único que hallo es *jelazaria* 'carámbano', sólo en Aizkibel; pero es errata por *jelaziria*, donde *ziri* es 'cuña, clavija, palo', 'objeto de forma alargada' (Michelena, *BSVAP* X, 383). Lo cual permitiría en rigor interpretar el *gelachirria* de Larramendi de la misma manera, si bien mezclado con *txirri* 'chorro'. De todos modos sería arriesgadísimo derivar de ahí el cast. *cerrión*.— [4] «*Cirratus puer* es el que tiene los cabellos no compuestos, como *cerriones*». Podría deducirse de ahí que *cerrión* significaba entonces todavía 'rizo' o 'tirabuzón', pero así sobraría el *no*. Probablemente APal. sólo conocía vagamente el sentido de *cirratus* 'rizado', pero sabiendo que se refería al cabello, imaginó que significaba 'lacio, no rizado, dejado caer', guiándose por su comparación con *cerrión* 'hielo pendiente'. Con esta ac. evidentemente emplea la variante *cirrión* en 472b («*stirma* [sic] es agua que corriendo delgada se yela y se faze *cirrión*»).

Cerristopa, V. *cerda*

CERRO, 'lomo, espinazo, pescuezo de los animales, en particular el toro', 'elevación de tierra aislada menos considerable que una montaña'', del lat. CĪRRUS 'rizo, copete, crin', en el sentido de 'la crin del caballo', por hallarse ésta en el cerro de este animal. *1.ª doc.*: 917, doc. de León.

En el ejemplo más antiguo (M. P., *Oríg.*, 319) se trata del lomo de una montaña («termino suo... per illo *cerro* de monte usque... in rego de Tarceto») y lo mismo ocurre en el doc. de las Memorias de Fernando IV (1295-1317) que cita el *DHist.* en primer lugar; con el moderno significado absoluto ('cerro, monte') lo hallamos ya en la *Gr. Conq. de Ultr.* La aplicación al cuerpo de los animales aparece en J. Ruiz (Rivad., 1162), y *cabalgar* o *montar en cerro* se halla ya en la *Gr. Conq. de Ultr.* (186) y en el mismo poeta (Rivad., 973), frase donde se trata evidentemente del caballo. En APal., *Batalla campal de los perros y los lobos* 3(20), es 'crin del perro', pues dice de un perro que ve un loco: «erizósele todo el *cerro*». Otras veces se aplica al jabalí, como en el ej. de Góngora citado por *Aut.*: ahora bien, todos estos animales tienen crines o cerdas en el cerro[2]. La aplicación al lomo de un animal, es también antigua en portugués, donde la leemos ya en D. Denís, v. 2646 (comp. C. Michaëlis, ZRPh. XIX, 538).

Ahora bien, el paso de 'pescuezo', 'lomo', a 'colina, cerro' y viceversa, es un hecho frecuentísimo en muchos idiomas: gr. λόφος 'pescuezo' > 'colina', lat. GRUMUS 'colina' > rum. *grum* 'colina', 'nuca', rum. y alb. *grumaz* 'nuca', 'garganta', y recuérdense los numerosos ejs. de *lomo, loma, espinazo, espaldar*, etc., en la toponimia española. En el sentido de 'colina, elevación del terreno', *cerro* se extiende al portugués y al español, y en particular es antiguo y abundante en todo Portugal, Salamanca, Extremadura, Castilla la Nueva, Teruel, Murcia, Andalucía y América, así como en una zona aislada en Santander y Vizcaya (M. P., *Oríg.*, 429-31); no hay, en cambio, noticias ciertas de que el vocablo exista o haya existido en catalán o en lengua de Oc, pues el cat. merid. *serret* 'colina' (Tarragona principalmente), oc. ant. *ser* m. 'cumbre de montaña', Bajos Alpes *serre* (1570), y otras formas citadas en el *FEW* II, 710a y b, así como Bigorra *sarrot* 'colina' (Rohlfs, ZRPh. XLVIII, 436), van más bien con oc. y cat. *serra* 'sierra', *serrat* 'sierra secundaria', 'loma lateral de una montaña' y son del mismo origen que el cast. *SIERRA* (nótese la grafía con *s-* en provenzal antiguo)[3].

Creo que no es acertada la interpretación semántica que dan M-L. y Wartburg a la etimología de *cerro* 'cumbre', partiendo de CIRRUS 'penacho'. Más aceptable parece la de M. P. a base de CIRRUS «moño» (por «moño» deberemos entender la ac. conocida de la voz latina 'copete de las aves'); pero es preferible no separar el caso de *cerro* de los paralelos semánticos arriba citados. Cej. VIII, § 83.

DERIV. *Cerrada* 'parte de la piel del animal que corresponde al cerro'. *Cerrejón*. *Cerrero*, 'cerril, no domado' [Nebr.], porque anda por los cerros (comp. Cuervo, *Ap.*[7], p. 413; *Quijote* I, 1, Cl. C. IV, 287; hoy vivo en Cuba, según Pichardo, en otros países de América, en Canarias—RFE XII, 84—y en otras partes, pues del castellano pasaría al valenciano, donde *cerrer* íd. ya se halla en el *Spill*, v. 5323, y hoy vale además 'impar': M. Gadea, *Tèrra del Gè*, I, 191); *cerrería*. *Cerril* [1436], comp. el anterior. *Cerrillo* 'hierros en que está grabado el cordoncillo para formar el lomo de las piezas de moneda' [1786], 'corte curvo que se da a una lima' [1633], propiamente 'lomo'; *cerrilla*, *cerrrillar*.

[1] Para la ac. 'manojo de lino o cáñamo y para otros descendientes de la misma voz latina, V. CERDA.— [2] «Al jabalí en cuyos *cerros* / se levanta un esquadrón / de *cerdas*» Góngora; «el cuerpo gordo, el *cerro* erizado con *cerdas*», Gómara (*Aut.*).— [3] Desde luego, Lavedan u *sarrot* 'mucho', es derivado de *sarrà* 'apretar', fr. *serrer*, en el sentido de 'un puñado'.

CERROJO, del antiguo *berrojo* íd., por influjo de *cerrar*; *berrojo*, junto con oc. ant. *verrolh*, fr. *verrou* íd., y otras formas romances, supone un lat. vg. *VERRŪCŬLUM, de origen incierto, probablemente alteración del lat. VERŪCŬLUM, diminutiva de VERU. *1.ª doc.*: berrojo, S. XIII (Biblia escurialense; *Alex.* P, 115a)[1]; cerrojo, h. 1300 (Gr. Conq. de Ultr.), 1438 (Corbacho).

M. P., *Rom.* XXIX, 341. El cambio de la consonante inicial se debe a influjo de *cerrar*; la consonante etimológica se conserva en la forma francesa y occitana, y además en el sienés *verricchio*, pisano *virchione*, pallarés *vurrell*, *vorroll* (< *verroll*; BDC XXIII, 320; XVIII, 147); también el vasco *morroil* (lab., a. nav.), *morroilo* (vizc., guip.) puede venir de v- (o de f-). En otras partes, el vocablo sufrió la contaminación de FERRUM: *ferrojo* en *Alex.* O, en otra Biblia romanceada y en judeoespañol marroquí (*BRAE* XV, 189), port. *ferrolho* (incluso en los pueblos cacereños de habla portuguesa: Espinosa, *Arc. Dial.*, 17), cat. occid. y rosell. *ferroll*, *forroll* (cat. ant. *ferrollat*, hoy *forrellat*), oc. ant. *ferrolh*, it. dial. *frui* (Piamonte, etc.).

Existen dos opiniones encontradas acerca del origen de esta voz romance, que en Francia no aparece desde menos antiguo que en España. Diez, seguido por otros muchos, partió de VERŪCŬLUM 'asador pequeño', 'pequeña pica', diminutivo de VERU 'asador o espetón', 'dardo', suponiendo que el cerrojo había tomado este nombre por la analogía de forma que indudablemente existe entre los dos objetos: la RR, que es general en romance y ya antigua, se debería al influjo de FERRUM 'hierro', influjo primero latente, después patente ya en la forma *ferrojo* y sus afines². Rohlfs (*ARom.* IV, 1920, 383; *ASNSL* CXLVI, 1923, 128; comp. CXLIX, 81), fundándose en que son muchas las denominaciones romances de la barrena o taladro, y también del cerrojo (y de otros instrumentos consistentes en una pieza larga de metal que se introduce en alguna parte), que se explican por metáforas fálicas o comparaciones con animales machos—como el fr. orient., friburg. *verrat*, calabr., pullés, tarent. *maškę, mašku, maškéttę* 'cerrojo', propiamente 'verraco' o 'macho'; it. *succhio* 'taladro', propiamente 'cerdito' SUCULUS—, propuso derivar nuestro vocablo de un lat. *VERRICŬLUS (> sienés *verricchio*, pic. ant. *vereil*) o *VERRŬCŬLUS, diminutivo de VERRES 'verraco'. Contra esta teoría M-L. (*REW³*, 9260), Gamillscheg (*EWFS*, s. v.) y otros, han defendido la etimología de Diez.

Las razones que se han alegado por las dos partes en contra de la opinión opuesta, no son decisivas, y sólo pueden aceptarse como argumentos sobre la verosimilitud relativa³. Resta fuerza a la argumentación de Rohlfs la imposibilidad de mantener la etimología paralela que él propuso para *BARRENA* y su familia romance (it. *verrina*, cat. *barrina*, etc.), pues el bal. *barrobí* 'barrena' (y, menos claramente, oc. *verruno*, port. *barruma*) prueba que en este caso ha de tratarse forzosamente de VERUĪNA 'jabalina', derivado de VERU, y no de un diminutivo de VERRES; además los casos indudables de metáfora fálica para denominar el 'cerrojo' son palabras mucho más locales y modernas que la nuestra. Sin embargo, éste es más un problema de latín vulgar⁴ y de filología francesa que de lingüística española, y no podrá mirarse como aclarado definitivamente, hasta que se estudie a fondo desde aquellos dos puntos de vista⁵. Quizá no se trate ni de 'asador' ni de 'taladro' (< 'cerdito'), sino de un vocablo latino arcaico, más o menos dialectal, que comenzó por significar 'cerrador, cerradura' o 'aparato de puerta', cf. osco *veru* 'puerta', umbro *uerir*, *uerofe* 'en las (de las) puertas', que en latín se ha conservado en compuestos y derivados: *uestibulum* < *uero-stabulum*, *uerna*, *uernaculus* 'indígena, nacido dentro de la casa'; y probablemente *operio*, *aperio*, si vienen, como suele admitirse, de *op-uerio*, *ap-uerio*, derivados de **uerio* 'cerrar', lit. *veriù* 'cerrar, abrir', scr. *vṛṇoti* 'cerrar, cubrir', paleosl. *vrěti* 'cerrar', gót. *warjan* 'proteger', que entre todos suponen una base **werom* 'fermeture' según Benveniste *Voc. Inst. Ie.* I, 311.

DERIV. *Cerrojazo. Cerrojillo.* De un deriv. de VERU, el lat. VERŪTUS 'armado de un dardo o espeto', 'derecho como un espeto', probablemente proceda el port. *varudo* adj. aplicado al tronco de un árbol si es 'largo y derecho', alent. *ao varudo*

'a lo largo'; por cambio de sufijo, también *vareiro* 'alto y delgado', gall. *barudo* '(tronco) muy alto y recto', '(paño) muy fuerte y resistente' (*DAcG.*), '(hombre) recio, robusto': «Gallegos, despertade! / *baruda* e forte xente, / vos a fouce afiade...» (Pondal), «uns homes *barudos* que traballaban os metaes» (Castelao 258.2, y «unha pintura *baruda*», «*barudamente* enxebre», «a *baruda* enxebreza dun canteiro de aldeia» 22.25, 23.3, 129.20); contra lo que se ha dicho no tiene relación etimológica con *VARÓN*, con el lat. *vir*, ni con el gitanismo gallego *baril*, a pesar de la paronimia (si no es por algún vago influjo secundario), y con *VARA* el contacto es secundario: ayudaría la contaminación de éste al cambio fonético, ante *r*, de *verⱡ* en *var-*.

Aherrojar 'sujetar con cadenas' [*ferrojar*: Canc. de Baena; *aherrojar*: Garcilaso, † 1536; C. de Castillejo, † 1550], parece que significó originariamente 'cerrar con cerrojo', 'encerrar en prisión', hasta que, olvidado ya el antiguo *ferrojo* 'cerrojo', el influjo de *hierros* 'cadenas' hizo que se pasara al significado corriente en el día, y que ya se halla en Castillejo, pero no en el *Cancionero de Baena* ni en el port. *aferrolhar* 'cerrar con cerrojo', 'meter en prisión'; gall. ant. *enferrollado*: «avia os pees *enferrollados*», *Ctgs.* 176.8, 135.107, gall. mod. *aferrollado* («materialismos que a tiñan *-ada*», Castelao 57.1). *Aherrojamiento.*

¹ Pero *ferrojo* en *O*; en 109*b*, pasaje que falta en *O*, el ms. *P* trae *cerrojo*. *Verrojo* según Acad., sigue diciéndose en burg., rioj. y vizc.; sobrevive *berroiło* en vasco vizcaíno, y hoy *verrojo* en el cast. de Álava, de donde pasó al vasco alavés *berroju(a)* 'pestillo', ya documentado en Landucci (1562), Michelena, *BSVAP* X, 383. Más documentación local de *berrojo, -ollo*, en *GdDD* 7124.— ² También ayudaría la confusión meramente formal con un vocablo muy análogo, *everriculum* o *verriculum* 'draga', 'especie de red', que con variante *verruclum* aparece en glosas (*CGL* V, 145.47; 242.11): es derivado de *(e)verrere* 'barrer, arrastrar'.— ³ VERUCULUM es palabra conocida, mientras que el **VERRUCULUS de Rohlfs es hipotético, pero el escrúpulo morfológico de M-L. no tiene un gran peso: si de APIS se sacó APICULA, y de OVIS vino OVICULA (y aun localmente **OVŬCŬLA > gasc. *aolhe, olhe*, Empordán *avoia*), de VERRES pudo formarse VERRICULUS y VERRUCULUS, aunque aquí la forma en -UCULUS debería ser casi general; es verdad que de VULPES sale VULPECULA, con E, pero también habría VULPICULA (fr. *goupil*), y no sólo existió una forma vulgar VERRIS, sino que el it. *verro* podría inducirnos a suponer **VERRUS; además también partiendo de VERŬCŬLUM hemos de admitir un cambio, por lo demás fácil, en el vocalismo (**VERŬCŬLUM). Gamillscheg dice que en francés antiguo sale *verouil* desde el S. XII, y las formas con -rr- no aparecen antes del XIV. Será preciso que un especialista en filología medieval francesa exa-

mine bien este punto importante, revisando las varias formas con -r- y con -rr- que reúne God., fijando bien la fecha de los manuscritos e indicando en qué medida cada uno distingue sistemáticamente las dos articulaciones consonánticas, sin incurrir en grafías aproximadas; alguno de los ejs. de -r- son tardíos, otros parecen antiguos (*Aliscans*, h. 1200?), pero Littré y el *DGén.* citan dos casos de -rr- en el S. XIII que deberán comprobarse. Lo mismo habrá que hacer con la lengua de Oc, donde Levy cita cuatro testimonios de -r- sencilla, uno de ellos bastante antiguo («*verolha: vecte firmat*», h. 1240, *Donatz Proensals*); el de las *Leys d'Amors* con -rr-, aducido por Raynouard, es de un siglo más tarde. En conjunto se saca la impresión de que existió una forma arcaica con -r- en galorrománico, anterior a las formas con -rr-, pero falta asegurar esta conclusión provisional. Por otra parte, la objeción semántica de Rohlfs contra el VERUCULUM tradicional, tiene escasa fuerza, pues se trata de objetos parecidos y existen homónimos de sentido distinto pero comparable, que podrían salir también de la idea de 'dardo' o 'asador': cat. dial. *ferroll, ferrolla, forrolla* 'badil' (*BDC* XVIII, 147; XX, 250), toscano *verrocchio*, que en Luca es 'bastoncito para apretar la carga de las caballerías', y en Florencia 'almazara, trujal', ven. *verìgola*, friul. *virìgule* 'taladro'. Y en cuanto a que la -RR- romance demuestre que se trata de VERRES y no de VERU, tampoco es demostración segura, dada la facilidad con que la -R- se duplicaba por un influjo cualquiera (comp. *CERRAR, CARRIZO* y otros muchos en *CARR-*); por lo demás, en nuestro caso, la duplicación está probada para el derivado VERUINA (V. arriba), y quizá se daba ya en el primitivo VERU en latín vulgar, pues *berrum* 'asador' se halla en dos glosas: *CGL* III, 326.4 (glosario griego, ms. S. IX) y V, 518.32 (glosario anglosajón, ms. S. X). Nuestra impresión provisional es que, en conjunto, el étimo VERRES es algo menos convincente.— ⁴ Deberán estudiarse bien las glosas, oscuras y discutidas, que se han reunido en los artículos *delictus* y *delicum* del *Thesaurus Glos. Emendatarum*, pues ahí aparece un *ueruclata*, con -r- sencilla, junto a *uerruclatus, berruclatu*, que ciertos filólogos interpretan como «clausurae genus».— ⁵ No me explico la ac. 'muletilla o retoño de la cepa' que Cabrera señala para el cast. *cerrojo*, y que él quisiera explicar por SURCULUS, imposible fonéticamente. En Cespedosa (*RFE* XV, 154) se emplea un *cerronjo* 'cerrojo' comparable a *arronjar* por *ARROJAR*.— ⁶ «Yo sso la que fago partir al escasso, / e desí al largo *ferrojar* los dientes», donde es 'cerrar firmemente'; en Garcilaso *soltar el corazón aherrojado* significa vagamente 'oprimido, subyugado', ac. que ha seguido siendo usual, aunque se siente como traslaticia. Comp. Cuervo, *Dicc.* I, 275-6.

Cerrón, V. *cerda, cerrar*   *Cerrotino*, V. *cerda*

CERTA, 'camisa', gnía., probablemente del ingl. antic. *sherte* (hoy *shirt*) íd. *1.ª doc.: certa* y *serta* en el Vocabulario de Juan Hidalgo (1609).

Para el origen y formas antiguas de la voz inglesa, vid. Skeat; Chaucer y todavía autores del S. XVI emplean *sherte*. No se ha estudiado la forma de trasmisión del vocablo, que puede conjeturarse fuese a través de Francia; sin embargo, tratándose de voz jergal, no es imposible un préstamo directo, en fecha poco anterior a 1609, cuando ya el castellano no poseía un fonema equivalente a la *sh* inglesa; de donde el cambio en *s* o *c*.

CERTAMEN, tomado del lat. *certāmen* 'lucha, justa, combate', derivado de *certare* 'pelear'. *1.ª doc.:* 1560, B. de las Casas (pl. *certámines*).

Certano, certanidad, V. *cierto*   *Certeneja,* V. *sarteneja*   *Certenidad, certería, certero, certeza, certidumbre, certificable, certificación, certificado, certificador, certificar, certificatòria, certificatorio, certinidad, certitud,* V. *cierto*   *Ceruca,* V. *silo*

CERÚLEO 'azul', tomado del lat. *caeruleus* íd., derivado de *caelum* 'ciel'. *1.ª doc.:* 1427, E. de Villena.

Ha sido siempre cultismo sin arraigo, principalmente poético. Fué parte integrante y típica del vocabulario culterano, y era ya vocablo favorito de Fernando de Herrera.

Deriv. *Cerulina.*

Cerullo, V. *zurullo*   *Cerumen, cerusa, cerusita,* V. *cera*   *Cerval, cervario, cervatico, cervatilla, cervato,* V. *ciervo*   *Cervellán, cervellar, cervillán,* V. *cerviz*

CERVEZA, del lat. CERVĒSĬA íd., de origen galo. *1.ª doc.: servesa,* 1482, Diego de Valera; *cervesa,* APal. 83d, 451d¹; *cerbeça,* 1535, Fz. de Oviedo.

Parece estar enparentado con el galo χόρμα, irl. med. *coirm* (pese a la oposición de Pokorny, *VRom.* X, 259, cuya etimología es menos convincente); de todos modos el sufijo y los testimonios antiguos aseguran el origen céltico. En latín se halla desde Plinio, pero hay variantes posteriores *cervisia, cervesa, cervisa* (en Marcelo Empírico, S. V, y en fórmulas merovingias de los SS. VII a IX: Pirson, *RF* XXVI, 917) o *cerevisia.* Las formas romances postulan -ĒSIA o -ĪSIA (excepto *cervigia,* que se halla en un texto medieval italiano y que podría ser adaptación de la forma occitana según el modelo *franqueza ~ franchigia*): port. *cerveja,* cat. *cervesa,* oc. ant. *cervesa,* fr. antic. *cervoise,* friul. *cervese;* otros celtismos tienen -ĪSIA o -ĪSIA (*marcisia, camisia,* comp. *CAMISA*). La -z- del castellano moderno se deba a dilación de la inicial, como en *CEREZA, CENIZA.*

Deriv. *Cervecero, cervecería. Cerveceo. Cerevisina*, derivado culto de la variante latina *cerevisia*.
[1] Revela un conocimiento vago de este brebaje, pues una vez asegura que es lo mismo que *sidra;* en 568d escribe *serveza. Cervisa* en P. Tafur (h. 1440), *cervesia* en Gordonio (princ. S. XVI), son formas cultas. Más documentación en Cuervo, *Obr. Inéd.*, 385.

Cervicabra, V. *ciervo   Cervical, cervicular*, V. *cerviz   Cérvidos*, V. *ciervo   Cervigón, cervigudo, cerviguera, cerviguillo*, V. *cerviz   Cervillera*, V. *cerebro   Cervino*, V. *ciervo   Cerviola*, V. *serviola*

CERVIZ, del lat. CERVIX, -ĪCIS, f., íd. *1.ª doc.: Alex.*, 495b (solamente en *P; O* trae *cabeça*); Alfonso X.
El uso antiguo como plural con significado singular (*Alex.;* S. XVI) procede ya del latín y sigue siendo usual en Asturias (V), donde es palabra vulgar. Por lo demás hoy es vocablo del estilo noble; lo popular es *pescuezo*. Lo mismo ocurre en los demás romances: port. *cerviz*, cat. ant. (raro) *serviu* f.[1], oc. ant. *cervitz*, fr. ant. *cerviz*, it. *cervice*; nótense las frases de reminiscencia clásica o bíblica como *doblar la cerviz, gente de dura cerviz*; el rum. *cerbice* es indudablemente popular, y en castellano y portugués parece ser voz hereditaria, comp. los derivados.
Deriv. *Cervigón. Cervigudo* [Nebr.]. *Cerviguera* 'enfermedad de la cerviz' ast. (V). *Cerviguillo* [Berceo]. *Cervigal*, antic. [*Alex.*, 504c]. *Descervigar* [*decervigarse* 'caer en un precipicio': *General Estoria*] supone un derivado latino *EXCERVĪCARE representado también por el gasc. *escherbigà-s*, abr. ant. *scervicare*, y el nombre de lugar *Sciárbiga Cáura* en la Suiza Italiana (*Festschrift Jud*, 575-6); *descervigamiento*. De *cerviguera* quizá and. *serviguera, civilguera*, 'umbral' (porque en el dintel se doblan las jambas de la puerta por lo alto, como una persona dobla la cerviz); explicación dudosa pues obliga a suponer la confusión, por lo demás frecuente, del dintel con el umbral, y porque según AV la forma *serviguera* es de la prov. de Jaén, donde no hay seseo (*civilguera* sólo lo tengo de GdDD), de suerte que quizá deberá pensarse en un derivado de *siervo* (vid. AV) u otra cosa; de todos modos es imposible fonéticamente partir de un *SUBLIMINARIA, como quisiera GdDD 6406a. *Cervigón, cerviguillo, cervigudo* son derivados de CERVIX, no de CERVICULA; el pasiego *cervellán* o *cervillán* 'mullido de hierba para proteger la cabeza cuando llevan pesos' (G. Lomas) no lo es de lo uno ni de lo otro, pese a GdDD 1599, sino de CEREBELLUM 'cerebro'; Liébana *cervellar* «papada que cuelga en la parte inferior del pescuezo de los vacunos» (G. Lomas) nada tiene que ver con la cerviz, pero sí con el cast. *marmella* y el cat. *barbelleres*, que significan lo mismo, y de éstos ha de

ser alteración (quizá por contaminación de CEREBELLUM o de CERVIX). Son derivados cultos *cervical* y *cervicular* (éste del diminutivo lat. *cervícŭla*).
[1] En un pasaje mutilado de la *Manescalia* publicada por Batllori (*AORBB* V, 207), texto del S. XV o quizá del XIV, donde se trata del caballo.

Cervuno, V. *ciervo   Cesación, cesamiento, cesante, cesantía, cesar, cese*, V. *ceder   Césera*, V. *almorta   Cesible*, V. *ceder*

CESIO, llamado así según el lat. *caesĭus* 'azul verdoso', por las dos rayas azules que caracterizan el espectro de este metal. *1.ª doc.:* 1867.

Cesión 'renuncia', V. *ceder   Cesión* 'terciana' V. *cición   Cesionario, cesionista, ceso*, V. *ceder*

CÉSPED, del lat. CAESPES, -ĬTIS, 'terrón cubierto de césped'. *1.ª doc.: céspede*, 1076, Oelschl.; Cej. VIII, § 81.
Si bien lo clásico y etimológico es CAESPES (comp. osco *kaispatar*), la grafía CĒSPES, a la cual corresponde mejor el vocalismo castellano, se halla ya en fuentes antiguas (*Acta Fratrum Arvalium*, etc.; *ThLL*); análogamente it. *céspo* (poco frecuente); además engad. *tschisp*, sobreselv. *tschespet*, gall.-port. *cáspede*[1]; la *é* hoy cerrada del cat. *géspet* 'Festuca Eskia' corresponde más bien a E abierta originaria (= AE), pero su inicial, lo mismo que la del gasc. *yęsp, jéspe (jé-)*, etc., se debe a cruce con otra palabra, que pudo también influir en la vocal tónica (*BDC* XXIII, 293), quizá *gerb*, hoy especie de carrizo en Mallorca pero documentado por el *DAlcM* en documentos continentales de los SS. XIV-XV; éste a su vez puede ser de origen sorotáptico, afín al lit. *gařšve* f. 'Aegopodium Podagraria', *garšvà* 'Angelica Archangelica' que derivan de la raíz fitonímica indoeur. GHERS- del a. al. ant. *gers, girst* 'Aegopodium P.', lit. *gìrsa* y let. *dzirši* 'bromo' (para ésta cf. lo dicho a propósito del ingl. *gorse* en BÁLAGO y Pok. *IEW* 445.12-20).
En castellano significó antiguamente lo mismo que en latín (S. XIII-XVII)[2], pero la ac. moderna 'hierba menuda y tupida que cubre el suelo', que por lo demás también se halla en la Antigüedad (*ThLL*), figura ya claramente en Calderón (*Aut.*). La forma antigua *céspede* sigue hoy empleándose como vulgarismo (G. de Diego, *RFE* III, 303).
Deriv. *Cespedera. Encespedar. Cespitar* 'titubear, vacilar' (1569), 'chistar' [1758: ac. debida a influjo de *chistar*], tomado del lat. *caespitare* 'tropezar (propiamente: en un terrón)'. *Cespitoso*, derivado culto.
[1] «Foi nada en *céspede* frorido» Castelao 265.—
[2] Nebr.: «*cesped, terrón con raizes*: cespes».

CESTA, del lat. cĭsta íd. *1.ª doc.*: J. Ruiz, 1174*b*.

Conservado también en port. e it. *cesta*, auv., lemos. *cesto*, gasc. *tisto*, alem. *kiste*, ingl. *chest*, escand. ant. *kista*, irl. med. *ciste*, comp. el diminutivo cat. *cistell(a)*. En el sentido de 'pala del pelotari' [1896], es el mismo vocablo y no derivado del arqueológico *cesto*, como quiere la Academia.

Deriv. *Cesto* 'cesta de forma diferente' [Berceo], es notable la gran antigüedad y frecuencia de este derivado, para cuya formación vid. Wartburg, *BDC* IX, 51-55; Schneider, *BAAL* II, 25-92; existe *cesto* en portugués y en dialectos italianos (Pistoia, etc.), y hay un ej. único del cat. ant. *cest* en Muntaner; ast. *cestu* es 'canasta o cesta pequeña con asa' frente a *cesta* 'canasta' (V.). *Cestaño* rioj. y arag. ant.[1] 'canastillo'. *Cestero; cestería. Cestón; cestonada. Encestar.*

Cpt. *Cesterena* 'espuerta' ant. (*Gral. Est.* 298a47 y *passim*) < *cesta de arena.*

[1] Invent. arag. de 1380: *BRAE* IV, 350; *cestanyuelo* ibid., 1403, p. 523; *sistanyolo*, ibid., 1402, III, 360. Ej. de 1575 en el *DHist.*

Cesto I 'especie de cesta', V. *cesta*

CESTO II, 'armadura de la mano usada por los antiguos púgiles, consistente en un juego de correas', tomado del lat. *caestus* íd. *1.ª doc.*: 1555, *Eneida* de Hz. de Velasco.

Palabra puramente arqueológica.

Deriv. *Cestiario.*

CESTODOS, tomado del fr. *cestodes*, derivado culto del gr. ϰεστός 'cinturón bordado', por la forma en cadena de estos animales. *1.ª doc.*: falta aún Acad. 1884.

La forma correcta en castellano habría sido *cestodes* (gr. -ώδης).

Cestón, cestonada, V. *cesta*

CESURA, tomado del lat. *caesūra* 'corte', 'cesura', derivado de *caedĕre* 'cortar'. *1.ª doc.*: Nebrija.

APal. 73*b* emplea la palabra como puramente latina, sin traducción castellana.

CETÁCEO, derivado culto del lat. *cētus* 'monstruo marino', que viene del gr. ϰῆτος íd. *1.ª doc.*: 1624.

Deriv. *Cetaria*, tomado del lat. *cetaria. Cetario. Cetina; cético; cetilo, cetilato.*

Cétel, V. *acetre* *Ceti*, V. *aceituní* *Cetoal*, V. *cedoaria* *Cetra, cetre*, V. *acetre* *Cetrería, cetrero* 'el que ejercía la cetrería', V. *azor* *Cetrero* 'el que lleva cetro'. V. *cetro.*

CETRINO, tomado del lat. tardío cĭtrīnus 'análogo al limón', derivado de *citrus* 'limonero', por el color de su fruto. *1.ª doc.*: Pérez de Guzmán († h. 1460).

No hay testimonios seguros del lat. *citrinus*, pues los mejores manuscritos de Plinio y Columela sustituyen este vocablo por otros equivalentes (vid. Forcellini; *ThLL*); de todos modos aparece en latín medieval, y en gr. ϰίτρινος (h. 200 d. C.), que parece ser de origen latino. De citrinus sale por vía popular el sardo logud. *chidrinu* 'frágil', 'muelle, delicado', campid. *cìdrinu* 'largo', 'rígido'. En español, en port. *citrino, cetr-* (raro), fr. y oc. ant. *citrin* (puramente eruditos), el vocablo aparece en forma culta, con disimilación parcial de *citrino* en *cetrino.*

Deriv. *Cetrinidad.*

CETRO, tomado del lat *sceptrum* íd., y éste del gr. σϰῆπτρον 'bastón'. *1.ª doc.*: *ceptro*, Berceo; *cetro*, Nebr., etc.[1].

[1] Para documentación vid. *DHist.*, s. v. *cebtro, ceptro, cetro.*

Cevica, V. *cibica* *Cevil*, V. *ciudad* *Cevilla*, V. *cadera* y *cibiaca*

CÍA 'hueso de la cadera', antic., tomado del lat. vg. scĭa, lat. íschĭa, -ōrum, 'huesos de la cadera', con la acentuación del gr. ἰσχία, -ιῶν, íd., de donde procede la palabra latina. *1.ª doc.*: Nebrija[1].

La forma vulgar *scia* figura en Plinio Valeriano (S. IV d. C.) y en otros autores tardíos, y es ultracorrección de pronunciaciones vulgares como *iscala* por *scala*. Torres Villarroel cita una variante *cea*[2], con influjo de *ceática* por *ciática*. En el sentido aragonés de 'silo' [Peralta, 1836] se trata de un vocablo completamente distinto, idéntico a la forma *cija* que emplearon escritores aragoneses: Manero (1644) y el traductor del *De las Ilustres mujeres* boccaccesco por encargo de Hurus (1494) —en el sentido de 'calabozo para esclavos'— y Juan Ag. de Funes (1626), en el de 'cavidad subterránea para guardar trigo y aprisionar esclavos' (*Aut.*)[3]; encuentro *cía* 'sima' en Seira, Barbaruéns, Gabás (Ribag. occid.) e incluso en Plan (Valle de Gistáu); y se lee en un documento b. lat. de Monzón, 1136-50, *duobus zeis, EEMCA* V, 589. Se trata de un vocablo tomado del cat. ant. *cija* 'foso, sima' [*cegia* en bajo latín, 1171, *Cartulari de Poblet*, 301.11], que junto con el langued. *siejo* (Aude)[4] y el logud. *chea*, campid. *cea* 'hoyo, foso', supone una base *CĔIA, quizá prerromana (comp. el río *Cea* en Castilla; llamado *Ceia* en documentos latinos), o acaso un *CAEDĬA derivado de CAEDĔRE 'cortar, hender (la roca, las montañas)'; vid. *BDC* XIX, 36-37; *Festschrift Jud*, 578; y mi *DECat*. La forma aragonesa *cía* se propagó desde el catalán de Ribagorza y Pallars[5].

Es la que he anotado en varios pueblos catalanes
de la provincia de Huesca, siempre con el sentido
de 'silo para grano': en Sant Esteve de Llitera θía,
en Algaió síya, en Albelda sía (éstos dos sesean;
el otro, aunque catalán, distingue entre θ y s; en
todos ellos hay -y- en lugar de la -j- catalana).

Doy ahora por más probable el origen prerromano y precéltico, aunque indoeuropeo, cf. griego
antiguo dialectal χαίατα ὀρύγματα ([fosos] Hesiquio)
y, con variante sufijal, χαιάδας 'pozo en el que en
Esparta lanzaban a los malhechores', con lo cual
suele relacionarse χαιετάεσσα o χητώεσσα, epíteto
de Lacedemonia en Homero, y χαιετας o χαιετός
'foso' en Estrabón. Benveniste (Or. de la form. des
noms. en Ie. 21, 30, 111) y Pok. IEW 521, lo empa-
rejan con el védico tardío kévaṭa-ḥ 'fosa' que ya
sale en el libro VI del Rig Veda. Sería forma prá-
crita por kévṭta-, para lo cual remite a Wackernagel
Altind. Grammatik I, 169 (cuya demostración no
está a mi alcance): éste sería ieur. KAI-WṚ-TO-,
aquél KAI-WṆ-T- con la alternancia arcaica R/N tan
estudiada por Benveniste. No hay pruebas claras,
sin embargo, de que el griego hubiera eliminado
una F tras αι ante ese vocablo, así que un singular
sorotáptico *KAḶIA (equivalente del griego y latinizado en *CAEḶA) también es posible, y además pudo
haber duplicidad de ampliación radical *KAI-IA ∽
*KAI-WA, o bien paso de KAU̯-IA (cf. el vocablo
latino cauus) ora a *KAIU̯A (por trasposición) ora
a *KAIA.

Como cultismo técnico se emplean isquion y su
derivado isquiático.

DERIV. Cianco, 'hueso de la cadera', como término de pintura [1715, Palomino en Gili; Aut.][6];
cianquear [Aut.]. Ciático 'que sufre de ciática'
[Nebr.; 1605, Pícara Justina: ceático], 'relativo a
la cadera', tomado del lat. vg. sciatĭcus 'que sufre
ciática'; ciática 'neuralgia del nervio ciático' [ceá-
tica 1438, Corbacho; Vidal Mayor, 2.ª mitad S.
XIII, 1.43.22; 1539, Guevara: ciática]. Además
vid. CIAR.

¹ «Cia, por el anca: coxendix; ischia». Covarr.:
«Dixose ciar, de cia, palabra corrompida del
nombre griego ischia, de ischion, que vale anca».
Cej. VIII, § 12.— ² «La ceática es una fluxión
de humor o rehuma, contenido en el hueso de
la cadera, que llaman cea».— ³ En 1884 la Acad.
da cilla como variante aragonesa de cilla 'cámara
donde se recogían los granos'; se trata de una
identificación aproximada con una voz que nada
tiene que ver históricamente con la aragonesa,
pues cilla viene de CELLA y LL no da j en aragonés (casos como ceboja son ultracorrecciones
locales y recientes). Desde 1899 aparece una nueva ac. 'cuadra para encerrar el ganado lanar durante el mal tiempo' y en 1936 'pajar', ambas sin
localización. También ahí se tratará de definiciones parciales o aproximadas de la palabra aragonesa, pues el silo puede emplearse ocasionalmente para estas finalidades.— ⁴ En el Blanquerna de

Lulio (h. 1290), donde el ms. catalán trae cija
'silo' (N. Cl. II, 36.18, etc.) el ms. occitano P,
cuya lengua corresponde a la zona de Narbona-
Tolosa-Montpellier, lleva repetidamente sieja (1.ª
ed. de Galmés, pp. 215-6).— ⁵ La forma aragonesa cija no puede ser autóctona, por su j y su i.
Cía, por la segunda de estas razones, ha de estar
tomado del catalán de Pallars o Ribagorza, donde se pronuncia roia, puia, fai, etc., por roja,
puja, faig y análogos.— ⁶ ¿O compuesto de cía y
anca? No se comprende bien la definición de
cianquear.

Cía 'fosa', V. cía y silo   Ciaboga, V. ciar
Cianco, cianquear, V. cía   Ciani, V. zahén
Ciano, V. aciano

CIAN(O)-, radical griego procedente de χύανος
'azul', que entra en los compuestos y derivados
siguientes. Cianógeno [ya Acad. 1884], compuesto
con γεννᾶν 'engendrar'; de aquí ciánico, cianato,
cianuro, cianhidrico. Cianosis [íd.; Letamendi,
† 1897]. Cianea. Cianita.

CIAR, 'remar hacia atrás, hendiendo el agua
con la popa', voz náutica del mismo origen incierto que el port. y cat. ciar, oc. sià, genov. (> it.)
sciare, venec. siare (ant. ziare) íd.; tal vez derivado de cía 'cadera' por el esfuerzo que desarrolla
esta parte del cuerpo al ciar. 1.ª doc.: varios autores de la 1.ª mitad del S. XV¹.

En portugués se halla cear ya varias veces
h. 1550 en Juan de Barros y en Lopes de Castanheda (Zaccaria, y Moraes, que cita variante
ceyar), gall. cear «ciar, cejar; recular» (RL VII,
207); el cat. ciar aparece ya en la primera parte
de Tirante el Blanco (1460-70); de oc. sià en sentido náutico sólo hay testimonios recientes; it.
siare aparece h. 1500 en el 2.º canto de Ciriffo
Calvaneo, debido a B. Giambullari († 1525), la variante assiare en Luca Pulci († 1470), y el venec. ziare se documenta en 1536 (Jal, s. v.)²; el
fr. scier en nuestra ac. náutica es palabra poco
castiza, pues Jal afirma que en francés se dice culer o nager a culer; los testimonios más antiguos
son los de Duez (1674) y Cotgrave (1611), que
traen la ortografía sier: tratándose de un vocablo
integrante de la terminología náutica mediterránea ha de ser allí italianismo o acaso provenzalismo. Del italiano pasó también al croato šijat
[S. XVI, Ragusa: Deanović, ARom. XXI, 271] y
al ngr. σιάρω (de donde el turco si(y)a: Kahane,
ARom. XXII, 133, y Journ. of the Amer. Orient.
Soc. LXII, 253), mientras que en el árabe magrebí siar (Jal) vendrá del italiano o de otro romance.

Finalmente importa notar que oc. ant. siar aparece en el sentido de 'cesar, dejar' (siar d'amar,
sia ta foldat) en dos textos de la 2.ª mitad del
S. XIII, uno de ellos marsellés³. A pesar de la

gran antigüedad de estos testimonios, teniendo en cuenta que la ac. náutica no era propia para salir en las obras de los trovadores, creo que ésta fué la primitiva, pues en castellano presenciamos históricamente cómo de ella salieron figuradamente [5] las de 'retirarse, retroceder' y 'cejar, aflojar en un asunto' [S. XIX].

Solamente se han emitido hasta ahora dos opiniones etimológicas, que deben rechazarse de plano, pues sólo podrían justificarse fonéticamente [10] si el vocablo en todos los romances procediera del francés, cuando todo prueba lo contrario: SECARE 'cortar' (pasando por *'hender las aguas'), d'Ovidio, *AGI* XIII, 367, y Baist, *KJRPh.* IV, 311[4]; o galo *SELIARE 'surcar' (> fr. *siller* 'hen- [15] der las aguas'), M-L., *REW*[1] y [3], 7764, Gamillscheg, *EWFS*, s. v., Rohlfs, *ARom.* VII, 464[5]; F. Diez, Cuervo y A. Jal declaran ignorar el origen.

Toda investigación seria sobre la etimología de- [20] berá ir precedida de una averiguación a fondo sobre los ejs. medievales de nuestro vocablo, y cuanto más antiguos posible, en portugués y en italiano, y de una encuesta comparativa sobre las formas en los varios dialectos de este último idio- [25] ma. El sic., calabr. y liparés *siare* 'ciar'[6] (Rohlfs; Coray, *VKR* III, 362) parecen indicar que el étimo no tenga c[1], como debería creerse por las formas hispánicas, y que entre la *i* y la *a* tónica no se ha perdido ninguna consonante, pero habrá que [30] asegurarse de que estas formas no son hispanismos o tomadas de los dialectos genovés (comp. genov. *scimisa* < CIM' ĒM, *scixérboa* = it. *cicerbita*, junto a *scì* SIC, *sc nor* SENIOREM) o veneciano (comp. venec. *zèsera* CĬCĔRA, *sèola* CEPULLA). El [35] italiano mod. *sciare* parece ser genovesismo por su *sc-*, como reconoció d'Ovidio (comp. genov. *scì* 'sí', *scià* 'señoría', y así *scindico, scinistro, scingulto, scimulâ*, etc.). Luego desde el punto de vista de la consonante inicial no parece imposible un [40] étimo *CIARE, pero que esta forma sea metaplasmo del lat. CIĒRE 'poner en movimiento', tal como sugiere Moll en el Dicc. Alcover, es improbable: este metaplasmo es hipotético y la etimología carece de base semántica, pues aunque partiéramos [45] del *retro ciēre* 'mover hacia atrás', empleado por Nebr. como traducción de *ciar*, no tenemos noticia alguna de que el simple *ciēre* se empleara en el mismo sentido ni de que tuviera uso jamás en el vocabulario náutico. [50]

Todo aquel que haya presenciado la maniobra de ciar aprobaría semánticamente el que se identificara el vocablo con el port. *ciar-se, ciar*, 'tener celos o recelo de alguien o algo', 'guardarse, tomar precauciones' ZELARE (como verbo intransiti- [55] vo en la *Eufrosina* de F. de Vasconcellos, h. 1537, según Fig.), pues, en efecto, ciar es una forma de remar cautelosamente al acercarse a la costa o a algún obstáculo fijo o flotante. Pero esta etimología presupondría que no sólo es portuguesismo [60]

la forma española (lo cual no sería extraño en un vocablo náutico, aun en el S. XV), sino la de todos los romances, incluyendo la catalana y la italiana, ya documentadas en el S. XV, lo cual difícilmente se aceptará de no poderse aportar pruebas concluyentes de una antigüedad mucho mayor en portugués[7]. El leonés (La Lomba) *celar* 'andar para atrás, guiar la pareja hacia atrás' (*cela*, *Bardín*), *BRAE* XXX, 167, aporta un apoyo notable e inesperado a la etimología ZELARE; y sin embargo, las objeciones contra esta etimología son tan rotundas y sólidas que no podemos dar demasiada importancia a este dato y es de creer que hay aquí un mero espejismo etimológico.

Según el *Diz. di Mar.*, *sciare* sería derivado de *scia* 'estela de una nave', porque el que cía se pone a seguir su estela (no siempre ocurre así), y *scia* sería onomatopeya del roce del agua con los costados del navío. Es verdad que el ast. occid. *estelar* 'ir hacia atrás' (en el pueblo costeño de Figueras, vid. Acevedo), derivado de *estela*, podría apoyar esta opinión, pero la menor extensión geográfica de *scia*, sólo italiano, y su fecha reciente en esta ac. (falta Crusca 1763), me hacen creer, por el contrario, que *scia* deriva de *sciare*, en el sentido de 'agua que cía (vista desde el navío)'. Angelico Prati enmienda la etimología del *Diz. di Mar.* admitiendo que *scia* es derivado de *sciare* y éste es el que sería de origen onomatopéyico, como lo indicaría la vacilación entre *si-* y *sci-* y la existencia de un vocablo local *scio* 'acto de resbalar' (Pistoia), del cual derivaría el it. *scivolare* 'deslizarse'. Entonces *sciare* podría referirse al rumor del agua rozando con los costados de la nave. Quizá sea así. Pero hay muchas objeciones. Este rumor no es característica diferencial del ciar frente al remar (lo cual sería necesario para justificar semánticamente la idea), la etimología de *scivolare* estamos lejos de poder afirmarla, y ninguno de aquellos dos indicios es de fiar, pues *scio* es palabra muy local y rara y la vacilación entre *sci-, ci-* y *si-* se explica todavía mejor de otras maneras (Vid. abajo). A base de esta etimología tendríamos que admitir que el vocablo es italianismo en todas partes, pero entonces costaría entender la *c-* castellana, y la fecha del vocablo en italiano (S. XV) es bastante posterior a la del occitano (S. XIII).

En cuanto a SEDARE 'apaciguar', que *GdDD* 6019*a* supone pasara a 'detener' y luego 'remar hacia atrás', es etimología imposible por la *c-* castellana, y por la ausencia de huellas de la -D- en it. y oc., además de forzadísima en el aspecto semántico.

La etimología de Covarr, que relaciona *ciar* con *cía* 'hueso de la cadera', es inaceptable del modo que la formula, trayendo el vocablo del gr. ἰσχιάζειν 'caminar balanceándose a derecha e izquierda' (derivado de ἰσχία > *cía*), pues no es exacto, como él creía, que *ciar* sea «volver una galera a una parte o a otra con los remos»; sin embargo no sería inconcebible que tengamos en *ciar* un derivado romance de *cía* 'cadera', pues el remero que *cía* debe hacer inclinaciones profundas echando fuertemente las nalgas y caderas hacia atrás, y aunque en todo ejercicio de remo sea importante el esfuerzo desarrollado por las caderas, es indudable que el remador avezado mueve mucho menos esta parte del cuerpo cuando rema normalmente que al ciar. La oposición consonántica entre port.-cast.-cat. *ciar*, it. *sciare* y calabr. *siare*, paralela a la existente entre port.-cast.-cat. *cía, ciática*, it. *sciatica*, calabr. *siàtica*, como resolución fonética del grupo SCI-, podría apoyar este punto de vista, que habrá que dejar en cuarentena hasta que se practique la investigación detallada que he postulado arriba. Por ahora ésta es la etimología que me parece más verosímil.

CPT. *Ciaboga* [1539, Guevara][8], compuesto con *bogar; ciaescurre* [1626, J. A. de Funes, en *Aut.*], compuesto con *escurrir;* formas semejantes a estos compuestos se hallan en los demás romances, vid. Jal.

[1] En una pregunta de Ferrant Manuel [de Lando] a Juan Alf. de Baena, en el *Canc.* de éste, 260.13 (ed. Madrid, 1851, p. 266); Lando nacería h. 1370 o 1365, y el Cancionero se recopiló h. 1445. En el *Sueño* del Marqués de Santillana († 1458), y en una respuesta del mismo a Juan de Mena († 1456), en una de cuyas obras, la última en fecha, se halla también *ciar*. Además dos veces en el *Cancionero* de Stúñiga, recopilado h. 1460. Vid. Cuervo, *Dicc.* II, 139; Cej. VIII, § 12. En todos estos ejs. se halla el sentido propio, náutico, del cual *Aut.* sólo cita un ej. del S. XVII; agréguese, en el XVI, «Abogacía, que uno boga y otro *cía*», en los *Refranes Glosados* de Sebastián de Horozco y otros en Cervantes de Salazar (p. 688) y en Nebr.: «*ciar, mover atrá*_ retro cieo». Por lo demás, en fecha posterior, Cuervo y *Aut.* sólo recogen casos del sentido figurado 'retroceder (esp. un ejército)', desde Gómara, 1552, o 'cejar, aflojar en un negocio', pero hoy sigue empleándose en el Cantábrico en el sentido propio (Pereda, *Sotileza*, p. 561); no logré, en cambio, confirmación del uso del vocablo en la costa chilena (Quintero), pero el arg. Montagne, *Cuentos Cuyanos*, p. 156, **lo emplea en el sentido de 'maniobrar** (una cuba que se hace bajar por un camino)'. Es improbable que la palabra aparezca en una muwaššaha de Aben Maslama (Málaga, S. XII) como sostiene García Gómez, *Al-And.* XXXI, 1971, 66. Me comunica por carta que ha aceptado la propuesta de un erudito marroquí de corregir un pasaje de Abencuzmán introduciendo allí el mismo verbo *sîya* 'rema hacia atrás'. En ambos autores ha sido menester corregir el manuscrito para introducir este verbo. Aunque no puedo comprobarlo todo en el contexto de Abencuzmán, como se ve por el de Aben Maslama no hay nada

que haga suponer que se trate de ir en barca, ni nada que se pueda relacionar con una corriente de agua: si el Prof. García Gómez admite que se debe tratar de una persona que se baña y otra que vela por el bañista en una barca, es una mera suposición no confirmada por palabra alguna del poema. El hecho es que junto a *sîya* figura un vocablo árabe que significa 'tío', y, como explica el insigne arabista, es el término que usaban los «efebos» para llamar a sus pederastas. Todo indica, pues, que *sîya* sea una palabra mozárabe equivalente al italiano *zio* 'tío' y el bearn. *sià* 'tía' (del mismo origen que el cast. *tío*). *Siaa* y *sian* aparecen en textos jurídicos medievales de Bearne y de Bayona. Además las *Leys d'Amor* tolosanas del S. XIII (Levy *PSW.* VII 653) dicen que era monosílabo —*sia per amda* [< AMITA 'tía']— sin especificar que sea voz gascona (como suele hacerlo cuando lo es): quizá se empleó también en el Languedoc occidental. Recordemos que el verbo que nos interesa es extraño al árabe (pues el magrebí *siar*, como ya muestra perentoriamente su -*r*, es un hispanismo reciente) y si hubiese existido en mozárabe una equivalencia del cast. *ciar*, port. *cear*, cat. *ciar*, tendría que tener forzosamente *č*, según la fonética mozárabe, y no *s*-.— [2] Otro testimonio italiano de *siare*, 1558. Jal trata de nuestro vocablo en los artículos *scie, sia, siare, zia*, declarándolo de origen desconocido.— [3] En otro texto medieval anónimo *no·m sei d'anar* tiene el mismo sentido, pero creo que aquí la -*i* es la desinencia de la 1.ª persona del presente, y el infinitivo será *sear* y no *seiar*, como insinúa Appel. Levy compara con Delfinado *sià* «remuer, mouvoir» (Mistral).— [4] Duez registra una variante *soier* y Mistral una forma *seià*, que se deben a confusión del lexicógrafo con el fr. *scier* SECARE y con el delfinés *seià* de igual origen.— [5] La expresión *sier en arrière*, en Cotgrave, en que se apoya Gamillscheg, es expresión reforzada y redundante, propia de una lengua donde el vocablo era poco usual: claro está que no prueba que hubiera significado primitivamente 'bogar, en general'. Tampoco prueba nada el que Mistral dé la traducción «siller, couper les flots», de la que parte M-L.: Mistral está dando ahí un significado supuesto como etimológico, pero todos sus ejs. son del sentido conocido.— [6] En 1923 daba Rohlfs para Calabria el significado 'botar (un navío)', pero en su diccionario calabrés de 1938 sólo recoge la ac. general.— [7] Zaccaria admitió el vocablo entre los hispanismos o portuguesismos del italiano, pero él no conocía testimonios italianos anteriores al *ziare* que aparece en la traducción de Castanheda al italiano por Ulloa.— [8] Es extraña la forma andaluza *cinaboga* recogida por A. Venceslada (1.ª y 2.ª ed.).

Ciática, ciático, V. *cía*   *Cibal, cibario*, V. *cebo*

CIBELINA, 'variedad de marta', del fr. *zibeline*, fr. ant. *sebelin*, que vino de una lengua asiática por conducto del ruso *sóbolĭ* y el alem. *zobel* íd. *1.ª doc.*: *cenbellin*, S. XIII (Castro, *RFE* VIII, 333); *cebelina* y *cebellina*, h. 1460 (*DHist.*, s. v.), y en varios textos de los SS. XVI-XVIII; *cibelina* falta aún Acad. 1884.

La historia del vocablo no está bien averiguada. La trasmisión se hizo parcialmente por vía mediterránea y por conducto del italiano, según indican los testimonios de Huerta y del *Viaje a Turquía* (*DHist.*), pero las formas del S. XIII proceden del francés o del oc. *cembelin*, donde el vocablo se cruzó con *cembel* 'señuelo'. El alem. *zobel* ya se documenta en el S. XI. Kluge, Gamillscheg, s. v. Otra variante fr. es *sable*, de donde por comparación nuestro heráldico *sable* [Acad. ya 1817].

Según Pokorny *IEW* 578.28 el eslavo *sobolĭ* es préstamo del indoiranio: scr. *çárvara-*, *çábala-*, *karbará-* 'de piel manchada o remendada' 'abigarrado', que sería hermano del griego χέρβερος; la dificultad está en que el eslavo habría debido tomarlo del iranio, donde no parece estar documentado el vocablo según los datos de Pok.; me pregunto si *Saurva-* nombre de un demonio en el Avesta (Bartholomae *Air. Wb.* 1568), y el teónimo scr. *Çarvá-*, no pertenecen al mismo tipo léxico, puesto que el scr. *Çárvarī* es un animal sagrado de los semidioses Maruts y junto al adjetivo *çárvara-* ↝ *karbará-* existe también una variante *karbu-* (Pok.); lo cual vendría a cubrir la laguna irania.

Cibera, V. *cebo*

CIBIACA 'parihuelas, andas', arag., sale por cambio de sufijo de un arag. ant. **civiara*, del mismo origen incierto que el cat. *xevira*, *civera*, gasc. *sebiero*, oc. *civiera*, fr. *civière*, a. engad. *tschiviergia*, toscano *civea*, *civera* íd., probablemente prerromano. *1.ª doc.*: 1836, Peralta (la Acad., 1936, lo da sin mención dialectal; falta aún 1899); *cevilla*, en Juanelo Turriano († 1585), que empleó otros aragonesismos (*DHist.*, s. v.).

Las varias formas romances postulan una base común en -ĔRĬA, no -ARIA, según indiqué ya en el *Vocab. Aran.* (s. v. *siwera*), lo cual se opone categóricamente al étimo CĬBARIA 'alimenticia', ya poco verosímil desde el punto de vista semántico, que últimamente han tratado de rehabilitar Wartburg y Bertoldi (*FEW* II, 661a-662b). Aplazo la discusión de esta etimología y de la gálica propuesta por Hubschmied (y con razón rechazada por Pokorny, *VRom.* X, 254) hasta mi *DECat.* J. Hubschmid hijo (*Alpenwörter roman. u. vorroman. Ursprungs*) quiere volver a CIBARIA, a base de admitir una complicada combinación de préstamos del francés a los demás romances; Alessio propone un «mediterráneo» *CIBER (pero no olvidemos que el vocablo es también autóctono en el

Norte de Francia); comp. J. Hubschmid, *Archivio per l'Alto Adige* XLIX, 405. Lo probable es que se trate de una etimología prerromana europea (aunque diferente de la de J. U. Hubschmid padre). Nótese que los arag. *acibiella*, *cebilla*, resultan de una ultracorrección de la tendencia sobrarbeña a cambiar -LL- en -r- (como en *paniquella* variante de *paniquera*, *paniquesa*, BDC XXIII, 301). En cuanto a *paniquella* 'comadreja', en mi artículo de 1935 admitía yo todavía brevemente la etimología tradicional del famoso nombre pirenaico de la comadreja. Desde luego, hace ya muchos años que la he desechado y me propongo hacerlo razonadamente en mi *DECat.* y sugerir allí una etimología nueva: las formas aragonesa, catalana y gascona coinciden en efecto en una base fonética *PANĬCQUĔLLA, de donde Bielsa, Gistaín y Benasque *paniquiecha*, ribag. y pall. *paniquella*, aran. y gasc. *panquèra*, *-ero*. La coincidencia entre estas varias formas en postular concordantemente, si bien con arreglo a la fonética histórica de cada dialecto, una base *PANĬCQUELLA, es demasiado perfecta para que podamos admitir que el *paniquesa* de algunas hablas aragonesas menos conservadoras sea algo más que una alteración de *paniquiecha*; alteración que ha dado lugar, por etimología popular, al cantarcillo local del pan y el queso y a la traducción consiguiente de este compuesto a algunas formas locales de vasco. Provisionalmente me limito a observar que el diminutivo castellano *pequeñilla* corresponde a una base *PECQUINN-ELLA, de la cual aquél tiene aire de ser una simple metátesis. Las formas aragonesas, que incluyen Somontano *acibiella*, Aineto *cebilla* (*ZRPh.* LV, 595), no son, en efecto, más que avanzadas de una palabra catalana y galorrománica, esencialmente ajena al español. Atiéndase a que en el Alto Aragón las formas con -s- no tienen valor alguno como indicio de *queso* CASEUM. Por lo visto esos eruditos ignoran que en la antigua fonética alto-aragonesa y ribagorzana -s- (< -z- sonora en catalán de Ribagorza) era el resultado fonético local de la evolución de -LL- latina.

CIBICA, 'barra de hierro dulce que se emplea como refuerzo de los ejes de madera, en los carruajes', del ár. *sabīka* 'lingote', 'pedazo [de metal]', derivado de *sábak* 'fundir, forjar (un metal)'. *1.ª doc.*: *cevica*, 1589, J. de Pineda: *DHist.*; Cej. VIII, p. 70; *cibica*, *Aut.*

Esta etimología sólo se había indicado en el diccionario académico. Pero es clara, pues el vocablo árabe está bien documentado en fuentes vulgares e hisponárabes: «frustum» ('pedazo') en R. Martí, 'eslabón de cadena' y 'eslabón de pedernal' en PAlc., 'pieza de acero contra la cual golpea el gatillo del fusil' (Dombay), vid. Dozy, *Suppl.* I, 628b. Una forma *ibica*, deglutinada en contacto con la s del artículo plural, se emplea en Cuba (Pichardo, p. 148).

DERIV. *Cibicón* [Rojas Zorrilla, † 1648].

CÍBOLO 'bisonte', mej., abreviación de *ganado de Cíbola* o *toro de Cíbola*, así llamado por el territorio de *Cíbola* en Nuevo Méjico y Arizona (< zuñi *šíwona*), del cual se consideró típico. *1.ª doc.: civola,* 1590.

Friederici, *Am. Wb.,* 188-190. De su texto no resulta claro si las menciones anteriores (desde 1539) hablan ya del *ganado de Cíbola* dándole esta denominación o si sólo aplican este nombre a la localidad. En 1590 se cita ya un *cuero de civola.*

Cibiella, V. *hebilla   Cibo,* V. *cebo   Ciborio,* V. *cimborrio   Cica,* V. *cicatero   Cicádeo, cicádidos,* V. *cigarra   Cicalar,* V. *acicalar   Cicara,* V. *jícara*

CICATERO, 'ruin, miserable, escaso', del antiguo *cegatero* 'regatón, revendedor', y éste derivado de un sinónimo **cegate* procedente del ár. *saqqâṭ* 'ropavejero', 'vendedor de baratillo' (que a su vez deriva de la raíz arábiga *sáqaṭ* 'caer, hacer caer, podar, restar, sustraer'); la forma moderna ha sufrido el influjo de la voz jergal *cica* 'bolsa de dinero' procedente del ár. *kîsa* íd. *1.ª doc.: cegatero,* en un ordenamiento de Juan I (1379-90), *Aut.; cicatero,* 'ruin, mezquino', *Aut.,* y seguramente ya en Quevedo[1].

Ya Müller y Dozy, *Gloss.,* 251, indicaron el origen de *cegatero:* ár. *saqqâṭ*[2]. En cuanto a *cicatero,* el significado más corriente en el Siglo de Oro fué 'ladrón de bolsas': vid. los ejemplos citados por *Aut.,* la definición de Juan Hidalgo, y el ej. de *La Ilustre Fregona* (ed. *Cl. Cast.,* 225), donde se menciona a los *cicateruelos* de Zocodover y de la Plaza de Madrid, entre los pícaros, falsos tullidos y otros personajes que tratan de vivir a costa de la gente; así definen también Percivale (1599) y Oudin. Pero es evidente que, en su ac. más corriente hoy en día[3], *cicatero* no viene de esta ac., sino que se relaciona con la de 'revendedor al por menor': así no es posible aprobar la opinión de Baist (*RF IV,* 389) en cuanto separa completamente las etimologías de *cegatero* y *cicatero.* En cuanto al ár. vizc. y rom. (y quizá también a. nav.) *zikotz* 'avaro', vizc. y guip. *zikutz,* guip. y bazt. *zikoitz,* guip. *zikor* (el *zikoi* citado por Bera-Me. no lo confirma Azkue), más bien parece un préstamo.

Ya en árabe hallamos la significación del castellano moderno en un derivado de la misma raíz, *saqâṭa,* que R. Martí traduce por «vilitas», P. de Alcalá por «descortesía», y que en un contexto completamente inequívoco se halla en las *1001 Noches,* donde se vitupera a un hombre por su *saqâṭa* o *cicatería*: ha recibido un regalo de 8.000 dirhems y cuando se le cae uno al suelo se inclina a recogerlo, en lugar de dejarlo para los pajes del donante (Dozy, *Suppl.* I, 662*a*). De *saqqâṭ* salió, pues, *cegatero* 'revendedor' y 'mezquino', y esta misma forma o una variante **cecatero* (con otra representación posible del *qq* arábigo) sufrió el influjo de *cica* 'bolsa', palabra perteneciente al mismo orden de ideas, convirtiéndose en *cicatero*[4]; en germanía esta forma, sentida ya como un mero derivado de *cica,* se aplicaría al ladrón de cicas o bolsas. *Cica* 'bolsa' [1609: J. Hidalgo; *Rinconete y Cortadillo,* Cl. C. I, 176; Cej. VIII, § 17], port. ant. *aciqua* íd. (léase *acica*)[5], procede, como notó Eguílaz, 33, del ár. vg. *kîsa* 'bolsa' (hoy magrebí: Dombay, A. Martin, en Dozy, *Suppl.* II, 504*b*), variante del ár. *kîs* 'bolsa', 'saco', aplicado particularmente a la bolsa para dinero (nótese la frase *ᶜalà kîsih* 'a sus expensas'). Hay una metátesis, que es frecuente en árabe vulgar. *Cica* no puede venir (*GdDD* 7583*a*) del ár. clásico *ziqq* 'odre', que en árabe vulgar se habría pronunciado *zeqq* (por lo demás el vocalismo de este vocablo en el árabe de España era *zaqq,* vid. ZAQUE).

Otra voz castellana de la misma familia que *cicatero* ha sufrido una evolución semántica paralela. Me refiero a *zarracatín* [*cerracatín,* h. 1590, Fr. D. de Vega[6]; *çarracatín,* Covarr.; ej. de Fr. Ángel Manrique, S. XVII en *Aut.*], que Covarr. define «el hombre muy miserable y menudo, que regatea la ganancia en lo que compra o vende»; veo en él un cruce entre *saqaṭî,* sinónimo de *saqqâṭ* (Belot)[7], y *s[a]r[a]qî,* usual en Egipto en el mismo sentido de 'revendedor, mercader modesto' (Bocthor): de aquí **saraqaṭî > zarracatín*[8]. Asín, *Al-And.* IX, 40, admite dubitativamente como base de *zarracatín* un ár. **saraqâṭî* «el que roba a escondidas», claro que sin documentarlo (difícilmente se podría justificar como formación arábiga, a no ser por un cruce como el que he sugerido).

Mencionaré para terminar las voces de esta familia el jergal *cicaraçate* «lo propio que cicatero», en Juan Hidalgo, es decir, 'ladrón de bolsas' (ej. en un romance citado por Pagés). Caben varias explicaciones. Es posible que se trate de un cruce de *cicatero* con un **caraçate* < *çaracate,* resultante a su vez de la combinación de *saraqî* con *saqqâṭ;* para una ampliación jergal semejante, comp. *putaraçana* 'ramera' en un romance germanesco publicado por Hill (IX, 4).

DERIV. *Cicatear* [ya Acad. 1884]; ast. *cicatiar* 'regatear' (V). *Cicatería* [1599, *G. de Alfarache*]. *Cicarazate,* V. arriba; de aquí por cruce con *baile* 'ladrón', *ciquiribaile* íd. [1609, Hidalgo][9]. *Cigarra* y *cigarrón* 'bolsa de dinero' [1609, J. Hidalgo], de *cica* por floreo verbal con CIGARRA. *Zarracatería* 'halago fingido y engañoso' [Quevedo, *Cuento de Cuentos,* en *Aut.*], derivado de *zarracatín.*

[1] «Los que habiéndose hallado en un punto con otro, ora sea con cólera, ora por deshonrarle, le llamaren *cicatero,* le condenamos que le llamen lo mismo», *Premáticas y Aranceles Genera-*

les, ed. *Cl. Cast.* IV, 39. Igual ac. probablemente en el ej. de *cicaterillo* que *Aut.* cita de un *Canc.* [de] *Xac*[*aras*]: «Yo siendo *cicaterillo*, / por mi virtud y trabajo, / llego a verme en tanto punto, / que en todo meto la mano». Claro está que [5] en el último verso hay alusión evidente al *cicatero* 'ladrón de bolsas', pero creo que en el primer verso se trata de *cicatero* 'mezquino', con juego de palabras después. Sin embargo, en ambos casos cabría en rigor la otra ac. Más datos Cej. [10] VIII § 17. Además la Acad. cita *zagadero* como antiguo [1925, no 1843].— [2] Según indicaré, en España se diría *saqaṭî* con el mismo significado, pero que *saqqâṭ* también se empleaba en el Andalús, lo prueba *Zacatín*, que, como nombre de [15] plaza, figura en varias ciudades de España, y que la Acad recoge en el sentido de 'plaza o calle donde en algunos pueblos se venden ropas', rectificando las definiciones y etimologías erróneas que dieron Covarr. y *Aut.*, y adhiriéndose [20] al origen indicado por López Tamarid (1585). Se trata del plural vulgar *saqqâṭîn* 'ropavejeros', pues el plural de los nombres de oficio se empleaba en el habla corriente para designar la parte de la ciudad donde vivían los que lo desempeñaban, [25] según documenta eruditamente Dozy, *Gloss.*, 356-8; en nota marginal de mi ejemplar agregó el ejemplo de *as-sarrāǧin* en el *Riyâḍ an-Nofûs*, ms. de París, fᵒ 16rᵒ, y mencionó la existencia de barrios llamados *as-saqqâṭin* en Cairuán, y en [30] Fez, según el mismo ms., fᵒ 22vᵒ, y según el *Journal Asiatique*, 1844, I, 411, respectivamente; Lerchundi menciona también el de la última de estas ciudades. El sic. *zágatu* «bottega di pizzicagnolo» es otro testimonio, según observa Stei-[35] ger, *Contr.*, 217, de la vida de *saqqâṭ* en el árabe vulgar occidental.— [3] De ahí secundariamente el ast. *cicateru* 'el que regatea mucho' (V), port. trasm. *cicateiro* 'que se pelea por nimiedades': «*niqueiro*, que *pega* como isca para armar una [40] *questão*», *cicatices* «as niquices do *cicateiro*» (*RL* V, 30, 40). *Cicater* 'mezquino' se ha empleado también en Cataluña (E. Vilanova) y Valencia (M. Gadea, *Tèrra del Gè*, II), pero creo es castellanismo, tanto en catalán como en portugués.— [45] [4] La variante *chicatero*, empleada en Chiloé y otras zonas de Chile (Cavada, *Dicc. Manual Isleño*), se debe al influjo del sinónimo chileno *pichicato* (para el cual vid. Lenz, *Dicc.*, p. 893).— [5] En un pasaje jergal de la *Ulissipo* de Ferreira [50] de Vasconcellos (1547) citado por Moraes.— [6] «No seas apocado ni *cerracatín* con Dios», *DHist.* Luego es 'regateador' o 'mezquino'.— [7] Para el uso de *saqatî* en árabe vulgar, vid. Dozy, *Gloss.*, 366.— [8] Covarr. cree que viene del plural de [55] «*çarrech*, ladrón, regatón». Se trata de *sârrâq* 'ladrón', de la misma raíz *sáraq* 'robar', de donde procede *saraqî*; pero el plural de *sarrâq*, a saber *sarrāqin*, no basta para explicar *zarracatín*. No hay dificultad, en cambio, en la agregación [60]

romance de una consonante tras -*î* (como en *albañil*, *marguán*, etc.).— [9] Hubo variante *ciquibaile* (dos ejs. del S. XVI en Fontecha y en Rouanet, *Autos* II, 320), de *cicatero* × *baile*.

CICATRIZ, tomado del lat. *cĭcātrix*, -*īcis*, íd. *1.ª doc.*: APal. 471*d*.

Cicatrizar [1490, *Celestina*, ed. 1902, 26.28; 1555, Laguna, citado por *Aut.*], alterado, por influjo del cast. *cicatriz*, del antiguo *cicatricar* [Nebr.], tomado del lat. *cicatricare* íd., derivado de *cicatrix*; *cicatrización*, *cicatrizamiento*, *cicatrizante*, *cicatrizativo*. *Cicatricera*. *Cicatrizal*.

Cicatrón, V. *escarlata*   *Cícera*, *cicércula*, *cicercha*, V. *almorta*

CÍCERO, 'tipo de letra de imprenta de cierto tamaño', 'cierta unidad de medida usada en tipografía, equivalente al tamaño de dicho tipo de letra', tomado del lat. *Cicĕro* 'Cicerón'; según la Acad. por haberse empleado la letra del tipo cícero en una de las primeras ediciones de este escritor. *1.ª doc.*: Acad. 1899.

Cicerone 'persona que enseña y explica las curiosidades de una localidad, edificio, etc.' (falta aún Acad. 1899), tomado del it. *cicerone* íd., propiamente 'Cicerón', por la facundia de estos guías.

Cicial, V. *cecial*

CICINDELA, 'cierto insecto coleóptero', tomado del lat. *cicindēla* 'luciérnaga'. *1.ª doc.*: falta aún Acad. 1899.

DERIV. *Cicindélidos*.

CICIÓN, ant., and., 'calentura intermitente que entra con frío', de la variante *cesión*, y ésta tomada del lat. *accessio*, -*ōnis*, 'acceso de una enfermedad'. *1.ª doc.*: 1340, *Crón. de Fernando IV*.

M. P., *Rom.* XXIX, 345, indicó esta etimología, desechando las infundadas de Covarr. (de *cierzo*) y *Aut.* (de *cesar*); para datos acerca del vocablo, vid. J. Vallejo, *RFE* XXVIII, 63-66: *ción* figura en el *Rimado de Palacio* (ed. Janer, 462) y en Villasandino, *ceción* en la *Crón. de Juan II*, en Tirso y en Pineda, *cesión* en Ruiz de Alarcón (comp. *DHist.*); Covarr. lo da como toledano, y autores coetáneos del lexicógrafo demuestran su empleo en Aragón y en Andalucía (G. de Alfarache, *Cl. C.* II, 32.1, 204.26). Tenía las dos *c* sordas antiguamente, según G. de Segovia (88) y Nebr. *Accessio morbi*, o abreviadamente *accessio*, 'acceso de una enfermedad', es ya muy frecuente en latín (*ALLG* IX, 127, 459-60). De ahí *l'acesión*, separado malamente en *la cesión*, y luego *ceción*, con dilación consonántica, y *ción* por metafonía. Del mismo origen, port. *sezão* f., plur. *sezões*, 'fiebre intermitente o periódica', usado en el portugués normal y particularmente en el del Minho (*RL*

XXV, 35), cat. ant. *sessió* 'acceso de fiebre (cuartana, etc.)', 1466, *BABL* VII, 326-327.

Ciclamino, V. *ciclo*

CICLAMOR, 'Cereis siliquastrum, L.', árbol usado como adorno, alteración del fr. ant. *sicamor* (hoy *sycomore*, aplicado al arce y al cinamomo, además del sicomoro), tomado del lat. *sycomŏrus*, y éste del gr. συκόμορον 'sicomoro', compuesto de σύκον 'higo' y μόρον 'mora'. *1.ª doc.:* F. de Herrera († 1597), según cita de Alcalá Galiano, en Baralt, s. v. *sicomoro;* Acad., yá 1884.

Comp. cat. *xuclamoro*, que ha sufrido una etimología popular análoga. La forma *sicamor*, figura en Antonio Ríos (1592), de donde por etimología popular *amor* (ibíd.), *árbol del amor* [*Aut.*], vid. Colmeiro II 289; el culto *sicomoro* ya está en Laguna [1555].

CICLÁN, 'que tiene un solo testículo', 'animal cuyos testículos están en el vientre y no salen al exterior', del ár. vg. *siqláb* 'eunuco', ár. *siqlab* 'eslavo', 'esclavo', y éste del gr. bizantino σκλάβος íd. *1.ª -doc.:* *ciclón*, en el aragonés Antón de Moros, med. S. XV (*Rom.* XXX, 56); *ciclán*, 1475, G. de Segovia (p. 88).

Corominas, *BDC* XXIV, 39, donde se recuerdan y desechan motivadamente las etimologías anteriores (Spitzer: CYCLAMEN; Rohlfs: del vasco)'. Comp. el mall. *esclavó* 'ciclán' (*BDLC* IX, 190, 192). El significado originario 'castrado' es vivo hoy en el Alto Aragón, donde se emplean las variantes *ciclón* (ya Siesso, 1720), *ciquilón, cig(o)lón* (V. además *ZRPh.* LV, 622). En el catalán de Valencia existe *sicló; siscló* en la zona de Sort, hablando de un hombre que no se había podido casar porque le achacaban esta condición (aunque sin puntualizar el sentido bien detalladamente). Para la voz árabe, documentada en el sentido de 'eunuco' por R. Martí, el glosario de Leyden y otras fuentes, vid. Dozy, *Suppl.* I, 663; para el origen del gr. σκλάβος, vid. *ESCLAVO*. Las formas en *ó* se deben al influjo de la *-b*, como en *jarope* por *JARABE;* para la *-n*, comp. *ALACRÁN* < al-ʿaqrab. La variante arag. *cisclón* (y gasc. *chìscle, chiscloû*, vasco sul. *xixklo*) se debe a cruce con el vasco *txistor* 'hombre incapaz para la generación', 'toro o carnero que tiene los testículos ocultos en el vientre', que propiamente, según Azkue, significa 'longaniza', 'pedacito de longaniza', 'gajo de naranja o ajo', 'pequeño, insignificante'. Según Cavada, en Chile, Venezuela, Méjico y Cuba (Pichardo, p. 88) se dice *chiclán*, en el Ecuador *chiglán* y en Chiloé *checlán; chiclán* se dice también en Andalucía (Acad., falta aún 1899). En *La Pícara Justina* (t. 1, lib. 2, según Terr.) figura *verdad ciclana* en el sentido de 'verdad a medias'.

¹ Covarrubias dice curiosamente que viene de *cíclope*, porque el ciclán tiene un solo testículo,

como el cíclope un solo ojo. Documentación en Cej. VIII, § 17.

Ciclar, V. *acicalar*   *Ciclatón*, V. *escarlata*

CICLO, tomado del lat. *cyclus*, y éste del gr. χύχλος 'círculo'. *1.ª doc.:* Tosca, 1709 (otro ej., que creo posterior, en *Aut.*).

DERIV. *Ciclamino*, tomado del gr. χυχλάμῖνος íd. (por los tubérculos circulares del ciclamino). *Cíclico* [ya Acad. 1884], del lat. *cyclĭcus*, y éste del gr. χυχλιχός. *Ciclada* [J. de Mena, *Aut.*], del gr. !χυχλάς, -άδος, íd. *Ciclón* [ya Acad. 1884], tomado del ingl. *ciclone* íd., derivado del gr. χυχλοῦν 'dar vueltas', por los remolinos del huracán; *ciclonal; anticiclón, anticiclónico. Ciclismo, ciclista* [ya Pagés, 1901], son en realidad derivados, por abreviación, de *BICICLO, bicicleta. Enciclica*, tomado del gr. ἐγχύχλιος 'circular', con influjo de *cíclico. Epiciclo* [*Saber de Astronomía* IV, 135 (D. Alonso, *Lengua Poét. de Góngora*)], tomado de ἐπίχυχλος 'círculo concéntrico'; *epiciclico, epicicloide.*

CPT. *Cicloide* [Terr.], de χυχλοειδής 'de aspecto circular', compuesto con εἶδος 'figura'; *cicloidal, cicloideo. Cíclope* [APal. 54b], del lat. *cyclops, -ōpis,* con la acentuación de su modelo el gr. ʾχύχλωψ, -ωπος, compuesto con ὤψ 'ojo', por el gran ojo circular del cíclope; *ciclópeo, ciclópico. Ciclorama*, con ὄραμα 'vista'. *Ciclostilo*, con στύλος 'columna'. *Ciclóstomas*, con στόμα 'boca'. *Enciclopedia* [1580, F. de Herrera], de la frase gr. ἐν χύχλῳ παιδεία 'educación en círculo, panorámica'; *enciclopédico, enciclopedismo, enciclopedista. Hipocicloide.*

Ciclón, V. *ciclán*   *Cicoleta*, V. *acequia*   *Cicorea*, V. *achicoria*   *Cicrano*, V. *zutano*

CICUTA, tomado del lat. *cĭcūta* íd. *1.ª doc.:* *ciguta*, Berceo, *S. D.*, 608; *cicuta*, 1499 (Núñez de Toledo).

Formas populares o semipopulares: *ceguda*, en F. Fernández Navarrete (1742) y Palau (1780) (Colmeiro II, 629), *ceguta* en Nebr., Laguna, Pineda y Covarr. (*DHist.*), *ciguta* en G. A. de Herrera; comp. port. *cegude* f. [Amato Lusitano, 1553], gall. *ceguda* [Sarmiento], cat. *ceguta* [Palmireno, 1569], *ceguda* (Fabra; ¿o se trata, tal vez, del vocablo aranés, es decir gascón?), gasc. *ceguda.*

DERIV. *Cicutina. Cicutal*, arag. (*M. Fierro* II, 2592).

Cidra, cidrada, cidral, V. *cidro*   *Cidrayote*, V. *cayote*   *Cidrio*, V. *cidro*

CIDRO, 'árbol semejante al limonero', del lat. *cĭtrus* 'limonero' o más bien de su derivado y sinónimo *cĭtrĕus. 1.ª doc.:* *cidrio*, h. 1400, *Glos.*

del Escorial; *cidro*, APal. 78*d*, 270*b*; comp. abajo *cidra*.

Como CĬTRĔUS es también latino (Plinio), y aun anterior a *citrus* en el sentido de 'limonero', es posible que *cidrio* sea descendiente popular de esta forma derivada, y que *cidro* salga de *cidrio* como el vulgar *vidro* de *vidrio* VĬTRĔUM; también puede tratarse de un representante semiculto de *cĭtrus*.

DERIV. *Cidra* 'fruto del cidro' [J. Ruiz, 862*bS*; *cidria* en *G*; *cidra* en el Glos. del Escorial, en Nebr., etc.], probablemente de CĬTRĔA, plural de CITREUM 'limón'. *Cidrada*. *Cidral* ['sitio poblado de cidros', 1406-12, Clavijo; 'cidro', Nebr.]. *Cidrera*. *Cidronela* [1621, Lope], del fr. *citronnelle* íd. [1611], derivado de *citron* 'limón', por el olor parecido de esta planta. *Cedrón* 'hierba Luisa: Lippia citriodora Kunth', per., chil., arg. [1888, Colmeiro IV, 286], 'rutácea de la América Central'; la primera de estas plantas se ha llamado también *cidrón* y *hierba cidrera* (Colmeiro), y recibe su nombre de su olor a limón. *Citrón* 'limón' (falta aún Acad. 1899), *acitrón* 'cidra confitada' [1573, BHisp. LVIII, 357; Barbadillo, 1635], tomados del fr. *citron* 'limón'; el sinónimo *diacitrón* [1680, *Aut.*] se formó con el prefijo *dia-* característico de confituras y ungüentos (*diacatolicón*, *diacodión*, *dialtea*, etc.). Derivados cultos: *citrina*, *cítrico*, *citrato*. Para otro derivado culto, vid. CETRINO. Para *cidra cayote*, vid. CAYOTE.

CIEGO, del lat. CAECUS íd. *1.ª doc.*: *Cid*.
Para las varias acs., vid. Cuervo, *Dicc.* II, 139-42 (la de 'oscuro', 3*b*, se halla ya en el *Alex. O*, 1874, 2438, *encegado* íd., ibíd. 2302*d*).

DERIV. *Cegar* (Berceo)[1] del lat. CAECARE íd., comp. Cuervo, *Dicc.* II, 97-100; *cegador*, *cegamiento*. *Cegajoso* [Berceo]; *cegajear* [Nebr.], *cegajez* [íd]. *Cegal*. *Cegama* adj. m. y f., arag. y alav. [Borao, 1859-73], 'cegato', con sufijo singular, quizá de origen jergal, como en *chulamo*, *-ama* (comp. RFH VI, 175). *Cegarra; cegarrito*. *Cegaratu* ast. 'cegato' (V). *Cegato* [1637: Correas]; *cegatón*, *cegatoso*. *Ceguedad* [Berceo]; *ceguera* [Nebr.]. Ast. *Ceguñar* 'hacer guiños', *ceguñada* 'guiñada' (V).

Cultismos: *cecal* [Terr.]. *Obcecar*, *obcecado* [M. de Ágreda, † 1665], del lat. *occaecare*, *-atus*, íd.; *obcecación*.

CPT. *Ciegayernos*. *Cecógrafo* [Acad., 1925], *cecografía*.

[1] Se sustituye por *enceguecer* (no admitido por la Acad.) en la Arg. y seguramente en otras partes de América, para evitar la homonimia con *segar*. Comp. *encegar*, *Alex. O*, 2302, cat., oc. ant. íd.

CIELO, del lat. CAELUM íd. *1.ª doc.*: *Cid*.
DERIV. *Celaje* [1535, Fz. de Oviedo]; *celajería*, *encelajarse*. *Celeste* [*celestre*, Alfonso X; *celeste*,

Canc. de Baena, Santillana], tomado del lat. *caelēstis* íd.; *celestial* [*celestrial*, *Auto de los Reyes Magos; celestial*, Berceo]; *celestialidad; celestina* 'sulfato de estronciana', por su color celeste; 'alcahueta' [Lope; *Lazarillo de Luna*, 1620], por alusión al personaje de la tragicomedia de F. de Rojas, de donde *celestinear*, *celestinesco*. *Célico* [h. 1440, A. Torre (C. C. Smith, *BHisp.* LXI), Espinel, † 1625], tomado del lat. *caelĭcus* íd. *Cielito*. arg., 'baile y tonada de los gauchos', por la palabra *cielo* o *cielito* con que suele empezar su letra. *Entrecielo*. *Sobrecielo*.

Ciella, V. *celda*   *Ciempiés*, *cien*, V. *ciento*
Cien 'retrete', *ciénaga*, *ciénago*, V. *cieno*

CIENCIA, tomado del lat. *scientia* 'conocimiento', derivado de *sciens*, *-tis*, 'el que sabe', participio activo de *scire* 'saber'. *1.ª doc.*: Berceo.

Cej. VIII, § 81. Variante antigua *esçiençia*, h. 1310, en la *Vida de San Ildefonso*, v. 101. Ast. *cencia* (V).

DERIV. Las demás voces de la misma familia son también cultismos. *Ciente* o *esciente* [*segunt mio ençiente* 'a mi entender', *Alex. O*, 1757*d*][1], ant., del lat. *sciens*, *-tis*; cultismo de existencia intermitente en el idioma. *Escible*, ant., 'que puede saberse', del lat. *scibĭlis* íd., derivado de *scire*. *Conciencia* [*Partidas*; J. Ruiz; Zifar 15.11; *conçençia*, fin S. XIV: P. de Berague], de *conscientia* 'conocimiento', 'conciencia', derivado de *consciens*; *concienzudo* [Covarr.]; *consciente* [Acad. 1884, no 1843], de *consciens*, *-tis*, participio activo de *conscĭre* 'tener conocimiento (de algo)'; *inconsciente*, *inconsciencia*, *subconsciente*. *Inciente*. *Necio* [*-sc-*, Berceo, J. Ruiz, J. Manuel, etc.; Cej. VIII, § 81], de *nescĭus* íd.; *necear; necedad* [*nescie-*, Berceo; *nece-*, J. Ruiz]; *necezuelo*. *Nesciente; nesciencia; voces raras. *Precito*, de *praescitus* 'sabido de antemano'; *presciencia*.

CPT. *Científico* [S. XIV, *Castigos de Don Sancho* 33.1, no en el ms. ampliado A; *centífico*, Canc. de Baena: DHist.; *cientifico* como sinónimo de *culto*, en Lope: RH LXXVII, 368; *científicamente*, 1596, Juan de Torres], del lat. tardío *scientĭficus*.

[1] No se ve ninguna razón para creer que esté tomado del francés, como admitió el *FEW* XI, 307*b*, según Piel, *Pg. Fgn. Görresges.* VIII, 1968, 151, quien se inclina, con reservas, por lo mismo en cuanto al pg. *acinte* 'deliberadamente; con mala intención', cf. *ciimtemente* en Fernão Lopes.

Cienmilésimo, etc., *ciento*

CIENO, del lat. CAENUM 'fango, cieno'. *1.ª doc.*: 1490, *Celestina*, ed. 1902, 170.12; APal. 70*b*; Nebr.

Conservado únicamente en castellano (el port.

ceno es cultismo)[1]. La voz latina tenía diptongo
AE y no OE o Ē, como a menudo se escribe, pues
el tribuno Druso jugaba con esta palabra y *caelum*, y así escriben los mejores manuscritos (p. ej.
el Ambrosiano de Plauto: *ALLG* XIII, 168n.).
    DERIV. *Cenoso* ant. (SS. XV-XVI: *DHist.*) o
cienoso; la forma común es *cenagoso*. Esta palabra se halla ya en APal. (15*b*, 15*d*: «alluvies es logar *cenagoso*», «alutes son logares *cenagosos*»; también en G. A. de Herrera, A. de Guevara, etc.);
como el verbo *encenagar* [*encenegar*, 1417, E. de
Villena, según ed. de 1499; *encenagar*, h. 1440,
A. de la Torre; íd., h. 1460, *Crón. de Á. de
Luna*, según ediciones de 1526 y 1546; en 1601
un literato granadino considera *ençenegar* como
propio de Castilla frente a *encenagar* de Andalucía,
BRAE XXXIV, 370] es de fecha aún más antigua,
no es inverosímil la conjetura de Storm y Cuervo
(*Ap.*, § 803; *Obr. Inéd.*, 184-5), de que de este
verbo, y, al mismo tiempo de aquel adjetivo, salieran por derivación regresiva *ciénaga* [*ciénega*,
1525[2]; *ciénaga*, 1578, Ercilla; pero según indicó
Cuervo, las ediciones cambian muchas veces la *e*
postónica en *a*] y *ciénago* [S. XVII: Colmenares;
hoy usual en Salamanca, Ciudad Rodrigo —M. P.,
Festgabe Mussafia, 390—, en Mendoza, Arg., etc.],
pues las formaciones *CAENĬCŌSUS, *INCAENĬCARE,
aunque no documentadas en latín, cuentan con
muchas analogías en latín vulgar (PETRICOSUS, AL-
BICARE, etc.); por otra parte, también es posible
un derivado directo de *cieno* con el sufijo átono
ₐaga, ₐega, según prefiere M. P., comp. *luciérnaga* (~ *luciérnega*), y téngase en cuenta que las
formas *cenadal* (empleada ésta por Gordonio —h.
1500— y Laguna, y registrada junto con *cenedal* en
C. de las Casas, 1570) y *encenadar* («oblimare»,
en Nebr., pero *encenagamiento*), parecen indicar
la existencia previa de un *ciénada*, con la alternancia entre sufijos átonos de consonantes diferentes, que he anotado s. v. *CÁRCAVA*. En definitiva, el problema queda indeciso mientras no
se logre nivelar la diferencia cronológica de un
siglo entre los primeros testimonios de *ciénega*,
-aga, y los de *encenagar*, que aboga en favor de
la tesis de Cuervo, muy verosímil; por lo demás,
conviene no exagerar la importancia de estas fechas,
pues la de *cieno*, no anterior a 1490, a pesar de
ser palabra que debió emplearse ininterrumpida-
mente desde el latín, es buena prueba de lo incompleto de las fuentes a nuestro alcance; y tampoco podemos contentarnos a ciegas con la fórmula
del sufijo átono, cuando se hallan cada vez más
casos en que está probado el carácter secundario
de la *a* de estos sufijos (V. *CARÁMBANO,
AMIÉSGADO, CÁRCAVA, CERNÍCALO*). Del
mismo radical, además, *cenagal* [1529; *cenegal*,
1589: *DHist.*; y en Oudin y Franciosini], y el
diminutivo *cenegueta* en el Inca Garcilaso[3].
    [1] En el Alto Aragón *cien* significa 'retrete'
(Ansó: *RLiR* XI, 86), pero no creo que venga

de CAENUM, sino de la costumbre de pintar el
número 100 en los retretes, practicada asimismo
en Cataluña, donde también se ha dicho *anar al
n.º 100, anar al cent*.— [2] Hoy *ciénega* es la forma
vulgar en toda América: *BDHA* I, 86-87n.—
[3] Acerca de *ciénaga* y afines V. el reciente acopio
de materiales por Malkiel, *Language* XXV, 156-9,
que no altera los términos del problema. No apareciendo documentación que altere sustancialmente
los datos del problema, al pasar los años, la tesis
de Cuervo parece en conjunto algo más probable.

Ciensayos, cientanal, V. *ciento*   *Ciente, científico*, V. *ciencia*

CIENTO, del lat. CĔNTUM íd. *I.ª doc.*: Cid.
    Para la repartición en el uso de las formas *cien*
y *ciento*, vid. Cuervo, *Ap.*, § 401; para ésta y
otras cuestiones acerca del uso, Cuervo, *Dicc.* II,
143-5.
    DERIV. *Centavo* [Acad. 1869]. *Centeno* 'centé-
simo', ant. [Berceo], del lat. CENTĒNUS 'distribuído
por centenares', 'centésimo'; el sustantivo *centén*,
como nombre de moneda [Acad. 1884], muestra
una variante del mismo sufijo, variante propia de
los nombres de moneda (comp. *veintén*, port. *vin-
têm*), que pudo ser de origen aragonés (comp.
centín en la Litera, Coll A.) y en definitiva catalán, aunque pudo haber otros focos locales (el
uso en Galicia, indicado por el ej. de la Pardo
Bazán en el *DHist.*, y en Portugal, sugiere un tratamiento leonés, en relación con -ĪNUS > -*in*), y
pudo también nacer de casos de apócope proclíti-
ça como *el decén capítulo* (Berceo, *Sacrif.* 205);
centena'; centenada; centenar o *centenero* 'cuenda
de madejas' arag. [Peralta, 1836], *centenal* íd.,
arag. (Acad.), porque se ponía al haber dado cien
vueltas a la madeja; *centenar* 'centena' [h. 1600:
Fr. J. de los Ángeles, Cervantes]; *centenario* [h.
1250, *Setenario*, f° 9vº], tomado del lat. *centena-
rius* íd. *Centésimo* [S. XV, en el *Bursario* falsamente atribuído a R. de la Cámara], tomado del
lat. *centesĭmus* íd.; *centesimal*. *Céntimo* [Pereda,
ed. de 1884], del fr. *centime*, y éste del lat. CEN-
TESIMUS. *Centuria* [APal., 239*b*], tomado del lat.
centŭria íd.[2]; *centurión, centurionazgo*. *Porcenta-
je* [Acad. 1936 ó 1925], tomado del ingl. *percen-
tage* [1789]; anglicismo grosero que está ganando
terreno frente al castizo *tanto por ciento*, aunque
en nada es mejor aquél.
    CPT. *Ciempiés* [*ciento pies*, Nebr.; *ciempiés*,
Acad. ya 1884]; antes se dijo *centipea* [Juan Ma-
nuel], que representa probablemente lat. *CENTIPĔ-
DĬA (como el port. *centopea* y el mozár. *činčipêsa,
činsipêsa, çubcipicha*: Simonet, 159; comp. cat.
merid. *santapia* o *santapiga* 'ciempiés', que he oído
en muchos pueblos de las Garrigas y Priorato, y
CENTIPEDIUM en glosas latinas), comp. *cuadropea*
QUADRUPEDIA[4].
    Doscientos (ant. *dozientos*, Nebr., o *duzientos*

< lat. DUCENTI), *trescientos* (ant. *trezientos* < lat.
TRECENTI), *cuatrocientos, quinientos* (ant. *quiñen-*
tos < lat. QUINGENTI), etc. (para cuya historia y
la de otros numerales deberá verse la gramática). *Cienmilésimo, cienmillonésimo; cienmilímetro.* 5
Ciensayos. Cientanal o *cienteñal,* ant. [Acad. ya
1884], *cientañal* (Nebr.), compuestos con *año,* quizá procedentes de un compuesto latino *CENTEN-
NALIS.

Compuestos cultos: *centiloquio* [1584], compues- 10
to con el lat. *loqui* 'hablar'; *centimano* [S. XVII],
del lat. *centĭmănus; centinodia* [1555, Laguna], de
centinodia, compuesto con *nodus* 'nudo'; *centipondio,* con *pondus* 'peso'; más recientemente se
formaron *centiárea* [Acad. 1869], *centigrado, cen-* 15
tigramo, centilitro, centímetro [1884], y otros análogos. *Centunviro,* del lat. *centumvir; centunviral,
centunvirato. Centuplicar* [Terr.], del lat. *centu-
plicare; céntuplo* [íd.], de *centŭplus*[5]. *Hecatombe*
[1615, Villaviciosa], tomado del gr. ἑκατόμβη 'sa- 20
crificio de cien bueyes u otras reses', compuesto
de ἑκατόν 'ciento' (correspondencia griega del lat.
centum) y βοῦς 'buey'. *Hecto-,* contracción arbitraria del gr. ἑκατόν: de ahí *hectógrafo, hectárea,
hectogramo, hectolitro, hectómetro.* 25

[1] *Cendea* 'cada una de las pequeñas comarcas
de Navarra' < CENTENA, forma semivasca; véase
Caro Baroja, *RDTP* XXIV, 1968, 7-14.— [2] Poco
usual, aunque no inaudito en castellano, pero
sumamente corriente en catalán es *centúria* 'siglo,
cien años', que es también corriente en portugués
moderno (Fig.) y en gall. («longas *centúrias* de
traballo» Castelao 301.10).— [3] Por etimología popular (créese que el ciempiés es bicho agresivo,
que muerde o pica) *santapica* se alteró en *santapica* (que he oído en Corçá, al pie del Montsec
y junto al Ribagorzana); se juzgó entonces que
el supuesto epíteto de «santa» era impropio y
de ahí *malapica,* que es como lo he oído en
Ivars de Noguera.— [4] *Centipea* y la palabra
portuguesa podrían también venir de CENTĬ-
PĔDA, que es la forma empleada por Plinio, si
bien con acentuación romance del segundo miembro del compuesto; pero las formas catalanas y
mozárabes exigen -EDIA. J. de Covarrubias, en 45
1589, emplea el cultismo *centípeda.* La acentuación *centípea* del *DHist.* es errónea.— [5] Anteriormente se empleó *ciendoblo* (p. ej. en Miguel de
Olivares, *Hist. de la Comp. de Jesús en Chile,*
1738, cap. XVIII), que puede venir de un antiguo **centoblo* (< CENTŬPLUS), alterado por etimología popular. De ahí secundariamente se imi-
tarían *tresdoblo* y análogos.

CIERNE, 'el fruto en formación, principalmente
en la vid y en los cereales', origen incierto, proba- 55
blemente de *cerner* en el sentido de 'lanzar las
plantas el polen fecundante', por comparación del
polen con el polvillo que cae del cedazo al cerner;
se emplea hoy sobre todo en la locución figurada 60

en cierne o *en ciernes* 'en formación, en embrión'.
1.ª *doc.*: 1513, G. A. de Herrera.

Cuervo, *Ap.,* § 204; Cotarelo, *BRAE* III, 393-
7; J. Casares, *Crítica Efímera* I, 183-213, 311-4
(comp. M. P., en el mismo libro, p. 15; A. Castro, *RFE* VI, 198); Cej. VIII, § 12. De las copio-
sas autoridades citadas en estos artículos resulta
clara la ac. dada arriba a esta palabra; V., principalmente, la frase de Fr. Luis de León «la nuestra
viña está *en cierne*», glosada por el propio autor
con las palabras «nuestra viña está en flor y con
pequeñas uvas», las de A. de Guevara «en flor se
conocen las frutas; *en cierne* se conocen las viñas... dende potro se conoce el caballo», y las del
Maestro Correas al recomendar se bine la viña
«antes que salga *el cierne* y la flor». Como se ve
por esta última frase, tratábase de un sustantivo
que podía ser masculino (así Acad.), pero que
otros hacían femenino (*la cierne* en G. A. de Herrera, en el P. Cobo y en los dicc. de Sobrino y
de *Aut.*] y aun podía dársele la terminación correspondiente en -a, pues Venegas del Busto (1537) y
Gutiérrez de Salinas (1600) escriben *la cierna,* y
así se dice hoy en las montañas de León, según
A. de Valbuena[1]. El significado no es enteramente preciso, pues si en los ejs. citados se trata del
fruto en la primera fase de su desarrollo (o sea
el comienzo del agraz, si hay referencia a la vid),
en otros casos hay alusión clara a un estado an- 30
terior: así Herrera explica que la uva hebén «tarda
mucho en flor, que comúnmente llaman *en cierne*»,
y el P. Cobo habla del «agraz que sale de *la cierne*», implicando expresamente una diferencia entre
dos estados sucesivos. En conclusión, se trata de 35
un término amplio que abarca toda la fase temprana de la frutificación, desde cuando la planta se
halla todavía en flor hasta que ya aparecen las uvi-
tas o los granos en embrión.

Bien deslindados así los hechos, no hay incon- 40
venientes insuperables en mantener la etimología
tradicional, mirando *cierne* como postverbal de
cerner, en el sentido indicado, tal como lo hallamos documentado en Fz. de Oviedo («de la manera como la viña produce la uva, es a saber en
el principio quando *çierne,* assí en estas ostias...
comiençan las perlas») y corroborado por G. A.
de Herrera y Covarrubias (*DHist.,* 8)[2]; este uso
intransitivo se explica fácilmente, a partir del transitivo de *cerner* 'separar el grano de su polvillo dejando caer éste a través del cedazo': se dijo también en el sentido de 'espolvorear, cubrir (algo) de
polvillo' [*DHist.* 4: 1599], y así como desde aquí
pasó el verbo a aplicarse a la idea de 'llover suave
y menudo' [Acad., 1783; *cernidillo* 'llovizna'],
también se extendió al polen fecundante que se
esparce desde las flores. La mejor prueba de este
origen, es que en gallego se dice *farnar* por 'fe-
cundarse los cereales y las uvas por medio de los
estambres' y *farna* es la época y acto de esta fecundación, palabras que G. de Diego derivó opor- 60

tuna e indiscutiblemente de FARĪNA, por medio de
un verbo *far(i)nar* 'volar por el aire como harina'
(*RFE* VII, 143)³. Que *cerner* pudo formar un derivado, *el cierne* o *la cierne,* está claro, a pesar
de las dudas del Sr. Casares, si tenemos en cuen- 5
ta *las creces*⁴; y la variante *cierna* comprueba el
carácter postverbal del vocablo.

J. Casares creyó que *cierne* viene del alem. *kern*
'núcleo', de donde A. Thomas derivaba el fr. *cer-
neau* 'nuez con su cáscara', 'el núcleo de la nuez'. 10
Para ello se fundaba en dos premisas, cuya inexactitud he indicado: la inexistencia de postverbales
femeninos en -*e* de la segunda conjugación, y el
significado del vocablo, que según él no se referi-
ría nunca a la flor y sí sólo al grano o fruto en 15
embrión. M. P. y A. Castro pusieron grave reparo a su etimología germánica, observando el primero que el verbo *cerner,* por su terminación, no
puede derivar de un sustantivo; mientras que el
segundo, después de recordar que es improbable 20
la etimología de A. Thomas (en el *FEW* II, 699*b*,
se parte del fr. *cerner* 'sacar a las nueces su cáscara verde' CIRCINARE), opinaba que no hay forma germánica que pueda explicar fonéticamente
cierne. En verdad, al a. alem. ant. *kërno,* escand. 25
ant. *kjarni,* germ. común **kërnan-,* correspondería
en gótico **KAÍRNA* m. 'grano' (genitivo **kairnins,*
pron. *kërna, kërnins*), cuya existencia junto a *kaúrn*
'grano', no es imposible, puesto que también en
alemán alternan las dos formas *kern* y *korn* con 30
los mismos significados distintos y con vocalismo
apofónico heredado del indoeuropeo; no habría
dificultad en que el KĚ gótico diera *cie* castellano,
y tampoco el verbo *cerner* constituiría obstáculo
insuperable, pues un germ. **KIRNJAN* está docu- 35
mentado por el ingl. *churn,* alem. *kernen*⁵, y una
forma gótica correspondiente **KAÍRNJAN* habría
dado *cernir* 'granar', junto al cual pudo crearse
cerner, gracias a la coexistencia de estas dos formas cuando el verbo significa 'pasar por un ce- 40
dazo' (< CĚRNĚRE)⁶. Pero siempre queda el obstáculo de que la terminación de *cierne* no corresponde a la del supuesto **KAÍRNA,* y la etimología
romance es decididamente preferible a este inseguro andamiaje germánico. 45

Don Julio Casares, sin entrar en estas cuestiones que suscita la exacta formulación de su étimo, trató, sin embargo, de darle un apoyo romance cuya fuerza no quiero negar. Se trata del
port. *cerne* 'corazón del árbol', es decir la parte 50
dura e interior del leño en oposición a la albura
[Lopes de Castanheda, † 1558; también en Garcia da Orta, 1563, en João dos Santos, 1609, etc.]⁷.
Es argumento aparentemente muy fuerte para probar que el significado fundamental de *cierne* y del 55
port. *cerne* es 'núcleo', pero existen varias posibilidades para explicar la voz portuguesa, sea como
palabra del todo independiente de la castellana, de
cuyo significado difiere considerablemente⁸, sea
como desarrollo semántico secundario de la misma⁹. 60

DERIV. Gall. *cernello* (*CaG. A*14*r*), que quizá
deriva de nuestro vocablo en la ac. etim. de 'fruto
en formación'¹⁰.

¹ Por lo demás, lo común desde el S. XVI, es
la locución adverbial *en cierne,* donde el género
queda sin precisar. Es inexacta la definición que
da a *cierna* la Acad. en sus últimas ediciones,
como si se tratara de palabra diferente de *cierne.*— ² Hoy *cirnir* es vivo con el mismo sentido
en Salamanca (Lamano).— ³ Hasta ahora se daban
explicaciones menos satisfactorias. Covarr.: «*cerner* las vides: empeçar a mostrar el fruto en flor,
y porque parece con lo blanco haber cernido sobre ellas harina, se dice estar en *cierne*». Cuervo: «de caer y *cernerse* el polen que ha de fecundar el trigo o la vid, se dice que éstos *ciernen*
cuando están en flor».— ⁴ En el habla rural argentina, y especialmente en San Luis, se emplea
la crece en singular para la 'crecida o avenida de
un río u otra corriente'.— ⁵ El significado es 'hacer mantequilla', derivado del alem. dial. *kern,*
isl. *kjarna,* 'nata de leche'. Pero como explican
Kluge-Götze, esta ac. procede de la de 'núcleo,
sustancia fundamental', de suerte que el gótico
hubiera podido, en rigor, conservar el sentido etimológico en **KAÍRNJAN* 'formar el núcleo o grano'. Adviértase, con todo, lo hipotético de la combinación.— ⁶ *Cernir* CERNERE existe en Salamanca, es general en la Argentina, etc.— ⁷ También
lo empleó en su castellano el portugués Cristóbal de Acosta (1578) explicando «es el ojo de
dentro». Gall. *cerna* íd. (vid. Vall.; «la parte
más dura del tronco de un árbol» Lugrís), o más
bien *cerne* m. ('la parte leñosa entre la corteza
y la médula' Carré), 'el corazón, el núcleo de
otras cosas' (Castelao «o *cerne* mesmo desa forza
creadora», «entrar no *cerne* do libro» 90.8, 117.
27), de donde gall. orient. *cernudo* «(persona o
animal) recio y vigoroso, duro como la *cerna*»
recogido en Barcia para dicho apéndice, por Otero; recuérdese el apellido *Cernuda* y el muy
repetido nombre de aldea gallega *Cernadas*: una
era quinta de recreo de los benedictinos a dos
leguas de Santiago en 1745 (Pensado, *CaG.*
p. 32); hay tres en torno a esa ciudad en las
varias direcciones e incontables más distantes;
Cernadilla de Sanabria está ya fuera del dominio gallego. Ast. occid. *cerno* 'corazón de
roble, madera durísima' (Acevedo-F., 1932; en
Acad. 1925 como asturiano en general, pero
es muy posible que se sacara de los materiales de Acevedo-F., recogidos ya entonces desde muchos años). Terr. da como castellano *cier-
no* «lo mismo que *mecllo,* en los árboles o madera». También en el Uruguay se usa *cerno* por
'corazón, nudo de árbol' (Malaret, *Supl.*). Si sólo
corre allí y en la Arg. deberemos mirarlo como
brasileñismo; si tiene mayor extensión (el Sr. Casares habla de un americano *cerne* sin citar
fuente) podría ser leonesismo. Moraes explica

que *estar no cerne* se dice «do ancião de velhice verde, e robusta, que está para durar». De ahí el canario *zerne*, adj. de una terminación, 'sólido', aplicado a maderas (*BRAE* VII, 334; de donde pasaría a la Acad., que lo da sin restricción geográfica), y el port. dial. *incerne* (< *em cerne*) 'cuidadoso' (*muito cerne no trabalho*, en Serpa, a la izquierda del Guadiana: *RL* II, 44).— [8] Podría ser que viniera realmente del gótico o de la forma sueba correspondiente, puesto que el suebo era próximo pariente del alto alemán, donde la palabra es bien conocida. *KAÍRNA pudo latinizarse en *CĚRNUS, por ser masculino, o en *CĚRNA al predominar la terminación; entonces *cerne* 'corazón' se debería a influjo de *cierne* 'embrión del fruto', derivado de CERNERE. La etimología que han dado M-L. (*REW*, 1941) y otros —lat. CĪRCĬNARE 'podar', 'cortar en redondo'— no me satisface. Debería partirse del verbo *cernar* 'cortar un árbol hasta el corazón' (Fig., Viterbo, sin autoridades; pero Moraes, que cita algunas, difíciles de fechar, aunque una no es posterior al S. XVII, da una definición diferente 'cortar el corazón de los árboles'); esto podría apoyarse, hasta cierto punto, en la explicación de Acevedo «para formar el *cerno* se cortan todas las ramas del roble y se le desnuda totalmente, dejándole algún año en pie». Pero, ¿cómo se explicaría fonéticamente? Para traerlo del francés hay dificultades cronológicas y semánticas, pues el fr. *cerne* CĪRCĬNUS en la ac. 'círculo concéntrico en el corte horizontal de un tronco de árbol' sólo se halla desde 1832 (*FEW* II, 701a), y el fr. *cerner* no tiene significados correspondientes a la voz portuguesa (los más próximos son 'hacer una incisión alrededor de un tronco para detener la savia', S. XIII, y 'hacer un foso alrededor de las raíces de un árbol' [1680, *FEW* II, 700a]). Por el tipo general del significado, es más probable que sea palabra portuguesa autóctona, pero entonces es muy difícil explicar por CIRCINARE, que en realidad ha dado port. *cercear*; la síncopa en una voz de este tipo sería muy sorprendente en el idioma vecino, más conservador de las vocales internas que el castellano, cuando se encuentran ante N: *alumiar, nomear, semear, lumiar, cadeado, rédeas, lêndea, fémea, seródio, frêixeo, códea* se oponen allí, respectivamente, a los cast. *alumbrar, nombrar, sembrar, umbral, candado, riendas, liendre, hembra, serondo, fresno*, cat. *cotna*; casos de síncopa portuguesa, como *arneiro, graznar, rebuznar, tiznar, asno*, son más raros, y aun suponiendo que todos sean autóctonos, presentan grupos consonánticos mucho más simples que el de CIRCINARE. Nos asegura A. Otero que ha oído un gall. sept. *cerceno* en un pueblo junto a Ortigueira (Apéndice a Eladio Rdz.) en el sentido de «flor masculina del maíz» (y Dios me libre de ponerlo en duda), pero a fuerza de probar tanto en pro de la etimología

CIRCINARE de *cierne*, no prueba nada en gallego: ¿estamos o no en que hay leyes fonéticas? La -N- hubiera caído allí. Eso tiene que venir de una metátesis de *cerner*, tal vez provocada, con su *cercenar*, por gallegos acastellanados. Esta etimología debe descartarse.— [9] Esto parece más difícil. Y, sin embargo, en realidad lo creo muy posible. Hace tiempo que estoy convencido de que HÁMAGO, port. *âmego* 'corazón de árbol', no es otra cosa que el cat. *àmec, àme(t)*, 'polen que las abejas almacenan en sus colmenas', y de que todos juntos vienen del lat. vg. AMĬDUM, clás. AMYLUM, 'almidón'; V. el artículo correspondiente. En ambos casos se pasaría del polen de las flores a otros elementos interiores del vegetal, como el corazón del tronco; ayudaría el gran número de plantas que tiene en su interior una sustancia lechosa o amilácea. De todas maneras, la equivalencia entre port. *âmego* y *cerne* está probada por dos declaraciones categóricas: «o áloes é o *âmago* ou *cerne*» (Castanheda), «não cheira bem senão o seu *âmago* [del lignáloes] a que chamam os Portugueses *cerne*» (Garcia da Orta, vid. cita en C. Michaëlis, *RL* XIII, 249n.1). En vista de la terminación vacilante de la forma gallegoportuguesa y leonesa *cerne* ～ *cerna* ～ *cerno* para 'corazón de árbol', dudo mucho del origen germánico y me inclino por la formación postverbal. En cuanto a Viana-do-Castelo *cernêlho* 'columna vertebral', port. común *cernelha*, van más bien con CERNEJA (véase); miñoto *cerno* 'espinazo' será derivado de *cernelho, cernelha*.— [10] Lo da Sarm. al fin de una lista de nombres de variedades de ciruela usuales en Pontevedra, con la ambigua glosa «*Cernellos*. Los cuernecitos» (falta en los diccionarios gallegos). Según el Apéndice a Eladio Rdz. (cuyos datos en la zona lucense suelen proceder de R. Piñeiro, sabio observador), hay gall. dial. *cernar* = *resoplar* en Láncara, = *demoucar* en Queiroga y 'podar los árboles' en Lugo y Lemos.

Cierre, V. *cerrar*   *Cierro*, V. *cerrar* y *cerda*

CIERTO, del lat. CĔRTUS 'decidido', 'cierto, asegurado', derivado de CĔRNĔRE 'decidir'. *1.ª doc.:* 2.ª mitad S. X, Glosas de Silos.

Comp. Cuervo, *Dicc.* II, 145-50; Cej. IX, § 203.

DERIV. *Cierta*, gnía., 'muerte' [1609, J. Hidalgo]. *Ciertas* [*Alex.*, 347dO] o, más comúnmente, *certas* [fin S. XII, *Auto de los Reyes Magos*, v. 23, y SS. XIII-XV], 'ciertamente', del fr. *certes* íd. (o de oc. ant. *certas*, cat. ant. *certes*). *Acertar* [2.ª mitad S. X, Glosas de Silos], comp. Cuervo, *Dicc.* I, 111-116; con la ac. antigua de *acertarse* 'hallarse presente en alguna parte', está relacionado el significado de la voz vasca (común a todos los dialectos excepto el vizcaíno) *gertatu* 'suceder, ocurrir', que prueba la existencia de nuestro vocablo ya en el latín vulgar hispánico (antes de la palatalización de la c^e)^2, y el moderno *acertar a* (*hacer*) '(hacer) casualmente'; en la ac. 'dar (con algo), hacer (algo) con acierto' el vocablo español pasó al it. *accertare* en los SS. XVI-XVII [Sassetti, † 1588: Zaccaria]; se dijo también *encertar; acertado, acertador, acertajo, acertajón, acertamiento, acertero, acertijo* [*Aut.*], *acierto* [h. 1600], *desacertado, desacertar, desacierto. Certano* (Bercec. *Alex.*), ant.; *certanedad* (Berceo), *certanidad* (*1.ª Crón. Gral.*), *certenidad* [Berceo, S. XVI] o *certinidad* [Santillana-Cervantes], antic., 'certeza', *incertinidad* [Guevara, *Epístolas*, I, p. 237 (Nougué, *BHisp.* LXVI)] (más variantes, Cuervo, *Obr. Inéd.*, 189). *Certero* [Berceo]; *certería. Certeza* [h. 1572, H. de Mendoza]. *Certidumbre* [*certedumbre*, 1240, *F. Juzgo; certid-*, 1256-76, *L. del Saber de Astr.*]. Cultismos: *cerciorar* [*Aut.*, como neologismo], del lat. tardío y b. lat. *certiorare* (lat. *certiorem facere*), derivado de *certior*, comparativo de *certus. Certitud*, antic. [SS. XV-XVI; todavía usado a veces en América], del lat. tardío *certĭtūdo.* CPT. *Certificar* [Berceo], del lat. *certĭficare; certificable, certificación, certificado, certificador, certificatoria, certificatorio.*

¹ Muy frecuente: ya en las glosas de Silos, 47, en los Fueros de Aragón (Tilander, § 22.2) y en muchos textos forales de toda España (ibíd., p. 233), en el *Cavallero Zifar*, 60.17, etc. (vid. *DHist.*, 9; Cuervo, 113*b*, 116*a* y *b*).— ² Schuchardt, *BhZRPh.* VI, 20; Lacombe y Gavel, *RLiR* X, 89. La evolución semántica es paralela a la de *tener lugar* 'acontecer'.

CIERVO, del lat. cĕRVUS íd. *1.ª doc.*: S. XIII, Biblia Escurialense (glos. de Oroz, n.º 173); *Calila*, ed. Allen, 106.

DERIV. *Cierva* [J. Ruiz]. *Cerval* [1251, *Calila* 19. 59]. *Cervario. Cervato* [1555, Laguna; como nombre propio en 1105, Oelschl.]; *cervatillo* [2.º libro del *Amadís*; Nebr.], *cervatico, cervatica* [Guevara, *Epístolas* I, p. 200 (Nougué, *BHisp.* LXVI)]. *Cervino. Cervuno* [1351], del hispano-lat. *cervūnus* (comp. *cebruno*, s. v. CEBRA); gall. *cerbúa* (hierba) 'lingua cervina, scolopendra', Sarm. *CaG.* A43r, A167r. *Cérvidos*, derivado culto.

CPT. *Cervicabra.*

Cierza, V. *cerco*

CIERZO, del lat. cĕRCĬUS, variante antigua de CIRCIUS 'viento Noroeste'. *1.ª doc.*: S. XIII, Biblia Escurialense (glos. de Oroz, núms. 1273, 1276); *1.ª Crón. Gral.* (*çierço* 5*a* 56, *sierço* 401*a* 26).

CERCIUS se halla ya en Catón y Plinio, y de esta forma vienen, al parecer, todas las romances: cat. occid. *cèrç*, oc. *cèrs*; he anotado *sérs* con vocal abierta y para el viento Noroeste en Massalió y en otros varios pueblos del Bajo Aragón catalán, Campo de Tarragona y Urgel. Comp. ZARAZAS. El

cambio del significado a 'Norte' ya estaba consumado en el S. XIII, pues en la Biblia del Escorial traduce a *septentrio, aquilo* y *boreas*, y Nebr. explica que «corre del Norte»¹. En ambos textos aparece escrito con las dos *ç* sordas.

DERIV. *Cercear. Cercera* [¿S. XV?; 1600, Sigüenza, *DHist.*; *zarcera*, 1604, *Pícara Justina*, y hoy así en la Rioja, Palencia y Zamora, FD], 'agujero de ventilación en las bodegas', así llamado porque se abre de la parte Norte para refrescarlas mejor². *Zarzagán* 'cierzo muy frío, aunque no muy recio' [*zarzaganillo*, 1464, *Coplas de Mingo Revulgo*, 23; «a cold winde» 1599, Percivale; Oudin; *çarçagán*, Covarr.], según propone este autor, es probable que venga de **cerzagán*, derivado de *cierzo;* el sufijo sería *cerç-eg-án* (comp. *haragán*, junto a *harón; BARRAGÁN; holg-az-án*), y habría habido doble dilación de las vocales³; *zarzaganete, zarzaganillo.*

¹ También en varios dialectos catalanes y occitanos se define como 'viento Norte'; otras veces, como 'Noroeste'. El *Coll de Bocacerç* (antiguamente *Bucca de Circio*) en el Canigó, deja entrar la tramontana en el Vallespir, aunque no puedo asegurar ahora si se trata precisamente del Norte o del Noroeste. Falta averiguar hasta qué punto influye en los lexicógrafos el significado latino y hasta dónde puede haber casos de conservación de éste en castellano. Los romanos citan el *circius* como típico del Sur de Francia, donde hoy es famoso el *mistral* o *mestral* (=NO.). Por lo demás, parece que el vocablo no es de origen latino, donde no tiene enlace etimológico, ni aun griego; aunque se ha pensado si era un término helénico de las colonias de Occidente, tampoco ahí vemos pista clara, pues si la geografía semántica apunta hacia Provenza y Marsella, la documentación más antigua está en Sicilia (Teofrasto), pero ni la exclusión que sufre el vocablo en griego normal, ni la doble forma *circ- ⁓ cerc-*, son favorables a esta idea; cf. Terracini, *Riv. di Filologia* XLIX, 413, y la *Real Encycl.* de Pauly-W. Más bien voz aborigen mediterránea, y al fin obsérvese que en romance el vocablo es casi sólo hispánico (también oc. ant.) y con mayor arraigo en el Sudeste y Oeste que en el Nordeste, cf. mis *Est. de Top. Cat.* II, 217-218.— ² Nótese el pasaje de la *Bibl. de Gallardo*, que cita Cej., IX, p. 581: «desa bodega podéis haber abundancia, la cual no se suele dañar con solanos, nin le es menester abrir las *cerceras*», pasaje que pertenece a una obra de Fernán Pérez de Guzmán (S. XV), *RFE* XXX, 348.— ³ Falta comprobar si las *ç* son sordas en los manuscritos antiguos de las *Coplas*, pues los lexicógrafos citados carecen de autoridad en este punto. En el comentario de Pérez de Guzmán a aquella obra, se corrige en *zarzaganillo* la errata -*villo* de *Aut.*, pero según la ed. de los *Cl. C.*, aparece con dos

zz; sin embargo, esta edición tiene la ortografía modernizada (*hace, dice,* etc.).

Ciezo, V. *sentar*

CIFAQUE, 'peritoneo', ant., del ár. *şifâq* íd. *1.ª doc.*: 1.ª mitad S. XIV, *Montería de Alfonso XI,* 148, 257.

Dozy, *Gloss.,* 257; *Suppl.* I, 837*b;* Eguílaz, 379. Cultismo, a juzgar por la conservación de la *i* tras *ş.* Palabra rara en castellano. Hay variante *cifat* (o *¿cifac?*) en el mismo texto. *Sifac,* en bajo latín de Portugal (1318): C. Michaëlis, *RL* XIII, 394-5. Oc. ant. *sifac.*

CIFOSIS, derivado culto del gr. χυφός 'encorvado'. *1.ª doc.*: falta aún Acad. 1899.
Es injustificable la variante *sifosis,* admitida por la Acad. (con etimología errónea).

DERIV. *Cifela,* tomado del gr. χύφελλα, pl., 'hueco de la oreja': el significado propio de la voz moderna es 'depresión en la cara inferior del tallo de ciertos líquenes' (*NED*).

CIFRA, del ár. *şifr* 'vacío', 'cero': aplicóse en romance primeramente al cero y después a los demás guarismos. *1.ª doc.*: Nebr., *e, l, r*o: «*cifra en la cuenta: cifra*».
Es sumamente probable que el uso del vocablo en castellano sea muy anterior, pues es creencia común y verosímil que Alfonso el Sabio introdujo el uso de los números arábigos[1], y es de creer que usaría el vocablo *cifra* para denominarlos. Directamente del árabe tomaría el cat. *xifra* Raimundo Lulio, que ya emplea el vocablo en la *Doctrina Pueril* («les *xifres* e les figures del algurisme», ed. G. Gili, p. 187)[2], port. *cifra* [Heitor Pinto, † 1584]. Las demás formas romances pueden venir directamente del árabe, por vía culta, o a través de los romances ibéricos: fr. ant. *cifre* m. y f. [S. XIII], hoy *chiffre* m. [1486], it. *cìfera* o *cifra* (Tommaseo no da ejs. anteriores al S. XVI: Bembo, † 1547); gr. τζίφρα [S. XIV][3], en bajo latín se halla *cifra* ya en Alano de Ínsulis († 1294), vid. Du C., y ya en el S. XII Leonardo de Pisa latinizó el vocablo dándole la forma *zephirum.* Como de ahí viene el it. *zero,* propagado modernamente a los demás romances, es verosímil que así como la forma *cero* entró en Europa por Italia, la forma *cifra* penetrara por la Península Ibérica, y singularmente gracias a la escuela de traductores alfonsíes y a la instituída por Lulio en Miramar. En el propio romance, *cifra* significó primeramente 'cero', ac. que sigue viva en portugués y en inglés, y era usual en francés del S. XVII (Devic) y en el italiano del XVIII (Tommaseo); sin duda casualmente, faltan testimonios de la misma en castellano (excepto en Franciosini) y catalán. El paso a la ac. genérica 'guarismo' se explica por ser el cero lo más nuevo del sistema de numeración arábiga

y su misma base. En nuestro idioma se desarrollaron pronto las acs. secundarias y figuradas 'escritura en clave', 'abreviatura', 'enlace de iniciales', 'suma, compendio o emblema' [S. XVI], que probablemente nacieron aquí, pues alcanzaron mayor desarrollo que en las lenguas hermanas. Para bibliografía, vid. *CERO.*

DERIV. *Cifrar* [Fr. L. de León, † 1591, comp. Cuervo, *Dicc.* II, 150-1]; *cifrado. Descifrar* [h. 1600: Babia]; *descifrable, descifrador, descifre* (también es usual *desciframiento,* no admitido por la Acad.).

[1] Hay ya casos sueltos más antiguos, entre los cuales interesa, por tratarse de la Península Ibérica, el del futuro papa Gerberto, a. 999, que aprendió matemáticas en Urgel, vid. Viterbo, **s.** v. *algarismo* y *cifra.*— [2] Ag. sólo trae un ejemplo de *xiffra* en el S. XV, y otro de la variante cat. *cifra* en documento de 1461-5 (*Doc. Arch. Cor. Ar.* XXII, 200). Sería bueno asegurar el dato de Lulio con otras ediciones y comprobar si tiene *x-* o *c-* en los manuscritos. Es punto importante, porque es costumbre derivar el fr. *chiffre* del italiano, a causa de su *ch-,* opinión que convendrá revisar; el cambio fonético de *s-* en *x-,* por influjo de la *i,* es posible en catalán.— [3] Krumbacher había creído que *cifra* podía venir del gr. ψηφοφορία 'cálculo', quizá fijándose en que ése es el título que da a su libro Máximo Planudes, el que introdujo nuestro vocablo en griego. Pero P. Tannery, *Rev. Archéologique* XXIV, 48-53, defendió la etimología arábiga, y el propio Krumbacher la aceptó posteriormente como probada, *Byzant. Zeitschr.* II, (1893), 299-303.

Cigala, V. *cigarra*

CIGARRA, relacionado con el lat. CĬCĀDA íd., probablemente de una variante *CICĀRA que tendría esta voz, de origen mediterráneo en latín. *1.ª doc.*: *cigarra, Alex.,* 1974*dO* (*cigala* en *P*); *cigarra* E. de Villena, *Arte Cisoria,* ed. Navarro, p. 45; *cigarra,* APal., 74*b; cigarra* ibíd., 502*b,* 511*b;* Cej. VIII, § 17.
También es *cigarra* en portugués[1]. Por otra parte mozár. *čiqâla* (Abenalȳazzar, † 1004, Abenalbéitar, R. Martí, PAlc., etc.: vid Simonet), cat.[2], oc. *cigala* (> fr. *cigale*), friul. *siyale,* it. *cicala,* y el a. arag. *cigala* (*RLiR* XI, 106; *cicala* 'grillo': *BDC* XXIV, 165)—que ya aparece en el S. XV en el ms. aragonés del *Alex.—,* vienen de la forma CĬCĀLA, documentada en glosas latinas[3], que todos están de acuerdo en mirar como variante antigua de CICADA[4]. Luego es verosímil considerar *cigarra* como resultante de otra variante de este tipo, documentada, como sugiere Spitzer (*ZRPh.* XLVI, 599-600), por la forma ζειγαρά, que Hesiquio en el S. III d. C. registra como propia de la gente de Sida, en la costa Sur del Asia Menor. APal. emplea una vez una forma *cigara,* que por lo

demás es insegura, no hallándose confirmada en
otros pasajes del mismo o de otros autores (Nebr.:
cigarra, en el *Dicc. Esp.-Lat.* y en el *Lat.-Esp.*).
Sea como quiera, era facilísimo que un *cigara* originario pasara a *cigarra* por influjo del frecuente
sufijo *-arra*, comp. CIMBARRA < *zabbâra*. Es
posible que la misma forma existiera en Cerdeña,
donde hallamos *zittàrra*[5] 'cigarra', en Marcialis
(comp. Guarneiro, *Rom.* XXXIII, 67n.), con influjo de *zittula* 'mosquito' (palabra emparentada
con nuestro CÉNZALO).

Del todo inverosímil es que *cigarra* represente
un derivado iberorromance *CICADARRA, como propone Leite, *RL* III, 289n.1. Pero tampoco creo
que baste para explicar la variante hispano-portuguesa el deseo de dar al vocablo una forma más
onomatopéyica, expresiva del «chirrido» del insecto, como creen Baist, *RF* IV, 418, y Cornu, *GGr.*
I[2], § 202; donde sí es evidente el carácter de creación posterior expresiva es en la variante portuguesa *cègarréga* [Arraes, 1589], pero ésta se explica
mucho más fácilmente como derivada de *cigarra*,
en busca de una repetición apofónica (del tipo
zurriburri, fr. *charivari*), que *cigarra* partiendo de
CICADA[6]. Vid. nota 1.

Como variante mozárabe de *cigarra* debemos
mirar la forma *chicarro* que Nebr. define por
«cigarra que canta; acheta»[7]. La importante forma
chicarro está confirmada por el cordobés Rosal
(1601): «*chicarro* llamó el antiguo a la chicharra
o cigarra» (Gili, s. v.). En cuanto al común *chicharra* (la forma usada hoy en Andalucía; Covarr.
dice que es de Toledo) sale del femenino correspondiente *chicarra*, por una dilación consonántica favorecida por el efecto expresivo de la reduplicación y por el influjo de *achicharrar* 'abrasar';
chicharra está documentado desde 1588 (J. de Pineda: Cej. VIII, p. 14)[8].

DERIV. *Cigarrón* 'saltamontes'. *Cigarral* 'en Toledo, huerta cercada fuera de la ciudad, con árboles frutales y casa para recreo' [1599, *G. de Alfarache*], por las cigarras que abundan en los árboles de esta parte de Castilla la Nueva'; *cigarrale-
ro*. *Chicharrero*.

Chicharru 'caranx trachurus' ast. (V), gall. septr.
chicharro 'jurel' (Sarm. *CaG.* 220v), vizc., vasco.

[1] En portugués, según el Inq. de Boleo (*RPF*
XI, mapa 20) *chicharra* aparece en varios puntos
del Alemtejo Alto y Bajo, sobre todo éste, y casi
todos en la parte extremo-oriental de esta región;
cigarra (con *cigarrela*, *-rrelha*, *-rrilha*) en casi
todo el país; la principal excepción es el área
de *cega-rega* que ocupa grandes zonas del Centro
(pero no en su parte litoral) y que ahora se explica muy bien como alteración onomatopéyica
de *cigarel(h)a* cuya área es contigua (hay además
un *rela* en un pueblo del Sur de la Beira Alta,
muy poco más al Norte, que nos muestra cómo
cegarrega nació de haberse desglosado el vocablo
como *cega-rela*, y por haberse interpretado *cega*

como 'ciega').— [2] En catalán designa además un
crustáceo marino cuyo cuerpo recuerda el de la
cigarra (V. el grabado del *Dicc. Alcover*) y la
argolla del ancla. De aquí el castellano *cigala*
en las mismas acepciones (falta aún Acad. 1899).
Acad. 1936 da además *cigallo* en la misma ac.—
[3] En los *Hermeneumata Montepessulana* de un
ms. del S. IX (*CGL* III, 319.54) y en los *H.
Vaticana*, ms. S. X (ib. III, 577.67), que contienen otras formas de latín vulgar análogas a las
hispánicas (como *sarracla* > cast. *cerraja*).— [4] Niedermann, *Festgabe Kägi*, 80n., seguido por Ernout-M. y Walde-H., como forma mediterránea
del mismo origen que la clásica. Battisti, *BhZRPh.*
XXVIIIIa, 15n., como forma dialectal del Lacio,
con el cambio sabino de D en L. Cabría pensar
en otra explicación. San Isidoro, *Etym.* XII, vii,
67 y viii, 10, nos dice que los españoles llaman
cicŭlus al cuclillo, de cuya saliva nacen las cigarras («Hispani *ciculos* vocant... Horum salivae
cicadas gignunt»). Sofer, 12-13, explica que el
santo pensaría en el Philenus spumarius L., también llamado cigarra espumante («Schaumzika-
de»), cuyas larvas producen la llamada espuma
de cuclillo («Kuckucksschaum»), V. la bibliografía allí citada; de ahí vendría Niza *cigalié* 'cuclillo'. Ahora bien, la forma CICŬLUS, a pesar
de las vacilaciones de Sofer, existió indudablemente, pues de ahí viene el cast. ant. *cegulo*
'cornudo', documentado en el Fuero de Avilés (línea 38), en el de Llanes, en un foral portugués
del S. XII, o *cigulo* (Fueros de Oviedo y de Parga,
V. la edición de Fz. Guerra, en nota y en el gló-
sario), y en otros textos legales de la época. Pudo
haber un influjo recíproco entre las dos palabras,
nacido de esta leyenda, en virtud del cual CICADA
se hizo CICALA, y viceversa CUCULUS pasó a CICU-
LUS, tanto más fácilmente cuanto que para esto
último existen casos paralelos (CICUTA ~ CUCUTA
—REW—; pall., Arán, Vallée d'Aure, Luchon *cigala* 'corneja', junto al cat. *cucala*, oc. *caucala* íd.);
de hecho el logud. *chìgula* (Spano), campid. *cìgu-
la*, *chìgala* (REW) 'cigarra', parece estar bajo el influjo de CŬCŬLUS 'cuclillo', aun en lo que se refiere al acento y a la vocal postónica. Sin embargo, creo que fué el parecido fonético entre el lat.
CUCULUS y el lat. vg., ya existente, CICALA, lo
que dió nacimiento a tan extraña leyenda popular, la cual a su vez fué causa, posteriormente,
del cast. ant. *cegulo* y de las formas sardas (para
cuya explicación V. nota siguiente). Hesiquio cita
una forma griega σιγαλοί 'cigarras silvestres' (Walde-H.).— [5] Sería onomatopeya independiente y
sólo secundariamente influída por *cigarra*, M. L.
Wagner, *RF* LXIX, 258.— [6] Por lo demás, nótese
que *cegarrega* se aplica especialmente a ciertos
instrumentos que imitan el sonido de la cigarra;
Moraes no indica si Arraes, y otra autoridad que
cita, emplean el vocablo con referencia a este instrumento o al insecto.— [7] Comp. *Cigarro* como

nombre propio de persona, que Cortesão documenta en un documento portugués arcaico (*PMH*), y que representa la única documentación antigua que me es conocida, para el representante portugués de nuestro vocablo.— [8] M-Lübke, *REW* 8235, no se atreve a explicar *chicharra* como mozarabismo, por falta de pruebas documentales, proporcionadas por el *chicarro* de Nebr., que él no conocía. Una *Toda Chicarra* en doc. nav. de 1255 no creo que sea derivado de *chico* como supone Michelena, *FoLiVa* I, 45. Nótese que la cantidad CĪCADA, que dan el *REW* y el *FEW* sin explicaciones, carece de fundamento. La única forma documentada por la versificación latina, es CĪCĀDA, como miden Virgilio, Lucrecio, Ovidio, Marcial y otros en muchos pasajes de sus obras («sole sub ardenti resonant arbusta cicadis»). No sólo el sardo *chìgula* y el it. *cicada* corresponden a esta Ĭ, sino también oc. y cat. *cigala* (vid. lo dicho s. v. *CENACHO*). La única dificultad está en la *i* del cast. y port. *cigarra*. ¿Habrá variante en la base dialectal latina, o influjo del mozár. *chicarra*, *chicharra*, donde la *i* no puede sorprender?— [9] Para derivados de nombres de animales con sufijo colectivo de plantas, comp. el port. *passarinhedo* 'bandada de pájaros', y demás ejs. reunidos por M-L., *BDC* XI, 18. Indefendible fonéticamente es el étimo de Eguílaz ár. *'ard šağrā* 'tierra abundante en árboles', como ya indica Baist (*RF* IV, 409), que, por otra parte, no se atreve a considerar derivado de *cigarra*. Audaz e injustificada semánticamente es la idea de Unamuno: de **cigorral*, derivado del alto extremeño *cigorro* 'picacho o tormo', que él cree variante de *CIMBORRIO* 'cúpula' (*RFE* VII, 351-2). Completamente infundado el supuesto de Elise Richter, *Atti del XXII Congr. Intern. degli Amer.*, II, 304, de que pudiera significar 'plantación de tabaco' y derivar de *cigarro*. La autora advierte que no ha podido comprobar la presencia del vocablo en *Guzmán de Alfarache*. De todos modos, aparece ya en Oudin y Covarr., lo empleó Góngora en 1610 y 1612 (vid. Alemany), y la comedia de Tirso, *Cigarrales de Toledo*, es de 1621. No se comprende a qué étimo se refiere el P. Guadix al afirmar que *cigarral* es palabra árabe con el significado de 'casa pequeña', lo cual sería *duwájra* o *duwiŕîya* en este idioma. E. Richter dice que el supuesto étimo de tal significado sería *caxral*, pero ésta no es palabra conocida.

Cigarra, V. *cicatero*

CIGARRO, origen incierto, quizá derivado de *cigarra* por comparación con el cuerpo cilíndrico y oscuro de este animal. *1.ª doc.*: h. 1610[1].

Hasta ahora se habían hallado solamente ejs. de 1680 y posteriores, vid. Friederici, *Am. Wb.*, 190-1. Ya en el primer viaje de Colón observaron los españoles la costumbre americana de fumar rollitos de tabaco; el P. Las Casas nos transmite la descripción de los primeros observadores, pero ni en él (contra lo que dice Zaccaria) ni en los demás cronistas del S. XVI ni de casi todo el XVII figura la palabra *cigarro;* los llaman *cañutos de humo* o *de tabaco*. Sabemos, por otra parte, que en 1570 ya se fumaba en Europa. Las más antiguas representaciones gráficas de hombres fumando se hallan en los códices mayas, pero abundan también y son muy antiguas las procedentes del Perú, del Brasil y de otras zonas sudamericanas, y las primeras noticias escritas se refieren a las Antillas. Los datos arqueológicos y etnográficos, bien reunidos por Günther Stahl, *Zeitschrift für Ethnologie* LXII (1930), 45-111, no ayudan mucho a determinar la patria del vocablo, pues ni la del objeto es segura. Se ha asegurado que ésta fué la América Central, pero sin pruebas firmes, y Stahl admite la América del Sur, Méjico y las Antillas como igualmente posibles: sólo consta que la costumbre fué traída a Europa desde las Indias. Las teorías centroamericanas y las imágenes mayas fueron causa de que se buscara el origen del vocablo en ese idioma; pero la fecha remota de estas imágenes nada prueba, ya que el uso pudo no ser menos antiguo en el resto del Continente, en donde no existe material gráfico de tanta antigüedad. El hecho de que sea el Méjico azteca el lugar donde los cigarros están descritos inequívocamente por primera vez (*Zeitschr.* citada, p. 95)—pues en otras partes puede tratarse igualmente de pipas—, y la procedencia del primer ej. del vocablo, invitarían, si acaso, a buscar en náhuatl.

La realidad, sin embargo, es que no tenemos seguridad alguna de que *cigarro* sea voz creada en América, como no lo es *pipa*, pues la aparición del vocablo es posterior a la introducción de la costumbre en el Viejo Mundo. De ninguna manera parece «ridícula» (como la califica Goncalves Viana, *RL*, VIII, 28n.1) la idea de una comparación con el cuerpo de una *cigarra*, cilíndrico, terminado en punta y de color oscuro; por el contrario, la analogía existe, al menos con el cigarro puro, o cigarro en términos estrictos, y la relativa antigüedad de la forma *cigale* 'cigarra' aplicada al cigarro en el francés de las Antillas (1724), indica, por el contrario, una tradición que, en estos lugares, no carece de valor; por otra parte, la analogía de forma no es lo bastante grande para asegurar del todo la idea[2].

La etimología maya *sī'c* (que otros escriben *ciq*, y hay variante *jiq*), inspirada en las consideraciones discutidas, no convence en el aspecto lingüístico: significa 'tabaco' y, por extensión, 'cigarro' o 'pipa', y hay derivado *sicar* (o *jiqar*), pero es verbo y significa 'perfumar' o 'fumar'. No es verosímil que de un verbo saliera un sustantivo, como admitieron Brasseur de Bourbourg (1861) y sus seguidores Gonçalves Viana,

Nyrop (*Linguistique et Histoire des Moeurs*), Elise Richter (*Atti del XXII Congresso Intern. degli Americanisti*, 1926, 297-304; y en *De Spiegel
van Handel en Wandel*, Rotterdam, 1926-7, artículo que no he podido consultar), Stahl y Friederici.

Lo único seguro es que del español el vocablo
pasó al fr. *cigare* [*cigarro*, 1688: König, *BhZRPh.*
XCL, 69-70], it. *sigaro* [S. XIX: Zaccaria], ingl.
cigar [1735], alem. *zigarre*, etc.

Deriv. *Cigarrero, cigarrera, cigarrería, cigarrillo*.
¹ En un romance lleno de alusiones a cosas
mejicanas, por Mateo Rosas de Oquendo:
«Aquesto cantaba / Juan de Dios el noble, / ha-
siendo un *zigarro*, / chupólo y durmióse», publ.
por A. Reyes, *RFE* IV, 365. Oquendo, nacido
h. 1559 en España, vivió mucho tiempo en el
Perú y Norte argentino. Poco después de 1598
se trasladó a Méjico.— ² Las Casas llama repetidamente *mosquetes* los cigarros de los indios (V.
las citas aquí s. v. *TABACO*), y de sus palabras
se deduce que este nombre circulaba ya en España, aplicado a un objeto semejante, aunque distinto. Paralelismo sugestivo. Pero debería analizarse bien cuál es ahí el sustrato semántico, pues
quizá más que de *mosca*, insecto, se trate ahí del
arma de fuego o de la flecha, llamada *mosquete*.

Cigarrón, V. *cicatero* y *cigarra*　　*Cig(o)lón*, V.
ciclán

CIGOMÁTICO, derivado del gr. ζύγωμα, -ατος,
'arco cigomático', derivado de ζυγός 'yugo' porque une. *1.ª doc.*: ya Acad. 1884.
Deriv. *Cigofileo* [Acad. 1899], compuesto de
ζυγός con φύλλον 'hoja', porque sus hojas constan de dos más pequeñas unidas.

Cigoñal, *cigoñino*, *cigoñuela*, V. *cigüeña*　*Cigorro*, V. *cimborrio*　　*Cigua*, V. *ciguato*

CIGUATO, antill., 'el que se ha envenenado
comiendo ciertos peces y crustáceos, que causan
palidez intensa y relajación general de las fuerzas, parece ser palabra indígena de las Antillas.
1.ª doc.: Pichardo, 1836-75; comp. *aciguatado*, 1721.
Se trata de palabra antillana y no mejicana,
como había dicho la Acad.; vid. Robelo, Pichardo
define *siguatera*, calificándola de voz indígena: «enfermedad que contraen algunos peces y cangrejos,
por haber comido cosas venenosas para su especie... en el hombre es un verdadero envenena-
miento, que se contrae por haber comido pez o
cangrejo *siguatos*». Fr. I. Abad, *Historia de Puerto Rico* (1788): «a esto llaman *aciguatado*, cuya
comida causa una relajación universal de las vías
y músculos» (cita de Malaret, *Voc. de P. R.*). En
Santo Domingo: «*aciguatao*, triste, débil», «*ciguato*, enfermizo, achacoso»; en el Salvador, *chiguato*
'cobarde' (Malaret, *Semánt. Amer.*, 10). *Aciguata-*

do figura ya en el español Pedro Silvestre, en
1721, que hablando de Tritón dice tiene la «barba de mariscos encarnada, viejo el semblante, *aciguatado* y lacio». Creo que de la idea de 'paralizar' habrá llegado *aciguatar* a 'asir con fuerza
para que (alguien) no se escape', en Murcia (Sevilla) y Andalucía (AV), y de aquí, pasando por
'fijar con la vista', a 'atisbar, acechar', en la última de estas regiones, según la Acad.¹; no creo
que estas acs., menos concretas y menos antiguas,
sean las primitivas y puedan tomarse como punto
de partida, según hacen G. de Diego, *RFE* XVIII,
1, al mirar nuestro verbo como cruce de *acechar*
con un *aguatar* por *aguaitar*, o Spitzer, *RFE*
XVIII, 235, al derivarlo del lat. SECUTARE 'perseguir', cast. *secutar*, *sicutar* (Oudin), langued. *as-
segutà* 'apretar, importunar, perseguir'; tanto menos cuanto que la andaluza F. Caballero emplea
aciguatado para 'atacado de ciguatera' (*DHist.*).

Es probable sea voz indígena de las Antillas,
como admite Hz. Ureña, *Indig.*, 120. Quizá sea
derivado del cub. *cigua* 'caracol de mar' (Acad.);
esta palabra es antigua en la ac. 'árbol antillano
de la familia de las lauráceas', con la cual ya figura en Fz. de Oviedo (1557), y será voz taína,
como afirman Friederici, *Am. Wb.*, 191, y Hz.
Ureña, *l. c.*, 116, pero ignoro si las dos acs. son
voces idénticas o sólo homónimas; en todo caso
la primera habrá dado el ast. *cigua* 'amuleto para
librar a las criaturas del mal de ojo: es de aza-
bache y tiene la figura de una mano' (V), pues
este amuleto, según Rato, también puede ser de
coral².

Deriv. *Ciguatera* («une garce qui se soumet au
joug d'un ruffien», mot de jargon, Oudin, 1616)
(Gili) [*cigatera* en Covarr. estará por *cicatera*]),
aciguatar(se), *ciguatarse*, V. arriba.
¹ A no ser que este dato, no confirmado por
AV, se deba a una confusión.— ² No siendo voz
mejicana es difícil que venga de *aciguate* 'cierta
hierba de raíz medicinal', para cuyo posible origen azteca, vid. Robelo, 469-70. Y más aún que
salga del náhuatl *cíhuatl* 'mujer', con el sentido
de 'afeminado', tal como admitieron otros, creo
siguiendo a Monlau.

CIGÜEÑA, del lat. CĬCŌNĬA íd. *1.ª doc.*: S. XIII,
Biblia Escurialense (Glos. de Oroz, n.° 195); *Gral.
Est.* 309*b*32 y 30 (con variante ms. *-oña*).
Deriv. *Cigüeño*. *Cigüeñuela*, *ciguñuela*. *Cigo-
ñuela*. *Cigoñino* 'pollo de la cigüeña' [J. Ruiz,
Rivad., 952]. *Cigoñal* 'pértiga para sacar agua de
los pozos, enejada sobre un pie en horquilla'
[Nebr.; *ciguñal*, princ. S. XV, *Canc.* de Baena,
W. Schmid], por comparación con el movimiento
del largo cuello de la cigüeña, comparación ya
antigua y muy extendida en romance, pues San
Isidoro ya describe el mismo instrumento dándole
el nombre «hispano» de *ciconia* (*Etym.*, XX, xv,
3), y lo mismo se llama *cigoniola* en doc. de 902

(cita de Cabrera); de aquí el boloñés ant. *ci-gognola* (1250, Sella, *Gloss. Lat. Emil.*), el fr. ant. *ceoignole*, el nombre de lugar cat. *Les Gunyoles* < *Ses Gunyoles* (antiguamente *Cegunyolas*, Balari, *Oríg. Hist. de Cat.*), y el cast. *ceguiñuela* [1696, *Vocab. Mar. de Sevilla*], como término de marina con ac. análoga.

Cigulo, V. *cigarra*   *Ciguñuela*, V. *cigüeña*
Ciguta, V. *cicuta*   *Cija*, V. *cia* y *silo*   *Cilantro*, V. *culantro*   *Cilbete*, V. *jilguero*   *Ciliar*,
V. *ceja*   *Cilindrajo*, V. *andrajo*

CILICIO, tomado del lat. *cilicium* 'pieza de paño fabricado con piel de cabra de Cilicia', 'vestidura áspera, cilicio'. *1.ª doc.*: *celicio*, en Berceo (y otros autores medievales: DHist.); *cilicio*, Canc. de Baena (W. Schmid), APal. 394b; *cilicio de barvas de cabrones*, Nebr.

CILINDRO, tomado del lat. *cylindrus*, y éste del gr. κύλινδρος íd., derivado de κυλίειν 'rodar'. *1.ª doc.*: 1499, Núñez de Toledo.
Deriv. *Cilíndrico. Cilindrar. Cilindrado.*

Cilla, cillazgo, cillerero, cillería, cilleriza, cillerizo, cillero, V. *celda*

CIMA, del lat. CYMA 'renuevo o tallo joven de la col y de otras plantas' y éste del gr. κῦμα, -ατος, 'brote, vástago tierno', 'ola, onda', cuyo significado primitivo fué 'hinchazón' (comp. κύειν 'estar encinta'). *1.ª doc.*: 'rama de árbol', Berceo; 'punta superior (de un mástil)', J. Ruiz, 1268a; 'cumbre', APal. («culmen es la *cima*», 100d).
En griego es neutro, pero el lat. CYMA figura ya como femenino en Columela. Berceo sólo le da el significado de 'rama de árbol'[1]. Pero el uso de *por cima de* 'por encima de' en el *Conde Luc.*, 47.19, ya supone la ac. general moderna, que se explica por el significado de 'sumidad de las plantas' que presenta el vocablo en el latín de San Isidoro[2]. En el gallego antiguo de las *Ctgs.* no aparece aplicado a montañas, pero en lo demás el vocablo es allí frecuentísimo y con todos sus usos gramaticalizados o fraseológicos: *a cima* 'hacia arriba', *per cima* 'en fin', *en cima* 'encima', *de fond' a cima* 'de punta a punta, del todo', *dar cima* 'llevar a cabo', *leixar na cima* 'omitir' (V. el glos. de Mettmann). De la idea de 'culminación, remate' vino por otra parte la de 'fin' (J. Ruiz, 1475d, etc.; Sem Tob, coplas 287a, 258, etc.), de donde posteriormente la frase viva *dar cima a una empresa*. En ast. es «la parte más sustanciosa del caldo de una olla» (V). Más datos, Cej. VIII, § 45. Para el duplicado *quima* 'rama', vid. ESQUILMAR.
Deriv. *Cimal* 'rama o copa de árbol' ant. (*Apol.*, 25a), comp. cat. *cimal* 'cada una de las ramas principales de un árbol'. *Cimar. Cimero* adj. [APal., 2b, «abacus... la parte *cimera* de un chapitel»,

14d, 24d]. *Acima de la fuente de B.*, 1031 (pero quizá es doc. modernizado), *BHisp.* LVIII, 357. *Encima* [1251, Calila 19.75; *1.ª Crón. Gral.* 29b48; J. Ruiz, 252a]; *encimar* [h. 1250, Setenario f° 5 v°; Calila 23.186; Nebr.], *encimero. Cimacio*, tomado del griego κυμάτιον, diminutivo de κῦμα en el sentido de 'onda', y V. los artículos siguientes.
Cat. *cim*, port. *cimo* 'cumbre' (que no es gallego; aunque de uso tan general en portugués como en catalán; allí se documenta ya en 1614, Moraes y hoy en la toponimia, especialmente en la del Norte del país, donde está bastante repetido *Cimo de Vila*, como nombre de barrios o pueblos, en Tras os Montes y en el Bajo Támega al E. de Oporto.

[1] Son erróneas las definiciones del vocablo en Lanchetas y en *BKKR*, vid. *AILC* II, 134-5.—
[2] «Caulis... *cyma* dicitur quasi coma: est enim summitas olerum vel arborum, in qua vegens virtus naturalis est», *Etym.* XVII, x, 4.

Cimarra, V. *zamarra* y *cimarrón*

CIMARRÓN, amer., 'alzado, montaraz', aplicado a los indios, negros y animales huídos, 'salvaje, silvestre', probablemente derivado de *CIMA*, por los montes adonde huían los cimarrones. *1.ª doc.*: 1535, Fz. de Oviedo (*indio cimarrón o bravo, puercos cimarrones o salvajes*).
Nótense los pasajes, de Lope: «versistas cimarrones, fugitivos del monte del Parnasso» (*Epístola* VI, ed. Sancha, I, 332, v. 28); del P. Cobo: «en muchas provincias de la América hay gran suma de caballos alzados al monte o montarazes, que llamamos *cimarrones*»; y de Domingo F. Sarmiento, que hablando de un *niño cimarrón* o escapado a su tutor, se refiere a la creación de la palabra en la Habana: «para los negros y esclavos que ganaban la cima de montañas inaccesibles y formaban colonias, que eran atacados con perros adiestrados al objeto» (*Obras*, tomo XLV; en las *Páginas selectas* publicadas en 1938, p. 402). Hay sinonimia perfecta con *montaraz* («cimarrón: montaraz, salvaje» en el dominicano Brito) y con *cerril* («vacas *cerriles* o, como acá llamamos, *cimarronas*», Lozano, *Hist. de la Conq. del Paraguay*, 1745, libro I, cap. xi, ed. B. Aires, 1874, I, 274) y *cerrero*; este último es también casi exclusivamente americano. 'Perseguir al indio cimarrón o alzado' se decía en la Española *montear* (B. de las Casas, *Apologética*, p. 45a). Comp. además el origen de *JÍBARO*.
Claro está que el sufijo iberorromance *-arrón* no se puede invocar en manera alguna contra la derivación de *cima*, pues es sufijo muy productivo en castellano, con radicales de cualquier origen (*mancarrón, vozarrón, zancarrón, dulzarrón, fanfarrón*, etc.). La voz chilena *cimarra*, de fecha moderna y puramente local, empleada solamente en la frase *hacer la cimarra* 'faltar a clase, hacer la rabona', lejos de ser el punto de partida de

cimarrón, como admitió Lenz (*Dicc.*, 188-9), es derivado regresivo de *hacer la cimarrona*, aunque *chimarra* 'cierto juego de muchachos' se emplee también en Colombia (Malaret, *Supl.*)'.

No hay, por lo tanto, necesidad de recurrir a otras etimologías, como la de *zamarra, zamarrón*, 'pelliza o calzón de piel usados por los campesinos', como sugirió Tiscornia (*M. Fierro coment.*, p. 393) y, tras él, Spitzer (*Language* XIV, 145-7); por cierto, la forma *çimarra* parece haber existido como variante de *çamarra* (así en G. de Segovia, p. 82), y Spitzer nos recuerda eruditamente el ecuat. *zamarro* 'individuo pesado, necio, rústico, grosero', en Venezuela 'hombre taimado', en Honduras 'pícaro, bribón', costarr. *zamarrear* 'picardear, bellaquear', pero la verosimilitud semántica de la idea sigue siendo vaga, y el propio Spitzer vacila entre explicarla por el carácter pastoril o campesino de la *zamarra*, y su largura, que habría sugerido la idea de arrastrar la cola, como en *hacer la rabona*, o en el alem. *schwänzen*, sinónimo de esta frase castellana². Del cast. *cimarrón* salieron el ingl. *maroon* [1666] 'esclavo alzado', 'navegante abandonado en una isla', fr. *marron* 'esclavo alzado', 'animal salvaje' [1667, König, *BhZRPh.* XCI, 145-6]: no consta en cuál de los dos idiomas se produjo la eliminación de la sílaba *ci-*, ni se ha explicado la causa de este hecho, pero es más verosímil que ello ocurriera en un idioma de tipo diferente, como el inglés, que a menudo deforma gravemente las voces romances. Para materiales, V. además Friederici, *Am. Wb.*, 191-2.

DERIV. *Cimarronada. Cimarronear.*

¹ La misma *ch-* en el riograndense *chimarrão* 'cimarrón', *Collecção de Vocábulos usados na prov. do Rio Grande do Sul*, Londres, 1856. No son raros los casos de *chi-* o *che-* por *ci-, ce-*, en los americanismos; vid. *chiguato, chiclán, chipote* y *che* en los artículos CIGUATO, CICLÁN, CIPOTE y CHE. En cuanto a las *cartas de achimarre*, cartas de declaración para enamorados, que se venden ya escritas, en Michoacán (Méjico) (vid. V. Rodríguez Rivero, *Rev. Hisp. Mod.* IX, 370), no tiene eso que ver con *cimarrón* ni con *amarrar* (según quiere la Srta. Rodríguez), sino con el *zamarrear* 'bellaquear' citado abajo, que en otras partes es *chamarrar* 'engañar' (Malaret).— ² Spitzer se inclina por esta última alternativa, colocando así la frase local chilena a la base de un vocablo antiguo de los cronistas de Indias, contra toda probabilidad. En cuanto al vasco *ezibearra* 'indómito', que también sonríe a Tiscornia, es uno de tantos compuestos vascos forjados por Larramendi, con los elementos vascos existentes *ezi* 'domar' y *bear(ra)* 'necesitado, pobre'. Anteriormente aceptó Spitzer la etimología *cima* (*Lexik. a. d. Kat.*, 97n.1), rechazando una conexión imaginable con el oc. *chimarro, gimerro, jumerri*, fr. *jumart* 'animal híbri-

do' (Sainéan, *Sources Indig.*, I, 332, cita a este propósito un cast. *zimarro* 'carnero', cuya existencia no me es conocida).

CÍMBALO, tomado del lat. *cỹmbălum* 'especie de platillos, instrumento músico de los antiguos', y éste del gr. χύμβαλον íd. *1.ª doc.*: *cínbalo*, Berceo, *S. D.* 456. Empléalo en 1444 Martínez de Toledo para 'campana' (*Vida de San Ildefonso, Cl. C.*, 25.19).

Variantes: *cimbre* 'esquila que tocan los moros en lo alto de una torre', h. 1300, *Gr. Conq. de Ultr.*, 328, 335'; después no se halla *címbalo* hasta el Siglo de Oro (Oudin, Franciosini, 1620, etc.) y *cymbalo* en *Aut.*

DERIV. *Cimbalaria* [1555, Laguna]. *Cimbalero. Cimbalillo* (o *cimbanillo*).

¹ En la p. 320 hay confusión con el «cuerno de alambre» que en la p. 328 se dice que también tocan los moros.

CÍMBARA, 'especie de guadaña corta y ancha, con mango corto, que se emplea para cortar y podar árboles', del ár. hispánico y magrebí *zabbâra* 'hocino para chapodar árboles', derivado del ár. vg. *zábar* 'podar'. *1.ª doc.*: *zimbarra*, 1505, PAlc., como traducción castellana del mozár. *forma; zimbara*, 1527, *Ordenanzas de Sevilla*, cita de Eguílaz, p. 529; *címbara*, Acad. ya 1817.

No hay por qué corregir la forma de PAlc. en *zimbara*, como propone Simonet, s. v. *fórma*, pues *cimbárra* es como se pronuncia en las montañas de Almería, según anoté personalmente, dando este nombre a una herramienta algo diferente de las que describe la Acad. en su ed. de 1884', y en las de 1899 y siguientes («rozón»), de acuerdo con la definición dada arriba. Es posible que la acentuación *cimbara* exista efectivamente (aunque Eguílaz escribe *cimbara* sin acento) y proceda de una pronunciación del árabe vulgar con retroceso del acento a la sílaba larga o cerrada *zab*, tal como ocurrió en *şabbâra* 'zabila', que en Almería se pronuncia *zábila*. De la diferenciación de la geminada *bb* en *nb, mb*, hay también ejemplo en este vocablo, que en Lorca se pronuncia *címbara* 'zabila' (cat. *atzavara*), y en otros varios (V. los ejs. citados en CAMBUJ). El cambio de la vocal inicial en *i*, es menos sorprendente si se tiene en cuenta que *zabbâra* sonaba vulgarmente *zebbâra*; sin embargo, para cambiar esta última forma en *ci-* debió mediar el influjo de otro vocablo (¿CIMITARRA?), a no ser que existiera variante vulgar con otro vocalismo ya en árabe. Para la duplicación de la *-rr-*, comp. CIGARRA. El ár. *zabbâra* se halla en PAlc. y en los vocabularios magrebíes de Dombay y de Marcel (L. de Eguílaz, 379).

¹ «Instrumento rústico muy semejante a la guadaña, pero mayor, tiene la hoja más ancha y pesada, y con ella se siega y corta de golpe. Sirve

comúnmente para rozar las matas y monte bajo, y se usa mucho en la Andalucía baja».

Cimbarra, V. címbara   Cimbel, V. cimillo
Cimborria, V. cimborrio

CIMBORRIO, 'cuerpo cilíndrico que sirve de base a la cúpula', 'cúpula que remata una iglesia', tomado del lat. cibōrĭum 'especie de copa', y éste del gr. χιβώριον 'fruto del nenúfar de Egipto', 'copa de forma parecida'. 1.ª doc.: cimorro, h. 1460, Crón. de Juan II; cimborio, 1575, A. de Morales; cimborrio, 1637, Colmenares.

Cimorro 'torre de la iglesia', que Aut. declara voz anticuada, se halla también en Pinel y Monroy (1677); cimborio en Covarr., Oudin y es la forma que Aut. admite como básica, si bien precisando que «algunos dicen cimborrio». Formas análogas en port. zimbório 'cimborio'; cat. cimbori íd. [1436; cembori¹, 1372]. Esta forma con m adventicia (que quizá se deba al influjo de cima, cat. cim, 'cumbre', o al de CIMBRA) se halla también en bajo latín: Du C. cita dos ejs. tardíos de cimborium en un texto hispánico y en otro centroeuropeo, y otro de cimbarium en un autor irlandés de h. 1100; el significado de 'dosel que cubre el altar', debido a una analogía de forma con la copa mencionada, es frecuentísimo en el b. lat. ciborium, de ahí la ac. hispánica, y la del fr. ant. civoire, langued. cibòri y otras formas romances, para las cuales vid. FEW II, 662; también en castellano se ha empleado ciborio para 'baldaquino o dosel que cubre el altar' (falta aún Acad. 1899). La rr se debe a contaminación del sufijo hispánico -orro, -orrio (villorrio, etc.). Con significado secundario, salm. cimborria 'peñascal, terreno peñascoso' (Lamano), y el extremeño cigorro (< ciborro) 'picacho o tormo', que cito s. v. CIGARRA.

¹ De ahí actualmente val. sambori (Lamarca,⁵ Bernat de la Plana, en Bol. de la Soc. Castellon. de Cult. XVI, 228).

CIMBRA, 'armazón de maderas que sostiene la superficie convexa sobre la cual se van colocando las dovelas de una bóveda', del fr. ant. y dial. cindre, fr. cintre, íd., derivado de cintrer, cindrer, 'disponer en bóveda', que viene probablemente de un lat. vg. CĪNCTŪRARE, derivado de CĪNCTŪRA 'acto de ceñir'; el cambio de ndr en mbr es una alteración de causa incierta, sin duda debida al influjo de otra palabra, quizá cimbrear. 1.ª doc.: cimbria, princ. S. XV, Canc. de Baena. Cimbra, doc. vallisoletano de 1524, BHisp. LVIII, 358; 1585, Arfe: Cej. VIII, pp. 171-2; 1603, P. de Oña.

En portugués se emplea el masculino cimbre [med. S. XVI, J. de Barros] o cimbrio¹. En castellano hay variante cimbria, empleada por Góngora y que Aut. daba como básica, si bien advirtiendo que «algunos la llaman cimbra», pero que

la Acad. considera ahora anticuada [ya 1884], aunque la empleó recientemente el leonés Antonio de Valbuena; en cambio no estaría anticuada en la ac. 'miembro de moldura a manera de lista larga y angosta' (falta aún Acad. 1899), ac. tan diferente que bien podría salir de otro étimo, quizá el lat. fĭmbrĭa 'borde de vestido, franja' (comp. el cast. CIMBRAR junto al cat. fimbrar 'cimbrar'). En la ac. 'armazón que sostiene una bóveda' o 'curvatura de bóveda', cimbria se halla ya en el Canc. de Baena (W. Schmid), en Fr. Ant. Alvarez (1590-1; Cej., l. c.), en Covarr. y otros clásicos, mientras que cimbra figura en otros autores de la misma época (Esquilache, Palomino).

En la misma ac. que en cast. dijo el aragonés cindria² y dice el catalán cíndria [1431]³ y el oc. séndria, cindre⁴, formas que obligan a relacionar con el fr. cintre íd.⁵, tanto más cuanto que cindre existe como variante en textos dialectales franceses de los SS. XIV y XV, y hoy la forma con d sigue empleándose en el Valle de Aosta, Lión, Mâcon y en varias hablas de Oc (FEW II. 678; Horning, ZRPh. XXII, 482.3)⁶; existe también cintrer 'disponer en forma de bóveda', con la variante cindrer en los SS. XVI y XVII, y también con el significado de 'rodear, ceñir'; en vista de lo cual tenemos derecho a admitir que esta ac. general y no técnica es la etimológica, y todo nos lleva a conjeturar que la d se deba a influjo del fr. ceindre 'ceñir' CĬNGĔRE.

En cuanto al origen último, la etimología de Diez, *CĪNCTŪRARE, admitida por Wartburg y Bloch, fué impugnada por Horning y M-L. (REW³, 1922), principalmente porque se esperaría cein- en lugar de cin-. Sin embargo, cintre no aparece hasta 1300, y es dudoso que en fecha tan tardía se distinguieran bien los dos timbres vocálicos; como por otra parte ceintre se halla en el S. XIV (según Gamillscheg, EWFS), y el étimo de Horning, *CAMĬTEM, fué rechazado por M-L. a causa de dificultades fonéticas más decisivas, la objeción más firme que sigue en pie contra *CĪNCTURARE es que en italiano lo mismo se dice céntina, centinare, que Wartburg mira como galicismos, pero en principio sería más fácil desde el punto de vista fonético considerar estas formas como primitivas, y la r francesa como secundaria (tal como en ordre frente al it. ordine), ya que una formación *CĪNCTINARE no sería inconcebible. Por otra parte, también es posible que cintrer y centinare vengan de dos étimos distintos, aunque ambos derivados de CINGERE. Luego la cuestión queda pendiente de una averiguación sobre la antigüedad y variantes dialectales de la voz italiana.

En todo caso no puede dudarse que las formas catalano-occitanas en ndr y las castellanas en mbr son galicismos de carácter técnico. Para explicar la forma española con mb sería natural admitir un influjo del autóctono cimbrar o cimbrear 'blandir', cat. fimbrar 'balancearse, oscilar (un puente, el suelo de un edificio)' (ac. ésta que no es ajena al castellano), tanto más cuanto que es frecuente que las bóvedas se cimbreen. Sin embargo no debe olvidarse la posibilidad (que no puedo documentar) de que *cimbr-* ya existiera en francés, por influjo del fr. ant. *chambre* 'encorvado', *cambre* 'abovedado' (*FEW* II, 163b) y otros descendientes dialectales franceses de CAMUR (ibid., 164a) y de CAMERARE (ibid., 137a). También cabría atribuirlo al influjo de *CIMBORIO* (cuya *m*, a su vez, puede salir de *cimbria*).

Debe rechazarse la etimología de Spitzer (*RFE* XIII, 119), *SEDĪMEN 'asiento', derivado de SEDĒRE, muy rebuscada semánticamente, y sin otro apoyo hispánico que la etimología idéntica que el autor da al cast. *SIMA*, la cual es completamente inadmisible.

Acs. secundarias: *cimbra* «trampa de caza que consiste en un lazo corredizo o u n a r o, cubierto con un tejido de alambre, del cual se tira por medio de un cordel, cuando la presa se sitúa debajo», empleado en Córdoba', San Juan', Tucumán' y otras provincias argentinas'°. *Cimbre* m 'galería subterránea' [Acad. 1899], por la forma abovedada, de donde secundariamente and. *cimbra* 'galería subterránea de agua' (AV), Almería íd. 'acequia grande al descubierto' (oído allí)".

¹ Desde luego la forma *simples* empleada por Herculano es alteración de *cimbre* y no al contrario (como creía Nascentes).— ² «Item una pila de madera sacada de la *cindria* del puente, que son tablones cortos y medianos», invent. de fin S. XVI (*RABM*, 1875, 308).— ³ Hoy *cíndria*, *cimbra* o *cimbria* en Valencia, *cindri* en Mallorca y Vic (que puede ser reducción dialectal fonética de *cindria*, pero no puede serlo el barcelonés *xindri* masculino), *cindra* en Manresa y Barcelona (Ag., Alcover, y más datos locales en *BDC* XXI, y en Griera, *Tresor*). Leo también *síndria* en documento barcelonés de 1470 (*Butll. del Centre Excurs. de Cat.* XLVII, 234).— ⁴ También *cíndria* o *síndria* en 1418, vid. Pansier.— ⁵ De aquí modernamente el cast. *cintra* (falta aún Acad. 1899), *cintrado*, *cintrel* [1709: Tosca].— ⁶ El campid. *cimbra* 'cimbra' (M. L. Wagner, *RFE* IX, 236) viene del castellano, mientras que el logud. *síndria* ha de salir del catalán.— ⁷ Manito, *Edén Serrano*, glosario, p. 109.— ⁸ Borcosque, *A través de la Cordillera*, 173.— ⁹ Carrizo, *Canc. de Tuc.*, glosario.— ¹° Carlos M. Longhi, *La Prensa*, 22-IX-1940.— ¹¹ Es dudoso que tenga relación etimológica con *cimbra* el salm. *cimbro* 'teso alto, risco' (en Ciudad Rodrigo, según Lamano), gall. íd. 'cumbre' (según Acad. 1884, pero no Vall.), que según Schuchardt (*ZRPh.* XXXV, 78) sería más bien castellano antiguo, y que no sería difícil explicar como variante de un *cimbre* resultante de un compromiso entre *cima* y *cumbre*. Sin embargo, el and. *cimbra* 'altura o cima de una montaña' (*en la cimbra de aquel monte está una casa*: A. Venceslada) sugiere que puede tratarse de *cimbra* 'bóveda' interpretado popularmente como una especie de variante de *cima* (comp. cat. *cimbell* '*CIMBEL*' que se emplea vulgarmente en el sentido de 'cima'); o como derivado regresivo de *CIMBORIO*. Por otra parte se cita un leon. *cembrio* 'parte superior de la ladera o una montaña, muy batida por el viento, que ofrece paso fácil al viandante en tiempo de nieve' (Acad. 1936, pero no 1899 ni *DHist.*, falta en Garrote, García Rey, Krüger), marag. *cembo* 'desigualdades convexas de poca importancia que alteran la regularidad de una línea recta', 'pequeñas eminencias del terreno en los surcos y sendas', 'orillas de un río, arroyo o acequia' (*BRAE* II, 636-7), en Astorga 'convexidad', 'caballón al borde de un río o arroyo, de un sendero o camino' (Garrote), cuya etimología ignoro (difícilmente puede venir de CYMBA 'barquichuelo', como sugiere el último autor); quizá influyeran estos vocablos en el cambio de *cindria* en *cimbria*.

CIMBRAR o **CIMBREAR**, 'mover una vara larga u otra cosa flexible vibrándola', voz común a los tres romances ibéricos y a varios dialectos de Oc, con ligeras variantes fonéticas en algunas partes (cat. *fimbrar*, gasc. *fimblà*, langued. *fiblà*), de origen incierto, probablemente alteración del sinónimo *mimbrear* o *mimbrar*, derivado de *MIMBRE*, con la inicial cambiada por una causa perturbadora, quizá una contaminación. *1.ª doc.*: h. 1509, *Repelón*, atrib. a J. del Encina, 121 'mover una vara para apalear'. Covarr. (*cimbrar*)'.

Se cita (*BHisp.* LVIII, 88) *ençinbrar* en doc. 'de 1496 de la ya varias veces aludida colección guadalajareña; pero ¿tiene este sentido?

Suele decirse de una vara, del tronco flexible de una planta, como palmera o análogas; también se aplica ocasionalmente a un cuerpo largo, pero rígido, como el remo, en el *Persiles* de Cervantes, y puede hacerse sinónimo de 'blandir (una lanza u otra cosa puntiaguda)'²; a veces llega a 'echar (con movimiento rotatorio)' o 'estremecerse', en autores hispanoamericanos³. Pero me parece más característico aplicado al movimiento oscilante de una tabla horizontal, de un suelo, etc.: ast. *cimblar* «ondear la tabla o la viga, lo que sucede cuando tiene mucho vano o poco grueso» (V; R, que en el artículo *tarantoria* lo aplica al tablón empleado para la entrada de un hórreo), arg. *cimbrar* 'cimbrearse (un puente)' (oído en la prov. de Mendoza), cat. *fimbrar* íd., aplicado al piso de un edificio ruinoso, a la casa agitada por un terremoto, etc.⁴. Por otra parte, *cimbrar* puede ser 'apalear con vara delgada a alguna persona' [*Repelón*, *Aut.*], y en este sentido figura ya el port. *cimbrar* en el *Canc. de Resende* (S. XV o princ. S. XVI, cita de Fig.)⁵; en gall. 'golpear' [hablando de golpe sutil, pero hiriente]: *cimbra el aire en esta torre, cimbrar a uno con látigo*; también 'vibrar golpeándose': *el látigo se cimbra*, Sarm. *CaG.* 115*v*; *cimbrar(se)* 'emborracharse' y *cimbrones* 'borrachos' en el habla de Pontevedra, ib. 187*r*, 196*v*, cf. p. 135 [por lo mucho que se cimbran u oscilan]; cpto. *cimbra-moíños* 'vino malo' (como llamarle agua de la que mueve el molino), *CaG.* 197*r* y p. 131.

En lengua de Oc hallamos bearn. *ciblà* «cingler, ployer», *simplejà* «ployer, fléchir» (Palay; recuérdese que estamos en el dialecto que admite *semplà* = fr. *sembler*, y *oumpre* < UMBRA); con forma más semejante a la catalana, hallamos gascón del Gers *fimblà* «ployer, plier, se courber, en parlant d'une lame, d'un scion» (ibid.), pero lo común en este idioma es una forma más diferente, *fiblà*, que se extiende a todos los ámbitos del languedociano: Toulouse *fiblà* «ployer, fléchir» (Goudelin, Doujat), hoy *fiplà* (Visner)[6], Tarn *fiplà* «plier, devenir combé: un roseau, un bâton, une houssine, une planche qui plie sous quelqu'un» (Gary), Aveyron *fiplà* «ployer...» (Vayssier), y así en Sauvages y en varias hablas del Rouergue y del Quercy (*FEW* III, 490, 616*b*). Wartburg vacila en cuanto al origen, atribuyendo algunas de estas formas a FLĒBILIS, fr. *faible* 'débil', en apoyo de lo cual difícilmente se podría citar la frase *soun fiplos* «elles sont peu résistantes» de Visner (cruce de FLEBILIS con *fiplà*), pero la mayor parte se han colocado en su dicc. bajo FĪBŬLARE 'abrochar, atar', derivado de FĪBŬLA 'alfiler, broche', sin dar explicaciones semánticas; es sabido que este verbo ha dejado descendencia romance, en el cat. *fiblar* 'pinchar', 'morder con aguijón', lomb. *fibià* 'apretar o sujetar con hebilla', 'echar a correr', pero el significado del langued. *fiblà* es muy diferente. Sin embargo podría Wartburg argüir que, así como VINCULARE 'atar' dió el cat. *vinclar-se* 'doblarse, torcerse', en este caso se pudo pasar de 'doblarse a modo de broche o ligadura' a 'doblarse en general' y 'ceder'.

Conviene más la sugestión de M-L., *REW*[1], 9336, de relacionar el castellano *cimbrar* con VĪMEN 'mimbre', tanto más cuanto que *cimbreño* 'cosa que se tuerce y dobla con facilidad' [Mz. de Espinar, 1644, *Aut.*] equivale a *mimbreño* 'de la naturaleza del mimbre' (Acad.), y que *mimbrear* 'cimbrar', hoy empleado en Aragón (Botana, *La gente de mi tierra* I, 31), figura ya en *Aut.*; y comp. el port. *vergar* 'cimbrarse'. Entonces tendríamos dos voces distintas y sinónimas, la castellana (VIMINARE) y la occitana (FIBULARE), cruzadas en la zona intermedia, catalana y bearnesa, y debería admitirse que la forma portuguesa es castellanismo, a causa de *mbr*, a pesar de tenerla documentada algo antes que en castellano'.

Para explicar la *c*- castellana hay varias posibilidades: quizá la forma española también viene de *fimbrar*, con paso de *fi*- a *ci*-, pero si no se quiere admitir una disimilación de labiales, sin ejs. parecidos, no bastará decir que es un caso análogo al de ast. *cibiella*, cat. *sivella* FIBELLA, y otros más modernos que citó M. P.; esto no sería más que aplazar la explicación del cambio, pues a no ser en casos modernos y locales, propios de Aragón y Asturias, y en alguno más, en el cual se trata de error individual de audición, hay siempre una explicación especial para los ejs. de este cambio. Como contaminación no sirve de mucho pensar en CINGĔRE (citado en la 3.ª ed. del *REW*): haría falta que el paso de 'ceñir', 'atar' a 'doblar' estuviera documentado en romance para este verbo; algo nos acercamos con CINGULARE, puesto que el fr. *cingler* 'golpear con una verga flexible' [1549], cat. *cinglar* íd. (Mall., Val.), *cinglant* 'verga flexible' (Cat.) ya no son formas hipotéticas: de todos modos no conozco esta ac. en el cast. *cinchar*[2]; la contaminación puede ser de una palabra prerromana relacionada con el vco. *zimail* 'rama fresca', *zimaildu* 'volverse flexible', *zimitz* 'vara con que se tejen las cestas' 'fleje' (que a su vez quizá se relacione con *zimel* ~var. *zimail, zimil*~ 'seco, marchito, lacio') y por otro lado con *zaure, zaurio* 'vara', *zauritu* 'herir [si es que éstos salen de *zabure* < *zemule*]). En todo caso, que hay alguna relación de esta voz vasca con el bearn. *cible* y con el cat. ant. *cimbre d'oliva* (citados más abajo) está claro.

Termino llamando la atención hacia el cat. ant. *cimbre* 'rama (de olivo)'. (*qui guerra vol, no deu portar cimbre d'oliva*)[2], que parece indicar un resto de la forma en *ci*- fuera del castellano y portugués.

DERIV. *Cimbrado. Cimbreante. Cimbreo. Cimbreño* (V. arriba). *Cimbrón* 'tirón' arg. (Lugones, *La Guerra Gaucha*, 358; Lud. Ceriotto, *En el Guadal de San Carlos*), 'dolor lancinante' ecuat. *Cimbronazo* 'cintarazo, golpe dado de plano con la espada' [Quevedo, cita de Fcha.; 1660: Zabaleta], 'estrechamiento' en Colombia (Cuervo, *Ap.* § 505) y otras partes de América.

[1] «Vale torcer, y es propio de la vara delgada, que hiriendo en el aire con ella se tuerce, y juntamente hace un sonido de *cin*, de donde se le dió el nombre». Esta explicación onomatopéyica, que Spitzer, *RFE* XIII, 120n.2, halló reproducida en ediciones tardías de Oudin (falta en la de 1616), no desagrada a este filólogo. Pero entonces esperaríamos una *z* sonora inicial, y no la *c*- del portugués y la *f*- del cat.-oc.; tampoco explica la *r* (comp. *zumbar*).— [2] Los cuernos del ganado en Martínez de Espinar (1644), la lanza en *Martín Fierro* I, 504.— [3] «Le eché el ojo a una cabra recién parida, me la *cimbré* al hombro y con la cría debajo del brazo...», Guzmán Maturana, *D. P. Garuya*, p. 169. «Los hombros de ella *cimbraban* con el llanto silencioso», C. E. Badell, *La Nación*, 28-IV-1940 (nótese el uso intransitivo).— [4] Fabra define '(una viga, vara flexible, etc.), vibrar bajo la acción de una fuerza que obra sobre

ella en sentido transversal y a intervalos'.— ⁵ Hay también port. *azumbrar* «dobrar, curvar, vergar», *zumbrar; zumbrir-se* 'curvarse, humillarse'. ¿Son voces independientes, o alteraciones de la nuestra por contaminación?— ⁶ Es sabido que *bl* pasa a *pl* en muchas hablas languedocianas (*pople*, etc.; fr. local *taple* 'mesa').— ⁷ En catalán M'N > *mbr* es posible (*AILC* III, 153), y en ciertas zonas de Gascuña este nexo da *mbl* (*hemble* FEMINA). La *f-* catalana también se habría podido explicar por influjo de FLEXARE, oc. *fleissar, fleissir,* cat. ant. *flixar* 'aflojar, ceder'.— ⁸ Más lejos queda *cima,* sugerido en la 1.ª ed. del *REW.*— ⁹ Sólo en el *Curial, N. Cl.* III, 70. El dicc. Alcover sugiere sea errata por *timbre* 'sello, escudo', pero la alusión explícita al símbolo de la paz asegura el significado 'rama, varita'. Comp. bearn. *cible* «scion; baguette mince et flexible».

Cimbre, V. *cimbra*   *Cimbreante, cimbrear, cimbreño, cimbreo,* V. *cimbrar*   *Cimbrear,* V. *esquilmar*   *Cimbria,* V. *cimbra*   *Cimbrón, cimbronazo,* V. *cimbrar*   *Cimentación, cimentado, cimentador, cimental, cimentar, cimentera,* V. *cimiento*

CIMERA, 'figura de un animal fantástico que remataba los yelmos', 'penacho', tomado del lat. *chïmaera* 'quimera, monstruo fabuloso', y éste del griego χίμαιρα íd. *1.ª doc.:* Ya 1343, Inv. arag., *BHisp.* LVII, 452; princ. S. XV, *Canc.* de Baena (vid. W. Schmid); APal. 24*d.*

Este autor identifica el vocablo con el adjetivo *cimero* («apex... es la *cimera* parte de la cabeça... y es la *cimera* del yelmo o del capacete»), y esta etimología es general hasta hoy en los diccionarios etimológicos (Diez, 99; *REW,* 2438; Bloch y Gamillscheg, *EWFS,* s. v. *cimier);* sólo Moll, en el Dicc. Alcover, apunta tímidamente que «también podría salir de *chimaera*», y la misma conjetura se permitió el editor del Du C. publicado por Didot, y Mayans la dió ya en sus *Orig. de la L. Esp.* I, 129, comparando con *cirugia* CHIRURGIA, *cisma* SCHISMA, *cédula* SCHEDULA. Sin embargo este origen puede considerarse asegurado. Ya Nebr. traducía «*cimera* sobre el ielmo» por *chimera,* y, según cita de *Aut.,* «Haro en su Nobiliario la llama *Chimera,* porque mui ordinariamente se compone de un animal chimérico: como un perro con siete cabezas, un tigre vomitando fuego, y otras semejantes»; éste es en efecto el tipo de cimera a que se refieren los ejs. más antiguos reunidos por este diccionario, por Du C. (s. v. *cimeria y cimerium*) y por las demás fuentes lexicográficas, recuérdense cimeras famosas como el dragón alado que remataba el yelmo de los escudos reales catalanes desde el S. XIV. Véanse sobre todo los testimonios reunidos por Legüina, y en particular el de M. P., quien indica que las cimeras se importaron de Francia en este siglo, y en Castilla se

conocieron más tarde que en Aragón. Sólo así nos explicamos las formas *ximera* y *ximer* que emplea Eiximenis [1385, Ag.], y la francesa *chimier* de la *Conquête de Jérusalem* (S. XIII), que constituye el ej. más antiguo del vocablo en cualquier idioma. Del mismo origen que la voz castellana: port. *cimeira* (Gil Vicente, *Mofina Mendes,* v. 9), cat. *cimera* (y ant. *cimer*), it. *cimiero,* fr. *cimier,* de donde a. alem. med. *zimier* o *zimierde* (con influjo de *zierde* 'adorno'). La forma fr. *cimere* en el sentido de 'quimera' se halla en *Eustache le Moine* (2.º cuarto del S. XIII) y en el *Recueil Trepperel.*

El cultismo *quimera,* en sentido propio, aparece por lo menos desde Alvar Gómez, h. 1530 (C. C. Smith, *BHisp.* LXI), Lope y Covarr.

DERIV. *Cimero* ant. (1569: Ercilla, en rima). *Quimerear* o *quimerizar; quimérico* (raro *quimerino); quimerista.*

Cimero, V. *cima*

CIMIA, ant., 'marrubio', origen incierto. *1.ª doc.:* APal. 95*b* «corion nombre de yerva, que nos dezimos *cimia* y los de Siria la dizen marrubio».

No conozco otro testimonio del vocablo, que ya está como antiguo en Acad. 1884; no figura entre las denominaciones recogidas por Colmeiro IV, 399-403. Acaso venga de oc. ant. *cimia* 'chinche', lat. CIMEX, en vista de que *cimicaria* (falta aún Acad 1899) ha designado el yezgo, y de que son frecuentes nombres de planta como prov. *erbodi-cime* 'symphytum officinale', Corrèze *erbo de lo pürnęźi,* Tarn *simes* «brize tremblante» (*FEW* II, 673).

Cimicaria, V. *chinche y cimia*

CIMIENTO, del lat. CAEMĔNTUM 'canto de construcción, piedra sin escuadrar', derivado de CAEDĔRE 'cortar'. *1.ª doc.:* Berceo.

El duplicado culto *cemento* (ya Acad. 1884) se basa en la ac. 'argamasa' que tiene el vocablo latino en glosas y otros textos tardíos.

DERIV. *Cimentar* [Berceo], comp. Cuervo, *Dicc.* II, 151-3; *cimentación, cimentado, cimentador, cimental, cimentera. Cementar* [Palencia, *Perfección,* p. 346 (Nougué, *BHisp.* LXVI)], *cementación.*

CIMILLO, 'vara a la que se sujeta el ave empleada como señuelo', relacionado con el lat. CȲMBĂLUM 'especie de platillos', de donde 'campanilla empleada como señuelo'; probablemente de un lat. vg. *CȲMBĔLLUM,* alteración de esta palabra. *1.ª doc.:* 1644, Mz. de Espinar (en *Aut.*).

Tilander, *Rom.* LIX, 78-80. Del mismo origen cat. *cimbell* [cat. ant. *cembell,* Bernat de So, 1315-47: *Rom.* LIV, 65], gasc. *semet* (Moureau, *Patois de La Teste;* Métivier, *Agriculture des Landes,* glos.), oc. ant. *cembel*, norm. *chembel*, fr. dial. *sambé*, todos ellos en el sentido de 'señuelo'. La forma española parece indicar que el cambio de sufijo procede ya del latín vulgar, aunque no sería del todo imposible que una forma semiculta francesa u occitana *cémbel* CȲMBĂLUM hubiera desplazado el acento en fecha antigua por razones más fonéticas que morfológicas (como en *facile*, *gondole*, *Angèle*, etc.), y que el *cembel* resultante, al pasar al castellano, al gascón y al catalán hubiera sufrido el influjo del sufijo descendiente de -ĔLLUS[1]. El duplicado *cimbel* 'ave que hace de señuelo', 'cordel con que se ata [h. 1580, Argote: Cej. VIII, pp. 169-70, no *Aut.*], parece ser catalanismo o quizá más bien mozarabismo, pues es popular en Andalucía (Cej.).

[1] El grupo *mb*, conservado, del cat. *cimbell* sería favorable a este punto de vista, mientras que la forma castellana y la gascona sólo serían compatibles con él si se tratara de un galicismo sumamente antiguo, anterior a la reducción de dicho grupo.

CIMITARRA, origen desconocido; la etimología que se le suele dar, del persa *šimšîr* (o *šamšîr*) íd., sólo en parte sería sostenible, y a condición de suponer que el vocablo se hubiese combinado o cruzado (en Europa o más bien ya en Oriente) con otra palabra incierta. *1.ª doc.*: Nebr.: «cimitarra: cuchillo de turcos; acinacis».

V. testimonios más tardíos en Legüina. Del mismo origen port. *cimitarra* [*çamitarra*, 1529: Dalgado], cat. *simitarra* [*cemitarra*, en libro impreso en 1482], fr. *cimeterre* [fin del S. XV; *semitarge*, 1492: Sainéan, *Sources Indig.* II, 415], it. *scimitarra* [S. XVI: ibid.], ingl. *scimitar* [1548]. No parece que el vocablo entrara por el árabe a través de España, pues los equivalentes árabes no tienen nada que ver con este vocablo, y los primeros testimonios hispánicos lo refieren a Turquía y países asiáticos. Dozy no trata de él, el *NED* dice que es de origen desconocido, y Devic (29) atribuye la etimología a otros sin manifestar su opinión; las obras que admiten el étimo *šimšîr* tienen escasa autoridad en la materia (Eguílaz, 380; Dalgado; Bloch; *EWFS*; Skeat).

El persa *šämšîr* o *šimšîr* tiene realmente el sentido de 'cimitarra' más bien que el de 'espada', y no parece que venga del turco, como se ha escrito en alguna de estas obras. Debe de ser vieja palabra irania, pues se le hallan afines en esta familia lingüística, y aun ya antigua, pues es probable que ya existiera en persa medio, a fines de la Antigüedad, y de ahí pasara a alguna lengua semítica, como entonces ocurrió con otras en arameo o siríaco, a juzgar por la voz σαμψήρα que emplea en su griego Flavio Josefo hablando de Palestina, en el S. I d. C., y que según serios filólogos designa ahí una espada lujosa para las solemnidades[1]. De modo que si, como étimo de *cimitarra*,

esta palabra irania no sirve, por evidentes razones fonéticas, su antigüedad y arraigo en Asia Menor, y la identidad de sentido, nos obligan a estudiar más detenidamente el vocablo y su parentela, por si, aun no dándonos la solución, nos pudiese guiar hacia una base satisfactoria. Caben supuestos de tres tipos: 1.º semejanza casual, procediendo *cimitarra* de otra lengua, 2.º que en una etapa anterior del persa o de otro dialecto iranio *šämšîr* tuviese una forma fonética más adecuada como base de la nuestra, 3.º que en el étimo oriental verdadero *šim-* estuviese combinado con otro vocablo diferente.

1.ª Hallándose la más antigua documentación de *cimitarra* en las lenguas hispánicas, han pensado algunos en un origen arábigo, otros en una procedencia vasca, guiándose por la terminación -*tarr*, de aires vascos: es lo que han conjeturado algunos italianos (Zingarelli, etc.). Pero claro que aquí se trata de un mero sonsonete, pues no se presta a este supuesto ni el valor del sufijo vasco -*tarr* (personal y por lo común adjetivo y gentilicio) ni hay ahí base sólida para las sílabas iniciales[2], pero sobre todo es descabellada la idea de buscar en vasco el punto de partida para una arma nunca empleada por españoles, y más propia de turcos e iranios que de africanos. En cuanto al árabe, la absoluta discrepancia de las equivalencias que registran PAlc., Boqtor, Corrientes, etc. (*ḥusâm*, *saif*, *muḥaddab*, *guarguia*, *maḫô(r)t*) nos disuade de buscar más por este camino.

La 2.ª y 3.ª son vías que, en parte, pueden coincidir o sumarse, y que nos obligan a indagar más de cerca el origen del persa *šamšîr*. Se ha dicho que es un compuesto de la palabra persa que significa 'león' (*šer* o *šîr*) con otra que valdría 'garra' ('garra de león' > 'cimitarra'), pero al menos esto último es erróneo, pues 'garra' no es *šam* sino *čank* o *zang* en persa, *zaṅga* en avéstico (vid. *ZANCA*); por lo demás tampoco hay nada en el pasado o en la parentela de *šêr* 'león' que nos acerque a -*tarra* de nuestro vocablo[3].

La pista razonable nos la ofrece el nombre de la espada en curdo, que es *šîr* (o, dialectalmente, *šûr*, *šyûr*)[4]. De todos modos lo poco que se entrevé del pasado de *šîr* 'espada' no nos conduce hacia -*tarra*. Y en cuanto al primer miembro de *šämšîr*, descartado *čank*, es más natural pensar en la palabra indoirania representada por el scr. *çámyaḥ* 'bastón', pali *sammā-* fem. 'clavija de yugo' y su grupo, que si no me engaño está bien representada en las varias lenguas de la rama irania: avést. *səmā* 'parte del yugo', de donde se tomó el arm. *sami-k'* 'varitas del yugo'[5]; a ello agrego que además deben de venir de ahí el pelví (*ujun*)-*sam*, que traduce dicha palabra avéstica, el persa mod. *sīm* íd., el afgano *šam* 'candela', y el osetino *sæmæn* 'eje' 'pernio' (con compuestos como *sæmænlasæn* 'resortes de madera en una carreta' de *lasæn* 'tabla, palanca').

Esta antigüedad de *sam-* o *šam-* en las lenguas iranias para vocablos que designan algo comparable con una vara, anima a pensar que *šamšîr* y σαμψήρα pueden salir de la combinación de esto con *šîr* 'espada', sólo conservado por el curdo[6]. Pero en cuanto a una base razonable para *-tarr* de *cimitarra*, nada se aclara por ahora. Lo que no puede descartarse del todo es que ahí tengamos otro vocablo que *šir* 'espada', sea que se trate de un cruce de vocablos o bien de un compuesto diferente, formado también con *sam-* (*šäm-*) y otra palabra, en algún dialecto iranio, y trasmitido a Occidente por conducto de alguna habla turca o arábiga. Y en efecto algo de esto parece entreverse, pues hay un nombre de la espada, bastante extendido, que satisfaría nuestras exigencias: aunque tardío y poco frecuente, existe un scr. *tara-vārih* o *tara-vālikā* que designaba una espada de un solo filo (como lo son el sable y la cimitarra), voz conservada en índico moderno por el hindi *tarwār* (*talw-*), en dialectos del Nepal *terbel*, en ciertas lenguas munda *tarwaṛe*, *tərwōč*; las últimas indagaciones de Kuiper, Morgenstierne, Turner y Mayrhofer (*Et. Wb.* I, 482) inducen a creer que el primer elemento de este compuesto no pertenece al elemento indoeuropeo del índico, pero que es muy antiguo en el Sudoeste asiático, dada su amplia difusión: dravídico *taṛṛī* 'espada', munda *torai*, afgano *tūra*, armenio *t'ur*, todos ellos 'espada'; y, como se ve, con los últimos llegamos ya al Irán y Asia Menor. El último paso sería la hipótesis de que en algunas hablas neoiranias, con esto y *šäm*, unidos por el típico izafet del persa, se hubiese formado un compuesto diferente *šäm-i tarr* literalmente 'espada de vara', 'espada en forma de vara (curva)'.

A la vista está lo atrevido e hipotético de esta especulación, que sólo en calidad de tal quiero presentarla. Lo único que en firme podemos aventurar por ahora, es que aun siendo falsa la etimología *šämšîr* tradicional, contenga sin embargo algún grano de verdad, a base de esta u otra combinación o cruces paralelos. Vuelva, pues, la cuestión a manos de los iranistas y turcólogos, únicos que podrán ponernos, con el hallazgo de nuevos datos, en un terreno más firme.

[1] Liddell-Scott, *Gr.-Engl. Dict.*; Onions, *Oxford Dict. of Engl. Etymology*. Otros han creído que se trataba de un cetro adornado con una figura del sol, tal vez acordándose del semít. (ár., etc.) *šams* 'sol'.— [2] Por más que exista *zimitz* *-intx*, en el dialecto vizcaíno como nombre de un fleje o de varitas para hacer cestos, y aun con derivado *zimitzari*, más o menos sinónimo (y con variante secundaria *zimiztari*), éste sólo registrado localmente, en el valle del Baztán. Por lo demás ya se ve que todo esto tampoco satisfaría ni en lo fonético, dada la sibilante *-tz*, ni por el sentido.— [3] La etimología de *šêr* está envuelta en tinieblas, aunque las formas de sus parientes,

el pártico *šarg* y el juaresmí *sarγ* facilitan algún vago enlace con el scr. *siṃhaḥ* 'león', armenio *inj* 'leopardo'. Todo ello, de origen oscuro, y acaso haya alguna relación con el osetino *æḥsar* 'valentía' (por lo demás de *æḥsar* habrá formado el osetino la palabra que ahí significa 'sable', *æḥsargard* con una terminación *-gard* o *-garz* que vale 'instrumento'). De todos modos nada hay en todo esto que nos aproxime a *-tarra*.— [4] Como indicaron Justi y Socin, *Grundr. d. Iran. Phil.*, Ib, 269. Bartholomae, *Sitzber.* Heidelberg, 1918, 15, se muestra escéptico. Ignoro si con *šîr* 'espada' se puede enlazar el citado oset. *æḥsar* 'valentía', con su compuesto *æḥsargard* 'sable'. En virtud de las leyes fonéticas averiguadas por Benveniste (*Études sur la langue ossète*, 1959, p. 37), el osetino *Æḥsært(æg)*, nombre de un héroe legendario, corresponde al avéstico *xšaθra-ka-*, luego parece que *æḥsar* corresponde el avést. *xšaθra-*, scr. *kṣatrá-* 'imperium', persa ant. *hšašam* 'señorío', persa mod. *šahr* 'ciudad' y scr. *kṣatríyaṃ* 'poder del soberano', avést. *ḥšaθrya-* 'poderoso', khotanés *kṣīra-* 'tierra, país' (Bartholomae, *Airan. Wb.* 546; Mayrhofer, *Et. Wb.* I, 284-5). Es posible que *šîr* 'espada' y aun *šêr* 'león' enlacen con la idea de 'poder heroico'.— [5] Mayrhofer, *K. Etym. Wb. d. Aind.* III, 302; Bartholomae, *Altiran. Wb.* 1302, cf. 1581.— [6] ¿O se trataría de un compuesto híbrido con el semít. *šams* 'sol', de comprobarse lo conjeturado para el vocablo de Josefo?

Cimiterio, V. *cementerio*   *Cimofana*, V. *cima*   *Cimógeno*, V. *ázimo*   *Cimorra*, V. *camorra*   *Cimorro*, V. *cimborrio*   *Cimuezca*, V. *cinta*

CINABRIO, tomado del lat. *cinnabări* y éste del gr. κιννάβαρι íd. *1.ª doc.*: APal., 281d («minium... es material para pintar, que dizen cinabrio o bermellón»).

CINAMOMO, tomado del lat. *cinnamōmum* y éste del gr. κιννάμωμον íd. *1.ª doc.*: 1438, J. de Mena.

DERIV. *Cinamomino* [1555, Laguna: *Aut.*]. *Cinámico*, derivado del lat. *cinnămum*, variante del anterior, que se aplicó también a la canela.

Cinarra, V. *china* I

CINC, tomado del alem. *zink* íd., por conducto del fr. *zinc*. *1.ª doc.*: *cinck*, Terr.
DERIV. *Cinquero*.
CPT. *Cincograbado*. *Cincografía*.

Cinca, V. *cinco*

CINCEL, del fr. ant. *cisel* íd. y 'tijeras' (hoy *ciseau*), que sale de *cisoir* íd., por cambio de sufijo, procedente a su vez del lat. vg. *CAESŌRĬUM íd., derivado del lat. CAEDĔRE 'cortar'. *1.ª doc.*: çinzel, 1475, G. de Segovia (p. 83); sinzel, Nebr.; Cej. VIII, § 27.

La palabra española que nos interesa y la port. cinzel han de ser de origen galorrománico, por su terminación. Pero también el cat. cisell [1640], oc. ant. cisel [raro, sólo una vez, en la variante dialectal ciseos, en un texto tardío, del territorio lindante con el francés] e it. cesello[1] [sólo ejs. de la 2.ª mitad del S. XVI, Cellini, Vasari], son tardíos, frente a la fecha del fr. ciseau [S. XII], que además es la única de estas voces que, aparte del significado técnico 'cincel', tiene la ac. vulgar 'tijeras'. Luego es preciso admitir que en todas partes es galicismo.

Ya Diez (*Etym. Wörterbuch*, 99) hizo notar que podía tratarse de un cambio de sufijo de *CAESŌRIUM (o CISŌRIUM), por influjo de couteau 'cuchillo'; cambio de sufijo que debió de ser antiguo, a juzgar por el bret. kizel. La solución de Diez era la buena indudablemente. Posteriormente se ha dado en suponer un lat. vg. *CAESELLUM (*REW*, 1474; *FEW* II, 39-41), basado en el supuesto acuerdo de los varios romances; pero ya Gamillscheg (*EWFS*) y Wartburg hacen notar que la formación de este presunto derivado de CAEDĔRE es incomprensible en latín, puesto que -ELLUM no es sufijo instrumental, y un diminutivo del participio pasivo CAESUS sólo podía significar 'objeto cortado' y no 'cortante'; los esfuerzos de Brüch (*ZFSL* L, 315) para salir de este mal paso han sido vanos. La existencia de CAESORIUM o sus variantes en textos latinos es dudosa, pues los manuscritos de San Isidoro traen tisoria donde algunas ediciones corrigen cisoria, y es verosímil que la forma manuscrita sea auténtica, en vista del cast. tijeras, cat. tisores TONSORIA; y en Vegecio los editores no están de acuerdo en leer cisorium o succisorium (*ThLL*). Es verosímil que CISORIUM no sea derivado directo de CAEDĔRE, sino resulte, por pérdida de prefijo, de SUCCĪSORIUM o EXCĪSORIUM, lo cual tendría la ventaja de explicarnos la i de cisoir, ciseau.

La n del cast. cincel y del port. cinzel (pero cicel en Galicia, Alvz. Giménez 43) se debe a influjo de PINCEL.

Con otro cambio de sufijo, debido a influjo de tenaille (TENACŬLA) 'tenaza', resultó el fr. cisaille 'especie de tijera grande para cortar metal' [S. XIII], 'cortadura o fragmento de cualquier metal' [1324, en esta ac., postverbal del verbo cisailler 'cortar metal', derivado del anterior], del cual procede el cast. cizalla [h. 1600, N. Recopil. y Márquez, en *Aut.*], cizallar.

DERIV. Cincelar [sinzelar: Nebr.; más documentación en Cuervo, *Obr. Inéd.*, 402]; cincelado, cincelador, cinceladura.

¹ La e pretónica de esta forma está además en desacuerdo con la gramática histórica.

Cinceño, V. cenceño

CINCO, del lat. vg. CĪNQUE, lat. QUĪNQUE íd. *1.ª doc.*: 1090, Oelschl.

CINQUE es frecuente en inscripciones de la época cristiana (*CIL* X, 5939, 7172; Pais, *Suppl. ad CIL* V, n. 352). El it. cinque, logud. chimbe, rum. cincĭ, corresponden perfectamente a esta base vulgar, y hallamos también cinque en portugués antiguo (*Padres de Mérida*, h. 1400: *RL* XXVII, 20; trad. portuguesa de J. Ruiz, 128b, del último tercio del S. XIV: *RFE* I, 172)[1]. Pero falta una averiguación detallada para decidir si el port. y cast. cinco deben su -o al influjo de cuatro, según se admite comúnmente, o pueden resultar de una evolución fonética (como en sic. cincu paralelo a sangu = it. sangue, vid. Salvioni, *Spig. Sicil.*, *RIL*, 2.ª S., XLIII, n.º 167). En este sentido podrían invocarse algunos argumentos[2], pero el influjo de '4' es verosímil en vista de los casos análogos de otros idiomas (gót. fidwor '4' en vez de *hwidwor a causa de fimf '5', gr. dial. ἑκτά, ὀκτώ, o ἑπτά, ὀπτώ, en vez de ἑπτά, ὀκτώ, lat. vg. octember debido a september, citados por Schuchardt, *Litbl.* XXIII, 399; romance JUNIUS ~ JUNIUS, en vez de JUNIUS ~ JULIUS, de donde fr. ant. juignet, sic. giugnettu, gasc. junsèga 'julio'). Por lo demás el problema pertenece más a la fonética histórica que al diccionario etimológico.

DERIV. Cinca. Cincuenta [cinquaenta, Cid; cinqüenta, Berceo], del lat. QUĪNQUAGĪNTA; cincuentaina; cincuentavo; cincuentén y cincuentín (para el sufijo, vid. centén, -in, s. v. CIENTO); cincuenteno, -tena, -tenario; cincuentón. Cincuesma [cinquaesma, Cid; cinqüesma, Berceo, Partidas; ast. pascua de cincuesma, V], del lat. QUINQUAGĒSIMA DIES, llamado así por ser el quincuagésimo después de la Resurrección; duplicado culto, quincuagésima [*Aut.*]. Cinquén o cinquino (para el sufijo, vid. centén); cinqueno; cinquena. Cinqueño; cinquillo. Cinquina. Cultismos: quincuagena, del lat. quinquagēna; quincuagenario [*Aut.*]. Quincuagésimo [1604; Pícara Justina], del lat. quinquagēsĭmus íd. Quina [-s 'suerte de los dados en que los dos salen con el 5' 1283, Libro del Acedrex 288.28; 1588, Argote], del fem. sing. de quini 'de cinco en cinco'; quinal [1848, Jal], el it. quinale está documentado desde el S. XIII (Jal); quinario; quinolas [1599, G. de Alfarache, Cl. C. II, 26.9; Ilustre Fregona, Cl. C., 293; Rinconete, 140; Calderón, La vida es Sueño, ed. Losada III, xv, p. 86], quinolillas, quinolear; comp. quiniela, juego de azar prohibido que se practica en la Arg.

Quinto [doc. de 1115, Oelschl.; Cid, etc.], de QUĪNTUS íd.; quinta 'quinta parte del botín, entregada al señor de la hueste' [fuero de 1076, Cid, etc.; vid. M. P., Cid, 816-7; costumbre de antecedentes árabes], 'quinta parte de los frutos, que el arrendador entrega al dueño de una finca' [Covarr.; y comp. quintana], 'esta misma finca empleada por el dueño como lugar de recreo', 'finca de recreo' [Covarr.; Calderón, etc.] (íd. en port.; en Tras os Montes significa 'pequeña población', Leite de V., *Philol. Mirand.* I, 93; los paralelos franceses citados por Spitzer, *ZRPh.* XLV, 7n., son de índole distinta); *quintero* 'el que tiene arrendada una quinta' [J. Ruiz, 327a; gall. ant. *quinteiro*, Sarm. *CatVG.* 69r; pasó a América, de donde *Quintero* pueblo costeño en Chile], *quintería*; *quintana* [*Quintana donga*, doc. ast. de 976, y gall. de 969, M. P., *Oríg.* 181, n. 2], palabra arcaica y regional en cast. (falta *Aut.*, pero en Colunga sigue significando la quinta parte de los frutos entregada al dueño de una finca, Vigón), pero muy viva en cat., galorrom. y sardo (*REW* 6966, y mi *DECat.*), y ya documentada en Eteria, S. Isidoro y glosas; *quinterno* [Nebr.], *-erna*; *quinteto* [Acad. S. XIX], del it. *quintetto*; *quintil*; *quintillo*, *-illa*; *quintín* [Acad. ya 1843], del nombre de Quentin, ciudad de Bretaña, lat. QUINTI- NUS, nombre de persona, derivado de QUINTUS; *quintar* [1640, Colmenares], *quintador*, *quintante*; *requintar* 'pujar la quinta parte en los arriendos' [Acad. ya 1817], 'sobrepujar', 'defensarse esforzadamente un gallo de riña' cub. (Ca., 206), 'doblar el ala del sombrero' arg. (Guiraldes, *D. S. Sombra*, ed. Espasa, 96); gall. *requintado* 'refinado' («un arte cicáis mais *requintado* que o noso» Castelao 97.17, 101.16); *requintador*; *requinto*; y los compuestos *quintaesencia*, *quintaesenciar*; *quíntuplo*, *quintuplicar*, *quintuplicación*.

Quiñón [*quingone*, docs. de 1082-1096, M. P., *Oríg.* 55; «*quiñón de eredad*: portio», Nebr.; *Aut.*]³, port. *quinhão*, gall. *quiñón*: partiendo de la noción general de 'parte que uno tiene con otros en una ganancia o propiedad', sus concreciones más divulgadas son 'cada una de las porciones en que se divide la pesca entre los pescadores' o 'las telas entre los tejedores' (Eladio Rdz., etc.); pero en la documentación medieval se halla más la referente a la división de la tierra: «huma testemoya diso que Payo tiña allí seu *quinon*, mais que non savia camaño [era]»; un testador lega «outro tamaño *quiñon*... que eu comprei por pregoes e por leilaes»: documentos pontevedreses de 1418 y 1381 leídos por Sarm., *CaG.* 71v, 87v; los participantes son «*quiñoneiros* e *parzeiros*» en un censo de 1445 donde se habla de una casa, a. 1445 (ib. 178v), hoy *quiñoeiro*; en particular sigue aplicándose a las partes que reciben de la pesca u otras ganancias los hombres de mar: «o que queira *quiñons*, que se xogue a vida no mar!», «as festas viñeron a menos, como *quiñons* dos mariñeiros», Castelao 256.2f., 200.21; procedentes del lat. QUINIO, -ONIS, 'grupo de cinco'; contra la opinión de Diez y Schuchardt (*ZRPh.* XLI, 255), debe separarse del fr. *quignon* 'cantero de pan', que fué antes *coignon* y viene de CUNEUS; *quiñonero* [Nebr.]; ast. *desquiñonar* 'determinar lo que corresponde de una cosa a cada

uno de los que participan en ella' (V).

CPT. *Circoañal*. *Cincoenrama* [1555, Laguna]. Existió, al parecer, un descendiente mozárabe del cpto. QUINQUEFOLIUM 'potentilla reptans' (de donde *cinquefoglie* y otras formas dialectales italianas, *REW* 6965a), pues de CINQUE FOLIA vendrá *sänki sbûya*, que con variante *sänĝi sbûya*, Aben Albéitar da como equivalente de «quintefeuille»; por más que Dozy (*Suppl.* I, 691a) pretenda que es una palabra persa (pero en persa un cpto. así sería **panz-barg*) *quinquefolio* [*Aut.*]. *Cincollagas*. *Cincomesino*. *Cinconegritos*. *Cincuentañal*. *Quince* [*Cid*], del lat. QUĪNDĔCIM íd., compuesto con DE- CEM 'diez'; *quinceno*⁴, *quincena*, *quincenal*, *quincenario*, *quinzal*, *quinzavo*. Cultos: *quindécimo*; *quindenio*, *quindenial*; *quinquenio* [*Aut.*: *-enio*], del lat. *quinquennium* íd., compuesto con *annus* 'año', de donde *quinquenal*; *quinquelingüe*, *quinquenervia*. *Quinientos* [*-nentos*, 1122, 1206, Oelschl.; *-ñentos*, S. XV, *Crón. de Juan II*, judesp., portugués; *-nientos*, *Cid*, etc.] del latín QUINGEN- TI⁵; *quinientista*; culto *quingentésimo*. Compuestos del griego πέντε, hermano del lat. *quinque*: *pentacordio*; *pentaedro*; *pentágono*, *pentagonal*; *pentagrama*; *pentámetro*; *pentarquía*; *pentasílabo*; *pentateuco*; *pentedecágono*; *diapente* [1495, Nebrija], de la frase griega διὰ πέντε χορδῶν 'a través de cinco cuerdas'.

¹ También en otros textos del S. XIII según R. Lapa (*CEsc.* 1318, p. 678). Pero *cinco* ya en doc. gallego de 1302, *cinquo* en la *Alveitaria* del portugués Mestre Giraldo, y *cinquo* (en lugar de *ceriquo* del ms.) es lo que deberá leerse en una cantiga de Joan Soáres Coelho, que parece ser gallego y escribía h. 1250; *cinque* y *cinco* son ambos frecuentes en las *Ctgs.*, p. ej. 70.1 y 197.3 etc.; *cinque* en la *GralEst.* 25.13, etc. Además de los factores mencionados contribuyó al avance de *cinco* el influjo de la *u* de *cincuenta*, gall.-port. ant. *cinquoenta* (*GralEst.* 42.7, etc.).— ² Entonces *vino*, *pudo*, y análogos, podrían explicarse por VENUIT, POTUIT (de donde luego los demás pretéritos en *-o*); cat. *sangonera* (y *sangonent*, *sangonós*), *enconar*, *engonal*, corresponden a SANGUĬNARIA, INQUĬNARE, INGUĬNALE. Mohl relaciona *cinco* con una tendencia del latín rústico del Lacio, que habría ocasionado formas como *por*, *por puer* (*Marcipor*, etc.), y citaba CINQV en una inscripción latina de España (Hübner, *Inscr. christ. Hisp.*, n.º 22a), pero A. Thomas, *Rom.* XXIX, 436, replicó que puede tratarse de un mero olvido del lapicida.— ³ Especialmente arraigado en Navarra con el sentido de «sel, porción de terreno repartido entre los vecinos», allí pasó del romance al vasco *kinio*, *kiño*, íd., empleado en Aezkoa, con un derivado *kiñiado* «repartición de terrenos» en el valle de Erro (*Supl. a Azkue*²). ⁴ Desconozco el origen de *quincineta* 'ave fría' [h. 1590, Barahona, en Pagés; Acad. 1899 o 1914], que no parece ser derivado de *quince*.—

[5] Para las varias explicaciones del tratamiento de -NG-, vid. M. P., *Oríg.* 281-2; lo más probable es que se trate de una absorción temprana de la G por el diptongo *ie*, en relación con *arienzo*, *ariento* ARGENTUM, *ANDULENCIA* (< ¿*andulienza?*) INDULGENTIA, y otros casos citados por M. P.; es algo diferente y más sencilla que la explicación de Zauner y Hanssen (en su reseña de *AUCh.* 1908, p. 13) por diferenciación.

Cincograbado, cincografía, V. *cinc Cincollagas, cincomesino, cinconegritos, cincuenta, cincuentaina, cincuentañal, cincuentavo, cincuentén, cincuentena, cincuentenario, cincuenteno, cincuentin, cincuentón, cincuesma,* V. *cinco Cinchar,* V. *cimbrar.*

CINCHO, del lat. CĬNGŬLUM 'cinturón'. *1.ª* doc.: h. 1400, Glos. del Escorial (traduciendo *estrofus* = *cingulum aureum*), comp. *cincha.*

Carecen de fundamento los escrúpulos de algunos que hallaron dificultad en la representación fonética de NG'L por *nch,* y admitieron que venía de CĬNCTUM (así Salvioni, *Rom.* XXXIX, 440) o de *CINCTŬLUM. Sin duda es cierto que NG'L da, por lo común, *ñ* (cuando no *nd* o *ll*): *uña, señero, Riaño, sendos* (o *seños*), etc. Pero no es menos seguro que el castellano presenta ensordecimientos de grupos palatales tras nasal o líquida, como en VIRDIA > *verça,* HORDEOLUM > *orçuelo,* GRANDIA > *grança,* VERECUNDIA > *vergüença* y los nombres germánicos en -GUNDIA (*Aldonça, Tedgüença, Enegüença*). Un *CINCTULUM no está documentado en latín ni en ningún romance, su existencia es inverosímil, y aun de haber existido, no es de creer que este grupo NCT'L hubiese podido convertirse en NCL (que es lo que suponen los que derivan *cincho* de *CINCTULUM*); por más que T'L entre vocales pase a CL en latín vulgar, aquí estamos ante un grupo más complicado, que no se habría sincopado (comp., p. ej., cat. *remintolar* *REMINCTULARE,* it. *brontolare,* etc.), tanto menos cuanto que ahí estaban CINGERE, CINCTA, y demás para impedir la síncopa. Por el contrario, sería el influjo de CĬNGERE (del cual CINGULUM era inseparable), con sus formas de presente *cingo, cinga,* etc., el que impediría que en el sincopado CINGLU el grupo NGL se fundiera en un solo elemento palatal como en *cello* o en *uña,* o que se desconectara del todo de *ceñir,* convirtiéndose en *cendo,* como SINGULUS en *sendos.* El idioma se esforzó por mantener un *cinllo,* sin pasar de la primera etapa de palatalización, y lo que ocurría en semejantes casos, nos lo muestra el portugués con su tratamiento de FENUCULUM, cambiado primero en *feulho,* y luego *fulho, funlho,* que acabó por dar *funcho;* paralelamente *cinllo* pasó a *cincho.* Comp. las vacilaciones paralelas en el tratamiento de CL, tales como ast. *piesllu* 'pestillo' junto al port. ant. y leon. *pecho* PESCLU (> PESSULUM), o *coroyu*

y *caruju* junto a *caruncho* 'carcoma' (vid. *AILC* I, 130), y vid. *CHILLAR.* La mejor prueba de que *cincho* y *cincha* vienen de CINGULUM, CINGULA, es que en seguida que salimos de la zona donde los grupos de L se palatalizan, damos con formas que evidentemente corresponden a estas bases latinas: al cast. *cincha* y *cincho* responde el aragonés con *cingla* y *cingliello* (1403, invent., *BRAE* IV, 524), y *cingla* 'cerco, ceño' se emplea en Murcia (G. Soriano)[1]. En cambio tenemos *cenllas* en gall. ant. *MirSgo.* 105.19, *cincho* y *cinho* en portugués. Además, V. lo que digo s. v. *CUCHARA.* Hay duplicado culto *cíngulo* [APal. 76*b*].

DERIV. *Cincha* [*Cid*], del lat. CĬNGŬLA íd. (ejs., ALLG XII, 89). *Cinchar* [S. XV, Biblia med. rom., Gén. 22.3; APal., 284*d*] v.; *cinchadura* [Nebr.]. *Cinchar* m., ant. *Cinchazo. Cinchera* [*Alex.,* 2067*c,* P]. *Cinchuela. Cinchuelo. Sobrecincho; -cincha.* Además vid. *CINGLAR, CINGLETA.*

[1] Me aparto, pues, de la opinión adoptada por M. P. en las últimas ediciones de su *Manual* (§ 61.2), para atenerme a la defendida por el mismo autor en la primera edición de su libro, con el aplauso de M-L. (*REW* 1926) y G. de Diego (*RFE* XII, 6-7).

Cindria, V. *cimbra*

CINEMÁTICA, derivado del gr. κίνημα, -ατος, 'movimiento', que a su vez deriva de κινεῖν 'mover'. *1.ª* doc.: Menéndez Pelayo (h. 1876), en Pagés; ya Acad. 1884.

CPT. *Cinematógrafo* (ya en Pagés, con cita de L. Taboada, † 1906), compuesto con γράφειν 'inscribir, dibujar'; abreviado en *cine; cinematografía, cinematográfico.*

Cineración, cineraria, cinerario, cinéreo, cinericio, V. *ceniza Cingiberáceo,* V. *jengibre Cingla, cingliello,* V. *cincho Cinglajo,* V. *cingleta*

CINGLAR, 'forjar el hierro para limpiarlo de escorias', del fr. *cingler* 'golpear el hierro a martillazos para forjarlo', también 'azotar', propiamente 'golpear con una cincha', derivado de fr. ant. *cengle* 'cincha' (hoy *sangle*), lat. CĬNGŬLA íd. *1.ª* doc.: falta aún Acad. 1899.

Para la ac. 'navegar con un remo en popa', vid. *SINGLAR.*

DERIV. *Cinglado.*

CINGLETA, 'cuerda que lía al cabo de la jábega el pescador que ayuda a tirar de ella desde la playa', del cat. *cingleta,* diminutivo de *cingla* íd., propiamente 'cincha', de igual origen que esta voz castellana (lat. CĬNGŬLA). *1.ª* doc.: ya Acad. 1899.

Cingla es conocido en catalán (Alcover; Griera, *Tresor*) con la misma ac. de la voz castellana, que

será propia de la costa murciana o andaluza; cingleta puede emplearse en aquel idioma con matiz
más o menos diminutivo[1]. En las montañas de Almería he oído cinglajo, en el sentido de 'harapo,
prenda de vestir harapienta', que parece ser catalanismo, aragonesismo o mozarabismo local, derivado del mismo vocablo, con ac. secundaria fácilmente explicable[2].

[1] En Alcover, sólo para una especie de cincha
de animal.— [2] Es menos verosímil que sea alteración de un mozár. *fing(l)allo equivalente del
cast. pingajo.

Cíngulo, V. cincho

CÍNICO, tomado del lat. cўnĭcus 'perteneciente
a la escuela cínica', y éste del gr. χυνιχός 'de perro, perteneciente al perro', 'perteneciente a dicha
escuela', derivado de χύων, χυνός, 'perro'. 1.ª doc.:
APal. 56b («la secta de los cynicos»); falta todavía en Aut.

DERIV. Cinismo (Acad. 1884, no 1843), de cy-
nismus, y éste del gr. χυνισμός 'doctrina cínica'.
Apocináceo [1867], derivado del gr. ἀπόχυνον
'cierta planta empleada para matar perros', derivado de χύων.

CPT. del citado sustantivo griego: Cinegético
[fin S. XIX, Dr. Thebussem, en Pagés), de χυνη-
γετιχός 'relativo a la caza', derivado de χυνηγέτης
'cazador', 'el que lleva perros a la caza', compuesto con ἄγειν 'conducir'; cinegética. Cinocéfalo
[1624, Huerta], de χυνοχέφαλος íd., con χεφαλή
'cabeza'. Cinoglosa [ya Acad. 1884], de χυνόγλωσ-
σος, compuesto con γλῶσσα 'lengua'. Cinosura
[1634, Lope], de χυνόςουρα íd., compuesto de
οὐρά 'cola', con χυνός, genitivo de χύων.

CÍNIFE, 'mosquito', tomado del lat. scĭnĭphes o
cĭnĭphes íd., procedente a su vez del gr. σχνίψ,
σχνιπός, o χνίψ, χνιπός, que designan varias especies de insectos y gusanos que pican o muer-
den. 1.ª doc.: APal. 225b (falta aún Aut.).

Voz documentada ya en latín tardío (San Avito,
San Isidoro), frecuente en el latín medieval, y no
rara en los romances hispánicos, aunque en forma
culta (cat. cínifes, ya en las Costumbres de Tortosa, S. XIII). El trasm. sínfanos «mosquitos muito
zunidores» (RL V, 105), gall. símfanos 'cínifes'
(Sarm. CaG. 21v), parecen deriv. semipopulares.
De ahí, al parecer, el ast. chínfanu «orfio común
(belone vulgaris)» (V), por comparación de los
dientes de este pez, agudos como sierra, con el
aguijón del cínife; chinfaneru 'red para pescar
chínfanos' (V).

Cinismo, cinocéfalo, cinoglosa, V. cínico   Ci-
nojo, V. hinojo   Cinosura, V. cínico   Cinquén, cinquena, cinqueno, cinqueño, V. cinco

CINTA, del lat. cĭncta, participio pasivo feme-

nino del verbo cĭngĕre 'ceñir'. 1.ª doc.: 1012,
Oelschl; Berceo.

Como participio, cinta se halla todavía en el
Cid y en Berceo[1]. Para ejs. en los varios sentidos,
vid. Aut.; para el de 'cinturón rico', A. Castro,
RFE VIII, 336.

DERIV. Cinto [APal., 44d, 247d], del lat. cĭnc-
tus, -ūs, 'acción de ceñir', 'cinturón', 'cintura';
cintillo (vid. Cuervo, Ap.[1] p. 562); centilla 'ga-
loncillo de adorno' [h. 1500: L. Fernández, Canc.
de Castillo, en DHist.]. Cintar; cintadero. Cinta-
jo. Cintarazo [1610, Góngora, ed. Foulché I, 343;
1.ª mitad S. XVII: Quevedo, Zabaleta, Estebanillo González][2], cintarear [Quevedo]. Cinteado.
Cintero [Berceo, Duelo, 88, y Sem Tob, copla
506, en la ac. 'ceñidor', 'lazo'], de cĭnctōrium íd.,
derivado de cingere; en la ac. 'el que vende cintas', deriva de cinta; cintería. Cinteta. Cintura
[Cid], del lat. cĭnctūra íd., derivado de cingere;
ast. centura (V); cinturón [1705: Aut.]. Encintar
'adornar con cintas"; encintado. Entrecinta.

CPT. Cimuezca 'lazada' ast. (V), en Sajambre
cimuesca, -esta 'lazada, nudo hecho con la cornal
al terminar de uncir', Libardón, Cabranes cimuezca, Babia ximostra (Fdz. Gonzz., 231), ¿cruce de
cinta con muezca 'rosca' (= MUESCA)?

[1] Variante aragonesa: «una sinta de spada
guarnida d'argent... con un ffilo d'oro por meo»,
invent. de 1374 (BRAE II, 345).— [2] Chincharrazo [Quevedo] es cintarazo, alterado por obra de
chinchar 'molestar' (V. CHINCHE).

Cintilar, V. centella   Cintillo, cinto, V. cinta   Cintra, cintrado, cintrel, V. cimbra   Cintura, cinturón, V. cinta   Cinzaya, V. cenzaya
Cinzolín, V. ajonjolí

CIPAYO, del persa sipāhī 'jinete', 'soldado'[1], tomado en la India por los portugueses, y transmi-
tido por el francés. 1.ª doc.: ya Acad. 1884.

El vocablo se popularizó en Europa gracias a la
rebelión de esta tropa índica contra los ingleses en
1857-9, y el vocablo se aplicó a una tropa española
durante la guerra civil de 1872-6. Port. sipay [1728],
fr. cipaye [1768], ingl. sepoy [1717]. Por otra parte,
la voz persa, por conducto del turco, pasó al árabe
de Argelia y al fr. spahi, designando a un jinete
moro al servicio de Francia, de donde el cast. espahí (ya Acad. 1884).

[1] Seguramente derivado del persa sipāh o sipah
'ejército' 'tropas', que debe venir del avéstico
spāda- m. 'ejército' (Yt. 14.43, 5.68) (de etimología desconocida, sin embargo, cf. ave. aspō,
persa ant. aspa 'caballo' del cual quizá fué extraído por algún fenómeno analógico); la anaptixis de la i supongo que es normal (cf. rs. so-
baka < medo spāka- 'perro', de ave. spā íd. =
scr. çvā, gr. χύων).

Cipera, V. cepo

CIPERÁCEO, derivado culto del lat. *cypĕrum* 'juncia', procedente del gr. χύπειρον íd. *1.ª doc.:* Acad. 1899.

CIPIÓN, 'bastón de hombre viejo', es más que dudoso que esta palabra haya existido jamás como voz castellana, pues Covarrubias la cita solmente con referencia a la Antigüedad o para dar la etimología del nombre propio latino *Scipio,* a quien él llama *Cipión,* y, por lo tanto, se refiere únicamente al lat. *scipio, -onis,* de aquel significado (s. v. *Cipión* y *junco*); los demás diccionarios la sacaron de Covarrubias.

Cipo, V. *cepo*   *Cipolino,* V. *cebolla*

CIPOTE, ant., extrem., and., amer., 'porra', parece ser derivado de una variante de *CEPO* 'pie del tronco de una planta' (lat. CĬPPUS). *1.ª doc.:* 1475 (*çipote*), G. de Segovia (p. 88); comp. *cipotada* 'porrazo', en el *Canc.* de Baena (ed. Madrid, 1854, p. 467), donde el recopilador se queja de unos personajes que «dan *cipotada* en mis atabales».

Actualmente la voz *cipote* en Tras os Montes y Beira significa 'cachiporra grande' (Mogadouro, *RL* V, s. v.; Fig.),. 'porra de madera en el banco de cordelero' en la Sierra de la Estrella (*VKR* IV, 299), se emplea como término insultante en el sentido de 'bobo, tonto' en Almería (oído allí), en Venezuela (Alvarado), en Bogotá (según Batres), etc.—comp. *zoquete*—; 'cualquier objeto abultado y disforme' en la Colombia Atlántica (Sundheim), 'hombre rechoncho y obeso' en Guatemala (Batres), 'pene' en Murcia (Sevilla), Andalucía (A. V.), Arg. (Tiscornia, *BDHA* III, 89), etc., de donde finalmente 'muchacho pequeño' en Honduras (Membreño) y el Salvador (Salazar Arrué, *La Nación de B. A.,* 1-I-1940); algo de esto hay también en vasco ronc. y salaz. *zipote* 'huraño, testarudo' (con otros parónimos quizá independientes, vid. Azkue; aunque es mucho más empleado de lo que hace pensar este diccionario, Michelena, *VSVAP* X, 383). Claro está que la idea central en todas partes es la de 'porra', y en este sentido empleó claramente el vocablo Fz. de Oviedo, quien hablando de los bailes de los indios de Nicaragua, refiere que llevaban unas varas «y en la parte más gruessa e cabo de la vara un *cipote* o cabeza de cera», aplicación que hoy ha conservado en Costa Rica y otros países centroamericana la variante *chipote* (Gagini, s. v.)[1]. V. además Gillet, *Propalladia* III 730 (quien con razón sospecha a *cipo,* por *cepo,* variante dialectal, pero difícilmente será aragonesa), y Cej. VIII, § 23.

De la idea de 'porra' se parte asimismo en los derivados *cipotada* 'porrazo' (en el *Canc.* de Baena, vid. arriba, y en Mogadouro), *cipotazo* (-*aďo*) íd. en Cáceres (Espinosa, *Arc. Dial.,* 84), *acipotar* 'caer de cabeza' y *cipotón* (junto a *pesco-*

zón), en Cespedosa de Tormes (*RFE* XV, 168). Del castellano procede acaso el cat. *xipòtol* 'mal trajeado' (Fabra), *cipòtol* 'de andares pesados' (Vic, en Ag.)[2]. Conviene separar el cast. y port. *cipote,* así de las palabras aztecas citadas por Gagini, como del ár. *zubb* 'pene' (variante vulgar *zebb,* vid. *BDC* XXIV, 27), del cual quisiera Eguílaz (380) derivarlo, pero a ello se opone la ç sorda que tiene el vocablo en portugués, en Cáceres, en G. de Segovia y en el *Canc.* de Baena. Como en el portugués de Braganza se dice *cipó* para 'porra' (-ŏLUS), ha de ser derivado de un *cipo,* variante de *CEPO* 'pie del tronco de un árbol u otra planta'; la *i* es algo sorprendente, en vocablo que no puede ser cultismo, mas puede tratarse de una variante dialectal mozárabe, o bien portuguesa-leonesa, con *i* debida a metafonía por la -U final, como en port. *siso* SENSUS[3]. Comp. *ACIPADO,* y almer. *ciporro* 'el tronco de la palma quitadas las ramas' (y en la frase *tonto como un ciporro*). Cf. G. de Diego, *BRAE* XL, 21 y ss.

[1] Según la Acad., es además 'manotada' en la América Central.— [2] Sin embargo, comp. la forma *supòtil,* vituperada en la lista de voces groseras que reunieron h. 1490 B. Fenollar y J. Pau (publ. por Badia, *Bol. Acad. B. Letras* de B., 1951). El rosell. *xipot* 'chisme' (*Misc. Fabra,* 204) es independiente (del fr. *chippoter,* vid. *FEW*). [3] Quizá tengamos huella de esta variante popular *cipo* en la ac. 'tronco de alguna familia', que Moraes (s. v. *cippo*) cita de un texto que no puedo fechar.

CIPRÉS, tomado del lat. tardío *cypressus* (lat. *cuprĕssus*). *1.ª doc.:* *aciprés,* h. 1300 (*Gr. Conq. de Ultr.*); *ciprés,* ya 1380, Inv. arag., *BHisp.* LVII, 452; h. 1400 (Glos. del Escorial).

Figura también en APal., 76d, en Nebr. y en varios autores del S. XVI (*Aut.,* s. v. *cyprés*). La apócope de la vocal final puede deberse a atracción de este cultismo al órbita del sufijo -*és* (nótese la *s* sencilla de los derivados *cipresal* y *cipresino* en Nebr.), o a procedencia de oc. ant. *ciprĕs,* cat. ant. *ciprés* (hoy *xiprer*); el port. *cipreste,* gall. *alcipreste, a(l)ciprés,* y el it. dial. (Pistoia) *aripresso* muestran que se relacionó popularmente a este árbol de iglesias y cementerios con la palabra *arcipreste,* por una pintoresca etimología popular; por la misma razón se dijo *aciprés* en castellano (SS. XIV-XVII: *DHist.*; Gili, *Tesoro*), comp. *acipreste* 'arcipreste' en J. Ruiz y en Covarr. La forma poética *cipariso* [Tirso, *Deleytar,* fol. 38r, bis (Nougué, *BHisp.* LXVI)], procede del griego χυπάρισσος, de igual origen mediterráneo que el lat. *cupressus,* y que influyó en la forma *cypressus* del latín tardío.

DERIV. *Cipresal* [Nebr.], *cipresillo, cipresino.* Cultismos: *cupresino, cupresíneas.*

Ciquilón, V. *ciclán*   *Ciqui(ri)baile,* V. *cicate-*

ro Ciquiricata, V. *ceremonia* Ciquitroque, V.
almodrote Circense, circo, V. *cerco* Circil,
-ir, V. *zarazas* Circón, circona, circonio, V. *azar-*
cón Circuición, circuir, circuito, V. *ir* Circulación, circulante, circular, circulatorio, círculo, 5
circumcirca, V. *cerco* Circumpolar, V. *polo*
Circuncidante, circuncidar, circuncisión, circunciso,
V. *decidir* Circundante, circundar, V. *dar*
Circunferencia, circunferencial, circunferente, cir-
cunferir, V. *preferir* Circunflejo, V. *flexible* 10
Circunfuso, V. *fundir* Circunlocución, cir-
cunloquio, V. *locuaz* Circunnavegación, circun-
navegar, V. *navegar* Circunscribir, circunscripción, circunscri(p)to, V. *escribir* Circunsolar, V.
sol Circunspección, circunspecto, V. *espectácu-* 15
lo Circunstancia, circunstanciado, circunstancial,
circunstante, V. *estar* Circunvalación, circunva-
lar, V. *valla* Circunvecino, V. *vecino* Cir-
cunvenir, V. *venir* Circunvolar, V. *volar*
Circunvolución, V. *volver* Circunyacente, V. 20
yacer Cirgüello, V. *acerola* Cirial, V. *cirio*
Ciridueña, V. *celidonia* Cirigallo, cirigaña, V.
zalagarda Cirigoncia, V. *jerigonza*

CIRIO, tomado del lat. *cērĕus* 'de cera', 'cirio', 25
derivado de *cēra* 'cera'. *1.ª doc.*: Berceo.
Voz semiculta tan antigua como el idioma; con
el mismo carácter pasó a los demás romances.
DERIV. *Cirial* [969, Oelschl.; variante *cerial*, en
DHist.]. Para otro posible derivado, vid. *CE-* 30
RRIÓN.

Cirmia, V. *sirle* Cirnir, V. *cierne* Cirolero,
V. *ciruela* Cirria, V. *sirle* Cirrípedo, V. *cerda*.

CIRRO, 'tumor duro, especie de cáncer', to- 35
mado del lat. *scirrhos*, y éste del gr. σκιῤῥός íd.
(σκιῤῥός 'duro', como adjetivo). *1.ª doc.*: Oudin,
1634, Lope. Hay duplicado más culto *escirro*
[Terr.].
DERIV. *Cirrosis*. *Cirrótico*. *Escirroso*. 40

Cirro 'zarcillo', 'clase de nube', 'tentáculo', V.
cerda Cirrópodo, V. *cerda* Cirrosis, cirrótico, V. *cirro* 45

CIRUELA,, del lat. CĒRĔŎLA, abreviación de CE-
REOLA PRUNA 'ciruelas de color de cera', diminutivo de CĒRĔUS 'céreo'. *1.ª doc.*: *čirŭla*, h. 1106,
Abenbuclárix; *ceruela*, 1438, *Corbacho*; *ciruela*. 50
APal. 393d.
Además, un monje de San Millán de la Cogolla,
en 954, nos trasmitió la noticia de que, en su tiempo, los «vándalos, godos, suebos y celtiberos», llamaban *ceruleus* al ciruelo; bajo esta forma, falsa- 55
mente latinizada, debe entenderse el romance *ce-*
rolo o *ceruelo*; por celtiberos debe quizá entenderse los aragoneses, que ya empleaban el vocablo
en tiempo de Abenbuclárix; por suebos, quizá los
gallegos (hoy gall. *ciròla*: Vall.), por godos y ván- 60

dalos, acaso las clases altas de Castilla y León,
de supuesto abolengo germánico, frente a los *ro-*
mani, que según el testimonio del mismo glosador, conservaban el lat. *prunus*. Para esta glosa y
su interpretación, y para el ast. y leon. *nisu* ' ciruela' (*nixus* en este texto y en San Isidoro), vid.
M. P., *Oríg.* 410-13¹. Ya Virgilio emplea *cereum*
como epíteto de *prunum* 'ciruela', y en Columela
(X, v. 404) se distingue a los *pruna cereola* como
una clase especial de ciruelas, frente a los *pruna*
armenia y a los *pruna Damasci*. El español (con
parte del gallego) es el único romance que ha conservado la denominación CEREOLA, comp. port.
ameixa DAMASCĒNA² (también sanabr. *meixena*, zamor. *meijana*, toled. *amacena*), cat. *pruna* PRŪNA
(Venasque *prun* o *perún*; Villena *pruna*; Albacete *puma*, con -m- por influjo de PŌMA). Cf. *BRU-*
ÑO I y *POMO*. Por otra parte, levemente alterado, un tipo adjetivo *PRUNEA ha dado descendientes en muchos romances, entre ellos oc. y cat.
prunyó, y dialectalmente *brunyó*, oc. *brunhon*, nombre de una especie de ciruela pequeña muy dulce
(cultivada y silvestre)³, cf. *REW* 6799; de ahí también el cast. sept. *bruño*, port. *abrunho*, gall.
bruño, Sarm. *CaG.* 93r, A14r; éste cita la variante
ambroiños y dice que en Orense oyó aplicar *gru-*
ñeiros y en otras partes *bruñeiros* a los almeces
o *lod(o)eiros* (134r); los granitos o frutitas de
las zarzas perrunas son también conocidos como
gruños (134v) y una especie de endrina, negra y
astringente, recibe el nombre de *gruñolos* (134v,
135v): en éstos hay contaminación de *grano* y
grumo; en la *b* puede haberla del adj. *bruno* (que
es también nombre del *bruño*, según la Acad.), o
de lo demás que indica el *REW*.
Para la variante *ciruella*, *cerollo*, *ceroja* (quizá
relacionada con el *ceruleum* del glosador), vid.
ACEROLA. Muy extendida en los dialectos la variante fonética *cirigüela* (que pone Sarm. *CaG.*
A14r entre los nombres de la ciruela, y sus clases,
usuales en Pontevedra).
DERIV. *Ciruelo* [h. 1400, *Glos.* del Escorial;
comp. arriba *ceruleum*], comp. *SANSIROLÉ*; cirolero; ciruelillo; ciruelar f., ast., 'ciruelo' (V).
¹ Hoy ár. *niš* (*nîša*) se emplea en todo el Norte de Marruecos en el sentido de 'albaricoque'
(Marçais, *Textes Arabes de Tanger*, 484). Dozy,
Suppl. II 742a cita *nîsū* en el Taᶜālibî, y afirma
que viene del persa *nîšū* o *nîša* 'especie de ciruela'. Realmente, el Taᶜālibî, († 1038) era iranio,
pero su obra léxica es una recopilación de fuentes
diversas. ¿En cuál se fundaba en este caso?—
² Acentuado vulgarmente DAMÁSCENA, por falsa
latinización del gr. δαμασκηνός: de ahí fr. ant.
davoisne; oc. ant. *davaissa*, *avaissa*; Rouergue
abaisso (Thomas, *Nouveaux Essais*, 232).— ³ No
de la endrina, como dice el *DFa.*, aunque localmente se confunden. Pero como árbol es mucho
más conocido y en muchas comarcas, no sólo el
Pallars y Arán, donde me son familiares.

Cirue(l)la, V. *acerola*

CIRUGÍA, tomado del lat. *chirurgĭa* íd., con la
acentuación de su original el gr. χειρουργία 'trabajo manual', 'práctica de un oficio', 'operación
quirúrgica', derivado de χειρουργός 'que trabaja con las manos', 'cirujano', compuesto de
χείρ 'mano' y ἔργον 'trabajo'. *1.ª doc.: ceurugía*,
h. 1340, *Libro de la Montería* (*DHist.*); *cirugia*,
APal., 77b; *cirugía*, Nebr.
Documentación en Cuervo, *Obr. Inéd.*, 227.

DERIV. *Cirujano*[1] [*ceruguiano*, *Partidas*; *Zifar* 61.
21; *cirugiano*, J. Ruiz; *cirujano*, 1596, Fonseca;
ast. *ceruxanu*, V]. *Quirúrgico* (ya Acad. 1884; *ci-
rúgico* en Nebr., *cirúrgico* en APal. 77b; tomado
del lat. *chirurgicus*, y éste de χειρουργικός, en
forma completamente culta; *quirurgo* (ya Acad.
1884), de *chirurgus*, χειρουργός, cultismo raro;
de *quirúrgico*, sustituyendo el segundo componen-
nente por el de *DIÁFANO*, se formó *quirófano*
[Acad. 1925, no 1884] para la sala de operaciones
provista de cristales que permiten observar la marcha de la intervención desde fuera.

¹ Se emplearon además las formas *çurujano*,
con dilación vocálica (*Glos.* de Toledo y del Escorial; *Corbacho*; *Celestina*, ed. *Cl. Cast.* I, 137.
6), *zuruguiano* 1493 (Woodbr.), *celorgiano* (*Gr.
Conq. de Ultr.*, p. 494). Más variantes en Aguado y en Cuervo, *Obr. Inéd.*, 181.

Cisca, V. *sisca*   *Ciscar*, V. *cisco*   *Cisclatón*,
V. *escarlata*

CISCO, 'detrito', 'residuo de combustión', 'basura', 'excremento', palabra común al español y al
portugués, de origen desconocido. *1.ª doc.: «cisco
de hogar: favillae»*, Nebr.

Hay otros antiguos testimonios, que se refieren
también a residuos de combustión: «el polvo menudo del carbón que queda a lo baxo en el assiento del lugar donde está» (Covarr.), «a sparkle
of fire, the drosse of coales» (Percivale), «estin-
celle morte, cendre chaude, flammesche, braise
esteinte, poussiere de charbon et de fer bruslé,
maschefer» (Oudin), «carbón mui menudo, o residuo que queda de esta materia, revuelto con algo
de tierra, en las carboneras donde se encierra»
(*Aut.*), «tenía oficio de herrero y andaba lleno de
cisco» (Antonio de Guevara), «no tiene en su fragua sino *cisco*» (también Guevara, *Menosprecio*,
cap. 13, ed. Cl. C. 1942, 139.20), «tu exercicio todo
es entre carbón y *cisco*» (Martínez de la Parra,
1691), *cisquero* 'muñequilla con carbón molido, empleada en pintura' [Palomino, 1708], port. *cisco* «o
pó do carvão, ou lixo da casa» (Moraes). Pero en
los textos del S. XVI que cita este autor, tiene
significado amplio y genérico de 'impureza', y el
significado de *ciscar* 'ensuciar con excrementos',
ciscarse 'aflojarse el vientre por miedo', 'espantarse'
(así ya Percivale y Oudin), es frecuente ya en auto-

res de los SS. XVI-XVII (López de Gómara, 1552;
Seb. de Horozco, 3r. cuarto del S. XVI: *BRAE
III*, 593; J. Hidalgo; otros en *Aut.*)[1], Limia *cis-
queira* 'diarrea' (*VKR* XI, glos.), y no hay razón
suficiente para creer que las acs. 'basura' (Limia:
VKR XI, 142; Minho: *RL* XXV, 33), 'basura
o inmundicia en general' (Beira: *RL* II, 252),
'broza en un ojo, en la vianda, en un líquido' (así
el ast. *ciescu*, V) sean menos antiguas. Cej. VIII,
§ 23.

Ya Covarr. le supuso procedente de un **cinisco*,
derivado del lat. CĬNĬS 'ceniza'[2], y C. Michaëlis
(*RL* III, 140) dió forma más aceptable a la idea,
proponiendo el lat. tardío CĬNĬSCŬLUS 'un poco de
ceniza', que en portugués habría pasado a **ciiscoo
> cisco*, y del portugués se habría trasmitido al
castellano; muchos objetaron, con razón, la cantidad breve de las II latinas[3], dificultad que, en rigor, podría orillarse, admitiendo que hay *i*, por
metafonía de la -U, como en port. *siso* SENSUS, o
por el hiato resultante de la pérdida de la nasal,
como en port. *zimbro* JENĬPĔRUS[4], o por la causa
ignorada que cambió CĬNĬSĬA en **CĬNĬSĬA > ceniza*[5]. Pero la mayor dificultad estriba en que el tratamiento semiculto **ciisco*, con conservación de la
vocal postónica, no está de acuerdo con el carácter
popular de las ideas expresadas por *cisco*, y en que
no tenemos prueba alguna de la anterioridad de la
palabra portuguesa respecto de la castellana (documentada antes), ni de que el port. *cisco* venga de
un **ciiscoo* puramente hipotético. En resumen,
esta etimología deberá mirarse como muy inverosímil, a no ser que aparezcan pruebas fuertes en
su apoyo.

Subak, *ZRPh*. XXX, 151-2, y Spitzer, *Language* XIV, 147-8, partieron del verbo *ciscar*, que derivaba el primero de un **SCĬSSĬCARE* (de SCINDERE
'romper, partir', part. SCISSUS) y el segundo de un
*CĬSĬCARE 'cortar' (de **CĬSUS* en vez de CAESUS,
part. de CAEDERE, por influjo de INCĪDERE, OCCĪDE-
RE), tomando como base aquél la secundaria ac.
portuguesa 'marcharse', y éste aplicaciones modernas como port. *ciscar* 'llevarse del suelo ramas que-
madas', Minho *cisca* «caruma seca», gall. *ciscar
'ir dejando caer por el suelo alguna cosa sólida,
pero pequeña y ligera, como grano, paja, hierba'
(«*ciscando* enriba da mesa unha manchada de
cadelas» [monedas] Castelao 216.1f.); ambas son
etimologías construídas, sin ninguna probabilidad:
nótese que *cisco* se refiere a polvo o partículas
diminutas, pero no a pedazos o recortes.

Las acs. vegetales que señala Spitzer, y otras
como ast. *ciescu* 'broza', port. *cisco* «ramos, gra-
vetos, etc., arrastados pelas enxurradas ou pelas
ondas» (Fig.), *ciscada* 'detritos vegetais que as enchentes deixam nas margens dos rios' (Fig.), sugieren relación con el cast. *SISCA*, *jisca*, murc.
cisca, 'carrizo, planta que crece en las márgenes de
los ríos, de conocido origen céltico, para la inicial
comp. murc. *sisco* 'cisco' (G. Soriano); pero aun-

que es posible la especialización de 'carrizo usado como combustible' en 'residuos carbonizados' y 'detritos', la antigüedad mucho mayor de estas últimas acs. hace desconfiar de la idea, y aunque las formas célticas admiten una base *SESCA junto a *SĪSCA (Thurneysen, *Keltorom.*, 111) —tal como ast. *ciescu* (Sajambre *ciesco*, Cabranes, *ciescu*, Fdz. Gonzz., *Oseja*, 231) está junto a *cisco*—, la vocal tónica de *SESCA debió ser larga, a juzgar por oc. ant. y cat. occid. *sęsca*, y no corresponde al diptongo de *ciescu*. Esta forma tiene visos de ser muy antigua, y como de ella pudo salir *cisco*, tal como *avispa* de *aviespa* VĔSPA, *ristra* RĔSTIS, es muy posible que deba tomarse como base de toda futura investigación.

En definitiva, lo más verosímil por ahora, y mientras no se hallen formas medievales portuguesas y castellanas que señalen otra pista, es la idea de Sánchez de las Brozas, referida por Covarr., de comparar con el lat. CICCUM 'cosa insignificante', con cuyo descendiente, *chico*, puede compararse Beira *chisca* 'porción pequeñita', 'gota', Algarbe, Oporto *cisco* 'aparas miudas, lixo», port. *chisca*, *chisco*, *chisquinho* 'pedazo pequeño' (G. Viana, *Apostillas*, I, 295), gall. *chisco*[6]: se trataría de una creación expresiva de la idea de pequeñez, insignificancia, con vacilación en la consonante inicial (*cisco, chisco, sisco*), en la vocal tónica (*ciescu*), en la consonante media (Ribera salm. del Duero *cispar* 'escapar sin ser notado', *cispiar* 'quitar una cosa a hurtadillas', Lamano, junto al sinónimo port. *ciscar*), y aun en los tres sonidos (port. pop. *miscar, liscar, hiscar, moscar*, 'escaparse', citados por M. L. Wagner, *VKR* 23n.3)[7].

DERIV. *Ciscar* (V. arriba); ast. *ciscarse* y alguna vez *ciscar* 'recelar algún daño' (V). *Cisquero* (íd). *Cisquera. Ciscón.*

[1] De ahí secundariamente 'cortarse, avergonzarse' en Cuba (Pichardo), 'apartarse, huir, echar a correr', en portugués popular, y ya en Sá de Miranda (h. 1530); *xiscar-se* o *chiscar-se* en la Póvoa de Varzim (Leite, *Opúsc.* II, 301).— [2] La idea de Max A. Luria, *Language* XIII, 315-7, de rehabilitar este étimo a base de una imposible acentuación *CÍNISCUS, es extrañamente desafortunada, según observa Spitzer.— [3] En *KJRPh.* IV, i, 344, la autora reconoce que haría falta admitir influjo del sufijo de *marisco, pedrisco*, o bien derivar de CINIS con adición de este sufijo romance, todo lo cual es poco convincente. A. Castro, *RFE* V, 36, opina que el tratamiento de la terminación no es más sorprendente que el que presentan *perigo* PERICULUM, *bestigo* BESTICULUM, *vinco* VINCULUM. Pero no es ésta sola la dificultad.— [4] *Zēebro > *zīebro > zīibro > zībro > zimbro*. La única diferencia, en el tratamiento de CĪNISCŬLUS, habría sido la reaparición· de la consonante nasal, como consecuencia de la posición en sílaba cerrada. En favor del étimo CINISCULUS podría citarse port. dial. *cinas-*

cos 'migajas', *cinisga* 'clítoris', 'borrachera', y otras formas citadas s. v. CENIZO (CEÑIGLO), pero hay graves dificultades en derivarlas de CINISCULUS.— [5] El influjo de -ĪCULUM que admite Norman P. Sacks (*Hisp. R.* VI, 264-5) es poco convincente.— [6] «Nin *chisco* queda dela» Castelao 213.10, 130.31.— [7] Ya Spitzer toma en consideración la posibilidad expresiva, relacionando con formaciones paralelas, como *chispa* 'centella', *chistar* 'hacer ruido', ast. *chincharse* 'ciscarse, defecarse'.

Cisión, cisípedo, V. *escindir*

CISMA, tomado del lat. tardío *schisma, -ătis*, íd., y éste del gr. σχίσμα, -ατος, 'hendimiento, separación', derivado de σχίζειν 'hender, partir'. *1.ª doc.*: 1398, *Rim. de Palacio* 786d, 802g; Nebr.

Hoy es por lo común masculino, como ya en Mariana, pero femenino en Zurita; *Aut.* admite ambos géneros, y en una. lista de comedias castellanas representadas en Barcelona se escribe siempre *La Cisma de Inglaterra* hasta 1789, en que aparece *El Cisma de...* (*BRAE* XVI, 329). Para otros descendientes del vocablo, V. CHISME.

DERIV. *Cismático* [Nebr.], tomado del lat. tardío *schismatĭcus. Encismar.*

Cismar, V. *chisme*   *Cismático,* V. *cisma*
Cismear, V. *chisme*   *Cismontano,* V. *monte*

CISNE, del fr. ant. *cisne* (hoy *cygne*) y éste del lat. vg. CĬCĬNUS, lat. CYCNUS, tomado del gr. κύκνος íd. *1.ª doc.*: S. XIII, Biblia Escurialense: glos. de Oroz, n.º 194; comp. el nombre de lugar derivado *Cisneiros* (hoy *Cisneros*) ya en doc. de 1064, M. P., *Oríg.*, 365.

CĬCĬNUS se halla en glosas latinas y en la Ley Sálica, es conforme a la tendencia latina a intercalar una vocal en tales grupos consonánticos de origen griego (comp. *Alcumena* < 'Αλκμήνη, *sciniphes* < σκνίπες), y dió el it. ant. *cecino, cecero* y formas dialectales italianas citadas en el *REW*, 2435. Aunque una forma *cizne* aparece en un manuscrito cuatrocentista de Juan Manuel y en la *Gaya* de Segovia (junto a *cisne*: p. 55), no es probable que el cast. y port. *cisne* sean formas autóctonas (comp. los cultismos o semicultismos oc. ant. *cinhe*, cat. *cigne*, (cast. ant. *cigno* en la *1.ª Crón. Gral.*, p. 39b) sino variantes propiamente francesas, pues sólo en francés se explica normalmente la *i* tónica como representante popular de una Ĭ latina en esta posición (comp. *cil* CĬLIUM, *Cambraisis* CAMERACĒNSEM, *cire* CĒRA). Del castellano salió el campid. *sįsini* (M. L. Wagner, *ARom.* XIX, 7). La historia francesa del *Caballero del Cisne* (incorporada a la *Gr. Conq. de Ultr.*) pudo tener decisiva influencia en el S. XIII para la adopción de esta forma transpirenaica.

Cisoria, V. *escindir*   *Cispe*, V. *guizque*
Cispiar, V. *cisco*   *Cisquera, cisquero*, V. *cisco*
Cistáceo, V. *cistíneo*   *Cistercosis*, V. *quiste*

CISTERNA, tomado del lat. *cístěrna* íd., deri- 5
vado de *císta* 'cesta'. *1.ª doc.: cistierna*, h. 1350:
Poema de Alfonso XI, 1963; *cisterna*, 1570, C. de
las Casas (en APal. 78*d* figura solamente como
voz latina).

Para otros descendientes populares, como lo es 10
el del *Poema de Alfonso XI*—o quizá en éste es
ultracorrección gallega—, vid. Schuchardt, *ZRPh.*
XXVII, 106-110, 623-4.

Cisticerco, cístico, V. *quiste*   15

CISTÍNEO, derivado culto del lat. *cisthos* 'jara',
que procede del gr. χίσθος íd. *1.ª doc.:* Acad.
1899.

También se ha dicho *cistáceo*.   20

Cistitis, cistotomia, V. *quiste.   Cisura*, V. *es-*
cindir   Cita, citación, citador, V. *citar   Cita-*
no, V. *zutano*

CITAR, tomado del lat. *cítare* 'poner en movi- 25
miento', 'hacer acudir', 'llamar, convocar', frecuentativo de *cíere* 'poner en movimiento'. *1.ª doc.:*
APal. 385*d; citar para juyzio*, Nebr.; comp. *carta*
citatoria, Canc. de Baena (W. Schmid).

DERIV. *Cita* [1693: Sartolo]. *Citación* [Nebr.]. 30
Citador. Citoria. Citote, ant., 'persona que se enviaba para citar a alguien' [F. de Amaya, 1.ª mitad del S. XVII], fam. 'intimación que se hace a
alguien', del lat. *cítōte* 'llamad, haced venir', plu- 35
ral del futuro de imperativo de *cíere*. — Los
demás derivados de la misma raíz son también cultismos. *Concitar* [1584, Rufo (C. C. Smith,
BHisp. LXI), Góngora, Lope, Alarcón], voz típicamente gongorina en aquel entonces, tildada por los 40
contemporáneos de ajena al castellano (Cuervo,
Dicc. II, 323-4), de *concǐtare* íd.; *concitación, con-*
citador [Mena (C. C. Smith)], *concitativo.*
Excitar [ya 2.º cuarto S. XV, Santillana, p. 489;
Nieremberg, † 1658; Valverde 1657], de *excǐtare* 45
'despertar', 'excitar'; *excitable, excitabilidad, exci-*
tación, excitante, excitativo; sobreexcitar, sobre-
excitación.
Incitar [Mena (C. C. Smith), APal., 218*b*, 108*b*],
de *incǐtare* íd.; *incitador, incitamento* [1454, Aré- 50
valo, *Suma*, p. 295*a* (Nougué, *BHisp.*, LXVI)],
incitamiento [1457, Arévalo, *Vergel*, p. 321*a* (Nougué, l. c.)], *incitante, incitativo* [*Corbacho* (C. C.
Smith)], *incitativa.*
Recitar [Berceo], de *recǐtare* 'leer en alta voz', 55
'citar', 'pronunciar de memoria', lo común en la
Edad Media es que en castellano tenga las dos
primeras de estas acs. (la existencia de la 3.ª, hoy
la usual, sólo se deduce, en *Aut.*, del artículo *re-*
citativo); recitación, recitáculo, recitado, recitador, 60

recitante, recitativo.
Suscitar [1612, Valdivieso], de *suscitare* íd.;
suscitación; resucitar [*Cid*, Berceo, etc.], de *resus-*
citare íd.; *resucitador.*
CPT. *Solicito* [Berceo; APal. 462*b*; Cervantes,
etc.], tomado de *sollǐcǐtus* íd., compuesto de *sollus*
'entero' y *citus*, participio pasivo de *cíere; solici-*
tar [APal. 20*d*, 130*b*], de *sollǐcǐtare* íd.; *solicita-*
ción, solicitador, solicitante; solicitud [*Corbacho*
(C. C. Smith); *-idud* APal. 4*d*], de *sollicitudo* íd.

CÍTARA, tomado del lat. *cǐthǎra* y éste del gr.
χιθάρα íd. *1.ª doc.:* Mena, Santillana (C. C. Smith,
BHisp. LXI), 1499, H. Núñez de Toledo[1].
Además de esta forma puramente culta el vocablo pasó al español en otras tres variantes. La forma vulgar latina *cǐtěra*, documentada en el *Ap-*
pendix Probi, n.º 23, y conforme con la evolución de la Ǎ breve interna ante R en las viejas
palabras latinas, dió por vía popular el cast. ant.
cedra 'cierto instrumento músico de cuerda' (Berceo, *Duelo*, 176; *Alex. O*, 1383*d*)[2], para el cual
vid. M. P., *Poesía Jugl.*, p. 58; *Çedra* y *Çedrero*
sobrenombres en documentos navarros del S. XIII,
Michelena, *FoLiVa.* I, 45; la misma variante latina dejó descendencia en Rumanía, Italia y Engadina (*REW* 1953) y dió oc. ant. *sedra* o *cidra*,
que por lo demás sólo se halla en Guiraut de
Calansó (1195), y como no presenta el tratamiento normal occitano *-ir-* del grupo TR latino o romance, parece ser castellanismo aprendido por
Calansó en el tiempo que vivió en España (para
este viaje, vid. M. P., *o. c.*).
Con carácter semiculto se trasmitió de nuevo
CITHÁRA dando *citola* (Berceo, *S. M.*, 7; *Alex.*,
1383*c*; J. Ruiz, 1213*d; citula* en *Fn. Gonz.*, 682;
Citola como apodo de un juglar de Alfonso el Sabio, M. P., *o. c.*, pp. 5, 58; todavía usado por
Juan de Mena: *Aut.;* y registrado por Nebr.;
Cej. VIII, § 9), hoy anticuado en su ac. propia,
pero vivo en la de 'tablita de madera en el molino harinero, que va golpeando mientras el molino funciona, y con su silencio avisa cuando éste
se para' [h. 1490: *Celestina*, acto XVI, *Cl C.* II,
147.12], comp. fr. ant. *citole* (SS. XII-XIV), oc.
ant. *citola* 'especie de guitarra o cítara' (íd.).
Finalmente, para una forma trasmitida por conducto del árabe, vid. GUITARRA.
DERIV. *Citarista* [ya en Juan de Mena (Lida);
1591, Góngora, ed. Foulché I, 151; S. XVII].
Citarizar [Mena (Lida); H. Núñez de Toledo
(1499)].
Cedrero [Berceo, *S. Dom.*, 701*b*].
Citolero [Nebr.].
CPT. *Citaredo*, del gr. χιθρῳδός, íd., compuesto con ἅδειν 'cantar'.
¹ APal., 56*d*, 78*b*, 394*b*, emplea varias veces la
palabra *cithara*, mas al parecer como voz puramente latina, que él explica en su diccionario
bilingüe. También Núñez de Toledo explica una

vez el vocablo, «citharizar es tañer la vihuela, que se dice *cíthara*», lo cual indica un término poco usual, pero otra vez (*Aut.*) lo emplea ya sin explicación. Más tarde aparece en Góngora y en Lope.— [2] *Cedra* 'alforja para llevar comida', empleado en la *Tragedia Policiana* (1547)—vid. *DHist.*—, parece ser el mismo vocablo, conservado en una comparación popular y pintoresca del lenguaje pastoril.

CÍTARA, 'cortina o tapiz', 'cobertura de una silla de montar', ant., 'tabique', del ár. *sitâra* íd., derivado de *sátar* 'cubrir'. *1.ª doc.*: 1.ª ac., *acitara*, 812; *cithara*, 969; 2.ª ac., *acitara*, Berceo, *S. Or.*, 78[1]; 3.ª ac., íd., 1505, PAlc. (y ej. medieval sin fecha en Berganza, citado por el *DHist.*).

Dozy, *Gloss.*, 38-40. *Acitara* y *citara* figuran ambos en las *Ctgs.* 51.38 como epíteto de la Virgen, y en su sentido material 348.46. Val. *sitara* o *sitala* 'tabique' (*BDC* XXIII, 30). La forma *acitara* es la más común antiguamente, pero la variante sin *a-*, de la que existe algún ej. antiguo, es ya preferida por Terr. y Acad. 1884. Las tres acs. principales se hallan ya documentadas en árabe, aunque la primera es la más clásica, y la tercera la más vulgar. La ac. 'cojín o almohada' se debe a una mala inteligencia de Berganza, que pasó a los diccionarios y todavía figura como anticuada en la Acad. 1936. Más datos acerca del vocablo en A. Castro, *RFE* VIII, 14; Steiger, *Festschrift Jud*, 647; Gili, *Tesoro*, s. v. *acitara*.

DERIV. *Citarilla. Citarón.*

[1] Traducido erróneamente por 'cítara' en *BKKR*, repitiendo un viejo error de Masdeu. Pero se trata de nuestro vocablo, «familiar a cualquiera que haya leído media docena de diplomas antiguos» (M. P., *RFE* V, 6n.). Menos grave es el error de Oelschl., al traducir este ej. por 'cortina'. Pero vid. Dozy, y todavía Nebr. recoge «*acitara* de silla: stragulum corteum».

Citaredo, V. *cítara*   *Citarilla*, V. *cítara*   *Citarista, citarizar*, V. *cítara*   *Citarón*, V. *cítara*   *Citatorio*, V. *citar*

CITERIOR, tomado del lat. *cĭtĕrĭor, -ōris*, íd. *1.ª doc.*: h. 1520, Padilla (C. C. Smith, *BHisp.* LXI); A. de Morales, † 1591.

Sólo empleado con referencia a la división de la España romana.

Citiso, V. *codeso*   *Cito*, V. *chistar*   *Citoal*, V. *cedoaria*   *Citola, citolero*, V. *cítara*   *Citoplasma*, V. *plástico*   *Citora*, V. *hito*   *Citoria*, *citote*, V. *citar*   *Citramontano*, V. *monte*   *Citrano*, V. *zutano*   *Citrato, cítrico, citrina, citrón*, V. *cidro*

CIUDAD, del lat. CĪVĬTAS, -ATIS, 'conjunto de los ciudadanos de un estado o ciudad', 'ciudada-

nía', derivado de CĪVIS 'ciudadano'. *1.ª doc.*: *cibdad*, *Cid*; *ciudad*, Nebr. (hay ya ejs. medievales, pero APal. prefiere todavía *cibdad*, 78*d*).

Antiguamente se halla también *cidat* (p. ej. *Alex.*, O, 712, 1037). Hoy en América tiene mucha extensión la variante vulgar *suidá* (Arg., Chile, Puerto Rico, Nuevo Méjico, etc.). La ac. 'ciudad' en el lat. CIVITAS aparece ya, aunque raras veces, en Tácito y algún otro autor de la Edad de Plata; reemplazó al lat. *urbs* en todos los romances[1].

DERIV. *Ciudadano* [*cibd-*, Berceo]; *ciudadanía; conciudadano*. *Ciudadela* [Andrés Bernáldez, † 1513], adaptación del it. *cittadella*, diminutivo de *città* 'ciudad' (del italiano procede también el fr. *citadelle* [1495] y las formas de los demás romances), vid. Terlingen, 215.

Los siguientes son cultismos derivados del lat. *civis*. *Civil* [1169: Oelschl.], de *cīvīlis* 'propio del ciudadano', 'político'; aunque ya APal. 92*b*, opone *civil* a *militar* en términos administrativos, *Aut.* observa todavía que en el sentido de 'sociable, urbano' o 'civilizado' no tiene uso en castellano, sólo admite *civil* como opuesto a *criminal* en el estilo forense (íd. Covarr.), y advierte que el significado corriente en «desestimable, mezquino, ruin y de baxa condición y procederes», ac. que actualmente ya se ha anticuado, pero de la que hay multitud de ejemplos desde la *Gr. Conq. de Ultr.*[2] hasta el S. XVII (Salas Barbadillo)[3]; debe explicarse como consecuencia del significado de 'caballero' que tomó el lat. *miles* en la Edad Media, de donde vino el que *civilis*, como opuesto a *militaris* 'propio del caballero', pasara a significar 'villanesco, propio del no caballero'[4]. Útil repertorio de ejs. de estas acs. secundarias reunido en el trabajo de M. R. Lida, *NRFH* I, 80-85 (adiciones de L. J. Cisneros, ibid. VIII, 174-6). Por ellos se ve que el origen de la evolución semántica pudo ser múltiple. Sigo creyendo que el punto de partida principal estuvo en la oposición de 'civil' a *militaris* 'caballero'; pero contribuiría el influjo de los versos iniciales de la *Pharsalia* (por conducto del bajo latín, no creo, con D.ª María Rosa, que influyera mucho Juan de Mena) y sobre todo la idea de la *muerte civil* 'pena infamante', que ya figura en las *Partidas*. *Acivilar* o *acevilar* 'envilecer' (SS. XVI-XVII: *DHist.*; Gili, *Tesoro*), *civilidad* [1457, Arévalo, *Vergel*, p. 338*a*; h. 1490, APal., *Perfección*, p. 348*b* (Nougué, *BHisp.* LXVI); Nebr.], *civilista, civilizar* [Terr.], *civilización, incivil, incivilidad*. *Cívico* [APal. 78*d*, pero *Aut.* lo considera todavía voz latina, sólo empleada en *corona cívica*]. *Civismo* [ya Acad. 1884; falta aún Terr.], del fr. *civisme*, neologismo de la época revolucionaria [1791].

[1] En la España mozárabe existió una forma abreviada de CIVITAS, *chite*, hoy conservada en la toponimia: *Belchite, Chite y Talará*, ayuntamiento del part. judicial Órjiva (Granada), etc.,

análoga del fr. ant. *cit*, oc. ant. *ciu* 'ciudad' (*FEW* II, 724*b*); procede de un lat. CĪVIS, CĪVĬTIS, ya documentado en la Ítala, declinado como *dives, divitis*, y de génesis por lo demás inexplicable. Se ha querido explicar *Belchite* por un *chite* 'golpe, tiro', equivalente del cat. *git*, de *gitar* 'echar' JECTARE, pero la identidad con el fr. ant. *cit* es indudable, vid. Simonet, s. v. *chite*; efectivamente, ya *Bellchite*, con -*ch*-, 1175 (*BABL* II, 393), fecha en que JE > *ch(i)* sería absolutamente anacrónico. *GdDD* 1667 afirma que *El Chite* viene de ILICETUM 'encinar', y no habría dificultad de principio en este caso (pese al indicio semántico elocuente que Simonet deriva del nombre del otro barrio, *háraⁱ al-^caráb* 'barrio de los árabes' > *Talará*), pero ya es más difícil esto en cuanto a *Los Chites* (Granada) y parece imposible en el de *Belchite*. En Móra de Ebro una parte de la villa, que parece haber sido fortificada, lleva todavía el nombre de *La Citella* que ha de ser, desde luego nombre de origen mozárabe, diminutivo del mozárabe *cit(e)* idea mucho más probable que una haplología *Citatella > Citella*). Sigo creyendo que Simonet tuvo una intuición feliz. Para los representantes sardos de este tipo, vid. G. Serra, «*Civitas* nel sardo medievale», *Rev. Port. de Filol.* IV, 1-19 (loḡud. *kida*, campid. *cida* 'semana' < 'milicia ciudadana que hacía guardia por turno semanal'), teoría muy dudosa, vid. M. L. Wagner, *VRom.* XIII, 199ss. (*RFL* XIX, 257).— [2] *Aquella cevil gente*, p. 238, con referencia a soldados sin nobleza, a quienes se ha llamado antes *gente menuda y mala gente* (*DHist.*, s. v. *cevil*).— [3] J. de Valdés, *Diál. de la L.*, 184.10, advierte «usamos... *civil* en contraria sinificación que lo usa el latín, diziendo en un refrán: *caséme con la cevil por el florín*, adonde *cevil* stá por vil y baxa». Covarr. explica *cevil* por 'el hombre apocado y miserable' y pretende que viene «de *ce*, que acrecienta la significación, y de *vil*, que valdrá muy vil». Tomaba luego el sentido de 'cruel'. M. R. Lida, *NRFH* I, 80-85.— [4] Obsérvese que este tránsito semántico no se produjo en romances como el italiano, el francés o el catalán, hablados en tierras no menos dominadas por el feudalismo, pero donde los oficios ciudadanos y la menestralía tuvieron mayor poder en la Edad Media. La oposición entre *civilis* y *bellicus* o *militaris*, que ya apunta en Cicerón (*bellica, civilia officia*), se acentúa más en la Edad Media, y para Isidoro Pacense (S. VII) *civiliter* es lo mismo que *pacifice*.

CIVETA, 'gato de algalia', del fr. *civette* íd., que procede del ár. *qiṭṭ az-zabâd* íd. (*qiṭṭ* 'gato', *zabâd* 'almizcle'), por conducto del catalán. *1.ª doc.*: Acad. 1884, no 1843; *civete* 'algalia', Terr.[1].

Las denominaciones antiguas son otras en castellano (*gato de algalia, almizclera, desmán*). En cambio el vocablo es antiguo en it. *zibetto* 'gato

de algalia' y 'algalia', cat. *civeta* [1372; 1381-6: Eiximenis, *Terç del Crestià*], fr. *civette* en ambas acs. [1467]. No es enteramente seguro si la voz francesa procede de la catalana o de la italiana; probablemente, contra lo que suele afirmarse, de la primera, en vista del género femenino y de la *c-* sorda inicial, pues hay otros casos de un *z* arábigo inicial transcrito por *c-* o *s-* en los arabismos catalanes (*BDC* XXIV, 72). El ár. *zabâd* (también *zábad* y *zábada* en textos vulgares, el último en R. Martí) viene de *zábad* 'espuma', pues la algalia es una sustancia espumosa segregada por el animal; *qiṭṭ az-zábada* como nombre del animal se halla en el *Qartás*. Dozy, *Suppl.* I, 578*b*; Eguílaz, 380; Gamillscheg, *EWFS*, s. v.; *REW*[1], 9585; Diez, 346.

DERIV. *Civeto* [ya Acad. 1884].

[1] Ésta cita Franciosini, pero el vocablo no se halla en este diccionario, que en cambio traduce el cast. *algalia* por el it. *zibetto*.

Cívico, civil, civilidad, civilista, civilización, civilizador, civilizar, civismo, V. ciudad   *Civilguera*, V. *cerviz   Cizalla, cizallar, cizallas*, V. cincel

CIZAÑA, tomado del lat. tardío *zizanĭa, -ōrum*, y éste del gr. ζιζάνιον, que designa la misma planta. *1.ª doc.*: *cizania*, S. XIV, *Castigos de D. Sancho*, Rivad. LI, 164; *zizaña*, 1475 (G. de Segovia, p. 86).

Ya en latín se halla *zizania*, como femenino singular, en el sentido de 'celos, disensión'. En castellano antiguo tenía dos *zz* sonoras (Segovia; la edición de los *Castigos de D. Sancho* moderniza la ortografía), y todavía se pronuncia *zinzaña* con zetas sonoras en judeoespañol (Gaspar Remiro, *BRAE* V, 364). Así en latín como en castellano, el vocablo pertenece al lenguaje del Evangelio, y sólo modernamente ha empezado a suplantar al cast. *joyo* en su empleo botánico.

DERIV. *Cizañar. Cizañear. Encizañar. Cizañero. Cizañador; encizañador*.

CLAC, 'sombrero de copa alta, o de tres picos, plegable', del fr. *claque* m., íd., derivado de *claquer* 'crujir, chasquear, castañetear', de origen onomatopéyico, por el ruido del clac al plegarse. *1.ª doc.*: ya Acad. 1884.

DERIV. *Claque* 'conjunto de los alabarderos de un teatro' (falta aún Acad. 1899), del fr. *claque* f., íd., derivado del mismo verbo en el sentido de 'golpear con las manos'.

CLADODIO, 'órgano axilar con apariencia de hoja', derivado culto del gr. χλάδος 'ramita arrancada', 'rama' (derivado de χλᾶν 'romper'), a imitación de los adjetivos griegos en -ώδης, que indican analogía. *1.ª doc.*: Acad. 1899.

CPT. *Cladóceros* 'crustáceos provistos de grandes antenas ramosas' (falta aún Acad. 1899), compuesto de la misma voz griega con χέρας 'cuerno', 'antena'. Otro compuesto de χλᾶν es *panclastita* [Acad. 1914 o 1899], formado con πᾶν 'todo'.

Clamar, V. *llamar*   *Clamajeras, clamijeras*, V. *cremallera*

CLÁMIDE, tomado del lat. *chlamys, -ỹdis*, y éste del gr. χλαμύς, -ύδος, íd. *1.ª doc.*: Balmes, † 1848.

Clamor, clamoreada, clamorear, clamoreo, clamoroso, clamosidad, clamoso, V. *llamar*

CLAN, del gaél. *clann* 'descendencia, hijos', por conducto del inglés. *1.ª doc.*: falta aún Acad. 1899.

CLANDESTINO, tomado del lat. *clandestīnus* 'que se hace ocultamente', derivado de *clam* 'a escondidas'. *1.ª doc.*: 1553, Azpilcueta.
DERIV. *Clandestinidad*.

Clanga, V. *planga*

CLANGOR, tomado del lat. *clangor, -ōris*, íd. *1.ª doc.*: h. 1525, Alvar Gómez (C. C. Smith, *BHisp.* LXI), Pantaleón de Ribera, † 1629.
Latinismo crudo, sólo empleado por los culteranos.

Clapa, V. *chapa*   *Claque*, V. *clac*   *Clara, claraboya, clarea, clarear, clarecer*, V. *claro*

CLARENS, 'coche de cuatro asientos con capota', del ingl. *clarence* íd., del nombre del Duque de Clarence, que después fué Guillermo IV de Inglaterra. *1.ª doc.*: falta aún Acad. 1899; en inglés, desde 1837.

Clareo, clarete, clareza, claridad, clarificación, clarificadora, clarificar, clarificativo, clarífico, clarilla, clarimente, clarimento, clarín, clarinada, clarinado, clarinero, clarinete, V. *claro*

CLARIÓN, 'pasta hecha de yeso y greda, de que se usa como de lápiz, para dibujar en lienzos', del fr. *crayon* 'pedazo de mineral empleado para dibujar', 'lápiz', derivado de *craie* 'yeso, tiza', que procede del lat. CRĒTA 'yeso', 'greda'; en español el vocablo sufrió el influjo de *CLARO* por el color del clarión. *1.ª doc.*: 1708, Palomino.
Término pictórico. En Aragón el vocablo es de uso general con el sentido de 'tiza para el encerado' (Ribagorza, Caspe, Puebla de Híjar *clarión*, Gistáin *clairón*, Ansó íd. o *cuairón*: BDC XXIV, 165). También se dice en valenciano, por lo menos en muchas localidades, aunque en concurrencia con el cat. común *guix*, p. ej. en Alberic. Se empleó además *clarión* como galicismo militar en el sentido de 'clarín' (fr. *clairon*), vid. Oudin, y esta forma

contribuiría mucho a la alteración de *crayon* en *clarión*.
DERIV. *Clarioncillo*.

CLARO, del lat. CLARUS íd. *1.ª doc.*: Cid.
Pertenece al segundo estrato de palabras castellanas, con tratamiento retrasado y conservador del grupo inicial CL-, pero no puede considerarse voz culta ni semiculta. Para acs. especiales, vid. Cuervo, *Dicc.* II, 157-65. La de 'ralo' (tejidos) o 'espaciado' (pelo), que señala la Acad. (sin ejs. en Cuervo ni *Aut.*), puede conducir hasta 'raro', que no se halla a menudo': «era muy sesuda hembra, cosa por cierto muy *clara* en tierra y en mar», 2.ª parte, anónima, del *Lazarillo* (Rivad. III), p. 99, según es frecuente en otros romances[1].
DERIV. *Clara* [de huevo: APal., 13d; Nebr.]. *Clarea* 'bebida que se hace con vino claro, azúcar o miel, canela y otras especias aromáticas' [ya en 1403, Inv. arag., *BHisp.* LVII, 452; 1525, Rob. de Nola, p. 46; 1555, Laguna], probablemente del fr. ant. *claré* íd. o de un fr. ant. *clarée*, derivados del lat. CLARUS, comp. cat. ant. *clarea* íd. [Eiximenis, 1381-6, muy frecuente hasta el S. XVI], it. ant. *chiarèa* 'especie de medicina' [1.ª mitad S. XV: Bernardino de Siena][2]. *Clarear* [princ. S. XVII: Juan Hidalgo, Paravicino]; *clariar* ast. «empezar a amanecer, despejar» (V); *clareo*. *Clarecer* [«clarecer el día: lucesco», «clarescerse: clareo, claresco», Nebr.; Juan de Mena; *Aut.* dice que es de poco uso]. *Clarete* [1591, Góngora, ed. Foulché, I, 152], del fr. ant. *claret* [S. XII-XIII], hoy *clairet* íd.; adaptación del gascón bordelés *claretz* 'clarete' (según la norma gall. *ch-* = oc. *cl-*) debe de ser el gall. *viño xerés* (-*z*) o *xereciño* 'vino flojo, clarete' y pontev. 'vino ruin' (Sarm. *CaG.* 218r), adaptación con paso de *charez* a *xerez* por superposición léxica con el andaluz (vino de) Jerez. *Clareza* [med. S. XIV, Sem Tob, copla 592, y SS. XVI-XVII; ya antic. para *Aut.*]. *Claridad* [Berceo]. *Claror* [h. 1300, *Yúçuf*, ed. Rivad., 186; Celestina; y Juan de Mena de quien lo considera propio Nebr.]. En el sentido de 'luz, claridad atmosférica' el cat., el gall. (*craror*, Lugrís, *Gram.*, 119) y muchas hablas portuguesas (Algarbe, Azores, etc.) prefieren *claror* a *claridad, -ade*, si bien en el portugués común esto se ha disimilado en *clarão*. *Clarilla*. *Clarimente* [h. 1490, Celestina], del cat. *clariment* [1707] íd., derivado del cat. ant. *clarir* 'aclarar' (hoy *aclarir*); *clarimento*, como término de pintura [*Aut.*], tendrá probablemente la misma procedencia. *Clarín* [*claril*: S. de Horozco, med. S. XVI, cita de Fcha.; *clarin*, 1607, Góngora, ed. Foulché I, 280; Oudin; Covarr.][3]; *clarinada, clarinero, clarinete* (V. nota), *clarinado* (íd.). *Clariosa*, gnía. *Clarucho*. *Aclarar* [3r. cuarto S. XIII: *Fn. Gonz.*]; *aclaración* [Nebr.], *aclarado, aclarador, aclaratorio; aclarecer; aclareo*. *Esclarecer* [h. 1460: *Crón. de Juan II*], *esclarecedor, esclarecido, esclarecimiento* [Nebr.]. *Esclariar* ast. 'agitar una vasija

con agua para lavarla' (V). *Declarar* [Berceo], vid. Cuervo, *Dicc.* II, 827-30, tomado del lat. *declarare* íd.; *declarable, declaración, declarado, declarador, declaramiento, declarante, declarativo, declaratorio, declaro. Preclaro.*

CPT. *Claraboya* [quizá ya en 1495 (*BHisp.* LVIII, 88), 1586, Góngora, ed. Foulché I 89; Oudin; 1624, Valbuena], del fr. *claire-voie*, compuesto con *voie* 'vía' (*FEW* II, 741*b*; Bloch, s. v.). *Clarificar* (junto con *clarífico* en Juan de Mena: Lida, 145, 254), tomado del latín *clarificare* íd.; *clarificación* [1457, Arévalo, *Vergel*, p. 316*a* (Nougué, *BHisp.* LXVI)], *clarificadora, clarificativo, clarífico. Clarividente* [falta aún Acad. 1899, rechazado largo tiempo como galicismo, aunque ya se usó bastante en el S. XIX; el peruano Concolorcorvo, en 1773, ya lo usa en la forma crudamente francesa *clarivoyante*, ed. de París, p. 343], formación imitada del fr. *clairvoyant* [S. XIII] y amoldada al lat. tardío *clarividus*, compuesto con *videre* 'ver'; *clarividencia. Claroscuro* [Terr., s. v. *claro*], expresión nacida en Italia.

¹ No creo que sea un calco lingüístico del galo, según admite Wartburg, *FEW* II, 745n.21. Se trata del proceso inverso al que condujo de *prieto* 'apretado, espeso' a 'oscuro, negro', *hito* íd. íd., lat. *pressus*; en el mismo sentido alem. *licht. Clar* 'raro' es muy popular en catalán, y el *claro* castellano sustantivado para 'lugar sin árboles en un bosque' muestra la popularidad de la ac. en este idioma.— ² Un francés *clarée* no está documentado que yo sepa (sólo fr. mod. *clairée* 'jarabe de azúcar blanco para aclarar el azúcar', desde 1751; Alençon *clárée* «grande rasade»), aunque se halla *clarie* «vin de liqueur» (un ej. en God.), que parece variante dialectal de *clarée*. Hay el masculino correspondiente *claré* íd. frecuente en los SS. XII-XV (*FEW* II, 740*b*). El significado no es favorable a que el cast. *clarea* sea postverbal de *clarear*; además debiera ser castellanismo en catalán y en italiano, lo cual no es posible en el S. XIV. Tampoco es verosímil que se trate de un vocablo creado en catalán con el sufijo *-ea -ITIA*, equivalente al cast. *clareza*, como sugiere Alcover, pues el significado no corresponde al de un abstracto. De todos modos *claré* podía pasar fácilmente a *clarea* por influjo del nombre de otros preparados, de origen francés asimismo, como *fricasea, gragea, jalea, oblea. Clarea* o *esclarea* [Acad. 1884, no 1843] en el sentido de 'chelidonium majus' es palabra independiente, procedente del b. lat. *sclarea* (vid. Bertoldi, *ARom.* VII, 281-2).— ³ Probablemente es creación autóctona castellana, según el modelo del fr. *clairon* [S. XIII], cuyo sufijo, que aquí no es diminutivo como en francés, hubiera estado en desacuerdo con lo agudo del sonido del clarín. En rigor podría salir de oc. *clarin* [1508], mas no es probable, en vista de que ahí significa 'oboe' o 'caramillo' (*FEW* II, 743*b*); el cat. *clari* [1620], el port. *cla-*

rim, el it. *clarino*, y aun el anticuado *chiarino, chiarina* (SS. XVI-XVII), procederán del castellano. En cuanto al fr. *clarin* de donde M-L. (*REW*, 1963) deriva la voz castellana, es palabra rara, y sólo documentada como adjetivo (una vez en Tobler) o en el sentido de 'cencerro de vaca' (también *clarine*), de donde *clarinado* como término de blasón. En cambio, *clarinete*, que no hallo antes del S. XIX [Acad. 1884], sería creación de Italia, *clarinetto* diminutivo de *clarino*, y de ahí pasaría a España y Francia [*clarinette*, 1753]. Todo esto, por lo demás, es lógico: el instrumento militar, *clarín*, es español; el usado en orquestas y bandas, es italiano.

CLASE, tomado del lat. *classis* 'clase, grupo, categoría'. *1.ª doc.*: 1587, Antonio Agustín.

Una forma vulgar *clas* corre en ast. (V).

DERIV. *Clásico* [1632, Lope, *Dorotea*; Paravicino, † 1633], tomado del lat. *classicus* 'de primera clase', que se aplicaba a los ciudadanos no proletarios, y que Quintiliano trasladó ya a los escritores (comp. *FEW* II, 745); *clasicismo* [Acad. ya 1884], *clasicista. Clasificar* [Acad. ya 1884], compuesto culto (comp. fr. *classification*, 1787, ingl. *classify*, 1799); *clasificación, clasificador.*

Clauca, V. *clauquilla*

CLAUDIA, *ciruela* ~, abreviación del fr. *prune de la reine Claude* íd., así llamada por el nombre de la esposa de Francisco I de Francia. *1.ª doc.*: ciruela reina Claudia, Terr.; ciruela claudia, ya Acad. 1884.

Hoy fr. *reine-Claude* [1714], usado como sustantivo; la expresión completa se halla en el idioma vecino desde 1628 (*FEW* II, 751).

CLAUDICAR, tomado del lat. *claudicare* 'cojear, ser cojo', derivado de *claudus* 'cojo'. *1.ª doc.*: med. S. XVII, Juan de Palafox; comp. *claudicante* 'que cojea', 1619, Góngora, ed. Foulché II, 305, y en Polo de Medina, h. 1640.

Ya *Aut.* observa que en el sentido material de 'cojear' es raro.

DERIV. *Claudicación. Claudicante* (V. arriba).

CLAUQUILLAR, 'sellar con marchamo', arag., del cat. ant. *clauquillar* íd., derivado de *clauquilla* 'marchamo', que parece tomado del languedoc. *cauquilha* 'concha de marisco', hermano del fr. *coquille* íd. *1.ª doc.*: 1611, Covarr. (como término propio «de Valencia y de toda la Corona de Aragón»).

El testimonio de Covarr. no es concluyente en el sentido de que se empleara en el castellano de Aragón, pero Borao también registra *clauquillar* advirtiendo que los «catalanes decían *cauquillar* y *cauquilla*»¹. De hecho, si bien la variante *clauq-* es común en este idioma, *cauquillar* se halla ya en

1481 (Alcover). La etimología se explicará por la forma de concha que tendría «el escudete que con su señal» echaban los clauquilladores sobre la cerradura al poner el marchamo, según Covarr. Para el vocablo languedociano, vid. *Homen. a Rubió i Lluch* III, 309, y para pormenores acerca de la etimología, mi *DECat*.

DERIV. *Clauca* gnía. [1609: J. Hidalgo] 'ganzúa', extraído de *clauquilla*, porque el marchamo se ponía sobre la cerradura. Basta recordar que *clauca* 'ganzúa' es voz de germanía para rechazar la etimología de GdDD 1676, *CLAVĬCA extraído de CLAVÍCULA, además de las dificultades fonéticas (en castellano habría dado, una de dos, *llauga o bien *lloca).

¹ Cita además una variante arag. *cloquillar*

CLAUSURA, tomado del lat. *clausūra* 'acto de cerrar', derivado de *claudĕre* 'cerrar'. *1.ª doc*.: Villena (C. C. Smith, *BHisp*. LXI); APal. 356b.

En castellano normal éstos derivados y los que cito abajo son todos cultismos, aunque no ha faltado alguna descendencia popular en hablas leonesas (ast. *llosa* 'prado cercado' etc. CLAUSA). En los demás romances el vocablo siguió vivo: it. *chiudere*, fr. *clore*, oc. *claure*, cat. *cloure*; y aun lo estaba todavía en gall.-port. antiguo: *choir as portas, o forno* (cerrarlos) Ctgs. (122.46, 285.49, 4.66), «a labredes, valedes, *choyades*, podedes, cabedes...» Pontevedra a. 1456 (Sarm. *CaG*. 174r), de fonética regular pues AU en hiato pasaba a *o*: gall. *choer* 'cerrar (una heredad, etc.)', *choído* 'cerrado' (Vall.); Sarm. leía también *chousura* en escrituras pontevedresas medievales (*CatVG*. 69r); *cos ollos achuídos* Castelao 233.8. De ahí, probablemente, un postverbal *choo cambiado en *choio* —como *soio* por SŌLUS, etc.—, que Vall. define «negocio, especulación, empresa...», pero empezaría por designar el lugar cerrado donde estaba un comercio, como el puesto o quiosco de periódicos de que se apodera Rañolas después que al morir el amo «a viuda púxose ó frente do choio», Castelao 229.2; por otra parte, desde la idea de 'empresa' se pasaría a «*enchoyar*: enamorar; modo de conversación que usan los jóvenes para talentearse o experimentar si son duchos, tontos o discretos» (Vall.), con el derivado «as suas *enchoiadas* amorosas», Castelao 205.10¹.

DERIV. *Clausurar* [falta aún Acad. 1899].

Los otros derivados de *claudere* que cito a continuación son también cultismos. *Cláusula* [Berceo, *Sacrif*., 260; h. 1460: *Crón. de Juan II*], de *clausŭla* 'conclusión', 'conclusión de una frase', diminutivo del participio *clausus* 'cerrado'; *clausulado*, *clausular*.

Claustro [doc. mozárabe de 1209, Oelschl.], de *claustrum* 'cerradura, cierre'; *claustra* [Berceo, todavía en Santa Teresa, pero ya como anticuado en *Aut*.], de *claustra* pl., que es la forma en que se empleaba comúnmente la palabra latina *claus-*

*trum*²; *claustral*, *claustrar*, *claustrero* [Berceo], *claustrillo*, *enclaustrar*; *exclaustrar*, *exclaustrado*, *exclaustración*; *inclaustración*.

Concluir [Berceo, que también emplea la variante *concludir*], de *conclūdĕre* 'cerrar', 'encerrar', 'terminar', comp. Cuervo, *Dicc*. II, 324-8; *conclusión* [med. S. XIII, *Buenos Prov*. 11.7; APal. 210d], *conclusivo*, *concluso* [h. 1520, Padilla (C. C. Smith, *BHisp*. LXI); Sta. Teresa, Fr. L. de León: Cuervo, *Dicc*. II, 328a], *concluyente*.

Excluir [*excludir*, APal. 130b y passim; *escluir*, Covarr.; *excl-*, *Aut*.], de *exclūdĕre* 'cerrar afuera, excluir'; *excluible*; *excluidor*; *exclusión* [Covarr.], de *exclusio, -onis*, íd.; *exclusivo* [Acad. ya 1884], derivado culto; *exclusiva* [1640, Saavedra Fajardo], *exclusive*, *exclusivismo*, *exclusivista*; del participio latino EXCLŪSA procede el fr. *écluse* 'esclusa', de donde el cast. *esclusa* [1580, B. de Mendoza; 1625, Coloma], tomado durante las Guerras de Flandes, con restitución de la forma castellana del prefijo (pero vulgarmente *eclusa* pasó a *enclusa*, citado por *Aut*., de donde el vasco *inkulusa*). *Inclusa* 'casa de expósitos' [*Aut*.] se extendió desde Madrid (donde Cáncer ya menciona h. 1650 la Inclusa y Lorito como lugares donde hay muchos niños) y parece ser el nombre propio de la casa de expósitos de esta ciudad; según la tradición procede del nombre de una virgen traída de Sluis (fr. *L'Écluse*), en Holanda, por un soldado español en el S. XVI³; *inclusero*.

Incluir [h. 1515, Fz. de Villegas (C. C. Smith), Covarr., Oudin; 1684, A. de Solís; *encloír* ya 1223, M. P., *D. L.* 28.32; *includir*, h. 1490, APal., *Perfección*, p. 345b (Nougué, *BHisp*. LXVI)], de *inclūdĕre* 'encerrar'; *inclusión*, *inclusivo*, *inclusive* [1492, *BHisp*. LVIII, 88, Covarr.]⁴, *incluso* [Villasandino, *RFE* XL, 148; Covarr., el uso adverbial falta todavía en Acad. 1884], *incluyente*.

Interclusión, ant.

Ocluir, de *occlūdĕre* 'cerrar', 'cerrar con llave'; *oclusión*, *oclusivo*.

Recluir [Santillana (C. C. Smith); h. 1590, Antonio Pérez], del lat. tardío *reclūdĕre* 'encerrar' (en latín es normalmente 'abrir, descubrir'); *reclusión* [1626, Céspedes y Meneses], *recluso* [Mena (C. C. Smith)], *reclusorio*.

Secluso, ant., de *seclūsus*, participio de *seclūdĕre* 'separar encerrando'.

¹ Aunque está también, según Vall., *chòya* 'mujer simple' y éste debe de ser aplicación figurada de *chòya* «chova o corneja» Vall., para el cual vid. *CHOVA*. Desde luego hay influjo de éste y aun quizá recíproco.— ² Variante disimilada *caustra* en J. Ruiz, 846a, 1307b; *caostra* en la *Crónica General*, según *Aut*. (no *DHist*.); *calastra*, en J. Ruiz G, 1307b; Cuervo, *Obr. Inéd*., 223. Comp. las formas análogas catalanas y gasconas citadas s. v. *CÁRCAVA*, y en *Festschrift Jud*, 566. Cat. ant. *claustra*: Costumbres de Tortosa, ed. Oliver, 44; Lulio, *Meravelles* III,

99; *Filla del Rei d'Hongria*, 56; J. Roig, v. 15648; v otros ejs. en Alcover.— [3] Desde el galorrománico, en efecto, había pasado también a los vecinos dialectos germánicos: ingl. *sluice*, neerl. med. y mod. *sluis(e)* > alem. *schleuse* 'esclusa', procedentes de EX-CLŪSA, como el cat. *r-esclosa*. Sin el prefijo: a. al. ant. *klûsa*, hoy al. dial. *klaus* (bávaro-alemánico). Es grafía bárbara *L'Ecluse* nombre que los franceses dan al pueblo cat. *La Clusa*, al pie del paso del Portús: el topónimo *La Clusa*, muy repetido en Cataluña, no tuvo sin embargo el sentido de 'esclusa', ni procede de la forma prefijada sino que, junto con el citado a. al. *klûsa* y el it. *chiudere* 'cerrar', procede, por vía diversa, del latín vg. *clūdere* 'cerrar' extraído, con el valor del clásico *claudere*, por el pueblo romano, de los cptos. (*includere, excludere*, etc.); de ahí el participio fem. *clusa* que tomó un sentido doble: por una parte, a) partiendo de 'cercado' se pasó a 'monasterio' o 'santuario' montañés de donde el ags. *clûs(e)*, a. al. ant. *klûsa*, alem. antic. *klause*, y de un sentido así puede salir en una parte de los topónimos catalanes (como sugirió M-L. en *Das Kat.* y en su trabajo del *BDC* XI), pero la geografía indica más bien que en la mayor parte de los topónimos catalanes se trata de la ac. b) 'desfiladero, angostura de un valle', con el cual pasó al a. al. med. *klûse*, sentido actual del vocablo al. dial. *klûs* (*klause*) en los Alpes. Junto a la ac. a) se formó además un b. lat. *inclusa* para una especie de santuario o priorato monacal muy desarrollado a ambos lados del Rin desde los siglos X-XI por los obispos misioneros de la escuela irlandesa, cf. O. Doerr, «Das Institut der *Inklusen* in Süddeutschland» 1939, y regulado en Colonia, Fulda y Maguncia por el arzobispo Bruno y el predicador Mariano Scotus (cf. Weisgerber, *Rhen. G.-Celt.* 359); pero la coincidencia del b. lat. renano *inclusa* con el madrileño *inclusa* parece ser casual. Falta comprobar documentalmente la tradición madrileña. El Sr. P. S. y D. en *RABM* 1875, 55, preguntaba si era verdad ese dato histórico consignado por Álvarez y Bueno *Grandezas de Madrid*, p. 184, pregunta que quedó sin contestación. La Acad. lo da como cierto (ed. 1884-1936); Cuervo, *Ap.*, § 675, admite que el nombre común procede del de la Virgen de la Inclusa.— [4] Formado en bajo latín según el modelo de los adverbios latinos en *-e*, aunque un adjetivo *inclusivus* no existía en latín, y por lo tanto tampoco el adverbio. Asimismo *exclusive*; E. de Villena, 1416, empleó la forma romance *inclusivamente*, hoy anticuada, comp. cat. *inclusiument* en el testamento de Andrés Rey de Artieda, a. 1613 (*BRAE* XX, 675).

Clava, clavadizo, clavado, clavadura, claval, clavar, V. *clavo*   *Clavario*, V. *llave*   *Clavazón*,

V. *clavo*   *Clave, clavecímbano*, V. *llave*   *Clavel, clavelito, clavelón, clavellina*, V. *clavo*

CLAVEQUE, 'cristal de roca que se talla imitando el diamante', se asegura que procede del nombre de *Clabecq*, población de Bélgica. *1.ª doc.*: 1628, Calderón, *El Purgatorio de San Patricio*; h. 1640, Quevedo, *La Fortuna con seso; Aut.*

Dichos autores lo emplean en el sentido de piedra semejante al diamante, pero sin valor. La Academia, desde su edición de 1899, dice que viene de Clabecq, nombre de una población del Brabante belga, junto al canal Bruselas-Charleroi. Podría tratarse de un vocablo traído durante las guerras de Flandes. No puedo confirmar ni desmentir esta noticia. Hoy esta localidad es sólo conocida por su producción agrícola y metalúrgica, según Winkler Prins, *Algemeene Encyclopaedie*.

Clavera, V. *clavo*   *Clavería*, V. *llave*   *Clavero*, V. *clavo*, *llave*   *Claveta, clavete, clavetear*, V. *clavo*   *Clavicímbalo, -bano, clavicordio, clavícula, claviculado, clavicular, clavija, clavijera, clavijero*, V. *llave*   *Clavillo*, V. *clavo*   *Claviórgano*, V. *llave*

CLAVO, del lat. CLAVUS íd. *1.ª doc.*: Cid.

Palabra de evolución retrasada, con tratamiento conservador del grupo inicial CL-, pero difícilmente podrá considerarse voz culta ni semiculta; se trata del mismo caso de *CLARO, FLOR, PLATO, PLAZA, PLOMO*, y del propio sinónimo *priego* o *pliego* (V. *PLEGAR*), voces en las cuales predominó la pronunciación más tradicionalista de las clases altas. Para la ac. 'clavo de especia' [Nebrija], V. abajo. Ast. *clau* (V).

DERIV. *Clava* 'cachiporra' [A. Agustín, † 1586], tomado del lat. *clava*, emparentado con *clavus* en la ac. de 'nudo en la madera'. *Claval. Clavar* [Nebr.], del lat. tardío CLAVARE íd., comp. *enclavar* y vid. Cuervo, *Dicc.* II, 165-8; ast. *claviar* 'clavar' (V); *clavadizo; clavado; clavadura* [Nebr.]; *clavazón* 'conjunto de los clavos' [1438, BHisp. LVIII, 88; Nebr.]. *Clavel* [1555, Laguna, como nombre de la planta; 1582, Fr. L. de Granada, para la flor], gall. *caravel* (Castelao 279.20; port. *craveiro*), del cat. *clavell* 'flor del clavel' [1460: J. Roig, v.12343], llamada así por su olor análogo al del *clavell* 'clavo de especia' [1455], ac. que a su vez procede del cat. ant. *clavell* 'clavo de clavar' (S. XIII) por comparación de forma [2]; fué común dar al clavel el nombre del clavo de especias, en los varios idiomas de Occidente, adonde el clavel se extendió desde Italia a principios del Renacimiento; Colón, *Enc. Ling. Hisp.* II, 224, documenta el cat. *clavell* 'clavel' desde 1406; por otra parte hay un caso de *clavel* en el ms. O del *Alex.* v. 1301. Según Sarm., Plinio llama *clavus* al eléboro: de ahí gall. orient. *chaveiro* y *herba chaveira* (o *craveira*?) (*CaG.* 140v, 145r2, 156v). Mozár. *ca-*

rónfal, caronfalía, junto a *carónfala* 'clavo de especia' (PAlc.), it. *garòfano*, fr. *giroflée* oc. *girouflado* (CARYÓPHYLLUM, -ATA), port. *cravo*, ingl. *clove*, alem. *nelke, näglein*; en España el clavel penetraría por la costa oriental, de aquí la extensión de la voz catalana, que también pasó al sardo *cravellu*; *clavelito, clavelón. Clavellina* 'clavel de flores sencillas' [*Canc.* de Baena, n.º 392, v. 49; 1439: Santillana, *Proverbio* 49, ed. Sevilla, 1530, fº 19rº 1; *Celestina*, edición de 1902, 18.32; Nebrija; PAlc.], del catalán *clavellina* 'planta del clavel' (igual acepción en Aragón: Borao), derivado del anterior.

Clavera. Clavero, 'árbol que da los clavos de especia'. *Clavete* [APal. 112*d*], *claveta, clavetear* [1660, Zabaleta]. *Clavillo, -ito*.

Desclavar [h. 1460, *Canc.* de Stúñiga], vid. Cuervo, *Dicc.* II, 1001-2; *desclavador*.

Enclavar [*Alex.*], fué el vocablo común para 'clavar' hasta los SS. XV y XVI (todavía en Lope, Fr. L. de la Puente, Carlos Coloma; 1625), aunque ya el autor del *Lazarillo*, Santa Teresa, Cervantes y Góngora emplean *clavar*, y Nebr. y Fr. L. de León admiten ambos (Cuervo, II, 165ss.); siguió empleándose en el sentido de 'introducir un clavo en la carne viva al herrar' (J. Ruiz, Covarr., Terr., P. Isla); *enclavación, enclavado, enclavadura, enclavazón*, ant., *desenclavar* ant. (h. 1460, *Crónica de don Álvaro de Luna*). Y vid. CRABUÑAR.

CPT. Gall. *crabo* o *peixe crau* 'raia clavata' (Sarm. *CaG.* 16r).

¹ Es verdad que en lo antiguo existía el sinónimo *priego* y podría suponerse que *clavo* fuese préstamo latino tardío; pero aunque *priego* se halla ya en el S. XIII, su significado es genérico y puede valer no sólo por 'clavo' (*priego de fierro*), sino por 'atadura' en general. *Clavo* es ya frecuente en la época primitiva (*Cid*, Berceo, *Alex., Fn. Gonz.*).— ² Sin embargo, no debe descartarse la posibilidad de que el cat. y oc. *clavel(l)* 'clavo de especias' venga del greco-lat. CARYOPHYLLUM > *carvel(l)* y que el influjo de CLAVUS sólo interviniera por etimología popular; entonces el cast. *clavo*, el alem. *näglein*, etc., serían calcos de la voz cat.-oc.

CLEDA, ant., 'mantelete, tablero forrado de hojalata que sirve de resguardo contra los tiros del enemigo', del cat. *cleda* íd., propiamente 'cerca, seto, verja, redil', y éste del galo *CLĒTA íd. *1.ª doc.*: Acad. 1899.

Otros descendientes directos de la voz céltica son el vco. *gereta* 'puerta rústica de un campo' (lab.), 'jaula de seto' (bazt.), port. y gall. *chedas* 'los dos palos, arrimados a la cabezalla, que cierran el carro'.

CLEMÁTIDE, tomado del lat. *clēmătis, -ĭdis*, y éste del gr. κληματίς, -ίδος íd. y 'leña de sarmientos', derivado de κλῆμα 'vid', 'sarmiento'. *1.ª doc.*: 1555, Laguna.

CLEMENTE, tomado del lat. *clēmĕns, -tis*, íd. *1.ª doc.*: APal. 264*b*; comp. *clemencia*, Berceo, *Mil.* 99.

DERIV. *Clemencia*, tomado de *clēmĕntĭa* íd.

Clemesí, V. *carmesí*

CLEPSIDRA, tomado del lat. *clepsȳdra*, con la acentuación de su original, el gr. κλεψύδρα íd., compuesto de κλέπτειν 'robar', en el sentido de 'sustraer furtivamente', 'dejar escurrir', y ὕδωρ 'agua'. *1.ª doc.*: Terr., acentuado gráficamente en la *i*.

CPT. Otros compuestos del mismo verbo griego son *cleptomanía, cleptomaniaco, cleptómano* (falta aún Acad. 1899), en cuya formación entra μανία 'locura'.

Clerecía, clerical, clérigo, clerizón, clerizonte, V. *clero*

CLERO, tomado del lat. tardío *clērus* 'conjunto de los sacerdotes', y éste del gr. κλῆρος 'lo que toca a uno en suerte', 'herencia' y, en el lenguaje bíblico, 'clero'. *1.ª doc.*: 1487, Rodríguez de Almela.

La explicación semántica del lat. *clerus* 'clero' (sentido que quizá ya se encuentre en griego eclesiástico, aunque no hallo pruebas de primera mano) no es tan sencilla y segura como parecería por las breves indicaciones del dicc. de Wartburg (II, 775*b*) y el *DCEC*; quizá debería un hebraísta acabar de aclarar el asunto. La verdadera parece hallarse en la circunstancia de que el hebreo *naḥalah* «sors» (que entiendo en el sentido de 'parte que toca en suerte, lote'), «possessio» (también «hereditas, res hereditate accepta») se emplea asimismo en el sentido de «possessio Jehovae (populus Israel Jehovae proprius)», como traduce Leopold. Luego es perfectamente concebible que los escritores eclesiásticos griegos, por calco, emplearan su ἧκλρος 'parte que toca en suerte' en el sentido de 'la tribu de Leví' y de ahí 'el clero judaico o cristiano'. Lo que vienen a decir Bloch-W., Wartburg y Skeat no es precisamente lo mismo (por lo demás la 3.ª de las tres citas de Skeat, que he comprobado, no tiene aplicación real al caso, y la segunda no logro identificarla). De todos modos el pasaje del Deuteronomio (XVIII, 2, ιη') que todos citan (como el de los Números XVIII, 20, aducido por Liddell-Scott), en realidad dice algo bastante diverso, a saber, que los levitas no tendrán otra herencia, κληρονομία, que Jehová: en el texto hebreo hay *naḥalato* —que si no me engaño es lo mismo— o un verbo derivado, respectivamente. Wartburg, Bloch (y yo también, fiado en aquél) confundíamos ahí el griego κληρονομία 'herencia'

con χλῆρος' que, según Liddell-Scott, significa ú n i-
c a m e n t e 'parte que toca a uno' (Bailly admite
también una ac. 'herencia' para χλῆρος, que si
acaso será rara, pero que más bien deberá entenderse 'p a r t e que toca en herencia'). Bailly y
Prati dan otras interpretaciones semánticas, que
parecen estar menos apoyadas.

DERIV. Clérigo [1500: Oelschl.], tomado del lat.
tardío clērĭcus 'miembro del clero'; la ac. 'hombre
de letras' [Alex. O, 84, 808] se explica porque en la
alta Edad Media la gente de letras eran comúnmente miembros del clero; variante semipopular,
especialmente gallego-leonesa, crego (med. S. XVI:
S. de Horozco[1]; en el sayagués de Alonso de Salaya, Farsa, v. 313, etc.)[2] clerigalla, cleriguicia.
Clerecía, ant. [Berceo; Alex. O, 36, 47, 1092;
Vida de San Ildefonso, 168, 778, etc.[3]], en las dos
acs. correspondientes a las de clérigo; procede de
una forma b. lat. clericia, comp. cat. clerecia, oc.
ant. clercia, clerezia, it. ant. chiericìa, chieresìa,
comp. fr. clergie. Clerizón, despectivo de clérigo
[clerizón, doc. de Ponferrada, 1264, Staaff, 92.37;
con -z- sonora en J. Ruiz 1235c, 1709b; comp.
gall. ant. crerizón en la Cantiga 24], tomado del
b. lat. clericio, -onis, íd. (Lión, 840, en Du C.),
derivado de clericus, de la cual procede el galorrománico clerìçon, clerçon'(Du C.; FEW II, 774b);
la variante clerizonte [1700, Antonio de Zamora]
se explicará por analogía de los casos en que fr.
-an(t) corresponde a cast. -ante, -ente[4]. Clerical
[1553, Azpilcueta], tomado del lat. tardío clerica-
lis; clericalismo [1927, Amunátegui, BRAE XIV,
430; pero es voz ya corriente en el S. XIX]; cle-
ricato; clericatura.

CPT. Clerófobo, clerofobia. Del gall. crego: gall.
tivichelocrego 'oropéndola' (Tuy y cordillera central, Sarm. CaG. 195v) < tu vistes-lo clérigo (el
cura), seguramente por imitación folklórica de una
supuesta voz del pájaro.

[1] En el proverbio «Abad, ¿sois crego? Tres maravedís y medio», BRAE II, 703, donde deberá
restablecerse la forma arcaica me(g)o por 'medio'.
Comp. la forma valenciana clèc (M. Gadea, Tèrra
del Gè I, 336).—[2] De ahí el nombre de pez gall.
crego 'pescado como jurel, pero sin tanta espina'
(Sarm., CaG. 82r, 199v). Sospecho que sean más
o menos semejantes criqua y cricón (ib. 81v)
«macho y hembra de un pez como cavaliña, muy
hermoso», porque figuran no muy separados en
la misma lista de peces. La cavaliña es variante
de caballa 'scomber colias, cat. verat', todos te-
leostios. Parece que Sarm. saca estos dos de
alguna lista escrita, pues reconoce que no los ha
visto ni comido, y me parece poco probable que
criqua se deba leer como cricúa (por más que
en alguna parte del gallego -o(n)a tenga este
resultado), pues sería grafía extraña: más bien
será kríka, de la misma forma que escribe escallo
como esquallo (p. 211) o acentúa créqua, variante
de coca 'torta' (205r). Si se trata de peces algo

semejantes al crego debemos sospechar que sean
duplicados de éste, seguramente préstamos forasteros, quizá derivados de clerc en un dialecto
provenzal o gascón.—[3] Con variantes clericía, clerezía, clerizía. Nebr. escribe clerezía.—[4] Según el
modelo de clerizonte se formó luego polizonte.
Podría también pensarse en un b. gr. *χληρίζων,
-ίζοντος, participio de un verbo *χληρίζειν 'pertenecer al clero', pero son formas puramente hipotéticas y de existencia poco verosímil.

Clesa, V. cresa

CLEUASMO, tomado del gr. χλευασμός 'bur-
la', 'ironía', derivado de χλευάζειν 'reírse (de alguien)'. 1.ª doc.: Gómez Hermosilla († 1837).

CLICA, 'cierto molusco de mar, comestible',
onomatopeya de la concha al romperse. 1.ª doc.:
falta aún Acad. 1899.
Port. crica 'especie de berberecho' (usual en
Coímbra, según Fig.), en portugués jergal 'vulva',
en Tras os Montes 'mondadura de melocotón,
seca'. Comp. cat. clica 'cáscara (de avellana)' (oído
en Tavascan, Pallars), 'conversación insustancial'
(en Ripoll: Alcover), gall. crica 'nariz' (por el crujido de su cartílago), cricas 'llorón' (Vall.). Es la
misma palabra que CRICA (vid.).

Clidar, V. quicio

CLIENTE, tomado del lat. cliens, -tis, 'protegido', 'persona defendida por un patrón'. 1.ª doc.:
APal. 80d; 1499: Hernán Núñez.
Aquél lo emplea traduciendo del latín, y éste
con referencia a la Antigüedad; en la Celestina
y en autoridades del S. XVII aparece el diminutivo cliéntulo con aplicación moderna.
DERIV. Clientela [F. Sánchez de las Brozas,
† 1600].

CLIMA, tomado del lat. clima, -ătis, 'inclinación o curvatura de la superficie terrestre desde
el Ecuador al Polo', 'cada una de las grandes regiones en que se dividía dicha superficie por su
mayor o menor proximidad a estos dos puntos', y
éste del gr. χλίμα íd., derivado de χλίνειν 'inclinar'. 1.ª doc.: h. 1250, Setenario fº12rº; APal. 80d.
La cruel crima por 'el infierno' en el Canc. de
Baena, p. 395.
DERIV. Climático [1599; G. de Alfarache, en
el sentido secundario de 'mudable, vario', aplicado al carácter de la gente; sólo en este sentido,
y como voz vulgar, lo recoge Aut.; después falta
en Acad., todavía en 1899; hoy se emplea en el
sentido de 'referente al clima', pero usándose poco
suele sustituirse bárbaramente por climatérico].
Aclimatar [Jovellanos, † 1811]; aclimatación.
CPT. Climatología, climatológico.

Climatérico, V. *clímax*   *Climático*, etc., V. *clima*

CLÍMAX, tomado del lat. *clímax, -ăcis*, 'gradación retórica', y éste del gr. κλῖμαξ 'escala, escalera', 'gradación', derivado de κλίνειν 'inclinar'. *1.ª doc.*: Gómez Hermosilla, † 1837.

DERIV. *Climatérico* [Oudin; 1623, Góngora; 1637, Colmenares], tomado del lat. *climactĕrĭcus* 'relativo a una época crítica en la vida de alguien', y éste del gr. κλιμακτηρικός íd., derivado de κλιμακτήρ 'escalón, peldaño', 'en la vida de alguien, momento difícil de superar', y éste de κλῖμαξ 'escala'; para el barbarismo consistente en dar a este vocablo el sentido de 'climático', vid. M. de Saralegui, *BRAE* XI, 633-9.

Clin, clina, V. *crin*   *Clineja*, V. *crizneja*

CLÍNICO, tomado del lat. *clīnĭcus* 'que visita al que guarda cama', y éste del gr. κλινικός íd., derivado de κλίνη 'cama', y éste a su vez de κλίνειν 'inclinar'. *1.ª doc.*: ya Acad. 1884; Letamendi, † 1897.

DERIV. *Clínica* [íd.; íd.]. *Enclítico* [*enclético* APal.; E. de Terreros], tomado de ἐγκλιτικός íd., derivado de ἐγκλίνειν 'inclinar, apoyar'; *énclisis* [falta todavía en Acad. 1899; muchos dicen *enclisis*]; *proclítico* y *proclisis* (que debiera acentuarse *próclisis*), derivados semejantemente de προκλίνειν 'inclinar hacia adelante'. CPT. *Clinopodio* [1555, Laguna], tomado de κλινοπόδιον íd., compuesto de κλίνη con πούς, ποδός, 'pie', por la semejanza de las cuatro flores del clinipodio con las pies de una cama. *Clinómetro*, compuesto de κλίνειν con μέτρον 'medida'. *Clitómetro*, compuesto de κλιτός, adjetivo verbal de κλίνειν, con el mismo μιτρον. *Diclino*, aplicado a las plantas que tienen los órganos de los dos sexos en flores diferentes (es decir, en «camas» diferentes). *Policlínica* [Acad. 1914 o 1899], se aplicó primeramente a establecimientos públicos que aspiraban a servir para toda una ciudad (de πόλις 'ciudad'), y como las policlínicas estaban atendidas por especialistas diversos se tomó después por un compuesto de πολύς 'mucho'.

CLÍPER, tomado del ingl. *clipper* íd., derivado de *clip* 'cortar con tijeras', por la rapidez con que hiende las olas. *1.ª doc.*: Pagés, 1901 (con cita de Pérez Calvo).

Clisar, V. *clisos*

CLISÉ, del fr. *cliché* íd., de formación onomatopéyica. *1.ª doc.*: ya Acad. 1884.

DERIV. *Clisar* 'reproducir con clisés' [íd.]; *clisado*.

Para el origen de la voz francesa, vid. Spitzer, *ZRPh.* XLVI, 600; Bloch, s. v.

CLISOS, caló, 'los ojos', parece sacado del verbo dialectal *clisarse* 'quedarse mirando algo fijamente', 'embobarse', y éste de *eclipsarse*. *1.ª doc.*: 1896, Salillas.

También caló catalán *clissos* 'ojos' y *clissar* 'ver, mirar', caló cast. *clisar* 'mirar'[1], calão *clisios* 'ojos', gitano español *clisé* 'ojo'. El vocablo no se halla en los demás dialectos gitanos ni tiene antecedentes índicos, según M. L. Wagner, *Notes Ling.*, 50-51. Luego es probable que venga del ast., salm. y cespedosano *clisarse* 'quedarse mirando una cosa con mucha fijeza' (Lamano; *RFE* XV, 142)[2], y que éste proceda de *eclipsarse* como sugieren A. Alonso y Rosenblat, *BDHA* I, 237n.3[3]; lo mismo parecen indicar *elisar los güeyos* 'clavar' en Sajambre (Fdz. Gonzz., *Oseja*, 252; el orden alfabético indica que no es errata por *cl-*) y *clisadura* 'pasmo' en G.ª Oliveros; comp. *estar hecho un cris* 'estar embobado' en la *Comedia Radiana* (1533-5), del vulgar *cris* 'eclipse', y se cita también un and. *estar eclipsado* 'embobado' (A. Castro, *RFE* IV, 395); A. Venceslada recogió *cliso* 'atónito, suspenso (persona)' y *con los ojos clisos*[4]. Comp. ECLIPSE.

[1] Sale de ahí, al parecer, «la catástrofe le *clisaba* el corazón» en el argentino Leopoldo Lugones (*BRAE* IX, 711), en el sentido de 'acechaba', según creo.— [2] Para Jovellanos, *RFH* V, 219, el ast. *clisáse* indica «un rapto de sorpresa o pasmo en el examen de un objeto».— [3] Mismo étimo según Spitzer, *Litbl.* XLVIII, 127, pero partiendo de la idea de 'esconderse', 'mirar de escondidas'.— [4] No creo que tenga que ver con esto gnía. *esclisiado* «herido en el rostro» (J. Hidalgo, 1609). Vendrá del it. *screziato* 'abigarrado, lleno de colorines', derivado de *screzio* 'discrepancia que induce a disensión' < lat. *discretio*.

CLISTER, antic., tomado del lat. *clyster, -ēris*, y éste del gr. κλυστήρ, -ῆρος, 'jeringa', 'lavativa', derivado de κλύζειν 'lavar'. *1.ª doc.*: *clister* (142*d*) o *tristel* (81*b*): APal.; «*tristel* o aiuda: *clyster*», Nebr.; *clyster*, 1555, Laguna.

Antonio Agustín († 1586) emplea *cristel*, forma que Covarr. registra como corrupción de *clystel*; *Aut.* advierte que algunos lo dicen en esta última forma. La forma de Nebr. y APal. con *tr-* se lee clara e indudablemente[1]: se deberá a una etimología popular, que era fácil en vocablo que fué siempre propio de médicos o gente erudita (según testimonio de Quevedo en *Aut.*) y que el vulgo deformaba diversamente cuando llegaba a pronunciarlo. La forma semipopular cat. *crestiri* procede del diminutivo gr. κλυστήριον.

DERIV. *Clistelera. Clisterizar.*

[1] Hoy se emplea en Canarias según Seb. de Lugo (*BRAE*).

Clitómetro, V. *clínico*

CLÍTORIS, tomado del gr. χλειτορίς íd. *1.ª doc.*: Terr.

Clivoso, V. declive   Clo, V. clueca

CLOACA, tomado del lat. *cloāca* íd. *1.ª doc.*: *cloaga*, S. XIV, *Castigos de D. Sancho*, 209; *cloaca*, 1546, en el valenciano Beuter.

También APal., 81*b*, emplea *cloacas*, pero como agrega inmediatamente. «o alvañares», pudo ser resabio ocasional de su original latino, y como el vocablo falta en Nebr. y Covarr., y *Aut.* hace constar que «es voz puramente latina», su entrada en el léxico popular, junto al hereditario *albañal*, debió de ser tardía. Junto al semipopular *cloaga* de los *Castigos de D. Sancho* será bueno tener en cuenta la existencia del salm. y trasm. *colaga* 'calleja estrecha y oscura', sanabr. *culaga* (Krüger, *S. Cipr.*, comp. M-L., *ZRPh.* XXVIII, 602-3) y de representantes populares de CLOACA: cat. *claveguera*, it. *chiàvica* (comp. lat. *clavaca, claveca*, en glosas).

Clocar, V. clueca   Clocarse, V. cuclillas
Clochel, V. chocallo   Clochuela, V. coroza

CLOQUE, del fr. *croc* 'gancho', y éste del escand. ant. *krôkr* íd. *1.ª doc.*: 1599, Percivale; Oudin. También en Franciosini: «*cloque*: garfio de nave, un uncino da nave», etc.

Cocle en *Aut.*; la forma primitiva vuelve a aparecer en Terr., y en Acad [ya 1884] en el sentido de 'bichero' y 'gancho para enganchar atunes'.

DERIV. *Cloquear* [1599, Percivale; Franciosini: define «pescare all'hamo»; Terr. lo cita de ahí y de Oudin, con la misma definición, pero advierte que no se usa; Acad., ya 1884, para 'enganchar el atún con el cloque en las almadrabas para sacarlo a tierra'; *coclear* en *Aut.*]. *Cloquero* [Oudin].

Cloquear, V. clueca, cloque   Cloqueo, cloquera, V. clueca   Cloquero, V. cloque   En cloquetas, V. cuclillas

CLORO, tomado del gr. χλωρός 'verde claro', 'verde amarillento'. *1.ª doc.*: ya Acad. 1884.

DERIV. *Cloral. Clorato. Clórido. Cloruro; clorurar; protocloruro.*

Cloridaeas, derivado culto de Χλωρίς, -ίδος, nombre de la diosa de las flores.

Clorita; clorítico.

Clorosis [Terr.]; clorótico.

CPT. *Clorhídrico*, compuesto con la primera parte de la voz hidrógeno; *clorhidrato; hiperclorhídrico, hiperclorhidria.*

Clorofila, con φύλλον 'hoja'; *clorofílico; clorofilo.*

Cloroformo, con el radical de fórmico; *clorofórmico, cloroformizar, cloroformización.*

CLOTA, arag., 'hoya que se hace para plantar algún árbol o arbusto', del cat. *clota* 'hoya, hondonada', derivado de *clot* 'hoyo', de origen prerromano. *1.ª doc.*: 1901, Coll Altabás, *Voces de la Litera.*

A la *ò* abierta del catalán y de oc. *clot* correspondería *ue* en aragonés. Apenas puede considerarse voz aragonesa no hallándose más que en una zona limítrofe, como la Litera, y en Caspe *clote* 'charco' (*BDC* XXIV, 165). Para el origen de la voz catalana, vid. *FEW* II, 796-8, y mi *DECat.*

CLUB, del ingl. *club* íd. *1.ª doc.*: Terr., como voz usada en Inglaterra; José Selgas, † 1882.

Las viejas ediciones del diccionario académico (1884, 1899) lo admiten sólo como denominación de una sociedad política, comúnmente clandestina. En inglés es aplicación secundaria de *club* 'maza, porra', quizá por conducto del verbo *to club* 'formar un conglomerado'. Lo común es el plural *clubs*, revelador de que se percibe como vocablo extranjero; Amunátegui, *BRAE* VIII, 403-5, cita ejs. y propone reemplazarlo por *clubes*, que después ha alcanzado cierto predicamento en algunos países americanos.

DERIV. *Clubista.*

CLUECA, de una forma *CLŎCCA del romance hispánico primitivo, onomatopeya de la voz de la gallina clueca. *1.ª doc.*: mozár. *qalûqa*, S. XIII, R. Martí; *clueca*, Nebr.

Formas análogas existen en la mayor parte de los romances, y en otros idiomas, a veces con ligeras variaciones en la base onomatopéyica: gall.-port. *choca* («deita ben galinha *choca* assaz» R. Lapa, *CEsc.* 130.28), rum. *clocă, cloacă*; cat. *llòca* (*LŎCCA), aran. *lóca* (*LŬCCA), engad. *cluotscha*, it. *chioccia*, alem. *glucke*; y el verbo, que es *glocīre* en latín, *glousser* en francés y *clossir*[1] o *glozir* en occitano, etc. Estas formas no se corresponden rigurosamente, por la diversa interpretación que se ha dado en los varios idiomas a la voz de la clueca, y además algunas de ellas no presentan evolución fonética regular, debido al deseo de evitar transformaciones que pudieran alterar el carácter imitativo de la palabra: de ahí la falta de diptongo en el rum. *clocă* y la conservación anómala del grupo inicial en el cast. *clueca*; sin embargo, existe también la forma fonética *llueca* [*Aut.*; Cej. VII, § 87; ast., R], a la cual corresponden correctamente formas con *ch-* en el Occidente asturiano (M. P., *Dial. Leon.*, § 3.4). Según un literato granadino de 1601 *clueca* era propio de Castilla y *llueca* de Andalucía, *BRAE* XXXIV, 370. Comp. *acurrucarse.* El hispanoár. *corôca* (PAlc.), como observa Simonet (pp. 77-78), se debe a influjo del ár. *qarq* 'voz de la clueca'. Para la explicación de la variante dialectal *culeca*[2], vid. *BDHA* I, § 167.4 y nota al § 193; nótese, por lo demás, que en condiciones parecidas *encruecerse* pasa a *encure-*

cerse 'encrudecerse' en Cespedosa (*RFE* XV, 152), y los casos conocidos del fr. *Confolens* CONFLUEN-TEM y análogos. Comp. *CÓCORA* y *CHOCO*.

Denominación secundaria, bastante extendida en romance en este vocablo y formas parecidas, es el cat. *pera* (o *poma*) *lloca* (cf. *gallina lloca*) 'pera (o manzana) que se ablanda y se pudre antes de madurar bien', port. *fruta chôcha* «fruta mal vege-tada, que engelha e fica pêca antes de amadurecer», gall. (fruta) *cróca* «cuando está ya muy maceada», (jarro, plato, etc.) *acrocado* 'abollado' (junto con *croca* 'abolladura') (Sarm. *CaG*. 116v). V. *CHO-CHO*.

DERIV. *Clueco* 'muy débil, achacoso' (ya en 1605, en la *Pícara Justina*, se emplea este adjetivo, si bien con referencia a la gallina), porque la per-sona en este estado se ve obligada a guardar cama y a vivir en la inmovilidad, como la clueca; por lo demás, en ambientes rurales no es raro que se aproveche al enfermo para incubar huevos. *Clo-quear* [Nebr.]; *clocar* [Acad. ya 1884]. *Enclocarse* [Covarr.] (existen asimismo *encocrarse*, *enllocar*, y ast. *enlluezar*, V). *Encloquecer*. V., también, *CU-CLILLAS* y *zorrocloco* (s. v. *ZORRA*). Deriv. del gall.-port. *choca*: *chocar* 'empollar los huevos (la gallina)' (Vall.); Sarm. dice que además de éstas se dice de otras cosas: «cayó una chispa y se estuvo *chocando* hasta levantar incendio» (*CaG*. 184v).

¹ En relación con esta forma está la ast. *llueza* (V). No sé si viene de ahí ast. *lluezo* 'hueco' (R): ¿por comparación con el huevo huero?— ² Gui-raldes, *Don S. Sombra*, p. 259; en Puente del Congosto (Salamanca): *RFE* XV, 139; etc.

Clueco, V. *clueca* y *chocho*   *En cluquillas*, V. *cuclillas*

CO-: se ha prescindido totalmente de muchos derivados que llevan este prefijo, cuando no pre-sentan otra diferencia respecto del significado del primitivo que el matiz de compañía que agrega el prefijo, a no ser que se trate de palabras muy fre-cuentes. Así, para *coacreedor*, *coacusado*, *coautor*, etc., búsquense sencillamente *acreedor*, *acusado*, *autor*, etc.

Coa, V. *coba*

COACCIÓN, tomado del lat. *coactio*, *-ōnis* 'acción de forzar', derivado de *cōgĕre* 'juntar a la fuerza', 'constreñir' (participio *coactus*), derivado a su vez de *agĕre* 'conducir, empujar'. *1.ª doc.:* 1729, *Aut.*, con cita que no logro identificar.

Este diccionario observa que era voz puramente latina y de poco uso por entonces.

DERIV. *Coaccionar* [usual desde 1920 por lo me-nos, pero no admitido aún por la Acad.]. *Coactivo* [1595, Fonseca], tomado de *coactīvus* íd.

Coacervación, *coacervar*, V. *acervo*   *Coactivo*, V. *coacción*   *Coadjutor*, *coadjutoría*, V. *ayu-dar*   *Coadunación*, *coadunamiento*, *coadunar*, V. *uno*   *Coadyutorio*, *coadyuvador*, *coadyuvante*, *coadyuvar*, V. *ayudar*   *Coagulable*, *coagulación*, *coagulador*, *coagulante*, *coagular*, *coágulo*, *coagulo-so*, V. *cuajar*   *Coairón*, V. *cuadro*   *Coalición*, V. *alimentar*

COALLA, 'codorniz', 'chocha', ant. o dial., del mismo origen incierto que el cat. *guatlla*, fr. *caille* 'codorniz'. *1.ª doc.*: El único testimonio (recogido por *Aut.*) se halla en Martínez de Espinar (1644), que habla de la «chochaperdiz o gallina ciega o *coalla*, que todos estos nombres tienen en España estas aves».

Para el origen, V. mi *DECat*. La base COACŬLA, admitida en el *REW* 2004 (no en el *FEW*) no sa-tisface fonéticamente al cat. *guatlla* (Valencia y Baleares *guatla*) ni al gasc. *catla* (Arán), *calle* (Bearne). Ignoramos dónde se empleaba *coalla*; quizá en Aragón. No parece tratarse de un prés-tamo propiamente dicho, pues son diferentes las formas del gascón y del catalán; a no ser que se tomara del it. *quaglia*.

Coaptación, *coaptar*, V. *apto*   *Coarcho*, V. *cueva*

COARTAR, tomado del lat. *coartare* íd., deri-vado de *artare* 'apretar', 'reducir', y éste de *artus* 'estrecho'. *1.ª doc.*: 1438, J. de Mena; frecuente desde med. S. XVII: Ovalle, Calderón, M. de Ágreda.

Los latinistas se inclinan actualmente a creer que no tiene relación con *arcēre* y *coercēre*.

DERIV. *Coartación*. *Coartada*. *Coartado*. *Coarta-dor*. *Artar*, latinismo raro tomado de *artare* (a ve-ces escrito *arctar* por la falsa etimología en cues-tión); se empleó como voz foral arag. (Cej. V, p. 118); *artado*, *artante*.

COBA, 'halago, conversación que se da a alguno para halagarle' fam., 'gallina' gná., 'moneda de a real' gná., voz jergal de origen incierto, quizá de-rivada del verbo romance *covar* 'empollar', proce-dente del lat. CŬBARE 'acostarse'. *1.ª doc.*: 3.ª ac., 1572, romance publ. por Timoneda en esta fecha (Hill, *Voces Germ.*, s. v.); 1609, J. Hidalgo; 2.ª ac., ya Acad. 1817¹; 1.ª ac., P. A. de Alarcón, † 1891 (Acad. desde 1899).

M. L. Wagner, *Notes Ling. sur l'Argot Barc.*, 51-52, llama la atención acerca del gitano *kova* 'cosa', empleado en todos los dialectos gitanos como palabra vicaria ('el quillotro', 'el éste'), del cual quisiera él derivar la voz *kuví* 'dracma' em-pleada en un dialecto gitano de Grecia; aquél po-dría pertenecer a la misma familia que el gitano *kodo*, pronombre demostrativo. Wagner opina que la voz *coba* 'moneda de a real', en Juan Hidalgo, tendría el mismo origen gitano, y que junto a *coba* se dijo *boca* 'real' por metátesis, siendo el doble significado de esta segunda forma la causa de que se creara *dar coba* 'dar conversación, halagar', procedente de *dar boca* BUCCA. La opinión de este sabio estudioso de los lenguajes jergales es muy digna de oírse, pero como según Salillas (*El Delincuente Español*, p. 70) en los SS. XVI y XVII apenas hay caso alguno de influjo gitano en la germanía—más bien habría que decir resueltamente «ninguno», al menos en el S. XVI—; V., sin embargo, *PALA*; es muy dudoso que pueda existir parentesco alguno con aquella voz local del gitano de Grecia, por lo demás de significado ya secundario. Es más, la frase *dar boca*, de la que Wagner quiere partir, no existe[2]. Luego hay que abandonar esta idea. El paralelismo con *contentos* 'monedas de a real', también recogido por Hidalgo, me lleva a creer, por el contrario, que también en la ac. 'real' debemos partir de 'halago'[3], y que no era mala la idea de Salillas (p. 38) de explicar *coba* como derivado del romance *covar* 'empollar (la gallina) los huevos' (it. *covare*, fr. *couver*, cat. *covar*, arag. *cobar*: Borao, *covar* 'empollar' en Bielsa: Badía)[4], así en el sentido de 'gallina', como en el de conversación falsamente halagüeña[5]. La comparación del que da conversación, para entretener y engañar a una persona, con la gallina que empolla los huevos, es muy natural en la ideología del delincuente. En cuanto a la variante *boca* 'real', también registrada por Hidalgo, claro es que se trata de una metátesis germanesca como *chepo* 'pecho' o *greno* 'negro', en este caso orientada por la intención de engañar al profano («truquage» en francés) con la apariencia de una palabra conocida, según ocurre en *grito* 'trigo', o en *leyva* 'baile'. De *coba* es alteración el chil. *coa* 'jerga chilena'. Siendo el verbo *covar* usual en catalán y arag., pero no en cast., es probable que estemos ante uno de tantos catalanismos de la germanía.

¹ Pagés cita para esta ac. un romance de germanía de los publicados por Juan Hidalgo: «No sé qué es vestirme justo ['jubón'], / ni qué es sarzo ['sayo'] ni qué es lima ['camisa'], / la zaina ['bolsa'] manca ['carece'] de *cobas*, / ya granos ['ducados'] ni quinas ['dineros'] cría». Luego se trata en realidad de la 3.ª ac., 'moneda de a real'. Así entendió Salillas (*RH* XIII, 43) el pasaje estudiado.—² Por lo menos Wagner no da pruebas, y yo tampoco las conozco. Si existe, será un caso de «truquage» jergal de *coba*; Clavería, *Est. sobre los gitanismos*, 151, cita *diñar la muy* (es decir, 'dar la boca') para 'engañar', como expresión de gitanos españoles. Quizá por calco de este «truquage»; pero no es seguro que haya relación Nótese que *dar coba* no es expresión aflamencada, sino meramente familiar.—³ Aunque esta ac., que supongo anterior, no se documente hasta trescientos años después que la otra, ésta no es objeción decisiva, dada la índole afectiva del significado y

nuestro imperfecto conocimiento de la germanía antigua.—⁴ Del lat. CUBARE 'estar echado, yacer', perdido sólo en castellano y gallegoportugués. En éste se conservó algo RECUBARE 'recostarse': port. *viver de recovado* 'pasar el tiempo sin trabajo', *estar de recôvo* 'recostado' [S. XVII o XVIII, Moraes] (cf. cat. *recolzar* íd. RECUBITARE); no es menos frecuente en latín ACCUBARE, y lo son también CUBITARE y ACCUBITARE. De otra variante formal *ACCUBICARE parece que sale *acougar*, palabra muy vivaz en gallego (aunque no portuguesa) para 'estar quieto, reposado, sosegado': «a-i-alma do morto non *acougará*», «*acougar* no fecundo cariño», «para que Rañolas *acougase*», «a onda roxa non deixaba *acougá*-la miña imaxinación», Castelao 94.20, 269.3f., 225.6f., 198.3; más raramente transitivo: «*acougá*-la nosa admiración» 49.15, partiendo de *acougado* 'sosegado' («un traballo *acougado*» íd. 48.18, 43.1, 28.3); *desacougar* 'inquietar' («hai música que me *desacouga*» 64.20). Ya recogieron *acougar* (y una variante *acoubar*) los diccionarios gallegos, desde F. J. Rodríguez, Valladares, Lugrís, etc. y lo ilustra el *DAcG*. con muchos ejemplos de escritores modernos; agréguese el postverbal *acougo* 'sosiego' (Lugrís; «traballar sen *acougo*», «comer con *acougo*», «dar *acougo* a noso afán», Castelao 211.22, 213.13, 259.1, 259.20), *desacougado* (72.1) y *desacougo* («non sentíamos *desacougos* amorosos» 206.15); un adjetivo postverbal *cougo* por 'parco de, sosegado' nos señala en Parga (Lugo) el Apéndice a Eladio Rdz. La evolución fonética a través de *acovgar* no presenta dificultad. Como alternativa posible no veo más que un cruce de *aquietar* con *vougar* 'terminarse' (con *vougo* 'vacío' VACUUS, VACUARE), pero es poco probable semánticamente y además sería extraño que del cruce de dos vocablos tan poco populares (de *vougar* sólo conozco un ejemplo de Pondal) hubiese salido uno tan pujante y común; en un caso así es legítimo remontarse hasta el latín vulgar.—⁵ Salillas en este pasaje emplea un verbo *cobar* («dos representaciones, una fundada en lo que hace la gallina con los polluelos, y otra lo que hace quien la imita «cobando» a los que se dejan engañar, que es hablar»). No sé si se trata realmente de una voz usada, o sólo de un recurso momentáneo para explicar la etimología. También en catalán se emplea *donar coba*, con el mismo vocalismo que el presente *oova* del verbo *covar*. No sé si es usual en las Baleares y otras zonas que distinguen *b* de *v*. Cf. Stevens, 1706 (en Gili), que además de «*coba*, in caut a Royal» da «*cobar*: to bow, to crook» y «*cobado* crooked». Ha de ser *bow* en el sentido de 'encobar' en vista de *to crook*, o bien en el de 'hacer reverencia', pues *to crook* también había tenido esta acepción (Webster). ¿Será, pues, este *covar* 'halagar, dar coba'? Para *coba* 'tienda', 'cúpula', 'tumba de santón', V. *ALCOBA*.

COBALTO, del alem. *kobalt* íd., variante de *kobold* 'duende', por la creencia de los mineros, que consideraban sin valor este metal y creían que un duende lo ponía en lugar ·de la plata que había robado. *1.ª doc.: cobalt*, Terr.; *cobalto*, ya Acad. 1884.

Kluge, s. v.

DERIV. *Cobaltina*.

Cobarba, V. *corvo*   *Cobarcho*, V. *cueva*

COBARDE, del fr. ant. *coart* (hoy *couard*) íd., derivado de *coe* 'cola', porque vuelve la cola o huye; o bien tomado de la correspondiente forma occitana. *1.ª doc.:* 1251, *Calila*, ed. Allen, 44.200, 799; *covardo, Alex.,* 137b (O).

Lo más corriente en la Edad Media, según debe esperarse, es la grafía *covarde: Alex.,* Sem Tob, Santillana (*RH* II, 6), *Calila*, J. Ruiz, 156c, 1450c, APal. (102d, etc.); *covardo*, asegurado por la rima en J. Ruiz, 455a y en *Alex.;* sin embargo, la *1.ª Crón. Gral.* (339a 30), y PAlc. escriben *cobarde* con *b*, se halla *encobardar* en *Calila* (44) y *cobardía* en J. Ruiz, 456a, y el portugués tiene normalmente *cobarde*, junto a los antiguos *covarde* y *covardo*[1]. En el *Peribáñez* de Lope, parece significar 'preocupado' o 'apocado' (II, ii, ed. Losada, p. 124). Wartburg (*FEW* II, 533b, n. 12) busca otras explicaciones semánticas más sutiles que la indicada arriba, pero no me parecen necesarias. Habría debido citar ante todo el ensayo de explicación semántica de Spitzer, en *Estudios Hispánicos, Homenaje a Huntington,* 1952, 571-4, quien supone que *cobarde* significara propiamente 'liebre' precisamente por tener la liebre una cola tan pequeña. Gillet, *NRFH* III, 378, conjeturaba, sin probarlo documentalmente, que fuese una modificación del b. lat. *caudatus,* que aunque por lo general vale 'rabudo', alguna vez parece haber tomado el sentido de 'rabón, a quien se ha cortado la cola', de donde, aludiendo a la *cola* 'miembro viril', se habría pasado a 'castrado' = 'cobarde'. Pero es obvia la objeción de que al castrado lo que se le ha amputado no es la «cola», sino los testículos. Luego desecho esta idea, y en general la explicación por antífrasis, que es común a las dos, me parece poco convincente. Vid., por lo demás, la aclaración semántica de Spitzer *MLN* LXXIV, 142. It. *codardo* y cat. *covard* parecen también galicismos, pues en estos idiomas es menos popular que en Francia el sufijo *-ard(o).* En francés es vocablo muy frecuente desde la *Chanson de Roland,* y su vitalidad en francés antiguo la comprueba el ingl. *coward*, por más que hoy en francés ha cedido terreno ante el sinónimo *lâche.*

DERIV. *Cobardear. Cobardía* [J. Ruiz, 456a], antes *cobardez* (*Calila*, ed. Rivad., 31). *Acobardar* [1539, Guevara], comp. *encobardar* arriba.

[1] De G. de Segovia no se puede tener seguridad: Tallgren, 74.

COBAYA o COBAYO, 'conejillo de Indias', voz americana de origen incierto, quizá del tupí *sabúia, çabuja,* con olvido de la cedilla. *1.ª doc.: cobaya*, en latín, con referencia al Brasil, h. 1643.

Ésta es la opinión de Friederici, *Am. Wb.,* 194-5. Falta primeramente determinar en qué países es viva la forma castellana y dónde aparece primero. El Dicc. manual de la Acad. en 1927 atribuye *cobayo* a la Arg.[1] y a Colombia; Malaret da *cobaya* para este país, Ecuador y Perú. Falta confirmación. Von Martius, *Wörtersammlung brasilianischer Sprachen,* 1867, emplea una forma culta *cavia sobaya,* que apoya la opinión de Friederici, pero hacen falta pruebas más antiguas y populares. No es imposible que se trate de una variante fonética del quich. *cuy* (también *coy, kowi, kowe*), que en definitiva puede ser imitativo del grito del animal.

[1] Pero se funda en Segovia, que lo da como sinónimo de *cuí*, el nombre usual en este país, por lo menos en el Oeste. Por lo demás, Segovia hace referencia al brasileño y al francés. Parece ser denominación de uso culto.

Cobejera, V. *cobijar*   *Cobertera, cobertero, cobertizo, cobertor, cobertura,* V. *cubrir*

COBEZ, 'especie de halcón', origen desconocido. *1.ª doc.:* falta aún Acad. 1899.

COBIJAR, origen incierto, probablemente derivado de *cobija* 'cubierta de cama', y éste del lat. CŬBĪLIA 'lecho, yacija', 'cubil', plural de CŬBĪLE íd. *1.ª doc.:* h. 1400, *Glos.* de Toledo, *Canc.* de Baena[1].

En latín el uso de la forma plural *cubilia,* con significado colectivo y aun singular, es frecuente y clásico («ut omnes mortales istius avaritiae non iam vestigia sed et ipsa *cubilia* videre possint» Cicerón, y otros ejs. en Forcellini). De ahí procede el loren. *ķẹv(e)í* 'cama de paja' según M-L. (*REW* 2353); de aquí podría también venir el it. ant. *covigliarsi* 'acogerse, refugiarse' (un ej. en una poesía medieval anónima, según Tommaseo), e it. ant. *covigliata* 'grupo de personas' (ibid.), cat. dial. *cubillada* 'nidada de pájaros' (Berguedá, según Griera, *RLiR* V, 238, y *Tresor*, s. v.), *collivada* íd. (en el barcelonés Joan Sacs, *Vida i Mort dels Barcelonins,* p. 225). Era fácil pasar de 'lecho' a 'abrigo del lecho', tanto más fácilmente cuanto que el vocablo, según veremos por otras razones, sufrió el influjo de *cubierta* 'manta de cama'.

Cobija 'la ropa con que se tapa uno en la cama', comprendiendo sábana, colcha y particularmente las mantas o frazadas, es usual actualmente en Andalucía (AV) y en la mayor parte de América[2], y se halla en tres autores andaluces del S. XVI: Fr. Luis de Granada (1554), Juan de Castellanos y Mateo Alemán (*G. de Alfarache, Cl. C.* II, 192.28; Cuervo, *Ap.,* § 706). Es probable que ésta sea la ac. etimológica. De esta acepción etimológica se pasó fácilmente a la de 'prenda de vestir que cubre a una persona' (Sánchez de Badajoz, 1525-47, cita en *RFE* IV, 21; Alemán, *G. de Alf.*, II, 88.3), en particular 'mantellina que cubre la cabeza y medio cuerpo de las mujeres' (en la *Crón. Gral.* de Ocampo, 1543, *Aut.*), 'material empleado para techar un edificio' (Cieza de León, 1555, *Crón. del Perú*, I, cap. 12)[3], 'cubierta de juncos y tierra encima de la carbonera' (Salamanca: Lamano).

Tampoco hay dificultad en llegar al sentido actual de *cobijar*, que todavía el navarro Azpilcueta (1553), manteniendo la acepción etimológica, **hace sinónimo de 'arropar (en la cama)'**, como lo **es aún en judeoespañol** («quien tiene colcha y no **se *cobija*, no es de agidiar»** = 'compadecer'; *RH* II, 345) y lo era antiguamente, pues ya aparece en un refrán recogido en el S. XV: «de tal madre, como dice el profeta, nasce tal hija e tal manta que las *cobija*» Hernando de Talavera, *NBAE* XVI, 51*b*. Es fácil el paso a 'cubrir con ropa de abrigo al que sale' (*cubijar* en *G. de Alfarache*, vid. *Aut.*; *cobijar* en Pérez de Hita, ed. Blanchard II, 44; judesp. de Marruecos: *BRAE* XIV, 157; gall. *acubillar*, Vall.[4]), 'íd. con cabellos' (Garcilaso, en *Aut.*), 'íd. con tierra' (APal., 34*d*; Nebr., en *Aut.*; Fr. L. de León, ibid.; «por yerro de dotor, la tierra lo *covija*», entre los judíos de Rodas: *RH* IX, 450; en Salamanca; *acubillar* 'aporcar' en S. Ciprián de Sanabria: Krüger), 'con un tapiz' (en los dos ejs. más antiguos), 'cubrir de moho' (*Celestina* XV, ed. *Cl. Cast.* II, 143.10, en el proverbio *piedra movediza nunca moho la cobija*, también documentado en otros autores clásicos), 'techar con paja, guano, etc., una casa rústica' (ya en Cieza de León, hoy en Cuba [Pichardo] y Ecuador [Cordero Palacios], *cobillar* en Alto Aragón: *BDC* XXIV, 165); *a covillà* en el cat. fronterizo de Abella d'Espés (ribag.) hablando de las ovejas guarecidas o encorraladas en una caverna; la ac. 'albergar, acoger en un edificio' (APal., 511*d*; trasm. *acobilhar*: *RL* V, 23), y en general la de 'cubrir sin contacto directo' (*quien a buen árbol se arrima buena sombra lo cobija*: J. de Valdés, *Diál. de la L.*, 103.28; *el velo que cobija la cámara*, en la *Crón. Gral.* de Ocampo, *Aut.*), que según esta etimología ha de ser secundaria, es menos frecuente y en general más tardía, aunque ya esté una vez en el *Canc. de Baena* (W. Schmid).

A. Castro, *RFE* V, 37, seguido por G. de Diego (*Contr.*, 157) y el *REW* (2352), supusieron que este último era el significado etimológico, y que la palabra procedía de CŬBĬCŬLUM 'dormitorio', de donde 'albergue', pero aunque esta etimología sea preferible a la etimología de Diez, la palabra *cobijo* en el sentido de 'hospedaje en que el posadero no da de comer', que entonces se toma como básica, aparece sólo en fecha muy reciente (Acad.

1884, sin autoridades conocidas)[5]. Tomando este punto de partida, la evolución semántica es también concebible, pero el primer paso es más difícil, y toda la evolución resulta menos verosímil. Lo que en apariencia presta mayor apoyo a la idea es la existencia del cast. ant. *covijera* 'camarera, mujer que cuida de la ropa y del servicio personal de un gran señor o dama' (*1.ª Crón. Gral.*, 454a26, 764; *Partidas*; *Castigos de D. Sancho*, ed. Rey, p. 184; *N. Recopil.*; Fz. de Oviedo, *Biblióf. Esp.* VII, 63), gall.-port. ant. *covilheira* íd. («leixou a dona con todas sas *covilheiras*», *Ctgs.* 151.228, 64. 52; «salvante que o sabiam algūas de suas *cobylleyras* et de aquelas que mays sabiam suas poridades» *Gral. Est. gall.* 163.11, algunas veces acercándose al sentido de 'alcahueta'; la *Crón. de João* I, S. XVI, en Moraes)[6], que corresponde bien al lat. CUBICULARIA de igual significado; sin embargo, nada se opone a que miremos *covijera* como derivado de CUBĪLĬA, en el sentido, también clásico, de 'dormitorio'.

Hasta aquí se trata, así en CŬBILIA como en CUBICULUM, de derivados del lat. CŬBARE 'acostarse'. En cambio, Diez, *Wb.*, 441, siguiendo a Cabrera, había propuesto una etimología totalmente distinta, lat. COOPĔRCŬLUM 'tapadera' (it. *coperchio*, fr. *couvercle*), que en apariencia se adaptaba bien al significado de nuestro vocablo, pero tropezaba con el tratamiento -*rch*- que deberíamos esperar para el grupo -RC'L-; Diez invocaba para resolverlo el caso paralelo de *sobejo* SUPERCULUS, pero esta etimología choca con la misma dificultad, y quizá sea falsa (véase); en ambos casos debería admitirse que ya en latín vulgar cambiaron ambas palabras su terminación -ĔRCLU en -ECLU, sea por disimilación de las dos líquidas (disimilación inusitada), sea por influjo de las terminaciones frecuentes -ĬC'LU, -ĪC'LU, lo cual tampoco satisface; en el caso de *cobija* se añadiría a esto el cambio de la vocal tónica, que acaba de hacer inverosímil toda la idea. En favor de ella sólo podría hacerse valer la calidad de la consonante labial en castellano antiguo: de hecho la -*b*- de *cobija, cobijar*, atestiguada por el Glos. de Toledo, APal., Nebr. (*Dicc.*) y PAlc., y confirmada por la pronunciación más corriente o única' en judeoespañol, corresponde a una -P- latina y no a -B-. Pero esta grafía no era la única, pues en G. de Segovia hallamos *covijar* (p. 50), *covillar* en invent. arag. de 1496 (*VRom.* X, 136), y *covijera*, que se halla en textos más antiguos y en portugués tiene -*v*- constantemente; el caso paralelo de *cobarde* y *encobar* (V. CUEVA) nos prueba, por lo demás, que tras *o*, el influjo labializante de esta vocal podía alterar una *v*. primitiva en *b*; por lo demás, en el caso de *cobija* el influjo del sinónimo *cubierta*, y en *cobijar* el del sinónimo *cubrir*, bastarían para explicar el cambio, que por otra parte no tenía por qué producirse en *covijera*, dado su alejamiento semántico[6].

DERIV. *Cobija* [2.º cuarto S. XVI, V. arriba].
Cobijador. Cobijadura. Cobijamiento. Cobijera [V.
arriba]. *Cobijo* [V. arriba]. *Cobijón. Acobijar. En-
cobijar* (Lope).

[1] En la segunda de estas obras, el pasaje en
cuestión, que ha de corresponder al año 1406,
según los acontecimientos a que hace referencia
(muerte de Enrique III), contiene el vocablo en
el sentido de 'cubrir (con tapiz)': «la otra cadera que está *cobijada* de blanco e azul» (p. 307).
En el glosario de Toledo traduce el lat. *vela-
re*. Los indios de Haití «se arman y *cobigan*
con launes d'arambre», según la 1.ª Carta de
Colón (ed. Carlos Sanz, p. 5, lín. 31 y p. 11).—
[2] Por lo menos en la Arg., Colombia, Costa
Rica, Méjico y Nuevo Méjico (Cuervo, *BHisp.*,
III, 49; *BDHA* IV, 48; Gagini). En el mismo
sentido *cobijo* en el Ecuador (Malaret, *Supl.*) y
el regresivo *cobo* en Costa Rica (Gagini). Según
Malaret, *Dicc.*, *cobija* se emplearía en los demás
países americanos, faltando datos solamente del
Perú, Santo Domingo y Puerto Rico. Pero lo
usual en las tres Antillas mayores es la ac. 'cubierta o techado de vivienda' (Malaret, *Vocab.
de P. R.*; Martínez Moles; *BDHA* V). En América se dice comúnmente *las cobijas*, en plural;
en Andalucía, *la cobija* tiene sentido colectivo
para todo el abrigo de la cama.— [3] En ambas acs.
se halla también la variante *cubija* (*G. de Alfarache*; Arg.). En *G. de Alfarache* I, 206.24, el sentido no es claro; puede ser o no el etimológico.— [4] *Acobejar* y *cobejar* 'cobijar' fueron registrados por Vall., etc. como gallegos; el segundo
es popular en Padrón y el otro muy común
(Crespo Pozo), pero junto a *acubillar, cobillar*;
empleó aquél Rosalía («onda ti, lonxe do mundo,
/ tan feliz me *acobexara*» *Cant. Gall.*, p. 162),
y de ahí deriva un *cobexo* 'refugio, abrigo' («cando
fai frío buscan a quentura do sol nos *cobexos*
da muralla», *Castelao* 145.27). Si son formas realmente gallegas han de ser derivados de CUBARE
con sufijo -IZARE, pero quizá sean castellanismos,
pues no hay noticia de ellos antes del siglo pasado ni en portugués.— [5] No se cita otro descendiente indudable de CUBICULUM que el abr.
cuvicchię 'dormitorio' (*REW*). Según Colin, el ár.
marroq. (dial. de los Anjra) *qƀęyyƟ* 'choza del
guardián de un jardín' tendría el mismo origen
(*Hesperis* VI, 76).— [6] Fig. da además la ac. 'alcahueta, donde puede haber influjo de la forma
próxima fonéticamente port. *alcoviteira*. Pero además es fácil el paso espontáneo de 'camarera'
a 'alcahueta', y según Covarr. *cobegera* tiene este
sentido en las *Partidas*; alterado en *cubijadera*,
por influjo de *cobijar*, en *G. de Alfarache* (I,
206.24). La *e* de *cobegera* y la del citado gall.
acobejar podrían aducirse en favor de CUBICULUM,
pero ambos testimonios tienen escasísimo valor,
la forma gallega por su carácter indirecto, tratándose de un castellanismo, y la de las *Partidas*,

como cita de segunda mano y fundada en una
edición sin autoridad filológica.— [7] En el proverbio de Rodas leemos *covija*, pero Foulché, Benoliel y Simon (*ZRPh.* XL, 688) coinciden en
escribir con -*b*-; no tenemos seguridad de la
exactitud de algunas de estas notaciones.— [8] El
cast. *cobijar* no tiene que ver, al menos directamente, con el rum. *aciuà* 'cobijar, albergar', aunque Candrea y Densuşianu en su Diccionario etimológico reúnan a ambos entre los descendientes de CUBILE, pero en el *REW* la voz rumana
figura en el artículo CELLA (comp. *steaŭă* STELLA).
Menos aceptable aún parece la idea, expresada
brevemente en *ASNSL* CXX, 459n.2, de incluir
a *cobija* entre los descendientes de CUPA 'cuba',
'cúpula', partiendo de la ac. 'teja que abarca dos
canales contiguas del tejado' [*Aut.*], ac. moderna
y secundaria.

Cobil, V. *cubil*   *Cobla*, V. *copla*   *Cobo*, V.
cobijar   *Cobra*, V. *copla, culebra, recobrar*
*Cobrable, cobradero, cobrado, cobrador, cobra-
miento, cobranza, cobrar, cobratorio*, V. *recobrar*   *Cobre*, V. *copla*

COBRE, del lat. CŬPRUM íd., procedente de
Κύπρος, nombre de la isla de Chipre, donde se
obtenía en abundancia este metal. *1.ª doc.*: Berceo[1].
Para la formación del vocablo en latín, vid. Ernout-M.; para testimonios acerca del *aes cyprium*,
vid. Plinio, y San Isidoro, *Etym.* XVI, xx, 8; para
testimonios en castellano antiguo, Castro, *RFE*
VIII, 339; para los descendientes romances, M-L.,
ZRPh. XXXIX, 83-84, 379. El cast. y port. *cobre* presentan una irregularidad fonética en su -*e*,
que Castro sugiere sea debida a influjo del cat.
y oc. *coure*; éstos proceden de una variante vulgar *CŬBRUM*, con tratamiento especial de la π
griega como B latina: la voz hispanoportuguesa
no puede ser mero catalanismo u occitanismo dada
la discrepancia de la consonante interna, y hay
cierta dificultad en admitir que un autóctono *cobro* se alterara, y sólo en su vocal final, por este
influjo forastero. Como no faltan otros casos parecidos (*golpe, goldre, molde, rolde*; vid. DOBLE),
cabría imaginar una especie de disimilación vocálica; pero también es posible que *cobre* sufriera
el influjo formal de su sinónimo y concurrente
ALAMBRE.
    DERIV. *Cobreño. Cobrizo. Encobrar, encobrado*.
Cultismos: *cúprico, cuproso*.
    CPT. *Cuprífero. Cuproníquel*.
    [1] También en el Concilio de Coyanca de 1050
(*Cortes* I, 26), pero la versión romance de ese
texto debe de ser del S. XIII.

Cobre 'atado', 'reata', 'ristra', V. *copla*   *Co-
breño, cobrizo*, V. *cobre*   *Cobro*, V. *recobrar*

COCA I, 'cierto arbusto del Perú, y su hoja,

de donde se saca la cocaína', del quich. *kuka* íd., que a su vez quizá proceda del aimará. *1.ª doc.:* h. 1550, Fz. de Oviedo.

Lenz, *Dicc.*, 191; Friederici, *Am. Wb.*, 195; Lira, s. v. Se necesita más información histórica para resolver si la *coca de Levante* [1680], droga usada por los pescadores para emborrachar el pescado, debe su nombre, según es verosímil, a la coca peruana, por el efecto tóxico de ésta, o si es denominación culta, alterada en lugar de *coco de Levante* (forma de boticarios y herbolarios según *Aut.*), procedente de κόχχος 'grana, pepita': nótese que la Acad. había atribuído el mismo origen al nombre de la coca peruana, idea inadmisible, y la ac. 'baya pequeña y redonda, fruto', atribuída por la Acad. al cast. *coca*, no parece tener otro fundamento que esta presunta etimología (en las ed. 1884 y 1899 empezaba con estas palabras la definición de la *coca de Levante*). *Coca* o *coco* llamaban en Galicia, así en gallego como en castellano, a una 'pasta hecha con los granillos del cálzamo para matar pescado', Sarm. (*CaG.* 135v), *cóco* es también para él el nombre de un «gusarapo», y lo pone junto a *becho(co)* y *verme* (91r).

Deriv. *Cocal* 'plantación de coca'. *Cocaína* [Pagés, 1901, con ej. de V. F. López]. *Cocarar* 'proveer de coca', voz sólo documentada por *Aut.* en un pasaje de la *Recop. de Leyes de Indias*, que debería comprobarse mejor, y cuya formación no es clara. No tiene que ver con *cocaví* 'provisión de víveres para un viaje', chil., arg., per., que procede del quich. *kkókkau* íd. (Lira), *ccocaui* íd. (en Fr. Domingo de Santo Tomás, a. 1560), vid. Lenz, *Dicc.*, 191-2, independiente de *kuka*, como se ve por el timbre distinto de la consonante inicial; en las provincias andinas del Ecuador y Bolivia la misma palabra quichua ha tomado la forma *cucayu* (Lemos, *Supl.* II, p. 29, Bayo), en el Sur de Chile *cocavín* (Lenz), del cual podría ser alteración (por influjo de los numerosos términos antillanos en *gua-*) el cub. *guacabina* 'viático o provisión que se lleva de camino para comer' (como voz indígena, en Pichardo): sería voz peregrina en Cuba, probablemente distinta del homónimo *guacabina* 'la res extraña que se introduce en una piara de ganado' (comp. Friederici, s. v. *guacabitinax* y *guabiniquinaje*).

Coca 'tarasca', 'cabeza', 'porción de cabello', 'golpe', V. *coco I   Coca* 'bicho', V. *cucaracha*

COCA II, 'cierta embarcación usada en la Edad Media', origen incierto, quizá del lat. CAUDĬCA 'especie de nave', por conducto del fr. *coque*. *1.ª doc.:* Acad. ya 1817, como voz antigua.

Cat. *coca* [S. XIII: Jaime I; *Consulado de Mar*], oc. ant. *coca*, fr. ant. *coche* [S. XIII], fr. *coque* [S. XIII], it. *cocca* [G. Villani, † 1348]. La voz latina se halla en Aulo Gelio, en San Isidoro

y en autores medievales[1], pero su desarrollo fonético romance, sólo sería regular en francés (*coche* forma normal, *coque* forma normando-picarda), y de ahí hubieran debido tomarla los demás romances; lo cual estaría de acuerdo con el hecho que nos narra Villani de que los catalanes e italianos adoptaron desde 1304 el tipo de coca usado por los flamencos y gascones; aunque por otra parte el vocablo ya era conocido en el Mediterráneo desde los primeros años del S. XIII (Jal). Deberá investigarse bien la historia del objeto; mientras tanto nótese que la *coca* era nave de gran porte y la CAUDĬCA no era más que una especie de bote, y vid. *REW*, 1775; *FEW* II, 534; Bloch I. 156.

Deriv. *Coquete* [1430, Woodbr.].

[1] Sin embargo, Gamillscheg, *EWFS*, 232b, emite dudas, que no han sido refutadas, acerca de si el vocablo, que se halla en manuscritos de Aulo Gelio, de los cuales pudieron tomarlo San Isidoro y Papias, pertenece realmente al autor. Mas, por otra parte, el *ThLL*, Ernout-M. y Walde-H. unánimemente dan por cierta su autenticidad.

COCA III, 'torta (pastel)', arag., alav., probablemente tomado del cat. *coca* íd., de origen incierto. *1.ª doc.:* coqueta, 1740, en una obra del maestro de Ateca (*RH* XXXIX, 608-9); 1836, Peralta; *coca*, 1859-73, Borao.

Peralta define *coqueta* como «palmeta; especie de pan», Borao y Baráibar explican *coca* como «cualquiera golosina que se ofrece a los niños». Suele darse el cat. *coca* y oc. *coca* como descendientes de un gót. **kôka* (algunos parten del b. alem. *kôke*—*REW* 4734—, lo cual no es posible por razones geográficas), forma emparentada con el alem. *kuchen* 'pastel'; pero hay graves dificultades, entre ellas la de que la ǫ catalana no está de acuerdo con la ǫ occitana. Vid. mi *DECat*. No es imposible que la voz aragonesa sea autóctona, aunque tiene mayor arraigo y es más general en catalán; en tal sentido deberá tenerse en cuenta la existencia de *cuca* 'especie de torta o galletica dulce' en Venezuela (Rivodó, *Voces Nuevas*, p. 261); estas variantes en el vocalismo sugieren que la voz cat.-oc. (y con ella la cast.) sea de creación expresiva (comp. *FEW* II, 823a), y quizá sin relación con el pic. *couque* y el sobreselv. *cocca*, los cuales es más fácil que vengan del germ. Si es de creación expresiva es natural que coexistan con ella variantes inexplicables por la fonética normal: gall. de Tuy *créqua* 'torta de pan' [entiéndase *kréka*], Sarm. *CaG.* 205v; por lo demás habrá influjo de palabras conexas: quizá un **beca* paralelo al gall. compost. *bica* 'torta de pan', quizá la onomatopeya *crec* del acto de roer.

Del catalán procede el término náutico *coca* 'vuelta que toma un cabo por vicio de torsión' [Acad. ya 1884], it. *cocca* (*Diz. di Mar.*), misma ac. en catalán (*BDC* XII, 55, s. v. *pendre coca*), por comparación con la forma redonda de las tortas.

Deriv. *Escocar* alav., 'desmenuzar terrones'.

Cocacho, cocada, cocador, V. *coco* I *Coca-* [5]
driz, V. *cocodrilo   Cocaína, cocal,* V. *coca* I
Cocar, V. *coco* I   *Cocaracha,* V. *cogote   Co-*
carar, V. *coca* I   *Cocatriz,* V. *cocodrilo   Co-*
caví, V. *coca* I   *Coccídidos, cóccidos,* V. *coco*
III *Coccígeo,* V. *cóccix   Coccinélidos, cocci-* [10]
neo, V. *coco* III   *Cocción,* V. *cocer*

CÓCCIX, tomado del gr. κόκκυξ, -υγος, 'cuclillo', 'cóccix'. *1.ª doc.*: Monlau, † 1871, en Pagés.
Deriv. *Coccígeo.* [15]

Coceador, coceadura, coceamiento, cocear, V.
coz   Cocedera, cocedero, cocedizo, cocedor, V.
cocer
[20]
CÓCEDRA, 'colchón', ant., del lat. CŬLCĬTA
'colchón', 'cojín'. *1.ª doc.*: 1083, Oelschl.
El verso de *Alex.* (P 1130c, O 1102c) «semejava la *cócedra* que era tabla dura» indica claramente cuál era la acentuación (a pesar de las du- [25]
das emitidas en *RFE* VIII, 340, inspiradas quizá
en la acentuación tardía *cocédra* de *Aut.*). Para
ejs. de esta voz antigua, vid. *RFE, l. c.* La ac.
'colcha' de la Acad. parece fundada en una mala
interpretación del texto de Covarr. Es posible que [30]
la forma CULCITRA, con repercusión de la líquida,
existiera ya en latín vulgar, pues se lee en Petronio (ms. del S. XV) y en una glosa (*CGL* III,
269.36, ms. del S. XVI), pero la fecha muy tardía
de las fuentes manuscritas correspondientes no [35]
permite asegurarlo. A esta forma corresponden la
mayor parte de los representantes romances: Ragusa *colchíta,* it. ant. *cóltrice,* fr. ant. *coutre,* oc.,
cat. ant. *cócera,* sardo ant. *culcitra, colkitra* (M. L.
Wagner, *VRom.* V, 137, 164) (pero fr. *couette* [40]
CULCITA). Sin embargo, el latín vulgar conservó en
todas partes la acentuación en el lugar correspondiente a la forma normal latina CŬLCĬTA (comp.,
por lo demás, *POTRO* PŬLLĔTRUM, a causa del
nominativo PULLĬTER). La variante *cólcedra* que la [45]
Acad. prefiere desde *Aut.* no se halla en los textos,
a no ser en Covarr., que sólo se sirve de ella para
justificar su ecuación etimológica *colcha* CULCITA,
y probablemente será forma meramente supuesta.
Para la pérdida de la L tras o, vid. *BÓVEDA.* [50]
Deriv. *Cocedrón* [S. XVI, *Aut.*].

COCER, del lat. vg. COCERE, lat. CŎQUĔRE, íd.,
1.ª doc.: Berceo.
La forma vulgar COCERE—debida a extensión [55]
analógica de la simplificación fonética de COQUO
y COQUUNT en COCO, COCUNT—es frecuente en glosas (*CGL* III, 140.68, 140.70, 141.3, etc.) y otros
textos, y es la que se conserva en todas las lenguas romances. Nótense las antiguas formas regu- [60]

lares etimológicas *cuega* por 'cueza' (M. P., *D. L.,*
286.41, doc. de Toledo, 1274; *Montería* de Alfonso XI: *RL* XIII, 294), *cocho* por 'cocido' (Berceo, *RFE* XL, 148; López de Ayala, *RL, l. c.*;
Consol. del Antip. Luna, 585; S. de Horozco,
Refranes Glos., BRAE III, 599; Valdés, *Diál. de
la L.,* 104.14, la da ya como anticuada, pero todavía la emplea algún poeta del S. XVII, vid. *Aut.*[1]),
coxo por 'coció' (COXIT), *coxiessen* por 'cociesen'
(*Gral. Est.* 291a9). Para más ejs. de estas formas
y otras, y para construcciones y acs., vid. Cuervo,
Dicc. II, 172-4. En las regiones y países de seseo,
cocer es hoy verbo caduco en castellano hablado,
por la homonimia con *coser*: en la Arg. y en general en América se reemplaza por *cocinar,* que así
pierde su matiz distintivo; en Canarias ocurre lo
mismo con *guisar* (*papas guisadas, pescado guisado,* cuando sólo están cocidos con agua y sal:
S. de Lugo, *BRAE* VII, 336); en algunos puntos
de Chile, *cocer* sigue oyéndose, pero en cambio se
sustituye a *coser* por un nuevo verbo *costurar.*
Hasta el S. XVI se pronunció *cozer* con *z* sonora
(Nebr.; APal., 82b; etc.).
Deriv. *Cocedera. Cocedero. Cocedizo* [Nebr.].
Cocedor. Cocedura. Cocido. Cocimiento. Cocitorio
'brebaje embrujado (especialmente, afrodisíaco)', almer. *Descocer* [Nebr.]. *Escocer* [1556-7; Fr. L. de
Granada]; *cocer* se había empleado antes en el sentido de 'escocer', como ocurre todavía con el fr.
cuire, cat. *coure* y otras formas romances: así
en Berceo, *Duelo,* 163; *escocedura, escocido, escocimiento* [Guevara, *Epístolas,* I, p. 355 (Nougué,
BHisp. LXVI); 1555, Laguna], *escozor* [1646,
Esteb. González].
Recocer, -cida, -cido; recocta.
Derivados del participio *cocho* (V. arriba): *cochero* 'cocedero', *cochío* [Nebr.], *cochizo* [íd.], *cochura* [APal., 31b; 'escozor', en Berceo, *Duelo* 164,
S. Or. 131], *cochurero.* Con prefijo *so-* procedente de SUB-, y las acostumbradas variantes, *sancocho* 'vianda cocida a medias' [Acad. 1884, no 1843],
sancochar 'cocer rápidamente' [1423, E. de Villena, en Cej., *Voc.*; Covarr.; 1646, *Estebanillo,* en
Aut.][2]. V., además, *CUCHIPANDA..*
Cocina [947: Oelschl.], del lat. vg. COCĪNA (*CGL*
II, 496.52), lat. tardío COQUĪNA íd.[3]; *cocinar* [APal.,
82b, 84d], del lat. COQUĪNARE íd.[4]; *cocinero* [Berceo, *Duelo,* 156], que reemplazaría desde muy antiguo al lat. CŎQ(U)US (cat. ant., oc. *coc,* fr. antic.
queux, it. *cuoco*), *cocinería; cocinilla; recocina;* cultismo: *coquinario.*
Cocción [1655, Saavedra F.], tomado del lat.
coctio, -ōnis, íd. En forma popular cat. *cuiçó* (hoy
reformado en *coissor* 'escozor'), oc. *coisson* «cuisson produite par le froid, gelée des vignes», fr.
cuisson 'cocción' (particularmente la del pan en
un horno de cal). Quizá del nominativo COCTIO
salió un mozár. o afrorrománico *koisa* de donde
procederá el ár. magrebí e hisp. *kûša,* documentado desde el S. XII en docs. árabes de Sicilia, en

RMartí, en el Qartâs (Marruecos 1326), etc., y hoy empleado desde Marruecos hasta Trípoli, pero es palabra y raíz ajena al árabe clásico; ya Dozy, *Suppl.* II, 499a admite que viene de COQUERE pero «la difficulté est de trouver la forme qui lui a donné naissance»; del plural *al-kŭšât* salió el port. *Alcochete*, villa del Ribatejo (donde hay hornos de cal, como observa D. Lopes, *RL* XXIV, 258). No pierdo de vista que existe una raíz persa homónima *kwš* (*kŭšĭdan* «laborare, operam dare, studere», *kŭš* «labor, opera, studium», de donde sale el ár. *kaͅͅša* 'diligencia, asiduidad', *kâš* 'desplegar actividad'), de modo que el ár. *kâš ͨala d-dunya* es «s'adonner aux plaisirs, s'y appliquer avec chaleur»; pero ni el área de *kûša* 'horno', ni su significado se prestan para suponerlo iranismo. *Decocción* [*decoçión*, Juan de Mena, *Lab.*, 244e; 1618, Espinel], tomado del lat. *decoctio -ōnis*, derivado de *decoquêre* 'cocer completamente'. *Precoz* [princ. S. XVII, Paravicino] de *praecox, -ŏcis*, íd. ('cocerse' > 'madurar'); este latinismo quizá lo imitó el cast. del it., en donde lo introdujo algo antes el Tasso (Migliorini, *Cos'è un Vocab.*, 86); *precocidad*. Hermano de *coquere* es el griego πέττειν 'cocer', 'digerir', de donde derivan *dispepsia, eupepsia, apepsia; pepsina; peptona*.

CPT. *Cochifrito*, and., manch., extrem. [*Aut.*]. *Cochite hervite* [1605, *Pícara Justina*], quizá sea romanceamiento parcial de una locución del latín conventual *coquite, fervite*, 'coced, hervid', en todo caso se trata de una formación imitada de locuciones latinas como *arate cavate* (véase).

¹ En judeoespañol se emplea todavía para 'maduro' (*BRAE* II, 79), y en San Juan, Arg., designa una bebida preparada con maíz tostado, azúcar y agua (Rogelio Díaz, *Toponimia de S. Juan;* Borcosque, *A través de la Cordillera*, p. 95). Variante arag. *cueito* 'dolorido', en *Yúçuf, RABM* 1902, § 38.— ² *Sancocho* se dice hoy en Burgos (G. de Diego, *RFE* III, 306), Cuba (*Ca.* 107), P. Rico, Panamá, Sto. Domingo, Colombia, Perú (Malaret); *sancochas* 'sopas hechas con sangre de cerdo y morcilla' en Cuellar, Segovia, donde además se emplea el verbo *sancocer* 'cocer a medias un alimento', *BRAE* XXXI, 508; *sancochado* en Ávila, Andalucía, la Mancha (García de Diego); *sancochar* en la Arg. (Lugones, *BRAE* IX, 713; oído muchas veces en Mendoza; Cuba (Pichardo, 242) y si no me engaño, en todas partes. *Aut.* aseguraba que *sancochar* era corrupción de *salcochar*, compuesto con *sal*, sin documentar esta variante, que la Acad. erigió luego en forma básica en sus eds. desde 1803 a 1869, suprimiéndola después; observa Cuervo (*Disq.* 1950, p. 450) que esta supresión es justa, pues no existe tal forma; esto es algo excesivo, pues G. de Diego localiza *salcocho* en varias localidades de Burgos (Lerma, Briviesca, Roa), y de hecho no sorprende que SUB pudiera dar este resultado, con tratamiento leonés de la B ante consonante. Recientemente ha vuelto la Acad. de su acuerdo, admitiendo como americano un *salcocho* y *salcochar*, como voz diferente de *sancochar*, y la definición 'cocer sólo con agua y sal', y suponiendo que éste sea compuesto de *sal;* claro que no hay tal cosa, pues el *salcocho* no tiene más sal que otro cocido, ni es esencial la condición de que no esté condimentado, sino la de ser cocido aprisa y sólo a medias; tampoco se confirma que tal variante se emplee en América (si la empleó algún autor americano como Pichardo, s. v. *aporreado*, fué porque entonces la consideraba la Acad. como única correcta, pero en Cuba se dice *sanc-*). Otra variante es *zancocho*, de Soria (G. de Diego). No está fundada la etimología SEMICOCTUS propuesta por A. Castro (*RFE* V, 41); la *n* y *l* son resultados divergentes de la B ante consonante (comp. otros casos de *son-, san-* < SUB-, como *zambullir, zampuzar*, etc.). Quizá de un *sacochar por cruce con *bizcochar* sale el ast. *bacochar* 'dar una cochura a las berzas para quitarles el amargor, antes de echarlas en la olla', 'cocer las morcillas para que se conserven' (V).— ³ COCINA es base común a todas las lenguas romances, incluyendo el mozár. *kočina*, de donde pasó al ár. granad. y marroquí (*cochina*, pl. *cachíchin* «cocina, lugar», PAlc. 159a10, Simonet 121). Ejs. de la ac. 'potaje', 'caldo', en *Aut.*, Juan de Valdés, *Diál. de la L.*, 115.9; PAlc. 159a12; J. Ruiz, ed. Rivad. 1061, 1142b (en este último quizá es solamente 'comida guisada, guisos'). De ahí también Sierra de Francia *codina* 'especie de ensalada que se hace con castañas cocidas' (Lamano).— ⁴ Para el uso americano, vid. arriba.

Cocero, V. *coz*   *Cocido*, V. *cocer*   *Cociente*, V. *cota II*   *Cocimiento, cocina, cocinar, cocinería, cocinero, cocinilla*, V. *cocer*   *Cocino*, V. *cuezo*   *Cocle*, V. *cloque*   *Cóclea, coclear* f., adj., V. *cuchara*   *Coclear*, v., V. *cloque*   *Coclearia*, V. *cuchara*

COCO I, 'cada una de ciertas cuentecillas de rosarios que se traen de las Indias', 'fantasma que se figura para meter miedo a los niños', 'fruto del cocotero', voz de creación expresiva, probablemente. paralela pero no descendiente del gr. κόκκος 'grano, pepita': ambos vocablos y otros análogos de muchos idiomas pertenecen originariamente al lenguaje infantil, con el significado de 'objeto esférico', 'agalla', 'cabeza', etc. *1.ª doc.:* 3.ª ac., 1526, Fz. de Oviedo; 2.ª ac., 1554, *Lazarillo;* 1.ª ac., Quevedo.

El cocotero es árbol procedente de las tierras ribereñas del Océano Índico, aunque se extendió por el Pacífico, y en tiempo del descubrimiento había algunos en América, pero sólo en la vertiente meridional del istmo centroamericano, según atestigua Oviedo. Bautizaron su fruto los compa-

ñeros de Vasco de Gama en 1498; en el derrotero
de la expedición no se le daba todavía nombre alguno al hallarlo por primera vez en tierras de
Mozambique, pero sí en el viaje de regreso a lo
largo de la costa de Malabar, de suerte que el vocablo debió ser inventado por los portugueses durante su primera visita a la India, en cuyos idiomas no se halla palabra alguna análoga a *coco*, y
esta palabra siguió siendo ajena durante mucho
tiempo aun a los dialectos portugueses empleados
en este subcontinente.

Muchos viajeros coetáneos atestiguan que el nombre se dió por comparación de la cáscara y sus
tres agujeros, con una cabeza con ojos y boca,
como la de un coco o fantasma infantil, y ya el
árabe Abenbatuta (V. el texto en Dalgado) insiste
en el año 1330 en esta notable semejanza. Vid.
Cornu, *Rom.* XI, 119; C. Michaëlis, *KJRPh.* IV,
346-7; Dalgado, 290-2; Friederici, *Am. Wb.*, 196-
8 (quedan rechazadas las dudas de Schuchardt,
Litbl. XLI, 340-1, a este respecto, por los filólogos
citados)[1]. Como nombre del fantasma infantil, *coco*,
en portugués, aparece ya en 1518 (Gil Vicente),
y esta denominación se debe a la comparación de
la cabeza esférica del coco, groseramente figurada,
con uno de los numerosos frutos que llevan este
nombre en iberorromance: gall. sept. *cucos* 'lapas'
(en Cedeira, N. del Ferrol), Sarm. *CaG.* 220v, gall.
de Tuy *coca* 'bugalla grande' (íd. 191v), cast. de Galicia *coco* 'agalla de roble, de alcornoque, etc.' (Alvz.
Giménez; Cotarelo, *BRAE* XIV, 112), Monção
(Minho) *cóca* íd. (Leite, *Opúsc.* II, i, 482), Melgaço (íbíd.) *coco* 'calabaza' (íd. II, i, 163), Mendoza
(Argentina) *coco* 'concreción que la picadura del
tábano forma en la corteza del molle' (Chaca,
Hist. de Tupungato, 104; ¿brasileñismo u occidentalismo?).

En resumen, *coco* fué primero nombre infantil de
agallas y otros frutos esféricos europeos, por comparación con los cuales se aplicó al fantasma infantil, y a su vez, partiendo de éste, se bautizó
el fruto del cocotero. M. Sandmann, *RFE* XXXIX,
80-104, llega esencialmente a la misma conclusión.
Sobre esta raíz onomatopéyica en iberorromance,
Krüger, *NRFH* VI, 25-29. Para voces romances pertenecientes a la misma familia expresiva, vid. *REW*,
2009, *FEW* II, 822-6, entre ellas it. *còcco* o *cucco*
'huevo' (voz infantil), sobreselv. *coc* 'hueso de fruta', fr. *coque* 'cáscara de huevo, etc.', fr. dial. oc.
caco 'huevo (término infantil)', etc.[2], pero discre-
pando de estos dos diccionarios creo, en vista de
las irregularidades en el desarrollo fonético (no
diptongación de la ŏ), y de la variedad en el vocalismo (*a* oc., *u* it., etc.), que no se trata de descendientes del gr. κόκκος, ni de su sucedáneo el
lat. *cŏccum* (que, por lo demás, sólo heredó el significado 'cochinilla'), sino de formaciones paralelas.

En la ac. 'tela de percal', *coco* es provincialismo andaluz [Acad. ya 1884] y asturiano (Rato) y es

peruanismo (aquí 'tela blanca y ordinaria de algodón', según B. Murrieta, en Malaret); Pagés cita
ej. de Antonio Neira (1845) y asegura que esta denominación se explica porque en América esta tela
se fabrica con la cabellera del coco; en catalán
designa una fibra textil muy elástica y tenaz, sacada de este fruto, y con la cual se tejen cuerdas,
alfombras y esteras (*BDC* IV, 84). Acs. secundarias, derivadas de la 2.ª ac.: 'gesto, mueca' [Co-
varr.], 'arrumaco'.

DERIV. *Coca* 'cabeza' (voz burlesca) [1438, *Corbacho*, *BRAE* X, 287-8], 'golpe que se da en la cabeza de una persona, de un trompo' [med. S. XIX:
Hartzenbusch, en Pagés][3], 'cada una de las dos
porciones en que suelen dividir el cabello las mujeres' [Acad. ya 1884], comp. and. *coco* 'moño
alto' (Toro, *RH* XLIX, 392). *Cocacho* 'coscorrón'.
Cocada. Cocar 'hacer cocos' [1605, López de Úbeda, p. 54b (Nougué, *BHisp.* LXVI); Covarr.], *cocador. Cocazo. Cocotazo*, domin., col., cub., portorr., tabasq., ecuat., per., venez., 'golpe que se
recibe en la cabeza' (*BDHA* V, 185; Malaret). *Cocotero* 'palmera de cocos' [Acad. 1843, no 1817, ni
Pichardo], voz tardía, de formación singular: Oviedo y Acosta (1590) dicen *palmas* o *palmas de Indias*,
Pichardo y otros muchos llaman *coco* al árbol;
como hoy se emplea principalmente en las Antillas (Cuba, Puerto Rico), cabe sospechar que se
extendiera desde el francés antillano, donde *coco-
tier* ya se halla en 1701, y donde la formación con
-*t*- pertenece a un tipo normal; *cocotal* [Acad. ya
1884]. *Coquera* 'cabeza del trompo' [Pagés][4]. *Coqueta* arag. 'palmetazo' (Borao). *Coquito* 'ademán
o gesto que se hace al niño para que ría', 'fruto
de una especie de palma'. *Alcocarra* [1627, Co-
rreas], quizá mozarabismo (Simonet relaciona extrañamente con el lat. JOCARI). *Cancón* 'coco, bu'
[med. S. XIX, en la andaluza F. Caballero], alteración de una forma *concón*, debida a propagación de la nasal (inaceptable la etimología persa
ḫāqân, 'jefe supremo', del *DHist.*). *Descocarse*
'desvergonzarse', propiamente perder la cabeza,
descocado [1657, B. Gracián], *descoco* [1654-69,
Moreto]. Para *cuca* 'trufa' y mozár. *quqúffa* 'fruslería', V. COTUFA.

CPT. *Cocobola*, costarr. [1610], 'árbol gigantesco, de fruto enorme, también conocido por *olla
de mono*' (Gagini), de *coco* + *bola*; de aquí el
masculino *cocobolo*, cub., col., per., nombre también de un árbol gigantesco [1609, Argensola, con
referencia a las Molucas; Malaret].

[1] Antonio de Herrera (1601) cita *quoque* como
nombre de un árbol de Nueva Granada, cuyo
fruto es tan grande como el huevo de un ganso
(*Aut.*). Si esta indicación fuese exacta, no podría
ser el coco, pero quizá es sólo groseramente
aproximada.— [2] También cast. *coquina*, como
nombre de un molusco acéfalo que abunda en
las costas gaditanas (Acad.). Gall. *cócas* 'las
grandes garras o patas de los cangrejos, nécoras

y lubigantes' Sarm. *CaG*. 116*v*, y lo emplea él mismo en sus definiciones (s. v. *bois* 85*v*, 210*v*, 213*v*).— ³ Limia *coque* 'golpe dado en la cabeza' (*VKR* XI, glos.).— ⁴ En la ac. «oquedad de corta extensión en la masa de una piedra» [Pagés] podría estar emparentado con el cat. *cocó* 'oquedad en una roca donde se deposita el agua de lluvia', que parece ser derivado del lat. CAUCUS 'copa'.

COCO II, 'gusanillo', voz de creación expresiva procedente del lenguaje infantil, como la anterior. *1.ª doc.*: F. López de Villalobos († 1559): *RFE* IV, 259.

En Cespedosa se llama *coco* a todo insecto desconocido (*RFE* XV, 275); ast. *cocu* 'gorgojo' (V). Familia muy extendida en romance: gall. *cocos* 'especie de gusanillos, como los de las cerezas' (Vall.; Sarm. *CaG*. 91*r*. 21*v*, 208*r*), cat. *cuc* 'gusano en general, lombriz, etc.', cat. y oc. *cuca* 'insecto cualquiera', 'sabandija', 'animal silvestre', fr. *cocon*, it. *coccone* 'envoltura del gusano de seda', etc. De esto debe separarse *coco* 'cochinilla', empleado por Laguna y Covarr. (a veces *coco gnidio*), que es latinismo, de *cŏccum* íd., y éste del gr. ϰόϰϰος 'grana', V. COCHINILLA; para *coco de Levante*, vid. COCA I.¹.

DERIV. *Coca* 'tarasca, en forma de serpiente', voz de Galicia y la Mancha, según *Aut*. (en catalán *cuca fera* íd.): aquí se roza esta familia con la de COCO I, que al fin y al cabo es idéntica. *Acocarse* 'agusanarse' [1513, G. A. de Herrera]. *Cocoso* [1597, J. de Torres]. Gall. *coquento* '(cosa) con co[co]s o gusanos' (Sarm. *CaG*. 208*r*). *Coquín de Dios* ast. 'insecto coleóptero, especie de teléforo con los élitros de color amarillo sucio...' (V); *recoquín* «el hombre pequeñuelo y gordillo» [Covarr.; de ahí pasó a Oudin 1616 (no 1607) y a *Aut*.] (no deriva del fr. *coquin* 'bribón', como asegura Covarr., pues ni a ello se presta el significado ni hay voces semejantes en francés ni en los dialectos galorromances, vid. *FEW* II, 862*b*-863, 822-6).

CPT. *Cocolumbrero* 'luciérnaga', salm. (M. P., *Dial. León.*, § 12.6).

¹ Cree H. E. Allen, *PMLA* L, 1044-5, que *coco* 'insecto, gusano' viene de *coco* 'fantasma infantil', pasando por 'diablo', por una creencia popular en la naturaleza diabólica o maléfica de los gusanos. Pero es innecesaria esta hipótesis. Es indudable que los vocablos para designar las dos ideas son idénticos en varios idiomas, como oc. *babot*, *babau*, *babaroto* (cat. *babarota*), ingl. *bug*, etc. Pero en nuestro caso oc. *cuca* 'sabandija' se opone a *coca* 'nuez', etc.; y siempre se trata de voces infantiles expresivas, creadas contemporáneamente, sin derivación semántica de la una a la otra.

COCO III, 'microbio', tomado del gr. ϰόϰϰος 'grano', 'semilla', 'grana colorante'. *1.ª doc.*: falta aún Acad. 1899.

DERIV. *Cóccidos; coccídidos*. *Coccíneo*, tomado del lat. *coccĭnĕus*, derivado de la citada palabra griega. *Coccinélidos*.

CPT. *Cocobálsamo* [falta aún Acad. 1899]. *Micrococo* 'microbio'. Además -*coco* es terminación sufijada que sirve para formar muchos nombres compuestos de microbios determinados (*gonococo*, *estreptococo*, etc.).

Coco, V. *cuclillo*   *Cocobálsamo*, V. *coco* III
Cocobolo, V. *coco* I

COCODRILO, tomado del lat. *crocodīlus*, y éste del gr. ϰροϰόδειλος íd. *1.ª doc.*: *cocodrillo*, 1251, *Calila*, ed. Allen, p. 52; *coquedriz*, J. Manuel († 1348; ed. Rivad. LI, 249); *cocodrildo*, 1400-20, *Libro de los Gatos* (ed. íd., 546); *cocodrilo*, APal. 200*d*.

Se empleó también la forma más culta *crocodilo* (*Aut*., con ejs. de los SS. XVI-XVII). En latín se escribe también *crocodillus*, variante que explica *cocodrildo*. En bajo latín *cocatrix*, debido a influjo del b. lat. *calcatrix* (derivado de *calcare* 'pisar') 'mangosta', animal que los egipcios adoraban por destruir los huevos del cocodrilo, de donde la confusión medieval entre los dos animales (para esto y para las formas de otros romances, vid. *FEW* II, 66*b*); de ahí también *cacotriz* 'cocodrilo', en Gómez Manrique (*DHist.*); *cocatriz*, que *Aut*. atribuye a Nebr.; *cocadriz* [*General Estoria* 294*b*-24].

CÓCORA, 'persona molesta en demasía', voz familiar, probablemente variante de *CLUECA* en el sentido de 'persona achacosa, inútil' u otro análogo. *1.ª doc.*: en Méjico, 1816 (Fz. de Lizardi, vid. Icazbalceta); en España, Bretón de los Herreros († 1873); en Cuba, Pichardo, 1836 (1875), aquí en el sentido de 'incomodidad, escozor, tormento espiritual constante'.

Comp. brasil. *coroca* 'persona enfermiza', 'vieja muy decrépita y fea' (Fig.), port. *de cócoras* 'en cuclillas' (locución castellana que también deriva del nombre de la clueca), trasm. *de corócas*, *de cor(o)cunhas* íd. (*RL* I, 310). Es posible que el cast. *cócora* sea de procedencia leonesa o gallego-portuguesa, o bien se sacaría secundariamente del verbo *encocorar* 'fastidiar, molestar con impertinencia' [Bretón de los Herreros], en Cuba 'causar cócora' (Pichardo), ast. *acocorar* 'molestar con quejas, halagos o peticiones' (Rato), junto a los cuales vemos *encocrar* 'enclocar' en la Acad. (falta aún 1899); de todos modos, el origen occidental es probable en vista de la *r*: se pasaría de *cloc-* a *cocl-* > *cocr-*, y por anaptixis, *cocor-*. Semánticamente podemos partir sea de la idea de 'persona inútil', sea de *encocorarse* 'empollar', 'estar inmóvil', 'aburrirse'. El cat. *cócora* (que sólo hallo en autores tarragonenses: N. Oller, Puig i Ferrater), es castellanismo.

DERIV. *Acocorar* (V. arriba). *Encocorar* (íd.).

Cocorniz, V. *codorniz*   *Cocorota, cocorote*, V. *cogote*   *Cocoso*, V. *coco II*   *Cocota*, V. *cogote*   *Cocotal, cocotero*, V. *coco I*

COCUYO, 'luciérnaga grande', domin., portorriq., mej., venez., colomb., arg., etc., voz aborigen de Santo Domingo. *1.ª doc.*: 1535, Fz. de Oviedo.

Es probable que fuese vocablo arauaco, pero hoy se halla también en los dialectos caribes. Hay variantes *cocuy, cucuy(o)*; las antiguas *tocuyo* y *locuyo* pueden ser erratas. Vid. Cuervo, *Ap.*, § 971; H. Ureña, *BDHA* IV, 213n.3; Friederici, *Am. Wb.*, 198; Navarro Tomás, *El Esp. en P. R.*, 148-9.

Cocuyuelo, V. *cogote*   *Cochaboda*, V. *cachi-Cochambre, cochambrería, cochambrero, cochambroso*, V. *cochino*   *Cocharro*, V. *cuezo*   *Cochastro*, V. *cochino*

COCHE, es incierto si procede del húngaro o del checo. *1.ª doc.*: 1548, Luis de Ávila (*Guerra de Alem.*, ed. Venecia 1553, p. 64; cita de Cabrera)[1].

El testimonio de Ávila, y otros testimonios antiguos en el mismo sentido favorable a Hungría, no son concluyentes, dada la confusión corriente entre Hungría y Eslovaquia. Admiten origen húngaro Schuchardt, *ZRPh.* XV, 88ss.; Tolnai,*Rev. des Ét. Hongr. et Finno-Ougr.* III, 51 ss.; suele admitirse que el húngaro *kocsi* (pron. *kóči*) viene del nombre de la población de *Kocs*, donde había un cambio de coches en la línea Viena-Budapest. Pero K. Titz (vid. *Rom.* LV, 602) señaló un ej. alemán de *koczi* en texto escrito en Košice, Eslovaquia, en 1440, antes de que se inaugurara esta línea de coches; también *calesa* es de origen checo. Del mismo origen, alem. *kutsche* [1562], it. *cocchio*, fr. *coche* [1545].

DERIV. *Cochero* [Covarr.]; *cochera, cocheril, cocherón; cochear; encochado.*

[1] «Se puso a dormir en un carro cubierto, al qual en Hungría llaman *coche*, el nombre y la invención es de aquella tierra». Como voz propiamente castellana, se halla en 1596. (Fonseca).

Coche 'cochino', V. *cochino*   *Cochero*, 'el que conduce coche', V. *coche*   *Cochero* 'que se cuece', V. *cocer*   *Cocherón*, V. *coche*   *Cochevira*, V. *cochino*   *Cochevís*, V. *totovía*   *Cochi*, V. *cochino*   *Cochifrito*, V. *cocer*   *Cochimani, cochina, cochinada*, V. *cochino*

COCHINATA, 'madero que abraza y fortifica por dentro la parte inferior de las aletas (prolongación de la parte superior de la popa)', náut., origen incierto, probablemente derivado de *cochino*. *1.ª doc.*: 1696, *Vocab. Marítimo de Sevilla*.

El vocablo existe también en catalán: «*cotsineta:* cada uno de los maderos clavados encima de las cuadernas, que forman el casco de una embarcación por la parte de popa» (*BDC* XII, 25: ¿errata por *cotxinata?*). Puede ser derivado del port. *cochim* 'forro de un cable, baderna' (Jal), pues la cochinata es también una especie de forro o refuerzo, pero desconozco el origen de la voz portuguesa. No es claro que haya relación con it. *còccia* «radancia (= especie de motón)», que por lo demás es voz poco popular según el *Diz. di Mar.* Como en Cuba *cochinata* es 'puerca parida, de poca edad' (Pichardo), debe de haber relación con *cochino* por alguna comparación con este animal. Pero no podemos asegurar del todo que esta relación no sea secundaria. El vocablo análogo *cucharro* significa casi lo mismo que *cochinata*: 'pedazo de tablón cortado irregularmente, que sirve para entablar la popa y la proa del navío' [1696, *Vocab. Marit. de Sevilla, Aut.;* nada análogo en Jal, Corazzini, Amades, G. de Palacio]; será derivado de *cuche* por *cochino* (V. este artículo), lo cual refuerza la etimología que he sugerido para *cochinata*.

Cochinería, cochinero, cochinilla 'crustáceo', V. *cochino*

COCHINILLA, 'insecto americano del cual se extrae la grana colorante', origen incierto; aunque la documentación coetánea localiza la grana en América, el vocablo no parece ser indigenismo americano, sino de origen romance, y quizá ya procedente de España. *1.ª doc.*: 1555, Laguna.

Para testimonios antiguos, vid. Friederici, *Am. Wb.*, 196. La cochinilla procede de Méjico, donde se cría sobre el nopal; también se cría en el Perú, pero todavía en 1653, según testimonio del P. Bernabé Cobo, se le daba allí otro nombre. Sin embargo, el nombre azteca era muy diferente: *nočéztli*, atestiguado por el P. Molina (1571)[1] y por Francisco Ximénez (1615). Luego no ha de tratarse de palabra indígena, sino aplicada por los conquistadores. Desde antiguo (Covarr., Ximénez) se ha afirmado que viene del lat. COCCĬNUS 'de color escarlata', adjetivo derivado de COCCUM 'grana del quermes', lo cual sería posible si el vocablo se hubiera aplicado en España a esta clase de grana antes del descubrimiento de América; debería tratarse, entonces, de un mozarabismo. De hecho, la España musulmana era centro de producción de este colorante (V. *ESCARLATA*) y Laguna nos informa de que en la Península se cogía excelente grana de la coscoja o quermes, especialmente en la Mancha, Obispado de Badajoz, y sobre todo, en Sezimbra, Portugal, y lo mismo atestiguaba ya Alonso de Cartagena en 1434; pero el hecho es que, según Covarr., el nombre de *cochinilla* se daba entonces a la procedente de América, y Sorapán, en 1614, declara que *cochinilla* se dice en las Indias (Gillet, *Propaladia* III, 421). Mientras no logre documentarse *cochinilla* en España, este origen permanecerá algo dudoso.

Según Nemnich (*Polyglottenlexicon*, 1793-8), seguido por Schuchardt (*ZRPh.* XXXII, 239), Gamillscheg (*EWFS*), Zaccaria y otros, se trataría de una aplicación secundaria de la llamada *cochinilla de humedad* [Covarr.], crustáceo terrestre llamado también *porqueta*, que se cierra en forma de bola; Schuchardt asegura que la hembra de la cochinilla mejicana se parece algo a este crustáceo, cuyo nombre es un derivado evidente de *COCHINO*; pero es preciso documentar mejor este parecido, antes de rechazar la etimología COCCINUS. Como la púrpura se llamaba en España *conchil* o *alconcilla* [Nebr.], mozarabismos procedentes del gr. χογχύλιον 'concha', deberá examinarse también la posibilidad de que *cochinilla* venga de un *conchilla > *colchinilla*, aplicado por los conquistadores españoles a este otro colorante del mismo color, comp. *qučillâta*, como nombre de una planta de bayas encarnadas, en Abenalỳazzar (Simonet, p. 121), y *concilla* 'colorete con que se pintan las mujeres' aparece dos veces en el *Canc.* de Baena (vid. W. Schmid); *conçilla* hablando de colores y rimando con *amarilla*, etc., en Villasandino (*Canc.* de Baena, ed. 1851, n.º 167, v. 14, p. 153), *conciella* ['cochinilla de la grana'] en el *Fuero de Sepúlveda* (ed. Alvar, p. 702); en gall. ant. *concela* 'colorete' figura en las dos sátiras que intercambian Pero d'Armea y Pero d'Ambroa (alrededor de 1270) R. Lapa *CEsc.* 371.6, 338.3 (el gallego *axenilla* 'rubia tinctorum o raspa lengua' [Sarm. *CaG.* A41v], debe ser alteración de *cochinilla* por cruce de algún sinónimo o parasinónimo, acaso *ALHEÑA* o alguna variante de *URCHILLA*), cf. Bouza-Brey, «Nombres y Tradiciones de la 'coccinella Septempunctata' en Galicia», *CEG.*, 1948, 367-392. Esta posibilidad me parece de las más probables. Sainéan, *BhZRPh.* X, 103-4, parte también de *cochina*, pero a base del color sonrosado de la hembra del cerdo, lo cual me parece inverosímil.

Sea cual fuere el origen de *cochinilla*, de la voz española procede el it. *cocciniglia* (ya *cucciniglia* en 1581: Zaccaria), el fr. *cochenille* [1578: *BhZRPh.* LIV, 140][2], y las formas análogas de otros idiomas.

[1] «*Nocheztli*: grana por afinar, que llaman *cochinilla*».— [2] Éste no viene del italiano, como todavía dicen el *REW* 2008 y el *FEW*, II, 821b.

COCHINO, derivado de la interjección *coch* (o *coche* o *cuch(e)*), empleada en muchas lenguas para llamar al cerdo. *1.ª doc.*: J. Ruiz, 774b[1], 778b.

Propiamente fué diminutivo, con el sentido originario de 'lechón', que está bien claro en J. Ruiz y APal. («la puerca que parió treynta *cochinos*»,

«*cochino* que nasce de puerca casera y de javalí»); Nebr. traduce con «porcellus, nefrens» (= lechón) y también con «maialis» (= cerdo castrado), y todavía *Aut.* admite la equivalencia 'lechón' junto a 'cerdo adulto', aunque desde el S. XVI predomina esta segunda ac. El antiguo primitivo *cocho* se emplea en Asturias, Galicia, Navarra y Álava según la Acad. y Cejador, y en la *Pícara Justina* leemos *gocho*, forma ligeramente alterada; ast. *gochu* (Colunga), *cochu* (Ribadesella), V. Como interjección se halla ¡*cocho*! en Cervantes (*Quijote* II, viii, *Cl. C.* V, 150), Pantaleón de Ribera († 1629), etc.; en literatura se halla aplicado sobre todo al hombre sucio, especialmente el que ha eructado; la frase dió lugar a juegos de palabras en el S. XVII (Quevedo, *La Culta Latiniparla*, *Cl. C.* IV, 161); la Acad. atribuye la variante *cochi* a Chile y a varias provincias españoles; *coch* se emplea en Segorbe (Torres Fornés); del español pasaría *cuchi* como nombre del cerdo a varios idiomas aborígenes americanos, como se ve por el nombre de lugar híbrido (palabras castellanas pero sintaxis aborigen) *Cuchicorral* 'corral de cerdos', de las provincias de San Luis y Córdoba, en la Arg. (*Anales del Inst. de Etnogr. Amer.*, *Univ. de Cuyo*, V, 102); y sería fácil citar más documentación.

Entre otros idiomas hallamos la interjección *coche* en el portugués miñoto (Leite, *Opúsc.* II, 220), el gall. *cuche* (Vall.), el prov. *cocho-cocho!*, alem. dial. *kusch kusch!* (Sainéan, *Sources Indig.* II, 32). De ahí pasó a designar el animal: port. ant. *cochom*, -*õa* (son formas autóctonas que no hay por qué creer galicismos), aplicado a un personaje de baja estofa, en textos portugueses del 3r. cuarto del S. XIII (C. Michaëlis, *ZRPh.* XX, 217, v. 158 y R. Lapa, *CEsc.* 21.31, 64.13, 143.27, 300.10, 236.9), y hoy gall. *coucho* en el sentido propio de 'cerdo' «pioleiras de *couchos* mouros», Castelao 144.27), fr. *coche* 'puerca' (vid. Behrens, *ZRPh.* XIII, 404 ss.), *cochon* 'cerdo' [1212: A. Thomas, *Rom.* XXXV, 629], Aquisgrán *küsch* íd., alem. de Carintia *gatschele* íd., eslov. *kočej* 'lechón', húng. *koca*. Más detalles acerca de estos nombres en Schuchardt, *ZRPh.* XV, 88ss. (cf. p. 97); Settegast, ibíd., 246ss.; G. Paris, *Rom.* XX, 330, 334; Sainéan, *BhZRPh.* X, 86-87; Krüger, *VKR* I, 270. Para la historia del uso en castellano, V. lo dicho bajo *CERDO*[2].

DERIV. *Acochinar* 'matar a uno que no puede huir, como se hace con los cerdos'. *Cochina. Cochinada. Cochinero. Cochinería. Cochinilla* 'crustáceo terrestre que se cierra en forma de bola', comp. lo dicho bajo *COCHINILLA. Cochinillo. Cochinito de San Antón.*

Palabras derivadas del primitivo de *cochino* (*coche* o *cocho*): *Gochada* ast. 'cochinería' (V). *Cochambre* [Covarr.; Oudin 1616, no 1607][3], masculino según *Aut.* y Acad., pero femenino para Quevedo; *cochambroso, cochambrero, cochambrería.*

Cochastro 'jabalí de leche' [ya Acad. 1884]. *Co-chera* 'pocilga', *cochero* 'porquerizo' (ambos en boca de aldeano en Lope, *El Mejor Alcalde* I, iii, ed. Losada, p. 192; II, xvii, 232). *Cochorro*, bilbaíno, 'melolontha vulgaris (coleóptero)' (Unamuno, *RFE* 5 VII, 352). *Cochiquera* [ya Acad. 1884], más que derivado parece ser debido a un cruce del citado *cochera* con CHIQUERO. *Cochitril* 'pocilga', 'rincón, habitación estrecha y desaseada' [ya Acad. 1884] o *cuchitril* [1786, con la 2.ª ac.][4], creo que 10 resulta de un cruce análogo; *cuchitriles* en San Pedro Manrique (Soria) son 'departamentos en el granero para separar los cereales', *RDTP* VIII, 524. La forma *encotrilao* «encuchitrilado» de Cespedosa de Tormes (*RFE* XV, 260), me lleva a 15 creer que se trata de **cotril* alterado por influjo de *coche, cuchi,* 'cerdo'; en cuanto a **cotril* estará probablemente por *cort(r)il* 'corral', del lat. vg. **COHORTĪLE*: Cerdaña *cortil* 'corral' (*BDC* II, 56; XIX, 121), Lasalle (Gard) *courtieu* 'pocilga', fr. 20 medio *courtil* íd. (*FEW* II, 853b), La Teste (Gironda) *courtiou* «parc couvert en chaume, bergerie» (Mouṛeau), fr. ant., oc. ant. *cortil* 'corral', 'patio', it. *cortile* 'patio', ár. marroq. *kuṛṭîl* 'concejo, conferencia de jefes' (Simonet, 147)[5]; del mismo radical hallamos en España: San Ciprián de Sanabria *corte* 'cuadra', *curteillu* 'cuadra pequeña' (Krüger), santand. *corte, cortina* 'establo, cuadra' (G. Lomas, con cita de *corte* en doc. de 851), Organyà *cortiella* 'pocilga' (COHORTICELLA: Griera, *Tresor*), 30 etc.[6] El arag. *cuchivache* 'cuchitril' (Coll), resultará del cruce de *cochera* con BACHE II. En Almería he oído muchas veces *cuchimán* 'habitación estrecha y desaseada, chiribitil', que resultará del and. *cachimán* 'desván, puesto de vender', al 35 parecer de origen gitano (vid. Toro, *RH* XLIX, 369), alterado por influjo de *cuchitril*; comp. caló *cochimaní* 'tienda' (Besses).

CPT. *Cochevira* [ya Acad. 1884] 'manteca de puerco': ignoro cuál es la palabra combinada o 40 cruzada con *coche* 'cochino' que ha dado este vocablo: desde luego no puede ser el lat. BUTYRUM, como sugiere la Acad.

[1] El ms. *S*, único existente en esta parte del poema, trae en este verso *cochno;* pero es errata 45 evidente en vista de la rima con *vino* y otras palabras de la misma terminación. El otro verso, por lo demás, trae la grafía correcta. El vocablo vuelve a aparecer en un refrán citado por el cazurro andaluz del S. XV estudiado por M. P., *Poe-* 50 *sía Jugl.*, p. 463; en APal. 186b, 200d; en Nebr.; y *Aut.* trae ejs. desde med. S. XVI.— [2] En Almería y en otras partes se dice *chino* por 'cerdo'. No creo que sea aféresis de *cochino*, sino voz creada paralelamente a base de otra interjección pareci- 55 da ¡*chin!* De aquí *achinar* 'acochinar' (Acad. 1936), 'acoquinar' (ya Acad. 1884; cita del gaditano Ad. de Castro, 1852, en Pagés).— [3] Nada puede tener que ver con cast. ant. *cocharse* 'darse prisa', cat. *cuitar*, fr. ant. *coitier*, cast. *cuita* (*REW* 2015) 60

como se sugiere en *RFE* V, 36. Comp. ecuat. *cochoso* 'sucio, desaseado, cochino' (Lemos, *Semánt.*, s. v.).— [4] Entre otros lugares se emplea en Andalucía: Toro, *RH* XLIX, 404, y ej. del sevillano Bécquer en Pagés. En Mendoza (Argentina) he oído la variante asimilada *cuchichil*, en sentido figurado ('aula infecta').— [5] De aquí tal vez *Ibn Quṭríl, -êl*, nombre de varios árabes españoles (Simonet, 147).— [6] Se podría también pensar en un **cotril* 'muladar', derivado del ast. occid. *cuitu* 'estiércol', gall. *cuito* íd., costarr. *cuita* 'gallinaza', ast. orient. *cuchu* 'abono', que G. de Diego, *Contr.* § 164, deriva sugestivamente de CULTUS 'cultivo', abono' (comp. *cuchar* 'estercolar' en un proverbio citado por Hernán Núñez, según Cejador, *La Lengua de Cervantes*, II, 270a), sea a base de un **CULT(U)RĪLE*, sea por **cu(i)til* con repercusión de líquida. Es verosímil que tenga el mismo origen (contaminada probablemente por *costra*) la voz *cotra* 'mugre, suciedad' empleada en el Occidente de Asturias, Bierzo, Astorga, San Ciprián (vocab. respectivos), con variante *cutre*, según Acevedo-Fernández (olvidada en el orden alfabético), Sierra de Francia *cutra* 'posma, molestia' (Lamano); gall. *cotralla* «porquería» (con matiz distinto de *cochambre*, Sarm. *CaG.* 182v); de aquí *cutre* 'tacaño', sin localización en la Acad. (ya 1843; por cruce con *poltrón*: ast. *cutrón* 'grueso, apoltronado', *acutronáse* 'apoltronarse', V); *cotrosa* Bierzo (G. Rey), nombre de un pajarito (que ya Sarm., *CaG.* 147r, recogió allí, junto con el adagio *está más gordo que una cotrosa*; cf. Pensado, p. 233-4); *cotrolo* 'persona gruesa y de baja estatura'. Pero en cuanto a *cuchitril* y *encotrilao*, me parece más probable que el vocablo cruzado con *coche* sea *cortil* 'corral'.

Cochio, V. *cocer*   *Cochiquera*, V. *cochino*
Cochitril, V. *cochino*   *Cochizo*, V. *cocer*   *Cocho*, V. *cocer, cochino y gozque*   *Cochorro*, *cochoso*, V. *cochino*   *Cochozuela*, V. *chueca*   *Cochura, cochurero*, V. *cocer*   *Coda* 'cola', 'final de una pieza de música', V. *cola*   *Coda* 'refuerzo de carpintería', *codada, codadura, codal*, V. *codo*

CODASTE, 'madero puesto verticalmente sobre el extremo de la quilla, inmediato a la popa, al cual va sujeto el timón', origen incierto, probablemente de *cadaste*, y éste del lat. CATASTA 'andamio, tablado'. *1.ª doc.*: 1526, Woodbr.; h. 1573 (Eug. de Salazar, *Cartas*, p. 39); 1611, Tomé Cano, en Jal.

También port. *cadaste*[1] o *codaste* [éste, Lopes de Castanheda, † 1559], cat. *codast* o *codastre*[2]. Moraes deriva de un it. *codazzo*, que no tiene uso en este significado. Jal lo cree compuesto de *coda* por 'cola' y *asta* 'verga, madero'; de hecho *asta* significó 'codaste' en Venecia (1715) según la misma obra, y Corazzini cita un *codèra* con el mismo sentido, que sería derivado de *coda* 'cola', pero en

realidad no existe tal palabra, pues según indica
el *Diz. di Mar.* parece tratarse de una confusión
de Guglielmotti. Por otra parte, si *codaste* derivara
de CAUDA (it. *coda*), dada la conservación de la *-d-*
el vocablo debiera ser italianismo, pero en realidad
no existe en italiano nada parecido a *codaste*, y la
forma de composición sería muy extraña, pues esperaríamos *asta (di) coda*, y no al revés, a no ser
que ya existiera *CAUDAE HASTA en latín como denominación estereotipada, lo cual no se verifica.

Luego. teniendo en cuenta el port. *cadaste*, es
más probable la sugestión de Moll (Dicc. Alcover)
de que venga del lat. CATASTA, comp. mall. *cadastre* 'armazón de madera para aserrar un tronco', oc.
ant. *cadastre* 'íd. para asentar un tonel o para suspender una campana', *(en)cadastar* 'encajar' (*FEW*
II, 494a), it. *catasta* 'montón de leña', 'pira'; para
CATASTA en dialectos italianos y occitanos, Hubschmid, *VRom.* VIII, 129-132. La terminación de
codaste, como la del mall. y oc. *cadastre*, corresponde a una variante romance *CATASTUM;
la *e* indicará procedencia catalana, a no ser que
se trate de un mozarabismo del Sur de Portugal.
En cuanto a la *o* de la forma *codaste*, hubo de
nacer en castellano por contaminación de *codo*:
sabido es, en efecto, que el tamaño de las naves
se contaba por codos, y precisamente se hacía así
tomando como puntos extremos el *codaste* de popa
y el *codillo de proa*, como explica G. de Palacio
(1587): «una nao de quatrocientas toneladas... ha
de tener treynta y quatro codos de quilla, desde
el *codeaste*[3] de popa al *codillo* de proa» (*Instr.
Náutica*, 90rº). El influjo conjunto de *codo* y de
su derivado *codillo* era inevitable, puesto que éste
designaba la pieza que se oponía al codaste y
hacía juego con él.

[1] Es la forma que Moraes y Fig. dan como
normal, y Jal como antigua.— [2] Esta forma, oída
en L'Escala, como término de calafate, ajeno al
habla de los marineros. Además Dicc. Alcover, y
BDC XII, 23.— [3] Léase *codaste* como está impreso más arriba, en la misma página, y también
en 92rº y 139rº.

Codazo, codear, V. *codo*

CODEÍNA, derivado culto del gr. κώδεια o
κώδυα 'cabeza de la adormidera'. *1.ª doc.*: ya Acad.
1884.

DERIV. *Diacodión* [*Aut.*] 'jarabe de adormideras'.

CODENA, la existencia del vocablo necesita
confirmación. Definía la Acad. en 1817 y 1884 «en
el obraje de los paños, consistencia y fortaleza que
debe tener el tejido», como palabra antigua. Desapareció en la ed. de 1899, y vuelve a estar en la
de 1936, con definición análoga y como término
poco usado. Comp. rosell., aran. *codena* (*Misc. Fabra*, 185; *Vocab. Aran.*; *REW*, 2431) 'corteza del
tocino', hermanos del port. y gall. *códea*[1]. Cat.

cotna, fr. *couenne*, it. *cotenna* 'corteza del tocino'
*CŬTĬNA.

[1] 'Corteza del pan' y en gall. 'hacienda, (algo) que
comer', *fulano tiene codea* (Sarm. *CaG.* 77v);
gall. *codia* 'costra, corteza' (Vall.): «a codia dun
pino ou a tona dun carballo», Castelao 180.22,
«a codia de surrealismo», R. Piñeiro, *Grial* 1973,
396. De ahí *códeo* 'pápuro, rústico' (*CaG.* 77v)
y el dim. *codelo* 'cortezo de pan' (*CaG.* 77v),
'mendrugo' (Vall.), 'lacón o tronco y hueso del
pernil' (coplas de Sarm., vid. *CaG.* p. 68), *codela*
'corteza de pan' (Vall.). Además, quizá de *códea*
se derive *códega* 'mañera, estéril' (*ovella o vaca
que sahíu códega*) en el Oriente del país (Bo-
rela, Mourente, *CaG.* 231r).

Codeo, V. *codo*   *Codera*, V. *codo, cola* I
Codero, V. *cola* I

CODESO, del lat. vg. CŬTĬSUS, lat. CŸTĬSUS, y
éste del gr. χύτισος íd. *1.ª doc.*: 1386, López de
Ayala, vid. Cabrera.

En romance vive solamente en el port. *codêsso*,
en el Bierzo *cudeso* (Sarm. *CaG.* 144r) y en castellano. Lo recogen los botánicos modernos Quer
y Palau, pero falta en la tradición lexicográfica,
aun en *Aut.* G. A. de Herrera, Laguna, Hernández de Velasco, el Brocense y Fr. L. de León
emplean el cultismo *citiso*. La grafía portuguesa *codeço* (en un autor renacentista citado por
Moraes, y que no puedo fechar exactamente)[1] carece de autoridad, en atención a la grafía medieval
del colectivo *codesal*, citada por Cortesão[2]; será
vocablo principalmente arraigado en tierras gallegoportuguesas y leonesas, en vista de la toponimia:
Codesseiro, Codessada, Codessoso en Portugal,
Codeso y *Codeseda* en Galicia, *Codesal* en Zamora. El lat. *cutisus* se halla en una glosa (*CGL* II,
119.35); la cantidad CŸTĬSUS está bien documentada en dos pasajes de Virgilio. Para explicar la
acentuación romance no bastaría suponer una forma «mediterránea» *CUTĒSO- (paralela a *menta* ~
μίνθη, *cupressus* ~ χυπάρισσος, *aresta* ~ *arista*,
etc.), según quiere Alessio (*ARom.* XXV, 141),
puesto que esto no explica la *ss* portuguesa, evidentemente solidaria del cambio de acento. Tampoco es convincente el supuesto de una geminación
espontánea *CUTISSUS al latinizarse la palabra griega, como propone Th. Claussen, *RF* XV, 848, pues
los ejemplos que reúne del mismo fenómeno son
heterogéneos, antiguos unos, pero debidos al diferente timbre de una consonante en griego y en
latín (*CALLAR* ~ gr. γαλᾶν), y en su mayor parte modernos o de naturaleza analógica (una forma
como *BUXITTA no existiría nunca; ahí como en
*CERCITTA > *cerceta* intervendría un sufijo romance, etc.). Quizá no baste tampoco decir, con Baist
(*KJRPh.* VIII, i, 201), que el cambio es debido a
la rareza de los esdrújulos en -*eso*, pues las palabras en -*esso* apenas son más frecuentes. Si hu-

biese que volver a la idea de una variante prerromana, ésta tendría que ser en -ISSUS, terminación que en efecto se halla en el substrato mediterráneo. Pero quizá sencillamente tenga razón
Schuchardt, ZRPh. XXVI, 410, al admitir influjo
de CUPRESSUS 'ciprés' y NARCISSUS 'narciso'. Y en
realidad, la idea de Schuchardt me parece más
verosímil que la de un «hispano-egeo» *CUTISSUS,
que yo ya insinuaba (sin disimular mi incredulidad) y que ahora formula explícitamente Hubschmid, ZRPh. LXXI, 245. Lo prerromano es siempre posible tratándose de plantas, pero no es muy
verosímil en vocablo de tan firmes antecedentes
clásicos, ni tampoco lo son mucho las afinidades
hispano-egeas.

DERIV. Codesera.

¹ También codeço en Díaz Tanco, h. 1530, con
referencia a las Canarias: Rev. de Hist. de La
Lag. n.ᵘ 78, p. 252.— ² Según el Onomástico del
mismo hay una docena de testimonios de este y
otros derivados en los SS. XI-XIII, ninguno de
ellos con ç, todos con s, en los unos, doble; en
los otros, sencilla.

Códice, V. código

CODICIA, tomado del b. lat. cŭpĭdĭtĭa, resultante del lat. cupiditas, -atis íd., por cambio de sufijo; derivados ambos de cupĭdus 'codicioso, deseoso', y éste de cupĕre 'codiciar'. 1.ᵃ doc.: cobdicia, Nebr., y ya en mss. de autores anteriores.

Del antiguo cobdicia resulta el ast. coldicia (V).
Cupiditia se halla, p. ej., en un texto latino del
S. X, escrito en Italia. Se trata de una sustitución
de sufijo opuesta a la que registramos en amistad
frente a AMICITIA. Del mismo origen, gall.-port.
cobiça¹; con desarrollo popular cat. ant. cobesa²,
oc. ant. cobezeza.

DERIV. Codiciar [Berceo], codiciable, codiciador,
codiciante; codicioso [Berceo], vid. Cuervo, Dicc.
II, 174-6. Concupiscente (falta aún Acad. 1884),
tomado del lat. concŭpiscens, -tis, íd., participio
activo de concupiscĕre 'desear ardientemente', derivado de cupĕre; concupiscencia [h. 1440: A. de
la Torre; APal., 17d], tomado de concupiscentia
íd., derivado del anterior; concupiscible [Cartage-
na, Questión, p. 238a (Nougué, BHisp. LXVI)].

¹ Cobiiça, Ctgs. 157.11, etc., MirSgo. 35.12, 40.6.
Cobiiçar, Ctgs. 16.28, etc., MirSgo. 29.19, 62.33,
cobiçar, ib. 24.24; cobiiçoso, Ctgs., etc., también
en gallego moderno (así cobizar y cobizoso en
Castelao 220.5f., 163.5). Con desarrollo análogo
cubiçia, cobiçiar, cobizante en el ms. leonés del
Alex. (1596c, 1542d, 2197c), pero es probable
que sean formas ajenas al original, pues el ms.
aragonés trae siempre cobd-, y cobdiçia se lee
aun en O, 52b. Copdiçia está también ya a
princ. S. XIII en Sta. M. Egipc., 824.— ² También cobdicia en muchos autores del S. XV, desde Eiximenis (fines del XIV: Doctrina Compen-

diosa, 81); y recuerdo haberlo leído en la Doctrina Pueril de Lulio.

Codicilar, codicilo, V. código   Codicioso, V.
codicia

CÓDIGO, tomado del lat. cōdex, -ĭcis, 'libro'
aplicado por antonomasia al código de Justiniano
y después a otras fuentes legales. 1.ᵃ doc.: APal.
238d.

Forma semejante tomó el vocablo en port. código e it. ant. codico (SS. XIII-XIV). La terminación irregular en -o ha de ser debida al carácter
culto del vocablo, pero no es fácil explicarla ni
partiendo del nominativo codex ni de los demás
casos, que en bajo latín se pronunciaban con ç, a
excepción del genitivo plural codicum, que no era
de aplicación frecuente en este caso. Quizá se trate del latinismo gr. χώδιχος (genitivo sing. de
χῶδιξ, vid. ejs. en el diccionario griego medieval
de Sophocles), empleado al citar una ley del código de Justiniano y entrado en romance por la Italia bizantina¹, desde la escuela jurídica de Bolonia.

Códice [Villena (C. C. Smith, BHisp. LXI);
APal., 82d; Terr.], duplicado culto de código.

DERIV. Codicilo [Nebr.; cobdeçillo 1374, BHisp.
LVIII, 88; codecillo, Canc. de Baena, vid. W.
Schmid], tomado del lat. codicillus diminutivo de
codex en el sentido de 'testamento'; Aut. cita una
variante codicilio; codicilar.

CPT. Codificar [ya Acad. 1884], del fr. codi-
fier (1845; codification, 1819; el ingl. codify, que
ya aparece en 1800, suele también considerarse galicismo), derivado de code 'código', con la terminación latinizante -fier, -ficar: el vocablo se extendería gracias al esfuerzo codificador de Napoleón;
codificación, codificador.

¹ También oc. ant. y cat. codi (y aun fr. code)
cabría explicarlos, como formas sèmicultas, partiendo de la misma base.

Codillera, codillo, V. codo   Codina, V. cocer

CODO, del lat. CŬBĬTUS, -I, íd. 1.ᵃ doc.: cobdo, 1140 (Cid, y doc. en Oelschl.); codo, APal.,
6d, etc.

Para ejs. de cobdo en los SS. XII-XVI,
Pietsch, MLN XXIV, 163, 166. Otras variantes
son leon. coldo (Alex. O, 1204), arag. coudo (inventarios de 1374 y 1380: BRAE II, 349, 556).
Duplicado culto: cúbito [Torres Villarroel, p. 435
(Nougué, BHisp. LXVI); 1729: Aut.], hueso que
forma el codo; en el latín tardío ya se aplicó a
este hueso.

DERIV. Acodar; acodado, acodadura [S. XIV:
Cast. de D. Sancho], acodo. Coda 'prisma de
madera para reforzar un ángulo de tablas'. Codada. Codadura. Codal [Nebr.]; acodalar, aco-
dalamiento. Codazo. Codear [Nebr.], codeo. Codera 'sarna del codo' [Nebr.], 'pieza que cubre

el codo'. *Codillo* ['lance de perder' 1620, Góngora, ed. Foulché II, 315; *Aut.*] , *codillera, acodillar, encodillarse. Recodar, recodadero; recodo* [*Aut.*]. *Cubital,* tomado del lat. *cubitalis.*

¹ Cabrera quiere derivarlo del lat. CAULĬCŬLUS 'tallito', seguramente refiriéndose a la ac. 'parte de la rama que queda unida al tronco por el nudo cuando aquélla se corta', pero no hay por qué separarla de las demás acs.; se trata siempre de algo que forma ángulo recto como un codo doblado.

Codón, 'bolsa para la cola', 'maslo', V. *cola*

CODÓN, 'guijarro', burg., derivado romance del lat. CŌS, CŌTIS, 'piedra'. *1.ª doc.:* falta aún Acad. 1899.

G. de Diego, *Contr.,* § 144. También santand. *cudón,* ast. *regodón* (Rato, s. v. *cascayu*). Otros descendientes hispánicos de CŌS proceden del diminutivo *CŌTŬLUS*: cat. *còdol* (*cudòl* en Valencia); o de *CŌTĪNUS*: cat. *codina* 'guijarro', 'capa de tierra compacta y difícil de cultivar', port. dial. (Oporto) *godinho* 'piedra' (Leite, *Opúsc.* II, i, 25); hay otros derivados catalanes e italianos dialectales de CŌS en el sentido de 'cachapa de guadañador'. El siguiente grupo gallegoportugués creo que representa una formación adjetiva *CŌTĪNUS*, paralela a PETRĪNUS (de donde *empedernir, pedernal*): miñoto *gódo* 'guijarro' (en Guimarães: Leite, *Opúsc.* II, i, 245), *góio* (< *góaio) en Soajo (Leite, *o. c.,* 25), trasm. *códeo* 'tierra endurecida, empedernida por la helada' (*RL* V, 40), miñoto *côdo, códo* (en otros dialectos *códão*) 'carámbano, hielo' (Leite, *o. c.,* 344, 384, 483), Barroso *códio* 'hielo' (*RL* XX, 154), miñoto *códio, códego* 'camada grande de helada que endurece la tierra' (*RL* XIX, 212); teniendo en cuenta el conjunto de estas formas, no creo que se trate de un *CŌTUS, como admite G. de Diego, ni de representantes de *CŬTĪNA 'corteza del pan o del tocino', según quiere Krüger (*Gegenstandsk.,* 148). Del mismo radical con otras terminaciones pueden venir salm. *codorno*¹ 'rescaño de pan, cantero', *codorro* 'terco'.

DERIV. *Encodonar,* burg., 'empedrar'.

¹ Como nombre de una fruta en Sánchez de Badajoz, *Recop.* (*RFE* IV, 19) será otra cosa, vid. artículo siguiente.

CODOÑATE, 'dulce de membrillo', del cat. *codonyat* íd., derivado de *codony* 'membrillo', que procede del lat. vg. COTŌNĔUM, alteración del gr. χυδώνιον íd. *1.ª doc.: codonate,* J. Ruiz, 1334*b*.

En este pasaje deberá leerse seguramente *codoñate,* aunque *S* y *G* concuerden (*çedonte* en *T*), pues el significado es claro. En inventarios aragoneses está *codonyat* desde 1373 (*VRom.* X, 132). Covarr. (s. v. *membrillo*) dice que en Va-

lencia *codoño* significa 'membrillo' y *codoñate* 'carne de membrillo': luego para él no se trata de verdaderas palabras castellanas, sino de palabras catalanas castellanizadas por él o por otros. La tradición del vocablo no se reanuda hasta las ediciones recientes de la Acad. (falta aún en 1899). El lat. vg. COTŌNĔUM está documentado en glosas (*CGL* II 117.26, III 473.71, etc.). Desde *codoñate* la terminación *-ate* se extendió a otros dulces (*almendrate, piñonate;* formación muy abundante ya en Rob. de Nola [1525]: *membrillate,* 112, *higate,* 92, etc.). En catalán coexisten *codonyat* y *codonyac* (comp. fr. *cotignac*). Para la cuestión de cuál de estas terminaciones es más antigua, y si vienen de la latina -ATUM o de la gr. -ιαχόν, V. mi *DECat.,* s. v., y provisionalmente mi nota del *Homen. a Rubió i Lluch* III, 311 (agréguese «confitura de *gyngibracho*» en un doc. dirigido por el Rey de Inglaterra a Montpelier, año 1232, en *Bol. de la Soc. Castellon. de Cult.* XVII, 258). Otros datos y reflexiones sobre el origen del cat. *codonyat* y el port. *marmelada* por V. Leingruber-Guth, *Est. Rom.* del *IEC* XVIII, 1968, 75-94.

CODORNIZ, del lat. COTŬRNIX, -ĪCIS, íd. *1.ª doc.:* S. XIII (Biblia Escurialense: glos. de Oroz, n.º 208).

En J. Ruiz, 881*a,* el ms. *G.* trae *quadraniz* en lugar de *codorniz* (*S*); Densuşianu quiso explicar una forma castellana *cuaderniz,* junto con el rum. *potîrniche,* como procedente de una variante lat. QUOTURNIX, pero M-L. (*Litbl.* XXII, 301) replica que esta base no soluciona la dificultad fonética de la forma rumana, y que la variante española tiene fácil explicación por etimología popular. Baist, *RF* I, 142, citó un cast. ant. *guadarniz,* que sería debido al influjo del cat. *guatlla,* cast. dial. *COALLA* (vid.); de ahí por derivación regresiva saldría el port. *guarda* (*REW* 2289). Otra alteración es Cespedosa *cocorniz* (*RFE* XV, 275), fácilmente explicable, a base de *coorniz* > *cogorniz* (*g* antihiática) y *cocorniz,* por el sentimiento de una reduplicación como en *cogote* > *cocote.* Para denominaciones locales de esta ave, *RDTP* III, 111-2. Llamo aquí la atención hacia las dudas con que deben acogerse las encuestas dialectales de esta revista, sobre la organización y procedimientos de las cuales se mantiene el silencio más absoluto. Por lo menos en cuanto a los referentes al territorio de lengua catalana puedo garantizar que estos datos están llenos de los errores más crasos. Por ej. en esta encuesta se nos informa de que la codorniz se llama *codorniu* en Barcelona, palabra que no existe ni parece haber existido en catalán (quizás en parte alguna donde se hable); no sabemos si el error viene de la despreocupación del encuestador, que se limitara a catalanizar la terminación de la voz castellana, o de haber interrogado a un barcelonés, que, por no haber nunca vivido en el campo, ignorara el nombre de esta ave (*guat*[*l*]*la* en todo el territorio lingüístico), y se guiara por el modelo del cat. *perdiu* = cast. *perdiz*; pudo ayudar la existencia de un apellido catalán *Codorniu*[1], cuyo origen en realidad desconocemos, pero aunque venga de un representante preliterario de COTURNIX (*guatlla* es de uso constante en literatura desde el S. XIII), claro está que no puede invocarse como disculpa. La mitad de las formas catalanas citadas en esas encuestas de la *RDTP* no son menos disparatadas o inexactas, y creo que lo mismo ocurre con las formas de lengua vasca y gallega; habrá menos errores quizá en las zonas de lengua castellana, que es adonde alcanza la competencia del director responsable de ese «seminario de dialectología», pero lo observado en el catalán hace sospechar unos procedimientos de recolección de datos que no auguran nada bueno para el resto de España.

DERIV. *Guarnigón* 'pollo de codorniz' [Acad. 1884, no 1843], < *cuornigón* < *codornigón* (formado como *perdigón* de *perdiz*).

¹ Colón, *ZRPh.* LXXVIII, 71, cita dos casos aislados de cat. *codorniu* en autores valencianos de h. 1310 y 1418, pero son textos traducidos del latín: lo probable es que se trate de adaptaciones analógicas del latín, quizá apoyadas en una palabra aragonesa o mozárabe que circularía en Valencia; o a lo sumo —poco verosímil— un término local valenciano que pronto desapareció del uso.

Codorno, codorro, V. *codón   Codujo,* V. *cogulla   Coeficiencia, coeficiente,* V. *afecto   Coercer, coercible, coerción, coercitivo,* V. *ejercer   Coetáneo,* V. *edad   Coevo,* V. *evo   Coexistencia, coexistente, coexistir,* V. *existir.*

COFA, 'meseta colocada horizontalmente en lo alto de un mástil', del cat. *cófa* 'espuerta', 'cenacho', 'cofa', y éste del ár. *qúffa* 'espuerta', 'canasto', por comparación con el tejido de cuerdas que formaba las cofas de los navíos antiguos. *1.ª doc.:* 1745, Juan y Ulloa (en Jal); Terr.

Del mismo origen langued. *coufo* 'espuerta para poner los sedales de pesca' (Agde), it. merid. *cofa,* venec. *cofa,* Ragusa *kòfa* [S. XVI] (Deanović, *ARom.* XXI, 276); it. *còffa* 'espuerta para la galleta (en los barcos)' [princ. S. XVI, en traducción del portugués[1]: Zaccaria; 1614], 'cofa' [1813]. El punto de origen en Europa parecen ser las tierras catalanas, pues lo mismo en castellano[2] que en italiano el vocablo pertenece exclusivamente al lenguaje marino, mientras que en catalán se aplica a muchas clases de cenachos o espuertas: para transportar uvas, para sacar tierra, para guardar tapones o carbón, para el condumio del carretero, etc. (vid. Alcover), y ahí se documenta desde 1331[3]. Desde allí pasó también a oc. *coufo* 'espuerta para marinos' (Mistral) > fr. *couffe* [1723],

y a campid. *coffa* «corbello». Si en castellano fuese arabismo directo sorprendería la falta de aglutinación del artículo *al-,* hecho que es normal, en cambio, en el idioma vecino (*BDC* XXIV, 1)[1]. En árabe *qúffa* se halla, por lo menos desde el S. X, en autores españoles (Abenalcutía, Abenalauam, R. Martí, PAlc.°), pero hoy se emplea en el Irac (Dozy, *Suppl.* II, 382b) y figura en diccionarios del árabe clásico (Freytag, III, 478). Como la raíz árabe *q-f-f* tiene, entre otras, la ac. 'secar' (función primordial de las cofas), es difícil afirmar o negar el supuesto del *Diz. di Mar.* de que *qúffa* venga a su vez del gr. κόφινος, lat. *cophĭnus* 'cesta', aunque más bien parece ser palabra semítica.

DERIV. *Cofín,* 'cesto o canasto de esparto, mimbres o madera, para llevar frutas u otras cosas' [Nebr.; 1542, D. Graciän y otros autores de los SS. XVI-XVII en *Aut.,* que lo da como anticuado; comp. *cofina,* 1406-12, Clavijo; *cofino,* Jerónimo Gracián, † 1614], probablemente del cat. *cofí* 'cenacho, serón' [1284, *RLR* IV, 376], diminutivo del anterior, del cual procederán asimismo oc. ant. *cofin* [h. 1225, *Toma de Damieta*] > fr. *coffin* [S. XIII] > ingl. *coffin* 'cesto', 'caja', 'ataúd' [1303]; no es probable que venga del lat. COPHĬNUS citado arriba (como suele admitirse: Gamillscheg, *EWFS;* Bloch; *REW*)[6], en vista de la diferencia en la posición del acento, y de lo inverosímil que resultaría separar a *cofa* de su evidente diminutivo *cofín; encofinar.*

¹ Los diccionarios portugueses no registran el vocablo (Fig., Moraes).— ² En Santander designa además una arqueta de madera, empleada por los pescadores para llevar provisiones (G. Lomas).— ³ No es improbable que en Sicilia sea arabismo directo, pues allí *coffa* significa 'espuerta de palma para la aceituna molida', «sporta bùgnola» (Coray, *VKR* III, 220). Pero la ac. náutica es más probable que venga de un centro náutico, como lo era la Cataluña medieval.— ⁴ Existió un cast. *alcofa* 'espuerta' pero era voz muy rara, que el *DHist.* sólo documenta en el cordobés Barahona de Soto (h. 1590). Covarr. dice que es palabra portuguesa, y *Aut.,* sin fijarse en esta declaración, la recoge de este lexicógrafo, pero declarando que era «voz de ningún uso».— ⁵ Éste define «espuerta propria de esparto», «goja en que se cogen las espigas».— ⁶ Trataron también del origen del fr. *coffin* Gamillscheg en *ZRPh.* XL, 175, y Brüch, ibid. XLII, 226. No es oportuno citar a este propósito las glosas *cophinus* i. e. *canistra* y *cofinis* i. e. *scriniis,* del glosario de Reichenau y del Capitulare de Villis, pues claro está que ahí tenemos a los antecedentes del fr. *coffre* y no del fr. *coffin.*

Cofa, cofaina, V. *jofaina*

COFIA, del lat. tardío COFIA íd., de origen incierto, acaso germánico. *1.ª doc.: Cid.*

El lat. *cofia* aparéce en Venancio. Fortunato (h. 590). y en autores posteriores (también «*cufia* sive galerum» en un glosario, *CGL* V, 584.8, trasmitido en un códice del S. IX). Kluge, *ARom.* VI, 303, renuncia a buscarle origen germánico. Los datos histórico-culturales apuntan, sin embargo, en esta dirección. Frings (*FEW* II, 838a) se inclina a relacionar con ciertos vocablos bajo-alemanes y escandinavos que significan «schopf» ('copete', 'moño'), pero se trata de un significado bastante lejano. Las dificultades fonéticas para derivar del nombre común de la 'cofia' en germánico (alem. *haube* y su familia), son al parecer insuperables.: Para documentación castellana, vid. M. P., *Cid*, 581; Castro, *RFE* VIII, 340-1. De España pasaría al mozár. *qûfiya* «cappellus de lino» (R. Martí), mientras que el ár. afric. y orient. *kûfiya*, egipcio *'usqûfiya* (Simonet, s. v.), pueden venir de España o de Italia.

DERIV. *Cofiezuela. Escofiar, escofiado* [Covarr.], *escofieta* [fin del S. XVI, dos ejs. en *Aut.*]: derivados de la variante *escofia* (hoy usual en Cuba: Pichardo), para la cual vid. nota. Gall. *cofeta* 'cofia como papalina blanca que usan las señoras' (Sarm., *CaG.* 214v).

¹ Trataron también de COFIA Baist, *RF* I, 106-116, y Brüch, *ZRPh.* XXXVIII, 676. Quizá a pesar de todo deba considerarse al lat. tardío COFIA, CUFIA, como adaptación de un forma protogermánica *xûfô*, antecedente del germ. común *hûb-* (> alem. *haube*), indoeur. *kûp-*; esta forma protogermánica sería anterior a la acción de la Ley de Verner. La fricativa velar *x*, ajena al latín, habría sido transcrita por *c(h)-*. Siempre quedarían, de todos modos, la *u* breve latina (> *o*), y la *i* postónica por explicar. Es verdad que el influjo del gr. σχύφιον 'copita', 'cráneo', que evidentemente se deja sentir en el it. *scuffia*, cast. *escofia* [1552, 1595: *Aut.*], port. ant. *escoifa*, podría dar cuenta de ambos pormenores fonéticos.

Cofín, V. *cofa*   *Cofrada, cofrade, cofradero, cofradía*, V. *fraile*

COFRE, del fr. *coffre* íd., y éste del lat. CŌPHĬNUS 'cesta', tomado a su vez del gr. χόφινος íd. *1.ᵃ doc.*: h. 1400, Glos. de Palacio y del Escorial; Nebr.

En francés el vocablo es muy antiguo: ya se halla en Chrétien de Troyes (S. XII) y en textos anteriores. En el latín carlovingio aparece ya *cophinus* con el significado francés (*cophinis*, i. e. *scriniis*, es decir 'cajitas'). No es imposible que el catalán sirviera de intermediario entre el francés y el español, pues allí el vocablo ya aparece a fines del S. XIII (Desclot), y la primera documentación española es, hasta ahora, de procedencia aragonesa. El tratamiento fonético en francés no es anómalo, aunque la *-r-* < *-N-* podría ser indicio de una transmisión semiculta del vocablo (comp. *ordre*, anti-

guamente *órdene* < ORDĬNEM, junto a la forma enteramente popular *orne*)¹.

DERIV. *Cofrero. Encofrar, -ado. Cofrezillo* dimin. [*Canc.* de Baena, vid. W. Schmid].

¹ En nuestro caso la oposición con el de *Étienne* STEPHĂNUS quizá no puede darse como prueba de lo mismo, pues falta saber si el propio *Étienne* no viene del semicultismo arcaico *Estiévene* (> *Estieve* > ingl. *Steve*).

Cofrear, V. *fregar*.   *Cofrero*, V. *cofre*   *Cofuerzo*, V. *cogorza*   *Cogecha, cogecho*, V. *coger*

COGER, del lat. COLLĬGĔRE 'recoger', 'allegar', derivado de LĔGĔRE 'coger', 'escoger', 'leer'. *1.ᵃ doc.*: 1074 (Oelschl.; Cuervo, *Dicc.* II, 185a).

Para acepciones y construcciones, y para formas irregulares antiguas, vid. esta obra, pp. 177-85; Cej. VII, § 59. La forma arcaica de futuro y potencial *codré, codría*, se explica, como *medrar* < *mej(o)rar*, a base de una forma intermedia apocopada *cojdré* (con *d* epentética): en el ms. 8682 de la *Gral. Estoria, acoxdria* corresponde a la forma *acodrie* del ms. del S. XIV (citado por M. P., ed. del *Poema de Yúçuf, RABM*, 1902, lín. 337). El participio antiguo fué *collecho*, continuación fonética normal del lat. COLLĒCTUS: de ahí *escollecho* traduciendo el lat. *electus*, en la *Gral. Estoria* (*RFE* XXI, 16), las formas *coleydo* (¿léase *coleyto*?), *escolleyto, escolecho*, citadas por Cuervo en el *Fuero Juzgo*, etc.; ast. *acollechar* 'acorralar los. ganados' (V), cuya *-ll-* sólo corresponde a *-LL-* latina; posteriormente, por influencia de *coger, collecho* se cambió analógicamente en *cogecho*: así en el *Fuero Juzgo*; de ahí el sustantivo *cogecha* por 'cosecha' (Berceo, *Sacr.* 132), que finalmente cambió su *ž* en *s* sonora por disimilación². El antiguo presente de subjuntivo fué *cuelga* (Concilio leonés de 1267, *España Sagrada* XXXVI, 240), descendiente regular de CŌLLĬGAT, y por analogía de la vacilación entre esta forma y la analógica *coja*, nacieron las analógicas *tuelga, salga, valga* en lugar de las fonéticas **toja, *saja, *vaja* (TOLLĬAT, SALĬAT, VALĔAT).

Acs. raras: 'dar (un golpe)': «Lisón le *cogió* en descubierto del adarga un golpe por los pechos, tan bravo que le metió la lança por el cuerpo» (Pérez de Hita, ed. Blanchard, I, 11); 'dar cabida a': «para que allí fuessen allegadas las armas... Tanto llevaron, que la mezquita por grande que era ya no *cogía* más» (ibid., II, 7), de donde sale la vulgar moderna e intransitiva 'caber', que en gallego no es vulgarismo («na praza non *collía* unha agulla», Castelao 198.2f.). Para la perífrasis expletiva *cogió y* (p. ej. *cogió y se fué = se fué*), vid. Cuervo, *Ap.*, 7a. ed., p. 450.

En el sentido sexual *coger* es ya antiguo y fué corriente aun en España, vid. M. L. Wagner, *RFE* XX, 177, y A. Castro, *La Peculiaridad Ling. Rio-*

plat.; pero en América, donde esta ac. se ha afirmado más, ello ha sido causa, por razones de pudor, de la decadencia de *coger* en las demás acs., hasta el extremo de que en el Río de la Plata (también en otras zonas, como en Méjico, pero menos intensamente: *BDHA* IV, 49) se evita el uso de *coger* de manera sistemática, reemplazándolo por *agarrar* o *tomar*, y ocasionalmente *levantar*[3], *alzar*[4] y *atrapar*[5]; esta decadencia o desaparición total afecta asimismo a los derivados *acoger, recoger, escoger, encoger,* y aun al adjetivo independiente *cojo.*

DERIV. *Cogedera. Cogedero. Cogedizo. Cogedor* [*Rim. de Palacio,* 364] (*cullidor* 'recaudador' registrado como antiguo por la Acad. ya en 1843, será forma aragonesa). *Cogedura. Cogido. Cogida;* ast. *coyida* 'acción de recoger el trigo' (V). *Cogienda. Cogimiento.*

Cosecha [*cogecha:* Berceo; *cosecha,* Nebr., y según *Aut.* ya en las *Partidas* (?); hoy todavía *collecha* en Asturias, junto a *coyeta* (Boal: V., y *cogecha* en Burgos y Soria: Acad.; Cej. VII, § 59], antiguo participio pasivo femenino de *coger*[6], V. arriba para la explicación fonética[7]. Notable el uso de *cosecho* como participio en doc. asturiano de 1362, *son cosechas en uno* 'están reunidas', señalado por Pottier, *BHisp.* LVIII, 88 (cf. n. 6). *Cosechero* [*Aut.*], *cosechar* [ya Acad. 1884; ej. de Pereda en Pagés; ast. orient. *collechar,* en Rato; Colunga *acollechar* 'acorralar los ganados': *RFE* VII, 6]. Junto a las formas gallego-portuguesas *colher, colheita,* hubo probablemente un representante semiculto de COLLECTIO 'colección o acumulación (de pus)' > gall. **collicio* > *collizo* 'bulto, divieso' (Sarm. *CaG.* 103*v*).

Acoger[8] [*Cid*], vid. Cuervo, *Dicc.* I, 120-2; ast. *acoyer* 'dirigir las juntas de ganado vacuno cuando van uncidas' (V); *acogedizo, acogedor, acogeta, acogida, acogido, acogimiento.*

Antecoger [1613, Cervantes].

Descoger.

Encoger [Berceo][9], *encogido, encogimiento.*

Entrecoger [Nebr.], *entrecogedura* [íd.].

Escoger[10] [*Cid*]; *escogedor, escogida, escogido, escogiente, escogimiento* [Nebr.].

Recoger[11] [Nebr.], *recogedero, recogedor, recogida, recogido, recogimiento* [Nebr.; en la ac. religiosa es invención de los místicos españoles, ya en Fr. L. de Granada, 1554, y fué imitado en fr. *recueillement* [S. XVII] e it. *raccoglimento,* comp. *recoleto,* abajo].

Sobrecoger [*Aut.*], *sobrecogedor, sobrecogimiento.*

Colegir [Santillana], vid. Cuervo, *Dicc.* II, 190-2, duplicado culto de *coger,* con paso de 'recoger' a 'relacionar' y 'deducir'.

Los siguientes son derivados cultos del lat. *colligere. Colección* [1573: Mármol], de *collectio, -ōnis,* íd.; *coleccionista, coleccionar* [ya Acad. 1884], *coleccionador. Colecta* [1553, Azpilcueta], de *collecta* neutro plural del participio *collectus* de

colligere; colectar [Covarr.], *colectación. Colectánea,* neutro plural del adjetivo *collectaneus* 'colecticio'. *Colecticio,* de *collecticius* íd. *Colectivo* [APal., *collectivo,* 90*d,* como término gramatical; *Aut.* sólo admite todavía *colectivamente*]; *colectividad; colectivismo, colectivista. Colector,* de *collector, -ōris,* íd.; *colecturía.*

Recolegir. Recolección [Tostado, † 1455]; *recolectar, recolector. Recoleto* [Rivadeneira, † 1611], del b. lat. *recollectus* íd., participio de *recolligere* 'recoger'.

CPT. *Recogeabuelos.*

[1] Es sabido que la forma intermedia fué *collyer,* que evolucionó como FILIUS > *hijo.* Como es lógico, el aragonés tenía *coller* y el leonés *coyer;* vid. ejs. en Cuervo, y *collir* en el aragonés del *Cronicón Villarense* (h. 1210): *BRAE* VI, 205; ast. *coyer* 'recoger los frutos de la tierra', frente al castellanismo *coxer* 'agarrar' (V).— [2] La *j* castellana procedente de LI fué siempre fricativa, nunca africada como lo había sido la *j* procedente de J o G[e], I latinas; de ahí que el resultado de la disimilación fuese una *s* sonora fricativa. De la misma manera *dárgelo, dángelo* y formas análogas se cambiaron en *dárselo, dánselo* (con *s* sonora), paralelamente al cambio de *espargir, rengilla,* en *esparzir, renzilla,* con la africada correspondiente (desde estos casos se generalizó la forma *se lo,* etc., en vez del antiguo *gelo* procedente de *lyelo* (IL)LI ILLUM).— [3] *Levantar puntos de media; levantar con el camión a los que esperan en el camino; levantar la cosecha,* en ambos casos sustituyendo a *recoger.*— [4] En los mismos casos, pero no tan frecuente.— [5] *Me atrapé los dedos en la puerta; los ejércitos enemigos atrapados entre los batallones atacantes.*— [6] En ejemplos tardíos asturianos *cosecho, -a* aparecen todavía con valor de participios, como dos que señala el prof. Pensado, en un documento de Cornellana de 1395, donde el vocablo parece influído en su sentido por el verbo *coser* (*fuellas cosechas en uno* 'cogidas' casi 'cosidas'; *Symposium sobre Cultura Ast.,* 1967, 358). Desde luego no hay que pensar en un participio de *coser,* pues en éste no se explicaría una forma en -ECTU.— [7] Es sorprendente que Malkiel (*Language* XXIII, 1947, 389-98) se empeñe en ver un problema en el cambio fonético de *cogecha* en *cosecha,* que él quiere explicar por contaminación con un **sechar* procedente del lat. vg. **SECTARE* 'cortar'. En realidad, dudo que ningún romanista vea hoy la existencia de tal problema, aunque pudiera creerse así en tiempos de Monlau o de Diez, a los que cita el Sr. Malkiel.— [8] Derivado común con muchos romances: port. *acolher,* cat. *acollir,* fr. *accueillir,* it. *accogliere,* etc.— [9] También port. *encolher,* pero el cat. *encongir* es castellanismo, si bien ya antiguo.— [10] También port. *escolher* y cat. *escollir* (no conozco ejs. antiguos); en el Rosellón se sustituye por *llestar,* y en el Principado *triar* es más

popular). Variante cast. ant. *ascoger*, en A. Obregón, 1532.— [11] Común con casi todos los romances: port. *recolher*, cat. *recollir*, oc. *recolhir*, fr. *recueillir*, it. *raccogliere*. Y es ya latino *recolligere* íd.

Cogitabundo, cogitación, cogitar, cogitativo, V. *cuidar   Cognación, cognado, cognaticio*, V. *cuñado   Cognición*, V. *conocer   Cognombre, cognomento, cognominar*, V. *nombre   Cognoscible, cognoscitivo*, V. *conocer   Cogolmar*, V. *colmar   Cogolla, cogollero, cogollo*, V. *cogulla   Cogombradura, cogombro*, V. *cohombro*

COGORZA, vulg., 'borrachera', de un antiguo verbo · *cohorzar* 'celebrar un banquete fúnebre', procedente del lat. vg. CONFORTIARE 'confortar, consolar' derivado de FŎRTIS 'fuerte'. *1.ª doc.*: *cogorça*, sin definición, 1475, G. de Segovia (p. 88); no vuelve a aparecer hasta las eds. recientes de la Acad. (falta aún 1899).

Me llama la atención don Américo Castro acerca del origen de este vulgarismo. García de Diego, *Contr.* § 127, ya indicó que del citado verbo latino procede el cast. ant. *cogüerzo* 'convite fúnebre' (Acad., falta aún 1899), que él documenta en la forma *confuerço* íd. en las Cortes de 1258, y que en otros textos aparece en otras variantes: *cofuerço* en la Biblia de Arragel (1430: M. Goyri de M. P., *RFE* II, 35), *cogüerço* en G. de Segovia (*l. c.*). *Confuerço* en el sentido de 'ánimo, aliento, apoyo moral' aparece en la *1.ª Crón. Gral.*, cap. 1069. CONFORTIARE figura en la Ítala y en un glosario (*CGL* II, 108.26). Desde luego *cogorza* no puede venir de CUCURBITA 'calabaza' (*GdDD*, s. v.), que no explicaría la *-z-* (el «ast. *cogorza* calabaza» no se halla en ningún vocabulario). Para *cogüerzo*, como nombre de animal, vid. *ESCUERZO*.

COGOTE, palabra emparentada con oc. *cogòt*, cat. ant. *coc*, íd., probablemente voces derivadas de *coca* 'cabeza' y su familia (V. *COCO* I), de creación expresiva. *1.ª doc.*: APal., 75b, 320b; Nebr.

Cogote se halla también en Espinel (1591), en Góngora, en el *Quijote*, etc. La variànte *cocote* se lee ya en varios autores de fines del S. XVI y comienzos del XVII (Díaz del Castillo, Juan de Torres, López de Úbeda, Villaviciosa), y Covarr. y *Aut.* la dan como forma básica, fundándose en razonamientos etimológicos, si bien reconociendo que *cogote* es más usual; hoy se dice *cocote* en Aragón, Vizcaya, Santander, León, Murcia, Cuba, Santo Domingo, Colombia, etc.; en Sajambre es 'la coronilla de la cabeza' (Fdz. Gonzz., *Oseja*, 233) ac. etimológica. Por el Noroeste, el vocablo castellano penetra ligeramente en el territorio gallegoportugués (donde, por lo demás, se dice *cachaço, pescoço*): Ervedosa-do-Douro *kękóte*

'nuca' (*RL* XXVII, 109), trasm. *cocote, cocota, quecote, quetote* íd. (*RL* XIII, 115, 122), gall. del Limia *cocǫte* 'mollera' (*VKR* XI, glos.). Por el Este, es voz ajena al catalán de España[1], pero a través del vasco su área se continúa por el Sur de Francia: vasco vizc. *kokot*, a. nav. y guip. *kokote*, a. nav. *kokots* 'cogote'[2]; bearn. *coucòt* 'cogote', La Teste, Arán *cougòt* íd., cat. de Francia *cogòt* (Rosellón, Vallespir, Conflent, Montlluís: Grandó, *Misc. Fabra*, 185; *ALF, Suppl.*, s. v. *occiput*; *RF* XIV, 426), auvern. *cougot*, rodanés *cocot*, Delfinado *coucouei, coucouet*, lemos. *cougouei*, perig. *cagouen* (Mistral, s. v. *cougot*). En la lengua de Oc *cogot* es ya antiguo, pues se conocen varios ejs. medievales, entre ellos dos de la 1.ª mitad del S. XIII (en Daudè de Pradas, y en el *roman* narbonés de *Philomena*).

Acerca de la etimología, la idea de Covarr. de que *cogote ~ cocote* era derivado de *cocc* 'cabeza' y su familia expresiva, fué aceptada por Diez, *Wb.*, 102, quien amplió acertadamente la idea incluyendo en ella al fr. *coque, coquille*, 'cáscara', del cual el cast. *coca* sería aplicación figurada; Schuchardt, *Roman. Etym.* II, 23 se atuvo a la misma etimología, si bien considerando que el punto de partida estaba en COCHLEA 'concha', tal vez cruzado con COCCUM 'grano', 'fruto'.

M-L., *REW* 2370, seguido por Wartburg (*FEW* II, 1461), se apartó desafortunadamente de este camino: para él oc. *cogot* sería un acusativo analógico sacado del caso sujeto *cogotz*, que procedería del lat. tardío CUCUTIUM 'especie de capucho'[3], mientras que en castellano *cogote* sería provenzalismo. A. Alonso y A. Rosenblat, *BDHA* I, 161-2, hacen notar la inverosimilitud de un préstamo en palabra de tal significado; en verdad este obstáculo, por sí solo sería ya insuperable, aunque el vocablo no faltara casi totalmente al catalán, intermediario normal entre la lengua de Oc y el castellano[4].

Pero además la idea es inaceptable ya desde el punto de vista galorrománico, por varias razones: 1.º, no es cierto que oc. *cogot* tenga *o* cerrada, aunque así lo indique erróneamente el *Petit Dictionnaire* de Levy: las formas modernas indican *o* abierta[5], y la única rima antigua concuerda con ellas (va con *desnọt* en Daudè de Pradas); 2.º, el cambio semántico sería difícil de comprender[6], a pesar del fr. medio *cah(o)uet* 'capucho', señalado por Thomas[7]; 3.º, es verdad que logud. *cuguttu* y venec. ant. *cogoço* indican claramente una base fonética CŪCŬTIUM, pero estas palabras, que constituyeron el punto de partida de la etimología de M-L, no tienen el significado de 'cogote' que este autor les atribuye, sin duda por confusión[8]. 4.º Existe un grupo numeroso de vocablos romances que de ninguna manera pueden venir de CUCUTIUM, pero su parentesco con *cogote* es evidente: Bierzo *cocaracha(s)* 'cogote' (Fz. Morales), ast. occid. *cocorote* (Acevedo), cat. ant. *coc* íd. (frecuente en R. Lulio, vid. Alcover), Pézénas *coucougnou*, Poitou, Saintonge, Centro de Francia, Yonne *cagouet* (o *ch-*, o *g-*) (Zauner, *RF XIV*, 426), Berry *cacouet* (Sainéan, *Sources Indig.*, I, 151), Pas-de-Calais *kakẅé*, *kakü̈s* (*ALF, Suppl.*), Lucca *cucutiella*[9], alb. *kokẹ* (Schuchardt, *l. c.*), sic. ant. *cicoctula* o *coza* [1500, *ZRPh.* XLII, 92], todos ellos con el significado de 'cogote', sin hablar de otros, de significado algo diferente, pero próximo aún, como el ast. *cucuruta*, *cocorota* 'coronilla de la cabeza' (Rato), Ferrara *cucugnol* íd., it. *cocuzzolo* íd. (y demás citados por Schuchardt)[10]. Es evidente que la terminación y aun el radical de estas formas sugiere un étimo muy diferente de CUCUTIUM, y, por otra parte, la vacilación en el radical (*coc-*, *cog-*, *cac-*, *cag-*)[11] está muy conforme con la pertenencia de nuestro vocablo a la raíz expresiva e infantil de *coca* 'cabeza', 'cáscara', 'objeto esférico': el paso de 'cabeza' a 'cogote' estaría expresado por el sufijo (*-ote*, *-ouen*, *-ougnou*, etc.) o por la terminación masculina (en *coc*)[12].

Ahí, y en especial afinidad con el cat. ant. *coc* 'cogote' (S. XIII), rom. **cociu* íd. (de donde *pescuezo*), Bierzo *cocaracha*, ast. occ. *cocorote*, oc. *cogotz* 'cogote', cast. dial. *coca* 'cabeza', Viana-do-Castelo *cutra* 'nuca', hay que poner el inexplicable portugués *caluga* 'cachaço do porco', gall. *caluga* 'nuca, cogote' (F. J. Rodríguez, Vall., *DAcG.*, etc.), que saldrán de una combinación de aquel tipo con el cast. dialectal *nucla* (Murcia, Albacete, y *desnuclarse*), procedente del ár. *nuqra*, b. lat. *nocra* 'hoyo, cogote' (vid. NUCA), de donde **cugla >* **cluga* y la anaptixis que era forzosa en esta combinación en gallego-portugués; *caluga*, por otra parte, bajo el influjo de los sinónimos *tozuelo* y *testuz* se convirtió en gall. *taluga* '(cada uno de) los dos sitios colaterales del pescuezo, debajo de la nuca' (Sarm. *CaG.* 218*v*; Vall.) que se extiende hasta el port. minhoto de Arcos de Valdevez (más datos en Pensado, *o. c.*, pp. 146-147). Hay todavía contactos locales, al menos fonéticos y de refuerzo, con el probable germanismo gall. *brouca* ('maza', 'mazo', 'nuca') 'cachaza, holgazanería' y *broucar* (V. BLOQUE), y meramente formal con un gallego local *calugas* 'rubores' y *calugado* 'colorado', será producto de un cruce de una forma culta *colorado* con otra popular *co(g)orado* metatizada en *carugado* (Apéndice a Eladio Rdz.).

En cuanto a la cuestión suscitada por Alonso y Rosenblat, de si la forma primitiva es *cogote*[13] o *cocote*, no es posible ni necesario resolverla decisivamente, pues si *cogote* podría deberse a contaminación de *cogulla*, y viceversa *cocote* se explica muy bien como forma secundaria debida al sentimiento de una reduplicación (vid. *cocorniz < cogorniz* 'codorniz', y los casos análogos que cito en *AILC* I, 137), lo más probable es que estemos ante una palabra muy antigua ya en el idioma, que en parte cambió la *-c-* intervocálica, al mismo tiempo que se debilitaban todas las oclusivas sordas, y en parte conservó o restableció aquel fonema en virtud de aquel sentimiento.

DERIV. *Cocota* 'cogotera' ant. (Acad.). *Cogotazo*. *Cogotera*. *Cogotillo*. *Cogotudo*. *Acogotar* [*acocotar*, 1613, Cervantes; *acogotar*, S. XVIII]; ast. *acollotar* 'apercollar' (V), por cruce con esta palabra; *acogotadero* [*acocotadero*: Vargas Machuca].

[1] Carece de base la tentativa de Montoliu (*BDC* III, 44) para derivar el cat. *clotell*, *clatell*, de *cogote*. Se trata de un diminutivo de *clot* 'hoyo', comp. b. arag. *hoyeta* 'nuca' (López-Valenzuela). — [2] Esta última forma significa otras cosas en otros dialectos: 'hocico, mentón', 'cabeza, inteligencia', 'cuello de camisa', etc. Comp. vizc. *kukutz* 'cumbre, cima', *kukuts* 'moña o cabezuela del lino', 'pedúnculo del trompo', 'bellota', 'cresta' (Azkue), y vizc. *okotz* 'hocico, barba, barbadilla' que muestra pérdida de K-, y por tanto antigüedad de la palabra en parte de los dialectos vascos. El contacto con *ao* 'boca' puede explicar la ac. 'hocico'. — [3] En la 3.ª ed. de su libro modificó secundariamente la idea en el sentido de que la sustitución de -UTIUM por -*ot* se debería a cambio de sufijo, obedeciendo a una sugestión de Antoine Thomas (*Rom.* XLI, 454). — [4] Indudablemente, el sinónimo *colodrillo* se documenta desde algo antes que *cogote*, y hay otros cuasisinónimos aún más antiguos (*cerviz*, *pescuezo*), pero es frecuente que existan varias expresiones concurrentes para designar la zona amplia que va desde la nuca hasta la parte posterior de la cabeza. Tampoco debemos dar demasiada importancia, dado lo incompleto de las fuentes lexicográficas existentes, a la diferencia de 250 años que media entre la aparición del vocablo en lengua de Oc y en castellano, pues no se trata de una idea que aparezca fácilmente en géneros como la épica, la historia y la didáctica, que predominan en la Edad Media castellana. — [5] Todas, incluso las que Wartburg nota con *ǫ*. Una *ǫ* da *ú* en estos dialectos. — [6] CUCUTIUM es palabra poco frecuente (*Historia Augusta*, S. IV). En el Dioscórides lombardo del S. VI significa 'prepucio', donde se parte también de la idea de 'capucho'. — [7] Nadie se refiere a cómo se habría producido el tránsito semántico. Spitzer, *Litbl.* XL, 177, trata de apoyarlo diciendo que el diptongo *au* del alem. *haupt* 'cabeza' se debería a contaminación por *haube* 'cofia'. Pero esto es imposible, ya que el diptongo de *haupt*, gót. *haubiþ* (vid. Kluge), es anterior en muchos siglos al de *haube < húba*. — [8] M. L. Wagner, *ARom.* XIX, 5-6, cuya autoridad es concluyente en la materia, observa que el sardo *cuguttu* no significó jamás 'cogote', sino 'cofia'; también Guarnerio, *KJRPh.* XI, i, 176, lo define como 'capucho'. Aquí tendremos, pues, el único representante seguro de CUCUTIUM. En cuanto al supuesto venec. ant. *cogoço* no lo hallo en el significado de 'cogote' en Boerio ni en los varios glosarios del veneciano antiguo que están

a mi alcance: Donati, Ulrich (*Rom.* XIII), Tobler (*ZRPh.* IX), Ascoli (*AGI* III, 283; X, 225) y los dos de Ugo Levi. Lo único que se halla es *cogoço* 'cornudo' (= cat. ant. *cuguç*, oc. ant. *cogos*), *ZRPh.* IX, 325, vocablo que nada tiene que ver con esto. Es verdad que existen otras fuentes aún, pero la presunción de que hay aquí una de las frecuentes confusiones de M-L. es evidentemente fundada. El mapa *la nuca* del *AIS* no trae nada análogo a *cogoço*, a no ser la forma *kogóttsa*, del punto 575 (Umbria), por lo demás, completamente aislada. Como se halla en la intersección del área de los tipos *kokolla* y *kotottso*, debe de tratarse de una contaminación de los dos. El desaliño de M-L. en la cita de sus fuentes es proverbial. Pero no sin cierta estupefacción, notamos que aquí le ha imitado Wartburg al citar un napol. *cocozza* y un anconitano *cucuzza*, que significarían 'cogote'. No hay tal significado, sino solamente 'cabeza' (V. los vocabularios de Spotti, los *Filopatridi*, etc.), y se trata naturalmente de una ac. figurada del it. *cucuzza* 'calabaza', de otro origen (lat. CUCUTIA). Lo mismo dice, naturalmente, Jordan, en el artículo que cita Wartburg (*ZRPh.* XLII, 537).— [9] Claro que si éste viniese de CUCUTIUM no habría podido conservar TJ. Como explica Salvioni (*AGI* XVI, 439), ha de venir de *cucutichella*.— [10] El antiguo *cocuyuelo*, empleado por Villasandino (*Canc. de Baena*, 128), que según el Marqués de Pidal sería 'cerviz', pero quizá signifique más bien 'coronilla', parece ser CUCULLIOLUM, vid. *COGULLA*.— [11] Todavía tendríamos otras variantes si Viana-do-Castelo *cutra* 'nuca' (*RL* XXVIII, 270), valdés *kutu(y)et*, Umbria, Lacio septentr. *kototso*, y por otra parte sic. *kottsu*, Campania, Apulia *kuttsett(u)* (vid. *AIS*), pertenecieran a la misma familia.— [12] También podría pensarse en que *cogote* y congéneres designaran primero la protuberancia occipital, de forma redondeada.— [13] De donde la forma asimilada *gogote* de Nuevo Méjico, Méjico, Nicaragua y Costa Rica.

COGUCHO, 'especie de azúcar de la más baja calidad, que se saca de los ingenios', origen incierto. *1.ª doc.*: 1681, *Recopilación de Indias*; *Aut.*

¿Quizá asimilación de **cagucho*, comp. *cagafierro*, 'escoria', *cagarrache* 'mozo que lava la aceituna', Zacatecas *caguillas* 'tacaño, avaro' (Malaret, *Supl.*), etc? Vid. *CAGAR*.

Cogüerzo, V. *cogorza*   *Cogujada, cogujón*, V. *cogulla*

COGULLA, del lat. tardío CŬCULLA 'capucho', 'capa con capucho', probablemente semicultismo. *1.ª doc.*: Berceo, *Mil.* 560c.

Es frecuente la variante asimilada *cugulla* (Nebr.: «*cugulla* de hábito de fraile: cuculla», «*cugulla* como capilla: cucullus»; *cugula* en el *Libro de*

los Gatos, ed. Rivad. LI, 548). Igual vocalismo en port. *cogula*; cat. *cogulla*[1], mientras que el de it. *cocolla*, fr. *coule*, *cagoule*, oc. *cogola* (junto a *cogula*) corresponden regularmente al vocalismo latino -ŬLLA. Probablemente las formas hispánicas son semicultismos monacales, aunque *CASULLA* y *CAPULLO*, que tomaron la terminación de nuestro vocablo, muestran que esta forma ya es antigua; pero el masculino *cogollo* tiene ó aun en la Península. Hay además una variante con dilación o más culta *cuculla* [1542, *Carro de las Donas*]. De aquí el cat. *cucurulla* (o *cucurull*), cuya sílaba -*ru*- se debe al fenómeno de fonética expresiva que en el alemán se ha llamado «Zerdehnung» y que podríamos denominar ampliación consonántica. De una forma castellana correspondiente saldría *cucurucho*, 'capirote de penitente' [Quevedo], 'papel revuelto, rematado en punta por un lado y ancho por la boca, para llevar mercancías' [*Aut.*], con cambio de sufijo, ayudado quizá por el influjo del sinónimo *corocha*.

DERIV. *Cogullada* 'papada del puerco'. *Cogujón* 'ángulo de colchón, almohada u otro objeto cuadrado semejante' [*cugujón*, Nebr.], del lat. CUCULLIO, -ŌNIS, 'capucho', derivado de CUCULLUS íd., porque termina en punta como el capucho[2]. *Cogujada* [*cugujada*, h. 1400: *Glos.* del Escorial; Nebr.; Laguna; *cogujada*, Covarr., y ya Nebr., s. v. *copada*], del lat. vg. **CUCULLIATA*, femenino del lat. CUCULLATUS 'provisto de capucho', con influjo de CUCULLIO, por alusión al moño o copete que distingue a la cogujada de los demás tipos de alondra, comp. cat. *cogullada* (-*uiada*), oc. *couquilhado*, sic. *cucugghiata* íd.

Cogollo 'cima del pino', 'brote de árbol u otra planta' [Nebr.], 'lo interior y más apretado de la lechuga, berza y otras hortalizas' [h. 1400, *Glos.* del Escorial], del lat. CŬCŬLLUS 'capucho' (forma masculina y clásica correspondiente a CUCULLA), por comparación de forma con el remate o brote de una planta; la forma vulgar *cohollo* (hoy muy extendida dialectalmente, p. ej. en Cuba: Pichardo, p. 81; *cobollo* en Tucumán: Carrizo, *Canc.*, glos.) se halla ya en el *G. de Alfarache* (Cl. C. I, 128.18, IV, 154.1); otras acs. secundarias: 'cabeza de una persona' (más bien que 'cuello' o 'cogote'), como expresión pintoresca, en Tirso, *El Vergonzoso* I, 787; 'remate de un poema', muy frecuente en la poesía popular argentina (Draghi, *Cánc. Cuyano*, 96, 138 y passim; comp. análogamente *capullito*, ibid., p. 289); port. *cogulo*, gall. *cugulo*, 'colmo, la parte del grano que desborda de una medida' 'demasía'; vco. ronc. y salac. *kukil* 'cima (de monte)' 'cresta (de gallo)', *kukula* 'copa de árbol'; gallego *acugular* («os vellos amigos *acugulaban* o peirán da ribeira», Castelao, 207.10, -*larse* 219.7, y *acugulado* 'colmo' 49.27, 62.1, 64.13, 213.1f., 280.21); *acubular* 'abarrotar', *acubulo* 'abarrote' (Irmand. de Fala, *Voc. Gall.-Cast.*); de un enlace de *acugular* con *colmar* sale *cogolmar* (V. allí). *Cogollero, acogollar, encogollarse.*

¹ El cat. *cogula* 'cizaña', que el *REW* 2356 confunde con nuestro vocablo, viene en realidad de CUCŬLUS 'cuclillo'.— ² En Aragón se emplea una variante fonética *codujón*, ultracorrección de la pronunciación vulgar *coují*ón*. De *codujón* se sacó, como derivado regresivo, *codujo* 'persona de poca estatura', 'muchacho'.

COHECHAR, 'sobornar, corromper a un funcionario público', del lat. vg. *CONFECTARE 'acabar', 'negociar', frecuentativo del lat. CONFĬCĔRE íd. 1.ª doc.: *confeitarse*, en fueros leoneses de 1209 (*PMH, Leges* I, 863, 909).

En estos fueros de Castel Rodrigo y Castello Melhor, procedentes de la frontera lingüística luso-leonesa, el vocablo significa 'entrar en conciliación', 'hacer un arreglo con el adversario': «lidiadores depoys que forem armados e ena eglesia *se confeitaren* den medio morabitino... e si *se confeitaren* ambos, peytem estos morabitinos» (cita de Cortesão, *Subsídios*), comp. «*cohecho*: decisio» (es decir, 'transacción, arreglo de un asunto') y «*cohechar*: decido», ambos en Nebr. También *confechar* es 'poner de acuerdo' en el Fuero de Usagre y *confecho* 'acuerdo' en el de Plasencia (Cej., *Voc.*). En el fuero de Avilés *confecta* (*confecha* en el pasaje correspondiente del fuero de Oviedo) es ya 'pago ilícito que exige un funcionario': «si él diz 'Non daré fidiador', intr'el maiorino per peinos... E si·l maiorino, per alguna *confecta* apretal [= *apretar*, es decir, 'sacar a la fuerza'], non quesierit dare directo [= derecho], faga testigos e esca fora pindrare» (ed. Fz. Guerra, p. 118). Y en las Cortes de Burgos de 1315 *conffechar con* (un funcionario) es 'pagarle una cantidad ilícita': «los adelantados e los merinos ffazen muy grandes moradas en las villas e en los logares... ffasta que han de *conffechar con* ellos porque sse vayan dende» (variante *coechar* en la copia de la misma disposición enviada al concejo de Ledesma).

Se trata probablemente de la ac. de CONFĬCĔRE (participio CONFECTUS) 'finiquitar un asunto, arreglarlo', que hallamos en Cicerón y en otros: *conficere cum aliquo de aliqua re* (*Fam.* 7, 2, 1; *Att.*, 12, 19, 1); y de donde procede *confector negotiorum* 'procurador, apoderado' (*Verr.*, 2, 108). De la idea de 'hacer transacción, hacer un arreglo', aplicado a un funcionario, se pasó fácilmente a 'dejarse sobornar'. Se decía mucho de los recaudadores de contribuciones que hacían con el pechero un arreglo favorable a sus intereses particulares, como dice la Muerte en su *Danza* a uno de ellos: «Andad acá luego syn más tardar, / Pagad los *cohechos* que ave[de]s levado, / Pues que vuestra vida fue en trabajar / cómo robariedes al ome cuytado» (v. 530); de ahí *cohecho* 'exacción ilícita': «Tan bien entran en la danza / Casados

como solteros; / A pobres y caballeros / Igualmente los alcanza / este pecho... / Y todos, cuál más, cual menos, / le pagan este *cohecho*» (cita de Castillejo, en Cuervo, *Ap.* § 129)¹, texto que aclara con la definición de Oudin «*cohecho*: concussion, deniers mal prins par le Juge ou autre personne de Justice, exaction injuste, subornement» (íd. Percivale). Recuérdese que *cohechar* llevaba antiguamente como sujeto al funcionario que se dejaba corromper, según nota la Academia², y de ahí que *cohechador* se aplicara al juez o funcionario corrompido (en la *Crónica de Juan II*, y en la *Historia Imperial* de Pero Mejía, ejs. de *Aut.*), es decir, propiamente, al que negociaba y transigía con su obligación en lugar de cumplirla estrictamente. El cambio de sujeto y paso a 'sobornar (a un funcionario)' es secundario y la ac. 'obligar, forzar', que por lo demás sólo está documentada en Nebr. («*cohechar*: cogo») y es dudosa, lo es aún más. Luego ha de desecharse la etimología COACTARE 'forzar' de la Acad. La ac. agrícola 'dar a la tierra la última vuelta, después de sembrarla', documentada desde Nebr., Diego Gracián (1542) y Covarr., parece proceder independientemente de la general latina 'terminar, acabar' (*confechar* también significó 'preparar, adobar (pieles)' en el *Fuero de Plasencia*: G. de Diego); en vista del ast. *conyechar* 'componer la tierra recién sembrada, destripando los terrones y extrayendo o quemando malezas' (R), podría pensarse que venga del lat. CONJECTARE 'echar juntamente', pero puede ser errata, pues Vigón da *confechar* con la misma definición y lo confirma Canellada. La buena etimología fué ya indicada, aunque sin acertar con la verdadera filiación semántica, por A. Castro, *RFE* VI, 340; y G. de Diego, *Contr.*, § 125 (M-L., *REW* 2130, limitaba esta etimología a la ac. agrícola).

Los demás romances no poseen una palabra correspondiente —al menos en sentido algo vecino— ni siquiera los más afines: cat. *confitar* y port. *confeitar* 'hacer dulce o compota', que en Portugal, por el camino de lo figurado, llega sólo hasta 'endulzar para engañar, disimular'; el gall. *cochear* 'sobornar' es castellanismo con metátesis y ya arraigado en tiempo de Sarm. (*CaG.* 183v).

DERIV. *Cohecha. Cohechador. Cohechamiento. Cohechazón* [Nebr.]. *Cohecho* [V. arriba].

¹ Comprendido así este ej., quedamos muy lejos del b. lat. *conjectus* 'tributo, escote', y de CONJECTARE, de los cuales este autor quería derivar el cast. *cohecho* y *cohechar*.— ² En el *Rim. de Palacio* 216c se dice que los *perlados cohechan los sus subditos*, es decir, les sacan dinero. *Cohecho* allí mismo 361b, 620d, 1288c.

COHÉN, 'sacerdote judío', del hebr. *kohén* íd. 1.ª doc.: h. 1400, *Canc. de Baena*.

Esta palabra sólo está documentada en judeo-español y con el significado que indico (p. ej. en el dialecto sefardí de Marruecos: Benoliel, *BRAE* XV, 214; y en los dos pasajes del *Canc.* de Baena que cita Eguílaz, uno de ellos con el plural hebreo *coenim*). La admitió la Acad. en el siglo pasado [1884, falta aún 1843] con las dos acs. 'adivino, hechicero' y 'alcahuete', y sin calificación dialectal ni cronológica alguna; pero no existe ninguna fuente conocida que confirme la existencia de estos significados en castellano. El primero de ellos se considera ser el significado prehistórico y etimológico (pero no el real) de la voz hebraica, a juzgar por el ár. *kahin* 'adivino, profeta', emparentado con la misma, vid. *Jüdisches Lexikon*, s. v. *priest*[1]. Del segundo no hay confirmación alguna (de existir pudiera tratarse de una variante fonética de la voz *alcahuete*, de origen arábigo).

[1] La base que tendría en cuenta la Acad. para atribuir este significado a *cohén* es una nota del editor del *Cancionero de Obras de Burlas*, Madrid, 1841, relativa a un pasaje de una poesía anónima (p. 94), donde el autor hace hablar al caballo del famoso poeta hebreo Antón de Montoro (S. XV) tratándole de «malvado *cohén*, judío, zafio, logrero», al quejarse de su mezquindad (rima con *rehén* y con *bien*). Es una forma indirecta de llamarle 'avaro' o 'judío'. Nada hay en el texto de la poesía que indique para este personaje la calidad de adivino, pero el editor creyó del caso lucir su erudición manifestando que *cohén* había significado tal cosa.

Coherencia, coherente, V. *adherir*   *Cohermano*, V. *hermano*   *Cohesión, cohesivo, cohesor*, V. *adherir*

COHETE, origen incierto, probablemente del cat. *coet* íd., derivado del cat. ant. *coa* 'cola' (hoy *cua*) o de su equivalencia mozárabe. *1.ª doc.*: 1488, invent. arag., *BRAE* IX, 126, 131[1].

Carolina Michaëlis, *Jahrb. f. roman. u. engl. Lit.* XIII, 209, sugirió que el cast. *cohete* es metátesis del port. *foguete* íd. (también gallego: «un feixe de *foguetes*», Castelao 198.1f.), a su vez diminutivo de *fogo* 'fuego'; en apoyo de su idea alegaba los significados figurados que ha tomado el vocablo en el idioma vecino, 'reprimenda severa', 'reprensión', *fogueteiro* 'persona arrojada e impetuosa' (V. otros en Fig.). Sin embargo, esta riqueza semántica no basta para demostrar una mayor antigüedad de la palabra portuguesa, pues tales acs. se hallan también en España: *cohete* u *olla de cohetes* 'grave riesgo, sumo peligro' y la de *encohetado* que cito en nota. No hay, que yo sepa, testimonios del port. *foguete* anteriores a fines del siglo XVIII (Moraes)[2], mientras que el vocablo castellano se halla abundantemente desde el XVI (Torres Naharro, 1517; Calvete de Estrella, 1552; Sta. Teresa de Jesús; y otros en *Aut.*; Covarr., Oudin)[3]. Y la metátesis que admitió la Sra. Michaëlis tropieza con la grave dificultad fonética de

que *foguete* hubiera dado *gofete* o a la sumo *gohete*, pero no se explicaría la c- inicial. La idea sólo sería defendible admitiendo la existencia de una forma mozár. *foként* > *kofét*, y aun así sería sorprendente que al castellanizarse esta palabra se hubiera cambiado la *f* en *h*, puesto que ya nada en su forma mostraba la relación con *fuego*, y una -*f*- intervocálica era posible en español; sobre todo no hallamos el menor punto de apoyo para esta hipótesis en nuestras fuentes mozárabes.

Por otra parte, M-L., *REW* 1774, consideró el port. *foguete* como metátesis de *cofete* y éste como procedente del cast. *cohete*, tomado del cat. *coet* 'cohete', que a su vez vendría del fr. *coué* 'rabudo, provisto de cola', punto de vista diametralmente opuesto al anterior, en cuanto supone que la migración del vocablo dentro de la Península Ibérica se produjo desde el extremo Este al extremo Oeste y no al revés. En lo concerniente a esta migración interhispánica, hay fuertes argumentos que hablan en favor del punto de vista de M-L.: 1.º El cronológico. Es verdad que el dicc. Alcover no da ejs. del cat. *coet* anteriores al siglo XVIII, y que de ahí infiere Moll que este vocablo debe proceder del castellano; pero este erudito olvidó que Ag. lo había señalado en el dicc. de J. Esteve, impreso en 1489, y que por lo tanto ha de reflejar un estado de lengua anterior por lo menos en algunos años. En consecuencia, los datos filológicos indicarían que el vocablo apareció primero en catalán; después en español, pero aquí se halla en Aragón 25 años antes que en Castilla; y sólo mucho más tarde en portugués. 2.º Es difícil que una palabra de derivación tan clara para todos como *foguete* pudiera sufrir la violenta metátesis de las dos primeras consonantes, mientras que *cohete*, una vez desconectado de CAUDA, al salir de su lengua de origen para entrar en otras donde este vocablo latino suena *cola* o *cauda*, estaba muy expuesto a experimentar las más fuertes alteraciones fonéticas, con tal de que así se incorporara a una familia de vocablos viva en estos idiomas, como lo es la de *fuego*, port. *fogo*. 3.º Otros indicios más vagos, como la vitalidad del sufijo -*et*, -*ete*, mayor en el Este ibérico que en el Centro o en el Oeste, y como la gran tradición y vitalidad de los fuegos artificiales en tierras valencianas, son también favorables.

El pormenor de la evolución sería fácil de completar: ya Cuervo, *Ap.*, § 129, y *Obr. Inéd.*, 128, documentó por un romance antiguo (quizá del siglo XVI), y por un pasaje de Torres Naharro y varios de autores del S. XVII, la pronunciación trisilábica del cast. *cohete* en la época clásica, lo cual sugiere que el vocablo, en esta época en que las *h* aspiradas vacilaban, pero no habían desaparecido del todo, al pasar de una lengua sin diptongos crecientes, como el catalán, al castellano, donde son raros los hiatos, se pronunció ocasionalmente con *h* aspirada[4]; de aquí que el portugués lo cambiara en *cofete*[5] y luego en **foquete*, que incorporándose totalmente a los derivados de *fogo* acabaría por hacerse *foguete*. Las objeciones contra la procedencia catalana sólo pueden venir de la oscuridad del origen último del vocablo. Pues cuesta creer que si existió un fr. *coué* con el sentido de 'cohete' no haya dejado huella alguna en Francia (nada de eso en Littré, God., Tobler, *FEW*, Mistral)[6]; indudablemente le conviene a un cohete la denominación 'rabudo', pues la vara de caña o de madera en que termina, bien puede compararse a una cola, pero suponiendo que el vocablo no hubiera empezado a usarse en este sentido sino en Cataluña, esperaríamos entonces que se hubiera empleado un término autóctono, o de haberse preferido un adjetivo de origen francés, ¿no sería extraño que en catalán no lo halláramos en su sentido primitivo? Además, como el fr. *-é* (que no se pronuncia bien igual que fr. *-et*, y mucho menos en el S. XV) no corresponde al cat. *-et*, la forma de adaptación fonética resulta también algo sorprendente, y de hecho lo que solemos hallar en casos semejantes son voces como cat. *rapè, crepè, canapè*.

Las denominaciones europeas del cohete podrían sugerir una base semántica algo diferente: el fr. *fusée* es una aplicación figurada del vocablo que antiguamente significaba 'huso' o 'husada' (la madeja arrollada entorno al huso), y el ingl. *rocket* y alem. *rakete* proceden del it. *rocchetto* o *rocchetta*, diminutivo de *rócca* 'rueca'; probablemente, más que de la rueca o del huso en sí, se trata, en ambos casos, del huso rematado en su punta por la husada o porción de lino o lana que puede contener, con el cual sí que el cohete, con su carga de pólvora al extremo de una vara, presenta una semejanza perfecta; ahora bien, esta husada se llama justamente *couet* en varios dialectos galorromances: prov. *couet* 'paquet d'étoupe dont on garnit le fuseau à filer' (Mistral), landés ant. *coed* «filasse», fr. med. *couet* «poignée de filasse peignée» (1577), Castres *couet* íd. (*FEW* II, 537a). Que en catalán la misma cosa hubiera recibido el nombre de *coet*, diminutivo de *coa* 'cola', por comparación de la husada con una colita colgando del huso, no tendría nada de sorprendente, y aunque esta ac. no parece estar documentada en catalán[7], en un vocablo que se localiza tan cerca de Cataluña como en Castres (Tarn) la dificultad es mucho menor que en la hipótesis de M-L. Por lo demás, no será posible aclarar toda la historia de *cohete* hasta que algún lingüista estudie la evolución de la pirotecnia en España y Francia, y quizá especialmente la de sus aplicaciones en artillería[8]. Sin embargo desde ahora la etimología catalana resumida al principio puede darse ya por sentada.

POSDATA. Ahora podemos ser más concluyentes y sentar como probable que es palabra catalana de origen valenciano mozárabe. No sólo por la enorme popularidad y arraigo de las actividades pirotécnicas en todo el País Val., corroborado elocuentemente por su ubicuidad en la toponimia y antroponimia («Mas del Cueter», «Casetes del Cueter», «Taller dels Cuets», «Plaça dels Cuets» en todas partes, y hoy generalmente en una forma evolucionada, con *u*, antes con *o*) sino porque, según ya sospechaba, se documenta en tierra valenciana antes que en parte alguna: en documentos valencianos del libro de Salvador Carreres Zacarés, *Ensayo de una bibliografía de libros de fiestas...* (Valencia, 1925), vol. II, pp. 113 y 127 el cat. *coet* ya aparece, al menos, en 1445, donde el contexto da la impresión de ser palabra «habitual»; *coet volador* en 1459 (comunicación de Joan Fuster). Pero es que además el vocablo tiene allí otra acepción que será tan etimológica, o más, que la general: en la Albufera, por lo menos, *coets* son una especie de aneas rematadas por una cola en forma de porra (que los muchachos emplean a modo de cigarro: «boves d'estes que en fan puros»). Es muy posible que exista o que haya habido una variante *codat* o *codet*, más etimológica, en algunas comarcas, y que de ahí derive, como colectivo en -ETUM, *El Codadet*, nombre de un barranco de Montitxelvo cerca de Gandía. Hay desde luego fundamento para sospechar que el val. *coet* con ambos significados se trate de CAUDATUS con evolución fonética mozárabe (*-ato* > ár. *-ât* > cat. *-et*), puesto que *codá* está bien documentado como mozárabe en Abenbeklarix (Simonet). Habrá corrido una variante *codete* como nombre del cohete, pues así dicen todavía en Benasque, donde lo oí.

DERIV. *Cohetazo. Cohetero. Encohetar* [V. arriba].

[1] «Los moldes de los *coetes* con toda su exarcia», «*Coetes*, tres dozenas».— [2] Moraes, Vieira, Cortesão y Fig. no traen autoridades.— [3] Añádanse un ej. de Quevedo en Pagés y varios de Quiñones de B., *NBAE* XVIII, 719; *encohetado* 'ardiente', con aplicación a un enamorado, ibid. p. 612; también en Colmenares, a. 1637.— [4] De ahí *cojete* en Venezuela (Seijas). Es caso igual al de *cojombro* CU(C)UMEREM, *cojollo* CU(C)ULLUM.— [5] No logro documentar esta forma que cita M-L.— [6] Cortesão y otros sugieren como étimo el fr. *queuté* 'provisto de cola', voz más bien rara y reciente en la lengua literaria, y que en los dialectos tampoco tiene el significado que buscamos (*FEW* II, 522b).— [7] Mistral cita un cat. *cuet* en su artículo *couet*, pero sin dar significado. Se tratará de una comparación etimológica y no semántica, y deberemos entender este *cuet* como variante ortográfica de *coet* 'cohete' (escrito de aquella manera por Labernia, etc.). Por lo demás en Mallorca, según Alcover, *coet* significa 'pieza de papel que entra en la cola de una cometa'.— [8] Comp. con el prov. *couet* «paquet d'étoupe» el fr. *étoupille* «fusée d'amorce, petite fusée com-

muniquant le feu aux pièces de campagne» (Littré, s. v. *fusée*).

Cohibición, cohibir, V. *prohibir   Cohita,* V. *hito   Cohoba,* V. *cohobar*

COHOBAR, 'destilar repetidas veces', origen incierto, quizá indigenismo de Haití. *1.ª doc.*: ya Acad. 1884, no 1843.

En francés se halla desde 1615; en inglés, desde 1641. Como para el español falta toda indicación histórica, podríamos suponer que fuese de introducción reciente. Lammens supuso que venía del ár. *qúhba* 'color gris sucio'[1] porque el paso repetido de una sustancia que se destila, por su residuo o por otras sustancias, puede hacer más oscuro su color. Faltaría comprobar mejor la verosimilitud de esta etimología a la luz de los hechos y probar que el vocablo arábigo es o fué de uso corriente (falta en Dozy, *Suppl.*). Por otra parte, según el *NED* la abreviatura *cohob.* indica repetición en Paracelso († 1541), y se ignora si es la raíz de *cohobar* o una abreviación de este verbo. Deberá además investigarse si puede venir del haitiano *cohoba*, nombre de unos polvos vegetales que los indígenas aspiraban por la nariz para embriagarse (Friederici, *Am. Wb.*, 198-9; Zaccaria, s. v. *cogioba, cohoba;* Bachiller y Moraes, *Cuba Primitiva*, 175), que se ignora si se sacaban de la *Nicotiana Tabacum* o de la *Piptadenia peregrina*, pero cuyo nombre se halla ya en Fr. Ramón Pané (1499) y en el P. Las Casas (h. 1560)[2]. Provisionalmente puede considerarse probable que los alquimistas del S. XVI, relacionando de alguna manera sus destilaciones con los polvos embriagantes de Haití, designaran esta operación con el nombre de los mismos, y que este nombre pasara por vía culta desde el latín alquímico a las lenguas modernas.

DERIV. *Cohobación.*

[1] Otros traducen 'color oscuro'. Sin embargo, el significado que se halla en Belot es 'color grisáceo'. Los diccionarios de arabismos (Devic, Dozy, Eguílaz, Lokotsch) callan sobre esta etimología.— [2] También en Fz. de Oviedo, según Malaret, *Semántica Americana*, 96. Hoy en las Antillas y Venezuela *cojoba, cojóbana, cojobilla* y *cojobo* son nombres de varios árboles. Benvenutto Murrieta (en Malaret, *Supl.*) niega la existencia de *cohobo* 'ciervo' o 'piel de ciervo', que la Acad. da como peruano y ecuatoriano (falta aún 1899).

Cohol, V. *alcohol   Cohollo,* V. *cogulla*

COHOMBRO, del antiguo *cogombro* y éste del lat. CŬCŬMIS, -ĔRIS, íd. *1.ª doc.*: *cogonbro*, 1219, Oelschl.; *cohombro*, APal. 452b, 100b; Nebr.

La forma moderna se debe a la pérdida de la *-g-* entre vocales posteriores, comp. *cobonbro* en los glosarios publicados por Castro, y véase el caso de *cohollo* en el artículo COGULLA. El etimológico *cogonbro* está todavía en el *Canc.* de Baena repetidamente (vid. W. Schmid). La forma *cojombriyo* empleada hoy en Extremadura (*BRAE* III, 664)—comp. el and. *cojumbral* 'plantío de legumbres' (AV)—no debe tomarse como prueba de que la *-h-* era normalmente aspirada en lo antiguo, sino como resultado de una ultracorrección. El port. *cogombro* y el it. *cocomero*, junto con la forma española, parecen indicar que ya en latín vulgar existió una base CŬCŬMĔRUM, sacada del plural CŬCŬMĔRA, pues aunque el género masculino es más clásico, hay también testimonios de un género neutro o femenino en la Antigüedad, comp. *cucumerus* ya en una glosa (*CGL* V, 283.1).

DERIV. *Cohombrillo. Cohombral. Acohombrar.*

Cohonder, cohondimiento, V. *fundir   Cohonestador, cohonestar,* V. *honesto   Cohortar,* V. *exhortar   Cohorte,* V. *corte II   Coición,* V. *ir   Coima, coime, coimero,* V. *calumnia   Coincidencia, coincidente, coincidir,* V. *incidir   Coinquinar,* V. *inquinar   Coitivo, coito,* V. *ir   Coja, cojal, cojear, cojedad, cojera, cojez,* V. *cojo*

COJIJO, 'desazón, molestia, preocupación', origen incierto, quizá la variante primitiva fué *cossijo*, y ésta se extrajo del verbo *acossijar* 'acosar, atosigar, molestar', derivado de ACOSAR 'perseguir, importunar'. *1.ª doc.*: *coxixo*, J. Ruiz, 947a[1].

La grafía es diferente en Lucas Fernández (ed. facsímil de la de 1515, fº *A, 3, v*º, y *C, 1, v.*º): «*Ju.* Dios te dé malos aperos. *Br.* Y a vos no falten *cossijos*. *Ju.* Y a ti te sobren litijos» (rima además con *hijos* y *guijos*), «mi pena / de enxelcos perhundos llena, / ñunca osmado sin dudar / qu'estos males y enconijos / son *cossijos* / que nos traen modorrados, / son prazeres con letijos, / tropecijos / do caemos piornados»; en este autor rima, pues, constantemente con *j* sonora[2]. *Cosijo* se halla también en ediciones de Fr. Luis de León, según Cuervo. El significado, aun en los textos que cito en nota y en los invocados por *Aut.*, parece ser el moderno, que los varios lexicógrafos matizan diversamente (Percivale, «*coxixos*: griefes»; Covarr., «*coxijo*: qualquiera cosa que nos inquieta y da pesadumbre»; *Aut.*, «*coxijo*: la inquietud o queja que procede de causa ligera»). Sólo Oudin discrepa aplicándolo a insectos: «*coxixo*: cloporte, vermine, tignes et autres semblables», ac. luego copiada por Terr. y la Acad. (ya 1843), pero la rareza de la misma y la existencia de muchos paralelos semánticos (gall. *comichura* «piojería», ast. *comezón* 'todo género de sabandijas' [V], cat. *menjança, mengi(ll)a*, 'piojos, chinches, etc.') convencen de que es secundaria: 'molestia' > 'picazón' (así en Ciudad Rodrigo: Lamano) > 'piojos y otras sabandijas'.

Por lo tanto no es probable semánticamente la etimología de la Academia CŬLĬCŬLUS 'mos-

quito pequeño', que también ofrecería dificultades fonéticas, y si bien es posible que haya relación entre *cojijo*, el port. de Braganza *côxo*
'cualquier animal venenoso (sapo, culebra, araña)
que pueda morder a una persona', 'la mordedura 5
del mismo' (*RL* VII, 69) y berc. *coxo* 'veneno'
(atestigua además que es *kóšo* con *š* Sarm. *CaG.*
146*r*), será más bien en el sentido de que *coxo*
sea derivado regresivo de *coxijo*³; y lo que era
sospecha se vuelve ahora certeza en vista de la 10
-*ll*- de la variante berc. *coxillo* que allí mismo
atestigua Sarm. Algo alterado *cojijo* en gall.: *cochizo* «sarna menuda y todo género de comezón»
(quizá no era vocablo de antiguo arraigo, pues
Sarm. no lo conoció hasta su vejez, en su último 15
viaje a Galicia en 1755, *CaG.* 183*v*). Cuervo (*Obr.
Inéd.*, 240) y G. de Diego (*BRAE* VI, 751) propusieron considerar que *cojijo* esté emparentado
con el port. *cócegas*, gall. *cóxegas*, *cóxigas*, *côche-
gas*, 'cosquillas', y con el verbo port. *cocegar* 'hacer 20
cosquillas', gall. *coxigueo* 'hacer cosquillas', cast.
coscarse 'concomerse', a los que G. de Diego derivaría de un lat. vg. *COCĬCARE 'calentar, abrasar',
derivado de CŎQ(U)ĔRE 'cocer' (comp. aquí *COS-
QUILLAS*); en apoyo de su idea, que presenta 25
grandes dificultades fonéticas y está lejos de ser
evidente en lo semántico, citaba él un gall. *coxigo*
(que falta en Vall. y Cuveiro): nótese que por el
contrario las palabras citadas para 'cosquillas' son
todas esdrújulas. 30

Creo que la variante primitiva fué *cossijo* (hoy
viva todavía en Méjico y América Central: *BDHA*
IV, 296; Cuervo, *Obr. Inéd.*, 240), de donde *coxijo* al propagarse el elemento palatal, y aun *coxixo*
(J. Ruiz) por dilación progresiva; es verosímil que 35
cossijo se extrajera secundariamente del verbo *acosijar* 'acosar, atosigar, molestar' vivo en Méjico
(G. Icazbalceta) y ya empleado por el mejicano
Mota Padilla en 1742: «Viéndose D. Cristóbal de
Oñate *acosijado* por todas partes», «seguro estoy 40
que me *acosije* el hambre». Claro está que esta
palabra viene de *ACOSAR* (antes *acossar*), comp.
las palabras *enconijo* y *tropecijo*, citadas arriba en
Lucas Fernández, que derivan paralelamente de
enconar y *tropezar*. Para la derivación regresiva 45
de *cosijo*, sin *a*-, junto a *acosar*, puede compararse
HUECO de *aocar*.

Deriv. *Cojijoso* [h. 1572, Hurtado de Mendo-
za]⁴. *Acosijar* [V. arriba].

¹ «De toda [la] lazeria e de todo este *coxixo* / 50
fiz cantares caçurros de quanto mal me dixo.»
Se refiere a la muerte de su amante y a la enfermedad que el disgusto le trajo. El vocablo
rima además con *lixo* 'cisco, cosa despreciable'
y con *rixo*, pretérito de *reír*, es decir, con pala- 55
bras que tenían *x* sorda (pues también *rixo*—forma analógica de *dixo*, en lugar de la histórica
riso—se escribe con sorda en J. Ruiz, 243*c*, y
rixiessen en la *Crón. Gral.*, 137*b*37). Por lo demás no puede descartarse del todo la posibilidad 60

de una rima imperfecta -*ijo* ~ -*ixo*, como las hay
en otros pasajes del *Libro de Buen Amor*, sobre
todo cuando en este pasaje no disponemos más
que del manuscrito S. En todo caso el significado
es ya el moderno, y no «conjunto de cosas», como
cree Sánchez.— ² En el sayagués de la zona salmantina la distinción entre *x* y *j* debió mantenerse
hasta mucho después de fines de este siglo, cuando desapareció en otras partes, pues hoy todavía
sigue viva en parte de la región. Hallo además
«con tanto pleito y *coxijo*» (rimando con *colijo*)
en Cristóbal de Castillejo (de Ciudad Rodrigo,
† 1550), *Cl. C.* III, 215, y Cej., *Voc.*, cita «no
dejaron a vida ponzoña ni *cojijo* de pescado, que
no le maten» en Fr. Antonio Álvarez (h. 1600).
Dos ejemplos de Quevedo, en *Cuento de Cuentos*, *Cl. C.* IV, 185, y el citado por *Aut.* Quevedo
se encarniza contra el vocablo riéndose del abuso
que de él se hace en el habla coloquial y en sus
idiotismos.— ³ De ahí deriva a su vez el port.
coxelo 'género de insectos coleópteros' (Fig.; falta en Moraes y Cortesão). No es verosímil que
este *côxo*, según sugiere Leite, proceda del lat.
CŎSSUS 'gusano', aunque a primera vista parezca
posible derivar de ahí aun nuestro *cojijo*. No se
olvide, entre otras cosas, que COSSUS fué reemplazado en España por *CŬSUS (vid. *GUSANO*),
mientras que el testimonio unánime de todas las
fuentes anteriores al S. XVII, sin excluir el port.
côxo, indica que la segunda consonante de *cojijo*
fué siempre sorda. En cuanto a *coso* 'especie de
gusano' a que se refiere Leite, ésta no es palabra
propiamente castellana, pues sólo figura en la traducción de Plinio por Huerta.— ⁴ «Hay unas gentes tan melindrosas y *cojijosas* en el comer, que
de todo se quejan, sin haber más causa para ello
que una mala costumbre de no se contentar jamás con cosa que les sirvan», en el *Alfarache* de
Martí, ed. Rivad., p. 383.

COJÍN, del lat. vg. *COXĪNUM íd., derivado de
CŎXA 'cadera' porque sirve para sentarse encima, probablemente tomado del cat. *coixí* 'cojín',
'almohada'. 1.ª doc.: *coxin*, 1380, invent. arag.
(*VRom.* X, 136); Nebr.: «*coxin* de silla: stragulum ephipium» (= almohadilla de la silla de
montar).

El primer dato histórico del vocablo corresponde
a Cataluña: «lito uno de drapos cun suo *cuxino*»,
St. Cugat a. 985 (*Arch. Lat. M. Aevi* III, 16);
por lo demás no lo encontramos antes del S. XI (en
Provenza), aunque *Coxsinus* ya se halla en la Antigüedad como *cognomen* (P. Meyer, *Rom.* XXI,
83-4). También it. *cuscino*, fr. *coussin*, oc. *coissi(n)*
'cojín'; pero la voz castellana y la port. *coxim*
son probablemente de origen forastero en vista
de la pérdida de la -*u* y teniendo en cuenta que
CŎXA apenas dejó descendencia en estos dos romances; lo mismo indica la primera aparición en inventarios aragoneses de los SS. XIV y XV, y

nótese que Nebr. (lo mismo que varios textos del S. XVII citados por *Aut.*) se refiere a aperos de montar, artículos que muchas veces son de origen forastero, y que el que le sucede en fecha (*Nueva Recopilación*) se refiere a la importación de cojines franceses.

DERIV. *Cojinete* [Terr.], adaptación del fr. *coussinet*. *Cojinillo* 'pellón', arg. (Tiscornia, *M. Fierro coment.*, s. v.; Carrizo, *Canc. de Tucumán* II, 510).

COJO, del lat. vg. COXUS íd., quizá derivado del lat. COXA 'cadera'. *1.ª doc.*: 1014, como apodo de un personaje («Zuleiman *Quoxo*», en el Tumbo de León: M. P., *Oríg.*, 155)[1]; como apelativo ya en Berceo, *S. Mill.*, 278, y en doc. de Sahagún, a. 1250 (Staaff, 36.28).

Cuervo, *Dicc.* II, 187-8. COXUS es palabra rara, que sólo se halla en C. Cilnius Maecenas (S. I a. C.) y en glosas (*CGL* III, 468.37; V, 595.32; comp. VI, 189); otros emplearon COXO, -ŌNIS. En romance no ha dejado otros descendientes que el castellano, el port. *coxo* y el cat. *coix*[2]. Todo indica que COXUS viene de CŌXA 'cadera', comp. *coxendicus* 'cojo' en S. P. Placitus (S. IV d. C.), derivado evidente de *coxendix* 'cadera'. Sin embargo deberá estudiarse la posibilidad de que derivase más bien de COXIM 'agachándose', INCOXARE 'agacharse', pues si COXUS viniese de CŌXA debería tener o breve y entonces esperaríamos hallar formas diptongadas en leonés (y no *coxo*, como en los documentos citados arriba, ast. *coxu*, V) y en aragonés, mientras que hoy se pronuncia *kóšo* en toda la zona pirenaica (Kuhn, *RLiR* XI, 56); en catalán esperaríamos *cuix*, cuando la forma real *coix* parece corresponder a CŌXUS. Sin embargo, es cierto que el carácter genuino de la forma catalana no es enteramente seguro, pues no se halla antes de 1373 (*Misc. Fabra*, 172, s. v. *verdesca*), y en la Edad Media es siempre *coxo*, forma que hoy sigue siendo la corriente en Valencia; hay que agregar a las autoridades del *DAlcM.* que *coxo* aparece también en 1395 en Valeri Máximo (ed. Miquel i P. II, 254 y 275), doc. de Barcelona 1538 (Madurell-Rubió, *Imprenta*, n.º 4444) y el abstracto *coxea* en I. de Villena, *Vita Cristi* II, 275 (citas de G. Colón). V. mi *DECat.*[3].

DERIV. *Coja* 'corva', ant. [ya Acad. 1843]: en realidad no existe esta palabra en castellano[4], pues su única fuente es Covarr., y este lexicógrafo, al afirmar que «coxo se dixo de *coja*, que vale pierna, poples», se refiere a la voz latina *coxa*; de ahí por metonimia podría venir, sin embargo, el ast. *coxa* 'ubre', *coxada* 'la ubre abultada por la leche' (V). *Cojal* 'pellejo que los cardadores se ponen en la rodilla' [Terr.], tomado del cat. *cuixal* íd., derivado de *cuixa* 'muslo', procedente del lat. CŌXA 'cadera'. *Cojear* [*coxear*, J. Ruiz, 466c, *S*], port. *coxear*, pueden representar el lat. vg. COXIGARE

(*CGL* III, 468.36), o bien un mero derivado romance en *-ear* (el cat. *coixejar*, ya S. XV, no es prueba decisiva de esto último, en vista de las dudas acerca del carácter genuino de *coix*); la antigua variante *coxquear* (frecuente desde el S. XIII: Cuervo, *Dicc.* II, 186-87; Biblia med. rom., Gén. 32.31; Nebr.; APal. 85*b*; *Glos.* del Escorial; *Celestina*, *Cl. C.*, p. 42; *Lazarillo*, en M. P., *Antol. de Prosistas*, p. 92; *cosquear* J. Ruiz, 466c, *G*) no creo represente un *COXICARE más la terminación de *coxear*, según quiere Baist, *KJRPh.* IV, 311, pues una síncopa tan antigua en este grupo de consonantes repugna a las tendencias castellanas; quizá sea formación reduplicativa como sugiere Cuervo (aunque faltaría la segunda *x*) o más bien *coxear* contaminado por *renquear*. *Cojera* [Covarr.; 1613, Cervantes], antes *cojedad* [Nebr.: *cox-*] o *coxez* [Azpilcueta, 1553]. Ast. *coxicar* 'cojear', *acoxicar* 'dejar cojo a uno' (V). *Cojuelo*. *Encojar*.

Derivado culto del lat. *coxa* es *coxal*.

CPT. *Cojitranco*: en Covarr. y *Aut.* es *cojitranca* «el coxo travieso que anda inquieto de una parte a otra», porque va atrancando tierra con su muleta; hoy *cojitranco* en algunos puntos es mero duplicado intensivo de *cojo* («una silla *cojitranca*», oído en Mendoza, Arg.).

A coxcox, o *a coxcojita* [Calderón].

Compuestos cultos del lat. *coxa*: *coxalgia*, *coxálgico* (con el gr. ἀλγεῖν 'doler').

[1] También *Johan Coixo*, en 1166, en un documento de Sahagún (ibid., p. 61), y otros que cita Oelschl. El diminutivo *Kŏǧwēl* de un documento mozárabe toledano de 1083 (M. P., *Oríg.*, 148) presenta consonantismo extraño, aun cuando supongamos *texdid* sobre el *ǧ* y leamos *Kŏčwēl*.— [2] Es poco probable que venga de aquí el langued. *goi* 'cojo' (anticuado en Pézénas y vivo en Agda: *Mâzuc*). Esperaríamos, si acaso, *gouis* (> *goui*) o una forma con triptongo. Se trata, por lo demás, de un vocablo puramente local, al parecer.— [3] La grafía de χοξάριος 'cojo', con ómicron, en Pelagonio, 496 (S. IV d. C.) es desfavorable a la ō, y lo sería también la relación etimológica que sientan Walde-H. y Ernout-M. entre *coxim* y *conquiniscere*, pues *kwē* da también *cō* en latín. Si *coix* fuese castellanismo en catalán, sorprendería la falta o rareza de sinónimos autóctonos en una noción tan importante, pues sólo hay *ranc*, que hoy es únicamente 'renco', pero en la Edad debió significar además 'cojo' a juzgar por las citas de Ag. El oc. *clop* parece haber sido siempre ajeno al catalán.— [4] Se perdió ahí en fecha preliteraria, aunque es común a todos los romances: desde el rumano (*coapsă*) hasta el gallego y portugués *coxa*: «un Cristo que ten as pernas largas... e apenas lle queda un anaquiño de *coxa*», Castelao 131.11.

Cojoba, cojobilla, cojobo, V. *cohobar*.

COJÓN, del lat. vg. COLĔO -ŌNIS, íd., derivado del lat. CŌLĔUS íd. *1.ª doc.*: *colyón* ya h. 1100, en el glosario de Asín, pp. 80-81; *coyllones*, med. S. XIII, *Fueros de la Novenera*; h. 1400, *Glos.* del Escorial.

También en el *Canc.* de Baena (vid. W. Schmid). Palabra común a todos los romances (excepto el rumano *coĭŭ*, que ha conservado COLEUS), y documentada en glosas latinas (con la grafía *culio*: Walde-H.). *Collón* [Terr.; ya Acad. 1843] 'cobarde' viene del it. *coglione* 'testículo', 'tonto, majadero', por conducto del fr. *coïon* (también *couillon*) 'hombre flojo y sin energía' [1560]; *collonada*, *collonera*, *acollonar*.

DERIV. *Cojonada* [*Canc.* de Baena, vid. W. Schmid]. *Coya* ast., interjección de admiración o de enojo (V), correspondiente al colectivo oc. *colha*, fr. *couille*, sardo *kodza*, it. *coglia*, rum. *coaĭe* 'bolsa de los testículos'[1]. *Cojudo* [Nebr.; *coylludo*, *Fueros de la Novenera*], también port. *colhudo*, cat. *collut*, oc. *colhut*, log. *cozudu*, que pueden representar una forma *COLEŪTUS ya existente en latín vulgar, derivada de COLEUS.

   [1] Y un gall. *colla* en el topónimo cpto. *Lavacolla*, al que en el S. XII se le da en bajo latín el nombre de *Lava mentula* 'lava el pene' (J. L. Pensado *Acta Salmant.* n.º 51, p. 61).

Cojuelo, V. *cojo*   *Cojudo*, V. *cojón*

COL, del lat. CAULIS, m., 'tallo', 'col'. *1.ª doc.*: 1219, Oelschl.

Concurrente muy popular de *col* ha sido siempre *BERZA*, y hoy en la Arg. se dice, en su lugar, *repollo* (al revés en Méjico: *BDHA* IV, 193)[1] Se ha hecho femenino en los tres romances ibéricos y en algunas hablas sardas, género que ya está documentado en el S. VI y que dió lugar a la creación de una variante CAULA con terminación femenina, conocida desde el S. IV (*Mulomedicina Chironis*) y que ha dejado huellas en sardo, neogriego y alemán (*FEW* II, 537b).

En nuestro romance occidental coexistieron *couve* y *dol*, formas que hoy han predominado, aquélla en portugués, ésta en gallego. No es de creer que la segunda (Sarm. *CaG.* 94r; Castelao, 209.4; con descripción de muchas variedades en Vall.) sea castellanismo: no sólo porque ya aparece en las *Ctgs.* (135.116, 419.142), sino por ser increíble que el nombre de una hortaliza de tan lozana producción en aquel clima y de uso tan grande en aquella robusta tradición culinaria, tenga forma forastera. Como *ou* de AU en hiato se reducía normalmente a *o*, aunque sólo en partes del país, coexistirían las dos o tres formas *cou(v)e*, *coe*, *co(u)l*, con plural más general *coes*: sentido éste como paralelo a *saes* y *mees*, plurales de *sal*, *mel*, que se reemplazaron por los analógicos *sales*, *meles* (bajo el modelo de *val* ⌁ *vales*, *pel(e)* ⌁ *peles*), se cambió *coes* en *coles*, y luego generalizóse en unas partes la forma del plural, en otras la del singular. Por lo demás, la forma igual a la portuguesa existió también en Galicia, pero *unha couve* pasó por aglutinación a *un acouve* > *un alcouve*, que Sarm. recogió en la ac. 'pedacito de tierra muy labrado y cernido, en el cual se siembra *ceboliño*, *nabiña*, etc. para trasplantar' (*CaG.* 79r): lo cual parece un postverbal de un verbo *acouvar* 'plantar de coles y otras hortalizas', y lo comprueba el que en el Morrazo se emplee *alcouvo*, según Crespo Pozo (frente a *alcouve* del Poio de Pontevedra).

DERIV. *Colina* 'simiente de coles'. *Colino* 'era de coles pequeñas' [Nebr.]. Cultismos: *acaule*, *caulescente*, *cauliculo*.

CPT. *Coliflor* [Terr.], tomado del alto it. *caolifior* (it. *cavolfiore*, compuesto de *cavolo* 'col' y *fiore* 'flor'), pasando por la lengua de Oc y el catalán: la coliflor se introdujo en Europa a fines del S. XVI, desde el Mediterráneo oriental, a través de Italia, vid. *FEW* II, 537, y Dicc. Alcover, s. v. *Colinabo* [Terr.], formado con *nabo*, según el modelo del anterior.

Cultimos: *caulífero*, *cauliforme*.

   [1] Con esta impopularidad del vocablo en algunas partes de América, puede estar en relación el género masculino que allí se da a *col* (por influjo de la mayoría de los sustantivos en *-ol*): así en la Arg. (Leónidas Barletta, *La Prensa*, 25-VIII-1940; lo mismo en *coliflor*, que es de uso general) y en Colombia (Sundheim). No creo que se trate de conservación del género latino, de lo cual no hay testimonios en España.

COLA I, 'rabo', del lat. vg. CŌDA íd. (lat. CAUDA); el origen de la *-l-* castellana es incierto, pero en todo caso se trata de una variante muy antigua, que reaparece en el Sur de Italia, tal vez ya existente en latín vulgar. *1.ª doc.*: S. XIII (Berceo; *Calila*, ed. Allen, 38; *Partidas*, p. 584; Biblia escurialense, glos. de Oroz, n.º 121).

Repetidamente se ha afirmado que en castellano antiguo se decía *coa*, forma no sustituída por *cola* hasta el S. XVI; esta afirmación ligera procede de Baist, *GGr.* I², § 40, y Diez, *Wb.*, 102, y luego fué repetida por M-L. (*Wiener Sitzungsber.* CLXXXIV, iv, 4) y M. L. Wagner (*ZRPh.* XXXIX, 735), aunque ya la rectificó algo el mismo Wagner (*RFE* XI, 267-8). En realidad no hay nada de esto: *cola* es la forma normal desde los orígenes del idioma (V. arriba; también en el S. XIV: *Conde Luc.*, 53.20; J. Ruiz, 1401c, en los tres mss.; S. XV: Cipr. de Valera; APal., 66b; Nebr.); los ejs. de *coa* son muy raros y parecen hallarse sólo en textos leoneses y aragoneses[1] (por mi parte sólo conozco dos: en el códice escurialense del *F. Juzgo*—pero *cola* en el ms. de Murcia—y en el navarro García de Eugui, fin S. XIV, cita de Cejador, *Vocab. Mediev.*). La forma con *-l-* tiene trazas de ser, pues, muy antigua, aunque apenas se halla en otros romances.

El gall.-port. ant. *coa* [*Crón. Troy.* S. XIV, II, 92.20, I, 120.6; *Padres de Mérida*, h. 1400: *RL* XXVII, 21] lo mismo puede venir de *CŎLA que de CŎDA, y aunque hay también algún ejemplo coetáneo de *cola* [*Crón. Troy.* I, 117.30; *Gral. Est. gall.* 135.20, 256.34] en manuscritos que contienen otros castellanismos, es con seguridad castellanismo también[2]; pero las demás formas romances continúan regularmente la forma vulgar CŎDA (M-L., *Einf.*, § 80), documentada en el S. IV por el gramático Diomedes y ya en mss. de Varrón y de Cicerón.

Sin embargo, en algunas hablas del Sur de Italia aparecen formas análogas a la española: Sora *cola*, Castro dei Volsci *caula* 'cola'[3]. Se han dado de estas formas explicaciones divergentes, entre las cuales no es posible hoy por hoy decidir rotundamente[4]:

1.º Varios lingüistas y dialectólogos italianos[5] miraron las formas italianas como nacidas por vía fonética del lat. CAUDA (o CODA), bien prescindiendo totalmente de la forma española o bien (Salvioni) derivándola del diminutivo CAUDŬLA[6]; sin embargo este tratamiento fonético no es normal en italiano, y aun lo normal en el Sur de Italia es que la -D- intervocálica se conserve intacta; es verdad que hay algún foco de caída de la -D- en Campania, y aun en el caso de CAUDA hallamos el tipo *coa* (*cova*, etc.) en un territorio continuo en el Este del Lacio, Oeste de los Abruzos y Sur de Umbría, pero de todos modos es inverosímil la -*l*- antihiática que admitió Salvioni, y así M-L. como Wagner consideran que los pocos casos reunidos deben explicarse individualmente por cruces u otras causas particulares. En *It. Gr.* I, 354, Rohlfs pone también *cola* en relación con cierto foco dialectal del cambio de D en *l*; pero el caso es que este foco está reducido a Ischia y Procida (con algún ej. en Córcega, discutible por lo esporádico), lo cual no coincide ni siquiera con el área italiana de *cola*.

2.º Bartoli, *KJRPh.* XII, 119n., creía en una base itálica dialectal *CŎLA, comparable con *cicala* en vez de CICĀDA (comp. *CIGARRA*) y con los antiguos casos latinos OLOR ∼ ODOR, DINGUA > LINGUA, DĬGENTIA > Lic-; por cierto que la existencia de tal variante latina indocumentada es más difícil de admitir en palabra importante como 'cola' que en el nombre de un insecto como 'cigarra', de origen no indoeuropeo, pero también CAUDA es «vocablo popular sin etimología conocida» (Ernout-M.) y ni siquiera nos consta en él si la forma más antigua es CAUDA o CŎDA.

3.º Rohlfs, *ARom.* V, 412-3 (y VII, 462), admitió que un cruce antiguo entre CAUDA y CAULIS 'maslo de la cola'[7] dió lugar a una base *CAULA o *CŎLA, de donde procederían las formas italianas y castellanas[8].

4.º El cambio de *coa* en *cola* pudo producirse independientemente en Italia y en España por

influjo de *culo*. Es la explicación que sugirió Schuchardt, *ZRPh.* XXXI, 665, fijándose especialmente en la alternancia de los dos vocablos en denominaciones de pájaros como it. *codirosso*, fr. *rouge-queue* junto a *culrosso*, *rouge-cul*, u oc. *coblanco*, it. *codibianco* junto a *culbianco*, fr. *culblanc*; aceptó esta idea M-L. (*REW* 1774), y especialmente M. L. Wagner la consideró preferible a la de Rohlfs fundándose en que *cola* es «probablemente» posterior a *coa* en castellano, y en que existirían cruces indudables de *cola* y *culo* en el Sur de Italia; ahora bien, los hechos no comprueban, según hemos visto, el primero de estos fundamentos, y el segundo no es más que una petición de principio, pues Wagner sólo se refiere a la forma *cola* de Sora[9]. Que *culo* y *cola* están en íntima conexión semántica, y que por lo tanto existían las condiciones ideológicas necesarias para un cruce, es verdad, pero queda en pie la objeción de Rohlfs contra la r e a l i d a d del fenómeno; cuando un cruce tiene lugar no suele reducirse la identidad resultante a una consonante suelta, sino que son o resultan iguales todo el principio o todo el fin de los dos vocablos o de sus raíces: *descabeñado* 'descabellado' es rigurosamente paralelo a *desgreñado*, pero mientras no hallemos formas como *el colo o *la cula[10] subsistirán muy graves dudas.

La clave del problema se hallaría ahora en una investigación a fondo de las antiguas fuentes dialectales del Sur de Italia, que nos permitiera afianzar con datos medievales o renacentistas, de esta zona, la hipótesis de Rohlfs o más bien la de Bartoli[11], o por el contrario con un resultado negativo, bien apoyado en la existencia de casos exactamente comparables en las hablas modernas, que prestara verosimilitud a una explicación moderna, e independiente del fenómeno español, en esta zona dialectal donde la lucha ya antigua entre los vernáculos y el idioma literario ha dado lugar muchas veces a fenómenos complejos de ultracorrección y de alteración local.

DERIV. *Colear* [Nebr.], *coleada, coleador, coleadura, coleo. Colera. Coleta* [APal. 72d][12], *coletazo, coletilla. Colilla* [1555, Laguna]. *Colín. Socola.*

Extranjerismos: *coda* 'adición al final de una pieza de música', del it. *coda* 'cola', íd.; *trascoda* m. [Acad. 1925, no 1884]; *codón* 'bolsa para cubrir la cola del caballo', 'maslo de la cola' [princ. S. XVII: Lope, Gómez de Tejada], probablemente del it. *codone*, aumentativo de *coda*, aunque en it. sólo se halla, según los diccionarios, en el sentido de 'ataharre'.

Latinismos: *cauda* 'cola de la capa consistorial', *caudado, caudal* 'relativo a la cola', *caudatario, caudato.*

CPT. *Colicano. Colilargo. Colipava.* Latinismos: *caudatrémula, caudimano.*

[1] Hoy es aragonés *coda*, empleado en Ansó, Gistáin, Caspe y la Puebla de Híjar, *cuoda* (?) en

Plan y Bielsa, y *coa* o *coda* en Echo (*BDC* XXIV, 165). Además he oído *oçda* en el catalán fronterizo de Sant Esteve de Llitera y algún pueblo contiguo más al Norte; lo mismo en Venasque (Ferraz) y en el NE. de Navarra (Iribarren). De *coda*, que ya figura como aragonés en la Acad. 1843, proceden las voces aragonesas *codero* '(terreno o propietario) que recibe el agua al final del ador', *codera* 'la última porción de un cauce de riego' y *escodar* 'desrabotar'.— [2] Como castellanismo la cita Moraes (s. v. *colla*) documentándola en dos autores de la 2.ª mitad del S. XVI (Arraes y Prestes). Hoy es palabra desusada según Fig. Se emplea en la Sierra de la Estrella (Messerschmidt, *VKR* IV, 277) y en Río Grande del Sur, es decir, en zonas sujetas al influjo castellano. Vieira la cita en acs. propias y figuradas, pero sin documentarla más que en una de éstas y en autor reciente. El único término popular hoy en día (y el único que figura en el gallego Vall.) es *rabo*; el vocablo noble es el latinismo *cauda*, ya frecuente en el S. XVI (Vieira). Falta averiguar el por qué de la desaparición del port. ant. *coa*: quizá por homonimia con *coa*, deverbal de COLARE, o con *có* 'golpe', ambos también desusados hoy en día, o más bien por la demasiada brevedad y aspecto anómalo de la forma *có f., a que se habría reducido modernamente el vocablo (comp. SŌLA > *só*); todo ello ayudado por la concurrencia de *rabo*.— [3] Según el *AIS*, las formas con -*l*- aparecen hoy en otros cuatro puntos separados entre sí: *kola*, -*ę*, en Ausonia y Monte di Procida (Campania), y *kawla*, -*ę*, en Scanno (Abruzos) y Ruvo (Apulia), vid. mapa 1058. Más antiguamente habría una zona continua. Rohlfs agrega calabr. *cola* 'mimbro viril'; es extraño que este vocablo falte en el *Diz. Calabrese* del mismo autor, publicado posteriormente.— [4] Diez, *l. c.*, igualaba el caso de *cola* al de *esquela* SCHEDA, lo cual no puede admitirse, pues en este caso se trata de un cultismo reciente [*Aut.*], que además no sabemos si viene de *scheda* o de *schedŭla* (como admite el propio Diez, p. 94).— [5] Salvioni, *Pubblicazioni della R. Acad. Sci.-Lett.* de Milán, I, 1913, 99; Merlo, *Il Dial. di Sora*, § 102; Bertoni, *ARom.* XXII, 382 (el cual para -*d*- > -*l*- remite a Freund, *Mundart von Ischia*, p. 25).— [6] Etimología que adopta precisamente G. de Diego. Desde luego en cast. esto es imposible. Hubiera dado *colda o acaso *codra.— [7] Documentado en Plinio, *N. H.* XI, 50: «Boum caudis longissimus *caulis* [est] atque in ima parte hirtus».— [8] Es probable que el cast. y port. *rabo* designara originariamente el maslo de la cola, pues RAPUM era una especie de nabo, así como CAULIS es 'tallo' o 'col'. Es poco sólida una objeción fonética que se halla alguna vez CŌLIS junto a CAULIS, en rose podría hacer a Rohlfs: que si bien en latín mance sólo se ha conservado esta última forma, mientras que las formas neolatinas proceden de

CŌDA. De hecho, aunque el vocalismo español tanto podría corresponder a CAUDA como a CŌDA, como todas las lenguas hermanas postulan una ō inequívocamente (incluyendo el cat. *coa* o *cua* y el port. ant. *coa*), no es de creer que el castellano formase una excepción. Así el romance opone CŌDA a CAULIS, entre los cuales el cruce ya no es tan fácil, pero debemos reconocer la posibilidad de que el fenómeno se produjera en el propio latín vulgar, donde pudieron coexistir el diptongo y la vocal simple en ambas voces, y aunque ya tendiese a predominar en cada una un vocalismo diferente, la existencia de variantes minoritarias bastaba para facilitar el contacto entre las dos palabras.— [9] Aparte de ésta en el pasaje citado sólo menciona Wagner el napol. *colurcio* «codaccio dell'archibugio» y la circunstancia de que el napol. *culo* figure entre las equivalencias del it. *coda* en el diccionario de Ambra. Pero esto último no nos enseña en realidad nada, ya que es bien sabido que en toda la Romania las dos palabras pueden emplearse a veces indiferentemente, y en cuanto a *colurcio* no puede admitirse este término técnico como prueba de un cruce popular, tanto menos cuanto que puede tratarse de una prolongación del *cola* de Sora o más bien, ya que de armas se habla, de un antiguo hispanismo napolitano.— [10] Alguna vez se ha dicho que el cat. *cua* es otra prueba del contacto entre CAUDA y CULUM. Conviene advertir que no es así: la evolución fonética *coa* > *cua* es realmente normal, aunque no esté muy divulgada, por la poca frecuencia de tal estructura fonética, comp. los términos náuticos *gúa* y *escua* que eran antiguamente *goa* y *escoa*. Tampoco tiene nada que ver con esto el mirand. *nǫlo* = cast. *nudo*, port. *nó* (Leite, *Philol. Mirand.* II, 319): aquí se trata de una ultracorrección de la caída portuguesa de la -L- intervocálica, que cambió el arcaico *noo* NŌDUM por reacción exagerada contra las formas portuguesas *filhoo* FILIOLUS, *ixoo* USTIOLUM, etc.— [11] Por mi parte me inclino por ésta, por varias razones, que no detallo, por pertenecer a la lingüística latina e indoeuropea y no a la romance. Entre otras V. la probable etimología de CAUDA que sugiero s. v. *RABO*.— [12] Aunque es verdad que una *coleta* es un tronco de pelo recogido en trenza, no tiene verosimilitud la explicación de Cabrera por el lat. *collecta* 'recogida'. El punto de vista decisivo ha sido el de que la coleta se deja tras el cogote, a modo de cola, y no es una trenza cualquiera, comp. port. *rabicho* «trança de cabelo, pendente na nuca», cat. *cua* 'coleta', 'trenza' (y 'cola'); no interesa la grafía *colecta* citada por Cabrera, uno de tantos casos análogos de grafía hipercorrecta.

COLA II, 'pasta para pegar', tomado del gr. κόλλα 'goma', 'cola'. *1.ª doc.*: APal. 5b; Nebr. Seguramente es también cultismo (contra la opinión del *REW* 2039) en los demás romances: en francés no aparece antes del S. XIV, en lengua de Oc es raro o inexistente en la Edad Media, no se halla en catalán ni está documentado como latino en la Antigüedad[1]. El vocablo antiguo en castellano es *engrudo*.

DERIV. *Encolar* [APal., 242*d*; Nebr., pero nótese la forma culta *incolar*, s. v. *cola*], *encolado*, *encoladura* [APal. 182*d*], *encolamiento* [ibid., 186*d*]. *Colodión* [h. 1901, Pagés, con cita que no puedo fechar], derivado culto del gr. χολλῶδης 'pegajoso'. *Coloide* [falta aún Acad. 1899], *coloideo*, *coloidal*.

CPT. *Colapiscis* [ya Acad. 1843], *colapez* [Nebr.], *cola de(l) pescado* [1555, Laguna], *icticola* [*Aut.*, s. v. *cola*], adaptaciones varias del gr. ἰχθυόκολλα, compuesto con ἰχθύς 'pez', y de su traducción en bajo latín *colla piscis*. *Protocolo* 'serie de documentos notariales' [1611, Covarr.], 'actas de una conferencia', 'ceremonial', tomado del lat. tardío *protocollum*, griego tardío πρωτόκολλον 'hoja que se pegaba a un documento para darle autenticidad', propiamente 'lo pegado en primer lugar', formado con πρῶτος 'primero'; *protocolar* v. [Acad. ya 1832], *protocolizar* [íd.], *protocolar* adj., *protocolario*.

[1] Schuchardt, *Roman. Lehnwörter im Berb.*, 81, cree, sin embargo, que el bereb. *tagul(l)a* 'masa de harina' procede de una voz lat. *COLLA 'cola'

COLA III, 'semilla de un árbol ecuatorial muy estimada por sus cualidades tónicas y reconstituyentes', procede de una lengua indígena del África occidental. *1.ª doc.:* falta aún Acad. 1899.

Colaboración, colaborador, colaborar, V. labor Colación, colacionar, V. preferir Colactáneo, V. leche Colada, coladera, coladero, coladizo, colado, V. colar Colador 'el que confiere beneficios', V. preferir Colador 'coladero', coladora, coladura, V. colar Colaga, V. cloaca Colagogo, V. cólera Colaina, colaire, colana, colandero, colanilla, colante, V. colar Colainoso, V. colar

COLAÑA, 'tabique de poca altura, que sirve de antepecho en las escaleras o de división en los graneros'; murc. 'madero de veinte palmos de longitud con una escuadría de seis pulgadas de tabla por cuatro de canto; viga'; vocablo raro o local, de origen incierto. *1.ª doc.:* 2.ª ac., 1614, en el inventario murciano de Salucio del Poyo (G. Soriano); 1.ª ac., Acad. ya 1884.

La 2.ª ac. aparece en Acad. 1843 sin localización, pero desde 1884 como murciana; entonces se le agrega la 1.ª sin nota de localismo. Si esta 1.ª ac. fuese la primitiva, sobre todo si el vocablo es murciano o aragonés, podría creerse que viene de *cloaña* (comp., s. v. CLUECA, la variante *culeca*; s. v. CLOACA, *colaga*), derivado del cat.

cloure 'cerrar' (lat. CLAUDĔRE), comp. fr. *cloison* 'tabique' del lat. CLAUSIONEM; mas no parece hallarse el vocablo en catalán. Falta documentación para poder decidir. *GdDD* 1748 lo localiza en Aragón y Rioja (falta en los léxicos de Magaña, *RDTP* IV; y Merino, *RDTP* X, 328) y achacándole el sentido de «poste» (no confirmado por la Acad.) quiere derivarlo de COLŬMNA, lo cual choca con la vocal tónica; una metátesis *caloña > colaña* tampoco es admisible en posición tónica; es, pues, etimología falsa, aunque sea verdadera en el caso del salacenco *collanda* 'cada uno de los maderos que forman un tabique' (Iribarren), donde ya no hay dificultad semántica ni tampoco fonética, puesto que en realidad es palabra vasca y no castellana. El Sr. García de Diego hubiera hecho obra más científica y útil si en su diccionario, renunciando a dar etimologías nuevas, en lo cual anda evidentemente poco afortunado, hubiese indicado la fuente de los datos dialectales que cita, o por lo menos los hubiese reproducido escrupulosamente; en este caso, si existe, como es de creer, algo de esto en la Rioja y en Aragón, el disponer de una definición exacta y segura nos podría guiar hacia la etimología, que de todos modos no es la que él indica. Pero todo ha sido tiempo perdido porque, en su libro, «Dichtung und Wahrheit» andan mezcladas inextricablemente.

Colaña, V. curiana Colañarse, V. colar Colapez, colapiscis, V. cola II Colapso, V. lábil Colar 'conferir beneficios', V. preferir

COLAR, 'pasar un líquido por un coladero', 'blanquear la ropa metiéndola en lejía caliente', refl. 'introducirse furtivamente', del lat. CŌLĀRE 'pasar por coladero', derivado de CŌLUM 'coladero'. *1.ª doc.:* Berceo, *Sacr.* 246, *S. Mill.* 380.

Cuervo, *Dicc.* II, 188-90. El presente debió ser originariamente *cola*, de acuerdo con la cantidad latina (comp. it. *cŏla*, fr. ant. *cole*, *cule*, ya en el S. XII, cat. *cŏla*, etc.), forma que efectivamente se halla en APal. 85*b*; Lope, *El Marqués de las Navas*, v. 227, *yo me colo* en la ed. de 1630 y en otras dos del S. XVII (pero *yo me acojo* en el autógrafo), y que hoy sigue siendo usual entre los gauchos argentinos (*BDHA* III, p. 143)[1]; para la forma analógica *cuela*, vid. M. P., *Man.*, § 112 bis[4]. *Colar* en ast. vale 'marchar' y también 'colar la ropa' (V), que además se dice *colaina* 'trago de vino' [1609, J. Hidalgo; comp. *colana* íd., en el *Estebanillo González*, cap. 5, p. 310; Acad. 1884, no 1843, da ac. nueva: 'desunión entre dos capas contiguas en la madera de un árbol']. Esta ac. de *colaina* ('desunión entre las dos capas contiguas de la madera de un árbol') puede tener una etimología diferente, teniendo en cuenta: ast. *acoraxar* «abrirse la madera, resquebrajar» (G. Oli-

DERIV. *Colada* [Nebr.]. *Coladero* [íd.]. *Coladera. Coladizo. Colado. Colador, -adora. Coladura. Co-*

veros, 20), rioj. *colañarse* 'tocarse la fruta' (no en Magaña ni Merino), nav. riberano *calañarse* 'apolillarse un madero', 'cariarse una muela' (Iribarren), Soria *colainoso* 'dicho de la madera con acebolladura', *colaña* 'colaina' en el Dicc. de Agricultura de Matons; podrían venir del lat. CORIAGO, -INIS, 'enfermedad de la piel de los animales' (*GdDD* 1892), a condición de que el citado *acoraxarse* sea forma del llamado gallego-asturiano, que ya pierde la -N- intervocálica. *Colandero. Colanilla* 'pasadorcillo para cerrar puertas o ventanas' (porque se cuela o pasa) [ya Acad. 1843]. *Colante. Coliche* 'fiesta a la que pueden acudir los amigos sin ser formalmente invitados' viene quizá de aquí (porque *se cuelan* en ella) [h. 1901, Pagés, con cita del argentino Vicente López, obras en 1845-93; falta en dicc. de argentinismos]. *Colisa* 'plataforma sobre la que gira un cañón de artillería' [ya Acad. 1884][2], o *coliza* [íd.], del fr. *coulisse* 'soporte con corredera', derivado de *couler* 'fluir', 'deslizarse'. *Colativo* 'que cuela y limpia'. *Escolar* o -*arse* [así ya en Nebr., hoy poco usado] 'colarse'. *Recolar, recolado*; *recuelo*.

CPT. *Colaire*, and. [*Aut.*], compuesto con *aire*.

[1] Por otra parte *cuela* y formas análogas se hallan ya en la *Montería* de Alfonso XI, en G. A. de Herrera y en Fr. L. de León (vid. Cuervo), pero no todas estas ediciones son fidedignas.—
[2] Pagés cita autoridades que no pueden corresponder a los autores a quienes las atribuye, en vista del vocabulario usado en ellas.

Colateral, V. *lado*   *Colativo (beneficio ~)*, V. *preferir*   *Colativo* 'que cuela y limpia', V. *colar*   *Colaudar*, V. *loar*

COLAYO, 'pimpido, pez parecido a la mielga', origen incierto: *1.ª doc.*: 1896, Vigón; h. 1901, Pagés.

Podría pensarse en un it. *collaio*, derivado de *colla* 'cola de pescado'; pero no hallo tal vocablo en los diccionarios, y esta idea es improbable, pues se trata de un nombre popular en el Cantábrico: ast. *golayu* 'pez de la familia de los mustelinos' (Vigón, quien cita *colayu* como forma vizcaína) Nada semejante veo en gall. ni port., ni entre los nombres mediterráneos del pimpido (Carus II, 502).

Cólcedra, V. *cócedra*

COLCÓTAR 'color rojo formado con peróxido de hierro', del hispanoár. *qulqu̯ṭár* 'vitriolo amarillo', 'caparrosa', que parece ser alteración del gr. χάλκανθος 'caparrosa'. *1.ª doc.*: *cólcotar*, Terr.; *colcótar*, ya Acad. 1884 (no 1843).

Dozy, *Gloss.*, 257. Como el vocablo árabe está bien documentado en Abenbuclárix, Abenalbéitar y PAlc., es falsa la noticia que dan Terr. y Littré de que fué palabra inventada por Paracelso. Por lo menos la forma moderna española, con su traslado de acento, hubo de llegar por conducto del bajo latín o más bien del francés, donde ya aparece en el S. XV, aunque allí sería de origen hispánico, comp. port. *colcothár* 'caparrosa' (Moraes).

COLCHA, designó primitivamente un colchón para echarse o sentarse en el suelo y procede del fr. ant. *colche* 'yacija, lecho' (hoy *couche*), derivado de *colchier* 'acostar', descendiente a su vez del lat. COLLOCARE 'situar', 'poner en la cama'. *1.ª doc.*: med. S. XIII, *Apol.* (307b); doc. salmantino de 1271.

Como observó A. Castro, *RFE* VIII, 341, la etimología tradicional lat. CŬLCĬTA 'colchón', 'cojín', es imposible por razones fonéticas: hubiera dado *cólceda o *colza, comp. «PLACĬTU *plaz(d)o*, RECĬTO *rezo*, etc.; y si se pensara que *CULCTA existió en latín, entonces se habría perdido la -C-, como en FARCTUS, PLANCTUS, etc.». Esta argumentación no tiene réplica, y por lo demás es bien conocido el descendiente real de CŬLCĬTA en castellano, a saber *CÓCEDRA*. Sería pueril imaginar un lat. *CŬLCŬLA, variante inexplicable de esta voz latina, como se sugiere en *BKKR*. Los textos prueban que en lo antiguo *colcha* significó algo parecido a lo que hoy indica su derivado *colchón*, si bien con matiz más comprensivo y genérico de 'objeto tendido en el suelo para echarse o recostarse': en el *Apol.* se coloca a un cadáver «en el suelo barrido, / en huna riqua *colcha*: en hun almatraque batido»; según la *Gr. Conq. de Ultr.* «en aquella ciudad tendieron a Corvalán una *colcha* de xamet en que se asentaron aderredor los cativos». De aquí se pasó luego a algo tendido sobre una mesa o en un frontal de altar, y se acabó designando una cobertura gruesa para cama. No es raro que ya en francés antiguo se halle el significado que la voz tiene en el *Apol.*, y la frecuente importación de colchas francesas, documentada por los Aranceles santanderinos del S. XIII, que comenta Castro, acabó de consumar esta ligera restricción semántica desde la idea de 'lecho', con los traslados semánticos que en estos intercambios comerciales suelen producirse. Para nombres dialectales, *RDTP* VII, 518-23.

DERIV. *Acolchar* [med. S. XVIII, Torres Villarroel][1]; antes *colchar* [1627: *Aut.*], *colchado, colchadura; colchero* [Villafranca del Bierzo, 1270: Staaff, 94.51]; *colchón* [A. de Palencia, 43b][2], *colchonera, colchonería, colchonero, colchoneta*.

[1] Vocablo muy propagado por las lenguas vecinas: cat. *acotxar* 'cubrir bien con las mantas al que está acostado', gall. *acochar[se]* 'echarse en cama', 'tenderse, uno que ya está en cama' (*acóchate para dormir* Sarm. *CaG.* 63v); más modernamente parece que se ha extendido el sign.: «vive *acochado*», «por embaixo d'eles *acóchase* un numen» (Castelao 65.24, 119.25, *acochado* 53.21, 86.19, 176.5f.).— [2] *Colgón*, en un

inventario zaragozano de 1497, *BRAE* II, 90, no será forma con el tratamiento fonético autóctono español L'c > -*lg*-, sino un caso retardado de la grafía arcaica *g* = *č*.

Coleada, coleador, coleadura, colear, V. *cola* I
Colección, coleccionador, coleccionar, coleccionista, colecta, colectación, colectánea, colectar, colecticio, colectividad, colectivismo, colectivista, colectivo, colector, colecturía, V. *coger*   *Colédoco*, V. *cólera*

COLEGA, tomado del lat. *collēga* 'compañero en una magistratura', 'colega', derivado de *lēgāre* 'nombrar como legado o lugarteniente'. *1.ª doc.:* 1545, Pero Mejía; en APal. 83*d* se explica el sentido del vocablo latino sin darle equivalencia castellana.

Para la bárbara acentuación *cólega*, hoy mucho más rara[1] en España que en América, vid. A. Alonso, *BDHA* I, 350-2.

DERIV. Los derivados son también cultismos. *Colegio* [Villena (C. C. Smith, *BHisp.* LXI), APal. 83*d*], de *collēgium* 'conjunto de colegas, asociación'; tuvo acs. muy diversas y genéricas («*colegio*: aiuntamiento» en Nebr., etc.)[2]; *colegial* [Nebr.], *colegiala; colegiarse, colegiado, colegiación, colegiata, colegiatura*.

[1] Pero existió también allí: *concólega* en el *Dicc. de Etimologías* de Ramón Cabrera, Madrid, 1837, p. VI. Abundan las acentuaciones viciosas y aun extravagantes en esta obra, que no se imprimió en vida de su autor (*erúditos, dijóse, repusó, catédras*).— [2] *Colesio* como vulgarismo madrileño, en Luis de Salazar, 1714 (*BRAE* I, 100), etc.

Colegir, V. *coger*   *Colendo*, V. *culto*   *Coleo*, V. *cola* I

COLEÓPTERO tomado del gr. χολεόπτερος íd., compuesto de χολεός 'vaina' y πτερόν 'ala', por los élitros que recubren las alas de estos insectos. *1.ª doc.:* ya Acad. 1884 (no 1843).

Colera, V. *cola* I

CÓLERA[1], f., 'bilis', 'ira', m. 'cólera-morbo (enfermedad)', tomado del lat. tardío *chŏlĕra, -ĕrum*, 'bilis', lat. *chŏlĕra, -ĕrae*, 'enfermedad causada por la bilis', procedentes a su vez del gr. χολέρα, -ας íd., que deriva de χολή 'bilis', 'hiel'. *1.ª doc.:* 'bilis', 1251, *Calila* (*colora*, ed. Allen 15.325); íd., *cólera*, *Libros del Acedrex* 352.13; Nebr.; 'ira', h. 1572, Hurtado de Mendoza; 'cólera-morbo', ya Acad. 1843.

DERIV. *Colérico* [*Corbacho* (C. C. Smith, *BHisp.* LXI), Nebr.]. *Colerina* [ya Acad. 1884]. *Encolerizar* [1605, *Quijote* I, cap. 19]. *Colina* 'sustancia de la bilis', derivado culto de χολή.

CPT. *Cólera-morbo* [-*us*, Terr.]. *Coleriforme. Colagogo*, tomado de χολαγωγός íd., compuesto de χολή y ἄγειν 'empujar, poner en marcha'. *Colédoco*, tomado de χοληδόχος 'que contiene la bilis', compuesto con δέχεσθαι 'recibir'.

[1] Faltan datos acerca de *cólera* 'tela blanca de algodón engomada' [Acad. 1884, no 1843] para opinar acerca de su origen.

Coleta, coletazo, V. *cola* I   *Coletero*, V. *coleto*   *Coletilla*, V. *cola* I

COLETO, 'vestidura de piel que ciñe el cuerpo hasta la cintura', del it. antic. *colletto* 'vestidura de cuero que cubría pecho y espalda y se llevaba bajo la coraza', derivado de *collo* 'cuello'. *1.ª doc.:* 1591, Góngora, ed. Foulché I, 150; 1599, Percivale («a leather jerkin»); 1605, *Quijote;* ley de 1534-1623 en la *N. Recopil.*

Para la voz italiana, bien documentada en el S. XVI (Cellini, Allegri, etc.), vid. Petrocchi y Tommaseo. Se le dió este nombre probablemente porque la única parte que asomaba fuera de la coraza era la que cubría el cuello; falta, sin embargo, estudiar la historia de la forma del coleto. Pasó al español como tantos términos militares del S. XVI italiano. Hoy ha llegado a ser prenda de arrieros. Como el coleto era resistente por ser de cuero, el vocablo significa hoy 'descaro, vergüenza' (propiamente dureza de piel) en Colombia, Venezuela y en España misma, vid. Toro, *BRAE* VII, 614.

DERIV. *Coletero. Coletillo. Coletón*, venez., 'tela basta, harpillera'.

COLETUY, 'Coronilla glauca L.', parece ser corrupción del gr. χολουτέα o χολοιτία 'espantalobos (arbusto leguminoso)'. *1.ª doc.:* fin S. XVIII. Recogen *coletú* Gómez Ortega (obras 1763-1800) y *coletuy* el andaluz Rojas Clemente (h. 1810), como nombre de la Coronilla glauca, *coletú* y *coletúa* Palau (1780-8) para la Coronilla valentina, *coletuy* y *coletúa* Quer (1762) para la C. emerus, y *colutea bastarda* el portugués Brotero para la C. minima (Colmeiro, II, 224-8); Terr. da *coletiu*.

COLGAR, del lat. CŎLLŎCĀRE 'situar', 'colocar', derivado de LŎCUS 'lugar'. *1.ª doc.: Cid*.

Cuervo, *Dicc.* II, 192-7; Cej. IX, § 152. El significado genérico de la voz latina se ha especializado diversamente en romance: rum. *culcà*, it. *coricare*[1], fr. *coucher*, oc. *colgar* 'meter en la cama', 'acostar', cat. *colgar* 'meter en la cama', 'cubrir el fuego', 'cubrir de tierra, enterrar', cast. y port. *colgar* 'suspender'. 'Meter en la cama' y 'cubrir el fuego' se hallan ya documentados en la Antigüedad; no hay noticias en latín de la existencia de la ac. hispanoportuguesa, documentada en estos idiomas desde sus orígenes.

DERIV. *Colgadero* [*Gr. Conq. de Ultr.*, 88]. *Colgadizo* [*Gr. Conq. de Ultr.*, 215]. *Colgado. Colgador. Colgadura* [Nebr.]. *Colgajo* [íd.]. *Colgamiento. Colgandero. Colgante. Cuelga. Descolgar* [Nebr.]. *Decolgar* [Berceo, *Mil.* 157; Acad. 1843, como ant.].

CPT. *Cuelgacapas.*

[1] De ahí ha de haberse tomado, aunque sea algo extraño, el ast. *acoricar* 'arropar a alguno cón mimo', algunas veces 'cuidar con esmero' (V).

Colibacilo, V. *cólico*

COLIBRÍ, del fr. *colibri* íd., de origen incierto. *1.ª doc.*: *calibre*, 1769; *colibre*, Terr., quien revela escaso conocimiento al decir que es «mayor» que el pájaro mosca; *colibrí*, Acad. 1843, no 1832.

Friederici, *Am. Wb.* 189-200. En francés se halla desde 1640 (*colibry*): König, *ZRPh.* LVIII, 402. Las afirmaciones del origen caribe son tardías (1724, vid. Bloch) y están desmentidas por el buen diccionario de Breton (1655). De todos modos el vocablo procede de las Antillas francesas; es desconocido de los historiadores de Indias españoles, y anque hoy se emplea en Santo Domingo (*BDHA* V, 128), en Puerto Rico no es popular (Navarro Tomás, *El Esp. en P. R.*, p. 147) y en otras partes predominan *pájaro mosca, zumbador* (P. Rico) y *picaflor* (Arg., etc.). Las citadas formas *calibre* y *colibre* están aisladas y pueden ser corrupciones. G. Esnault, *Rev. de Philol. Fr. et de Litt.* XXVI, 291-312, rechaza el origen caribe, y propone un derivado de COLÚBRA 'culebra' con el sufijo diminutivo -INUM traído por tripulaciones gasconas o provenzales, pero esta procedencia dialectal no es aceptable. Vid. además Loewe, *Z. f. vgl. Sprachforschg.* LX, 145ss.

Cólica, V. *cólico*   *Colicano*, V. *cola I*

CÓLICO, tomado del lat. *cŏlĭcus morbus* íd., de *cŏlĭcus* 'relativo al cólico', derivado de *colon* 'colon', 'cólico', que procede a su vez del gr. χῶλον 'miembro', 'colon (parte del intestino)'. *1.ª doc.*: *cólico* 'el que padece cólico', Nebr.; *dolor cólico*, 1595, Ribadeneira; sustantivado ya en Acad. 1843.

DERIV. *Cólica* [Nebr.], fué la expresión corriente hasta el S. XVIII (Terr.); hoy la Acad. lo aplica a un cólico pasajero. *Colon* [1604, Jiménez Patón: 'la mayor parte del período'; Terr.: *colo* o *colón* 'parte del intestino'; en este sentido y con la forma moderna, ya Acad. 1843], tomado del citado lat. *colon; colitis.*

CPT. *Colibacilo* [falta aún Acad. 1899], tomado del lat. mod. *coli bacillum* 'bacilo del colon'.

Colicuación, colicuante, colicuar, colicuativo, colicuecer, V. *liquido*   *Coliche*, V. *colar*   *Colidir*, V. *lesión*   *Coliflor*, V. *col*   *Coligación*,

coligado, coligadura, coligamiento, coligarse, V. *ligar*   *Colilarga, colilla, colillero*, V. *cola I*

COLIMACIÓN, tomado de *collimatio, -ōnis*, íd., falsa lectura en lugar del lat. *collineatio*, derivado de *līnĕa*, con el significado de 'acción de poner en línea'. *1.ª doc.*: falta aún Acad. 1899. *DGén.*, s. v. *collinéation; NED*, s. v. *collimation.* DERIV. *Colimador.*

Colimbo, V. *columpiar*   *Colín*, V. *cola I*

COLINA, del it. *collina* 'colina extensa y algo elevada', derivado de *colle* 'colina', que procede del lat. CŎLLIS íd. *1.ª doc.*: Quiñones de B., † 1651; Ovalle, 1644; Barén de Soto, 1651; Moret, S. XVII.

Los primeros ejs. pertenecen todos al lenguaje de los militares[1], quienes lo tomaron en el país de origen, junto con muchos vocablos de introducción contemporánea.

DERIV. *Colineta* 'plato de dulces que forman un conjunto e l e v a d o y vistoso' [1903, Baráibar], alav., santand., venez. (Toro, *BRAE* VII, 452).

[1] «SOLDADO: El enemigo, / venía marchando de allá, / y al llegar a la *colina* / avanzamos hacia atrás», Quiñones, *NBAE* XVIII, 826*b*.

Colina 'simiente de col', V. *col*   *Colina* 'sustancia de la bilis', V. *cólera*   *Colinabo*, V. *col*   *Colindante, colindar*, V. *límite*   *Colineta*, V. *colina*   *Colino*, V. *col*   *Colipava*, V. *cola I*

COLIRIO, tomado del lat. *collȳrĭum* y éste del gr. χολλύριον íd. *1.ª doc.*: 1555, Laguna (APal., 84*b*, define la voz latina sin dar equivalencia castellana); *conlirio*, Calila ed. Alemany, p. 57.

Colisa, V. *colar*   *Coliseo*, V. *coloso*   *Colisión*, V. *lesión*   *Colitis*, V. *cólico*   *Colmado, colmadura, colmar*, V. *colmo*

COLMENA, voz típica del castellano y el portugués, de origen incierto, probablemente prerromano; tal vez de un célt. *KOLMĒNĀ, derivado de *KŎLMOS 'paja'. *1.ª doc.*: Ya en 1174, al parecer (*BHisp.* LVIII, 358); 1228, doc. de Osma (M. P., *D. L.*, n.º 214, lín. 30); Berceo, *Mil.*, 296.

También en J. Alfonso de Baena, *Canc.*, 383.10 (p. 441), APal., 15*b*, Nebr., etc. Port. *colmeia* (*colmea* en Sá de Miranda, ed. C. Michaëlis, p. 168, v. 334), gall. *colmea* (ya *colmēa* en las *Ctgs.* 128.2, 208.2, 326.2). Hoy el uso del vocablo es prácticamente general a todo el territorio de los dos idiomas, aun cuando existe además algún tipo local, vid. Brinkmann, *Bienenstock und Bienenstand in den roman. Ländern* (*Hamburger St. z. VKR* XXX, 146-7, 175); se extiende también al catalán de Valencia y a alguna localidad limítrofe de Cataluña, donde se suele considerar importación casteḷlana, frente a los tipos autóctonos *arna, buc, rusc,* etc.; sin embargo, en el País Valenciano ya es antiguo (doc. de 1250; J. Roig, v. 6305, etc., y On. Pou, *Thes. Puer.*, 88, ya pone el val. *colmena* junto al «gerundense» *buc*; vid. Alcover). Para los nombres empleados en Andalucía, Alvar, *RDTP* XI, 250-4.

Se pensó repetidamente en buscar a *colmena* un origen prerromano, mas el dictamen desfavorable de Thurneysen parecía haber descartado estas tentativas y abierto el paso a una etimología romance. Pero desde luego no es aceptable la sugestión de A. Castro, *RFE* VI, 340, admitida con duda por M-L. (*REW* 2067): lat. COLUMĔLLA 'columnita', pues una LL doble de ninguna manera podía disimilarse en -N-[1]. Puede tomarse en consideración la idea de Piel (*Biblos* X, 136), algo modificada por Brinkmann y aceptada por Rohlfs (*ASNSL* CLXXV, 127): lat. CŬLMUS 'tallo (especialmente del trigo)', partiendo de colmenas de tejido vegetal. Es verdad que se ha afirmado que la colmena de paja no es antigua en la Península, y que CULMUS aplicado al tallo de plantas no cereales es bastante raro (algunas veces se aplica al mijo o panizo, raramente a las habas o a una férula, vid. *ThLL*) y además casi no ha dejado huella en romance[2]. Sobre todo la dificultad está en el sufijo, que no habrá partido del ej. casi único en latín LANIĒNA 'carnicería' (derivado de LANIUS 'carnicero'), según quiere Piel. Por lo demás el sufijo -ĒNA es típico de palabras prerromanas de la zona hispánica (*MORENA* junto a *morón*)[3] o alpina: retorrom. *baseina* 'colmena', fr. ant. *besaine*. (para cuyo origen prerromano vid. M-L., *Misc. Ascoli*, 415, y *ALLG* XIII, 50n., contra las opiniones discrepantes de Planta, *ALLG* XII, 368n., y Sainéan, *Sources Indig.* I, 418), alpino *mordéne* 'rododendros' (Bertoldi, *Festschrift Jud* 241, y las referencias que allí se dan)[4].

Esto aconseja insistir en la búsqueda de un étimo prerromano, y más concretamente céltico, puesto que -ĒNOS es el equivalente fonético en céltico del frecuente sufijo griego -εινός, lat. -īnus. Sugiere Spitzer[5] que el sufijo de *colmena* y *melena* sea -AGO, -AGINIS (de valor tan diferente), con paso posterior de *-én* a *-ena*, y advierte que al recurrir al céltico damos un salto peligroso. Sin duda: entonces corremos peligro de errar el camino; pero postular que un fenómeno que no se ha producido en los vocablos de origen claro (*andén, sartén, llantén*) ocurriera en las voces de procedencia oscura, que como *melena* no pueden explicarse por el latín sin forzar los hechos, no es ya dar un salto arriesgado, sino caer deliberadamente. El «constructivismo», que tanto horror da a Spitzer, es vicio que se comete con el material latino igual que con el prerromano. La diferencia está sólo en que en éste cualquier día nuevos hechos nos pueden enseñar que no hemos «construído», sino intuído, posibilidad que es ya mucho más remota en el campo lati-

no, donde casi todo se conoce ya. Valga también la observación para los casos de *combleza, cantiga,* etc. Realmente ya Mahn (*Etym. Untersuch.* 54-56) llamó la atención acerca del notable parecido del cast. *colmena* con el nombre de este objeto en bretón *kôlôen-wénan*, bret. medio *kolouenn gwenan* (compuesto de *kôlô* 'paja', 'cuévano' y *gwénan* 'abejas'), y aunque Thurneysen rechazó la idea (*Keltorom.*, 86) afirmando que el bret. *kôlô* y sus afines (galés *calaf*, córn. *cala*, galés ant. *calamennou*) estaba tomado del grecolatino CALĂMUS 'caña, rastrojo', más tarde se ha visto que en realidad no hay obstáculos fonéticos que se opongan a creer que estas palabras británicas proceden de un proto-céltico *KŌLMOS (o quizá *KŎLŎMOS), hermano del a. alem. ant. *halm*, ags. *healm*, lat. *culmus*, gr. χάλαμος, eslavón *slama*, ruso *solóma* 'tallo de cereal', 'paja', que suponen un indoeur. *KḶMOS, con L silábica larga, cuyo resultado pudo ser ŏl(ŏ) en el celta continental, como lo fué en bretón (Pedersen, *Vgl. Gramm. d. Kelt. Spr.* I, 121, 179, 180; V. Henry, *Lexique Ét. Bret.*; Stokes-Bezz. 73); de hecho el port. *colmo* y el leon. *CUELMO* (V. este artículo y la nota 2 del presente) comprueban la existencia de este célt. *KŎLMOS. Luego estamos autorizados para postular un hispano-célt. *KŎLMĒNĀ '(colmena) pajiza'[6]. En el aspecto semántico nótese que hombre tan enterado como Krüger reacciona últimamente contra la creencia común de la fecha moderna de la colmena de paja en la Península, y muestra, por el contrario, que se trata de un tipo sumamente extendido y antiguo (*AILC* IV, 177-80).

DERIV. *Colmenar. Colmenero. Colmenilla.*

[1] Si disimilación hubiese habido, según las leyes de Grammont la que se habría alterado es la primera L: 1.º por ser 'el primer fonema, 2.º porque la otra era más fuerte siendo doble, 3.º porque un sufijo tan frecuente como -ELLA no está sujeto a accidentes fonéticos. Además, aun admitiendo lo contrario, una -LL- doble no podía cambiarse en -N- simple. Hoy en Portalegre (Alentejo) se dice *colmeia* (Jaberg, *Sprachwiss. Forschungen und Erlebnisse*, p. 116), pero es claro que esta forma aislada presenta anaptixis, pues una -L- intervocálica habría caído en portugués. [2] Justamente las únicas voces romances afines a CULMUS se hallan en la zona astur-portuguesa: astur. occid. *cuelmo* (Munthe), *colmo* (Acevedo-F.), Bierzo *cuelmo*, gall. *colmo* 'paja de centeno ya majada' (Vall.), 'techo de paja' [Acad. 1884, no 1843], port. *colmo* 'tallo de las gramíneas, del junco, etc.', sanabr. *colmado* 'techado de paja' (Krüger, *Homen. a M. P.* II, 138). Pero sobre todo esto vid. *CUELMO.*— [3] Otros casos hispánicos son más dudosos: *lomena* 'los lomos' en Aineto (Alto Aragón), *RLiR* XI, 69, 205. Los demás ejs. ahí citados o son el sufijo ordinal romance -*eno* o alteraciones claras (como *faxareno* de *faxarero, licena* de *lecina*), o vienen del árabe

o mozárabe (*fuleno*, nombres de lugar en *-én*,
-ena: V. mi artículo en *RFH* V). A esta categoría
pertenecerá *acebucheno*. El origen de *chileno* es
incierto.— [4] Jud, *VRom.* VI, 259, sugiere se agregue a los ejs. de este sufijo el gasc. *caben, caune*,
'colmena', estudiado por Brinkmann, 114-5, pero
no es posible, pues el vocablo, como se ve por
los datos ahí allegados, se acentúa en todas o
casi todas partes en la primera sílaba—también
Baretous y Aspa *còben*, Aspa *càben*, en Rohlfs,
BhZRPh. LXXXV, § 168—y es muy dudosa la
acentuación *cabén* de Palay, que no parece conocer muy bien el vocablo (y aun si fuese cierta
no correspondería a -ĒNU en bearnés, donde tendríamos *-é* o *-ee*). La etimología CŌPHĬNUS es
irreprochable en vista del conjunto de las formas;
el paso de ŏ a *a* ante *v > b* está en regla (bearn.
nabe NŎVA, *dijaus* DIEM JŎVIS, etc.); y no hay
dificultades semánticas.— [5] *MLN* LXXI, 281.—
[6] En lugar de este derivado en rigor podríamos
también partir de la equivalencia exacta del bret.
med. *kolouenn gwenan*, que sería un celta antiguo
*KOLMOVENĒNA: una reducción fonética de esta
forma a un románico *KOLMĘNA no dejaría de
ser un supuesto concebible (haplología, etc.), aunque naturalmente más arriesgado.

COLMILLO, del lat. tardío y vulgar COLŬ-
MĚLLUS íd., derivado de COLUMELLA 'columnita',
por su forma prolongada y redondeada. *1.ª doc.*:
1251, *Calila* 45.840, APal. 109*b*; *colmi(e)llo*, J.
Ruiz 314*d* (rimando con *sello); el derivado *colmellada* 'dentellada de colmillo' ya en Berceo, *Mil.*
470.
Columellus se halla en la *Mulomedicina Chironis* (S. IV), en San Isidoro (*Etym.* XI, i, 52) y
en el Dioscórides lombardo del S. VI (*RF* X,
192)[1]; el derivado *dentes columellares* aparece ya
en Varrón y en Plinio. En realidad se trata siempre de 'colmillos', según el contexto, claramente
alusivo a un diente anterior, y no de 'muelas'
como entendieron algunos; vid. Wölfflin, *ALLG*
XII, 382; XIII, 180 (comp. *ALLG* XII, 405, y
Sofer, 128). Este vocablo se ha conservado única-
camente en castellano (de donde el castellanismo
portugués *colmilho*)[2], y, con sentido alterado, en el
bereb. *takulmut* o *tikulmut* 'ángulo de la mandíbula inferior' (Schuchardt, *Rom. Lehnwörter im
Berb.*, 44); y ya en la época romana debió de ser
especialmente popular en España, en vista del
nombre propio *Columella*, el famoso agrónomo del
S. I d. C., nacido en Cádiz, y llamado así al parecer por sus colmillos salientes. Es, pues, uno de
los provincialismos romanos de España que aparecen más temprano.
DERIV. *Colmillada* [*colmellada*, arriba]; *colmi-
llar; colmillazo; colmillejo; colmilludo.* Cultismo:
dientes columelares.
[1] Por lo general escrito *colomellus*, con grafía
vulgar, pero *columellus* en el ms. *C* de S. Isi-

doro.— [2] El cat. *colomell*, sólo empleado en el
Maestrazgo (Calaceite; *colomello* en Benassal;
vid. Alcover; «dos elefants que rinyen a colps
de colomells» (rima con *aquells*) Seidia, p. 60);
es aragonesismo o mozarabismo, pero tiene interés por la conservación de la pretónica interna
(o su restitución por anaptixis).

COLMO m., 'lo que sobresale', del lat. CŬMŬ-
LUS 'montón', 'colmo, exceso'. *1.ª doc.*: APal., 101*b*
(«cumulus es *colmo* de medida»); Nebr.
Posterior es el uso como adjetivo—quizá deverbal, como *pago, canso, hueco*—, que todavía no
figura en *Aut.*, pero ya hay varios ejs. en Cervantes (Cuervo, *Dicc.* II, 199)[1]. No es razonable dudar de que éste es el origen de *colmo*, como nadie
duda del fr. *comble*, oc. *comble, comol*, íd.,
port. *cômoro, combro*, 'otero', vco. *bonburu* 'colmo, exceso de medida' en Oñate (SE. de Vizcaya),
gonburu vizcaíno general, a. nav. *kupuru; kopuru*
tiene muchos sentidos y quizá distinto origen y
koburu parece por el sentido compuesto de *buru*;
es verdad que el it. *colmo* no presenta un tratamiento fonético normal de CUMULUS, lo cual condujo a M-L. (*REW* 2376) a admitir, si bien con
titubeo (en la 3.ª ed. suprimió estos vocablos), que
las voces española e italiana proceden del lat. CŬL-
MEN 'cumbre'. Pero esta etimología en castellano
es totalmente imposible por razones fonéticas (CUL-
MEN ya dió CUMBRE), y en cuanto al italiano,
en vista de la completa identidad semántica con
el cast. *colmo* y el fr. *comble*, es preferible admitir
que la metátesis κούλουμος, que hallamos documentada por el neogriego, pudo darse también en
romance. La evolución CUM'LU > *colmo* pertenece en español a un conjunto sistemático de hechos
fonéticos paralelos (vid. *AILC* I, 178) y no presenta dificultad alguna[2]. Para *colmo* 'techo de paja',
vid. COLMENA y CUELMO.
DERIV. *Colmar* [Nebr.], del lat. CŬMŬLARE 'amontonar', 'llenar, colmar', derivado de CUMULUS, vid.
Cuervo, *Dicc.* II, 198-9[3]; las variantes *cogolmar*
'colmar (la medida)' (como antiguo, ya en Acad.
1843), y *acolgomar* en el *Marial* de Díez (*DHist.*),
se explican por cruce con *cogollo* 'cima del pino',
'cabeza', 'remate'; *colmado* (para la ac. 'figón',
'tienda de comestibles', V. *CUELMO*), en el sentido aflamencado desde luego es vocablo de Andalucía (aunque allá pudo llegar desde Portugal) y
desde Andalucía se ha propagado por España y
América; *colmadura* [Nebr.]. Para representantes
cultos, vid. *CÚMULO.*
[1] En francés el adjetivo *comble* ya aparece en
1213 (*Faits des Romains, Rom.* LXV, 485); en
italiano, *colmo* está ya en Dante. Bien podría ser
italianismo en castellano el adjetivo.— [2] Por lo
tanto no hay por qué recurrir al cruce, como hace,
según su costumbre, G. de Diego, *RFE* IX, 142.
Sin embargo, él reconoció que no puede separar a *colmar* de CUMULARE. Por el contrario,

Brüch, *RFE* XVII, 14, se empeña en dar la razón a M-L. admitiendo que en castellano es italianismo, pero difícilmente pueden señalarse voces de origen italiano en el S. XV y la índole semántica de ésta es desfavorable a la idea.— ³ Juan Hidalgo pone «*colmar:* henchir» entre sus voces de germanía. No hay confirmación de este carácter.

Colmo 'techo de paja', V. *colmena   Colocación, colocar,* V. *lugar*

COLOCASIA, tomado del lat. *colocasĭa* y éste del gr. xoλoxασία íd. *1.ª doc.:* Terr.

Para un probable duplicado popular, vid. *CARQUESA.*

Colodión, V. *cola* II

COLODRA, origen incierto; es verosímil que sea voz prerromana de raíz probablemente indoeuropea. *1.ª doc.: colotra* (forma latinizada), Sahagún, 1060, 'calabaza grande para tener o medir el vino', Vignau, p. 16; *colodra,* en el fuero fronterizo leonés-portugués de Castello-Bom, 1188-1230 (*PMH, Leges* I, 786); íd., doc. en bajo latín, de Santa María de Aguiar, 1230 (Viterbo); íd., doc. de Sahagún, 1245 (Staaff, 26.26; Vignau, número 1907).

En los citados documentos portugueses se trata de medidas para líquidos, y lo mismo dice Borao del masculino *colodro.* Por lo demás, lo común es que la *colodra* se empleara para contener vino; «Villanueva del camino, gran *colodra* e poco vino», refrán citado por un cazurro andaluz del S. XV (M. P., *Poesía Jugl.,* 466), y *Aut.* explica que era una vasija empleada en Castilla la Vieja para medir vino, de donde la frase proverbial *ser una colodra* para 'ser borracho'; o para ordeñar cabras, ovejas y vacas: Juan de Lucena, 1463, y otros testimonios citados por *Aut.,* incluyendo el refrán *la más ruin oveja se ensucia en la colodra;* todos los datos concuerdan en que es una especie de barreño ancho y de madera (obras citadas y además «una *colodra de fust*», en inventario aragonés de 1368: *BRAE* IV, 345).

Las etimologías propuestas para *colodra* no se pueden aceptar. Diez, Wb. 441, pensaba, si bien con reservas, en un CAULAE ŬTER 'odre de establo' (admitido por A. Alonso, *RFE* IX, 69), pero además de que esperaríamos *colodre y de que no es verosímil tal compuesto estereotipado desde el latín, formado con CAULA, que no ha dejado descendencia romance, la razón decisiva contra esta idea es que una *colodra* no tiene semejanza alguna con un odre. Viterbo redactó así el artículo de su *Elucidario,* donde explica y comenta el texto citado arriba: «*colodra:* Cabaça grande para ter ou medir vinho; ainda hoje se chama *colondra,* e a esta espécie de cabaços disseram *colom-*

bros». Claro es que emplea *cabaça* en el sentido de 'vasija para líquidos', y *cabaço* en el de 'cucurbitácea', refiriéndose al cohombro, que en efecto lleva el nombre de *colombro* o *colondro* en Portugal, *colombro* en Salamanca, partido de Ledesma (Lamano). Las palabras «ainda hoje se chama *colondra*» no debemos tomarlas al pie de la letra, sino en el sentido de que para Viterbo (muy dado, como es sabido, a explicaciones seudo-etimológicas) *colodra* 'vasija' y *colondro* 'cohombro' tenían un mismo origen, como lo tienen *cabaça* 'vasija' y *cabaço* 'calabaza'. Fig. y otros lexicógrafos copiaron literalmente las explicaciones de Viterbo, suponiendo la existencia de *colodra* y *colodro* en el sentido de 'pepino, cohombro'¹, y Spitzer (*RFE* X, 377-8) parece tomar en serio todo esto al explicar *colodra* 'vasija' por CŬCŬMĔREM 'pepino' cruzado con CYLINDROS. Mas aparte de que no hay noticias de que el pepino se empleara jamás, como la calabaza, para hacer vasijas, y que al contrario su forma muy oblonga era inadecuada para obtener una *colodra* de forma ancha y plana, observemos que cruzando las dos palabras citadas se puede llegar a formas como *colombro* y *colondro,* pero de ninguna manera al tipo sin *n, colodra.* Por lo demás no parece que este vocablo haya sido jamás propiamente portugués, pues sólo se halla en textos fronterizos, y en el idioma vecino hubiera debido perder la -L- intervocálica. Más defendible que esto sería admitir que la etimología de Viterbo actuó ya en lo antiguo en calidad de etimología popular, y que a ello debemos el paso de *cohombro* a *colombro* y *colondro* en Salamanca y zonas portuguesas próximas².

En investigaciones futuras todavía deberán tenerse en cuenta dos pistas. Covarr., citando un refrán del Comendador Griego († 1553) «*andar de çocos en colodros*», cree que se trata de un proverbio gallego, interpretando así *çoco* como la forma occidental de *zueco,* y cree que *colodro* significa ahí 'género de calzado de palo', quizá pensando ya en una etimología COTHŬRNUS, como lo dice explícitamente *Aut.* al citar su testimonio. Graves serían las dificultades fonéticas que deberíamos superar si quisiéramos derivar *colodro* de COTHŬRNUS 'bota alta de cazador o de comediante', ni sería fácil concebir cómo se pudo pasar de 'zueco' a 'colodra (vasija)', aunque ambos sean de madera, pero como COTHŬRNUS ha dado vocablos romances de significado bastante alejado del original³, valdría la pena meditarlo si estuviésemos seguros de que *colodro* significó efectivamente 'zueco', pero las interpretaciones que se han dado al citado proverbio son tan divergentes que bien podría creerse que la de Covarr. es una conjetura personal sin gran fundamento⁴.

Por otra parte se deberá tener en cuenta la posibilidad de que *colodro* (ya S. XIII) venga de *corodro por disimilación y que éste salga del lat CORȲTUS 'carcaj', puesto que se trata también de un recipiente, y que el tipo de carcaj más corriente en la Antigüedad era de madera, como una colodra (*Grande Encyclopédie*, s. v. *carquois*); la repercusión de la líquida *r* tras la *t* es fenómeno corriente, que hallamos casi en las mismas condiciones en la voz *CÓCEDRA* < cŭ̆lcĭ̆t(r)a. Sin duda la forma alargada del carcaj dista bastante de la achatada de una colodra, y como representante de la ŭ̆ latina esperaríamos más bien una *u* romance que una *o*[5], de suerte que sólo puede sugerirse esta idea bajo las mayores reservas.

Propone Giovanni Alessio (*RFE* XXXVIII, 228) partir del griego χόλυθρος «fourreau, sac», sugestión tentadora por la ignorancia total en que nos encontramos en cuanto a la etimología de *colodra, -dro*. Pero ya sería algo sorprendente que un vocablo totalmente ajeno al latín (*ThLL, CGL*, Forcellini, etc.) hubiese pasado al romance y sólo al de España, y todavía lo sería más el paso de 'saco' o 'funda' a 'vasija de madera para líquidos' Pero Alessio no hubiera debido contentarse con el escueto informe de Bailly; los buenos diccionarios griegos (Liddell-Scott, Estienne, Demetrakos) están de acuerdo en que χόλυθροι (que es hápax, por lo demás, sólo empleado por Aristóteles y sólo en plural) significa 'testículos' y no 'funda' ni 'saco' (V. en Estienne el contexto, clarísimo), y lo confirma otro hápax, éste de Ateneo, χόλυθρον 'higo maduro', cuya acepción secundaria se explica fácilmente por comparación de forma y colocación. Desde luego es cierto que χόλυθρος parece ser derivado de χόλεϝος 'saco', así que el sentido primitivo sería posiblemente 'saco de los testículos, escroto', pero salta a la vista que no es lícito admitir que pasara al romance una acepción ya no documentada en griego. Se impone desechar inapelablemente esta etimología.

Inspirándose en mi vacilante sugestión de partir de CORYTUS, con repercusión de líquida y disimilación, propone *GdDD* 1931a una base diminutiva *CORYTULUS, con metátesis *COLYTŬRUS, con lo cual mis escrúpulos no desaparecen (pues lo de menos era la -*r*-), antes aumentan, pues no estamos en el caso de *palabra* y *peligro*, en que los grupos BL y CL, fácilmente pronunciables en latín vulgar, no ofrecían resistencia, y el castellano tendía naturalmente a reemplazarlos por *br, gr*; en nuestro caso sería forzoso admitir una metátesis a distancia, consumada ya en latín, y ahí sorprendería que no la hubiese impedido la conciencia del sufijo frecuentísimo -ULUS.

POSDATA. Recapitulando, se trata de palabra que designa un objeto perteneciente a un nivel de civilización antiguo y netamente rústico, siempre una vasija de madera (rara vez de cuerno), de concavidad ancha y en general poco profunda, empleada para llenarla transitoriamente de vino, para poner el segador su afiladera, y, sobre todo y ante todo, de la «vasija que usan los pastores para ordeñar»[6]; se trata de un vocablo cuya área coincide casi enteramente con la de la lengua castellana lato sensu, ya que muestra firmes y antiguas raíces lo mismo en el Noroeste de su dominio que en el Nordeste, y desde Castilla la Vieja a Andalucía, pero con antecedentes más copiosos en las zonas rústicas que en las adelantadas, en España más que en América, y con el centro de gravedad más hacia el Oeste que hacia el Este del territorio lingüístico, pero ajena a las demás lenguas romances, y aun al gallego y al portugués comunes, si bien con alguna leve y ya antigua penetración en la zona portuguesa oriental.

Bien estudiadas las demás pistas, al cabo de estos años queda sólo en pie la fuerte sospecha de que *colodro* y *colodra* sean de origen prerromano, de acuerdo por lo demás con los hechos que acabo de resumir. En vasco no veo nada análogo a no ser una palabra rara, registrada sólo por el lexicógrafo bajo-navarro Salaberry *gathulutra* «bolée» o sea 'escudilla llena de...'; pero es parecido meramente casual: es derivado, mediante el sufijo vasco -*tara*, del vasco oriental común *gathulu, gathilu, -tilo* 'escudilla', préstamo del lat. CATILLUS. Como por otra parte una palabra en *k*- tiene bien pocas probabilidades de haber pertenecido al viejo fondo euskera, no pensemos más en lo vasco, y fijémonos en el aire indoeuropeo que da a un nombre de objeto una terminación que tiene las máximas probabilidades de haber sido originariamente -TRO-, -TRA. Pensemos en el nombre de tantos utensilios y objetos de la vida material que, por el testimonio concorde de todas o las más antiguas familias lingüísticas, constan como existentes en indoeuropeo: ṷELU-TRO- (griego Ϝέλυτρον 'envoltorio, cubierta', scr. *várutraṃ*), LOṷə-TRO- 'baño, bañera' (gr. λοϝετρόν > λουτρόν, galo *lautro*, isl. ant. *lauðr*), KṷELə-TRO- (scr. *cáritraṃ* 'soporte, pie, pierna'), ARə-TRO- 'arado' (ἄροτρον, *aratrum*, etc.), célt. *taratron*, lat. *rutrum*, griego μέτρον, etc.; o bien en -DHRO-: lat. *terebrum, lauabrum*, gr. ἄρθρον, etc.

Por consiguiente existen en principio grandes probabilidades de que se trate de una reliquia céltica o sorotáptica. Pasemos revista, en consecuencia, a palabras del Este o del Noroeste de Europa que puedan guiarnos hacia un étimo, atendiendo mucho al peligro de las coincidencias histerogéneas. El ruso *kolódka* y su primitivo *kolóda*, genéricamente 'bloque de madera, zoquete', toman acs. concretas que a menudo se acercan a las de un colodro[7], pero según el vocalismo histórico del eslavo esto corresponde al paleoslavo *klada*, y continúa una base KḶDA ⇝ KḶDA, la que ha dado el germ. común *holt* 'madera', que en las demás familias indoeuropeas toma sentidos totalmente alejados (p. ej. irl. *saill* 'bosque', *coll* 'destrucción, perjuicio')

Hay, pues, mera coincidencia posterior. Bastante menos lejos quedamos con la familia del gr. χολε(ϝ)ός 'saco, funda', pues ahí el consenso de muchas lenguas nos mantiene dentro de la órbita de la idea de recipiente, del vocalismo básico KOLU- y con la aparición repetida de sufijos con dental más *r*: griego χαλύπτω 'yo cubro', irl. *culaid* 'cubierta', *celim* 'yo oculto', KOLU- 'protección' (irl. *cul* 'protección'), y con tales sufijos: *clithar* 'protección' (KḶ-TRO- o KḶ-TU-RO), el hapax griego χόλυθροι '(saco de) los testículos' en que pensó Alessio, pre-germ. KOLESTRO- (gót. *hulistr* 'cubierta', escand. ant. *hulstr* 'funda, estuche', ags. *helustr*) y el a. alem. med. *hulftr* 'aljaba' supone una base KḶPTRO-[8] que no nos deja lejos de lo buscado[9]. Pero aunque la sensación es de que por ahí no andamos muy desviados, ninguna de estas palabras coincide bastante con la forma y sentido de *colodro, -dra*, para dar firme indicio de un origen común. A lo sumo pudo este grupo sumarse en nuestra lengua prerromana con una del grupo siguiente, que es donde veo muestras claras de afinidad.

Es común a todas las lenguas eslavas la palabra que en paleoslavo es *korýto* «alveus»: en ruso 'dornajo, artesa, batea', en polaco y en serviocroato 'amasadera', en checo lo mismo y 'colmena', en esloveno 'artesa de amasar' y 'colmena construída ahuecando un tronco o cepa de árbol'[10]: con lo cual tenemos casi el mismo objeto que un 'colodro'. Ahora bien esta voz del eslavo común supone una base KORUTO-, próxima al *KORÚTRO- de donde partiría *colodro*: y aun pudo ser idéntica, suponiendo se perdiera una de las R por disimilación[11]. Que esta palabra eslava es elemento heredado del indoeuropeo no cabe duda, pues se le encuentra evidente parentela en la mayoría de las lenguas de la gran familia, con terminaciones, vocalismos y acepciones más o menos distintas: en la forma *karta* 'dornajo, artesa' perteneció al báltico común, pues de ahí lo tomó en préstamo el finés *kartta* íd., y de ahí, con igual sentido, son derivados el prus. ant. *pracartis* y el lit. *prākartas*. Se trata de derivados de la raíz KER- 'cortar', a la que pertenecen el paleosl. *korĭcĭ* 'medida de capacidad', rs. *koréc* 'tolva de molino', 'cazo', lit. *kertù* 'yo corto de un hachazo', eslavón *čritu* 'yo corto', scr. *kṛntáti* 'él corta', etc., con sustantivos derivados como scr. *kartaḥ* 'hoyo, agujero', lat. *cortex*, germ. com. *haruthjan 'saco de piel' y 'escroto' (ags. *herδan*, isl. ant. *hreδjar*), griego χώρυτος 'saco de cuero', irl. ant. *curach* 'canoa de piel', etc.

En conclusión, no hay testimonio celta de ningún sustantivo de sentido o forma análogos a los de *colodro*, pero sí lo hay, y de formas muy cercanas, en todas las lenguas baltoeslavas, con cuyo léxico muestran tan repetidamente especial afinidad las supervivencias sorotápticas; y estando fuera de dudas que esta raíz fué común a todas las ramas de la familia indoeuropea, es verosímil que de ella formaran un derivado KORU-TRO- los más antiguos indoeuropeos hispanos, con sentido análogo al del KORU-TO- conservado en las lenguas eslavas; el

elemento formativo -U-T- o por lo menos -U- reaparece ahí, según hemos visto, en el germ. *haruthjan* y en el gr. χώρυτος.

DERIV. *Colodrazgo*. *Colodro* [S. XIII: «omne cargado de *colodros*, 1 dinero» en el Portazgo de Sahagún, Vignau, *RABM* 1871, 269, probablemente con el mismo sentido de *colodra*]; en Aragón es 'taza ancha y de poca altura, sin asas' (Borao) y allí mismo significó antiguamente 'medida para líquidos', según la Acad. (ya 1832); en Santander es una 'vasija de madera' (G. Lomas); para la supuesta ac. 'zueco', vid. arriba. *Colodrillo* 'cogote' [*colodrieillo*, 2.ª mitad S. XIII, *Vidal Mayor* 4.12.10; fin S. XIII, *Tratado de las Enfermedades de las aves*, p. p. B. Maler, *Filologiskt Arkiv* IV, 90; h. 1400, Glos. del Escorial; APal. 113*b*; Nebr.; y clásico: *Aut.*], se explica semánticamente por la concavidad del occipucio, comp. el b. arag. *hoyeta* o *foyeta* 'nuca', cat. *clotell, clatell* 'cogote', derivado de *clot* 'hoyo'; de *colodrillo* vendrá seguramente *colodro* en el sentido de 'golpe dado en la cabeza', que el vocablo tiene en Aragón y la Rioja según Terr., *colodrón* 'porrazo con la cabeza' en Aragón según Cej. (*La L. de Cervantes*, s. v. *colodra*).

[1] Vieira da «*colodra*, ant., cabeça grande», donde parece haber errata por *cabaça*.— [2] Es muy dudoso que CYLINDROS dejara descendientes romances (a no ser el logud. *acchilandrare*), pues el tipo *colonda, -ondra*, que M-L. deriva de esta base, parece venir sencillamente de COLUMNA, con diferenciación -MN- > -nd-. Véase aquí *CORONDEL*.— [3] Además del it. merid. *cuturnu* 'botina de señora' y del port. *coturno* 'especie de media corta, borceguí', port. dial. *coturna* 'especie de polaina', tenemos el gall. y port. *codorno* 'especie de pera de invierno, redonda como naranja y a propósito para compota', que ya se halla en D. Sánchez de Badajoz (cita en *RFE* IV, 19), en Tras os Montes 'cantero o zoquete de pan', en el gallego del Limia 'hielo' (*VKR* XI, glos., s. v.), en el Brasil 'siesta, sueño', y por otra parte el aran. *kudúrna*, Vallée d'Aure *coudourlo*, Gers, Toulouse, Castres, Gard *couderlo* 'especie de hongo de tallo largo' (Cénac, Doujat, Couzinié, Sauvages), que fonéticamente tienen aires de representar COTHURNUS.— [4] Lo que dice exactamente Covarr. es «*colodro*, género de calçado de palo; el Comendador Griego en refrán gallego dize: *andar de çocos en colodros*, salir de un negocio peligroso y entrar en otro de mayor peligro». Parece por lo tanto que la interpretación del Comendador era esta última y no consta que entendiera *colodro* como 'calzado de palo'. Sabido es que este refrán forma parte de la locución empleada por Sancho en el *Quijote*, I, cap. 18, «andar de Ceca en Meca y de zoca en *colodra*», que se ha entendido de diversas maneras: el Maestro Correas traduce 'baldíamente, de una parte a otra' y otro paremiólogo, citado por Rodríguez

Marín a propósito del mismo pasaje, el doctor Luis Galindo, explica «dezimos vulgarmente del que sus andanzas son de la plaza (que el Arábigo llama *zoco*) a la *colodra* y calabaza de vino, y assí a la taberna». Clemencín, aceptando la [5] identificación de *zoca* con 'zueco', observa que era fácil pasar de *ceca* a *zoca*, y de éste a *colodra* por ser ambos instrumentos pastoriles. Nótese además que podría tratarse del arag. *zoca* 'cepa, tocón'. En resumen, no hay nada que pruebe necesariamente que *colodro* o *colodra* en este refrán [10] tienen otro significado que el ordinario de 'vasija'.— [5] La cantidad está bien documentada en hexámetros de Virgilio y de Ovidio, ante los cuales la escansión *corȳtus* de Sidonio Apolinar no [15] tiene valor. En latín procede del gr. γωρυτός (Homero, Licofrón, Luciano), γωρυτός (Hesiquio), que según Bailly tendría υ breve. Como la ypsilon se pronunció ö en época tardía—de donde el romance *fégato* < σῡχωτόν, oc. *bodér* 'manteca' < βούτῡρον, y quizá prov. *nerto* < μύρτος—, [20] no sería imposible que en algún caso se hubiera transcrito en romance por *o*, aunque bien parece que los únicos casos comparables que conozco —λάγῡνος > lat. *lagōna*, ἄγκῡρα > lat. *ancōra*— [25] tienen explicación diferente.— [6] Es como la emplea y explica, p. ej., Fernán Caballero en *Clemencia* II, cap. 8, p. 248.— [7] Leskov aplica aquél al tronco o madero que emplea el sastre rústico para pruebas, a modo de maniquí (*Stopálščik*, [30] cap. 5), y su comentarista Struve da como más conocida la aplicación a una pierna u horma de bota; *kolóda* 'hombre inerte, flojón' en Tolstoi, *Kavkazski Plénnik*, cap. V, etc.— [8] Claro que no habiendo modelo adecuado en las lenguas cél- [35] ticas conocidas sería más prudente pensar en lo sorotáptico. Precisamente el prus. ant. *kelmis* es indicio casi directo y muy probable de la vida de esta raíz en sorotáptico, aunque con un sentido análogo al de 'casco, protección de la cabe- [40] za' que ha tomado en germánico y balto-eslavo: gót. *hilms* (> fr. *heaume*, cast. *yelmo*), lit. KEL-MI-S prus. ant. *salmis*, que suponen todos en KEL-MI-S o KEL-MO-. Pero K- se vuelve *s*- o *š*- en balto-eslavo, y por lo tanto el prus. ant. *kelmis*, que [45] a diferencia del autóctono *salmis*, significaba 'sombrero', tiene que ser un préstamo del sorotáptico a su próximo vecino el prusiano antiguo.— [9] Muchos indólogos suponen que existió un scr. védico *kadrŭ-ḥ* f. como nombre de una [50] especie de barril o vasija, que sobre todo teniendo en cuenta que saldría probablemente de un más antiguo *kʷodlu-*, nos recuerda también *colodro*. Pero sería imprudente partir de ahí, no sólo porque no hay noticia de tal vocablo en las [55] demás familias indoeuropeas, sino porque en los propios Vedas (6 veces ya en el Rig Veda, X 14.16*a*, etc.), y en los Brahmanas, lo único documentado es un compuesto *trikaduka-* que aquellos eruditos interpretan como aplicado a los dioses [60]

que se beben el Soma o néctar contenido en tres (*tri-*) vasijas (cf. Macdonell, *A Vedic Reader*, pp. 175, 153). Sin embargo además de que caben otras interpretaciones de esos pasajes, lo único documentado en forma no compuesta es el adjetivo *kadru-* 'pardo, amarillento' y *tri-* 'tres' podría aludir a los tres Vedas, o bien tener valor aumentativo, refiriéndose al color del Soma, que suele describirse como pardo (*babhrúḥ, hárik*).— [10] Meillet, *Études sur le vocab. du v. slave*, 301; Berneker, *Slawisches Etym. Wb.*, p. 579; Pokorny, *IEW* 942.23ss.— [11] Aun si la acentuación heredada hubiese sido en la primera sílaba, el latín vulgar atrajo el acento a la segunda ante toda terminación -TR-. Y nótese que admitir disimilación R-R > l-r es forzoso en nuestro vocablo si el portugués *colodra* es regionalismo autóctono (como nos lo haría suponer el hallarse en documentos portugueses de 1188 y 1230), pues de otro modo una -L- intervocálica habría caído en portugués, mientras que a la -l- portuguesa entre vocales (si no es una *r* disimilada) corresponde en castellano -ll-

COLOFÓN, 'anotación al final de los libros', tomado del gr. χολοφών, -ῶνος, 'cumbre', 'remate, fin de una obra'. *1.ª doc.*: ya Acad. 1884 (no 1843).

DERIV. *Colofonia* 'resina translúcida sacada de la trementina' [1555, Laguna], tomado del lat. *colophonĭa* y éste del gr. χολοφωνία íd., propiamente adjetivo gentilicio de la ciudad jonia de *Colofón* de donde procede esta resina, y cuyo nombre significaba probablemente 'cumbre'; de aquí el derivado *colofonita*.

Coloidal, coloide, coloideo, V. *cola* II   *Colombófilo*, V. *columbino*   *Colombro*, V. *colodra*   *Colombroño*, V. *nombre*   *Colon*, V. *cólico*   *Colondra*, V. *corondel*   *Colondro*, V. *colodra*

COLONO, tomado del lat. *colōnus* 'labriego', 'masadero, labrador que arrienda una heredad', 'habitante de una colonia'. *1.ª doc.*: 1618, Salazar de Mendoza.

DERIV. *Colonato*. *Colonia* [Antonio Agustín, † 1586]; en la ac. 'cinta de seda' [Oudin; 1654, Zabaleta] es abreviación de *cinta de Colonia*, y en la de 'agua aromática' (falta aún Acad. 1899) lo es de *agua de Colonia*, ambos con referencia a la ciudad alemana de Colonia; *coloniaje; colonial* [Acad. ya 1843]; *colonizar* [íd.], *colonización, colonizador*.

COLOÑO, 'haz de leña que puede llevarse al cuello', santand., sale de **colloño*, derivado de *cuello*, por disimilación de las dos palatales. *1.ª doc.*: Terr., 'haz', como voz de la costa cantábrica; ya Acad. 1843.

Sugirió G. de Diego, *RFE* XII, 15, que el burg.

coloño 'cesto' [?] viene del lat. CŌLUM «cesto de hacer la colada»; en realidad este sentido latino no existe, pues el real es 'coladero para filtrar líquidos', y sólo en Ausonio significa 'garlito, utensilio de juncos para pescar'; podría estudiarse la posibilidad de esta etimología, si no fuese evidente la indicada arriba y propuesta por Tallgren, *Neuphil. Mitt.* XIV, 168, y ya por Viterbo. En portugués *colonho* y *colonha* [1355, Viterbo] se emplearon en el sentido de 'haz que se lleva a cuestas' y la *-l-* portuguesa no puede reflejar más que una -LL- latina. Comp. gall. *levar ao colo* 'llevar en brazos (a un niño, etc.)'.

COLOQUÍNTIDA, tomado del lat. tardío *coloquinthĭda,* lat. *colocynthis, -ĭdis,* y éste del gr. χολοχυνθίς íd. *1.ª doc.:* APal. 392d; 1555, Laguna.

La forma *coloquinthĭda,* con la transcripción vulgar de la ypsilon griega por lat. *ui,* se halla en glosas (*CGL* III, 542.7, 572.38, etc.).

Coloquio, V. *locuaz*

COLOR, del lat. COLOR, -ŌRIS, íd. *1.ª doc.:* Cid.

Vaciló en el género hasta la época clásica (y hoy todavía en el lenguaje rural y poético), hallándose el femenino sobre todo en la ac. 'colorido del rostro' (*Quijote,* II, cap. 10, etc.; general en la Edad Media), pero también, aunque menos, en la ac. general (p. ej. *las colores de las flores,* Lope, *Marqués de las Navas,* v. 2134; frecuente en la Edad Media: Berceo, *Loores,* 85c; J. Manuel, *Conde Luc.,* 30.1; pero ya masculino en J. Ruiz, 288b). De la ac. 'pretexto' V. ejs. clásicos en *Aut,* y además Calderón, *Alcalde de Zalamea* I, xix, ed. Losada, p. 113, etc. Pero sigue siendo femenino el port. *côr,* gall. *cor* o *coor* («a nova *cor*», «sen mais chatas que a súa *coor*», Castelao 41.13, 165.6).

DERIV. *Colorar* [J. Ruiz, 1252d; APal. 213b; vid. Cuervo, *Dicc.* II, 201-2]; *colorado* 'adornado, compuesto' [aplicado a cosas: Berceo, *Mil.,* 51, etc.; a personas, J. Ruiz, 1024e], 'rojo, encarnado' [h. 1490, *Celestina,* ed. 1902, 11.6, etc.; APal. 458d; Nebr.; muy clásico, en los SS. XV-XVII se sobrepuso al antiguo *bermejo,* y hoy sigue dominando en toda América, mientras que el uso común español prefiere hoy *encarnado,* y junto a ellos se ha dicho *rojo*]; duplicados fonéticos: *codrado,* en la ac. antigua (Berceo, *Mil.* 515), procedente de **coldrado* como *cócedra* de CŬLCĬTRA; *corlado* 'barnizado como si estuviese dorado' (fuero aragonés de 1350: *RFE* XXII, 22; todavía usual entre los judíos de Bosnia, *RFE* XVII, 139), de donde *corladura* [1708, Palomino], *corlador, corlar* [Acad. ya 1843], *corlear* [íd.]. *Coloración; coloradilla; coloramiento; colorante; colorativo. Colorear* aparece junto a *colorar* en el S. XVI, y gana terreno sobre éste en el uso verbal (vid. Cuervo, artículo *colorar*). *Colorete* [Acad. ya 1843] 'arrebol'. *Colorir* [1613, Góngora, ed. Foulché II, 44], *colorido* adj. [1626, Pellicer], m. [1685, Solís], probablemente tomados, en calidad de términos pictóricos, del it. *colorire, -ito* (que son las formas normales en este idioma en lugar de *colorare, -ato*), de donde procede también el fr. *coloris* [1629]; de ahí *coloridor. Colorín* 'jilguero' [1605, *Pícara Justina;* hoy usual en Cespedosa, *RFE* XV, 274, etc.]; para la explicación semántica, vid. Spitzer, *ZRPh.* LIII, 297. *Colorinche,* arg., 'color chillón (parte de un vestido)' (Rosa F. de Lestard, *Los Andes,* 3-VIII-1941; ibid. 1-I-1941; Chaca, *Hist. de Tupungato,* 301); en España se dice *colorín. Colorismo; colorista. Descolorar* [Nebr.], *descolorado* [Berceo, *Mil.* 743; Apol., 387a], *descoloramiento, descolorante;* más tarde han predominado *descolorir* [1654, Zabaleta], *descolorido* [Pantaleón de Ribera, † 1629], *descolorimiento* [1580, Herrera]. *Decoloración* [¿1877?, Vicente Vera, en Pagés; Acad. falta aún 1899], del fr. *décoloration. Discolor* ant. *Incoloro.*

CPT. *Colorímetro, colorimetría. Socolor. Tricolor.*

COLOSO, tomado del lat. *colŏssus* y éste del griego χολοσσός 'estatua colosal'. *1.ª doc.:* F. de Herrera, *RFE* XL, 149; 1587, Ant. Agustín.

DERIV. *Colosal* [Terr.], en francés ya en el S. XVI; en latín se decía *colossicus,* en griego χολοσσιαῖος. De éste procede el lat. *colossēus* que se empleó sustantivado para designar el grandioso Anfiteatro Flavio de Roma, de donde el it. *Colossèo,* vulgarmente *Colisèo*[1], y de aquí el cast. *coliseo* [1545, aplicado a la Antigüedad; en el sentido de teatro moderno donde se representan comedias u óperas, ya en Góngora—vid. Alemany—y en Varén de Soto, † 1673]; el nombre parece explicarse por las dimensiones colosales del edificio (Pauly-Wissowa, *Realenzyklopädie der Alt.* VI, 2516) y no, como se ha dicho muchas veces, por la estatua colosal de Nerón (Andrés Agustín, 1587, dice de Domiciano) que había cerca del edificio.

[1] Corrupción inexplicada que ya se halla en el bajo latín del venerable Beda (princ. S. VIII) y, en italiano, por lo menos desde el S. XVI (Vincenzo Borghini).

Colostro, V. *calostro*

COLPA, del quich. *kólpa* 'sales químicas que sirven de mordiente', 'caparrosa'. *1.ª doc.:* Terr., con cita del francés Pluche (1688-1761); 1789, Alcedo.

Lenz, *Dicc.,* 202; Rogelio Díaz, *Toponimia de San Juan,* s. v. Tiene uso popular en la Arg., Chile y Perú. Del mismo origen es *corpa* 'trozo de mineral en bruto', registrado por la Acad. (falta aún 1899) como término de minería (para la vacilación entre *l* y *r,* comp. PIRCA y *pilca*).

Colpar, colpe, V. *golpe*

CÓLQUICO, tomado del lat. *colchĭcum* y éste del gr. κολχικόν, íd., derivado de Κόλχος 'Cólquide, país ribereño del Mar Negro'. *1.ª doc.:* 1555, Laguna.

DERIV. *Colquicáceo.*

Colúbrido, V. *culebra   Coludir,* V. *ludibrio Columbario,* V. *columbino   Columbera, columbeta, columbiar,* V. *columpiar*

COLUMBINO, tomado del lat. *colŭmbīnus* íd., derivado de *columba* 'paloma'. *1.ª doc.:* 1528, Guevara.

COLŬMBA dejó descendientes populares en catalán (*colom, coloma*), en mozárabe (vid. Simonet, y el val. *columbaire* 'palomero' [Lamarca] < COLUMBARIUS), y en otros romances; en territorio lingüístico castellano sólo existió *paloma* (pues *Colomba,* en Berceo, *S. Mill.,* 177, es nombre de persona).

DERIV. *Columbario.*

CPT. *Colombófilo* [Acad. 1925 o 1936], parece haberse formado en Cataluña (donde ya lo hallamos en 1917), como forma híbrida entre el lat. *columba* y el cat. *colom.*

Columbón, V. *columpiar*

COLUMBRAR, origen incierto, parece haber sido primitivamente voz de germanía. *1.ª doc.:* 1555, romance publ. por Timoneda (Hill VIII, 8).

M. P., *Rom.* XXIX (1900), 344, propuso derivar de un lat. *COLŬMĬNARE 'divisar a lo lejos desde una altura', derivado del lat. COLŬMEN, -ĬNIS, 'cima, altura'; desde el punto de vista semántico es etimología irreprochable, puesto que *otear* viene paralelamente de ALTUS y *atalayar* de *atalaya.* La objeción de Baist (*KJRPh.* VI, i, 387), de que debiéramos tener *colombrar está lejos de ser decisiva, pues el vocablo caería desde antiguo en la órbita de *lumbre, alumbrar*; las de Spitzer (*RFE* XI, 69n.) y de M-L. (*REW³* 1516), son nulas, por descansar en una interpretación equivocada de la nota de A. Castro (*RFE* V, 36-7) en apoyo de la idea de M. P.: a saber, que *COLUMINARE derivaría de un COLUMĬNA variante de COLUMNA¹. A pesar de lo infundado de estas objeciones, nadie las ha rechazado, y la idea parece estar olvidada entre los romanistas. En realidad no lo merece, y los únicos escrúpulos que se pueden hacer oír contra ella son el que expongo abajo y la ausencia de representantes romances de COLŬMEN²: siendo CULMEN (> cast. *cumbre*) la forma moderna del mismo, y calificando Cicerón a COLUMEN de vocablo poético, sólo podríamos conservar el étimo *COLUMINARE teniendo muy en cuenta el carácter arcaico del latín de España y recordando su propensión a la anaptixis (CLUNIA > *Coruña,* y los ca

sos citados s. v. *ALREDEDOR*). La etimología de M. P. en el fondo es la buena con tal de someterla a una modificación fundamental. No se trata de un *COLUMINARE derivado del arcaico y desusado COLUMEN sino sencillamente de CULMINARE derivado del latino normal CULMEN; el resultado fonético, de momento, fué *culmbrar, casi impronunciable, alterado inmediatamente en *culumbrar, columbrar,* por influjo de *vislumbrar* y *alumbrar,* y con el objeto de hacerlo pronunciable. La prueba elocuente es que la reducción fonética *cumbrar* o *acumbrar* ha existido precisamente con el sentido de *columbrar.* Así lo he oído varias veces («aquell mas que *s'acumbra* allí baix», p. ej.) en el catalán de Bocairente, prov. de Valencia, unos 15 km. al E. de Villena; está claro por la fonética que no es palabra valenciana castiza sino tomada sin duda del castellano local de las hablas manchegas fronterizas (de Villena o Almansa seguramente).

Schuchardt, *ZRPh.* XXVII (1904), 614, relacionó *columbrar* con el venec., parm., mant. y friul. *caluma(r)* 'contemplar atisbando', y supuso que todos ellos venían del lat. vg. *CALUMEN, -ĬNIS, 'debilidad de la vista', 'miopía', variante por cambio de sufijo del lat. CALĪGO, -ĬNIS, o *CALŪGO, -ĬNIS, íd., propiamente 'tinieblas', 'niebla'; la existencia de *CALUMEN está probada, en otra ac. del mismo vocablo, por el cast. ant. *calumbre* 'hollín', *calumbrecerse* 'oxidarse', *calumbriento* 'tomado de orín', y en cuanto a la idea de 'miopía' la tendríamos representada por oc. ant. *caluc* 'miope' (*FEW* II, 91b); en castellano, desde 'mirar guiñando los ojos, forzando la vista', se habría pasado a 'divisar desde lejos'. Es idea perfectamente concebible (el Sr. Castro, al rechazarla, no la reproduce bien), pero no menos hipotética que la anterior, a pesar de la preferencia de M-L., tanto más cuanto que el origen de oc. *caluc,* único apoyo de la ac. 'miopía', es ya una hipótesis demasiado audaz desde el punto de vista morfológico; la semejanza con el it. dial. *caluma(r)* es realmente sugestiva, pero hay un considerable hiato geográfico.

Spitzer, *RFE* XIV, 243, volviendo a una idea sugerida por Covarr., quisiera ver en *columbrar* un derivado romance de *lumbre,* lat. LŬMEN 'luz, luminar', y C. C. Rice (*Hisp. R.* II, 246-8) apoya su idea relacionando con *vislumbrar* y recordando evoluciones semánticas como ingl. *to glare* 'brillar' > 'mirar coléricamente', *to glimpse* 'brillar débilmente' > 'entrever, divisar', *to glimmer* 'brillar débilmente' > 'mirar con los ojos medio cerrados', alem. *blick* 'brillo, destello' > 'mirada', scr. *lokati, rokati* 'brillar' > 'mirar', a los cuales se podría agregar el it. ant. *lumi* 'ojos' (Dante, Guinicelli, etc.); *GdDD* 1732a insiste en la idea de Spitzer y Rice, pero partiendo del lat. COLLUMINARE 'iluminar por todos lados', con lo cual nada se gana, en vista de la extremada rareza del vocablo latino; antes se pierde, dado su matiz especial.

El punto flaco de esta idea, por lo demás muy natural, está sólo en el aspecto morfológico, dada la rareza de las creaciones verbales romances con prefijo *co-*, pues el caso de *colindante, colindar*, a que se refiere Spizter, es más bien nominal, tiene carácter semiculto y en él vemos el prefijo expresando una idea muy diferente, la de compañía, que le es normal. Quizá podríamos modificarla admitiendo que *columbrar* viene de **calumbrar*, resultante de un cruce entre *vislumbrar* y *catar*, verbo que por cierto también se emplea en la zona alpina donde hoy corre *calumar*, para el cual ya propuso esta solución Salvioni (*REW* 5161). Debemos reconocer, sin embargo, que la idea de este cruce está lejos de ser evidente, y será bueno esperar la confirmación que le traería la existencia de formas castellanas en *ca-*.

Para las investigaciones futuras me parece dato fundamental el carácter germanesco de *columbrar*, registrado como tal por Hidalgo y empleado en muchos romances de germanía (vid. Hill, *Voces Germanescas*); de ahí proceden *columbrón* 'lo que alcanza una vista' (1605, López de Úbeda, p. 60*a*, Nougué, *BHisp.* LXVI; también en Hidalgo), *columbre* 'busca' («De Toledo sale el Iaque... / en *columbre* de la Pérez / porque se le ha trasmontado» en un romance que pudo ser compuesto por Juan Hidalgo, Hill, XXVI, 5), y *columbre* (Hidalgo; Hill, VIII, 3, etc.) o *columbro* (Hill, CV, 61-64) 'ojo': para el tránsito semántico en este último caso puede compararse el caló *clisos* 'ojos', derivado de *clisar* 'mirar fijamente' (< *eclipsarse*); el origen germanesco de *columbrar*, además de basarse en esta abundante documentación se puede apoyar en la procedencia jergal de *ATISBAR* y *AVIZORAR*. Ahora bien, esta procedencia y la fecha bastante tardía en que aparece el vocablo, no es muy favorable a las etimologías de latín vulgar propuestas por M. P. y Schuchardt, y se conciliaría mejor con la formación romance a base de *lumbre* o *vislumbrar*. Por lo demás, quizá sea importante la variante *columbo* 'ojo' que leemos en el romance germanesco del ecijano Juan Barrionuevo y Moya (1638) («que vean mis *columbos* el suceso»: Hill, pp. 161 y 163)[3].

DERIV. *Columbra* 'busca' [1572, Hill V, 3]. *Columbre, columbro, columbrón*, etc. (V. arriba y Hill). «*Excolumbrar*, que ya no se columbra, por haber traspasado el horizonte sensible» en Rosales, Noroeste de León, Morán, *RDTP* I, 607; es decir: 'trasponer más allá de una *pruida* o en la lejanía'. Si tuviésemos testimonios antiguos de este vocablo, o por lo menos supiéramos que tiene gran extensión dialectal, sería tentador imaginar que ahí está el punto de partida de toda la familia, pues un **EXCOLLUMINARE* 'perderse de vista' no sería formación del todo inverosímil en latín, aunque no haya dejado rastro en otras lenguas romances. O **EXCOLLUBRICARE* 'deslizarse', que ha dejado descendencia así en el Sur como en el Norte

de Francia, además del fr. ant. *escolorgier* «s'enfuir» (*FEW* III, 279), y no haría falta demasiada ingeniosidad para justificar en un caso así la eliminación del sufijo y una nasal adventicia; *columbrar* se habría extraído luego de *escolumbrar*, regresivamente. Pero teniendo en cuenta lo dicho arriba permanezco escéptico ante esta idea que se me ocurre. Comp. *columbrón* (en *columpiar*) y lo que digo en la nota 3.

[1] CŎLŬMEN es variante arcaica, y al parecer forma originaria, de CŬLMEN (como *tegŭmen* junto a *tegmen*), vid. Ernout-M. y Walde-H. Es verdad que a su vez COLUMNA parece estar en relación con CULMEN, pero los filólogos españoles no se referían a COLUMNA, sino a COLUMEN, al cual no tienen aplicación dichas objeciones.— [2] M. P. propone el mismo étimo para el nombre del pueblo asturiano de *Colombres*, partido de Llanes (de aquí vendrá el nombre propio *Columbrano*, que Oelschl. cita de Sahagún, 1096). Convendría probarlo mejor, con docs. antiguos que indiquen si es o no un caso de -AS > -es (¿no podría ser COLŬMBAS nombre del tipo del frecuente *Palomera, Pombal*, etc?); se podrá tener en cuenta entonces el nombre de lugar valenciano *El Blanc de Columbro* (término de Rafelbunyol, partido de Sagunto). En cuanto a los islotes *Columbretes₂* cat. *Els Columbrets*, entre Ibiza y Castellón de la Plana, es incierto que su nombre tenga algo que ver con COLUMEN, pues se asegura que son la isla que Plinio y San Isidoro (*Etym.* XIV, vi, 43-44) llaman *Colubraria*, y entonces su nombre podría venir de COLUBRĒTUM 'lugar poblado de culebras' (cf. *Montcolibre* y *Montcalobre* que se han empleado como nombre de una de estas isletas). Es verdad que esta etimología no es segura ni mucho menos (nótese la *-m-*) por no estar nada bien probada que a ellas se refiera el nombre de *Colubraria*; y que también podría tratarse de un *qolumnät* plural arábigo del neutro COLŬMĬNA, ya plural, dada la típica forma cónica de varios de dichos islotes; cf. *La Mola de la Garumba* o *Galumbra* junto a Morella, de forma no muy distinta.— [3] Si esta variante pudiera confirmarse en otras fuentes, deberíamos suponerla primitiva, pues la epéntesis de *r*, en vocablo que ya contiene otra líquida, es tan fácil como sería difícil su desaparición en estas condiciones. Podría entonces suponerse que la locución *en columbre de* 'en busca de' (V. arriba) contiene el significado primitivo del vocablo, y que *columbar* 'buscar' (> 'buscar con los ojos, columbrar') es variante del ast. *calumbarse* 'zambullirse' < griego χολυμβᾶν íd. y 'zambullirse pescando', χόλυμβος 'somorgujo', χολύμβρησις 'acción de pescar' (vid. *COLUMPIAR*). El paso de 'pescar' a 'buscar' es fácil, y más en vocablo jergal.

COLUMNA, tomado del lat. *colŭmna* íd. *1.ª doc.: columpna*, Berceo, *S. Or. A*, 43*b* (-*unpna*, 39*a*; -*unna*, 38*c*).

Aunque la forma cultista en -*umna* se halla también en *Apol.* 47*b*, G. de Segovia pone *coluna* entre las rimas en -*una* (p. 56), y esta forma semi-popular es la que hallamos también en Nebr. y en *Aut.* [-*umna* en Acad. 1843].

DERIV. *Columnario. Columnata. Intercolumnio.*

COLUMPIAR, procede del leonés *columbiar* íd., y éste del santand. y astur. *columbarse, calumbarse*, 'zambullirse', en definitiva del gr. κολυμβᾶν 'zambullirse', por las zambullidas que da el columpio. *1.ª doc.: colunpiar, cu-*, 1475, G. de Segovia, p. 37; *columpiar* Nebr.; *columpio*, ya h. 1400, Glos. de Palacio y del Escorial.

Columbiar, forma originaria de *columpiar*, se conserva en el Ecuador (Tobar; también *golumbiar*, Lemos), en Chiloé (Cavada) y en puntos de la Arg.: la trae el cordobés Garzón, junto con *columbera* 'columpio', y recuerdo haberla oído una vez en Mendoza, aunque no es común allí. Por otra parte se conservan *columbeo* 'columpio', 'acción de columpiarse', en Salamanca (Lamano), *columbón* 'columpio' en Astorga (Garrote) y Maragatería (*BRAE* II, 637), *calambearse* 'columpiarse' en Alburquerque (*BRAE* III, 663). Se trata de la misma palabra que el astur. *calumbarşe* (R, V), santand. *columbarse* y *calumbarse* (G. Lomas, 100, 115) 'zambullirse', cuya descendencia de κολυμβᾶν íd. ya reconocieron Schuchardt (*ZRPh.* XXV, 496) y Spitzer (*Lexik. a. d. Kat.*, 38[1]; comp. Brüch, *Misc. Schuchardt*, 36), y confirmé yo mismo (*RFH* VI, 149-50). El intermedio semántico lo hallamos en el santand. *columbeta* 'voltereta', comp. alburq. *calambuz* (pron. *calambú*), *calambuzazo* 'tropezadura, caída'. La voz entraría en castellano procedente del leonés, en su calidad de término marítimo para 'zambullirse', junto con otros tantos leonesismos marítimos (comp. *RFH* VI, 242), y el castellano que, a diferencia de su vecino occidental, había cambiado MB en *m*, y por lo tanto carecía primitivamente de aquel grupo, lo adaptaría a su fonética cambiándolo en *mp*. Tratándose de un leonesismo no es extraño que Andalucía se haya mostrado refractaria: un literato granadino de 1601 nos informa de que en esta región se decía *mecedor* en oposición al *columpio* de Castilla, *BRAE* XXXIV, 370, y es posible que se refiera particularmente a Valladolid, ciudad medio leonesa, con la cual parece haber estado en relación; hoy en la prov. de Almería sigue diciéndose *mejelendero*. En cambio, hasta la Rioja, según GdDD (falta en Magaña y Merino), llegaría la forma leonesa pura *columbio* y *columbiar* 'balancear'; los escrúpulos semánticos de ese autor (1252, 1742) ante mi etimología son tan inconsistentes como sus bases «onomatopéyicas» *calamb-* y *columb-*; en cuanto a **blamb-* (íd., 1057*a*) es del todo gratuita,

pues es normal según la fonética vasca el cambio de *columpio* en **golunbio* y luego **bolinbi-a, *bolindi-a*, de donde los navarros *bolimbia, -o, bolindea, bolindearse* (Iribarren). En cuanto a la *i* de *columpiar* puede explicarse como un caso de *i* epentética leonesa o por una base vulgar **coLŬMBĬARE* (quizá en relación con la glosa latina «*columbium* λίμνη», es decir, 'piscina' *CGL* II, 529.21); como la ypsilon de κολυμβᾶν sería probablemente breve, y la *u* castellana sólo podría explicarse entonces por una metafonía causada por una I del latín vulgar, la última alternativa es la más probable. Comp. *COLUMBRAR*.

DERIV. *Columpio* [V. arriba], comp. *andar a lo columpio* 'contoneándose' (Quevedo, *Buscón*, ed. H. Ureña, 146). *Columbeta* santand. 'voltereta', V. arriba. *Columbón* leon. 'columpio'; ast. *calumbón* 'zambullida' (V); nótese que en leonés el vocablo para 'columpiar' aparece también con la *r* secundaria: *columbrón* leon. (La Lomba) 'voltereta' (*BRAE* XXX, 168), Quintanilla y Magdalena *columbretas, columbrones* 'volteretas' (Fdz. Gonzz., *Oseja*, 234). *Colimbo*, 'ave marítima, especie de somormujo', cultismo tomado del griego κόλυμβος íd.

[1] Oportunamente observa que en el columpio primitivo, tabla que se apoya por el centro en un apoyo fijo, uno de los extremos está siempre zambulléndose, mientras el conjunto se columpia.

COLURO, 'cada uno de los dos círculos máximos de la esfera celeste', tomado del gr. κόλουρος íd., propiamente 'rabón, sin cola', compuesto de κόλος 'truncado' y οὐρά 'cola'; así llamado porque la parte inferior de los coluros es invisible desde el Mediterráneo. *1.ª doc.:* Covarr.; 1618, Góngora; Villamediana, † 1622.

Colusión, colusor, colusorio, V. *ludibrio* — *Colutorio, coluvie*, V. *diluir*

COLZA, tomado del fr. *colza* y éste del neerl. *koolzaad* íd., propiamente 'simiente (*zaad*) de col (*kool*)'. *1.ª doc.: colzat*, como nombre de la simiente, y *colsa*, como nombre de la planta, Terr., con referencia al francés Pluche; *colza*, ya Acad. 1843.

Extranjerismo poco usado y de poco arraigo.

Colla, 'pieza de la armadura', V. *cuello*.

COLLA, 'conjunto de nasas colocadas en fila', 'un par de perros atraillados', 'última estopa que se embute entre dos tablones en contacto, que se calafatean', del cat. *colla* 'cuadrilla', 'grupo', 'pareja', 'cuña que se coloca entre dos piezas para reforzar su unión', derivado del verbo *collar* 'uncir', 'atornillar', de origen incierto, probablemente derivado de *coll* 'cuello'. *1.ª doc.:* falta aún Acad. 1899.

Las voces catalanas *collar* y *colla* pertenecen a una familia de vocablos, común con la lengua de Oc y el italiano, y ya atestiguada en la Edad Media, en sus acs. náuticas y otras, cuyo origen estudiaré detenidamente en el *DECat*. V., mientras tanto, Vidos, *Parole Marin.*, 324-9; Moll, en Dicc. Alcover, s. v. *collar* 3; *REW*, 2039 y 2041[1], comp. 2051[1]. Como el vocablo tiene *o* abierta en todas partes (a la cual correspondería *ue* en castellano), no hay duda de que la voz española procede del catalán, que es el único de aquellos tres idiomas donde la líquida es palatal (= cast. *ll*); por lo demás en catalán se hallan documentadas, además del sentido genérico, las aplicaciones particulares que tiene el vocablo castellano (Alcover, 1, 4, 5). Es superfluo discutir esta cuestión de fonética catalana con un fonetista del fuste del Sr. García de Diego (*GdDD* 1874): lo que nos da como argumentos son una serie de tautologías enteramente vacuas. Por lo demás, no hay tal cat. literario «*escobre* peñasco», sino arag. de Litera *escobre* 'escoplo' (Coll A.), que naturalmente es SCALPRUM y no SCOPULUM. Puede desecharse desde luego la etimología lat. CŌPŬLA 'unión', propuesta por Montoliu, *BDC* I, 37-42, aceptada por M-L. (*REW* 2209) y García de Diego (*Contr.*, p. 53), y con la cual transige todavía Moll, aunque ya entreviendo el origen del verbo *collar*: esta falsa etimología es incompatible con la existencia del vocablo en lengua de Oc (Pézénas y Rouergue *colo*, Aveyron *couólo*, Toulouse *colho*, «troupe, bande, groupe, compagnie»[2]: Mâzuc, Peyrot, Vayssier, Visner) y en italiano, y con el tratamiento de la ŏ y del grupo -P'L- en los tres idiomas[3].

La locución náutica *estar a la colla* significó primeramente 'tener las velas plegadas, pero a punto de maniobrar para zarpar' (vid. *Diz.. di Marina*): está documentada en catalán desde el S. XIV, y de aquí pasó al castellano [1504, Woodbr.], donde figura en el P. Ribadeneira (1583), en un pasaje referente al puerto de Barcelona. La ac. de *colla* 'bocanada o golpe de viento blando y favorable para la partida de los navíos', que *Aut.* atribuye a Sobrino (1705) y quiere aplicar al pasaje de Ribadeneira, es dudosa: quizá se trate de una mezcla hecha por *Aut.* entre la ac. 'golpe de viento', 'huracán', que *cole*, *cola*, tiene en Rabelais y en autores italianos, y el sentido del vocablo en Ribadeneira[4]. A su vez puede estar en relación con el término rabelesiano el cast. mod. *colla* 'cambio de viento al tercer cuadrante (entre Sur y Oeste), que suele producirse en los meses de junio y julio, con alternativas varias de chubascos y recalmones, y que suele anunciar la entrada de los baguios y huracanes'[5] vocablo propio de Filipinas.

DERIV. *Collada* 'duración larga de un mismo viento' (falta aún Acad. 1899). *Collera* 'par, pareja (de animales, etc.)', and., arg., chil. (Toro, *RH* XLIX, 395; A. Venceslada). *Encolla* 'grupo de dos o más caballerías atadas la una al cuello de la

otra', *encollar* 'formar una o más encollas', ambos en la Litera (Coll A.); *acollar* 'uncir (un caballo a otro)', arg. (Villador, *Mundo Argentino*, 3-V-1940): estas palabras, que bien parecen ser derivados castellanos de *cuello*, y no obstante se relacionan evidentemente con el cat. *colla* 'pareja de animales', *collar* 'uncir', pueden citarse en apoyo de esta etimología, que anoté en una ficha de 1926 y que después he visto sostenida por Fouché (*RH* LXXVII, 109-110); sin embargo, deberá tenerse en cuenta la extrema complejidad semántica de *colla* y su familia en los varios romances[6].

[1] La variante griega dialectal a que se refiere M-L. (χολᾰν por χαλᾶν) se emplea hoy en Sesbos. La idea es dudosa.— [2] Esto parece indicar que entre la ac. 'pareja' de las Baleares y la de 'cuadrilla, grupo', propia de Cataluña y Valencia, esta última es la primitiva. La forma de la líquida corresponde en todas partes a -LL- y no a -P'L-.— [3] La premisa de que -P'L- puede dar -*ll*- en catalán está en contradicción con todo el sistema fonético de este idioma, y se basa en una serie de etimologías evidentemente falsas. El resultado real de CŌPŬLA en catalán—*cobla* y *coble* 'pareja'—se opone además a ello.— [4] No están a mi alcance los datos reunidos por el P. Mir, *Rebusco*, 164, acerca de este problema. Vidos deriva el it. *cola* 'continuazione di vento' de COLARE 'colar', lo cual es poco convincente desde el punto de vista semántico. Difícilmente puede citarse en apoyo de esta etimología el fr. *vent coulis* 'corriente de aire' (según hace Jud, *Rom*. XLIV, 290), de sentido muy alejado. Que el vocablo español venga del italiano y no del catalán, como admite Vidos, es difícil fonéticamente: el resultado habría sido entonces cast. *cola o *colda.— [5] Acad. 1884 (pero no 1843). *Colla* 'viento continuado' ya aparece en Salvá (ed. 1844). Para la *colla* filipina, vid. Buzeta y Bravo, *Dicc. Geogr., Estadístico, Histórico de las I. Filipinas*, Madrid, 1850, I, p. 18 (que hablan de *collas secas* o sin lluvia); *A pronouncing Gazetteer and Geogr. Dict. of the Philipp.*, Wash. 1902, p. 14; *El Archip. Filipino, Colección de Datos... por algunos Padres... de la Compañía de Jesús*, Wash. 1900, II, 193. En esta obra se afirma que el fenómeno es conocido con este nombre por los naturales. Luego deberá averiguarse si es palabra indígena, pero comp. una afirmación del mismo tipo, probablemente errónea, s. v. BAGUIO.— [6] Hallamos *collar* en la ac. 'tender (el arco)' ya a med. S. XV, en el *Curial* (I, 107): «Cupido *collà* lo seu arch e llançà dues tretes: una de plom, altra d'or.» No es más que una aplicación de la idea general de 'atornillar'. Por otra parte nótese la frase moderna *anar a collar* (*en un indret*) 'ir a parar (a un lugar)', que he oído desde el Maresme hasta Cerdaña pasando por la Selva y montañas de Vic (anotada en Montnegre, Arbúcies, l'Estany, y el simple *collar* con el mis-

mo sentido, en Grus), hablando de un caminante, de un animal cazado, de los torrentes que bajan de una montaña.

Collada 'cuello', V. *cuello;* 'duración larga de un mismo viento', V. *colla.*

COLLADO, 'colina, otero', mod. 'paso bajo entre dos cerros por el cual se pasa de un lado a otro de una sierra', derivado o compuesto del lat. CŎLLIS 'colina'. *1.ª doc.:* collato, en bajo latín, doc. de Valpuesta, 1011; *collado,* Berceo, *S. Mill.,* 62c.

La voz primitiva se conservó en it. *colle,* oc. *col¹,* cat. *coll,* port. ant. *cole* (ejs. del S. XVI en Moraes), y hoy también dos *Colle* en la toponimia de León, y el diminutivo *colliello* en doc. de Monte Aragón, 1093 (vid. M. P., *Orig.,* 431). El significado en todas partes es 'colina', menos en catalán, donde esta ac. está en concurrencia con la de 'paso entre montañas': la primera es común en la Edad Media, y hoy sobrevive en el Llano de Urgel, Ribera de Ebro, Maestrazgo y Mallorca principalmente; pero la otra se halla también desde el S. XIII: vid. ejs. en Alcover, y R. Martí da este sentido al lat. *collis,* traducido por el mozár. *portél* y por una palabra arábiga que significa 'puerto de montaña' (Simonet, s. v. *portel*).

Sabido es que éste es el significado del fr. *col,* y a oc. ant. *cola* 'colina', piam. *colla* «giogo di monte» corresponde Ossola *côla* «sella di monte» e igual ac. en otros valles de los Alpes occidentales, Lombardía, Tesino y en la toponimia bávara (Jud, *Rom.* XLV, 570; *VRom.* III, 335). Un paralelo semántico se nos ofrece en JŬGUM 'cresta o cordón de montaña', también 'cumbre', it. *giogo* 'cumbre', al cual corresponde *Jou* o *Coll de Jou* como nombre frecuente de pasos serranos en los Pirineos orientales (p. ej. en los términos de Capolat, Alp, Montellà, Gósol, Castellbò, Estaon). El tránsito semántico se explica porque el puerto o collado es el punto más alto² que huella el caminante al trasponer la sierra, es, por lo tanto, el *summum jugum,* como le llama César, el *Cap del Port,* como dicen en el Pallars y Arán, o *la Cumbre,* que es nombre de varios pasos de los Andes argentinos, o *Som Port,* nombre del célebre puerto pirenaico aragonés. No es posible, por lo tanto, admitir que el fr. *col* represente el lat. CŎLLUM 'cuello', como se hace generalmente, ni hay necesidad de hacer intervenir un cruce con esta palabra para explicar la nueva ac., según hizo Montoliu (*BDC* III, 45), con la aprobación de algunos romanistas. En español la ac. 'paso entre montañas' no aparece hasta Acad. 1899, aunque Pagés la señala a principios del siglo en Martínez de la Rosa; los testimonios clásicos y medievales dan unánimemente el significado 'colina'³ o bien son equívocos. Sin embargo existe un problema formativo: no se comprende por qué se formaría

un derivado en -*ado* de tal sustantivo ni el valor que ahí tendría esa terminación; teniendo sobre todo en cuenta que en la toponimia de la Ribera catalana del Ebro (en el Pinell del Broi, al S. de Mora) aparece *Lo Collat* o *Los Collats* como nombre de una colina ancha, me inclino a creer que el cast. *collado* (en el sentido que le daban los antiguos desde Berceo hasta Fr. Luis de León) viene de COLLIS LATUS 'loma ancha'.

DERIV. *Collada* 'depresión entre montañas' [«passa el rio alas *colladas* de Canales», doc. León, 1175, M. P., *Orig.,* 292; ast. 'garganta de un monte', V]. *Colladía. Colladiello.*

¹ En la *Vida de Sant Honorat* el vocablo lleva el artículo femenino *la;* en el otro testimonio medieval no se ve el género. Debería comprobarse bien la lectura manuscrita. En los demás romances y en provenzal moderno el vocablo es masculino; sin embargo, vid. *cola* más abajo.— ² También hallamos esta ac. en el cat. *coll:* «aquesta montanya, en lo *coll* de la qual tu e yo som». Antoni Canals, *Scipió e Aníbal,* 57.— ³ «Cambióse del otero, buscó otro *collado*», en Berceo; «col(l)is: *collado*» en el glosario de Toledo; íd. en APal. 81d, 93d, 174b; «oh, dinero... no hay dificultad en el mundo que para ti lo sea, ni... cuesta que no allanes, ni *collado* humilde que no ensalces», H. de Luna, *Lazarillo,* ed. Rivad., p. 119. Más en *Aut.,* en Pagés, etc.

Collalba, collar, collareja, collarejo, collarín, collarino, V. *cuello*

COLLAZO, ant., 'hermano de leche', 'mozo que reciben los labradores, para que les labre sus heredades, y a quien suelen dar algunas tierras que labre para sí, a cambio del pago de un diezmo', 'criado', ast. 'compañero de servicio de una casa', del lat. COLLACTĔUS 'hermano de leche', derivado de LAC, LACTIS, 'leche'; las 2.ª, 3.ª y 4.ª acs. tienen probablemente el mismo origen, y se explican porque los collazos de labranza solían ser antiguamente hermanos de leche del caballero señor de las tierras, o de otros miembros de su familia. *1.ª doc.:* 1096, Oelschl.; ya en escritura alavesa de 952 citada por Caro Baroja, *Pueblos de Esp.* 295 n. 6; gall. ant. *colaço* Ctgs. 178.23.

El lat. COLLACTEUS, -EA, aunque aparece también en inscripciones hispanolatinas, se halla ya desde Juvenal y abunda en el material epigráfico de la Urbe¹. Por tres pasajes de la *Crónica de 1344* (vid. M. P., *Infantes de Lara,* glos.) vemos que *collaço, -aça,* designaba a hermanos de leche de un noble empleados como sirvientes domésticos del mismo. En una ley de 1528 (*N. Recopil.* II, xi, 27) se menciona entre las causas de exención de tributos el ser «peón, allegado o criado, o amo [es decir 'ayo' o bien 'marido de la nodriza'], o *collazo* de algún Caballero u otra persona»; los collazos de los caballeros tenían aún otras exenciones y privilegios, según puede verse en Viterbo, s. v. *collacia I*. Era costumbre, pues, que los hermanos de leche de los señores quedaran adscritos a su casa y se convirtieran en sus sirvientes. Con la decadencia de estas costumbres patriarcales, andando el tiempo, el nombre de collazo se aplicó a otros siervos, en especial entre los labradores de Castilla la Vieja y Andalucía, según nos informa *Aut.*, y a estos collazos se exigió un tributo por las tierras que les asignaban los señores, tributo conocido por *diezmo de los collazos* (Covarr.). Una ac. semejante a ésta hallamos ya en docs. riojanos de 1209, 1227, etc. (M. P., *D. L.*, 84.6, 86.14). Pero, como indica Baist, *KJRPh.* VI, i, 387, no es probable que esta ac. tenga otro étimo, según admitió M. P., *Rom.* XXIX, 343-4, a saber el b. lat. *collatio* 'especie de tributo'[2], que entonces hubiera debido cambiar de género y trasladarse del tributo a la persona que lo pagaba, supuestos hipotéticos. Así lo comprueba la *ç* sorda que tiene el vocablo, aun en esta ac., consonante bien asegurada por la *Crónica de 1344* y por el texto de J. Ruiz, 1406b, donde rima con *braço*, *maço* y *pedaço;* ahora bien la *ç* corresponde a -CTI- y no a -TI-. Para otros testimonios antiguos del vocablo, en castellano y en gallego, en el sentido de 'mozo de labor, criado', vid. Lamano, s. v.; ast. *collaciu* «compañero; se dice de los individuos que forman la servidumbre de una casa» (V, quien lo cita con el valor de 'colono' en un doc. asturiano de 1599).

[1] Vid. *ThLL*. Carnoy, 255, 259, cree erróneamente que es principalmente hispanolatino y de algún autor tardío.— [2] Documentado en dos textos medievales por Du C., pero esos textos no son españoles. Quizá venga de *collatio* (contra la opinión de Baist) el b. lat. *colacium* o más bien *colacia*, que aparece en textos hispánicos, como nombre de propiedades, vid. Du C., s. v. *colacium*, y Viterbo *collacia II*.

Collecho, V. *coger*.

COLLEJA, 'silene inflata', del lat. vg. CAULĬCŬLA, lat. CAULICULUS, 'col pequeña', diminutivo de CAULIS 'col' (masculino en clásico, pero femenino en el latín vulgar de España, vid. *COL*). *1.ª doc.:* h. 1100, *qaulilya* y formas análogas, en el botánico mozárabe estudiado por Asín (pp. 72-74); *quliǧa*, h. 1106, Abenbuclárix; *qulelya* o *qaulelya*, S. XIII, Abenalbéitar (Simonet, 122-3); «*colleja*, yerva: *braxiqua*, *braxiq*», 1505, PAlc.

Nótese que la voz mozárabe con que PAlc. traduce *colleja* procede justamente del nombre latino de la 'col': BRASSICA. El femenino *colicula* o *culicula* (traducido con palabras griegas que designan variedades de col) aparece en glosas latinas (*CGL* III, 16.15, 359.14, 397.57). En el anónimo de h. 1100 hallamos muchas variantes: *qūlillya*, *qulelûča* (así deberá leerse en los dos últimos pasajes y no

collochcha como hace Asín), *qauliǧêlla* (< CAULI-CELLA), estas dos últimas con un segundo sufijo diminutivo; el colector hispanoárabe explica siempre que el vocablo significa 'col pequeña', y lo mismo él que los botánicos citados por Simonet la identifican con plantas que presentan semejanza con la colleja. Del mismo origen, Rioja *colleta* 'berza pequeña' [*Aut.*], Litera *coleta* 'silene inflata' (Coll A.), cat. *colitxos*, *colissos* 'silene venosa', oc. *caulichou*, etc. Es notable el cambio de -L- en -LL- castellana: deberá explicarse por dilación de la palatalidad ante la *j* siguiente (antiguamente = ž); comp. *MOLLEJA*. El nav. tudelano *coleja* (Iribarren) conserva la forma originaria; aun cuando haya nav. y rioj. *colleta* (Iribarren; falta en Magaña y en Merino) es probable que éste salga de *colleja* por cambio de sufijo. Para que (como quiere *GdDD* 1551) hubiera influjo de *cuello* falta afinidad semántica; para que lo hubiera de *tallo* falta, además, la proximidad fonética.

Colleja 'nervio', *collera*, *collerón*, V. *cuello*   *Colleta*, V. *colleja*   *Collete*, V. *cuello*   *Collezna*, V. *rueca*   *Collón*, *collonada*, *collonería*, V. *cojón*

COMA I, 'signo de puntuación', 'cada una de las cinco partes en que se divide el tono musical', tomado del lat. *cŏmma* 'miembro del período', 'coma', y éste del gr. κόμμα 'fragmento', 'miembro corto de un período del discurso', derivado de κόπτειν 'cortar'. *1.ª doc.:* Nebrija (ambas acepciones); APal., 85d, define sólo como palabra latina.

Comilla. Entrecomar o *entrecomillar*.

COMA II, 'ménsula que sirve para que un prebendado apoye su cuerpo, cuando el rezo o la ceremonia exige que permanezca de pie en el coro', origen desconocido. *1.ª doc.:* Acad. 1884, no 1843 (Pagés cita una autoridad).

Acaso del gr. κῶμα 'sopor, sueño profundo', como denominación conventual humorística. No creo se trate de oc. *caumà*, *coumà*, 'descansar a mediodía, acarrarse', derivado de καῦμα (*FEW* II, 538b).

COMA III, 'crin, cabellera', palabra rara en castellano, tomada del lat. *cŏma* y éste del gr. κόμη íd. *1.ª doc.:* Terr., con cita de Aldrete (1606); Acad. 1884 (no 1843), como voz anticuada.

No se citan autoridades y probablemente no se empleó más que como latinismo poético; Covarr. observa que no se usa en castellano.

DERIV. *Cometa* [S. XV, Gillet, *HispR.* XXVI, 273; ya en Juan de Mena, *Lab.*, 164c; ej. fem. de 1517, *BHisp.* LVIII, 88; 1617; Mariana] 'astro cabelludo', tomado del lat. *comētes* o *comēta*, y éste del gr. κομήτης íd.; *cometario*.

COMA IV, 'sopor profundo de un enfermo',

término médico tomado del gr. χῶμα, -ατος, 'sueño profundo'. *1.ª doc.*: Acad. 1884, no 1843.

Deriv. *Comatoso.*

Comadrazgo, comadre, comadrear, comadreja, comadreo, comadrería, comadrero, comadrón, comadrona, V. *madre*

COMALECERSE, antic., 'marchitarse o dañarse', emparentado con el port. *combalir* 'quebrantar', 'averiar', de origen incierto. *1.ª doc.*: Félix Amat († 1824), en Pagés; Acad. ya 1817.

La palabra portuguesa se aplica al cuerpo humano quebrantado por las dolencias o por los excesos, a la fruta, a los dientes cariados, etc.; se halla ya en el *Palmeirim* (1544) y en otros textos del S. XVI (Moraes). No hallo confirmación en los vocabularios de dialectos leoneses, a los cuales es probable pertenezca este vocablo, dentro del español, Cornu, *GGr.* I², § 186, derivaba del lat. CONVELLĔRE 'arrancar de cuajo', 'quebrantar', lo cual no explica bien la *a* y obligaría a considerar portuguesismo (en vista de su *-l-*) a la voz castellana, que, sin embargo, presenta desarrollo fonético, al parecer, autóctono. Tampoco es probable que esté emparentado con el port. *abalar* 'quebrantar', como han sugerido varios, por la misma razón (comp. la *-ll-* del cast. *ABALLAR*). Acaso podría pensarse en CONVALESCĔRE 'tomar fuerzas, convalecer', empleado como término médico y luego popularizado, con desarrollo fonético semipopular, y deformación semántica por parte del pueblo, que se fijaría sólo en el estado de debilidad que caracteriza la convalecencia, comp. un desarrollo semántico paralelo en las voces emparentadas VALETŬDO 'debilidad, mala salud', VALETUDINARIUS 'enfermo'. Spitzer (*MLN* LXXI, 281), como paralelo semántico de mi etimología, llama certeramente la atención hacia el vasco *kupera* 'delicado, sensitivo', del lat. (RE)CUPERATUS 'convaleciente', que unos interpretaron como 'todavía débil' y otros como 'ya fuerte otra vez'; comp. *ADONECER*. En cuanto a la base lat. COMMARCĔRE 'estar sumamente débil' (*GdDD*, 1761a) debe desecharse, no sólo a causa del port. *combalir*, sino porque dicha voz latina es un hápax de la decadencia que no ha dejado prole en ningún romance. Por lo demás, él mismo (1864a) deriva luego el port. *combalir* del lat. CONVELLERE, en vista de lo cual, además de *comalecer* 'marchitar', Carré registra un gall. ant. «*conveler* extirpar, arrancar»; pero si esto aparece sólo en un texto, puede ser latinismo ocasional y sin valor. Para *-NV-* > *-m-*, comp. INVITUS > *amidos*, el vulgar *comenencia*, etc.

Deriv. *Comalido* 'enfermizo' [1825: J. L. Villanueva, cita de Pagés; Acad. ya 1817]. *Comalia* 'especie de hidropesía general que acomete al ganado lanar' [Acad. 1884, no 1843; cita moderna en Pagés] probablemente deberá acentuarse *comalia*.

Comandamiento, comandancia, comandanta, comandante, comandar, comandita, comanditar, comanditario, comando, V. *mandar   Comania,* V. *alcamonías   Comarca, comarcal, comarcano, comarcante, comarcar,* V. *marca   Comatoso,* V. *coma IV*

COMBA, f., 'convexidad o concavidad', 'inflexión que toman algunos cuerpos sólidos cuando se encorvan; como maderos, barras, etc.', palabra de origen dialectal, leonés o mozárabe, probablemente emparentada con la voz galolatina CŬMBA (fr. *combe*, oc. *comba*, cat. *coma*) 'vallecito', que parece ser de origen céltico (galés *cwm* 'valle profundo'). *1.ª doc.*: 1573, Mármol: «y para este efecto tienen una *comba* en medio» (*Aut.*).

Comp. Covarr.: «*comba*: la buelta que haze vna cosa encorbándose: díxose *ab incumbendo*, porque se derrueca a una parte; *combado*: lo que está torcido, *forsan a 'combos', locus editus*». Es vocablo hoy bien vivo en el sentido abstracto y en el de 'combadura, alabeo' (éste también gallego: Vall.); además en el sentido derivado 'juego de niños consistente en saltar por encima de una cuerda que se hace pasar por debajo de los pies y sobre la cabeza del que salta'; en Andalucía 'juego de muchachos que consiste en saltar sobre otro, que permanece inclinado en esta forma' (Toro: *RH* XLIX, s. v.)[1]. Todavía es más empleado el verbo *combar*, con su participio *combado* 'alabeado', 'curvo' [1534, etc.: *Aut.*], gnía. *combada* 'teja' (J. Hidalgo).

En cuanto al adjetivo *combo* 'combado', que suele tomarse como cabeza de familia, es mucho más incierto: no está documentado antes de Terr., quien se limita a remitir a *curvo*, y las ediciones de la Acad. en el S. XIX (ya 1817); los dialectos no nos proporcionan otra confirmación que la lacónica afirmación de Acevedo para el bable de Occidente: «*comba*: convexa»; ni se halla nada en mozárabe, andaluz y muy poco en gallego[2]; y los dos brevísimos artículos del dicc. portugués de Fig. «*combo*: curvo (cast. *combo*)» y «*comba*: vale (entre montanhas)», sin autoridades y ausentes de los demás diccionarios, no inspiran confianza alguna. Se tiene la impresión de que el adjetivo *combo* si no es una palabra fantasma, deducida por los lexicógrafos de *comba* y de *combado*, será, cuando más, un adjetivo derivado secundariamente de estas palabras.

En la antigua lengua de Oc sí parece haber existido el adjetivo *com*, femenino *comba*, 'curvo, cóncavo': «*coms*: equus habens cavum dorsum» en el *Donat Proensal*, y dos veces en un *Traité d'Arpentage* (Aviñón, fin del S. XIV, según parece): «uña possessió que fossa drecha de un costat e de l'autre costat fossa *comba*»; pero como Mistral no conoce nada de esto para el idioma moderno, aun ahí cabría entender *comba* como 'valle' en el texto del *Traité* y dudar del testimonio del

Donat (*coms* 'conde'?). Como sustantivo sí existe, indudablemente, un cast. *combo* 'tronco o piedra grande sobre que se asientan las cubas para preservarlas de la humedad, etc.' [*Aut.*], por la forma cóncava que se da a este asiento para adaptarlo a la superficie de la cuba, y en América es un mazo o almadana[3]; pero este *combo* puede ser un masculino sacado de *comba*.

En otras lenguas romances hallamos el cat. *cóm* 'abrevadero que se hace con un tronco hueco', 'dornajo o gamella para dar de comer a los animales domésticos' [1380], hoy usado en el centro de Cataluña, y en los Pirineos, desde Ripoll a Aragón, penetrando *como* hasta el aragonés de Venasque (Ferraz), y *coum*, *coumet*, hasta el gascón pirenaico (Rohlfs, *Le Gascon*, § 259); sobre todo hay el sustantivo fr. *combe*, oc. *comba*, cat. *coma* 'vallecito', vivísimo en la toponimia de los Pirineos y de los Alpes, y hasta el Norte de Italia, las Baleares y el Maestrazgo, ya documentado bajo la forma CUMBA en 631; según indicó Thurneysen (*Keltorom.*, 55), esto se corresponde con el galés *cwm* (< CUMBO-) 'valle profundo', que parece autóctono por su grande arraigo en la toponimia céltica; del céltico o del romance pasó el vocablo a los dialectos germánicos occidentales, donde el tipo *cumb*, *comme*, *kumme*, se halla desde el anglosajón hasta el neerlandés y el bajo alemán, con las acs. 'hoya de un valle', 'gamella honda', 'medida para líquidos o grano', y se extiende por Baviera, Suiza y Tirol con la de 'dornajo para animales', 'cisterna' (vid. Frings, *Germania Romana*, pp. 94-95), dándose así la mano con el cat. *cóm*. Es perfectamente posible que todo esto proceda del galo-latino CŬMBA 'valle', 'hoya', y como en el continente céltico apenas se hallan rastros de una forma masculina CUMBO- que correspondiera a la galesa, no es inverosímil que esta forma catalana resulte de un desarrollo secundario, con lo cual deberíamos borrar el artículo 2387 del *REW* (galo *CUMBOS) y concentrarlo todo en CUMBA 'valle' (2386).

Desde luego, me parece muy improbable que debamos separar una parte de esta familia, según hace M-L. (2440), atribuyendo el cat. *cóm* al gr. χύμβη 'vaso, copa', 'barquichuelo', lat. *cumba* 'barquita'[4].

En cuanto al castellano, es de notar que de CUMBA 'valle', 'hoya', se pudo llegar a 'concavidad', 'alabeo'; y, por otra parte, reconozcamos que cualquier base con -MB- había de dar *coma* en Castilla, por lo cual se impone admitir que se trata de un término originariamente dialectal, leonés o mozárabe (nótese su existencia en Galicia, León y Andalucía), y extendido luego como tecnicismo de carpintería y de otros oficios.

DERIV. *Combada* (V. arriba). *Combadura* [1534]. *Combar* (V. arriba). *Combo* (íd.). *Comboso*. *Combayar* ast. «hablar a cada cual del modo que más le agrade, sin pararse en contradicciones» (R),

«adular» (V); en Sajambre 'adular murmurando al mismo tiempo de otro' (Fdz. Gonzz., *Oseja*, 234): ¿propiamente 'redondear, limar asperezas'? (poco probable sería admitir un cruce del antiguo *conloar*, *conloyar*, con un ast. *sobayar* = cast. *sobaj(e)ar*, que en el Ecuador vale 'acariciar'); *combayón* 'el que combaya' (R, V).

[1] Del mismo origen es probablemente el germanesco *comba* 'tumba de Iglesia' (J. Hidalgo).— [2] Una sola vez en las *Ctgs.* «un mõesteiro que jaz sobre lomba / dũa gran pena, que jaquant' é *comba*» 39.7. El contexto y el agobio de la rima se prestan a sospechar un desarrollo ocasional desde el sustantivo femenino.— [3] En Mendoza (Argentina) es 'mazo de hierro, de largo mango de madera'; de aquí, en Chile, 'puñetazo'.— [4] No merece fe la explicación de San Isidoro (*Etym.* XIX, ii, 1), reproducida por algún glosario latino, de que *cymba* es «locus imus navis» (lo cual unos entendieron por 'fondo de la barca' y otros por 'quilla'); teniendo en cuenta que el significado frecuente en latín, y único conocido de los escritores, es 'barquita, barquichuelo', fijémonos en que el santo agrega «quod aquis incumbat» y comprenderemos que se trata de una deformación etimologizante del significado.

Combalache, V. *cambalache* *Combate*, *combatible*, *combatidor*, *combatiente*, *combatimiento*, *combatir*, *combatividad*, V. *batir* *Combayar*, V. *comba*

COMBÉS, 'parte de la cubierta del navío', en portugués *convés* o *converso*, parece ser derivado de *conversar*, por ser el lugar donde platican los tripulantes. *1.ª doc.*: h. 1575, Eugenio de Salazar; 1587, G. de Palacio, y en otro vocabulario náutico del S. XVI citado por Jal, s. v.

Aut., fundándose en el *Vocabulario marítimo* de Sevilla (1696) dice que es el espacio comprendido entre el palo mayor y el castillo de proa; los dos vocabularios citados en primer lugar lo hacen sinónimo del entarimado de cubierta, en general; para ciertos constructores náuticos españoles y portugueses (Jal, s. v. *combés* y *convés*), y para Salazar (*Cartas*, p. 43), sería el segundo puente o cubierta superior; y lo mismo dice Terr., s. v., pero en el artículo *cubierta* explica que es otro puente que está sobre el segundo; para el dicc. Alcover y para el portugués de Vieira es solamente lo que va del palo mayor al trinquete, mientras que según el P. Fournier el port. *converso* designaría el espacio entre el mayor y la mesana.

El port. *convés* se halla ya en Mendes Pinto (1541; vid Jal. s. v. *ahustar*), en Juan de Barros (1553), en Sá de Menezes (1634), etc.; la forma *converso* solo se halla en el P. Fournier (1643), con la explicación «c'est le lieu où l'on se visite les uns les autres, et où l'on fait conversation». Es verosímil esta etimología, preferida por Jal[1]. Falta averiguar dos pormenores conexos: el lugar de procedencia del vocablo y el porqué de la terminación -és en lugar de -erso. Como casi todo el antiguo vocabulario náutico, combés habrá de ser tomado del portugués o del catalán; en ambos idiomas periféricos, sobre todo en el catalán medieval, es frecuente la reducción de -rs- a -ss-[2]. En favor del portugués podría citarse la existencia de converso 'conversación' en el lenguaje popular del país vecino (Fig.) y la antigüedad y frecuencia con que allí está documentado el vocablo, del cual no conozco autoridades antiguas en catalán[3]; en favor de éste se podría alegar la extrema rareza de los postverbales en consonante, así portugueses como castellanos, frente a su carácter normal en cat.[4].

¹ Piensa también en el port. convir 'convenir, juntarse', pero entonces no se explica bien la terminación. Paralelamente, podría citarse el cat. ant. convès, pretérito fuerte del verbo convenir, empleado por el Consulado de Mar (ed. Valls II, 12 y 32), pero no sería probable esta sustantivación de un pretérito.— ² Comp. el cat. ant. convés, junto al común convers, en el sentido de 'converso, persona convertida al cristianismo' (J. Roig, Spill, v. 6011, y otra cita en Ag.).— ³ Sólo figura en el Dicc. Alcover, donde se da la pronunciación combés, con -mb- (y no con -nv-), como recogida en Palma de Mallorca; este detalle podría indicar que en este idioma es castellanismo; pero conviene no olvidar: 1.º, que el vocabulario náutico del catalán medieval está muy poco estudiado, y 2.º, que los constructores de navíos, en tierras catalanas, aprenden hoy su vocabulario técnico del castellano, sobre todo en lo que se refiere a las naves de gran porte, castellanizando muchas veces viejos vocablos oriundos de Cataluña.— ⁴ Podría recordarse el caso de través y revés, por lo demás casi único, y mucho más antiguo de lo que puede serlo verosímilmente una creación más especial, como combés; por otra parte es tanto o más probable que través y revés nacieran como formas proclíticas en las construcciones prepositivas del tipo de a través de... Para terminar, llamaré la atención sobre la ac. 'espacio descubierto, ámbito', que la Acad. (ya 1884, no 1843) da como básica de nuestro vocablo. Haría falta probar su existencia, pues el ej. de Bernardo de Balbuena, que Pagés cita en su apoyo, podría contener perfectamente el significado náutico; aun si existe, no hay duda de que es una generalización semántica secundaria. Es, efectivamente, 'llanura' en Juan de Castellanos (Rivad. IV, 304b), pero se trata de uno de tantos marinerismos americanos como se hallan en este autor (V., en la estrofa anterior, estero aplicado a Tierra Firme).

COMBINAR, 'unir cosas diversas', tomado del lat. tardío combīnāre íd., derivado de bini 'dos cada vez'. 1.ª doc.: 1625, Coloma.

Vocablo raro en el Siglo de Oro. Salvo el citado, Cuervo, Dicc. II, 206.7, sólo da ejs. del S. XIX.

DERIV. Combinable. Combinación [1594, Ribadeneira]. Combinado. Combinatorio.

COMBLEZA, ant., 'manceba del hombre casado', 'rival', junto con el port. comborça íd., representa una base *COMEŎRTIA ~ *COMBRŎTTIA de origen incierto, probablemente derivado céltico de *BĔRTIUM 'lecho' (fr. berceau, cat. bressol, leon. brizo 'cuna'). 1.ª doc.: s. XIII, mozár. «qumlúča: pellex» (R. Martí)[1]; S. XIV, congrueça[2], J. Ruiz, S, 257d (conlueça en G)[3]; condrueza[4], en los Castigos de D. Sancho, p. 141; conbleça (cunbreça en otro ms.), en las Sumas de Historia Troyana de Leomarte, 112.24, 114.15[5].

Otros testimonios antiguos son «conblueça: pelex» en el Glosario de Palacio y en el de Toledo; «yo soy fecha cumbleza de la mi hermana», en Juan de Mena (Aut.); «combleça de casada: pellex» en Nebr.; «combleça, amigada con casado: pellex», en Sánchez de la Ballesta (1587), etc. En portugués comborça (variante comboça, combooça, con simplificación del grupo rç, en Viterbo y Vieira) aparece ya en el S. XIV o XV (Inéditos de Alcobaça); conbooça «enemiga, rival en amores», en las Ctgs. (68.1, 68.15), en la traducción al gall. de la Gral. Est. (257.2) y en la Crón. Troyana del S. XIV en gallego[6]. Como observan Moraes y Vieira, designa la relación entre dos rivales en concubinato, o entre una soltera y la esposa de su concubino, aunque según nota el último, se ha dicho también en el sentido general de 'concubina'; los citados textos castellanos confirman que es aquélla la ac. común, aunque ésta se halla también en textos del S. XVI (así en Diego Gracián, 1542-8, donde el amante habla de «mi combleza», y en Mariana, que califica a Popea Sabina de combleza de Nerón: Aut.; y en la definición de Covarr.); por otra parte, puede llegarse simplemente a 'rival en amor', como ya en J. Ruiz, de donde el masculino combrueço 'rival': «conblueço: rivalis», en el Glos. de Toledo; «rivales: combrueços, se dizen dos varones que solo tratando con una muger» APal., 421b; «combleço: rivalis» Nebr.; Góngora (ed. Foulché I, 276); el texto de Colmenares (1637) citado por Aut.; port. combórço «o rival». Claro está que la reducción de blue o brue a ble (bre) es regular en castellano (comp. frente < fruente, fleco < flueco), y que, por lo tanto, así en esta lengua como en mozárabe (donde la ú es grafía aproximada de ó) y en portugués, la vocal etimológica ha de ser una ŏ. Spitzer, MLN LIII, 139, propuso como etimología un verbo *CONVŎLTIARE, derivado de CONVŎLVĔRE, 'enredar', part. CONVOLŪTUS. Semánticamente no habría dificultad, comp. la frase ɔpular tiene un enredo 'tiene una amante ilícita' y la frase abolverse (a una mugier) 'hacerle el amor', que emplea J. Ruiz en el mismo pasaje que *congrueça*. En lo fonético, la síncopa temprana que exige la pronunciación sorda de la *ç*, sería explicable por un participio analógico *VOL(VĬ)TUS, *CONVŎLTUS, como el que postulan el cast. *vuelto*, it. *volto*, etc., y aunque ya es muy audaz suponer un derivado *CONVOLTIARE, formado en el latín vulgar sobre esta base analógica y tardía, no sería esto inconcebible[7]. Pero el verbo *combolçar* > *combloçar*, que en esta construcción es la clave de bóveda, no parece haber existido nunca[8], y, sobre todo, es evidente que la *r* de *comborça*, *combrueça*, y no la *l*, ha de ser la forma antigua de la consonante, pues la *l* sólo se halla cuando va tras consonante, que es la posición donde es frecuente el intercambio entre las dos líquidas; con el étimo de Spitzer, el port. *comborça* es inexplicable.

Desde antiguo se había venido relacionando a *combleza* con la palabra BRIZO, *breço* o *berço*, que en leonés, en portugués, y también en catalán, lengua de Oc y francés, designa la cuna[9]. A primera vista, parece que la *o* portuguesa y el diptongo del castellano antiguo obliguen a descartar esta idea. Pero este antiguo vocablo jurídico podría ser una reliquia céltica *COMBŎRTIA 'la que duerme con alguien' (comp. *con-cubina*, cast. ant. *cuéncoba* CON-CŬBA), formada ya en esta lengua indoeuropea sobre el sustantivo *BĔRTIUM 'cama', con la apofonía *ĕ ∼ ŏ*, que es normal en los compuestos provistos de la preposición CON- y otras semejantes; comp., en griego, σύγγονος, πρόγονος, ἐπίγονος, junto a γενέσθαι; συμφορά, junto a (συμ)φέρειν; ἐξοχή junto a ἔχειν; ἀκόλουθος 'compañero' (< ά-χόλουθος) junto a χέλευθος 'camino'; y, en el propio céltico, Congonius (*-onnus*, *-onnetiacos*), Contoutos, Complŭtum[10], (*Ver*)combogius, Comboiomarus (vid. Holder), y el tipo galo *COMBŎROS (irl. *commar*, galés *cymmer*), derivado de BER- 'llevar', que con aprobación general postuló M-L. (*ZRPh.* XIX, 276; *REW*, 2075) para explicar el cast. *escombros*, fr. *combres*, *encombrer*, y su familia romance[11]. Una confirmación de esta idea me parece verla en el hecho de que *COMBORTIA ∼ *COMBROTTIA presenta la misma alternancia en el lugar de la R que su presunto primitivo el tipo *BERTIUM (port. *berço*, miñoto *berce* [Leite de V., *Opúsc.* II, 62, 340, 401], gall. *berzo*, *berce*, ast. occid. *bierzu* [Munthe], santand. *berzu*, fr. ant. *b(i)erz*, fr. *berceau*) junto a *BRĔTTIUM (Algarbe y Estremadura *brêço*, Ponte de Lima *breço* [Leite, l. c., 62], salm. *brizo*, sanabr. *brizu*, zamor. *briciu*, cat. y oc. *bres*, *bressol*), y aproximadamente con la misma distribución geográfica; luego podría tratarse de una variante dialectal ya existente en el hispano-céltico[12]. Spitzer (*MLN* LXXI, 281), de acuerdo con sus tendencias, se resiste a aceptar la etimología céltica: califica a *COMBORTIA, como derivado de BERTIUM, de «overworked construction», y en su lugar sugiere partir de *CONFŎRTIA, que ha dado *cogüerzo*

'convite fúnebre' (V. *COGORZA*), suponiéndole la ac. de *'consoladora'. Decida quien le toque si esto no exige mejores tragaderas que aquella simple hipótesis. Pero a quien note el doble salto semántico y la sonorización imposible de una F tras consonante, le parecerá oír a los manes de Schuchardt, coreando a Antoine Thomas: «c'est faire bon marché et de la sémantique et de la phonétique». Repite y desarrolla algo más tan forzadas ideas en *Fs. Wartburg* 1958, 291-2.

La única dificultad con que tropieza mi etimología es el significado 'cuna', que hasta ahora se admitió para la palabra *BERTIUM, y que así habría que reemplazar por 'cama'[13]. El hecho es que el vocablo que significa 'cuna', no es el primitivo *BERTIUM, sino el diminutivo BERTIOLUM, lo mismo en el documento más antiguo (Vida de San Pandulfo, S. VIII) que en el dominio más extenso del vocablo actual (catalán-occitano-francés); la extensión de este significado a *BERTIUM en portugués y leonés se explicaría entonces por una distribución de significados en el vocabulario prerromano de la zona, afectando CAMA a la designación del lecho de los mayores, y BERTIUM, por tratarse de una cama de zarzos o mimbres[14], a la de los niños; el derivado BERTIARE 'mecer' se habría formado así secundariamente, con el radical de la palabra, con el fin de evitar el vocablo largo y pesado *BERTIOLARE. En cuanto al paso del antiguo *combrueça* a *comblueça* se explica por una ultracorrección de tipo frecuente (*PLÁTICA, CLIN*, etc.)[15].

El matiz semántico 'concubina de un casado' frente al sentido general de los cuasi-sinónimos *barragana, manceba*, etc., se explicará por ser *combleza* la más antigua de estas palabras: las otras son denominaciones secundarias, sinónimas propiamente de 'muchacha'; así *combleza* era la única designación consagrada y objetiva, la única apta, por lo tanto, para servir de término jurídico. Ahora bien, la única concubina que interesaba jurídicamente era la del casado, pues no había necesidad de legislar sobre las amantes del soltero. De aquí luego la evolución hacia 'rival'[16].

Giese, *ZRPh.* LXVIII, 174, rechaza mi étimo porque BERTIUM es 'cuna' y no 'cama', e invocando el sentido del irl. med. *bert* «Bündel; Last». Mas precisamente siendo antiguo este tipo BERTO- con el sentido de 'haz, fajina' en céltico, no es nada atrevido postular para el derivado *BERTIO- el valor de 'cama de zarzos o de maderos', puesto que este *BERTIO- lo encontramos también en romance con el valor de 'cesto de mimbres', y creer que la especialización en el sentido de 'cuna' es secundaria y debida a la introducción de nuevos tipos de cama o al influjo del diminutivo BERTIOLUM. Por su parte propone Giese otra etimología céltica *COMBROITIA, que vacila entre derivar del irl. *brat* 'manta', 'manto', al cual supone un hermano galo (sic) *BRAT, con velarización de la vocal *BROT, y en plural (¡sic!) *BROIT; o partir del irl. *brot* 'aguijón, varita' (plural *broit*), de donde se habría pasado a *'miembro viril' (de ahí «*combroitia 'compañera del aguijón' en el habla de los soldados»). Hay que felicitar a Giese por su inventiva, pero deplorar que su desconocimiento de lo más elemental de la historia de las lenguas célticas le permita atribuir al galo fenómenos tan tardíos como la caída de las vocales finales o los plurales con «infección».

El étimo de *GdDD* 2034 *CUMULĪCIUS (deriv. de CUMULUS 'montón') es imposible en lo fonético y semántico, aun prescindiendo del port. *comborça*.

Claro que mi etimología queda incólume. La forma con -*l*- debió de propagarse desde uno de los textos legales leoneses relacionados con el Fuero Juzgo y demás leyes del reino de León, aplicadas largo tiempo en Castilla (no importa que *barragana* sea más corriente en los textos legales más accesibles, lo cual ya corresponde a un estado de cosas tardío). De ahí que la -*l*- llegara hasta el mozárabe. Pero nótese que las fuentes procedentes del Oriente castellano, más alejadas de León, conservan la forma etimológica con -*r*-: así *combrueça* en el soriano APal., *congrueça* en Juan Ruiz, cuya habla corresponde a los valles orientales del Guadarrama.

DERIV. *Comblezo* [h. 1400, V. arriba].

¹ Su uso tendría ya cierto arraigo y antigüedad en hispanoárabe en vista de la existencia de un plural fracto *qamāliğ*. La desaparición de la *b* es normal según la fonética arábiga, que rechaza todo grupo de tres consonantes.— ² Para *brue* > *grue*, comp. *groma* < BROMA.— ³ Se trata de las dos mujeres cortejadas por un enamorado: «ùna *congreça* d'otra siempre tiene dentera».— ⁴ Seguramente errata de lectura por *conbrueza*: lo mató su mujer por la sospecha que dél tomó por razón de su *condrueza*».— ⁵ Alcmena llamada *conbleça* de Juno.— ⁶ Hablando de Hermione y Andrómaca, amante del marido de aquélla, dice «sem falla nõ forõ estas as primeyras *conbooças* que se mal quiserõ nẽ serã as postremeyras» (II, 253).— ⁷ El artículo *VOLTIARE (> val. *bossar*, port. *bolsar* 'vomitar') del *REW*, a que se refiere Spitzer, no puede, sin embargo, admitirse como prueba. Se trata sin duda alguna de una etimología falsa, como lo prueba la *s* del cast. *bosar* y REBOSAR, que se le olvidó a M-L. Más bien REVERSARE > **robe(l)sar* > *(re)bo(l)sar*, comp. it. *rovesciare*.— ⁸ La Acad. [ya 1843] cita un antiguo *comblezado* «el casado cuya mujer está amancebada con otro», pero falta toda confirmación de la existencia de este vocablo. Es verdad que PAlc. trae «*combleçado: cahb*», pero Nebr., el modelo que este lexicógrafo seguía paso a paso, trae en su lugar *combleçadgo* (es decir: *comblezazgo*), el abstracto correspondiente a *combleza*, y no puede caber duda de que la forma de PAlc. es mera errata, en vista del significado abstracto de su traducción arábiga *qaḥb*, que Bocthor y Dozy·ex-

plican por «putanisme». Es probable que el supuesto *comblezado* de la Academia no tenga otra fuente que esta errata tipográfica.— ⁹ Así Covarr., s. v. *brizo:* «de aí vino llamar *combleza* a la concubina, por dormir en el mismo *blezo* o cama del hombre casado»; s. v. *combleza:* «*brezo* o *brizo* en el antiguo castellano vale la cama que se arma sobre çarços, que en francés se llama *berceau de treille*». El etimologista escarmentado por las invenciones que a menudo se permite Covarr. para justificar sus etimologías, quisiera hallar alguna confirmación de la ac. 'cama armada sobre zarzos', 'cama del hombre casado', y de la variante *blezo*, que Diez (*Wb.*, 521) admitió como asegurada, y que de aquí pasó, extrañamente deformada, al *REW*³ 1052a: «port., sp. *comblezo* 'Bett aus Weidengeflecht'». Admitieron la etimología de Covarr., Diez y Cej. (*Voc.*), mientras que M-L. la rechaza, pero aduciendo la razón inadmisible de que la vocal *o ~ ue* de *comborça, comblueza*, no es compatible con la *e* de *berço*. Otros han pensado en el lat. COMPLEX 'cómplice' (Simonet) o en un COM-PELLEX (ambos étimos en el P. Sarmiento, *BRAE* XV, 31), que son imposibles por obvias razones fonéticas. ¹⁰ < *Conploutom* 'confluencia', formado seguramente con el radical *pleu-* 'fluir' del gr. πλέϜειν 'flotar, navegar', lat. *pluĕre*.— ¹¹ Para la vida, muy productiva, del prefijo CON- en céltico, vid. Brugmann, *Grundriss* II, ii, §§665-7; Vendryes, *Grammaire du Vieil Irlandais*, p. 164.— ¹² M-L., *ZFSL* LIX, 487-9, observa que podría explicarse esta variante por una apofonía indoeuropea, pues el céltico *rĭ* corresponde al grado cero de *ĕr* (célt. *rĭca* < ie. *pr̥ka* > lat. *porca*, alem. *furche*). Es verdad que la *ę* cerrada del cat. *bres* no corresponde, como supone M-L., a *ĭ*, sino a *ĕ*, y que hay otras varias rectificaciones fonéticas y dialectológicas que hacer a ese artículo; pero las dos bases dialectales pudieron entrar en compromiso en algún lugar. La trasposición propia del tipo *brizo-bres* también podría explicarse por un influjo secundario del germ. BRETT 'tabla'. Con cualquiera de las dos hipótesis, el derivado céltico *COMBORTIA debería tener OR y no RO, pero era natural que el influjo de *BRETTIUM, en los lugares donde se decía así, cambiara posteriormente *COMBORTIA en *COMBROTTIA. En efecto, si hubo influjo germ., al cambiarse *BERTIUM en *BRETTIUM el sentimiento popular de solidaridad entre *BERTIUM y *COMBORTIA hacía casi inevitable el cambio de éste en *COMBROTTIA, y si la doble forma tenía raíces apofónicas, también sería concebible un influjo parcial del primitivo sobre el derivado, en época en que la conciencia del funcionamiento del sistema apofónico se iba ya haciendo borrosa sin haberse obliterado todavía del todo. Por lo demás, así la TT como la Ĕ postulada por el cat. *bres* y leon. *brizo* hacen más probable la explicación germánica.— ¹³ Así tendríamos que descartar la relación con el irl. *bertaim* 'sacudir, agitar, menear, cimbrear' (de donde un verbo *BERTIARE* 'mecer', y luego *BERTIUM* como postverbal), sugerida por Kleinhans en el *FEW*. M-L. en el artículo citado ya hace notar que la derivación en -*IARE* es difícil de explicar entonces, y en el *REW*³, la declara resueltamente inverosímil, partiendo de 'cesto', 'cuna de zarzos', como significado básico. La etimología de Kleinhans podría a lo sumo mantenerse admitiendo que *COMBORTIA* tuvo significado obsceno, 'la que se mece o agita con hombres' > 'concubina, ramera'. Entonces el cambio de COMBORTIA en COMBROTTIA se debería a influjo secundario de BERTIUM, como es forzoso, por lo demás, reconocerlo si admitimos con M-L. que el traslado de la R se debe a una apofonía indoeuropea de grado cero (incompatible, por tanto, con el vocalismo O). Por lo demás, hay otras posibilidades para la etimología de BERTIUM. Podría explorarse la siguiente: que un derivado de BHER- 'llevar' puede conducir a 'posición estable', 'yacija', nos lo prueba el ingl. *berth* 'cama provisional', con el cual podría estar emparentado BERTIUM indirectamente. Comp., por otra parte, *BARCINA*.— ¹⁴ Que el *berzo* lo es, está inequívocamente atestiguado por García Lomas (compárese la descripción del sinónimo *escanillo*, y lo dicho en el artículo *BRIZO*). Y la contraprueba está en el cat. y gascón *brès* 'cesto'.— ¹⁵ Como ya he dicho, el *blezo* de Covarr. es de existencia dudosa. Pero no está descartado el que una forma con L sea antigua en el vocablo para 'cama' o 'cesto', vid. Castellane, Puget-Theniers, Grasse *beussa, beusso* «corbeille, ouvrage de bannier», 'cesto oblongo y plano para estiércol', < *BELTIA*, para los cuales vid. Lausberg, *Litbl.* LVII, 461.— ¹⁶ Inadmisible, desde luego, es la sugestión de Joaquim da Silveira, *R. Port. de Fil.* III, 48-51, de partir de un *CUMBULŎTTĔA*, derivado de un *CUMBULA*, que a su vez sería haplología de *CONCUMBULA*, derivado de *CONCŬMBĔRE* 'dormir con alguien', pues ni existe un sufijo -OTTEA ni tiene verosimilitud alguna este étimo triplemente hipotético y obtenido con procesos fonéticos y morfológicos excepcionales; además ni *cumbere* ni *concumbere* dejaron descendencia en romance, y, sobre todo, no es cierto que se pueda producir una «epéntesis» de *r* ante *ç* (en la forma *comborça*) con carácter espontáneo: los ejs. que cita el Sr. Silveira son casos sueltos y excepcionales, en parte lecturas dudosas, y especialmente debidos a ultracorrecciones y contaminaciones (la de *curcio = corzo* en el caso de *camurça* 'gamuza', etc.), que aquí no tendrían aplicación. Suponer que la forma *comborça*, ya documentada en el S. XIV y en el más antiguo de los diccionarios portugueses (Barbosa, 1611), sea posterior a *comboça* (o *combooça*), no documentada antes de fines de aquel siglo, es evidentemente invertir el orden natural de las cosas, puesto que la reducción de *rç* a *ç* es un

hecho corriente (*almoço < almorço, toça < torça, pocilga < porcilga, pocima < porcima, eça < herce, cozuelo < corzuelo, tocha < torcha, dosso < dorso, usso < urso,* etc.), y una evolución fonética sumamente comprensible. En cuanto a la grafía *combooça,* a que Silveira atribuye valor tan decisivo, es dudoso que esté documentada más de una vez, pues no hay tal palabra en el capítulo 124 de la *Crón. de D. Fernando* de Fernão Lopes, citado por el erudito portugués (ed. de 1816). Por lo demás, el hacer duplicaciones de vocales, sin valor fónico ni etimológico alguno, es un capricho seudo-arcaizante frecuentísimo en los textos gallego-portugueses del S. XV, y aun anteriores. Sólo en el citado capítulo de Fernão Lopes encuentro los casos siguientes, para los cuales no puede imaginarse justificación histórica alguna: *naaos, huuma, irmaã, patroões, Meloo, Caamoões, ataa, alguumas, maãos, mandaae, daae, desejaaes, Casteella; graado* (GRATUS), *boosco, seeda, seela, irmaão, coraçoões* y otros muchos se hallan en el *Graal* del S. XIII (ms. del XV, V. el glosario de Magne); *dooar, sooar, adeestrar, maãos, maao, pooer, soõar, peeas* en el glos. del S. XIV, publ. en *RPhCal.* VI 74ss.; y ejs. como *comegoo, booncedes, seyaamento, moolo, maaes, maaho, máão-paramento, boomsar, boosco,* pululan en Viterbo y en Cortesão. Cierto que *combooça* se lee una vez en la *Crónica Troyana* de fines del S. XIV, donde la duplicación vocálica es más conforme, en general, con la etimología, pero tampoco ahí faltan excepciones tales como *Jaason* (I, 91.2), *aaz* (I 209.26, 204.32, 218.11, 264.23, 222.11, y passim), *cinquaeenta* (I, 162.14), *leaal* (I, 129.20), *meercee* (II, 254), *postigoo* (I, 115.7), *odoor* 'olor' (I, 295.27), *oosmar* 'pensar' (I, 326.5) y también recuerdo haber leído en ella *jaazer* o el futuro *jaarey,* además de otros en que la justificación histórica es dudosa, como *soo* 'yo soy' (II, 258 y passim), *seerey* (I, 123.12, etc.), *gaanar* (II, 215, etc.); otro ej. más: «entraronse logo a*oo* alto mar» (ibid. I, 116.18) (por lo demás, sería concebible que la reducción de *orç* a *oç* trajera consigo una prolongación compensatoria).

Combo, comboso, V. *comba*

COMBRETÁCEO, derivado culto del lat. *combrētum,* nombre de planta. *1.ª doc.:* 1901, Pagés.

Comburente, combustibilidad, combustible, combustión, combusto, V. *urente*   *Comedero,* V. *comer.*

COMEDIA, tomado del lat. *comoedĭa,* y éste del gr. κωμῳδία íd., en parte por conducto del italiano; el gr. κωμῳδία deriva de κωμῳδός 'actor cómico', compuesto de κῶμος 'fiesta con cantos y bailes' y ᾄδειν 'cantar'. *1.ª doc.: Comedieta de Pon-*

ça, obra del Marqués de Santillana, a. 1444; comedia, APal. 86b.

Terlingen, 91-92. En el sentido de 'poema ale-
górico', como en la obra del Marqués, el vocablo
se tomó del italiano, por influjo de la *Commedia*
de Dante; pero a fines del siglo y en el siguiente
(Hernán Núñez, P. S. Abril, etc.) los humanistas
castellanos lo tomaron nuevamente del latín, y en
su sentido clásico.

DERIV. *Comediante* [Oudin; 1640, Saavedra Fa-
jardo], del it. *commediante* [Davanzati, † 1606],
voz perteneciente al tipo formativo de un nombres en
-ante derivados directamente de un sustantivo,
procedimiento típicamente italiano (vid. Migliorini, *VRom.* I, 69). *Comedión. Cómico* [APal., 15d,
86d, 151b], tomado del lat. *cŏmĭcus* y éste del gr.
χωμιχός íd., derivado de χῶμος¹; *comicidad* [fal-
ta aún Acad. 1899], *comicastro, comiquear, comi-
quería.*

CPT. *Comediógrafo.*

¹ Juan de Mena empleó *comédico* 'cómico', y
Hernán Núñez *comedo* para 'comediante', neolo-
gismos que no arraigaron.

Comediar, V. *medio, comedir   Comedición,* V.
medir   Comédico, V. *comedia   Comedido, co-
medimiento,* V. *medir   Comedio,* V. *medio   Comediógrafo, comedión,* V. *comedia   Comedir,* V.
medir   Comedo, V. *comedia   Comedón,* V. *comer   Comedor,* V. *comer*

COMEJÉN, 'insecto tropical que roe la madera,
cuero, lienzo, etc.; también llamado termes u hormiga blanca', del arauaco de las Antillas. *1.ª doc.:*
comixén, 1535, Fz. de Oviedo; *comegén,* algo antes de 1565, Vicente de Oviedo.

Friederici, *Am. Wb.,* 201-2. Hoy todavía se oye
a veces *comijén* en Santo Domingo (Hz. Ureña,
RFE XXII, 183); la *e* moderna se deberá a influjo del verbo *comer,* por la actividad del insecto.

DERIV. *Comejenera.*

*Comendable, comendación, comendadero, co-
mendador, comendadora, comendaduría, comenda-
miento, comendar, comendatario, comendaticio, co-
mendatorio, comendero, comendón,* V. *mandar
Comengar,* V. *común   Comensal, comensalia,* V.
mesa

COMENTAR, tomado del lat. *commentari* 'meditar', 'ejercitarse', 'comentar', frecuentativo de
comminisci 'imaginar'. *1.ª doc.:* Nebr.

DERIV. *Comentación,* ant. *Comentador* [Nebr.].
Comentario [APal. 66d, 19b, 245b], tomado del
lat. *commentarium* o *commentarius* 'memorial, cuaderno de notas', 'diario', 'comentario'; *comentario*
adj. (-a *declaración*) en Juan de Mena (Lida);
comentarista. Comento [Nebr.], frecuente en el
siglo de Oro, pero hoy raramente usado: del lat.

commentum 'cosa imaginada, ficción', 'plan, proyecto', de *commentus* participio de *comminisci.*

COMENZAR, del lat. vg. **cominitiare* íd.,
derivado del lat. INITIARE 'iniciar', 'instruir', 'bautizar', que en autores cristianos ya significa 'empezar'. *1.ª doc.:* princ. S. XIII, Berceo; *Libre
dels Tres Reys d'Orient.*

Voz común a todos los romances de España y
Francia y al italiano. Para la historia del vocablo
y de sus sinónimos en romance, V. el artículo
fundamental de Jaberg, *RLiR* I, 118-45. En castellano tuvo desde el principio la concurrencia de
empezar, que dió lugar al cruce *compeçar* [*Cid*]¹;
comenzar fué muy clásico. y hoy pertenece al lenguaje literario y de tono elevado; en la actualidad
se emplean además como sinónimos *principiar* e
iniciar. Pero esta existencia de sinónimos no es
razón suficiente para creer que *comenzar* sea catalanismo, como admite M-L. (*REW* 2079). Para
construcciones y ejs., y para las diversas variantes,
vid. Cuervo, *Dicc.* II, 208-13; Cej. IV, § 13². La
conjugación más antigua de este verbo no diptongaba la *e* en las formas rizotónicas (*començo* en los
Buenos Prov. 25.2, *comença* en los *Reys d'Orient,*
arag. ant. *comence,* G. de Diego, *Caract. Dial.
Arag.,* p. 4), como debía esperarse, pero el influjo
de *empieza* y otros verbos hizo que pronto se
empezara a decir *comienza* (ya Berceo, *Sacrif.,* ed.
Solalinde, 34a, 163b).

DERIV. *Comenzadero. Comenzador* [Valera, *Armas,* p. 131b (Nougué, *BHisp.* LXVI)]. *Comenzan-
te. Comienzo* [Berceo]³, también se dijo *comen-
zamiento* [Berceo; ej. de la *Crón. Gral.* de Ocampo, en *Aut.*].

¹ Para ejs., vid. Cuervo; otro en inventario aragonés de 1362 (*BRAE* III, 89). En gallego-portugués lo común es *começar* y *começo,* que no
son un mero caso de reducción consonántica
pues salen ya muchas veces en toda clase de
textos medievales y ya son generales en las *Ctgs.*:
en éstas no hay que pensar en una grafía imperfecta pues riman los sustantivos *começo* y
empeço, p. ej. en 255.31. En el influjo ejercido
por esto debemos ver la explicación más natural.
Se ha pensado en que COMINITIARE pasara desde
*comēeçar a *començar* y acaso algo contribuiría
esto, pero lo normal entonces sería que **comēeçar*
pasara en seguida a *començar* > *començar* y además esperaríamos que hubiera formas con *-z-*
sonora (cf. *razão,* etc. junto a *poço*). Por lo demás
el gallego vacila hoy entre *comezar* y *-enzar*:
ambos en Carré, y Lugrís p. 153 imprime *comezar* en el verbo y *comenzo* en el sustantivo;
pero en la *Escolma* de Castelao leo: «xa deu
comezo a faxina d'un novo día» y «*escomenzáron*
os vermes a facerme cóchegas» junto a «co-
menzaron a chamarlle», 149.26, 174.31, 220.1.—
² *Escomenzar,* que había sido muy frecuente, cayó
en desprestigio ya en el S. XVI (J. de Valdés,

Diál., ed. Mayans, 79), pero aún se emplea vulgarmente en algunos puntos, p. ej. entre los charros salmantinos (Araujo, *Estudios de Fon. Kastellana*, p. 15) y en Asturias (V), comp. Cuervo. Cat. *escomençar*, empleado en Valencia y en la zona catalana de Aragón. También se dijo y se dice en algunos puntos *encomenzar*. La Acad. cita como antigua una forma *enmenzar* [?], que sería otro cruce de *em[pezar]* con *[co]menzar*.— ³ Para Mayans, *Orígenes*, p. 188 (1737), era palabra algo anticuada, aunque admisible, frente al neologismo *principio*.

COMER, del lat. COMĔDĔRE íd., derivado de ĔDĔRE íd. *1.ª doc.: Cid.*

Cuervo, *Dicc.* II, 213-7; Cej. IV, § 32. Sólo conservado en cast. y port. *comer*; reemplazado por MANDŪCARE en los demás romances, aun el catalán¹. No es probable que COMEDERE diera *comer* por regular evolución fonética (habría dado *conder*); seguramente fué reemplazado en latín vulgar por una variante *COMĔRE deducida analógicamente de las formas irregulares COMES, COMESSEM, y de COMESSE, COMEST, COMESTIS, que pasarían a *COMĔRE, *COMET, *COMETIS, al mismo tiempo que POTĔRE, POTET, POTĔTIS, reemplazaban a POSSE, POTEST, POTESTIS. En castellano el futuro y condicional fué *combré, combría*, hasta hacia 1400 (*combrás: Rim. de Palacio*, ed. Janer, 1426). Para huellas hispánicas del antiguo participio *comestus*, vid. COMISTRAJO.

DERIV. *Comer* m. 'comida' [*Cid, Apol.*, J. Ruiz, *Crón de 1344*: vid. M. P., *Inf. de Lara*, glos.] *Comedor* 'el que come' [1251, *Calila* 44.808; Nebr.], 'lugar donde se come' [1604, Palet; Covarr.; según *Aut.* se usaba en Andalucía y otras partes, cf. el arag. Siesso lo da como propio de las aldeas, hoy es de uso general]; *Aut.* le prefiere *comedero. Comedero* adj. [Nebr.]. *Comedón* «grano sebáceo con un puntito negro» [Acad., falta aún 1899], comp. port. *comedão* 'variedad de acne con un puntito negro en el centro', término médico tomado del lat. *comĕdo, -ōnis*, 'el que come o disipa'. Port. *comezinho* 'comestible', 'fácil de entender, sencillo', 'doméstico, casero' («copistas servís do que escrevem franceses sobre *comesinhas* coisas nossas», Silveira *RL* XVI, 151). Gall. part. *comesto* (figur.) 'apurado', destruído, cargado' (pontev., *a terra está comesta, comestísima* 'cargada de tributos', Sarm. *CaG.* 121r). *Comezón* 'picazón' [Glos. de Palacio y Toledo; Nebr.: con *z* sonora por analogía de los demás abstractos, en *-zón*], comp. ast. *comiciu* íd. (Rato), *comezón* 'todo género de sabandijas' (V), gall. *comichón* íd. (por cambio de sufijo *comichura, comechura* 'piojera', 'desazón'), port. *comichão*, del lat. COMESTIO, -ŌNIS, 'acción de comer' (Isidoro, *Etym.*, XX, i, 21; comp. G. de Diego, *Homen. a M. P.* III, 17). *Comestible* [ej. de Jovellanos, † 1811, en Pagés], tomado del lat. tardío *comestibilis* íd.; también se ha dicho

comible. Comiscar o *comichear. Comida* [APal. 137b], antes *comer* m. (véase); *comidilla; comido; comiente. Comilón* [J. del Encina, ed. 1496, fº III vºc; Nebr.], parece ser el lat. COMEDO, -ŌNIS, quizá primero asimilado en *comenón > comelón²*; de aquí *comilona*, deformado popularmente en *comilitona* por interpretación popular del cultismo *comilitón*, vid. MILITAR. *Concomerse, concomimiento; concomio* fam. [Quevedo; *concomo* en Moreto]; *reconcomerse; reconcomio* (especialmente usado en Murcia y Andalucía oriental; *reconcomia, reconcomioso* en A. Venceslada), vid. CONDUMIO. Sentido muy semejante al de *reconcomio* tiene *regomeyo* [Acad. 1936] o *regomello* [1920, Sevilla, *Vocab. Murciano*, «disgusto que no se manifiesta; cortedad, reconcomio»]³, y así es probable que derive también de *comer*; ha de ser mozarabismo de todos modos, puesto que ni *-ello* ni *-eyo* son terminaciones castellanas (cast. *-illo, -eo*), y estando así seguros de que por lo menos existía en el S. XIII, no debemos considerar demasiado audaz el suponer un étimo lat. *RECOMEDIUM, derivado de COMEDERE (comp. cat. *regonèixer* 'reconocer', ribag. *regodir* 'recudir', etc.)⁴; afín a *reconcomio* y *regomello* parece ser un vasco *gorromio* recogido solamente por Pouvreau (lab., S. XVII). *Escomerse* [1497, N. Recopil.]; *escomiciáse* íd., ast. (V). *Inedia*, del lat. *ĭnĕdia* íd., derivado de *ĕdĕre* 'comer'. *Obeso* [Aut.], tomado de *obēsus* íd., participio de *obĕdĕre* 'roer', 'comer', propiamente 'el que ha comido mucho'; *obesidad. Estiómeno* [Aut.] 'corrosión de una parte carnosa del cuerpo', tomado del gr. ἐσθιόμενος, participio pasivo de ἐσθίειν 'comer',. emparentado con el lat. *edere; estiomenado* [1732].

¹ *Menjar* es autóctono en este idioma y no galicismo, como supone M-L., comp. el presente antiguo *manuga* (Lulio, etc.); la forma moderna procede, por regular evolución fonética, de la variante vulgar MANDICARE.— ² Esta forma se emplea hoy en Méjico, Ecuador y otros puntos de América, vid. Wagner, *RFE* X, 76. También port. *comilão*, pero gall. *comellón* Castelao 212. 8f., 214.12. La *i* puede explicarse por influjo de *comida*. Ha dado lugar a formaciones analógicas, especialmente el general *dormilón* (véase), port. *tecelão*. En América, el cub. *mamalon* 'el que vive de gorra' (Pichardo), mej., venez., colomb., per. *(j)uilón* 'que huye, cobarde' (Malaret, *Supl.; BDHA* IV, 296), mej. y venez. *correlón* íd., mej. *mordelón* 'el que se dedica a la mordida o cohecho; funcionario venal', mej. *metelón* 'entremetido', etc. Véase la lista de formaciones en *-lón* coleccionada eruditamente por M. L. Wagner, *ZRPh.* LXIV, 341. Se adhiere a Cuervo (*Ap.*, § 899) y M. P. (*Bausteine Mussafia*, 399), que partían de *adulón, rebelón* [?], *alquilón, trapalón*; en lo cual no creo, porque además de que en ésos el sufijo es *-ón* y no *-lón*, *comilón* [S. XV, lat. COMEDONEM] es mucho más antiguo que todos

estos derivados recientes.— [3] Acad. ya 1925, como
murc., «disgusto que no se revela al exterior»;
G. Soriano «empacho, cortedad» (usado en Murcia, Orihuela y Villena); Lemus, *Vocab. Panocho;* A. Venceslada dice que se emplea en toda
Andalucía, y agrega *regomellar* 'refunfuñar' y 'tener regomello'. En efecto lo he oído en Bédar
(Almería) en un sentido como 'recelo, resenti-
miento'. Val. *regomello* «miedo; recelo o apren-
sión que uno tiene de que le suceda una cosa contraria a lo que deseaba; recelo o sospecha que in-
cita o mueve interiormente» (Escrig), «ja te l'han
pegá, sense fer escrúpol ni tindre *regomello* de
res» en el alcoyano Martí Gadea (*Tèrra del Gè* I,
317; I, 321). La forma valenciana, aunque seguramente tomada del murc.-arag. (¿o del mozárabe?), tiene importancia porque en Valencia no
hay yeísmo; sin embargo, no prueba mucho en
cuanto la forma del étimo, pues era natural la
asimilación a -ELLUM (en mozarabismos como *to-
mello, cuquello, Campello, BDC* XXIV, 21n.);
para casos de lleísmo en esta zona, vid. *NRFH*
VII, 84.— [4] No convence la relación con el arag.
bomegar 'vomitar' ni con *gomia* 'voraz', que propone Spitzer, *Lexik. a. d. Kat.* 159.

*Comerciable, comercial, comerciante, comerciar,
comercio,* V. *mercar   Comestible,* V. *comer
Comestín,* V. *comistrajo   Cometa, cometario,* V.
coma III   *Cometedor, cometer, cometida, cometido, cometiente, cometimiento,* V. *meter   Comezón,* V. *comer   Comible,* V. *comer   Comicastro,* V. *comedia   Comicial,* V. *ir   Comicidad,*
V. *comedia   Comicios,* V. *ir   Comiciu,* V. co-
mer   Cómico, V. *comedia   Comichear,* co-
mida, comidilla, comido, V. *comer   Comienda,*
V. *mandar   Comiente,* V. *comer   Comienzo,*
V. *comenzar   Comilitona, comilón, comilona,* V.
comer   Comilla, V. *coma* I

COMINO, del lat. CŬMĪNUM y éste del gr.
χύμινον, íd. *1.ª doc.:* S. XIII, Aranceles Santan-
derinos(*RFE* VIII, 342).

DERIV. *Cominear* [Acad. ya 1843], 'entretenerse
en menudencias', por la pequeñez de la semilla del
comino. *Cominero* [íd]; *cominería. Cominillō. Cúmel* 'licor alemán a base de comino' (falta aún
Acad. 1899), viene del alem. *kümmel* 'comino', 'cúmel', procedente de la misma palabra latina. Derivados cultos: *cumínico, cuminal.*

*Comisar, comisaria, comisaría, comisariato, co-
misario,* V. *meter   Comiscar,* V. *comer   Comisión, comisionado, comisionar, comisionista, co-
miso, comisorio,* V. *meter*

COMISTRAJO, 'comida, en términos familiares',
parece alteración de **comestajo,* derivado del lat.
COMESTUS, participio pasivo de COMĔDĔRE 'comer'.
1.ª doc.: ya Acad. 1783; Pagés cita ejs. de Pérez

Galdós, Pardo Bazán, etc.

La Academia define «mezcla irregular y extravagante de manjares», y deriva de *conmisto* 'mezclado con otras cosas', lat. COMMIXTUS. Quizá sea
esto cierto, y aun parece corroborarlo el ej. de Pardo Bazán, donde se dice que unos niños hacían,
«de puro ahitos, mil porquerías y *comistrajos* con
su ración». Pero está lejos de ser concluyente, y
yo he oído el vocablo en Chile como mero sinónimo de 'comida', aunque en tono familiar y apenas peyorativo («nos llevaremos el *comistrajo* y
saldremos al campo»). G. de Diego, *BRAE* VI,
749, deriva de COMESTUS admitiendo influencia de
bebrajo (vid. BREBAJE), para explicar la *r.* No es
esto necesario, dada la frecuencia de la epéntesis de
r tras *st,* y más en palabra cuya *j* proviene de una
ll antigua. Que *comistrajo* no tiene que ver con
mixto, me parece comprobarlo el verbo *comistrear*
que el granadino Aureliano Fernández-Guerra (†
1894) empleó en el sentido de 'comer ligeramente' («lat. *ientare: comistrear* fuera de hora; desayunarse, almorzar», ed. del *Fuero de Avilés,* s.
v. *gentar).* El participio *comesto* está documentado en gallegoportugués: figura en Mestre
Giraldo (1318), *Alveit.,* 27.34, en los *Inéditos de
Alcobaça* (SS. XIV-XV: Viterbo), y en el miñoto Bluteau (1728), junto con el analógico *be-
besto;* el Padre Monte Carmelo lo da como anticuado (1767), y hoy sobrevive en Galicia (Vall.,
Saco Arce), «han seren *comestos* polos vermes»,
Castelao, 24.13, 155.6; es ya la forma de las *Ctgs.*
(31.26, 81.2, 81.36, pero *comudo* 5.132). De ahí
el ast. *tiempo comestín* «el crudo y seco» (V), es
decir, que escuece por lo frío; cast. vascong. *comes-
tina* «pececillo parecido a la anchoa», en vasco
tsiutxiu (Azkue). La *i* de *comistrajo* se podría explicar, sea como reducción fonética de la forma
castellana **comi(e)sto,* sea por influjo de *comido,*
y aun de *conmisto,* que además pudo modificar
el sentido secundariamente.

Comisura, comité, comitente, V. *meter   Comitiva, cómitre,* V. *conde*

COMIZA, 'especie de barbo de río, mayor que
el común', origen desconocido. *1.ª doc.:* Acad. 1783.

La Acad. quiere derivar del lat. *coma* 'cabellera', gr. χόμη 'cabellera', 'barba' (Aristóteles lo
aplica a las agallas de la jibia), seguramente recordando el origen de la palabra *barbo,* pero semejante derivado romance de una voz tan culta no
tiene verosimilitud.

COMO, m., 'burla, chasco', probablemente del
gr. χῶμος 'fiesta con cantos y bailes por las calles', 'cuadrilla de cantores y danzantes que reco-
rre las calles divirtiéndose', 'el dios de la alegría
y del placer'. *1.ª doc.:* Salas Barbadillo (†1635);
ejs. de Tirso y de R. de Alarcón en Cuervo, *Dicc.*
II, 245b.

Propone acertadamente esta etimología Bonilla y Sanmartín en su edición del *Diablo Cojuelo*, I, 140. De hecho Vélez de Guevara (1641) cita el *como* entre varios nombres de representantes y diversiones populares («yo inventé las pandorgas, las jácaras, las papalatas, los *comos*, las mortezinas, los títeres...»). Es palabra frecuente en el siglo de Oro, especialmente en la locución *dar como* 'dar vaya, burlarse de alguien' (vid. *Aut.*, y Tiscornia, ed. de *Martín Fierro*, glos., s. v.).

COMO, adv. y conj., del lat. vg. QUOMO, contracción del lat. QUŌMŎDO '¿de qué manera?', 'de la manera que'. *1.ª doc.*: h. 950, *quemo*, Glosas de S. Millán, 115; *como*, 1092, Oelschl.

QUOMO se halla ya en el S. II o III d. C. (Pirson, *Festschr. Vollmöller*, 1908, 61-74), y de esta forma proceden todas las romances. La variante *cuemo* de las Glosas de S. Millán es corriente hasta fines del S. XIV (vid. M. P., *Inf. de Lara*, 1.ª ed., 391.15); suele explicarse como conservación del diptongo *uō* latino que habría sido arrastrado hacia *ue*, al cambiarse la ŏ latina, en la época arcaica, de *uo* en *ue* (p. ej., Cornu, *Rom.* XIII, 299-300; M. P., *Oríg.*, 129); sin embargo, éste sería el único caso en que QUO o QUU no se redujo a CO, CU, ya en latín vulgar, de suerte que esta explicación sólo podría mantenerse, si nos viéramos forzados a ello, a base de suponer que *cuemo* saliera de una pronunciación culta del latín medieval tardío trasladada al lenguaje del pueblo; como por el contrario se halla esta forma en textos de lenguaje muy popular, es más probable que se trate del fruto de una reacción exagerada contra la pronunciación cerrada que es propia de las átonas, al emplear como tónico un vocablo que por lo común no lleva acento alguno, comp. el cat. *cǫm* y el mirand. *cumo* (Leite de V., *Philol. Mirand.* I, 231), cuya *u* corresponde a una ŏ y no a una ō latina (en cambio la pronunciación *cum*, usual en el Ampurdán, corresponde a un uso completamente átono); puede corroborar esta teoría la observación hecha por Cornu de que, en el *Cid*, se emplea *como* generalmente fuera del acento y *cuemo* bajo el acento, en interrogación, exclamación o énfasis (v. 2942), o en calidad de correlativo de *assí*, al principio de las comparaciones (aunque esto no se aplica a todos los casos, comp. M. P., *Cid* II, § 103.1). Estadística del uso antiguo de *como* y *cuemo*: R. M. Duncan, *RFE* XXXIV, 248-58. Para las varias construcciones, vid. Cuervo, *Ap.*, § 399; *Dicc.* II, 221-45. Además, para la condicional: Calderón, *Mágico Prodigioso*, II, vii, ed. Losada, p. 208; para el enunciativo, igual a *que* (*verás como Juan firmará el contrato*; *verás como te engañas*, en el *Quijote*; *ya les había dicho como era loco*, ibid. I, iii, *Cl. C.* I, 103; en el estilo forense: *sepan quantos esta carta vieren como nós...*, 1631, en *Teatro Antiguo Esp.* III, 102), V. las notas de M. P., *Oríg.*, 397, y de Alonso y Mo-

glia en *RFH* IV, 80 (acerca de Keniston, *The Syntax of Cast. Prose*); sinónimo de *cuando* o del gerundio (*vive en el Çacatín, como entramos al Alcayzería*, Lope, *Pedro Carbonero*, ed. *T. A. E.*, p. 21); *como a* (con acusativo), Bello, *Gram.* § 123, y *Guzmán de Alfarache*, *Cl. C.* I, 178.19; *como así o como así también*, *como así mismo*, muy usuales en la Argentina, con el valor de 'así como', 'como también'; *como cuánto* 'cuánto aproximadamente' (¿*como cuántas cuadras?*), allí mismo; *en como*, antiguo, enunciativo o en interrogaciones indirectas (también en portugués antiguo: *veed' em como será*, D. Denís, v. 724); *como eso* 'tanto como eso' (*como esso puede el dinero*, R. de Alarcón, *Las Paredes Oyen*, ed. Reyes, p. 198 y nota); *como para* (*anzuelo como para tomar peces*, Nebrija, s. v. *anzuelo*; *buen portal e estudio como para orar*, en la *Vida de S. Ildefonso*, v. 245; *una dueña que recibió como para aya de Leonora*, en *El Celoso Extremeño*, *Cl. C.* II, 100; *para mientras marida, o como para marido, o para entre marido*, en las *Cartas del Caballero de la Tenaza*, *Cl. C.* 86; *como para que*, frecuentísimo en la Argentina, p. ej. Guiraldes, *D. S. Sombra*, p. 97); *como que*, vid. Urtel, *ZRPh.* XXXIX, 219-21; Krüger, *RFE* VIII, 188; y sobre todo A. Alonso, *RFE* XII, 133-56 (comp. *usaba este caballero quitarse la capa, como que quería jugar... y luego, como no hacía partido, iba por su capa...*, en Quevedo, *Buscón*, *Cl. C.*, p. 192; *los seres racionales como que pierden este carácter cuando la acción que recae sobre ellos es de las que se ejercen... sobre lo inanimado*, Bello, *Gram.*, § 928); *cómo que es posible que*, *Quijote* I, prólogo (*Cl. C.* I, 14); *cuemo que sea* 'fácilmente' (*Alex.*, 369,370); *como ser* 'por ejemplo', en la Argentina, Chile y Perú (Kany, *Sp.-Am. Syntax*, 257; comp. frases como *Dios puso en vos tanta vondad como ser el mejor cavallero del mundo*, Corral, *Crón. Sarracina*, h. 1430, en M. P., *Floresta*, 199.28, otra cosa yo non cobdicio... como ser seguro de ti que me oviesses buen amor*, ibid., 212.8, y análogas, de las que pudo originarse aquella locución criolla); *como si más subjuntivo*, vid. S. Fernández Ramírez, *RFE* XXIV, cuad. 3; ¿*cómo te va*? y ¿*cómo le va*?, hoy americano, pero antes medieval y clásico (J. Ruiz, 1344c; Quevedo, *Premáticas*, ed. H. Ureña, p. 156; romance juglaresco en versión leonesa, M. P., *Floresta* II, 95.35); ¿*cómo y...*? (¿*cómo y no será razón que me queje que...*?, en el *Coloquio de los Perros*, *Cl. C.* II, 330). Para *como de cabo, como de nuevo*, V. CABO.

Cómoda, comodable, comodante, comodatario, comodato, comodidad, comodín, comodista, cómodo, comodón, V. *modo*   Como (∼ de cabo, ∼ de nuevo), V. *cabo*

COMODORO, del ingl. *commodore*, que a su vez viene del fr. *commandeur* 'comandante', por conducto del holandés. *1.ª doc.*: Acad. 1884, no 1843 (cita de V. Balaguer, † 1901, en Pagés).

Compa, compá, V. *padre*   *Compacidad*, V. *página*   *Compaciente*, V. *padecer*   *Compactar, compactibilidad, compacto*, V. *página*   *Compadecer*, V. *padecer*   *Compadrado, compadraje, compadrar, compadrazgo, compadre, compadrería*, V. *padre*   *Compadrón*, V. *padre*   *Compagamiento, compage, compaginación, compaginador, compaginar*, V. *página*   *Companage, compango*, V. *pan*   *Compaña*, V. *compañero*

COMPAÑERO, derivado del antiguo y dialectal *compaña* 'compañía', que supone un lat. vg. *COMPANĬA* íd., formado al mismo tiempo que el lat. merovingio COMPANIO, -ŌNIS, 'compañero', calco del gót. *gahlaiba* íd., de *hlaifs* 'pan' y *ga-* que expresa compañía. *1.ª doc.: companiera*, f., doc. de S. Juan de la Peña, 1081 (M. P., *Oríg.*, 83); *compannero*, 1114 (Oelschl.); Cuervo, *Dicc.* II, 248-9.

Sólo el portugués y la lengua de Oc conocen *companheiro, companhier*[1]; los demás romances emplean formas correspondientes a los tipos COMPANIONEM o *COMPANIUM. Es familia léxica común a casi todo el romance; sólo en Rumanía, Sur de Italia y Cerdeña se. han conservado huellas populares del lat. SOCIUS. En la Ley Sálica (princ. S. VI) se halla *companiones* y el abstracto *companium* 'compañía'; es posible que deba corregirse *compationes* en *companiones* en el texto de Mario Victoriano (S. IV d. C., vid. *ThLL* III, 2024.23); para el calco del gót. *gahlaiba*, a. alem. ant. *galeipo*, vid. A. Thomas, *Comptes R. des Séances de l'Acad. des Inscr. et B. L.*, 1931, 79-86. De un abstracto *COMPANĬA procede el antiguo *compaña*, que es común a los varios romances medievales; en castellano se halla todavía en el *Quijote* (II, xxii, *Cl. C.* VI, 87; II, lxvi, VIII, 218) y hoy sigue siendo popular en la Argentina (Ascasubi, *Santos Vega*, v. 177; en Córdoba, Moya, *Romancero* II, 358; Santiago del Estero, *La Prensa*, 17-III-1940; Mendoza, Draghi, *Canc.*, 21, 27, 64, y oído en el campo); ast. *compaña* 'sociedad que constituye la tripulación de una lancha dedicada a la pesca' (V); *companha* 'compañía' gall.-port. desde el S. XIV (*Crón. Troy.*, etc.) y antes, y sigue empleándose algo todavía (Vall. lo da como ant., pero Lugrís y Crespo Pozo lo dan como usual todavía), sobre todo en la ac. 'procesión de brujas', *a Santa Compaña* íd. («a *S. C.* fai falla nas cociñas mornas ó redor da lareira, cando zoa o vento nas tebras da noite», «unha *Santa Compaña* de inmortaes galegos», Castelao 185.19, 297.4) y además se emplea en todas las acepciones y matices fraseológicos («buscou a *compaña* da cruz», «facerme *c.* no paseio», «ficou na *c.* dun rapaz», «atópouse mais ledo na sua *c.*», Castelao 124.5, 141.12, 239.20, 228.7f.). Para 'compañero' se empleó en la Edad Media

compañón (*Sta. M. Egipc.*, v. 1178; *Calila* 19.78; *Gr. Conq. de Ultr.*, pp. 291, 569), prŏcedente de la citada forma merovingia; más tardíamente sólo se aplicó a los testículos [APal. 64b; 1555, Laguna; etc.], llamados así como eufemismo, por lo inseparables (también en cat. ant.: Costumbres de Tortosa, ed. Oliver, p. 294). Más común fué *compaño* 'compañero' [*Alex.*, 1835; J. Manuel, *Caza*, ed. Baist, 7.20; *Conde Luc.*, ed. Hz. Ureña, p. 121; pero APal. y Nebr. ya sólo registran *compañero*], comp. cat. *company*, engad. *cumpagn*, it. *compagno*, formas que pueden salir de un *COMPANIUS, más probablemente que del nominativo COMPANIO.

DERIV. *Compaña* (V. arriba), *compañuela* [Berceo]. *Compañía* [Berceo], derivado de *compaño*. *Compaño, compañón* (V. arriba). *Acompañar* [*Cid*], *acompañado, acompañador, acompañamiento, acompañante, -anta. Compañería. Compañerismo.*

[1] Lo común en occitano es *companhon*, pero *companhier* se halla algunas veces. Hoy sólo el femenino *coumpagniero* según Mistral; comp., por lo demás, *companhier*, aplicado a una mujer en Bertran de Born, ed. Appel, 4, 17.

Compañía, compañón, etc., V. *compañero*   *Compaño* 'lo comido con el pan', V. *pan*   *Comparable, comparación, comparado, comparador, comparanza, comparar, comparativo*, V. *parar*   *Comparecencia, comparecer, compareciente, comparendo, comparición, comparsa*, V. *parecer*   *Comparte, compartidor, compartimiento, compartir*, V. *parte*   *Compás, compasado, compasar*, V. *paso*   *Compasible*, V. *padecer*   *Compasillo*, V. *paso*   *Compasión, compasionado, compasivo*, V. *padecer*   *Compatía, compatibilidad, compatible*, V. *padecer*   *Compatricio, compatriota*, V. *padre*

COMPELER, tomado del lat. *compĕllĕre* 'empujar en bloque', 'acorralar, reducir', derivado de *pellere* 'empujar'. *1.ª doc.*: princ. S. XIV (*Leyes del Estilo*: Cuervo, *Dicc.* II, 259-60); varios ejs. del XV; *compelir*, APal. 8b, 24b, 393b.

DERIV. de *pellere*, también cultismos. *Compulsar* [ley de 1539 en la *N. Recop.*, III, xiv, 4], de *compulsare* 'empujar fuertemente', frecuentativo de *compellere*; *compulso* [APal. 365d], de *compulsus*, participio de dicho primitivo; *compulsa, compulsación; compulsión, compulsivo, compulsorio. Apulso*, de *appulsus*, part. de *appellĕre* 'empujar hacia'. *Expeler* [h. 1440, A. Torre (C. C. Smith, *BHisp.* LXI); *expelir*, APal. 35d, 149b; *expeler*, Fr. L. de Granada], de *expellĕre* íd.; *expelente*. En algunas hablas vecinas EXPELLERE sobrevivió como voz hereditaria: oc. ant. y mod. *espelir* 'expulsar', 'hacer que germine un huevo', 'germinar una planta, un huevo', cat. *rosell.* y alto-empord. *espelir* íd., gall. (no port.) *espelir* 'quitar de encima', *espelido* 'sobrio, sin bebida' («Pra *espelir* o cansazo saíra pola noite»; «¿Non traerías algún viño no corpo? —Estaba tan *espelido* como agora», Castelao 52.21, 286.4f.). *Expulsar* [ya Acad. 1843], del frecuentativo correspondiente *expulsare*. *Expulso* [Quevedo y Góngora], de *expulsus*, participio de *expellere*; *expulsión* [Fr. L. de Granada], *expulsivo*, *expulsor*. *Impeler* [*impelir*, h. 1440, A. Torre (C. C. Smith), APal. 476b; *impeler*, S. XVII: *Aut.*] de *impellĕre*, íd.; *impelente*. *Impulsar* [med. S. XVII, Conde de la Roca; *Aut.* registra como voz raramente usada], de *impulsare*, frecuentativo del mismo; *impulso* [APal. 149b; Paravicino, *RFE* XXIV, 314], de *impulsus*, *-ūs*, íd.; *impulsión*; *impulsivo* [APal. 29d], *impulsividad*; *impulsor*. *Propulsar* [Acad. ya 1832, no 1780; no Covarr., C. de las Casas ni Fcha.], lat. *propulsare* 'rechazar, apartar'; *propulsión* [Acad. 1780]; *propulsa* [Acad. 1780]; *propulsor*; *propulsador* [Cartagena, *Question*, p. 236b (Nougué, *BHisp.* LXVI)]. *Repeler* [*repelir, Corbacho* (C. C. Smith), APal. 119b, 390d; *repeler*, sin ejs., *Aut.*], de *repellĕre* íd.; *repelente* [*Aut.*]. *Repulsa* [*Aut.*, como «voz puramente latina»; APal. 417b, sólo la da como tal], de *repulsa* íd.; *repulsar* [med. S. XVII, Conde de la Roca], del frecuentativo *repulsare*; *repulsión* (ya Acad. 1843), *repulsivo* (íd.), *repulso*. *Retropulsión*. *Pulso* [Berceo, *Mil.*, 125d], de *pulsus*, *-ūs*, 'impulso, choque', derivado de *pellere*. *Pulsar* [1581, Fragoso], de *pulsare*, frecuentativo del mismo; *pulsación*, *pulsada*, *pulsador*, *pulsamiento*, *pulsante*, *pulsátil*, *pulsativo*; *pulsatila* (falta aun Acad. 1843), del latín científico *pulsatilla*; *pulsear*, *pulsera*, *pulsista*.

CPT. *Pulsímetro*.

COMPENDIO, tomado del lat. *compĕndĭum* 'ahorro, economía', 'abreviación', derivado de *pĕndĕre* 'pesar', 'pesar dinero, pagar'. *1.ª doc.*: Ya en Juan de Mena (Lida, p. 256). Oudin, Covarr.; 1622, Lope.

DERIV. *Compendiar* [*Aut.*]. *Compendiariamente* [S. XVII]. *Compendioso* [Covarr.]. *Compendista*. *Compendizar* [1710].

Compenetración compenetrarse, V. *penetrar Compensable, compensación, compensador, compensar, compensativo, compensatorio*, V. *peso Competencia, competente, competer, competición, competidor, competir*, V. *pedir Compezar*, V. *comenzar y empezar Compiadarse*, V. *pío Compilación, compilador, compilar, compilatorio*, V. *recopilar Compinche*, V. *pinchar Complacedero, complacedor, complacencia, complacer, complaciente, complacimiento*, V. *placer Complanar*, V. *llano Complañir*, V. *llanto*

COMPLEJO, tomado del lat. *complĕxus* 'que abarca', participio, con valor activo, del verbo deponente *complecti* 'abrazar', 'abarcar', 'coger', derivado de *plectĕre* 'trenzar', 'entretejer'; como sustantivo, procede de *complĕxus, -ūs*, 'abrazo', 'enlace, encadenamiento', derivado de aquel mismo verbo. *1.ª doc.*: *complexo*, m., 1625, Salazar de Mendoza (en *Aut.*, que nota la pronunciación de la *x* como *cs*); *complexo*, adj., sólo con referencia al *músculo complexo*, ya Acad. 1843; con aplicación general, y con *j*, pero remitiendo a *complexo*, ya Acad. 1884; Pagés cita ejs. de *complexo* adj. en autores de h. 1830 (Ag. Durán, J. J. de Mora), de *complejo* en Menéndez Pelayo.

DERIV. *Complejidad*. *Complexión* [*-plesión* h. 1250, *Setenario*, f° 11 r°; *Celestina*, ed. 1902, 66.14; *-plissión*, h. 1360, Sem Tob, copla 490; Nebr.; *-plexión*, 1286, *Acedrex* 352.4, Covarr. y *Quijote*, I, i, 1, etc.], de *complexio -ōnis*, 'conjunto, ensambladura', 'complexión, temperamento'; *complexionado* [*-issionado*: Nebr.], *complexional*. *Amplexo*, ant. (cultismo raro), de *amplexus, -ūs*, 'abrazo', derivado de *amplecti* 'abrazar'. *Plexo* (ya Acad. 1884, no 1843), de *plexus, -ūs*, 'tejido, entrelazamiento'. *Perplejo* [*-exo*, rimando con *quexo* en Mena, *Lab.*, 31b; falta Nebr., C. de las Casas, Covarr.; *Aut.* y Fcha. dan ejs. de 1499 y otros del S. XVI], del lat. *perplexus* 'entrelazado, sinuoso', 'embrollado'; *perplejidad* [*Celestina* (C. C. Smith, *BHisp.* LXI); S. XVII, *Aut.*].

Complementar, complementario, complemento, completar, completas, completivo, completo, completorio, V. *cumplir Complexión, complexionado, complexional, complexo*, V. *complejo Complicación, complicado, complicar, cómplice, complicidad*, V. *plegar Complidura, complimiento*, V. *cumplir Complisión*, V. *complejo*

COMPLOT, del fr. *complot* íd. *1.ª doc.*: Mesonero Romanos (2.° o 3r. cuarto del S. XIX, Pagés); Acad. 1884, no 1843.

El vocablo francés, que suele considerarse de procedencia desconocida, significó primero 'muchedumbre compacta' (S. XII), pero ya en 1213 aparece con el significado moderno (*Faits des Romains*, 27.32); está emparentado con el ingl. *plot* 'manchón en el terreno', 'complot', 'argumento, asunto de una obra', y podría ser de origen germánico (vid. Spitzer, *ZRPh.* XLIII, 335).

COMPÓN, 'cada uno de los cuadrados de esmalte alternados que cubren el fondo del escudo', del fr. *compon*, alteración de *coupon* 'recorte' (derivado de *couper* 'cortar') por influjo de *compôt* 'cada una de las divisiones de un campo en cultivos diversos' (del lat. COMPŎSĬTUS 'compuesto'). *1.ª doc.*: 1725, Avilés.

DERIV. *Componado* [1725], del fr. *componé* íd.

Componedor, componenda, componente, componer, componible, componimiento, V. *poner Comporta, comportable, comportamiento, comportante, comportar, comporte, comportería, compor-*

tero, V. *portar*   *Composible, composición, compósita, compositivo, compositor, composta, compostura, compota, compotera*, V. *poner*

COMPRAR, del lat. vg. *cŏMPĔRĀRE* íd., lat. *cŏMPĂRĀRE* 'proporcionar, adquirir', derivado de PARARE 'preparar', 'proporcionar, adquirir'. *1.ª doc.:* 1095; la forma latinizante *comparar* se halla con terminaciones castellanas en varios textos del S. XI [1064, Oelschl].

Sustituyó en todos los romances al lat. EMĔRE 'comparar', desaparecido en todas partes. Se halla COMPARARE en el sentido de 'comprar' ya en autores vulgares de la época imperial, y en inscripciones desde fines del S. IV (*ALLG* XI, 275; XIV, 281; *KJRPh.* IX, i, 58, 59). Casi todas las formas romances, y en particular la castellana, postulan claramente una base fonética *cŏMPĔRARE (comp. *comperator* en un papiro de h. 570, *ThLL* III, 2009.21), que es el resultado de la evolución según las normas de la fonética histórica latina, forma evitada por el latín clásico a causa del influjo analógico de PARARE. Para significados y construcciones, vid. Cuervo, *Dicc.* II, 276-9.

DERIV. *Compra* [1102; *cómpara*, 1062-3]; para el anticuado *cómpreda*, vid. a propósito de *búsqueda* en BUSCAR. *Comprable. Compradero. Compradillo.* [Nebr.]. *Comprado. Comprador.* [APal. 262*d*]. *Comprante. Comprero*, arag.

CPT. *Compraventa.*

Comprenhender, comprehensible, comprehensión, comprehensivo, comprehensor, V. *prender   Compremimiento*, V. *exprimir   Comprendedor, comprender, comprendiente, comprensibilidad, comprensible, comprensión, comprensivo, comprenso, comprensor*, V. *prender   Comprero*, V. *comprar   Compresa, compresibilidad, compresible, compresión, compresivo, compreso, compresor, comprimible, comprimido, comprimir*, V. *exprimir   Comprobable, comprobación, comprobante, comprobar, comprobatorio*, V. *probar   Comprometedor, comprometer, comprometiente, comprometimiento, compromisario, compromisión, compromiso, compromisorio*, V. *meter   Compto,* V. *contar   Compuerta,* V. *puerta   Compuesta, compuesto,* V. *poner   Compulsa, compulsación, compulsar, compulsión, compulsivo, compulso, compulsorio*, V. *compeler   Compunción, compungido, compungimiento, compungir, compungivo*, V. *punzar   Compurgación, compurgador, compurgar*, V. *purgar   Computable, computación, computar, computista, cómputo*, V. *contar*

COMTO, adj., 'afectado', aplicado al lenguaje, tomado del lat. *comptus* 'aliñado, compuesto', participio de *cōmĕre* 'arreglar, componer'. *1.ª doc.:* falta aún Acad. 1899.

Latinismo desusado.

Comulación, V. *cúmulo   Comulgar, etc.*, V. *común*

COMÚN, del lat. COMMŪNIS íd. *1.ª doc.:* *común* m., Berceo, *S. Mill.*, 102*b;* adj., S. XIV (varios ejs. en los *Castigos de D. Sancho*), S. XV (*Canc. de Baena*, etc.).

Cuervo, *Dicc.* II, 286-90. En el adjetivo, la aparición tardía, y el uso casi exclusivo de *comunal* en los SS. XIII-IV, parecen indicar procedencia culta. En el S. XV lo corriente es que el femenino sea *comuna*, no sólo en textos aragoneses (varios casos en el *Canc. de Stúñiga*), sino también en Villasandino (*Canc. de Baena*, 167, 262), en Juan de Mena y en Pérez de Guzmán; sin embargo, como todos estos ejs. están en rima, pudo ayudar la mayor frecuencia de la terminación *-una; común* f. aparece en varios textos en prosa, de edición no siempre fidedigna, una vez en los *Castigos de D. Sancho* (Rivad., 192*b*), en la *Visión Deleitable* de A. de la Torre, en la *Crón. de Juan II*, en Nebr., y es general desde el S. XVI.

DERIV. *Comuna*, murc. *Comunal* [Berceo; J. Ruiz; y en muchos textos de los SS. XIII-XIV, todavía en el *Rim. de Palacio*, 285*b*, y en Nebr.; *Aut.* como anticuado], del lat. tardío COMMŪNĀLIS; no es raro que signifique 'malo, de calidad inferior' (p. ej. *Rim. de Palacio*, 550); la forma *cominal* de *Apol.*, 25*d*, indica origen occitano; *comunaleza*, ant. [*Partidas*]; *comunalía*, ant. [Nebr.]; *descomunal* [J. Ruiz, 240*d*]. *Comunero* [ley de 1369-71, *Aut.*]. *Comunidad* [h. 1440, A. Torre (C. C. Smith, *BHisp.* LXI), APal. 78*d*]. *Comunión* [1107; Berceo], tomado del lat. *commūnio, -ōnis*, 'comunidad', 'comunión'; *poscomunión. Comunismo* [Acad. 1884, no 1843; ej. de PiMargall en Pagés], *comunista* [Ant. Flores, † 1866: Pagés]. *Acomunarse. Comunicar* [Corbacho (C. C. Smith); 1484, *Ordenanzas R. de Castilla* 'comulgar'; 1486, H. del Pulgar, en la ac. moderna; íd. APal. 88*b*], tomado del lat. *commūnĭcare* 'compartir', 'tener comunicaciones (con alguien)'; para construcciones, vid. Cuervo, *Dicc.* II, 291-5 (nótese la transitiva con complemento de persona: *bien queridos de todos cuantos los comunicaban*, Cervantes, *La Señora Cornelia*, ed. Hz. Ureña, II, 157)[1]; *comunicable, comunicabilidad; comunicación* [h. 1440: A. de la Torre; comp. Cuervo, *Dicc.* II, 290-1]; *comunicado, comunicante; comunicativo* [2.ª mitad del S. XVI: S. Juan de la Cruz, Fr. L. de Granada; vid. Cuervo, *Dicc.* II, 295]. *Comulgar* [*comungar*, S. XIII, Concilio de Coyanza; *comulgar*, Berceo], del lat. COMMŪNĬCARE, que en la baja época se empleaba ya en el mismo sentido; comp. Cuervo, *Dicc.* II, 285-6; la *l* se deberá a disimilación, comp. la forma *comungar*, propia del gallegoportugués y conservada en el texto citado y en el *Fuero Juzgo*, y además el arag. ant. *comengar* (invent. de 1390 y 1411, *BRAE* IV, 518 y 529), que junto con oc. ant. *comen(e)gar* supone una forma metatética *COMMĬNUCARE; *comulgante, comulgatorio*; *descomulgar* [Berceo; *Aut.* ya prefiere la forma latinizante *excomulgar*; pero gall. *escomungado*, Castelao 121.6]; *descomulgamiento*; *descomulgador, descomulgación, descomulgadero*; *descomunión* [J. Ruiz] o *excomunión* [1432, *BHisp.* LVIII, 358, 88; *Aut.*]. *Comuña* ast. 'contrato por el cual una persona recibe, a mitad de utilidades, ganado ajeno, obligándose a alimentarlo y cuidarlo', de COMMŪNĬA 'cosas comunes'; *comuyna* «mezcla de trigo, centeno y otras semillas con que se hacía el pan» en el F. Gral. de Navarra I, V, 2, pp. 24 y 292, vco. *komuna* en algunas hablas locales, Caro Baroja, *FoLiVa.* I, 92; *comuñeru* 'el que tiene ganado a *comuña*', 'antiguamente, el árbol plantado en terreno ajeno', *acomuñar* 'tomar ganado en *comuña*' (V).

CPT. *De mancomún* [1203, Oelschl.], compuesto con *mano*; no puede venir del francés *maint commun* (como dice *GdDD* 4036) entre otras muchas razones porque no existe tal locución francesa; tampoco de un lat. *magnum commune*, locución desusada y que, si existiese, no significaría «la mayoría»; *mancomunar* [1605, Ponce de León], *mancomunidad* [*Aut.*].

¹ Comp. *comunicanda* 'comunión', en Berceo, *Mil.*, 373c.

Comunión, comunicar, V. *común   Comuña*, V. *alcamonia* y *común*

CON, del lat. CUM íd. *1.ª doc.*: Orígenes del idioma (Glosas de Silos, etc.).

Cuervo, *Dicc.* II, 295-308. En el lenguaje arcaico, hasta el S. XIII, se contraía con el artículo definido dando *conno, conna* (Glosas de S. Millán; Berceo; *Alex.*; docs. santanderinos en M. P., *D. L.*, etc.); en asturiano, *col, cola, colos*, etc. (V).

CPT. *Conque* [principio del S. XVII, Cervantes, Quevedo, Moncada; vid. Cuervo, *Dicc.* II, 398-9]

CON, 'peñasco', palabra gallega de origen céltico, de un ártabro *KAUNO- hermano de la conocida voz gala ACAUNON íd. *1.ª doc.*: 1755, Sarm. *Còn* 'peñasco' (Vall.), *côn* íd. (Lugrís, *Gram.* 119, 153), 'peña grande en el mar, que se levanta a flor de agua y queda al descubierto en la baja mar' (Eladio Rdz.)¹. La toponimia, tanto mayor como menor, confirma el carácter sobre todo marino del vocablo, puesto que donde menudean los topónimos *cons* es precisamente a lo largo de la costa gallega (vid. mi trabajo en los *Col. Ling. Prerr.*, Salamanca 1974, pp. 55-6).

La base etimológica de esta palabra ha de ser una variante *KOUNO- o *KAUNO- del galo ACAUNOM, conocido por varios nombres de lugar, entre ellos el monasterio *Acaunense* que con ese nombre se fundó en los confines del Valais con el cantón de Vaud, nombre glosado «petra» en muchas fuentes del Bajo Imperio o merovingias; y conocido ya

por el compuesto *acaunu-marga* que Plínio sitúa en Galia y Bretaña, con la definición «intermixto l a p i d e argilla» (Holder, I, 14; III, 478). Pero la palabra gallega prueba que desde el celta hispánico el vocablo aparecía en una variante con K- inicial desde la Antigüedad (de otro modo habría habido sonorización) o sea KAUNO-; y así se vuelve seguro que en el nombre de *Montem Chaunum²*, que Tito Livio da al Moncayo, en los nombres de persona *Couneancos* y *Couneidoqus*, documentados en inscripciones de Segovia y de Portugal, y en otros nombres en *Caun-* recogidos por Holder³, tenemos esta variante hispánica del nombre galo de la piedra, de bien conocido arranque indoeuropeo pues contiene una variante del persa ant. y avést. aθanga-, asənga-, griego αχόνη 'piedra' e ilirio *Acumincum*; es un grupo léxico que, con variantes algo más distintas, aparece un poco en todas partes (indoir. *áçman*, lit. *akmuõ*, esl. *kámenj*, etc.) (Pok. *IEW*, 19-20) (cf. ZANJA).

La evolución fonética en gallego es normal, aunque requiere explicación: teniendo KAUNO- o KOUNO- -N- intervocálica, ésta tenía que nasalizar la vocal precedente; pero, según el sistema fonético portugués-gallego, se refunden entonces las dos vocales y queda la nasalidad en fin de sílaba, donde puede reaparecer más o menos el carácter consonántico, oscilando entre una mera vocal nasal o ésta más consonante nasal velar: así LANA > port. *lã*, *ganado* > gall. *gando*, BONUS > *bõ*, *bon* o *bó* según los dialectos; en el curso de este proceso, aun si partimos de KAUNO- con diptongo AU, éste pasaba a *ou* desde los orígenes del gallegoportugués, y la combinación nasal *oũo* es de esperar que, en Galicia, parara en -*on*, con vocal simple, puesto que al port. *coraçáo* y *máo* MANUS responde el gall. con *corazón* y *man* sin diptongo; por lo demás, también es posible que siendo AKOUNO- la forma primitiva de AKAUNO- (según admite Pokorny), y hallándose *Couno-* en los dos citados nombres de persona hispanocélticos (*Couneidoqus, Couneancos*), el dialecto céltico de los ártabros hubiera conservado el vocalismo KOUNO-, que se reduciría a KŌNO- en el momento de la romanización; lo cual simplificaría la explicación fonética⁴.

¹ Parece que hubo, junto a *con* una variante fonética *coyo* (< *coo*, como *soyo* por *solo*) que cita Sarm., *CaG.* 241v, pero de éste ha de derivar *coiazo* 'cantazo, pedrada' localizado por el Apéndice a Eladio Rdz. en Láncara y Verín, y que por lo tanto sería recogido por observadores fidedignos, Ramón Piñeiro y Pereda Álvarez.— ² En el *Montgó*, larga cumbre peñascosa en el cabo que se adentra en el mar de Denia, quizá tengamos el mismo vocablo, puesto que el Edrisí, med. S. XI, le da el nombre de *Monte Caon* (ğäbäl *Qāᶜûn*, ed. Saavedra-Ubieto, p. 38 = 102).— ³ Hay más: un *Acaunus*, nombre de persona en Burdeos (*CIL* XIII, 685), un *Acaunissa* en Tréveris (sufijo céltico -*issa* masculino), *Agau-*

nus (*CIL* III, 14359); otro *Acaunus* localiza-do en Lezoux (Auvernia) era apodo de un fa-bricante de loza que debía de jactarse de manu-facturar productos más resistentes que una peña. Trataron de ese conjunto Norden, Krahe y [5] Weisgerber (*Rhen. Germ.-Celt.*, 140n. 164) aun-que juntándolos sin razón con el grupo de *Acca-vus, -via* y *Akanius, -a*.— [4] Nótese que AUTUM-NUS > gall. *outono* (Lugrís, p. 171), aparece re-ducido a *outón*, p. ej. en la pluma de Curros [10] Enríquez (*Aires da Miña Terra*, p. 114). O sea, que el paso de un *cono* a *con* también se ha-bría podido producir como aquí, con carácter analógico, a causa de la frecuencia mucho mayor de la terminación *-ón* que de *-ono*. ¿Hay un [15] gall. dialectal *cougo* 'inmóvil, parado, sosegado' en el habla de Parga, entre Betanzos y Lugo? Lo dió Díaz Castro para el Apéndice a Eladio Rdz. ¿Acaso un adjetivo derivado de KAUNIKO-'petrificado'? Pero ya me he referido varias veces [20] en este diccionario a la desconfianza que merecen los datos de este señor. Y lo conocido es *acougar* (o *acoubar*) 'aquietar, sosegar', junto con *acougo* 'acción de acougar', y me parece que esto apunta hacia otra dirección (vid. *COBIJAR*). [25]

CONATO, tomado del lat. *conatus, -ūs*, 'es-fuerzo, tentativa', deriv. de *conari* 'prepararse (para algo)', 'emprenderlo'. *1.ª doc.*: 1583, Ribadeneira.

Conca, V. *cuenca*   *Concadenar*, V. *cadena* [30]
Concambio, V. *cambiar*   *Concasar*, V. *casa*
III   *Concatedralidad*, V. *cátedra*   *Concatena-ción, concatenamiento, concatenar*, V. *cadena*
Concausa, V. *causa*   *Cóncava, concavado, con-* [35] *cavidad, cóncavo*, V. *cavar*

CONCEBIR, del lat. CONCĬPĔRE 'contener, ab-sorber', 'concebir', derivado de CĂPĔRE 'coger'. *1.ª doc.*: Berceo.

Cuervo, *Dicc.* II, 308-10. [40]

DERIV. *Concebible. Concebimiento. Concepción* [Nebr.], tomado del lat. *conceptio, -ōnis*, íd., deriva-do de *concipere; concepcionista. Concepto* [h. 1460, *Canc.* de Stúñiga, p. 393, rimando con *secreto*], [45] tomado del lat. *conceptus, -ūs*, 'acción de concebir o recibir', 'pensamiento'; la ac. 'dicho ingenioso' [princ. S. XVI, Boscán, Garcilaso] debió de imi-tarse del italiano, donde ya figura en Dante, vid. Terlingen, 89; de CONCĔPTUS por vía popular el [50] arag. y judesp. *concieto* 'antojo (mancha del hijo)' BDC XXIV, 165; ZRPh. LXIX, 359. *Conceptear, conceptible, conceptista* [1605, *Pícara Justina; Aut.*, como voz inventada y jocosa], *conceptismo, con-ceptivo, conceptual, conceptualismo, -ista; concep-* [55] *tuar* [Gracián, † 1658, vid. Cuervo, *Dicc.* II, 313]; *conceptuoso* [P. de Rivera, † 1629] hoy sigue sien-do vocablo encomiástico en la Arg., como en el S. XVII, pero se ha hecho peyorativo en España; *conceptuosidad. Preconcebir.* [60]

Percibir [fin S. XII, *Auto de los Reyes Ma-gos*], del lat. PERCĬPĔRE 'apoderarse (de algo)', 're-cibir', 'percibir, sentir', otro derivado de CAPE-RE; *percebimiento; percepción* [Quevedo], tomado del lat. *perceptio, -ōnis*, íd.; *perceptible, percepti-vo, perceptor; apercibir* [Berceo], 'preparar', segu-ramente pasando por la idea de 'avisar'; en la ac. 'observar, advertir, caer en la cuenta' es galicismo del S. XIX, aunque ya cometido por Quevedo en una traducción del francés: vid. Cuervo, *Dicc.* II, 530-4; *apercibidor, apercibimiento, apercibido, des-apercibido, desapercibimiento, desapercibo.*

Recibir [1100, *BHisp.* LVIII, 358; *Cid*][1], de RE-CĬPĔRE 'tomar, coger', 'recibir'; *recibidero, recibi-dor, recibiente, recibimiento, recibo* [1604, N. Bra-vo]; formas cultas: *récipe* [1605, López de Úbeda, p. 116 (Nougué, *BHisp.* LXVI); 1613, Cervantes], del lat. *recĭpe*, imperativo de dicho verbo en el sentido de 'toma, coge', con el cual solían comen-zarse las recetas; *recipiente* [*Aut.*], de *recipiens, -tis*, participio activo del mismo, 'el que recibe o contiene'; *recipiendario*, derivado culto de *reci-piendus*, participio de futuro pasivo del mismo, 'el que ha de ser recibido'; *receptar*, del frecuen-tativo de *recipere*, a saber *receptare* 'recibir con frecuencia', *receptador; recepción* [*Aut.*], de *re-ceptio, -ōnis*, íd.; *receptáculo* [h. 1440, A. Torre (C. C. Smith, *BHisp.* LXI), G. de Céspedes, † 1636], de *receptacŭlum* íd.; *receptivo; recepto; receptor* [S. XIII-XIV: *Leyes del Estilo*, 188], con su variante *recetor*, y *receptorio, rece(p)toría* [Cartagena, *Discurso*, p. 227b (Nougué, *BHisp.* LXVI)]; *receta* [1605, *Quijote*], con su variante más culta *recepta*, del lat. *recĕpta*, propiamente participio plural neutro de *recipere*, en el sentido de 'cosas tomadas para hacer un medicamento'; de aquí *recetar* [med. S. XV, Gómez Manrique I, 332], *recetador, recetante, recetario.*

· *Excipiente*, tomado de *excipiens, -tis*, part. activo de *excipere* 'sacar', 'tomar'. *Excepto* [fin S. XIII: *Espéculo*, 5, 14, 11; 1.ª mitad S. XIV, ley de Al-fonso XI, *N. Recopil.*], tomado de *exceptus*, par-ticipio del mismo verbo (variante semivulgar *cepto* en texto aragonés de 1625, *DHist.);* de aquí *ex-ceptar* o *exceptuar* [1605, *Quijote*], con *exceptua-ción, exceptivo; excepción* [1348, *Ord. de Alcalá* = N. *Recop.* IV, v, 1], de *exceptio, -ōnis*, íd.; el fr. *exception* ya en 1255 (Gossen, picardo, *ZRPh.* LXIX, 152); *excepcional, excepcionar.*

Incipiente [h. 1515, Fz. Villegas (C. C. Smith); *Aut.*], tomado del lat. *incipiens, -tis*, participio activo de *incĭpĕre* 'emprender', 'empezar'; *incep-tor* [fin S. XVII: Cornejo].

Interceptar [*Aut.*], derivado culto de *interceptus*, participio de *intercĭpĕre* 'sustraer', 'interceptar'; *interceptación.*

Precepto [1.ª mitad S. XIV: Cuervo, *Disq. Filol.* I, 209; APal. 134d], tomado de *praeceptus, -ūs*, íd., derivado de *praecĭpĕre* 'tomar primero', 'prever', 'dar instrucciones, recomendar'; *precep-*

tista, precepción, preceptivo; preceptor, preceptoril; preceptuar. Precipuo [1438, Mena], latinismo desusado, de *praecipuus* 'importante, principal', derivado del mismo verbo.

Susceptible [h. 1440, A. Torre (C. C. Smith); Acad. 1843] derivado culto de *suscĭpĕre* 'tomar, asumir', la ac. 'irritable, quisquilloso' se imitó recientemente del francés, donde este vocablo se halla ya en el S. XIV; *susceptibilidad*; *susceptivo* [ya Acad. 1843]; *suscepción* y su compuesto *intususcepción* (con el lat. *intus* 'dentro').

Decepción [1652, Rebolledo; como latinismo raramente usado, sinónimo de 'engaño', en *Aut.*; Pagés cita ej. de la ac. 'desengaño', que la Acad. no admitía todavía en 1899, en M. J. de Larra], tomado del lat. *deceptio, -ōnis,* 'engaño', derivado de *decipĕre* 'engañar'; *decepcionar* (usual, pero no admitido aún por la Acad. 1936-9); *deceptorio* ant.; *decebir,* ant. (palabra rara), representante directo de DECIPERE: se encuentra en la trad. de la D. Com. atrib. a Villena, como traducción del it. *decetto;* en todo caso es palabra muy rara fuera del territorio galorrománico, vid. DEBER; *decebimiento.*

Disceptar, tomado de *disceptare* íd.; *disceptación.*

¹ Tenía -ç- sorda (*Cid*; APal. 6c; Nebr.; PAlc.), que se explica por el sentimiento de que era inicial, a pesar de hallarse tras un prefijo de terminación vocálica. Paralelamente port. *receber,* oc. ant. *recebre,* fr. *recevoir,* mientras que el cat. *rebre* presenta el tratamiento intervocálico con sonorización previa. Lo común en la Edad Media es cast. *reçebir.*

Concedente, conceder, V. *ceder*

CONCEJO, del lat. CONCĬLĬUM 'reunión', 'asamblea'. *1.ª doc.: conceillo,* 2.ª mitad S. X, Glosas de Silos; *concejo (-go),* 1057, Oelschl.

Para la locución *en concejo* 'en público', comp. port. ant. *em concelho* íd. (ejs. en Lang, *Canc. de D. Denis,* p. 139; C. Michaëlis, *ZRPh.* XIX, 210). *Conceyu* se mantiene muy vivo en ast. con las acs. 'junta de vecinos reunida al son de campana para tratar asuntos de interés comunal', 'término municipal', (en Pilona) 'reunión nocturna para solemnizar una boda, etc.' (V); *conceyar* 'tratar algún asunto en *conceyu'*, 'conversar en una reunión' (V). DERIV. *Concejal* [sólo como adj. en *Aut.* y en ley de 1492 allí citada, y ya *concellal, -llar = concejal* en doc. asturiano de 1362, *BHisp.* 88; m., ya Acad. 1843], *concejala, concejalía; concejero; aoncejil* [ya 1371, *BHisp.* LVII, 452; ley de 1554: *N. Recop.*]. *Concilio* [1256-63, *Partidas*], duplicado culto de *concejo; conciliar* adj. *Conciliar* v. [APal. 412d], tomado de *concĭlĭare* 'unir, asociar', 'conciliar', vid. Cuervo, *Dicc.* II, 321-3; *conciliador* [Nebr.], *conciliación, conciliable* [h. 1800: Jovellanos; vid. Cuervo, *Dicc.* II, 320], *conciliativo,* *conciliatorio; conciliábulo* [APal. 88d], tomado de *conciliabŭlum* 'lugar de reunión'; *reconciliar* [1449, *BHisp.* LVIII, 88; APal. 412d], *reconciliación* [íd.], *reconciliador.*

Conceller, V. *consejo Concento,* V. *acento Concentrabilidad, concentrable, concentración, concentrado, concentrador, concentrar, concéntrico,* V. *centro. Concentuoso,* V. *acento Concepción, concepcionista, conceptear, conceptible, conceptismo, conceptista, conceptivo, concepto, conceptual, conceptualismo, conceptualista, conceptuar, conceptuosidad, conceptuoso,* V. *concebir Concera,* V. *macolla Concernencia, concerniente, concernir,* V. *cerner*

CONCERTAR, del lat. CONCĔRTARE 'combatir, pelear', 'debatir, discutir', derivado de CERTARE 'luchar'. *1.ª doc.:* 1251, *Calila y Dimna.*

Cuervo, *Dicc.* II, 314-20. Conservado en italiano y en los tres romances ibéricos (el fr. *concerter* es italianismo). Aunque la ac. corriente de CONCERTARE es 'combatir', Cicerón lo emplea ya en la de 'debatir, discutir' (*quae etiamsi concertata non sunt, Part.,* 99), de donde se pasó fácilmente a 'acordar, pactar' (*concertar la paz*) y a las demás acs. ('componer', 'poner de acuerdo', etc.); análogamente Diez, Wb., 106-7 (falta en el *REW*). De 'poner de acuerdo' se pasaba a 'tocar (varios músicos) acordadamente', 'dar un concierto'. No conocía yo el importante trabajo de Spitzer, *Traditio* (N. Y., 1945) III, especialmente pp. 340-7, con cuyas ideas coincidí bastante: lo fundamental para él es «to strive harmoniously together (by making music)». Cree es importante un pasaje de un Pronóstico Hipocrático de los SS. V-VI, citado por Arnaldi, que dice mueren algunos pacientes «priusquam medicus arte ad unumquemque morbum *concertetur*», donde tendría el valor de 'hacer frente a', «to cope with», «the doctor fights the disease in order to control it, to 'come to terms with it'», en lo cual hay una idea sugestiva aunque quizá no del todo clara. No es admisible la idea de Cuervo de que sea derivado romance de *cierto,* aunque el influjo de este adjetivo contribuiría a orientar la evolución semántica: es un caso típico de los vocablos que en romance perdieron el jefe de familia (*certare*) y fueron atraídos a la órbita de otra palabra.

DERIV. *Concertado. Concertador. Concertación. Concierto* [Nebr.; 1490, *Celestina,* ed. 1902, 41.29, etc.: sólo en la ac. 'convenio, acuerdo'; la musical (ya 1655, Saavedra F.) se imitaría del italiano]; *concertante, concertina, concertino, concertista:* tomados del italiano. *Desconcertar* [Nebr.], *desconcertado, desconcertador, desconcertadura, desconcertante, desconcierto* [Nebr.].

Concesible, concesión, concesionario, concesivo, conceso, V. *ceder*

CONCIA, 'parte vedada de un monte', origen desconocido. *1.ª doc.*: Acad. 1884, no 1843; Pagés cita ej. de Lara, † 1837.

Palabra dudosa. Dice Terr. que según Oudin es 'bienes, suma de dinero', pero lo único que trae éste (ed. 1616) es *contia* como variante de *quantía*, que define «biens, moyens, richesses». Luego Terr. cometió una confusión con *cuantía*. Ignoro si la voz académica tiene mejor fundamento: ¿será un leon. *coutia*, variante de *coto*? ¿o el b. lat. *concīda* 'corta de árboles', derivado del lat. *concidere* 'cortar'? ¿O un célt. *KŬNTĬA, variante de KŬNTIA (> irl. med. *céte* 'prado', 'camino', galo *Quantia*, VRom. X, 239) y de KŬNT- (> galés *pant* 'valle de un río')?; cf. Schmoll, *Vorkelt. Idg. Hisp.*, 82. Lo primero que hace falta es asegurar la existencia del vocablo español.

Conciencia, concienzudo, V. ciencia   Concierto, V. concertar   Concieto, V. concebir   Conciliable, conciliábulo, conciliación, conciliador, conciliar, conciliativo, conciliatorio, concilio, V. concejo

CONCINO, desus., tomado del lat. *concinnus* 'lindo, bien proporcionado'. *1.ª doc.*: 1580, F. de Herrera.

Intento aislado de aclimatación literaria de este latinismo ornamental.

DERIV. *Concinidad* [el mismo]. *Inconcino*.

Conción, concionador, concionante, concionar, V. venir   Concisión, conciso, V. decidir   Concitación, concitador, concitar, concitativo, V. citar   Conciudadano, V. ciudad   Conclave, conclavista, V. llave   Concluir, conclusión, conclusivo, concluso, concluyente, V. clausura   Concoide, concoideo, V. concha   Concomerse, concomimiento, concomio, V. comer y carcoma   Concomitancia, concomitante, concomitar, V. conde   Concordable, concordación, concordador, concordancia, concordante, concordar, concordata, concordatario, concordativo, concordato, concorde, concordia, V. corazón   Concorpóreo, V. cuerpo   Goncovado, V. cueva   Concreado, V. crear   Concreción, concrecionar, concrescencia, concretar, concreto, V. crecer   Concuasar, V. discutir   Concubina, concubinario, concubinato, concubio, concúbito, V. cubil   Concuerda, V. corazón   Conculcación, conculcador, conculcar, V. calcar   Concuñado, V. cuñado   Concupiscencia, concupiscente, concupiscible, V. codicia   Concurrencia, concurrente, concurrir, concursado, concursar, concurso, V. correr   Concusión, concusionario, V. discutir

CONCHA, del lat. tardío CŎNCHŬLA, diminutivo del lat. CŎNCHA 'concha', y éste del gr. κόγχη íd. *1.ª doc.*: fin S. XIII, *Lucano Alf. X*, Almazán; 1.ª mitad S. XIV, *Conde Luc.*, 283; J. Ruiz

1074*b*; como nombre propio de lugar (hoy *Pie de Concha*), ya en doc. de Campó, 1186 (M. P., *Oríg.*, p. 576)[1].

Conservado también en port. *concha* íd., gall. *cuncha* («un pelengrín coberto de *cunchas* vieiras» Castelao 258.22), it. antic. y dial. (Sur) *cóncola*, *góngola*, 'cuenco pequeño', 'cierto molusco', campid. *cùncula* 'cuenco pequeño', bearn. *Congles* cantera en Ossau (munic. Bilheres). La falta de diptongación en castellano puede explicarse de varias maneras, influjo del grupo palatal *ñch*, o de la nasal, o timbre cerrado de la ómicron griega; lo primero es lo más verosímil en vista del ast. *cuenya* 'cavidad más o menos profunda que hay en las peñas del Puerto de Suave', que parece ser la forma leonesa de CONCHULA, según indica Alarcos Llorach (*Archivum*, Oviedo, II, 300-2); más datos de *cuenya* en Fdz. Gonzz., *Oseja*, p. 241, y p. 262; no vendrá del lat. CONGIUS 'cierta medida de líquidos'.

DERIV. Ast. *encuenyar* 'introducir el ganado en una *cuenya*', *escuenyar* 'quitar la monda verde a la avellana y otras frutas', *esconyuela* o *canyuela* 'la castaña que cae sin el erizo al tiempo de *dimir*', *canyuelos* 'parte del yugo que sobresale en medio de éste, a modo de horquilla, y sirve para sujetar el sobeo con que se ata el carro', *escuenyo* 'cubierta de la avellana', *cuenyu* 'la hoja lisa y brillante del salvado' (V).

Conchado. Conchal, seda ~ [1.ᵉʳ tercio del S. XIX: Juan B. Alonso, en Pagés; Acad. ya 1884]: faltan detalles acerca de la cosa para asegurar si es realmente, como parece, derivado de *concha*[2]. *Conchero. Conchoso. Conchudo. Conchuela. Enconcharse. Desconchar, desconchado, desconchón*[3]. Derivados gallegos: gall. centr. *conchos* 'nueces tiernecitas, casi como leche' (Sarm. *CaG.* 130v, 215v). Gall. pontev. *conchêlo* 'lapa u ombligo de Venus: concha sin tapa que se pega a las peñas', Sarm. *CaG.* 189r, A14v, será mero diminutivo de *concha* o bien el gr.-lat. *conchylium* rehecho como tal; por otra parte Sarm. dice (163v) que en Pontevedra dan el mismo nombre a los *couzelos*, que no vuelven a salir en esta obra, y que según Pensado, p. 208, serían 'ombligo de Venus', nombre de planta'[4]. Por lo demás, cf. lo dicho acerca de *couza* en el artículo GUSANO. Gall. *escunchar* 'abrir (almejas, berberechos, etc.)' Sarm. *CaG.* 184v. Cultismos derivados del grecolatino *concha*: *concoide, concoideo*.

CPT. del mismo y de sus derivados: *conquiforme; conquiliólogo*: del gr. κογχύλιον, diminutivo de κόγχη; *conquiliología*.

Conchiforme.

[1] Otros testimonios antiguos: *conchas* 'lonjas delgadas' en el *Arte Cisoria* de Villena (Glos.); en el sentido ordinario: APal. 52*d*, etc.; Nebr. *Conga* 'jofaina' a. 1050, M. P., *Oríg.* 20, comp. 309, es incierto si es variante de *concha* o de *cuenca*.— [2] Sin embargo, comp. el marroquí *qon-*

čâl 'madejeta o madejuela de hilo o seda' (Lerchundi) que Simonet relaciona acertadamente con *conchál* 'cuerda para atar' en PAlc., y quiere derivar, con menos acierto, de COMPUTARE (quizá más bien de *COMPTIARE 'adornar', comp. it. *acconciare*, cat. *acunçar* 'arreglar'). ¿Habrá una mala inteligencia en la definición académica, o bien un cambio semántico?— ³ En cuanto a *aconchar* 'arrimar mucho a cualquier parte (algo o alguien) para defenderlo de un riesgo', como término de marina 'impeler una embarcación hacia una costa', refl. 'acostarse completamente un buque varado', 'abordarse dos embarcaciones', que suele derivarse de *concha*, es improbable que venga realmente de aquí. El *DHist*, lo documenta desde med. S. XVIII (Torres Villarroel), en la 3a. ac., pero ya aparece *aconcharse* en Lope para 'acostarse (una persona)' o 'arrimarse (a algún lugar, para acostarse)' («Tan dormido estáis Llorente?... LUJÁN: Y yo, si lugar os pido, ¿podréle por dicha hallar? CHAPARRO: No faltará para vos. *Aoncháos* junto a la puerta», *Peribáñez*, II, viii, ed. Losada, p. 134). Covarr. y *Aut.* traen *aonchar, aonchado, aonchadillo*, en el sentido de 'componer, aderezar', 'guisadillo de comida aderezada', con ejs. del *Estebanillo González* (1646) y de Bart. Alcázar (1710), y no hay duda de que en estos casos y en el ej. de las *Cartas* de J. de Valdés que cita Terlingen, 344, es un italianismo, apenas asimilado: *acconciare* 'arreglar, aderezar'. En cuanto a los demás casos, y al ej. de Lope, también náutico, que cita Terlingen («Ve y dile a Hamete, de paso, que *aonche* nuestra pinaza»), se puede dudar; puede tratarse de la voz italiana, que pasara de 'arreglarse' a 'acostarse', con influjo del fr. *coucher* 'acostar', o bien puede tratarse sencillamente de este último, puesto que al cast. *colcha*, procedente del fr. *couche*, responde el cat. con *conxa*.— ⁴ ¿Está comprobado que ahí lo es? Desde luego, tal planta existe con ese nombre: port. *coucelos* «sombreiro de telhados» (Moraes) y es en los tejados donde se hace el ombligo de Venus. Pero *ombligo de Venus* es también nombre de una concha, y aunque Sarm. habla de esto entre tres o cuatro nombres de planta, hay en este pasaje otras cosas y poco antes el nombre de los mejillones. Si es realmente planta, podríamos suponer una base CAULICELLUS 'tronchito' o 'pequeña col', de formación muy correcta y que explicaría fonéticamente *couzelo* en forma irreprochable y también *conchelo*, por disimilación, por lo menos *concelo* que fácilmente se podía alterar en aquella forma por varias razones obvias.

CONCHABARSE, 'ponerse de acuerdo para algún fin', tr. 'ajustar, contratar los servicios de una persona', parece haber significado originariamente 'acomodarse varias personas en un lugar' y proceder de un verbo latino CONCLAVARI 'acomodarse en una habitación', derivado de CONCLĀVE 'habitación íntima y reservada'. *1.ª doc.*: h. 1440, Alfonso de la Torre. Cej. IX, § 212.

El significado primitivo se trasluce claramente en el ej. más antiguo («porque viendo que no *se* pueden *conchabar* en un pecho religiosa charidad con tyranía cruel, nadie le osa condenar por malo») y en otros antiguos: «*acinari* es morar en poco espacio o *conchavarse*» (APal., 6b). Es frecuente, aun más tarde, que la palabra conserve un significado locativo, de acomodación en un lugar; así dice Covarr., agregando por su cuenta una etimología pueril que no hace falta refutar: «*conchavança*: vn cierto modo de acomodarse, como haze el pescado dentro de la concha, y de allí el verbo *aconchavarse*: acomodarse, enxerirse»; port. «*conchavar*: metter umas coisas dentro de outras da mesma feição: *conchavar esses pesos ao marco*, Apol. Dial., fº 234» (Moraes)¹; salm. *conchabar* «echar un cordero a dos madres» (Lamano), es decir, propiamente, encerrar un cordero con dos ovejas en un compartimiento del corral, para que le amamanten.

Ya M-L. (*REW* 2116a) indicó que el vocablo portugués viene de un verbo latino CONCLAVARE, pero no creo que anduviera acertado al definirlo «zusammenfügen» o 'juntar dos cosas una a otra', dando a entender así que era derivado de CLAVARE 'clavar'; es verdad que en esta ac. ni siquiera tendríamos que proveer de asterisco el vocablo, pues existe la glosa «*conclavo*: συντιλῶ» (de ἧλος 'clavo': *CGL* II, 446.18), pero no olvidemos que las glosas latinas son interpretaciones tardías hechas, muchas veces sin gran autoridad, sobre voces que aparecen en textos más antiguos; ahora bien, Festo, que lo es mucho más, nos informa (58): «*conclavatae* dicebantur quae sub eādem erant clave», relacionando evidentemente con *conclave*, pues he aquí cómo define en su lugar (34.8) a éste: «*conclavia* dicuntur loca quae una clave clauduntur»; no sería, pues, exagerado decir que podemos documentar el verbo CONCLAVARI en el sentido de encerrarse en un *conclāve*. Ahora bien, es sabido que este sustantivo latino designaba precisamente un retrete, un cuarto encerrado e íntimo, por lo común pequeño; me bastará recordar dos versos de Terencio: «est mihi ultimīs *conclave* in aedibus quoddam retro» (*Haut.*, 902) y «virgo in *conclavi* sedet» (*Eun.*, 583), con la explicación correspondiente de Donato («*conclave* est separatior locus in interioribus tectis... ut cubicula adhaerentia triclinio») y de otro escoliasta («in cubiculo vel interiore domo», 105.11), y referirme a la locución estereotipada *in conclavi* 'en secreto, en un lugar impenetrable' (según define la glosa IV, 248.3, y según escribe el provenzal Faustus Reiensis, S. V: «anima in *conclavi* corporis sui requiescit»)². De la idea de encerrar a dos amantes en un cuarto o a dos animales en un compartimiento del corral, se pasó fácilmente a 'reconciliar, poner de acuerdo'[3], pero la base semántica pudo estar igualmente en otra situación, la de los conspiradores o conjurados que se reúnen en un cuarto apartado, y de aquí la idea de 'ponerse de acuerdo para fines malos, inconfesables o secretos', que ya predominaba cuando se escribió la definición de *Aut.*, y que podemos documentar en abundancia: «El codicioso y el tramposo presto *se conchaban*», en el mejicano Martínez de la Parra (1691), «finalmente vinieron a *conchabo* / el itoto y Bubur sobre el esclavo» (Juan de Castellanos, cita de Rz. Marín, *2500 Voces*), «el fullero dió un golpe al platero, y de *conchavança*, mientras yo luchava con la vergüenza que tanto me açotava, tassaron que yo pagasse solos diez y seys reales» (*Pícara Justina*), salm. «confabularse, concertarse», en Cuba «convenirse dos o más clandestinamente para alguna acción pecaminosa» (Pichardo), en el Ecuador «unirse o ponerse de acuerdo varias personas con fines generalmente malos» (Lemos, *Semánt.*, s. v.); en el catalán del Maestrazgo (donde es castellanismo): «*contxavar-se*: convindre's dos o més per a fer alguna cosa més o manco segreta» (G. Girona), y creo que tenemos la misma ac. en el ej. más antiguo de nuestra palabra en portugués, el pasaje de Ferreira de Vasconcellos (h. 1557) que cita Moraes: «temos os juizes bem *conchavados*»[4]. De pasajes como éste era fácil pasar a un empleo transitivo (*conchavame esas medidas* en Sánchez de Badajoz, cita de Cej., *Voc.*, al parecer 'ponlas de acuerdo') uso indudablemente secundario, pues todavía no lo reconocen como posible Covarr. ni *Aut.*

Así se emplea el verbo en el barcelonés popular, con ligera alteración fonética, y en el sentido de 'lograr la connivencia de alguien'[5]. Otras construcciones neológicas comparables hallamos en portugués («concluir, ajustar algum negócio con alguem», como término chulo, en Moraes; 'concertar'[6], 'ponerse de acuerdo con alguien para que haga algo': «*conchavou* com elle que, disfarçado, fosse em seu nome tributar aos idolos», en Manuel Bernardes, 1706, cita de Cortesão), y en hispanoamericano, donde predomina la idea de 'asalariar, ajustar los servicios de alguien', no sólo servicios domésticos como dice la Academia, pero sí servicios de carácter humilde, los de un jornalero, p. ej.[7]: en este sentido es usual en la Arg., Chile, Colombia, Venezuela y el Sur del Brasil (Toro, *l. c.*; M. L. Wagner, *ZRPh.* XLIX, 107).

Deriv. *Conchabanza* (V. arriba). *Conchabo* (íd.).

[1] Vieira aclara este ej.: «mettêl-os uns dentro dos outros, formando o pezo total do marco».— [2] Algunas veces la noción de acuerdo o unanimidad está ya envuelta en latín en la imagen de la reunión en una habitación pequeña, como cuando Enodio (h. el año 500) escribe, hablando de la unidad espiritual: «non interest, quae intervalla nos segregent, si uno in superiore man-

sione conclave retinemur» (*ThLL.*).— [3] Así en el lenguaje pastoril de fines del siglo XV: «pues por esta cruz jurada / que has d'ir ante el alcalde. / Miguel. Ahota que sea embalde / tu jornada / pues que no te devo nada. / Martín: No tomeys más enconía, / havé gasajo y solaz / y *conchavaos* en paz, / sin porfía... / lo que deve el vno al otro / que gelo cuente / y se lo pague finalmente» (Rodrigo de Reynosa, *Coplas de unos tres Pastores*, v. 188, p. p. Gillet, *Philol. Q.* XXI, 33).— [4] Comp. la definición de Vieira: «ajustarse uma pessoa com outra para algum fim... concertar-se para fraudar ou causar damno a alguem».— [5] El vocablo no figura en los diccionarios catalanes y no es de uso general, pero véanse estos dos ejs.: «¿No heu *convixat* la ronda per poder jugar?», Pere Coromines, *De plaer no n'hi ha mai prou*; «la jove, aquella mossa escardalenca i roja que havia vingut de qui sap on i, al cap de dos anys de casament, ja havia enterrat el marit i *convixat* els sogres, que els menava i els feia seguir amb el dit com enzes sense voluntat ni malícia», íd., *Silèn*, p. 109. El ejemplo de Fernán Caballero que Toro Gisbert (*RH* XLIX, 396) cita, traduciéndolo mal, a mi entender, contiene un matiz muy parecido de 'conquistar (a alguien), hacérselo suyo': «La prenda que a mí me *conchave* ha de tener tres pares de tacones.» Con significado más evolucionado: 'sosegar, calmar' en Méjico (Ramos Duarte). Desde el romance pasó al vasco roncalés *konxaba* 'sosegar' (Supl. a *Azkue*[2]).— [6] En el pasaje siguiente de Juan de Pineda (1589) puede ser 'concertar' o bien 'encajar, insertar': «no se puede mejorar vuestro encarecimiento tan bien *conchavado*» (*Diál.* VIII, § último).— [7] Vid. Tiscornia, *M. Fierro coment.*, vocab. *Conchabado, -ada*, 'criado, criada', Picón Febres y oído en Mendoza. *Conchabo* es el contrato—sumario (*papeleta de conchavo*) o verbal—que se hace con una persona así: «no es hombre fácil de adaptar al *conchabo* que le dió en esta chacra el alcalde», Eliseo Montaine, *La Prensa*, 13-VII-1941; «no iban por *conchabo*», o sea por ajuste de un criado (Lugones, *Guerra Gaucha: BRAE* IX, 542). La *papeleta de conchabo* sirve de salvoconducto o pieza de identidad en la pampa argentina, para demostrar que el transeúnte no es un vagabundo: «—¿Quién es Ud? —D. F. Sarmiento. —¿Con qué licencia anda solo?... ¿Está Ud. en la escuela? —No, señor. —¿Tiene *papeleta de conchavo*? —No, señor. —¡Ah, pícaro!—le dice desenvainando la lata y amenazando cortarle en dos» (Sarmiento, *Obras* XLV, 402).

Conchado, conchal, conchero, V. *concha   Conchesta, conchestra*, V. *gesto   Conchífero*, V. *concha   Conchil*, V. *alconcilla   Conchoso, conchudo, conchuela*, V. *concha*

CONDE, del lat. cŏmes, -ĭtis, 'compañero', que en el Bajo Imperio se aplicó a los nobles que vivían en el palacio imperial y acompañaban al soberano en sus expediciones, y acabó por convertirse en el nombre de un escalón determinado de la jerarquía feudal. *1.ª doc.: komde*, 999; *conde, Cid;* Cej. IV, § 13.

La forma más común de todas en la época arcaica es *cuende* (*Cid;* Berceo; *Disputa del Alma y el Cuerpo;* para la fecha en que cae en desuso: M. P., *Inf. de Lara,* 391.19; debió perdurar en Navarra, cf. *Murillo el Cuende* ej. del partido judicial de Tafalla), con la diptongación que corresponde a la cantidad latina; la forma no diptongada se explica por influjo de la nasal y no por atonicidad de la palabra (Navarro Tomás, *RFE* XII, 353n.). Para los *Comites Palatini* de los reyes longobardos y carolingios, y para sus antecedentes del bajo imperio romano, vid. Du C., que cita testimonios de inscripciones halladas en Roma, con referencia a Teodosio y otros emperadores. *Cómitre* [*Partidas; 1.ª Crón. Gral.* 21b14; *Cej.* IX, § 177], del cat. *còmit* íd. [S. XIII], y éste tomado del lat. *comes, -ĭtis,* 'compañero', porque el cómitre acompañaba necesariamente al almirante, de quien era segundo; en vista de la terminación y por razones histórico-geográficas no puede venir del it. *còmito,* según quiere Terlingen, 237-8, comp. mi reseña en *Symposium,* 1948; tampoco es probable que sea latinismo autóctono, pues es palabra rara antes del S. XV (sólo en las *Partidas,* cuya parte marítima se basa probablemente en redacciones antiguas del Consulado de Mar; el ej. de 1354 que da Terlingen está en catalán en realidad), y la deformación de *cómite* en *cómitre,* probablemente por influjo de *maestre* o del sinónimo *contramaestre,* revela un vocablo poco arraigado en los primeros tiempos.

Deriv. *Condado* [*comdato,* 943, Oelschl.; *condado,* Berceo]. *Condadura. Condal* (falta aún *Aut.;* ya Acad 1843). *Condesa* [*comdessa,* 1085, Oelschl.]; *condesado* [*1.ª Crón. Gral.,* p. 53b], *condesil.*

Comitiva [Góngora, † 1627; Núñez de Cepeda], tomado del lat. tardío *comitiva dignitas* 'categoría de conde o acompañante del emperador' en bajo latín 'séquito, compañía'.

Concomitar [1537, Venegas], tomado del lat. *concomitari* 'acompañar', derivado de *comes; concomitante* [S. XVII, Ripalda], *concomitancia* [1596, Fonseca].

Cpt. *Condestable* [Nebr.; según Mariana y Salazar de Mendoza esta dignidad se introdujo en Castilla en 1382, y el vocablo puede documentarse en el S. XV en el M. de Santillana, en la Biblia med. rom., Gén. 21.22, y como título de D. Álvaro de Luna], adaptación, por influjo de *conde,* del cat. *conestable*[1], alteración mal explicada del b. lat. *comes stabuli* 'conde encargado del establo real' (documentado ya en un Concilio de Toledo y en el *Codex Theodosianus*): quizá por

disimilación de labialidad en una forma culta **comestable,* o por disimilación eliminatoria en una forma popular **condestable; condestablesa, condestablía* [Nebr.]. *Vizconde* [*Partidas*], tomado del b. lat. *vice comitis* 'en lugar del conde'; *vicondesa, vizcondado.*

[1] Que el vocablo se tomaría del catalán antes que del fr. ant. *conestable* parece indicarlo el hecho de que la dignidad se creara en Castilla para D. Alfonso de Aragón, Marqués de Villena. En el idioma vecino se halla *conestable* desde h. 1300 por lo menos (Consulado de Mar, Muntaner), con significados varios, entre ellos el castellano. En francés está documentado ya en el S. XII, pero esta diferencia cronológica puede ser debida a la relativa escasez de los textos catalanes anteriores al S. XIV.

Condecabo, V. *cabo   Condecente,* V. *decente   Condecir,* V. *decir   Condecoración, condecorar,* V. *decente   Condena, condenable, condenación, condenado, condenador, condenar, condenatorio,* V. *daño   Condensa, condensabilidad, condensable, condensación, condensador, condensante, condensar, condensativo, condenso, denso   Condesa* 'mujer del conde', V. *conde   Condesa* 'muchedumbre', V. *denso   Condesado* 'condado', V. *conde   Condesar,* V. *denso   Condescendencia, condescender, condescendiente,* V. *descender   Condesijo,* V. *denso   Condesil, condestable, condestablesa, condestablía,* V. *conde*

CONDICIÓN, tomado del lat. *condĭcĭo, -ōnis,* 'estipulación o circunstancia esencial para que algo suceda', 'estado, calidad, manera de ser (de algo o alguien)', derivado de la raíz de *dīcĕre* 'decir'. *1.ª doc.:* doc. madrileño de 1219, Oelschl.; Berceo.

Forma alterada, *condención,* P. *Alfonso XI,* 651d; desde la segunda ac., muy clásica en castellano, se puede llegar ocasionalmente hasta 'opinión'[1]. Para construcciones y usos antiguos, y para otros, quizá tomados del francés, vid. Baralt.

Deriv. *Condicionado. Condicional* [Nebr.]. *Condicionar* [Nieremberg, † 1658]; *condicionamiento. Acondicionar* [1504, Woodbr.; 1529, Guevara].

[1] «Y fui en la guerra testigo / de tu honra y valentía, / huelgo de tratar contigo / todas las cosas que son / de gusto y secreto, a efeto / de saber tu *condición;* / que un hombre de bien discreto / es digno de estimación», Lope, *Peribáñez,* I, xv, p. 109.

Condido, condidor, condidura, V. *condimento   Condigno,* V. *digno*

CÓNDILO, tomado del lat. *condўlus* y éste del gr. χόνδυλος 'juntura, articulación'. *1.ª doc.:* Acad. 1884, no 1843.

CONDIMENTO, tomado del lat. *condīmentum*

id., derivado de *condīre* 'sazonar, aderezar (manjares)'. *1.ª doc.*: 1555, Laguna; *Aut.* advirtió que era voz que sólo usaban comúnmente los médicos. Hoy ha penetrado algo más en el uso general.

Deriv. El verbo simple *condir*, según la Acad. (ya 1843), también se usó antiguamente en castellano; lo cierto es que se han usado sus derivados *cundido,* ant. *condido* [ambos ya Acad. 1843; ej. del Marqués de Valmar, 1816-1901, en Pagés][1], y *condidura* (falta aún Acad. 1899). *Condimentar* [ya Acad. 1843; cita de Gil y Zárate, † 1861, en Pagés]; *condimentación.*

No debe confundirse con esta palabra y sus derivados *condir* 'fundar', latinismo crudo que según la Acad. (ya 1843) se usó antiguamente, con su derivado *condidor* 'fundador', y que proceden del lat. *condĕre* íd. V., además, CUNDIR.

[1] En Alburquerque (Extremadura) el *condío* es el queso, tocino o manjar semejante que se da a los pastores, además del pan, aceite, vinagre y sal (*BRAE* III, 664).

Condiscípulo, V. *discípulo   Condolecerse, condolencia, condoler,* V. *doler   Condominio, condómino,* V. *dueño*

CONDÓN, de *Condom,* nombre de un higienista inglés del S. XVIII que inventó estos preservativos; probablemente tomado por conducto del francés. *1.ª doc.*: falta aún Acad. 1936-9, pero no es palabra reciente.

Nouveau Larousse Illustré, ed. Augé.

Condonación, condonante, condonar, V. *don*

CÓNDOR, del quich. *kúntur* íd. *1.ª doc.*: h. 1554, Cieza de León.

Como forma aborigen aparece *cuntur* ya en Garcilaso el Inca, 1602. *Friederici, Am. Wb.*, 203. Como todas las palabras de la lengua del Cuzco, ésta se acentuaba y se ha acentuado siempre en la sílaba penúltima. Algunos españoles y americanos septentrionales, desde Colombia hacia el Norte, acentuaron *condór* por ignorancia (así en el colombiano Arboleda, h. 1850), pero la Acad., desde 1884, sólo admite la buena acentuación, vid. Lenz, *Dicc.,* s. v., y Cuervo, *Ap.,* § 94; en este sentido deben rectificarse los informes de Gagini, s. v., y de M. de Saralegui, *BRAE* XII, 684-93.

Condotiero, V. *aducir*

CONDRO-, raíz de derivados y compuestos cultos procedente del gr. χόνδρος 'cartílago': *condrila* [1555, Laguna], del lat. *chondrilla* y éste del gr. χονδρίλη íd.; *condrología, condrografía, condrográfico. Hipocondrio* 'región del cuerpo situada debajo de las costillas falsas' [1581, Fragoso], de ὑπογόνδριον íd.; *hipocóndrico* [Lope]; *hipocondría* [1685, Alcázar], enfermedad que se creía originada en los hipocondrios. El testimonio de *hipocondría* que me señala el Prof. Bernardo Blanco-González, 1635, parece ser el más antiguo: «—¿Y qué es *hipocondría*? / —Es una enfermedad que no la había / habrá dos años, ni en el mundo era», Calderón, *El Médico de su Honra* III, ii (ed. Aguilar, p. 255). *Hipocondríaco* [h. 1600, Paravicino].

Conducción, conducencia, conducente, conducidor, conducir, conducta, conductero, conductibilidad, conductible, conducticio, conductividad, conductivo, conducto, conductor, V. *aducir   Conducho,* V. *aducir* y *condumio   Condueño,* V. *dueño   Conduerma,* V. *dormir*

CONDUMIO, origen incierto: se ha creído que podía proceder, sea de una alteración de su sinónimo antiguo *conducho* o de otras palabras castellanas conocidas; es más probable que se trate de una voz *CONDŎMIUM del latín vulgar, con el sentido de 'accesorios, pertenencias', aplicada a los alimentos que acompañan al pan en las comidas; aunque originariamente derivada del lat. CONDŎMA 'conjunto de las pertenencias o accesorios de una casa rústica', palabra formada con el lat. DOMUS 'casa' y el prefijo CON- (para lo acompañante), esta palabra del lat. tardío debió de generalizar su sentido en el lat. vulgar hispánico aplicándose en su derivado a los accesorios de otras cosas. *1.ª doc.*: 1601, Rosal (Gili); 1611, Covarr.

Éste dice «vocablo antiguo rústico, vale el manjar que se come con el pan, como es qualquier cosa guisada, del verbo *condio, -dis,* por adobar o guisar manjares», de ahí pasó el vocablo a Oudin (1616, no 1607), Franciosini, etc.; también a *Aut.,* que además agrega «vulgarmente vale mucho que comer», ej. *hai mucho condúmio* 'hay qué comer en abundancia'. Poco después usa el vocablo Cervantes: «sean obligados a ayunar una vez en el mes a pan y agua... y que todo el gasto que en otros *condumios* de fruta, carne y pescado, vinos, huevos y legumbres... se reduzga a dinero» (*Coloquio de los Perros,* Cl. C. II, 335), «acudió Sancho a la repostería de sus alforjas, y dellas sacó de lo que él solía llamar *condumio...* y... comenzó a embaular en el estómago el pan y queso que se le ofrecía» (*Quijote* II, lix, 214vº). Por estos ejs. vemos que por *condumio* no sólo se entienden manjares guisados, como da a entender Covarr., llevado de su etimología, sino cualquier alimento y aun a veces el pan. Por lo demás es verdad que por lo común se distingue entre el pan y el *condumio,* que es todo lo demás[1], como ya se ve por el *Coloquio de los Perros,* pero desde luego debe rechazarse la especificación de que sea cosa guisada, de la cual todavía quedan resabios en el diccionario académico.

Spitzer, inspirándose en la etimología superficial de Rosal y de Covarr., ha sugerido repetïdamente (*RFE* XII, 248; XIII, 119n.; XIV, 244) que *condumio* es galleguismo formado con el lat. CONDĪRE 'sazonar' y el sufijo -ŪMEN, sea admitiendo que a la forma regular y fonética **condume* se agregara un sufijo romance -*io* (comp. *premia* derivado de PRĔMĔRE), sea por un desarrollo anómalo de dicho sufijo -ŪMEN que hallaríamos en el gall. *vimio* 'mimbre' VĪMEN, -ĪNE; todo ello se basa en el caso paralelo de *aramio, andamio*, que šegún el propio Spitzer contendrían simplemente el sufijo -AMEN, pero ya he indicado en los lugares respectivos que la formación de -*amio* es otra. En cuanto a *condumio*, el razonamiento de Spitzer no es nada más que especioso: en realidad *premia* se formaría ya en latín vulgar o en fecha muy antigua dentro del romance, mientras que -ŪMEN, -*umem* en gallegoportugués arcaico, no perdió su segunda nasal hasta la caída de las nasales intervocálicas portuguesas, que difícilmente podemos colocar antes del S. X, época demasiado tardía para que se agregara entonces un sufijo átono -*io*; en cuanto a *vimio*, claro está que es forma regresiva sacada secundariamente de *vimieiro, vimieira* VĪMĪNARIA. No habría otro medio de salvar fonéticamente la hipótesis de Spitzer que admitiendo un verbo *CONDUMĪNARE > **condumiar*, cuya existencia podría apoyarse en el luqués *condominare* 'aliñar con especias', por lo demás voz completamente aislada, que el *REW*, 2122, deriva de un lat. vg. *CONDĪMEN, junto al cual podría imaginarse la existencia de una variante *CONDŪMEN: éstos y CONDĪMENTUM formarían un trío más o menos comparable a REGĬMEN, REGĪMENTUM y REGŪMEN (documentado éste en una glosa de Plácido: *CGL* V, 96.20)². Mas para todo esto haría falta hacer verosímil, 1.º que existió **condumiar*, verbo del cual no existen huellas; 2.º que la palabra española es de origen gallegoportugués, cuando en realidad es completamente ajena a la lengua del país vecino y es muy dudoso que en gallego sea algo más que un castellanismo³.

Mucho más importante que tan arriesgadas especulaciones es el hecho de que *condumio* no es palabra anterior al S. XVII⁴, y de que lo que se emplea en la Edad Media, y hoy todavía en judeoespañol, es sólo *conducho*, exactamente con el mismo matiz⁵; *conducho* es todavía lo único que se halla en los refraneros del S. XVII: «Donde no entra *conducho* entra pan mucho», «no se cuece trucho sin *conducho*» (Correas), y esta ausencia de la variante *condumio* en un ambiente lingüístico tan arcaizante como el del refrán, me parece significativa. En qué forma se produciría la alteración de *conducho* en *condumio* es más difícil de averiguar, aunque parece sería por contaminación o cruce con otra palabra. Quizá ésta fuese *concomio*, que bien pudo significar primitivamente 'condumio, lo que se come con el pan', puesto que es derivado de *comer* mediante el prefijo *con*-. A la verdad *concomio* sólo es conocido en el sentido

de 'acto de sentir comezón', 'sensación del que se concome', y por esto me guardaré de pretender que esta explicación no es hipotética; pero lo es menos que la etimología CONDĪRE.

Leo Spitzer, *MLN* LXXI, 281: *CONDŎMĬUM 'accesorios, pertenencias', derivado del latín tardío CONDŎMA, -ŪMA, «domus cum curia et ceteris necessariis», y como paralelo indica oportunamente el alem. *zubehör* 'derecho suplementario que se da al poseedor de un dominio', de ahí ha pasado a 'objetos necesarios para emplear una herramienta, máquina o vivienda' y finalmente 'manjares que acompañan ciertas bebidas o platos' («schokolade, thee, kaffee und *zubehör*») haciéndose sinónimo de los alem. *zukost, zubrot*, y casi equivalente del lat. *companaticum* y cast. *condumio*. Claro que no habría dificultad fonética (en vista del cat. *nuvi* casi podemos prescindir de que NŎVĬUS da *novio* en castellano, y por lo demás también podríamos admitir *CONDŪMIUM como base correcta, pues CONDŪMA, aunque sólo documentado desde Gregorio el Magno, puede ser tan originario como *anculus* de *am-colos* o *alumna* de *alomena*). Y en conclusión me inclino a creer que con esta idea luminosa ha dado Spitzer en el clavo y despejado otra incógnita. Sólo me atrevo a sugerir que esperemos algunos años antes de dar el asunto por solventado, y si entonces los eruditos no documentan el *concomio* *'condumio' que hacía falta para mi etimología, daremos todos la razón a Spitzer, y él me la dará a mí cuando afirmo que bastantes veces tenemos que prescindir de su regla de «explicar lo castellano por lo castellano», y que en ciertos casos postular audazmente vocablos indocumentados puede ser, al fin y al cabo, lo más prudente⁶.

¹ Comp. hoy, en el Ecuador, *condumio* «relleno de queso o carne sazonado que se pone en las humitas, hallacas, tamales» (Lemos, *Semánt.*, s. v.); ¡*condumbio de cacahuate!* gritan por la ciudad de Méjico los vendedores de este dulce, según Ramos Duarte: esta *b* se explica como fonema epentético entre la *m* y una pronunciación muy cerrada de la semiconsonante que la sigue. Para Salamanca define Lamano «comida aderezada que se sirve a la mesa; abundancia de comida», pero este autor se inspira a menudo en las definiciones académicas.— ² Aun podría conjeturarse que CONDUMEN esté documentado en la glosa «*Conduma* est cumina», *CGL* V, 617.2 (*Cod. Vatic.* 1468, S. X), a base de enmendar *condum* < *in* > *a*, admitiendo el olvido de tres trazos verticales entre los ocho que forman el nexo *umin;* en cuanto a *cumina*, es el plural de *cuminum* 'comino', que en efecto es un condimento. Pero *conduma* es palabra conocida, que Papias define «domus cum curia et ceteris necessariis» y que aparece varias veces en San Gregorio el Magno y en Antonino Placentino (*ThLL*), formada según el modelo del gr. συνοιχία 'residencia constituída por una reunión de viviendas

agrupadas en una especie de comunidad', lo cual me lleva a suponer que más bien se deberá enmendar *cumina* en *cumunia*, es decir, *communia* 'bienes comunales' (Cicerón), 'lugares públicos' (Horacio).— ³ Registra *condumio* solamente Vall., pero no las fuentes anteriores, Cuveiro y el glosario de h. 1850 publicado por Leite de V., *RL* VII; tampoco el del gallego del Limia por Schneider (*VKR* IX). Lo he buscado vanamente en muchos glosarios de textos antiguos gallegos (Lang, *Canc. Gall.-Cast.; Crón. Troyana; Cantigas*) y portugueses. Rosalía de Castro emplea en este sentido *compango* (glosarios de *Cantares Gallegos* y de *Follas Novas*). Nótese que así Cuveiro como Vall. dan *conducho* y *condocho* 'comida' como antiouados, y aquí es evidente (por la fonética) que se trata de castellanismos. De todos modos esto prueba que el figurar una palabra en Vall. no es prueba de que sea genuinamente gallega. También Correas atribuye a Galicia el refrán que cito más abajo, pero deberá entenderse que en él cambió las formas gallegas *conduito* y *muito* (u *-oito*) por las castellanas correspondientes. Debo reconocer que yo mismo había pensado en la etimología de Spitzer antes de conocerla, y aun había imaginado combinaciones más «construídas», como *COMED-ŪMEN, o *COMEDULIUM (paralelo a *edulium, edulia*, glosado por «alimenta» o «victualia» en muchas glosas: *CGL* VI, 374) > *COMEDUMIUM (por dilación). Nada de esto tiene la menor verosimilitud.— ⁴ No hay que hacer demasiado caso de la afirmación que hace Covarr. de que es «vocablo antiguo rústico», por lo menos en su primera parte. No lo hallo en los varios glosarios de las obras de J. del Encina, Lucas Fernández, Gil Vicente y Torres Naharro, que están a mi alcance, y creo que en efecto no figura en estos autores.— ⁵ Véanse los ejs. de varios autores citados por Fz. Llera en su Vocabulario del *Fuero Juzgo*, y en particular el siguiente, sacado de este texto legal: «fáganles fazer por treinta dias penitencia, assí que... non coman *conducho*, nen bevan vino, fueras que a ora de viésperas coman un poco de pan d'ordio por sustinemiento del cuerpo, e bevan un vaso d'agua». *Condoito* se halla también con igual sentido en la *Crónica Troyana* en gallego.— ⁶ A este propósito llamo la atención hacia el *condamina* de las Notas Tironianas, que Hofmann (en Walde-H.) ha señalado como diminutivo de *condoma*. Se trata sin duda de CONDOMĪNA y de ahí es de donde viene el cat. ant. *conomina*, hoy *coromina* 'campo adyacente a una granja o masía', oc. *coundoumino, coundamino*, que el *REW*, siguiendo a Balari y Montoliu, derivaba de CONDOMĪNIUM, con escaso rigor fonético. Tampoco hay por qué admitir contaminación por parte de CONDOMINIUM, pues si Du C. da ejs. de *condominium* con el sentido de *condomina*, no es por contaminación, sino por una latinización arbitraria. Lo

único debido a contaminación es la *-a-* (> *-e-*) de la variante minoritaria *coundamino, condemine*, debida al influjo de *dame* DOMINA, al parecer, aunque *condamina* ya parece estar documentado en San Cesario de Arles, † 543, *Bull.* Du C. XVII, 135ss. (V. algún pormenor más sobre estos vocablos en *BhZRPh* CXV, 90-92).

Conduplicación, V. *doble*   *Condurar*, V. *durar*   *Conduta, condutal*, V. *aducir*   *Conectador, conectar, conectivo*, V. *anejo*.

CONEJO, del lat. CUNICŬLUS íd. y 'madriguera, galería subterránea'. *1.ª doc.*: *conello*, doc. de Huesca, 1130; *coneio*, Fuero de Madrid, 1202 (Oelschl.).

La ɪ de CUNICULUS aparece documentada como larga en un hexámetro de Marcial, y la misma cantidad postulan, excepto el port. *coelho*, las demas formas romances: cat. *conill*, oc. *conilh*, fr. ant. *conil, conin*, alto it. *conicc*, it. *coniglio*; pero -ĪCULUS e -ĬCULUS alternan en romance como formas del sufijo diminutivo (ambas en castellano: *calleja*, pero *cortijo, torrija*, p. ej.); análogamente: *CORNEJA*. Consta por declaraciones de Plinio y de Eliano que así el animal como su nombre fueron de origen hispánico en la Roma antigua. En última instancia, pues, se trata de una voz prerromana, seguramente emparentada con el vasco (roncalés y alto navarro) *untxi*, el cual procederá de un antiguo diminutivo *kun-txi, comp. guip. *untxarta* 'hurón' (Azkue)[1]. Me parece probable la opinión de Simonet de que *kuntxi* diera nacimiento al mozár. *conchair* 'podenco, perro de caza' y 'perro en general'[2].

DERIV. *Coneja. Conejal* [Aut.], *conejar. Conejera* [1059, Oelschl.], *conejero* [1208, íd.]. *Conellino*, ant., piel de conejo' [953, como adj. f. en 929: Oelschl.], forma arcaica leonesa. *Conejillo. Conejuelo. Trasconejarse* [Aut.]; la 3a. ac. (figurada) es usual, p. ej., en la Arg.

¹ Para el sufijo de CUNICULUS, que pudo ser ya ibérico, vid. Bertoldi, *Festschrift Jud*, 231. Para un posible origen céltico, J. Hubschmid, ibid. 265-9. Pero es más convincente la tesis ibérica de Bertoldi en su importante trabajo de *NRFH* I, 141-4.— ² M. P., *Oríg.*, 99, 288, cree que es *qongáir* y que viene de CUNICUL-ARIUS, con -C'L- > *ž* como en castellano. Pero sería caso raro en mozárabe. Además esta opinión es más difícil en vista de la ausencia constante de vocal entre la *n* y la palatal, y de que ésta es a menudo *č*. Efectivamente, hoy en Marruecos se dice *qončar* junto *qongâr* (Lerchundi, s. v. *podenco*) y en Argelia *qunšûr* junto *qungâr* (Beaussier, vid. Dozy, *Suppl.* II, 409b). J. Bosch Vilà, *Al-And.* XIX (1954), 143-8, cree que tiene el mismo origen el nombre de los *dinares qanâšîr* (raramente *qanâšîr* o *qanâšira*) nombrados en una veintena de docs. árabes o aljamiados zaragozanos y oscenses de

los años 1141-1305, como moneda de vellón (es decir, plata y cobre) corriente en Aragón, que por muchas razones cree él igual a los sueldos jaqueses de los docs. cristianos; se trataría de un plural árabe (normal por lo demás) de *qunšâr* o *qunšâir*. Aunque no da justificación semántica, no costaría imaginar alguna (¿por ser Aragón tierra de conejos?, etc.), y la fonética está en regla. El dato, por su localización, aporta nuevo apoyo a la etimología vasca propuesta por Simonet. Por otra parte es verdad que PAlc. escribe *conjáyr* y que en las escrituras granadinas y almerienses citadas por Simonet quizá se pueda leer de ambas maneras (si no hay textdid), pero claro está que la arabización de *č* en *ǧ* siempre era posible, mientras que, si la sorda no es antigua, no puede explicarse por influjo arábigo. Por otra parte el romanismo mozárabe *qunálya* (es decir, -*éļa*: Glos. de Leiden, etc.), *qunílya* (R. Martí), *qunílyo* (Asín, *Glos.*, p. 29), tiene, como era de esperar, *ly*.

Conexidad, conexión, conexionarse, conexivo, conexo, V. *anejo Confabulación, confabulador, confabular*, V. *hablar*

CONFALÓN, 'estandarte, especialmente el de la Iglesia Romana', del it. *confalone* íd., y éste del fráncico GUNDFANO 'pendón de batalla', compuesto de GUND 'combate' y FANO 'bandera' (alem. *fahne* íd.). *1.ª doc.*: 1463, etc. (Gillet, *HispR.* XXVI, 273); 1562-79, Zurita.

Gamillscheg, *R. G.*, I, p. 174; II, p. 281. La c- muestra influjo de la pronunciación longobarda y por lo tanto esta forma ha de venir de Italia, quizá por conducto del catalán, pues el vocablo se conoció en España en ocasión del nombramiento del rey de Aragón Pedro el Católico como confalonier de la Iglesia Romana. La forma común en catalán, *ganzfaró, gamfanó*, procede directamente del fráncico, por lo menos en parte.

DERIV. *Confalonier, confaloniero, gonfeloniero* [así en la trad. del Decamerón, mediados del S. XV, vid. Terlingen, 195 y J. A. Pascual, *La Trad. de la D. Com. atr. a E de Aragón*, pp. 124-125], del it. *confaloniere, -iero*.

Confarreación, V. *farro Confección, confeccionador, confeccionar, confector*, V. *afecto Confechar*, V. *cohechar Confederación, confederado, confederanza, confederar, confederativo*, V. *federar Conferecer, conferencia, conferenciante, conferenciar, conferir*, V. *preferir*

CONFESAR, tomado del b. lat. *confessare* íd., derivado del lat. *confitēri* (part. *confessus*), y éste de *fatēri* íd. *1.ª doc.*: Berceo.

Cuervo, *Dicc.* II, 352-5. Los ejs. que de *confessare* da Du C. (S. XIV, etc.) son tardíos, pero es voz de existencia muy anterior, común a todos los romances, y seguramente culta en todas partes.

DERIV. *Confesable. Confesado. Confesante. Confiesa. Confieso. Confeso* [952: Oelschl.], tomado del lat. *confēssus*, participio pasado activo de *confitēri. Confesión* [Berceo], del lat. *confessio, -ōnis*, íd.[1]; *confesional; confesionario* [*confi-* 1526, *BHisp.* LVIII, 358; 1573, Sta. Teresa], la Acad. (ya 1843) prefiere ahora la forma disimilada *confesonario*, pero *Aut.* da la otra, que es la común en el Siglo de Oro (así también en Lope, *El Marqués de las Navas*, v. 1827; etc.); *confesionista. Confesor* [Berceo], *confesorio, confesuría*.

Confitente, tomado del lat. *confitens, -tis*, participio presente activo del citado verbo latino; *confiteor*, del lat. *confitĕor*, primera persona del sing. del presente de indicativo del mismo.

Profesar [Aldana † 1578 (C. C. Smith, *BHisp.* LXI), 1595, Ribadeneira, Fuenmayor], deriva, en la misma forma que *confesar*, del lat. *profitĕri* (part. *professus*) 'declarar abiertamente', 'hacer profesión', otro derivado de *fateri; profesante, profeso. Profesión* [Berceo], de *professio, -ōnis*, 'declaración pública', 'oficio'; *profesional. Profesor* [APal. 434b], de *professor, -ōris*, 'el que hace profesión de algo', 'profesor, maestro'; *profesorado*.

¹ Para la variante *confisión*, común en los SS. XIV-XVII, vid. Cuervo, *Obr. Inéd.*, 195.

Confeti, V. *confite Confiable, confiado, confiador, confiante, confianza, confiar*, V. *fiar Confidente*, V. afecto *Confidencia, confidencial*, V. *fiar Confiesa, confieso*, V. *confesar Configuración, configurar*, V. *figura Confín, confinación, confinado, confinamiento, confinante, confinar*, V. *fin Confingir*, V. *fingir Confinidad*, V. *fin Confirmación, confirmador, confirmamiento, confirmante, confirmar, confirmativo, confirmatorio*, V. *firme Confiscable, confiscación, confiscar*, V. *fisco*

CONFITE, del cat. *confit* 'confite', antiguamente íd. y 'dulce de fruta', procedente del lat. CONFĔCTUM, participio pasivo del verbo CONFĬCĔRE 'hacer completamente', 'componer', 'elaborar', derivado de FĂCĔRE 'hacer'. *1.ª doc.*: J. Ruiz, 1337a; Nebr.

El tratamiento fonético del grupo ĔCT > *it* no es posible en castellano, pero es normal en catalán, donde *confit* se documenta ya a fines del S. XIII (R. Lulio). No es probable que venga del fr. *confit*, que muy raramente se ha empleado como sustantivo y nunca con el sentido específico de la palabra española: normalmente es sólo participio del verbo *confire* 'confitar'; en español y en catalán el significado y usos se corresponden perfectamente no sólo en el sustantivo, sino también en el verbo *confitar* [en catalán, desde 1489, J. Esteve]. Del mismo origen ha de ser además el mozár. *qunfíṭ* íd. (PAlc., escrituras de Granada, y hoy en Marruecos y Argelia). Las obras de Eiximenis y las Ordenanzas Palatinas de Pedro el Ceremonioso nos informan ampliamente del gran desarrollo de la confitería en la Casa Real aragonesa y en la vida catalana del S. XIV.

DERIV. *Confítico. Confitar* [1534, F. de Silva: Cej. IX, pp. 343-4], del cat. *confitar* [1489], derivado de *confit*; anteriormente se empleó en esta lengua el verbo *confir* [fin S. XIV] procedente de CONFICĔRE; *confitado. Confitero* [Nebr.], *confitera, confitería, confitura* [1552][1], *confiturero* ant., *confiturería* ant. *Confeti* (falta Acad. 1899), del it. *confetti*, plural de *confetto* 'confite', de igual origen que la voz catalana; el confeti ha sustituído hoy a los confites que se arrojaban antes en las fiestas carnavalescas.

[1] Los modelos de estas palabras se hallan asimismo en catalán y desde fechas anteriores.

Confitente, confiteor, V. *confesar   Confitera, confitería, confitero, confítico, confitura, confiturería,* V. *confite   Conflación,* V. *hinchar   Conflagración, conflagrar,* V. *flagrar   Conflátil,* V. *hinchar   Conflicto,* V. *afligir   Confluencia, confluente, confluir,* V. *fluir   Conformación, conformador, conformar, conforme, conformidad, conformista,* V. *forma   Confortable, confortación, confortador, confortamiento, confortante, confortar, confortativo, conforte, conforto,* V. *fuerte   Confracción, confragoso,* V. *fracción   Confraternar, confraternidad, confraternizar,* V. *fraile   Confrentada,* V. *frente   Confricación, confricar,* V. *fregar   Confrontación, confrontante, confrontar,* V. *frente   Confuerzo,* V. *cogorza   Confugio, confuir,* V. *huir   Confulgencia,* V. *fulgente   Confundible, confundiente, confundimiento, confundir, confusión, confuso,* V. *fundir   Confutación, confutador, confutar, confutatorio,* V. *refutar   Cóngaru,* V. *congrio   Congelable, congelación, congelador, congelamiento, congelante, congelar, congelativo,* V. *hielo   Congénere,* V. *género   Congenial, congeniar,* V. *genio   Congénito,* V. *engendrar   Congerie, congestión, congestionar, congestivo,* V. *gesto   Congiario, congio,* V. *canjilón   Conglobación, conglobar,* V. *globo   Conglomeración, conglomerado, conglomerar,* V. *aglomerar   Congloriar,* V. *gloria   Conglutinación, conglutinante, conglutinar, conglutinativo, conglutinoso,* V. *gluten   Congoja, congojar, congojo, congojoso, congosto,* V. *angosto   Congraciador, congraciamiento, congraciar, congratulación, congratular, congratulatorio,* V. *grado II   Congregación, congregante, congregar,* V. *grey   Congresista, congreso,* V *agredir*

CONGRIO, del lat. CONGER íd., acusativo CONGRUM; la *i* se explica seguramente por influjo leonés. *1.ª doc.:* J. Ruiz, 1118*b*; también Glos. del Escorial; ley de Enrique III (1390-1406) en la *N. Recop.; Canc.* de Baena, n.º 382, v. 11; APal., 90*d*; Nebr.

Para el origen leonés de muchos nombres de peces, vid. *RFH* VI, 242. Las demás formas romances (port. *congro,* gall. *crongo* (Sarm. *CaG.* 79*v*), cat. *congre,* etc.) no presentan huellas de esta *i.* Nótese que J. Ruiz llama al congrio «Conde de Laredo», indicando que el comido en Castilla se pescaba especialmente en la Montaña, zona comprendida en parte dentro de los límites del dialecto leonés (comp. ast. *congriu,* en Rato; M. P., *Fg. Mussafia,* 389). Otros piensan que la forma castellana junto con Tarento *grongę* y svr. de Ragusa *grùj* representan un diminutivo griego γογγρίον (Barbier, *RPhFL* XXIII, 120; Skok, *ZRPh.* LIV, 483), pero esta mezcla de latín y griego constituye una hipótesis tanto menos necesaria cuanto que la variante italiana rara *congrio* (documentada en un diccionario de 1660, mientras que *congro* se halla por lo menos desde 1598, Florio) tiene todo el aire de hispanismo; en cuanto a la otra forma it. *gronchio,* representa un diminutivo lat. *GRONCŬLUS,* calabr. *ngróngulu* (Rohlfs, *EWU,* s. v. γόγγρος). Entre las demás formas romances otras indican que la *o* sería cerrada (cat. *congre,* oc. *coungre,* sic. *gruncu;* pero it. *còngro* según Petrocchi). No está averiguado si la voz latina es descendiente del gr. γόγγρος, o hermana de ésta, procedente de un común origen mediterráneo. El *congrio* chileno designa un pez completamente distinto del conocido en España con este nombre.

CONGRUENTE, tomado del lat. *congrŭens, -tis,* 'conforme, congruente', participio activo de *congrŭĕre* 'ser congruente, concordar'. *1.ª doc.:* 1454, Arévalo, *Suma,* p. 257*b* (Nougué, *BHisp.* LXVI); 1515, Fz. Villegas (C. C. Smith, *BHisp.* LXI); 1537, Venegas.

Cuervo, *Dicc.* II, 384*a.*

DERIV. *Congruencia* [1596, Fonseca], vid. Cuervo, *Dicc.* II, 383-4. *Congruo* [med. S. XV, Juan Tallante (C. C. Smith); Arévalo, *Suma,* p. 266*b* (Nougué, *BHisp.* LXVI); 1490, *Celestina,* ed. 1902, 121.16; APal. 90*b*], tomado de *cŏngrŭus* íd., derivado de *congruere; congrua; congruidad* [h. 1440, A. Torre (C. C. Smith), APal. 455*b*]; *congruísmo, congruísta.*

Conhortamiento, conhortar, conhorte, V. *exhortar   Conicidad, cónico,* V. *cono   Conífero, coniforme, conirrostro, conivalvo,* V. *cono*

CONIZA, tomado del lat. *conyza* y éste del gr. κόνυζα íd. *1.ª doc.:* Terr., quien cita a Laguna (1555).

Conjetura, conjeturable, conjeturador, conjetural, conjeturar, V. *abyecto   Conjugable, conjugación, conjugado, conjugar,* V. *yugo   Conjunción, conjuntar, conjuntiva, conjuntival, conjunti-*

vitis, conjuntivo, conjunto, conjuntura, V. *jun-*
to   Conjura, conjuración, conjurado, conjurador,
conjuramentar, conjurante, conjurar, conjuro, V.
jurar   Conloar, conloyar, V. *loar   Conlleva-*
dor, conllevancia, conllevante, conllevar, V. *lle-*
var   Conmemorable, conmemoración, conmemo-
rar, conmemorativo, conmemoratorio, V. *memo-*
ria   Conmensurabilidad, conmensurable, con-
mensuración, conmensurar, conmensurativo, V. *me-*
dir   Conmilitón, V. *militar   Conminación,*
conminador, conminar, conminativo, conminatorio,
V. *amenaza   Conminuta,* V. *mengua   Con-*
miseración, V. *mísero   Conmistión, conmisto,*
conmistura, V. *mezclar   Conmoción,* V. *mo-*
ver   Conmonitorio, V. *monitor   Conmoración,*
V. *morar   Conmovedor, conmover, conmovi-*
miento, V. *mover   Conmutabilidad, conmuta-*
ble, conmutación, conmutador, conmutar, conmu-
tativo, V. *mudar   Connatural, connaturalización,*
connaturalizar, V. *natura*

CONNIVENTE, tomado del lat. *conīvens, -tis,*
participio activo de *conivēre* 'cerrar los ojos', 'dejar hacer con indulgencia', derivado del mismo radical que *nictare* 'guiñar'[1]. *1.ª doc.:* falta aún Acad.
1899.

DERIV. *Connivencia* [1710, B. Alcázar; citàdo
por *Aut.,* que califica de «voz puramente latina»],
comp. Cuervo, *Dicc.* II, 392.
[1] De su frecuentativo *nictitare* se tomó el cast.
nictitante.

Connombrar, connombre, V. *nombre   Con-*
nosco, V. *nos   Connotación, connotado, conno-*
tante, connotar, connotativo, V. *nota   Connu-*
bial, connubio, V. *nupcias   Connumerar,* V. *nú-*
mero   Connusco, V. *nos*

CONO, tomado del lat. *cōnus* y éste del gr.
χῶνος 'cono', 'piña'. *1.ª doc.:* 1438, J. de Mena;
APal. 88d, 93d.
DERIV. *Cónico* [*Aut.*], *conicidad.*
CPT. *Conífero. Coniforme. Conirrostro,* compuesto con el lat. *rostrum* 'pico'. *Conivalvo. Co-*
noide, conoidal, conoideo.

CONOCER, del lat. vg. CONŌSCĔRE, lat. COG-
NŌSCĔRE, íd., derivado de NŌSCĔRE (arcaico GNOS-
CERE) íd. *1.ª doc.:* *Cid;* una forma del pretérito,
conubu, ya en 1055, Oelschl.
Cuervo, *Dicc.* II, 392-8. CONOSCERE, debido a
influjo de NOSCERE, se halla ya en textos de la época
imperial (ej. de la Ítala en el *ThLL):* es la forma
que ha predominado en casi todos los romances;
sólo el port. *conhecer*[1] y el engad. *cognuoscher*
(pero no sobreslv. *enconuscher*), con algunas formas alpinas de Italia, han conservado huellas del
grupo -GN-. Hay también algunos casos de *coñocer*
en el español arcaico, particularmente *conyoscer*
en el *Apol.* y en *Sta. M. Egipc.* (v. 1041), *coyn-*

noscer en los fueros aragoneses, versión Vidal Mayor (Tilander, p. 317), *coñecer* en Torres Naharro, *Propaladia,* ed. Cañete, I, 136. Esta última
forma presenta un cambio de terminación, debido
a la mayor frecuencia de los verbos en -ESCERE,
que notamos asimismo en judeoespañol de Marruecos (*coneser: BRAE* XIII, 356), portugués
(*conhecer*), catalán (*conèixer*) y en varios dialectos
de Oc. Para el antiguo pretérito *conuvo,* vid. ejs.
en Cuervo y Oelschl., y comp. M. P., *Orig.,* 381.
Para acs. especiales, además de las que señala
Cuervo, nótense: 'confesar' en Berceo (*Sacrif.* 229)
y *Alex.* (887), 'perdonar' y 'agradecer' en el *Rim.*
de Palacio (1412 y 1246), 'reconocer, tener por'
en Rojas Zorrilla (*Cada qual lo que le toca,* ed.
Castro, v. 889, y otros pasajes citados allí en nota).
DERIV. *Conocedor. Conocencia,* ant. (p. ej. *Gr.*
Conq. de Ultr., 435), y vulg. (en la Argentina: Carrizo, *Canc. de Jujuy,* Glos.; etc.). *Conocia* f. 'conocimiento', ant. (Berceo, *Mil.* 54, 828; *S. Dom.,*
260d, rimando en *-ia). Conocio* and., fam., 'íd.,
magín' (*no tiene c., perdió el c.,* oído en Almería).
Conocible, por lo común en forma culta *cognos-*
cible [*cognocible:* Nebr.]. *Conocido. Conociente*
'conocido, persona conocida por alguien', ant. (Berceo, *Mil.* 151; J. Ruiz, 685). *Conocimiento* [*con-*
noçemiento, Alex., 881; *conoscimiento,* h. 1250,
Setenario, fº 11 vº; *Buenos Prov.* 8.5; APal. 11b].
Desconocer [Berceo], vid. Cuervo, *Dicc.* II, 1011-
14; *desconocedor, desconocencia, desconocido, des-*
conocimiento [Nebr.]. *Reconocer* [-*ñosç-,* h. 1280,
1.ª Crón. Gral. 184b52]; *reconocedor, reconocido,*
reconociente [Valera, *Armas,* p. 131a (Nougué,
BHisp. LXVI)], *reconocimiento* [APal. 21b], antes
reconnocencia [Berceo, *S. Mill.* 462].
Formas cultas: *Noble* [doc. de 1184; Berceo;
etc.], descendiente semiculto del lat. *nōbĭlis* 'conocido', 'ilustre', 'noble', derivado de *noscere; no-*
bleza [Berceo; en lo antiguo son frecuentes las
acs. concretas: 'alhaja, adorno', Berceo, *Sacrif.*
109; 'gracia, habilidad', J. Ruiz]; *noblote; enno-*
blecer [h. 1250, *Setenario,* fº 6 vº; Nebr., que
también da *noblecer*], *ennoblecedor, ennoblecimien-*
to [*nobl-,* Nebr.]. *Innoble* (raro *ignoble). Noción*
[*Aut.*], de *notio, -ōnis,* íd.; *nocional. Noticia* [*nodi-,*
Berceo, *S. Mill.* 164; *Alex.* 2212; *noti-,* Berceo;
Nebr.], de *notĭtĭa* 'conocimiento', 'noticia', derivado
de *notus,* participio de *noscere; noticiar; noticiero;*
notición [Guevara, *Epístolas,* II, p. 328: «Es también de saber que *estas noticiones*» (Nougué,
BHisp. LXVI)]; *noticioso. Notorio* [Nebr.], de *no-*
torius íd.; *notoriamente* [1478, *BHisp.* LVIII,
358]; *notoriedad* [Cortés, p. 47b (Nougué, *BHisp.*
LXVI)]. *Noto* 'notorio' (raro) (de ahí el compuesto *notificar,* ya en Nebr.; con *notificación,* íd.,
notificante, notificativo). Agnición [Pinciano, †
1553], de *agnitio, -ōnis,* 'reconocimiento', derivado
de *agnoscere* 'reconocer' (part. *agnĭtus). Cognición*
[ley de 1480; *N. Recop.*], de *cognitio* 'conocimiento'. *Cognoscitivo* [1610, G. de Tejada]. *Inoto* [Juan

de Mena, *Lab.*, *7d*]; *ignoto* [1640, Saavedra F.], de *ignŏtus* íd., derivado de *nŏtus*, part. pasivo de *nŏscĕre*. *Ignorar* [*Corbacho* y otros varios ejs. del S. XV (C. C. Smith, *BHisp.* LXI); 1570, C. de las Casas; h. 1600, Mariana, *Aut.*; para ejs. de *iñorar* empleado erróneamente con el sentido de 'saber', en el S. XVI, vid. Spitzer, *RFE* XXIV, 34-36], tomado del lat. *ĭgnōrare* íd., derivado de la raíz *gnō-* de *noscere*; *ignorante* [(rimando con *Dante*) Santillana, p. 328; C. de las Casas; *ino-rante*, G. de Cetina † 1560, *RFE* XL, 149; 1580, F. de Herrera, *Coment. a Garcilaso*]; *ignoran-cia* [íd.; *ino-*, Herrera; *inorancia* J. de Mena, *Lab.* 74b], antes también *ignoración*. *Ignaro* [Mena (C. C. Smith); 1663, G. de Tejada], toma-do del lat. *ĭgnărus* íd., procedente de la misma raíz. *Ignavo*, tomado de *ignāvus* íd., privativo de *gnavus* 'diligente', procedente de la misma raíz con el sentido originario 'que sabe trabajar'; *ig-navia* [h. 1640, Saavedra F.], latinismo raro. *In-cógnito* [*Celestina* (C. C. Smith); h. 1600, Argen-sola], de *incognĭtus* íd., derivado de *cognĭtus*, parti-cipio pasivo de *cognoscere*; *incógnita*; *incognos-cible*. *Diagnóstico* [Academia ya 1843], tomado del griego διαγνωστικός 'distintivo, que permite distin-guir', διαγιγνώσκειν 'distinguir, discernir', deriva-do a su vez de γιγνώσκειν 'conocer', correspondencia griega de *noscere*; *diagnosticar*; *diagnosis*. *Pre-nóstica* [Juan de Mena], *pronóstica* [en autores de fin S. XV (Lida, *Mena*, p. 263)]; *pronóstico* [Nebr.], de *prognostĭcum* y éste del gr. προγνωστικόν íd.; *pronosticar* [Nebr.]; *pronosticación*; *pronos-ticador*; *pronostiquero* [Torres Villarroel, p. 406 «vivíamos gobernados por los *pronostiqueros* de Italia» (Nougué, *BHisp.* LXVI)]; *prognosis*, de προγνωσις íd. *Gnomon* 'aguja en el reloj de sol' [*gnomón*, princ. S. XVII: Nieremberg, Pelli-cer; *nemón*, Covarr.; 1630, Lz. de Arenas, p. 104], 'escuadra' [1708, Tosca], tomado del lat. tardío *gnŏmon, -ŏnis*, y éste del griego γνώμων íd., deri-vado de γιγνώσκειν *gnomónico*, *gnomónica*. *Gnómi-co*, tomado de γνωμικός íd., derivado de γνώμη 'sentencia'. *Gnóstico*, de γνωστικός íd.; *gnosticis-mo*; *agnóstico*, *agnosticismo*.

[1] En portugués ha predominado la forma *conhe-cer*, y aunque *conhocer* es la forma más corrien-te en la E. Media (el glos. de las *CEsc.* de R. Lapa da docenas de ejs. de esta forma y ninguno de la otra) hay algún caso de aquél en las *Ctgs. de S. M.* del Rey Sabio. Debió de propagarse desde el participio pasivo *conheçudo* (donde lo favorecía la disimilación) y gracias a la cantidad mucho mayor de los verbos en *-ecer* frente a *-ocer*. En Galicia se reparten el territorio *conocer* (preferido por Vall.) con *conecer* (también Vall. y empleado en la costa de Pontevedra según Crespo Pozo) y *coñecer*: Castelao emplea éste (72.21, 75.10, 252.7) junto al primero (*conoci-miento* 71.27, *coñecimiento* 75.2).

Conoidal, conoide, conoideo, V. *cono* *Cono-pial*, V. *canapé* *Conosco*, V. *nos* *Conque*, V. *con* *Conqueridor, conquerir, conquesta*, V *querer* *Conquiforme, conquiliología, conquilió-logo*, V. *concha* *Conquiso, conquista, conquis-table, conquistador, conquistar*, V. *querer* *Con-rear, conreo*, V. *arrear* y *correo* *Consabido, con-sabidor*, V. *saber* *Consagrable, consagración, consagramiento, consagrante, consagrar*, V. *sagra-do* *Consanguineo, consanguinidad*, V. *sangre* *Consciente*, V. *ciencia* *Conscripto*, V. *escri-bir* *Consectario, consecución, consecuencia, con-secuente, consecutivo, conseguimiento, conseguir*, V. *seguir*

CONSEJO, del lat. CONSĬLIUM 'deliberación, consulta', 'asamblea consultiva', 'consejo, parecer', del mismo origen que CONSUL y CONSULERE (vid. *CÓNSUL*). *1.ª doc.*: *Cid.*

Cej. IX, § 184.

DERIV. *Aconsejar* [*consejar*, *Cid*; *aconsejar*, *Sete-nario* 24.6; *Calila* 45.853; *Zifar* 30.23; *Conde Luc.*, ed. Knust, 131], comp. Cuervo, *Dicc.* I, 134-6; la forma sin *a*- predomina hasta fines del S. XV (asegurada por el verso en Santillana y Pé-rez de Guzmán; APal. 201d, 439d); *aconsejar* es general desde el Siglo de Oro (*Quijote*, etc.), pero es mucho más raro su empleo en la Edad Media, pues son pocos los ejs. que citan el *DHist.* y Cuer-vo, y la mayoría procedentes de ediciones poco cuidadas[1]; *aconsejable*, *aconsejador*, *aconsejado*. *Conseja* [h. 1200, 'corro, mentidero': *Disputa del Alma y el Cuerpo*, ed. M. P., *RABM* IV, 449ss.; *fazer conseja* 'charlar', en Berceo, *S. Dom.*, 483, y en *Apol.* 367b; 'cuento moral', 'máxima', J. Ruiz, 162a, 438c], de CONSILIA, plural de CONSILIUM, por los consejos o moraleja con que era costumbre ter-minar los cuentos. *Consejero* [1076, Oelschl.; *con-sejeramente* 'aconsejadamente, a manera de conse-jo': *Calila*, ed. Rivad., p. 28]. *Conceller* (falta aún Acad. 1899), del cat. *conseller* 'concejal', derivado de *consell* 'consejo', aludiendo al Consejo de Cien-to que gobernaba la ciudad de Barcelona. *Desacon-sejar, -ado*. Formas cultas: *consiliario* [1454, Aré-valo, *Suma*, p. 289a (Nougué, *BHisp.* LXVI)], *consiliatorio* [Arévalo, *Suma*, pp. 292a, 294a, 302b, 309a (Nougué, l. c.)], *consiliativo*.

[1] En los mismos textos (p. ej. en *El Conde Luc.*) predomina el uso de *consejar*, y en algún caso puede probarse que la forma con *a*- es debida a interpolación, p. ej. en Berceo, *S. Dom.* 243d, donde los mejores mss. traen *tornarán conseja-das*, sustituído por *irán aconsejadas*, en manus-critos más recientes.

Consenciente, consenso, consensual, consentido, consentidor, consentimiento, consentir, V. *sentir*

CONSERJE, del fr. *concierge* íd., de origen desconocido. *1.ª doc.*: h. 1700, Palomino.

Se introdujo en España como voz de la terminología real de la Casa de Borgoña, junto con *ujier, sumiller, costiller, acroy*, etc., y así al principio sólo se empleó para palacios y otros sitios reales, y hoy sigue estando restringido a los edificios públicos. Ya en francés antiguo se halla una variante dialectal *concerge* (vid. God. II, 219*a*), quizá propia de los dialectos orientales, de la cual saldría la forma española. En cuanto al origen del vocablo francés, deben rechazarse *CONSĔRVĬENS (participio activo de un verbo *CONSERVĪRE 'servir junto a otros'), propuesto por Baist, *RF* XVI, 404, y *CONSĔRVĬUS (derivado de CONSERVUS 'compañero en esclavitud'; derivación, por lo demás, injustificada), aceptado por Gamillscheg, Bloch y Wartburg (*FEW* II, 1067); y deben rechazarse no tanto por razones semánticas[1], como morfológicas y por la imposibilidad fonética de explicar la -*c*- francesa, constante en la Edad Media (desde el S. XII) y confirmada por la forma picarda *conchierge*, según indicaron A. Thomas, *Rom.* XLI, 452, y M-L. (*REW* 2159)[2].

DERIV. *Conserjería.*

[1] God. documenta la ac. antigua 'colega', e interpreta como 'servidor' algunos de los ejs. medievales, aunque ello no es evidente. La restricción semántica al sentido de 'portero, guardián' no sería difícil, y aun sería concebible la pérdida de la idea de compañía, si bien la filiación semántica no está clara.— [2] Los propios datos aducidos por Wartburg refutan la etimología *CONSERVIUS que él quiere defender. Las formas picardo-flamencas en -*ch*- aparecen en todas partes desde h. el a. 1500, y así no es admisible que sean ultracorrecciones dialectales en tantos autores; que Froissart, que es algo anterior, emplee *concierge* no prueba que sus paisanos no pronunciaran con *ch* en su tiempo, pues el lenguaje de este autor está ya muy asimilado al francés de París. Por lo demás, más decisiva aún que la *ch* picarda es la *c* consonante desde el S. XII. Comp. los ejs. citados por Tobler, II, 654*b*. La grafía *consergius* de 1106, figura en una copia del S. XVIII, sin autoridad para el caso. No es admisible la sugestión de Gamillscheg, de que entre *n* y *s* se desarrollara una *t* epentética, fenómeno del cual existen ejs. en retorrománico, pero no en francés, pues en este idioma las nasales implosivas perdieron pronto su elemento oclusivo. Aunque el latín vulgar perdió el grupo -NS- y aquí se pudo restituir por influjo del prefijo CON-, debiéramos hallar otros ejs. de la misma *t* epentética en casos como *conseiller, consoler*, etc., lo cual no ocurre. El de *anz* ANNUS queda aparte, pues ahí la geminación impidió la pérdida del elemento oclusivo, comp. gascón *an*, cón -*n* dental, frente a *pan* PANEM, con nasal velar o mera nasalización vocálica.

CONSERVAR, tomado del lat. *consĕrvare* íd., derivado de *servare* íd. *1.ª doc.*: Berceo, *Loores*, 227*d*.

Cultismo, como se ve por la falta de diptongación en los presentes; es raro en la época arcaica: no vuelve a aparecer hasta h. 1400 (*Rim. de Palacio; Canc.* de Baena), vid. Cuervo, *Dicc.* II, 412-3; Cej. VIII, § 33. A diferencia del hispano-portugués y el francés (en los cuales la desaparición se produjo ya en fecha preliteraria muy arcaica) en los demás dominios románicos se mantuvo y se ha mantenido vivo y popular el empleo del lat. SERVARE; aun en catalán *servar* lo es todavía, si bien en el lenguaje hablado va quedando relegado a varios usos náuticos y otros especiales, pero manteniéndose vivo (y aun vigoroso hasta fecha moderna) en el lenguaje literario: situación semejante a la del it. *serbare* y oc. *servar* (corriente en lo medieval y no ajeno a muchas hablas modernas).

DERIV. *Conserva* [Nebr.: «cosa en *conserva: conditaneus*»; más tarde: Cervantes, *La Señora Cornelia*, ed. Hz. Ureña, II, 167][1]; *conservero, conservería. Conservación* [Villena, *Trab. Hércules*, ed. M. Morreale, p. 9.11; Mena, *Cor., Corbacho* (C. C. Smith, *BHisp.* LXI); APal., 208*d*]. *Conservador* [Nebr.]; *conservaduría*, variante culta *conservatoría. Conservante. Conservativo. Conservatorio.*

Los demás derivados de la misma raíz son también cultismos. *Observar* [Cetina † 1557 (C. C. Smith); Ribadeneira, † 1611], del lat. *observare*, íd.; *observación* [1605, *Quijote*], *observable, observador, observancia* [APal. 229*d*], *observante, observatorio.*

Preservar [Corbacho (C. C. Smith); 1542, L. de Escobar], del lat. tardío *praeservare* íd.; *preservación, preservador, preservativo.*

Reservar [h. 1525, Alvar Gómez (C. C. Smith); 1574, A. de Morales], del lat. *reservare* íd.; *reserva* [1684, Solís], antes se dijo *reservación* (1633); *reservista; reservable, reservado, reservativo.*

Servar, que la Acad. cita como antiguo, del lat. *servare; servador*, como epíteto poético (Lope).

[1] No está bien averiguado cuál es el origen de la expresión náutica *navegar en conserva*, que en castellano ya puede documentarse en los SS. XV y XVI (D. de Games, ed. Carriazo, p. 56, referente a D. Juan de Austria, en Jal, 504), y en portugués e italiano a med. S. XV; además parece relacionado con el uso náutico el que hacen Imperial, *Dezir a las syete virtudes*, vv. 46-48 («commo movió blanco gustar la yerva / porque fué fecho de una conserva ['de una misma condición'] / con los dioses que las mares regían», versos que son una traducción casi literal de la *Commedia*, Par. I, vv. 67-69, y en los que *il fe' consorte* es la base de traducción de *fué fecho de una conserva*) y Diez de Games, p. 187 (como sinónimo de 'compañía'). Más antiguo es el it. *conservaggio* oc. *conservatge*, que en forma latinizada ya apa-

recen en el S. XIII (*conservaticum*), cat. ant. *con-servatge* (S. XIII: *Consulado de Mar*, cap. 48, p. 98 de la ed. Pardessus) íd. No es inverosímil que salga de CONSERVUS 'compañero de servicio' (it. *conservo*), según indicó Moll con aceptación de M-L. (*REW*, 2160), puesto que se halla *con-serva* aplicado a cada una de las naves que navegan en convoy, con respecto a las demás (así en italiano, 1431 y 1557: Jal); sin embargo, faltan elementos para resolver en definitiva, pues en catalán *servar* v. intr. significa 'gobernar por medio del timón' (oído muchas veces en Sant Pol de Mar, comp. *BDC* XII, 65), de suerte que *conserva* podría entenderse como el acto de hacer rumbo en común: ahora bien, el vocablo, según he dicho, aparece ya en el catalán del S. XIII.

Considerable, consideración, considerado, consi-derador, considerando, considerante, considerar, considerativo, V. sideral   Consigna, consigna-ción, consignador, consignar, consignatario, consig-nativo, V. seña   Consiguiente, V. seguir   Con-siliario, consiliativo, V. consejo   Consintiente, V. sentir   Consistencia, consistente, consistir, con-sistorial, consistorio, V. existir   Consograr, V. suegro

CONSOLA, 'mesa sin cajones, arrimada a una pared, destinada a sostener un reloj, candelabros, etc.', del fr. *console* 'ménsula fija a una pared y empleada como sostén de un balcón o cornisa, o como pedestal de una estatua', 'consola', y éste derivado de *consoler* 'consolar' que en el lenguaje monacal de la Edad Media se empleó en el sentido de sostener materialmente. *1.ª doc.:* ya Acad. 1884, no 1843 (citas de Pereda y Pardo Bazán en Pagés).
Lerch, *ARom.* XXIV, 167-187 (comp. Spitzer, *ARom.* XXIII, 92-93). El fr. *console* aparece ya h. 1600, en Olivier de Serres, para una especie de modillón o ménsula; del francés pasó también el vocablo al portugués, inglés y alemán. Anteriormente se halla en francés *consolateur* en este mismo sentido (1564, 1571), y en bajo latín hallamos *consolationes* y *misericordiae* en el sentido de 'brazos de un sillón de coro'[1]. En español algunos pronuncian *cónsola*, por influjo de *cómoda*.
[1] Lerch habla, a este propósito, de «la influencia espiritualizante de la Iglesia». Quizá no es buen ejemplo de este influjo, pues más bien se trata de ingeniosos eufemismos para disimular la molicie que en ciertas épocas reinó en muchos conventos medievales.

Consolable, consolación, consolador, consolante, consolar, consolativo, consolatorio, V. solaz   Con-soldamiento, consoldar, consólida, consolidación, consolidado, consolidar, consolidativo, V. sólido. Consonamiento, consonancia, consonante, conso-nar, cónsone, cónsono, V. sonar   Consorcio, con-

sorte, V. suerte   Conspicuo, V. espectáculo Conspiración, conspirado, conspirar, V. espirar Constable, constancia, constante, constar, V. es-tar   Constelación, V. estrella   Consternación, consternar, V. estrado   Constipación, constipa-do, constipar, constipativo, V. estibar   Constitu-ción, constitucional, constituidor, constituir, cons-titutivo, constituto, constituyente, V. estar   Cons-treñimiento, constreñir, constricción, constrictivo, constrictor, constrictura, constringente, V. estreñir.

CONSTRUIR, tomado del lat. *constrŭĕre* 'amontonar', 'construir, edificar', derivado de *strŭĕre* íd. *1.ª doc.:* Nebr.
Poco frecuente en el S. XVI, a no ser como término de gramática; entonces era más usual, en otros sentidos, *fabricar*. Quevedo lo consideraba todavía término propio de los culteranos (*Aguja de navegar cultos*, *RH* LXXVII, 341).
DERIV. *Construcción* [*construción*: Nebr.; así todavía en Oudin]; *constructor*.
Destruir [Berceo; *Conde Luc.*; APal. 18*b*, 217*b*], del lat. *destrŭĕre* 'demolir', 'destruir'; cultismo de introducción muy anterior a la de *cons-truir*: nótese el pretérito semipopular *destruxo* en Berceo (*Sacrif.* 20) y la forma de apariencia hereditaria *destrovir* (*Apol.* 118*b*), pero el participio *destruto* (Berceo, *Loor.* 29*c*; *S. Mill.* 283*c*: '*-ucto*), prueba, sin embargo, que es cultismo; *destrucción*, [*-ución*, Mena (C. C. Smith, *BHisp.* LXI); S. XVII; hasta muy tarde se empleó la forma semipopular *destruición*: APal. 3*b*, 11*d*; *Quijote*, I, xxx, f° 147]; *destructible, destructibilidad*; *destructivo*; *destruc-tor* [*destruidor*, APal. 152*b*; *destructor*, falta aún en *Aut.*], *destructorio*; *destruíble*; *destruimiento* [h. 1250, *Setenario*, f.° 4 v°]; *destruyente*.
Instruir [J. Ruiz, 3.25; APal. 13*d*, 120*d*, 209*b*], de *instrŭĕre* 'levantar (paredes, etc.)', 'proveer de armas o instrumentos', 'formar en batalla', 'ense-ñar, informar'; *instruido*, ant. *instru(c)to* [J. Ruiz, 5.5]; *instrucción* [APal. 218*b*, 474*b*], *instructivo*, *instructor* (y ant. *instruidor*); *instrumento* [Berceo, *Mil.* 6*c*, I: *estrument*; 698*b*, A, I: *instrumen-tes*, pl., asegurado por la rima; 9: *estrumento*[1]; íd. en J. Ruiz, 355*a*, 1263*b*, también en rima; *es-tormento*, *Alf. XI*, 406; *instrumento*: APal. 75*b*, 77*d*, 218*b*, y Nebr.], de *instrūmĕntum*, íd.; *instru-mental, instrumentar, instrumentación, instrumen-tista*.
Obstruir [1590, Acosta; en parte, como voz médica en *Aut.*], de *obstrŭĕre* 'construir enfrente', 'obstruir, tapar'; *obstrucción* [*Aut.* término médico], *obstruccionismo, obstruccionista*; *obstructor*.
Estructura [1580, F. de Herrera; APal. 474*b*, cita la palabra latina sin darle equivalencia castellana], de *structūra* 'construcción, fábrica', 'arreglo, disposición', derivado de *struere*; *estructural, es-tructurar, estructuración*.
[1] Documentación de este vulgarismo en Cuervo, *Obr. Inéd.*, p. 151, Ast. *estrumentu* (V).

Constuprador, constuprar, V. *estupro   Consu(b)stanciación, consu(b)stancial, consu(b)stancialidad*, V. *estar   Consuegrar, consuegro*, V. *suegro   Consuelda*, V. *sueldo   Consueta, consueto, consuetud, consuetudinario*, V. *costumbre*

CÓNSUL, tomado del lat. *consul, -ŭlis*, 'cónsul, magistrado de la República romana', probablemente derivado de *consŭlĕre* 'deliberar', 'consultar', 'tomar una resolución' (de donde procede también CONSILIUM > CONSEJO). *1.ª doc.*: h. 1275, *1.ª Crón. Gral.* 7a37, APal. 92b, y Nebr., en la ac. 'magistrado romano'; 1494 (ley de la *N. Recop.* III, xiii, 1) en la de 'representante consular'.

Esta ac. moderna, que en la Edad Media se aplicaba al representante de los mercaderes de una ciudad ó de una nación cristiana en un puerto de Levante, puede fecharse en bajo latín italiano desde 1182, en bajo latín francés desde 1190, en catalán desde 1268 (vid. Du C., Littré, God., Tobler), y recibió especial desarrollo por parte de los catalanes, ya en el S. XIII, en sus relaciones comerciales con el Oriente bizantino y mahometano, según documentan la minuciosa reglamentación contenida en el *Consulado de Mar*, y los estudios de L. Nicolau d'Olwer, *L'Expansió de Catalunya a la Mediterrània Oriental*.

DERIV. *Cónsula. Consulado* [h. 1275, *1.ª Crón. Gral.* 17a49; Nebr.; 1632: ley de la *N. Recop.*]; *consulaje, consulazgo. Consular* [Nebr.]. *Procónsul.*

Consultar [Santillana (C. C. Smith, *BHisp.* LXI); APal., † 1492: Cuervo, *Dicc.* II, 436-40], tomado del lat. *consultare* 'deliberar muchas veces', 'consultar', frecuentativo de *consulere*; específicamente argentina o americana parece ser la ac. 'atender, tener en cuenta (intereses, necesidades, etc.)': figura ya en una proclama de J. Facundo Quiroga († 1835), citada por Sarmiento, *Facundo*, ed. Losada, p. 285. *Consulta* [1515, Fz. Villegas (C. C. Smith); 1589-90, Ercilla], antes *consultación* (Palencia *Perfección*, p. 364b, Nougué, *BHisp.* LXVI; SS. XVI-XVII). *Consultable. Consultante. Consultivo. Consulto, inconsulto. Consultor. Consultorio.*

Consumación, consumado, consumador, consumar, consumativo, V. *sumo   Consumero, consumible, consumición, consumido, consumidor, consumiente, consumimiento, consumir, consumo, consunción*, V. *sumir   De consuno*, V. *asonada   Consuntivo, consunto*, V. *sumir   Consustancial*, etc., V. *estar   Contabilidad, contable*, V. *contar   Contacto*, V. *tañer   Contadero, contado, contador, contaduría*, V. *contar*

CONTAGIO, tomado del lat. *contāgĭum* íd., derivado de *tangĕre* 'tocar'. *1.ª doc.*: 1626, Corral. Se empleó también *contagión* [APal. 359b; Nebr.; todavía usual a med. S. XVII: Fern. de Navarrete], procedente del lat. *contagio, -ōnis*, íd.

DERIV. *Contagiar* [Paravicino, † 1633; *Aut.*; Cuervo, *Dicc.* II, 444, no cita ejs. anteriores a 1800]. *Contagioso* [fin S. XVI: Mendoza, Ribadeneira, Góngora]; *contagiosidad.*

Contal, V. *contar.*

CONTAMINAR, tomado del lat. *contamĭnare* 'ensuciar tocando', 'inficionar'. *1.ª doc.*: 1438, J. de Mena; APal. 9b, 93b, 172d, 216d; otros ejs. del S. XV y sig., en Cuervo, *Dicc.* II, 444-6. Del lat. tardío INTAMINARE 'contaminar, profanar' procede el fr. *entamer* 'decentar, hacer mella', de donde se tomó el ast. *entamar* 'comenzar, dar principio' (V).

DERIV. *Contaminación. Contaminador.*

CONTAR, del lat. CŎMPŬTARE 'calcular', derivado de PUTARE, íd. *Cid*.

Así la ac. etimológica como la derivada 'narrar'[1] aparecen desde los primeros documentos del idioma. Cuervo, *Dicc.* II, 446-52. En las formas arcaicas *cuémpetet* (*Glosas de San Millán*, 68), *cómpetent* (doc. aragonés de 1059: M. P., *Orig.*, 183), aparecen todavía huellas debilitadas de la U átona latina. Es muy común en el S. XIII y hoy sigue usándose en Asturias (R, V) la forma *cuntar*, de la cual se han dado varias explicaciones[2]. Para una antigua variante **condar*, V. CUENDA.

DERIV. *Contadero. Contado* [*Cid*, en la ac. 'famoso', propiamente 'aquel de quien se cuentan tantos hechos']. *Contador* [*cu-*, 1362, *BHisp.* LVIII, 88; Nebr.]; *contaduría* [*-doría*, Nebr.; *-duría*, ya *Aut.*]. *Contante. Cuento* 'relato', 'cómputo', 'millón' [1200, Oelschl.], del lat. CŎMPŬTUS, derivado de COMPUTARE; variante anticuada *compto* (ya Acad. 1884, no 1843); *cuentero, cuentista, cuentón; discuento* salm. *Cuenta* 'acción y efecto de contar' [*Cid*], 'cada una de las bolitas del rosario que sirve para llevar la cuenta de las oraciones que se rezan' [J. Ruiz, 1205d]; derivado importante que además del castellano sólo existe en el port. *conta*; comp. Cuervo, *Dicc.* II, 668-80; *contal, contero, contario. Descontar* [doc. de 1268: Cuervo, *Dicc.* II, 1015-6]; *descontamiento, descuento* [Nebr.]. *Incontable. Recontar, recuento. Trascuenta.*

Duplicado culto: *computar* [Guevara, *Epístolas* II, p. 371 (Nougué, *BHisp.* LXVI); 1573, Mármol], *computación, computable, cómputo* [Paravicino, † 1633: *RFE* XXIV, 313], *computista.*

CPT. *Cuentacacao. Cuentacorrentista. Cuentadante. Cuentagotas. Cuentahilos. Cuentapasos.*

[1] De ahí se llega a veces hasta 'decir' en el lenguaje gauchesco («divisó un rancho... que tenía... un letrero que decía: *herrería*. Sobre el pucho se lo *contó* al Maistro y pararon» Güiraldes, *Don Segundo Sombra*, ed. Espasa, p. 246), desarrollo que recuerda el del ingl. *to tell*, y el del sardo

narere.— [2] Zauner, *Altsp. Elementarbuch*, p. 26, relaciona con *preguntar* procedente del lat. PERCONTARI, pero éste se explica por la variante tardía PERCUNCTARI, debida a contaminación de CUNCTI, lo cual no parece aplicable a *cuntar*, siendo CUNCTI voz ajena al romance, y teniendo *g* el cast. *preguntar*, en tanto que COMPUTARE todavía no había perdido del todo su sílaba antepenúltima hacia el año 1000 (no se puede dar importancia a la grafía *cuncta* 'él cuenta', de Berceo, *Sacrif.*, ed. Solalinde, 132*a*, que además necesitaría verificación). Hanssen, en su reseña de esta obra, publicada en *AUCh.*, 1908, p. 9, piensa en un desarrollo fonético espontáneo comparable con el de *lugar*, *jugar* (con *juglar*), *huraño*, a los cuales se podría agregar *pulgar*. M. P., *Dial. Leon.*, § 18.5, da a entender que hay una relación entre *cuntar* y la antigua forma dialectal leonesa *cuentar* (así en *Alex.* O, 85, 88; *contar* en P), analógica del presente; se trataría, pues, de una reducción de diptongo en posición átona. Esto permitiría explicar al mismo tiempo el caso de *jugar* (debido a *juego*, *juega*), quizá *lugar* (por influjo de un arcaico *luego* LOCUS) y aun *huraño* (por influjo de *fuera*; por lo demás, *huraño* puede venir de FŪR y entonces no hay irregularidad). Es verdad que *jugar* se halla también en catalán (presente *juga*), donde no es menos sorprendente que en castellano (comp. *joc* JŎCUM), y aquí no puede explicarse por una forma diptongada; pero quizá en los dos idiomas esta excepción idéntica sea debida a una mera coincidencia.

Contecer, V. *acontecer   Contemperante*, con-*temperar*, V. *templar*

CONTEMPLAR, tomado del lat. *contemplari* 'mirar atentamente, contemplar'. *1.ª doc.*: 1403, *Rim. de Palacio*, estr. 1369, y otros textos de fecha próxima: *Canc. de Baena*, *Danza de la Muerte*; usual ya en el S. XV: Cuervo, *Dicc.* II, 452-5; y agréguese: APal. 118*d*, 466*b*.

Para construcciones, vid. Cuervo, y a los ejs. de la intransitiva agréguese Cervantes, *El Celoso Extremeño*, *Cl. C.* II, 92. Es neológica la ac. 'tener en cuenta, prever' (*el proyecto no contempla la extensión de esta medida a otras provincias*), en la cual se emplea mucho, en la Arg. y otros países americanos, para traducir el fr. *envisager* (ingl. *to envisage*): se trata de un calco abusivo del ingl. *to contemplate*.

DERIV. *Contemplación* [Berceo, *Mil.*, 546][1]; *contemplador*; *contemplativo* [*Conde Luc.*]; *contemplatorio*.

[1] Para la ac. 'complacencia, respeto, atención', —correspondiente a la de 'ser condescendiente, tener miramientos' que en el verbo se halla ya a fines del S. XVII (Solís) y es frecuente en el XIX—, V. comentario de A. Alonso a un pasaje de *La Pícara Justina*, en *RFE* XII, 179-80.

Contemporaneidad, *contemporáneo*, *contemporización*, *contemporizador*, *contemporizar*, V. *tiempo   Contención*, V. *tener   Contencioso*, *contendedor*, *contender*, *contendiente*, *contendor*, V. *tener   Contenedor*, *contenencia*, *contener*, *contenido*, *conteniente*, V. *tener   Contenta*, *contentación*, *contentadizo*, *contentamiento*, *contentar*, *contenteza*, V. *contento*

CONTENTIBLE, 'despreciable', tomado del lat. tardío *contemptĭbĭlis* íd., derivado de *contemnĕre* 'despreciar'. *1.ª doc.*: *contemptible*, med. S. XVII (Ovalle, Nieremberg); *contentible*, ya Acad. 1843.

Latinismo crudo bastante empleado en el S. XVII, pero hoy desusado.

Contentivo, V. *tener*

CONTENTO, tomado del lat. *contĕntus* 'contenido', 'contento, satisfecho', originariamente participio del verbo *contĭnēre* 'contener', derivado de *tĕnēre* 'tener, aguantar'. *1.ª doc.*: *Gr. Conq. Ultr.*, p. 119 (D. Alonso, *La Leng. Poét. de Góngora*); h. 1375, L. de Ayala, *Crón. de D. Pedro el Cruel*; varios ejs. en el S. XV; Nebr.

Cuervo, *Dicc.* II, 463-64[1]. Probablemente es latinismo o semicultismo en todos los romances, aunque la fonética histórica no permita probarlo en éstos como en castellano; la fecha de aparición en todas partes es tardía: S. XIII, en francés (*DGén.*), fines del XIV en lengua de Oc y catalán[2]. No es verosímil la tesis de M-Lübke (*REW* 2182) de que la voz castellana y el port. *contente* procedan del catalán; en cuanto a la forma portuguesa[3], que también se halla en judeoespañol de Marruecos (*BRAE* XIII, 523), se explicará por el adverbio latino *contentē*, a semejanza de lo que ocurre con *firme* y con *entregue*.

La construcción *ser contento*, normal en la Edad Media, y usada literariamente aun en el Siglo de Oro (Juan de Valdés, comp. Cotarelo, *BRAE* VII, 284; Jáuregui, y varias veces en Cervantes; pero Sta. Teresa, Fray Luis de León, Lope y Rojas Zorrilla emplean ya con *estar*), sigue oyéndose popularmente en Chile y en otras partes.

DERIV. *Contentar* [1431-50, Díaz de Gámez; otros ejs. del S. XV en Cuervo, *Dicc.* II, 460-2; además APal. 92*d*, Nebr., etc.], derivado común a los varios romances (pero cat. *acontentar*); *contento* m. [Sta. Teresa], postverbal de *contentar*; antes se dijo *contentación* [1499, H. Núñez] o *contenteza*, y más a menudo *contentamiento* [APal. 353*b*, Nebr., Boscán, todavía en Quevedo]; *contenta*; *contentadizo*. *Descontento* adj. [1431-50, Díaz de Gámez], vid. Cuervo, *Dicc.* II, 1017-8. *Descontentar* [Nebr., comprobado en la ed. de 1495; APal. 5*d*], comp. Cuervo, *Dicc.* II, 1016-7; *descontento* m. [1604, Sandoval], *descontentamiento* [Nebr.], *descontentadizo* [1605, López de Úbeda, p. 161a (Nougué, *BHisp.* LXVI)], *malcontento, malcontentadizo*.

[1] Los ejs. del S. XIII que da Cuervo son de la *Crónica General*, pero sólo valen para las ediciones del S. XVI. En el pasaje correspondiente al segundo (§ 382) la ed. de M. P. trae «*tóvose por complido*». En otros la misma idea, en forma negativa, se expresa en este texto por *nol avondó*. [2] En el S. XIII Raimundo Lulio trata de calcar el lat. *contentus* con la traducción popular *contengut* («molt se tench Felix per *contengut* de les paraules de Blanquerna», *Meravelles* I, 133; íd. III, 35, 56), lo cual no parece haber tenido muchos imitadores. *Content* ya se halla en Jaume Marc (1371).— [3] Comp. Leite de V., *Philol. Mirand.* I, 242.

Contentor, V. *tender*   *Contera*, V. *cuento*
Contérmino, V. *término*   *Contero*, V. *contar*
Conterráneo, V. *tierra*   *Contertuliano, contertulio*, V. *tertulia*   *Contestable, contestación, contestar, conteste*, V. *testar*   *Contéu*, V. *cuento*
Contexto, contextuar, contextura, V. *tejer*   *Contía*, V. *cuanto*   *Contiar*, V. *cuento*   *Conticinio*, V. *tácito*   *Contienda*, V. *tender*   *Contignación*, V. *tinada*   *Contigüidad, contiguo*, V. *tañer*   *Continencia, continental, continente*, V. *tener*   *Contingencia, contingente, contingible*, V. *acontecer*

CONTINUO, tomado del lat. *contĭnŭus* 'adyacente', 'consecutivo', 'continuo', derivado de *contĭnēre* 'mantener unido', 'abarcar, contener', y éste de *tĕnēre* 'tener, aguantar'. *1.ª doc.*: Vidal Mayor 4.38.15; h. 1400, *Glos. de Toledo.*

Cuervo, *Dicc.* II, 475-7, cita además tres ejs. de los SS. XIII y XIV: *Alex.*, 1303d; *Flores de Filosofía*, 35; y J. Ruiz, 1522b; pero es probable que todos ellos sean interpolados[1]; en el S. XV el vocablo es ya frecuente (*Celestina*, ed. 1902, 45.31, etc., además APal. 15d, 42b, 77b, 93b, 463b; Nebr.), pero lo usual en el XIV y a principios del XV parece haber sido *continuado* (*Canc.* de Baena, *Rimado de Palacio*, Cortes de 1348, *Conde Luc.*). Es frecuente en los SS. XV y XVI la forma más vulgar *contino* (*Crón de Álvaro de Luna*, Sta. Teresa; fem. *contina* en Fr. Luis de León), que al doblar el 1600 queda confinada al uso adverbial con el valor de 'continuamente' (*le estaba escuchando contino*, en Cervantes, *El Licenciado Vidriera*, *Cl. C.* II, 53; ej. análogo en el *Quijote* I, xxxiii, f° 165; *de contino* ibid. II, xxiii, f° 88; pero *esté continuo el arco armado* I, xlviii, f° 257; y *continuo* es constante como adjetivo: *contino* también en Covarr., s. v. *continuar*); por lo demás, ya se halla *continuo* en el *Glos. de Toledo*, APal., Nebr., PAlc., y *Aut.* declara que en su tiempo aquélla es forma sin uso, excepto en poesía.

DERIV. *Continuidad* [1590, Acosta]. *Continuar* [*Partidas*; ya frecuente en el S. XIV: Cuervo,

Dicc. II, 470-5], tomado del lat. *contĭnŭare* íd., derivado de *continuus*[2]; *continuación* [*Corbacho* (C. C. Smith, *BHisp.* LXI), APal. 211b], *continuado* (vid. arriba), *continuador, continuamiento, continuativo. Discontinuo, discontinuidad, discontinuar, discontinuación.*

[1] En *Alex.*, *continos* sólo figura en el ms. *O* (*P* trae *cominos*), en un pasaje agregado por mano posterior (vid. ed. Willis). En J. Ruiz la lección *continua enamistad* es de *S* pero *G* tiene *cotiana enamistad* y *T contienda e enemistad*. En cuanto a las *Flores de Filosofía*, supone su editor Knust que sea texto del S. XIII, pero el ms. es del XV. Además hay *continual* en *Alex.*, 1714b: *pestañas mesturadas de continual adeça*, lo cual debe quizá leerse *continua ladeça* 'anchura', pero también aquí *P* se aparta completamente leyendo *comunal grandeza*.— [2] Nótese la ac. 'frecuentar' en el *Quijote*, I, xxxiii, *Cl. C.* III, 173.

Contonearse, contoneo, V. *canto II*   *Contorcerse, contorción*, V. *torcer*   *Contornar, contornear, contorneo, contorno*, V. *torno*   *Contornado, contornar, contornear, contorneo, contorno*, V. *torno*   *Contorsión, contorsionista*, V. *torcer*

CONTRA, del lat. CŌNTRA 'frente a', 'contra'. *1.ª doc.*: *èxquantra*, doc. de Cardeña, 1050 (Oelschl.); *contra*, Cid.

Cuervo, *Dicc.* II, 477-84. La *ō* fué tratada comúnmente como inacentuada por hallarse en preposición, es decir en vocablo átono; pero como subsistían en romance algunos casos del uso adverbial, corriente en latín, existió también la variante *cuentra*, que hallamos en Berceo, *Duelo*, 152, en *Alex. O*, 241d (pero *contra* en *P*), en el aragonés Pedro de Santa Fe, primera mitad del S. XV (*BRAE*, XX, 81), y en otros que cita Cuervo, (comp. *cuentradezir* en Yúçuf B, 182d); es también frecuente *cuantra* (doc. del Este de Valladolid, 1217: M. P., *D. L.* n.° 222, lín. 5; de Toledo, 1215, ibid. n.° 273, lín. 21), con sus variantes *encuantra* y *escuantra*, que se halla en algún texto aragonés, pero que no es menos frecuente en obras del S. XIII en Castilla (vid. M. P., *Oríg.*, pp. 128, 130 y 577), por lo tanto, no creo que deba entenderse como aragonesismo, sino como una mayor diferenciación sobrevenida cuando el diptongo vino a hallarse en posición átona, quizá por reacción contra la tendencia a reducir *ue* a *u* (como en *cuentar* > *cuntar*, vid *CONTAR*); desde luego, nada tiene que ver con esta forma española el cat. dial. *quantra*, propio de Mallorca y Menorca (Moll. *AORBB* II, 9; P. d'A. Penya, *Les Illes d'Or*, I, 11) y de las zonas montañosas del Centro-Norte del Principado (oído, p. ej., en Roda de Vic), y ya documentado en la Edad Media, en Fr. d'Oleza (*RF* XXIII, 718): se trata de una ultracorrección de tipo frecuente (*enquantre* por *encontre* m., en Aguiló; *La Quar*, en el alto Berguedá, como nombre del pueblo que en el S. IX se llamaba *Illa Corre*), propia de los dialectos que reducen *qua, gua* a *cǫ, gǫ* (*cǫn* QUANDO, *cǫrt* QUARTUM, *gǫrda* 'guarda', etc.).

Para acepciones especiales véase Cuervo. Nótense estos ejs.: 'frente a' («Abila: un monte de Africa *contra* Tarifa»: Nebr., *Lex. Lat.-Hisp.*), 'hacia' (Berceo, *Duelo*, 152; *Mil.* 464; *Alex.*, 241), 'en comparación de' (*oro nin plata nada son* contra *sus abtezas*: Berceo, *Loores*, 191)[1], 'para con' (*avié Dios* contra *elle sobragrant bienquerencia: S. Dom.*, 224; *era* descontra *todos el bon rey tan temprado, Alex.*, O, 1782a, *escuantra* en *P*), 'junto a' (en gallegoportugués antiguo: *Canc.* de D. Denís, ed. Lang, glos.; Guillade, v. 1035, con nota de Nobiling; en Miranda de Duero: Leite de V., *Philol. Mirand.* II, 334; en Salamanca y Cespedosa: Lamano y S. Sevilla, *RFE* XV, 252; en la Arg., *BDHA* III, 208; Estan. del Campo, v. 40; Ataliva Herrera, *La Nación*, 27-X-1940: *brotan perros... de junto al fogón, de* contra *el horno...*; en Chile: Kany, *Sp.-Am. Syntax*, 350; en Colombia: Rivera, *La Vorágine*, ed. *Col. Austral*, p. 55: *subía tan alto que* contra *el cielo aleteaba*; vituperado como galicismo por el venezolano Baralt, pero V. mi nota en *RFH* VI, 230)[2].

DERIV. *Contrada* ant. 'alrededores' (Berceo, *S. Dom.*, 265), afín o procedente del cat. y oc. (*en*)*contrada*, fr. *contrée*, 'comarca'; también *contrada* y *encontrada* en las *Ctgs.* (277.32). *Contrario* [Berceo, rimando con *santuario* o *vicario* en *S. Dom.* 123, *Mil.* 78; comp. Cuervo, *Dicc.* II, 494-8], tomado del lat. *contrarius* íd.; es frecuente en el S. XV la variante *contrallo* (J. Manuel, J. Ruiz, Sem Tob, en rima en los *Canc.* de Stúñiga y de Baena), debida a una base disimilada *contralio; contrariedad* [S. XIII: Cuervo, *Dicc.* II, 493-4]; *contrarioso*. *Contrariar* [*contrallar*, S. XIII: Cuervo, *Dicc.* II, 492-3, forma casi general en toda la Edad Media; APal. 318d, y Nebr., ya dan *contrariar*]; de ahí los postverbales *contralla* 'oposición' en el *Setenario*, fº 1·1 vº y en el *Fuero de Briviesca* (cita de Tilander, *F. de Aragón*, p. 501), *contrallo* íd. (J. Ruiz, ed. Rivad., 197, 289); también *contraria* 'oposición', en *Alex.* 797 y quizá 417, así como en los *Fueros de Aragón* publicados por Tilander, p. 324; *contrariador*.

Encontrar [h. 1200, *Libre dels tres Reys d'Orient*], en el sentido debilitado de mero sinónimo de 'hallar' no parece haber sido frecuente en la Edad Media (nótense las traducciones «obvio», «incurro» en Nebr. y en los Glos. publ. por Castro; ya lleva complemento de cosa alguna vez a princ. S. XVII: *encontrar la horma de su zapato* en Panteleón de Rivera; pero nunca todavía en el *Quijote*), ast. *alcontrar* (V), gall. *alcontrar* («*nas Galias* alcontramos *as Matres*» Castelao 119. 3f.); *encontradizo, encontrado* [como sustantivo, 'encuentro', ya en Berceo, *Mil.*, 186, 474]; *encuentro* [1283, *Libros del Acedrex*, 294.1; h. 1400: *Glos.* de Toledo; Nebr.], *reencuentro o recuen-*

tro; *encontrón* [1605, *Pícara Justina*], *encontronazo*; *desencontrarse* 'no encontrarse (dos personas)', 'estar en desacuerdo' y *desencuentro* (abstracto de ambas acs. y 'contratiempo': argentinismos usuales que no figuran en los dicc.). *Escontra* ant. y hoy ast. (V) (comp. *exquantra* y *escuantra*, arriba), de EX CONTRA 'desde enfrente'; *rescontrar, rescuentro; escontrar* ast. 'ir al encuentro de alguno que viene' (V).

[1] Por la idea de 'a cambio de' se explica la locución chilena *contra nada* 'inútilmente' (*contra ná lloraban*: Guzmán Maturana, *AUCh.*, 1934, 2.º trimestre, p. 72).— [2] M. P., *Inf. de Lara*, 400.8, observa que el ms. *M* de la Crónica de 1344 muestra gran predilección por el uso de *contra*, que la otra versión manuscrita evita tanto como puede.— [3] Dudo que sea auténtica la lección *contrales la una de la otra* en J. Manuel, ed. Rivad. LI, 336b51.

CONTRA-: se han omitido en el diccionario muchos de los derivados formados con este prefijo, que sin ser de uso frecuente o antiguo, no presentan, respecto de sus primitivos, ningún desarrollo semántico peculiar. Figuran sólo los siguientes:

Contraataque, V. *atacar* *Contrabajo, -ón, -onista*, V. *bajo* *Contrabandera, contrabandista, contrabando*, V. *bando* *Contracción, contractibilidad, contráctil, contractilidad, contractivo, contracto, contractual*, V. *traer* *Contrada*, V. *contra* *Contradanza*, V. *danzar* *Contradecir, contradicción, contradicente, contradictor, contradictoria, contradictorio, contradicho*, V. *decir* *Contraer*, V. *traer* *Contrafacción*, V. *hacer* *Contrafuerte*, V. *fuerte* *Contrahacer*, V. *hacer*

CONTRAHECHO, 'lisiado, corcovado', alteración (por influjo de *contrahacer*) del antiguo *contrecho* 'envarado', 'baldado', y éste del lat. CONTRACTUS 'contraído', participio de CONTRAHĔRE 'contraer', derivado de TRAHĔRE 'arrastrar'. 1.ª *doc.*: Berceo.

Cuervo, *Dicc.* II, 502-3. En Berceo, *S. Dom.* 554b, todavía significa 'contraído', 'envarado': «Fueron de Dios oídos, de lo que demandaban, / soltáronse los brazos que *contrechos* estaban, / quedaron los dolores, que mucho lo quexaban»; en otros pasajes ya es 'baldado', 'lisiado' (*S. Dom.*, 598a; *Mil.*, 386b, 397c). Es visible que no se trata de un derivado de *contrahazer* (que tiene -*f*- o -*h*- aspirada en la Edad Media) porque la forma *contrecho*, sin huella de ninguna consonante intermedia, es ya general desde principios del idioma: *Gr. Conq. de Ultr.*, 323; *Conde Luc.*, ed. Hz. Ureña, p. 245; J. Ruiz, ed. Rivad., 432; *Tratado de la Doctrina*, copla 79; Nebr. («*contrecho*: doliente, debilis»); *Quijote* I, xvi, *Cl. C.* II, 34; Martí, *G. de Alfarache*, ed. Rivad., p. 385[1]. Posteriormente el vocablo se confundió con *contrahecho* 'falsificado', al cual le unía cierto vago parecido semántico, ya Garcilaso, son. XVI, v. 6. Lo mismo sucedió, por lo demás, en francés, donde se decía *contrait* en la Edad Media (Tobler), sustituído luego por *contrefait* (por influjo de *malfait* 'mal conformado', Gougenheim, *RLiR* III, 318ss.).

¹ De ahí también *contrecha* 'apuro, aflicción': *Alex., O*, 681.

Contrahechura, V. *hacer*   *Contrahierba*, V. *hierba*

CONTRALOR, 'interventor de gastos y cuentas en la Casa Real y en el ejército', del fr. *contrôleur* 'empleado que se encarga de las comprobaciones administrativas', derivado de *contrôler* 'comprobar, verificar', y éste de *contrôle* 'doble registro que se llevaba en la administración para la verificación recíproca', contracción de *contrerôle*, derivado a su vez de *rôle* 'rollo, registro', lat. RŎTŬLUS 'ruedecita'. *1.ª doc.*: Covarr.

Lo introdujo de la Corte de Borgoña el emperador Carlos V. Tiene hoy poco uso en España (se emplea sin embargo en Valencia: Escrig; *BDLC* XII, 308).

En la Arg. se emplea bárbaramente, pero con carácter bastante general, con el valor de abstracto, equivalente de 'verificación, comprobación', traduciendo así mecánicamente el fr. *contrôle*, ingl. *control*, y aun se le atribuye la ac. de 'dominio, gobierno' que el vocablo ha tomado además en estos idiomas. Preferible a este seudo-remedio artificial y arbitrario es el uso del galicismo-anglicismo crudo *control*, que últimamente está tomando raíces en todos los países de lengua española.

DERIV. *Contralorear*, ant., 'poner el contralor su aprobación' [ya Acad. 1843, como anticuado]; en la Arg. algunos han resucitado erróneamente este verbo para sustituir al galicismo-anglicismo *controlar*, cuyo uso no sería disparate tan grave.

Contralto, V. *alto*   *Contraluz*, V. *luz*   *Contralla, contrallar, contrallo*, V. *contra*   *Contramaestre*, V. *maestro*   *Contramarcha, contramarchar*, V. *marchar*   *Contrapás, contrapasamiento, contrapasar, contrapaso*, V. *paso*   *Contrapear*, V. *pie*   *Contrapechar*, V. *pecho*   *Contrapelo*, V. *pelo*   *Contrapesar, contrapeso*, V. *peso*   *Contraponedor, contraponer, contraposición*, V. *poner*   *Contraproducente*, V. *aducir*   *Contrapuntante, contrapuntarse, contrapuntear, contrapuntista, contrapunto*, V. *punto*   *Contraría, contrariador, contrariar, contrariedad, contrario, contrarioso*, V. *contra*   *Contrarrestar, contrarresto*, V. *estar*   *Contraseña*, V. *seña*   *Contrasta, contrastable, contrastante, contrastar, contraste, contrasto*, V. *estar*   *Contrata, contratación, contratamiento, contratar*, V. *traer*   *Contratiempo*, V. *tiempo*   *Contratista, contrato*, V. *traer*   *Con-*

travalación, contravalar, V. *valla*   *Contravención*, V. *venir*   *Contraveneno*, V. *veneno*   *Contravenidor, contraveniente, contravenimiento, contravenir, contraventor*, V. *venir*

CONTRAY, 'especie de paño fino', de *Contray*, nombre que daban los españoles a la ciudad de *Courtray* en Flandes, donde se fabricaban estas telas. *1.ª doc.*: princ. S. XV, *Canc.* de Baena (W. Schmid); h. 1490, *Celestina*.

Hidalgo lo da en 1609 como voz de germanía. Vid. *Aut.*

Contrayente, V. *traer*   *Contrecho*, V. *contrahecho*   *Contribución, contribuidor, contribuir, contributivo, contribuyente*, V. *atribuir*   *Contrición*, V. *triturar*   *Contrincante*, V. *trinca*   *Contristar*, V. *triste*   *Contrito*, V. *triturar*   *Controbar*, V. *trovar*   *Control, controlar*, V. *contralor*   *Controversia, controversista, controverso, controvertible, controvertir*, V. *verter*   *Contubernal, contubernio*, V. *taberna*

CONTUMAZ, tomado del lat. *contŭmax, -ācis*, 'porfiado'. *1.ª doc.*: Vidal Mayor 1.69.35, etc.; princ. S. XV, *Canc.* de Baena (*contumazes*)¹; *contumace*, APal. 99*b*; Nebr.

DERIV. *Contumacia* [Vidal Mayor 1.12.9, etc.; 1499, *BHisp.* LVIII, 88; APal. 93*d*; Nebr.].

¹ Cuervo, *Dicc.* II, 505, da un ej. de 1269, que necesitaría verificación.

CONTUMELIA, tomado del lat. *contŭmēlĭa* 'injuria, afrenta'. *1.ª doc.*: Mena (C. C. Smith, *BHisp.* LXI); APal. 215*b*.

Latinismo puramente literario y poco frecuente. Menos lo es todavía el derivado *contumelioso*.

Contundente, contundir, V. *tundir II*   *Conturbación, conturbado, conturbador, conturbamiento, conturbar, conturbativo*, V. *turbar*   *Contusión, contuso*, V. *tundir*   *Conusco*, V. *nos*   *Convalecencia, convalecer, convaleciente, convalidación, convalidar*, V. *valer*   *Convelerse*, V. *convulso*   *Convencer, convencimiento*, V. *vencer*   *Convención, convencional, convencionalismo, convenible, convenido, conveniencia, conveniente, convenio, convenir, conventículo, conventillo, convento, conventual, conventualidad*, V. *venir*

CONVERGIR, tomado del lat. tardío *convergĕre* íd., derivado de *vergĕre* 'inclinarse', 'dirigirse'. *1.ª doc.*: Balmes († 1848); Acad. 1884 (con la variante *converger*, ambas documentadas en autor contemporáneo por Pagés), no 1843.

Cuervo, *Dicc.* II, 519-20.

DERIV. *Convergente* [1709, Tosca], del participio activo del mismo verbo; *convergencia*.

Divergir [Acad. 1884, no 1843], extraído de *divergente* [1709, Tosca], formado por las lenguas

modernas mediante elementos latinos, comp. el lat. tardío *divergium* 'divergencia'; *divergencia* [*Aut.*].
Convergir y *divergir* fueron primero términos de óptica, creados por Johannes Kepler.

Conversa, conversable, conversación, conversamiento, conversante, V. *verter   Conversar,* V. *verter* y *combés   Conversativo, conversión, conversivo, converso, convertible, convertidor, convertiente, convertimiento, convertir,* V. *verter*

CONVEXO, tomado del lat. *convexus* 'curvo', 'convexo', 'cóncavo'. *1.ª doc.*: 1611 (Covarr., s. v. *cóncavo*); 1613, Cervantes; APal. define la voz latina sin darle equivalencia castellana (93d).
DERIV. *Convexidad.*

Convicción, V. *vencer*

CONVICIO, ant., tomado del lat. *convĭcĭum* 'griterío', 'invectivas'. *1.ª doc.*: 1553, Azpilcueta.
Latinismo crudo que tuvo cierto uso entre escritores eclesiásticos del Siglo de Oro; *Aut.* observa que es vocablo raro.

Convicto, V. *vencer   Convictor, convictorio,* V. *vivir   Convidada, convidado, convidador, convidante, convidar,* V. *invitar   Convincente,* V. *vencer   Convite,* V. *invitar   Convival, convivencia, conviviente, convivio, convivir,* V. *vivir   Convocación, convocadero, convocador, convocar, convocatoria, convocatorio,* V. *voz   Convolar,* V. *volar   Convolvuláceo, convólvulo,* V. *volver*

CONVOY, del fr. *convoi* 'escolta de soldados o navíos', 'acompañamiento de un entierro, etc.', derivado de *convoyer* 'escoltar, acompañar', y éste del lat. vg. *CONVĬARE íd., derivado de *VĬA* 'camino'. *1.ª doc.*: 1644-8, Melo: *convoyes o guardias de gente.*
La explicación que acompaña el vocablo lo denuncia como de introducción entonces reciente. M. de Montoliu, *RH* XXVII, 343-4. Falta aún en Covarr., y Oudin (1607-16) traduce fr. *convoy* por «escolta, acompañamiento». Aparece también en Varén de Soto (1663-73) y en otros autores del S. XVII, según *Aut.* Este diccionario advierte que la grafía corriente es *comboy*, pero la enmienda en vista de la etimología. Pasó también al port. *comboi(o)*, cat. *comboi* [2.ª mitad S. XVII], it. *convoglio*. Nótese el diptongo *oy*, que no correspondía ya a la pronunciación francesa del S. XVII: se explicará por una base fonética *kõvǫé*, con adaptación del diptongo extranjero *ǫé* más o menos guiada por la forma escrita.
DERIV. *Convoyar* [Calderón, Varén de Soto]; *convoyante.*

CONVULSO, tomado del lat. *convŭlsus* 'que padece convulsiones', participio pasivo de *con-*

vĕllĕre 'arrancar de cuajo', 'quebrantar', derivado de *vĕllĕre* 'arrancar'. *1.ª doc.*: Terr.; ej. de Espronceda († 1844) en Pagés.
DERIV. *Convulsión* [1644, Mz. de Espinar], *convulsionario. Convulsivo* [*Aut.*]. *Convelerse* (ya Acad. 1843), del citado *convellere.*
Avulsión (ya Acad. 1884), vocablo médico y jurídico, de *avulsio, -ōnis,* 'acción de arrancar', derivado de *avellere* 'arrancar'.
Reveler de *revellere* 'separar por fuera'. *Revulsivo* [*Aut.*], *revulsorio* [id.], *revulsión* (ya Acad. 1843).

Convusco, V. *vos   Cónxaru,* V. *coño   Conyector, conyectura,* V. *abyecto   Conyugado, conyugal, cónyuge, conyugicida, conyugicidio,* V. *yugo   Conza,* V. *esconzar*

COÑAC, del fr. *cognac* íd., llamado así por la ciudad de *Cognac* (Charente), en cuya región empezó a elaborarse. *1.ª doc.*: Acad. 1914.
En francés se registra desde 1783, en inglés ya en 1678.

COÑO, del lat. *cŭnnus* íd. *1.ª doc.*: orígenes del idioma (con la grafía *cono* figura ya en un texto de la 1.ª mitad del S. XIII: *RFE* I, 176).
Port. *cono,* cat. *cony,* oc., fr. *con,* it. *conno,* etc. Evitado en la literatura seria y en la conversación decente, se halla, sin embargo, en textos satíricos u obscenos de todas las épocas (ej. del *Canc.* de Baena en W. Schmid). Muy vivo como exclamación, sufrió toda clase de deformaciones eufemísticas, para las cuales pueden verse, entre otros, Spitzer, *ZRPh.* XLIV, 585; Moll, ibid. XLIX, 286; agréguense las ast. *cónxaru* y *coime* (V); en América se usa mucho menos con este carácter, de ahí el empleo del vocablo en Chile como remoquete aplicado popularmente a los españoles (Draghi, *Canc.,* 340, en texto de procedencia chilena).
DERIV. *Coña* 'broma, chanza', pop.; *coñón* 'el que gusta de chancear'; *coñearse* 'chancear' [1905, Besses]. Gall. compost. *conas* 'mejillones' (por su figura de *labrum Veneris,* con barbas, Sarm. *CaG.* 204r y p. 166).

Cooperación, cooperador, cooperante, cooperar, cooperario, cooperativo, V. *obrar   Coordenado, coordinación, coordinado, coordinador, coordinamiento, coordinante, coordinar, coordinativo,* V. *orden*

COPA, del lat. vg. *cŭppa* íd. *1.ª doc.*: orígenes del idioma (doc. de 939 en Oelschl.).
Para la relación latina entre este vocablo y *cūpa* 'cuba', vid. Ernout-M. y la bibliografía allí citada; para varias posibilidades eitmológicas, en cuanto a la voz latina, vid. Walde-H. En la Antigüedad sólo se halla CUPA 'cuba', a veces escrito CUPPA,

pero en glosas latinas aparece la ac. romance, y las lenguas neolatinas prueban claramente que cŭPPA 'copa' era diferente de cŪPA 'tonel'. La ac. 'concavidad de un sepulcro' con que el vocablo aparece en *Alex.*, 1629b, se halla también en una inscripción de la urbe romana, comp. port. *vaso* en el mismo significado, cat., frprov. *vas* íd.

DERIV. *Copado. Copear* (falta aún Acad. 1899); *copeo* (id.). *Copera; copero* [adj.: *rueda copera* 'rueda del ollero': *Alex.;* m.: 'el que tenía por oficio dar de beber a su señor': Nebr., APal., 362d]. *Copeta. Copilla. Copino* 'copita', ant. [Berceo, *S. Dom.*, 307; como ant. ya Acad. 1843]; *copin* 'medida de áridos igual a 1/8 de fanega' ast. [ya Acad. 1843; V]. *Copón* [1605, *Pícara Justina;* en el sentido litúrgico, 1690, Olalla]. *Coposo* [h. 1700, Palomino][1]. *Copudo. Copo* [h. 1400, Glos. del Escorial y de Toledo, traducido por *flueco* y por el lat. *floccus*, es decir, 'mechón de lana'; Nebr. «*copo de lino o lana:* pensum», es decir, la tarea diaria de la hiladora; ac. primitiva confirmada por el proverbio *poco a poco hila la vieja el copo*, citado por Covarr.], también port. *copo* íd. [S. XVI]: se trata, según toda probabilidad, de una aplicación figurada del arcaico *copo* 'especie de copa, taza cilíndrica', documentado en textos leoneses de 917, 996 y 1008 por Oelschl., y en portugués por Moraes, de donde luego *copo d'água* 'el contenido de un vaso de agua' (Moraes) y 'el contenido de una rueca', de ahí se pasó después a 'mechón de lana, etc.' y finalmente a 'porción de nieve que cae de una vez' [1490, *Celestina*, ed. 1902, 50.2; 1592] y 'grumo, coágulo'. *Copete* 'mechón' ['m. de crin del caballo' *copet*, S. XIII, *Libro de los Cavallos* 19.21], 'moño' [h. 1400, Glos. del Escorial, con la trad. «frontespicium»; 'cresta del halcón' en la trad. de la *Falcoaria* de P. Menino, que parece ser del S. XV: *RFE* XXIII, 271.15; «*copete de cabellos delanteros:* antiae»: Nebr.][2], también se halla en portugués, aunque ahí lo corriente es *topete*, conexo con el fr. *toupet*[3]*;* es derivado de *copo* 'mechón', que también habrá tenido el significado de 'copete', en vista de *copada* 'coguijada, especie de alondra provista de copete' [J. Manuel, *Caza*, ed. Baist, 67.7; Nebr.][4]; de *copete* derivan *copetón* 'gorrión moñudo', *copetona* 'perdiz copetuda' arg. [fin S. XVIII: Draghi, *Fuente Americana de la Hist. Arg.*, p. 71; A. Ghiraldo, *La Prensa*, 29-XI-1942; A. Alonso, *Probl. de la L. en Amér.*, 164], *copetudo, copetuda, encopetar, encopetado. Copo* 'bolsa o saco de red con que terminan varios artes de pesca' [ya Acad. 1843], variante *cope* [Pagés], propiamente 'recipiente': del mismo origen o quizá tomado (en vista de la *-e*) del cat. *cóp* íd.[5], y de nombre catalán, de algo que yo mismo he visto y aun ayudado a vaciar en la Costa de Levante, es préstamo también el gall. *cope*, que Sarm. define bien «la red interior como bolsa, que va dentro de la red del cerco, tan tupido que parece tejido

de lona, y una vez que entre en el *cope* un pez como un dedo jamás se puede escapar» (*CaG.* 225r [eso o sencillamente parte de malla más tupida en el fondo del *art*]). Dim. gall. orient. *copela* 'medida de cuatro cuartillos' (Sarm. *CaG.* 141v). Además, vid. *COPELA.*

[1] El chil. *copucha* 'vejiga' no es derivado de *copa*, sino voz araucana de origen quichua (Lenz, *Dicc.*, 211).— [2] «Señores cavalleros, aora no es tiempo de dexar la ocasión del *copete*», Pérez de Hita, *Guerras C. de Granada*, ed. Blanchard II, 279.— [3] «Martim Alvelo, / d'esse teu cabelo / ti falarei já! / Cata capelo / que ponhas sobr'elo, / ca mui mester ch'a / cão *copete*, / pois mete / cãos mais de sete / (e mais u mais a!)», João Soares Coelho, *Canc. de la Vaticana*, 1025, comp. C. Michaëlis, *ZRPh.* XX, 145ss., v. 229. Entiéndase «mira qué sombrero te pones, porque te hace mucha falta: (vas a tener) mechones canos, pues hace poner canos a más de siete (y a más si hay más)». También cita *copete* Moraes en Fr. Pedro Corrêa, pero *topete* se halla ya en las *Cantigas* y en el *Canc. de la Vaticana*, 931, así como en las *Ordenações Afonsinas* del S. XV.— [4] De aquí seguramente el catalán pallarés *cabra copada* 'la que tiene los cuernos inclinados hacia atrás' (*BDLC* IX, 202). Ni *copada* ni *copete* son catalanes por lo demás; aunque en la *Manescalia* p. p. Batllori (S. XV o XIV) se recomienda escribir la señal de *Sant Elm* a los caballos *sots lo copet al front, entre carn e cuyr* (*AORBB* V, 222).— [5] *Copo de red* es andaluz (AV), con los derivados *copear* y *acopejar* (< cat.). Para el origen del vocablo, vid. Schuchardt, *ZRPh.* XXV, 491. En las Islas Lippari *u kuoppu* designa una especie de salabardo para coger tortugas (*VKR* III, 351). En el *Curial i Güelfa* (S. XV) *cóp* designa una parte o un accesorio de una copa, adornado de pedrería (*RFE* XXI, 411). En Alcoy es 'cumbre (de una montaña rocosa)': Martí Gadea, *Tèrra del Gè* II, 81. En occitano antiguo, la 'cúpula de la bellota' (Bertran de Born, ed. Stimming[2], 8.75). En el provenzal alpino *coup* «écuelle de bois; coiffe ou partie supérieure du chapeau» (Barcelonette). Que es derivado de cŬPPA es claro en estas últimas acs., pero mucho menos en las de pesca. En éstas cabe dudar entre ese étimo y el gr. κόλπος 'seno'; o más bien me inclino a creer que en realidad se trata de éste, si bien amoldado popularmente a los descendientes del otro.

Copador, V. *copar*

COPAIBA, del port. *copaiba* íd., y éste del tupí, o lengua general del Brasil. 1.ª *doc.:* Terr., *cupaiba* o *copaiba;* ya Acad. 1843, con la variante «antigua» *copiba*.

Friederici, *Am. Wb.*, 205-6. En portugués se halla *copahiba* ya en 1576. Hay una variante *co-*

paü (en autores franceses, 1699, 1722, 1743), aplicada al bálsamo de copaiba, que en español se llamó también *copay* (Terr., s. v. *cupaiba*), de donde luego *copayero* 'copaiba' [Pagés].

DERIV. *Copaína. Copayero* (V. arriba).

CÓPANO, del lat. CAUPŬLUS 'barquichuelo'. *1.ª doc.*: 1431-50, Díaz de Gámez.

Jal, s. v. Se halla también en Nebr. («*copano:* barco pequeño, *corbula*») y un diminutivo en APal. («*cimba* es pequeña navezilla, *copanete*», 75b; análogamente en 67b y 239d); para *Aut.* era ya desusado. En occitano antiguo se halla *caupol* (Du C.); en forma latinizada *caupolus* desde 1253 (Bambeck, *ZRPh.* CXV, 44); en docs. genoveses [1246] y venecianos [1420], *copano* (Jal, s. v. *copano, copanus, coppano, choppano*); en catalán antiguo, *còpol*[1]. En latín se halla solamente en Aulo Gelio y en San Isidoro (*caupulus* en unos manuscritos, *caupolus* en otros: *Etym.*, ed. Lindsay, XIX, i, 25; otras fuentes citan *caupil(l)us*). Se ha supuesto que este vocablo latino pueda salir de un cruce entre *caucus* y su sinónimo *cuppa* 'copa', pero como observan Walde-H., nada se puede asegurar en vocablo tan escasamente documentado. No es seguro, como admite Simonet, que *kûb*, que aparece en el Glosario arábigo de Leiden (S. XI), traduciendo el lat. *caupilus*, sea descendiente mozárabe de este vocablo, pues la misma voz arábiga aparece en otras fuentes (R. Martí, etc.) como equivalente de 'cubo', y por lo tanto estará más bien relacionado con esta voz castellana y con su étimo latino CŬPA 'cuba'. Comp. *CHALUPA.*

[1] «XX galees ab V vaxells que hi havia, e vuyt entre lenys armats e *copols*, que havia feytes fer, que anaven per l'estany», Muntaner, cap. 284. Así, según Bofarull, en el ms. de Poblet; sin embargo el y, según creo, Buchon, imprimen *conops* en sus ediciones, acaso según otro manuscrito. En Desclot *còpol* designa al parecer la armazón de una cuna: «pensaren que·l occisen. E hun jorn, mentre l'infant dormia... tramès li hom... sobre·l breçol huna gran pedra, per tal que morís. E plach a Deu que no·l tochà, mas donà tal colp al *copol* del breçol que·l trenchà» (p. 35).

COPAR, 'cortar la retirada a una fuerza militar', 'hacer en los juegos de azar una puesta equivalente a todo el dinero con que responde la banca', 'conseguir en una elección todos los puestos', del fr. *couper* 'cortar' (primitivamente 'golpear', derivado de *coup*, del mismo significado y origen que GOLPE). *1.ª doc.*: Acad. 1884, en las dos primeras acs.; no 1843.

Entró en castellano como vocablo militar.

DERIV. *Copo* 'acción de copar'. *Copador* 'mazo que sirve para encorvar las chapas de hierro, cobre, latón' (falta aún Acad. 1899), quizá adaptación de un fr. *coupeur* en el sentido de 'herramienta

para cortar metal', que por lo demás no hallo en los diccionarios.

Copayero, V. *copaíba*   *Cope, copear,* V. *copa*

COPELA 'vaso en figura de cono truncado, hecho con cenizas de huesos calcinados, y donde se ensayan y purifican los metales', quizá del it. *coppella* íd., diminutivo de *coppa*, del mismo origen y significado que COPA, o más probablemente del fr. *coppelle*. *1.ª doc.*: 1497, ley de la N. Recop. (*Aut.*).

La variante *copellán* que aparece en otra ley de igual fecha, perteneciente a la misma recopilación, quizá sea de origen catalán, donde hallamos el plural *copelles* en documento de 1459 (Mateu, *BDC* XXIV, 105, 122)[1].

Me parece preferible ahora pensar que este vocablo se tomaría del francés (donde ya aparece en 1431 y en Villon), más bien que del italiano, aunque si bien Prati y Tommaseo no lo documentan en este idioma más que en el S. XVI, es cierto que el *Diz. dell'Accad. d'Italia* dice que ya figura en Pegolotti, que es de h. 1340. Luego hay que suspender el juicio hasta que se establezca bien este punto; un oc. ant. *copela*, que suele citarse, es dudoso, o por lo menos será palabra muy rara y sin duda tardía, pues falta en Raynouard y el Levy grande, sólo lo da el Levy pequeño, y es bien posible que en realidad se trate del vocablo registrado por Pansier, que en verdad significa en 1492, «cucurbite de l'alambic», y en 1450, «espèce de petite écope... pour prendre des grains, épices, etc.», luego parece que no tiene que ver con nuestro vocablo. Quizá la revisión etimológica debiera ser más radical, en vista de la forma que tiene el vocablo en los dos ejs. franceses más antiguos «fait essay a la *coipelle*» 1431 (*DGén.*) y «fin comme argent de *coepelle*» en el *Testament* de Villon, v. 708[2]. Wartburg, que conserva la etimología tradicional CŬPPA (II, 1553b), como lo hice yo, omite estas formas divergentes. Y ocurre preguntar: ¿es seguro que *coipelle* y *coupelle* designaron desde el principio el recipiente donde se ensayaba el metal, o sólo el procedimiento (como en el testimonio de 1431), o la plata depurada (como en Villon)? Pues es muy tentador relacionar este *coipelle* (en parte grafiado *coepelle*) con el fr. *copeau* «rognure de métal», fr. ant. y med. *coispel* «mince plaque métalique» (*FEW* II, 1593b, 1594a), de donde salió el fr. mod. *copeau* 'viruta'; sabido es que en *copeau* las formas con *i* y *s* están muy extendidas desde el siglo XIII y todavía predominan hoy en los dialectos, lo cual conduce a Bloch y Wartburg a derivarlas, con razón, del lat. CUSPIS, -ĬDIS; sólo que no creo deban postularse unos *CUSPELLUS o *CUSPIA, como quieren estos lingüistas, morfológicamente incomprensibles en latín vulgar, sino admitir que el femenino CŬSPĬDE(M) (-DAM) pasó normalmente a *coispe (comp.

còspia en la Haute Ubaye, *FEW*), en forma paralela a SAPIDUS > *sávie* > *saive*, y de ese **coispe* derivó *coispel*. En lo semántico téngase todavía en cuenta el fr. ant. *coispel* «boucle de ceinture, ardillon» y *coispeler* «piquer», bien documentados por Godefroy.

DERIV. *Copelar. Copelación.*

¹ El publicador supone que debe leerse *copelle͂s*, lo cual es muy dudoso, y cree que no significa 'copela', sino 'coispel', con el cual puede también estar relacionado el vocablo.— ² Ésta es la lección de la edición crítica de Thuasne; en cambio son formas corrompidas, creo por mera errata, las que dan Littré y God.

Copeo, copera, copero, copeta, copete, copetón, copetuda, copetudo, V. *copa*

COPIA, tomado del lat. *cōpia* 'abundancia, riqueza, fuerzas', 'posibilidad o facultad de tener algo', derivado de *ŏpes* 'abundancia, recursos' con el prefijo *co-*. *1.ª doc.*: Vidal Mayor 1.58.30, etc.; h. 1440, A. Torre, Mena, Santillana (C. C. Smith, *BHisp.* LXI); 1475, *BHisp.* LVIII, 358; 1490, *Celestina*, ed. 1902, 26.11; APal. 94*b*.

En esos textos y en Nebr. lo hallamos sólo en la ac. latina 'abundancia'; la moderna, que en la Edad Media se expresaba más bien por *traslado*, y que desde el Siglo de Oro se dijo también *trasunto*, aparece desde 1511 (*N. Recop.*, VIII, ii, 19), y es posible que sea más antigua, pues el fr. *copie* se halla en esta ac. desde el S. XIV, el ingl. *copy* ya h. 1440 (Skeat) y aun en inglés medio (primer tercio del S. XV o antes), y en bajo latín puede documentarse en 1276 en el Sur, y h. 1300 en el Norte de Francia (Du C.). Suele explicarse por la abundancia que resulta de la existencia de copias; Bloch piensa más bien, como punto de partida, en expresiones jurídicas como *copiam describendi facere* 'dar permiso de transcribir' de donde *copia* 'derecho de reproducción' (sentido hipotético) y 'reproducción'. Creo, en efecto, que se debe partir de esto y más precisaemnte de la ac. latina 'facultad de tener algo' (*alicui alicuius copiam facere* 'poner algo a la disposición de alguien', en Cicerón, Terencio, Salustio, etc.), que en castellano nos documenta Nebr. («*copia*: facultad») y qué aparece en la locución eclesiástica *tener copia de confesor* (Nieremberg, *Aut.*): de ahí *tener copia de un escrito o libro*, entendido en el sentido de 'tener un ejemplar'. Nótese, en efecto, que el it. *còpia* significa también 'ejemplar de una obra impresa', *brutta còpia* 'borrador', el ingl. *copy* es también 'ejemplar' [1538] y significó 'original, modelo' (ya en inglés medio).

DERIV. *Copiar* [1592, H. del Castillo], vid. Cuervo, *Dicc.* II, 531-2; comp. fr. *copier* [1339], lat. tardío *copiari* 'proveerse abundantemente de algo'; *copiador, copiante; copista* [Covarr.], comp. b. lat. *copista* (un ej. en Du C.), fr. *copiste* [S. XV].

Copioso 'abundante' [1413 (*BHisp.* LVIII); 1438, J. de Mena: Santillana; APal. 94*b*, 217*b*; Nebr.], tomado del lat. *copiosus* íd., comp. Cuervo, *Dicc.* II, 532-3; *copiosidad. Acopiar* [«numerar o hacer descripción de alguna cosa que ha de entrar en otra; dícese propiamente de los ganados que se admiten al pasto en las dehesas...»: *Aut.*; ac. moderna: Iriarte, † 1791], *acopiamiento* [1633, *N. Recop.*], *acopio* [Jovellanos, comp. *Aut.*], *acopiador.*

CPT. *Policopia.*

Copiba, V. *copaiba*   *Copilar*, V. *recopilar*
Copilla, copín, copino, V. *copa*   *Copiosidad, copioso, copista,* V. *copia*

COPLA, 'estrofa', tomado del lat. *cōpŭla* 'lazo, unión', derivado de *ăpisci* 'atar', con prefijo *co-*. *1.ª doc.*: Cid, en la ac. 'serie de versos que llevan un mismo asonante'.

Con significado parecido cat., oc. *cobla*, que son descendientes populares de COPULA¹; el gall.-port. ant. *cobra* [*Ctgs.*, 64.6, 188.8, 293.8; en el *Canc. de la Vaticana*, vid. Nascentes, y en la trad. de J. Ruiz, 69*b* y *d*, del último tercio del S. XIV, *RFE* I, 169]² puede ser autóctono o provenzalismo; semicultismos, como en castellano: port. *copla* (¿o castellanismo?), y el diminutivo fr. *couplet* (> *cuplé, cupletista*, no admitidos aún Acad., pero de uso común desde 1910 por lo menos). El cast. ant. *copla* 'grupa o cola del caballo' (sólo en *Cid*, v. 3640), difícilmente podrá tener el mismo origen (como admite M. P. en su ed.), por razones semánticas; seguramente es ultracorrección de *copra, cropa*, hermano de oc. ant. *cropa*, fr. *croupe* 'grupa', de origen germánico, comp. *plática* por *prática, clin* por *crin*, y en nuestro mismo vocablo la forma leonesa *copra* 'copla' (J. Ruiz, S, 958*d*; G: *copla*; *Poema de Alfonso XI*, 1842).

DERIV. *Coplear³, copleador, coplero, coplería, coplista, coplón* [Oviedo, *Sumario*, p. 489*b*: «un caballo encubertado con sus costaneras e coplón» (Nougué, *BHisp.* LXVI)]. *Acoplar* [Berceo, *S. M.* 475; princ. S. XV, *Canc. de Baena*: hablando de versos; 1542, como término de arquitectura], *acopladura, acoplamiento.* Cultismo puro: *cópula* [*Corbacho* (C. C. Smith, *BHisp.* LXI); APal. 90*d*, 94*b*], *copular* [ya Acad. 1843, pero como ant.], *copulativo* [APal. 36*d*, 90*d*, 94*b*].

¹ El provenzalismo o catalanismo *cobla* se ha empleado alguna vez en castellano para la poesía en estos idiomas. Del cat. *coble* 'pareja' [J. Roig, h. 1460] se tomó probablemente el cast. ant. *cobre de bestias* 'rebaño, tropilla', *cobre de ajos o cebollas* 'ristra' [Nebr.; ya ant. para *Aut.*], mientras que el and. y extrem. *cobra* 'el número de 5 o más yeguas aparejadas para trillar' [Cabrera, † 1833: de ahí Acad.] parece ser más bien portuguesismo; gall. *una cobrada de pescados* 'un par de merluzas, etc.', *un cobrado* 'par de

personas que se proponían al señor para que entre ellas escogiera el alcalde' (Sarm. *CaG.* 105r).— ²De ahí, según E. Pacheco y C. Michaëlis, *RL* VII, 230-9, se formó, gracias a la homonimia con *cobra* 'culebra', la frase *dizer de alguém cobras e lagartos* 'entregarse a la maledicencia más acre', documentada desde h. 1500.— ³El guatemalteco y gallego *jericoplear* 'molestar' (Toro, *BRAE* VIII, 505-6) parece ser cruce de *coplear* con el ast. *xirimiquear* 'lagrimear por poca cosa', *xaramicu* 'lloro, lagrimeo con suspiros', que G. de Diego, *Contr.*, § 280, iguala con cat. *ploramiques*, cast. pop. *lloramigas, -micos* 'llorón', debidos en su opinión a un cruce de PLORARE con *GEMICARE; pero en las citadas voces asturianas me parece haber intervenido el nombre de *Jeremías* (*jeremiada*, etc.).

Copo, V. *copa* y *copar*   *Copón, coposo*, V. *copa*

COPRO-, primer miembro de compuestos cultos, procedente del gr. κόπρος 'estiércol, excremento': *coprófago* [falta aún Acad. 1899], con φαγεῖν 'comer'; *coprolito* [id.], con λίθος 'piedra'; *coprolalia* 'tendencia mórbida a proferir obscenidades' [falta aún Acad. 1936], con λαλεῖν 'charlar'.

Copucha, copudo, V. *copa*   *Cópula, copular, copulativo*, V. *copla*

COQUE, del ingl. *coke* íd. *1.ª doc.*: falta aún Acad. 1884; ya Pagés.
DERIV. *Coquera* 'depósito de coque'.

COQUETA, adj. f., del femenino del adj. francés *coquet, -ette*, íd., derivado de *coqueter* 'coquetear', propiamente 'alardear coquetonamente en presencia de mujeres, como un gallo entre gallinas', derivado de *coq* 'gallo', de origen onomatopéyico. *1.ª doc.*: Terr., con cita poco anterior.
DERIV. *Coquetear* [ya Acad. 1843], *coqueteo; coquetería* [ya Acad. 1843], *coquetismo; coquetón* [Acad. 1884, no 1843].

Coqueta 'palmetazo', V. *coco* I; 'panecillo', V. *coca* III   *Coquetear, coqueteo, coquetería, coquetismo, coquetón*, V. *coqueta*   *Coquina*, V. *coco* I y *acoquinar*   *Coquinario*, V. *cocer*   *Coquito*, 'ademán que se hace al niño', 'fruto de una especie de palma', V. *coco* I   *Cor*, V. *corazón*

CORA 'división territorial poco extensa, entre los árabes', del ár. *kûra* 'país'. *1.ª doc.*: Acad. 1884, no 1843.
Eguílaz, 382. Término culto de historia medieval.

Coráceo, coracero, coracina, V. *cuero*

CORACOIDES, tomado del gr. κορακοειδής 'semejante a un cuervo', compuesto de κόραξ, -κος, 'cuervo', y εἶδος 'forma'. *1.ª doc.*: *Aut.*, con cita de autor reciente.

Coracha, corachin, V. *cuero*   *Corada, coradela, coraje, corajina, corajoso, corajudo*, V. *corazón*

CORAL, m., del lat. tardío CORALLUM (lat. CORALLIUM), y éste del gr. κοράλλιον íd. *1.ª doc.*: J. Ruiz, 1487c («labros... bermejos como *coral*», en rima).
También Glos. del Escorial, Nebr. El it. *corallo*, sardo *coraddu* y fr. ant. *coral* (SS. XII-XVII) corresponden a CORALLUM, forma que en latín se halla desde med. S. IV d. C. (Avieno); el boloñés y romagnolo *curai* (*corai*) y oc. *coralh*[1] corresponden a CORALLIUM, la antigua forma latina; el fr. *corail* [*cou-*, 1328] y el cat. ant. y dial. *corall* [S. XIII: Costumbres de Tortosa, ed. Oliver, 389] pueden corresponder a ambas variantes, pues la forma francesa puede ser analógica. En cuanto al cat. *coral* [rimando con *reyal*, 1398, Turmeda, *Cobles de la Div.*, 111], cast. y port. *coral*, no reflejan fonéticamente ninguna de las dos: es dudoso si se trata de un cambio de sufijo *CORALE, que no sería fácil explicar, o más bien extranjerismos: sea que las tres se tomaran del francés antiguo o que en cast. sea catalanismo (la pesca del coral es muy activa en la costa Norte de Cataluña) y semicultismo en catalán.
DERIV. *Coralarios. Coralero. Coralillo. Coralina. Coralino. Coralito.*
CPT. *Coralígeno.*
[1] Levy da *coral* en su *Petit Dict.*, pero no lo documenta en el grande y Raynouard sólo da un ej. de *coralh* en texto del S. XIV. Hoy Niza *couralh* (Mistral), bearn. *couralh* (Palay), mientras que la forma más común *courau* puede corresponder a ambas variantes antiguas.

Coral adj., V. *coro*   *Coral, gota* ~, V. *corazón*   *Coralarios, coralero, coralífero, coralígeno, coralillo, coralina, coralino, coralito*, V. *coral* m.— *Corambre, corambrero*, V. *cuero*

CORANVOBIS, tomado de la frase litúrgica latina *coram vobis* 'en vuestra presencia'. *1.ª doc.*: Quevedo.

Corar, V. *corazón*   *Coraza*, V. *cuero*   *Corazas*, V. *corazón*

CORAZÓN, derivado del lat. COR íd.: sería primitivamente un aumentativo que aludía al gran corazón del hombre valiente y de la mujer amante. *1.ª doc.*: 1100 (*BHisp.* LVIII, 358); *Cid*; el mozár. *quraçûn* en un poeta † 1145, *Al-And.* XVII, 99.

La mejor exposición del problema es todavía la que se halla en M. P., *Cid*, 593-4. Tenía ç sorda en la Edad Media: *Cid*, J. Ruiz, G. de Segovia (p. 81), APal. (59*b* y passim), Nebr., etc.[1]; y hoy en judeoespañol y en los pueblos de Salamanca y Cáceres que distinguen los dos matices consonánticos (Espinosa, *Arc. Dial.* 31). En mozárabe hallamos *qŭrŭǧŭn* como nombre de la 'hierba del corazón' en el anónimo de h. 1100 (Asín, p. 345), y el derivado *yérba qŭraǧŭnáira* o *qŭraǧŭnéla*, desde Abenyólyol (982) y Abenalyazzar († 1004) (Simonet, s. v. *yerba*): indudablemente la ǧ deberá entenderse como mera grafía de č = ç castellana. Por lo demás una forma semejante a la española sólo la conoce el portugués (*coração*); los demás romances han conservado el lat. cŏR sin otras alteraciones que las puramente fonéticas[2]. Pero ya en latín vulgar se hallan derivados diminutivos de COR, lo mismo que corrían AURICULA, GENUCULUM, en vez de AURIS, GENU. Así CORCŬLUM 'corazoncito' se lee en varios autores, y Petronio pone CORICILLUM en boca de Trimalción: «*coricillum* est quod homines facit, cetera quisquilia omnia» (LXXV, 8) 'el corazón es lo que hace los hombres: lo demás son pataratas', contexto que nos muestra cómo el vocablo era simplemente afectivo sin matiz alguno diminutivo. No sería imposible que de aquí hubiera salido un lat. vg. *CORĬCĬo, -ōNIS—por un cambio de sufijo como el que vemos en *PEDICIO, -ONIS (> *pezón*), en lugar de PEDICULUS o del romance *PEDICELLUS—y que de ahí procediera *corazón*, pues el cambio de ĭ en *a* quizá no sería obstáculo insuperable[4]. Sin embargo es menos aventurado suponer que el vocablo recibió los dos sufijos aumentativos -ACEUM y -ONEM, por efecto del concepto medieval del corazón como sede de la valentía: recuérdese la frecuencia de locuciones como *un gran corazón*, *una corazonada*, y análogas, y piénsese bien en las frases del Poema del Cid *ferir de fuertes coraçones*, 718, 2508, *créçem el coraçon porque estades delant*, 1655 (dirigida a su mujer e hijas, al aproximarse el combate), esta última frecuente en textos de la época, según observó el maestro.

Tiktin, *ASNSL* CXXXIII, 120-132, desarrollando una idea de Cornu (*Rom.* IX, 129), cree básica para la etimología de *corazón* la palabra *corada* 'asadura' [Berceo, *Sign.* 74; *Mil.*, 467; *Alex.* O, 664, 962, 2199; ast. *corases* 'las entrañas del animal', V]—también ant. cat. *corada* [S. XIII: Lulio, *Blanquerna*, BDLC IX, 125; *Senescal d'Egipte, N. Cl.*, 149], oc. *corada*, fr. antic. y dial. *corée*, it. *corata*, it. sept. y sardo *corada*—y se esfuerza en demostrar que lo mismo *corada* que *corazón* son derivados del verbo CURARE 'cuidar' en el sentido romance de 'limpiar, mondar, arrebañar' (fr. *curer*, cat. *escurar*, friul. *curâ*, venec. *curare* «sventrare [i polli, un vitello, ecc.], sbuzzare»): *corazón* sería un abstracto CŬRATIO, -ōNIS, 'acto de limpiar una res' > 'asadura' > 'corazón', y ambos habrían tomado la *o* secundariamente por influjo tardío de COR. Fundamentales en esta teoría son el fr. *curée* 'porción del animal que se entrega a los perros de caza', la variante italiana *curata* que se halla en antiguos manuscritos y ediciones de la *Divina Comedia* (*Inf.* XXVIII, 26), y la española *curazón* que leemos en ciertos códices del *Fuero Juzgo* y en un documento de Toledo, año 1215[5]. Pero son fundamentos endebles[6]: hoy todo el mundo reconoce que el fr. *curée* no tiene que ver con *corada*, como ya lo indica el alejamiento semántico[7], y ya M. P. observó que la *u* del *Fuero Juzgo* se debe al dialectalismo leonés, causante de formas como *nusotros*, *pusible*, *connuçemos*, *cumunal*, *custumbre*, *cunucidamientre*, que abundan en el *Fuero*; tampoco el documento citado está al abrigo de la sospecha de dialectalismo, siendo toledano. Por otra parte, CORATUM 'entraña' se halla ya en una tabla de execración latina (Jeanneret, 101; Niedermann, *Glotta* II, 52)[8], de suerte que la o es antiquísima, y partiendo de la base CURATIO resulta completamente imposible explicar la ç castellana, puesto que el sufijo abstracto -azón no hubiera dejado alterar su z (demos de barato el cambio de género y el paso de *u* a *o*, para los cuales es preciso poner en juego, de todos modos, el influjo de COR). Sobre todo, no se necesita estar imbuído de preocupaciones «idealísticas» para ver lo inverosímil en grado sumo de esta evolución semántica. Que en la denominación del 'hígado' intervinieran factores culinarios (FICATUM 'preparado con higos') es natural tratándose de una entraña que casi sólo interesa como alimento; pero el enorme peso sentimental e ideológico que arrastra la palabra *corazón* no podía llevárselo un nombre anclado en el bajo piélago de la alimentación canina. Cuando entra en juego la fuerza psicológica de una palabra así, es pueril alegar que *corada* no puede venir de COR por ser ésta la entraña más pequeña y la de menor importancia en la *curée*: el que tal diga nos tienta a replicar que está tomando el punto de vista del perro antes que el del hombre. Luego *corada* es derivado de COR y no de CURARE, y *coraçón* lo es también. Esta etimología «canina» (como dice Spitzer) resurge en *GdDD* 1881*a*, quien por una verdadera aberración deriva el noble vocablo del alav. *corazas* 'bofes o livianos', el cual sería un *CORATEUM extrañamente formado (en realidad se trata de una alteración local y reciente del común *corada*, quizá por influjo de *bazo*).

La ç sorda es irregular por cierto, pero aun este sonido podrá quizá explicarse por un refuerzo de la articulación debido al énfasis con que el vocablo se pronuncia tantas veces: un paralelo curioso nos lo aporta A. Rosenblat con su observación, confirmada en fuentes diversas, de que la palabra *corazón* es la única que se pronuncia con z interdental en varios puntos de América (*RFH* II, 53-54)[9].

DERIV. *Corazonada* 'impulso', 'presentimiento', 'asadura' [*Aut.*]; *coraznada* [Covarr.]. *Corazoncillo* 'hipérico (hierba)' [Nebr.]. *Corazonista*. *Descorazonar* [S. XVII, *Aut.*], -*ado* [1528, Guevara], -*amiento*; antes *descoraznar* [h. 1280, *Gral. Est.* 291b21], -*ado*, -*amiento* (Nebr.).

Derivados del lat. CŎR (acus. CŎR, genit. CŎRDIS, etc.): *Corada* (V. arriba); es singular el derivado *coradela* que trae Nebr.: no existiendo el vocablo en gallegoportugués ni en occitano antiguo, siendo raro en provenzal moderno, y hallándose *coradella* (con *l*) en catalán y *coratella* (con *t*) en italiano, quizá se trate de un mozarabismo andaluz.

Coraje [J. Ruiz, 278b: *corajes*, en plural, 'accesos de enojo'], tomado del fr. ant. *corages* 'valentía' (hoy *courage*): la ac. clásica es 'ira, enojo' (Cervantes, M. Alemán, y ya en A. de Morales, 1574; también Pz. de Hita, ed. Blanchard, I, 89; Vélez de Guevara, *La Serrana de la Vera*, v. 2155, etc., y comp. J. Ruiz, arriba)[10], la etimológica 'valentía' se halla en Hernán Núñez (1499), en autores del S. XVII (*Aut.*), y hoy sigue muy viva en América (comp. «*corage*: animi desponsio», es decir, 'desesperación', en Nebrija, y vid. Baralt, s. v.); *corajoso* ['valiente', *Alex.* 988b], *corajudo* [S. XIV, *BHisp.* LVII, 352; S. XVII, *Aut.*], *encorajar*, *corajina*, *encorajinarse*. *Acorar* 'matar, consumir', 'afligir' [ej. medieval en *DHist.*, procedente de la Mancha, Santiago de Uclés; *Aut.* dice que es voz del reino de Murcia], probablemente del cat. *acorar* íd.; comp. it. *accorare*, fr. *écoeurer*, oc. ant. *acorar* 'herir (en el corazón), matar', 'abatir', gall. *acorar* 'afligir, acongojar', *encorado* 'abatido'[11]; ast. *corar* 'desangrar a los cerdos y a las reses vacunas'.

Coral, gota ∾ 'epilepsia' [1581, Fragoso, en *Aut.*, s. v. *gota*]: «porque a quien primero acomete es al coraçon, le llamamos *gotacoral*, y mal de corazón, y mal caduco, porque derrueca al punto de su estado al hombre a quien da» (Covarr.), se trata, pues, del corazón como sede de la fuerza vital del hombre, anulada por el mal que le hace caer sin sentidos.

Derivados cultos. *Cordial* [1438, Corbacho, C. C. Smith, *BHisp.* LXI; 1488, invent. arag., *VRom.* X, 135; 1555, Laguna], de *cordialis* 'relativo al corazón'; *cordialidad*. *Concordar* [1240, *Fuero Juzgo*], vid. Cuervo, *Dicc.* II, 328-31, del lat. *concordare* íd.; *concordante* [*Canc. de Baena*: Cuervo, *Dicc.* II, 328], *concordancia* [-*ança* h. 1250, *Setenario*, fº 10 rº], *concordable* [Arévalo, *Vergel*, p. 337b (Nougué, *BHisp.* LXVI)], *concordación*, *concordador*, *concordata*, *concordato*, *concordatario*, *concordativo*; *concorde* [*Canc. de Baena*: Cuervo, *Dicc.* II, 331-2] del lat. *concors*, -*dis*, íd.; *concordia* [Berceo], vid. Cuervo, *Dicc.* II, 332-3; *de concuerda*.

Discordar [Vidal Mayor 2.11.15; Santillana: Cuervo, *Dicc.* II, 1246-7], de *discordare* íd.; *discordante* [*Canc. de Baena*], Cuervo, *Dicc.* II, 1246-7]; *discordancia*; *discorde* [h. 1440, A. de la Torre], Cuervo, *Dicc.* II, 1247-8, del lat. *discors*, -*dis*, íd.; *discordia* [Berceo], del lat. *discordia* íd. Comp. además *ACORDAR* I y *RECORDAR*.

CPT. *Cordojo* ant. 'piedad, misericordia' [Berceo], 'cólera' [J. Ruiz], del lat. CŎRDŎLIUM 'dolor, pena' (comp. it. *cordoglio* íd.), compuesto con DOLĒRE 'doler'. Cultismo: *cordiforme*.

[1] Cuervo, *Disq. Filol.*, pp. 115 y ss., cita además los *Castigos y Doctrinas que un sabio dava a sus hijas* (ms. S. XV), *Cortes de Burgos* de 1430, y el *Cavallero Zifar* (h. 1300). *Corazón*, con z antigua, sólo se halla en el *Yúçuf*, ms. *B*, si bien con vacilaciones; pero como notó M. P., *RABM* XII, 119, este manuscrito, del S. XVI, confunde ya muchas veces los dos fonemas. El vocablo, según creo, no aparece en el ms. *A*, más antiguo. También en judeoespañol parece ser general la sorda en nuestra palabra: Benoliel, *BRAE* XV, 50; Wagner, *Judensp. v. Konst.*, 105; Luria, § 18; Crews, 304; además de las fuentes citadas por M. P. Los trabajos de Leo Wiener, que anota *curazón* como forma balcánica, carecen de rigor filológico, como es sabido.— [2] El Levy pequeño trae un oc. ant. *corason* que falta en el grande y en Raynouard. Mistral registra *courassoun* 'corazón', 'corazoncito', documentándolo en La Bellaudière (Alpes Marítimos, S. XVI) y en el marsellés Toussaint Gros (S. XVIII), y la variante *coursou* en el languedociano Floret, de Agde. Achard (1785) también trae un marsellés *courassoun* 'corazoncito'. En cuanto a Rouergue *courassou*, significa 'acidez de estómago' (Vayssier) y claro que es un compuesto comparable al cat. *coragror* íd. (*BDLC* X, 367), seguramente formado con ACIDUS y -ŌREM. Como lo normal en todas las hablas de Oc es *cor*, y el tipo *corazón* es totalmente ajeno al gascón y al catalán, hemos de creer que se trata de un castellanismo afectivo entrado por el puerto de Marsella (comp. allí mismo *cabesso* 'cabeza').— [3] Todos los editores corrigen esta forma en *corcillum*, basándose en *corculum*, pero el caso es que en el único manuscrito existente de la *Cena Trimalchionis* se lee *coricillum*, y esta forma, modelada según *oricilla* 'orejita', *verticillus*, etc., me parece posible en latín vulgar.— [4] Al fijarse el valor aumentativo en el sufijo -*ón* español, este nuevo valor pudo determinar el que el sufijo aumentativo -ACEUS influyera sobre la sílaba anterior. O se podría poner en relación a la *a* con la sordez irregular de la ç y explicar ambos pormenores por una misma causa: sea partiendo de *corçón con síncopa ya en latín vulgar, y anaptixis en romance, sea admitiendo una contaminación, aunque no creo pudiera ser la de *coraça*, port. *coiraça*, pues esta voz no se halla antes de J. Ruiz y se ha sospechado (justamente a causa de la ç) que sea galicismo o provenzalismo.— [5] M. P., *D. L.*, 273.2. Para la cuestión de la z o ç estas grafías carecen de valor por demasiado arcaicas, anteriores a la fijación de una distinción gráfica entre

los dos matices consonánticos. El documento toledano contiene muchas confusiones de este tipo: *fuerza, rezebimos, plaçiendo;* y hay más en el *Fuero Juzgo.* En ese mismo texto Fernández Llera pone de relieve un ej. de *corazón* que a su entender significaría 'curación', pero como él mismo nos advierte que está traduciendo el lat. *occasio* y que otros dos códices traen en su lugar *razón* o *condición,* su parecer no puede aceptarse: se tratará de una mezcla entre estos dos vocablos.— ⁶ Véanse también las reservas de A. Castro, *RFE* III, 89-90.— ⁷ *Curée* no aparece hasta el S. XV, mientras que *cuiriee* se documenta desde el XII, y los textos confirman indiscutiblemente que se le dió el nombre porque la *cuiriee* se entregaba a. los perros sobre el *cuir* o piel de la res desollada; vid. Bloch, s. v. *cuir.*— ⁸ No veo necesidad de admitir que CORATUM se modelase según FICATUM 'hígado'. Se trata sencillamente de un colectivo, equivalente de 'el corázon y todo lo demás análogo', es decir, 'las entrañas'.— ⁹ Diez, *Wb.,* p. 441, veía en el deseo de evitar la homonimia con *cuero* 'piel' el motivo de la desaparición de *cuer* CŎR, todavía empleado, como es sabido, en el *Cid,* Berceo, *Apol., Alex.* y otros textos del S. XIII. Pero la desemejanza entre *cor* y *coiro,* demasiado grande en portugués, que también dió preferencia a *coração,* no confirma la idea: a esa cuenta el francés antiguo, con su *cuer* y *cuir,* hubiera debido buscar un remedio parecido.— ¹⁰ El port. *coragem* es sólo 'valentía', pero en gallego hay *carraxe* f. 'ira, cólera': «volvíame tolo de *carraxe*», «os ollos brilábanlle de *carraxe*», Castelao 197.9, 216.17, 221.2, 27.28; y Vall., Lugrís, *DAcG.* El cambio de *cor-* en *carr-* se debe al influjo de *carregar* 'volver sombrío el rostro, torvo, triste' (*CARGAR*) y de *carranca* 'ceño',· *carrancudo* (vid. *CARLANCA*).— ¹¹ Ambos en el *DAcG.*; el segundo como propio de Bergantiños (montes sobre la Coruña); aunque olvidado de los demás diccionarios, lo emplean muchos escritores de más al Sur, como Castelao: «fiquei un poco *encorado* polo medo», «fican *encorados* pola sorpresa», «deixoume *encorado*» 173.3, 71.21, 48.16, 54.24.

CORBACHO, del ár. *kurbấǧ* 'rebenque', y éste del turco *qyrbâč* íd. *1.ª doc.:* 1605, *Quijote.*

Eguílaz, 382. Como título de la obra del Arcipreste de Talavera, *Corbacho* aparece en 1498, pero se trata ahí del it. *Corbaccio,* título de una obra de Boccaccio, que no parece tenga nada que ver con nuestro vocablo, inexistente en italiano (se supone venga de *scorbacchiare* 'avergonzar públicamente', derivado de CORVUS 'cuervo'). Para el vocablo arábigo, vid. Dozy, *Suppl.* II, 453. El origen último de la palabra parece ser turco (Kluge, Bloch), aunque otros (Dozy) han creído que es eslavo (checo *karabáč;* también húng. *korbács*): desde allí pasó al alem. *kurbatsche* y al fr. *crava-*

che. Cervantes emplea el vocablo como término propio de las galeras, declarándolo con las palabras «o *rebenque*», que hacen suponer no era de uso común.

DERIV. *Corbachada* [J. Gracián, obras de 1586 a 1613].

CORBATA, del it. *corvatta* o *crovatta* 'croata', 'corbata', así llamada por haber empezado a llevarla los jinetes croatos; a su vez el it. *corvatta* procede del svcr. *hrvat,* denominación que se dan a sí mismos los habitantes de Croacia. *1.ª doc.:* 1704.

Entró como nombre de una prenda usada por soldados (*Aut.*). No es probable que venga del fr. *cravate* [1651]—tomado por conducto de una forma alem. dial. *krawat*—, aunque de ahí procede el port. *gravata* (ya Moraes) y formas occitanas como *corbate* que halla Polge en 1716 en su archivo departamental (o Aude?), sino del it. *crovatta* [Gigli, † 1722] o *corvatta* [Saccenti, † 1749], vid. Tommaseo, en los artículos correspondientes.

DERIV. *Corbatín* [*Aut.,* como neologismo]. *Corbatero, corbatería.*

Corbe, V. *corbona*

CORBETA, del fr. *corvette* íd., de origen incierto, quizá germánico. *1.ª doc.:* Terr., *corveta.*

Gamillscheg, Bloch. En francés se halla desde 1476, junto con otro derivado *corvot,* en texto referente al Canal de la Mancha, y *corbe* aparece al principio del S. XVI como nombre de un navío propio de los Países Bajos (Jal, 517, 528). En b. alem. med. existe *korf* y en neerlandés medio *korver.* Como el vocablo castellano y el it. *corvetta* (sin autoridades en Tommaseo y *Diz. di Mar.*) son voces recientes, es probable que el ár. marroq. y argelino *kurbíṭa, corbeit, gorbiṭ* (Simonet) sea tomado del francés, y que la semejanza con el lat. *corbīta* 'navío de carga' (Plauto, Cicerón, etc.) sea puramente casual¹.

¹ M-L., *REW* 2225, piensa que este vocablo latino pudo extenderse desde Sicilia, con sustitución de la terminación *-it(t)a* por la italiana correspondiente *-etta,* pero los datos filológicos son contrarios a su tesis.

Corbo, V. *corbona*

CORBONA, no es palabra propiamente castellana, sino el hebraísmo latino *corbŏna* 'lugar donde se guardan las alhajas', empleado por algunos autores clásicos en la frase medio latina *estar en corbona* 'estar en poder de alguien'. *1.ª doc.: corbana,* Lope de Rueda; *corbona,* Cervantes, *Retablo de las Maravillas,* ed. Cotarelo, 21, p. 31; *La Pícara Justina* I, 100.

Vco. *korbona* «dividendo, dinero de caja que se distribuye entre los partícipes al cabo del año» que Azkue registró sólo en Lequeitio; de aquí, parece, el ronc. *korbora* «cepillo de iglesia» y quizá *korban* «présent, don» (en el dicc. lab. de Duvoisin).

También en latín se halla la variante *corban* o *corbanas*. La tradución 'cesta o canasto' que da la Acad. (falta todavía 1899) se debe a una falsa identificación con *corbe* m., ant. «medida por cestos o canastos» (ya Acad. 1843), íd. en gallego ant. (Vall.), «un coffin ou corbillon» (Oudin), que· procede del lat. CŎRBIS 'cesto', por conducto de otro romance, quizá el gallego o el mozárabe (donde se halla *corbo* en el catalán de Valencia y en el castellano de Murcia y Andalucía)[1]; b. nav. *khorbe*, sul. *khorbo* «mangeoire des boeufs» (hablando de Jesús en el lab. Haraneder, S. XVIII).

¹ A. Venceslada, s. v. *corvo*. G. Soriano, s. v. *corbo*. Arag. *corvillo* 'espuerta de mimbres' (Borao).

Corca, V. *carcoma*   *Corcal*, V. *alcorque*
Corcarse, V. *carcoma*

CORCEL, del fr. ant. *corsier* (hoy *coursier*) íd., derivado de *cors* 'carrera, corrida', que procede del lat. CŬRSUS, -ŪS, íd., derivado de CŬRRĔRE 'correr'. *1.ª doc.*: *cosser*, h. 1375 (*Crón. de Pedro I*); «Coseres... unos cavallos no altos, mas espesos y fuertes», vocabulario de med. S. XV, y en Juan de Lucena, *RFE* XXXV, 337; *corser*, S. XV (*Canc. de Stúñiga*); *corcel*, Calderón († 1681).

Cuervo, *Obr. Inéd.*, 215. Voz poética en castellano. Puede también venir de oc. ant. *corsier* o del cat. *corser* íd.

CORCESCA 'especie de partesana', del it. antic. *corsesca* íd., y éste quizá de *corso* 'perteneciente a la isla de Córcega'. *1.ª doc.*: 1595, Eguiluz: Leguina.

Se cita además una variante *corcesga* en texto del mismo siglo. El it. *corsesca*, que Tommaseo describe como una especie de venablo y Petrocchi como una arma con asta y tres cortes, está documentado desde A. F. Doni († 1574),y según Battisti-A. desde el S. XIV. Comp. el cast. ant. *corcés* 'corso' (Acad. ya 1843).

Corcino, V. *corzo*   *Corco*, V. *alcorque*
Corcoma, *corcomiarse*, *corcomida*, *corcón*, V. *carcoma*   *Corconcho*, V. *carcunda*

CORCOVA, 'joroba', del mismo origen que *corcovo* 'salto con el lomo encorvado', esto es, del b. lat. hispánico CUCURVUS 'encorvado', de formación incierta, probablemente reduplicación del lat. CŬRVUS íd. *1.ª doc.*: *corcoba*, h. 1400, Glos. de Toledo; comp. port. *Corcova*, como apodo de un juglar, en 1272 (M. P., *Poesía Jugl.*, p. 469).

Formas castellanas: *corcoba*, rimando con voces en -b-, en G. de Segovia (p. 48); escrito de

la misma manera en APal., 180d, 474d, en Nebr., PAlc., Covarr., Cervantes (*corcobado*, *Quijote* I, iv, f° 13); *Aut.* introduce la grafía con -v- por razones etimológicas[1]. Parentela romance: port. *corcova* [V. nota 1], *corcovar* 'encorvar' y *corcovado* 'corvo' [Luis Pereira, fin S. XVI], 'jorobado' [Gil Vicente: Vieira], hoy dialectalmente *quercova* «reintrância na nuca, tambêm intitulada *còvinha do ladrão*» (en Ervedosa-do-Douro: *RL* XXVII, 109), *alcorcovar-se* 'quedar jorobado' en Fray Luis de Sousa (1623), y de ahí parece haber deducido Moraes que *alcorcova* fuese variante de nuestro vocablo, pero él no logra documentarla más que en el sentido «aberta de valla» en Nunes de Leão († 1608) y por lo tanto se tratará más bien del vocablo para 'foso' que Viterbo señala en el S. XIII y que nada tiene que ver con nuestro *corcova*, sino con CÁRCAVO (vid.). En el árabe marroquí *kurkûba* es «toda clase de bola, y en algunos puntos la giba del camello», y en el argelino «bola, bolilla, nudo de árbol», formas de origen mozárabe, según indicó Simonet. Fuera del hispano-portugués no hay nada, o hay muy poco: quizá Guienne *courcouchut*, *-oulhut*, *-ougnut* «quelque peu bossu, ratatiné» (Mistral), si es una deformación como los citados *curcuncho* y *corcós*².

En cuanto a la etimología, CUCURVUS sólo se halla, en su comparativo CUCURVIOR 'encorvado', en un códice de San Jerónimo, probablemente de origen mozárabe, conservado en el Archivo Histórico Nacional y escrito en el año 970. Hace falta comprobar la existencia real, en el bajo latín y en el latín vulgar español, de este vocablo, señalado por Simonet (p. 9), antes que se pueda dar por segura esta etimología³. En principio la existencia de esta variante del lat. CURVUS no es inverosímil: puede tratarse de una reduplicación de carácter expresivo o intensivo ('retorcido, enroscado'), como la que presentarán *cucurbĭta* 'calabaza', *cucutia* y *cucullus* (vid. Walde-H.), con la diferencia de que en nuestro caso la reduplicación sería de fecha posterior; es exactamente el caso de *BULBULLIA, derivado de BULLA, de donde *BURBUJA* y *BAMBOLLA*. De hecho la existencia de CUCURVUS está confirmada por una antigua voz náutica, que ya figura en San Isidoro de Sevilla, *cucurbae* (*Etym.* XIX, iv, 2; *cocurbae* según el ms. *K*) 'cuerdas de esparto usadas en caso de tempestad', también llamadas *spirae*: la coincidencia semántica de las dos denominaciones nos prueba que *cŭcŭrbae* viene de *cucurvus* 'curvo' como *spirae* va con *spiralis*, y que se llamaban así por los rollos espirales en que se tenían estas cuerdas en tiempo de bonanza; en efecto, el vocablo se conservó en veneciano, donde *corcoma* y *curcuma* se hallan en 1255 y en el S. XVI (Jal, s. v. *c(h)orcoma* y *curcuma*), y allí designa precisamente un rollo espiral de cuerdas a bordo de una nave; de ahí el gr. mod. κούρκουμα o κούρμα íd. Por comparación de forma *curcuba* (con metátesis, como el cast. *corcoba*, pero con la misma posición del acento) pasó a significar un cesto de esparto (*corbis sparteus*) empleado como bozal para las caballerías: así ya varias veces en la *Mulomedicina Chironis* (S. IV), y la variante *curcuma* algunos años más tarde en Vegecio (*ALLG* XII, 405; XIV, 123); de ahí el vocablo pasó al bajo griego, donde χούρχουμον 'bozal' se halla ya en Hesiquio (S. III, Alejandría) y χούρχωμον en Malalas (S. VI, Siria)[4]. Algo de esto hay en el árabe norteafricano, si bien quizá sea de procedencia hispánica: *kurkuba* (pl. *k[ā]rāk[í]b*) «boule, chose roulée en boule (p. ex. cheveux, papier); boulette; bosse, excroissance sur un arbre» (Argelia) y «pilule» (Oriente argelino), Beaussier, *kurkûba* «carcasse, squelette», Boqtor, con un verbo *karkab* «culbuter, embarrasser» y otros derivados; V. también Simonet y Lerchundi s. v. *bola*.

Otros[5] han pensado en CONCURVARE 'encorvar' (sólo usado por Laberio, S. I a. C.), de donde *cocorbado > corcobado* y secundariamente *corcoba*: así Cabrera, Diez, M-L. (*REW* 2119), Cornu (*GGr.* I, § 121), Schuchardt[6]. Cabe hacer varias objeciones: el adjetivo *corcovado* no se documenta antes que *corcova*, sino al contrario, y sobre todo debería partirse de un vulgar *COCUR-VATUS, sin la N, ausencia por demás sorprendente: no conozco otros ejs del caso (en *cormano* < CON-GERMANUS, y en *coyunda* CONJUNGULA, la caída de la N se explicará por la palatal *y* subsiguiente, comp. las variantes análogas que he citado en *CARONCHO, CELLISCA, CELLO, ESCALLA;* CO-TERICU es etimología dudosa y se trataría de una palabra céltica, vid. *FEW*, s. v.), y por el contrario la tendencia vulgar es a que CON- o COM-invadan el terreno de CO- (COMINITIARE, CONHOR-TARE, oc. *conobrar*, cat. *conangle*)[7].

Trátese de CUCURVUS o de CONCURVARE creo seguro que estamos en presencia de un vocablo de la familia de CURVUS, teniendo en cuenta *corcovo* «el salto malicioso que da el caballo metiendo la cabeza entre los brazos para echar de sí al jinete; dícese también así el movimiento que se hace e n c o r v a n d o el cuerpo, saltando o andando violenta o apresuradamente, lat. *incurvatio*» (*Aut.*), «*corcobo* de cavallo o bestia: lat. *tortus*» (Nebr.), comp. *corveta* y *caracol* como nombre de otros movimientos parecidos del caballo. Así por dos caminos distintos nos vemos conducidos a la idea de curvatura como primitiva de la raíz *corcov-*, y un detalle fonético confirma que la *r* estaba originariamente al final de la segunda sílaba, pues así explicamos la oposición entre la antigua grafía castellana *corcoba* y la portuguesa *corcova*, no menos antigua, dada la preferencia del castellano por el grupo *rb* (*corbejón* en los Glosarios de Castro), y por la otra parte la generalización de *rv* y *lv* en portugués (*alva, turvo*, etc.). Comp. *ĊARCUNDA*.

DERIV. *Corcovado* [*-bado*: APal. 474*b*]; *corco-*

var, corcoveta. Corcovo [*-obo*: G. de Segovia, h. 1475; para el significado, V. arriba]; *corcovear*, antes *corcovar* [*-bar, Canc.* de Baena, p. 105; mal entendido por W. Schmid) 'dar corcovos'.

[1] Hoy en el castellano normal de España y de la Arg. lo usual es *joroba*, y al parecer ocurre lo mismo en Cuba, Puerto Rico y Méjico, por lo menos (*AILC* I, 142n.). Al mismo estado de cosas alude S. de Lugo en el S. XVIII, al decir que la voz *corcova* no corre en Castilla, pero sí en Canarias (*BRAE* VII, 341). Deformación de *corcovado* parece ser *curcuncho*, usual en todo el Norte Argentino (San Juan, Catamarca, Jujuy), Nicaragua *curcucho*, mej. *corconcho*, vid. *AILC*, l. c. Deformaciones análogas se han producido en portugués, donde *carcunda* es actualmente la expresión más corriente para 'corcova', *quercumba* en los Arcos de Valdevez (*RL* XXXI, 298), y *corcós* 'jorobado' figura como término plebeyo en Moraes.— [2] Pero quizá haya más bien relación con el vasco *gorgoilu* 'giba' registrado por Van Eys. Ahora bien, como *gorgoilo*, según Azkue, es 'papada, dobladillo de carne debajo de la barba', 'papera', y *gorgoil* 'nuez de la garganta', 'buche de las gallinas', 'garguero', parece que se trata de la raíz onomatopéyica GORG-, GARG-, 'garganta'. En cuanto al cat. *encorcobit* 'acurrucado, decaído', registrado por Fabra y cuya fuente ignoro, quizá no sea más que un cruce entre *encorbit* 'acurrucado' CURVUS (corriente en Tortosa: *BDC* III, 95) y *encarcarat* 'tieso' (para el cual vid. aquí s. v. *CÁRCAVO*).— [3] Además de buscar en otros textos convendrá empezar por la comprobación de la forma citada por Simonet: ver si figura sólo una o varias veces en este manuscrito, y si se trata de un texto escrito esmeradamente o si por el contrario contiene erratas que puedan confirmar la sospecha de que *cucurvior* sea una ditografía o mera repetición gráfica de las letras *cu* por distracción del escriba. Además no descarto la posibilidad de que se trate de una formación perteneciente a otra lengua indoeuropea que el latín. El nombre de la pequeña ciudad de *Corcubión* junto a la corva punta del Cabo de Finisterre —nombre que se repite como el de una pequeña parroquia en las montañas interiores de la Tierra de Melide, unos 100 km. más al E. (Otero Pedrayo, *T. de Melide*, p. 18)— tiene un inequívoco aspecto céltico con su sufijo -UVIOS + -ON, cf. en las inscripciones de la Antigüedad *Curcus, Curcagnus, Curcionatis, Curcugium, Corcoras, Corcureti* (Holder I, 1118 y 1200).— [4] Algunos han supuesto que la voz latina venga del griego, aunque Walde-H. se inclina más bien por lo contrario, y trata de explicar *curcuma* como cruce del lat. *cucuma* 'olla' con *corbis* 'cesto', idea, por lo demás, insatisfactoria semánticamente. El vocalismo ou de Hesiquio indica bastante claramente un latinismo; lo que sí podría deberse a influjo recíproco del griego

es la -*m*- de Vegecio, a no ser que proceda de
una contaminación con *cucuma*. Suponiendo que
curcuba 'bozal', 'cesto', viniese del griego y fuese
éste el significado originario, y el náutico tuviese
carácter secundario, ¿habría posibilidad semántica de deducir de ahí el cast. *corcoba* 'joroba'?
No faltaría del todo: Covarr. nos dice que algunos llaman a la corcova *alforja* y otros *laúd*, y
una comparación semejante puso en juego el que
llamó *baúl* al pobre jorobado D. Juan Ruiz de
Alarcón (V. el prólogo de *Reyes* a su ed. de las
obras de este autor, *Cl. C.*, p. XIII); ahora bien,
en el dialecto calabrés no sólo se emplea esta
misma palabra *baúllu* en el sentido de 'joroba',
sino además *cascetta*, que propiamente es 'cajita'
o 'colmena', *cuóscinu*, que es el 'aro de la criba
o del cedazo' y *scartellu* (allí y en Nápoles), que
equivale al sardo *scarteddu* 'especie de canasta'
y procede del gr. χάρταλλος íd. (Rohlfs) (más
lejos quedamos con el ár. egipcio *q-t-b* 'joroba'
—Boqtor—, propiamente 'albarda', y con el ingl.
bunch 'joroba', que también significa 'mazo de
verduras'). Sin embargo, apresurémonos a añadir
que un estudio de las denominaciones internacio-
nales de la 'joroba' nos muestra que tales comparaciones, sobre todo en voces antiguas y de arraigo, no suelen constituir el punto de partida, y
que éste se halla mucho más comúnmente en la
idea de curvatura: alem. *buckel* de *biegen* 'doblar', lat. *gibbus* del indoeur. *geibh-* íd., y de
aquél a su vez el lemos. y perig. *gibo* 'podadera',
rodanés *giblà*, langued. *gimblà* «ployer, fléchir,
courber» (*FEW* IV, 132-3); cast. *agobiar* 'encorvar' de GUBBUS 'giba'; gr. χῦφος 'joroba' junto
a χυφοῦν 'encorvar', χύπτειν 'agacharse'; χυρτός
'jorobado', propiamente 'corvo', emparentado con
el lat. *curvus*; ὑβός 'corvo' y 'jorobado'; ruso
gorb 'giba' junto a *górbitĭ* 'encorvar', *górbitĭsja*
'doblarse, encorvarse'; svcr. *gurav* 'jorobado' y
'encorvado'; vasco *gupi* 'curva', 'giboso'. O bien
se trata de la idea de 'bola, bulto' (comp. el citado *kurkúba* del árabe magrebí): fr. *bosse* junto
al it. *boccia* 'bola', rum. *boţ* íd.; ár. marroq.
kúrra 'corcova' (Lerchundi), que propiamente es
'globo', 'bola', 'esfera'; ruso *bugorók* 'joroba',
diminutivo de *bugór* 'montículo, otero'; ingl.
hump 'joroba' < 'masa, montón, bulto (en el
suelo)'.— [5] La Acad. cita una variante *concor-
vado* como «desusada». Tan desusada es, que
creo se trata de una mera suposición etimológica.— [6] *Litbl.* XIII, 428, comparando dubitativamente el vasco *konkor(r)* 'jorobado', 'joroba', 'chichón'; en Baja Navarra y Laburdi 'encorvado'.
Pero hay otras acs. más vagas: 'estupefacto, atónito', en Vizcaya, *konkortasun* 'modorra', *konkortu*
'admirarse, enajenarse, perder el sentido', además
de 'encorvarse' y 'quedarse jorobado', *konkorrotu*
'ahitarse, empacharse', *konkorkadura* 'despeadura,
enfermedad de los caballos que les hace encorvarse' (Azkue). Luego no es inverosímil que el

significado primitivo sea otra afección o dolencia
y que el vocablo no tenga nada que ver con
*CONCURVUS.— [7] Diez compara *corcusir*, que estaría por *concusir*, pero esto es muy dudoso (V.
s. v.). Cornu piensa en una dilación CONCURVA-
RE > *corcorvar* y luego eliminación de una de
las dos *rr*, comparando el *parcarpus* = *pancarpus*
del *Appendix Probi*, voz extranjera que fácilmente podía deformarse: es combinación bastante
forzada. En los casos de CARCOMER, CÁR-
CAVO, y otros en *r*, donde se han querido ver
alteraciones de CON-, parece que no hay tal prefijo (V. los artículos respectivos).

Corcusĭdo, corcusir, V. coser   Corcusilla, V.
curcusilla   Corcha, V. corcho, corchar   Corchapín, V. corteza

CORCHAR, mar., 'unir las filásticas de un cordón o los cordones de un cabo o de un rebenque,
torciéndolos uno sobre otro', probablemente del
fr. antic. *crocher* (hoy *acrocher*) 'enganchar', derivado de *croc* 'gancho', de origen germánico. 1.ª
doc.: *colchar*, 1696, *Vocab. Mar. de Sevilla* (*Aut.*);
corchar, ya Acad 1843.

Para el cambio fonético, comp. *corchete*, port.
colchete < fr. *crochet*. Jal da ejs. modernos del
uso náutico del fr. *crocher* en el sentido de 'agarrar una nave con ganchos'. La forma *colchar* aparece también en Gamboa (1690-1717), vid. Gili.

DERIV. *Corcha*, 'acción de corchar'. *Descolchar*
[1696].

Corche, V. corcho   Corchea, V. corchete
Corchera, corchero, V. corcho

CORCHETE, del fr. *crochet* 'gancho', diminutivo de *croc*, y éste del fráncico *KRÔK* (comp.
escand. ant. *krôkr* íd.). 1.ª doc.: APal. 20b, 35d;
Nebr.

Ambos traen sólo la ac. primitiva 'especie de
broche'; la de 'especie de alguacil, o ministro inferior de justicia' (así llamado porque agarra a los
reos), ya en el P. Ribadeneira († 1611) y en Juan
Hidalgo (1609, como voz de germanía). Para el
origen de la voz francesa, Gamillscheg, *R. G.* I,
254.

DERIV. *Corcheta*. *Corchetada* o *corchetesca* (ambos en J. Hidalgo). *Encorchetar*.

Corchea [*Pícara Justina*, 1605; Jerónimo Gracián, † 1614], del fr. *crochée*, participio de *crocher
une note* 'hacer un gancho o cola a una nota', derivado de *croc*: son también galicismos port. *col-
cheia* y cat. *corxera*.

Corchete, V. garra

CORCHO, del dialecto mozárabe, y en éste del
lat. CŎRTEX, -ĬCIS, 'corteza', dicho especialmente
de la del alcornoque. 1.ª doc.: S. XIII, en la ac.

'señal en forma de X hecha en la corteza de un árbol', en el Fuero Juzgo, códice de Murcia (vid. Fz. Llera); *corcho* 'colmena de corcho', frente a *corcha* 'corteza del alcornoque', en Nebr.; *corcho* y *corcha* en esta ac. en PAlc., 1505.

Otros testimonios tempranos: 'cubeta de corcho (para la colada, para echar sal, etc.)' (varios ejs.), en 1541, en el testamento de Fernando de Rojas (Talavera), *RFE* XVI, 379; 'corteza del alcornoque' en Laguna (1555), y en los diccionarios de C. de las Casas (1570), Oudin, Covarr., etc. Indicaron ya esta etimología Cabrera, Diez, M. P. (*Man.*, § 61.3, desde la 5a. ed.). Pero la etimología indoeuropea de la palabra latina (raíz *ker(t)*- 'separar, esquilar', con alternancia *ĕ~ŏ~*0, comp. scr. *kṛttíh* 'piel', esl. *kora* 'corteza', *skora* 'piel', lit. *kertù* 'yo corto') indica claramente que la o era breve y por lo tanto debiéramos esperar diptongo en castellano; es arbitrario suponer un *CŌRTĬCE o *CŬRTĬCE como hace G. de Diego, *RFE* III, 303. Por tanto tiene razón Baist (*GGr.* I, § 24) al admitir que pasó a través del árabe o más bien del mozárabe, único medio de explicar, además, la *ch* <c^e, y el cambio de -E en -o, por una dilación vocálica que es común en este dialecto (*corbo* CORBIS en Andalucía, Murcia y Valencia; comp., antes del acento, *faba do porco, barba do conilyo; ešbunûza* 'espinosa', p. 69; y en final de palabra *filicho* FĬLĬCEM; todos ellos en el Glosario de Asín); una variante *corche* 'sandalia de corcho' está registrada en la Acad. ya en 1843.

Se explica la generalización de una forma mozárabe tratándose de un producto que abunda solamente en el Sur del territorio de lengua castellana. CORTEX significa ya por sí solo 'corcho' en Catón, Horacio, Ovidio, Columela (*ThLL* IV, 1070*b*46 y ss.; Cabrera). Otros representantes de la misma voz latina son el landés *corss* 'alcornoque' (Bertoldi, *NRFH* I, 134); hispanoár. *cortíche* pl. *cortích* íd. (PAlc.), *corticha* 'corcho', 'boya, corcha de red' (íd.; de CORTICEA, como el cast. *corteza*), Tetuán y Tánger *qorteiša* 'pedazo de carbón de leña que echa mucho humo' (propiamente 'pedazo de corteza'), bereber de los Ibeqqôyen (Rif) *akarṭaššu* 'corcho' (Colin, *Hespéris* VI, 81); vco. vizc. *kortika* 'corteza dura de ciertos árboles' 'costra que dejan algunas enfermedades en la piel'; miñoto *corticeiro* 'alcornoque' (Leite de V., *Op.* II, 345), Ollon (frprov.) *kàrdz^e* 'abeto viejo' (Jaberg, *VRom.* IV, 171; *FEW* II, 1236*b*), sardo *còrtighe, ortìgu, ortighe, ortiju* 'corcho', svcr. *kȑga, krka, kàrke, kórka* 'colorante de corteza de pino para redes de pesca' (Skok, *ZRPh.* LIV, 206)[1]. Para otros, vid. ALCORQUE, ALCORNOQUE y CORTEZA. Y para toda esta cuestión el importante artículo de Bertoldi, *NRFH* I, 132-40.

DERIV. *Corcha* [Nebr., vid. arriba]. *Corchera. Corchero. Corchoso. Descorchar* [como sinónimo de *descortezar* en Nebr.]; *descorchador, descorche. Encorchar, encorchador.*

CPT. *Corchotaponero.*

[1] *Curcilla* 'tapón', que aparece en algunas glosas latinas (*CGL* VI, 297; VII, 26), puede ser forma semirromance procedente de CORTICELLA O -CILLA.

Corda, cordado, cordaje, V. *cuerda   Cordal,* V. *cuerda* y *cuerdo   Cordato,* V. *cuerdo   Cordel, cordelado, cordelar, cordelazo, cordelejo, cordelería, cordelero, cordellate, cordería,* V. *cuerda*

CORDERO, de un vocablo *CORDARIUS del latín vulgar, derivado del lat. CORDUS 'tardío', aplicado especialmente a los corderos. *1.ª doc.:* 1025, Oelschl.

Otros testimonios tempranos: *uno allifafe cordeiro* (al parecer adjetivo)[1], doc. de Toro, 1050 (M. P., *Orig.*, 29); *corder,* doc. de San Victorián, 1171 (ibid., 195); *cordero* en Berceo. El vocablo latino, que a veces se escribe *chordus* por influjo del grecolatino *chorda* 'cuerda', se aplica a los animales y plantas nacidos tardíamente, y en particular a los corderos («*chordi* dicuntur agni qui post tempus nascuntur», Varrón, *R. R.*, II, 1, 19; *CGL* V, 14.1; Festo, 65.10). El tipo *CORDARIUS es común al portugués (*cordeiro*), castellano, catalán occidental (*corder,* ya en J. Roig, vv. 11205, 13664) y parte del gascón (*courdè:* Landas y Altos Pirineos). Otros derivados de CORDUS son Val de Bagnes (Suiza) *cordyaira* 'oveja que aún amamanta' (con influjo de *cordelle* 'cuerdecita', porque el corderito va tirado de una cuerda: Gauchat, *GPSR* IX, 60-63), calabr. *curdascu* 'cordero tardío' (Rohlfs, *ZRPh.* LII, 77); langued. *regor,* prov. alp. *recourdoun,* sic. *riurduni* íd. RE-CORDUS (*ARom.* XVIII, 374; *FEW* II, 1183*a*). La invasión de CORDUS en el terreno semántico del lat. AGNUS se explica porque éste en español y en catalán se confundía por evolución fonética con ANNUS 'año'; en cambio el portugués ha podido conservar *anho* junto a *cordeiro.*

DERIV. *Cordera* [984]. *Corderaje. Corderilla. Corderillo. Corderina. Còrderino. Corderuela, -uelo. Corderuna.*

[1] Acaso sea éste el uso originario. CORDARIUS, entonces, habría designado primero la carne y la piel del cordero, y sólo después se habría aplicado al animal mismo. Port. *cordeira* 'piel de cordero' en Fig.

Cordeta, cordezuela, V. *cuerda   Cordial, cordialidad, cordiforme,* V. *cuerda*

CORDILO, tomado del gr. χορδύλος íd. *1.ª doc.:* 1624, trad. de Plinio por Huerta.

Helenismo ocasional de traductor, que no debiera figurar en los diccionarios castellanos.

DERIV. *Cordila* [íd.], tomado del gr. χορδύλη íd.

Cordilla, cordillera, cordillerana, V. *cuerda*

CORDOBÁN, forma mozárabe en vez de *cor-dobano*, derivado de *Córdoba*, por el gran desarrollo que alcanzó en la Córdoba musulmana el curtido de pieles. *1.ª doc.*: princ. S. XIII (*Sta. M. Egipc.*, v. 242, y otros testimonios del S. XIII, en Castro, *RFE* VIII, 343).

Tenía *-v-* antiguamente, al igual que el nombre de la ciudad. De ahí también port. *cordovão*, cat. *cordovà*, oc. *cordoan* [S. XII], fr. *cordouan* [1096, *BhZRPh.* CXV, 167] —de donde el derivado *cordoanier*, hoy *cordonnier* 'zapatero'—, it. *cordovano*.

DERIV. *Andar a la cordobana* 'en cueros' [Covarr.]; *cordobanero*.

Cordojo, cordojoso, V. *corazón*   *Cordométrica, cordón, cordonazo, cordoncillo, cordoneria, cordonero*, V. *cuerda*   *Cordudera*, V. *coser*   *Cordura*, V. *cuerdo*   *Corea, corear, corega, -ego, coreo, coreografía, coreográfico, coreógrafo*, V. *coro*   *Corepíscopo*, V. *obispo*   *Corete, corezuelo*, V. *cuero*

CORI, tomado del gr. χόρις, -εως, 'chinche', 'especie de corazoncillo o hipérico'. *1.ª doc:*. 1555, Laguna.

Coriáceo, V. *cuero*   *Coriámbico, coriambo*, V. *coro*   *Coriana*, V. *curiana*   *Coriandro*, V. *culantro*

CORIFEO, tomado del lat. *coryphaeus* y éste del gr. κορυφαῖος 'jefe', derivado de κορυφή 'cumbre'. *1.ª doc.*: Saavedra Fajardo, † 1648.

Empleado muchas veces por 'jefe de coro', fué relacionado frecuentemente con esta palabra, según muestra la falsa grafía *choripheo*, adoptada por *Aut.*

CORILÁCEO, derivado culto del lat. tardío *corўlus* (lat. *corŭlus*) 'avellano'. *1.ª doc.*: h. 1901, Pagès.

CORIMBO, tomado del lat. *corymbus* y éste del gr. χόρυμβος 'cumbre', 'racimo'. *1.ª doc.*: Acad. 1884, no 1843.

CORINDÓN, del fr. *corindon* íd., y éste del tamul *kurundam* 'rubí', que a su vez viene del sánscrito. *1.ª doc.*: Acad. 1884, no 1843.

En francés se halla desde 1803. La variante *corundo*, registrada desde la misma fecha, procede del ingl. *corundum*, de igual origen. *Carborundo* (falta aún 1899) viene del ingl. *carborundum* [1893], combinación culta de *carbon* 'carbono' con *corundum*.

CORION, tomado del gr. χόριον 'piel, cuero', 'corion'. *1.ª doc.*: *corión*, Terr.; *corion* ya Acad. 1843. Impreso *corión* por errata en Acad. 1936.

DERIV. *Coroides* [Balmes, † 1848], *coroideo, -a* (Acad. 1884, no 1843), están por **corioides*, compuesto con εἶδος 'figura'.

Corisco, V. *coruscar*   *Corista*, V. *coro*   *Corito, coriza* 'abarca', V. *cuero*

CORIZA, 'catarro, resfriado', tomado del lat. *coryza* y éste del gr. χόρυζα íd. *1.ª doc.*: Terr., como voz médica.

Corla, V. *corral*   *Corlador, corladura, corlar, corleador, corlear*, V. *color*

CORMA, 'especie de cepo de madera con que se sujeta el pie de un hombre o de un animal para impedir que se muevan libremente', del ár. *qúrma* 'leño, zoquete, tronco', 'tajo para partir carne y otros objetos', 'cepo, corma', y éste del gr. χόρμος 'leño, tronco'. *1.ª doc.*: Berceo, *S. Dom.*, 660a.

Ejs. de los SS. XV-XVII en *Aut.*[1]. En Berceo significa 'grillos, prisión' en general, con referencia particular a cadenas de hierro. En árabe se emplea hoy desde Marruecos hasta Oriente, y con el significado español se halla documentado en el árabe de España (R. Martí, S. XIII) y de Marruecos; en Palestina (Berggren) designa una cadena atada a una madera y sujetada al cuello de un criminal: vid. Simonet, 133-4; Dozy, *Suppl.* II, 337a. Del mismo origen port. ant. *corma* íd. (SS. XIII y XIV: *Consulado de Mar*, cap. 331; Eiximenis). No es probable que las voces hispánicas vengan directamente del griego. En cuanto al calabr. *curmu* 'pedazo de tronco', Terra d'Òtranto, Tarento y Calabria *curmune, culmone*, 'tronco, pedazo de tronco', son helenismos locales tomados del griego de la Magna Grecia (Rohlfs, *EWUG*, 1086).

[1] Además en el *Lazarillo* de Luna (1620), ed. Rivad., pp. 113 y 114.

Cormano, V. *hermano*

CORMIERA 'arbolillo silvestre de la familia de las pomáceas', del fr. *cormier* íd., derivado de *corme* 'serba, fruto del *cormier*', de origen galo. *1.ª doc.*: falta aún Acad. 1899.

El fr. *cormier* se halla desde el S. XII (*Énéas: Rom.* LXV, 171). Para el origen de la voz francesa, vid. *FEW* II, 1188.

Cormorán, V. *cuervo*

CORNACA, del port. *cornaca* íd., y éste del singalés *kūruneka* 'amansador de elefantes'. *1.ª doc.*: Acad. 1884, no 1843.

Dalgado, I, 311-2. En portugués se halla desde 1612. La variante *cornac* viene por conducto del francés o del inglés.

Cornada, V. *cuerno*   *Cornadillo*, *cornado*, V. *corona*   *Cornadura*, V. *cuerno*, *corona*   *Cornal*, *cornalina*, *cornalón*, *cornamenta*, *cornamusa*, *cornatillo*, *córnea*, *corneado*, *corneador*, *cornear*, *cornecico*, V. *cuerno* 5

CORNEJA, del lat. CORNĪCŬLA íd., diminutivo de CORNIX, -ĪCIS, íd. *1.ª doc.: Cid.*

Junto con el cat. *cornella*, oc. *cornelha*, fr. *corneille*, sobreselv. *curnagl*, postula un lat. vg. *COR-NĪCŬLA (la *i* larga está comprobada por la métrica en Horacio, y la de *cornix* en Propercio, Lucrecio y otros), variante debida a influjo del sufijo -ĪCŬ-LUS (comp. *CONEJO*).

Cornejal 'esquina', V. *cuerno*

CORNEJO, 'cierto arbusto de madera muy dura', derivado romance del lat. CORNUS, -Ī, íd. *1.ª doc.: 1607, Oudin; Terr.* 20

Con la misma terminación: aran. *cornell* 'fruto del cornejo' (*cornellè* 'cornejo'), fr. medio *corneille*, *corneiller* (*FEW* II, 1205*b*). Una forma análoga CORNUCULARIUS se halla ya en una inscripción latina de España. Con otro sufijo: *cornizo* [Oudin; 25 Terr.], port. *corniso* (< cast.). Laguna empleó la forma culta *corno*.

DERIV. *Cornejal* 'sitio poblado de cornejos'. *Cornizolo* (Oudin) 'fruto del cornizo', según Terr. *cornízolo* 'cornejo', y *cornízola*, 'su fruto'. 30

Del lat. CORNUS deriva CORNĔA, como nombre de la frutita del cornejo, conservado en it. ant. *cornia* (después *corniola*), oc. *cornha*, cat. (pall. y ribag.) *cúrnia*, *curna*, *curnyeta*; de ahí seguramente además un gall. *cuñas* que Sarm. anotó en 35 el Caramiñal (cerca de Finisterre) para los huesos de las cerezas, guindas y melocotones (*CaG.* 189*r*).

Capudrio se llama el «orno» en Maragatería (León), *capudre* en Cervantes (al E. de Becerreá, camino del Bierzo), *cornabudo*, *cornabuda* o man- 40 jarín en Galicia, anota Sarmiento al pasar por allá en 1745 y en 1754 (*CaG.* 137*r*, 141*r* y p. 37). Parecen cpts. CORNUS PŪTRĬDUS, que se aplicaría, por contraste, a una variedad de cornejo de madera más endeble (o exagerando, 'podrida'). La 45 combinación quedaría soldada desde antiguo, de donde sonorización de la -P- en la forma *cornabudo* o bien síncopa *corpudrio*, luego pérdida de una de las *r* por disimilación y además disimilación vocálica *copú-* > *capú-*; *capudre* quizá contenga 50 más bien PŪTRIS. *Cornabude* es propio del Caurel según el Ape. a Eladio Rdz.[1].

[1] Aunque el lat. *cornus*, *-i*, pasa por ser voz independiente de *cornu* 'cuerno', dentro del indo-europeo es palabra propia del latín y el griego, 55 y con alguna prolongación en báltico y acaso en eslavo; tampoco esta parentela nos muestra pista alguna para ello, Pok. *IEW*, 572; también se piensa en un préstamo mediterráneo (Ernout-M.) lo cual queda vago también. Acaso —si hubo 60

variante no clásica CORNUS, -ŪS— se podría pensar en un colectivo *CORNUETUM > *cornobede (cf. el topónimo *Cornide*, aunque en éste muestra sus efectos metafónicos), lo cual nos acerca a *cornabude* pero no llegamos a una solución definida. Tal vez *cornapude × *cornobede > cornabude*.

Cornelina, *córneo*, *cornerina*, *cornero*, *corneta*, *cornete*, *cornetilla*, *cornetín*, *cornezuelo*, *cornia-bierto*, *cornial*, *corniapretado*, *cornicabra*, *cornifor-me*, *cornigacho*, *cornígero*, V. *cuerno*   *Cornija*, V. *cornisa*   *Cornijal*, V. *cuerno*   *Cornija-m(i)ento*, V. *cornisa*   *Cornijón*, V. *cornisa* y *cuerno*   *Cornil*, *corniola*, V. *cuerno* 15

CORNISA, probablemente del gr. κορωνίς, -ίδος, 'rasgo final', 'remate', 'cornisa' (derivado de κορώνη 'corneja', 'objeto curvo'), por conducto de oc. *cornís*. *1.ª doc.: 1526.* 20

Comp. Terlingen, 126-7; *FEW* II, 1211; Bloch; Rohlfs, *VKR* I, 349. La variante *cornija* [1552: Calvete], si fuese modernización gráfica de *cornixa*[1], podría venir del it. *cornice* [1565, Alberti; *corni-cetta*, ya S. XV, Cennini], a base de la pronuncia- 25 ción atenuada de la *c^e* toscana, casi igual a *sc^e* (comp. *esdrújulo* < *esdrúxulo* < *sdrucciolo*), pero la pronunciación sonora *corniža* que daba a esta forma los judíos de Marruecos (*BRAE* XV, 50) prueba que se trata de una alteración española de 30 *cornisa*, del mismo tipo que *tijeras*, *quijo*, por *ti-seras*, *quiso*. En lengua de Oc se halla *cornís* ya en 1520; el cat. *coronisa* [1639; normalmente *cor-nisa*, 1620] y el fr. medio *coronice* (S. XVI) son también independientes del italiano. La ac. 'cor- 35 nisa' del gr. κορωνίς se halla en Hesiquio, según Bloch. Se ha admitido también que el it. *cornice* sea sencillamente una aplicación figurada de *cor-nice* 'corneja', con repetición independiente del mismo proceso semántico que ya se había produ- 40 cido en griego, pero es difícil que todas las formas citadas sean italianismos directos o indirectos, como entonces debería admitirse; en cambio, es posible explicar el it. *cornice* como alteración de κορωνίς, sea fonéticamente (comp. *bacio*, *bruciare* BASIUM, 45 *BRUSIARE), sea por contaminación del nombre del ave.

DERIV. *Cornisamiento*, *cornisamento*, *cornija-m(i)ento*, en parte tomado del italiano. *Cornisón* o *cornijón*. 50

[1] Así escribe Vélez de Guevara, *La Serrana de la Vera*, v. 1715, pero es texto tardío, sin auto-ridad ya para indicar cuál era la pronunciación antigua.

Corniveleto, V. *cuerno*   *Cornizo*, *corno*, V. *cornejo*   *Cornucopia*, *cornudilla*, *cornudo*, *cor-núpeta*, *cornuto*, V. *cuerno*

CORO I, tomado del lat. *chŏrus* 'danza en

corro', 'coro de tragedia', y éste del gr. χορός íd.
1.ª *doc.*: doc. mozárabe de 1170; *Partidas; Ne-*
brija, etc.

DERIV. *Coral* [ya Acad. 1843][1]. *Corear, corec*
'enlace de los coros'. *Corista* [1567, *Orozco*]. *So-*
coro.

Corea, tomado del lat. *chorēa* y éste del gr.
χορεία 'danza'. *Coreo* 'pie de dos sílabas: larga
y breve', de *chorēus* y éste de χορεῖος íd. (por
emplearse en los coros dramáticos); *dicoreo.*

CPT. *Corego* o (forma afrancesada) *corega*, de
χορηγός 'el que conduce el coro', compuesto con
ἡγεῖσθαι 'conducir'. *Coreografía, coreográfico, co-*
reógrafo. Coriambo, de χορίαμβος 'pie compuesto
de un coreo y un yambo'; *coriámbico*

[1] En *juego de Maese Coral* 'juego de manos',
no puede ser derivado de *coro*. Se halla ya en
el *Quijote*, *Maestre Coral* en Covarr., y *maesi-*
coral, m., en la *Pícara Justina*. V. estas y otras
citas en Cej., *La L. de Cervantes*, s. v. *maese.*
La explicación etimológica de Covarr. es inverosímil.

CORO II 'viento Noroeste', tomado del lat.
Corus o *Caurus* íd. 1.ª *doc.*: *cauro*, 1600, Mariana;
coro, 1628, Gallegos.

Es sólo voz poética o empleada con referencia
a la Antigüedad.

CORO III, de ◡, 'de memoria', alteración del
antiguo *de cor*, que contiene una variante del cast.
ant. *cuer* 'corazón', procedente del lat. cŎR íd.,
que en la Edad Media se miró como sede de la
inteligencia. 1.ª *doc.*: *de cor*, Berceo; *de coro*,
Nebr.

Tobler, *Berliner Sitzungsber.*, 1904, 1272; Pietsch,
Mod. Philology VII, 50-53. De *cor* aparece también en *Alex.*, 38, 1637 (variante *de cuer*), y *Apol.*
597; *de cuer* en las *Partidas; de corazón* en *Alex.*
717 (asegurado por la rima), en los *Bocados de*
Oro y en la 1.ª *Crón. Gral.* La primera de estas
formas parece ser provenzalismo eclesiástico, y de
ella sale *de coro* (que es ya frecuente en autores
del S. XVI), igualando el vocablo a la palabra castellana más parecida, tanto más fácilmente cuanto
que era costumbre en los coros eclesiásticos el
aprender los cantos de memoria, por la dificultad
que ofrecía la lectura de la antigua notación musical[1]. Del mismo origen port. *de cor* (Nobiling,
ASNSL CXXV, 394), cat. y oc. *de cor*, fr. *par*
coeur, ingl. *by heart*. Ya en bajo latín antiguo se
halla *ex corde* con el mismo significado (Regla de
San Benito, Capitular de Ahiton, obispo de Basilea, vid. Cabrera). En Villon se opone *savoir par*
cueur a *savoir par livre* (*FEW* II, 1177, n. 34, 38
y 39; 1176a y b), del mismo modo que el *Alex.*
y el *Apol.* oponen el *saber o cantar de cor* a *saber*
o cantar de libro; comp. además *RECORDAR.*

DERIV. *Decorar* 'aprender o recitar de memoria'
[Berceo], todavía corriente en el Siglo de Oro (P.

Ribadeneira); J. Ruiz emplea la forma diptongada
decuere en el presente. Acerca de *decorar* 'aprender
o recitar de memoria' me recuerda Spitzer su artículo de *RFH* VI, 176-86, donde indicó «la unidad
fundamental de este vocablo y *decorar* 'adornar'
[*DCEC* II, 20-22]». Tiene razón, pues, según recuerdo, había en este artículo interesantes hallazgos
semánticos y valiosa documentación, que por desgracia se me olvidó anotar. Limitada al verbo antiguo *decorar* 'recitar' y en el sentido de que se
trata del cultismo para 'adornar' desviado semánticamente por el influjo de *de coro*, esta tesis no
es inverosímil. Claro está, de todos modos, que
de coro ha de tener origen independiente.

[1] V. la documentación aportada por H. Gavel,
Homen. a M. P., I, 138-150. Mas no puede admitirse su tesis de que esta locución procede del
lat. CHORUS 'coro'. Pietsch propone explicar *de*
coro como haplología de una locución *de *decoro,*
que contendría un postverbal del verbo *decorar.*
Pero esto es hipotético.

Coroideo, coroides, V. *corion*   *Corojo*, V. *ca-*
rozo y *garulla*

CORONA, del lat. CORŌNA íd. 1.ª *doc.*: Berceo.
DERIV. *Coronilla*[1]. *Coronal. Coronario, -aria.*
Coronel 'corona heráldica', 'moldura' [Diego de
Valera, † 1487; *RFE* VIII, 23n.][2] (> port. *coro-*
nel íd., 1597: Moraes), derivado de terminación
extraña en castellano: quizá designaría originariamente un atributo heráldico diferente y vendría
de oc. ant. *coronel* 'jamba de puerta' [h. 1300,
Vie de Ste. Douceline; hoy vivo en Provenza y en
francoprovenzal: *FEW* II, 933b][3], que no es diminutivo de CORONA, sino de COLŬMNA, pero que
en España se desviaría semánticamente por influjo
de aquél.

Coronar [Berceo, vid. Cuervo, *Dicc.* II, 533-7],
del lat. CORONARE íd.; *coronación* [S. XIV, *Crón.*
de Alfonso XI, vid. Cuervo *Dicc.* II, 533]; *coro-*
nado [*Cid*, en la ac. 'clérigo', 'tonsurado'], con
variante sincopada *cornado* 'nombre de una moneda de cobre, de poco valor, que tenía grabada
una corona' [S. XIV, *Crón. de Alfonso XI*; según
la Acad. corrió desde el tiempo de Sancho IV, fin
del S. XIII][4] y su diminutivo *cornadillo;* igual
síncopa en el antiguo término arquitectónico *cor-*
nadura 'coronamiento'; *coronador; coronam(i)en-*
to. Coronio.

Corola [Terr., acentuado *córola;* ya Acad. 1843],
tomado del lat. *corolla* 'corona pequeña', diminutivo contracto de *corona* (Acad., ya 1843, registra
un antiguo *corolla* íd., que será cultismo antiguo).
Corolario [h. 1490, *Celestina, Aut.;* ed. 1902, 15.19,
deformado en *correlario*], tomado del lat. *corolla-*
rium 'corona pequeña', 'propina, adehala, añadidura', 'corolario, proposición que resulta evidente
después de demostrar otra'.

CPT. *Coroliflora.*

[1] H. 1490, *Celestina*, ed. 1902, 19.9, como nombre de planta; hoy sólo uruguayo según la Acad.— [2] También en Hernando del Pulgar, h. 1490 (vid. Terlingen, 195-6, que absurdamente quiere derivar esta ac. del it. *colonnello); ley de 1586 en la N. Recopil. (Aut.); muchos ejs. de Lope citados en la ed. de *La Corona Merecida*, T. A. E., pp. 206-7 (no puedo comprobar hasta qué punto la leyenda medieval aprovechada en esta comedia podría documentar la existencia del vocablo antes del S. XV).— [3] También puede ser el cat. ant. *coronel* que ya está en Lulio, si bien con sentido poco claro: no parece justa la definición del dicc. Alcover.— [4] A los ejs. de *Aut.* pueden agregarse: Nebr., «nummus coronatus»; *Lazarillo* (en M. P., *Antol. de Pros.*, p. 102-3); Tirso, *Burlador* II, 727.

CORONDEL, 'regleta que ponen para dividir la plana en columnas', 'cada una de las rayas verticales transparentes que se advierten en el papel de tina', del cat. *corondell* 'columna en un impreso o manuscrito', 'corondel', disimilación de *colondell* íd., que a su vez es diminutivo de *colonda* 'columna (de ventana, etc.)', representante semiculto del lat. COLŬMNA. *1.ª doc.*: Aut.

El cat. *corondell* se halla en la primera de dichas acs. en docs. de los SS. XV y XVI [Ag.; 1429, Alcover] y *colondell* en uno de 1443; *colonda* aparece en doc. de 1428 (Alcover, s. v.). La misma forma se halla en dialectos italianos, francoprovenzales, occitanos (*FEW* II, 934a, 935a)[1] y también en aragonés antiguo, con aplicación a las columnas de un manuscrito (inventarios de 1373 y 1405: *BRAE* IV, 348; VI, 735); de ahí, con repercusión de la líquida, ast. *colondra* 'pieza de madera que se coloca en los tejados para avanzar los aleros' (M. P., *Rom.* XXIX, 343)[2]. Hay ya un ej. de *columpdellum* 'columna de un manuscrito' en un doc. del Sur de Francia, del año 1263 (Du C.): cuaro está que es latinización de la palabra catalano-occitana. La diferenciación MN > *md* (> *nd*) se explica en una voz semiculta, como resultado del esfuerzo para evitar que el grupo MN, ajeno al habla vulgar, se asimilara en *nn* o en *m*; V. casos análogos (*escando, llanda, andar*) en el artículo ANDAR. Es inadmisible el cruce de COLUMNA con CYLINDROS, que admitieron Schuchardt y, a su ejemplo, M-L., Wartburg, etc., puesto que no hay representantes romances de CYLINDROS[3], y que *colondra* es alteración poco extendida y reciente de *colonda*. Es inverosímil el cruce de COLUMNA con ROTUNDA en que piensa Brüch, ZRPh. LXV, 214-20.

[1] El pallarés *coronda* 'montón de hierba guadañada' (*BDC* XXIII, 285) y oc. ant. *coronda* 'jamba' han de ser regresiones de *corondel*(*l*) en vista de la *-r-*. De ahí, probablemente el gallego SO. *colondro* 'pera de invierno' (y *colondreiro* 'peral, íd.'), Sarm. *CaG.* 218v, por la forma alta

y cónica de esta pera (hay influjo de *cohombro* y sus variantes).— [2] La base etimológica *COLŬMĬTA, derivado romance de COLŬMEN (variante arcaica de COLUMNA), no se explicaría morfológicamente.— [3] Para el fr. *calandre*, V. aquí s. v. *CALANDRIA*. El logud. *acchilandrare* es incierto, alejado semántica y geográficamente, y con su *-i-* (no *-u-*) indicaría un cultismo.

CORONEL 'jefe que manda un regimiento', del it. *colonnello* 'columna de soldados', 'jefe que la manda, coronel', diminutivo de *colonna*, de igual significado y origen que COLUMNA. *1.ª doc.*: 1511, en carta escrita por el catalán Hugo de Moncada desde Palermo; desde 1516 en textos de varias procedencias.

Terlingen, 195-6. En italiano se halla la primera ac. por lo menos desde Maquiavelo (Petrocchi), † 1527, y la segunda desde Firenzuola († 1543), pero ambas serán muy anteriores. La terminación de la voz española, sin *-o*, parece indicar un intermediario catalán o francés, aunque en este idioma no se documenta *couronnel* antes de 1542, ni el moderno *colonel* antes de 1556 (la forma disimilada con *-r-* sigue predominando en los dialectos: *FEW* II, 934b).

DERIV. *Coronela* 'compañía de soldados' [en catalán desde 1659], del it. *colonnella* íd., diminutivo de *colonna*; 'mujer del coronel'. *Coronelía* 'regimiento' (1565, 1625), 'empleo de coronel'.

Coronel 'corona heráldica', 'moldura', V. *corona* *Coronela, coronelía*, V. *coronel* *Corónica*, V. *crónica*

CORÓNIDE, 'fin o remate', tomado del gr. χορωνίς, -ίδος, 'rasgo curvo que se traza al fin de un libro, capítulo, etc.', derivado de χορώνη 'corneja'. *1.ª doc.*: falta aún Acad. 1899.

Coronilla, coronio, V. *corona*

COROTOS, 'trastos, trebejos', ecuat., colomb., venez., panam., portorr., origen incierto, quizá del quich. *koróta* 'testículos'. *1.ª doc.*: Cuervo, *Ap.*, § 985 (1867-1907).

Para Cuervo es de origen desconocido. Registran además el vocablo: Lemos, *Semánt.*, s. v.; S. Sucre; Malaret; y lo emplea el venezolano R. Gallegos (en Cuba lo mismo se dice *tarecos*, vid. Pichardo, que parece ser voz independiente). En Bolivia y en Tucumán *las corotas* es 'los testículos' y en singular 'cresta de gallo (planta)' (C. Bayo, Lizondo), que viene evidentemente de la citada voz quichua, sustantivo plural [1616, Torres Rubio, Lira], además empleado familiarmente en el sentido de «badajo» (persona habladora y necia). Creo que *corotos* tendrá el mismo origen y se habrá extendido desde el Ecuador y Sur de Colombia a los demás países donde se emplea[1].

Me comunica el Dr. Fco. Vera Izquierdo que *coroto* en Venezuela es sinónimo abosluto de *tapara*, o sea una calabaza seca usada como utensilio básico en la cocina de indios y llaneros; hay una manera de cazar tigres con reclamo que consiste en horadar una tapara, apoyarla contra el suelo e imitar a su través los ronquidos del tigre, para atraerlo: a esta operación se la llama *coroteo* y no existe otra palabra para ella; los utensilios de cocina tienden a extender su significado y pasar a ser palabras comodines: «tigre atiende a *coroto* sea tigre o sea tigra, si es macho busca pelear y si es hembra para encastar», Gregorio Peña, Caporal de Sabana, Hato Cañafístolo, Alto Apure 1956; «El *coroto* que tengo no está muy bueno porque me se quebró endenantes y ahora no retumba igual», Jóvito Marrero, Caporal de Mano, Hato Cañafístolo, Alto Apure, 1969.

¹ Cabrera cita un vocablo *curuta* 'oblada, pescado del género de los esparos, cuya mandíbula inferior está guarnecida de muchos dientes pequeños y agudos' que nada puede tener de común con *coroto*, -a. Cree él que viene de ocuLATA, lo que no parece posible fonéticamente; aun admitiendo un intermediario mozárabe quedaría la dificultad de la vocal tónica.

Coroyo, V. *caroncho*

COROZA, origen incierto, probablemente del lat. CROCĔA -ŌRUM, 'vestido de color de azafrán' o de una base afín a la de *carozo*, quizá por mediación del vasco. *1.ª doc.*: 1465-73, *Coplas del Provincial*, vv. 62, 135 (*RH* V, 261, 265).

Tenía *ç* sorda en castellano antiguo, como se ve por la grafía de Nebr. («*coroça*: mitra scelerata») y PAlc., y por la rima con *moça* y *Mendoça* en las *Coplas del Provincial*. Tiene el mismo fonema sordo en portugués (*coroça*) y en el gallego del Limia (*koróθa*, *kuróθa*), que también distingue los dos fonemas (*VKR* XI, glos., s. v.). En español el vocablo designa una especie de capirote que para ignominia se ponía a ciertos reos, en especial a los hereies y otros perseguidos por la Inquisición¹.

Por otra parte, es valioso el significado a que apunta Quevedo (que no he encontrado en la edición de Blecua, pero que de todos modos parece de su estilo): soneto *A la edad de las Mujeres*: «De quince a veinte es niña; buena moza / de veinte a veinticinco, y por la cuenta / gentil mujer de veinticinco a treinta. / Dichoso aquel que en tal edad la goza! / De treinta a treinta y cinco no alboroza, / mas puédese comer con sal pimienta; / pero de treinta y cinco hasta cuarenta / anda en vísperas ya de una *coroza*». *Coroza* podría significar en este texto 'corteza dura' (cf. lo de «puédese comer con sal pimienta»); si fuera así y pudiera confirmarse por otras fuentes, habría que pensar en derivar de *carozo*, *corozo* καρύδιον, pero podría significar quizá también 'capirote',

como los siguientes ejemplos del propio Quevedo, *Mus.* 6, son. 5: «si pan de azúcar en Motril te encajo; / si eres *coroza* encájate en las viejas»; *A una Alcahueta que no quiso la Extremaunción* (III, 216, ed. Blecua): «Moza, no dejó las viejas / hasta ponerlas *corozas*; / vieja, no dejó las mozas / hasta volverlas pellejas».

Este vocablo se aplica en gallegoportugués a una vestidura de carácter rústico y probablemente muy primitivo; se emplea sólo en el Norte de este territorio lingüístico: «capote de palha (ou de junco)» en Famalicão (Leite de V., *Opúsc.* II, 485), «palhoça» (capa de paja) en Barcelos (ibid., 394), 'capa de juncos' en el Limia, 'íd. para cubrir el cuerpo de los pastores' en Orense (*kuróθa*, *króθa*) y en Tras os Montes (*croça*), según Krüger. *WS* X, 132; gall. *coroza* en Sarm. *CaG.* 122r: trae el ms. «*coróza* (también dicen *coróza*): capa de paja o de junco, casi talar, con cucurucho que cubra la cabeza»: como nota Pensado una de las dos veces ha de ser lapsus de copia en vez de *croza*; en el *Catecismo do labrego*, Orense, 1888, p. 2: «a *coroza* de palla que me livra dá chuvia». Más materiales dialectales, sobre todo gallegoportugueses, en Krüger, *Bibl. RDTP* IX, 102-8, 165. Pero Krüger, sugestionado por el vocabulario rural moderno, concede demasiada importancia a las aplicaciones figuradas centradas en la idea de 'cubierta de paja que protege lo alto del almiar'² y de ahí llega hasta admitir una raíz hipotética *COR- (¿prerromana?) con la idea de 'punta, cúspide'. Pero nada de esto tiene documentación antigua ni literaria, y que en parte tenemos encuentro con la familia independiente formada por *cucurucho*.

Ahora bien, la forma *croça* 'capote o sobretodo', que Bento Pereira registra también en 1647, se halla ya en doc. de 1302 en el sentido de 'capa de asperges o pluvial'³. Todo da a entender que lo primitivo es *croça* 'capa de paja', y como una capa así es naturalmente amarilla, la etimología será la indicada por Leite de V. (*RL* III, 220, donde COROCEA parece ser errata), C. Michaëlis (*RL* XI, 135), y Pereira (ibid., 308), a saber el lat. CROCEA, -ORUM, 'vestido de seda de color azafranado', documentado en la Vulgata, y derivado de CROCUM 'azafrán'. En los Estatutos latinos de Marsella se manda a los judíos llevar una *calota crocea* o 'bonete amarillo' (Du C., s. v. *calota*); de ahí pudo salir igualmente la coroza de los hereies, y lo más probable es que las dos corrientes etimológicas confluyeran. La primera *o* se introduciría por anaptixis, fenómeno muy frecuente en esta posición en las lenguas hispánicas⁴. No hay dificultades fonéticas en portugués; en castellano sorprenden la falta de diptongación de la *ŏ* tónica y la *ç* sorda; ambos pormenores dan a entender que el vocablo se propagaría desde el gallegoportugués y el leonés al castellano⁵, donde ya no es término rústico, sino vocablo de civilización.

Estas inexactitudes fonéticas dejan cierta duda;

ahora bien, hay algunos pormenores que apuntarían también a otra etimología posible: a) es una especie de capirote o corona que se pone a una vieja (vid. ejemplo de Quevedo, supra), b) es para ludibrio, burla e ignominia (vid. también Quevedo, etc.), c) el uso insistentemente rústico, d) la ac. 'cubierta en lo alto de un almiar', oficio con el cual se emplea a menudo la boñiga de vaca. Ahora bien, 'excremento de animal' y en particular 'boñiga de vaca' es precisamente el sentido del vco. *korotz(a)* que Azkue registró en vizc., lab., b. nav., sul. y bazt., que ya aparece en el vizcaíno Mikoleta (1653) y en el alavés Landucci (1562): «ydian coroça C, *gorozza* B, boñigo de buey» (Michelena, *Land.*, p. 27). Lo que ocurre es que *k-* no es inicial muy castiza, o al menos es muy rara en vasco; y así tenemos que preguntarnos si la evolución del vocablo no fué precisamente la opuesta 'capote o casquete de color de paja' > 'remate de paja mezclado con boñiga' > 'boñiga'. Hay que dejarlo en estudio.

Es imposible en lo fonético y semántico partir con *GdDD* 1988a de un lat. **CRŪCĔA*, derivado latino del galo **CRŪCA* (supuesto según irl. *cruach*, galés *crug* 'montón de tierra', y sólo representado por formas locales occitanas).

Del mismo origen ha de ser *corocha* 'especie de casaca larga y hueca', documentado en la *Crónica de Alfonso XI* (h. 1360), donde se habla de una que llevaba el Rey de Granada; en el *Arte Cisoria* de E. de Villena (glosario de F. B. Navarro); y, con la variante etimológica *crocha*, en APal.[6]: se trata evidentemente, por la *ch*, de una variante mozárabe, que también hallamos en port. *corocha* (ya en J. de Barros, med. S. XVI) o *carocha* (vid. Moraes), aquí aplicada a lo que en castellano se llama *coroza*. En cuanto al gall. *corucho, crucho*, 'especie de capa' (*VKR* XI, glos.; Krüger) está en evidente relación con *cucurucho*; creo que resulta de un cruce de *coroza* con esta palabra; pero no es imposible, aunque ofrece dificultades geográficas y cronológicas, que *curucho* sea el masculino de *corocha*, con *u* por metafonía ante la *-o* final: entonces sería *cucurucho*, en sentido contrario, el que podría explicarse por un cruce de *cuc(ur)ulla* con *corocha, curucho*[7]. En cuanto a la var. gallega *choroca* (que cita J. Caro Baroja, *Pueblos de España*, p. 334) no sé de dónde viene; por lo demás él da como segura la etimología debida al color amarillo.

DERIV. *Encorozar* [-çar, h. 1490, *Celestina*, ed. 1902, 46.20], *encorozado* [Nebr.].

[1] De ahí 'prenda que causa risa', común en los clásicos: «Apenas lo acabé de contar, cuando le dió extraña gana de reír que... no pude menos que... decirle: —Vos, hermano, ¿veisme alguna *coroza*, o de qué os reís?» G. de Alfarache, ed. Sopena, I, 72.— [2] Que ahí se trata de una comparación con la capa lo admitió ya Pires de Lima y lo había reconocido antes el propio Krüger

en *Boletim de Fil.* XIII, 342.— [3] Viterbo, con otra documentación, del S. XVI, para *corossa*. Pero los demás datos de este autor resultan confusos por su prurito de interpretación etimológica, que le hace vacilar entre identificar con el moderno *coroça* 'capa' o con el fr. *crosse* 'báculo' y su familia. El significado sólo está identificado claramente para el documento de 1302.— [4] El port. *corosil* «espécie de palha de colmar choças, ou colmados e palhoças» [*coraxillum* en doc. de 1256, Cortesão] será **CROCĪLE*.— [5] Es verdad que viniendo *crocum* del griego χρόχος, podía tener *o* cerrada por influjo de la pronunciación griega. Pero el it. ant. *gruogo* y el cat.-oc. *gṛọc* 'amarillo' indican que el romance CROCUM tenía *o* abierta.— [6] Nótese también el diminutivo *clochuela*: «Lodices... unas *crochas* o mantonzillos con que los ombres se usavan cobrir... y algunos piensan... que los que salían del theatro se cobrían la faz con aquellas *clochuelas* para entrar en el burdel», 251*d*.— [7] Fijándose seguramente en *curucho* supone Krüger que ambos vocablos vienen de CORONA: es decir, **coronoza* y **coronucho*, con caída portuguesa de la *-n-* intervocálica; pero esto es menos satisfactorio semánticamente, y un sufijo *-oça* es muy raro (más frecuente es *-ouça*).

Corozo, V. *carozo*   *Corpa*, V. *colpa*   *Corpachín*, V. *corteza* I   *Corpa(n)chón, corpazo, corpecico, corpezuelo, corpiñejo, corpiño, corporación, corporal, comporalidad, corporativo, corporeidad, corpóreo, corporificar, corps, corpudo, corpulencia, corpulento, corpus, corpuscular, corpusculista, corpúsculo*, V. *cuerpo*   *Corra*, V *corro*   *Corra*, V. *corral*

CORRAL, 'recinto para pelear o para encerrar ganado', 'sitio cerrado y descubierto junto a una casa o dentro de ella', vocablo común a los tres romances hispánicos y a la lengua de Oc, relacionado con el cast. y port. *corro* 'recinto', 'cerco formado por un grupo de personas', ambos de origen incierto, y es dudoso cuál de los dos sea el derivado y cuál el primitivo: si *corro* es derivado regresivo de *corral*, como parece indicarlo su rareza en la Edad Media y la menor extensión geográfica, quizá éste venga de un lat. vg. **CŬRRALE* en el sentido de 'circo para carreras' o de 'lugar donde se encierran los vehículos', derivado del lat. CURRUS 'carro'; menos probable es el caso contrario, aunque entonces *corro* podría ser un seudo-primitivo sacado del lat. CŬRRĬCŬLUM 'circo de carreras', que se hubiera sentido falsamente como diminutivo. *1.ª doc.*: Doc. zaragozano de 1119 («illo *korral* cum sua torre»), *Al-And.* XII, 94; y en otro de Oña de 1014 (copia coetánea), *BHisp.* LVIII, 358; *Cid*[1].

Más documentación antigua: *curralé* 'liza (para combatir en el juicio de Dios)' en el bajo latín de la *Recopilación de Fueros de Aragón*, manuscrito de princ. S. XIII (Tilander, p. 423), en el sentido de 'atrio' en el Fuero de Huesca de 1247 (Du C.); *corral* 1254, *coral* 1213, docs. navarros, *FoLiVa* I, 43; *corral* 'atrio, zaguán' en la Biblia escurialense del S. XIII (Oroz, 707), 'patio' en documentos de Santoña, 1210 (Oelschl.), y de Villafranca del Bierzo, años 1270 y 1294 (Staaff, 95.6, 101.72); 'recinto' (refiriéndose el oratorio de un santo), en Berceo, *S. Mill.* 483*d*; 'pocilga', en *Alex.* P 2330*c*; 'recinto (donde está encerrado un león)' en el *Conde Luc.* (*Aut.*); 'patio de un castillo', *Leyenda de D. Juan de Montemayor*, ed. M. P., 14.19 y 44.23[2]; «*aula* en griego es *corral*», «*corrales* de ovejas», APal. 66*d*, 50*b*, etc.; «*corral* de gallinas», «*corral* como patio de casa», «*corral*: lugar no tejado», Nebr.; «*corral* estrecho entre paredes», Nebr.; 'el atajadizo o cercado que se hace en los ríos para encerrar la pesca y cogerla», ley de 1552 en la *N. Recopil.* (*Aut.*); ast. *corral* es 'establo' (V).

Port. *curral*[3] «cercado de paos para recolher gado, e apanhar peixe»; «na igreja, espaço cercado de bancos para pessoas de distinção»; «grêmio da S. Madre Igreja» (ya en J. de Barros, a. 1540: Mores), «glebas cercadas de paredes, que só produzem centeio, e onde os gados descansam», en el Norte de Portugal (G. Viana, *Apostilas*, I, 346).

Mozár. *qurrâl* en una escritura toledana de los SS. XI-XIII (quizá la de 1144 que cita Oelschl.), como nombre de un literato malagueño del S. XIV (Simonet), y definido «gallinero donde se crían las gallinas» en PAlc., *qorrâr* 'corral en las casas o en el campo para el ganado' en Marruecos (Lerchundi).

Cat. *corral* 'cercado para el ganado' [ya en un documento catalán de 1188: «illud *corrale* quod est ante domos... istud *corale*...»» Cartul. de Poblet, 109; Lulio] en Urgel 'patio', en Mallorca 'huerto' (Ag.), 'trozo de tierra que se destina a cada ganadero para que en él paste su ganado', 'manada de ovejas o cabras', 'toril' (Amengual), 'lugar despreciable' en la *Crónica de Jaime I* (fin S. XIII), 'huerto o cercado anejo a una casa de ciudad' (hablando del lugar donde se había escondido el rey moro de Tortosa, en Desclot, p. 94, misma fecha), 'recinto donde un cautivo debe pelear con un león' (*Curial* III, 155, med. S. XV; y otros ejs. de esta época en Ag.).

Oc. ant. *corral* 'lugar donde los caballeros celebran consejo' (en el tolosano G. Anelier, *Guerra de Navarra*, fin S. XIII, v. 1981), 'liza o campo cerrado donde se da una batalla entre dos bandos de cien caballeros' (en Arnaut de Castelnau d'Arri, a. 1318, *Guilhem de la Barra*, v. 1005), probablemente en el mismo sentido en el marsellés R. Feraut (h. 1300; «anc non ausist tam mortal g u e r r a / sobre lo port en lo *corral*»), «enclos pratiqué dans une rivière pour y prendre du poisson» en bearnés antiguo; hoy gascón *cou-*

rrau «parc, bercail, étable à moutons», «maison avec ses dépendances» (Bearne, Landas, Arán, Arrens), Ariège *courral* «cour de la ferme» (*RLiR* VII, 139), Rouergue *corral* «lieu où l'on rassemble les vaches pour les traire près des veaux» (Vayssier), *Lou Courrau* nombre de un paseo de Montpelier (Mistral).

¿Podemos asegurar que en catalán y en lengua de Oc es vocablo genuino y no tomado del castellano? No vacilo en decir que sí. Es verdad que G. Anelier emplea bastantes navarrismos y que se puede hallar algún raro aragonesismo en la Crónica de Jaime I, pero no ocurre así en los demás textos medievales citados; es verdad que el vocablo se halla poco en la toponimia catalano-occitana (excepto el caso de Montpelier y alguno de Valencia y Mallorca)[4], mientras que el apellido *Corral* y los nombres de lugar *Corral(es)*, *Corralejos*, *Corralinos*, *Corralón* son muy frecuentes en Castilla, Galicia (Madoz) y América, pero la gran vitalidad del vocablo en las Baleares, y su presencia en lugares tan apartados de España como el Rouergue y las Bocas del Ródano (en 1300), creo que pueden sacarnos todo escrúpulo. Es detalle importante, porque en estos idiomas (tampoco en mozárabe) no existe *corro*, lo cual impide considerar que *corral* sea derivado de este vocablo, como lo son, p. ej., *bancal* de *banco*, *bozal* de *bozo*, *portal* 'puerta de la ciudad' de *puerta*, *ventanal* de *ventana*, *casal* de *casa*, cat. *bassal* 'balsa grande' de *bassa*, etc.

Expongamos la historia de *corro*. No conozco otro ej. arcaico que éste que aparece en un documento de Valpuesta, del año 975: «kasas cum solare, *corro*, hera, orto vel exitos» (*RH* VII, 355), donde parece significar 'corral'. Pero luego no vuelven a hallarse ejs. medievales, a excepción de algunos del S. XV: «¡Si supieses como corro, / bien luchar, mejor saltar! / Las moçuelas en el *corro*, / pagan sse del mi sotar» (Pero González de Mendoza, *Canc. de Baena*, ed. 1851, p. 258), «aunque la Muerte con dança muy dura nos meta en su *corro*» (*Danza de la Muerte*, LXXIX, 8), «*corro de moços*: chorus, chorea, restis»[5], «*corro del toro*: harena, theatrum» en Nebr., y varios ejs. en APal.[6]; *Aut.* sólo da ejs. de los SS. XVI y XVII. Port. antic. *côrro* «circo, área onde se correm touros, ou se faz feira, ou se dá algum espectáculo» (ya en Ferreira de Vasconcellos, S. XVI)', dar *corro ao touro* «não embaraçar» (ya en Sá de Miranda), 'grupo' (*rodar no meio de um grão corro de inimigos*, otro ej. del S. XVI: Moraes), hoy más bien *curro*, con cierre regular de la vocal, por metafonía[8], 'toril', 'conjunto de toros que se corren en un día' (Fig.), gall. *curro* 'corral pequeño', 'sitio donde trabaja el garañón' (Vall.). Del castellano pasó el vocablo al valenciano del S. XV, donde significa 'redondel de la plaza de toros' (h. 1460: J. Roig, v. 3180, y varios ejs. de fin de siglo en Ag.); también en Gaçull y *Llibre d'Antiquitats*, vid. Gulsoy (*Sanelo*, D 13 vᵒb), pero así la fecha como el significado y el desuso total del vocablo en el resto del territorio lingüístico catalán indican que estamos ante un castellanismo. Este vocablo y sus derivados han alcanzado gran difusión moderna en el Noroeste hispánico: ast. *corro* 'cabaña circular' (Krüger, *VKR* VII, 373), *corrada* «el sitio destinado al corral, el estiércol, la pocilga y el hórreo» (R), «el corral unido a la casa» (V), gall. íd. «corral; parte de era y también de camino público cercano a la casa de un labrador, donde se echan aulagas, helechos, paja, etc., para que se pudra y hacer abono» (A. Cotarelo, *BRAE* XIV, 112), ya documentado en un doc. berciano de 1270 (Staaff, 95.7)[9]; pero *corrata* 'casa con espacio de tierra dentro de los límites de una villa' está en Vidal Mayor, 2.ª mitad del S. XIII, 8.21.18; ast. *corripiu* 'corral' (R), 'cabaña para recoger ovejas' (V), *corripiar* (R, y como propio de Llanes en V, s. v. *acollechar*), *acorripiar* (V) 'acorralar', *correxu* 'el nicho en que el palomo anida' (R)[10], Valpaços *curriça* «pequena casa de campo destinado a recolher gado» (*RL* II, 257).

Posibilidades etimológicas para *corro* hay varias: ya Nebr., con su traducción, sugería, y *Aut.* y el P. Sarmiento (*BRAE* XV, 31) afirmaron categóricamente que procedía del lat. CHŌRUS 'danza en corro', fijándose en la ac. de *corro* como 'cierto género de baile que se hace formando un círculo' (Góngora, Valdivielso, y ya en González de Mendoza y en la *Danza de la Muerte*), documentada en el refrán *bailo bien y echáisme del corro*, que ya leemos en 1587 (A. Agustín)[11]; si tenemos en cuenta que CHORUS venía del gr. χόρος y por lo tanto pudo tener *o* cerrada en latín vulgar, esta etimología no es imposible fonéticamente, a condición de que admitamos, para explicar la *rr*, influjo de *correr* o de *corral* (que entonces debiera ser voz totalmente independiente). Pero todo indica que el significado primitivo es el de 'lugar cercado', documentado en la escritura de 975, en APal., Nebr., etc., y que sólo se llegó a 'ruedo de gente' en época tardía y por comparación de un cerco de gente con un lugar cercado. De hecho este cambio semántico está bien comprobado en el caso de *corral*, pues el *Libro de Alexandre* llama así el grupo de guerreros que rodea a su jefe Pándaro, el cerco de troyanos que delibera con Héctor y el formado por una haz de elefantes en pie de guerra (*P*, vv. 516*a*, 578*c*, 2042*b*)[12]; de suerte que podemos desechar la etimología CHORUS decididamente.

Por otra parte, podríamos suponer que el lat. CŪRRĬCŬLUM 'hipódromo, circo de carreras' diera *correjo* en castellano arcaico, y que habiéndose percibido el vocablo como diminutivo, se sacara secundariamente un seudo-primitivo *corro*: según Castro, el alav. y santand. *carrejo* 'corredor, pasillo' es alteración de este *correjo*, por influjo de *carro*, y por otra parte el berc. *corrillo*, ast. occid.

currieţşu[13] 'pocilga' (G. Rey, Munthe), han conservado la vocal primitiva y presentan ya el significado de *corro* y *corral*.

Finalmente podríamos creer que *corro* es sencillamente un postverbal de *correr* (formado como el cast. ant. *acorro* de *acorrer*, o el mod. *socorro*), tal como admite C. C. Rice, *HR* III, 162, pero sería demasiado sorprendente el que una formación tan tardía como lo son los postverbales de la 2.ª conjugación hubiera ya llegado en el S. X a la etapa final de la larga evolución semántica 'acción de correr' > 'corrida' > 'lugar donde se corre' > 'recinto anejo a una casa de campo'[14].

Sea como quiera tendríamos que admitir el paso semántico de 'recinto para carreras' a 'patio, recinto' y de ahí a 'ruedo de personas', lo cual no presenta dificultad.

Pero creo que la rareza de *corro* en la Edad Media y la menor extensión geográfica de este vocablo, ajeno al cat. y el oc., invitan a creer que no es *corral* el derivado de *corro*, sino, por el contrario, éste el que se sacó secundariamente de *corral*, tal como, p. ej., en portugués, leonés e hispanoamericano se formó BOSTA de *bostar*, como si *bostar* y *corral* fuesen colectivos; si la ac. 'ruedo de personas' es más rara en *corral* que en *corro*, será debido únicamente a que éste significó, de acuerdo con su modo de formación, un recinto más pequeño, como suele serlo por naturaleza el formado por un grupo de gente.

Pues si es *corral* la palabra primitiva, ¿cuál puede ser su etimología? No creo que sea derivado de CURRERE, como admitieron Diez (*Wb.*, 442) y Wartburg (*FEW* II, 1574n.10), pues no se forman derivados en *-al* de radicales verbales (*tendal*, p. ej., no viene de *tender*, sino de *tienda*). Este último autor se ha visto desorientado por la definición «cours, place libre où l'on peut circuler» que da el pequeño diccionario de Levy, pero Levy copió esta definición del glosario de *Guilhem de la Barra* por P. Meyer (que en una edición anterior traducía aún peor: «camino»), y como esta supuesta ac. no se apoya en ningún pasaje antiguo ni en las acs. modernas, debe borrarse resueltamente[15].

En definitiva, el más probable es el étimo que M. P. sugiere lacónicamente en su glosario del *Poema del Cid*: *CURRALE, derivado de CURRUS ('carro')[16]. Que desde 'lugar para los carros' se puede llegar fácilmente a 'corral' lo prueba el auvernés, lemosín, poitevin y perigourdin *charriero, -ieiro, -ière* «basse-cour», «cour d'une ferme», «cour de maison» CARRARIA (*FEW* II, 413*b*; Daniel, *Dict. Fr.-Périg.*)[17]. V. ahora el valioso estudio de Krüger, *Bibl. RDTP* IX, 125-143 y 167-170, quien desarrolla ampliamente el estudio del grupo ast.-gall.-port. tratado en mis notas 5 y 10 (gall. *corre* 'vara verde correosa y retorcida', port. *côrra* 'cuerda de apretar...', ast. *cuerr[i]a* 'pila circular de erizos', 'pequeño corral de piedra', etc.) y cree que ahí se halla la clave de todo el problema de *corro* y *corral*: estaríamos ante un vocablo prerromano que de sentidos como 'mimbre retorcida' habría pasado a 'recinto circular'; refiérese a Jost Trier, quien ha señalado COR- en celta con el sentido de 'círculo de piedras' o 'círculo en general' (así irl. med. *cor*). Es una aportación digna de reflexión detenida, que quizá signifique un adelanto decisivo en el estudio de la etimología de *corral*. De todos modos me quedan dos graves dudas: la raíz céltica en cuestión tenía -R- sencilla (Walde-P. II, 568; Stokes-B. 93; Walde-H., s. v. *curvus*) mientras que lo romance postula, imperativamente y en forma constante, una -RR-; por otra parte está lejos de ser evidente que *corra* 'mimbre retorcida' sea inseparable semánticamente de *corro* y *corral*: queda la posibilidad de que sólo aquél sea de origen prerromano y la etimología CURRALIS (lat. CURRUS) siga válida para *corral*. Hay que seguir pensándolo.

DERIV. *Corralero. Corralera. Corraliza. Acorralar* 'encerrar el ganado en corral' [*Partidas*], 'encerrar a una persona en un lugar sin salida, arrinconar' [*Alex.*]; *acorralamiento. Encorralar. Trascorral* [princ. S. XIV, *Zifar* 19.18].

Derivados de *corro: corrillo* [h. 1572, Hurtado de Mendoza], *corrillero; corrincho* [1609, J. Hidalgo].

¹ Dos veces, con el sentido de 'patio (a la entrada de un monasterio o de un palacio)'. Simonet dice haber hallado un ej. en el S. X.— ² Así en el manuscrito anterior a 1479, mas para el autor de la versión modernizada de 1504-16 esta ac. ya se estaba anticuando, puesto que cree necesario explicar «corral o plaça».— ³ Es antigua la grafía con *u* en gallegoportugués: está, p. ej., en las *Ctgs.* 58.23, 132.74, 275.13; en glos. del S. XIV (*RPhCal.* VI, 93, § 2453) y el nombre de lugar *Curraes* o *Currales* ya aparece en docs. portugueses de 1086 y dos veces en 1258 (Cortesão, *Onom.*). Sabido es que hoy en Portugal se confunden totalmente los dos fonemas en esta posición, y Gonçalves Viana, *Exposição da Pron. Normal Port.*, opina que ya se confundían en tiempo de Camóens, pero el hecho es que hoy suelen distinguirse en el Brasil; los diccionarios brasileños escriben, sin embargo, *curral*. Gall. *curral* (Vall.). El origen probable de esta *u* lo indico en la nota 8, a propósito de *corro ~ curro*.— ⁴ Esta ausencia puede explicarse por la presencia de *cort* y sus derivados *cortal* y *cortil*, voces ajenas al castellano. *Cort* y derivados son vocablos más pastoriles y montañeses, mientras que *corral* es más de la ciudad y de los llanos.— ⁵ Con esta última ac. comp. leon. *corra* 'anillo de hueso o de marfil que se cuelga del cuello de los niños para que lo muerdan', 'aro de servilleta' (Puyol, *RH* XV, 4), «inventario de armas... 1 medio faldón con *corra* blanca» en doc. aragonés de 1393 (*BRAE* IV, 520), Bierzo *corla* 'aro o abra-

zadera de hierro'. Quizá el leon. *corra*, berc. *corla* 'anillo de metal', deba separarse de los demás y descender —a pesar de su localización septentrional— del ár. vulgar *kúrra* (ár. *kúra*, *kûra*: Dozy, *Suppl.* II, 462a, 497b; I, 30b), que además de 'globo, esfera', 'pelota, bola', puede significar 'trópico, círculo de la esfera' (PAlc.): para *rr* > *rl* o *rn* en arabismos e iberismos, vid. *VRom.* II, 455, § 384. De todos modos no creo que este arabismo pueda tomarse en consideración como posible étimo del cast. *corro* (a pesar de *karr* «rouler, faire rouler», Dozy, II, 451b), ni tampoco que *corre, corra*, 'correa, cuerda, mimbre', tengan relación etimológica con *corro*. Vid. por lo demás, CORREA.— ⁶ «Bellicrepam dizian al *corro* donde saltavan con las armas», 44b, «auctum se dizia el espacio del cerco o *corro*», 37b, «circenses eran juegos que se fazian en Roma en que los ombres en *corro* andavan dançando con espadas», 77d, «girus es circuito o corro y ayuntamiento de cosas que se mueven en torno», 181d.— ⁷ C. Michaëlis (*Canc. da Ajuda* II, 848) emplea *corro* 'corral, atrio' en port. moderno, no sé si reflejando el uso de algún documento.— ⁸ De ahí pudo extenderse la *u* a *curral*. Un nombre de lugar *Curro de Mauros* se lee en doc. de 1018, *Curros* y *Currelo* en 1258, *Currelos* en 1220 (Cortesão, *Onom.*).— ⁹ Lo que prueba que no es alteración fonética gallega de *corralada*, pues la -*l*- no cae en este documento ni en el asturiano de Rato y Vigón.— ¹⁰ Probablemente también *cuerra* 'pila de erizos para que suelten las castañas' (R), con variante *cuerria* (R, *cuerroia* es errata; *cuerria*, V, 'pequeño corral de piedra que se hace en los castañedos para depositar los erizos'), y otra variante *corra*, empleada por R s. v. *apilar* y *maciu; cuerre* m. 'pequeño cercado', 'el sitio donde se echan las castañas'; todos ellos en Rato. Pero aquí hay influjo evidente del verbo *correr*, que en asturiano hace el presente *cuerre* y aun el infinitivo *cuerrer* (Rato, p. 138). *Acuerriar* 'cebar los erizos en la *cuerria*' (V).— ¹¹ Comp. la frase cervantina *andar la paz en el corro* por en el *coro*, citada por Fcha.— ¹² Análogamente en la 1.ª *Crón. Gral.* De ahí 'tribunal' (< 'corro de jueces') en varios fueros del S. XIII, V. las citas en Cej., *Voc.*— ¹³ Esta terminación corresponde a -ELLUM, pero era fácil la invasión de este sufijo frecuentísimo en el terreno del menos frecuente -ICULUM.— ¹⁴ Es postverbal indudable de *correr*, pero a mi entender debe separarse del cast. *corro*, el salm. *corro* 'cilindro de madera, hueco, que se utiliza para enseñar a andar a los niños, metiéndolos en él' (Lamano) y quizá también el b. arag. *corro* 'extensión' (*esta finca tiene mucho corro: BDC* XXIV, 165).— ¹⁵ Este punto se halla fuera de dudas, aunque lo oscureciera aparentemente una de las obstinaciones en que algunas veces caía el buen erudito que fué Paul Meyer. Ya Noulet le hizo notar que el sentido de *có-*

rral en *Guilhem de la Barra* era el mismo que tiene el vocablo en castellano, en catalán y en occitano moderno. Pero Meyer sólo consintió en modificar ligeramente su primera opinión, en el sentido indicado arriba. Ahora bien, la identidad semántica hispano - occitana está confirmada en el caso de este texto, no sólo por el contexto general, sino por varios detalles inequívocos: en el verso 974 el mismo lugar que más abajo se llama *corral* se describe con las palabras «el camp fo bels e grans e plas / on se dec far la vencezó» y el título del capítulo acaba de aclararnos de qué clase de *camp* se trata: «Eras ausiretz la batalla de .L. crestiás en *camp claus* contra .C. sarrazís». Luego era lo que en catalán se llama un *camp clos*, es decir, una liza o palenque, sentido que hemos visto documentado varias veces en las lenguas hispánicas medievales. El mismo Levy pequeño trae *corral* como adjetivo en el sentido «qui court les rues». Nada de esto en el Levy Grande, ni en Raynouard ni en muchos glosarios (Pansier, Delpit, Brunel, P. Meyer *Docs.*). Es posible que exista otro vocablo, como hay *coral* 'caballo corredor' en francés antiguo, palabra rara, por lo demás (Tobler). Pero aquí se trata de un derivado del fr. *courre*, que como es sabido puede emplearse como sustantivo. Nada de eso tiene que ver con la voz castellana.— [16] Sólo podría objetarse que CURRUS no ha dejado derivados populares en romance, pues el uso del galo CARRUS ya se generalizó en el S. IV. Sin embargo, la concordancia de cuatro lenguas romances puede autorizarnos a suponer la existencia del derivado *CURRALE ya en el latín vulgar imperial. Sería un caso más de arcaísmo del latín hispánico. Que el salm. *corro* 'cilindro de madera, hueco, que se utiliza para meter en él a los niños para que aprendan a andar' (Lamano) sea el lat. CŪRRUS 'carro' no es inverosímil, aunque sí inseguro por su aislamiento; aislamiento no completo, sin embargo, si de ahí viene el cat. *corró* 'rodillo'. En efecto descendiente popular hispánico de CŪRRUS parece ser cat. *corró* 'rodillo para arrastrar con facilidad una cosa de mucho peso' (con las formas análogas que indiqué en *VRom.* II, 163, § 173), pues con el mismo sign. emplea el italiano su cultismo *curro*.— [17] La misma etimología defiende Moll en el fascículo correspondiente del dicc. Alcover, publicado después de la redacción de este artículo.

CORREA, del lat. CORRĪGĬA íd. *1.ª doc.*: Berceo.
DERIV. *Correaje* [*Aut.*; falta aún en Acad. la ac. cuartelera 'cada una de las correas que forman parte del traje y equipo de un militar']. *Correal* 'piel curtida' [Terr.]. *Correar. Correaza. Correero, correería. Correhuela* [APal., 215*b*; *correyu(e)la*, ibid., 360*d*], vulgarmente *-egüela*, ast. *corrigüela* (V). *Correón* [Berceo]. *Correoso* [APal. 531*d*]. *Encorrear.*

Correjel, m. 'cuero grueso, a propósito para correones y suelas, fabricado en Inglaterra e imitado en Pozuelo de Aravaca' [Terr.], adj., aplicado a la suela de este material (falta aún Pagés), del cat. *correger* (*-etger*) (aunque ni en catalán ni en lengua de Oc parece estar documentado más que en el sentido de 'fabricante de correas'), derivado de *corre(t)ja* 'correa'.

Alguna vez se ha dicho, pero no es idea sostenible, que el gallegoportugués formó desde *correa*, como derivado regresivo, el siguiente: gall. *côrre* f. «una *costrán* o *verdasca* retorcida para atar algo», «atajadizo de mimbre, menor que la *costrán*, para atar cualquier cosa» Sarm. *CaG.* 106*r*, 226*v*, «vara retorcida para atar, con la cual suele amenazarse a los muchachos: mira que s'agarro unha *corre* xa te farei andar lixeiro» (Vall.); el aspecto del vocablo y cosa es arcaico, lo mismo en lo ergológico que en su forma morfológica, aunque el port. la ha trivializado en *côrra* 'cuerda de mimbre para apretar el pie de uvas en el lagar' (Moraes, H. Mich.). No dudo que se trata de una voz céltica, aunque parienta del lat. *corrigia* —que por lo demás, la mayor parte se inclina a creer préstamo asimismo del galo—, y es verosímil, teniendo en cuenta el vasto desarrollo de esta familia en céltico: mientras que el lat. *corrigia* está aislado, las voces célticas en RIG-, KON-RIG-, AD-RIG, DO-RIG-, UO-RIG, etc., constituyen un grupo vastamente ramificado; vid. V. Henry, *Lex. Bret.*, 236; Loth, *RCelt.* XLI, 220; Pok. *IEW*, 861-2; Ernout-M., s. v. *corrigia*. En particular el irl. ant. *cuimrech* 'atado, cadenas' supone KOM-RIGO-, y formas análogas postulan el bret. *kevre* y el ky. *cyfrwy* 'silla o basto de caballería', aunque no es tan claro si parten de una forma igual o de variantes en -EIG- o en -GI-, y hay el verbo irl. ant. *con-ring* 'yo ato juntamente' KOM-RIGŌ. El gall.-port. *côrre* f., postula claramente un ártabro o luso-céltico *KORRĬGĬS (o KOM-RIGI-), en el que -IGI- pronto se fusionó en -I.

En romance hay que agregar aquí el amplio grupo que ya en el *DCEC* me negaba yo a identificar con el de *corral* (contra lo propuesto por Krüger, *Bibl. RDTP* IX, 125-143 y 167-70) o con una regresión de *correa*. A saber: gall. *corre* 'especie de correa de mimbre, vara verde correosa y retorcida que sirve para atar' (Cuv.; Ebeling, *VKR* VII, 373), port. *côrra* «correia», «fasquia de castinçal», trasm. *côrre* «haste delgada e trepadora de feijoeiro hortense» (Fig.), mozár. *qúrra* 'atadijo para sujetar un injerto' en el almeriense Abenloyón (1358: Simonet) [en cuanto a éste, conviene, sin embargo, no perder de vista el ár. vg. *kúrra*], berciano, gallego *corriza* 'mimbre retorcida' (G. Rey, Ebeling), leon. *corra* 'ristra de embutidos (chorizos, longaniza)'.

Corrección, correccional, correccionalismo, correccionalista, correctamente, correctivo, correcto, corrector, correcho, V. *rey Corredera, corredero, corredizo, corredor, corredura, correduría*, V. *correr* Correería, correero, V. *correa* Corregibilidad, corregible, corregidor, corregidora, corregimiento, corregir, V. *regir* Correhuela, correjel, V. *correa* Correlación, correlativo, correlato, V. *preferir* Correlés, V. *lairén* Correligionario, V. *religión* Correncia, V. *correr* Correncha, V. *rey* Correndilla, correntía, correntiar, correntío, correntón, correntoso, V. *correr.*

CORREO, 'el que tiene por oficio llevar la correspondencia', término de civilización de carácter migratorio y de historia complicada: en castellano procede del cat. *correu*, oc. ant. *corrieu* 'mensajero', 'correo', que parece ser alteración del fr. ant. *corlieu* íd., compuesto de *corir* 'correr' y *lieu* 'lugar'; en español el vocablo se confundió con el cast. ant. *correo* 'bolsa para guardar dinero', seguramente de origen diferente. *1.ª doc.:* Nebr., «*correo que lleva letras: tabellarius.*»

En el significado de 'mensajero que lleva correspondencia' el vocablo no está documentado, fuera de Nebr., antes de 1537 (ley 1, tít. 9, libro 6 de la *N. Recop.*) y en autores de fines del mismo siglo (*Aut.*); el port. *correio* aparece en 1544 en el *Palmeirim* (Vieira). El cat. *correu*, en cambio, aparece ya en un doc. de 1196-1213 (Du C.: tiempo de Pedro el Católico), en uno de 1315 (*Doc. Arch. Cor. Arag.* XXXIX, 117), en la *Crón.* de Pedro el Ceremonioso, h. 1380, y en muchos textos desde princ. S. XV (Ag.)[1]; pero mucho más antiguo es todavía oc. ant. *corrieu*, que ya aparece hacia el año 1000 en la Canción de Santa Fe[2], y en varios textos del S. XIII (Estatutos montpelierenses de 1258; *Novas del Papagay* por Arnaut de Carcassés: Bartsch, *Chrest.*, 1880, 266b 13: y otros citados por Raynouard y Levy) y de los siglos siguientes.

Don Américo Castro, en una importante nota (*RFE* XII, 404-5), que según ocurre demasiadas veces con los trabajos de filólogos hispánicos, quedó inadvertida de los romanistas extranjeros (M-L., Wartburg, Gamillscheg, Bloch), llamó la atención acerca del valor que para la intrincada etimología de este vocablo internacional puede tener el cast. ant. *correo* 'bolsa para dinero'[3]; suponía el Sr. Castro que de ahí se pudo pasar a 'bolsa para llevar cartas', de donde vendría a designar la persona que la llevaba[4]. No explicaba el profesor español cómo se figuraba la historia de las demás palabras romances que significan 'correo', 'mensajero', y en particular del it. *corriere*, fr. *courrier*, oc. *corrieu*, cat. *correu*, lenguas donde el vocablo es bastante más antiguo que en español, y donde, sin embargo, la ac. 'bolsa' es completamente desconocida. Creo que este hecho, junto con los insuperables obstáculos fonéticos que se opondrían a explicar la terminación occitana *-ieu* a base de las etimologías posibles de *correo* 'bolsa'[5], nos obligan a considerar que este vocablo y el que tratamos de etimologizar son dos palabras independientes, pues sería inadmisible creer que oc. *corrieu*, documentado en el año 1000, es un préstamo del castellano, donde no lo hallamos hasta quinientos años más tarde.

Las otras etimologías que se han propuesto no son más satisfactorias. Baist, *ZRPh.* XXXII, 33-5, después de notar que *courrier* no pede ser derivado de CURRERE 'correr', porque no se forman derivados en *-ier* de radicales verbales, trató de partir del fr. ant. *corere, coreor*, 'corredor', pero al darse cuenta de la forma occitana *corrieu* y de su antigüedad (ibid., p. 425), renunció a su hipótesis sin proponer otra. Los etimologistas posteriores (Gamillscheg, Bloch, Wartburg) no han superado esencialmente el artículo inicial de Baist (y su rectificación posterior parece haber escapado a su atención). Wartburg, particularmente, da al problema un tratamiento defectuoso, pues estudia separadamente el oc. *corrieu* (*FEW* II, 1566b) y el fr. *courrier* (ibid., 1572b, 1573b), sin apenas ponerlos en relación[6]: ambos serían derivados de CURRERE, el primero con sufijo -IVUS[7] y el segundo con -ARIUS; lo de -IVUS es totalmente imposible, pues el paso de -IVUS (oc. ant. -iu) al oc. mod. -ieu es muy tardío, no anterior al S. XIV; lo segundo, como ya observó Baist, es muy difícil, pues es muy raro que el sufijo -ier se aplique a radicales verbales.

Sin embargo, la documentación reunida por Baist y Wartburg, permite hallar una resolución verosímil al problema. Ya hemos visto que oc. *corrieu* aparece h. el año 1000; el it. *corriere* se halla desde 1162 y en varias fuentes de los SS. XIII y XIV, todas ellas del Norte de Italia; el fr. *courrier*, que ya sale en dos canciones de gesta del S. XIV redactadas o influidas por italianos, no vuelve a aparecer hasta 1464 y en el S. XVI: es probable, por lo tanto, que en la Francia del Norte sea italianismo. En francés antiguo 'correo, mensajero' se decía *corlieu*, documentado muy abundantemente desde el S. XII, (Wace, Béroul, Thomas, etc.: vid. Tobler), y seguramente anterior, cuya etimología es transparente: *cor lieu* 'corre-lugares'. Lo demás, en la historia de esta voz migratoria, no es difícil de explicar. El fr. *corlieu* se extendió al mediodía de Francia, donde esta forma se halla en el arcaico y norteño *Girart de Rossilhon*, pero fuera de ahí *corlieu* (que en occitano resultaba inexplicable) se alteró en *corrieu* por influjo de *córrer* CURRERE; de ahí pasó, por una parte, a Italia, cambiándose en *corriere* debido a la rareza de la terminación (tal como oc. *romieu* ROMAEUS pasó a it. ant. y cast. *romero*); y, por otra parte, al cat. *correu*, que a su vez dió cast. *correo* y port. *correio*; finalmente olvidado ya en el Norte de Francia el arcaico *corlieu*, el idioma moderno tomó en préstamo la voz italiana, uno de tantos casos de «Rückwanderung» como notamos en esta gran comunidad lingüística que es la Romania.

¹ Variante *correy* en doc. de 1407, citado por el mismo diccionario.— ² Verso 517. En este texto, que por su fecha arcaica todavía no conoce la diptongación, tenemos *correu*, pero la *e* es abierta, como se ve por la rima con *Deu, seu,* y otras palabras que posteriormente diptongaron. Lo mismo en Arnaut de Carcassés (*corrieu* rimando con *leu*). En doc. narbonenses de los SS. XIII-XV aparece *coriau*, con el desarrollo dialectal de *ięu* que vemos en otros docs. de la misma colección (*Andriau, siau, diau, romiau*): *RLR* XLII, 95-98. Hoy *courrięu* «courrier, porteur de dépêches» (Mistral); V. además los dos artículos *courrièu* (con variante *courrieu*) del mismo diccionario, definidos «coureur, qui aime à courir» y «batteur de pavé, volage», que probablemente contienen alteraciones fonéticas y semánticas del mismo vocablo. Por otra parte, el cat. *correu*, con *e* abierta en los tres dialectos—oriental, mallorquín y valenciano (*Misc. Fabra*, p. 358; Escrig; Alcover)—, es susceptible de varias interpretaciones, dada la complicada evolución de los timbres de la *e* en los dialectos catalanes, pero rima con las palabras como *pęu* PĔDEM, *dęu* DĔCEM, que tienen *e* primitivamente abierta seguida de *u* de origen dental. Si *correu* es palabra procedente de oc. ant. *corrieu*, este vocalismo catalán está también en regla.— ³ Castro señala el vocablo en varios textos del S. XV (*Danza de la Muerte;* Glos. de Toledo; dos pasajes del *Canc. de Baena;* Nebr.: «*correo de dineros: follis*»), a los cuales puede agregarse Villasandino, *Canc. de Baena,* 57.16, y, sobre todo, J. Ruiz, 16c. En todos ellos el vocablo designa una bolsa para dinero, sin excluir J. Ruiz («buen dinero yaze en vil *correo*», ¡lo que *BKKR* traducen absurdamente «corredor de comercio»!) ni el Glos. de Toledo (donde está traducido por un vocablo del bajo latín que significa «bolsa», vid. ahora la ed. de Castro).— ⁴ En cuanto a la etimología de *correo* 'bolsa' sugiere Castro un derivado de *conrear* 'preparar o adobar una cosa', fr. *corroyer* 'curtir cuero', derivados, como es sabido, del gót. REDS 'consejo, arreo' (V. aquí s. v. ARREAR): *correo* habría sido primitivamente 'bolsa de cuero curtido'. No es improbable que el admirado maestro esté en lo cierto, sobre todo en esto último. Deberán examinarse, sin embargo, otras posibilidades: *correo* está documentado en el sentido de 'correa que sujeta el capirote del halcón' (traducción del *Libro de Falcoaria* de Pero Menino, *RFE* XXIII, 264) < CORRIGIUM 'correa' (en Marcelo Empírico) > cat., oc. *correig.* De 'pedazo de cuero' se pudo también pasar a 'bolsa de cuero'. ⁵ El postverbal de *conrezar* en lengua de Oc es *conré.* CORRIGIUM no podía dar allí otra cosa que *correg* o *correi,* como ocurrió en efecto.— ⁶ Bajo el pretexto de que tienen significados distintos. En realidad esto se funda sólo en la afirmación

de un oscuro provenzalista, Jules Coulet, *RLR* XLV, 328, que atribuye al vocablo occitano, tal como lo emplea el autor de las *Novas del Papagay,* la definición, bastante confusa, «courrier, piqueur, chevalier qui accompagne ou précède un personnage d'importance». Aunque esto fuese cierto no se aplicaría a los demás ejs. del oc. *corrieu* («tramés sas letras e·ls *correus*» en la *C. de Sta. Fe,* «li messatg' e·l *corrieu*», «ab tan li venc novas per un *corlieu*», etc).— ⁷ Según se deduce de la cita en nota de lomb. *corrio* «corrente» (que nada tiene que ver).

Correón, correoso, V. correa

CORRER, del lat. CŬRRĔRE íd. *1.ª doc.:* mitad del S. X, Glosas de Silos.

Para usos y acs., vid Cuervo, *Dicc.* II 551-65. Para la de 'avergonzar', vid. además Spitzer, *Lexik. a. d. Katal.,* 158. La construcción transitiva equivalente a 'expulsar, despedir, echar (de un lugar)', usual en Canarias y en América, desde la Arg. a Nuevo Méjico (*BDHA* I, 294), no es portuguesismo¹ (como afirma M. L. Wagner, *RFE* XII, 82), aunque sí podía ser leonesismo, pero se halla ya en multitud de textos medievales y clásicos (vid. Cuervo, *Dicc.,* 3b): doc. de Valladolid, a. 1255 (M. P., *D. L.* 228.16, 35); doc. de 1302 (*RH* XII, 603); Lope, *El Mejor Alcalde,* ed. Losada, II, xvii, p. 232; Quiñones de B., ed. Cotarelo, p. 508, etc.; como madrileño sólo en el sentido de 'faltar a': *correr la clase, correr la escuela, correr la oficina* (Pastor Molina, *RH* XVIII, 55); ast. *correr* 'propalar' (V). La otra construcción transitiva 'cambiar (algo) ligeramente de sitio' (*córrelo a la derecha, correrse hacia acá,* etc.)—ésta general en castellano, pero ajena a otros romances muy afines (p. ej. el catalán)—, quizá sea en realidad un homónimo procedente de CORRĬGĔRE 'rectificar la dirección o posición de algo', 'enderezar' (*corrigere se flexus fluminum* Plinio, *corrigere cursum* Livio, *corrigere digitum* 'enderezarlo cuando estaba doblado'), comp. ast. *acurrir* «arrimar o separar: *acurrite p'acá* 'acércate', *acurrite p'allá* 'sepárate'», con el mismo tratamiento fonético que el arcaico y santanderino *escurrir* EXCORRIGERE (M. P., *Cid,* 656) y *apurrir* 'dar la mano' PORRĬGĔRE: nótese que 'correr' no se dice **currir* en asturiano, sino *correr* o *cuerrer;* para ejs. asturianos de este radical *cuerr-,* por lo menos en posición rizotónica, vid. aquí s. v. CORRAL (también *cuerro, cuerres,* etc., en el Norte de Burgos: G. de Diego, *RFE* III, 302; en el Norte argentino: O. di Lullo, *Canc. de Santiago del Estero,* p. 315).

DERIV. *Carrucar,* salm. (< *corrucar*), 'correr la peonza'. *Corredera* [Nebr.]; ast. *corredoria* 'pequeño aro de madera a un extremo del *reyu,* para atar las cargas' (V); gall. *corredoira* 'especie de camino' («camiños, vereas e *corredoiras*» Castelao

253.23). De *correr el agua* parece derivar un gallego **corruchada* o **corrochada*, alterado por metátesis e influjo de *chorro*, en pontev. *cachorrada*
'aquel chorro de agua que arrojan las tejas cuando
llueve mucho' (*la casa de fulano echa la cachorra-* 5
da en el balcón de citano, Sarm. *CaG.* 225r). Gall.
escurripar (*un jarro*) 'beber su contenido hasta las
heces', *escurripas* 'gotas de líquido que quedan en
una vasija', *herba da escurripa*, amarguísima (porque anima a escupir escurriendo toda la saliva), 10
y es casi igual a la centáurea menor (pormenores en
Sarm. *CaG.* A150v, 132v, 162v, 215v, quien lo
localiza en Pontevedra, Soutomaior y Mondoñedo).
Corredero; *corredizo*; *corredor* [APal.; como sustantivo de lugar ya está en Cervantes y en Calvete 15
de Estrella, *Aut.*, no sé si en Covarr.], *correduría*;
corredura. Correría [h. 1572, H. de Mendoza].
Corretear [Acad. ya 1843]; *correteo*; *corretero.*
Corrible 'que tiene curso' [doc. arag. de 1400,
BHisp. LVIII, 88]. *Corrida* [Nebr.]; *corrido* [íd.]. 20
Corriente [íd.]; *correntía, correntío, correntón, co-*
rrentoso; *correncia²* [J. del Encina, *RFE* XL,
150; 1605, *Pícara Justina*]. *Correndilla* [princ.
S. XVI, Guevara; Naharro, ed. Gillet III, 854];
V. *CARRENDILLA. Corrimiento* [Nebr.]. *Corso* 25
[*curso: Partidas; corso*, Covarr., Oudin], del it.
corso o del b. lat. *cursus* íd., quizá por conducto
del cat. *cors* (donde ya se halla en el S. XIII, Consulado de Mar, cap. 231), procedentes todos ellos,
en definitiva, del lat. *cŭrsus* 'corrida, acción de 30
correr'; *corsario* [*cossario³*, APal., 29b, 75b, 282d;
Nebr.; *Aut.*; Covarr.], comp. Vidos, *Parole Marin*,
332-6]; *cursario* ya a fines del S. XIV, Fz. de
Heredia, *BHisp.* LVII, 452; el vocab. de med.
S. XV (*RFE* XXXV, 337) explica que «a los que 35
con navíos ligeros corren las mares, dízenlos *cur-*
sarios». *Corsa* 'camino hecho por mar' [1626, Fu-
nes], del it. *corsa* 'camino, carrera'. *Coso* ant. 'curso, carrera' [1582, Argote], 'lugar cercado donde
se corren toros, etc.', *cosso* 'plaza pública', S. XIII, 40
Fuero de Usagre, § 71, duplicado popular de *corso*
y *curso* [con forma arcaica, *corso*, en Berceo]⁴,
comp. cat. *cós* 'carrera', 'lugar cercado' 'solar por
edificar', ac. esta última que debió existir en Aragón, pues de ella derivan el rioj. *cosera* 'porción 45
de tierra que se riega con el agua de una tanda'
(*Aut.*; López de Úbeda lo emplea en sentido
figurado, p. 95b: «se me asentó la cosera», Nougué, *BHisp.* LXVI), arag. *cosero* 'arroyo para regar
los campos' (Peralta); *cossante* 'antiguo género 50
poético (canción de danza)' [fin S. XIV, Hurtado
de Mendoza, padre del Marqués de Santillana,
vid. Amador de los Ríos, *Hist. de la Lit. Esp.* V,
293-4]. Acerca de *cossante*, vid. W. Entwistle,
«Dos *cossantes as cantigas de amor*» (en el libro 55
de Bell-Bouza-Entwistle, *Da poesia medieval por-*
tuguesa, 2.ª ed., Lisboa, 1947), y sobre todo J.
Romeu i Figueras, «El *cosante* en la lírica de los
Cancioneros musicales españoles de los SS. XV y
XVI» (en *Anuario Musical*, Barcelona, 1950, V, 60

15-61). Es una cantiga de amigo de paralelismo
perfecto: dos voces alternan cantando dísticos, separados por otro dístico (siempre idéntico) cantado
por el coro; cada voz en el primer verso de su dístico repite el 2.º verso de su dístico anterior, y la
segunda voz dice dos versos paralelos a los de la
1.ª, aunque distintos y especialmente con variación
de la rima («1.ª: en o sagrad' en Vigo / bailava
corpo velido. / CORO: Amor ei! / 2.ª: En Vigo,
no sagrado / bailava corpo delgado. / CORO: Amor 10
ei! / 1.ª: Bailava corpo velido / que nunca ouvera amigo. / Amor ei. / Bailava corpo delgado /
que nunca ouvera amado»: hay algún parecido
con el zéjel). Lang y Bell prefirieron el término
cosante, con que se conoció en Castilla esta forma 15
estrófica en los SS. XIV y XV, aunque los portugueses han puesto reparos. Es la elaboración culta
y cortesana de un género popular, que como tal
vive todavía (o vivía hace poco) en Portugal, Galicia y Asturias. Diego Hurtado de Mendoza llamó 20
cosante su *Árbol del Amor*; cita este género Díez
de Games (antes de 1448), y en la *Crónica de Lu-*
cas de Iranzo, con referencia a los años 1461-64-
70, se habla muchas veces de *cantar cosantes* y
también *cantar en cosante* y *andar en cosante*, alu- 25
diendo a un canto alternado del Condestable y su
esposa con un coro de comensales, y empleado
como descanso después del baile: luego ya era
canto *sin baile* (citas de Romeu, p. 28). Pero antes
había sido precisamente una *bailada* o canción de 30
danza (Nunes, *Cantigas d'amigo* I, 20-21). Aubrey
F. G. Bell, *A Lit. Port.*, 1931, p. 16n.3, dice «quizá *cossante* signifique rima («consoante»), pero lo
más seguro es derivarlo de *coso* (lugar cerrado
donde se danzaba)». En efecto, hacia CURSUS nos 35
orienta la forma *corsante* que Romeu (p. 28, n. 5)
cita en Antón de Montoro el Ropero (*Canc. Gral.*,
n.º 1018) y en Rodrigo Cota (*Diál. entre el Amor*
y un Viejo). Más detalles en las conclusiones de
Romeu, pp. 59-61. En una carta que me escribió 40
éste hace tiempo me decía que «según trabajos
recientes» la forma correcta es *cosaute*. Habrá que
verificar las pruebas de esta novedad, que no puede dejar de sorprender tratándose de una forma
estrófica típicamente ibérica, en tanto que esta 45
terminación indicaría origen galorrománico (nada
parecido veo en oc. ant. ni fr. ant., a no ser oc.
corsant 'santo' CORPUS SANCTUM). Cf. Eugenio
Asensio, *RFE* XXXVII, 1953, 136-168, prueba
que la forma genuina es *cossaute* por la rima con 50
faraute y *flaute* en Rodrigo Cota y Antón de Montoro, y por grafías manuscritas e impresas antiguas
(*corsaute* y *cosaote*) y cree que viene de un hapax
fr. *coursault* documentado en Eustache Deschamps.
Josep Romeu, *Anuari Musical Bna.*, IX, 1954, 1ss., 55
28-29, califica esta etimología de arriesgada y la
rechaza en el aspecto semántico, bajo el supuesto
de que la creara Deschamps alterando *courante*
en *court saut*. Deschamps la emplea en un sentido
figurado: *là vous aprandray a dancer au coursault* 60

et faire mains tours, Oeuvres Complètes VI, 1889, 112, n.º 169 v. 8; del contexto resulta una aplicación obscena, pero la frase de Deschamps muestra que en Francia se trataba realmente de una danza, cuyas características normales ignoramos en aquel país. Luego no estamos en terreno semántico bastante firme para rechazar ninguna etimología por razones semánticas, y menos para asegurar que venga de CURTUM SALTUM o de una alteración de *courante*. Lo seguro es sólo que ahí *-aute* debe de ser más antiguo que *-ante*, lo cual casi asegura del todo la procedencia galorrománica. Es probable que sea deriv. de CURSUS, cf. fr. *dance à cours* y *courante*, con el sufijo fr. popular *-aut*. Como dice Raynaud (cita de Romeu, p. 28): «la *courante* avant de devenir grave et solennelle au XVIIᵉ siècle, méritait au XVIᵉ d'être qualifiée de dissolue par Bouchet». Algo parecido pudo ocurrir con el *cosaute*, luego esta etimología no se opone a la definición de *cosaute* como cantar paralelístico defendido por Romeu y ya tradicional. Véase ahora Navarro Tomás, *Métrica Española*, p. 64, etc. (importante para las características métricas) quien en conclusión declara atinadamente que la forma *cosante* «m e r e c e mantenerse como e q u i v o-c a c i ó n a f o r t u n a d a». *Cosetada* 'paso acelerado, carrera' [Quevedo]; *cosetear* 'justar, lidiar', ant. [Acad. 1884, no 1843]; *acosar* 'perseguir con empeño' [princ. S. XV, *Canc. de Baena*], 'fatigar ocasionando molestias y trabajos', vid. Cuervo, *Dicc.* I, 150-1, también port. *acossar* (pero no es necesario suponer un lat. vg. *ACCURSARE, como se hace a veces); V. COǰIǰO. *Curso* [1594, Ribadeneira]; *cursar* [Corbacho, 245; Palencia, 55 (D. Alonso, *La Lengua Poét. de Góngora*); 1528, ley de la *N. Recop.*]; *cursante, cursado; cursillo; . cursivo* [h. 1620, Tribaldos]; *cursor. Acorrer* [*Cid*]; *aco-rredor, acorrimiento, acorro* [*Cid*]; gall. íd. («porse ao *acorro* da divindade» Castelao 123.21). *Con-currir* (princ. S. XV, Santillana; *Seguro de Tordesillas*), vid. Cuervo, *Dicc.* II, 334-6, tomado del lat. *concŭrrĕre* 'correr junto con otros'; *concurren-te* [1615, *Persiles*; *concurriente*, ya en Villena, princ. S. XV], vid. Cuervo, II, 333-4; *concurren-cia* [1625, Coloma], ibid., 333; *concurso* [Mena (C. C. Smith, *BHisp.* LXI); Palencia, *Perfección*, p. 388a; Arévalo, *Vergel*, p. 329a (Nougué, *BHisp.* LXVI); APal., 93d), *concursar*. *Decorrerse* [ya Acad. 1843, como ant.], latinismo poco frecuente, de *decurrĕre* íd.; *decorrimiento; decurrente. De-curso* [Terr.], tomado de *decursus, -ūs,* íd.; *de-cursas* [*Aut.*, como voz riojana]. *Discurrir* [Santillana, Mena (C. C. Smith); med. S. XV, G. Manrique, Crón. de Álvaro de Luna; también APal. 164d, etc.; pero J. de Valdés todavía dice que es palabra que debiera introducirse en castellano; es ya frecuente en la 2.ᵃ mitad del S. XVI; ast. *escurrir*, V] tomado del lat. *dĭscŭr-rĕre* 'correr acá y acullá', 'tratar de algo', vid. Cuervo, *Dicc.* II, 1250-3; *discurriente, discurri-*

miento; discurso [APal. 25d, 204d, en el sentido de 'curso de las aguas'; h. 1515, Fz. Villegas, Padilla, Garcilaso (C. C. Smith, *BHisp.* LXI). J. de Valdés dice que desearía introducirlo en castellano; es frecuente desde el *Quijote*], tomado de *dĭscŭr-sus, -ūs* íd.; *discursar* o *discursear, discursible, discursista, discursivo. Escorrer* ast. 'ahuyentar' (V). Gall. *escorrentar* 'echar uno de sí (moscas, pulgas, etc.)' Sarm. *CaG.* 183v, 'ahuyentar, librar de'⁵. *Escurrir* [Berceo, *S. Dom.* 367a *la noche es-corrida* 'transcurrida'; *escurrir* 'dejar gotear' 1505, PAlc.]; *escurrimiento; escurrimbres* [*Aut.*, como murciano]; *escurridero, escurridizo, escurridor, es-curriduras* [Guevara, *Epístolas*, II, pp. 337 y 338 (Nougué, *BHisp.* LXVI)]; *escurribanda* ['castigo' 1615, Villaviciosa; el «sufijo» se debe a la imitación de *zurribanda* y *zarabanda*, cuyo influjo se nota en la forma *escuribanda* que, como término de fortificación, emplea Rojas Villandrando, 1603, *Via-je Entr.*, p. 541b, y hoy es asturiana en el sentido de 'mano de golpes'] (compuesto: *escurreplatos*); ast. *esgurripiáu* 'demacrado' (V). *Excursión* [1612, Márquez], tomado de *excursio, -ŏnis* íd., derivado de *excurrere* 'correr afuera'; *excursionista* [Acad. 1925 o 1936], tomado del catalán, donde está en uso desde antes de 1878⁶; *excursionismo* [íd.].

Incurrir [APal. 321b, 326b, 355d], tomado de *incurrĕre* 'correr hacia'; *incurrimiento, incurso, incursión* [1640, Saavedra F.].

Ocurrir [h. 1440, A. Torre, Mena (C. C. Smith); 1584, Rufo], tomado del lat. *occurrĕre* 'salir al paso; *ocurrente, ocurrencia* [S. XVII, *Aut.*], *ocurso* ant.

Precursor [Villamediana, † 1622], tomado del lat. *praecursor, -ōris,* 'el que corre delante de otro', derivado de *praecurrere* 'correr antes'.

Procurrente.

Recorrer [APal. 220d], *recorrido.*

Recurrir [APal. 20b], tomado del lat. *recurrĕre* 'volver a correr'; *recurrente, recurrible, recurrido; recurso* [Santillana (C. C. Smith); APal. 355b].

Socorrer [1323, *BHisp.* LVIII, 358; APal. 8b, 8d, 210d]; *socorro* [*Gral. Est.* II, 1, p. 50a (aunque lo normal en este texto y en la *1.ᵃ Crón. Gral.* es *acorrer*); Mena (C. C. Smith; J. A. Pascual, *Trad. D. Com. atr. a E. de Aragón*, p. 76 n.); APal. 146d, 381b]; *socorredor, socorrido; sucursal* [Acad. 1914, no 1843], del fr. *succursale* [1675; ac. moderna, 1844], derivado culto del part. lat. *succur-sus. Tra(n)scurrir* (falta aún Acad. 1843), tomado del lat. *transcurrere* íd., *transcurso* [1648, J. de Solórzano].

CPT. *Correve(i)dile; correverás; cursómetro.* Gall. *correcaneira* «mujer perdida, mundana o puta» Sarm. *CaG.* 209v (porque la corren o expulsan los canes o porque la echan como a un perro).

¹ En gallego ya se halla en la *Cantiga* 328, y comp. Viterbo.— ² *Gorrentzi* 'disentería de ovejas y de bueyes' en el guip. de Andoain.— ³ Comp. cat. ant. *cossari*: Consulado de Mar, cap. 56;

J. Roig, v. 6948; etc.— ⁴ Para el gall. *couso* «sitio a propósito para correr y hacer cacería», port. sept. *Cousso*, vid. Silveira, *RL* XXIV, 206-7. Pero no es posible el étimo CAUSSUM, que en lat. vg. se hubiera reducido a CAUSUM y, por lo tanto, no explicaría la *ss* portuguesa. Se trata de un cruce entre *cosso* CURSUS y *couto* CAUTUM.— ⁵ *Escorrentar os nemigos*», «o noxo *escorrentoume* o sono*» Castelao 118.7, 149.18.— ⁶ En esta fecha empezó a publicarse en Barcelona *L'Excursionista*, boletín mensual de la *Associació Catalanista d'Excursions Científiques*.

Correspondencia, corresponder, correspondiente, corresponsal, corresponsión, V. *responder*

CORRETAJE, tomado de oc. ant. *corratatge* íd., derivado de *corratier* 'corredor', 'intermediario', y éste de *corre* 'correr'. 1.ª doc.: 1548, *N. Recop.* IX, xxx, 9.

También en Hevia Bolaños h. 1610, y en el *Guzmán de Alfarache* (1599) en el sentido de 'alcahuetería'. En portugués, además de *corretagem* (ya en 1446), se halla *corretor* 'corredor, intermediario', 'alcahuete', documentado por Moraes en varios textos de los SS. XVI-XVII, desde Lopes de Castanheda († 1559), y que según Vieira se halla ya en las Ordenações Affonsinas de 1446. Esta forma, junto con la idéntica que se encuentra en fueros aragoneses de los SS. XIII y XIV, lo propio que *corretería* 'correduría' (Tilander, p. 327), hace pensar en un étimo CORRECTOR 'corregidor', 'reformador', 'censor', 'especie de gobernador de provincia', aunque semánticamente sea poco satisfactorio. Análogamente se ha querido derivar el oc. ant. *corratier*, fr. *courtier* 'corredor, intermediario', de un CORRECTARIUS, que se halla en latín medieval; pero como ya indicó A. Thomas (*Rom.* XLI, 433), con aprobación de L. Jordan (*ASNSL* CLII, 79n.2), este étimo debe rechazarse, entre otras razones porque no es más que una latinización tardía y sin valor del vocablo occitano: en efecto, CORRECTARIUS sólo aparece en un doc. de Nimes del año 1454. Nuestra familia léxica está bien arraigada, desde la Edad Media, en catalán (*corrater, corrateria, corratejar, corratadura*, en docs. rosselloneses de los SS. XIII-XIV; la forma aprovenzalada *corrateyra* 'alcahueta' en el rosellonés B. de So, 1315-47; *Rom.* LIV, 50; *correter*, sin localizar, en 1448, vid. Ag.) y en francés (*courretier* h. 1220, *courratier* desde 1260, el disimilado *coletier* en textos loreneses y valones desde 1247: *FEW* II, 1568b), pero el centro principal de la misma, a juzgar por la abundante documentación recogida por Du C., Raynouard y Wartburg, y probablemente su patria, estuvo en el Sur de Francia. Ahora bien, aquí son posibles y aun frecuentes los derivados en *-atier* de radicales verbales: *clamatier, logatier, filatier, pescatier*, quizá *caussatier*¹. Así se formó *corratier* de *corre* 'correr', y luego

cruzándose con *corredor* (que según Jordan ya se halla en doc. barcelonés de 1271, y disfrazado en *cursatores* ya aparece como latino en 1194) engendró la forma aragonesa y portuguesa *corretor*. El paso fonético de *corratatge* a *corretaje*, con *-e-*, parece indicar un intermediario catalán oriental².

¹ Para este tipo formativo puede verse Adams, *Word-Formation in Old Provençal*, 394-5, y sobre todo el trabajo de Giandom. Serra en el *Volumul Omagial Lapedatu*, Bucarest 1936 (comp. Rohlfs, *ASNSL* CLXXI, 278). Ya en lengua de Oc *-atier* presenta tendencia a trasladarse a la formación denominativa (*boscatier, bovatier, coiratier, degatier, mulatier*, etc.), y esta tendencia se ha consolidado en catalán (*llenyater, peixater, ferrater*, etc.) y en castellano, donde se halla *peletero* y alguno más, en todas partes, *calçatair* en mozárabe, pero sobre todo es muy viva en América: *vinatero* (Arg., etc.), arg. *yerbatero, aguatero*, cub. *leñatero, bocatero, niguatero*, etc. Pero el punto de partida en todas partes parece haber sido el tipo latino en -ATARIUS, propio especialmente del lenguaje jurídico de la baja época: *donatarius, locatarius, destinatarius*, etc., que partió de formaciones verbales en -ATUM, y que dió también nacimiento, en este caso por vía popular y ya no erudita, a las formaciones en *-adero* del tipo de *panadero* (*vinadero* en el *Fuero de Zorita*, § 829). De todos modos, el centro principal de este tipo formativo se halla en occitano y catalán, menos en castellano y mucho menos en francés.— ² Contra la etimología COLLECTARIUS sugerida por Spitzer y aceptada por M-L, bastan las razones aducidas por Wartburg, *FEW* II, 1574n.31.

Corretear, correteo, corretero, V. *correr* *Corretora*, V. *regir* *Correve(i)dile, correverás, corrida, corrido, corriente*, V. *correr* *Corrigendo*, V. *regir* *Corrillero, corrillo, V. corral* *Corrimiento*, V. *correr* *Corrincho*, V. *corral* *Corrivación*, V. *río* *Corriza*, V. *corral* *Corro*, V. *corral* *Corroboración, corroborante, corroborar, corroborativo, corrobra*, V. *roble* *Corroer*, V. *roer* *Corrompedor, corromper, corrompible, corrompido, corrompiente, corrompimiento*, V. *romper* *Corrosible, corrosión, corrosivo*, V. *roer* *Corroto*, V. *escorrozo* *Corroyente*, V. *roer* *Corrozar, corrozo*, V. *escorrozo* *Corruca, corrucar*, V. *acurrucarse* *Corrugación, corrugar*, V. *arruga* *Corrugo*, V. *cuérrago* *Corrumpente, corrupción, corruptela, corruptible, corruptivo, corrupto, corruptor*, V. *romper* *Corrusco*, V. *coscorrón* *Corsa, 'viaje'*, V. *correr* *Corsa 'narria'*, V. *corzo* *Corsario*, V. *correr* *Corsé, corsetería, corsetero*, V. *cuerpo* *Corso*, V. *correr* *Corta, cortabolsas, cortacallos, cortacigarros, cortacircuitos, cortacorriente, cortada, cortadera, cortadillo, cortado, cortador, cortadura, cortafrío, cortafuego, cortalápices, cortamiento, cortante*, V. *corto*

CORTAO, 'máquina de guerra para batir murallas', ant., del fr. antic. *courtaud* 'cañón de grueso calibre y de poco alcance', derivado de *court* 'corto'. *1.ª doc.*: h. 1490, H. del Pulgar, *Crón. de los R. Catól.*, que se ha atribuído a Nebr.: *Aut.*

La voz francesa se halla particularmente en un misterio compuesto h. 1485, y en d'Aubigné (h. 1600), vid. Wartburg, *FEW* II, 1586b. Comp. *CUARTAGO.*

Cortapicos, cortapiés, V. *corto*

CORTAPISA, 'guarnición de tela diferente, que se ponía a ciertas prendas de vestir', 'añadidura', 'condición o restricción con que se tiene algo', del cat. ant. *cortapisa* 'guarnición diferente en los vestidos': parece haber significado primitivamente 'colcha basteada para abrigo en la cama' y después 'guarnición de material diferente que se pone a una colcha', y proceder del lat. CŪLCĬTA PĪNSA 'colchón apretado con bastas', del participio pasivo del verbo PĪNSĔRE 'apretar, apisonar', 'golpear, machacar'. *1.ª doc.*: 1438, *Corbacho*[1]; 1444, invent. arag. (*BRAE* II, 558); h. 1460, *Crón. de Juan II.*

Se halla ya también en Nebr. («*cortapisa de saia: limbus talaris*») y en otro invent. arag. de 1497 («unas faldillas negras marmetadas ['ribeteadas'] con *cortapisa* de cetí verde»: *BRAE* II, 93). El port. *quartapiza*, alteración de la voz castellana (V. s. v. *CUARTAGO*) aparece a med. S. XVI En catalán hallamos *cortapisa* en muchos docs. del S. XV [1443, Alcover], en J. Roig, v. 11829[2], h. 1460, en el Diario del Capellán de Alfonso el Magnánimo (h. 1478)[3], y varias veces en la última parte de *Tirante el Blanco* (a. 1490), vid. Ag. Así en catalán como en los citados textos castellanos el significado es siempre 'guarnición aplicada a una saya o a otra prenda de vestir'. Que el vocablo existía ya en el S. XIV en Cataluña y quizá en Aragón, nos lo prueba la variante *cortapeu*, que sale en dos inventarios aragoneses de 1362 (*BRAE* III, 90, 224), resultante sin duda alguna de un cruce entre el cat. *cortapisa* y un sinónimo usual en este idioma, a saber *entornpeu* (Ag, s. v. *cortapisa*), compuesto de *entorn* 'alrededor' y *peu* 'pie'[4]. Del catalán ha de proceder también el ferrarés ant. *cortapisa*, aplicado repetidamente a guarniciones de trajes de D.ª Leonor de Aragón, duquesa de Este, en la segunda mitad del S. XV (Bertoni, *ARom.* IV, 376): hay indicación concreta de que se trataba de ropas cortadas a la moda usual en la corte de los reyes catalanes, de quienes era hija D.ª Leonor («de veludo negro facto a l a c a t e l l a n a»). Ya Bertoni llamó la atención acerca de la identidad de este vocablo con oc. ant. *cortapia*, que Levy (*Petit Dict.*) sacó de las Cuentas de los Hermanos Bonís, de Montauban (años 1339-68), conservando la definición «courtepointe» ('colcha basteada'), que E. Forestié, editor de

este texto, atribuye al vocablo en su glosario; de ahí deducía Bertoni que la etimología de la primera parte de *cortapia* debía ser la misma que la de la citada voz francesa, a saber la voz. CŪLCĬTA 'colchón', que dió primero *coute-* y luego *courte-* (por contaminación del adjetivo *courte* 'corta'). En cuanto a la segunda parte de *cortapi(s)a*, ni Bertoni ni Spitzer (*Katalanische Etymologieen*, p. 13) se permitieron conjetura alguna. Sin embargo, este punto es claro, pues siendo *cortapia* reducción dialectal de *-pisa*, por una tendencia local bastante extendida en lengua de Oc (*guia* < *guisa*, *maió* < *maisó*, etc.), claro está que debe partirse de PĪNSA, participio de PĪNSĔRE 'golpear, machacar' y luego 'apretar, apisonar' (comp. cast. *pisar*), con alusión a las bastas que caracterizan la *courtepointe.*

Queda, sin embargo, el aspecto semántico, que no será posible aclarar del todo mientras no poseamos más datos acerca de la historia de la moda y de la colchonería en el «otoño de la Edad Media». Y en primer lugar: ¿está bien asegurado que *cortapisa* designó una *courtepointe* u otro tipo de colcha? A la verdad, esto es menos seguro de lo que podría deducirse del Glosario de Forestié: en realidad el contexto del documento occitano indica por lo contrario que se trata, en español, de una prenda de vestir[5]. Pero en uno de los pasajes del *Libro della Guardaroba* de Leonor de Aragón es claro que se habla de ropa de cama[6], y lo mismo ocurre en uno de los inventarios aragoneses[7]. En castellano mismo la *Crónica de Juan II* habla de la *cortapisa* que bordeaba los paramentos de un caballo (*Aut.*), lo cual está tan cerca por lo menos de una colcha como de una saya. En conclusión, es muy probable que *cortapisa*, después de referirse a la colcha misma, y luego a una guarnición de material diferente aplicada a una colcha[8], se extendiera a las guarniciones parecidas que adornaban los trajes femeninos[9].

La posterior evolución semántica en castellano está clara: Mariana (cita en *Aut.*) y Cervantes emplean el vocablo como sinónimo de 'añadidura', 'elemento postizo' («Teresa me pusieron en el Bautismo.... sin añadiduras ni *cortapisas*, ni arrequives de dones ni donas»), y modernamente se ha concretado este sentido en el de 'condición o restricción con que se concede o se posee una cosa' que falta todavía en Percivale, Oudin y Covarr., no apareciendo hasta h. 1650, en J. de Palafox[10]; la otra ac. moderna 'adorno y gracia con que algo se dice', es también muy comprensible partiendo del ornamento que eran para los trajes las cortapisas medievales. En Asturias sigue siendo «forro del vuelo de la saya» (V).

DERIV. Saya *cortapisada* [Nebr.].

[1] Cej., *Voc.*, agrega dos ejs. más, de la misma fecha, aproximadamente: Pero Tafur y Pero Vélez de Guevara (en el *Canc.* de Baena).— [2] «Rey-

na feta / celestial, / ceptre real / té e corona /
al cap, redona, / de dotze steles, / vist primes te-
les, / roba daurada, / de vays forrada / la *cortapisa*. / Ella divisa...». Como se ve por esta rima
y por la grafía de Nebr. y demás textos medie- [5]
vales, la *-s-* era sonora.— [3] R. d'Alòs-Moner,
Crestomaties Barcino, Historiografia, p. 190.
[4] El cruce se refleja asimismo en el género femenino (*una cortapeu*) que tiene el vocablo en la
p. 224. En el otro inventario es masculino, gé- [10]
nero de *entornpeu*.— [5] Como ya reconoce el propio editor en la p. LXXIII, del tomo I: «ce
mot figure dans le compte d'un bourgeois à côté
d'un chaperon: demi-palme sedas mi-vert et
noir, trois quarts de soie de Lucques, demi- [15]
palme cendal pour *cortapia* et chaperon de serge
pour sa femme».— [6] «Copertella una de carriola
fatta alla moresca cum una *cortapisa* dintorno de
veludo negro cum franze et friso d'oro fodrá de
taffettà celestro». *Copertella* es 'cubierta' o 'man- [20]
ta' y *carriola* designaba según Petrocchi una «specie di lettuccio basso con girelle che si nascon-
deva di giorno sotto i letti grandi». En los demás
pasajes se aplica a una *turca*, es decir un 'manto',
o a una *camora* de velludo, palabra que no pue- [25]
do identificar con seguridad (¿deberá leerse *ça-
mora* y derivar del turco *sammur* de donde suele
traerse el cast. *zamarra*, it. *zimarra, cimarra*?
Entonces sería una pieza de vestir).— [7] «Un a l-
m a d r a c h [= almadraque o colchón]... liga- [30]
do con cordel a manera de crosell [léase *tro-
sell*, es decir 'fardo'], en el qual havia una *cortapeu* cardena de mescla con penya de corderos,
blanca», p. 224.— [8] No será *cortapisa* el único
caso de evolución semántica semejante.. El cat. *en-* [35]
tornpeu además de «cerca, ruedo de las faldas»,
designó una 'delantera de cama, tela para tapar
las camas y lo que está debajo de las mismas',
según Ag.— [9] Queda un escrúpulo fonético-geo-
gráfico. La evolución CŬLCĬTA > *coute* (de donde [40]
courte-) no presenta dificultad alguna en francés,
pero es más sorprendente en catalán y occitano,
donde la síncopa temprana de la vocal postónica,
en el caso de grupos consonánticos complejos, no
suele ser anterior a la sonorización de las sordas [45]
intervocálicas. ¿Deberá suponerse que el vocablo,
en estos idiomas procedía del francés? Pero no
hallo nada de esto en francés antiguo (Tobler;
Godefroy; *FEW* II, 1493b). La forma corriente
de CULCIT(R)A en catalán y lengua de Oc es *có- [50]
cera*. Pero quizá, a pesar de todo, existió una variante sincopada *colzta > colta*: no sería imposible en teoría (comp. SABBĂTUM > (*dis*)*sabte*), y
en efecto se halla oc. *coltra* en 1448 (Pansier),
hoy *kústjo* 'colchón' en el Lot (*VKR* VI, 54), y [55]
el Levy pequeño cita ya *costia* «couette, lit de
plumes» en la Edad Media.— [10] Esta fecha tan
tardía ya muestra que *cortapisa* no es un compuesto castellano de *cortar*, como se habría podido creer. [60]

*Cortaplumas, cortapuros, cortar, cortaviento, cor-
te* m., V. *corto*

CORTE, f., 'corral, establo, aprisco', 'acompañamiento o séquito, especialmente el del Rey', pl. [5]
'cuerpo consultivo-legislativo de los reinos medievales', 'Cámara legislativa de los estados modernos',
del lat. vg. CŌRS, CŌRTIS, lat. COHŌRS, -ŌRTIS, 'recinto, corral', 'división de un campamento, o de [10]
la legión que allí acampaba', 'grupo de personas',
'séquito de los magistrados provinciales', derivado
de HŎRTUS 'recinto', 'huerto'. 1.ª *doc.: cort*, *Cid*;
corte, doc. de 1206 (Oelschl.).

La ac. 'corral, establo', menos viva en castellano
que en otros romances, está documentada, sin em- [15]
bargo, por Covarr. («los muchachos de la escuela
piden licencia a su Maestro para ir a la *corte*:
conviene a saber al corral a hacer sus necesidades»), y hoy es catalana, asturiana («piso bajo de
las casas de ganado, donde éste se alberga», Acad. [20]
1884, no 1843) y gallega[1]; en la época primitiva está
representada con frecuencia por la forma *curte* del
bajo latín (ejs. de 986 a 1098 en M. P., *Oríg.*, 176):
esta forma con *u* se debe a una ultracorrección puramente gráfica, sin relación con el rum. *curte*, que [25]
viene del griego (*REW*[3], 2032). El duplicado culto
cohorte, se halla desde desde 1545 (P. Mejía) aplicado a las cosas del ejército romano, aunque después
ha tomado también el matiz de 'conjunto, serie'.

DERIV. *Cortejar* [Oudin, 1607-16; Coloma, [30]
1625], fonéticamente es claro que ha de proceder
de otro romance, pero cabe dudar entre el cat.
cortejar [S. XIII, *Set Savis*, v. 2951, y otros textos medievales citados por Ag.] y el it. *corteggiare*
[Velluti, † 1370; Ariosto, † 1533], sin embargo, [35]
la fecha de la aparición en cast., el caso claro de
cortejo, y aun la general verosimilitud semántica
—comp. *cortesano*— indican el último[2]; *cortejo*
'agasajo', 'séquito' [h. 1640, *Aut.*], del it. *corteggio*,
derivado del anterior (un cat. *corteig* apenas exis- [40]
te); del italiano procede también el fr *cortège*
[1622]; *cortejador, cortejante*. *Cortés*[3] [Berceo], formación común a todos los romances de Occidente,
aplicada a las maneras que se adquieren en la corte; *cortesía* [Berceo]; *descortés* [Nebr.], *descorte-* [45]
sía [íd.]. *Cortesano* [APal., 102b][4], tomado del it.
cortigiano, -egiano[5], por conducto de oc. ant. *cor-
tesan* [1350], y quizá cat. *cortesà* [1460-70: *Tirante*, I]: el sufijo *-igiano* es típico de la lengua italiana, donde nació como doble formación sufijal [50]
por ampliación del sufijo *-ese* (como *perpetu-ale*,
napolit-ano), y donde es sumamente frecuente (*par-
tigiano, borghigiano, pianigiano, valligiano*, etc., y
muchos gentilicios como *parmigiano, marchigiano,
astigiano*); el fr. *courtisan* [1472; *courtisien*, princ. [55]
S. XIV: *FEW* II, 851b] muestra aún más clara-
mente su procedencia, y la lengua de Oc actuó
de intermediaria para los romances occidentales,
gracias a la permanencia de la corte papal en
Aviñón en el S. XIV (comp. lo dicho a propósito [60]

de *artesano* y *campesino*, y vid. Flechia, *AGI* II, 12-17; M-L., *It. Gramm.*, § 489⁶); *cortesanía* [APal.: «*iocus* es dulce burla y *cortesanía* y palabras de riso»].

Cortijo [*cortigium*, en bajo latín, en un doc. de San Fernando, a. 1224: Du C.; mozár. *qurtîǧo* en una escritura toledana, SS. XI-XIII, y en una granadina posterior: Simonet, p. 138, 626; la *1.ª Crón. Gral.* emplea *cortijo* para 'corral de carretas y zarzos para las tropas', *Al-And.* X, 123; *cortijo* está también en la ley de 1490 de la *N. Recop.* VII, vii, 13], palabra empleada casi exclusivamente, y ya desde antiguo, en Andalucía [*Aut.*]⁷, y pasó al árabe granadino («*cortix*: toril para ganado vacuno» PAlc.); emparentado con el port. *cortelho* 'corral', 'pocilga', gall. *cortello* 'pocilga' («un *cortello* inmundo» Castelao 145.11), también port. *cortelha* (Fig.), salm. *corteja* 'pocilga' (Lamano): esta forma femenina parece ser la primitiva y se tratará del lat. COHORTĬCŬLA, que en un contemporáneo de Cicerón tiene el significado de 'cohorte pequeña', pero que en un papiro de 625, de origen italiano según creo, designa una localidad («duo hospitia intra se cum *curticula*»: ThLL)⁸; *cortijada, cortijero. Cortina* 'tierra pequeña, cercada' (1118, *BHisp.* LVIII, 358; Acad. 1884, no 1843), salm., cespedes. (*RFE* XV, 269), 'portal de fuera', mozár. (PAlc.), comp. gall. *cortiña* 'tierra cercada, para el cultivo de legumbres y cereales' y *curtiña* 'pequeña huerta cerrada' (Lugrís), gall. ant. *cortynna* lo mismo o 'quinta de placer' en *Ctgs.* 105.11 y *CEsc.* 387.19, trasm., minhoto *cortinha* «campo junto da povoação», «terra de semeadura, cercada de parede» (Leite de V., *RL* III, 74; Viterbo), *La Cortina* en la toponimia catalana, occitana (Sabarthes, *Dict. Top. de l'Aude*; Amé, *Id. du Cantal*), friulana e italiana (Prati, *RLiR* XII, 69-70), retorrom. *curtin* 'prado cercado junto a la casa' (Schorta, *VRom.* VI, 37); *cortinal* 'pedazo de tierra cercada, cercano al Lugar' (Covarr., como voz de Castilla la Vieja).

¹ «Érguese o pano e aparece unha *corte* aldeán», Castelao 162.16, 279.18.— ² En castellano antiguo había existido la forma genuina *cortear*, empleada en el *Alex.*, 669, y todavía en el Glos. de Toledo, *corteyar* en *Sta. M. Egipc.*, v. 160. El it. antic. *corteare*, e it. *corteo* 'cortejo de un bautizo o unas bodas' no proceden de este vocablo castellano, sino de una forma dialectal italiana.— ³ Para el femenino *cortesa*, que se halla en los dos primeros de estos textos, en *Alex.*, y hoy en aragonés y asturiano, vid. Pietsch, *MLN* XXV, 209.— ⁴ «*Lepos*, que quiere dezir... *cortesano* fablar y donoso razonamiento en las burlas», «*currosus* es donoso, fablador, *cortesano*».— ⁵ En bajo latín de Italia *cortis(i)anus* aparece desde 774 (Du C.).— ⁶ Muy insatisfactorio es el tratamiento que da a *cortesano* Terlingen, 347-8. Según él, en el sentido de 'miembro de la corte' el vocablo sería genuino en castellano, pero la

ac. 'discreto, avisado, urbano' sería italianismo y no aparecería hasta Boscán y Garcilaso. Como se ve por APal. y por el propio Nebr. («*cortesano*... *civilis*...»), ambas acs. son igualmente antiguas; también está en *La Cárcel de Amor*, publ. en 1492 [*Oríg. de la Novela* II, 5b, 6a] en el sentido de 'miembro de la corte', aunque naturalmente envolviendo también el matiz de urbanidad y buena educación. Claro está que en el S. XVI el vocablo recibiría nueva influencia italiana gracias a la traducción de la obra famosa de Baltasar de Castiglione, comp. M. P., *El Lenguaje del Siglo XVI*; pero la primera entrada del vocablo no parece ser debida a influjo italiano directo, sino a trasmisión occitana. También es italianismo *cortesana* en el sentido de 'mujer pública', que nació en Italia como eufemismo (< 'mujer que vive en la corte'), vid. *FEW* II, 852b; para *dama cortesana* íd., vid. *Aut.* y Fcha.— ⁷ «Tiene desde allí Lisboa, / en distancia muy pequeña, / mil y ciento y treinta quintas, / que e n n u e s t r a p r o- v i n c i a B é t i c a / llaman *cortijos*, y todas / con sus huertos y alamedas» (Tirso, *Burlador* I, 788). Pero *cortijo*, con otro significado se emplea también en la Sierra de Francia (Lamano).— ⁸ El femenino **cortija*, de donde se sacaría *cortijo*, podría venir también de COHORTĬLIA, plural del tipo latino vulgar COHORTĪLE, para el cual vid. *FEW*, s. v.; comp. el origen de *pocilga* (s. v. PUERCO); pero la forma portuguesa *cortelha, -elho*, si no es secundaria, indica más bien un diminutivo en -ICULA, con el vocalismo vacilante (ī o ĭ) que es propio de este sufijo. Por lo demás, ĭ puede dar *i* en mozárabe (V. mi artículo sobre *guisante*, en *RPhCal.* I). Du C. cita también ejs. de *cortilium* y *cortilio* en bajo latín galicano y aun otros, tardíos, de *curticulum*; Simonet cita un *curtilium* de 1064 en Cataluña. Nótese que la *-j-* indica más bien una palabra nacida en Castilla la Nueva (comp. la escritura toledana) que en Andalucía, en cuyo mozárabe esperaríamos *-ll-*; de allí pudo propagarse al Sur. Del castellano, más bien que del fr. ant. *courtil* (como dicen M-L. y Rohlfs), saldrá el sic. *curtigghiu*, calabr. *curtigliu, -igghiu* «atrio, cortile». Será también castellanismo el ast. *cortixu* 'edificio pequeño y mal acondicionado' (V). No puedo precisar la fuente del cast. *cortil* 'corral', que la Acad. recoge ya en 1884 (no 1843).

Cortedad, V. *corto*   *Corteja, cortejador, cortejante, cortejear, cortejo, cortés, cortesanía, cortesano, cortesía*, V. *corte*   *Corteya*, V. *corteza* I

CORTEZA I, 'parte exterior del árbol, de algunas frutas, del pan, queso, etc.', de CORTĬCĔA, que en latín clásico es adjetivo femenino aplicado a objetos que se hacen de corteza, derivado de CORTEX, -ĬCIS, 'corteza'. *1.ª doc.*: Berceo.

Tiene *-z-* sonora en castellano antiguo (G. de

Segovia, p. 84; Nebr.). Del simple CORTEX vienen
CORCHO y *ALCORQUE* (V.). Del mismo ori-
gen que *corteza* salen port. *cortiça*, gall. *cortiza*,
'corteza' [S. XIV *cortyça*, *Gral. Est.* gall. 88.31;
corteza ib. 88.8 será cast.]; port. *cortiço* 'colmena', 5
gall. *-izo* 'cubete de corcho que sirve de colmena
o para colocar habas' (Sarm. *CaG.* 78r, quien además asegura que se emplea *cortiza* para otras cosas
de corcho, de lo cual desconfío por el contexto
etimologizante), *cortezo* 'pedazo de pan'; mozár. 10
corticha «boya, corcha de red, corcho o corcha de
alcornoque, témpano de corcho, veleta de vara de
pescador», *cortiche* 'alcornoque' (PAlc.), Tetuán,
Tánger *qorteĭša* 'pedazo de carbón vegetal que
echa mucho humo', bereber de los Ibeqqôyen (Rif 15
akarṭaššu 'corcho' (Colin, *Hespéris* VI, 81), it. *corteccia* 'corteza' (en catalán, galorrománico y retorrománico, reina el tipo *escorça*, *écorce*, *scorza*,
que también se extiende al it. *scorza*, y que es
dudoso si procede de CORTEX o de SCORTEA 'cosas 20
hechas de piel'). Para derivados en -ĔA, -ĬA, propios del latín hispánico, vid. *CENIZA*.

DERIV. *Cortezón. Cortezudo. Cortezuela. Descortezar* [Nebr.], *descortezador, -adura, -amiento,
descortezo. Cortical* [falta aún Pagés], derivado cul- 25
to del lat. *cortex. Escorchar* [1725, Avilés, como
término heráldico], del fr. *écorcher* 'desollar', y éste
del lat. vg. *EXCORTICARE íd., derivado de CORTEX.
Anteriormente el mismo vocablo se había introducido, tomándolo del cat. *escorxar* desollar', de 30
donde el arag. *escorchar* íd. [h. 1300, Fueros de
Aragón, Tilander, § 7.3; Fz. de Heredia, *RH*
XVI, 271, lín. 782; hoy todavía, Borao], de donde
se extendió luego a otras zonas: «*descorchar* o
descortezar: decortico» (Nebr.), judesp. 'desollar' 35
(Biblia de Constant., *BRAE* IV, 117), 'malbaratar
precipitadamente algún artículo alimenticio' [1517,
Torres Naharro, ed. Gillet III, 457; Covarr., que
relaciona abusivamente con el *corcho* de la col-
mena], comp. extrem. 'romper frutas u objetos que 40
tengan corteza blanda' («comensó a *e.* sandías y
melones contra el suelo, que aqueyo era una lástima», *BRAE* IV, 87), lunfardo arg. 'fastidiar'; de
ahí pasó al gall. *escochar* 'quitar la cabeza y tripas
a las sardinas', minhoto íd. 'matar' (Leite de V., 45
Opúsc. II, 106), pontev. *escouchar* 'quitar las alu-
bias de las vainas'[1] (Sarm. *CaG.* 223v); duplicado
castizo arag. *escorcar* 'quitar la cáscara verde a las
nueces, avellanas' (Borao); pero el arag. *escorchar*
no puede fonéticamente venir de CORTICEU, como 50
quisiera G. de Diego, *RFE* VII, 146. *Corteya* ast.
'corteza' (R. V) parece continuar un lat. vg. *COR-
TĬCŬLA, variante de CORTICULUS (> sardo *ortiyu,
-igu*, 'corteza del alcornoque', 'alcornoque', *REW*
2265a), diminutivo de CORTEX. Ast. *cortiega* 'el 55
agua de color oscuro y sabor acre que queda en
la olla después de cocidas las castañas', *dar la cortiega* 'tomar gusto a madera el agua que se echa
en una vasija nueva de este material' (V): es reducción de *corteyega*.

CPT. *Escorchapín* [1552, Calvete de Estrella;
comp. *corchapín*, desde 1583; *corpachín*, 1555,
Viaje de Turquía II, 87], 'nave ligera', del cat.
escorxapi [1535, Ag.], compuesto del cat. vulg.
escorxa, cat. *escorça* 'corteza', y *pi* 'pino': Calvete
y el italiano Bosio atestiguan que se trata de un
navío propio de Cataluña, vid. Vidos, *Parole Marin.*,
p. 362; Terlingen, 244, y mi reseña en *Symposium*, 1948.

[1] En los cuales, seguramente y, desde luego en
el último, ha intervenido el influjo de parasinó-
nimos como el gall. *coucha* 'el agujero del conejo' (211v, probablemente de *co(v)ucha* CUEVA),
gall. orient. *couso* 'agujero o foso para coger
lobos' (138v, CAPSUM).

CORTEZA II, 'ortega, ave gallinácea poco mayor que la perdiz', voz emparentada con el port.
cortiçó, -içola, íd., de origen incierto. *1.ª doc.*:
J. Manuel († 1348), *Caballero e Escudero*, ed.
Rivad., 250b[1]; Acad. ya 1843[2].

El port. *cortiçó* f. figura en el *Tratado da Altaneria* de Diogo Fernandes Ferreira (1612-15) y
Moraes define «ave mayor que perdiz, tem um
collar negro pelo pescoço». Fig. dice que es ave
de paso, poco mayor que una tórtola, da además
las variantes *cortiçol* m. y *cortiçola* f., y cita como
sinónimo *barriga-negra*, a la cual identifica con el
Pterocles arenarius. Vieira agrega que es de color
pardo y pies cortos, y llega al Alentejo en primavera; sugiere que haya relación con el fr. *corti-
cicole*, pero este término culto y raro es sólo adjetivo, con el significado de 'habitante en cortezas',
y no sé que se aplique a las aves[3]. Fonéticamente
no habría dificultad en derivar de CORTĬCĔA, femenino del adjetivo CORTICEUS 'relativo a la corteza'
(*cortiço(la)*, del diminutivo CORTICEOLA), pero no
veo justificación semántica: ¿hará el nido en la
corteza de los árboles, se alimentará de ella, o será
semejante a una corteza alguna parte de su cuerpo? Fonéticamente no es posible relacionar con
ORTEGA. La variante *cortega* citada por Terr.
resulta de un cruce de los dos sinónimos.

[1] Entre las aves que son cazadas y no cazan:
«las tórtolas, et los alcaravanes, et los marcicos,
et los sisones, et las cornechas, et las cuervas, et
las *cortezas*, et las grajas...».— [2] «Ave del tamaño
de la ganga, y de su figura y color, con corta diferencia». La definición actual, desde 1899. Descripción detallada en Terr.— [3] No hallo datos relativos a *corteza* en el glosario del *Libro de la
Caza* de López de Ayala, en el del *Arte Cisoria*
de Villena, en el estudio de C. Michaëlis sobre
el Libro de Cetrería de Mestre Giraldo, ni entre
los nombres de la *gelinotte* recogidos por Rolland,
Faune Populaire.

CORTINA, 'paño con que se cubren puertas, ventanas, camas, etc.', del lat. tardío CORTĪNA íd., derivado del lat. vg. CORS, -TIS, lat. COHORS 'recinto'. *1.ª doc.*: Berceo, *Mil.*, 320b[1].

Podría ser cultismo, comp. port. *cortina*, bearn. *courti(n)e*, que lo son con seguridad. En judeoespañol significa «couverture, étoffe servant à envelopper» (Rodas: *RH* X, 606). El lat. tardío CORTĪNA aparece en San Ambrosio, San Isidoro y otros autores eclesiásticos, y es calco del gr. αὐλαῖα 'cortina', derivado de αὐλή 'patio', 'morada'; no tiene que ver con el clásico CORTĪNA 'vasija', 'espacio circular'.

DERIV. *Cortinado* adj. ant. 'adornado con cortinas' [*Alex. O*, 803]; m., arg. 'cortinaje', 'dosel de cama' (*M. Fierro* II, v. 4543; Garzón). *Cortinaje* [*Aut.*]. *Cortinilla*. *Cortinón*. *Encortinar*.

¹ Designa el velo que cubre una imagen de la Virgen. En J. Ruiz, 391c, se dice que el amor «no dura so *cortina*», es decir, bajo un velo, encubierto. Nebr. registra «*cortina o corredor*: cortina», que quizá se refiera a *cortina* y *corredor* como términos de fortificación. APal., 39b, da ya el significado corriente.

Cortina 'tierra cercada', V. *corte* — *Cortinado*, *cortinaje*, V. *cortina* — *Cortinal*, V. *corte* — *Cortinilla*, *cortinón*, V. *cortina* — *Cortiña*, V. *corte*

CORTO, del lat. CŬRTUS 'truncado', 'cortado', 'incompleto'. *1.ª doc.*: 1054 (Oelschl.); Berceo.

Cuervo, *Dicc.* II, 544-8. Voz común a todo el romance, que ha sustituído en todas partes al lat. BREVIS, como expresión corriente. En Juan Ruiz, 940d, *corto* es participio trunco de *cortar* («que mano besa omne que la querría ver *corta*»); el mismo uso existe en portugués [*Ctgs.* tres pasajes en Mettmann]. Una variante fonética *curto*, documentada en textos leoneses del S. XIII (Cuervo) y en APal. («brevis es *curto*, contrario de lo luengo», 48d), sigue empleándose hoy en Maragatería (*BRAE* II, 640), alto-santand. *curto* 'de poca estatura', *BRAE* XXXIIII, 298, ast. *curtiu* (V, R), y es prolongación del gall.-port. *curto* [*garnacha curta*, *Ctgs.* 274.25] donde la *u* se explica normalmente por metafonía¹; la misma variante existe en el alto-aragonés de Plan y Gistaín (*BDC* XXIV, 166), figura ya en invent. arag. de 1373 y 1402 (*BRAE* IV, 347; III, 360) y en Blancas (1641, *Aut.*), y es prolongación del cat. *curt*, cuya *u* (también representada en hablas occitanas, réticas y alto-italianas) es anómala fonéticamente²; con la ac. latina 'rabón' sigue empleándose esta variante en Aragón [Acad. ya 1843] y la he oído en Bédar (Almería).

DERIV. *Cortar* [*Cid*], comp. Cuervo, *Dicc.* II, 537-44, del lat. CŬRTARE 'cercenar', derivado de CURTUS; acs. especiales: 'castrar, capar' [*Alex. O*, 822]; *cortarse* (*de alguien*) 'apartarse, separarse', arg.; *cortar camino* 'atajar los pasos', muy vivo y popular en la Arg. y en otras partes (y aun absolutamente *cortar* 'acortar, llegar antes, ir más derecho'), según Baralt sería galicismo (?); las formas rizotónicas *cuerto*, *cuertas*, etc., con abuso de diptongación, eran ya pastoriles en tiempo de Lope (vid. Cuervo), y hoy son generales en Soria y Burgos (G. de Diego, *RFE* III, 302); *cortón* 'insecto ortóptero, semejante al grillo, que corta raíces haciendo galerías subterráneas' [Oudin; Terr. le da la equivalencia inexacta «turón»; Acad. ya 1843]³. *Corta*. *Cortada* ant. *Cortadera*; ast. 'pala de hierro con corte para cavar la tierra' (V), arg., chil. 'planta ciperácea semejante a la esdapaña, con hojas de bordes cortantes'. *Cortado*; *cortadillo*. *Cortador* [Nebr.]; en portugués 'matarife' en gallego esto y 'carnicero' (Vall.), gall. *cortaduría* 'carnicería' («o mesmo noxo que se sinte nunha *cortaduría*», Castelao 62.17). *Cortadura* [APal. 439d, Nebr.]. *Cortamiento* ant. *Cortante*. *Corte* m. [1565, Illescas]. *Acortar* [Berceo], comp. Cuervo, *Dicc.* I, 147-8; usáronse también *encortar* (*1.ª Crón. Gral.* 6a35 y otros en los SS. XIII-XIV) y *acorzar* [1625 'cortar', arag.; 'poner de corto' Acad. 1770], procedente del lat. vg. *CURTIARE* (*REW*, 2419), con variante *alcorzar*, y el postverbal arag. *alcorce*, del cual también *CORZO*; del derivado it. *scorciare* 'acortar', 'representar en escorzo' (procedimiento de perspectiva por el cual las superficies ocupan en el cuadro menos lugar del que representan) y de su postverbal *scorcio* proceden el cast. *escorzar* [1583 o 1586, Fr. Luis de León] y *escorzo* [h. 1600, Sigüenza], influídos en su consonantismo por el cat. *escurçar* ('acortar' por haber entrado por Valencia durante el florecimiento de la escuela de Juan de Juanes, † 1589); también se dijo *escorche* (Nebr.); vid. Terlingen, 110-111. *Entrecortar* [Nebr.], *entrecortadura* [íd.], *entrecortado*. *Recortar* [*Aut.*], *recortado*, *recortadura*, *recorte* [Acad. S. XIX]. V. además CORTAO y CUARTAGO. Cultismo: *curtación*.

CPT. *Cortabolsas*. *Cortacallos*. *Cortacigarros*. *Cortacircuitos*. *Cortacorriente*. *Cortafrío* (en la Arg. *cortafierro*). *Cortafuego*. *Cortalápices*. *Cortapiés*. *Cortaplumas*. *Cortapuros*. *Cortaviento*.

¹ En lugar de la forma normal gallegoportuguesa *curto* (aunque *corto* no es ajeno al gallego moderno) se encuentra también *corto* en *Ctgs.* del S. XIII (ed. Mettmann 298.6, 16, 18, 20). Pero *curto* ya está en una de Alfonso el Sabio (ibid. 22.20 y en 274.25, 298.12).— ² Quizá se deba al influjo del verbo *escurçar* EX-CŬRT-IARE, cuya *u* puede compararse a la de (*a*)*cunçar* COMPTIARE, *unça* ŬNCĬA, *engrunçar* = *gronxar* 'columpiar' (*CRONTI(C)ARE).— ³ En el *Rim. de Palacio*, 337d, parece significar 'salteador, ladrón', y lo mismo en una poesía del S. XV, *RFE* XL, 150. ¿Uso figurado?

Coruja, *coruija*, V. *acurrucar*

CORULLA, 'el último banco de remeros de la galera, hacia la parte de proa', origen incierto, extraído secundariamente de *corullero* 'el galeote que allí remaba', que viene probablemente del cat. ant. *cruiller* 'una de las clases de remeros'; éste parece derivado de un verbo **acruïllar* (de donde el cast. *acurullar*) 'poner los remos en cruz' (misión del curullero), verbo que deriva a su vez de **CRUCICULA*, diminutivo del lat. CRUX, -CIS, 'cruz'. *1.ª doc.*: 1604, *Guzmán de Alfarache*, 2.ª parte, *Cl. C.* V, 171.

Los varios significados del vocablo y de sus derivados no están mejor aclarados que su origen. Del pasaje citado de *G. de Alfarache* resulta el sentido definido arriba (algunas ediciones traen la variante *corrulla*), aunque *Aut.*, fundándose en el mismo texto, define malamente «espacio debaxo de la cubierta, que toca al costado... de la galera». Oudin define *curulla* como «la connille de la galère», que significa aquello mismo, y *curullero* como «le plus chetif des Forçats, celuy qui est à la connille et qui baille les estoupes»[1]; en otro pasaje del *Guzmán* (III, 53.3), aludiendo a la misma peripecia del protagonista, cuando le condenaron a remar en la *corulla*, se dice que fué «castigado de trabajos y miserias, después de haber bajado a la más ínfima de todas, puesto en galera por *curullero* della». Un romance de germanía de Juan Hidalgo (1609) nos da el mismo significado, al decir de un goleote que «sirvió de proel, / a la *corulla* amarrado». Según el *Dicc. de Marina* de 1831, designaría el 'pañol de las jarcias, en las galeras'. ¿Existió realmente esta ac.? No he hallado pruebas de ello. Ahora bien, en el mismo pasaje de Mateo Alemán (173.2) se dice que una de las misiones de Guzmán como *curullero* era «cuando faltaba oficial de cómitre o sotacómitre, me quedaba el cargo de mandar *acorullar* la galera y adrizalla». Este pasaje ha sido interpretado diversamente. *Aut.*, tomando el vocablo por un cuasisinónimo del *adrizar* que sigue, traduce 'recoger las velas en la antena', lo cual trata Jal de rectificar, enlazándolo con la supuesta ac. 'pañol de jarcias', con las palabras «mettre les voiles en bas, dans le magasin où on les renferme pendant le temps où elles ne doivent pas servir». Ambas interpretaciones son muy inciertas[2]. El diccionario académico de 1770, que a menudo rectifica acertadamente el de *Aut.*, entiende, en cambio: «meter los guiones de los remos dentro de la galera, quedando éstos atravesados de babor a estribor, lo que se ejecuta cuando hay mar y viento, y también para adrizar la galera cuando va tumbada, o para evitar romperlos en el abordaje». Que, en efecto, había algo de común entre esta acción y la *corulla* o último banco, lo prueba la circunstancia de que lo mismo se decía en italiano *acconigliare* (fr. *coniller*, cast. *aconillar*), derivado de *coniglia* 'corulla', paralelismo que da gran probabilidad a esta definición.

Jal relaciona el cast. *curullero* con el cat. ant. *cruïller*, *cruyller*, del cual cita él mismo dos ejs. en los años 1354 y 1406, Ag. y Alcover agregan otros tres de 1359: según los textos se trata de una de las clases de marineros que formaban parte de la tripulación de la nave, y es probable que no fuese muy diferente del humilde *curullero*, teniendo en cuenta que en todos ellos los *cruïllers* van citados casi en último lugar; sin embargo debía haber alguna diferencia, pues cada nave llevaba 4[3], 6 u 8 *cruïllers*, pero sólo un *curullero*: claro que este cambio puede explicarse por una evolución cronológica. Salta a la vista que *cruïller* podía fácilmente alterarse en *curullero*, y si hiciera falta confirmación nos la proporcionaría el nombre del pueblo de *La Curullada* (término de Granyanella, p. j. Cervera), que en 1359 se llamaba *Ça Cruyl(l)ada* (*Col. de Docs. Inéd. del Arch. de la Cor. de Arag.* XII, 49 y 52), equivalente fonético catalán del cast. *(en)crucijada*. Lo mismo que éste, que su sinónimo cat. ant. *cruïllada* y que el frecuente nombre de lugar *Cruïlles*, el cat. ant. *cruïller* puede ser un derivado de CRUX, o de su diminutivo **CRUCICULA*, pero ¿con qué sentido? Difícilmente puede haber relación con la frase *estar en cruz*, dicha de las vergas que llevan una vela cuadrada cuando cruzan un mástil, tanto menos cuanto que no parece ser cierto que *acorullar* sea 'recoger las velas en la antena', como decía *Aut.* Quizá se daría a la *corulla* el nombre de encrucijada porque en el extremo de proa se juntaba la crujía con los corredores, que también existirían en las galeras. O más bien porque al *aconillar* o *acurrullar*, los remos cruzaban la galera de parte a parte, y aun (si debemos juzgar por la forma como hoy se hace en las barcas del Mediterráneo) el guión del remo de estribor quedaba cruzado con el del remo correspondiente de babor; entonces esto se diría **acruïllar* (> *acurullar*), el encargado de la operación se denominaría *cruïller* > *curullero*, y de aquí se extraería *curulla* o *corulla* como nombre del banco que éste ocupaba, así como de *acconigliare* (derivado de *coniglio* 'conejo', por comparación del acto de retirar los remos adentro de la nave con el del conejo que se retrae en su madriguera)[4] se derivó *conigliero* 'corullero' y *coniglia* 'corulla'[5].

DERIV. *Corullero* y *acorullar* (V. arriba).

[1] Es decir: 'dar los estoperoles', o trozos de filástica vieja, a los que iban a hacer sus necesidades, como se describe en el libro de Alemán.— [2] Stevens en 1706 entiende *acorullar la galera* como «to trim the galley», que puede ser 'ajustar las velas a la dirección del viento y al rumbo que debe seguirse', pero también puede significar 'preparar, equipar para la navegación'. Todos ellos tratan de explicar el pasaje del *G. de Alfarache*; en otras ediciones de esta obra se lee, en efecto, *acorrullar la g.*— [3] Así en una galera de 134 tripulantes citada en doc. de 1382 (Rubió,

Diplomatari de l'Orient, 573).—'Lo mismo se
dice también *acurrucar* en castellano, según el
Dicc. de Marina de 1831 y Jal.— [5] El cat. *curull*
significa 'colmo, exceso en las medidas', y parece
venir de un *CORŌLLĬUM, derivado de CORŌLLA [5]
'coronilla', en el sentido de 'remate', comp. ast.
corolla (que Rato relaciona con *coroniella* «la
punta, el extremo» citando una variante *coroña*),
corullu 'pico de sierra', *acurullau* 'de forma de *cu-
rullu* o pico de sierra' (Rato), langued. *courôlo* [10]
'trenza de cabellos en forma de corona sobre la
cabeza de las mujeres' (Sauvages). *Corulla*, siendo
el último banco, podría también entenderse como
'remate'; pero esto parece menos probable porque obliga a prescindir del cat. *cruïller* y no ex- [15]
plica el sentido de *acorullar*.

Corullo, V. *corulla*   *Corundo*, V. *corindón*

CORUÑA, 'lienzo que se fabrica en la ciudad [20]
del mismo nombre', del nombre de esta ciudad
gallega. *1.ª doc.*: Terr., quien cita las *Ordenanzas
de los cinco gremios mayores de Madrid;* ej. de
José J. de Mora (obras de 1826 a 1840), en Pagés.

CORUSCAR, 'brillar, resplandecer', tomado del [25]
lat. *coruscare* 'blandir, agitar', 'brillar, echar destellos'. *1.ª doc.*: Acad. 1884, no 1843; *coruscante*
y *corusco* están ya en Quevedo y en *Aut.*, y
aun en Mena y Santillana (D. Alonso, *La Lengua Poética de Góngora*). [30]
Voz poética y poco usada. De una variante CO-
RISCARE (*CGL* V, 175.21) sale el port. *coriscar*
'relampaguear'.
DERIV. *Coruscante*, *corusco* (como adj. en Juan [35]
de Mena, *Lab.*, 60*d*). *Corisco* 'relámpago' aparece
también en algún texto leonés antiguo (Pietsch,
Sp. Grail Fragments, *Mod. Philol.* XIII). Gall.
ant. *corisco* 'rayo' *Ctgs.* 35.122 (y otros 4 ejs.;
«alampos con torvões, desí *coriscos* caer» 311.26), [40]
MirSgo. 77.6. Hoy 'golpe de agua fría con viento
como en marzo' (Vall.) 'aguacero impetuoso y frío'
(Lugrís), 'brisa fría' (Lz. Aydillo), 'aguacero mezclado con viento muy frío' en Pontevedra y Sarria
(Crespo, p. 50); gall. *corisco* 'el tiempo antes de [45]
nevar' (el tiempo está de ∿, en Pontevedra, *carisco*
hacia la cordillera central gallega, Sarm. *CatVG*.
191*r*).

Coruxia, V. *acurrucarse*   *Corva*, *corvado*, *cor*- [50]
vadura, *corval*, *corvar*, V. *corvo*   *Corvato*, V.
cuervo   *Corvaza*, *corvedad*, *corvejón* 'articulación', V. *corvo*   *Corvejón* 'cuervo marino'. V.
cuervo   *Corveta*, *corvetear*, V. *corvo*   *Córvi-
dos*, V. *cuervo*   *Corvillo*, adj., V. *corvo* y *cor*- [55]
bona   *Corvillo* m., V. *corbona*   *Corvina*, *cor-
vinero*, *corvino*, V. *cuervo*

CORVO, del lat. CŬRVUS 'curvo', 'corvo'. *1.ª
doc.*: Berceo. [60]

El duplicado culto *curvo* se halla ya en la segunda parte del Quijote (1615).
DERIV. *Corva* 'parte de la pierna opuesta a la
rodilla, por donde se dobla y encorva' [Vidal Mayor
5.23.22; Nebr.]; *corvejón* [1586, Diego de Torres]
'articulación situada en la parte inferior de la pierna de los cuadrúpedos'[1]; *corvaza* 'tumor que allí
se forma'; *trascorvo*. *Corval*.
Corveta 'movimiento que hace el caballo levan-
tándose sobre las piernas de atrás' [1581, Góngora, ed. Foulché I, 10; 1605, *Quijote*], del fr. *cour-
bette* [Ronsard, † 1585], de donde viene también
el it. *corvetta* [Bracciolini, † 1645; *corvettare*, en
Lippi, † 1644], comp. *FEW* II, 1589*b*; la voz francesa procede de *courbe* 'corvo' seguramente a través del verbo *courbetter* [1589] 'corvetear'; *corvetear*.
Corvillo, *miércoles* ∿ 'miércoles de Ceniza' [J.
Ruiz, 1174*a*], derivación que Covarr. explica semánticamente así: «porque reconociendo el christiano que es tierra, polvo y ceniza, anda humilde
y encorbado, inclinada la cabeça y el cuerpo, en
señal de penitencia y reconocimiento»; todo el
pasaje de Juan Ruiz confirma esta interpretación
mística del primer día de Cuaresma tras los excesos del Carnaval. *Corvo* m. 'garfio' [*Crónica General*], de donde hoy 'cuchillo para cortar zarzas'
en Cespedosa (*RFE* XV, 259), 'cuchillo' en la
Arg. (E. del Campo, *Fausto*, v. 1103, etc.), mozár.
qurbêl 'podadera pequeña inventada por los zaragozanos' (en Abenloyón, S. XIV: Simonet), cast.
corvillo íd. (en G. A. de Herrera, 1513), sayagués
curvillu 'especie de podón' (M. P., *Dial. Leon.*,
§ 3.6, n. 2), val. *corbella* 'hoz'. *Corva* f. 'ballesta',
gnía. (*corba* en la ed. original de Juan Hidalgo,
1609, vid. la ed. Hill; pero la ed. de Mayans trae
en su lugar la errata tipográfica *covarva*, que de
allí pasó a la Acad., *cobarba*, ya 1843). *Encorvar*
[Nebr.], antes se había dicho *corvar* [*Gr. Conq. de
Ultr.*, 260; también en los SS. XV y XVI: *Aut.*];
encorvada, *encorvadura*, *encorvamiento*. *Recorvo*;
recorvar.
Derivados del duplicado *curvo*. *Curva*. *Curvatón*
[1527, Woodbr.] < cat. *corbató* íd. *Curvatura* [*cur-
vadura*: Nebr.], también *corvadura*. *Curvidad*, antes *corvedad*.
CPT. *Curvilíneo*. *Curvímetro*.

[1] Ast. *corviyón* (V). *Corvejones* «articulación saliente hacia atrás que corresponde a la de nuestro calcañar», en Cespedosa de Tormes: *RFE*
XV, 279. También se ha dicho *corvejos* (Acad.
ya 1843).

CORZO, 'cuadrúpedo silvestre algo mayor que la
cabra, rabón y de color gris rojizo', derivado del
verbo *corzar o acorzar 'cercenar, dejar sin cola',
procedente a su vez del lat. vg. *CURTIARE íd.,
derivado de CURTUS 'truncado'. *1.ª doc.*: S. XIII,
Fuero de Navarra (*RFE* VIII, 345); también en doc.
portugués de 1253 y en los Aranceles del S. XIII

(*RFE* X, 113); el femenino *corça* en el *Cantar de los Cantares*, de la misma centuria (*Festschrift Förster*, 1902, p. 122), y probablemente en el *Cid* 2375 (vid. ed. M. P., II, 596).

Tenía antiguamente *ç* sorda, como se advierte ⁵ por la grafía de Nebr. y otros y por la pronunciación actual de Cáceres (Espinosa, *Arc. Dial.*, p. 29). Del mismo origen port. *corço*, mozár. *kúrs* (pl. *akrâs*) en el Glos. de Leiden (S. XI), en R. Martí y en PAlc. (vid. Simonet). La forma diptongada ¹⁰ *cuerzo*, usual en el alto-aragonés de Aragüés y Embún (Echo: *RLiR* XI, 66), puede explicarse como *nastuerzo* NASTŬRTIUM, por trasposición de la yod. Dejó sentada esta etimología Schuchardt¹, *ZRPh.* XXIII, 189; XXIX, 449-50, 558-9; XXXI, ¹⁵ 719; haciendo notar que el ser rabón es lo característico del corzo, como se prueba por la frase proverbial portuguesa *ver corça com rabo* 'ver algo maravilloso' (en Ferreira de Vasconcellos, med. S. XVI), y comparando gall. *cúrcio* 'el corderito ²⁰ que no ha pacido, y con cuyo cuajo o *presera* cuajan la leche' en la Cordillera central (O Seixo, Sarm. *CaG.* 186v) y abr. *curce* 'cabrón, cabrito'². Para descendientes del verbo CURTIARE en su significado original, véase aquí s. v. *CORTO*, y agré- ²⁵ guese Ansó, Echo *alcorzar* 'acortar, abreviar', Sallent, Panticosa, Biescas, Bolea *alcorce* 'atajo', it. merid. *curciu* 'corto', 'rabón', it. *scorciare*, it. merid. *scurciare*, cat. *escurçar*, etc., 'acortar'.

Parece mentira tener que advertir a un etimó- ³⁰ logo que fonéticamente no puede venir de CUR-SARE (*GdDD* 2049a).

DERIV. *Corza* 'hembra del corzo', 'narria' (por comparación con el deslizarse furtivo del corzo³; en Canarias *corsa*, con el seseo habitual de esta re- ³⁵ gión, en Madera *cúrsio*, según Fig.). *Corcino*.

¹ Sin embargo, quizá valdría la pena pensar mejor en la idea de Simonet (p. 137) de relacionar con el célt. IORC- 'corzo', gr. ζόρξ(δόρξ) ky. *iwrch* 'corzo', Walde-H., que parece descaminado ⁴⁰ fonéticamente, pero no es absurda si pensamos en la posibilidad de una metátesis *dzork- > kordz-*; aunque esto no deja de parecerme muy problemático.— ² A su vez *corço* y *curcio* son causantes de la *r* del port. *camurça* 'gamuza'.— ⁴⁵ ³ M-L., *REW* 2419, cree que la comparación es con la cornamenta del animal, pero las cuernas del corzo son demasiado pequeñas para poderse comparar con la entretejedura de la narria. Comp. *zorra* 'narria', aunque ahí parece tratarse de una ⁵⁰ relación algo diferente.

CORZUELO, 'la porción de granos de trigo que, por no haber despedido la cascarilla al tiempo de trillarse, se separa de los demás cuando se ⁵⁵ ahecha', quizá de un lat. vg. *CORTICEŎLUM, diminutivo de GRANUM CORTĬCĔUM 'grano provisto de cascarilla', que a su vez es adjetivo derivado de CORTEX, -ICIS, 'corteza', 'cascarilla'. *1.ª doc.*: *Aut.*

Hoy *cozuelo* 'granza menuda' en Cespedosa ⁶⁰

(*RFE* XV, 271). La Acad. [ya 1899] relaciona con CORTEX, que, en efecto, designa en Catón la cascarilla del trigo. Formulándola como se hace arriba, no hay contra esta etimología objeciones decisivas, pues únicamente causa cierto escrúpulo la falta total de otros descendientes romances de una voz que forzosamente debió ser antigua, teniendo en cuenta la síncopa romance que ha sufrido. La semejanza con *cozuelo* 'medida de trigo' debe de ser casual o secundaria (vid. *CUEZO*).

Cos, V. *gozque*

COSA, del lat. CAUSA 'causa, motivo', 'asunto, cuestión', que en latín vulgar, partiendo del segundo significado, se hizo sinónimo de RES 'cosa', ya en el S. IV de nuestra era. *1.ª doc.*: orígenes del idioma (Glosas de Silos, 2.ª mitad del S. X).

Este vocablo ha tenido multitud de acs. especiales, de carácter gramaticalizado, que no es posible estudiar a fondo en este libro. Doy algunas breves referencias. En frases negativas se hizo sinónimo de 'nada', y con este valor se halla desde Alfonso el Sabio hasta Tirso de Molina y hoy en aragonés (vid. ejs. en M. P., *Antol. de Prosistas*, pp. 14-15, y en *BRAE* VII, 690). Otras veces toma el valor de 'persona': así en Corral, *Crón. Sarracina* (h. 1430), vid. M. P., *Floresta* I, 201.18, 249.12, 237.18 (a menudo en plural, *las cosas*, con significado singular), y además Lang, *MLN* I, 126-7. La locución *cosa que...* tiene en el Siglo de Oro el sentido de 'no sea que, no vaya a ser que' (Ruiz de Alarcón, *Las Paredes Oyen*, ed. Reyes, p. 197; Lope, *El Marqués de las Navas*, v. 2374; Id., *Niña de Plata*, III, xiii). Hoy vulgarmente *cosa de* toma el valor de 'para' (así en la Arg., etc.: «el automóvil marcha despacio, *cosa de* no desbandar aquella recua...», J. P. Sáenz, *La Prensa*, 3-I-1943). Con *cosa de* 'para' comp. el fr. popular *histoire de* íd., estudiado por Spitzer en *Travaux du Séminaire 'Roman d'Istanbul I*.

DERIV. *Coso*, empleado en la Arg. como voz de sentido indefinido, para salir del paso (= *quillotro*, *éste*)—vid. A. Alonso, *El Problema de la Lengua en América*, p. 93—, es italianismo. Arg. *cosiaca*, despectivo familiar que se usa bastante coloquialmente.

Cosante, cosaute, V. *correr*   *Cosario*, V. *correr*
Coscarana, V. *coscorrón*   *Coscarse*, V. *cosquillas*   *Coscobil*, V. *cascabel*   *Coscoja, coscojal, -jar, coscojero*, V. *coscojo*   *Coscojita*, V. *cojo*

COSCOJO, 'agalla producida por el quermes en la encina coscoja', del lat. CŬSCŬLIUM 'coscoja', que a su vez parece ser de origen hispánico. *1.ª doc.*: Covarr., Oudin; *coscoja* ya aparece en APal. y Nebr.

La ac. 'agalla del quermes' ya en Acad. 1843. Covarr., Oudin y *Aut.* sólo traen el vocablo en el sentido de 'rodajuela llena de puntas que echan a los frenos para domeñar a los caballos duros de boca', el cual se explica, como ya observa aquél, por las espinillas características que tienen las hojas de la coscoja. Hoy en la Arg. se emplean en [5] este sentido lo mismo el femenino que el masculino: *coscojo* es «una pieza de hierro movible en el bocado, que hace ruido al marchar las caballerías» (ya en Ascasubi, *S. Vega*, v. 3705, comp. el glosario de Tiscornia) y *coscoja* «ruedecilla de [10] hierro que colocada en el centro del bocado o puente, gira produciendo ruido al mover su lengua el caballo» (J. P. Sáenz, *Equit. gaucha de la Mesopotamia Argentina*, en *La Prensa*, 30-VI-1940); por este ruido característico se explica el [15] vasco labort. *kuskuila* 'campanilla' (*BhZRPh*. VI, 13), Gironda y Landas *couscoulhe* 'cascabel' (comp. *FEW* II, 1592b y n. 1), Cespedosa *coscojo* 'llanto, sollozo' (*RFE* XV, 259); del castellano está tomado el port. *coscoja* 'anillo de hierro en una [20] especie de silla de montar'. El lat. CUSCULIUM sólo se halla en Plinio, *Nat. Hist.* XVI, 8, 12, con alusión a la riqueza que los españoles sacaban de la grana del quermes[1]; de sus noticias (ibid. y IX, 41.65) y de las de Dioscórides (IV, 48) se [25] deduce que la coscoja se hacía entonces sobre todo en Asia Menor y en la Península Ibérica, menos en África y en Cerdeña, pero la más afamada era la que se cosechaba en Galacia y en la zona de Mérida. De suerte que aunque Plinio no declara [30] que *cusculium* sea voz hispánica, como no tiene etimología en latín, hay motivo suficiente para creer que lo fuese, como afirma Mariana. De hecho, en su sentido propio, el vocablo sólo ha dejado descendencia en español y en el cat. *coscoll* [35] 'especie de encina chaparra'. Como la grana parece primero como una especie de tiña del árbol, según las palabras de Plinio, se explica la ac. 'enfermedad de las ovejas' que tiene *coscoja* en Burgos, Santander y Ecuador (*BRAE* VIII, 420), val. [40] *coscolla* 'enfermedad del arroz por falta de agua y putrefacción', y análogamente podría comprenderse el logud. *cuscuza, chircuzu, chercuzu*, «cigliatura, mondiglia, spazzatura di grano nell'aia; sterpo, fruscolo, legna minuta», *chercuzare* «cercare sterpi o fruscoli secchi per accendere il fuoco», [45] galur. *cuscugia, -ugi*, «brusaglia», calabr. *cuscuglia* «ramoscello secco», *cùsculu* «sorcoletto, fuscellino»[2], aunque otros prefieren derivarlos de QUISQUILIAE[3] 'ramitos'; es posible que en todo esto [50] haya algo de parentesco elemental (comp. el gr. χοσχυλμάτια 'retazos de cuero', 'frioleras', citado por Ernout-M.). Si la descendencia del vocablo sardo estuviese asegurada podríamos resolver sin vacilaciones, en favor de la primera, la duda que [55] ofrecen las dos variantes CUSCULIUM y CUSCOLIUM de los varios manuscritos de Plinio; en todo caso el cat. *coscoll* y el arag. *coscollo* (Krüger, *Hochpyr. A*, I, 49) prueban que si la forma legítima no es la primera, la segunda deberá entenderse con ŏ. [60]

no con ŏ, como indican varios diccionarios latinos.

DERIV. *Coscoja* [«mata en que nace la grana: ilex»: Nebr.; para el sentido en APal., V. la nota; *coscoja* y *coscoger* estarían en la Biblia de Ferrara, en el sentido de 'paja' o 'leña' (Mtz. López, *Bol. Fil. Chile* XI, 13)]. *Coscojal* [Nebr.], *-jar. Coscojero* 'caballo que agita mucho los coscojos del freno' rioplat., 'caballo que tasca el freno' colomb. (Rivera, *La Vorágine*, glos.). *Coscojear* 'hacer sonar las coscojas, el caballo' (en el argentino L. Franco, *La Prensa*, 25-II-1940).

[1] «Granum hoc primoque ceu scabies fruticis, parvae aquifoliae ilicis, *cusculium* vocant, pensionem alteram tributi pauperibus Hispaniae donat... gignitur et in Galatia, Africa, Pisidia, Cilicia, pessimum in Sardinia».— [2] Otros descendientes romances son mucho menos seguros. Para el portugués, vid. aquí s. v. CASCABEL (a propósito de *cascabullo*). El tipo occitano y catalán *coscolha, cascolha, casquelh, closc(a), cresc, clos*, 'cáscara', 'concha', 'vaina de legumbre', que Schuchardt (*Rom. Etym.* II, 49-50, comp. 15) explicaba por un cruce de CUSCULIUM con COCHLEA y que Wartburg (*FEW* II, 1592-3) deriva simplemente del primero, creo, teniendo en cuenta el carácter vacilante o alternante de su vocalismo y consonantismo, que será otra cosa, y que por lo menos en parte debe ser voz de creación expresiva, como lo es el fr. *coquille*, cast. *coca*, etc. Creo que tendrá este origen el vasco b. nav. *koskola* 'escroto', en vista de la *l* del cast. *coscolines* 'testículos' (muy vivo en el Sudeste) (de aquí quizá el mej. *coscolina* 'mujer de malas costumbres'). Acerca de esta familia etimológica, vid. además Schuchardt, *BhZRPh.* VI, 10-13.— [3] En favor de la etimología CUSCULIUM de la voz sarda puede citarse el artículo de APal. 407d: «quisquilie, *coscojas*, que son las que salen sallando o mondaduras quitando las cortezas de la fruta o hollejos del trigo, o los escobajos de las yervas y fojas secas de los árboles»; aunque es difícil discernir lo que hay ahí de ac. popular o de arbitrariedad etimologizante de erudito. La Acad. recoge la ac. *coscoja* 'hoja seca de la carrasca' ya en 1843.

Coscolines, V. *coscoja*   *Coscón*, V. *cascar*

COSCORRÓN 'golpe en la cabeza, que no saca sangre y duele', del radical KOSK-, onomatopeya del golpe dado a un objeto duro. *1.ª doc.*: 1535, *Tr. Josefina* (Gillet, *HispR.* XXVI, 273); 1554, *Lazarillo*; *cocorrón* en J. del Encina (Macrí, *RFE* XL, 150) y 1589 (Gillet).

Aut. cita otros ejs. de los SS. XVI-XVII, y hoy sigue siendo muy popular. Pertenecen al mismo radical onomatopéyico *CUESCO* (vid.), el familiar *cosque* íd. (Acad. 1884, no 1843; empleado por el vasco Azkue en su diccionario, I, 474c, al de-

finir el sinónimo vasco *kaskarreko*, de formación
análoga), y varias palabras que designan objetos
duros o endurecidos: *cuscurro* (ya Acad. 1843;
también aragonés: Borao) y el metatético *corrusco*
(Acad. íd.), *currusco* en Aragón y en Navarra (A.
Alonso), todos ellos para 'mendrugo, cantero de
pan', vasco *koxko, kasko, koxkor, koskor, kozkor*,
'corteza del pan' (*BhZRPh*. VI, 12-13), labort.
kuzkur 'troncho de col', Arrens *couscoùrro* 'piña
de abeto', Cauterets *couscoùlho*, Aure *cascoùlho*
id. (*BhZRPh*. LXXXV, § 13), arag. *coscarana*
'torta muy delgada y seca que cruje al mascar-
se' (Acad. ya 1843), y aun quizá el santand. *co-
rruscar, tarruscar*, 'abrasar' (comentados de otra
manera por G. de Diego, *RFE* IX, 126-7). *Cuscurrear* and. 'mascar una cosa dura', 'comprender
un asunto' (AV). *Cuscurronero* o *-rrunero* 'que se
deja masticar fácilmente y cruje al masticarlo, lo
contrario de correoso', palabra no recogida por los
diccionarios, usual en Almería y otras partes. Claro es que en varias de estas palabras puede haber
interferencias con las familias de *CÁSCARA*, de
COSCOJO y de *SOCARRAR*. Más derivados dialectales en M. L. Wagner, *ZRPh*. LXIII, 364;
Krüger, *NRFH* VI, 18-19.

Coscullo, V. *cuesco*   *Cosecha, cosechar, co-*
sechero, V. *coger*   *Cosedizo, cosedura*, V. *co-*
ser   *Coselete*, V. *cuerpo*   *Coseno*, V. *seno*

COSER, del lat. CONSŬĔRE 'coser una cosa con
otra', derivado de SUĔRE 'coser'. *1.ª doc.*: doc.
vascongado de 1179; Berceo.

Cuervo, *Dicc*. II, 573-5; Cej. VIII, § 14. La
sustitución de SUĔRE por CONSUĔRE es general en
todos los romances. Una forma *cusir*, con el mismo cambio de conjugación que el cat. *cosir*, it. *cu-
cire*, retorrom. *cusir*, sardo *cosire*, está registrada,
como voz jocosa o familiar, en el sentido peyorativo de 'coser o remendar toscamente', desde *Aut.*,
con cita de Quevedo: el sentido se explicará por
su carácter originariamente dialectal[1].

DERIV. *Cosedizo*. *Cosedura* [Nebr.]. *Cosible*
[íd.]. *Cosido*. *Cosidura*, mar.

Costura [1328-35, *Conde Luc.*][2], del lat. vg.
*CONSUTŪRA (que ha dado representantes en todos
los romances de Italia, Francia e Iberia); *costurera* [Nebr.], *costurero, costurón; costurar* o *cos-
turear* se emplean en Chile, Honduras y Nicaragua,
como en el portugués de Goa y de otras partes,
en el sentido de 'coser', para evitar la confusión
fonética entre este verbo y *cocer* (Cavada, *Dicc.
Man. Isleño*; Fletes, *RChHG* LIX, 292; Dalgado,
RL VI, 79; H. Michaëlis). *Inconsútil*, derivado
negativo del lat. *consutĭlis* 'que se puede coser'.

Descoser [Nebr.], *descosedura, descosido*. *Reco-
ser; recosido*. *Encosadura* 'en las camisas bastas
de mujer la unión de la parte inferior con la superior, de lienzo más fino' and. [*Aut.*]: si es derivado de *coser* es sorprendente la *-a-*: quizá venga de un cat. *encossadura*, derivado de *cos* 'cuerpo', comp. *cossat* 'ceñido'.

Sutura [princ. S. XVIII, *Aut.*], tomado de *sŭ-
tūra* 'costura', derivado de *suere; sutorio* [*Aut.*],
de *sutor, -oris*, 'zapatero', propiamente 'cosedor'.

CPT. *Corcusir* 'tapar a fuerza de puntadas mal
hechas los agujeros de la ropa', *corcusido* 'zurcido mal formado', aparecen ya en Quevedo en la
forma *culcusir* (*Buscón*, Cl. C., p. 174), *culcusido*
(ej. en *Aut.*, s. v.), que es también la usual en el
cat. (val., or.) *culcosir* íd. (Fabra, Ag.); esta forma
con *u*³ y *l* es la originaria, pues se trata de un
compuesto con *culo*, en el sentido de hacer, como
suele decirse, un «culo de gallina», o zurcido somero formando bolsa; nada tiene que ver la primera sílaba con el prefijo CON-. Comp. *CURCA-
SILLA*.

¹ No hay razón para buscar influjo de SARCĪRE,
según quiere G. de Diego, *RFE* IX, 153. El caso
no es diferente de BATTUĔRE > *batir*, etc.— ² Hubo
variante sonorizada *cosdura > cordura*, conservada en oc. ant. y mod.; de *cordura* con disimilación deriva el ast. *cordudera* 'costurera' (V).—
³ Oído así muchas veces en la provincia de Almería. Pichardo registra *corcoser* como cubano,
p. 81.

Cosera, cosetada, cosetear, V. *correr*   *Cosible,*
cosido, cosidura, V. *coser*   *Cosijo*, V. *cojijo*

COSMOS, tomado del lat. *cosmos* íd., y éste
del gr. χόσμος 'orden, estructura', 'mundo, el universo', 'adorno, compostura'. *1.ª doc.*: Acad. 1884,
no 1843.

DERIV. *Cósmico* [1709, Tosca]. *Cosmético* [Acad.
ya 1843].

CPT. *Cosmogonía, cosmogónico*, compuesto con
γίγνεσθαι 'llegar a ser'. *Cosmografía* [Nebr.], *cos-
mógrafo* [íd.], *cosmográfico*, con γράφειν 'describir'. *Cosmología, cosmológico, cosmólogo*, con
λόγος 'tratado'. *Cosmopolita* [Terr.], con πολίτης
'ciudadano'; *cosmopolitismo*. *Cosmorama*, con ὅρα-
μα 'vista, espectáculo'.

Coso 'lugar cercado', 'calle', 'carrera', V. *correr*   *Coso* 'carcoma', V. *cojijo*   *Cospa, cospe, cospel, cospillo*, V. *caspa*   *Cosque*, V. *coscorrón*   *Cosquearse*, V. *cosquillas*

COSQUILLAS, de un radical K-S-K de creación
expresiva. *1.ª doc.*: h. 1400, Glos. del Escorial;
coxquillas, h. 1490, *Celestina*, ed. 1902, 90.25,
Nebr.

El sufijo *-illas* puede sustituirse por otro o faltar del todo, y el radical presenta ligeras variantes,
según los dialectos y lenguas. Así: *cosquiñas* en
Salamanca y Cespedosa (*RFE* XV, 151), judeoesp.
cusquiñas (junto *cusqui(y)as*) en algunos puntos
de Bulgaria (Wagner, *RFE* X, 241), *cosquinhas*
en Tras os Montes (*RL* V, 41); port. *cócegas*, con

las variantes *cocégas* en el Minho (Leite, *Op.* II, i, 482), o *côscas* allí y en Tras os Montes (ibid., 484; *RL* V, 41); gall. *còchegas* (Sarm. *CaG.* 109r; Vall. Supl.; Castelao 34.6, 174.32) o *còxegas* (*CaG.* 121r, Vall.); cat. *cossigolles* (alterado en *pessigolles* por el catalán central, bajo el influjo de *pessigar* 'pellizcar'), en Valencia *cosquerelles* (M. Gadea, *Tèrra del Gè* II, 78)¹. Aunque la forma valenciana conocida es *cosquerelles* (Sagunto, Font d'En Carroç, Castalla y Valencia en general), existen también *cosquelles* (equivalente del cast. *cosquillas*) en la Font de la Figuera y *cuscanelles* (M. Gadea), *cosconelles* (raro, pero oído en la capital): informes de J. Giner. Se han buscado otras explicaciones etimológicas, como la de G. de Diego (*BRAE* VI, 751-2), que derivaba de un *COCICARE, derivado del lat. COQUERE 'cocer', 'escocer' (comp. el *coscar* citado abajo, y el port. *coçar* 'rascar'², gall. ant. *coçar(-se)* 'rascarse' ya en las *Cantigas* 225.9, Babia *couzar* (Gn. Álvarez), que algunos derivan de *COCTIARE), o como la de Sainéan (*Le Chien*, p. 44), que partiendo de un antiguo *gozquillas*³ derivaba de *gozque*, *cuzco*, 'perro', de creación expresiva por su parte, y en el sentido de 'caricia de perrito'; pero los esfuerzos que estas etimologías exigen para superar la diversidad fonética de las distintas variantes son vanos: se trata de una creación espontánea de carácter expresivo, como las demás que expresan la idea de 'cosquillas' en los varios idiomas: K-T-L > fr. *chatouiller*, oc *gatilhar* (*REW* 4684), alem. *kitzeln;* T-T-L > lat. *titillare* (con it. *solleticare* y demás descendientes romances: *REW*, 8756); T-K-L > ingl. *tickle*, etc. Comp. *QUISQUILLOSO.*

Es imposible fonéticamente y descaminada en todos sentidos la etimología *CŎXĬCA, derivado de COXA 'muslo' (*GdDD* 1943-6).

DERIV. *Coscarse* [Acad. ya 1843] 'concomerse' (G. de Diego, *l. c.*); *cosquearse* 'hacer pequeños movimientos nerviosos con la cabeza o el tronco (hablando de caballerías, y a veces de personas)' almer.

Cosquillar [Quevedo], después *cosquillear; cosquilleo. Cosquillejas. Cosquilloso* [*coxq*-, Celestina, ed. 1902, 42.26].

¹ Para las variantes catalanas vid. Montoliu, *BDC* III, 41. Pero la relación con *pessigar* no es primaria, como él supone. La locución rosellonesa *cercar closquilles* 'buscar disputas' (*Misc. Fabra*, 185) parece ser castellanismo alterado.— ² Con él va el salm. *escozarse* 'restregarse los animales contra un objeto duro'. En cambio, en gall. *escofarse* o *escofellarse* 'sacudirse de hombros, uno, como si tuviese piojos o sarna' (Sarm. *CaG.* 205r, 207r) cuya *-f-* no creo que tenga explicación fonética (aunque pudo ayudar el parecido de timbre entre -θ- y -*f*-); acaso se trata de una forma derivada o al menos influída por *escofinar* 'limar' y sus afines (ESCOFINA). Pero como se trata de una raíz SKOBH- ∽ SKAB- común

al baltoeslavo con el itálico, germánico y aun céltico (y con variantes terminales, representada también en las demás lenguas de la gran familia, Pok., *IEW* 931), y como -BH- daba -F- en sorotáptico, quizás en realidad tengamos ahí una supervivencia prerromana de este origen (lat. *scabere, scobes*, gót. *skaban*, lit. *skabéti* 'cortar', 'arrancar ramas', rs. *skóbelj* 'cepillo de carpintero', etc.).— ³ La Acad. registró *gozguillas* como antiguo en sus ediciones de 1843, 1899 y otras; después figura *gozquillas*, pero quizá sea errata, pues sigue en el antiguo orden alfabético del diccionario.

Costa 'gasto, importe', V. *costar   Costa* 'orilla del mar', *costado, costal, costalada, costalazo, costalejo, costalero, costana, costanera, costanero, costanilla*, V. *cuesta*

COSTAR, del lat. CONSTARE 'existir, mantenerse', 'estribar en, depender de', 'costar, adquirirse por cierto precio'. 1.ª doc.: *Cid; custare* en doc. latino de 1099.

Suele decirse que la forma originaria del presente sería *costa* sin diptongación, y que el diptongo posterior se debería a influencia del sustantivo *cuesta* (así Cuervo, en Bello, *Gram.*, n. 76; M. P., *Man.*, § 112 bis, 4), pero ·en realidad no consta bien cuál fué el timbre originario de la vocal romance, y hay razón para creer, por el contrario, que fué una *o* abierta, y que son los postverbales *costa, costo, coste*, los que tienen vocalismo analógico¹. Para el duplicado culto *constar*, vid. ESTAR.

DERIV. *Costa* 'cantidad que se paga por algo', 'gasto' [Berceo], especialmente el que cuesta la manutención de un trabajador (de donde el and. *costero* 'el encargado de ir a buscar los comestibles cuando los trabajadores se ajustan comiendo por su cuenta'). *Coste* [Quevedo], *costo* 'cantidad que se paga por algo' [Nebr.]; *costear* 'pagar el gasto'²; *costoso* [Nebr.].

¹ En el verbo no hay testimonios de un presente *costo, *costa, *coste, y por el contrario Cuervo, *Dicc.* II, 575-7, cita ejs. medievales (uno del S. XIII y dos del XV) de las formas con diptongo, aunque es verdad que no se hallan en ediciones seguras. El testimonio de las lenguas hermanas es más bien favorable a la vocal abierta: cat., oc. e it. *còsta* (contra el fr. *coûte*, ya S. XII, que puede ser analógico). La vocal primitiva del prefijo CON era breve, y aunque ante s la N al desaparecer suele prolongar la vocal precedente (CŌSUL; CONSUIT > *cose*), cuando la s se halla ante otra consonante es verosímil que la N desapareciera más antiguamente, antes de poder actuar sobre la vocal. El caso análogo de *muestra* MONSTRAT parece indicar lo mismo, aunque aquí el it. *móstra* (¿analógico de *móstro* 'monstruo'?: semiculto, y por lo tanto con N

conservada más largamente) contradice el cat. y occitano *mòstra*.— ² En la Argentina *costiarse* es actualmente 'molestarse en ir a una parte', 'acudir' (ya en H. Ascasubi, *Santos Vega*, v. 3973).

Costazu, V. *cuesta*   *Costear* 'navegar junto a la costa', *costecilla*, *costeño*, V. *cuesta*   *Coste-ro*, V. *cuesta* y *costar*   *Costibar*, V. *costribar*   *Costil*, *costilla*, *costillaje*, *costillar*, V. *cuesta*

COSTILLER, 'gentilhombre que acompañaba a los reyes de la Casa de Austria, según el proto-colo, en ciertas ocasiones', del fr. med. *coustillier* 'soldado armado de un sable de tipo especial, que acompañaba a un caballero', derivado de *coustille* o *coustelle*, nombre de dicho sable, de origen in-cierto, quizá del lat. CŬLTĔLLUS 'cuchillo'. *1.ª doc.:* 1611, Covarr.; 1619, Luis Cabrera, *DHist.*, s. v.; *acroe*.

Se trata de uno de los oficios palaciegos que introdujo Carlos V imitándolos de la Casa Real de Borgoña. Comp. R. A. y F. G. N., *Explica-ción de los cargos palatinos* acroy *o* acroe *y* cos-tiller (*RABM*, IV, 1874, pp. 60 y 387). El fr. antic. *coustillier* (SS. XV-XVII) designaba un soldado encargado en principio de rematar a los enemigos derribados por su señor, mediante la *coustille* o sable de dos filos; pero comúnmente era un cria-do sin intervención en las operaciones guerreras (God., II, 341). Para el origen de *coustille*, vid. *FEW* II, 1501a, 1052a; el desarrollo fonético de CULTELLUS en *coustille* ofrece dificultades, que Wartburg trata de obviar suponiendo préstamo del arag. ant. *cuitiello* 'cuchillo', o partiendo de la va-riante *coustelle* (S. XV) y admitiendo que *coustille* se sacó secundariamente de *coustillier*, cuando éste había cambiado por vía fonética la terminación: *-elyé* en *-ilyé*: lo primero es poco verosímil. Esta etimología exigiría que la s de *coustille*, *-elle*, fuese puramente gráfica, no pronunciada nunca, contra lo cual no es posible alegar la forma española, puesto que ésta pudo tomarse del protocolo es-crito.

Costín, V. *cuesta*   *Costino*, V. *costo*   *Cos-to* 'coste', V. *costar*

COSTO, 'cierta planta aromática de la India y otros países tropicales', tomado del lat. *cŏstus* y éste del griego χόστος íd. *1.ª doc.:* 1555, La-guna.

El botánico mozárabe de h. 1100 da *qusṭ* como nombre «gallego» del helenio o hierba del ala (Asín, p. 8).

DERIV. *Costino*.

Costón, V. *cuesta*   *Costoso*, V. *costar*

COSTRA, del lat. CRŬSTA 'costra', 'corteza (del

pan, etc.)'. *1.ª doc.: Lucano* Alf. X, Almazán; Tos-tado, † 1455; APal.; Nebr.

En la ac. 'rebanada de bizcocho que se da en las galeras' (1646, *Estebanillo*) quizá viene del ca-talán, donde *crosta* ha conservado la ac. latina 'corteza de pan', perdida en portugués (*côdea*), castellano e italiano (*corteccia*)¹. CRUSTA se ha conservado en todos los romances, excepto el ru-mano y el sardo, pero sólo en castellano ha ex-perimentado la metátesis de la R.

DERIV. *Costrada* [1611, Martínez Montiño]. *Costroso*. *Encostrar* [Nebr.], *encostradura* [íd.]. *Custrirse* 'cubrirse de costra, endurecerse' en Mur-cia (G. Soriano), 'endurecerse, agrietarse (el cutis por el frío)' en Almería: *tiene los labios custri-dos, pan custrido* (¿*recostrido* traduciendo al lat. *tenuis* en APal. 493?). Cultismos: *crustáceo* [Acad. ya 1843]; *crustoso*, ant. [íd.]; *crústula. Incrustar; incrustación; incrustante.*

¹ Sin embargo, junto a *costra de un vaso* (99d), APal. emplea *crosta de pan* (312d), *crosta de massa* (182b) y *costra de lo que comen* (171b). No conozco otros ejs. castellanos de esta ac.

Costreñir, V. *estreñir*

COSTRIBAR, 'empacharse, indigestarse', ant., de *costibar* íd. por influjo de *costreñir* 'estreñirse'; el antiguo *costibar* procede del lat. CONSTIPARE 'apretar, atiborrar'. *1.ª doc.:* 1251, *Calila y Dimna*, ms. *B*; estaba ya anticuado en la lengua común en la primera mitad del S. XVI (J. de Valdés).

Suele entenderse erradamente esta palabra me-dieval, y esto ya viene sucediendo desde el tiempo de Juan de Valdés. Entre las voces anticuadas que documenta por medio de refranes, cita el autor del *Diálogo de la Lengua* (Cl. C., 105.2) «*costribar*, por trabajar, se usava también, diziendo: *quien no come, no costriba; ya no se usa»*. En efecto, en la forma «*¿Quereys que os diga? Quien no come, no costriba»* este refrán está registrado en los *Refranes que dizen las viejas tras el fuego*, n.º 610 (Cronan, *RH* XXV, 171) y en el refra-nero de Gonzalo Correas, en los cuales figura sin explicación alguna. Pero no hay duda de que Val-dés incurrió en error en la que nos ha legado, co-mo le ocurre, en un refrán semejante («quien a su enemigo *popa*, a sus manos muere», p. 114.13,) con el verbo anticuado *popar*, 'salvar la vida, te-ner miramiento con', que él interpreta imperfecta-mente «despreciar». El sentido real de *costribar* nos lo da inequívocamente el siguiente pasaje de *Calila y Dimna* (ed. Rivad. LI, 53a; ed. Allen, 116.555), que encierra sin duda una glosa del mismo proverbio popular: «Dijo el rey de los cuervos: 'Non murieron los buhos salvo por grant necedad e por su flaco seso'. Dijo el cuervo: 'Ver-dad dices, señor, e pocos son aquellos que vencen que non se engreyan; e pocos son aquellos que han sabor de las mugeres que áfrontados non sean; e pocos son los que mucho comen que non *costriben*, et pocos son los grandes señores que han malos privados que a grant peligro de muerte non vengan.» Así en el códice *B*; el escriba de *A* sustituyó este vocablo anticuado por *costriñan*. Claro está que significa 'empacharse, indigestarse', más bien que 'constipar, estreñir', única ac. análoga que registra la Acad. Creo que lo mismo entendió J. Ruiz al decir que Don Carnal, después de la lid con Doña Cuaresma, quedó (1172*c*) «doliente e malferido, *costribado* e dolioso». Sabido es cómo se había preparado el héroe para la batalla (1100): «como avia el buen ome sobra mucho comido, / con la mucha vianda mucho vino vevido, / estava apesgado»; y de aquí que como remedio o penitencia le imponga el fraile (1162*c*) el no comer más que un solo manjar al día. Bajo el disfraz de los numerosísimos animales que entran en la lid junto a Don Carnal como aliados, debe entenderse naturalmente los manjares que consume, y por la batalla se entiende un banquete pantagruélico, simbolismo trasparente que no impidió a los comentaristas dejarse llevar por el error de Juan de Valdés (a quien cita Cej. explícitamente) y traducir «trabajado».

Los demás testimonios de *costribar* presentan claras aplicaciones de la misma idea fundamental de 'apretar'. En APal. hallamos «refercire: henchir, *costribar*, fazer que sea espesso» (413*d*) y Nebr. define «*costribar* recalcando: constipo», lo cual Oudin aclara parafraseando el artículo de su predecesor: «espaissir et reserer ensemble, estouper quelque chose, constiper»; ac. que no debe haber desaparecido del todo, ya que Pedro de Madrazo (1816-1898), según Pagés, denuncia como palabra «mal usada» *costribar* por 'endurecer'.

Por otra parte, de 'apretar' se pasó a 'someter': en una pieza anónima del *Canc.* de Baena (p. 421.27), dirigida a Pero López de Ayala, leemos «en pero que juro e les apercibo / que sy con yra subo en estrybo, / que moro me torne sy non los *constribo* / o faga que callen syn mas detenençia», y APal. nos proporciona otro testimonio de esta ac.: «subjugare: vencer, domar, *costribar*, meter so el yugo» (476*d*).

Se ha pensado unánimemente que *costribar* es un derivado de *estribar* (así desde Diez, *Wb.*, 129, aunque este autor había vislumbrado la etimología verdadera, sin atender a que este tipo de derivación a la latina no era posible en un vocablo, como este último, de fecha romance y de procedencia germana[1].

El origen verdadero nos lo revela una variante del texto de los *Refranes que dizen las viejas* (princ. S. XV): la edición *C* trae, según Cronan, la forma *costiba*. Es evidente que ahí tenemos un representante de CONSTĪPARE 'apretar, atiborrar', hermano del fr. ant. *costiver*, *costuver* (God.; Thomas, *Rom.* XLI, 452; *FEW* II, 1083*b*), ingl. *costive*, oc. *coustiblà*, cat. ant. *costibar* 'estreñir',

costibació 'estreñimiento' (ambos en la traducción cuatrocentista del *Regimen Sanitatis* de Arnaldo de Vilanova, traduciendo a *constipare* y *constipatio*: N. Cl. LVI, 226.17, 222.9). El influjo de su sinónimo *costreñir* (que hemos visto usado en lugar de *costribar* por el códice *A* de *Calila*) cambió fácilmente *costibar* en *costribar*.

Otros representantes romances de la misma base: fr. ant. *costis* (sujeto de *costif) (hápax) 'violento', ingl. *costive* [1400] 'tieso, reticente', prov. *coustiblà* 'el que no es comunicativo', Spitzer, *Rom.* LXIX, 388-9 (objeciones de Raph. Levy, ibid. LXX, 95-97, en parte infundadas).

DERIV. *Costribo*, vid. nota; *costribación*, ant. [1] Parece que hubo algún influjo semántico tardío de *estribar* sobre *costribar*, a juzgar por la otra ac. que da Nebrija «*costribar* estribando; innitor», es decir, 'estribarse, apoyarse'. La Academia, dejándose guiar por J. de Valdés, entiende erróneamente *innitor* como «hacer fuerza, trabajar con vigor», ac. que no habrá existido nunca. De *costribar* 'apoyarse' viene *costribo* 'apoyo, arrimo' (Acad., ya 1843, y como típico del lenguaje de un rústico en el ovetense José M. de Albuerne, 1823-1880, según Pagés). En el Recontamiento morisco de Alexandre (S. XVI) aparece *sustribarse* 'apoyarse' (f° 70, *RH* LXXVII), pero este vocablo es cruce evidente de los sinónimos *sustentarse* y *estribar*.

Costringir, *costriñir*, *costriñiente*, V. *estreñir* *Costroso*, V. *costra*

COSTUMBRE, del lat. CONSUETŪDO, -ŪDĬNIS, íd., derivado de CONSUESCĔRE 'acostumbrar' y éste de SUESCERE íd. *1.ª doc.*: Cid; *costumne*, 1127, Oelschl.

Cej. VIII, § 55. Conservado en todos los romances excepto el rumano. La evolución de la terminación, seguramente debida a un proceso fonético, es una alteración común a todas las lenguas hermanas y a todos los casos del sufijo -TUDO (*certidumbre*, *mansedumbre*, *muchedumbre*, etc.): el estudio del fenómeno pertenece a la gramática histórica. El género femenino del latín se ha conservado, como en castellano, en fr. *coutume* y parcialmente en lengua de Oc (*costumna* f., junto a *costum* m.) y en catalán antiguo (*costuma* f., pero *costum* m., junto a algún ej. suelto de *costum* f. en las Costumbres de Tortosa y del Valle de Àneu); mientras que el it. y port. *costume*, sardo *costùmene*, engad. *costüm*, cat. *costum* y el port. y gall. *costume*[1] (Alvz. Giménez, 47) son masculinos, género que se oye también en Aragón según Borao[2]. La ac. 'menstruo', ya en Nebr. y en Quevedo.

DERIV. *Costumbrista* (falta aún Acad. 1899). *Acostumbrar* [*costumnado*: Berceo; la variante *costumbrar* se halla todavía en el *Canc.* de Baena y quizá en Santillana, pero *acostumbrar* está ya asegurado por el metro en J. Ruiz, 582c], derivado común a todos los romances que conservan el primitivo; para construcciones, vid. Cuervo, *Dicc.* I, 153-7; *Ap.*[1], § 409.

Cultismos. *Consuetud*, ant.; *consuetudinario* [S. XVI, *Aut.*]. *Consueto* 'acostumbrado', ant., tomado del lat. *consuētus*, participio de *consuescere*; *consueta* 'cada una de las conmemoraciones comunes que se dicen en el oficio divino' [*Aut.*], 'apuntador' (por ser tolerancia acostumbrada).

[1] Ya en el S. XIV: «os costumes de Caym e Abel» *Gral. Est.* gall. 10.21; *cust*- 10.18; «os costomes de Semyramis» 162.24.— [2] En la traducción castellana del *De Mulieribus Claris* de Boccaccio, Zaragoza, Hurus 1494, y en otros incunables aragoneses aparece frecuentemente *costumbre* como masculino.

Costura, costurera, costurero, costurón, V. *coser*

COTA I, ant., 'jubón, esp. el de cuero o de mallas llevado como arma defensiva', del fr. ant. *cote* íd., y éste del fráncico *KOTTA* 'paño basto de lana' (alem. *kotze, kutte*). 1.ª doc.: J. Ruiz, 1037b.

Gamillscheg, *R. G.* I, p. 206; Kluge, s. v. Es palabra peculiar al alto y bajo alemán, dentro de las lenguas germánicas (el ingl. *coat* procede del francés), lo cual descarta la posibilidad de que existiera en gótico; por lo demás la falta de diptongación prueba ya que no es palabra autóctona en castellano. También pudo tomarse de oc. ant. o cat. *cota*.

DERIV. *Cotilla* [1627, *Aut.*], hoy sustituído en el uso común por el galicismo *corsé*, pero sigue vivo en catalán, donde parece ser castellanismo [1760][1]; *cotillero*.

CPT. *Cotardía*, ant. [invent. arag. de 1369 y 1374: *BRAE* II, 708; falta aún Acad. 1899], del fr. *cotte hardie* 'vestido largo y ancho, hopalanda', propiamente 'jubón valiente' (God. II, 328a).

[1] También podría ser al revés, con sufijo -ĪCULA, teniendo en cuenta que Levy recogió un ej. del provenzal alpino *coutilho* en un «mystère» de 1504. Pero el sentido no es claro y el vocablo falta en provenzal moderno.

COTA II, 'parte o porción determinada, cupo', 'cita o acotación', ant., 'número que en los planos topográficos indica la altura', tomado, por abreviación, de las locuciones latinas *quŏta pars* 'qué parte, cuánta parte', *quŏta nota* 'qué cifra', del adjetivo *quŏtus* 'cuán numeroso, en qué número'. 1.ª doc.: Covar., 2.ª ac.

Aut. considera anticuada esta ac. (que se explica porque lo importante en la cita es el número del párrafo o página) y para la primera remite a *quota*, donde sólo cita un ej. de *quota parte* en Fernández de Navarrete (h. 1665). La 3.ª ac. se halla ya en Acad. 1884, no en 1843 (cita de Vic. López,

que tiene obras de 1845 a 1893, en Pagés); en francés es también tardía [1863; como término geométrico, 1799].

DERIV. *Cotejar* [1348, Ordenamiento de Alcalá = *N. Recop.* IV, ix, 4][1] 'compulsar, comparar': la terminación indica necesariamente origen forastero, y como el vocablo no se halla en italiano ni en lengua de Oc y no es probable que venga del port. *cotejar*, la fuente ha de ser el catalán, donde se documenta desde 1409 (Alcover); semánticamente se explica por la comparación de citas y cantidades en el cotejo de escrituras (V. otra explicación de Cuervo): *cotejo* [1640: Saavedra F.], antes *cotejamiento* [Nebr.], *cotejable*. *Cotizar* [Acad. 1884, no 1843; cita de Alcalá Galiano, 1846, Baralt], tomado del fr. *coter* íd. [1843, *cote* 'cotización', 1784][2], por confusión con *cotiser* 'imponer una contribución financiera a varios, indicando a cada uno su cuota' [1513]; *cotización, cotizable*. *Acotar* 'citar un autor, aducir una autoridad' [1531, Osuna] (también se ha dicho *cotar* en este sentido, 1.ª *Crón. Gral.* 392b25), 'poner cotas en los planos topográficos'; *acotamiento* 'acción de poner estas cotas'; *acotación* 'nota marginal' [1605, *Quijote*].

Cuota, duplicado más culto de *cota*, vid. arriba.

Cociente [*quociente*, 1709, Tosca], tomado del b. lat. *quotiens, -ntis*, íd., y éste del lat. *quotiens*, adv., 'cuántas veces'. Y vid. *ESCOTAR*.

CPT. *Cotidiano* [*cotidiano*, Vidal Mayor 4.414, 8; APal., 65b, 356b; *quotidiano*, 1684, Solís], tomado del lat. *quotidianus* íd., derivado de *cottidie* o *quotidie* 'cada día', compuesto con *dies* 'día'; existió antiguamente una variante semi-popular *cutiano* (J. de Mena, Lida, p. 142), de donde se extrajo el derivado regresivo *cutio* (que G. de Diego acentúa arbitrariamente en la *i*, entendiéndolo erróneamente como descendiente de *quotidio, Contr.*, § 484-6), empleado en *dia de cutio* 'día laborable' todavía por Cervantes (*Aut.* entendió erróneamente que ahí *cutio* significaba 'trabajo material', definición que sigue repitiendo hasta hoy el diccionario académico); otro derivado regresivo es *de cote* 'diariamente' que aparece como cast. en el *Canc.* de Baena en una polémica entre Nicolás de Valencia y Villasandino («assy lo leedes / synpre *de cote* en la Santa Escriptura», n.º 485, v. 20; mal entendido por W. Schmid). Gall. *de còte* 'de continuo'[3], 'continuamente, siempre' (Vall.), 'absolutamente siempre' (Lugrís)[4]. Por otra parte, *a cotío*[5], y luego *decotío* 'a la continua' (Vall.), 'a diario, de continuo' (Lugrís), por lo general *a de cotío*[6], o con valor adjetivo *a roupa de decotío* (Vall.), el cual debe de representar el lat. vg. *quottidio* (-*t*- en Carisio) que sustituyó el clásico *quotidie* o *cottidie*. No creo que exista la forma *cotie* de que parte GdD.

[1] Nebr.: «cotejar: comparo, confero»; «cotejarse con el menor, / hace no ser el peor», refrán glosado por S. de Horozco (med. S. XVI: *BRAE*

III, 710); «yo le he *cotejado* bien, y no hay señal en él que no muestre y prometa que ha de ser un gran perro» (*Coloquio de los Perros*, *Cl. C.*, p. 222). Cuervo, *Dicc.* II, 577-9, cita otros dos ejs. del S. XV.— [2] Comp. el ingl. *to quote* [1866, en esta ac.], *quotation* 'cotización' [1812].— [3] *Está comiendo de cote*, Sarm. *CaG.* 60r.— [4] «Asambleias estraordinarias, *de cote* convocadas a golpe de campás» Castelao 253.30, 281.21, 253.21, 24.— [5] «A contemplación *a cotío* da paisaxe, nai da raza», «*a cotío* como morren os bós homes», Castelao 20.13, 174.23.— [6] «Bota o novo sombreiro *a decotío*» Vall., 'cotidianamente': «o papel... nos trae *a decotío as novas*», «hai homes que aseguran *a decotío*», Castelao 254.2f., 87.4, 193 8.

Cotana, V. *cutir*

COTANZA, 'cierta clase de lienzo entrefino', de *Coutances*, nombre de una ciudad del departamento francés de la Mancha, conocida por su industria textil. *1.ª doc.*: 1680, *Aut.*

En la Arg. *cotencia* 'tela gruesa para sacos', Chile y Méjico *cotencio*, *cotense*, íd. (*BDHA* IV, 49n.). Para formas francesas y occitanas, vid. *FEW* II, 1260.

Cotar, V. *cota* II   *Cotara*, V. *cotiza*   *Cotardía*, V. *cota* I   *Cotarra*, V. *cueto*   *Cotarrera, cotarrero, cotarro* 'albergue', V. *Coto* I y *cotorra*   *Cotarro* 'ladera', V. *cueto*   *De cote*, V. *cota* II   *Cotear*, V. *coto* I

COTEIFE 'soldado inferior, jinete villano', palabra casi únicamente gallego-portuguesa, del ár. vulgar *ḥuṭáif*, dim. del ár. africano *ḥuṭṭáf* 'raptor, usurpador, bribón', derivados del ár. *ḥaṭaf* 'arrebatar, llevarse'. *1.ª doc.*: med. S. XIII.

Apenas se ha empleado en castellano; es vocablo, en cambio, muy frecuente en la lírica gallego-portuguesa de los SS. XIII y XIV, sobre todo en cantigas de escarnio. *Cuteife* 'caballero avillanado, guerrero plebeyo' aparece ya en las *Ctgs.* de Alf. X («aquel cuteif' avarento», 194.12, 22.22), *coteife* en muchas canciones satíricas gallegas y portuguesas de aquel tiempo, vid. el glosario de las *CEsc.* de R. Lapa, etc. Un femenino *cotaifesa* es propio del poema leonés del S. XIII *Elena y María*, v. 278 (*RFE* I, 86). Hasta hoy siguen empleándose en gallego los derivados *cotifeiro*, *cotifon* 'altercador, amigo de promover disputas', *cotifar* 'estar disputando por fruslerías' (Vall.). Steiger (*Contr. G.*, p. 228) parte del ár. argelino *ḥuṭṭáf* «ravisseur, usurpateur, filou» (Beaussier), tunecí *ḥuṭṭéfa*, Tremecén *ḥoṭṭéfa*, tripolitano *ḥuṭṭófa*; pero tiene razón Neuvonen (*Los arabismos del español* en el S. XIII, 1941, pp. 202-203) al observar que por razón fonética ha de tratarse más bien de un diminutivo *ḥuṭáif* ('ladronzuelo' 'pequeño saquea-

dor' atenuante), que de hecho no es inaudito, pues el propio Steiger cita *ḥoṭṭaifa* en la Saída. La raíz *ḥaṭaf* está ampliamente documentada y con muchos derivados en el árabe de todas partes y desde luego en el de España (R. Martí, PAlc.; Dozy, *Suppl.* I, 384a).

Cotejable, cotejamiento, cotejar, cotejo, V. *cota* II   *Cotencia, cotencio, cotense*, V. *cotanza*   *Cotera*, V. *cueto*   *Cotero*, V. *coto* y *cueto*   *Coterráneo*, V. *tierra*   *Cotidiano*, V. *cota* II

COTILEDÓN, tomado del gr. κοτυληδών, -όνος, 'hueco de un recipiente', 'cavidad donde encaja el hueso de la cadera', derivado de κοτύλη 'taza, medida', 'la misma cavidad'. *1.ª doc.*: *Aut.* cita *cotilidones* como voz de la anatomía del embrión, en la traducción de Cauliaco por F. Infante (¿S. XVI?), y *cotyledón* como sinónimo de *acetábulo*.

DERIV. *Cotiledóneo*. *Cotila* [falta aún Acad. 1899], del citado gr. κοτύλη. *Dicotiledón*. *Dicotiledóneo*.

Cotilla 'corsé', V. *cota* I; 'mujer chismosa', V. *coto* I   *Cotillero*, V. *cota* I, *coto* I   *Cotillo*, V. *cutir*

COTILLÓN, 'danza con figuras en bailes de sociedad', 'baile de sociedad', del fr. *cotillon* íd., propiamente 'enaguas', derivado de *cotte*, vid. COTA I. *1.ª doc.*: 1.ª ac., ya Acad. 1884, no 1843; 2.ª ac., falta aún 1936.

Cotín, V. *cutir*   *Cotiza* 'banda heráldica', V. *cuesta*

COTIZA, 'sandalia', 'abarca', en Venezuela y en Río Hacha (Colombia), resulta de un cruce de *coriza* derivado de *CUERO*, con la voz *cotara*, *cutara*, *cutarra*, *gutara* [1535: Fernández de Oviedo], empleada con el significado de 'sandalia', 'chinela', en Méjico, América Central, Panamá y Cuba, que procede de una lengua indígena mejicana o centroamericana (según Friederici, *Am. Wb.*, 213-5). *1.ª doc.*: Pedro de Madrazo, 1816-98 (en Pagés).

Cotizable, cotización, V. *cota* II   *Cotizado*, V. *cuesta*   *Cotizar*, V. *cota* II

COTO I, 'mandamiento, precepto', 'multa', 'término, límite, mojón', 'terreno acotado', 'tasa', límite fijado a los precios', del lat. CAUTUM 'disposición preventiva en las leyes', neutro de CAUTUS 'garantizado, asegurado', el participio pasivo de CAVĒRE 'tener cuidado, guardarse (de algo)', 'tomar precauciones, garantizar'. *1.ª doc.*: *cautum*, b. lat. español, 'mojón', y 'terreno acotado', 897 (Cabrera); *kautum*, íd., 'multa', 938 (M. P., *Oríg.*, 33); *cocto*

íd., íd., 971; *coto* 'multa', 1155 (Fuero de Avilés);
'edicto, mandato', Berceo, *Loores*, 37; 'tasa', *Partidas*.

También port. y gall. *couto* íd., en particular
'territorio pequeño con lindes fijadas' [ya en el
S. XIV, Códice Calixtino, «chegou a huun *couto*
de Santiago que ha nome Cornelloa» *MirSgo.* 53.6;
«Xohán de Vilasoa, veciño do *coto* de Comoxo», castellanizado, Castelao 136.3]. Para más documentación vid. M. P., *Oríg.*, 104-6; Du C., s. v. *cautum;* Oelschl., s. v.; Tilander, *Fueros de Ar.*,
p. 331; Muñoz Rivero, *Manuel de Paleogr. Dipl.
Esp.*, pp. 138, 139, 142, 152, 153, etc.; comp.
Alex. O, 1903, 2066. Esta etimología fué ya indicada por Cabrera, s. v., y por Diez, *Wb.*, 442.
No hay por qué separar la última ac. de las demás, según hace la Acad., derivándola del lat.
quotus. De 'terreno acotado' viene la ac. germanesca 'hospital', 'cementerio' [1609]. En cuanto a
la ac. 'medida lineal de medio palmo, equivalente
a los cuatro dedos de la mano cerrada' [1605, *Pícara Justina*], su origen es incierto: quizá sale de
quotus 'cuánto' o de nuestro *coto* en el sentido
de 'medida legal'.

DERIV. *Cota* significa probablemente 'coto, cercado', en J. Ruiz, 439*b.* *Cotarro* 'albergue de pobres y vagabundos', 'habitación de gente de mal
vivir' [*Aut.*]; *cotarrero* 'hospitalero' [J. Hidalgo,
1609], *cotarrera* 'mujer baja, que anda de cotarro
en cotarro' [íd.]; y vid. COTORRA. *Cotero* ast.
ant. (S. XVII) 'la persona nombrada por el Ayuntamiento para dirigir a los vecinos en las monterías' (V). *Cotolla* ast. 'árgoma', propiamente 'mojoncito'; *cotollal* 'argomal' (V); en Valduno (inmediatamente al O. de Oviedo) *cotolla* es el Ulex
europeus y *cotoxu* la mata [de árgoma, creo] que
retoña después de cortada, reservándose el nombre
de *árguma* para las ramas o puntas tiernas que
se pican para alimento de las caballerías; según
José M. González, *Top. de una Parroquia Ast.*,
Inst. de Est. Ast., 1959, 319, vendría de *cueto*
'tarugo, muñón' (cf. Orense *podar de cotón*, V. aquí
CUETO), lo cual es razonable. *Cotilla* 'mujer chismosa y parlanchina' (falta aún Acad. 1899), *cotillero* 'persona amiga de chismes y cuentos' (íd.).
Acotar 'reservar legalmente el uso de un terreno, etc.', 'apropiarse (algo)', 'citar (a una persona)
ante la justicia' [*quotare*, 853; *cotare*, 905; *cautare* 'amojonar (un terreno)', 946 (Cabrera, s. v. *acotar*); gallego ant. *cautar* 'garantizar, poniendo
una multa como pena' («coutó-a en 1000 mrs.»,
«peite de pena... 10.000 mrs... en que *couto* esta...
manda», docs. de 1420 y 1419, Sarm. *CaG.* 167*v*,
168*r*), gall. mod. 'guardar, proteger' («*coutoume*
o medo», Castelao 286.10, 128.19; *coutarse* 279.
21); *acotar* 'emplazar', 1219 (Oelschl.); *acotado*
'asegurado, privilegiado', *Libros del Acedrex* 20.8;
prados cotados, León, 1251 (Staaff, 87.32)], vid.
Cuervo, *Dicc.* I, 157-8, comp. oc. ant. *encautar*
'advertir, exhortar' [S. XIII], mod. 'notificar' (que

quizá no sea cultismo, como admite el *FEW* II,
547*a); la ac. 'podar a un árbol todas las ramas en
cruz', murc., 'despuntar, cercenar las ramas', gall.,
no es probable que salga de la idea de 'limitar (el
desarrollo de una planta)', y quizá resulte, como
sugiere Cuervo, de un cambio de prefijo del verbo
ESCOTAR, port. *decotar*. *Acotamiento, acotada.*
Incautarse 'tomar posesión un tribunal u otra autoridad competente de ciertos bienes que están en
litigio o han de responder de una obligación' [Acad.
1884, no 1843; reproduzco la definición de 1899
y 1884], tomado del b. lat. español *incautare* 'fijar
una pena pecuniaria', porque la incautación se hace
con miras a esa pena; el citado verbo se halla
con este significado en doc. de 1148 (M. P., *Oríg.*,
104), el derivado *incautatio* en uno de 1223 (vid.
Du C., s. v. *incautatio*) y otros[1]; *incautación.*

[1] No es admisible que *incautarse* venga del lat.
captare 'tratar de coger', como sugiere la Acad.,
pues no se conoce en latín ni en castellano una
forma *incaptar(e)*, y no se comprendería el oficio del prefijo *in-*. En el citado doc. de 1223,
titulado *charta incautationis*, se estipula que el
que trate de infringir sus disposiciones deberá pagar mil maravedís *in cauto*, es decir, 'como multa',
de donde se deduce claramente la formación del
vocablo.

COTO II, 'cierto pez de río del orden de los
acantopterigios', tomado del gr. κόττος, íd. *1.ª
doc.*: 1624, Huerta.

COTO III, 'bocio', arg., chil., per., ecuat., colomb., panam., del quich. *ʼkoto* 'buche', 'bocio'.
1.ª doc.: h. 1600, Reg. de Lizárraga (Lizondo,
s. v.); 1789, Gómez de Vidaurre (Draghi, *Cancionero Cuyano*, p. 519), Alcedo.

Lenz, *Dicc.*, 208.

El quich. *ccoto* «papera» ya está en Gz. de
Holguín (1608).

DERIV. *Cotudo* 'el que tiene bocio' (en el mismo
sentido se emplea *coto* en Jujuy, Carrizo, *Canc.*,
n.° 3040); ignoro el origen de *cotudo* 'peludo, algodonado', que sólo registra la Acad. (falta aún
1899).

COTOBELO 'abertura en la vuelta de la cama
del freno', del port. *cotovêlo* 'codo' y éste del
mozár. *qubṭél, qubṭál*, 'codo (medida)', 'codo (parte del cuerpo)', que a su vez procede del lat. CU-BITĀLIS adj. 'de un codo de largo', derivado de
CŬBĬTUS 'codo'. *1.ª doc.*: Terr.; Acad. ya 1843.

Es común derivar el port. y gall. *cotovêlo* de un
lat. *CUBITELLUS, diminutivo de CUBITUS 'codo'.
Así lo hicieron Diez, *Wb.*, 114; Simonet, 144;
Nascentes; y aun Schuchardt, *Roman. Lehnwörter im Berb.*, 43. El pensamiento de estos filólogos sería que bien pudo ser sustituído CUBITUS
por su diminutivo, en el latín vulgar lusitano, cuando ocurrió lo mismo en el idioma general de la

Romania con AURIS y GENU; pero no hay paridad, pues la oreja y la rodilla son partes del cuerpo que atraen la vista y se prestan, por su forma graciosa, a denominaciones afectivas, especialmente en el caso de una mujer o de un niño, mientras que nada hay en la forma ni en las funciones del codo que apele a la imaginación; en efecto, todos los romances han conservado el primitivo CUBITUS, sin otras alteraciones que las fonéticas, y aun el gallegoportugués conserva *côvado;* por lo demás, es evidente que *CUBITELLUS sólo hubiera podido dar *covadelo o a lo sumo *codovelo y no se explicaría la conservación de la sorda. Zauner, *RF* XIV, 444, al calificar de «oscura» la *v* de nuestro vocablo, da a entender que para él es un diminutivo romance de *coto* descendiente de CU-BITUS, forma que efectivamente se emplea para 'codo' en un pueblo gallego del Limia (Schneider, *VKR* XI, glos.), y que habrá existido en algún punto de Portugal, puesto que en la Bairrada se dice *cotonho* y en Alcanena (al Norte de Santarén) *cotunho* para la «articulação saliente dos dedos quando se fecha a mão» (Silveira, *RL* XXIV, 214); pero claro que de *coto* el diminutivo hubiera sido forzosamente *cotelo. En fin, G. de Diego, *Contr.*, § 612, cree que el vocablo se debe a un cruce de CUBITUS con *TUBELLUM (de donde viene el cast. *tobillo*, pero en port. esto se dice *tornozelo*), explicación que quizá satisfaga a los ingeniosos aficionados al cruce de palabras—y de partes del cuerpo—, pero que a los más sólo les recordará la graciosa réplica de Grammont, a los que, sin agotar previamente las posibilidades fonéticas, explicaban el cat. *colze* CUBITUS por un cruce con *polze* 'pulgar': «mettre ainsi le pouce dans le coude c'est adopter une voie qui conduit tout naturellement à se mettre le doigt dans l'oeil».

En realidad, el origen de *cotovêlo* es mucho más claro: se trata de una forma mozárabe propagada desde el Sur de Portugal. El cordobés Abencuzmán (S. XII) llamó el 'codo' *qubṭál;* en autores posteriores de la misma filiación vemos cómo, en virtud del conocido fenómeno fonético de la *imela,* se fué cerrando progresivamente la *â* de este vocablo, pues con el mismo valor usan R. Martí (S. XIII) *qubṭal* y *qubṭall* (que debe entenderse *qubṭéll*), el africano Abenalhaxxá (S. XIII) *qubṭil* (es decir, *qubṭél*), y el granadino PAlc. (1505) *cubtill* (Simonet, *l. c.*); hoy sigue empleándose *qebṭál* o *qobṭál* con el mismo valor en el árabe de Marruecos (P. de la Torre), de Argel (Cohen) y de Egipto (Bocthor). El significado originario de la palabra *qubṭál* lo hallamos documentado en una escritura arábiga de Toledo de 1184, donde vale como nombre de medida, y en el mismo sentido o en el derivado de 'regla o nivel (de un codo de largo)' emplean esta forma y sus variantes (*quḍâl, quṭal*) otras diversas fuentes mozárabes (Glosario de Leyden, Abencuzmán, R. Martí, el Tignarí, vid. Simonet, pp. 118-119).

Así como era común que el nombre de la parte del cuerpo sirviera de base para denominar la medida lineal que va del codo a la mano[1], también es natural que el nombre de ésta se trasmitiera a aquélla, y, en efecto, lo mismo ocurrió en el centro de Cerdeña, donde *ku(b)itále, kuitále,* designan hoy el 'codo' (M. L. Wagner, *Studien über den sard. Wortschatz,* p. 100). No es posible dudar de que ahí tenemos la voz CUBITALIS, que en latín clásico sólo se halla como adjetivo aplicado a lo que tiene un codo de largo.

La geografía lingüística confirma este origen mozárabe de la voz portuguesa: *côvado* debió reinar antiguamente en todo el Norte del territorio lingüístico. En efecto, en la *Crónica de Santa Cruz de Coimbra* (2.° cuarto del siglo XIV) se halla *côvodo* como nombre de la parte del cuerpo, y *côvedo* en los Inéditos de Alcobaça (SS. XIV-XV). Hoy mismo, es verdad que *cotofelo* llega hasta algunos puntos de Tras os Montes (en Murça, *RL* XIV, 86)[2], y la misma forma y *cotobelo* se oyen en algún pueblo del Limia (SO. de la provincia de Orense: Schneider, *l. c.*), pero lo general en gallego es *côvado* («dándolle c'o cóbado», Castelao 400.4f., 224.11) y lo general en la lengua medieval es *côvedo,* Ctgs. 136.30, *MirSgo.* 30.1, 33.19, 108.6 (traduciendo el lat. *cubitus*), *Gral. Est.* gall. 36.34, 37.3 (*côb-* 109.6). El contraste entre Galicia y Portugal lo muestran claramente las acs. traslaticias: allí *cotovelo* es 'nudillo', 'bulto o juntura de los huesos' (Vall., y en el mismo Limia), 'recodo, ángulo' (Carré), y en el leonés de Astorga y de Cespedosa, hasta donde se ha extendido el término, *cutubillo* (*cotu-*) es 'la parte acodada del jamón', 'la articulación del jamón con el pie' (Garrote; *RFE* XV, 274), mientras que por el contrario en el portugués normal es *côvado* el que asume los significados secundarios de 'medida' o 'rodilla de los animales', detalle suficiente para mostrarnos que el vocablo que estudiamos es mucho más popular en el Sur que en el Norte del territorio lingüístico. Que *GdDD* 2002 se indigne ante mi nueva etimología y se empeñe en la suya insostenible, es cosa normal, y no es menos normal en él, aunque menos honesto, que para defenderla achaque al port. *cotovelo* un significado falso 'nudillo' que sólo existe en algún punto de Galicia, ac. secundaria, no documentada en textos antiguos como la otra, explicable por tratarse en Galicia de una palabra importada de tierras mozárabes (lo aútóctono allí es *cóbado*), y en Galicia mismo meramente local, puesto que en el Limia *cotovelo* (y *cotofelo*) sigue significando 'codo', y éste es el punto de partida obvio de la ac. 'recodo' registrada por Carré. Por lo demás el mismo filólogo (6895) quiere apoyar su idea en un «leridano» *cod de pe* 'tobillo'; como se ve a la legua esto no es catalán ni tiene que ver con CUBITUS: es el aranés[3] *còt det pè,* equivalente fonético de *cuello del pie;* luego cita un «aranés» *chonillo:*

otra confusión, salta a la vista de cualquiera que
sepa algo de esta habla que esto no puede perte-
necerle. El segov. de Cuéllar *cotubillo* «codillo, muñón del jamón» (*BRAE* XXXI, 150) puede citarse
como jalón extremo del área del vocablo; su sig- 5
nificado es tan secundario y tan explicable como
el del sinónimo *codillo*.

Unas observaciones para concluir. En contacto
con la sorda *t*, la *b* mozárabe pudo ensordecerse
en *f* (comp. hechos parecidos cn fin de palabra: 10
Steiger, *Contr.*, 109; Corominas, *BDC* XXIV, 69),
de donde la forma trasmontana y limiense *cotofelo*; el paso de *covotelo* a *cotovelo* es debido a
una metátesis de la que hay otros ejs. en los descendientes de CUBITUS, p. ej. Teramo *vótęvę* < 15
gótęvę < *góvętę* (*RF* XIV, 443), rosell. ant. *códeu*
'codo (medida)' (*Vidas Rosellonesas*, 12 vºa). El
cast. *cotobelo* 'abertura en la vuelta de la cama
del freno' es un portuguesismo que demuestra la
influencia de los portugueses en la equitación es- 20
pañola. M-L. ya indicó brevemente esta etimología
en una nota de la *ZRPh.* XLVI, 119, que no me
ha caído en las manos hasta el momento de poner
en limpio este artículo⁴.

Deriv.: Analógico, un gall. *cotovino ∽ cotován*, 25
expresión de juego que en castellano se dice «de
codín de codán», Sarm. *CaG.* 120v.

¹ A un femenino de ese mozárabe *qobtel, -tal*,
'medida desde el codo a la muñeca', podría corresponder el val. norteño *gobanella* y segorbino 30
gobanilla (que me señala la Prof. Natividad Nebot)
los cuales tienen el sentido de 'muñeca'. O sea
que allí la denominación se habría aplicado a
la otra extremidad del *qobtel*, a diferencia de la
ac. portuguesa. La *-n-* se prestaría a varias ex- 35
plicaciones, y como es probable que un *moneca*
equivalente del cast. *muñeca* tuviera también
cierta extensión en mozárabe, se trataría posiblemente de influjo de este sinónimo.— ² Que el
Sr. Júlio Dantas, en su libro *A Pátria Portugue-* 40
sa, emplee *côvado* por 'codo' no significa mucho,
pues es sabido que esta obra está llena de arcaísmos artificiales (Fid. de Figueiredo, *Estudos de
Literatura*, 2.ª Serie, 1917, p. 45). Entresaco algunos de estos datos de los dicc. de Fig. y de 45
Vieira.— ³ No sé si realmente hace falta recordar
que el aranés es un dialecto gascón, donde es
normal -LL > -*t* y donde una terminación *-illo*
sería inconcebible, por más que el Valle de Arán
pertenezca políticamente a España.— ⁴ Piel, *Bo-* 50
letim de Filol. XIII, 143-8, expone cortésmente
algunas razones contra mi etimología y en apoyo
de *CUBITELLUS, que tienen muy poca fuerza.
Ninguna tienen los supuestos paralelos del diminutivo: la rodilla de la mujer y del niño es pre- 55
cisamente graciosa y muy visible, mientras que
el codo casi no se ve y, por lo tanto, sólo le con-
vienen nombres utilitarios, no afectivos; las
frases figuradas que cita, muy secundarias, no
pudieron influir en la denominación de una parte 60

del cuerpo; el port. *tornozelo* suele tener equivalentes diminutivos (cat. *turmell*, cast. *tobillo*,
fr. *cheville*); los casos seguros de *CUBITELLUS
son nombres técnicos de objetos y, por lo tanto,
deben el sufijo diminutivo a esta traslación semántica. Sus objeciones a una procedencia mozárabe no valen nada: la creencia de que el mozárabe influyó poco en el portugués, es profundamente errónea (V. en este dicc. muchos casos
como el de *BALIZA*), Lisboa está de lleno en
territorio mozárabe y Piel confunde árabe con
mozárabe (dialecto romance del Sur peninsular)
al alegar la fecha temprana de la reconquista de
Lisboa; es normal que al aportuguesar un vocablo mozárabe en *-el* se le añadiera una *-o* final,
aunque esta adición pueda faltar en la Toponimia
(pero no siempre); las formas gallegas y leonesas
de *cotobelo* tienen sentidos exclusivamente técnicos, y, por lo tanto, es de creer que sean portuguesismos. Menos valor todavía tiene la nota
de Hubschmid, *RPhCal.* VI, 193-4: quiere partir de un prerromano *KOTTO- (vid. *CUETO*)
y rechaza mi etimología por «no satisfacer fonéticamente». Observación sólo comprensible si es
que el joven lingüista desconoce el frecuentísimo
y normal fenómeno mozárabe *-âl* > *-el*. Ignorancia tan elemental comprueba la justeza del
reproche que se le ha hecho varias veces: que
es imprudente especializarse exclusivamente en
el estudio de las voces de origen prerromano, y
lo sería aun si conociera perfectamente los fenómenos romances. Todos se darán cuenta: de
que es arbitraria la admisión del raro «sufijo»
prerromano *-BO-*; de que formas modernísimas
como el gall. *coto* (que abusivamente me achaca
haber derivado de CUBITUS), no deben mirarse
como primitivas de *cotovelo*, ya documentado en
el S. XII (sino como debidas a un cruce de
codo con *cotovelo*); y de que la variante *cotofelo*
comprueba la existencia de un antiguo grupo *bt*
con *b* ensordecida por la asimilación. La etimología mozárabe de *cotovelo* está fuera de dudas.

COTOFRE, 'vasija', 'medida de capacidad para
líquidos', ant., de *cotrofe*, íd., también antiguo, y
éste del lat. tardío *chytrŏpus, -ŏpŏdis*, 'olla provista de pies o trébedes', que a su vez proviene del
gr. χυτρόπους, -όποδος, íd., compuesto de χύτρα 'vasija de loza', 'olla' y πούς 'pie'; el vocablo
pudo llegar al castellano por conducto del occitano antiguo, donde se halla *cotofle* 'botella o vasija'. 1.ª *doc.*: *cotofre*, Acad. ya 1783, como antiguo; *cotrofe*, en el leonés Enrique Gil (1815-46),
citado por Pagés («especie de vaso cilíndrico conocido con el nombre de *cotrofe*»), y en Rosal,
1601 (Gili) 'vaso de vino'.

Palabra mal documentada. En Acad. 1783-1884
cotofre figura como «vaso para beber»; después
desaparece del diccionario y hoy vuelve a figurar,
con esta definición *cotrofe*, y la otra variante con el

significado de «medida de líquidos que hacía aproximadamente medio litro». Cuveiro da la primera de estas variantes como gallega reproduciendo la antigua definición de la Acad., pero como no figura en Vall., es muy dudoso que sea realmente palabra gallega. Es verdad que en varios puntos de Tras os Montes se emplea *cotrofe* m. (Lagoaça: *RL* V, 41), *catrofe* (cita en Fig.) o *catrofa* f. (Mogadouro: *RL* V, 37) en el sentido de 'nuca, parte posterior de la cabeza', y que dada la frecuencia con que las denominaciones del cogote proceden de la idea de 'cavidad', este vocablo podría venir de *cotrofe* 'vasija', como *colodrillo* viene de *COLODRA* (véase); de todos modos es inseguro, comp. oc. ant. *cota*, prov. *cotet* 'nuca' (*FEW* II, 1259a). En todo caso, como indicó Jud (*Róm.* LI, 604), hay parentesco con oc. ant. *cotofle*[1] del cual cita Raynouard un ej. en Guilhem de Tudela (S. XIII) y otro en el texto latino de los Estatutos de Marsella, definiéndolos 'botella' (podría tratarse también de otra vasija para vino)—y con toda una familia de voces meridionales de Italia, que Rohlfs explicaba por un cruce entre el gr. χύτρα y el it. merid. *truf(f)a* 'vasija de loza' (*EWUG*, 2225); posteriormente, en su diccionario etimológico citado (n.º 2473), el propio Rohlfs volvió a reunir los miembros de esta familia (sic. *kutrúfu* 'vaso de vidrio, garrafa', napol. ant. *cutrufo* 'ampolla', Umbría *kotrufo* 'vasija de barro', Bari *ketráufe* «coppo, orciolo», *cutrufarus* en 1202, griego otrantino *kutrubbi, -upi*, n., salentino *kutrúbbu* 'jarrito para aceite', y quizá calabr. sept. *kutrúmmulu, kutrúni*), agregando el alem. *kuttruf* 'vaso de beber', a. alem. med. *kuterolf, kottrolf, goterolf* 'vaso estrecho y largo', e indicando que es dudoso que todo esto tenga algo que ver con χύτρα. Sin embargo, el origen es claro: se trata del lat. *chytropus* 'olla de barro con pies', documentado en la Vulgata, y procedente de la voz griega bien conocida χυτρόπους íd., que es un compuesto de χύτρα. Según ocurrió muchas veces con los helenismos del latín decadente, se sustituyó aquí una π griega por *ph* latina, como ultracorrección de la pronunciación vulgar inversa (comp. *GOLFO, AZUFRE*). La -e española parece indicar un intermediario occitano, a no ser que deba partirse de un diminutivo bajo griego χυτρόπι, como el que hoy vive en el griego de Ótranto. Quizá se trate, al menos en España, Provenza y Alemania, de un semicultismo extendido como nombre de una vasija litúrgica.

DERIV. *Cotroferas* en Rosal 'buenos comedores y bebedores'.

[1] Del oc. ant. *cotofle* viene el prov. mod. *gadoufle, goudoufle* «flacon garni de paille dans lequel on rapporte ordinairement d'Italie l'eau de fleur d'orange», que pasó al francés de Rabelais: «une petite *guedoufle* pleine de vieille huile» (*Pantagruel*, cap. 16, p. 87), «Quaresmeprenant a... les couilles comme une *guedoufle*»

(IV, cap. 31, p. 124; Sainéan, *La L. de Rab.* II, 191, 199).

Cotolla, cotollal, V. *coto I*   *Cotón, cotona, cotonada, cotoncillo, cotonía*, V. *algodón*   *Cotorina*, V. *cueto*

COTORRA, 'papagayo pequeño', parece sacado de *cotorrera* 'mujer parlanchina', variante de *cotarrera* 'mujer que gasta el tiempo en visitas inútiles', derivado de *cotarro* 'albergue de vagabundos', y éste de *COTO* I; como nombre de ave, resultó del contacto de esta familia de vocablos con *catalina, catita, caturra*, denominaciones de la misma, procedentes de *Catalina*, nombre propio de mujer. *1.ª doc.*: Ayala Manrique, 1693, 'urraca', Requejo, 1717, 'psittacus femina' (Gili); Terr.

Aut. dice que *cotorrera* es «la hembra del papagayo, páxaro bien conocido... y por semejanza se llaman assí las mugeres habladoras», pero de los dos ejs. que da, el del mejicano Martínez de la Parra (1691) significa indudablemente esto último, y el de la *Pícara Justina* (1605) tiene probablemente la misma ac. (hasta donde puede juzgarse por la brevedad de la cita); lo mismo significa el vocablo de Quevedo (Fcha.), mientras que Oudin define *cotórrera* como «une putain»[1]. Claro está que ha de tratarse de una variante del germanesco *cotarrera* que, según Hidalgo, es «mujer baja y común», y según la Acad. (ya 1843) 'la mujer andariega que para poco en casa' (con ej. del sevillano J. J. Bueno, † 1881, en Pagés): recuérdese que *cotarro* 'albergue de pobres y vagabundos', para *Aut.* es 'habitación de gente de mal vivir', *andar de cotarro en cotarro* vale 'gastar el tiempo en visitas inútiles', y que, por otra parte, existen *cotilla* y *cotillero* 'persona chismosa y parlanchina', palabras del mismo radical. En cuanto a *cotorra* 'especie de papagayo', no aparece antes de Terr. (Acad., ya en 1843, da además la ac., menos común, 'urraca'), y hoy es voz especialmente arraigada en Cuba (Pichardo), pero también en España, y conocida asimismo en otros países americanos. El criterio cronológico indica, pues, que se sacó regresivamente de *cotorrera*; pero es casi seguro que intervino en esta derivación el influjo de la familia de denominaciones de la cotorra, procedentes del nombre propio *Catalina*, que he estudiado s. v. *CATA* I, y que se extienden a casi toda América (*cata, catita, catana, catala, catufa, catuca, catarinita; catalina* en 1590, *catalnica* en Cervantes y Quevedo), tanto más cuanto que en Chile y en Río Grande do Sul se dice *caturra* (Román, L. C. de Moraes), en otros puntos del Brasil y en Murcia *catorra* (Taunay, G. Soriano) y en Cuba *cotica* (Pichardo)[2]. Otras palabras del mismo radical procederán directamente del germanesco *cotarrera* y de *cotarro* sin el rodeo a través de *cotorra* 'papagayo': arag. *cotorrero* «se dice del que asiste a toda diversión y quiere verlo y saberlo

todo»[3], *cotorrón, -ona* 'íd.', y 'hablador desordenado' (ambos en Borao), cast. familiar *cotorrón,
-ona*, 'hombre o mujer de edad madura' (Besses;
Acad. falta aún 1899; Pichardo, 1836-75, lo da
como usado en el Occidente de Cuba; en 1850-70
en el *Santos Vega* del argentino Ascasubi, v. 1385;
hoy vivo en muchas partes: debe partirse de *co-
torrona* 'la mujer que ha corrido mucho y ya es
muy conocida', port. *caturra* «pessoa, em regra
idosa, que, aferrada a ideias antiguadas, gosta de
censurar todas as modernidades; é a m i g a d e
d i s c u t i r e criticar, teimosa, pedantesca» (que
C. Michaëlis, *RL* XX, 317-8, quisiera derivar del
nombre de Catón el Censor, pero Leite objeta que
tiene más de «bobo» que de «teimoso»), cat. *co-
torrista* 'vago que anda de taberna en taberna'
(Labernia). Otro derivado regresivo de *cotarrero*
> *cotorrero*, comparable al nuestro, lo hallamos
en el cat. *cotorro* 'garito, timba' (Labernia Cast.-
Cat.), lunfardo *cotorro* 'lugar donde uno vive' (Malaret), cast. *cotorro* «un esgout de boués et d'ordures» (Oudin).
   Spitzer, *Lexik. a. d. Kat.*, 154-5, después de rechazar otras etimologías de escaso valor, se detiene
en *coto* 'precio que se fija por común acuerdo de
mercaderes' (aplicación especial de *coto* 'tasa', de
CAUTUM, aunque él lo deriva de QUOTUS), a base de
la locuacidad del regatero (M.-L., *REW* 1784, lo
acepta, si bien confundiendo los significados, y partiendo de CAUTUM): me parece más forzado semánticamente y se basa en un sentido poco común. Por
lo demás, el propio Spitzer, *Litbl.* XLVIII, 32n.,
se desdijo más tarde, prefiriendo como punto de
partida el prov. *coto* 'gallina', lo cual nos lleva
demasiado lejos geográficamente, pues se trata de
un vocablo estrictamente local de Provenza.
   DERIV. *Cotorrear. Cotorreo. Cotorrera* (vid. arriba); *cotorrería* arg. 'parlería' o 'chismorreo'[4]. *Cotorrón* (vid. arriba).
   [1] *Aut.* da además un ej. de *cotorrerito* en unos
versos burlescos de Quevedo con la explicación
algo confusa «en lo literal vale el que es chico;
por traslación significa galancete, presumido de
lindo». El texto permitiría entender, además, 'mequetrefe'.— [2] Como *Aut.* no da ejemplos de *cotorrera* 'papagayo pequeño' aunque afirma su
existencia, se presenta incluso la duda de si el
vocablo existió realmente o se trata de una identificación arbitraria de *cotorra*, que ya entonces
existiese, con *cotorrera* 'mujer habladora'. Entonces *cotorra* podría ser simplemente derivado
de *Catalina*, con asimilación de las vocales. Pero
no es común que los datos de *Aut.* sean arbitra-
rios. Martínez de la Parra opone los papagayos
masculinos a las *cotorreras* femeninas, que no entienden lo que piden a Dios ni saben lo que rue-
gan, de suerte que es seguro que en su tiempo ya
se conocía, bien *cotorra*, bien *cotorrera*, como
nombre del *psittacus minor*, pero es imposible
afirmar si era lo uno o lo otro, pues es evidente

que el autor juega con las palabras. Convendría
que un erudito americanista completara los datos del problema.— [3] En las marismas del Prat,
junto a Barcelona, se llama *cotorrers* a los ánades que se quedan por una temporada en las lagunas: los cazadores les echan grano, porque con
su presencia atraen a las aves de paso, y por esto
se les llama también *llépols* 'golosos'. No sé si
debemos partir aquí de la idea de 'entrometido'
o de la de 'hablador como un papagayo': *coto-
rrer* en este sentido, así como el propio *cotorra*,
son también conocidos en catalán.— [4] «Las con-
versaciones de la minúscula *cotorrería* femenina
no giraban sobre otro asunto que el del traje con
que pensaba cada una presentarse en la gran ceremonia», Chaca, *Hist. de Tupungato*, 403.

Cotorro, V. *cueto* *Cotorrón*, V. *cotorra*[1] *Cotorro*, V. *cotorra* *Cotovía*, V. *totovía* *Cotra*, V.
cochino *Cotral*, V. *cutral* *Cotrofe*, V. *cotofre*
Cotudo, V. *coto* III

   COTUFA, 'tubérculo de la raíz de la aguaturá-
ma', origen incierto, acaso del mozár. *ququffa*
'fruslería', 'cuchufleta', alterado por influjo de
TURMA o TRUFA. 1.ª doc.: 1603, P. de Oña.
Postrimerías.
   En este autor significa 'gollería, golosina', y el
mismo valor tiene en la frase proverbial *pedir cotufas en el golfo* 'pedir cosas imposibles o fuera
de lugar' (que ya aparece en la primera y en la
segunda parte del *Quijote*, I, xxx, 149; II, iii, 11),
es decir, pedir golosinas en alta mar, cosa muy
fuera de razón para los navegantes de la época[1].
Pero *Aut.* ya conoce la ac. «fruta pequeña que se
cría en las Indias, semejante a las chufas de Valencia». Henríquez Ureña, precisando (*Para la Historia de los Indigenismos*, pp. 47, 53 y 58), nos
advierte que es el Helianthus tuberosus, de la familia de las compuestas, que se llevó de América
del Norte a Europa a principios del S. XVII. Hoy
es popular en Andalucía con el significado de
'chufa' y en el secundario de 'mujer ajada' (A.
Venceslada), y también la Acad en 1843 y 1884
definía 'chufa'. Colin, *Hespéris* VI, 63, y ya Spitzer, *WS* IV, 157n. (Hz. Ureña alude a lo mismo),
relacionaron con el sic. *catatufulu* o *catatuffula*,
perteneciente a un grupo de nombres de la trufa
(y posteriormente de la patata), del que forman
parte calabr. *caratómfulu, -ómpulu, -ónfula* 'trufa',
oc. *cartoufle* y alem. *kartoffel* 'patata', pero no es
posible derivar *cotufa* de esta palabra alemana,
aunque los alemanes, según documenta Spitzer,
sean conocidos popularmente en otros países como
comedores de patatas, entre otras razones porque
kartoffel no aparece hasta 1758 y en Suiza a principios del S. XVII; para poder traerlo del it. *tar-
tùffolo* 'trufa' (de donde viene *kartoffel*), procedente de TERRAE TUFER, debería probarse que en
Italia las formas disimiladas con *c-* son ya anti-

guas, y todavía faltaría explicar la desaparición de la *r;* pero conviene partir del hecho, subrayado por Hz. Ureña, de que *cotufa* significó primero 'gollería, golosina' en general. Ahora bien, en el vocabulario mozárabe del S. XIII atribuído a R. Martí hallamos *ququffa* con la traducción latina «fabula» y con equivalentes arábigos que significan 'cuento, conseja', 'charla, palabrería, nadería' y con un equivalente mozárabe que Simonet deriva verosímilmente de *trufa* en el sentido de 'burla'. Si recordamos que *trufa* 'turma' (de TUFER por TUBER 'bulto'), entre otras palabras romances de sentido análogo, ha dado oc. *trufa* «raillerie, moquerie; frivolité, chose vaine», *trufar* «railler, se moquer de», cast. *trufa* 'mentira, fábula, cuento, patraña', ingl. *trifle* 'bagatela', y que *chufa* (cat. *xufla*) 'especie de cotufa' tiene a su lado el antiguo *chufa* 'burla, mofa, escarnio', *chufar* 'hacer escarnio de una cosa', and. y amer. *chufla,* con su variante *cuchufleta* (quizá debida a influjo de *ququffa*), no vacilaremos en admitir la posibilidad semántica de que desde *ququffa* 'nadería, fruslería', se pasara a *cotufa* 'golosina' y 'especie de chufa o tubérculo'; en lo fonético, si no nos contenta una disimilación (inversa a la de *tartuffolo* > *kartoffel*), podemos recurrir al influjo de *turma* o de *trufa.* En cuanto al origen de *ququffa,* Simonet, 119-20, sugiere la familia expresiva cast. *cocar, cucar,* 'hacer cocos o gestos', gall. *cucar* 'hacer burla', cast. ant. *alcocarra* (V. COCO) (para el sufijo podría pensarse en el cat. de *pellofa, butllofa* y análogos), y efectivamente *cuca* significa también 'chufa (fruta)' según Covarr.; también se podría pensar en el b. lat. *cucufa* 'cofia, capuchón', abundantemente documentado por Du C. (el nombre de persona derivado *Cucufatus* se halla por lo menos desde 814, vid. Sabarthès, *Dict. Top. de l'Aude,* s. v. *St. Couat*), comp., para el sentido, fr. *coiffer* 'seducir, engañar', 'emborrachar', 'poner cuernos (al marido)' (*FEW* II, 837a); el origen de *cucufa* parece claro: es un cruce de COFIA o CUFIA con CUCULLA 'capuchón'.

¹ Comp. la paráfrasis que P. de Oña hace de esta frase en su texto: «¿No le basta para su sustento a un caminante un poco de ternera y una olla de muy buen carnero y vaca, sino que en medio de un desierto pidan *cotufas* y gullorías?... ¿y que passando adelante la golosina y gula pidan codornices? Essa mucha *cotufa* es, venga la ira de Dios sobre gente tan antojadiza.»

COTURNO, tomado del lat. *cothurnus* íd. *1.ª doc.:* Canc. Baena (D. Alonso, *La Lengua Poética de Góngora*); APal. 96d; med. S. XVI (Macrí, *RFE* XL, 151 y C. C. Smith, *BHisp.* LXI); princ. S. XVII (Góngora; Pantaleón, Amaya, en *Aut.*). Ha sido siempre estrictamente culto.

Covacha, covachuela, covachuelista, covachuelo,

V. cueva   Covanilla, covanillo, V. *cuévano Covar,* V. *coba   Covijera,* V. *cobijar   Covo,* V. *calvo   Coxal, coxalgia, coxálgico, coxcojilla, coxcox, coxquear,* V. *cojo*

COY, del neerl. *kooi* 'cama de a bordo, hamaca' (< neerl. med. *koie* 'corral de ovejas' < lat. CAVEA 'corral', 'jaula'). *1.ª doc.:* Acad. ya 1843, no 1817.

Del holandés proceden también el port. *coi* y el ruso *koika* íd.

Coy, V. *cuy   Coya,* V. *cojón*

COYOTE, del náh. *kóyotl* íd. *1.ª doc.:* B. de Sahagún, 1532, *coyotl.* Friederici, *Amerik. Wb.* s. v.

Coyunda, coyundado, V. *uncir   Coyuntura,* V. *junto*

COZ, del lat. CALX, -CIS, 'talón'. *1.ª doc.:* Berceo; doc. de 1220, Oelschl.

En el aragonés antiguo del *Yúçuf* (v. 18c) se halla todavía la forma etimológica *cálcex* (pl.), hoy se dice *calces* en Ribagorza (M. P., en su edición, *RABM,* 1902, § 9). La misma voz latina ha dado el it. ant. *calce,* mod. *calcio,* logud. *kalke,* port. *couce* (*coice*), con el mismo significado [*Ctgs.* 127.3; 254.16, 317.48]. Todos ellos son masculinos, género que ya tiene CALX en latín vulgar, mientras que el castellano ha mantenido el género clásico femenino. En portugués se han conservado acs. más próximas a la etimológica: *couce da espingarda, couce do beque,* refiriéndose a la parte inferior de estos objetos, *couce da procissão* 'cabo o fin de la procesión' (S. XVI, Moraes), y aun se halla la ac. 'talón, calcañar', que según M-L., *REW* 1534, sería antigua, pero que Fig. da como viva todavía; el gall. *couce,* además de 'coz', significa 'extremo inferior o más grueso de un palo' (Vall.); en Soria *coz* designa 'el tronco del árbol', como el bearn. y gasc. *caus* f. (Rohlfs, *BhZRPh.* LXXXV, § 165): según hizo notar G. de Diego, en Plinio CALX designa ya el pie de un renuevo de la higuera, y en Vitruvio es el pie del mástil de una nave; no puede aceptarse la etimología CODEX, CAUDEX, que como alternativa propuso este autor, *RFE* XI, 348-9), pues no ha dejado descendencia en ningún romance, por más que Sarm. anotó una vez *cozas* como sinónimo de *torgos:* «los troncos y raíces de los urces» (*CaG.* 137r, con una *o* sorprendente, en vez de *ou,* pero acaso haya notación o copia inexacta, pues no se ha dado otra noticia de tal forma, quizá debida al influjo del sinónimo *torgo*).

Como castellanismo muy antiguo el catalán *coça* (con *o* cerrada) que hasta hoy es general en el Principado, Islas y País valenciano; corría yá en éste, en 1575, al menos en el plural *cosses* (del cual se extrajo analógicamente *cossa,* sing., doc. ya en el S. XVI): «tirar *cosses,* donar a algu *cosses* y puñades:

calcitro» en el *Tes. Puerilis* de Onofre Pou, que, aunque gerundense, publicó su libro en Valencia, donde enseñaba, y a menudo prefiere el uso del valenciano; también se halla ya en dos autores del S. XV (valenciano uno, y aun el otro muy posiblemente lo fuera también). El nivel popular y antigüedad de tal préstamo podría hacer pensar en un mozarabismo propagado juntamente desde Valencia y Aragón, pero para admitir uso mozárabe deberíamos creer que un mozárabe *cauces* o *couces* había sido ultracorregido en *coces*, lo cual es bastante suponer (por más cierto que sea que el único sinónimo bien conocido, *guitza*, no es palabra general en el Principado, ni conocida en este sentido en el Sur, ni en val. ni en balear[1]. En definitiva atendiendo a tantas extrañezas, llego últimamente a la conclusión de que no hay castellanismo, y *coça* fue seguramente forma realmente catalana, V. ahora el *DECat.* para su explicación.

DERIV. *Cocear* [Berceo, *S. D.* 102, *S. Or.* 30; *Lucano* Alf. X, Almazán; Nebr.: 'tirar coces', 'hollar']²; ast. *escociar* (V); gall. *escoucear* (Sarm. *CaG.* 184v), *escouzar* (algo más al Este, La Lama, ib. 223r); *coceador* [Nebr.], *coceadura, coceamiento; cocero,* ant. *Acocear* [Nebr. 'pisar', 'tirar coces'], *acoceador, acoceamiento. Recalcitrar* [Lope de Vega (D. Alonso, *La Leng. Poét. de Góngora*); fin S. XVII, Cornejo], tomado de *recalcitrare* 'cocear', 'hacer oposición', derivado de *calcitrare* 'cocear' y éste de *calx; recalcitrante.*

¹ El judeoesp. *acalcear* 'allanar, pisar (un camino)' vendrá también de *calz, coz,* 'talón', aunque también se halle *acalzadear* en el mismo sentido (*BRAE* III, 70), pues aquella forma se halla en la Biblia de Ferrara, siglo XVI, anterior en trescientos años a la de Constantinopla, donde leemos *acalzadear,* que por lo tanto será alteración debida a influjo de *calzada.—* ² En Aragón *calcear* 'tirar coces' (Coll A.).

Cozar(se), V. *cosquillas   Cozcucho,* V. *alcuz-cuz   Cozque,* V. *cuesco*

CRABRÓN, 'avispón', tomado del lat. *crabro, -ōnis,* íd. *1.ª doc.:* 1589, Ribadeneira.
No es palabra realmente castellana: aparece sólo en traducciones del latín (vid. *Aut.*). Para un representante popular, V. *CAMBRÓN.*

CRAMPONADO, 'que termina en gancho', del fr. *cramponné* 'provisto de una grapa', derivado de *crampon* 'grapa', 'garfio', voz de origen germánico. *1.ª doc.:* 1725, Avilés, citado por Terr.
Término heráldico.

CRAN, 'muesca que tienen las letras de imprenta', del fr. *cran* 'muesca', 'cran', que parece ser de origen céltico. *1.ª doc.:* Acad. 1884, no 1843.

Para el origen de la voz francesa, vid. *FEW* II, 1339-43.

CRÁNEO, tomado del gr. χρανίον íd., diminutivo de χράνος 'casco, yelmo'. *1.ª doc.:* h. 1580, J. Fragoso[1].
DERIV. *Craneal. Craneano* (o *craniano*). *Pericráneo.*
CPT. *Craneología. Craneoscopia. Hemicránea* 'jaqueca', tomado del lat. tardío *hemicrania,* íd., y éste del gr. ἡμιχρανία íd., compuesto con ἡμι- 'medio', porque sólo afecta una parte de la cabeza; en forma semipopular ha dado el fr. *migraine,* cat. *migranya* íd., que Covarr. (s. v. *axaqueca*) recoge como palabra perteneciente al catalán de Valencia; de Covarr. *migraña* ha pasado a varios diccionarios (Oudin, Terr., Acad. desde 1899) como si fuese palabra castellana.
¹ «El huesso de la cabeza, que llaman *cráneo,* y comúnmente casco, es como un yelmo, para guarda de los sessos, y se compone de ocho huessos». *Aut.*

CRÁPULA, 'libertinaje', tomado del lat. *crapŭla* 'embriaguez, borrachera' y éste del gr. χραιπάλη íd. *1.ª doc.:* 1615, Cervantes, *La Casa de los Celos,* cita de Terr.; después no vuelve a hallarse hasta este diccionario.
Se emplea a veces como m., sinónimo de *crapuloso* (falta en Acad.).
DERIV. *Crapuloso.*

CRAS, adv., ant., 'mañana', del lat. CRAS íd. *1.ª doc.:* Cid.
Es frecuente en toda la Edad Media (Berceo; J. Manuel; J. Ruiz; *Poema de Alfonso XI,* 1426; Sem Tob, 130; *Rim. de Palacio,* 121; Nebr.); ya era arcaísmo h. 1500 (M. P., *RFE* I, 370), aunque no falta algún ej. en el Siglo de Oro, pero sólo en frases proverbiales y en anécdotas antiguas (vid. Romera Navarro, *El Criticón* I, 229; A. Reyes, *RFE* II, 383). Los romances han sustituído esta voz latina por MANE y sus derivados, y sólo ha dejado huellas en sardo, en el toscano e it. merid. *crai* y en los romances medievales de la Península Ibérica: en portugués se cita desde las *Ctgs.* (24.39 y passim), *MirSgo* (46.7, 144.19, 145.13, 147.8) y *Canc. Vat.* hasta Gil Vicente; como catalán lo hallo sólo a princ. S. XIV, en R. Lulio (*Concili,* vv. 220, 273).

Crasamente, V. *graso   Crascitar,* V. *graznar   Crasedad, craseza, crasicie, crasiento, crasitud, craso, crasuláceo,* V. *graso*

CRÁTER, tomado del lat. *crater, -ēris,* 'jarro para mezclar vino con agua', 'vasija', 'pilón de fuente', 'cráter', y éste del gr. χρατήρ, -ῆρος, íd., derivado de χεραννύναι 'mezclar'. *1.ª doc.:* Acad. 1843, no 1817.

APal., 97*b*, describe el significado de la palabra latina sin darle equivalencia castellana. El duplicado *crátera*, 'jarro para mezclar vino con agua', es cultismo reciente (falta aún Acad. 1899), empleado sólo en traducciones de clásicos y en obras arqueológicas, y mal adaptado del fr. *cratère* m.

Deriv. *Discrasia*, de χρᾶσις 'mezcla', derivado de χεραννύναι, con el prefijo peyorativo δυς-. *Hipocrás* [1525, Rob. de Nola, p. 46; 1552, Calvete], bebida hecha con una mezcla de vino y otros ingredientes, tomado del fr. *hypocras* íd. [1415], de *Hippocras*, nombre que se daba en la Edad Media al famoso médico griego Hipócrates; esta forma se prestaba a la falsa etimología ὑπο- 'bajo' + χρᾶσις 'mezcla', lo cual dió lugar a la creencia de que Hipócrates había inventado mezclas semejantes, y luego dió su nombre a una de ellas. Cpt. *Crateriforme*.

Cratícula, V. *grada* II

CRAZA, 'crisol en que se funden el oro y la plata para amonedarlos', quizá de *caza* 'cazo para fundir metal' (V. *CAZO*) alterado por influjo del cat. *cresol* = cast. *CRISOL*. 1.ª *doc.*: Terr.[1]; Acad. falta aún 1899.

En docs. catalanes de 1417 se hallan *fondre a caça* y *fondre a cresol* como dos variantes del nombre de la operación de derretir en un crisol el metal de amonedar: ambos sustantivos *caça* y *cresol* designaban variedades de crisol (*BDC* XXIV, 104, 105). No hay duda, pues, de que pudo producirse un cruce entre los dos vocablos. En italiano se empleó *cazzo* 'vasija para fundir metales' (hoy anticuado), y en el propio castellano *caza* es una vasija para pasar la cera, en su fábrica, de una a otra olla o caldera (Terr.). Es posible, por lo demás, que el cat. *cresol* (cuya *e* se confunde con una *a* en la pronunciación más común) fuese tomado por el castellano en la forma **crazol*, y que de ahí se extrajera un seudo-primitivo *craza*, ayudando el influjo de *caça*.

Deriv. *Crazada* (falta aún Acad. 1899).

[1] «En la Casa de la Moneda, especie de barreño de hierro y barro, en que cae el metal después de derretido.»

CREA, 'cierto lienzo entrefino usado para camisas, sábanas, etc.', del fr. antic. *crée* 'cierto lienzo de Bretaña', y éste del bret. *krés* 'camisa'. 1.ª *doc.*: 1621, Oudin (falta en su ed. de 1616); 1680 (*Aut.*)[1].

A. Thomas, *Rom.* XLIII, 63-66. La pragmática de 1680 habla de *creas leonas*, y *Aut.* observa que se llaman comúnmente así, por venir de Lyon (dicho también León de Francia). Pero se tratará más bien de *Léon*, en Bretaña. Hoy es vivo en el catalán de Mallorca (Ag.). En Francia el vocablo era poco común: Littre cita un testimonio de 1780 que habla de telas bretonas y debe referirse a la exportación a España, pues allí se manda que este artículo lleve la leyenda castellana «creas nuevas». El vocablo bretón, que ya aparece en el S. XV, significa 'camisa' o 'vestido' en general, tiene congéneres en galés y en gaélico, y según Victor Henry procede de una palabra céltica que significa 'interior, parte interna'.

Deriv *Crehuela*.

[1] Es incierto que *crera* en «dos lençuelos de crera», de inventario aragonés de 1402 (*BRAE* III, 360), sea variante de *crea*.

Creable, creación, creador, creamiento, crear, creativo, V. *criar*   *Crebantar, crebar*, V. *quebrar*   *Crébol*, V. *acebo*

CRECAL, 'pieza heráldica en forma de candelabro de siete o más brazos', adaptación del fr. *créquier* 'ciruelo silvestre', 'pieza heráldica en forma de ciruelo de siete brazos', derivado del fr. dial. *crèque* 'ciruela', procedente del a. alem. med. *krieche* íd. 1.ª *doc.*: falta aún Acad. 1899.

La terminación extranjera *-ier* fué sustituída por la castellana correspondiente *-al*, empleada para formar nombres de árboles. Para el origen de la voz francesa, vid. *DGén.*; Gamillscheg, *EWFS*; *REW*, 4774.

Crece, V. *crecer*

CRECER, del lat. CRĒSCĔRE íd. 1.ª *doc.*: Cid.

Para construcciones, vid. Cuervo, *Dicc.* II, 579-84. Para antiguas formas de su conjugación, íd., Oelschl., etc.[1].

Deriv. *Crecedero*. *Creces* [1643, Varén de Soto, *Aut.*]; hoy se emplea *la crece* en el sentido de 'crecida o avenida de una corriente de agua' en Chile (Bello, *Gram.*, ed. 1936, p. 31n.) y en el castellano rural de la Arg. (en Córdoba: G. House, *La Nación*, 10-VIII-1941; en Villa Mercedes, San Luis). *Crecida* 'avenida de una corriente de agua' [S. XVI, *Aut.*]. *Crecido* (la ac. 'grande, numeroso', ya en Nebr.). *Creciente* adj.; f., 'avenida' [APal. 412*b*; 1525, Woodbr.; S. XVI, *Aut.*; más ejs. clásicos en la ed. de Lope, *T. A. E.* V, p. 195; íd., m. en APal. 140*d*]: sigue siendo usual en la Arg. y otras partes. *Crecimiento* [h. 1250, *Setenario*, fº 1 vº; Nebr.]; antiguamente se dijo también *crecencia* (Acad.). *Acrecer* [Cid; vid. Cuervo, *Dicc.* I, 162-3], del lat. ACCRĒSCĔRE íd. *Acrecencia, acrecimiento; acrecentar* [1241, *Fuero Juzgo*; vid. Cuervo, *Dicc.* I, 159-62; *Setenario*, fº 2 vº]; *acrecentador, acrecentamiento* [princ. S. XIV, *Zifar* 16.1], *acrecentante*. *Concreto* [2.ª mitad S. XIII, Vidal Mayor 6.28.4,14; 1499, Hernán Núñez], tomado del lat. *concrētus* 'espeso, condensado, compacto', participio de *concrescĕre* 'crecer por aglomeración', 'espesarse, endurecerse'; *concretar* [Terr., con cita; falta todavía en *Aut.*; vid. Cuervo, *Dicc.*

II, 333]. *Concreción,* tomado del lat. *concretio,*
-onis, 'agregación', 'materia', derivado del mismo
verbo; *concrecionar. Concrescencia. Incremento*
[1499, Hernán Núñez; único ej. que cita *Aut.*],
tomado del lat. *incrementum* íd., derivado de *in-*
crescere 'acrecentarse' (también se ha empleado,
aunque raramente, *cremento,* tomado del simple
correspondiente, Guevara, *Epístolas,* I, 358, Nou-.
gué, *BHisp.* LXVI); *incrementar. Recrecer* [3.er
cuarto S. XIII, *Fn. Gonz.,* 554*b*; *recrecerse* Nebr.],
del lat. RECRESCERE 'volver a crecer'; *recrecimiento*
[Nebr.]; *recremento,* tomado de *recrementum* íd.;
recrementicio. Decrecer [Terr.], tomado de *decres-*
cere íd. (antes se dijo *descrecer:* Fr. L. de Granada, Cervantes); ya estaría en doc. palentino de
1504 [dato sospechoso], *BHisp.* LVIII, 88; *decre-*
ciente [íd.]; *decrecimiento* (también se empleó la
forma latinizante *decremento,* con cita ya en *Aut.*);
decrescendo, del italiano. *Excrecencia* [1555, Lagu-
na], tomado de *excrescentia* íd. *Excrex* [Acad. ya
1843], arag., tomado del cat. *escreix* 'creces', 'excrex',
derivado de **escréixer* (= oc. ant. *escréisser* 'crecer, aumentar'), y éste de *créixer* 'crecer'. *Reclutar*
[1690, Cornejo], del fr. *recruter* íd. [1691] íd., derivado de *recrue* 'recluta' [1550], propiamente participio de *recroître* 'volver a crecer, a brotar', bajo
el influjo del fr. med. *recluter* 'remendar' (God.
VI, 670; derivado del fr. ant. *clut,* germ. *klût,*
'trapo'), vid. G. Paris, *Rom.* XV, 454; Tobler,
Misc. Caix-Canello 71ss.; *REW* 4719, 7131; cast.
recluta [1728, *Aut.*]; es dudoso si los it. *reclutare*
[Montecuccoli, S. XVII] y *recluta* [de fecha an-
terior] se tomaron directamente del francés o
por conducto del castellano; *reclutador; recluta-*
miento.
    ¹ Añado algún dato suelto. Como transitivo en
el sentido de 'hacer crecer (el río)' en Lope, *La*
Corona Merecida, v. 1135. Hoy se conjuga *crezo,*
creza, etc., en Castilla la Vieja (G. de Diego,
RFE III, 318).

CREER, del lat. CREDĔRE 'creer, dar fe (a alguno)', 'confiar en préstamo, prestar'. *1.ª doc.:*
Cid.
    En Berceo se halla todavía *creder* (*Mil.* 144*c,*
600*c.* mss. *A* e *I*). Para construcciones y formas
antiguas, vid. Cuervo, *Dicc.* II, 585-90¹.
    DERIV. *Creedero; creederas. Creencia* [Berceo].
Creendero m. 'fiel, vasallo' (*Cid;* Berceo; *Crón.*
Gral.). *Creíble. Creyente* [Berceo: *crediente*]. *En-*
creyente. Acreer 'dar prestado' [Berceo]; *acreedor*
[1241, *F. Juzgo,* con variante *creedor;* vid. Cuervo, *Dicc.* I, 165-6]. *Descreer, descreído, descreen-*
cia, descreimiento. Recreído.
    Cultismos: *credencia* [S. XVII, *Aut.*], del it.
credenza 'aparador, bufet', quizá por conducto del
cat., donde On. Pou registra ya en 1575 «parador
o *credença:* abacus vasarium» (junto a *tinell,* más
genuino); *credenciero* [Covarr.], *credencial. Credi-*
bilidad. Crediticio [Acad. 1939, Supl.]. *Crédito*

[S. XVI, antes de 1568: Terlingen, 283-4; ast.
créitu, V; gall. *creto:* «dar *creto*», «custoume o
creto e canto tiña de boa moza» Castelao 88.8,
183.15], tomado del lat. *credĭtum* 'préstamo, deuda',
participio neutro de *credere;* por lo menos en sentido mercantil es probable que viniera por conducto
del italiano, donde ya se halla en 1409; *acreditar*
[1546-8, Fz. de Oviedo; comp. Cuervo, *Dicc.* I,
163-5], *acreditativo; descrédito; desacreditar, des-*
acreditado, desacreditador. Credo [1565-6, Sta. Te-
resa], de *credo,* primera persona sing. del presente de indicativo del verbo latino, con la cual
empieza esta oración. *Crédulo* [Fr. Luis de León,
S. Juan de la Cruz, ambos † 1591; vid. Cuervo,
Dicc. II, 584-5], tomado del lat. *credŭlus* íd.;
credulidad [Fr. Luis de Granada; Cuervo, *Dicc.*
II, 584]; *incrédulo* [Corbacho, C. C. Smith, *BHisp.*
LXI], *incredulidad.*
    ¹ Para el pretérito *crovo,* agréguese *Gral. Esto-*
ria (en M. P., *Yúçuf, RABM,* 1902, línea 222);
Gr. Conq. de Ultr., 484, 493, 563 (en Juan Manuel, ed. Rivad., 271, 518, aparece ya *creó*). Imperativo, 2, *creÿ, Fn. Gonz.,* 238*d.*

Crego, V. *clero*   *Crehuela,* V. *crea*   *Crei-*
ble, V. *creer*

CREMA I, del fr. *crème* 'nata' (fr. ant. *craime*),
procedente del galo-latino CRAMA íd., de origen
céltico. *1.ª doc.:* 1646, *Estebanillo González.*
    Aut. da *crema* 'nata' como voz empleada por
los españoles en los Países Bajos, pero sin uso en
España; Oudin (1616) traduce el fr. *crème* sólo
por *nata* o *naçora.* Hoy en España ha arraigado
en el sentido de 'natillas, postre hecho con huevos,
nata, etc.' [1802 en fr.; Acad. ya 1843, en cast.]
y en otros secundarios como éste, mientras que
en América (Arg., Cuba, etc.) se ha introducido
también en el sentido propio. Para el origen de
la voz francesa (que fonéticamente no puede venir
del lat. CHRISMA, gr. χρῖσμα, como todavía dice
el *REW* 1887), vid. *FEW* II, 1271-4; Jud, *Storia*
delle Parole Lomb.-Lad., BDR III, 67n. (alguna
adición en *Festschrift Jud,* 571-2).
    CPT. *Cremómetro.*

CREMA II, 'diéresis, signo ortográfico', alteración del gr. τρῆμα, -ατος 'agujero', 'puntos mar-
cados en un dado', derivado de τιτρᾶν 'perforar'.
1.ª doc.: Terr.
    Este lexicógrafo lo da como vocablo de impre-
sores. Rohlfs, *ASNSL* CLXIV, 148, da a entender que hay en la forma española un caso de
cambio fonético esporádico de carácter espontáneo; quizá sería preferible pensar en influjo de
coma, según propone G. de Diego, *RFE* IX, 150-1,
pero como esta voz no empieza por *cr-,* lo más
probable, teniendo en cuenta el dato de Terr., es
que se trate de una deformación arbitraria de un
vocablo extranjero mal aprendido (en francés *tré-*

ma se halla desde el S. XVI), por confusión con otro de significado muy diferente (*CREMA* I).

CREMACIÓN, tomado del lat. *crematio, -ōnis,* íd., derivado de *cremare* 'quemar', ya especial-, mente aplicado a la cremación de cadáveres. *1.ª doc.:* Acad. 1884, no 1843.
DERIV *Crematorio.*

CREMALLERA, del fr. *crémaillère* 'llares, barra metálica con dientes o cadena, destinada a suspender las ollas, calderas, etc., sobre el fuego', 'barra metálica con dientes para engranar con un piñón y convertir un movimiento circular en rectilíneo o viceversa', derivado del fr. antic. y dial. *cremail* íd., que procede del gr. χρεμαστήρ 'suspendedor', derivado ˙de χρεμαννύναι 'suspender'. *1.ª doc.:* Acad. ya 1884, no 1843.

Κρεμαστήρ fué alterado por el latín vulgar en *CREMASCLUM (representado en varios dialectos) y éste en CREMAC(U)LUM. En el Norte de España existió y aún existe dialectalmente un derivado popular análogo a la voz francesa: ast. *calamieres* (R), *calamiyeres* (V), *calamiyeras* (Acad. 1884, no 1843), 'llares' (con el derivado *calamión* 'el gancho de los llares'; ast. (Villaviciosa) *calamiyón* 'pila que, colocando una nuez sobre otras tres, forman los muchachos para jugar', V, s. v. *cacón*), santand. *caramillera* (G. Lomas), sanabr., gall. *garmalleira,* arag. *cremallos, -lleras,* gall. y leon. *gramallera* [*Aut.*], *gramalleira* en Sarm. 'las cadenas en que en el hogar se cuelgan los calderos' (*CaG.* 59v, 99v, 129r); las formas antiguas *clamijeras, clamajeras,* se hallan desde los SS. XIII y XIV (A. Castro, *RFE* VIII, 338-9; *RABM* II, 1872, 323, 340, 355-6).

CREMATÍSTICO, tomado del gr. χρηματισ-τικός 'relativo a los negocios financieros', derivado de χρηματίζεσθαι 'dedicarse a los negocios, traficar' y éste de χρῆμα 'cosa, asunto', en plural 'bienes, dinero'. *1.ª doc.:* falta aún Acad. 1899.
DERIV. *Crematística* [Acad. 1899].

Crematorio, V. *cremación*   *Cremento,* V. *crecer*   *Cremesin(o),* V. *carmesí*   *Cremómetro,* V. *crema* I

CRÉMOR, abreviación de *crémor tártaro,* donde está tomado del lat. *cremor, -ōris,* 'jugo, zumo'. *1.ª doc.:* *Aut.,* con ej. anterior de pocos años.
Aut. acentúa *cremór,* pero ya en 1843 la Acad. da la acentuación más culta *crémor.*

CRENCHA, 'raya que divide el cabello en dos partes', 'cada una de estas partes', del mismo origen incierto que el port. antic. *crencha* 'trenza' y cat. *clenxa, crenxa,* 'crencha': por razones fonéticas no puede ser voz genuina a la vez en los tres romances ibéricos, pero es dudoso desde cuál

de los tres se propagó a los otros dos. *1.ª doc.:* APal. 72b, 118b, 420b[1]; *crenchador* ya en 1402.

El contexto de este autor muestra que lo empleaba el vocablo en el sentido casi-abstracto de 'partidura del cabello', que le da también Covarr.[2]; o en éste o en el concreto de 'raya del cabello' lo emplea Diego Gracián (1548), mientras que Oudin le da claramente éste («*crencha:* la greve de la teste»)[3], y en el refrán citado por Mal Lara (1568) es 'cada una de las dos mitades del cabello separadas por la raya'; de aquí se pudo llegar fácilmente a 'trenza de cabello', que es el sentido que tenemos en Vélez de Guevara († 1644) y en el Conde de Rebolledo (1650)[4], y el único que consta en portugués[5]. En catalán volvemos a hallar el sentido de 'raya del cabello', que ya aparece en el más antiguo documento del vocablo: *clenxa,* en las *Històries Troianes* de J. Conesa (S. XIV, vid. Alcover). En valenciano no se emplea en el sentido de 'raya del cabello' (que se llama *ralla* en Valencia), sino sólo en el de 'mechón de pelo' (como los que se atan las mujeres, como el de los niños de cabello largo, o también en el sentido de 'greña'): así lo mismo en el Maestrazgo que en la capital y en la Font d'En Carroç (J. Giner). Hoy es general en todas partes[6], aunque junto a él hallamos 'cabellera bien peinada' en Mallorca, 'greña', 'cada una de las dos mitades en que se divide el cabello del hombre o las crines del caballo' en el Maestrazgo (*crentxa, grentxa, grintxa, grintxera:* G. Girona)[7], y en J. Roig tenemos *crencha* 'mechón', en un contexto muy semejante al del refrán comentado por Mal Lara[8]. Finalmente notemos que en catalán existe un verbo *clenxar* 'hacerse la raya', que debe ser muy antiguo a juzgar por la fecha remota del derivado *crenchador* 'partidor: alfiler o peineta para marcar la raya', en aragonés («hun *crenchador* de vori», es decir, de marfil, a. 1402, *BRAE* II, 222), y en catalán, donde *clenxadós de vori* (pl.) ya aparece nada menos que en 1346 y *crenchiador* en 1489 (Ag., Alcover); hallo además *clenxador de vori* en docs. rosselloneses de 1363, 1370 y 1385 (Alart, *Inventari de la Ll. Cat.,* Bibl. Munic. de Perpiñán, s. v. *cl-* y *toch*), y *crencher* en rima con *aguller* (canuto de aguja) en el *Spill* de J. Roig, de 1460, v. 2167. Además es verosímil que en una *Estampida* de Cerverí de Girona (h. 1260) tengamos ya nuestro verbo *clenxar,* aunque la haya alterado el códice único, omitiendo la *c-* inicial, hablando de una dama que se está peinando: «Amors, mal sias estenxa, / car midons no m'as atenxa / sol d'aytan que quan se [c]lenxa, / tengués l'espill o la penxa» ('siquiera cuando se peina, pudiese yo sostenerle el espejo o el peine', ed. Ugolini, p. 584, v. 43, ed. Riquer n.º 25). Confirma la gran antigüedad del vocablo en catalán la perfecta correspondencia del timbre de la *é* en los tres dialectos principales: *clęnxa* en mallorquín (Alcover, Amengual), *clęnxa* o *cręnxa* en catalán occidental (Borges Blanques: *BDLC* VI, 40) y valenciano, y *clęnxa* en catalán oriental (así ya en el diccionario de rimas del barcelonés Lluís d'Aversó, h. 1390, según Tallgren, *NM* XIV, 215), que en armonía con la falta de diptongación en castellano postula una base con Ē o Ĭ primitiva. Sin embargo, si el vocablo fuese genuino en catalán, no podría serlo en castellano ni en portugués, pues -*nx*- en aquel idioma sólo puede venir de un grupo -NTIC- (*panxa* PANTICA, *porxo* PORTICUM, *escorxar* EXCORTICARE, *gronxar* *CRONTICARE), que hubiera dado -*nc*- en los otros dos. ¿Supondremos que se trata de un catalanismo, como invitaría a creerlo la temprana aparición en Cataluña? Pero aunque la antigüedad del verbo *clenxar* y la definición cuasiverbal de APal. estarían acordes con un étimo en -ICARE, a base del indicado tipo fonético no se ve ninguna etimología posible, y por otra parte la vacilación catalana entre *cl*- y *cr*-, y la ausencia total del vocablo en los dialectos de Oc, serían favorables a un origen castellano[10] y aun mejor portugués. Quedamos en duda ante estos argumentos contradictorios.

Ya Cabrera (seguido por Leite de V., *RL* II, 268-9) sugirió el étimo CRĪNĬCŬLUS, diminutivo conocido de CRĪNIS: como éste significaba no sólo 'cabello', sino también 'cabellera', y en Plauto, Varrón y otros es 'crencha, coca', 'trenza', su diminutivo bien pudo aplicarse a las partes en que la cabellera se dividía, y habiendo convertido CRINIS en femenino la lengua castellana bien pudo el latín vulgar hispánico conocer una forma *CRĪNĪCULA. Que hay analogía semántica entre *crencha* y *crines* está fuera de duda: Cabrera observa que en el refrán «hace *crines* madrina; y ¿dó el cabello?», este vocablo tiene al parecer el sentido de 'crencha, mata de pelo', y a contaminación del mismo se deberá la variante *crenche* citada por Covarr., *crinches* f. en Marruecos, *grintxa* en el Maestrazgo y en el Valle de Arán; comp., además, el origen de CERNEJA y el de CRIZNEJA, que deja bastante asegurada la existencia de *CRINICULA en iberromance. Pero esta etimología sólo sería admisible si el vocablo fuese de origen portugués en castellano, y de ahí se hubiese propagado a la franja oriental de España: entonces la evolución fonética *crielha > cryęlha > cr(y)encha* sería comparable a FENUCULUM > *feulho > f(e)ūlho > funcho*, a JENĪPERUM *žlebro > žyęmbro > zimbro*, o a CĬNĪSĬA > *cēisa > cĩsa > cinza*; el tratamiento del grupo -NICUL- en -nch- no ofrecería dificultad alguna, y únicamente sería algo sorprendente la desaparición de la ī de la primera sílaba, aunque podríamos explicarla, sea por simplificación del grupo *crįe*, complejo y en portugués inusitado, sea por un cambio de timbre motivado por la nasalización e inverso al que advertimos en JENĪPERUM > *zimbro*, o sea más bien por una disimilación CRINICULA > *crẽilha > cré(i)nlha > crencha*[11]. En conclusión, esta etimología no es

imposible, pero queda muy hipotética mientras no se señalen ejs. de *crencha* en el portugués medieval, ya que según la documentación actual más bien deberíamos creer que este idioma fué el último de los tres en adquirir el vocablo. En rigor, teniendo en cuenta que *crenchador, clenxador*, aparece siglo y medio antes que el sustantivo *crencha*, podríamos partir de un verbo *CRĪNĪCULARE 'hacer las crines o crenchas' (o si se prefiere *DISCERNICULARE, de DISCERNICULUM, cruzado con CRINIS), que en castellano mismo pudo dar directamente *crenchar*, y de ahí se derivaría *crencha* como postverbal; sin embargo, esto también causa escrúpulo no habiendo otros testimonios latinos ni romances de la existencia de tales verbos, y adviértase que el sustantivo CRINICULUM (o en su caso DISCERNICULUM) habría estorbado probablemente la síncopa de la ĭ interna del verbo.

G. de Diego, *RFE* XII, 1-3, rechaza el étimo *CRINICULA por escrúpulos fonéticos y admite que *crencha* es debido a un cruce de *greña* con el adjetivo gallego *crecho* 'lo que tiene lana o pelo ensortijado, rizado, retorcido' (Vall.), que vendría del lat. CRĪSPŬLUS 'rizado, rizadito'. Es una idea muy audaz, que debemos calificar de descabellada a no ser que realmente existiera un sustantivo *crecha 'mata de pelo rizado', sustantivación del mencionado adjetivo; y aun concediendo que así fuese que en realidad parece que nada de eso hay (V. abajo los datos críticos), el hecho de hallarse esto en gallego solamente, no en portugués, y de no contar con documentación antigua, daría motivo de sobra para dudar de la etimología latina CRISPULUS, voz que no habría dejado otro descendiente que éste en toda la Romania[12]. En definitiva, lo menos aventurado por ahora se nos antoja, al menos según las apariencias, el expresado origen portugués, aunque conviene dejarlo en cuarentena mientras no se confirme documentalmente que es palabra muy antigua en este idioma[13] (V. CRESPO).

Hay en el extremo Norte del dominio catalán una palabra afín cuya forma puede señalar una interesante pista. En Ralleu (Conflent) oí muchas veces, y anoté, *clenca* con el mismo valor que el ribag., pall. y arag. *clentxa* 'línea de cumbre': *després de la clenca baixeu cap a...*, les «Collaes» *ja són a la clenca*. Quizá pueda deducirse de ahí que el vocablo procede de un verbo del latín vulgar en -TICARE. Pero no me satisfaría mucho postular un célt. *CRIN-TICARE, de la raíz KRI- 'separar' (del gr. χρίνω y el lat. *cerno*, que no fué ajena al céltico, Pok., *IEW* 946), no sólo a causa de la -*l*- sino también porque ahí la -*n*- pertenece a la formación temática del presente y ante la -T- del participio esperaríamos KRIT- y no KRINT-. Algo más convincente podría ser KERN-, puesto que tenemos bret. *kern* 'coronilla de la cabeza' y aun 'raya del cabello' («scheitel»), irl. med. *cern* 'rincón' y aun formas semejantes en germánico (*hirn*, etc.). Pero además de que haría falta un temprano desplazamiento de la -r- juntándola con la κ-, queda sobre todo el hecho de que en catalán, donde aparece primeramente esta familia, tiene cl- y no cr-, mientras que esta variante con -r- puede ser debida a cambio fonético de la -l-, no sólo en portugués, sino también en castellano. Por ello pienso ante todo en una raíz balto-eslava de la forma KLEN- que tenemos representada por el prus. ant. *pre-klantits* 'condenado' («verdammt») (catecismos III y II), *pro-klantits* en el dialecto del catecismo I), en frases como 'quien no cree será condenado' (pp. 92, 108, 171 del facsímil de Mažiulis). Aunque Pokorny no ha recogido estas palabras, me parece bastante claro que se trata de la familia balto-eslava KLANA- 'inclinación', catalogada por Pok., *IEW*, en 928.26-28, a la cual pertenecen lit. *klãnas* 'poza, bache', *klõnis* 'valle', *klonę̃* 'hondonada', *kluõnas* y letón *kluõns* 'era de trillar', que constituye ampliación radical de un más primitivo κLEI- 'inclinar' (Pok. *IEW* 601.1, 12, 23, 25, 39)[14]; por otra parte, con el otro tipo de κ- (= Q), vid. Pok. 928.33, 32 (cf. 603.13-21); todo lo cual muestra una raíz representada en varias familias indoeuropeas. Luego si KLEN- valió 'inclinar, hundir, condenar' y tenía derivados con -T- (prus. -*klantits*), bien podíamos suponer que el sorotáptico, tan afín al léxico balto-eslavo, formara partiendo de ahí un KLENT-IK- 'inclinar, domeñar (el cabello)'. Todo lo cual queda, desde luego, muy hipotético, pero señala una pista que no convendrá perder de vista ya.

DERIV. *Grenchudo*.

[1] «*Cernere*... y viene *discerniculus* partido o en dos partes o en diversas: como los cabellos de las mugeres que se parten en la *crencha* con algund instrumento luengo y agudo que se llama en latyn *discerniculo*»; «*discriminalia* los ramales que son puestos para partir la *crencha* de los cabellos de las donzellas»; «*ricinum*... *ricinum*... es aguja o spinilla con que las donzellas se fazen la partidura de los cabellos delanteros, que dizen *crencha*».— [2] «*Crenche*, la partidura del cabello, por medio de la cabeça, frontero de la nariz, echando la mitad de la cabellera a una parte, y la otra mitad a la otra... Dixose *a crine*. Juan de Malara, en el comento que haze al refran *la crencha al ojo, marido tiñoso*...».— [3] Hoy en Cespedosa *grencha* 'crencha o raya del pelo' (*RFE* XV, 147). Lo mismo *crencha* en el gallego del Limia (*VKR* X, glos.).— [4] «El cabello s o b r e e l h o m b r o / lleva partido en dos *crenchas*» y «En *crenchas* lleva el tocado / la Serrana de la Vera», en la comedia de este nombre, del primero de estos autores, vv. 2215 y 211; «El cabello en dos *crenchas* dividido, / i n u n d a b a l a e s p a l d a en hebras de oro», en el segundo (*Aut.*).— [5] Tres ejs. de h. 1600 en Moraes. Otro, más antiguo, significará probablemente lo mismo (aunque cabría entender 'raya'): «e irão suas criadas / n'hum lago d'azeite todas, / sem *crenchas*,

descabelladas, / como salvagens pasmadas / de tão altissimas vodas», Gil Vicente († 1540), *Cortes de Júpiter*, ed. Lisboa, 1843, II, 412. Una evolución secundaria análoga notamos en el judeoespañol de Marruecos: «alfiler... llevábase... en lo alto de la frente, en la raya que dividía *las crinches*, especie de cabellera postiza de seda negra» (*BRAE* XIV, 569).— [6] De ahí *grinxa* 'línea de cumbre de una montaña', en el Valle de Arán, *crentxell* íd. en Espot (Pallars), *crenxa* en otros puntos de esta comarca y en Tortosa, aran. *grintxo* 'peñasco'. También en tierras ribagorzanas es corriente la ac. 'línea de cumbre', con la cual he anotado *kléu̯ča* en Tragó de Noguera y Blancafort y *kréu̯ča* en Camporrells y el Torricó. Realmente es grande la extensión y arraigo de esta acepción en la Alta Ribagorza y Alto Pallars (he oído, p. ej. *kléu̯ča* en Beranui, *gréu̯ča* en Castrocit, y en otros muchos lugares de estos altos valles pirenaicos). En resumen: *créntxa* 'línea de cumbre' en toda la zona catalana de Huesca y pueblos vecinos a la izquierda de la Ribagorzana, pero *cléntxa* en la Conca de Tremp (Sra. Engràcia, Gurp), el Flamicell y el Valle de Àssua, *gréntxa* en Moror, *crentxó* 'loma lateral' en Giró; y una variante *clintxa* la he oído por una parte en lo alto del Pallars (Espot, junto con un masculino *clintxo*) por otra en el Norte valenciano, en Alcalá de Xivert. En este sentido el vocablo está muy propagado en el NE. del dominio alto-aragonés, *grenchas* en Torla etc., y en Bergua toma el sentido de 'conjunto de piedras puestas derechas encima de una pared que cerca un campo, con objeto de hacerla más elevada y difícil de cruzar' y aun puede darse allí este nombre de *grencha* a cada una de estas piedras (materiales recogidos oralmente para el *Onom. Cataloniae*). Este arraigo en el terruño, en la parte más conservadora del dominio catalán, refuerza la sospecha de una procedencia catalana en castellano y portugués, que ya nos producen las fechas de la documentación más antigua en los tres idiomas. Provisionalmente y siempre con reservas me voy inclinando hacia el tipo céltico *CRIENTICARE 'separar, discernir' a que apuntaba ya en el *DCEC* (notas 13, 6, 7 y p. 37).— [7] El valenciano Sanelo (S. XVIII) define «carrera, señal que dexa el pelo quando se parte en la cabeza», pero en los extractos que sacó Tastu (que en general provienen de esta misma obra), hallo «mecha de pelo que se suelta». Sanelo cita demás *clenxa* «el partidor de los cabellos», del *Thesaurus Puerilis* del gerundense Onofre Pou (S. XVI). Hoy tiene este sentido *clenxar* en Mallorca (Amengual), y la forma *crencher* lo tiene ya en el valenciano J. Roig (1460), v. 2168.— [8] «Veus-les brodades, / e divisades, / coha tallada, / *crencha* calada / fins a les celles», v. 10024.— [9] Hoy está muy extendido *clenxinar* en catalán oriental y en rosellonés (Alcover; *Misc. Fabra*, 185). Me es familiar *enclen-xinar*. Ambas formas se deberán a un cruce con *pentinar* 'peinar' PECTINARE.— [10] *Crin*, que a juzgar por la -*n* conservada, debe ser castellanismo en catalán, tiene una variante catalana *clin*. También hay allí '*clina* en el sentido de 'línea de cumbre de una sierra', que nos recuerda la misma evolución semántica que acabo de citar para *crentxa*. Claro que ninguno de los indicios apuntados es inequívoco. Los ejs. de *cr-* > *cl-* son frecuentes en voces genuinas en Valencia: *cluixir* 'crujir', *classa* 'muleta' < *crossa*, *fleix* 'fresno' (pero *clenxa* es más antiguo que estas formas y a diferencia de ellas es común a casi todo el territorio lingüístico catalán).— [11] Quizá para huir de esta dificultad prefería Diez, *Wb*. 443, partir de un *CRENICULA, emparentado con el fr. *cren*, *crenel*, *crenelure*, 'muesca'. Hoy sabemos que no hay tal palabra *CRENA en latín, como la que entonces se suponía. Wartburg (*FEW* II, 1342), para esta familia romance representada en francés, retorrománico, alto-italiano y alemán del Sur (poco en lengua de Oc), admite como base un verbo céltico *CRINARE 'hender'; de éste o del fantástico lat. *CRENARE vendrían Sajambre y ast. *grinar* 'hacer marcas en las orejas al ganado' (G.ª Oliveros), 'marcarlo', *grino* 'marca' (Fdz. Gonzz., *Oseja*, 272). De *CRINARE pudo formarse un derivado hispanolatino *CRINICULARE que explicaría directamente el verbo *crenchar*, de donde como postverbal *crencha*, autóctono entonces en cast. y port. y trasmitido por aquél al cat. Semánticamente tendríamos un caso análogo al *CERNEJA*. Pero debemos mostrarnos muy escépticos ante una etimología rebuscada mientras no se hallen rastros del simple *CRINARE, o de sustantivos como *cren*, en iberorromance.— [12] Nótese además que debería suponerse un cruce en dos etapas: *greña* × *crecha* > *grencha*, y *grencha* × *crecha* > *crencha*. Finalmente yo no creo en la posibilidad de que la nasal intervocálica de *greña* diera lugar a la implosiva de *grencha*, *crencha*.— [13] La única alternativa que nos quedaría sería tomar como única forma genuina el verbo catalán y postular, si ello fuese posible, una base como *CRENTICARE derivada de la raíz indoeur. K(E)R-'cortar, separar, distinguir'. Pero el participio o adjetivo verbal del lat. CERNERE es CERTUS, y el del gr. κρίνω es κριτός, y aunque esta raíz existió también en céltico (Pedersen I, 134; Walde-P. II, 584; Stokes-B. 95), tampoco ahí damos con la base necesaria en -NT-. Lo más cercano, dentro de esta raíz, son los tipos galos CRIENTA 'cascabillo, salvado', *CRIENTIARE 'beldar, limpiar el trigo' (*FEW* II, 1335-6), cuyo significado queda muy lejos, o bien *CERENTIARE 'pasar el lino o cáñamo por el rastrillo', *CERENTION (fr. *séran*) 'peine para rastrillar cáñamo o lino' (*FEW* II, 594), que semánticamente se aproximan algo más, pero que vuelven a alejarse de la base fonética que

nos haría falta. Y en general me parece poco aconsejable buscar un étimo prerromano a una palabra que signifique lo que *crencha*.— [14] Cierto es que otros han buscado otras etimologías, al parecer más problemáticas, a este grupo báltico, vid. las citadas en Walde-Pok. I, 500, y en Trautmann, *Balt.-Slav. Wb*. 135.

CREOSOTA, compuesto culto formado con el gr. χρέας 'carne' y σώζειν 'salvar', 'preservar'. 1.ª doc.: Acad. ya 1884, no 1843.

La creosota se produjo por primera vez en 1832.

DERIV. *Creosotar. Creosotado.*

Crepitación, crepitante, crepitar, V. *quebrar*
Crepo, V. *cabrio*　　*Crepón*, V. *grupa*

CREPÚSCULO, tomado del lat. *crepuscŭlum* íd. 1.ª doc.: APal. 309b; Covarr.

Como éste observa, las denominaciones populares fueron hasta entonces *entre dos luces* y *lubricán* (o *entre lubricán*); otro concurrente lo formó el uso sustantivado de *anochecer* y *amanecer*, que ya se registra en el S. XVI. En 1616 empleado literariamente (Góngora).

DERIV. *Crepusculino* [*Aut*.]. *Crepuscular*.

Crera, V. *crea*

CRESA, 'huevo o larva de ciertos insectos, especialmente los que se hallan en algunos alimentos que empiezan a descomponerse', del antiguo *queresa*, que junto con el gall. *careixa* y port. dial. *careja* supone una base *CARĬSIA (o *CARIASIA, *CARIESIA), probablemente emparentada con el lat. CARIES 'podredumbre', 'carcoma'; teniendo en cuenta el sufijo no podemos asegurar si se trata de un derivado romance de aquella voz latina o más bien de un celtismo. 1.ª doc.: *queresa*, 1475, G. de Segovia, p. 53, Gili cita de Rosal (1601) *caresa* limitándose a remitir a *queresa*; *cresa*, *Aut*.

Según *Aut*., *cresa* es «la simiente de que proceden algunos insectos: como son las langostas, gusanos, etc.»; según Acad. 1843 «en algunas partes la semilla de la reina de las abejas» y «el gusanillo que resulta de la germinación de los huevecillos que depositan las moscas y otros insectos en la carne, vino, queso y otras cosas»; la variante *queresa* está ya en Acad. 1884, y se emplea en Cuba (Pichardo), en Bogotá (Cuervo, *Ap.*[7], § 813; *Disq*. 1950, p. 447), en la Argentina (Guiraldes, *D. S. Sombra*, ed. Espasa, p. 108), en Extremadura (Espinosa, *Arc. Dial*., p. 197) y en otras partes; con ligeras alteraciones tenemos ast. «*caresa*: gusanillo que crían el queso, la carne, los jamones y los peces antes de entrar en descomposición completa» (R), «resulta de la germinación de los huevos de la mosca vomitoria» (V), *caresa* en Extremadura (*BRAE* III, 663), *calesa* en Salamanca (Lamano) y en la Sierra de Gata (Fink, *VKR* II, 83), *clesa* o *calesa* «polilla o insecto que se cría en el tocino» en Cespedosa y alrededores (*RFE* XV, 138, 275)[1]. Cuervo, *l. c.*, cita *queresa* o *querocha* varias veces en la Agricultura de Herrera (1513), en Venegas (1540) y en una obra del Pinciano († 1553). Es evidente la identidad con el gall. *careixa* (Vall.: «*careija*, insectos pequeñísimos, como los del queso, tocino, etc.»)[2], portugués de Évora *careja* «aglomerado de ovos de insectos», *estar acarejado* (*RL* XXXI, 123). Como G. de Segovia cataloga *queresa* entre las voces con *s* sonora, y así se pronuncia todavía en Malpartida de Plasencia, Serradilla y Sierra de Gata, la comparación con el gallego-portugués nos lleva a sentar una base etimológica *CARĪSIA, *CARIESIA o *CARIASIA (comp. BASIUM > port. *beijo*, gall. *beixo*, CEREVISIA > *cerveja*, CERASEA > *cereja*, *cereixa*), de cuyo parentesco con el lat. CARIES no se puede dudar. Ya Cuervo señaló el mismo radical en *querocha* (que la Acad., ya en 1843, define 'cresa'), *querochar* 'poner las abejas su simiente', y hallamos también *carocha* (un ej. en el citado Herrera) o *carrocha* 'huevecillos del pulgón o de las abejas' (en el propio autor, en el aragonés Jaime Gil, 1621, y otros: *DHist.*) y *corocha* 'oruga que ataca la vid' (Acad. ya 1843, como extremeño). De los tres tipos etimológicos que he dado como posibles fonéticamente, el primero sería más satisfactorio para las formas gallega y portuguesa, y el sufijo podría explicarse como extensión del de *PULVĬSIA > *PAVESA* y *povisa*, y el de CINISIA > *ceniza*; la *e* del cast. *queresa* se explicaría entonces por influjo de *querocha* (de *quera* CARIES + *-ocha*); en cuanto a *cresa* resulta manifiestamente de una ultracorrección de la tendencia a la anaptixis que hemos registrado en *CAROCA, CAROZA*, etc. Sin embargo, teniendo en cuenta que el sufijo -ESIA (-ISIA) es céltico, y que la raíz del lat. CARIES reaparece en esta familia lingüística (irl. ant. *ar-a-chrinim* 'me descompongo, me desmorono', *do-ro-cha(i)r* 'cayó', *crīn-mīl* 'carcoma', *ir-chre* «interitus», comp. Pedersen, *Vgl. Gramm. d. Kelt. Spr.* II, 339, 438, Stokes-Bezz. 95), también cabría suponer que *CARISIA es un vocablo del celta hispánico, y aun parece esto verosímil; comp. *PAVESA, ARTESA*.

Hay un cat. dial. *grau* femenino (no masc. como dice el *DAlcM.*), empleado en Gerona (y más al Sur, hasta Pineda), que designa un gorgojo de las legumbres (y verbo *grauar-se* 'agusanarse las judías, habas, etc.') que sospecho pariente de *cresa*. Éste podría ser también *CRASIA y el cat. *grau* sería *CRATIES, probablemente como palabra prerromana, pues aparte de las mencionadas voces irlandesas y latinas están voces como el scr. (*a*)*çīrta-*, ave. (*a*)*sarəta* '(no) podrido, no corrompido', gr. ἀχήρατος íd. (Pok., *IEW*, 578, raíz KERƏ/KRĒ- 'echarse a perder').

Es obvia la imposibilidad fonética de la base *CARICEUS (de CARIES), de *GdDD* 1466.

[1] Esta variante con *-l-* se explica por influjo de

calor y su familia, particularmente el verbo salmantino *calecer* 'calentar' [Juan del Encina] CALESCERE, pues es sabido que el calor activa la descomposición de la carne. Hay también salm. *calecerse* 'pudrirse la carne, criar calesa', que puede representar un *CARIESCERE.— [2] Sarm., *CaG.*, A21*v*, «polvillo o carcoma que tienen las carnes y pernil: son huevecitos de moscas e insectos de los que nacen gusanos y corrupción; en especial las moscas grandes, azules, a que llaman *moscas carixeiras*» (157*r*). Se produjeron cruces: *areixas* 'las moscas y piojos de los cerdos' en Deza, pero en Pontevedra 'gusanos del tocino y también de los oídos' y éstos se llaman *arengos* en Portonovo (*CaG.* 182*v*): éste será derivado de ARAR, como su sinónimo *arador* y *areixas* resultará de *careixa* × *arengo* o *arador*; o quizá se trate de un postverbal del port. *arejar* 'airear, dar un aire', derivado de *ar* 'aire', por la creencia popular en un aire maléfico que es causante de infinitas enfermedades, comp. port. *arejar* (*uma fruta*) 'secarse, arrugarse', 'volverse blanca una parte del cabello por una dolencia', 'sufrir cierta dolencia el ganado caballar', *arejo* 'mal de los vegetales que hace secar el fruto del olivo', 'dolencia de los caballos', 'mal de ojo'). En portugués *vareja* y *mosca varejeira* son lo mismo (Bluteau, etc.) y también se emplea *vareixa* y *m. varexeira* en Galicia, según el propio Sarm., donde el agente pudo ser el lat. VARUS (> *barros* de la cara, pequeño ácaro) o, como él quiere, VARIUS 'abigarrado' (> 'gris'), seguramente por el color de lo enmohecido, de las carnes averiadas, etc.: cita él mismo un pasaje de Columela (II, 45) donde dice que la tierra podrida de polvo y de humedad «rustici *variam cariosamque* appellant»: el cat. *viró* 'cresa' y *mosca vironera* (> *veiró*) parece que le dan la razón. Por otra parte, hay cruces con GARRAPATA y sus variantes: gall. pontevedrés *carraxas* 'moscas y piojos de las ovejas y carneros', y luego *carrachas* en la misma zona 'garrapatas de buey, perro, oveja' y finalmente *carraza* en el gallego central de Verín y port. *carraça* (Pensado, ib. pp. 242-3), donde la parte de *garrapata* va siendo cada vez más predominante, hasta quizá ser única.

CRESPO, del lat. CRĬSPUS 'rizado, ondulado'. *1.ª doc.*: *Cid.* 3112 (como apodo; con este valor ya en 1115: Oelschl.).

Como mero apelativo no conozco ejs. anteriores a los de Nebr., la *Celestina* y APal. En éste vemos que conservaba sin alteración alguna el matiz latino[1]: «*cincinnosus* es a quien penden cabellos *crespos*» (75*d*; análogamente, 98*d*, 52*b*); así ocurre todavía en la Arg.[2], mientras que en España se aplica hoy sólo al cabello ensortijado naturalmente en rizos muy pequeños, como el de los negros.

GdD ha supuesto en varias obras que del dim. lat. CRISPULUS proceda un gall. *crecho* de igual significado («ensortijado, rizado»). Pero se impone desconfiar, no sólo porque esta palabra falta en portugués, sino porque en gallego procede del diccionario imperfectísimo de F. J. Rodríguez, 1863, y como nota Crespo Pozo, p. 568, de él la copian Valladares y demás lexicógrafos posteriores. Ahora bien, en lugar de *crecho*, Leiras Pulpeiro empleó *crencho* y Lugrís sólo registra *crecha* por «guedeja». Está claro que esto es nuestro CRENCHA (cuya nasal, en tal posición, se pronuncia débilmente en gall.-port.) y realmente *crencha* es la palabra empleada por Gil Vicente y demás clásicos de la lengua. Es decir, CRISPULUS no ha dado descendencia en ninguna lengua romance.

DERIV. *Crespa* f., 'melena o cabellera', ant. [ya como tal en Acad. 1843; APal. 226*d*: «juba es *crespa* de cabellos o pelos»]. *Crespilla* [ya Acad. 1843] o *carraspina*, alav., 'cagarria o colmenilla, especie de hongo', por la forma esponjada del tejido de este hongo, comparable al cabello ensortijado, que le ha valido también el nombre de *colmenilla*. *Crespillo* 'clemátide', hond. *Crespina* [invent. arag. de 1402: *BRAE* II, 220] o *crespín*[3] 'cofia o redecilla que usaban las mujeres para recoger el pelo y adornar la cabeza' (también cat. *crespina*, en la traducción del *De Amore* de Andrés el Capellán, S. XIV, p. CXII; J. Roig, v. 2161); la *crespina*, que también podían emplear hombres, se menciona ya en 1374, Inv. arag., *BHisp*. LVII, 452. *Crespón* [Terr. y Acad. 1780]. *Encrespar* [Nebr.], también se dijo *crespar* [SS. XVI-XVII, *Aut*.]; *encrespado*, *encrespador* [Nebr.], *encrespadura*, *encrespamiento*, *encrespo*.

Cultismos: *crispar* [F. de Herrera, *RFE* XL, 151; Acad. 1884, no 1843], tomado del lat. *crīspare* 'ondular, fruncir', 'agitar, remover (el mar)', 'blandir'; *crispatura* [*Aut*., con ej. poco anterior, como término médico], o *crispadura* o *crispamiento*. *Crispir* 'salpicar de pintura la obra con una brocha gorda para imitar una piedra de grano' [Acad. ya 1843], del fr. *crépir* 'rizar el cabello', 'embadurnar una pared con yeso o mortero, dejando que forme una superficie áspera y desigual', derivado del fr. ant. *crespe* 'crespo'.

[1] Comp., p. ej., en latín: «puer in balneo paulo ante aberravit, annorum circa XVI, *crispus*, mollis, formosus, nomine Giton», Petronio, XCVII, 2.— [2] En este país se aplica también como nombre de un pelaje de caballo, vid. A. Alonso, *El Problema de la L. en Am*., 170.— [3] Éste en la Arg., como nombre de un pájaro: Fausto Burgos, *La Prensa*. 4-VIII-1940.

CRESTA, del lat. CRĪSTA íd. *1.ª doc.*: APal. 226*d*, 94*b*; Nebr.

Claro está que es palabra existente desde los orígenes del idioma, aunque no tengo ejs. anteriores a 1490. Los sefardíes de Marruecos emplean la forma *crista* (*BRAE* XV, 51), que es la forma general en portugués y en gallego (com-

parable a *isca* por *yesca*, *silva* por *selva*, sin hablar de los casos de metafonía en el masculino, como *isso*, *siso*, etc.); además gall. *crista* 'persicaria o hydropiper' en la diócesis de Santiago (Sarm. *CaG*. 158*v*).

DERIV. *Crestado*, adj. [h. 1410, *Libro de los Gatos*, ed. Rivad., 556]. *Crestería* (término de arquitectura y fortificación; en la Arg. es además topgráfico 'conjunto de crestas o cumbres peñascosas de una montaña', *BRAE* XVII, 316). *Crestel*, arag. ant. 'prenda de vestir o adorno' («hun *crestel* de lino obrado de seda negra», a. 1402: *BRAE* II, 224, con variante *crestell*) ha de venir del catalán (donde sólo conozco *crestell* 'carámbano' en Mallorca) o de la lengua de Oc (donde hay langued. *crestel*, delfinés *cresteu* «chaperon d'un mur», «arête d'un toit», *crêteau* «bonnet de nuit, à crête» en el habla francesa del Bourbon: *FEW* II, 1352*b*, *a*). *Crestón* [1578, Ercilla]. *Crestudo*. *Encrestarse*, *-ado*. *Crista*, cultismo, como término heráldico [1575, *Aut*.].

CRESTOMATÍA, tomado del gr. χρηστομάθεια 'estudio de las cosas 'útiles', 'crestomatía', compuesto de χρηστός 'bueno, útil' y μανθάνειν 'aprender'. *1.ª doc.*: E. de Ochoa († 1872, cita en Pagés); Acad. 1884, no 1843.

Crestón, crestudo, V. *cresta*   *Cresuelo*, V. *crisol*   *Creta, cretáceo*, V. *greda*

CRETINO, del fr. *crétin* íd., tomado a su vez de un dialecto de la Suiza francesa, donde es la forma local de la palabra francesa *chrétien* 'cristiano', aplicada allí a los cretinos como eufemismo compasivo. *1.ª doc.*: Acad. ya 1884, no 1843; cita de Letamendi, 1828-97, en Pagés.

DERIV. *Cretinismo*.

CRETONA, del fr. *cretonne* íd., así llamada por el pueblo de *Creton* en Normandía, donde se fabrica. *1.ª doc.*: Acad. ya 1884, no 1843; en francés, desde 1723.

DGén.

Creyente, V. *creer*   *Crezneja*, V. *crizneja*

CRIAR, 'crear, producir de la nada', 'nutrir a un niño o un animal', 'instruir, educar', del lat. CREARE 'crear, engendrar, procrear'. *1.ª doc.*: 1097 (M. P., *Oríg*., 384); Cid.

Cuervo, *Dicc*. II, 590-6. La distinción actual entre *criar* y el cultismo *crear* es muy tardía. Aplicado a la Divinidad predomina todavía *criar* en el Siglo de Oro y aún hoy se emplea en el lenguaje arcaizante de las oraciones y la predicación. En la Edad Media se halla a veces *crear* para 'nutrir', 'educar' (ejs. en *Aut*.), aunque predomina naturalmente la forma con *i*; la preferencia para la forma culta se hizo sentir primero en la ac. 'nombrar, poner en un cargo' (*crear cardenal* yá en H. del Pulgar, 1486: Cuervo).

En latín CREARE tiene ya algunas veces el sentido de 'dar a luz, engendrar' (Horacio, Ovidio). Como voz popular no parece haberse conservado en otros romances que en los tres de la Península Ibérica; el it. *creare* (ant. *criare*, a veces) es evidente cultismo, el fr. *crier* tiene casi exclusivamente la ac. culta 'producir de la nada' ('engendrar' aisladamente en Benoit de Ste. More, h. 1160); aun en lengua de Oc ocurre lo mismo, y sólo hallamos *creat* 'niño' en textos gascones, y en el sentido de 'criado' lo emplea únicamente un texto relativo a Navarra. De aquí que debamos considerar el it. *creare* en el sentido de 'criar, educar' (sólo S. XVI), *creato, criato,* 'criado, siervo', 'educado en casa de un grande' [1490, frecuente en el S. XVI y conocido aún de Leopardi], *creanza* 'manera de portarse' [S. XVI; Leopardi; vid. Zaccaria, 135-8], napol. y sic. *criatu,* piam. *creada,* fr. med. *créat* «domestique», «favori» (fin del S. XVI, Brontôme, d'Aubigné), fr. mod. íd. 'empleado subalterno de un picadero' [1650], como castellanismos, y no como palabras genuinas o italianismos, según hacen *REW* 2305 y *FEW* II, 1296. Para la prosodia de este verbo y sus derivados en los clásicos, vid. Robles, *Ortol.* 215, 229, 314.

DERIV. *Cría* [1438, J. de Mena]. *Criadero* [S. XV, Biblia med. rom., Gén. 32.15]. *Criadilla* 'turma, trufa' [1555, Laguna; *criadas de tierra,* 1525, Rob. de Nola, p. 151], así llamada porque la produce espontáneamente la tierra; 'testículo' [Covarr.; eufemismo, por comparación de forma]; 'patata' (regional de Castilla: Colmeiro, IV, 138); > val. *criadilla* [oído así en Vistabella del Maestre], de donde las alteraciones *criaïlla > queraïlla* [ciudad de Valencia: *RFE* XIV, 73; Elche: *BDC* XVII, 52], *quereïlla* [Gandía: *BDLC* XII, 315; oído en Llutxent], *creïlla* en otras partes. *Criado* [1064, Oelschl.] 'hijo, discípulo' (Berceo; *Alex. O,* 31; J. Ruiz), 'el educando respecto de su ayo' (*I.ª Crón. Gral., Crón.* de 1344: vid. M. P., *Inf. de Lara,* 223.19, 265.22), 'vasallo educado en casa de su señor' (*Cid,* 737), 'sirviente' [J. Ruiz, 307a][1]. *Criador* [*Cid*]. *Criamiento. Criandera,* amer. *Criante. Crianza* [b. lat. español *criantia,* 1105: Oelschl.; *I.ª Crón. Gral.* 11a42; J. Ruiz], de aquí el it. antic. *creanza,* vid. arriba. *Criatura* [*creatura*: Berceo; la ac. 'niño' se halla ya en Berceo, *Mil.* 161*d,* 357*d, Apol.,* 269*a, Conde Luc.,* en un invent. aragonés de 1497, *BRAE* II, 93, etc.], cultismo. *Criazón* [b. lat. español *criationes,* 780: Cuervo, 596*b*; *Cid*; para el concepto que envuelve este vocablo en la Edad Media, vid. M. P., *Cid,* 608-9, y los textos allí citados; además *Apol.,* 35; *Fn. Gonz.,* 178; *Alfonso XI,* 357, 1308; *Rim. de Palacio,* 395, 1410, ed. Rivad.; una *Turris de la Criasó* se halla citada en texto de 1250 relativo a Olocau, prov. Castellón, *Bol. de la Soc. Castellon. de*

Cult. XV, 116]; algunas veces se halla también *criación. Crío* ['educando, discípulo', Juan del Encina, *RFE* XIV, 61; hoy 'niño de pecho'[2]]. Para *CRIOLLO,* V. su artículo. Derivados del culto *crear: creable, creación, creador, creamiento, creativo* (que no es hoy anticuado, como dice la Acad.); *concreado; increado. Procrear,* tomado de *procreare* íd.; *procreación, procreador, procreante. Recrear* [APal. 165*b,* 371*d;* Nebr.], tomado de *recreare* 'crear de nuevo', 'volver a la vida, restablecer, reparar'; *recreación* [Nebr.]; *recreable; recreativo; recreo* [Quevedo, 1.ª ed. Blecua, poema 400.38; Acad. ya 1843]. *Recriar, recría, recriador.*

[1] Para el paso de este vocablo a Francia e Italia, V. arriba.— [2] Palabra que algunos rechazan como excesivamente familiar, sustituyéndola en España por el galicismo *bebé,* en la Arg. por el anglicismo *beba, bebita.*

CRIBO, del lat. CRĪBRUM íd. *1.ª doc.:* h. 1400 (*Canc.* de Baena, p. 554).

Cej. IX, § 203. APal. sólo trae el diminutivo *crivillo* y el femenino *criba* (¿grafía latinizante?; 97*b*); Nebr. escribe con *v;* análogamente *crivo* en el *Canc.* de Baena (W. Schmid), *griva* en invent. arag. de 1379 y 1397 (*BRAE* II; IV, 217), *agrivar* en 1373 (ibid. IV, 346). La forma disimilada CRIBUM O CRIBUS se halla ya en glosas trasmitidas en mss. de los SS. VIII y X (*CGL* V, 639.32, 495.55), y además del port. *crivo* ha dado el sic. e it. merid. *crivu* (ya documentado en la Edad Media).

DERIV. *Criba* [APal., vid. arriba], es la forma más usual actualmente (sin embargo ast. *cribu,* V), pero no tiene otro congénere romance que el port. *criva* (menos usual que *crivo*). *Cribar* [*agrivar,* vid. arriba; *crivar,* Nebr.], del lat. CRIBRARE íd.[1]; *cribado, cribador. Cribelo* 'órgano que tienen las arañas en el abdomen para segregar seda', tomado del lat. *crībĕllum* 'criba pequeña'[2].

[1] Significa 'bordar' en el habla gauchesca: Ascásubi, *S. Vega,* v. 13176.— [2] ¿Tiene que ver con *criba* la voz *cribete* (falta aún Acad. 1899) 'camastro'? Quizá salga del gr. χράββατος, lat. *grabatus* o *crebbatum* (Walde-H.), fr. *grabat,* íd. Pero escasean demasiado los datos acerca de la historia del vocablo para poder afirmar nada.

CRICA, 'clítoris, órgano cartilaginoso en las partes pudendas de la mujer', onomatopeya. *1.ª doc.:* h. 1400, glos. del Escorial; *Canc.* de Baena (vid. W. Schmid); Nebrija («*crica* de la muger: crista»).

Oudin: «une partie secrette de la femme, que le vulgaire appelle landie»; Franciosini (1620) «*clica* o *crica:* i pannicoli della natura della donna». El glosario gallego anónimo de 1850 registra *clica* como forma del castellano de Galicia, y para el cast. *crica* remite al *Canc. de Obras de Burlas* (1519), ed. 1843, p. 147. Comp. *CLICA.*

De la misma onomatopeya, imitativa, en este caso, del chirrido del instrumento, procede *cric* 'gato' (Acad. ya 1884, no 1843), por conducto del francés.

CRICOIDES, 'cartílago anular de la laringe', tomado del gr. χριχοειδής 'circular', compuesto de χρίχος 'anillo, círculo' y εἶδος 'forma'. *1.ª doc.*: falta aún Acad. 1899.

Crida, cridar, V. *gritar   Crieta,* V. *grieta*

CRIMEN, tomado del lat. *crīmen, -mĭnis,* 'acusación', en la baja época 'falta, crimen'. *1.ª doc.*: Berceo.

Está también en Nebr., APal. (98*b*), la *Celestina* (ed. 1902, 13.26) y en H. del Pulgar, *Crónica de los R. Catól.* (h. 1493); los tres últimos emplean el plural latinizante *crímines.*

Deriv. *Criminal* [*creminal* 1394, *BHisp.* LVIII, 358; Berceo, *S. D.,* 137; Vidal Mayor 1.12.3, etc.; APal. 131*b*; Nebr.], de *criminalis* íd.; *criminalidad, criminalista. Criminoso* [Juan de Mena (Lida); APal. 305*b*; Nebr.], de *criminosus* íd. *Incriminar* o *acriminar* (también se ha dicho *criminar*); *incriminación, criminación* [Palencia, *Perfección,* pp. 355*b*, 364*b* (Nougué, *BHisp.* LXVI)]. *Recriminar, recriminación, recriminador.*

Cpt. *Criminología, criminológico.*

CRIMNO, tomado del gr. χρῖμνον 'harina gruesa de cebada'. *1.ª doc.*: 1555, Laguna.

Cultismo puramente ocasional, que no debiera figurar en los diccionarios castellanos.

CRIN, del lat. *CRĪNIS* 'cabello', 'cabellera'. *1.ª doc.*: Berceo («la *crin* mucho crecida», *S. Mill.* 78*b*, *A* e *I*).

Casi siempre se emplea en plural: así ya en Berceo, *Duelo,* 50*c* «las colas e los *clines*» (ed. Janer). Para este género masculino, vid. Cuervo, nota 30 a la *Gram.* de Bello. Es el género clásico en latín, pero en Plauto y otros autores arcaicos se halla el femenino, que ha predominado ampliamente en castellano y en portugués (ahí *crina,* quizá cultismo)[1]; otros romances vacilan (cat., oc.) y en francés e italiano es masculino (pero *crine* y *crina,* respectivamente, femeninos, se hallan también en lo antiguo y en los dialectos). Está muy extendida la variante *clin,* que ya aparece en los Fueros de Aragón de h. 1300, p. p. Tilander (§ 7.4)[2].

Deriv. *Crinado* [Juan de Mena (Lida)]. *Crinar. Clinudo* 'peludo', arg. (*mocetón clinudo*: O. Gil, *Bol. de la Junta de Hist. de la Prov. de S. Juan,* Arg., enero 1943, p. 9). *Crinito* 'crinado', 'infausto, desdichado' [Quevedo, Calderón], tomado del lat. *crīnītus* íd., aplicado a los cometas, que eran mirados como astros de mal agüero.

[1] La forma *clina* para 'el cabello, la cabellera' es usual en la Arg. (Villador, *Mundo Argentino,* 8-III-1939); quizá portuguesismo local.— [2] Tam-

bién en Vélez de Guevara, *La Serrana de la Vera,* v. 994 (pero *crin* en el v. 1021) y en varios textos de los SS. XVI y XVII citados por Tiscornia, *BDHA* III, 63,65, y en *Aut.* Hoy corre, entre otras partes, en Cuba y en la Arg., en el Alto Aragón (también *esquelín: ZRPh.* LV, 625), en Cespedosa (*quilín: RFE* XV, 139). También cat. *clin* y *clina,* junto a *crin.* Como he dicho s. v. CRENCHA, esta forma es algo sospechosa de castellanismo por la conservación de la -*n*; pero quizá esto se explique por analogía del plural *clins,* ya que el singular raramente se emplea.

Crinche, V. *crencha   Crineja,* V. *crizneja*

CRIOJA, gnía., 'carne', voz jergal del mismo origen que el argot fr. *crie* íd., de origen incierto. *1.ª doc.*: 1609, J. Hidalgo, en su vocab. y en un romance que publicó él por primera vez.

Cría 'carne' se encuentra en el romance germanesco de Reinosa, princ. S. XVI (Hill). En francés ya se halla en 1565 (variante *cri: FEW* II, 1297*a*). Es común derivarlos del gr. χρέας íd., trasmitido a la germanía y al argot por la jerga escolar, junto con *artón* 'pan' < ἄρτος. Pero ambas etimologías son muy inciertas. Vid. ARTALETE. También cabría pensar en helenismos acarreados por los gitanos[1]. Sin embargo, el hecho es que todavía no hay verdaderos gitanismos en la germanía del siglo de Oro.

Deriv. *Criojero* 'carnicero, vendedor de carne' [1609].

[1] Cabe sospechar el mismo origen greco-gitano en *piar* 'beber' y en *dátil* 'dedo'; pero como éste no figura en los dicc. gitanos (Borrow, Mayo, Dávila, Miklosich) quizá venga de una comparación castellana en sentido opuesto a la que dió lugar al nombre del fruto; y *piar* podría ser voz índica.

CRIOLLO, adaptación del port. *crioulo* 'el esclavo que nace en casa de su señor', 'el negro nacido en las colonias, a distinción del procedente de la trata', 'blanco nacido en las colonias', derivado de *criar*; el sufijo ofrece dificultades, pero es verosímil que se trate de un mero diminutivo portugués de *cria* 'esclavo criado en casa del señor'. *1.ª doc.*: 1590, P. J. de Acosta.

Todo el mundo está de acuerdo en que esta palabra nació en portugués y en que es derivada de *criar*; sólo el sufijo presenta un problema: ya Schuchardt en 1889 (*ZRPh.* XIII, 484n.1) escribía: «*crioulo* ist nur bezüglich der Herkunft seiner Endung dunkel». Bastará citar unas pocas autoridades. El P. Acosta: «algunos *criollos,* como allá [en América] llaman a los nacidos de Españoles en Indias». Gárcilaso el Inca (Perú, 1602): «Es nombre que inventaron los negros y así lo muestra la obra. Quiere decir entre los negros, *nascido en Indias;* inventáronlo para diferenciar los que van de acá [es decir, del Viejo Mundo, que incluye África], nascidos en Guinea, de los que nascen allá [América], porque se tienen por más honrados y de más calidad por haber nascido en su patria, que no sus hijos, porque nascieron en la ajena, y los padres se ofenden si les llaman *criollos.* Los españoles, por la semejanza, han introducido este nombre en su lenguaje, para nombrar los nascidos allá» Juan y Ulloa (Perú, 1740): «Negros; éstos se dividen en dos estados... que son *criollos* y bozales [= recién llegados].» En castellano se halla también en Cervantes, Lope, Tirso, Góngora[1], Quiñones de Benavente[2], Ovalle (1642), etc.

Los testimonios portugueses que conocemos directamente[3] son algo posteriores: el más antiguo es de 1632. Piso y Marcgraf (h. 1643): «natus hîc (= Brasil) ex utrisque parentibus Nigritis appellatur *Criolo*». Fr. Luis de Sousa (1632); «era muito valido d'el Rey hum Sacerdote *crioulo:* assim chamão lá [en el Congo] os que tem mistura de dous sangues». En el portugués de la India significa «fâmulo creado em casa desde a infância» o 'hijo adoptivo' (Dalgado, *RL* VI, 79), acs. que se documentan desde el S. XVII: «chegou da Igreja do Caes hum clerigo, que disse ser dos christãos de S. Thomé; e fora *crioulo* do P. Reytor da Igreja de S. João» (P. Fernão de Queiroz, *Conquista de Ceylão,* a. 1687). Éste es un uso evidentemente arcaico que nos muestra cómo el valor primitivo fué el de 'crío, criazón'[4].

Y que el vocablo se aplicó primeramente, en el Brasil recién descubierto, a los hijos de los negros, nos lo atestigua no solamente la autoridad del historiador Varnhagen, sino también el lexicógrafo brasileño Moraes Silva—que, a fines del S. XVIII, podía dar fe todavía del uso común en el Brasil colonial—, colocando en primer lugar la ac. «o escravo que nasce em casa do senhor». Claro está que en la nación portuguesa, que entre todas alcanzó el máximo de desarrollo colonial, sobre todo a proporción de la importancia de su territorio europeo, este uso ultramarino no podía dejar de repercutir en la Madre Patria, generalizando el valor semántico del vocablo: Bluteau, portugués del Norte, nos informa en 1712 de que *gallinha crioula* era la «não comprada de fora, mas nacida e criada em casa» (Moraes cita un ej. en verso de *capões crioulos* con el mismo sentido, sin mencionar su autor), en la Ribera del Tajo se aplica a las aves de paso que se detienen en Portugal, y en el Minho un *crioulo* es un 'crío o niño de teta' (Figueiredo). Pero el vocablo nació probablemente en las colonias, como lo muestra ya la ausencia de usos parecidos en Galicia. En conclusión, muchos argumentos apoyan la etimología sentada por Cornu (*GGr.* I², §§ 193, 275), Nobiling (*ASNSL* CXXV, 395) y Leite de V. (*Antroponimia,* 364): *crioulo* sería alteración de *criadouro, -doiro,* que

Fig. define «susceptível de medrança, de se criar bem», de donde 'el que se ha dejado criar en casa' por oposición al negro bozal o recién llegado.

Perdida la *-d-* intervocálica, la segunda *-r-* se disimilaría en *-l-*. La única dificultad estriba en la pérdida de la *-d-*, consonante que no debiera desaparecer en portugués, pero ya Leite de V. (cito a través de Nascentes) sugirió la solución de esta dificultad: se trataría de una alteración del vocablo debida a la pronunciación imperfecta de los negros[5]. Es verdad que la *-d-* intervocálica no suele perderse en los dialectos criollos del portugués, tan bien estudiados por Schuchardt (*ZRPh.* XII, XIII), aunque es cierto que la mayor parte de sus ejs. se refieren a la posición inmediatamente postónica (*-ada, -ado, -ido*) y no conocemos bien las alteraciones que sufrió el idioma al aprenderlo por primera vez los africanos en el S. XVI; no deja de haber algún caso de alteración en las hablas actuales, que muestra la debilidad ocasional del fonema (*sabro* por *sábado* en el habla de Santo Thomé, XII, 311; *compué* por *compadre* en la Ilha do Príncipe, XIII, 474) y aun su caída total en la misma posición que estudiamos: así *agradável* se vuelve *glavi* (< *graave*) en Santo Thomé, *gavi* en la Ilha Príncipe y *gabi* en Annobón (*ZRPh.* XIII, 473).

Sin embargo, como la pérdida de la *d* intervocálica en el habla de los negros no es un hecho probado, es lícito y aconsejable buscar la explicación en otros sufijos. Ahora bien, un sufijo *-oulo* (*-oilo*) ha existido en portugués como representante del latino diminutivo *-ŏLUS;* representante no genuino, por cierto, pero tomado del leonés o del mozárabe. Así hay *lentejoula* 'lentejuela', *tejoula* 'tejuela', *ferragoulo* 'ferreruelo' y especialmente *moçoula* 'moza, muchacha'. Existiendo éste junto a *moça* no había dificultad en crear un *crioula* diminutivo de *cría,* que justamente se ha empleado en el Brasil con el significado de 'esclavo o sirviente nacido y criado en casa del señor' (Fig.); el masculino *crio* no sé que se emplee en Portugal, aunque ya lo encontramos muy cerca de allí, en Salamanca, y en el S. XV (Juan del Encina). La elección definitiva entre esta posibilidad y la de *criadouro* exigirá un previo estudio sistemático de los sufijos en el portugués del S. XVI y en el habla brasileña. Mas por ahora esta otra explicación me parece preferible teniendo en cuenta el uso antiguo *crioulo de fulano* que he documentado arriba en el S. XVII.

Sumamente inverosímil la explicación de Brüch (en *Portugal, Festschrift der Universität Köln,* 1940)[6], que ve en *crioulo* un lat. vg. *CREABŬLUM* «niño criado en casa», hipótesis improbable en grado extremo histórica y morfológicamente, y del todo imposible desde el punto de vista fonético. ¿Cómo admitir un étimo del latín vulgar para un vocablo que nace en las colonias? ¿Cómo justificar una hipótesis latina, si además de fundarse en una sola lengua romance se habría formado con un sufijo que en latín de la baja época estaba muerto o moribundo?[7]. Pero además el vocablo sólo hubiera podido trasmitirse al portugués en una de estas dos formas: con conservación de la -B-, y entonces tendríamos *criabro o *criávoo, o con pérdida temprana de la misma consonante, si se hubiese tratado de un vocablo muy vulgar, de donde *CREAULU, con diptongo AU, como sin duda supone Brüch, pero entonces el resultado hubiera sido *criouvo, pues la -L- debía perderse inevitablemente (comp. CAULEM > couve): no sería posible conciliar un tratamiento semiculto de la -L- con la desaparición temprana de la B, que sólo se produce muy raramente y en palabras vulgarísimas (fr. tôle, parole, it. fola, parola; pero el iberorromance no conoce ningún caso: port., cast. palabra, arag. cañabla, cat. paraula, canaula, con au que supone AB', a diferencia de AU > o).

En cuanto a la adaptación castellana de la voz portuguesa, es fácil de comprender desde todos los puntos de vista. Siendo el Brasil el gran país importador de negros, es natural que el vocablo se propagara pronto desde allí a la América española. En lo fonético se trata de un caso de aplicación de una norma de correspondencia fonética entre los dos idiomas, a una posición en que históricamente no se hubiera justificado, como la que demostré para el caso de caruja > GARÚA en RFH VI, 13, en cuanto a la eliminación de la -j-intervocálica: en nuestro vocablo el modelo lo dieron los innumerables vocablos en -elo a los que respondía el castellano con -illo: de ahí que criolo se hiciera criollo[8].

Para las formas y fechas en que criollo pasó luego del español al fr. créole [crollo, 1598, creolle, 1693], y de éste a los demás idiomas europeos (ingl. creole, it. creolo), puede verse König, BhZRPh. XCI, 85-86, y Zaccaria, s. v.

DERIV. Acriollarse [1889, en el rioplatense Granada].

[1] RH XIV, 106.— [2] NBAE XVIII, 602. Otras de estas citas se hallarán en Aut. y en F. Ortiz, Afronegrismos, s. v.— [3] El que Friederici cita en primer lugar, atribuyéndolo a 1540, en realidad es de una obra escrita poco antes de 1878, fecha de su publicación, aunque se refiere al uso común brasileño en aquella fecha.— [4] Para más testimonios antiguos en los varios idiomas, consúltese Friederici, Am. Wb., 219-20, y Dalgado, 322. [5] Una alteración más grave experimenta criollo en Cuba en boca de los individuos de esta raza, pues según Pichardo los negros que son hijos de negros ya criollos se llaman allí rellollos, que como indica Schuchardt vendrá de re-criollos. [6] Este artículo no está a mi alcance. Sólo lo conozco a través de una reseña de ASNSL CLXXIX, 81, donde se le califica extrañamente de «convincente».— [7] La única formación nueva

del latín vulgar, *CANNABULA, es por lo demás un denominativo (como ACETABULUM, y en rigor también RUTABULUM, que viene del participio RUTUM y no del infinitivo RUERE). Quizá CONCILIABULUM venía de CONCILIARE, pero popularmente debía relacionarse ante todo con CONCILIUM. Y ¿qué hubiera designado un *CREABULUM, de haber existido? Más bien un lugar o un instrumento que una persona, o cosa criada o creada, a juzgar por los demás ejs. Claro está que siendo creación de fecha latina debiéramos partir de CREARE 'crear', o 'parir, engendrar' y no del sentido romance 'criar', aunque éste no sería obstáculo insuperable.— [8] Como el diptongo ou se pronuncia ô en indoportugués y en general en todo el portugués del Sur, la forma port. criolo está muy extendida (Dalgado, Figueiredo). También se podría partir de crioilo, correspondiente a la antigua forma -doiro del sufijo -TORIUS, con paso de -il- a -ll- en castellano.

Cripta, criptógamo, criptografía, criptográfico, criptograma, criptón, V. gruta   Crisálida, crisantemo, -ema, V. criso-

CRISIS, 'mutación grave que sobreviene en una enfermedad para mejoría o empeoramiento', 'momento decisivo en un asunto de importancia', tomado del lat. crisis y éste del gr. χρίσις 'decisión', derivado de χρίνειν 'separar', 'decidir', 'juzgar'. 1.ª doc: Aut.

Ahí sólo registrado en la ac. etimológica y arcaica 'juicio que se hace sobre alguna cosa'. En Acad. 1783 ya aparece la ac. médica y en la ed. de 1884 la extensión a otras materias. Baralt vitupera como galicismo crisis ministerial. Es probable, en efecto, que las acs. figuradas y no médicas se importaran del extranjero, pues en francés y en inglés se hallan ya a princ. S. XVII.

DERIV. Crítico [1615, Góngora; princ. S. XVII: Villaviciosa, Quevedo, Polo de Medina][1], tomado del lat. crĭtĭcus 'que juzga' y éste del gr. χριτιχός íd.; crítica [Villaviciosa]; criticar [Lope], criticable, criticador, criticón [1651, Gracián], critiquizar. Criticastro. Criticismo [Pagés, h. 1901], tomado del alem. kritizismus (Kant) y éste del ingl. criticism [1607].

Criterio [Terr., como sinónimo de crítica; 'norma', 'juicio', ya Acad. 1843; Balmes, 1845], tomado del lat. criterium 'juicio', y éste del gr. χριτήριον 'facultad de juzgar', 'regla'.

Apocrisiario, del gr. bizantino ἀποχρισιάριος íd., derivado de ἀπόχρισις 'elección', y éste de ἀποχρίνειν 'separar escogiendo'. Diacrítico, tomado del gr. διαχριτιχός 'distintivo', derivado de διαχρίνειν 'distinguir'. Hipercrisis. Hipercrítico, -ca. Hipocresía [fin. S. XIII, etc. (J. A. Pascual, Trad. DCom. E. Aragón, p. 192); hiprocresía, 1438, Corbacho y en autores posteriores (Cuervo, Obr. Inéd. p. 212); ipocresía, Nebr.], tomado del gr. tardío ὑποχρισία (griego ὑπόκρισις) íd., propiamente 'acción de desempeñar un papel teatral', derivado de ὑποκρίνεσθαι 'contestar', 'dialogar', y éste de κρίνειν *hipócrita* [*Corbacho* (C. C. Smith, *BHisp.* LXI; otros textos del S. XV en J. A. P. *l. c.*); Nebr.], del lat. *hypocrĭta* y éste del gr. ὑποκριτής 'actor teatral'.

¹ El gran uso que de esta palabra hicieron los escritores culteranos fué causa de que sus enemigos se lo aplicaran como remoquete. Véanse los ejs. citados por *Aut.*, 3r. párrafo, y comp. Romera, *RH* LXXVII, 369n.

Crisma, crismar, crismera, crismón, V. *cristiano   Crisna, crisneja*, V. *crizneja*

CRISO-, primer elemento de compuestos, procedente del gr. χρυσός 'oro'. *Crisoberilo*, compuesto con βήρυλλος 'berilo'. *Crisocola*, con κόλλα 'cola'. *Crisantemo* [1555, Laguna], tomado de χρυσάνθεμον, íd., compuesto con ἄνθεμον 'flor'; ha tenido bastante uso la forma *crisantema*, mal adaptada del fr. *chrysanthème*.

Crisálida [Terr.], tomado del gr. χρυσαλλίς, -ίδος íd., derivado de χρυσός por el color dorado que tienen muchas crisálidas [APal. 234*b*]. *Crisolito* [*crisolites* ya en el S. XIII; *crisolito* en el S. XV (*BHisp.* LVII, 452); también en Gongora], con λίθος 'piedra'. *Crisomélidos*, con μέλος 'miembro'. *Crisopeya*, con ποιία 'acción de hacer'. *Crisoprasa*, tomado del fr. *chrysoprase* y éste del gr. χρυσόπρασος íd., compuesto con πράσος 'puerro'; *crisopacio*, forma alterada por influjo de *topacio*; APal., 234*b*, emplea la forma *crisoprasso*.

CRISOL, 'recipiente para fundir materias a temperatura elevada', del cat. ant. y dial. *cresol* (cat. *gresol*) 'candil' y 'crisol', que junto con el cast. ant. *cresuelo*, oc. ant. *crosol*, fr. ant. *croisuel*, it. *crogiulo*, íd., presupone una base romance *CROSIŎLU de origen incierto, quizá derivada del adjetivo prerromano *CRŎSU 'hueco' que ha dado el fr. *creux* íd.; la *i* de la voz castellana¹ se debe a influjo de los compuestos cultos procedentes del gr. χρυσός 'oro' (vid. CRISO-). *1.ª doc.*: Nebr. («*crisol de plateros para fundir*: catinus»); ley de 1497 en la *N. Recop.* (*Aut.*).

El cast. ant. *cresuelo* significaba 'candil' y se halla en *Alex.* (P 2529*c*—*crisuelo* en O—, 32*d*) y en varios inventarios aragoneses de los años 1365-1403 (*BRAE* IV, 344, 345, 354, 526)², *crusuelo* en doc. de la Rioja, a. 1289 (M. P., *D. L.*, 130.32); posteriormente el vocablo cayó en desuso, aunque el femenino *crisuela* se aplica todavía en la *Pícara Justina* (1605) a la cazoleta inferior de los candiles destinada a recibir el aceite que cae de la candileja.

En catalán, *cresol* está abundantemente documentado desde 1371 (Jacme Marc) hasta hoy, con muchos ejs. en los SS. XIV y XV³; aunque en realidad hay en cat. mucha documentación anterior:

creols en 1299 en doc. de Corbins (*BABL* II, 71); el Diccionario inédito del rosellonés Alart registra 25 ejemplos en documentos desde 1363 a 1411, *cresol* en el primero, *crosols* en 1365, 1388, 1399, y además el femenino (aumentativo) «una *crasola* de VI lums» 1389, «dos *crosoles* de terra per fondre plom» 1399, «una *crosola* de letó per l'obrador» 1433. El significado antiguo era 'candil', a veces 'candileja' o 'crisuela', pero en esta época el candil o una de estas partes debió ser de barro o de piedra, como los que se conservan todavía en el territorio arcaizante de Ibiza (Spelbrink, *BDC* XXIV, 262n.), pues Eiximenis (1385) los cita entre las vasijas de este material: «terrassos, escudelles, *cresols*, llibrells, rajoles» (*Regiment, N. Cl.*, 32.28), y Timoneda menciona todavía una *cresola de terra* en el S. XVI⁴ J. Giner me dice que él y sus amigos han visto *cresols* de tierra o barro todavía en Albaida, Cocentaina y Bocairent, y que Fr. Martínez i Martínez había reunido una colección particular de *cresols* antiguos, entre los que abundaban los de tierra. Era fácil, por lo tanto, el paso semántico a 'crisol', utensilio de materia y forma parecidas, y lo hallamos ya consumado en dos documentos valencianos de monedería del año 1417 (*BDC* XXIV, 105). Como tantos otros términos de fundición y de encuñación (*cendra, copellán, CRAZA, FEBLE, PEROL, RIEL*, etc., tal vez *CECA;* la voz *urdillas* que en la ley castellana de 1497 acompaña a *crisoles* es el cat. *ordilles* 'herramientas' USITILIA), el castellano tomó en préstamo la voz catalana en el S. XV, cambiándola en *crisol* por influjo de las numerosas voces de alquimia en *criso-* (gr. χρυσός), que entonces corrían (comp. la grafía *chrysol* recomendada por *Aut.*); del castellano viene a su vez el port. *crisol* [1647: Bento Pereira].

El área del vocablo se prolonga hacia el Norte de los Pirineos, con varias formas vascas de origen romance⁵, con el gasc. *grusò, crusòu* y otras formas occitanas. En este idioma hallamos ya *crosol* para una vasija de barro, en un doc. aviñonense de 1397 (Pansier), *cruol* 'candil' en una tensó de h. 1270⁶; y *croseau, cruseaul*, es ya 'crisol' en docs. de 1502 y 1506. En francés *croisol* 'candil' puede documentarse ya en un glosario judío de fines del S. XI, hay varios ejs., aunque poco numerosos, de *cruisol, cruisel* íd., en otros textos medievales, y *croiseus* 'crisol' aparece en 1202; vid. *FEW* II, 1356; Tobler II, 1086; para representantes del mismo tipo fonético en los dialectos modernos, particularmente en francoprovenzal, vid. además Wissler, *RF* XXVII, 786; el francés normal ha alterado hoy el vocablo en *creuset* por cambio de sufijo. Admite Wartburg que el vocablo se extendió desde el francés a los demás romances, basándose en que no se halla en éstos antes del S. XVI, fundamento erróneo, según hemos visto, así en lengua de Oc como en los romances medievales de España⁷. Dejo a otros el cuidado de comprobar si el it. *crogiuolo* 'crisol' es de fecha tan moderna[8] y si debe considerarse galicismo, a pesar de estar bien representado en formas varias de los dialectos alpinos; tampoco me pronunciaré acerca de si el alem. *kräusel*, alemánico *krūseli*, suizo *chrūsle*, 'jarrito', vienen o no del francés, ni si el alem. *krause*, a. alem. med. *krūse*, ags. *crūse*, 'vaso de barro para beber', pertenecen a la misma familia etimológica (como admite M-L., *ZRPh*. XI, 578 comp. Kluge).

Se han emitido varias teorías etimológicas. Wartburg, partiendo de que es característico del candil el gancho empleado para colgarlo, postula una base *CROCEOLUS diminutivo romance del fráncico KRŌK 'gancho' (fr. *croc*); la base semántica es aceptable—comp. cat. *llum de ganxo* 'candil'—, y no discutiré la afirmación del autor de que esta palabra franca se consolidó en la Galia lo bastante temprano para producir ya un derivado en el latín vulgar local[9], pero el étimo propuesto es inaceptable por razones fonéticas evidentes. ¿Hace falta recordar que -CI- da ç sorda en francés, lengua de Oc y catalán? El resultado de GLACIES > fr. *glace*, cat. *glaç*, FACIES > fr. *face*, FACIAM > fr. *fasse*, cat. *faça*, LAQUEUM > fr. *la(c)s, lacet*, cat. *llaç*, -ACEA, -ICEA, -UCEA > -*asse*, -*isse*, -*usse* (cat. -*assa*, etc.), del disimilado COCHLEA > (C)LOCHEA > fr. dial. *lousse, losse* (pic. > fr. *louche*), cat. *llossa*, y tantos otros, está a la vista. Esta razón basta para descartar tal etimología inapelablemente.

Schuchardt, *ZRPh*. XXVI, 318-20, había pensado en un *CROCEOLU < *COCHLEOLU 'caracol pequeño', diminutivo de COCHLEA, por comparación de la mecha del candil con la cabeza del caracol asomado en su concha, base que nadie quiso aceptar, por razones semánticas, y que también es imposible fonéticamente, según acabo de mostrar. En el aspecto semántico era en realidad bastante defendible, pues el empleo de caracoles reales como candiles se documenta en los Pirineos catalanes: «costaren *cargols* que fem cullir lo die de Corpus Christi, los quals posaren en l'altar *per lums*, 2 diners», Cuentas de los Cónsules de Bagá (al N. de Berga), a. 1394 (Serra i Vilaró, *Pinós i Mataplana* III, 322). Otra cosa es que sea verosímil en la historia de los realia que el nombre principal del candil o crisuelo venga de esto, pero sobre todo la objeción terminante viene de la fonética.

Gamillscheg, *EWFS*, pensó en un galo KROKKO- representado por el irl. medio *crocan*, galés *crochan* 'vasija de barro', pero claro está que el étimo *CROCCEOLUS que así podríamos quizá obtener, adolece con mayor razón del mismo defecto dirimente que los dos anteriores.

Finalmente Du C. (s. v. *crucibulum*), seguido por Griera (*Estudis Romànics* 1914, I, 83-86), Bloch y otros, pensó en un derivado de CRŬX, CRŬCIS, 'cruz', por la forma semejante de una cruz que

tiene el tipo de candil a cuatro picos, muy primitivo y extendido[10]; si a base de esto postulamos un étimo *CRUCEOLUS tropezaremos con el mismo obstáculo fonético que en las explicaciones anteriores; si admitimos un diminutivo tardío sacado de oc. y cat. arcaico *croz*, fr. ant. *croiz*, CRUCEM, entonces podríamos obtener *crozol* en lengua de Oc y *croisuel* en francés (comp. *crozada, croisiée*), pero se oponen a ello las formas iberorromances, que debieran ser cast. ant. *cruzuelo*, cat. *crool (comp. *cruzada*, cat. *croada*)[11].

En una palabra, la -s- de *cresuelo* y *cresol* prueba terminantemente que el étimo tenía -s- y no -c-, y éste debe ser nuestro punto de partida. Creo que el francés moderno, al cambiar *croisuel* en *creuset*, no ha hecho más que volver al punto de partida y que el étimo es realmente un *CROSIOLUM, emparentado con el fr. *creux* 'hueco' y su familia occitana y alto-italiana[12]. El *cresol* es propiamente la parte inferior y cóncava del candil, en la cual se deposita el aceite[13], o sea la candileja; recordemos que *cresol(a)* era justamente un recipiente de barro o piedra para Eiximenis y Timoneda, una especie de escudilla, y comparemos *creusot* «écuelle» que el *FEW* II, 1363b, recoge en dos hablas del Franco Condado, junto a Anjou y Franco Condado *creusot* 'candil' (ibid., 1356a). *CROSIOLUM sería diminutivo del tipo *CROSIA, *CROSIU, derivado de *CROSU 'hueco', que Wartburg postuló verosímilmente para Berry, Bourbon, Morvan, frprov. *cruise, cruese*, etc., 'cáscara de huevo, de nuez', 'concha de caracol', Drôme, Loire, Lyon *cruis, cruës*, etc, (*FEW* II, 1364b), y compárense, con otros elementos sufijales, CROS-NO- > fr. dial. *crône* «petite écuelle», CROS-LO- > fr. dial. *crôle, grolle*, íd. [S. XV] (ibid., 1362a)[14].

DERIV. *Crisolada. Acrisolar* [1605: *Quijote*], comp. Cuervo, *Dicc*. I, 166]; *acrisolador* (también se ha empleado *crisolar*).

[1] También port. *crisol*, pero según Vall. (y así lo leo en artículo de M.ª T.ª Barro, *Grial*, n.º 32 [1971], p. 206) gall. *cruxol*.— [2] Más ejs. en *VRom*. X, 137. *Tresuelo*, que se halla en otros inventarios de los años 1331 y 1444 (*BRAE* II, 554) debe de ser errata de lectura.— [3] Vid. Ag. y los ejs. que cito adelante. Agréguese: «lo marit... / si les complau, / com fan l'esclau / lo tracten, manen: / así·l debanen / com un capdell / ...e menys lo prehen / qun un fesol, / sens lum *cresol* / li fan tenir», J. Roig (1460), v. 530; «*cresòl*: candil» y «*cresoleta*: candileja», en el valenciano Sanelo, 58vº; más documentación en Griera, *BDC* XX, 270-2. Hoy sigue empleándose *cresol* en todo el País Valenciano (aun en el extremo Norte: *krezól* oído en el Boixar), en Tortosa (Moreira, *Folklore Tortosí*, 491) y en la zona catalana de Aragón (*cresoleta* en Benavarre, *BDC* VII, 74; *criola* en Peralta, *ZRPh*. XLV, 237), mientras que en el resto del Principado, en el Rosellón y Baleares se ha cambiado en *gresol*, forma atenuada de fecha

reciente.— ⁴ «Devant ells posava la cantitat de cada hu en la *cresola* de terra, escrivint lo nom de qui·lls portava en un paperet posat dins ella», en un cuento valenciano publicado en Rivad. III, 170.— ⁵ Las unas tomadas del aragonés: *kruselu, kriseilu, krisaïlu, kriselu,* ésta documentada ya en el S. XIII o XIV por la variante *guirisellu* del Fuero de Navarra (M. P., *Oríg.* 216), *quirisellu* con variantes *crisuelu* y *guiriceillu,* según Yanguas y Caro B. *FoLiVa* I, 90-91; las otras, de la lengua de Oc o del romance primitivo: *krusulu* (Azkue), *kurtzulu* (Krüger, *Hochpyr. A* II, 194), de donde el bilbaíno *cursulu* (Arriaga, *Revoladas,* Vocab., s. v.); todas ellas para 'candil'. Además a. nav. *kriseilu* 'hornillo'.— ⁶ Identifico al poeta R. Gaucelm citado por Raynouard con Raimon Gaucelm de Beziers, que escribía por estas fechas.— ⁷ En realidad la fecha del vocablo en los demás romances es tan antigua como en francés, a proporción de la antigüedad de las literaturas respectivas. Además el número total de testimonios franceses medievales no es superior al de los catalanes de la misma época, y apenas lo es al de los occitanos y de los españoles.— ⁸ Según Battisti-A. el literario *crogiuolo* aparece en el S. XVI, pero formas latinizadas ya salen en los SS. XIII y XIV, por lo menos, en Venecia.— ⁹ Derivado bastante difícil de explicar, por lo demás. Claro que no puede ser un mero diminutivo de KRŌK, pues un candil no es un 'ganchito' sino 'lo caracterizado por un gancho', y además no hay un sufijo -EOLUS, sino únicamente -OLUS, que se agrega a primitivos terminados en -EUS, -IUS. Luego habría que empezar por suponer un adjetivo *CROCEUS 'ganchudo', puramente imaginario.— ¹⁰ Esta analogía de forma es cierta: véase el grabado de Griera, y los que publica Krüger, *o. c.,* p. 193, tipo *a.* Es verdad que hoy el tipo *b* de Krüger es más frecuente, pero el otro más simple pudo ser el primitivo. En todo caso no hay duda de que el nombre mallorquín del candil, *llum d'encruia,* tiene que ver con CRUX, aunque no es derivado directo de esta palabra, como admite Griera, sino de CRUCICULA > *cruï-(ll)a.* Por lo demás, es difícil que el tipo antiguo, e indudablemente originario, del candil de piedra o de barro, tuviera forma de cruz, pues el material no se prestaba a ello como el metal moderno. Más objeciones en Spitzer, *Litbl.* XXXVIII, 330, y XLIII, 202. Otras justificaciones semánticas que se han dado para el étimo CRUX son fantásticas (porque arde frente al crucifijo: Gamillscheg) o carecen de demostración en los hechos (candil de cuatro mechas puestas en cruz: Bloch). El b. lat. *crucibulum* (en el italiano Ugutio, h. 1192), como indica Wartburg, es una latinización del vocablo romance con la terminación del lat. *turibulum* 'incensario', y dada su fecha tardía carece de interés etimológico; cierto es que ya figura *crucibilum* 9 veces en el texto

de G. de Cremona (que murió en 1187) (citas en *Isis* XII, 44); pese a ello sigo conforme a la conclusión de Spitzer de que esto no es más que una falsa y artificial latinización de la voz romance.— ¹¹ Ni admitiendo que las formas iberorromances son provenzalismos muy antiguos desaparecería este inconveniente, pues la -*z*- (< c) occitana se mantuvo diferente de la -*s*- (< s) hasta el S. XII por lo menos, y en hablas pirenaicas hasta mucho más tarde (buena parte del gascón diferencia todavía).— ¹² No ajeno a la toponimia catalana: *Cros, Crosa(s), Vallicrosa* son frecuentes, y *Concròs* CUMBU CROSU, valle en el término de Setcases, viene indudablemente de ahí. *Cros* 'hoyo' aparece como apelativo en doc. de 1068 junto a Barcelona (*BDC* XX, 23).— ¹³ Así precisamente definen Matons y Griera en varios pasajes (*BDC* X, 114; XX, 215, 272).— ¹⁴ Claro que la *e* del cat. *cresol* se debe a disimilación. El paso de **creisol* a *cresol* estaría en regla. O bien deberemos suponer *crosol* como antecedente, forma documentada en lengua de Oc. El tratamiento normal de -OSĬ- (la *o* pretónica es siempre cerrada) parece ser realmente -os-, como -ŪSĬ- da -us- (*pertús* PERTUSIU, *saús* SEGUSIU, *abrusar* *BRUSIARE); en efecto, TONSIONEM dió cat. *tusó* y recuerdo haber hallado *closonat* como equivalente del fr. *cloisonné,* de CLAUSIONEM. No tiene la menor verosimilitud desde ningún punto de vista la nueva etimología propuesta por Alessio (en el dicc. de Battisti), a base de un supuesto gr. *χρῡσόϑ̄λος 'de materia de oro, hecho de oro': no sólo es palabra tan hipotética en griego como en latín, e inaceptable como base fonética (la ῡ larga de χρῡσός no explicaría la *o* de *croisuel, crosol, crogiuolo,* ni la *e* de *cresol*), sino que es casi imposible concebir que el nombre de una vasija litúrgica de oro pasara a aplicarse al humildísimo candil. En realidad Alessio sigue bajo el efecto del prejuicio del crisol moderno empleado para acendrar oro y otros metales, pero está a la vista que no podemos partir de este desarrollo industrial moderno sino del candil, perteneciente a una civilización más primitiva, que es además el sentido en que *cresuelo, cresol, croisuel,* etc., se documentan muchos siglos antes que en el otro. Más base podría dar para una etimología céltica diferente un galo *crocu,* que Whatmough *Dial. Anc. Gaul* p. 127 explica como «pot», sobre todo si fuese cierto también que hay un galo χρωσσος que Watmough (24*b,* cf. 109) define «pitcher» y relaciona con irl. *cruach,* ky. *crug;* pero no hay acuerdo entre los especialistas. La idea del origen galo de la voz griega viene de Vendryes (celtista sabio y cauto en general, *Revue des Ét. Grecques* XXXII, 1921, 495ss.) admitiendo que pudo llegar al griego por vía siciliana; Weisgerber (*Spr. d. Festlandk.*₂, 25), sin rechazarlo observa que es caso aislado. Lo común ha sido mirar el irl. *cruach* y el ky. *crug* como préstamos germánicos (ags. *crōg*, a. alem. ant. *kruog*, alem. *krug*). En griego sólo χρωσσός 'jarra, urna' es palabra bien conocida, que parece remontarse a una base *χρωχιός y que reaparece en el esl. ant. *krugla* 'vaso'. Como todo esto no se corresponde correctamente según la fonética de las lenguas indoeuropeas, y como reconoce Pokorny, *IEW* 385, 389.16, es muy problemática la etimología indoeuropea que se podría dar a base del germánico, así él como Kluge-Mitzka se inclinan por préstamo de una lengua no-indoeuropea hipotética a todas esas familias indoeuropeas. Luego hay que dejar ese galo *crocu* en cuarentena. En cuanto al supuesto tipo célt. CROCANN- 'olla' que suponen Ernault y Holder (I, 1173-9), Pokorny ni siquiera reconoce su existencia, dando a entender por lo visto que hay confusión con el homónimo que significa 'piel, pelliza' (irl. med. crocainn, ky. croen, etc. [*IEW* 943.5]).

Crisolito, crisomélidos, crisopacio, crisopeya, crisoprasa, V. *criso-*   *Crispadura, crispamiento, crispar, crispatura, crispir*, V. *crespo*   *Crista*, V. *cresta*.

CRISTAL, tomado del lat. *crystallus* íd., y éste del gr. χρύσταλλος 'hielo', 'cristal'. 1.ª doc.: *cristallo*, 1043; *cristal*, Berceo.

También J. Ruiz, APal., Nebr., etc. (*crispal* en los *Reys d'Orient*, v. 183, es mera grafía a la manera de *xpiano* 'cristiano'). La terminación del cast. y port. *cristal*, que no corresponde a la del it. *cristallo* ni a la de la voz latina, hace sospechar un préstamo galorrománico (donde se halla antiguamente una forma de corte popular, fr., oc. *crestal*, cat. *crestall*, junto a la culta *cristal[l]*), pero quizá la dificultad se explique por el carácter culto del vocablo, que al ser tomado del latín se asimilaría a los numerosos vocablos populares en -*al* -ALIS; el mismo caso presenta *metal* METALLUM, pero aquí la aparición tardía [h. 1400: Glos.] es más favorable al préstamo extranjero (comp. fr. *métal*, desde el S. XII).

DERIV. *Cristalera. Cristalería. Cristalizar* [Terr.; h. 1800: Jovellanos, vid. Cuervo, *Dicc.* II, 596], *cristalización, cristalizable. Cristalino* [1.ª mitad S. XV, J. A. de Baena en su *Canc.*, n.º 392, v. 52; *cristallino*: Nebr.; *cristalino*, 1596, Fonseca], tomado del lat. *crystallīnus* íd.

DERIV. *Cristalografía, -gráfico; cristaloide, cristaloideo.*

Cristel, V. *clister*

CRISTO, tomado del lat. *Christus* íd., y éste del gr. Χριστός 'ungido', 'Cristo', derivado de χρίειν 'ungir'. 1.ª doc: *Christus*, Cid (también Berceo, *Reys d' Orient*, F. *Juzgo*, etc.); *Christo* (abreviado *xpo.*), Berceo, *Signos*, 50.

DERIV. *Cristiano* [1129, Oelschl.], tomado del

lat. *christianus* íd.; como sinónimo de 'persona', vid. ejs. antiguos en Lang, *MLN* I, 125; hoy es popular en España, en la Arg. (Guiraldes, *D. S. Sombra*, 197), etc.; es ya vocablo trisílabo en G. de Segovia, 1475 (p. 63); *cristianar* [1611, Góngora; Paravicino, † 1633] o *acristianar; cristiandad* [*Cid*]; *cristian(i)ego*, ant.; *cristianesco; cristianismo* [*Cid; Alex.; Partidas; 1.ª Crón. Gral.* 652a 38]; *cristianizar*.

Crisma [Berceo], tomado del lat. tardío *chrisma, -ătis*, 'acción de ungir', y éste del gr. χρῖσμα, íd., derivado de χρίειν 'ungir'; como la cabeza es la que recibe el crisma, *crisma* f. toma la ac. 'cabeza' (en *romper la crisma*), comp. Perreuse (Yonne) *chrême* 'cráneo' (*FEW* II, 653b); *crismar* (análogamente: *crismar* 'herir la mano [una aliaga]' en el aragonés de Echo, *ASNSL* CLXVII, 246); *descrismar; crismera; crismón.*

CPT. *Cristofué.*

Crisuela, crisuelo, V. *crisol*   *Criterio, crítica, criticable, criticador, criticar, criticastro, criticismo, crítico, criticón, critiquizar*, V. *crisis*   *Crizal*, V. *quicio*

CRIZNEJA, 'trenza de cabellos', 'soga o pleita de esparto o materia semejante', probablemente del lat. vg. *CRĪNĬCULA (lat. CRINICULUS), diminutivo de CRINIS 'cabello', 'cabellera', 'trenza'; la -*z*- se puede explicar fácilmente, sea por un cruce o partiendo de otro diminutivo *CRINICELLA, de donde *crinziella* y luego *crizneja*. 1.ª doc.: 1505, PAlc. («*crisneja de tres cuerdas*: mazúra»)[1].

Lope de Rueda († 1565) lo emplea en el sentido de 'crines', llamando al Sol «el de las doradas *crisnejas*» (ed. Acad., II, 16). Góngora escribió figuradamente «mal se dejara romper de ninguno *crisneja de tales tres nietas*» (Alemany). Por otra parte, en un romance de germanía de los publicados por Juan Hidalgo (1609) sale la voz *crisna*[2] 'cinta, cordoncillo, galón' («Darle he tirantes velludas, / y cotón de seda parda: / red y sarzo de contray, / pifo de color morada, / gavion con *crisna* de oro / y una muy rica medalla: / que tengan invidia todos / los de la Jacarandana», Hill, *Poes. Germanescas*, p. 71, v. 315); siendo voz germanesca es probable que sea derivado regresivo de *crizneja*. No conozco otros testimonios antiguos del vocablo, que falta en APal., Nebr., Percivale, Franciosini, Covarr., Oudin, *Aut.*, Terr., etc. Define Minsheu (1623): «*crizneja*: high standing feathers in a plume of feathers». La Acad., ya en 1783, registra *crezneja* 'pleita pequeña hecha de esparto cocido y majado' (comp. el ej. de Pérez Calvo en Pagés) y *crizneja* 'soga o trenza hecha de mimbres'; en 1884 aparece además *crisneja* con referencia a *crizneja*. Hoy, como en el Siglo de Oro, el vocablo se emplea en Andalucía (*crineja* 'soga de cinco liñuelos': *hacía crineja para las cargas de leña*, en Alcalá Venceslada) y en varios puntos de América: *clineja* 'trenza' en el Cibao dominicano (Brito), *clineja* 'la trenza o crencha del cabello en las mujeres, tejida en tres ramales o madejas gruesas' en Venezuela (Picón Febres), y *crisneja* se emplea en el Oeste argentino, en San Juan (Rogelio Díaz, *Toponimia de San Juan*, s. v. *simba*) y en Mendoza (vid. grabado en el diario *Los Andes*, 31-VII-1940) para el objeto que un jesuíta del S. XVIII describe así: «se hace de la totora ya madura... una especie de cuerda trenzada de tres hilos y cada hilo compuesto de muchas hojas o ramas de esta planta... Esta cuerda... viene destinada a servir de cubierta o de forro a los barriles de greda... en que se conducen los vinos y aguardientes... esta *crisneja*, que es en el país su nombre, es un reparo y preservativo con que se preservan los caldos... de... la fuerza del calor en viajes tan dilatados» (Draghi, *Fuente Americana*, p. 52).

No hay otra dificultad en partir de *CRINICULA 'trenza pequeña'—forma vulgar muy lógica puesto que CRINIS era femenino en el latín hispánico— que la *-s-* o *-z-* que se intercala ante la N. Probablemente se debe a un cruce con alguna palabra, quizá *brizna* o *bizna* 'brizna, fibra' (vid. *BINZA*). También podría suponerse un diminutivo *CRINICELLA > *crinziella > *crizniella, con trasposición regular de las consonantes, que después se habría convertido en *crizneja*, sea por un sencillo cambio de sufijo o por un cruce con el sinónimo *CERNEJA*[3]. Entonces la primera *e* de *crezneja* se explicaría por disimilación en la forma *criznilla > *creznilla. De otro modo puede explicarse también por influjo de *CRENCHA*. Compárense estos dos artículos. No se puede partir de un lat. [?] *gricenea* «funis crassus» sólo documentado en Festo (como quiere Alessio, *RFE* XXXVIII, 238), voz de existencia dudosa y que como étimo tropezaría con dificultades fonéticas y morfológicas.

DERIV. *Encrisnejado* [«unas trenzas que parecían crines de caballo *encrisnejadas*», P. Acosta, 1590].

[1] Esta palabra hispanoárabe falta en los diccionarios, incluso Dozy. Éste (II, 587b) sólo transcribe la definición arábiga de la voz *māzŭr* en el diccionario sirio *Mohit-al-Mohit*, sin explicarla. Se trata de algo referente a cuerdas (*ḥabl*), y el verbo derivado *mawzar al-ḥabl* significa 'atar un *māzŭr*'.— [2] Por una derivación retrógrada semejante se explica *crisne* empleado por Gonz. de Clavijo: «la saya de Jhesu Christo [reliquia]... non parescia que fuese texido, salvo commo labrada de aguja ca los filos paresçian commo torçidos en *crisne* e muy juntos» (así en varios mss.; el ms. básico de la ed. Lz. Estrada trae el error de lectura evidente *crisue*, p. 53).— [3] Que se produjo este cruce es bastante seguro, pues el andaluz Fdo. Chacón (1546) recomienda que el buen caballo tenga «las canillas de pies y manos muy anchas y con *crenejas*», es decir, 'cernejas' (*Trat. Jineta*, cap. 2). Donde al mismo tiempo vemos

que hubo variantes de *crizneja* sin la *z* advenediza.

Croajar, V. *croar*

CROAR, onomatopeya. *1.ª doc.*: Terr.; Acad. 1884, no 1843.

Acad. cita variante *groar*.

También *croajar* [*croaxar*, voz del cuervo, APal., 537b; como ant., ya Acad. 1780; Pagés cita ej. del andaluz Sbarbi, S. XIX]. La grafía de APal. indica que no puede ser un mero derivado de *croar*, sino que es voz unida por parentesco elemental con el lat. *coaxare*, fr. *croasser*, etc. *Croar* se extraería secundariamente de *croajar*.

Crocante, V. *croquis*   *Crocitar*, V. *graznar*

CROCO, 'azafrán', tomado del lat. *crŏcum* y éste del gr. χρόχος íd. *1.ª doc.*: Terr.; Acad., ya 1884 (no 1843), como ant.

Cultismo raro. No es propiamente palabra castellana.

DERIV. *Crocino* [1555, Laguna: 'ungüento de azafrán'], tomado de *crocĭnus* y éste de χρόχινος adj. 'hecho con azafrán'.

Crocha, V. *coroza*   *Crochel*, V. *chocallo*

CROMO, 'metal cuyas combinaciones se emplean en pintura', derivado culto del gr. χρῶμα 'color' y éste de χρώς 'carne, carnación', 'color'. *1.ª doc.*: Acad. 1884, no 1843.

DERIV. *Cromático* [Lope, como término de música], tomado de χρωματικός íd.; *cromatina; cromatismo*. Gall. *sincromía* 'sinfonía de colores' (Castelao 24.24, bella y útil creación neológica, que debiera generalizarse); *sincromismo* (tendencia pictórica, Castelao 44.32).

CPT. *Cromógeno*. *Cromolitografía* [Acad. 1884, no 1843] o, abreviadamente, *cromo* [íd.]; *cromolitógrafo, -grafiar, -gráfico*. *Cromosfera. Cromotipia. Cromotipografía, -tipográfico. Dicromático. Policromo* [no Acad. 1832]; *policromía* [no Acad. 1832]. *Tricromía*. De χρώς: *dicroico; dicroísmo; policroísmo*.

CRÓNICA, tomado del lat. *chrŏnĭca, -orum*, 'libros de cronología', 'crónicas', plural neutro del adjetivo *chronicus* 'cronológico', tomado del gr. χρονικός 'concerniente al tiempo', derivado de χρόνος 'tiempo'. *1.ª doc.*: h. 1275, *1.ª Crón. Gral.*, 4a29; *Gral. Est.* 303b3.

También en el *Conde Luc.* Por otra parte estuvo muy extendida la variante *corónica* (*1.ª Crón. Gral.* 320.11, *Alex.* 2269d, *Canc. de Baena*, Nebr., etc.), favorecida por la etimología popular, pues las crónicas solían tratar de los hechos de personajes coronados, pero su punto de arranque pudo ser fonético, en castellano mismo, y más probablemente en el dialecto mozárabe, donde la anaptixis en esta posición era de ley: téngase en cuenta la abundancia de crónicas y cronicones mozárabes y la grafía *qurûniqa* del códice canónico del Escorial (1049: Simonet, s. v.); por lo demás se halla también *queronique* y *coronique* en el francés de los SS. XIII-XV y hoy significa 'almanaque' en Valonia (Saintonge *cornique): FEW* II, 657a.

DERIV. *Cronicón* [como cast., Marqués de Mondéjar, † 1708; muy frecuente en el bajo latín visigodo y de la Reconquista, en todos los siglos], tomado del b. lat. *chronicon* y éste del neutro singular del citado adjetivo griego. *Cronicado*, adj. arag. ant. [1406, *BRAE* III, 361]. *Cronista* [*coronista*: Canc. de Baena, vid. W. Schmid; Nebr.; Villaviciosa, 1615; *cronista*, Torres, 1596], de aquí el fr. antic. *chroniste* (1550-1611: *FEW* II, 657b); *cronístico. Crónico* [*enfermedat crónica* Vidal Mayor 2.7.3; 1626, Pellicer], tomado de dicho adjetivo latino, que se aplicaba ya a las dolencias; *cronicismo, cronicidad. Anacronismo* [*Aut.*], tomado del griego tardío ἀναχρονισμός 'acto de poner algo fuera del tiempo correspondiente', derivado de ἀναχρονίζεσθαι 'cometer anacronismo'[1], y éste de χρόνος con prefijo ἀνα- que indica movimiento hacia arriba o hacia atrás; *anacrónico* [1877, Juan Valera]. *Sincronismo* [Terr.; Acad. 1914, no 1843], de συγχρονισμός íd.; *sincrónico.*

CPT. *Cronografía, cronógrafo* [Góngora]. *Cronología, cronológico, -logista, cronólogo. Cronómetro* [Terr.], *cronometría, cronométrico.*

[1] La voz griega se halla en varios escoliastas de los clásicos (Liddell-Scott, comp. Estienne). Modernamente aparece en inglés, ya en 1626, y en francés en Balzac († 1654). La más antigua autoridad inglesa, según el *NED*, opone el *anachronism* al *synchronism*, como una falta contra éste. Indudablemente fué συγχρονισμός el que sirvió de modelo para esta creación.

CROQUIS, tomado del fr. *croquis* íd., derivado de *croquer* 'comer algo que cruje', 'comer rápidamente', 'indicar sólo a grandes rasgos la primera idea de un cuadro o dibujo', de origen onomatopéyico. *1.ª doc.*: Acad. 1843, no 1817.

Para la evolución semántica de la palabra francesa, vid. *FEW* II, 1359b.

DERIV. *Crocante* [1791, Juan de la Mata; Acad. 1884, no 1843], del fr. *croquant* íd., por el crujido que produce al comerlo. *Croqueta* [Acad. íd.], de *croquette* íd., derivado igualmente de dicho verbo francés.

De esta misma raíz onomatopéyica: gall. *crocar* 'abollar' (Lugrís), *crocada* 'golpe recibido en la cabeza', 'chichón que de ello resulta' (Vall.), *cròque* 'chas, el ruido que entonces se oye', 'coscorrón' (Vall., Lugrís), o *Santo dos Cròques*, estatua en la catedral de Santiago a la que es tradicional dar con la cabeza (Castelao 298.11, Crespo Pozo, p. 227)

y aun seguramente el afectivo *cròca* 'cabeza' (Vall., etc.).

CRÓTALO, tomado del lat. *crŏtălum* y éste del gr. χρόταλον 'especie de castañuela'. *1.ª doc.*: Terr., como voz arqueológica; ya Acad. 1843, como palabra poética; comp. la forma helenizante *Crotalón*, adoptada en 1557 por C. de Villalón como título de una de sus obras.

Palabra rara.

DERIV. *Crotorar* [APal. 537b], tomado o imitado del lat. *crotolare* 'emitir su voz la cigüeña', procedente de la misma onomatopeya que el anterior; voz de léxicos en castellano, que los autores han ido tomando de fuentes escritas.

CROTÓN, tomado del lat. *croto, -ōnis*, y éste del gr. χρότων, -ωνος, 'ricino'. *1.ª doc.*: Huerta, 1629 (Gili, *RFE* XXXI 207-8). Acad. falta aún 1899.

Latinismo raro.

Crotorar, V. crótalo

CROYO, ruin, de malas costumbres', del célt. CRŎDIOS (< CROUDIOS) 'duro, inflexible, firme'. *1.ª doc.*: 1330-1343, J. Ruiz.

Es un hápax o cuasi hápax que sólo se documenta en *B. Amor*: «Era vieja bohona de las que venden joyas: / éstas echan el lazo, éstas cavan las foyas; / non ay tales maestras como estas viejas *croyas*», «Después desta ventura fuime para Segovia; / non a comprar las joyas para la chata *croya*» (699c, 972b, vid. el comentario a esos versos en mi edición), aplicado a una mujer. Port. dial. *croia* «mulher de maus costumes», cat. ant. *croi* 'ruin, mezquino', oc. ant. *croi, cruei* «mauvais, méchant», fr. dial. (fr. prov., etc.) *croei* «âpre, rude, difficile à avaler», alto-it. *croio, croi* 'amargo, mezquino,' 'malo'.

Se trata de un conocido celtismo, cuya aparición en el riñón celtibérico del Guadarrama nada tiene de llamativo, el célt. CRŎDIOS, antes CROUDIOS, 'duro, firme, inflexible': nótense especialmente las acepciones alto-italianas y francoprovenzales, pero fíjese la atención en el claro hilo semántico que enlaza a todas ellas, y en la coincidencia del área del vocablo con el área celtorrománica que con el ejemplo de J. Ruiz ahora se hace perfecta, pues hasta aquí los romanistas y celtistas traspirenaicos (desde Thurneysen hasta Wartburg, *FEW* III, 1258) se habían fijado exclusivamente o poco menos en lo galorrománico. Sin embargo, en el Norte de Portugal y Galicia, otras tierras muy célticas, reaparece el vocablo con todas las características fonéticas y semánticas de autoctonismo (nótese que en Castilla ŏ no debía diptongar ante yod): era palabra favorita del novelista trasmontano Camilo Castelo Branco, que la empleó en frases casi iguales a las del Arcipreste: *uma croia velha, estas mulheres são umas croias* (vid. *RL* VIII, 229;

Cortesão, *Subsídios*, s. v.), revelando así la identidad de una vieja tradición celto-hispánica; aún en Galicia perdura este celtismo bien vivo como sustantivo en el sentido de 'guijarro': «a miña muller é dura como un *croio*», «un pequeno moimento de *croios*» (Castelao 232.7, 117.4) y hay una variante *coio* 'pedazo de cuarzo de cualquier tamaño' (Vall.): «os *coios* que pintaban os indios e que adouraban como abós» (Castelao 117.4).

CROZA, ant., del fr. *crosse* 'báculo', que a su vez procede del germ. occid. KRŬKJŌ íd. (alem. *krücke*). *1.ª doc.*: Berceo; invent. salmantino de 1275 (*RFE* VIII, 330).

Cruce, crucera, crucería, crucero, cruceta, cruciata, cruciferario, crucifero, crucificado, crucificar, crucifijo, crucifixión, crucifixor, cruciforme, crucigero, crucillo, V. *cruz   Crudeza, crudillo, crudio*, V. *crudo*

CRUDO, del lat. CRŬDUS 'que sangra', 'crudo', emparentado con *cruor* 'sangre', *1.ª doc.*: crudo, Berceo, *Mil.*, 295c (A, I).

El propio Berceo suele emplear *crúo*, forma con tratamiento dialectal distinto (*Signos*, 34; *Duelo*, 33, 40), que se halla en otros autores de este siglo y del siguiente (*Alex.*, O, 429, 747; *Poema de Alf. XI*, 170, 230; trad. del *Roman de Troye*, S. XIV: *RFE* III, 144; *Rim. de Palacio*, 1083, 1562). Para *crudio*, V. CUDRÍA.

DERIV. *Crudeza* [Berceo y *Rim. de Palacio*, *crueza*; Nebr., *crudeza*]. *Crudillo*; ast. *crudillu* 'percalina' (V). *Encrudecer* [Nebr.]. *Recrudecer* 'volver a agravarse un mal' (Acad. 1884, no 1843), tomado del lat. *recrudescĕre* 'volver a sangrar (una herida), volver a ser sangrienta (la lucha)'; *recrudescente, recrudescencia, recrudecimiento*.

Cruel [Berceo], del lat. CRŬDĒLIS íd.; comp. Cuervo, *Dicc.* II, 596-8, para acs., construcciones y para la prosodia (la rara pronunciación monosilábica figura también en los *Tres Pasos de la Pasión* p. p. Gillet, p. 951); *crueldad* [Berceo] (también se empleó *crueleza*); *encruelecer* [Nebr.].

Cruel, crueldad, V. *crudo*

CRUENTO, tomado del lat. *cruĕntus* 'sangriento', derivado de *cruor, -ōris*, 'sangre' (comp. el anterior). *1.ª doc.*: h. 1520, Padilla; Ribadeneira († 1611).

Aut. define «sanguinario y cruel», ac. que también se halla en latín, pero que no documenta con autoridades castellanas; hoy es desusada, aunque algunos toman este vocablo culto en tal sentido, por confusión disparatada con *cruel*.

DERIV. *Cruentar. Cruentación. Cruentidad*. *Crúor* [1615, Villaviciosa; *Aut.* y Acad. 1843, 1899, acentuaban *cruór*], tomado del lat. *cruor, -ōris*, como término médico o poético; *cruórico*.

CRUJÍA, 'espacio de popa a proa en medio de la cubierta del buque', 'otros corredores de forma parecida', del it. *corsìa* íd., que a su vez viene del femenino del adjetivo *corsìo* 'corriente', derivado de *corso* 'curso' con el sufijo -*io*; en castellano el vocablo sufrió el influjo del verbo *crujir* (ant. *cruxir*) porque en las galeras se hacía pasar a los soldados delincuentes a lo largo de la crujía, recibiendo golpes de los galeotes situados en los bancos de ambos lados. *1.ª doc.*: princ. S. XV, *curuxía*[1], J. A. de Baena, en su *Canc.*, p. 447; *cruxia*: Díaz de Gámez (1431-50)[2].

Terlingen, 268-9; Cuervo, *Ap.*[7], § 839, y *Obr. Inéd.* 103; Vidos, *Parole Marin.*, 339-41. El castigo mencionado se llamaba *pasar crujía*, frase que después ha quedado como proverbial para 'pasar miseria'; *correrle la cruxia a uno* 'hacerle sufrir' en Baena. La influencia del verbo *crujir* ha favorecido la ultracorrección *cruxida* [1696, *Vocab. de Sevilla*, en *Aut.*], y hoy se emplea *crujida* en Colombia, en la Arg. y en otras partes. En este último país el habla gauchesca le da el valor de 'calabozo', por extensión alusiva al castigo descrito [Campo, *Fausto*, v. 1180]. Comp. trasm. *correr a coxia* «andar á tuna, correr Seca e Meca» (*RL* V, 41). Aunque en italiano *corsìa* no se ha documentado antes del Ariosto (princ. S. XVI) el citado adjetivo se halla ya en el S. XIV, y el fr. ant. *coursie*, oc. *corsia*, cat. *cossia* (los tres desde el S. XV), con la desaparición de la -*v*-, inexplicable en estos idiomas, han de ser italianismos y por lo tanto documentan indirectamente la existencia del vocablo italiano en esta época. Como en el S. XV casi no hay italianismos en castellano, sobre todo en materia náutica, es probable que el vocablo entrara por conducto del francés [1495] o del gascón [hay un ej. en el *Floretus*, vocabulario occitano del S. XV][3].

[1] A juzgar por la medida del verso el poeta escribiría *cruxia*.— [2] En APal. 184b sale una voz *cruxia* cuyo significado exacto desconozco, pero ha de ser diferente de la nuestra, pues se trata de un ser animado.— [3] Como he indicado, el vocablo se halla en castellano medio siglo antes que en francés. Como el vocabulario francés está bien investigado, no es probable que sea allí muy anterior a 1495. El intermediario más frecuente para los italianismos castellanos es el catalán; entonces deberíamos partir de las formas *corsia* o *cursia* que Cuervo cita como catalanas, pero la única documentada por Ag. y Jal es *cossia*, que no explicaría la *r* del cast. *crujía*.

CRUJIR, palabra común al castellano con el catalán, el galorrománico y el italiano, de origen incierto, probablemente onomatopéyico. *1.ª doc.*: med. S. XV, Gómez Manrique; *Canc. de Stúñiga*; APal. 97d, 169b.

Tiene *x* sorda en estos autores. Se halla después en Laguna (1555) y en otros textos de los

SS. XVI-XVII. Cat. *cruixir* [fin S. XIII: Vidas de Santos rosellonesas, *AILC* III, 194, 31 vº 2][1], oc. *croissir*, *cruissir* (frecuente en la Edad Media y hoy general), fr. ant. *craissir* (hoy sólo dialectal, pero general y frecuente en la Edad Media; > ingl. *to crush*), engad. *scruschir*, todos ellos 'crujir', it. *scrosciare* (o *crosciare*, menos común) 'hacer ruido un líquido (agua que hierve, lluvia que cae)'. Un b. lat. *cruscire* 'crujir (los huesos)' se halla en un texto galicano del S. VIII. Para construcciones y ejs., vid. Cuervo, *Dicc.* II, 598-9. La causativa 'hacer crujir' (especialmente los dientes), hoy desusada, pero frecuente en autores del S. XVII, se halla también en catalán medieval y tiene más extensión en lengua de Oc (aran. *croixí* 'romper con los dientes [un hueso, una cáscara, etc.]'). Diez (*Wb.*, 113) propuso como etimología un gót. *KRAUSTJAN, forma derivada de KRIUSTAN 'hacer crujir (los dientes)' según un tipo de derivación frecuente. Teniendo en cuenta la o occitana, Mackel y M-L. (*REW*[1], 4781) rectificaron esta etimología partiendo de la forma fráncica correspondiente *KROSTJAN, lo cual obligaría a suponer que la palabra castellana y la italiana están tomadas del galorrománico o del catalán. Por lo que hace al castellano, la aparición algo tardía y la ausencia total en portugués no se opondrían a esta deducción; el primero de estos indicios es, sin embargo, algo incierto en un verbo así, dada la escasez de trabajos lexicográficos medievales.

Observó A. Thomas, *Rom.* XLII, 400, n. 7 (con la aprobación de M-L., *REW*[3], 2344a) que la base *KROSTJAN no es satisfactoria fonéticamente, pues hubiera debido dar *crostir*, comp. fr. ant., oc., cat. *rostir* 'asar' RAUSTJAN. Esta objeción quizá no sea del todo concluyente, pues parece haber algún raro caso de verbos en -TIRE, cuya T se asibiló por influjo de la yod siguiente en la primera persona del presente de indicativo y en el de subjuntivo; así oc. *grazir*, cat. *(a)grair* 'agradecer' suele explicarse como GRAT-IRE; pero reconozcamos que casos así son extraordinarios y harto discutibles[2], y que los germanismos en -TJAN mantienen la -T- sin asibilar (HATJAN > *haïr*, BASTJAN > *bastir*, BRUSTJAN > *brostar*, y análogamente BANDWJAN > *bandir*, HARDJAN > *hardir*, sin paso de D a ǧ). Creo, pues, que debemos rechazar definitivamente la etimología germánica y considerar *crujir* como una onomatopeya antigua, de acuerdo con nuestro sentido lingüístico actual; pueden tenerse en cuenta en favor de esta conclusión las variantes it. *strosciare* y cast. ant., arag., val. *clu(i)xir*.

DERIV. *Crujido*. *Crujidero*. *Crujiente*. *Iscruxir* 'hacer temblar', entre los sefardíes de Monastir (Luria, *RH* LXXIX, 534), comp. cat. *fer escruixir* íd.

[1] Como Ag. no da autoridades indicaré que es frecuente desde la Edad Media. Tengo anotados cinco ejs. en el S. XIV y tres en el XV (Canals, Metge, Andrés el Capellán, *Curial*, J. Roig, etc.). El presente fuerte *cruix* (y el subjuntivo antiguo *crusca*: *Llibre de Cuina*, Bol. Soc. Castellon. de Cult. XVI, 169) indica también un vocablo muy antiguo en el idioma. Hoy es algo menos vivo al Norte y Noroeste de Barcelona que en el Sur del territorio lingüístico (Moll, *AORBB* IV, 21), pero existe en todas partes. La variante *cluxir*, que hallamos en el aragonés de Echo (*RLiR* XI, 106) y en G. Manrique, es la que se emplea en todo el País Valenciano, excepto el Maestrazgo y la Marina de Alicante; Siesso, 1720, emplea *clugidor* (Gili).— [2] Me inclino a creer que *grazir* no es derivado de GRATUS, sino de GRATIA, aunque éste presente hoy forma culta en estos idiomas, sin sonorización de la TI (*gràcia*, no *grà(z)ia*), pero una forma más popular pudo existir en fecha preliteraria.

Crúor, cruórico, V. *cruento*

CRUP, 'garrotillo, difteria', tomado del fr. *croup* y éste del ingl. *croup* (pron. *krŭp*) íd., derivado del ingl. antic. y dial. *to croup* 'gritar roncamente', 'toser con tos ronca', de origen onomatopéyico. 1.ª *doc.*: Acad. ya 1884, no 1843.

DERIV. *Crupal*.

CRURAL, tomado del lat. *cruralis* 'relativo a la pierna', derivado de *crus, cruris*, 'pierna'. 1.ª *doc.*: *Aut.*, con cita del coetáneo Martín Martínez.

Crustáceo, crustoso, crústula, V. *costra*.

CRUZ, descendiente semiculto del lat. CRŬX, CRŬCIS, 'cruz', 'horca', 'picota', 'tormento, pena, azote'. 1.ª *doc.*: 960, Oelschl.; *Cid*.

Conservado en todas las lenguas romances en forma popular; sólo en castellano y en portugués se ha desarrollado como voz semiculta. No es éste el único caso análogo en el vocabulario religioso (comp. *DIOS*).

DERIV. *Crucero* [*cruzero*, Nebr.]; *crucera, crucería*. Gall. *cruceiro* 'cruz de término' (Castelao 93.3 y *passim*). *Cruceta*. *Crucial* [no Acad., pero figura en la prensa ya h. 1930 y en el *DManual Ac.* 1930 ó 40] del inglés [1830], donde se funda en la frase del latín científico *instantia* o *experimentum crucis* [1620] 'caso comparable a una encrucijada'. *Cruciata* [1555, Laguna], tomado del lat. mod. de los botánicos. *Crucillo*. *Cruzar* [Berceo], derivado común a todos los romances de Occidente [lat. *cruciare* ya significa 'cruzar' en el galo San Avito, h. 500 (Golzer, *Lat. de St. Avit*, 529), pero las formas romances no corresponden fonéticamente a este étimo]; para construcciones y acs., vid. Cuervo, *Dicc.* II, 500-602[1]; *cruzado* [1218, Oelschl.][2]; *cruzada* [Berceo; 1220, Oelschl.]; *cruzador*; *cruzamiento*; *cruza*; *cruce* [Acad. 1832]. *Descruciar* [S. XIV] tom. del lat. *excruciare*, Gillet, *HispR.* XXVI, 274-5. *Encrucijada* [*cruzejada*, Berceo; *encrocijada*, S. XIII, Oelschl.; *encruzijada*, h. 1490, *Celestina*, ed. 1902, 87.26], derivado emparentado con el port. *encruzilhar* 'cruzar (las piernas, etc.), atravesar', *encruzilhada* 'encrucijada', cat. ant. *cruïllada* íd., *Cruïlla* (frecuente en la toponimia, y hoy empleado literalmente como apelativo), it. *crocicchio* íd., oc. ant. *crozilha* «voûte à nervures croisées», *crozilhar* «croiser (un tissu)» (más formas galorrománicas en *FEW* II, 1376b). *Entrecruzar.*

CPT. *Crucificar* [Berceo, vid. abajo], tomado del lat. *crucĭfĭgĕre* (compuesto con *figere* 'clavar') con adaptación progresiva a la forma del cast. ant. *fincar*, *ficar* 'hincar, clavar', comp. la forma *crucifigar* que se halla en Berceo (*Sacrif.*, 243a; *Mil.* 420a, *A e I*; 427c I), port., cat. *crucificar*, oc. mod. *crucificà*, it. antic. *crucifigare*, *-ficare*; *crucificado*; *crucifijo* [*crucifixo*, Berceo], tomado del lat. *crucifixus*, participio del anterior; *crucifixión*, *crucifixor*. *Crucífero*, *cruciferario*. *Cruciforme*. *Crucigero*.

[1] La ac. más antiguamente documentada en castellano es *cruzarse* 'hacerse cruzado, tomar la cruz, ir a combatir contra los infieles', de la cual ya hay muchos ejs. en el S. XIII; en el XIV hay varios de 'poner en forma de cruz' (*cruzarse las lanzas*, *las plumas*, *las sendas*), o 'hacer una cruz' (*cruzar la frente con ceniza*, J. Ruiz); la de 'atravesar una línea, un obstáculo', que falta en otros romances, así en francés como en castellano es mucho más tardía: aquí hay ejs. del Siglo de Oro (Cervantes, Balbuena), y uno suelto en Santillana; desde luego es anacrónico suponerla en *Fn. Gonz.*, 79d, como hace Ford, *Old Sp. Readings*, en su glosario: *los cruzados* significa ahí 'los cristianos' (nótese el *con todo* adversativo del mismo verso).— [2] Para *cruzado* como nombre de color de caballo, vid. Granada, *BRAE* VIII, 192. Antiguamente *encruzado*.

CUADERNO, del antiguo adjetivo *quaderno* 'cuádruple, que consta de cuatro' (por el número de cuatro pliegos de que consta el cuaderno), descendiente secmiculto del lat. *quatĕrnus*, singular del distributivo *quaterni* 'de cuatro en cuatro', que a su vez es derivado de *quattuor* 'cuatro'. 1.ª doc.: Berceo.

Como adjetivo se halla, en autores del Mester de Clerecía, *quaderna vía* para designar su sistema de versificación en coplas de cuatro versos (p. ej. *Alex.*, 2). Como nombre del cuaderno de hojas para escribir se empleaba en latín clásico el derivado *quaternio*, *-ōnis*, que en español sólo ha dejado algún descendiente secmiculto hoy anticuado (*quadernio*, en un inventario aragonés de 1330, *BRAE* II, 550).

DERIV. *Cuaderna* [en la ac. 'conjunto de cada pareja de ligazones o estamenaras que van formando las costillas de un buque', 1587, G. de Palacio, *Instr. Náutica* 152rº; *coaderna* 1538, A. Chaves (Gili)][1]. *Cuadernal* [1579, Woodbr.; *qua-*

dernal con dos roldanas, 1587, G. de Palacio, *Instr. Náutica*, 152rº], 'conjunto de dos o tres poleas colocadas dentro de una misma armadura' (antiguamente eran cuatro, comp. *ternal*, *senal*, en Jal). *Cuadernillo.*

Encuadernar [1605, *Quijote*], *encuadernador*, *encuadernación*, *encuadernable*. *Desencuadernar* [Lope; Torres Villarroel], más frecuente en el S. XVII era *descuadernar* (vid. *Aut.*), sobre todo en el adjetivo-participio *descuadernado*, todavía bastante común.

En forma más culta. *Cuaterno*. *Cuaterna*. *Cuaternidad* [*cuadernidat*: S. XIV, *Castigos de D. Sancho*, 100]. *Cuaternario* (también se ha dicho *cuadernario*).

[1] Observa Jal que falta la explicación semántica. Pero en L'Escala (Cataluña), según me informan, *quaderna* es el conjunto de la estamenara con el *medís* o varenga que la acompaña. Realmente lo antiguo era entender por *quaderna* el conjunto de la estamenara con el *plan* (o *varenga*), como define G. de Palacio. Como por otra parte cada cuaderna abarca las piezas ensambladas de los dos lados del navío, tendría que constar entonces de cuatro piezas, esto es lo que explica su nombre.

Cuadra, cuadrada, cuadradillo, cuadrado, cuadradura, cuadragenario, cuadragésima, cuadragesimal, cuadragésimo, cuadral, cuadrangulado, cuadrangular, cuadrángulo, V. *cuadro*   *Cuadraniz*, V. *codorniz*   *Cuadrantal, cuadrante, cuadranura, cuadrar, cuadratín, cuadratura, cuadrete, cuadricenal, cuadrícula, cuadricular, cuadrienal, cuadrienio, cuadrifolio, cuadriforme, cuadriga, cuadrigato, cuadriguero*, V. *cuadro*

CUADRIL, 'hueso del anca', 'anca', 'cadera', la forma primitiva parece ser la dialectal *cadril* que seguramente procede de *hueso caderil*, derivado de *CADERA*. 1.ª doc: J. Ruiz, 243a.

Se ha aplicado y se aplica preferentemente a los animales. Así en J. Ruiz y en Góngora, y hoy en el Río de la Plata (Granada, *BRAE* VIII, 357; Carrizo, *Canc. de Jujuy*, 3408; B. Lynch, *La Nación*, 1-I-1940); el testimonio más antiguo del port. *quadril*, en una poesía que C. Michaëlis atribuye a Sancho I o a Alfonso IX de León (es decir, h. 1190), se aplica a un jabalí (*Canc. Colocci-B.* 457. 17, *RL* XIII, 201). Por otra parte también se refiere a mujeres (así en el colombiano E. Rivera, *La Vorágine*; en el Minho portugués: Leite de V., *Opúsc.* II, 63), como ya en la *Pícara Justina* (*Aut.*). Para *Aut.* el *cuadril* es propiamente el hueso del anca (así en Fr. Luis de Granada), es la rabadilla o huesos sacro y cóccix para Sánchez Sevilla (Cespedosa, *RFE* XV, 279), y aunque otros definen el vocablo como mero sinónimo de *cadera* (Nebr., s. v. *cadera*; PAlc., íd.; Oudin), es probable, en vista de otros casos paralelos (cat., oc.

amaluc 'cadera' < ár. *ᶜaẓm al-ḥuqq* 'hueso de la cadera'), que esto último sea una ampliación semántica: la aplicación primitiva al hueso nos explica el sufijo *-il*. Como se habrá notado por las citas precedentes *cuadril* es palabra del Oeste español y peninsular, y de uso muy popular en América, como tantas otras voces de esta procedencia; nótese también Sanabria *kwǫdrís* (pl.), Sierra de Gata *cuadril, cuairil,* 'cadera' (*VKR* II, 85), Bogotá *cuadril* (Cuervo, *Ap.⁷*, § 757); como en Asturias (R, V), en el astur. occ. de Babia y La Lomba (Acevedo-F.; Gn. Álvarez, 301; *BRAE* XXX, 165), en el leonés de Sajambre y Quintanilla (Fdz. Gonzz., *Oseja*, 219) y en Galicia¹ (*BRAE* XIV, 109; Vall.) se emplea la forma *cadril*, es lícito sospechar que en los dialectos gallegoportugueses y leoneses que vacilan entre *ca-* y *cua-* < QUA- (gall. *cando, catro, cadrado, cadra, cadrar, callar, canto,* frente a port. *quando, quatro, quadrado, quadra, quadrar, qualhar* pero *canto* junto a *quanto*; cast. *cuando, cuatro, cuadrado, cuadra, cuadrar, cuajar, cuanto*), nuestro vocablo *cadril* fuese atraído por la familia del lat. QUADRUS hasta convertirse en *cuadril*; una ultracorrección semejante presenta el ast. *esguarriáse* 'descarriarse' (V). En cuanto a *cadril,* saldrá de **caderil* procedente de *CADERA,* sea que admitamos un derivado romance con síncopa tardía, o que supongamos ya un lat. vg. **CATHEDRĪLE,* de donde *cadril* por haplología o por síncopa antigua.

No es verosímil semánticamente que *cuadril* sea derivado de *cuadro* con el sentido de 'madero escuadrado', 'viga', y luego 'hueso de la cadera', como supuso Zauner, *RF* XIV, 456, seguido por M-L (*REW* 6921), Nascentes, etc.: el hecho es que ni *cuadro* ni *cuadril* tienen en la Península Ibérica el significado de 'viga'².

DERIV. *Descuadrilarse, -lado* (así en Bogotá: Cuervo), alterado en *descuadrillarse, -llado* [*Aut.;* en la Arg.: Carrizo *o. c.*] por confusión con *descuadrillar* derivado de *cuadrilla;* por cruce con otra palabra, *esguadramillar* 'derrengar' en Cespedosa (*RFE* XV, 260), *esguardamiyao* «mal fardado; medio derrengado, que anda sin armonía de movimientos» (en Extremadura: *BRAE* IV, 89; y como familiar en Acad.).

¹ 'Hueso que forma el anca del animal', *DAcG.,* 'íd. de una mujer' (pl. *cadrís,* Curros Enríquez, ibid.) 'íd. de un esqueleto' (*os osos dos cadriles* Castelao 177).— ² Zauner se dejó llevar por otras denominaciones de la cadera que él supone metafóricas o debidas a una comparación. Pero su explicación de todas ellas es incorrecta y no puede citarse como fundamento: el gasc. y bordelés *malh* es derivado regresivo de *malhuc, amaluc* (de origen arábigo, V. arriba), en el venec. *pomoli de le cosse* no hay comparación con una manzana sino extensión del nombre del pómulo, y tampoco el castellano *cadera* se explica por «comparación» con una silla (V. mi artículo). La única

expresión de carácter geométrico es el alem. *kreuz* 'lomos, riñones', dolomítico *crugeda, crogeara,* pero un cuadrado es algo muy diferente de una cruz.

Cuadrilátero, cuadriliteral, cuadrilítero, cuadrilongo, cuadrilla, cuadrillero, cuadrillo, cuadrimestre, V. *Cuadro*   *Cuadringentésimo,* V. *cuatro*

CUADRO, 'cuadrado o rectángulo (aplicado esp. a las obras de arte pintadas, a porciones de tierra labrada, etc.)', del lat. QUADRUM 'un cuadrado', perteneciente a la misma familia etimológica que QUATTUOR 'cuatro'. *1.ᵃ doc.:* 968, Oelschl.

El uso de *cuadro* como adjetivo, que en latín es tardío, en castellano se halla en autores cultos (Jáuregui) y parece ser latinismo; en cuanto a *vela cuadra* (falta *Aut.*) debe de estar tomado del italiano, donde el adjetivo es de uso corriente.

DERIV. *Cuadra* ['cuadro, pintura', 1061; 'sala', *Cid¹;* 'caballeriza', *Aut.;* 'manzana de casas de forma cuadrada, propia de América', 1688, *Ap.⁷,* § 679; Granada, *Vocab. Riopl.,* s. v., y *BRAE* VIII, 630; de donde 'medida itineraria de longitud equivalente'], del lat. QUADRA 'un cuadrado'. *Cuadrar* ['tocar en parte': 929, M. P., *Oríg.* 256, y otros ejs. de 951 y 1080, ibíd., y p. 368: aplicación especial de la ac. 'adaptarse, ser adecuado'; ejs. desde Juan de Valdés en Cuervo, *Dicc.* II, 602-5], del lat. QUADRARE 'escuadrar, hacer cuadrado', y también 'acomodarse, estar perfectamente adaptado (a algo)' (ya en Petronio, en Cicerón, *Att.* IV, xix, 2, etc.). *Cuadrado* [h. 1250, *Setenario* fº 9vº; *Alex.,* 2385; otros ejs. en Cuervo, *Dicc.* II, 605]; *cuadrada, cuadradillo. Cuadrante* [APal. 411*d;* 1492, Woodbr.]; *cuadrantal; cuadranura* (falta aún Acad. 1899), adaptado del fr. *cadrannure* íd., derivado de *cadran,* de igual significado y origen que *cuadrante. Cuadral. Cuadratín. Cuadratura* [S. XVII, *Aut.*], tomado del lat. *quadratūra;* también se dijo *cuadradura. Cuadrete. Cuadrícula* [1708 Palomino], diminutivo culto de *cuadra; cuadricular* adj. y v. *Cuadrilla* [2.ᵃ mitad S. XIII: *F. de Usagre*], 'división de la hueste en cuatro partes para repartir el botín', 'bando, grupo a que pertenece alguien', 'grupo de personas para un fin determinado, esp. si van armadas' (en especial el de jinetes en justas y torneos, Fdo. Chacón, 1546, *Trat. Jineta,* cap. 12; Pérez de Hita; más ejs. en Cej., *Voc.;* la evolución semántica es la indicada: no tiene fundamento la explicación de Covarr. seguida por la Acad.)²; *cuadrillero, acuadrillar. Cuadrillo* 'especie de saeta cuadrangular' [*Alex.,* 502, 1046, 1705, 2060; *Fn. Gonz.,* ed. Rivad., 120; J. Ruiz, íd., 261; todavía en Pérez de Hita, ed. Blanchard, I, 311; para representantes mozárabes, vid. Simonet, s. v. *cuthrél* y *cutril*), derivado común con el cat. *cairell,* oc. *cairel,* it. *quadrello* íd. *Cuairón* o *coairón* 'pieza de madera de sierra', arag., alteración fonética de **cuadrón* 'madero es-

cuadrado'. *Encuadrar. Escuadrar* [1459, A. de Palencia, vid. Terlingen, 128, que innecesariamente
supone origen italiano], derivado común con el it.
squadrare, oc. y cat. *escairar*, port. *esquadrar; escuadra* [1459, A. de Palencia, ibid., 188-9, comp.
la forma catalana *escaire*, pero Jaume Roig, v.
13141, en 1460, decía *esquadra:* dada la fecha
es difícil aunque no imposible que sean italianismos]; *escuadrón* [fin S. XV, *Crón. de Enrique IV*, ibid., 189], parece ser de origen italiano
(*squadrone*), donde aparece en Maquiavelo [†
1527], y desde donde pasó al fr. *escadron* [fin
S. XV]; *escuadronar, escuadroncete, escuadronista; escuadrilla* (> fr. *escadrille* [S. XVI], it.
squadriglia); *escuadreo, escuadría, escuadro. Recuadro; recuadrar.*

CPT. *Cuadrángulo* [Palencia, *Perfección*, p. 362a
(Nougué, *BHisp.* LXVI)]; *cuadrangular, cuadrangulado. Cuadri-:* forma prefijada del lat. *quattuor* 'cuatro', que entra en los compuestos cultos siguientes: *Cuadricenal* [Acad. ya 1843], formado con la
terminación ~de *decenal. Cuadrienio*, del lat. *quadriennium* íd., compuesto con *annus* 'año'; *cuadrienal* (comp. *cuadrañal* en Nebr.). *Cuadrifolio.
Cuadriforme. Cuadriga* [Covarr.; Quevedo][3], tomado del lat. *quadrĭga* íd., contracción de *quadrijŭga*, compuesto con *jugus* 'yugo' (el adj. culto
cuadríyugo se ha empleado también en castellano);
*cuadrigato, cuadriguero. Cuadrilátero. Cuadrilítero,
cuadriliteral. Cuadrilongo* [*Aut.*], compuesto con
el lat. *longus* 'largo'. *Cuadrimestre*, tomado del
lat. *quadrimestris* íd. (por lo común se altera en
cuatrimestre). *Cuadrinieto. Cuadrinomio* (vid. *BI
NOMIO*). *Cuadrisílabo* o *cuatrisílabo. Cuadrivio*
[1499, H. Núñez], tomado del lat. *quadrivium*
'encrucijada de cuatro caminos', compuesto con
via; cuadrivista. Cuadrúmano (lo común es *cuadrumano*), del lat. tardío *quadrŭmānus. Cuadrúpedo* [*Aut.*; en autores del S. XVII se halla *cuadrúpede*], de *quadrŭpes, -ĕdis* (la variante *quadrŭpĕdus* se halla ya en latín); *cuadrupedal* [J. de
Mena (Lida, p. 142)], *cuadrupedante.*

Cuadropea 'animal cuadrúpedo' [*quadrupea*, J.
Ruiz, 1217bG; *quatropea* en *S* y en la Biblia
med. rom., Gén. 1. 24, y *quatrapea* en *T*][4], hoy
sigue empleándose *cuatropea* en Segovia y en Palencia para 'conjunto de bestias caballares· que se
venden en la feria', 'esta feria', íd. y *cuatropía*
'animal, cuadrúpedo' judesp. (*BRAE* IV, 331;
XV, 51), *diezmo de cuadropea* en la Arg. (1820:
La Prensa, 1-VIII-1942), port. jergal *catropéo* 'caballo', gna. *quatropeo* 'cuartago' [1609, Hidalgo];
proceden del lat. ANIMALIA QUADRUPĔDĬA 'cuadrúpedos', neutro plural del citado *quadrupes; de cuatropeo* parece ser derivado regresivo el germanesco
cuatro 'caballo' [J. Hidalgo], de donde el derivado
cuatrero 'ladrón de caballos' [med. S. XVI, *Vida
del Pícaro;* Lope de Rueda; Góngora; *Rinconete;
Quijote*, I, xxii, *Cl. C.* II, 203; vid. Bonilla, *RH*
329].

Cuádruplo [*Aut.*] o *cuádruple*, tomado de *quadrŭplus* íd.; también *cuádriple* [*Aut.*]. *Cuadruplicar* [h. 1665, Fz. de Navarrete], del lat. *quadruplicare*, compuesto con *plicare* 'plegar'; también
se dijo *cuadriplicar; cuadruplicación.*

[1] Ac. muy usual en la Edad Media y Siglo de
Oro (Nebr.; Lope, *El Cuerdo Loco*, v. 824; etc.).
[2] De ahí el it. antic. *quadriglia* (SS. XVI-XVII:
Zaccaria).— [3] Como *cuadriga* daba en castellano
la impresión de un derivado de *cuadro*, y no
existía un sufijo romance *-iga*, se alteró el vocablo en *cuadrega*, como escribe Fr. Luis de León
(Fcha.) o *cuatrega*, forma que *Aut.* atribuye a
Nebr., aunque en realidad no se halla en la ed.
de 1495. A la misma razón ubedece la acentuación errónea *cuádriga*, usual en la Arg. (*BDHA*
I, 351, comp. 356, 366) y en otras partes. Comp.
el caso de *CANTÍGA* > *cántiga*.— [4] Vid. Spitzer, *Lexik. a. d. Kat.*, 105.

Cuadropea, cuadrupea, cuádruplo, cuadruplicar,
V. *cuadro   Cuairón*, V. *cuadro*

CUAJO, 'sustancia cuajada', 'sustancia que sirve
para cuajar', del lat. COAGŬLUM, íd., derivado de
AGĔRE 'empujar, hacer mover', con el prefijo co-
'juntamente'. *1.ª doc.*: h. 1400, *Glos. del Escorial.*

En Abenbuclárix (h. 1106) ya se halla la forma
mozárabe *quwâlyo* (códices de Leiden y de Toledo)
o *qâlyo* (códice de Nápoles), como nombre del cuajo o cuajar de los camellos (Simonet, s. v. *cuályo*),
parte del sistema digestivo de los ruminantes, así
llamada porque en ella se cuaja la leche en los
animales de teta. Ast. *cuayu* 'cuajo', *dau de cuayu*
'regalo sin importancia' (V). De ahí *cuajo* 'intestinos de persona' en F. de Baena (*Canc. de íd.*, n.º
105, v. 6).

DERIV. *Cuajar*, v. [med. S. XIII: *Alex., Apol.*],
del lat. COAGULARE íd., derivado del anterior; para
la evolución semántica, vid. la filiación detallada
por Cuervo, *Dicc.* II, 605-7. Aunque es también
fr. *cailler* y no del todo ajeno al occitano, no tengo
pruebas de que el val. *quallar* se haya empleado
en catalán fuera del antiguo territorio mozárabe
(allí ya en el S. XV); port. *coalhar*, gall. *callar*
(«a derradeira verba *callouse* nos beizos da miña
nai», Castelao 195.3). *Cuajada* (ast. *cuayada*, V);
cuajadera. Cuajado, cuajadillo. Cuajadura. Cuajamiento. Cuajarón [1555, Laguna], probablemente
alteración de *cuajadón* íd., que se halla en *Alex.*
2084. *Cuajar* m. [h. 1400, *Glos. del Escorial*], del
lat. tardío COAGULARE íd. (en Vegecio)[1]. *Cuaje* o
cuajado, muy usual en Mendoza (Arg.) para el
acto de florecer la vid. *Descuajar* 'liquidar, descoagular' [*-ado*, Berceo, *RFE* XL, 152; Ribadeneira, † 1611]; *descuajaringar*[2].

Duplicados cultos: *Coágulo; coaguloso. Coagular* [1709: Palomino], *coagulación*]*Aut.*], *coagulable, coagulador, coagulante.*

CPT. *Cuajaleche.*

¹ Para la explicación semántica de esta denominación, comp. lo dicho acerca del sinónimo *cuajo*. En el texto de Vegecio debe interpretarse indudablemente así, aunque algunos filólogos latinistas entiendan 'colon'. Carece de fundamento la afirmación de Cabrera de que es el 'recto', afirmación sólo apoyada en la falsa etimología que este autor atribuye al cast. *tripa del cagalar* [*Aut.*], y que en realidad es derivado de *CAGAR*, comp. *cagalera*, etc.— ² Ast. *escuaxaringar* (Rato). Para la formación comp. *entaramingar* 'empingorotar, levantar en alto' (ib.), que vendrá de **entarimingar*, derivado de *tarima*. En Mendoza (Arg.) he oído *descuajeringar*. En cuanto a *descuajar* 'roturar, arrancar de cuajo las plantas y malezas que cubren un terreno para cultivarlo' [Acad. 1843], quizá tenga razón Cabrera († 1833) al derivarlo del b. lat. hispánico *SQUALIDARE* 'roturar' (cita ej. de 842), derivado de *SQUALĬDUS* 'erizado, rugoso', 'inculto, árido', y éste a su vez de *SQUALĒRE* 'estar en barbecho, permanecer árido' (*squalent abductis arva colonis*, en Virgilio). De hecho *escaliar* 'roturar' es frecuente en documentos aragoneses (Tilander, *Fueros de Aragón*, 387-9), y el correspondiente *escalio* 'roza' tiene variante *escayllo* en varios fueros (ibid.), a la cual podría corresponder **escuajo* en castellano. De aquí vienen indudablemente las voces académicas *escalio* y *escaliar*, con su variante *escajo* (falta aún Acad. 1884), que en Santander significa además 'arbusto espinoso' (G. Lomas), ast. *escayu* 'zarza' (V), 'rama espinosa' (R, s. v. *balsa* y *escayada*), *escayáse* 'pincharse con las espinas de una zarza' (V, R), *escayada* 'rasguño de zarza' (V), 'capa de escayos que queda en el suelo donde ha habido árgoma seca' (R); Terr. cita las formas (aragonesas o leonesas) *escacho* 'espina' y *escachar* 'espinar', como usadas en las Montañas. Esto traería como corolario el considerar *cuajo* en la frase *arrancar de cuajo* 'arrancar de raíz' [1583-5, Fr. Luis de León] como derivado regresivo de *descuajar*. Este origen de *descuajar* y de *arrancar de cuajo* es inseguro, pues la ac. de *cuajar* 'formarse las flores y sazonarse los frutos' (Cuervo, *c*), que procede de *cuajar* 'coagularse' por una evolución escalonada muy clara, pudo crear por sí sola un *cuajo* 'arraigo', de donde *descuajar* 'roturar'. Harán falta más materiales para decidir la cuestión en favor de una de las dos alternativas o para admitir —quizá lo mejor— que hubo convergencia y colaboración de las dos familias léxicas.

CUAL, del adjetivo relativo e interrogativo latino QUALIS 'tal como', 'como', 'de qué clase'. *1.ª doc.*: med. S. X, Glosas de S. Millán.

En latín QUALIS indicaba la cualidad, el modo de ser, y correspondía rigurosamente a TALIS. En romance se convirtió en un mero interrogativo o relativo sin valor cualitativo, sustituyendo a los latinos QUIS o QUI. Junto a este uso sobrevive, con menor vitalidad, el significado latino, y el español con el italiano es el romance que mejor ha conservado este valor originario, desaparecido totalmente en rumano, y en el francés, occitano y catalán modernos, bien vivo todavía en la lengua de los trovadores pero apenas conocido ya en el catalán medieval (sólo en oposición con *quin*, como interrogativo: *quin o qual, no quins mas quals*); en castellano se halla en todas las épocas del idioma, ya en el *Cid*, y en textos muy populares, como los refranes del Comendador Griego que cita Cuervo, *Dicc.* II, 607*b*, por lo cual puede desecharse la idea de que sea debido a influjo culto. Hoy en día, por lo demás, el lenguaje popular ha descuidado totalmente todos los usos de *cual* como relativo. Para las varias construcciones y matices, y para la evolución histórica del uso, véase Cuervo, *Dicc.* II, 607-623. Para el abuso del relativo *el cual* en Fr. Luis de Granada, vid. M. P., *Antol. de Prosistas*, 126 y 137, n. 1. Dialectalmente se ha creado un femenino *cuala*, muy usado en Asturias, Aragón y en general en el lenguaje popular, y ya existente en el aragonés de los moriscos del S. XVI (*Recontamiento de Alexandre*, 77: *RH* LXXVII, 459); en catalán es muy frecuente en autores valencianos del S. XV; paralelamente hay un neutro *cualo*, muy extendido, que en ast. se emplea aun como un masculino (R, V). No procede del lat. QUALIS sino de QUARE 'por qué' (alterado por influjo de aquél) la conjunción *cual* del aragonés antiguo con el valor de 'puesto que, por cuanto', de la cual da ejs. Tilander, *Fueros de Ar.*, p. 534 y § 31.2; confirma este origen la variante *quar*, de igual valor, que hallamos en el Fuero de Jaca y en los mismos fueros de Tilander, § 6.2; comp. *CAR* II y *CALAÑA*.

CPT. *Cualque* [1155, *Fuero de Avilés*], hoy anticuado en todo el territorio lingüístico, es todavía bastante usado en el S. XVI y princ. S. XVII (hasta Calderón y Quiñones de B., *NBAE* XVIII, 540; en autores posteriores es arcaísmo italianizante y además raro, vid. Cuervo, *Dicc.* II, 623-24); Spaulding, *RRQ* XXIX, 395, indica que no siempre será italianismo en el S. XVI; nótese, de todos modos, que la mayoría de los textos medievales donde se lee (*Canc. de Stúñiga*, Santillana, Berceo), son accesibles al influjo occitano y los demás son dialectales; para la génesis sintáctica, vid. *FEW* II, 1413*b*. *Cualquier* y *cualquiera* [ambos, Berceo: *S. Mill.*, 339*a*, 183*b*, etc., *cualquier* 1100, *BHisp.* LVIII, 358]; para las variantes antiguas *cualquiere, cualsequièr, cualquequier, cual... quier* (*a cual guisa quier*, p. ej.), para confusiones modernas entre singular y plural (*un hombre cualesquiera, dos hombres cualquiera*, etc.), y para usos y construcciones, vid. Cuervo, *Dicc.* II, 624-9; para *cual quisier(e)*, vid. Oelschl.; especialmente aragonés es el empleo de *cualquier que* + sustantivo + subjuntivo (debido a influjo de *cualque*), o del simple *cualquier* con la misma construcción (ejs. en Tilander, *Fueros de Ar.*, § 21.1, 89.1, etc.). *Cualidad* [APal. 400d, 401b, 140d] o *calidad* [Berceo; *Alex.*], tomado del lat. *qualĭtas, -atis*, íd.; *Aut.* sólo da ejs. de la variante *ca-*, y observa que si bien algunos escribieron *qualidad*, esto ya no es tan usado; la distinción que se practica en la actualidad · prefiriendo la forma con *u* para la ac. 'cada uno de los caracteres que distinguen a las personas o cosas' y la otra para 'grado en el valor o modo de ser', excluyendo el uso de *calidad* en pl., es de fecha muy moderna: *calidades* en la 1.ª de estas acs. era normal en los SS. XVI y XVII (*DHist.*, 5, 8); *cualitativo* [*calitativamente*: 1.ª mitad S. XV, E. de Villena; *cualitativo*, ya Acad. 1884, no 1843], tomado del lat. tardío *qualitativus* íd. *Calificar* [1547, *Tragedia Policiana*; frecuente ya en la segunda mitad del siglo: Cuervo, *Dicc.* II, 39-41], tomado del bajo lat. *qualificare*, usado especialmente por los escolásticos; *calificable, calificación, calificador, calificativo. Descalificar* (falta aún Acad. 1936), término de deportistas, tomado del ingl. *disqualify*, derivado de *qualify* 'considerar apto'.

Cuamaño, V. *tamaño*   *Cuan*, V. *cuanto*

CUANDO, del lat. QUANDO íd. *1.ª doc.*: orígenes del idioma (Glosas de S. Millán; *Cid*; etc.). Para construcciones, variantes y significados, vid. Cuervo, *Dicc.* II, 629-641. Agrego algunos detalles. La forma *quano*, que se halla en la *Vida de San Ildefonso*, escrita por un beneficiado de Úbeda h. 1300 (vv. 56, 66, 149 y passim), y en algún documento castellano de 1200-1240, no se debe seguramente a una reducción fonética ND > *n* (que sólo se dió en pocos puntos de Aragón) sino a influjo de la forma ·apocopada *quand* > *quan*[1]; para ejs. de *quand*, frecuente en Berceo, y *Alex.*, vid. Pietsch, *MLN* XXIV, 166n. *Cuando* con antecedente (*el tiempo cuando...*) en la *Égloga de la Resurrección* (a. 1520, vid. ed. Gillet, p. 970). *Cuando* 'aunque', 'aun cuando': *La Ilustre Fregona*, *Cl C.*, p. 317; *Quijote*, ed. id. I, 16n.; Vélez de Guevara, *El Rey en su Imaginación*, v. 623. Ya *cuando* 'cuando ya' (*ya cuando el sol declinaba... se vino*), hoy frecuente en Andalucía, se halla ya en *G. de Alfarache*, *Cl. C.* I, 84.20. La construcción prepositiva moderna (*cuando la guerra*) aparece también alguna vez en francés, vid. Rohlfs, *ASNSL* CLXV, 316. En la Arg. se emplea interjectivamente en el sentido de 'nunca', 'de ninguna manera' (Ascasubi, *S. Vega*, v. 2813; F. Burgos, *La Prensa*, 13-X-1942). Sustantivado designa allí mismo un tipo de canción popular (que solía empezar por este adverbio): E. W. Alzaga, *La Nación*, 11-VIII-1940.

[1] Comp. M. P., *Oríg.*, 300-1. El leon. ant. *frunna* 'funda' no viene del lat. FUNDA (comp. port. *fronha*). *Fredenano* se explica por la forma apocopada *Fredenan, Fernan. Respenna* es la forma etimológica y *Respenda* la secundaria (RE-PEDINARE). Y el origen de *Camuño ~ Camúndez* no está aclarado.

CUANTO, del lat. QUANTUS íd. *1.ª doc.*: orígenes del idioma (Glosas de Silos; *Cid*; etc.). Para construcciones, variantes y significados, vid. Cuervo, *Dicc.* II, 641-663. Indico algunos pormenores más. *Cuanto que, cuantos que*, en lugar de *cuanto(s)* seguidos inmediatamente del verbo, es construcción muy frecuente en el *Cid*, Berceo, y en muchos textos del S. XIII, sigue empleándose alguna vez en obras posteriores (*sepan todos cuantos qui esta carta verán*, texto aragonés de 1301: *RFE* XVIII, 228; vulgar en la Arg.: *acabar con cuanto bicharraco que Dios ha creado*: J. B. Lagomarsino, *La Nación*, 21-VI-1942). *En cuanto* 'mientras', vid. Pietsch, *Homen. a. M. P.* I, 45-47. *Cuanto a* 'en cuanto a', muy frecuente en todas las épocas (*G. de Alfarache*, *Cl. C.* II, 219.24, etc); para su abuso en Juan de Valdés, vid. Cotarelo, *BRAE* VII, 281. Con el mismo valor empleó este autor *cuanto que* (*quanto que yo, no os sabría dar más que una noticia confusa*, en *Diál. de la L.*, 39.12). *Cuanto* por 'en cuanto, luego que', en el *Amadís* y hoy en la Arg. (Cuervo, *Ap.*[7], p. 264; M. *Fierro* I, 501, 859, 1511, etc.; Tiscornia, *BDHA* III, 198). Y *otros cuantos* 'y algunos más' (ej. de Mz. de la Rosa en Cuervo, *o. c.* 660a; del propio Cuervo en sus *Ap.*[7], p. 172; etc.). *Cuanto y más* por 'cuanto más', vid. Cuervo, 658b-660a; y agréguese Tirso, *Vergonzoso* I, 509; *La Prudencia en la Mujer* I, xiv, ed. Losada, p. 196; Pérez de Hita, ed. Rivad. 558b (pero *cuanto más* en la ed. de Sevilla, 1613, reproducida por Blanchard, I, 187); Lope, *La Corona Merecida*, v. 122; Vélez de Guevara, *La Serrana de la Vera*, v. 439; hoy son vulgares *cuantimás* (Guiraldes, *D. S. Sombra*, 127), *contimás* (*BDHA* I, 102)[1], *contrimás* (Castro, en nota al *Vergonzoso* de Tirso), *cuantismás* (cita de Lope de Rueda en Cuervo, 660a). De construcciones semejantes se habrán extraído *cuantis que* y *en cuantis*, usados en Cespedosa (*RFE* XV, 252), y el primero ya en la *Tragedia Policiana* (1546).

Acerca de si el cast. *cuan*, port. *quão*, procede de QUANTUM por apócope o de la forma lat. QUAM, emparentada con aquella palabra, los pareceres discrepan. Cuervo (p. 663a), M. P. (*Cid*, 198.18), Jeanjaquet (*Rech. sur l'origine de «que»*, p. 67), M-L. (*Litbl.* XVI, 311n.; *REW* 6928) se inclinan por esta alternativa, mientras que Rohlfs (*ASNSL* CLXII, 314) se declara por aquélla. La grafía *quant* del *Cid* (v. 1591) puede tenerse en cuenta, pero no es decisiva, en un texto que emplea *algunt, allent*, cuya *t* se debe a ultracorrección; el hecho de que el italiano, más refractario a las apócopes, no haya conservado más que QUANTUM y no QUAM, y el de que en portugués antiguo y alguna vez en castellano se halle *ca* como representante del QUAM comparativo, son favorables a la opinión de Rohlfs².

Paralelamente a *cuanto que* hallamos alguna vez *cuan... que* (*cuán presto que tuvo fin*, en Lope, *La Llave de la Honra*, ed. Rivad. XXXIV, 124a).

Deriv. *Cuantía* [1236, M. P., D. L. 278.21; 1283, *Libros de Acedrex*, 302.12; 1328-35, *Conde Luc.*; *cantía* en el *Fuero Real*, med. S. XIII], en la Edad Media suele significar 'suma de dinero' (J. Ruiz, 125c; *Rim. de Palacio*, ed. Rivad., 304d, 568) así en español como en portugués; el sufijo es probablemente el abstracto -ía y no el adjetivo -IVA como supone Cornu (*GrG*. I², § 114); la forma fonética *contía*, corriente en el portugués medieval (Moraes, s. v.) vale hoy en ast. 'cantidad justa', 'medida exacta' (V) y se halla también en los pasajes citados de López de Ayala; *cuantiar* [APal. 387d]³; *cuantioso* [González Dávila, † 1658; *cantioso* en el *Fuero de Vizcaya*, S. XIV, y en Quevedo]. *Cantidad* [A. de Cartagena, † 1456; también *quantidad*, h. 1250, *Setenario*, fº 13 rº, especialmente en autores de los SS. XVI-XVII, vid. *Aut.*, y hoy entre matemáticos], tomado del lat. *quantĭtās, ātis*, íd.; *cuantitativo* [S. XVII, *Aut.*].

Cpt. *Cuantayaque* ast. 'hace mucho tiempo' < *cuánt' ha ya que...*; por cruce con *d'eso ha mucho* resultó *desayaque* 'desde hace hace mucho tiempo', con aumentativo *desayacón* (V). *Dacuando* 'en algún tiempo' ast. (V), será contracción de (*no lo he visto*, etc.) *de (y)acuanto*, cuyo segundo miembro es el arcaico *yacuanto* 'algo', 'bastante' (para el cual vid. M. P., *Cid*, p. 260.6); hubo influjo de *cuando* (a no ser que se trate de algún derivado de éste, perteneciente al tipo leonés *dalgún* 'algún', etc., pero en este caso no veo explicación a la primera *a*). Gall. *canté* < *cuanto e(s)*; empleado, y con frecuencia, en varios usos del lenguaje coloquial y afectivo; hay sobre todo una excelente nota de D. Alonso en *RFE* h. 1950; Castelao 57.20. Explicaba Sarm.: «famoso adv. gallego que se aplica a mil asuntos: afirman con él, niegan, admiran, se mofan» (*CaG*. 66r, 184v, 192v); se fija principalmente en el empleo «optativo» (porque le busca una etimología griega): «se dice a un niño: *¿queres peras?* Responde *canté*», y *casi-canté* con los mismos significados. Lo cual indica que empezaría como locución abreviada en vez de 'cuanto hay, casi cuanto hay', cf. el cast. *¡lo que es eso...!*, que también tiene los mismos valores diversos de la voz gallega, si bien está menos cristalizada. Luego *canté* non! empleado como afirmación denegativa (fr. *si*, lat. *immo*): «—*seica non queres viscocho.* —*Canté non!*». No han sido ajenas estas locuciones al portugués, con valores un tanto distintos (en parte con variante más plena *cantés* o *quanté(s)*), aunque hoy allí son del uso norteño (Minho, Beira); *quanté* y *quantés* allí aparecen ya en autores clásicos (Camoens y Rds. Lobo). *Posología*, compuesto culto del gr. πόσον 'cuánto', voz afín a la palabra latina correspondiente.

¹ Con el significado de 'aunque' en Chile, Guzmán Maturana, *AUCh*. XCII, 2.º trim., 80, y glos.— ² Claro está que el caso de *cuan* es solidario de la interpretación que se dé a *tan*, que puede ser TANTUM o TAM paralelamente. El argumento de M-L. de que sólo con TAM se explica la forma *ta* empleada en el *Boeci* occitano de hacia el año 1000 (y hoy conservado en gascón, y en las formas *tabé* y *tapoc* del catalán de Ampurdán, Cerdaña y Rosellón), tiene valor dudoso, ya que puede tratarse de una desnasalización secundaria en idiomas que han reducido PANEM a *pa*; nótese que *ta(n) sols*, *ta(n) si*, etc., son paralelos a oc. *pessar* 'pensar' y *e(n) so que*, y que el catalán y muchas hablas de Oc tienen *no* como representante de NON ante verbo (*no sap* NON SAPIT) desde los documentos más antiguos, y otras hablas occitanas cambian VENDUNT y formas análogas en *vendo*.— ³ También *acuantiar* y *acontiar*, ejs. en el *DHist*.

Cuantra, V. *contra*   *Cuarango*, V. *quina* I
Cuarcita, V. *cuarzo*

CUARENTA, del lat. vg. QUARAGĬNTA, lat. QUADRAGĬNTA, íd. 1.ª *doc.*: *quaraenta*, doc. de 1206 (Oelschl.); *quarenta*, Berceo.

La forma sin -D-, única conservada por las lenguas romances, se halla ya en inscripciones africanas (escrita *qaragita*: *BDR* III, 111); se deberá a una disimilación de las dos oclusivas dentales favorecida por la pronunciación descuidada de los numerales.

Deriv. *Cuarenteno* [Berceo; todavía como forma normal del ordinal en Nebr.]; *cuarentén*, es el anterior, sustantivado en su forma dialectal del Alto Aragón, que es donde se emplea; *cuarentena* [Berceo]; *cuarentenal*¹. *Cuarentavo*. *Cuarentón*. *Cuaresma* [Berceo], del lat. tardío QUADRAGĒSĬMA íd., abreviación de QUADRAGESIMA DIES 'día cuadragésimo', por la duración de este período del año religioso; *cuaresmal, cuaresmar* [1605, López de Úbeda, p. 62b (Nougué, *BHisp*. LXVI)], *cuaresmario. Cuadragésimo* [1545, P. Mejía], tomado del lat. *quadragēsĭmus* íd.; *cuadragesimal; cuadragenario* [1684, Solórzano], tomado del lat. *quadragenarĭus*.

¹ *Aut.* lo da como voz de poco uso, registrada por el Vocab. de Nebr. Sin embargo, lo único que se halla en la ed. de 1495 es *cuarentañal* = *quadragenarius* 'de cuarenta años'. Deberá suprimirse aquel vocablo en los diccionarios castellanos.

Cuarta, V. *cuarto*

CUARTAGO, 'jaca, caballo de poca talla', antiguamente *curtago*, port. *quartau*, tomados del fr. *courtaud* 'persona o animal de poca estatura', derivado de *court*, de igual significado y origen que

CORTO. 1.ª doc.: Lope de Rueda, † 1565 (*Cl. C.*, pp. 46, 148; *cuartaguillo*, ibíd. p. 67).

Oudin, 1607, registra «*quartago*: un courtaut, et selon aucuns un roussin»[1], «*quartaguillo*: un petit courtaut»; Percivale (1599): «a nagge, a small horse»; Covarr. (s. v. *haca*): «haca, que vale cavallejo pequeño, que por no tener su justa cantidad está falcado y cortado, de donde también le sobrevino el nombre de *quartago*, quasi *curto*: y este epíteto dió Horacio a un machuelo suyo... Y muchos cortesanos le llaman *curtago* y no *quartago*» (datos semejantes en los artículos *borde* y *quartago*). Sale también *cuartago* en Góngora, en *La Señora Cornelia* de Cervantes, *Cl C.*, p. 184, en dos autores del S. XVII citados por *Aut.*, etc. En portugués Moraes define *quartao* como «cavallo corpulento e quadrado, mas curto», citando a Rodrigues Lobo (1616), pero el vocablo ya se halla en Pantaleão d'Aveiro (2a. mitad S. XVI), donde significa 'caballo lleno y corpulento, pero poco largo' (*RL* XVI, 98). La otra ac. portuguesa «pieza de artillería equivalente a la cuarta parte [?] de un cañón» (con cita de J. de Barros, S. XVI, y Freire, 1.ª mitad del XVII, en Moraes), la tuvo también el fr. *courtaud* 'cañón de gran calibre, montado sobre ruedas» (*FEW* II, 1586b, en textos de 1485 y de h. 1600), que pasó igualmente al cast. *CORTAO*. Claro está que de *courtaud*, quizá pasando por oc. *cortaut* (documentado en el S. XVI), salió el cat. antic. *cortau* 'cuartago' (1582, 1690, Alcover), *quartau* 1575 («roci o *quartau*: asturco» On. Pou, *Tes. Puer.* 34), y en castellano primero **curtao* o **cortao*, de donde por una parte el *curtago* que cita Covarr. y por la otra el port. *quartao* (hoy *quartau*) y el cast. *cuartago*, con influjo de *cuarto*, que es nombre de una parte del cuerpo del caballo[2]; a este cambio fonético contribuyó la vacilación fonética entre *cua*⸲ y *co*⸲ que hemos observado en *cuantía* ∽ *contía*; un caso análogo lo ofrece el port. *quartapiza* (ya en autores de med. S. XVI: Moraes), alteración de *cortapisa*. Como no hay palabras castellanas que terminen en *-ágo*, y sí las hay esdrújulas que terminan en las mismas letras (*órdago*, *rábago*, *cuérrago*, *cuérnago*, *relámpago*, *murciélago*, etc.), se comprende que algunos escriban equivocadamente *cuártago* (así en una parte de los pasajes de la citada edición de Rueda), pero *Aut.* acentúa gráficamente la vocal penúltima, y dudo de que existiera realmente la otra acentuación.

[1] En la ed. de 1616 agrega «de moyenne taille».— [2] Pretende *Aut.* que *cuartago* es derivado de este *cuarto*. Pero no existe un sufijo *-ágo*.

CUARTO, del lat. QUARTUS íd. *1.ª doc.*: 1074 (Oelschl.); *Cid*.

Soliéndose emplear *cuatro* como expresión de un número poco crecido, pero indeterminado (*decir cuatro palabras*, etc.), también se ha usado el ordinal partitivo *cuarto* para expresar una división de un objeto, aunque no sea exactamente en cuatro partes: se trata, p. ej., de una división en doce *quartos* en el *Libro del Acedrex*, 372.12; de ahí que se tomara especialmente para 'la parte de una casa destinada a una persona con su familia' [Argensola, † 1631] y luego 'aposento' [*Aut.*]; comp. fr. *quartier* 'alojamiento de las tropas en campaña', en Lieja, Ardenas y Franco Condado «appartement, étage» (*FEW* II, 1425a).

DERIV. *Cuarta*; ast. 'yunta de bovinos que se engancha a la zaga del carro para moderar su movimiento en las bajadas' (V); *acuartiar* ast. 'enganchar la cuarta en esta forma' (V); *cuartazo*. *Cuartón* ast. 'la cuarta parte del quiñón que corresponde a cada uno de los que componen la tripulación de una lancha de pescar' (V). *Cuartal* [1088: Oelschl.; Nebr.] *Cuartán*, del cat. *quartà*. *Quartana* [Guevara, † 1545], del lat. QUARTANA íd.; *cuartanal*, *cuartanario* [Guevara, *Epístolas*, I, p. 278 (Nougué, *BHisp.* LXVI)]. *Cuartear* 'dividir en cuatro partes, o en más o menos', 'hender, rajar, agrietar'; *cuarteador*, *cuarteo*.

Quartel [*quartel de un escudo* ya en Santillana, p. 99; 1539, Guevara], del cat. *quarter* 'cuartel de un escudo', 'cuarto, cuarta parte de un cuerpo en que éste se divide', 'distrito de una ciudad', 'retazo de ropa', 'medida de vino'[1], etc.; podría venir también de oc. ant. *cuartier* o fr. *quartier*, pero el aparecer por primera vez en significación náutica y la mayor proximidad fonética indican el catalán; posteriormente se tomaron del francés otras acs., en particular la de 'alojamiento de una tropa en campaña' [h. 1572, Hurtado de Mendoza], de donde en general 'edificio donde se alojan las tropas' [*Aut.*]; *cuartelada*, *cuartelado*, *cuartelar*, *cuartelero*, *cuartelillo*, *acuartelar*, *acuartelamiento*. *Cuartera*, *cuarterada*; *cuarterola*, del catalán. *Cuartero*, *cuarterón*. *Cartiero* [1498], del fr. *quartier*. *Cuarteta* [h. 1690, M. de León], del it. *quartetta* íd.; *cuarteto* [Góngora], antes *cuartete* [S. XVI, Rengifo], del it. *quartetto*. *Quartilla* 'hoja de papel' [1303, *BHisp.* LVIII, 89], *cuartilludo*; *cuartillo* [Góngora]. *Cuartón*. *Cuartucho*. *Cuartizo*. *Descuartizar* [1590, B. Mendoza], parece derivado inmediatamente de *cuartizo*, aunque éste no figura todavía en *Aut.* y la Acad. lo registra sólo en la ac. 'pedazo de madera de aserrar'; *descuartizamiento*. *Encuartar, encuarte, encuartero*.

CPT. *Recuarta*. *Cuartodecimano*. *Cuartogénito*.

[1] En este sentido emplea *quartero* J. Ruiz, 969.

CUARZO, del fr. *quartz* y éste del alem. *quarz* íd. *1.ª doc.*: ya Acad. 1843.

DERIV. *Cuarzoso. Cuarcita.*

Cuasi, y sus compuestos, V. *casi*.

CUASIA, del lat. mod. botánico *quassia*, nombre inventado por Linneo en memoria de Quassy, hechicero de Surinam que descubrió las propiedades de esta planta. *1.ª doc.:* falta aún Acad. 1899.

Nascentes.

Cuaterna, cuaternario, cuaternidad, cuaterno, V. *cuaderno   Cuatorvirato, cuatorviro, cuatralbo, cuatrañal, cuatratuo,* V. *cuatro   Cuatrega,* V. *cuadro   Cuatreño,* V. *cuatro   Cuatrero,* V. *cuadro   Cuatridial, cuatriduano, cuatrillo, cuatrillón,* V. *cuatro   Cuatrimestre,* V. *cuadro Cuatrín, cuatrinca,* V. *cuatro   Cuatrisílabo,* V. *cuadro*

CUATRO, del lat. QUATTUOR íd. *1.ª doc.:* orígenes del idioma (1090, Oelschl.; *Cid;* etc.). La única forma correcta en latín era QUATTUOR con TT, vid. R. G. Kent, *Language,* marzo de 1927.

DERIV. *Cuatratuo* [Pagés, con cita de Juan Valera], palabra de formación incierta. *Cuatreño. Cuatrillo. Cuatrillón,* formado con la terminación de *millón. Cuatrín* [1605, *Pícara Justina*], del it. *quattrino* íd. *Cutrinca* [1635, S. Barbadillo], formado con la terminación de *trinca.* Derivado de *cuarto,* gall. *carto,* es el gall. *encartar* 'medir el ancho y largo de un terreno y reducir a varas cuadradas', «doblar, hacer dobleces: *encarta ese pano*» (Vall.), un lisiado, estevado, tiene «*as pernas tan encartadas*» (Castelao 213.21); *cartela* 'el rocadero, no es de naipe o pergamino, sino una agujeta que circunda el copo de la rueca', 'en general, cinta o agujeta' (Sarm. *CaG.* 200*v*; Vall.; *DAcG*); el sinónimo *cartiloxo* (Vall., *DAcG*) debe de contener un sufijo variante del de *cucurucho,* voz con que Vall. y el *DAcG.* describen la forma de la *cartela* y *cartiloxo;* el portugués conserva la forma fonética más antigua *quarto, quarta,* etc., *quartela* «nervuras que ligam o casco das bestas á primeira junta», «peça que sustenta outra».

CPT. *Cuatorvir,* adaptación del lat. *quattuorvir; cuatorvirato. Cuatralbo,* 'animal que tiene blancos los cuatro pies' [*Aut.*], compuesto con *albo* 'blanco'; 'jefe de cuatro galeras' [1615, *Quijote;* Lope, *El Cuerdo Loco,* 1306], denominación jergal humorística creada por los galeotes; comp. *tresalbo;* port. *quatralvo,* aplicado al color de los pies del animal; gall. *catralbo* íd. (Vall.), 'que parece tiene dos niñas en cada ojo' (Eladio Rdz.), 'el que desde la cuna no mira en derecho sino atravesado: *torto catralbo*' (Sarm. *CaG.* 110*r* y p. 138; Cuveiro), 'bizco' (Cuv.), 'avieso, traidor' (F. J. Rodríguez). *Cuatrañal, Aut.* lo cita de Nebr., pero la torma que figura en la ed. de 1495 es *cuadrañal,* adaptación del lat. *quadriennalis. Cuatriduano,* tomado del lat. *quatriduanus,* derivado de *quatriduum* 'espacio de cuatro días', compuesto con *dies* 'día'; en lugar de la forma *cuatridial* que *Aut.* atribuye a Nebr., en la ed. de 1495 se lee *cuadrodial. Cuatrocientos; cuatrocentista; cuadringentésimo,* tomado del lat. *quadringentesimus,* derivado de *qua-*

dringenti 'cuatrocientos'. *Cuatrodoblar. Cuatrotanto.*

Catorce [orígenes del idioma: 1187, Oelschl.], del lat. QUATTUŎRDĔCIM[1], compuesto con DECEM 'diez'; *catorcén, catorcena, catorceno, catorzal, catorzavo. Tésera* [h. 1580, Fr. L. de León], tomado del lat. *tessĕra* 'dado', 'ficha', que parece ser abreviación del gr. τεσσαράγωνος 'cuadrado', compuesto de γωνία 'ángulo' y τέσσαρες, sinónimo y hermano del lat. *quattuor; tesela* [Acad. S. XIX], tomado de *tessella,* diminutivo de *tessera.* Con τετρα-, forma prefijada de dicho numeral griego, se compusieron: *tetracòrdio* [*Aut.*]; *tetradracma; tetraedro* [*Aut.*]; *tetrágono* [1482, Díaz de Toledo, *Aut.*]; *tetragrama; tetragrámaton* [fin S. XVI, J. de Torres, *Aut.*]; *tetralogía; tetrarca* [med. S. XVI, P. Mejía, *Aut.*], *tetrarquía* [íd.]; *tetrasílabo; tetrástico,* con στίχος 'verso'; *tetrástrofo.* Con una forma abreviada τρα- de dicho prefijo, y el indoeur. *ped-* 'pie', se formó el gr. τράπεζα 'mesa', diminutivo τραπέζιον, de donde el cast. *trapecio* [*Aut.;* ac. gimnástica, Acad. 1884, no 1843, explicable porque el trapecio acrobático a menudo tiene la barra en dirección no horizontal; antes se dijo *trapecia: quadrar un sitio de una ~*, 1630, Lz. de Arenas, pp. 65, 78]; *trapecial; trapezoide, trapezoidal.* Derivado de τέσσαρες es *diatesàrón.*

[1] La forma castellana, junto con el cat. *catòrze* y el bearn. *catourze,* suponen una base vulgar QUATTŌRDĔCIM, que puede explicarse por influjo de la U precedente (tal como PARIĔTEM > PARĘTE), mientras que el prov. *catorze,* fr. *quatorze,* it. *quattòrdici* parten de QUATTŎRDĔCIM. En el caso paralelo DUŎDĔCIM la ǫ es general en romance.

Cuatropea, cuatropeado, cuatropeo, V. *cuadro Cuatrotanto,* V. *cuatro*

CUBA, del lat. CŪPA íd. *1.ª doc.:* 1092 (Oelschl.). Gall.-port. *cuba* íd. [*Ctgs.* 6.48, 351.1]. Para la relación con CUPPA en latín, V. COPA.

DERIV. *Cubo* [doc. de 1293, donde significa 'cuba' según G. Soriano, p. 192; 1328-35, *Conde Luc.*], los antiguos se hacían con duelas de madera y flejes de hierro: del hispano-lat. CŪPUS (como nombre de un recipiente para agua o vino, en San Isidoro, *Etym.* XX, vi, 7), derivado del anterior; del mismo origen port. *cubo* 'medida de madera', 'varios recipientes en el molino', 'cubo de la rueda', cat. *cup* 'lagar', cat. ant. *cup* 'especie de tonel', Agenais *cub* «cuve» (Mistral), mozár. *kûb* o *qubb* 'cubo o balde', 'herrada' (R. Martí, PAlc.[1], y hoy en Marruecos y Argelia: Simonet, s. v. *cub;* Dozy, *Suppl.* II, 496*b*); la ac. 'pieza en que encajan los rayos de las ruedas' se explica partiendo de 'cuba', por la forma que tenían como de aceituna o de tonelito alargado y abultado en medio, comp. Aosta *barlet,* Abruzo *barile,* 'barrilito' > 'cubo de la rueda' (otras veces se compara con un moyo o medida: lat. *modiolus,* it. *mozzo,* fr. med. *boisselet;* tipo de cubo que ya se halla en la civilización de la Tène; V. para las formas y denominaciones romances del cubo de la rueda, Tappolet, *Rom.* XLIX, 484-6); ast. *cubu* 'colmena', 'cubo del molino', 'tina de madera de una sola pieza para colar la ropa' (V). *Cubero* [Fuero arag. de 1350: *RFE* XXII, 18; Nebr.], *cubería. Cubeta* [Covarr.], *cubeto* [1528, Guevara]. *Cubillo* 'carraleja, cantárida' [*qubyéllo* h. 1106, en Abenbuclárix: Simonet, s. v.; *Aut.* dice que figura en Nebr., pero no está en la ed. de 1495], denominación que se explica por una semejanza de forma con un recipiente, que ha sido causa de los otros nombres *aceitera, carraleja* y *cantárida;* el fem. *cubilla* se emplea en el mismo sentido en Marmolejo (Jaén: *RFE* XXIV, 228). *Encubar.* Gall. *cubilote* 'tinaja' (Viveiro, Sarm. *CaG.* 119v), probablemente tomado de un oc. o fr. *cubelot (cuv-).*

¹ Es notable que PAlc. no da *cubo* como castellano, sino sólo como hispano-árabe (con plur. *acuáb,* que demuestra arabización ya antigua) traduciéndolo «herrada para sacar agua» 278b23. Aunque no basta esto, ni la demás documentación, para afirmar que antiguamente no era palabra de Castilla, sino mozárabe aceptada por el castellano, no es, sin embargo, indicio despreciable.

CUBEBA, tomado del ár. *kubába* íd. *1.ª doc.:* 1488, invent. arag. (*VRom.* X, 138); 1555, Laguna, como voz de boticarios.

Entraría por vía culta. En catalán se halla ya en 1381-6 (Eiximenis, *Terç del Crestià, N. Cl.* VI, 53). *Kubâba* era la forma hispanoárabe, documentada en R. Martí y en Abenbuclárix (Dozy, *Suppl.* II, 436a), en lugar de *kabâba,* que se empleaba en otras partes.

Cubería, cubero, V. *cuba   Cubertura,* V. *cubrir   Cubeta, cubeto,* V. *cuba   Cúbica, cubicación, cubicar, cúbico,* V. *cubo   Cubiculario, cubículo,* V. *cubil*

CUBICHETE, 'tablado con que se impide la entrada del agua en la cubierta del navío cuando éste da de quilla y mete la borda debajo del agua', probablemente del genovés *covercetto,* de *covercio* 'cobertera o tapadera', procedente del lat. COOPÉRCÜLUM íd. *1.ª doc.:* 1696, *Vocab. Mar. de Sevilla,* cita de *Aut.*

Éstas son las formas dialectales, registradas por Casaccia, correspondientes a las italianas *coperchio* y *coperchietto.* No me consta que estas voces o las similares genovesas se hayan empleado en el sentido específico de *cubichete,* ni en general que tengan uso náutico (faltan en Jal y en el *Diz. di Mar.;* de todos modos Zingarelli cita el empleo de *coperchio* para cubrir varios objetos de los buques modernos). El vocablo en español sufriría el influjo fonético de *cobijar (cubijar)* y su parentela.

Cubierta, cubierto, V. *cubrir   Cubija,* V. *cobijar*

CUBIL, 'sitio donde las bestias silvestres se recogen para domir', del lat. CÜBILE 'lecho', 'cubil', derivado de CUBARE 'acostarse'. *1.ª doc.: Lucano,* Alf. X (*cobiles*), Almazán; J. Ruiz, 486a (*covil*); APal., 238b (*cubil*).

Alterado en *cubril* 'albergue' (figuradamente) en Villasandino, *Canc.* de Baena, n.º 185, v. 29. En el sentido 'cauce de las aguas corrientes' era ya anticuado para Juan de Valdés (1534-6), y por lo demás sólo está documentado en el refrán *a los años mil torna el agua a su cuvil,* citado por Valdés (*Diál. de la L.,* 104.1) y por Blasco de Garay (1541). La *-v-* antigua es regular según la fonética histórica; la *-b-,* ya documentada por APal., se explica por diferenciación junto a la *u,* como en COBIJA. CUBILE ha dejado descendencia en portugués (*covil*), italiano (*covile*), sardo y gascón (*FEW* II, 1446); también en catalán occidental: en Fraga oí decir que una liebre estaba *a la cuăl* 'agazapada al ras del suelo', forma notable también por el arcaico género femenino.

DERIV. *Cubilar* m. (falta aún Acad. 1899) se emplea en el Alto Aragón, en conexión con el gasc. *couilà, cujalaa, cuyolar*¹. *Cubilar,* v. *Encovilarse* murc. 'encamarse a la caza'. *Cubículo* y *cubiculario* (ejs. en *Aut.*), cultismos procedentes de los lat. *cubículum* y *cubicularius,* derivados de *cubare. Concubina* [*Corbacho* (C. C. Smith, *BHisp.* LXI); 1601, Mariana], tomado del latín *concūbīna* íd²; *concubinario, concubinato. Concubio,* ant. tomado del lat. *concubium. Concúbito* [1618, Espinel], tomado del lat. *concŭbĭtus, -ūs. Decúbito* [*Aut.*], tomado de *decŭbĭtus, -ūs,* íd.

¹ Es ocioso admitir un cruce con CAVEOLA, como hace Wartburg, *l. c.* La intercalación de la vocal epentética *a* u *o* es perfectamente regular entre *i* átona y *l* en estos dialectos, como ya indiqué en *VRom.* II, 163.— ² El arcaico *cuéncoba* de igual significado, documentado en las Glosas de Silos, 167, procede del lat. tardío CŎNCŬBA (San Isidoro, *Etym.* X, 229; en el Papa Inocencio, 401-417; y en un escolio de la misma época: *ALLG* XII, 461), que quizá no sea más que una alteración del arcaico CONCŬBANS (como *sierpe* de SERPENS, cat. *prenys* de PRAEGNANS); comp. logud. ant. *cuncuba, -uva,* oc. ant. *concoa* (M-L., *Wiener Sitzungsber.* CXLV, v, 59; Guarnerio, *KJRPh.* XI, i, 176).

CUBILETE, 'vaso de beber', 'molde de cocinero o pastelero', 'vaso angosto y hondo, ordinariamente de cuerno, para menear los dados y evitar las trampas en este juego', alteración del fr. *gobelet* 'vaso de beber, sin pie y sin asa'. *1.ª doc.:* 1611, Covarr. (2.ª y 3.ª ac.)¹; 1613, Cervantes (1.ª ac.).

En la 1.ª ac. como observó J. E. Gillet, *Hisp.*

R. IX (1941), 324, Gracián en su *Criticón* (1657: ed. Romera III, 320) emplea todavía la forma *govelete* (también Oudin, en la parte francesa-castellana). En gallego se dice *gobilete* 'vasija de barro pequeñita con una asa', 'vasija que se usa para calentar caldo de un enfermo' (Vall.), y ej Tras os Montes *covilhête* 'vasija de barro rojo con o sin barniz' (*RL* V, 41); la Acad. registra como antigua [ya en 1843] una variante *gubilete*. El vocablo en español sufrió el influjo de *cubo*, *cuba*; la *i* puede resultar de un esfuerzo por reproducir aproximadamente el timbre de la *e* semimuda francesa, ajeno al castellano, o del parecido puramente formal con *cubil*. El vocablo francés [S. XIII], de etimología oscura, vendría del galo *GOBBO- 'boca', 'pico' (irl. y gaél. *gob* íd.) según Wartburg. *FEW* IV, 182. Conviene advertir que en francés medio *gobelet* tomó precisamente la ac. castellana: «ces petitz passetemps qu'on faict es chartes, es dez et *guobeletz*» (*Gargantua*, cap. 23, ed. 1919, p. 121). Para el francés *gobelet* es tan imposible fonéticamente partir de CUPA como de CUPPA (aunque no lo sepa *GdDD*, 2044).

No puede ser un mero diminutivo de *CUBA*, según admiten Diez, *Wb.* 108, y la Acad., porque *-ilete* no es sufijo castellano.

DERIV. *Cubiletear*, *cubileteo*. *Cubiletero* [1709, Palomino, en la ac. 'cubilete de cocina', usada según *Aut.* en Castilla la Vieja]. *Gubileta*.

[1] De ahí lo tomaron Minsheu, y Oudin en su ed. de 1616; falta en la de 1607.

CUBILOTE, parece tomado del fr. *cubilot* 'horno con crisol de metal, en forma de cilindro provisto de tubos de ventilación, destinado a refundir el hierro colado para depurarlo', de origen incierto. *1.ª doc.:* Pagés, 1901.

El vocablo francés ya aparece en Littré, 1863. Por razones semánticas es difícil que venga en definitiva de oc. ant. *cubelot* 'cuba pequeña'.

Cubilla, cubillo, V. *cuba*   *Cubismo, cubista*, V. *cubo*   *Cubital, cúbito*, V. *codo*   *Cubo* 'vasija', V. *cuba*

CUBO 'sólido limitado por seis cuadrados iguales', tomado del lat. *cŭbus* y éste del gr. χύβος 'cubo', 'dado'. *1.ª doc.:* APal. 73*d*; no vuelve a haber documentación hasta 1709 (Palomino y Tosca, en *Aut.*).

La ac. arquitectónica 'especie de artesón' [1406-12, Clavijo] no viene probablemente del cultismo *cubo* (aunque Acad. defina «adorno de figura cúbica [?]»), pues según *Aut.* era de forma hueca y por lo tanto se tratará de *cubo* 'vasija', (vid. *CUBA*) como *artesón* sale de *artesa*.

DERIV. *Cuboides*. *Cúbico* [1719, Ardemáns][1]; *cubicar, cubicación*. *Cubismo, cubista* (creados en Francia h. 1908: Bloch; Castelao concreta y documenta esta fecha, aportando más información, en

un estudio importante, 69.7ss.).

[1] De ahí vendrá *cúbica* 'clase de tela de lana grosera' [ya Acad. 1843; en catalán ya a princ. del S. XIX: Ag.], aunque desconozco la explicación semántica.

CUBRIR, del lat. COOPERĪRE íd., derivado de OPERIRE 'tapar'. *1.ª doc.:* orígenes del idioma (*Cid*; el participio *cuberto, copierto*, ya se halla en la 2.ª mitad del S. X: Oelschl.).

En lo antiguo, incluso Nebr. y más tarde, es corriente la forma *cobrir*. Para detalles de forma, conjugación y significados, vid. Cuervo, *Dicc.* II, 663-8; Cej. IV, § 72[1].

DERIV. *Cubrición* [Berceo, *Sacrif.* 201, 'terminación de una obra']. *Cubriente*. *Cubierto* (ant. *cobierto*). *Cubierta*. *Cobertera* [J. Ruiz], sacado del ant. *cobertero* íd. (*Glos.* de Toledo), que vino del lat. COOPERTŌRĬUM íd. *Cobertizo* [APal. 158*b*]. *Cobertor* [J. Ruiz]. *Cobertura* [*Cid*], también *cubertura*. *Descubrir* [*Cid*], vid. Cuervo, *Dicc.* II, 1022-7; Cej. IV, § 72. *Descubrimiento* [*descobr-*, J. Ruiz; igual en Nebr.]. *Descubridor, descubridero; descubrición*, ant. *Descubrición; descubierta*. *Encobertado* [Oviedo, *Sumario*, p. 489*b* (Nougué, *BHisp.* LXVI)]. *Encubrir* [*Cid*; Cej. IV, § 72]; *encubrimiento; encubridor* [Nebr.]; *encubridizo* [-*bredizo*: Nebr.]. *Encubierto* [J. Ruiz]; *encubierta* [Nebr.]. *Encubertar*. *Recubrir*. De *operire* es derivado *opercŭlum* 'tapadera', de donde el cultismo *opérculo* y *opercular*.

CPT. *Cubrecadena*. *Cubrecama*. *Cubrecorsé*. *Cubrenuca*. *Cubreobjeto*. *Cubrepán*.

[1] Algunas adiciones. *Crubir* en la *Gral. Estoria*, vid. *RFE* IV, 245. *Cuebre* en la tercera persona del sing. del presente, en los refranes aragoneses del S. XIV: *RFE* XIII, 366. *Cubrir* 'ponerse, vestir', con complemento directo de la prenda de vestido, en *Alex.* 92; Lope, *La Corona Merecida*, v. 329; etc.

Cuca, V. *chufa*   *Cuca, cucamonas*, V. *cuco*, *cotufa* y *cucaracha*

CUCAÑA, 'lo que se consigue con poco trabajo o a costa ajena', 'palo largo, untado de jabón o de grasa, por el cual se ha de trepar o andar para coger como premio un objeto atado a su extremidad', del it. *cuccagna* 'gran abundancia de bienes o placeres', 'país de Jauja', 'palo de cucaña', voz hermana del fr. *cocagne* íd., de origen incierto, quizá de creación expresiva. *1.ª doc.:* 1.ª ac., 1646, *Estebanillo González*; 2.ª ac., ya Acad. 1783.

El fr. *cocagne* se halla desde h. 1200 (*Aymeri de Narbonne)*; el it. *cuccagna* está documentado por lo menos desde la 2.ª mitad del S. XV (*Pataffio*). De Italia tomó indudablemente el vocablo el autor del *Estebanillo*, que lo aplica a Palermo[1]. El origen es oscuro. Gamillscheg, *ZRPh.* XL, 173, deriva del b. alem. med. *kokenje* 'pastelito hecho con azúcar cocido y jarabe'; pero Spizter, *ZRPh.* XLVI, 601, replica que éste es por el contrario de origen francés, y así el aspecto fonético como la reducción semántica parecen darle razón. Schuchardt, *ZRPh.* XXVI, 322-3, había pensado en un derivado de oc. *coco* 'toṇta' (para cuyo origen, V. *COCA*), pero esta palabra no está documentada en la Edad Media y la idea tampoco es satisfactoria desde el punto de vista semántico. Sainéan, *Sources Indig.* II, 95, quisiera derivar del tipo occitano *coco, caco,* 'cáscara', 'huevo' (comp. Forez *cacagno* 'huevo', valón *cocogne* 'huevo de Pascua'), pero este vocablo es aún más moderno y no satisface más desde otros puntos de vista. Son meros homónimos de la nuestra la voz *cucaña* empleada por el Marqués de Santillana, en su poesía *El Cuco*[2] (*gente de cucaña* significa al parecer 'cornudos', y es derivado de *cuco* 'cuclillo'), y *cucañas* 'arterías, procedimientos de mala fe' en *Martín Fierro* I, 1106, derivado de *cuco* 'taimado'[3].

DERIV. *Cucañero* [*Aut.*].

[1] Nótese el gall. *cucaina* (Vall.), adaptación curiosa del mismo vocablo.— [2] M. P., *Poesía Árabe y P. Europ.,* p. 94.— [3] Creo que en una ac. muy semejante a esta última emplea J. Ruiz *compañero de cucaña* 122a y *conçejo de cucaña* 341b: en ambos significa al parecer 'picaresca'. La influencia de este otro vocablo se deja sentir algo en la definición de *Aut.,* pero creo que no en el sentido puramente italiano que da a *cucaña* el autor del *Estebanillo.*

Cucar, V. *coco* I, *cotufa* y *cuclillo*

CUCARACHA, derivado de *cuca* 'oruga o larva de mariposa', que en ciertos romances significa 'bicho, sabandija' genéricamente, y en dialectos castellanos vale 'cucaracha'; para *cuca,* voz de creación expresiva, V. *CUCO.* 1.ª doc.: *cucaraça,* 1535, Fz. de Oviedo (vid. s. v. *FÓTULA*); *cucaracha,* Lope de Rueda († 1565)[1], Timoneda († 1583)[2].

Para otras denominaciones, vid. *CURIANA, ESCARABAJO* y *FÓTULA.* En cuanto a *cucaracha,* Oudin, 1607, define «une sorte de vermine comme cloportes: selon d'autres c'est une sorte d'airaigne». Covarr.: «ciertos insectos, menores que escaravajos, largos, y con muchos pies, críanse debaxo de las tinajas del agua, y de las piedras donde hay humedad... A la muger que es morena, suelen dezir *cucaracha martín,* etc.». *Aut.* da dos ejs. de princ. S. XVII, atribuyéndoles el mismo sentido de 'escolopendra o cientopiés' que se deduce claro de Rueda, Oudin y Covarr.; pero además recoge sin documentarla la ac. 'insecto maloliente semejante al escarabajo', llamándola *cucaracha de Indias* y explicando que se cría en los barcos procedentes de América, entre los géneros allí encajonados. Hoy lo común es que el vocablo designe, no aquel crustáceo, sino este or-

tóptero o su análogo europeo, nocturnó y corredor, la cucaracha de cocina. Es vocablo de uso general en España, América y Filipinas (Retana, *RH* LI, 81)[3]. Riegler, *ASNSL* CLVII, 86-87, indicó que del español proceden el genov. *cucuàcia* 'blatta orientalis'[4], Chieti (puerto en el litoral de los Abruzos) *cucaràcc* (Garbini) y el ingl. *cockroach* [*cacarootch,* 1624; *cockroch,* 1706][5]; además son castellanismos val. *cucaratxa* (comp. cat. *escarabat de cuina*) y probablemente gall. *cucaracha* (comp. port. *barata*).

. Por otra parte, llama la atención el citado Riegler hacia el alem. *kakerlak* 'cucaracha', procedente del neerl. *kakkerlak,* que se emplea también en francés en la misma forma, y además *canquerla* en La Rochelle, *canquerlin* en París, *kìnkarlà* en Provenza. Este nombre procedería de una lengua indígena sudamericana, cree Riegler, y agrega que el vocablo castellano procede · de la misma por cruce con *cuca,* que significa 'cucaracha' en Álava, *cuke, cuko,* íd., en los Altos y Bajos Pirineos franceses. Littmann, *Morgeländische Wörter im Deutschen,* 1924 admitió, en efecto, que aquella voz holandesa y alemana sale del «sudamericano *kakerlakki»* procedente de Surinam[6], péro Palmer observa que *kakerlack,* como insulto dirigido a Lutero, ya se halla en sátira escrita en bajo alemán en 1524, de suerte que no debemos pensar en un origen americano, y opina Friederici que sería preferible mirar estas voces germánicas como adaptación de la española. En todo caso han de ser de procedencia europea, y dada su aparición en La Rochelle y en otros puertos mediterráneos y del Mar del Norte, se impone creer que vocablo se difundió gracias al comercio con América, por las cucarachas que infestaban las bodegas de los barcos procedentes de allí. La exacta procedencia del vocablo nórdico quizá sea Burdeos, en cuya proximidad se emplearán formas análogas a las que son conocidas en vasco: vizc., guip. y a. nav. *kakalardo,* vizc. *karkaraldo, kakarraldo,* guip. *karrakaldo,* lab., a. nav., b. nav. *kakamarlo,* ronc. *kakamarro,* cast. de Álava *cacaldarro*[7]. En cuanto al castellano, puesto que ya a med. S. XVI está documentado designando un crustáceo europeo, la escolopendra, es seguro que no viene de América, sino que es derivado de *cuca* 'oruga o larva de cierta mariposa nocturna', que en Álava y en Filipinas vale 'cucaracha' (Baráibar, Retana), y que en otros romances tiene el significado genérico de 'bicho', particularmente en catalán ('sabandija' comúnmente, pero *cuca fera* es un dragón alado, monstruo de la mitología popular, y *cuc* es la voz común para 'gusano' y 'lombriz') y en lengua de Oc (Mistral: *cuco* 'oruga', 'polilla', en gasc. y cat. 'luciérnaga', en el Aude 'liendre'; rodanés *coucouro,* prov. alp. *coucouero,* delf. *coucouaro* 'abejorro blanco').

Que en cucaracha se trata de una creación expresiva o denominación infantil, lo prueba la existencia de variantes apofónicas, como Cespedosa *coca* 'cucaracha' (*RFE* XV, 276), y el mismo procedimiento derivativo observamos en el berciano *cocaracha* 'cogote', que se formó paralelamente a base del radical de *coca, cocote, cogote* (V. COCO), mientras que en Bogotá se emplea *cucarrón* 'escarabajo y otros coleópteros', de derivación diferente (Cuervo, *Ap.*, 7.ª ed., p. 637). F. Ortiz, *Glosario de Afonegrismos* cita varios nombres africanos y americanos indígenas que se parecen a *cucaracha*, pero es más probable que vengan del español que lo contrario. En cuanto al port. *carocha* 'ciervo volante', que varios han citado como hermano de *cucaracha*, quizá sea otra cosa, en vista de la estructura y significado diferentes (comp. *carocha* 'larva' en CRESA, y otras formas análogas en CARONCHO). Nombres dialectales, en *RDTP* IV, 626-8.

Deriv. *Cucarachera. Cucarachero.*

[1] Emplea *cucaracha de sótanos* como expresión figurada insultante (cita de J. Warshaw, *MLN* LI, 368).— [2] «*Cucaracha* hermana, / calças son de grana, / aunque no querays», en unos versos publicados en *BRAE* III, 564.— [3] En varios países americanos designa además una planta de jardín, conocida en Cuba, Colombia (Malaret) y la Arg. (Chaca, *Hist. de Tupungato* 91), etc.; denominación que se explica fácilmente si en todas partes designa una planta rastrera, como consta en Cuba.— [4] Falta en Casaccia. La caída de la -r- intervocálica indica cierta antigüedad del vocablo en el dialecto, pero no sería razón para dudar del origen castellano, pues la caída de la -r-, que es regular en este dialecto, no se produjo antes del S. XVII, según Parodi, *AGI* XV, 7. [5] Hay influjo de *cock* 'cocinero'. Sentido el vocablo como compuesto, de él se extrajo un seudo-simple *roach* que ya se halla en 1836.— [6] Comp. el informe de Stedman (1796) recogido por Skeat, de que en Surinam se llama *cukreluce.*— [7] Schuchardt, *BhZRPh.* VI, 43, y *Litbl.* XL, 400. No creo que sean cruces de SCARABAEUS con COCHLEA, como admitió este lingüista, sino variantes de la misma creación expresiva que la voz castellana.

CUCARDA, 'escarapela', del fr. *cocarde* íd., derivado del fr. ant. *coquard* 'necio, vanitoso' y éste de *coq* 'gallo'. 1.ª doc.: Terr.; Acad. ya 1843; Pagés cita ej. de Pardo Bazán.

Poco usado. Sufrió el influjo de las voces genuinas en *cuc-* que se estudian precedentemente y a continuación.

Cucarro, V. *cuco*   *Cucayo*, V. *coca* I   *Cucio*, V. *cuco*   *Cucita*, V. *gozque*

EN CUCLILLAS, viene del anticuado *en cluquillas*, y éste de **en cloquillas*, derivado de CLUECA, por ser ésta la posición que toma al empollar los huevos. 1.ª doc.: *en cluquillas*, 1560-75[1]; *de cuclillas*, 1571 (Molina, *Vocab. en lengua Mexicana*, s. v. *xoloca); en cuclillas*, 1601, Antonio de Herrera (*Aut.*).

Esta etimología fué indicada por Covarr. y confirmada por M. P., *Rom.* XXIX, 344-5, señalando el bearn. *acloucà-s* 'tomar la posición de la clueca' (Lespy), it. *accoccolarsi* 'sentarse sobre los talones'[2]. Pero la forma etimológica no es hipotética, como podría creerse, sino que además de Cervantes de Salazar la emplearon Bernal Díaz (1580) y Gonzalo Correas (*BDHA* IV, 390) y también se halla en Mateo Alemán (según Sánchez Sevilla). Hoy subsiste *de cluquillas* en Costa Rica (Gagini), y el derivado *encluquillarse* en Chile (Amunátegui, *Al través del Dicc. y de la Gram.*), *en cluquillas* o *culuquillas* en Cespedosa y sus alrededores (*RFE* XV, 139), de donde *culuquías* en el judeoespañol marroquí (*BRAE* XV, 52), *acloquillado* en el Centro de Cuba (Mz. Moles); Alvarado, *Glos. del bajo esp.* en Venezuela, indica, con textos de antiguos autores americanos, que se consideraba locución muy vulgar. Formaciones paralelas son *en cloquetas* 'en cuclillas' y *clocarse* 'ponerse en cuclillas' en el bajo aragonés de Segorbe (Torres Fornés), *acuclarse* íd. entre los sefardíes de Marruecos (*BRAE* XIV, 567)) y el adjetivo *clueco* 'acuclillado' en Mendoza, Argentina (Draghi, *Canc. Cuyano*, 404). El gall. *en crequenas, querquenas* 'en cuclillas' (Vall.) es de esta familia, quizá disimilación de **cloquelas*; desde luego sin relación con CALCANEUM (por más que diga GdDD 1260), según prueban las dos *ee* y la *n* no palatal.

Deriv. *Acuclillarse.*

[1] «Los indios... se estaran un día entero sentados *en cluquillas* sin hablar», Cervantes de Salazar, *Crónica de Nueva España*, libro I, cap. 16 (I, p. 35).— [2] Vco. b. nav. *kokorikatu* 'ponerse en cuclillas, acurrucarse'; *kokóríco* 'en cuclillas' ibid., sul., bazt., Ainhoa (lab.) y San Sebastián, *kokorika* íd guip.

CUCLILLO, de la variante *cuquillo*, diminutivo de *cuco*, que también significa lo mismo, voz onomatopéyica, creada análogamente en muchos idiomas (lat. *cuculus*, etc.). 1.ª doc.: *cuco*, Marqués de Santillana († 1458)[1]; *cuquillo*, Quevedo († 1645; otro ej. probable y algo anterior cito en CUCO); *cuclillo*, APal. 139b, 511d.

Éste figura también en Nebr., Fr. Luis de Granada (*Aut.*), Oudin (1607), en el propio Quevedo, etc. *Coquillo* en el sentido de 'cornudo' se lee en Quiñones de B., *NBAE* XVIII, 761; con esta ac. aparece *cucrillo* ya en el *Canc.* de Baena, y con la misma emplean *cuclillo* Góngora y Covarr.: se explica por la creencia popular de que la hembra del cuclillo pone los huevos en los nidos de otras aves para que se los empollen, lo que dió lugar a la denominación fr. *cocu*, para la cual véase Bloch; *FEW* II, 1454-6; y la bibliografía ahí citada. La forma *cuco* es imitación clara de la voz típica de esta ave, que ha dado lugar a multitud de denominaciones comparables que no hace falta enumerar; bastará que recordemos lat. *cucŭlus*, gr. χόχχυξ ingl. *cuckoo, cuckold*, alem. *kuckuck*, fr. *coucou*, cat. *cucut*, y como especialmente próximas el hispano-lat. *tucus* mencionado por S. Isidoro (XII, vii), el port. *cuco*, y el ár. hispánico *ququq* (R. Martí), ár. hispánico, magrebí y oriental *ququ* (Simonet, s. v. *cucc, cucu*, comp. derivados s. v. *cúcara*)². Puede dudarse en cuanto a la relación mutua en que se hallan las varias denominaciones castellanas entre sí y con el nombre latino. Sería posible a primera vista mirar a *cuclillo* como derivado de un *cuclo* procedente del lat. CUCULUS por evolución fonética, tanto más cuanto que existe una variante CUCCULUS en glosas (*CGL* II, 352.2) y que algunos poetas latinos midieron CUCŬLUS³. Sin embargo, aun una base CUCCŬLUS sería poco satisfactoria desde el punto de vista fonético, pues con evolución rigurosamente hereditaria deberíamos esperar CC'L > *ch*. Por otra parte, casi todas las formas romances son creaciones nuevas a base de la onomatopeya, y éste es el caso indudable de *cuco* y *cuquillo*; luego es preferible considerar a *cuclillo* como producto de una alteración de este último por repercusión de la líquida; ast. *cuquie-llu* 'cuclillo' *cucar* 'imitar el grito del cuclillo' (V). Gall. *cuco*, Sarm. *CaG. A20r, 91v, 93r*; como nombre de las lapas, *220v, 91v*, es lícito dudar si corresponde aquí o a *COCO*; tampoco está asegurado, aunque es probable que sea lo mismo *cuquelo, 220v, A14v*, que creo Sarm. encontró sólo como topónimo (*Outeiro dos Cuquelos*), junto a Pontevedra, *229v*.

¹ Poesía *El Cuco*, estudiada por M. P., *Poesía Árabe y P. Europ.*, p. 94.— ² En Santiago del Estero (Arg.) *coco* es animal parecido a la lechuza, que cuando va a llover hace oír una voz parecida a su nombre (O. di Lullo, *La Prensa* 11-VIII-1940); luego debe ser una ave muy análoga al cuclillo.— ³ Pero son poetas de la decadencia, época carlovingia, mientras que Plauto y Horacio miden CŬCŬLUS, de donde vienen, en efecto, el toscano *cuculo* y el cat. ant. y oc. *cogul*. Ahora bien, este vocalismo no podría explicar la palabra castellana.

CUCO, en sus varios significados contiene esta voz un agregado de homónimos de sentido y formación diversos, pero todos ellos de creación expresiva u onomatopéyica. *1.ª doc.*: 1588-98, Rosas de Oquendo¹. Mozár. *qûqŭ* (*tú eres un ~*) '¿taimado, astuto?', al parecer, en una muwáššaḥa de Alcazzaz (h. 1100), *Al-And*. XV, 103.

En la ac. 'taimado, astuto' viene de *cuco* 'cuclillo'; pues, como observa Riegler, *Litbl*. LII, 374, el cuclillo es mirado ora como engañador ora como engañado, comp. it. *cucco*, lat. *cuculus*, gr. χόχχυξ, 'necio' y por otra parte el fr. *cocu* significa en Troyes 'el que hace cornudo a otro' (*FEW* II, 1454a). Variante en la base onomatopéyica conten-

drá el ast. *cuciu* 'astuto, sagaz' (V), a no ser que se explique por una contaminación. De 'taimado' pasó luego *cuco* a 'pulido, mono' (ya Acad. 1843), seguramente porque a la mujer que sabe arreglarse se la considera muy hábil. Como nombre de un juego de cartas, viene del grito ¡*cuco*! que debe dar el jugador. En la ac. 'oruga o larva de cierta mariposa nocturna' [*Aut.*] es voz de creación expresiva, cuyos análogos se han estudiado ya s. v. *CUCARACHA* y *COCO*; en este último artículo se ha visto también el significado 'fantasma para espantar a los niños', de creación análoga. Comp. *CUCLILLO*.

DERIV. *Cuca* 'chufa' [y en pl. 'golosinas': Covarr., V. s. v. *COTUFA*], 'larva u oruga' [*Aut.*; *mala cuca* 'hombre malicioso', propiamente 'mal bicho', en Covarr. y Quevedo], 'mujer enviciada en el juego' (de 'tahur' y éste de 'taimado, engañador', ast. *cuca rabona* 'ser imaginario de que hablan las rimas populares' (V). *Encucar* ast. 'recoger nueces, avellanas, etc.' [*Aut.*]. *Cucar* 'mofar' [h. 1500: J. del Encina, cita en Lamano], 'guiñar', 'avisarse (los cazadores)', 'salir corriendo el ganado cuando le pica el tábano' (en esta ac. procede de *cuca* 'bicho'). *Cucarro* 'apodo que se da al fraile aseglarado' [Covarr., que cita el dicho infantil *fraile cucarro, dexa la missa y vete al jarro*; Oudin, 1616, deduce de ahí «*cucarro* o *cuco*: dado al vino: yvrogne, subject au vin»]. *Cuquero. Cuquería. Cuquear* 'azuzar'. *Cuquera* arag. 'gusanera'.

CPT. *Cucamonas.*

¹ «Poetas mil d'escaso entendimiento, / cortesanas de honrra a lo borrado; / de *cucos* y cuquillos más de un cuento [= un millón], / de rrábanos y coles lleno el bato, / el sol turbado, pardo el nasimiento: / aquesta es Lima y su hordinario trato», *RFE* IV, 352. Rosas vivió en el Perú unos diez años, y se fué poco después de 1598. Probablemente *cucos* significa 'taimados, engañadores', y *cuquillos* 'cornudos'. Claro está que juega con las palabras.

CUCUIZA, probablemente voz indígena de las Antillas. *1.ª doc.*: falta aún Acad. 1899.

Según la Acad. es voz americana con el sentido de 'hilo obtenido de la pita'. Malaret, *Vocab. de Puerto Rico*, registra *cocuisa* 'henequén verde, una de las especies del maguey', y además de Puerto Rico, dice que se emplea en Méjico y Venezuela.

Cuculla, V. *cogulla*

CUCÚRBITA, 'retorta, vasija para operaciones químicas', tomado del lat. *cucurbĭta* 'calabaza', por la forma. *1.ª doc*: Terr.; Acad. ya 1843.

DERIV. *Cucurbitáceo* [Acad. 1884, no 1843], 'perteneciente a la familia botánica de la calabaza'.

Cucurucho, V. *cogulla* y *coroza*   *Cucuruta*, V.

cogote   Cucuy(o), V. cocuyo   Cuchar, v., V.
cochino; f., V. cuchara

CUCHARA, del antiguo y dialectal cuchar y
éste del lat. COCHLEAR, -ĀRIS, íd. 1.ª doc.: culia-
re, en doc. leonés de 910; cugare (grafía arcaica
por cuchare)¹, en doc. de Covarrubias, 1112
(Oelschl.); cuchara, Nebr.

El tratamiento fonético de COCHLEAR en castellano ha dado lugar a muchas especulaciones. Dejando aparte el cambio de o en u, que a algunos
ha causado escrúpulo, pero que puede explicarse
fácilmente por la acción del complejo grupo palatal siguiente (comp. Baist, KJRPh. VIII, i, 201),
queda sobre todo la explicación de la ch. Sorprende a primera vista no hallar -j- como resultado de
-CHLI- cuando en los demás romances no hay resultado diferente del de -CL- o -LI-: port. colher
f., gall. cullér² y cullera³, cat. cullera, oc. culher
m. o culhera f., fr. cuiller f., it. cucchiaio, etc.⁴.
Baist (GGr. I², 903) y Schuchardt (RIEV, 1914)
admitieron reduplicación de la -C- (*COCCHLEAR,
*COCCULARIA) por influjo de *COCCA o *COCCULA
'concha' variantes de COCHLEA; pero estas formas
atribuídas al latín vulgar por estos autores (vid.
Körting, 2283, y Schuchardt, Rom. Etym., respectivamente) son a su vez de existencia dudosa. Salvioni (Rom. XXXIX, 441-2), seguido por G. de
Diego (Contr., § 111), creía en influjo de cuchillo⁵.
Por otra parte, M. P. ha sostenido desde las primeras ediciones de su Manual (§ 53.6) que ch es
el resultado normal del grupo complejo -CHLI-⁶.
Lo más probable es la explicación apuntada por
A. Castro (RFE III, 68-69) y A. Alonso (RLiR
I, 344-5): ch es debida al ensordecimiento normal
de la ḷ arcaica castellana en posición postconsonántica, del mismo modo que CINGULA después de
pasar por cinḷla se cambió en cincha (comp. port.
cilha o cinho, como colher)⁷.

Dialectalmente existieron formas de COCHLEAR
con ll a ambos extremos del territorio lingüístico
español. He citado ya algunas leonesas; ast. cuyar
f. (V, R), junto a cuchar f. (R). En Aragón se
halla cullar f., en doc. de 1374 (BRAE II, 349) y
hoy se dice así en Aineto, Fablo, Biescas, Echo
(RLiR XI, 22) y, según me informan particularmente, cullá f. en Ansó; en Navarra dicen cujar
f. 'cucharón' (oído en el Roncal); b. nav. goḷare
«cuiller», la misma forma registra Landucci en
alavés antiguo; vizc. koḷara; Lhande da koḷara
y koḷira en vasco-francés; hoy los puristas emplean en este sentido zali, pero éste es más propiamente 'cucharón' (Azkue, prol. p. XIX), aunque el cpto. burruntzali puede ser 'cuchara de
hierro' además de 'cuchara'. Azkue usa cujal 'cucharón' hablando de Orozco (vizc.).

La forma fonética cuchar f., de terminación
consonántica, se empleó hasta muy tarde: figura
en APal. 173d, 515d, en el testamento de Fernando de Rojas, 1541 (RFE XVI, 380), en boca de

Don Quijote cuando se finge pastor (II, lxvii, Cl.
C. VIII, 230), en Quiñones de B. (NBAE XVIII,
805b, rimando con par), Aut. da todavía cuchar
antes de cuchara, y cita aquella forma en Guevara
y Fz. de Navarrete, y hoy sigue empleándose en
Salamanca (vid. Lamano) y en Castilla la Vieja
(cuchare en Carazo, partido de Salas: G. de Diego, RFE III, 303). El influjo del género femenino
fué causante de la forma moderna⁸.

DERIV. Cucharada [Nebr.]. Cucharal. Cucharear.
Cucharero. Cuchareta; cucharetear, cucharetero
[1605, López de Úbeda, p. 75a (Nougué, BHisp.
LXVI)]. Cucharilla. Cucharón [APal. 284d]. Cucharrena 'espumadera' en un pueblo de Castilla la
Vieja, según F. de C., RABM, 1875, p. 105. Ast.
escuyarapiar 'revolver con la cuchara las viandas
que hay en la olla o en el plato' (V).

Coclearia 'cierta hierba crucífera', derivado culto de cochlear, por la forma de las hojas, semejante a cucharas. Otros cultismos procedentes del lat.
cochlea 'concha', de donde derivaba cochlear: cóclea 'rosca', coclear adj. 'en forma de espiral', coclear m. 'unidad de peso equivalente a media
dracma', por el uso de la cucharada como medida
farmacéutica.

¹ Grafía comparable es cuiar m., en doc. de la
Rioja Baja (M. P., D. L., 130.34). Para estas grafías arcaicas del fonema ch, vid. M. P., Oríg., 67-
68.—² Sarm. CaG. 78r, F. J. Rdz., Crespo Pozo,
etc., que además es nombre del renacuajo. Sarm.
parece que emplea pez de cuchara en el sentido
de pescado consumido normalmente en sopa
(menos sabroso que v. g. el barbo), CaG. 81v12
y ss.—³ «Na casa do ferreiro cullera de pau» Castelao 65.28.—⁴ Bartoli llegó aun a suponer que
-ch- sería el único representante autóctono de -CL-
en castellano, y una -j- corriente se debería a un
galicismo (KJRPh. XII, i, 130n.). No hace falta
rechazar esta divagación.—⁵ En apoyo de este
punto de vista hubiera podido citar la observación
de Krüger, Homen. a M. P. II, 126-7, de que en
Sanabria la forma cullere empieza en el mismo
pueblo, Hermisende, donde se empieza a decir cutelo y no cuchillo, y de que ambas formas castellanas cuchara y cochillo penetran algo en territorio
gallego. Sin embargo, esto último no prueba nada,
pues se trata de castellanismos naturales en términos de civilización, y el caso de Hermisende,
pueblo que señala en todos los casos la frontera
lingüística hispano-portuguesa, no enseña mucho
al que ya sabe que en portugués se dice colher y
cutelo.—⁶ Aunque no se conocen otros casos iguales podría creerse que la ị determinó la duplicación de la C a través de la L intermedia, así como
-PI- se cambió en -PPI- (SAPIAT > sepa), -VI-
en -BBI- (de donde gabia, labio), y quizá no
sería objeción bastante el que -CI- justamente no
se duplique en castellano (-ACEUM > cast. ant.
-azo). Emití esta opinión en AILC I, 137n. Pero
allí mismo indiqué ya que la lección cocclea que

hallamos en ciertos manuscritos de Plauto es sospechosa de ser debida a una errata mal corregida del copista.— [7] La palatalización del grupo -CL- en todos los romances occidentales presupone que la c debió hacerse implosiva en el romance primitivo. Representando los sonidos implosivos o finales de sílaba por el signo ˘ superpuesto, las palabras como OCULUM debieron pasar por la evolución oğlu > oğlu > oylu > oḷu (de donde port. olho, cast. ojo, fr. oeil, etc.), palatalización paralela a las de FACTUM > feito y LIGNA > leyna > leña. Ahora bien, COCHLEARE > coglar > cogčar > cu(y)char es paralelo a cincha < cinḷa (< cin(g)ḷa).— [8] Acs. secundarias: 'llana de albañil' en la Arg., Cuba, Venezuela y Méjico, con antecedentes en España: Toro, BRAE VII, 604. En Chile designa un insecto o gusano empleado como cebo para pescar, comp. el arg. cuchareta 'renacuajo'. En el Alentejo y Algarbe cucharro es una especie de escudilla de corteza para beber agua; en Andalucía es una vasija de calabaza para trasegar vino (AV). C. Michaëlis, RL XIII, 293, cree que viene de un port. arcaico cuchar 'cuchara' (comp. colhar en Mestre Giraldo, año 1318). Pero es más probable que sea forma mozárabe derivada de CUEZO 'artesilla', 'cuévano pequeño', comp. cocharro 'vasija de barro para conservar el agua fresca' en Serpa, cocho en el Alentejo, con el sentido primeramente definido, port. cocho o coche 'artesa para transportar cal amasada', en el Brasil 'gamella para el ganado' (Fig.). Un cucharro sale en doc. de Valladolid de 1440 (M. P., D. L., 234.14, 31). Si será castellanismo el trasm. cocharra 'cuchara'.

Cucharrena, V. cuchara   Cucharro 'escudilla', V. cuchara; 'tablón de refuerzo en las naves', V. cochinata

CUCHÉ, papel ~ 'el muy satinado y barnizado que se emplea para publicaciones con grabados', del fr. papier couché 'aquel sobre el cual se ha extendido el primer color para que haga de fondo a los demás', derivado de couche 'capa (de color, etc.)', y éste de coucher 'acostar'. 1.ª doc.: falta aún Acad. 1899.

Cuche, cuchi, V. cochino

CUCHICHEAR, voz onomatopéyica. 1.ª doc.: chucheador d'orella 'que cuchichea al oído de alguien', 2.ª mitad del S. XIII, Vidal Mayor 1.70.41; cuchuchear, 1586, Barahona de Soto; h. 1590, D. de Vegas (R. Marín, 1000 Voces); h. 1630, Centón epistolario[1]; cuchichiar 'formar la perdiz su canto', 1643, Mz. de Espinar; cuchichear 'susurrar al oído', ya Acad. 1783.

Aut. recoge además una variante cuchear. Comp. cat. xiuxiuejar 'cuchichear', fr. chuchoter, etc.; gall. chuchear 'cuchichear', 'decir o llevar chis-

mes' (Vall.); gall. rechouchiar 'gorjear', 'trinar los pájaros,' 'algarear, gritar los niños' (Eladio Rdz.), rechouchio 'gorjeo, algazara o vocería de niños' (Castelao 211.10; Eladio Rdz.); rechoucheiro 'algarero' (Eladio Rdz.). Pero port. cochichar [1547, Moraes]; Sajambre escuchiquear 'hablar al oído' (Fdz. Gonz., Oseja, 262). Es improbable que cu- sea una especie de prefijo, que reaparecería en cuchufleta (junto a chufleta, chufa), como supone Baist, RF IV, 418, pues un elemento oclusivo k- puede entrar en la impresión auditiva del cuchicheo. El carácter onomatopéyico es manifiesto en el cuchuchú de la perdiz (1588, J. de Pineda, Cej. VIII, p. 439).

En Cuba cuchunchear 'tramar algo varias personas' (F. Ortiz).

DERIV. Cuchicheo.

[1] Como ahí se trata de un cuchicheo al oído para comunicar chismes, Aut. abre una ac. 'decir o llevar chismes', que después ha quedado, sin mucho fundamento, en el diccionario académico. Aut. reconoce, sin embargo, que cuchuchear es lo mismo que 'susurrar'.

CUCHILLO, del lat. CŬLTĔLLUS 'cuchillito', diminutivo de CULTER 'cuchillo', 'reja del arado'. 1.ª doc.: cuchiello, Berceo; cuchillo, 1219, F. de Guadalajara: Oelschl.

También son corrientes en la época arcaica las variantes cochiello (Apol., 375) y cochyllo (Fn. Gonz., 156).

DERIV. Cuchilla [cuchiella, Alex.; 1.ª Crón. Gral. 397b8; cochylla, Fn. Gonz., 64]; la ac. figurada 'ceja o línea de cumbre de una sierra' es general en América (Cuba: Pichardo; muy común en la Arg., y en el resto del continente: Cuervo, Ap.[1], p. 425; M. L. Wagner, RFE XV, 296; XX, 177), no es ajeno a España (Granada), y se halla ya en Aguado (h. 1565), J. de Castellanos (1590) y en el Bernardo de Balbuena (Friederici, Am. Wb., 222-3; A. Malaret, Por mi Patria y mi Idioma, p. 10)[1]; cuchillo tiene la misma ac. en Cabeza de Vaca (1542). Cuchillada [Nebrija; guchillada: fin S. XIV, Fz. de Heredia, BHisp. LVII, 452]. Cuchillar adj. Cuchillejo [cuchellijo: Berceo; cuchillejo, APal. 165d], cuchilleja. Cuchillero; cuchillería. Cuchillón. Acuchillar [S. XIV, Cast. de D. Sancho], también se ha dicho cuchillar; acuchilladizo, acuchillado, acuchillador, acuchillante.

[1] Hay variantes de significado. La Acad. define «montaña escarpada en forma de cuchilla», sin localizar. Pichardo «montaña o altura escarpada... corva y afilada». En Entre Ríos (Arg.) designa unas lomas características, de 100 a 200 metros de altura, que cruzan esta provincia (Sarmiento, Argirópolis, en Páginas Selectas, 1938, p. 253).

Cuchimán, V. cochino

CUCHIPANDA, 'comida que toman juntas y regocijadamente varias personas', voz afectiva y reciente, de origen incierto; si no es vocablo jergal de procedencia forastera, podría venir de *cochipanda, propiamente 'llena de guisados', compuesto del antiguo cocho 'cocido' (V. COCER) y el adjetivo PANDO 'hinchado, lleno, vanidoso'. 1.ª doc.: Acad. 1884, no 1843.

Nadie ha estudiado el origen de este vocablo, exclusivamente castellano, que Besses (1905) recoge todavía como palabra popular («refrigerio improvisado; juerga») en su diccionario jergal. Los sinónimos existentes—comilona, pipiripao, parranda, juerga, jolgorio, cub. rumba, rumbantela, cumbancha, etc.—no nos enseñan mucho acerca del posible origen. Debe desconfiarse de etimologías antiguas tratándose de palabras como ésta, de fecha moderna y de carácter familiar y fuertemente afectivo, que fácilmente pueden ser de origen gitano o tener otra procedencia jergal forastera. Hechas estas reservas, especialmente mientras no se halle el vocablo en fuentes más antiguas, cabe imaginar la etimología indicada arriba, sobre todo teniendo en cuenta que pandilla significa, entre otras cosas, 'cualquier reunión de gente, y en especial la que se forma con el objeto de divertirse en el campo', y que boquipanda significa 'habladora, larga en pláticas y consejos', propiamente 'llena o hinchada de boca', en La Pícara Justina[1]: paralelamente pudo formarse *cochipanda, a base de cocho 'cocido', participio de COCER, que fácilmente tendría el significado 'guisado, manjar'; en cuanto a PANDO, significa 'lleno', 'hinchado', en portugués; 'hinchado, cóncavo', en Asturias (Rato); 'vanidoso, preferido, torcido, poco profundo' en varios países de América; acs. derivadas que se explican fácilmente a base de 'lleno', 'hinchado'. En Valencia se dice cutxapanda como nombre de un guisado o comida forastera (Martí Gadea, Tèrra del Gè I, 317); comp. cutxamanda y cutxamander 'entrometido' (G. Girona, p. 191; Escrig, s. v. cuj-), arag. cuchimandrero 'persona que pierde el tiempo hablando de cosas sin importancia' (Coll A.)[2].

[1] «Mi madre era menos boquipanda que su matrimonio: todos los recados que nos enviaba eran con las dos niñas de sus ojos», ed. Puyol, I, 106.— [2] A su vez éste recuerda el dismendera como defecto femenino del Spill de J. Roig (vid. Spitzer, Lexik. a. d. Kat., 2).

Cuchitril, V. cochino   Cuchivache, V. cochino y bache II   Cucho, V. cochino y gozque   Cuchuchear, cuchuchú, V. cuchichear   Cuchufleta, cuchufletero, V. chufa y cotufa   Cudón, V. codón

CUDRÍA, 'soguilla de esparto crudo en forma de trenza, de un dedo de grueso, con que se ensogan los serones y espuertas', del adjetivo antiguo crudío 'áspero, fuerte', derivado de CRUDO. 1.ª doc.: 1680, Pragmática de Tasas, cit. por Aut.

Es el único testimonio que cita Aut.; Terr. y la Acad. reproducen sin modificaciones el artículo de Aut., pero olvidan el acento, que, como de costumbre, en Aut. sólo figura en el texto, pero no en el encabezamiento del artículo. Por el aspecto podría ser vocablo arábigo, pero no hallo en árabe nada análogo (Belot; Dozy, Suppl.; Lerchundi; PAlc.). La documentación es demasiado antigua para admitir que viene de *cordilla con yeísmo; y no es posible derivarlo de cuerda (como propone la Acad.) en otra forma. Covarr. (s. v. crudezas) registra «crudio, lo que no tiene en sí suavidad, como el cuero áspero que está mal adereçado; sombras crudias, cerca de los pintores, las muy fuertes». Está ya en la Gr. Conq. de Ultr., h. 1300, p. 574; crudío 'cruel, rudo, grosero', rimando con poderío y amorío en el villancico de J. del Encina Nuevas te trayo carillo (ed. 1496, f° 97 v°). Indudablemente debe acentuarse crudío, aunque Aut., al reproducir las palabras de Covarr., ponga el acento en la u, pero como los académicos advierten que era «voz sin uso» en su tiempo, su testimonio en este caso carece de valor. Claro que es palabra formada como bravío de bravo, o cochío, baldío, tardío, bajío, etc. Para la metátesis comp. COSTRA < CRŪSTA.

Cueca, V. zamacueca   Cuélebre, V. culebra
Cuelga, cuelgacapas, V. colgar

CUELMO, leon., 'haz de paja de cereales', quizá del lat. CŬLMUS 'tallo o caña del trigo', pero más bien parece tratarse de un *CŎLMOS afín, perteneciente a otra lengua indoeuropea, probablemente el céltico. 1.ª doc.: 1605, Pícara Justina, ed. Puyol, I, 198.

«Parecían puramente las çorras de Sansón con cuelmos encendidos en las colas», se lee en esta novela que, como es sabido, refleja las costumbres leonesas, y parece haber sido escrita por un leonés. La Acad. [ya 1843], entendiendo mal este pasaje, que creo único anterior al S. XIX, tradujo 'tea', y todavía se mantiene en el diccionario esta definición infundada. Oudin (1616, falta en 1607) entendió mejor: «un bouchon de paille». Es palabra exclusivamente leonesa y gallegoportuguesa: ast. occid. cuelmu «halm» ('caña de cereal'), culmietşu «halmfackla» ('antorcha de paja', Munthe), colmo 'gavilla o haz de trigo, centeno o cebada' (Acevedo-F.), Astorga cuelmo 'haz de paja larga, desprovista de grano, que se extrae por percusión majando las espigas; se emplea en el relleno de jergones, embaste de albardas y colleras, y para techar casas pobres, pajares y cortes' (A. Garrote), Maragatería cuelmo íd. (BRAE II, 639), Bierzo cuelmo 'haz que se hace con la paja del centeno juntándola por la parte de la espiga desgranada e igualándole por la parte inferior' (G. Rey), gall. *colmo* 'paja de centeno, ya majada', *colmeiro* 'manojo de paja majada o sin grano ya' (Vall.), port. *côlmo* 'tallo de las gramíneas entre la raíz y la espiga', 'tallo del junco y de la juncia', *colmado* 'casita cubierta de *côlmo*', 'choza pajiza'[1], sanabr. *colmo, cuolmo, cuelmo, colmado* 'techo'. Si *cuelmo* viene del lat. CŬLMUS, la diptongación que presenta es sorprendente. Como por otra parte está claro que *colmena* es derivado de *cuelmo*, y el sufijo -ĒNA es típicamente céltico, cabe plantear la hipótesis de si *cuelmo* viene en realidad de un céltico *OŎLMOS, hermano de la voz latina y de sus congéneres indoeuropeos (a. alem. ant. *hal(a)m* íd., gr. χάλαμος 'caña', letón *salms* 'brizna de paja', búlgaro *sláma*, ruso *solóma* 'paja'). El área de *cuelmo*, exclusivamente leonesa y gallegoportuesa, y el hecho de que CULMUS no haya dejado descendencia romance, apoyan este celtismo, y la vocal cerrada del port. *côlmo* no puede oponérsele, pues se explica sin dificultad por metafonía ante la -*o* final. Para más precisiones sobre la etimología céltica, vid. COLMENA.

DERIV. *Escomar*, rioj. [Acad. después de 1899], 'desgranar la paja de centeno, cáñamo o lino' < *escolmar; port. *escolmar* 'arrancar, segar el cuelmo' ya h. 1601 en Simão Machado (Moraes), gall. *escolmar* 'seleccionar, elegir, destinar a una persona o cosa para algún fin' (Carré), empleado en Mondoñedo y Salnés según Crespo Pozo s. v. *escoger*, «lle ceibou enriba da cresta un repertorio, *escolmado* de denostos» Castelao 234.24; *esoplma* 'selección, antología', Mtz. López, *Bol. Fil. Chile* XI, 14; palabra que no aparece en los diccs. gallegos anteriores al de *Irm. Fa.*, pero hoy muy empleada. Vocablos influídos en su sentido por el verbo *escoger*.

[1] De esta voz portuguesa, más bien que del verbo castellano *colmar*, vendrá *colmado* en la ac. 'figón o tienda donde se sirven comidas especiales, principalmente mariscos' (falta aún Acad. 1899). El fin de la definición indica una voz del Litoral atlántico, quizá oriunda de Galicia o Asturias, o de Andalucía, donde creo efectivamente que el vocablo se usa; con fecha reciente ha pasado el vocablo a América en la ac. 'cabaret'. En el castellano local de Barcelona se introdujo h. 1915 en el sentido de 'tienda de comestibles' (algunos la emplean, aun en catalán, en lugar del tradicional *adrogueria*).

CUELLO, del lat. CŎLLUM íd. *1.ª doc.*: Cid.

El gall. *colo*, además de 'cuello', ha tomado el sentido de 'regazo materno' (Castelao 97.7), lo cual se explica por la locución *trager* o *levar a colo* 'llevar a cuestas' (también cat. *portar a coll*); ya aparece así en una CEsc. de Alfonso el Sabio (R. Lapa 31.8; «escud'a colo en que sêve un capon» 57.4; «tragía a seu colo hũa imagen d'almafí» *Ctgs.* 399.6); y como las mujeres suelen llevar a los niños a cuestas, y así aparece en otra ctga. («de trager, por seu pediolo, / o fillo doutro no *colo*» CEsc. 106.6, 12, 18), o lo tienen en el regazo, se pasó de lo uno a lo otro. Generalizándose y gramaticalizándose *levar en colo*, pasó *encòlo* a tener valor de adverbio 'sobre' y luego preposición *en colo de*, estereotipada y sincopada *encol de* 'sobre' (con la misma amplitud semántica que esta preposición castellana, aun en las aplicaciones figuradas: «supersticions *encol da* morte», «escrebir *encol das* cruces», «lembranzas *encol das* pelengrinaxes», «*encol do* seu arte» Castelao 94.18, 104.5, 112.5, 67.21, 121.13).

DERIV. *Colla* 'gorjal, parte de la armadura que defiende el cuello' [ya Acad. 1843; Hevia, 1857; Leguina], ha de venir de otro romance, pero no conocen tal vocablo los diccionarios del portugués, catalán, lengua de Oc, francés ni italiano (aquí solamente *colla* 'soga para dar tormento'). *Collar* [ya en doc. arag. de 1255, BHisp. LVII, 453; h. 1400, *Glos.* de Palacio], del lat. COLLARE íd.; *collarada* 'parte de una camisa' [J. Ruiz, 1035e]; *collareja; collarejo; acollarar; collarín; collarino* [1615, Villaviciosa], tomado del it. *collarino* íd. *Collada* ant. 'cuello'. *Collera* ast. 'collar de madera que se pone a las reses vacunas para atarlas al pesebre' (V). *Collete* ast. 'la parte delantera superior del vestido' (V). *Apercollar* 'acogotar, matar a traición', 'coger (algo) de prisa y como a escondidas' [*Aut.*], 'coger por el cuello (a alguno)' [ibid., como vocablo vulgar], *percollar* 'investigar' ant. (Tirso, en C. Michaëlis, *Sá de Miranda*, p. 924), 'hurtar' gnía. [falta aún *Aut.*], comp. oc. *percolar* 'abrazar'. *Descollar* [*descollarse*, princ. S. XVII], *descuello*; también *escollar*. Y vid. COLOÑO.

CPT. *Collalba* 'mazo de madera con el cual los jardineros desmenuzan los terrones' (falta aún Acad. 1899): el fundamento semántico no es claro; quizá se trate de una comparación con un animal, comp. *cuello-alba* 'águila de cuello blanco' en Juan Manuel, ed. Rivad. LI, 250. *Cuellicorto. Cuellidegollado* [1605, *Pícara Justina*]. *Cuellierguido* [íd.]. *Cuellilargo.* Gall. *cordoveas* 'venas yugulares' (Carré[2, 3]; *Irm. Fa.*), port. *cordoveias* 'venas y tendones del pescuezo', con variante formal *cordovelas* 'los músculos de la garganta', sólo recogido por Sarm. en Pontevedra 1747 (CaG. 110v), y por una comparación de las venas salientes de los dos miembros, vemos *cordovea* aplicado al pene ya en una CEsc. del S. XIII (R. Lapa 225.41). No creo que sea compuesto de CORDA como creían Sarmiento y Nascentes, pues como ya observa Pensado (CaG., 144) sería muy extraña la contextura del vocablo o modo de composición. Debe de haberse tratado de un término semiculto de médicos o anatómicos *colli venas* 'venas del cuello', que desde *collivēas* se diferenciaba en *coldevēas* y sufría luego asimilación vocálica *cordoveas* con un cambio de *l* en *r*, debido en parte al influjo de *corda* y *cor-*

dobán y por otra al de *gordo*, pues en efecto esas venas son gordas y salientes. La variante en *-ela* es dudoso si resulta de un *coldovera (cf. cambio paralelo en *cañavera*) con metátesis, o es mera errata por *-veia* (también se podría pensar en un diminutivo VENELLA > *veela*, pero me parece poco probable).

Cuemo, V. *como*   *Cuémpadre*, V. *padre*

CUENCA, 'pila', ant., 'escudilla de madera empleada por peregrinos y mendigos', 'cavidad en que está cada uno de los ojos', 'territorio rodeado de alturas o cuyas aguas afluyen todas a un mismo río, lago o mar', del lat. CŎNCHA 'concha de molusco' y éste del gr. κόγχη íd. *1.ª doc.:* 1065, como nombre propio de lugar (Oelschl.); *cuenca* 'platillo destinado a despedir el agua de lluvia, evitando que se escurra a lo largo del poste de la tienda', h. 1270, *Crónica Troyana en prosa y verso* (*RFE* XXI, 392-3)[1].

Nebr. da *cuenca* 'pila' y *cuenca del ojo*. *Conca* gnía. 'escudilla' [1609, J. Hidalgo], que la Acad. registra además como ant. en la ac. 'cuenca', ha de ser tomado de otro romance (en Góngora figura como voz típica de Galicia); en la ac. 'concha, caracol' es cultismo. Véase, además, s. v. CONCHA.

Gallego-portugués *conca* y *cunca* 'escudilla de palo o de barro', que hoy se han repartido variamente en ambos países las diversas acepciones (vid. Fig. y Crespo Pozo, s. v. *cuenca* y *cuenco*). En portugués predomina modernamente *conca*, salvo en Tras os Montes y en el Minho (de donde ya Moraes considera propia la variante en *u*), pero como se emplea también en partes del Brasil y del Alentejo (aquí en sentido traslaticio) supongo que antes debió de ser forma muy extendida en Portugal; en cambio en gallego tiene hoy *cunca* mayor extensión, así en el sentido de 'escudilla' como en el de 'taza' y el de 'palma cóncava de la mano'[2]. Es ya forma antigua pues figura en una cantiga de escarnio, donde *escudela* y *cunca*, nombres de utensilios (*varrer a cunca, a esc.*, 'rebañarlas'), se emplean jocosamente en el sentido de 'devastar la cuenca de Pamplona', R. Lapa *CEsc.* 240.8. Es debido a un poeta Joan Soares de Pávia, a quien se ha supuesto aragonés o catalán (porque hay un *Pavía* cerca de Cervera de Segarra pero éste se acentúa en la í) porque cita muchos lugares de Navarra y Aragón, pero es una ocurrencia falsa pues Suárez no ha sido nunca nombre catalán, ni aun aragonés, sino ante todo gallego-portugués, y se trata sin duda de una de las tres localidades portuguesas llamadas, una *Paiva* y dos *Pavia*. Tampoco creo que acierten al fecharla en 1213 o 1196 so pretexto de que estas incursiones de navarros en Aragón, y de aragoneses en Navarra, ocurrieron a raíz de las batallas de Alarcos o de Muret, pues hubo otras a mediados y a

fines del S. XIII, que es de cuando datan las más, si no la totalidad, de esas cantigas de escarnio.

DERIV. *Cuenco* [*Aut.*]; ast. *concu* 'trago, cantidad de bebida que se traga de una vez' (V). *Cuéncano* 'ijada' en Cespedosa (*RFE* XV, 279).

[1] Otra forma romance parece ser *conga de allaton* 'jofaina de latón', en doc. de Toro, año 1050 (M. P., *Oríg.* 28, 309). Pero no puede asegurarse que no sea grafía arcaica por *concha*.— [2] «Oferecendo as *cuncas* das mans ó sol» Castelao 215.2. En 246.2 un maestro de escuela pinta una *taza* para que el alumno diga esta palabra, pero el niño articula *cunca*.

Cuéncoba, V. *cubil*

CUENDA, 'cordoncillo de hilos que recoge y divide la madeja para que no se enmarañe', parece ser derivado de *condar, variante fonética de CONTAR, porque era costumbre poner una cuenda después de contar cien hilos. *1.ª doc.:* princ. S. XV, *Canc. de Baena*, p. 79.

Gall. *conda*[1]. También en Nebr. («*cuenda* para atar: loramentum [=correa], fidicula [cuerda de tormento]»), en Sebastián de Horozco, med. S. XVI («hay hombres... que los vereis tan floxos ser, / como *madexa* sin *cuenda*»: *BRAE* III, 102), en Oudin, 1607 («*cuenda* para atar: la sentine [léase centaine] d'un escheveau»), en Covarr., etc. Éste (s. v. *madexa*) ya indica que es variante de *cuenta*, sin explicar por qué; igualmente Simonet, s. v. *conchal*. Creo que todo se explica tomando en consideración la denominación de la cuenda en otros idiomas: fr. *centaine*, cat. *centener*. Como explica Alcover, el *centener* o cuenda era un atado que se daba al final de la madeja de cien vueltas para evitar que se enredara, y para no tener que volver a empezar la cuenta; y modernamente se ha trasmitido este nombre al cordoncillo que se pasa entre los hilos de una madeja o de un urdimbre, con el mismo objeto. De una forma romance hermana del cat. *centener* viene el vasco ronc. *txentxairu* «cuenda, hilo con que se sostiene la madeja» (*txentiairu, con caída de la -N- intervocálica); para la *tx-*, comp. *chistera* y los ejs. reunidos por Michelena en *BSVAP* XII, 370-1. No sé que pueda documentarse la forma verbal *condar en cast., pero sí en dialectos tan afines como el gascón, donde se puede localizar en el Valle de Arán, en Dax y en las Landas (*FEW* II, 992a); Luchaire, *Recueil* (Glos.), da ejs. en documentos del siglo XIII, de Tarbes, Landas y St. Gaudens, y entre los trovadores no sólo hallamos *recondar* = fr. *raconter* en el gascón Marcabrú, h. 1150 (*ZRPh.* XXXVII, 451), sino también *comde* 'cuenta, cálculo, apreciación' en el auvernés Peire Cardenal, h. 1250 (Appel, *Chrest.*, 76.63); *comde* en doc. real catalán de 1293 o 1294, Finke *A. A.* III, 20 (variante muy frecuente en rosellonés antiguo); hoy *counde* es bearnés, y desde ahí puede haber penetrado el vocablo en vasco: b. nav. *khondu* 'cuenta', b. nav. y labort. *kondatu* 'contar', vasco literario *kondaira* 'historia'; del cast. **condar* será derivado el ast. *acondar* «obrar con acierto, atinar; contestar a una tonada alusiva con otra» (V, G. Oliveros < **'dar en la cuenta', *acondiar* (que Rato, p. 143, relaciona con *acordar* ['atinar'] y con *afondar* «dir al fondu col'idea»), aunque caben otras interpretaciones (cruce de estos dos verbos; hermandad con el oc. ant. *aconhdar*; no de ACCOM-MODARE, como GdDD 67a). Comp. santand. *cuentos* 'copos de lino ordinarios dispuestos para hilar' (G. Lomas). Que tales formas pudieron existir en español se prueba por el hecho de que la síncopa de la U de COMPUTARE debió ser muy tardía, puesto que todavía hallamos *cuémpetet* en las Glosas de San Millán y *cómpetent* en un doc. aragonés de 1059. En cuanto al mozár. *conchál* 'cuenda para atar' (PAlc.), hoy *qončál* 'madejita de hilo o seda' en Marruecos (Lerchundi), hay dificultad fonética en explicarlo por COMPUTARE, según quiere Simonet; quizá se trate más bien de un congénere del it. *acconciare*, cat. ant. *acunçar* 'arreglar, adornar', lat. **COMPTIARE* (*REW* 2107).

DERIV. *Condal* 'cuenda' (*Canc. de Baena*, p. 288). *Cuendos* 'bastas en colchones' en el judeoespañol de Marruecos (*BRAE* XV, 52). [1] Sarm. lo da como empleado en Pontevedra en su infancia. En 1745 oye más el sinónimo *costal* (CaG. 103r), que no tiene etimología clara, mas parece ser debido a un cruce, quizá con un derivado del lat. COSTA o de su dimin. COSTULA, ya que éste dió *costrán* (vid. *CUESTA*), que es el nombre de un vencejo o atadijo; ese cruce de dos cuasi-sinónimos era natural, tanto más si se hubiese pasado por un intermedio **costlal*. También se podría pensar en la familia de CUSTODIA (cast. dial. *custiero*, oc.-cat. dial. *costoir*, -eir 'guardar', *FEW*, s. v. Custos, etc.).

Cuenta 'acción de contar, etc.', V. *contar* *Cuenta* 'contera', V. *cuento* *Cuentacacao, cuentacorrentista, cuentadante, cuentagotas, cuentahilos, cuentapasos, cuentero, cuentezuela, cuentista, cuento, 'relato', V. contar*

CUENTO, 'bastón', 'vara de la lanza', ant., 'regatón, pieza de metal que se pone en el extremo inferior de las lanzas, bastones, etc.', del lat. CŎNTUS 'pértiga (de barquero, etc.)', 'fuste de lanza, de pica, etc.', y éste del gr. χοντός íd. 1.ª doc.: Berceo, *S. Or.*, 60c ('báculo'); 1328-35, *Conde Luc.*, ed. Knust, 62.9 ('fuste de lanza'); 1599, *Guzmán de Alfarache* ('regatón de lanza').

También port. *conto* 'regatón o contera de lanza o de bastón' [*o conto da lança*, MirSgo. 85.20]. Indicó ya esta etimología Covarr.; G. de Diego, *Contr.*, § 133, insistió y de ahí pasó al *REW*³, 2191a. Pero ninguno de los tres explica para nada

el cambio de significado[1]. Éste se comprende teniendo en cuenta que en la lanza lo mismo se opone la punta de hierro al fuste, que a la extremidad inferior: se puede herir con el hierro de la lanza o bien golpear con el fuste, y en este caso se suele hacer con la extremidad inferior del mismo, rematada por el regatón. En este caso es frecuente la ambigüedad de expresión, y al decir *dar con el cuento* (= lat. *ferire conto* 'golpear con fuste') era fácil entender 'golpear con el cabo inferior'; así en el juego de palabras que refiere Covarr.: «dixo a un galán que casó desigualmente, que por emendar el yerro [= 'hierro' y 'error'], le dieron después con el cuento [= 'millón' y 'contera'], que fué el dote». En el *Conde Luc.* se habla de unos soldados que golpean a la puerta de la ciudad con los cuentos de las lanzas, es decir, con los fustes, y podríamos entender ya los cabos de abajo o los regatones, si no viéramos por APal.[2] y por Nebr.[3] que siglo y medio más tarde *cuento* era todavía la vara de la lanza o bien un palo o estaca cualquiera. También en el ms. *G* de Juan Ruiz, 517d, designa una palanca para levantar pesos, y en dos crónicas de los SS. XIV y XV citadas por *Aut.*, la de Alfonso XI y la de los Reyes Católicos (también en portugués antiguo: Fernão Lopes, Fig.), se aplica a los puntales que el enemigo ponía bajo una fortificación socavada, para después dar con ella en el suelo al pegarles fuego: de ahí 'puntal para sostener pared', en Nebr.; ac. que Covarr. todavía reconoce como viva (tampoco *Aut.* dice que esté anticuada, como hoy) y que se explica porque en la operación descrita se empleaban a veces los fustes de lanzas viejas. Pero ya Mateo Alemán, al hablar de que con el movimiento de rotación imprimido a una lanza parecían juntarse los cuentos con los hierros, nos muestra claramente el significado actual; y aun en el *Libro de los Cavallos* (S. XIII) parece tratarse del cabo de un fuste (30.22).

DERIV. Sajambre *contear* 'lindar' 'sostener, apoyar' (Fdz. Gonzz., *Oseja*, 236), ast. *contior* 'estribar un cuerpo en otro' (de *cuento* 'puntal'), 'confinar' (R) (porque las casas lindantes se apoyan mutuamente), 'poner puntales' (V) < *contear*; de esta forma antigua deriva el ast. *contéu* 'puntal' (V). *Contera* [1605, *Pícara Justina*][4]. *Acontar* ant. 'apuntalar' [1535, Fz. de Oviedo; Covarr.]. *Percontear* ast. 'apuntalar'; *perconteo* 'puntal'. Zamorano *contazo* 'hierro triangular de la enrejada' (FD). [1] G. de Diego dice que el lat. CONTUS era una «vara, a veces reforzada con hierro». ¡Por cierto!: como que solía designar el fuste de una pica o lanza, en cuanto se opone al hierro de la misma arma (vid. ThLL). Pero esto es más que un «refuerzo» o es un refuerzo que no tiene que ver con la contera o regatón.— [2] «Trudes son *cuentos* y palos forrados con fierro», «contum, que es *cuento*, no tiene fierro mas agudés al cabo», 511b,

93d.—³ «*Cuento* de lança, o vara: contus».— ⁴ De origen mozárabe puede ser una forma *kundāri* 'bichero, asta larga de barquero' empleada en el árabe de ciertas zonas marroquíes (V. cita en Lerchundi).

Cuentón, V. *contar*   *Cuenya, cuenyu*, V₁ *concha*   *Cuer*, V. *corazón*   *Cuera, cuerazo*, V. *cuero*

CUERDA, del lat. CHŎRDA 'cuerda de un instrumento musical', 'soga, cordel', y éste del gr. χορδή 'tripa', 'cuerda musical, hecha con tripas'. *1.ª doc.: Cid.*

Aparece con el significado 'cuerda, soga' en todos los romances, si bien queda algún rastro de la ac. 'tripa' (vid. abajo *cordilla*). En otras lenguas hermanas quedan huellas de FUNIS (*REW*, 3584), que era el vocablo clásico para 'cuerda', pero ya Plauto emplea CHORDA en el sentido romance de 'cuerda' o 'cordel'. La locución náutica *poner a la corda* [1492, diario de Colón, en Jal] o *estar a la corda* [1587, G. de Palacio, *Instr.*, 139 vº], 'ponerse o estar a la capa, con las velas atadas al mástil', debió tomarse del catalán o del portugués. DERIV. *Cordado. Cordaje* [1709, Tosca]. *Cordal* 'pieza a la cual se sujetan las cuerdas de los instrumentos musicales', ast. 'cordillera pequeña'. *Cordear* 'golpear las cuerdas en la vela cuando la nave que va de bolina se acerca al viento más de lo que es posible' [1587, G. de Palacio, *Instr.* 130vº, 143vº].*Encordar, encordadura. Cordel* [J. Ruiz, 1124*d*], del cat. *cordell* íd. (hoy valenciano, frente a *cordill*, -ĪCULU, de Cataluña), más bien que de oc. o fr. ant. *cordel*, que no tienen el significado preciso de 'cordel' (fr. *ficelle*, prov. *feisselo*); *cordelado, cordelar* o *acordelar, cordelazo, cordelejo, cordelero, cordelería, encordelar; cordellate* [1511], del cat. *cordellat* [1507; un *cordellant* de 1485 sería esto mismo (*Fs. Wartburg* 1958, 584), pero falta verificarlo mejor], derivado de *cordell. Cordería. Cordeta* murc.; *cordezuela. Cordilla* 'trenza de tripas de carnero que se da a comer a los gatos' [*Aut.*], conserva—junto con el sardo *corda* 'trenza de tripas de cabrito o cordero', 'tendones' y una forma bereber (*FEW* II, 650*b*)—el significado originario del gr. χορδή, no ajeno al latín. *Cordillera* [1601: Mariana; Oudin; > fr. *cordillère*, ya en 1611, Cotgrave, y pasa también al catalán, donde lo tenemos casualmente documentado antes que en castellano, en 1586¹; y a otros idiomas, con referencia a América], procede de la ac. 10 de *cuerda* 'cima aparente de las montañas' (Acad., A. Venceslada), comp. arriba *cordal; cordillerano. Cordón* [*Cid*], el valor diminutivo del sufijo *-ón* hace probable que, como otros tantos términos relativos al vestido, venga del francés antiguo, donde ya se halla también desde el S. XII; ast. *gordón* (V); *cordonazo, cordoncillo, cordonero, cordonería₂ encordonar, acordonar, acordonamiento*.

¹ Lo emplea hablando de los Pirineos el rosellonés Francesc Comte en sus *Illustracions dels Comtats de Rosselló, Cerdanya y Conflent*, libro dedicado este año al obispo de Elna, publ. en Vic a. 1879, según copia manuscrita de 1620, que hemos cotejado.

CUERDO, derivado regresivo de un arcaico **cordado* íd., según el modelo de *colmo, pago, canso*, junto a *colmado, pagado, cansado; *cordado* era el descendiente regular del lat. CORDATUS íd., derivado de CŎR, CŎRDIS, 'corazón'. *1.ª doc.: cuerdamientra* 'cuerdamente', *Cid; cuerdo*, Berceo.

También *cuerdamente, Alex.*, 2189*a* (P; *cordamientre*, O). Vocablo exclusivo del castellano, del portugués antiguo *cordo* [*Ctgs.* 79.1 y SS. XIV-XVI] y del gallego («se fose *cordo* entregar ás letras de molde as minas fraquezas», Castelao 192.11). **Cordado* no puede documentarse, que yo sepa, pero sí su variante, por lo demás ligera, *acordado*, que es rigurosamente sinónimo de *cuerdo* desde Berceo hasta el S. XVII (Cespedosa y Meneses). Luego el caso de *cuerdo* constituye un paralelo perfecto del de *HUECO*, extraído de *ŏocado, ahuecado*¹. En latín CORDATUS es palabra de la época arcaica (Ennio, Plauto, Afranio) o decadente (Lactancio, S. Agustín y otros autores cristianos), aunque lo emplea algún autor del S. II d. C. (Apuleyo, Frontón), y entre los clásicos sólo el español Séneca. DERIV. *Cordal* adj. [1605, *Quijote*]. *Cordura* [1256-63, *Partidas*; *Libros del Acedrex*, 6.21; y en gallego-portugués ya en G.ª de Guillade, ed. Nobiling v. 583, *Ctgs.* 15.144 y passim]. *Cordato*, tomado del lat. CORDATUS. V. además *ACORDAR*. CPT. *Caricuerdo* (DHist.).

¹ Como la frase *volver en mi cuerdo* 'volver a la razón', que se halla en el ms. autógrafo de *El Cuerdo Loco* de Lope, v. 1543, constituye un caso enteramente aislado, es difícil que sea otra cosa que un lapso de pluma del autor, en vez de *volver en mi acuerdo*.

Cuereada, cuerear, cuerezuelo, V. *cuero*   *Cuérnago*, V. *cuérrago*

CUERNO, del lat. CŎRNU íd. *1.ª doc.:* 945, Oelschl.; Berceo.

DERIV. *Cornada* [1543, Ocampo]. *Cornadura* 'cornamenta'. *Cornal* 'coyunda, correa con que se uncen los bueyes (atándolos por los cuernos)' [Acad. ya 1843, como voz provincial, con variante *cornil*; 'extremo del altar' Berceo, *Sacr.* 50]. *Cornalina* [E. de Ochoa, † 1872, en Pagés], antes *cornelina* (S. XIII; invent. arag. de 1380, *VRom.* X, 135), *cornerina* [1482, D. de Valera y otros del S. XV: Cuervo, *Obr. Inéd.*, 227; varios ejs. clásicos en *Aut.*], y *corniola* [Oviedo, *Sumario*, p. 508*b* (Nougué, *BHisp.* LXVI); Acad. ya 1843], 'ágata semi-transparente (como los objetos de cuerno)', tomado del fr. *cornaline* [1538], antes *corneline* [S. XII], también *cornéole* [1704], vid. *FEW* II, 1198*b*. *Cornalón*. *Cornamenta* [Quevedo]. *Cornatillo*. *Córnea* [1709, Tosca], del adj. *córneo* [Acad. ya 1884], tomado del lat. *cŏrnĕus* 'de cuerno' por ser dura y trasparente como el cuerno. *Cornear* [Nebr.] o *acórnear*, menos común *acornar* [1606, López de Úbeda, p. 159*a* (Nougué *BHisp.* LXVI)], *corneado* o *acornado*; (*a*)*corneador*. *Cornero*. *Corneta* [Berceo, *Signos*, 22*b*, texto mal editado; después no vuelven a hallarse testimonios hasta 1552, Calvete de Estrella], es dudoso, en vista del sufijo, que sea autóctono en castellano o en portugués (donde ya aparece en el Nobiliario del Conde D. Pedro, SS. XIV-XV: Moraes): pudo formarse en catalán[1] [varias veces en texto de 1451, Ag., y en otro del S. XV] o en italiano [P. F. Giambullari, 1495-1555], pero es más probable que en éste sea hispanismo, pues de ser antiguo y haberse extendido a la Península Ibérica ya en la Edad Media, habría pasado por la lengua de Oc, donde no se conoce el vocablo (el fr. medio *cornette* [1611] debe ser hispanismo); en conclusión, lo más probable es que *corneta* no deba mirarse como un mero derivado de CORNU, sino como el resultado de un cruce, producido en lenguas hispánicas entre *trompeta* (que ya figura como variante en *El Conde Lucanor*, 1328-35), palabra de origen galorrománico, y el autóctono *cuerna* 'bocina de cuerno' [1644] y demás representantes iberorromances de CORNU; ast. *corneta* 'especie de bocina que hacen los muchachos con un tira de corteza tierna arrollándola en espiral y sujetándola con espinas de zarza' (V); *cornetín* [Acad. 1884, no 1843]; *cornetilla*; gall. *cornetiña* 'caracolillo fino, como un hueso pequeño de aceituna, largo y en figura de bucina' (Sarm. *CaG.* 189*v*), *cornete*. *Cornezuelo* o *cuernezuelo*. *Cornial*. *Cornijal* 'punta, ángulo o esquina de un objeto' ['comisura de los labios' S. XV, en . la trad. del *L. de Falcoaria* de Pero Menino: *RFE* XXIII, 265]; ast. *corneyal* 'el ángulo interior que forman las paredes de una habitación' (V)[2]. *Cornudo* [1219, F. de Guadalajara], del lat. CORNŪTUS íd.; *silogismo cornuto*, duplicado culto; *cornudilla*; ast. *cornuda* 'pez martillo o cornudilla común' (V); *encornudar*. *Cuerna* [1582]; ast. ant. *ser de la cuerna prieta* 'pertenecer al estado llano o pechero' (V); gall. *corna* o *boi* 'caracola para llamar puercos, gente, etc.' (Sarm. *CaG* 189*v*). *Descornar*, *descuerno*. *Encornado*, *encornadura*; ast. *encornar* 'encornudar, echar cuernos' (V). Para gall. *ornear* V. REBUZNAR.

CPT. *Cornamusa* [1624, Balbuena], del fr. *cornemuse* [S. XIII], derivado de *cornemuser* 'tocar la cornamusa', compuesto de *corner* 'tocar el cuerno de. caza' y *muser* 'tocar la *musette* o cornamusa pastoril'. *Corniabierto*, *corniapretado*, *cornigacho*, *corniveleto*. *Cornicabra* [Lope]. *Corniforme*. *Cornígero*, tomado del lat. *cornĭger*, *-i*, compuesto con *gerere* 'llevar'. *Cornucopia* [1499, H. Núñez], to

mado del lat. *cornu copia* 'la abundancia del cuerno'. *Cornúpeta*, tomado del lat. tardío *cornupĕta*, íd., compuesto con *petĕre* 'dirigirse hacia' (para la forma incorrecta *cornúpeto*, vid. *BRAE* XII, 124-5). *Descuernacabras*. *Descuernapadrastros*. *Tricornio* [Acad. 1884, no 1843], del fr. *tricorne* y éste del lat. *tricornis*; galicismo que sustituye entonces al castizo *sombrero de tres picos* y al poético *tricorne* [1612, Villaviciosa]. *Unicornio* [1283, Acedrex, 340.15; Nebr.; *olicornio*, h. 1430, A. de la Torre, *Visión*, Rivad. XXXVI, 357*a*, con la misma disimilación que fr. *licorne*, mall. *alicorn*], tomado del lat. *unicŏrnĭus* (más bien que de *unicornis*). *Hornabeque* [1709, Tosca], tomado del alem. *hornwerk*, compuesto de *werk* 'obra' con *horn* 'cuerno', del mismo origen indoeuropeo que el lat. *cornu*; *hornablenda*, del alem. *hornblende*, compuesto del mismo con *blende* 'blenda'.

[1] Sería más natural que derivara de un femenino *corna*, que en catalán sólo es dialectal del extremo Norte (Pallars, Cerdaña, Rosellón, 'cuerno de animal', *BDC* XIX, 120; XXIII, 285), que del masculino *corn* 'bocina de cuerno'. Pero *corna* 'cuerno' es más bien occitano, donde *corneta* no se halla. Sin embargo, un *corneta* diminutivo de *corn* es perfectamente posible.— [2] *Cornijal* y el ast. *corneyal* son ampliaciones de un *CORNICULUM en lugar de *CORNUCULUM que deberíamos esperar en buena derivación latina. De éste quizá saldría el gall. *corruncho* 'rinchón' (Sarm. *CaG.* 76*v*); si hubo propagación de nasal *cornunllo fonéticamente tenía que pasar a *corruncho por una disimilación como la de *Ferrando* < *Fernando*, *esparrancar* < *espernancar*. Luego, por cruce con *re(n)cón* (= *rincón*) y metátesis, *recuncho*. Castelao emplea los dos: «nun *curruncho* da praza», «nos *currunchos do maxín*» (199.9, 188.3, 194.13, 223.5); por otra parte «non gardei un *recuncho* para as lembranzas de romería» (207.3). Y el deriv. *está acorrunchado* (Sarm., *l. c.*), *acurruncharse* 'encogerse, humillarse, arrinconarse' (Castelao 222.1). Vall. da *recuncho* como variante de *corruncho*.

CUERO, del lat. CŎRĬUM 'piel del hombre o de los animales'. *1.ª doc.*: *Alex.*, 2462*a* (*P*; *coiro*, *O*); *Buenos Prov.* 1.17.

En todos los romances ha tendido a tomar el significado 'pellejo curtido de los animales'; la ac. etimológica 'piel en general' se ha conservado mejor en español y portugués con en las lenguas hermanas, pero existió en todas(en francés hasta el S. XVII, en catalán hasta el XV, en italiano no ha desaparecido aún del todo).

DERIV. *Cuerear*, amer.; *cuereada*. *Cuera* 'especie de jaquetilla de piel que se usaba sobre el jubón' [1535, Fz. de Oviedo, según cita de A. Serrano, *La Prensa de B. A.*, 27-VII-1941; ley de 1534-1623 en la *N. Recop.* VII, xii, 1; doc. de Alba de Tormes, 1595: *RFE* XXV, 602; por la

misma fecha en *Rosas de Oquendo, RFE* IV, 350;
Lope, *El Testimonio vengado,* Rivad. XLI, 408a][1];
de ahí el cat. pallarés *cuera* 'zamarra de pastor'
(*Butll. del C. Excurs. de Cat.* XLIV, 280). *Cue-*
razo. Coracha [*Aut.*] 'saco de cuero que sirve para
conducir tabaco, cuero y otros géneros de América', sería vocablo dialectal andaluz de origen mozárabe, procedente del lat. CORIACEA 'hecha de
cuero': que es antiguo lo demuestra su persistencia en judeoespañol (Wagner, *RFE* XXXIV, 71);
corachín, encorachar. Coracha es además término
arqueológico y de fortificación estudiado concien-
zudamente por Robert Ricard, *Al-And.* XIX (1954),
149-172: es un «éperon fortifié plus ou moins
perpendiculaire à la courtine d'une enceinte et
qui s'avance soit jusqu'au bord d'une rivière, soit
vers ou dans la mer, pour assurer de façon permanente les libres communications de la place».
Algunas veces tiene por objeto proteger el abas-
tecimiento de agua, otras veces hace de escollera
o malecón para proteger los desembarcos amigos
o para defender de los del enemigo. El vocablo
aparece aplicado desde antiguo a Sevilla, Málaga,
Ceuta, Toledo, Montánchez y otras ciudades de la
mitad Sur de España, también a alguna más, como Burgos (Fn. Pérez del Pulgar), y como la cosa
existe en otras partes, los arqueólogos han aplicado
más modernamente ese nombre a alguna ciudad de
León o Castilla la Vieja. El dato más antiguo del
vocablo parece ser el de fines del S. XIV, de López de Ayala, que he citado s. v. CALAHORRA;
la misma forma *coracha* es la que emplean Pulgar
y un doc. de 1503. Además corrió una variante
coraza, empleada por Mal Lara en 1570, y con referencia a Ceuta, en 1648 y en el S. XVIII; *co-*
raxa en Gili. En port. era *coiraça,* que ya figura,
en el S. XV, en Zurara y en Rui de Pina; hoy
couraça ha quedado como nombre de una especie
de calle, abierta, en ciertas ciudades, a lo largo de
una antigua *coiraça* fortificada. En Portugal el vocablo arraiga sobre todo en ciudades del Norte del
país, Coímbra, Melgaço, Monção, Avô, Caminha,
Alenquer, bocas del Mondego, aunque también en
Silves (Algarbe), y se aplicó mucho a las plazas
portuguesas de Marruecos en los SS. XV-XVI.
Torres Balbás ha dicho que viene del árabe,
sin precisar la idea; pudo ser calco semántico del
árabe, donde creo que *labbûs* 'coraza' debió de
emplearse en el mismo sentido, a juzgar por su
aparición en el nombre del pueblo árabe *Allepuz,*
Teruel (Asín, *Contr.*). Ricard concluye que es
de origen desconocido, pero diferente del port. *cou-*
raça 'coraza'. Sin embargo, no me cabe duda de
que se trata de una variante de esta misma palabra, que de acuerdo con la localización, prepon-
derantemente meridional en España, presenta ahí
la forma mozárabe del sufijo -ACEA, mientras que
en Portugal tiene forma puramente portuguesa, de
conformidad con la localización, sobre todo norteña, de su zona de arraigo antiguo. Pero también,

como se ha visto, existió la forma propiamente castellana *coraza:* Mal Lara, que emplea ésta, tiene
conciencia de su justificación semántica, a juzgar
por la frase «una *coraza* de muro con tres torres»
(Ricard, p. 156). La *coracha* protegía las comunicaciones de la plaza, como una *coraza* defiende el
cuerpo del guerrero[2].

Corambre f. [1503, *N. Recopil.* VII, xix,
5; *colambre*: Cortes de 1528 y *Quijote* II, liv,
fº 206; vid. R. J. Cuervo, *Obras inéditas,* 222];
corambrero. Coraza [J. Ruiz, 924c], tomado de oc.
ant. *coiraça* [S. XII], o de fr. ant. *cuirace* [1266],
cat. *cuirassa,* que continúan el adj. latino CORIACĔA
'hecha de cuero'; como *coraza* se escribe con ç
sorda en la Edad Media (J. Ruiz; APal. 504b;
PAlc.), no puede ser autóctono en español, como
ya indicó Cuervo, *Disq. Filol.* II, 152; *coracina,*
coracero, acorazar, acorazado, encorazado. Corete.
Ast. *corexa* 'costal pequeño', 'faltriquera que llevan
las mujeres debajo de la saya', *escorexar* 'dejar a
uno el bolsillo sin dinero' (V). *Corezuelo* o *cue-*
rezuelo. Corito [el asturiano R, s. v. *coita,* lo emplea como sinónimo de 'pusilánime', y Vigón lo da
como apodo de los habitantes de un pueblo ast.;
R da variante *coita*). *Coriza* (R) o *coricia* (V) 'abarca' ast. (comp. *COTIZA*). *Coriáceo,* tomado del
lat. *coriacĕus* íd. *Encorar* [Berceo, *Mil.* 213; *Bue-*
nos Prov. 1.17]. *Encuerar. Encorecer* [ej. de la
Celestina en DHist. s. v. *bolo*]. *Encoriación.*
Excoriar [Terr.], tomado de *excoriare* 'sacar la piel';
excoriación [1555, Laguna].

CPT.: Igual que el cast. *en cueros* se dice en
gall.-port. *em coiro*[3], y luego gall. *encoiro, -a,* adj.,
'desnudo': «unha muller *encoira*» (Castelao 39.9,
41.22, 70.4) o sustantivado un *encoiro* 'pintura de
una persona desnuda' («a castidade de un *encoiro*
clásico» íd. 41.23, 39.7).

[1] Según Oudin (1607) «un collet de cuir; il se
dit aussi bien d'un collet de toute autre estoffe,
comme *una cuera de terciopelo*».— [2] En cuanto al
nombre del barrio granadino de la *Cauracha*
(p. 158), me inclinaría a creer que su nombre
nada tiene en común, si no es el sufijo, con el
que aquí interesa; al fin y al cabo, ni siquiera
está asegurado arqueológicamente que allí hubiese
una coracha, aunque ciertos eruditos lo afirman.
Simonet y Saavedra creen que es de origen arábigo; aquél dice que *caura* era 'cueva' en árabe
vulgar, del cual *cauracha* sería derivado mozárabe. No es éste el lugar de averiguar si Simonet
está en lo cierto. De todos modos, en mozárabe
o en hispanoárabe, sería por lo menos difícil justificar el cambio de *oi* en *au,* así que la Fonética
se opone a identificarlo con *coracha.* El área del
vocablo entraba algo hasta el dominio catalán.
He visto dos *corachas* típicas en la zona Valencia-
Morella: una en Olocau de Carraixet, una 25 km.
al NO. de la capital, la otra en Coratxa, entre
Morella y Benifassà: esta interesante aldea fortificada consta de dos cerritos murallados —forti-

ficación hoy arruinada— desde los cuales descendían los sitiados, al parecer por una vía subterránea y defendida por baluartes, a abastecerse de agua al arroyo que discurre al pie, por un barranco; aunque por falta de tiempo no pude observar los detalles arqueológicos, lo que está bien claro es que *Coratxa* (*Corachán* en aragonés, y como apellido) es el dual hispanoárabe *qaṭra-čâni* 'las dos corachas'. Otro dato catalán del vocablo al parecer lo tenemos ya en un doc. relativo al recinto fortificado de Lérida: «in rocha que est subtus *coiraza* judeorum», donde B. de Alguara cede en 1181 unas casas a J. de Montanyana (Miret i Sans, *Templers i Hosp.*, página 140).—³ «A xente, *en coiro* ...derretendo as suas mantegas» Castelao 60.4.

CUERPO, del lat. CŎRPUS, -PŎRIS, íd. *1.ª doc.*: 2.ª mitad del S. X; Glosas de Silos.

El lat. CŎRPUS, neutro, debió dar primeramente *el cuerpos*, y el plural originario sería una forma descendiente de CŎRPŎRA (comp. fr. ant. y oc. *cors*, cat. *cos*¹, y el plural it. ant. *le còrpora*); pero desde los orígenes del idioma se formó un plural analógico *los cuerpos*, que es el que ya se lee en las glosas Silenses (327, junto a *corpora*, 62), y de ahí se extrajo el singular analógico *cuerpo*, documentado desde el *Cid*. Para el uso pronominal y la sinonimia antigua con 'persona', 'hombre', vid. M. P., *Cid*, 325.20, 612.27-33; Berceo, *Mil.* 850, 869; *S. M.*, 294; *Alex. O*, 119, 218, 507, 810, 1239, 1366, 1793.

DERIV. *Cuerpear* arg. 'evitar, el choque con alguien', 'apartarse de algo', *cuerpeada* 'acción de cuerpear' (*M. Fierro* II, 3501, con nota y glosa en la ed. Tiscornia; R. Hogg, *La Prensa*, 19-V-1940). *Corpanchón* [Quevedo y *Aut.*], *corpachón* (*Acad.* 1884, no 1843); comp. *corpanço* íd. (1464, *Mingo Revulgo* XX, 6; íd., 'cuerpo de ave despojado de las pechugas y piernas' Rob. de Nola, pp. 15, 209) y *corpancho* (J. del Encina, *RFE* XL, 152). *Corpazo. Corpecico, corpezuelo. Corpiño* [1580, Góngora, ed. Foulché I, 8; 1605, *Quijote, Pícara Justina*], tomado del gall.-port. *corpinho* 'cuerpecito', 'corpiño'; *corpiñejo. Corpudo* [J. Ruiz, 1228c]. *Corps* [h. 1640, L. Muñoz], tomado del fr. *corps* 'cuerpo'. *Corsé* [Terr.], del fr. *corset*, íd., diminutivo de *corps; corsetero, corsetería; encorsetar* o *encorselar. Coselete* [1552, Calvete], del fr. antic. *corselet* (SS. XV-XVI) 'coraza ligera, sin mangas', diminutivo de *corps.*

Cultismos. *Corporación* [ya Acad 1843, como neologismo], tomado del ingl. *corporation* [ya antes del S. XV], quizá pasando por Francia, donde hasta el S. XVIII sólo se empleó hablando de instituciones inglesas. *Corporativo* [criticado por Baralt en 1855; falta aún Acad. 1899], del ingl. *corporative* [1833] o del fr. *corporatif* [1860]. *Corporal* [Berceo], tomado del lat. *corporalis* íd.; *corporalidad, incorporal. Corpóreo* [*Corbacho*

(*BHisp.* LXI), F. de Herrera (*RFE* XL, 152); h. 1640; Nieremberg], del lat. *corpŏrěus*, íd.; *corporeidad, concorpóreo, incorpóreo, incorporeidad. Corporificar. Corpulento* [med. S. XV, Tallante (*BHisp.* LXI); APal. 95d; *corporiento*, 50d], del lat. *corpŭlěntus* íd.; *corpulencia* [Góngora]. *Corpúsculo* [1499, H. Núñez], de *corpŭscŭlum*, diminutivo de *corpus; corpuscular, corpusculista. Corpus. Incorporar* [*encorporar*, 'incorporarse, juntarse' ya 1386, Lz. de Ayala, *Caza*, ed. 1869, p. 160; Nebr.; *inc-* 1626: Pellicer], del lat. *incorporare* íd.; *incorporación, incorporo.*

¹ Además de 'cuerpo' entre otras muchas acs. secundarias tiene las de 'parte superior de la camisa' (de donde *anar en cos de camisa* 'sin otro vestido desde la cintura arriba', frente a 'en *mànigues de camisa*') y 'cintura, ceñidura' (de donde *cossar: va molt cossada, ben cossada*). Dado el viejo prestigio de la pañería e industria textil catalana (recuérdese la amplia difusión de *catalogne, valenza, perpiñán*, como nombres de mantas y otros paños en todo el mediodía y centro de Francia, en Italia y Balcanes, etc.) no sería extraño que *cos* haya pasado con tales sentidos al gallegoportugués: *cós* 'cintura' en Portugal y Galicia (Lugrís), 'la media camisa de mujer del talle arriba' (Vall., y con detalles diferentes en F. J. Rodríguez, Crespo, p. 243 etc.), 'especie de corpiño' (Sarm. *CaG* 130r); de todos modos es de notar que *en cos* 'sin coraza' o «en trajes menores» está ya en las *Ctgs.* 185.45, vid. más ejs. en el glos. de R. Lapa, lo cual si no fuese por la ausencia constante de la *r* haría pensar en un galicismo caballeresco, pero hay ya casos de catalanismos textiles propagados por la Romania meridional en la Edad Media.

Cuerra, V. *corral*

CUÉRRAGO, santand., burg., 'arroyo por donde corren las aguas de una balsa', 'acequia, cauce', del hispano-latino CŎRRŬGUS 'barranco por donde se echaban los detritos de las minas', de origen prerromano. *1.ª doc.*: *córnago*, 1057; *cuérnago*, 1234, 1240 (los tres, diplomas de San Zoil de Carrión, M. P., *Oríg.*, 341); *cuérrago*, 1920, González Campuzano.

Leite de Vasconcellos, *RL* XXV, 8; *Lições de Philologia Portuguesa*, 1911, 119; G. de Diego, *Contr.*, 54-56; M. P., *Toponimia Prerromana Hispánica*, págs. 66-67. M. P., que por primera vez llamó la atención hacia esta palabra (*Festgabe Mussafia*, 390), la explicaba como derivado de *CUERNO* con sufijo átono, lo cual era difícil semánticamente, pues aunque en Ribadesella (Asturias) se llame *cuerno* el canal de madera que da salida al grano de la tolva sobre el agujero de la muela, esta forma es probablemente reducción fonética de *cuérna(g)o*, con significado secundario, y en todas partes el vocablo es equivalente de 'barranco' o 'ace-

quia de molino'. El cambio de -RR- en -rn- es
fenómeno puramente fonético del que hay bastantes ejemplos en voces prerromanas e hispanoárabes (VRom. II, 455; también -RR- > -rd- o
-rl-). Sobre todo la forma etimológica con -rr- 5
tiene mucha mayor extensión geográfica. No sólo
cuérrago 'arroyo por donde corren las aguas del
aguatojo' se emplea en las provincias de Burgos
y Santander, y córrigo 'cantidad de agua que corre
por las regueras en las huertas' en Albuquerque, 10
Extremadura (BRAE III, 664), sino que còrrec y
córrego son, respectivamente, las formas generales
en catalán y en portugués. El primero significa
'barranco estrecho', por lo general sin agua, y
aunque no es común en Barcelona y alrededores, 15
se emplea en el Rosellón (Josep S. Pons, Canta
Perdiu, 56), en el Ampurdán (oído muchas veces),
en Tortosa (BDC III, 93), en la Ribera del Ebro
(BDC XIX, 121) y he notado ascòrrec en Els
Guiamets (Priorato); Verdaguer, que era de Vic, 20
empleó el vocablo muchas veces (carece de autoridad la grafía córrec que adoptan Moll en Alcover
y Montoliu en Ag.: se pronuncia en todas partes
con o abierta). El port. córrego es «regueiro, sulco
aberto pelas águas correntes, caminho estreito en- 25
tre montes ou entre muros, atalho fundo», en el
Alentejo pronuncian corgo 'camino apartado entre
montes', Beira corca 'depresión natural del terreno
formado por las aguas pluviales o por los carros',
'camino estrecho', gall. corgo y corga 'pozo o es- 30
tanque para curtir lino' (Vall., Lugrís), 'alberca, balsa, hoyo en que se recoge el agua' (Eladio
Rdz.), corga 'congostra, camino de carro entre
muros o ribazos' (Lugrís), 'prado pequeño y algo
pendiente' (y otras acs. en Eladio Rdz., quien ex- 35
plica que en Sarria al camino por donde los peregrinos iban a Santiago dan el nombre de corga
francesa) y ya Sarm. anota corga 'pantano, lodazal'
(CaG. 159v, que no veo por qué se debería enmendar en corgo); la forma más plena córrago, 40
con el sentido de 'poza donde se echa el lino a
curtir' se mantiene en el NE. (Barcia, entre Lugo
y Castropol, Apéndice a Eladio Rdz.); además
corguexo 'camino estrecho' en Láncara (Sarria) y
Eladio Rdz. trae córgamo para 'alberca'. Se trata, 45
pues, de un viejo vocablo común a los tres romances ibéricos, que rechazado por el latín de las ciudades hispanorromanas sobrevivió, sin embargo, en
las zonas rurales de toda la faja septentrional y
del Oeste. Plinio, Nat. Hist. XXXIII, cap. 4, ad- 50
virtiendo que es término de la minería hispánica,
lo define así: «flumina ad lavandum hanc rui-
nam... corrugos vocant, a corrivatione credo». Claro está que no sería exclusivamente vocablo minero,
sino empleado como término topográfico en ge- 55
neral, en el sentido de 'barranco', 'cauce para
aguas'. Carecen de todo fundamento las etimologías hebraicas y latinas que se han buscado, pues
la acentuación prueba que tenía la U breve y por
lo tanto no puede ser derivado latino de RŪGA 60

'arruga' (de ahí la medición CORRŪGUS que dan
arbitrariamente algunos diccionarios). Será prerromano. Suele admitirse que tiene que ver con
ARRŪGIA, de sentido muy análogo (vid. ARROYO);
sin embargo, el prefijo CO(N)- indicaría entonces
un origen indoeuropeo. Ahora bien, es muy inverosímil que estos vocablos esencialmente hispánicos sean antiguas palabras latinas o itálicas emparentadas con RŪGA (con alternancia en la vocal),
como indica Walde-H.; y en el céltico tampoco
parece haber algo análogo. La A- de ARRUGIA parece resultar de una antigua pronunciación ibérica,
aunque ya figura en Plinio. ¿Serán, a pesar de todo,
voces célticas o lígures, aceptadas por el íbero?
Quizá, pero es dudoso, y además no es seguro que
realmente exista relación entre ARRUGIA y CO-
RRUGUS. De este vocablo trató últimamente V.
Cocco, «Ibero-rom. córrego, corgo 'vale fendido
com água, regueiro, atalho fundo, etc.'» en Biblos
XXVII, 1952, 249-304 (comp. G. Bonfante, Word
IX, 184-5). Desde luego no puede ser derivado de
CURRERE, como admite Krüger, Bibl. RDTP IX,
1445, pues a ello se opone categóricamente la ǫ
unánime del portugués, castellano y catalán (no
existe un cat. córrec, por más que lo grafíe así
algún dicc.).
    Corrugo [1574] es forma erudita que algunos
historiadores tomaron del texto de Plinio.

Cuerre, cuerria, V. corral.

ÇUERVO, del lat. CŎRVUS íd. 1.ª doc.: 1075,
como nombre de persona; 1328-35, Conde Luc.
    Predomina la grafía con -v- en la Edad Media
(APal., Nebr. y en la mayor parte de los pasajes
de J. Ruiz), pero se halla también cuerbo en J.
Ruiz, 1284aG (-vo en S), comp. cat., oc. corb, fr.
corbeau, rum. corb.
    DERIV. Cuerva 'graja' [1644, Mz. de Espinar].
Corvato. Corvecito. Corvejón 'cuervo marino'. Corvina [Canc. de Baena, n.° 391, v. 49; Lope], comp.
cat. corball o corbina; así llamado por su color
pardo manchado de negro[1]. En gallego-portugués
esta palabra no presenta evolución fonética castiza,
pues no es corviña (que Sarm. da una vez) la
forma portuguesa, sino corvina, que Sarm. recogió
ya en notas anteriores (CaG. 82v y p. 200); parece que allí sea mozarabismo. Corvinera. Corvino.
Ast. acorviar 'dar gritar' (V).
    CPT. Cormorán (falta aún Acad. 1899), del fr.
cormoran íd., alteración del fr. ant. cormarenc
[S. XII], compuesto del fr. ant. corp 'cuervo' y
del adjetivo marenc 'marino'; en Galicia se dice
corvo mariño.

[1] La Acad. en su diccionario actual da corvo
como sinónimo de corvina. Pero en la ed. de 1843
lo daba como nombre gallego de una especie de
múgil grande, agregando que se le llamaba así
porque se encorvaba al cocerse. Ni lo uno ni lo
otro confirman, ni dicen nada los diccionarios por-

tugueses, Vall. ni Sarm. (*CaG.*); quizás haya confusión con gall. *corvelo*, nombre usual en Pontevedra, pero éste es a modo de abadejo pequeñito, de carne parecida a la *faneca*, y llamado en Viveiro *paliota* (236v, 79v, A15v): además de *corvina* y *corvo* se podría acaso relacionar (siendo la faneca comida sin grasa, de enfermos, y así seguramente de cuaresma) con *miércoles corvillo* (que pudo existir en otro tiempo en gall.-port.

Cuerzo, V. *corzo*

CUESCO, 'golpe' gnía., mej., 'pedo ruidoso', 'hueso de la fruta', de KOSK- onomatopeya del golpe que se da a un objeto duro, extendida al objeto mismo. *1.ª doc.*: 3.ª ac. *Cuescos de los priscos*, Tratado de Cetrería p. p. Maler (*Filolokiskt Arkiv* IV, p. 42), texto perteneciente a la 2.ª mitad del S. XIII, aunque sólo está en el ms. Ac. (más moderno que el otro, donde se lee *huesos de los prescos*); APal. 295d (*cuexco*, 297b); 1521, Juan de Padilla, *NBAE* XIX, 340a; Rob. de Nola (*cuesco*), p. 127; 2.ª ac., 1599, Hornk (*ZRPh.* LXXII, 384), 1607 (Oudin, *cuexco*), 1571, dicc. náuhatl de Molina. 1.ª ac., «*quexcos*, açotes», *Vocab.* de Hidalgo (1609); 1895 (Ramos Duarte), 1896 (Salillas: 'azote').

Aunque la ac. 'golpe' se documenta en fecha tardía, le es común a este vocablo con COSCORRÓN y su familia, y sólo a base de ella puede reunirse la ac. 'pedo' (< 'ruido de un golpe duro') con 'hueso de fruta'. Esta última es la más conocida en la época clásica: *coxquito*, en Sánchez de Badajoz (*RFE* IV, 19), *cuexco* en Oudin (1607), *cuesco* en Quiñones de B., *NBAE* XVIII, 683, y los ejs. citados por *Aut.* (comp. Toro, *BRAE* X, 199); hoy *güesco* 'pedo' en el Alto Aragón (*RLiR* XI, 92). Comp. a. arag. *coscullo* 'hueso de fruta', vasco *kosko* 'piedra', 'guijarro', 'cráneo', 'cáscara de huevo, concha de molusco'[1], a. nav. *koska* 'chichón', 'saliente', 'choque', y el verbo *koskatu* 'chocar' alto navarro y bajo navarro, también *koxkatu* y *kuxkatu* 'cascar huevos', b. nav. *kosketa* 'ruido que se hace con los dedos golpeando un objeto duro'. En el cast. vascongado se emplea *cozque* en el sentido de golpe o papirote (Azkue lo emplea en su Supl. para traducir el vizc. *matarro*, *-arru*, que define «cozque» o «cozque con el dedo en la frente», y también para traducir *taketeto* afín a *takada* 'golpecito': debe de tratarse de un equivalente de *cuesco* con fonética vasca o semivasca. (Schuchardt, *BhZRPh.* VI, 11-13; *Roman. Etym.* II, 49; M. P., *RFE* V, 255). Deben inspirar escepticismo las tentativas para explicar un vocablo de significados tan diversos con CUSCULIUM 'coscoja' (Bertoni, *ARom.* II, 64; Skok, *ARom.* VIII, 155-6; Alessio, *ARom.* XXV, 159-62). V. Krüger, *NRFH* VI, 15-20.

DERIV. *Escoscar* 'descortezar', 'descaspar', arag. [Acad. 1843].

[1] Por la ac. 'concha de caracol' quizá se explica el germanesco *cuexca* 'casa' [1609, Juan Hidalgo].

Cueslo, V. *solaz*

CUESTA, 'espalda' ant., 'terreno en pendiente', del lat. CŎSTA 'costilla', 'costado, lado', que en romance tomó la ac. 'costado o ladera de una montaña', 'terreno pendiente'. *1.ª doc.*: 972, Oelschl.; 2.ª ac., *Cid*; 1.ª ac., Berceo.

Cej. VIII, § 69. La ac.. figurada 'pendiente' es común a todos los romances. La etimológica 'costilla' no me consta que esté documentada en castellano, aunque figura como antigua en los diccionarios modernos; en realidad, según muestran los ejs. citados en estas obras, lo que se halla es una evolución inmediata de la misma, a saber, el plural *cuestas* en el sentido de 'espaldas': «ovieron sin su grado las *cuestas* a tornar» (hablando de los enemigos, en *Alex. O*, 525b), «corriénli por las *cuestas* de sangre regajales» (Berceo, *Duelo*, 24c, refiriéndose a un azotado; análogamente, *Mil.*, 478d; todavía en la *Montería de Alfonso XI*, y con referencia a peso en el *Bernardo* de Valbuena, 1624, pero *Aut.* la da como anticuada), tránsito semántico muy fácil por ser éste el lugar donde las costillas son más aparentes[1]; por lo demás esta ac. tendió pronto a fosilizarse en la locución *a cuestas* 'encima', construída con verbos como *llevar*, que es la única en que ha llegado hasta nuestros días. En castellano los significados más antiguos 'costilla' y 'costado' pasaron respectivamente a los deriv. respectivos, mientras que el fr. *côte* sigue todavía empleándose para 'costilla'. *Costa* 'orilla del mar' es otro desarrollo secundario de la idea 'costado', que en Castilla presenta huellas fonéticas de su importación forastera, en la cual colaboraron probablemente el mozárabe andaluz, el catalán, el gallegoportugués y el leonés occidental, hablas que cubren o cubrían casi totalmente las costas hispánicas; en castellano la encontramos primeramente a princ. S. XIV, en el *Zifar* (12.6) y en una ley de 1409 (*N. Recop.* VII, viii, 11), ahí sólo en la construcción prepositiva *villas que están costa de mar* (así mismo en catalán medieval), y reaparece en doc. de 1492 (Woodbr.) y en la *Crónica* de Ocampo, 1543; Cej. VIII, § 69.

DERIV. Divido los derivados según las acs. fundamentales. A) 'Costilla'. *Entrecuesto* 'espina dorsal' [1554, *Lazarillo*]. *Costal* adj. (Acad. 1884, no 1843), tomado del lat. *costalis*, íd.; *intercostal*, *subcostal*. *Costalada* [*Aut.*] o *costalazo*. *Costil*. *Costilla* [*-iella*: Berceo, y hoy ast., V; Cej. VIII, § 69], podía mencionarse la evolución semántica *costilla* 'esposa', de antecedentes bíblicos. *Costillar*, *costillaje*; *costilludo*; *encostillado*. *Cotiza* 'banda en un escudo' [*Aut.*], tomado del fr. *cotice* íd., por comparación de estas fajas estrechas y paralelas con las costillas del cuerpo humano [*FEW* II, 1246*a*, 1253*a*]; *costizado*.

B) 'Espaldas de una persona'. *Acostar* 'tender o poner de espaldas en el suelo, en posición yacente', 'meter en la cama' [*Cid*, 1142]; 'ladear, inclinar [*Cid*]; la ac. 'arrimar', 'acercar', frecuente hasta el S. XV, procede de *C*: en la época clásica tiénde a quedar restringida al uso náutico, con el presente sin diptongación (*acosta*)—lo cual muestra influjo catalán, donde *acostar* es la expresión normal de la idea de 'acercar'—, aunque sigue empleándose *acostarse a una opinión*; para todo esto y otros detalles, vid. Cuervo, *Dicc.* I, 150-3; Cej. VIII, § 69. *Acostada. Acostado* 'allegado, protegido' [med. S. XIII: *Calila, Alex.*, vid. Cuervo]. *Acostamiento. Costal* m. 'saco grande de tela' [1375, invent. arag., *VRom.* X, 136; APal. 237*d*; Berceo en este sentido emplea *quilma*], porque suele llevarse a cuestas: derivado común con el portugués y el catalán [S. XIV], comp. fr. *côte* «panier» (*FEW* II, 1249*b*); *costalejo, costalero, encostalar*. Ast. *costazu* 'hombro', *costado* 'la carga que se lleva al hombro'; *costín* 'los hombros y parte superior de la espalda', *llevar al costín* 'a cuestas', *acosticar* 'llevar cargas a cuestas' (V). Gall. *encostarse* 'arrimarse, recostarse' («aforrar enerxías *encostándose* nas paredes encaleadas», «*encostado* no corpo da sua compañeira» Castelao 143.21, 201.11). *Recostar* [APal. 320*d*]; *recostadero* [en el mismo].

C) 'Costado, lado'. *Costado* [*Cid*], derivado común con todos los romances de Francia y de la Península Ibérica. *Acostar* 'arrimar', véase *B*; *decostarse* 'separarse', italianismo. *Costera de un ejército*, ant. *Costanera* 'costado', ant. [*Lucano* Alf. X, Almazán; S. XIV: *Crón. de Alf. XI*]. Gall. *costal* 'costado de una nave' (un hombre hercúleo «querendo botar un barco ó mar afundeulle ó *costal* c'o lombo» Castelao 199.17). El gall. *costrán* f. 'mimbre o rama retorcida con la cual se atan los haces de leña, paja, etc.' (menor que un *torgallo*) (Sarm. *CaG.* 67*v*3, 5, 106*r*7, 10; Vall.; etc.)[2], palabra ajena al portugués, debe de estar en relación con el lat. COSTA 'costilla', en cuanto se ha aplicado al costillar o varillado de los cestos, cuévanos y otros objetos de este tipo. La terminación no está clara y no descarto la posibilidad de que haya ahí un cruce de COSTA con algún sustantivo derivado del verbo portugués *costranger* 'apretar, obligar' (CONSTRINGERE), pero siendo femenino, está claro que *-án* viene de *-ANA*, lo cual debe disuadirnos de esta idea. Creo que se trata de un *COSTULANA, deriv. del dim. lat. vg. COSTULA 'costilla' (it. *còstola*, etc., *REW*[3] 2230*a*), pronto sincopado en *COSTLANA y adaptado al sistema consonántico normal como *COSTRANA (el paso a *COSCLANA en un caso así tropezaba con la conciencia de la filiación de COSTA y *costilla*). Otra posibilidad sería que a través de un epentético *COSTLANA, viniese del célt. COSLO- 'avellano' (= lat. *corulus, corylus*,

germ. *hasel*, etc.) atendiendo a que las varitas de avellano tienen gran uso para la fabricación cestera; de hecho el aran. *còila*, nombre colectivo de las varas de avellano empleadas a tal fin, difícilmente podría salir fonéticamente de COSTULA y sí es normal que continúe un *COSLA. Pero como los dialectos gascones están alejados de Galicia, no nos da esto una demostración obligatoria. Para el gallego quedamos, pues, en duda entre un origen céltico o latino.

D) 'Ribera u orilla del mar'. *Costanero* [Acad. 1817, no 1783]. *Costear* [1492, Woodbr.; 1562-79, Zurita]. *Costeño* [ya Acad. 1843]. *Costera* 'costa de la mar' ant. [h. 1275, *1.ª Crón. Gral.* 9*b*7]; ast. 'el período de tiempo empleado en cada clase de pesca', 'temporada que pasan los jornaleros trabajando fuera del concejo' (V). *Costero* [Acad. 1884, no 1843]. *Costón* murc. 'malecón'. *Encostalar* 'acercar a la costa'.

E) 'Pendiente. *Costana* 'calle en pendiente'. *Costanera* 'cuesta' [princ. S. XVII, *Aut.*]. *Costanilla. Costecilla, cuestezuela. Cuesto* 'cerro'; *acuesto; recuesto* [«*recuesto* de monte: clivus»: Nebr.]; gall. ant. *recoste* 'loma, ladera' (*Ctgs.* 57.64, etc.). *Cuestibayu* ast. 'terreno en pendiente, de poca estimación' (V), derivado de un *cuestivo.

[1] En singular *cuesta* 'espalda' es más raro, aunque se halla en el *Alex.* (*O*, 710*b* 745, 818, 1192), pero en la locución *de cuesta* 'por detrás', 'de espaldas'.— [2] Falta en varios diccionarios y no debe de ser de uso muy extendido; como Vall. no indica el género gramatical, no hay que hacer caso de Carré[2], que debe tomarlo de Vall. y lo da como masc. En las líneas citadas lo emplea Sarm. repetidamente como femenino.

Cuesta 'coste', V. *costar   Cuesta* 'cuestación', *cuestación*, V. *querer   Cuestezuela, cuestibayu*, V. *cuesta   Cuestión, cuestionable, cuestionar, cuestionario*, V. *querer   Cuesto*, V. *cuesta   Cuestor, cuestuario, cuestuoso, cuestura*, V. *querer*

CUETO, 'cerro, altozano', ast., santand., antiguo término local de estas regiones, común con el gallegoportugués *coto*; no sólo es desconocido el origen de este vocablo, sino que es incierto su primitivo significado, pues en dialectos leoneses y gallegoportugueses significa 'nudillo de los dedos', 'muñón', 'moño', 'tarugo', 'recazo de herramientas', y es posible que esté relacionado con el prov. *cota, coutet*, 'nuca'. *1.ª doc.: cuetu*, 943.

Para la antigüedad y extensión del vocablo y para sus varios matices topográficos, V. el estudio publicado por M. P., *Oríg.*, 425-7, 432 (con mapa), 585, con magistral conocimiento del asunto. El vocablo vive principalmente en Liébana y el Este y Centro de Asturias («*cuetu*: altozano» *V*, «cerro» *R*), pero su área, gracias especialmente a la toponimia y a los derivados, se dibuja con más amplia extensión abarcando hasta la Rioja, Soria, Segovia,

Salamanca y Badajoz; dentro del territorio del idioma vecino tiene su centro principal en el Norte portugués y en Galicia. Se trata de un 'cerro de poca elevación' o de un 'peñasco aislado en el campo' (Rato), 'peñasco grande o pequeño' (en Melgaço y en Viana do Castelo: Leite de V., *Opúsc.* II, 345; *RL* XXVIII, 270), acs. que algún vocabulario trata de combinar definiendo 'cerro peñascoso' o 'pedregoso'. Pero otros significados son ajenos a la topografía, y aunque no se hallen en los documentos antiguos (donde era más fácil que apareciese la ac. topográfica), no podemos asegurar que no sean los primitivos, en vista de casos como *CERRO*, *LOMA*, arag. *pueyo* o *POYO*, etc. En Mogadouro (Tras os Montes) la *cóta* de una herramienta es el lado opuesto al filo (*RL* V, 41), y lo mismo en gallego (Vall.; Sarm.)[1]; y en el Este de Lugo *coto da torga* es un tarugo de madera o perno de hierro que sujeta el arco de madera sobre el travesaño del yugo («Eisen- oder Holzstift, der den Holzbügel oberhalb des Jochbalkens sichert»: *VKR* V, 101), gall. *coto* «cadabullo, lo último que queda de un tizón» (Sarm. *CaG.* 185r); además *cueto* 'nudillo de los dedos' en Villavieja, Salamanca, port. *côto* íd., 'muñón de un brazo amputado', Sajambre *cota* 'punta (de árbol)', *cueto* 'cerro' (Fdz. Gonzz., *Oseja*, 375), Orense *podar de cotón* 'dejar varas pequeñas cuando se podan las cepas' (*Cuad. Est. Gall.* III, 427), gall. *cotelo*[2] 'nudillo', ast. occid. *cotošo* 'nudillo', salm. *cotorina* 'coronilla de la cabeza'. Esta última ac. nos conduce hacia oc. ant. *cota* 'nuca' (raro; hoy vivo en Niza), prov. delf. y langued. orient. *coutet* íd. (de donde quizá frprov. y Franco Condado *coutivet* «partie supérieure du cou d'une poule»), que Wartburg, *FEW* II, 1259a, relaciona (aunque esto es muy dudoso[3]) con sic., calabr., *cozzu, cuozzu, cozza* 'nuca', con el cast. *PESCUEZO*, y con el frprov. *cotson, cochon*, íd., a base de un derivado *COTTIU*. En cuanto al origen, siguiendo una sugestión de Brüch, parte Wartburg de un griego χόττη fundado en el derivado χοτίς o χοττίς 'cabeza' y 'nuca'[4]. Pero más bien el tipo *COITU postulado por las voces iberorromances será de origen prerromano (?), como sugiere dubitativamente M. P., o más bien de creación expresiva. De todos modos es inverosímil el origen griego[5]. Desde luego no viene de CAUTES, ultracorrección latina de COTES 'roca', que tampoco explicaría el vocalismo romance, pese a *GdDD* 1557.

′ DERIV. *Cotaraxu* ast. 'cueto de poca altura' (V). *Cotarro* 'altozano, teso', 'ladera de un barranco' [Acad. 1899], usual en Castilla la Vieja y occidente de Salamanca; Limia *cotarro* como nombre de un monte (Schneider, *VKR* XI, glos.); *cotarra* (falta aún en Acad., 1899), judesp. *cotarra* 'pocilga' (*RFE* XXXIV, 71). *Cotelo* gall. 'nudo de los dedos' (Castelao 160.5), en el gallego de Limia 'moño' (*RFE* XXXIV, 71)[6]; vco. vizc. *kutilo* 'cumbre', quizá sea lo mismo que *cuchillo* 'mon-

tículo' (*BRAE* XIV, 112), cast. de Galicia, en relación con el nombre de lugar asturiano *La Cuétara* (véase ahora M. P., en *NRFH* vol. VI', 1952-3, 1-4). *Cotorro* 'altozano' salm., «aumentativo de *cuetu*» ast. (V); *escotorrar* 'limpiar las vides del montículo de tierra que se les había arrimado', pal. [Acad. después de 1899]. *Cuturuto* 'cumbre' en Ponte de Lima (Leite de V., *Opúsc.*, II, 64; para el sufijo comp. *pingorote, pingorotudo, empingorotado*). *Cotera, cotero*, santand. 'cerro bajo pero de pendiente rápida' (Acad.).

De origen incierto pero probablemente relacionado con *cueto* es *vericueto* [1611, Covarr.][8], cuya forma y significado primitivo me parecen ser *pericueto* 'cerro áspero', con los cuales se conserva en el castellano de Galicia, de Asturias, de Aragón[9] y de Andalucía (cita de Fn. Caballero en *AV*[2]); el primer elemento será el prefijo popular ponderativo *peri-*, el que aparece en *perifollo, perigallo, peripuesto*, y que es ampliación de *per-* (tan popular en ast. y leonés), por influjo de casos como *perilustre, perínclito, perillán, perinquina*, etc. *Pericueto*[10] fué, pues, primeramente 'pico inaccesible', 'quebrada empinada', pero empleándose sobre todo en plural y en frases como *andar por estos pericuetos*, el vocablo entró en relación con *andar por estas veredas*, y de ahí vino la forma cruzada *vericuetos*, que por este influjo pudo también aplicarse a senderuelos empinados y medio perdidos[11]. De la variante etimológica *pericueto* deriva el segov. (Cuéllar) *empericutarse* 'ponerse derecho, erguido, levantarse', *BRAE* XXXI, 153 (de *en-pericuet-arse*). *Vericueto* nada puede tener en común con *varga* 'cuesta' (voz problemática), como lo muestra ya la fonética (no existe el vasco *berigeta* que *GdDD* 934 supone como forma intermedia). No hay relación etimológica con *verigüeto* 'molusco lamelibranquio, bivalvo, comestible' [Acad. 1936], de origen desconocido, probablemente prerromano (com. *picueta* [s. v. *PECA*], *sirigüeta* [s. v. *SUERO*], *MAGÜETO, IGÜEDO* y su parentela vasca), quizá relacionado con el vasco *biri, biraka, birika, biriki* 'pulmón', 'embutido de cerdo', 'asadura', 'carne maleada que brota de un miembro llagado', *bireka, birekarro, birekatx* 'pus', por el aspecto mucilaginoso de la carne de marisco.

¹ No lo define éste, ni lo aplica más que a «la *cota* de un martillo»: aunque éste no tiene filo ni corte, se entiende que debe de tratarse del bulto que forma el mango en medio de los dos mazos o del mazo y el garfio de los martillos modernos; menciónalo como base del derivado «*cotaz*: la *cota* de un martillo» y secundariamente «un rústico y majadero: es un *cotael*», variante esta segunda que quizá se deba sólo a una ultracorrección del copista.— ² Para Sarm. *cotélo* es «el tóco o manco de brazos o manos» (*CaG.* 205v). Tan fácil sería suponer que este *cotelo* fuese metátesis de un *toquelo* (cambio

de sufijo de *TOCÓN*, de donde saldría *toco*
'manco') como admitir el proceso opuesto, si
bien suscitado por el influjo de *tocón*. Pensado,
p. 148, reúne informes de los diccionarios gallegos sobre este grupo: datos que en su mayor
parte debemos acoger con suma desconfianza,
pues tantas veces se ha visto que interpretan a
la ligera una afirmación de Sarmiento. Ahí, aclaro
además, que nada de esto se ha sacado de *cotovelo*, como podría darlo a entender la exposición
de mi etimología, junto con los errores de GdD
y Piel; el contacto de *coto* con *cotovelo* es secundario (desde que *covtelo* se hizo *cotovelo* por
influjo de aquél); la etim. mozárabe de *cotovelo*
es indisputable y yo no «supongo» el mozár.
qubṭál, pues está documentado en las fuentes lexicográficas de este lenguaje, y por lo demás presenta
desarrollo *-al > -el* normal allí.— ³ Más probable, en cambio, es que venga de ahí el cat.
cotar 'dar con la cabeza' (el ganado cabrío,
etc.).— ⁴ Nótese, sin embargo, que κόττη parece
ser vocablo hipotético, según observa M-L.
(*REW*, 4748), y que se hace difícil creer en la
expansión popular de vocablos griegos desde la
colonia focea de Marsella, que constituye una
idea favorita de Wartburg. Por lo demás κοττίς
es palabra rara, del dialecto dorio.— ⁵ Véanse los
interesantes materiales reunidos por Hubschmid,
RPhCal. VI, 190-8, para unir *cueto* y el vasco
kotor 'colina'—el parentesco de éstos sí parece
muy probable—con una serie de vocablos mediterráneos que llegan hasta el georgiano. Pero
como siempre Hubschmid pierde de vista la probabilidad de las homonimias y coincidencias casuales. La identidad de formas radicales tan breves
como *cot-* en idiomas de familia y localización
muy diversa (sobre todo si, como ahí, no hay
identidad semántica) no prueba absolutamente
nada. Un examen de los materiales de Hubschmid, con sus significados diversos, me da ahora
más claramente la impresión de un radical expresivo y no prerromano, que designaría primeramente un golpe, luego la parte del cuerpo con que se
golpea y finalmente mcntículos comparables a los
nudos de los dedos, a la nuca, etc. No tiene relación con esto el port. *cotovelo* (vid *COTOBELO*).
⁶ Es dudoso que tenga que ver con *cueto* y *cotarro*
el alto arag. *catarrón* 'peña' (Sallent: *RLiR* XI,
210, 205; *katarál* léase *-ŕál*, 'propiedad pequeña
en mal terreno', en Torla: Elcock, *AORBB* VIII,
141; hay un valle fragoso llamado *El Catarro* en
el término de la Pedra i la Coma, partido de Solsona, Cataluña), puesto que hay también *catén*
'piedra grande' en Panticosa (*catenazo* 'persona
fea, inculta' en Ypiés, *RLiR* XI, 232).— ⁷ Desde
cotarelo se pasó en gallego, por metátesis, a
corotelo, *curutelo*, de donde se extrajo un seudo-
primitivo *curuto* empleado por Rosalía de Castro,
y frecuente con ac. 'punta, cumbre' en Castelao
(«unha bola no *curuto*», «no *curuto* do fuste»,

«o *curuto* do monte» 63.8, 101.25, 295.11, 122.1);
cf. el cast. dial. *picuruta*, *pingorote* (V. *PICO*,
PICAZA Deriv.).— ⁸ «*Veriquetos*, vocablo bárbaro, pero usado en el Reyno de Toledo, son
lugares ásperos con altibaxos y quiebras, que
no se puede ir por ellos sino por sendas y camino
angosto: y assí se dixo de *vereda*, quasi *vered-
cuestos*», «*viriquetos*: campos desiguales de valles
y collados, quasi *varios cotos*»; Oudin admitió
veriquetos y *viriguetas* (errata por *viriquetos*, que
es la forma a que remite bajo *veriquetos*) «des
champs inégaux, où il y a des collines et des
vallons, un pays bossu», sólo en 1616, a imitación de Covarr.; *Aut.* «lugar o sitio áspero y
quebrado, por donde no se puede andar sino
con dificultad»; está ya en el *Quijote*: «si Dios
quisiera darme de comer a pie enxuto y en mi
casa, sin traerme por *vericuetos* y encrucijadas»,
II, v, 16, y en Calderón.— ⁹ «*Naval*... a una
legua de la sierra de Arve, sobre un *pericueto*
que forma una mole de peña de algunas 100
varas de elevación, perpendicular por el lado
Oeste, y por la restante circunferencia en el
suave declive que la misma peña forma hasta
la confluencia de dos arroyos» (partido de Barbastro, Prov. Huesca), en Madoz, *Dicc. Geogr.*
(1849), XII, 49*a*, cuyas noticias solían estar redactadas por gente del país. Rato se olvidó de definir este vocablo asturiano, pero tras su artículo
collado 'proeminencia del terreno', y también tras
escobios ('los cerros que sobresalen en las cordilleras por las rocas puntiagudas'), remite a *peri-
cuetu*. Para Galicia, *BRAE* XIV, 128.— ¹⁰ En
América se oyen las variantes *viricueto* o *viricuete* en Colombia (Cuervo, *Ap.* § 802; *Obr. Inéd.*,
p. 180), *viricuete* en partes de Méjico (*BDHA* IV,
288), *belicuete* en el Brasil (Lima-B.). Hay influjo del sufijo *-ete*. *Los Vericuetos* es nombre de
un vallecito empinado en la Precordillera, unos 15
kms. al Oeste de Mendoza (Arg).— ¹¹ Es arbitraria la etimología de Larramendi, apadrinada por
Diez (*Wb.* 497), que parte de un supuesto vasco
*bide-ge-ta 'lugar sin camino', pero no existe en
realidad tal palabra vasca, como ya observa M-L.
(*REW* 1112). La de Puigblanch —que es el dato
más antiguo de esta ac. que falta todavía en
Acad. 1832— (Viñaza, *Bibl.*, p. 830) es digna
pareja del famoso *fabaricotus* de Ménage; transcribo, sin embargo, a causa de los datos que
proporciona: «viene del nombre lat. *veredum*
(*iter*) 'camino veredero', disminuído dos veces,
veredico y *veredicoto*. El *vericueto* es una senda
muy angosta, sea cual fuere el terreno [?]. De
vericuetos en lo llano [lo cual no puedo com-
probar] se habla en la jornada I de la comedia
de *La Dama Capitán* [1661] por D. Diego y
D. José de Figueroa; y Cervantes lo usa en el
mismo sentido [lo cual no es cierto]». No debe
de haber relación alguna entre *vericueto* y *vir-
mouste* o *veremoustre* que tiene exactamente el

mismo sentido en el relato de un francés que viajó por España en 1612 (*RH* LIX, 363, 451) (¿alteración de *virevolte?*).

CUEVA, del lat. vg. *CŎVA 'hueca', femenino del adjetivo CO(V)US, variante arcaica de CAVUS 'hueco'. *1.ª doc.*: *cueba*, 963, M. P., *Oríg.*, 130; *cueva*, *Cid*.

Igual forma en port. y cat. *cǫva* íd., bearn. ant. *cobe* (S. XIV o XV: Levy, s. v. *cova*), gall. *cova* 'nicho, tumba' (Castelao 218.4f., 185.29, 186.26). Como adjetivo port. *prato côvo* 'plato hondo' (en el Centro y Sur de Portugal, comp. G. Viana, *RH* XI, 161), port. ant. *logares covos* 'cóncavos, hondos' (h. 1400, *Padres de Mérida: RL* XXVII, 24). Los numerosos topónimos portugueses aseguran la identificación del vocablo en su empleo adjetivo, frente a los homónimos y lo localizan: hay nada menos que diez freguesías con el nombre *Vila Cova* (una de ellas con el significativo aditamento de *Vila Cova de Covelo*), todas en la mitad Norte del país, más allá del Mondego (tres en la zona interamnense, una algo al Este de Viseo —núms. 161, 238, 828, 1353 del *Inquérito* de P. Boleo—, etc.), un *Fonte-Cova* unos 50 km. al E. de Oporto, un lugarejo *Agrocovo* en el concejo de Guimarães (*Inq.* P. Boleo, n.º 269), dos *Pena-Cova* (una, sede de concejo en el distrito de Coímbra y una fregresía en el de Oporto), *Bouça Cova* en el Alto Mondego, en fin *Fozcôa* (*Vila Nova de* ~), de *foz co(v)a* 'angostura honda, hueca', afluente del Duero unos 15 km. abajo de donde se mete en Portugal). Hay además muchos derivados como *Coval, Covão, Covões, Covelos, Covelinhos*, etc., donde puede tratarse de derivados del sust. *cova* 'cueva' y aun de cosas diferentes. Se supone tenga el mismo origen la familia léxica del it. *covone* 'gavilla, haz de cereales', alto it. *cöv, cova* (éste en docs. milaneses de 1216 y antes: Bertoni, *ARom.* V, 102), cuyo significado primitivo pudo ser 'el hueco de la mano y su contenido' (*REW*, 1796). cŏvus fué la forma originaria del lat. clás. CAVUS, cuya A se debe a influjo de CAVERNA y CAVARE, pues ŏv pretónico pasaba regularmente a AV en latín, evolución todavía mejor conocida en el céltico continental (Pok., *IdgF.* XXXVIII, 191; Thurneysen, *ZCPh.* XIII, 105; Weisgerber *SFK²*, p. 73). Aquella forma parece estar documentada en Varrón, en la forma sustantivada COUM 'cavidad en el yugo'¹, y viene confirmada por el griego dial. χόοι 'cavidades', gr. χοῖλος adj. 'hueco'.

DERIV. *Árbol cuevanosu* ast. 'el carcomido y hueco' (V). *Cuevero. Covezuela. Covacha* [1574, A. de Morales]²; gall. de Tuy *covancha* 'hueco de la cabeza debajo del cogote' (pontev. *cova dos ladros*) Sarm. *CaG.* 219r; *covachuela* 'Secretaría del Despacho real', así llamada por hallarse en una bóveda de Palacio [*Aut.*], 'secretaría', 'oficina pública'; *covachuelista* o *covachuelo* 'burócrata'. *Encovar³* 'encerrar, ocultar como en una cueva' [*se en-*

coba, rimando con *loba*, etc., en J. Ruiz, 402*d*; *encobar* rimando constantemente con *-b-* en G. de Segovia, 48; «*encobar casi corvar*: naghír» PAlc., es decir el verbo '*áḡḥar* «forcer quelqu'un à se retirer dans», «forcer une bête à se retirer dans son antre», la explicación «casi corvar» está tomada de Nebr. y no tiene aplicación aquí; ejs. de Fr. L. de León, y P. Oña con este sentido en *Aut*]⁴; *encovado* 'encubierto, oculto' [*encobado*, Fuero de Alcaraz, S. XIII⁵; «*encobado assí como conejo*: maxhór», PAlc., es decir el participio pasivo de *ğáḥar* 'obligar un animal a retirarse en su madriguera'; *-vado* íd., Fr. J. Márquez, 1612, ejs. de la *Pícara Justina* y de J. de Pineda citados en Fcha. y Cej., *Voc.*], de 'encerrado en cueva' se pasó a 'encorvado, encogido' («*encobado*: incurvus, curvus», «*encobar casi encorvar*», Nebr.) y de ahí a 'embarazado, ocupado' (*-b-, Alex.* 530*b*⁶; «*encobado, embargado*: gáiri fárih» PAlc., es decir 'sin ociosidad')⁷; *encobador* 'encubridor' (en un pasaje arcaizante de Lope, *Aut.*); *encobo* 'encierro' (rimando con *lobo, robo, ajobo*, en J. Ruiz, 420*c*). Gall. *encoveirado* 'hundido, demacrado' («a cariña fraca e *encoveirada* dunha rapaza», «esa cara tan *encoveirada* e triste» Castelao 187.10, 203.19). *Convocado* 'hundido' (*ojos concovados*, 'dicho de un enfermo', Berceo, *S. D.* 540*c*): *Recoveco* [*Aut.*]; comp. trasm. *andar às recubeques* «fazendo ziguezagues» (*RL* I, 216). Quizá sea derivado de CAVUS el nombre de lugar genérico *caben* de la topografía de los Picos de Europa: *El Caben de Remoña*, puerto de paso (1812 m. altura) de Valdeón a Liébana; Lueje, *Los Picos de Europa*, p. 126; la terminación más bien induciría a suponer un derivado prerromano que romance. Y vid. ALCUBILLA.

¹ Los filólogos antiguos y modernos no están bien de acuerdo acerca del significado del vocablo, que, sin embargo, está bien apoyado por la etimología y por las formas romances. Véase M-L., *Einführung*, § 124; *ThLL*, III, 715.54, 1563.10, 20; Ernout-M. y Walde-H., s. v. *cavus* y *cohum*.— ² Existe en catalán meridional y occidental una variante con *r* ante la palatal: Menorca *cobarxo* o *coberxo* 'espacio cubierto', 'barraca' (Moll, *Misc. Alcover*), Pallars *caburxota* 'choza formada con ramaje y un solapo de roca' (Violant, *Butll. del C. Excurs. de Cat.* XLV, 360), *covartxó* 'cuevecita' oído en Margalef (Priorato), *Racó dels Covartxos* allí mismo. Probablemente estas formas se deben a un cruce de *covatxa*, forma mozárabe catalana, con *cavorca* 'caverna' (vid. CAHUERCO). De ahí sale probablemente el mall. *cobarxol* y cast. *cobarcho* 'parte de la almadraba que forma como una pared o barrera de red' (falta aún Acad. 1899), *coarcho* 'cabo fijo por un extremo en la almadraba y por el otro en una ancla que sostiene el cobarcho' (íd.), a base de la idea de 'espacio cubierto'.— ³ Véase el artículo de G. Colón, *Etym. W. v. Wartburg* 1958,

129-154: quiere partir de INCŬBARE 'yacer sobre algo', 'extenderse sobre', 'guardar celosamente' (de donde 'embarazar, ocupar'). No parece esto imposible; hay bastante que rectificar en este artículo, sobre todo en el aspecto fonético: se opone a COVA a causa de la -*b*- antigua, pero esto se aplicaría exactamente igual a INCUBARE; la idea merece y necesita estudio más detenido.— [4] Para el cambio de *v* en *b*, comp. *cobarde* y *cobijar*, con -*b*- ya medieval; la *ó* de J. Ruiz quizá se deba al influjo de (*en*)*corvar*, con el cual relaciona el vocablo Nebr.— [5] «Qualquier que molar o gessar o tegera o pedrera después de treinta días *encobada* la toviere, pierda la lavor e sea d'aquel que primero la tenie», *RFE* XXII, 116.— [6] Héctor atacando a los griegos «non tenié todas oras *encobadas* las manos / él e don Eneas, dos cuerpos adianos, / tan bien se ayudavan como unos hermanos». En vez de *encobadas*, en *P* se lee *embargadas*. Quiere decir, pues, 'ocupadas en otra cosa'.— [7] La semejanza de éste con el lat. OCCŬPATUS es grande, y no habría dificultad fonética en derivarlo de ahí, pero así no explicaríamos las demás accs., y OCCUPARE no ha dejado descendencia popular en romance.

ÇUÉVANO, del lat. CŎPHĬNUS 'cesto hondo', 'cuévano', y éste del gr. χόφινος íd. *1.ª doc.*: 1256-63, *Partidas*.

Otros testimonios antiguos: *1.ª Crón. Gral.* 185*a* 5; Glos. de Toledo y del Escorial; APal. 94*d*, 402*b*, 515*d*; Nebr. («*cuevano* de vimbres: cophinus»). En todas estas fuentes se escribe con -*v*-; la grafía *cuébano* de *Aut.* es tardía. Del mismo origen port. *covo*, *cóvão*, 'nasa, garlito', 'jaula de cebar capones', cat. *cove* 'cuévano', gasc. *cóben*, *cáben*, 'colmena' (V. s. v. COLMENA), it. ant. *còfano* 'cesto', 'cuévano', hoy 'cofrecito o pequeño armario para objetos preciosos', fr. *coffre* 'cofre, arca'.

DERIV. *Covanillo. Covanilla.*

Cuevanoso, V. *cueva   Cuevero,* V. *cueva
Cuexca, cuexco,* V. *cuesco*

CUEZO, 'artesilla de albañil para amasar yeso', y nombre de otros varios recipientes, del mismo origen incierto que el cat. *cossi* 'tina de la colada'. *1.ª doc.*: *cueço*, recipiente para recoger la harina que cae de la muela', 2.ª mitad S. XIII, Vidal Mayor (Tilander, *Fueros de Aragón*, p. 310).

Es también antiguo y aragonés *cueço* 'achicador de barca', en inventario de 1402 (*BRAE* III, 360). La ac. 'artesilla de albañil' sale en el toledano Rojas Zorrilla (1607-48) (*Aut.*), y hoy se emplea en el Este y Nordeste de Cáceres, Sierra de Gata y Ribera salmantina del Duero (Espinosa, *Arc. Dial.*, 53). En Álava es 'colmena hecha en el tronco ahuecado de un árbol' (Baráibar; con variante *cozo* en el Valle de Losa para «bañado o bacín»),

en Santander «pezuña» [?] (G. Lomas, comp. Alcalde del Río). En Aragón es hoy 'tina de la colada' (en Ansó, Bielsa, Caspe y la Puebla de Híjar: *BDC* XXIV, 166; Peralta), también 'vasija de ordeñar' (*BDC, l. c.*)[1]; cf. Sajambre *cocia* 'trozo de madera preparado para hacer una madreña' que Fdz. Gonzz. (*Oseja*, 232) quiere derivar de CALX.

Este vocablo castellano está evidentemente emparentado con el cat. *cossi* 'tina de la colada' [1388], y su numerosa y compleja familia romance (*REW* 2011.3; *FEW* II, 826-7). En ésta nos interesa especialmente el b. arag. y murc. *cocio* 'tina de la colada' (Peralta, Borao, Torres Fornés, García Soriano, Lemus; *RH* XLIX, 392; vivo en Caspe y la Puebla de Híjar: *BDC* XXIV, 166), que es probablemente catalanismo, como lo es sin duda el campid. *cóssiu* (Wagner, *Arch. Stor. Sardo* III, 391). Por otra parte mozár. catalán *cutxol* 'medida equivalente a dos almudes' (S. XIII, Costumbres de Tortosa, p. 400), *cutxola* 'hueco con las palmas de la mano para beber agua' (en el Maestrazgo: G. Girona), oc. ant. *cossa*, oc. mod. *cosso* (Mistral) «écuelle de bois sans anse», «petite mesure pour grains», «droit de mesurage sur le blé» (documentado además por el b. lat. occitano *cocia*, *cossa*, en estas dos últimas acs., en escrituras de Aviñón y de otras partes, desde primeros del S. XIII: Du C.), gascón *coço* 'cucharón' (Ariège, H.-Gar., Gers, H.-Pyr., con θ en el habla de Bethmale, que distingue *ç* de *ss*), vasco b. nav. y sul. *khotxu* 'vasija de ordeñar', a. nav., b. nav., ronc. *kotxu* 'estuche de la piedra de afilar la guadaña' (*BhZRPh.* VI, 21), salac. «vasija de pastor de regular tamaño, más ancha por la boca que por el fondo y con un solo agarradero», también en Ibarre, «cochua cacharro» Araq.; *cutçhua pot* de chambre» Pouvr. y «munnlòg (palangana)» glos. vço.-isl., Michelena, *FAzk.* 145, it. *còccio* 'vasija', 'pedazo de vasija rota', *cocci* 'cacharros de cocina'. Es ya más dudoso que pertenezca a la misma familia el fr. *cosse* 'vaina de legumbre'.

El eminente lingüista H. Schuchardt estudió esta familia de palabras en su famoso artículo dedicado a los descendientes romances de COCHLEA 'concha' (*Roman. Etym.* II, 29ss.; añade más, especialmente sobre las palabras vascas y formas francoprovenzales, en *BhZRPh.* VI, 21), y por desgracia los etimologistas posteriores, como ocurre muchas veces con los trabajos de aquel maestro, se han atenido a su opinión sin analizarla mucho. Se trataría de una variante fonética de COCHLEA, que si en unas partes sufrió la metátesis de la L (CLOCEA > sic. *crozza*, it. *chiòcciola*, val. *clòtxina*) en otras habría perdido esta consonante enteramente; pero esta última evolución fonética es inadmisible y sin otros ejs. En sus grandes síntesis léxicas, que con razón han podido ser comparadas por algunos y aun por él mismo a una confusa tormenta de nieve, el sabio lingüista amontonaba materiales y acumulaba problemas, con el resultado de acabar a veces cegándose ante los obstáculos más evidentes y elementales. Esta etimología debe desecharse sin vacilación, y es preferible reconocer que hasta ahora ignoramos el origen de *CUEZO*. Volveré a estudiar detenidamente el problema en mi *DECat*.

Mientras tanto adelanto una sugestión. La base *CŎCCĔUM que postulan de concierto el castellano[2], el catalán, la lengua de Oc y el italiano, pudo tener como significado etimológico la ac. italiana 'cacharro roto' y, por lo tanto, podría ser un derivado adjetivo de la raíz de creación expresiva COCC- 'cáscara', 'cráneo', 'cabeza', que he estudiado s. v. *COCO*. La dificultad principal es que así no se explica la conservación de la *i* postónica en el cat. *cossi*, arag. *cocio*, pues no puede haber tratamiento culto en voz ajena al latín clásico, y documentada en fecha reciente en latín medieval[3]. Y desde luego hay que tener muy presente la idea de un posible y aun probable origen prerromano. Es más, no deja de haber asidero para suponer una base indoeuropea, sea sorotáptica o céltica, pues aunque en celta insular no conozco voces análogas sí hay una coincidente en báltico y sánscrito: el scr. *kóçaḥ* 'cubo' 'barril', más tarde también recipiente de cualquier género, 'caja' 'funda', etc. (y aplicado a la oquedad de un carro está ya en el Rig Veda VI, 54.3), pero la ac. básica y más antigua es 'balde, cubo, barril': en el Rig Veda, p. ej., invocan al dios de la lluvia, Parjanya, con las palabras *mahāntaṃ kóçaṃ ni ṣiñca!* 'vacíanos encima tu gran cubo' (V, 83.8). A esta palabra índica responde en báltico el lit. *káuśas* 'gran cazo o cucharón', letón *kaùss* 'espumadera, tarro'. La forma de ambas familias lingüísticas corresponde a una base indoeuropea KOUKO- o KAUKO- y existen palabras derivadas de la misma raíz con vocalismo algo distinto así en báltico como en iranio e índico: lit. *kiaűšis* 'huevo', 'testículo' (KEUKI-), *kūšýs* 'pendejo' (KŪKI-), ave. *kusra-* 'hueco, -a', scr. *kukṣí-* 'cavidad', persa mod. *kus* 'vulva', etc. (para otras muchas ampliaciones consonánticas de la raíz básica KEU- / KOU- como el letón *čàula* 'cáscara', isl. ant. *hauss* 'cráneo', o el scr. *koṣṭhaḥ* 'recipiente' vid. Pok. *IEW* 952, y agregar quizás el lit. *kiaűle* 'puerca, marrana', prus. ant. *skaura, skewre* íd. [letón *cūkas* 'cerdo'] a base de la idea de 'vulva' o 'testículo'); coexistiendo KOUKO- con KEUKI- bien podríamos suponer un sorotáptico *KOUKIOS que en unas partes, reducido a CŎCIUS por latinización pasaría a *cuezo*; y acaso entonces el diptongo OU conservado o convertido en AU en otras partes al latinizarse el vocablo podría explicarnos la *i* conservada del cat. *cossi* y el arag. *cocio*, cf. la conservación de la I en SCAURIA > *escoria*, CAURIA > *Coria*, LAUREA > cat. *Llúria, Lòria, Salòria*, etc. Me apresuro a conceder que es una etimología sumamente hipotética, para la cual desearíamos hallar algún apoyo filológico más tangible.

Cueza 'maquila', 'derecho que se paga en pan en el horno común', pronunciado con θ sorda en Serradilla y Malpartida de Plasencia (Espinosa, *Arc. Dial.*, 55, con la observación de que este pormenor nos impide derivarlo de *COCER*, cast. ant. *cozer*)[4]; en el sentido de «taxe» ya en 1349, *BHisp.* LVIII, 89; claro que *cueza* no puede salir del ár. *qiyas* 'medida' (*GdDD* 5370b). *Cozuelo* 'medida de trigo o de sal que han de pagar los que introducen estas mercancías en la ciudad' [Ávila, 1485: *BRAE* XVI, 109][5], *cuzolo* íd. [Daroca, 1291-1327: *RABM* 1873, 79-80]. *Cocinu* santand. 'especie de dornajo o artesa', 'tronco de árbol ahuecado para dar de comer a los cerdos' (G. Lomas). *Cocharro* 'vaso o taza de madera o de piedra' (ya Acad. 1843), y *cucharro*, de origen mozárabe[6], véanse congéneres portugueses aquí s. v. *CUCHARA*, y el arag. *cuzarro* 'recipiente de cuerno para beber' (Ansó: *BDC* XXIV, 166).

[1] *Aut.* traía además una ac. 'brial, especie de falda de seda que llevaban las mujeres' documentándola en Cervantes, pero E. Cotarelo (*BRAE* VII, 541) observa que ahí *quedando en cuezo* es errata por *quedando en cuerpo*. Terr. dice que *cuezo* significa además 'comida mal compuesta' y de ahí 'fárrago, centón, mezcolanza'.— [2] Nótese que la *ç* sorda de los documentos medievales y de la pronunciación cacereña postula en forma indudable un étimo con -CC- geminada, detalle que ignoraríamos si sólo conociéramos las formas de los demás romances, que se satisfarían igualmente con -C- sencilla ante I.— [3] Véase además el estudio de Leonie Feiler *RF* XLV 333-4. Partir de *CAUCĔU derivádo de CAUCUS 'vaso' (como quisiera Moll en Alcover) no es posible en vista del diptongo castellano.— [4] Registrado por la Acad. ya en 1843 (también variante gráfica *cuesa*). El *Cueza* es un afluente del río Carrión, cuyo nombre pudo significar 'olla, cauce'; véanse formas antiguas en M. P., *Oríg.*, 128.— [5] Además, vid. *CORZUELO*.— [6] En efecto es propio de Andalucía, como señala Alcalá Venceslada y confirma Caro Baroja (*Los Pueblos de España*, p. 403) y se emplea para trasegar el vino de una tinaja a otra, o para llenar los vasos de cata; se hace de calabaza, lo cual nos recuerda el nombre, probablemente prerromano, de la calabaza en gascón (*coujo*, aran. *cója*) y otras comarcas del SO. de Francia. ¿Buen asidero etimológico? No lo creo, pues éste postula una base *KOIA o al menos KOGIA y *cuezo* y congéneres exigen KOKIO- con -K- y vocal abierta.

Cugujada, cugulla, V. *cogulla*

CUIDAR, del lat. CŌGĬTARE 'pensar', de donde los significados romances 'prestar atención (a algo o a alguien)', 'asistir (a alguien)', 'poner solicitud (en algo)'. 1.ª doc.: Cid.

Cuervo, *Dicc.* II, 684-7; Cej. IV, § 37. La

evolución fonética fué normal: *koyedár* > *koy-dár*[1] > *kuydár* > *kuįdár*. Los que hallan dificultad en la *u* castellana o en la forma como se produjo el diptongo *ui*, olvidan que la fricativa *y* no es lo mismo que la semivocal *į*; en sílaba cerrada por aquélla la *o* se cerró naturalmente en *u;* comp., por lo demás, *cuñado* < COGNATUS, y aun el caso general del tipo *mucho* MŬLTUM[2]. Una vez producido el diptongo *ui*, poco común, hubo, sin embargo, tendencia a alterarlo, apareciendo las formas *cueda, cueida, cuda* y otras, de las que pueden verse ejs. en Hanssen, *Revisión del Probl. del Impf.*, AUCh. 1907, tir. ap., pp. 20-22; Cuervo, *Dicc.*, 685-6; Oelschl.; y en los glosarios de Rivad. LVII (las formas ahí citadas necesitan revisión). Nótense especialmente los casos asegurados por la rima en Cuervo; *cuda* está todavía en rima en el Marqués de Santillana[3]. A la larga triunfó la forma *cuidar*. En virtud de una tendencia fonética la acentuación actual es *cuída*, pero todavía Góngora, Vélez de Guevara y Calderón acentuaban *cúida*, y aisladamente lo hace el extremeño Meléndez Valdés a fines del S. XVIII; hoy se pronuncia así en Chile (BDHA VI, 194), y el contraste entre las pronunciaciones chilenas *kúįda* y *r̃wío* 'ruido', con pérdida de la *d*, prueba que el acento de aquélla resulta de una conservación y no de una regresión. Vulgarmente existe hoy *cudiar* (ya en Torres Naharro; ast., V. etc.), y *cuidiar* (arg., etc.: L. Barletta, *La Prensa*, 1-VI-1941).

En la Edad Media *cuidar* significa siempre 'pensar, juzgar', ac. que es común todavía en el Siglo de Oro, en verso y en algún prosista arcaizante (así como el port. *cuidar*, gall. *coidar*[4]); pero ya para Ercilla y para Fr. Luis de León significaba lo que actualmente. En esta evolución precedió al verbo *cuidar* su sinónimo *pensar: pensar de algo* o *de alguien* es 'cuidar' en la Edad Media, y hoy quedó *pensar un caballo* 'darle pienso', fr. *panser une plaie*. Participa de tal sentido en nuestro verbo el portugués y, quizá por influjo castellano (?), el catalán; además ocurre lo mismo en el Sur de Italia y se registra alguna tendencia en el mismo sentido dentro de las hablas occitanas (FEW II, 842a, 841a, apartado 5.°); se ha pensado en un modelo griego, a lo que es poco favorable la fecha tardía de la innovación castellana. En este idioma y en portugués, el punto de partida se hallaría en el sustantivo *cuidado*, que ya significa 'solicitud, preocupación' en el *Cid*, así como en *descuidar*. *Cogitar* es duplicado culto, anticuado o filosófico.

DERIV. *Cuida. Cuidado* [Cid], vid. Cuervo, *Dicc.* II, 680-2, del lat. COGITATUM 'pensamiento, reflexión'; *cuidadoso* [h. 1400, Glos. de Toledo; Nebr.; frecuente desde med. S. XVI: Fr. L. de Granada, Sta. Teresa; vid. Cuervo, *Dicc.* II, 682-4], antes se dijo *cuidoso* [1251, *Calila*], usado en verso hasta el S. XIX, y normal en toda la Edad Media (todavía *cuidadosamente* en el Glos. del Escorial, *cuidoso* en APal. 23d, 34d); en el nacimiento de esta forma, además de la haplología, pudo tener parte el cuasi-sinónimo *cuitoso*. *Cuidador. Cuidante. Descuidar* [1251, *Calila*; *descuiar*, Berceo], vid. Cuervo, *Dicc.* II, 1027-30; *descuidado* [Nebr.], *descuidamiento; descuido* [Nebr.], *descuidero*.

Cultismos. *Cogitación* [1438]. *Cogitabundo* [López de Úbeda, p. 55a (Nougué, BHisp. LXVI)]. *Cogitativo. Excogitar* [1499, H. Núñez de Toledo]; *excogitable*.

[1] *Coydar* se halla alguna vez (Fn. Gonz., ed. Marden, 540d; Alex. O, 1624c; J. Ruiz, 179b; *coyta* en la ed. Rivad. de este pasaje es errata, y lo será también *cuitar* en Gr. Conq. de Ultr., 108, y en Berceo, S. Lor., 39).— [2] Muy diferente es el caso de *bruja*, donde hubo *į* desde fecha muy anterior, V. este artículo.— [3] Puede agregarse *cuda: recuda* en Sem Tob, 542b, y *cuede: puede, cuedo: puedo* ibid. 365a, 464c. Además *cudo* en el Auto de los Reyes Magos, v. 45.— [4] «Non *coido* que os médicos poidan evitar a mortandade», «¿Qué *coidará* de min?», Castelao 177.16, 171.7, 171.13.

Cuin, V. *cuy*   *Cuita* 'gallinaza', V. *cochino*

CUITA, derivado del antiguo *cuitar* 'apurar, mortificar, poner en cuita', voz tomada de oc. ant. *coitar, cochar* íd., que procede probablemente del lat. vg. *CŌCTARE, derivado de CŌCTUS, lat. clás. COACTUS, participio de CŌGĔRE 'obligar, forzar'. 1.ª doc.: *cueta*, Cid; *cuita*, Berceo, S. Or., 137a (A e I).

Cej. IV, § 37. Como en el artículo anterior, existen aquí las variantes *cueita, coita, cueta*, etc.; para las cuales, vid. M. P., Inf. de Lara, glos.; Oríg., 160, n. 1; y, con las debidas reservas, los glosarios de Rivad. LVII; *cueita* predomina en el S. XIII (Berceo, etc.) y *coita* en el XIV (J. Ruiz), pero coexistían las demás y el triunfo de *cuita* se explica por razones análogas a las de *cuida*, aunque en el origen sean casos muy diferentes. En gall.-port. antiguo el vocablo es también muy frecuente con la ac. 'aflicción, pesar, cuita', predominando en las Ctgs. la forma *coita*, aunque también hay casos de *cuita* (vid. Mettmann). Si el vocablo fuese genuino en Castilla tendríamos *cocha* y el verbo *cochar*. Podría tratarse de un aragonesismo, como algunos han admitido, o de un catalanismo[1]; pero como no habría explicación semántica para ello, es más probable que sea voz popularizada por la lírica trovadoresca y tomada de los dialectos meridionales y occidentales de la lengua de Oc, donde se dice *coitar* (*cochar* en los demás).

En cuanto a la etimología latina, desde el punto de vista semántico es indudable que podría venir del participio de COQUERE 'cocer', o sea de cŏctus = cast. ant. *cocho;* nótense las pruebas que aduce M. P., *Cid,* 613 (y agréguese el galorrománico *tost* 'rápido, pronto' de TOSTUS 'tostado'). De todos modos deberá observarse que en parte se trata de comparaciones del lenguaje trivial reciente (*freír, achicharrar*) difícilmente equiparables con el estilo de los trovadores y de Berceo, y que en cuanto a las frases de éste *cocha ni asada, biscocha e bisassada,* quizá se trate de interpretaciones populares del adjetivo tradicional *cocho* *cŏctus = COACTUS, comp. «por mal precio me vendieron e voy ajado e *cueyto*», 'cuitado', asegurado por la asonancia en *Yúçuf,* 48d. A pesar de estas consideraciones no hay duda de que la etimología cŏctus sería aceptable si no hubiera otra preferible. COCTUS como variante de COACTUS se halla en el gramático Caper (S. II), vid. Seelmann, *KJRPh.* I, i, 57, y de aquí se derivó un *COCTARE 'forzar, apremiar', de la misma manera que formaron un COGITARE en igual sentido Amiano y los autores de la Vulgata y de la *Historia Apollonii regis Tyri* (Rönsch, *RF* II, 315-6). La prueba de que nuestro étimo tenía ō y por lo tanto venía de CŌGERE, está en que el descendiente de este vocablo es *cǫite* en francés antiguo (y no *cuite,* vid. Tobler (con abundantes ejs. del S. XII), y que en lengua de Oc *cǫcha* rima con *lǫcha* (Guilhem de l'Olivier, fin del S. XIII) o *cucha* con *paurucha* (*Provenz. Inedita*); V. en el mismo sentido A. Thomas, *Rom.* XLI, 452; Schultz-Gora, *ASNSL* CXXXVI, 326; Ronjat, *RLR* LVII, 524[2].

DERIV. *Cuitar* ant. [Berceo, *S. M.,* 197; *Hist. Troyana,* 107.1; *coitar, Alex.,* 356; *Partidas* en *Aut.*], o *acuitar* [SS. XIII-XVI: *DHist.*]; *cuitado* [h. 1300, *Vida de San Ildefonso,* 499, etc.]; *cuitadez. Cuitamiento. Cuitoso* [princ. S. XIII, *Sta. M. Egip.,* 1202; *cueitoso,* Berceo, *Duelo,* 10; *coytoso,* J. Ruiz, 793]. *Encuitarse.*

[1] Esto sería punto menos que forzoso de aceptarse el étimo *OŎCTA, de COQUERE, ya que sólo en Cataluña es normal el paso de ŎCT a *uįt.* CŎCTA habría dado oc. *cueita* (y no *coita*), cuyo paso a *cuita* no se explicaría en castellano.— [2] El cat. *cuitar, cuita,* es paralelo a *lluita* LŪCTA, *truita,* y por lo demás pudo ayudar también el influjo de *cuit* CŎCTUS, en este idioma.

Cuitre, V. *cutral*   *Cuitu,* V. *cochino*

CUJA, es probable que se hayan confundido en esta palabra dos homónimos: en la ac. 'bolsa de cuero donde se apoyaba la lanza durante la marcha', procede del antiguo *cuxa* 'muslo', tomado del cat. *cuixa* y descendiente en definitiva del lat. CŎXA íd.; en la de 'lecho' o 'armadura de la cama' será probablemente galicismo tomado de *couche* 'lecho', derivado de *coucher* 'acostarse', lat. COLLOCARE 'poner en la cama'. *1.ª doc.: cuxa* 'muslo', 1385, López de Ayala (*Aves de Caza,* cap. II, p. 20); 'bolsa de la lanza', 1555, primera continuación del *Lazarillo,* Rivad. III, 99[1]; 'cama' 'lecho', 1604, *G. de Alfarache, Cl. C.* IV, 161.16.

Esta última ac. se ha conservado en América, con la ac. especial 'catre' en la Arg. y Chile: Tiscornia, *M. Fierro coment.,* 396-7; ej. de 1768 en Chaca, *Hist. de Tupungato,* 169; L. Lugones, *BRAE* IX, 542; Draghi, *Canc. Cuyano,* pp. CXXVI, 164, 191; para otros países americanos, E. D. Tovar y R., *BAAL* XIII, 522. Pero derivar esta ac. de la de 'bolsa para la lanza' o 'muslo', como quisiera Tiscornia[2], es forzado semánticamente, según observa Wagner, *ZRPh.* XLIX, 107. No hay dificultad en admitir que el vocablo se adaptara del fr. *couche* a princ. S. XVI cuando todavía la *x* castellana era idéntica a la *ch* francesa.

Por otra parte, hay la *cuja de la lanza.* No es lo mismo que el ristre, pieza de hierro sujeta a la armadura, que servía en el momento del encuentro. Llevar la lanza en *cuja* era una posición de descanso relativo, diferente de ésta, como resulta del ej. de Lope citado por *Aut.* (*la lanza passó de la cuxa al ristre*), pero que permitía pasar rápidamente a ella, en lugar de llevar el arma fuera de las manos del soldado: de ahí que se considerara posición de gente apercibida («yo apercibí toda la compañía que estuviese *lanza en cuja*» cont. del *Lazarillo*). Ya explicó Covarr. que la *cuja* iba arrimada al muslo del caballero: de ahí el nombre que se le dió. En cuanto al antiguo *cuxa* 'muslo', nótese que no parece haber sido jamás de empleo general, sino aplicado solamente a las aves de caza o a una pieza de la armadura del caballero (de ahí *quijote* < *cuxote*). Así se explica el préstamo del léxico caballeresco catalán, que está asegurado por la evolución fonética. El castellano perdió el vocablo en esta ac., pero lo conservaron los demás romances, incluyendo el port. *coxa* (*kóša*) y el gall. *couxa* (Sarm. *CaG.,* 109r < *coixa*; pontev. *pera coixa de dona* 124r, *uva couxa [de] dona* 92v, A13v); en el NE. (Viveiro) *coxigós* [cogigós, ib. 121r, cf. p. 145]).

[1] Ejs. de Lope en *BRAE* XXI, 806, y otros del S. XVII en *Aut.*— [2] No expresa claramente su idea, aunque es posible que fuese 'muslo' > 'cojín para ponerlo' > 'cama' (comp. el caso de COJÍN). También podría pensarse en una comparación del descanso del cuerpo en el lecho con el de la lanza en su cuja, pero todo esto es muy audaz.

Cujar, V. *cuchara*   *Cujote,* V. *quijote*   *Culada,* V. *culo*   *Culaga,* V. *cloaca*

CULANTRO, alteración popular del lat. *coriandrum,* tomado del gr. κορίανδρον íd. *1.ª doc.: qulântro,* h. 1100 (Asín, *Glos.,* 89); *culantro,* 1385, López de Ayala (*Caça de las Aves,* p. 256).

La *l* se debe a disimilación. Por otra parte la terminación *-ndro,* rara en el léxico latino, se altera con frecuencia; comp. port. *coentro* 'culantro', y en otro sentido RHODODENDRON > *ojaranzo*; gall. *coandro* (Sarm. *CaG.* 94r); port. *tolontro*, variante de *tolondro* TURUNDUM. En nuestro caso puede haber influído *mastantro*, variante de *mentastro*, *mastranzo*. Se lee también *qulántro* en el códice mozárabe parisiense de Dioscórides (1219), el diminutivo *quliantrûlo* en Abenbuclárix (Simonet), *culantro* en APal. (77b), en Nebr., etc. Otras variantes son el cultismo *coriandro* y ciertas formas con *ce-* o *ci-*, que no están bien explicadas: *celiandro* [Lope, *DHist.*], *cilantro* [1680], comp. b. lat. *ciliandrum* en el Glos. del Escorial, cat. *celiandre* [1249; > judeoprovenzal *çaliandra*, judeofr. *eliandre*: *FEW* II, 1184a]: quizá se deban a influjo de *celidonia*, planta que también se empleaba en medicina.

DERIV. *Culantrillo* [h. 1490, *Celestina*, ed. 1902, 19.9; Nebr.; *qulantryélo* ya en el anónimo mozárabe de h. 1100]. *Celiandrate* [1525], tomado del cat. *celiandrat*; *celindrate* [Acad. 1803].

Culas, culata, culatazo, V. culo   *Culcasilla, V. curcusilla*   *Culcusido, V. coser*

CULEBRA, del lat. CŎLŬBRA íd. *1.ª doc.*: *culuebra*, Berceo; *coluebra*, *Castigos de D. Sancho*, ms. *C*, p. 169; *culebra*, *Calila* 25.256, J. Ruiz, 868c (*S*, pero *culuebra G*), APal. 292d, Nebr.

Las lenguas romances parten todas de una variante del latín vulgar *COLÓBRA, comp. *colober*, desaprobado por el *Appendix Probi*; se han dado varias explicaciones, vid. *FEW* II, 927b[1]; además cabe relacionar con la diferenciación de labialidad que notamos en ǪVUM < ŌVUM. De ahí el cast. ant. *culuebra*, con reducción posterior del diptongo como *fl(u)eco* o *fr(u)ente*; con reducción diferente: ast. *culiebra* (V). La forma portuguesa de la misma palabra, *cobra*, ha pasado recientemente al castellano (falta aún Acad. 1899) como nombre de una serpiente frecuente en el Brasil. Para *dar culebra* V. Gillet, *HispR.* XXVI, 274.

DERIV. *Culebrazo. Culebrear, culebreo. Culebrera. Culebrilla* 'cierta erupción cutánea', etc. [Nebr.], 'relámpago' (en Cespedosa: *RFE* XV, 259). *Culebrina* [1599, *G. de Alfarache*], imitado del fr. *couleuvrine* [1431], comp. Unamuno, *Homen, a M. P.* II, 59. *Culebro* ant. (S. XV, Biblia med. rom.; *colobro*, *Alex.* O, 10; *culuebro*, *Fn. Gonz.*, 470); variante semiculta *cuélebre*, ast. (en los vocabularios de Rato y Vigón s. v., y s. v. *fechu*), nombre de un ser mitológico como dragón alado; ambos proceden del lat. CŎLŬBER, -BRI. *Culebrón*. *Colúbrido*, derivado culto. *Cuélebre* quizá deba mirarse como una forma semiculta procedente del nominativo CŎLŬBER; claro que es chocante, entonces, que haya diptongación y puesto que tanto la terminación -*bre* (y no -*bro*) como la supervivencia de un nominativo dan que pensar, esta explicación es dudosa y quizá debamos suponer más bien un

vocablo hereditario, procedente de la base heteróclita CŎLŬBREM (genitivo COLUBRIS), que, aunque algo rara está documentada en latín tardío (Ernout-M.), y aunque no haya pruebas positivas en romance, menos las hay negativas, pues otras formas son equívocas. El nombre de la villa histórica de Vaucouleurs en el depto. de la Meuse quizá proceda también de tal flexión, en genitivo plural VALLIS COLUBRUM 'valle de culebras' (pues no es verosímil la base VALLIS COLORUM 'valle de colores', por lo vago de tal significado, por más que así suela admitirse, dando demasiada confianza a tardíos documentos), etimología verosímil que no puedo comprobar. Algo parecido, por lo demás, existe en gallego: *cobre* (Sarm. *CaG.* 90v, A21r), y ahí además aumenta la duda al ver que coexiste con *cobra* y *cóbrea* (ib. 227); quizá la génesis sea *keóbra* (disim.) > *cóbrea* (metátesis), de donde por una parte *cóbrega* y por la otra *cobre*; *cobra* < *coobra*.

[1] La de Parodi (flexión *colöber, colübri*), quizá debería rectificarse en *colüber, colöbri*, en vista de los clásicos *tenĕbrae, genĕtrix* y del vulgar *alĕcrem*.

Culeca, V. clueca   *Culera, culero, V. culo*
Culiana, V. curiana

CULÍCIDOS, derivado culto del lat. *cŭlex, cŭlicis*, 'mosquito'. *1.ª doc.*: falta aún Acad. 1899.

Culiestro, V. calostro

CULINARIO, tomado del lat. *culinarius* íd., derivado de *cŭlina* 'cocina'. *1.ª doc.*: F. Javier de Burgos, † 1849, en Pagés; Acad. ya 1884, no 1843.

Culinegro, culito, V. culo   *Culminación, culminante, culminar, V. cumbre*

CULO, del lat. CŪLUS íd. *1.ª doc.*: orígenes del idioma (1155, *Fuero de Avilés*, Oelschl.; etc.).

Secundariamente, en Asturias 'el ojo de la aguja' (V).

DERIV. *Culada. Culas. Culapa* 'especie de troglodita, de color negro en el lomo y blanco en el vientre' ast. (V). *Culata* [Covarr.; Oudin; 1644, Mz. de Espinar], probablemente tomado del it. *culatta* íd. [Varchi, † 1565]; *culatazo; encular.* *Culero* ['pañal', Nebr.]; gall. *cueiro* 'trapo en el trasero del niño por si se ensucia' (Sarm. *CaG.* 222r); *culera* (la 2.ª ac. de la Acad. es ast., V, y de otras partes). *Culito. Culón. Culote. Acular* [1586, Barahona]. *Recular* [1607, Oudin; falta en APal., Nebr., Covarr., y *Aut.* no da ejs.], derivado común a los varios romances, it. *rinculare*, fr. *reculer* [S. XII], oc. ant. y mod. y cat. *recular*, port. y gall. *recuar* («unha *recuada* antiguedade» Castelao 113.15); en castellano, además de la fecha reciente llama la atención la escasísima extensión de su uso, la cual, junto con el informe de *Aut.* de que era propiamente vocablo de artillería, indica probable origen francés[1]; *reculada*; *a reculones. Reculo* [*Aut.*].

CPT. *Culancharse* 'tener miedo', arg. (en Salta: Dávalos; en Cuyo: Draghi, *Canc. Cuyano*, p. 437), por las conocidas consecuencias fisiológicas del temor. *Culinegro.* Para *culcasilla*, V. *CURCUSILLA.*

[1] Es verosímil que la forma francesa salga de **rereculer* por haplología, procedente de RETRO-; comp. cat. *a reracules* = fr. *à reculons,* 'retrocediendo'. El viejo término castellano era *cejar*, después se ha popularizado bastante *retroceder.* En América *recular* es algo más vivo que en España.

CULOMBIO, derivado del nombre del físico francés Coulomb, que vivió en el S. XVIII. *1.ª doc.*: ya Acad. 1899.

Culón, culote, V. *culo*

CULPA, tomado del lat. *cŭlpa* íd. *1.ª doc.*: Berceo. Ya en 1100 (doc. original en romance puro), *Col. de Oña, BHisp.* LVIII, 358.

Nótese el significado todavía vacilante que denota la frase *pedir culpa* 'pedir perdón', en Berceo, *Mil.,* 856a; *colpa* en *Calila* ed. Alemany, p. 346 (*RFE,* XL, 152). En otros romances (it., oc. ant. *colpa,* fr. ant. *coupe*) tiene forma más popular, pero seguramente es semiculto en todas partes.

DERIV. *Culpar,* [1251, *Calila,* Rivad., 27b], tomado del lat. *culpare* íd., vid. Cuervo, *Dicc.* II, 687-90. *Culpado* [1241, *F. Juzgo*], suele emplearse antiguamente, y hasta el Siglo de Oro, con el valor de 'culpable' (*G. de Alfarache, Cl. C.* V, 118; Pérez de Hita, ed. Rivad., 573b; Rojas Zorrilla, *Cada cual lo que le toca,* v. 2927; Tirso, *La Prudencia en la Mujer,* II, ii, ed. Losada, p. 210; vid. Cuervo, *Ap.⁷,* p. 411). *Culpable* [med. S. XVI, Fr. Luis de León, Fr. L. de Granada, vid. Cuervo, *Dicc.* II, 687; el ej. aislado de los *Castigos de D. Sancho* es sospechoso; sin embargo ya en la trad. de la *Com.* atribuída a Villena (1428), *culpable* es forma bien representada y tan abundante como *culpado*: Inf. 15.36, 20.10, 22.22, 27.43, 31.34, etc.]; *culpabilidad. Culpación. Culpante* (ejs. en Cuervo, s. v. *culpar*). *Culposo. Disculpar* [*desculpar,* S. XIII, *Bocados de Oro, Buenos Proverbios* 10.5; *disculpar,* 1570, C. de las Casas][1], *disculpable, disculpación, disculpa* [*desculpa,* h. 1490, *Celestina,* ed. 1902, 56.12, 57.11, etc.]. *Exculpar; exculpación.* Añádase el moderno *inculpar,* del cual es ya antecedente *enculpada,* fin S. XIV, Fz. de Heredia, *BHisp.* LVII, 453.

[1] Comp. Cuervo, *Dicc.* II, 1248-50. La forma con *e* es general en la Edad Media (un ej. de *disculpar* en la *Crón. de Juan II* será debido al editor), todavía en la *Celestina* (ed. 1902, 77.21)

y aun Cervantes vacila (*desculpar, Quijote* I, iii; I, xxvii, 19; pero *dis-* predomina); *dis-* se hallaría ya en Sta. Teresa y Fr. Luis de León (pero convendría comprobar en ediciones coetáneas) y desde luego es general en el S. XVII. Esta cronología parece comprobar que el vocablo sufrió el influjo del it. *discolpare* en el Siglo de Oro.

CULTO, m., tomado del lat. *cŭltus, -ūs,* 'acción de cultivar o practicar algo', derivado de *colĕre* 'cultivar, cuidar, practicar, honrar'. *1.ª doc.*: N. *Recopil.* I, iii, 14, ley de 1377, renovada en 1480; Guevara † 1545.

Ambos ejs. se refieren al culto religioso, que es la primera ac. que el vocablo tuvo en castellano. De otras aplicaciones los ejs. que cita *Aut.* son todos del S. XVII.

DERIV. de *colere,* también cultismos. *Culto* adj. [h. 1520, Padilla, como participio; Garcilaso como adj., etc. (C. C. Smith, *BHisp.* LXI); 1607, Oudin][1], de *cultus,* participio pasivo de dicho verbo; vocablo que sirvió de bandera en las polémicas estilísticas y literarias entre el gongorismo y sus adversarios, especialmente en la 2.ª, 3.ª y 4.ª décadas del S. XVII, empleado en sentido favorable y encomiástico por los partidarios de aquél, mas para Lope (en su *Filomena,* escrita en 1621) el uso mismo del vocablo *culto* era esencialmente culterano; para todo esto vid. Covarr., s. v.; Quevedo, *El entremetido* [1627-8], *La Culta Latiniparla* (1629), *Libro de todas las cosas* (1631), *Aguja de navegar cultos* (1631) y sus prólogos a Fr. L. de León y a Francisco de la Torre (1629-31); Romera Navarro, *RH* LXXVII, 297 y 368-9; y en general los trabajos de Dámaso Alonso y de Artigas sobre Góngora. *Culterano* 'que habla afectadamente culto' [1629, Quevedo, *La Culta Latiniparla;* pero *culteranismo* ya en la *Circe* de Lope, 1624, quien dice lo empleó Jiménez Patón, 1604 (?)]; el modo de formación no está bien averiguado: existiendo junto a él *cultero* [1629, Quevedo, que en el mismo texto emplea *cultería*], podría creerse que de él deriva *culterano,* pero como aquél parece haber sido menos usado y más peyorativo, ya que Lope no da a *culteranismo* un sentido incondicionalmente condenatorio[2], lo más probable es que *culterano* se formara primero voz humorística, modelada según *luterano*[3], para clasificar a los secuaces más fanáticos de la escuela cultista, y que de ahí extrajera Quevedo su *cultero* como voz francamente burlesca (*Aut.* dice que los dos son «voces inventadas y jocosas»). *Cultedad* [Quevedo, 1631]. *Cultismo* (falta aún Acad. 1899). *Cultivar* [1515, Fz. Villegas (C. C. Smith); 1555, Laguna; ast. *cautivar,* V], tomado del b. lat. *cultivare* íd., latinización del fr. ant. *coutiver* [S. XII] o del it. *coltivare* [Dante], derivados del adjetivo fr. ant. *couti* [fin S. XII], it. ant. *coltivo,* langued. y gasc. *coutiu,* rosell. *cotiu* (*Misc. Fabra,* 185; comp. los sustantivados cat. *cultiva* o *cultia,* en los Pirineos: *BDC* XIX, 124, y Ag.), aplicado a tierras cultivadas, que a su vez es derivado popular de CULTUS, participio de COLĔRE; *cultivo* m. [1644, Ovalle], *cultivable*, *cultivación* [1615, *Quijote*], *cultivador* [Santillana (C. C. Smith)]. *Cultor* [Aldana, Guevara, F. L. León (Nougué, *BHisp.* LXVI; C. C. Smith.)]. *Cultoso. Cultual. Cultura* [1515, Fdz. Villegas (C. C. Smith); 1583-5, Fr. L. de León; precisiones en *RFE* XL, 153]; *culturar*, arag. [1562-79, Zurita]; *cultural* (falta aún Acad. 1899), tomado del alem. *kulturell. Inculto* [Herrera; Fr. Luis de León (*RFE* XL, 152], *incultura. Colendo*, de *colĕndus* 'que debe ser celebrado'. *Íncola*, del lat. *incŏla* 'habitante', derivado de *incolĕre* 'habitar'. *Inquilino* [h. 1580, Fr. L. de Granada; 1625, Lz. de Arenas, p. 74], del lat. *ĭnquĭlīnus* íd., derivado de la misma raíz; *inquilinato*.

CPT. *Cultalatiniparla* [1629, inventado por Quevedo]. *Cultiparlar, cultiparlista. Cultipicaño.*

¹ «*Culto por labrado*: elabouré, orné, poly, accoustré proprement.» Sale también, con significado laudatorio y objetivo, en el *Viaje del Parnaso* de Cervantes (1614), y en obras de Góngora desde 1613 (ed. Foulché II, 42). Falta todavía en Crist. de las Casas (1570), que traduce el it. *colto* por «honrado, respetado»; ejemplos en F. de Herrera (Macrí, *RFE* XL, 152-3).— ² «Allí nos acusó de barbarismo / gente ciega, vulgar, y que profana / lo que llamó Patón *culteranismo*».— ³ La comparación con los luteranos está apuntada en algún texto de Lope: «conociendo que disponía mi quietud a las arrogancias y desbergüenças de sus defensores [de Góngora], que éstos aun no faltaron a Luthero», carta al Duque de Sessa (en Barrera, *Nueva Biografía*, 280-1, y Romera, *Precept. Dram.* de Lope, 1935, p. 162).

Cullar, V. *cuchara*   *Cullestro*, V. *calostro* *Cullidor*, V. *coger*   *Cullir*, V. *escullirse*   *Cuma*, V. *Padre*

CUMBRE, del lat. CŬLMEN, -ĬNIS, n., 'caballete del tejado', 'cumbre, cima'. *1.ª doc.*: Berceo, *S. D.*, 611d (*cunbre*).

Este autor lo emplea todavía en el sentido de 'cumbrera o caballete de tejado', que es el etimológico en latín¹; ya hay significado figurado en Sem Tob, 96c. CULMEN ha desaparecido en la mayor parte de los romances, especialmente en las lenguas literarias, con la excepción del rumano, el retorrom. *cuolm* 'cima' y el port. y gall. *cume* 'cumbre' («o *cume* do Monte Louro» Castelao 150. 25); hay otras supervivencias sueltas: fr. ant. *come²*, a. it. *colm, colma*, 'cumbrera', cat. *cumen* íd. sólo en un pueblo del Alto Pallars, aran. *kúma* íd., Plana de Castellón *colme* 'punta o cima de un cerro' (G. Girona), pero en parte de estas formas es probable que se trate de regresiones de CULMINARIA³. Aunque CULMEN tenía U breve, es im-

posible admitir que sea forma culta o semiculta. Como el caso coincide con el de DŬLCIS > *dulce* (antes *duz*), SŬLCUS > *surco* (antes *sulco*), y con *-uch-* (*-uit-*) como resultado general de -ŬLT- —vocablos que por razones semánticas tampoco pueden considerarse cultismos— se impone suponer que en todos ellos la L actuó como fonema cerrante: probablemente la L se vocalizaría primero en *u̯* o en *i̯*, que después de cerrar la vocal precedente sería absorbida por ella; *dulce* resultaría de una reacción latinizante o más culta, y en *surco* esta misma reacción (nacida de los diplomas latinos, donde *surco* se empleaba en el sentido de 'lindero') sería causa de que la *l* se cambiara en *r* por la resistencia del vulgo a pronunciar un sonido que en esta posición había quedado fuera de su sistema fonético.

DERIV. *Cumbral* [Berceo y otros textos del S. XIII, *RFE* XL, 153], ast. 'la viga que se pone en la cumbre de un techo' (V); gall. *cumial* adj. 'culminante' («un home estraordinário, *cumial*, único» Castelao 127.14). *Cumbrera* 'cumbre o cima' (1.ª mitad S. XIV: *Montería de Alf. XI*; *Aut.* lo da como anticuado, pero de vulgarismo que sigue oyéndose en Bogotá: Cuervo, *Ap.*⁷, § 744], 'caballete del tejado'. *Encumbrar* [Nebr.], *encumbrado, encumbramiento. Culminar* (ya Acad. 1899), *culminante* (med. S. *XV*, Tallante, ej. suelto, C. C. Smith, *BHisp.* LXI; ya Acad. 1843, como variante astronómica), *culminación*. De *cumiar* 'culminar' el postverbal gall. *cumio* ('cumbrera de la casa', Pontevedra 1427, Sarm. *CaG.* 176v; 'culminación, cumbre': «o *cumio* do arte», Castelao 99.24, 57.8).

¹ También *curume* en este sentido en el castellano de Galicia (*BRAE* XIV, 113), forma que puede explicarse por anaptixis de **crulme*, cuya *r* sería repercusiva (a no ser que sea regresión de un *curumera* < CULMINARIA). El mismo sentido en el rum. *culme*.— ² El gasc. *coumo* citado también en el *FEW* II, 1495b, creo que es CUMBA, mal definido o con cambio de significado. Cf. *Comares* < CULMINARES? Hay documentación de la rendición de Comares en 1487 y mercedes desde el 14-VIII-1487, vid. Bejarano-Vallvé, *Repart. de Comares* [terminado en 1496], Bna. 1974, p. X. De la p. XII resultan datos concretos referentes a los años de 1430-1440, cincuenta años antes de la rendición de los moros. De la villa actual del *Colmenar* hay documentación de 1487 (p. XVI), del cortijo del mismo nombre en 1560 (p. XVII); *Comares*, que debe de ser duplicado mozárabe del nombre de aquél, dista unos 10 km.: antes constituían un solo término, Colmenar (siempre mucho menos importante) en la línea de cumbre, Comares algo más abajo en la misma sierra, y dista 80 km. al SO. de la Alhambra, cuya cumbre más alta es la Torre de *Comares* (TURRES CULMINARES), también de fecha antigua en la historia de la Granada mora, y sin

relación alguna, histórica ni artística, con la villa de Comares.—³ En la forma *cumen*, así la conservación de la *-n* como la *u* < ŏ, sólo podrían explicarse, en un descendiente directo de CULMEN, admitiendo que sea forma pasada a través' del vascuence local, que en este rincón del Alto Pallars sobrevivía hasta fecha tardía. Pero es más sencillo admitir que esta forma, recogida en un solo pueblo, sea regresión de la denominación general en la comarca, *comunera, cumunera, cumenera*, es decir, CULMINARIA.

Cúmel, cumínico, cuminol, V. *comino Cumita, cumpa*, V. *padrí*.

CUMPLIR, descendiente semiculto del lat. COMPLĒRE 'llenar', 'completar', derivado del lat. arcaico PLERE 'llenar'. *1.ª doc.*: Cid.

Es corriente en la Edad Media la variante *complir*, aunque *cumplir* ya se halla en el manuscrito del Cid, y la *u* es general desde el principio en las formas acentuadas en el radical (todavía Nebr. opone *complir* a *cumple*), y predominante cuando sigue diptongo *ie, io* (*cumplieron*, etc.). *Cumplir* no es cultismo, aunque la comparación con *henchir* IMPLERE nos enseña que tampoco sufrió la evolución fonética más popular; pertenece al mismo nivel lingüístico que *plegar, plañir, claro, flor* y análogos, voces que no pueden considerarse cultas, sino resultantes de una tendencia ortoépica más conservadora, que predominaba en las clases altas de la sociedad. Para acs. y construcciones, vid. Cuervo, *Dicc.* II, 691-7. Acs. antiguas cercanas a la etimología son: 'complementar, llenar los vacíos de algo' en Juan Manuel, Rivad., 248, 265; con sujeto de cosa, 'bastar, ser bastante', ya en Berceo, *S. D.*, 365, todavía en el S. XIV (*Conde Luc.* en *Aut.*; refrán aragonés de esta centuria «a homme savio pocas palavras le *cumplen*», *RFE* XIII, 368); de ahí 'convenir, importar', ya en Nebr., y frecuente en los SS. XVI-XVII (Cuervo, 4), hoy superviviente en la fórmula de estilo administrativo u oficinesco *cúmpleme hacer*... Gall. *comprir* 'ser preciso' (Castelao 23.5f., 221.5, 211.8).

DERIV. *Cumplido* adj., de 'completo' pasó a 'abundante' y 'largo', ac. que se ha hecho material en el port. *cumprido* y que había existido con el mismo carácter en castellano («espetos muy *cumplidos* de fierro e de madero», J. Ruiz, 1083b)¹, y hoy se registra en Canarias, quizá por portuguesismo (*cara cumplida*, S. de Lugo, *BRAE* VII, 334). *Cumplido* m. [*Aut.*]. *Cumplidero. Cumplidor. Cumplimiento* [*compl-* 'abundancia', Berceo], 'oferta que se hace por pura urbanidad o ceremonia' [1608, Góngora, ed. Foulché I, 290; Covarr., Oudin; 1615, *Quijote*], de donde el it. *complimento* [med. S. XVI: Zaccaria; también *complire* 'hacer un acto obsequioso'], fr. *compliment* [1624, comp. Spitzer, *Litbl.* XLII, 310]; *cumplimentar, cumplimentero; cumplimentoso* (falta

todavía Acad. 1936). *Complemento* [M. de Ágreda, † 1665], tomado del lat. *complementum* íd.; *complementar, complementario. Completo* [*Aut.*, con cita de autor reciente], tomado del lat. *complētus* 'lleno', participio de *complere; completas* [Guevara, † 1545]; *completar* [*Aut.*]; *completivo, completorio. Expletivo*, tomado del lat. *expletivus* íd., derivado de *explēre* 'llenar (del todo)', otro derivado de *plere. Repleto* [*Aut.*], tomado de *replētus* íd., participio de *replēre*, también derivado del mismo primitivo; *repletar; repleción. Implemento*, 'utensilio, herramienta', aunque esta palabra, muy empleada en los países hispanoamericanos, procede en última instancia del lat. *implementum* 'acción de llenar', es en realidad un anglicismo reciente, superfluo e intolerable. *Suplir* [1574, Ambrosio de Morales], tomado del lat. *supplēre* íd.; *suplido, suplidor, suplente; suplemento* [Manero, † 1654], tomado de *supplementum* 'acción de suplir o rellenar', *suplementario, suplemental, suplementero; supletorio, supleción*.

CPT. *Cúmplase. Cumpleaños* [era voz reciente para *Aut.*], de ahí el it. *compleanno* [1865: Zaccaria]. *Suplefaltas* [1605, López de Úbeda, p. 148b (Nougué, *BHisp.* LXVI); 1691, Mz. de la Parra).

¹ De ahí quizá 'generoso', 'que da con largueza': «si andas tú *cumplido* en dar, / que para hazer confessar, / no hay cordel como el dinero», Ruiz de Alarcón, *La Verdad Sospechosa*, ed. Reyes, p. 87.

CÚMULO, tomado del lat. *cŭmŭlus* 'amontonamiento', 'exceso', 'colmo'. *1.ª doc.*: 1580, Góngora, ed. Foulché I, 2; 1640, Saavedra Fajardo, y por la misma fecha Quevedo, *Vida de S. Pablo*. Para un duplicado popular, V. COLMO.

DERIV. *Acumular* [1546-8, Fz. de Oviedo], tomado de *accumulare* 'amontonar', 'agregar'; también se dijo *cumular* [Góngora, Saavedra F.]; *acumulable, acumulación* (también *cumulación*, y en Saavedra F. *comulación*), *acumulamiento, acumulativamente* [1681, *Leyes de Indias*; *cumulativamente*, 1568, *N. Recopil.* IX, ii, 1].

CUNA, del lat. CŪNA íd. *1.ª doc.*: Berceo.

Lo común en latín es el plural *cunae* empleado con sentido de singular, pero Varrón empleó también *cuna*. La mayor parte de los lenguajes ibero y galorrománicos sustituyeron esta voz latina por el céltico *BERTION y sus variantes o derivados (port. *berço*, leon. BRIZO, cat., oc. *bres* o *bressol*, fr. *berceau*), pero el español, el vasco (*kuma*), el bearnés (*cue*), el retorrománico y algunos dialectos alto-italianos han conservado CUNA, y en italiano (*culla* CŪNŬLA) y gascón (*cuere, cunhera*, CŪNELLA) han persistido diminutivos de la misma palabra latina. La ac. 'inclusa' es conocida, entre otras partes, en la Arg. (*M. Fierro* I, 1069).

DERIV. *Acunar* [Zorrilla, † 1893, falta todavía Acad. 1899], empleado en lugar de *MECER* en

Santander, en Asturias, en el castellano de Galicia
y en la Arg. (*RFH* VI, 225); en el mismo sentido
se ha dicho *cunear* (ya Acad. 1884; ej. de la Pardo Bazán en Pagés) y *cunar; cuneo; encunar. Cunero; cunera* [*Aut.*]. *Incunable* [Acad. ya 1884,
no 1832], tomado del lat. *incunabŭla*, plural de
incunabŭlum 'cuna', por conducto del fr. *incunable*.

Cundango, V. *candongo*

CUNDIR, 'infectar' ant., 'propagarse', 'dar ·de
sí, abundar', voz exclusivamente castellana, de orí-
gen incierto: está en evidente relación con *percundir* o *percudir* 'invadir, infectar, inficionar', que
procede evidentemente del lat. PERCŬTĔRE 'herir,
golpear, perforar', pero no es seguro del todo si
el contacto entre los dos verbos ha tenido carácter secundario, o si, como parece probable, *cundir*
fué sacado, a fines de la Edad Media, de *percundir*. 1.ª doc.: *cundir*, S. XIII, *Libro de los Cavallos* 57.4; J. Ruiz, 499c (sólo en el ms. *G*, escrito en 1389)[1].

Diez, *Wb.*, 443, con aceptación bastante general
(p. ej. *REW* 4792; Gamillscheg, *R. G.* I, 382),
explicó *cundir* por un verbo gótico supuesto
*KUNDJAN 'engendrar', derivado del antiguo parti-
cipio germánico KUND 'engendrado' (isl. ant. *kundr*
'hijo', gót. *-kunds* 'oriundo de'—en compuestos
como *airthakunds* 'procedente de la tierra'—, ingl.
kind < ags. *kynd* 'linaje', 'especie'), partiendo de
un significado romance básico 'reproducirse, per-
petuarse, multiplicarse, retoñar'. Cabe hacer alguna objeción de orden morfológico[2] y otras más
serias desde el punto de vista de la historia semántica, pues *cundir* no se ha dicho nunca de las
personas y ni siquiera de un árbol que echa retoños. Hoy mismo sería inconcebible el uso de *cundir* en estos casos, pues este verbo envuelve necesariamente la idea de propagación en el espacio,
pero como no sería imposible decir que la *hiedra
cunde*, siempre quedaría abierto el camino para
admitir que hubo un cambio semántico ya antiguo.

Sin embargo, el análisis de la documentación
antigua no es favorable a esta hipótesis. Leyendo
el artículo de Cuervo, *Dicc.* II, 697-9, y los datos
de Cej. VI, § 41, llama en seguida la atención
la abundancia de los ejemplos antiguos en que
cundir se aplica a la propagación de males: un cáncer (Ribadeneira: *Aut.*), una pestilencia (A. de
Morales), la guerra (Mariana), el fuego («una
llaga muy corrosiva como aquellas que van *cundiendo*», Laguna, 1555, «más vale que solamente,
aquello se dañe que ya no lleva remedio, que no que
meneándolo *se cunda* todo el montón de gorgojo»,
G. A. de Herrera, 1513). La documentación que
puedo agregar confirma y refuerza la de Cuervo:
APal. habla del *cundir* de un erisipela (139*b*), de
la lepra (54*d*) o de malas hierbas como la grama
(184*b*, 449*b*, el último ej. sirvió de base a Nebr.),

el *Libro de los Cavallos* del *cundir* de una enfermedad cutánea, Oudin (1607) «*cundir*: crecer poco
a poco: se couler, glisser, ramper, se trainer:
c'est proprement comme font les herbes ou racines
qui se trainent par terre, ou comme une peste
ou heresie qui gaigne peu a peu parmy les hommes, s'estendre comme fait l'huile», y Covarr. insiste en el *cundir* de una mancha de aceite, con
lo cual no hace más que pisar las huellas de Cristóbal de Castillejo (1.ª mitad S. XVI). También
subrayó Spitzer, con mucha razón, que *cundir* fué
primero transitivo: ante todo se dijo que las cosas
afectadas por el mal *eran cundidas* y no que éste
cundía por ellas: «el encendimiento [= 'incendio']
cundió lugares infinitos, y ni valían atajos ni di-
ligencias» (Ocampo, 1543), «este callado fuego que
va *cundiendo* el alma» (F. de la Torre, † 1594);
es más, como la construcción participial (en A. de
Morales, 1574, y en el único ej. del S. XV que
cita Cuervo: «porque su ponzoñosa ponzoña non
cundiera nin i n f i c i o n a r a más de lo *cundido* e inficionado») y la reflexiva, frecuente en G.
A. de Herrera (1513: «de una hoja *se cunde* todo
un árbol»), no son más que aspectos especiales de
la transitiva, bien podríamos afirmar que el uso
intransitivo de hoy en día no es anterior al S. XVII,
o a 1590 (Acosta), ·ya que el único ej. de Herrera
que Cuervo cita en contrario, puede entenderse
como transitivo («poco *cunde* mucho» con *mucho*
como acusativo), y en ejs. como los de Laguna
(«llagas que van *cundiendo*») o de APal. («*cunde*,
p e n e t r a, cresce») más bien se trata de un
transitivo empleado absolutamente; quedaría el
caso único de J. Ruiz, si es de él la frase citada:
de todos modos es sabido que los innovaciones
sintácticas pueden tener raíces antiguas, y que lo
que importa no es tanto la fecha absoluta, ·sino
el predominio de cada construcción en las épocas
sucesivas: no hay duda entonces de que la construcción transitiva predomina ampliamente en los
SS. XIV-XVI, y sólo desde el XVII se inclina el
uso por la moderna, la que inspiró la etimología de
Diez. Reconociendo que estos indicios contrarios
al origen germánico no son del todo dirimentes[3],
aunque lo dejan harto quebrantado, pasemos a examinar las otras explicaciones posibles.

Spitzer, *RFE* XIV, 244, propone CONDIRE 'condimentar' llamando la atención hacia un logud.
ant. *cundire* 'envenenar el agua', citado en el *REW*
como hijo de esta voz lat.[4], y no hay duda de que
difícilmente puede separarse dicha voz sarda de la
castellana de sentido tan semejante: de 'envenenar'
a 'inficionar', dicho de un mal, no hay más que un
paso. Por lo demás, en Cerdeña el vocablo tiene
poca extensión. Falta en Spano, y según M-L. se
basaría únicamente en un pasaje de la *Carta de
Logu*, 85 (27 r°)[5]; ahora bien, según las conclusiones de sus editores, este texto del S. XV está
modernizado en parte, y uno de los dos escribas
que nos lo trasmitió (el de la segunda parte, a la

cual pertenece según creo el pasaje en cuestión) era español (V. la reseña de Wagner, *ZRPh.* XXXII, 727-32); los especialistas en sardo deberían confirmar si es posible un castellanismo en esta fecha, pero las apariencias no son contrarias a la idea (vid. últimamente M. L. Wagner, *VKR* XV, 265). De todos modos el logud. ant. *cundire* no perdería por esto su valor para nuestro dosier semántico. Desde este punto de vista la idea de Spitzer no es descabellada. Pensemos en el fr. popular *poivrer* 'contaminar de una enfermedad vergonzosa' (Littré), derivado de *poivre* 'pimienta', y ya Rabelais empleó *nous sommes tous poivrez* por *nous en tenons* 'estamos bajo el influjo de algo que se adhiere'. Como la existencia de representantes populares de CONDĪRE en español está probada (salm. *cundir* 'cocinar, aderezar, guisar la comida', *voy a cundir la olla*)—vid. *CONDIMENTO*—, no hay objeciones rotundas que hacer, en principio, a la idea de Spitzer. Es cierto que la metáfora *poivrer* es más fácil de comprender en un lenguaje medio jergal que en la lengua literaria de la Edad Media castellana. Más concebible sería la relación semántica entre *cundir* y CONDĪRE si en ella hubiese intervenido una tercera palabra.

Ahora bien, es lástima que hasta ahora casi nadie se preocupase de buscar si había en castellano otros verbos emparentados con *cundir*, pues se hubiera dado con una pista interesante; sólo Cej. dejó una vaga insinuación en este sentido (*La Lengua de Cervantes*, s. v.), que conviene seguir, pero mostrando su verdadera importancia. La palabra *percundir* o *percudir*, muy característica en el lenguaje de la comedia pastoril del S. XVI, expresa ora lo mismo que *cundir*, ora ideas diferentes, pero conexas, que expongo y documento a continuación. A) 'Invadir, afectar, infectar (un mal)': «¿No nos acosan amores, / no nos *percunde su fuego?*», Juan del Encina (cita de Cej., *Voc.*), «La hija de mi madrina / fué el anzuelo que me asió. / Con ella me *percundió* [el amor] / dándome mill sinsabores; / y así muero con amores», Lucas Fernández, ed. Acad., p. 80 (el poeta escribe estas palabras como remate de su comparación insistente del amor con una infección: «¿cómo pudo tal d o l e n c i a, / lastimarte, di, zagal? / ¿Cómo enamorado mal / i n f i c i o n a tu inocencia? / ...grande pestilencia / nos envía Amor de fuego / ...mas eres muy chequito / para sentir tú su l l a g a / ...¿Con quién te cautivó / y te lastimó su e s p i n a?»). De ahí puede extenderse a la invasión de algo placentero: «Belén, / por quien hoy en ti nasció / gran gozo nos *percundió*», L. Fernández, 208, y con la variante sin *n*: «grand suerte nos *percudió*», ibid., 37; comp. *cundir* aplicado, en los místicos, a la gracia (Fr. J. de los Ángeles), al *suavísimo olor de la humildad* (Fr. L. de Granada), a *los conceptos amorosos de la oración* (Jerón. Gracián), a la fama en Cervantes y en Espinel.

Pero lo más frecuente es que *percu(n)dir* tuviera sentido desfavorable, y así es como se emplea hoy, aplicándolo especialmente a la suciedad, en lugares muy diversos: en Almería, donde he oído hablar muchas veces de *ropa empercudida* que no queda limpia al lavarla (según la Acad. y ya *Aut.*, *percudir* es «penetrar la suciedad en alguna cosa»), en Extremadura («*empercudir:* ensuciar, llenar de polvo o tamo la ropa o habitaciones», *BRAE* IV, 84), y los derivados negativos prueban el mismo uso en Cespedosa («*espercudir:* quedar limpio», *RFE* XV, 170) y en la Arg. («a este negro lo vamos a poner en lejía para que se *despercuda*» oído en Mendoza); hay variante *percutir* («un mantel *percutido*, un rollo de jergones marchito» en el argentino A. M. Vargas, *La Prensa*, 29-XII-1940) y *percudir* puede llegar hasta 'gastar' (así en Mendoza) o 'pervertir' (un diario decía que unas *chozas tropicales* construídas en un parque eran *de gusto percudido*), lo cual nos lleva hasta el ej. de *Guzmán de Alfarache* (Cl. C. IV, 24.14, citado ya por *Aut.*), donde es 'echar a perder' (el buen efecto producido por una persona).

B) Hay otro significado en textos más antiguos: 'envenenar', 'enconar'. En Berceo el demonio que se encarniza en una pobre posesa recibe el nombre de *bestia percodida*[6] (*S. Dom.*, 680a), el santo es afligido por una «niebla *percodida* o pedrisca i r a d a» (ibid., 69c), en el *Alex.*, 1999c, unas serpientes lanzan *silvos malos e percudidos*, y recibe este mismo epíteto el aguijón de las moscas venenosas, comparado a «soviellas en azeite metidas» (2009c), es decir, a unas leznas muy afiladas. De aquí el sustantivo *percundió* 'encono, ojeriza' en Juan del Encina («muchos hay de mí sañudos... / Los unos no sé por qué, / e los otros no sé cómo: / ningún *percundio* les tomo, / que nunca lle lo pequé», ed. Acad., 146).

C) Advirtiendo que *percudir* puede significar además 'golpear contundentemente' («la cholla le *percudiera*» en Sánchez de Badajoz I, 97) o 'golpear, hacer sonar' («según que *percudes* tan fuerte reclamo», en la comedia de la *Batalla de Pavía*, publ. por Gillet, v. 139), no dudaremos de que su fuente es el lat. PERCŬTĔRE 'penetrar golpeando', 'perforar', 'herir' (*percutere venam* 'abrir una vena' en Séneca, *percutere hamatā arundine* en Ovidio, que nos recuerda el *anzuelo* de L. Fernández).

D) Pero, además, desde el sentido latino se pudo llegar a 'penetrar con la inteligencia', 'comprender', ac. muy frecuente, otra vez, en la comedia sayaguesa del S. XVI, y también en este caso la coexistencia de variantes con y sin *n* nos muestra que el v... blo es tan inseparable de *cundir* como de PERCUT... ?, pues si bien Alonso de Salaya (2.ª mitad del S. XV) escribe todavía «piensa que yo no *percudo* / que su mujer a menudo / le haze gran cornudazo» (*PMLA* LII, 24, 55), en el siglo siguiente la forma nasalizada es general: «Días ha que no me entiendo, / no *percundo* este mal mio: / al sol me muero de frío / y a la sombra estoy ardiendo», Sá de Miranda, ed. C. Michaëlis, p. 99, v. 10, y ejs. iguales en 354.22 y 694.302, comp. glosario; «No puedo entender zagal, / ni *percundo* / tu enfingir de mayoral», rimando con *segundo*, en L. Fernández, 144[7].

Salta a la vista que en todo esto lo primitivo ha de ser la forma *percudir*, única empleada en el S. XIII, pero no pudiéndose explicar la nasal por ningún fenómeno fonético, es fuerza admitir un fenómeno de inducción léxica. Lo mismo que otros derivados de QUATERE, como *acudir* y *recudir*, nuestro *percudir*, siendo evidentemente un verbo provisto de prefijo, sufrió de la falta de un primitivo que actuara de jefe de familia, y así como en *acudir* y *recudir* la consecuencia fué una radical alteración semántica, aquí hubo además de ésta una contaminación, y *percudir* fué atraído a la órbita de CONDIRE y de su continuador español *cundir* 'condimentar', 'aderezar', idea que, según hemos visto, podía relacionarse en cierto modo con la de 'envenenar'[8]. De ahí el cambio de *percudir* en *percudir*, y de ahí que, percibiéndose éste como un derivado con el prefijo enfático o aumentativo *per-*, se extrajera de *percudir* un seudosimple *cundir*, que siendo rarísimo en la Edad Media sólo empieza a hallarse con abundancia desde el Siglo de Oro[9].

El prefijo *per-* era característico del lenguaje pastoril y sayagués: *percordar, percoger, percréer, perchufar, perentender, perherir, perhundirse, pernotar,* etc.; era un rasgo propio de este lenguaje ultra-expresivista, que el lenguaje serio rechazaba. De ahí la creación del seudo-simple *cundir*, que si se halla desde algo antes que *percundir* (no que *percudir*) es justamente porque éste hallaba resistencia en escritores menos expresivistas, y para manifestarse necesitó la literatura pastoril creada por Juan del Encina. En resumen, me parece probable que PERCUTERE, partiendo quizá de la aplicación a serpientes, abejas y otros insectos, diera *percudir* 'emponzoñar, enconar', de donde 'infectar', 'invadir' aplicado a un mal, que se convirtió primero en *percundir* al relacionársele con CONDIRE, y luego se formó de ahí *cundir* 'propagarse' y 'dar de sí, abundar'.

Coherente como es esta explicación, también se podría dudar de ella y creer que hay dos verbos de etimología independiente, explicando *cundir*, sea por CONDIRE o por *KUNDJAN, y admitiendo que a él debe *percu(n)dir* (< PERCUTERE) su *n* y parte de sus acs.[10]; pero la existencia de *percodir* sin nasal, y ya en el sentido de 'emponzoñar, enconar', en autores tan tempranos como Berceo y el poeta del *Alexandre*, hace superfluo, a mi entender, el recurrir a supuestos tan audaces como el brusco salto semántico 'condimentar' > 'inficionar' y la hipótesis de un gótico *KUNDJAN, no representado en las demás lenguas germánicas ni romances.

DERIV. *Cundiente.*

CPT. *Cundiamor.*

[1] *S* trae «por todo el mundo *anda* su sarna e su tyña», en lugar de *cunde* 'se propaga', hablando del dinero. No es imposible que *cundir* sea la palabra empleada por el autor del poema.— [2] Nadie se ha preocupado de demostrar la verosimilitud de tal derivado desde el punto de vista germánico. Los verbos débiles en *-jan* presentan la mayoría de los casos un vocalismo más pleno o de grado *o* y una alternancia consonántica («grammatischer Wechsel»), que diferencian su radical del del primitivo correspondiente. Así *kausjan* se opone a *kiusan, tandjan* a *tundnan* (alem. *zünden*), *daupjan* a *diups*, **blandjan* (alem. *blenden*) a *blind*, **framjan* (ags. *fremman*) a *frums*, y por otra parte *sandjan* contrasta con *sinths, gasinthja*, y *huggrjan* con *hûhrus*. Como *-kunds* es indoeur. **gn-tós*, sería lo más natural esperar un denominativo **kandjan* o **kanthjan*. Reconozcamos, sin embargo, que **kundjan* no era imposible, pues no son raros los denominativos secundarios formados en fecha más tardía sin alteración alguna del radical: *frumjan* de *frums, manwjan* de *manwus*, y lo mismo partiendo de participios, como lo demuestra el verbo homónimo a. alem. ant. *chunden*, alem. *verkünden* < *KUNDJAN* 'dar a conocer', derivado de *kunds* 'conocido' = griego γνωτός. Luego el otro **KUNDJAN* sería posible. Pero extraña que el idioma no eligiera al formarlo el otro procedimiento, con alternancias, a fin de evitar una homonimia evidentemente molesta.— [3] De todos modos nótese, además, que *cundir* es una voz e x c l u s i v a m e n t e castellana, pues el cat. *cundir* que todos citan no aparece hasta el S. XVII y en Valencia, hoy sólo es conocido allí y en Mallorca, y con carácter poco popular, de suerte que nadie duda de que es un castellanismo sin arraigo, como lo probaría ya la conservación de -ND-. Siempre es arriesgado reconstruir una base etimológica de la Antigüedad sin otro fundamento que un vocablo que no aparece antes de fines de la Edad Media, pero lo es mucho más si sólo se halla en una sola lengua romance. Este solo hecho bastaría ya a sugerir una creación secundaria en el interior del castellano.— [4] Schuchardt en su *Vokalismus* había pensado en CONDĔRE 'fundar' que, como es natural, no parece semánticamente aceptable a Cuervo.— [5] M. L. Wagner, *BhZRPh.* XCIII, 16, n., cita además *pira kundia* 'pera pasada, papanduja', en un punto del *AIS*.— [6] De ahí *percutido* 'maldito', varias veces en Sánchez de Badajoz («¿quién es aquel *percutido*?»), I, 92, y análogamente en II, 37.— [7] Algún dato más sobre *percundir* y sus derivados da Gillet, *Propaladia* III, p. 613.— [8] Otros pensarán seguramente en PERTUNDERE 'agujerear', que por lo demás no ha vivido en castellano, pero yo no creo que haya un verdadero cruce de palabras, sino una mera contaminación.— [9] La historia se

repitió en la variante *percutir*, de donde se sacó *cutir* 'herir', 'golpear una cosa con otra' [Nebr.] y luego 'poner o entrar en competencia' (S. XVI y todavía en Cervantes y en Góngora, vid. Cuervo, *Dicc.* II, 707); según Oudin, 1607, «*cutir*: herir; heurter, choquer, secouer, esbranler, esmouvoir, hocher, bransler; *cutir uno con otro*: heurter et choquer l'un contre l'autre, cosser»; ast. *cutir* 'zurrar' (V). También aquí la tendencia constructivista se empeñó en buscar soluciones imposibles fonéticamente (COMPETERE: Diez) o exóticas totalmente inverosímiles (gr. χόπτειν 'golpear' y sobre todo 'cortar': Brüch, *ZRPh.* XXXVIII, 698). El escrúpulo de Cuervo de que *percutir* es palabra reciente en castellano, carece de fundamento, puesto que ya se halla en Sánchez de Badajoz (1525-47), según hemos visto. De ahí los derivados *cutidero* (1596, Torres), y probablemente *cotana* 'agujero que se hace con el escoplo en la madera para encajar en él otro madero' [Covarr.], *cotín* 'golpe que se da a la pelota' [íd.] y *acotillo* 'martillo grueso que usan los herreros' [Acad. 1770] o *cotillo* 'parte del martillo que sirve para golpear' [Acad. ya 1843], todos los cuales salen de *cotir*, paralelo a *percodir* ∽ *percudir*.— [10] Éste es el punto de vista que toma recientemente Malkiel, *Hisp. R.* XIV, 125-30 (para *cutir* vid. ibid., 149-50), en su estudio sobre *acudir* y *recudir*, del cual se puede sacar todavía algún dato suplementario sobre la cuestión.

Cunear, V. *cuna*   *Cuneiforme, cúneo*, V. *cuño   Cuneo, cunera, cunero*, V. *cuna*

CUNETA, 'zanja llena de agua en medio de los fosos de las fortificaciones', 'zanja a cada uno de los lados de un camino, para recibir las aguas llovedizas', del it. *cunetta* 'charco de aguas estancadas', 'zanja en los fosos de las fortificaciones', deglutinación de *lacunetta* y éste diminutivo de *lacuna* 'laguna'. *1.ª doc.*: 1705, Casani; en *Aut.* sólo como término de fortificación; 2.ª ac., Acad. 1884, no 1843.

En Toscana *cunetta* es un charco de aguas estancadas (Rigutini-Fanfani; ejs. del florentino Targioni, med. S. XVIII, en Tommaseo). Como término de fortificación ya se halla *cunetta* en Floriani, 1654, y del italiano pasó al fr. *cunette*, donde puede documentarse desde 1642[1]. El francés Théodore Corneille en 1694 asegura que antes se dijo en francés *lacunette*. Aunque no tuviéramos este testimonio, deberíamos aceptar por razones semánticas y léxicas la etimología dada arriba, propuesta ya en el *DGén.* y apoyada por A. Thomas, *Rom.* XLI, 454. El caso del it. *zanella*, de sentido semejante a *cunetta* y derivado de *zana* 'cesta', no es apoyo suficiente de la etimología *cuna*, pese a Alessio (dicc. de Battisti). Es algo pueril la objeción de Wartburg (*FEW* II, 1529a) de que un *cunetta* 60

derivado de *cuna* es tan natural como *lecho del río*, *letto del fiume*: una cama o yacija puede compararse a un cauce, pero la cuna de una corriente de agua sólo podría significar su manantial; además, *cuna* es voz puramente poética en italiano, donde sólo se emplea *culla*, a no ser en los dialectos del Norte de Italia. Aunque hoy haya predominado *laguna* en este idioma, probablemente por influjo veneciano, la antigua forma toscana era *lacuna*, y es la que emplean Dante y otros autores antiguos (vid. la Crusca, ed. 1763). La ac. caminera es hoy dialectal de Pistoia en Italia (Petrocchi).

[1] El significado exacto en francés es 'canal practicado en el fondo de un foso de fortificación, que se llena de agua para dificultar el asalto'. En este mismo sentido deberá seguramente rectificarse la definición poco satisfactoria que da la Acad. desde 1843 al cast. *cuneta*.

Cuniestra, V. *gesto   Cuntir*, V. *acontecer Cuña*, V. *cuño*

CUÑADO, -DA, era antiguamente 'pariente político' en general, y viene del lat. COGNĀTUS 'pariente consanguíneo' (derivado de NATUS 'nacido' y CON- 'juntamente'), que en la baja época significa 'pariente de cualquier clase' y luego especializó progresivamente su significado. *1.ª doc.*: Cid.

A fines del S. XIII la *Primera Crónica General* emplea todavía *cuñado* en el sentido de 'pariente por afinidad', pero ya la Crónica de 1344 tiende a evitar el vocablo, seguramente por la tendencia a especializarlo en el sentido moderno (M. P., *Inf. de Lara*, Glos.); todavía, sin embargo, Nebr. admite en segundo lugar la ac. «affinis» o 'pariente político'. En latín clásico solía oponerse *cognatus* a *affinis*, pero ya en la Antigüedad, y especialmente en el lenguaje de los cristianos, se empiezan a usar las dos voces como sinónimas y aun a especializar *cognatus* dándole el sentido de 'cuñado', como ha ocurrido en todos los romances.

DERIV. *Cuñadía* [*Partidas*], *cuñadío* (S. XVI), *cuñadez* (íd.), *cuñaderío* (1494, cita en *Aut.*), *cuñadería* (íd.), conservan todavía el sentido de 'parentesco por afinidad' en general; es también antiguo *cuñadadgo. Concuñado*, abreviado en *concuño* en muchas partes de América (p. ej. en Cuba), en Filipinas, etc., y ya lo hallamos documentado en docs. navarro-aragoneses del S. XII: «sunt testes Anselmus, Bernardus suo *conconio*, Colom...» en doc. de Tudela de 1125, y «García Sanz et Petro suo *concuenno*» en uno de Montearagón de 1140 (Est. E. M. Cor. Ar. III 528, 598, *Agnado*, 'pariente de la parte del padre', tomado del lat. *agnatus*.

Cuñal, cuñar, V. *cuño*

CUÑETE, 'barrilete', origen desconocido. *1.ª doc.*: ya Acad. 1843.

También port. *cunhete*. Es voz usada en el comercio marítimo según la ed. citada del dicc. académico.

CUÑO, 'cuña, sólido terminado en ángulo agudo, para hender o para rellenar un hueco', ant., 'troquel con que se sellan las monedas y medallas', así llamado por el punzón que antiguamente se empleaba para amonedar; procede del lat. CŬNĔUS 'cuña'. *1.ª doc.*: 1.ª ac., Berceo; 2.ª ac., Nebr.

Las inscripciones o figuras destinadas a figurar en la moneda se imprimen hoy todavía en el troquel mediante una matriz de forma cilíndrica o prismática, llamada punzón. El mismo cambio semántico se produjo en árabe, donde *sikka* 'reja', 'piquete de hierro, cuña', se convirtió en 'cuño de moneda'. La *u* española procedente de ŭ se halla también en el cat. *cuny*, langued. y gasc. orient. *cunh*, port. *cunho* (junto a *cônho* 'peñasco en medio de un río'); debe explicarse por influjo de la *ñ*, comp. *puño* PŬGNUS, *-uño* -ŌNĔUS, *uña* ŬNGŬLA (comp. *RRQ* IX, 99-107; *Rom.* XLVI, 450), aunque la homonimia inminente con COÑO pudo en castellano y en catalán contribuir a la eliminación de variantes en *o*.

Duplicado culto: *cúneo*.

DERIV. *Cuña* [1251, *Calila* 19.76; APal. 101*b*, 186*b*; Nebr.; 1499, H. Núñez], la misma forma en port. *cunha* íd., pero no en los demás romances. *Cuñal. Acuñar* [*N. Recopil.* V, xxi, 14], antes *cuñar* (h. 1400, *Rim. de Palacio*, 607), y también se empleó *encuñar* (*Setenario* 43.1), *acuñación*, *acuñador. Recuñar.*

CPT. *Cuneiforme. Pescuño* [Acad. ya 1817], disimilación de **poscuño*, compuesto con POST 'detrás'.

Cuodlibetal, cuodlibético, cuodlibeto, V. *quien Cuota,* V. *cota* II *Cupé,* V. *cupón*

CUPITEL, *tirar de ~*, 'cierto lance en el juego de bochas', origen incierto. *1.ª doc.*: Terr.

Éste define «tirar una bola medianamente alta, no para que dé el golpe en otra, como en el desemboche, sino para que, cayendo cerca de una bola, la mueva y haga andar hacia adelante, con la carrera que toma luego que da el golpe en el suelo: esta jugada sirve regularmente para guiar al bolín las bolas que quedaron cortas»; la Acad. ha alterado ligeramente esta definición al abreviarla. Quizá sea alteración del fr. *coupe-tête* 'juego de saltacarnero, en que los niños saltan alternativamente los unos por encima de los otros', por comparación del lanzamiento de la bola con el salto de los chiquillos.

Cuplé, cupletista, V. *copla* *Cupo,* V. *caber*

CUPÓN, 'recorte de una acción o título de la deuda pública, que se presenta para el cobro de los intereses vencidos', del fr. *coupon* 'recorte, retazo', 'cupón', derivado de *couper* 'cortar'. *1.ª doc.*: Acad. 1884, no 1843; cita de Pi Margall, † 1901, en Pagés.

DERIV. *Cupé* 'berlina, especie de coche cerrado y corto, sin asiento en la parte delantera' [*Aut.*], del fr. *coupé* íd., participio del citado verbo *couper*, por ser como un coche al que se hubiera cortado la mitad anterior; fué también nombre de cierto paso de danza (Terr.).

Cupresíneas, cupresino, V. *ciprés* *Cúprico, cuprífero, cuproníquel, cuproso,* V. *cobre*

CÚPULA, 'bóveda que cubre un edificio, especialmente la capilla mayor de un templo', del it. *cùpola* íd., y éste de un diminutivo del lat. CŪPA 'cuba', por comparación de forma. *1.ª doc.*: 1604, G. de Alfarache (cita de Cabrera).

También en la *Circe* de Lope (1624). Mateo Alemán y *Aut.* dicen que es voz recién introducida de Italia, y aquél observa que antes se decía en su lugar *cimborio*; más tarde se ha introducido una distinción entre las dos voces. El it. *cupola* se halla ya en Frescobaldi († h. 1398), y pasó asimismo al fr. *coupole* [1666] y a otras lenguas modernas. Suele decirse que procede del lat. CŪPŬLA 'bóveda de una tumba', pero en realidad esta voz latina, documentada en inscripciones, designa la sepultura misma (*ThLL*); esta voz no es más que el diminutivo de CŪPA y tiene también el significado, propio, de 'cuba o tonel pequeño': en ambos casos hubo comparación con un tonel invertido, y nada impide creer que fueron comparaciones independientes una de la otra. Por lo demás, la relación de *cupola* con CŪPA puede ser más indirecta, ya que también podría tratarse de un diminutivo femenino del adjetivo *cupo* 'hueco, cóncavo', que a su vez procede de CŪPA[1].

DERIV. *Cupulino.*

CPT. *Cupulífero.*

[1] Covarr. registra *cópula* en el sentido de 'clave de bóveda'. Quizá sea una deformación de la misma voz italiana. Sin embargo, Tommaseo dice que San Isidoro emplea *copla* en sentido arquitectónico, y esta forma es variante del lat. *copula* 'unión'.

Cuquear, cuquera, cuquería, cuquero, V. *cuco Cuquillo,* V. *cuclillo*

CURA, 'cuidado' ant., 'asistencia que se da a un enfermo', del lat. CŪRA 'cuidado, solicitud'; al 'párroco' se aplicó esta denominación por tener a su cargo la cura de almas o cuidado espiritual de sus feligreses. *1.ª doc.*: 'cuidado', Berceo; 'párroco', J. Ruiz, 1158*c*; en ley de Juan I (1358-90), *N. Recopil.*, I, xii, 8.

En J. Ruiz, 386*a*, se aplica al párroco la frase entera *cura de almas*, en 1155*b* se le llama *clérigo cura*. Primero se diría *la cura* o *la cura de almas*, aplicándolo a la persona encargada de la misma (como se decía *la guardia, la centinela*), y después se haría masculino. Hoy vulgarmente se ha hecho sinónimo de clérigo, de donde la frase propiamente pleonástica *cura párroco* (Amunátegui, *BRAE* XIV, 431, 520).

DERIV. *Curar* [*curiar, Cid; curar* es normal desde el S. XIV]¹, del lat. CŪRARE 'cuidar', ac. que se conserva en castellano hasta muy tarde (todavía *no curé de lo saber* en el *Lazarillo*, 1554), comp. Cuervo, *Dicc.* II, 699-703; es dudoso el origen de la *i* de la variante antigua: es imposible admitir con Cornu (*Rom.* X, 77-9) un desdoblamiento fonético *kurar > kuürar > kuirar > kuriar*, y no es probable que esté tomado del fr. orient. *curier* (Spitzer, *ASNSL* CXXXV, 420-1; comp. reseña anónima en *RFE* VII, 400); lo más probable, como sugiere Baist, *KJRPh.* IV, i, 311, es que se deba a influjo del lat. INCURIA, quizá ayudado por CURIOSUS; el punto de partida se halla, a mi parecer, en la forma *curia* 'cuidado', que leemos en doc. de Sigüenza, año 1239 (M. P., *D. L.* 255. 28) y en *Sta. M. Egipc.*, v. 89 (rimando con *luxuria*), extraída secundariamente de INCURIA, por vía semiculta. *Curable. Curación. Curado; curadillo* [1605, *Quijote*; 1620, continuación del *Lazarillo*, p. 113] 'bacalao', porque se ponía a *curar* o secar. *Curador; curaduría. Curalle* 'pelotilla hecha de plumas o de l i e n z o u s a d o que los cazadores dan a sus halcones para que limpien el papo' [Covarr.], tomado del fr. ant. y dial. *curaille* 'residuos', 'mondaduras', 'basura, escombros' (*FEW* II, 1560*a*, 1ᵣ. párrafo; 1561*a*), derivado de *curer* 'mondar, limpiar'; de la correspondiente forma catalana *escurar* íd. viene el cast. *escurar* 'limpiar el paño acabado de fabricar' [1558, ley de la *N. Recopil.*] y su derivado palentino *escureta*. *Curesca* [Acad. ya 1843] 'borra inútil que se queda en los palmares después de cardado el paño' (?). *Curandero. Curatela*, tomado del lat. *curatēla* íd. *Curativo. Curato*, también *curazgo* ant. *Curioso* [APal. 474*d*], tomado del lat. *curiosus* 'cuidadoso, minucioso', 'ávido de saber, curioso' (Santillana y Villena emplearon la forma acatalanada *curoso*: Cuervo, *Dicc.* II, 703-4; ast. *acuriosar* 'asear, componer con pulidez' (V); *curiosidad, curiosear. Descura* ant. 'descuido'. *Incurable* [1515, *BHisp.* LVIII, 358; 2.ᵃ mitad S. XVI, Fr. L. de Granada]. *Incuria* [S. XVII, Moret], tomado del lat. *incūria* íd.; *incurioso. Procurar* [Berceo; Nebr.], tomado de *procurare* íd.; *procura* [*Aut.*, como esp. aragonés; *en procuras de* loc. adv. vulgar arg., *M. Fierro* II, 1679]; *procuración* [-*azón*, J. Ruiz; -*ación*, Nebr.]; *procurador* [Nebr.], -*a, procuraduría; procurante*. Port. y gall. *procurar* 'buscar'; gall. *procuro* 'busca' («pasa corriendo en *procuro* dunha parteira», Castelao 149.23, 257.5f.) o *procura* («en

procura de traballo», *percura*, Castelao 144.12, 129.31). *Recurar* [*Aut.*]; *recura* [íd.] *Sobrecurar. Seguro* [1206, Oelschl.; Berceo, etc.], del lat. SECŪRUS 'tranquilo, sin cuidado', 'sin peligro' (formado con CŪRA y SE-, prefijo privativo), conservado en todos los romances de Occidente y de uso general en todas las épocas; la ac. etimológica evoluciona en los clásicos en el sentido de 'descuidado, ajeno de pensar algo'²; la variante vulgar moderna *siguro* está bastante extendida (ejs. argentinos en *M. Fierro* I, 504; II, 508; Montagne, *Cuentos Cuyanos*, 125; etc.; y ya se lee uno, no sé si auténtico, en el *Alfarache* de Martí, p. 374, y *asigurar* en Sta. Teresa. *Seguridad* [-*t*, Berceo]; antes *seguranza* [-*ancia, Alex.* 380], hoy todavía en salm., y *seguranza* y *aseguranza* en ast. (V). *Asegurar* [algún ej. desde med. S. XIII, y predomina decididamente en el XIV], antes *segurar* [general en Berceo, *Mil.* 816*b*, etc., y muy preponderante en el S. XIII, aunque ya se leen ambas formas en *Calila*: Cuervo, *Dicc.* I, 675-82; todavía *Rim. de Palacio* 1182 y registrado por Nebr.]³; (*a*)*seguramiento*; (*a*)*segurador; seguro* m. [h. 1570, Ercilla, *Aut.*; ac. comercial, *Aut.*].

CPT. *Sinecura* [Acad. S. XIX], del lat. *sine cura* 'sin cuidados'.

¹ Hay ya un ej. de *curar* en Berceo, *Mil.*, 73, pero es sospechoso, en este pasaje donde no poseemos el ms. *A*, frente a los numerosos ejs. de *curiar* en el mismo autor. Otro en *Alex. O*, 430*d*, está contradicho por *curiar* en *P*, y por ambos manuscritos en 333*a*. Otro en *Calila*, ed. Allen, 70.326, quizá sea auténtico. Pero en todo el S. XIII *curiar* es lo general. Hoy se emplea todavía con el valor de 'cuidar' en ast. (V).— ² «Esta mañana amaneció Felino / bien *seguro* de hacer este camino», Lope, *Porfiando vence el Amor*, Rivad. XLI, 241*c*: 'bien lejos de pensar que lo haría'; «mirad, labradora hermosa, / que puede ser tu ventura / tan grande, que estés *segura* / de ser de nadie enbidiosa», Lope, *Corona Merecida*, v. 395; «pues a ti / nunca te ha visto, *seguro* / habla de ser conocido, / mientras yo callo, escondido / en manto de sombra oscuro», Rz. de Alarcón, *Las Paredes Oyen, Cl. C.*, 185; «*seguro* puedes estar, Cipión, de que más murmure, porque así lo tengo prosupuesto», *Coloquio de los Perros, Cl. C.*, p. 248. Más en *Quijote*, I, xxvii, *Cl. C.* III, 24 (y nota); Lope, *Corona Merecida*, v. 1021, etc.; *seguro que* 'sin peligro de que' G. de *Alfarache*, p. citado s. v. TEMA. Nebr.: «*segura cosa, descuidada*: securus; *seguro de peligro*: tutus». Modernamente esta ac. se ha perdido, y *seguro* ha quedado prácticamente reducido a la ac. del lat. *tutus*, de suerte que en aquellos ejs. nos produce el efecto de estar sobreentendido un *no*, como lo dice Bello en su *Gram.*, ed. 1936, § 1141. Algunos clasicistas siguen empleando *seguro* con este valor, pero sólo en la locución *seguro está que* (ej. de

Iriarte en Bello; otros en Cuervo, *Ap.*[7], pp. 98, 389).— [3] En la locución *yo seguro que* 'os aseguro, estoy seguro de que', frecuente en los clásicos («las albricias... si vos no llegáredes, señor D. Antonio, yo las pidiera; pero pedidlas vos, que yo *seguro que* os las den de muy buena gana», *La Señora Cornelia*, ed. Hz. Ureña, p. 185; otros reunidos por J. E. Gillet, *RFE* XII, 64-66; XIII, 62-65; y M. Goyri de Mz. Pidal, *RFE* XII, 178-9) ve D.ª M. Goyri una supervivencia del antiguo verbo *segurar*, de lo cual duda Gillet.

Curadillo, V. *abadejo*

CURARE, de un dialecto caribe de Tierra Firme. *1.ª doc.*: 1745, Gumilla, con referencia al Orinoco.

Frederici, *Am. Wb.*, 228.

Curatela, curativa, curativo, curato, curazgo, V. *cura*   *Curcucho*, V. *carcunda*

CÚRCUMA, 'especie de azafrán procedente de la India', tomado por vía culta del ár. *kúrkum* íd. *1.ª doc.*: 1555, Laguna.

Este autor advierte que es voz de boticarios; *Aut.* lo confirma y acentúa *curcúma* [Acad. *cúrcuma*, ya 1843]. Podría venir del nombre de unidad árabe *kúrkuma*. Dozy, *Gloss.*, 257; Eguílaz, 382 (que agrega una variante cast. *corcoma*, cuya procedencia ignoro).

Curcuncho, V. *carcunda* y *corcova*   *Curcusido*, V. *coser*

CURCUSILLA, 'rabadilla, conjunto del sacro y el cóccix', del antiguo *culcasilla*, de origen incierto, probablemente de un lat. vg. CULI CASELLA 'la casita o armazón del trasero'. *1.ª doc.*: *culcasilla*, 1.ª mitad S. XV; *curcusilla* Acad. 1843, no 1817.

He oído muchas veces *curcasilla* en las montañas de Almería, y la forma *corcusilla* se emplea en otros puntos de Andalucía, en Albacete (A. Venceslada; A. Zamora Vicente, *RFE* XXVII, 246) y, sólo como nombre de la rabadilla de las aves, en el madrileño popular (Pastor Molina, *RH* XVIII, 55). Quizá venga de **carcasilla*, diminutivo del fr. *carcasse* 'esqueleto, armazón', alterado por influjo de *culo* en *curcasilla* y después dilación vocálica. *CARCASA* ha penetrado en castellano con una ac. especial, y el port. y cat. *carcassa* tienen uso y significado general, aunque parecen ser de origen francés. En el catalán de Vinaroz se emplea *fer carcassilla* por 'inclinar la espalda para que otro se suba encima con el objeto de alcanzar algo' (Alcover). Sin embargo, en cuanto a la palabra castellana, el hecho es que la forma antigua es *culcasilla*, forma que ya leemos en una diatriba de Juan A. de Baena contra F. Manuel de Lando, a quien acusa de sodomía: «diz que

vos dexó en la *culcasilla* / un chato pastor toda la rezmilla» (vid. W. Schmid, *W. des C. de Baena*). Si el vocablo ya corría en esta forma antes de 1450, podemos creer que pertenece al idioma desde sus orígenes, y que si falta en las antiguas fuentes lexicográficas es por la índole especial del significado y por la bajeza de la expresión. Siendo así no hay inconveniente en suponer que se heredara de una expresión del latín vulgar CULI CASELLA, propiamente 'la casita o armazón del trasero'. Comp. *corcusir* (COSER).

Spitzer (*MLN* LXXI, 282) supone sea deformación del prov. *faire courco-sello*, cat. dial. *fer carcassilla* 'inclinar la espalda para que otro se suba encima, con el objeto de alcanzar algo', los cuales a su vez aparecerían en forma más primitiva en el fr. med. *faire la combreselle*, que está en el *Amadís* francés en un sentido casi igual (ayudar a subir sosteniendo a otro con las manos) y en Rabelais, en una ac. obscena que parece derivada de la de 'hacer una cabriola'. Spitzer (*RRQ* XXXVII, 360-1) identificó estos vocablos con el pic. mod. *couvercheu* «culbute», antiguamente «couvercle», cuya etimología **COOPERCELLUM* (diminutivo de COOPERCULUM) está clara, y que se habría alterado por etimología popular en una forma fácilmente comprensible en el caso de aquellos dos textos, algo menos en provenzal. Ahí aparecen además otras formas: *cargo-sello, guinguissello, carcassello, courbo-seto* (supone además que se trate propiamente del juego llamado *saltar i parar* en Barcelona, fr. *saute-mouton*, ingl. *leap-frog*, lo cual no sé si está bien probado, pero es detalle de menor importancia y fácil de admitir). En vista de *courbo-seto*, la idea puede admitirse en galorrománico, pues el que se sube encima de otro en cierto modo lo hace de tapadera; las variantes oc. y cat. *carcassello, carcassilla*, dan la impresión de *cavalca-sella* (mall. *colcar* 'cabalgar'), que sería irreprochable semántica y morfológicamente, pero quizá sea esto una mera apariencia secundaria. Y no dudo en absoluto que el cat. *carcassilla* (que es meramente local, de Vinaroz) enlaza a un tiempo con la locución occitana y con la castellana (cuyo influjo ha de haber sufrido); y que el nombre del juego pudiera haber dado el nombre de la rabadilla, que sirve para dar este salto, sería concebible en teoría.

Pero por lo que hace a *culcasilla* 'rabadilla', teniendo en cuenta que se documenta desde h. 1400, ¿podemos creer todavía que resulte de la evolución de una locución provenzal, a su vez profundamente alterada por etimología popular, y que por lo tanto ha de ser modernísima? Pocos se prestarán a seguirle por este camino, y creo que los más se contentarán con CULI CASELLA 'armazón del trasero'. Desde luego *curcusilla* no viene de *curcusir* (GdDD 1802) por más que la de las aves tenga una forma vagamente parecida a un curcusido o zurcido chapucero.

CUREÑA, 'armazón en que se monta el cañón de artillería', antiguamente *curueña* 'palo de ballesta', origen incierto: si es alteración del lat. COLŬMNA, en relación con oc. ant. *coronna* 'columna' y milan. *corogna* 'sostén de un emparrado', la evolución fonética no es clara; probablemente de COLŬMNA, a pesar de todo, pero alterado por ⟨influjo de *cuero*, porque las cureñas de ballesta iban forradas de este material. *1.ª doc.: curuenya de ballesta*, inventarios aragoneses de 1373 y 1403 (*BRAE* IV, 347, 522).

Otros testimonios antiguos: *curueña* (de ballesta) en Villasandino (h. 1400, *Canc.* de Baena, n.º 168, v. 19); íd. en G. de Segovia, 1475 (p. 73) y en la Crónica de D. Juan II (h. 1460, cita en *Aut.*); *cureña* ya en Covarr. (de donde Oudin 1616, no en 1607). También port. *coronha* o *cronha* 'caja o culata de una arma de fuego' (este último ya en Bluteau, 1712; ambos en Moraes, a fines del siglo) (Nobiling, *ASNSL* CXXV, 394)[1].

Teniendo en cuenta que la ac. 'palo de ballesta' es indudablemente la primitiva, y que este objeto tenía evidente parecido con una columna, sobre todo cuando la ballesta se apoyaba verticalmente en el suelo para tenderla (V. los grabados en la *Grande Encycl.*, *Encicl. Ital.* y Espasa), teniendo en cuenta también su nombre alemán de *säule*, propiamente 'columna' (Brockhaus, s. v. *armbrust*), existe buena base semántica para la etimología COLUMNA, sugerida dubitativamente por A. Thomas (*Mél. d'Étym. Fr.*, 56) y Schuchardt (*ZRPh.* XXVI, 413-4); confirma la idea el ast. *cureña* 'las barras de madera que forman y sujetan los tabiques' (Rato), 'cada una de las tablas que forman las paredes del hórreo' (Vigón), es decir, lo mismo que, según Rato (s. v. *panera*), se llama también *colondra*, vocablo que no puede dudarse procede de ĊOLŬMNA; en Puerto Rico es 'poste que sostiene dos vigas paralelas, en el trapiche' (Navarro Tomás, *Esp. en P. R.*, 161). Nascentes y el *REW*, 2437, rechazan sin embargo esta etimología.

Y es que hay dificultades fonéticas. Pues aun admitiendo que la voz portuguesa se tomara del castellano, con eliminación del diptongo al nacionalizar la palabra, y aun reconociendo que hay muchos representantes romances de COLUMNA que cambiaron la -L- en -r- (oc. *coronna* en *Flamenca*, hoy *coro(u)no* en el Lemosín y en los Alpes, vid. además aquí s. v. *CORONDEL*), es difícil comprender el cambio de ŭ en *ue* ante MN. Si se tratara de una ñ procedente de -NI- no habría dificultad en la diptongación, pues la *i* se combina entonces con la *ǫ* para producir *ue*, pero no hay casos de tal diptongo cuando *ǫ* va seguida de -NN- (comp. *COÑO*) o su equivalente -MN-. Sería difícil admitir un derivado *COLŬMNĬA a pesar del milanés rural *corogna* 'sostén de emparrado' citado por Schuchardt. Sin embargo, esta posibilidad no se puede rechazar del todo. Quizá *coroña* fue-

se arrastrado en castellano por la vacilación entre *-oño* (> *-uño*) y *-ueño* como representantes del sufijo latino -ŌNĔUS (*coloño, veduño, terruño, halagüeño, risueño*), y convertido por lo tanto en *coruueña* > *curueña*.

Recordaba yo haber visto varios grabados de ballestas cuyo palo estaba forrado de cuero para evitar que al disparar, con el movimiento del arma, se clavase alguna astilla en la mano del ballestero. Y, en efecto, el *Glossaire Archéologique* de Gay confirma sólidamente este dato básico en su artículo *arbrier* y en numerosísimos documentos entre los citados s. v. *arbalête*. No habría dificultad fonética en derivar *corueña* de *cuero*, como *corambre, encorar*, etc. Pero como no es corriente que el sufijo *-ueño* (*halagüeño, risueño*) indique el material de que se hace algo (comp. sin embargo *almadr(u)eñas*), lo más probable es que se trate de COLUMNA alterado por la etimología popular CORIUM y por influjo del sufijo *-ueño*, port. *-onho*.

Semánticamente no es aceptable la etimología *CORŌNĬA (derivado de CORŌNA), que sugirió dubitativamente M. P., *Man.*, § 13.2.

DERIV. *Cureñaje. Encureñar.*

Cat. *curenya*, préstamo del castellano; vid. Ag. y AlcM.; 1575 *crueñes* «caxes; theca» On. Pou, *Thes. Puer.*, p. 172.

CURIA, tomado del lat. *curĭa* 'local del Senado y de otras asambleas', en la Edad Media 'corte de un príncipe', 'tribunal judicial'. *1.ª doc.:* 1565, Illescas.

DERIV. *Curial* [*Corbacho* y otros textos del S. XV (C. C. Smith, *BHisp.* LXI), 1599, *G. de Alfarache*], tomado de *curialis* 'relativo a la curia', 'cortesano'; *curialesco*; *curidlidad* ant. [S. XIV, *Castigos de D. Sancho*].

CURIANA, 'cucaracha, insecto ortóptero', origen incierto, quizá de *coriana* por alusión al traje negro de las aldeanas del obispado de Coria. *1.ª doc.:* 1618, Espinel.

Hoy se emplea en Andalucía (Estébanez Calderón, *Escenas And.*, ed. 1926, p. 256), *culiana* en Murcia, *coriana* es variante usada en la ciudad murciana de Moratalla (G. Soriano). *Curiana* (y en algún punto *cor-*) aparece como denominación de la cucaracha en tres pueblos de Badajoz, cuatro de Córdoba, tres de Jaén, cuatro de Almería, cuatro de Granada, tres de Málaga, uno de Sevilla, cuatro de Murcia, uno de Albacete y uno de Valencia (*culiana* en Carcaixent), *RDTP* IV, 626-8. *Coliana* (Ag.) o *culiana* (G. Soriano) en algunos puntos de Valencia; tienen quizá el mismo origen el albaceteño *colaña* 'oruga que come las zanahorias y nabos' (*RFE* XXVII, 246; ¿o de COL?) y *curica* 'carraleja', empleado en las Navas de Tolosa (Jaén) (*RFE* XXIV, 228). *Aut.* define «insecto mui parecido al grillo, assí en el tamaño como en la figura; aunque tiene el

c o l o r m á s n e g r o. Críase en lugares húmedos
y corre mucho, por cuya razón le llaman otros *corredera*», y cita el pasaje de Espinel, donde se habla
de una bodeguilla llena de curianas. Es muy improbable que haya relación con el leon. *CARONCHO*,
port. *caruncho*, 'carcoma', aunque éste venga de
CURIUNCULUS: ni el cambio de sentido, ni la sustitución de sufijo, ni la no trasposición del grupo
-RI- serían naturales. Tampoco creo que derive del
término científico *coria*, élitro duro o caparazón
de ciertos insectos, o del lat. CORIUM 'cuero' (de
donde *coria* procede). El colomb. *coriana* (Acad.)
'frazada o manta' se explica por el gentilicio *co-
riano* 'relativo a Coria', sede episcopal de la provincia de Cáceres —CAURIA en la época romana—,
aludiendo a las célebres mantas extremeñas. Creo
que también *curiana* tendrá este origen. Acaso se
refiera a la abundancia de estos insectos en la localidad, donde cunden las fiebres intermitentes
(Madoz), y renombrada por su castillo y su catedral, grandiosos edificios en que no faltarán sótanos. Pero lo más verosímil es que se diera este
nombre a la cucaracha por referencia al color negro que llama la atención en el traje típico de las
aldeanas extremeñas (vid. Encicl. Espasa, s. v. *traje*, lám. VIII, p. 752, n.º 17 y 23, y p. 779)[1].

[1] O ¿se tratará de la región venezolana de
Curiana, a causa de la gran cantidad de cucarachas que venían con las flotas de Indias? Dicha
región ya la menciona Pedro Mártir de Angleria
en el año 1500, y su continuador Hernando de
Vega escribe en castellano *La Curiana* (*Anales
del Instituto Pedagógico* de Caracas, agosto de
1949, p. 5 del trabajo de P. Vila). Creo es derivado de (*Sta. Ana de*) *Coro*.

Curiar, V. *cura*   *Curica*, V. *curiana*   *Curiosear*, *curiosidad*, *curioso*, V. *cura*

CURRICÁN, 'procedimiento de pesca que se
practica desde el navío en marcha', 'bramante muy
fuerte empleado para pescar peces mayores', probablemente del port. *corricão* 'procedimiento de
caza que se practica levantando la caza por medio de perros', compuesto de *correr* y *cão* 'perro'.
1.ª *doc.*: 1836, Pichardo (1869).

Este autor afirma que es voz indígena y define
«cordel largo mui corchado y fuerte de cáñamo
para pescar con anzuelo peces mayores; probablemente sería *curicán*». Esta última afirmación
quizá se base en la existencia de vocablos indígenas cubanos en *curi-* (como *curiel*). *Curricán* se
emplea también en Puerto Rico (Malaret) y en el
interior de Cuba (Mz. Moles), en Tabasco y en
la costa colombiana del Caribe (Sundheim), en
todos estos lugares con el significado 'cabuya',
'cordel de pita o de cáñamo'. Además vale 'inquietud' (*BDHA* V, 200) en Santo Domingo (porque ésta coge al hombre como el *curricán* al pez),
'alcahuete' en Cuba (Mz. Moles), 'frío intenso'

en Puerto Rico. El marino gaditano Novo y Colson
(fin S. XIX) nos describe el *curricán* como un
cordel provisto de anzuelo que se largaba por la
popa de un navío, lo bastante resistente para coger tiburones (cita en Pagés), y entre los tejedores catalanes *curricà* es una calidad de hilo de
pescar semejante al de *palangre* (*BDC* IV, 90;
análogamente en Alcover, con variante *currican*);
también el vizc. de Lequeitio y Mondaca es una
'cuerda delgada y fuerte de pescar', pero Azkue
sin precisar más dice que es diferente de la llamada
así en castellano. No parece que tenga razón Pichardo, pese al área del vocablo, al admitir que
es voz indígena americana. Difícilmente tendrá
que ver con el vocablo tupí *curicá* 'papagayo verde' (Friederici, *Am. Wb.*), a base de alguna oscura
comparación popular. Es mucho más probable que
sea voz de origen portugués, como tantos americanismos del Caribe, teniendo en cuenta las formas
siguientes: Azores *corrica*, *pesca de* ⁓ «pesca à
linha, indo o pescador num barco em movimento»
(comp. la definición de Novo y la de la Acad.:
«suele largarse por la popa de los buques cuando
navegan»), Oporto *corrico* «pequeno aparelho metálico, ligado ao anzol, que corre na água, preso
a uma linha à pôpa do barco de pesca» (Fig.).
Procederá del port. *corrição*, *caça a* ⁓, 'caza que
se practica levantando los animales por medio de
perros', compuesto de *correr* y *cão* 'perro', por
comparación con la pesca que se practica al correr
del navío, lo cual sólo es posible con peces muy
voraces y por lo tanto grandes; de aquí secundariamente 'bramante muy fuerte para la pesca de
tales peces'.

CURRO, 'majo, afectado en los movimientos o
en el vestir', voz popular moderna de origen incierto: parece significar propiamente 'andaluz' y
venir del nombre propio de persona *Curro*, hipocorístico de *Francisco*, que es de uso frecuente en
esta región española. 1.ª *doc.*: 1836, Pichardo
(1869); Acad. ya 1884 (no 1843).

En Cuba y en otros países ribereños del Caribe
curros es la designación popular, pero objetiva, de
los andaluces. Es un hecho que en Andalucía
Francisco es nombre usadísimo, y sus formas familiares *Curro* y *Currito* son allí de uso frecuente[1].
En este sentido, ya en 1843 registra la Academia
Curro, indudablemente abreviación de *Pacurro*,
que a su vez, lo mismo que *Pacorro*, *Paquito* y
Paco, se sacó de *Paquico*, pronunciación aniñada
de *Francisco*; comp. el nuevomejic. *Fašíco*, que
allí ha tomado el sentido de 'travieso' o 'tonto'
(*BDHA* I, 306, n.). Observa Pichardo s. v. *curro*:
«aquí no se le da la significación de *Francisco*...
que trae el Dicc. Acad., sino más bien lo que es-
plica en... *currutaco*; pero igualmente con esten-
sión a l o s m o v i m i e n t o s a f e c t a d o s y
a la pronunciación andaluza», de ahí el tipo cubano del *negro curro* caracterizado por la afecta-

ción fonética de pronunciar *i* en vez de la *r* y de la *l* implosivas (*poique ei niño puee considerai...*). Conocida es la fama de majos que tienen los andaluces. De ahí el murc. *currillo* 'majo, apuesto', y el vocablo ha pasado al catalán de Mallorca con variados matices procedentes de la idea de elegancia: 'aseado, petimetre', 'ostentoso, galán', 'bizarro, valiente', 'galanteador', 'bien parecido', con los derivados *currada, currandaina, currando, currot* (Amengual). En Durango (Méjico) *curro* y *curra* se han hecho sinónimos de 'caballero' y 'señora' (R. Duarte).

Por otra parte, el vocablo tiene significados muy diferentes. El punto de enlace quizá se halle en la idea de 'corto' aplicado al vestido (*esta falda te está muy curra*: *BRAE* XIV, 113), que expresa en Galicia, pues las majas llevan faldas cortas, o bien se tratará del contoneo de las personas de baja estatura y de la fama que gozan de presumidas. De 'corto' se pasó por una parte a 'pato', animal caracterizado por sus cortas patas: así en Asturias, León (Acad.) y Maragatería (*BRAE* II, 640); y por la otra se llegó a 'manco de mano solamente', en Aragón (Borao), Segorbe (Torres Fornés) y Valencia (Martí Gadea, *Tèrra del Gè* I, 154), en Álava se dice de la mano o dedo defectuosos por pérdida del uso de las articulaciones (Baráibar), en Segorbe quiere decir 'zurdo' (T. Fornés), y en Costa Rica se aplica a la res vacuna de cuernos enroscados (Gagini).

DERIV. *Currutaco* [1830, en catalán: Ag.; Acad. 1834, no 1780] 'muy afectado en el uso riguroso de las modas', resulta de un cruce de *curro* con *retaco* 'rechoncho' [*Aut.*], 'de corta estatura' (en la Arg.), donde vemos nueva coincidencia entre las ideas de 'elegancia afectada' y 'baja estatura', y de hecho *currutaco* significa 'rechoncho, retaco' en Venezuela, Colombia y Perú (Malaret)[2]. El dato más antiguo de *currutaco* parece hallarse en cierto «Libro de Moda o ensayo de la historia de los *currutacos*, pirracas y madamitas de nuevo cuño, escrito por un filósofo *currutaco*» publicado por Fr. F. A. Florencio en Madrid, 1795[3]. La misma combinación con *pirracas y madamitas de nuevo cuño* se reproduce en un libro anónimo para enseñar a danzar, publicado en Madrid el año siguiente, y se reprodujo en otros análogos de Valencia de 1796 y 1798 (*Catálogo* de la librería Luis Bardón, n.º 28, Madrid 1956); igual combinación vuelve a aparecer en catalán en el *Col·legi de la Bona Vida* del Barón de Maldà, que es de 1797. *Currinche* 'entre periodistas, principiante, gacetillero' (Acad.; o vendrá de *corrincho*, porque el periodista inexperto acude a los corros para informarse). *Acurrado*.

[1] El novelista Pérez Lugín eligió este nombre para bautizar al héroe de una de sus obras, torero andaluz característico. Persona nacida en un pueblo de la provincia de Almería, me dice que allí *Curra* se ha convertido en el apodo hereditario de una familia, lo cual no indica una gran frecuencia en la localidad, pero es que este nombre abunda más en la zona de Sevilla y Andalucía occidental, que es la que suele mirarse como más típica.— [2] En Costa Rica se emplea como eufemismo, gracias a la semejanza fonética, en vez de *correncias* 'diarrea'.— [3] Según Bohigas, *Arbor* XXVI, 1957, p. 251, la primera obra de ese autor sobre el tema es de 1792.

Curruca, currucarse, V. *acurrucarse*   *Currutaco*, V. *curro*   *Cursado, cursante, cursar, cursario*, V. *correr*

CURSI, 'de mal gusto', vocablo semi-jergal, de origen incierto; tomado probablemente en Andalucía del ár. marroquí *kúrsi*. *1.ª doc.*: 1865, Emilio Lafuente, *Cancionero Popular*: cita de Schuchardt, *ZRPh.* V, 265[1].

Este autor niega la opinión de Lafuente de que sea de voz de origen gitano, y manifiesta haber oído en Andalucía varias explicaciones etimológicas que no le satisfacen, sin concretarlas. Sbarbi, *Florilegio o Ramillete Alfabético de Refranes*, 1873 (reproducido en *El Averiguador Universal*, 1880, II, 102-3), explica que en una ciudad andaluza unos jóvenes, que para burlarse usaban un lenguaje especial, consistente por lc regular en el uso de la metátesis, dieron en llamar *cur-si* a toda persona de vestir lujoso, pero desgarbado, y a todo objeto chocarrero o inelegante, por alusión a las muchachas de una familia local que vestían así[2].

Pero si es ésta la verdad o una de tantas anécdotas inventadas[3] para justificar una etimología, es difícil decirlo, y por mi parte no veo apellido español corriente del cual pueda ser anagrama o metátesis la palabra *cursi*. Se podría pensar en el ingl. *coarse* (pron. *kō(r)s*) 'ordinario, grosero', y aun mejor en su derivado *coarsish* 'algo ordinario', que pudo entrar en Andalucía por Jibraltar, perdiendo la *-sh* en la pronunciación andaluza; es verdad que entonces se esperaría más bien **corsi*, aunque un sonido extranjero como la *o* inglesa, gutoralizada por la *r* siguiente, puede ser adaptado en las formas más inesperadas (en una población en parte bilingüe como la de Gibraltar no extrañaría una adaptación a *curso*, equivalente esp. del homónimo ingl. *course*), lo cual es también incierto.

Quizá señale una buena pista el adjetivo (y sustantivo) *cursiera, guarniciones cursieras*, aplicado según Borao a los arreos de gala de un caballo por Leonardo Argensola, en su descripción del torneo de 1630: de ahí el habla achulada pudo sacar un *cursi* como de *La Correspondencia* sacó *la Corres*, o como se dice *Nati* por *Natividad*. Claro está que *cursiera* viene del fr. *coursier* en el sentido de 'propio del corcel de torneo'. El efecto satírico de *cursi* se debería en parte a la aplicación de un término caballuno a los atavíos mujeriles. Numerosos ejs. de la variante *crusiera* en textos de la misma época citados por Leguina.

Dicc. de Armería, confirman sin lugar a dudas la definición de Borao.

A Spitzer (*MLN LXXI*, 282) no le contentan, con razón, las dos etimologías que propuse, y sugiere una alteración de *cursado* 'versado en cosas de moda', con «sufijo jergal» *-i*. Lo cual tampoco satisface, ni se documenta nada análogo. Creo haber dado ahora con la solución. Será, de acuerdo con la procedencia andaluza, palabra tomada modernamente del árabe de Marruecos: el ár. *kursi* se pronuncia allí *kúrsi* (Daniel Ferré, *Lexique Marocain-Français*, Casablanca), y ya PAlc. acentuaba *cúrci*. Hoy, y ya en 1505, es «siège en bois, chaise» y objetos varios, comparables a éste (PAlc., Dozy, R. Martí, Beaussier, Cañes, etc.), pero según los diccionarios del árabe clásico vale también «science, savoir» y «savant, docte»: es decir, que desde 'silla' se pasó a 'cátedra' y de ahí a 'ciencia' y 'sabio'. De 'sabio' se pasaba fácilmente a 'pedante' y 'cursi'. Por lo demás la ac. 'cátedra' no es una mera hipótesis. PAlc. traduce *curcí* por «púlpito, predicatorio» y R. Lulio emplea *alcurci* como nombre de un mueble de madera en su *Libre de Contemplació*, cap. 234 y 271, traducido en la ed. maguntina por la palabra latina *dolium*, que me parece errata evidente por *solium*, es decir, 'sillón alto (de jurisconsulto, de magistrado)'. En efecto, *kursi* en árabe magrebí no es un asiento cualquiera; además de otras acepciones más cotidianas ('banco de madera' 'taburete', etc.) tiene especialmente el sentido de 'asiento de aparato': el trono de un soberano, el sillón solemne donde se hace sentar a la recién casada en las ceremonias nupciales, y particularmente «siège de bois de professeur à la mosquée, chaire» (marroquí), «púlpito predicatorio» (granadino): de ahí el paso al sentido figurado de 'personaje importante' («gros bonnet») que Mercier, *Dictionnaire Arabe-Français*, registra como usual en Marruecos; los demás datos que agrego ahora los saco de M. Cohen, *Le Parler Arabe des Juifs d'Alger*, p. 505 nota, y de Brunot, *Textes Arabes de Rabat* II, 711. Luego parece que más que a través de una ac. '*pedante*', para llegar hasta 'cursi', se pasaría por 'personaje de muchas campanillas, de grandes pretensiones'.

DERIV. *Cursería* [Juan Valera, en Pagés]; *cursilería* [Vital Aza, en Pagés]. *Cursilón, -ona*, aumentativo corriente, que falta en Acad.

[1] Ejs. de P. A. de Alarcón, Juan Valera y J. M. de Pereda, en Pagés.— [2] M. Sánchez Guerrero, en la misma revista, p. 163, confirma la anécdota y da el nombre del inventor de esta palabra, a quien él habría tratado.— [3] Parece que el fundamento de todo esto se reduzca al sainete de Fco. Javier de Burgos (n. 1842) *La familia de Sicur* que se representaba con música en Madrid en noviembre de 1899 presentando el cuadro de una familia típicamente cursi; pero ¿es *Sicur* un apellido real? Si lo ha sido es raro, y está claro que es ese *Sicur* el anagrama del adj. *cursi* —ya preexistente a 1899 y aun a 1873— y no a la inversa, y que carece de interés averiguar si Burgos había escrito su obra ya en 1873 o sólo en los años 90 y si se inspiró o no en la realidad de una familia o fué la existencia de esa pieza dramática u otra creación la que dió lugar a esta leyenda etimológica. Por otra parte, Rafael León me comunica «la letra de la *murga* gaditana que se cantó el pasado siglo por las Srtas. de Tessi Court, elegantes a una moda de París que Cádiz no acabó de entender: *tesi-cur — si-cur — si-té — cur-si — tesi-cur — si-cur. Cursi* no fué, en su origen, peyorativo, sino todo lo contrario; pero mantiene desde entonces su sentido de afectación, de no conformado al uso dominante». Claro que no está ahí la etimología. Ya entonces correría *cursi* en Cádiz y los de la *murga* satirizarían a estas señoritas con las sílabas de su nombre; a no ser que las tales Tessi Court sean un mero mito seudoetimológico.

Cursillista, cursillo, cursivo, curso, cursómetro, cursor, V. *correr   Cursulo,* V. *crisol   Curtación,* V. *corto   Curtago,* V. *cuartago   Curti(e)mbre,* V. *curtir* y *podrén*

CURTIR, voz común al castellano y al portugués, de origen incierto; quizá no sea más que un derivado de CORTO, porque los cueros y frutas al curtirse se encogen, pero también podría tratarse de un lat. vg. *CORRETRIRE*, derivado de *RETRIRE*, variante vulgar de RETERĔRE 'desgastar por el roce', y éste derivado a su vez de TERĔRE (participio TRĪTUS) 'triturar', 'desgastar'; y hay todavía otras posibilidades. *1.ª doc.*: cortir, *Alex.*, 1042c (O) (el ms. *P* da un texto diferente)[1]; doc. de 1297, en Cuervo; Cortes de 1369 (ibid., y *RFE* VIII, 345); el port. *cortido* ya se halla en documentos de 1145 y 1260 (Cortesão).

Cuervo, *Dicc.* II, 706-7. Hoy y ya en tiempo de *Aut.* se distingue entre *curtir* 'adobar pieles' y *encurtir* 'sazonar fruta en vinagre', este último propio de Andalucía según este diccionario. Pero como observa Cuervo, *Ap.*, § 489, el uso de *curtir* con referencia a fruta, hoy vivo en Colombia, Méjico, Guatemala y Ecuador (*BRAE* VII, 469), ya se halla en PAlc. y en Nebr. Diez, *Wb.*, 443, propuso derivar de CONTERĔRE, intensivo del citado TERĔRE, pasando por una variante *COTERĔRE*, con metátesis de la R (*coterir* > *coretir* > *cortir*); M-L. acepta la idea en principio (*REW* 2183; *Rom. Gramm.* I, § 359), pero en cuanto al detalle de la evolución prefiere partir de la variante vulgar CONTRIRE (ibid. II, § 122), y observa que es difícil de justificar el cambio de CON- en cor- (ibid. I, § 485). Creo que M-L. tiene razón al rechazar el *COTERERE* de Diez, cambio de prefijo que no halla analogías en romance (comp. lo dicho s. v. *CORCOVA*), pero el cambio fonético de

CON- en cor- no es menos imposible (V. *CARCO-MER*). Por consiguiente, de insistir en esta etimología, habrá que enmendarla en la forma siguiente. Partiendo del participio irregular TRĪTUS y de sus compuestos CONTRITUS, INTRITUS, RETRI- TUS, etc., el latín vulgar decía CONTRIRE (Apuleyo, mss. bíblicos), INTRIRE (glosas), vid. Heraeus, *ALLG* XII, 84-85, n. Como Séneca dijo *pili retriti* 'pelos destruídos por la piedra pómez' es posible que se empleara *RETRIRE (por RETERERE) ya para 'curtir', ya para 'desgastar', y que por disimilación esta forma pasara a *RETIRE, de donde viene al parecer el cast. ant. *retir*, cast. *derretir*; este último supone un DE-RETIRE que ya pudo existir en romance primitivo y aun en latín vulgar. Paralelamente pudo formarse otro derivado *CORRETIRE para 'curtir', que separado semánticamente de *retir* 'derretir', no halló obstáculo en sincopar la E, de donde *cortir*. Es un proceso, a la verdad algo complicado, que necesitaría más apoyo en la tradición latina o en los demás romances para convencernos del todo. Por ello debe tenerse muy en cuenta la posibilidad de que *cortir* sea sencillamente un derivado de *corto*, ya que las pieles y frutas curtidas se encogen: primero se diría *curtirse* la piel con el sol, *curtirse* la fruta en vinagre, aludiendo primariamente al hecho de arrugarse y encogerse, y sólo después se introduciría el transitivo *curtir* 'adobar'; derivado denominativo comparable hemos visto en el caso de *ASIR*, procedente de *asa*. Hay todavía otras posibilidades[2].

DERIV. *Curtido*. *Curtidor* [*cortidor*, ya 1256, Aben Ragel, *Libro Conplido*, 87b; h. 1400, Glos. de Toledo; 1475, G. de Segovia, p. 71, y en otro texto medieval: M. P., *Poesía Jugl.*, 328 n.; *curtidor*, Nebr.]. *Curtidura. Curtiduría, Curtiente. Curtimiento. Curtiembre* [1644, en el chileno Ovalle] f. 'tenería', centroamer., panam., colomb., ecuat., arg. (Cuervo, *Ap.*, § 919; Malaret; Lemos, *Semánt.*; Draghi, *Canc. Cuyanc*, p. 457), *curtimbre* en el dicc. de Salvat, formado según el modelo de *urdimbre ~ urdiembre. Encurtir, encurtido* [*Aut.*, vid. arriba].

[1] «Mandó mover sus huestes de lazerio *cortidos*», O, «mandó mover sus pueblos de lazerio *usados*», P. El texto de toda la estrofa está enteramente cambiado, con rima diferente. Por lo menos en cuanto a la variante *pueblos* ha de tener razón P, en vista de la concordancia.— [2] Como el doc. de 1297 ya cita el uso de la corteza para curtir calzado, podría pensarse en un derivado *encortezar*, con variante *encortecer* (comp. *desperecer* s. v. *DESPEREZAR*, de *pereza*), y de ahí *encortir, cortir*; los tríos *belleza ~ embellecer ~ embellir, riqueza ~ enriquecer ~ enriquir* pudieron actuar de modelos. Es idea poco verosímil, pero no imposible. En cuanto a un *COHORT-IRE*, derivado de COHORS, -TIS, 'corral', en el sentido de 'tenería'—comp. leon.

curtijo 'tenería o fábrica de curtidos' (Puyol, *RH* XV, 4) COHORT-ICULUM—, me parece poco probable. Dozy, *Gloss.*, 379, rechaza con razón la etimología ár. *qáraṭ* íd.

Curtiu, curto, V. *corto*   *Curucutear*, V. *esculca*   *Curueña*, V. *cureña*   *Curuja*, V. *acurrucar*

CURUL, tomado del lat. *cŭrūlis* íd. *1.ª doc.*: ya Acad. 1843.

Curuta, V. *corotos*   *Curva, curvatón, curvatura, curvidad, curvilíneo, curvímetro, curvo*, V. *corvo*   *Cuscurrear, cuscurro, cuscurronero*, V. *coscorrón*

CUSCUTA, tomado del b. lat. *cuscuta* y éste del ár. *kušūtā'*, que a su vez procede del gr. χασύτας íd. *1.ª doc.*: 1555, Laguna.

Devic, 31. *Cuscuta* ya aparece en el seudo-Aristóteles (S. XIII o fines del XII), traducción latina, hecha en España, de una versión arábiga de un original griego perdido (A. Thomas, *BHisp.* 1909, 27). Al parecer se trata de una errata de lectura en vez de *cussuta*, que desde ahí se perpetuó en Europa. Luego el vocablo debió entrar en los idiomas modernos por España y no por Italia, según quería Baist, *RF* IV, 412, aunque el it. *cùscuta*[1] se halle ya en varios textos del S. XVI. La voz griega, que sólo se halla en ciertas fuentes botánicas, pasa por ser oriunda de Siria[2], y del griego la tomó Plinio en la forma *cassytas* (*ThLL*) o *cassuta* (Laguna).

[1] *Aut.* acentúa también la primera *u* en castellano.— [2] Por lo tanto es posible que sea de origen semítico: el neobabilónico tiene una voz *kiširtu* que parece significar 'cuscuta' (Ebeling); luego quizá el árabe no la tomara del griego.

Cusir, V. *corcusir*   *Cuspaz, cuspiatu*, V. *escupir*

CÚSPIDE, tomado del lat. *cuspis, -ĭdis*, 'punta', 'objeto puntiagudo'. *1.ª doc.*: ya Acad. 1843. CPT. *Tricúspide*.

Custiero, V. *custodia*

CUSTODIA, tomado del lat. *custōdĭa*, 'guardia, conservación', 'centinela', 'prisión', derivado de *custos, -ōdis*, 'guardián', 'vigilante', *1.ª doc.*: Berceo, *S. M.*, 269c.
No conozco otro ej. anterior al P. Ribadeneira (1599-1601) y a Góngora (1612).
DERIV. *Custodio* [1.ª mitad del S. XVI, Cuevara], tomado de *custos, -ōdis*, con adaptación a la terminación de *custodia. Custodiar* [Acad. ya 1843]. *Custiero*, como nombre de oficio en doc. de la Rioja Alta, a. 1044 (M. P., *D. L.* 71.10, 26; *costiero de las uvas, de la cequia*, Vidal Mayor

9.39.2, 3), parece ser representante popular del lat. tardío CUSTODIARIUS 'relativo a la guardia', 'guardián de cárcel' (quizá por medio de una forma disimilada *custeiero > custeero > custiero; comp. los descendientes populares de CUSTOS, en el *FEW*).

Custrir, V. *costra*   *Cutáneo*, V. *cutis*   *Cutarra*, V. *cotiza*

CÚTER, del ingl. *cutter* íd. *1.ª doc.:* ya Acad. 1843.

CUTÍ, 'tela de lienzo rayado usada para colchones', del fr. *coutil* (pron. *kutí*) íd., derivado del fr. ant. *coute*, variante del fr. *couette* 'colchón de plumas', procedente del lat. CŬLCĬTA 'colchón'. *1.ª doc.:* *cotí*, Terr., con cita ligeramente anterior; Acad. 1817, no 1783; *cutí*, como variante de *cotí*, Acad. 1843, no 1817.

En la Arg. se dice vulgarmente *cotín* (M. Fierro I, v. 958; BDHA III, 80).

Cutia, cutiano, V. *cota II*   *Cutícula, cuticular*, V. *cutis*   *Cutidero*, V. *cundir*   *Cutio*, V. *cota II*   *Cutir*, V. *cundir*

CUTIS, tomado del lat. *cŭtis* 'piel', 'pellejo (de fruta, etc.)'. *1.ª doc.:* princ. S. XVII (Pellicer, Jacinto Polo).

Estos autores conservan el género femenino que tenía en latín. *Aut.* advierte ya que familiarmente se usaba como masculino. En castellano ha venido a tomar un matiz especial análogo al del castizo TEZ.

DERIV. *Cutáneo* [*Aut.*, con cita de autor reciente], derivado culto. *Cutícula* [íd.].

Cutra, V. *cochino*

CUTRAL, '(buey o vaca) viejo, que se destina a la carnicería', derivado del antiguo *cuitre*, que además de 'reja', como en Aragón, conservaría el significado de 'cuchillo' que tenía el lat. CŬLTER, -TRI, de donde procede. *1.ª doc.:* *vieja coitral* 'vieja decrépita', J. Ruiz, 756a; *cutral*, *Rim. de Palacio*, 266; G. de Segovia (p. 71).

Nebr. da todavía *cotral*, aplicado a bueyes, vacas y otras cosas. En Aragón y Navarra se halla antiguamente *cuytre* o *cuytro* en el sentido de 'reja de arado', que era uno de los que ya tenía el vocablo en latín: así *cuitral* 'reja' Vidal Mayor 4.39.26; a veces también en la ac. 'especie de arado'[1]; vid. M. P., *Rom.* XXIX, 334-5; P. S. D. y V. V., *RABM*, 1873, III, 35; IV, 31; y, para formas modernas, Krüger, *Hochpyr. C*, II, 114. Para representantes de CULTER en los demás romances, vid. *FEW* II, 1502-3; *REW* 2382; todos ellos corresponden regularmente al acusativo CULTRUM, de suerte que la -e aragonesa ha de ser un desarrollo fonético secundario (comp. lo que

digo de *DOBLE*) o quizá indique procedencia de Gascuña, donde el vocablo es también vivo. Echo *cultrada* 'herida que al animal que labra se le hace con la reja del arado' me explicó Méndez Coarasa; agregaba ese inteligente y sabio erudito local que habiéndole preguntado Pardo Asso si 'cuchillo' se decía *cultelo* en aragonés (!), le había él replicado que no era posible tal cosa y que «si acaso sería *cultro* fijándonos en *cultrade*»; sin crítica Pardo consignó en seguida ese inexistente *cultro* en su librejo. ¡Aviso a quien emplee tales engendros lexicográficos!

DERIV. *Acuitrar* nav. ant. 'arar' (M. P., *l. c.*).

[1] «Hun aradro. Hun *cuytre* guarnidos. Hun dental de carrasca. Tres exadas e huna destral e huna rella e hun bedollo», a. 1369, *BRAE* II, 709. Luego *cuitre* es diferente así de *aradro* como de *rella*. «E si furta *cuytral* o *cuytro*», a. 1348 (*RFE* XII, 142). La forma navarra *golde* (Acad.) parece haber pasado a través del vasco, donde *golde* es general a todos los dialectos en el sentido de 'arado' (la ac. 'reja' no en Azkue, sí Bera-Mend.; el tránsito semántico es fácil, máxime cuando se acostumbra a clasificar los arados por el número de rejas que tienen; aunque hoy, V. Azkue, para 'reja' se usa *ortz*, propiamente 'diente').

Cutre, cutrón, V. *cochino*   *Cuturuto*, V. *cueto*   *Cutuvillo*, V. *cotobelo*

CUY, 'conejillo de Indias', origen incierto, probablemente onomatopéyico. *1.ª doc.:* *coyes* pl., h. 1560; *cuy*, 1570, Lope de Atienza.

Hoy es voz empleada en el Perú, Chile, el Plata[1], Ecuador, Colombia[2], Venezuela y Panamá; en Tucumán se oye la variante *coy* (Carrizo, *Canc. de Tuc.*, glos.), en Honduras *cuyo*, en Andalucía *cuin* (Acad., falta todavía 1899), en Puerto Rico *cuico* (Navarro Tomás, *Esp. en P. R.*, p. 151). El plural *cuises* está muy generalizado en la Arg. y se llega a oír un singular analógico *cuis*. Los primeros escritores que lo mencionan se refieren al Perú; Lenz y Friederici están de acuerdo en que viene del quichua *kkuwi* (como forma quichua básica da Lira *kkówi*, con variantes *kkówe* y *kkúwi*), que ya está en Gz. de Holguín (1608), pero la variante portorriqueña, y la presencia del vocablo en Panamá, Honduras, Puerto Rico y Andalucía, son desfavorables al origen quichua. También Lizondo (s. v. *coy*) cree que será voz importada en quichua, teniendo en cuenta que Fz. de Oviedo ya mencionaba los *coríes* en 1527. Vasco guip. *akuri* «cobaya o conejillo de Indias» (Michelena, *BSVAP* X, 383; Azkue), en el cual la inserción de -r- habría podido explicarse por el vasco, pero *corí* ya está en Fz. de Oviedo. Bertoldi, *NRFH* I, 143, explica el vasco *kui* 'conejo' por una etimología ibérica bastante seductora. Sería, pues, vasquismo en América. Quizá. O más bien hay coincidencia casual. Es probable que se trate de una imitación del grito del animal, y que en este sentido haya parentesco elemental con *cuino* 'cerdo' (usual en Méjico: R. Duarte; Acad. sin localización, falta todavía 1899; Sajambre *cuin(o)* 'cría del cerdo', Cabranes 'voz para llamarlo', Fdz. Gonzz., *Oseja*, 242), y con otras denominaciones del *cuy*, como COBAYA, *cavia* (Andrés Bello)[1], nombre científico del animal, *corí* (nombre antillano usado por los primeros historiadores de Indias; de aquí el cub. *curiel*), *acure* (Venezuela: Picón Febres), *acutí* (Río de la Plata: Granada).

[1] El plural *cuyes* ya en Lozano, *Hist. de la Conq. del Paraguay y R. de la Plata*, libro I, cap. 12

(I, p. 300). *Cuy* en un jesuíta cuyano de fin S. XVIII, Draghi *Fuente Amer. de la Hist. Arg.*, 68.— [2] Figura ya en Piedrahita, *Hist. Gen. de las Conquistas del N. Reino de Granada*, cita de Cuervo, *Ap.*, § 531, n.— [3] Friederici admite que se debe a una falta de lectura, *çavia, saviá*, nombre tupí de una especie de ratón montés. Pero no lo demuestra suficientemente.

Cuyar, V. *cuchara*   *Cuyo,* V. *quien*   *Cuz,* *cuza,* V. *gozque*   *Cuzarro,* V. *cuezo*   *Cuzco, cuzo,* V. *gozque*

CH

Cha, V. *té*

CHABACANO, significó 'desabrido' y, al parecer, 'de poco precio'; siendo así pudo derivar de *chavo*, variante vulgar de *ochavo*, como moneda de escaso valor; pero el sufijo está fuera de lo usual, lo que impide dar por segura esta etimología. *1.ª doc.:* 1525-47, Sánchez de Badajoz, *Recopil.;* 1601, Rosal, como aplicado en Andalucía a la mala fruta (Gili).

Spitzer, *AILC* III, 10-11, indicó que en este autor el vocablo sale dos veces, sustantivado, con el significado 'cuchillito', propiamente 'cuchillo barato'. Posteriormente se halla con insistencia la aplicación a una fruta desabrida (como ya lo hace el historiador de Indias José de Acosta en 1590: *Aut.*) o al árbol que la produce: «CLARA: Fruta soy *chabacana*, pues nadie me apetece», «con la dama encerrada a quien me inclino, / soy perita oledera en lo refino; / pero con las de trato más humano, / tal para cual, soy árbol *chabacano*» (Quiñones de B., toledano, † 1651, *NBAE* XVIII, 715, 683), «De este término usan en el Reino de Toledo, y a unas ciruelas, que por otro nombre dizen porcales, o harta puercos, las llaman *chavacanas*[1], y *chavacano* al hombre grosero, vulgar e impertinente» (Covarrubias)[2]. Hoy en Méjico[3] *chabacano* es la denominación normal del albaricoque, ya documentada en Alcedo (1789) y en Fernández de Lizardi (1809), vid. G. Icazbalceta. Claro está que es porque aquella fruta es una especie de melocotón desabrido por comparación con el verdadero; en Tampico es un dulce hecho de harina de maíz (R. Duarte), por la misma razón. Es fácil de comprender la aplicación traslaticia a las frases groseras y de mal gusto (ya en un epitafio dedicado el Conde de Villamediana, † 1622, y citado por *Aut.*)[4], al hombre que las dice (Covarr., y de ahí Oudin, 1616) y a la obra literaria que las contiene (Quiñones de B., p. 548), que es la única que hoy

persiste en el uso común. Del castellano vendrá el cat. *xavacà* íd.[5] 'Fruto desabrido' y 'cuchillo baladí' son ideas que fácilmente se explican partiendo de 'barato, de poco precio', y por lo tanto semánticamente es muy plausible la idea de Spitzer de derivar de *ochavo*, es decir, 'cuchillo de a ochavo', 'fruta de a ochavo', tanto más cuanto que la variante *chavo*, que ya *Aut.* (s. v. *chabo*) califica de «voz c h a b a c a n a y vulgar de que usa la gente zafia para explicar la moneda que comúnmente se llama *ochabo*», es usual hoy en muchas partes: Santander, Andalucía, Murcia, Aragón, Puerto Rico, Méjico, etc., y en esta forma ha pasado al cat. *xavo*. La variante *chabacán*, empleada en Querétaro (*BDHA* IV, 313) y en Guatemala (L. Sandoval) no se opondría a ello. Pero un sufijo *-acano* (o *-acán*), aunque pueda explicarse por combinación de *-aco* y *-ano*, es demasiado raro para que podamos dar esta explicación por segura, cuando se trata de un vocablo que debió formarse en fecha moderna, puesto que deriva del vulgarismo *chavo*[6]. Como, en vista de la dificultad, es lícito poner en duda toda la etimología, será bueno tener en cuenta el port. *chavasco, chavasqueiro, achavascado* 'rudo, grosero, rústico' (todos ya en Moraes), *chavascar* 'hacer mal una obra de carpintero, etc.'; ahora bien, esto se relaciona con el port. *chavascal* 'terreno malo para el cultivo y usado como pastizal' [Gil Vicente, princ. S. XVI: Cortesão], 'chiquero', que tendrá que ver con *chabarco, chabouco, chabanco, chabisque*, 'lodazal', palabras probablemente onomatopéyicas (V. *CHARCO*). Aplicado a un radical toponímico o de sentido topográfico, el sufijo *-aco* sería algo menos sorprendente.

DERIV. *Chabacanada. Chabacanería.*

[1] Documentación clásica de esta denominación en Cej. IX, pp. 610-1.— [2] Nótese que éste es el matiz en que aún se emplea el vocablo en la Arg., y no en el español 'sin arte, sin gracia'.

Chabacano se aplica a los modales y a la falta de urbanidad (Garzón, Segovia), no al estilo o a las frases o a las obras literarias, como en España.— [3] Según Ramos Duarte, más exactamente, en los estados de Méjico, Chihuahua y Guanajuato.— [4] Según esta fuente, sería de Góngora, pero Foulché-Delbosc, en su ed. III, 132, rechaza esta atribución. Según Hurtado y G. Palencia, *Hist. de la Lit. Española*, § 470, sería de Lope de Vega.— [5] Ignoro si la *v* se funda en la pronunciación de las comarcas que distinguen esta consonante de *b*. Según Aguiló se emplea en Valencia, pero no nos dice en qué parte del país. La coincidencia con la grafía de Covarr. y Oudin tiene escaso valor, pues aquel lexicógrafo se inspiraba para escribir así en una etimología, por cierto imposible: gr. *kayalos* 'fatuo' [?].— [6] Esto lleva a pensar que no se trate de un verdadero sufijo, sino de una terminación sacada de otra palabra. Pero no se ve cuál. Difícilmente puede ser *barracán* 'barragán', paño basto que resiste la lluvia: por una parte no sabemos que *chabacano* se haya aplicado a paños, y por la otra, la única forma española o por lo menos la más corriente es *barragán*, aunque la terminación en -*c*- se halle en árabe, occitano, italiano y francés.

Chabarco, chabisque, V. *charco*

CHABOLA, 'barraca', 'albergue provisional', del vasco *txabola* 'choza', 'cabaña', que parece ser voz bastante antigua en vasco, si bien quizá provenga en definitiva del fr. ant. *jaole* 'jaula', 'cárcel' (hoy *geôle*), procedente del lat. CAVEOLA 'jaulita'. *1.ª doc.*: *xavola* o *chavola* «casa provisional o de poca importancia», como voz asturiana, en Rato, 1891; Acad. falta aún 1899[1].

Vigón: «*chabola*: caseta de madera para guardar herramientas». Hoy es de uso popular, además, en Galicia (*BRAE* XIV, 113), Salamanca (Lamano), Bilbao (Arriaga, *Revoladas*, Vocab.), Álava (Baráibar), Sevilla, Madrid y en toda España. Del vasco pasó directamente al alto aragonés de Ansó, Osa y Echo, donde designa una choza de piedra (Kuhn, *ZRPh*. LV, 604). En vasco el vocablo presenta varias formas: vizc. ('choza de leñador' ya en el vizc. Domingo Aguirre, a. 1897, *Auñ*. I, 108-21) y guip. *txabola* 'choza', en Roncal y Baja Navarra 'caseta de carabinero', guip. *txaola* 'choza', b. nav., lab. y sul. *etxola*, a. nav. y guip. *etxol* 'choza', cabaña de pastor', guip., b. nav. *etxabola* 'choza', ronc. *txola* 'pocilga' (Azkue; análogamente Manterola), vasco-francés *xola, xolatxo, xolopio* 'cabaña de pastor' (Lhande I, 66); nótese que *txabola* y *etxola* conviven, ambos con el significado de 'choza', en el dialecto guipuzcoano de Alquiza observado por Navarro Tomás (*Homen. a M. P.*, III, 648), lo cual puede indicar diferente etimología de los dos vocablos o bien entrada de un vocablo forastero en dos diferentes

épocas, con adaptación divergente. De todos modos la amplia difusión del vocablo, y sus formas variadas, indican la antigüedad del mismo en el idioma vasco. En español no designa una choza de pastores, sino un albergue provisional, una barraca de construcción improvisada o algo intermedio entre ésta y una tienda; utilizan chabolas los que trabajan en obras que se hacen en pleno campo, los soldados en campaña, etc. El distinto carácter de la construcción ya sugiere por su parte que es palabra heredada de antiguo en vasco y tomada de éste en castellano. En esta lengua, según reconoce A. Castro, debieron difundirla los vizcaínos que trabajaban en las obras del ferrocarril a mediados del siglo pasado. Sin embargo, subrayó este autor atinadamente (*RFE* XX, 60-61) que en vasco su etimología no es clara, pues si viniera de *etxe* 'casa' + *ol* 'tabla' (también 'madera'), en el sentido de 'casa de tablas' (según indicaron Manterola y Baráibar), debiéramos tener *oletxe y no *etx(e)ol;* de ahí concluye Castro que el vocablo, lo mismo que el cast. *jaula*, procederá del fr. ant. *jaole* 'jaula', 'cárcel', con adaptación fonética al vasco *etxe* 'casa'[2]. Es una conjetura muy plausible desde todos los puntos de vista. Sólo resulta sorprendente la diferencia de significado, pues no parece que los descendientes galorrománicos de CAVEOLA tengan en parte alguna el de 'cabaña' o 'choza'. Bähr, *ZRPh*. L, 756, cree que el vocablo es autóctono y contiene *etxe*[3], pero no agrupado con *ol* 'tabla', sino con *ola*, que él traduce «Stelle», «Stätte» (local, lugar), y que no deberá identificarse con la voz *ola* de Azkue, que es 'ferrería' en el vasco común, 'cabaña' en Roncal y en Sule, 'habitación, morada, tienda de campaña' en Laburdi[4], sino con el sufijo locativo que aparece en voces como *egurrola* 'almacén de madera' (de *egur* 'leña'), *azaola* 'berzal' (de *aza* 'col'); comp. el bilbaíno *arribolas* 'cantos rodados con que se empedraban antiguamente las calles de Bilbao' (Arriaga, *Revoladas*, s. v.), derivado evidente de *harri* 'piedra'. Será preferible dejar la cuestión en manos de los vasquistas, a quienes pertenece.

De todos modos, Michelena (*BSVAP* XI, 284) se inclina a creer que no es palabra autóctona en vasco; el hecho es que *etxola* ya se documenta como vasco en 1630. V. su nota para la distribución primitiva de las variantes vascas *etxola* y *txabola*. Del conjunto de los hechos señalados en la nota de Michelena y en mi artículo parece deducirse que la palabra vasca se tomó ya hace algunos siglos del fr. ant. y provincial *jaole* 'jaula', alterado fonética y semánticamente por influjo de los compuestos vascos en *etxa-* 'casa', y que del vasco pasó al castellano en el siglo pasado.

[1] En su última edición la Acad. registra *chabola* y una variante *chaola*.— [2] La cita del cast. ant. *javola* 'jaula', variante empleada por D. Juan Manuel y en la *Gr. Conq. de Ultr.*, sugiere que a los ojos de Castro el vocablo francés no llegó al

vasco desde Francia, sino desde el castellano. Esto sería ciertamente excesivo si fuese realmente la idea del autor. La formación de una *b* o *v* intervocálica en contacto con vocal posterior no es fenómeno raro en castellano, aunque esporá- [5] dico, pero es mucho más frecuente en vascuence, y ahí ocurre normalmente. Además, como *jaula* no fué palabra traída directamente por franceses que viviesen o viajasen en España (como los antiguos galicismos eclesiásticos y muchos caballe- [10] rescos y comerciales), sino palabra propagada de comarca en comarca a través de la lengua de Oc y de los Pirineos, y como no existe en catalán ni en los dialectos de Oc orientales, pero sí en gascón (Gers *jauolo*, Bearne *jaule*, 'cárcel': Pa- [15] lay), está claro que debió pasar por los Pirineos Occidentales, o sea a través del País Vasco.— ³ Fonéticamente no habría dificultad, pues en composición *etxe* toma frecuentemente la forma *etxa: etxajaun* 'dueño de casa', *etxaburu, etxale-* [20] *gor, etxamitil, etxaseme;* para lo mismo y para la aféresis de *e-*, comp. el romance *Javier*, ant. *Xavierre* < vasco *etxa-berri* 'casa nueva'. Según Rohlfs el arag. *(a)zolle*, cat. *soll* f., 'pocilga', viene también del vasco *etxola* 'cabaña', sugestión me- [25] nos atractiva a primera vista, cuyo estudio aplazo para mi *DECat.*— ⁴ Claro que no es imposible que este *ola* se extrajera secundariamente de *etxola*, si éste era extranjerismo, por un análisis popular que percibiera en él la palabra *etxe* 'casa'. [30]

CHACAL, del fr. *chacal* y éste del turco *čakâl*, que a su vez procede del persa *šagâl* íd. *1.ª doc.*: Terr.; Acad. ya 1843.

Devic, 27. En francés se halla ya en 1676, y [35] desde este idioma penetró en italiano (*sciacallo*) y en alemán (*schakal*), mientras que el ingl. *jackal* vino del turco por conducto de una variante arabizada *ğakâl*. El antiguo nombre español fué *ADIVE*.

[40]

Chácara, chacarero, V. *chacra   Chácarra, cha-carrachaca,* V. *cháchara   Chácena,* V. *jácena Chacina, chacinería, chacinero,* V. *cecina*

CHACO, 'montería con ojeo, que hacían anti- [45] guamente los indios de la América del Sur estrechando en círculo la caza para cogerla', del quich. *čáku* 'cacería que se hace cercando las presas'. *1.ª doc.:* 1555, Zárate, *Hist. del Descubrimiento y Conq. de la Prov. del Perú;* Acad., 1899. [50] Friederici, *Am. Wb.,* 160-1; Cej. IX, § 197.

CHACÓ, 'morrión propio de la caballería ligera', tomado del húngaro *csákó* (pron. *čá:ko:*) íd., por conducto del fr. *schako. 1.ª doc.:* Acad. ya 1843. [55] De una variante polaca *czapcka* (comp. ruso *šapka, šápočka,* 'gorra'), tomada por conducto del fr. *schapska* (Littré), proviene *chascás* 'morrión con cimera plana y cuadrada, usada por los lanceros' (Acad. 1899, no 1884). [60]

CHACOLÍ, 'vino ligero y agrio que se hace en las Vascongadas y Santander', del vasco *txakolin* íd. *1.ª doc.: Aut.*

Como la eliminación de la *-n* no se explica en castellano, es lícito conjeturar que una variante *txakoli* existiría ya en vasco, en lugar de la forma actual, propia de Guipúzcoa y Vizcaya. Es posible que el vasco *txuzpin* 'aguapié' venga análogamente de **txuzpi* emparentado con el cast. *ZUPIA,* el [10] mozár. *zimpi* y acaso el cast. *(agua)pié.* Quizá hubo influjo de *ozpin* 'vinagre' y *pitikin* o *pitipin* 'aguapié'[1]. Comp. *ZUPIA.* Para el detalle de las formas vascas, vid. Michelena, *BSVAP* XI, 284.

¹ Es bastante claro que *pitipin* vendrá del fr. *petit-vin.* Luego nos sentiríamos inclinados a ver en *ozpin* otro compuesto del romance VINUM más un adjetivo que signifique 'agrio'. Sin embargo hay la dificultad de que el vasco siempre pone el adjetivo detrás y no delante del sustantivo; además 'agrio' se dice *gazi* (guip.), *kirats* (lab.) o *minkor* (-*gor*) (vasco-francés en general) y también *min* (Lhande), aunque éste, según Azkue, es 'picante' o 'hiel'. No es inconcebible que en éste tenga parte también el romance VINUM (o VINUM ACRE) (comp. *samin* 'amargo' y 'picante'), y no es inconcebible tampoco que a pesar de todo haya algo de bueno en la idea de descomponer *ozpin* en VINUM y otra palabra (quizá sustantivo abstracto con el sentido de 'acidez', lo cual estaría conforme con la actual sintaxis vasca); para ésta comp. *(h)otz* que hoy es 'frío', pero junto al cual está *zorrotz* 'agudo', 'afilado', 'severo' (tal vez compuesto de *otz*). Según Fabre «aigrir (le caractère)» se dice *gaxtotzea* (comp. *gazta* y *gazna* 'queso', *gazi* 'agrio'), aunque no hallo tal palabra en Azkue ni en Lhande.

Chacolotear, chacoloteo, V. *choclo   Chacona,* V. *chacota*

CHACONADA, 'tela de algodón muy fina y de vivos colores, con que solían vestirse las mujeres desde mediados del siglo XIX', probablemente del fr. *jaconas* 'especie de muselina empleada para hacer ropa de mujer', de origen incierto. *1.ª doc.:* falta aún Acad. 1899.

En francés se halla *jaconat* ya en 1761, hoy *jaconâte* en Namur, *jaconas* en Lieja y en los Vosgos. Para una conjetura etimológica, vid. Gamillscheg, *EWFS* s. v.

CHACOTA, 'bulla y alegría, mezclada con chanzas y carcajadas', del mismo origen que el port. antic. *chacota* 'canción que los rústicos cantaban en coro' (hoy 'chacota') y que el cast. *chacona* 'son y danza que se baila con castañuelas', todos ellos de la onomatopeya CHAC, imitativa del sonido de este y otros instrumentos o del ruido que emite el que ríe convulsivamente. *1.ª doc.:* 1517, Torres Naharro; 1588, J. de Pineda: Cej. IX, pp. 442-3;

1599-1601, Rivadeneira; *chacotero* ya en Timoneda, † 1583 (ed. Mz. Pelayo I, 64); el gall. *chacotares* 'chascarrillos' ya se halla en las *Cantigas* («quen soube luitar, luitau, e quen soube chacotares bõos y os fou dizer», ed. Mettmann 351.18), y el port. *chacota*, en 1519, en Gil Vicente[1]. La forma arcaica de las *Ctgs.* parece indicar que primero corrió un verbo *chacotar*, de donde se derivó el postverbal *chacota*.

De la ac. moderna da varios ejs. clásicos *Aut.* (además *hazer* [*algo*] *chacota* 'hacer burla de algo', en Lope, *El Marqués de las Navas*, v. 297). Muy parecida a ésta parece ser la que aparece en el ej. más antiguo, en Torres Naharro, donde un rústico explica lo que suele hacer con las mozas, siempre poco amigas de hombres tímidos: «díganvos una *chacota* / que andavan por la dehesa / qué tal os parè a Teresa / el día de la bellota. / Dexéla la saya rota, / y ella, tendida en camisa, / dar arcajadas de risa» (*Serafina*, introito, v. 41): parece ser 'broma pesada, pasada de chusco'[2]. Partiendo de la antigua ac. 'copla rústica' se ha llamado *fala chacota* o *fala charra* el dialecto de Tras os Montes, a distinción del portugués literario (Leite de V., *RL.* II, 98) y *louça de chacota* la loza ordinaria, según D. Vieira; según este lexicógrafo, que cita a Antonio Vieira (1676), la *chacota* podía ser también una copla satírica. Para completar el cuadro semántico en iberorromance hay que advertir que en portugués significó también 'especie de palmeta empleada para marcar ruidosamente el ritmo de un baile', en Gil Vicente, en una invitación al baile: «ordenemos festa com algum cantar / ... / *chacota* na mão, fender os ouvidos / a quem nos ouvir» (pasaje final del *Dialogo sobre a Resurreição*). C. Michaëlis (*Canc. da Ajuda* II, 874) relaciona con ello los versos de P. González de Mendoza (*Canc. de Baena*, n.º 272): «las mozuelas en el corro / páganse del mi sotar; / d'esto todo bien me acorro / e aun mejor de *chicotar*», donde tenemos la misma onomatopeya, con variante vocálica (no hay que relacionar *chacota* con *chicote*, ni menos derivar todo de un *CICCULUS diminutivo de CICCUS 'brizna, bagatela', como insinúa D.ª Carolina). Con todo esto comp. Jaca *chicotén* 'tipo de tambor de cuerdas parecido a un salterio' (Caro, *Pueblos de Esp.* 434). Por lo demás, algo muy parecido a nuestro *chacota* existió también en francés, aunque fué allí palabra muy rara (falta God., Tobler, *FEW* s. v. kak³): *chaquote* «bavardage, caquetage», refiriéndose al parloteo insustancial de unas viejas, en unos proverbios saboyanos del S. XV (Grace Frank, *RRQ* XXXI, 219 y 235), palabra que se relaciona evidentemente con el fr. *caqueter* 'charlar'. El valor puramente onomatopéyico permanece claro en el Uruguay, donde *chacotear* se aplica al ruido de los flecos del poncho al enredarse con las espuelas (F. Silva Valdés, *La Prensa de B. A.*, 3-III-1940).

La *chacona* era, según *Aut.*, «son, o tañido que se toca en varios instrumentos, al qual se baila una danza de cuenta con las castañetas, mui airosa y vistosa, que no sólo se baila en España en los festines, sino que de ella la han tomado otras Naciones». En efecto, el vocablo pasó al fr. *chaconne* [1674: *BhZRPh.* LIV, 69], al it. *ciaccona* [Corsini, † 1673; Panciatichi, † 1676: Zaccaria], y al alemán, y para esta danza escribió Bach páginas célebres. En castellano está ya en 1592 (Gillet, *HispR.* XXVI, 274), la emplea Góngora (1606) al parecer en el sentido de 'bailarina descocada' (ed. Foulché I, 274), y luego Cervantes (1613) en la *Gitanilla*, personificando esta danza en una «indiana amulatada, de quien la fama pregona que ha hecho más sacrilegios e insultos que hizo Aroba» (ed. Hz. Ureña, II, 80) y diciéndola propia de fregonas, pajes y lacayos; luego la miraba como danza originaria del Nuevo Mundo[4], lo mismo que el *zambapalo*. Para Salas Barbadillo *chaconista* era sinónimo de 'bailarina poco honesta', y Quiñones de B. emplea un adjetivo *chacona* en un sentido al parecer análogo[5]. Más documentación en Cej. IX, pp. 441-2. Otra vez, pues, registramos el matiz de diversión popular y bullanguera, que nos muestra como los dos vocablos son fundamentalmente lo mismo[6]. La etimología de Ayala (1693), que partía de *Chacona*, apellido de mujer (vid. Gili), probablemente no tiene más fundamento que otras tantas etimologías anecdóticas: sí podría ser cierto que el apellido *Chacón* (*-ona*) viniera de la misma raíz onomatopéyica, con el sentido primitivo de 'persona alegre y ruidosa'. Onomatopeya comparable es el ingl. *chuckle* 'reír sincopada o convulsivamente'.

[1] «Cantarão todas estas figuras [los planetas] em *chacota* a cantiga de *Llevadme por el río*», ed. Hamburgo, II, 413; íd. en 419; «Ordenarão-se todos estes pastores em *chacota*, como lá se costuma, porém a cantiga della foi cantada de canto d'orgão», en la *Tragicomédia Pastoril da Serra da Estrela* (1527), II, 445 (se trata de una especie de décima de tono popular, con estribillo). También en Sá de Miranda, en la Égloga *Basto*, ed. C. Michaëlis, p. 166, v. 290: «Como o vírão lá corrérão, / um que salta, outro que trota, / quantas graças que i fizérão! / Logo todos se entendérão: / eis los, vão nũa *chacota*». La editora entiende «cantiga villancesca», pero como en el texto no sigue cantiga ni villancico alguno, y cambia inmediatamente el interlocutor, quizá deba entenderse el último verso como referente a los anteriores y traducir *chacota* por 'comitiva popular bullanguera', ac. que serviría de puente hacia la ac. moderna. De la antigua hay otros ejs. del S. XVI y princ. XVII en el dicc. de Moraes.— [2] Gillet (*Propal.* III, 230) reconoce que lo natural sería leer *andava* en vez de *andavan*, pero como no hay variantes manuscritas se contenta con poner este verso entre paréntesis. De todos modos no hay sujeto expresado más arriba, y el con-

junto presentaría tantos anacolutos, que quizá habría que decidirse a una enmienda más fuerte: «dígovos una *chacota:* / qué tal os paré a Teresa, / que andava por la dehesa / el día de la bellota». Un copista habría copiado el verso fuera de lugar y habría aplicado la tilde de la primera a la última sílaba de *andava;* y el impresor habría cambiado *digo* en *digan* a causa del *andavan* del verso siguiente. ¿O se tratará de la ac. 'comitiva popular bullanguera' que hemos visto en Gil Vicente y Sá de Miranda? Entonces cabría en rigor respetar el texto actual y entender 'haced que (la gente) os cuente (lo que ocurrió con) la cuadrilla (de mozas) que andaba por la dehesa'; pero es violento el anacoluto. Comp. Percivale (1591): «*chacota:* a merrie meeting of friends, a rejoycing of acquaintance togither».— ⁵ Un verbo normando *chacouter* «avertir par un coup de coude», «parler en riant» (II, 1449*a*, s. v. CUBITUS), sería otra cosa.— ⁴ Según Fray João Pacheco, que la describe musicalmente, era de origen morisco. Véase Vieira. En portugués, donde ya Melo emplea *chacona* a med. S. XVII (Cortesão), es castellanismo, y la forma más común es *chacouna* (*-oina*).— ⁵ «Y si acaso es devota la persona / la llaman en la casa la *chacona.* / Si tengo, por ser vieja, sólo un cuarto, / me dicen que de vino no me harto,...», *NBAE* XVIII, 711).— ⁶ No parece que haya relación etimológica con *capona*, de donde el sic. *capona* «sorta di suono o ballo che usava la plebe stando in galloria», que Spitzer, *ZRPh.* XLIV, 378, cree derivado de *capón;* ni menos con *chacón* 'especie de lagarto', vocablo propio de las Filipinas. Tampoco tiene fundamento la etimología de Larramendi, recogida por Diez, vasco vizc. y guip. *txukun* 'limpio, aseado, pulido'.

CHACRA, 'huerta, campo de riego labrado y sembrado', sudamer. y centroamer., del quich. ant. *čákra* (hoy *čáḥra*) íd. *1.ª doc.:* chacra, 1540, en Fz. de Oviedo, con referencia a la expedición de Orellana.

Friederici, *Am. Wb.*, 159-160; Lenz, *Dicc.*, 235-6; Céj. IX, § 197. En los cronistas del S. XVI predomina la forma con anaptixis *chácara.* Hoy todavía, en la Argentina, se vacila entre *chacrita* y *chacarita*, y en todas partes se emplea sólo *chacarero.* Como quichua, *chakra* «campo, heredad sementera, sembrío» ya está en Gz. de Holguín (1608). Es de las pocas voces quichuas que se han extendido hasta Costa Rica, Guatemala y el Salvador; también al Brasil, y es general en América del Sur. Por una pronunciación dialectal del quichua se explica el ecuat. *chagra* 'campesino'. Para acs. varias en la Arg., vid. Lizondo¹.

Deriv. *Chacarero. Chacrita* o *chacarita.*

¹ Son evidentemente imposibles las etimologías arábigas que cita este erudito, y que le hicieron cierta impresión. El vocablo *xarragui* 'huerta de recreación', registrado como arábigo por Covarr.,

es palabra desconocida. *Schakra* 'terreno cuidado'—parece referirse a *šakâra* 'trozo de terreno del propietario, que el jardinero siembra para su uso'—es voz peculiar del vulgar moderno del Líbano (*Mohit*, Belot), y no explica la *ch-* ni el acento de *chacra.* El *'ard šaǧrā* 'terreno abundante en árboles' (que Eguílaz cree falsamente étimo de *cigarral*) es evidente que en nada se parece a *chacra.*

Chacha, V. *muchacho* y *taita*

CHÁCHARA, del it. *chiàcchiera* 'conversación sin objeto y por mero pasatiempo' (pron. dialectalmente *ciàccera*), de la raíz onomatopéyica romance KLAKK- 'charla'. *1.ª doc.:* 1551, en la trad. de la *Zuca del Doni* (Terlingen, 303).

Cej. IX, § 175. Nada habría en abstracto que se opusiera a que miráramos el vocablo como una onomatopeya espontánea del castellano¹, pero el aparecer por vez primera en una traducción del italiano, la calificación de *cháchara italiana* que le da Palomino (1709), y la perfecta coincidencia en los significados, son fuertes indicios en favor del italianismo, que da por seguro *Aut.,* y acaba de probarlo la existencia de toda una familia de voces romances de sentido análogo, correspondientes a una raíz onomatopéyica KLAKK-, que daba naturalmente *chiàcchiera* en italiano, pero que en español no podía desembocar fonéticamente en *cháchara:* cat. *claca* 'charla amistosa y familiar' (*fer petar la ~*), oc. *clacà* 'decir necedades', norm. *claquer* 'charlar' (*REW* 4705). Del español pasó el vocablo al portugués en las formas *cháchara* y *cháçara* «chanças, graças, petas, burlas», que Moraes califica de «término chulo»; la última variante, que ya se lee en António Diniz da Cruz († 1799), se deberá a un esfuerzo por nacionalizar el vocablo adaptándolo a *chaça* en la ac. «contenda, briga». En español hubo intentos semejantes. En la *Pícara Justina* II, 52, se lee *por vía de cháçarra*, que no es necesario mirar como errata (según propone Puyol y da por seguro tácitamente *Aut.*), pues de ahí vendrá, con una repetición al modo de las estudiadas por Morawski, el moderno *chacarrachaca* 'ruido molesto de disputa o algazara' [Acad. 1899]: la sustitución de *ch* por *k* se deberá a influjo de la raíz onomatopéyica castiza CHAK- que ha dado CHACOTA y *chacona.* Otra alteración española, con la misma *rr*, hallamos en la forma aliterante vulgar *chánchárras-mánchárras* 'cuentos, engaños y disputas', 'rodeos o pretextos para dejar de hacer una cosa', que ya figura en el *Cuento de Cuentos* de Quevedo y en otros autores clásicos citados por Alemany, *BRAE* XII, 674, comp. Morawski, *l. c.; xanxes-marranxes* se halla en la versión catalana del *Decamerón*, año 1429 (cita en *Misc. Fabra*, p. 173); por lo demás ahí ya hay influjo de CHANZA.

Deriv. *Chacharear. Chacharacha*, chil. 'paliques,

palabras inútiles' (G. Maturana, *Cuentos, AUCh.* XCII, 2.º trim., p. 63, y glos.). *Chacharero* [*Aut.*], en el mismo sentido *chacharón* (ibid.) o *chachareta* m. (oído en Mendoza, Argentina).

[1] Así lo hace Morawski, *RFE* XIV, 120. M.-L., *Gramm.* I, 50 pone *cháchara* junto al it. *chiàcchiera* sin precisar en qué relación se encuentran.

Chacho, V. *muchacho*

CHAFALDETE, 'cabo que sirve para aferrar y coger las velas', origen incierto. 1.ª doc.: *chafaldeta* 1573, E. de Salazar, *Cartas*, 41; *chafaldete*, 1587, G. de Palacio y otros (Gili); 1624, Lope.

Cej. IX, p. 610. También en el *Vocab. Marit. de Sevilla* (1696) y en *Aut.*; cat. *xafaldet* íd. (*BDC* XII, 74). Como z- y ch- alternan muchas veces (*ZAHURDA* ~ port. *chafurda*) en nuestro caso pudo ayudar el influjo de *chafaldita* 'pulla', V. *CHAFAR*) quizá derive de *ZAFAR* 'desembarazar', principalmente término náutico, que entre otras cosas se aplica también a velas que se quiere izar (Jal, s. v.): el *chafaldete* sería propiamente lo que sirve para zafar al buque de velas colgantes. Para el sufijo, además de *chafaldita*, comp. cat. *xafarder* 'entrometido, mequetrefe', 'chismoso', *xafardada* 'comilona, cuchipanda', port. *safardana* 'hombre despreciable', trasm. y brasil. *chafardel* íd. (Fig.), que están en evidente relación con el port. *safado* 'desvergonzado, despreciable', hisp.-amer. *zafado* íd., derivados de *zafar*. Nada tiene que ver con el fr. ant. *chafaut*, hoy *échafaud*, 'andamio, armazón, cadalso', por el sentido ni por el origen (pese a *GdDD* 1530).

Chafaldita, V. *chafar*   *Chafalote*, V. *chifla*
Chafalla, chafallo, chafallón, chafalonía, chafandín, V. *chafar*

CHAFAR, 'aplastar (especialmente el caballo con su herradura)', 'ajar (un tejido)', onomatopeya común con el cat. *aixafar* 'aplastar (en general)'. 1.ª doc.: Jáuregui († 1641).

Fraseología en Cej. IX, pp. 609-10, donde se cita variante *xafar* en las Ordenanzas de Sevilla y de Málaga. No creo que resulte de una evolución fonética de la raíz onomatopéyica KLAFF-, de donde el cat. *esclafar* 'aplastar (esp. algo blando o parcialmente líquido)' (también arag., murc. y conquense), oc. *esclafà* íd., frprov., pic. *éclafer* íd., fr. *s'esclaffer* 'soltar una carcajada', cat. *esclafir* íd., it. *schiaffare* 'abofetear', 'estrellar'; de ser así el cat. *aixafar, xafar*, debería ser castellanismo, cuando es voz muy popular y arraigada, y de matiz más amplio que en castellano. Se tratará, por lo tanto, de una onomatopeya CHAF-, paralela y no derivada de KLAF(F)-. Era y es voz especialmente aragonesa. Para el diferente matiz que en el S. XVIII tenía en Aragón y en Castilla, vid. Gili.

DERIV. *Chafado* ecuat. 'que queda estropeado o dolorido por algún golpe' (Lemos, *Semánt.* s. v.). *Chafaldita*, 'pulla ligera e inofensiva' (Acad. 1884, no 1843; Cej. IX, p. 610), proviene de la ac. secundaria de *chafar* 'deslucir a uno en una conversación dejándole sin tener qué responder' (para la formación, comp. *CHAFALDETE*); *chafaldítero*. *Chafallo* [1591, Percivale: «-os: peeces, or patches, old ragged clothes»], 'remiendo mal compuesto' [Covarr.], 'emborronadura' [*Aut.*; el Secretario de la Academia de los Humildes de Villamanta, en 1592, llama *chafallos del cielo* a los «orbes, epiciclos y demás imaginaciones de los matemáticos, con cuya mentira descubren la verdad», según comentario coetáneo, *BRAE* II, 203]; *chafalla* [«haillons» Palet, 1604; Oudin, 1607]; *chafallar* [*Aut.*]; *chafallada* and. 'escuela de párvulos' (donde se emborrona mucho); *chafallón* 'chapucero' [*Aut.*; *escritorzuelo* ~, en Cuervo, *Ap.'*, p. 117], de ahí *chafallonía > chafalonía*, per., boliv., arg., 'prendas o fracciones de prendas de plata y oro que, por no usarse ya, se venden a peso, desestimando la confección', 'quincalla', es decir, joya mal hecha o *chafallona* [bando del Gral. San Martín, 1816, citado en la *Inauguración de las Confer. del Inst. Sanmartiniano de Mendoza*, 1942; entró en la Acad. en 1899 como peruanismo y después se ha omitido toda localización; con la misma disimilación de palatales: *chafalote* 'bruto' (*Martín Fierro* I, 1439). *Chafandín* 'persona vanidosa y de poco seso' [Pagés, con ej. de Pereda]. *Chafarraño*, canar., 'galleta de maíz'. *Chafarrinar* 'deslucir una cosa con manchas y borrones', *chafarrinada* 'borrón, garabato' [Quevedo], *chafarrinón* [*Aut.*][1]. *Chafarrear* arag. 'charlar' [1720, Gili]. *Xafárcal* 'mortero de palo' mozár. (PAlc.), quizá de *xafrácal* con sufijo -ACULUM y *r* repercusiva[2].

CPT. *Chafalmejas* 'pintamonas' (pero comp. *TRAFALMEJAS*).

[1] Spitzer, *ZRPh.* XLI, 165, agrupa con port. *chifrar* 'raspar, borrar raspando', *chafarão* 'cicatriz grande', Luchon *tchafrà* 'aplastar', Grenoble *chafrignie* «griffonner», que procederían de oc. *chifrà* 'cifrar, calcular', 'borrar', cruzado con *chafar*. Habrá relación más o menos directa con algunas de estas voces, por lo menos, pero en cuanto al cast. *chafarrinar, -ada*, es sencillamente derivado de *chafar* en el sentido de 'ajar', comp. *chafallo* 'emborronadura' (así en *Aut.*).— [2] El vasco *zapalcaya* 'majadero con que se maja', con el cual compara Simonet esta voz mozárabe, es palabra registrada por Larramendi y Aizkibel, pero no por Azkue. Probablemente la inventó el primero de estos lexicógrafos derivándola de *zapaldu* 'aplastar'.

Cháfara, V. *chaira*   *Chafariz*, V. *zafariche*
Chafarote, V. *chifla*   *Chafarraño, chafarrear, chafarrinada, chafarrinar, chafarrinón*, V. *chafar*

CHAFLÁN, voz técnica de arquitectura tomada del fr. *chanfrein* íd., derivado del anticuado *chanfraindre* 'cortar en chaflán', y éste compuesto de *chant* 'canto, ángulo' y *fraindre* 'cortar' (procedente del lat. FRANGERE íd.). *1.ª doc.: Aut.; chaflanado*, 1604, en Nicolás Bravo.

Del francés se tomaron también el piam. *cianfrin*, cat. *xanfrà*, íd., port. *chanfrar* 'cortar con garlopa las aristas', *chanfro* 'chaflán'. En relación con éste se halla el cub. *chanfle* 'el golpe, obra o señal hecha en línea oblicua o diagonal al horizonte' (*le dió de chanfle, le señaló con chanfle*) (Pichardo). La adaptación de *-ein* como *-án* se explica por el modelo de voces preexistentes como *capellán, pan* = fr. *chapelain, pain*. No debe confundirse con fr. *chanfrein* 'chaflán' (*FEW* II, 229*a*) el homónimo que significa 'pieza de armadura que cubre la parte anterior de la cabeza del caballo', para el cual vid. Jud, *ARom.* VI, 211, y *FEW* II, 336*a* y n. 15.

DERIV. *Achaflanar* o *chaflanar* [1633, Lz. de Arenas, cap. 17, p. 40].

Chafurdiar, V. *zahurda*   *Chagra*, V. *chacra* y *chaira*   *Chagual, cháguar, chaguarazo, chaguarzo*, V. *jaguarzo*   *Chagurzo, chahurda*, V. *zahurda*   *Chai*, V. *chaval*

CHAIRA, 'cuchilla que usan los zapateros para cortar la suela', 'cilindro de acero que usan los carniceros y carpinteros para sacar filo a sus cuchillas', tomado del gall. *chaira* 'pedazo de hierro acerado en que los zapateros afilan la cuchilla', y éste del adjetivo gall. y port. dial. *chairo, cháeiro*, 'plano', derivado de *chan* (*chão*) 'llano', lat. PLANUS. *1.ª doc.*: Terr., que le da la misma definición que en gallego; Acad. 1884, no 1843 (y cita de Mesonero Romanos en Pagés).

Registra también Terr. la variante *cheira*; detalles semánticos en Cej. IX, pp. 408-9. Es inadmisible por razones fonéticas la etimología de Eguílaz, 372, ár. *šufáira*, diminutivo de *šifra* 'chaira' (vid. *CHIFLA*), pues no se hubiera perdido la *-f-* intervocálica sin dejar huellas, y menos hubiera podido desaparecer la *u* precedente. El gall. *chaira* figura con la definición indicada en Vall. No es más que la sustantivación de un adjetivo, que en forma castellana sería *llanero* = cat. *planer* 'plano'. Este adjetivo existe como tal, y en otras formas sustantivadas: Limia *chairu* '(pie) plano', trasm. *chairo, chãiro* 'llano, sin elevaciones' (*Rᵀ* I, 208; II, 105; V, 38), *chãeiro* (*REW* 6569), Riodonor *chãneiro* (*RL* II, 372), Matela *plãiro* (*RL* II, 105); sustantivado: gall., sanabr. y trasm. *chaira* 'planicie, vallecito' (*RL* I, 208; II, 117; Krüger, *Gegenstandsk.*, 158). Para la contracción fonética de *chãeiro* en *chairo*, comp. Braganza *cãiro* 'diente canino' CAN-ARIUS. Hoy *chaira* en castellano es vivo, entre otras partes, en la Arg. y en Cuba (*chagra* 'instrumento cilíndrico que usan los za-

pateros para amolar las cuchillas': Pichardo; por ultracorrección del cambio de *bagre* en *baire*, ibid.).

E. Alarcos Llorach (*Archivum*, Oviedo, 1953) reúne datos útiles sobre el vocablo y se da cuenta correctamente de que es derivado de PLANUS, pero opina que la variante *cheira*, a pesar de tener los mismos significados, tendría otro origen: sería variante de *LEGRA* (lat. LĪGŬLA), que en hablas leonesas, aparte de su sentido propio, toma el de 'cuchilla para ahuecar el interior de las almadreñas', es decir, para ahuecar madera. Es de notar en primer lugar que la *chaira* o *cheira* no es esto, sino un instrumento de zapatero para trabajar cuero, o bien sencillamente una navaja. El único fundamento de la separación etimológica propuesta es que en el habla de Babia el vocablo es *šeira* 'navaja', y la *š-* en este bable local suele corresponder etimológicamente a L- (o bien FL- o BL-), pero no a PL-, que da *č-*. Son dos sonidos distintos, pero muy semejantes, africados y sordos los dos, con contacto en la zona alvéolo-palatal, algo más delantera en el primero[1]. Admite Alarcos que *cheira* pasó como préstamo desde esta reducida área dialectal al resto del leonés y aun al castellano, y que al tomarlo en préstamo se cambió el sonido de *š* en el de *č*, tan semejante; pero claro es que es infinitamente más probable que el préstamo y la adaptación fonética se produjera en sentido contrario, y que la *č* gallega, que no debe de ser absolutamente igual a la babiana, se reemplazara por *š* al entrar este vocablo forastero en el habla local. Reconoce el autor que es extraña la propagación de la forma de dialectos de área tan reducida como los que cambian L- en *š-*; pero además de esta objeción palmaria hay la de que *legra* no cambia su *g* en *i* en parte alguna, y sería sumamente extraño que lo hiciera, pues esto sólo ocurre en vocablos que alteraron el nexo GR desde fecha muy antigua, y aquí el nexo es de fecha moderna, resultante de G'L. La doble forma *chaira* y *cheira* se explica sencillísimamente como contracción divergente del grupo *aei* de *chãeira* PLAN-ARIA, y sería imprudente afirmar que el gallego-portugués no conoce la variante en *ei* en el nombre de instrumento, tratándose de algo tan mal conocido como la dialectología gallega; por lo demás, aun este supuesto fundamento es erróneo, pues Figueiredo registra *cheina*, por *cheira*, como variante trasmontana de *chaira*.

M. L. Wagner (*ZRPh.* LXIX, 370) se fija en el ast. de Cabranes *cháfara* 'navaja' para admitir la etimología de *chaira* propuesta por Asín (*Al-And.* IX), ár. *šáfira*, etimología cuya imposibilidad fonética ya indicamos Alarcos y yo; en realidad, *cháfara* no tiene nada que ver con *chaira*, pues es derivado retrógrado de *chafarote* (V. *CHIFLA*).

DERIV. *Chairar* 'afilar un instrumento cortante', arg. (A. Cancela, *La Nación*, 20-X-1940) o *chairear* (L. Lugones: *BRAE* IX, 708). *Chairo* adj.

'agudo, gracioso' ¿o 'activo, eficaz'? (L. Fz. de Moratín, en Cej. IX, p. 409).

[1] Comp. los dos palatogramas que publica Guzmán Álvarez en su monografía sobre esta habla, p. 218. La diferencia notable entre los dos puntos de contacto está en que en el caso de la *č*, además del contacto prepalatal, como en la *š*, lo hay en otra zona separada, en la parte posterior del paladar.

CHAL, del fr. *châle* y éste del persa *šāl*. *1.ª doc.:* Acad. ya 1843.

En francés se halla frecuentemente, en relaciones de viajeros, desde 1666 (Dalgado, *Gloss.*, 252-3). El vocablo se aprendió en la India y con referencia a un producto de Cachemira, y pudo tomarse sea por conducto del dialecto índico de esta región, sea directamente del persa, que estaba muy extendido en la India como idioma cortesano. El inglés *shawl* (de donde el cast. *chaul* 'tela de la China', Acad. ya 1843) procede directamente del persa; en las demás lenguas europeas entró por conducto del francés.

DERIV. *Chalina* (Acad. 1884, no 1843)[1].

[1] En la Argentina (Mendoza) esta palabra significa 'especie de bufanda'. En España es una corbata ancha.

Chalabarquino, V. *charco*   *Chalado*, V. *chalar*

CHALÁN, 'el que trata en compras y ventas', hoy especialmente 'el que compra y vende caballerías', del fr. *chaland* 'cliente de un mercader', tomado de los muchos franceses que se dedicaban en España a la compraventa de animales; el fr. *chaland*, que también significó 'amigo o allegado (de alguien)', era primitivamente participio activo del verbo *chaloir* 'importar, ser de interés (para alguno)', procedente del lat. CALĒRE 'estar caliente', 'interesarse (por algo)'. *1.ª doc.:* 1601, Rosal, sin definición (Gili); Moreto († 1669).

En este autor está aplicado al que se dedica a la compraventa de joyas; pero en el P. Isla († 1881) y en Iriarte (1882) es ya el comprador o vendedor de mulas, asnos y demás caballerías, y *Aut.* afirma que es éste el sentido propio del vocablo. Hoy este significado preferente se ha afirmado de tal modo, especialmente en América, que en América Central, Panamá, Colombia, Ecuador y Perú se ha convertido en sinónimo de 'picador', actividad de importancia esencial para el mercader de caballos (Cuervo, *Ap.*, § 592; Malaret, *Supl.*), y en Catamarca (Arg.) es 'jinete diestro' (A. Alonso, *El Problema de la Lengua en América*, 84-85). Pero todavía para Terr. era 'el que se mete en ventas, tratos, ajustes y cosas semejantes', 'lo mismo que charlante o parlantín', 'el que compra para vender maulas y cosas ridículas'. Ya en Francia hay testimonios de la evolución semántica hacia 'negociador mañoso y persuasivo', consumada en Espa-

ña, pues en provenzal *chaland* es «intrigant, finaud, luron» (Mistral); todavía en la actualidad abundan, entre los chalanes, los de nacionalidad francesa, por ej. en Cataluña, y se comprende que al presentarse ellos, con los ganaderos y vendedores de caballerías, como «un chaland», es decir, 'un parroquiano', la palabra tendiese a tomar el sentido de 'negociante en animales'. También port. *chalante*, que parece ser voz moderna (falta Moraes, Vieira).

No es aceptable la etimología de Eguílaz, 372, ár. *ǧallâb* 'importador de mercancías', 'mercader de esclavos': la evolución fonética sería difícil, sólo posible en caso de ser un arabismo muy tardío, y el significado es muy diferente[1].

DERIV. *Chalanear; chalaneo. Chalanería. Chalanesco.*

[1] Eguílaz dice que también significó 'el que ofrece caballerías en venta', pero este significado es ajeno al árabe (Dozy, *Suppl.* I, 204*b*; Belot); el vocablo en cuestión sólo lo tomó en persa, al pasar desde el árabe a este idioma.

CHALANA, 'embarcación menor, de fondo plano', del fr. *chaland* íd., y éste del b. gr. γελάνδιον íd. *1.ª doc.:* 1831, *Dicc. Mar. Esp.*; Acad. 1884, no 1843; en el argentino Ascasubi, 1850-70, *Santos Vega*, v. 8072.

Chaland es palabra antiquísima en francés, donde ya se halla en la *Chanson de Roland*, y entró en el idioma a raíz de las Cruzadas. En griego se documenta desde el S. XII (*FEW* II, 633*b*). En español parece ser palabra reciente. Hay también cat. *xalana* (que no puedo fechar); el port. *chalana* es «barco e s p a n h o l para transporte de mercadorias» (Fig.), por lo tanto se tomaría del castellano. El cambio de género y el añadido de la -a (comp. prov. *chaland*), pudo producirse en castellano por influjo de *barcaza* u otro sinónimo castizo, pero en vista del bilbaíno *chanela* 'chalana, embarción menor' (Arriaga, *Revoladas*, s. v.), y vasco vizc. y guip. *txanel* íd. (Azkue), con artículo *txanel-a*—que parece ser metátesis producida en vasco—, creo que la -a de *chalana* es debida a una aglutinación del artículo vasco, durante el paso del vocablo francés al castellano a través de las Vascongadas.

No está claro, ni mucho menos averiguado, que el gall. *chaleiro* 'lancha grande que usan los de la Guardia' (frontera gall.-portuguesa) (Sarm. *CaG.* 98*v*) derive del mismo origen que *chalana*, ni tenga relación íntima y antigua con las palabras que allí (pp. 176-7) se juntan; nexo indirecto sí es probable, y algo más con el port. *cheleira, chal-* 'depósito de mercancías en la sentina', 'pieza donde se encajan los baldes a bordo', gall. *chaleira* 'cajita de madera donde guarda útiles el cocinero de las lanchas pescadoras' (Carré) (cf. cat. *xalera* 'abertura de las cloacas en la acera de las calles' viejo localismo barcelonés o empordanés. El origen de este vocablo port. *cheleira* debe de ser mozárabe, le CELLARIA 'bodega'. Por lo demás, en todo este ;rupo hay mucho cruce de palabras.

CHALAR, and., caló, 'enloquecer, alelar', voz ergal de procedencia gitana. *1.ª doc.: chalado*, Denófilo, *Cantes Flamencos*, 1878; Acad. 1884 (no .843); *chalarse*, Pagés, 1901 (con cita de Ricardo le la Vega).

Parece tratarse del gitano *chalar* 'ir, andar, caninar', de origen sánscrito (Borrow, p. 400), comp. :l caló catalán *atxalar* 'ir', *xalar* 'huir, ir de prisa' M. L. Wagner, *Notes Ling. sur l'Argot Barc.*, 32). El cambio semántico de 'ido' en 'enajenado, loco' :s muy fácil. Sin embargo, según Schuchardt, ZRPh. V, 268, se trataría de la confusión entre los palabras gitanas diferentes, *chalao* 'ido' y un gitano *charlao* 'loco'; sin embargo, no puedo comprobar la existencia de éste en Miklosich ni en Borrow. Clavería, en su libro reciente *Est. sobre los gitanismos*, 152-7, confirma que *charlao* no es antiguo en gitano (aunque *chaslao* 'loco' ya aparezca en un texto sevillano de 1847), y corrobora la etimología de Wagner recordando que *guillarse* .y *pirar* (propiamente 'marcharse') también tomaron el sentido de 'volverse loco'; por otra parte, también se ha empleado *charlarse* para 'marcharse'. En su opinión las formas con *-r-* (< *-s-*) se deben a una confusión del *chalar* agitanado con el común *charlar*, confusión natural en la pronunciación andaluza. Me parece bastante seguro. El transitivo *chalar* 'enloquecer', que falta todavía en Acad. 1899 y en Pagés, pero se halla más recientemente en Cristóbal de Castro (cita de Toro, *RH* XLIX, 409), debe de ser creación secundaria; también lo es el paso de 'enloquecer' a 'enamorar'. No es cierto que tengan igual origen *jalar* y *chalar* 'enamorar', como sugiere G. de Diego, *RFE* III, 308. Claro que no del fr. ant. *chaloir* 'importar' (*GdDD* 1274).

DERIV. *Chalado* (V. arriba).

CHALAZA, 'cada uno de los dos filamentos que sostienen la yema del huevo en medio de la clara', mala transcripción del lat. mod. científico *chalaza* íd. y 'galladura del huevo', procedente del gr. χάλαζα 'pedrisco', 'galladura del huevo'. *1.ª doc.*: 1606, Ruices de Fontecha (Gili); falta aún Acad. 1899.

Comp. port. *calaza* 'punto interior de un grano por donde el embrión recibe alimento', 'galladura del huevo', 'chalaza', 'orzuelo'.

CHALECO, del turco ǰelék íd., por conducto del árabe argelino ǧalika 'casaca de cautivo'. *1ª. doc.: jaleco*, 1605, Haedo; *gileco*, 1605, *Quijote; chaleco*, Terr.

Haedo, *Hist. Gral. de Argel*, ed. *Biblióf. Esp.*, pp. 98 y 130, dice que era un jubón de paño, de mangas cortas hasta el codo, que los turcos de Argel llevaban bajo el caftán; también podían llevarlo

las mujeres argelinas debajo del sayo o *gonila;* le da el nombre de *jaleco* (*jalaco* en la p. 98, seguramente por errata). Cervantes cita el *gileco* como equivalente de casaca de cautivo; Lope emplea la variante *xaleco* en *Los Cautivos de Argel*. Del mismo origen es el it. *giulecco* «veste dei galeotti» empleado por Menzini († 1706). En cuanto al fr. *gilet*, que no aparece hasta 1736, parece se tomó del español, por conducto del catalán[1] o del gascón. El chaleco en su forma de prenda de vestir moderna se fijó en Francia en la 2.ª mitad del S. XVIII, y de allí pasó a España, dándosele el nombre de la antigua casaca de cautivo, que ya era tradicional en español. Carece de fundamento la vieja etimología que derivaba el fr. *gilet* del nombre de Gilles, personaje tradicional de la comedia popular francesa, que no se caracterizaba por un chaleco, sino por su traje largo hasta la mitad del muslo y con largas mangas, sin parecido alguno con la prenda moderna, vid. Schuchardt, *Roman. Etym.* II, 6-8. Desde el turco, directamente, se extendió el vocablo, además, al gr. mod. γιλέχι 'chaleco', al albanés, al rumano y a los idiomas eslavos de los Balcanes (*ZRPh.* XIV, 180). La antigua forma española *žaléko* sobrevive en Miranda de Duero y en Tras os Montes (G. Viana, *RL* I, 213; Leite de V., *Philol. Mirand.* II, 38). En Bogotá es vulgar una variante *chileco* (Cuervo, *Ap.⁷*, § 795). En conclusión, *chaleco* es uno de los varios nombres de trajes trasmitidos al español y al italiano por la lingua franca de los puertos africanos, como FERRERUELO y CHAMERLUCO. Delaporte, *Guide de la Conversation Fr.-Arabe*, Argel, 1846, dice que la forma empleada allí es *ǧalika* (Dozy, *Gloss.*, 291; comp. Eguílaz, 372), pero es probable que existiera además una variante **ǧalik*.

DERIV. *Chalequera.*

[1] Así Sainéan, *Sources Indig.* I, 376. En realidad, sólo conozco el cat. dial. *jalet* 'chaqueta', como empleado en la localidad de Formiguera, Cataluña francesa, junto al límite languedociano (*ALC*, s. v. *americana*).

Chalet, V. *cala* I   *Chalina*, V. *chal*

CHALOTE, m., 'liliácea que produce bulbos semejantes al ajo', del fr. *échalotte* f., alteración, por cambio de sufijo, del fr. ant. *eschalogne*, procedente del lat. ASCALONIA CEPA íd., propiamente 'cebolla de Ascalón', ciudad de Palestina. *1.ª doc.*: Acad. ya 1843.

Han existido también en castellano formas más castizas: *escaloña* (Acad. 1884; *escalona*, por errata seguramente, en 1843), y *escalonia* (Acad. 1884); sin embargo, no son formas hereditarias, ya que esperaríamos *-ueña. Ascalonia* (sólo en Nebr. y en la traducción de Plinio por Huerta) es latinismo.

CHALUPA, del fr. *chaloupe* íd., de origen incíerto; probablemente es palabra nacida en Francia. *1.ª doc.*: 1587, G. de Palacio, *Instr.* 107vº.; 1607, Oudin; 1616, Espinel.

Hay ejs. en otros textos del S. XVII (Castillo Solórzano; *Recopil. de Indias*). En francés es más antiguo, pues se halla desde 1522, y los testimonios abundan allí en la 2.ª mitad del S. XVI[1]. Luego parece claro que del francés pasó al castellano y no viceversa, según admitían el *DGén.*, Schmidt y otros[2]. No será posible decidir aquí definitivamente la polémica entre los que derivan el fr. *chaloupe* del neerl. *sloep* íd. (pron. *šlūp*)—Baist[3]; Kluge, M-L. y Gamillscheg, en sus respectivos diccionarios etimológicos—y los que opinan que el proceso fué inverso (Schuchardt, *Roman. Etym.* II, 167; *ZRPh.* XXIX, 326-7n.; *ZRPh.* XXXI, 20-21; Sainéan, *ZRPh.* XXX, 561; *Sources Indig.* I, 145; y con ciertas reservas, Bloch, s. v.). En favor de estos últimos milita la fecha más tardía del vocablo neerlandés (1598), aunque no es argumento decisivo[4]; en favor de aquéllos la posibilidad de hallar una fácil etimología en germánico (neerl. *sluipen*, alem. *schlüpfen*, 'deslizarse'), frente a la mayor oscuridad que presentaría una explicación romance, pero también en este caso se puede replicar que la relación con *sluipen* se debe a una etimología popular y no a la verdadera. Lo que presta más verosimilitud al origen francés es la existencia de *calup* 'barca, chalupa' en antiguos textos occitanos de la región de Burdeos (*Archives du Dépt. de la Gironde* I, 280, 299), La Teste *galup* «sorte de petit bateau» (Moureau), Guyena *galup*, *galupo* (ya en el S. XVI según Schuchardt), Bayona *galupe* (íd.; *Quai Galuperie* en esta ciudad; Palay)[5], de donde vendrá *galupa* en el texto castellano (y en la traducción italiana) de José de Acosta, 1590 (cita de Zaccaria). Es difícil, por no decir imposible, alejar estas formas de la francesa: sólo en la vocal tónica se separan algo (sin embargo, hay norm. *chalus*), pero en lo demás *chaloupe* corresponde rigurosamente a *calup*, *-upa*. Como indicaron Schuchardt y Sainéan, podría tratarse de una aplicación figurada de la familia léxica del oc. *escaloufo*, cat. (*es*)*clofolla*, 'cáscara de nuez', en la cual se hallan formas como oc. *escalopo*, norm. *éclope*, y, según Sainéan, Deux-Sèvres *chalupe* «coquille de noix»[6], y fr. *chalope* íd. en un escritor de 1578. Por lo demás, la etimología de estas formas, a su vez, no está bien averiguada, pues el gr. χέλυφος choca con graves dificultades; quizá se trate de un derivado del fr. *écale*, fr. dial. *échale*, de origen germánico. Además deberá tomarse en consideración la posibilidad de parentesco con oc. ant. *caupol*, cat. ant. *còpol*, *conop*, cast. y venec. *CÓPANO*, 'bote, esquife', procedentes del lat. CAU-PŬLUS; un tratamiento semiculto, con metátesis, **caulup* > *calup* (nótese la metátesis del cat. ant. *conop*), sería una hipótesis algo atrevida pero muy posible, ya que el retroceso del acento no puede sorprender en una forma occitana.

[1] Vid. Vaganay, *RF* XXXII, 29; Schmidt, *BhZRPh.* LIV, 121; y la bibliografía que citaré más abajo.— [2] Si el it. antic. *cialupa* (hoy *scialuppa* < fr.), empleado por Cirni en 1567, viene del castellano, como admite el *Diz. di Marina*, la fecha en este idioma podría anticiparse un tanto. El port. *chalupa* aparece ya en Brito, *História da Guerra Brazílica* (Vieira), que es del S. XVII. [3] *ZRPh.* XXXII, 36-37n.— [4] El argumento de Baist de que el más antiguo testimonio del vocablo francés (1554) se refiere a una embarcación holandesa, carece de base, pues hay textos anteriores y referentes a Bretaña. En favor del origen francés podría alegarse el hecho de que parte de las formas germánicas sea de manifiesto origen romance: alem. *cialupe*, 1588, *chaloupe*, 1648, *schaluppe* desde 1697 hasta hoy; ingl. *shallop*, que según Skeat es la forma más antigua, aunque después ha predominado la forma de tipo holandés *sloop*, también extendida en escandinavo, y en alemán se halla *schloupe* en 1629 y *schlupe* en 1647.— [5] Son palabras vivas, en efecto: *galupe* «embarcation» y *galupè* «marin, ouvrier d'une embarcation» figuran en los *Tròs de pouesie e de prose a l'usance de las Ecoles Primàries causits* por un poeta gascón de gusto popular y tan exigente como Miqueu de Camelat (Pau, 1946), p. 42*b*.— [6] De Deux-Sèvres *chalupe* «coquille de noix» deriva el vendeano *chalupper* «trier les noix», ya empleado por Rabelais (III, prólogo, ed. Plattard, p. 6; Sainéan, *La L. de Rab.* II, 163; Plattard, *François Rabelais*, p. 51).

Chama, V. *chamarilero*   *Chamada*, V. *chamuscar*   *Chamar*, V. *chamarilero*   *Chámara*, *chamarasca*, V. *chamuscar*

CHAMARILERO, 'persona que se dedica a comprar y vender trastos viejos', derivado del antiguo *chambariles* 'instrumentos de zapatero', primitivamente *chambaril* 'palo que se adaptaba a la pierna', 'pierna de un animal', derivado del port. ant. *chamba* 'pierna', que es alteración del fr. *jambe* íd.; el vocablo parece haber sufrido, por otra parte, el influjo de *chambar* (*chamar*) 'trocar', que resulta probablemente de un cruce del port. antic. *cambar* 'cambiar' con el fr. *changer* íd. *1.ª doc.*: *chamarillero* 'jugador habilidoso' [?], *Aut.*; *chamarilero*, ac. moderna, Terr.

La definición de *Aut.* no está confirmada en otras fuentes, y no es imposible que resulte de una confusión[1]; en cuanto a la variante *chamarillero*, pero con el significado actual, aparece en Antonio Flores (1821-66), según Pagés. Como en Salamanca se dice *chambarilero* por 'chamarilero, traficante, cambalachero' (Lamano) se impone derivar del antiguo *chambariles*. Esta palabra figura en la *Cetrería* de Evangelista (S. XV) y en la *Profecía* del mismo autor, como nombre de unos instrumentos de zapatero o borceguinero: «sallirán los çapate-

:os con sus *chambariles*[2] e hormas», «caparaçones y albornozes y borseguis, y aun al borziguilero con sus formas y *chanbariles* se llevará por pluma syno se pone a buen recabdo» (*ZRPh.* I, 245, lín. 11; 231, lín. 12). Reaparece en la *Comedia Armelina* de Lope de Rueda (ed. Acad. I, 124), citado con otros nombres de útiles de zapatero: *contraortes* (=*contrafuertes*)*, guarniciones, hormas, boix, tijeras, trinchete, vira, alezna*[3]; *caranbiles* íd. en la 2.ª mitad del S. XVI (Gillet, *HispR* XXVI, 274). Estos enseres aparecen como objetos raros e inservibles al que no es del oficio, por lo tanto, no es extraño que aparecieran al hombre común como característicos del tráfico del chamarilero, dedicado a comprar, almacenar y revender toda clase de objetos especiales; es concebible también que vulgarmente se tomara el plural *chamariles* como nombre global de todos los enseres del zapatero y de otros oficios por el estilo. Pero no fué ésta la única ac. que tuvo la palabra. En la *Comedia Radiana* de Agustín Ortiz (1533-5), se trata evidentemente de algo comestible: dos pastores que están merendando y jugándose al mismo tiempo los manjares que componen la merienda, proponen sucesivamente como prenda del juego las *cuajadas*, las *rebanadas de pan* y los *chanbariles* (*Mod. Philol.* VII, 538, v. 809, comp. versos 814, 816, 826); el editor, R. E. House, observa que en un pasaje relacionado de la *Propaladia* de Naharro se habla de *pan, queso* y *tasajos*, y cita el diccionario portugués-inglés de H. Michaëlis, donde *chambaril* está definido como 'pierna del tocino' («gammon of bacon»). Y, en efecto, en Salamanca, *chamaril* es 'zancajo' y también 'pingajo', 'despojo de un animal' y 'esqueleto del mismo'; Torres Villarroel empleó la variante *chambariles* refiriéndose a las piernas de una persona exánime que cuelgan del espinazo del que la lleva. De aquí el port. *chambaril* 'pau curvo que se enfia nos jarretes do porco, para êste se pendurar e ser aberto» (Fig.)[4], ast. occid. íd. 'palo fuerte que se clava a los cerdos por debajo de los tendones de las patas traseras para colgarlos cabeza abajo y abrirlos mejor' (Acevedo-F.), *chamberil* íd. en el Bierzo (G. Rey). También significa en portugués 'mano de vaca o de buey' (ac. que Vieira documenta en Fr. Simão, *Oração Académica*), y en Tras os Montes 'hueso con poca carne' (*RL* XIII, 114). Claro está que esto deriva del port. ant. *chamba* 'pierna, muslo' (ej. del *Canc.* de Resende, h. 1500, en Vieira), y se comprende fácilmente que el derivado *chambaril* 'palo adaptado a la pierna del cerdo' (y después la pierna misma) se pudiera aplicar también a un utensilio que el zapatero empleara para hacer la pierna de los zapatos. De las formas ahí citadas deriva el almer. *chamba(d)o* 'toldo para dar sombra a los labradores en el campo'. Lo mismo *chamba*[5] que el port. *chambão* 'hueso con poca carne' (Vieira), 'jamón' en las Azores (Fig.), han de venir del fr. *jambe* y *jambon*, que significan lo mismo. La transcripción de la *j*- francesa por *ch*- resulta

singular en portugués y más en el S. XV, pero no puede constituir nunca dificultad grave la transcripción aproximada de un fonema extranjero, y hay varias posibilidades de explicación particular en este caso[6].

Por lo demás, aunque sean más modernos, es preciso citar una serie de vocablos de raíz homónima que significan 'cambiar, trocar'. La Acad. (desde 1899) cita *chamar* «entre chamarileros y gente vulgar: cambiar» (con ej. de Antonio Flores en Pagés), *chama* 'cambio (entre los mismos)', gall. *chambar* 'cambiar, trocar, permutar', *chambo* 'cambio, trueque' (Vall.), cast. de Galicia *chambón* 'chamarilero, el que negocia en cosas viejas; prendero; corredor de alhajas y antigüedades' (*BRAE* XIV, 113), ast. íd. 'el que cambia objetos y lo tiene como oficio' (Rato), nav. *chama* «cambio, trueque, permuta», «trato, negocio» (Iribarren), es derivado regresivo de *chambar* o de *chamarilero*; rioj. *chambo* 'cambio beneficioso', *RDTP* IV, 280, mejic. *chambo* 'cambio de granos y semillas por otros artículos' (Acad.), *chambiar* 'cambiar, feriar' en Querétaro, *chambio* 'vuelto de una moneda' allí mismo (Malaret, *Supl.*). Cabe la posibilidad de que todo esto se haya extraído secundariamente del nombre del *chamarilero* o *chambarilero*, cuya actividad consiste en trocar, pero teniendo en cuenta el hecho de que *cambalachear* y *cambalachero* derivan realmente de *cambio*, y que así el origen de esta palabra como el de *chalán* y de *baratar* nos muestran la ya vieja conjunción de franceses y gallego-portugueses en esta clase de actividades, es probable que *chambar* resulte de una alteración del port. *cambar* por influjo del fr. *changer*, y que la evolución semántica de *chamarilero* 'vendedor de enseres zapateriles' hacia 'vendedor y cambiador de trastos viejos' fuese determinada por el influjo de este *chambar* híbrido luso-francés. V. además el artículo *CHAMBA*.

DERIV. *Chamarilear. Chamarillón* 'el que juega mal a los naipes' [*Aut.*].

[1] Si es auténtica ha de ser secundaria, por comparación de los chanchullos del tahur con los del chamarilero.— [2] El texto impreso por Paz y Melia trae en lugar de esta palabra *echabarriles*, en este pasaje, como anotó Pietsch al margen del ejemplar que utilizo. Pero el glosario (p. 246), que quizá no sea del editor, en vista de su extraña ortografía, trae *chambariles*. Luego aquella forma es variante manuscrita o quizá enmienda errónea del editor. En todo caso, en el otro pasaje, así el texto como el glosario de Paz y Melia traen *chambariles*, forma que reaparece asimismo en una versión, muy diferente, del otro manuscrito. [3] Luego es impertinente la explicación de Moreno Villa (ed. *Cl. C.*), que le da el significado definido por Lamano.— [4] Moraes, seguido por Vieira, define «garrocho com que se abrem os porcos pendurados pelos pés».— [5] De ahí trasm. *chambas* «homem lorpa e desajeitado, labrego»,

es decir = *zancajo, zancarrón*.— ⁶ Quizá el vocablo entró por el castellano cuando todavía la *j*- era *ǧ* en francés y en castellano era *ž*. O quizá operaba ya entonces la interferencia con *changer* y su familia, que indico a continuación.

Chamarín, V. *chamariz*

CHAMARIZ, 'pajarillo más pequeño que el canario, de color verde, que canta a suma velocidad', del port. *chamariz* 'reclamo, señuelo, ave que se pone para atraer a otras', derivado de *chamar* 'llamar', del lat. CLAMARE; quizá *chamariz* venga del lat. CLAMĀTRIX, -ĪCIS, 'llamadora', 'vocinglera'. *1.ª doc.*: 1601, Rosal (Gili); *Aut.*

Según Acad. 1783 sería voz de Andalucía y otras partes. En Cuba le llaman *chamarín* o *chirriador*, según Pichardo, que cita las equivalencias científicas *Fringilla Spinus* y *Sturnus Praedatorius*. En portugués el vocablo aparece ya en Moraes, con el significado de 'reclamo, ave que atrae a otras'; según Vieira, además de esta ac., tenía antiguamente la figurada 'señuelo', 'cosa que llama o convida' (una muchacha, por ej.), y hoy es nombre de la misma ave que en español; en esta última ac., según Fig., sería femenino, aunque Vieira le llama *chamariz gemado*. El género femenino ha de ser el primitivo—el masculino nacería al aplicarse a un macho o a la especie en general—si el vocablo viene, como sugiere Cornu, GGr. I, § 194, de CLA-MATRĪCEM, conjetura sugestiva aunque no es segura, pues no es regular que -TR- se reduzca a -r- en portugués, en lugar de dar -dr-; en nuestro caso quizá ayudara la posición pretónica y la disimilación ante la otra dental -z. O bien se trataría de un antiguo occitanismo *clamairitz*, adaptado al portugués. Desde luego, el origen de la terminación -*ariz* es inseguro, pero en cuanto a que derive de *chamar* CLAMARE, es realmente probable. De todos modos, el significado 'reclamo' ha de ser el originario, extendido a la Fringilla Spinus por lo chillón y persistente de su canto, y no es de creer, como subrayó Baist, *RF* IV, 420, que el ár. marroq. y tunecí *samrîs, sāmāriz* (Dozy, *Suppl.* I 683b) 'canario silvestre', 'pajarillo que menea mucho la cola', sean el étimo de la voz romance (según quería Eguílaz, 373), sino tomados de ella, ni que deriven del celto-lat. SAMARA 'semilla de olmo', por sustentarse el pájaro con ella, según propuso Simonet, s. v.

DERIV. *Chamarón* 'pájaro pequeño, negro por lo alto, y blanco por el pecho y vientre, de cola muy larga' (ya Acad. 1783).

Chamarra, chamarreta, chamarro, V. *zamarra*

CHAMBA, 'chiripa', voz popular semi-jergal, parece extraída de *chambón* 'torpe en el juego', 'que sólo gana por chiripa', que significó primeramente 'grosero', 'chapucero', probablemente derivado del port. ant. *chamba* 'pierna', en el sentido de 'zancarrón', 'patán'. *1.ª doc.*: Acad. ya 1884, no 1843.

Chambón 'el poco diestro o torpe en el juego', usado por Bretón de los Herreros (Pagés), ya está en Acad. 1843 (no 1817) y, con la equivalencia 'chapucero', en el dicc. de voces cubanas de Pichardo, 1836 (1875). Esta última ac. es la general en América, según explica Gagini: «se aplica sobre todo al obrero torpe, poco diestro en su oficio, y en general a la persona inhábil, desmañada»; así ocurre no sólo en Costa Rica, sino también, a juzgar por los derivados *chambonear* y *chambonada*, en la Arg.[1], Chile[2], Perú, Méjico, Bolivia, Ecuador y Venezuela (Malaret), y también en Canarias y en Asturias («el que en su oficio hace y remata mal las cosas»: Rato). La ac. de *chambón* 'el que consigue algo por chiripa', se desarrolló más tarde y todavía no se halla en Acad. 1899. Claro que conviene relacionar el vocablo con el port. popular *chambão* 'grosero, mal educado', trasm. *chambas* «homem lorpa e desajeitado; labrego», brasil. *chamboqueiro* 'grosero, tosco', *chamborgas* 'fanfarrón' (Fig.), y con toda la familia de voces estudiadas s. v. CHAMARILERO, a las cuales puede agregarse aquí el peruano antic. *chamberí* 'petimetre'[3], *chamberinada* 'ostentación de algo', mejic. *chamberines* 'adornos relumbrones', *chamberinado* 'el que está muy compuesto' (Malaret). Se podría partir de 'prendero', 'vendedor de cosas viejas', y de ahí 'comerciante grosero' y 'chapucero', pero creo más probable que la raíz de todo esto se halle en la idea de 'piernilargo', 'aldeano zafio', conservada en Tras os Montes, comp. *patán, patoso, zancajo, zancarrón*, y otros sinónimos derivados de *pata* o *zanca*. Del castellano procede el cat. vulg. *xamba* 'chiripa'.

Acaso tenga razón *GdDD* 1308 al admitir la identidad originaria con *chambar* y *chambo* 'cambio, trueque' (V. *CHAMARILERO*), en vista del rioj. *chambo*; nav. *chamba* además de 'chiripa' es 'negocio de suerte' y *hacer chamba* lo mismo que *hacer chama* (Iribarren); en and. *changa* 'cambalache', Cuéllar *changa* 'ganga' y murc. *changa* 'cachivache, antigualla' (G. Soriano) habrá cruce con *ganga*.

¹ *Chamboniar* en Benito Lynch, *La Nación de B. A.*, 1-I-1940.— ² *Chambonada* ya en Jotabeche, 1847. Vid. más datos, y vagas conjeturas etimológicas, en Lenz, *Dicc.* 245.— ³ La variante *chambarí* de *chambaril* se emplea en Tras os Montes, y se explica en port. como forma analógica del plural.

Chambado, V. *chamarilero*   *Chambar, chambo*, V. *chamarilero* y *chamba*   *Chambaril*, V. *chamarilero*   *Chambelán*, V. *camarlengo*

CHAMBERGA, CHAMBERGO, aplicados, primeramente en calidad de adjetivos, a una casaca militar que trajeron el General Schomberg y sus tropas cuando vinieron de Francia a la guerra de Cataluña (h. 1650) y a otras prendas de vestir usadas por los militares que llevaban chamberga; del nombre del general que la introdujo. *1.ª doc.*: 1680, Pragmática citada por *Aut.*, con aplicación a la casaca chamberga.

Según este diccionario, el nombre pasó luego al regimiento de la Chamberga, formado en Madrid durante la menor edad de Carlos II (h. 1670), cuyos oficiales vestían casaca chamberga, y de aquí se trasladó al sombrero chambergo[1] y, en Andalucía, a una cinta muy angosta. Del mismo origen cat. *xamberga*, mall. *ximberga*, 'especie de levita o casaca grande que llevaban antiguamente los señores' (*BDLC* IX, 174); la locución *a la xamberga* (que en castellano se aplica al vestir) significa en catalán 'a la birlonga' (Bulbena; oído en el Ampurdán en sentido análogo). Del español viene sic. *giammirgu* «giubba longa», corso *sciambêrga* «vestito lungo alla foggia antica», napol. íd., abr. *šambèreke* (M. L. Wagner, *Litbl.* XXXVII, 281-2; Spitzer, *ASNSL* CXXXVIII, 109n.1). La *a* < *o* se explica por el timbre un tanto indeterminado de la *o* nasal francesa (comp. *ARANDELA*): recuérdese que Schomberg, aunque de familia alemana, estaba al servicio de Francia; vid. A. Manrique en Gili.

DERIV. *Chamberguilla.*

[1] Muy vivo en la Arg., vid. Lehmann-Nitsche, *Bol. de la Acad. Nac. de Ci. de Córdoba, Arg.* XXI (1916).

Chamberí(n), V. *chamba*   *Chambilla*, V. *jamba*   *Chambiar, chambo*, V. *chamarilero*   *Chambón, chambonada*, V. *chamba*

CHAMBRA, 'especie de blusa sin adorno que las mujeres llevan en casa sobre la camisa', abreviación del fr. *robe de chambre*, porque sirve para permanecer en la *chambre* o cuarto (lat. CAMĔRA). *1.ª doc.*: Acad. ya 1884, no 1843.

Del mismo origen cat. *xambra* f., port. *chambre* m. (ya en Tolentino, 1740-1811: Moraes) *RF* IV, 405; gall. *chambra* 'camisa o blusita que un niño lleva directamente sobre la piel' («coa chambra inflada de pexegos» «arrentes do coiro», Castelao, 214.23, 214.17, 158.24; Crespo Pozo la califica de «voz muy gallega», si bien falta en los demás diccionarios). Según indicó Simonet, p. 150, el parecido con el hispanoár. *šamra* «vestimentum» (R. Martí, sólo en la 2.ª parte), variante de *ZAMARRA*, es meramente casual.

CHAMBRANA, 'moldura que se pone alrededor de las puertas, ventanas y chimeneas', del fr. ant. *chambrande* (hoy *chambranle*) íd., tomado por vía del cat. *xambrana*; en francés procede de CAMERANDUS, -A, participio de futuro pasivo del verbo CAMERARE 'construir en forma de bóveda', 'hacer algo artísticamente'. *1.ª doc.*: Nebr., «*chambrana de puerta*: antepagmentum»[1].

El cat. *xambrana* se halla ya en 1505 (en otros textos el masculino *xambrant*), y aquí es donde se explica la reducción fonética de *-anda* en *-ana*. En Francia hallamos *chambrande* en 1313 y en otros textos de los SS. XIV y XV, y *chambranle* desde 1518 (*FEW* II, 137); esta alteración se explica por influjo del verbo *branler* 'oscilar', que alternaba dialectalmente con *brander* íd. Comp. piam. *ciambrana*, neerl. medio *sambrande*. Vid. además Sainéan, *Sources Indig.* II, 330. En el Alto Aragón, Valle de Vio, ha penetrado el tipo moderno en la forma *chambrale* 'dorso de la chimenea' (*VKR* X, 230).

[1] Falta en Covarr. y en *Aut.*, pero está en Terr., en Percivale «the garnishing of gates or doores; ornaments fastened on the iaumes or door-postes», y en Oudin: «*chambranas de puerta*: peintures, tailleures, graveures et autres enrichissements de portes, portiques».

Chamelga, V. *amelga*   *Chamelote, chamelotón*, V. *camelote*

CHAMERLUCO, 'vestido de que usaban las mujeres, ajustado al cuerpo', del turco *iagmurlyk* 'sobretodo para la lluvia', derivado de *iagmur* 'lluvia'. *1.ª doc.*: *Aut.*

Sainéan, *ZRPh.* XXXIII, 60 (comp. *ZRPh.* XXXII, 42). La pronunciación vulgar es *iamur* ya en turco. Del mismo origen it. *giamberlucco* «sorta di veste lunga», que Petrocchi registra como término histórico (falta en la Crusca, ed. 1763). No creo que se tomara por vía del italiano, sino que en ambas lenguas procedería del árabe africano, que adaptaba la *i* turca con *ǧ*, vid. *CHALECO*; es verdad que no lo hallo en fuentes arábigas, mas pudo tratarse de un término empleado principalmente por los turcos argelinos. Debería comprobarse el informe de *Aut.* de que era prenda usada particularmente por Polacos y Húngaros. Este diccionario lo describía como prenda de hombre que pasaba de cuatro a seis dedos de las rodillas; Terr. lo atribuye a las mujeres.

Chamicado, V. *chamico*   *Chamicera, -ero*, V. *chamizo*

CHAMICO, 'Datura Stramonium', arg., chil., per., mej., cub., del quich. *čamíko* (también *čamínko*) íd. *1.ª doc.*: 1642, B. Cobo; Rosales, † poco después de 1674.

Dice éste que en Chile era voz empleada por los españoles y no por los indígenas, pero se referirá a los araucanos. Cobo dice que así lo llaman los indios, que lo emplean para embriagarse. Lizondo, 128-9; Lenz, *Dicc.*, 246-7.

DERIV. *Chamicado*, chil., per., 'taciturno, perturbado por la embriaguez' (por las cualidades narcóticas del estramonio).

CHAMIZA, 'chamarasca, leña menuda', 'hierba silvestre que se seca mucho, empleada para techar chozas', del gall.-port. *chamiça* íd., derivado de *chama* 'llama', lat. FLAMMA. *1.ª doc.*: 1601, Rosal, como andaluz (Gili); 1618, Espinel.

Aut. da la 2.ª ac., pero la documenta con el pasaje de Espinel, que según la cita extensa de Cuervo, *Ap.*, § 711, contiene en realidad la 1.ª, hoy usual en Bogotá y ya aceptada por Terr. En el Neuquén, Arg., es 'rastrojo' (Camino, *Nuevas Chacayaleras*, p. 117). En portugués es 'leña menuda y seca' y además designa una variedad de junco, y en el Minho una especie de brezo. En castellano es galleguismo o portuguesismo, o bien procede del leonés occidental, comp. *CHAMUSCAR*. Carece de fundamento el cruce que admite G. de Diego con una raíz [?] *char-* que significaría 'fuego' o 'chispa'.

DERIV. *Chamizo*, 'leño medio quemado', documentado como palabra gallega en *Aut.;* ediciones posteriores de la Acad. agregan la ac. 'choza cubierta de chamiza' y de ahí 'tugurio de gente sórdida' (comp. Spitzer, *ZRPh.* XLIV, 81-82; Toro, *BRAE* X, 545); en Nuevo Méjico 'artemisa' (Hills, *BDHA* IV, 50), gall. *chamizo* 'leño medio quemado', 'especie de gamón', 'hollín de chimenea' (Vall.), port. miñoto *chamiço* 'palo, madero' (ya en Bluteau, 1712: Leite de V., *Opúsc.* II, 102). *Chamicera. Chamicero.*

CHAMORRO, 'que tiene la cabeza esquilada', origen incierto, quizá prerromano y posiblemente emparentado con el vasco *samur(r)* 'tierno', que significaría primitivamente 'jovencito', comp. vasco *mutil* 'muchacho' y 'trasquilado', *mutildu* 'esquilar', por la costumbre de cortar el pelo a los rapaces. *1.ª doc.*: h. 1350 (*Poema de Alfonso XI*, 1782c); cronistas portugueses del S. XVI mencionan el cast. *chamorro* con referencia a la batalla de Aljubarrota, en 1385, y en Cataluña aparece *xamorro* como apodo aplicado a los portugueses en documentos de 1413-24 y en otros del S. XV.

He aquí los textos de Covarr. (s. v. *chamorrar, çamarro*): «De *çamarra* se dixo *chamarra*, y cortarle el pelo [a la zamarra] *chamorrar*, y *chamorras*: en Vizcaya las donzellas que andan tresquiladas, con solas dos vedejas a los lados y sin cobertura ninguna en la cabeça», «*chamorrar* vale qüitar el pelo, y propiamente se dize del trasquilar los asnos, como se haze por el mes de Março, y es nombre hebreo, de *chamor* 'asinus'; y de allí *chamorro* y *chamorra*. Trigo *chamorro*, el que nace sin aristas en la espiga»[1], (s. v. *gorra*:) «Para notar a uno de cornudo suelen usar de un término en dialogismo, diziendo uno de la conversación quando el cornudo passa por delante: ponte su gorra, y responde el otro: más quiero andar *en chamorra*». De aquí el vocablo pasó a Oudin, 1616 (no está en la ed. de 1607). No se halla en diccs. anteriores, y *Aut.* sólo trae una cita de Quevedo.

Pero el vocablo estaba en uso desde la Edad Media, aplicado como apodo a los portugueses por los castellanos, como consecuencia de la costumbre de cortarse el cabello, que los portugueses adoptaron cuando en Castilla los hombres llevaban todavía el cabello largo[2]. En el *Poema de Alfonso XI*, 1782c, se habla ya de una *chamorra* (rimando con *zorra*), como término despectivo aplicado a una cristiana que se había hecho mora: no es improbable, aunque el contexto no lo exige, que signifique ya 'portuguesa'. Este sentido es claro, en cambio, en una poesía incluída en el Cancionero de Baena, p. 67: se trata ya de los seguidores del Maestre de Avís[3]. También con referencia a la batalla de Aljubarrota documentan el término los cronistas portugueses, y en particular el autor de la Crónica del Condestable (1526) y Duarte Nunes de Leão. El vocablo se había ya extendido a Cataluña en el S. XV, donde *xamorro* figura como étnico de no catalanes, y opuesto también a castellanos (doc. de 1459) y a vizcaínos, navarros, marranos y «otra gente bárbara» en *La Fi del Comte d'Urgell* (escrita entre 1466 y 1479, *N. Cl.*, 123); los apellidos que llevan estos *xamorros* en los documentos de 1413-24 (*Yáñez, Olivencia*) muestran que se trata de portugueses o gallegos (vid. Ag.). *Chamorras* se llamaban las reses locales que los pastores trashumantes compraban en el Sur de España para hacerse con carne y lana más baratas que las de sus propias ovejas (así en doc. de 1707)[4]; nombre que se les daría por tener menos lana. Diez, *Wb.*, 439, explicaba *chamorro* como derivado de *chamorra* 'cabeza trasquilada' (así en *Aut.; andar en chamorra* 'con la cabeza descubierta') y éste como compuesto de *morra* y *calva*, alterado en **clava*. Claro que esto es fonéticamente imposible, como indica M-L. (*REW* 1532). Mas ¿podrá conservarse algo de la idea, admitiendo que *chamorro* viene de *chamorrar* 'trasquilar' y éste de *morra* con prefijo *cha-* (< SUB)? Dice *Aut.* que *morra* es 'la parte superior de la cabeza': entonces *chamorrar* sería 'cortar el pelo de la cabeza', comp. *chapodar* 'cercenar, cortar ramas de los árboles', derivado de *podar* con el mismo prefijo. Sin embargo, habría que empezar por sentar la existencia y antigüedad de *morra* 'cabeza', que sólo aparece en *Aut.*, sin citación de autores (comp. *morro* «le derrière de la teste» en Oudin), y que parece deducido arbitrariamente de *morrada* 'golpe que se dan dos que chocan de cabeza', *morral* 'saquillo para dar de comer a las bestias' y *morrión* 'armadura de la cabeza'; ahora bien, aunque *Aut.* derive estas voces de *morra* en el sentido citado, es evidente que son meros derivados de *morro* 'hocico' (< 'cara'). Creo, pues, que *chamorro* no contiene el prefijo *cha-* ni tiene que ver con *morro* o *morra*.

Spitzer, *ZRPh.* XLIV, 81, tomando como punto de partida el dicc. de Oudin, que sólo registra el verbo *chamorrar* 'esquilar', como aplicado a los asnos, propuso considerarlo variante, con otro sufijo,

de *chamuscar* en el sentido de 'pelar chamuscando'.
Pero ahora sabemos que Oudin no hizo sino reproducir el texto del artículo *chamorrar* de Covarr.,
que justamente constituye la primera documentación de este verbo bastante tardío, mientras que el
adjetivo *chamorro* era de uso frecuente por lo menos desde 300 años antes, y salta a la vista que
la restricción de *chamorrar* a los asnos no tiene
otra base que una fantástica etimología de este
lexicógrafo (hebreo *chamor*); en la Edad Media
el vocablo se aplica siempre a las personas, a las
que no se podía rapar chamuscando; por lo demás,
sería sorprendente que un apodo que los portugueses miran como perteneciente a la lengua castellana («assim chamavão, e chamão hoje alguns
castelhanos as ovelhas tosquiadas», Duarte Nunes
de Leão) derivara del port. *chama* FLAMMA, de donde viene *chamuscar*, y no del cast. *llama*. Luego
también se deberá abandonar esta idea.

Ya Moraes derivaba *chamorro* del vascuence *cha-*
morro-a, pero en realidad el vasco *txamorro*, según
Azkue, sólo significa 'gorgojo', 'gusano negro que
vive bajo tierra', figuradamente 'nadie' (es decir,
'ni un gorgojo'), y parece ser palabra del todo independiente. Creo, sin embargo, que debemos guiarnos realmente por la terminación *-orro* y ver en
chamorro, sea una vieja reliquia prerromana, sea
una voz tomada posteriormente del vasco y difundida por España desde Navarra y el Norte de
Castilla: recuérdese que Covarr. localiza el uso
de *chamorro* en el País Vasco, y que el temprano
arraigo en Cataluña está muy de acuerdo con una
procedencia navarra o alto-aragonesa. El hecho es
que el adjetivo *samur* (con artículo *samurra*) es
una vieja palabra vasca, bien arraigada en todos
los dialectos, y que su diminutivo *xamur(ra)* no
es menos vivo; la variante *txamur(ra)* tiene curso
en el Roncal, y en general es frecuente que la
inicial *tx-* alterne con *s-* y con *x-* (forma generalizada ésta en todos los dialectos vascos de Francia), comp. *samorro* 'gorgojo' en Guipúzcoa, frente
a *txamorro* de otras localidades vizcaínas y guipuzcoanas y a *txamuru* íd. de Navarra; en español mismo tenemos el montañés *zamorro* 'aldeano
inculto y torpe'. El significado de *samur* está hoy
bastante alejado del de la voz castellana: normalmente (en Navarra, Laburdi, Guipúzcoa y Vizcaya) significa 'tierno, delicado' (aplicado a las
manos, p. ej.), de donde 'dócil' y 'blando' en otras
localidades navarras, y otras acs. secundarias como
'frágil' (Roncal, Baja Navarra, Laburdi, etc.), 'irritado, de mal genio' (en las mismas regiones y en
Sule), 'franco, dadivoso' (en parte de Vizcaya); el
verbo *samurtu* es, paralelamente, 'enternecerse' en
todo el vasco de España y 'encolerizarse' en los
dialectos de Francia y del Roncal. Parece claro
que de 'tierno, delicado' se pasó a 'frágil' y a
'irritado', y no costará mucho admitir que a 'tierno' se llegó desde la idea de *'joven'. De ser esto
así no habría inconveniente en unir nuestro caso

con el de tantas voces romances y vascas que
reúnen las nociones de 'muchacho' y 'rapado':
sabido es que el vasco *(mutil*[5] y su equivalente el
cast. *muchacho* vienen del lat. vg. MŪTĬLUS 'rapado',
y que un origen semejante tienen *rapaz*, port. *ra-*
pariga, cat. ant., oc. ant. *tos*, it. merid. *caruso*
(*REW* 5791; Rohlfs, *ARom.* VIII, 161). Michelena
(*BSVAP* XI, 285) duda de que haya relación con el
vasco *samur*, e insinúa que puede haberla con el
familia constituída por *morroe, -oi(n)*, 'mozo' y
'criado' (< -ONE), *moarratu* 'podado' (< *morro-*
atu) y *morrondu* 'echar vástagos'. Luego su idea
parece ser que el proto-vasco MORRON- significaría básicamente 'podar', 'trasquilar' (de donde luego 'pelado' > 'joven, mozo' > 'criado'). Pero
entonces cuesta entender el sentido de *morrondu*,
y la imposibilidad de explicar *cha-* por el vasco,
y aun por el castellano, me hace dudar de lo
atinado de esta pista. También Spitzer (*MLN*
LXXI, 373) duda de la etimología *samur* por no
estar documentada la ac. 'joven' en el vasco *sa-*
mur y por no conocer ejs. del tránsito semántico
'joven' > 'esquilado'. Pero sí hay muchísimos del
opuesto, y ¿es lícito en un caso así dudar de que
el proceso semántico sea reversible? No preten-
do, en efecto, que esta etimología sea segura, pero
sí que es la que hasta aquí ofrece la pista más pro-
metedora.

Para terminar me referiré a algunas acs. del cast.
chamorro que creo secundarias, aunque no está
descartado el que alguna de ellas entronque con
alguno de estos significados vascos. En Tras os
Montes se llama *fala chamorra* al dialecto local,
a distinción de la *fala politiga* o portugués literario
(Leite de V., *Philol. Mirand.* II, 44n.): creo que
es denominación tomada de sus vecinos leoneses,
para quienes *chamorro* era sinónimo de 'portugués'
en general. En Ciudad Rodrigo significa 'terco'
(Lamano), y sospecho que aquí también deberemos
partir de la idea de 'portugués', pues ya se sabe
que entre vecinos se atribuyen a los de otro lenguaje y nacionalidad toda clase de malas cualidades.
Spitzer prefería partir de su idea de 'quemado',
'endurecido' (it. *faccia tosta*), y el mismo erudito
quiere explicar la ac. murciana 'regordete'[6] partiendo de 'tronco de árbol quemado hasta la base':
mas sería preferible pensar en la mayor delgadez
que aparenta la persona de cabello largo. En Filipinas se designa con *chamorro* al natural de las
Islas Marianas (Retana, *RH* LI, 83).

DERIV. *Chamorrar* [Covarr.]. *Chamorra* [íd.].
Chamorrada «testerada u golpe con la chamorra»
[*Aut.*].

¹ Es común en muchos romances llamar 'esqui-
lada' a esta clase de trigo: fr. *touselle*, cat. *tosella*,
it. merid. *carusa*, tosc. *calvello*, oc. *mussolo* (Merlo, *Accad. R. Sci. di Torino*, 1907; Richter,
KJRPh. XI, i, 111).— ² Según Viterbo, s. v. *bar-*
ba, se adoptó esta moda en la nación vecina a
imitación del uso personal del rey portugués don

Fernando (1367-83); vid. además *moça chamorra* en el propio Viterbo. Si en el Poema de Alfonso XI el vocablo significa ya 'portugués', la costumbre debería ser anterior. Cej. busca otra explicación semántica: de 'rapado' se habría pasado a 'corto de haberes, pobre, vil' y de ahí a 'portugués'. Que el vocablo pudo tomar otros sentidos despectivos lo indicaré a continuación. Sin embargo, la explicación del apodo aplicado a los portugueses por la costumbre de raparse la cabeza, se halla ya por lo menos en la *Crónica de D. João I* por Duarte Nunes de Leão († 1608), cap. 61, con referencia a la batalla de Aljubarrota (cita en extenso en el dicc. de Vieira).— [3] El publicador, p. 652, da otro ej., de 1397, donde también significa 'portugués'. La poesía comentada va a continuación de una de Ferrant Manuel (de Lando, nacido h. 1365 o 1370). E. Buceta (*RFE* XVI, 55) la atribuye sin embargo a Villasandino, la fecha en 1420, y cree que ahí *chamorros* se refiere a los partidarios de Enrique III.— [4] J. Klein, *The Mesta*, Harvard Univ., 1920, 29. Sería, pues, lo mismo que *CHURRO* (V. éste).— [5] 'Muchacho' en el vasco general, pero 'trasquilado' en Vizcaya, y *mutildu* 'rapar', 'desplumar una ave en agua hirviendo'.— [6] Comp. quizá el alav. *zaborro* 'gordinflón' recordando que *b* y *m* alternan en vasco. Hay además el vasco *zabar* 'remolón', 'depravado' y también 'escoria', junto al cual tenemos *zabor*, que aparte de 'escombro, suciedad' significa 'correoso, tieso, difícil de comer'. ¿Será todo lo mismo? Es difícil orientarse en el laberinto euskérico sin el hilo de Ariadna que nos darían el ibero o el proto-vasco si los conociéramos.

Chamozar, -ozo, V. *mocho*

CHAMPÁN 'embarcación grande de fondo plano que se emplea en China, Japón y algunos puntos de América del Sur, para navegar por los ríos', del malayo *čampán* íd. y éste del chino *san pan* 'tres tablas'. *1.ª doc.: çempan*, 1535, Fz. de Oviedo; *champán*, 1690 (Sigüenza y Góngora); Acad. falta aún en 1899.

Cuervo, *Ap.*, § 984; Friederici, *Am. Wb.*, 163. Se emplea en el Río Magdalena (Colombia) y Filipinas (Retana, *RH* LI, 84), y figura también en la *Conquista de las Malucas* de Argensola (*champana*).

CHAMPAÑA, del fr. *Champagne*, región de Francia donde se hace este vino. *1.ª doc.:* 1910 (Pagés, con ej. de Pardo Bazán). La forma más difundida en realidad es *champán*.

Champar, V. *chapa* y *zampar* *Champolla*, V. *chanfaina*

CHAMPÚ, 'loción empleada para lavar la cabeza', del ingl. *shampoo* íd., derivado del verbo *shampoo* 'someter a masaje', 'lavar la cabeza', tomado del hindi *čampo*, imperativo del verbo *čampnā* 'apretar, sobar'. *1.ª doc.:* 1908, Román.

Aunque la Acad. lo tomara de un diccionario de chilenismos, se empleó desde el principio en todas partes. El champú puede prepararse con sustancias varias, y no sólo con la corteza de un árbol chileno, como dice la Acad.

Champurrar, V. *chapurrar* *Champuzar*, V. *chapuzar* *Chamuchina*, V. *chamuscar* *Chamurrar*, V. *socarrar*

CHAMUSCAR, del port. *chamuscar*, íd., derivado de *chama* 'llama', procedente del lat. FLAMMA. *1.ª doc.:* princ. S. XV, *Canc.* de Baena (W. Schmid); Nebr.; *xamuscar* 1467, Juan de Lucena (*Aut.*).

Aut. cita solamente ejs. de *chamuscar* en el S. XVII. En portugués el vocablo está bien documentado en la misma centuria (Luis de Sousa, *chamusco* en Franco Barreto y en António das Chagas; vid. Vieira y Moraes) y ya en las *Ctgs.* («non foi queimada nen seu fillo chamuscado» 205. 45), y un *Joannes Chamuscado* aparece ya en doc. de 1220 y *Chamusca* en el S. XV, Cortesão (*Onom.*), mucho antes de la primera aparición de nuestra palabra en castellano. La mayor antigüedad del vocablo en el idioma vecino, y su popularidad allí en fecha más antigua, se adivina también por el mayor número de derivados: *chamusca, chamuscador, chamuscada* f., *chamuscadura*; y *chamusco*, que en castellano es palabra rara, en portugués no sólo significa 'acto de chamuscar', 'socarrina, olor a cosa quemada', sino además 'especie de brezo', 'sospecha', 'escaramuza', etc. Indudablemente la vieja palabra castellana fué *socarrar* (con su derivado *socarrina*), de raíz vasca y única usada todavía en catalán: *chamuscar* se debe a una invasión léxica del Oeste, quizá originada no sólo en Portugal y Galicia, sino también en tierras leonesas. Carece de base el cruce que admite G. de Diego entre FLAMMA y una raíz *char-* «fuego o chispa», cuyo origen se ignora, y a la cual no es posible reconocer ninguna realidad[1]; comp. *CHAMIZA* y los casos más diferentes de *CHUBASCO* y *CHOPO*. *GdDD* 6046 insiste en negar que venga de FLAMMA y que proceda del gallegoportugués o leonés occidental, so pretexto de que se dice *šamuskár* con *š-* en el Alto Aller (Asturias), donde FLAMMA daría *chama* con *č-*. No es verdad, pues allí se dice *yama* (Rdz. Castellano, p. 97), con *y-* evolución reciente de *ll-*. Allí *š-* es evolución reciente de *č-*; luego esta habla presenta el estado de cosas del castellano general y no aporta nada de interés para el caso. Es insostenible la etimología que él propone, *SEMIUSTICARE (derivado de USTUS 'quemado'). El punto de partida del escepticismo de G. de Diego parece haber sido el sufijo *-uscar*, que presentaba dificultad a sus ojos, por lo cual M-L. (*REW*, 3350), al insistir en la etimología FLAMMA, le señala la posible influencia de las palabras salm. *fuisca* 'ramaje vicioso', cast. ant. *fuisca* 'chispa', burg. y sor. *fusca* 'hoja que cae del pino', port. *faisca* 'chispa', gall. *faiscar* 'chisporrotear', y otras citadas en sus artículos 3152 y 3226, relacionadas con el germ. FALAWISKA 'chispa'. Sin embargo, ni esta influencia es necesaria ni el escepticismo de aquel autor estaba fundado, cuando tantos verbos hay formados con el sufijo atenuativo *-uscar*: APAÑUSCAR, APEÑUSCAR, APATUSCAR, *zurruscar*, arag. *enfurruscarse*; y al fin y al cabo *-uscar* no es más que una variante del sufijo común *-iscar* de *mordiscar*, *neviscar*, *ventiscar*, *oliscar*, etc.

Más descaminado andaba aún Parodi (*Rom.* XVII, 60) al derivar *chamuscar* de *mosca*, que por una comparación familiar puede significar ocasionalmente 'chispa', relacionándola con un gall. *muxica*, *moxena*, de igual significado y de origen oscuro (V. MORCELLA).

DERIV. *Chamuscado*. *Chamusco*. *Chamusquina* [1596, J. de Torres; *chamosquina*, 1517, Torres Naharro II, 178]; de ahí con dilación consonántica *chamuchina*, que significa 'naderías, cosas de poco valor' [*G. de Alfarache*, Cl. C. III, 285.3; Oudin, 1607], 'riña, escaramuza, pendencia ruidosa, alboroto' [*Aut.*, y hoy en Méjico: G. Icazbalceta], 'populacho, muchedumbre' en la Arg., Chile, Perú, Ecuador y Guatemala, comp. *chamusquina*, y *chamusquino*, *-uchino*, en el Ecuador con este último significado (M. L. Wagner, *RFE* X, 76). Otros derivados del gall.-port. *chama*, de significado relacionado: *charamusca* 'leña menuda para encender fuego' canar., amer., 'chispa' gall., 'confitura acaramelada' mejic. [éste ya Acad. 1899], de *chamarusca* por metátesis; *chamarasca* 'leña menuda que levanta mucha llama' [*Aut.*] y *charamasca* (Cej. IX, § 209), con su primitivo *chámara* íd. [Acad. 1899]; *chamada* 'chamusco', 'chamarasca' [como vulgarismo, Terr.].

¹ Claro es que el gall. *charamèla* viene de *chamarela* por metátesis. El gall. *charetas* 'hojas que caen del pino' se aleja semánticamente y no tendrá que ver con todo esto. En cuanto al alav. *charada* 'fogata', es palabra bien extendida por Aragón y Cataluña, de origen desconocido (en *BDC* XXIV, 77n., indiqué una etimología arábiga algo incierta), pero la propia área geográfica de esta palabra demuestra ya que no pudo tener parte en la creación del cast. *chamuscar*. Spitzer, *ZRPh* XLIV, 84, rechaza la opinión de G. de Diego con otras y bien fundadas razones. Como prueba de que *chamuscar* puede deberse a un lusismo, no tiene mucha fuerza la existencia del judeoespañol *xamarada*, *xamallada* 'llama', 'vaho' (Subak, *ZRPh* XXX, 146), pues es sabido que los portuguesismos abundan en el habla de los sefardíes.

Chan, V. *chanadá*   *Chana*, V. *manzana*

CHANADA, 'superchería, chasco', voz familiar, probablemente derivada del caló y gitano *chanar* 'saber, entender', de origen índico. *1.ª doc.*: González del Castillo, † 1800 (A. Venceslada); Acad. ya 1843, no 1817.

Podría pensarse en un derivado del and. *Chano*, hipocorístico de *Sebastián* (Acad. 1843), imaginando que éste hubiese tomado el sentido de 'tonto', pero esto no consta (de todos modos *Chanito* es 'desgraciado' en una comparación popular citada por Toro, *RH* XLIX, 410). Dada la fecha reciente del vocablo no es probable que sea alteración del ár. hispánico y magrebí *šanâᶜa* 'detractación, ultraje', 'indecencia, horror, vituperación', 'absurdo' (R. Martí, Bocthor, Hélot: Dozy, *Supl.* I, 792a), derivado de una vieja raíz arábiga, como propone Eguílaz, 373. Es casi seguro que deba partirse del caló español *chanar* 'entender', en gitano 'saber' [Salillas, 1896, p. 319], en el sentido de 'acto hábil e inteligente' > 'timo, superchería'; se trata de una raíz muy viva en gitano, que arranca probablemente del scr. *jānāti* 'conoce', *jñātáḥ* 'conocido'; de ahí gitano *chanelar* 'saber' (Borrow), de donde el caló español *chanelar* 'entender' (Salillas; Acad.; ejs. de autores andaluces en Toro, *RH* XLIX, 410), and. *chanelo* 'negocio' (ibid.); vid. Miklosich, *Denkschriften d. Wiener Akad.* XXVI, 207¹. Debe tenerse en cuenta, sin embargo, la definición del arag. *chanada* 'percance, desgracia, avería', y del murc. *chamada* 'achaque, calamidad, golpe adverso' (G. Soriano), que nos alejan algo de la voz gitana, aunque la observación de Borao «suele usarse en forma admirativa» vuelve a acercarnos a ella, y en González del Castillo significa, en efecto, 'mala acción' y quizá 'timo' («está buena la *chanada* / de haber pagado ya el banco / y salir con que no hay nada»). Cuéllar (Segovia) *chano* 'tonto', *BRAE* XXXI, 151; desde luego nada tiene todo esto que ver con el término INSANUS (*GdDD* 3476).

¹ No sé si hay relación con el murc. *chan* o *chano* 'extranjero' (G. Soriano). Quizá la buena definición la da Besses: *chano*, 'chalán, caballista, mozo de caballos', que puede ser el gitano *chando* 'sabio' (Borrow), del mismo origen que *chanar*.

Chanca, V. *zanca*   *Chancear, chancero*, V. *chanza*   *Chanciller, chancillería*, V. *cancel*   *Chancla, chancleta, chancletear, chancleteo, chanclo, chanco*, V. *zanca*   *Chancro*, V. *cáncer*   *Chancha* 'embuste', V. *chanza*   *Chancha* 'hembra del cerdo', V. *chancho*   *Cháncharras máncharras*, V. *cháchara*

CHANCHO, 'cerdo', arg., chil., per., ecuat., centroamer., de *Sancho*, nombre propio de persona, que en el S. XVII se aplicaba como apodo a este animal. *1.ª doc.*: *chancho*, como nombre normal del cerdo, 1764 (Febrés: Chile), 1777 (doc. de Costa Rica: Gagini).

Groussac probó con una cita de Rojas Villandrando (1603) que el citado nombre propio se empleaba corrientemente como nombre de este animal («pues *Sancho,* puerco y cochino todo es uno»); véase la cita extensa en Tiscornia, *M. Fierro coment.,* p. 400, y datos sobre el uso americano en Lenz, *Dicc.* 250-1, 860. Con el mismo valor figura *Sancho* en Juan de Arjona († h. 1603; cita de Rodríguez Marín, *BRAE* XXIII, 373-5). Según la Acad. *sancho* 'cerdo' se emplea en Aragón y en la Mancha. Para la generalización del vocablo en América, vid. Rosenblat, *La Lengua y la Cult. de Hispanoamérica.* El cambio de *s-* en *ch-* se debe a dilación consonántica. Rohlfs, *ASNSL* CLXIV, 316, cita casos paralelos entre las denominaciones afectivas del cerdo en romance. Agréguese cast. de Galicia *Sancho, Sanchiño,* empleados como voz cariñosa para llamar a los conejos domésticos (*BRAE* XIV, 133); Panticosa *'sancheta* 'especie de grillo' (*RLiR* XI, 178). Que *chancho* venga de una voz «*chan* para llamar al cerdo» es afirmación arbitraria y sin pruebas, de *GdDD* 2082[1].

Deriv. *Chancha* 'hembra del cerdo'. *Chanchería*[2].

[1] Como, por lo visto, tuvo gran extensión en España, de un cruce de *chancho* con el gall. *marrancho* (*MARRANO* n. 10) resultaría otro sinónimo gallego, creo pontevedrés, *rancho,* Sarm. *CaG.* 90v, 127r, 161r, 230v, A18v. Ayudaría a que cuajara esta variante el influjo de los verbos aplicados a la voz del cerdo, como *ranxer* (*REÑIR*) o *roncar* («ainda *ronca* o porco no cortello», dicho que recuerda Sarm.).— [2] Del apellido del botánico español José Sánchez es derivado culto el nombre de planta *sanchecia.*

Chanchullarse, chanchullero, chanchullo, V. *chanza   Chanela,* V. *chinela y chalana   Chanelar,* V. *chanada*

CHANFAINA, 'guisado de bofes aderezados con cebolla y otros condimentos', en catalán *samfaina,* parece ser alteración de *sanfoina,* con cambio de sufijo; palabra tomada del lat. *sȳmphōnĭa* 'concierto', 'música armónica', 'acompañamiento musical', y éste del gr. συμφωνία 'acuerdo de voces o de sonidos', 'concierto', 'consentimiento, unión', derivado de φωνή 'voz' con el prefijo συν-, que expresa compañía. *1.ª doc.:* 1605, *Pícara Justina.*

Aut. (y hoy todavía la Acad.) define meramente «guisado hecho de bofes o livianos», y metafóricamente «cosa de poca monta o aprecio». El diccionario gallego de Vall. confirma lo primero («guisado de bofes picados»), y de ahí que en este idioma llegue el vocablo a significar 'pulmón' en general (Zauner, *RF* XIV, 494). La 2.ª ac. figura en Quiñones de B. («grosería, terminillo, / mal mi-

ramiento, *chanfaina!*», *NBAE* XVIII, 800*a*), y modernamente en Pereda y otros autores montañeses (G. Lomas, s. v.). Pero *Aut.* reconoce que es también «mezcla de cosas, confusa o mal ordenada», y así lo documenta con el ej. más antiguo, de la *Pícara Justina* («no hay cosa criada sin *chanfaina* de malo y bueno»). De hecho, tal como este guiso se estila en Cataluña, puede hacerse con menudos, con carne, con bacalao o con otra clase de carne o de pescado como comida de fondo, pero la *samfaina* allí no es esta comida, sino la fritada o salsa que la acompaña, compuesta de pedacitos de pimiento, tomate, berenjena, etc. (así la describe Fabra, pero es muy conocida en todas partes). Con ello coincide esencialmente las explicaciones que se dan de la *chanfaina* argentina[1], de la *chinflaina* murciana («guiso de asadura con cebolla»: G. Soriano) y de la *chanfana* portuguesa, que si bien es también «guisado de fígado», va cocido «em caldo com especiarias» (Moraes)[2]: de ahí el sentido figurado «sarapatel, sarrabulho» (mezcolanza, confusión), común, por lo demás, con el castellano y el catalán, y que daría lugar a la ac. 'rufianesca, vida airada' que registró Juan Hidalgo (1609). En una ficha de 1926 anoté la etimología *symphōnia* y ahora veo por Nascentes que en ello coincidí con el filólogo brasileño João Ribeiro. Pese a la *-l-* del secundario y poco extendido *chinflaina* (*cha-*), no es derivado del alav. *chofle,* salm. *chofe* 'bofe', como quiere *GdDD* 6457: la *sanfaina* catalana es una salsa y no es de bofes; en Navarra es *champolla* «pedazos del estómago de la vaca, ternera o carnero, que se comen guisados» (Iribarren), que confirma la etimología SYMP(H)ONÍA, con disimilación *m-ñ > m-ll* (comp. *zampoña* del mismo origen, etc.). Sin duda en gran parte de España la chanfaina puede hacerse con bofes, y aun es corriente que así se haga (de ahí *chanfaino* 'chorizo de bofes' en dos pueblos de Extremadura, según *RDTP* IV, 630), pero ni ello es general ni nos orienta hacia una etimología practicable.

No hay dificultades fonéticas, pues se trata de una voz semiculta que dió por otra parte el aran. *sanfòina* (*BDC* VI, 34), cat. *sanfoina* (Ag.), langued. *sanfónio* 'gaita' (= cast. *zampoña,* port. *sanfonha*), y con dilaciones diversas, pallar. *fimfoina,* prov. *founfòni,* aran. *sansònia* (*BDC* XXIII, 291) 'gaita', o en otros sentidos sic. *fanfonia,* it. *fandònia,* 'habladurías, cuentos', Bregaglia *sampoin* 'campana', fr. ant. *sifoine* 'cierta hierba' (*REW* 8495). Claro está que la terminación rara *-oina* fué sustituída por el sufijo *-aina,* cuyo valor afectivo se adaptaba bien a los varios empleos del vocablo, y que de aquí se pudo llegar incluso a *-ana,* en portugués[3]. Desde el punto de vista semántico, observemos que el significado 'acuerdo de voces', 'acompañamiento', está bien documentado desde la Antigüedad, que es mucho más frecuente entonces que *symphonia* como nombre de un instrumento especial (vid. *ZAMPOÑA*), y que se hace presente en romance con la ac. italiana 'habladurías' (quizá pasando por 'mezclas', comp. port. *mexericos*, de *mexer* MISCERE) y con la catalana 'especie de paño, sin duda lleno de colorines' (*samfonets* y *simfònies* en Ag.); la aplicación de un término musical a un guisado no es ajena a nuestros menús actuales y me bastará recordar que en Barcelona se da el nombre de *zarzuela* a un plato de pescados varios que suele comerse en la verbena de San Juan. Permítaseme agregar que junto a la citada voz italiana y a su variante de Lucca *sanfònia* «discorso, chiacchiericcio, pettegolezzo» (*Studi Romanzi* I, 49), se halla el murciano *chanflonía* «chanza, chuscada» (G. Soriano), con la misma *l* secundaria que el murc. *chinflaina* arriba citado, y con la misma acentuación cultista que el cast. *chinfonía* 'gaita gallega' (Terr.) o el fr. ant. *chifonie* (rimando con *-ie* en muchos textos citados por God., II, 133b), hoy *chifournie* en Guernesey y en la Alta Normandía. Y que de *chanflonía* parece se extrajo el seudo-primitivo *chanflón* 'tosco, ordinario' [princ. S. XVII: Quevedo, Jacinto Polo y otros citados por Fcha.; 1601, Rosal, en Gili], 'basto, inculto' según Terr., que aunque se ha aplicado también a monedas y a clavos, significaría primitivamente 'mequetrefe, embrollón, chusco, chapucero', aplicado a personas (*caballeros hebenes, hueros, chanflones, chirles*, en el *Buscón*).

[1] J. P. Sáenz, *La Prensa de B. A.*, 5-VII-1942, dice que es plato típico de las provincias centrales y andinas: «guisado de sangre coagulada de cabrito, con menudos, y aderezado todo con cebolla y otros ingredientes». Chaca, *Historia de Tupungato*, p. 267: «menudos sancochados y sofritos con pimentón y otros condimentos». También Ángel Ma. Vargas, *La Prensa*, 29-XII-1940.— [2] Con ejs. de los SS. XVIII y XIX ahí y en Cortesão.— [3] Pero *chanfaina* en el portugués de Tras os Montes (*RL* I, 208). Nótese que *semphaine* se halla en Philippe de Vigneulles, y *cyfanie* en el *Rouman d'Alixandre*, en el sentido de 'instrumento musical' (God. II, 133b).

Chanfle, V. *chaflán*   *Chanflón, chanflonia*, V. *chanfaina*   *Changa, changada*, V. *chamba, changador*

CHANGADOR, arg., urug., 'mozo de cordel', significó antiguamente 'el que se dedica a matar animales para sacar provecho de los cueros', y parece extraído de *changada* 'cuadrilla de changadores dedicados al trasporte de cueros', tomado del port. *jangada* 'almadía', por hacerse este trasporte en balsa por los ríos Paraná y Uruguay; la voz portuguesa procede del malayálam *čaṅgāḍam* íd., lengua dravídica de la India. *1.ª doc.*: 1730, Actas del Cabildo de Montevideo.

Traté extensamente del problema en *RFH* VI, 220-2, reuniendo la bibliografía y aduciendo las razones que me obligaban a rechazar las etimologías quichuas admitidas hasta entonces (*chanqay* 'majar, maltratar', *chamqay* 'frangollar, quebrantar', *chancca* 'dar principio a una obra'). Estas razones eran de orden semántico, geográfico (por tratarse de una voz oriunda del litoral rioplatense) y documental[1]; además tuve en cuenta la existencia del gall. *facer changa* 'hacer negocio' y ast. *xangada* 'jugarreta, mala partida'[2]; la ac. 'faena de poca monta' que tiene el derivado regresivo arg. *changa* (< 'trasporte de una maleta, etc., que se hace fuera de las horas de trabajo'), puede explicar el que el murc. *changa* signifique 'cosa inservible y despreciable, cachivache', en Andalucía 'cambalache', 'mujer poco hacendosa', etc. (A. Venc.), traído quizá por emigrantes que volvieron a su tierra[3].

Para el origen de la voz portuguesa, vid. Dalgado, s. v.; G. Viana, *Apostillas*.

DERIV. *Changa*. *Changada* (vid. arriba). *Changar* 'hacer changas (trabajos de jornalero)' (R. Hogg, *La Prensa de B. A.*, 15-IV-1945).

[1] Además de la documentación que entonces aduje, puede tenerse en cuenta la extensa descripción de las antiguas bandas de changadores uruguayos en el artículo de D. Ordoñana citado por el *Dicc. Popular de Historia del Uruguay* de Orestes Araujo, s. v.— [2] Vco. *džangada* 'trago (de agua)', D. Aguirre, *Auñamendi Lorea*. Habrá que averiguar más a fondo si la frecuencia de la palabra en Asturias y Vizcaya y sus significados no constituyen base suficiente para dudar de la etimología portuguesa.— [3] Sin embargo, quizá haya relación con *changote* 'cuadrilongo de que se sacan dos barras de hierro, en las herrerías' (Terr.), que no tendrá nada que ver con *changador*.

Changallo, V. *zángano*   *Changarra*, V. *cencerro*   *Chango, chánguile*, V. *macho I*   *Changolotear*, V. *zángano*   *Changote*, V. *changador*

CHANGÜÍ, 'chasco, engaño', *dar ~*; palabra jergal de origen incierto. *1.ª doc.*: 1836, Pichardo (1869); cf. Alvarez Nazario, *Elem. Afronegr. en Puerto Rico*, 307-8.

En Cuba, según E. Pichardo, es «bailecito y reunión de gentualla». Pero no es ésta la ac. común. La de «chasco, engaño, vaya», que la Acad. registra ya en 1884 (no 1843), reaparece más o menos matizada en todas partes: 'chasco, engaño', 'zalamería' en español popular (Besses), Madrid *hacer changüí* 'ponerse de acuerdo', Hidalgo (Méjico) *dar changüí* 'engañar, entretener con subterfugios', gnía. peruana *changüisazo* 'engaño', en el Plata *dar changüí* 'dar ventaja a alguien en el juego para después ganarle más'', comp. mejic. *dar changüis* 'conceder ventaja al menos hábil en un juego para equilibrar la partida' (Malaret). Rebolledo recoge un gitano *changüí* 'engaño', pero se puede dudar que sea voz auténtica gitana, y M. L. Wagner, autoridad en la materia, lo niega decididamente (*VKR* XI, 58-59; falta en Borrow)². ¿Tendrá razon Fernando Ortiz (*Glos. de Afronegrismos*, 164-6) al partir del congo *changüi* 'baile'? Además de la primera aparición en Cuba y con este significado, podría apoyarle el matiz de 'cosa ligera, fácil, ingenua' que dejan rastrear las definiciones platenses y otras que agregaré: extremeño *changüin* 'hablador, ligero, informal' (*BRAE*, III, 365), caló español *changüi* 'presidiario novato' (Salillas), 'persona inexperta' (Besses), en Cuba 'ganga, baratura' (F. Ortiz). Sin embargo, este autor no cita la fuente de donde sacó dicha palabra conga, y la danza negra representada en el grabado adjunto se llamaba en realidad *quisangüi*. ¿Es lo uno o lo otro? Convendría plantearse la posibilidad de que procediera de la palabra inglesa *sandwich*, comida que a los hispanos se les antojaría de poco valor, o a base de la idea de 'combinación' (> 'ponerse de acuerdo' y 'engañar') o de otra ac. jergal inglesa; la pérdida de la *ch*- es natural en una palabra que entraría por las Antillas o desde Gibraltar a Andalucía.

Ciro Bayo, s. v. Comprobado por Tiscornia (en su ed. de *M. Fierro*, p. 267), Payró (*Pago Chico*, ed. Losada, p. 224), y varios informantes de Malaret (*Supl.*). El uruguayo F. Silva Valdés lo aplica con el mismo matiz a un luchador que trata de cansar a su contrario (*La Prensa de B. A.*, 21-IV-1940).— ² Claro que convendrá estudiarlo más a fondo y ver si no puede haber relación con el gitano español *čankli* 'pierna' (de un radical común a todos los dialectos gitanos, de origen indico, Miklosich, *Denk. d. Wiener Akad.* XXVI, 187), a base de la idea de 'dar zancadilla' (comp. *SOCALIÑA*, que también parece haber significado primeramente 'zancadilla'). No sé si el cambio de -*l*- en *u* podría explicarse por la pronunciación gitana. ¿O bien con git. español *čanganar* 'despertar', git. alemán *džangelo* 'vivaracho, cariñoso', también de raíz índica (Miklosich, p. 208)? P. Hz. Ureña cita *šangwi* ~ *čangwí* entre las voces mejicanas con *š*, en medio de un grupo de voces de origen náhuatl (*BDHA* IV, p. XVI). Pero claro que no es palabra azteca.

Chano, V. *chanada*   *Chanquear*, V. *zanca*
Chantado, V. *chantar*   *Chantaje, chantajista*, V. *cantar*

CHANTAR, 'vestir o poner', 'clavar, hincar', 'decir a uno algo sin reparos', del gall.-port. *chantar* 'plantar, clavar', y éste del lat. PLANTARE *íd. 1.ª doc.*: 1615, Cervantes (*Quijote y Comedias*).

Chantar es gallego-portugués y asturiano como sinónimo de 'plantar, clavar'. Anticuado hoy allí en su sentido propio y estricto, tuvo empleo general en la Edad Media, aplicado incluso a la idea de 'fijar en el suelo una planta para que arraigue', que es la acepción etimológica (*ũa vinna chantou*: *Ctgs.*, 359.22; «que labredes e *chantedes* e ester-

quedes, zaredes a dita viña», Pontevedra a. 1426, Sarm. *CaG.* 169v) o a la de 'clavar un objeto' (*Ctgs.* 157.21, 213.79, *MirSgo* 39.23, 42.4, 76.25, 92.26). Como es natural, en ninguna parte se muestran tan desarrolladas las acepciones análogas a las del cast. *chantar* como en gallego-portugués, como es fácil verlo en los léxicos portugueses; limitándome al gallego, define Vall.: «decir algo cara a cara»¹, «clavar los dientes, una estaca»², comp. *ZAMPAR*; con asimilación favorecida por el mejor valor expresivo: gallego *chanchar* 'morder', 'golpear': «*chancharle* una vuelta de azotes», «*chanchoulle* una desvergüenza», *chanchada* 'mordedura': «dar una *chanchada* en una manzana» (Sarm. *CaG.*, 220r, 66r). Sayagués *champrar* 'clavar clavos, etc.', según Correas (1627), vid. Gili, por cruce con otro vocablo (¿acoplar, *pregar* < *pl*-?). El tratamiento *ch*- de PL- se encontraba también en leonés antiguo y hoy en el occidente de Asturias, en Miranda y en los pueblos fronterizos de Salamanca. Pero en las acs. figuradas se emplea *chantar* en Castilla ya desde el Siglo de Oro, sea como un caso del tratamiento esporádico castellano *ch*- < PL-, sea como préstamo del gallegoportugués o del leonés occidental al castellano: el empleo exclusivamente figurado y la imposibilidad de explicar la *ch*, en este caso, por fonética sintáctica, me hacen dar la preferencia a la segunda alternativa. Lo comprueba así, y al mismo tiempo puede explicar por qué se produjo el préstamo, la frase *chantar cagalhões polos telhados*, que aparece como favorita de los portugueses en tres autores castellanos del S. XVI (Gillet, *Propaladia* III, 481). En cuanto a América, se emplea el vocablo en el Uruguay, Argentina, Chile y Perú en varias acepciones, 'dar (golpes)', 'tirar con violencia', 'poner (en la calle)', 'dejar plantado (a alguno)', *chantarse* 'ponerse (una prenda de vestir)', 'zamparse (una bebida)', 'plantarse, detenerse, pararse', *bien chantao* 'bien puesto, elegante'. Para bibliografía y estudio detallado, V. mi artículo en *RFH* VI, 170-1.

DERIV. *Chanta* 'un buen cachetazo' en lunfardo argentino (Villamayor), 'tiro certero (en el juego de bolitas)' en Mendoza (Chaca, *Hist. de Tupungato*, 234); 'gneis y micacitas' en Galicia (*BRAE* XXII, 489). *Chanto* gall. 'tronco o piedra que se hinca de punta en el suelo'. *Chantas* gall. 'grandes pizarras plantadas verticalmente con que cierran los huertos o sembrados' (Sarm. *CaG.* 140r). *Chantado* gall. 'vallado de chantos'. *Achantarse* 'aguantarse, agazaparse o esconderse mientras dura un peligro' (Acad. 1884, no 1843; ejs. de Ric. de la Vega y Pérez Galdós en Pagés), 'conformarse' (*DHist.*, sin autoridades), en Segovia y Vizcaya 'bajarse, doblarse' (*ARom.* V, 291), ast. *achantar* 'esperar, aguardar ocasión' (Rato) > caló cat. *atxantar-se* o *aixa*- 'tener miedo, ser cobarde', 'huir, escaparse' (M. L. Wagner, *Notes Ling. sur l'Arg. Barc.*, 32), landés *echantà* (= *ešantá*) «effrayer, épouvanter» (Métivier, *Agriculture des Landes*, 723).

CPTO. Gall. berciano *chanta-pau* 'manzana muy colorada, menor que la romana, de gusto seco e insípido' (Sarm. *CaG.* 141v).
[1] «Devolveu-m'o *chantándome* na cara ista verdade», Castelao 61.22.— [2] U otra cosa presente: «*chantar* a mirada», «cando a serpente *chantou* os ollos na grea dos homes, tremeron», Castelao 200.7, 88.3.

Chantillón, V. *escantillón*

CHANTRE, del fr. *chantre* 'cantor', en la Edad Media caso sujeto de *chanteur*, del lat. CANTOR, -ŌRIS, íd. *1.ª doc.*: *Partidas* (*Aut.*); J. Ruiz.
DERIV. *Chantría* [Nebr.]. *Sochantre* [*Aut.*]; con el mismo sentido se empleó el latinismo *sucentor* < lat. *succentor, -oris*, derivado de la anterior voz latina (hoy *El Sucentor* es nombre propio de varias masías en la Plana de Vic).

CHANZA, del it. *ciancia* 'burla, broma', 'bagatela', 'mentira, embuste', palabra de creación expresiva. *1.ª doc.*: *chancha* 'mentira', Covarr.; *chança*, 1601, Rosal (Gili); 'sutileza o astucia para hurtar o engañar', 1609, J. Hidalgo, y 1618, Espinel; *chanza* 'dicho o hecho gracioso', 1644, Manero, 1657, Zabaleta.
«La palabra *ciancie*, que vale mentira en italiano, nosotros la dezimos *chancha*: y los niños quando no admiten la respuesta de otro, teniéndola por mentiras, les dizen *Dexaos de chanchas*» (Covarr., s. v. *charlatán*); «*chança, chançaina*: sutileza o astucia; *chancero*: ladrón que usa de chanças o sutilezas para hurtar» (Hidalgo); para los demás. vid. *Aut.* El vocablo sería entonces de introducción reciente, pues falta todavía en Percivale (1591), en Oudin (1616), en Franciosini (1620) y en C. de las Casas (1570), que emplea vocablos muy diferentes para traducir la voz italiana; es ajena al vocabulario del *Quijote*, de la *Celestina*, de Nebr., APal. y de la Edad Media en general. Ast. *chancia* (V). Por la misma fecha aparece el port. *chança* íd. (Moraes). En catalán podemos señalarlo en fecha anterior, de acuerdo con lo más temprano del italianismo en este idioma: *sanxes* 'burlas', 'palabras increíbles', en la trad. del *Decamerón* (1429; vid. *Misc. Fabra*, 173), aunque allí no arraigó como en castellano. En italiano el vocablo es tan antiguo como el idioma, pues lo hallamos ya frecuentemente en Dante, Petrarca y Boccaccio, con las varias significaciones que dejo anotadas; su indigenismo lo muestra también la derivación abundante: *ciancerella, ciancerulla*, el verbo *cianciare*, con *ciancicare* y *cianciugliare; ciancione, ciancerìa, ciancioso*, etc. El área del vocablo se extiende hasta el retorrománico: sobreselv. *tschontscha* 'conversación', 'habladuría', 'rumor', engad. *tschauntscha*. Nada tiene que ver todo esto con el fr. *chance* 'suerte', 'posibilidad' (CADENTIA). Es, como ya insinúa Diez, *Wb.* 97, voz de crea-

ción expresiva, y el parentesco con el ngr. τζάτζαλα 'habladurías', alem. *zänzeln* 'acariciar', a. alem. med. *zënselen, zinselen*, íd., es de carácter elemental. En cuanto a la adaptación fonética, puede deberse en parte a una disimilación (comp. el cat. *sanxa*), pero sobre todo se debe al sentimiento de que ç castellana corresponde a č italiana (it. *cielo* ~ cast. *cielo*, etc.), quizá ayudado por el galicismo *chanzoneta* 'canción', 'canción de regocijo' (ya en J. Ruiz y en el *Canc.* de Baena), de donde (quizá con influjo de *chanza*) 'palabras jocosas' en la *Pícara Justina* (*Aut.*). Comp. CHÁCHARA. Pese a G. de Diego, *BRAE* XXXV, 202-6, es evidente que el cast. *chanza* y el it. *ciancia* nada tienen que ver con el fr. *chance* 'suerte', 'probabilidad', por más que esporádicamente se haya empleado un galicismo *chanza* en este sentido en la germanía del S. XVII y aun más tarde; para justificar su tesis no vacila este autor en achacar desenfadadamente al fr. *chance* el significado de 'ocurrencia' (*GdDD* 1223), pero esto es contar demasiado con cierta confusión de ideas por parte de sus lectores: el fr. *chance* puede significar algo que sucede u ocurre, pero nunca un chiste u ocurrencia.
DERIV. *Chanzaina* [J. Hidalgo]. *Chancear* [1646, *Estebanillo González*; vid. Cuervo, *Dicc.* II, 717a]; ast. *chanciáse* (V). *Chancero* [J. Hidalgo]. *Chanchullo* 'manejo ilícito' (Acad. ya 1884, no 1843), se relaciona con el *chanchas* 'mentiras' de Covarr. y *chança* 'sutileza o astucia para hurtar' de J. Hidalgo, pero quizá no se formó en castellano, sino que vino ya de Italia, y tal vez de algún dialecto, pues allí la lengua literaria sólo conoce *cianciugliare* 'pronunciar mal', 'balbucear', 'decir despropósitos', *cianciuglione* 'el que hace esto', *cianciullare* 'hacer naderías'; el aragonés Siesso en 1720 ya registra con el sentido de «aparato de varias cosas para hacer algo, como el de los potecillos para afeitarse las mugeres» y agrega que también se dice «no te estés *chanchullando* tanto» (Gili); *chanchullero*. *Deschançar* «perder», *deschançado* «perdido o descubierto» [J. Hidalgo, sin duda hablando del ladrón].

Chanzoneta, chanzonetero, V. *canción* y comp. *chanza*

CHAPA, 'lámina u hoja de metal, madera, etc., esp. la usada para cubrir la superficie de algo', antiguamente 'cada uno de los pedazos de chapa encajados en una superficie (p. ej. en los arneses de un caballo)', voz común al castellano y al portugués, probablemente del mismo origen que el cat. y oc. *clapa*, 'cada una de las manchas o manchones que salpican una superficie', de origen incierto, probablemente idéntico al del oc. y retorrom. *clap, clapa*, alto-it. *ciap*, 'roca, peñasco, guijarro', especialmente cada uno de los diseminados por una ladera de montaña, que representan una base *KLAPPA de procedencia desconocida. *1.ª doc.*: 1403, inventario aragonés (*BRAE* IV, 522)[1]: «Dos *chapas* de freno»; Cej. IX, § 212.

En lengua portuguesa puedo documentarlo desde un poco antes: «avia as rrodas todas pregadas enderredor de belmazes con *chapas* d'ouro» en la Crón. Troyana en gallego del S. XIV (I, 203.21). «Hũ freo muar con cabeçadas de seda e tres pendentes e tres *chapas*», inventario port. de 1366 (*RFE* VIII, 326), y en esta lengua es frecuente desde el S. XVI (Vieira, Moraes). El uso de *chapas* en plural para 'pedazos de metal embutidos o encajados' aparece insistentemente en la época antigua: «Estos paramentos estaban guarnidos de unas *chapas* de plata», G. de Clavijo, 1406-12; «un freno con su mueso mular, con sus riendas e unas cabeçadas de *chapas encaxadas*», invent. de Toledo, a. 1434 (*RFE* VIII, 325); «*chapas* de guarniciones de caballos» (APal. 49*d*, 213*d*); «*chapado de chapas*: bracteatus», «*chapas*, tar[r]eñas para tañer: crotalum» (Nebr.); *chapería* 'bordadura de láminas' en un anónimo aragonés del S. XV (*Canc.* de Stúñiga, 176); y el castellanismo cat. *xapa* («un pitral de mulla, de cuyr vermell... ab XV *xapes* de lautó, daurades, poques [= pequeñas]», «unes capçanes... ab VIII *xapes* grans de aram daurades», inventarios de entre 1416 y 1458: citas de Tilander, *RFE* XXII, 123); de ahí, por cruce con el sinónimo *aspa* (inventario aragonés de 1374, *BRAE* II, 344), la variante *chaspa* que figura en el fuero aragonés de 1348 y en dos inventarios de 1403 (Tilander, *l. c.*). La ac. que la Acad. coloca en primer lugar, 'hoja o lámina de metal, madera u otra materia', es muy común hoy en día hablando de la chapa extensa que se aplica a una superficie[2], pero aparece con posterioridad, puesto que después de un ej. aislado en Pero Tafur (h. 1440, vid. Cej., *Voc.*), no vuelve a salir claramente hasta Nebr. y el diccionario de Oudin (1607)[3].

Por lo demás, hoy subsiste el significado que creo etimológico y otros que derivan inmediatamente del mismo: 'pedazo de metal que se da como contraseña' (no registrado por la Acad., pero muy común), 'mancha de color rojo que se ponían artificialmente las mujeres en el rostro' [Covarr.; Acad. 2], 'chapa de la cerradura' (en Cervantes, etc.), 'la cerradura misma' (en Nuevo Méjico, Méjico, América Central, Colombia, Chile, Arg., y quizá ya en Mateo Alemán)[4], 'extensión de agua encharcada' (Guiraldes, *D. S. Sombra*, p. 162)[5].

Díez, *Wb.* 439 (y todavía *FEW* II, 275, 278*a*), creía que *chapa* venía del fr. *chape* 'capa', por ser algo que cubre un objeto como un manto; es idea inverosímil, porque no se conoce en francés el significado del cast. *chapa*[6], y la historia de los significados castellanos acaba de obligarnos a desechar del todo esta idea[7]. Más razonable parece admitir que la *ch*- castellana procede de CL-, con el mismo tratamiento fonético sufrido por PL- en palabras como CHOPO, CHOZA, CHATO, justificable en nuestro caso por la fonética sintáctica, dada la frecuencia del uso en plural *las chapas, unas chapas*. Es posible que tenga razón H. Varnhagen, *RF* III, 403-14, al derivar *chapa* de *chapar* 'sentar la herradura a modo de chapa', 'poner chapas o placas a alguna cosa', gall. *chapar* 'atrapar con la boca un manjar', port. *chapar* 'poner chapas', 'estampillar (papel, monedas, medallas)', que procederían del germánico: escand. ant., fris. ant. *klappa*, ags. **clæppan, clæppetan*, b. alem. med. y neerl. med. *klappen*, a. alem. ant. *chlaphôn, klaffôn* 'resonar', 'golpear sonoramente'; de hecho existe fr. ant., oc. ant. *claper, -par*, 'golpear', que muchos creen descendientes de esta familia germánica, aunque es más plausible considerarlos, como hace Wartburg (*FEW* II, 732), onomatopeyas paralelas. Sin embargo, aunque hay un ej. de *chapar* en portugués medieval (Inéditos de Alcobaça, SS. XIV-XV, Moraes) y Nebr. registra el correspondiente verbo castellano, su uso es mucho menos frecuente que el del sustantivo (faltan ejs. en *Aut.*), y la vacilación entre *chapar* y el más usual *chapear*, sugiere una formación denominativa. *Chaparse* 'encerrarse' J. del Encina, *Repelón*, p. 116; más usos y ejemplos de *chapado* en el mismo (*RFE* XL, 153).

Es mejor igualar el cast. *chapa* al arag. *clapa* 'mancha', 'peladura' (Coll, Acad.), cat. *clapa, clap*, íd., 'manchón que salpica la superficie de algo' [documentados desde los SS. XIII y XIV], oc. ant. y mod. *clapa, clap* íd.[8]. Quizá tenga razón Wartburg al derivarlos de fr. y oc. *claper, -par*, 'golpear', «porque —dice— el golpear deja manchas»; sin embargo, creo evidente que este autor no tiene razón al separar este vocablo del tipo «prerromano» *KLAPPA 'piedra plana' (II, 737*b*, y n. 7). Sobre el origen de KLAPP- 'piedra plana' ténganse en cuenta los datos y consideraciones de Hubschmid, *ZRPh.* LXVI, 45-56. Nótese que en catalán esta raíz sólo aparece en los derivados colectivos *claper* 'canchal, extensión o amontonamiento de rocas o pedruscos', *clapissa* 'ladera llena de guijarros', pero no existe allí *clap(a)* 'roca'[9]; nótese también que entre las definiciones de oc. *clap(a)* son mucho más frecuentes «lieu pierreux», «amoncellement de pierres», «tas de pierres», «pierraille», que las del tipo «caillou» o «pierre plate» (sólo en cuatro localidades del Perigord, Cantal, Bocas del Ródano y Val Soana, según el *FEW*), y también aquí están mucho más extendidos los colectivos *clapier, clapàs, clapis*, que la voz simple, de suerte que parece más antigua la aplicación del vocablo a las rocas diseminadas por una ladera que al guijarro o peñasco suelto, y aun puede sospecharse que esta última, predominante en el Norte de Italia y Alpes Orientales (friul. *clapp* 'piedra', piam. *ciap* «ciottolo», genov. *ciapa* «lastra, lavagna», Defregg *klapf* 'peñasco')[10], sea debida al encuentro con el tipo KRAPP-, KREPP-, KRIPP- (sobreselv. *crap*, tosc. *greppo*, bergam. *grìp(o)la* «sasso, pietra»), sea que miremos como primaria la idea de 'mancha, manchón' (b.

lat. piamontés *clapa* 'parte de un todo': *FEW*,
738n.6) —y en este caso daríamos la preferencia a
un origen onomatopéyico o expresivo— o más bien
la de 'piedra que se destaca por su color' (Alessan-
dria *ciapèla* «piastrella di terracotta per pavimenti»),
y así podríamos aceptar el origen prerromano, con
alternancia *KLAPP- ∼ *KRAPP-, a que se inclina
Jud, *BDR* III, 70-71 (seguido por Hubschmied,
Festschrift Bachmann, 185). El problema es oscuro,
y aunque en favor de la primera alternativa podría
aducirse la existencia de tipos expresivos paralelos
(maestr. [Benassal] *platxa* 'mancha, manchón, peladura'[11], y lo mismo en los Pirineos [valle de Boí];
gasc. *plap*[12]), no es posible pronunciarse en forma
resuelta. Provisionalmente podemos decir que es
legítimo ver en KLAPP- una variante de LAPP- (V.
LAPA IV), ambos de creación expresiva, con la
idea de 'cubrir golpeando', como hace la roca (o la
chapa) que al oscilar sobre su base la golpea, o
que al caer tapa algo[13]. Con este matiz de 'cubrir'
se enlaza quizá el cit. *chaparse* 'encerrarse' de Juan
del Encina, pero sobre todo el fr. *se clappir* 'acurrucarse (el conejo en la madriguera)', y val. *recla-
parse* aplicado a las liebres que no tienen madriguera que se acurrucan en un surco para dormir
en tierra abierta (oído en Quatretonda); en otras
hablas catalanas, esto se dice *aclapar-se*.

DERIV. Gall. pontev. *chápara* 'plancha o chapa
de metal' (Sarm., *CaG*. 191*v*). *Chapar* (V. arriba;
y Cej. IX, § 212) o *chapear* [Nebr.]; *chapado*,
aplicado en son elogioso a las personas (frecuente
en las églogas del S. XVI), viene de la locución
ser persona de chapa (ya frecuente en Torres Naharro, 1517, vid. la ed. Gillet, III, 363), comparación pintoresca con el arnés ricamente *chapado*.
Chapera. Chapería. Chapeta; *chapetón* 'rodaja'.
Chapón 'borrón grande de tinta'. *Chapido* 'sonido
de chapas' (Nebr.). *Enchapar, enchapado*. Ast. *cha-
plón* 'tablón', 'pieza de hierro que sirve para afianzar el *moil* del carro en los *cambuchos*' (V), cruce
de *chapa* con *tablón*.

[1] Es audaz y muy dudosa la enmienda *chapa*
que propone Pottier (*VRom*. X, 140) en lugar de
aspa y *asiga* en otro inventario aragonés, de 1374.
Se tratará realmente de *aspa* y de un derivado
de *asa*.— [2] De aquí vendrá la ac. portuguesa 'planicie, llanura', frecuente en el S. XVI, y que según Moraes ya figura en los Inéditos de Alcobaça
(SS. XV o XIV).— [3] «*Chapa* de metal: fueille ou
lame de metal, platine, ferrure platte, escusson»,
pero también: «*chapas* de freno o brida: bosset-
tes de bride», «*chapado* de *chapas*: couvert de
lames ou de fueilles de quelque metal que ce soit»,
«*chapas* para tañer: un certain instrument qu'on
frappe avec la main semblable à la cimballe, quasi
comme le tambour de Biscaye, cliquettes». De
los tres ejs. que cita *Aut*., dos son de la ac. antigua y el otro es equívoco, aunque este diccionario los aduce como pruebas del sentido más común en la actualidad.— [4] Cuervo, *Ap*.[7], § 572;

BDHA IV, 50; en cuanto a Toro, *BRAE* VII,
607, y VIII, 482, no aporta en realidad datos
nuevos.— [5] Hay que partir del caso de los manchones de agua que salpican una llanura.— [6] En
la larguísima lista de acs. secundarias y técnicas
reunidas en el *FEW*, raramente y sólo de lejos
nos acercamos a las acs. del cast. *chapa*, en realidad sólo en las cuatro siguientes: «bande métalli-
que bordant le contour s u p é r i e u r d'un
fourneau» [1680], «lisière qu'on met autour d'un
filet pour le fortifier», Pays d'Enhaut *tsapa* «plaque de fer, munie d'une boucle pour atteler une
vache», pic. ant. *cape* «bande de cuir qui relie le
manche et la verge du fléau». Las dos primeras
son puramente técnicas, y todas salvo la última son
recientes y sueltas, evoluciones extremas y aisladas que nunca se popularizaron en el idioma.
[7] Parodi, *Rom*. XVII, 60-61, Baist, *RF* IV, 418,
y Rohlfs, *ARom*. V, 413, prefieren relacionar con
el it. *chiappa*; éste se fija especialmente en el it.
merid. *chiappa* [que en Calabria es 'estuche de
clavos para herradura', 'nalga', 'grasa de cerdo'],
procedente de CAPULA [comp. cast. *cachas* 'chapas
que forman el mango de los cuchillos', dialectalmente 'nalgas'], pero claro es que la voz calabresa
queda muy alejada geográfica y semánticamente;
aquéllos se refieren más bien al italiano literario,
donde *chiappa* es 'presa', 'ganancia', y se deriva de
(ac)chiappare 'coger por sorpresa'. Se trataría de
una creación expresiva, lo cual podría aceptarse,
pero también ahí los sentidos del it. *chiappa* separan radicalmente esta palabra de la española.
Entre las formas dialectales mencionadas por Parodi, milan. *ciappa* «liste che circondano il pie
della scarpa», piam. *ciapa* «pezzo di suola che
s'applica alle scarpe rotte», se acercan bastante a
la 3.ª ac. de la Acad.: faltará ver si son hispanismos técnicos locales o proceden paralelamente de
clapa 'manchón'.— [8] Hoy se halla en el Languedoc,
Provenza y Saintonge, y figura en textos desde
h. 1300. En Gascuña corre la variante *plap, pla-
pa*, con dilación consonántica o variante en la
base onomatopéyica.— [9] En rigor sí hay algo de
ello, pero excepcional y sólo en la toponimia del
extremo Norte: p. ej. *El Clapís* es un escarpado de
roca en el Valle de Camprodón, sobre Llebro.—
[10] Hay también *(c)ciappa* «pietra piana» en Calabria (al cual quiere dar importancia H. Meier,
RF LXIII, 1-15). Pero la inicial *cci*- (y no *chi*-
como debiera esperarse) ya revela un elemento
extranjero, y se nota además, según los datos de
Rohlfs, que el vocablo se localiza sólo en la parte
Sur de la península calabresa, romanizada tardíamente y de dialecto fuertemente italianizado;
ha de tratarse, pues, de una importación norteña.
La única alternativa, dada la discrepancia fonética, sería admitir que es palabra independiente.
En las otras acs., también localizadas en la parte
Sur, «placca di latta», «fermaglio», «ganghero»,
es hispanismo seguro.— [11] «La paret està tota a

platxes verdoses», «li cau el pèl; té una *platxa* al tos».— [12] *Cavallo palpado* 'el manchado o rodado', en el *Libro de los Cavallos* del S. XIII (23.1, 23.4) ha de venir de un análogo cast. **plapado*.— [13] Así separaríamos *CLAPP- de *CRAPP- 'roca'. Este creo que sí es voz de sustrato, en relación con los nombres propios célticos CRAPPAVUS, *CRAPPONNA, galés *craff* 'firme, seguro', *craffu* 'sujetar' (y quizá galés *cryf* «fortis, gravis», córn. *crif* «fortis», bret. *kreff*, y aun tal vez bret. *krâf* «prise» e irl. *crip* 'rápido'); según Pokorny, *ZCPh.* XX, 519, aquéllas son palabras de origen «ilírico», en relación con el nombre de persona dalmático CRAPUS, eslavón *krěpŭ* 'firme, fuerte', isl. ant. *hrǣfa* 'soportar'; comp. Dottin; V. Henry; Walde-P. I, 487; Stokes-B. 96.

Chapalear, V. *chapotear* y *agua   Chapaleo, chapaleta, chapaleteo,* V. *chapotear   Chapar,* V. *chapa   Chaparra,* V. *chaparro   Chaparrada,* V. *chaparrón   Chaparral, chaparrazo, chaparrear,* V. *chaparro*

CHAPARRO, 'mata de encina o roble, de muchas ramas y poca altura', probablemente de origen prerromano, emparentado con el vasco dialectal *txapar(ra)* íd., diminutivo de *saphar(ra)* 'matorral', 'seto'. *1.ª doc.:* 1600, Mármol.

El vocablo se halla también en otros autores de princ. S. XVII (*Aut.*), así como en Oudin (1616)[1] y en Vélez de Guevara († 1644), *La Serrana de la Vera,* v. 411. Según indicaron Schuchardt, *BhZRPh.* VI (1906), 37-38, y Gavel, *RIEV* XII, 159, hay parentesco con el vasco ronc. *txapar* 'roble pequeño', b. nav. *txaparro* 'mata de encina o roble', '(hombre) rechoncho', variante de *xapar, que es el diminutivo regular del vasco b. nav. *sapar* (con artículo *saparra*) 'matorral', lab. y b. nav. *saphar* 'seto'[2]; el vco. *sapar(r)* «rubus» «tribulus» está bien documentado desde Leiçarraga y Axular, Michelena, *BSVAP* XIII, 500 (cf. J. Hubschmid, *Estudis Romànics* IV (1954 [1957], 231-4). Para la relación fonética entre estas tres iniciales vascas, vid. *CHAMORRO* y *SOCARRAR.* Para la relación con vizc., b. nav., ronc. *lapar* 'matorral' y b. nav. *gapar* íd. (de donde el cat. *gavarra,* gasc. *gardaua, magarda,* etc.), vid. Schuchardt, *l. c.,* y Rohlfs, *ZRPh.* XLVII, 400, y comp. bearn. *sapar* 'garrapata' junto al b. nav. *lapar,* aran. *laparra* íd. y cast. *garrapata* (*gaparrata*) íd. Es frecuente que las ideas de 'bosquecillo', 'matorral', 'seto' y 'encina o roble joven' sean expresadas por una misma palabra, a consecuencia de la propensión de los chaparros a crecer por los lados en forma análoga a un matorral. Esta propensión explica el que *árbol achaparrado* sea un árbol bajo y extendido, *hombre chaparro* valga por 'hombre bajo, rechoncho', y que, por otra parte, se llamara al chaparro con el nombre de *txapar,* diminutivo de *sapar* 'matorral', 'seto', comp. vasco *artegi* 'bosque que puede ser

talado o cortado', colectivo de *arte* 'encina, roble'. Es posible que *sapar* esté emparentado con el bereber *ta-saf-t* 'encina de bellotas' (*RIEV* VII, 1913, 306; Schuchardt, *Roman. Lehnw. im Berber.,* 17), y quizá con el fr. *sapin* 'abeto' (Bertoni, *ARom.* IX 422-3)[3]. En cuanto al romance, el port. *chaparro, chaparreiro* [Moraes], significa 'árbol pequeño y tortuoso', 'alcornoque pequeño' y dialectalmente 'encina joven', 'pino joven'; la falta de documentación antigua, y la vaguedad del significado parecen indicar un castellanismo; esto es más seguro en el caso del cat. *xaparro* 'pesado, carente de gracia y esbeltez en el andar o en las proporciones', en vista de su significado exclusivamente figurado. Trató previamente del origen de *chaparro* Larramendi (seguido por Diez, *Wb.,* 430), que derivaba del vasco *atxaparra* 'garra', comparada con las ramas cortas del chaparro (es comparación poco convincente, y el vocablo vasco, que falta en Azkue, es de existencia dudosa); Gerland, *GGr.* I², 567, y Schuchardt, *ZRPh.* XXIII, 200, señalaron ya el parentesco con el ronc. *txapar,* pero no lograron demostrar que esta palabra fuese genuina en vasco. La forma básica del vocablo vasco para 'matorral, seto' quizá es más bien *zaphar(ra)* que *saphar(ra),* y no hay que dudar de la existencia de *atxapar(ra)* 'garra', diminutivo del bien conocido *atzapar:* Michelena, *BSVAP* XI, 285. Claro que no por ello se podrá reivindicar la etimología de Larramendi, sin base semántica.

DERIV. *Chaparra* [1644; M. de Espinar]. *Chaparral* [íd.]. *Chaparreras. Achaparrarse* [*Aut.*], *achaparrado* [íd.]. *Chaparreta* 'Sparus aurata' (F. Lozano, *Nomencl. Ictiol.,* p. 171); gall. *chaparaña* (Sarm. *CaG.* 82*v*) o *chaparena,* pontev. *chapreta, chaparrudo* (ib. y 222*v*, Pensado, p. 201), por la forma achaparrada que consta por otros y por el propio Sarm., V. allí pormenores.

[1] «*Chaparro:* certain petit arbre d'espece de chesne vert ou d'yeuse, et qui porte du gland de mesme». Falta en la ed. de 1607, en Covarr. y en Percivale.— [2] Azkue. Comp. *saparrondo* 'zarzal, cambrón', vizc. *saparrote* 'regordete', vizc. y guip. *zaparrote* íd.— [3] Apoya esta última idea J. Hubschmid, *VRom.* XI, 125 ss., con la adhesión de Pokorny (*Wiss. Forschungsber., Kelt.,* 1952, 139).

CHAPARRÓN, de la raíz onomatopéyica CHAP-, que expresa el ruido del golpe aplastante de la lluvia al caer violentamente sobre las plantas y cosechas. *1.ª doc.: Aut.; chaparrada,* en el mismo sentido, 1605, *Pícara Justina.*

García de Diego, *RLR* LX, 153-4. Del mismo origen murc. *chapetón* íd. (G. Soriano), salm. *chapurrón* (Lamano), val. *xapallada, xapalló* (Escrig); y, con variantes en la base onomatopéyica: vasco vizc., guip., ronc. *zapar* 'ruido de una lluvia muy fuerte', vizc. *zaparrada* 'chaparrón' (de origen romance)—relacionado con el vasco: a. y b. nav., lab. y sul. *zapatu* 'aplastar', vizc. y guip. *zapaldu*—, cat.

xàfec 'chaparrón', cast. vulg. *chaspazo, charpazo* íd. Es común dar al chaparrón un nombre derivado de la idea de 'aplastar', como lo muestran el cast. *golpe de agua*, port. *pancada de água*, cat. *xàfec* (junto a *aixafar* 'chafar, aplastar'), port. *bátega*, pallar. *bàtec*, rosell. *abatut*, aran. *bategat* íd. (*BDC* XXIII, 277; *Misc. Fabra*, 180), derivados de BATTUERE 'batir, golpear'. Hubschmid, *Pyrenäenwörter vorroman. Ursprungs*, 45, busca parentela «preindoeuropea» a este vocablo. En realidad, se trata de voces onomatopéyicas y expresivas, sin parentesco genético.

DERIV. *Chaparrada* (V. arriba).

Chapatal, V. *chapotear   Chape*, V. *chapetón ¡Chape!*, V. *¡zape!   Chapeado, chapear*, V. *chapa   Chapecillo*, V. *chapetón   Chapel*, V. *chapín   Chapeleta*, V. *chapotear   Chapelete, chapelo, chapeo*, V. *capillo   Chapera, chapería*, V. *chapa   Chaperón, chaperonado*, V. *capa*

CHAPESCAR, caló, 'huir, escapar', tal vez metátesis de **chescapar*, procedente de un cruce entre *ESCAPAR* y el gitano *chalar* 'ir, andar'. 1.ª doc.: Acad. 1884, no 1843.

También caló cat. *xapescar* íd. M. L. Wagner, *Notes Ling. sur l'Argot Barc.*, 103, observa que, si bien *chapescar* se emplea también en gitano español, no parece que sea voz de origen índico, dada su ausencia de los demás dialectos gitanos, y que puede deberse a una combinación de *escapar* con el gitano genuino *chalar* 'ir, andar' (caló cat. *xalar* 'huir, ir aprisa').

Chapeta, V. *chapa* y *chapotear   Chapetón* 'rodaja', V. *chapa   Chapetón* 'chubasco', V. *chaparrón*

CHAPETÓN, 'europeo recién llegado a América, y, por consiguiente, inexperto, bisoño, en las dificultades del país', probablemente sacado, por cambio de sufijo, de *CHAPÍN* 'chanclo con suela de corcho' (en que se andaba incómodamente y metiendo ruido), por alusión al andar pesado del que sufre de niguas en los pies, de las cuales solían padecer los inexpertos en la vida tropical. 1.ª doc.: 1555, Fz. de Oviedo.

Lenz, *Dicc.*, 256-9; Friederici, *Am. Wb.*, 164-5; Cej. IX, § 212. Es común en los cronistas de Indias de los SS. XVI y XVII, y también en algunos escritores españoles de la misma época, con el sentido general de 'inexperto, novato' (Mateo Alemán, Calderón, Vélez de Guevara)[1]; hasta hoy o hasta hace poco ha seguido empleándose en la Arg., Chile, Perú y América Central por lo menos, mas parece haber sido de uso general en el Continente durante los primeros tiempos. Una especie de primitivo *chape* (o *chapi*) se emplea en Catamarca (Arg.) al bisoño que no conoce el país y, como apodo injurioso, al gallego o español; es vocablo

que se había empleado en otras partes, pues el chileno Pineda Bascuñán (1673) empleó dos veces su diminutivo *chapecillo*, alternando con *chapetón*, y del castellano de Chile pasó *chapi* al araucano en el sentido de 'soldado bisoño' y de 'español'. Por otra parte, *chapín* significa 'pateta, patojo' en Colombia y Honduras, con especial alusión en el último de estos países al que lo es a consecuencia de las niguas, en Costa Rica *chapetón* es el que anda con dificultad, y *chapetas* significa 'torpe, tonto'. En vista de todo ello y de que *chancleta*, derivado de *chanclo* 'calzado con suela gruesa de madera', significa también 'persona poco hábil en la ejecución de una cosa', es sumamente probable que tenga razón Lenz al considerar *chapetón* derivado de *chapín*, que tiene sentido semejante al de *chanclo*, y al atribuir esta denominación a lo extendido que estaba el sufrir de niguas entre los españoles inexpertos de las cosas tropicales; para lo cual puede verse B. de las Casas, *Apol. Hist.*, 44b-45[2]. La única rectificación que conviene hacer a la explicación de Lenz, es que es innecesario suponer la existencia de un primitivo **chape* 'chapín', pues bastaba con la conciencia de que *-in* era comúnmente sufijo, para que al formar un derivado personal en *-etón* (tal como *guapetón*) se partiese de la raíz *chap-* de la voz *chapín*; en cuanto al catamarqueño y chileno anticuado *chape* se extrajo de *chapín* o de *chapetón* secundariamente. Carecen de fundamento las dudas de Tiscornia, *M. Fierro coment.*, 401-2; la forma *chapelón* 'jugador novato' que este autor señala en Luque Faxardo (1603), estando completamente aislada, no es más, seguramente, que una errata, y es arbitrario partir de ella, suponiendo que el vocablo sea derivado de *pelón* con el sufijo raro *cha-*.

DERIV. *Chapetonada* 'la primera enfermedad que padecen los europeos al llegar a América', 'torpeza, acción propia de inexperto' [h. 1600: Rosas de Oquendo, *RFE* IV, 345; ejs. posteriores en Friederici y Lenz; en Canarias es 'recrudecimiento de una enfermedad': Millares, p. 93][3].

---

[1] Todo da a entender que estos autores empleaban el vocablo con conciencia de que propiamente se aplicaba a la vida americana: en Calderón se refiere al pasajero de un barco, sin experiencia de la navegación, y Mateo Alemán había vivido en Méjico. Oudin, 1607: «*chapetón*: nouveau à quelque chose», se refiere seguramente al texto de Alemán.— [2] En apoyo de la opinión de Lenz, puede citarse todavía el dato de Covarr. de que a algunos soldados se les llamó *Chapin* como apodo «con ocasión que aviéndolos encoxado en guerra han usado de un çueco alto como *chapín* para no cogear tanto». Esta tradición obraría en América al llamar *chapines*, *chapes* o *chapetones* a los soldados bisoños que cojeaban a consecuencia de las niguas. En la Arg. se llama hoy *chapinos* o *chapinudos* a los caballos y otros animales cuya pezuña se ha hinchado o se ha hecho voluminosa

còn el barro, las cazcarrias, etc.; usan la primera forma un romance popular recogido por Lynch e Ismael Moya (II, 314) en sus cancioneros, y Luis Franco, en *La Prensa de B. A.*, 5-V-1940; la segunda se lee en Guiraldes, *D. S. Sombra*, p. 183. [3] *Capetonada* 'vómito violento que ataca a los europeos que pasan la zona tórrida' (Acad., falta aún 1884 y en el *DHist.*) es evidente errata por *chapetonada*.

CHAPÍN, 'calzado de mujer, con suela gruesa de corcho, de cuatro dedos o más de alto, destinado a aumentar aparentemente la estatura', vocablo de formación paralela a la del cat. *tapí* íd., y a la del vasco *zapino*, derivado de una onomatopeya *CHAP-*, imitativa del ruido que hacía la que andaba en chapines. 1.ª *doc.*: 1389, inventario de Medinaceli (Castro, *Glos. Lat-Esp. de la Edad Media*, p. LXXXI); Cej. IX, § 212.

Vuelve a aparecer nuestro vocablo h. 1400 en el Glos. del Escorial y es frecuente desde el S. XV (*Corbacho*; Juan A. de Baena). Del castellano pasó al it. antic. *chiapino*, *chapinello*, empleados por Castiglione († 1529) y Chiabrera († 1638): el segundo atestigua que es voz tomada del español (Tommaseo, s. v.), y sabemos por Franciosini que en esta época los italianos miraban los chapines como calzado extranjero, típico de las españolas[1]; también estarán tomados del castellano el mozárabe *chipín* 'chapín de mujer, alcorque' (PAlc.), y quizá el port. *chapim* íd. (a juzgar por la terminación y por el hecho de que Moraes y Vieira no dan ejs. anteriores a 1600). En catalán el mismo calzado se llamaba *tapí*, documentado desde 1383 y abundantemente desde el S. XV; es vocablo propio de este idioma, aunque su área se prolongó hasta el arag. ant. *tapín* (invent. de 1402, *BRAE* II, 222), y se cita un prov. *tapì* 'zueco' (sólo en el Delfinado: Mistral, s. v. *patin;* sin documentación antigua), Yonne *tapignon* íd. (Sainéan, *Sources Indig.* I, 203); en cuanto a sic. *tappina*, calabr. *tappinu*, *tappina*, 'pianella, pantofola', serán probablemente catalanismos. Luego el chapín parece haber sido realmente un calzado exclusiva o preferentemente hispánico, gracias a la abundancia del corcho en la Península Ibérica. Hay también vasco *zapino* «chapín, media corta que llegaba hasta el tobillo» (Azkue, en algunas localidades de Laburdi y Alta Navarra), que de una manera u otra se relaciona con el vasco *zapatu, -aldu,* 'aplastar' y con *zapato, zapata*. En cuanto al fr. ant. *eschapín*[2], sobre el cual llamó la atención Castro, era un calzado demasiado distinto para que se imponga relacionar los dos vocablos: se trataba de una especie de escarpín ligero, de paño o de cuero, calzado para saltar de la cama, llevado por hombres y mujeres indistintamente, y cuya forma se adaptaba al tobillo y a la pierna, atándolo a veces con cuerdas bastante largas, vid. Godefroy III, 366b; Tobler, III, 849a; Alwin Schultz, *Das höfische Leben im*

Zeitalter der Minnesinger I, 249, 295; Eunice Goddard, *Women's Costume according to the French Texts*, 112[3]. Hay un contraste completo con las descripciones del *chapín* español[4], comp. «no quiero / meterme agora a cavallera y herme / muger de piedra en lo espetado y tiesso, / e n c a r a m a d a en dos *chapines*, padre» (Vélez de Guevara, *La Serrana de la Vera*, v. 1596)[5]; la oposición es tan absoluta, que es lícito afirmar la independencia completa de los dos vocablos. Para el chapín como tipo del calzado pesado y como causa del andar lento y torpe, véase el texto de V. de Guevara y lo dicho s. v. *CHAPETÓN*. El calzado tomaría nombre del ruido característico que se hacía con él al andar, sobre todo cuando todavía era de madera, según el uso antiguo atestiguado por Covarr., Laguna y Ruices de Fontecha[6]. La Acad. admite que *chapín* viene de *chapa*, evidentemente por comparación de ésta con la suela de corcho o madera; pero *chapa* no era antiguamente una hoja de madera o metal, como hoy, sino más bien una incrustación de este material (véase el artículo correspondiente), y el cat. *tapí* indica claramente una onomatopeya con variante consonántica.

DERIV. *Chapinazo* [1490, *Celestina*, ed. 1902, 115.4]. *Chapinero; chapinería. Chapinete. Enchapinado*, así llamado por estar sobre una especie de pedestal. *Chapel* ant. 'chapín pequeño' [ya Acad. 1843].

[1] «*Chapin:* Le pianelle che portano le Spagnuole, che per esser differenti dalle altre son facili ad esser conosciute». Luego se equivocó Schuchardt, *ZRPh.* XXXVI, 37, al decir que *chapín* venía del it. *chiapino*. El vocablo fué adaptado a la raíz onomatopéyica italiana *chiap(p)-*, que en muchos dialectos tomaba la forma *ciap(p)-*.— [2] Se halla desde Raschi (h. 1100) y desde fines del S. XII (*Chronique des Ducs de Normandie, Garin le Loherain*) hasta los SS. XV y XVI (Villon; *Loyal Serviteur*). Hay variante normanda *escapin*, y otra forma *escafin* (1846), relacionada con el moderno *escafignon* 'especie de calzado ligero', 'pantufla', cuya *-f-* en alternancia con *-p-* permitiría sospechar un origen germánico. Sin embargo, Gamillscheg, *EWFS*, cree que *escafignon* viene del lat. *scapha* 'barca'; Bloch no se pronuncia y señala el it. ant. *scappino*, que las ediciones antiguas de la Crusca documentan en el *Novellino* (fines del S. XIII). En el S. XVI *eschapin* fué sustituído por el italianismo *escarpin* 'calzado ligero de cuero', derivado de *scarpa* 'zapato' (para el cual V. aquí *ESCARPÍN*).— [3] La forma fr. *chapin* sólo se halla como variante menos autorizada en uno de los pasajes de los *Loherains* y en otro de Villon.— [4] «Calzado proprio de mugeres sobrepuesto al zapato, para levantar el cuerpo del suelo: y por esto el asiento es de corcho, de cuatro dedos o más de alto, en que se assegura al pie con unas corregüelas o cordones. La sue-

la es redonda, en que se distingue de las chinelas. Oy solo tiene uso en los inviernos para que, levantados los pies del suelo, asseguren los vestidos de la inmundicia de los lodos, y las plantas de la humedad. En lo antiguo era trage ordinario y adorno mugeril, para dar mas altura al cuerpo y mas gala y aire al vestido». *Aut.* Análogamente Covarr.— [5] Si alguna vez hallamos quien dé al chapín equivalencias diferentes (así Azkue en su definición del vasco *zapino*), se trata de fuentes modernas, y cabe sospechar confusión o contaminación con *escarpín*. Para el uso dialectal y moderno de *chapín*, véase Krüger, *VKR* VIII, 313. [6] Cabrera cita esos textos en apoyo de su opinión, ya anotada por estos autores, de que *chapín* tiene el mismo origen que el fr. *sapin* 'abeto'. Pero este vocablo apenas se ha usado jamás en parte alguna de España, y en ninguna parte tiene *ch-*.

Chapín 'césped', V. *tupido*   *Chapina* 'concha', V. *pechina*; 'algas', V. *sapo*   *Chápiro, chapirón, chapirote*, V. *capa*   *Chapitel*, V. *capitel*

CHAPLE, *buril ~*, 'buril redondo, en figura de gubia o de escoplo, que no hace punta', probablemente derivado del fr. ant., med. y dial. *chapler* 'tajar, trinchar'. *1.ª doc.:* Terr.

Para el vocablo francés, V. *FEW* II, 279b, 280a; comp. especialmente fr. med. *chapler* «tailler (une pierre)» (1517), Ussel *champlo* «hache à court manche et à large taillant».

Chapo, V. *choco*   *Chapó*, V. *capillo*   *Chapodar, chapodo*, V. *podar*   *Chapón*, V. *chapa*   *Chapona*, V. *chupa*

CHAPOTEAR, 'hacer movimientos en el agua o lodo, con los pies o manos, hasta salpicarse', de CHAP- onomatopeya del golpe que se da en el agua. *1.ª doc.:* fin S. XVII, *Albeitería de Conde*, Cej. IX, p. 607; *Aut.*

He reproducido, abreviándola, la definición de *Aut.*, que se ajusta mejor que las actuales de la Acad., al sentido más común hasta hoy día. Del mismo radical, con otros sufijos: *chapalear* íd. [Acad. ya 1884, no 1843], cast. ant. *chapullar* 'guachapear, chapotear' (1438, Corbacho, 217.5; hoy murciano)[1], cat. *xipollejar, xipollar*, 'chapotear' (con el sustantivo *xipoll* 'extensión de agua derramada por el chapoteo', *xapoll* en la Espluga de Francolí, *xopóll* 'lodazal' en el Rosellón: *Misc. Fabra*, 205), port. *chapinhar, chapinar, chapejar*, íd., trasm. *chapilhar*, port. *chape* 'golpe que se da en el agua', langued. *chapoutà, chapoutejà*, 'chapotear', y *chapot* 'aguazal' (Mistral), valón y loren. *chapoter* (Sainéan. *Sources Indig.* II, 130). Trató incidentalmente de esta palabra, relacionándola con *zampar, chapuzar*, y otras, que miraba también como onomatopeyas, Baist, *RF* I, 107.

DERIV. De *chapotear*: *chapoteo*. De *chapalear*:

chapaleo, chapaleteo; chapaleta 'válvula de la bomba de sacar agua' [1675, Fz. de Navarrete, en Gili; 1696, *Vocabul. Marít. de Sevilla*][2]. Otros derivados del radical CHAP-: *chapatal* [1543; L. de Villalobos] 'lodazal o ciénaga'; judesp. *chaputina, sapatino* 'charcos fangosos en que se hunden personas y animales' (Farhi, *VRom.* III, 309); *chaputear* «pisar lodo o agua de modo que suene, y del mismo sonido se formó esta voz, como también la de *chipichape*» (Ayala, 1693, en Gili). Comp. AGUA.

[1] Steiger, *BRAE* X, 30 (con la aprobación de M-L., *REW* 6827), relaciona con el port. *pular* 'saltar, agitarse' y quiere derivar de PŬLLŬLARE 'retoñar', pero nótese que las UU de esta palabra son breves y hubieran dado ciertamente *o*, y por otra parte, que el murc. *chapullar* es inseparable del cat. *xipollar, xapoll*, y del cast. *chapotear*.— [2] El equivalente fr. *clapet* y el ingl. *clapper* que da el dicc. mar. de Fz. de Navarrete, sugieren que el nombre castellano se funde también en el ruido que hace la chapaleta. Verdad es que las variantes *chapeta* y *chapeleta* registradas por el propio Navarrete hacen pensar en un derivado francés de *chape* 'capa' (por ser la chapaleta una «especie de tapadera»). Pero nada de esto parece hallarse en francés, por lo menos en Littré ni en el *FEW* (s. v. *cappa*).

Chapucear, chapucería, chapucero, V. *chapuz*   *Chapullar*, V. *chapotear*   *Chapurcar*, V. *puerco*

CHAPURRAR, 'hablar mal un idioma mezclándolo con formas de otro', 'mezclar un líquido con otro', voz familiar de origen incierto; quizá haya relación con *purrela* 'vino de mala calidad', aunque también puede pertenecer este vocablo a la misma familia onomatopéyica que CHAPOTEAR. *1.ª doc.:* *champurrar*, 'mezclar un líquido con otro, y también otras cosas, como tabaco, azúcar, etc.', *Aut.*, como voz vulgar y baja; *chapurrar*, h. 1800, L. Fz. de Moratín; Acad. ya 1843, no 1817.

Algún dato, no documentado, en Cej. IX, p. 609. La forma con *m* es la vulgar en América: Cuba (Pichardo *champurrado*, p. 88), Chile (Román: *champurrear*), Arg. (Garzón; Segovia; M. Fierro, II, 2681, *champurriar*), y Malaret documenta los derivados *champurrado, champurreado, champuxría*[1], *champurro*, 'mezcla de licores', en Méjico, Venezuela y Perú. Se dice también *champurrear* 'mezclar, mixturar', 'hablar mal', en Asturias (Rato), *champurrado* 'mezcla de licores' en Andalucía (A. Venceslada). El catalán sólo conoce *xampurrejar* y *enxampurrar*, ambos aplicados al habla, aunque se oye también *xampurrar*, y el mall. *xamporrat* 'mistela' se halla desde el S. XVIII.

Hoy la forma con -*m*- se rechaza generalmente en castellano como vulgarismo, pero es muy posible que *chapurrar* sea alteración de aquélla por influjo de *chapotear* 'humedecer con agua', 'chapotear' y de *chapucear* 'frangollar'. Varios han emitido la opinión de que nuestro vocablo sea variante, con otro sufijo, de la familia onomatopéyica a que pertenece *chapotear* (Baist, *RF* I, 107-8, y IV, 418; Sainéan, *Sources Indig.* I, 230, n., comparando el fr. *patauger* 'chapotear' y 'enredarse hablando')[2]. Esta opinión no es imposible, sobre todo si realmente pertenecen a la misma familia ZAMPAR, y los it. *zampa, ciampa, 'pata', ciampare* 'tropezar', como admite Baist; pero conviene hacer reservas pues significado y forma son considerablemente distintos. Por lo demás, el cespedosano *chapurrar* 'salpicar con agua', que Sánchez Sevilla (*RFE* XV, 145) relaciona atinadamente con el montañés *japurriar* 'revolver el agua sucia' (G. Lomas), sugeriría más bien que *ja-, cha-, cham-*, sean las tres variantes conocidas del prefijo SUB-, y entonces el radical debería buscarse por la parte de *purrela* 'vino de mala calidad', 'aguapié', y del familiar *purriela* 'cosa sin valor', cat. *púrria* íd., de origen oscuro, por lo demás[3]. Sin embargo el nav. riberano *chapurrar* 'trajinar mucho con agua lavando, etc.' (Iribarren), junto con las acs. análogas de Cespedosa y Santander, apoya mucho el supuesto de que el vocablo perteneciera a la misma raíz onomatopéyica de *chapotear, chapalear*, etc.

DERIV. *Chapurrado. Chapurrear.*

[1] Éste también, en Chile, en el sentido de 'araucano mestizo de español' (Román).— [2] Parodi, *Rom.* XVII, 60-61, relaciona más vagamente con *chapucear* partiendo del sentido general de 'hacer algo en forma inaceptable'.— [3] Si la primera sílaba es prefijo, las formas catalanas debieran ser castellanismos, pues allí no existen estas formas del prefijo SUB-. Esto, por lo demás, es muy posible.

Chaputear, chaputina, V. *chapotear*

CHAPUZ, 'obra manual de poca importancia o hecha sin arte ni pulidez', 'palo que acompaña al mástil principal, con el objeto de aumentar su grueso', junto con *chapucero* 'oficial que hace las obras groseramente', y *chapucería* 'obra manual mal hecha', procede del fr. antic. y dial. *chapuis* 'tajo, pedazo de madera grueso, asentado en el suelo o sobre una mesa, que se emplea para el trabajo del cocinero, el tonelero, etc.', *chapuisier* 'desbastar madera', 'carpintear groseramente', *chapuiserie* 'trabajo del carpintero que trabaja así', derivados del mismo radical que el fr. antic. y dial. *chapoter* 'desbastar madera', fr. ant. *chapler* 'cortar a pedazos, tajar, trinchar' (relacionados con el cast. *capar* 'castrar', neerl. *kappen* 'cortar'), con la terminación del fr. *menuiser* 'trabajar de ebanista' (procedente del lat. vg. *MĬNŪTIARE 'desmenuzar', derivado de MĬNŪTUS 'menudo'). 1.ª doc.: *chapuz*, 2.ª ac., 1680, *Recopil. de Indias*; 1690-1717, F. Gamboa (en Gili); 1.ª ac., *Aut.*, y Fz. de Navarrete localiza esta ac. en el arsenal de Cádiz; *chapucero*, 1601, Rosal

(Gili), Covarr.; *chapusador*, como nombre de oficio, doc. santanderino de 1246, Staaff, 30.39.

Este documento distingue cuidadosamente entre z (o *ç*) y *s*, pues contiene una veintena de vocablos con aquellas dos consonantes y ningún ejemplo de *s* con el valor de z o *ç*: es fuerte indicio de que nuestra familia léxica tenía primitivamente *-s-* y no *-z-*, consonante que adquirió por influjo del sufijo o infijo *-uzo, -uz(-)*. Covarr. quería derivar *chapucero* de *chapa*, y por esta razón definió el vocablo de este modo: «el herrero que haze clavos de cabeça redonda, estendida como chapa». Pero no hay operarios con especialización tan estricta, y así *Aut.*, a pesar de seguir fielmente, como siempre, las huellas de Covarr., se apresura a agregar no sólo que el herrero chapucero puede también hacer badiles ordinarios y trébedes bastas, sino que además el vocablo se aplica a cualquier oficial «que hace las obras sin arte ni méthodo, y las forma o remienda con fealdad y descompostura»; advierte que hay en Madrid un gremio de chapuceros separado del de herreros; análogamente definen Siesso (1720) y ya Henríquez (1679), mientras que otros lexicógrafos bilingües que suelen copiarse unos a otros, Minsheu (1617), Franciosini (1621) y Sobrino (1705), siguen las huellas de Covarr.; también Rosal (1601) da una definición algo análoga (vid. Gili), pero éste a su vez se hace sospechoso, por estar defendiendo una etimología construída e inverosímil. El influjo de la tradición de Covarr. es tan fuerte, que la Acad. conserva todavía la ac., poco fundada, según creo, 'herrero que fabrica clavos...' Hoy se ha extendido el uso del vocablo a lo moral y abstracto y *chapucero* se emplea sobre todo como adjetivo en el sentido de 'desaliñado en los trabajos'.

El fr. *chapuisier* se documenta desde el S. XII, y todavía se emplea alguna vez, aunque pertenece casi exclusivamente a los dialectos y a algún uso técnico; su matiz distintivo es fácil deducirlo de estas citas que entresaco del *FEW* II, 281-2: fr. ant. *chapuisier* «charpenter, tailler du bois», fr. centr. *chapiser* «dégrossir du bois avec maladresse», Dôle *chapuser* «couper du bois en petits morceaux; travailler sans aucun goût», Blonay *tsapüzi* «dégrossir du bois; travailler du bois pour faire de petits objets», Lyon *chapuiser* «faire le charpentier pour passer son temps»; fr. med. *chappuiz* «billot de tonnelier», Bas Gâtinais *chaput* «billot de sabotier», Anjou íd. «billot sur lequel on coupe les ardoises», fr. *chapuis* «charpente en bois des bâts ou des selles» (Littré); borgoñón ant. *chapuserie*, saboyano ant. *chapuiserie* «travail de charpentier», Laguiole (Aveyron) *copussejà* «menuiser en petit». Desde Francia pasó el vocablo al Norte de Italia con el mismo matiz: piam. *capüi* 'virutas', *tsapüse* 'tajar madera', Valsesia *ciapuzzée*, Monferrato *ciapissee* «fare un lavoro alla peggio».

No está bien claro cuál de los vocablos castellanos *chapuz, chapucero* o *chapucear* se tomó primero del francés, ni si todos se tomaron directamente α solamente uno de ellos, del cual se formarían derivados ⁀castellanos. La falta de formas del sustantivo fr. *chapuis* con el significado de 'trabajo mal hecho' llevaría a suponer que se partió de *chapusador, cha-* 5 *pucero* o *chapucear*, pero la fecha tardía de este último, y la circunstancia de que el portugués sólo posee el sustantivo *chapuz* 'taco', 'cuña', 'pieza de madera para reforzar', indica que éste[1] se tomaría directamente y aun acaso constituyó el jefe de 10 familia en la Península.

Deriv. *Chapucear* [Terr.]. *Chapucero* (V. arriba). *Chapucería* [*Aut.*]. *Chapuza*.

[1] Quizá esté ya en el *Canc.* de Baena, n.º 127, v. 11; pero ni el sentido ni el texto son seguros. 15

CHAPUZAR, 'meter a uno de cabeza en el agua', variante de *zapuzar*, antiguamente *sopozar*, derivado de POZO con el prefijo *so-* 'debajo', en el sentido de 'hundir en un pozo o poza'; la *u* 20 de *chapuzar* se debe al influjo del sinónimo *capuzar*, cat. *cabussar* íd., que es derivado del lat. CAPUT 'cabeza'. *1.ª doc.*: *sopozar*, med. S. XIII, *Buenos Proverbios*; *sapozar* y *çapuzar* en mss. bíblicos del S. XIII; *chapuzar*, 1596, Juan de Torres. 25

Cuervo, *Dicc.* II, 717, propuso esta etimología, ya apuntada por Diez, *Roman. Gramm.* II, 431. V. además Cuervo, *Obr. Inéd.*, 380; Cej. IX, § 213. It. ant. *soppozzare* 'sumergir, hundir', usado por Dante y el Petrarca; Parodi, *Rom.* XXII 30 (1899), 304, adhiriéndose a la etimología de Cuervo, señaló *sapoza* en un antiguo texto veneciano, y M-L., *REW* 8388, agrega *soppoczato* en un texto antiguo en dialecto de Chieti. Además de las variantes castellanas señaladas por Cuervo (*çanposar* 35 en los *Bocados de Oro*, med. S. XIII, y las citadas arriba), hallamos *zapozar so el agua* 'sumergir' y *zapuzado* 'immersus' en los glosarios de h. 1400 publ. por Castro, *çapuzar* 'sumergir (un trapo en un líquido)' en *Almicded y Almayesa*, texto mo- 40 risco tardío[1], *zapuzar* en Cristóbal de Castillejo (1.ª mitad del S. XVI, ed. Rivad., p. 163), y hoy *zampuzal* o *champuzal* en Salamanca y Cáceres[2]. No siempre el significado es 'zambullir', sino muchas veces está la idea general de 'sumergir, hundir': la 45 *sapozar* 'meter una cosa en un hoyo cubriéndola de tierra', en el asturiano de Llanes (Rato), *zampuzado en un banasto* en Quiñones de B. († 1651; *NBAE* XVIII, 517 y 842*b*), *ensapuzar* «chapuzar, mojar de arriba abajo» entre los sefardíes de Ma- 50 rruecos (*BRAE* XIII, 232; XV, 60). Más en Gili, s. v. *çapuzar, -uçar*. Se notan las varias formas *so-, sa-, za-, zan-, cha(n)-*[3], que a menudo toma el prefijo SUB- en castellano (*sonreír, chapodar, zahondar, sancochar*, etc.). Otro ⁀derivado de PU- 55 TEUS con el mismo significado hallamos en genovés, donde *appussâ* es «immergere, attuffare; cacciar checchè sia dentro un corpo liquido» (Casacia), comp. el nombre propio *Zapuzo* (*Zaputius*) en genovés antiguo (1190), citado por Parodi. 60

Baist, *RF* I, 107-8, y IV, 418, no quiso aceptar la etimología de Diez, y proponía formar con *chapuzar, chapotear* y *chapurrar*, una familia onomatopéyica derivada de *chapa* y de *zampar*, quizá fijándose en la definición que Palet (1604) y su imitador Oudin (1607) daban a *chapuçar* y *chapucear* «patrouiller en l'eau», «plonger», pero estas fuentes son las únicas que dan la primera de estas acs., probablemente debida a una confusión meramente personal con *chapotear* (o en todo caso, a un influjo secundario de este verbo)[4].

La principal razón que aducía Baist (además de una confusión infundada con las palabras estudiadas aquí s. v. *CHAPUZ*) era la *u* de *chapuzar*, que según hemos visto no es constante, y que puede deberse en parte a influjo de las palabras del artículo precedente y en parte al del sufijo frecuente *-uzar*, pero que sobre todo sería causada por el contacto con el sinónimo *capuzar*. Éste figura en la Acad. ya en 1817 (no 1783), sin localización, mas parece ser voz propia de las hablas castellanas del Este, pues *capuzón* 'chapuzón' es murciano según la Acad. y yo lo he oído en Almería, *capucete* es aragonesismo, según el mismo diccionario, que agrega el dato de que en algunas comarcas se dice *capuceta*, y sobre todo *cabussar* es el vocablo normal para 'zambullir' en catalán y en lengua de Oc[5], ya desde la Edad Media[6]; por lo demás, *capuzar* se halla ya en la traducción de la Eneida por E. de Villena (S. XV), autor lleno de vocablos de influencia catalana, y no parece que *capuzar* sea ajeno a otras regiones de España, pues lo he oído en Almería y de él será metátesis *zapucar*, empleado en localidades de Castilla (G. de Diego, *RFE* III, 307); a un verdadero cruce de *capuzar* con *chapuzar* se debe el port. dial. *cachapuçal*, empleado en un pueblo de la Sierra de Gata (Espinosa, *l. c.*), y sus derivados *cachapuço, cachapução*, 'zambullida', propios de Tras os Montes (*RL* V, 34).

Deriv. *Chapuz* 'zambullida' [1604, Bravo]; *chapuzón. Zampuzo.*

[1] «Almicded demandó al rey çafrán, y fízol' e[n] una foya destenbrar [= desleír] con aua, y tomó un trapo de liño y *çapuzólo* en el çafrán», publ. por M. de Pano, en *Homen. a Codera*, 46.— [2] Espinosa, *Arc. Dial.* 51. Los testigos que distinguen entre *ç* y *z* vacilan: uno lo pronuncia con sorda y otro con sonora, lo cual se explica por la proximidad de la frontera entre el portugués y el castellano, pues en Portugal se pronuncia *poço* mientras que en castellano antiguo se decía *pozo* con sonora. Pero en judeoespañol tiene sonora. El port. antic. *chapusar, -zar*, 'lanzar abajo', 'lanzar en el agua o en un charco' (ya en Simão Machado: Vieira) quizá sea castellanismo, pero popularmente se emplea *enchapuçado* «molhado» (Cortesão), *chapuçar* 'meter en un charco' y 'zambullir' en la Beira y en Braganza (Fig.), con *ç* regular.— [3] El calabr. *sumbuzzare*, sic. *summuz-*

zari, sammuzzari, napol. *sẹmmuzzarẹ,* que causan extrañeza a M-L., no son en realidad mucho o nada sorprendentes, por lo menos el primero, pues es sabido que el cambio de -MP- en -*mb*- tiene gran extensión en el Sur de Italia y que por otra parte también es normal allí el paso de -MB- a -*mm*-; en cuanto a *sum*- como forma del prefijo SUB- está muy extendido en Calabria: *sumbenire, sumportare, sumpostu, suncurrere,* etc. (Rohlfs).— ⁴ La conexión con *zampar* se la pudo sugerir a Baist la afirmación con que Covarr. inicia su artículo: «*çampuzar:* parece tener la misma significación que *çampar*», pero estas palabras deben tomarse como una mera opinión etimológica de Covarr., pues el lexicógrafo agrega en seguida «pues el *çampuzar* se dice tan solamente de la cosa que echamos en el agua, a lo hondo, que se cubre en ella», es decir, el sentido corriente de *chapuzar ∼ zampuzar.* Claro está que puede emplearse *zampuzar* en un sentido muy vecino al de *zampar* como cuando Quiñones dice *zampuzar en un banasto,* pero se trata evidentemente de un uso figurado de la idea de 'zambullir'.— ⁵ Hoy en catalán se dice sobre todo *capbussar* por influjo moderno de *cap* 'cabeza' (lat. CAPUT), del cual *cabussar* era derivado mediante el sufijo verbal -*ussar,* con sonorización normal de la -*p*- al hacerse intervocálica. La -*p*- castellana puede deberse, sea a aragonesismo, sea a este grupo catalán -*pb*- (en caso de tratarse de un catalanismo aragonés y murciano), sea a influjo de *chapuzar.*

Chaqué, V. *chaqueta   Chaquebarraque,* V. *traque*

CHAQUETA, tomado del fr. *jaquette* 'chaqué', 'chaqueta larga', especialmente la que antes llevaban los campesinos, derivado del fr. antic. *jaque* m. 'especie de jubón', 'cota de malla', y éste probablemente del fr. antic. *jacques* 'campesino', denominación tomada del nombre propio *Jacques* 'Santiago'; las antiguas voces castellanas *jaco* (o *jaque*) y *jaqueta* son también galicismos, aunque de fecha anterior. *1.ª doc.:* 1804, Moratín; Acad. 1817, no 1783; cita de Javier de Burgos, † 1849, en Pagés; *jaque* 'cota de malla', 1369, *Cortes de Cast. y León* II, 178; *jaqueta,* S. XIV, invent. arag. (*BRAE* IV, 218).

Se halla también *un jaque de seda* en el *Rim. de Palacio,* 459*b* (1385-7). Covarr. da *jaco* 'cota de malla' y 'vestido corto, ceñido al cuerpo, de una tela de lana de cabras, grosera y tosca, que despedía el agua y abrigaba; solían llevarlo los gastadores'; para Oudin *jaca* y *jaco* son 'cota de malla', y la primera de estas formas pasó de ahí a dicionarios posteriores¹; *Aut.* escribe *xaco* reproduciendo la definición de Covarr. y citando un ej. de Góngora. A princ. S. XVIII el vocablo ya había caído en desuso, pues *Aut.* pone la defi-

nición en pasado. *Jaqueta* «pannucia» aparece también en el *Glos. de Toledo,* h. 1400; Covarr. y Oudin definen «sayo corto abierto por los lados», y *Aut.* (definiendo en tiempo presente) da una cita de *xaqueta* en Argensola (1609) y otra de *xaquetón* en Zurita (1562-79); Cej. IX, § 197; hoy el vocablo figura como anticuado en Acad.: un cambio de moda haría que se volviese a tomar del francés en el S. XIX, adaptando esta vez como *ch*- la *j*- francesa.

Nos bastaría ya el comparar esta escasa cosecha documental con la riqueza de los artículos *jaque* [1375] y *jaquette* [h. 1327] en el dicc. francés de God. para comprender que las formas españolas han de venir de Francia, y no al revés, como han admitido algunos; la temprana difusión hacia el Norte y Centro de Europa hace que esta conclusión se imponga: alem. *jacke* [1417, pero en bajo latín de Polonia ya aparece *jacca* en 1393]; ingl. *jack* [1375]; en varios idiomas escandinavos *jak, jacka;* it. *giaco* 'cota de malla' [F. Sacchetti, † 1400, según la Crusca, 1763], *giacchetta, giacca,* 'chaqueta'; oc. ant. *jaca* [1360], *jaqueta, jaqués* [«sorte de vêtement»]; cat. ant. *jaca* [1413], *jacota* [1422], *jaquet* [1460-70], cat. *jaqueta* 'chaqueta corta' [1464], y el moderno y regresivo *gec* 'chaqueta'; port. *jaquete* [h. 1440: Fernão Lopes, vid. G. Viana, *Apostillas* II, 35], *jaqueta* [Nunes de Leão, † 1608], *jaque* [1446, *Orden. Afonsinas*]. Así, pues, la consonante inicial es unánimemente sonora en todas partes, como lo es en todos los testimonios castellanos anteriores al S. XVII, mientras que la grafía reciente *xaco, xaqueta,* de *Aut.,* no tiene otro fundamento que la etimología disparatada que propone este diccionario («ár. *xacon* 'llena y pesadamente'»). Bastaría esta razón, según indicó Baist (*RF* IV, 411), para rechazar el étimo de Eguílaz (429) ár. *šakk* 'cota de mallas muy apretadas' (Freytag)²; como además el centro de difusión del vocablo es la Francia del S. XIV y no España, esta etimología queda desechada inapelablemente, a pesar del favor inmerecido que obtuvo de Kluge³, Gamillscheg⁴, M-L. (*REW* 7519*d*) y Bloch.

Según una sugestión de Du C. (s. v. *jacke*) podría venir del nombre de los *jacques,* campesinos que se levantaron contra la nobleza francesa en 1358; lo mismo por parte de su primer autor que de los posteriores que le siguieron (Diez, *Wb.,* 165; Littré; *DGén.;* G. Viana), esta opinión se formuló con grandes reservas, y creo que no puede aceptarse en la forma que Diez le da, al decir que vendría del nombre del jefe de la Jacquerie, Jacques Bonhomme de Beauvais; quizá tampoco se trataría de los jacques revoltosos, de estar asegurada la fecha aproximada de 1327 en que Bloch señala *jaquette* (en la 2.ª ed. de este dicc. se fecha sólo desde 1364), pero es sabido que el apodo de Jacques, lat. JACŎBUS, aplicado a los campesinos franceses, seguramente por la frecuencia de este nombre de pila entre ellos, no es algo vinculado

exclusivamente a la revuelta de 1358; por el contrario, el nombre se usaba cuando ya se había
olvidado este episodio histórico, y pudo ser anterior al mismo. Ahora bien, la *jaquette* había sido
en Francia prenda característica de los campesinos [5]
y gente popular: lo sabemos no sólo por Littré
y el *DGén.*, sino por la afirmación constante de
los lexicógrafos desde fecha muy anterior[5]. Y que
en los SS. XIV-XVI, es decir, cuando todavía la
-s final podía pronunciarse más o menos, era muy [10]
general la identificación del sustantivo *jaque* con
el nombre de persona Jacques, nos lo prueba la
grafía *un jacques* que hallamos en el testimonio
más antiguo del vocablo, y también en la Crónica
de Du Guesclin, el *Petit Jean de Saintré*, la *Farce* [15]
de Colin Filz de Thevot, en Du Fail, etc., y lo
confirma la latinización «*jacobus: sagum militare*»
en un doc. parisiense de 1374 citado por Carpentier; por lo demás la -e final, en un vocablo que
fué casi siempre masculino, difícilmente se podría [20]
explicar de otra manera[6].

DERIV. *Jaquetilla. Chaqué* [falta aún Acad. 1899],
tomado oralmente del fr. *jaquette* íd. *Chaquete*
[*Aut.*; *chaqued*, 1720, Siesso, en Gili], 'juego parecido al de damas', del fr. *jacquet* [1867], posi- [25]
blemente idéntico al fr. antic. *jacquet* 'criado, lacayo', diminutivo de *Jacques* 'Santiago', pero se
ignora el origen de esta denominación. *Chaque-
tilla. Chaquetón* [Acad. 1884, no 1843].

[1] Dice Eguílaz que *jaco* en este sentido figura [30]
también en dos lexicógrafos del S. XVI, C. de las
Casas y el Brocense. Sin embargo falta por lo
menos en la 1.ª edición de aquél.— [2] Por otra
parte no es segura la forma del vocablo arábigo.
Según Baist está en el tunecí Abenjaldún († 1406), [35]
pero lo que figura en éste, según Dozy, I, 776*b*,
es *šikka*.— [3] Así en la ed. de 1924. Pero Götze
en las ediciones recientes del mismo diccionario
ha eliminado tácitamente la etimología arábiga y
vuelve a dar, con reservas, la de Du Cange.— [4] La [40]
tesis doctoral de Esau en que se funda este autor
no contiene datos de interés acerca del problema. Se limita a reproducir las opiniones ajenas
y a subrayar que faltan pruebas de la relación
con la Jacquerie.— [5] «*Iaquette* est le nom d'un [45]
habit que les villageois portent de la façon d'un
saye court à tassettes pleines», Ranconnet, 1606.
«La *jaquette* est aussi un habit de païsan, qui est
une casaque sans manches», en Furetière (1690),
Richelet (1769), Trévoux (1771), etc. Una futura [50]
monografía podría acabar de establecer este dato
importante, anterior como puede verse a Du Cange, examinando el contexto de algunos de los
ejemplos citados por God.; por ej. cuando el
Jouvencel de J. de Bueil dice «Laissez moi atout [55]
ma petite *jaquette*: la robe ne fait pas l'homme»,
probablemente se refiere a esto. Ménage no propone étimo alguno que sea digno de discusión.—
[6] Por la misma etimología se ha pronunciado después Wartburg en el *FEW* (V, 11). [60]

Chaquete, V. *chaqueta*

CHAQUIRA, 'abalorio o grano de aljófar que
llevan los indígenas americanos como adorno y que
se empleó para comerciar con ellos', de una lengua de la zona del Mar Caribe; probablemente,
según Fz. de Oviedo, de un dialecto de la región
de Panamá. 1.ª *doc.*: 1526, Fz. de Oviedo.

Según Lenz, *Dicc.*, 260, sería de las Antillas.
Pero Oviedo en tres pasajes de sus obras localiza
el vocablo (una vez en la variante *cachira*) en la
parte meridional del istmo centroamericano: en
tierras de los Cunas (Panamá), en Cueva y en las
islas del golfo de Nicoya (Costa Rica): Friederici,
Am. Wb., 166. En todo caso no es palabra del
Perú, como afirma la Academia, pues los peruanos,
según Acosta, le daban otro nombre. Es verdad que
se ha empleado con referencia a toda la América
del Sur.

Char, V. *alijar* m.   *Charabán*, V. *carro*
Charada 'adivinanza', V. *charlar*   *Charada* 'fogata', *charamusca*, V. *chamuscar*

CHARANGA, 'orquesta popular descompasada',
'música militar que sólo consta de instrumentos
de viento', voz imitativa del sonido estridente. 1.ª
doc.: 1836, Pichardo (1875); Bretón de los Herreros, † 1873 (cita en Pagés); Acad. 1884, no
1843.

La primera ac., no registrada por la Acad., es
usual en España y en América (Malaret, *Supl.*).
Acs. y variantes en Cej. IX, p. 577. También port.
charanga íd. [Vieira, 1871], y, como voz jergal,
'olla de rancho', 'últimos bancos de una aula' (Fig.),
cat. *xaranga* 'orquesta estridente'. Algunos derivados tienen acs. traslaticias: *charanguero* and. 'chapucero', 'buhonero', 'barco usado para traficar de
unos puertos con otros' [ya Acad. 1780, la 1.ª ac.
ya en Fernán Caballero, † 1877, cita de Pagés],
'vendedor de pescado en pequeño' (A. Venceslada), de donde *charanga* 'pequeño almacén en que se
prepara pescado'. *Charango* 'especie de bandurria
de sonido agudo usado por los indios peruanos'
[Acad. ya 1899], 'piano desafinado' per. (Malaret),
'juego con malas cartas y probabilidad de perder'
cub. (Pichardo: 1836-75). Arg., chil., per., boliv.
charango 'bandurria'. Apenas hay que decir que
Lenz (*Dicc.*, 261) tenía razón al rechazar un origen quichua. M. L. Wagner, *ZRPh.* LXIV, 322,
relacionando con murc. *charranguear* 'charlatanear'
y hond. *charranga* 'jaleo, jarana', insinúa derivarlo
de *charrar*, variante cat.-arag. de *charlar*, en lo cual
no es posible seguirle, aparte las razones geográficas, por no darse nunca el cambio de -rr- en -r-
(a no ser en caso de contaminación, y aquí no se
ve ninguna), pero sí el opuesto. Por otra parte sospecho que no atina al decir que el cub. *charango*
'cosa insignificante' es palabra independiente.

CHARCO, voz común al castellano y al portugués, de origen desconocido, quizá prerromano. *1.ª doc.*: J. Ruiz, 1110*a*.

Cej. IX, § 295. Se halla también en Crón. Alf. XI («Fincóles y muy grand pieza de agua en aquel *charco*, que les abondaba a lo que habían menester»), Riv. LXVI, 279*b*, cit. de Cuervo *Dicc.* I, 78*a*; en Villasandino, h. 1400 (*Canc.* de Baena, n.º 119 y 191.8), en la *Celestina* (ed. Foulché 1902, 17.2), en Guevara († 1545), en B. de Garay (1541), y en general es frecuente desde los SS. XV y XVI, aunque los primeros diccionarios que lo registran parecen ser Percivale (1591: «a poolé, a ponde or ditche of water»), Rosal, Palet y Oudin (1607: «marais, fossé d'eau croupie, mare». En portugués se conocen ejs. abundantes desde la 2.ª mitad del S. XVI, en Camoens, p. ej. (*Lus.* II, xxvii, 5, y vid. Vieira y Moraes); agreguemos que ya se lee *um charco de água* en Sá de Miranda, h. 1530 (ed. Michaëlis, p. 166)[1].

Se han propuesto varias etimologías imposibles. Ár. *ṭárqa* 'agua enturbiada por el tránsito' (Acad. 1884) o *ṭáraq* 'hoyos en que se estanca el agua' (Eguílaz, 373) pueden descartarse sin examen, pues el *ṭ* arábigo no da *ch* castellana. Larramendi derivaba del vasco «*charcoa*, que significa despreciable y ruin, como lo son las charcas y charcos comparados con los ríos», razonamiento semántico que no puede tomarse en serio, y, por otra parte, este vocablo no pertenece al vocabulario vasco conocido (se tratará de un derivado supuesto de *txar* 'diminuto, defectuoso, malo'); Diez recogió la afirmación de Larramendi, pero evidentemente insatisfecho, llamó la atención al mismo tiempo hacia un vasco *charcea* 'ensuciar', que tampoco pertenece al léxico normal del idioma (falta en Azkue). Por razones fonéticas evidentes pueden desecharse el alem. *quark* propuesto por Scheler (apéndice a Diez), y el escand. ant. *kjòrr*, sueco *kärr*, 'pantano', propuesto por Liebrecht (*Jahrb. f. rom. u. engl. Lit.* XIII 232).

Otras etimologías necesitan examen más detenido, pero ninguna de ellas tiene verosimilitud, y sólo se indican aquí para el caso de que la aparición futura de datos nuevos pueda cambiar considerablemente el aspecto de la cuestión. Vising[2] relacionó la palabra hispanoportuguesa con la escandinava *flark* 'lago pequeño', 'pantano movedizo, tremedal', 'ciénaga sin fondo', 'charca cubierta de hierba': se trata de una palabra dialectal sueca[3], propia del Norte del país, aunque su difusión en la toponimia indica que debió de ser antigua en el idioma y de extensión más o menos general en otro tiempo; no dice Vising en qué forma se figura la relación entre *charco* y esta palabra sueca, pero debe suponerse que piensa en una palabra gótica hipotética que correspondiera al escand. *flark;* aun admitiendo, sin embargo, la posibilidad del cambio de FL- en *ch* castellana (que no es normal en la lengua literaria, pero es posible dialectalmente

y, en palabra muy usada en plural, pudo generalizarse por fonética sintáctica, comp. *CHOPO, CHOZA, CHAPA*), un vocablo que se halla en una sola lengua nórdica, y de cuya existencia en el escandinavo éddico o rúnico no tenemos el menor indicio, es un apoyo tan débil para conjeturar una correspondencia en gótico, que apenas se puede tomar en serio la idea[4].

Por estas razones M-L. (*REW* 3354*a*), aun acogiendo respetuosamente la sugestión del sabio profesor de Göteborg, se inclinaba más por una onomatopeya, volviendo a las huellas de Covarr.: «de el sonido que hazen las cavalgaduras cuando passan por los *charcos* se dixeron assí»; de hecho el cast. *chapatal*, el cat. *xipoll*, el alem. *patsche*, los tres en sentido de 'lodazal', se han formado de esta manera, pero me apresuro a añadir que así estos sustantivos como los verbos correspondientes *chapotear, chapalear*, cat. *xipollejar*, alem. *patschen, plätschern*, ruso *páčkatisja*, presentan constantemente la combinación de una oclusiva labial sorda, expresiva del contacto brusco de los pies o patas con el líquido, y la africada *č* que corresponde al ruido más suave y prolongado del agua o barro al desparramarse salpicando; en *charco* la consonante inicial tendría valor onomatopéyico, pero en un vocablo creado de la nada con finalidades imitativas no se explicarían bien la *r* ni la *k* siguientes: en una palabra, no puedo creer en la onomatopeya.

Termino exponiendo una hipótesis que podría agregarse a las anteriores: podrá también calificarse de audaz, aunque ésta desde luego no es inverosímil. En términos generales, la extensión geográfica, la naturaleza semántica del vocablo y su *ch*-inicial, serían favorables a un origen prerromano, pero lo que puede conjeturarse a base del vasco está lejos de ser sencillo. Existe una vieja voz vasca *sar* o *sarra* con el significado de 'herrumbre', 'escoria de hierro' (Alta Navarra, Vizcaya, Guipúzcoa), 'arena, esp. la gruesa, de río' (en parte de Vizcaya); digo que es una vieja voz vasca porque, según la teoría muy verosímil de Schuchardt, es el mismo vocablo que el ibérico SARNA, ZERNA, de donde procede el cast. SARNA, cuyo significado básico sería 'escamas', y, por otra parte, el mismo origen tiene el cast. *SARRO*, de suerte que hay buenas razones para admitir que el sentido originario del vasco *sar* fuese 'detritos, escorias, desperdicios, inmundicia' en general. Ahora bien, -*ko* es sufijo frecuente, muy vivo y antiguo en vasco, dedicado a formar adjetivos que por lo común indican lo que se halla en un lugar, pero también adjetivos denominales de otros tipos: *itxaso-ko* 'marítimo' (de *itxaso* 'mar'), *mendi-ko* 'montañés', *lurre-ko* 'terrestre', *etxe-ko* 'de la casa, familiar', *han-go* 'de allí', *hemen-go* 'de aquí', *herene-ko* 'tercero', *kanpoti-ko* 'exterior' (de *kanpo* 'fuera'), *urre-z-ko* 'áureo, de oro' (de *urre* 'oro'), *burni-z-ko* 'férreo', *zur-ez-ko* 'de madera' etc.⁵. Luego no sería arriesgado suponer un vasco antiguo *sarko 'que se halla en medio de los desperdicios, la inmundicia, el fango', 'balsa fangosa', 'charco'; ahora bien, según se ha visto en los artículos *CHAMORRO* y *CHAPARRO*, es frecuente que las formas romances relacionadas con voces vascas en *s-* procedan del diminutivo correspondiente en *x-* o, más exactamente, de una forma antigua y dialectal en *tx-* de este mismo diminutivo: es decir, en nuestro caso, *txarko⁶. Por cierto que mientras no puedan hallarse confirmaciones objetivas de los escalones intermedios, o algún punto de apoyo en lo que sabemos del ibérico o del proto-vasco, esta construcción ha de parecer necesariamente atrevida, y lo es en efecto, aunque debe reconocerse que, dada la escasez de nuestros conocimientos actuales en la materia, no puede haber mucha esperanza de que tales confirmaciones aparezcan⁷.

DERIV. *Acharcar* [1604, Palet; Oudin, etc.], *acharcamiento*. *Charca* [1604, Bravo]. *Charcal*. *Charquetal*. *Charqueirão* mirand. ant. 'charco' (S. XVIII, Leite de V., *Philol. Mirand.* II, 22). *Encharcar* [APal. 153b], *encharcado* [med. S. XVI, Fr. L. de Granada, Fr. L. de León].

¹ Para completar nuestra documentación señalaré que *charco* f. y *charquè*, «masse de boue», se emplean en el dialecto gascón de Lavedán. En cuanto al bearn. *charouquè* «patouillis», que Palay relaciona con estas palabras, más bien parece voz independiente (*charoucà* «faire entendre comme un gargouillement, glousser», *charouquè* «celui qui répand de l'eau», «action de l'eau qui gargouille»). Puede tener mucho interés la variante *chargue*, que en el sentido de 'olla, cadozo, lugar profundo en un río al pie de un salto de agua' se halla en el rondeño Vicente Espinel (1616, *Marcos de Obregón*, *Cl. C.*, p. 242). El castellonense J. B. Porcar (*Bol. de la Soc. Castellon. de Cult.* XIV 83) habla del *fosso xarcullat*, con muralla y puente levadizo, que rodeaba un poblado: en realidad se trata de un verbo *xarcullar* 'limpiar una balsa, una acequia o foso sacando el lodo y las raíces y hierbas que los obstruyen'; vid. el *DAlcM.*, según el cual se trataría de una variante de *eixarcolar* 'desherbar, limpiar de malas hierbas un cultivo'. No está eso bien claro, pues se trata de algo muy diferente de *eixarcolar* 'desherbar un campo', y además no queda explicada la *ll*. Sería interesante saber si se pronuncia con *š-* o con *č*. Cierto es que con la rectificación semántica del *DAlcM.* no queda menos dudoso que derive de *charco* 'balsa', aunque desde luego persiste esta posibilidad. Por lo demás, la gran extensión de *xarca*, *xarco* y el derivado *Xarcum*, pronunciado con *č-*, en la toponimia valenciana (*El Charcuno*, entre otros lugares, extensa partida de monte desde el río Escalona hacia el Norte, en el término de Tous, cerca de Énguera, ya en el dominio de la lengua castellana, frente a otra

llamada *los Charcos*) me lleva a dudar de que estas voces sean castellanismos en la variedad valenciana del catalán. ¿Serán allí mozarabismos? También en castellano y portugués habría varias razones para sospechar que el vocablo sea de origen mozárabe. Cierto es que no se presenta esta familia con igual arraigo en todas las comarcas valencianas. Espero averiguar mejor este dato fundamental antes de terminar mis estudios de toponomástica valenciana. Desde luego no es sólo de la parte central, donde menudean los castellanismos, sino que también se halla en el Maestrazgo y en el Sur, según recuerdo, y en las montañas al Sur del Júcar (donde la penetración castellana raramente alcanza la toponimia): *els Cárkos* es, p. ej., nombre de una partida en lo más remoto y enriscado del valle de la Casella (Alcira) y en Simat de Valldigna recogí *čarkím* como palabra viva (más o menos como sinónimo del arabismo *tarquim* 'lodo', por lo que parece ser un cruce de *tarquim* con *charco*, pero aun así es prueba del arraigo campesino de este vocablo en uno de los valles más áspero y de lenguaje más puro de todo el Reino); *čárco* tiene mucha extensión, como genérico y como nombre propio, en la toponimia valenciana de todo el País y en particular del Sur y del Centro, aun en los lugares más remotos y serranos y de lenguaje más puro, p. ej. en las sierras de Quatretonda el *Xarco dels Coloms* es donde se juntan dos ramblas considerables (Corrals y Barranc Fondo). Por lo demás nuestro vocablo es ajeno al catalán.— ² *Nordisk Tidsskrift for Filologi*, 4.ª serie, VI (1917), 75-76.— ³ «Noruega» dice por error M-L.— ⁴ Antes de insistir en ella debería verse en qué relación se halla *flark* con el neerl. med. *vlacke*, frisón orient. *flakke*, que según algunos ha dado el fr. *flaque* 'charco' (vid. Gamillscheg, Bloch). Si *flark* fuese una alteración de *flak*, claro está que toda posibilidad de relación con la voz española desaparecería.— ⁵ Schuchardt, *Primitiae Linguae Vasconum*, § 55; López Mendizábal, *La Lengua Vasca*, pp. 73-74.— ⁶ El caso de *lurreko*, derivado de *lur*, o el de *hereneko* procedente de *heren*, sugieren la posibilidad de que el adjetivo derivado de *sar* fuese más bien *sarreko, *ixarreko; aun así es probable que al romanizarse esta forma recibiera el acento en la sílaba antepenúltima, como es frecuente hoy, y aun lo más frecuente, en la pronunciación de los nombres de lugar y apellidos vascos. Por otra parte, hay también casos de aplicación directa del sufijo a la terminación consonántica (*hango*, *hemengo*). Hoy la variante *sar* (guip., vizc., a. nav.) está más extendida, según Azkue, que *sarra* (Vizcaya); quizá no siempre fué de esta manera, a juzgar por el ibérico SARNA, ZERNA, y, por el contrario, no costaría admitir que *sar* se sacara de *sarra* por deglutinación del artículo *-a*; de ser esto así, por poca antigüedad que atribuyéramos a nuestro vocablo nos veríamos conducidos a una base *txarrako, y ni siquiera de esta dificultad sería imposible salir (aunque la A postónica interna no se pierda en castellano), pues la evolución castellana de nombres de lugar celtibéricos como UXĂMA y LETISĂMA nos muestra cuán difundido estaría en España el cierre de la A breve en sílaba abierta, de acuerdo con las normas de la fonética latina (*Osma, Ledesma* < UXŬMA, LETISŬMA). Por lo que hace al significado básico, *txarko* pudo ser también 'lo que se halla en la glera o arenal del río', de donde 'charco'. Y nótese que si la forma *chargue* que he señalado en Espinel fuese la originaria, se podría partir de un *txárregi* 'escorial, fanga', formado con *-egi*, el sufijo colectivo bien conocido (*arregi* 'pedregal', *artegi* 'encinar', etc.), de cuya antigüedad hasta los tiempos ibéricos dió pruebas M-L. (*BDC* XI, 3-4); esto aumentaría la verosimilitud del derivado, al ahorrarnos el rodeo de un adjetivo sustantivado, y la no palatalización de la G¹ podría explicarse considerando el vocablo como vasquismo medieval y no como iberismo; entonces *charco* podría venir de un mozárabe *charc* < *txárregi*.—⁷ Agrego en nota otras combinaciones que no me satisfacen. ARCA significa ya 'depósito de agua' en latín; de aquí un verbo *EXARCARE 'embalsar (agua)' que hubiera dado *enxarcar* en castellano antiguo, de donde pudo extraerse un seudo-primitivo *charco*; el verbo *encharcar*, con su participio *agua encharcada*, parece ser antiguo, pues ya lo documenta *Aut.* a med. S. XVI (Fr. L. de Granada, Fr. L. de León) y ya se halla en APal., 153*b*. Pero hay dos dificultades muy graves: 1.º aunque se forman en romance derivados en EX- sin valor privativo o ablativo, es partiendo de adjetivos (EXALBICARE > *enjalbegar*, EXAMPLIARE > *ensanchar*, EXALTIARE > *ensalzar*, EXANGUSTARE > *ensangostar*) pero no de sustantivos, pues EXAQUARE > cat. *eixaguar* 'sacar del agua', EXHUMORARE > *eixamorar* 'secar, dejar sin humedad' o EXSUCARE *enjugar* 'sacar el jugo, secar' muestran cuál es el significado de las formaciones denominales, y aun casos como EXAQUARE > *enjuagar* (se partiría de 'sacar el agua sucia de lo que se ha lavado'), EXAURARE > fr. *essorer*, EXAURATUS > cast. ant. *exorado* 'dorado', EXHIBERNARE > cat. *eixivernar* 'invernar, hacer pasar el invierno' son bastante diferentes; para una palabra que significara 'encharcar, embalsar' esperaríamos más bien *INARCARE que *EXARCARE. 2.º Por otra parte, los casos de *enjalbegar, enjuagar, enjambrar, enjugar*, nos muestran cómo el resultado de EX- puede ser *enx-* en castellano antiguo y *enj-* en el idioma moderno, pero no *ench-*, dificultad que sólo podría salvarse quizá admitiendo un préstamo mozárabe o aragonés o un portuguesismo muy moderno.—Cabrera registra un verbo *enaguarchar* variante de *enaguazar* 'encharcar, aguachinar, llenar de agua las tierras', y *Aut.* da también *enaguarchado*; partiendo de ahí podría imaginarse un mozárabe *acuarchato* > *acharc(u)ato*, de donde el derivado regresivo *charco*; construcción casi sin apoyo—. El arag. *chabisque* 'lodo, fango' [Acad. 1936, no 1884; Cej. IX, § 212], alent. *chabouco* 'gran charco' (cita de Hubschmid, *Festschrift Jud*, 252), estremenho *chabouco, chabanco*, «depressão num lajedo em forma de bacia, onde se aglomeram as águas das chuvas» (*RL* XXXVI, 90), nos muestran un radical *chab-*, que quizá sea onomatopéyico, en relación con el *CHAP-* estudiado arriba; ahora bien, hay también marag. *chabarco* 'charco' (*BRAE* II, 640), extrem. *chalabarquino* 'regajo, charco que se forma en un arroyuelo' (*BRAE* III, 665)—que vendrá de *chabarcalino*, diminutivo de *chabarcal*—: ¿podría *charco* ser contracción de *chabarco*? No lo creo posible, pues no hay casos de pérdida de una *-b-* intervocálica, a no ser antes o después de vocal posterior; por otra parte, aunque pudiera citarse el *chargue* de Espinel para probar que la terminación de *charco* es algo que puede variar, el hecho es que *-arco* no es sufijo o lo es rarísimo. Lo probable es que *chabarco* sea cruce local de *chabanco* con *charco*.—Sainéan, *Sources Indig.* II, 129, relaciona *charco* con el prov. *sargoulhà, sargoutà*, 'agitar violentamente' (que en vista de *sargoutì* tendrán que ver con el cast. SACUDIR, *sagudir*), pero yo no conozco el significado «barboter dans l'eau» que él atribuye a esta voz provenzal, y aunque existiera, la relación no sería verosímil.—David Lopes, *RL* XXIV, 270, deriva el nombre de lugar *A Xarca*, camino hondo en las cercanías de Lisboa, del ár. *šáqqa* 'hendedura, resquebrajadura' (PAlc., Bocthor); es probable que este nombre de lugar sea lo mismo que el apelativo *charca*, pero no creo que el uno ni el otro vengan de esta voz arábiga, por la diferencia semántica, y además porque la *r* secundaria que advertimos ante *ç* en casos como *alicerce, alferce*, no es de creer que pudiera introducirse ante una *c* = *k*.—¿Hay relación con el santand. *chorca* 'hoyo de alguna magnitud', 'sepultura' (Terr.), *chorco* 'hoyo abierto con la azada para sembrar' (G. Lomas)? Más bien parece que éste venga de SŬLCUS 'surco'. Cierto que Madoz (VII, 26, hablando del partido de Riaño, prov. León) describe un *chorco* como 'profundidad circular a la que, mediante maniobras de persecución, se obliga a caer a los animales peligrosos', pero Caro (*Pueblos de Esp.* 324, 311) dice que el *xorco* o *chorco* es una «fosa» empleada con este fin y que en Asturias se le llama *caleyu* (= callejo), lo cual vuelve a acercarnos a la idea de 'surco'; detalles sobre *chorco* en Sajambre (junto a Riaño) en Fdz. Gonzz., *Oseja*, 246. Éste quiere unirlo al nombre de lugar *Bijorco*, aplicado a una confluencia y sin duda procedente de BIFURCUM; pero está claro por razones fonéticas (*j* procede de F en esta zona y *ch* nunca pudo tener este origen) que los dos vocablos nada tienen en común.—No se puede tomar en consideración, por evidentes razones de forma y de sentido, la idea de H. Meier (*Festgabe Gamillscheg*, 1953, 130-1) de relacionar con el gr. πλάξ 'lastra, piedra plana'.—Hubschmid, *RF* LXV, 296, coincide conmigo al sospechar en -*co* un sufijo vascoide, pero su hipótesis de un hispánico prerromano *tšar*- con el sentido de 'agua' queda en el aire, pues el vasco *zaraza* 'lluvia abundante' (sólo recogido por Azkue en un pueblo de Vizcaya) es una onomatopeya, como se ve por la variante *zarazara*, que además de éste presenta varios significados onomatopéyicos; y las voces romances dialectales que además agrega son heterogéneas entre sí y sin relación con *charco* (land. *čarné* «flaque d'eau», ast. *xarazu* 'granizo', *xarabia* 'lluvia menuda' [V. *SARABIA*], Ansó *charpaleta* 'aguanieve'); desde luego no la tiene el cat. *xarbót*, *xarbotar* 'salpicar, un líquido, al sacudir su recipiente', hermano del prov. *sargoutà*, para el cual V. arriba. Cf. *ciarcuna*- que Smoll, *Vorkelt. Idg. Hisp.*, p. 7, lee en diversas losas sepulcrales lusitanas del Sur, en lugar del *saronah* que había leído Schulten, quien (por una identificación indemostrada con el lemnio *zeronai*θ) entendía «hic situs est». Ahora bien, si esto es exacto, igual se podría entender *ciarcuna*- (o bien un *CIARCU*- radical de éste) como 'tumba, fosa sepulcral' y admitir que un CIARCU- 'fosa' se aplicase especialmente al hoyo de una charca, de donde el castellano (mozárabe) *charco*.

CHARLAR, voz de creación expresiva, probablemente tomada del it. *ciarlare* íd. *1.ª doc.*: 1555, Fz. de Oviedo; *charlador*, ya en C. de Castillejo, † 1550.

Cuervo, *Dicc.* II, 717-8. Cej. IX, § 205. Falta todavía en Nebr. y PAlc. y no conozco ejs. medievales; está ya en C. de las Casas (1570)[1], en Oudin (1607)[2] y en Covarr. Esta fecha tardía, si se confirma, es fuerte indicio del origen italiano, que el uso del vocablo por parte del anti-italiano Castillejo no basta para poner en duda[3]. El port. *charlar* parece ser aún más moderno que en castellano, pues Moraes y Vieira no dan ejs. y Cortesão sólo trae uno de 1860 (*chalrar);* las voces más corrientes en el idioma vecino son *palrar* y *tagarelar*. La introducción de *charlar* parece se produjo juntamente con la del italianismo indudable *charlatán*[4]. Para italianismos pertenecientes al mismo orden de ideas, vid. *CHÁCHARA, CHANZA*. En italiano *ciarlare* es palabra antigua, pues *ciarla* figura ya en Boccaccio: se trata al parecer de una alteración, por influjo de *parlare* 'hablar', de una forma *ciarrare*, conservada hoy en Cerdeña (con variantes locales *tsarrare, dzarrare*, vid. *AIS*, mapa 716), e idéntica a oc. *charrà*, cat. *xerrar* (también *xarrar*, particularmente en Valencia), a. arag. orient. *charrar* (*BDC* XXIV, 166), norm. *charrer*, todos ellos 'charlar'.

DERIV. *Charla* [h. 1580 o 90, J. de la Cueva]. *Charlador* (V. arriba); *charladuría. Charlante. Charlear. Charlón. Charlotear; charloteo*. De un cruce de *chalrar* con *barallar* 'hablar mucho y confusamente, sin provecho' (quizá con influjo de *zarrapastroso*) puede salir el gall. centr. *zarrallar* dicho del «borracho que habla zarrapastrosamente» (Sarm. *CaG.* 217v). *Charlatán* [C. de Castillejo, † 1550, vid. Terlingen, *l. c.*; «cierto *charlatán* salta en barco, de aquellos que suelen hazer la prueva de la theriaca», Laguna, *Diosc.* VI, pref., p. 574], tomado del it. *ciarlatano* íd., como atestiguan Fz. de Oviedo y Covarr.; la voz italiana parece resultar de una contaminación de *cerretano* 'vendedor de panaceas y de indulgencias falsas' por *ciarlare*[5]; *charlatanear, charlatanería, charlatanismo*. Gall. *cherlo* «lelo, charlatán» [Vall.] por cruce de estas dos palabras y quizá de la paronomasia con *cherla* 'especie de mero'.

Charada [Acad. ya 1843; Cej. IX, § 209], del fr. *charade* [1770], que parece ser tomado de oc. mod. *charrado* 'conversación, charla', derivado del citado oc. *charrà* 'charlar'[6].

[1] «*Chalar*: frappare» (es decir, 'engañar, charlar'). Es errata segura por *charlar* en vista del orden alfabético. Nótese, de todos modos, que en la parte ítalo-castellana traduce *ciarlatore* por *parlero*, como si *charlador* le pareciera poco castellano.— [2] «Caqueter, babiller, bavarder, causer, bouffonner, jaser, badiner, faire le bouffon».— [3] El ej. de *charlar* en J. Ruiz, citado por Cuervo, no existe. Los manuscritos traen *chirlar* (para el cual V. *CHILLAR*), aunque en uno de los dos pasajes la *i* está comida por un agujero de ratón. De ahí la falsa lectura de T. A. Sánchez.— [4] *Charlatão* es frecuente en portugués desde princ. S. XVII (Vieira, Moraes). También el francés y el catalán introdujeron el sustantivo *charlatan* (*xarlatan*), pero no el verbo correspondiente. Nuestra primera autoridad, Fz. de Oviedo, emplea, además de *charlar*, una forma *charlatar* sacada evidentemente de *charlatán*. Para documentación Gili y Terlingen, 303-4.— [5] *Ciarratano* en forma latinizada se halla en una carta dirigida a Inocencio VIII (1484-92); hoy se conserva el uso de ambas formas en Calabria (*AIS*, y Rohlfs, *Diz. Cal.);* *dzarritanu, ciarrulitana, ciarralitana*, en Cerdeña. Más documentación de *ceretanus, cerretanus*, en los artículos correspondientes de Du C. Para bibliografía acerca del origen de esta palabra, vid. además Tommaseo, s. v.; Baist, *RF* XVI, 404; Prati, *ARom.* XX, 214. La *z*- de la forma *zarlatàn* (con *z* sorda) de Parma, Romagna y Venecia, en desacuerdo con la *ci* de *ciarlare*, más o menos extendida por toda Italia (*AIS*), confirma el origen diferente. *Cerretano*, en efecto, es probablemente derivado de *Cerreto*, ciudad de Umbría, región donde abundaba el tipo popular del vendedor locuaz de medicamentos e indulgencias, comp. *orvietano* 'medicamento compuesto de

muchos ingredientes, que se creía adecuado para numerosas enfermedades', que es derivado de Orvieto, en la misma región. Covarr. da una descripción extensa y pintoresca del charlatán italiano tal como entonces era conocido en España. No se puede tomar en consideración la idea de K. H. Menges (*RPhCal.* II, 221-3), quien quisiera derivar el it. *ciarlatano* de una palabra turca hipotética, que a su vez sería un préstamo del mongólico. Los esfuerzos de Malkiel (ibid. II, 317-26) por apoyar esta idea son vanos. Es inconcebible el préstamo de un vocablo afectivo como éste, en el campo de batalla, entre dos ejércitos como el veneciano y el turco, que hablaban lenguas absolutamente incomprensibles del uno para el otro. Según la propia documentación de Malkiel, *cerretano*, documentado en 1477 (según Battisti-A. ya en el S. XIV), es anterior a *ciarlatano*, documentado en un libro sobre los hombres ilustres del S. XV, que por lo tanto no será anterior al XVI. Y el significado de la hipotética voz turca 'el que obliga a otro a promulgar o a hablar en alta voz' tampoco corresponde; más argumentos contra el pretendido origen turco de *charlatán*, en Nykl, *MLN LXV*, 518-21. Menos inverosímil que la de Menges, la etimología de Kahane (*RPhCal.* V, 177-8), gr. bizant. χερατᾶ '¡cornudo, bribón!', tampoco resulta convincente, no habiendo noticias de que significara 'charlatán' o 'vendedor de panaceas' en griego (que el cambio de χε en če sea corriente en los antiguos helenismos populares del Sur de Italia no prueba que sea posible en un préstamo del S. XIII). Sobre todo, ni Malkiel ni Kahane dan razones sólidas para negar la derivación de *Cerreto*. En pruebas del *DCEC* agregué referencia al artículo de Migliorini, *RPhCal.* VII, 60-64, quien demostró la etimología CERRETANUS históricamente, identificando a CERRETUM con el *Cerreto* de Spoleto.— ⁶ La etimología de la voz francesa es litigiosa por no haber testimonios de que el vocablo tuviera ya el sentido francés en lengua de Oc. Últimamente Spitzer, *Philol. Q.* XXIII, 77-83, vuelve a la idea de Förster de que es alteración del fr. ant. *charaude*, variante de *charait*, *charaute*, del lat. CHARACTER, 'esquela con caracteres mágicos', y da argumentos encaminados a demostrarla. Siempre queda, de todos modos, el hecho de que *charade* es palabra muy reciente para venir de aquel viejo vocablo. Desde luego es inaceptable la idea de Baist, *ZRPh.* V, 243, de derivar el vocablo francés del salm. *charrada* 'baile', 'canción, copla, tonada', derivado de *CHARRO* (Lamano).

Charlatán, V. *charlar*   *Charnaque*, V. *charneca*

CHARNECA, 'lentisco', en portugués *charneca* es 'terreno inculto, arenoso y estéril en que sólo vegetan plantas silvestres'; probablemente se tomó

de este idioma, donde lo más probable es que se trate de una palabra de extracción mozárabe, procedente de un *CERRĪCA relacionado con el mediterráneo y latino CERRUS sinónimo y afín del castellano *carrasco* y del catalán y occitano *garric carri(c)* 'carrasco', *garriga* 'charneca, landa'. *1.ª doc.:* princ. S. XVI; 1575, Ambrosio de Morales. En portugués 1180.

Según Gillet (*Propaladia* III, 761) *charneca* (parece nombre de planta) está ya en la *Almoneda en Disparates* de princ. S. XVI, y el colectivo *charnecal* en Torres Naharro (1517). Figura también en Martínez de Espinar (1644). El cordobés Ambrosio de Morales dice que es planta semejante al terebinto, y en él se basa quizá Oudin al definir «arbrisseau qui ressemble au thérébinthe» (bajo la forma *charueca*, por errata, en la ed. de 1616; falta en la de 1607 y en Covarr.). El vocablo portugués se halla ya en docs. de 1180 y 1258 y en otro medieval de fecha indefinida, y como nombre de lugar en el S. XV (Cortesão, *Subs.* y *Onom.* s. v.; otro ej. de Mendes Pinto en Vieira, s. v. *tino*); el significado no resulta claro en ninguno de ellos, pero el contexto del de 1258 parece indicar la ac. del portugués moderno; ésta es clara en F. M. de Melo († 1666), mientras que Juan de Barros (med. S. XVI) emplea *madeira charneca* como adjetivo, en un texto que parece indicar la forma como se produjo el tránsito al significado español, pasando por *planta charneca*[1]; según Vieira y Moraes tiene *e* abierta. Nadie, que yo sepa, ha estudiado la etimología, pero el sufijo portugués *-eca* se halla en otros vocablos de origen oscuro o prerromano, y la definición de los dos diccionarios citados «tierra a r e n o s a y estéril...» nos recuerda el vasco *sarra, sar,* 'arena gruesa de río', 'escorias, desperdicios', que Schuchardt relacionó motivadamente con el ibérico SARNA 'escamas, sarna', vid. *SARNA* y *CHARCO*; para la *ch-* V. este artículo, y *CHAMORRO, CHAPARRO*. Comp. el and. *charnaque* 'casa muy humilde', 'choza' [¿mozarabismo?] (AV). En conclusión, podría suponerse que del ibero-vasco *sarna, *txarna,* 'arena', viniera un adjetivo *charneca*, y que de ahí saliera el sustantivo portugués (< *terra charneca*) y castellano (< *planta charneca*)[2]. Lacoizqueta, p. 66, da *charneka* como nombre vasco del lentisco; pero no figura en Azkue, ni en Lhande, ni en Bouda-B; Larramendi tradujo *lentisco* por *lequelchorra* (de donde lo tomaría Lacoizqueta) y en el *Supl.* por *garchua*, como palabra viva en vizcaíno («arbusto que parece ser el enebro» dice Azkue), Michelena, *FAzk.*, 98; luego en vasco *charneca* parece ser de origen forastero, y un parentesco de *charneca* con ese vasco *gartxua* y variantes, aunque teóricamente concebible, es idea vaga y de escaso valor. La ocurrencia de H. Meier (*Festgabe Gàmillscheg*, 1953, 129 y ss.) de hacer proceder este vocablo del lat. *FLANICULA 'pequeña planicie', no debe tomarse en serio.

La extensión geográfica en Portugal y Extremadura y la reveladora ausencia total en la toponimia gallega y trasmontana, lo mismo que la *ch-* inicial, son indicios claros de extracción mozárabe. Ahora bién, es sabido que existe un cambio de -RR- en 5 -*rn*- y que éste cambio se produce con cierta frecuencia (aunque no sea regular) en palabras de origen árabe y mozárabe, y particularmente en bastantes sospechosas de ser prerromanas, V. los numerosos ejs. que reúno en *Top. Hesp.* II, 141, 10 y en *SARNA, ZAHORRA, GORRA, ENGARNIO.* Como en mozárabe *ch-* procede de C[e, i] y como -ĪCA pasa a -*eca* en las palabras mozárabes arabizadas para la *e*, V. lo dicho de *BARRENA, MORENO*, etc.), hay una etimología plausible y 15 bien fundada aunque hipotética. Así como el cat. y oc. *garriga, carr-* 'charneca, landa', y *garric, -iga* 'carrasca' proceden de *CARRĪCA —relacionado con el cast. *CARRASCA—* el mozár. portugués *charneca* vendrá de *CERRĪCA, relacionado con el lat. y pre- 20 latino mediterráneo CERRUS sinónimo y afín de *carrasco*. Esta es la solución que en definitiva parece la más verosímil de todas (pues apenas hace falta recordar que *chern-* > *charn-* está en regla, y más siendo *e* la tónica). 25

DERIV. *Charnecal* [1517, vid. arriba].
[1] «Madeira delgada, bem fraca, e *charneca*, em que se mostra a esterilidade da terra». La ac. española no parece ser del todo ajena al portugués, en vista del artículo de Vieira «*Charnecal* m. Te- 30 rra onde há estevas ou *charnecas* (planta)». Como los diccionarios dialectales españoles no traen, a lo que puedo ver, la voz *charneca*, sólo puedo indicar, en cuanto a la difusión del vocablo, que hay una cueva llamada *Charneca* en el término 35 de Oliva de Mérida, Badajoz (Madoz), que *charneca* es 'especie de cornicabra, sin fruto y de madera más dura' en Andalucía (AV), y que en Portugal está arraigado en la toponimia de todo el país, salvo Tras os Montes. En particular son 40 localidades muy conocidas y *Charneca do Pessegueiro* 50 km. al S. de Coímbra, una *Charneca* estación de aguas termales junto al Tajo a 2 km. de la boca de éste, otra estación termal también clorurada 8 km. al N. de Santarén: es natural si una 45 charneca es una landa seca y arenosa haya aguas «cloretadas»; desde el Sur de Portugal se ha extendido a Canarias (*Las Charnecas* caserío) y a la Extremadura castellana, donde hay también un *Charnecal* y un *Charnicoso*, localidades rurales. 50 Para el cat. *xarnego*, vid. lucharniego s. v. *NOCHE.*— [2] Yerra probablemente Hubschmid (*RF* LXV, 1953, 295-6) al admitir que la ac. española es más primitiva que la portuguesa, a pesar de que en los dialectos sólo logra documentar ésta, 55 y de que en Portugal está el vocablo mucho más arraigado que en Castilla.

CHARNELA, 'bisagra', del fr. *charnière* íd., derivado de un antiguo *charne* 'gozne' (dialectal- 60

mente *carne*), y éste procedente del lat. CARDO, -DĬNIS, íd. *1.ª doc.*: Parece que ya hay ejs. de *charnela* en documentos de h. 1495 y 1504, *BHisp.* LVIII, 358. *Aut.* (como «voz introducida sin necesidad»).

Quizá entró por conducto del cat. *xarnera*, que ya se halla en el S. XV; el vocablo francés penetró también en Portugal (*charneira*) y en los dialectos del Norte de Italia. La Acad., ya en 1843, da una variante familiar *charneta*, con cambio de sufijo.

Charniegos, V. *noche*

CHAROL, 'barniz muy lustroso y permanente inventado por los chinos: laca', 'cuero de zapato lustrado con este barniz', tomado del port. *charão* 'laca', y éste del chino *čat-liao* íd., compuesto del chino dialectal *čat* 'barniz' y *liao* 'tinta', 'óleo'. *1.ª doc.*: 1.ª ac., en la descripción de la vivienda del aragonés V. J. de Lastanosa, † 1684, *estatuas de charol* (*RH* XXVI, 568); 2.ª ac., 1836, en el cubano Pichardo (1875) (Acad. sólo desde 1899).

Trataron del origen de la voz hispano-portuguesa Gonçalves Viana, *RH* X, 612; *Apostilas* I, 286 s.; Dalgado, s. v.; Fokker, *ZRPh.* XXXIV, 568. Éste indica que *tšat-liao* es voz del dialecto de Fukién; 'barniz' se dice *či* en chino, pero *čat* en los dialectos meridionales, p. ej. en Cantón, y *liao* (liau, yau) es 'tinta', óleo'. El cambio de -*l*- en -*r*- no puede sorprender en palabra de origen chino, dada la confusión completa que los chinos cometen entre las dos consonantes al hablar en español y otras lenguas europeas. En portugués el vocablo se halla desde 1569 (*acharam*) y 1588 (*charão*); de suerte que no es verosímil considerar, con G. Viana, a la voz castellana como independiente de la portuguesa, sino como tomada de ésta. El diptongo chino *au* se convirtió en -*ão* en otras palabras portuguesas, como indica Dalgado, y en cuanto a la adaptación castellana del mismo diptongo portugués, no podemos extrañarla mucho tratándose de un sonido tan completamente extranjero; por otra parte, no es imposible que se empezara por el verbo *charolar* tomado del port. *charoar* (o *acharoar*), con arreglo al modelo de *volar* frente a *voar, amolar* frente a *amuar*; y que de *charolar* se sacara secundariamente *charol.* Comp. *FRIJOL, FAROL.* En muchos países de América se emplea o se empleó *charol* (Cuba, Ecuador, Colombia) o *charola* (Nuevo Méjico, Honduras, Perú, Bolivia y parte de la Arg.) en el sentido de 'bandeja', por estar barnizada, vid. M. L. Wagner, *RFE* X, 76; Hz. Ureña, *BDHA* IV, 50.

DERIV. *Charolar* (también se ha dicho *charolear—Aut.*—y *acharolar*). *Charolado. Charolista.*

CHARPA, 'faja o banda de las mujeres, de los bandoleros, etc.', tomado del fr. *écharpe* 'bandolera', 'charpa', 'cabestrillo', en francés antiguo *escherpe*, del fráncico *SKERPA (comp. escand. ant. *skreppa*, ags. *scrippe*, 'bolsa que se lleva en bandolera'). Los neerl. med. *scherpe*, *scharpe*, escand. ant. *skreppa*, son tardíos (el ags. *scripp* todavía más raro, tardío y adventicio); un a. alem. dial. *scherpe* no se documenta más que en el Mosa y el Rin en los SS. XII-XV; todo esto viene, pues, de un lat. SCIRPEA 'hecha de juncos', si bien luego volvió a pasar desde el fráncico al francés: Frings-Wartburg, *ZRPh*. LXX, 93-94. *1.ª doc.:* Vélez de Guevara, † 1644.

Otros ejs. en Cotarelo, *BRAE* I, 612. Como el de Vélez figura en *El Catalán Serrallonga*, es probable que se tomara por conducto del cat. *xarpa* íd., como voz de bandoleros y guerrilleros montañeses; en catalán es frecuente desde 1625 y quizá antes (Ag.). El a. alem. ant. *scharpe*, que cita la Acad., no existe, que yo sepa: el alem. *schärpe* y el a. alem. med. *schirpe* son galicismos. Vid. Kluge, s. v.

Charpazo, V. *chaparrón*

CHARQUE o CHARQUI 'carne curada al aire, al sol o al hielo', rioplat., chil., per., ecuat., suele creerse procedente del quich. *č'arki* íd., pero se opone a ello la existencia del port. ant. *carne de enxerca* (*enxarca, encherca*) 'tasajo', que ya se halla en la Edad Media y que se cree procedente del ár. *šáriq* 'carne sin gordura' o de otra palabra de su familia; origen incierto. *1.ª doc.:* 1602, Garcilaso el Inca; *charque*, 1613, Guaman Poma de Ayala.

Hasta ahora ha habido unanimidad en favor del origen americano: Friederici, *Am. Wb.*, 166-7; Lenz, *Dicc.*, 261-3; Lizondo, 135-7; etc. Datos en Cej. IX, § 205. Pero es muy difícil separar este vocablo del port. *carne de enxerca* 'carne vendida fuera del mercado, o en cecina o salmuera' (Viterbo), en docs. de 1512, 1537 y otros del S. XVI, también en las *Costumbres de Santarén* (*PMH Leges* II, 30), que son posteriores a 1286, pero ciertamente medievales (Leite de V., *RL* XXVII, s. v.), *enxercar* «fazer a carne de boi em mantas e retalhos, e secá-la; fazer xarque ao sol», en las Ordenanzas Alfonsinas de 1446 (Moraes, s. v. *enxercar* y *emxercar*), *enxerqueira* «mulher que vende carne enxercada, contraposta á de talho, que é fresca, talvez tassalhos de fumo», en las mismas Ordenanzas (ibid.). Hoy se emplea *xarque* en Río Grande del Sur (ya Moraes), con el mismo sentido que el hispanoamer. *charque*, pero aquella forma, dada su limitación geográfica, podría ser argentinismo. Sin embargo, Vieira cita una variante *enxarque*, y en Fig. hallamos *enxarca* «enxerca» (con cita del portugués Filinto, † 1819), *encherca* ant. «imposto sobre a venda da carne; lugar onde se vendia carne: açougue», y *encharqueiro* 'el que negocia con carne de cerdo, especialmente al por menor' en las Azores. En castellano mismo esta

familia léxica no es desconocida, pues Covarr. nos entera de que «*xerquería* es nombre arábigo: es lo mesmo que rastro donde se matan los carneros» (de ahí pasó el vocablo a la Acad.), comp. el vasco *txarkeri-a* «acción vituperable, baja o ruin», y *ganado acharcano* en las Ordenanzas de Toledo (1606)[1]. Es difícil que todo esto no tenga nada que ver con el *charque* americano, por lo tanto hay que examinar con ojos críticos los antiguos testimonios del uso de *č'arki* en quichua y araucano, pues sabido es que estos idiomas han tomado en préstamo numerosísimas voces romances, y algunas ya en los tiempos primitivos de la conquista. Por lo demás, Lenz y Friederici sólo señalan el quich. *č'arki* en lexicógrafos modernos, y si bien es verdad que Valdivia en 1606 ya lo da como voz araucana y Fr. D. de Sto. Tomás y Gz. de Holguín lo dan como quichua en 1560 y 1608 (y aun con derivados, pero que fácilmente podían formarse en este idioma), nada de eso aún es del todo decisivo, ya que pronto empezaron a penetrar hispanismos en el idioma peruano; en cuanto a la forma *cusharqui* citada por Acosta (1590), su identidad con *charque* es discutible. También tendría interés comprobar si *charque* se emplea en Méjico, como dice la Acad., pues allá no suelen llegar los quichuísmos, pero no hallo confirmación. Más importantes me parecen el ingl. *jerk*, angloamer. *jerky*, papiamento *yorki* o *jorki*, que según Friederici y Gillet (*MLN* XLV, 414) serían adaptaciones de *charque* en boca de los filibusteros, y que por lo tanto documentarían el uso del vocablo español en el Mar Caribe, donde sorprendería mucho un quichuísmo. Que *charque* se emplea en los idiomas indígenas, y que por reacción de éstos se ha extendido en el castellano local una variante *charqui*, de fisonomía aindiada, es indudable, pero esto no cuenta para el origen último del vocablo.

En conclusión el problema es dudoso y deberá sufrir un examen atento por parte de los especialistas.

En cuanto a la etimología del port. *enxerca, enxercar* y del cast. *xerquería*, según Dozy (*Gloss.*, 261) y Eguílaz (390) estaría en el ár. *šáriq* 'carne sin gordura' (en el Ŷauharí, S. X, según Golius); aunque no puedo comprobar el uso vulgar y español de esta palabra (falta en Dozy, *Suppl.*), la existencia de *tašrîq* 'desecación de carnes al sol' (Ŷauharí, Fairuzabadí, y en acs. semejantes, en el Bayán al-Mógrib y en Beaussier) y *šáraq* 'sarcoma' (Beaussier), perteneciente a la misma raíz, comprueba su vitalidad en árabe, donde procede naturalmente del verbo *šáraq* 'hender, cortar' y de su segunda forma *šárraq* 'exponer al sol para que se seque la carne cortada en lonjas' (Freytag). El paso de *x-* a la *ch-* hispanoamericana indica para América origen portugués o leonés dialectal.

DERIV. *Charquear. Charquecillo.*

CPT. *Charquicán*, 'guisado que antes se hacía con

charque (hoy con carne fresca) y ciertos condimentos', chil., per. y en el O. de Arg., del arauc. *čarkikan* 'guisar el charque' (Lenz, *Dicc.*, 263).

[1] «Otrosí que el pastor que tuviese ganado *acharcano* o pastoría... si los señores de ganados *acharcanos* que fazen queso en uno...». El *DHist.* se pregunta si quiere decir 'comunal', pero cabría también 'destinado al matadero'.

Charquetal, V. *charco*   *Charqui, charquicán*, V. *charque*   *Charra*, V. *charro* y *sarna*   *Charrada*, V. *charro*

CHARRÁN, 'pillo, tunante', 'joven esportillero malagueño que vende pescado', parece tomado del ár. vg. *šarrāni* 'malvado', aunque no es imposible que sea un mero derivado de CHARRO. *1.ª doc.*: R. Castañeyra, artículo de 1832-6; Acad. 1884 (no 1843).

En éste la ac. 'pillo, tunante', que es común en el español familiar; mientras que Castañeyra trae la 2.ª ac. (cita de A. Castro, *RFE* VIII, 305n.); también Salillas y S. Rueda traen la ac. 'mozo de playa andaluz que ayuda a los pescadores', el primero como voz jergal (*RH* XLIX, 411); port. algarbío *charrano* 'gaviota' (Fig.). La procedencia local y el carácter jergal del vocablo es favorable a la etimología árabe propuesta por Eguílaz; en árabe se emplea en Argelia (Beaussier) y según los datos de Dozy, *Suppl.* II, 739*b*, en Egipto (Bocthor)[1] y en otras zonas del Norte de África (Humbert, Marcel), y figura ya en las *Mil y una Noches;* pertenece a la raíz arábiga *šarr* 'pelearse', de donde también el adjetivo sinónimo *šarīr* (Bocthor). Sin embargo no es posible rechazar del todo la idea de Baist (*RF* IV, 405), de considerarlo derivado de CHARRO < vasco *txar(r)* 'malo, defectuoso, de mala calidad', tanto más cuanto que *txarran* 'diablo' existe en el vasco de algunas localidades vizcaínas (Azkue); *txerran* en Lauquíniz (*Supl. a Azkue₂*); en otras partes se dice *txerren* 'diablo' y también 'malo, malvado'. Pero no tiene que ver con *charrán* ni con el vasco *txar* 'malo, defectuoso' este vasco *txarran* 'diablo', cuyo origen es conocido, vid. Michelena, *BSVAP* XI, 285, lo cual refuerza la seguridad de la etimología arábiga de *charrán*. Otra duda sugiere el murciano *charrán*, que además de 'persona de mal proceder' significaría 'hablador indiscreto, delator' (G. Soriano), y que por lo tanto parecería derivado del murc. *charrar* (V. *CHARLAR*); pero lo probable es que sólo por etimología popular haya influído semánticamente este vocablo. Escribieron también acerca del origen de *charrán* A. Morales de los Ríos y J. M. Sbarbi, *El Averiguador Universal*, IV (1882), 353 y 356. El área andaluza de *charrán* me hace inclinar por el árabe.

DERIV. *Charranada; charranear; charranería.*
[1] Sin embargo no lo hallo en este dicc., s. v. *méchant.*

Charranga, charranguear, V. *charanga*   *Charrar,* V. *charlar*

CHARRASCA, 'navaja de muelles', 'sable u otra arma arrastradiza', voz familiar imitativa del ruido de la charrasca o navaja al abrirse. *1.ª doc.*: Acad. 1884 (2.ª ac.), no 1843.

No creo que venga de *jierro* por *hierro*, como sospecha G. de Diego (*Contrib.*, § 247), pues sería cambio fonético sin ejemplo. Con citar un *herrusca* 'espada vieja', empleado en el *Estebanillo*, no refuerza nada *GdDD* 2744 su imposible etimología FERRUM. Para el empleo del masculino *charrasco* en el caló español y mejicano, vid. M. L. Wagner, *ZRPh.* XXXIX, 531; *charrasca* en la Arg.: Carrizo, *Canc. de Tucumán*, glos.

DERIV. *Charrasco* [1905, Besses; falta aún Acad. 1899].

Charrascar, V. *socarrar*   *Charrería,* V. *charro*   *Charrete,* V. *carro*   *Charretera,* V. *jarrete*   *Charri,* V. *cerda*   *Charriote,* V. *carro*

CHARRO, 'basto, tosco', 'aldeano', 'de mal gusto', vocablo familiar probablemente emparentado con el vasco *txar* 'malo, defectuoso', 'débil', 'pequeño', y tomado de esta voz vasca o heredado de la ibérica correspondiente. *1.ª doc.*: 1627, G. Correas (*Voc.*, p. 284, s. v. *Dios*); *Aut.*

En portugués *charro* 'vil, despreciable, de poca capacidad, apocado', se halla ya en Ferreira de Vasconcellos (h. 1537)[1]; allí tiene también la ac. 'rústico, grosero' (Moraes), y hoy se aplica popularmente al portugués de Tras os Montes, por oposición al idioma correcto o *grave* (*RL* II, 98). En castellano *Aut.* registra solamente como sustantivo «la persona poco culta, nada pulida, criada en lugar de poca policía; en la Corte y en otras partes, dan este nombre a qualquiera persona de aldea»; hoy se aplica especialmente a los aldeanos de la zona de Salamanca, de donde era Correas, y por lo demás es comúnmente adjetivo. Hay, pues, una zona de especial popularidad del vocablo en el Bajo Duero, pero es también muy vivo en el español común y en el madrileño, aunque no tanto en el habla popular de las provincias orientales, y falta del todo en catalán; en América se emplea en muchas partes con el mismo matiz que en la antigua metrópoli, y en Méjico designa especialmente el jinete aldeano y su rico traje típico: de ahí en Nuevo Méjico haya llegado a significar 'elegante' y 'hermoso' (Hills y Hz. Ureña, *BDHA* IV, 51). Por otra parte hallamos *charre* «chétif, grêle, de mauvaise qualité» en el gascón occidental de Orthez y de las Landas (Palay), y pronunciado *čāře* «rustre» en la Gironda (Moureau, *Le Patois de la Teste*). Esta localización es favorable al origen vasco que han señalado varios (para el gascón, Rohlfs, *BhZRPh.* LXXXV, § 69). Ya Larramendi, hablando del cast. *charro*, decía que era voz vasca,

y efectivamente registra Azkue *txarro* 'persona
ruin, baja, despreciable' en el Roncal y en una
localidad bajo-navarra, pero M-L. (*REW*[1], 3944)
replicó que esta forma vasca sería, por el contrario,
castellanismo[2]; sin embargo, la forma común en
vasco es *txar*, con el artículo *txarra*, significa 'malo,
defectuoso', 'débil' y 'pequeño', y se aplica a las
cosas (a distinción de *gaizto* aplicado a las personas[3]); la forma originaria del vocablo vasco parece
ser *za(h)ar*, después *zar* y de ahí el diminutivo
txar, vid. Michelena, *BSVAP* XI, 285-6: nada
nos impide mirar esta forma vasca como aborigen
y como punto de partida de las formas romances.
No es contraria a este origen vasco la existencia
del and. *zarrio* 'charro' [*Aut.*], y sustantivo *zarria* 'cazcarria' [*Aut.*; *çarria*, 1476, G. de Segovia,
p. 81], ya que *z-* y *tx-* pueden alternar en vasco[4].
Zarria vale además 'tira de cuero que se mete
entre los ojales de la abarca' [Acad. ya 1817; en
Jaén según Cej. IX, p. 546], y en general 'harapo,
pingajo' [Acad. 1925, no 1884]. Acerca de *charro*,
V. los datos y consideraciones de Hubschmid,
Pyrenäenwörter vorroman. Urspr., 45-46.

DERIV. *Charra. Charrada* [*Aut.*]. *Charrería.* Y
vid. CHARRÁN. *Zarriento. Zarrioso. Zarrucar*
'maltratar, tormentar' [1603, Valderrama, Cej. IX,
547] ¿de *zarria?*

[1] «Nenhum homem sabe tanto como a mulher
mais *charra*», cita de Moraes. Cortesão da ej. de
Filinto († 1819).— [2] También tendría razón este
erudito al rechazar la idea de Baist, *ZRPh.* V,
233ss., de considerar a *charro* como término estudiantil aplicado a los aldeanos salmantinos por
alteración de la palabra *JARRO*.— [3] Observa Azkue que en libros vascos de alguna antigüedad no
se halla nunca *txar* y sí sólo *gaizto*, o *gaitz*, aplicado aun a las cosas; conjetura este erudito que
txar, única palabra que en los dialectos labortano
y bajo-navarro empieza por *tx-*, pudiera sacarse
del sufijo aumentativo despectivo -*tzar*, con palatalización diminutiva. En vista de esta poca antigüedad cabría sospechar que también *txar* fuese
de origen romance, y que el cast. *charro* fuese
derivado regresivo de *charrán* < ár. *šarrânī*; pero
lo creo improbable: *charrán* es voz jergal andaluza y de aparición muy reciente, mientras que
charro ya se halla en la primera mitad del S. XVI,
y la escasa antigüedad dentro de la literatura
vasca no debe preocuparnos mucho, tratándose de
una palabra evidentemente afectiva.— [4] Por lo demás, Azkue recogió *zar* 'cosa muy común, de
poco valor' en una localidad bajo-navarra; en el
sentido de viejo, *zar* y con artículo *zarra*, es variante muy extendida de *zahar*, *zagar*, que ya puede ser palabra diferente (con ésta relaciona *zarria*
G. de Diego, *RFE* IX, 134). El gall. *cerello* 'harapo', que también ha sido relacionado con *zarria* y *z(ah)ar*, parece ser palabra independiente,
pues aunque se ha dicho que *zarralleiro* es 'andrajoso' no parece que esto tenga ningún funda-

mento: Vall. y sus sucesores lo dan sólo como
variante de *cerralleiro* 'cerrajero' y ya lo anotó
con este valor Sarm. en un doc. pontevedrés de
1477 (*CaG.* 178*v*). En cambio *cerello* con -*r*- y
ce- es palabra bien establecida que ya recogió
Sarmiento: «*ceréllos*: pedazos de trapos», «*ce-
réllo* y *cirello*: mandil, refaixo o trapo muy
viejo y despreciable» (*CaG.* 185*r*, 184*r*); relación
la hay con el gall. *zarapello* (que Vall. iguala a
cerello), pero es indirecta y secundaria, pues
éste ha de ser anaptixis de los sinónimos vascos
zarp(a)il y oc. mod. *serpilho* 'harapo', los cuales
se enlazan con las familias de ZARPA y HAR-
PILLERA. En conclusión, estamos ante una raíz
cer(e)- de origen enteramente oscuro. En cuanto
a la relación entre el vasco *zahar* y *zar* hay que
tener en cuenta que también hay casos de desdoblamiento vocálico con intercalación de -*h*- antihiática. Es imposible fonéticamente derivar *zarria*
del ár. *sir* 'correa', o de *sarîda* 'banda de cuero', o
del lat. *serilia* 'cuerdas de junco', como quisiera
Eguílaz (p. 528). Un erudito anónimo en *RL*
XXV, 333, relaciona con el vasco *zahar* las *barbas
sarras* 'barbas canas' del *Alex.*, *O*, 181*b*, 1803*c*,
y el port. *sarrudo*, *sarritão*, aplicado a la barba
(que no hallo en los diccionarios portugueses). Es
palabra oscura: Julia Keller daba la preferencia
a la forma *soras* que aparece en *P*, en el primer
pasaje, relacionando con el fr. ant. *barbe sore*, oc.
ant. *saur* 'coleur d'or', jaune brun', germ. SAUR,
pero hay que desechar la idea en vista de que
la forma *sara* que aparece en el otro pasaje de *P*
está asegurada por la rima (*cara, lexara, enseña-
ra*); sin embargo ésta, a su vez, es desfavorable
a la doble *rr* del ms. *O*. Por lo demás, todo esto
nada puede tener en común con CHARRO; V.
JARO. En cuanto al ecuat. *charra* 'sarna, grano
o tumorcillo' (Lemos, *Semánt.*), parece ser variante fonética del iberismo SARNA, pero tampoco hay relación plausible con CHARRO.

Charrúa, V. *carro*   *Charruscar*, V. *socarrar*
Chasca, chascar, chascarrillo, V. *chasco*   *Chascás*, V. *chacó*

CHASCO, 'burla o engaño que se hace a alguno', 'decepción que causa un suceso contrario',
significó primitivamente 'chasquido, estallido', y es
voz onomatopéyica. *1.ª doc.*: 1604, Nicolás Bravo.

Aut. cita de este autor el verso «apenas da del
chasco el estallido» y define 'extremo de la honda
o del látigo que con el movimiento hiere el aire
y da estallido'; admite también las acs. modernas
(ya documentadas en Correas, a. 1627, Gili y Cej.
IX, pp. 238-40) y explica así la transición «díxose
assí por semejanza del *chasco* de la honda o látigo,
respecto del susto, temor,- desasosiego, y alteración
que éste causa en el que oye su estampido, aunque
no le llegue a herir»[1]; da ejs. de estas acs. desde
Quevedo. También port. *chasco* 'burla, escarnio',

'práctica enfadosa del que habla' (Moraes, Vieira; sin ejs.), 'dicho satírico, gracejo' (Fig.); del castellano procede el napol. *ciasco* 'burla, broma' [1789: Zaccaria], sardo *ciascu*. Creo que la voz hispanoportuguesa es una mera creación onomatopéyica, cuyo sentido primitivo se ve bien claro en los derivados[2].

DERIV. *Chascar* 'mascar ruidosamente' [1601, Rosal; el antequerano Pedro Espinosa, † 1650, ed. Rodr. Marín, 418; hoy en Canarias: *BRAE* VII, 333; Cej. IX, p. 239], 'dar un chasquido' [Acad. 1899, no 1884][3]. *Chascarrillo* 'anécdota ligera y picante' [Acad. 1884, no 1843; en la Arg. dicen *chascarro*, en Bolivia *chasgarro*: C. Bayo]. *Chasquear* [Quevedo], *chasqueador*. *Chasquido* [h. 1572, Hurtado de Mendoza].

[1] En Cataluña se emplea *dar un chasco* como castellanismo en el sentido de 'desengañar brusca o brutalmente las pretensiones de alguien'.— [2] Se podría pensar en un descendiente del lat. ÇLASSĬCUM 'toque de trompetas', que ha dado el cat. ant. *clasc* íd., 'toque de campanas', 'toque de alarma', comp. el fr. *glas* 'toque de muertos', it. *chiasso* 'batahola, alboroto', pero como un *chasquido* es ruido muy diferente de éstos, creo preferible separar los dos grupos de palabras. Más bien hay parentesco, pero elemental, puramente onomatopéyico, con el alem. *klatschen* 'dar un chasquido' y vocablos parecidos.— [3] De aquí puede proceder *chasca* 'leña menuda que procede de la limpia de los árboles y arbustos', 'ramaje que se coloca sobre la leña dispuesta para hacer carbón' (falta aún Acad. 1899), en el sentido de 'leña seca que da chasquido al cortarla', pero no es fácil explicar la variante *chavasca*, registrada también en las ediciones recientes del diccionario académico; ¿cruce con el tipo *chabisque* estudiado s. v. *CHARCO*?

Chascurrar, V. *socarrar*   *Chasis*, V. *caja*
Chaspazo, V. *chaparrón*

CHASPONAZO, 'señal que deja la bala al pasar rozando con un cuerpo duro', de *chsp*, onomatopeya del silbido de bala. *1.ª doc.*: Acad. 1899.

Chasqueador, chasquear, chasquido, V. *chasco*
Chata, V. *chato*

CHATARRA, 'hierro viejo', 'escoria que deja el mineral de hierro', del vasco *txatar* (con artículo *txatarra*) íd., diminutivo de *zatar* 'andrajo, trapo'. *1.ª doc.*: falta aún Acad. 1899; Azkue, en 1906, observa que ya hace tiempo que se emplea mucho en el castellano de Bilbao.

Significa además 'remiendo, peal, pañal' en Baja Navarra y Roncal (vizc. *txatal* 'remiendo', 'pedacito'); aunque parece que *txatal* debe separarse de *txatar* (*zatar*), de donde viene la voz castellana, vid. Michelena, *BSVAP* XI, 286. Desde luego esta voz

vasca nada tiene que ver con JACTUS, por más que diga *GdDD* 3582a. En cuanto a *zatar* será derivado de *zati* 'parte, pedazo' (comp. *ZATICO*).

DERIV. *Chatarrero*; 'charlatán' arag. [1720, Siesso, en Gili].

CHATO, del lat. vg. *PLATTUS 'plano', 'chato, aplastado', y éste del gr. πλατύς 'ancho', 'plano'. *1.ª doc.*: 1601, Rosal (Gili); 1605, *Quijote* I, iii, 10; 1611, Covarr. (s. v. *chatón*; 1616, Oudin, no en la ed. de 1607)[1].

Es sorprendente lo tardío de la fecha en que puede documentarse esta importante voz castellana[2]. Sólo se ven dos explicaciones posibles de esta anomalía: que el vocablo sea portuguesismo (como lo indicaría la *ch-* < PL-), o que por su carácter afectivo y popular falte en los textos serios que constituyen la gran mayoría de la literatura antes del Siglo de Oro: es indudable que este último factor entró en juego, y aunque no puede descartarse la posibilidad de un portuguesismo, debe tenerse en cuenta que la fonética sintáctica en nuestro caso pudo favorecer el tratamiento *ch-* (por la frecuencia de la posición post-consonántica: *un chato, es chato, los chatos*), y atender a la circunstancia de que en portugués los diccionarios (Vieira, Moraes, Cortesão, Viterbo) tampoco permiten documentar el vocablo en autores antiguos ni modernos, prueba elocuente del desdén con que lexicógrafos y escritores suelen tratar las palabras populares de este cuño, antiquísimas, sin embargo, en el idioma. El hecho es que, si bien *Aut.* da varios ejs. del S. XVII, todos los autores de esta época extractados por Herrero García en su estudio sobre *Los rasgos físicos y el carácter según los textos españoles* (*RFE* XII, 174) emplean unánimemente *romo* y nunca *chato*; aquél era, en efecto, el vocablo noble[3]. Es verdad que *chato* y *chata* aparecen ya en 8 versos de J. Ruiz (952c, d, 956a, 963a, 964a, 972b, 977c, 1452c), pero el verdadero significado que ahí tiene el vocablo está por averiguar, y aunque no es imposible que sea algo derivado del sentido actual, desde luego no estamos ante un sinónimo de 'romo'[4].

El vocablo hispano-portugués *chato* es idéntico al adjetivo *plat* del francés, lengua de Oc, catalán y retorrománico, al it. *piatto*, sinónimos de 'plano', 'achatado', y todos juntos obligan a postular la existencia de *PLATTUS en latín vulgar, que ha de ser evidentemente un helenismo, tomado de πλατύς 'ancho', 'plano'; la antigüedad y popularidad del vocablo en latín vulgar y en romance está probada además por los sustantivados *plato*[5] y *plata*[6], y por la existencia del derivado *platessa* 'pez de forma achatada' en Ausonio[7] y del antiguo femenino PLATĔA (gr. πλατεία) > *PLAZA*. La -TT- postulada por las formas romances (también en el caso de *plaça* < *PLATTEA) se explica como reduplicación expresiva de carácter intensivo (como en TOTTUS o en COTTIDIE).

En casi toda América y en parte de Asturias *chato*, en cuanto se aplica· a la nariz, fué remplazado por *ñato*, forma debida a un cruce con el leon. y gall.[8] *nacho* íd.[9] (en forma más dialectal **ñacho*), que a su vez parece resultar de una pronunciación hipocorística de *naso* 'nariz', lat. NASUS, vid. mi artículo en ‚RFH VI, 15-22, que puede consultarse además para el exacto valor semántico y para el matiz afectivo de *chato* y de *ñato*. Para derivados con metátesis, vid. *TACHO* y *TACHÓN*.

DERIV. *Chata* 'bacín', 'chalana' [1720, Gili], etc. (*RFH* VI, 19-20). *Chatear*. *Chatedad* [1616, Cervantes]. *Achatar* [1803, Ciscar], *achatado*. Deriv. cultos del gr. πλατύς: *Platalea*, tomado del lat. *platălĕa* íd. (seguramente helenismo). *Plátano* [ya está en 1438 en J. de Mena (*Coron.*, 33), si bien acentuado en la penúltima; 1555, Laguna, *Aut.*; «y haviendo todo el día sustentado / a *plátano* por hombre (fruta indiana), / en el río descansa», Lope, *Dragontea* V, estr. 329]. Para la aplicación secundaria al banano en América y África, ya documentada en 1554, vid. *BANANA*, y además Friederici, *Am. Wb.*, 517, y *Aut.*; observaciones acerca del uso en Cuba, *Ca.* 81. Tomado del lat. *platănus* y éste del gr. πλάτανος; hay formas hereditarias en romances próximos: gascón piren. *plade*, cat. *blada* 'Acer pseudoplatanus', gall. ant. *pladayro* (< *pladáeiro*, -ARIUM) («tomou Jacob varas de olmos et de almendras et de *pladayros*, et entalló-as», *Gral. Est.* gall. 292.4). Silveira, *RL* XVII, 125-6 reúne además muchos representantes hereditarios o semipopulares de PLATANUS (acer pseudoplatanus) o -NARIUS en la toponimia y en las hablas gallego-portuguesas hasta la línea del Douro: *Padreiro*, en el S. XIII *Pradaeiro*, etc.; *Padraído* [S. XIII]; *Padrenda* [*Pradaneda* S. XIII] y otros[10]; y otros muchos en Galicia, paralelos; probablemente también *Prádanos* en Burgos y Palencia; también está claro el caso de *Padroso*, lugar del concelho de Felgueiras entre la Limia gallega y el Douro, que es *Pradanoso* en los SS. X-XI, *Pradaoso* y *Padraoso* en el XIII. *Platanal, platanar, platáneo*; *platanero* (*Ca.* 81); *aplatanarse* 'adaptarse un extranjero al modo de ser de los cubanos', *aplatanamiento, aplatanación* (*Ca.* 191). *Platea* [Terr.; Acad. ya 1817], 'patio en los teatros', cuya formación exacta no está bien precisada, pues es difícil que se trate del gr. πλατεῖα adj. f. 'llana' (¿helenismo humanístico?), quizá más bien del fr. *platée* «massif de fondation d'un édifice».

CPT. *Carichato* [*Romancero General*, ed. 1600; Tirso]. *Paflón* [1708, Palomino, *Aut.*] o *plafón* [Acad. ya 1817], tomado del fr. *plafond* íd., compuesto de *plat* 'achatado, plano' y *fond* 'fondo' *Plataforma* [1595], término de fortificación tomado del fr. *plate-forme* [S. XV; a pesar de Terlingen, 220, no viene del it., donde aparece en la 2.ª mitad S. XVI, pues ya el orden de los componentes denuncia la procedencia francesa]; en la ac. electoral (*Ca.* 213; también en España) se ha tomado del inglés. *Platelminto. Platirrino; platirrinia.*

[1] «*Chato:* plat, aplati, escaché, escrasé». «*Nariz chata:* nez aplati et camus, nez ratatiné, nez plat; voyez *roma*».— [2] Falta en los diccionarios de APal., Nebr. y PAlc., y aun en los de Percivale (1599) y C. de las Casas, que traduce *piat(t)o* por *agachado, escondido, remachado*. Falta también en los Glos. de Castro, y es voz ajena al vocabulario de Góngora, la *Celestina*, J. Ruiz (comp. arriba), *Conde Luc.*, Berceo, *Cid, Calila, F. Juzgo*, ms. bíblico escurialense I, j, 8, etc. Datos del S. XVII en Cej. IX, pp. 412-3.— [3] Nótese que Cervantes aplica *chato*, con toda la intención, a una aldeana: «era carirredonda, y *chata*» (*Quijote*, II, x, fº 35 rº).— [4] A pesar de la afirmación de Richardson, Aguado y *BKKR*. Los comentaristas del *Libro de Buen Amor* guardan un prudente silencio. Ante todo obsérvese que en J. Ruiz es siempre sustantivo. Los primeros ejs. se refieren todos a una misma serrana, pero en 977c se aplica a una segunda serrana, diferente de la otra. De ninguna de las dos nos dice el Arcipreste qué clase de nariz tenía, como lo indica de otra tercera serrana (1013c). En 952d la propia interesada se llama a sí misma *la chata rezia*: luego es denominación objetiva y no un término poco amable aplicado por el autor. En 1452c la Trotaconventos trata de convencer a la dama de que se digne dirigir la palabra al Arcipreste: «Amad al buen amigo, quered su buen amor; / si mas que non, fablalde como a (un) *chato* pastor, / dezilde: «¡Dios vos salve!», dexemos el pavor.» Es decir, entiendo: 'si todavía no queréis amarle, por lo menos saludadle como se hace con todos, aun con el pastor serrano que encontramos en nuestro camino'. Creo, por lo tanto, que en el Arcipreste *chato* y *chata* son meros sinónimos de 'serrano, habitante de las sierras'. Lo mismo ocurre con el pasaje de J. A. de Baena (princ. S. XV) que he citado s. v. *culcasilla*: «diz que vos dexó en la culcasilla / un *chato* pastor toda la rezmilla». ¿De dónde procede este otro vocablo? ¿Tiene que ver con el prov. mod. *chato* 'moza, muchacha', quizá en calidad de creación expresiva, hipocorística, como el· ast. *xato* 'ternero'? ¿O bien partiendo del uso de *chato* PLATTUS por parte de los aldeanos, como término acariciativo, aplicado aun a personas que no eran romas (comp. los datos que reuní en *RFH* VI, 22), se llegó a la objetivación de este vocablo, preferentemente rústico, como designación de los serranos? Esto no es improbable. Pero son éstos problemas que no es posible resolver sin más documentación. En todo caso no pueden utilizarse los pasajes de J. Ruiz para la fechación de *chato* en castellano.— [5] Documentado desde h. 1400, glos. del Escorial; APal. 340d («*parapsis*... es *plato* de metal o de tierra o alguna gran escudilla»), 79b, 158b, Nebr. («*patina*»), etc. El tra-

tamiento del grupo inicial no es propiamente culto, sino el correspondiente a la pronunciación de
las clases más elevadas (comp. los casos de *CLA
RO, CLAVO, FLOR, PLAZA*, etc.), como es natural, puesto que el pueblo más rudo no empleaba
platos para comer, bastándole las escudillas, gamellas, etc.; comp. port. *prato*, cat. *plat*, it. *piatto* íd., fr. *plat* 'fuente'. Derivados *platillo; platel*
[glos. del Escorial y de Palacio; «*p., plato pequeño:* patella», Nebr.; «*p.,* por plato, es para
entre plebeyos», J. de Valdés, *Diál. de la L.,*
115.4], tomado del fr. ant. *platel* (hoy *plateau);
platina*, nombre técnico de varios discos, tomado
del fr. *platine.*— [6] En bajo latín *plata* aparece en
el sentido de 'lámina, de metal generalmente', de
donde por especialización el sentido romance, que
es propio del cast. y el port. *prata*; los demás
romances han conservado el lat. ARGENTUM, aunque *plata* se halla conjuntamente en catalán, y ya
algunas veces en la Edad Media [*Usatges*, S. XIII,
N. Cl., p. 79]; Simonet lo cita en docs. latinos
de Cataluña, del S. X; *plata = argent* ya se registra en Cataluña en 1125 («quinque solidos de
plata fina», Cartul. de St. Cugat III, 73). En
castellano es general, y frecuente desde el *Cid*
(doc. de 1112 en Oelschl.; ej. alfonsí en *RFE*
XVI, 165; Sem Tob, copla 555; etc.), y se extiende hasta el mozár. *'aplâṭa* (1106, Abenbeclarix); acs. secundarias 'vajilla de plata' (*Buscón,
Cl. C.* 226.4, 7, 227.8), 'dinero', ac. hoy general
en América (desde Chile y la Arg. hasta Cuba,
etc.; vid. Amunátegui, *Borrones Gram.* 291ss.;
Catauro, 120) y anticuada en España (no está en
Aut.), pero se halla en Lope (*El Cuerdo Loco*,
v. 1466) y al parecer está ya en las *Coplas de
Yoçef* (2.ª mitad S. XIV, *RH* LXXXI, i, 426,
vv. 274c, 275a, 277a, etc.), en doc. toledano de
1424 (M. P., *D. L.* 304.12), etc. Para el tratamiento de PL- vale lo dicho acerca de *plato.*
Derivados: *platal* 'dineral' arg. (*M. Fierro* II,
3626), cub. (*Ca.* 28), y amer. en general; *platear*
[APal. 30d; Nebr.], *plateado, plateador, plateadura; plateado* circulaba en esta forma entre los
valencianos en 1575 (On. Pou, *Th. Pue.*, 317),
indicio de que se creó en castellano, aunque hoy
es *platejat; platero* [APal., 75b; Nebr.]: «*p. de
sinzel:* anagliptarius; *p. que labra oro; p. que labra anillos*»], *platería, plateresco* [princ. S. XVIII,
Zúñiga, *Aut.*]; *platilla* 'bocadillo, tejido liso'
[*Aut.*], de ahí el fr. *platille* [1726] y el cat. *platilla* [S. XVII], probablemente por el color muy
blanco (Vidos, *R. Port. Fil.* IV, ii, 36-38); *platina* 'platino' [Bloch cita en Ulloa, 1748; Terr.,
quien habla de las minas de Popayán, en Colombia; forma preferida por la Acad. en 1817,
mientras que la ed. de 1843 la reserva para el
mineral de platino, distinción suprimida recientemente], y más tarde *platino* [Acad. 1817, no 1783],
del cast. se tomó el fr. *platine* [1752; masc. sólo
desde h. 1780] y las formas de los demás idiomas

europeos; el sentido primitivo de *platina* parece
ser el conservado en Asturias 'planchuela de hierro
martillada' (Vigón); *platinar, platinado, platinista,
platinífero, platinoide, platinotipia.*— ['De ahí el
cast. *platija* [1705, Sobrino, en *Aut.*], gall. *platucha* [*Aut.*], variantes castellanas *platuja* (Acad.) y
platusa en Bilbao (Arriaga); variantes latinas *platensis* en Antimo (*ALLG* III, 498) y en Polemio
Silvio (*Rom.* XXXV, 187), *platissa* y *platesa* en
glosas (*CGL* VII, 96). Para este vocablo, vid.
Schuchardt, *ZRPh.* XXV, 348-9, y XXVI, 423-
424, quien admite que la forma latina sea adaptación de un galo *LITTISSA, derivado de un adjetivo hermano del gr. πλατύς, comp. galés *llyth*
'plano'.— [8] Castelao 60.12. *Nacha* f. en Sarm.
CaG. 222v, quien agrega las variantes *narchada*
y *narechata*, cruce con *chato.*— [9] El ej. más antiguo de este vocablo parece hallarse en el mozár.
barba nánğa (= *nancha*), nombre de una planta
que se extiende sobre la tierra, y que por lo
tanto podría llamarse 'barba chata', vid. Asín,
Glos. Mozár., n.º 63 y comp. n.º 65 (Asín piensa
en *ancha* AMPLA, lo que no explica la n-).— [10] Hay
que rechazar sólo *Padrós* que no puede ser derivado de esto en -OLAS, por razones morfológicas.
Quizá del romance PETREA o de PATRIA, o bien un
PETRUOLAS de raíz céltica.

CHATÓN, 'piedra preciosa gruesa engastada en
una sortija u otra alhaja', del fr. *chaton* 'parte de
una sortija donde está engastada la piedra preciosa', y éste del fráncico *KASTO 'caja' (alem.
kasten, a. alem. ant. *chasto* íd.). *1.ª doc.*: 1438, en
J. de Mena (V. cita s. v. ZONA); 1705, Sobrino (cita de Terr., el cual da todavía como
castellano el significado francés del vocablo). No
confundir con *chatón* 'especie de clavo ancho' (vid.
TACHÓN), al cual pertenecen las menciones anteriores recogidas por Gili.

Chatón 'tachón', *chatonado, chatuela*, V. *tachón
Chau*, V. *esclavo*

CHAUCHA, para este indigenismo argentino-
chileno, al que remito en el artículo *JUDÍA*, y
que no estudio aquí, puede verse el diccionario de
Lenz.

Chaul, V. *chal   Chaunca*, V. *zanca*

CHAUZ, 'alguacil turco', del turco *čauš* 'sargento', 'ujier'. *1.ª doc.*: 1613, Cervantes; Acad. ya
1884, no 1843.
   No es realmente voz castellana, pues Cervantes
la emplea como vocablo usado por los turcos.
Eguílaz, 374. Más documentación, principalmente
portuguesa, en Dalgado I, 269.

CHAVAL, del gitano *čavále*, vocativo masculino
plural de *čavó* 'hijo, muchacho'. *1.ª doc.*: *chabal,*

como voz gitana, 1870, Quindalé; *chaval* 1859, J. de Olona, *BRAE* XXXIII, 79; Acad. 1884, no 1843.

M. L. Wagner, *Journal of the Gypsy Lore Society*, 3rd. Series, vol. XVI, p. 32[1]; íd., *RFE* XXV, 167-8; íd., *Notes Ling. sur l'Argot Barc.* Se emplean también, o se han empleado, *chavó* (Acad. 1899), procedente de la forma básica de la misma voz gitana; *chavea* m., que es especialmente andaluz [1909: Ricardo León; A. Venceslada] y procede del vocativo masculino singular *čavaia; cha* 'prostituta' [Salillas, 1896], 'niña' [Besses], quizá relacionado con *chaví*, que en gitano es el femenino regular de *chavó* (Wagner, *RFE* XXV, 168-70); según Borrow sería en realidad un plural 'niños, muchachos'; en Chile se dice *chey*. Besses registra otras formas más estrictamente jergales: la masculina *chaboró, -borró*, y la femenina *chaborí*. En catalán, además de *xaval* y el jergal *xaveia*, se emplea *xava* m., entre las clases bajas de Barcelona. Más datos en Toro, *RH* XLIX, 411-2, y en Tagliavini, *ARom.* XXII, 253-4.

[1] En un trabajo anterior, *VKR* III, 114, el mismo autor suponía que *chaval* era alteración de *chavó* según el cast. *zagal*.

CHAVARÍ, ant., 'especie de lienzo', según Terr. *chaváris* es una «especie de lienzo de Indias», y de allá procede quizá el vocablo. *1.ª doc.*: Acad., 1783, ya como antiguo.

Terr. cita también *chavónis*, fr. *chavonis*, especie de muselina o tela de algodón que viene de las Indias Orientales.

Chavasca, V. *chasco*   *Chavea*, V. *chaval*

CHAVETA, 'clavija o pasador que se pone en el agujero de una barra e impide que se salgan las piezas que la barra sujeta', del it. dial. (genov., lomb.) *ciavetta* íd. (it. *chiavetta*), diminutivo de *ciave* (*chiave*), del mismo origen y significado que nuestro LLAVE. *1.ª doc.*: 1527, Ordenanzas de Sevilla: Cej. IX, pp. 611-2; 1616, Oudin[1].

Podría creerse que viene del port. *chaveta*, diminutivo de *chave* 'llave', como sugiere Baist, *GGr.* I², § 48, tanto más cuanto que en portugués actual tiene el mismo significado que en castellano (Moraes cita ej., del S. XVIII, según creo), que el vocablo es popular en varias partes del país vecino (Messerschmidt, *VKR* IV, 149), y que en el italiano no corriente sólo significa 'llave de grifo' y 'clavija de reloj' (Rigutini-F., Petrocchi). Pero además de que -*eta* es sufijo poco popular en Portugal, *xaveta* aparece en catalán ya en 1642, en un tratado de artillería (Ag.), lo cual indica más bien origen italiano, y de hecho la actual ac. española ha sido también corriente en este idioma (Tommaseo, n.º 4); el genov. *ciavetta* se emplea como término de marinería[2], y con este carácter aparece realmente en García de Palacio (*Instr.*, f° 130 r°). Como la

chaveta sirve para impedir la pérdida de ciertas piezas, se comprende la frase figurada *perder la chaveta* 'perder el juicio, perder la cabeza', pero claro que esto no autoriza a derivar *chaveta* con Cabrera, del lat. CAPĬTE 'cabeza'.

[1] «*Chaveta*: clavette de fer qui se met au cadenas des prisonniers». Falta Oudin 1607, y Covarr.; *Aut.*, s. v. *chabeta*, da ya la ac. hoy predominante. Hoy designa herramientas de muchos oficios, p. ej. una de los zapateros en Andalucía y Puerto Rico (*BRAE* VIII, 488).— [2] «Pezzo di ferro a cuneo piatto o anche rotondo, che si mette nel foro bislungo o rotondo, aperto all'estremità d'un perno di ferro per fermarlo e assicurarlo a suo luogo...» (Casaccia).

Chavó, V. *chaval*   *Chavonis*, V. *chavarí*
Chay, V. *chaval*

CHAYOTE, 'fruta semejante a una calabaza, espinosa por encima', del náhuatl *čayútli* íd. *1.ª doc.*: Terr.

Friederici, *Am. Wb.*, 169. *Chayutli* está ya registrado como vocablo azteca en Molina (1571). La chayotera se ha aclimatado, además de América, en Canarias y en Valencia, y Ag. registra cat. *xaiota* (*-y-*).

DERIV. *Chayotera*.

Chaza, V. *jácena* y *chazar*

CHAZAR, 'detener la pelota antes que llegue a la raya señalada para ganar', del fr. *chasser* 'perseguir, expulsar', que aplicado a la pelota significa lanzarla con fuerza, y tiene el mismo origen que el cast. CAZAR. *1.ª doc.*: 1618, Espinel; el derivado *chazador*, ya en Covarr.

Desde más antiguo está documentado el postverbal *chaza* 'suerte del juego de pelota en que ésta vuelve o la detienen antes de llegar al saque', que ya aparece en Guevara (1539, y J. del Encina, *RFE* XL, 153; además Cej. IX, § 175, y vid. Gili); el fr. *chasse* se ha empleado en el mismo sentido; «chaças: chasses, comme du jeu de paulme» (Oudin, 1607). Son evidentemente imposibles las otras etimologías que trae Covarr. Comp. RECHAZAR.

Che, interj. arg., v. *ce*   *Cheba*, V. *giba*
Cheche, V. *jaque*   *Chegar*, V. *llegar*   *Cheira*, V. *chaira*   *Cheire, cheiro*, V. *zarazas*

CHELIN, del ingl. *shilling* íd. *1.ª doc.*: Terr.; ej. de E. de Ochoa († 1872), en Pagés.

Chemecar, V. *gemir*   *Chemelgar*, V. *amelga*
Chenta, V. *senda*   *Chentar*, V. *yantar*   *Chepa*, V. *giba*

CHEQUE, 'documento de pago dirigido a un

banco', del ingl. *cheque* (grafía británica) o *check* (grafía americana), íd., propiamente 'complemento del cheque en el talonario', derivado del verbo *check* 'comprobar'. *1.ª doc.*: Acad. 1899; cita de Manuel Cañete († 1892), en Pagés.

La opinión común de que el ingl. *cheque* es palabra de formación puramente inglesa no presenta dificultad alguna, pues el verbo *check* es palabra ya muy vieja en el inglés medio, que en el sentido de 'comprobar' se documenta desde 1695, y de ahí deriva muy naturalmente el sustantivo *cheque* en el sentido de 'talón de un documento bancario' [1706], de donde secundariamente 'cheque' (ac. documentada sólo desde 1774, *NED*). La opinión de Steiger (*VRom.* X, 59-61) de que se tomara del turco *ček* íd. y de que éste proceda del ár. *ṣakk*, que en Egipto designó una especie de letra de cambio o cheque, constituye una hipótesis por lo menos innecesaria, y cultural e históricamente es mucho más verosímil que la palabra turca venga del inglés, careciendo de relación con el ár. *ṣakk*.

Cherevía, V. *chirivía*   *Cherinol, cherinola*, V. *chirinola*   *Cherizar, cherizo*, V. *zarazas*   *Cherla*, V. *cherna*

CHERNA, 'mero', del lat. tardío ACERNIA íd. *1.ª doc.*: *Aut.*

Ahí está como voz común en Andalucía. Ast. *cherla* 'el mero pequeño' (V)[1]; gall. *cherla* 'pez grande, figura de robaliza' (Sarm. *CaG.* 85r, A17r y p. 211). También port. *cherne* m., *cherna* f., canar. *cherne* (*RFE* XII, 80), cub. *cherna* (Pichardo), val. *xerna* (A. Boscà, *Geogr.*, p. 505), Lipari *šérna* (*VKR* III, 353), mozár. *chírnia* (PAlc.), marroq. *čérna* o *čornía* (Lerchundi), argel. *šérniya* (Beaussier), Ótranto *cérnia* (Rohlfs, *EWUG*, n.º 285), svcr. *kiyerna* (*REW* 96). Lat. ACERNIA aparece en Plinio Valeriano (S. IV) y en Casiodoro y Oribasio (S. VI); ACERNA en Polemio Silvio (S. V). No es seguro si el latín viene del griego ἄχερνα o al revés, pues aunque Casiodoro vivió en la Magna Grecia, la voz griega sólo se halla en Hesiquio (S. III), que recoge muchas voces del griego de Sicilia. De todos modos, en las lenguas iberorromances el vocablo presenta forma fonética mozárabe.

― ¹ Contaminado por otro nombre de pez, quizá *merluza*, o *robalo*, *-iza*, o un descendiente del lat. MERULA (comp. *MERO* y *MIRLO*).

Cherumen, V. *chirumen*

CHERVA, 'ricino', tomado de un b. lat. *cherva*, transcripción culta del ár. *ḫirwaᶜ*, íd. *1.ª doc.*: 1555, Laguna.

Dozy, *Gloss.* 253. La voz arábiga aparece entre otros en el valenciano Abenŷobair († 1217), y Laguna atestigua que designa la misma planta que

en español. Oudin: «*cherua*, catapucia: espurge, herbe». Según Fig. *cherva* designa una fibra textil en portugués, en doc. de 1881.

CHÉSTER, 'variedad de queso', de *Chester*, condado de Inglaterra. *1.ª doc.*: falta aún Acad. 1899.

Cheurón, V. *cabrio*

CHEVIOT, 'lana del cordero de Escocia y paño que se hace con ella', del ingl. *cheviot* íd., procedente del nombre de los montes escoceses de Cheviot, donde se cría aquella raza. *1ª. doc.*: falta aún Acad. 1899.

Chey, V. *chaval*

CHÍA, 'especie de faldón que formaba parte de la vestidura llamada beca, empleada como insignia de autoridad y nobleza', 'manto negro y corto de luto', probablemente del árabe granadino *šíya*, mozár. *šâya*, del mismo origen que el cast. *SAYA*. *1.ª doc.*: 1.ª ac., Ant. Agustín, † 1586; 2.ª ac., 1588, J. de Pineda: Cej. IX, pp. 31-32.

Ya Eguílaz, 374, señaló el parentesco con la voz mozárabe, cuyo origen romance está indicado por Dozy, *Suppl.* I, 718a. R. Martí registra *šâya* 'túnica'[1], y *š-ya* aparece en documentos granadinos; en el Darfur es una especie de chaleco para protegerse de las flechas, y en Egipto es 'dolmán, traje de hombre' (Bocthor). El paso de *â* a *î* es propio del hispanoárabe tardío. La *ch-* española indicaría un vocablo tomado de los moriscos no antes del S. XVI, cuando ya el timbre de la *x* castellana se estaba alterando fuertemente; o voz trasmitida por el catalán de Valencia (donde *š-* > *č-*). Para otras huellas de la indumentaria morisca, vid. *CAPELLAR, CAPUCHO, CAROCHA*. También cat. *xia* [S. XVII; AlcM.]; pero *xia* ya en 1575 como sin. de *beca* y del lat. *focale* en On. Pou, *Thes. Pue.* p. 307; un derivado del cat. *xia*, a saber, *xiot*, ya se documenta en un texto de Balaguer de 1313-37, donde se manda que nadie se atreva a quitar el «*xiot* o capell o almuça» de un hombre que acompañe a una novia (Sanahuja, *La Ciutat de Balaguer*, 122): tendrá sentido semejante al de 'chía', y no 'sombrero', como cree Sanahuja]; de uno de los dos procede el campid. *cìa* especie de pañuelo de cabeza' (Wagner, *RFE* IX, 230); arag. ant. *xía* (Cej. IX, p. 32). Oudin (1616; falta 1607) define la voz castellana «une cornette de femme à mettre sur la teste, et aussi un morceau de toile quarré comme pour faire un gousset de chemise». Terr. dice que en Lope y en Quevedo vale 'rasgón, abertura, grieta' (en un vestido) y entre cordoneros es lo mismo que borla grande. Las definiciones de la Acad. se basan en Covarr. (s. v. *beca*). En Du C. figura un b. lat. *chiotum* documentado en los Estatutos de Marsella y en los de Arles, que Carpentier cree ser una parte de un vestido, quizá el cuello o un adorno del cuello; desde luego no puede venir del grecolatino *chiton* 'túnica', como sugieren los Benedictinos. Es dudoso que tenga algo que ver con *chía*. Si la segunda ac. española fuese la originaria, se habría podido pensar también en un derivado de *chiar* 'piar', en portugués 'chillar' (y también en los autos castellanos del S. XVI publicados por Rouanet, vid. Fcha.); desde luego es independiente de *tierra chía* 'tierra medicinal de color blanco', empleado por Laguna y procedente del lat. *chius* 'referente a la isla griega de Quíos', así como del arg. *chía* (Lullo, *Canc. de Santiago del Estero*, glos.; Carrizo, *Canc. de Tucumán*) y del mejic. *chía* 'semilla de una especie de salvia'.

¹ *Siya*, en la parte árabe-latina, no lleva definición y quizá sea otra cosa. Debe ser voz independiente *šiᶜâr* 'vestimentum'.

Chĭar, V. *piar*   *Chĭbalete*, V. *caballo*   '*Chĭbar*, V. *giba*   *Chibarte*, V. *yubarta*   *Chibón*, V. *jubón*   *Chiborra*, V. *chivo*

CHIBUQUÍ, 'pipa turca', del turco *čibûq* íd. *1.ª doc.*: Acad. ya 1884, no 1843; ej. de P. de Madrazo, † 1898, en Pagés.

Eguílaz, 375.

Chica, chicada, V. *chico*   *Chiclán*, V. *ciclán*

CHICLE, 'gomorresina masticatoria', del náhuatl *tzictli* íd. *1.ª doc.*: 1780, Clavigero.

Como voz náhuatl *tzictli* ya aparece en Sahagún, 1532. Friederici, *Am. Wb.*, 172-3. En castellano quedó restringido el uso a Méjico (falta Acad. aún 1899), hasta que en fecha reciente lo internacionalizó la industria norteamericana (admitido como inglés en el Supl. de Oxford, 1934).

DERIV. *Chiclear*.

Chiclear, V. *chicle* y *chicolear*   *Chiclo*, V. *chicolear*

CHICO, voz común al castellano con el vasco, el catalán, el sardo y algunos dialectos italianos, de creación expresiva, sólo indirectamente relacionada con el lat. CICCUM 'membrana que separa los granos de la granada', 'cosa insignificante, pizca' *1.ª doc.*: Cid.

En castellano es voz corriente en todas las épocas y regiones del idioma, aunque las vicisitudes de su concurrencia y su lucha con el rival *pequeño* no han sido iguales en todos los tiempos, en todas partes ni en todas las connotaciones estilísticas y sociales. El examen de este aspecto de la historia del vocablo requería un estudio monográfico, que no se puede hacer aquí. Además de los materiales proporcionados por Cuervo, *Dicc.* II, 718-20, y Cej. VIII, § 16, he aquí algunos que deberán tenerse en cuenta. *Chico* aparece a menudo en Berceo (p. ej. *Mil.* 720b, 726a, 801d) y se halla en *Sta. M. Egipc.*, 220; docs. de Soria, a. 1233, Castilla del Norte, a. 1244, Oña, 1245, Rioja Baja, 1289 (M. P., *D. L.*, 217.14; 57.36; 130.37; *Oríg.*, 190); Tilander, *Fueros de Aragón*, § 139.16; *Poema de Yúçuf*, A, 62b; Sem Tob, 72d; *Danza de la Muerte*, 311; *Celestina*, ed. 1902, 131.15; APal. 43b, 453b; Nebr.; es innecesario, por su misma abundancia, indicar ejs. posteriores al S. XV.

En general, no hay diferencia notable en el uso de *chico* entre España y América, aunque en muchas partes del Nuevo Mundo el concurrente *pequeño* tiene empleo más restringido que en la antigua metrópoli (así en Nuevo Méjico—BDHA IV, 51—y, en el extremo opuesto, en la Arg.).

Al menos modernamente, el vocablo es ajeno al portugués: el chulesco *chico* 'moneda de oro pequeña' (Moraes), el nombre propio *Chico* de una inquirição norteña de 1258 (*PMH*, p. 366), y aun el gallego *chicòte* 'de poca edad, pero robusto', parecen o pueden ser castellanismos. En cambio el cat. *xic* es demasiado antiguo y general para serlo, pues se halla en los Privilegios de Catí h. 1403 (*Bol. Soc. Castellon. de Cult.* XV, 88); en Jaume Roig (a. 1460); en el *Curial* (med. del S. XV), II, 129; en la traducción del *Excitatorium* de Bernat Oliver (h. 1450), p. 105; en J. Esteve (1489); en Gerson (1491); y en muchísimos textos desde el S. XVI pertenecientes así al Principado como al reino de Valencia (p. ej. Barcelona, S. XVI; en cuanto a los ejs. del S. XV, los dos primeros y otro son valencianos, los demás no se pueden localizar con seguridad, aunque de un par de ellos hay sospechas inciertas de que lo sean también. Hoy en día el vocablo no es ajeno a ninguna parte del territorio continental de lengua catalana[1], pero es verdad que su uso es más amplio en tierras valencianas que en la propia Cataluña, donde lucha con *petit*, desconocido allá; sin embargo el uso de *xic* como adjetivo es popular y ampliamente arraigado en todo el ámbito de las provincias de Tarragona y Lérida, aun en la parte pirenaica de esta última, y si bien es verdad que en Barcelona no se emplea como adjetivo, a no ser con un valor afectivo especial, el neutro *un xic* por 'un poco' se oye en todo el Principado, y lo mismo ocurre con *xicot* 'muchacho' (mientras que *xiquet* es especialmente valenciano y tarragonense). En conjunto—y a reserva de confirmación futura, que sólo podrá lograrse con un estudio de geografía lingüística en fuentes antiguas—, es posible que en catalán el vocablo se propagara desde los dialectos mozárabes del País Valenciano y Sur del Principado[2], aunque también pudo ser vocablo extendido desde el principio a todo el territorio lingüístico, pero limitado en el Norte a un matiz afectivo especial, por la coexistencia allí del sinónimo más objetivo *petit* y del anticuado *poc* 'pequeño'; en todo caso creo puede asegurarse que no es castellanismo.

Por otra parte vasco *txiki* 'pequeño', propio de los dialectos vizc., guip., a. y b. nav., y, con el valor de 'un poco', roncalés[3]; mientras que en los dialectos vascos de Francia se emplea *txipi* (o *ţipi*), en algunas localidades labortanas la forma «menos diminutiva» *ziki*, y en otras partes *xehe* y *zehe* (Azkue; Schuchardt, *BhZRPh.* VI, 39): como ya observó Diez, ni *txiki* puede ser el étimo del cast. *chico* ni puede mirarse tampoco como castellanismo, ya que entonces esperaríamos **txiko* y no se explicarían las variantes. Para el vasco *txipi* (más generalizado anteriormente que *txiki*), vid. Michelena, *BSVAP* XI, 286.

Entre los dialectos de Oc señala Mistral *chic*, 'pequeño' y 'poco', como narbonense, bearnés y gascón; pero en realidad otras fuentes sólo confirman el segundo significado, y como propio del bearnés y del gascón occidental, en las Landas y costa girondina (*ALF*; Palay; Moureau); más al Este sólo hallo *un chic* 'un poco' en Lavelanet, Ariège, cerca del límite catalán (*Bouts dera Mountanho* XXV, 31); como esta repartición geográfica es muy sospechosa de hispanismo, sería importante confirmar la existencia de *chic* 'pequeño' y *achicar* 'empequeñecer' registrados por el pequeño Levy como pertenecientes al idioma antiguo, pero ambos vocablos faltan en el Levy grande y en Raynouard, y los dos ejs. de *achicar* 'humillar' citados por Kolsen (*ASNSL* CXLIII, 265), en dos trovadores de fines del S. XII, tolosano el uno y el otro auvernés, son muy oscuros y presentan graves dudas en la trasmisión del texto.

Más lejos hallamos logud. *ticcu* 'poco' (cuya *t*- corresponde a una *z*- sorda italiana, pero en muchas palabras de origen oscuro equivale a una *ch*- castellana: Jud, *Rom.* XLIII, 452), campid. *azziccheddu* 'poco, gotita', calabr. *zica* 'gota, gotita', *na zica* 'un poco', *zichi* 'poquísimo' (Rohlfs, *Diz.*), Cilento *tsiku* 'pequeño', Lacio *tsiko* íd. (Rohlfs, *ZRPh.* LVII, 447)[4]: luego los dos últimos tienen el mismo significado que en español, pero los demás van con el it. *cica* 'nada' (*non trovò cica*: moderno y ya en el *Pataffio*, 2.ª mitad del S. XV), it. antic. *cìgolo* 'poco', 'pequeño', y por lo tanto tienen el mismo empleo que el lat. CICCUM 'nada' (*ciccum non interduim* 'no daría ni pizca', en Plauto, etc.), *ciccum*: γρῦ, κόκκος (en el glosario de Filóxeno, ms. S. IX, y *nec ciccum* 'nihil' en una glosa placidiana, que se halla en varios mss. desde el S. VIII: *CGL* VI, 730). A las formas dialectales italianas agréguese Amaseno (Lacio) *na ci(ca) dẹ* 'un poco de' (*na ci panẹ, na ci saponẹ* «del pane, del sapone», Rohlfs, *It. Gr.* § 426). La vacilación y contradicción entre italiano *zi* ∽ *ci* y cast. *chi*, así como la -*c*- simple medial del italiano, prueban claramente que más que la continuación fonética de CICCUM nos ofrecen los varios romances la creación renovada varias veces de una voz de creación expresiva, quizá infantil, que indica, mediante el sonido CHIC- o parecidos, la

idea de pequeñez[5]. El carácter de creación expresiva que tiene el vocablo está comprobado por la variante burg. *chiguito*, rioj. *chiguín*, aducida por *GdDD* 1624. Termino llamando la atención sobre el hecho de que en la lengua arcaica cast. se empleó *chico* con el valor sustantivo de 'un poco', como en latín (según todavía ocurre en cat. y en vasco): «si el cavallo fuere ferido en el ojo en guisa que sea asedado o que se faga dentro *chico* de carne» (*Libro de los Cavallos*, S. XIII, publ. p. G. Sachs, 26.17). Comp. CISCO.

DERIV. *Achicar* [Nebr.; 1526, Woodbr.], antes también *enchicar*; *achicador, achicadura, achicamiento*. *Chica*. *Chicada*. *Chicorro, chicorrotico, chicorrotín*. *Chicote* 'persona de poca edad pero robusta' [princ. S. XVII, J. Polo, Quevedo]. *Chiquillo; chiquillada; chiquillería*. *Chiquito* [*Celestina*, ed. 1902, 99.25], *chiquitín; chiquirritico, chiquirritín*. *Chicarrero* 'zapatero que hace calzado de niño pequeño' (A. Venceslada; Acad., ya 1843, define 'zapatillero' [?]).

CPT. *Chiquilicuatro*, con el mismo radical que el popular *chiquilín*, que hoy falta todavía en la Acad.

[1] El diccionario mallorquín de Amengual no lo registra, aunque no aseguraré que sea ajeno al lenguaje de las Islas. Tampoco tengo datos del Rosellón, pero *una xica* o *unes xiques* 'un poco' se emplea en varias localidades de Cerdaña (*BDC* II, 57), y lo he oído en Meranges, de la misma comarca, y en Setcases, en el mismo límite de Conflent. Pero según el *ALF*, *un peu* se dice *un poc* en las cinco localidades rosellonesas.— [2] Que el vocablo podría pertenecer a los dialectos mozárabes del actual territorio catalán, parece probarlo (y precisamente para Mallorca) el nombre de la alquería llamada *Rahal Axic*, posiblemente, *rahal aš-Sik* 'rafal o casa de campo del Chico' (*Repartimiento de Mallorca*, término de Montuïri, 112). Del mozárabe castellano pasaría al ár. argelino *čekīkûn* «très petit enfant, marmot; petit (adj.)»; en cuanto a *ğiq* o *ğuq* 'pequeño' que Simonet recoge de Abenalbéitar como vocablo del Turquestán, claro está que no puede haber parentesco histórico, y que aun la posibilidad de un parentesco elemental es sumamente dudosa.— [3] Es verosímil que el significado roncalés sea el más antiguo en vasco: en ese dialecto se decía *txiki* para 'poco' y el comparativo *txikiago* era la expresión de la idea de 'menos', mientras que como adj. 'pequeño' se decía sólo *ño* (Azkue, *Morf.* 212n.).— [4] El *REW*, 2451b, cita además Lucca y Versilia *čikko* 'pequeño', Bregaglia *tsik* 'poco'; *čiko* 'pequeño' y 'poco' en el dialecto de Sora y en otros meridionales.— [5] Quizá tiene el mismo origen el fr. *chiche* 'mezquino, avaro' [S. XII], pero ya es más dudoso. Hay todavía otras formas romances, como *čika* registrado por el *ALF* en el valle de Aosta.

Chico 'cerdo', V. *chiquero*   *Chicoira*, V. *achi-coria*

CHICOLEAR, 'decir donaires y dichos gracio-sos', 'requebrar a una mujer', voz de creación ex-presiva, formada con la sílaba CHIC- (paralela a CHAC-, como en *CHACOTA*), que sugiere la idea de reír o hacer reír. *1.ª doc.*: *chicoliar*, Calderón; *chicolear*, *Aut.*; Cej. VIII, § 16.

En Calderón significa 'requebrar a una mujer', pero *Aut.* define «decir chicoleos», y *chicoleo* en este diccionario es «burla, gracejo, donaire y jugue-te»; Requejo (1717) «nugae»; Terr. define «gracejo» y «sátira graciosa», la Acad. [ya en 1843] dice «dicho o donaire de que se usa con las mujeres por galantería». En efecto, *chicolio* es 'requiebro a una mujer' (quizá 'requiebro gracioso') en Tirso y en Suárez de Figueroa[1], pero Pedro Espinosa cita *chiculio* en una larga lista de voces vulgares, malsonantes y de significado vago, entre *harón*, *contoneo*, *mequetrefe* y muchas más, y en el *Este-banillo González* (*Cl. C.* I, 231) evidentemente no es 'requiebro', sino 'burla, gracejo', dirigida inopor-tunamente a un hombre condenado a muerte. Creo evidente que estamos ante una voz de creación expresiva, comparable con el ingl. *chuckle* 'reír di-simuladamente', 'convulsivamente', alem. *kichern* 'reír disimuladamente', 'reír con risas ahogadas', it. *cigolare* 'rechinar', 'crujir', y en particular con el cast. *CHACOTA* 'burla, escarnio, regocijo', *cha-colotear* o *chocolotear* 'hacer ruido la herradura por estar floja' [ambos en *Aut.*]. Una forma *cho-coleo* que aparece en el *Vocabulario* de Correas puede deberse sea a cruce con *chocarreo* o a va-riante en el radical expresivo; nótese que el and. *chiculio*, además de 'chicoleo, piropo', significa 'eructo' y 'gorjeo del colorín', y que en la misma región se emplea *chiclear* 'cantar con voz aguda' y *chiclo* 'nota aguda que lanza un cantor' (A. Ven-ceslada). Desde luego ha de rechazarse la etimo-logía de G. de Diego, *RFE* VII, 141-2[2], que pre-tende derivar *chicolear* del lat. JOCARI 'jugar, bro-mear', a base del cultismo *jocalias* 'joyas, alhajas', empleado en aragonés[3]; el cambio de J- en *ch-* sólo es posible en aragonés moderno y en alguna habla leonesa (a pesar de que G. de Diego haya sostenido lo contrario), y el autor sólo logra dar una engañosa apariencia de probabilidad a su eti-mología acumulando voces de carácter evidente-mente heterogéneo: *chocallo*, ant., 'zarcillo o pen-diente', que es el leonesismo *chocallo* 'campanilla', procedente de CLOCCA; *chocarrero*, que es varian-te de *SOCARRÓN* 'escarnecedor sarcástico', deri-vado del vasquismo *SOCARRAR* 'quemar, cha-muscar'; *chocar* 'resultar gracioso', que es onoma-topeya, idéntica a *chocar* 'entrar en colisión'[4].

DERIV. *Chicoleo* (V. arriba).

[1] Citas de Rodríguez Marín en su ed. de Pedro Espinosa, p. 418.— [2] Nótese que el propio autor no la incluyó en su *Contr.* publicada dos años

después; probablemente el veterano etimologista sentiría muy graves dudas al respecto. Sin em-bargo la aceptó el *REW*[3] 4584a.— [3] Borao. Citado ya en Miguel del Molino (1585). Es el b. lat. *jocalia*, documentado desde fecha antigua (*De Ve-tula*) en textos aragoneses, franceses e ingleses.— [4] Por lo demás, en lo semántico no indica si se debería partir del significado latino 'bromear' o de la idea de 'alhaja', como sugiere su compara-ción con el caso de *piropo*, propiamente 'granate, carbúnculo'. El *chicoleo*, que es 'gracejo que hace reír a una mujer', más bien que 'requiebro hala-gador', como el *piropo*, no puede venir de la idea de 'alhaja'.

Chicorce, V. *chiquero*   *Chicoria, chicoriáceo*, V. *achicoria*   *Chicorro, chicorrotico, chicorrotín*, V. *chico*   *Chicorzo*, V. *chiquero*   *Chicotar*, V. *chacota*   *Chicote* 'persona de poca edad pero robusta', V. *chico*

CHICOTE, 'colilla, punta de cigarro', 'cabo o punta de cuerda en un navío, o pedazo separado de la misma'; amer.: 'látigo, azote'; probable-mente del fr. *chicot* 'pedazo de tronco o de raíz cortados que sobresale de tierra', 'astilla que se clava en el pie de un caballo', 'raigón de diente', del mismo origen que el fr. *chique* 'trozo de ta-baco que se mastica', dialectalmente 'pedazo en general', y que *déchiqueter* 'desmenuzar'. *1.ª doc.*: 2.ª ac., 1587, G. de Palacio (?); 1675, 1722, Gili; 1696, *Vocab. Marít. de Sevilla*, en *Aut.*; 1.ª ac., ya Acad. 1843 (mal definido «cigarro puro»); 1867, Cuervo, *Ap.*, § 510 (1907)[1]; 3.ª ac., 1789, doc. ar-gentino (en Tiscornia, *M. Fierro anot. y coment.*, 403).

La 3.ª ac. es de uso general en América: Mé-jico, Costa Rica, Sto. Domingo, Colombia, Vene-zuela, Ecuador, Perú, Chile y Río de la Plata (vid. Lenz, *Dicc.*, 275; y además Gagini, y *BDHA* V, 231); es también usual en el portugués del Viejo y el Nuevo Mundo (Moraes, Fig., Rud. Garcia), pero es y parece haber sido siempre ajena a Es-paña[2]. El significado náutico 'punta o pedazo de cuerda' tiene, en cambio, arraigo a lo largo de la costa atlántica de la Península, pues no sólo se halla en portugués, con el mismo matiz y con los secundarios de 'bramante trenzado cuyos hilos sir-ven para atar' y 'trenza de cabello sujetada con un cordel', sino que *chicote* es 'calabrote' en San-tander y Bilbao (según Mugica, *Dial. Cast.*, 27, 62), y en vasco se emplea *txikot* (Vizcaya, Guipúzcoa) o *txikote* (Alta Navarra) en el sentido de 'soga, cuerda de esparto'. Claro está que se debe partir de 'punta o pedazo de cuerda', de donde se pasó a 'cuerda', como en la palabra *CABO*. Claro está también que siendo esta ac. la más antiguamente documentada, pues ya parece hallarse en la *Ins-trucción* de G. de Palacio[3], hay que partir de ella, y no suponer con Lenz, *l. c.*, que se trata de un aztequismo que pasara al lenguaje de la marina española.

Los otros tres posibles casos de términos náuticos de posible procedencia indígena americana que reuní en *AILC* I, 13, y que ya entonces me parecían muy dudosos (*piola, garúa, sucucho*), han resultado después ser todos de origen europeo (V. los artículos respectivos). Contra el origen náhuatl, en nuestro caso, hay toda suerte de dificultades, que obligan a descartar la idea (acogida ya con incredulidad por Tiscornia y Friederici)[4]. 1.º Un nahuatlismo difícilmente pudo propagarse hasta la Arg. y por otra parte a Portugal y al Cantábrico. 2.º Semánticamente el nah. *šikótli* 'abeja' no convence: la comparación del azote que hiere con el insecto que pica es rebuscada. 3.º Ya Lenz reconoció que lo regular es el paso de náhuatl *š* a *j* castellana[5].

El paso de 'pedazo de cuerda' a 'látigo' nos coloca, en cambio, en un terreno frecuentadísimo: el de los americanismos de origen náutico (V. mi artículo en *AILC* I, 9 ss.). Luego podemos prescindir de la ac. 'látigo' para los efectos etimológicos y atenernos a las demás. Ahora bien, las ideas de 'punta o pedazo de cuerda', 'punta de cigarro' y la ac. chilena 'los pedazos de género con hebilla con que se aprietan los pantalones por detrás' (Lenz), coinciden en la noción general de 'pedazo saliente (de cuerda, de cigarro, de ropa)', y como el vocabulario náutico hispano-portugués, cuando es ajeno al Mediterráneo y no existente en catalán ni italiano (según ocurre con *chicote*), suele ser de origen francés, no hay dificultad en partir del fr. *chicot* 'pedazo de tronco o de raíz cortados que sobresale del suelo', 'astilla que se clava en el pie de un caballo', 'raigón de diente'; el lenguaje anticuado y el uso dialectal nos confirman que esta palabra francesa significa básicamente 'pedazo' 'trozo saliente': fr. medio *chicot* «sorte de découpure, de dentelure» (dos ejs. de 1603 en Huguet), fr. canadiense *chicot* «reste d'une plante coupée presqu'au niveau du sol» (*Gloss. du P. Fr. du Can.*), Grand' Combe *šikó* «petit bouquet de fleurs qui termine la tige d'une plante» (Boillot), Aunis-Saintonge *chicot* «morceau d'une dent détériorée ou cassée» (Musset). Oído por los marinos españoles a sus colegas ultrapirenaicos, este vocablo francés de sentido genérico (ya documentado en el S. XVI) se aplicó naturalmente a los pedazos que más interesaban a su oficio, a saber los cabos de cuerda.

El origen del vocablo francés es oscuro. Pero como junto a él hallamos *chique* 'trozo de tabaco que se mastica' (de ahí ast. *chicote* «hoja de tabaco retorcida a modo de cuerda», V), que en los dialectos del Oeste y el Noroeste es 'pedazo en general (de carne, de pan)' (Picardía, Normandía, Anjou: Verrier-Onillon), 'harapo, pedazo de ropa' (en Normandía y en Jersey: *ALF, Suppl.*), que es de fecha moderna (1800), *chiquet, chiquette* 'pedazo' (Saboya, Valle de Yères, Bas-Maine, Poitou), que

aparece en 1694, y por otra parte hay *déchiqueter* 'despedazar, desmenuzar', que ya se halla en el S. XV, es verosímil que éste proceda, como sugiere Bloch, de *eschiqueté* (1231) 'paño de dibujo cuadrado como tablero de ajedrez', *eschaquetey* (1348), derivados de *eschiquier, eschaquier*, 'tablero de ajedrez', a lo cual agregaré que en mi opinión bien pudieron *chiquet, chicot* y más tarde *chique* sacarse de ahí como derivados regresivos y con generalización del significado. Luego no habría relación, a no ser secundaria, con la familia romance de nuestro CHICO a pesar de las razones de Krüger, *NRFH* I, 384-5, que no son convincentes. El problema necesita todavía estudio. Pero aunque existiera alguna relación con CHICO, en el caso de *chicote* se trata, en todo caso, de una palabra de origen francés.

DERIV. *Chicotazo. Chicotear.*

La Acad. no localiza. Varios autores americanos consideran que ha habido error por parte de la Acad. Sólo en Andalucía (A. Venceslada) y en América está comprobado el uso de esta ac.: en la Arg. (Vicente Rossi), en Bogotá y en Méjico (G. Icazbalceta, R. Duarte). Es inverosímil que en esta ac. sea voz independiente, derivada de CHICO, según quiere Lenz.— [2] Malaret, *Supl.*, dice que aparece en un villancico español de 1650; pero comprobado, resulta contener *chicote* 'muchachito, niño', aplicado a Jesús, que es palabra de origen diferente (V. CHICO). Toro, *BRAE* VIII, 416, dice que el derivado *chicotazo* en la frase *resistir los chicotazos de la suerte* se halla en Pérez Galdós, pero es cita de segunda mano sacada de Mugica, *Maraña del Idioma*, que a su vez no menciona la obra donde encontró la frase, y es autor desaliñado en sus citas. Aunque sea realmente de Galdós, podría significar 'azote que da un cabo de cuerda' como vocablo de marina, y aunque *chicote* 'látigo' perteneciera realmente al vocabulario de Galdós, podría ser voz local de Canarias.— [3] «El Contramaestre... tendrá gran cuidado con los cables, teniéndolos en lugar enxuto y estanco para que no se pudran; y los *cicotes*, faxados» fº 114 rº. Parece ser errata por *chicotes*, como nota el capitán Guillén en su glosario.— [4] No se sabe bien lo que significa *chicotar* en estos versos de P. González de Mendoza, recogidos por el *Canc.* de Baena (n.º 252, v. 8) y por lo tanto escritos h. 1400: «Menga, dame el tu acorro, / e non me quieras matar: / ¡si supieses como corro, / bien luchar, / mejor saltar! / Las moçuelas en el corro, / páganse del mi ssotar. / D'esto, todo, bien me acorro, / e aun mejor de *chicotar*». No puede ser 'dar chicotazos', como sugiere W. Schmid. Difícilmente puede tratarse de 'disputar, armar controversia', como quiere el M. de Pidal en su glosario (entonces vendría del fr. *chicotter* íd., pero esta voz francesa no se halla antes de 1611), puesto que se trata de una serie de actividades físicas que indican agilidad: 'bailar', 'correr', 'luchar', 'saltar'. Quizá sea 'saltar a cuerda', tratándose de un temprano ej. de la voz náutica. O será onomatopeya independiente de *chicote* y emparentada con *CHACOTA*.— [5] En país donde el bilingüismo sigue hoy siendo fenómeno casi tan vivo como en el momento de la conquista, todo el mundo tiene todavía conciencia de esta correspondencia fonética. Son millares los nombres de pueblos, aldeas y lugares campestres que hasta hoy se pronuncian con š en los idiomas indígenas y aun en castellano, y que al mismo tiempo se oyen castellanizados con *j* fricativa velar. No hay por qué citar nombres de ciudades: el caso se da con pueblos pequeños, aldehuelas y parajes aún más oscuros, y se improvisa y repite continuamente sin que llame la atención a nadie, como he podido notarlo en excursiones por el campo mejicano: todo el mundo escribe, p. ej., *Xalatlaco*, pero unos pronuncian con š y otros con velar. Alguna vez se pronuncia *s* (*Sochimilco* por *X*-), pero ésta es pronunciación culta y artificial, como si alguien pronuncia *Mé(k)siko*. Podrá haber algún caso de *ch* (como el de *chipote* < *šipótli*, que cita H. Ureña, *BDHA* IV, p. XVI; *changüí* es otra cosa, vid. mi artículo), pero es muy raro. Luego los nuevomejicanos *chocoque* y *tacuacho* citados por Espinosa, *RDR* II, 423, y el salvadoreño *chicote* 'avispa', citado por el propio Lenz (y por lo demás sacado de Barberena, autor de fama sospechosa), se deberán, en estas zonas alejadas del territorio de lengua náhuatl, a alteración por parte de idiomas indígenas, y debida a circunstancias locales (el no poseer š estos idiomas, p. ej.).

Chicotén, V. *chacota*   *Chicozapote*, V. *zapote*   *Chiculio*, V. *chicolear*   *Chicha* 'carne', V. *salchicha* y *chichón*

CHICHA I, 'bebida alcohólica usada en América y resultante de la fermentación del maíz, y de otros granos y frutos, en agua azucarada', parece ser voz de los indios Cunas de Panamá. *1.ª doc.*: h. 1521, en una relación conservada en el texto italiano de Ramusio; h. 1550, Fz. de Oviedo.

Zárate (1555), Acosta (h. 1590) y otros posteriores lo atribuyeron a los arauacos antillanos; Lenz, *Dicc.*, 276-7, piensa en el verbo náhuatl *čičia* 'acedarse, tornarse amargo'; pero Oviedo atribuye categóricamente el vocablo a la lengua de Cueva, es decir, de los Cunas, zona de Panamá, y Wafer, viajero que visitó el Istmo a fines del S. XVII, cuando todavía estaba vivo el idioma indígena, lo confirma, advirtiendo que es abreviación de *chichah co-pah*, donde *chichah* significa 'maíz', y *co-pah* 'bebida'. Friederici, *Am. Wb.*, 171; Cej. VIII, § 4. A los testimonios de autores que emplean la palabra pueden agregarse los que da Zaccaria s. v. *acizza* y *ciccia*, y el de Rosas de Oquendo (Méjico, h. 1600), en *RFE* IV, 348[1]. Es

palabra panamericana, aunque localmente se han empleado otros vocablos (p. ej. *azua* en el Perú).

DERIV. *Chichería* [1680, *Recopil. de Indias*, en *Aut.*].

[1] En Góngora no es bebida, pese a Alemany, sino 'carne', voz infantil.

CHICHA II, adj., *calma* ~, 'calma absoluta en el mar, falta completa de viento', origen incierto, quizá del fr. *chiche* 'avaro', porque entonces falta el viento del todo. *1.ª doc.*: 1831, Fernández de Navarrete; Acad. ya 1884, no 1843.

Acaso del fr. *chiche* 'mezquino, avaro' (empleado también en provenzal y bearnés), llamada así por los marinos porque no da nada de viento. Las denominaciones de otros idiomas tienen base semántica diferente: it. *calma morta*, ingl. *dead calm;* fr. *calme plat;* cat. *calma sangrenta* (< ¿cast. *sangrienta?);* port. *calmaria*, que se empleó también en cast. *calmaría* (Fr. Luis de Granada: *Aut.;* y ej. más antiguo en Zaccaria). El vocabulario náutico castellano, cuando es ajeno al Mediterráneo, suele ser de origen francés.

CHÍCHARO 'guisante', and., gall., cub., mejic., del lat. CĬCER, -ĔRIS, 'garbanzo', por conducto mozárabe. *1.ª doc.*: 1705, Sobrino (Gili); 1742, Fernández de Navarrete (Colmeiro II, 266); *chicher*, 1617, Minsheu.

Acad. 1837 y 1843 lo daba como nombre andaluz del guisante y como tal lo recogen Rojas Clemente (h. 1800) y el malagueño Prolongo (1852); lo mismo significa en Galicia (donde Sobreira y Sarmiento lo recogen ya en el S. XVIII; Carré; A. Cotarelo, *BRAE* XIV, 114[1]), en Cuba (Pichardo) y en Méjico (Revilla, *BDHA* IV, 193); pero en Sevilla y en Jerez de los Caballeros significa 'judía, Phaseolus vulgaris' (Velasco, 1797; Colmeiro II, 284)[2], en portugués *chícharo* es una variedad de judía (Fig.), o bien significa 'garbanzo' o 'almorta' (H. Michaëlis), en Tras os Montes *chícharo*[3] o *chíchero* es 'garbanzo' según C. Michaëlis (*RL* XIII, 308), *chicharro* es 'judía pequeña' en Moncorvo, localidad de esta provincia (*RL* XIII, 114)[4]; *chicho* (*-u*) es 'haba redonda, lat. *faba minima*' (Acevedo-F), 'habichuela mala que comen los aldeanos' (Rato) en Asturias; en el Norte de Santo Domingo *chicharas* son 'cierta clase de frijoles' y 'gentes insignificantes' (Brito), y en el Sur de Chile se diría *harina de chicharos* por 'harina de garbanzos'[5]. Bretón de los Herreros emplea *no dar un chicharo* por 'no dar nada', pero el vocablo es ajeno al uso español común. A juzgar por la evolución fonética (*ch* < C^{i,e}, *i* < Ĭ) ha de tratarse de un mozarabismo que desde Andalucía y Sur de Portugal se corriera hasta Galicia y Asturias, y por otra parte a América; de hecho el anónimo andaluz de h. 1100 registra *ğâğara* (es decir, *čéčera*) para la 'almorta' (Asín, pp. 21-22) y aunque lo califica de denominación «francesa», él suele aplicar este nombre al catalán y a veces a los dialectos mozárabes de este idioma. De hecho, el mall. *xíxero* 'guisante' (Aguiló, s. v. *xíxaro;* usual en Felanitx según Griera, *BDC* V, 28) ha de tener este origen[6].

No es admisible que *chícaro* sea italianismo, según afirmó Baist (*GGr.* I², § 44), pues en Italia sólo se halla *cicciaro* en Calabria (Rohlfs; *cìciru* en Sicilia y Tarento), donde significa 'garbanzo', y una denominación tan arraigada y extendida en los dialectos españoles, portugueses e hispanoamericanos no puede tener este origen extranjero y local.

Para el cambio semántico de 'garbanzo' en 'guisante', V. mi artículo sobre esta palabra en *RPhCal.* I, 87-94. Para otras variantes románicas e hispánicas, vid. *ALMORTA*.

¹ Éste da además la variante *chúcharo,* que se deberá al cruce con otra palabra.— ² En Almería, si estoy bien informado, el *chícharo* es un grano que se da de comer a los cerdos.— ³ Según el «inquérito» de Boleo (*RPF* XI, mapa 2) 'garbanzo' no se dice *chícharo* en ningún punto de Tras-os-Montes, pero sí en la localidad 1211, que es el extremo SE. del Alemtejo.— ⁴ Más alterado *chícharo* o *chincharra* 'alubia pequeña de color azulado, fina' en Salamanca, 'almorta' en la Ribera salmantina del Duero (Lamano).— ⁵ Eduardo de la Barra, *La Crónica rimada de las cosas de España,* p. 26 (dato que necesitaría comprobación).— ⁶ Alcover, *BDLC* XIV, 212, cita *xitxero* como perteneciente al léxico de los segadores de Llucmajor. La Gramática de Forteza, p. 39, sin definirlo, confirma la existencia de *xítxero,* descendiente de CICER, olvidado por los diccionarios mallorquines.

Chicharra, chicharrero, V. *cigarra*

CHICHARRO, 'especie de pez marino', origen incierto. *1.ª doc.: Aut.,* con cita de Juan Bautista Suárez, *Antigüedades de Cádiz,* que no puedo fechar.

Según éste se trata de un atún pequeño. La Acad. en 1843 y 1884 definía: «pez de mar, especie de atún, de cuarta y media de largo, con la aleta del dorso recostada hacia la cola, y una fila de escamas ásperas como una sierra a cada costado. Se halla en las costas de Cantabria y Canarias. *Scomber Trachurus».* Desde 1899 el mismo diccionario da *chicharro* como sinónimo de *jurel* (que designa según unos el *Trachurus trachurus* y según otros el *Scomber trachurus* o el *Caranx trachurus).* *Chicharro* se emplea en Asturias (Rato, sin equivalencia), en Galicia (Vall., con estas últimas equivalencias) y en Portugal, donde es un pez de alta mar, negro por encima, y parecido al *carapau* (*Trachurus trachurus),* pero más grande (Moraes, Vieira). Azkue, *Supl.²* lo usa en castellano, s. v. *eskatz.* Es posible que se trate de uno

de tantos casos de aplicación de un nombre de animal terrestre a la nomenclatura ictiológica (como *araña, rata,* etc.), pues *chicharro* fué variante antigua de *chicharra* = CIGARRA (variante registrada por PAlc., Percivale y Oudin)¹.

¹ No hay nombres sejemantes en el Mediterráneo: falta en Medina Conde, y nada semejante veo en Carus II, 670, a no ser el ár. egipcio *chakhoura* (¿de *šáḫar* 'roncar'?) y el genovés *ciuciallo,* nombre del *Caranx rhonchus* y el *Caranx punctatus,* con los cuales no parece existir relación.

CHICHARRÓN, 'residuo de las pellas del cerdo, después de derretida la manteca', de una raíz onomatopéyica CHICH-, imitadora del ruido del chicharrón al freírse, común al castellano con el vasco, el gascón pirenaico y el italiano. *1.ª doc.:* S. XIII, *Libro de los Cavallos* 26.16; h. 1400, Glos. de Toledo y del Escorial¹; 1611, Covarr.

Posteriormente aparece a menudo: en Quevedo, el *Estebanillo González,* etc. Beira *chicharrões* (Fig.), Alto Aragón *chichones* (Echo, Embún, Panticosa, Biescas, Torla, Fiscal: Kuhn, *RLiR* XI, 209), *chinchorros* (Ansó, Aragüés: íd., ibid., 104), *chinchorras* (Echo, Urdués: Rohlfs, *BhZRPh.* LXXXV, § 70), *chinchiróns* (Venasque), *chicharras, chicharros²* (Borao), vasco *txintxar, txintxorta³, xixkor, txingor, txinkor,* aunque Michelena, *BSVAP* XI, 286, explica parte de los nombres vascos como compuestos sin relación con el romance. Bearn. *chinchoûs* (Baretous, Aspa), gascón *chichoûs* (Lavedán: Rohlfs), La Teste (Gironda) *chichoun* (= *čičún*) (Moureau), it. *cicciolo, cicciolotto,* vulgarmente *ciccio,* florentino *sicciolo* (Petrocchi, Fanfani-R.). En vista de la existencia en italiano es imposible que se trate de un vasquismo, como propuso Rohlfs, *ZRPh.* XLVII, 398-9 (también *RLiR* VII, 158); es preferible la explicación alternativa del mismo autor: se trata, en vasco como en romance, de una onomatopeya del ruido de los chicharrones chirriando en la sartén (comp. *achicharrar,* abajo). En Cuba y Colombia, *chicharrón* es parte muy gorda del tocino, sobre todo su corteza, frita en la sartén; en Bogotá los venden por las calles en una forma como de medias lunas o cuernos retorcidos, de color blanco: por lo visto hacen derretir el tocino y luego lo dejan cristalizar. En vasco y quizá en parte de Aragón y Gascuña, el vocablo sufrió una nasalización por influjo del vasco *txinkha* 'chispa'.

DERIV. *Achicharrar* [1644, Ovalle], antes *chicharrar* [Quevedo], 'abrasar', procedente de la misma onomatopeya. *Chicharro* 'chicharrón' (falta aún Acad. 1899).

¹ Con la traducción latina *cremium,* que si bien en latín antiguo sólo significaba 'leña seca', en la Edad Media aparece con el significado de 'chicharrón' (Juan de Janua). Más extraño es que el glosario del Escorial lo emplee además para traducir a *strigilis* 'almohaza'.— ² Llega hasta el ca-

talán de Huesca (Tamarit de Llitera, Roda): BDC XIX, 221.— ³ Comp. alav. *chinchurca*: Baráibar. La antigüedad de este vasco *txintxorta* está corroborada por su supervivencia en el Valle de Ojacastro, donde el vascuence vivió hasta la mitad de la Edad Media: *chinchorta* 'parte carnosa que queda al derretirse la manteca de cerdo', Merino, *RDTP* X, 10.

Chiche, V. *chocho* y *chuch-*   *Chichear, chicheo*, V. *sisear*   *Chicher*, V. *chícharo*   *Chichería*, V. *chicha* I

CHICHISBEO, 'especie de galanteo y servicio cortesano prestado continuamente por un hombre a una mujer', 'el hombre que lo presta', del it. *cicisbèo*, que tiene este último significado, de origen incierto. *1.ª doc.*: Aut., con ej. de E. G. Lobo, ¿1717?

En castellano, por influjo del sufijo *-eo*, ha tomado un significado abstracto que no tiene en la lengua original. El *cicisbeo*, galancete enamorado al servicio de una dama, es personaje típico de la vida social italiana de los SS. XVII-XIX [Magalotti, † 1717]. Hay variante *sigisbeo*, hoy campesina según Petrocchi, pero también empleada en literatura (faltan ejs. en Tommaseo; creo recordarla en Goldoni), y en todo caso antigua, pues de allí pasó al fr. *sigisbée* (Voltaire, Scribe). Ésta es quizá la forma originaria, y acaso podría tratarse de un nombre propio de persona, que hubiera designado un personaje literario o real de esta clase: abundan los nombres germánicos en *Sigis-* o *Sigi-*¹. No me parece convincente la explicación de Sainéan (*BhZRPh*. X, 57) como onomatopeya dirigida primeramente al perro. Aún menos la de Pasqualino (admitida por Diez y por Zambaldi): fr. *chiche* 'mezquino' + *beau* 'hermoso'. La Crusca afirma que en el mismo sentido se ha empleado *bel cece*, es decir, 'garbanzo bonito', de lo cual podría ser inversión *cicisbeo*: entonces no se explica la *-s-*. Spitzer (*Liebessprache*, 63ss.) piensa en el venec. *cici* 'cuchicheo', *ciciolar* 'murmurar'; pero faltaría explicar la terminación. Análogamente piensan Migliorini y Alessio (Battisti-A.) en una voz onomatopéyica o expresiva, imitativa del canto de una ave, el pinzón o la lechuza; a lo cual no me opongo, pero faltan demostraciones. Pasó también al cat. y especialmente mall. *xixisbeu* [1742], *xixisbea* 'amada' (*BDLC* XI, 220).

¹ Un oc. *Segisbau(t)*, correspondiente al germ. *Sigibald* (Förstemann, 1320), pudo sufrir el influjo de oc. *beu* 'bello, hermoso', o del plural italiano correspondiente *bei*. O quizá el germ. *Sigibod*, *Sigibodo* (Först., 1322). Habría dilación consonántica en dos fases: *cigisbeo* y *cicisbeo*.

Chicho y *chuch-*, V. *chicharro*   *Chichón*, V. *chicharrón*

CHICHÓN, 'bulto que de resultas de un golpe se hace en el cuero de la cabeza', voz común al castellano y al it. *ciccione*, de origen incierto, probablemente derivado del vocablo infantil *CHICHA*, de creación expresiva. *1.ª doc.*: 1601, Rosal (Gili); 1605, *Quijote*.

It. *ciccione*, 'tumorcillo inflamatorio y cutáneo', es voz de uso poco común según Petrocchi; Tommaseo da cuatro ejs., uno de los cuales pertenece a un libro de sonetos de M. Franco y L. Pulci, y por lo tanto sería del S. XV; los demás son del S. XVII o anteriores; pero todos ellos pertenecen a textos mal editados. M. P., *Rom.* XXIX, 345, parte de ABSCESSIO, -ONIS, sólo documentado en el sentido de 'alejamiento', pero que bien pudo tomar (como su sinónimo ABSCESSUS) el sentido de 'tumor, absceso': de ahí *chixón* (con la misma *ch-* excepcional que en *chinche, chamarra, choclo*) y con dilación *chichón*, comp. CICIÓN < ACCESSIO, -ONIS. Baist, *KJRPh*. VI, i, 386, objeta la falta de documentación médica de ABSCESSIO, y nota que un absceso no es lo mismo que un chichón; cree se trata de un vocablo infantil de creación expresiva, como el cat. *nyanyo* 'chichón' y como *chicha* 'carne' (vid. *SALCHICHA*); ya Covarr. había dicho «algún golpe que aporreó y no sacó sangre, pero essa se ayuntó en aquella parte, y levantó el pellejo pegado al huesso de la cabeça, que no tiene casi carne, y porque levanta allí aquel vulto carnoso, se llamó *chichón*, de *chicha*, que vale carne», y esto parece ser lo más razonable. Luego *chich-ón* sería, como dice Baist, vocablo de madres y nodrizas, equivalente a *carnosidad* (lat. *carun-cula*, cat. *carn-ot*), y *levantar chichón* sería como 'levantar carnaza o carne saliente'; en Venezuela y El Salvador dicen *chichote* por *chichón* (Alvarado, Salazar); en Poza de la Sal (Burgos) *chicherón*, según *GdDD* 30a, formación natural si *chichón* es derivado de *chicha*, pero no si viene de un lat. ABSCESSIO. Salvioni, *RDR* IV, 225, vacila entre mirar la voz castellana como italianismo o la italiana como castellanismo, y en la primera hipótesis piensa en un derivado del toscano dialectal *cecchio* (Versilia, Sillano) 'furúnculo', 'chichón', que según el *REW*, 1460, vendría del lat. *CAECŬLUS* 'algo ciego', diminutivo de CAECUS, porque se trataría primitivamente de un bulto junto a los ojos; de ahí *ciccione* con dilación de la primera consonante. Pero la mayor popularidad en castellano es desfavorable al supuesto de un italianismo (y aun italianismo dialectal), y la aparición en un texto italiano del S. XV es incompatible con un hispanismo.

En favor de la relación con *chicha* 'carne', nótese que esta voz infantil es justamente propia del castellano y el italiano (*ciccia*), lo mismo que *chichón*, así que no hay necesidad de suponer ni que sea hispanismo el it. *ciccione* ni italianismo el cast. *chichón*. El ecuat. *chibolo* 'chichón, bulto que hace un golpe en la frente' (Lemos, *Semánt.*) resultará de un cruce de *chichón* con *bola, bolo.* Alteración muy explicable es el ast. *chinchón* (V).

Deriv. *Chichonera.*

Chichurro, V. *salchicha   Chifa, chifarrada,* V. *jifa   Chifla,* V. *silbar*

CHIFLA, 'cuchilla ancha de corte curvo con que los encuadernadores y guanteros raspan y adelgazan las pieles', voz técnica, probablemente tomada, en fecha tardía, del ár. *šifra* 'chaira de zapatero', 'navaja de barbero', de la raíz *š-f-r* 'disminuir', 'bajar', vulgarmente 'recortar'. *1.ª doc.:* 1680, *Aut.;* en la ac. anticuada 'espadilla, as de espadas', ya en Covarr, s. v. *espadilla.*

Dozy, *Gloss.,* 252; *Suppl.* I, 769*b.* Port. *chifra* íd. [Moraes]. El vocablo árabe se halla en R. Martí, PAlc. y en muchos autores clásicos y vulgares. Hay variante *šáfra* 'navaja' en R. Martí, 'hoja de sable' modernamente en Argelia (Daumas). *Aut.* afirma que la *chifla* se ha llamado así por el chirrido o especie de silbido que produciría al rebajar la piel, pero cabe dudar de la certeza de esta afirmación, y no hay dificultad en partir de la voz árabe, aunque lo normal antiguamente fuese trascribir la *š* por *x* (> *j*), pues como término técnico puede ser voz de introducción tardía, cuando ya la *x* castellana tendía a tomar el valor de la *j* moderna.

Deriv. *Chiflar* 'raspar con chifla las pieles'. *Chafarote* 'alfanje corto y ancho que suele ser corvo por la punta' [*Aut.*], port. antic. *chifarote* 'espada corta y derecha' (en una ley de 1750-77 según Moraes)[1]: no es improbable que sea derivado de la variante *šafra* citada arriba; sin embargo, como la *i* del portugués puede ser secundaria (debida a *jifero* y su familia), dado el vocalismo vacilante de este idioma, y como aquí, no siendo término técnico, se explica menos bien la *ch-*, cabría pensar en otra etimología: bereb. Θ*aferu*Θ, Θ*afru*Θ 'sable', 'cuchillo', 'cuchillo de cocina', 'chaira de curtidor', 'herramienta muy ancha y poco cortante' (hay otras variantes *afru, tafrut, afaru, taferut, tafraut, teferi,* y se trata, según Schuchardt, *Roman. Lehnwörter im Berber.,* 58-59, del lat. FERRUM 'hierro' provisto del artículo bereber *ta...t,* Θ*a...*Θ). No creo que acierte A. Alonso, *RFH* VII, 283, al derivar de *chifla* el mozár. *chiflata* 'zapatazo en el agua' (PAlc.), pues ni conviene el sentido ni la *ch*-se explicaría en hispanoárabe; puede dudarse entre relacionar con el arag. *chifletazo* 'bofetón', que va con el fr. *gifle* (*FEW* II, 669*b*) o con el vasco *zaplada* 'bofetada' (Simonet; derivado de *zapatu,* V. ZAPATO, *zapaldu* 'aplastar'), o considerar onomatopeya relacionada con *chapotear* y su familia (quizá también lo es el vasco *zapatu*).

¹ *Chafalote* 'cuchillo para mondar papas' en Chiloé (Cavada, *Dicc. Manual,* p. 35); *chinfarratá* f. 'cuchillada, herida causada con arma cortante', en Extremadura (*BRAE* III, 665).

Chifladera, chifladura, chiflar, V. *silbar   Chiflar,* V. *chifla   Chiflar, chifle,* V. *silbar*

CHIFLE, 'cuerno, especialmente el empleado para contener municiones o líquidos', vocablo propio de las hablas leonesas, hispanoamericanas y portuguesas, cuyo significado básico parece haber sido 'tubo' y antes 'silbato', derivado de *chiflar* por SILBAR. *1.ª doc.:* fines del S. XVIII, Félix de Azara (con referencia al R. de la Plata).

Port. *chifre* 'cuerno (en general)' (ya Moraes). En castellano significa 'frasco de cuerno para llevar líquidos', en el Río de la Plata y en Chile, 'frasco de cuerno para llevar pólvora y municiones de caza', en Cuba, Honduras, Guatemala, Tabasco y en Asturias, y sólo llega a significar 'cuerno de los animales vivos' en Puerto Rico; se emplea también en Santo Domingo y en otros países americanos (en el Ecuador es 'rebanada de plátano frita', por semejanza de forma), y la Acad. recoge, desde 1899 y sin localización, la ac. cubana, pero sólo con aplicación a la artillería y como ya desusada. No hay duda de que el matiz 'cuerno de un animal vivo' es secundario, si tenemos en cuenta que en el propio Puerto Rico y también en Cuba y otros países de América han llegado a tener el mismo valor otros nombres que propiamente designan recipientes, como *tarro* y *cacho;* y el caso de *pitón,* 'cuernecito' o 'tubo de salida del líquido en botijos, etc.', derivado de *pito,* nos muestra cuán fácilmente se pasó de 'silbato' a 'tubo' y a 'cuerno de un animal', sobre todo en la América colonial, donde la abundancia pecuaria, combinada con la escasez de otros materiales, invitaba a sacar del ganado todo el aprovechamiento posible. Para documentación véase mi artículo en *RFH* VI, 150-1. El uso de *chiflar* por *silbar* es precisamente muy vivo en América y en las zonas leonesas y gallegas. Puede descartarse la etimología *chifla* 'cuchilla para adelgazar pieles', cuya analogía de forma con un cuerno es remota y dudosa.

Deriv. *Chiflón* 'corriente de aire, viento colado', 'corriente impetuosa de agua', amer. (que Malaret documenta en todos los países de América, excepto las Antillas) [1867: Cuervo, *Ap.⁷* § 859; Acad. 1884, no 1843][1], es también derivado de *chiflar* 'silbar', por el silbido de la corriente de aire, y extendido luego a los líquidos; *chifle* 'canal de molino' en Chiloé (Sur de Chile).

¹ El diccionario quichua de González de Holguín, en su ed. de 1901, define la voz *tikhuas* como «la corriente, la rapidez, el *chiflón* de agua»; falta lá señal que designa las voces agregadas en la edición moderna, pero ha de ser indudablemente una de éstas, pues no veo tal artículo en el facsímil de la edición príncipe de 1608.

Chifletazo, V. *chifla   Chiflete, chiflido, chiflo,* V. *silbar   Chiflón,* V. *chifle   Chiguín, chigui-to,* V. *chico   Chil,* V. *Chile*

CHILABA, del ár. marroquí y sahárico *ǧillâba* íd. (ár. *ǧallābíya*), propiamente 'traje de esclavo', derivado de *ǧalîb* '(esclavo) importado'. *1.ª doc.*: 1886 (Eguílaz, 375); Acad. 1899.

Dozy, *Suppl.* I, 204-5; Lerchundi. De la forma del árabe clásico derivan los españoles anticuados *chilivía, chiribía, giribía, geribía* (Eguílaz), port. *algerevia, aljaravia,* cat. ant. *gelebia* (*Consulado de Mar,* cap. 329; ed. Moliné, p. 193b).

Chilacayote, V. *cayote   Chilanca, chilanco, chilancón,* V. *silo   Chilaquil, chilaquila, chilar, chilate, chilatole,* V. *chile   Chilar,* V. *chillar*

CHILCA, rioplat., chil., per., ecuat., colomb., venez., nombre de varios arbustos del género *Baccharis,* del quich. *č'iḷka* íd. *1.ª doc.*: 1586, en una Relación Geográfica; 1602, Garcilaso el Inca.

Lenz, *Dicc.*, 278-9; Friederici, *Am. Wb.*, 174. Hay variante *chilco* (Colombia, Ecuador)[1], y también *chirca* (Uruguay: *RH* XL, 540), debida a disimilación en el derivado *chircal* (cita uruguaya de Cuervo)[2]; conjetura Cuervo (*Ap.[7],* § 808) que de ahí viene el colomb. *chircal* 'tejar, ladrillar', por el uso que los ladrilleros hacen de la planta como combustible.

Con este vocablo importa no confundir los descendientes del lat. QUERCUS, lat. vg. CERQ(U)US, 'encina, roble', que han sobrevivido en el Oeste y Sur de la Península como palabras vivas y en la toponimia de todas partes, recogidos ya en su mayoría por Simonet, Nunes (*A vegetação na toponímia portuguesa,* 35) y M-L. (*REW* 6949-51; *RFE* VIII, 235), entre otros port. y gall. *cerquino* 'especie de roble' (B. Pereira; Sarm. *CaG.* 147r, 93v, 163r, A44v), mozár. *chirca,* port. *Cerco, Cerquedo, Cerquido.*

[1] Pero *chilco* o *trilco* 'Fuchsia coccinea', voz chilena, es palabra independiente, de origen araucano.— [2] El uso de *chilca,* según Malaret, llega hasta Guatemala, y en la América Central *chirca* designa, según la Acad., una euforbiácea. No sé si ahí se trata de la misma palabra o de un homónimo.

CHILE, 'pimienta', mej., centroamer., del náhuatl *čilli* íd. *1.ª doc.*: *chil*[1], 1521, en una relación de un compañero de Cortés conservada en versión italiana de Ramusio; *chile,* ¿h. 1570?, en Eugenio de Salazar, († h. 1601) (cita de Hz. Ureña, *BDHA* V, 123); íd., 1604, Palet (Gili).

Friederici, *Am. Wb.*, 174-5. Para la lucha con el sinónimo *Ají,* empleado en el resto de América[2], y con el esp. *PIMIENTA,* vid. Hz. Ureña, *l. c.,* y Gagini, s. v. De Méjico el vocablo se ha propagado al inglés americano *chili.* Abundan en la misma zona los derivados y compuestos de *chile: chilaquil, chilaquila, chilar, chilate, chilatole, chilchote, chilero, chilmole* (por errata *chilmote* en la Acad.), *chiltipiquin* (o *chilepiquin,* etc.; vid. *BDHA*

IV, 167). *Enchilar, enchilado, enchilada.*

[1] Esta forma antigua pasó a Aragón, donde *chil* es 'pimiento' según Borao.— [2] En Cuba coexisten los dos, pero *chile* designa una variedad especial.

Chilibía, V. *chilaba   Chilicote,* V. *pericote Chilindra,* V. *chilindrina*

CHILINDRINA, 'burla, chanza, gracejo', 'cosa de poca importancia', voz familiar cuya idea básica parece ser 'entretenimiento', derivada del juego del *chilindrón,* 'juego de naipes de pasatiempo'; en cuanto a éste, quizá sea lo mismo que el anticuado *chilindrón* 'golpe en la cabeza', que puede resultar de un cruce de *CHIRLO* con *TOLONDRÓN. 1.ª doc.*: 1615, Salas Barbadillo, *Corrección de Vicios.*

Ahí significa 'anécdota ligera que se cuenta de alguien'; en otra obra del mismo autor (1635) es 'nimiedad, cosa sin valor' (aplicado a estudios abstrusos como la Súmula y la Lógica); en el *Estebanillo González* vale 'chanza, dicho gracioso y frívolo'. Más citas clásicas en Cej. VIII, pp. 142-3. Nótese además: 'picardía' en Canarias (S. de Lugo, 1846: *BRAE* VII, 334), port. miñoto *chelendrinas* «bogigangas» ('bagatelas'), Costa Rica *chilindrín* 'cascabel, campanilla, sonaja' (Gagini), Chile *chilindra* 'moneda de veinte centavos' (Román), gall. *chilindrada* (o *chilindrinada*) 'melindrada, nimiedad, niñería' (Vall.), Almería *chilindrino* 'muchacho (como término afectivo e irónico)'[1]. Es evidente que la idea central es 'bagatela, cosa de entretenimiento y de poco valor'. El juego del *chilindrón,* tal como lo describen Covarr. («juego de cartas... apazible y de conversación»), Oudin («certain jeu de cartes usité en Espagne, qui est plaisant et d'entretien et passetemps»)[2], Aut. y más extensamente, Acad. 1843, era un juego de pura suerte sin gran dificultad y con poco cálculo; del trío de sota, caballo y rey que ha de reunir el jugador que gana viene luego la ac. 'trío, grupo de tres cosas' (en Quevedo, y Torres Villarroel, vid. Fcha.), por lo demás con matiz despreciativo. También port. *chilindrão* (ya en Moraes). Expresan la misma idea de cosa ligera, poco respetable o sin valor, otras acs. de *chilindrón:* 'planta silvestre para la alimentación de las personas' en Cespedosa (*RFE* XV, 276), 'guiso especial en el que entra por base el tomate fresco' en la Litera (Coll), 'especie de estofado hecho con cerdo o carnero' (para *cordero en chilindrón* (Navarra y Guipúzcoa), vid. Michelena, *BSVAP* XI) y 'negocio sucio y deshonesto' en Cuba (Malaret). La relación existente entre *chilindrón* y *chilindrina* la confirma el hecho de que en Portugal el mismo juego del *chilindrão* se designa también con el nombre de *garatusa* (Moraes), que propiamente es «logro, trapaça», y se relaciona con *garatuja* 'mueca', 'necedad', 'garabato, rasgo ilegible'. Ahora bien, *chilindrón,* según *Aut.* y Terr., era «golpe o cuchillada que se da en la cabeza con instrumento tangente o cortante». ¿Se pasaría de ahí a 'juego de entretenimiento', 'bagatela' por ser el chichón o chilindrón un golpe ligero, sin gravedad? En todo caso este *chilindrón* se explica con facilidad desde el punto de vista etimológico, pues claro que es combinación de los dos sinónimos *tolondrón* y *chirlo* (quizá con algún influjo de *chichón*).

DERIV. *Chilindrinero* (V. arriba). *Chilindrón* (íd.). ¹ Comp. salm. *chilindrón* 'muchacho de doce años', en Ledesma (Lamano).— ² En la ed. de 1616, pero no en 1607. Luego Oudin se inspira en Covarr., y la forma *chilidrón* que él registra, en lugar de *chilindrón* de su modelo, es mera errata. Claro que sería absurdo pensar en el grecolatino *chelydron* 'serpiente de agua' para la etimología.

Chileco, V. *chaleco*   *Chilinguear*, V. *jinglar*
Chilmole, chilmote, V. *chile*   *Chilote*, V. *chile*
Chilro, V. *sirle*   *Chiltipiquín*, V. *chile*

CHILLAR, 'lanzar gritos agudos', en la Edad Media *chirlar*, en portugués *chilrar* y en gallego y aragonés *chilar*, formas que sólo pueden reunirse a base de un original común *chislar*, que se enlaza con el cat. *xisclar* 'chillar', oc. ant. *cisclar*, fr. dial. *siler, cicler*; todos juntos suponen una base romance *CISCLARE, que puede tener algo de onomatopéyico, pero que esencialmente parece ser una alteración del lat. FISTULARE 'tocar la flauta' como la que presenta el vasco *txistulari* 'tocador de flauta' y *txistu* 'flauta vasca', 'silbido'. *1.ª doc.*: APal., 185*d* (aplicado al canto del grillo); comp. Cej. VIII, § 38.

Está también en Nebrija, como sinónimo de *rechinar*, lat. *stridere*¹. Desde Quevedo, Lope, Covarr.², etc., es frecuente el matiz moderno, aplicado a la voz aguda de un pájaro, de un ratón, de una mujer o niño, etc.; en Martínez de Espinar (1644) es llamar el cazador a la caza con el reclamo o chilla. Desde Diez (*Wb.*, 440), seguido por M-L. (*REW* 7890), M. P. (*Man.*, § 37.2*c*, 57.1) y G. de Diego (*RFE* III, 307), es común derivar *chillar* del lat. SĪBĬLARE 'silbar' (o de su variante SIFILARE: M-L.), comparando *chiflar* (variante de *silbar*) y la evolución de B'L (por lo demás excepcional) que observamos en *trillar* TRĪBULARE. Luego no habría dificultad fonética insuperable. Por lo demás, los responsables de este error de Diez son los defectuosos diccionarios bilingües hispano-alemanes, que traducían *chillar* por *pfeifen*, es decir, 'silbar'; pero en realidad *chillar* no ha significado nunca tal cosa, y aunque tal cambio semántico no sería del todo inconcebible, son dos ideas netamente separadas y que los idiomas no suelen confundir; en realidad no es admisible derivar la una de la otra mientras no se den pruebas de que *chillar* ha significado 'silbar' o *silbar* ha valido por 'chillar', pues no es verosímil que un solo vocablo SIBILARE

se escindiese en dos variantes fonéticas que coincidieran rigurosamente, la una con la única idea que expresa el vocablo en los demás romances, y la otra con un sentido que no tiene en parte alguna.

Sobre todo no es lícito separar a *chillar* de sus sinónimos en los romances vecinos, tales como el cat. *xisclar* y oc. *cisclar*, que traducen rigurosamente el cast. *chillar*; ni es lícito separar a éste de su forma en el castellano antiguo, forma casi idéntica, que difícilmente puede calificarse de otro modo que como mera variante fonética. *Chirlar* en J. Ruiz, 748*b* y 750*b*, y en el *Canc.* de Baena (pp. 445, 447) se aplica al canto de la golondrina, pájaro cuya voz es un chillido típico, y otros autores medievales y preclásicos lo aplican a otras aves de grito agudo, como los papagayos (en dos pasajes del *Canc.* del S. XV publ. por Gómez Nieva, pp. 66 y 589) o las urracas y tordos (Lope de Rueda, *Cl. C.*, 48); más datos Cej. VIII, § 31²; *chirla* es el canto estridente de ciertas aves en Arragel (h. 1430: *RFE* IX, 121) y es 'passer petronia' (llamada también *chilla*) en la Litera (Coll A.). Sajambre *chirillar* 'gruñir, apellidar el cerdo', ast. occ. *chirlar* 'piar, hablar mucho e insustancialmente' (Fdz. Gonzz. *Oseja*, 246); gall. *chirlo* 'chillido'⁴; port. *chilrar, chilrear* «pipilar, tagarelar», *chilreio, chilrido* 'chillido'. Ahora bien, si *chirlar* se empleó en los SS. XIV-XV y todavía algo en el XVI, y *chillar* aparece con el mismo sentido a fines del XV y le reemplaza definitivamente h. 1600, salta a la vista que *chillar* es variante de *chirlar*, inseparable etimológicamente de éste, y que si *chirlar* no puede venir de SĪBILARE, es fuerza renunciar del todo a esta etimología también en el caso de *chillar*. Tanto más cuanto que de todos modos ya había irregularidades fonéticas y el sentido era muy distinto. Por otra parte, *chilar* 'chillar' es gallego (Vall.) y aragonés⁵, y *chilido* 'chillido' se emplea en Portugal (Fig.).

Si seguimos más al Este, la misma idea de 'chillar, lanzar gritos agudos' se expresa en catalán por *xisclar* y en lengua de Oc por *cisclar*, voces representadas en todos los dialectos de estos idiomas y documentadas desde el año 1000 (*Cansó de Santa Fe*), cuya área se prolonga hacia el francoprovenzal en la forma *ciclâ*⁶, y llega hasta el francés 'occidental, central y valón en la forma *siler, chiler* (vid. *FEW* II, 711-5, s. v. *CISCULARE). Ahora bien, como el port. *chilrar* viene de *chirlar* (igual que *bulra, melro, galrito* están por *burla, mirlo, garlito*), está claro que la alternativa entre *chirlar, chi(s)lar, xisclar, chiler*, es la misma que la existente entre *marlo, maslo, mascle, mâle*, del latín MASCULUS, o entre *muslo, muscle, moule*, del lat. MUSCULUS, y que por lo tanto el tipo *CISC(U)LARE postulado por Wartburg para las formas catalana y galorrománicas conviene igualmente a *chirlar*, a *chilar* y aun al cast. *chillar*, para el cual comp. port. *ilha*, cat. *illa* = cast. *isla*, it. *ischia*, cat. ant. ¡*iscla* < INSULA⁷.

En lo concerniente al origen último, y a pesar de los escrúpulos fonéticos de Wartburg, no creo que pueda prescindirse del lat. FISTULARE 'tocar la flauta' (instrumento de timbre muy agudo), que ha dado el it. *fischiare* 'silbar'; a ello me inclina la existencia del vasco *txistulari* 'tocador de flauta' < FISTULARIUS íd. (*CGL*), y del vizc. y guip. *txistu*, lab. y b. nav. *xixtu*, 'silbido, silbato' (*FISTŬLU); junto al vasco *txistu* hay *hüxtü* (< *hixtü*) «coup de sifflet, sifflet» en Sule: Michelena, *BSVAP* XI, lo que confirma el étimo FISTULARE. Nótese que la cantidad de la I de FISTULARE no está bien averiguada[8], y que según prueba la voz vasca el vocablo debió alterarse temprano en una forma *ZISTULARE (con z = *ts*), en el latín vulgar de Francia y España, probablemente por un influjo onomatopéyico, más o menos auxiliado por la dilación consonántica y también por la coexistencia del tipo SIBILARE ∾ ZIFILARE (> *chiflar*, it. *zuffolare*); en apoyo de FISTULARE citaré el gall. de Orense *chirla* 'llaga que se forma en el pie o pierna y refleja el dolor en la ingle' (*Cuad. Est. Gall.* III, 427) < FISTULA.

DERIV. *Chilla* 'reclamo de cazador' [1644, Mz. de Espinar], 'tabla muy delgada, de ínfima calidad' [1680]: llamada así porque chilla fácilmente con el peso. *Chillado*. *Chillador*. *Chillería*. *Chillido* [Fr. Luis de Granada]. *Chillo*. *Chillón*.

Derivados del antiguo *chirlar*: *Chirla* (V. arriba); *chirlador*; *chirlear*, *chirlero* 'que habla mucho y sin sentido' [*APal*. 176*b*, 180*d*, 248*b*]; *chirlería*; *chirlido*; *chirlón* [*Canc.* de Baena, vid. W. Schmid]. Además, vid. *CHIRLO*.

[1] También *la sartén chilla* 'chirría', en un cantarcillo popular citado por Covarr.— [2] Sale bastantes veces en romances de germanía, p. ej. en el LIV de la colección de Hill (p. 163, v. 25), 1.ª mitad del S. XVII.— [3] Algunos, desorientados por el parecido con *charlar*, voz muy tardía en castellano, han interpretado 'hablar ruidosa y atropelladamente'. Pero la golondrina chilla y no habla ni charla. Aun en la *Pícara Justina* I, 101, *chirlar* no es 'charlar', sino 'levantar mucho la voz, alzar el gallo', comp. a continuación los sinónimos *hablar alto, dezir a vozes, chistar, levantarse a montear*, etc. En la germanía de Juan Hidalgo (1609), donde *chirlar* significa 'hablar', el vocablo ha sufrido ya el influjo de *charlar*.— [4] Además, *chirlar* 'gruñir (los ratones)' frente al *chiar* de los pájaros, Sarm. CaG. 153*v*.— [5] En todo el Alto Aragón: desde Ansó y Echo (Kuhn, *RLiR* XI, 42, 105), pasando por Gistáin (*BDC* XXIV, 166) hasta Fonz (Griera, *Tresor*, s. v. *xilar*). En Gistáin vale 'piar' y 'zumbar', pero en todas las demás localidades se define 'chillar'.— [6] Con Ꝺ- o *f*- en los dialectos saboyanos que distinguen así la antigua *ç*- de la *s*-.— [7] La -*ll*- castellana puede explicarse de varias maneras, sea como resultado del grupo -*sl*-, y entonces la divergencia con el caso de *isla* puede deberse en parte a la acción inductiva de la palatal inicial *ch*-, o sea como un primer paso en la palatalización del grupo -CL-, que no llegaría a dar *ch*. Comp. *cello* junto a *cincho* CINGULUS, gall. *senllos* SINGULOS, y especialmente el ast. *piesllu* frente al gall. *pecho*, mozár. *pilch*, de PESCULUM (PESSULUM); comp. también el caso de *AGALLA* frente al port. *guelra*, gall. *garla* *GLAND(U)LA o *G(L)ANGLA. En todo caso, junto al ast. occid. *chirlar* 'piar, descubrir el secreto, hablar mucho e insustancialmente' existe en el Franco una variante *chirllar* (Acevedo-F.), que parece demostrar la existencia de una base *chisllar, común a esta forma y a la castellana. Y si partimos de FISTULARE, quizá todo se explique por el grupo originario -ST'L-.— [8] La etimología latina no nos dice nada de la cantidad de la I (Ernout-M., Walde-H.), y el fr. ant. *fesle* 'fístula, úlcera' es palabra culta (con variante *fiscle*), de valor dudoso para esta averiguación; más claro es el fr. ant. *frestel, frestele*, FĬSTELLA, documentado con frecuencia (en lengua de Oc *frestel* apenas se encuentra y puede ser francesismo), pero las dos cantidades pudieron coexistir, y la Ī se veía favorecida por factores onomatopéyicos y acaso por SĪBILARE. Por lo demás, en lengua de Oc y catalán por lo menos, cĭ- > *ci*- sería regular (vid. s. v. *CENACHO*); el it. *fischiare* no prueba nada, como se ve por *mischiare* MĬSCULARE.

CHILLERA, 'compartimiento que se forma junto a la borda de un navío, por medio de una barra de hierro o de un cabo de cuerda, para estibar con seguridad ciertas municiones de artillería de modo que no se muevan con los balances del buque', en portugués *cheleira* o *chileira*, quizá palabra mozárabe de la costa andaluza y portuguesa, procedente de un lat. vg. *CELLARIA, derivado de CELLA 'cuartito, retrete, recinto'. 1.ª doc.: Terr.; Acad., 1899.

Definen, respectivamente, estos diccionarios: «en la Marina cierto corte o cerco hecho sobre el puente con un cabo o cuerda gruesa, donde se meten las balas de cañón para tenerlas prontas en cualquier acontecimiento; fr. *parquet*, lat. *septum*», «barra de hierro doblada en ángulo recto por ambos extremos, los cuales encajan en la amurada o en las brazolas, dejando el hueco necesario para poder estibar, de modo que no se muevan con los balances del buque, ciertas municiones de la artillería, como balas, saquetes de metralla, etc.». En portugués *cheleira*, según Fig., es «lugar em que se empilham as balas, na bataria de um navio; peça de madeira, em que, a bordo, se encaixam baldes», y según Moraes «Nas naos de guerra, é peça de madeira, que corre ao largo do costado, junto ás portinholas, e onde estão as balas, n'uns vãos feitos para isso nas *cheleiras*» (con ej. en F. d'Alpoim, *Exame d'Artilheiros*); *chileira* significó en otro tiempo lo mismo que *cheleira* (Fig.) y además en el

Duero es un pequeño puente junto a la proa o a la popa, en el cual pueden dormir los tripulantes. En castellano también se empleó *chilera* «a place in a ship where they bestow their bullets» (1617, Minsheu).

Conocida es la extensión del derivado CELLARIUM 'despensa, bodega' en las varias lenguas romances y occidentales (fr. *cellier*, cat. *celler*, alem. *keller*, cast. *cillero*). No es verosímil la conjetura de Moraes de que *cheleira* venga del ingl. *shelf* 'estante, alacena', que en marinería designa un madero en la amurada del buque, en el cual se apoyan las vigas que sostienen la cubierta; significado demasiado diferente.

DERIV. *Chillerón* «cerco cuadrangular para depósito de las municiones de respeto» [1831, Fz. de Navarrete].

Chillería, chillido, chillón, V. *chillar*

CHIMENEA, del fr. *cheminée* íd., y éste del lat. tardío CAMĪNATA, derivado del lat. CAMĪNUS íd., tomado a su vez del gr. χάμῑνος. *1.ª doc.*: h. 1400 (Glos. del Escorial).

El mismo galicismo se introdujo en port. *chaminé*, cat. *xemeneia*, oc. mod. *chamineio*, ingl. *chimney* y en los dialectos del Norte de Italia; se explica por un cambio en el modo de construcción de la chimenea, propagado desde el Norte de Francia; en cambio, it. *caminata*, retorrom. *chamineda*, alem. *kamin*, presentan formas independientes de la francesa. La antigua denominación castellana parece haber sido *humero* (*fumero*), todavía empleada, aunque en el sentido de 'tubo de la chimenea', por Vélez de Guevara, S. XVII, y viva aún actualmente en Portugal (*fumeiro*). Variante *chaminera* en Aragón (inventarios de 1403 y 1469, *jaminera* en otros del mismo siglo: *VRom*. X, 140), salm. *chiminera*, con un cambio de sufijo que se halla igualmente en dialectos languedocianos, catalanes, sardos y suditalianos. De *cheminée* se pasaría primeramente a *cheminea* (forma rara) y de ahí a *chimenea* por metátesis favorecida por el influjo palatalizante de la *ch-*; sin embargo, una forma *chiminea*, con sólo este último cambio, ha tenido vulgarmente bastante difusión: hoy en Asturias (V), en la Arg. (*La Prensa de B. A., Gramat. y Filológicas*, 10-XII-1940), en Colombia (Cuervo, *Ap.*, § 795) y en otras partes. Para documentación antigua y variantes, vid. Cuervo, *Obr. Inéd.*, 169.

Chimentar, chimento, V. *chisme*   *Chimino*, V. *simio*

CHIMPANCÉ, de una lengua del África Occidental. *1.ª doc.*: Acad. ya 1884, no 1843.

Parece haber sido trasmitido a los demás idiomas europeos desde Francia, donde ya se halla *quimpezé* en 1738; como según Skeat la forma bantú tiene *k-* inicial (*kampenzi*), es probable que

se tomara de alguna obra de Historia Natural en latín, donde la grafía *chi-* se leyó erróneamente como igual a *či-* o *ši-*.

Chimpín, V. *zupia*

CHINA I, 'piedrecita, especialmente las redondeadas y las empleadas para juegos y cálculos', parece ser vocablo del lenguaje infantil, pero su modo de formación no está claro. *1.ª doc.*: Nebr., «*china, pedrezica*: scrupulus, lapillus», «*china para contar*: calculus».

Con posterioridad se halla en Fonseca, *Vida de Cristo* (1596), en Góngora, en Pérez de Hita (1604)[1], en Oudin (1607), en Covarr. (1611), etc.; Cej. VIII, § 40. Es voz ajena en general a los romances vecinos, aunque se halla en algunas hablas portuguesas limítrofes: Mogadouro (SE. de Tras os Montes: *china* 'piedrecita o pedazo de loza sobre los cuales se devana un ovillo', *RL* V, 39), Santa Margarida (Beira: *china* «areia grossa que se desagrega do granito', *RL* II, 247), Alandroal (Este del Alentejo: *xina* «calhau rolado», *RL* IV, 77), trasm. *chino* «pedrinha pequenita para o mesmo fim que a *china*; a que serve para *chinar* as paredes [tapar agujeros] ou para marcar o tiro no jogo da barra» (*RL* V, 39), «marçò dos campos», «jôgo popular, espécie de fito» (Fig.).

Estas definiciones comprueban el uso de las *chinas* en juegos infantiles, y lo confirma el hecho de que a los huevos de los pájaros pequeños hallados en los nidos se les llame en Cespedosa *chinas* (*RFE* XV, 275), pues también estos huevos se emplean en juegos infantiles, y en Cataluña se les da el nombre de *pedres*; del mismo uso viene luego el empleo de las *chinas* para cálculos, ya documentado en Nebr. y en Covarr.[2], y de ahí el portugués chulesco *china* 'dinero' (Moraes) y el vasco vizc. *txin* íd., perteneciente al lenguaje infantil (Azkue). Todo eso está muy de acuerdo con la opinión de Sainéan (*BhZRPh*. X, 105), de que *china* significó primeramente 'bolita o pequeño disco de piedra o metal empleado para juegos', como ocurrió con el cat. *palet* 'guijarro, china', propiamente 'palito', y equivalente del fr. *palet* que designa precisamente estos discos. Ahora bien, Sainéan llega a la conclusión de que en última instancia *china* sería lo mismo que *chino* 'cerdo, cochino', voz popular empleada en muchas partes (p. ej. en Almería; gall. *chin* íd.), y procedente del llamamiento ¡*chin, chin*!, que popularmente se emplea para hacer acudir a estos animales; compara Sainéan con el fr. *cochonnet* 'bolita que sirve de meta' (Rabelais I, 22), loren. *gourret* íd. (propiamente 'gorrino, lechón'), Berry *galine* íd. y 'hembra del cerdo', alem. *Sau haben* 'tener suerte'. Para confirmar esta idea haría falta hallar la misma comparación de estas piedrecitas con cochinillos en otros idiomas y documentar el uso de *chino* 'cerdo' desde el S. XV

Quizá la idea de Sainéan no sea enteramente atinada, pues se podrían imaginar otras explicaciones: quizá en juegos infantiles se haya ido diciendo *chin, chin, chin*... a medida que se iban poniendo piedrecitas como señal o para cálculo. Sea como quiera, es probable que *china* sea creación del lenguaje de los niños. Comp. *CHITA*.

DERIV. *Chinar* 'embutir con chinas los revoques de mampostería'. *Chinarro* 'piedra algo mayor que una china' [h. 1700, Lobo: *Aut.*], comp. *cinarra* arag. 'nieve menuda en forma de gragea' (Acad., falta aún 1899). *Chinata; chinateado. Chinazo. Enchinar, enchinarrar.*

¹ «Fué sentido el ruydo de los Moros como yvan marchando, y algunas *chinas* rodavan y se davan unas con otras», ed. Blanchard II, 327.— ² «Echa *china*, se dixo de cierto modo de contar las vezes que uno bebía, echándole a cada vez una *china* en algún vaso o lugar señalado.»

CHINA II, 'raíz medicinal de una especie de zarzaparrilla que se trae de la China', 'porcelana', del nombre de dicho país oriental, de donde se importan ambos productos. *1.ª doc.:* 1.ª ac., 1555, Laguna; 2.ª ac., *Aut.*

Comp. ingl. *china* 'porcelana', 'loza'.

DERIV. *Chiné* adj. 'rameado o de varios colores (aplicado a telas)', del participio del fr. *chiner* 'tejer dando al hilo varios colores, que forman un dibujo', arte que al principio se practicaba sólo en China. *Chinero.*

CHINA III, amer., 'mujer india o mestiza', 'mujer del bajo pueblo', del quich. *čína* 'hembra de los animales', 'sirvienta'. *1.ª doc.:* 1553, Santillán, con relación al Perú.

En ambas acs. ya se encuentra «*china*» en el dicc. quichua de Gz. de Holguín (1608), no en el más escaso del P. D. de Sto. Tomás (1570). Otras documentaciones tempranas del vocablo castellano se refieren al Perú (J. de Acosta, 1590) o bien a Chile (Bascuñán, 1673; Rosales, † h. 1675) o a la Arg. (1671). Lenz, *Dicc.*, 294-6; Friederici, *Am. Wb.*, 176; Cuervo, *Ap.⁷*, § 977; Tiscornia, *Martín Fierro coment.*, 404; Lizondo, 150-1; los cuales pueden consultarse para las varias acs. secundarias. Hoy el vocablo se ha extendido hasta la América Central ('cuidandera de niños': Salazar Arrué, *La Nación de B. A.*, 1-I-1940), Méjico ('amada, querida, voz de cariño': R. Duarte) y Cuba ('descendiente de mulato y negro', 'voz de cariño': Pichardo). En estos casos ya no podemos estar seguros de no habérnoslas con homónimos. Pero las mismas acs. derivadas reaparecen en la zona de substrato incaico; allí originariamente funcionaba como fem. correspondiente a 'indio' (como se ve todavía en *M. Fierro* II, 995: «crímenes y atrocidades / que el cristiano no imagina, / pues ni el indio ni la *china* / sabe lo que son piedades»).

DERIV. *Chinaca* 'pobretería' mej. *Chino* 'mestizo de varias clases' amer.

Chinar, V. *china* I, *rechinar* *Chinarro, chinata, chinateado, chinazo*, V. *china* I *Chinchar*, V. *chinche* *Chincharrazo*, V. *cinta*

CHINCHE, del lat. CĪMEX, -ĬCIS, íd.; parece ser forma mozárabe que sustituyó a fines de la Edad Media a la propiamente castellana *cisme*. *1.ª doc.:* h. 1400, Glos. de Toledo y del Escorial.

Posteriormente se halla en APal. (75*d*, 95*b*), en Herrera (1513), Blasco de Garay (1541), Laguna (1555), Góngora, etc.; Cej. VIII, § 40. Pero la forma *cisme* es la empleada por D. Juan Manuel (*Caballero e Escudero*, p. 249, comp. C. Michaëlis, *Misc. Caix*, 165-6). *Chisme* junto a *chinche* se halla en Nebr., port. ant. *chimse* (M. P., *Rom.* XXIX, 345), hoy popularmente *chisme* (Bessa), Sierra de Gata *čížmi* (*VKR* II, 84), sanabr. *čizma* y otras formas (Krüger, *Homen. a M. P.* II, 125); *imitxa* vasco, *imintxa* en la costa vizc., *imutxa* en muchas localidades vizc. y guip., *tximitxa* guip., vizc., salac., ronc.; vid. además el artículo *CHISME*. No es convincente la explicación de las *ch* como «acariciativas» o hipocorísticas que propone Baist, *RF* IV, 419.

El hecho es que este insecto abunda más en los países calientes y por lo tanto no puede extrañar que en su denominación acabara por prevalecer la forma propia del Sur de España. De allí se extendería también al port. trasm. *chinche*, al gall. sanabrés y limiense *chincha* y pontevedrés (Cortés, Schneider, Sarm. *CaG.* 91*r* y p. 228) y al cat. *xinxa* (forma reciente, que sustituyó al ant. *címeu*), aran. *txintxa* (localmente todavía *cima*). En latín CIMEX era masculino, al igual que PULEX 'pulga', mas pasó vulgarmente al género femenino, si bien conservando el masculino originario en Cerdeña (*chìmighe*) y Sur de Italia (Rohlfs, *Donum Jaberg*); en castellano el género del latín vulgar se halla en muchos autores clásicos (Herrera, Villaviciosa: Cuervo, *Ap.*, § 225; Guevara, Laguna, Góngora)¹, aunque Jiménez Patón reconoce que en Castilla dicen *el chinche* y *la chinche; un chinche* figura en Ramón de la Cruz, y hoy se usa en Aragón, en Cespedosa (*RFE* XV, 159) y en otras partes; en cambio en Galicia, Cataluña, América, Costa Rica, Perú y Arg. se ha introducido una forma *chincha*, que comprueba el uso del femenino (*BDHA* IV, 254, 280), vid. además nota 27 de Cuervo a la Gramática de Bello.

DERIV. *Chinchar* 'fastidiar'. *Chincharrero* o *chinchorrero* 'nidal de chinches' [*Aut.*]. *Chinchal* 'casita de madera de miserable aspecto', cub. (Pichardo), propiamente 'lugar lleno de chinches'; de ahí secundariamente *chinchel* 'taberna ordinaria, lugar de diversión de gente baja', chil., debido seguramente a un cruce de *chinchal* con *burdel* (Baist, *KJRPH.* III, i, 203, propone cruce directo de *chinche* con *burdel*; Lenz, *Dicc.*, 227, busca en vano una etimología indígena; la ac. chilota 'vado de los ríos' se explicará porque junto a estos lugares de tránsito frecuente suele haber tabernuchos; nombre de lugar *Los Chincheles* en la prov. de Mendoza, Arg.: Chaca, *Hist. de Tupungato*, 201). *Chinchero* 'tejido de mimbres o listones que se ponía alrededor de las camas para recoger las chinches'. *Chinchoso* 'molesto'.

Chinchorro 'especie de red a modo de barredera que usan los pescadores para pescar' [1588, en el dominicano C. de Llerena: *RFE* VIII, 125²; *Aut.* lo da como usado en España], 'barquichuelo de pesca empleado en América' [1519, Woodbr.; ambas acs., 1616, Oudin; 1680, *Recopil. de Indias*], 'especie de esquife, el menor de los botes anejos a un navío' (Acad. 1884, no 1843)³; que es derivado de *chinche* lo comprueba el otro derivado *chincharrero* 'barco pequeño de pesca usado en América' (ya Acad. 1843), mas puede dudarse entre explicarlo semánticamente como 'barquichuelo insignificante (despreciable como una chinche)', admitiendo que de la embarcación de pesca se pasó a la red que en ésta se usaba, y de ahí a 'hamaca de cabuyas, empleada como lecho por los indios' [1626, Simón, con referencia a «Tierra Firme»: Friederici, *Am. Wb.*, 178; Terr.; localizado en Venezuela por Acad. 1936 y empleado por el colombiano Eustasio Rivera, *La Vorágine*, ed. Losada, p. 21 y glos.]⁴, o bien partir de este último en el sentido de 'lecho lleno de chinches', y de 'hamaca' pasar a 'red' y luego a 'embarcación que lleva esta red'; en el Ecuador *chinchorro* es un coleóptero que absorbe la sangre como los chinches (Lemos, *Semánt.*, s. v.).

Derivado culto: *cimicaria* 'yezgo'.

CPT. *Chinchemolle* 'insecto de olor nauseabundo que habita bajo las piedras', chil., propiamente *chinche de molle*, porque habitará en este árbol, frecuente en el campo chileno.

¹ Además Quevedo, *Cl. C.* IV, 131.— ² A un pescador que antes hacía otro oficio le pregunta otro personaje: «¿Cómo venís tan trocado? ¿Tan fácilmente mudáis la profesión? ¿Ayer melena y hoy *chinchorro*?».— ³ Así hoy en la Arg., p. ej., *La Prensa*, 26-III-1942, p. 11.— ⁴ Humboldt-Bompland, *Voyage aux Régions Équinoct. du Nouveau Continent.* III, cap. 9, p. 338, seguido por Cabrera, s. v., cree que *chinchorro* 'hamaca' sería palabra de los indios chaymas. Otros lo han atribuído a otras tribus indígenas, lo cual rechaza Friederici, reconociendo ya el origen hispánico.

CHINCHILLA, 'mamífero roedor sudamericano de piel muy estimada', origen incierto, probablemente de una lengua del antiguo Perú: el aimará o el quichua. *1.ª doc.*: 1590, Acosta.

Lenz, *Dicc.*, 298, y Friederici, *Am. Wb.*, 177-8, se inclinan a creerlo de origen aimará, teniendo en cuenta que el vocablo figura ya en el diccionario de esta lengua por Bertonio (1612). Indudablemente ésta no es razón decisiva, pues ya en esta época habían penetrado muchas voces castellanas en los idiomas indios¹. Sin embargo, sería erróneo creer que el aspecto fonético del vocablo invite precisamente a buscar un origen europeo. La terminación *-iḻa* es muy frecuente en quichua, donde corresponde a derivados de los numerosos adjetivos y sustantivos en *-i*; derivados que, con valor adjetivo, adverbial y también sustantivo, realzan, subrayan o atenúan, y, en general, modifican levemente el significado del primitivo ('*koñiḻa* 'templado' ~ '*kóñi* 'caliente'; *č'akiḻa* 'desecativo' ~ *č'áki* 'seco'; *kučiḻa* 'diligentemente' ~ *kuči* 'diligente'; *č'ičiḻa* 'fleco, rapacejo' ~ *č'iči* 'yema, retoño'; etc.).

Por otra parte, la presencia de *chinchilla* en el diccionario aimará, aunque no decisiva, no deja de ser dato de cierto valor, pues el vocablo no figura en los dicc. de otras lenguas indígenas, sea vocabularios indio-castellanos (como los quichuas de Gz. de Holguín y Lira o el araucano de Augusta), sea vocabularios castellano-indios (como el quichua de los Franciscanos, el araucano de Augusta o el general de Abregú). Luego parece que para Bertonio la chinchilla tenía algo de específicamente aimará, cuando se decidió a incluir su nombre. Ahora bien nos consta, por Acosta, el Padre Cobo y otros, que la chinchilla era muy buscada por los indios peruanos para hacer abrigos y adornos con su piel de pelo finísimo y sedoso. Luego bien puede el vocablo castellano ser voz indígena, o bien una ligera alteración del nombre que le daban los pobladores del Imperio Incaico; cabe dudar, por lo tanto, entre mirar el aimará *chinchilla* como voz originaria de este idioma—estrechamente emparentado con el quichua—o como forma ya alterada por los castellanos, bajo el influjo de *chinche* o del nombre propio español *Chinchilla*, mas procedente en última instancia de un vocablo aborigen, sea quichua, sea aimará. Varios vocablos de aquel idioma (o sus correspondencias en éste) se prestarían semánticamente para ello. Webster piensa en quich. *sinči* 'valeroso, valiente', 'fuerte' (pero sólo si el vocablo hubiese significado además, en aimará o en algún dialecto, 'valioso, precioso', me parecería esto posible); también se podría pensar en el indicado *č'ičiḻa* 'fleco, rapacejo'², pues las pieles de chinchilla, por su tamaño reducido, se prestan para hacer ribetes, orlas o guarniciones; o en *čiphči-ḻa*, de *čiphči* 'fulgor, brillo, brillantez, lustre', por lo sedoso y fino de la piel de la chinchilla.

Por otra parte, varios han indicado la posibilidad de que *chinchilla* sea diminutivo del cast. *chinche*, pero sin dar una explicación semántica que satisfaga. La *Enciclopedia Italiana* indica que vendrá del mal olor de la chinchilla, pero los naturalistas no confirman que este roedor sea maloliente; Skeat supone, por lo tanto, que el nombre se lo daría gente que no conocía bien las propiedades del animal, pero a juzgar por la aparición en Acosta, debemos creer que el vocablo era usado en el país donde vive la chinchilla, y no hay motivo para creer que no le fuese aplicado por los cazadores mismos. Sólo quedaría, por lo tanto, la suposición del *NED:* que se diera este nombre diminutivo a la chinchilla para distinguirla de un animal parecido que, a su vez, fuese maloliente; en realidad, según el *Standard Dictionary* de Funk y Wagnall (como notó Lenz), *chincha* se ha empleado como nombre del Lagidio, que es un chinchíllido algo mayor que el que nos interesa y frecuente en la Cordillera chileno-argentina, y al mismo animal, así como a la vizcacha (chinchíllido de las Pampas, mayor aún) se les da el nombre de *chinchillones*[3]; pero tampoco estos animales son notables, que yo sepa, por su mal olor[4]; y en principio es más probable que *chincha* y *chinchillón* se sacaran secundariamente de *chinchilla,* más conocido. Finalmente, el *Century Dictionary* (1889) y el propio Funk-Wagnall recogen *chinche* y *chincha* como nombre de la mofeta o zorrino, animal sumamente fétido, en efecto, y Bloch dice que Buffon (S. XVIII) le dió el primero de estos nombres; pero no sólo la chinchilla es muy diferente de la mofeta, sino que además no nos consta que tales denominaciones hayan sido jamás populares: parece tratarse de una confusión, hecha por naturalistas y viajeros, entre el nombre real de la mofeta, *chingue* en Chile, y *chiñe* en Mendoza y Oeste Argentino, de origen araucano (Lenz, s. v.), y el nombre español de la *chinche.*

[1] No estará de más indicar que no hay unanimidad entre los americanistas. Lafone, *Tesoro de Catamarqueñismos,* cree que puede ser voz cacana; lo cual puede descartarse, pues el cacán sólo proporcionó nombres de lugar y algún raro apelativo de uso local limitado a las provincias del Noroeste argentino.— [2] Quizá es idéntica a ésta la voz *čičíḷa* (con *č* y no con *č'*), registrada también por Lira, con la definición «tejido que se practica alrededor de algunas prendas que se han gastado en el ruedo».— [3] *Enciclopedia Espasa.* Según Sabella, *Geografía de la Prov. de Mendoza, chinchillón* es la vizcacha. Creo que lo emplea en el mismo sentido Justo P. Sáenz, *La Prensa,* 6-VII-1941.— [4] La vizcacha es animal muy conocido y popular en la Arg. Sus propiedades más notables son la costumbre de abrir madrigueras numerosas en montones de tierra o vizcacheras, y la de almacenar allí toda clase de objetos, especialmente huesos de animales y piezas de metal abandonadas. Claro está que la acumulación de huesos, y de bosta o estiércol de vaca, en las vizcacheras, puede hacer que estos lugares sean malolientes. Pero dudo que esto sea bastante característico.

Chinchirrón, V. *chicharrón*

CHINCHONA, 'quinina', del nombre del Conde de Chinchón, virrey del Perú, cuya curación por medio de la corteza de quina, en 1638, dió a conocer universalmente este producto. *1.ª doc.:* falta aún Acad. 1899.

Comp. *CALISAYA* y *QUINA.*

Chinchorra, V. *chicharrón   Chinchorrería, chinchorrero, chinchorro, chinchoso,* V. *chinche Chinchorta, chinchurca,* V. *chicharrón   Chiné,* V. *china II*

CHINELA, del antiguo *chanela* íd., y éste probablemente de *cianella,* forma dialectal, al parecer genovesa, del it. *pianella* íd., diminutivo de *piano* 'plano, llano', procedente a su vez del lat. PLANUS: se explica este nombre porque las chinelas se distinguían de los chapines y demás calzado por su falta de tacón. *1.ª doc.:* APal., 43d, 96d[1].

Por la misma época aparece *chinela* en Nebr. («*chinela, calçado:* crepida»), y en el poeta Guevara, del *Canc.* de Hernando del Castillo (publ. en 1511), I, 416[2]; Cej. VIII, § 40; en *Voc.* cita además (s. v. *china-gala*) otro ej. en Rodrigo de Reinosa (1513)[3]. No puedo documentar, más que en Rosal (1601), vid. Gili, la forma *chanela,* que la Acad. registra ya en 1783 como variante antigua; pero ésta fué seguramente la originaria del vocablo, alterada por una etimología popular fácilmente explicable, puesto que si varios tipos de chinela o pantufla han venido de Oriente (p. ej. el fr. *babouche,* cast. *babucha,* de Persia, por conducto del árabe), no era absurdo pensar que las chinelas procedieran de la China. Pero indudablemente tenían razón Rosal y Covarr. al relacionar con el it. *pianella* 'chinela', con el cual ya lo traduce C. de las Casas (1570). Sin embargo, como la *ch-* castellana aparentemente no se explica en un italianismo, Cornu, *GrG.* I[2], § 96, y Nascentes, s. v., creyeron que nuestro vocablo viene realmente de PLANUS, pero es oriundo de Portugal; lo cual debe descartarse en vista de que allí PLAN-ELLA hubiera perdido la -N- intervocálica, dando **chãela (*chela).*

La cronología confirma la procedencia italiana: en Portugal no se citan ejs. de *chinela* antes de Moraes, fin S. XVIII; en Cataluña aparece *xinel·la* en la misma centuria: ambos serán probablemente castellanismos. En Italia, en cambio, *pianella* ya se halla en el S. XIV (Franco Sacchetti) y en el XV (Bellincioni). Claro está que ha de tratarse de un vocablo dialectal procedente de las regiones italianas donde PL- se cambia en *č-,* fenómeno típico de la costa lígur, y de algunos lugares del Piamonte, Lombardía y Sicilia; más concretamente, es de creer se trate de un centro comercial exportador de chinelas, que débió ser Génova, donde se dice *cian* por *piano,* con su diminutivo *cianello* (que Casaccia traduce «pianetto, pianuzzo, pianettino»), *cianta* por 'planta', *ciassa* por 'plaza', *cianze* de PLANGERE, etc.[4]. El santanderino *chalana* 'chinela' (G. Lomas) parece ser un caso de calco semántico del bilbaíno *chanela,* vasco *txanel* 'chalana' (para los cuales vid. *CHALANA*).

DERIV. *Chinelazo. Chinelón.*

[1] «*Baxeae* [especie de sandalias] son *chinelas* de

mugeres y son propiamente çuecos de los come-
dos [comediantes]», «eran los coturnos semejantes a *chinelas*».— ² Escrito *chinella*, pero debe entenderse *chinela*, puesto que rima con *suela*.—
³ También figura en Juan de Valdés (*Diál. de la*
L., 40.22) y en el entremés anónimo del *Hospital*
de los Podridos (publ. en 1617: *NBAE* XVII,
95); otros varios ejs. del S. XVII en *Aut.* y en
Fcha. Lo recoge ya Oudin en su primera edición
(1607): «*chinela*: mule ou pantoufle».— ⁴ Del
mismo origen dialectal ha de ser el cat. *xano-xano*
'despacio, lentamente' = it. *piano piano;* aunque
vendrá del genovés ant. *ciano* y no de la forma
moderna *cian;* Casaccia registra *cian ciannin* =
pian piano. En este caso también se podría pensar
en un préstamo siciliano del tiempo de la dominación catalana, pero lo más extendido en Sicilia, si
no me engaño, es *kyánu*.

Chinero, V. *china* II   *Chinestra*, V. *retama*,
Chinfaneru, chínfanu, V. *cínife   Chinfarratá(da)*,
V. *chifla* y *jifa   Chinflaina, chinfonía*, V. *chan-*
faina

CHINGAR, voz de origen jergal, cuyo significado primitivo parece haber sido 'pelear, reprender', de donde 'fastidiar, estropear', probablemente
del gitano *čingarár* 'pelear', de origen índico; pero
no todas las palabras castellanas en *ching-* derivan
de este verbo, pues en América se mezclaron con
ellas algunos radicales aborígenes. *1.ª doc.*: 1867,
Cuervo, *Ap.⁷*, § 990 (1907); *Disq.* 1950, 569; datos y variantes Cej. VIII, pp. 163-4.

Chingarse significa 'llevarse un chasco' (Cuervo),
'fracasar', 'fallar (un cohete, una arma, etc.)' (Garzón, Palma, Román) en Colombia, Perú, Chile y
Arg., *chingar* 'errar, no dar en el blanco' en San
Juan, Arg. (Rogelio Díaz, *Toponimia de S. Juan*,
p. 52), 'hacer higa una arma' en Bolivia (C. Bayo),
chingarse 'cortarse, amedrentarse' en Galicia (Cuveiro), *chingar* 'fastidiar a (una persona), estropear
(una cosa)' y *chingada* '(silla) estropeada' en Andalucía (AV)¹, *chingar* 'molestar, provocar', en el
Salvador y en Riohacha, Colombia (Salazar García, Lanao) y *chinguear* con el mismo sentido en
Guatemala (Batres, s. v. *chinga*), *chingado* 'irritado, provocado', y *chingares* 'irritación, odio' en el
andaluz Arturo Reyes (Toro, *RH* XLIX, 413-4),
xingar o *chingar* «insultar com palavras, descom-
pôr» en el Brasil (Beaurepaire, Lima-B., Luiz C. de
Moraes).

Claro está que todas estas acs. están íntima
e inseparablemente enlazadas, y que desde 'fastidiar, estropear' es fácil llegar hasta 'emborrachar',
usual en el indo-portugués de Goa (Dalgado, *RL*
VI, 79), y registrado como castellano por los diccionarios de Zerolo y Vélez de Aragón, mientras la
Acad. define *chingar* como 'beber con frecuencia
vinos y licores'. Por otra parte, si recordamos los
muchos significados ampliamente peyorativos que

han tomado el fr. *foutre*, cat. *fotre*, cast. *joder*, fácilmente reconoceremos que el origen de todas estas varias acs. puede hallarse en la de 'fornicar',
que tiene *chingar* en el caló español (Salillas, 221,
319; Besses) y que es usual y callejera en el habla
de ·Méjico (a ella alude R. Duarte, s. v. *chingado*).
En vista de esta latitud y enlace semánticos, y en
vista de la amplísima difusión geográfica a todos
los países de lengua española y portuguesa, está
claro que debemos renunciar a la etimología propuesta por Lenz, *Dicc.*, 300, y por Román: quich.
čínkaj 'perder, extraviar', 'perderse, extraviarse,
desaparecer'.

Que puede tratarse de una voz de origen gitano
lo indica ya el que Quindalé, en su diccionario de
este lenguaje, registre *chinga* y *chingarí* 'disputa,
riña, represión' (desde donde sería fácil pasar a
la ac. portuguesa 'insultar', y de ahí se podría ir
sucesivamente a 'provocar', 'fastidiar', 'estropear'
'hacer fracasar' y, por otra parte, 'deshonrar a una
mujer', 'cohabitar'), y el que Borrow en el suyo
dé *chingarar* 'pelear, reñir' y *chingaripén* 'guerra,
combate'; de todos modos, y como el parentesco que este último sugiere con el scr. *sangara*
y con el persa *ǧ-n-k* no es evidente, quedaría la posibilidad de que estas voces gitanas fuesen hispanismos y nada se podrá afirmar mientras no se demuestre la existencia del vocablo en los dialectos
zingáricos del extranjero. En el caso de que la ac.
'fornicar' fuese la primitiva, puede pensarse también en un origen onomatopéyico, comp. el cat.
popular *fer zing-zing*, en el mismo sentido.

Pero el examen del diccionario comparado de los
dialectos gitanos que debemos a Miklosich (*Denk-*
schr. d. Wiener Akad. XXVI, 192) resuelve la
cuestión. Realmente la raíz *činger-*, con leves variantes, es común a las hablas zíngaras de toda Europa, con el sentido de 'pelear' en las de España,
Inglaterra, Alemania, Polonia, y con el más etimológico de 'cortar, agujerear, rajar, desgarrar' en las
de Grecia, Rumanía, Rusia, Hungría, etc.: se trata de un compuesto de *činár* 'cortar' con *kerár* 'hacer', ambos de origen índico; comp. la variante
española *činkarelár* 'pelear'.

Por otra parte, es seguro que algunas de las voces que contienen el radical *ching-* son de procedencia americana aborigen. *Chingana* 'taberna de
gente baja, especie de burdel', en el Ecuador (Tobar; Ceballos; Lemos, *Rev. del Colegio Rocafuer-*
te XIV, p. 33), Perú, Chile, Bolivia y el Oeste
argentino (Rog. Díaz, s. v.; Draghi, *Canc.*, p.
CXXII; Lafone, s. v.), 'fiesta de gente ordinaria
con baile y música' en la Arg. (Garzón) y en Chile (Lenz), a pesar de su relación aparente con
chingar 'emborrachar' o 'fornicar', viene sin duda
alguna del quich. *činkána* 'sitio donde es fácil extraviarse', 'escondrijo, escondite', 'laberinto, dédalo, grandes galerías subterráneas trabajadas por los
incas' (comp. *chingana* 'pozo' en Bolivia: C. Bayo),
puesto que según el testimonio coincidente y coe-

táneo de Alcedo (1789) y de los Padres Calancha y Rafael Sanz, se llamaban *chinganas* en la época colonial las grandes cavernas de Quispicanchi donde tuvieron su palacio los Incas (vid. Román), y puesto que *činkána* deriva regularmente del citado quich. *činkai* 'perderse, desaparecer', con el sufijo instrumental inˇcaico *-na*; claro está, sin embargo, que la evolución semántica de *chingana* desde 'escondrijo', 'tabuco', a 'taberna', y 'diversión' fué determinada por el influjo del verbo no americano *chingar*.

También tenemos derecho a sospechar que venga del quichua la voz boliviana *chinga*, expresiva de la idea de haberse perdido o desaparecido algo: «busqué mi caballo y *chinga*», «el ganado dejó el chaco *chinga*» (C. Bayo); pero el adjetivo *chingo* 'en cueros' («me quedé *chingo*»), empleado en el mismo país, ya nos lleva hacia el centroamericano *chingo*, que en Costa Rica significa 'corto de vestidos', 'romo, mocho (cuchillo)', 'rabón', 'desnudo, en paños menores' (Gagini), 'rabón', 'corto en vestidos' en Honduras (Membreño), 'chato, romo, sin nariz' en Venezuela, *estar chingo por algo* 'desearlo con ansia' (Calcaño), junto al cual existe en Costa Rica y el Salvador *chingar* 'cortar la cola'; Fz. Ferraz, citado por Lenz, deriva del náhuatl *tzinco* 'desnudo', pero el hecho es que tal vocablo no figura en el diccionario azteca de Molina (sólo *tzincui* 'despicar el maíz')[2]; como *chingo* 'corto' es también cubano y *chinco* significa lo mismo en Galicia, según Gagini, y como *chinga* es 'pedacito' en Cuba y Venezuela, 'colilla' en Costa Rica, *chingo* 'trago de líquido' en la Beira (Fig.), quizá se trate de un derivado de *chingar* en el sentido de 'estropear, hacer fracasar', tanto más cuanto que en Andalucía se dice *chingo, chindo* o *chíndigo* para «el ojo estropeado, remellado o tierno»; o bien será palabra de creación expresiva, pero no india.

Finalmente el origen araucano de otras palabras en *ching-* es seguro: rioplat. *chingolo*, chil. *chincol*, 'especie de gorrión' (vid. Lenz, s. v.); chil. *chingue*, arg. *chiñe*, 'mofeta, zorrino' (ibid.).

Deriv. Para derivados reales y aparentes, véase el cuerpo del artículo.

[1] Comp. *providencia chingada* 'imperfecta, estropeada, fracasada' en el argentino Payró, *Pago Chico*, ed. Losada, p. 39.— [2] Robelo no recoge tal aztequismo, y Gagini, más fidedigno que Ferraz, dice que *tzinco* es un sufijo y no una palabra en náhuatl.

DE CHIPÉN, DE CHIPÉ, 'de verdad', 'excelentè', resulta de la confusión de dos palabras gitanas, *čipén* 'vida', y *čipé* 'verdad', ambas de origen índico. *1.ª doc.*: *de chipén* 'de verdad' (ponderativo), y *chipén* 'verdad, realidad', Salillas, 1896; faltan aún Acad. 1899.

Besses registra *chipén* 'existencia, vida', 'verdad, realidad', *de chipén* 'de verdad, tan cierto como…'. Toro, *RH* XLIX, 414-5, cita ejs. de *la chipé* 'la verdad', *de chipé* 'de verdad, verdadero' (*los amigos de chipé*), *de chipé* 'de órdago', todos en el malagueño Arturo Reyes (h. 1900), y *de chipén* 'excelente' en Javier de Burgos (1897). La frase adverbial es muy corriente en los bajos ambientes ciudadanos de Madrid y de Andalucía; Baroja (1904) emplea además la forma madrileña más agitanada *de chipendi*. Dice M. L. Wagner, *RFE* XXV, 164-5: «En gitano *chipén* significa 'vida, existencia, animación', procedente del verbo gitano *ğib-, ğiv-*, 'vivir', particular a todos los dialectos gitanos; la forma correcta sería *chibibén*, que efectivamente existe o existía al lado de *chipén*». Se trata, en efecto, del scr. *ǰīvati* 'él vive'. Según Borrow, los gitanos españoles, además de *chipén* f. 'vida', conocen *chipé* f. 'verdad', expresión impropia en lugar de la correcta *chachipé* f., íd., que los de Inglaterra pronuncian *tsatsipé*, y que sería compuesta del scr. *satya* 'verdadero' y el scr. *jihva* 'lengua' (> gitano *chipe, chipi*); en realidad parece tratarse de un derivado gitano normal del adjetivo que entre los gitanos de Hungría y otras partes es *čačo* 'verdadero' y que viene realmente del scr. *satya* (Miklosich, *Denk. d. Wiener Akad.* XXVI. 185).

CHIQUERO, significó primitivamente 'recinto' o 'corral' en términos generales, y procede del mozár. *širkáir* 'cabaña', 'granero', de origen incierto: podría ser un lat. vg. *CIRCARIUM* derivado de CÍRCUS 'circo', 'cercado', con influjo fonético del ár. *šárka, šúrka*, 'red', 'lazo', 'correa', mas también puede tratarse de un mero derivado mozárabe de esta palabra arábiga. *1.ª doc.*: Agustín de Salazar († 1675), *Obras Póstumas*.

En este autor es la zahurda de los puercos, y ésta es hoy también la ac. más generalizada; de ahí 'vivienda sucia' en Méjico, en España y en otras partes: la preferencia moderna por esta ac. se explica por el influjo de *chico* 'cerdo' (V. nota abajo). Pero la Acad., ya en 1843, recoge además las de 'toril, sitio donde encierran los toros antes de lidiarlos', propia de Andalucía[1], y 'choza pequeña donde se recogen de noche los cabritos', propia de Extremadura, y señalada como tal ya por Mariano J. de Larra († 1837). Hoy en la Sierra de Gata *chiqueru* es 'aceitunero, sitio destinado para guardar la aceituna' y 'cada uno de los compartimientos en que se divide un granero' (Bierhenke, *VKR* II, 61); en América *chiquero* tiene también

acs. más amplias que la más conocida en España :
'corral de ovejas' en la Arg.², 'redil (para ovejas)'
en el Uruguay (J. de Viana), 'corral de chivatos' en
Catamarca (I. Moya, *Romancero* II, 335), 'sitio
donde se ordeña el ganado' en Puerto Rico (Ma- ⁵
laret); *chiquerear, -riar,* 'recoger el ganado que
pasta en las sabanas para que se meta en los corrales' en la costa del Ecuador (J. de la Cuadra) y en
Jujuy (Carrizo, *Canc.,* glosario). El port. *chiqueiro*³
es 'zahurda de puercos', 'lodazal', 'lugar inmundo', ¹⁰
pero en el Brasil designa además una 'estacada para
coger peces intoxicados' (Vieira) y un 'corral para
becerros, ovejas, etc.' (Fig.), *chiqueirar* en el Norte brasileño 'separar a los becerros de las madres'
(íd.). ¹⁵
    La más antigua documentación del vocablo está
en mozárabe, donde R. Martí, en el S. XIII,
ya recoge *širkáir* traduciéndolo «tugurium» ('cabaña, choza') y «solaris»⁴, del cual procede, con disimilación de las *rr,* el nombre de la aldea de *Xin-* ²⁰
quer (cast. *Jinquer*) al SO. de Castellón de la Plana; en castellano el mismo fenómeno disimilatorio
causó la desaparición de la primera *r.* La diferencia entre el mozár. *š-* y el cast. y port. *č-* puede
comprenderse de dos maneras: bien admitiendo ²⁵
que la *š-* mozárabe se debe a una arabización, por
la ausencia de la africada *č-* en árabe, o suponiendo que la *š-* sea originaria y el vocablo castellano
se tomara tardíamente del árabe de los moriscos
a fines del S. XVI, cuando ya se había perdido el ³⁰
fonema *š* en castellano; de ahí el vocablo habría
pasado más tarde al portugués. Como la arabización de *č* en *š* no es normal (comúnmente se hace
ğ cuando no se conserva la *č* intacta), sería preciso,
en la primera hipótesis, admitir el influjo auxiliar ³⁵
del vocablo arábigo a que me referiré; con esta
condición podría aceptarse la explicación de Simonet, s. v. *xircáir,* de que esta palabra sea un derivado mozárabe de *cerca* 'cercado'. En el *BDC*
XXIV, 33-34, propuse considerarlo más bien como ⁴⁰
derivado mozárabe del ár. *šárka, šáraka, šúrka,*
'red', 'lazo', 'correa de cuero', vocablo bien documentado en el árabe clásico y en el vulgar y de España (R. Martí; Glos. de Leyden; Dozy, *Suppl.* I,
752); entonces la ac. etimológica de *chiquero* sería ⁴⁵
la misma que la del cast. *redil,* derivado de *red,* o la
de *majada,* procedente de MACULA 'malla'; son frecuentes los derivados mozárabes en -*áir* (lat. -ARIUM)
sacados de raíces puramente arábigas (*ğurmáir* en
R. Martí; *zubráira, ğaᶜbáira, ḫurbáir, funduqáir*), ⁵⁰
y la vocal *i* de *širkáir* no ofrecería dificultad dado
el carácter inestable del vocalismo árabe; en el
mismo lugar sustenté la opinión de que una variante **šarkáir* de la misma voz mozárabe, partiendo de la ac. de *šárka* 'correa', había dado el cat. ⁵⁵
eixanguer 'tira de cuero que sujeta el yugo al arado', 'pedazo de cuero en general'. Mientras no aparezcan datos nuevos en el problema, es difícil decidirse entre las dos posibilidades.
    En todo caso *chiquero* es mozarabismo y no ⁶⁰

voz propiamente castellana, y esto es precisamente
lo que explica su aparición tan tardía y su ausencia en todos los glosarios y diccionarios de la Edad
Media y del Siglo de Oro.
    En vista del mozár. *širkáir* debe desecharse la
etimología comúnmente admitida de *chiquero* como
derivado de *chico,* sea partiendo de esta palabra en
el sentido de 'cerdo' (de donde posteriormente
'chaparro', 'pequeño', según quiere Sainéan,
BhZRPh. X, 109)⁵, sea tomándola (como hace M-
L., *REW* 2451b) en su sentido adjetivo de 'pequeño' y mirando *chiquero* como el compartimiento
destinado a los animales jóvenes. El salm. *chicorce,*
chicorzo, 'pocilgo pequeño' (Lamano) parece haberse sacado de *chiquero* por cambio de sufijo o
por cruce con otra palabra. En cambio no conviene
descartar del todo la posibilidad de un enlace con
el grupo indoeur. SERK- ('cercar' 'zarzo', de donde
el gr. ἕρχος 'redil, cercado, tabique', lat. *sarcire*
Pokorny, *IEW,* 912), seguramente ampliación de la
raíz panindoeuropea SER- 'insertar, atar, trenzar'
(Pokorny, 911).
    Para *cochiquera,* de donde la Acad. deriva erró-
neamente *chiquero,* V. s. v. *COCHINO.*
    DERIV. *Enchiquerar*
    ¹ También 'cuarto de la casilla o prevención' en
autores andaluces (Toro, *RH* XLIX, 415).—
    ² Oído así en la cordillera mendocina. Lo em-
plean en este sentido Leopoldo Lugones (*BRAE*
IX, 542), Guiraldes (*D. S. Sombra,* p. 43), etc.—
    ³ No se citan ejs. anteriores a Moraes, que lo re-
gistra como vulgarismo. Cortesão, *Subs.,* menciona
un pasaje de Castelo Branco, que vivió siempre al
Norte del Duero, y emplea mucho vocabulario
trasmontano. Además *RL* XVIII, 95. Nada parecido en el *Onom. Medieval. Port.* de Cortesão.—
    ⁴ Este vocablo es ajeno al latín antiguo, pero es lo
mismo que el cast. *solar* 'terreno por edificar',
cat. *solar* (-*là*) 'galería en una casa de campo', 'desván para la cría de gallinas, conejos, etc.' (*BDC*
XX, 207), y análogo al lat. *solarium* 'terraza, balcón', en bajo latín 'solar de casa' (glos. del Escorial), de donde el fr. ant. y oc. *solier* 'desván', 'granero', alem. *söller* 'desván', vasco *soilaru* 'granero',
galería, tribuna', arag. *solero* 'solar' (*BDC* VII,
78); arag. y cat. occid. *solanar* 'desván para la
cría de gallinas', 'trascorral' (*BDC* XXIV, 181).—
    ⁵ Además de *chiquero* cita (p. 85) napol. *cicco,*
abr. *zichèlle,* 'cerdo'. Vieira dice que *chico* y *chi-
quinho* son voces usadas en portugués por los
guardadores de cerdos para llamarlos, y según Fig.
chico 'cerdo' es provincialismo miñoto. En realidad éstos pueden ser el adjetivo *chico* 'pequeño',
empleado como término acariciativo. Claro que
también podría pensarse en una voz de llamada
tal como *chino,* y esto es lo probable en vista de
que si en Colunga (ast.) se llama ¡chicu, chicu!
o ¡chin, chin! a los cerdos, en Ribadesella se dice
¡ticu, ticu! (V), y en Portugal ¡bico, bico!, según
informe del propio Vigón.

CHIQUICHAQUE, 'ruido que se hace rozando una cosa con otra, p. ej. las quijadas al masticar', 'aserrador de maderos', onomatopeya. *1.ª doc.*: Pérez de Montalván, † 1638: 1.ª ac.; 1729 (*Aut.*): 2.ª ac.

Chiquilicuatro, chiquilín, chiquillada, chiquillería, chiquillo, chiquirritico, chiquirritín, chiquitín, chiquito, V. *chico Chiquizuela*, V. *chueca Chira*, V. *jirón Chirca, chircal*, V. *chilca Chirga*, V. *chirigota Chiribía*, V. *chilaba*

CHIRIBITA, 'chispa', 'partícula que ofusca la vista', 'margarita (flor)', de CHIBIT, onomatopeya del chisporroteo. *1.ª doc.*: ya Acad. 1843 (ac. 2.ª, y frase *echar chiribitas* 'echar pestes o chispas'; como voz náutica, 1864, Lorenzo-Murga; las demás acs. faltan todavía en Acad. 1899).

Chiribita, V. *chiripa Chiribital, chiribitil*, V. *chivo Chíriga*, V. *chirigota Chirigaita*, V. *cayote* y *zalagarda*

CHIRIGOTA, 'cuchufleta, burla', parece tomado del port. *girigoto, gerigoto, geringoto*, 'ligero, listo', 'tramposo', 'que habla jerigonza', o de una forma leonesa emparentada; los cuales a su vez se relacionan con el port. *gíria* 'caló, jerigonza', 'astucia', ast. *xiriga* 'jerga', y con el cast. *JERIGONZA* (véase). *1.ª doc.*: 1836, Pichardo (1862); Acad. 1899. Cej VIII, § 30.

También se le da en España, asimismo, el sentido de 'broma, chacota'. En Mogadouro (Tras os Montes) *andar muito gerigôto* quiere decir 'ir muy despejado, listo, despreocupado' («esperdigotado, lesto, gaimenho»: *RL* V, 92); según Fig. *geringote* es provincialismo portugués para 'ligero, listo', 'fino, activo', mientras que *girigote* es voz popular en el sentido de 'trapacero, tramposo' y *girigoto* es jergal y significa 'el que habla en jerigonza o gíria'. El port. *gíria*, además de 'caló, jerga, jerigonza', significa 'astucia', 'dicho o acción de persona viva o inteligente' («astúcia; esperteza»), y en Asturias se dice *xíriga* (*ZRPh.* L, 738) o *xériga* (Llano, *Dialectos jergales asturianos*, Oviedo, 1921) para 'jerga'; pero el caso es que en la costa Atlántica de Colombia *chíriga* es 'chirigota, cuchufleta', y que allí mismo y en Riohacha (junto al límite venezolano) otros dicen *chirga* en el mismo sentido (Sundheim, Lanao)[1]. Probablemente de *JERIGONZA* se sacó secundariamente *gíria, xíriga, xériga*, o con cambio de sufijo, *girigoto, chirigota*, etc., y el influjo de *CHACOTA* actuó además sobre el significado de *chirigota*. Inaceptable la etimología hebrea de Eguílaz. V. *ZALAGARDA*.

DERIV. *Chirigotear*, murc., and., cub., portorriq., per.; *chirigoteo*, murc., and. *Chirigotero*, murc., and., cub., per.

[1] El ast. *xirigata* 'diversión de voces y ruidos', miñoto *serigaito* 'inquieto' (Leite de V., *Opúsc.*

II, i, 443), port. *sirigaita* 'mujer bulliciosa, que se agita desenvueltamente', 'cierto pájaro pequeño (Troglodytes parvulus)' (Fig.), creo que han sufrido sólo la contaminación de *chirigota, girigoto*, pero que en principio pertenecían a la familia de *ZARAGATA*. Para el and. *jericote*, V. *JERRICOTE*.

CHIRIMBOLO, 'cachivache', voz popular y afectiva, de origen incierto; sale probablemente de *chirumbela, churumbela, chirimía*, instrumento musical' (V. el artículo siguiente), con influjo de *carambolo* 'enredo' (V. *CARAMBOLA*); es posible que también hubiera contaminación semántica de *chambariles* 'trastos, cachivaches' (V. *CHAMARILERO*). *1.ª doc.*: Acad. ya 1884, no 1843.

Terr. registra *chirimbote* 'cada una de dos como pelotas que sirven para sujetar la saca en que va la lana de dezmar', y en Tras os Montes el mismo vocablo significa «traços caprichosos de luz, que se fazem no ar, agitando-se um tição aceso, quasi sempre para entreter crianças» (Fig.). En Cuba *chirimbolos* es un 'juego de azar en que cada persona deposita una cantidad de dinero y el que saca el número más alto gana' (Malaret, *Dicc.*). En cuanto a *churumbela*, tiene en América otras acs. además de la conocida: 'pipa de fumar' (Colombia, Ecuador), 'preocupación, cuidado' (Antioquia: Colombia), 'bombilla para tomar mate' (en otros puntos de América del Sur). *Churumbo* 'juguete de niños (especie de molinillo de viento a la punta de un palito), gall. *estornela*', oído por Sarm. (*CaG.* p. 159n.) en un pueblo al SE. de Medina del Campo (sospecha que venga «de *turcumbo*, por los lomos» palabra que tampoco es conocida en cast. ni en gall.).

CHIRIMÍA, del fr. ant. *chalemie* íd., con *-r-* por influjo del sinónimo *charamela, charumbela*, procedente del fr. ant. *chalemelle* íd., que a su vez viene del lat. CALAMELLUS, diminutivo de CALĂMUS 'caña', 'flauta de caña'; en cuanto a *chalemie* ha de ser otro derivado de la misma palabra o de su original griego: quizá procede del gr. αὐλός χαλαμίτης 'flauta de caña'. *1.ª doc.*: *chiremía*, 1461, *Crónica del Condestable Miguel Lucas* (M. P., *Poesía Jugl.*, 294).

Posteriormente se halla *cheremía* en APal. 49*d*, 430*d*, y en un documento salmantino de 1508 (*BRAE* X, 580). El moderno *chirimía* aparece ya en Covarr., en el *Quijote* (*Cl. C.* VII, 181) y en muchos autores desde princ. S. XVII. La palabra francesa penetró también en cat. *xirimia, xeremia* [1618; *chirimilla*: 1489], port. ant. *chirimia*, piam. *cirimia*, alem. *schalmei* [S. XIII: *schal(e)mi(e)*]. El fr. *chalemie* se halla desde el S. XIV. Suele explicarse como un mero cambio de sufijo del fr. ant. *chalemel, chalemele* (hoy *chalumeau*), procedente del lat. CALAMELLUS (*REW*, 1484; *FEW* II, 53)[1], pero esta sustitución no es verosímil siendo

-*el* sufijo más frecuente que -*ie,* y no siendo éste propio de nombres de instrumentos. Como el adjetivo gr. χαλαμίτης 'referente a la caña' está documentado en Alejandro de Tralis (Lidia, S. VI d. C.) y ha dado también *CARAMIDA,* no es improbable suponer un αὐλὸς χαλαμίτης 'flauta de caña', romanizado en **CALAMĪTA* > fr. *chalemie;* hasta cierto punto puede confirmar esta hipótesis el val. *xirimita* 'dulzaina' (M. Gadea, *Tèrra del Gè* II, 136)[2], probablemente muy antiguo en la tierra clásica de la dulzaina, que puede resultar de un cruce entre una forma mozárabe autóctona **caramita* y el afrancesado *xirimia.* En cuanto al fr. *chalemele,* oc. *charamela,* dió el port. *charamela, charomela,* gall. *churumela,* vasco *xaramel,* corso *cialambella,* sic. *ciaramedda,* tosc. *ciarambella* (citado por Covarr.); la forma cast. *churumbela* [Covarr.; *Quijote;* Cej. VIII, § 97] saldrá de una variante fr. *charumelle* (comp. *chalumelle,* en el quercinol Salel, h. 1550; lemos. *charamela*), con asimilación de las vocales y con el mismo *mb* secundario que en *carambillo,* para cuya documentación y explicación pueden verse los artículos *CARAMILLO, CARÁMBANO* y *CARAMELO;* hay también, por lo demás, una variante cast. *chirumbela* [1613: *Coloquio de los Perros,* ed. *Cl. C.* II, 228; Acad. ya 1843]. De *churumbela,* pasando por el sentido figurado de 'pene' se ha llegado a 'niño, muchacho', que tiene *churumbel,* voz andaluza y agitanada [1898: Á. Quintero, *RH* XLIX, 420], caló *churumbelo* 'hijo', comp. el cast. *gaita* 'pene', it. jergal y dial. *pivo* 'niño' (de *piva* 'gaita', 'pene', lat. PIPA), romano *fischietto* íd. (de *fischio* 'silbato'), mall. *carallet, atzeb,* 'niño' (propiamente 'pene')[3].

DERIV. *Churumba* 'baile peruano' [h. 1590: Rosas de Oqendo, en *RFE* IV, 349], parece derivado regresivo de *churumbela.* V. además *CHIRIMBOLO.*

[1] La explicación de Gamillscheg (**chalemelie* 'canción tocada con *chalemel* o caramillo', y de ahí la haplología *chalemie* 'caramillo') es demasiado hipotética.— [2] Desde luego forma corriente: un *barranc* y *Mola de Ceremíta* en las montañas de Vallada (entre este pueblo y Énguera); aunque aseguraban que se trataba de un nombre de persona (quizá sí, pero de todos modos aplicado a un tocador de chirimía).— [3] Demostró esta etimología de *churumbel* Wagner, *RFE* XXV, 178.

Chirimiri, V. *zarazas*

CHIRIMOYA, 'fruto del *Anona Cherimolia*', es voz indígena americana, pero es incierta la etimología exacta, ya que si bien la chirimoya procede de la América Central, pronto la aclimataron los españoles en el Perú, y el nombre podría explicarse semánticamente por el quichua: luego puede dudarse entre el quichua y el quiché. *1.ª doc.:* 1653, B. Cobo.

El chirimoyo se cultiva hoy desde el Norte de Chile y de la Arg. hasta Méjico, pero según el Padre Cobo lo vió él por primera vez en Guatemala el año 1629 y desde allí envió semillas al Perú, donde hasta entonces no se conocía, aunque después su cultivo prosperó allí más que en parte alguna. De acuerdo con este dato suele atribuirse el vocablo al quiché, dialecto maya hablado en Guatemala. Así Friederici, *Am. Wb.,* 180. Sin embargo, son de notar los hechos señalados por el propio Friederici: Termer rechaza el origen quiché por no ser conocido hoy el vocablo en este idioma, y el Dr. Hernández (si no me engaño, a fines del S. XVI) muestra que en su tiempo *chirimoya* no era palabra conocida en Méjico. En vista de ello cabe la posibilidad de que al ser importada la fruta en el Perú recibiera allí su nombre, y que al tomar gran importancia el cultivo de la misma se difundiera la nueva denominación quichua hasta el mismo país de origen. En efecto, según observa Lenz, *Dicc.,* 305, el vocablo se explica por el idioma de los incas: *číri* 'frío' + *múyu* 'círculo, rueda', es decir, 'fruta redonda, fresca'. Entonces lo primitivo sería *chirimoyo,* de donde se sacaría el femenino según el modelo de *manzana* frente a *manzano.* Nada se puede asegurar[1], pero el caso es que de cinco testimonios anteriores al S. XIX recogidos por Friederici y Lenz, tres corresponden al antiguo Perú (Cobo, Juan y Ulloa, Veigl), uno a Chile (Molina), uno al Norte de América del Sur (Humboldt) y ninguno a la América Central o Septentrional.

DERIV. *Chirimoyo* [h. 1740, Juan y Ulloa].

[1] Si dice verdad el P. Cobo, y no se ven razones para dudarlo, él había de saber muy bien la etimología del vocablo, pero a juzgar por el extracto de Friederici, nada se deduce de su texto en cuanto al origen del nombre, y en 1653 ya había tiempo de que se creara una denominación quichua.

Chirenada, chirinada, chirino, chirinol, V. *chirinola*

CHIRINOLA, 'friolera', 'fiesta, buen humor' voz familiar y afectiva que en el Siglo de Oro significó 'bandería, disputa, pelea', 'junta de rufianes', 'enredo, embrollo', del nombre de la batalla de Cerignola (1503), en la que muchos valientes se alababan de haber estado; el vocablo sufrió en su sentido el influjo del nombre propio *Cherinos* (de origen francés), que figura en obras de la época como el de un bandolero y rufián. *1.ª doc.:* 1580, Bernal Díaz del Castillo.

En tres pasajes de este autor aparece el vocablo en el sentido de 'bandería, discordia entre compañeros de armas', vid. *Cuervo, Ap.[7],* § 937n., y hoy la ac. 'pelea, pelotera, gazapera' se conserva en Colombia y en Nuevo Méjico (*BDHA* IV, 51)[1]; en el *Coloquio de los Perros* (1614) el vocablo signi-

fica 'enredo, embrollo', y Juan Hidalgo cataloga
cherinola 'junta de ladrones o rufianes' y *cherinol*
'el que es principal en la rufianesca o ladronesca'
como voces de germanía. *Aut.* dice que *chirinola*
es además un juego de muchachos que es remedo 5
del de los bolos, en pequeño. Las otras acs. aparecen en ediciones posteriores del diccionario académico y ya en Terr. («bulla, zambra y diversión»,
no importar una chirinola «no importar cosa alguna, nada»)[2]; el cat. *xerinola* es también «broma, 10
alegría doméstica» (Ag.: *fer xerinola; estar de xerinola* 'de bullanga, de fiesta' en Castellón de la
Plana: *Bol. de la Soc. Castellon. de Cult.* XV,
247). Pero las acs. del Siglo de Oro están probablemente más cerca del origen, y la del vocabula- 15
rio de Hidalgo está confirmada en varios romances
germanescos: *cherinola esquifada* 'asociación de
rufianes y ladrones' en la *Vida y Muerte de Mala-
dros*, debida al propio Hidalgo (*RH* XIII, 41).

El origen último de la voz *chirinola* está hoy ave- 20
riguado gracias a una erudita nota de Gillet en su
edición de Torres Naharro (III, 404-6). Se trata
del nombre de la batalla de Cerignola (1503), en
que después de una prolongada lucha contra fuerzas francesas superiores, los españoles, hábilmente 25
dirigidos por el Gran Capitán, acabaron por ani-
quilarlas completamente. De ahí que los valientes
acostumbraran alabarse de haber estado en *la Chirinola* y en *el Garellano* (otra batalla que precedió
a aquélla), como vemos en la *Comedia Soldadesca* 30
de Naharro (1517), y que en otros autos y comedias portuguesas y castellanas del S. XVI los personajes juren por *la Chirinola* o por *el cuerpo de
La Tramulla* (nombre del general francés).

Permítaseme añadir un importante detalle, que 35
nos explica la pronta desviación del nombre de una
acción tan gloriosa hacia el matiz de bravuconería
o de junta rufianesca. En el romance anónimo *Perotudo*, publicado, pero no escrito, por J. Hidalgo
(*RH* XIII, 37), y quizá fechable hacia 1570, se 40
habla de un rufián que «canta de la *cherinola* /
también del *Cherinó*», lo cual explica Salillas como
'bravatea'. Luego *Cherino* ha de ser 'bravucón', y
aunque ahí aparece acentuado, a juzgar por el verso, en la *-ó*, no resulta claro de qué manera pudo 45
formarse este derivado partiendo de *cherinola*. Lo
probable es que la acentuación propia fuese *Che-
ríno*, ahí deformada, según era permitido en tales
romances populares, en obsequio al metro[3]. De
hecho *Cherinos* figura como nombre propio de uno 50
de los miembros de la cuadrilla de Enrico, en *El
Condenado por Desconfiado*, de Tirso (I, esc. x,
p. 116 de la ed. Losada), constituída como es sabido por bandoleros que asimismo son rufianes,
puesto que explotan a una serie de mujeres de vida 55
irregular, al mismo tiempo que se dedican a saltear viajeros. Es de notar que en la comedia de
Tirso, *Cherinos* figura como compañero habitual
de otro bandolero llamado *Roldán* y que en la
cuadrilla hay además otro que es *Galván* por 60

nombre. Spitzer (*MLN* LXXI, 373) llama la atención hacia una confirmación de mi etimología: en
el propio *Condenado por Desconfiado* (I, 12),
cuando se presenta a Cherinos como miembro de
la banda de Enrico, otro personaje exclama «¡Qué
ruin nombre tiene! / ¡Cherinos! *Cosa poca*», observación ésta que confirma cómo en la conciencia popular el nombre de Cherinos estaba asociado
con *chirinola* en su ac. secundaria 'friolera' (*no
importa una chirinola*), evolución de la ac. 'asociación de rufianes y gente despreciable'.

Estos apodos de abolengo épico, junto con la
terminación en *-s* (como *Arnaldos, Reinaldos, Ca-
laínos, Oliveros, Dirlos, Gaiferos*) nos recuerdan
el del héroe francés *Gerins*, uno de los doce Pares
(para la transcripción de la *j* francesa como *ch*
castellana, vid. *chamba* < *jambe*, s. v. *CHAMA-
RILERO*): nada tiene de sorprendente el que estos
y otros bandidos solieran adoptar como nombre
de guerra el de los guerreros popularizados por el
romancero, y en particular el del compañero de
Don Roldán sería adecuado para bautizar a un
bravucón. Claro está que luego tales apodos pudieron convertirse en apellidos hereditarios, y así
ocurrió con *Roldán*, con *Galván* y también con
Chirinos o *Chirino* (véanse las enciclopedias)[4]. Está
ahora claro que a *cherino* 'bravucón', 'rufián' (< fr.
Gerin) había de relacionársele popularmente con
el nombre de la *Cherinola*, acción famosa donde
pretendían haberse ilustrado tantos bravos, y había
de orientar semánticamente en mal sentido la evolución posterior del vocablo. Y aun es posible que
la *n* de la forma castellana *Cherinola* (y no *Cheri-
ñola*) se deba a este mismo influjo. Que no sólo
cherinola, sino también *cherino* siguió vivo en el
idioma lo prueban una serie de derivados que sólo
pueden proceder de este último: *cherinoso* 'propio
del bravucón' en otro romance publicado por Hidalgo (Hill XXVII, 321); en la Arg. se emplea
chirinada para 'algarada, revolución insignificante
y descabellada' (Segovia)[5], 'golpe militar fracasado'
(así en el ej. de Julio A. Roca que cita Garzón;
en un discurso del senador Tamborini reproducido
por *La Prensa*, 25-VIII-1940) y finalmente 'suceso
que sale ridículamente frustrado', 'fiesta fracasada'
(Garzón); en Bilbao *chirenada* es 'broma y dislate
o expresión sin sentido' (Arriaga, citado por Malaret).

Spitzer, *ARom.* XII, 161, creía que *chirinola* era
meramente onomatopéyico, lo cual no satisface.

[1] Según el colombiano Eustasio Rivera es 'lucha', V. el glosario de *La Vorágine*.— [2] En Andalucía es 'charla continuada' (AV).— [3] Recuérdese
el romance cantado por Preciosa en *La Gitanilla*:
«pisaré el polvico / atan menudico, / pisaré el
polvó / atan *menudó*». Quizá pueda deducirse de
ahí que *cherinol* en el vocabulario de Hidalgo
está por *cherino* y que es una de las erratas que
no escasean en esta edición.— [4] En cuanto al hondureño *chirino* 'cangrejito' (Membreño) se com-

prende bien como denominación irónica de un
animal que camina hacia atrás. Ag. registra el
cat. dial. (Ripollés) *xerina* 'muchacha bachillera,
curiosa'.— ⁵ En este diccionario se afirma que viene del nombre de un oficial argentino *Chirino*, 5
pero no lo fecha ni documenta. En los diccionarios
biográficos argentinos de que dispongo, incom-
pletos por cierto, no figura tal personaje.

CHIRIPA, 'suerte favorable en el juego, casua- 10
lidad favorable', vocablo familiar y moderno, de
origen incierto. *1.ª doc.*: ya Acad. 1843 (no 1817):
«En el juego del billar la suerte favorable que se
gana por casualidad»; Cej. VIII, § 30.
Se agregaba en aquella edición que por metáfora 15
se tomaba familiarmente como sinónimo de «casualidad», lo cual está modificado en la ed. de
1884 agregando el adjetivo «favorable». Éste es, en
efecto, el sentido en que lo toman los españoles,
los chilenos (Lenz, s. v. *chiripá*) y seguramente 20
otros. No puedo asegurar si esto es o no general,
aunque a juzgar por las varias definiciones americanas parece que en varios países del Nuevo Mundo tiene un sentido neutro de casualidad cualquiera, favorable o desfavorable[1]. Como el sinóni- 25
mo CHAMBA se ha especializado también en muchas partes en el mismo sentido, a pesar de que
en su origen *chambón* era 'torpe en el juego', 'el
que no sabe ganar por cálculo', no sería sorprendente que una especialización parecida hubiese 30
ocurrido en nuestro caso. De todos modos el cat.
xeripa (xi-) 'buena suerte no esperada' y el portugués coincide con el sentido español; por lo demás, en portugués el vocablo sólo se emplea en el
Sur del Brasil (*chiripa* 'golpe casual favorable en 35
el billar') y en Tras os Montes (*cheripa* 'ganga,
buena fortuna': *RL* I, 208)[2]. Lenz opina que puede tratarse del mismo vocablo que el rioplat. *chiripá* m. 'especie de faldas que llevan el gaucho y
el indio' [D. F. Sarmiento, 1845], el cual procede 40
del quich. *čiripak* 'para el frío' (de *čiri* 'frío', con
la posposición *-pak* 'para'). Aunque al Este de los
Andes la acentuación *chiripá* es absolutamente general, asegura Lenz que en el Sur de Chile, donde
el vocablo es poco usado, se emplea también *la* 45
chiripa para 'el chiripá'; por cierto que esta acentuación es la que correspondería al quich. *čiripak*,
y la pronunciación aguda debería entenderse como
causada por el guaraní del Litoral argentino, idioma donde predomina el oxitonismo (comp. *aimá-* 50
ra > *aimará*). Antes de proceder al estudio de la
sugestión de Lenz haría falta asegurar la existencia
de la acentuación *chiripa* como nombre de la prenda gaucha, que está lejos de ser segura. En lo semántico la idea no puede considerarse evidente: 55
el cambio de *ponerse la chiripa* 'abrigarse contra
el frío' en 'ponerse a gusto' y 'tener suerte' puede
concebirse, pero no me parece plausible. Y sobre
todo cuesta creer que un vocablo exclusivamente
rioplatense se extendiera de tal modo, como tér- 60

mino de jugadores.
F. Ortiz (*Ca.*, p. 237) se adhiere a esta etimología
e indica una explicación más plausible de la misma
En ciertas tribus arauacas y guaraníes de la América del Sur *chiripa* significa 'pampanilla, taparrabo'
[será quichuísmo en el lenguaje de esas tribus],
según cita de Nordenskjöld (*Compar. Ethnogr.*
Studies II, 59): en la frase *tener chiripa*, el vocablo
figuraría como representación simbólica de las partes sexuales del hombre (comp. *tener leche*). Entonces en España tendría que tratarse de un término traído por indianos y peruleros repatriados.
Esto es bastante aceptable, pero no perdamos de
vista que hay otras posibilidades. No sería inconcebible partir de las voces de origen índico citadas
en la nota 2. Pero siendo *chiripa* poco extendido
en Portugal sería más razonable lo siguiente. Si lo
primitivo es *chiripa* 'casualidad en el juego', 'cham-
bonería, cualidad del jugador que no sabe ganar
por cálculo' podría pensarse como étimo en la voz
dialectal francesa Saint-Étienne *charippe* «charogne, paresseux», Lyon íd. «mauvais sujet», Mâcon
íd. «charogne (fig.)»[3]. Se trataría de un término
de la jerga de los jugadores, extendido a España
desde la zona francoprovenzal, donde los lenguajes
jergales tienen gran antigüedad y desarrollo[4]. Comp.
el nav. tudelano *ni chiripita* 'ni miaja, nada' (Iribarren), que se relaciona con el dialectal de Castilla y Navarra *chiribita* 'chispa', de formación expresiva; no creo que debamos unirlo con voces
vascas como el pamplonés *chiripot, -put*, 'morcilla
cular', el vasco vizc. *txiripa* 'nudo, roseta', *txiripin*
'reyerta', *txiripiztin* 'salpicadura', que habiendo variantes *txipir-*, vendrán, por lo menos en parte, de
txipi 'pequeño', y no creo que *chiripa* se relacione
con esto; pero en cuanto a *chiripita, -bita*, ya es
más fácil.

DERIV. *Chiripá* (V. arriba). *Chiripear*. *Chiripero*.
¹ Definen como 'casualidad' en general el po-
rriqueño Malaret (*Vocab. de Puerto Rico*) y el sanjuanino Rogelio Díaz (*Toponimia de S. Juan*, s.
v.), mi discípulo mendocino José S. Arango y
los varios informantes de Malaret (*Supl.*), procedentes de Méjico, Ecuador, Perú y Bolivia. No
es de creer que todos ellos coincidieran en olvidar
que es una casualidad favorable para el que la
tiene. El ej. citado en la primera de estas fuentes
«es aquel a quien hacen alcalde por *chiripa*» parece indicar lo mismo. Lenz para Chile indica
el matiz español; de todos modos agrega «*dar un*
chiripazo: tentar la buena fortuna, a r r i e s g a r
algo». La frase «la jactancia de aquella heroica
chiripa», del argentino norteño Leopoldo Lugones, que a Toro Gisbert (*BRAE* IX, 542) le parece contener una ac. 'aventura, hazaña', quizá
tenga, a pesar de las apariencias, el significado
corriente en la Argentina.— ² El port. *chiripos*
'zuecos' (ya Moraes, sin localización) sería voz de
la India, según Dalgado, y procedería del tamul;
cheripos 'especie de ostra' viene del concaní según

el mismo autor.— ³ Wartburg, *FEW* II, 386b, cree que la forma *charoppe* es derivada de *chair* 'carne', con un sufijo poco frecuente, y lo mismo pensará de *charippe*. Tratándose de un vocablo francoprovenzal quizá podría pensarse en un cruce del fr. *charogne* con el alem. *gerippe* 'costillar, esqueleto'.— ⁴ Por lo demás, *chiripa* tiene otras acs. además de la común: en Puerto Rico 'pedacito, cosa pequeña', 'propina', 'negocio de poca monta', y allí y en el Perú *chiripear* 'hacer negocios de esta clase'. Es tan fácil comprender esta ac. como primitiva ('beneficio pequeño' > 'ganga, buena suerte') como el proceso semántico opuesto. Comp. el argentino *pichincha* 'ganga'.

CHIRIVÍA, 'Sium sisarum, hortaliza parecida al nabo', de origen incierto, probablemente formado en hispanoárabe por un cruce entre una forma mozár. *chisera íd. (port. *alchísera*), procedente del lat. SISER, -ĔRIS, íd., y el árabe *karāwîya* 'alcaravea, comino de los prados', planta análoga a la chirivía. *1.ª doc.*: *cherevía*, Berceo, *S. Dom.*, 70d («no lo preciava todo quanto tres *cherevías*»); comp. Cej. VIII, § 30.

Está también nuestro vocablo en el *Libro de Buen Amor*, 1272a¹, en Nebr. («*chirivía, rayz conocida*: daucus»), Laguna (1555), Covarr., etc. Se halla también en port. *cherivia* o *cherovia*, que Fig. da como palabra de la Beira y de Tras os Montes²; en cat. *xirivia* [«naps, *xerevies*, pastanagues», 1385, Eiximenis, *Regiment*, 26.13]; y en fr. *chervis* [*eschervi(z)*, 1411; *chervis*, 1538]. Como en hispanoárabe *ǧiriwía* no aparece hasta PAlc., es probable que en esta forma venga del castellano, como admite Dozy, *Gloss.*, 254. Este autor fué el primero en hacer notar que el ár. *karāwîya* 'alcaravea, comino de los prados' (Carum Carvi), procedente del gr. κάρον íd., ha tomado además, en árabe, el significado de 'chirivía': así, p. ej., en Egipto (Bocthor) y en Siria (Mohit al-Mohit: Dozy, *Suppl.* II, 462b); las dos plantas son umbelíferas, se cultivan y tienen aspecto parecido. En tiempo de Dozy la fonética histórica romance estaba en sus comienzos y es disculpable el que este autor no viera dificultad en derivar el cast. *chirivía* del ár. *karāwîya*, cuando en realidad esta alteración de la *k*- arábiga no podría explicarse en castellano.

Sin embargo, los sucesores de Dozy han seguido aceptando su etimología sin objeciones: así Diez, *Wb.* 440; M-L., *REW* 4678a; Wartburg, *FEW* II, 377³. Este autor admite que el vocablo pasó directamente del árabe al Norte de Francia, donde cambió regularmente *ka* en *che*, y de allí se extendió a los demás romances. Sería difícil señalar en francés otros casos de voces arábigas que hubiesen participado en el cambio tan antiguo de CA en *che*, pero sobre todo no es posible admitir que el cast. *chirivía*, documentado desde princ. S. XIII, y el cat. *xirivia*, conocido desde 1385, y ambos

mucho más próximos al árabe geográficamente, vengan del fr. *(es)chervis*, que no aparece hasta el S. XV. Es evidente que la verdad ha de ser la contraria.

Como por otra parte no me es conocida otra etimología posible para *chirivía*, y el parecido considerable entre esta palabra y el ár. *karāwîya* es demasiado grande para que una casualidad sea verosímil, la *ch*- castellana y la *x*- catalana se han de deber a un cruce, ya que no pueden explicarse fonéticamente. Ahora bien, Brotero (1804)⁴ cita *alchisera* como nombre portugués del Sium sisarum, junto con dos representantes del lat. SISER (o de su étimo el gr. σίσαρον), éstos de forma culta: *sisaro* y *sisarão*⁵. *Alchisera*, que deberá acentuarse seguramente en la *i*, es mozarabismo evidente por su artículo *al*- aglutinado, pero en cuanto al cuerpo del vocablo parece claro que ha de tratarse de la misma voz grecolatina: sabido es que el cambio de s en š mozárabe es normal y el paso de š- inicial a č- es fenómeno fácil y frecuente⁶. Luego es probable que *karāwîya* en su ac. 'chirivía' se encontrara en la Península Ibérica con un sinónimo mozárabe *šísera* o *čísera* procedente de SISER, y que del cruce de ambas palabras resultara un hispanoárabe *šarawîya (č-), que explicaría nuestro vocablo.

En cuanto al primitivo *karāwîya* en su ac. 'chirivía', ¿llegaría a entrar en romance? Es posible que sí, aunque las pruebas son menos seguras por mucho más recientes: Mistral cita prov. *escaravì* y gasc. *escarabì* m., Colmeiro saca un cat. *escaravies* de las obras de Salvador (1712) y Pourret (1781-3)⁷, y Wartburg agrega, como nombre del Sium Sisarum, tolosano *escarabido* o *escarabilo*⁸. Estas formas, junto con las port. *quirúvia* y *alquirivia*, ya citadas, así como el port. *chirivia* 'Carum carvi' (Vieira), comprueban que hubo realmente una confusión mutua en la nomenclatura de las dos plantas, y por otra parte el marroq., argelino y tunecí *zurūdîya* 'chirivía' (Simonet, 249; Dozy, *Suppl.* II, 585) supone que además existieron cruces con otros vocablos.

Para terminar observemos que en la ac. 'aguzanieves, pezpita, motacila' *chirivía*⁹ [Nebr.] debe de ser debido al canto de este pájaro, que *Aut.* interpreta como *chirivi*. Según Correas (en Gili) el Comendador Griego la llama *churuvía*. Acad. cita además un extremeño *chirivín* 'pájaro pequeño'. Para otro *cherubia*, que no sé si puede identificarse con el nuestro, vid. Gillet, *Propal.* III, 589.

¹ «El primero [es decir: Enero] comia las primeras *čherevías*, / comiença a dar çanahorias a bestias de estabrías, / da primero faryna a bueys de erías, / ffaze días pequeños e madrugadas frías.».— ² Moraes recoge *cherivia* (¿acentuación correcta?), con variante *alquirivia*. Vieira *cherivia* 'Sium sisarum', con variantes *alcherêvia* y *alquerevia*; y en el artículo *chirivia* distingue entre la *chirivia* propia, como «término de Botánica», nom-

bre de la alcaravea, y *chirivia aquatica* 'Sium sisarum', *chirivia hortense* 'Pastinaca sativa'. No se cita documentación antigua en portugués. Sarmiento († 1771) recoge *chirivía, chereuvía, charouvía* como nombres gallegos de la Pastinaca edulis, y ya en 1745 anotaba *chiribías* y *charouveas* (de aspecto antiguo y más original) como nombre gallego de las 'chirivías' (*CaG.* 92r, 94r); y Vigier (1718) da un port. *chervi* 'Sium sisarum', que debe de ser galicismo. Fig. registra además *quirúvia* 'biznaga' como voz antigua.— ³ La afirmación de este autor de que en árabe se distingue entre *karāwîya* 'Carum carvi' y *kariwîya* 'Sium sisarum' carece de base y parece debida a una mala inteligencia de las palabras de Dozy y de Baist, *RF* IV, 393, que justamente puso fuertemente en duda la etimología de Dozy. La 2.ª ac. sólo me consta para *karāwîya*, forma que significa también 'Carum carvi'; hay, por lo demás, otras variantes fonéticas, además de estas dos: véase *ALCARAVEA*.— ⁴ Cita de Colmeiro II, 537. Saco otros datos de esta fuente (pp. 582, 520).— ⁵ Para otros representantes romances de SISER, vid. *JARAMAGO*.— ⁶ En cuanto a la -s- interna de SISER, en esta posición la palatalización mozárabe era menos frecuente, por las dificultades que ofrecía la sonora (comp. mi nota en *RPhCal.* I, 92). En efecto, los descendientes árabes de PISUM 'guisante' son de la forma *bisalto, basil(l)a*. Como el cambio de š- inicial en č- (ambos escritos x-) tiene carácter sistemático en valenciano y en otros dialectos catalanes, mientras es raro o inusitado en castellano, a no ser en voces muy tardías (*CHIQUERO, CHARRÁN*), deberá tomarse en consideración la posibilidad de que nuestro vocablo entrara en romance por el catalán. Nótese que entre los autores citados por Colmeiro acerca del cultivo de la chirivía en la Península Ibérica, tres se refieren a Cataluña, uno a Valencia, otro a Portugal, solamente uno a Andalucía, y ninguno habla del cultivo en el resto del territorio lingüístico castellano.— ⁷ Es verdad que Sallent (*BDC* XVII, 19) identifica esta planta con el Cachrys libanotis o cola de caballo, perteneciente a la familia de las esmirnias, pero esta obra no siempre es de fiar, y quizá se trate solamente de una interpretación fundada en el parecido casual con el port. *erva isqueira* 'Cachrys pterochlaena' (Colmeiro II, 622-3).— ⁸ Es cierto que también cita en esta ac. la forma bearnesa *escarbielho* (Lescun), pero Rohlfs, en quien se funda, dice que es el comino de los prados o alcaravea. Confusiones semejantes pueden haber ocurrido en otras de estas formas romances en *ca*; de todos modos, el nombre inglés de la chirivía *skirret*, que es ya *skyrwyt* en inglés medio (Skeat), parece indicar que dialectalmente existió un **eskerwiz* en francés medio. El fr. *girouille*, prov. *girouio*, Delfinado *chiroulo*, 'Sium sisarum', 'zanahoria', recogido también por Wartburg, me parece resultar de un cruce entre *chervis* y *citrouille*.— ⁹ Según Castro, se refería al mismo la glosa «*cherevía*: filium» del Glosario del Escorial (h. 1400), que él interpreta como errata por *frigilium*.

Chirizar, V. *zarazas*

CHIRLA, 'especie de molusco', es también voz vasca, acaso descendiente del lat. SCILLA 'cebolla marina', que se confundió a menudo con SQUILLA 'especie de crustáceo'. 1.ª *doc.*: Terr.

Éste define «pescado a modo de ostra, aunque de concha más pulida y ovalada: es mucho más regalado que la ostra». Cabrera († 1833), en su obra publicada en 1837, dice que es la 'almeja', y lo mismo dice ya la Acad. en 1783, definiéndolo como «marisco»; hoy define la misma corporación «molusco de la familia de las almejas, pero de menor tamaño». Cabrera indica el étimo SQUILLA, voz de origen desconocido en latín, empleada por Cicerón y Horacio; según Ernout-M. se la ha confundido con SCILLA (< gr. σχίλλα), que designa una planta, la cebolla marina. En efecto, los nombres de esta planta en italiano (*squilla*) y en logudorés (*aspridda*) suponen una base SQUILLA. Viceversa es posible que se empleara SCILLA con el sentido de SQUILLA, y que de ahí venga la voz española. Sin embargo, los significados no parecen ser idénticos, y aun así existen dificultades fonéticas, que sólo podrían superarse admitiendo un tratamiento dialectal, quizá mozárabe. Entonces se explicaría la *ch-*. El paso de -LL- a -*rl*- quedaría oscuro (¿tratamiento semiculto? ¿un diminutivo **SCILLŬLA*?). Lo más probable es que la evolución fonética se explique por haberse tomado el vocablo del vasco, donde *txirla* es 'pechina, venera, concha semicircular de dos valvas' y se emplea en Vizcaya, Guipúzcoa y Alta Navarra (Azkue). Es verosímil que el cast. *chirla* venga de esta voz vasca. Pero no se puede asegurar si ésta a su vez procede del latín o es palabra perteneciente al fondo primitivo del idioma. Otra forma vasca es *izkira*, quizá tomada del bearn. *esquire*. Schuchardt (*Litbl.* XL, 400) observa que el vasco agrega a veces una *k*- inicial antietimológica (seguramente por ultracorrección del proceso fonético que ha eliminado muchas *k*- iniciales vascas, pasando por *h*-), y así *kirikio* procede de ERICIUS 'erizo' y *kiskili, -ilo*, 'cencerro' de SKILLA, de suerte que el bilb., alav. y santand. *quisquilla* 'camarón' (Arriaga, Baráibar, G. Lomas²), puede también ser representante vasco de SQUILLA o SCILLA. *Escila* 'cebolla albarrana' es cultismo. V. además *ESQUILA*.

Chirla 'canto estridente', 'burla', 'pájaro', V. *chillar* *Chirlada*, V. *chirlo* *Chirlador, chirlar, chirlar*, V. *chillar*

CHIRLO, 'herida prolongada en la cara, como la que hace un cuchillada', 'la cicatriz resultante', fué primitivamente voz de germanía, con el significado de 'golpe', y quizá procede de *chirlar*, variante de *CHILLAR*, por el chillido que da el que lo recibe. *1.ª doc.*: 1572, romance de germanía (Hill V, 72); 1607, Oudin: «*chirlo*: une chiquenaude» (= papirotazo).

Debe de ser ya el mismo vocablo el que C. de las Casas (1570) define «cecardola, frignocola», voces dialectales cuyo sentido ignoro (comp. it. *f(r)ìgnolo* 'tumorcillo'). Véase Gili y Cej. VIII, § 31.

J. Hidalgo registra como de germanía «*chirlo*: golpe», «*chirlo* cruzado: cuchillada por la cara» y «*chirlada*: golpe de palo». Se halla también en el *Buscón* de Quevedo y en la *Gatomaquia* de Lope, en ambos casos en medio de contextos de fuerte sabor germanesco. Más tarde el uso del vocablo se generalizó, y hoy es voz perteneciente al idioma común; pero claro está que los *chirlos*, cuchilladas o cicatrices, han abundado siempre, especialmente, entre rufianes y gente de vida airada, y que aun el tono actual en que se emplea la voz, raramente aplicada a las cicatrices que deja la guerra o el combate caballeresco, muestra todavía hoy la procedencia social del vocablo. La metonimia 'chillido' > 'golpe que hace chillar' es muy propia del habla rufianesca, y de hecho sabemos que *chirlar* y su familia, en tiempo de Juan Hidalgo, habían pasado a ser voces de germanía («*chirlar*: hablar», «*chirlón*: hablador», «*chirlerín*: ladroncillo», por lo hablador de los jovenzuelos; de ahí *chirlería* 'estafa, merodeo', en el *Buscón*, p. 164 de la ed. Castro).

A pesar de que *chirlar* y su variante *CHILLAR* parecen descendientes de *FISTULARE* 'tocar la flauta', creo que esto no nos autoriza a relacionar a *chirlo* directamente con el lat. *FISTULA* 'fístula, úlcera', entre otras razones porque un chirlo es algo muy diferente de estas otras heridas.

Deriv. *Chirlada* (V. arriba). *Chirlazo*. Gall. pontev. *chisnazo* 'golpe que se da con la espada': *le hizo un chisnazo* 'un chirlo' Sarm. *CaG.* 207*v*.

Chirlomirlo, V. *sirle*   *Chirlón*, V. *chillar*   *Chirmol*, V. *chile*

CHIRONA, 'cárcel', voz popular semi-jergal, de origen desconocido. *1.ª doc.*: Acad. ya 1884, no 1843.

Besses la recoge entre las expresiones del «argot popular». Lamano y G. Rev con los sentidos de 'cárcel' y 'encierro', como voz salmantina y berciana. Es voz ajena, según creo, a los lenguajes jergales más emparentados: el catalán (que dice *l'estaro* o *l'estaribel*, *la cangrí* o *la torre*), el mejicano (R. Amor), el brasileño (Viotti), y no la hallo tampoco en las colecciones de palabras gitanas de España (Borrow) o de Portugal (Coelho), ni en los diccionarios portugueses o en vocabularios de andalucismos o americanismos. Es posible que tenga un origen local madrileño. Sin embargo, podría

pensarse en el vocablo gitano que significa 'tiempo': *chiro* (Borrow) o *chiró* (Besses), que es préstamo del neogriego χαιρός (Miklosich, *Denk. d. Wiener Akad.* XXVI, 196); o en el gitano español *charó* 'cielo', en otros países *čeró*, tomado del rum. *cer* (CAELUM) (Miklosich, p. 189). Me sugiere J. Giner i March que venga del cat. *Girona* 'Gerona', por alusión al famoso sitio de 1808. ¿Quizá *meterle a uno en Girona* 'encerrarle en sitio de donde no puede salir', como frase de la jerga militar? No es posible que venga de *encerrona*, como sugiere Pagés. Nótese la variante portorriqueña *chirola* (Navarro Tomás, *El Esp. en P. R.*, p. 110): ¿habrá relación con *GIROLA*? Dudo mucho que la haya con las heridas *chiróneas* o incurables, voz sumamente culta (vid. Gili).

Deriv. *Enchironar*.

Chiros, V. *jirón*   *Chirri*, *chirria*, V. *sirle*

CHIRRIAR, 'emitir un sonido agudo ciertos objetos, como las sustancias al penetrarlas un calor intenso, las ruedas de un carro al ludir con el eje, etc.', onomatopeya. *1.ª doc.*: 1438, Arcipreste de Talavera (según cita de Spitzer, *MLN* LVI, 222-5); Cej. VIII, § 31.

También se lee el verbo *chirriar* en APal. («effutire es *chirriar*, fablar neciamente... dezir algo con mentira» 127*d*, «frenciniunt: *chirrian* o cantan las aves» 169*b*; además 38*d*, 176*b*); después aparece en Quevedo; en la ac. 'chillar las aves', hoy poco usual, además de Palencia lo emplea ya Fr. Luis de Granada. Desorientada por otro ej. de Quevedo, citado por *Aut.*, en que este autor, dislocando, como le es habitual, el sentido de las palabras, aplica *chirriar* al canto desapacible de los muchachos de la doctrina, creyó Margit Sahlin (*Étude sur la Carole Médiévale*, 92) que este verbo podía venir del término griego eclesiástico *kyrie*, idea inaceptable, según indicó Spitzer (*l. c.*; comp. Lapesa en su reseña, *RFE* XXV, 124). Fr. Lorenzo de Zamora (1587) emplea una variante fonética *cherriar* (Acad.); en Andalucía suele decirse *chirrear*. La misma onomatopeya existe en sardo, donde ha tomado la forma *tirriare* (Logudoro), *zerriai* (con *z* sorda, en el Campidano), Θ*irriare* (Nuoro) 'gritar, chillar', aplicado a ruidos muy variados (M. L. Wagner, *ARom.* XX, 79); según indicó Jud (*Rom.* XXXVII, 463; XLIII, 452), el consonantismo *ti ~ zi ~ Θi* de esos tres dialectos corresponde regularmente a *chi* español, en palabras de origen prerromano u onomatopéyico.

Deriv. *Chirriadero*. *Chirriado*. *Chirriador* [quicios *cherriadores*, *Celestina*. ed. Foulché 1902, 43 4]. *Chirrido* [APal., 38*d*]; *chirrio*, postverbal, con el mismo valor en el *Quijote* (II, xxxiv, *Cl. C.* VI 317). *Chirrión* 'carro de dos ruedas y eje móvil, que chirría mucho' [APal., 44*d*][2]; *chirrionero*. *Chirrisquear*, pal. *Chirrichote* [Covarr.; Quevedo]: Margit Sahlin deriva también de *kyrie* guiándose po la afirmación de Covarr. de que se aplicaba a los clérigos franceses, por la fuerza con que pronunciaban la -r- al decir esta palabra, pero esto es dudoso, como observa Lapesa, y es más probable que el verdadero sentido sea el de 'necio, presumido' que le da Quevedo y es hoy usual en la Mancha: se tratará de una voz de creación expresiva (nótese la repetición de la ch), por el estilo de zurriburri, cat. tari-larot, baliga-balaga, de sentido muy análogo.

¹ Comp. también cat. xerricar 'beber con porrón haciendo resonar el líquido en la garganta', que en el Rosellón es xirritar (Saisset, Perpinyanenques, 31; xirrit 'dicho sonido', ibid. 63).— ² Pero charrión 'carro ligero de trasporte, chirrión', que G. Soriano dice haber leído en antiguos documentos y en un inventario de 1614 (en las formas charrión y cherrión), sugiere pueda venir del fr. charriot. De todos modos, ante el ej. de chirrión en Palencia y los dos del S. XVII que cita Aut., se tiene la impresión de que no es así. Y nótese que un *charrion no ha existido nunca en francés.

Chirumbela, V. *chirimía*

CHIRUMEN, 'caletre', anteriormente churumo 'jugo, sustancia o virtud de una cosa', del port. chorume 'grasa, enjundia', derivado del antiguo y dialectal chor, procedente del lat. FLOS, -ORIS, 'flor', probablemente en el sentido de 'flor de la leche', 'nata, sustancia grasienta de la leche'. 1.ª doc.: churumo, Aut.; chirumen, Acad. 1843, no 1817; Cej. VIII, § 30.

Definía el diccionario de Aut.: «churumo: xugo, substancia o virtud natural de una cosa; es voz baxa y jocosa; poco churumo: phrase con que se da a entender que alguna cosa es de poca o ninguna substancia: y de ordinario se dice quando hay poco dinero, o poco que comer». La evolución posterior hacia el significado de 'inteligencia' es de la misma naturaleza que la experimentada por sustancia en la frase vulgar poca sustancia aplicada a la escasez de talento, a la falta de gracia en el decir o en el proceder, o por la expresión más literaria versos o pensamiento de mucha enjundia. El port. chorume, que se halla ya en el S. XVI (Antonio Prestes, Fr. João de Ceita), tiene variantes churume y chirume (Cornu, Portug. Spr., § 96), y se toma ya en sentidos figurados análogos a los castellanos: ter chorume 'tener dinero', versos sem chorume de conceito (Moraes, Vieira). Como indicó C. Michaëlis, RL III, 140, la palabra castellana es portuguesismo y en el idioma original es derivado de chor, antigua forma hereditaria y popular, hoy todavía empleada en los dialectos, en lugar del cultismo flor, que después se ha generalizado en el idioma; indicó la sabia filóloga varios derivados todavía vivos del radical chor-, aplicados a plantas y a otros objetos; entre ellos, el popular

chorudo significa 'gordo, adiposo'. Para casos análogos de sustitución de los sufijos populares portugueses o leoneses -ume o -ame (o del cat. -am) por las terminaciones cultas castellanas -umen, -amen, y a veces -umo, V. mi nota en RFH VI, 160 (CARDUMEN, resumen, perfumen, velamen, maderamen, pelamen, botamen). Acad. (ya 1843) registra una tercera variante cast. churumen. El salm. cherumen 'pus', 'el hedor que echaba el pus' (Lamano) ha sufrido el influjo del port. cheirar 'echar olor', lat. FLAGRARE, o bien es derivado de éste (¿independiente de chirumen?). No puede venir de JUS, JURIS, 'salsa, jugo', por toda clase de razones, pese a GdDD 3633a.

Chis, V. *chito*

CHISCARRA, 'clase de roca', origen incierto. 1.ª doc.: Acad. 1884, no 1817.

Según este diccionario, es «roca caliza de tan poca coherencia que se divide fácilmente en fragmentos pequeños». Si esta definición es justa quizá se trate de una onomatopeya del ruido de la roca al desmenuzarse; pero según C. Gálvez (BRAE XXII, 486) significa 'traquita muy dura' y es voz de la sierra de Cartagena.

Chisga, V. *chisguete*

CHISGARABÍS, 'zascandil, mequetrefe', voz de creación expresiva, según la fórmula rimada chis-g...bís, que sugiere una persona movediza, que va y vuelve sin cesar. 1.ª doc.: Quevedo († 1645), Visita de los Chistes, Rivad. XXIII 342a (la nota de la ed. Fdz. Guerra, según la cual vendría del ár. zogayarit 'pequeñuelo' no tiene defensa); 1627, Correas (en Gili); Cej. VIII, § 5; chizgarabiz, 1601, Rosal.

Existe también en portugués chisgaravís (o escrito con x-), que ya figura en Bluteau (1712); vid. otros ejemplos citados por Silva Correia, RL XXX, 111-2. Este autor, siguiendo una sugestión de João Ribeiro (1909), piensa en xis, empleado en el idioma vecino como nombre de la letra x, que en este caso indicaría un personaje desconocido, a la manera de la incógnita matemática, y el resto sería una adaptación rimada del antiguo garavim «cöifa ou toucado rico de retrós com lavores de fio de ouro»; pero la aplicación semántica de este último vocablo no es convincente, y no hay razón para creer que en castellano sea voz de procedencia portuguesa; el mismo autor estuvo mejor inspirado al comparar con otras expresiones rimadas de creación expresiva, como la port. trós-cataprós, cf. val. xarxauet 'chisgarabís' (Sanelo, Escrig, M. Gadea). La idea de Schuchardt (ZRPh. V, 264) de derivar del gitano chiscar 'escupir' (comp. artículo siguiente) tampoco estuvo bien inspirada, entre otras razones, porque en tiempo de Quevedo la influencia lingüística de los gitanos en España era todavía nula. Se trata sencillamente de una de tantas fórmulas rimadas con variación de la consonante inicial, como las que estudió Morawski en la *RFE*. La repetición del sonido vocálico, combinada con la variación en la consonante, expresa el movimiento reiterado en varias direcciones, y la mayor longitud del segundo elemento (obtenida, como es costumbre, prolongando el vocablo por medio de la consonante intervocálica *-r-*) sirve para sugerir lo irregular y caprichoso de la acción.

CHISGUETE, 'chorrillo de un líquido cualquiera que sale violentamente', 'trago de vino', onomatopeya del líquido al salir con fuerza por un orificio estrecho. *1.ª doc.*: Torres Villarroel, p. 363 (Nougué, *BHisp.* LXVI); *Aut.*

Ahí sólo en la ac. 'trago de vino', pero agregando que es el que se bebe por vasija estrecha de boca, como calabaza o botija, y con la observación de que otros lo llaman *chispo* (voz de formación análoga). Cej. VIII, § 5. Palabras de la misma familia (vid. además en *CHUSCO*, nota 2) son las gall. *chisco* 'trago de vino', *chisquete* 'flojo de vientre', catalogado por Stevens (1706) como castellano («the flux, or dissentery», Gili) (que enlazan con la más amplia familia onomatopéyica estudiada por Spitzer en la *RFE* XI, 69); Chiloé *chisquete* 'chisguete', *chisquetear* 'salirse con violencia un líquido en forma de chorro de un recipiente cualquiera' (Cavada); canar. *chisgo* 'chorro que brota súbitamente' (Lugo, *BRAE* VII, 333). *Chizgate* «el agua que sale con fuerza de la xeringa», Rosal (1601); *chizquete* «flux de ventre» Palet (1604), Oudin etc.

Schuchardt, en su artículo de la *ZRPh.* V, 264, relacionó con el gitano *chiscar* 'escupir', idea que sólo puede aceptarse a base de una formación paralela, onomatopéyica en ambos casos; Borrow sólo registra git. *chismar* 'escupir', donde hay variación en el radical onomatopéyico: ambas formas parecen ser ajenas a los dialectos gitanos del extranjero (faltan en Miklosich). *Chisguete* y su sucedáneo puramente fonético *chijete* son formas muy vivas en la Arg. y Chile (L. Barletta, *La Prensa*, 26-X-1941; Rogelio Díaz, *Topon. de S. Juan*, s. v. *Pismanta*; Draghi, *Canc. Cuyano*, 160) y otras partes de América. Quizá de una metonimia 'tragueador' (> 'borracho') vendrá el sevillano *chigetero* (con la mencionada evolución fonética) 'perdido, corrompido, podrido, tramposo, silletero' (Toro, *RH* XLIX, 413), a no ser que éste enlace más bien con *CHISGARABÍS*. En cuanto al colomb. *chisga* 'avecilla parecida al canario, Fringilla granatina' (Uribe; Rivera, *Vorágine*, ed. Losada, p. 204) es onomatopeya independiente.

CHISME, 'noticia falsa o mal comprobada que se rumorea', 'trasto insignificante', origen incierto, parece ser derivado del antiguo *chisme* 'chinche', procedente del lat. CĪMEX, -ĬCIS, íd., en el senti-

do de 'niñería, cosa despreciable'. *1.ª doc.*: Nebr. («*chisme* o *chismeria*: nugae», «*chismero, que las dize*: nugigerulus»); comp. *chismero*, abajo, desde princ. S. XV; Cej. VIII, § 6.

Se ha venido discutiendo largamente entre los partidarios de dos etimologías de esta palabra, ambas verosímiles en principio, y tales que se pueden defender con buenos argumentos: el grecolatino SCHISMA 'división, cisma', porque el *chisme* sirve para sembrar la discordia, y el cast. ant. *chisme* 'chinche', en el sentido fundamental de 'cosa despreciable' (comp. el port. *miñoto chincharia* 'niñería'). Perfectamente posibles ambas desde el punto de vista fonético, y bien fundadas en datos filológicos e histórico-lingüísticos, no es fácil decidir entre las dos, pues sólo es posible invocar argumentos semánticos y el mayor o menor peso de los indicios sacados de la documentación, que, sin embargo, no faltan en ninguno de los dos sentidos.

La primera es la más antigua, pues ya está claramente sugerida por Nebr. al decir que «*chisme* en griego es *schisma, -atis*, y *chismero* es *schismaticus*»; lo cual, naturalmente, no puede tomarse como definición objetiva del sentido real de *chisme*, sino como una mera interpretación etimológica; luego la idea fué repetida por Rosal, Covarr., Mayáns (*Oríg.* I, 73), Cabrera[1], Diez, y últimamente, con amplia argumentación y abundancia de paralelos, por Spitzer (*ARom.* XII, 323n.; XXII, 136; *Litbl.* XXXVI, 212). Por otra parte, Baist, desde 1891 (*RF* IV, 419; *KJRPh.* VI, i, 386), propuso la identificación con *chisme* 'chinche' y obtuvo el aplauso de M-L. (*REW*, 1915, 7693); M. P., *Rom.* XXIX, 345, aportó documentación importante al respecto. *Chisme* en este último sentido figura en el propio Nebr. (todavía en Victor y en Oudin, 1607) y hoy es popular en portugués (antiguamente la forma más primitiva *chimse*); se dice *čižmi* en la Sierra de Gata, *čizma* en Sanabria, y *chismo* es también forma portuguesa (Cornu, *Portug. Spr.*, § 16; vid. más documentación aquí s. v. *CHINCHE*); en la Edad Media empleó *cisme* 'chinche' D. Juan Manuel. Muy importante en favor de esta etimología me parece la ac. 2.ª de *chisme* 'trasto pequeño, baratija' (ya Acad. 1783), que no creo pueda explicarse partiendo de *chisme* 'habladuría', sino directamente desde *chisme* 'cosa despreciable', 'chinche'[2]; comp. en el artículo correspondiente los varios sentidos figurados que tienen los derivados indudables de *CHINCHE* en castellano.

Otro indicio importante pueden darlo las expresiones para 'habladuría' en las lenguas más emparentadas. La metonimia 'discordia' > 'habladuría que la acusa', es posible, pero de escasa frecuencia, pues sólo podría citarse el port. *mexerico*, que por lo demás no se enlaza directamente con *mexer* 'hacer pelear' sino por medio de *mexericar* 'intrigar', nexo que es menos evidente en el caso de *chisme* (pues la relación con *cismar* es discutible). Pero en casi todas partes las voces sinónimas de *chisme, habladuría*, son de otra naturaleza: lo más común es referir la idea a la de mujer desocupada que habla por curiosidad (sin ánimo de meter cizaña precisamente): ingl. *gossip* (propiamente 'comadre' y antes 'madrina'), fr. *commérage*, it. *pettegolezzo* (de *pettegola*), cat. *xafardería* (de *xafardera* 'bachillera', quizá de *safar(e)tgera* 'lavandera', derivado de *safareig* 'lavadero'), o bien se trata de la idea de 'hablar en vano': cast. *habladuría*, fr. *cancan*, it. *ciarle, chiacchiere*; o, en general, de 'cosa despreciable': alem. *getratsch, geklatsch*, fr. *potin*, derivado de *potiner*, propiamente 'manosear, toquetear' (en cat. *potinejar*, y *potiner* 'manoseador, cochino', propiamente el que manosea cacharros, cat. *pots*). Todas, expresiones desvalorativas, pintorescas, orientadas en el sentido de sacar importancia al *chisme*; actitud más estratégica, desde el punto de vista del perjudicado que la de tomarlo por lo trágico, comparándolo a una noción tan seria como la del cisma. También se pueden tener en cuenta otros hechos que individualmente tendrían menor fuerza: *chisme* 'habladuría' es femenino en Covarr. y en Vélez de Guevara (a. 1641, *El Diablo Cojuelo*, tranco VII), mientras que el S. género masculino, que debiera ser primitivo si fuese postverbal de *cismar*, no parece estar documentado antes de Mz. de la Parra (1691: *Aut.*); Nebr. traduce *chisme* por *nugae* 'bagatela'; las frases alemanas citadas por Baist *eine Laus an den Pelz setzen*, o *einen Floh ins Ohr setzen*, donde vemos los vocablos para 'piojo' o 'pulga', en significados figurados análogos; finalmente el refrán antiguo «no te pagues de *chinchorrerías*, ni hagas caso de *chismerías*», citado por Sebastián de Horozco, med. S. XVI (*BRAE* II, 562), donde aun el sufijo del primer vocablo nos recuerda el del moderno *chismorrear* y *chismorreo*.

Por otra parte, Spitzer probó ampliamente la existencia de derivados populares de SCHISMA, con significado ampliado, que por lo demás está lejos de ser el mismo de *chisme*, pero se podría relacionar con él: judeo-romanesco *sìsema, scìscima* «nervosismo, stizza, preoccupazioni, collera repressa», port. *scisma* 'manía, devaneo', *scismar* 'cavilar, preocuparse'³ (sobre el cual vid. G. Viana, *Palestras Filológicas*, 56-60), gall. *cismar* («eu *cismaba, cismaba*, seguro de morrer», Castelao, 194.15, 221 2f.). Como otro ej. de un representante de *schisma* en sentido figurado podría citarse de Rabelais: «Toute la ville [de Paris] feut esmeue en sedition, comme vous sçavez que a ce ilz sont tant faciles... Pleust à Dieu que je sceusse l'officine en laquelle sont forgez ces *chismes* et monopoles, pour les mettre en evidence» (*Gargantua*, cap. 17, ed. 1919, p. 83). Sin embargo, en el S. XVI francés siempre es posible un hispanismo, de suerte que quizá no tengamos ahí un representante de SCHISMA, sino de CIMEX, por conducto del castellano. Bielsa *cismear* 'provocar a uno a que hable, incitarle' (Ba-

dia) lo mismo podría relacionarse con CIMEX que con SCHISMA, así en lo fonético como en lo semántico. Y que un verbo como *cismar* ha existido también en castellano con sentidos muy análogos al de *chisme*, se puede probar fácilmente con el antiguo *cismadera* 'cizañera' de la *Estoria de los Godos* (cita de M. P., *Inf. de Lara*, 343.22) y con el salm. y murc. *cismar* 'meter división, sembrar cizaña' y el cespedosano *cismoso* 'chismoso' (*REF XV*, 146); es verdad que la fuerza de estos datos queda anulada por el hecho de que *chinche* tuvo también variante *cisme* (en D. Juan Manuel)⁴. De todos modos creo probable que la proximidad fonética y semántica de *cisma* contribuyera fuertemente a fijar *chisme* 'niñería' en el sentido de habladuría peligrosa, que puede causar discordia. Asín (*Al-And.* IX, 28; IV, 456) quisiera separar etimológicamente *chisme* 'baratija' de la otra ac. (lo cual ya es inadmisible) y partir de un *ǧizm*, derivado del ár. *ǧázam* 'cortar, partir'; además de que los dicc. no traen más que *ǧazm*, esto tampoco es adecuado semánticamente.

DERIV. *Chismar* [Quevedo; más ejs. del S. XVII en Cotarelo, *BRAE* II, 561 y en los *Entremeses* publicados por el mismo en *NBAE*, pp. 63 y 562], más tarde *chismear* [Quevedo, y otros ejs. en Cotarelo, *BRAE* II, 562]. *Chisma* (forma sin documentar, no registrada aún por la Acad. en 1899, quizá inspirada en preocupaciones etimológicas; desde 1843 por lo menos el mismo dicionario registra como anticuado *jisma*, quizá forma leonesa). *Chismería* [Nebr.]. *Chismero* [1423, E. de Villena, ya en el sentido de 'chismoso', según el glos. de F. B. Navarro; como voz de germanía, en un romance de princ. S. XVII, *RH* XIII, 38; en la Biblia judeoespañola de Ferrara, S. XVI; *gismero* 'charlatán' 'chismoso' Juan de Mena, *Coron.*, 49f (*la tu lengua gismera* en los mejores incunables en que se nos conserva este texto, los de Salamanca y Sevilla, mientras que el de Toulouse ¿1489? presenta *chismera* en la copla y en la glosa), Lope de Rueda, ed. Acad. I, 138 (*g-*; «no lo digo por revolverte con tu señor ni quiero que se diga de mí que soy *chismero*», en la ed. de Sevilla y en la de Fuensanta II, 133; la cita de Espinel en *NRFH* I, 11, está errada)]; después sustituído por *chismoso* [Fr. Luis de León]. *Chismorrear* (todavía rechazado por la Acad. en 1899, y por Cotarelo, 1915, *BRAE* II, 561-3; pero ya en Pérez Galdós emplea *chismorreo*, vid. Pagés). *Chimentar* arg. 'traer y llevar chismes' [1943, Arrazola, *Dicc. de Modismos Arg.*; oído por mí antes de 1946; falta Granada, Garzón, Segovia, Saubidet, Malaret, etc.], por reducción fonética de *chismentar* en la pronunciación criolla; *chimento* arg. 'chisme' [íd. íd.; vivísimo en la Arg. y oído ya en 1940]; *chimentero* 'chismoso' arg. [también usual allá; M. E. Vidal de Battini, *El Habla de San Luis*]. Más bien que de un derivado como *acrecentar, asentar* o *solventar*, se tratará de un cruce con *comentar*, nacido en frases como *esto no es comentar, es chismear* (> *es chismentar*). *Chismoteo* [Acad. 1936, no 1899].

[1] Dice que de los chismosos o enredadores se dice que *meten cisma* 'introducen en los ánimos la división y la discordia'. Que *cisma*, aparte de la aplicación eclesiástica y su extensión a negocios públicos, se dijo también de asuntos cotidianos, de mediana o de escasa importancia, se ve por la ley 40, tít. xiii, libro VIII, de la *N. Recopil.* (a. 1496), donde *mover cisma* va acompañado de las aclaraciones sinonímicas *escándalo* y *alboroto*.— [2] Sin embargo, comp. *DIJE*. Como indicio de que *chisme* 'trebejo, chirimbolo' viene de CIMICEM quizá pueda citarse el burgalés o santanderino *chisnera* 'piedra colocada encima del hogar a manera de mesa, sobre la que se ponen pucheros, cazuelas, vasos, etc.' (Vergara, *Palabras usadas en Segovia*, apéndice), es decir, 'mesa para chismes'. Antes de llegar a *chisme* por metátesis (comp. mi estudio de este fenómeno fonético en *AILC* I, 178) se pasó por *chimze* o *chimse*, como en portugués, y esta forma pudo asimilarse en *chinse* antes de la trasposición de los dos elementos, de donde después *chisne* y *chisnera*.— [3] Llamó también la atención sobre vocablos de origen religioso análogo que significan 'ruido', 'aquelarre': su. fr. *cheta* SECTA, it. *ghetto*, oc. *jutarié*, *sinagogo*, *senòdi*, Valais *chenegouga*.— [4] Sería muy explicable que en estas formas modernas hubiera una confluencia de las dos familias de vocablos, lo cual parece seguro en el colomb. *cisma* 'chisme', *cismático* 'chismoso', usual en el valle del Cauca (Tascón), mientras que para Uribe (Medellín) *cismático* es 'melindroso, caprichoso' y en Antioquia *sismatiquerías* 'remilgos, caprichos, necesidades' (Robledo); en el Uruguay y Este argentino corre el brasileñismo *cismar* 'cavilar'. Desde luego debe recusarse el testimonio semántico de lexicógrafos como Covarr. y los académicos de *Aut.*, cuando nos dicen que *chisme* es la murmuración encaminada a meter cizaña: claro está que se hallan bajo el influjo de su prejuicio etimológico.

CHISPA, 'centella', voz expresiva y onomatopéyica, que imita el ruido del chisporroteo. *1.ª doc.*: h. 1580, Sta. Teresa; 1596, Fonseca.

Se halla también en Rosal, Palet, Covarr., Oudin (1616) y en muchos autores del S. XVII y fines del XVI (Cej. VIII, pp. 16-18). Ya el tercero de estos lexicógrafos dijo bien que viene del sonido *chis* que hace cuando se despide; también Schuchardt, *ZRPh.* XL, 608, considera onomatopéyico o expresivo, en relación con el gascón (Agén) *bispolo*, *vispolo*, íd., con el it. *vispo* (visco, visto) 'avispado' (V. *AVISPAR*) y quizá con el eslavo *iskra* 'chispa' (en el mismo sentido Riegler, *ARom.* IX, 117). Otros vieron las cosas menos claras: Diez, *Wb.*, 440, declara de origen desconocido. Calandrelli, citado por Nascentes, parte del vasco *xe* (dial. *txe*) 'menudo' combinado con *izpi* 'brizna, filamento, cosa pequeña': pero olvidó este filólogo que en vasco el adj. sigue y no precede al sustantivo.

V. García de Diego, *RFE* IX, 131-2, opina que resulta de una voz «indígena» de España, emparentada con el vasco *txispiltu* 'requemarse, tostar, chamuscar' (Azkue), pero cruzada con el leon. *falispa* 'copo de nieve pequeño' (*RH* XV, 5), y con una base *falisca* que ha dado el port. *faísca* 'chispa', gall. de Orense *faísca* 'caspa de la cabeza' (*Cuad. Est. Gall.* III, 428) y el salm. *fuisca* 'broza, ramaje vicioso', Soria y Burgos *fusca* 'hoja que cae de los árboles, especialmente la del pino'; a su vez este *falisca* resultaría de un cruce del lat. FAVILLA y el germ. FALAVISKA, ambos 'chispa'[1], y *falispa* sería el mismo *falisca* cruzado con otro vocablo que no precisa; este proceso complicado y poco claro no es verosímil: es probable que el port. *faísca* venga de un anterior *falisca* que represente el germ. FALAVISKA más o menos alterado[2], pero el leon. *falispa* 'copo de nieve', berc. *fallisca* 'caspa', lomb. *falispa*, a. it. *faluspa*, *bulisca*, etc., 'ceniza', 'chispa' y demás formas intermedias (comp. *REW*, 3226)[3], son las que deben mirarse como cruces y no *chispa*; concretamente el leon. *falispa* es cruce evidente de *falisca* con *chispa*[4]; en cuanto a *txispiltu* no es palabra del vasco general, sino únicamente de Sule y un pueblo de Roncal, zona en proceso de romanización, y como tiene a su lado el a. nav. *txispita* 'chispa' y el vizc. y guip. *txispa*[5] 'escopeta', *txispero* 'armero', debemos mirar todas estas formas como descendientes y no como hermanas o ascendientes de la voz castellana. Para el vasco *txispiltu*, vid. Michelena, *BSVAP* XI, 286-7, del cual se deducen nuevas razones para negar toda intervención de esta palabra vasca en la formación del cast. *chispa*.

Resueltamente debe rechazarse la complicada combinación de Brüch, *ZRPh.* XLI, 586, según el cual *chispa* vendría de un *FLISPA procedente de un *FLESPA (con la ī de FAVILLA), que a su vez vendría de *FESPLA y éste del gr. φέψαλος 'chispa', con trasposición de *ps* en *sp*[6]: basta el enunciado de esta temeraria etimología para mostrar su inverosimilitud extremada.

Frente a estas ideas descabelladas lo sano será proclamar la naturalidad de una etimología onomatopéyica en casos semejantes. Es bueno tomar nota de una observación de Rohlfs: la idea de 'chispa' se expresa muchas veces por palabras que tienen la vocal tónica *i*: lat. *scintilla*, vasco *txinka*, *pinta*, gascón *pito* (Azun, Lavedán, Valle del Lez: *BhZRPh.* LXXXV, § 82); a los cuales pueden agregarse gasc. *vivo*, *biƀo*, *büa* (Bearne, Arán, etc.), Val Anzasca *trisca* (*ARom.* XIII, 186). En efecto, como onomatopeya del chisporroteo hubiera bastado la combinación consonántica *ch-sp* con cualquier vocalismo, pero se eligió por razones expresivas la vocal *i*, que sugiere la idea de agudeza o pequeñez. Comp. *CHIRIBITA*.

Dentro del romance la voz *chispa* sólo se extiende al español y al portugués; como en este idioma hay otros varios vocablos en uso, *faisca*[7], *fagulha*, *fona*, y no parece haber testimonios muy antiguos de *chispa*[8], es dudoso que éste sea allí autóctono (tampoco lo es *centelha*). Contraprueba del carácter onomatopéyico es la circunstancia de que la oclusiva final de esta combinación puede variar: Albacete *chista* 'chispa de la lumbre' (y *chistar* 'salpicar, surtir': *RFE* XXVII, 246), Beira *chisca* 'pequeña cantidad de cualquier líquido' (*beber uma chisca*: *RL* II, 247), *chisco* y *chisquinho* 'pedazo pequeño' en otras partes de Portugal (G. Viana, *Apostilas* I, 295). Comp. *CISCO*. No son raras, por otra parte, las acs. secundarias, como la última, basadas en la idea de 'partícula, cosa muy pequeña'[3]: *chispa* 'partecilla de un diamante que se labra' (*Aut.*), *una chispa* 'un poquitín' en español vulgar, y en la forma portuguesa *faísca*, *falisca*, *fallispa* 'caspa' en Sanabria (Krüger, *l. c.*), *faísca* íd. en la Limia (Schneider *l. c.*), *fascu* 'tamo' (ibidem), y las formas para 'copo de nieve' citadas arriba[9]; también se puede tomar como punto de partida la vivacidad o rapidez de la chispa, y de ahí *chispa* 'hombre inquieto, bullicioso y colérico' [Quevedo, en *Aut.*], cub. *chispoleta* 'mujer de genio alegre, coqueta, vivaracha', *chispa* 'chispoleta, pero de más tierna edad' (Pichardo).

DERIV. *Chispazo* [*Aut.*]. *Chispar*, vid. arriba; por lo común *chispear* [1604: Pérez de Hita, ed. Blanchard II, 224]. *Chispero*. *Chispín* 'moneda de oro de 20 reales', 'la de 21 y cuartillo' ast. (V), por su pequeñez. *Chispoleto*, salm. (Lamano, comp. arriba). *Chisporrotear* [*Aut.*; que también da *chisporretear*]; *chisporroteo*. *Chisposo*. *Achispar* [princ. S. XIX: Duque de Rivas], parece procedente de la idea de 'vivacidad', pero como *chispo* 'achispado, bebido', se halla ya con el significado de 'chisguete, trago de líquido' en *Aut.*, puede dudarse si no es creación expresiva paralela a *chispa* (y a *chisguete*) y no derivada de aquél; ast. *chispu* 'borracho' (V). *Chisquero* 'esquero', 'encendedor de bolsillo' (Acad., Lamano), parece resultar de un cruce entre *chispero* y *esquero*, derivado de *yesca*; de ahí el derivado regresivo *chisque*.

[1] La idea exacta del Sr. G. de Diego quizá sea que FALAVISKA se cruzaría con una variante del lat. vg. *FALĪVA, con metátesis y reducción de la -LL- doble como en MAMILLA, CANĀLIS, y análogos, ante sílaba larga. Así viene a decirlo M-L., *REW*, 3152. Vid. también Schuchardt, *ZRPh.* XXVIII, 142-143.— [2] Sanabria *falmega* (*Homen. a M. P.* II, 133) y trasm. *fulmega* (*RL* I, 211) quizá vengan de una variante *falmesga*, en estrecha relación con el fr. ant. *faumesche* que extraña a M-L.— [3] Agréguese Valcolla *vörišpa* 'chispa', que Bertoni, *ARom.* I, 419-20, mira como procedente, junto con brianz. *felípa* íd., de *FALLIVA (= FAVILLA), por cambio de sufijo.— [4] Las formas gallegas *fòpa* 'chispa', *folepa* 'copo de nieve'

(en el Limia: *VKR* XI, glos.), *fopas* 'carpazas que tienen flor colorada' (en partes de Orense, vid. J. L. Pensado, *Opúsculos gallegos* S. XVIII y Sarm. *CatVG.* 136v), *foula* 'la harina que vuela en los molinos y panaderías' (Vall.); *foulento*: «as forles *foulentas* de xardín» (Castelao 158.14), parecen indicar que intervino también el tipo FALUPPA, como ya admitió M-L. *Faíspa*, etc., y más variantes, en M. L. Wagner, *ZRPh.* LXIII, 333-4, quien relaciona con *HARAPO* (con el cual creo que no tienen que ver la mayor parte de estas formas) y con el gall.-port. *fole* 'fuelle, saco', que sólo tendrá relación de cruce con alguna de ellas; comp. lo que digo de *harapo*. La forma de Requena *chista* (cita de *GdDD* 2091a) apoya el origen expresivo de *chispa*.— [5] *Aut.* señala *chispa* 'escopeta' en Cataluña, Siesso (1720) en Aragón (Gili). Claro que este castellanismo es abreviación de *fusil de chispa* y que de ahí sale el corso *cispra*, it. *cispa*, «specie di fucile lungo e stretto che porta lontano» (Falcucci), a pesar de la duda de Wagner, *Litbl.* XXXVII, 381-2.— [6] Como prueba de que este cambio era posible cita una forma *spitacus*, registrada por Schuchardt (*Vok.* II, 364) como procedente de ψίττακος; pero claro que aquí el cambio se explica por la imposibilidad del grupo inicial ps- en boca latina o romance.— [7] Esta aparece también en el gallego de la Limia (Schneider, *VKR* XI, glos.) y en el de Sanabria (Krüger, *Homen. a Mz. Pidal* II, 125, en el sentido de 'caspa') y, como *feisca*, 'chispa' ya en el S. XIV («vio sayr ẽno ayre *feyscas* e moxenas de terra asi cõmo de forno que arde» *Gral. Est.* gall. 212. 14); hoy el verbo *faiscar* 'echar destellos' es gallego normal («*faiscantes* armaduras» Castelao 297.14); Sarm. toma *faísca* en el sentido «como ráfaga de aire» (*CaG.* 201r).— [8] Vieira cita uno de Jerónimo Bahia, que no puedo fechar. En Miranda de Duero se emplea *chizpar* 'chispear' (Leite de V., *Philol. Mirand.* II, 175).— [9] El it. *cispa* 'legaña' debe de ser voz expresiva independiente de la castellana, pues ya se halla en la primera mitad del S. XV (Burchiello; sonetos de M. Franco y L. Pulci: Tommaseo).

Chispa, chispe, V. *alpechín* y *cisco*   *Chisque, chisquero*, V. *chispa*   *Chisquete*, V. *chisguete*
Chista, V. *chispa*   *Chista, chistar*, etc., V. *chiste*

CHISTE, 'dicho agudo y gracioso', tuvo especialmente el significado de 'chiste obsceno', que parece haber sido el originario, pues se trata de un derivado de *chistar* 'hablar en voz baja', 'hacer ademán de hablar', 'sisear, llamar siseando', debido a que esta clase de chistes se dicen en voz baja o al oído; en cuanto a *chistar*, proviene de la voz *šššt* o *čst*, onomatopeya del cuchicheo y empleada también para llamar a las personas. 1.ª doc.: *chista*, Berceo, *S. Dom.*, 470; *chiste*, 1534-6, Juan de Valdés, *Dial. de la L.*, 3.23; comp. Cej. VIII, § 10.

M. P., *Rom.* XXIX (1900), 345-6, siguiendo ideas de Rosal, quería considerarlo procedente de un lat. *SCISCĪTUM* deriv. de SCISCĬTARI 'informarse', 'decidir', que habría tomado el significado de SCITUS 'agudo, chistoso', por ser ambos derivados de SCIRE 'saber', pero ya M-L., *REW*, 7726, hizo notar que esta etimología temprana del maestro de la filología española no es aceptable, especialmente por razones fonéticas: aparte de la irregularidad de la *ch-* procedente de SC- (el ejemplo de *chisme* SCHISMA se funda en etimología probablemente falsa), no hay duda de que en palabras de esa estructura la *-T-* se habría sonorizado en castellano; nótese además lo hipotético del significado.

Sin duda *chiste* es inseparable de *chistar*[1], que, según Palet y Oudin en su tiempo significaba no sólo «parler bas», sino 'charlar amistosa o graciosamente' («babiller, bavarder») y 'decir chistes o necedades' («dire des sornettes»); la doble forma *chiste* y *chista* confirma, en efecto, el carácter postverbal[2]. La única dificultad estriba en la explicación semántica de *chiste*. Covarr. se acerca muy vagamente a la verdad al explicar esta relación diciendo que los «chistes le tienen ['tienen chiste, gracia'] quando se dizen con mucha agudeza y pocas palabras, y como a la oreja, del sonido *chis-chis*». Podría también pensarse que de *chistar* 'llamar siseando' se pasó a 'sisear', 'abuchear', 'escarnecer', teniendo en cuenta que *Aut.* documenta en Paravicino († 1633) la ac. de *chiste* como 'burla, chanza' (*hacer chiste de alguna cosa*, por lo tanto 'hacer escarnio'). Sin embargo, lo más probable me parece la explicación anotada arriba y sugerida también por las acs. de Oudin. Ahora bien, en Berceo *chista* es evidentemente algo más grave que un chiste en el sentido moderno: «Mostrat el Pater Noster a vuestras criaturas, / castigat que lo digan yendo por las pasturas, / mas vale digan esso que *chistas* nin locuras, / ca suelen tales moços fablar muchas orruras»; las explicaciones sinonímicas *locuras* y *orruras* y la aplicación especial a la juventud sugieren claramente la idea de liviandad o chiste lascivo, y, en efecto, tal especialidad semántica está documentada inequívocamente en el portugués temprano, justamente en los primeros ejs. que poseemos de *chiste* en portugués; en la Comedia del Rey Seleuco de Camoens *chiste* es una canción ligera y deshonesta: «—Mande-lhe cantar um *chiste*. / —*Chiste* não, que é deshonesto, / E não tem esses extremos. / Outro canto mais modesto» (Vieira), y Moraes lo halla en el sentido de «tonilho e letra burlesca, satírica e tal vez lasciva» en André de Resende († 1573); también en el castellano de la época: en Lope un personaje califica *chistoso* de «nombre vergonzoso» y pregunta: «¿qué diferencia de cualquier afrenta tiene?», aunque su interlocutor protesta que «agora se usa por excelente vocablo» (Rivad. II, 266*b*); en castellano se halla también *chiste* como nombre de una composición lírica de contenido vario, cantada, pero no satírica ni irónica, aunque parece ser siempre breve, en Mateo Flecha († 1553) y en otras fuentes de med. S. XVI, alguna algo anterior a 1550, Josep Romeu, *Anuario Musical* XIII, Barcelona, 1958, 73-75.

En cuanto a *chistar*, *Aut.* lo documenta sólo en la ac. «querer empezar a hablar, quedarse sin hacerlo, formando sólo aquel primer sonido que sale con el movimiento de los labios y percusión del aliento», y documenta el uso de *no chistar* 'no llegar a hablar, no atreverse a hablar' en Acosta [1590] y en varios autores del S. XVII[3]; Cej. VIII, § 10. Pero *chistar* «hablar entre dientes, lat. *mutire*» aparece en el dicc. de Sánchez de la Ballesta (1587), Rosal (1601) define «hablar muy quedito, fingido del *chi chi*[4] que suena a quien habla pasito», y hoy la ac. 'llamar a alguien siseando' es corriente para *chistear* en Salamanca, y para *chistar* en el Uruguay, Argentina y Chile[5]. Ahí se ve bien claro cómo *chistar* deriva de la interjección *chst* para llamar a alguno, comp. con ligeras variantes colomb. *chitar* 'detener o hacer parar a un animal con la interjección ¡chit!' (Tascón), cast. *chitar* 'chistar' (Acad., falta aún 1899), canar. *sitar* 'llamar haciendo ¡st!' (Millares); vasco vizc. *txistada* 'llamamiento con un sonido *ts, ps* o *sss*' (Azkue). Sin embargo, *chiste* deriva más bien de la ac. 'hablar al oído, cuchichear', documentada por Rosal y Oudin.

DERIV. *Chistar*, vid. arriba. *Chistoso* [Lope]. *Rechistar*.

[1] Así lo dijo ya C. C. Rice, *Hisp. R.* VI, 75, pero su idea de derivarlo del vasco *txistu* 'silbido' (él dice 'silbar', inexactamente) es descabellada. Nadie dudará de que *chistar* es onomatopeya creada en castellano.— [2] El castellanismo catalán *xisto* [1824] puede indicar la existencia de una forma dialectal castellana *chisto*, pero quizá es simplemente analógico de los plurales *boscos, aquestos*, frente a los cast. *bosque, este*. Paralelamente el vco. bazt. *sesto* 'chiste, ocurrencia graciosa'.— [3] Otro, donde se ve la conciencia que tenía de la relación entre *chiste* y *chistar*: «—Siéntense y no *chiste* un alma. —Ése fuera el verdadero *chiste*», Quiñones de B., *NBAE* XVIII, 833*a*.— [4] Gall. *siar* 'decir murmurando, cuchichear (algo)': «*sioume* con voz estremecida estas verbas: meu bailador!», «un día *sioume* que estaban arrombando o submarino Peral» Castelao 270.3f., 197.16. Cf. gall. *silandeiro* 'callandito, en silencio' (Vall., Lugrís, Eladio Rdz.).— [5] «Sentí que me *chistaban* andando por la calle, y me volví para ver quién era», «ya le *chistamos* en la otra cuadra y recién paró en ésta» (en el tranvía), son frases que se oyen a cada paso; «se salía a la puerta a *chistar* al paco [policía] para que diera una manito» en el chileno Armando Moock, *La Nación de B. A.*, 9-II-1941; «las tres estrellas... parten detrás del ñandú, cual si lo fueran *chistando*» en el uru-

guayo F. Silva Valdés (*La Prensa de B. A.*, 12-V-1940). Se emplea además para la voz típica de la lechuza y otras aves nocturnas; y *chistido*, además de designar esta voz sustantivamente, es «el *chistido* persistente que usan los paisanos para calmar un caballo» (Guiraldes, *D. S. Sombra*, p. 26). *Chitar* figura como verbo transitivo (*chitar el caballo*) para expresar esto mismo en el chileno G. Maturana, *D. P. Garuya*, p. 143.

CHISTERA, 'cestilla que emplean los pescadores para echar los peces', 'especie de pala de tiras de madera de castaño entretejidas, cóncava y en figura de uña, que sujeta a la mano sirve para jugar a la pelota vasca', 'sombrero de copa', del vasco *xistera* íd., y éste del lat. CĬSTELLA 'cestilla', por conducto del gascón *cistere*. 1.ª doc.: 1.ª ac., Lope; 3.ª ac., ya Acad. 1884 (no 1843); 2.ª ac., falta aún Acad. 1899; comp. Cej. VIII, § 27.

En vasco *xistera* es nombre de una 'canasta, por lo general de mimbres y sin asas', 'chistera de pelotari', y es forma común de los dialectos franceses, mientras que *xixtera* se emplea en Laburdi y Sule y *xisto* en Baja Navarra (Lhande); los diccionarios vascos españoles, incluyendo a Azkue, suelen omitir el vocablo, por purismo, considerándolo (por lo demás, con razón) de origen latino. Sin embargo, Larramendi, refiriéndose seguramente al vasco de España, dice que aquí dicen *zistera*; la chistera para jugar a la pelota se llama *xisto* según el *Supl. a Azkue*₂. Debe tenerse en cuenta que los dialectos vascos de Francia cambian toda *tx*- inicial en *x*-, de suerte que la forma vasca primitiva sería *txistera*. El cambio de *cⁱ* en *chi*- es normal en vasco, y el de -LL- en -*r*- lo es en gascón. Comp., por lo demás, bearn. *tistère* 'cesta'. Para la intervención del gascón en la transmisión al vasco del lat. CĬSTELLA, vid. Michelena *BSVAP* XI, 287.

CHITA o CHITO, 'astrágalo o taba, hueso del tobillo de los animales, empleado para el juego de la taba', 'palo, bolillo, hueso u otra cosa que se pone empinada, como señal, en el juego de la taba', origen incierto, quizá voz creada por el lenguaje de los niños. 1.ª doc.: *chita* 1601, Rosal, y 1611, Covarr.; *chita* y *chito* en Correas, 1627 (Gili) y en Quevedo (*Aut.*); comp. Cej. VIII, § 21.

Esta palabra es exclusivamente castellana, aunque penetra algo al Norte portugués: Moimenta (Tras os Montes) *chito* «marca; em castelhano é nome de jogo, a que em português se chama *conca*» (G. Viana, *RL* I, 208); además Fig. dice que *chito* es voz del portugués popular, como sinónimo de «jôgo de malha», con las variantes *fito* y *chinquilho*. Nadie se ha preocupado del origen, a no ser Covarr., que supone venga de *hita*, lat. FĪCTA 'hincada', porque la *chita* se hinca en el suelo. Pero el cambio fonético de *hita* en *chita* no es posible. A lo más podría admitirse que se deba a un cruce con otro vocablo, acaso *chueca*,

que es también un hueso de animal, empleado para juegos. Aun esto me parece idea inverosímil porque la *chueca* es un hueso muy diferente de la taba, y semejantes cruces sólo son probables cuando hay verdadera sinonimia. Sin embargo debe tenerse en cuenta que *txoko*, que en el vasco de ciertas localidades navarras, guipuzcoanas y vizcaínas significa 'articulación de dos huesos', 'rótula', como el cast. *chueca*, en varios puntos de Vizcaya es la 'taba' y en otros 'un pedacito de madera que sirve de sustentáculo a los bolos' (Azkue), y si esta ac. existió en castellano, no habría inconveniente en considerar *chita* como cruce de *hita* con *chueca*. Como en calidad de hitos para el juego de la taba o chita se podían emplear piedrecitas o chinas, *chita* pudo tomar también este último significado, con el cual aparece en otro pasaje de Quevedo[1]. También podría creerse que éste sea el significado primitivo, y entonces se podrá pensar que *chita* sea creación del lenguaje infantil, paralela a *CHINA*. Esto, por ahora, me parece lo más probable. Hoy *chita* en el sentido de 'pezuña de la vaca' se emplea en Hinojosa de Duero (Salamanca), Espinosa, *Arc. Dial.*, 179n.3. Para otras denominaciones del hueso de la chita, vid. *CARNICOL* y *TABA*.

DERIV. *Chito* 'chita', V. arriba.

[1] «Si llegare a mandar que, por falta de dientes, la llenen la boca de *chitas* forasteras, dirá: —Fulana, empiédrame el habla...», *La Culta Latiniparla, Cl. C.* IV, 162.

Chitar, V. *chiste* y *echar*   *Chite* 'ciudad', V. *ciudad*   *Chite*, *chiticalla*, *chiticallando*, V. *chito*   *Chito*, V. *chita*, *echar* y *lleta*

¡CHITO!, interjección para imponer silencio, del nexo consonántico *tššt* que suele emplearse con ese objeto. 1.ª doc.: 1601, Rosal; 1627, Correas; 1693, Ayala (vid. Gili); Terr.

Variantes de *chito* son ¡*chis*! [Acad. ya 1884, no 1843; como interjección para llamar a alguien, ya en *Aut.*] y ¡*chite*! [ya Acad. 1843].

DERIV. ¡*Chitón*! se halla desde Rosal, la *Pícara Justina* [1605] y Góngora (a. 1613, ed. Foulché II, 162)[1]; adj. 'silencioso, callado' en Quevedo (vid. Gili, s. v. *chitona*). Para el verbo *chitar* y variantes, vid. s. v. *CHISTE*.

CPT. *Chiticalla* [1627, Correas; 1632, Lope], compuesto de *chito* y el imperativo *calla* unidos mediante la conjunción *y*; análogamente *chiticallando* [J. Polo, † h. 1645].

[1] No es aceptable la opinión de G. Viana (*Apost.* I, 295) y otros filólogos portugueses, de que el port. *chitão* o *chitom* (empleado de la misma manera que la voz castellana) provenga del fr. *chut donc!* Claro está que *chitón* es inseparable de *chito* y demás formas castellanas, y claro que el fr. *chut*, el it. *zitto*, y, análogos, son formas paralelas y no derivadas ni creadoras de las hispanas. En ast. se dice ¡*chute*! y ¡*chutón*! (V).

Chitón, V. *chito*   *Chiva, chivarra, chivata, chivato, chivetero, chivitil,* V. *chivo*

CHIVO, 'cría de la cabra', fué originariamente voz de llamada para hacer que el animal acuda, y [5] en este sentido es creación expresiva común a varios idiomas. *1.ª doc.:* 1475, Guillén de Segovia (p. 48).

En este autor aparecen *chivo* y *chiva,* mientras que en Nebr. y PAlc. se lee *chibo,* con la *-b-* asegurada por el orden alfabético; también *chibo,* [10] *chiba,* en portugués. Cej. VIII, § 23. El *chivo* o *chiva* es en general la cría de la cabra hasta que llega a ser apta para procrear, aunque el masculino se aplica muchas veces al macho cabrío (así ya en [15] Nebr., Quevedo y muchos modernos, vid. Cuervo, *Disq.* 1950, 570), y más estrictamente, en Cespedosa, *chivo* es el cabrito de un año o menos de edad, en contraposición al *igüedo,* que tiene entre uno y dos años (*RFE* XV, 280), gall. *chivo* 'cabri- [20] to o castrón' (Sarm. *CaG.* 201v, donde cita gall. *tomó chivo* 'se enojó'). *Chiva* para la cabra adulta se emplea p. ej. en Navarra (Iribarren) y con ese valor aparece ya en el tudelano Arbolanche (1566), 64r24. Denominaciones análogas se hallan en otros [25] idiomas, además del portugués: it. antic. *zeba,* Gardena *tsiᵉba* 'cabra', marchigiano *zivera* íd. (Rohlfs, *ZRPh.* XLV, 673-4).

Es probable que el logud. *biti, bita,* Goceano *bitulu,* 'cabrito', salgan por metátesis de *tibi, tiba,* [30] formas análogas a la española—pues en estas hablas la *t-* responde a nuestra *ch-* en voces de origen no latino, onomatopéyico, etc.—, según indicó Jud, *Rom.* XLIII, 452[1]; la forma primitiva parece haberse conservado en el logud. *tiva* «tralcio di sar- [35] mento», campid. *zivina* «travicello»[2]; el mismo significado secundario, debido a una comparación con la figura de la cabra empinada en acto de ramonear las plantas de los márgenes, observamos en el and. *chivata* 'porra que traen los pastores' (ya Acad. [40] 1843), port. *chibata,* it. *capriuolo* «tralcio delle viti».

Otras denominaciones del chivo, como el lomb. *zavér* y el tipo *zapp* muy extendido por Italia y los Balcanes, tienen quizá un origen paralelo, pero se alejan ya por la vocal radical. En otras partes [45] la misma llamada *chib-* ha servido para designar otros animales criados por el hombre: hond. y costarriq. *chivo* 'carnero', alem. desusado *zibbe* 'cordero' (en el dicc. de Frisch, a. 1741), port. miñoto *chibarro* 'lechón' (Leite, *Opúsc.* II, 482), [50] it. merid. (calabr., romanesco) *ciavarru* 'cordero, oveja, morueco'.

Esta diversidad tan grande de aplicaciones y de variantes vocálicas confirma la opinión generalmente admitida (Sainéan, *Sources Indig.;* M-L., [55] *Litbl.* LVII, 104; Krüger, *VKR* I, 270; Rohlfs, etc.) de que *chivo* se debe a una voz de llamada como las empleadas por los pastores para hacer que acudan varios animales de pasto; así lo comprueba, por lo demás, el hecho de que tal llamada [60]

puede documentarse en varias partes: *chivo* para llamar al carnero en Colombia (Cuervo), *čiba, čiba,* o *čibíña* para llamar a las cabras en el gallego del Limia (*VKR* XI, 256), *xibida* o *xivira* con el mismo valor en Tarragona y otras partes de Cataluña (*BDC* VI, 51; 221; de ahí Elna *xibit* 'cachorro': *ALC,* mapa 355). Se atribuyen popularmente a la cabra varias cualidades morales, que han dado lugar a numerosas expresiones metafóricas, como las que se citarán entre los derivados; además arg. *chivo* 'mentira, disparate' (M. Fierro II, 3197, comp. nota de Tiscornia). Ténganse en cuenta los datos y consideraciones de Hubschmid, *Pyrenäenwörter vorroman. Ursprungs,* 48-50. Es arbitraria y descaminada la etimología OBSIPARE 'echar encima' (hápax de Plauto) que admite *GdDD* 4656 para *chivo* y para la familia del port. *ceibo* 'suelto' (para la cual, vid. *CEIBA).*

DERIV. *Chiva* 'perilla, barba', amer. *Chival. Chivar* 'fastidiar, molestar, engañar', en Maragatería, Andalucía (Toro G.) y América, explicable por el carácter caprichudo e irascible del animal, comp. el cast. vulgar *cabrearse;* en *chivar* pudo ayudar el influjo de *gibar* 'jorobar', con el mismo sentido figurado que este último verbo. *Chivarras. Chivarro. Chivata* (vid. arriba). *Chivato* [*Leyes de Toro,* 1369-71, cita de *Aut.: chibato*], *Chivital* [Nebr.], *chivitil*[3] o *chivitero* [Lucas Fernández: cita de Cej., *Voc.*], *chivetero* [Covarr.], 'corral donde se encierran los chivos'; *chiribitil* 'desván, escondrijo, tabuco' [*Aut.;* Cej. VIII, § 30], viene seguramente de *chivitil*[4], con *-r-* de prolongación («Zerdehnung»), como en *cucurucho,* cat. *cucurulla* CUCULLUS, cat. *ballaruma* < *besllum* = cast. *vislumbre. Chiborra* [falta aún Acad. 1899] 'botarga que con una vejiga colgada de un palo pega a los. muchachos y en ciertas fiestas precede a los danzantes', cuya explicación semántica no es clara: quizá por el palo que lleva (comp. *chivata,* arriba). *Chivatear* 'moverse (la tapa de la pava de cebar mate) cuando empieza a hervir', arg. (F. Burgos, *La Prensa,* 21-IV-1940), por el carácter juguetón del chivato. *Enchivarse.*

[1] Para opiniones anteriores, poco verosímiles, V. ibid., *KJRPh.* XII, i, 145, y bibliografía allí citada. La que veía en estas formas representantes de BESTIA fué sustentada también por Baist (*ZRPh.* VII, 633) respecto del cast. *chivo* sugiriendo fuese metátesis de *bicho.* No tiene verosimilitud alguna.— [2] M. L. Wagner *RF* LXIX, 244-6: *bita, -te* es voz de llamada, pero sin relación con *chivo,* puesto que ya aparece con *-t-* en Condaghe antiguo (y no con *th*) y se relaciona con el cat. *bit* 'llamada del ganado cabrío', 'cabrito'; *tiva* y *zivina* son palabras sin relación con *chivo* ni con *bita.*— [3] *Aut.* lo atribuye a Nebr., pero en éste y en PAlc. sólo hallo *chibital*; Stevens (1706) define «the meanest sort of gaming Houses».— [4] Comp. «Lugar do recogen los chivos; de donde a la ruin casilla llamamos

chivitel» (1601, F. del Rosal en Cej., *Voc.*, y Gili). *Chiribitil* está ya en Ayala (1693).

Chivo 'poza para las heces del aceite', V. *aljibe* *Chizardo*, V. *sarrio*   *Chizgate, chizquete,* V. *chisguete*   *¡Cho!,* V. *¡so!*   *Chobo,* V. *ajobar*

CHOCA, 'cebadura que se daba al azor deján-dole pasar la noche con la perdiz que cazó', origen incierto, quizá tomado del cat. *joca* 'lugar donde las aves pasan la noche', procedente del fráncico *jŭk* 'yugo', 'percha para las aves de corral'. *1.ª doc.:* ya Acad. 1783.

No son raros los términos de cetrería tomados del catalán (vid., por ej., CUJA); sabido es que las obras de este tipo que escribieron D. Juan Manuel, P. López de Ayala y E. de Villena tienen en parte fuentes catalanas. En este idioma *jóc* 'lugar donde anochecen las aves' es voz muy corriente y cono-cida, pero en el mismo sentido se ha empleado también el femenino *joca* (Ag., Fabra), y existe el verbo de uso general *ajocar-se* 'ir a dormir (las aves)' y el adjetivo *jóc, joca,* 'durmiente (aplicado a las aves)', prov. *anà a jouco* «aller au juchoir» (Mistral), fr. *se jucher* 'acostarse (las aves)', etc. (*REW* 4611).

Choca 'cencerro', V. *chocallo*   *Choca,* V. *chueca*

CHOCALLO, 'zarzillo, pendiente que llevan las mujeres en las orejas', ant., del leon. *chocallo* 'cen-cerro', forma hermana del port. *chocalho,* que como éste es derivado, con el sufijo *-alho,* lat. -ACULUM, del lat. tardío CLOCCA 'campana', que pa-rece ser de origen céltico. *1.ª doc.:* 1539-42, Gue-vara, *Epístolas.*

Guevara era de las Asturias de Santillana, por lo tanto oriundo de una zona de dialecto leonés[1]. El vocablo es evidentemente idéntico al charro sal-mantino *chocallo* 'cencerro', *chocallada* 'cencerrada', usual en los pueblos lindantes con Portugal (M. P., *Dial. Leon.,* § 8.5), también en Molezuelas (Za-mora: Castro, *RFE* V, 36), que algo más al Este, en Villavieja (Salamanca), aparece en la forma más castellana *locajo.* Claro está que se comparó el zarcillo con un cencerro por ser ambos objetos pendientes. S. v. CHICOLEAR he rechazado la etimología errónea que propuso G. de Diego. El origen del port. *chocalho* 'cencerro' es bien cono-cido. Para la procedencia del lat. tardío CLOCCA 'campana' (> fr. *cloche,* alem. *glocke,* etc.), voz documentada desde fines del S. VII y extendida por los misioneros irlandeses, vid. Walde H., s. v. *clango* y *FEW* II, 792b. El primitivo de donde deriva la voz portuguesa se conserva con evolución fonética castellana en el ast. *lhueca* 'cencerro pe-queño' (Colunga, pero *choca, chueca* en el ast. occid.: V, berc. *choca* «esquilón o cencerro...», G. Rey, gall. *chòca* «especie de cencerro...», Vall.);

lloqueru 'cencerro', *lloquera* 'cencerro pequeño', *lloquerada* 'cencerrada' (V)[2]. Más representantes dia-lectales hispánicos de CLOCCA, M. L. Wagner, *ZRPh.* LXIX, 375.

DERIV. *Chocallero,* canar., 'hablador, chismoso' (S. de Lugo, *BRAE* VII, 333), portuguesismo, pro-piamente 'toca-campanas'. *Clochel* 'campanario' [en la forma *crochel* en la *Crónica General* de Ocam-po, mal traducido como 'torre' en *Aut.*], tomado del fr. *clocher* íd., derivado del citado *cloche.*

[1] Oudin, 1607, define «*chocallos* o *preseas*: ba-gues, joyaux, affiquets de femmes; sonnettes, pe-tites clochettes que donnent les valets de feste aux villages»; Palet, 1604, «sonnettes, clochettes»; Percivale (1591); «little bels, small jewels, eare-rings».— [2] No habrá dificultad fonética en admi-tir que junto a *choca* hubo una variante gall.-port. *croc-* más conservadora: gall. *croques* «es-cudetes, *unbilicus Veneris,* acaso de que parece campanilla» (Sarm. *CaG.* 137r), *alcròques* 'cam-panilla o digital': con él lo identifica Sarm. *CaG.* A41r y A42r, con variantes *alcloque, alcroque* (o *cl-, cr-*) y *milcroques* (A98v), propiamente 'mil campanillas'; oyó *alcloque* y sus propiedades médicas cerca de Lugo (vid. A44r). *Cròcas* 'cas-tañas' (Vall.), 'las asadas en el horno' trasm. 'cas-tañas', 'berberecho' (*DAcG.* s. v. *berb-,* empleado en el Morrazo de Pontevedra, Apéndice a Eladio Rdz.), Minho *crôco* adj. 'hueco' y *cròca* 'ano', 'oquedad' (Fig.); gall. *crocar* 'curvarse, pandear' («el carvallo no es bueno para fondones de pipa porque *cróca*», Sarm. *CaG.* 199v) y un orensano *alcoares,* variedad de melocotón (A14r).

CHOCAR, voz común con el fr. *choquer* íd., ingl. *shock,* neerl. y b. alem. *schokken,* 'sacudir violentamente', 'ofender', de origen incierto: suele admitirse que la voz francesa es de origen germá-nico, aunque no puede asegurarse que no se trate de una creación onomatopéyica común; en cuanto a la voz española parece haberse tomado del fran-cés, pero una onomatopeya autóctona no es im-posible. *1.ª doc.:* 1600, Mariana; 1604, Palet (Gili); 1605, *La Pícara Justina.*

Cuervo, *Dicc.* II, 720-1; Cej. IX, pp. 40-42. Aparece también en Oudin (1616, ¿ya en 1607?), Covarr. (1611), Fr. Juan de la Puente (1612) y en muchos autores del S. XVII. Hay ya un ej. en la *Comedia Eufrosina,* cuya fecha no consta, aun-que es seguro que es posterior a 1561 y probable que sea anterior a 1600. Aunque no figura en dic-cionarios o glosarios anteriores, dada la naturaleza expresiva del vocablo no puede descartarse la po-sibilidad de que existiera en el idioma desde fecha anterior (comp. *chocante* abajo)[1]. En los demás ro-mances meridionales aparece también en fecha tar-día: port. *chocar* [Brito Freire, S. XVII], cat. *xo-car* [S. XIX: Ag. lo declara castellanismo; Fabra lo admite], oc. mod. *choucà* (Mistral); no existe en italiano. En cambio el fr. *choquer* se halla desde

el S. XIII; otro indicio de mayor autoctonismo
del fr. *choquer* es su antigua riqueza semántica:
nótese, en particular, la ac. 'atacar' en francés medio (Rabelais, *Gargantua*, cap. 43, 47; ed. 1919,
pp. 215, 217, 236, etc.). Todo lo cual parece indicar
que en todos los romances será galicismo. Sin embargo existe la posibilidad de que el logud. *tuccare*
«incominciare, dirigere (*tuccaresi a currer* 'cacciarsi
a correre')», campid. *zuccai* «cominciare, principiare (*zuccai a prangiri*)», que significan también 'echar
adelante, ponerse en marcha', sean formas gemelas
del cast. *chocar*, teniendo en cuenta que logud. *t-*
y campid. *z-* corresponden al cast. *ch-* en muchas
palabras de origen oscuro u onomatopéyico (Jud,
Rom. XXXVII, 463; XLIII, 452; *VRom.* VI,
352)[2]: ahora bien, estas formas deberían ser muy
antiguas en Cerdeña, pues no se han señalado allí
casos de castellanismos con tal adaptación fonética; sin embargo no son formas lo bastante claras, sobre todo en lo semántico, para que puedan
tomarse como base de ninguna deducción importante.

En germánico esta familia tiene bastante antigüedad y extensión, pues un ingl. medio *schokken*
«to shock, jog, move or throw with violence» ya
se halla h. 1440, y existir el vocablo en el frisón
orient. *schokken* 'sacudir violentamente', neerl.
schokken íd., b. alem. *schokken*; se señala también
la existencia de un isl. *skykkr* 'sacudida violenta'
y de un a. alem. ant. *scoc* (Skeat)[3] que parecen
demostrar, según observan Th. Braune (*ZRPh.*
XIX, 356-8) y Gamillscheg (*EWFS*), el origen
germánico del vocablo francés. De todos modos
no puede descartarse la posibilidad de que en germánico y en romance sea voz de común origen
onomatopéyico, tanto más cuanto que en neerlandés y otras lenguas hermanas se pronuncia con
sh- o *sk-*, y por lo tanto la palabra francesa debería haberse tomado del inglés medio, posibilidad
poco convincente en un vocablo del S. XIII. No
es probable tampoco que el fr. *choquer* derive de
una forma normando-picarda correspondiente al fr.
souche 'tronco de árbol', it. *ciòcco* 'zoquete, tronco', según quiere Sainéan, *Sources Indig.* I, 131,
135. Tampoco parecen aceptables las ideas de
Schuchardt, *Roman. Etym.* II, 11-12[4].

Entre otros significados figurados ha tomado
chocar los de 'impresionar desagradablemente' (*chocante* 'desagradable' en Fernán Caballero), como
en francés y en inglés, y por otra parte 'hacer gracia, gustar', que parece' ser desarrollo posterior de
la idea de 'llamar la atención' (< 'causar extrañeza'), bastante viva hoy en el uso familiar. Desde
luego es inadmisible la idea de G. de Diego, *RFE*
XVIII, 10-11, de que en estos significados el vocablo venga de JOCARI 'bromear' (comp. aquí, s. v.
CHICOLEAR). Si en castellano y en portugués
el fr. *choquer* penetró fácilmente, mientras halló
mucha resistencia en italiano y en catalán, que hoy
todavía prefieren los sinónimos *urtare* y *topar*, es

porque en aquellos idiomas pudo combinarse con
elementos indígenas, derivados de *CHUECA* en
castellano (vid. *chocar* 'golpear con chueca' en este
artículo, y comp. quizá el *achocar* citado aquí en
nota), y derivados de *choca* 'clueca' en portugués.

DERIV. *Chocador*. *Chocante* 'que choca' 'gracioso, chocarrero' [S. de Horozco, † 1580[5]; también en
Rosal, Cervantes, Fr. Juan de los Ángeles y Valderrama], procedente del citado *chocar* 'hacer gracia'[6]; gall. *choqueiro* 'chusco, chocarrero' («o pranto
debe ter unha gracia *choqueira* para que estoupen
de risa do patio de butacas» Castelao 163.7; arg.
chocantería 'impertinencia'. *Choque* [1604, Palet;
Covarr.; Quevedo]. *Entrechocar*.

[1] Tiscornia, a propósito del arg. *achocar* 'burlar,
afrontar', *achocarse* 'agraviarse' (*M. Fierro coment.*,
370) cita un *achocar* en Torres Naharro (1517)
que podría significar 'afrentar' o bien 'pegar, golpear'. Este vocablo es antiguo, en efecto: *achocar*
'to strike down, to fell' en Percivale (1591), Palet
y Oudin, 'allegar mucho dinero' en Covarr. (Gili).— [2] Detalles sobre estas formas sardas en M.
L. Wagner, *RF* LXIX, 267-8, que en general
coincide conmigo y admite onomatopeya autóctona.— [3] Por otra parte, el *NED* no reconoce la
aparición en inglés hasta 1568 y se inclina por
el origen francés.— [4] Está claro que el cast. y port.
chocar 'entrar en colisión' debe separarse del
port. *chocar* 'incubar huevos', 'pudrir', 'enamorar',
que es derivado puramente local de *choca* 'clueca',
choco 'huevo clueco o huero', formas equivalentes a las cast. *clueca* y *clueco*.— [5] *BRAE* III, 98.—
[6] M. L. Wagner, *VKR* III, 113, propone mirarlo
como una expresión por antífrasis, como *malino*,
bruto, *chato*, en calidad de expresiones laudatorias.

Chocarr(e)ar, chocarrería, chocarrero, chocarresco, V. *socarrón*   *Chocazo*, V. *chueca*

CHOCLAR, 'introducirse la bola de golpe por
las barras en el juego de la argolla', 'colarse alguien rápidamente por un lugar', onomatopeya del
ruido de la bola al dar con la argolla y entrar de
rechazo. *1.ª doc.*: Covarr.

«*Choclón*: deste término usan los jugadores de
argolla cuando la argolla de golpe se entra por las
barras; y *choclar* es embocarse en esta forma; y
cuando uno se entra en una casa de golpe y de
priessa sin reparar, dezimos averse *choclado*: y esto
hazen los que no quieren ser vistos ni registrados
de los vezinos» (Covarr.); *Aut.*, que se basa en
Covarr., parece entenderle como si el verbo fuese
transitivo («tirar la bola para que de golpe entre
por el argolla»); Acad. [ya 1843] clasifica como
intransitivo, pero define transitivamente «introducir la bola...»); Oudin (1616; falta en 1607) se
atiene más exactamente al texto de Covarr.: «*choclar*
c'est passer la boule à coup; *averse choclado* estre
passé la boule sans s'arrester». Del significado figurado hay ej. en el *Buscón* de Quevedo: «el

porquero se llenó el puño de sal, diciendo: —Es bueno el apetitillo para beber—, y *se lo chocló en la boca*» (ed. Castro, p. 146). Comp. *ZUECO*.

Deriv. *Choclón* 'acción de choclar' [Covarr., vid. arriba], 'entremetido' [último tercio del S. XVI, como anticuado, en el sevillano B. del Alcázar, ed. Rz. Marín, 113]; comp., en América: «*chócolo* llamamos el juego del hoyuelo, boche o bote; sacado a todas luces de *choclón*, como dicen en el Perú, Chile y Buenos Aires[1]; en Costa Rica es *chocolón, chócola, chocla; chocolongo* en Cuba» (Cuervo. *Ap.*, § 812). Es vano, naturalmente, el intento de Lenz, *Dicc.*, 307, de derivar *choclón* del araucano. Domin. *achoclao* «enfermo, amilanado, agolpeado» (Brito), parece basarse en la idea de 'golpeado'[2]. *Chacolotear* o *chocolotear* [ambos *Aut.*; Cej. IX, § 197], 'hacer ruido la herradura por estar floja o faltarle clavos'.

[1] Ejs. argentinos: Payró, *Pago Chico*, ed. Losada, 139; Villadador, *Mundo Argentino*, 29-III, 1939.— [2] No puede venir de *choclo* 'mazorca de maíz', a pesar del uso adjetivo 'rubio pálido', por razones geográficas, pues *choclo* es ajeno a las Antillas.

Chocle, choclo 'chanclo', V. *zueco*

CHOCLO, 'mazorca de maíz no bien maduro, que se come cocida, asada o guisada en otra forma', rioplat., chil., per., ecuat., colomb., del quich. *čókklo* íd. 1.ª doc.: 1540.

Friederici, *Am. Wb.*, 182; Lenz, *Dicc.*, 306-7. Hacia el Norte el vocablo se extiende hasta Antioquia (Sur de Colombia: Cuervo, *Ap.*, § 979) y *chocla* hasta Panamá (Malaret); en Méjico y América Central corre el aztequismo *elote* y en Venezuela *jojoto*.

Deriv. *Choclón*, es como dicen en el Litoral ecuatoriano (Lemos, *Barbar. Fon.*, s. v.). En la Arg. puede emplearse *choclo* como adjetivo en el sentido de 'rubio pálido' («un muchachote de doce o trece años, fornido, pero rubio *choclo* y muy pecoso», Álvaro Yunque, *Instrucción Pública*, mayo de 1940, p. 32), por el color del choclo.

CHOCO 'jibia pequeña', voz común con el vasco y el gallegoportugués, de origen incierto, acaso procedente del gall.-port. *chôco* 'clueco, huero', por comparación de la tinta que segrega la jibia, al tocarla, con la yema que se esparce al abrir un huevo pasado. 1.ª doc.: *Aut.*

Este diccionario observa que se dice en «las Costas del Mar de Vizcaya y Galicia»; define Sarm. «especie de lura» (*CaG.* 82*v*). Hoy *txoko* para 'jibia' se dice en el vasco de Vizcaya, Guipúzcoa y Navarra (Azkue), pero no parece que pueda identificarse con las demás acs. del vocablo en este idioma, donde significa 'articulación de dos huesos', 'chueca', 'rincón', y es diminutivo de *zoko* 'rincón', 'pieza en que se embute o encaja algo'.

Se emplea también *chocu* 'jibia común' en Asturias (V), *choco* 'especie de jibia más grande que la lura' en gallego (Vall.), y en portugués *chôco* es el nombre común de la jibia (allí *siba* es especialmente el hueso de este molusco). En cuanto a *chôco* 'clueco', claro está que tiene el mismo origen que la voz castellana correspondiente y que el cast. *CLUECA* (vid.). El malagueño *chopo* 'jibia pequeña' (A. Venceslada) parece ser alteración de *choco*. La idea de que *choco* 'jibia' pueda venir del lat. soccus 'zueco, calzado de madera', indicada por G. de Diego, *RFE* VI, 128, se basa en una «semejanza de forma» demasiado remota.

Choco, V. *chueca*

CHOCOLATE, palabra de origen azteca, pero de formación incierta; como las noticias más antiguas acerca de la preparación de este brebaje son de que los antiguos mejicanos lo hacían con partes iguales de semilla de ceiba (*pôčotl*) y de cacao (*kakáwatl*) quizá provenga de *počo-kakawa-atl* 'bebida de cacao y ceiba', abreviado por los españoles en **chocahuatl* y alterado por influjo del nombre de otros brebajes mejicanos, como *poçolatl* 'bebida de maíz cocido', *čilatl* 'bebida de chile', *pinolatl* 'bebida de pinole'. 1.ª doc.: *chocollatl*, h. 1580, Francisco Hernández; *chocolate*, 1590, Acosta.

Robelo, *Dicc. de Aztequismos*, 430, 435-38; García Icazbalceta, *Vocabulario de Mexicanismos*, 157; Lenz, *Dicc.*, 309-10; Friederici, *Am. Wb.*, 182; Loewe, *Zeitschr. f. vergl. Sprachforschg.*, LXI, 93-5. Se han propuesto varias etimologías (prescindiendo de algunas que revelan completo desconocimiento del náhuatl): *kakawáatl* 'bebida de cacao', *šokóatl* 'bebida agria', *poçólatl* 'bebida de maíz cocido', cruce de *šokóatl* con *kakawáatl*, o *čokó-atl* 'agua que gime'[2]. Ninguna de ellas satisface fonéticamente[3], y la última además es vocablo forjado en desacuerdo con las normas del idioma aborigen. Los especialistas Loewe y Friederici llegan a la conclusión de que no es palabra analizable, excepto en cuanto a que la terminación es el vocablo *atl* 'agua', empleado para formar numerosos nombres de bebidas.

El dato fundamental en la cuestión me parece ser el de que *chocolate*, que no figura en los antiguos diccionarios del idioma náhuatl (Molina, p. ej.), sigue siendo hoy percibido como palabra no genuina por los indios de Méjico (Robelo, p. 437)[4]: luego deberemos mirarlo como una corrupción introducida por los españoles en lugar de otras palabras aztecas. Por otra parte, las varias descripciones de la preparación antigua del chocolate por parte de los mejicanos, reunidas por Robelo, coinciden en que este brebaje se hacía con ingredientes distintos de los actuales, y en sustancia confirman las exactas indicaciones que da la más antigua de ellas, debida al Dr. Francisco Hernández, según el cual se hacía con partes iguales de cacao y de semilla de ceiba (*póčotl*), agregando una pequeña porción de maíz[5]. Las voces compuestas se formaban suprimiendo el elemento final -*tl*: *kakawa-kwáwitl* 'árbol del cacao [*kakáwatl*]', *eloízwatl* 'camisa de mazorca de maíz' (compuesto de *elotl* 'mazorca de maíz' e *ízwatl* 'hoja'), etc.

Por otra parte, varios nombres de brebajes se forman con el de los varios componentes agregados a *atl* 'agua, bebida'; así en Molina «beuida de cacao con axí: *chil-cacaua-atl*», «bevida de cacao con flores secas y molidas: *xochayo-cacaua-atl*», «bebida de cacao sólo: *atlanelollo-cacaua-atl*». Claro que estos larguísimos compuestos, a que tan propenso era el náhuatl, debían ser abreviados por los españoles, como se ve por casos como *cacahuate* < *tlalkakáwatl*. Es lógico, por lo tanto, que una bebida compuesta de *póčotl* y *kakáwatl* por partes iguales se llamara *počo-kakawá-atl*, y que esto se abreviara en *cho(ca)cahuatl*; también se podría pensar en el citado *xochayocacauaatl*. Del español el vocablo se propagó a los varios idiomas europeos (para el italiano, donde *cioccolata* ya aparece en 1606, vid. Zaccaria; para el francés, donde se halla desde 1643, vid. Schmidt, *BhZRPh*. LIV, 49-50; König, *BhZRPh*. XCI, 66-68). Muy popularizado hoy en España según muestran alteraciones vulgares como la ast. *chicolate* (V).

DERIV. *Chocolatero. Chocolatera. Chocolatería.*

[1] Ésta es evidentemente la palabra que se oculta bajo la ligera corrupción *cachanatle* en una crónica anónima de 1521, que Friederici cita como ejemplo más antiguo de *chocolate*.— [2] Últimamente Marcos E. Becerra (*Investig. Ling.* II, 61) propone maya *chocol* 'caliente', más *a* 'agua', más la terminación azteca *tl*. *A* es efectivamente maya, pero *chocol* 'caliente' falta en el diccionario maya de Brasseur de Bourbourg.— [3] Nótese que la fricativa š- no se confunde con la africada č- en los aztequismos (según observé s. v. CHICOTE). Esto obliga a rechazar *šokóatl*.— [4] El verbo *čokolai* 'beber chocolate', que Loewe cita de una fuente moderna, es evidentemente creación náhuatl reciente a base del hispanismo *čokólatl*.— [5] «Tertium vero [potionis genus ex semine cacaoatl], *chocollatl* vocatum, paratur ex granis *pochotl* et *cacahoatl* aequâ mensura...». Véase la cita completa en Loewe.

Chocoleo, V. *chicolear*   *Chócolo*, V. *choclar* *Chocozuela*, V. *chueca*

CHOCHA o CHORCHA, 'zancuda de pico largo, poco menor que la perdiz, Scolopax rusticola', origen incierto: es dudoso si se trata de una voz de creación expresiva, o bien del lat. SCOLŎPAX, -PĂCIS, íd. (procedente a su vez del gr. σκολόπαξ), pasando por **esc(o)lób(a)ce* > *echobce. 1.ª doc.: *churcha*, med. S. XVI, Fz. de Oviedo (Cej. IX, pp. 63-64); *chorcha*, 1560, Mz. Montiño; *chocha perdiz*, 1607,

Oudin; *chocha*, 1644, Mz. de Espinar.

Baist, *ZRPh*. V, 247, 242, parte de la creencia popular referida en *Aut*. (de donde pasó al dicc. gallego de Cuveiro): «dicen se sustenta metiendo el pico en la tierra, y chupando su xugo, o humedad, porque ordinariamente en el buche ni en las tripas no se le encuentra alimento ni excremento alguno»[1]. Aunque no es improbable que esta leyenda popular exista realmente, no hay pruebas de que haya alcanzado gran difusión[2], y el supuesto verbo *chochar* 'chupar' SŪCTARE, del cual deriva Baist el cast. *chocha*, es palabra dudosa, sólo fundada en el gall.-port. *chuchar* íd., en el cast. *chochos* «cualquiera cosa de dulce que se ofrece a los niños para que callen o para que hagan lo que no quieren», y en otros vocablos de etimología aún más inverosímil que este último. Schuchardt, *Roman. Lehnwörter im Berb.*, 32-34, relaciona con el bereb. *tšutšu* 'gallinita, polluelo', y cree que viene de *chocho* 'caduco', 'lelo', que a su vez sería voz de creación expresiva; compara Schuchardt con el vasco *zozo* o *xoxo* 'mirlo' y 'necio', it. *tordo*, *merlotto*, en el sentido de 'necio', y el fr. *bécasse* 'chocha perdiz', 'necio'; también esta explicación es dudosa por falta de paralelos, pues el caso del mirlo, que es conocido, debe dejarse aparte[3].

En consecuencia, Jud, *Rom*. XLV, 275, pone en duda la idea de Schuchardt y relaciona con el arag. *churra* 'ganga' (Borao, Coll)[4] (cfr. *Churra* en un topónimo, Juan Manuel, *Caza*, 71.7, y gall. *churra* o *chucha* 'voz con que se llama a la gallina' (Vall.), *unha churra coqueta* (Castelao 231.21)), y con el arag. *focha* 'gallina de agua'[5]; pero *churra* parece ser onomatopeya de un ruido producido por el ave (comp. el que los cazadores franceses llaman *croûlée* o *trîlée* 'roucoulement de la bécasse», Rolland, p. 354), y en ella la *r* desempeña un papel esencial; en cuanto a *focha* tampoco hay relación posible[6].

Desde el punto de vista fonético no habría gran dificultad en explicar *chocha* por SCOLOPĂCEM, m., mediante las formas intermedias *esclobce[7] y **(e)chobce*: la segunda *ch* se podría explicar por dilación o quizá por mozarabismo, la -*a* por un cambio de género como el que sufrieron PULEX y CIMEX, antiguos masculinos, de donde la -*a* de *pulga* y la del dialectal *chincha*, y entonces la antigua forma *chorcha*[8] presentaría en su *r* una huella de la *b* (comp. leon. *dulda* DUBITA)[9]; es verdad que la A de SCOLOPACEM debía conservarse en castellano, pero una variante latinizada *SCOLOPĬCEM sería posible por muchas razones, entre otras por la conocida tendencia fonética latina que ha sido causa de alteraciones como la de ἀτράφαξυς en ATRIPLEX, ATRIPLĬCIS.

En definitiva, el origen del vocablo no podrá averiguarse con seguridad mientras no se coleccionen más formas antiguas y otras denominaciones de la chocha en español y romances adyacentes; comp. CHORLITO.

DERIV. *Chochín, chochina* o *chorchín* [los tres en Terr.].

¹ Leyenda sugerida por el largo pico de la chocha. Probablemente le servirá al ave para buscar en la tierra las orugas y lombrices de que en realidad se alimenta. Es posible que el nombre de la chocha de mar le venga a este pez acantopterigio del aguijón (χέντρον) que le ha dado su nombre culto *centrisco*, comparado con el largo pico de la chocha. Cf. el cat. dial. (Valls) *xorxo, xorxa* 'sucio, desaliñado' (AlcM.) que encuentro como apodo escarnecedor: «la *xorxa*, la *xorxa*, la *xorxa*», de una mujer zanquilarga, coja, avejentada y deforme en unas coplas (que más bien parece corresponden al Penedès o Vallès) en el *Rom.* de Milà i Fontanals, 510; AlcM. atinará al relacionar con el cat. *xaixò* o *xorxò* 'muy sucio, marrano'.— ² No la menciona Rolland, *Faune Populaire* II, 353-6, ni hay ninguna denominación popular basada en ella entre las que recogen este autor y Terr. (*pitorra* en Castilla la Vieja y Extremadura—otro nombre basado en el pico—, *gallineta* en Andalucía [y *galinhola* en Portugal], en otras partes *becaza, coalla, gallina sorda, gallina ciega*).— ³ Rolland dice que *bécasse* en este sentido es abreviación de *bécasse bridée*, es decir, 'cogida en el lazo', expresión que documenta en un proverbio, con el sentido de 'persona engañada', observa con en realidad la chocha es ave muy astuta y agrega que en el mismo sentido se ha dicho *oie bridée* o sencillamente *oie*. Quizá tenga razón. Sin embargo, nótense los nombres españoles *gallina ciega* y *gallina sorda*, el prov. *becassino sourdo*, Saintonge *sourdat* 'Scolopax gallinula', el proverbio francés *sourd comme une bécasse*, y las creencias populares de que la chocha no oye llegar al cazador, y de que distingue mejor a la luz de la luna que en pleno día. Todo esto hubiera podido igualmente dar lugar a la idea de que es ave tonta.— ⁴ Figura ya en Terr., de donde pasó a Acad. 1899. Terr. recoge muchas veces palabras aragonesas.— ⁵ El arag. *zoca* citado también por Jud es otra cosa, pues Borao en ambas ediciones traduce por *choca* ('tronco de árbol').— ⁶ Se ha querido explicar por un diminutivo *FULCULA, de *FULCA por el lat. FŪLĬCA. Pero no es posible imaginar una trasposición *FULCLA > *FLUCLA, posterior a la sonorización de las intervocálicas, que podría explicar fonéticamente el cast. *chocha*, pues en realidad *focha* y el cast. ant. *foja* vienen del mozarabismo cat. *fotja* y no pueden explicarse de esta manera.— ⁷ Para la caída regular de la vocal que sigue a un grupo de s líquida + más consonante (que ya tomó e- protética en latín vulgar), comp. arag. *escrihuelo* (cat. *esquirol*) 'ardilla' *SCURIOLUS (*BDC* XXIV, 168).— ⁸ Schuchardt explica inverosímilmente por influjo de *tordo* o de *zorzal*. Preferible sería en todo caso el de *chorla* 'especie de ganga'.— ⁹ Baist observa con razón que es más probable que *chocha* salga

de *chorcha* que al revés, comp. *cachofa* < *carchofa*, *macho* < MARCULUM (?), *sachar* < SARCULARE. Justamente al perderse la r hubo necesidad, para evitar ambigüedades homonímicas, de decir *chocha perdiz*, aclarando por medio de un cuasi-sinónimo.

CHOCHO, 'caduco, que chochea', parece ser la misma palabra que el port. *chôcho* '(huevo) huero, podrido' y el cast. *clueco* 'chocho, caduco', procedente de *clueca* y de otras variantes romances del nombre de la gallina que empolla, porque el viejo achacoso debe permanecer inmóvil como la gallina clueca. 1.ª *doc.*: Covarr. («El que sabe poco y es como un niño de teta»)¹.

Aut. define en el sentido actual: «se aplica a la persona decrépita, caduca, que por su senectud le ha faltado la memoria y tiene perturbada la razón»; no da ejs. de *chocho*, pero sí uno de *chochear* en Pellicer (1626). El port. *chôcho* se dice del «homem velho, debil, de forças quebradas» y, además, de la «fruta mal vegetada, que engelha e fica peca antes de amadurecer» y del huevo huero (Moraes, Vieira), trasm. *chôcho* «tolo, maluco», *fruto chôcho* «sem grão» (*RL* V, 39), miñoto *choucho* «chocho, estúpido» (Leite, *Opúsc.* II, 344). Es posible que un lejano antecedente de *chocho* se halle ya en el hispanoár. *ǧuǧ°ûn* «baburius» ('necio, loco', con un verbo derivado *ǧáǧ°an*), sólo documentado en R. Martí, aunque no hay explicación del °.

El castellano *clueco* 'muy débil, achacoso' [1605, *Pícara Justina*], el cub. *viejo culeco* 'viejo canoso o caduco' (Pichardo, s. v. *canuco*) y el cat. *cloc, cloc-piu*, 'enfermizo, achacoso', son también muy importantes en la cuestión; y como el cat. *lloca* y oc. *clouco* significan '(pera) papanduja, medio podrida' además de 'gallina clueca', el port. *choca* es esto último y además 'corrupta, estancada (hablando del agua)', *salada choca* «não fresca», *ovo chôco* 'el que ya tiene formado el polluelo'² y port. *peco* se aplica a los frutos mal vegetados y casi secos y a las personas necias o bobas, no hay duda de que el triple significado del port. *chôcho*, indicado arriba, revela parentesco de *chocho* con *choca* 'clueca'. Así lo dijo ya Schuchardt, *Roman. Etym.* II, 190-1, que para explicar la segunda -ch- admitía una asimilación progresiva; pero teniendo en cuenta el it. *chiòccio* 'enfermizo' junto a *chiocciare* 'cloquear (la gallina clueca)', 'agacharse', 'estar enfermizo o achacoso', sobreselv. *clutschar*, oc. *cloussejà* 'estar enfermizo', it. *chioccia* 'clueca', engad. *cluotscha* íd., será preferible admitir una variante *CLOCIA o *CLUCIA, con paso de CĬ a *ch*, facilitado en este caso por el influjo de la *ch-* inicial. Esta otra *ch-* y la falta de diptongación de *chocho* frente a *clueco*, junto con la menor latitud semántica que tiene *chocho* en castellano frente al portugués, parecen indicar un portuguesismo. De todos modos nada puede ase-

gurarse en este sentido mientras no se tenga documentación histórica más abundante en los dos
idiomas[3], sobre todo tratándose de voces onomatopéyicas, en las que caben toda clase de variantes[4]
y de desarrollos especiales. En cuanto a la evolu- 5
ción semántica, se deberá seguramente partir de
«inmovilizado como la clueca' > 'achacoso, enfermizo' > 'decrépito', aunque pudo sumarse a ello
el influjo de 'podrido, huero' (como un huevo o
una fruta). 10

Creo que deben abandonarse las demás etimologías. La idea de Wagner (*RFE* XI, 270) de que
chocho es imitación directa del tartamudeo del
viejo decrépito, no es inverosímil en sí, pero resulta improbable ante todo del port. *ovo chocho.* 15
La de Cornu, *Port. Spr.* § 28 (aceptada por Castro, *RFE* II, 54, y por Jud, *Rom.* XLV, 275), de
que *chocho* sea duplicado portugués de *frôxo*, cast.
flojo, lat. FLŬXUS (seguramente con dilación *chôxo
> chôcho*), es forzada, por la misma razón y por- 20
que no hay representantes enteramente populares
de FLUXUS en ninguna parte. Tampoco es verosímil que haya relación con el vasco *txotxo*, diminutivo de *zozo* 'mirlo' y 'tonto, bobo', según sospechó Schuchardt. Y desde luego deben desecharse 25
la etimología de la Acad. (lat. STULTUS), la otra de
Schuchardt (*CLOCEA por COCHLEA 'caracol') y la
de Rohlfs (CUCULUS 'cuclillo', *ARom.* V, 413-4).

Hay significados especiales de *chocho* que no es
seguro si deben juzgarse como homónimos con 30
otra etimología o como acs. secundarias: el esp.
común *chocho*[5] 'órgano genital femenino'[6] (comp.
Toro G., *BRAE* X, 206; secundariamente Sierra
de Gata *chocho* 'ombligo', *VKR* II, 85; vasco
txotxo 'miembro viril', 'niño'), *chocho* 'altramuz'[7] 35
y *chocho* 'canelón, confite largo con una raja de
canela en medio' [S. XVII, *Aut.*], 'cualquier cosa
dulce que se ofrece a los niños para que callen o
hagan lo que rehusan' [1605, *Pícara Justina*]; fácilmente se podría llegar a estas acs. partiendo de 40
'fruta medio podrida', pero me inclinaría a creer
que en realidad se trata aquí de una voz infantil
de creación expresiva, con la idea de 'objeto blando' (como lo es el altramuz empapado de agua)[8].

DERIV. *Chochear* [1626, Pellicer]. *Chochera.* 45
Chochez [*Aut.*].

[1] Como se ve por la referencia a *choto*, la aclaración «es como niño de teta» se debe a la supuesta etimología *chotar* 'chupar', en la cual piensa Covarr. De Covarr. pasó el vocablo a Oudin, 50
que todavía no lo tiene en la ed. de 1607, pero
en 1616 traduce la definición de Covarr.— [2] Bierzo
chueclo '(huevo) clueco, huero', con *l* debida a
choclear 'hacer un ruido como el de los cencerros',
en el mismo dialecto (G. Rey). El arg. *chuchoco*, 55
viejo, decrépito, arrugado' (Segovia), seguramente
de origen brasileño, resultará de un cruce entre
chocho y el port. *choco*.— [3] Por ahora la historia
del port. *chocho* sólo podemos seguirla hasta Moraes, fin S. XVIII, aunque no hay duda de que es- 60

voz antigua.— [4] El vocalismo de oc. *clouco*, aran.
lóca, corresponde a una *o* cerrada, que quedaría
sin diptongación en castellano. El del citado miñoto *choucho* correspondería a AU, que tampoco
diptongaría.— [5] Dudo bastante que tengamos un
derivado *chochón* de este vocablo en el satírico
malagueño Ben-Mas‘ûd (h. 1016) como quiere
G.ª Gómez, *Al-And.* XXXVII, 428 (*šu‘ûn* 'lagri-
males', lección del ms. básico, es posible puesto
que se habla de los ojos, y la variante *šušûn* si
fuese 'vulva' esperaríamos *guğğûn* y no con *š*-;
por lo demás, cf. cat. *xona* 'vulva', que tiene
otro origen). No sé si está mejor documentado
en Zaǧǧali que cita también G.ª Gómez.— [6] En
Murcia (Sevilla) y en Almería dicen también
chiche. En Chile y otras partes de América dicen
la chucha, que no es de procedencia aborigen,
como sugiere Lenz, *Dicc.*, 317, sino creación expresiva, paralela a *chocho.* Es verdad que *chucha*,
como nombre de una almeja que segrega un humor
rojo, como sanguinolento, ya aparece en Cieza
de León (1555) como propio de Panamá, y que
Fz. de Oviedo compara estas almejas, sin citar
su nombre, con la mujer que menstrúa, pero
claro que el nombre de *chucha* se lo darían los
españoles por comparación con la vulva, que ya
entonces se llamaría así.— [7] Significado bien atestiguado por Palomino (1708). De los versos de
Lope, «mas ay garbanzos tostados, / chochos,
abas y altramuzes» (*La Corona Merecida*, v. 697)
parece deducirse que era diferente de los garbanzos y de los altramuces; *garbanzos* y *chochos*
están también contrapuestos en Mateo Alemán
(1604: *G. de Alfarache, Cl. C.* V, 31.3), y en
Góngora, mientras que otro pasaje de Lope (*Epístola a Barrionuevo*, en *Rimas*, ed. Lisboa, 1605,
f.º 107 v.º) junta *chochos* con *avellanas.* Ya aparece en Eug. de Salazar (h. 1575): Cej. IX, § 63.
Según Oudin (1616, no 1607) son «une sorte de
pois chiches ou lupins», según Sánchez Sevilla
son 'garbanzos' (*RFE* XV, 259), y según Pichardo 'frijoles blancos importados de Canarias'. Vid.
además Rosal en Gili. And. *chorcho* 'altramuz'
(AV). *Chocho* en la ac. 'altramuz' parece ser especialmente andaluz y del bajo pueblo madrileño (J.
Giner).— [8] Comp. cat. dial. *xoixa* 'pereza' (en el
Collell, Gerona: *AORBB* V, 240).

Chofe, V. *bofe*   *Chofe, chofle*, V. *chanfaina*

CHÓFER, tomado del fr. *chauffeur* 'fogonero
de una locomotora', 'chófer', derivado de *chauffer*
'calentar'. *1.ª doc.*: Acad. 1925 o 1936.

La acentuación secundaria y caprichosa *chofer*,
que en España no es general, es ajena al uso vivo
en muchas partes de América, como la Arg., donde
se pronuncia *chofér;* lo mismo ocurre al parecer
en Colombia (vid. Sundheim) y seguramente en
otras repúblicas.

DERIV. de *chauffer: Chofeta* o *chufeta* [ambos

ya Acad. 1843] 'braserillo para encender el cígarro', del fr. *chauffette* íd. (principalmente anticuado y dialectal, hoy lo más común es *chaufferette*).

Chofista, V. *bofe*   *Chola*, V. *cholla*   *Cholo*, V. s. v. *chulo* (nota).

CHOLLA, 'cabeza, cráneo', voz popular y afectiva de origen incierto; quizá del fr. antic. y dial. *cholle* 'bola, pelota', y éste del fráncico KEULA 'maza'. *1.ª doc.*: 1497, 1509, Juan del Encina, *Auto del Repelón* (cita de Cuervo, *Obr. Inéd.*, 64); J. del Encina y otras citas en Macrí, *RFE* XL, 154).

Cej. IX, § 137. Aparece ya con frecuencia en el S. XVI (varios ejs. de Torres Naharro y de Lucas Fernández en la ed. de aquél por Gillet III, 353) y en el S. XVII (Quevedo; Jacinto Polo; *Estebanillo*)[1]. Sánchez Sevilla (*RFE* XV, 278) observa «a la cabeza se le suele llamar *chinostra, camorcia* y *cholla*, sobre todo en el lenguaje festivo (*cholla* usaron Moreto y Rojas Zorrilla)». El vocablo existe también en portugués *chola*, como término popular (falta aún Moraes, Vieira), y en val. *xolla* (ya S. XVIII: Sanelo), desde donde se extiende hasta Tortosa (*BDC* III, 114), Fraga y ciertos puntos de la prov. de Lérida (Ag.).

Spitzer, *ZRPh.* XL, 225-6, opina que en castellano el vocablo es catalanismo; sin embargo, no tenemos datos para creer que sea antiguo en catalán[2], y dada su localización valenciana y extremooccidental, puede creerse más bien que en esta lengua sea castellanismo; es verdad que en este idioma se hallaría una etimología razonable en el verbo *xollar* 'esquilar', partiendo de la idea de 'cráneo calvo, rapado'[3], pero esta razón no basta para contrarrestar el argumento anterior.

Si lo antiguo fuese la variante portuguesa *chola* (que es también cubana: Pichardo, p. 88; y de uso popular en España: Besses[4]), se podría pensar en el picardo y normando antiguos *cholle* (SS. XIII-XVI) 'bola, pelota', también usado en el francés de Flandes, y procedente, según Wartburg (*FEW* II, 617b), del fráncico KEULA (= alem. *keule* 'maza'), pero faltaría explicar cómo pudo entrar un vocablo regional francés de esta naturaleza, ya que la existencia h. 1500 en Juan de la Encina excluye el que pudiera tomarse prestado como término de la jerga soldadesca durante las guerras de Flandes (hablando de heridas de cabeza, etc.)[5]. En cuanto a la -ll- castellana, no sería difícil explicarla por el sentimiento de la correspondencia entre fr. *elle* y cast. *ella*, fr. *col* y cast. *cuello*, etc. Dado el carácter del vocablo («satírico y pastoril» Rosal, 1601, «vulgar o burlesco» Ayala, 1693, en Gili), cabe admitir que entrara desde Francia por la germanía. Ésta me parece ser, por ahora, la etimología más razonable.

La relación con el port. *cachola* 'cabeza', esp.

'cabeza de pescado', tomada en consideración por G. Viana, *Apostilas*, s. v., debe admitirse; y desde luego no son formas independientes, pero no en el sentido de que ¡ca- sea un prefijo, de lo cual no hay prueba sólida alguna, y menos en el de que se pueda hablar de aféresis de *ca-*. Es probable que haya relación entre *cholla, cachola* y *cachaço* 'cogote', de modo que podría tratarse de una raíz común con sufijos diferentes, sobre todo si es una formación mozárabe, al menos en su arranque, lo cual nos explicaría la -L- conservada y aun quizá la -ch-: en rigor, a base de esto podríamos partir de un tipo esquemático CAPITI-OLA.

Por otra parte *cachola* es también gallego, y con un doble sentido: la cabezota de ciertos grandes bichos o animales marinos, como el *boy*, gran cangrejo (que tiene dos pies de distancia entre las puntas de sus brazos) con cabeza oval de un pie de diámetro (Sarm. *CaG.* 213v), pero al mismo tiempo es otro nombre que se da a la centolla, gall. *centola* (166v). Esta coincidencia se explica porque la centolla es otro gran marisco como un cangrejo, aparenta no ser más que una enorme cabeza de patas apenas visibles. En consecuencia otra explicación no menos razonable es que *cachola* resulte de combinar la terminación de *centola* (nótese cast. *cholla* ↝ *centolla*) con otra palabra, sea *cachaço*, sea una correspondencia mozárabe de *cabeza*. Siendo *cachola* palabra gallega y si, por lo tanto, prescindimos de esta segunda alternativa y del mozárabe en general, no habría necesidad de suponer migración al *cachola* desde Portugal a Galicia, y por este camino quizá se pruebe una de dos: que *(ca)chola* y *cholla* salen de la combinación de *cachaço* con *centollo*, o bien que sea *cho(l)la* lo que combinándose con *cachaço* ha dado *cachola*.

Puede rechazarse desde luego la idea de Baist, *ZRPh.* VII, 116, de relacionar con el it. *zolla* e ingl. *skull* 'cráneo': el primero de estos vocablos será sencillamente lo mismo que *zòlla* 'terrón de tierra', 'bola de azúcar', que nada puede tener que ver con *cholla* ni con *skull*, y para que pudiera existir relación con el segundo sería preciso que existiera una variante germánica en *sch-* (= š-), lo cual no se verifica. El gitano español *chola* (que Eguílaz quisiera derivar del scr. *chodá* 'cumbre', 'cresta', 'cabeza', o del scr. *chaula* 'tonsura') vendrá del castellano y no viceversa, pues no hay todavía voces españolas de origen gitano en el S. XVI; imposible fonéticamente es la relación con el ár. *ǧálǧa* 'cabeza' que sugiere el propio Eguílaz.

[1] Según el andaluz B. del Alcázar sería voz anticuada a fines del S. XVI (ed. Rz. Marín, 113). A los ejs. citados en *Aut.* pueden todavía agregarse: Tirso, *El Vergonzoso en Palacio* I, 589; Rojas Zorrilla, *Cada cual lo que le toca*, v. 52; Quiñones de B., *NBAE* XVIII, 824b. Por las mismas fechas el «Secretario de la Academia de los Humildes de Villamanta» dice que «así suelen de-

cir en Carmona, un lugar de la Andalucía» (*BRAE*
II, 207). Oudin, 1616 (falta en 1607), dice «*cholla*: teste de mouton cuitte, je tiens que c'est le
mesme que *chulla*», lo cual es indudablemente
erróneo, y justamente esta identificación lo que
le conduce a entender que *cholla* no es cabeza
de persona, sino de carnero (comp. «*chulla*: des
costes de mouton...»).— [2] Ag. da *chollada* 'golpe
en la cabeza', que se lee en el *Curial i Güelfa*
(med. S. XV), bajo un encabezamiento *xollada*.
Pero indudablemente tiene razón Moll (Dicc. Alcover) al considerar que esto no es más que una
variante gráfica del bien conocido *collada* 'bofetada, golpe en el cogote'.— [3] Rohlfs, *ZRPh*. XLVIII,
123, indicó para este verbo una etimología razonable al igualarlo con el cat. *suvallar*,
port. *enxovalhar*, it. merid. *subbegliare*, macedorrum. *suįà* 'esquilar la parte posterior del cuerpo de los carneros', SUB-ILI-ARE, derivado de
ILIA 'ijares'. En Gerona se dice, efectivamente,
aixuiar (presente *aixuia*), y significa 'cortar la
lana a una oveja': se trata, pues, de EX-SUB-
ILIARE, y la vacilación entre *o* y *u* confirma que
el acento sólo secundariamente recayó en esta vocal. No es posible, por evidentes razones fonéticas,
identificar el cat. *xollar* con el cast. *desollar* EX-
FOLL-ARE. Vendrá, en cambio, de éste, o de su
variante vulgar *sollar*, el centroamericano *chollar*
'desollar, lastimar, ludir la piel' (Salazar, Membreño, Gagini), pues no son raros los casos de *ch-*
secundaria en esta zona (*chiclán*, s. v. CICLÁN,
etc.); de ahí quizá el salvadoreño, colomb., hond.
y guat. *cholla* 'pereza, flema, cachaza' (comp. el
cast. *desuello* 'descaro').— [4] En particular Litera
chola 'golpe dado en la cabeza con la palma de
la mano' (Coll A.). No se deberá, pues, a influjo
del sinónimo port. *cachola*.— [5] Comp. per. *cholón*
'bola de loza con que juegan los niños' (Malaret,
Supl.), costarr. *cholla* 'juego del hoyuelo'.

Chollar, V. *cholla*   *Chomba*, V. *jubón*   *Chomino*, V. *chumbo*   *Chompa* V. *jubón*   *Chom-
pipa*, V. *barriga*   *Chonco*, V. *junco*

CHOPA I, 'acantopterigio marino semejante a la
dorada', del lat. CLŬPĔA 'sábalo', probablemente
por conducto del port. *choupa*. 1.ª doc.: *Aut.*

El port. *choupa* o *choupo*, pez esparoide, también llamado *salema* o *sama*, *Cantharus griseus* o
lineatus (Fig.), se halla en Fr. Agostinho da Cruz
(† 1619). A pesar de las dudas de Baist, *GGr*, I,
§ 44, esta etimología, indicada por Cornu, ibid.,
§ 111, no ofrece dificultades fonéticas, pues CLŬPĔA
debía pasar en portugués a *choipa*, del cual *choupa*
es variante regular. Gall. *xouba* (mal escrito *jouba*,
-va)[1]. Como la evolución española no es normal
(debería esperarse *llupia* o acaso *chupia*) debemos creer que es portuguesismo, como tantos
nombres de peces. Cornu cita además port. *garoupa*,
nombre de varios peces de la familia de la perca,

que quizá venga de una forma semiculta *croipa*
> *g(a)roipa*. Otros descendientes romances (vid.
REW 1998), entre ellos el it. *chéppia*, vienen de
una variante CLŬPĔA. Después de aceptar esta etimología en un trabajo anterior (como lo hicieron
también G. Viana, Silva Neto, Machado, etc.),
Piel se adhiere en un artículo posterior (*Pg. Fgn.
Görresges*. VIII, 1968, 157-8) a la de Silveira
(*R. Fil. Port*. I, 1947, 414-6) que parte de SALPA,
teniendo en cuenta que según descripción de Plinio (IX, 44; IX, 18) la CLUPEA sería un pez muy
pequeño, mientras que *salpa* correspondería mejor
a *choupa*. Se deberá estudiar atentamente ese aspecto semántico. En lo fonético-dialectológico es
preciso hacer reparos a las afirmaciones de Piel:
la *ch-* < s- difícilmente se justifica por un origen
mozárabe, donde s- habría dado *x-*, no *ch-*, y si
el vocablo hubiera pasado por el árabe deberíamos
tener -*ba* según ha ocurrido con *siba* 'jibia'
SEPIA; lo mozárabe habría sido más bien *xauba*
que *choupa*. En cuanto al gall. *xouba* su *x-* se justificaría más con SALPA que con CLUPEA, pero, en
cambio, la -*b-* gallega no se explica con el uno
ni con el otro; por lo demás, Piel reconoce que
el gall. *xouba* designa una sardina joven, lo cual
corresponde más a una ANCHOA. El problema
sigue necesitado de mejor estudio.

[1] Vall. afirma que es el boquerón, *clupea encrasicholus*; Sarm. dice que es pescado barato
pero muy sabroso, que identifica con la sardina
cuando es pequeña y con el llamado en Viveiro
bucareu o *macareu* y en Santiago y otras partes
parrocha: luego parece ser un nombre de la
costa Sur (*CaG*. 80r, 85r, A16r y v). En 208r
habla de *jouvina* —quizá errata de la copia por
jouvia— que asegura es diferente de la *piarda*,
que es la que sería el *encrasicholus* o una especie
de anchoa. Siendo pescado pequeñito y barato
se comprendería que se hubiese aplicado su nombre a un jovenzuelo sin fuste y alocado, y así
quizá procede de ahí *xoubio* «loco y tonto (pero
no furioso ni rematado)» (*CaG*. 114v), 'simple',
empleado en sus coplas, pero mal entendido por
F. J. Rodríguez, Cuveiro y un estudio de Carré.
Sospecha Pensado, pp. 83 y 69n., que hay que
acentuar *xoubío* como aparece en una de las
coplas, y como vagamente sugieren las imposibles etimologías que apunta Sarm., aunque éste
ya insinúa también una relación con el nombre
del pescado. No hay por qué descartar del todo
la idea de que se conserve ahí la terminación
-*ía* de CLUPEA (y aun habría que ver si *jouvina*
no puede ser error de copia por *jouvia*); también se podría especular a base de una etimología EX-SAPIDUS o su variante en latín vulgar
EX-SUBIDUS (*exobio*), y aun de que derive de
ouvear ULULARE (con EX-). Pero todo esto es
sumamente incierto y lo que se impone ante
todo es comprobar la forma exacta y aun la
existencia del vocablo.

CHOPA II, 'cobertizo que se colocaba en la popa, junto al asta de la bandera, para el piloto', origen incierto, por ser palabra defectuosamente estudiada: aunque podría ser una forma gall.-port. procedente de CLŬPĔUS (variante de CLĬPĔUS) 'escudo', 'protección, defensa' hay más base real para admitir que venga del vco. guip. y vizc. *txopa*, que también significa 'popa', y viene del lat. PUPPIS íd. *1.ª doc.*: 1680, *Recopil. de Indias*; 1722 (Gili).

Nadie se había ocupado con anterioridad al *DCEC* del origen del cast. *chopa* y de unas cuantas voces gollego-portuguesas relacionadas con este vocablo. Señalaba yo entonces la posibilidad incierta de partir del lat. CLUPEUS. Esta forma es más frecuente que CLIPEUS en las inscripciones latinas (Ernout-M) y se empleó en el sentido de 'protección, defensa' (p. ej. en Claudiano). Thurneysen cree que CLUPEA (junto a CLIPEA) 'sábalo' viene de CLIPEUS (Walde-H.), lo cual indicaría que en ambos vocablos la forma con U era la preferida en el latín ibérico. La principal dificultad de esta etimología estriba en que no hay testimonios directos del supuesto gall.-port. *choupa* 'cobertizo', aunque es probable que vengan de ahí el port. *choupana* 'cabaña' (con la terminación de CAPANNA íd.), el gall. *chòpete* 'habitación pequeña' (Valladares) y Canarias *chupenco* 'casita de pobre' (Millares, p. 96); comp. *ZOPO*.

Parece preferible, sin embargo, la etimología vasca, dada como alternativa en el encabezamiento de este artículo; vid. Michelena *BSVAP* XI, 287.

DERIV. *Chopeta* [1722, Gili; S. XVIII, Séjournant, Terr.]. *Chupeta* [1831, Fz. de Navarrete].

Chope y *chopo* adj., V. *zopo*

CHOPO, 'Populus nigra, árbol conocido', del lat. vg. *PLŎPPUS, alteración del lat. PŌPŬLUS íd. *1.ª doc.*: 1373, invent. arag., *BRAE* IV, 347 (otros ejs. medievales arag., *VRom.* X, 140); comp. Cej. IX, § 137.

Este nombre de árbol aparece también en Góngora, en Covarr. y en Oudin (1616), y *Aut.* da dos ejs. de Lope. La forma *PLŎPPUS, que en Italia está ya documentada en los SS. X y XI[1], se explica por una metátesis de la L cuando todavía se pronunciaba PŌP'LUS con la segunda P implosiva: al cambiar la L de posición, la primera sílaba se conservó cerrada gracias a la geminación de la PP. La misma base *PLOPPUS dió el port. *choupo*[2], el it. *piòppo* y el rum. *plop*; con una disimilación P-P > C-P resultó de ahí el cat. dial. *clop* (Pallars, Andorra, Alto Urgel y Cerdaña), Pisa y Pistoia *chioppo* (M-L., *ZRPh.* XLI, 600; y mi *Vocab. Aran.*, s. v. *klúpu*). Es probable que el mismo origen tenga el nombre de lugar mozár. *Polop* (Alicante), *Polopos* (Almería y Granada), que en Abenaljatib († 1374) aparece escrito *qulûpuš* o *pulûpuš* (Simonet, s. v.). Del cast. pasó *chopo* al cat. dial *xòp*[3].

Hay además otra forma española procedente de PŌPŬLUS, a saber *pobo* 'álamo blanco', vivo en la provincia de Madrid y en otras partes, y que escrito *povo* ya se halla en la Edad Media (F. Sepúlveda[4]; APal 14*d*; G. de Segovia, p. 48) y en el Siglo de Oro (G. de Diego, *RFE* IV, 206). Así la *ch-* de *chopo* como la desaparición de la -L- en *pobo*, se explicarían mejor admitiendo que son portuguesismos[5]; sin embargo, como *povo* es palabra rara y casi inexistente en portugués, y los derivados de *pobo* (*Pobo, Poveda, Pobar, Povedilla*) abundan en la toponimia mayor, de fecha antigua, en la región central de la Península, quizá deba admitirse la idea de G. de Diego de que *pobo* proceda de un *PŎPUS, sacado de PŌPULUS a modo de seudo-primitivo, como si éste fuese un diminutivo; para la eliminación de la terminación -ULUS de PŌPULUS, V. los ejs. análogos reunidos a propósito de *ACEBO*. Y en cuanto a *chopo*, la presencia en Aragón y en Valencia ya en el S. XIV es también desfavorable a un préstamo portugués, de suerte que la *ch-* deberá explicarse por un tratamiento especial de fonética sintáctica, por la frecuencia de grupos como *los chopos, un chopo*, tal como ocurrió con *CHATO, CHOZA* y otros.

Abundan entre los supuestos descendientes de PŌPULUS las formas anómalas como vemos; y hay otras todavía no menos sospechosas de proceder de variantes prerromanas. *a*) Junto al cat. *poll* que supone *PŎCULU (V. arriba) y el ribag. *cople* < *CŌPULU, mozár. *qulûpuš*, toscano *chioppo*, aranés *cloùpou* (con *-ou* no menos anómala que *cl-*). *b*) Cast. *pobo* < *PŎPUS. *c*) Oc. *púbol* (quizá no siempre ajeno al cat. del NE. donde hay el nombre de lugar *Púbol*), y más frecuente *pibol ~ pibou* con disimilación, que ya aparece (junto con *pibola*) en la Edad Media y hoy se extiende desde el Ródano hasta el Garona: hay disimilación *ü-o* > *i-u*, cf. oc. *nivol núvol* 'nublado'; además hay también oc. ant. *biule* y aran. *bíbou* (*bíbol*)[6]. *d*) Perigord *tible*, eslavo *tópolj*, lit. *tãpalas*, esl. ant. *tuplĭ*. *e*) Cat. central y or. *pollanc ~ pollancle* (~ *pollàncol, pollancre*) que supone el sufijo netamente prerromano -ANKO-, -ANCO-LO- pegado al radical *PŎCULU. *f*) En fin, aunque hay muchas formas como *pöppel* en los dialectos alemanes, que podrían y suelen explicarse como latinismos, esta explicación no da cuenta de la *a* del alem. y neerl. med. *pappel*, que ya se documentan en alto alemán antiguo. Ahora bien, teniendo en cuenta que el lat. PŌPULUS es una palabra sin etimología indoeuropea, yo no puedo dejar de acordarme de que el cambio de ŏ en ā es típico del céltico, y de que no es menos típica del protocéltico la antiquísima asimilación P-Kʷ > Kʷ-Kʷ o P-P. Hace tiempo, pues, que sospecho que en este vocablo tenemos una reliquia del substrato europeo-occidental. Reliquia común al itálico, a muchos dialectos galos y a algunas otras lenguas europeas de la familia indoeuropea. En ciertos dialectos alpino-galos (helvéticos?) PŌPOLO- pasaría a *pāpolo* con evolución normal de la ō, de donde el préstamo al alto al. ant. *pappl(boum)* > *Pappel*; en hablas célticas meridionales habría PŌCUL- O CŌPUL; en algunas partes se habría pasado a PŪPOLO; en otras a TŪPOLO- O TOPOL-, cf. gr. πτελέα 'olmo' y dial. πελεα (en griego κʷE > *te* es normal). Desde luego los puntos dudosos y muy oscuros que quedan son muchos. Pero no creo que sea ya lícito contentarse con suponer préstamo del latín clásico en todas partes, como siguen haciéndolo M. Bathe (*Zf. Mundartenfg.* 1955, 1, con mapas muy útiles para la distribución en germánico), Ernout-M., Kluge Mitzka y Walde *IEW*, s. v. (nada más en Walde-Pok. II, 85, y Pok. *IEW* silencia toda la cuestión).

En cuanto al familiar *chopo* 'fusil' [Bretón de los Herreros, † 1873, en Pagés; Acad. ya 1884, no 1843], es probable que venga, según indica la Acad., del it. *schioppo* íd., pronunciado en muchos dialectos *s-cioppo*.

DERIV. *Chopal. Chopalera. Chopera.* Un *chopico* 'vara de chopo' que se ha citado como cast., existe en la toponimia portuguesa: *Choupico, -pica, Choupiqueira* (Silveira, *l. c.*). El port. *Povolide*, freguesía de la Beira Alta [*Povelide* S. XII] corresponde a POPULETI, sin dificultad en cuanto a la terminación; la conservación de la -L- que extraña Silveira tendrá que explicarse por un tratamiento arcaico-dialectal **Poblide* (cf. gall. *Pobra* o *Proba* POPULA 'Puebla', y el grupo de *falar*, ast. *Pola*, etc.), luego rehecho como *Povolide* por reacción (apoyada por *pobo, povo*) contra el grupo -*bl*- anómalo en portugués. Cultismo: *populeón*.

¹ *Li pluppi* en doc. de 994 citado por Diez, *Wb.*, 249; πλούππος en doc. calabrés del S. XI, hoy *fluppo* en el griego de Calabria (Rohlfs, *RLiR* IV, 179-180).— ² El diptongo *ou* sería difícil de explicar, pues la explicación que se esfuerza en dar M-L., *Roman. Gramm.* I, § 148, es oscura e inaceptable. Pero nótese que como hoy el diptongo *ou* se confunde totalmente con *ô* en todo el Sur y Centro de Portugal, abundan las grafías erróneas de *ou* por *ô* y viceversa. Los diccionarios no dan testimonios antiguos, y varios recogen *chopo* como variante, abonada por un ej. del lisboeta Feliciano de Castilho, en Cortesão. El gallego, por otra parte, tiene *chopo* (Vall.), y en el Minho, donde también distinguen, pronuncian *chôpro* (Leite de V., *Opúsc.* II, 89). Luego es probable que tal diptongo sea puramente gráfico, quizá debido a confusión con *choupa* y *choupana* (V. los dos artículos anteriores), en los cuales el diptongo se justifica etimológicamente. Realmente formas con diptongo *ou* existen en algún lugar: Babia čóupu (Gn. Álvarez), lo cual no es decir que tengan nada de antiguas: serán hiperdialectalismos.— ³ En todo el País Valenciano, Ribera de Ebro, Priorato y Segriá. Pronunciado *xóp* llega hasta las puertas de Barcelona, en el Prat. Y va se halla en el valenciano Iaime Roig (1460,

v. 6167) y en Eiximenis, que escribía en 1385 y vivía en Valencia (*Regiment*, 29.10). El vocablo propiamente catalán es *poll* *PŌCULUS, con otra disimilación, o su derivado *pollanc, pollancre*.— ⁴ A. Castro, *RFE* V, 40.— ⁵ Comp. la gran extensión del castellanismo *xop* en catalán bien arraigado en la toponimia valenciana y aun en el Sur del Principado, por lo menos en la toponimia menor. Es excesivo decir con G. de Diego que *povo* no ha existido nunca en Portugal, pues no se puede dudar del origen del nombre de *Povos*, pueblo del concejo de Vila Franca de Xira, llamado *Poboos* en 1195 y en el S. XIV y *Populis* en el XIII (Silveira, *RL* XVII, 120, quien por lo demás sólo cita poblaciones llamadas *Povoral, Pobral, -raes*). Sin embargo hay un lugarejo de *Poveira* en el concejo de Peñafiel, al Este de Oporto, donde se ha hecho inquérito dialectal, aunque no es freguesía (*RPF* XV, p. xv, n.° 840), sin contar *Povoença* en el de Viana do Castelo, que quizá sea voz prerromana sin relación con esto, cf. *Proença* en el Ribatejo, que no está claro que venga de PROVINCIA. En favor del origen gallegoportugués se podría mencionar la noticia del antiguo texto hispanoárabe ʿ*Umdat aṭṭabîb* de que el «álamo griego» o Populus nigra abundaba especialmente en tierras de Galicia (cita de Asín, *Glos. Mozár.*, p. XXXII).— ⁶ La inicial *b*- aparece en una forma gallega diferente: Lugo *baloco* «croque o chopo negro y el casi verbasco con flores campanillas coloradas» Sarm. *CatVG.* 64v; el Vocab. Pop. de Filgueira Valverde de 1926 trae *baloca* (pero como a menudo copia a Sarm. quizá sea errata por -*oco*). La reducción de -*bl*- interno a -*l*- cuando el vocablo empieza por consonante labial se da en otros casos: ast. *Pola*, gall.-port. *falar*.

Choque, V. *chocar*   *Choqueo*, V. *chueca*
Choquezuela, V. *chueca*   *Chorca, chorco*, V. *charco*   *Chorcha*, V. *chocha*   *Chorcho*, V. *chocho*   *Chordón*, V. *churdón*

CHORIZO, vocablo propio del castellano y del portugués (*chouriça*), de origen desconocido: la forma originaria parece ser *SAURICIUM. 1.ª doc.: 1604, *Guzmán de Alfarache*, en *Aut.*; *churizo*, 1601, Rosal (Gili).

Otros ejs. tempranos figuran en Covarr.¹, en Oudin (*chorizo* en 1616, nada en 1607), en J. Polo de Medina, en *La Tía Fingida*, que se atribuye a Cervantes (*BRAE* II, 516n.), y en Vélez de Guevara². En portugués se dice hoy *chouriça* (*chouriço* es raro o sólo con significados figurados), pero en gallego es *chourizo*, y se lee el masculino *souriço* en el trovador portugués Fernam Garcia Esgaravunha del 3r. cuarto del S. XIII³. En el portugués de transición de Eljas y de San Martín de Trevejo (Sierra de Gata) se pronuncia *čuiríθu*, y en la última localidad, además, *čuriθu* y *čuréta*. Cornu,

Port. *Spr.*, había propuesto identificar al port. *chouriça* con el cast. *salchicha*, oc. *saussissa*, fr. *saucisse*, it. *salsiccia*, procedente del lat. INSICIUM (probablemente combinado con el adjetivo SALSUS: SALSA INSICIA), y M-L., *REW*, 4552, aceptó la idea, aclarando, sin embargo, que debía ser provenzalismo; pero esto es secundario: sea como voz autóctona o tomada de la lengua de Oc, esta etimología es imposible porque no explica la -*r*-'. Así lo observó Schuchardt, *ZRPh.* XIII, 526, que por su parte proponía emparentar con el port. *chorume*, *churume*, 'grasa', y con *chorudo* 'gordo, grasiento', y en definitiva volvía a la etimología de Covarr., cast. *churre* 'grasa', imposible a causa de la -*rr*- y de la vocal radical⁵; hoy sabemos que *chorume* y *chorudo* vienen de FLŌR (V. *CHIRUMEN*), y hemos de rechazar, como observó C. Michaëlis (*ZRPh.* XX, 210), toda relación entre estos vocablos y *chorizo*, en vista del diptongo portugués *ou* y de la antigua forma con *s*- inicial. G. de Diego, *Contrib.*, § 557, se decidió en favor de la etimología propuesta por Cornu en la 2.ª ed. de su obra (§§ 111 y 174): *SORĬCEUS⁶, derivado de SOREX, -ĬCIS, 'ratón'.

Se fija García de Diego en el gall. *sòrza* «carne de cerdo picada y puesta en adobo, para chorizos, longanizas, etc., o para comer asada en tartera» (Vall.), que para él sería lo mismo que el cast. ant. *sorze* y arag. *zorz* 'ratón'; y, ante la dificultad ofrecida por el diptongo gallegoportugués *ou*, invoca el caso de *toucinho* 'tocino', donde el diptongo, igualmente irregular, sólo podría explicarse por influjo de una tercera palabra, por lo demás desconocida, que sería responsable asimismo del *chouriço*. En realidad, es excesivo dar por asegurado que *toucinho* viene de una forma con ŭ pues aunque se admita el parentesco con TUCCETUM, esta palabra no es latina y tampoco se corresponde con la romance en el sufijo, de suerte que no nos consta que la base de *toucinho* empezara por TUCC- y quizá sea preferible suponer un étimo en TOUC- o TAUC-; ahora bien, no me parece verosímil un influjo de *toucinho* sobre *chorizo* limitado al cambio de *o* en *ou*, tanto más cuanto que los dos vocablos difieren considerablemente en el resto del cuerpo fonético y en el respectivo significado. En fin, otro punto débil de la etimología *SORICEUS es el aspecto semántico, que su autor ni siquiera menciona; probablemente pensó Cornu en un derivado de SOREX en vista de que C. Michaëlis había propuesto vagamente derivar *morcilla* del sinónimo MŪS, MŪRIS, pero esta etimología, a su vez, parece falsa. ¿Podrá sostenerse la existencia de un parecido de forma entre un chorizo y un ratón? Si acaso debemos reconocer que tal parecido es remoto. A lo sumo podríamos suponer que *SORICEUS 'parecido a un ratón' tomara el sentido de 'bíceps' por comparación del músculo que se desliza debajo de la piel, al contraer el brazo, con **un ratón** que escapa furtivamente, y que de 'bí-

ceps' se pasara luego a 'embutido' (comp. el salm. *morcillo* 'bíceps' < MŪRICELLUS 'ratón', Lamano, 543, junto a *morcilla*); pero el hecho es que el tal *chorizo* 'bíceps' es una mera hipótesis, y toda la combinación semántica es harto atrevida para justificar una etimología que cojea evidentemente desde todos los puntos de vista⁷.

En definitiva deberemos limitarnos a suponer una base *SAURICIUM de origen desconocido. Acaso sea simplemente un derivado del adjetivo bajo latino y romance SAURUS 'pardo', 'dorado', de probable origen germánico (Diez, *Wb.*, 282; Gamillscheg, *R. G.* I, 228; *REW*, 7626), teniendo en cuenta es característico del chorizo el ser ahumado y por lo tanto de color oscuro; de todos modos nada se puede asegurar, en vista de que este adjetivo está escasamente representado en la Península Ibérica (el antiguo *soro*, aplicado a los halcones, puede ser galicismo)⁸. La alternancia *ch*- ~ *s*- podría sugerir un origen ibérico o prerromano; en esta posibilidad sería más fácil mantener la relación con el gall. *sòrza* a base de alguna alternancia vocálica.

Del castellano procede el cat. *xoriç* o *xoriço*⁹. El cat. *salsiró* «botifarra prima», que GdDD 5839 relaciona con *chorizo*, no es palabra bien asegurada: personalmente no la conozco, aunque la trae Labernia, 1840 (de donde Fabra, Bulbena, etc.; falta Ag., *BDC* XXI, Amengual, Torra, M. Gadea, Belvitges, Lacavalleria, O. Pou, Roca Cerdà, etc.). Si es auténtica sería derivado de SALSUS, como *SALCHICHA* (desde luego no metátesis de un ***saurissó), pero creo es errata por *salsijó* = *salchichón*¹⁰.

Para significados figurados en la Arg., vid. Tiscornia, *M. Fierro coment.*, p. 469; J. P. Sáenz, *La Prensa*, 6-VIII-1944.

Nótese el and. *choriza* «chozón del cerdo» (al parecer 'yacija o guarida del cerdo'), AV.

DERIV. *Choricero*¹¹. *Choricera*. *Choricería*.

¹ «*Churizo*, un cierto género de salsichón de carne de puerco picada y embutida en una tripa». Esta forma con *u* se halla en otras fuentes (Rosal, 1601; *Eufrosina*, fin S. XVI: Cej. IX, p. 170). La etimología *churre* que propone, naturalmente, es imposible.— ² «Longanizas, *chorizos* y perniles de la sierra», *La Serrana de la Vera*, v. 1373.— ³ «Nom acharedes em toda Castella, / …melhor ventrulho nem melhor morcela, / do que a ama com sa mão faz… / faz bom *souriç*' e lava bem transsido…», publicado por C. Michaëlis, *ZRPh.* XX, 151.— ⁴ Nótese que para poder imaginar una disimilación de *s* en *r* haría falta por lo menos que la segunda *s* de *saussissa* fuese sonora, pero el hecho es que es sorda.— ⁵ La forma *churrizo* registrada por Oudin en 1616 como variante de *chorizo*, carece de todo valor. En su 1.ª ed., anterior a Covarrubias, Oudin no traía la palabra en ninguna variante. Después de leer a Covarr. la introdujo, pero dándose cuenta de que la forma

churizo de Covarr. no era la usual, la sustituyo por *chorizo*, conservando, empero, la variante con *u*, si bien después de duplicar la *rr* para ponerla bien de acuerdo con la pretendida etimología.— [6] La objeción fonética de Nascentes fundada en la ĭ carece de fuerza, pues es común la sustitución de -ĬCIUM por -ĪCIUM, según comprueba el propio fr. *souris*.— [7] Espinosa, *Arc. Dial.*, 88, le objeta la calidad sorda de la *z* en Cáceres, donde efectivamente el vocablo se pronuncia así en cuatro pueblos del Centro y Noroeste de la provincia, que suelen distinguir los dos matices de *ç* y *z*. Hay que reconocer, sin embargo, que esta dificultad subsistiría casi con cualquier étimo imaginable, pues sólo una base con CCĮ o CTĮ podría satisfacerla. Habrá ahí dilación de sordez, o influjo del portugués o del castellano oficial.— [8] Para explicar la *ch*- se podría recurrir al influjo de *chorume* o del cast. *churre*, lo cual, tratándose de un fonema inicial de palabra en los dos vocablos, no tendría por qué causarnos escrúpulo, tanto más cuanto que *ch*- y *s*- son sonidos vecinos y que a menudo alternan.— [9] Por lo general se aplica a los chorizos castellanos, pero en una zona pirenaica, que abarca desde el Pallars hasta el alto valle de Camprodón, *xoriç, xoliç* o *xoriço* se aplica a embutidos autóctonos. Sin embargo, aun ahí debe de ser castellanismo.— [10] Labernia trae «*salsitja*: cast. *salchichón*, lat. *insicia, botellus*» y «*salsiró*, salsitja, botifarra prima de carn; cast. *salchicha*; lat. *insicium*». Ahora bien, Belvitges, el modelo de Labernia, en lugar de esto trae «*salsitjó*: cast. *salchichón*, lat. *insicia*» y «*salsitja*: cast. *salchicha*, lat. *insicium*». Parece, pues, que Labernia quiso reproducir los dos artículos de Belvitges, pero una errata del tipógrafo cambió su grafía valenciana *salsijó* en *salsiró*; al mismo tiempo quiso rectificar el significado invirtiendo las dos definiciones, de acuerdo con el sentido diminutivo del sufijo catalán -*ó*, lo cual quizá corresponda al matiz del vocablo en la provincia de Castellón, de donde era Labernia (aunque en Barcelona, de donde era Belvitges, *salsitxa* es realmente 'salchicha' y *salsitxó* apenas se emplea, mientras que *salchichón* se traduce *botifarra*).— [11] Pero en la ac. 'ladrón' este vocablo no viene en realidad de *chorizo*, sino del gitanismo *chori* íd., vid. M. L. Wagner, *RFE* XXV, 175, *RF* LXX, 192.

Chorizo 'llovizna', V. *zarazas*

Chorla, V. *chorlito*

CHORLITO, onomatopeya de la voz del ave. *1.ª doc.*: Juan Manuel († 1348), *Libro del Caballero e el Escudero* (Rivad. LI, 251b); comp. Cej. IX, § 154.

Churreta designa la Upucerthia vulgaris en Chile (Lenz, *Dicc.*, s. v.)[1]. El carácter onomatopéyico de esta palabra resalta en vista de la forma soriana

churlí, como observó G. de Diego (*RFE* IX, 121). Formas semejantes designan el chorlito en hablas muy diversas: campid. *zurrulíu, zurlíu, ziriolu*, logud. *tiriolu* (M. L. Wagner, *ASNSL* CXXXIV, 312), Servigliano *ćurluí* [= it. -*ovino*][2], vasco *txurlita*, *kurlita* (Arriaga), *kulizka* guip. y Fuenterrabía, *kulinka* Lequeitio, *kuluxka* Fuenterrabía, oc. *courriolo*, fr. *corlieu*. Por otra parte *chorlito* es también el nombre de una avecilla del tamaño de la codorniz que anda siempre a orillas del mar o de los ríos y lagunas, según *Aut.*, y hoy figura *chorla* como nombre de una especie de ganga en *Aut.*; en efecto, en varios idiomas formas semejantes designan a aves emparentadas con la chocha perdiz: cat. *xurla*[3], it. *chiurlo, ciurletto, -otto*, sic. *ciurlániu*, Pulla *ciurlu*, nap. *ciurla* (M. L. Wagner, *ARom.* XV, 238), vasco *kurlinka, kurlinta, kurliska*, oc. *cour(re)li* (Schuchardt, *BhZRPh.* VI, 39), vizc. *txurlunkoi* (ibid., 61); además val. *xorovita* 'pájaro semejante al gorrión con la cola más larga' (Alcoy), aran. *xorreta*, Luchon *tchourreta* 'troglodita (pájaro)', landés *tchorle, tchourre* (en mi *Vocab. Aran.*, s. v.). Vid., además, *REW* 4741, y Spitzer, *Lexik. a. d. Katal.*, 21. No creo que haya parentesco con el vasco *txori* 'pájaro, en general', (*t*)*xoarre* 'gorrión' (al cual Urtel, *Sitzungsber. d. preuss. Akad.*, 1917, 537-8, busca descendientes romances).

DERIV. *Chorla*, vid. arriba. *Chorlo* 'Totanus melanoleucus', 'Orcophilus ruficollis', en la Arg. (P. Serié, *La Prensa*, 23-VI-1940; Sabella, *Geogr. de la Prov. de Mendoza*, p. 143).

[1] Claro que no puede ser de origen araucano, como sugiere Lenz, pues como nota él mismo este idioma no tiene *rr*.— [2] *ARom.* XIII, 253.— [3] En Urtx (Cerdaña) me señalaron una ave o pájaro de nombre *xurlit*, que no puedo identificar. *Txorlit* debe de tener uso en amplias zonas valencianas; al menos hay en muchos pueblos de la zona Sur de la provincia de Valencia bastantes lugares como el Alto y Fuente del *Txorlit*, entre Onteniente y Vallada.

Chorlo (pájaro), V. *chorlito*; 'tataranieto', V. *chozno*

CHORLO 'cristal de turmalina', del alem. *schörl*, por conducto del fr. *schorl* íd. *1.ª doc.*: Acad. ya 1843.

Según C. Gálvez, *BRAE* XXII, 491, *chorlo* se emplea en Galicia. En francés empleó *schorl* Buffon (Littré), y de ahí pasaría el vocablo al castellano por vía culta y escrita.

Chorniego, V. *churre* *Chorpar*, V. *chozpar* *Chorra, chorrar, chorrear*, etc., V. *chorro* y *jorro* *Chorrascar*, V. *socarrar* *Chorreón*, V. *cerrión* y *chorro* *Chorrillero*, V. *churrullero*

CHORRO, onomatopeya de la caída del agua:

la ac. originaria parece haber sido 'agua que salta en cascada o torrente', y es voz común al castellano con el portugués, el vasco y el gascón. *1.ª doc.*: Nebr.

Éste traduce «torrens, fluxus, fluentum», es decir, 'torrente', 'chorreo de un líquido', 'corriente de agua'[1]. Desde el S. XVI es vocablo muy frecuente. Cej. IX, § 154. *El Chorro, El Chorrillo*, son nombres muy abundantes en la toponimia de todas las tierras de lengua castellana. El vocablo es una excelente onomatopeya del agua que salta por los torrentes. En español no se le ve otra explicación posible que la onomatopéyica. En territorios lingüísticos vecinos se roza y combina *chorro* con otras familias de vocablos, de origen independiente y más o menos conocido, pero se trata, probablemente en todas partes, de contactos secundarios.

En vasco *txurru* 'chorro', 'fuente', *txurru-txurru* 'onomatopeya del acto de beber', se emplean en varias localidades vizcaínas, y de ahí viene el guip. *txurrut* 'trago'; Schuchardt, *Litbl.* XIII, 428, apuntó la posibilidad de identificarlo con la antigua voz vasca *iturri* 'fuente, manantial', documentada por la toponimia desde la época romana (*RFH* V, 9, n.2), teniendo en cuenta que *i-* es elemento separable en muchos vocablos ibero-vascos: la idea no es inverosímil, puesto que no es raro que las voces vascas en *t-* formen el diminutivo en *tx-* (*txotxo* 'muchachito' junto a *toto* 'muchacho' y otros ejs. citados por Azkue II, 305c); sin embargo, el propio Schuchardt no creía en la idea y se inclinaba por un origen onomatopéyico, explicación prudente dada la escasa difusión geográfica de *txurru* en vasco; hay que darle la razón en vista de que en vasco mismo la raíz puede aparecer con otros vocalismos—guip. *txirri* 'chorro, jet d'eau', a. nav. *txorrota* 'llave de fuente'—u otra consonante inicial: nav., guip. y vizc. *zurrut* 'trago, sorbido', vasco francés y roncalés *zurrust, -usta, -uxta* íd., 'chorro, cascada, torrente', vizc. *zurrustada* 'trago, sorbo' y otros muchos derivados.

El vocablo está bien representado en las hablas romances que confinan al Norte y al Este con el País Vasco: bearn. *chourre* f., *chourrère*, «source jaillissante, fontaine bruissante; jet d'eau, cascade», *chourròt* «filet d'eau jaillissant et bruissant», *chourroulh* «cascade, mase d'eau tombante» (con los verbos *chourrà* «couler en bruissant», *chourrotà* «couler avec abondance et bruit»: Palay), Gironda *chorre* f. [*čóřę*] «chute de liquide» (Moureau, *Patois de la Teste*), Bigorra *chourrot* «cascade, source bruyante» (Mistral), que por lo demás ya no se extiende más al Este[2]; en Aragón el vocablo presenta también muestras de particular vitalidad con sus derivados y acs. propias: *churrumpada* 'chorrada, chorretada' (Borao, Coll)—comp. Lescun *charrumbato* «jet mince de lait à la traite»—, Echo *churro, chorro*, 'pico de jarra o de rallo', Ansó *chorro* 'pico de la canalera', *chorrupo* 'pico de bo-

tijo' (*RLiR* XI, 43), que por el sentido enlazan con el español común *chorra* 'miembro viril', ast. *xurra* íd. (Rato); sin embargo, esta vitalidad especial en el romance pirenaico no es razón suficiente para insistir en un origen vasco. Nótese que es ajeno al catalán, pero muy vivo en portugués.

En esta lengua el vocablo tuvo antiguamente la misma forma *chorro* que en castellano («*chorros* de muito gentil água», en Castanheda, med. S. XVI, cita de Fig.), y hoy el vocablo sigue empleándose dialectalmente (miñoto *chorreira* «enxurrada»; Sierra de la Estrella *šóřu* 'caño de madera que lleva el agua al abrevadero', *VKR* IV, 279), pero en el portugués común se pronuncia actualmente *jôrro* «grande jacto; saída impetuosa de um líquido; fluência; alambor», *jorrar* «saír com ímpetu, em jorro», por contaminación con *jorro* 'acción de remolcar', procedente del ár. *ǧurr* íd., y con su derivado *jorrar* 'remolcar' (V. JORRO[3]). Gall. *churro* o *xurro* 'el chorro de agua de los caminos cuando llueve, o que entra en las heredades', *xurreira* «el *bocarón* por donde esa agua se entra en los prados», variante usada en Pontevedra, mientras que en Santiago se emplea *zorreira* (Sarm. *CaG.* 181v, 211r y v). Del español pasó el vocablo al árabe de España y de Marruecos: *chorró*, plur. *charárin*, con la equivalencia «*caná min mí*» (es decir, 'caño de agua'), en PAlc., s. v. *chorro*; marroq. *čorrár*, pl. *čarâwar*, 'chorro de agua', *čárčar* 'chorrear' (Lerchundi): en la primera de estas formas hay cruce con el ár. *ǧarrâr* 'rápido (torrente)', 'abundante (manantial)', de la misma raíz que *jorro* 'remolque' (Dozy, *Suppl.* I, 179b).

Otras formas, portuguesas y catalanas, parecen debidas a un encuentro de *chorro* con derivados de SABŬRRA 'arena, escoria': port. *enxurrar* «cobrir de enxurro, alagar com enxurro», relacionable con el cast. ant. *enxavorrar* EX-SABURR-ARE, port. *enxurro* «escória, ralé», «corrente ou jôrro de inmundícies», «corrente impetuosa de águas fluviais», miñoto *xurreiro* «regueiro formado acidentalmente por águas pluviais» (Leite de V., *Opúsc.* II, 515), *surreira* «por onde entram os enxurros nos campos» (S. XVIII: ibid., p. 171), cat. *(ai)xorrancar* 'erosionar el terreno los torrentes' (Fabra, s. v. *xorrencar*; en Llagostera: *AORBB* V, 240), *xorranc* 'torrente' (ibíd.), *xòrrec* 'barranco torrentoso' (oído en la Plana de Vic, Camprodón, Ribas y Cerdaña). Quizá este último, en vista de su *ò*, sea independiente de SABURRA; por lo demás *chorro* y su familia son ajenos al territorio catalán, pues los val. *xorrar* 'manar, fluir, chorrear' (Plana de Castellón, Alcoy, etc., y ya en Sanelo, S. XVIII), *xorroll* 'chorro de agua' (Sanelo), han de mirarse como castellanismos; quizá mozarabismos, al menos en parte, dado el enorme arraigo de *čorro* en la Toponimia de todo el Reino de Valencia; también en Ribagorza y en el Alto Aragón en la forma metafórica *čúrro*, que también se oye en el catalán fronterizo de esta zona: «apl[l]enà d'aigua la jarra al *churro* (de la font)» en Perafita de Fades, p. ej. Procede del castellano el campid. *ciurru, zurru* «zampillo, cascata d'acqua».

DERIV. *Chorra* 'miembro viril' (que Cej. VIII, p. 581, da como vivo en Navarra, y que no lo es menos en el Sur y en otras partes de España). *Chorrada. Chorrar* ant. *Chorrear* [Nebr.], *chorreado, chorreadura, chorreo. Chorrera* [Aut.]. *Chorretada* [Quevedo]. *Chorrillo* [1587, Gili]. *Chorrón. Chorreón*, comp. *CERRIÓN.* Gall. *zurrucho* 'chorro' (un *z.* de viño, angue, agua, etc.); *zurruchar* ['chorrear'] : «está *zurruchando*», Sarm. *CaG.* 228r; esta variante consonántica *z*- por *ch*- que sólo vemos en vasco (*zurrustada*, etc.) pudo tener antes mayor extensión (como realmente comprobamos en el relacionado *CHURRUPEAR*), aunque ante *-uchar* ayudaría a justificarlo una disimilación. CPT. *Chorroborro* (fórmula rimada con variación consonántica).

[1] Oudin: «un torrent d'eau, une eau qui sort à gros flot, une source d'eau, un gros ruisseau, un gachis d'eau» (ed. de 1616, pero el vocablo ya figura en la de 1607). Está también en C. de las Casas, Rosal, Palet (Gili). Covarr.: «el golpe grande de agua que sale por lugar angosto: del sonido que haze el agua».— [2] La familia del cat. *xarrupar*, bearn. *chourrupà, surrupà, hourrupà*, vasco *zurrupatu*, 'sorber', 'tragar un líquido ruidosamente', que Rohlfs (*BhZRPh.* LXXXV, § 72) y otros derivan de *chorro*, forma grupo aparte por su diferente área geográfica y su *-p-* característica, inexplicable como sufijo; V. *CHURRUPEAR.* Comp., empero, Ansó *chorrupo* 'pico de botijo'. Interesa, en cambio, el bearn. y bigordano *charràm*, Lavedán *charrâ*, «jet de lait qui sort du trayon», porque su vocalismo confirma el carácter onomatopéyico.— [3] Eguílaz, 377, y el Brocense se basan en estas formas secundarias para derivar *chorro* del ár. *ğàrà* 'fluir, correr (un líquido)', con el cual no tiene nada que ver, como ya vió Baist, *RF* IV, 397. Tampoco hay relación etimológica con el ár. *ğarrār* 'rápido, abundante' (hablando de torrentes y manantiales) ni otras palabras de esta raíz, en la cual pensaba el P. Guadix; aunque ella pudo contribuir al cambio portugués de *chorro* en *jorro*.

Chorrupo, V. *chorro   Chorruspiar*, V. *churruspear*

CHORTAL, origen incierto. *1.ª doc.:* Acad. 1884.

La definición en 1884 era 'fuentecilla o manantial a flor de tierra'; hoy reza 'lagunilla formada por un manantial poco abundante que brota en el fondo de ella'. Es muy dudoso que pueda venir de *chorro* (a base de **chorretal*). Quizá del lat. vg. **SURCTUS*, participio de *SURGERE* 'surgir, brotar' (comp. el cat. *reixort* s. v. *SURTIR*). Más bien comp. el vasco *txorta* 'gota', 'trago' (Alta y Baja

Navarra, Roncal y Sule), ronc. y suletino *txortel* 'gota', suletino *txortol* 'gotera' (Azkue). Para decidir entre estas dos posibilidades hace falta conocer el área del vocablo. Es posible que la voz vasca sea de origen romance.

Chospar, V. *choz   Chosquilar*, V. *esquilar Chotacabras, chotar, chotear, choteo*, V. *choto*

CHOTIS, del alem. *schottisch* íd., propiamente 'baile escocés'. *1.ª doc.:* falta aún Acad. 1899.

CHOTO, 'cabrito que mama', 'otros animales lactantes', vocablo del lenguaje familiar, de carácter onomatopéyico, por imitación del ruido que hace el animal al chupar las ubres. *1.ª doc.:* J. Ruiz, 968d; inventario aragonés de 1405 (*BRAE* IV, 528).

Aplicado al ganado cabrío, en Aragón se ha extendido a todo macho, joven o viejo, seguramente como sustituto de *cabrón*, que se había hecho malsonante: Litera *choto* 'macho cabrío destinado a la reproducción', Loarre íd. 'cabrón capado', 'macho cabrío viejo' (*RLiR* XI, 42), y en el citado texto de 1405 el macho *choto* se opone ya a la hembra *cabra*[1]. Cej. VIII, § 105. Sin embargo, lo común en todas partes es que *choto* se aplique sólo al cabrito mamón, como precisan Covarrubias y *Aut.*

Por lo demás el vocablo no se aplica en todas partes a la especie cabría, como en Aragón y Este de Soria, sino al 'corderillo' en parte de Burgos, y al 'ternero mamón' en el Oeste de Soria, en otras localidades burgalesas (G. de Diego), en Cespedosa (*RFE* XV, 279) y en Cáceres (Espinosa, *Arc. Dial.* 10 y n. 1); el gall. *choto* reúne las acs. 'cabritillo' y 'ternero' (Vall.). Hay variante con *j*-, ant. *x*-: Soria *joto* y *jote* 'ternero', gall. *xoto* 'cabritillo que mama' y 'ternero' (Vall., s. v. *joto*), que a su vez se enlaza con el ast. *xatu* 'ternero', gall. *xato* 'becerro' [*Aut.*; Sarm. *CaG.* 90r, 126r, *A18r*; Cej. IX, § 192]. Éste puede ser vocablo de creación expresiva, como voz de llamada para que acuda el animal; pero en cuanto a *choto* y *xoto*, tratándose especialmente de animales lactantes, es más probable que sean onomatopeyas del sonido *cho-* o *šo-* de los labios del animal al mamar, como indicó Rohlfs, *ARom.* V, 415-6 (asimismo Wagner, *RFE* XI, 276). Rohlfs cree que *choto* viene del verbo *chotar*, hoy anticuado, pero está en Nebr., Rosal y Covarr. En esto discrepo de su opinión, pues este verbo será más bien derivado de *choto*, en vista de que el verbo es exclusivamente castellano, mientras que formas emparentadas con *choto* se hallan en varios romances: val. *xoto* 'cabrito de menos de un año', cat. *xot* 'cabrito mamón' (en el Principado y Mallorca: *BDLC* IX, 239; Amengual), 'macho cabrío joven, inapto para la reproducción' (en Gandesa: Amades, *Excursions* III, 191), 'carnero' (en Manacor, Mallorca: *BDLC* VII, 57)[2], sobreselv. *tschut* 'cordero', engad. *tschot* íd., Bormio *ćutíñ* íd. (*WS* III, 111)[3].

Teniendo en cuenta estas formas es aún más imposible aceptar la idea de Rosal y G. de Diego (*RFE* VIII, 411; *Contr.* § 580; *ZRPh.* XLI, 587-8) de que *chotar* viene de un lat. **SŪCTARE*, derivado de SŪGĔRE 'mamar', que además choca con la *o* y con el tratamiento normal de -CT- en castellano y en retorrománico .

DERIV. *Chotar* (V. arriba). *Chotuno* [1464; *Mingo Revulgo*]. *Chotear* 'retozar' arag.; 'mofarse', cub., mej. (*BRAE* VII, 459); *choteo* 'pitorreo' cub. Gall. *choutar* («me fai *choutar* coa risa» Castelao 182.18, 180.10, 181.7, 65.2, 238.22). *Chota* 'delator, soplón' gnía., comp. *cabra* y *chiva* con el mismo significado (Wagner, *RFE* XI, 276n.).

CPT. *Chotacabras* [Nebr.].

[1] «Dezesiet cabeças de *cabras* y *chotos*: las onze cabeças a precio de 5 solidos por cabeça, y las seys que son sogallas, a precio de tres solidos». Luego *cabras* y *chotos* abarcan juntamente a animales adultos (vendidos a 5 sueldos) y jóvenes, o *segallas* (vendidos a 3 sueldos). En J. Ruiz *buena carne de choto* debe referirse a la del cabrito, pues la del macho adulto es dura y mala.— [2] *Xotinar* 'avezar a un corderito a mamar de una oveja que no es su madre', ibidem; *BDLC* VII, 56.— [3] La familia del it. *succhiare*, retorrom. *tschütscher*, «chupar, mamar», con la cual relaciona Rohlfs está demasiado lejos fonéticamente de *tschot*, etc.— [4] *Choto* 'zurdo' en la Sierra de Gata y Oeste de Salamanca (Espinosa, *Arc. Dial.* 52n.1), quizá se explique por la torpeza de los animales mamones.

CHOVA, 'especie de cuervo o corneja', del fr. ant. y valón *choe* íd. (hoy *chouette*), de origen céltico o germánico. *1.ª doc.*: *choa*, Covarr.; *choya*, 1616, Oudin (falta en 1607); *chova* 1601, Rosal ('urraca', definición falsa debida a su etimología errónea, vid. Gili); *Aut.*; Cej. IX, § 137.

El préstamo de esta voz está explicado históricamente por Terr., s. v. *choba*: «especie de graja, que trajo de Flandes a España Carlos V, y han prevalecido tanto que ya son innumerables en la Casa de Campo y otras partes»; véase allí la documentación citada. Se trata por lo tanto de una ave que prosperó primero en los Reales Sitios, como la Casa de Campo. También gall. *chòya*, 'corneja de campanario', 'mujer simple y a todo dócil' (Vall.; *RL* VII, 209), que por lo tanto no es onomatopeya, como cree Wartburg, aunque se emplee *cho-ba!* popularmente como onomatopeya del canto de la *chova* en Asturias (V), pero esto es secundario. En cuanto a una forma gallega *chova*, atribuída al P. Sarmiento (*BRAE* XVI, 255), es dudoso que exista, pues en el *CaG.* editado por J. L. Pensado sólo aparece *choia* y *choio* 'grajo, estornino' (91r, 114r), port. dial. *choi* «gralla» (Moraes[10]), cf. Pensado, p. 230, que parece

sugerir se identifique con esto otro gall. *choio* 'asunto, negocio' [Cuveiro], port. minhoto *xoio* 'trabajo con que espera lucrarse un operario': tal vez con razón, aunque también podríamos pensar en un postverbal de *choir* 'cerrar, concluir' (vid. CLAUSURA). *Chova* en Cespedosa (*RFE* XV, 275). Leon. (La Lomba) *choya* 'corneja' *BRAE* XXX, 315. Para un representante mozárabe, muy incierto, de esta voz céltica, vid. Simonet, s. v. *caibal*. And. *chova* 'metomentodo', 'alcahuete' (AV). V. el *FEW* II, 560-1, para el posible origen germánico de la voz francesa, hoy valona[1].

[1] El vocablo está muy extendido en los idiomas germánicos, en formas que corresponderían a un fráncico **KAWA*. Sin embargo, como en germánico no tiene etimología y se le cree onomatopéyico, como los germanistas admiten que emigró desde Franconia (donde se hallan los testimonios antiguos) a Escandinavia y de ahí a Inglaterra, y como en francés hay relación evidente con el tipo *chouan* CAVANNUS, cuyo sufijo parece indicar origen céltico (CAPANNA y vid. Pedersen, *Vgl. Gramm.* I, 63; Bolelli, *It. Dial.* XVII, 179), habría que examinar la posibilidad de que en Franconia fuese celtismo o romanismo antiguo. Lo declara céltico Terracini, *Riv. di Filol.* XLIX, 427. Por carta me comunicó E. Gamillscheg en 1956 una interesante y sugestiva teoría al conocer mi etimología germánica del cat. *òliba* 'lechuza' (antes *òbila*), germ. occid. ŪWWĬLA (> al. *Eule*, ingl. *owl* íd.), recién publicada entonces en los *Mélanges Mario Roques*. El nombre de la *Cava*, víctima de D. Rodrigo, debe de ser uno de los descendientes romances de este b. latino CAVA de origen céltico; otras fuentes medievales le dan el nombre de *Oliva*, pero éste no se debería identificar con el lat. OLIVA 'aceituna' ni con la raíz onomástica de *Oliveros* (< fr. *Olivier*) sino con el dicho germanismo catalán *òliba* 'lechuza' (lo cual supone que se acentuaría como esdrújulo *Óliva*). No he llevado a cabo averiguaciones que aseguren tan curiosa teoría. De todos modos tenemos ahí una elocuente sinonimia que parece confirmarla y esto abriría lejanas perspectivas hacia el estudio de viejas tradiciones germánicas y célticas en las leyendas de la España visigótica. ¿Se aplicaría el nombre de la lechuza a la triste y abandonada princesa? Es la idea que parece estar contenida en la sabia e innovadora teoría del sabio romanista alemán.

Chovillo, V. *ovillo*   *Choya*, V. *chova*

CHOZ, *hacer* o *dar choz* 'causar novedad, extrañeza', *de choz* 'de golpe, de repente', quizá onomatopeya del golpe. *1.ª doc.*: *de choz*, Quevedo; *hacer* y *dar choz*, ya Acad. 1843.

«*Hizo choz o chuz*', cuando se quebró alguna olla o vaso, o se peyó persona» Correas (1627), vid. Gili (y comp. *chuz* y *chus* allí mismo); *hacer choz* lo emplea Sarm. como castellano (1745, *CaG.* 164v) por 'meter de golpe los niños en el hoyo todos los piñones con que juegan'; *choz* en Sajambre 'el tuero que queda al cortar los árboles' (Fz. Gonzz., *Oseja,* 246).

DERIV. De una onomatopeya semejante viene indudablemente *chozpar* 'saltar o brincar con alegría los corderos, cabritos y otros animales' [1614, Fr. J. Hurtado, Cej. IX, p. 62; en el malagueño Estébanez Calderón, † 1867, cita de Pagés; Acad. 1899; Ayala, 1693, da *chorpar* y *chospar* como burgaleses, para 'retozar' y para «otros juegos menos decentes», vid. Gili]; *chozpo, chozpón.* Análogamente: ast. *churniar* 'embestir con los cuernos los bovinos' (Colunga), *churnar* (Villaviciośa), *tuñar* (Piloña), V, en los cuales quizá sólo la *ch-* se deba a *chozpar,* comp. berc. *turniar* 'embestir (las cabras y carneros)' que me señala el Sr. García Yebra.

CHOZA, vocablo típico del español y el portugués, parece ser derivado de *chozo,* 'choza pequeña', que a su vez vendrá del lat. PLŬTEŬS 'armazón de tablas, fija o móvil, con que los soldados se guarecían de los tiros del enemigo'. *1.ª doc.:* 1251, *Calila,* ed. Allen, 195 (2 ejs.)[1].

Sale también en *I.ª Crón. Gral.,* p. 35b, en J. Ruiz, en los Glosarios de Palacio, Toledo y el Escorial, en *Otas de Roma,* texto leonés de princ. S. XIV (fº 94vº, ed. Baird, 148.19), en G. de Segovia (p. 81), en APal. (9b), en Nebrija, en Juan de Valdés, el *Cancionero de Baena* (W. Schmid), la *Celestina* (ed. 1902, 512), etc. Cej. IX, § 145. En gallego aparece *choça* en las *Ctgs.* y *Gral. Est.* gall. del S. XIV, pero según Crespo Pozo, lo común es hoy *chouza,* que aparece ya en Leiras Pulpeiro y en Castelao (155.12, 187.7). Para representantes vascos, Michelena, *BSVAP* XI, 287. En todos los textos citados aparece escrito con ç sorda, y así se pronuncia hoy en port. *choça,* en judeoespañol y en Cáceres (Espinosa, *Arc. Dial.,* 33). Esta sorda, así como el tratamiento de PL- > *ch-,* parecen indicar que se tomó del portugués; sin embargo es, entonces, sorprendente que ya se halle en el S. XIII Indicó ya esta etimología Diez, *Wb.,* 440, y aunque el maestro la retiró posteriormente ante el étimo árabe de Dozy, la defendieron Baist, Leite de V. (*RL* II, 37) y M-L. *REW* 6619, y hoy se admite comúnmente. El cambio de significado es comprensible, especialmente en una provincia como Hispania, en cuya colonización desempeñó papel tan importante el elemento militar romano; de todos modos la dificultad fonética indicada impide considerarla segura; menos peso tiene la objeción que podría derivarse del *ou* del gallego (ya escribe así una vez el ms. T de las *Ctgs.* en 75.133), puesto que hay *o* en los textos medievales (*Ctgs.* 378.25, 75.24, *Gral. Est.* 89.5) y en port., y el diptongo pudo nacer del influjo de *chousa* 'posición de monte cerrada' (CLAUSA) y quizá de los

sinónimos *choupana* y *cachoupa* (verdad es que el origen de estos a su vez no está claro y es verosímil que procedan de cruces de *chouza,* tal vez con el lat. CAPANNA, aunque sorprende entonces que la -p- no pasara a -b-). El étimo árabe de Dozy, *Gloss.,* 254, ár. *ḫuṣṣ* 'choza', es del todo inaceptable por razones fonéticas.

Chozo 'choza pequeña' [ya Acad. 1884, no 1843], hoy vivo y usual en Cáceres, Sierra de Gata y Oeste de Salamanca (Espinosa), así como en la Arg. (F. Burgos, *La Prensa,* 25-VIII-1940; 15-IX-1940) y otras partes; también Alentejo *chôço* 'choza pequeña' (Leite, *l. c.*).

Plúteo es duplicado culto, con el sentido de 'anaquel', que también tenía la voz latina.

[1] Quizá ya en «el majuelo de la *Joça*» en doc. de Covarrubias, a. 1159 (Oelschl.), con la grafía arcaica *j* = *ch.*

CHOZNO, 'tataranieto', origen incierto. *1.ª doc.:* 1528, Guevara.

Aut. da, además, dos ejs. del S. XVII, a los cuales se puede agregar el de Tirso que cita Sundheim; Cej. IX, § 145; Oudin, 1607, define *chozno* (y *chozna*), como sinónimo de 'tataranieto', y así dice también Clementín (en su ed. del *Quijote* III, 118); en Guevara el contexto exige el mismo significado («ya teníades nietos casados, biznietos desposados, y aun *choznos* nacidos») y lo mismo parece en el pasaje de Tirso, donde alguien desea a una mujer que llegue a ver *choznos* viejos (los demás pasajes no son inequívocos). Ésta es también la definición que dan Percivale (1591), Rosal y Palet (Gili). Por otra parte según *Aut.* sería el hijo del tataranieto, definición que ha respetado la Acad. en sus varias ediciones, así como Cuervo (*Ap.*[7], § 791), Gagini y Sundheim, y que figura también en el diccionario inédito de Juan F. de Ayala Manrique, relacionado con la Academia, empezado en 1693, pero terminado después de *Aut.*; sospecho que es ac. infundada o secundaria, pues los idiomas no suelen tener denominaciones para descendientes más allá del tataranieto.

Hoy el vocablo está olvidado en el uso español común, pero hay testimonios de su supervivencia en varios países americanos: en Cuba y Puerto Rico, en la forma *chorno* (Pichardo, p. 88; Malaret), que se explica sin dificultad por una alteración del mismo tipo que *marlo* o *murlo* (por *maslo, muslo*); en Puerto Rico, Costa Rica y Colombia se dice *chorlo*; y en el Ecuador, *chuznieto* (Cevallos, Mateus).

Fijándose en esta última forma, Cuervo, en antiguas ediciones de sus *Apuntaciones*[1], creyó que ésta sería la forma originaria del vocablo, que se habría formado, como miembro de la serie *bisnieto, tresnieto* (= *tataranieto*), *quadrinieto* (forma que aparece en el *Fuero Juzgo*); *chuz-* sería entonces el adverbio *chus* 'más', 'plus', que aparece en Berceo, *S. M.,* 370, en gallego [*Ctgs.* «chus negro ca pez» 68.44, etc.] y portugués, y que probablemente se conserva fosilizado en la locución *no decir chus ni mus* (propiamente *no decir chus* 'no decir nada más', con añadidura del eco de consonantismo alternante *mus*). En la serie mencionada, percibiéndose *bis-* como equivalente de *dos*, y siendo claro el sentido correlativo de *tres-* y *quadri-*, se habría formado un miembro final *chusnieto*, con *chus* 'más', es decir 'más de 3' o 'más de 5', para los descendientes posteriores al *tresnieto* o al *quadrinieto*. Es verdad que *tataranieto*, antiguamente *trasnieto*, no parece contener *tres-* sino *tras-*, lat. TRANS 'más allá' (*AILC* I, 148), pero como la variante *tresnieto* existe realmente (Cuervo la cita en el *F. Juzgo*), importa poco que sea primitiva o secundaria, y puesto que el hecho es que dió nacimiento a un *quadrinieto*, también pudo provocar el de *chus-nieto*. Por lo que respecta al cambio de *-sn-* en *-zn-* no ofrecería dificultad (V. *DELEZNAR*, y mi nota en *Word* III, 74).

De *chuznieto*, en opinión de Cuervo, se habría sacado *chozno* como *manso* de *mansueto* y *fino* de *finito*; hoy sabemos que *manso* y *fino* no son formaciones regresivas romances, pues *fino* puede salir del sustantivo *fin* o del verbo *finar* o *finir*, pero desde luego no se sacó de FINITUS, y para *manso*, V. *MANO*. Esto no impediría del todo esta etimología, pues las formas regresivas *CARPA* de *carpeta*, *leva* de *LEVITA*, *huma* de *HUMITA*, *ocal* de *ocalito* por *EUCALIPTO*, son sumamente frecuentes en América y no falta algún ej. de tales «desdiminutivaciones» aun en España. Por otra parte aquí no se trata de *-ete* o *-ito*, sino de *-ieto*, habría que admitir que *chuznieto* se cambió primero en **choznieto* por ultracorrección de la tendencia *cobrieron* > *cubrieron*, *podiendo* > *pudiendo*, y sobre todo sería extraño que tal desdiminutivación ya estuviera consumada a princ. S. XVI y que la forma originaria no apareciera sino en el Ecuador y más de tres siglos más tarde; y aunque ninguna de estas dificultades es dirimente, todas ellas en conjunto hacen inverosímil la idea, tanto más cuanto que es mucho más fácil explicar *choznieto* como cruce de los dos sinónimos *chozno* y *tataranieto*.

En definitiva considero más probable que *chozno* y su variante **chozlo* (de donde *chorlo*, que no se explica fácilmente como alteración de *chorno*), sean términos hipocorísticos, empleados por el anciano al dirigirse a sus descendientes en tono de mimo o arrullo, creaciones primarias del idioma, de carácter expresivo y pertenecientes en rigor al lenguaje infantil, como tantos vocablos en *ch-* inicial; la fijación en el sentido preciso de 'tataranieto' (y aun quizá 'cuarto nieto') pudo ser secundaria.

¹ Cito de segunda mano, según Tobar, *Consultas al Dicc. de la Academia*. Esta explicación está ya suprimida en la ed. de 1907, que es la más

antigua a mi alcance. Luego, al parecer, el sabio filólogo puso en duda posteriormente su idea.

Chozo, V. *choza*   *Chozpar*, *chozpo*, *chozpón*, V. *choz*   *Chubarba*, V. *jueves*   *Chubasco*, *chubasquería*, *chubasquero*, *chubazo*, V. *lluvia*.

CHUCA, 'uno de los cuatro lados de la taba, que tiene un hoyo o concavidad', origen incierto, quizá relacionado con *CHUECA*. 1.ª doc.: *chuque*, Covarr.; *chuca*, *Aut.*

La documentación de esta palabra es escasa y contradictoria. Covarr. la da como nombre de uno de los cuatro puntos de los dados¹. La definición actual se basa en la de *Aut.* Pero Séjournant (S. XVIII), citado por Terreros, dice que es cualquiera de los cuatro lados de un dado. Y el tucumano Fausto Burgos lo emplea como nombre de un hueso entero, posiblemente la taba o astrágalo². Gall. *chuca* Sarm. *CaG.* 116v, quien ya dice que es voz arábiga (sin concretar) de acuerdo con el prejuicio ya común entonces.

Dozy, *Gloss.*, 254, supone la existencia de un ár. **šúqqa*, derivado de la raíz *šaqq* 'hender' y hermano del sustantivo *šaqq* 'hendidura', por alusión al hoyo característico de la *chuca*. La existencia de tal palabra arábiga es concebible, pero conviene subrayar que es hipotética, pues la apariencia de realidad que le presta Dozy al citar la palabra *š-qqa* «crevasse» del egipcio Bocthor (sin vocalizar en este diccionario), es engañosa, a juzgar por el *Suppl.* del propio Dozy (I, 773b), donde este autor vocaliza como *šáqqa* el vocablo de Bocthor, que efectivamente así está vocalizado en el español PAlc. Por otra parte, aunque **šúqqa* exista, su tratamiento fonético sería totalmente anómalo, pues *š* debiera dar *x-* (> *j-*)³, y la *u* ante velar debía convertirse en *o*. Por lo tanto es probable que esta etimología arábiga sea tan falsa como la que propuso Dozy para *carne*, nombre de otro de los lados de la taba (V. s. v. *CARNICOL*).

Como también *taba* se emplea especialmente para cada uno de los lados de este hueso, es muy posible que *chuca* signifique asimismo 'astrágalo' originariamente, como por lo visto sucede hoy en la Arg., y entonces sería más verosímil admitir que se sacó secundariamente de **chuquilla* por **choquilla*, diminutivo de *chueca* 'hueso redondeado'. Inadmisible del todo, por razones fonéticas, es derivar del ár. *zâqa*, uno de los nombres del dado, según quiere Eguílaz, 377.

¹ «*Azar*... para los Arabes... es uno de quatro puntos que tienen sus dados... que los latinos llaman *canis* y ellos *azar*, el punto; los demás son *chuque*, *carru*, *taba*.» Es a propósito de la etimología de *azar*; *carru* será errata por *carne*. De la redacción de Covarr. podría deducirse que para él *chuque* y los dos nombres siguientes son los nombres usados en árabe, pero creo que esto se debe sólo a una ambigüedad de expresión, y que

en realidad los cita en calidad de nombres empleados en castellano. Por lo demás, dada la constante confusión que hace Covarr. entre lo actual y lo etimológico, no podemos estar seguros de que no nos dé ahí los nombres de los cuatro lados de la taba, como hoy en día; por el contrario, esto es bastante probable.— [2] «A sus pies yacía un hueso, una *chuca pelada*», *La Prensa de B. A.*, 4-V-1941. Se trata de dos animales que se disputan una presa.— [3] El paso de *š-* a *ch-* sólo sería admisible en un arabismo muy tardío, de fines del S. XVI, cuando ya la *x* se pronunciaba como jota en español.

CHÚCARO, 'arisco, montaraz', rioplat., chil., per., ecuat., colomb., centroamer., origen incierto, quizá del quich. *čúkru* 'duro'. *1.ª doc.*: 1612, Bertonio, *Vocab. de la Lengua Aymará* (empleándolo como voz castellana); 1704, doc. argentino (Chaca, *Hist. de Tupungato*, p. 167); 1880, en el ecuatoriano Cevallos; Acad. 1914 ó 1899.

Lenz, *Dicc.*, 316; Friederici, *Am. Wb.*, 185. Lenz cita el quich. *chucru* en Middendorf (1890), que está también en el P. Lobato (1901), pero falta en Fr. Sto. Tomás, Holguín, Lira, y el vocab. de Junín y Ayacucho por los franciscanos; Lafone, que era buen quichuísta, declara desconocida la etimología, y Lizondo omite el vocablo. Quizá sea voz dialectal en quichua. Pero también cabe sospechar que en este idioma sea voz reciente y advenediza. Bertonio da «*choquela*, gente cimarrona» como palabra aimará, acaso emparentada con aquella voz quichua. La intercalación de la *a* no presenta dificultades, comp. *CHACRA* (*chácara*). Semánticamente sería posible que el ecuat. *chucuru* 'especie de comadreja' (Acad., falta aún 1899) venga de la misma palabra, aunque la forma real es *chucuri* (Malaret, citando a Lemos), por lo menos en quichua ('comadreja' en Fr. Sto. Tomás y en Gz. de Holguín). En rigor, como hay pocos animales tan ariscos como la comadreja, cabría también sospechar que *chúcaro* sea el quich. *čukúri* adjetivado, aunque el cambio fonético no sería enteramente normal.

Chucero, V. *chuzo*

CHUCH-, raíz de significados varios, de creación expresiva y en parte onomatopéyica.

Distribuyo a continuación los varios grupos léxicos, con los cuales se han mezclado algunos homónimos de procedencia aborigen americana (vid. Cej. IX, § 145). A) *Chucho* 'perro' [*Aut.*: sólo como voz para llamarlos; Acad., ya 1884, no 1843, como sustantivo]; *chucha* 'perra'; comp. *GOZQUE*. B) *Chucho* 'pescado, especie de raya (*Mylobatis aquila* o *M. noctula*)', ast. (V), and., vizc., cub. [1615, Torquemada, *Monarq. Ind.*], probablemente procedente de *A* o quizá de *C*, por comparación. C) *Chucho* 'especie de mochuelo'

[Covarr.], hoy vivo en Chile (Draghi, *Canc. Cuyano*, 228, en autor chileno), allí con las variantes *chuncho* y *chonchón*: la aparición en Covarr. es prueba de que no viene del arauc. *čúču*, como quiere Lenz, *Dicc.*, 318-20, sino que en ambos idiomas es onomatopeya del grito de esta ave, *chu-chu*[1]. D) *Chuchería* 'cosa de poca importancia, pero pulida y delicada', 'alimento ligero, pero apetitoso' [*churchería*, 1589, J. de Castellanos, *Elegías de Indias*, cita de Rz. Marín, *2500 Voces*, s. v.[2]; *chuchería*, 1599, *Guzmán de Alf.*]; tuvo también la ac. 'modo de cazar valiéndose de señuelos, lazos, redes u otros aparejos' [1644, Mz. de Espinar], *chuchero* se llama al que caza así [Covarr.; 1634, Mateos, *Caza*, en Cej. *Voc.*; Mz. de Espinar], *chuchear* 'cazar así' [R. Cabrera, † 1833; Cej. VI, § 85; *churchear*[3] 'cazar', buscar, en general (hablando de los ánades que buscan su alimento)', 1589, J. de Castellanos, cita de R. Marín, *Un Millar*, s. v.]: Covarr. (seguido por Oudin, 1616)[4] da a entender que es derivado de *chucho* 'mochuelo' (C), porque el cazador chuchero puede servirse de un mochuelo y de otras chucherías para sus tretas; de ahí pudo pasarse a *chuchería* 'chirimbolo de caza' y luego a 'bagatela, en general'[5], pero no creo probable esta explicación, en vista de que el arg. y chil. *chiche* 'juguete para niños' (Segovia), santand. *chicho* 'joya pequeña' (G. Lomas), gitano *chichí* 'nonada, futilidad'—junto al colomb. *chucho* 'buhonería, puesto de buhonero' (Cuervo, *Ap.*[7], § 907; Rivera, *Vorágine*, ed. Losada, p. 31 y glos.)[6]—nos prueba que se trata de una raíz de creación expresiva y de vocalismo alternante *CHUCH-* ~ *CHICH-* que expresa un objeto pequeño y lindo, no vinculada por lo tanto al vocalismo onomatopéyico *u* de *chucho* 'mochuelo'[7]. E) *Chucha* 'vulva', V. s. v. *CHOCHO*. F) *Chucho* 'látigo', V. *CHUZO*. G) *Chuchear* 'cuchichear', V. *CUCHICHEAR*. H) *Chucho* 'terciana', 'escalofrío', 'miedo', V. s. v. *ARRECHUCHO*. I) *Chucho* 'aguja para dirigir el ferrocarril' (no 'aguja, pincho', como dice la Acad.), en Cuba, del ingl. *switch* íd. (C. Suárez). J) 'Calabozo militar', chil. (Lenz), ac. jergal, sin duda figurada: de *H* o de *C* (porque es para meter miedo), pero puede también combinarse con otros grupos. K) *Chuchar* 'chupar, sorber, mamar', port., gall., 'besar', ast., de ahí *chucho* 'teta' arg. y en el Yucatán, *chicha* íd. en Costa Rica, *chiche* en Méjico, *chichi* en la Arg.: para el verbo se puede dudar entre el lat. vg. *SUCTIARE* (> fr. *sucer*), con ligera alteración fonética de carácter onomatopéyico, o una mera creación de este tipo, imitativa del ruido *chuch-* de la succión, lo cual es más probable; las formas *chich-* para la 'teta' constituyen una voz infantil de creación expresiva, relacionada con *chicha* 'carne'. L) *Chuchar* o *ACHUCHAR* 'empujar', V. este artículo. M) *Chuchoca*, del quichua (Vid. Lenz, *Dicc.*, 320-1). N) *Chuchumeco* [1693, Ayala, en Gili] del nombre de los indios *chichi-*

mecas. (Vid. Lenz, *Dicc.*, 321).

Acerca de esta familia proporciona materiales útiles Toro G., *BRAE* X, 189-213, aunque sus conclusiones etimológicas son muchas veces inaceptables.

[1] Riegler, *Das Tier im Spiegel der Sprache*, p. 116, cree que viene de *chuchar* 'chupar', por la antigua superstición aludida s. v. *LECHUZA*, pero estoy conforme con Schürr, *WS* XII, 250, en que esto es menos probable.— [2] «Recogieron algunas *churcherías* / de las que el indio labrador alcanza». Rosal y Oudin, 1607, citan también esta forma.— [3] Esta forma con *r* se explicará porque una de las aves que puede cazar el chuchero son *chochas* o *chorchas*. Se trata probablemente de una etimología popular.— [4] «*Chucheros:* ceux qui chassent aux petits oiseaux a v e c   d e s   c h o u e t-t e s, des rets, des perches et autres inventions». Falta todavía en la ed. de 1607, anterior a Covarr.— [5] Como ya observé s. v .*BUHONERO*, la coincidencia con este vocablo, que sólo aparentemente se relaciona con *buho*, no puede apoyar esta relación etimológica, pues es coincidencia que tiene otra explicación racional.— [6] Es vocablo peyorativo: «¿A qué vinieron esos forajidos?—A quitarme el *chucho*—repuso   h u m i l d e mente D. Rafo».— [7] Sainéan, *BhZRPh.* I, 113 (como no podía dejar de ser, tratándose de un libro dedicado a derivados de nombres de animales), deriva también *chuchería* de *chucho* 'mochuelo', pero por otro camino, partiendo de una ac. 'coquetería' y comparando el it. *civetta* 'mochuelo' y 'coqueta', pero en castellano esta ac. es meramente hipotética. Eguílaz quiere partir de un ár. *ğûğ* 'abalorio', 'chirimbolo', que no parece ser vivo en el árabe vulgar (falta en Dozy, *Suppl.*); Baist, *RF* IV, 397, se niega a seguirle observando que no se puede separar a *chuchería* de los demás miembros de la familia *chuch-*. En Guatemala y el Salvador dicen *chuchada* por 'chuchería, golosina' (Salazar, Batres).

Chucha, V. *chocho*   *Chuchear,* V. *cuchichear*
Chucho, V. *chuch-*, *achuchar, arrechucho* y *chuzo*
Chuchoco, V. *chocho*

CHUECA, 'hueso de extremo redondeado, o parte de él, que encaja en el hueco de otro', 'juego de labradores que se hace impeliendo una bolita con un palo de punta combada', voz común al castellano con el port. *choca* 'juego de la chueca' y con el vasco *txoko* 'taba', 'articulación de huesos', 'rincón', 'concavidad', de origen incierto, probablemente vasco o ibérico. *1.ª doc.:* 1490.

En esta fecha figura como nombre del juego en las *Ordenanzas R. de Castilla* (*Aut.*), y Juan del Encina (1496) lo pone, con el mismo sentido, en boca de pastores (Cej. *Voc.*); Gillet (*Propal.* III, 598) lo cita en Lucas Fernández, Torres Naharro, Fz. de Oviedo y G. Correas. Más datos Cej. IX,

pp. 38-39. Nebr. define: «*chueca, donde juegan los uessos:* vertebra; *chueca, donde juega el anca:* coxendix»; y Oudin (1607) reproduce su definición en términos análogos. Para Covarr. es la bolita del juego de la chueca, al que describe (s. v. *chueca* y *pelota*) en términos parecidos a los que después usó *Aut.;* agrega que «al que es gordo y redondo, de poca estatura, tan ancho como largo, dizen estar como una *chueca*»; *ğwéka* es también 'pelota de jugar' en el Recontamiento morisco de Alixandre (S. XVI: *RH* LXXVII, 567). El vocablo aparece además, sin definición, en J. de Valdés, *Diál. de la L.*, 40.22. El mismo nombre se da, desde el tiempo de Ovalle (1644), a un juego análogo que es común entre los araucanos[1], y es de notar que en Chile (Lenz, *Dicc.*, 322) y Oeste argentino (Rogelio Díaz, *Toponimia de S. Juan*, s. v. *poruña*) no se llama *chueca* a la bola sino al palo de extremo combado con que se juega; que esto ocurriría ya en tiempo de Ovalle se deduce del derivado *chuecazo* 'golpe dado con ese palo', Soria *chocazo* 'golpe con una maza o cachiporra' (G. de Diego); también en portugués ha tenido *choca* el primer (Moraes) y el segundo significado (Dalgado, II, 484; Fig.): allí ya sale en Duarte Barbosa, a. 1516[2]. Hay testimonios aún más antiguos del juego, en zonas donde hoy parece haberse perdido el vocablo: *joch de la choca*, junto al juego de bolos, en el valenciano Jaume Roig, v. 3031 (a. 1460); *chuca* y el verbo *chuquer* en doc. de 1416 y en otro del mismo siglo, referentes a Tolosa de Languedoc[3].

Como nombre del juego se trata de una extensión de *chueca* 'hueso articulado', 'cóndilo'; no, como dijeron Dalgado y otros, del persa *čangān, čōgān*, especie de polo o juego de pelota a caballo, aunque a éste aplicara el port. *choca* Duarte Barbosa en su libro sobre el Malabar. Pero no está claro si se haría así por comparación de la bola con el cóndilo, o del palo combado con el hueso rematado en esta forma. Esta última ac. dió lugar a *chueca* 'hombro' (propiamente 'húmero') en la germanía de J. Hidalgo (1609), a salm. *choca* 'choquezuela', y a *chueca* como término de la preparación de la barrilla, 'madero combado por su extremo más grueso, en figura de cama de arado, con el cual se agita la masa de barrilla quemada, en un hoyo', que Steiger y Hess, *VRom.* II, 54-55n., citan, si entiendo bien, de Gabriel A. de Herrera (1513), agregando que a esta operación llaman los valencianos *la choca* y en castellano *chocar* o *choqueo:* esto parecería indicar que en el juego, *chueca* fué primero el palo combado, como hoy en América.

Es improbable relacionar el vocablo con el genov. *čoka* 'castaña asada con su cáscara', sobreslv. *cocla* 'fruto silvestre', y otros vocablos itálicos representantes de un **COCCŬLA* derivado del lat. COCCUM 'hueso de fruta', según hizo M-L., *REW*[1], 2009 (suprimido en la 3.ª ed.).

G. de Diego (*RFE* VI, 129) da por seguro que *chueca* pertenece a la familia del fr. *souche*, pic. *chouque*, etc. (vid. *TOCÓN*), y de *ZUECO* (*choclo*); en realidad, la comunidad de origen entre estas dos últimas familias está lejos de estar asegurada 5 y la de *zueco* se aleja mucho semánticamente; en cuanto a la del fr. *souche* 'tronco de árbol', podría relacionarse con *chueca* a base de admitir para ésta la ac. básica 'cachiporra', pero es dudoso, a pesar del it. *ciòcco*, que el tipo *souche* haya podido tener 10 *o* abierta, pues la cerrada es general en el Norte y Sur de Francia y el cat. *sòca* no prueba nada, ya que en este idioma se abren casi todas las *oo* en sílaba inicial (*plòra*, *òlla*, *bòla*, *sòl*, *hòra*, *ròig*, etc.); es verdad que la Acad. registra un *chueca* 15 'tocón, pie de un árbol cuando han cortado el tronco', pero sólo desde la ed. de 1914, y ¿con qué fundamento?: Simonet (s. v. *chuq*) cita un and. *chueca* 'cepa de las cañas dulces y de los árboles' (falta A. Venceslada, Toro G., G. Soriano) y 20 hay un zaragozano *zueca* 'cepa de árbol' en López-Valenzuela, pero contradicho por el *zoca* de Borao y el *choca* de Coll. Estos casos sueltos de *chueca* (*zueca*) 'cepa' producen más bien el efecto de cruces locales del vocablo con *ZUECO* y con nuestro 25 *CHUECA*, o bien de excesos aragoneses de diptongación.

Es indudable, en cambio, el parentesco con el vasco *txoco* 'articulación (nudillo de los dedos, rótula, codo, nuca)' (vizc., guip., a. nav.), 'cabeza de 30 los huesos de las patas del cerdo' (Álava: Baráibar), 'taba, astrágalo para jugar' (vizc.), 'pedacito de madera para sustentar los bolos' (vizc.). Hasta aquí nada hay en vasco que nos obligue a apartarnos de la familia de *souche*, y no me niego del todo a admitir la posibilidad de que la voz vasca sea de origen romance. Pero veo muy difícil separar *txoko* 'articulación de huesos' del guip. *txoko* 'rincón', que a su vez es diminutivo indudable del vasco común *zoko* 'rincón', que además es 'hueco en que encaja el mástil de una lancha' (vizc.) y 'boche en que se meten las nueces con que se juega' (vizc.), que a juzgar por derivados como *zokodun* 'cóncavo' (a. nav.), *zokogune* 'depresión' (a. nav.), *zokon* 'cóncavo' (guip.) parece tener el 45 significado básico de 'concavidad', y que en vista de la abundancia de derivados (*zokolu* 'rincón', *zokondo*, *zokor* íd.) parece ser voz castiza. ¿Deberemos creer que *chueca* es voz de origen ibero-vasco? Desde luego no puede desecharse sumariamente la 50 idea de que *chueca* 'concavidad' pasara a 'articulación', 'hueco que se mete en una concavidad' y 'porra', aunque habrá que seguir estudiando el vocablo.

Deriv. *Choquezuela* 'rótula' [1570, Casas; 1599, 55 Yepes; *Quijote*, Cl. C. VII, 311], cub. *chocozuela* o *cochozuela* (Pichardo, p. 88), en Urug. y Arg. *chiquizuela* (F. Silva Valdés, *La Prensa*, 22-IX-1940). *Chueco* 'torcido de pies, patituerto, estevado', rioplat., chil., ecuat., colomb., hond., mej. [1764, Fe- 60

brés; 1875, Z. Rodríguez; 1867, Cuervo, *Ap.*], algunas veces aplicado a todo lo 'torcido' (mej., chil., rioplat.): según Lenz, *Dicc.*, 322-3, se habría sacado de *chueca* 'bastón combado de jugar a la chueca', aunque el colomb. *zueco* 'patojo' (Uribe) indica relación con *ZUECO* en el sentido de 'el que camina mal' (comp. *CHAPETÓN* y *CHAPÍN*), y el domin. *chueco* 'enfermo, achacoso' (Brito) señalaría hacia el port. *choco* 'podrido, achacoso' (que va con *CLUECA*), comp. hond. y guat. *choco* 'tuerto', mej. *choco* 'agrio': puede haber habido cruces, y no es posible decidir mientras no existan más datos históricos[4].

[1] Descripción detallada y grabado en Levene, *Hist. de la Nación Argentina* I, 501.— [2] Un cruce del port. *choca* 'porra' con *maza* daría lugar al gall. *moca* 'cachiporra' (Sarm. *CaG.* 185r).— [3] La descripción parece corresponder al mismo juego: «studentes ad ludum lignibolini sive *chucarum* luderunt pro vino et volema, qui ludus est quasi ludus billardi... Unus consociorum cepit mailhetum ac billardum... et dedit ictum de dicto mailheto bolae et *chuquae*». Véase Du C.— [4] Véanse algunos de estos datos en Cuervo, *Disq.* 1950, 571. Claro que no puede aceptarse su idea de derivar de COCHLĔA 'concha'.

Chueca 'base del tronco', V. *tocón*　　*Chueclo*, V. *chocho*　　*Chueco*, V. *chueca*　　*Chuela*, V. *hacha II*

CHUFA, 'tubérculo del *Cyperus esculentus*, de sabor dulce y agradable, empleado para hacer horchata', parece ser la misma palabra que el cast. ant. *chufa* 'burla, donaire', que por el intermedio de 'frusleria' pasaría a 'golosina' y 'chufa'; en cuanto a *chufa* 'burla', viene del verbo *chufar* 'chancearse', también *chuflar* (alterado por influjo del sinónimo *trufar*), y éste, que además significa 'silbar' (de donde 'hacer rechifla'), procede del lat. vg. SUFILARE, lat. SĪBĬLARE 'silbar'. 1.ª doc.: *chufa* 'burla', Berceo; *chufa* 'cyperus esculentus', 1505, PAlc.; Cej. VIII, § 91.

En la primera de estas dos acepciones la voz *chufa* es corriente en toda la Edad Media (*Alex.*, J. Ruiz, *Gr. Conq. de Ultr.*) y todavía en López de Villalobos (1543); Covarr. y Oudin, que dan la ac. moderna, no mencionan la medieval. El verbo *chufar* es 'burlarse, chancearse' (*Calila*, 64; 1.ª *Crón. Gral.*, pág. 41*a*; J. Ruiz; *Gr. Conq. de Ultr.*; *Canc.* de Baena, vid. W. Schmid), a veces 'holgar, divertirse'[1], otras veces 'decir exageraciones o mentiras'[2]; *Aut.* lo declara anticuado. Se hallan también en portugués *chufa* y *chufar*, y allí *chufador* ya aparece en poesía del 3r. cuarto del S. XIII (*Canc. de la Vatic.*, 1032) y en el *Canc. da Ajuda* (glos. de C. Michaëlis), aplicado a juglares fanfarrones. En Cataluña aparece *chufla* 'fábula, cuento falso' en Guillem de Berguedà, h. 1200 (*ARom.* XXIII, 40, v. 42), y *xuflar* 'bromear' en Muntaner (2.º cuarto del S. XIV, cap. 171), pero *xufar* en Lluís de Requesens (h. 1400: *Misc. Fabra*, 173); en Castilla, la forma con *l* es rara, pero está en Rosal y en el deriv. *chufleta* junto a *chufeta*, y siempre en *cuchufleta*, que resulta de un cruce de *chufleta* con el moz. *ququffa* (V. *CO-TUFA*). En lengua de Oc hallamos *chuflar* junto a *chiflar* «se moquer, railler» y *chufla* o *chifla* 'silbido' y además 'burla, escarnio'.

Como en Aragón *chuflar* es 'silbar' y en italiano se halla *ciuffole* 'burlas', 'bagatelas' (en el florentino Passavanti, S. XIV) y *zufolo* 'majadero' (Crusca) junto a *zufolare* 'silbar', no cabe duda que el de 'burlarse' es un significado secundario, comparable al del cast. *rechiflar* y el fr. *persifler*[3]. En la Península Ibérica *chuflar* se redujo a *chufar* por influjo del sinónimo *trufar*, *trufa*.

En cuanto al *Cyperus esculentus*, es planta especialmente cultivada en la Vega de Valencia, y Covarr. todavía da *chufa* como especialmente valenciano; íd. Laguna, ed. Dubler IV, 333; lo mismo dice G. Escolano (1610), agregando que el nombre empleado en Castilla era *juncias avellanadas* (*Décadas* II, 375)[4]; en el catalán de allí encontramos ya *xuffla* en una copla de la 2.ª mitad del S. XVI (*RH* IX, 266), aunque hoy en este sentido suele decirse *xufa* en Valencia y *xufla* en Cataluña; 1575: «*chufes*: cyperis» On. Pou, *Tes. Pue.* 48e. Desde luego es palabra de origen diferente del de *trufa* (contra lo que dice Colin, *Hespéris* VI, 63), tampoco creo que exista parentesco directo con el it. *ciuffo* 'moño', *ciuffolo* 'excrecencia en el rosal', como sugiere Baist, *RF* IV, 420. En cambio podría tomarse en consideración la idea de Covarr. de derivar el nombre griego de la misma planta χύπε(ι)ρος, latín *cyperus*; debería suponerse una variante vulgar *CIÚPERUS, que a través del mozárabe y del árabe habría pasado a *čufra y en romance a *chufla: la pérdida de la *l* podría explicarse por influjo de *trufa* o de *chufa* 'burla'. Pero el caso es que nada de eso parece hallarse en hispanoárabe[5] y el tratamiento de la Y como IU no es usual en Occidente (sólo rum. *jur* GIURUS por GYRUS; lo que se halla en Occidente es UI: vid. *AILC* II, 135).

En cuanto al perfume egipcio χῦφι, del cual vendría *chufa* según la Acad., no se sabe que tenga que ver con la juncia, contra lo que este diccionario afirma.

Lo más aceptable es derivar *chufa* 'Cyperus esculentus' de *chufa* 'broma, bagatela' pasando por 'golosina', puesto que *COTUFA*, sinónimo de *chufa*, también significó 'gollería' y se relaciona con el mozár. *ququffa* 'cuento, palabrería, burla', y ya que *cuca* 'chufa' (Covarr.) se relaciona con el gall. *cucar* 'hacer burla', y *trufa* 'burla' está junto a *trufa* 'tubérculo comestible': se trata de golosinas rebuscadas y de poco alimento que el vulgo compararía con fruslerías o bagatelas.

DERIV. *Chufar* (V. arriba); *perchufar* ant. (Acad.).

Chufear. Chufero, chufería. Chufeta [Covarr.; ¿J. Ruiz?] o *chufleta* [1601, Rosal; *Quijote*], *chifleta* en América (*BDHA* I, 105), *chufletear, chufletero*; para *cuchufleta* [ya Acad. 1783], vid. arriba; *chufla* 'cuchufleta', and. y amer. *Chufalandaina* 'chufleta' arag. [1720, Siesso, en Gili]. *Chuflar*, arag. 'silbar'; *chuflido.*

[1] «Tomó el home el salterio e non cesó de facer dulces sones en él fasta la noche; et en todo esto el mercadero... comenzó de folgar *chufando*, e de reír oyendo aquel tañer e tomando gran placer», *Calila*, ed. Rivad., p. 17.— [2] «Fuera maravilla de decir. Pero non lo quiere él aquí nombrar por que non lo tengan por muy *chufador;* ca ésta es una cosa que aponen mucho a los caçadores. Pero dize Don Johan que... non ha dicho *chufa* ninguna», J. Manuel, *Libro de la Caza*, ed. Baist, 43.21, 23. «Maguer que los juglares... dizen en sus fablas que... conquirió muchos castiellos... esto no podie ser... e lo al que *chufan* ende non es de creer», *Tercera Crónica Gral.*, ed. Ocampo, 1541, p. 153.— [3] Así ya en Diez, *Wb.*, 100. Eguílaz llama la atención sobre el mozár. *céfla* 'pulla' (PAlc.) que vendría de SIBILARE y dice que en Cicerón *sibilus* significa 'silbido de desprecio'. Pero Dozy, *Suppl.* I, 659b, deriva *céfla* de una raíz árabe.— [4] Mayáns, *Oríg. de la L. Esp.* I, 194, insiste en que en castellano es valencianismo y que el nombre genuino sería *soterrana*, antiguamente *soterraña*. La voz *chufeta* empleada por J. Ruiz, 1015c, que según *BKKR* significaría 'chufa (fruta)', es en realidad de sentido oscuro, pero no puede significar esto, según el contexto.— [5] Según un pasaje del Anónimo de h. 1100 publ. por Asín, una planta llamada *súflun* se conoce vulgarmente por *qullúča*, del cual cree Asín que es variante de *cauella*, traducida por *suᶜd* 'Cyperus rotundus'. Pero nada más se sabe de ese *súflun*, que por lo demás parece ser árabe y no mozárabe, y la equivalencia es indirecta y muy insegura.

Chufador, chufalandaina, chufar, chufero, chuf(l)eta, chufletero, V. *chufa*   *Chuflar*, V. *silbar*   *Chula*, V. *chuleta*   *Chulada, chulamo, chulapo, chulear, chulería, chulesco*, V. *chulo*

CHULETA, 'costilla con carne de ternera, carnero o cerdo, guisada o a punto de guisar', del catalán de Valencia *xulleta*, diminutivo de *xulla* 'chuleta', que anteriormente significó 'lonja de carne de cerdo' y 'tocino', y procede seguramente del cat. ant. *ensunya* 'grasa, especialmente la del cerdo', cambiado en **enxunya* y luego **enxulla*, por disimilación; en cuanto a *ensunya* tiene el mismo origen que el port. *enxulha* y el cast. *enjundia*, a saber lat. AXUNGIA 'grasa de cerdo'. 1.ª doc.: *chuleta*, 1560 (?), Mz. Montiño (*Aut.*).

En realidad no sabemos si el vocablo se halla en la 1.ª ed. de Montiño, *Arte de Cocina*, que según Cej., *Hist. de la L. Esp.* III, 47, es de 1560, o sólo en la de 1617, que es la que ha solido utilizar la Acad. (por lo menos en el *DHist.; p. ej.,* s. v. *carbonada*), e ignorando si es o no una añadidura de esta última edición, no podemos asegurar si ya era usual en castellano en 1560 o sólo en 1617 o 5 en otra edición posterior. En 1611 Covarr. sólo da *chulla* 'chuleta'[1] como vocablo valenciano[2]; es decir, ajeno al castellano; y como sería extraño que no hubiese mencionado *chulleta* o *chuleta*, de serle conocido éste como voz castellana, debemos 10 deducir que en su tiempo y en el de Montiño *chuleta* en este idioma sería únicamente vocablo de cocineros y de gente práctica en recetas culinarias[3]. Fraseología, Cej. IX, p. 29. Atendiendo a este hecho, confirmado por el típico sufijo *-eta* y 15 por la ausencia total del vocablo en portugués (que dice *costeleta* en el sentido de 'chuleta'), está fuera de duda la procedencia catalana, y más precisamente valenciana, del vocablo. En castellano, separado el vocablo de su cabeza de familia *chulla*, 20 surgió una disimilación de palatales, de donde *chulleta* > *chuleta*, y aun otras alteraciones locales (*choleta* en Colombia por etimología popular de *chola* 'cholla', vid. Cuervo, *Ap.,* § 748).

En catalán hallamos ya *xulleta* en una copla de 25 la segunda mitad del S. XVI (*RH* IX, 266); en el significado preciso de 'chuleta' el vocablo es principalmente valenciano, y está atestiguado en diccionarios de los SS. XVIII (Sanelo), XIX (Lamarca, Escrig)[4], y en textos más recientes (Martí 30 Gadea, *Tèrra del Gè* II, 7; III, 30); por otra parte *xulla* se emplea también en Mallorca (aquí pronunciado *xuia*, según es normal) y en muchos puntos del Principado: del Sur (Tortosa, Beseit, Xerta: *BDC* XIX, 221; Borges Blanques: *BDLC* 35 VI, 56), del Nordeste (Ampurdán) y del Noroeste (Estaon, Esterri de Cardós: Corominas, *BDC* XXIII, 320). En Mallorca y en el Ampurdán significa 'tocino, carne gorda del cerdo', en el Pallars y en Borges Blanques es 'lonja de carne magra 40 de cerdo', mientras que en las demás localidades mencionadas tiene ya la ac. valenciana y castellana; *chulla* es también popular y autóctono en el Alto Aragón, en Gistáin y en el valle de Echo, con significado 'lonja de tocino', y en Ansó con el 45 de 'carne (de cualquier animal)'[5], aquí con la variante *cholla*, cuya *o* se explica por la etimología que indicaré; en cambio, el murciano y albaceteño *chulla* 'chuleta' (Lemus, *Vocab. Panocho;* A. Zamora, *RFE* XXVII, 246) debe mirarse como va- 50 lencianismo local.

La etimología expuesta la indiqué ya en mi artículo citado. El port. *enxulha* indica el buen camino: este vocablo, que hoy ha salido del uso común, pero sigue empleándose en varios puntos 55 del territorio, especialmente en el Norte (Arcos de Valdevez *inxulia* «enxúndia»: *RL* XXXI, 296), significa 'grasa de cualquier animal, enjundia' y se halla ya en D. Fernandes Ferreira (a. 1612)[6]; claro está que, lo mismo que el port. *enxúndia* y el cast. 60

enjundia, procede del lat. AXŬNGĬA 'grasa de cerdo', con la *u* conservada por influjo de la palatal: la evolución fué primero *enxunha* y de ahí por disimilación *enxulha*. El mismo vocablo existió y fué muy frecuente en el catalán medieval en la forma *ensunya* (Ag.), que puede aplicarse a la grasa de cualquier animal, pero especialmente es frecuente que se diga del cerdo (así en el *Facet,* S. XIV —Rom. XV, 222—, en el *Tresor dels Pobres* y en otros textos); hoy se conserva *ansunya* en el Valle de Arán. Fuera de allí existiría una forma catalana *enxunya* (cuya *x* puede venir directamente de la latina, o resultar de la *s* antigua por asimilación a la otra palatal), que se convirtió en *enxulla* con la misma disimilación que en portugués, y, eliminando el seudo-prefijo, *xulla;* que esta eliminación se produjo en nuestro vocablo está documentado en el *Libre de Cortesia* (v. 1470), donde leemos *sunya,* junto a *ensunha* del verso 1409 (cita de Spitzer, *Lexik. a. d. Kat.,* 121).

Esta etimología, probada en todos sus detalles, permite prescindir de explicaciones que presentaban dificultades insuperables o graves oscuridades. G. de Diego, *RFE* VII, 113-4 (y *Contr.,* 163), supuso que venía del lat. SUILLUS 'de cerdo, porcino', adjetivo normalmente, aunque alguna vez aparece sustantivado SUILLA con aplicación a la carne de este animal[7]; pero esto no podía dar fonéticamente otra cosa que *so(v)ella* en iberorrománico[8]. Con razón se negó Wagner (*Litbl.* XLVIII, 278) a admitirla, y propuso, para hallarle un sustituto, volver a la vieja idea de Schuchardt (*ZRPh.* V, 264), de que *chuleta* venía del gitano *chulló* 'gordo'. Schuchardt no conocía la historia del vocablo castellano y su origen catalán; además olvidaba que no se registran casos de influencia gitana en el español del S. XVII. Por otra parte habría debido empezarse por averiguar si el git. *chulló* es voz antigua en este idioma o procede del romance *chulla,* como sugirió G. de Diego (recordando que el adelanto del acento es normal en gitano: *angujá* 'angustia' < cat. *angoixa,* cat. ant. *anguixa; sarapé* < cast. *sierpe*)[9]. Esto parece seguro, puesto que el vocablo no parece existir en los dialectos gitanos extranjeros (falta en el diccionario comparado de Miklosich).

DERIV. *Enchuletar.*

[1] «*Chulla:* las costillas del carnero cortadas en piezas de dos en dos, que la gente pobre compra cuando no tiene caudal para más; y también es cosa acomodada para almoçar un bocado. Es vocablo Valenciano».— [2] De ahí pasó a Oudin, 1616 (no 1607) y dicc. posteriores.— [3] *Aut.,* en efecto, da una definición que corresponde bien a ello: «cierto guisado que se compone de tajadas mui delgadas de ternero o carnero y se sazona con todo género de especias y hierbas picadas, y algunas veces se hacen también de ellas pasteles»; sin embargo, no conviene tomar al pie de la letra esta definición, que fué rectificada desde las pri-

meras ediciones del diccionario vulgar [ya en 1782]—pues lo mismo en Valencia que en Castilla siempre *chulla* y *chuleta* se han aplicado precisamente a costillas o chuletas—, sino sólo como indicio de que todavía en el S. XVII y aun a princ. S. XVIII seguía *chuleta* siendo vocablo ajeno al uso general, de donde la vaguedad de la definición de *Aut.*, evidentemente obtenida de segunda mano. Por lo demás el sentido del vocablo pudo evolucionar en castellano, como se ve por el derivado regresivo *chula* 'albóndiga de carne, huevos, etc.', usual en el Oeste de Asturias y en Galicia (Acevedo-F., Vall.), 'íd. de pescado, arroz, etc.' (Alvz. Giménez).— [4] Sabido es que en esta época se empleaba en la capital valenciana la grafía *ch* y la inexacta *j*, con el valor de la moderna *x*, de suerte que estos diccionarios imprimen *julla* o *chulla*.— [5] *BDC* XXIV, 167. Confirmado por Siesso [1720], Kuhn, *RLiR* XI, 42-43. Jordana Mompeón dice «trozo de carne magra fresca y cruda», definición que coincide con la del Pallars y corresponderá a otros puntos de Aragón.— [6] «Os açores mudados... tomam muita carne e criam banhas, a que chamam *enxulha*», cita de C. Michaëlis, *RL* XIII, 266; véase también pp. 310-2.— [7] Fundándose en esto sospechó un momento Wölfflin, *ALLG* IX, 354, que el nombre del dictador romano *Sulla* podía salir de *Suilla*, a manera de apodo, pero poco después retiró esta sospecha (*ALLG* XII, 301) reconociendo con todo el mundo que viene de *Surula* 'pantorrilla'.— [8] Han circulado otras dos etimologías que podían dar cierta apariencia de apoyo al imposible supuesto de un retroceso del acento en el lat. SUILLUS (> SÚILLUS). Pero una de ellas, *zolle* 'pocilga', que el propio G. de Diego quisiera derivar también de SUILLUS, es inverosímil en grado sumo; y la otra, *grulla* *GRUILLA está reconocida como falsa, hoy que sabemos que viene de *gruya* por *grúa* GRUES.— [9] Borrow cree que *chulló* procede del scr. *sthuláḥ* 'fuerte, espeso', lo que ofrece gran dificultad. Tampoco debemos relacionar con el gitano de Bohemia *čulav* 'gotear', hindustani *čulānā* 'hacer gotear' (Miklosich, p. 195), de forma y sentido muy distintos. Por lo demás podríamos dejar esta averiguación para los especialistas, pues desde luego la etimología gitana debe mirarse como imposible para la voz romance.

CHULO, 'que se comporta graciosa pero desvergonzadamente', 'individuo del pueblo bajo, que se distingue por cierta afectación y guapeza en el traje y en la manera de producirse', antigua voz jergal, que en la germanía del Siglo de Oro significaba 'muchacho (en general)', procedente del it. *ciullo* 'niño', aféresis de *fanciullo* íd., que a su vez es diminutivo de *fante* (lat. INFANS, -NTIS íd.). *1.ª doc.*: como voz de germanía, 'muchacho', 3.ᵉʳ cuarto del S. XVI, en un romance de germanía (Hill XIII, 18, 29, 80); 1609, Juan Hidalgo; con sentido análogo al moderno, y como voz de la lengua común, 1666, Francisco Santos.

Juan Hidalgo registra en su vocabulario de voces de germanía *chulo* y *chulamo*, ambos con el significado de 'muchacho', y *chula* y *chulama* 'muchacha'; ya Rosal en 1601 daba *chula* como germanesco por 'amiga' (Gili; Cej. IX, p. 27). Que el vocablo lo empleaban los rufianes como sinónimo general de 'muchacho', sin matiz precisamente peyorativo, podemos comprobarlo por varios romances de germanía (vid. otros en Hill) y pasajes de obras clásicas castellanas. Así en el *Romance de la Vengança de Cantarote* (Hill, *Poesías Germ.*, XXXI, vv. 46, 57, 66, 135, etc.), se aplica al pobre criado de una prostituta, el cual es víctima de los golpes y mal trato de los rufianes; en el *Estebanillo González* (*Cl. C.*, I, 69.12), el autor lo pone en boca de un bravo, quien se dirige al huérfano protagonista, jovencito inexperimentado que da sus primeros pasos en el oficio de barbero, con las palabras: «Pues vuesa merced, señor *chulo*, me alce este bigote, porque donde no, saldré... y le quitaré a su amo los suyos a coces y a bofetadas». Pero ya el ejemplo más antiguo que cita *Aut.* parece corresponder al lenguaje común y significa lo mismo que hoy o algo parecido, desde luego peyorativo y aun más o menos insultante: «quítate de delante, *chulo*, golilla de piojos, que no queremos nada tuyo» (Francisco Santos, *Los Gigantones en Madrid por defuera*, a. 1666). A fuerza de aparecer en boca de gente del hampa el vocablo había tomado sentido desfavorable y acabó por significar un personaje popular, si no rufián, por lo menos arrufianado, y sus cualidades propias. Análogamente en Antonio Palomino (1708), hablando de los «*chulillos* desharrapados» que pintó Murillo, y en Ayala (1691) se nos presenta a medio camino de lo antiguo a lo moderno: «los moçuelos presumidos y desahogados».

En italiano *ciullo* es voz actualmente desusada (falta en Fanfani, *Vocab. dell'uso toscano*; en Rigutini-Fanfani, en Panzini, en la Crusca, etc.), pero se empleó antiguamente como sinónimo de *fanciullo* 'niño, muchachito' (*ciulla* 'niña' en el *Pataffio*, fin del S. XV; *ciullo* 'niño', según el lexicógrafo Giov. Gherardini), y hoy sobrevive dialectalmente en este sentido: *zulle* (pron. *tsúlle*) en Teramo «piccolo; *lu zulle mì*, voce careggiativa pei bambini» (Savini), Pistoia *il bambin dei Ciulli* «un giovinotto grand'e grosso che i genitori chiàmano ancora bambino» (Petrocchi); en la lengua literaria tomó secundariamente el sentido de 'inexperto, ignorante' (Sacchetti, S. XIV), facilísimo de explicar (también *ciullin* 'necio' en el dialecto de Monferrato), y además el de 'astuto, malicioso' (en el florentino Lasca, S. XVI, y en otro ej. teatral toscano citado por Tommaseo), que parece indicar un uso jergal o «furbesco», ya en italiano. Ya Spitzer, *ASNSL* CXLI, 264, indica esta relación evidente entre el cast. *chulo* y la voz italiana, y admite como alternativa posible la derivación de *ciullo* < *fanciullo*, que creo indudable[1].

Baist, *RF* IV, 405, después de indicar la posibilidad de un parentesco con el hispanoamericano *cholo* 'mestizo'[2], se inclina por admitir un origen gitano, con razón rechazado posteriormente por Tagliavini (*ARom.* XXII, 262, n.24). Pensaría quizá Baist en el git. *chulló* 'gordo' (que no parece ser antigua voz gitana, sino tomada del romance, V. *CHULETA*) o más bien en la etimología gitana de Dozy a que me refiero en nota; sea como quiera, basta recordar para rechazar esta posibilidad, que no hay todavía gitanismos en la germanía clásica.

G. de Diego, *RFE* VII, 113-4, en relación con su etimología de *CHULETA*, ya desechada, piensa que el lat. SUILLUS 'de cerdo, porcino' dió un hipotético **chullo* 'hombre sucio', cuya existencia trata de justificar citando el mozár. *šŭlī* 'bobo, bobalicón' sólo documentado en R. Martí[3], idea aventurada de la que es responsable Simonet y reforzada por un error de copia en sus fichas, en virtud del cual el murc. *chulería* 'monería, gesto gracioso'[4] se convirtió en «*chulería,* morería», que le sugería la idea de «suciedad material». No hace falta refutar en detalle las viejas etimologías de Fokker (germ. *jôl,* de donde el fr. *joli: ZRPh.* XXXVIII, 481-2), ya descartada por A. Castro (*RFE* I, 407), y de Sainéan (oc. *choulo* 'mochuelo': *BhZRPh.* I, 109), disconformes con toda la historia del vocablo[5]. Las demás acs. de *chulo,* a saber la aragonesa 'muchacho asalariado que se tiene en las casas de labranza para las faenas más ínfimas' (Borao), íd. de 12 a 17 años en Benasque (Ferraz), 'criado del matadero' (*Aut.*), *chula* 'mozuela de mal vivir, desahogada y pícara' (*Aut.*), claro está que vienen directamente del germanesco *chulo* 'muchacho'. En cuanto al port. *chulo* 'grosero', 'jergal', y al mej. *chulo* 'bonito, precioso', 'perro faldero' (*BDHA* IV, 51, 193), y dominicano *chuliar* «mofar, poner de mojiganga, adular» (Brito), salen del sentido español moderno.

DERIV. *Chulada* [*Aut.*]. *Chulamo* gnía. (1609), con sufijo típicamente jergal (*RFH* VI, 175n.), *chulama; chulapo, -apa* [Salillas, 1896], *achulapárse, achulapado,* vocablos especialmente madrileños [cf. Pedro Corominas, 1901, *Obr. compl. cast.* 62*a*]. *Chulear. Chulería* [*Aut.,* comp. arriba]. *Chulesco. Achulado* [h. 1735, Feijóo].

[1] La otra etimología **COLĒA* 'testículos', que habría pasado por **COLJA* a **KJOLA,* propuesta por el aficionado piamontés Attilio Levi y preferida por Spitzer, me parece temeraria desde el punto de vista fonético. Es verdad que el piam. *ciula, ciulan, ciulanari,* lomb. *ciola,* además de 'necio' significa 'escroto', pero es más fácil admitir que este último significado es secundario, si realmente se trata de un vocablo jergal. Nótese que el vocablo *chulo* «garçonnet» que Spitzer cita del diccionario castellano de Oudin no figura en las ediciones de 1607 ni 1616.— [2] Vid. Friederici, Lenz. Es voz usada en el Perú, Chile, Bolivia y Río de la Plata, pero también en Costa Rica y quizá en otras partes. El origen no es claro, pero desde luego ha de ser americano. Suele admitirse procedencia aimará, pero Bertonio reconoce que era en su tiempo (1612) palabra poco usada en este idioma, y Garcilaso el Inca, que como mestizo peruano sabía perfectamente el quichua y no debía de ignorar del todo las cosas aimaraes y del Alto Perú, afirma que era voz traída de las Antillas. Quizá sea así, en vista del empleo en Costa Rica, adonde no llegan casi nunca las voces peruanas. Sea como quiera, *cholo* tiene siempre *o;* el testimonio de *chulo* 'mestizo' referente a la Alta California, que cita Friederici, figurando en un texto escrito en inglés (1846) es sospechoso de reproducir el vocalismo español imperfectamente, y en cuanto a la forma aimará *čhulu,* claro está que no prueba nada puesto que estos idiomas aborígenes no distinguen fonológicamente la *u* de la *o.* Luego *cholo* no nos explicaría el cast. *chulo* desde el punto de vista fonético. Y no hablemos de las dificultades semánticas.— [3] Dozy, *Suppl.* I, 806*a,* lo atribuye a la raíz semítica *š-w-l,* es decir, lo pone en relación con el ár. *šáyl* 'mujer necia', lo cual, si no seguro, es más prudente. Simonet, que deriva a *chulo* del lat. SCIOLUS 'el que se precia de sabio' (!), cita también *Sûlo* como apodo en el valenciano Abenalabbar (S. XIII), pero claro es que ignoramos el significado de esta palabra de Abenalabbar.— [4] Procede de *Aut.,* que trae «*chulería:* en Murcia vale lo mismo que monería, lat. *gestus, gesticulatio*».— [5] Dozy, *Gloss.,* 255-6, había pensado en un origen arábigo (ár. clásico, no vulgar *šáyl,* 'ágil'), que él mismo se encargó de refutar en su *Suppl.* I, 806*a.* Ahí propone una etimología gitana, por lo demás hipotética, y basada en el pali *tšullo* 'pequeño', 'poco considerable', 'común'. Basta recordar otra vez que no hay todavía gitanismos a princ. S. XVII en español. Además esta palabra pali no parece haber pasado al gitano (falta en Miklosich).

Chulla, chulleta, V. *chuleta*

CHUMACERA, 'tablita que se pone en el borde de una embarcación de remo y en cuyo medio está el tolete, destinada a evitar el desgaste del continuo roce del remo', del port. *chumaceira* íd., derivado de *chumaço* 'almohadilla', 'sustancia empleada para almohadillar', que procede del lat. tardío PLUMACIUM 'cama de plumas', derivado de PLUMA. *1.ª doc.:* 1675, Fz. de Navarrete (Gili); Acad. 1817, no 1783: sólo en la ac. náutica; Cej. VIII, § 85.

Las palabras portuguesas *chumaceira* y *chumaço* son voces muy antiguas en el idioma: en la forma medio latina *plumazo* se halla la última ya en documentos del S. X, escritos en Portugal[1]. Por lo demás, en esta época se empleaba el vocablo aún en Castilla (*plumazo*, a. 935, en documento de Valpuesta citado por Steiger, *Festschrift Jud*, 633), y en tierras leonesas sobrevivió el vocablo más tiempo; pero aun ahí se había anticuado de tal manera en 1627 que el salmantino Correas lo toma erradamente por «planta pequeña» en el adagio «vióse la pulga en el *chumazo*, y dió un salto». Se empleó también en Aragón *plumaço* (inventario de 1378: *BRAE* IV, 215) y *plumaça* (íd. de 1362: *BRAE* IV, 210). Quizá de uno de estos documentos arcaicos sacó *plumazo* 'colchón lleno de pluma' la Acad. [ya 1843], voz ajena al español normal.

¹ N. P. Sacks, *The Latinity of dated Documents in Portuguese Territory*, 162-71.

Chumar, chumbar, chumbear, chumbera, V. *chumbo*

CHUMBO, *higo ~, higuera chumba*, origen incierto, parece ser voz oriunda de las Antillas y originada modernamente. *1.ª doc.*: 1836, Pichardo (1875).

La Acad. lo admite ya en 1884 (no en 1843), sin darle calificación regional. En España no es voz de uso general. Recuerdo que en los años de 1915 y que poco después se extendió en el uso local del castellano; no me consta que tenga más antigüedad en el País Valenciano, aunque es cierto que allí se oye hablando en el catalán local en muchos sitios (en la Ribera Alta, etc., donde desde luego es sólo el nombre del fruto, llamándose *palera* la planta). En la Arg. y Chile es totalmente desusada, y lo mismo creo de la mayor parte de América del Sur.

Es conocida en cambio en Cuba, al parecer también en Puerto Rico¹, y de allí es posible que pasara a Méjico, en cuya capital, según Ramos Duarte, la emplean «algunos». Macías en su diccionario cubano de 1885 da estas indicaciones que pueden ser útiles: «*chumbo* es vocablo que sólo se emplea para calificar a una mala especie de higos... Pues bien, a la fruta que primero se dijo *higo de chumbo* o *higo chumbo* fué a la de la tuna colorada, asaz jugosa; pero con el tiempo el nombre específico se hizo genérico, aplicándose más adelante a la tuna blanca y amarilla, no obstante de ser tan carnosa su fruta». Lo de que la tuna colorada es muy jugosa lo pone en duda Ramos Duarte haciendo notar que Macías se funda para ello en su absurda etimología gr. ζωμός 'jugo', que no hace falta refutar.

Por su parte Ramos Duarte piensa en otro origen: en el port. *chumbo* 'plomo', representante regular del lat. PLUMBUS en este idioma. Esto ya no es una idea descabellada. Podría defenderse semánticamente en la forma que sugiere Ramos Duarte, como alusiva a la corteza de la tuna blanca, de color aplomado, aunque esto contradiría el in-

forme de Macías, más cercano a la aparición de la palabra, de que primero se aplicó a la tuna colorada. También se podría pensar en una cuestión de peso, o más bien hacer referencia al per. *chumo* 'soso, insípido, desabrido' (B. Murrieta, citado por Malaret, *Supl.*), que podría venir de la idea de 'pesado, sin gracia', pero haría falta examinar si esta palabra puramente peruana no es de procedencia indígena. Es indudable que en la Arg. y el Uruguay el port. *chumbo* 'plomo', 'bala', ha sido voz prolífica, pues no sólo se emplea allí en el sentido de 'bala, tiro' (Tiscornia, *M. Fierro coment.*, Vocab., s. v.; M. L. Wagner, *RFE* XX, 177) y *chumbiado* 'herido de bala' es uruguayo (F. Silva Valdés, *La Prensa de B. A.*, 22-IX-1940), sino que *chumbar* y *chumar* significan 'azuzar (al perro)': el primero está documentado por Tiscornia, *op. cit.*, 405 (también Draghi, *Fuente Amer.*, p. LX) y el segundo es allí de uso común (Payró, *Pago Chico*, ed. Losada, pp. 249, 255; Alberto Córdoba, *La Prensa*, 29-VI-1941, etc.); además *chumarse* es 'emborracharse' en el Interior del país (Justo P. Sáenz, *La Prensa*, 12-X-1941; y otros), propiamente 'quedar herido', comp. el gallego del Limia *chumbo* o *achumbado* 'borracho' (Schneider, *VKR*, glos., s. v.). Sin embargo, todo esto no prueba mucho para las Antillas, pues es sabido que en el Río de la Plata abundan mucho los brasileñismos puramente locales, y no sé que en portugués se haya empleado jamás *chumbo* con aplicación al higo del nopal².

Posiblemente habría que fijarse en la forma *higo de Chumbo* citada por Macías, que bien puede ser la originaria, en vista de la debilidad fonética de esta preposición cuando va entre vocales. Ahora bien, *Chumbo* en Cuba (Pichardo, Mz. Moles), en el Yucatán (R. Duarte) y quizá en otras partes de América, es alteración familiar del nombre de Jerónimo (*Chombo* en Navarra, Méjico, Colombia y Perú: Cuervo, *Obr. Inéd.*, 159). Sospecho que *higo de Chumbo* tenga un origen meramente anecdótico para designar una especie determinada de higo chumbo relacionada con un personaje de este nombre.

La etimología que propone J. Vázquez Ruiz, *RFE* XLI, 410-7, para *chumbo* es desde luego mala. Sus aspectos inaceptables o inverosímiles son muchos: 1.º Que la ṣ del ár. *ṣubbarâ* se pudiera cambiar en *ch-* es algo que debe negarse casi sin reservas (preferir la «autoridad» de Eguílaz a la de Steiger es casi como dar la preferencia a Ménage contra Diez): no hay de ello ejemplo alguno, al menos con carácter espontáneo. 2.º *ṣubbarâ* era nombre de la *zábila* y no del nopal o *higuera chumba*: son plantas bien diferentes. 3.º La única forma que consta como usada en el árabe magrebí es *ṣabbara* y no *ṣubbara*; sólo aquélla ha dejado descendencia hispánica y sólo aquélla consta en fuentes fidedignas desde este punto de vista. 4.º Serían anómalos tanto el paso de *bb* a *mb* como el cambio de *a* en *e* (el Sr. Vázquez al hablar de imela revela extraña ignorancia de este fenómeno, que ni actúa en contacto con una *r* ni se refiere para nada a una *a* breve). 5.º *Chumbo* tendría que ser derivado retrógrado de *chumbera*, lo cual siempre es hecho extraordinario, y en un caso así, siendo *chumbera* nombre meramente local, mucho menos extendido que *chumbo* o *higuera de chumbo*, aumenta la inverosimilitud. 6.º Una etimología afro-asiática para nombrar una planta estrictamente oriunda de América sólo puede defenderse si hay algún indicio de que el nombre existió en el Viejo Mundo antes del S. XVI o tiene en éste otros significados que el de la planta americana.

DERIV. *Enchumbar* cub. «empapar: se dice especialmente de ciertos comestibles cuando han sido excesivamente remojados al cocinarse» (F. Ortiz, *Catauro*, 109).

¹ No la registra Malaret en su *Vocab. de Puerto Rico*, siguiendo su criterio y el de casi todos los lexicógrafos hispanoamericanos, de no registrar las voces que la Acad. admite como de uso común. Pero del hecho de que en su *Dicc. de Americanismos* registre chumbera como voz «americana» se deduce que debe de ser conocida en la isla.— ² El vocablo *chumino, chumina* o *chomino* 'órgano genital femenino', que pertenece al uso común castellano, recuerda indudablemente el caso de *higo*, que en este mismo sentido es voz común a varios romances (cat. *figa*, it. *fico*, etc.). Pero sería extraño que en España se hubiera partido precisamente para ello del higo chumbo, poco conocido en la mayor parte del país. Tratándose de un vocablo jergal y popular, el origen puede ser meramente expresivo, y aludir a la idea de blandura por medio de la consonante *ch-* (comp. *chocho*).

Chumina, chumino, V. *chumbo*

CHUNGA, 'broma', 'burla que se hace de alguien', del gitano *čungo* 'feo, pesado', aplicado primeramente a la broma de mal gusto o desagradable. *1.ª doc.: Aut.* Quizá esté ya en Henríquez (1679), a quien cita Gili, remitiendo al artículo *inquietud*, no publicado.

«La zumba o burla alegre que se tiene con alguno o entre algunos, especialmente haciendo desprecio de lo que alguna persona ha hecho o dicho; *estar de chunga...* se suele aplicar al que está alegre y hace burla de todo lo que otros dicen» (*Aut.*). Cej. VIII, § 122. Empleado sobre todo en esta última locución, sigue hoy teniendo, sin embargo, el matiz de 'burla a expensas de alguien', como en el ej. de Bretón de los Herreros que cita Pagés. Está claro el origen gitano que indicó M. L. Wagner, *Notes Ling. sur l'Argot Barc.*, 105, pues además de que *čungo* tiene derivados en el dialecto español de la lengua gitana, como su sinónimo

čungaló, y el abstracto *čungalipén* «cosa fea, pesada», el vocablo *čungaló* es común a los dialectos gitanos de toda Europa; de él procede asimismo el caló catalán *xungu, -ga* (o *jungu, -ga*) 'falso', *xungaluia* 'cara enfermiza', 'maldad', 'fealdad', y el and. *chungo* 'malo', *chungamente* 'ruinmente, de mala manera' (Toro G., *RH* XLIX, 418-9). *Čungaló* parece estar emparentado con *čungar* y formas semejantes, que entre los gitanos de muchas partes significa 'saliva' y 'escupir' (Miklosich, XXVI, 196), desde donde también pudo llegarse al cast. *chungar* 'mofar' (comp. el fr. *conspuer*).

DERIV. *Chunguearse* (Acad. ya 1884, no 1843) o *chungarse* (falta Acad., pero V. ejs. de Espronceda y de Sbarbi en Pagés); ast. *chungar* 'embromar', *chungón* 'embromador' (V), *Diablo Mundo* v. 3522, cap. IV.

Chupa, V. *jubón*   *Chupalla*, V. *achupalla*

CHUPAR, 'sacar con los labios el jugo de una cosa aplicándolos con fuerza', vocablo propio del castellano y el portugués, imitativo del ruido que producen los labios al chupar. *1.ª doc.:* 1251, *Calila*¹. También en Juan Manuel, 'aspirar, absorber', *Caza*, ed. Baist, 56.28.

Aunque no abundan los ejs. medievales, esta palabra debe seguramente considerarse tan antigua como el idioma; vuelve a salir un par de veces en el *Canc.* de Baena (W. Schmid), y aparece ya en los léxicos de APal. (432*d*, 464*d*, 480*b*), Nebr., Oudin (ed. 1607), Covarr., etc. *Aut.* cita muchos ejs. clásicos. En portugués no hay por qué poner en duda su carácter genuino, pues ya se halla en Ferreira de Vasconcellos (1547), en los *Lusíadas* y en muchos autores del S. XVI (Moraes, Vieira), y es probablemente tan antiguo como en castellano².

Es arbitrario filológicamente, e imposible desde el punto de vista fonético, decir que *chupar* es disimilación de *chuchar* (port.), según escribe M-L. (*REW* 2452). En realidad se trata de dos diferentes interpretaciones de la onomatopeya, junto a las cuales puede caber una tercera, representada por *CHOTO* y *chotar*: en *chuchar* se ha recurrido a la reduplicación para sugerir el carácter iterativo del acto de chupar; en *chupar*, a su vez, se agrega la consonante *p* para expresar el contacto de los labios con la teta u otro objeto chupado, ruido que puede acompañar a la succión propiamente dicha. *Chuchar* es también gallego: «o pantasma *chuchou* o derradeiro sangue», «os mozos que se deixan *chuchar* por vellas indecentes» Castelao 187.18, 277.1f. Sin embargo, una continuación algo modificada del lat. SUGERE persistió también en gallego: «*sugaremos* algunhas ideas dun interesante traballo pubricado...» (Castelao 74.18, 72.18)³.

Es imposible derivar del tipo germ. común SŪPAN (alem. *saufen*, ags. *sûpan*, escand. ant. *sûpa*)

beber a sorbos' (como hizo Diez, *Wb.* 299; segui-
lo por Todd, *MLN* I, 239), pues además de que
no coinciden el sentido ni la *ch-*, la -P- intervocá-
ica en palabra de origen gótico se habría probablemente convertido en -*b*-; en cuanto a otros tipos
germánicos derivados, como el a. alem. med. *sup-
fen* (que en a. alem. ant. sería **supphan*) o el ags.
sypian, son puramente locales y probablemente
recientes[4]. Sí hay parentesco, pero onomatopéyico
y no genético, en el caso del fr. *super*, término
de marina aplicado a una vía de agua, a un aspirador, etc., que atraen líquidos u otras materias.

DERIV. *Chupada. Chupadero, chupaderito. Chupado. Chupador, chupadorcito. Chupadura. Chu-
pandina* 'festín donde se bebe mucho', arg., gall.,
and. (*BRAE* VII, 431). *Chupalandero*, murc. [*Aut.*].
Chupativo. Chupón [Quevedo]. *Chupete, chupe-
tear, chupeteo. De rechupete* [Acad. 1884, no 1843;
Pereda en Pagés]. *Chupetón.*

CPT. *Chupaflor. Chupamirto. Chupatintas.
Chupamieles* 'Digitalis Purpurea' (Colmeiro); mozár.
šupamêle[5] 'consuelda y otras plantas borragíneas,
que contienen una gota de miel'.

[1] «*Chupa* e beve de la vianda que toma su madre», hablando de un niño, ed. Allen, 14.— [2] Un
xupar se emplea a veces en el catalán actual, pero
es castellanismo indudable, en lugar de *xuclar*,
castizo, antiguo, popular y literario; en Valencia
se emplea *xuplar*, que resulta de un cruce entre
los dos.— [3] *Chuchar* y *zugar* «atraer el jugo con
los labios» ambos Vall. Sarm. sólo anotó *chuchar*
y *suchar* (*CaG.* 154v), aparte del cpto. *zume-
zuga.* Otro compuesto de este verbo es *sugamés*,
nombre que en Noya dan a la madreselva (*CaG.*
133r, *A*180r) < *suga-me(l)es* 'chupa-mieles', cat.
xuclamel de igual sentido y formación, así llamado por lo mucho que sus flores son frecuentadas
por abejorros, avispas y aun las propias abejas.
Acaso de una variante del gall. *sugar, chuchar,*
cat. *xuclar* y lat. SUGERE derive el burgalés *sujas*
'garrapatas de las ovejas' (a las cuales chupan la
sangre) oído por Martín Sarmiento hacia reinosa
(*CaG.* 214v). De *chuchar* y *zugar* deriva *zucho*
'cañuto de saúco que sirve para disparar peloti-
llas de estopa' (*CaG.* 113v, variante *sucho, chuzo,*
193v y p. 158). En cuanto a *zugar*, su relación
con SUGERE parece ser la misma que la de *tragar*
con TRAHERE (⁓ *tragere*); como ni uno ni otro
caso están claros y FIGICARE ha dado *ficar* (o
hincar) con -*c*-, aunque se pueda pensar en **SU-
GICARE*, también conviene recordar los casos de
simple metaplasmo como *TURRAR* ⁓ *torrar*,
cat. *torçar, apeixar*, meramente romance, o los
más antiguos del tipo FĪDARE.— [4] El ingl. mod.
sip o *sup* ni siquiera es seguro que represente
viejas formas germánicas, pues no hay exacta
correspondencia fonética; puede tratarse de onomatopeyas, o por lo menos de renovaciones onomatopéyicas de una vieja raíz hereditaria.— [5] Así
hay que leer en vez de *šubḥḥomêle* (-*êla*, -*êli,*

-*êl*), como aparece, cinco veces, en el Anónimo
sevillano de h. 1100 (§ 547), pues la combinación
bḥḥ es tan imposible en árabe como en mozárabe: el autor escribió -*bba* y el copista, ignorante del mozárabe, lo cambió en -*bḥḥo*, tomando
el ta marbuta por un *ḥ*, los puntos del mismo
por una damma, y atribuyendo al *ḥ* el texdid
del *b*, cambios facilísimos todos ellos en la grafía arábiga. Claro que el supuesto *šubḥḥo-* no
podría venir fonéticamente de SUCTIARE, como
quisiera Asín. En cuanto a *šaḥmella* 'chirivía', su
primer elemento debe de ser otra cosa, dada la
diferencia fonética y botánica. Comp. el cat. *xuclamel* 'madreselva' = *chupa-miel*, y el *chupamel*
'buglosa, hierba de víbora', registrado por Minsheu
(1617), cuya *e* no diptongada revela origen mozárabe (o portugués, catalán).

CHURDÓN o **CHORDÓN**, arag., 'frambuesa',
'jarabe o pasta de frambuesa empleados para refrescar', del mismo origen que el cat. *gerdó, jordó*,
y el gasc. *jourdou(n), yourdoû*, 'frambuesa', diminutivo del cat. *gerd* íd., de probable origen prerromano. 1.ª *doc.*: Terr.

Terr. y las ediciones antiguas de la Acad. (1843,
1884, etc.) sólo registran la segunda ac., indiscutiblemente secundaria; pero los diccionarios aragoneses de Peralta, Borao y otros dan también la
primera. Aunque Terr. y la Acad. no localizan, el
vocablo es exclusivamente aragonés. La variante
más extendida es *chordón* (*BDC* XXIV, 167; Ferraz; diccionarios arag. citados). *Chordón* y sus
equivalentes catalán y gascón resultan de *gerdó(n)*
por una dilación vocálica que es de ley en estos
idiomas. Para el vocablo gascón, puede verse
Rohlfs, *BhZRPh.* § 26, y mi *Vocab. Aran.*, s. v.
ĝurdún. Trataré más detenidamente de la etimología en mi *DECat.*, pero que el origen es prerromano difícilmente podrá discutirse.

CHURRE, 'pringue gruesa y sucia', origen incierto; si, como parece, está emparentado con el
port. *surro* o *churro* 'suciedad' y 'sucio', y con el
adjetivo port. *churdo*, aplicado a la lana antes de
prepararla, es probable que tenga origen prerromano. 1.ª *doc.*: 1593, Padre Guadix (cita de Covarr.);
comp. Cej. VIII, § 97.

Además de figurar en el diccionario de Covarr.[1],
empleó ya el vocablo Quevedo, en su violento ro-

mance satírico *Pintura de la mujer de un abogado, abogada ella del demonio,* que empieza con las palabras «Viejecita, a redro vayas» y termina «Si tú te hicieras preñada, / se engendrara algún vestiglo, / si no es que, en vieja, de un *churre* / se fraguase el Antecristo» (Rivad., LXIX, 206*b*), es decir 'a no ser que en una vieja se engendrase el Anticristo con una inmundicia'. Este sentido de 'inmundicia orgánica, residuo vaginal, cualquiera' (por oposición al óvulo de las mujeres jóvenes) parece indicar que el matiz de 'grasiento' que se ha agregado al de 'sucio', en este vocablo, es secundario, o acaso sólo imaginado por Guadix o Covarr. para justificar su falsa etimología arábiga *ǧūrī* 'acto de correr', 'carrera, rapidez'[12]. Esto lo confirma el portugués: *churro* significa allí «sujidade da pele», y como adjetivos existen *churro* y *churdo,* aplicados a la lana antes de prepararla; *churdo,* a su vez, sustantivado, significa «homem ruim, vil» (Fig.). Cornu (*GGr.*[2], § 23, 113 y 205) propuso la etimología lat. SORDĬDUS 'sucio', que debe rechazarse sin vacilación puesto que no explica la *u,* ni tampoco la *ch-,* y por otra parte no se justificaría el cambio de *rd* en *rr,* pues es bien sabido que la alternancia entre estos dos consonantismos se produce por el cambio de *rr* en *rd* y no al revés (Rohlfs, *BhZRPh.* LXXXV, § 384; Corominas, *VRom.* II, 455), y casi siempre en voces de origen prerromano[3]. Pero hay en portugués formas todavía más orientadoras para una posible etimología, pues junto a *churro* también hallamos *surro* 'suciedad en el rostro, las manos o los pies, especialmente la que proviene del sudor'[4] (de ahí quizá nuestro ZURRAPA, port. *surrapa, zu-*); también éste puede emplearse como adjetivo, sinónimo de 'grosero, burdo': «A louça mais grosseira, *surra,* é baça e não ornamentada», en Vila-Real (Tras os Montes, *RL* XXIX, 304) y lo mismo parece significar *loiça churra,* con *ch,* en otras localidades de la misma provincia portuguesa (*RL* XI, 306); en fin, desde el punto de vista semántico, importa observar que según Moraes *churro* significaba en portugués «vilão, ruim, miserável, pertinaz, chulo».

Ahora bien, está claro que así la alternancia *rr* ~ *rd* como la vacilación entre *ch-* inicial y *ç-* (que también existió en castellano si pertenecen a la misma familia *zurrapa*[5], *zurrarse*[6] y ZURDO, comp. gall. del Limia *xurda* 'mano izquierda': *VKR* XI, Glos., s. v.) indican un origen prerromano; y el último de los significados portugueses nos recuerda inmediatamente el vasco *zur* (con artículo *zurra*) 'avaro' (guip.), 'económico' (guip., vizc., ronc.), y secundariamente 'prudente, discreto, despejado' (vizc., guip.), 'atento, perspicaz' (en algunos pueblos de Vizcaya), que además tiene la variante diminutiva *txur* (*txurra*) 'agarrado, avaro, parco, económico' (vizc., guip., a. nav.), pronunciada *xur* en el Roncal; *Diego Çurro,* sobrenombre en doc. de Olite de 1288 (Michelena, *FoLiVa.* I,

46) parece ser esto mismo. Semánticamente todo puede explicarse partiendo de la ac. romance 'sucio' o 'grosero', de donde 'avaro, agarrado', como ocurrió en latín con *sordidus* (derivado de *sordes* 'inmundicias') y en el castellano popular con *ruin* 'malo, grosero' y de ahí 'mezquino, avaro'; por otra parte, entre la gente económica y aprovechadora de los Pirineos la evolución pudo ser favorable y se pasó de 'avaro, económico' a 'prudente, discreto, perspicaz, atento', pero la ac. básica y desfavorable se ha conservado en las hablas romances del Pirineo, ya que en el Bearne y particularmente en el Valle de Ossau *soùrrou* es «parcimonieux, avare» y también «sournois, taciturne, bourru» (Rohlfs, *BhZRPh.* LXXXV, § 83); además hay el cat. *sorrut* 'adusto, taciturno, cazurro', derivado que también se halla en las Landas: *sourrut, -ude,* «creux et boursouflé; bosselé» (Palay); quizá pertenezca aún a la misma familia el it. merid. *zurro* «rozzo» (sardo *zurra* 'oveja flaca y vieja'), que Rohlfs, *ASNSL* CLXXII, 284, cree voz prerromana (abr. *zirrɛ* 'macho cabrío' puede ser otra cosa).

En castellano moderno será bueno señalar todavía el ecuat. *churre, churri, churro,* que es adjetivo y sustantivo, lo mismo que en portugués, con las acs. 'mugre', 'sucio' y además 'disparatado, de mal gusto, sin gracia' (Lemos, *Semánt. Ecuat.,* s. v.), y además será gallego, puesto que en la *Insolación* de Pardo Bazán se habla de *Un merendero churri* (Toro G. *BRAE* VIII, 413); es probable que el ecuat., guat. y mej. *chorreado* 'persona sucia y desaseada' (Lemos ibid.) esté por *churreado.*

Que este parentesco prerromano es hipotético no lo negaré, pero me parece superior a las demás etimologías. Dudo mucho de la onomatopeya *churr-* que imaginó Covarr. como sonido de la grasa al caer sobre brasas, porque no da cuenta de las demás formas emparentadas, y el vocalismo *i* que observamos en el verbo *chirriar,* éste indudablemente onomatopéyico, me parece esencial. Aún menos me convence una creación expresiva *churr-* para la idea de 'suciedad'. Fonéticamente es ímposible derivarlo de JUS, JURIS, 'salsa, jugo', con *GdDD* 3633*a*.

Según Michelena *BSVAP* XI, 287, el vasco *zur* procedería de **zuur* y éste de **zunur* (pese a la aparición del vasco *çurro* ya en 1288) fiando de que la variante *zühür* suletina sea originaria. Nos pondría esto en el dilema de creer que no hay relación entre esta voz vasca y la romance, o de que la familia romance es un préstamo reciente del vasco, a pesar de su vasta y ya antigua extensión en todas partes, y a pesar, sobre todo, del hecho de que la mayor representación y arraigo del grupo romance se halla en portugués, donde apenas podemos esperar vasquismos. ¿No sería posible admitir que en la Sule, donde la «Zerdehnung» (*u* > *uu*) es tan habitual, experimentó esta palabra el influjo de otro vocablo, con nasal? Quedo en grave duda entre la autoridad de Mi-

chelena, y los votos que hago para que estudie a
fondo el problema, atendiendo más detenidamente
a su vertiente romance.

DERIV. *Churrete* [1601, Gili], *churretoso*. *Chu-*
rriana 'ramera' (por lo sucio). *Churriento* [*Aut.*]. 5
Churro, aplicado al carnero de pelo grueso y de
lana basta [*ganado churro y obejas churras* ya en
1752, *BHisp.* LVIII, 358; 1772][7], y a la lana misma [Acad., ya 1843], en relación evidente con las
acs. portuguesas citadas arriba; gall. *churra* 'polla 10
o gallina pequeña, *pita'* (Sarm. *CaG.* 211r), en
Salamanca significa 'añojo'; en Andalucía 'serrano'
[1601, Rosal] y en Valencia *xurro* se aplica a los
habitantes de la parte montañosa del reino, que
hablan dialecto aragonés, gentes miradas como 15
rudas y groseras; *churriego* 'palurdo' (1600, *Ro-*
mancero General), *churniego* 'necio' (1590, Fr. D.
de Vega), berc. *chorniega* 'mujer de poco juicio'
(que por muchas razones[8] no pueden venir de
un **choroniego* derivado de *chorón*, forma apor- 20
tuguesada de *llorón*, como quisiera Malkiel, *Mod.*
Lang. Review 1949, 378-80); en cuanto a *churro*,
'cohombro, especie de buñuelo alargado e impregnado de aceite' [Acad. ya 1884], quizá no haya sido
nombrado por el aceite sino porque los churros 25
proceden de la parte de Murcia y la Mancha, comp.
el val. *xurro* ya citado. El and. agitanado *churrel*
'niño pequeño', también manchego (Toro G., *RH*
XLIX. s. v.; *RFE* XXVII, 246) puede ser una de
tantas denominaciones alusivas a la suciedad del 30
crío; de ahí quizá Cespedosa *churro* 'cría de la
vaca' (*RFE* XV, 279). *Churra* arag. 'juego de muchachos...' [1720, Siesso, vid. Gili].

[1] «La pringue que corre de alguna cosa grasa, y
tomó nombre del sonido que haze cayendo sobre 35
las brasas; o según el Padre Guadix es arábigo,
de *churri*, que significa corriente».— [2] Que esta
etimología es errónea salta a la vista por razones
semánticas, porque la *ǧ* arábiga no da *ch* en castellano y portugués (sino *j*), y porque los infini- 40
tivos arábigos (como lo es *ǧúrī* del verbo *ǧárà*
'correr') no dan jamás, o casi nunca, descendientes románicos.— [3] En mi artículo citado doy también casos de alternancia con -rn- como en el
churniego abajo citado.— [4] Algo de eso ha ocurri- 45
do también en el catalán pirenaico: *sórro* 'la
suciedad que dejan en la hoz las espigas al cor-
tarlas y que de vez en cuando hay que lavar con
agua para poder afilarla y continuar segando',
anotado en Montanui (A. Ribagorza).— [5] Por pri- 50
mera vez en APal.: «alga, lo quel mar desecha:
donde dixeron al mar *algivomen* porque vomita
aquellas *çurrapas* o pajas» (13*d*); «al primer tapón,
zurrapas: del que pronto muestra la mala hilaza
de su ruin proceder al obrar» Hernán Núñez (cita 55
que con otras saco de Cej., VIII, p. 581); el mismo proverbio en Covarr., *Aut.*, Quevedo y Quiñones de B. (*NBAE* XVIII, 615). Falta en Nebr., C.
de las Casas, Percivale; Oudin: «de la lie»; Covarr.: «las briznas o pelos que salen del assiento y 60

suelo de la cuba o de la tinaja quando se acaba el
vino» (s. v. *çurrarse*), «las raspas que salen en el
vino de los escobajos, las quales poco a poco se
van assentando en lo hondo de la cuba» (la mención
de pelos se funda sólo en su arbitraria etimología
çurra 'pelo', voz de existencia muy problemática);
Aut.: «la brizna o pelillo que se halla en los li-
quores, y poco a poco se van sentando», «cosa
vil y despreciable: y assí suelen llamar por apodo
al muchacho desmedrado y feo», «*con zurrapas*:
el modo poco limpio de hacer alguna cosa en
qualquier materia physica o moral». «Conforme a
vuestras retóricas de *zurrapas*» Juan de Pineda,
«para todos habrá, hermanos míos, que aún no
han salido las *zurrapas*» Antonio de Cáceres
(† 1615), «mejor me sabe en un cantón la sopa /
y el tinto con la mosca y la *zurrapa*» Quevedo,
«baxándole a lo hondo todas aquellas *zurrapas*»
Jacinto Polo. En portugués se encuentra *surrapa*
y *zurrapa*, ambos ya en Bluteau, «vinho que se
danou» (Moraes), «*z.*: vinho mau ou estragado;
agua-pé», *surrapa* en Filinto (S. XVIII), port.
dial. *surraipa* «subsolo constituido por uma camada compacta e dura de saibro» (Fig.); Leite de
V. (*Opúsc.* I, 418) cita un dial. *çurrapa*, y en Lisboa *zurrapa* es 'vino malo' (M. L. Wagner, *VKR*
X, 27). Con otro sufijo el cub. orient. *zurrupia*
(*Ca.* 239), y quizá el gall. *sarrapio*, V. SARRO,
si no es mero derivado de este vocablo, del cual
hubo de sufrir el influjo de todos modos. No es
aceptable la etimología de Cej.: vasco *zurra-pe*
'debajo de la colodra (para leche)' (no 'barrica'
como él dice), entre otras razones porque los su-
fijos-posposiciones como *-be* o *-pe* 'debajo de'
se agregan al nombre desnudo y no con artículo, y
así debería ser *zur-pe* (comp. *mendi-be*, *illun-pe*).
Lo que ya merecería estudiarse es la posibilidad
de que tenga que ver con el sufijo vasco *-pe* el
sufijo castellano de voces prerromanas *-apa*, *-apo*,
-opo (*gazapo*, *gusarapo*, *guiñapo*, *cachapo*, *cacho-*
po, etc.). Tampoco la arábiga sugerida en las últimas ediciones de la Acad., pues la voz *s-râb*
(no consta la vocal de la primera sílaba) es palabra poco conocida, sólo documentada en el dicc.
del egipcio Bocthor, con el sentido de «curures,
ordures d'un égout, d'une mare, qui ont été cu-
rées». La *z-* portuguesa se explicará por influjo de
zurrar o de *zupia*, o bien se tratará de un castellanismo. A pesar del santand. *sorrapear* 'raspar
con la azada la superficie de un sendero o campo'
y del nav. *zurrapeo* que Cej. define «hurto de
mocetes jugando», no creo que *zurrapa* pueda
ser derivado de *rapar* con prefijo SUB-, que no
explicaría bien el matiz de 'porquería' que representa *zurrapa* en forma constante. *Zurrapilla*
[*Aut.*]. *Zarrapiento*, *zurraposo* [ambos *Aut.*].—
[6] Por primera vez en Sánchez de Badajoz, 1.ª mitad S. XVI: «no estoy más aquí: / que *me zu-*
rro juri a mí. / —No hayas miedo. —Que me
meo». «Tomad, mezquino, esta higa, / ya vos

también *os zurráis?»* (citas de Cej., *Voc.*). No lo veo en dicc. anteriores a Covarr. y Oudin: «voyez *cagar»*, «es corromperse uno, y por esta causa huele mal, y dezimos *estar çurrado de miedo*, que es lo mismo que ciscado o cagado de miedo» 5 (y vuelve a derivarlo de **çurra* pelo de la zorra); *Aut.*: «corromperse alguno o hacer cámara involuntariamente por algún accidente, con especialidad por algún gran temor o miedo». And. *surrar* «encogerse de miedo» en Fernán Caballero, *Cle-* 10 *mencia* II, cap. 7, p. 223. No hay relación semántica con el cast. *ZURRAR* 'curtir', ni con el port. *zurrar* 'rebuznar' (onomatopeya); sí con el gall. *xurro* 'el líquido que sale de una letrina', *xurra-da* 'arroyada, agua barrosa, lodosa o sucia que co- 15 rre por algún sitio' (Vall.), que nos muestra nuevamente la alternancia *z-* = *x-*. Cast. *zurruscarse* «ensuciarse o soltar el vientre, especialmente con ruido o en la ropa» [*Aut.*], cub. orient. *churrupiarse* íd. (*Ca.* 239), con el sufijo de *zurrapa*. And. 20 *zurreón* 'escarabajo' (AV). En vista del trasm. *esfoirar-se* «sujar-se o animal com as próprias fezes» (*RL* XIII, 116, 124), ast. *esforiatase* 'evacuar el vientre de excrementos líquidos' (V), leon. (La Lomba) *fuirarse* «expeler evacuaciones líquidas y 25 frecuentes, por efecto de enfermedad» (presente *fueira*), *BRAE* XXX, 323, gall. *foria* 'basura, excremento' (Sarm. *CaG.* 219*v*), gall. *esforricarse* 'tener diarrea', 'reventar e irse, despachurrarse una manzana o pera puesta a la lumbre' (Sarm. 30 *CaG.* 58*v*, 79*r*, 185*v*, 219*r*), se podría sospechar que *zurrarse* venga del lat. FŌRIA 'diarrea', comp. el aran. *soirà-se* 'padecer diarrea', que lo mismo que la palabra trasmontana sale de EX-FORI-ARE; en cast. el resultado habría podido ser **eshorar-* 35 *se* > **sorarse*, pero ni la *z-*, ni la *u* ni la *-rr-* serían fáciles de explicar. El trasm. *zoura* «diarreia», *zourar* «dejectar» y *zourado* «sujo nos seus dejectos» (*RL* XIII, 126), cuya *z-* sonora de todos modos sería inexplicable a base de FORIA, deben 40 de ser préstamos modernos del cast. *zurrar*, contaminados por el sinónimo autóctono *esfoirar-se*. No contenta M. L. Wagner (*RFE* XXI, 229) al suponer que *zurrarse* sea onomatopeya, pues este verbo supone algo más que 'peerse'. Com- 45 puestos: *Zurraverbos* [1605, *Píc. Justina*], *zurracaños*, *zurracapotes*, *zurramangón* (Cej., VIII, p. 518).—[7] J. Klein, *The Mesta*, p. 6. En este sentido se opone al carnero merino, y se trata de la vieja raza ibérica, ya conocida de los roma- 50 nos. Comprobación notable del origen prerromano del vocablo. Cej. VIII, § 97.— [8] Entre otras varias razones porque *-rn-* no pasa a *-rr-* (*Fernando* > *Ferrando* es un caso de disimilación). Por lo que respecta al cambio *-rr-* > *-rn-*, vid. *VRom.* 55 II, 455.

Chorreta, V. *chorlito*   *Churrel, churriana, churriego*, V. *churre*   *Churrillero*, V. *churrullero*
Churro, V. *churre* y *chorro*

CHURRULLERO, 'fanfarrón, charlatán', 'el que hace mal su profesión', del anticuado *churrillero* o *chorillero*, derivado de *Chor(r)illo*, nombre que se daba en castellano a la calle y hostería del *Cerriglio*, en Nápoles, donde solían reunirse los soldados hampones que no querían luchar. *1.ª doc.*: *chorillero*, 1555, *Viaje de Turquía; churrillera*, 1615, *Quijote*, II, xlv; *churrullero*, 1613, en varias obras de Cervantes.

Rodríguez Marín, *Quijote*, ed. 1928, V, 422n.; Terlingen, 305; Cej. VIII, § 97. El origen del vocablo está ya bien explicado en el *Viaje de Turquía*, cuyo texto transcribo: «PEDRO. Toda Nápoles está en la mesma ribera, y tiene gentil puerto... calles comunes, la plazuela del Olmo, la rúa Catalana, la Vicaría, el *Chorillo*. —MATA. ¿Es de ahí lo que llaman soldados *chorilleros*? —PEDRO. Deso mesmo; que es como acá llamáis los bodegones, y hai muchos galanes que no quieren poner la vida al tablero, sino andarse de capitán en capitán a saver quándo pagan su jente para pasar una plaza y partir con ellos, y beber y borrachear por aquellos bodegones; y si los topáis en la calle tan bien vestidos y con tanta crianza, os harán picar pensando que son algunos hombres de bien» (ed. *NBAE*, 91-92). Nada de extraño por consiguiente que en el *Viaje al Parnaso* del propio Cervantes aparezca *churrullero* aplicado a un tránsfuga, en un pasaje donde aquel vocablo significa, según *Aut.*, lo mismo que desertor. En *El Licenciado Vidriera, Cl. C.* II, 47, se refiere a los malos poetas, de suerte que el vocablo llegó a aplicarse a todo el que desempeña mal su profesión, según nota Rz. Marín; lo mismo que hoy en día *charlatán*. En el *Quijote* se refiere a una mujer de costumbres equívocas que se dedica a una especie de chantaje; en el *Coloquio de los Perros*, II, 279, se habla de *rufianes churrulleros;* V. otras citas en el comentario de Rz. Marín. *Cerriglio* (que en el origen sería forma hermana del it. *cerro* y del calabr. *carrigliu* 'encina, carrasca') se convirtió en *Chorrillo* en boca de los españoles, porque **Cherrillo* no hubiera significado nada en castellano, mientras que aquella forma era frecuente como nombre de lugar español y apropiada además como nombre de taberna, donde se bebían muchos chorros de vino; menos evidente es la razón del paso de *churrillero* a *churrullero*, aunque debió de ayudar el sentimiento de una reduplicación expresiva de la vocal, comparable en cierto modo con la que vemos en *churriburri;* no creo que haya influjo de *churrupear*, voz poco extendida. La forma de Oudin, 1616, *churrulero* «un babillard, un causeur» tiene *-l-* por errata.

Churrumar, V. *socarrar*   *Churrumpada*, V. *chorro*

CHURRUPEAR, 'beber vino poco a poco, y 60 saboreándolo repetidas veces, sin exceso', voz dialectal hermana del cat. *xarrupar* 'sorber' y otras formas pirenaicas, de carácter al menos parcialmente onomatopéyico. *1.ª doc.*: 1720, Siesso; *Aut.*

Reproduzco la definición de *Aut.*, donde se afirma que «es voz mui común y jocosa». No dice en qué región. Pero es seguro que esta papeleta procedía del académico aragonés Siesso, que lo da como equivalente en su región al cast. *beborrotear* (vid. Gili). Ya Terr., pese a su respeto por el diccionario académico, se ve obligado a observar que era voz menos usada que *beborrotear*, y en sus ediciones posteriores la Academia (ya en 1843) ha reconocido que era un vocablo ajeno al uso común poniéndole la abreviatura de anticuado, que por lo demás no es exacta; Terr. cita una forma *churrufear* en Sobrino (1705), que debe de ser errata. Hoy se emplea *chorruspiá* en el aragonés de Venasque (Ferraz, p. 47), y *churruputear* «lamer con frecuencia y delectación las golosinas o las vasijas que han contenido líquidos agradables» es usual en Álava (Baráibar); *chorrupo* o *churrupo* 'pico de botijo' se emplea en el aragonés de Ansó (*BDC* XXIV, 167; *RLiR* XI, 43; Krüger, *Die Hochpyr.* A, II, 228).

En lengua vasca se halla *zurrupatu* 'absorber'[1], *zurrupa* 'onomatopeya del sorbido', *xurrupa* 'sorbito', y en bearnés *chourrupà, chourlupà* o *surrupà*, aran. *txorrupà, sorrupà*. Junto a ello, con variante onomatopéyica, tenemos vasco *(h)urrupatu* (Laburdi,, B. Nav., Sule), Baretous, Aspa y Landas *hourrupà* (Rohlfs, *BhZRPh.* LXXXV, § 72; Métivier, p. 730), langued. *fourupà, souroupà* (Sauvages). Sobre todo, *xarrupar* 'sorber' pertenece al vocabulario del catalán normal; Pallars *xurrupar*. Rohlfs (*ZRPh.* XLVII, 404; *BhZRPh.*, l. c.) vacila entre un origen iberovasco y una formación onomatopéyica.

Creo más probable esto último, como ya lo indica Schuchardt, *Litbl.* XL, 399; comp., en idiomas muy diferentes, el abr. *surpà* 'chupar', el alem. *schlürfen* (cuya -*l*-, para Schuchardt, podría deberse al sinónimo *schlucken*) y el propio lat. *sorbēre*. Baist, *RF* IV, 418, cree que es una ampliación de *CHUPAR*, mediante una especie de infijo onomatopéyico -*rru*-; nótese, sin embargo, que el área geográfica de *chupar* es muy diferente. En vista de que el arag. *chorrupo* significa 'chorro', además de 'pico de botijo' y que ambos significados los tiene también el arag. *churro* o *chorro* (*BDC* XXIV, 167), podría pensarse asimismo en una especie de cruce entre *chupar* y *chorr(e)ar*, pero esto es improbable, entre otras razones, por la ausencia de estos dos vocablos en catalán y en lengua de Oc. Trataré más detenidamente de la cuestión en mi *DECat*. Comp. *CHORRO*.

[1] El cast. *zurupeto* 'corredor de bolsa no matriculado', como voz del castellano de Bilbao, quizá derive del vasco *zurrupatu*, o bien de una palabra vasca *zurrupeta* 'bebida a sorbetones' (comp. *lapurreta* 'robo' de *lapurtu* 'robar', *gogoeta* 'pensa-

miento' de *gogoatu* 'observar, pensar', *atxurreta* 'acción de cavar', etc.); la forma *zurupeto* aparece ya en Acad. 1869 (no 1843), pero un anónimo gallego en 1850 anota la forma *zurrupeto* «corredor intruso, ilegal, que no debiera hacer negocios o operaciones de cambio y giro; en lenguaje técnico de bolsistas y comerciantes de Madrid y otras partes de España» (*RL* VII, 229); será un término de la bolsa bilbaína (en la barcelonesa se llama *corredor d'orella*), explicable, como dice Cej. (IX, p. 522), «por lo que pesca y sorbe»; al pasar al cast. la -*rr*- se simplificaría por influjo de algún otro vocablo, quizá el maragato y gall. *zarabeto* 'tartamudo, premioso, azarado' (*BRAE* III, 66), pontev. 'zazo o balbuciente, y especialmente tato' con verbo *zarahetear* (Sarm. *CaG.* 194v), además murc. *zarabatano* 'zaragatero' (G. Soriano).

Churrupiarse, V. *churre*   *Churrupitear*, V. *churrupear*   *Churruscante, churruscar, churrusco*, V. *socarrar*   *Churumba*, V. *chirimía*   *Churumbel, churumbela*, V. *chirimía*   *Churumen, churumo*, V. *chirumen*   *Churuvía*, V. *chirivía*   *Chus*, V. *chozno* y *choz*   *Chuscarrar*, V. *socarrar*

CHUSCO, 'gracioso, chocarrero', palabra afectiva y moderna de origen incierto, quizá extraída de *chuscarrón (comp. el gall. *chuscarrandeiro* 'chusco'), derivado de *chuscarrar* por *SOCARRAR*, 'burlarse cáusticamente'. *1.ª doc.*: Terr.

«Se dice de una persona agradable, chistosa, alegre, divertida. También se suele tomar en mala parte por mono, burloncillo». Cej. IX, p. 70, cita un ej. que no puedo fechar (S. XVIII?, S. XIX?). Según la Acad. «lo que tiene gracia y donaire» (ed. 1843 y 1884). Sin embargo predomina en muchos casos el matiz peyorativo, como puede verse en los ejs. citados por Pagés, de Bretón de los Herreros y otros, p. ej. J. Valera, *Genio y Figura*, princ. del cap. 4. C. Michaëlis, *RL* III, 139-140, derivó del gall. *choscar* 'cegar', 'guiñar el ojo', *chosco* 'tuerto' (Vall.)[1], *Pedro Chosco* 'ser mítico que hace dormir a los niños'; este último, según Cuveiro, significaría también 'chusco' (?), y C. Michaëlis cita además una variante *chuscar* sinónima de *choscar*.

Según la teoría explicada el *chusco* sería 'el que guiña los ojos', y C. Michaëlis creía que *choscar* venía de un verbo del latín vulgar *CLAUSICARE, derivado de *CLAUDERE* 'cerrar', participio *CLAUSUS*. Spitzer, *RFE* XI, 69-70, aun aceptando esencialmente la etimología de *chusco* propuesta por la sabia portuguesista, replicó que el étimo latino propuesto para el verbo gallego no satisfacía las exigencias fonéticas, puesto que esperaríamos *chouscar como resultado gallego de *CLAUSICARE; en consecuencia proponía partir de un radical de creación expresiva KLUSK-, KLOSK- (alternando con KLISK-,

KLASK- de otros idiomas), que expresaría primero el sonido de golpes, y luego el guiño, comparado a un golpecito. Es probable[2] que Spitzer tenga razón en este punto, en vista, sobre todo, de que *choscar* no se encuentra en portugués, y por lo tanto bien puede ser una creación local y moderna del gallego; tampoco puede descartarse del todo el *CLAUSICARE de Michaëlis, puesto que en el silabeo complejo *chousc*- cabía la posibilidad de una reducción excepcional del diptongo. De todos modos la etimología última del gall. *choscar* interesa poco, y lo más importante para este libro sería averiguar si *chusco* viene realmente de esta palabra gallega, lo cual me parece muy dudoso. Aunque es verdad que se emplea también en Asturias («*xuscu:* chusco, gracioso»: Rato) y quizá en Galicia[3], se trata esencialmente de un vocablo madrileño, si bien conocido en toda España, y en un caso así un galleguismo resulta sorprendente. Por lo demás, la supuesta ac. primitiva 'el que guiña el ojo' es poco verosímil.

Tratándose de una palabra de fecha moderna, y aun semi-jergal[4], me parece probable una derivación regresiva partiendo de un vocablo como el gall. *chuscarrandeiro* 'gracioso, chistoso', 'viejo verde o alegre' (Cuveiro), o como el *chuscarrero* que presuponen las formas metatéticas ast. occid. y gall. *churrusqueiro* 'gracioso, chistoso' (Acevedo-F., Cuveiro), *churrusquete, churrusquiño* íd. (Vall.), derivados todos ellos de *chuscarrar* 'chamuscar, tostar o quemar ligeramente una cosa', empleado en Murcia, Almería y otras partes como variantes de *SOCARRAR* y de *churruscar* 'empezar a quemarse una cosa (como el pan, el guisado)' (Acad., Lamano), para los cuales puede verse el artículo correspondiente y mi estudio en *RFH* VI, 27. Fácilmente pudo sacarse *chusco* de *chuscarrón* o *chuscarrete*, formados con ese verbo, del mismo modo que *socarrón* deriva de su variante *SOCARRAR* o que *chocarrero* deriva de la otra variante *chocarrar* (Navarra, etc.). Así lo confirma, según todas las apariencias, el zamorano *chusco* 'pedazo de pan, mendrugo' (Acad.), que hoy ha pasado al uso general como término de la jerga militar, en el sentido de 'pan de munición, pan que se distribuye en los cuarteles a los soldados'; claro está que este *chusco* se halla respecto de *churrusco* 'pedazo de pan demasiado tostado' (Acad.), en la misma relación que *chusco* 'gracioso' respecto de *churrusqueiro*; ahora bien, *churrusco* 'pan demasiado tostado' viene indiscutiblemente de *churruscar* 'chamuscar'. Así, pues, *chusco* sería primitivamente el 'gracioso cáustico', el *socarrón* o *chocarrero*.

DERIV. *Chuscada. Chusquiado* ¿'enojado, amostazado'?, arg.[5]

¹ Y ya Sarm.: 'el muy corto de vista (sin ser bizco, tuerto ni ciego)', que para mirar cierra casi los ojos. V. el detalle de esos datos de Sarm. y de los menos fidedignos de los léxicos en la p. 140 del *CaG.*, ed. Pensado. Hay además un

trusco 'atravesado de vista' (Sarm., *o. c.* 222r), con variante *trusgo* (Carré³, y Crespo Pozo la trae de San Vicenzo de Lagoa), también *trusgar,* achacada a un étimo *strabicus* (!!) por GdD. Es seguramente cruce de *travesado* (-*ar*) con *chosco* o con *LUSCO*.— ² Por seguro la tengo ahora, tomando en consideración que lo más vivo es *chiscar* con *i: chiscar un ollo* 'tenerlo medio cerrado' Castelao 216.10; el genial dibujante y robustísimo prosista nos muestra como *as casas chiscan un ollo* 'lo guiñan' en 208.3f., y se jacta irónicamente de «a cántas mulleres engaiolei *chiscándolles* o ollo» 174.21. Pero no es la única acepción, pues también vale 'tocar levemente' o 'hacer salpicar': «arranxan un pequeno moimento de croios, que dispois ninguén se arrisca a *chiscar*», «por riba da lagoa sin *chiscar* a-i-auga» 286. 4. Cf. el grupo de vocablos estudiado en *CHISGUETE.*— ³ Figura en el diccionario de Cuveiro (y de ahí Vall.). Por desgracia los diccionarios gallegos están llenos de castellanismos, algunos de los cuales apenas se emplean en el gallego vivo, al menos en el uso campesino, que es el único que en Galicia puede considerarse verdaderamente representativo. El riograndense *chusque* 'gracioso, elegante, airoso' puede ser de origen rioplatense (*chusco* es vivo en la Arg.: Garzón, Segovia).— ⁴ El caló *xusco* 'moneda de cinco pesetas, un duro', se debe a un floreo verbal («truquage») en lugar de *chulé* íd., voz de origen gitano (*šuló* 'grueso'), que se parece a *chulada = chuscada.* Se trata, pues, de un empleo secundario, sin interés para la etimología de *chusco,* pero que por lo menos prueba que *chusco* es voz conocida en el español de las grandes ciudades, y aun de Barcelona. En un documento de la parte oriental del obispado de Osma, año 1228, firma un hidalgo llamado *Pero Martín el chusco* (M. P., *D. L.,* 268.17), pero creo que eso no tiene nada que ver con el *chusco* moderno, pues si bien en docs. de esa época ya hay algún ejemplo de la *ch* con valor de *č* (p. ej. *sobredicha* en la misma escritura) es aún más corriente hallar este nexo como símbolo de la *k* (*eschatima, buschar,* en doc. de Osma, a. 1212, 208.26; *che* 'que', íd., 1214, 219.9; *marchos* íd., 209.31; *chrebantar,* 1217, línea 13; etc.). Se tratará, por lo tanto, de la misma palabra que el cat. *cusc* 'casto', que nada tiene que ver con esto.— ⁵ «—¿Y María? —Pu hay no más andará... Deb'estar media *chusquiada* con vos porque la dejaste con los preparos del almuerzo», A. Ghiraldo, *La Prensa,* 29-XI-1942.

CHUSMA, 'conjunto de galeotes que servían en las galeras reales', 'conjunto de gente soez', del genov. ant. *ciüsma* íd., procedente del lat. vg. *CLUSMA,* contracción del gr. κέλευσμα 'canto rítmico del remero jefe para dirigir el movimiento de los remos', propiamente 'orden, voz de mando' (derivado de χελεύειν 'ordenar'). *1.ª doc.*: 1524, en una carta escrita desde Italia; en textos escritos en España se halla por lo menos desde 1574, A. de Morales.

Vidos, *Parole Marin.*, 321-4; Terlingen, 238-40. El genov. ant. *ciusma* se halla ya en textos de los SS. XIII-XIV, y Casaccia lo registra todavía como forma moderna. El italiano *ciurma* (que por lo demás ha de ser de origen dialectal en vista de la *ci*) dió el fr. *chiourme* y el cat. *xurma*. El origen portugués de la voz castellana, admitido por Vidos, es del todo inverosímil; por el contrario, el port. *chusma*, aunque procedente de Italia, quizá llegó por vía de Castilla. *Chusma* designó primeramente el canto rítmico de los galeotes dirigidos por su jefe, y después a los galeotes mismos, pero una ac. más primitiva se conserva en el portugués de Goa (India), donde *chusma* es 'estribillo cantado por muchos' (Dalgado, *RL* VI, 79). La pérdida de la primera E de CELEUSMA ante líquida es comparable a la de la I de QUIRITARE > *gritar;* el diptongo EU, raro y extranjero, se reducía muchas veces a U en latín vulgar (ejs. en Vidos). Partiendo de la variante gr. χέλευμα, por conducto de una forma catalana (comp. *salomar* 'refunfuñar' en Ag.), con la conocida pronunciación de la *e* como *a*, propia de este idioma, procede *saloma* 'son cadencioso con que acompañan los marineros su faena para hacer simultáneo el esfuerzo de todos' [Acad. ya 1817]; la *s-* puede deberse asimismo a la pronunciación catalana, aunque en realidad las únicas formas bien documentadas (prescindiendo del seseo americano) son *ç-* o *z-* (pero *saloma* en Tirso): así en el *Persiles*, en Lope y en otros textos del Siglo de Oro (Cuervo, *Obr. Inéd.* 372, n. 2), *zaloma* en Eugenio de Salazar y otros, V. las citas de la ed. del *Persiles*, II, cap. 21, por Schevill, vol. I, 317.23; a los cuales hay que agregar la *Relación de Galeras* de Pedro Palomino («con muy gran liberación / nos manda nuestro patrón / que alarguemos la *caloma*», *RH* XL, 70); en este texto es frecuente que por error se olvide la cedilla (así *calomar* en DHist.); *zalomar* [1587, G. de Palacios, *Aut.*]; *salomar* 'arrear o rodear animales aguijándolos con gritos' en Chiloé: Cavada]; comp. sic. y corso *ciloma*, y vid. Schuchardt, *ZRPh.* XXV, 497.

DERIV. *Chusmaje. Chusmalla* [1577, B. de Villalba, ed. *Biblióf. Esp.*, 182], del it. *ciurmaglia, ciusmaglia.*

Chusmarrar, V. *socarrar*   *Chusquel*, V. *gozque*   *Chusta*, V. *susto*   *Chute, chutón*, V. *chito*   *Chuvo*, V. *yugo*   *Chuz*, V. *choz*   *Chuza, chuzar, chuzazo*, V. *chuzo*   *Chuznieto*, V. *chozno*

CHUZO, 'palo armado con un pincho de hierro', origen incierto, quizá derivado regresivo de *chuzón* íd., que a su vez sería alteración de *zuizón*,

derivado de *SUIZO* o *zuizo*, porque la soldadesca suiza usaba esta arma. *1.ª doc.*: *chuço* o *chuçón*, 1607, Oudin; *chuza y chuzón* ya en Sánchez de Badajoz (1525-47).

«Javelot, une espèce de dard; nous l'appelons une langue de boeuf» (Oudin). Varios ejs. de h. 1600 en Cej. IX, pp. 68-69; también en Góngora (1618). El significado es también claro en Sánchez de Badajoz, II, 175 y 133: «pelear por campo y sierra, con la *chuza* y broquelito», con referencia al arma que poco antes se ha calificado de *lanza;* en otro pasaje rima con *Muza*, luego se pronunciaba con *ç* sorda. *Chuzo* es frecuente, desde el *Quijote* II, lxvi, 255, y en muchos autores del S. XVII (*Aut.*). Explica Covarr.: «*Chuzón:* cierta arma enastada con el hierro largo. Dixose *chuzon*, quasi *çuyzon*, de los *çuyzos*, gente belicosa en Alemaña, de donde se truxo esta arma, porque usan ellos della»; afirmación repetida en los artículos *alabarda* y *zuyça* del propio Covarr. De la vitalidad de *zuizo* 'soldado suizo' en castellano da fe *zuiza* 'soldadesca' [Palomino, 1708] y 'pendencia, alboroto' [Quevedo]; según Covarr. «en el Reyno de Toledo llaman *Zuyça* una fiesta que se haze de la soldadesca, con armas enastadas de alabardas, partesanas y *chuçones*». La forma *chuzón* figura también una vez en Sánchez de Badajoz (II, 174). Los datos de Covarr. están muy necesitados de confirmación, pues lo mismo en el artículo *chuzón* que en *zuyça* es visible que su definición está influída, y acaso deformada, por el prejuicio etimológico. Por otra parte, la reducción del diptongo *ui* a *u* sólo podía producirse en el derivado *chuzón*, y la razón de la formación de este aumentativo está lejos de ser evidente. Convendría, pues, hallar otros datos acerca de la relación del *chuzo* con el armamento de los suizos, o por lo menos otras fuentes que confirmasen que *chuzón* es anterior cronológicamente a *chuzo* y *chuza*, que de él han de ser derivados regresivos si esta etimología es cierta. Sin embargo, la idea es posible. En cuanto a *chuzón* 'persona cauta y prevenida' o 'marrajo, reservado con malicia, socarrón' [*Aut.*][1], es posible que tenga que ver con el carácter de los montañeses suizos, mirados tradicionalmente como reservados y cazurros. De todos modos téngase en cuenta que Sánchez de Badajoz, I, 304, emplea *chuza* en el sentido de 'calamidad' («Frailes y abades: / *chuza*, rayo, pestilencia, / sarna, gota y quebradura, / frío, hambre y desventura, / pleitos, questión y dolencia; / arcabuces de venencia, / fuego de mil alquitranes»), procedente quizá del de 'dardo' o 'rayo', y desde el cual pudo llegarse a 'marrajo, malicioso'.

Nada tienen que ver con *chuzo*, por evidentes razones fonéticas, el mozár. *ṭaugûl* y el lat. tardío *teutona*, como nombre de una arma arrojadiza, con los cuales pretendió relacionar a *chuzo* Simonet; en cuanto a las voces catalanas y vascas que éste cita, son castellanismos recientes sin interés.

En América *chuzo* ha tenido abundante progenie. En Colombia es 'espina, astilla puntiaguda', en el Salvador 'pico de avè', 'azagaya', en Costa Rica 'aguijada', en el Ecuador 'pica' (Toro G., *BRAE* X, 193); ahí mismo se aplica a un caballo pequeño y delgado, por comparación (Lemos), de donde se comprende el paso a 'caballo en general', cumplido en la Arg. (Guiraldes, *D. S. Sombra*, 99, 235); *trigo chuzo* ahí mismo es 'trigo verde' (porque se mantiene enhiesto: Chaca, *Hist. de Tupungato*, 287). En otras partes ha habido una alteración fonética por dilación: *chucho* o *chuzo* 'látigo hecho de vergajo, que va adelgazándose hacia la punta', en Cuba, Puerto Rico y Venezuela, *chuchazo* 'puñalada' en la Coa chilena. Quizá sea el mismo vocablo *azuche* 'punta de hierro que va al extremo del pilote o palo que se clava en el suelo para asegurar los fundamentos de un edificio' (ya en Baíls, 1772, y en Pichardo).

DERIV. *Chuza* 'lanza' [Sánchez de Badajoz; hoy muy vivo en la Arg.: ya en Sarmiento, *Obras* XXI, 68; en Ascasubi, *S. Vega*, v. 1346; en el *M. Fierro*, ed. Tiscornia, Vocab., s. v.]. *Chucero*. *Chuzar* 'punzar', colomb. *Chuzazo*. *Chuzón*; *chuzonada*, *chuzonería*. *Chucear* 'aguijar', arg. (Fausto Burgos, *La Prensa*, 20-IV-1941; E. Wernicke, íd., 29-XI-1942).

[1] Quizá ya pensaba en esta ac. el autor de la *Pícara Justina* (I, 83) al hablar del apellido fantástico de los *Chuçones*, que según Puyol es sinónimo de 'familia judía', por alusión a los chuzos de los judíos que guardaban el cuerpo de Jesucristo.

D

DADO, voz de todos los romances, que supone una forma básica *DADU de origen incierto;
probablemente del ár. *dad* y persa *dadā* o *dadan*
'juego', 'dado': aunque no consta de cuál de estos
dos idiomas es oriunda la palabra, de todos modos es de origen oriental en los mismos *1.ª doc.:*
Alex. 859 *d* (en rima); *Libros del Acedrex*, 4.17;
J. Ruiz 554 *a*.

El gall. *dado* se halla también desde el S. XIII
(*Cantiga* 238, copla 3). Entre las formas romances,
unas pueden representar igualmente una base
*DATU o *DADU, otras postulan inequívocamente
esta última forma, y algunas parecen corresponder
más bien a *DATU. Ahora bien, es fácil concebir
que un *DADU se cambiara en *DATU por confusión con el participio de DARE, pero el cambio
opuesto sería inexplicable. No sólo el it. literario
dado presenta una -d-, sino que las formas de los
varios dialectos postulan claramente esta misma
consonante como originaria: el pavés *dad* va con
broeud, noeud, rüd, ciod, vid y demás vocablos
con -D- latina o italiana y no con *lo* LATUS o con
-à -ATU (*pra, bugà*); el mantuano *da* con *mo,
spe, ciò, nu, cru, ni*, mientras que la T intervocálica se conserva normalmente en este dialecto y
los casos de desaparición sólo son esporádicos
(Battisti, *BhZRPh.* XXVIIIa, 137); en el mismo
sentido se pueden alegar el calabr. *dadiciellu*, el
napol. *dale*, Cerignola *däle*, sic. *lalu*; antiguamente
se decía *dadu* en Nápoles (ej. napolitano de *dadum*
en Du C.), cuya -d- se opone claramente a una
-T- etimológica. El cat. *dau*, con su -ʮ- < -D', no
puede ofrecer lugar a dudas[1]. El fr. *dé*, el logud.
dadu y el cast. *dado* igual podrían corresponder a
*DADU que a *DATU. Por otra parte oc. *dat* (fre-

cuente en la Edad Media, y hoy confirmado por
dialectos modernos que distinguen -T' de -D':
Toulouse, Bearne y La Teste, vid. Doujat, Palay,
Moureau) corresponde a -TU (comp. *gra, ga, ni,
pe, cru*) y también port. *dado* y engad. *det* (*dat*)
son favorables a dicha base. Agréguese el vasco
suletino *dato* [1666], Michelena, *BSVAP* XI, 287;
tiene muy poco valor para la averiguación de la
etimología, pues es préstamo del gascón *dat*, tal
vez algo influído por el cast. *dado*. Es verdad que
en este sentido la información que proporcionan
las formas en lengua de Oc no son demasiado rotundas, pues no faltan allí formas como *grat,
nit, crut*, y el representante de NŪDUS es siempre
nut; y en portugués hallamos también *vado* y *grado* junto a *vau, grau*. De todos modos el conjunto
de los hechos puede conciliarse admitiendo que
cuando en estos idiomas -ADU se hallaba en la
etapa -aᵭu, junto a -ATU > -adu, nuestro vocablo
daᵭu pasó a *dadu* por influjo del participio DATUS
y de la frecuente terminación participial -ATUS en
general, del mismo modo que oc. *nut, nuda*, se
explica por una invasión de la frecuente terminación -ŪTUS; sería, en cambio, muy difícil o imposible explicar cómo *dadu* pudo cambiar su *d* en *ᵭ*,
tomando una terminación tan rara. Si se trata de
una palabra de origen oriental, no queda ninguna
dificultad en explicar la discrepancia fonética. Hay
que postular, por lo tanto, una base *DADU.

En conclusión, se impone rechazar la etimología
comúnmente admitida, y que por lo demás es débil
desde todos los puntos de vista. Diez, *Wb.*, 116,
sugirió con dudas que podía venir del lat. DARE
en frases como DARE AD TERRAM 'echar al suelo',
de donde *'echar los dados'; y aunque le hicieron
eco Eguílaz (p. 381) y otros, Schuchardt, *Litbl.*
VIII, 22, ya observó que esta etimología era completamente incierta, y M-L. (*REW* 2486), Wartburg (*FEW* III, 20) y Gamillscheg, en sus respectivos diccionarios, siguen dudando. Bloch se

hace suya la explicación de Turnèbe (reproducida por Du Cange, s. v. *decius*): se trataría de *dare calculum* en el sentido de 'mover un peón', en el juego de los *scrupi*, una especie de damas, de donde un **datum* 'peón de este juego' y luego 'dado'² ; esto es hipotético e improbable, dado que el latín distinguía cuidadosamente entre *mittere* o *jacere tesseras* 'echar los dados' y *dare calculos* 'mover los peones' (Marquardt-Mau, *Privatleben der Römern*, p. 858, n. 3).

En cuanto a otras etimologías seré menos afirmativo. Ya Golio, Mz. Marina y Sousa sugirieron que *dado* podía venir del ár. *dad;* en efecto, ésta es palabra generalmente conocida (Lane, 862) y ya documentada por el Ŷauharí (fin S. X) y multitud de lexicógrafos del árabe clásico, en el sentido de 'juego', 'diversión' y 'frivolidad'. Es cierto que no me consta que el vocablo esté documentado en el árabe de España y hoy parece estar anticuado en muchas partes, por lo menos en la mayor parte de las hablas africanas (falta en R. Martí, PAlc., Glos. de Leyden, Dozy, *Suppl.*, Bocthor, Probst, Beaussier, Tedjini, Dieterici, Cañes), pero esto no es objeción de gran fuerza tratándose de una voz generalmente conocida en el árabe clásico, que debió de pasar al romance desde fecha muy antigua. Por otra parte, de que el sentido de *dad* se concretó en el de 'dado' tenemos pruebas repetidas ya en las lenguas orientales; éste es hoy el sentido de *dâd* o *dadd*, no sólo en el árabe de Marruecos, sino también en el de Palestina (V. el diccionario de los franciscanos citado por Lerchundi), y con la misma ac. se emplea el persa *dadan*, que también significa 'juego' y 'cosa ridícula', junto al persa *dadā* 'juego' (Steingass). Debemos dejar al cuidado de los orientalistas el averiguar si es palabra primitivamente árabe o persa, pero lo que de todos modos puede asegurarse es que es de origen oriental y no tomada del romance³. Indudablemente convendría hallar todavía más pruebas de la vida del ár. *dad* en textos y en diccionarios del árabe vulgar. Pero desde ahora debemos mirar esta etimología como la más probable. El origen árabe de *AZAR* 'dado' y 'juego de suerte' presta serio apoyo a la etimología presente. Debería tratarse de un préstamo muy antiguo, pues aunque *dado* no parece documentado en Europa antes del S. XII (Marcabrú, Ventadorn, Garnier de Pont-Ste.-Maxence), lo requiere así la evolución fricativa de la -*d* (cat. *dau*); hay, por lo demás, un caso parecido en *SOSA < saǔda*, también de origen arábigo. Spitzer, *MLN LXXI*, 373, refuerza mi argumento del comportamiento de la -*D* en catalán, al notar con toda razón que la *é* del francés *dé* demuestra que la entrada de este orientalismo tuvo que ser realmente antigua en romance. Mas por ello no hay por qué dudar del origen oriental. En primer lugar, salta a la vista que en romance el vocablo fué parcialmente confundido con el participio de *DARE*, como nos consta por la forma oc. *dat*. Por otra parte, si entre los arabismos, muy poco numerosos, que son patrimoniales en francés, no parece haber ejs. del cambio de A en *é*, es porque casi todos ellos entraron con las Cruzadas, y claro está que *dé* es un orientalismo panromance de fecha muy anterior. Finalmente, yo no he hablado de arabismo, sino de orientalismo, sin decidir si el vocablo, que es común al persa, al árabe y sin duda a otras lenguas de Oriente, es oriundo de aquella o de esta lengua, ni desde cuál de los dos idiomas pasó a Europa. Quizá más bien debamos inclinarnos por la primera alternativa, dado el aspecto forastero de la estructura del vocablo en semítico. Y sabido es que los iranismos romances, como *ZANCA, GUALDRAPA, VÁNOVA*, fr. *guêtres*, etc., pertenecen a una época muy remota, netamente anterior al cambio que experimentó en francés la A en *é*.

¹ Algunos han supuesto que sea castellanismo para explicar esta -*ǔ*, que se opone al étimo tradicional DATUM. La idea ha de descartarse del todo en vista de la frecuencia del vocablo en el idioma medieval. Algunos ejs. del S. XIII: Vidas de Santos Rosell. f.º 178r1 (trad. *taxillos* de Vorágine, ed. Gr., 534.19); *Ordin. de la Batllia de Perpinyà*, año 1284, *RLR IV*, 361; *Costumbres de Tortosa*, ed. Oliver, 150; Lulio, *Meravelles IV*, 113; íd., *Blanquerna*, cap. 83, n. 6. De los SS. XIV y XV hay muchísimos. Luego en este idioma aparece tan pronto como en castellano. Morel-Fatio y Saroïhandy, *GGr.²*, 860n.2, admiten la posibilidad de que -TU en catalán dé -*u*, pero este párrafo—como por lo demás todo el estudio de estos autores— presenta los problemas en una forma inadmisible para todo lingüista; los ejs. que cita ni siquiera existen, por lo menos en catalán (*mou, soldau*, no son palabras catalanas; *freu* tiene una explicación particular).— ² Bloch afirma que este *datum* sustantivo está documentado, y Alessio (en Battisti-A.) lo achaca a Quir iliano. Creo que no lo está en parte alguna, en todo caso falta, lo mismo en Du Cange que en el *ThLL*. Supongo que hay mala inteligencia del verso de Ovidio citado por Du C. «tu male jactato, tu male jactato», donde *dato* es imperativo. Por lo demás este uso de *dare* no era general y sólo se halla en un pequeño número de autores (*ThLL V*, 1672, 11-17).— ³ Algunos iranistas parecen creer que en persa es arabismo: los diccionarios puristas de Wollaston y de Vullers lo excluyen (el último sólo cita *dâd bāzī* como nombre de un juego de azar, que cree tomado del árabe). Steingass duda. Falta en el *Grundriss* de Horn. Y, sin embargo, en árabe la estructura de *dad* invita a buscar un origen extranjero, persa o de otra lengua oriental. No hay en árabe una raíz *d-d-w* como la que sugiere Lane; y la forma bilítera *dad* se sale de la morfología árabe normal. Por

esto las hablas vulgares la cambiaron en *dadd*
(que ya aparece en mss. muy antiguos) o en *dâd;*
de *dadd* deriva el participio activo *dâdid* 'el que
se divierte', documentado en mss. del Timmirâh,
poeta que escribía en Siria a princ. del S. VIII, [5]
y que había viajado por Persia. Otras formas árabes como *dadā* 'juego', 'diversión' y sus sinónimos
dádan, daid y *dayadân,* no se salen menos de lo
común en la morfología árabe e invitan insistentemente a buscar un origen iránico. ¿Habrá rela- [10]
ción con el persa *dâdah* 'parte que toca en suerte', que es propiamente el participio del verbo
dādan 'poner', 'hacer' (del avéstico *dadāiti,* indoeur. *dhē-,* Horn. n.º 521)? ¿O acaso de *ḥarakat
dādan,* propiamente 'hacer movimiento', que si [15]
no me engaño se aplica a las piezas de los juegos?

Dado 'donativo', *dador,* V. *dar   Dafechamen-*
te, dafecho, V. *hacer*   [20]

DAGA I, voz común a todos los romances occidentales y a otras lenguas europeas, de origen
desconocido. 1.ª *doc.:* h. 1400, Glos. del Escorial.
Con posterioridad se halla en un invent. arag. [25]
de 1469 y *daguero* 'fabricante de dagas' en otro
de 1450 (*VRom.* X 141); *daga* en APal. 31*b*[1],
y en Nebr.; *Aut.* da varios ejs. de *daga* y sus
derivados en los SS. XVI y XVII; Cej. VIII,
§ 19. En portugués es *adaga* la forma normal, [30]
aunque hay variante *daga;* el derivado *adagada*
figura ya en D. do Couto, a fines del S. XVI.
Del cat. *daga* hay testimonios en 1385 (Eiximenis),
varios del S. XV, y aparece en el *Blandin de Cor-*
noalha (S. XIV), v. 1539, escrito en lengua de Oc [35]
por un catalán. Oc. *daga* se halla en una poesía
del S. XIV o XV y en un texto en prosa del XV;
un *daic,* probablemente 'puñal', sale en el XIV.
El fr. *dague* puede ya fecharse h. 1300, probablemente algo antes[2]; el it. *daga* ya en el S. XIV [40]
(Schuchardt, *ZRPh.* XXXI, 658). El ingl. *dagger*
se halla ya en Chaucer († 1400), y el verbo *dag*
'perforar, apuñalar' está ya en un texto de h.
1440; del alem. *degen* y sus variantes hay ejs.
desde 1400 (aunque se nota que la mayor parte [45]
corresponden a zonas extremas del Este: *MLN*
XXXVI, 485); formas semejantes existen además
en neerlandés y bajo alemán (desde la época media de estos idiomas), en danés, en checo y en
húngaro (para éste vid. Schuchardt, *ZRPh.* XV, [50]
111-2). En romance, en inglés, etc., el vocablo significa 'daga, especie de puñal', mientras que el
alem. *degen* es 'espada'. A base de la escasa diferencia en las fechas de aparición no es posible
ver claramente el lugar de origen. El fr. *dague* [55]
en razón de su -*g*-, suponiendo que el vocablo sea
antiguo en romance, debería ser tomado del italiano o de la lengua de Oc, pero la cronología no
es favorable a este supuesto, sobre todo teniendo
en cuenta la aparición aun más temprana en el [60]

bajo latín británico; por otra parte, que del francés pasara a los demás romances, como admitió
Sainéan, no es imposible en vista de la documentación, pero tampoco es evidente.
Schuchardt, *Globus* LXXX, 204-7 (y *ZRPh.*
XXVI, 115), supuso que *daga* procedía de un lat.
SPATHA DACA 'espada de los dacios', abreviado en
*DACA; para ello se fundaba en el hecho probado
arqueológicamente de que esta nación bárbara se
servía, como arma característica, de una especie
de sable curvo y corto, y partiendo de la analogía
del lat. *sica* 'puñal', arma nacional de los Tracios
popularizada en Roma, admitía que *DACA llevó
una vida subterránea en la Antigüedad y la alta
Edad Media, como nombre de un puñal corvo y
algo largo, poco empleado, hasta que en el S. XII
o XIII se difundió de pronto gracias a alguna innovación en la forma de las armas, y empezó a
salir en la documentación. En conjunto, esta teoría
halló poca credulidad por demasiado hipotética.
Su peor dificultad está en que nos obliga a admitir un origen meridional del vocablo francés;
ahora bien, hoy no sólo sabemos que *daggarium*
y *dagger* aparecen en los Estatutos del Rey Guillermo de Escocia, h. 1200, y en otras fuentes británicas del S. XIV citadas por Du C., sino que el
suplemento debido a Baxter y Johnson aporta otros
varios testimonios arcaicos de la misma procedencia: *daggardum* h. 1190, *dagga* en 1332, *dagga-*
rium, -ggerius, varias veces a fines del S. XIV;
el b. lat. *daca* 'daga' aparece en el diccionario del
inglés Juan de Garlandia, de la primera mitad o
mediados del S. XIII[3]. Es difícil que esta especial
frecuencia en tierras británicas sea debida a una
casualidad y empieza a parecer dudoso que el vocablo pudiera ser llevado allá por los normandos de
Guillermo el Conquistador; como el vocablo no
puede ser germánico, según Kluge, deberá revisarse a la luz de esta documentación la probabilidad
de un origen céltico insular, a pesar de que Thurneysen (*Keltorom.,* 56) se inclinara a creer que el
gaélico e irl. mod. *dag* 'pistola' y el bret. *dag(er)*
'puñal' eran advenedizos; realmente es la opinión
común, de la que participan V. Henry y Macbain,
y aquí sólo podremos llamar la atención de los especialistas, únicos que pueden resolver el problema, preguntándoles si no podría derivar del irl.
med. *daig* 'fuego', irl. mod. *doigh* 'dolor', de la
raíz indoeuropea *dheg^wh* 'quemar' (Pedersen, *Vgl.*
Gramm. d. Kelt. I, 108)[4].
La procedencia del persa *teg* 'espada', zendo
taēga, propuesta por Sainéan, *ZRPh.* XXXI, 260-
1, aunque obtuvo el aplauso de Gamillscheg, presenta demasiada dificultad fonética. El propio Sainéan, más tarde, en *Sources Indig.* I, 369, se
inclinaba por un origen onomatopéyico, en vista
de formas que deberán estudiarse mejor: *diga*
'cuchillo grande' en un texto en bajo latín (Du
C.), norm. *digue,* fr. *digart* 'espuela' (1370), *digon*
'aguijón', norm. *diguer* 'espolear', Anjou *diguer*

'acornear (una vaca)'; pero es evidente que todo esto no imita ningún sonido y harían falta paralelos más claros para creer en una voz de creación expresiva. V., sin embargo, el fin del art. *DALLE*.

Deriv. *Dagón*. *Daguilla* 'palillo'.

[1] «Arma segund dize Festo Pompeio se dizen propriamente por pender de los ombros, como escudo o cuchillo o puñal o *daga*». En las otras dos obras citadas traduce el lat. *sica*.— [2] Sainéan pone en duda el testimonio de 1229 que suele citarse, y el de Joinville (2.ª mitad del S. XIII) es dudoso porque no figura en las ediciones críticas. De todos modos el vocablo sale en *Mélusine* (h. 1373), el derivado *dagonner* 'apuñalar' en *Doon de Mayence* (h. 1300), y hay más testimonios antiguos. Por lo tanto, aunque un pasaje en el libro del *Roi Modus*, de 1486, parece indicar que era entonces palabra nueva, hay que deducir que lo era sólo para el autor o en la región donde él vivía.— [3] *Ebert's Jahrbuch* VI, 311. La glosa fr. *dage* que del mismo diccionario cita Tobler, parece ser posterior y sólo se encuentra en un ms. del S. XV.— [4] También Kluge-Götze se inclina por el origen céltico de *degen*. Cierto es que el irl. mod. y bret. *dag* parece sospechoso de préstamo a causa de la *-g-* conservada. Pero aun siendo así, el ingl. *dag(ger)* pudo haberse tomado de una palabra céltica más antigua, que luego, desde el inglés, habría pasado al romance y habría vuelto al céltico moderno.

DAGA II, 'cada una de las hileras horizontales de ladrillos que se forman en el horno para cocerlos' del ár. *ṭáqa* 'capa, estrato'. *1.ª doc.*: *Aut.*

No ofrece dificultad fonética esta etimología propuesta por la Acad.; para la *d-*, comp. *ADOBE*, etc. La voz arábiga, que tiene varios significados, aparece con el de 'capa de tierra o de estiércol' en Abenalauam (Dozy, *Suppl.* II, 71a) y forma pareja con *ṭáq*, que es bien conocido en el mismo significado y en acs. parecidas.

Dagón, V. *daga*

DAGUERROTIPO, compuesto con *Daguerre*, nombre del inventor, y el gr. τύπος 'golpe', 'huella', 'imagen'. *1.ª doc.*: A. Flores, † 1866 (Pagés); Acad. ya 1884, no 1843.

También se dijo *daguerreotipo*.

Deriv. *Daguerrotipia*. *Daguerrotipar* [J. Balmes, † 1848].

Daguilla 'palillo', V. *daga* I

DAIFA, 'señora, dama (irónicamente)', 'concubina', del hispanoárabe *ḏáifa* 'dueña, señora', de la raíz *ḏ-y-f* 'pedir o dar hospitalidad'. *1.ª doc.*: 1605, *Pícara Justina*.

Según *Aut.* no corría en castellano otra ac. que la de 'manceba, amante', de la cual da un ej. claro

en Espinel; pero el de la *Pícara* parece corresponder más bien a la ac. irónica 'señora' que hallamos claramente en *El Saber puede dañar*, de Lope (Rivad. XLI, 127a): como en ambos casos se trata de una interpelación, no es probable se dirigiera la palabra a nadie con aquel brutal calificativo; en Tirso, *El Vergonzoso en Palacio* I, 478, se habla de unas mujeres de costumbres dudosas llamándolas *estas daifas*. En árabe de España era palabra respetuosa (Dozy, *Suppl.* II, 16b), y en la lengua clásica significaba 'la mujer recibida en hospitalidad'; pero como en vulgar confundieron sus significaciones el verbo *ḏáf* 'recibir o pedir la hospitalidad' y su derivado *ḏáyyaf* 'hospedar a alguien' (éste significa 'hospedarse' en PAlc.) es natural que *ḏáifa* pasara a significar 'la que hospeda, dueña de casa' o simplemente 'señora', como título respetuoso (véase ej. en la poesía en árabe granadino citada por Pérez de Hita, ed. Blanchard II, 339). Da ya la etimología correcta Covarr. (de donde pasó el vocablo a C. Oudin, 1616); R. Dozy, *Gloss.*, 257; Eguílaz, 385.

Daine, V. *gamo*   *Dajuno*, V. *ayuno*

DALA 'canal de tablas por donde salía a la mar el agua que la bomba achicaba', del fr. *dale* íd., y éste del escand. ant. *dæla* 'canal'. *1.ª doc.*: 1573, Eug. de Salazar, *Cartas*, p. 99; 1616 (Oudin)[1].

Figura también en el *Vocab. Marítimo* de Sevilla, 1696, de donde pasó a *Aut.* En Francia el vocablo está especialmente arraigado en Normandía, donde tiene varias acs. ('fregadera', 'gamella para cerdos', etc.); Jal documenta también la ac. castellana para el fr. *dalle*, aunque lo más común en este idioma, con tal sentido, es el derivado *dallot*. Ya en escandinavo antiguo se aplicaba el vocablo a la construcción de buques. Vid. *FEW* III, 4-5.

[1] «*Dala de bomba*: le canal de la pompe du navire par où s'écoule l'eau». Falta en la ed. de 1607 y en Covarr.

Dalfín, V. *delfín*

DALIA, del nombre del botánico sueco Dahl que h. 1789 la trajo de Méjico a Europa. *1.ª doc.*: Acad. ya 1884, no 1843.

Dalida, V. *alidada*

DALMÁTICA, tomado del lat. tardío *dalmatĭca vestis* íd., propiamente 'túnica de los dálmatas' *1.ª doc.*: *Adamática* (?), 1025, Oelschl.; *almádiga* o *dealmátiga*, 1112, íd.; *almática*, Berceo, *S. Dom.*, 681; *dalmática*, 1565 Illescas (*Aut.*).

Más variantes en Oelschl. y en el *DHist.*, s. v. *almática*, *almá(s)tiga*; además *balmática*[1], invent. arag. de 1330, y *almátigua* en uno de 1390 (*BRAE*

II; IV, 519). *Dalmatica vestis* se halla ya en San
Isidoro.
¹ Quizá debido al influjo de *baldaquín*.

DALTONISMO, del nombre del físico inglés
Dalton († 1844), que por primera vez describió
esta enfermedad. *1.ª doc.*: Acad. ya 1884, no 1843.
DERIV. *Daltoniano*.

Dalla, dallador, dallar, V. *dalle*

DALLE 'guadaña', 'cuchilla fijada en la punta
de un palo', tomado del cat. *dall* o de oc. *dalh* íd.,
procedentes de una voz DACŬLUM del latín tardío,
de origen desconocido. *1.ª doc.*: APal., 424d («Rumex... linaje de arma semejante a la visarma francesa, que llamamos *dalle*»).

Este extranjerismo está escasamente documentado en castellano. Trataré de él más detenidamente
en mi *DECat*. Figura también, como arma empleada por un mejicano, en el sevillano López de
Gomara (1552). Covarr. define «arma enastada, y
el hierro es una cuchilla taxante de ambos cortes,
ancha al principio, y termínase en una punta muy
aguda, con la cual hiere». Pero *Aut.* y la Acad.
definen como 'guadaña'. *Dallador* 'guadañero' figura en López Pinciano (que a juzgar por el nombre sería de Valladolid), en un poema publicado
en 1605 y escrito a fines del siglo anterior. Acad.
trae además *dallar* 'guadañar' y *dalla* como sinónimo de *dalle* «en algunas comarcas». Este último,
efectivamente, se emplea en Segovia; *dalla*, en el
Alto Aragón (*BhZRPh*. LXXXV, §§ 263, 231), en
Navarra (Amado Alonso) y en otras partes. *Dalla*
y *dallar* pueden ser aragonesismos en castellano;
pero *dalle*, con su *-e*, ha de proceder del catalán
o de la lengua de Oc; comp. *dallo* en el aragonés
de Bielsa. Del mismo origen, aunque de procedencia romance, vasco sul. *dalü* (Michelena, *BSVAP*
XI, 287).

Por otra parte *dall* y *dalla* (*dalh*, *dalha*) tienen
mucha más vitalidad y antigüedad en estos otros
idiomas, donde constituyen la denominación normal de la guadaña, *dail* y *daille* se hallan en muchos dialectos de la lengua de Oïl (principalmente
SO., francoprovenzal y Franco Condado) y *daj* se
extiende hasta el Piamonte. Ninguna de las etimologías propuestas satisface plenamente: galo
*DALGIS (sólo fundado en el lit. *dalgis* 'guadaña'
y en el irl. *dluigim* 'yo hiendo'), propuesto por
Gamillscheg (*EWFS*, s. v.; comp. *ZRPh*. XL,
517-8; XLII, 86-89), es muy hipotético, aunque
le sería favorable el área geográfica del vocablo¹,
comparable a la de VERNA 'aliso'. El mismo reproche, aunque en menor grado, se puede hacer
al lígur *δalklon (y con disimilación DACLU) supuesto por Niedermann como correspondencia del
lat. FALCULA, a base de la forma ζάγχλον 'hoz'
citada por Tucídides como origen de Ζάγχλη,
nombre propio de Siracusa (comp. Jud, *Rom.*

XLV, 276; Bertoni, *ARom*. IV, 428); éste podría
mirarse hoy por hoy como el étimo mejor apoyado, por lo menos filológicamente, pero en este caso
se agregan pequeñas dificultades fonéticas, y la
identificación de los sículos con los lígures tiene
algo de arbitrario. Quizá a pesar de todo se deba
insistir en el parentesco con el lit. *dalgis*, pero
considerándolo voz de los Urnenfelder (cuya lengua se hallaba muy cerca de la familia báltica),
trasmitida o no por los lígures, V. mi artículo de
ZCPh. XXV, 1955, 30 ss. = *Top. Hesp*. II, 204-
207 y 241; Ernout-M. s. v. *falx*; Pok. *IEW* 247,
12-19; y cf. Terracini, *AGI* XX, 126 ss. Si *dalla*
~ *dalle* procede de una base *DAKLA o *DAGLA
podríamos creer además que el viejo tipo romance *DAGA* procede de una base ieur. paralela, pero
sin el -LA, diminutivo derivativo; cf. además la
conjetura muy dudosa que expongo en *FACA*.

El étimo de Schuchardt, *DACULA, diminutivo de
*DACA 'daga' (*Globus* LXXX, 207-9; comp. *ZRPh*.
XXXIII, 590-1) se derrumba (a pesar de la defensa de Brüch, *ZRPh*. XLI, 583-4) una vez que
el de *DAGA* se considera muy improbable. En
cuanto a DACTYLUS 'dedo', defendido por Barbier
(*BDR* I, 263-6), presenta toda clase de inverosi-
militudes, semánticas (comparación de la guadaña
con un índice doblado), fonéticas² y de toda naturaleza (la comparación con un dedo se haría empleando una palabra griega, no latina).

DERIV. Para derivados vid. arriba.

¹ La forma DACULUM, sólo documentada en un
glosario latino, que parece ser del S. VII aproximadamente, se opondría a esta etimología, según M-L., *REW*³, 2458. Pero en esta época ya
-CL- y -LG¹- estarían confundidos, y el timbre de
las vocales finales en Francia ya se habría oscu-
recido bastante.— ² El paso de DACTYLUS a *dail*
quizá sería admisible en francés, a base de una
palatalización tardía de la L para una ι̯ < C (comp.
INDUCTĬLIS > *andouille*), pero difícilmente podía
dar ese resultado en el dominio occitano y catalán, que es el propio del vocablo; comp. gasc.
andìtou, andùtou < INDUCTILIS. Una de dos, si
DACTYLUS perdió la postónica en fecha latina debiéramos esperar DACTYLUS > DACTLUS > *DAC-
CLUS, que hubiera conservado intacto el grupo
cl en romance; si la perdió tardíamente, sólo
podríamos llegar a oc. *daitol* o a lo más *dai(t)le*.

Dallo, V. *dalle*

DAMA I, del fr. *dame* 'señora', y éste del lat.
DŎMĬNA 'dueña'. *1.ª doc.*: Berceo, *Mil.*, 650.

Figura asimismo en J. Ruiz, en Nebr. («*dama*
es casi señora: domina»), etc.

DERIV. *Adamado* [1608: *DHist.*], *adamadura,
adamamiento, adamarse*. *Dameria*. *Damisela* [*da-
micela*, Nebr.; *damisela*, 1565, Liaño (Gili), Jer.
Gracián, † 1614], del fr. ant. *dameisele* 'señorita'

(hoy *demoiselle*), procedente del lat. *DOMNĬCĬLLA, diminutivo de DOMINA. *Damil.*

Dama 'gamo', V. *gamo*

DAMA II, 'losa o murete que cierra el crisol de un horno por la parte delantera', del fr. *dame* íd., y éste del alem. *damm* 'dique'. *1.ª doc.*: ya Acad. 1884, no 1843.

FEW III, 8a. En francés está documentado desde 1755.

Damahagua, V. *majagua*

DAMAJUANA, 'vasija grande, por lo común de vidrio, de vientre esférico y cuello corto, generalmente forrada de mimbres', del fr. *dame-jeanne* íd., propiamente 'Señora Juana', llamada así por una comparación humorística de marineros. *1.ª doc.*: Acad., 1822.

La admitió la Acad. como voz provincial de Andalucía, pero se emplea también en toda América, en lugar de lo que en otras partes de España suele decirse *garrafa* y en el Occidente de Cuba *garrafón* (Pichardo). Está muy extendida la forma *damesana* (América Central, P. Rico, S. Domingo, Bogotá, Perú, Bolivia, Norte Arg.: *BDHA* I, 165n.2; Venezuela: Picón Febres, Seijas), *damasana* (Bogotá, Perú, Ecuador, Este de Cuba), *debasana* (Nuevo Méjico), *demijana* (entre los judíos de Marruecos: *BRAE* XIII, 520), formas que proceden de una mera adaptación fonética de la forma francesa, con sustitución del fonema extranjero *ž* por *s*, como en BISUTERÍA. En otras partes se ha procedido a una traducción *damajuana* (alterada en *madajuana* o *mamajuana* en ciertos puntos de la Arg.). Del mismo origen son el it. *damigiana*, oc. *damajano*, cat. *dama-joana*, vco. *damaxen* 'calabaza para transportar agua' en San Sebastián, *damasa* «damejeanne» en Isturritz (b. nav.).

En fr. el vocablo aparece desde 1694, y según el testimonio que en estas fechas nos dan Thomas Corneille y Furetière, era voz de marineros, lo cual explica su gran difusión en América, y también el que el vocablo se propagara al ár. *damaĝâna*, documentado modernamente en el Norte de África, Siria y hasta Arabia (Dozy, *Suppl.* I, 459b), y pasara también al turco (*Rom.* LVIII, 114). Sin embargo, no hay duda de que la voz arábiga, conocida solamente desde el S. XVIII, es de origen europeo y no procede del nombre de la ciudad iránica de Dâmeghân, como alguien supuso, pues el vocablo es completamente desconocido en persa; luego debe abandonarse la etimología arábiga de la voz europea, en la que habían pensado Eguílaz, 385, y Gamillscheg (*ZRPh.* XL, 518-9), pero éste se adhirió posteriormente (*EWFS*, s. v.) a la opinión común. También se había pensado (Alart, *RLR* XIII, 5-8) en partir de oc. *damajano*, que

sería derivado de *demieg* 'medio', pero el significado no corresponde a ello. Abundan las denominaciones pintorescas del mismo tipo que *Dama-Juana*: Bournois *meridjane* 'botella de 2 litros y medio', Landas *marijano* (< *Marie Jeanne*), norm. *christine* 'botellón de gres', port. *miñoto joaninha* 'barrilito' (Leite de V., *Opúsc.* II, 51). Para esta etimología, vid. Sainéan, *ZRPh.* XXX, 308; XXXIII, 61; *Sources Indig.* I, 13-14; *FEW* III, 126a.

Damasana, V. *damajuana*

DAMASCO, 'cierta clase de tela', 'especie de albaricoque', del nombre de la ciudad de Damasco, gran centro de intercambio comercial entre el Occidente y el Oriente, de donde se importaron estos productos. *1.ª doc.*: *adamasco*, 1439-40, Rodr. de la Cámara: *DHist.*; *damasco*, Nebr.

Ambas menciones se refieren a una especie de seda; con el mismo valor en invent. aragoneses, desde 1444 (*VRom.* X, 141). *Aut.* registra ya la ac. 'especie de albaricoque'; hoy *damasco* se ha convertido en nombre normal del albaricoque en toda la provincia de Cádiz (*RFE* XXIV, 228, pronunciado *amasco*), en la Arg. y en otras partes de América y Andalucía; es probable que en esta ac. sea derivado regresivo de *damasquino*, que es cierto género de albérchigo en Aragón (Borao). Según *RDTP* IV, 477-8, se emplea para 'albaricoque' en Málaga, Cádiz y Canarias, *damasquino* en Maluenda (Aragón).

DERIV. *Damascado* o *adamascado* [1604, Palet; 1605, *DHist.*]. *Damascena* [*Aut.*], o *amacena* [1624-6, Jer. de Alcalá; Lope], o *almacena* (Fuentidueña, *Agric.*), o *ciruela amacena* [1626, Céspedes y Meneses: *DHist.*][1], 'clase de ciruela' o 'ciruela en general', del lat. PRUNA DAMASCĒNA 'ciruelas de Damasco'; del mismo origen, pero con la acentuación DAMÁSCENA (debida a la latinización tardía de la acentuación griega δαμασκηνός en fecha en que ya se había olvidado la relación latina entre cantidad vocálica y acentuación), procede el port. *ameixa* 'ciruela', donde la D- (como en *amacena*) se eliminó por confusión con la preposición *de*; así lo prueba la forma leonesa *méixena*, *méijena*, *méijana* (Krüger, *El Dial. de S. Ciprián*, pp. 32-33, 64), que todavía conserva la -N- intervocálica; portuguesismo es el judeoespañol *almexa* 'ciruela', *almixada* 'mermelada' (*RFE* XVII, 146n.); la etimología MYXA, que se ha venido repitiendo, es errónea; para otros representantes romances de esta misma denominación de la ciruela y para bibliografía, vid *FEW* III, 8b, y aquí s. v. ALMEJA; comp. *damasquillo* «petites prunes de Damas» en Oudin (1607), hoy 'albaricoque' en Andalucía (Acad.). *Damasquino* [princ. S. XVII: Jac. Polo, Espinel; tomadas del cat. son las formas *damasquí* e invent. arag. de 1444, *l. c.*, y *damasquín* en e Canc. de Baena, vid. W. Schmid], *damasquina damasquinar* [1705, Sobrino (Gili)], *damasquinado.* *Damasina* [ya Acad. 1843], derivado del fr. *Damas* 'Damasco'.

¹ Vco. b. nav., sul. *damasin*, b. nav., lab. *damasaran* (< *damas(a)an*, etim. pop. *aran* 'ciruela'). 5

DAMASONIO, tomado del lat. *damasonium* y éste del gr. δαμασωνίον íd. *1.ª doc.:* Terr. (que a su vez cita a Laguna, 1555); Acad. 1899. Cultismo libresco.

Damería, V. *dama* *Damesana*, V. *damajuana* *Damiento*, V. *dar* *Damil, damisela*, V. *dama* *Damn-*, V. *daño* *Dancaire*, V. *caire* *Dance*, V. *danza* *Danchado*, V. *diente* 15

DANDI, tomado del ingl. *dandy* íd. *1.ª doc.:* 1855, Baralt *(Dicc.);* la Acad. no lo admitió hasta fecha reciente (falta aún 1899).

El francés actuó de intermediario, como observa 20 Baralt; he oído también en España la acentuación *dandí*, que da fe de esta trasmisión. En francés se halla ya en 1820; en inglés desde principios de siglo.

DERIV. *Dandismo.* 25

Dango, V. *planga* *Danta, dante*, V. *ante* I *Dante* 'el que da', V. *dar* *Dantelado*, V. *diente*

DANZAR, del fr. ant. *dancier* íd. (hoy *danser* 30 'bailar'), de origen desconocido, posiblemente hispano-árabe. *1.ª doc.:* *dançar*, h. 1280, *Gral. Est.* 295a27; J. Ruiz, 471*b* (G)¹; h. 1475, G. de Segovia (p. 82); *dança* gall. ya h. 1250, *Ctgs.*

Aparece también en Nebr. («*dançar o bailar:* 35 *salto*»), y es frecuente desde la segunda mitad del S. XIV (Cuervo, *Dicc.* II, 722-3, con ej. de los *Castigos y Documentos* de D. Sancho IV, de fecha dudosa, ahí atribuído al XIII). Del francés pasó a todos los romances, así como al ingl. *dance*, 40 al alem. *tanzen* [h. 1200] y al vco. común *dantza* 'danza, baile', *dantzari* 'bailarín' y *dantzatu* 'bailar' (que es sólo vasco-francés y roncalés; *dantzan egin* en vizcaíno). El vocablo designó originariamente la danza solemne individual, y también el 45 baile colectivo de la especie más distinguida, por contraposición a *baller*, término popular, que más tarde se anticuó en francés; el castellano, como el italiano y otros romances del Sur, han conservado hasta hoy el matiz primitivo. La etimología 50 ha sido largamente debatida sin llegar a resultados satisfactorios.

Diez partía del a. alem. ant. *dansôn* 'tirar (de algo), sacar', con referencia a la danza en círculo en que los danzantes se cogían por la mano, idea 55 que debió abandonarse en vista de que la *c* del francés antiguo no podía venir de una *s* germánica; Gamillscheg, *EWFS* y *R. G.* I, 218, trató de rehabilitarla partiendo de la forma fránquica correspondiente y admitiendo que al romanizarse 60

esta palabra en el S. V, cuando el romance no poseía el grupo -NS- (reducido a -S- en latín vulgar) se intercaló una T como consonante dental de transición, pero esto no es verosímil, pues no hay otros ejs. aceptables del mismo fenómeno (comp. s. v. *CONSERJE*) y los de *penser, conseil*, etc. —formas cuyo grupo *ns* ha de ser antiquísimo en vista de su unanimidad en romance—prueban que no ocurría tal fenómeno.

Kluge pensó en un a. alem. ant. tardío **danetzan* 'apisonar', derivado del verbo que hoy es *tennen* 'convertir en era (alem. *tenne*), aplanar'; a pesar del paralelo semántico que puede verse en oc. ant. *trescar* 'bailar' < germ. THRISKAN 'trillar', esta etimología es improbable en vista de la poca frecuencia del sufijo germánico y de la contradicción cronológica entre la *d-* inicial, sin mutación consonántica, y los fonemas tardíos de la *e* y de la *tz* del sufijo (gót. *-atjan*).

Brüch, *WS* IX, 125, y *ZRPh.* XLIX, 522-4, partiendo del frisón moderno *dintje* 'temblar levemente', isl. *dynta* 'mover el cuerpo arriba y abajo', y del neerl. med. *dei(n)zen* 'echarse atrás', b. alem. *dei(n)sen* 'echarse atrás, escabullirse', postuló un fráncico *DINTJAN con el sentido de 'moverse de un lado para otro'; V., en apoyo de esta etimología, Wartburg, *FEW* III, 82 (y ahora también *REW³* 2644*b*); pero hay graves objeciones: la unanimidad de los antiguos textos franceses (incluyendo algunos donde *dance* rima, por ej., con *conoordance*), aunque no se ha estudiado en detalle, como convendría hacerlo, parece indicar que *dance* tenía *a* y no *e* originaria²; desde el punto de vista germánico la hipótesis *DINTJAN está mal apoyada, pues las varias formas citadas discrepan gravemente en su significado (todavía más el escand. ant. *detta* «aufschlagen, niederfallen», *datta* 'golpear rápidamente', con el cual suele relacionárseles), y aún más por la forma, pues sólo el frisón moderno *dintje* corresponde a *DINTJAN (*deinzen, -sen*, viene quizá de un *DANTISÔN, como notan Falk y Thorp, en Fick III, 200, y el propio Wartburg).

En definitiva, la diferencia cronológica entre España (S. XIII) y Francia (S. XII) es escasa y además de que está algo compensada por la calidad popular y arcaizante de fuentes como J. Ruiz, la *Gral. Est.* y las *Ctgs.*, nunca hay que perder de vista que la frecuencia incomparablemente mayor de las fuentes y datos de la filología francesa en comparación de las hispánicas debe siempre conducirnos a atribuir una presunción de antigüedad mayor para la lengua real, en el caso del castellano, frente al francés. En definitiva, después de un par de siglos de investigaciones, puede considerarse fracasada la pertinaz búsqueda de etimologías que partan de Francia; luego hay que pensar si al fin y al cabo no debemos ensayar las posibilidades de una etimología española con la gran base de probabilidad semántica que nos da la antiquísíma fama de que han gozado las bailadoras andaluzas, judías, romanas de Gades, vascas, gallegas y catalanas en todos los tiempos y la firme base del arraigo ya antiguo y unánime del vasco *dantza*, cast. *dança*, gall.-port. *dança*, cat. *dansa*, y el prestigio antiguo que acusan las bailadoras mozárabes de las *ḫarǧas* y la «canson qu'es be la en *tresca* [en danza] que fo de razon espánesca» de la Canson de Santa Fe d'Agen (año 1000). Ahora bien, nos consta también el viejo arraigo mozárabe por la danza *aš-sigît* (= *šigât*) «dança de espadas» atestiguada por PAlc. 189*b*10 y por la frase *ḍarab ad-dánsa* del árabe argelino, propiamente «frapper la danse», que según el testimonio del Gral. Daumas se ha empleado tanto y tan popularmente allí que ha tomado el sentido de «se promener sans motif». Ahora bien, el árabe nos da una raíz antiquísima y perfectamente satisfactoria como base de esta palabra (Vid. Dozy, *Suppl.* I, 464*b*, etc.): *danas* es ya clásica en el sentido de «être sale» «être souillé», «se salir, se souiller» y de ahí vulgarmente *dánnas* «profaner, traiter avec irrévérance les choses sacrées» (Bocthor), «deturpare» (R. Martí 342.7f.); de ahí muchos sustantivos, como *danâsa* «impudicité, crapule, impureté» «manigance, intrigue» en el árabe y «manigancer, tramer des intrigues» como nombre de acción ya en las *Mil y una Noches*, *madânis* «mauvais lieux» (ya clásico), *dánis* «sale» (en Shaw, *Viajes por Berbería*, 1773). En una palabra, todo da a entender que en el mundo andalusí *dansa* —otra formación sustantiva del tipo más normal en la raíz *dánas*— tomó el sentido de 'danza lasciva, impúdica' 'danza de burdel' (bailada en los *madânis*), de donde luego toda danza popular, llamada así en tono severo por los alfaquíes musulmanes, y que al pasar esa *dansa espanesca* al Sur de Francia entre las bailadoras de Guilhelm de Poitiers, etc., se volvió ya una danza noble. Es significativo el hecho de que en la lengua de los trovadores aparecen *dansa* y *dansar* con la misma antigüedad (frente a lo que parece por el Petit Dictionnaire de Levy): *dansar* ya en Peire Vidal y *dansa* en Aimeric de Belenoi, ambos trovadores de finales del S. XII, que aparecen también en baladas de corte tradicional y arcaico de la escuela lemosina que deben de datar de principios de siglo, por lo menos, o quizá antes, directamente relacionadas con el grupo occitano primitivo de Guilhelm de Poitiers. Luego la documentación en lengua de oc. arcaica es probablemente algo más nutrida y antigua que en francés del Norte, dato favorable a la etimología hispano-árabe. Además los interesantes usos de *dança* en el sentido de 'canción' danzable, desde luego, pero no forzosamente danzada, y la importación e innovación masculina *dans* se documentan desde muy antiguo, ambas ya en las *Leis d'Amors* (h. 1300 y sobre material tradicional ya en el S. XIII), con la interesante precisión de que *dans* para muchos tenía

un sentido especializado «alqú fan dansa de *coblas tensonadas* la qual adonx appelan *dans*» (*Leys d'Amors* I, 342.20). *Jota* es otra palabra de origen arábigo que demuestra la popularidad de las bailadoras moriscas. Además *nadas* (metátesis de *danas*) muestra su arraigo popular con la confusión que he documentado en *TANDA*.

Otras etimologías son todavía más inverosímiles[3]. Indico en nota algunas que no figuran en los estudios de Aeppli, *BhZRPh*. LXXV, 24-36 y 75-100, y Wartburg, *FEW* III, 82, básicos para toda la cuestión. Hay también artículo de Migliorini, del cual se anuncia reedición en sus *Scritti Linguistici* (1956).

Deriv. Danza [J. Ruiz, ms. *S*, h. 1400, Glos. del Escorial; V. arriba]; gall. ant. *dança* [ya en las *Ctgs*. 409.2, 62.43, 24.62]. *Danzado*. *Danzador*. *Danzante*. *Danzarín* [*Aut*.]. *Danzón*. *Dance*, arag.

Cpt. *Contradanza* [*Aut*., como neologismo], del fr. *contredanse* íd., y éste del ingl. *country-dance*, propiamente 'baile campesino', de *country* 'el campo, las tierras rurales'.

[1] En lugar de *dançar* el ms. *S* trae el sustantivo *dança*.— [2] Según notó Jud y reconoció posteriormente el mismo Brüch (*ZRPh*. LVI, 51-52) las formas tipo *dĕsé* de algunos dialectos franceses modernos pertenecen a un género de ultracorrección dialectal muy extendida en palabras de la misma estructura, y por lo tanto no tienen valor alguno como prueba de una *e* antigua.— [3] G. Baist, *ZRPh*. XXXII, p. 35, y siguiendo sus huellas, M-L., *REW*[1] 2562, fijándose en el vocablo heráldico *danse* 'adorno en zig-zag, en un escudo', *dancier*, *danchier*, 'adornar un escudo en esta forma', sugirieron un derivado de DENS 'diente', *DENTIARE, como denominación de un nuevo paso de danza, seguramente en zig-zag, de donde luego 'danzar en general', hipótesis que cuenta con muy poco apoyo semántico y documental, y que también tropieza con la antigua *a* francesa; la Sra. Lindfors-Nordin, *ZFSL* LXIII (1940), 65-70, parece querer salir en defensa de esta idea con cita de varios testimonios heráldicos y caballerescos; de esta nota, redactada confusamente, parece desprenderse la idea de un movimiento de la danza de salón imitado de ciertas maniobras en los torneos, que a su vez simbolizarían el mencionado zig-zag heráldico: pero sería más natural, en caso de que haya relación verdadera, pensar en una génesis en sentido opuesto. Rohlfs, *ZRPh*. XLIX, 116, sugiere brevemente una creación expresiva como la que vemos en el fr. *se dandiner* 'contonearse', it. *dondolarsi*, saboy. *dandalà* 'oscilar', Champaña *dandoler* 'mecerse'; pero en todos estos casos es esencial la duplicación de la *d-d*, símbolo del movimiento de acá para allá. Spitzer, *ZRPh*. LVI, 643-4 (cf. Bruno Migliorini, *Cultura* V, 1926, p. 333), se figura *dance* como representante de un *DANTIA derivado de DARE 'mover', en casos como lat. *dare calculum* 'mover

un peón', oc. *dar dels genolhs en terra*, fr. *ne savoir où donner de la tête*, Bigorra *nou sabé oun da* 'no saber adónde ir'; pero claro que semejante derivado es inverosímil desde el momento que DARE no existe con tal valor, independientemente de ciertas frases fijas, y de ciertos complementos invariables, y el propio Spitzer ya se da cuenta de que es difícil admitir su supuesto en un país como el Norte de Francia, donde las frases como *dar un paso* y análogos tienen menos desarrollo que en el resto de la Romania. No hay necesidad de rechazar la ocurrencia de A. Nordfelt, *Studier i modern Språkvetenskap* XI (1931), 71-78: *dance* como abreviación de *cadence* (*chedance*) 'cadencia', ya que su idea de que *danzar* procede del lenguaje infantil no se apoya en nada.

DAÑO, del lat. DAMNUM íd. *1.ª doc.: Cid*[1].
DERIV. *Dañino* [APal. 209*b*], como el sufijo *-ino* es poco frecuente en derivados de este tipo, quizá se deba al influjo de los antiguos *beñino* y *malino* 'benigno, maligno'. *Dañible* ast. 'dañino' (V). *Dañoso* [1241, *F. Juzgo*; *Zifar*, 14.6], del lat. DAMNŌSUS, vid. Cuervo, *Dicc.* II, 725-6. *Dañar* [Berceo], como en la ac. 'causar daño', es innovación del portugués y del castellano (el cat. *danyar*, que no aparece antes de 1495, es poco castizo) y parece ser derivado denominativo de *daño* y no continuación del lat. DAMNARE 'condenar', que por lo demás vive como cultismo en el it. *dannare*, fr. *damner*, cat. *damnar*, y en castellano se halla en esta ac. (y a menudo en la forma culta *damnar*) en toda la Edad Media y aun en el S. XVI (Cuervo, *Dicc.* II, 723-5); *dañar* en el sentido de 'condenar a las penas eternas' (y *dañamiento* en esa misma acepción) en doc. de 1100 (*Col. Dipl. de Oña* 113.19). *Damnación*, *damnificar* [Guevara, *Epístolas*, I, p. 280 (Nougué, *BHisp.* LXVI)]; *dañable*; *dañación*; *dañado*; *dañador*; *dañamiento* [med. S. XIII, *Buenos Prov.* 12.13]. *Damnatge* que quisiera agregar Pottier, en su reseña del *DCEC*, es evidentemente palabra catalana, en vista del lugar, fecha y forma del vocablo. *Condenar* [Berceo], tomado del lat. *condemnare*, íd., vid. Cuervo, *Dicc.* II, 337-40; *condena* [ya Acad. 1843]; *condenable*; *condenación*; *condenador*; *condenado*; *condenatorio*; ast. *condeníu* 'nombre con el cual se increpa a la persona que ha hecho algún mal' (V), influido por *maldeci(d)o*. *Indemne*, *indemnidad*, *-izar*, *-ización* [todos ellos ya Acad. 1780, pero no Covarr., Fcha., C. de las Casas, APal., Nebr.], tomados del lat. *indemnis*; *-izar* del fr. *indemniser*, 1598.

¹ Vco. *damu* «degât, préjudice» lab., sul., salac. y ronc., 'lástima' b. nav., ronc., sul., 'pesar, arrepentimiento' vizc., guip., bazt. y b. nav. (con muchas derivaciones, como *damutu* 'apesadumbrarse' vizc., guip., lab., 'ofender(se) en Ainhoa y Sule.

Daqué, *daquién*, V. *qué*

DAR, del lat. DARE, íd. *1.ª doc.*: orígenes del idioma (*Cid*, etc.).

Para construcciones, formas y usos especiales, vid. Cuervo, *Dicc.* II, 726-59; Oelschl., s. v.; etc. Algunas adiciones van a continuación. En lugar de la 1.ª pers. del Pres. de Ind. *doy*, es común en lo antiguo, como es sabido, *do*, y en textos leoneses y gallegoportugueses *dou*, o en forma más arcaica *dau*, formas procedentes del lat. vg. DAO, para las cuales vid. M. P., *Oríg.*, 376; mas no parece posible derivar de ahí el moderno *doy*, como alteración de ese diptongo; más bien se podría pensar en una aglutinación del adverbio *i* 'allí', lat. HIC (o IBI), empleado como sustituto del pronombre de dativo, partiendo de la idea de 'doy a aquel lugar', p. ej. 'a aquel monasterio'[1], para lo cual deberán tenerse en cuenta los casos de *do* (*h*)*y* que se leen en Staaff, 30.5, 59.3, 59.7 (este autor ya formula una hipótesis análoga en su pág. 321), y en M. P., *D. L.*, 48.17-18, 49.9, 59.12, 86.9; nótese que en los casos de *voy*, *soy* y *estoy* el significado del verbo correspondiente se presta asimismo a la aglutinación de un adverbio de lugar, lo mismo que a una propagación desde *doy*.

Un presente de subjuntivo *dea* (Asturias, Astorga, Miranda) o *día* (Bierzo: Fern. Morales; *Fuero de Avilés*, p. 82), que puede venir desde el latín vulgar, se ha empleado en leonés y en América (*RFH* VI, 230-1) y está muy extendido en las hablas gallegoportuguesas[2], pero además se oye también en las personas de lengua vasca cuando hablan en castellano (Urquijo, *Homen. a M. P.*, II, 96).

La tercera persona del pretérito *dié* (< DĚDIT), que pudo servir de punto de partida para otros pretéritos aragoneses, se halla ya en el *Cronicón Villarense* de comienzos del S. XIII (*BRAE* VI, 204; junto a *dió*, p. 209).

En la locución *dar* (*las*) *horas* el sujeto antiguamente era singular (impersonal, o bien *el reloj*), como todavía en el *Lazarillo* (M. P., *Antol. de Pros.*, p. 88: «desta manera anduvimos hasta que *dió* las once»), después pasó a serlo el plural *horas*, aunque en algunas partes, como en Chile, todavía existe conciencia de que éste es complemento directo, pues se dice *las han dado*, *las dieron*, *las darán* (Bello, *Gram.*, ed. 1936, § 777n.).

Dar de mano a (*algo*), 'cogerlo', en *Yúçuf* A, 18*b* (*dar de mano al agua*).

DERIV. *Dable*. *Dacio* (1597, S. XVII: *Aut.*) 'tributo', del it. *dazio* íd., tomado del lat. *datio*, *-onis*, 'acción de dar'; de donde también el forense *dación*. *Dadero*. *Dádiva* [*davida*, 1184, M. P., *D. L.* 305; *dad-*, S. XV, Biblia med. rom., Gen. 25.6; *Celestina*, ed. 1902, 32.6 y passim; APal., 116*b*, 121*d*, 215*d*, 244*b*; Nebr.]*, junto con el port. *dádiva* (ya Sá de Miranda y en los *Lusíadas*; *dadivoso*, ya en Gil Vicente), tomado del b. lat. DA-

TĪVA, plural de DATĪVUM 'donativo', documentado; en las Glosas Isidorianas (*CGL* V, 596.61) y en otro glosario trasmitido en un códice leidense del S. IX (*CGL* V, 633.33); el traslado del acento no se debe a la tendencia cultista que ha predominado en casos como *fárrago* o *imbécil*, según cree M-L., *Rom. Gramm.* I, § 605, pues ésta es tendencia moderna, sino a contaminación de otro vocablo, que puede ser el b. lat. DATĬCUM⁴, como anota Baist, *GGr.* I², § 30, frecuente en el sentido de 'tributo, vectigal', tanto más cuanto que *dádego* 'dádiva' se ha empleado en portugués según Bento Pereira (1647), *daticum* era corriente en el bajo latín de Portugal, según Viterbo, y el mismo autor atestigua el uso de *dativa* y *dadiva* en el sentido de 'tributo' en el país vecino⁵; o bien pudo ser, y esto es lo más probable, no sólo DĒ-BĬTA 'deuda', port. *dívida*, como sugieren Cornu, *GGr.* I², § 107, y Gonçalves Viana, *Apostilas*, I, 352, sino todo el grupo de palabras de sentido análogo a que pertenecen, junto con ésta, *cómpreda, véndida, mándida*⁶, *búsqueda* (V. *BUSCAR*), comp. la metátesis citada *davida: dávida* es usual en portugués según testimonio de Bluteau, y también se dice *dávita* (Gonç. Viana; Cornu, *GGr.* I², § 244) o *dátiba* (Leite de V., *Opúsc.* II, 486)⁷; *dadivado, dadivar, dadivoso* [*Canc. de Baena*, W. Schmid], *dadivosidad*. *Dado* 'dádiva' ant. [V. nota sobre *dádiva*], part. de *dar*. *Dador* [Valera, *Doctrinal*, p. 179a (Nougué, *BHisp.* LXVI)]. *Dante*, part. act. *Dares y tomares*. *Data* [1601, Mariana], del b. lat. *data*, referido a *charta* 'documento', participio de *dare* 'dar', en el sentido de 'extendido, otorgado', palabra que en las escrituras latinas precede inmediatamente a la indicación del lugar y fecha; *datar* [ya Acad. 1843], *antedatar*. *Datario* [1565, Illescas], del it. *datario*, íd., derivado del it. y b. lat. italiano *data* 'facultad de dar o conferir un beneficio'; *dataría*. *Dativo* [Jac. Polo, h. 1640; ¿*Gram. de Nebrija?*], tomado del lat. *datīvus*. *Dato* 'informe, testimonio' [Terr.], tomado; del lat. *datum*, participio de *dare*. *Circundar* [*cercondar*, h. 1290: *1.ª Crón. Gral.*], tomado del lat. *circumdăre* íd.; *circundante*. *Dedición*, tomado del lat. *deditio, -ōnis*, íd., derivado de *dedĕre* 'entregar', que lo es a su vez de *dare*. *Desdar*, ast., santand. 'mover una cosa en sentido opuesto al en que llena sus funciones: correr el cerrojo, mover la tarabilla para abrir, etc.' (V.). *Prodición, proditor, proditorio*, cultismos raros derivados del lat. *prodĕre* 'traicionar'. *Dosis* [1595, Ribadeneira], tomado del gr. δόσις 'acción de dar', 'porción', derivado de διδόναι 'dar', del mismo origen que el lat. *dare*. *Antídoto* [1555, Laguna], tomado del lat. *antĭdŏtum* y éste de ἀντίδοτον íd., derivado de διδόναι, con el sentido de 'lo que se da en contra de algo'; *antidotario*. *Apódosis* [1580, F. de Herrera, *Anotac.*; *Aut.*], tomado del griego ἀπόδοσις íd., de ἀποδιδόναι 'restituir', 'dar a cambio (de algo)'.

La palabra latina TRADĔRE 'entregar' es deri-

vada de DĂRE (+ TRANS-): de ahí el cast. ant. *traer* 'traicionar' [fin S. XIII, *1.ª Crón. Gral.* («traydor e omne malo, cuémo as *traydos* a tos sobrinos», los mss. tardíos ya no lo entienden e interpolan el texto, vid. M. P., *Inf. de Lara*, 228.19); inf. *traher* en *Castigos de D. Sancho*, p. 92 (bis), 167; otras veces no se sabe si el inf. es en -*ir* como en cat. -fr. -it., o en -*er*: Gr. *Conq. de Ultr.* 70, 557; J. Manuel, Rivad. LI, 358; *traer las manos* 'entregarse' *Alex.* 1000, 1910], desaparece en el S. XIV a causa de la homonimia intolerable con *traer* TRAHERE, y le sustituye *hazer traición*; este sustantivo es usual desde Berceo (*tración, Cid*; comp. cat. ant. *tració*); *traicionar* [S. XIX; neologismo aprobado por Baralt, 1855]; *traicionero* [en el peruano Valverde, 1641; *Aut.* dice es de poco uso, pero después se ha generalizado; antes se dijo ocasionalmente *traicioso*, Gower, *Conf. del Amante*, 91]; *traidor* [*Cid*; *traïdor* trisílabo en Berceo, *Mil.* 733b, 735a, 748b, etc.; *traedor, Alex.* 135, 378, 1093; pero G. de Segovia, p. 63, en 1475, ya diptonga *ai*], *atraidorado*. Duplicado culto es *tradición* [*Quijote* (D. Alonso, *La Leng. de Góngora*); med. S. XVII, *Aut.*], tomado de *traditio, -onis*, en el sentido de 'trasmisión'; *tradicional; tradicionalismo; tradicionalista; tradicionista*.

CPT. *Daca* [1490, *Celestina*, ed. 1907, 106.7, 151.6]⁸. *Posdata*, del lat. *post datam* (*epistulam*) 'después de la fecha'. Compuestos con *dosis: dosificar, dosificable, dosificación; dosimetría, dosimétrico*.

¹ Comp. *buscar hi* 'buscar para el convento', M. P., *D. L.*, 49.11, *offresco hy mjo cuerpo*, ibid., 59.11.— ² *Dea* en Chaves, Tras-os-Montes (*RL* III, 61) y en el poeta orensano Lamas (*VKR* XI, 237-8). *Dêia* en Alijó, Tr.-os-M., en Ervedosa-do-Douro (Leite, *Filol. Port.* 301, 308; *Dialectologie*, 138), en Alandroal, Alentejo (*RL* IV, 45), etc. *Dia* en el gallego del Limia, en un documento de Braganza, S. XIII (Viterbo, s. v. *bemquerença*) y en otros antiguos textos portugueses (Nunes, *Compendio*, 334n.3).— ³ Como ej. en verso, que atestigüe de un modo inequívoco el acento esdrújulo, no puedo indicar ninguno anterior al endecasílabo «Téngole *dada* el alma. Poca *dádiva*» de Quiñones de B. († 1651), *NBAE* XVIII, 598. Sin embargo, la metátesis *davida* de 1184 es probable que corresponda a una acentuación esdrújula. De otro modo es muy difícil que se hubieran invertido las consonantes en palabra tan claramente relacionada con *dado, dada*.— ⁴ *Dacio* 'tributo', que propone Subak, *Litbl.* XXX, 112n. 1, no puede ser porque esta palabra es italianismo tardío (S. XVI) y además no es esdrújula en castellano.— ⁵ Cita un ej. *De Davis* en doc. de 1220, que no sé si es errata por *De Dativis* o *De Dadivis*.— ⁶ Usual en Zamora, en el sentido de 'manda, legado', cita de M. P.— ⁷ Véase en ese sentido M. P., *Festgabe Mussafia*, p. 398; sin em-

bargo no creo se trate de una ampliación meramente romance del antiguo *dado* 'dádiva' (empleado desde el *Cid* hasta Juan de Valdés, hoy ast.
dau ida, V) o *dada* (portugués), con un sufijo átono ida, disimilado en iva, pues no hay que olvidar la existencia del DATIVA isidoriano. Según
Carré, el gall. *recadadiva*, derivado de *recadar*
'recoger, reunir', sería también esdrújulo, y presentaría por lo tanto un retroceso del acento comparable al de *dádiva*, y que sólo podría explicarse
por influjo meramente formal de este vocablo;
pero quizá no sea esto más que una acentuación
errónea del lexicógrafo, en palabra poco usual en
la actualidad, pues Vall. da «*recadadiva*, sarta,
serie o continuación ordenada y sucesiva de algunas cosas, como coplas, chismes, disparates,
etc.», y este diccionario, donde abundan los acentos, no trae ninguno en este caso.— ⁸ Comp. el
nombre propio *Rendaca* de un literato tortosino
musulmán del S. XI, traducido por 'retorna, ven
acá'. Simonet cree que es combinación de *rende*,
por 'rinde, devuelve', y *daca*; probablemente será
más bien *rende acá*, mas puede interesar para el
traslado del acento de *dáca*, que es debido a la
longitud de la vocal de la primera sílaba a causa
de la contracción de las dos vocales, comp. *BDC*
XXII, 251. En ast. se acentúa *dacá* según Vigón.

Darazana, V. *atarazana*

DARDABASÍ, 'especie de cernícalo', voz mal
documentada, de origen desconocido. *1.ª doc.*:
Acad. 1817, no 1783.

Comp. oc. *tartarasso*, *tardarasso*, íd., port. *tar-*
taranhão (*REW* 8589); pero el aspecto fonético de
dardabasí sugiere origen oriental. No hallo nada en
Dozy (*Suppl.*), Bocthor, Lerchundi ni PAlc.

DARDO, del fr. *dard*, procedente del fráncico
*DAROÞ (ags. *darodh*, a. alem. ant. *tart*, escand.
ant. *darraðr*). *1.ª doc.*: 1283, *Libros del Ace-*
drex 4.13; *1.ª Crón. Gral.* 397a 13; J. Ruiz, 588a;
y en invent. arag. de 1331 (*VRom* X, 141).
También en Nebr. («*dardo*: hastile vel iaculum
hamatum»), APal. (17b, 35d), Oudin (1607), Covarr., etc. En francés se halla desde 1100 (*Chanson*
de Roland). Del francés pasó también al italiano y
al portugués. En la Arg. significa 'cada una de las
ramas del manzano que tienen fruto' (*Los Andes*,
3-XI-1940). Vco. *darda* 'flecha' (lab., b. nav.), *dar-*
dai 'flecha', 'asta de lanza' (guip.). Comp. LEME.
DERIV. *Dardada*.

Dares y tomares, V. *dar*

DÁRSENA, 'zona resguardada artificialmente,
empleada como surgidero o para la carga de embarcaciones', del it. *dàrsena* 'la parte más interna de un puerto', y éste del ár. *dâr ṣinâᶜa* 'casa de
construcción, atarazana', porque la *dársena* solía

emplearse, a falta de astillero, para la reparación
de navíos. *1.ª doc.*: *dárcena*, 1606, Aldrete, *Ori-*
gen, ed. 1674, fº 6r1'[1]; *dársena*, Acad. 1817, no
1783.
Aparece ya en dos docs. pisanos del S. XII,
uno de ellos de 1162, el otro quizás algo anterior:
Pellegrini, *Rendic. Accad. dei Lincei* 1956, 155.
En castellano falta todavía en Oudin (1616), Covarr., Franciosini, C. de las Casas, *Aut.* y Terr.
Comp. ATARAZANA y ARSENAL.
¹ «Dél [L. Cornelius Balbus] refiere Strabon, lib.
III, que edificó la nueva Cádiz, y la ennobleció
de edificios, hizo *darcenas* para los navíos».

DASONOMÍA, compuesto con el gr. δάσος
'bosque espeso' y νόμος 'ley'. *1.ª doc.*: Acad. 1899.
DERIV. *Dasonómico*. *Dasocracia* [Acad. 1899],
compuesto del primero de dichos vocablos y
χρατεῖν 'dominar, gobernar'; *dasocrático*.

Data 'fecha', V. *dar*   *Data, ciruela de* ~, V.
dátil   *Datar, dataría, datario*, V. *dar*

DÁTIL, tomado del lat. DACTῨLUS íd., y éste
del gr. δάχτυλος 'dedo', 'dátil' (por su forma),
probablemente por conducto del cat. *dàtil* 'dátil'.
1.ª doc.: APal. 289b, 333b.
También en Nebr., en Rob. de Nola (p. 68), en
Oudin (1607) y *Aut.* cita dos testimonios del S.
XVI. La falta de -o (comp. it. *dàttero*) indica origen catalán: no se olvide que en Elche, situado
en territorio de este idioma, se halla un grande y
célebre bosque de palmeras. En catalán ya se halla
dàtil desde el S. XIII en R. Lulio (*Blanquerna*,
cap. 57, *N. Cl.*, 296.10, 17) y en 1371 (J. Marc);
y el derivado *datiler* se documenta también en
R. Lulio, *Meravelles, N. Cl.*, III, 48. *Dátil* 'muer-
go, cierto marisco de concha larga y blanca, se
oculta bajo la arena' en guipuzcoano, pero en San
Sebastián se dice *deitu* (forma que lo probable es
que venga de DIGITUS).
Es duplicado más culto *dáctilo* 'pie compuesto
de una sílaba larga y dos breves' por comparación
con el tamaño de las tres falanges que componen
los dedos.
En cuanto al griego δάχτυλος se duda si hay que
identificarlo etimológicamente con δάχτυλος 'dedo'; Boisacq y otros creen que sí, pero la teoría
de los que, como Lagarde, lo creen tomado del
semítico se apoya en el hecho de que la palabra
semítica (que es *deqel* en arameo, *daqal* en árabe,
etc.) es común a la mayor parte de las lenguas
semíticas con correspondencias normales que ga-
rantizan su grande antigüedad en esta familia:
siríaco *deqlá*, aram. y hebreo misnaico *deqel*, *diqla*
'palmera de dátiles', árabe *dáqala* 'especie de palmera', *dáqal* 'dátiles', en árabe clásico (ya Djau-
harí, S. X) sobre todo 'cierta especie de dátiles
malos', pero hoy en todo el Magreb son los de
primera calidad (documentado desde el Sáhara

hasta Marruecos); d[e]ql[a]n ya se halla en una inscripción antigua de Teima, y diqlah aparece ya en el Génesis como nombre de una parte de la Arabia yoctanita (sabea o austral), seguramente por ser la más rica en palmeras. Vid. Lagarde, *Mittheilungen* II, 356; Sitzber. Berlín 1884, 815; Gesenius, *Hebr. u. Aram. Wb. alte Test.*, p. 176; Lane 898b; Dozy, *Suppl.* I, 452-3; cf. Boisaq, *Dict. Ét. Gr.*, 164; Pokorny, *IEW*, 188.

Aunque el nombre más corriente del dátil en hebreo y árabe sea otro (tamar ṭmr), y aunque el nombre del dedo en griego no esté explicado con seguridad (es difícil combinarlo con el ieur. *deik-* 'mostrar', de donde lat. *digitus* y ags. *tāhe* 'dedo') de todos modos lo verosímil es que δάκτυλος sea de origen indoeuropeo y que en el sentido de 'dátil' resulte de una confusión del semítico *daqal* ~ *deqla* 'especie de dátil' con su parónimo δάκτυλος 'dedo' por etimología popular. En todo caso la palabra romance hubo de tomarse del griego, donde Aristóteles la emplea ya con este sentido. Lat. *dactylus* en el sentido de 'dátil' se halla en Plinio y en otros varios (variante *dactalus* en el Itinerario de Antonino, 34).

DERIV. Datilado. Datilera. Ciruela de data (falta aún Acad. 1899), 'ciruela de color negro, muy jugosa, y de gusto delicado', del fr. *datte* 'dátil'. En forma más culta aparecen varios derivados del sentido etimológico de δάκτυλος: *Dactilado; dactilar; dactílico; dactilión.*

CPT. Dactilografía; dactilógrafo; dactilográfico. Dactilología. Dactiloscopia; dactiloscópico. Dactiliología, compuesto con δακτύλιον 'anillo que se lleva en el dedo'. Didáctilo.

DATISMO, 'empleo inmotivado de vocablos sinónimos', derivado de *Datis*, nombre de un sátrapa persa que caía en esta falta. *1.ª doc.*: E. de Terreros.

Dativo, dato, V. dar

DATO, 'prelado, en los países malayos', del malayo *dátok* id. *1.ª doc.*: Acad. ya 1884, no 1843. Port. *dato*, documentado desde 1539. Dalgado I, 351.

DATURINA, 'atropina, alcaloide del estramonio', derivado culto del scr. *dhattūra* 'especie de estramonio'. *1.ª doc.*: Acad. ya 1884, no 1843. Cristóbal de Acosta, en su obra castellana de 1578, cita *datura* como nombre de planta en portugués, idioma donde ya se halla en 1563. Dalgado I, 352.

DAUCO, 'biznaga', tomado del lat. *daucum* 'zanahoria o biznaga' y éste del gr. δαῦκος íd. *1.ª doc.*: 1555, Laguna.

Cultismo puramente libresco.

Davalar, V. valle   Dayundes, V. ajeno   Dayuno, V. ayuno   Dayure, V. otro

DAZA, 'zahína', del mismo origen que el cat. merid. *dacsa* 'maíz', probablemente del árabe, aunque en este idioma *dáqsa* 'grano pequeño parecido al mijo' no está bien documentado. *1.ª doc.*: adaza, 1533, Hist. de Morgante; daza, Aut.

El DHist. trae otros dos ejemplos de *adaza*, uno de ellos aragonés, de 1625 (*Orden. de Huertas de Zaragoza*); en todos se trata de un grano, mencionado junto con el trigo, la alfalfa y el panizo. Covarr.[1] registra *daça* o *daxza* (entiéndase *dacsa*) como voz valenciana, 'cierta caña delgada de simiente, que se siega para dar verde temprano a las bestias', y agrega que se llama *daxça de las Indias* otra especie que hace unas mazorcas con granos tan grandes como garbanzos, es decir, el maíz. *Aut.*, seguramente fundándose en la primera definición de Covarr., dice que es la 'alfalfa' y aclara que se dice en el Reino de Murcia. En lengua catalana *dacsa* (o localmente *datxa*) es hoy el maíz, y se emplea en todo el País Valenciano, en Ibiza, y en el Sur del Principado (cita de Sta. Coloma de Queralt en Ag.); hay ya ejs. de *adacsa* y de *adassa* en docs. de los SS. XIII y XIV (Alcover), y R. Martí (S. XIII) traduce el ár. *qaṭnîya* (término genérico que abarca judías, garbanzos, habas, lentejas y otras legumbres) con las palabras «adaza, vel melica, vicia»; el valenciano Sanelo (S. XVIII) recoge *dacça* y *adaza* con la traducción «panizo». En árabe, Freytag registra *dúqsa* 'grano pequeño semejante al mijo', citándolo del Fairuzabadí (fin S. XIV), voz que no hallo confirmada en diccionarios vulgares ni en otras fuentes a mi alcance, y que no pertenece a raíz conocida; Eguílaz (p. 52) sugiere tácitamente que la vocalización debe enmendarse en *dáqsa* y que de aquí viene nuestro vocablo. Por otra parte hay el ár. ᶜ*ádasa* (colectivo ᶜ*ádas*), vulgarmente acentuado ᶜ*adása* (Aǎḍéça en Alcalá), que es «arveja» o «fasola, legumbre» en este diccionario, está traducido «lens» en R. Martí, y 'lenteja acuática' en Abenbeclarix y otras fuentes vulgares (Dozy, *Suppl.* II, 101b). Esta última forma está mejor documentada, pero el val. *dacsa* no puede venir de ahí, aunque sí el cat. ant. *adassa*. ¿Hay un caso de cruce?

[1] De ahí pasó a Oudin (1616), pero no en la ed. de 1607).

DE, del lat. DĒ 'desde arriba a bajo de', 'desde', '(apartándose) de'. *1.ª doc.*: orígenes del idioma (Glosas Emilianenses).

Cuervo, *Dicc.* II, 759-799.

CPT. Deque, ant. y fam., 'luego que'. Ast. *de la que* «al mismo tiempo que, al paso» (V).

Dea, deal, V. dios   Deambular, deambulatorio, V. ambular

DEÁN, del fr. ant. *deiien* íd. (hoy *doyen*), y éste del lat. DECĀNUS 'cabo que tiene a su mando diez soldados', 'jefe de una decena de monjes, en un monasterio', derivado de DECEM 'diez'. *1.ª doc.:* 1192 (escritura mozárabe toledana)[1]; 1200, doc. de Burgos (Oelschl.).

Deán es una de las palabras eclesiásticas francesas introducidas por la reforma cluniacense. Duplicado castizo es *degano* 'quintero o administrador de una hacienda de campo', voz anticuada (como tal ya en Acad. 1843), que parece haber sido el nombre antiguo del deán, anterior al influjo de Cluny, comp. *degaña*, abajo. Duplicado culto es *decano* 'el más antiguo en una corporación' [1636, Colmenares]. Es también galicismo el port. *deão*, *daião*, pero genuino el cat. *degà* 'deán', 'decano'. Comp. ADIANO.

DERIV. *Deanato. Deanazgo* [*-adgo*, Nebr.]. *Degaña* 'finca rural propiedad de un monasterio' [Berceo; *degania*, 975; ejs. de la forma latinizada *decania* en Oelschl.], así llamada por estar a cargo del deán, del lat. DECANĬA; hay variante *adegaña*, con aglutinación parcial del artículo, empleada en el sentido de 'dependencia, pertenencia' (1533, *DHist.*), de donde, por influjo de *aledaño*, una forma adjetiva *adegaño* 'adyacente' (A. de Cartagena, † 1456), cuya *e* pudo a su vez ayudar también al cambio de *aladaño* en ALEDAÑO; otro derivado es *degañero* 'granjero'. *Decanato.*

[1] Simonet cita *dayyân* (o *deyyân;* él interpreta *deyyén*) como grafía de una escritura de igual procedencia, SS. XI-XIII, quizá la misma. PAlc. trae *deyén* como forma mozárabe.

Debagar, V. *baga   Debajero, debajo*, V. *bajo Debarar*, V. *varar   Debasa*, V. *base   Debasana*, V. *damajuana   Debate, debatir*, V. *batir debe*, V. *deber   Debelación, debelador, debelar*, V. *bélico*

DEBER, del lat. DĒBĒRE íd., derivado de HABĒRE 'tener'. *1.ª doc.:* orígenes del idioma (*Cid*, etc.).

Cuervo, *Dicc.* II, 803-810. Es general hasta el Siglo de Oro la forma apocopada *debré, debría,* del futuro y condicional (Garcilaso, Cervantes, etc.), vid. Cuervo; en *Fn. Gonz.,* 534; en el *Alfarache* de Sayavedra, pp. 407, 411, etc.), que *Aut.* ya consideraba anticuada, pero hoy sobrevive vulgarmente en Méjico, Arg. y otras muchas partes (*BDHA* III, 171; IV, 319). La construcción *deber de,* que se halla también en portugués antiguo (*Canc.* de D. Denís, v. 304)[1], en el Siglo de Oro denota indiferentemente obligación, o bien inducción o conjetura (Cuervo, p. 808); la distinción entre *deber de* con el último y *deber* con el primero de estos valores fué introducida por los gramáticos del S. XVIII, según Alcalá Galiano (cita de Baralt, s. v. *verbos*), y ya está apuntada en *Aut.*; pero el gallego moderno emplea *deber de* con sentido de obligación («os vellos non *deben de* namorarse», título de farsa de Castelao, 227.6). Es constante en lo antiguo la grafía *dever.*

DERIV. *Deber* m. 'obligación moral' [fin S. XVI, Fr. Luis de León, en Cuervo, 809*a*], sustantivación común a todos los romances, quizá sugerida por la del contrapuesto *placer*[2]. *Debe. Debido. Debiente. Deuda* [*debda*, 1206: Oelschl.; *deuda,* APal. 463*b*], de DĒBĬTA, plural del siguiente. *Deudo* (ant. *debdo*) 'deuda' (1348: *Orden. de Alcalá,* en *Aut.*), 'obligación' [*Cid*], 'parentesco' [J. Ruiz, 695*d;* todavía en Fuenmayor, 1595, y en el arcaizante Mariana, 1600], ant., 'pariente'[3] [1595: Fuenmayor], del lat. DĒBĬTUM 'deuda'; *débito* [1573], duplicado culto de *deudo*[4]; *deudoso* 'emparentado', ant. [h. 1460: *Crón. de Juan II*]; *adeudar* [h. 1300: *Gr. Conq. de Ultr.*], *adeudo; endeudarse. Deudor* [*debdor*, 1219, Oelschl.], del lat. DEBITOR, -ŌRIS, íd., vid. Cuervo, *Dicc.* II, 1206-7.

Sarm. registró dos verbos gallegos de sentido opuesto y solidario raros en la lengua: *devecer* 'mermar': *este vino deveceu* 'minoró o mermó', *este niño deveceu la mitad* 'decreció' (*CaG.* 198r); y *avecer* intr. 'aprovechar' («díósele un medicamento fuerte y *aveceulle*») (ib. 199r); el P. Sobreira registró como propio de Ribadavia *abecer* «asentar bien, aprovechar y ser oportuna una cosa, como la comida al estómago, la medicina al enfermo» (*DAcG.*, agregando el sinónimo *aprobeitar* y un *abegar* oscuro, del cual no hay otra noticia), y por otra parte da Vall. un *debecerse* como equivalente de *degararse* 'desear con vehemencia una cosa, consumirse', *debecer* 'ansiar' (Lugrís), «daba noxo de ve-lo tan *debecido* sempre» (Castelao 212.5f.). Como etimología propone Sarm. DEFICERE y AFFICERE, pero éste no sirve fonéticamente, pues -FF- no se podía sonorizar; DEFICERE 'faltar' sí podría ser en rigor, pero no es verosímil, porque no ha quedado en ningún romance y es sumamente probable que la F se hubiese conservado por influjo de FACERE y que éste además lo hubiese cambiado en *DEFACERE. Como lo junta con un *decebir* 'engañar' parece sugerir la posibilidad de una metátesis *deceber > debecer con un uso metafórico 'decepcionar' > 'faltar', 'decrecer'; tampoco esto es convincente, pues así no explica *avecer* y por otra parte *decebir* es vocablo sólo conservado como romance en francés y oc.-cat. (*decebre*)[5]. También desecho la idea de una supervivencia de VESCI 'alimentarse' como ajeno al romance; y me inclino a admitir que se trate de un derivado de *deber; debecer* junto a *deber* sería como *fallecer* junto a *fallir, fenecer* junto a *finir,* como una especie de incoativo; y entonces *avecer* podría ser paralelamente de *aver* 'tener', sobre todo apoyándose en el contrapuesto *deber ⁓ debecer.*

[1] En vez de *dever fazer* se construía *dever a fazer* en gallego medieval (V. las *Ctgs.* de Guilhade o de D. Denís): «*devo a* leixar aquele casale pobrado con outra tanta poblanza... *devo-o*

a leixar...» a. 1326, Pontevedra (Sarm. *CaG.* 87*v*).— [2] Con la correspondencia griega de *deber*, a saber τὸ δέον, participio activo de δεῖν 'faltar', 'ser preciso', se ha formado el compuesto *deontología* 'tratado de los deberes'.— [3] Se partió de la idea de 'obligación (que uno tiene para con alguien)', como en el griego οἱ ἀναγχαῖοι 'los parientes y amigos' (p. ej. Anábasis II, IV, 1 οἱ ἀδελφοὶ χαὶ οἱ ἄλλοι ‿ɔ).— [4] Terlingen supone que sea italianismo, lo cual es posible, pero incierto.— [5] El *decebir* 'engañar' que pone ahí en participio *decebido* parece que él lo halló en alguna escritura gallega arcaica de Pontevedra, *CaG.* 70*r*, aunque no da precisiones, y acaso no fuese más que latín agallegado. En todo caso es muy raro fuera del territorio galorrománico. Vid. *decibir*, s. v. CONCEBIR.

DÉBIL, tomado del lat. *dēbĭlis* íd. *1.ª doc.*: Santillana y Villena (éste *débilmente*) (C. C. Smith, *BHisp.* LXI); 1570, Crist. de las Casas[1].

Aparece también en Covarr. y en Oudin (1607). Lo común en la Edad Media, y más tarde en el lenguaje vulgar, es *flaco* 'débil' (*Apol.*, Berceo, *Conde Lucanor*).

DERIV. *Debilidad* [1611, Covarr.; 1613, Góngora]. *Debilitar* [*Corbacho* (*dibi-*) y Mena (C. C. Smith); 1490, APal. 294*d*; *Celestina*, ed. 1902, 51.15], tomado de *debilitare* íd.; *debilitante*, *debilitación*.

[1] Probablemente el uso de esta palabra en castellano es bastante anterior, aunque *Aut.* no da ej. anterior a la *Dorotea* de Lope (1632), y falta en Oelschl., *BKKR*, Glos. de Castro, Nebr. PAlc., Sánchez de la Ballesta y otras fuentes antiguas; *debilitar* forma parte del vocabulario de la *Celestina* y de APal., pero no *débil*. En portugués ya Camoens emplea éste. En las Glosas Silenses *«debiles*, aflitos» figura como glosa vulgar de *inbalidis*, pero como observa M. P., *Orig.*, 403, en casos de sinonimia semejante, la primera de las dos voces suele ser más culta y la segunda más vulgar, aunque en este caso la conclusión no es segura.

Débito, V. *deber*   *Debla*, *deble*, V. *endeble*

DEBÓ, 'instrumento que usan los pellejeros para adobar las pieles', vocablo de forma y origen inciertos. *1.ª doc.*: Terr.

Éste define «instrumento con que los boteros raen las pieles», y aunque este lexicógrafo no escatima acentos, no pone ninguno a la palabra *debo*. Ahora bien, Terr. parece ser la fuente del dicc. de la Academia [ya 1817, no 1783]. ¿Habrá errata en el acento? No conozco nada semejante en francés, portugués ni catalán (Pons, *Vocabulari de les Indústries Tèxtils*; Castellà i Raich, *Vocab. de la Ind. d'adobar Pells per a Sola*). Un cat. **adobó* deriv. de *adobar* no parece existir; un *adobadó(r)*

fácilmente pudo tener este sentido, pero no se habría perdido la *-d-*, por lo menos en catalán. Müller relacionaba con la raíz arábiga *d-b-g* 'adobar (pieles)', pero como observa Dozy (*Gloss.*, 258), no se conoce sustantivo perteneciente a esta raíz que pueda explicar la palabra española.

Debojar, V. *dibujar*   *Debrocar*, V. *bruces*
Debujar, V. *dibujar*   *Deburar*, V. *birria*   *Deca-*
década, V. *diez*   *Decadencia*, *decadente*, *decadentismo*, *decadentista*, V. *caer*   *Decaedro*, V. *diez*
Decaer, V. *caer*   *Decágono*, *decagramo*, V. *diez*   *Decaíble*, *decaído*, *decaimiento*, V. *caer*
Decalitro, *decálogo*, V. *diez*   *Decalvación*, *decalvar*, V. *calvo*   *Decámetro*, V. *diez*   *Decampar*, V. *campo*   *Decanato*, *decania*, *decano*, V. *deán*   *Decantación*, V. *canto* II   *Decantar*, V. *cantar* y *canto* II   *Decapitación*, *decapitar*, V. *capital*   *Decápodo*, *decárea*, *decasílabo*, V. *diez*   *Decebimiento*, *decebir*, V. *concebir*   *Decem-*, *decena*, *decenal*, *decenar*, *decenario*, V. *diez*   *Decencia*, V. *decente*   *Decenio*, *deceno*, V. *diez*   *Decenso*, V. *descender*

DECENTAR, 'empezar a cortar o a gastar de una cosa', 'empezar a hacer perder lo que se había conservado sano', del anticuado *encentar*, y éste del antiguo y dialectal *encetar*, voz común a los tres romances hispánicos, del lat. ĬNCĔPTARE 'empezar', 'emprender', frecuentativo de ĬNCĬPĔRE 'empezar'. *1.ª doc.*: *encentar*, A. de Cartagena († 1456); *decentar*, 1535.

En esta fecha Juan de Valdés (*Diál. de la L.*, 96.5) declara que le contenta más *decentar* que *encentar*, contestando a su interlocutor, que le pregunta por qué trueca el prefijo del vocablo[1]. También Lope y Quevedo emplearon *decentar*, y en Quiñones de B. figura el presente *decienta* en el sentido de 'estrena, entra en funciones'[2]. *Encentar* se halla también en APal. («Adoriri: començar, acometer, encentar», 9*b*; «Ioannes Baptista el *encentador* de la gracia o comienço del baptismo», 222*d*), donde todavía es 'empezar en general'; Covarr. y Oudin[3] recogen ambas formas. Cej. VIII, §§ 61, 66. En cuanto al arcaico *encetar*, se halla en Nebr. («*encetar lo entero*: delibo, degusto») y en Sánchez de Badajoz, con el sentido de 'empezar a comer' (Cej., *Voc.*); hoy se pronuncia todavía así en León (Puyol, *RH* XV, 4), el Bierzo (G. Rey), Aragón (Borao), Canarias (*BRAE* VII, 335) y Cuba (Pichardo, p. 103), y *encetar* es la forma usual en portugués, gallego (Schneider, *VKR* XI, glos.; Cotarelo, *BRAE* XIV, 116), gascón[4] y catalán, precisamente con los mismos matices que en castellano: *encetar el pa*, *el formatge*, *una bóta de vi*, *encetar-se* 'llagarse', etc. (*encetarse* 'hacerse una herida que deje al descubierto el músculo', *encetar* 'empezar (a hacer cualquier cosa)' Lugrís: «*enceta* así o seu labor de investigador» M. Dónega, prólogo a su ed. de la *Escolma* de Castelao,

11.2; *enceto* 'comienzo de algún manjar sólido, como pan o queso', en Galicia); en catalán se halla desde fines del Ş. XIV[5]. Está claro que *encentar* se debe a una propagación de la nasal de *encetar* y que después hubo cambio de prefijo. M-L., *REW*[1] 2502, había admitido como étimo un lat. *DECĪ-DENTARE, derivado de DECĪDĚRE 'cortar un pedazo', pero Spitzer, *Lexik. a. d. Kat.*, 47, le hizo ver lo inverosímil de esta formación aislada dentro del romance, y en consecuencia en la 3.ª ed. del mismo diccionario este artículo ha desaparecido, quedando sólo INCEPTARE, con los descendientes *encetar* y *encentar* (*decentar* ha sido olvidado). Imposible fonéticamente es la etimología grecolatina ENCAENIA 'estreno' de Covarr. y otros.

DERIV. *Encentador. Encentadura* [*encetadura*, Nebr.]. *Encentamiento.*

[1] En 106.19, junto con otros casos de voces anticuadas sustituídas por las que parecían mejor al autor, cita *encentar* sustituído por *partir*.— [2] «¿Esto consientes...? —No me mueven pocas cosas : / no se *decienta* mi ira / ni mi furor se abochorna / contra un par de lagartijas», *NBAE* XVIII, 514.— [3] «*Decentar* una cuba o tinaja : percer et entamer un tonneau ou autre vaisseau de vin le mettre en perce», ed. 1607. «*Encentar*: entamer, estréner une chose dont on n'a point encor usé, et qui n'a servi», ed. 1616 (¿y 1607?).— [4] «*Ensetà*: commencer, entamer; *ensetà-s*, se mettre en train», Palay; *encetà et pan* en el Valle de Arán y en el habla del valle de Larboust, junto a Luchon (*Armanac dera Mountanho* 1931, 32).— [5] Aplicado a la mujer que ya no es virgen: «e quan muller pendre volets, / si és encetada, / per vós no sia menyspreada, / car més ne val», escribe sarcásticamente Bernat Metge, *Sermó*, 50.12; igualmente en J. Roig, *Spill*, v. 6877.

DECENTE, tomado del lat. *děcěns, -ntis*, íd., participio activo de *decēre* 'convenir, estar bien (algo a alguien), ser honesto'. *1.ª doc.*: 1517, Torres Naharro.

Cuervo, *Dicc.* II, 811-2. Figura también en otros autores del S. XVI, como Venegas del Busto y Fr. Luis de León, y es frecuente en el XVII. Es latinismo en todos los romances.

DERIV. *Decencia* [1574, A. de Morales], tomado de *decěntia* íd. *Adecentar* [Acad. 1884, no 1843]. En el doc. citado por Pottier (*BHisp.* LVIII, 358), no parece ser derivado de *decente*, sino de *decentar* 430a25ss. *Indecencia* [h. 1440, A. Torre (C. C. Smith, *BHisp.* LXI)]. *Condecente*. *Decoro* [1534-6, Juan de Valdés, *Diál. de la L.*, 133.7, pide permiso para adoptar este latinismo, pero lo emplea ya en otros pasajes de sus obras: *BRAE* VI, 506; también lo emplean Lope y muchos más en el S. XVII], tomado del lat. *decōrum* 'las conveniencias, el decoro', neutro del adj. *decōrus* 'adornado', 'decente', derivado del propio verbo *decēre*. *Decorar* 'adornar' [Mena, *Yl.* (C. C. Smith); princ. S.

XVII, Góngora, Quevedo, Lope], tomado de *decorare* íd., derivado del anterior; *decoración, decorado, decorador, decorativo. Decoroso* [Manero, † 1659], Cuervo, *Dicc.* II, 833a; tomado de *decorosus* 'hermoso, brillante', derivado de *decor* 'adorno', y éste de *decēre. Condecorar; condecoración.*

Decenvir, decenviral, decenvirato, decenviro, V. *diez* *Decepción, deceptorio*, V. *concebir* *Decernir*, V. *cerner* *Decerrumbar*, V. *derrumbar* *Decesión, deceso, decesor*, V. *ceder* *Deci, deciárea*, V. *diez* *Decible, decidero*, V. *decir*

DECIDIR, tomado del lat. *decīdĕre* 'cortar', 'decidir, resolver', derivado de *caedĕre* 'cortar'. *1.ª doc.*: 1569, Ercilla.

Después vuelve a hallarse en Oudin (1607), Góngora (1613) y en muchos autores desde el segundo tercio del S. XVII (falta en APal., Nebr., la *Celestina*, el *Quijote*, Covarr.). Cuervo, *Dicc.* II, 812-3. El participio latinizante *deciso* fué empleado por Ribadeneira (1599-1601).

DERIV. (son también latinismos). *Decisión* [1597, Castillo Bobadilla], del lat. *decisio, -ōnis*, íd.; *decisivo* [med. S. XVII, G. de Tejada, Solórzano], *decisorio*; *indeciso* [Palet, 1604; Oudin, 1616 (D. Alonso, *La Leng. Poét. de Góngora*)], *indecisión, indecisorio*. *Circuncidar* [Berceo, *Loores*, 30b: *circuncidesti*, Pret. 2; también en el *Conde Luc.*, y en ley de 1380, *Aut.*], de *circumcīdĕre* 'recortar en redondo', 'circuncidar', otro derivado de *caedĕre*; *circuncidante, circuncisión, circunciso. Conciso* [1606, Aldrete: *concisamente*], de *concīsus* 'cortado', 'conciso', participio de *concīdĕre* 'cortar en pedazos'; *concisión* [APal. 458b], de *concisio, -ōnis*. *Inciso* [1580, F. de Herrera], de *incīsus, -īsa, -īsum*, participio de *incīdĕre* 'hacer un corte o incisión'; *incisión* [1555, Laguna], de *incisio, -onis*, 'incisión'; *incisivo* [1555, íd.], *incisorio*. *Interciso*, de *intercīsus*, part. de *intercidere* 'cortar por la mitad'. *Occiso*, de *occīsus*, part. de *occidere* 'matar'; *occisión*. *Preciso* [Oudin, 1616; *precisamente*, 1574, A. de Morales][1], de *praecīsus* 'cortado, recortado', 'abreviado', part. de *praecidere* 'cortar bruscamente'; *precisión*[2]; *precisar* [med. S. XVII, Conde de Cervellón].

[1] La innovación semántica castellana y portuguesa, en virtud de la cual *preciso* pasó a significar 'necesario', se halla ya consumada en Salas Barbadillo (1635).— [2] De un cruce de *precisión* con *exactitud* resulta *precitud*, sinónimo de este último empleado por Lz. de Arenas, 1633, cap. 8, p. 13 y passim.

Decidor, V. *decir* *Deciente*, V. *ceder* *Decigramo, decilitro, decim-, deciocheno*, V. *diez*

DECIR, del lat. DĪCĔRE íd. *1.ª doc.*: orígenes del idioma (Glosas Emilianenses, etc.).

Cuervo, *Dicc.* II, 813-26. Sólo en castellano y en algunas hablas gallegas pasó DICERE a la conjugación en *-ir;* los demás romances conservan formas correspondientes a la 3.ª conjugación latina, incluso port. *dizer,* ast. *dicer* (V; junto a *dicir,* V) y cat. *dir* (*DIRE, contracción de DIC'RE); en castellano el cambio es muy general y antiguo, pues ya está consumado en el *Cid* y en el *Auto de los Reyes Magos;* y *diser,* en el *Poema de Alfonso XI,* 841, puede ser galleguismo personal del autor; la forma en *-er* se extiende, empero, a una parte del leonés, que comprende Asturias, pero no Miranda, y en el *Alex.* coexisten ambas formas, aun en rima (M. P., *Dial. Leon.,* § 18.3); *dizer* se halla también en el *F. Juzgo* (Cuervo, 826*a*). En vez de la forma contracta del futuro y condicional *diré, diría,* que es ya la del *Cid,* se hallan *dizré, dizría,* y análogas, en textos arcaicos como el *Auto de los R. Magos,* v. 90 (junto a *dizeremos),* la *Disputa del Alma y el Cuerpo* (v. 2), Berceo (junto a *diré,* etc.), la *General Estoria* (en M. P., *Yúçuf,* línea 272), y antiguos fueros aragoneses (Tilander, p. 416; *dizdrá,* p. 415). Como continuación del lat. DĪCTUS (it. *detto*) existe una forma arcaica del participio, *decho,* propia de los textos leoneses (códice Campomanes del Fuero Juzgo; doc. de 1245 escrito en León por un ovetense, Staaff, 77.6; doc. de Potes, Santander, 1282, ibid. 66.6; ms. *S* de J. Ruiz, 776*b*)[1]: al influjo de esta forma arcaica ha de ser debida la *ch* del cast. *dicho,* cuya *i* se debe a su vez al influjo de *digo, dice, diga,* etc. (M. P., *Man.,* § 50.1, 122.3). Para el inciso *diz, dizque,* vid. Pietsch, *MLN* XXVI, 102.

DERIV. *Decir* m. [en un ms. bíblico del S. XIII: Cuervo, *Dicc.* II, 825*b*][2]. *Dita* 'promesa de pago' [h. 1575, Fr. L. de León), 'persona que la da' [1605, *G. de Alfarache*] antic., 'deuda' guat., chil., per., albacet., 'préstamo a interés elevado' and., del it. sept. *ditta* 'dicho, afirmación (de alguien)' (it. *detta*), según Cuervo, *BHisp.* XI, reproducido en *Disq. Filol.* II, 144-51; pero en vista de que el vocablo aparece en el aragonés de Segorbe con el sentido 'lo que se ofrece cuando se subasta algo' (Torres Fornés), lo cual coincide con el significado de *dita* en catalán [1422, Alcover, Fabra, Escrig; S. XIII en otras acs.], y en vista de que *ditta* es forma meramente local en italiano, es preferible derivar del cat. *dita; enditarse,* chil. *Dicaz,* tomado del lat. *dicax, -acis,* íd.; *dicacidad, Dicción* [en J. de Mena (Lida); APal. *bb*], tomado de *dictio, -onis,* 'acción de decir', 'discurso', 'modo de expresión'; *diccionario* [*dici-,* 1495, Nebr.][3], *diccionarista. Diciente. Dicterio* [Acad. ya 1780; no Gili, *Tes.*], lat. *dicterium* [voz sobre todo arcaica], cat. *dicteri* [S. XIX en DAlcM.]. *Dicho,* m. [ya Nebr.]; *dicharacho* [Acad. ya 1780; no Gili, *Tes.*], *dicharachero* [Acad., no 1780]. *Adicto* [S. XVIII: P. Feijóo; el *DHist.* cita además un *Auto acordado;* Cuervo, *Dicc.* I, 193-4], tomado del lat. *addictus,* participio de *addĭcĕre* 'adjudi-

car', 'dedicar'; *adicción. Antedicho* [S. XIII]; antiguamente se dijo también *avandicho* [SS. XIII-XIV], del cat. *avantdit,* formado con *avant* 'delante', 'antes'. *Sobredicho* [1100, *BHisp.* LVIII, 358]. *Devandicho* arag. (V. *AVANZAR*). *Condecir* [Acad. S. XX] no viene de CONDECĒRE (*GdDD* 1804*a*), sino de DICERE, comp. el castellano *decir con* y el catalán *adir-se,* que significan lo mismo que *condecir,* y en catalán no puede venir de DECĒRE por razones fonético-morfológicas. *Contradecir* [Berceo], Cuervo, *Dicc.* II, 484-6; *contradicción* [1348, Cuervo, *Dicc.* II, 486-7; *-ición,* 1231, M. P., *D. L.* 184.25], *contradicente, contradictor, contradictoria, -orio, contradicho. Decible* [1644, Ovalle]; *indecible* [1530-62, J. de Ávila]. *Decidero. Decidor. Desdecir* [Nebr.]. *Edicto* [*edito,* APal. 239*b*; *edicto,* Mariana], tomado de *edĭctum* íd., derivado de *edĭcĕre* 'proclamar'. *Entredecir* ant. [S. XIII, *Partidas;* todavía Fz. de Navarrete], del lat. INTERDĪCĔRE 'prohibir'; *entredicho;* en forma culta *interdecir, interdicción, interdicto. Indicción,* del lat. *indictio, -nis,* íd. *Predecir, predicción. Redecir, redición, redicho.*

El sentido etimológico del lat. *dicere* fué 'mostrar', conservado por su hermano el gr. δειχνύναι: de ahí παραδειχνύναι íd. y παράδειγμα 'modelo, ejemplo', de donde se tomó *paradigma* [Covarr.; Quevedo].

CPT. *Bendecir*[4] [*Cid*], del lat. BENEDICERĔ; para *bendito, benito, beneíto, bendicho* y otras formas arcaicas del participio de *bendecir,* en parte semicultas, vid. Oelschl.; ast. *benitu* 'saúco' (V): porque se lleva a bendecir o por las curas que obra, en opinión del pueblo; *bendición* [*Cid*], tomado del lat. *benedictio, -onis; bendicera, bendiciente; benedicta,* tomado del participio latino de dicho verbo en su forma femenina *benedicta; benedícite,* del imperativo plural del mismo. De BENEDĪCTUS por vía casi popular resultó gall. *bieito,* de donde el derivado *bieiteira* 'vieja que curaba con ensalmos y con vegetales cuyas virtudes conocía', Sarm. *CaG.* p. 38; y quizá por cambio analógico en la terminación, otra forma menos popular *benedita,* a través de **benendita,* con disimilación de *n* en *r* tras la propagación de nasal, llegó por otra parte el gall. a *brandida* '(mesa) de muchos manjares': *hubo una mesa muy brandida de todo,* Sarm. *CaG.,* 202*v. Maldecir* [h. 1200, *Disp. del Alma y el Cuerpo*], del lat. MALEDICERĔ íd.: ; *maldito, maldicho, maldecido,* formas del participio del mismo verbo: para éstas y otras variantes, vid. Oelschl.; *maldecidor, maldecimiento, maldiciente; maledicencia,* tomado de *maledicentia,* íd. *Susodicho* [López de Gomara, 1556, en *Aut.,* pero es mucho más antiguo]. *Dimes y diretes. Dizque* (V. arriba).

[1] Hanssen, *Estudios sobre la Conjug. Leon.,* p. 57, afirma sin documentarlo que es forma asturiana ajena al resto del leonés. En *Estudios sobre la Conjug. Arag.,* p. 21, niega que *deyto* sea aragonés. En *Alex.,* 1464*d,* se halla *dito* en

el ms. leonés, mientras que en 408a este ms. opone *dicho* a la forma *dito* del códice aragonés; no veo que este texto traiga ejs. en rima.— ² Empleado en plural, en la ac. 'murmuraciones, rumores', *decires* se halla a fin S. XIV en la *Crón. de Pedro I*, y en el siguiente en los *Trabajos de Hércules* de E. de Villena y en la *Crón. de P. Niño. Aut.* dice que se usa raramente. Con matices más o menos diferentes aparece *decires* en una media docena más de textos de los SS. XIII-XV citados por Cuervo. En varios países de América se emplea hoy *díceres* con este valor (Arg., Chile, Colombia, Costa Rica, Sto. Domingo, etc.); Cuervo, *Ap.⁷*, § 940, cita un ej. en el español Francisco Blanco García, a. 1899, aunque no conozco esta expresión en el uso común español (el *dicer* del Dicc. Salvá, citado por Hz. Ureña, es la citada forma verbal leonesa que nada tiene que ver con esto). Cuervo cree que esta forma se explica por un cruce de *decires* con *dicen*, pero cuesta comprender cómo la forma nominal *los decires* pudo combinarse con la puramente verbal *dicen*. Hz. Ureña (*BDHA* IV, 262; V, 72) piensa en un latinismo. Así será, pero no veo por qué camino semántico ni en qué ambientes del idioma pudo introducirse este latinismo, y la dificultad aumenta si consideramos que en latín el infinitivo no se emplea sustantivado y menos en plural. De los paralelos que cita, *víveres* está fuera de lugar, ya que es italianismo militar introducido en el S. XVII. Más oportuna es la comparación con *retráeres*, que aparece claramente en J. Ruiz, 170c, «verdad es lo que dicen los antiguos *retráeres*» (con acentuación menos clara en 549c). Pero el caso es que este vocablo no puede separarse de *retraire* 'proverbio, refrán', del cual cita Aguado cuatro ejs. en el *Libro de los Castigos* de D. Juan Manuel y en la *Crón. Gral.;* ahora bien, salta a la vista que éste es provenzalismo, y el *retráeres* del Arcipreste ha de ser castellanización del mismo *retraire* aprovenzalado. ¿Podríamos suponer que según el modelo de este *retráeres* se formó un *díceres*, relacionado semánticamente? Sin duda, aunque la distancia entre el S. XIV y el XIX, en que aparece *díceres*, es muy grande. Mientras no se haya hecho una búsqueda acerca de la antigüedad de esta expresión nada se podrá asegurar.— ³ ¿Dónde se creó el vocablo? El b. lat. *dictionarium* que algunos citan no figura en Du C., pero el inglés Juan de Garlandia escribió su *Dictionarium* en la 1.ª mitad del S. XIII, vid. Scheler, *Ebert's Jahrbuch* VI; el ingl. *dictionary* aparece por primera vez en 1520 (*NED*), el fr. *dictionnaire* en 1539 (Bloch).— ⁴ Forma sincopada en portugués, *benzer* íd. (*benzerse* 'persignarse') que también fué gallego (*DAcG*), al menos en la E. Media (con variantes *beicer* y *beençer*, vid. Crespo; a aquélla corresponde el subjuntivo de la frase *Dios a beiga*, que Sarm. oía una

quincena de km. al E. de Pontevedra, *CaG.* 223r), pero que hoy aquí ha sufrido decisiva decadencia a causa de la homonimia con *vencer* y tienden a reemplazarlo derivados de *bendición* y sus variantes antiguas (*beenzon, beizon*): *abendizoar, abeizoar* (*DAcG.*), *abenzoar* («abenzoado sexa o café de Badaxoz» Castelao 142.3).

Decir ant., 'bajar', V. s. v. *desleír*   *Decisión, decisivo, decisorio*, V. *decidir*   *Declamación, declamador, declamar, declamatorio*, V. *llamar*   *Declarable, declaración, declarado, declarador, declaramiento, declarante, declarar, declarativo, declaratorio, declaro*, V. *claro*   *Declinable, declinación, declinar, declinatoria, -orio*, V. *inclinar*

DECLIVE, tomado del lat. *declīvis* adj., 'pendiente, que forma cuesta', derivado de *clivus* 'cuesta'. 1.ª *doc.: declivio*, 1700, F. de Medrano; *declive*, 1705, Casani.

En su ed. de 1843 prefería la Acad. *declivio* a *declive*. Pichardo observó que éste era el usual en Cuba, como lo es en España y en otras partes, y en 1884 la Acad. le daba ya la preferencia. *Declivio* procedía del comparativo neutro *declivius*. El vocablo entró como parte de la terminología militar y de fortificaciones.

DERIV. *Declividad. Clivoso*, tomado de *clivosus* íd., otro derivado de *clivus. Proclive*, tomado de *proclīvis* íd.; *proclividad.*

Decocción, V. *cocer*   *Decolación*, V. *degollar*   *Decoloración*, V. *color*   *Decomisar, decomiso* V. *meter*   *Decor, decoración, decorado, decorador, decorar, decorativo, decoro, decoroso*, V. *decente*   *Decoración*, 'acción de aprender de memoria', *decorado* íd., *decorar* 'aprender de memoria', V. *coro* III   *Decorrerse, decorrimiento*, V. *correr*   *Decrecer, decreciente, decrecimiento, decremento*, V. *crecer*   *Decrepitación, decrepitante, decrepitar, decrépito, decrepitud*, V. *quebrar*   *Decrescendo*, V. *crecer*   *Decretación, decretal, decretalista, decretar, decretero, decretista, decreto, decretorio*, V. *cerner*   *Decúbito*, V. *cubil*   *Decumbente*, V. *incumbir*   *Decuplar, decuplicar, décuplo, decuria, decuriato, decurión, decurionato*, V. *diez*   *Decurrente, decursas, decurso*, V. *correr*   *Decusado, decusata, decuso*, V. *diez*

DECHADO, del lat. DĬCTATUM 'texto dictado por un maestro a sus alumnos', derivado de DICTARE 'dictar', y éste de DĪCĔRE 'decir' (participio DĬCTUS). 1.ª *doc.*: h. 1490, *Celestina*, ed. 1902, 80.10, 166.12; Nebr.¹.

Echandillo, alteración del diminutivo *dechadillo* (que también se halla como variante), figura ya en el *Corbacho* (1438) (*BRAE* X, 32). En latín clásico suele emplearse DICTATA en plural. En la Edad Media se hallan corrientemente los vocablos de esta familia, en Francia, Alemania, etc., en el sentido de 'escribir, redactar' (de donde el fr. ant. *ditier* íd., el cultismo cast. ant. *ditado* 'contenido de un texto', 'libro', 'poema'[2], y el alem. *dichten* 'componer poesía'), pero a veces se agrega el matiz de 'redactar c o r r e c t a m e n t e', así *dictator* 'el que redacta correctamente', *dictamen* 'fragmento de redacción correcta', en el boloñés Tommasino d'Armannino, h. 1250 (*ARom.* V, 21): de ahí era fácil pasar a 'dictado correcto', 'modelo'.

¹ «*Dechado para boslar:* catagraphum, apographum».— ² En este sentido, con referencia al poema que le sirvió de modelo, se hallaría *deitado* en el *Poema de Yúçuf*, 63c, según la ed. de Gayangos-Janer; mas parece ser trascripción arbitraria, pues M. P. lee *diqtado* y Morf (52c) *ditado*. De todos modos, aquella forma existe: en el *Canc.* de Baena (W. Schmid), en López de Ayala, *Rim. de Palacio* 714c, 841c, ed. Kuersteiner, *N.*

Dedada, dedal, dedalera, V. *dedo*

DÉDALO, 'laberinto', del nombre de Dédalo, que construyó el laberinto de Creta. *1.ª doc.:* Acad. 1884, no 1843.

Dedeo, V. *dedo*

DEDICAR, tomado del lat. *dedĭcare* íd., derivado de *dicare* íd., propiamente 'proclamar solemnemente' (de la raíz de *dicere*). *1.ª doc.:* Corbacho (C. C. Smith, *BHisp.* LXI), 1485, H. del Pulgar. Cuervo, *Dicc.* II, 834-5. También en Nebr. («*dedicar, casi consagrar:* dedico, dico»); abunda ya en el Siglo de Oro.

DERIV. *Dedicación. Dedicante. Dedicativo. Dedicatorio. Dedicatoria.* Otros cultismos derivados de *dicare: Abdicar* [E. de Villena, † 1433; Cuervo, *Dicc.* I, 43], de *abdicare* íd.; *abdicación. Predicar* [Berceo, y ya en las glosas Silenses], de *praedicare* íd.; *predicable; predicación* [Berceo]; *predicador* [íd.]; *predicadera; predicado; predicamento, predicamental; predicante; predicatorio; prédica* [1605, López de Úbeda, p. 78b (Nougué, *BHisp.* LXVI); *Aut.*].

Dedición, V. *dar*   *Dedignar,* V. *digno*

DEDO, del lat. DĬGĬTUS íd. *1.ª doc.:* orígenes del idioma (Fuero de Avilés, 1155, etc.).

Ast. *deu* y *diu* (ambos V): ¿comp. cat. *dit*, it. *dito*?; en San Sebastián *deitu* 'el marisco llamado también *datil* en guip.' (V. *DATIL*).

DERIV. *Dea* ast. 'dedo del pie'; *deona* 'el pulgar del pie' (V). *Dedada. Dedal* [Nebr.; en el Glos. de Toledo, h. 1400, parece ser errata por *pedal,* vid. la ed. de Castro], ac. documentada por todas las lenguas romances, que, por lo tanto, ya se remontará hasta el lat. DIGITALE (propiamente neu-

tro de DIGITALIS 'perteneciente al dedo'); ast. *didal* (V); vco. *titare* 'dedal' guip., sal. y en algunos lugares del vizc. *Dedeo. Dedil* [Nebr.]¹. *Dedillo.* Cultismos. *Digitado. Digital* [ya Acad. 1843] de *digitalis* 'relativo a los dedos', por la forma de dedal que tiene la corola de esta planta. Para nombres de la digital en Asturias y Galicia, Bouza-Brey, *RDTP* VI, 3-27. También se ha dicho *dedalera* [ya Acad. 1843]. *Digitalina. Digito* [*Aut.* con cita poco anterior], números así llamados porque pueden contarse con los dedos.

CPT. *Digitiforme. Digitígrado,* compuesto con el lat. *grădī* 'andar'.

¹ También en Lope, *Peribáñez* II, xi, ed. Losada, p. 137, aplicado al del segador. Creo que es ya la ac. de Nebr. («*dedil para armar el dedo:* digitale»); la ac. 'dedal' que *Aut.* atribuye a esta fuente, si no es de alguna edición posterior, se deberá a mala comprensión, y como no hay otra autoridad es dudoso que haya existido esta ac., que todavía recoge la Acad., y que da también Oudin (1607), basándose, según creo, en Nebr. Para el uso actual del *deil* del segador en Cespedosa, vid. *RFE* XV, 271.

Dedolar, V. *dolar*   *Deduciente, deducir, deductivo,* V. *aducir*   *Deesa,* V. *dios*   *Defácile, defacto,* V. *hacer*   *Defallecido, defallecimiento,* V. *fallir*   *Defarar,* V. *Resbalar*   *Defecación, defecar,* V. *hez*   *Defección, defectible, defecto, defectuoso,* V. *afecto*   *Defedación,* V. *feo*   *Defeminado,* V. *hembra*

DEFENDER, tomado del lat. *defĕndĕre* 'alejar, rechazar (a un enemigo)', 'defender, proteger'. *1.ª doc.:* 1155, Fuero de Avilés; V. además Oelschl.; ya frecuente en Berceo, *Alex.*, etc.

Semicultismo muy antiguo en el idioma. Cuervo, *Dicc.* II, 837-42. La ac. etimológica 'alejar, rechazar a un enemigo', de la que hay algún ej. en el Siglo de Oro¹, quizá sea mero latinismo. En lo antiguo es muy frecuente la ac. 'prohibir', común con el francés: *1.ª Crón. Gral.,* 172; *Historia Troyana,* S. XIV (*RFE* III, 124); *Gr. Conq. de Ultr.* pp. 443, 632; *Rim. de Palacio,* 166, 1471; con el participio *defeso,* en el mismo sentido, ibid., 593, y *defendimiento* 'prohibición', *Gr. Conq. de Ultr.,* p. 625. En vez de *defender* emplearon algunos *defensar,* como en catalán².

DERIV. *Defendedero. Defendible* (antes *defensible*). *Defendiente. Defendimiento* (vid. arriba). *Defensa* [*APal.* 274b, 291b, 381b; Ambrosio de Morales; Oudin, 1607], tomado del lat. tardío *defensa;* más antiguamente se decía *defendimiento* o el culto y clásico *defensión;* para un duplicado popular V. *DEHESA.* Para *defensar* vid. arriba. *Defensión* ant. [Berceo; Ordenamiento de Alcalá, 1348, en *Aut.;* Nebr.], tomado del lat. cl. *defensio, -onis,* 'defensa'. *Defensivo* [h. 1440, A. Torre (C. C. Smith, *BHisp.* LXI)]; *defensiva. Defen-*

sor, tomado de *defensor, -oris;* antes se dijo *defendedor* [*Poema de Alfonso XI*, copla 57]: ambos en Nebr.; *defensoría; defensorio.*

Ofender [Mena, *Yl.* (C. C. Smith), pero en el sentido de 'salir al encuentro, precipitarse' (Lida, p. 243). APal. 322*b*, 322*d*; empléalo ya Fr. Luis de Granada, y es frecuente en todo el Siglo de Oro], tomado del lat. *offĕndĕre* 'chocar', 'atacar', derivado, junto con *defendere*, de un primitivo común prehistórico; se tomó en fecha más tardía que *defendere*, como se comprueba por la falta de diptongación en el presente. *Ofendedor. Ofendículo. Ofendido. Ofendiente. Ofensa* [Mena, *Yl.* (C. C. Smith); 1582-5, Fr. L. de Granada][3], tomado del lat. *offensa* 'choque', 'ofensa'; antes se dijo *ofensión* [A. de Palencia, 513*d*; \Nebrija; PAlc.], del lat. *offensio, -onis* íd. (más clásico). *Ofensivo* [h. 1440, A. Torre (C. C. Smith)]; *ofensiva. Ofensor.*

[1] Cuervo, 837*b*, cita uno del *Quijote.* Otro se halla en Lope, *La Corona Merecida*, v. 822 («que mal podrás *defender*, / con defensa de muger, / un hombre tan poderoso», refiriéndose al rey enamorado). El editor compara con *defensa* 'obstáculo opuesto al enemigo', en Lope, *La Amistad pagada*, ed. Acad. VII, 9*a*, que se explica mejor desde el punto de vista castellano.— [2] Así en el murciano Pérez de Hita, ed. Blanchard II, 256, 289; *Aut.* cita ej. de Juan de Mena, y dos de *defensable* en Palafox (med. S. XVII) y en Calderón.— [3] De aquí un derivado *ofensar* 'ofender', hoy anticuado, que ya se halla en Díaz de Toledo [1482, *Aut.*].

Defenecer, defenecimiento, V. *fin   Defensa, defensable, defensar, defensible, defensión, defensiva, defensivo, defensor, defensoría, defensorio*, V. *defender   Deferencia, deferente, deferido, deferir*, V. *preferir   Defeso*, V. *defender   Defianza, defiar*, V. *fiar   Deficiencia, deficiente, déficit*, V. *afecto   Definible, definición, definido, definidor, definir, definitivo, definitorio*, V. *fin   Deflagración, deflagrador, deflagrar*, V. *flagrar   Deflaquecimiento*, V. *flaco   Deflegmar*, V. *flema   Deflujo*, V. *fluir   Defoliación*, V. *hoja   Defondonar*, V. *hondo   Deformación, deformador, deformar, deformatorio, deforme, deformidad*, V. *forma   Defraudación, defraudador, defraudar*, V. *fraude   Defuera*, V. *fuera   Defuir*, V. *huir   Defunción, defunto, difunto   Degano, degaña, degañero*, V. *deán   Degastar*, V. *gastar   Degeneración, degenerante, degenerar, degenerativo*, V. *género   Degestir*, V. *gesto   Deglución, deglutir*, V. *glotón*

DEGOLLAR, del lat. DECOLLARE íd., derivado de COLLUM 'cuello'. *1.ª doc.*: doc. mozár. de 1214 (Oelschl.); Berceo; una forma arcaica *decolaren* en las Glosas de Silos, 2.ª mitad del S. X.

También port. *degolar*, cat. *degollar*, oc. *dego-*

lar, it. ant. *dicollare*. Es innecesario admitir que la sonorización de la -C- se deba a influjo de GULA 'garganta', como hace M-L., *REW*, 2506, pues aunque las sordas se conservan muchas veces tras un prefijo como DE-, en otras ocasiones hay sonorización (*DEVANAR); devesa* junto a DEHESA; cat. *regonèixer* junto a *conèixer*, etc.).

DERIV. *Degollación. Degolladero. Degollado. Degolladura* [Nebr.]. *Degollamiento* [íd.]. *Degollante. Degollina* [Acad. 1884, no 1843]. *Decolación* [Acad. ya 1843], forma cultista. *Degüella. Degüello.*

Degradación, degradado, degradante, degradar, V. *grado* I   *Degredo*, V. *cerner   Degüella, degüello*, V. *degollar   Deguno*, V. *no   Degurar*, V. *birria   Degustación*, V. *gusto   Dehender, dehendimiento*, V. *hender*

DEHESA, 'tierra destinada a pastos', del lat. tardío DEFENSA 'defensa', en la Edad Media 'prohibición', porque la dehesa está comúnmente acotada. *1.ª doc.*: *defesa*, 924, doc. de S. Pedro de Arlanza; *dehesa*, 1148, doc. de Lerma (Oelschl.).

Se halla también *defesa* en J. Ruiz, 298*a*, y *dehesa* es frecuente desde el S. XIV (Ley de la Mesta) y XV (Nebr.). Hoy pronunciado *jesa* o *hesa* con *h* aspirada en muchas localidades de Salamanca y Cáceres (*RFE* XXIII, 230; Espinosa, *Arc. Dial.*, 185). Con sonorización de la -F- intervocálica a pesar del prefijo, como en oc. y cat. *devesa*, se pronuncia así o *vesa* (con *s* sonora) en la Sierra de Gata (Espinosa, l. c.); en Portugal coexisten *devesa* y *defesa*; en Galicia sólo tengo noticia de *devesa* (F. J. Rodríguez, etc.), que ya está en los *MirSgo.* 121.17, 124.17, traduciendo *nemora*.

DERIV. *Dehesar* o *adehesar. Dehesero. Prados defesados* y *defesero* en 1256, *BHisp.* LVIII, 358. *Endehesar.*

Dehiscencia, dehiscente, V. *hiato   Dehortar*, V. *exhortar   Deicida, deicidio, deidad, deificación, deificar, deífico, deiforme, deípara, deísmo, deísta*, V. *dios   Deitado*, V. *dechado   Deja, dejación, dejadez, dejante, dejaprén*, V. *dejar*

DEJAR, alteración del antiguo *lexar*, procedente del lat. LAXARE 'ensanchar', 'aflojar, relajar', derivado de LAXUS 'flojo, laxo'. *1.ª doc.*: *laiscare* (= *laišare*), S. X (Glosas Emilianenses y Silenses); *lexar(e)*, 1055, doc. de Santander[1]; *dexar*, h. 1200 (*Auto de los Reyes Magos*; doc. de Tórtoles, 1200; *dessamos* en doc. de Burgos, 1201: Oelschl.)[2].

Para formas arcaicas, Tailhan, *Rom.* IV, 262-4; M.P., *Oríg.*, 93-95; Oelschl. Para construcciones y acs. del verbo, Cuervo, *Dicc.* II, 849-67; Cej. VII, § 46. Formas semejantes con *d-* se hallan en port. *deixar*, cat. *deixar*[3], gasc. *dechà* (*BhZRPh.* LXXXV, § 174), langued. *deichà, daissà*, sic. *das-*

sari, calabr. merid. y centr. *dassare*, logud. ant. *dassare*[4] mientras que los demás romances conservan la *l-* (oc. *laissar*, fr. *laisser*, it. *lasciare*, etc.). Esta diferencia fonética condujo a Diez a derivar *dejar* del lat. DESĬNĔRE íd.; la idea hubiera podido defenderse fonéticamente, aunque con gran dificultad, a base de partir del pretérito clásico DESĬI (comp. *desisset* 'abandonase, renunciase' en Petronio, LXVIII, 6). Pero después del estudio de Tailhan, basado en el examen de un millar de escrituras, resultó evidente que si la forma general en España fué *lexar* hasta h. 1200 y sólo desde entonces *dexar*, ésta debía ser alteración de aquélla, y, por lo tanto, se debía desechar DESINERE.

Prescindiendo de otras explicaciones increíbles[5], se han sugerido varias ideas aceptables, aunque dudosas, para explicar esta alteración. M-L., *REW* 4955, partiendo de la observación de Ascoli, *AGI* XII, 24-27, de que en Piverone sólo se emplea una forma con *d-* (*dasa*) en el imperativo, mientras el resto del verbo tiene *l-*, se inclina a creer que la oposición entre *da o lascia = da o deja*, pudo ser causa de la extensión de la *d-* del primer verbo al segundo. Acerca de la posible influencia de *dar* en el cambio de *lexar* en *dexar*, V. asimismo Spitzer, *AILC* III, 13, donde también se refiere a la teoría que rechazo en la nota 5. Schuchardt, *ZRPh.* XV, 241, y M. L. Wagner, *ZRPh.* LXII, 70ss., admiten un cruce entre LAXARE y DELAXARE; este último existió efectivamente en el castellano arcaico (*delexar*, doc. de 1198, 1206, 1218, 1235, en M. P., *D. L.*, 262.92, 266.10, 14, 15, 327.27, 277.10; docs. leoneses de 1236 y 1245, en Staaff, 15.27, 26.44; etc.). Pero me parece difícil admitir un cruce entre un verbo y su derivado, que todos debían percibir como tal, y un cruce limitado a la consonante primera del vocablo. Como por otra parte la oposición entre *da y deja* no es muy frecuente, me inclinaría mejor a admitir la primera explicación de Ascoli, *AGI* XI, 117ss., que consideraba *dexar* como mero descendiente de DELAXARE, contraído por la pronunciación rápida que es propia de esta clase de verbos casi-auxiliares: luego se trataría de una mutilación fonética del tipo de las que sufrieron las palabras AMBULARE (> *andar*, *anar*, *aller*) o CONSOBRINUS (> *cousin*, *sobrino*). Sin embargo, como el cambio de *lexar* en *dexar* es evidentemente solidario del que sufrió *levantar* cambiado en *devantar*, si bien con menor extensión[6], y como la alteración se produjo en fechas diversas en portugués, catalán, lengua de Oc, Cerdeña y Sur de Italia, países donde hasta ahora no conozco huellas de DELAXARE, sería preferible hallar una explicación que no dependiera de este verbo. ¿Deberemos pensar en un influjo de la preposición *de*, en la construcción tan frecuente *dejar de hacer algo*[7], con anticipación de la *d* gracias a la pronunciación rápida y relajada del verbo auxiliar?[8]. El duplicado culto *laxar* figura ya en *Aut*.

DERIV. *Deja. Dejación* [1575, Marmolejo, *Hist. de Chile*, p. 200*b* (Nougué, *BHisp.* LXVI)]. *Dejada. Dejado, dejadez*; *desdexáu* ast. 'negligente, perezoso' (V). *Dejador. Dejamiento. Dejante que* 'además de que', 'no obstante que', en Colombia, Chile, Guatemala y el Oeste Arg. (San Luis y Mendoza; Malaret, *Semánt. Amer.*, 83), no es alteración fonética de *no obstante* (*n'ojtante*, disimilado en **dojtante*), como podría pensarse, sino derivado de *dejar*, comp. con el mismo valor *dejado que* en un entremés anónimo del S. XVII (Cotarelo, *NBAE* XVII, 57); y para la terminación, las locuciones *salvante*[9] 'salvo, excepto' (en el *Poema de Yúçuf*, en la trad. portuguesa del *Libro de Buen Amor*, *RFE* I, 171), *zafante* 'excepto' en varios países americanos, *passante disto, tirante disto, enchentes disto* 'además de esto', en el Norte de Portugal (Leite de V., *Opúsc.* II, 105, 377; *Philol. Mirand.* I, 367 n.). *Dejativo. Dejo.* Derivado del arcaico *lexar* es el ant. *leja* 'manda', en Aragón 'tierra que queda en una orilla al cambiar el curso del río', en Murcia y Almería 'vasar, anaquel' (< cat. *lleixa* íd.), también *aleja* (con inaceptable etimología arábiga en el *DHist.*). *Laja* 'traílla': cuerda o correa con que se lleva el perro, atado, a las cacerías' [*laxa*, 1512, *Cuestión de Amor*; Oudin, 1607; Rodríguez Fresle, princ. S. XVII], colomb. 'cuerda de cabuya torcida', tomado del fr. *laisse* 'traílla' [h. 1200], derivado de *laisser* 'dejar' porque la traílla sirve para dejar cierta libertad de movimiento a los perros (Cuervo, *Disq. Filol.* II, 159; *FEW* V, 222*a* y n.4). *Endejas* [falta aún Acad. 1899], 'cada una de las partes que se d e j a n sobresalientes en un edificio para que al continuar la obra quede todo bien enlazado' (pero el prefijo *en-* no se explica claramente: ¿tal vez cruce con una variante **endaraja* del sinónimo *adaraja*?). *Relej* [h. 1580, A. de Morales] o *releje* (Cej. VII, § 46): tomado del cat. *relleix* 'cornisa o resalte en una pared, etc.', derivado del cat. ant. *lleixar* 'dejar'; *relejar.* Derivados de *laxar*: *laxación, laxamiento, laxante, laxativo* [h. 1440, A. Torre (C. C. Smith, *BHisp.* LXI); 1555, Laguna]. *Relajar* [*-xar*, 1454, Arévalo, *Suma*, p. 300*b* (Nougué, *BHisp.* LXVI); h. 1530, Ant. de Guevara: Cej. VII, p. 253], de *relaxare* íd.; *relajación* [S. XV, *Aut.*]; *relajador*; *relajamiento*; *relajante*; *relajo* cub., mej. 'desvergüenza', 'sensualidad', 'despreocupación'. De *laxus*, por vía culta, viene *laxo* [Acad. S. XIX], con sus derivados *laxitud, laxidad, laxismo, laxista.*

CPT. *Dexaprén* ant. [h. 1280, *Gral. Est.* 305*b*5] como el port. ant. *leixa-pren* 'artificio poético consistente en empezar una estrofa con la palabra o frase que termina la anterior', tomado de la frase oc. ant. *laissa e pren* 'deja y toma'.

¹ La forma con *l-* se halla hasta med. S. XIII: *lexa*, en doc. leonés oriental, Staaff, 26.35; *lexo*, *lexe*, en doc. de Calatrava, 1239, M. P., *D. L.* 279. 15, 29. En Berceo se hallan promiscuamente *le-*

xar y *dexar*. Ambos también en *Alex*.— ² *De-xar* en el *Cid* puede ser forma modernizada por Per Abbat. El *desse poncat* de las Glosas de Silos, n.º 1, traducción de *deponat*, no contiene el verbo *dexar*, como cree Oelschl., pues la *e* sería anacronismo flagrante. Es *de se ponga = se deponga*, con tmesis; esta explicación, que daba en su cátedra el maestro M.P., está fuera de dudas. A med. S. XIII los ejs. abundan (doc. leonés oriental de 1245, Staaff, 26.45; etc.).— ³ Ahí el antiguo *(l)lexar* es general en los SS. XIII y XIV; *dexar* se halla en Jaume Roig, a. 1460 (p. ej., v. 3263), pero todavía Joanot Martorell, entre 1460 y 1470, vacila entre *lexar* y *dexar*. Para el portugués la afirmación de Leite de V. de que *deixar* no aparece hasta el S. XVI (G. Viana, *Apost.* I, 362, dice que no «prevalece» hasta entonces) está contradicha por un ej. de 1209 hallado por Cortesão (citas de Nascentes). Algo parecido debió de ocurrir en catalán.— ⁴ En el *Condaghe de S. Pietro di Silki* (h. 1150), 32, 43, 96, 189, por lo tanto no puede ser forma influída por el catalán o el español. Quizá también *adassare* en el *Condaghe de Trullas* (SS. XII-XIII). Hoy la forma italianizante *lassare* ha predominado en la isla. Vid. M-L., *Wien. Sitzungsber.* CXLV, v, 64; M. L. Wagner, *VRom.* V, 135.— ⁵ Schürr, *RF* LIII, 27ss., piensa en influjo del verbo ár. *dáğan* 'permanecer, quedar'. Nicholson, *RFE* XIX, 279, propone *DECESSARE* (!). Véase, por otra parte, Rice, *HispR.* VI, 4.— ⁶ Aparece una decena de veces en la *Crónica Rimada del Cid*, 2.ª mitad del S. XIV (ms. del XV), citas de Cornu, *Rom.* IX, 133 (no en el Poema del Cid, como ha dicho alguien), y en textos aljamiados sin duda aragoneses. *Devantadizo* se halla en un inventario aragonés de 1378, *BRAE* IV, 216, n.º 31, y hoy se dice *devantá(r)* en Echo y Ansó (*RLiR* XI, 165; *ASNSL* CLXVII, 251), y en otros puntos de Aragón (parte de estas citas en Cuervo, *Obr. Inéd.*, 59).— ⁷ Ya *lexar de amar* en el catalán del S. XIII (Lulio, *Meravelles* III, 128, p. ej.).— ⁸ Así podríamos explicar también *devantar* por *levantar de allí*, etc. Hallo también un *diverare* por *liberare* en el Laudario dei Battuti de Módena, a. 1377 (*BhZRPh.* XX, 87), que difícilmente podría explicarse así. Pero, ¿no será errata, en vista de que el editor, Bertoni, no comenta en absoluto esta forma?— ⁹ No es improbable que el modelo de todos estos casos se halle justamente en *salvante*, que se halla también en catalán literario antiguo y moderno, con el mismo valor (*salvant*). Como este uso de un participio activo es bastante extraño, quizá se trate de un gerundio apocopado (*salvand' que, salvand' la...*, de donde *salvant* y *salvante*).

Dejarretadera, dejarretar, V. *jarrete* *Dejativo*, V. *dejar* *Dejemplar*, V. *ejemplo* *Dejillo, dejo*, V. *dejar* *Dejugar*, V. *jugo* *Dejuramen-*

te, V. *juro* *Delación, delado*, V. *preferir*

DELANTE, del arcaico *denante*, formado con *de* y *enante*, procedente del lat. tardío ÍNANTE 'delante, enfrente', derivado de ANTE 'delante', 'antes', con la preposición IN. *1.ª doc.: denante*, h. 950, Glosas Emilianenses; *delant*, 1100, *BHisp.* LVIII, 1124, Oelschl.: *delante, Cid*.

Cuervo, *Dicc.* II, 867-72; Cej. VI, § 13. *Denante* 'delante de', como preposición, se halla en varios glosarios y docs. de los SS. X y XI (todavía *denante* en 1093), vid. M.P., *Oríg.*, 391, y Oelschl.: toda esta documentación pertenece a Aragón y al Este de Castilla—comp. cat. ant. *denant* en textos de los SS. XIII y XIV, oc. ant. *denan(t)*, it. *dinanzi*—, pero en todo el territorio de lengua castellana la fase *denante* debió existir en fecha más o menos antigua, antes de pasar a *delante* por disimilación[1]; el port. y gall. *diante* («*diante* da vida» Castelao 27.8) pudo salir de *denante* directamente. La variante *delante* se explica por repercusión de la líquida (comp. *alguandre* ALIQUANDO), favorecida por el influjo de las formas adverbiales en *-mientre;* se halla *delantre* sobre todo en textos leoneses (*Alex.*, ms. *O*²; F. *Juzgo;* Concilio de León, 1020; doc. leonés de 1252, Staaff, 52.38; Cortes de Valladolid (1322), región donde hoy persiste en el lenguaje vivo, pero el derivado *delantrera* se lee también en la *1.ª Crón. Gral.* (M.P., *RFE* I, 87). En lo antiguo es común el uso de *delante* como preposición (*delante mí, delante la casa*, etc.), como ANTE en latín: así en Berceo (p. ej. *Mil.* 321a), en los citados ejs. arcaicos aragoneses, en textos de toda la Edad Media, y aun en muchos del S. XVI, todavía en prosa (Guevara, Juan de Valdés, Jorge de Montemayor, Fr. Luis de León: Cuervo 869a); desde princ. S. XVII sólo se tolera en verso (Tirso, Lupercio Argensola, y todavía en algún poeta clasicista del S. XIX); para la tendencia del idioma a acompañar estas preposiciones locativas con la partícula *de*, V. mi nota en *RPhCal.* I, 29. De acuerdo con el valor etimológico, según el cual *denante* era compuesto de *de* *enante, fué común hasta princ. S. XVII construir *quitar delante, huir delante, toller delante*, sin el auxilio de la preposición *de:* así ya en Berceo, *Mil.* 806b, 819c, y todavía en Cervantes, *Novelas, Cl. C.* I, 242; II, 259; en Rojas Zorrilla, *Cada cual lo que le toca*, v. 2542; y muchos más ejs. en Cuervo, 867b, 868a. En cuanto al etimológico *enante* o *enantes*, se halla sobre todo en esta última forma y como adverbio con la ac. 'antes, anteriormente' (así en el *Cid*); posteriormente siguió empleándose con el mismo valor el compuesto *denantes*, que todavía se halla en Fr. Luis de León, y en boca de Don Quijote (*Aut.*).

DERIV. *Delantero* [Berceo; *Alex.*, *P*, 884b, 1406d, *delantrero* en los pasajes correspondientes de *O*], vid. Cuervo, *Dicc.* II, 872-3; *delantera*. *Delantal* [*avantal*, Montoro, † 1480, corriente has-

ta el S. XVII: *DHist.*, y hoy todavía en Zamora.
Un literato granadino de 1601 opone *abantal*, como
forma empleada en Castilla, a *delantar* 'delantal',
empleado en Andalucía, *BRAE* XXXIV, 370;
comp. *mandarra* en *MANTEL*. *Devantal, La Ilus-* 5
tre Fregona, Cl. C., 269, Covarr., Salas Barbadillo:
Aut., y hoy todavía en Cuba, Pichardo, p. 94;
abental, doc. de Granada, 1672, *DHist.*; *delantal*,
1605, *Pícara Justina*; 1607, Oudin], tomado del
cat. *davantal* íd. (derivado de *davant* 'delante' DE 10
ABANTE; existe también oc. *davantal*, pero la vacilación en el vocalismo revela procedencia catalana)
y más tarde adaptado a la forma del cast. *delante*,
según ya vió A. Castro, *RFE* V, 23; vco. *daban-*
tale en Isturitze (b. nav.), sul. *damentara*, vizc. 15
amental (al O.) o *amantal*.

Adelante [*Cid; ad delante*, doc. de 913: Oelschl.],
Cuervo, *Dicc.* I, 181-7. *Adelantar* [h. 1250, *Sete-*
nario 20.26; 1251, *Calila; 1.ª Crón. Gral.* 20*b*51,
196*b*6; *adelantrar*, 1240, *F. Juzgo; delantar*, Ber- 20
ceo; *adenantato*, m., doc. Rioja Baja, 1169], Cuervo, *Dicc.* I, 177-181. *Adelantado* parece ser calco
semántico del ár. *muqáddam* (*ALMOCADÉN*),
participio de *qáddam* 'adelantar', H. L. A. van
Wijk, *Neophilologus* XXXV, 91-94. *Adelantador*, 25
adelantamiento, adelanto. Derivado del citado *enan-*
te es *enantar* 'proceder' arag. ant. (*RFE* XXII, 127-
8), *nantar* 'aumentar o acrecentar' ast. *Enanzar*
'avanzar', nav. y arag. ant. (*RFE* XXII, 127-8),
del lat. vg. *INANTIARE (cat. ant., oc. ant. *enançar*), 30
derivado de INANTE.

CPT. *Delantealtar. Endenantes*, compuesto con
el citado *denante(s)*.

¹ Cuervo cita un caso de 1056 procedente de
las Vascongadas.— ² Coplas 818, 959, 2137, 2188. 35
En estos pasajes el ms. aragonés *P* trae *delante*,
excepto en uno donde hay *dentro*. En 2458 hay
delante aun en *O;* y en 818 la rima indica que
el autor se serviría de esta forma, a no ser que
empleara una rima imperfecta. 40

Delasolré, V. *gesolreút*   Delatable, delatante,
delatar, delate, delator, V. *preferir*   Delaxar, V.
laso

DELEBLE, tomado del lat. *delebïlis* íd., deri- 45
vado de *delēre* 'borrar', destruir. *1.ª doc.*: falta todavía Acad. 1899.

DERIV. *Dele* [ya Acad. 1843], tomado del imperativo singular del mismo verbo latino. *Deleto* 50
ant., tomado de *delētus*, participio del mismo. *In-*
deleble [Calderón: *indeleblemente; indeleble*,
1691, Mz. de la Parra], tomado de *indelebilis* íd.

Delectación, V. *delicia*   Delecto, V. *elegir* 55
Delegación, delegado, delegante, delegar, delega-
torio, V. *legar*   Deleitable, deleitamiento, deleitar, deleite, deleitoso, V. *delicia*   Delejar, V. *de-*
jar

DELETÉREO, tomado del gr. δηλητήριος 'no-
civo', 'pernicioso', derivado de δηλεῖσθαι 'herir',
'destruir'. *1.ª doc.*: ya Acad. 1843.

Deleto, V. *deleble*   Deletreado, deletreador, de- 5
letrear, deletreo, V. *letra*

DELEZNARSE 'resbalarse, deslizarse', sale de
deslenarse por metátesis (*deslanar* en textos del
S. XIII, *eslenarse* en aragonés), y éste es derivado
de *lene* 'suave, liso, resbaloso', que a su vez pro- 10
cede del lat. LĒNIS 'suave'. *1.ª doc.*: *deslanar*,
h. 1280, *Gral. Est.; deslenar*, h. 1400, G. de Vinuesa; *deleznarse*, fin del S. XIV, Pero López de
Ayala; *deleznar* 'lapsus sum', h. 1400, Glos. de
Toledo. 15

Véase mi estudio en *Word* III (N. York, 1946),
73-76. Resumo mi documentación y razonamientos. *Deslanar* 'resbalar' se halla en dos pasajes de
la *General Estoria* («deslanaron los nuestros pas-
sos», «deslanó en lago la mi vida et pusieron pie- 20
dra sobre mí, crecieron e ondearon las aguas sobre
la mi cabeça», donde traduce *lubricaverunt* y *lap-*
sa est, respectivamente, del texto bíblico original,
vid. Solalinde, *Antol. de Alf. el Sabio* I, 244, 238),
y la forma metatética *desnalabre* 'deleznable, res- 25
baladizo' en la traducción leonesa del Purgatorio
de San Patricio, S. XIII (*Homen. a M.P.* II, 230);
deslenar 'deslizarse' parece documentado en García de Vinuesa (*Canc. de Baena*, n.º 382, v. 17)¹;
y ya en Vidal Mayor 'deslizarse, pasar ligeramente 30
por encima de algo' 3.43.36. Junto a esto hallamos *eslenable* 'resbaladizo, deleznable' en los Fueros de Aragón (Tilander, 139.18), y hoy *eslenarse*
o *eslená* 'resbalar, caerse' se emplea en Ansó y
otras localidades del Alto Aragón (*BhZRPh.* 35
LXXXV, 122; *BDC* XXIV, 168; *RLiR* XI, 161),
alto-santand. *alesnar* [*aslenar* < *eslenar*] 'resbalar,
deslizarse', *BRAE* XXXIII, 296, bearn. *eslees* (<
eslenas) 'trineo' (*ASNSL* CLXXIV, 137); el vasco 40
le(g)a, lera, leña, etc., 'trineo, narria' (< *LENA),
que por múltiples y coincidentes razones es preciso mirar como romanismo, vid. Michelena,
BSVAP XI, 287-8, y además cat. *esllenegar-se* o
llenegar-se (ya medieval), oc. ant. *eslenegar, elene-* 45
gar, gasc. *eslingà-se* 'resbalar', todos ellos procedentes de EX-LEN-ICARE.

Hay identidad palmaria entre frases como *la me-*
moria del ome deslezandera es, de Juan Ruiz (ed.
Cejador I, 10), y *memoria de hom molt es lenega-* 50
ble, en los Fueros de Valencia. La metátesis de
deslenar (alterado como *deslanar* por leonesismo)
en *delesnar*, es de la misma naturaleza que *em-*
bardunar > *EMBADURNAR*, o en sentido inverso *sastifacer, plesbicito, superstición, perde-* 55
nal; la *z* moderna es secundaria, como la de
ALEZNA < *alesna*, germ. ALISNA, o la de *BIZ-*
NIETO, y en nuestro caso la pudo favorecer el influjo del sinónimo *deslizar*. Por influjo de *delez-*
nar el antiguo adjetivo *lene*² se cambió en *lezne*, 60

del cual se hallan cuatro ejs. en textos de los SS. XIV y XV³ en el sentido de 'suave, blando al tacto' (*Arte Cisoria* de Villena), 'liso, resbaloso', alteración paralela a la de *baso* en *BAJO* por influjo de *BAJAR*, a la de *amaro* en *AMARGO*, por influjo de *AMARGAR*, o a la de *nudo* en *desnudo* a causa de *desnudar;* pero la forma inalterada se conserva en el cast. *len* 'poco torcido, blando', aplicado al hilo entre hilanderas, en el and. *cuajada en len* 'cierta trabazón que se hace con la leche, que por su delicadeza y suavidad se llama así' (G. de Diego, *Contr.*, § 354) y pasiego *len* o *llen* «ladera de excesiva pendiente» (G. Lomas); para otros representantes romances de LENIS, comp. rum. *lin*, oc. ant. *len* 'liso, suave, resbaloso', y en francoprovenzal (Jaberg, *Mél. Duraffour* 114-31; Duraffour, *VRom.* VI, 302-6); sigue empleándose este cultismo en gallego (no portugués), y no sólo en el sentido abstracto («unha *lene* defensa de natureza» Castelao 83.60) sino también material («os pés *lenes*, as pernas brancas...» íd. 205.1). Es inaceptable por varias razones morfológicas y de historia léxica la etimología propuesta por Malkiel, *HispR.* XII, 57-65: *deleznar* < **delezonar*, derivado de **delezón* 'fusión de la nieve', que vendría del lat. DELETIO, -ŌNIS, 'acción de destruir'; para el detalle de estas razones, V. mi artículo. Claro que *deleznarse* no viene de un **ELISINARE de ELIDERE 'arrancar, aplastar' (*GdDD* 2411c).

DERIV. *Deleznable* [*eslenable, desnalabre,* S. XIII, vid. arriba; *deleznable* 'lubricus', h. 1400, Glos. del Escorial] 'que se desliza y resbala con facilidad', y con significado secundario, 'poco duradero, inconsistente' [Fr. Luis de Granada]; Cej. VII, § 78. *Deleznadero* [*desl-*, J. Ruiz, vid. arriba]. *Deleznadizo. Deleznamiento. Deleznante. Lezne* [S. XIV y XV, vid. arriba, y A. Castro, *RFE* IX, 66-67]; *aleznar* 'alisar' ant. (h. 1496, Fr. Hernando de Talavera, en Rz. Marín, *2500 Voces,* s. v.).

¹ La interpretación que Pisani (*Paideia* X, 511), al adherirse a mi etimología de este verbo, propone para el *deslena* de Vinuesa («priva di forza, infiachisce») no creo que sea posible, pues *lena* 'fuerza' es estrictamente italiano: el cast. sólo conoce *aliento* y aun el cat. *alè*, oc. *alen*, sólo significan 'aliento', no 'fuerza'; por lo demás la aféresis de la *a-* es fenómeno exclusivamente italiano. De suerte que la idea sólo sería posible suponiendo un italianismo. Un italianismo en Castilla en 1400 es *rara avis*, pero tratándose de un verbo de sentido general y abstracto, más que raro es punto menos que inconcebible. El texto de García de Vinuesa es el siguiente: «Que condena / a grant pena, / e *deslena* / la serena / con muy dulce cantar / por dañar / los que van por la mar llena». Entiendo 'deslízase la sirena'. Acaso tenga el mismo origen el ast. *eslanar* 'empezar a volar' citado por Jovellanos (*RFH* V, 241) y ausente de los diccionarios dia-

lectales (pero vid. s. v. *ALA*).— ² Modernamente se volvió a tomar del latín, con carácter culto (en 1884 ya le había borrado la Acad. la nota de anticuado). De ahí muchos derivados: *lenidad* [h. 1580, Herrera], *lenir, leniente* [*Aut.*], *lenitivo* [1454, Arévalo, *Suma,* p. 298b (Nougué, *BHisp.* LXVI); 1605, *Quijote*], *lenificar, lenificación, lenificativo;* y *lenición,* término de lingüística céltica, etc., que falta en Acad.— ³ Además la Crónica Troyana del S. XIV dice en su gallego «avia os cabelos louçãos et *leznes* et longos» (I, 153), y otros dos ejs. en este texto.

DELFÍN, del lat. DELPHĪNUS, -NI (o DELPHIN, -ĪNIS), y éste del gr. δελφίς, -ῖνος, íd. *1.ª doc.:* Gral. *Est.; dalfyn* dos veces, *Canc.* de Baena, princ. S. XV (W. Schmid); *delfín, APal.,* 107d.

También en Nebr.¹; éste recoge además la variante *golfín,* como nombre de pez (*golfino* en Arévalo, *Vergel,* p. 338b, Nougué, *BHisp.* LXVI), usual en Galicia, según *Aut.;* Oudin (1607 registra asimismo ambas). Según Sarm., *golfín* es propio de la costa gallega del Norte (frente a *arroaz,* del Oeste; CaG. A15v, 187v y p. 200). Menéndez Pidal, *Fs. Wartburg* 1958, 528, apoya mi opinión de que *delfín* es voz hereditaria en castellano (como indico inequívocamente al emplear versalitas) citando la forma santanderina *dojino, dujino* y la de Ribadesella *doín.* La fecha es más antigua de lo que indicaba la primera ed. de mi diccionario, pues él documenta tanto *dalfín* como *dolfín* en Alfonso el Sabio; *dolfines* aparece también en el *Lucano* alfonsí, Almazán. Véase además GOLFO.

¹ En el Dicc. Español-Latino *defin,* sin duda por errata, por lo demás enmendada s. v. *golfín,* donde dice «lo mismo es que *delfín*».

DELGADO, del lat. DELICATUS 'delicado, delicioso', 'tierno, fino'. *1.ª doc.: delgato,* forma latinizante, a. 1034; *delgado,* Berceo.

En este autor tiene ya el significado moderno (S. Dom. 328, 676), pero también el etimológico 'fino' (aplicado a una tela: Mil. 880b), que se halla asimismo en Gonz. de Clavijo; significa también 'escaso' (*ganancia delgada*) en Berceo, Mil., 877d, 'agudo' (*voces delgadas*) en la *Montería de Alfonso XI* y otras acs. que proceden directamente de la latina. Por lo demás, el matiz de 'lo opuesto a grueso o gordo' es general desde el *Alex.* y J. Ruiz. Cuervo, *Dicc.* II, 875-7; Cej. VII, § 44. También port. *delgado,* cat. ant.¹, oc. ant. *delgat* íd.; fr. ant. *deugié, dougié,* fr. *délié* 'tierno', 'fino', 'delgado'.

El duplicado culto *delicado* ha conservado un significado más próximo al latino [Corbacho (C. C. Smith, *BHisp.* LXI); h. 1490: *Celestina,* en *Aut.*; APal. 107d; Cej. VII, § 44].

DERIV. *Delgadez* [h. 1250, *Setenario,* fº 10 rº; APal. 183d; Nebr.], ant. *delgadeza. Delgaducho;*

ast. *delgauxu* (V). *Delgazar* [Berceo, *S. D.*, 559-
Nebr.; hoy ast., V]², del lat. vg. *DELICATIARE, derivado de DELICATUS; más tarde *adelgazar* [h.
1400: *Canc.* de Baena; PAlc., 1505, ya le da la
preferencia, contra su modelo Nebr.; el *DHist.*
trae ya un ej. de los *Libros del Saber de Astro-*
nomía de Alfonso X, que debiera comprobarse en
los mss.]; también port. *adelgaçar* o *delgaçar; del-*
gazamiento [APal., 37d], ant., *adelgazamiento; del-*
gacero ant.; *adelgazador. Endelgadecer.*

Derivados de *delicado: delicadeza* o *delicadez*
[ambos ya en APal., 125b, 465d, y en Nebr.]; *de-*
licaducho; delicadura; delicamiento.

¹ Se halla todavía en Eiximenis (1381-6), *N. Cl.*,
vol. VI, p. 53. Hoy sobrevive *dalgat* 'flaco en exceso' en el Alto Pallars (*BDC* XXIII, 286). Vid.
además Montoliu, *BDC* III, 61.— ² Con -z- sonora en Nebr., APal. y PAlc. En Berceo el ms.
de Vergara trae *delgazar*, contra *delgaçar* del ms.
H (2.ª mitad del S. XIV).

DELIBERAR, 'considerar el pro y el contra',
'resolver', tomado del lat. *delīběrare* íd. *1.ª doc.*:
delibrar, 'resolver, tomar una determinación', en
Sánchez de Vercial, † 1426, Rivad. LI, 527a, y
en el Marqués de Santillana, ed. 1852, pp. 33 y
73 (cita de Cuervo); *deliberar*, h. 1490, *Celestina*
(*Aut.*), APal. (92d, 107d), Nebr., y ya en Santillana p. 154 y en varios autores de la 2.ª mitad
del S. XV (Cuervo, p. 878a).

El vocablo debe distinguirse cuidadosamente del
antiguo *delibrar* 'librar, libertar' (Berceo, *S. D.*,
367; *Crón. de Pedro I*, ed. Rivad. 562b; *Crón.*
de Pedro Niño, p. 29; Diego del Castillo, S. XV),
'parir, dar a luz' (*Poema de Yúcuf*, Rivad., copla
71), 'despachar, acabar, concluir' (Berceo, *Loores*,
193d), 'despachar, matar' (*Cid*, 758; *Alex.*, 488,
978, 2020), 'romper a hablar' (*Cid*, 3307); más
ejs. en Oelschl. Aunque en Berceo, *Signos*, 32c
(«esto es *delibrado*» 'es cosa decidida, definitiva'),
se acerca bastante a *deliberar* 'resolver', el vocablo de los SS. XII-XIV es derivado de *librar* LI-
BERARE, comp. fr. *délivrer* 'libertar', ant. 'despachar', cat. *deslliurar*, oc. *desliurar*, 'libertar', 'parir', de formación popular; mientras que *delibe-*
rar 'reflexionar', 'discutir públicamente', 'resolver',
es latinismo introducido en el S. XV, y normalmente con conservación de la *e* entre *b* y *r*. No
creo que esté en lo cierto Cuervo, *Dicc.* II, 877-9
(y en particular 878a y 879a), al confundir las dos
palabras. Es verdad que en el S. XV el vocablo
viejo y el nuevo se confundieron en parte, de
donde los ejs. arriba citados de *delibrar* en la ac.
latinizante, y algunos que se pueden hallar de *de-*
liberar en el sentido de 'libertar' (dos en la *Crón.*
de Álvaro de Luna, 32 y 39) o en el de 'despachar,
concluir' (Gz. de Clavijo, p. 50).

DERIV. *Deliberación* [Valera, *Exortación*, p. 82b
Nougué, *BHisp.* LXVI]; APal. 489d]. *Deliberan-*
e. Deliberativo.

Delibrar, V. *deliberar*   Delicadez, delicadeza,
delicado, delicaducho, delicadura, delicamiento, V.
delgado

DELICIA, tomado del lat. *delīcīae* íd. *1.ª doc.*:
Santillana (C. C. Smith, *BHisp.* LXI); 1607, Oudin («*delicias*: regalos»).

Cej. VII, § 44. Se halla también en Covarr., en
Góngora (1613), en Saavedra Fajardo (1640) y
en autores posteriores, pero es ajeno al vocabulario
de la Edad Media, de la *Celestina*, APal., Nebr.,
Sánchez de la Ballesta, Crist. de las Casas, Percivale (1599), el *Quijote*, etc. Hasta entonces se
dijo *deleite*. Por otra parte, en el *Cid* y en Berceo
(*S. Lor.*, 197; *S. Or.*, 13) se halla el masculino
delicio, tomado del lat. *delicium* íd.

DERIV. *Deliciarse* ant. *Delicioso* [Berceo, *Signos*,
27: derivado de *delicio*].

Del lat. arcaico *lacěre* 'atraer, seducir', de donde procede *deliciae*, viene también *delectare* 'seducir', 'deleitar', de donde por vía semiculta el
cast. *deleitar* [Berceo; variante *deletar* en el Glos.
de Toledo, h. 1400], para el cual vid. Cuervo,
Dicc. II, 874-5; *deleitable, deleitación, deleita-*
miento, deleitante; deleite [*deleit: Cid*; Berceo,
Mil., 85d; Cej. VII, § 44], *deleitoso* [Berceo]; *de-*
lectación [fin del S. XV, Hernando del Pulgar],
es la única forma que ha sobrevivido del radical
de la forma más culta *delectar*, empleada por Juan
de Mena (*Aut.*) y otros. Del mismo *lăcěre* derivan
illǐcěre 'atraer' y su derivado *illěcěbra* 'encanto,
seducción', de donde el cultismo cast. *ilécebra*
(raro).

Delictivo, delictuoso, V. *delito*   Delicuescen-
cia, delicuescente, V. *líquido*   Delidiar, V. *lid*
Delimitar, V. *límite*   Delincuencia, delincuente,
V. *delito*   Delineación, delineador, delineamien-
to, delineante, delinear, V. *línea*   Delinquimiento
delinquir, V. *delito*   Deliñar, V. *línea*   Deli-
quio, V. *delito*

DELIRAR, tomado del lat. *delirare* 'apartarse
del surco', 'delirar, desvariar', derivado de *lira*
'surco'. *1.ª doc.*: Fr. Luis de León, † 1591, en su
póstumo *Libro de Job.*

Hay también algún ej. en Cervantes, Valbuena
y varios en Lope; después se hace frecuente. Re-
cógelo ya Covarr. (1611), aunque no le imita Oudin (1616). Cuervo, *Dicc.* II, 884-5.

DERIV. *Deliramento*, ant. (1537). *Delirante. De-*
lirio [1611, Covarr.; Góngora; 1635, Salas Bar-
badillo], tomado de *delīrium* íd.; *delirium tre-*
mens, frase latina = 'delirio tembloroso'.

Delitescencia, V. *latente*

DELITO, tomado del lat. *delictum* íd., del participio de *delinquěre* 'faltar', 'cometer una falta',
derivado de *linquěre* 'dejar'. *1.ª doc.*: Ya en 1301,

BHisp. LVIII, 89; h. 1490, *Celestina,* ed. 1902, 58.14, 155.14, 166.17 (escrito *delicto* en el primer pasaje); *delicto,* APal. 108*b*.

Aparece después, escrito de ambos modos, en Oudin (1607); *delito* en Covarr. (1611), Quevedo, Saavedra Fajardo, etc.

Deriv. *Delictivo. Delictuoso. Delitable* 'capaz de cometer delito', ant. (S. XIV, *Castigos de D. Sancho,* 185*b*). *Delinquir* [1423, Villena, *Arte Cisoria;* también aparece en Juan de Ávila, † 1569, y es frecuente desde princ. S. XVII], tomado del lat. *delinquere,* vid. Cüervö, *Dicc.* II, 883-4; *delinquiente* 1449, *BHisp.* LVIII, 89; *delinquimiento; delincuente* [1485, H. del Pulgar; también en la *Celestina,* APal., 16*b*, y hay ya varios ejs. en el S. XVI], del participio activo del mismo verbo.

Deliquio 'desmayo, desfallecimiento' [1616, Góngora; M. de Ágreda, † 1665], tomado del lat. *delĭquĭum* 'falta, ausencia', derivado de *delinquere;* las acs. 'enajenamiento agradable', 'embeleso' [Espronceda, en Pagés], y aun, bárbaramente, 'delicia', se desarrollaron en el S. XIX, gracias al parecido fortuito con *delicia* y *deleite:* la Acad. no las admite todavía.

Reliquia [Glosas de Silos; Berceo; APal. 142*d*, 415*d*], tomado del lat. *relĭquĭae, -arum,* 'restos, residuos', derivado de *relĭquus* 'restante', y éste de *relinquĕre* 'dejar'; *relicario* [A. de Morales, 1574][1], disimilación de *reliquiario* (Berceo, etc.).

Derrelinquir [F. *Juzgo,* 184; *Canc. Baena,* 560 (D. Alonso, *La Leng. Poét. de Góngora*)] tomado de *derelinquĕre* íd.; *derrelicto,* del participio latino del mismo.

Leima [h. 1700, Tosca], tomado del gr. λεῖμμα 'resto, residuo', 'leima', derivado de λείπειν 'dejar', palabra hermana del lat. *linquere. Paralipómenos,* de παραλειπόμενα 'cosas omitidas'.

Cpt. *Lipiria* 'fiebre remitente acompañada de frío en las extremidades' [Acad. S. XX], en Chile *lepidia* 'indigestión' (Lenz, *Rev. Folk. Ch.* I, 263-4n.), en Costa Rica *estar en la lipidia* 'en la última pregunta, en la indigencia' (Gagini), en Cuba *lipidia* 'lucha, majadería, porfía' (Pichardo), 'tacañería, impertinencia, obstrucción' (*Ca.,* 22, 219; carece de fundamento la identificación con LIBIDO): tomado del gr. λιπυρία 'fiebre intermitente', compuesto de λείπειν y πῦρ 'fuego'; *lipidioso* cub. 'tacaño, porfiado'. *Lipotimia* 'pérdida pasajera del sentido', de λιποθυμία, compuesto con θυμός 'ánimo'.

[1] Ya PAlc., y según creo Nebr., dan *reliqua rio,* que deberá entenderse *relicario*.

DELTA, 'isla triangular comprendida entre los brazos con que algunos ríos desembocan en el mar o en un río mayor', del nombre de la letra griega *delta,* por comparación con la forma mayúscula de la misma (Δ). *1.ª doc.:* Acad. 1843, no 1817.

Deriv. *Deltoides* [Aut., con cita de autor poco anterior], así llamado por la forma triangular de este músculo.

Deludir, delusivo, delusor, delusorio, V. *ludibrio   Demacración, demacrarse,* V. *magro Demagogia, demagógico, demagogo,* V. *democracia Demanda, demandable, demandadero, demandado, demandador, demandante, demandanza, demandar,* V. *mandar   Demanial,* V. *dueño   Demarcación, demarcador, demarcar,* V. *marca Demarrarse,* V. *marrar   Demás, demasía, demasiado, demasiarse,* V. *más   Demediar,* V. *medio Demencia, dementar, demente,* V. *mente   Demergido,* V. *sumergir   Demérito, demeritorio,* V. *merecer   Demias,* V. *medio   Demienta(s), demientre(s),* V. *mientras   Demigar,* V. *miga Demijana,* V. *damajuana   Demisión, demitir,* V. *meter*

DEMIURGO, tomado del lat. *demiurgus,* y éste del gr. δημιουργός 'artesano', 'Creador', compuesto de δήμιος 'popular', 'público', y ἔργον 'trabajo', propiamente 'el que trabaja para el público'. *1.ª doc.:* falta aún Acad. 1899.

DEMOCRACIA, tomado del lat. tardío *democratĭa,* y éste del gr. δημοκρατία 'gobierno popular, democracia', compuesto de δῆμος 'pueblo' y κρατεῖν 'gobernar' (derivado de κράτος 'fuerza'). *1.ª doc.:* 1640, Saavedra F.

Deriv. *Democrático* [med. S. XVII, Gómez de Tejada], tomado de δημοκρατικός íd.; *demócrata* [Acad. ya 1843]; *democratizar, democratización.* Cpt. de δῆμος: *Pandemia* [Acad. 1899 o 1914], con πᾶν 'todo'. *Pancracio* [Acad. 1884, no 1843], es compuesto de κράτος con πᾶν 'todo'; *pancraciasta.*

Demagogo [Terr.], tomado del gr. δημαγωγός 'que conduce al pueblo, que capta el favor del pueblo', compuesto de δῆμος con ἄγειν 'conducir'. *Demagogia* [Acad. ya 1843; Martínez de la Rosa, † 1862, en Pagés], de δημαγωγία íd.; *demagógico* [Acad. ya 1843].

Demografía [Acad. 1899] compuesto con γράφειν 'describir'; *demográfico* [íd.]. *Epidemia* [Quevedo], tomado del gr. ἐπιδημία 'residencia en un lugar o país', 'epidemia', derivado de ἐπιδημεῖν 'residir en un lugar en calidad de extranjero' y éste de δῆμος 'pueblo', población'; *epidémico* (o *epidemial*), *epidemicidad. Endémico* [ya Acad. 1843], derivado culto de ἐνδημεῖν 'vivir en un lugar permanentemente', según el modelo de *epidémico; endemia.*

Demoledor, demoler, demolición, V. *mole*

DEMONIO, tomado del lat. tardío *daemonĭum* íd., y éste del gr. δαιμόνιον 'genio, divinidad inferior', entre los cristianos 'demonio', diminutivo de δαίμων 'dios, divinidad'. *1.ª doc.:* Berceo.

Es ajeno a muchos textos medievales, que prefieren el término más popular *diablo* (Glosas Emilianenses, *Apol.*, *Conde Luc.*, *Libro de Buen Amor*). En *S. Dom.* 62d *el demon*, procedente del primitivo *daemon, -onis* (quizá *demon* se acentuaba en la sílaba inicial como el gall.-port., *demo*[1] —ya en las *Cantigas* [«a carta que fezera con o démo» 3.2 y passim, junto al plural *demões* 26.59, 38.75, etc.] y en el *Canc. de Baena*, vid. W. Schmid —aunque no puede asegurarse, pues en el texto de Berceo dependería ello de una variante de otra palabra del mismo verso, en la que discrepan los manuscritos). Hay muchas deformaciones eufemísticas, p. ej. *demontre* y *demonche*, que son generales; *demongu, demorriu* y *degorriu*, asturianas (V), *dengorrio* vizcaína (Vigón). *Demoño* forma popular ant., hoy ast. (V).

DERIV. *Endemoniado* [Nebr.], antes se dijo *demoniado* [Berceo; APal., 30b, 136b; Nebr.]; ast. *demoñáu, demongáu, demontráu* o *demorriáu*, 'aplicado a la persona que ha hecho algún daño' (V); *endemoniar* [J. del Encina, *RFE* XL, 154 (*endimoñar*); S. XVII: *Aut*]. *Demoñejo, demoñuelo. Demoníaco. Demonial.*

CPT. *Demoniomania. Pandemónium* [Acad. 1899 ó 1914], con παν 'todo'. Compuestos de δαίμων: *demonomanía; demonolatría; demonología; demonomancia* (compuesto con μαντεία 'adivinación').

[1] «Un *demo* que leva as almas» Castelao 100.32.

Demora, demoranza, demorar, V. *morar Demostrable, demostración, demostrador, demostramiento, demostranza, demostrar, demostrativo*, V. *mostrar Demozar*, V. *mocho* y *mozo Demudación, demudamiento, demudar*, V. *mudar Demuesa, demuestra*, V. *mostrar*

DEMULCIR, tomado del lat. *demulcēre* íd., derivado de *mulcēre* 'halagar, suavizar'. *1.ª doc.:* 1521, Comedia Tebaida, Mz. Pel. *Orig. Nov.* IV, 40; Acad. ya 1817.
Cultismo muy raro.
DERIV. *Demulcente.*

Denante, denantes, V. *antes* y *delante Denario*, V. *diez Dende*, V. *ende* y *desde*

DENDRO-, elemento inicial de compuestos y derivados cultos, tomado del gr. δένδρον 'árbol'.
DERIV. *Dendrita* [Acad. 1884, no 1843], tomado del gr. δενδρῖτις, -ίτιδος, por conducto del lat. *dendrītis* (Plinio) y del fr. *dendrite* [1732]; *dendrítico* (Acad. 1884, no 1843).
CPT. *Dendrografía* [Acad. 1899]; *dendrográfico* [íd.]. *Dendrómetro* [íd.]. *Dendroide; dendroideo.*

Denegación, denegamiento, denegar, denegatorio, V. *negar Denegrecer, denegrido, denegrir*, V. *negro*

DENGUE, 'melindre, remilgo', 'esclavina de mujer', 'enfermedad epidémica, gripe', probablemente voz de creación expresiva, con el primero de estos significados. *1.ª doc.: Aut.*

Documentado desde entonces con las dos primeras acs., en calidad de «voz nuevamente introducida». La 3.ª falta todavía en Acad. 1884, pero ya figura en Pagés (1901), con dos ejs. de escritores contemporáneos; según Yule-Burnell, *Gloss. of Anglo-Indian Words*, ya se empleaba *dengue* con este sentido en las Bermudas en 1882 y tres años más tarde había pasado de allí a la India: en inglés es de origen español, procedente de las Indias Occidentales. No hay duda, como notó Schuchardt en 1891 (*ZRPh.* XIV, 175-7), de que esta última ac. procede de la idea de 'remilgo', sea por la tiesura que dejan los dolores del dengue, sea porque el dengue, que a veces es enfermedad leve, fuese tachado por algunos de mera afectación[1].

¿Cuál de las otras dos acs. es la primitiva? Ambos orígenes semánticos son concebibles: puesto que el melindre es achaque mujeril y la esclavina en cuestión es prenda de mujer, la comparación pudo hacerse lo mismo en uno que en el otro sentido. Del castellano pasaría el vocablo al portugués, puesto que en éste falta todavía en Moraes y otras fuentes; en este idioma como sustantivo se emplea sólo en el Brasil («encanto, feitiço, atractivo, faceirice»), por lo demás es adjetivo 'presumido, afectado, mujeril', 'mujer amiga de afeites' (Vieira, Fig.), ac. que fué también española (Terr.) y que debe ser secundaria. También es castellanismo en sardo, y en catalán carece de todo arraigo. Testimonios de la 1.ª ac. y sus derivadas: 'sinuosidad, altibajo, zigzag que hace una senda' en la Arg. (Quiroga, *La Raza Sufrida*, cita en *BRAE* XVII, 319), 'movimiento caprichoso, esguince de un avestruz que trata de escapar' (ibíd.), 'cumplido, ceremonia afectada' también en la Arg. (Abelardo Arias, en el diario *Los Andes*, 22-VI-1941), 'herbácea ramosa de flores que se marchitan al menor contacto' en Chile, 'contoneo, movimiento de caderas' en el Sur de Colombia (Tascón), 'melindre mujeril' en gallego (Vall.). De la 2.ª ac.: gall. *dèngue* 'abrigo superior en el traje de las mujeres' (Milà, *Rom.* VI, 74), 'capotillo de mujer, especie de esclavina' (Vall.). La más probable es la etimología de Schuchardt: voz de creación expresiva paralela al cast. *dingolondango* 'mimo, halago, arrumaco' [Quevedo], cf. *dinganduges* en Rosal (1601), bearn. *dingouleyà* (Orthez), variante de *dindouleyà, dindoulà* 'contonearse', y con otra consonante fr. *dandiner* íd., ingl. *dandle*, alem. *tändeln*, it. *dondolare*, en la jerga de los poilus franceses *dingo* 'loco', prov. *ringo-rango* 'disentería, diarrea' (Spitzer, *Litbl.* XLVI, 109; *RFE* XI, 185n.); parece confirmar este punto de vista el mej. *tenguedengue* 'remilgo', and. *estar en tenguerengue* 'a punto de caer' (Toro G., *BRAE* VII,

616), donde el carácter expresivo está subrayado por la reduplicación. Comp. *PERENDENGUES*.

Como no existe un verbo **dengar*, carece de toda verosimilitud la etimología de Diez, DENE-GARE 'negar'.

Si *dengue* 'mantilla, esclavina' fuese lo primitivo podría sospecharse que ese vocablo se extrajera de *capidengue* 'especie de pañuelo o manto pequeño con que se cubrían las mujeres' [Terr.], sentido falsamente como compuesto, pero en realidad derivado de *capida* 'cambuj del niño que se bautiza', derivado a su vez de *capa*; pero el hecho de que *capida* sólo esté documentado en catalán resta verosimilitud a la idea.

La precesión cronológica de las acs. muestra que tampoco hemos de pensar en el ár. *dániq* o *dánnaq* 'consumirse de pena o de enfermedad', 'morir de frío', que en España tenía otras acs. aun más diferentes (Dozy, *Suppl.* I, 464), y presentaría otros inconvenientes todavía.

DERIV. *Dengoso* [*Aut.*]. *Denguero* [*Aut.*].

CPT. *Capidengue*, vid. arriba (a pesar de lo dicho arriba es probable sea compuesto al modo de *capisayo*).

¹ La forma inglesa *dandy-fever* [1828, *NED*] quizá sea alteración de la española; pero Yule-Burnell sugieren lo contrario, y esta posibilidad no se puede descartar.

Dengún, V. *no*   *Denigración, denigrar, denigrativo*, V. *negro*

DENODARSE, del lat. DENŌTARE SE 'darse a conocer', de donde 'ilustrarse por el valor'. *1.ª doc.*: Berceo.

Hay varios ejs. de *denodarse* y de *denodado* en Berceo (*Mil.* 892d; Oelschl.), en el *Alex.* (1724; J. Keller) y son voces frecuentes en toda la Edad Media y Siglo de Oro; hoy son vocablos algo arcaizantes. La etimología tradicional en los diccionarios portugueses fué derivar el vocablo de *nó* 'nudo', suponiendo un lat. *DENODARE 'soltar el nudo', 'desatar', de donde 'romper trabas, lanzarse impetuosamente'. Las definiciones «solto, desempedido, sem pejo nem estorvo, rápido, precipitado, arrebatado» (Moraes), «prompto, desembaraçado, que nada retem; intrépido, destemido» (Vieira), están inspiradas probablemente por esta etimología, admitida por Diez, *Wb.*, 444. Pero los numerosos ejs. que citan estos diccionarios se refieren casi todos al mismo matiz que en castellano¹, y en todo caso es este matiz el que figura en los más antiguos, vid. Viterbo; nótese en particular la sinonimia *votos denodados* y *votos ousados* con referencia a la batalla de Aljubarrota (1385). Luego debemos concluir que el influjo de *nó*, que se nota en portugués, es secundario. Se agregan a este razonamiento las dificultades fonéticas: la -D- intervocálica debía forzosamente perderse en portugués; menos difícil sería admitir que el derivado

denodar hubiese escapado al cambio de ō en *u* que ha sufrido *nudo* (NŌDUS) en castellano, y que esta ō se hubiese diptongado analógicamente (a pesar de que *denueden* ya se halla en Berceo, *Loores*, 35; y el sustantivo *denuedo* ya figura en Nebr.). Partir de DENŌTARE, en cambio, como propuso Cornu, *Rom.* XIII, 300, es tanto más fácil cuanto que *noda* 'mancha', procedente de NŎTA, de donde deriva DENOTARE, se halla también en portugués².

DERIV. *Denodeo* 'denuedo', ant. [Berceo, *Sacrif.*, 75d, ed. Solal.; *Alex.* 1546d, *denodejo* en el ms. aragonés]. *Denuedo* [princ. S. XV, Villasandino, *Canc.* de Baena, n.º 104, v. 4; Nebr.]. *A denodadas* 'denodadamente', ant. (*Alex. O*, 297, 474). *Denodado*, vid. arriba.

¹ Con pocas excepciones y poco claras. Las acs. semejantes a las castellanas están claras en Moraes; de las otras no se desprende inequívocamente si están probadas por el contexto. La de 'dislocar, romper (un brazo)' en Francisco de Melo, citado por Vieira, es calificada de figurada por este autor; en casos como éste puede haber realmente influjo de *nó* 'nudo', pero secundario.— ² La conservación de la -N- en este idioma no puede sorprender tratándose de una consonante que es inicial tras el prefijo DE-.

Denominación, denominado, denominador, denominar, denominativo, V. *nombre*

DENOSTAR, 'injuriar gravemente', de un arcaico *donestare (arag. ant. *donastar*, port. *doestar*), y éste del lat. DEHŎNĚSTARE 'deshonrar, infamar', derivado de HONĚSTUS 'honrado'. *1.ª doc.*: 1155, *Fuero de Avilés*¹.

Cej. VI, § 35. Es también frecuente en Berceo, se halla en *Elena y María*, S. XIII (*RFE* I, 55) y en otros muchos textos desde esta centuria. En los *Fueros de Aragón, denostar una carta* aparece con el significado de 'declarar falso un documento', lat. *cartam accusare*; y en el Fuero de Tudela aparece con el mismo valor *donastar a carta* (Tilander, p. 349). La metátesis *donestare > *denostare debió de ser muy antigua ya, puesto que la glosa «denostatio ἀπὸ τοῦ dehonestatio: ἀτιμία» se halla ya en el glosario latino-griego del seudo-Cirilo, conservado en ms. del S. VII (*CGL* II, 250.8)². El port. *doestar* ha conservado sin metátesis el vocalismo primitivo, aunque en textos antiguos se halla también *deostar* (Cortesão, Cornu)³. Por lo demás, en la actualidad, *denostar* es palabra anticuada en todas partes, aunque sigue admitiéndose en el lenguaje escrito de estilo elevado. El cast. *deshonrar* se empleó también con el significado de 'denostar' (Cuervo, *Dicc.*, s. v.), y así se hace hoy en el Perú con su alteración *resondrar* (Arona). *Desnot* «raillerie, moquerie» (que supone un *desnotar metatético) en varios textos occitanos medievales (D. de Pradas, 3 veces en *Flamenca*).

DERIV. *Denostable. Denostada. Denostador. Denostamiento* [Nebr.]. *Denostosamente. Denuesto* [*denosto*, 1155, *Fuero de Avilés*, línea 39; *doniesto* 'injuria' Vidal Mayor 9.1.52. *Gr. Conq. de Ultr.*, p. 634; *denuesto*, ms. bíblico escurialense del S. XIII, Oroz, 280; *Conde Luc.*], gall. *denosto* (Castelao 197.5); en lugar de éste emplea Berceo *denosteo* (*Mil.*, 372), comp. *denodeo*, v. DENODAR.

¹ Además en el mismo texto aparece la variante *nostar* (línea 40), como si *de-* fuese un prefijo; en lugar de este *nostar* el Fuero de Oviedo, texto algo posterior inspirado en el de Avilés, trae asimismo *denostar*.— ² La forma *denustat* explicada por «deturpat seu deformat» en un glosario trasmitido por un ms. italiano del S. X (*CGL* V, 449.40), puede ser grafía medieval por *denostat* en vista de que *dehonestat* está también traducido por «deformat, deturpat» en otros glosarios (*CGL* IV, 409.21); Goetz prefiere identificarlo con *devenustat* traducido por las mismas palabras y en el mismo glosario (*CGL* V, 450.13), lo cual podría admitirse como olvido gráfico del copista, mas también podría ser *devenustat* el secundario y debido a conjetura de un glosador posterior.— ³ Quizá general en la E. Media, pues aunque *dehonestare* es frecuente en el bajo latín de Portugal, esto es lo único que Cortesão documenta, s. v. *dõestar*. En forma romance lo corriente es *dẽostar*, con la misma metátesis que en castellano (*Ctgs.* 38.32, etc., *MirSgo.* 45.19) y *dẽosto* (*Ctgs.* 59.21, etc., *MirSgo.* 94.1, 127.13); pero hay allí también algún caso antiguo de *doestar* sin metátesis (*CEsc.* 40.2, *Demanda do Santo Graal* y vocab. de verbos del S. XV, aunque en éste predomina la otra forma). Quizá sea alteración de *dostear* por influjo de *doito* 'acostumbrado' el uso de *mal doitear* en una *CEsc.* de Alfonso el Sabio (ib. 8.1). Es inverosímil la metátesis *dehonestare* > *denohestare* que admitía Diez, *Wb.*, 444, al aceptar esta etimología debida a Covarr.

Denotación, denotar, denotativo, V. *nota*

DENSO, tomado del lat. *densus* 'espeso, compacto, denso'. *.1.ª doc.*: h. 1525 Álvar Gómez (C. C. Smith, *BHisp.* LXI); 1596, *densíssimo*, Fr. Hernando de Santiago; *denso*, Covarr.; 1613, Góngora.
DERIV. *Densidad* [1618, Villegas]. *Densar*, ant. (Góngora), tomado de *densare* íd. *Densificar. Condensar* [1555, Laguna; Juan de Mena lo empleó ya en la ac. 'guardar, condesar', sin hallar imitadores, comp. *condesar* abajo], tomado del lat. *condensare* 'apretar, hacer compacto'; *condensable; condensación; condensador; condensante; condensativo; condenso. Condesar* 'guardar, poner en custodia y depósito una cosa' [1155: F. de Avilés], ant., 'ahorrar, economizar', duplicado popular del

anterior, con la evolución semántica 'apretar' > 'estivar, almacenar', comp. el cat. *desar* 'guardar, poner las cosas en su sitio, almacenarlas', procedente de DENSARE, y el fr. *serrer* íd., propiamente 'apretar'; *condesijo* 'depósito' ant. [*Partidas*; J. Ruiz 504*d*; *-sejo*, Buenos Prov. 24.28]; *condesa* ant. 'junta, muchedumbre'; *condensa* ant. 'lugar donde se guarda alguna cosa' [1499, Hernán Núñez]; aunque el sentido real de *condesa* parece ser 'deseo de guardar' (Lida, *J. de Mena*, p. 239).
CPT. *Densímetro.*

Densuno, V. *asonada* *Dentado, dentadura, dental, dentar, dentario, dentecer, dentejón, dentellada, dentellado, dentellón, dentera, denticina, dentición, denticulación, denticulado, denticular, dentículo, dentífrico, dentina, dentirrostro, dentista, dentivano, dentón*, V. *diente* *Dentorno*, V. *torno*

DENTRO, derivado del antiguo *entro* íd., procedente del lat. ĬNTRŌ 'adentro, en el interior'. *1.ª doc.*: *Cid*; doc. de 1074 en Oelschl.
Cuervo, *Dicc.* II, 896-900; Cej. VII § 11. Aunque *dentro* se halla también en Berceo (p. ej. *Mil.* 817*b*, 848*c*, 909*b*), lo más frecuente en este autor es *entro*, empleado como adverbio, o bien prepositivamente, seguido de la preposición *en*. Ast. *dientro, adientro* (V). La misma combinación de INTRO con DE se ha producido no sólo en portugués, sino en italiano (*dentro*), y en catalán y lengua de Oc (*dintre*); quizá proviene ya del latín vulgar; en *Alex.*, sin embargo, *dentro* significa todavía 'de dentro' («a mí sacó *dentro* de las paredes», 583); comp. DELANTE, DONDE, DETRÁS, DEBAJO, etc. En la construcción prepositiva los textos medievales emplean de preferencia *dentro en* (Berceo, pasajes citados; *Cid; Mont. de Alfonso XI; Canc.* de Baena, etc.), construcción que todavía se halla en Lope (ejs. en *T. A. E.* VII, 240), en la 1.ª continuación del *Lazarillo* (p. 99) y en otros textos clásicos; la mera construcción prepositiva (*dentro la casa*), que en el caso de otros adverbios locativos es frecuente en la Edad Media (*RPhCal.* I, 29), aquí no parece hallarse más que en algunos textos del Siglo de Oro, en prosa (Mariana, Quevedo, el catalán Moncada) y sobre todo en verso (Cuervo, 898*a*); en la Arg. la misma construcción (p. ej. Leop. Lugones, *La Guerra Gaucha*, 82, 203) se deberá más bien a caída fonética de la *de* que a conservación arcaica. Nótese que con esta función *dentro de* es átono en Puerto Rico (Navarro Tomás, *RFE* XII, 371n.) y en algunas otras partes de América, pero tónico en España, etc.
DERIV. *Adentro* [*Cid*], Cuervo, *Dicc.* I, 188-190; Cej. VI, § 11. *Adentrarse* (falta todavía Acad. 1884 y *DHist.*).

Dentrotraer, V. *traer* *Dentudo*, V. *diente*

Denudación, denudar, V. *desnudo   Denuedo,*
V. *Denodarse   Denuesto,* V. *denostar   De-*
nuncia, denunciable, denunciación, denunciador,
denunciante, denunciar, denunciatorio, denuncio,
V. *nuncio   Deñar,* V. *digno   Deontología,* V.
deber   Depanar, depanadera, V. *devanar   De-*
parador, deparar, V. *parar   Departamento, de-*
partidor, departimiento, departir, V. *parte   De-*
pauperación, depauperar, V. *pobre   Dependencia,*
depender, dependiente, V. *pender   Depilación,*
depilar, depilatorio, V. *pelo   Deplorable, deplo-*
rar, V. *llorar   Deponente, deponer,* V. *poner*
Depopulación, depopulador, V. *pueblo   De-*
portación, deportante, deportar, deporte, deportis-
mo, deportista, deportivo, deportoso, V. *portar*
Deposante, deposar, deposición, depositador, depo-
sitar, depositaría, depositario, depósito, V. *poner*
Depravación, depravado, depravador, depravar,
V. *pravo   Deprecación, deprecante, deprecar, de-*
precativo, deprecatorio, V. *plegaria   Depreces,*
depreciación, depreciar, V. *precio*

DEPREDAR, tomado del lat. *depraedari* íd., derivado de *praeda* 'presa, rapiña'. *1.ª doc.*: Acad. ya
1884, no 1843.
Palabra de uso raro en castellano.
DERIV. *Depredación* [Acad. íd.], más empleado.
Depredador (íd.); *Aut.* cita *deprendador* 'robador'
en Enrique de Villena (1417), deformación del
mismo vocablo.

Deprehender, deprehenso, V. *prender   De-*
prendador, V. *depredar   Deprender,* V. *pren-*
der   Depresión, depresivo, depresor, V. *expri-*
primir, V. *exprimir   Deprunar,* V. *desmoronar-*
se   Depuración, depurador, depurar, depurativo,
depuratorio. V. *puro   Deque,* V. *de*

DERECHO, del lat. vg. DĔRĒCTUS (cl. DĪRĒCTUS)
'recto', 'directo', participio de DĒRĬGĔRE (DĪRĬGĔRE)
'dirigir', derivado de RĔGĔRE 'dirigir, conducir,
guiar'. *1.ª doc.*: *derecto,* 1056; *derecho,* 1129 (ambos como sustantivos: Oelschl.); *derecho,* adj.,
Cid.

Cuervo, *Dicc.* II, 911-20; Cej. V, § 88. En los
manuscritos latinos coexisten las dos formas sin
diferencia de significado (Ernout-M.); la vulgar
DĔRĒCTUS se halla en muchos manuscritos de Cicerón (V. el dicc. lat.-fr. de Gaffiot), en glosas
(*CGL* VI, 327), etc. En romance las formas de
todos los idiomas proceden de DĔRĒCTUS, sin excluir el portugués, donde había *dereito* en la Edad
Media y en gallego, y el moderno *direito* se debe
sobre todo a una rectificación puramente ortográfica, en este idioma donde el timbre de las *ii* y
ee pretónicas difiere muy escasamente; en algunos
romances la identidad de las vocales permitió la
contracción *DRECTUS (rum. *drept,* it. ant. y dial.
dritto, fr. *droit,* oc. *drech,* cat. y retorrom. *dret*),
que dió la variante española *drecho,* hoy viva so-

bre todo en la zona aragonesa[1] y antiguamente
muy extendida en autores de esta zona oriental
(*Yuçuf,* 185; *dreitamentre, dretamente,* en el *Cronicón Villarense,* princ. S. XIII, *BRAE* VI, 194,
201; *drechamente* en el *Corbacho, BRAE* X, 164),
pero también en textos de otras procedencias (*Libro de la Esfera* de Alfonso X, *drecho* y *endreçar*:
RFE II, 287; *drecho* y *adreçar* en el *Buscón* de
Quevedo, ed. de Zaragoza, serían aragonesismos
del impresor según A. Castro, *RFE* V, 406; *de
drecho en drecho,* asegurado por el metro en J. de
Mena, *Lab.* 17b; la medida del verso exige también leer *drecho* en vez de *derecho* en Jer. de
Arbolanche (*Abidas,* a. 1566, 159r28, ed. Gnz.
Ollé, II, 764); *adrezo* por *aderezo* en el sevillano
Rosas de Oquendo; *endrezar* en Berceo, *Mil.*
288d, ed. Solal., se deberá al copista o al impresor
a juzgar por la medida del verso y por el hecho
de que Berceo tiene muchos ejs. indudables de
derecho; V. otros de *dr-* en Oelschl. y en Cuervo,
entre ellos uno de Lope de Rueda y otro de Lope
de Vega. La ac. sustantiva 'justicia', 'facultad natural del hombre para hacer algo legítimamente'
es general en romance y ha de ser muy antigua;
Cuervo da un ej. español del lat. *directum* con
este valor en el año 1010.
DERIV. *Derecha; hacer una cosa a derechas*
'bien', ast. *a les dereches* «con exactitud y corrección» (V). *Derechero* 'recto, justo, verdadero, justiciero' (Berceo, *S. Or.,* 183; *Mil.,* 90c; *Apol.,* 11;
Fn. Gonz., 31; Sem Tob, copla 500); *derechera.
Derechez; derecheza. Derechista. Derechuelo. De-
rechura* [*deritura,* h. 950, Glosas Emilianenses;
derechura, 1194: Oelschl.]; *derechuría* ant. [Ber-
ceo, *S. Dom.* 505; *Duelo,* 141; doc. de 1214:
Oelschl.]; *derechurero* ant. [*Setenario,* f.° 2r°; *Gr.
Conq. de Ultr.,* p. 540; *Rim. de Palacio,* 677;
Yúçuf, 1: *dereiturero*) = cat. *dreturer* 'justiciero'.
Derechuro, ant. (?).
Derecera, ant. y dial., 'vía o senda derecha', 've-
reda, trillo o camino' (en docs. cubanos del
S. XVII: Pichardo; hoy en el Norte Argentino:
Leop. Lugones, *La Guerra Gaucha,* 213), 'dirección, nivel, altura' (como término de orientación,
estar en dereceras o *en la derecera de algo,* en
doc. de 1729, Chaca, *Hist. de Tupungato,* 162;
Sarmiento, *Facundo,* ed. Losada, p. 54; Guiral-
des, *D. S. Sombra,* 126; Justo P. Sáenz, *La Pren-
sa de B. A.* 12-X-1941), junto con el cat. *drecera*
'atajo', supone un lat. vg. *DERECTIARIA. Comp.
ADEREZAR.
Recto [*reto*: Mena, *Lab.,* 26a; APal. «figura
quadrangular... que tenga todos sus ángulos *rectos* a la yguala», 498b; ya frecuente en el S. XVI,
Aut.], tomado del lat. *rectus* íd., otro derivado de
regere; rectitud [h. 1440, A. Torre (C. C. Smith,
BHisp. LXI); S. XVII, *Aut.*].
CPT. *Rectángulo; rectangular. Rectificar* [h. 1440,
A. Torre (C. C. Smith); *Aut.*] (raramente *rectar*),
rectificación, rectificativo. Rectilíneo.

¹ Pero también *dreitica* «direitinha» en el Norte de Miranda, junto al mirandés *dereito* (Leite de V., *Philol. Mirand.* II, 33, 182).

Derezar, V. *aderezar*   *Deriva, derivación, derivado, derivar, derivativo, derivo*, V. *río*

DERMATOSIS, derivado culto del gr. δέρμα, -ατος 'piel'. *1.ª doc.*: Acad. ya 1884, no 1843.

DERIV. *Dermatitis* o *dermitis*. *Epidermis* [ya Acad. 1843], tomado del lat. *epidermis* y éste del gr. ἐπιδερμίς íd.; de ahí secundariamente se sacó *dermis* [Monlau, †1871; Acad. ya 1884]; *epidérmico, dérmico*. CPT. *Dermalgia. Dermatoesqueleto. Dermatología, dermatólogo. Dermesto* (falta aún Acad. 1899), tomado del fr. *dermeste* (Littré) y éste del gr. δερμηστής íd., compuesto con ἔδειν 'comer'. *Endodermo* (compuesto con ἔνδον 'dentro'). *Hipodérmico*.

Derogación, derogar, derogatorio, V. *rogar*   *Derrabadura, derrabar*, V. *rabo*   *Derraigamiento, derraigar*, V. *raíz*

DERRAMAR, de un lat. vg. *DĪRĀMĀRE 'separarse las ramas de un árbol', de donde 'dispersar, desparramar' y después 'verter, derramar'; derivado de RĀMUS 'rama'. *1.ª doc.*: Cid.

Cuervo, *Dicc.* II, 923-7. La ac. corriente en castellano antiguo es 'dispersar, desperdigar', o bien construído intransitivamente, 'dispersarse, esparcirse': ambas construcciones se hallan desde Berceo. Además de los ejs. ya citados por Cuervo: «has metido al león en muy grant afruenta... et feziste matar a Senceba, e has *derramado* los coraçones de los vassallos del rey!» (*Calila*, ed. Rivad., p. 31), *derramar* 'dispersara (la gente de guerra)' (*Cavallero Zifar*, ed. Wagner, 57.25), «andavan *derramados* (los guerreros)» (Fz. de Heredia, *RH* XVI, 272.842), «*derramar* en diversas partes» (Nebr.), «huvo muchos hijos... los quales están *derramados* por muchas partes» (testamento de Diego de Peralta, a. 1555, *RH* VI, 312), «mandamos tocar las bocinas, porque los nuestros, que *derramados* andaban, se juntasen» (continuación anónima del *Lazarillo*, p. 101); de ahí secundariamente 'propalar, dar a conocer': «como ya se *derramasse* la fama del perdón a todos los pueblos levantados» (Pérez de Hita, ed. Blanchard II, 25); 'echar a perder': «¡Madre, a la puerta llaman! El solaz es *derramado.—Celestina*. Mira, hija, quién es: por ventura será quien lo acreciente e a l l e g u e» (*Celestina*, ix, *Cl. C.* II, 40.10; comp. *derramasolaces* 'el que así los derrama' citado allí). Esta ac. se conserva hasta hoy en portugués y hablas afines, particularmente Miranda *derramöu-se la romariȩ* «desfez-se, dissolveu-se» (Leite de V., *Philol. Mirand.* II, 313), Mogadouro (Tras-os-M.) *arramar* «espalhar estrume, cinza, etc., pela

terra para a sementeira» (*RL* V, 27), Alfândega da Fe *arramar* «espalhar, diffundir», *derramar* «derrancar, corromper» (*RL* XIV, 300); nótese *derramar-se* 'separarse, alejarse' ya a med. S. XIII en el gallego García de Guillade¹. Por lo demás la ac. moderna y secundaria 'verter un líquido', que ya aparece en el *Rim. de Palacio*, 766, y que se consolida en el S. XVI al anticuarse *verter²*, ya tiene un antecedente lejano en el *Calila y Dimna*, p. 64, donde se habla de *derramar lentejas*; la misma es dialectal del Norte en portugués: Bragança *arramar* «entornar qualquer líquido» (*RL* II, 116), íd. en Mogadouro (*RL* V, 27), también de las Azores, por lo menos en la ciudad (*RL* V, 218), y de otras partes (la veo en diccionarios brasileños)

Nuestro vocablo, que es ajeno al catalán y a las modernas hablas galorrománicas, se halla, sin embargo, en las lenguas medievales de Francia: oc. ant. *deramar, desramar* «déchirer, ruiner», fr. ant. *deramer* 'desgarrar' (tres o cuatro ejs. en Tobler), Poitou *dramer*; hoy sigue vivo en los Alpes, en Italia y en los Balcanes: engad. *sdramer* 'desgarrar, despedazar', it. *diramarsi* 'bifurcarse, dividirse en ramas' (ya en el Tasso), 'separarse' (ya en Dante), *diramare* 'difundir, extender, divulgar'², Veglia *dramuor* 'matar', dalmático *dramat* (> svcr. chakávico *dramatan* 'estéril': Vaillant, *Rev. des Ét. Slaves* IX, 270-2, croato de Veglia *drmnuti* «stracciare»)⁴; las objeciones que H. Schuchardt, *ZRPh.* XXX, 747, suscitó contra esta etimología de las formas réticas y dalmáticas, carecen de fuerza, vid. Jud, *ASNSL* CXXII, 430n.1. Algunas de las formas romances presuponen como significado básico el de 'cortar o desgajar las ramas de un árbol': gall. *derrama* 'poda o monda de los árboles' (Cotarelo, *BRAE* XIV, 114), it. mod. *diramare* 'podar un árbol', y Tobler cita un ej. del fr. ant. *deramer* en el mismo sentido. Es verosímil para éstos la base *DĒRAMĀRE admitida por M-L., *REW*, 2578; pero las formas hispánicas e italianas proceden más bien de *DĪRAMĀRE en el sentido de 'dividirse las ramas', y las de los demás romances pueden venir del uno o del otro. No hay dificultad en admitir la coexistencia de ambos verbos latinos. *DĪRAMĀRE pasó por lo demás a *DĪSRAMARE > *desramar > derramar. En cuanto a *arramar*, que aparece en el *Alex.*, 59b, 132b, 695a, 936d, en algunas versiones de la *Crónica General*, en Enrique de Villena, en la *Historia Troyana* del S. XIV (22.9), en León (A. Garrote) y en los citados dialectos del Norte de Portugal, podría corresponder a *ERAMĀRE, pero se deberá más bien al influjo del sinónimo *arrancar*. Para el arg. *redamar*, vid. *BDHA* III, 84.

DERIV. *Derrama* 'tributo', 'contribución' [1573, ley de la N. Recopil., VII, vi, 6; G. de Alfarache, *Cl, C.* II, 224.11] (de aquí campid., logud. *derrama* 'contribución sobre mercancías': *RFE* IX, 228), fué originariamente 'repartimiento de una contribución' y procede de la ac. 'distribuir' que tuvo también el verbo *derramar* («en señal de posesión *derramó* cierta moneda para los asistentes», doc. de Málaga, a. 1509, *RFE* I, 277), singularmente aplicado a los tributos (así en las Cortes de 1303 y dos veces en el *Rim. de Palacio*, vid. Cuervo, 926b, 927a); no tiene que ver con el ár. *garâma* íd., como admitieron Covarr. y Dozy, *Gloss.*, 285⁵; para la etimología verdadera, vid. Viterbo, Eguílaz y Baist, *RF* IV, 387. *Derramadero. Derramado. Derramador. Derramadura. Derramamiento. Derrame. Derramo.*

CPT. *Derramaplaceres. Derramasolaces* (V. arriba).

¹ «E cada que vós andardes senlheyra, / se vo la besta mal selada andar, / guardade-a de *xi* vos *derramar*, / ca pe-la besta sodes soldadeyra», v. 1062, que Nobiling traduce 'desmontar', creo sin razón; cf. R. Lapa, *CEsc.* 211.10 y p. 688, quien le da el significado de 'fugir, escapar-se'. En la *Gral. Est.* gall. del S. XIV se utiliza, en cambio, con el significado de 'dispersar, esparcir': «a ágoa, que destroyria et *derramaria* por ventura o pilar dos ladrillos, que erã terra» (17. 25).— ² «*Verter* por *derramar*, avemos ya dexado... refranejo...: agua *vertida*, no toda cogida», Juan de Valdés, *Diál. de la L.*, 119.7. El literato granadino de 1601 considera *verter* propio de Castilla, frente a *derramar* de Andalucía, *BRAE* XXXIV, 370.— ³ Zaccaria cree que *diramarsi* 'esparcirse' y *diramare* 'difundir, repartir (circulares, etc.)' vienen del castellano, por aparecer en textos sicilianos tardíos; pero no es muy verosímil que puedan separarse del vocablo indudablemente genuino de Dante y el Tasso.— ⁴ También se había derivado de ahí el rum. *dărîmà* 'destruir, arruinar' (Bartoli, *Das Dalm.* I, 290); pero, a juzgar por la forma macedónica *dirimare*, debe ser otra cosa, vid. Puşcariu. Falta ver a cuál de los dos grupos pertenece el alb. *dërmoj*, *dërmoň* 'despeñar', 'aplastar', y aun quizá las formas dalmáticas.— ⁵ Se cita también un cast. *garrama*, admitido por la Acad. desde *Aut.* Pero la fuente de ésta, Covarr., sólo trae el vocablo en calidad de supuesta base etimológica, arábiga. La empleó también Mármol (1600) en su descripción del África, pero con referencia a Marruecos, por lo tanto como voz ajena al castellano; *Aut.* reconoce que «no tiene uso». Más exactamente el vocablo existió, pero sólo como voz semijergal, aplicada a los hurtos de los gitanos (así en Cervantes), de donde un verbo *garramar* 'agarrar, hurtar (los gitanos)' (el mismo). *Aut.* trae una variante *agarrama* debida a contaminación de *agarrar*.

Derrancar, V. *arrancar   Derranchado, derranchar*, V. *rancho   Derrangar*, V. *renco   Derraspado*, V. *raspar   Derredor*, V. *alrededor   Derrelicto, derrelinquir*, V. *delito   Derrenegar*, V. *negar*

DERRENGAR, de un lat. vg. *DĒRĒNĬCĀRE* 'romper o lesionar los riñones, los lomos', derivado de RĒNES 'riñones'. *1.ª doc.*: princ. S. XV, Santillana¹; Nebr.: «*derrengar*: deslomar, delumbo».

Aparece también en Laguna (1555), Ercilla (1569), Mariana, Góngora, Bart. L. Argensola, Tirso; todos ellos emplean el analógico *derrienga* como forma del presente, vid. Cuervo, *Ap.⁷*, § 273 (y nota 76 a la Gram. de Bello), mientras que del etimológico *derrenga* no tengo más testimonios que el de Santillana y varios del S. XVIII (Cuervo, *Obr. Inéd.*, 264). *Derrengar* es voz exclusiva del castellano (de donde pasó al portugués del Brasil), pero otros romances tienen descendientes de un sinónimo *DERENARE*: port. *derrear* 'derrengar', gall. íd. 'dar palos a uno, deslomarle' (Sarm. *CaG.* 188v; «*derreado* de cansazo»; Castelao 60.14, 48.5), it. antic. *direnare* íd. (SS. XVII, XVIII); una forma semejante existió en leonés (Bierzo *derrenado*, G. Rey; Ast. occid. *derranau* 'baldado', 'ruin', Munthe) y pudo existir en Aragón, si el alto-arag. *escerrenao, -nato*, 'medio molido, después de un paliza' (*RLiR* XI, 162), resulta de un cruce *derrena(t)o con otro vocablo, quizá *escervica(t)o 'desnucado' (V. CERVIZ). En Albacete, Palencia y Andalucía existe la variante *ringar* (Acad.). Comp. RENCO.

DERIV. *Derrengada. Derrengadura. Derrengo.*

¹ Cuervo, *Obr. Inéa.*, 264; aunque si el ejemplo de Santillana está en la pág. 265 de sus obras, en realidad es de Juan de Mena que ahí tensona con el Marqués.

Derreniego, V. *negar   A la derrería*, V. *arredro*

DERRETIR, derivado del antiguo *retir* íd., voz común al español y al portugués (*reter, derreter*), de origen incierto, quizá del lat. RETĔRĔRE (participio RETRĪTUS), 'desgastar rozando', o más exactamente de una variante vulgar *RETRĪRE, a la que se agregó el prefijo *de-. 1.ª doc.*: *retir*, S. XIII (en manuscritos bíblicos citados por Cuervo, y *1.ª Crón. Gral.*, p. 52b); *derretir*, 1386, López de Ayala.

Vid. Cuervo, *Dicc.* II, 927-30; Cej. V, § 94. *Retir* siguió empleándose hasta med. S. XV (Pérez de Guzmán), y aun h. 1500 (*Canc. General*, p. 302b), y es frecuente en el S. XIV (a los ejs. de Cuervo, agréguese *Libro de la Montería de Alf. XI*, IV, 131; XV, 181; Juan Manuel, *Caza*, 62.24, 62.29); de *derretir* hay otro testimonio en el *Libro del Tesoro* de E. de Villena († 1433: *RFE* XIX, 180), y es general desde Nebr. («*derretir lo elado: regelo*»). En portugués antiguo se halla *reter* siete veces en Maestre Giraldo (1318), *pez retudo* 'pez derretida' h. 1400 en los *Padres de Mérida* (RL XXVII, 67), también en gallego del S. XIV («se começa a *rreter* et deslyr as neves» *Gral. Est.* gall. 184.15); hay ya ejs. del port. mod.

448

derreter en el propio Giraldo y en un glos. del
S. XIV (*RPhCal.* VI, 82, § 1034). El significado es siempre el mismo de hoy. Diez, *Wb.*, 444,
no conociendo el medieval *retir*, derivaba *derretir*
del lat. DETĔRĔRE 'desgastar', pero Cuervo y sobre
todo C. Michaëlis (*Misc. Caix-Canello*, 124; *RL*
XIII, 372-3) hicieron notar que las formas antiguas indican más bien RETĔRĔRE, algo menos frecuente en la lengua clásica, pero empleado por
Nevio y Séneca (*pili retriti* 'pelos desgastados por
la piedra pómez').

La evolución semántica de 'desgastar' en 'derretir' es comprensible por la desaparición paulatina de la nieve o la cera derretidas por el calor,
comp. el venasqués, aranés y bearnés *delí* 'derretir', en el Bearne también «s'épuiser, diminuer»
(Lespy), cat. y oc. *delir* 'borrar', 'destruir', lat.
DELERE 'destruir'. Los pormenores fonéticos ofrecen dudas. C. Michaëlis tomaba como base la
forma *retiere* empleada en castellano por el gallego Villasandino († h. 1425), suponiendo se trate de
un presente de indicativo, correspondiente a un infinitivo *reterir*, que habría conservado casi intacta
la forma latina; partiendo de ahí podríamos imaginar una disimilación *retedir* y con metátesis *derretir*[1]. Pero la forma de Villasandino es de interpretación discutible[2] y me parece más plausible entenderla como futuro de subjuntivo del acostumbrado
retir, tanto más cuanto que Villasandino es tardío
y hay muchos ejs. más antiguos de esta forma.

G. Diego, *RFE* IX, 152, insistiendo en este dudoso *reterir*, admite que se cruzó con DETERERE resultando *derreterir* y luego *derretir*; esto es inverosímil no existiendo testimonios de *deterir*. Es evidente que vale más considerar *derretir* como mero
derivado romance del simple *retir*, tanto más cuanto que en la introducción del prefijo pudieron influir los sinónimos *deshacer* y *desleír*: de ahí *des-
retir* > *derretir*. En cuanto a *retir* es preferible
suponer un lat. vg. *RETRIRE, analógico del participio RETRĪTUS, puesto que los paralelos CONTRIRE
e INTRIRE están bien documentados en latín vulgar; véase aquí s. v. *CURTIR*. De *RETRIRE se
pasaría a *RETIRE por disimilación, y la -T- se
conservaría por su posición inicial tras el prefijo
RE-[3].

DERIV. *Derretido. Derretimiento.*

[1] En nuestro verbo las metátesis han sido frecuentes. *Redetir* corre en la Arg. (*BDHA* III, 84),
en Cespedosa (*RFE* XV, 155) y en el Alto Aragón
(*BDC* XXIV, 179); aran. *arretido* < arag.; por
lo demás, en la Arg. esta variante forma parte de
un conjunto (*redamar, redotar, redepente*), y, por
lo tanto, se ha de mirar como secundaria y probablemente reciente; García de Diego da cita indirecta de un arag. ant. *redetir* que debiera comprobarse. Por otra parte, *deterirse* (junto a *derretir*) se halla en un vocabulario de la lengua acha-
gua publicado en 1782 (*RFE* XVI, 283). No creo,
sin embargo, que ninguna de estas formas proce-

da directamente de RETERERE, sino como alteración de *derretir*.— [2] «Trigo, centeno e cevada /
caerá todo en el suelo; / ya por ende me des-
muelo, / non ssé sy es algo o nada. / Mi fazienda estractada [entiéndase *es tractada*] / sabe Dios
por qué o cómmo; / si el sol *rretiere* el plomo, /
la rrazon es desatada», *Canc.* de Baena, ed. 1851,
n.º 174.53. ¿Se trata de un presente o de un futuro de subjuntivo? Es una poesía oscura, llena
de comparaciones bastante incoherentes, en que
este pedigüeño inveterado solicita una vez más la
ayuda económica de un protector. El plomo es fusible a trescientos y pico de grados, pero no por
la acción del sol. Ya antes el autor habla de su
poema en forma despectiva («Yo con mi ruda
synpleza / vos enbio este xarope, / ssyn açucar,
ssyn arrope», es decir sin gracia), con el pretexto
de hacer reír a su protectora enferma. Luego
querrá decir que sólo podrá interpretarse su sentido (desatar la razón) si el sol derritiere el plomo, condición imposible, y, por lo tanto, se trata
de un futuro de subjuntivo, y de un ej. más del
infinitivo *retir*, sin nada de particular.— [3] Creo
inadmisible partir con Cornu, *GGr.* I², § 144, de
TERERE > *reter* con metátesis. Contra su opinión
creo que la r̄ se diferenciaba de la *r* en la Península Ibérica desde la época romana. De otro
modo no nos explicaríamos los casos de prótesis
vocálica ante la R- inicial prerromana, que ya parecen documentados en esta época (comp.
ARROYO; en todo caso el ibérico sólo conocía
la R medial, no la inicial).

DERRIBAR, probablemente derivado de *riba*
con el sentido de 'hacer caer de un ribazo'; voz
antigua y común con el gallegoportugués, quizá ya
existente en el latín vulgar hispánico. 1.ª doc.:
1202, *Fuero de Madrid.*

Cuervo, *Dicc.* II, 930-4; Cej. V, § 104. Es frecuente desde Berceo y en muchos fueros y otros
textos del S. XIII[1]. En Portugal leo un ej. del
b. lat. *diripare*[2] ya en el foral de Seia, a. 1136
(*PMH Leges* I, 372), y de *derribar* en otros de
1180-3 y 1188-1230[3]. A los ejs. citados por Cuervo pueden agregarse: Berceo, *Mil.*, 751*b*; *Calila*,
ed Allen, 20.112; *1.ª Crón. Gral.*, 14a15; Juan
Manuel, *Caza*, 7.14 y passim; versión del Roman
de Troie por Alfonso XI († 1350), *RFE* III, 140,
141; doc. de Écija, a. 1396 (M. P., *D. L.*, 361.23,
30, 33)[4]; doc. de Segovia, 1417 (ibid., 245.24);
en la trad. del *Libro de Falcoaria* de Pero Menino (¿S. XV?), *derribar las péñolas* 'mudar la
pluma', *derribar al falcón* 'bajarlo de la alcándara'
(*RFE* XXIII, 267.16, 265.12). En el S. XV el vocablo entró desde Castilla en el catalán de Valencia
con el sentido de 'echar una persona al suelo',
'derruir edificaciones' (Jaume Roig, vv. 13259,
7294). En la Edad Media y Siglo de Oro son muy
corrientes las acs. 'echar al suelo (un caballero)',
'hacer bajar una ave', pero la de 'derruir' es ya

usual desde el S. XIII; se halla también la de
'echar abajo de un ribazo' (*Conde Luc.*, ed. Rivad.,
407a; etc.).

Me parece probable que ésta sea la etimológica, como admite Cuervo, en calidad de derivado
romance, y aun puede defenderse la existencia de
un lat. vg. *DERĪPARE, derivado de RĪPA; en portugués existe además el simple *ribar* 'derribar (un
molino)', 'sacar (el velo o la toca a una mujer)',
en varios documentos de los SS. XIV y XV (Silveira, *RL* XXXV, 108-9; Viterbo, s. v.), y *arribada* era 'parte de un vallado caído', en un vocabulario miñoto del S. XVIII (Leite de V., *Opúsc.*
II, 161)[5]. En sí no sería inverosímil la idea de G.
de Diego de que *derribar* sea alteración de *derrubar*, procedente del lat. DERŪPARE (vid. *DERRUM-
BAR*), por influjo de *riba* cuando ya se hubo
perdido conciencia de que *derrubar* procedía de RŪ-
PES 'peñasco', incorporando así el vocablo a una
familia romance conocida. De hecho el gall. *derrubar* se traduce por 'derribar'[6], el sanabrés *rubada*
'cabezada que da un carnero contra el lobo' (Leite
de V., *RL* VII, 145) se relaciona semánticamente
con este último verbo aunque venga de *DERU-
PARE, y la confusión entre los dos verbos es tan
completa en algunos puntos de Portugal que la
localidad de *Ruba Fornos* en el concelho de Ana-
dia recibe en el S. XVIII los nombres de *Derruba
Fornos*, *Derriba Fornos* y *Ruba Fornos* (Silveira,
l. c.). De todos modos hay que precisar que sólo
derribar se encuentra en el gallego del S. XIII
(*Ctgs.* 17.73, 196.53, 229.2, 239.38), y que la derivación de RIPA es por lo menos tan verosímil desde
todos los puntos de vista, comp. *despeñar* y su
sinónimo el canario *derriscar*. Por lo demás, la
historia antigua de *DERRU(M)BAR* (véase este
artículo) es desfavorable a la suposición de G. de
Diego.

DERIV. *Derribado*. *Derribador*. *Derribamiento*.
Derribante. *Derribo* [Ardemáns, † 1726].

[1] A alguno de ellos se le atribuye fecha anterior,
pero se trata probablemente de romanceamientos
hechos en el S. XIII de textos redactados en
latín por aquellas fechas.— [2] «Si fossado venerit
ad nostram villam et cavaleiro aut pedone *diri-
paverit* cavaleiro, que habeant suum equolium
cum suo caballo». Véanse las demás citas en
Cortesão.— [3] También en el gallego del S. XIV
y ya en las acepciones modernas, aplicado a las
construcciones («*derribarō*-lles toda a obra», *Gral.
Est.* gall. 137.28) o 'hacer caer a una persona' («o
vento... aos hūus *derribou* de parede... os outros
a fondo da torre» íd. 73.37.— [4] Nótese que no
era allí de uso general. En un texto coetáneo y
de la misma procedencia local se emplea en lugar
de esto *derrocar*, línea 51.— [5] Es posible que en
S. *Dom.*, 45, *arribada* esté por 'levantada', 'prós-
pera', contrapuesto a *derribada*: «Serié Cannas
por siempre rica e *arribada*, / si elli non oviesse
la seíja canviada».— [6] «Cando non rexen coa vida,

derrúbanse, redondos, e fican esterricados» Castelao 191.7f. *Derrubar* 'derribar' (Lugrís).

Derriscar, V. *risco*   *Derrisión*, V. *reír*   *Derriza*, V. *enrizar*   *Derrocadero, derrocamiento,
derrocar*, V. *roca*

DERROCHAR, 'malbaratar', parece haber significado primeramente 'derribar', de donde la actual
acepción, por metáfora; probablemente se trata
de una forma paralela al cast. *derrocar* y al fr.
dérocher 'despeñar', y formada como éstos a base
de un sustantivo *rocha* que existió en mozárabe
castellano, y existe en portugués, como equivalente
de *roca*, pero no tomado del fr. *roche* sino de una
variante derivada *RŎCCĬA (de la cual pudo descender también el it. *roccia*). *1.ª doc.*: 1596, C. de
Fonseca; Acad. 1817, no 1783; ej. de Bretón de
los Herreros (obras de 1817 a 1867), en Pagés.

En la ac. 'malbaratar' es palabra de aparición
moderna, pero que rápidamente arraigó y se generalizó. La Acad. (ya en la fecha citada) registra
además, en calidad de anticuada, la ac. 'derribar
peleando', a la cual agregó más tarde (ya 1884)
el también anticuado *derronchar* 'combatir, pelear': de ambos carezco de ejs.[1]. Sí los hay de
derrochar 'derribar árboles, talarlos', en Fonseca y
en Fr. Diego de la Vega: Cej. V, p. 495. Sería
palabra poco conocida, pues falta en *Aut.* De la
etimología no ha tratado nadie, que yo sepa; imposible derivar de *derrotar* como propone la Acad.
El diccionario portugués de Fig. registra *derrochar*
'derribar (de a caballo)' como provincialismo alentejano y *derronchar* 'echar al suelo' como trasmontano. En este idioma el vocablo se apoya en
el port. *rocha* 'peñasco', de suerte que *derrochar*
podría ser portuguesismo en castellano, pero como
el port. *rocha* procede del fr. *roche*, en definitiva,
directa o indirectamente, vamos a parar al fr. *dérocher* 'despeñar', derivado de *roche*, y equivalente de nuestro *derrocar*. Sin embargo *rŏ́ča* 'ladera
de un cerro más o menos pendiente y aun escarpada, pero no alcantilado' es muy vivo con gran
arraigo toponímico en Olocau, prov. Valencia y
en pueblos vecinos; *La Rótxa*, en efecto, empleado
con artículo, es nombre de lugar de una partida
de montaña pendiente en Estubeny, entre este
pueblo y Sallent de Játiva. Como ambos pueblos,
aunque de lengua catalana, son fronterizos, el vocablo debe ser más de los pueblos fronterizos valencianos de lengua castellana, donde *rocha* es
vivo para 'cuesta' (*subir una rocha enpindongada*,
p. ej.), registrándose alrededor de Chelva y Villar
del Arzobispo en todos los pueblos a la izquierda
del Turia, junto con *rochudo* 'empinado' y *rochero*
'paraje de cultivos empinados' (Vic. Llatas, *Habla
del V. del Arz.*); anoté también *unes rotxes* 'unas
pendientes' en el habla catalana de la Font de la
Figuera, allí cerca. Esto y el arraigo de *rocha* en
portugués[2] y de *derrochar* en castellano hace pensar

que *rocha* es más bien un mozarabismo de *RŎCCĬA en relación con el étimo catalán y galorrománico *RŎCA (V. aquí *ROCA*); también del italiano *ròccia*, documentado desde 1300 puede dudarse que sea galicismo como se suele admitir. La variante *derronchar* puede explicarse como *broncha* 'brocha', o por influjo de otro vocablo castellano, quizá *derromper* 'quebrantar'.

DERIV. *Derrochador. Derroche* [ya Acad. 1884].
¹ Un ej. del primero aparece en un pasaje del Fuero de Teruel, citado por M. P. en el glosario de los *Infantes de Lara*, s. v. *enaziado*, pero ahí no es más que un caso de la grafía arcaica *ch* por *k*, pues a continuación la misma frase se repite con la grafía *derrocar*. Por lo tanto, la existencia del *derrochar* 'derribar' de la Academia es incierta.— ² Y gall. *rocha* (Lugrís, Eladio); *rochedo*: «de cada loita que o mar sostén co a pedra, xurden os -*os* c'unha nova forma» Castelao 89.18, 89.14.

Derromper, V. *romper*   *Derronchar*, V. *derrochar*   *Derrostrarse*, V. *rostro*

DERROTA 'camino', 'rumbo', participio del antiguo verbo *derromper* 'romper, cortar', derivado de *ROMPER; derrota* significó primero 'camino abierto rompiendo los obstáculos'. *1.ª doc.*: 1474, Woodbr.; 1570, C. de las Casas («*derrota: viaggio*»); consta que estaba en uso ya a principios de este siglo, pues Ramusio introduce *derotta* 'rumbo' en italiano imitándolo de su original castellano (vid. Zaccaria).

Figura también, en la ac. 'rumbo', en Mármol (1573) y en Solórzano (1643), y en la de 'ruta o rumbo terrestre' en el *Quijote*; Percivale, 1591, trae *derrota* «a course, a way»; Oudin, 1607, «*derrota*: route, chemin, trace, brisée, voyage», y Covarr., 1611, dice que es propiamente el rumbo marino, e «impropiamente» el camino que se hace por tierra. Hay además port. *derrota* 'rumbo', documentado por Moraes desde el 3r. cuarto del S. XVI (Mendes Pinto), y el cat. ant. *derrota* 'camino por mar' (J. Roig, *Spill*, v. 1802, año 1460).

Así pues el vocablo tuvo también aplicación terrestre, y el salmantino Torres Villarroel lo emplea en el sentido material de 'vereda, camino' (Fcha.), que ha de ser el primitivo en vista de la etimología; ast. *derrota* «antigua costumbre, hoy en desuso, de abrir las *eríes*, después de recogidos los frutos, para llevar los ganados a pastar en ellas comunalmente» (V). La idea de Covarr. de que la aplicación terrestre es impropia, viene de su etimología, lat. *rota* 'rueda de los vientos', que es inverosímil semántica y morfológicamente; además nuestro vocablo se relaciona evidentemente con el fr. *route* 'camino', que por razones fonéticas no puede venir de ROTA, y con sus congéneres romances, algunos de los cuales nos muestran claramente de qué clase de camino se trataba al

principio: abruzo *rottę*, engad. *ruota* 'vereda abierta a través de la nieve', Ille-et-Vilaine *route* 'camino abierto rompiendo el bosque' (*REW* 7452).

La misma palabra existió, por lo demás, en castellano, pues *rota* 'rumbo' se lee en Fz. de Oviedo y en Fr. Luis de Granada, y figura ya a fines del S. XV en documentos coleccionados por M. Fernández de Navarrete (Zaccaria, s. v.; *Aut.*)¹; el port. *rota* íd., es frecuente por lo menos desde med. S. XVI (Galvão, Goes, J. de Barros, J. Ferreira).

El verbo *derromper*, que es derivado de *romper* con prefijo *des-* asimilado, fué frecuente en castellano antiguo, con aplicación a casas, cerraduras, ejércitos, etc. (cinco ejs. de los SS. XII y XIII en Oelschl. y en Cej., *Voc.*; lo mismo en antiguos fueros portugueses: *Inéd. de Hist. Port.* V, 381); de ahí el adj. asturiano *derrota* 'clara', aplicado al agua del mar (V). Además, vid. *ROMPER*.

DERIV. *Derrotero*, primitivamente 'libro que indicaba los rumbos' [Nieremberg, † 1658], después 'rumbo'; nótese la ac. argentina y chilena 'noticia que indica el camino que debe seguirse para hallar un tesoro' y después 'el tesoro mismo' (*AILC* I, 27). *Derrotarse* 'apartarse la embarcación del rumbo que llevaba' [S. XVII: Quevedo, Solís, Vélez de Guevara]², derivado de *rota* con el prefijo *des-; derrote* 'cornada que da el toro levantando la cabeza' (¿por el cambio brusco de dirección?)

¹ El derivado *rotero* 'correo' se halla en APal.: «*tabelle* son en las que escrivían, y son *tabellarii* los *roteros* que las lievan», 485*d*.— ² «Abiendo salido a caza / con el rey aquella tarde, / se derrotaron perdidos / por diferentes paraxes», *El Rey en su imaginación*, v. 2355.

Derrota 'vencimiento', *derrotar* 'vencer', V. *romper*   *Derrotar, derrote, derrotero*, V. *derrota*   *Derrubiar, derrubio*, V. *derrumbar*

DERRUIR, tomado del lat. *dīrŭĕre* 'derribar, demoler', derivado de *ruere* 'lanzar violentamente, derrumbar'. *1.ª doc.*: *deroir*, 1577, en el aragonés Bartolomé de Villalba (Fcha.); *derruir*, 1657, Balt. Gracián (2 veces); *diruir*, en los navarro-aragoneses Moret (1686) y Abarca, su contemporáneo.

Aut. dice que es poco usado. Falta en Percivale, Covarr., Oudin. No puede ser casual el que los cinco ejs. anteriores a *Aut.* sean todos de aragoneses, aunque hoy es voz culta de uso general. En el cambio de prefijo influyó el sinónimo *DERRUMBAR*.

DERIV. *Irruir*, de *irrŭĕre* íd.

DERRUMBAR, de una antigua forma *derrubar*, hoy portuguesa, y ésta del lat. vg. *DERŪPARE '¿despeñar', derivado de RŪPES 'precipicio, ribazo'. *1.ª doc.*: 1569, Ercilla.

Cuervo, *Dicc.* II, 936; Cej. V, p. 153. Lo emplean también Cervantes y Lope, y Oudin (1607) registra «*derrumbar*: precipiter, tomber d'en hault». En Ercilla y en Lope *derrumbar* es 'desmoronar, derruir'; en Cervantes, Tirso, etc., es 'despeñar, precipitar', única ac. que registra la Acad., aunque en verdad la otra no es menos corriente. El port. *derrubar* es 'derribar (árboles, edificaciones, personas)', y popularmente suele considerarse como mera variante de *derribar*, pero ya se halla en el *Palmeirim* de Moraes Cabral (1544), y también en Antonio Ferreira († 1569) y en Jorge Ferreira († 1585), vid. Moraes, Vieira; es también gallego y ahí puede documentarse desde la Edad Media (más datos en DERRIBAR). No puedo documentar la forma *derrubar* en castellano, pero desde *Aut.* la Acad. registra *derrubiar* «desmoronar, ir comiendo el río o la humedad la ribera o la tapia, con que insensiblemente va robando la tierra».

Sin duda fué *derrubar* la forma originaria, pues el mismo origen tiene el it. *dirupare* 'despeñar', *dirupato* 'escarpado', que ya se documenta, en docs. de Calabria y Apulia, en 1034, 1269 y 1271, en el sentido de 'destruir (una fortaleza)', 'destituir (una persona)' (Du C.); además oc. ant. *derubent* 'precipicio, desfiladero' (*Chanson de la Crozada, Ch. d'Antiocha, Roman de Fierabras*), fr. ant. *desrubant* íd. (frecuente: Tobler)[1], *desruber* 'precipitar, despeñar, lanzar', *desrube* m. 'precipicio'[2], y según M-L., *Litbl.* XII, 241, alb. *zdrüp* (*strüp, trüp*) 'yo desciendo'; RUPES 'peñasco, despeñadero' se ha conservado en el rumano de Macedonia y como nombre propio en los Alpes.

Como base etimológica me parece preferible una forma latina *DERŪPARE al *DISRŪPARE que supone M-L. (*REW*, 2687), puesto que no se trata de 'destruir o deshacer un peñasco' sino de 'lanzar desde (lat. DE) un peñasco'; claro que una variante *DISRUPARE (de donde la forma albanesa) pudo aparecer luego por cambio de prefijo. *Derrubar* pasaría en castellano a *derrumbar*, sea por influjo de *tumbar* 'echar abajo', como admite G. de Diego, *RFE* IX, 151, sea a causa de *derromper* 'destruir (una casa)' (vid. DERROTA) o del antiguo *derrundiar* 'arruinar, desmoronar'[3]. Como indiqué s. v. DERRIBAR este autor considera que este verbo viene de *derrubar* por contaminación de *riba* 'ribazo'; la fecha muy tardía de *derrumbar* (-*ubar*) en castellano lleva a sospechar que esta palabra fuese en la Edad Media de uso mucho más local que en la actualidad, probablemente restringido a la región leonesa; esto quita verosimilitud a la hipótesis de G. de Diego. El gall. *rubir* 'subir, ascender' (Lugrís, *Gram.*, s. v.; Carré, con *rubideiro* 'trepatroncos, pájaro cestiádeo') no creo que venga del lat. *repere* 'rampar' como afirma GdD, *GrHGall*, 34: debe de ser una especie de contaminación de *subir* por parte de su opuesto *derrubiar* 'despeñar, hacer caer' (a manera de como la *s*- de *sombra* nació de la de *sol*; o la de *sombrío* de *solano*).

DERIV. *Derrumbadero. Derrumbamiento. Derrumbe. Derrumbo. Derrubio*, derivado de *derrubiar*; la Acad. registra además *derrumbiar* (compromiso entre las dos formas), con su postverbal *derrumbio. Rupestre*, tomado del lat *rupestris*, derivado de *rupes*.

[1] Ya en los *Faits des Romains*, año 1213, «rocher en surplomb», «rocher a pic, pente abrupte» (*Rom.* LXV, 511).— [2] La -*b*- francesa es sorprendente. ¿Será provenzalismo? No lo parece por la frecuencia del vocablo. ¿O italianismo o semicultismo (comp. la variante *desruper*)? Faltan estos vocablos en el *FEW*, vol. III.— [3] En *Calila*, ed. Allen, 11.200: «el pozo era *derrundiado*», caído en el ms. *B*; más abajo ambos mss. traen «fallé el pozo *caído*». Debe de ser metátesis de *derruindar*, que a su vez vendrá de *derruinar* por influjo de *ruindad* (comp. *avecindar* por *avecinar*; *humilde* a causa de *humildad*). La forma *desruinata* en el sentido de 'salto de agua' se halla en doc. de 921 (Cej., *La Lengua de Cervantes*, s. v. *derrumbadero*, cita el mismo documento con la lección incorrecta *desrumata*), *derruñada* en el mismo sentido se halla en Berceo, *S. Mill.*, 473, y hoy existe el nombre de lugar *Derroñadas* en la prov. de Soria, vid. M. P., *Mod. Philol.* XXVII, 411. Alto-santand. *arrundiarse* 'derrumbarse', *BRAE* XXV, 381; Tierra de Campos *arroñarse* 'desmoronarse la tierra por efecto de la humedad' ibid. 376. Según Cejador, *deçorrumarse la tierra* figura en las *Coplas de Mingo Revulgo* (1464), y la Acad. (ya en 1843) registra un *decerrumbar* sinónimo de *derrumbar*; estas formas parecen debidas a un cruce de *derrumbar* con un sinónimo *descerrar*, derivado de *cerro* (de ahí 'despeñar de un cerro'), como *desriscar, despeñar, derrocar, derribar* vienen de *risco, peña, roca, riba*, respectivamente. Entonces la forma *derrumbar* debería existir ya en 1464. Pero hay otras interpretaciones posibles y a mi entender más verosímiles: *decerrumbar* (-*umar*) puede estar por *desferrumb(r)arse*, con desaparición de la -*r*- por disimilación, derivado de *ferrumbre* (o de su variante leonesa *ferrume*) en el sentido de 'desmigajarse, desmoronarse como la herrumbre'; para la *c*, comp. *cenojil, Celipe, cebilla*, etc. De ser esto así, lo más probable sería admitir que *derrubar* se cambiara en *derrumbar* justamente por influjo de *decerrumbar*.

Derrundiar, derruñada, V. *derrumbar*

DERVICHE, tomado, por conducto del francés, del persa *darviš* 'pobre', 'fraile mahometano que ha hecho voto de pobreza'. *1.ª doc.*: *dervís*, Terr ; *derviche*, Acad. 1884, no 1843.

En francés *derviss* se halla desde 1559 y la forma moderna ya en 1653. En portugués se da la preferencia a una variante *daroês*, tomada del persa directamente.

̄Des, V. desde   Desabor, desaborado, desabo-
rar, desaborido, desabrido, V. saber   Desabrigar,
V. abrigo   Desabrimiento, desabrir, V. saber
Desacatador, desacatamiento, desacatar, desacato,
V. catar   Desacertado, desacertar, desacierto, V.
cierto   Desaconsejado, desaconsejar, V. consejo   Desacreditado, desacreditador, desacreditar,
V. creer   Desafección, desafecto, V. afecto
Desafiación, desafiadero, desafiador, desafiamiento,
desafianza, desafiar, V. fiar   Desafinación, desafinar, V. fino   Desafío, V. fiar   Desaforado,
desaforar, desafuero, V. fuero   Desagradable,
desagradar, desagradecer, desagradecido, desagra-
decimiento, desagrado, V. grado II   Desaguadero, desaguador, desaguar, desaguazar, desagüe,
V. agua   Desaguisado, V. guisa   Desahoga-
do, desahogamiento, desahogar, desahogo, V. ahogar   Desahuciar, desahucio, V. hucia   Des-
ahunecido, V. adonecer   Desainadura, desainar,
V. saín   Desairado, desairar, desaire, V. aire
Desajacarse, V. achacar   Desalado, desalar, V.
hálito   Desalentar, desaliento, V. alentar
Desaliñado, desaliñar, desaliño, V. línea   Desal-
mado, desalmamiento, desalmar, V. alma   Des-
alojamiento, desalojar, desalojo, V. lonja II
Desamable, desamador, desamar, desamor, desamo-
rado, desamorar, desamoroso, V. amar   Desamo-
rrar, V. morro   Desamparado, desamparador,
desamparamiento, desamparar, desamparo, V. parar   Desandar, V. andar   Desandrajado, V. andrajo   Desangramiento, desangrar, V. sangre
Desanimar, desánimo, V. alma   Desanudar, des-
añudadura, V. nudo   Desapacible, V. placer
Desaparecer, desaparecimiento, desaparición, V. parecer   Desapercibido, desapercibimiento, desapercibo, V. concebir   Desapoderado, desapodera-
miento, desapoderar, V. poder   Desaposiar, V.
sentar   Desaprir, V. prender   Desaquellarse,
V. aquel   Desarmador, desarmadura, desarma-
miento, desarmar, desarme, V. arma   Desarrai-
gamiento, desarraigar, desarraigo, V. raíz   Desarrar, V. errar   Desarreglar, desarreglo, V. regla
Desarro, V. errar   Desarrollable, desarrollar,
desarrollo, V. rollo   Desarzonar, V. arzón
Desasnar, V. asno   Desasosegar, desasosiego, V.
sosegar   Desastrado, desastre, desastroso, V. astro   Desatacar, V. atacar   Desatar, desate, V.
atar   Desatentado, desatentamiento, desatentar,
desatiento, V. tentar   Desatinado, desatinar, desatino, V. tino   Desaviar, V. vía   Desayaque,
V. cuanto   Desayunado, desayunarse, desayuno,
V. ayuno   Desazón, desazonado, desazonar, V.
sazón   Desbancar, V. banco   Desbandada,
desbandarse, V. banda

DESBARAJUSTAR, palabra de historia compleja, parece ser derivado peyorativo de barahustar,
aplicado a varias acciones que se practican con
lanzas o con armas arrojadizas, quizá compuesto
de vara y un verbo *hustar procedente del lat.

tardío FŪSTARE 'azotar, golpear' (lat. FŪSTĪGARE).
1.ª doc.: desbarajustar, Acad. 1843, no 1832; desbarahustar, 1607, Oudin[1]; 1623, Minsheu[2]; barahustar, en el Amadís, libro III, ed. 1508.

DHist., s. v. barahustar; Cuervo, Ap[7], § 724;
M. P., Mélanges Jeanroy, 81-82. La historia de
barahustar y desbarajustar ha sido complicada y
oscurecida por la interferencia que, en el S. XVII
y quizá ya en el precedente, se produjo entre este
verbo y el sustantivo balaustre (variante barahuste)
'columnita que forma parte de una barandilla'.

M. P., l. c., y Spitzer, Bol. Caro y Cuervo II,
3-4, suponen que desbarajustar deriva de un sustantivo barahuste; sustantivo que según el primero sería compuesto de vara y fuste, en el sentido de 'caballete de madera', 'artefacto de muchos barrotes',
y de acuerdo con el segundo vendría también de
fuste, pero combinado con el verbo varar (derivado de vara) 'botar una embarcación', que originariamente habría significado 'apalear' (como en
portugués) o 'lanzar (en general)', de donde 'lanza-
fuste' y 'máquina de lanzar venablos'; en realidad
no es ésta la etimología del verbo VARAR, ni es
éste su significado antiguo. Como ya observé s. v.
BARAHUNDA, la ac. de barahuste como 'máquina de guerra' se basa sólo en una mala inteligencia; por lo demás, ambos filólogos parecen
fundarse en el texto de Covarr. (artículo que sigue a balax): «barahuste, quasi vara fustis,
vara gruessa rolliza de que se hazen las varandillas
de los corredores; antiguamente se usavan ciertas
máquinas en que ponían estos barahustes con unos
hierros a manera de saetas, pero muy disformes,
y los arrojavan con grandíssima furia a los enemigos, y esto llamavan desabarahustar, que es
tanto como disparar, y de allí nació el modo de
hablar, quando uno se descompone en razones
fuera de razón, dezir que desbarahustó». Pero si
tenemos en cuenta que, fuera de Covarr., no se
conoce un sustantivo barahuste más que en el sentido de 'balaustre, columnita que forma parte de
una barandilla o balaustrada', resulta evidente que
las afirmaciones de este autor deben tomarse con
cautela, pues se fundan solamente en una interpretación etimológica personal y harto arbitraria.

Ahora bien, para que pudiera existir parentesco
originario entre (des)barahustar y barahuste o balaustre, sería preciso una de dos: a) si persistié-
ramos en la etimología VARA FUSTIS deberíamos
admitir que el it. balaùstro 'balaustre' y demás
congéneres romances (fr., cat. balustre, etc.) se
tomaron del castellano después de la caída total de
la F latina, lo cual es sumamente inverosímil en
un término de arquitectura que en Italia ya se
halla por la mitad del S. XVI y en Francia (donde ha de ser de origen italiano) ya aparece en
1529; b) si mantuviéramos la etimología BALAUS-
TIUM de balaustro y barahuste (con etimología
popular vara + fuste en la última variante), y quisiéramos derivar de ahí el verbo (des)barahustar,

además de la dificultad cronológica de que este verbo se halla en castellano siglo y medio antes que el sustantivo (pues el libro III del *Amadís* corresponde más bien al S. XV que a 1508), y el port. *barafustar* es frecuente desde por lo menos la mitad del S. XVI (Juan de Barros: Moraes), nos encontramos con que *barafustar* en catalán se lee ya en Ramón Muntaner (h. 1330-1340), con una -*f*- que en este idioma y en fecha tan remota descarta totalmente la relación con BALAUSTIUM².

En conclusión se impone considerar que *(des)barahustar* y *balaustre* son dos palabras de origen independiente, aunque al entrar el it. *balaùstro* en castellano sufriría la influencia fonética de *vara* + *fuste* y de *barahustar*, convirtiéndose parcialmente en *barahuste*, y viceversa el influjo semántico de éste dió nacimiento a la ac. «briser les balustres de quelque édifice» que registra Oudin para *desbarahustar* (también *barahustar* «faire des balustres»), y quizá a otras. Este factor quizá contribuya a explicar la plétora semántica del vocablo.

Analicemos los ejs. citados por el DHist. Lo más frecuente es que *barahustar* se emplee con referencia a la lanza, sea tomándola como complemento directo en el sentido de 'hacerla soslayar, parar su golpe'⁴ sea tratando la lanza como sujeto, 'soslayar, herir de soslayo'⁵. De la primera de estas variantes era fácil pasar a 'rechazar las armas del enemigo'⁶ y seguidamente 'rechazar (una pretensión)' (así en la *Comedia Florinea*, 1554), de donde 'desbaratar, trastornar' (dos ejs. en el *Canc.* de Horozco, y uno en el *Momo* de Almazán, todos h. 1550). Por otra parte, de 'herir de soslayo con la lanza' se puede pasar a 'disparar un golpe, un tiro' (así en Laso de Oropesa, 1541), *baraustar* «acometer» y *baraustado* «muerto a puñaladas» en el Vocab. de Germanía de Juan Hidalgo⁷ (de donde pasó a *Aut.* y algo modificado a las ediciones posteriores de la Acad.); así se explica también que *barahustar el navío*, hablando de un huracán, sea 'lanzarlo acá y acullá' en Alonso de Cabrera (1601), y que en portugués el verbo, empleado intransitivamente, sea 'moverse con ímpetu para una y otra parte, sacudirse convulsivamente' («estribuxar», Viterbo), 'moverse con ímpetu en cierta dirección', hablando de una ballena que ataca a un barco, de una estaca lanzada (Juan de Barros, Pinto Pereira, en Moraes). Así se explican también las acs. modernas de *barahustar*: en Bogotá *la mula barajustó* 'corcoveó', *las yeguas barajustaron* 'se dispararon', Venezuela y Honduras *barajustar* 'irse o salir a toda prisa y de estampía', 'acometer de improviso una persona a otra', *barajuste* 'carrera o escape' (*irse o salir de barajuste*) (Picón Febres, Membreño), Cuba *barajustar* (Pichardo, p. 35)⁸; la de 'descomponer, enredar, meter barullo' (R), 'desbarajustar', 'malgastar la hacienda' (V), que tiene el ast. *barafustar*, provendrá de la de 'trastornar, desbaratar' que hemos visto arriba.

En cat. el vocablo está restringido a los dialectos

occidentales y se mueve dentro de la órbita semántica de 'apalear', 'reñir': Tortosa *barrafustejar* 'pegar con un bastón', Áger íd. 'reñir ásperamente' (Alcover), Valle de Áneu 'reprender' (Griera, *RLiR* V, 215), Montblanc *barrafustó* 'disgusto' (íd.), val. *barrafustá* 'exabrupto', 'golpe dado con palo o bastón' (Martí Gadea), 'acción o dicho disparatado' (Alcover), Tarragona *barrafust* 'reprensión fuerte' (íd.), Castalla *barafustada* 'golpe' (Valor, *Rondalles Valencianes* III, 12), y *esbarafustiarse* 'desbarajustarse, producirse barullo, confusión' en el catalán fronterizo del Isávena: *quan vénen les festes tot s'esbarafústia*, oído en St. Esteve del Mall, *esbarafustyá* = cat. *esgavellar*, oído en Roda de Ribagorza. Esto me recuerda la segunda definición de Viterbo «contradizer, recalcitrar, impugnar con palavras soltas, livres o desentoadas as razões e fundamentos da parte contrária, usar de termos cheios de indignação e repugnáncia», y la situación descrita por Muntaner, en que el caballero desarmado, con una azcona o vara de fresno en la mano *barafusta*, rechaza o retiene a los suyos: ¿no nos lleva todo esto muy naturalmente a VARA FUSTARE 'golpear con vara'?

Ahòra bien, este FUSTARE está bien documentado, como sustituto del clásico FUSTIGARE, en la latinidad tardía⁹, y de ahí salió el fr. ant. y med *fuster* «battre, rosser» (SS. XIII-XV: Wartburg, *FEW* III, 917*a*; muchos ejs. del S. XIV en Du C.), «fouiller, piller, ravager» (ya en el *Vrai Chiment d'Amours*, texto normando o picardo en ms. de 1276: *Rom* XLV, 218, y en textos de los SS. XIV-XVI), en dialectos septentrionales de Francia «fouiller les poches», «gâcher, perdre un ouvrage, salir, abîmer», y aun el compuesto *barafutes* f., pl., «choses de rebut», se puede documentar en el país vecino, en el dialecto del Forez (Gras).

No veo dificultad semántica en pasar desde 'golpear con vara' a 'golpear con lanza' o a 'parar el golpe de una lanza con el fuste de otra haciéndola soslayar'. En cuanto al derivado *desbarahustar* (o *desbarajustar* con aspiración conservada ante la *u*), el prefijo *des*- contribuyó a reforzar el matiz de trastorno o desorden que ya podía expresar ocasionalmente el primitivo¹⁰.

DERIV. *Desbarajuste* [Acad. 1843, no 1832].

¹ «Dérompre, deffaire, dissiper, renverser et ruiner; deslacher une machine de guerre; briser les balustres de quelque édifice».— ² «To rush into a throng among weapons, and to strike them downe, one while on one side, another while on another».— ³ En vista de la importancia del dato conviene citar el pasaje en extenso. «La davantera de la host del infant aconseguí la rerasaga de la host d'En Rochafort. E com aquells d'En Rochafort los vaeren, una veu del diable vench entr'ells, qui cridà: 'armes! armes!, que veus la companya d'En Berenguer d'Entença... qui·ns venen matar'... E tost En Berenguer d'Entença

muntà en son cavall, en una cota vestit, tot desguarnit, ab la espasa cinta, e una escona muntera en la mà, e pensà de capdellar e *barafustar* los seus, e de fer tornar anrera» (ed. Lanz, cap. CCXXXII). Buchon traduce 'retener', lo cual expresa quizá un matiz más exacto que el de 'apaciguar', que propone dubitativamente Nicolau d'Olwer en su glosario. En esta edición (*N. Cl.*, vol. VII) basada en el ms. *C*, fechado en 1396, se lee *barrufestar*, en lugar del *barafustar* que según creo es común a las ediciones de Lanz, Bofarull y Coroleu, basadas todas ellas en la de Valencia, 1558. A pesar de la autoridad del manuscrito es probable que aquí sea esta última la forma antigua, pues en catalán era muy fácil la metátesis *bęręfustá(r)* > *bęrufęstá(r)*, favorecida por la mayor frecuencia de la terminación *-ęstá(r)*. Semánticamente compárese con esta acepción 'retener', 'rechazar hacia atrás', la de 'rechazar, denegar' en la *Comedia Florinea*, y la de 'resistir, hacer resistencia' («reluctar») que en portugués hallamos en Nunes de Leão y en el *Clarimundo* de Juan de Barros, y que se confirma por la definición de Viterbo.— [4] Así en la *Historia de Carlos V* de P. de Sandoval: «un turco se mostró por estremo valiente, porque peleando a pie contra un ginete de H. de Padilla dava con solo su alfange tanto en que entender al ginete que, viéndolo Padilla, uvo de yr a socorrerlo. Quando el turco lo vió venir, dexó a su contrario, y bolvióse contra el capitán, y *baraustóle* la lança, y entrósele tanto que pudo con el alfange herirle en la mano», ed. príncipe, 1604, II, 241*b* (libro XXII, cap. 21). En las *Lágrimas de Angélica* de Barahona (1586), un caballero enlaza su lanza con la de su adversario, y luego *cimbra* (da una sacudida) y *varahustóla de la mano*, es decir la arrancó de la mano de éste.— [5] Así claramente en el *Amadís* y en la versión del *Palmerín* (1548), donde al romperse una lanza en el encuentro, un pedazo de ella «*barahustando* por la cabeza del caballo, le desatinó de manera que le hizo ir huyendo por el campo». También en Fr. Ant. Aranda (1551), *DHist.* s. v. *barahustar*. No se ve claro si la lanza es sujeto o complemento en las citas de Londoño (1593), y de Virués, que no puedo verificar.— [6] También por medio de una lanza, en Ercilla, *Araucana* (1578), ed. Rivad., p. 67*b*: «Con esta usada lanza me profiero / de abrir lugar por los contrarios pechos; / y que será mi brazo el que primero / *barahuste* las armas y pertrechos, / aunque más dificulten la subida, / y todo el universo me lo impida». Habla un araucano antes de asaltar el fuerte que en la cumbre de un cerro han construído los españoles. Como se ha hablado de los armamentos reunidos, tanto por los indios como por los cristianos, se podría entender también 'lanzar una arma' (como en el ej. de Laso de Oropesa), pero el complemento *pertrechos* y la frase *aunque*

más dificulten la subida persuade que se trata de los pertrechos (cañones, etc.), reunidos por los españoles para dificultar el asalto, y, por lo tanto, se trata de 'rechazar (con la lanza)', como ya lo entendió Cuervo. De esta o de una situación parecida vendrá la definición de Minsheu (1623): «to rush in among weapons and to cast them this way and that, to crosse launces, to crosse one with another» (s. v. *barahustar* y *barahustear*).— [7] «*Barahustador* de cerrallas y alcandoras», 'acometedor de cerraduras y camisas', se llama al *Perotudo*, héroe de un romance anónimo publicado por Juan Hidalgo, *RH* XIII, 37.— [8] Como variante fonética de *baraustar* que por entonces definía la Acad. 'confundir, trastornar' (como anticuado) y 'acometer' (germanesco).— [9] «Fustati per publicum ducerentur» en el Anónimo Valesiano del S. VI (Galia), «Fustatus: caesus fustibus», *CGL* V, 297.15, y en la Lex Alamannorum.— [10] De *desbarahustear* con *-sb-* > *-f-* (*resbalar* > *refalar*) saldría *efarahustear y luego *farustear* «moverse, conmoverse por efecto de un ataque nervioso o de un accidente» en el habla de Alburquerque (Cabrera, *BRAE* IV, 90).

Desbaratado, desbaratador, desbaratamiento, desbaratante, desbaratar, desbarate, V. *baratar* *Desbarrada, desbarrar, desbarro*, V. *resbalar* *Desbastador, desbastadura, desbastar, desbaste*, V. *basto* *Desbautizarse*, V. *bautizar* *Desbazadero*, V. *resbalar* *Desbocado, desbocamiento, desbocar*, V. *boca* *Desbojar*, V. *desbullar* *Desbordamiento, desbordante, desbordar*, V. *borde* *Desbornizar*, V. *bornizo* *Desboronar*, V. *desmoronar* *Desbravador, desbravar, desbravecer*, V. *bravo*.

DESBREVARSE, 'perder, el vino y otras cosas, la fuerza y actividad que tenían, cuando se van echando a perder', probablemente del cat. *esbravar-se* 'desvanecerse (el vino y otras bebidas)', de origen incierto. *1.ª doc.: Aut.*

La Acad. conserva hasta hoy, sin modificación, la definición que había dado *Aut.*, sin justificarla con textos. No conozco otras fuentes del vocablo. En el mismo sentido registra la Acad. [1817, no 1783] la forma *desbravar* o *desbravarse*. La variante con *e* indica procedencia catalana. Es dudoso si el cat. *esbravar-se* es derivado de *brau* 'bravo' o procede del lat. EVAPORARE. Trataré del problema en mi *DECat*.

Desbroce, desbrozar, desbrozo, V. *broza*.

DESBRUAR, 'en el obraje de paños, quitar al tejido la grasa para meterlo en el batán', tomado del fr. *ébrouer* íd., derivado del fr. ant. *brou* 'caldo', procedente del fráncico BROÞ íd. *1.ª doc.:* Cabrera, † 1836; Acad. 1817, no 1783.

Define Cabrera «en el obraje de paños, deslavazarlos, limpiarlos en jerga, desengrasarlos' y cree que viene del lat. DEPŬRGARE 'sacar (algo) limpiando'; pero éste ofrece dificultades fonéticas, y la voz española es evidentemente inseparable de la francesa, que significa según el *DGén.* «plonger dans l'eau (certains tissus de laine, toile, etc., sortant du métier)».

Desbrujar, V. *orujo*

DESBULLAR, 'sacar la ostra de su concha', tomado del port. (o gall.) *esbulhar* 'pelar (frutos, patatas, etc.)', de origen incierto, quizá de un lat. vg. *EXBOTULARE* 'destripar', derivado de BŎTŬLUS 'intestinos' *1.ª doc.*: Acad. 1817, no 1783.

En portugués existe además *debulhar* 'desgranar', 'pelar', en el Norte *sbulhar* o *desbulhar* (Leite de V., *Opúsc.* II, 256). *Debullar* en el sentido de 'desnudar, despojar de la ropa' ya aparece en gallego desde el S. XIII: *Ctgs.* 102.38 (mal traducido por Valmar), pero también con el significado de 'quitar la panoja del mijo en la era' (22.15); *desbullar* 'despojar, desnudar' lo utiliza el gallego Airas Nunes (h. 1285): "alí me *desbullaron* do tabardo e dos panos", R. Lapa, *CEsc.* 71.23, y en las *Ctgs.* tenemos una vez *desbullar* 'despojar (un altar)', otra *esbullar* (237.4); en la trad. de la *Gral. Est.* al gallego de princ. S. XIV, *esbullo* 'botín', significado donde hay influjo del lat. *spolia*: «dou Abraã o dezimo do *esbullo* que tragia ao bispo», «aqueles rreys cõmo íam canssados... cõ a grande pressa et *esbulo* que tragiam... dormyndo» 105.17, 1924.24. Gall. mod. *debullar* 'desgranar (espigas, legumbres, castañas)' (Vall., Lugrís); figuradamente: «*debullar* anceios esp(e)ranzados», «*debullar* malambos na guitarra» (Castelao 224.14, 238.25), *bullar* 'quitar la cáscara de las castañas asadas', *bullò* 'castaña sin cáscara' (Vall.), -óo 'íd. ya asada' (Sarm. *CaG.* 77v). En dialectos leoneses (a los cuales podría también pertenecer la voz castellana) hallamos Bierzo *bullar* 'mondar las castañas', *bujo* 'orujo' (G. Rey), sanabr. *desbullar* 'mondar, quitar la cáscara', santanderino *desbojar* 'caerse la cubierta del cuerpo de ciertos animales'.

G. de Diego, *RFE* XII, 4-5, quiere igualar al cast. *desollar*, port. *desfolar* 'quitar el pellejo', gall. *esfolar* 'desollar, despellejar', 'quitar la cáscara a las castañas', 'descortezar un árbol', derivado del port. *fole*, gall. *fol* 'costal, talega de cuero', que viene del lat. FŎLLIS 'fuelle', 'bolsa de cuero', y así supone un lat. vg. *DEFOLLIARE; pero esto tropieza con la -b- portuguesa, como observa M-L., *REW* 3422: probablemente en un derivado de este tipo, la -F- se habría conservado intacta o a lo sumo se habría sonorizado en -v-, pero no en -b-. Nobiling, *ASNSL* CXXV, 397, y otros, supusieron que el lat. SPOLIARE 'despojar', 'desnudar', pronunciado en vulgar *ESPOLIARE, habría sido reemplazado por un *DEPOLIARE, habiéndose tomado la sílaba ES-

por el prefijo EX-; pero en latín vulgar no hay ejs. de un cambio semejante[1]. Me inclino a creer que la idea de 'sacar de la cáscara' procede de la de 'destripar' y que el vocablo es idéntico al fr. ant. *esboillier* 'destripar', 'reventar', 'aniquilar', Poitou *abeuyer* 'abrirse la espiga del trigo', lemos. *eiboulhà* 'reventar', 'destripar' (*REW* y *FEW* s. v. BOTULUS), a los cuales se pueden agregar lemos. *deboulhar*, *eboulhar* 'demoler, détruire', *s'eboulhar* 's'ébouler' (Laborde), Forez *eiboulhà* 'faire une hernie', 'déranger le ventre', 's'écrouler', 'désordonner, déranger' (Gras; Gardette, *Poèmes dóu Païsan*, 115), Aveyron *se debouillá* 'se déranger' (Vayssier), gasc. ant. *esbouillà* 'écraser' (Delpit), La Teste íd. 's'écraser un corps mou' (Moureau), Gers *esboulhà-se* 's'éventrer, s'étriper, s'écarbouiller', bearn. íd. 's'ébouler' (Palay), vasco b. nav. *deboilatu* 'devastar, asolar, trastornar, poner en desorden', *deboildu* 'destruir' (Azkue), cat. *esbullar* 'embrollar, confundir el orden de algo', *embullar* 'enredar'. Volveré a tratar de la cuestión en mi *DECat.*, tomando en consideración otros puntos de vista.

DERIV. *Desbulla*. *Desbullador*.

[1] El hecho de que el portugués, sin causa aparente, sea el único romance que ha perdido el representante indígena de DESPOLIARE (*despojar* es castellanismo del S. XV), lleva a sospechar, sin embargo, que *esbulhar* sea SPOLIARE con una sonorización de la oclusiva tras S, que es excepcional, pero no del todo inaudita (cat. *esbargir* SPARGĚRE, aran. *esguil·là* = cat. *esquitllar*, it. *squillare*). Entonces *debulhar* vendría de *esbulhar* por «cambio de prefijo» en fecha romance, lo cual ya no ofrecería tanta dificultad, comp. *atib(orr)ar* de *estibar* STĪPARE. De todos modos la gran antigüedad de *debulhar* me hace dudar de tal idea, y quizá la única causa de la desaparición de DESPOLIARE en portugués sea la concurrencia de *despir* EXPEDIRE, inexistente en los demás romances.

DESCAFILAR, 'quitar las desigualdades de los cantos de los ladrillos para que ajusten bien, o limpiarlos del mortero viejo cuando proceden de una obra deshecha', derivado negativo del cast. anticuado y portugués *acafelar* 'revocar una pared con cal o yeso', 'tapiar', que a su vez es derivado del ár. *qafr* o *kafr* 'asfalto, betún, pez'. *1.ª doc.*:

descacilar, como prov. andaluz, Acad. 1817, no 1783; *descafilar*, Acad. 1899.

Acafelar aparece como voz anticuada en la Acad. 1884 (no en las demás ediciones a mi alcance), con los sentidos de 'tapar una puerta, ventana, etc.', 'revocar una pared con cal o yeso', 'encubrir, disimular'; el port. *acafelar* es 'revocar', 'tapar con asfalto o argamasa', 'encubrir' (Fig.), y se halla ya en Damián de Goes († 1574) (Viterbo). Para su origen vid. Dozy, *Gloss.*, 31-32; Eguílaz, 14-15. No hay dificultad en derivar de ahí *descafilar* (como indica Pagés), con *i* por influjo de *cáfila;* del paso de *f* a *c* como en *descacilar* hay varios ejs.; propiamente *descafilar* fué 'sacar el revoque o mortero viejo'.

Descalabrado, descalabradura, descalabrar, descalabro, V. *calavera   Descalce, descalcez,* V. *calzar   Descaliño,* V. *cariño   Descalzadero, descalzar, descalzo,* V. *calzar   Descallador,* V. *callo   Descamación,* V. *escama   Descamellar,* V. *camella   Descaminado, descaminar, descamino,* V. *camino   Descamisado,* V. *camisa   Descampado,* V. *campo   Descansadero, descansado, descansar, descansillo, descanso,* V. *cansar   Descantillar,* V. *canto   Descañar, descañonar,* V. *caña   Descapillar,* V. *capillo   Descarado, descaramiento, descararse,* V. *cara   Descarga, descargada, descargadas, descargadero, descargador, descargadura, descargamiento, descargar, descargo, descargue,* V. *cargar   Descarnada, descarnador, descarnadura, descarnar,* V. *carne   Descaro,* V. *cara*

DESCARRIAR, 'apartar a una res del rebaño', 'dispersar', 'apartar de lo justo o de la razón', derivado indirecto de *CARRO:* parece debido a un cruce de *descarrerar* 'descarriar', derivado de *carrera* 'camino' (V. *CARRO*), con *desviar,* derivado de *vía. 1.ª doc.:* 1464, *Mingo Revulgo.*

Cuervo, *Dicc.* II, 997-8. A los ejs. que cita este autor puede agregarse «sus soldados andavan *descarriados* y metidos en el robo', en Pérez de Hita (ed. Blanchard II, 112). Es frecuente desde el S. XVI. También Covarr., Oudin (1616, ¿1617?) y Minsheu (1633). Existe también port. antic. *descarriado* íd. [1589, Arraes; 1664, Melo], y cat. *esgarriar* 'descarriar', 'extraviar, hacer perder el camino', éste muy vivo y de sabor castizo, aunque no conozco ejs. anteriores al S. XIX[1]; igual alteración fonética en Cespedosa *esgarriar* 'dispersar' en el lenguaje infantil (*RFE* XV, 139), ast. *esguarriáse* 'descarriarse' (V) (con *gua* por ultracorrección de la tendencia gallega *guardar* > *gardar, cuatro* > *catro*).

Claro está que *descarriar* deberá proceder de uno de los derivados de *CARRO* que tienen el significado de 'camino', pues *descarriar a una res* es hacerla apartar de la senda que sigue el resto del rebaño. Pero la dificultad surge al explicar el modo de derivación. Derivado directo de *carro* o del lat. CARRUS no puede serlo, pues entonces significaría 'sacar del carro' y no 'del camino'. Como nota Cuervo, todo se explicaría si partiéramos del portugués, donde podría ser derivado de *carril,* con pérdida regular de la *-l-* intervocálica; entonces en castellano y en catalán debiera ser portuguesismo, pero tiene razón dicho filólogo al rechazar la idea, porque el vocablo y su familia tienen menos vitalidad en esta lengua que en castellano, supuesto que allí no llegó a formar derivados y cayó pronto en desuso. Podría pensarse que ya en latín vulgar hispánico, de CARRARIA 'camino, carrera' se formara un derivado *EXCARRARIARE abreviado por haplología en *EXCARRIARE; pero lo más probable es la sugestión del propio Cuervo de que interviniera en la formación de nuestro verbo la acción del sinónimo *desviar.*

Creo pues que se trata de un cruce de *descarrerar* (derivado de *carrera*) con *desviar.* El primero de estos verbos no está del todo muerto en catalán como sinónimo de *esgarriar,* y fué frecuente en los SS. XIV-XV[2]; tampoco está olvidado *descarreirado* en portugués (Fig.), y Cortesão cita un ej. de 1248-79; creo que *escarrerar* existió también en castellano y que de ahí por haplología nació el judeoespañol *escarrar* 'errar, fornicar' (Gaspar Remiro, *BRAE* IV); por un fenómeno semejante se explica el gascón *escarrà, descarrà,* «rôder», «quitter la voie» (*FEW* II, 432a); *descadarrado* 'descarriado' en Juan del Encina (*Repelón,* 329) será disimilación de una forma metatética *descararrado.* El maragato *escarramar* 'dispersar' puede resultar de *escarrerar* cruzado con *derramar* (com. *DESPARRAMAR* < *esparcir* × *derramar);* el cat. *esbarriat* 'disperso, desperdigado' quizá se deba a la combinación de *esgarriat* con *esbargit* 'esparcido'. El fr. ant. *esguariez* «malheureux», «pauvre, dépouillé», «abandonné» (en la *Vie de Saint Eustache,* *Rom.* LII, 73) será más bien variante de *égaré* 'extraviado', que es de origen germánico, sin relación posible con *descarriar.*

DERIV. *Descarriamiento. Descarrío.*

[1] *Desgarriar* en el Rosellón, *Misc. Fabra,* 186.— [2] A las citas de Ag. y Alcover se puede agregar: «hira, qui molt hom *descarrera,* mès fora de bona via e de la senda de veritat lo rey», *Senescal d'Egipte,* N. Cl. XLVIII, 150.

Descarriladura, descarrilamiento, descarrilar, V *carro   Descarrilladura, descarrillar,* V. *carrillo   Descarrío,* V. *descarriar   Descartar, descarte,* V. *carta   Descascar,* V. *casco   Descascarar, descascarillado, descascarillar,* V. *cáscara   Descastado, descastar,* V. *casta   Descaudillar,* V. *caudillo   Descay,* V. *Desgay.*

DESCENDER, tomado del lat. *descĕndĕre* íd., derivado de *scăndĕre* 'subir, escalar'. *1.ª doc.:* *decender,* Berceo (la grafía *descender,* que también se halla en este autor, debe pronunciarse probablemente igual).

Es ya frecuente en toda la Edad Media. Cuervo, *Dicc.* II, 998-1001; un ej. suelto que aparece en el *Cid*, es probablemente ajeno al original, que por lo demás sólo emplea el cast. ant. *deçir* (vid. M. P., *Cid*, s. v.). Nebr. y autores del S. XVI (Fr. L. de Granada, Mtro. Venegas) emplea *decendir*, que todavía se halla en Oudin, 1607. Nada en la evolución fonética DESCENDERE > cast. *decender* denuncia un vocablo erudito; sin embargo, es seguro que no era enteramente popular (a diferencia de oc. ant. *deissendre*, it. *scendere* y otras formas romances); así lo dan a entender la existencia de sinónimos más vulgares (*deçir, baxar*), las formas sin diptongación en la Edad Media (*decenda*, Cortes de 1268, *decende, Partidas*), la vacilación en la desinencia del infinitivo y la existencia de formas cultas en otros romances. Sin embargo, existió una forma leonesa enteramente hereditaria: *deissenda*, 996 Sahagún; *dexendat* 1030 Liébana, 1082 Toro (M. P., *Oríg.*, 377).

Lo popular y antiguo en castellano y en gallego-portugués fué, además de *baxar*, el verbo cast. *deçir*, gall.-port. *deçer*. Se distinguió siempre rigurosamente, del DĪCERE cuasi-sinónimo de hablar que era *dezir* con -z- sonora, por tener desde el origen ç sorda constante, vid. M. P., *Cid* s. v., que detalla la vida del vocablo: ésta en castellano fué vigorosa en los SS. XII y XIII pero pronto decayó aquí, mientras que se mantuvo en plena vigencia en la lengua vecina, en el Norte y en el Sur: discrepancia mantenida gracias al no ensordecimiento de la -z- en portugués y ayudando allí la diferencia de terminaciones conjugacionales entre los dos verbos. En gallego donde se da esto pero no aquello conserva hoy el uso de *decer* pero con carácter menos general que en portugués[1]. En la Edad Media el gall.-port. *decer* es pujante en todas partes y no lo es menos en los escritores gallegos que en los portugueses [SS. XV y XVI, ejs. en Moraes y Cortesão en toda la gama semántica] pues figura copiosamente en las *Ctgs.* y en los *MirSgo*[2].

En cuanto a la etimología, se ha pensado en los insostenibles DECEDERE 'alejarse, retirarse, morir' (*GdDD* 2131), DESIDĒRE 'quedarse inmóvil' (Diez), y se ha vacilado seriamente entre DECĬDĔRE 'caerse abajo', DĒIICERE 'lanzar abajo' (*REW* 2530) y el más natural DESCENDERE. Admitieron aquél Cornu, Mz. Pidal (*Cid* s. v.) y otros, pero aparte de otras graves dificultades fonéticas y semánticas queda eliminado por un dilema sin escape: o persistió la conciencia de que era un cpto. de CADERE y entonces se habría vuelto DECADERE ya en latín vulgar como acontece por lo común en tales casos, o se había perdido conciencia del carácter cpto. y entonces indefectiblemente se habría sonorizado la -c- en -z-; peor es DĒIICERE, por el mismo dilema (ahí salta a la

vista que la -c- se habría sonorizado) y por toda clase de razones. Contra DESCENDERE hay la objeción poderosa de la dificultad en explicar la desaparición de ND. Pero como ya indicó Spitzer, *ASNSL* CXXXVI, 29 y reforzó este diccionario (en la 1.ª ed. s. v. *DESLEÍR*) hay que partir del infinitivo DESCIDISSE creado por el latín vulgar, que pasaría a *DESCĬDERE, pretérito *DESCĒDI y formas análogas, y ahí era regular el paso a *deceer (*deciir), pronto reducido a *deçer ∿ deçir*. Como indiqué ya entonces varios verbos de la 2.ª conjugación latina sufrieron en latín vulgar refecciones análogas en su conjugación sobre todo cuando se prestaba a ello además una estructura consonántica complicada (como lo es la de DESCENDERE) y con la decisiva influencia de las antiguas alternancias del tipo *findere ∿ fĭdī, tundo ∿ tutudi, pango ∿ pepigi, tango ∿ tetigi, fingo ∿ fictum, stringo ∿ strictum, prehendere ∿ praeda* y tantos otros en que una *d* del tema de presente desaparece en el resto de la conjugación y de todo el conjunto del grupo léxico; en particular se dieron casos de este tipo en CONTINGIT convertido en CONTĬGIT (vid. *ACONTECER*) en DELERE, DELEVI que pasó a DELEIT (DELEISI, DELEERIT, etc.) y en los múltiples cambios de los verbos en *-eir, -eer* (reír = gall.-port. *rir; leer, creer ∿ ler, crer*, etc.).

DERIV. *Descendencia. Descendente, descendiente. Descendida. Descendimiento* [Nebr.]. *Descensión. Descenso* [*decenso* 'catarro', Covarr., etc.]. *Condescender* [princ. S. XV; *Canc.* de Baena], tomado del lat. *condescendere* 'ponerse al nivel de alguien', comp. Cuervo, *Dicc.* II, 340-2; *condescendiente, condescendencia*.

Ascender [1555, *Viaje de Turquía*; aparece también en Cervantes y en varios autores del S. XVII], vid. Cuervo, *Dicc.* I, 674-5, más culto que *descender*, tomado del lat. *ascĕndĕre* íd., otro derivado de *scandere; ascendente, ascendiente; ascendencia; ascensión, ascensional; ascenso* [Santillana; vuelve a aparecer en el S. XVII], Cuervo, *Dicc.* I, 675, tomado del lat. *ascensus, -ūs; ascensor*.

Trascender o *transcender* [*traçenda* por 'trascienda' ya en J. de Mena, *Lab.* 60h, 1499, Hernán Núñez; la ac. 'oler mucho', 1571, trad. del texto port. de Héitor Pinto], tomado de *transcendere* 'rebasar subiendo', 'rebasar'; *trascendente* [h. 1440, A. Torre (C. C. Smith, *BHisp.* LXI)], *trascendental* [princ. S. XVII, Paravicino]; *trascendencia*.

En la acep. en que toma *trascender* Héitor Pinto, es inseparable este vocablo del ast. *arrecender* 'despedir olor las cosas' (V), con sus derivados *arrecendor* 'fragancia', *arrecendura* 'tufarada', *arrecendosu* 'oloroso' (Junquera Huergo); también se dice *recender* y en algunos pueblos pasa a tener sentido de 'olfatear' (M. P., *RFE* VII, 7-8). La voz asturiana a su vez es inseparable del port. *recender* 'despedir olor', y especialmente 'oler mucho y bien', documentado con frecuencia desde el S. XVI y del gallego *arrecender* 'oler deliciosamente, embalsamar el aire'³. De la amplia extensión en el Norte de España es testigo el alto arag. *recendíu* 'caliente' (aplicado al macho cabrío primitivamente, y después al hombre, en Ansó y Loarre, *ZRPh*. LV, 621). No puede desdeñarse la sugestión de M-L. (*REW* 4346) de que se dijese *recender* por *re-encender* aplicado primeramente a la acción de hacer olor quemando incienso y otros pebetes, y sólo posteriormente se tomara la sustancia olorosa como sujeto; entonces *trascender* en esta ac. resultaría de un cambio de prefijo semejante a *trasquilar* por *esquilar*. Por otra parte, la opinión de M. P. de que se trata originalmente de TRANSCENDERE (con cambio de prefijo; o quizá más bien de DESCENDERE, que vale 'penetrar' en Salustio, Livio, Virgilio y otros) encuentra un fuerte apoyo en el primer testimonio español del vocablo, que se halla en *Calila e Dimna*: «como el musgo, que maguer es çerrado e sellado, por eso non dexa su olor de reçender» (ed. Allen 82.103, ed. Gayangos 42), de donde resulta probable que primitivamente fuese 'pasar (el olor) a través de algo'. Provisionalmente podemos atenernos a esta opinión (en todo caso el grupo formado por RECENTES HERBAS 'hierbas frescas', *recencio* 'airecillo fresco' y *cencío* 'frescor de ribera' —vid. G. de Diego, *RFE* XV, 232-3— queda alejado por razones morfológicas, fonéticas y semánticas).

Y sin embargo, no me atrevería a descartar otra posibilidad: al alto alem. ant. *rouhhan*, alem. *riechen* 'oler', b. alem. med. *rēken*, *rūken* 'oler', ags. *rēocan* 'heder', correspondería una base germánica REUKAN, que pertenecía al germánico común, pues está bien representada la misma palabra en escandinavo (si bien allí sólo en el sentido de 'humear'), y aunque no la tengamos en los textos de Ufilas, es bien posible que viviera en gótico⁴. En todo caso, existió sin duda alguna en suevo, y allí o en visigótico pudo figurar esta raíz germánica en una forma participial *REUKJAND (o al menos *REUKAND). Como es común que el diptongo germánico EU se romanice en *e* (cf. *Tederic* de THEUDERIKS, etc.), no sería forzado admitir que REUK(J)AND se romanizara en RECENDU y más existiendo RECENTEM y siendo -ENDO y -ENTE terminaciones tan adecuadas en romance: esto pudo pasar a *recendo* 'olor' y formarse de ahí el verbo *recender*, según el modelo de *encender* (⁓ *incienso*), *trascender*, etc. Hay una objeción fonética: ¿no habría debido esta -C- intervocálica sonorizarse en -z-? No es objeción decisiva, ni mucho menos, pues al propio romance RE- daría la sensación de que la -C- era inicial, y además un germanismo es una voz siempre tardía. Desde luego existen otros escrúpulos que hacen difícil favorecer esta etimología y desechar la otra.

Escandir [*Scandir*, 1449, Santillana, en Viñaza, col. 779; princ. S. XVI, Guevara], tomado de *scandĕre* 'escalar', 'medir versos'; *escansión* [1611, Covarr.], de *scansio*, *-onis*, íd.

¹ Desde mucho antes del S. XIX en que lo documentan el Cancionero Popular y muchos escritores como A. Camino se emplea en gallego *baixar* no sólo como transitivo (Curros) sino también con el valor intransitivo, vid. DAcG y Crespo Pozo, hasta el punto que los más antiguos diccionarios gallegos, y aun Vall., el menos malo y menos incompleto, ni siquiera registran *de(s)cer* (sí los más recientes desde Lugrís y las *IrmFa*.). Pero lo emplean escritores castizos y no aportuguesados, como Castelao («descer á cova» 218.4f., etc.) con *-sc-*, pero es nuevo asunto ortográfico y artificioso sin eficacia alguna en la lengua real. Por lo demás son muchos allí y los más en Portugal los que grafían *descer*.— ² Intransitivo: «morrer en cruz e deçer aos infernos quieste»; reflexivo: «enno carcere... a torre mergense atanto... que o mercader... se deçere dela solto de perigoos»; transitivo: «poso enno asno os fíllos e foyse... et quando çhegou a sua casa *deçeu* os moços do asno» traduciendo «depositis ab asino puerulos suos» 127.18, 35.24, 28.4. En las *Ctgs.* cuento, entre muchos más, 5 casos claros de intransitivo (243.20, etc.), dos de transitivo y uno de reflexivo; otros en el glosario de Mettmann. Los cita además Crespo Pozo de otros textos gallegos de los SS. XIV y XV (no faltando —en la Biblia— alguno del más raro *decerse* que ya hemos observado en las *Ctgs.* y los *MirSgo*.).— ³ Así en portugués como en gallego es palabra vivísima, muy genuina y castiza. Además de la gran variedad de ejemplos clásicos que pueden verse en el diccionario de Moraes, tenemos prueba de que es tan antigua, por lo menos, como la lengua literaria, pues ya figura un ej. en las *Ctgs.*: «dizían todos: que ben *recende*!» (6.75). Del ·hondo sabor de la vieja y castiza palabra que se le percibe en Galicia, nos dan amplio testimonio Rosalía (y las canciones populares citadas por el *DAcG*. s. v. *arrec-*) y esos ejemplos: «no galego, con en vaso sagrado, en que s'axunten todo-los *recendos*, áchanse os principaes elementos da nosa nacionalidade» M. Murguía (discurso presidencial de los primeros Juegos Florales, 1891), «a terra *arrecende* o colo de nai», «hoxe é víspera de San Xoán: mañán lavaremo-nos con herbas *arrecendentes*», «teñen os nosos Cancioneiros un *arrecendo* bucólico», «morreu en *arrecendor* de santidade» (Castelao 156.27, 264.21, 182.13) y en su cantar del pueblo «o caravel cando nace / logo ule que *arrecende*», ponderación que no carece de interés etimológico.— ⁴ En este sentido, quizá podría argumentarse a base del prusiano antiguo *naricie* glosado *t[e]ufelskin* en el glosario de Elbing 664, y estando en la lista de animales podría entenderse que es el nombre del turón (*stinktier*, *putois*, *skunk*) el animal maloliente por excelencia; pues el prefijo *na-* es sumamente productivo en prusiano y en todo el báltico y es el

gótico sobre todo el que dió al prusiano y al báltico los préstamos germánicos que allí pululan. Es apoyo muy incierto, porque no tengo bien averiguado si *teufelskin* ('piel del diablo') se ha empleado como nombre del turón en el antiguo alemán, además de algunas otras razones.

Descentrado, descentralización, descentralizador, descentralizar, descentrar, V. *centro*   *Desceñidura, desceñir,* V. *ceñir*   *Descepar,* V. *cepo*   *Descercado, descercador, descercar, descerco,* V. *cerco*   *Descerebrar,* V. *cerebro*   *Descerrajado, descerrajadura, descerrajar, descerrumarse,* V. *cerrar*   *Descervigamiento, descervigar,* V. *cerviz*   *Descifrable, descifrador, descifrar, descifre,* V. *cifra*   *Desclavador, desclavar,* V. *clavar*   *Desco,* V. *desga*   *Descobajar,* V. *escoba*   *Descocado, descocarse,* V. *coco I*   *Descocedura, descocer,* V. *cocer*   *Descoco,* V. *coco I*   *Descocho,* V. *cocer*   *Descoger,* V. *coger*   *Descolchar,* V. *corchar*   *Descolgar,* V. *colgar*   *Descoloramiento, descolorante, descolorar, descolorido, descolorimiento, descolorir,* V. *color*   *Descollamiento, descollar,* V. *cuello*   *Descombrar, descombro,* V. *escombrar*   *Descomedido, descomedimiento, descomedirse,* V. *medir*   *Descomponer, descomposición, descompostura, descompuesto,* V. *poner*   *Descomulgador, descomulgar, descomunal,* V. *común*   *Desconcertado, desconcertador, desconcertadura, desconcertante, desconcertar, desconcierto,* V. *concertar*   *Desconchado, desconchar, desconchón,* V. *concha*   *Desconfiado, desconfiante, desconfianza, desconfiar,* V. *fiar*   *Desconhortamiento, desconhortar, desconhorte,* V. *exhortar*   *Desconocedor, desconocencia, desconocer, desconocido, desconocimiento,* V. *conocer*   *Desconsideración, desconsiderado, desconsiderar,* V. *sideral*   *Desconsolación, desconsolado, desconsolador, desconsolante, desconsolar, desconsuelo,* V. *solaz*   *Desconsoñar,* V. *sueño*   *Descontamiento, descontar,* V. *contar*   *Descontentadizo, descontentamiento, descontentar, descontento,* V. *contento*   *Descorazonar, descorazonamiento, descorazonar,* V. *corazón*   *Descorchador, descorchar, descorche,* V. *corcho*   *Descoritar,* V. *cuero*   *Descornar,* V. *cuerno*   *Descortés, descortesía,* V. *corte*   *Descortezador, descortezadura, descortezamiento, descortezar, descortezo,* V. *corteza*   *Descosedura, descoser, descosido,* V. *coser*   *Descostarse,* V. *cuesta*   *Descoyuntamiento, descoyuntar, descoyunto,* V. *junto*   *Descrecencia, descrecimiento,* V. *crecer*   *Descrédito, descreencia, descreer, descreído, descreimiento,* V. *creer*   *Describir, descripción, descriptible, descripto, descriptorio,* V. *escribir*   *Descrismar,* V. *crisma*   *Descu* ast., V. *desga*   *Descuadernar,* V. *cuaderno*   *Descuadrillado,* V. *cuadro, cuadril*   *Descuadrillarse,* V. *cuadril*   *Descuajar, descuajaringarse, descuaje, descuajo,* V. *cuajar*   *Descuartizamiento, descuartizar,* V. *cuarto*   *Descubierta, descubierto,*

descubrición, descubridero, descubridor, descubrimiento, descubrir, V. *cubrir*   *Descuello,* V. *cuello*   *Descuernacabras, descuernapadrastros, descuerno,* V. *cuerno*   *Descuidado, descuidamiento, descuidar, descuidero, descuido,* V. *cuidar*   *Descura,* V. *cura*

DESDE, combinación de la antigua preposición *des,* sinónima de *desde,* con la preposición *de; des* procede a su vez de la combinación latina DE EX 'desde dentro de'. *1.ª doc.: Cid.*

Cuervo, *Dicc.* II, 1031-6. La combinación *desde* se halla también en portugués y es normal en el catalán moderno (escrita ahí *des de,* porque también existe *des que); en* lengua de Oc y en francés *dès* se construye solo. La aglutinación con *-de* es ya casi general desde el S. XII, a excepción de las combinaciones *des í* 'desde allí, después', *des ende* íd. y *des que* 'desde que'; ésta subsistió bien viva hasta el S. XVI, aunque Juan de Valdés ya censura su uso con el valor de *cuando,* pero todavía la usa Mariana y siguen empleándola en verso muchos autores hasta el S. XIX; hoy es viva en Asturias; por combinación de *desende* con *desde* se formaron *dende* y *desne* (doc. leonés oriental de 1220, Staaff, 60.43). Aparte de esto se halla alguna huella de *des hoy*[1], y alguna más dudosa de *des* solo ante nombre propio[2]. De la combinación DE EX hay testimonios ya en latín vulgar[3] y en el bajo latín peninsular[4], y es combinación paralela a DE AB, que predominó en italiano y en otros romances *(da).* Para las dudas acerca de si *des* representa más bien DE IPSO 'desde (tal lugar) mismo', vid. *REW,* 2514, y el trabajo de Torsten Sävborg, en *Mélanges Melander,* 1943, pp. 1-46, que ha vuelto a defender esta tesis; sus argumentos, tal como los presenta el Sr. López Estrada, *RFE* XXVIII, 468-9, no son convincentes.

[1] «Et jo García kautu poneo quod si *des odiem* tempore...», Oña, 1054, M. P., *Oríg.,* 392.— [2] «*Des* Rivio sicco al espino», doc. zamorano de notario portugués, a. 1185, Staaff, 2.13, pero no es seguro por el contexto que no sea 'de ese Río seco al espino'.— [3] Con valor partitivo en el Evangelio Palatino «invenit unum *deex* conservis suis», *ALLG* V, 366.— [4] Véanse los ejs. de fines del S. IX en Portugal, citados por N. P. Sacks, *The Latinity of Dated Documents in Portuguese Territory,* 98-99.

Desdecir, V. *decir*   *Desdejado,* V. *dejar*   *Desdén,* V. *digno*   *Desdentado, desdentar,* V. *diente*   *Desdeñable, desdeñado, desdeñador, desdeñanza, desdeñar, desdeñoso,* V. *digno*   *Desdicha, desdichado,* V. *dicha*   *Desdoblamiento, desdoblar,* V. *doble*   *Desdón, desdonado, desdonar,* V. *donaire*   *Desdorar, desdoro, desdoroso,* V. *oro*   *Desear,* V. *deseo*   *Desebrar,* V. *parar*   *Desecación, desecador, desecamiento, desecante, desecar, desecativo,* V. *seco*   *Desecha,*

desechar (un camino), desecho, V. *echar* Des-
embarazado, desembarazar, desembarazo, V. *embarazar* Desembarcación, *desembarcadero, desem-
barcar, desembarco*, V. *barco* Desembargador,
desembargar, desembargo, V. *embargar* Des-
embarque, V. *barca* Desembocadero, *desembocadura, desembocar*, V. *boca* Desembolsar, *des-
embolso*, V. *bolsa* Desemboque, V. *boca*
Desembozar, *desembozo*, V. *bozo* Desembrazar,
V. *brazo* Desembuchar, V. *buche* Desem-
palagar, V. *empalagar* Desempeñamiento, *desempeñar, desempeño*, V. *prenda* Desemplada,
V. *ejemplo* Desencadenamiento, *desencadenar*,
V. *cadena* Desenclavar, V. *clavo* Desenco-
namiento, desenconar, desencono, V. *enconar*
Desencontrarse, *desencuentro*, V. *contra* De-
send(e), V. *ende* Desenfadaderas, *desenfadar,
desenfado*, V. *enfadar* Desenfrenación, *desenfrenamiento, desenfrenar, desenfreno*, V. *freno*
Desengañado, *desengañador, desengañamiento, desengañar, desengaño*, V. *engañar* Desenlace, *des-
enlazar*, V. *lazo* Desentenderse, *desentendido,
desentendimiento*, V. *tender* Desenterrador, *des-
enterrar, desentierramuertos*, V. *tierra* Desento-
llecer, V. *tullir* Desentrañamiento, *desentrañar*,
V. *entraña* Desentrijar, V. *entresijo* Desen-
trullar, V. *turulato* Desenvoltura, *desenvolver,
desenvolvimiento, desenvuelto*, V. *volver* Des-
enyugar, V. *yugo*

DESEO, del lat. vg. DESĬDĬUM 'deseo erótico',
forma neutra correspondiente a la femenina clásica DESĬDĬA 'indolencia, pereza', que ya en la
Antigüedad tomó el significado de 'libertinaje',
'voluptuosidad', conforme a la doctrina moral de
que la ociosidad es el incentivo de la lujuria. *1.ª
doc.*: Berceo.

El lugar común de que la ociosidad es la madre
de la lujuria está desarrollado en muchas citas clásicas y medievales, que reúne Rabelais, III, cap. 31,
pp. 114-5, además de las que aduzco en mi artículo de *AILC* II, 128-32. Cuervo, *Dicc.* II,
1063-4. *Desidia* con el significado de 'libertinaje'
se halla ya en Plauto (*Bacch.*, 1083; *Trin.*, 650; y
véase *ThLL* V, 711.39 ss.), y *desidiosus* tiene el
significado de 'ávido' en el propio Cicerón (*De
Or.*, III, xxiii, 88). El masculino *desideus* se halla
en el sentido de 'libido' en el glosario AA, rico
en formas antiguas de latín vulgar, trasmitido por
un códice italiano del S. X (*CGL* V, 463.33), y el
neutro *desidium* 'pereza, ociosidad' aparece en varios textos medievales (Du C., Schade). El port.
desejo, cat. *desig* (> sardo *disizu, disigiu*), oc.
desieg, it. *desìo, disìo*, con las formas correspondientes del verbo (port. *desejar*, cat. *desi(t)jar*, oc.
desejar), postulan igualmente una base DESĬDĬUM[1]
Para bibliografía, para justificación detallada del
tránsito semántico y para discusión de otras etimologías propuestas, puede verse mi estudio citado. Podría imaginarse que el tipo romance

DESIDIARE 'desear' resulte de un cruce de DE-
SIDERARE con INVIDIARE, que realmente muchas
veces se hace casi sinónimo de aquél: así Lulio
escribió *no envejaràs la muller de ton vehí* (*Blanquerna* II, cap. 42, *N. Cl.* I, 207, 213) en lugar
del mandamiento 'no desearás la mujer de tu
prójimo'. Sin embargo, aun ahí hay un importante matiz de distinción semántica. Por otra parte, el vocalismo tónico ẹ y la -U del tipo romance *deseo* no coinciden con las vocales respectivas de INVIDIA. Luego hay que desechar la idea.

Es notable el que nuestro vocablo tenga a
veces *ss* sorda en castellano antiguo: así escriben
Nebr. y una vez el manuscrito de Per Abbat, y
hoy pronuncian así los judíos de Marruecos; predomina, de todos modos, la grafía con *s* sencilla
(sonora), pues la hallamos en Berceo (*Mil.*, 843*a*,
también en el ms. medieval, *A*), *Apol.* 253*d*, en
las *Partidas, Buenos Proverbios* (citas de Cuervo,
Dicc.), en G. de Segovia (pp. 73-74), en APal.
(9*d*, 10*d*, 104*b*, 205*d*, 11*b*, 111*d*, 207*b*), en PAlc.,
y esta pronunciación es general en el judeoespañol
de Oriente, y lo era ya en 1682 (Cuervo, *Disq.
Filol.* I, 188)[2]; también en portugués antiguo hallamos alguna vez *dessejar* (constante en Bernar-
dim Ribeiro, ed. Évora, 1557, y en su discípulo
Christ. Falcão, vid. *RL* II, 275, y *Litbl.* XV, 273),
pero *desejar* predomina ampliamente en lo antiguo[3] y hoy parece ser general. El catalán y los
demás romances sólo conocen, hoy y en la Edad
Media, formas con *s* sonora. La grafía antigua y
minoritaria con -*ss*- es sospechosa de ser en parte
meramente gráfica e influída por los derivados en
des- de palabras con *s*- inicial (*dessabrido, dessecar*,
etc.), como ocurría indudablemente con el *dessatar*
que aparece en la Danza de la Muerte (ms. del
S. XV, Ford, *Old Sp. Readings*, 67, 211), y aunque los judíos de Marruecos nos atestiguan la
realidad de esta pronunciación, su testimonio pesa
poco frente al de los de Levante, del portugués,
catalán y demás romances, e indudablemente se
ha de interpretar como efecto del sentimiento de
un prefijo DE- que impidió la sonorización de la
s, comp. port. y Nebrija *dissenteria* DYSENTERIA,
cat. *sintiri*[4], y por otra parte DECIDERE > *deçir*, RE-
PUDIARE > *repoyar* y casos semejantes. Desde luego estas formas excepcionales no pueden justificar
la etimología DISSIDIUM 'discordia', que semánticamente es inverosímil.

El cast. *desear* imitó de su sinónimo el lat.
DESIDERARE el significado de 'echar de menos' que
a veces tiene aquél: así en la Crónica de 1344
(hablando de un padre respecto de sus hijos difuntos: M. P., *Inf. de Lara*, 287.11), en Mariana
(cita de Cuervo), en Vélez de Guevara[5], y en la
frase proverbial «me veo y me deseo», «lo vea y
lo desee» (así en Marruecos, *BRAE* XIV, 154)[6].

DERIV. *Desear* [*Cid*], vid. Cuervo, *Dicc.* II,
1042-3; Cej. VIII, § 131. *Deseable. Deseadero.
Deseador. Deseante. Deseoso* [Berceo], vid. Cuer-

vo, *Dicc.* II, 1065-6. Derivados cultos del lat. *desiderare* 'desear' (sin relación etimológica con la
palabra castellana) son *desiderar* [Arévalo, *Suma*,
p. 254b (Nougué, *BHisp.* LXVI)], *desiderable, desiderativo, desiderátum*; *indeseable* [Acad. ya 1936]
es adaptación del ingl. canadiense *undesirable*,
que se propagó por el mundo en 1911, con ocasión de una expulsión famosa (Migliorini, *Cos'è
un Vocabolario*, 88).

¹ El catalán y occitano corresponde más bien a
DESĘDIU (al cual pueden corresponder asimismo
las formas castellana y portuguesa). Se explica por
diferenciación del timbre de la vocal tónica ante
la palatal siguiente. Lo mismo ocurre, por lo demás, con los representantes de otros tres vocablos
en -ĘJU en estos idiomas; véase mi trabajo.— ² En
la *Celestina* coexisten ambas grafías en proporción igual, según la tesis dactilografiada de L. S.
Poston, Chicago 1938, quien se sirvió de la reproducción de la ed. de 1499 por Foulché.—
³ Hay muchísimos ejs. Sólo como muestra cito
Canc. de D. Denís, vv. 1015, 1046, 1387, 1545,
1550; *Padres de Mérida*, h. 1400, *RL* XXVII,
28, 48, 49.— ⁴ Nótese que en Marruecos la *s* no
es sólo sorda, sino además geminada en la pronunciación, lo cual denota claramente el influjo
del caso de *des-sabrido, des-secar*; no hay otras
geminadas semejantes en este dialecto que los
arabismos en *ass-*, resultantes del artículo asimilado *as-* sumado a un sustantivo en *s-*, de donde
esta pronunciación parece haberse extendido a
assado y *asseo*. Las palabras como *esse* y *passo*
tienen *s* sorda, pero sencilla. Vid. Benoliel, *BRAE*
XIII, 229.— ⁵ «Seáys muy bien venido, don Garzía, / que avéys estado a fee bien *desseado*», *La
Serrana de la Vera*, v. 1627. Para la *-ss-* ese
texto no interesa por tardío.— ⁶ También en el
portugués trasmontano: «Ver-se e *desejar-se* uma
pessoa: ver-se nas últimas, em grande dificuldade, em grande risco, não lhe sobrar nada». Aver
a *desejar* es 'no tener' en Don Denís, vv. 1015
y 1046.

Desequilibrado, desequilibrar, desequilibrio, V.
equilibrio   Deserción, V. *desierto   Deserpiar*,
V. *jerpa   Desertar, desértico, desertor*, V. *desierto   Desesperación, desesperado, desesperamiento, desesperante, desesperanza, desesperanzar,
desesperar*, V. *esperar   Desfachatado, desfachatez*, V. *faz*

DESFALCAR, probablemente tomado del it.
defalcare (o *diffalcare*), derivado del antiguo *falcare*
íd., que parece tomado del longob. FALKAN, a.
alem. ant. FALGAN 'despojar', 'sustraer'. *1.ª doc.*:
descalfar 'robar', Lope de Rueda, † 1565, ed. Acad.
II, 279; *defalcar*, 1582, *N. Recopil.* V, xv, 11;
desfalcar, 1605, *Pícara Justina*.

Se halla también en Cervantes y en Quevedo, y
figura en Covarr. Cuervo, *Dicc.* II, 1609. Al po

pularizarse el vocablo en castellano sufrió parcialmente una metátesis en *escalfar*, favorecida por
la confusión con el verbo preexistente, de origen
catalán u occitano, *escalfar* 'calentar'. *Escalfar* se
halla ya en el sentido de 'descontar' en las Ordenanzas de Toledo de 1590 (*BRAE* XVI, 347-8) y
hoy se emplea en Aragón y en varios países de
América. Hubo también alteraciones semánticas:
'desviar a alguno del ánimo en que estaba' (ya
Pícara Justina), *escalfado* 'vacío' (*ter o bolso escalfado, andar mesmo escalfado*, en Tras os Montes,
RL V, 48), Bierzo *escalfar* tr. 'estripar, aplastar
una cosa blanda contra otra, arrojándola' (Fz. Morales).

La procedencia de la voz castellana y de sus
hermanos port. y cat.¹ *desfalcar*, oc. ant. *defalcar*, fr. *défalquer* [1384, pero censurado en el
S. XVII como italianismo], it. *defalcare, difalcare*,
en todas partes 'deducir una cantidad', no está
bien averiguada. Todos ellos han de proceder de
un centro único, que difícilmente puede ser Francia, atendiendo a la C conservada. Debería averiguarse bien la antigüedad del it. *defalcare*, que
según Tommaseo ya figura en Guicciardini (princ.
S. XVI), pero que puede ser bastante más antiguo,
sobre todo teniendo en cuenta que sólo allí se
encuentra el simple *falcare*, con el significado de
desfalcar, en la traducción del *Tesoro* de Brunetto
(fin S. XIII), y con el de 'sobrar' (en el S. XIV
según Battisti-A.); realmente, según Battisti-A.,
diffalcare ya aparece en el Petrarca, y un *defalcare*
'ridurre di dimensioni' se localiza en Údine en
el S. XIV. Por otra parte el b. lat. *defalcare* es
bastante frecuente desde los SS. XIII y XIV, y
en textos procedentes de Alemania y de Francia
(Du C.).

Todo esto, en rigor, puede conciliarse con la
etimología admitida generalmente (*REW, FEW*,
Bloch, Cabrera, Cuervo), como derivado del lat.
FALX, -CIS, 'hoz', formado quizá en el lenguaje
de los negociantes hanseáticos o italianos. Pero el
hecho es que ni *FALCARE ni *DEFALCARE están
documentados en latín clásico en la ac. 'cortar con
hoz' ni en otra cualquiera, y aun si lo estuviesen,
la derivación semántica estaría lejos de ser evidente.

Tanto más cuanto que deberá tenerse en cuenta
la explicación de Diez (*Wb.*, 132), al parecer olvidada hoy en día (a pesar de la aprobación algo
vacilante de Baist, *RF* I, 109; *ZRPh.* XLI, 592),
a base del a. alem. ant. *falgan* o *falgen* 'reclamar',
'despojar, sustraer' (Graff III, 499). Sería bastante
natural que de un longob. *FALKAN correspondiente viniese el it. antic. *falcare* y de ahí *defalcare*,
propagado luego internacionalmente por los comerciantes italianos. Inverosímil por razones geográficas es derivar de FALCA, como pensó también Baist.

DERIV. *Desfalco* [Terr.].

¹ El antiguo *defalcar* se documenta ya en 1629

y *defalcació* en 1418. Los ejs. de *defalcar* y *defalca* en 1315 y 1341, citados en Alcover, me parecen erratas por *defalta(r)*.

Desfallecer, desfalleciente, desfallecimiento, V. *fallir   Desfavor, desfavorable, desfavorecedor, desfavorecer,* V. *favor   Desfazado,* V. *faz   Desfelpeyar,* V. *harapo   Desferra,* V. *hierro   Desfiguración, desfigurar,* V. *figura   Desfiladero, desfilar, desfile,* V. *hilo   Desflechar,* V. *flecha   Desfloración, desfloramiento, desflorar, desflorecer, desflorecimiento,* V. *flor   Desfogar, desfogue,* V. *fuego   Desfolar,* V. *desollar   Desfondar, desfonde,* V. *hondo   Desfrezar,* V. *disfrazar*

DESGA, 'artesa grande labrada en una sola pieza de madera', vizc., probablemente tomado del gasc. *desca* 'cesta ancha y poco honda', derivado de oc. *desc* 'cesto'; de todos modos la etimología es el lat. DĬSCUS 'fuente, plato grande', tomado del gr. δίσϰος 'disco', 'fuente'. *1.ª doc.: desca,* 1587, G. de Palacio; 1616, Oudin (falta en la ed. de 1607 y en Covarr.); *desga,* falta aún Acad. 1899.

Figura en la ed. actual como término de las Encartaciones. Para G. de Palacio era «a modo de canoa donde se hecha el alquitrán después de cogido, para alquitranar la xarcia de la nao» (*Instr.,* 140vº). Oudin definía «grande chaudiere ou l'on fait fondre le gouldron pour poisser les navires»; de ahí pasó a Terr. y otros diccionarios. Para el vocablo gascón y occitano, V. *REW* III, 93. Ast., *desca* 'especie de disco de madera de unos 80 cms. de diámetro que sirve para trasportar el pescado fresco', 'cajón... que sirve para salar carnes' (V). Parece tratarse de un término tomado por los navegantes y pescadores del Cantábrico a sus colegas de la costa francesa. Sin embargo, la existencia de un ast. *descu* 'artesa de madera o de piedra donde se echa la comida a los cerdos' (V) sugiere la posibilidad de que sea voz genuina en esta región. M. L. Wagner, *ZRPh.* LXIX, 349, confirma la etimología DISCUS y rechaza el inadmisible *DEPSICARE de G. de Diego, *RFE* XXXIV, 120.

DESGAIRE, 'ademán de desprecio', 'desaliño, desaire', se empleó originariamente en la locución *mirar de desgaire* 'mirar con desprecio', y proviene seguramente de una locución catalana *a escaire* 'oblicuamente, al sesgo', derivado de *caire* 'canto, ángulo', procedente a su vez del lat. QUADRUM 'cuadrado'. *1.ª doc.:* 1438, *Corbacho.*

En este texto aparece como locución adverbial: «¿quizá si piensan que non somos para plaça? ¡Mejor que non ellas!... ¡Yuy, amiga! ¿Non vedes como nos miran *de desgaire?*» (parte II, cap. XII). También ya como sustantivo, en el sentido de 'ademán de desprecio afectado' (comp. *al desgaire* 'con descuido afectado', *desgaire* 'ademán con que se desprecia o desestima a una persona o cosa',

Acad.): «¡la puta, fyja de puta! Fázeme *desgayres* e de los ojos señales» (ed. Simpson, p. 98), «si se mostrare ser sañudo o sañuda, que son *desgaires,* a las vezes, de amor, el tercero lo adobe e henmiende» (ed. Pérez Pastor, p. 57)[1]. Oudin (ya 1607, copio la definición de la ed. de 1616) «*desgayre, hablar al desgayre:* parler à la volée, sans considérer, comme par mespris et en faisant le hochet», «*compuesto al desgayre:* paré a la nonchalance»; Covarr.: «*desgayre,* vale descuydo y poco brio; también vale un género de menosprecio, con cierto ademán de no estimar a alguno. *Al desgayre,* vale el descuydo, y como que no está de propósito en lo que haze, y con mal ayre y talante». También en los *Refranes Glosados* de Horozco (h. 1550): «no vale decir donaires / ni gracias demasiadas, / según suceden *desgaires* / de dos en dos, como frailes, / y a pares, como pernadas» (*BRAE* III, 721). Las definiciones actuales de la Acad. proceden ya de *Aut.,* aunque éste, al definir la locución *al desgaire,* agrega «con desprecio e irrisión»; hay ejs. de ésta en Martínez de la Parra (1691) y en Luis de Ulloa († 1663). En Tras os Montes se emplea *fazer qualquer coisa á desgaira* «fazê-la sem lhe pôr fé... como quem lhe não liga importância, nem se lhe dá de que saia bem ou mal» (*RL* V, 43).

Es visible en la historia de este vocablo de procedencia forastera, como a medida que va haciéndose añejo en el idioma influye más y más en su significado el del parónimo autóctono *desaire.* Pero admitir que es variante fonética de éste, según hacen Covarr. y la Acad., sólo sería posible a base de suponer que hubo un cruce entre *desairado* y *desgarbado,* de donde *desgairado.* El caso es, sin embargo, que este adjetivo no se encuentra en parte alguna, y la primera aparición en el Arcipreste de Talavera, cuyo lenguaje está lleno de catalanismos, resabio de su estancia en Barcelona y de su admiración por su modelo literario Eiximenis, presta serio apoyo a la procedencia catalana.

Es verdad que en catalán el vocablo no está documentado en esta forma precisa. Pero hay *a escaire* 'a escuadra, en ángulo recto', de *gairell* y de *gairó* 'al sesgo, oblicuamente' (en cuya formación colaboraría un vocablo árabe o mozárabe, vid. *BDC* XXIV, 36-37), oc. *de-caire* «de côté, obliquement», *anà de-caire* «aller de côté, être gêné dans ses affaires», *regardà de-caire* «regarder de côté», *virà de-caire* «mal tourner, prendre un mauvais parti», *metre d'escaire* «mettre d'équerre», *a l'escaire* «en angle droit; en quinconce, en échiquier» (Mistral). Sea como quiera, el sentido del supuesto *a escaire* se deduce fácilmente del del conocido *caire* 'ángulo, canto'; y este terreno de las locuciones adverbiales y afectivas es de los más lábiles en la historia del idioma y que más se renuevan con el transcurso de las edades: no debe sorprendernos el que hoy no pueda documentarse exactamente nuestro vocablo en la lengua de origen. La evolución semántica 'oblicuamente' > 'con desprecio' > 'con desaliño' es fácil y corriente. Para otro derivado del cat. *caire*, vid. *CAIREL*.

DERIV. Gall. *esgairo* 'áspero, esquivo' («fulano es *esgairo*», «el toxo arnal es más *desgairo* que el toxo molar» Sarm. *CaG.* 208*r*), participio trunco en lugar de *esgairado*.

[1] *Desgaries* en la ed. Simpson (p. 62), pero como no hay nota alguna, creo será errata.

Desgajadura, desgajar, desgaje, V. *gajo   Desgalgadero, desgalgar*, V. *galga*

DESGALICHADO, 'desaliñado, desgarbado', fam., cruce de *desgalibado* íd., derivado de *gálibo* 'modelo con arreglo al cual se hacen ciertas piezas de las naves' (V. *CALIBRE*), con *desdichado* (V. *DICHA*). *1.ª doc.:* Acad. 1843, no 1817.

Pagés trae ej. de la andaluza Fernán Caballero (obras de 1849 a 1862); ast. *esgalicháu* 'flaco, ruin, encanijado' (V). En catalán *desgalitxat* se emplea en Tortosa (*BDC* III, 94) y en el País Valenciano (Martí Gadea, *Tèrra del Gè* I, 210). En lugar de *desgalibado* se dice hoy en Andalucía *desgavilado* por metátesis 'desvaído, desairado' o, con influjo de *garbo, desgarbilado* (falta aún Acad. 1899).

Desgana, desganar, desgano, V. *gana   Desgañar*, V. *gana*

DESGAÑITARSE, regionalmente *esgañar* o *desgañotarse* o *desgañifarse*: son derivados de *GAÑIR* 'aullar'. *1.ª doc.:* h. 1640, P. de Medina, *Aut.*

Quevedo emplea varias veces *desgañifarse* (*La Culta Latiniparla, Cl. C.* IV, 157; *Cuento de Cuentos*, ibid. 179; otro ej. en *Aut.;* todos sinónimos de *desgañitarse*)[1]. *Desgañitarse* no es de uso general; no es conocido en la Arg. según Schallman, *El Barbarismo en la Escuela*, p. 53. En su lugar se emplea *desgañotarse* en este país, Venezuela, América Central, Puerto Rico, Méjico y Andalucía (*BRAE* VIII, 499), comp. *esgañutar* para 'ladrar', en el Alto Aragón (*RLiR* XI, 161). En Asturias corren *esgañar* y *esgañításe* (R, V). Covarr. (s. v. *gañir*) registra *desgañirse* 'enronquecer dando voces', y Oudin (1616) *desgañar* 'regañar'. En cuanto al bearn. *ganidà, ganità*, «glapir», *ganitè*[2] «gosier» (Palay), son meros derivados de *ganit* 'gañido' y sugieren la idea de que *desgañitarse* se formara paralelamente en el Alto Aragón, con la conservación de la -T-, propia de este dialecto, y de ahí se propagara a otras regiones españolas. Pero esto está lejos de ser seguro, pues también puede tratarse de una formación sufijal diferente, o de un cruce entre *desgañotarse* y *desgañifarse*.

[1] Comp. *desengañifar* 'desasir, apartar de otro al que se tiene asido por los gañiles', en el propio Quevedo, cita de *Aut.*, s. v.— [2] Con variante «*ganitèt* [< -ELLU] gorge», que figura en los *Tros de pouesie e de prose a l'usance de las Escoles Primàries causits* por un poeta gascón de gusto popular y tan exigente como Miquèu de Camelat (Pau, 1946), p. 42*b*.

Desgarbado, V. *garbo   Desgarbilado*, V. *desgalichado   Desgargolar*, V. *gárgola y galbana   Desgaritar*, V. *garete   Desgarrado, desgarrador, desgarradura, desgarramiento, desgarrar*, V. *garra   Desgarretar*, V. *jarrete   Desgarro, desgarrón*, V. *garra   Desgastador, desgastamiento, desgastar, desgaste*, V. *gastar   Desgavilado, desgavilo*, V. *desgalichado y calibre*

DESGAY, arag., 'retal', del cat. occid. *escaí* (cat. *escaig*) 'pico, pequeña cantidad', 'retal', de origen desconocido. *1.ª doc.:* *escay* en varios invent. arag. desde 1362, Pottier, *VRom.* X, 146; 1836, Peralta, *Dicc. Arag.*

Peralta y Borao registran *desgay* 'retal' y 'parte de diezmo pagada en metálico' y *descay* con las mismas acs.; hay además las variantes secundarias *desguay* y *escay* registradas por Borao. Junto al cat. *escaig* está *escai* o *escatch* en varias hablas occitanas. Me ocuparé de la etimología en el *DECat.* Desde luego nada tiene que ver con *ESQUEJE*, cat. *esqueix*, a pesar de Pottier.

Desglosar, desglose, V. *glosa   Desgobernado, desgobernadura, desgobernar, desgobierno*, V. *gobernar   Desgracia, desgraciado, desgraciar, desgrado*, V. *grado II   Desgramar*, V. *grama   Desgranado, desgranador, desgranamiento, desgranar, desgrane*, V. *grano   Desgreñado, desgreñar, desgreña*, V. *greña   Desguace, V. desguazar   Desguarnecer, desguarnir*, V. *guarnecer   Desguay*, V. *desgay   Desguazar, desguace*, V. *esguazar   Desguince*, V. *esguince   Desguinche*, V. *esguince   Desguindar*, V. *guindar   Desguinzar*, V. *esguince   Deshacedor, deshacer, deshacimiento*, V. *hacer   Deshaldo*, V. *falda   Deshambrido*, V. *hambre   Desharrapado, desharrapamiento*, V. *harapo   Deshecha, deshechizar, deshecho, deshechura*, V. *hacer   Desheladura, deshelar*, V. *helar   Desheredación, desheredamiento, desheredar, desherencia*, V. *heredar   Deshielo*, V. *helar   Deshoja, deshojador, deshojadura, deshojar, deshoje*, V. *hoja   Deshojado*, V. *suelo   Deshollinadera, deshollinador, deshollinar*, V. *hollín   Deshonestar, deshonestidad, deshonesto, deshonor, deshonra, deshonrabuenos, deshonrador, deshonrar, deshonrible, deshonroso*, V. *honor   Deshora, deshorar*, V. *hora   Desí*, V. *y (II)   Déside*, V. *desidia   Desiderable, desiderativo, desiderátum*, V. *deseo*

DESIDIA, tomado del lat. *desidia* 'pereza, indolencia'. *1.ª doc.:* 1693, Sartolo; Eugenio Coloma, † 1697.

Deriv. *Desidioso* [med. S. XVII, Gómez de Tejada]. *Déside*, tomado del lat. *deses, desĭdis*, íd.

DESIERTO, tomado del lat. *desĕrtus, -a, -um*, 'abandonado', 'desierto', propiamente participio de *desĕrĕre* 'abandonar, desertar'. *1.ª doc.:* princ. S. XIII (Berceo; *Sta. María Egipciaca*), como sustantivo; en calidad de adjetivo no parece hallarse antes del *Canc.* de Baena (W. Schmid) y en la segunda mitad del S. XV (*Crón. de Álvaro de Luna;* Nebr.).

Si fuese voz completamente popular tendríamos *disierto* (así en Torres Navarro y otros: Cuervo, *Obr. Inéd.*, 194); pero es semicultismo muy antiguo y arraigado. Cuervo, *Dicc.* II, 1088-9; Cej. VIII, § 33.

Deriv. *Desertar* [princ. S. XVIII: *Aut.*], tomado del fr. *déserter* [S. XII], derivado de *desertus* 'abandonado'; vid. Cuervo, *Dicc.* II, 1066. *Desertor* [*Aut.*] del fr. *déserteur* [S. XIII], y éste del lat. *desertor, -oris*, 'el que abandona', derivado de *deserere*. *Desértico*.

Designación, designar, designio, V. *seña Desigual, desigualar, desigualdad, desiguar*, V. *igual Desilusión, desilusionar*, V. *ludibrio*

DESINENCIA, derivado culto del lat. *desĭnens, -ntis*, 'el que cesa o termina', participio activo de *desĭnĕre* 'cesar', 'terminar'. *1.ª doc.:* Terr., con cita reciente.

Deriv. *Desinencial.*

Desinfección, desinfectante, desinfectar, V. *afecto Desinterés, desinteresado*, V. *interés Desipiencia, desipiente*, V. *saber Desistir*, V. *existir Desjarretadera, desjarretar, desjarrete*, V. *jarrete Deslabonar*, V. *eslabón Desladrillar*, V. *ladrillo Deslaidar*, V. *laido Deslanar*, V. *deleznarse Deslanguido*, V. *lánguido Deslastrar*, V. *lastre Deslatar*, V. *lata, dislate Deslate*, V. *dislate Deslavado, deslavadura, deslavamiento, deslavar, deslavazar, deslave*, V. *lavar Deslayar, deslay(o)*, V. *soslayo Deslazamiento, deslazar*, V. *lazo Desleal, deslealtad*, V. *ley Deslechar, deslecho*, V. *lecho Deslechugador, deslechugar, deslechuguillar*, V. *lechuga*

DESLEÍR, probablemente de una antigua forma *esleír* 'separar, disociar, desintegrar', procedente del lat. ELĬGĔRE 'escoger, seleccionar', cf. el romanismo vasco *esleitu* 'escoger, separar', el cat. *deixatar* 'desleír', propiamente 'desatar', etc. *1.ª doc.: deleír* (variante *desleír*) 'extenuar, debilitar al extremo' (hablando de los miembros de un paralítico o reumático), Berceo, *S. Dom.*, 540c, 582d, 590b; *desdeyr* 'ablandar, derretir parcialmente', Juan Manuel, 1325-36, *Caça*, 56.19[1]; *desleír* en el sentido moderno se halla ya en el *Canc.* de Baena y en APal. 108b, 249b[2].

Así también en Percivale y Covarr.; Cej. VII, § 59. Pero la ac. arcaica de Berceo y sus análogas persisten hasta muy tarde: «*defitiscit* [es decir: *defetiscit*]: desátase, *deslíese*, se desvanece», «*difficiscit* [léase *diffitiscit* = *defetiscit*]: *deslíese*, enflaquézese, podrécese» (APal. 115b), «*desleirse*: tabeo, tabesco» (Nebr.), «*desleirse:* devenir sec et en langueur, tomber en chartre, devenir ethique, definer, se consommer, se pourrir, devenir à neant, se deffaire, se fondre; *desleir otra cosa:* destremper, desleyer, mesler ensemble, dissoudre, fondre» (Oudin, 1607), *desleir el corazón* 'acobardarlo, desmayarlo' en judeoespañol desde el S. XVI (Biblias de Ferrara y Constantinopla: *BRAE* IV, 119). Nótese especialmente que en versiones de la Bibűa escritas en el S. XIII y citadas por Cuervo, *desleir* traduce el lat. *delere* en la ac. 'destruir'.

Cuervo, *Dicc.* II, 1095-6, y Spitzer, *Lexik. a. d. Kat.*, 136n.1, indicaron que estas acs. parecían ser las originarias y mostraban parentesco con DELĒRE 'borrar', 'destruir'; de 'enflaquecer, desmayar, debilitar' era fácil así el paso a 'disolver en un líquido'. El port. *delir*, que hoy es sobre todo 'deshacer, apagar, destruir' (Fig.), significa también 'desleír' en el idioma clásico («dissolver a união de partes por meyo do líquido em que se macera, *v. g. delir a cola ao fogo*», Moraes) y ya tiene esta ac. en Mestre Giraldo (a. 1318: C. Michaëlis, *RL* XIII, 298); parece que en la *Gral. Est.* gallega (princ. S. XIV) se distinguen formalmente las dos acepciones: aquélla como *deslir*, la otra con forma igual a la cast.: «estonçes de la começã a rreter et *deslyr* as neves», «Deus falou a Noé et disso-lle: *desleyrey* da faço da terra ao ome que criey» (184.15, 34.27). Si oc. ant. *delir* significaba 'echar a perder' (p. ej. en un doc. de 1143, del Tarn-et-Garonne, Brunel, *Les plus anc. chartes en langue prov.*, 41.66), hoy ha tomado en general el sentido de «exténuer, anéantir, fatiguer» (Mistral, s. v. *adeli* y *deli*), pero en el Bearne y en el Valle de Arán es 'derretir (nieve, cera, etc.)', e igual significado tiene *delí* en el aragonés de Venasque (Ferraz); para la evolución semántica comp. it. *strùggere* 'derretir (por medio del calor)', *strùggersi* 'consumirse (de deseo, etc.)', procedente de DESTRUERE, y el cat. *delir-se* 'consumirse, suspirar (por algo)'.

En lo que concierne a la evolución formal de la palabra, debería suponerse entonces sustitución del prefijo *de-* por *des-* en romance, y esta misma conciencia de que *de-* es un prefijo sería la causa de que la -L- intervocálica no se perdiera en portugués (sea con mera conservación de la forma latina, sea que el moderno *delir* resulte de un anterior *deslir* con pérdida de la s ante *l*)[3]. Esta etimología sólo choca con la dificultad que le reprocha Brüch, de no explicar la segunda *e* de la forma castellana: no satisface, en efecto, decir con Spitzer que estamos ante un caso inverso al de RĪDĒRE, cast. *reír*, que ha dado port. *rir*, pues siendo general en este último idioma la simplificación del hiato *ei* en *i* (*leído* > *lido*, *creído* > *crido*, *tēido* > *tido*), todo lleva a suponer que de las dos formas *delir* y *deleir* ésta es la más primitiva y no es verosímil que se deba a una ultracorrección.

La explicación podría hallarse en el carácter anómalo de la conjugación de DELERE (participio DELĒTUS y no *DELĬTUS), y particularmente en las formas latinas del tema de pretérito: como ya el idioma clásico eliminaba en ellas la v intervocálica (DELEVIT > DELEIT), formas como DELEISTI, DELEERUNT, DELEISSET, DELEERIT, debían dar justamente *desleíste, deslieron, desliesse, desliere*; esta forma de radical se comunicaría al participio *desleído* (pues el etimológico *de(s)ledo* habría sido demasiado anómalo) y finalmente a todo el verbo, ayudando la vacilación portuguesa y leonesa entre *reír* y *rir*. Por lo demás, no es éste el único caso castellano de generalización del tema de pretérito: *cuntir* y *acontecer* vienen de CONTĬGIT y no de CONTINGIT, y es probable (según indicó ya Spitzer, *ASNSL* CXXXVI, 296-8) que el castellano antiguo *decir* 'bajar' provenga del pasado vulgar DESCIDISSE (= clásico DESCENDISSE, de DESCENDERE), forma que no puede venir del lat. DECĒDĔRE 'alejarse, retirarse, morir' (como quiere, entre otros, *GdDD* 2131), verbo que nunca significó 'bajar'. V. *DESCENDER*.

Pero una palabra vasca aporta nueva luz: Axular (lab. 1643) empleaba *esleitu*, que el Supl. de Larramendi interpretó como «separar»; el vizcaíno Fray Zabala (h. 1800), sin desmentir esta ac. agrega «escoger, elegir». Michelena, *Fuentes de Azkue*, § 603, lo acepta tácitamente y no hace referencia a la traducción «asignar, disponer de una cosa en favor de alguien». Como los datos de Axular y de Fray Zabala son siempre muy objetivos y espontáneos, esto debe de reflejar algo vivo en el vasco de aquel tiempo, y parece evidente que se trata de un romanismo procedente de ELIGERE. Ahora bien, tanto el paso de 'escoger' a 'separar' como el de éste a 'desleír' (cf. cat. *deixatar*, lat. *diluere*, etc.) son muy fáciles. Lo más sencillo sería pues admitir que el cast. *desleír* procede también de ELIGERE > *esleír*, por un proceso paralelo, o sea producido junto con la evolución vasca.

Thurneysen, *Keltorom.*, 56, con la aprobación de Schuchardt (*Litbl.* VI, 111), M-L. (*REW*, 2671) y Brüch (*Misc. Schuchardt*, 1922, p. 71), relacionaba con el irl. ant. *legaim* 'yo derrito', galés *dadlaith* 'deshelar' y *lleith* (< *lecto-*) 'muerte' (< 'disolución'), admitiendo por lo tanto una base celtibérica *LEGIRE 'derretir, disolver'; pero hoy sabemos que el fr. *délayer* 'desleír' no puede tener nada en común con esta raíz céltica ni con el cast. *desleír*, ya que es inseparable de oc. ant. *deslegar*[4]; luego esta raíz celto-romance sólo se fundaría en el español y el portugués, idiomas donde los cel-

tismos abundan menos que en francés; la adición del prefijo *des-*, innecesario para el sentido, aumenta todavía la inverosimilitud[5], y tampoco se ve por qué razón este celtismo habría tomado en romance la terminación *-IRE*: casi todos los verbos de este origen (por cierto nada abundantes) pasaron a la clase en *-ARE* (*tranzar, estancar*, cat. *tancar, trencar*, fr. *briser, trancher, bruiser*, etc.).

No habría gran dificultad en derivar del lat. DILŬĔRE 'disolver' el port. *delir*, como quieren Cornu (*GGr.* I, § 117, 320) y Nobiling (*ASNSL* CXXV, 397), puesto que CONSUERE ha dado *coser* y CONSPUERE > *cuspir, escupir*, pero la segunda *e* del cast. *desleír* sería entonces inexplicable; no se puede comparar este caso con el del port. *possuir* 'poseer', cuya *u* se explica por dilación de la *o* inicial[6].

Otras etimologías son mucho menos verosímiles. La de Covarr., que miraba a *desleír* como variante de *desligar*, sería concebible si partiéramos de *desliar*, puesto que el cat. *deixatar* 'desleír' es DE-EXAPTARE, es decir, *desatar*, y en castellano mismo este último verbo ha tenido igual significado; pero aunque las formas *yo deslío* y *él deslió* son comunes a *desleír* y *desliar*, este cambio de conjugación es muy difícil de admitir.

En cuanto al catalán *delir*, simple y claro descendiente de DELERE, véase mi *DECat.* s. v. *delir*.

DERIV. *Desleidura. Desleimiento*.

[1] «A mester [el falcón] quel den a comer manteca crúa, e quela fagan *desdeyr* entre los dedos e gela metan en las ventanas». Esta forma es seguramente un lapsus por *desleyr*, por repetición distraída de la consonante inicial.— [2] «*Delicuit*: tornóse en liquor, *desleyóse*», «*liquere* es regalar, *desleyr*, tornar algo en liquor».— [3] No es verosímil la hipótesis de un *desdelir*, cambiado en *desledir* y *desleir*, a que recurre Cuervo, guiándose por la grafía *desdeyr* de J. Manuel, que así de todos modos sería inexplicable.— [4] Quizá derivado negativo de *legar* 'atar' LIGARE; o bien va con el it. *dileguare* 'disolver', lat. DELIQUARE, a base de un vulgar *DELICARE. En el mismo sentido, *ARom.* VI, 209.— [5] M-L., admite una base *DISLEGIRE, al parecer en calidad de híbrido latino-céltico, por cierto improbable. Cabría admitir que *des-* se agregó en romance, como refuerzo del significado, pues *liir* «desfazer» (*se liia todo*) se halla en un texto portugués de h. 1400 (*Padres de Mérida: RL* XXVII, 47), pero este ej. completamente aislado será más bien una formación regresiva de *deliir*, ya documentado antes. En favor del céltico se podría citar un cat. ant. *desligir* que leo en el *Libre de Sent Soví* del S. XIV: «ages formatge... com será ben picat destemprahó ab aygua tebea e, com axetarás (= *deixataràs*), no mens lo boix entorn, com en continent se *desligiria*, mas tant solament picant» (*Bol. Acad. B. Letras* XXIV, 24; texto idéntico al ya publi-

cado en el *Bol. de la Soc. Castellon. de Cult.*
XVI, 173). Pero ante el completo aislamiento de
esta forma me inclino a creer que sea error de
copista por *desligaria* (nótese lo extraño de las
tres *i* consecutivas) o a lo sumo castellanismo, 5
adaptado según el modelo de *leido = llegit*.—
⁵ Hay homonimia de *desleír* con el cast. ant. *esleír*
(Juan Manuel, en M. P., *Antolog. de Pros.*, p. 34;
Tilander, *Fueros de Aragón*, § 129.2) 'elegir',
pero no existe posibilidad semántica de identificar 10
los dos verbos. Para *desleír* podría también pensarse en DĪLĪDĔRE 'romper', por lo demás sólo
documentado en Plauto, pero no es probable separar nuestro verbo de oc. *delir*, que fonéticamente es inconciliable con este verbo latino. 15

Deslenar, V. *deleznarse*   Deslendrar, V. *lien-
dre*   Deslenguado, deslenguamiento, deslenguar,
V. *lengua*   Desliar, V. *desligadura*   Desligar,
V. *ligar*   Deslindador, deslindadura, deslinda-
miento, deslindar, deslinde, V. *límite*   Desliñar, 20
V. *línea*

DESLIZAR, de una raíz LIZ- común a varios
romances y a otros idiomas, de creación sin duda
onomatopéyica, imitativa del ruido que produce el 25
deslizamiento. *1.ª doc.:* Lucano, Alf. X: Almazán;
J. Ruiz, 75c, «El omne quando peca bien vee que
desliza».
    Tiene *z* sonora en castellano antiguo, así en este 30
autor (donde *desliza* rima con *ceniza* y *atiza*) como
en Nebr. («*deslizarse:* caer por lo liso, *labor*»).
Para matices semánticos y construcciones, vid.
Cuervo, *Dicc.* II, 1097-9: la construcción intransitiva se halla todavía en Fr. Luis de León, Lope, 35
Espinel, etc.; Cej. VII, § 78. Es también corriente
el port. *deslizar* «escorregar brandamente; resva-
lar». En Aragón corre *eslisar* (Coll A.), *eslisarse*
(*BDC* XXIV, 168). En catalán *eslisar-se* es dialectal (Pallars, Segriá), *llisar* rosellonés; hay for- 40
mas semejantes en hablas gasconas del Pirineo
(Arán *eslisà-se*, bearn. *eslisà*, Haute-Garonne *es-
lissà-s*) y en otros dialectos de Oc (Aveyron *lisà*,
lissà)¹. Como observó M. L. Wagner, *VRom.* V,
149, derivar estas formas del germ. LĪSI, de donde 45
suele sacarse el cast. *liso*, no es admisible, por razones fonéticas, a pesar de la opinión favorable
de Cuervo y de M-L., *REW*, 5081; en castellano
se opone a ello la -*z*-. Se nota además que hay
otras formas romances emparentadas con *deslizar* 50
y que se apartan decididamente de este adjetivo:
cat. *lliscar²*, venec. *slissar, slicegar*, lomb. *lisarse*
'deslizarse' (*AIS*, mapa 847, *sdrucciolarsi*), sardo
lassinare, lašinare, lišiginare, campid. *lišinai*, sardo
lassindzǫzu 'resbaloso', logud. ant. *lansinosu, lanci-* 55
(en los Condaghes de Trullas y de Silki, SS. XIII
y XII). A la misma familia partenece el cat. de
Cerdaña *llissa* 'barranco empinado' (oído en Lles),
aran. *lissa* 'pista para lanzar montaña abajo troncos cortados', Luchon *eslisso* «ravin forestier» (*RLR* 60

XLVII, 512), bearn. *lisse* (Palay), que reaparece
en los Alpes: Comelico *lissa* «luogo adatto per far
scivolare verso la valle i tronchi d'albero tagliati»,
friul. *lisso* íd. (Tagliavini, *ARom.* X, 136), voces
que sólo secundariamente se relacionan con el
gasc. *lits* 'alud, canal del alud', el cast. ALUD y
su familia prerromana. En la imposibilidad de
derivar todas estas formas, bastante divergentes
desde el punto de vista fonético, de una base única
cualquiera, se impone considerarlas onomatopeyas
imitadas del ruido LIZ- que produce el deslizamiento sobre una superficie mojada o grasienta.
Igual base semántica en el prus. ant. *glosano* (trad.
blindschleiche en el glos. de Elbing 778) y derivado
de la raíz del lit. *glodžiu, glósti* 'pulir, alisar', lit.
glodùs 'suave', let. *glãstît* 'acariciar', prus. ant.
glosto 'piedra de afilar' (cf. Pokorny, *IEW*, 432).
Claro que no viene de *ELISARE de ELĪDĔRE 'arrancar', 'aplastar' (*GdDD*); no importa que en Navarra se diga (*es*)*lisarse* o *relisarse* (Iribarren) y en
Bielsa *eslisarse* o *eslesarse* (Badia), variantes naturales dado el carácter onomatopéyico.
    DERIV. *Desliz* [Paravicino, † 1633], postverbal
de tipo común (comp. *hilván, desmán*), también se
dijo *deslizo* (*Aut.*, sin ejs.). *Deslizable. Deslizade-
ro. Deslizadizo. Deslizamiento* (para su significado
técnico, vid. *BRAE* X, 255). *Deslizante*. Acaso sea
derivado de *deslizar* el sustantivo *eslizón* 'cierto
saurio de cuerpo largo y pies cortos' [Acad. 1899],
pero la escasa información que poseemos sobre el
nombre y sobre el animal es insuficiente para formar juicio; comp. arag. *eslizón* 'resbalón' (Coll);
parece tratarse de la *Anguis Fragilis L.*, llamada
en catalán *llisona* o *lliseta* (Ag.), en el Sur de las
Landas *lisèt* (Palay), y del mismo radical vendrán el cordobés *liso* «lagartija» (*AORBB* I, 30),
retorrom. de los Grisones *ližeta* y *šižeta* (*AIS*, s. v
lucertola); el cast. *lución* 'Anguis Fragilis' [Acad.
1899] puede ser alteración de *lizón* por influjo
de *lucio*, por el color gris de este saurio.
¹ Véase para estas formas, *BDC* XXIII, 288.—
² Es el vocablo normal para 'deslizarse' y *relliscar*
'resbalar' hoy casi general en todo el dominio,
aunque hay val. *esvarar* y quedan huellas del
viejo (*es*)*llenegar*(-*se*) en muchas partes. En cambio en gallego existe *liscar* (ajeno al port.), pero
es palabra menos empleada: Vall. *liscar* 'largarse, alejarse', *liscarse* casi con el matiz catalán,
pero reflexivo, en Castelao: «*liscouse* como unha
cobra» (216.6f.), que es 'escurrirse', 'marcharse
deslizándose'.

Desloga, V. *lugar*   Deslomadura, deslomar, V.
lomo   Deslucido, deslucimiento, deslucir, V. *lucir*   Deslumbrador, deslumbramiento, deslum-
brar, deslumbre, V. *lumbre*   Deslustrador, des-
lustrar, deslustre, deslustroso, V. *lustre*   Desmadejado, desmadejamiento, desmadejar, V. *madeja*
Desmadrado, desmadrar, V. *madre*   Desmaído,
V. *desmayar*   Desmajolar, V. *majuelo, majuela*

Desmalazado, V. desmazalado   Desmalingrar, V.
malo   Desmallador, desmalladura, desmallar, V.
malla   Desmamar, V. mama   Desmameyar,
V. mamey   Desmamonar, V. mama   Des-
mampallado, desmamparar, V. parar

DESMÁN, I, 'exceso, desorden, tropelía', 'desgracia, suceso infausto', derivado postverbal del
antiguo desmanarse 'desbandarse, dispersarse (las
tropas)', hoy confundido con el verbo desmandarse 'insubordinarse', pero originariamente significó
'apartarse del rebaño, descarriarse', y derivada de
mano en el sentido de 'manada, grupo de personas o animales'. 1.ª doc.: desmano, 1403, Rim.
de Palacio, N, 797b, 805f; desmán, 1565, Illescas.
   Los dos ejs. clásicos que cita Aut., y otros que
pueden agregarse, tienen la ac. 'desgracia, suceso
infausto'[1]. Pero la de 'exceso, tropelía' es también
clásica («no hay otra cosa, ni ha sucedido otro
desmán alguno, sino el que se teme que quiere
h a c e r Don Quixote», Quijote, II, vii, 23) y está
bien documentada en Minsheu (1623) («a misde-
meanour, an ill behaviour») y en Oudin («erreur,
faulte, desvoyement, fourvoyement, abus»)[2]. Este
último significado (de donde se pasó al de 'desgracia') se explica bien si consideramos a desmán
derivado postverbal del verbo desmanar, documentado en el sentido de 'apartar, evitar' en Calila
(RFE XL, 154), 'dispersar, desbandar', en APal.
(«diducere es dividir, apartar y desmanar», 114d)
o desmanarse 'descarriarse, separarse del rebaño':
«desmanarse de la manada: aberro, segrego» en
Nebr., «id.: s'oster de la troupe, se desbander,
decliner, s'escarter et separer» en Oudin, «desmanar: to goe astray, to stray», en Percivale[3].
   Claro está que este verbo, lo mismo que manada,
es derivado de mano en el sentido de 'grupo de
personas o animales'[4], lat. MANUS 'puñado de hombres', 'grupo de esclavos, de soldados, etc.'. Pero
al emplearse verbalmente, y tomar un significado
militar, el vocablo caía bajo el influjo de mandar
y se confundía con desmandar 'dar contraorden',
desmandarse 'desobedecer', del cual se hallan ya
varios ejs. en obras de Alfonso el Sabio (Cuervo,
Dicc. II, 1103a); tanto más cuanto que desmanarse podía parecer variante catalano-aragonesa de
aquél[5]. El resultado fué que Nebr. los da como
sinónimos, y, al compilarse Aut., desmanarse estaba ya anticuado y su rival había heredado todas
sus acs. desde el Siglo de Oro: véanse en Cuervo
(II, 1102b) numerosos ejs. de desmandarse 'apartarse del rebaño' (ovejas desmandadas en Fr. Luis
de Granada, Fr. Luis de León y Lope), 'des-
ordenarse, apartarse de la compañía en que se va'
(en Castillejo, Mariana, Mármol, Coloma, Jáuregui, Cervantes)[6].
   Ocurrió lo propio en la lengua portuguesa:
«ovelha desmandada: a que se apartou e vai longe
do rebanho, descarriada; tiro desmandado, perdido, atirado a montão, sem pontaria certa; des-

mandar-se o soldado: saindo da forma, do bata-
lhão», y véanse ejs. del S. XVI, Castanheda, Moraes Cabral, Damião de Goes, en Moraes y Vieira;
téngase en cuenta que en este idioma manada y
*desmanar-se habían de ser castellanismos, en vis-
ta de la -n- conservada, carácter advenedizo que
facilitó la alteración de este último[7]. Es natural,
por lo tanto, que ahí desman(o) se convirtiera también en desmando[8]. Carece de fuerza, por consiguiente, la objeción de esta última forma que
hace Nobiling (ASNSL CXXIV, 335) a la etimología correcta propuesta por M-L. (REW, 5339),
tratando de rehabilitar la interpretación equivocada de Diez. Según éste (Wb., 415) desmán sería un provenzalismo, procedente de 'contraorden'
y regular en este idioma como derivado de desmandar 'dar contraorden'. Mas partiendo de este
significado no es posible llegar al de desmán en
castellano, en lengua de Oc no hay otro significado
que éste y el de 'desorden' que Diez le atribuye
no existe.

   [1] «Fué con tan buen pie, que sin acontecerle
desmán alguno, ganó toda la tierra», Illescas;
«Llegamos sin desmán ni impedimento», Ercilla;
«sin acaecerles desmán o impedimento alguno
llegaron a dos leguas de un lugar», Cervantes,
Las dos doncellas, ed. Hz. Ureña, 127. Igual
en Góngora y en tres de los cuatro ejs. del
Quijote que reúne Cej.— [2] El texto del Rim. de
Palacio no es claro. Se trata del cisma de Occidente: «Maguer so el menor siervo de Dios cristiano, / dolié me asaz mucho aqueste grant desmano; / non lo puse en olvido, nin en cuydado
vano»; «el su colegio muy noble e onrado / de
los cardenales, que está devisado [dividido], /
por nuestros pecados, en muchos desmanos» (rimando con cristianos). El segundo pasaje sugiere
una ac. 'discordia, bandería' o 'descarrío', que se
compaginaría bien con el sentido de desmanarse,
pero ahí el ms. E lee «por nuestros pecados e
nuestros desmanos» y entonces puede entenderse
'exceso' o 'calamidad'; el primer pasaje no resuelve la cuestión. Tampoco son inequívocos los
varios ejs. de desmano que cita Cej., Voc. En Sánchez de Badajoz, Recopil. I, 145, un fraile exclama «Qué desmano!, / Por tu vida calla, hermano», ante las interrupciones constantes de un palurdo. En el Canc. de Baena, n.º 217, v. 217, v.
32: «Aun figuro por tirano, / a quien con rre-
gularidat / va contra la voluntat / de su grant
rrey soberano / con tractos de algún desmano».
En los Salmos de Guillén de Segovia, hablando a
Dios: «yo bien siento, / encima de mi 'sturmen-
to, / que es humano, / tu bendita y santa mano /
de piedad, / por mis yerros, mezquindad / y
desmano» (Canc. de Castillo I, 48). Hasta aquí
cabe la traducción 'descarrío', pero también cabe
entender 'calamidad' en el primer caso, 'tropelía,
exceso' en los otros dos. El de 'calamidad, desgracia' parece claro en Alonso de Proaza (1500-

1510): «el bueno conserva y daña al tirano / al
vno da vida, al otro *desmano*», refiriéndose respectivamente a los animales pecuarios, abundantes, y a las fieras, que se reproducen en escaso
número (*Canc.* de Castillo, I, 664).— ³ Más ejs.
de *desmanarse* 'desmandarse, insubordinarse', 'desbandarse', en textos de los SS. XIV y XV citados
por Cej. Uno del *Canc.* de Baena en W. Schmid.—
⁴ «Junta o línea de hombres que van a ejecutar
alguna cosa, como *mano* de segadores, cavadores,
etc.» (*Aut.*), «número de personas unidas para
un fin» (Acad., ac. 19).— ⁵ Viceversa *desmandar*
'dar contraorden' se convertiría ocasionalmente en
desmanar, que en el S. XIII tiene el sentido de
'impedir, estorbar', en la *1.ª Crón. Gral.* 96b49
(los romanos al saber la muerte dada a Julio César «quisieran quemar el Capitolio con todos los
fazedores de la nemiga; mas ovo y algunos que
lo *desmanaron*»), y en el *Calila y Dimna* (dice
el gato al ratón: «el religioso... me conpró por
desmanar el dapño que le fazias», ed. Allen,
195.279). Comp. el ant. *desmañar* [?] 'estorbar,
impedir', registrado por la Acad. [ya en 1843].
Luego hubo confusión recíproca de las dos palabras.— ⁶ Agréguese: «Si acaso... fuéssemos sentidos y los Christianos tocassen a arma, en noche
tan escura y tenebrosa, no conoziendo ellos la
tierra, tampoco osarían *desmandarse* en nuestro
seguimiento», 'separarse del grueso del ejército',
Pérez de Hita, ed. Blanchard II, 324. De ahí
'aventurarse, atreverse': «con tal violencia me
altera, / que desta vida grosera / me ha forzado
a desterrarme; / y que a buscar me *desmande* /
lo que mi estrella destina», Tirso, *Vergonzoso* I,
395; «algúnas véces se *desmandaba* a ir en un
machuelo aún no bien aderezado», *Coloquio de
los Perros*, Cl. C., 238-9. Otras veces *desmandar*
'apartarse': «Burlas de quien sin olvido / de
servirte no *desmanda*: / yo soy de ti despedido /
porque dizen que es perdido / quien tras lo perdido anda», Farsa de Alonso de Salaya, 3r. cuarto
del S. XVI, v. 700 (ed. Gillet).— ⁷ Más materiales para la historia de *desmandar* y *desmanar* en
Malkiel, *Univ. of Calif. Publ. in Ling.* I, 232,
274.— ⁸ «Socegar os *desmandos* e alvoroços, em
que os Fidalgos daquella Comarca andavão», «se
os comprendem em algum *desmando*», en textos
de los SS. XV y XVI recogidos por Moraes. Fig.
cita un ant. «*desmanho*»: desbandada, desorden,
confusão», que supone otro intento de adaptación
del vocablo forastero a un radical portugués.

DESMÁN, II, 'ratón almizclero, especie de castor', del sueco *desman-rătta*, propiamente 'rata de
almizcle', compuesto de *désman* 'almizcle'. *1.ª* doc.:
Acad. 1843, no 1817.

En francés el vocablo se halla ya en Littré
(1863); en inglés desde 1774. El español lo tomaría por conducto de uno de estos idiomas. El
traslado del acento podría indicar el francés.

Desmanar, V. *desmán* I   *Desmanchar*, V. *mancha* y *malla*   *Desmancho*, V. *mancha*   *Desmandado, desmandamiento, desmandar*, V. *desmán*
y *mandar*   *Desmanear*, V. *mano*   *Desmangar*,
V. *mango*   *Desmangarrillar*, V. *manganilla*
Desmangorrear, V. *mango*   *Desmanotado*, V.
mano   *Desmantelado, desmantelamiento, des-
mantelar*, V. *manto*   *Desmaña, desmañado, des-
maño*, V. *maña*   *Desmañar*, V. *desmán*   *Des-
marañar*, V. *maraña*   *Desmarciado*, V. *marchito*
Desmarrido, V. *marrido*

DESMAYAR, tomado del fr. ant. *esmaiier* 'perturbar, inquietar, espantar', 'espantarse, desfallecer', y éste procedente del lat. vg. *EXMAGARE 'quitar las fuerzas', voz que dejó descendientes en varios romances itálicos, galos e hispánicos, derivada
del germ. MAGAN 'tener fuerzas, poder'. *1.ª doc.*:
princ. S. XIII (*Sta. M. Egipc.*; *Setenario* f° 10 v°;
Calila 36.605; *1.ª Crón. Gral.* 396a6).

Para otros ejs. medievales, y para construcciones
y matices, vid. Cuervo, *Dicc.* II, 1103-5. Es frecuente desde el S. XIII. En *Fn. Gonz.* (468c) y en
Alex. (701d) aparece una variante *desmaido* o *esmaído* (así *Alex.*, 224d, 828c)¹, asegurada por la
rima, que se deberá a cruce con otro adjetivo, quizá *desvaído*. La construcción en la Edad Media es
siempre intransitiva y el significado es 'desalentarse, desfallecer', como en francés; *desmayarse* en
el sentido de 'desvanecerse, perder los sentidos' no
aparece hasta el Siglo de Oro (Fr. Luis de León,
Mariana, Cervantes) y ha de considerarse desarrollo secundario. En francés el vocablo, muy empleado hasta entonces, cae en desuso hacia 1600,
pero de su antigua vitalidad son testimonio el derivado *émoi*, el galicismo inglés *to dismay*, y la
abundante supervivencia del vocablo en los dialectos, particularmente en los del Oeste, Centro
y Sur, del territorio lingüístico de Oïl. Del mismo
origen y con carácter autóctono son oc. ant. *esmagar, esmaiar*, cat. ant. *esmagat* 'desanimado'
(raro, un ej. en la *Crón. de Jaime I*, 530.14) y el
it. ant. *smagare* 'confundir, perturbar, desconcertar'; probablemente también el port. y gall. *esmagar* 'afligir, abatir', 'aplastar', salm. *esmagar*
'apretar, estrujar', 'aplastar' (Ribera del Duero),
que sugieren la idea de que el vocablo debió extenderse en otro tiempo por toda la Península,
hasta que le reemplazó el galicismo. Éste se introdujo también en el cat. *desmaiar* (ya algún ej. medieval), port. *desmaiar*, con igual sentido que en
castellano. Comp. *FEW* III, 298-9; Gamillscheg,
R. G. I, 31.

DERIV. *Desmayado. Desmayadizo* [1605, López
de Úbeda, p. 47 (Nougué, *BHisp.* LXVI)]. *Des-
mayamiento. Desmayo* [*Conde Luc.*]; ast. *desmayu*
'sauce de Babilonia' (V), cat. *desmai* 'sauce llorón'.

¹ El ms. *P* reemplaza por *desmarrido* en los dos
primeros pasajes, mostrando así que en su época
(S. XV) ya no se conocía el vocablo. Pero en el

tercero trae *desmedido,* que no conviene para el sentido, lo que demuestra que está alterando el texto original.

DESMAZALADO, antic., 'decaído, flojo de ánimo', 'descuidado en el cuerpo o en el vestir', derivado del hebreo *mazzāl* 'destino, suerte' (propiamente 'estrella'), significó primitivamente 'desdichado', ac. que se ha conservado en judeoespañol; el port. *desmazelado* se debe a un influjo secundario de *mazela* 'mancha', 'defecto', 'pena', del mismo origen que MANCILLA. 1.ª *doc.*: Villasandino († h. 1425).

Es básico para el estudio de esta palabra el trabajo de Yakov Malkiel, *HispR.* XV (1947), 272-301. Mérito suyo ha sido el llamar poderosamente la atención hacia el influjo que en gallegoportugués ejerció sobre esta palabra la familia autóctona de *mazela* 'mancilla'[11]; pero su idea de que esta última palabra constituye el verdadero étimo del vocablo, alterado en castellano por un influjo posterior del hebreo, no puede suscribirse; comp. Spitzer, *NRFH* I, 78-79. No es posible rehuir la conclusión de que la -*e*- de *desmazelado,* limitada al territorio gallegoportugués, donde existe *mazela,* e inexistente allí donde la forma *mancilla* quedaba demasiado distante, ha de ser lo secundario, y que *desmazalado* es lo primitivo, puesto que no se puede explicar fácilmente como una alteración romance.

Nótese que esta última forma, además de ser la más antigua en términos absolutos, es también la documentada más antiguamente en Portugal, pues figura en el Cancionero de Resende[2]. Conviene también subrayar que el vocablo ha conservado el máximo de vitalidad en las hablas sefardíes, donde es corriente no sólo en las de Constantinopla, Salónica y Monastir, sino también en Marruecos[3]; allí se ha conservado por lo común la ac. primitiva 'desventurado', y el vocablo se codea con numerosos derivados romances de la misma raíz semítica, tales como el opuesto *mazaloso,* y sobre todo *desmazal* 'desgracia'; por lo demás, era muy común que los judíos sacaran de sus raíces semíticas formaciones nuevas provistas de sufijos neolatinos, como las citadas en el mencionado trabajo (nota 24)[4] o como el conspicuo JOROBADO (*jadubrado*). Claro está que el argumento (así como así de valor dudoso) del antisemitismo de Cervantes, que tanto usó *desmazalado,* se desvanece desde el momento que el vocablo pertenecía entonces al castellano común desde más de 200 años; más importancia tiene el que aparezca por primera vez en una colección tan impregnada de judaísmo como el Cancionero de Baena (vid. aquí COHÉN y composiciones cuajadas de voces hebreas, como la 501). Partir del hebreo, finalmente, simplifica la historia del vocablo al ahorrarnos la hipótesis de un préstamo del portugués al castellano (ya que aquí hubiera sido muy difícil la supuesta

alteración de un *desmancillado), hipótesis contradicha asimismo por la cronología. En definitiva, la buena etimología es la ya antigua y aceptada unánimemente hasta hoy, entre otros, por eruditos de la autoridad de Ascoli, M-L., M. L. Wagner y Spitzer (*ASNSL* CXXXVIII, 236).

Por lo demás, la historia romance del vocablo está bien trazada por el Sr. Malkiel[5]. El vocablo figura en bastantes autores de los SS. XV a XVII, pero hoy ha caído en desuso en España y en América. Entre los lexicógrafos lo recogió primero Oudin en 1607 («debile, lasche, flac»)[6], seguido por otros muchos. La variante *desmalazado,* registrada por la Acad. (falta todavía en la ed. de 1899), no está comprobada por los textos ni por otros diccionarios, y en todo caso es metátesis secundaria[7]. La evolución semántica desde 'desdichado' a 'decaído', 'flojo', 'malvestido' es paralela a la que sufrieron otros tantos vocablos sinónimos (recuérdense *astroso, malhadado,* etc.).

[1] Malkiel no cita testimonios de la vida popular del vocablo en los dialectos portugueses. Abundan, sin embargo. P. ej. Santa Margarida (Beira) *ser desmaselado* «descuidado no cumprimento dos deveres», *desmaselar alguem* «ferir alguem de tal modo que lhe deixe as feições trastornadas» (*RL* II, 248). El vocablo, como se ve, está ya de lleno en la órbita de *mazela,* pero el significado del participio-adjetivo se aparta todavía del de esta palabra y nos muestra claras huellas del juicio moral que su conexión con *mazzāl* implicaba originariamente.— [2] Publicado en 1516, pero la mayor parte de sus composiciones pertenecen al S. XV. Por lo demás, *desmazelado* no le sigue de lejos si ésta fué realmente la forma empleada por Gil Vicente, cuyas composiciones abundaron sobre todo en los años 1517-1536. Convendría comprobarlo en ediciones más críticas que la citada en dicho trabajo, nota 128.— [3] «*Desmazzalada*: sucia, negligente... su primera acepción es desdichado, y por extensión vino a significar descuidado, desatinado, etc.», según Benoliel, *BRAE* XIII, 533-4, que insiste con argumentos propios en el conocido origen hebreo del vocablo. A nosotros nos interesa especialmente subrayar la *zz* doble con que se pronuncia. Llamo la atención sobre este pormenor porque Malkiel da importancia a la supuesta ausencia de *desmazalado* en el judeoespañol de Marruecos.— [4] Véanse también los derivados de *mazzal* que ha formado el yídish con elementos alemanes y eslavos (nota 52).— [5] Sólo podría rectificársele cuando dice que Nebr. recogió *desmazalado.* El vocablo no figura en el diccionario castellano publicado por el humanista, sino en una reedición del S. XVIII. Puede agregarse un lindo ejemplo cervantino: «¡Ay, señora de mi alma! ¿Y todas esas cosas han pasado por vos y estáisos aquí descuidada y a pierna tendida? O no tenéis alma, o tenéisla tan *desmazalada* que no siente», *La Señora Cornelia,* ed. Hz. Ureña,

p. 178.— ' Las ediciones posteriores del mismo diccionario modifican el artículo adaptándolo al de Covarr.— [7] Ha corrido además una variante alterada *desbalazado*, de la que recuerdo varios ejemplos en escritos castellanos de Pedro Coro-minas por sus años madrileños de 1899-1905: «de los tres concertantes en el... de la Srta. Concepción Vargas hay, sin embargo, una bárbara originalidad, una cierta extravagancia, que acusa en su autora un deseo de emancipación. Quizá sea técnicamente el trabajo más *desbalazado* de todos, pero a lo menos no imita» (correspondencia de Madrid en «La Música Ilustrada», n.º 14, 5-VII-1899, p. 8). ¿Aparece esta variante en fuentes propiamente madrileñas? Si no, acaso la *b* se deba a influjo del sinónimo caṭ. *desballestat*, o del cast. *desbarajuste*.

Desmedido, desmedirse, V. *medir*   *Desmedrar, desmedro*, V. *medrar*   *Desmedrir*, V. *miedo*   *Desmejora, desmejoramiento, desmejorar*, V. *mejor*   *Desmelenar*, V. *melena*   *Desmelgar*, V. *miel*   *Desmembración, desmembrador, desmembradura, desmembramiento, desmembrar*, V. *miembro*   *Desmemorado, desmemoria, desmemoriado, desmemoriarse*, V. *memoria*   *Desmenguar*, V. *mengua*   *Desmentida, desmentidor, desmentir*, V. *mentir*   *Desmenuzable, desmenuzador, desmenuzamiento, desmenuzar*, V. *menudo*   *Desmeollamiento, desmeollar*, V. *meollo*   *Desmeredor, desmerecer, desmerecimiento*, V. *merecer*   *Desmesura, desmesurado, desmesurar*, V. *medir*   *Desmigajar, desmigar*, V. *miga*

DESMIRRIADO, fam., 'flaco, consumido', del mismo origen incierto que el port. *mirrado* 'amojamado, seco, consumido'; es probable que sea portuguesismo de procedencia leonesa, quizá derivado de *MIRRA*, con el sentido primitivo de 'embalsamado, momificado'. 1.ª doc.: Aut.

Aunque la forma que encabeza este artículo es la registrada por *Aut.*, creo de empleo más frecuente en el día la forma *esmirriado*, que se lee en Bretón de los Herreros y otros (Pagés). En portugués el vocablo tiene mayor riqueza semántica: 'marchito, seco' (*flores mirradas*), 'flaco, consumido' (*cara mirrada*); y allí coexiste con vocablos emparentados: *mirrar* «tornar sêco, definhar-do; tornar magro; gastar; *intr.*, secar-se, perder o viço; perder a energia; humilhar-se; desaparecer; fugir, esconder-se», «*mirra, fam., m.*, magrizela; homem mesquinho, avarento» y el anticuado «*mirro, sêco, esgotado*», empleado por Filinto y Castilho; hay también *esmirrado* en algún autor moderno (cita en Fig.), y como voz jergal *mirrar-se* o *esmirrar-se* se emplea en el sentido de 'escapar de la cárcel' (propiamente 'hacerse delgado para que el cuerpo pase por un lugar estrecho': M. L. Wagner, *VKR* X, 23n.3, compara el alem. *sich dünne machen*). Como en portugués *hia-se*

mirrando e consumindo ya se halla en Sousa (1623) y *mirrados da fome* en Vieira (1676), y como *esmirriado* se emplea particularmente en Asturias (Acevedo-F.), hay motivo de sobra para sospechar un origen leonés o gallegoportugués, pues también es gallego *mirrado* 'flaco, estíptico' («una manzana *mirrada*», «este hombre está *mirrado*» 'está en los huesos', Sarm. *CaG.* 77r; «*mirrada* de frío» Castelao 279.23). Por lo demás, un ej. de *mirrado* 'consumido' se halla ya en el *Canc.* de Baena, en poesía de Íñigo de Stúñiga, personaje castellano, aunque de prosapia navarra (n.º 576, v. 11)[1].

Es problema difícil el de decidir cuál debe de ser la forma originaria del radical, *mirr-* o *mirri-*, pues es normal que el portugués suprima la *i* en tales casos (comp. *BIRRIA, FURNIA*), y por otra parte el leonés puede agregar esta vocal en circunstancias semejantes y en desacuerdo con la etimología (*CONGRIO*; *buriaco = buraco*)[2]; esto último sería lo cierto si pudiera asegurarse la etimología siguiente. Sólo Nascentes ha propuesto una: «significa própriamente *preparar com mirra* e, como os cadáveres preparados assim, ficavam secos, daí proveio a alteração do sentido». En efecto, es conocido y típico el uso de la mirra para embalsamar; a él se refiere Covarr. (s. v. *mirra*, con cita de Plinio), ya Marcial habla de una mirra que huele a cadáver por haber sido robada de una tumba (11, 54), y por lo demás es hecho generalmente conocido. El cambio de significado se produciría en frases como la citada por Moraes: «o Sol *mirrou* os cadáveres, que jazião no campo de batalha», de ahí un *mirrado* 'apergaminado, amojamado como cadáver'. Sería bueno, sin embargo, hallar confirmación en autores no preocupados por cuestiones etimológicas, como lo son siempre los lexicógrafos[3]. Pues cabria pensar en otros orígenes, aunque menos verosímiles[4]. La Acad. piensa en una variante de *desmarrido* 'desfallecido, mustio, triste'; como *marrido* viene del fráncico MARRJAN (= gót. *marzjan*), y hay otros casos de germanismos en -JAN romanizados en -*iar*, la idea no es absurda, pues el cambio de sentido podría admitirse (M-L. cita un sardo *marriu* 'flaco, delgado' que no hallo en Spano). Pero no es probable, ya que una forma **marriar* o **(d)esmarriar* no es conocida en ningún romance, y tampoco se explicaría el paso a una forma **desmerriar* con *e* (de donde podría llegarse a *desmirriar*).

[1] *Esmirriat* tiene cierto curso en catalán, pero se considera generalmente castellanismo, excluído por los diccionarios (Fabra, Ag., Bulbena, Vogel, Amengual, Escrig). Desde luego *desnerit* y *migrat* son sinónimos más castizos.— [2] *Mirria* por *mirra* está ya en J. Ruiz *G* 27a.— [3] Muy en cuenta habrá que tener la posibilidad de una relación directa entre *desmirriado* y *MIERA*. Tanto más cuanto que éste parece venir de MYRRHA. ¿Quizá a base de la idea de 'echado a perder con miera'?

conocida es la costumbre de los campesinos andaluces de corromper las aguas de un pozo echán-
doles miera, como broma pesada (V. la nota de
Rz. Marín a las *Novelas Ejemplares* de Cervantes, *Cl. C.*, p. 221). Que *desmirriado* signifique
propiamente 'sin miera' hablando de una res que
se consume por falta de este medicamento, es
otra posibilidad, pero no bien clara desde el
punto de vista morfológico.— [4] En Asturias, especialmente, *desmedrar* es 'enflaquecer' (Rato).
Como *desmedrar* viene de *desmej(o)rar*, podría
sospecharse que del portugués *milhor* o *melhor* se
hiciera *esmilh'rar* > *esmilrar* > *esmirrar* (para un
caso algo dudoso de *lr* > *rr*, vid. *ACARRAR*).
No creo tenga que ver con esto *mirlado* 'entonado, ataviado con afectación' [Covarr.], aunque
junto a él cite la Acad. un anticuado *mirlar* 'embalsamar' (que realmente existió, pues el P. Martín Sarmiento decía: «Nuñez de la Peña usa del
verbo *mirlar* y cuerpos *mirlados*, los que bien
embalsamados colgaban en las grutas». Parece
haber ahí un cruce de *mirrado* con *mirlado* 'afectado', V. *MIRLO*) y el germanesco *desmirlado*
'desorejado'. El vasco *mirri(s)* 'enjuto, raquítico'
viene del romance y no al revés (como quisiera
GdDD 4373a). Vid. *REMILGADO*.

Desmocadero, desmocar, V. *moco*   *Desmocha,
desmochadura, desmochar, desmoche, desmocho*,
V. *mocho*   *Desmogar, desmogue*, V. *mogón* y
mogote   *Desmoledura, desmoler*, V. *moler*
Desmollar, V. *escamocho*   *Desmondongar*, V.
bandullo   *Desmonetización, desmonetizar*, V. *moneda*   *Desmontado, desmontadura, desmontar,
desmonte*, V. *monte*   *Desmoñar*, V. *moño*
Desmoralización, desmoralizador, desmoralizar, V.
moral   *Desmorecerse*, V. *morir* y *moler*

DESMORONAR, 'deshacer y arruinar poco a
poco las construcciones, los márgenes, etc.', del
antiguo y dialectal *desboronar* 'desmigajar (el pan)',
'desmoronar', derivado de *BORONA* 'pan de mijo
o de maíz', 'migaja'. *1.ª doc.*: *desboronar*, APal.
280b[1]; *desmoronar*, 1582-85, Fr. Luis de Granada.

Otros ejs. de *desboronar* se hallan en autores de
principios o mediados del S. XVI (G. A. de Herrera, 1513; Fr. B. de las Casas; citas de Cuervo,
Ap., § 931), mientras que *desmoronar* no aparece
hasta fines de este siglo o en el siguiente, en los
autores citados por *Aut.*, y en varios lexicógrafos
desde Percivale (1591) y Oudin[2]. La variante primitiva se conserva en Méjico, América Central,
Colombia, Chile y Arg. significando 'desmigajar'
(Cuervo, *Ap.*, p. XIX; Toro G., *BRAE* VII,
313); también en algunos puntos de España: alav.
desboronar 'desgranar el maíz o borona' (Baráibar),
extrem. *esboronarse* 'deshacerse, convertirse
en polvo o pequeñas partes una cosa, y especialmente un terrón de tierra'. En portugués existen

también *esboroar* y *desboroar*, el primero documentado desde Fernán Lopes, h. 1440[3]. Está claro
que *desboronar* es derivado de *BORONA* (no lo
contrario, como dijo Cuervo), que propiamente
significaba 'pan de mijo o de maíz', pero tomó la
ac. 'migaja' por la propensión del pan de borona
a desmenuzarse. De aquí *desboronarse* en el sentido de 'desmigajarse', documentado en APal., en
Oudin y en las citadas hablas modernas, de donde
el vocablo pasó a aplicarse a la tierra, piedras y
construcciones; nótese bien que *desmoronarse*, hablando de edificios, no se dice de una ruina brusca
(*derrumbarse*), sino de la desintegración paulatina,
muy fácil sobre todo en las paredes de tapia que
tan antiguas son y arraigaron tanto en España;
proceso semántico análogo hallamos en inglés (*to
crumble away* 'pulverizarse [una piedra]', derivado
de *crumb* 'migaja') y en otros idiomas, comp. cub.
boroníbol adj. 'hecho menudos pedazos' (Mz. Moles), portorriq. *boronía* 'toda cosa pulverizada o
hecha añicos' (Malaret), voces resultantes de un
injerto de *ALBORONÍA* en el tronco de *borona*,
boronilla.

El cambio de *b* en *m*, que ya he registrado en
BORONA, se debe evidentemente a una dilación
de la nasalidad, fenómeno de tipo muy corriente.
Del castellano el vocablo pasó a Portugal, donde
la variante *desmoronar-se* se denuncia como castellanismo por su -*n*- intervocálica, y por lo demás
es de fecha reciente[4] (pero gall. *desmoroar*, Sarm.
CaG. 183r), y a Cerdeña (campid. *smuronài* «franare, smottare» = 'desmoronarse parte de un monte', Spano).

Puede rechazarse sin escrúpulo la derivación
de *muro* que proponía *Aut.* En cuanto a la de
MORÓN 'montículo', aceptada después por la
Acad. y por algunos portugueses, es incierto que
haya relación con este vocablo, que suele mirarse
como prerromano: si este origen se confirma, el
parecido entre las dos palabras deberá ser casual,
pero existe la posibilidad de que *morón* sea en
realidad un derivado regresivo de *desmoronar*;
véase el artículo especial que dedico a aquél[5].
Aunque haya *deprunar* 'bajar' en el *Cid* y *desprunar* en Berceo y otros textos, derivados del lat.
PRŌNUS 'pendiente, inclinado', nada tienen que ver
estas palabras con el cast. *desboronar, desmo-* (a
pesar de *GdDD* 2199a); tampoco el cat. *esgrunar*
'desmenuzar', variante rara de *engrunar* íd., *en-
gruna* 'migaja' (probablemente cruce de GRANUM
con GRUMUS). Para *morondanga*, V. *MONDO*.

DERIV. *Desmoronadizo* [1605, López de Úbeda,
p. 128b (Nougué, *BHisp.* LXVI)]. *Desmoronamiento*.

[1] «Es la migaja muy menuda parte del pan, que
se *desborona* cuando lo parten».— [2] «To pull
downe a wall or hill, to dismure, or lay without
wals.» «Esmier et deffaire peu à peu comme une
muraille, soit avec la main ou autrement, et de
soy-mesme, estant vieille, esbouler.» «*Desmoronar*

la tierra, quebrantar terrones: rompre les mottes qui sont en la terre forte, après qu'on l'a labourée, esmoter, esmoteler.».— [3] «As pedras atiradas não fazião dano, porque erão molles, e *esboroavão-se* todas.» Moraes define 'hacer polvo', con el ej. *esboroar a terra com a grade.* «*Desboroar:* desfazer os torrões; *desboroar-se:* desmoronar-se, desfazer-se em pó, em farinha, v. g. *a parede, a pedra, o tijolo se desboroão.*».— [4] Moraes cita ejs. en autores del S. XVIII. Bluteau a principios de esta centuria declara que en su tiempo muchos rechazaban todavía el vocablo como castellano.— [5] Redactada esta nota recibo el estudio de Y. Malkiel, *PMLA* LXIII, 785-802, que defiende puntos de vista análogos y aporta la misma documentación, salvo algunos pormenores.

Desmotadera, desmotador, desmotar, desmote, V. *mota* *Desmurador, desmurar,* V. *mur* *Desnarigado, desnarigar,* V. *nariz* *Desnatadora, desnatar,* V. *nata* *Desnaturación, desnatural, desnaturalización, desnaturalizado, desnaturalizar, desnaturamiento, desnaturar,* V. *nacer* *Desne,* V. *desde* *Desnegamiento, desnegar,* V. *negar* *Desnivel, desnivelación, desnivelar,* V. *nivel*

DESNUDAR, del lat. DENŪDARE íd., derivado de NŪDUS 'desnudo'. *1.ª doc.:* doc. de 1215 (Oelschl.)[1].

Cuervo, *Dicc.* II, 1113-6. En latín clásico coexistían NUDARE y DENUDARE; aquél, algo más frecuente, sólo sobrevivió en el fr. ant. *nuer* y el it. *nudare,* que por lo demás no constituyen la expresión normal de la idea en los respectivos idiomas. DENUDARE conservó mayor vitalidad: port. *desnuar* (ya documentado en autores del S. XV), oc. ant. *de(s)nudar,* fr. *dénuer*[2], it. *snudare (la spada,* p. ej.); en todas partes, sin embargo, ha sufrido la concurrencia victoriosa de DESPOLIARE (cat., oc., fr., it.), EXPEDIRE (port. *despir*) u otras formaciones más modernas (fr. *déshabiller,* it. *svestire*). Sólo el castellano lo ha conservado con plena vitalidad, gracias a la armónica combinación con *desnudo*[3].

DERIV. *Desnudo* [*Cid;* Cej. VI, § 65], bajo el influjo del verbo sustituyó a *nudo,* lat. NŪDUS, desde los orígenes del idioma. De *nudo* no queda descendencia popular[4] en castellano, a no ser en el arcaico, latinizante y dialectal Fuero de Avilés. La invasión del radical verbal en el terreno del adjetivo correspondiente es hecho muy característico y extendido en castellano: recuérdense los casos de *AMARGO, BAJO,* adivino y *lezne,* entre otros; el mismo hecho aparece, pero sólo con carácter esporádico en portugués (*desnu*) y lengua de Oc (*desnut*); por lo demás, estos mismos romances[5] y todos los demás conservan normalmente NŪDUS, o lo reemplazan parcialmente en fecha moderna por el participio del verbo correspondiente (port. *despido,* cat. *despullat*). No hay necesidad

de explicar este fenómeno por el deseo de evitar la homonimia con *NUDO* NŌDUS, como quiere Lerch, y aunque este factor contribuyó probablemente a consolidar la innovación *desnudo,* las dos ideas no se prestan a equívoco y han convivido sin inconvenientes en catalán (*nu*)[6]. En cuanto a la idea de Rohlfs, *ASNSL* CLX, 101, y CLXI, 100, de que la innovación se deba a un eufemismo por razones de pudor, como hoy se prefiere *nude* a *naked* en inglés, o como *despullat* predomina sobre *nu* en catalán, no es convincente para el castellano, pues *desnudo* sería una expresión tan directa desde el principio como su mera variante *nudo.* Vid. Spitzer, *MLN* LXXI, 373, para una defensa de la idea de Rohlfs, harto sutil y para mí poco convincente. Desde luego no debe mirarse *des-* como un prefijo intensivo, como hace Cuervo, *Dicc.* II, 1116-9. *Desnudez. Desnudador. Desnudamiento.*

Denudar [Acad. 1899] y *denudación* (Acad. 1884, no 1843) son latinismos técnicos de fecha reciente. [1] El doc. de 1020 que cita Cuervo es traducción del S. XIII. Por lo demás, abundan los ejs. en este siglo, desde *Sta. M. Egipc.* y la *Disputa del Alma y el Cuerpo* (v. 8).— [2] En la Edad Media *desnuer* era muy frecuente, y con el mismo matiz que en castellano (Tobler). Hoy quedó reducido a usos figurados.— [3] La variante fonética *desnuyar* se halla en textos leoneses y otros (*Gral. Estoria,* cita de M. P., *Poema de Yúçuf,* línea 204; *Conde Luc.,* ed. Hz. Ureña, p. 189). También *desnuyo* en el *Conde Luc.,* pp. 189, 216. Un *desmudo* (quizá debido a influjo de *mudar* sobre *desnudar*) aparece repetidamente en el *Purgatorio de San Patricio,* traducción leonesa del S. XIII, y no puede ser errata (*Homen. a M. P.* II, 250); *dusnar* (< *desnuar*) J. del Encina, *HispR.* XXVI, 275.— [4] Como término jurídico o administrativo (*nuda propiedad, nuda mención,* etc.) es latinismo, ya documentado en Alonso Carranza, a. 1629, único ej. que cita *Aut.*— [5] Port. y gall. *nu* («a pedra *nua*», «o *nu* de Cristo» Castelao 137.4, 98.20). Pero *desnuu* aplicado a personas ya aparece en el S. XIV: «Adam et Eva eran ambos *desnũus*» *Gral. Est.* gall. 7.21.— [6] *Desnú* corre en Valencia y Mallorca, pero es castellanismo, documentado, por lo demás, desde fines del S. XVI en autor valenciano (Ag.). Pero *nu* es normal en el Principado y conocido en todas partes (Amengual, Escrig). Es verdad que hoy se prefiere la forma analógica *nus* para 'nudo'; así ocurre en Barcelona, pero no en otras muchas partes del territorio lingüístico.

Desobedecer, desobedecimiento, desobediencia desobediente, V. *obedecer* *Desobligar,* V. *ligar* *Desocar,* V. *tacón,* nota *Desocupación desocupado, desocupar,* V. *ocupar* *Desoír,* V *oir* *Desojar,* V. *ojo* *Desolación, desolador* V. *solaz*

DESOLLAR, del antiguo *desfollar* y éste del lat. vg. hispánico *EXFŎLLARE 'sacar la piel' (b. lat. *effollare*), derivado del lat. FŎLLIS 'fuelle', 'bolsa de cuero', que en el vulgar de España tomó el significado 'piel de los animales'. *1.ª doc.*: Alf. X, *Luc.* Almazán; J. Ruiz, 242c, 507c, 1217d.

El vocablo tenía *ss* sorda hasta el S. XVI (así escribe Nebr.). Aunque el ms. *S* de J. Ruiz trae *desollar* en los tres pasajes, *desfollar* figura en el ms. *T*, en el último de ellos; *desfolar* en el *Fuero Juzgo* (*Aut.*). Esta misma forma se emplea hasta hoy en Asturias (R, junto a *esfollar*, R, V) y en Miranda de Duero (Leite de V., *Philol. Mirand.* II, 291). En gallego[1] y en portugués se dice *esfolar* con el mismo sentido ['despellejar' *Ctgs.* 178.23, etc., *MirSgo.* 121.29, *desfolar* en una miniatura del códice F de las *Ctgs.*], y en Salamanca *desfolar*. Se lee *effollatum bovum* 'buey desollado' en la *Historia Compostelana* (a. 1139, cita de Cabrera), y *follis* significa 'piel o cuero de los animales muertos' en San Isidoro («foliae autem librorum... quia ex *follibus* fiunt, id est ex pellibus, qui de occisis pecudibus detrahi solent», *Etym.* VI, xiv, 6). En gallego y portugués *fole* tiene hasta hoy el significado de 'costal o talega de cuero (especialmente para llevar harina, grano, etc.)' (ej. del Minho, en Leite de V., *Opúsc.* II, 431). Indicó correctamente la relación de *desollar* con FOLLIS Diez, *Wb.*, 445; G. de Diego, *RFE* XII, 4, supone una base *DEFOLLARE, pero es más probable *EXFO-LLARE, de acuerdo con la forma portuguesa, gallega, asturiana y bajo-latina, teniendo en cuenta la tendencia castellana a reemplezar *es-* por *des-*. Es posible que el mozár. *šallar* «decorticare», 'raspar una pared para enlucirla de nuevo' (R. Martí) sea variante de *desollar*, según quiere Simonet, s. v., pero debe mirarse como inseguro, ya que el mozárabe conserva siempre la F- en posición inicial[2].

DERIV. *Desolladero*. *Desollado*. *Desollador*. *Desolladura*. *Desollamiento*. *Desollón*. *Desuello*.

CPT. *Desuellacaras*.

¹ «San Antonio bendito, / dádeme un home, / aunque me mate, / aunque me esfole», Rosalía de Castro, cita de Milá, *Rom.* VI, 64.— ² Quizá sea más bien forma emparentada con el cat. *xollar* 'esquilar' (que parece ser SUBILIARE); pero desde luego éste no tiene que ver con *desollar*, contra la opinión de Simonet. La *a* en lugar de *o* es arabización normal en ambos casos.

Desonce, desonzar, V. *onza   Desopilación, desopilar, desopilativo,* V. *opilar   Desorden, desordenación, desordenado, desordenamiento, desordenanza, desordenar,* V. *orden   Desorejado, desorejamiento, desorejar,* V. *oreja   Desortijado, desortijar,* V. *sortija   Desortir,* V. *surtir   Desosada, desosar,* V. *hueso   Desovar, desove,* V. *huevo   Desovillar,* V. *ovillo   Desoxidable, desoxidación, desoxidante, desoxidar, desoxigenación, desoxigenante, desoxigenar,* V. *oxígeno   Despabi-*

laderas, despabilado, despabilador, despabiladura, despabilar, despabilo, V. *pabilo   Despacio, despacioso, despacito,* V. *espacio   Despachada, despachaderas, despachado, despachador, despachamiento, despachar, despacho,* V. *empachar*

DESPACHURRAR, 'aplastar despedazando', parece alteración de *despanchurrar* por influjo de *despachar* 'matar'; *despanchurrar a su vez sería derivado del familiar *pancho*, variante de PANZA, así como *despanzurrar* deriva de este último. *1.ª doc.*: Quevedo, dos ejs. en *Aut.*; Quiñones de Benavente, † 1651[1].

El significado originario 'destripar, abrir la barriga' se conserva todavía en la Arg.[2], y éste es el que siguen teniendo *despanzurrar* [*Aut.*] y *despancijar* [1646, *Estebanillo González*], donde la relación con *panza* era más clara; pero *pancho*, variante familiar del mismo [1616, Espinel], y el anticuado *pancha* (Lope de Rueda, † 1565, *Cl. C.*, 236), son de uso menos general y de procedencia forastera (del mozár., o del it. *pancia* o cat. *panxa*), y su derivado, por lo tanto, se prestaba más a sufrir la atracción de otro vocablo castellano, como *despachar* en el sentido de 'matar, asesinar'; de ahí también que el significado de *despachurrar* se hiciera más vago. En América ha corrido una variante por cambio de prefijo *apachurrar*, que el cubano Pichardo (p. 20) y el ecuatoriano Lemos (*Semánt.*, s. v.) explican copiando la definición académica[3]; la empleó también el español L. Fz. de Moratín († 1828: *DHist.*).

¹ «Dispertad, zagal Pistraco / ...que quien desvela las mozas / no es razón que duerma así / ... que me tiene el dios Machín / la vida *despachurrada* / en el barrio del morir», *NBAE* XVIII, 693.— ² «Uno que, *despachurrado* y a pie, sostúvose contra dos dragones, pisándose las tripas», Leop. Lugones, *La Guerra Gaucha*, p. 360.— ³ Malaret, *Supl.*, da *apachurrado* para el Salvador y Méjico, con la definición *achaparrado*, mas parece tratarse de una inexactitud, pues en su *Dicc.* atribuye el mismo sentido al cub. *apachurrar*, que él sacará de Pichardo. Toro G., *BRAE* VII, 305, relaciona con el hondureño *pacho* 'achatado' y su derivado *apachar*, que Barberena traduce 'despachurrar' según Malaret; es probable que esta voz local sea derivado regresivo de *apachurrar* y *pacho* lo sea a su vez de *apachar*. El salvadoreño *peche* 'flaco' no tendrá nada que ver. En cuanto a Cespedosa *espaturrar* 'despachurrar' (*RFE* XV, 151) será *despatarrar* más o menos influído por nuestro vocablo, comp. el salvadoreño *despaturrar* 'despatarrar' (Salazar). Por lo demás, *espaturrar* debía de emplearse en Castilla en el S. XVIII en un área mayor, o por lo menos sería usual en el castellano local de Galicia, pues Sarm. al registrar un verbo gallego *espasturujar* lo traduce por «espaturrar» (*CaG.* 183v). No hay en su obra otras aclaraciones, pero Vall.

da *espaturrar* como equivalente de «*espatarrar*, despatarrar, hacer caer a otro presentándole un tropiezo» y *espatelar* es *esparrar* = *despachurrar*. *Espasturujar*, del cual no parece haber más información en gallego, se enlaza evidentemente con 5 la familia de *pasta*, *plasta* y *APLASTAR*, santand. *pastra* y *apastrarse*, *-tragarse* 'agacharse, aplastarse'. Para *chuchurrar* V. *ACHUCHAR*.

Despagado, *despagamiento*, *despagar*, V. *pa-* 10 *gar* *Despaladinar*, V. *paladino* *Despaldar*, *despaldilladura*, *despaldillar*, V. *espalda* *Despaletillar*, V. *pala* *Despalmador*, *despalmadura*, *despalmante*, *despalmar*, *despalme*, V. *palma* *Despampanador*, *despampanadura*, *despampanante*, 15 *despampanar*, *despampanillar*, *despampano*, *despamplonar*, V. *pámpano* *Despanar*, V. *pan* *Despancijar*, *despanzurrar*, V. *despachurrar* *Despapar*, V. *papo* *Despapucho*, V. *paparrucha* *Desparar*, V. *disparar* *Desparecer*, V. *parecer* 20

DESPARPAJAR, 'desparramar', 'hablar mucho y sin concierto', voz hermana del cat. *esparpallar*, oc. *esparpalhar*, fr. *éparpiller*, it. *sparpagliare*, 'desparramar, dispersar', que probablemente resultan 25 de un cruce entre SPARGERE 'esparcir' y *EXPALEARE* (port. *espalhar* íd.), derivado este último de PALEA 'paja' en el sentido de 'esparcir como paja en la era'. *1.ª doc.*: *desparpaxar*, APal., 217b[1].

El significado de 'dispersar, desparramar' es 30 claro en este ej., como en Oudin (1607), que da *desparpajar* como sinónimo de *desparramar*; tampoco cambia fundamentalmente la idea en Minsheu (1623)[2]; Covarr. da una definición vaga «deshazer y desbaratar, como quien quebranta paja», 35 inspirada en su mala explicación semántica de la relación con *paja*. De ahí pasó esta definición a *Aut.* y demás ediciones del diccionario académico, con un agregado no menos injustificado: «deshacer y desbaratar, con desaliño y poco aseo». En 40 la ac. primitiva el vocablo salió del uso corriente, lo que explica la vaguedad de la Acad. Mientras tanto se había desarrollado una ac. figurada 'hablar mucho y sin concierto', propiamente 'desparramar gran copia de palabras'; de ahí *desparpajo*. 45 Pero el significado primitivo se conserva aún entre los sefardíes de Marruecos: 'desparramar', 'hacer salir a uno de su ciudad' (*BRAE* XV, 55); también Cespedosa *esparpillar*, consonantismo leonés, 'sacudir la lana, aflojarla, disgregarla cuando está 50 apelmazada' (*RFE* XV, 258; *esperpillar*, ibid., 137).

De Diez (*Wb.*, 236) partió la idea poco afortunada de derivar del it. *parpaglione*, lomb. *parpaja*, 'mariposa', en el sentido de 'hacer mariposear 55 dispersamente', explicación semántica muy forzada, que se inspiraba en oc. *esfarfaià*, por su analogía con el it. *farfalla* 'mariposa'; mas por una parte, el sentido de este verbo oc. es diferente del de *esparpalhar*, pues el de aquél es «ébouriffer, dé- 60

ranger les cheveux», y por la otra, el tipo *farfalla* es italiano y no occitano; además nuestro verbo se halla en territorios lingüísticos como el francés, catalán y castellano, donde el descendiente de PAPILIO no tiene la *r* secundaria que se ha introducido en el it. *parpaglione*; sin embargo, esta etimología ha venido siendo repetida, con variantes y cruces auxiliares, por los diccionarios etimológicos de Gamillscheg y Bloch, y por Sainéan (*Sources Indig.* II, 277) y otros etimologistas. M-L., *REW*, 2675, llamó la atención hacia un pasaje de Petronio que contendría ya nuestro vocablo, pero esto es muy dudoso y probablemente se trata de algo independiente[3].

Para cruces parecidos en vocablos de este significado, comp. el artículo siguiente y el port. *esparralhar*, de *espalhar*[4] combinado con *(d)esparramar*[5].

DERIV. *Desparpajado*. *Desparpajo* 'sumo desembarazo en el hablar (y en las acciones), en la América Central 'desorden, desbarajuste', en Marruecos 'desarreglo causado a una persona por haberla movido de su situación'.

[1] «Insecta... insurpare... derramar echando, donde viene que digan dissipare, que es *desparpaxar* y destruyr». Es sorprendente esta *x* en lugar de la *j* que se esperaría, dada la relación indudable con *paja* y el port. *espalhar*, pero he podido comprobarla bien en un microfilm del original. Habría alguna contaminación (probablemente una forma como el gall. *espaxotar*, vid. *ESPARCIR*) o quizá el autor, siendo de la prov. de Soria, empezaría ya a admitir el ensordecimiento, que se propagó desde Castilla la Vieja.— [2] «To put out of joint, to set out of place».— [3] «Inveniemus quod manducemus, pullum, ova: belle erit, etiam si omnia hoc anno tempestas *dispare pallavit*» (*Satyricon* XLVI, 2). Ésta es la lección del códice único, muy tardío, como es sabido. Un filólogo latinista, Cholodniak, *Rhein. Museum* LXIV (1909), 303, había propuesto enmendar *disparpaliavit*, inspirándose en el verbo romance. Pero ni el sentido conviene exactamente (Ernout traduce «quoique cette année le mauvais temps ait tout abîmé») ni se explicaría la formación de este vocablo en latín. Otros proponen *dispare pullauit* 'hizo crecer fuera de tiempo'; comp. Regula, *ZRPh.* XLIV, 647. En su tercera edición M-L. ha confundido las formas y los datos, y aceptado un cruce con PALEA sugerido por Brüch.— [4] La forma normal en portugués y gallego: «as casas aldeans *espalhadas*» Castelao 253.10. Claro que no hay que suponer un *EXPATULARE* (*GdDD* 2565) para el port. y gall. *espalhar*, mero derivado de *palha* 'paja'.— [5] El fr. *éparpiller* fué antes *esparpeillier* y anteriormente habría sido *esparpaillier*, comp. *gaspiller* < *gaspaillier*.

DESPARRAMAR y su variante *esparramar* pro-

:eden de un cruce entre *ESPARCIR* y *DERRA-MAR*, que antiguamente significaba 'dispersar, !esparramar'. *1.ª doc.*: 1555, Laguna.

También figura en Quevedo y en otros autores lel S. XVII, y lo registran Oudin (1607), Covarr. *y* Minsheu (1623). El significado clásico y el co-recto hasta hoy es 'esparcir, extender por muchas partes lo que estaba junto', pero vulgarmente es sinónimo de 'derramar (un líquido)', en España, :n Nuevo Méjico (donde *derramar* se ha hecho :aro: Hills, *BDHA* IV, 51) y en otras partes. La variante *esparramar* figura en Oudin, en el *Laza-rillo* del peruano Concolorcorvo (a. 1773)[1] y se oye :n Chile (Román), etc. Quizá sea la primitiva, al-:erada luego por la preferencia castellana hacia el prefijo *des-*[2]; coincide, en efecto, con la inicial de *esparcir*. Pero junto a éste existió también *despar-cir* (APal., 118*d*, 471*b*). Para el antiguo *DERRA-MAR* en el sentido de 'dispersar', V. mi artículo y el del *Dicc.* de Cuervo.

Afirmó *Aut.* que *desparramar* era derivado de *parra,* lo que no explica nada desde el punto de vista morfológico; G. de Diego, *RFE* XI, 344n., trató de aprovechar la idea admitiendo un cruce de *parra* con *derramar*, que tampoco es satisfac-torio.

Es muy dudoso que haya existido una variante *desparamar*, a pesar de que figura en Minsheu (1623) (junto a la forma con *rr*) y Oudin trae *desparamar* y *esparamar;* si se comprobara su exis-tencia habría que pensar si el vocablo es derivado de *PÁRAMO* en el sentido de 'dispersar como las ovejas por el páramo', pero es casi seguro que se trata de un error, natural y corriente en extran-jeros.

Nuestro verbo es exclusivamente castellano, pues no existe en catalán (contra la afirmación de la Acad.), ni me es conocido en portugués, a pe-sar de que aquí *esparralhar* parece atestiguar in-directamente su existencia (V. *DESPARPAJAR*). El maragato *escarramar* («el gato entra al carasol y *escarrama* las simientes», *BRAE* II, 644) es combinación de *(D)ESCARRIAR* con *desparra-mar.*

DERIV. *Desparramado. Desparramador. Despa-rramamiento. Desparramo.*

[1] «Los indios... se observaba el sitio y se daba noticia a todos los presidios y milicianos, para que unidos los acometiesen y *esparramasen*, con pérdida de algunos...», ed. 1938, p. 263.— [2] Ade-más de los casos conocidos y de los que cité en *Word* III, 75, comp. *DESOLLAR*, *DES-PARPAJAR* y ejs. como *destorbar* (*Alex., Rim. de Palacio*), *desparrancar* (Rodríguez Marín, *2500 Voces*).

Despartidero, despartidor, despartimiento, des-partir, V. *parte* *Despatarrada, despatarrar, des-patillado, despatillar,* V. *pata* *Despaturrar,* V. *despachurrar* *Despavesaderas, despavesadura,*

despavesar, V. *pavesa* *Despavorido, despavorir,* V. *pavor* *Despeadura, despeamiento, despearse,* V. *pie* *Despecio,* V. *dispendio*

DESPECHO, 'malquerencia nacida en el ánimo por desengaños sufridos', del lat. DESPĔCTUS, -ŪS, 'desprecio', derivado de DESPĬCĔRE 'mirar desde arriba', 'despreciar'. *1.ª doc.*: Berceo.

En la Edad Media tiene todavía un significado mucho más próximo al latino. En algún caso éste parece conservarse todavía sin alteración: «amos por una dueña estavan codiciosos / ...el uno del otro avya muy gran *despecho*, / coydando que te-nian su casamiento fecho» (J. Ruiz, 458*c*). Sobre todo es frecuente observar un sentido activo, en que *despecho* no se refiere a un sentimiento incon-fesado, experimentado sin inmediato reflejo ex-terior, sino la irritación motivada que alguien sien-te para con otra persona: «Maguer que me ne-guesti... / quiérote consejar de consejo derecho: / torna en el mi Fijo, ca te tiene *despecho*, / ca se tiene de ti que fue mui mal trecho», «Díssoli el diablo: —Non serié buen derecho / a bassallo ageno io buscar tal provecho: / ma deniegue a Cristo que nos faz mui *despecho*, / fazerli é que torne en todo so bien fecho» (Berceo, *Mil.*, 788*c*, 739*c*)[1], «Tiene de loçania / el seso tal *despecho*, / que entrar non podría / con ella so un techo» (Sem Tob, copla 262), comp. también J. Ruiz, 1546*d*, y aun *Quijote* I, xxx, 146rº. Sin embargo, acs. cer-canas a la moderna se hallan también desde el principio: «Caín... Teníesse por mal trecho, e por ocasionado, / de grandes e de chicos vedíesse desdennado, / cegó con grand *despecho* e fo mal trastornado, / asmó fiera locura, ierro grand, des-guisado» (Berceo, *Mil.*, 720*c*). En la evolución se-mántica puede haber influído la falsa noción de que *despecho* es derivado de *pecho* con prefijo *des-* peyorativo.

DERIV. *Despechar* 'dar pesar, causar indigna-ción' [Berceo], comp. Cuervo, *Dicc.* II, 1128-9; como éste observa, no debe confundirse con el antiguo *despechar* 'abrumar con tributos, despo-jar' (derivado de *pechar* 'pagar contribuciones'), del cual da muchos ejs. medievales (desde el S. XI al XV), ni con *despechar* 'destetar', deriva-do de *PECHO* 'tetas'. *Despechamiento. Despecho-so.* Derivado culto: *despectivo* [ya Acad. 1843].

[1] De usos parecidos a éste vendrá la ac. 'dis-gusto, alboroto, desmán' que toma a veces el vo-cablo, p. ej. en la *1.ª Crón. Gral.* (los otros seis Infantes de Salas, cuando oyen el gran golpe que da su hermano menor Gonzalo González, van para allá, «ca ovieron miedo que se levantase dend algun *despecho*, cuemo contesció luego», Ford, *Old Sp. Readings*, 42.11). Acs. semejantes tiene el gasc. *despiet* en el Valle de Arán: 'des-mán, maldad', hablando p. ej. de las que hace un chiquillo en ausencia de su madre (*nó hèsques cap de despiet!*), 'disparate, acción temeraria que

hace un adulto en un arrebato', etc. Otros datos acerca del cast. *despecho* y su familia en Malkiel, *Language* XXVIII, 331-3

Despedazador, despedazadura, despedazamiento, despedazar, V. *pedazo*

DESPEDIR, antiguamente se empleaba sólo el reflexivo *espedirse*, en el sentido de 'pedir licencia para marcharse': procede del lat. EXPĔTĔRE 'reclamar, reivindicar', derivado de PĔTĔRE 'pedir'. *1.ª doc.: espedirse, Cid.*

De *despedirse* hay ya algún ej. en el S. XIII (Berceo, *Mil.*, 268, 574; pero como en este autor predomina ampliamente la forma sin *d-*, quizá sean éstas modernizaciones; *Apol.*, 78c) pero no empieza a ser frecuente hasta el XIV; *espedirse* se halla todavía en la *Gr. Conq. de Ultr.*, 441, en el *Poema de Alfonso XI*, y aun en algún texto del XV (Alonso de Cartagena, Pérez de Guzmán). Para ejs. antiguos y construcciones, vid. Cuervo, *Dicc.* II, 1129-34. La construcción antigua es casi siempre la reflexiva, aunque por analogía alguna vez se empieza a decir en el S. XIII *espedir el señor a su vassallo* (ej. en el *Fuero Viejo*). Era típica entonces la ac. 'declarar el vasallo al señor, besándole la mano, que ya no es su vasallo', lo cual había de hacerse pronunciando la fórmula típica «*Despídome* de vos e bésovos la mano, e de aquí adelante non so vuestro vassallo», según preceptúan las *Partidas*. Según indicó Cornu, *Rom.* IX, 130-1, y confirmó M.P., *Cid*, 668-9, la ac. primitiva es ésta de pedir licencia, y, por lo tanto, procede de EXPĔTĔRE y no de EXPEDIRE 'desembarazar, despachar', como habían creído Diez y Cuervo; se confirma esto por razones fonéticas, pues es dudoso que la -D- intervocálica en esta posición hubiera podido conservarse en castellano[1], y es seguro que se hubiera perdido en portugués, que sin embargo, dice *despedir* o *espedir* (comp. *despir* 'desnudar', que procede realmente de EXPEDIRE). Que *despedir* resulte de un cruce de EXPETERE y EXPEDIRE, como sostiene Malkiel, *Univ. of Calif. Publs. in Ling.* XI (1954), 3.ª parte, es idea perfectamente superflua, que sólo se funda en explicables evoluciones secundarias del sentido del vocablo. El único representante iberorrománico de EXPEDIRE, según muestra la fonética, es el port. *despir* 'desnudar', luego las hablas ibéricas llevaron este vocablo por caminos semánticos muy alejados, cerrándole toda posibilidad de cruce con EXPETERE. En catalán *despedir* suele considerarse castellanismo; y parece esto seguro, aunque no es de fecha moderna: AlcM. (que lo confunde con *expedir* y sus variantes con *de-*) cita dos ejemplos en Isabel de Villena, S. XV y algunos de los SS. XVI y XVII (ya en O. Pou, 1575: «*Despedir* los estudiantes: dimittere auditores», p. 180). Nuestro vocablo falta extrañamente en el *REW*.

DERIV. *Despedida. Despedimiento* [*esp-*, h. 1295,

1.ª Crón. Gral. 658a22]. *Despidida* arag. *Despidiente. Despido.*

¹ Una forma sin *-d-* se halla sólo en el *Yúçuf* (*dexpeírxe, A* 41b). Es forma aislada, que tendrá una explicación particular en el habla morisca o aragonesa. A lo sumo se podrá mirar como el resultado de un cruce local de EXPETERE con EXPEDIRE.

Despegable, despegado, despegador, despegadura, despegamiento, despegar, despego, V. *pez* II
Despeinar, V. *peine*

DESPEJAR, tomado del port. *despejar* 'vaciar, desembarazar, desocupar', derivado de *pejar* 'impedir, embarazar, llenar', derivado a su vez de *peia* 'cuerda o lazo para atar el pie de los animales', 'embarazo, impedimento', que proviene de un lat. vg. *PĔDĔA, derivado de PES, PĔDIS, 'pie'. *1.ª doc.:* 1569, Ercilla, *Arauc.*, canto X.

Falta todavía en APal., Nebr. y PAlc. y es ajeno al vocabulario de la *Celestina*. Es frecuente, en cambio, en Cervantes, Góngora, Lope, Tirso, etc.; Fr. Luis de León (1583-5) empleó *espejado* 'claro, lúcido' (*entendimiento espejado*, vid. *Aut.*) y Covarr. dice que *espejar* vale «escombrar, hacer plaza y campo»¹. En portugués abundan mucho los ejs. del S. XVI y ya los hay medievales (vid. Moraes). Por otra parte *pejar* es palabra muy viva y esencial en este idioma y de ella deriva *pejo* 'pudor', 'vergüenza'. *Peia* 'lazo' no puede salir de *pea*, procedente del lat. PEDA 'huella', como pretende Cortesão, pues él mismo cita un ej. de la forma *peia* en el sentido de 'trampa para coger animales' en doc. de 1156, y en esta fecha sería imposible una *-i-* secundaria, antihiática. La oposición fonética entre el consonantismo medial de *peia* tras el acento y el de su derivado *pejar* (en posición pretónica), es la misma que se observa entre *meia* MEDIA y *mejar* o *mijar* MEIARE; luego la *i* de *peia* ha de proceder de una yod de fecha latina. Es vocablo hermano del cat. ant. *pija* 'lazo, trampa' (S. XIII), vasco *p(h)eya* «entrave pour arrêter la roue d'une voiture», y juntos suponen una base *PĔDĔA derivada de PES, PEDIS; de aquélla sale también el diminutivo castellano *pihuela* 'correa con que se aseguran los pies de los halcones y otras aves'. Es forma emparentada con PĔDĬCA 'lazo para los pies', pero ni es posible fonéticamente derivarla de ésta, como proponía Cornu (*Port. Spr.*, § 219), ni de su descendiente el fr. *piège* 'lazo, trampa', como sugiere para *pejo* M-L., *REW* 6347. Comp. mi nota en *RFH* VI, 163-4, y aquí el artículo *APEA*.

DERIV. *Despejado. Despejo* [ej. de Lope, en nota arriba].

¹ La ac. de *espejar* 'limpiar, pulir, lustrar', admitida por la Acad. desde *Aut.* no parece tener otro fundamento que una confusión de los autores de este diccionario entre el *espejar* aportu-

guesado de Covarr., y el antiguo *espejar* 'mirar en el espejo', empleado en los *Bocados de Oro*, y no entendido por los académicos. Ejs. de interés para *despejar: despejado* 'liviano, desvergonzado', «Dirás que yo soy culpada / y que con él hablé, / que le llamé, le ynçité, / libre, loca, *despejada*», Lope, *La Corona Merecida*, v. 832 (con ej. parecido de *despejo*, citado en esta ed., p. 191); Lope juega con *despejo* y *espejo* en *La Moza del Cántaro*, acto II, Rivad. XXIV, 557b. Es ac. muy portuguesa: «*despejado*: em que não ha pejo nem decência, *linguagem despejada*» (Fig.). 'Limpio, claro': «hallé seis o siete... pastoras a la sombra de unos sauces, junto a una fuente *despejada* y clara», H. de Luna, continuación del *Lazarillo*, ed. Rivad., p. 125.

Despejar, V. *apea*   *Despelotar, despeluzamiento, despeluzar, despeluznante, despeluznar, despeluzo*, V. *pelo*   *Despenador, despenar*, V. *pena*   *Despendedor, despender, dispender*, V. *dispendio*   *Despensa, despensería, despensero, despenseta*, V. *dispensar, dispendio*   *Despeñadero, despeñadizo, despeñadura, despeñamiento, despeñar, despeño*, V. *peña*   *Despeo*, V. *pie*   *Despepitador, despepitar, despepitarse*, V. *pepita* I   *Despepitar*, V. *pepita* II   *Desperación, desperanza, desperar*, V. *esperar*   *Despercudir*, V. *cundir*   *Desperdiciado, desperdiciador, desperdiciadura, desperdiciamiento, desperdiciar, desperdicio*, V. *perder*   *Desperdigar, desperdigamiento*, V. *perdiz*   *Desperecer*, V. *perecer*   *Desperezarse, desperezo*, V. *pereza*   *Desperfecto*, V. *afecto*   *Despernada, despernado*, V. *pierna*   *Despernancarse*, V. *esparrancarse*   *Despernar*, V. *pierna*   *Despertador, despertamiento, despertante, despertar, desperteza*, V. *despierto*   *Despesa, despesar*, V. *dispendio*   *Despesllar*, V. *pestillo*   *Despezar, despezo*, V. *pieza*   *Despiadado*, V. *pío*   *Despicar, despicarazar*, V. *picar*   *Despichar*, V. *espichar*   *Despidida, despidiente, despido*, V. *despedir*

DESPIERTO, voz común a los tres romances ibéricos y a algunas hablas periféricas de Francia e Italia, derivada del lat. vg. EXPĚRTUS, forma análogica usada con el valor del lat. EXPERRECTUS, participio de EXPERGISCI 'despertarse'. 1.ª doc.: Berceo, *Sacrif.*, 12b (ms. del S. XIV; *espierto* en *I*)[1].

Cuervo, *Dicc.* II, 1144; Cej. V, § 88. EXPERTUS 'despierto' se halla en varios textos de latín vulgar: *Mulomedicina Chironis*, 78.8, en un gramático (*ALLG* XIV, 122) y en la glosa *CGL* V, 292.40. Es contracción de EXPERGĬTUS, del cual hay varios ejs. clásicos y vulgares (citas en *CGL* VI, 417), aunque lo normal en latín clásico era el irregular EXPERRECTUS. El mismo origen tienen el port. *esperto* o *desperto*, cat. *despert*, Aude *despert*, valón *dispyer*, sobreselv. *spert*, calabr. *spertu*, y aun quizá el ngr. dial. *spirto*, alb. *špirt*, 'despierto', y el suditaliano *spierto* «intelligente, pratico, ramingo» (en Molise y en Irpino)[2].

Es básico para el origen de *despierto* y demás expresiones romances para 'despertar', el magistral artículo de J. Jud, *RLiR* I, 184 y ss. Indicó el maestro que confundiéndose el vulgar EXPĚRTUS 'despertado, despierto' con el clásico EXPĔRTUS, participio de EXPERIRI 'experimentar', y siendo el verbo EXPERGISCI excesivamente irregular, el pueblo de la Galia empleó EXPERIRE con el valor de EXPERGISCI y de sus correspondencias transitivas EXPERGERE, EXPERGEFACERE, EXCITARE. De ahí el fr. ant. y oc. ant. *esperir* 'despertar', 'despertarse'[3]. El latín ibérico, retrocediendo ante innovación tan audaz, pero sensible también a la turbación que causaba la irregularidad e incongruencia excesiva del verbo, creó un *EXPERTARE, derivado de EXPERTUS, del cual salieron port. *despertar, espertar*, cat. y langued. *despertar*[4], valón *experter, dispierter*, corso *spartassi*, logud. *(d)ispertare*. En castellano hallamos *despertar* desde el *Cid*, *espertar*, sin cambio de prefijo todavía, en varios pasajes de Berceo, en *Alex.* (O, 326a, pero des- en P), en la *General Estoria* (línea 242 de la cita de M.P., *Poema de Yúçuf*), y todavía un ej. suelto en Juan de Valdés. Vid. Cuervo, *Dicc.* II, 1139-1143. Por la acción del diptongo la *e* pretónica pudo alterarse resultando *dispierto, dispierta*, y de ahí por analogía *dispertar*, que se halla en muchos textos y está esparcido en las hablas vulgares de casi todas partes (p. ej. en muchos puntos de España o en el Norte Argentino, Lullo, *Canc. Pop. de Santiago del E.*, p. 286).

DERIV. *Despertar* (V. arriba). *Despertador. Despertamiento. Despertante. Desperteza* (con la variante ant. *esperteza* 'diligencia, actividad', ya Acad. 1843). Ast. *esperteyáu* 'que está libre de sueño en hora en que debería dormir' (V).

[1] Esta forma se halla también en *S. Dom.*, 22c (pero *despierto* en el ms. *H*) y en *Alex.* 522d. *Despierto* en *S. Or.* 169a. Hay otros ejs. de *despierto* en otros textos del S. XIII.— [2] Vid. Rohlfs, *ARom.* IX, 159; *ARom.* V, 99.— [3] La objeción que hace Wartburg, *FEW* III, 309a, a esta explicación, a saber la existencia de *esperéisser* en la lengua de los trovadores, carece totalmente de fuerza. El latín vulgar hubo de proceder a una readaptación total de esta familia de palabras y, para restablecer la congruencia, al mismo tiempo que adoptaba EXPERIRE, claro que había de cambiar el incoativo correspondiente EXPERGISCI en *EXPERISCERE (> *esperéisser*).— [4] En catalán es normal desde los orígenes del idioma (Lulio, *Meravelles* IV, 230; Muntaner, 5.4). Ni pensar siquiera se puede en influjo castellano.

DESPILFARRAR, 'derrochar, malbaratar', primitivamente *despilfarrado* 'roto, andrajoso', derivado de *pelfa*, variante dialectal de FELPA. 1.ª *doc.: despilfarrado*, Covarr.[1]; *despilfarrar*, Terr.[2].

En 1843 la Acad. le da las definiciones 'deshacer o desbaratar con desaseo' y la familiar «se dice del que siendo cicatero, gasta profusamente en alguna ocasión»; la ac. actual aparece ya en la ed. de 1884. Insinúa ya la etimología Bugge, *Rom.* IV, 364, y la indica convincentemente Spitzer, *Lexik. a. d. Kat.*, 155-6 (en el mismo sentido Unamuno, *Homen. a M.P.* II, 59; después de haber propuesto en *RFE* VII, 354, una derivación imposible de *PILTRAFA*). Junto a *felpa* existe *pelfa* en Salamanca, en catalán y en varios dialectos de Francia (norm. *peuffre* «friperie», norm. ant. *pelfre* 'trastos, baratijas'), de los cuales vienen el fr. ant. *pelfir* o *pelfrer* 'saquear', y el ingl. antic. *pelf*, *pelfyr*, *pilfer* íd.[3]. El significado de *felpa* y su familia es en muchas partes 'andrajo': fr. *fripe*, *fripier*, norm. *feupes* «mauvais vêtements», anglonorm. *feupe* «haillon, fripperie» (en Frère Angier, a. 1214, *Rom.* XII, 205). Una forma **filpa* o **pilfa* con *i*, como el fr. *fripe*, debió de existir en castellano (cf. vasco *p(h)ilda* 'andrajo' < **filpa* o **pilfa*: Michelena, *BSVAP* XI, 288); de ahí probablemente vendrá, por dilación consonántica, el familiar *filfa* «mentira, engaño, noticia falsa» (Acad., falta aún 1884), «mentira» en el aragonés de la Litera (Coll A.), pero que en muchas partes se usa en el sentido de 'objeto despreciable' («esto es una *filfa*»); una dilación semejante registramos en *felfa* 'felpa', 'zurra', usado en el interior argentino[4] y ecuatoriano (Lemos, *Barb. Fon.*, p. 49) y en Puerto Rico (Malaret). Por otra parte, sería posible que un **despelfarrado* se hubiera cambiado en *despilfarrado* por influjo de *piltrafa*. En cuanto al sentido, claro está que de 'destrozar la ropa' se pasó fácilmente a 'malbaratar, malgastar'. Una variante secundaria *espinfarrao* 'despilfarrado', adj., se oye en Extremadura (*BRAE* IV, 89-90). Bulbena cita un cat. vulg. *espifarrar* 'desharrapar' que no conozco en otras fuentes. Comp. *HARAPO*.

DERIV. *Despilfarrado. Despilfarrador. Despilfarro* [*Aut.*: «desaseo, desbarato y mal uso de alguna cosa»].

[1] «El que trae el vestido hecho tiras, como las calças y cuera del Pífaro de atambor Tudesco». La relación etimológica con *PÍFARO*, que aquí se insinúa, indocumentada e inverosímil desde todos los puntos de vista, presentaría además graves dificultades fonéticas. Oudin, que todavía no lo registra en 1607, copió este artículo en su ed. de 1616.— [2] «Desbaratar, romper, desperdiciar».— [3] Como indicó Jaberg, *Festschrift Jud*, 1943, p. 309. Hay que suprimir el artículo 6371 del *REW* (ingl. *pelfyr*) e incorporarlo al artículo 3173, junto con *felpa* y su familia. Luego no existe la alternativa, que hace vacilar a Spitzer, entre *felpa* y este vocablo inglés: éste pasa por ser de origen romance, y en todo caso pertenece a la misma familia etimológica.— [4] «No son los *bayetones* rústicos ni la *felfa* de pelo corta-do... las que enaltecen las virtudes tradicionales de esta industria», Lullo, *La Prensa de B. A.*, 15-XII-1940; el mismo, ibid., 16-II-1941.

Despinces, V. *pinzas* *Despinochar*, V. *panoja* *Despintar*, *despinte*, V. *pintar* *Despinzadero*, *despinzado*, *despinzar*, *despinzas*, V. *pinzas* *Despique*, V. *picar* *Despistar*, V. *pista* *Despistojarse*, V. *pestaña* *Despitorrado*, V. *pito* *Despizcar*, V. *pizca* *Desplacer*, *desplacible*, *desplaciente*, V. *placer* *Desplanar*, V. *llano* *Desplantación*, *desplantador*, *desplantar*, *desplante*, V. *planta* *Desplayar*, V. *explayar* y *playa* *Desplazamiento*, *desplazar*, V. *plaza* *Desplegadura*, *desplegar*, *desplego*, *despleguetear*, *despliegue*, V. *plegar* *Desplomar*, *desplome*, *desplomo*, V. *plomo* *Desplumadura*, *desplumar*, *desplume*, V. *pluma* *Despoblación*, *despoblada*, *despoblado*, *despoblador*, *despoblamiento*, *despoblar*, V. *pueblo*

DESPOJAR, del lat. DESPOLIARE 'despojar, saquear', derivado de SPOLIARE íd., y éste de SPOLIUM 'pellejo de los animales', 'botín'. 1.ª doc.: Berceo; doc. de 1215 (Oelschl.).

Común a todos los romances, aunque el portugués tomó su *despojar* del castellano (ya en el S. XVI: Moraes; la antigua voz castiza era *despir*; comp. *DESBULLAR*). Para construcciones y acs., vid. Cuervo, *Dicc.* II, 1150-52. Nótese la antigua construcción con acusativo de la cosa quitada («*Despojaron* las sábanas que cubrién el altar», Berceo, *Mil.*, 878a; 560; 898c), que se halla en muchos textos del S. XIII (*Apol., Crón. Gral.*) y vuelve a aparecer (quizá por latinismo imitado de *spoliare*) en la poesía del Siglo de Oro (Castillejo, Valbuena, Argensola, Herrera, Hojeda, Jáuregui: Cuervo, apartados γ). No logró *despojarse* cuajar en castellano, como lo hizo en catalán, lengua de Oc, francés e italiano, en la ac. 'desnudarse', que, sin embargo, aparece en la *Gr. Conq. de Ultr.* (289), la *Celestina*, Suárez de Figueroa y, por arcaísmo, en Moratín (Cuervo, *g* β). La variante antigua *despullar* que cita la Acad. es dialectal, al parecer leonesa, y se halla en una versión doscentista de la Biblia (Cuervo, 1152b).

DERIV. *Despojo* [1223, M.P., *D.L.* 28.37; 1.ª *Crón. Gral.* 391b26; APal. 31d, 150b, 468b; *espojo*, 1.ª *Crón. Gral.* 661a50]. *Despojador, despojamiento. Espolio* 'bienes que quedan para la Iglesia al morir los prelados' [1686, N. de Cepeda], tomado del citado *spolium; espolista. Expoliar* [Acad. 1884, no 1843], tomado de *exspoliare* íd., derivado de *spoliare; expoliación* [1490, *Ordenanzas R. de Castilla;* como voz rara en *Aut.*], *expoliador*.

Despolvar, *despolvorear*, *despolvoreo*, *despolvorizar*, V. *polvo* *Desportilladura*, *desportillar*, V. *puerta* *Desposación*, *desposado*, *desposajas*, *desposamiento*, *desposando*, *desposar*, V. *esposo*

Desposeer, desposeimiento, V. poseer   Desposa-
rio, V. esposo   Despostar, desposte, V. poner

DÉSPOTA, tomado del gr. δεσπότης 'dueño', y,
hablando de los Imperios Orientales, 'señor absoluto'. *1.ª doc.: déspoto*, 1565, Illescas; Covarr.;
h. 1650-60, Rebolledo; *déspota*, ya Acad. 1843.

Los tres primeros ejs. tienen la ac. 'soberano
reinante', y se refieren al Imperio de Oriente o a
sus antiguos dominios. En su moderna ac. peyorativa *déspota* se tomó recientemente del griego
clásico para rellenar la laguna de un sustantivo,
que se hacía sentir por la existencia del adjetivo
despótico.

DERIV. *Despótico* [Covarr.; fin S. XVII: N.
de Betisana, Bart. Alcázar], tomado del gr.
δεσποτικός íd.; *despotiquez*. *Despotismo* [Terr.].
Despotizar, amer.

DESPOTRICAR, 'hablar sin consideración ni
reparo todo lo que a uno se le ocurre', puede ser
derivado de POTRO, quizá con el sentido fundamental de 'saltar como potro', o más precisamente
de su diminutivo *potrico*, que en algunas partes
significa 'chispa' (de donde 'echar chispas'); sin
embargo, como dialectalmente vale por 'despachurrar, despedazar' no puede descartarse la posibilidad de que salga de POTRA 'hernia', en el sentido de 'destripar, reventar'. *1.ª doc.*: 1605, *Quijote* I, xxv, 115rº.

En el *Quijote* tiene ya aproximadamente la ac.
moderna[1]. Aparece también en Vélez de Guevara († 1644), con matiz menos claro, quizá el de
'atacar sin contemplaciones'[2]. *Aut.* define «decir
lo que se sabe, con claridad y sin detenerse a
considerar los inconvenientes que pueden resultar»;
Terr.: «hablar mucho y con poca verdad o sustancia, fr. *babiller*, lat. *garrire, blaterare*, it. *cica-
lare, cornacchiare*». Es posible que estas dos sean
explicaciones más o menos imperfectas del sentido
moderno, que ya define la Academia en su ed.
de 1843 en los mismos términos que en la actual.

Hoy en Chile es 'despachurrar, despedazar a alguna persona aplastándola' (Z. Rodríguez); a la
misma ac. alude sin mencionarla Román[3]; en
Canarias es 'derrochar, malgastar la hacienda'
(Millares). En Salamanca, en el Bierzo y en Galicia se emplea *espotricar* en la común ac. española (Lamano, G. Rey, Vall.). En la Alberca, Salamanca, la misma variante vale por 'chisporrotear'
(*cómo ehpotrica la lumbre*), y esta ac. se halla ya
al parecer en el Maestro Correas (1627)[4]. Krüger,
VKR XVI, 250, cree que deriva de *potrisco* 'chispa de la lumbre', usado en Cespedosa (*RFE* XV,
261) y en Mérida (Z. Vicente), y en efecto en esta
localidad se emplea también *potrico*, por evidente
comparación del vuelo zigzagueante de la chispa
con el galope sin concierto de un potro indómito.

Entonces *despotricar* tendría como sentido básico
el de 'echar chispas', que explicaría directamente

la ac. moderna y, por comparación, podrían comprenderse la de Vélez de Guevara, así como las de
Chile y Canarias; a muchas de ellas, por lo demás, se podría también llegar desde la idea de 'potro' sin pasar por la de 'chispa', y éste es indudablemente el caso del miñoto «*espotricar*, correr
muito, aos saltos, como quem vai montado num
pôtro» (Leite de V., *Opúsc.* II, 489).

Además, varias de estas acs. se comprenderían
más fácilmente partiendo de POTRA 'hernia', con
el significado fundamental de 'destripar, reventar':
nótese que *potra* tiene también un diminutivo en
-*ico*, a saber Vitigudino *potrico* 'embutido hecho
en tripa muy corta' (Lamano); de ahí llegaríamos
fácilmente a 'atacar sin contemplaciones' y a 'des-
pacharse uno hablando a su gusto'; siendo éstas
las dos acs. más antiguas podría creerse que sólo
secundariamente venga de ahí la de 'chisporrotear'
y que de ella extrajeran algunos dialectos modernos un regresivo *potrico* 'chispa', ayudando *potro*
por etimología popular. El prefijo *des-* estaría más
en armonía con la derivación de POTRA que con
POTRO, aunque esta última se justificaría si admitiéramos que lo originario es *espotricar*. *Vientre
de potrica*, como insulto a un hombre, quizá con
el valor de 'afeminado', está en F. de Baena (*Canc.*,
n.º 105, v. 7), pero no es claro si se trata de la
debilidad del herniado o de la comparación con
una potranca, por hembra. También debe tenerse
en cuenta el cat. *espoltrar* (Gerona) 'abortar, parir
la yegua un potro muerto' (Ag.), que indica otro
posible camino semántico para la derivación de
potro; de ahí vendrá posiblemente la variante catalana *espotrar-se* 'caer en ruinas (una casa deshabi-
tada)' (oído en Gisclareny, Berguedà), y su derivado
ampurdanés *espotrassat* 'desharrapado' (Pous i Pagès, *Quan se fa nosa* I, 56 y 61); por también
pueden éstos venir del cat. *espoltrit* 'hecho polvo,
carcomido', cat. ant. *espoltit*, que saldrá de PŬLS,
-TIS, 'gachas'; comp., en fin, fr. ant. y dial. (*es*)-
poutrer «broyer, écraser» que Spitzer, *Lexik. a.
d. Kat.*, 156-7, relaciona con el fr. ant. *peautre*
«balle de grain», pero que más bien derivará de
PULTEM.

DERIV. *Despotrique*.

[1] Sancho mandado por Don Quijote a Dulcinea
para hacerle saber la triste condición en que permanece el caballero en Sierra Morena, hace un
voto: «le tengo de sacar la buena respuesta del
estómago a cozes y a bofetones: porque ¿dónde
se ha de sufrir que un caballero andante, tan famoso como vuestra merced, se buelva loco, sin
qué ni para qué, por una...? No me lo haga
dezir la señora, porque por Dios que *despotrique*,
y lo eche todo a doze, aunque no se venda».
Como las dos últimas locuciones, según nota Rodríguez Marín, se refieren a los vendedores que
se exceden en su palabrería, ahí tenemos ya el
verbo *despotricar* en el sentido de 'decir barba-
ridades'. Como lo indica el acompañamiento, se-

ría entonces palabra de tono popular.— [2] Habla el rústico Rabel, convertido de pronto en dignatario palaciego: «Por vida / del rey, si conmigo intentan / el condestable o los suios / civilidades groseras, / que *despotrique* con todos. / DIANA: Mariscal, ¿qué es eso? RABEL: Sepan / los palaciegos que ay sangre / tan onrrada en estas venas, / que el mariscal don Rabel / no sufrirá que le pierdan / un átomo de respeto», *El Rey en su imaginación*, v. 1791. No sería muy natural en un poderoso el amenazar con decir enormidades contra los que le pierdan el respeto, cuando está en su mano amenazar con contingencias peores.— [3] Acs. parecidas deben de usarse en otras partes de América. En el *Supl.* de Malaret, el Sr. Jesús Amaya, de la capital mejicana, niega que *despotricar* en el sentido de 'destrozar' se emplee en Méjico; el vocablo lleva el asterisco propio de las acs. admitidas por la Acad. como pertenecientes a la lengua común. Pero como no ocurre así, y el vocablo está también ausente del *Dicc.* de Malaret y de otros muchos diccionarios de americanismos (R. Duarte, Santamaría, D. Rubio, etc.), debe de haber alguna confusión. Martínez Moles dice que se emplea en Cuba en la ac. ordinaria.— [4] «Cepa de madroño *espotrica* y quema al otro; noramala la compré, que tal jera eché». «Al otro» debe entenderse como eufemismo púdico en vez de la palabra que rima con *madroño*, según lo muestra la línea siguiente: «Cepa de *madró*, espotrica y quema el co».

Despreciable, despreciador, despreciamiento, despreciar, despreciativo, desprecio, V. *precio* *Desprender, desprendido, desprendimiento,* V. *prender* *Despreocupación, despreocupado, despreocuparse,* V. *ocupar* *Desprevención, desprevenido,* V. *venir* *Desprez,* V. *precio* *Desproporción, desproporcionado, desproporcionar,* V. *porción* *Despropositado, despropósito,* V. *poner* *Desproveer, desproveimiento, desprovisto,* V. *ver* *Desprunar,* V. *desmoronarse* *Despuente,* V. *punta* *Después,* V. *pues* *Despullar,* V. *despojar* *Despuntador, despuntadura, despuntar, despunte,* V. *punta* *Desque,* V. *desde* *Desquejar, desqueje,* V. *esquejar* *Desquiciador, desquiciamiento, desquiciar,* V. *quicio* *Desquijaramiento, desquijarar, desquijerar,* V. *quijada* *Desquimbar,* V. *esquilmar* *Desquitamiento, desquitar, desquite, desquito,* V. *quitar* *Desrancharse,* V. *rancho* *Desroñar,* V. *roña* *Destabado,* V. *taba* *Destacamento, destacar,* V. *atacar* *Destadizar,* V. *estar* *Destajador, destajamiento, destajar, destajero, destajista, destajo,* V. *tajar* *Destapada, destapadura, destapar,* V. *tapa*

DESTARTALADO, se refiere a edificios y habitaciones, con los sentidos de 'desproporcionado', 'excesivamente grande', 'desmantelado, medio destruído', 'abandonado'; de origen incierto, probablemente hermano del port. *estatelado* 'estendido a lo largo y sin movimiento', y tomado del ár. *'istaṭâl* 'alargarse, extenderse'. *1.ª doc.*: J. Nicasio Gallego (1777-1853); Acad. ya 1817, no 1783.

En esta edición le atribuye la Acad. la ac. «lo que está descompuesto y sin orden; *incompositus, inconcinnus*», que luego fué rectificada en «descompuesto, desproporcionado y sin orden» (ya en 1884). Creo que sólo la ac. 'desproporcionado' está justificada. He aquí los ejs. que cita Pagés: «Era éste un cuarto muy grande, y tan grande como *destartalado*» J. N. Gallego; «Por mostrador de la tienda había una mesa larga de pino sin pintar, como la *destartalada* anaquelería...», Hartzenbusch (obras desde 1837 a 1860); «Mi huerta mediría seis varas cuadradas de extensión, y constituía la décima parte de un corral, que de nada servía, en el viejo y *destartalado* caserón, que ya no puedo llamar *mi hogar paterno*», P. A. de Alarcón (obras 1855-82).

Como puede verse, se aplica siempre a casas, construcciones y aposentos, y el significado en estos ejs., más bien que el de 'desproporcionado', es el de 'excesivamente grande y desmantelado', que me es familiar en el uso español de hoy en día; por lo menos es corriente en boca de catalanes, si bien con el carácter de voz castellana. En Tortosa se emplea *destartalat* 'abandonado, descuidado', con aplicación a pisos y habitaciones (*BDC* III, 94; ej. de Narcís Oller en Alcover). En Puerto Rico, Cuba y el Perú, *destartalar* se emplea en el sentido de 'desbaratar', también con referencia a edificios («el huracán *destartaló* el bohío»: Malaret, *Vocab. de P. R.*; *Supl. al Dicc. de Amer.*). Estas otras acs. pueden comprenderse bien partiendo de 'excesivamente grande y desmantelado', cualidad que se da a menudo en los caserones y habitaciones abandonadas o semidestruídas. Es difícil llegar a esta ac. básica partiendo de la familia de creación expresiva centrada en *tartalear* 'moverse con movimientos trémulos y descompuestos', como creía Spitzer, *Lexik. a. d. Kat.*, 128; pues es problemático que *destartalado* haya realmente significado 'descompuesto y sin orden'; más probable es que en las primeras ediciones de la Acad. reinase cierta confusión entre el significado de las dos palabras parecidas.

Por otra parte, difícilmente se podrá separar la palabra castellana del port. *estatelado*, mayormente si tenemos en cuenta la existencia de una variante portuguesa *estartalado*. Pero el significado de la voz portuguesa no es uniforme y se halla alejado del castellano. Según Fig. *estatelar* es 'echar al suelo, arrojar por tierra, extender por el piso', definición muy diferente de la que Moraes da al adjetivo vulgar *estatelado* «parado e inmóvil como estatua» (*ficou estatelado, está est.*)[1]. Se pueden conciliar teniendo en cuenta los ejs. que cita Carolina Michaëlis (*RL* III, 158); *uma pessoa dorme estatelada de costas* o *cahe estatelada no chão,* esto es, quedando extendida e inmóvil. En una palabra, *estatelado* es 'tendido de largo a largo e inmóvil'. Que el origen del vocablo es idéntico al de la palabra castellana, lo confirma la variante regional de la Beira *ficar estartalado* «ficar estirado no chão depois de uma queda» (en el habla de Atalaia: *RL* XI, 156), y existe también un vulgar *estratalado* según Gonçalves Viana (y Nascentes).

C. Michaëlis, seguramente inspirándose en Moraes, afirmó que el vocablo venía de *estatua* en su variante vulgar *estátula* (comparable a otros vulgarismos como *trévulas* por *trevas* 'tinieblas', *trégolas* = *treguas*, *biterábulas* = *beteravas*, *améijola*, *récola*). A pesar de la aprobación de M-L. (*REW* 8236), Gonçalves Viana (*Apostilas* I, 420, y *RL* XI, 246-7) objetó que una *estatua*, aun para el vulgo, es esencialmente un objeto erecto, que está en pie; como hay también la dificultad de la *-e-*, me parece, en efecto, idea inverosímil. En cuanto a la conexión entre el significado portugués y el castellano, no es difícil hallarla aunque no es evidente en qué forma: de 'extendido' se puede llegar a 'excesivamente grande'. Pero ¿cuál será entonces el origen? ¿Se tratará de una reduplicación expresiva de un *estalar* hermano del fr. *étaler* 'exhibir o extender sobre una superficie', procedente del germ. STALL 'colocación, puesto', 'establo'?[2] Esta raíz germánica ha dejado descendientes en portugués (*estala, estalo*, 'establo', 'sillón'), pero con significado lejano del que aquí necesitaríamos, que debiera ser paralelo al desarrollado en francés. La idea por lo tanto es muy dudosa. Sería posible una creación expresiva a base de la idea del tambaleo de lo que va a caerse: de ahí *destartalar* 'dejar ruinoso (un edificio)' y *caserón destartalado* 'viejo y abandonado'; por otra parte, en portugués se aplicaría a personas y pasaría al resultado del tambaleo, es decir, la caída[3].

Sin embargo, todo esto es bastante forzado, y por otra parte la forma portuguesa me parece la más primitiva semántica y fonéticamente; por lo tanto lo más probable es un arabismo, ya que *'istaṭâl* es 'alargarse, prolongarse', 'ser largo o alto' (Freytag III, 80), décima forma de la conocida raíz *ṭ-w-l* 'ser largo, prolongarse, extender', y sabemos que *'istaṭâl* era vivo en el árabe vulgar de Occidente, aunque Dozy (*Suppl.* II, 72) sólo lo señale allí en las acs. 'vituperar' (R. Martí) y 'hallar demasiado largo'[4]. Este origen es tanto más probable cuanto que en árabe se dice precisamente *'istaṭâl* en el sentido de 'se extendió por el suelo', precisándolo a veces con la frase completa *'istaṭâl ʿalà wağh al-'arḍ* (= se extendió por la superficie de la tierra), y así está documentado en varios lexicógrafos clásicos desde el Ŷauharí (Lane, pp. 1895-6).

Creo que la idea nos da la clave del origen de estas palabras hispánicas, muy poco estudiadas hasta ahora por los romanistas y nada por los arabistas. Falta averiguar mejor la antigüedad res-pectiva del vocablo en castellano y en portugués (cuyos diccionarios no citan autoridades antiguas), antes de querer especificar si desde el árabe pasó al castellano directamente o por conducto del romance vecino, suposición a la que podría tentarnos el hecho de que *destartalado* es todavía ajeno a *Aut.*, Terr. y Moratín.

[1] El dicc. brasileño de Lima y Barroso recoge las dos y agrega 'dejar atónito, causar gran admiración', 'batir (con)', 'extenderse (con)'. De esta forma portuguesa es abreviación la asturiana *estelâse* 'embelesarse mirando a una persona o cosa' (V).— [2] Fonéticamente no habría dificultad en pasar de *estatalar* a *estratalar* por repercusión de líquidas y de ahí a *estartalar*. El vocablo debería ser portuguesismo en castellano por el tratamiento de la LL.— [3] Es oscuro el significado del verbo *destartar* en el *Canc.* de Baena, p 450 («que yo las *destarte* / con mi basalarte»), y es problemática toda relación con *destartalar*.— [4] La raíz *ṭ-w-l* es muy fecunda en vulgar, como puede verse en los diccionarios de Dozy, Beaussier, Bocthor, Fagnan, Marçais (*Textes Arabes de Tanger*), etc. La décima forma *'istaṭâla* en el Corán significa 'conducirse soberbiamente' (< 'mostrarse alto').

Destazador, destazar, V. retazar

DESTEBRECHAR, gnía., 'declarar, publicar', 'interpretar', de origen incierto, probablemente tomado, con el carácter de voz jergal, del oc. septentrional **desentrebechar* 'desenredar, aclarar', variante fonética regular de *desentrebrescar* íd., negación de *entrebrescar* 'confundir palabras y conceptos', derivado de *bresca* 'panal' y *brescat* 'emparrillado a modo de panal'. *1.ª doc.*: 1609, Juan Hidalgo.

Este vocabulario define 'declarar', y *destebrechador* 'declarador o intérprete'. Hill y Pagés citan varios ejs. del verbo en romances de germanía, por los que se ve que el significado puede ser 'hacer público, publicar' (*destebrechar el delito*), o 'traducir, entender, interpretar' (*destebrechar muchas lenguas*). En cuanto a la idea de Pagés de mirarlo como derivado de *tenebroso*, sólo podría aprovecharse en el sentido de un portuguesismo **destrevejar* 'deshacer las tinieblas', derivado de *trevas* 'tinieblas', cuya *-j-* palatal se hubiese adaptado como *-ch-*. Pero es inverosímil, porque no parece haber existido tal verbo en portugués (Fig.), y por poco que la palabra castellana fuese antigua en 1609, no habría habido dificultad en reproducir su *j* por una *j* castellana[1]. Spitzer (*MLN* LXXI, 374) ha dado con la solución de este problema etimológico. Se trata de un préstamo del oc. septentrional **desentrebechar* 'desenredar', variante fonética regular de *desentreb(r)escar* en las hablas del Lemosín, Auvernia y Delfinado. La existencia de este último está documentada directa o indirectamente por el vocablo *desentrebresc*, que aparece con toda seguridad en Marcabrú[2]. Es el derivado negativo del verbo *entrebrescar* o *entrebescar*, frecuentísimo en los trovadores, y que G. de Bornelh, Bernat Martí y el propio Marcabrú, en otros pasajes, emplean precisamente con aplicación a palabras (*motz entrebescar*), en el sentido de 'confundir palabras y conceptos': el negativo *desentrebrescar* se prestaba, pues, a dar un vocablo que significa 'interpretar'; cf. it. *intrebescare* «parlare forestiero, p. es. come i tedeschi» (Petrocchi). La forma con *ch* se documenta hoy en el Lemosín (*entrebraichà*) y en el Delfinado (*entrebeichà*) (citados por Mistral en su artículo *entrepacha*), con la representación de SC[a] como *ich*, que es regular en la fonética local. Ni siquiera es preciso suponer que *desentrebechar* resulte de un cruce de *entrebrescar* con *empachar*, como admite Spitzer (lo único que se explica de este modo es la forma *entrepachà* con que Mistral encabeza este artículo, y que él mismo documenta en un poeta de Nîmes y en otro de Provenza). La reducción de *desentrebrechar* a *destebrechar* no presenta dificultad: los casos como *desencaminar = descaminar* y *desembarazar > débarrasser* servirían de modelo.

En cuanto a *entrebrescar*, es derivado de *brescar* 'enredarse', documentado en catalán antiguo con aplicación a la formación enredada de una compañía militar, y *brescat* 'emparrillado de listones' (vid. los textos en Alcover), a su vez derivados de *bresca* 'panal'.

Seguramente la germanía clásica española tomó el vocablo del argot de los Coquillards y demás hampones franceses, que ya en el S. XV empleaban tantos vocablos después trasmitidos a España (vid. *CAIRE, ENTREVAR*, etc.), y sabido es que el argot antiguo hormigueaba de vocablos provinciales, entre los cuales no serían raros los del Centro de Francia o de los Alpes, como éste (recuérdese el gran florecimiento de las hablas jergales en Saboya, etc.).

DERIV. *Destebrechador* (V. arriba).

[1] Sólo si entonces fuese muy reciente se comprendería la -*ch*-; *GARÚA*, que ya está documentado entre 1560 y 1573, es muy inseguro que ya presente huellas de la distinta pronunciación de la *j* en los dos idiomas.— [2] Levy lee «Qu'Amors adoncx *entrebresca* / enginhos *desentrebresc*» entendiendo este último como sustantivo en el sentido de 'acción de desenredar': lo que ha sido ingeniosamente desenredado el Amor lo vuelve a enredar. Dejeanne, en su ed. (Toulouse, 1909, p. 58, v. 35 de la canción *Contra l'ivern*), pone punto y coma tras *entrebresca* y entiende 'que el ingenioso vuelva a desenredarlo': sería el subjuntivo de un verbo. Las dos variantes del vocablo, con una y con dos *rr*, están aseguradas por un buen número de rimas y por el paralelismo del texto de otro trovador, citado por Levy.

DESTELLAR, 'gotear, destilar' ant., 'despedir destellos o ráfagas de luz breves pero intensas', del lat. DESTĬLLARE 'gotear', derivado de STĬLLA 'gota'. *1.ª doc.*: Cid.

M. P., *Cid*, 625; *REW*, 2604a. Conservado solamente en castellano y en una habla de la Suiza francesa; de STILLA queda algún representante en los Alpes centrales y en el Sur de Francia. En su sentido antiguo *destellar* se halla también en un fuero de h. 1092 (pero seguramente traducido en el S. XIII), en la *1.ª Crón. Gral.* y varias veces en la Biblia Escurialense de la misma centuria (M. P., *l. c.*; *RFE* VIII, 14, y IX, 65); posteriormente lo hallamos todavía en la *Montería* de Alfonso XI (*Aut.*) y aun en Nebr. («*destellar*: caer gotas»); las variantes *destillar* y *estellar* se conservaron respectivamente en las biblias judeoespañolas de Ferrara y Constantinopla, con las acs. 'fluir, esparcir, derramar' y 'hacer hablar' (*BRAE* IV, 634). Más ejs. de los SS. XIV y XV en Cuervo, *Dicc.* II, 1175, y Cej., *Voc.*, s. v. El paso a 'brillar intensamente' se explica por los destellos que emiten las gotas al ser heridas por la luz. El nuevo significado debió ser antiguo, pues ya se halla en el vasco *distiratu* o *distiatu* 'brillar', 'reflejar', mientras que el lab. *distira, diztira*, a. nav. *diztiria*, guip., lab. *disti*, 'brillo', representa STILLA, alterado en *DISTILLA por influjo del verbo (comp. Schuchardt, *ZRPh.* XXXVI, 35, que antes, *BhZRPh.* VI, 41, había pensado en una onomatopeya): la conservación de la ĭ latina indica un latinismo antiquísimo en vasco. Formas como vasco *dirdir, dizdiz*, 'destello', serían creaciones expresivas; de DESTILLARE con seguridad vendría el vco. (*l*)*istila*, según Michelena, *BSVAP* XI, 288, pero no hay que perder de vista la posibilidad de que éste sea simplemente STILLA, lat. vg. *istilla*, en parte con el artículo romance aglutinado. Comp. *ESTÉRIL*. Teniendo en cuenta que en el sentido de 'lanzar destellos' el verbo no parece estar registrado hasta el dicc. de la Academia de 1899 (no 1822), creo que el cambio de sentido se produjo en el sustantivo *destello*; *destellar*, si verdaderamente está documentado, lo que no me consta (no está p. ej. en Gili, *Tes.*) será una creación secundaria y reciente. *Destilar* [h. 1490, *Celestina*, ed. 1902, 18.28; 1555, Laguna; *estilar*, 1517, T. Naharro[1]; *estillar*, S. XV, *Canc.* de Stúñiga] es duplicado culto (Cuervo, *Dicc.* II, 1174-5).

DERIV. *Destello* 'gota' ant. [2.ª mitad del S. X, Glosas de Silos, 14; *Calila*, ed. Rivad., 54], 'resplandor vivo y efímero' [1603, Oña]. *Destelladura* [Nebr.].

Destilable. Destilación. Destiladera. Destilador. Destilatorio. Destilería. Instilar; instilación.

[1] Hoy en Salamanca, Andalucía y América (Acad.).

Destemperado, destemperamiento, destemplado, destemplador, destemplamiento, destemplanza, destemplar, destemple, V. *templar*   *Desternillarse*,

V. *tierno   Desterradero, desterramiento, deste-*
rrante, desterrar, desterronamiento, desterronar, V.
tierra   Destetadera, destetar, destete, desteto, V.
teta   Destez, V. *tez   Destiempo*, V. *tiempo*
Destierre, destierro, V. *tierra   Destilable, des-* 5
tilación, destiladera, destilador, destilar, destilato-
rio, destilería, V. *destellar.*

DESTINAR, tomado del lat. *destĭnare* 'fijar,
sujetar', 'destinar'. *1.ª doc.*: Santillana, † 1458; 10
Gómez Manrique, † h. 1490.

Cuervo, *Dicc.* II, 1175-7. Frecuente en el S.
XVI. En la ac. especial 'hacer testamento, dejar en
testamento' *destinar* o *estinar* se halla ya en el
Fuero de Navarra (S. XIII o XIV), G. de Diego, 15
RFE XX, 361, y en otros navarro-aragoneses des-
de el S. XIII (Tilander, 357-8). Comp. *TINO.*

DERIV. *Destino* [Garcilaso, 1503-36, canc. 4],
Cuervo, *Dicc.* II, 1177-8. *Destín* o *estín* 'testa-
mento', arag. ant. [h. 1300, *Fueros de Aragón*, 20
Tilander, 356-7]. *Destinación. Destinado. Destinar.*
Destinatario. Predestinado; predestinar [Corbacho
(C. C. Smith, *BHisp.* LXI)]; *predestinación [Cor-*
bacho (C. C. Smith)]; *predestinante.*

Obstinado [Corbacho (C. C. Smith); *Comedia* 25
Tebaida de princ. S. XVI, p. 533; h. 1590, J. de
Acosta; Covarr. prefiere la grafía *ostinado*, por
entonces preponderante], tomado de *obstinatus* íd.,
derivado del mismo radical que *destinare*; *obsti-*
narse [S. XVII, *Aut.*]; *obstinación* [h. 1525, Alvar 30
Gómez (C. C. Smith); Covarr.].

Destinar 'desatinar', V. *tino   Destiñar, desti-*
ño, V. *tiña   Destitución, destituible, destituidor,*
destituir, V. *estar   Destorgar*, V. *torgo* y *torca*
Destormar, V. *tormo   Destornillado, destornilla-* 35
dor, destornillamiento, destornillar, V. *torno*
Destorpadura, destorpar, V. *torpe   Destrabar,*
destrabazón, V. *trabar   Destral, destraleja, des-*
tralero, V. *diestro   Destrazar*, V. *atarazar*
Destrejar, destrero, destrez, destreza, V. *diestro* 40
Destricia, V. *estreñir   Destripacuentos, destri-*
pador, destripamiento, destripar, destripaterrones,
V. *tripa   Destrizar*, V. *triza   Destrón*, V. *dies-*
tro   Destronamiento, destronar, V. *trono*
Destroncamiento, destroncar, destronque, V. *tron-* 45
co   Destrozador, destrozar, destrozo, destrozón,
V. *trozo   Destrucción, destructibilidad, destruc-*
tible, destructivo, destructo, destructor, destruc-
torio, destruible, destruición, destruidor, destrui- 50
miento, destruir, destruyente, V. *construir   De-*
sucación, desucar, V. *jugo   Desuellacaras, desue-*
llo, V. *desollar   Desuncir*, V. *uncir   Desunión,*
desunir, desuno, V. *uno   Desurdir*, V. *surgir* y
urdir   Desús, V. *suso   Desusar, desuso*, V. 55
uso   Desvahar, V. *vaho.*

DESVAÍDO, 'alto y desairado', '(color) bajo y
disipado', forma parte de un conjunto de homónimos iberorromances de historia complicada y 60

oscura; la voz castellana se tomó, al parecer, del
port. *esvaído, desvaído*, 'desvanecido', 'evaporado',
'enflaquecido', 'sin sustancia', procedente del participio del lat. EVANESCĔRE 'desaparecer', 'disiparse',
'evaporarse', derivado de VANUS 'vano'; sin embargo existe, aunque menos probable, la posibilidad de que proceda del lat. EVADĔRE en el sentido
de 'asaltar (una muralla)', sea como descendiente
autóctono, o como advenedizo tomado del cat.
esvair 'asaltar', 'atacar', 'destruir, consumir', *esvair-*
se 'desvanecerse'. *1.ª doc.*: 1604, 2.ª parte del *G.*
de Alfarache; 1607, Oudin; 1623, Minsheu[1].

Escribe Mateo Alemán: «Derrenegad siempre
de unos hombres como unos perales, enxutos,
magros, altos y *desvaídos*»; y Rojas Zorrilla:
«Es un caballero flaco, / *desvaído*, macilento, /
muy cortísimo de talle / y larguísimo de cuerpo.»
La primera ac. indicada arriba se halla ya en *Aut.*,
la segunda la había agregado ya la Acad. en 1884,
y desde 1843 por lo menos figura además, como
anticuada, otra ac. 'vaciado, adelgazado, disminuído'. De ahí *bóveda vaída* 'la formada por un he-
misferio cortado por cuatro planos verticales paralelos dos a dos' [1708, Tosca, *Aut.*]. No es posible
desconocer la identidad semántica de este adjetivo
con el port. *esvaído* «desangrado, v. g. *esvaído do*
sangue; esvaído da cabeça: o que a tem mũi fraca
e quasi arvoada», *esvair-se* «evaporar-se a parte
espiritosa e forte, v. g. do líquido...; enfraque-
cer-se o corpo com o mũito que se desangra»,
según Moraes, que cita ejs. de la *Hist. Náutica*
Trágico-Marítima (SS. XVI-XVII), Fr. António
Feo (1612) y Fr. António das Chagas († 1687,
luzimento esvaído «que não tem tomo, sustância»);
«desmaiar; ter tonturas; desbotar (= hacer desvanecer el color)» (Fig.); *desvaído* «esvaído, esgotado, exangue, desangrado» (Vieira). Gall. *esvaerse,*
-vair, esvaído (« desexo de *esvaerse* no remanso da
morte», «Sabela *esvaíuseme* da memoria» Castelao
269.18, 207.4, 200.2). Junto a estas formas está
en portugués *esvaecer*, muy frecuente desde antiguo y con los mismos sentidos que el cast. *desva-*
necer, de suerte que apenas puede ponerse en
duda que los vocablos portugueses vienen, como
éste, del lat. EVANESCĔRE, pret. EVANUIT, sin participio en latín clásico, pero en el vulgar debió
de crearse *EVANĪTUS (-ĪTUS), del cual procederán
el port. *esvaído* y el cat. *esvanit* 'desvanecido, desaparecido'. Entonces el cast. *desvaído*, por la pérdida de la -N- intervocálica, sería portuguesismo
de fines del S. XVI.

Por otra parte, G. de Diego, *Contr.*, § 218, cita
entre los descendientes de EVADĔRE 'escapar, salir,
eludir' una serie de formas francesas, catalanas y
castellanas, que es preciso analizar. Desde luego
nada tienen que ver con nuestro *desvaído* el cast.
ant. *EMBAÍR* 'engañar, embaucar' y *embaidor*
'embaucador', a los cuales pertenece el ej. del primero en *Alex.* 2206, que G. de Diego entendió
erróneamente como 'escapar, evadirse', desorien-

tado por las erratas del texto de Janer (vid. ahora el de Willis). También hay que dejar a un lado el fr. *ébahir* 'asombrar', cat. ant. *esbair* íd.[2], etc., sea que éstos procedan de la interjección *bah* (M-L.) o de BATARE, con galicismo temprano en los demás romances, ya en el S. XIII [?] (Bloch); con éstos podrá ir el cast. antic. *embaído* 'absorto, ensimismado', del cual cita G. de Diego un ej. del S. XVI.

En cuanto al salm. *envaer, envaír*, que también vendría de EVADERE según este filólogo, esta opinión se basa en una interpretación gratuita de los ejs. citados por Lamano, no autorizada por los datos de este dialectólogo; hay que partir del uso, que éste conoce como vivo, *está envaendo el tiempo*, en el sentido de «entretener, distraer, gastar»; los demás, citados de textos y romances, contienen el mismo verbo *envaírse o envaerse* en el sentido de 'entretenerse'. Es peligroso elevarse directamente desde estas formas dialectales y recientes hasta el latín clásico EVADERE 'escapar'; más natural parecería relacionar con el c a s t e l l a n o *embaír* 'engañar', *embaír el tiempo* 'hacerlo pasar de prisa', literalmente 'engañarlo', y empleado absolutamente *envaírse* 'entretenerse'[3].

El cat. *esvaír-se* 'desvanecerse' sí deberá de proceder de EVADERE, a no ser que lo separemos del cat. ant. *esvair* 'asaltar', 'atacar, acometer'[4], pues junto a éste tenemos oc. ant. *esvazir*, de significado idéntico, cuya -z- indica inequívocamente el étimo EVADĔRE, aunque no en el sentido de 'evadir, escapar', sino en el de 'asaltar (una muralla u obstáculo)', también clásico (*evadere in muros* T. Livio, *ad summi fastigia culminis* Virgilio; también *evadere ardua* en aquél y *evadere gradus altos* en éste). Hay por lo tanto dos homónimos indiscutibles en la Península: el cat. ant. *esvair* EVADERE y el port. *esvair, esvaecer*, EVAN(ESC)ERE. En cuanto al cat. mod. *esvair-se* 'desvanecerse, desaparecer', su origen es menos evidente. Siendo ajeno al idioma medieval, podría sospechársele origen portugués por conducto del castellano, aunque es palabra de uso muy castizo, y su matiz semántico no es conocido más que en portugués, pero no en el intermediario castellano. Será bueno tener en cuenta las demás acs. regionales del catalán moderno: 'desfallecer, desmayarse' (prov. de Lérida), *esvaït* 'desvanecido, desmayado, pálido' (Solsona, Camprodon), podrían conciliarse con el origen castellano-portugués, pero las hablas arcaizantes de Mallorca señalan otra dirección: *esvair* 'acabar con, consumir' (hablando de comida, de tiempo: Ag.), 'arrasar' (*esvaït* 'roturado, artiga' en Manacor), 'destruir' (*BDLC* VII, 133) y aun 'atacar' (en las *Rondayes Mallorquines* de Alcover, IV, 75, según Tallgren, *Neuphil. Mitt.* XX, 47). Claro está que todo esto es inseparable del cat. ant. *esvair* 'acometer', 'saquear', EVADĔRE; desde 'destruir, consumir' se pudo pasar a *esvair-se* 'volverse pálido, desvanecerse' y de ahí a 'disiparse, desaparecer'.

¿Tendremos derecho, en vista de esta documentación, bien trabada y que se remonta hasta el S. XIII, a suponer que el cast. *desvaído* y aun acaso la voz portuguesa, de fecha más moderna por lo que sabemos, sean catalanismos? En teoría es muy posible; y sin embargo me parece poco probable, y aun menos probable creo que el cast. *desvaído* sea otro representante autóctono de EVADERE que siguiera (subterráneamente durante la Edad Media) el mismo camino recorrido por el catalán. Lo verosímil, en resumen, es que tengamos tres familias homónimas: port. y cast. *desvaído* EVANITUS, cat. ant. y mod. *esvaïr* EVADERE, y cast. *embaír* 'engañar', 'entretener', para el cual V. artículo aparte.

DERIV. *Desvairse* [fin S. XIX, en el español Palacio Valdés y en el argentino L. Lugones, vid. Toro G., *BRAE* VIII, 489; no admitido aún por la Acad.]. *Desvaidura*.

[1] «*DesVaýdo*: faint, hartlesse», «*DesVayado* (vide *desVaýdo*): feeble, hartlesse, scarce able to goe on his legs». Probablemente tomado de Oudin (1607): «*Desuayado* o *desuaydo*, un corps qui est creu outre mesure, grand, mal-basty», a lo cual en la ed. de 1616 agregó «vn grand esquiolé, vn landore, vn longis». Claro está que la variante *desvayado* se debe al influjo de *desmayado* y *desmaído*, coexistentes.— [2] *B* y *v* no se confunden nunca en la Edad Media catalana. Además semánticamente el vocablo se distingue de *esvair* en forma inequívoca, vid. *Vidas de Santos del S. XIII*, fº 6rºb (*AILC* III, 189); Lulio, *Meravelles* I, 29; *Senescal d'Egipte*, p. 149; A. Canals, *Scipió*, 43, 72, 76; *Curial N. Cl.* II, 36.— [3] En catalán se llegó al mismo resultado desde otro punto de partida: *esvair lo temps* es 'matar, perder el tiempo' en texto de 1390 (Ag.). Aquí debe partirse de EVADERE en el sentido 'acometer', que se comenta a continuación.— [4] V. muchos ejs. en Ag. Pueden agregarse: «no es lo arbre ben forts e ferm sinó com continuat vent lo *esvaeix*, car ab la vexació del vent se estreny, e fica les raels pus certament», «no era en Roma qui·ns gohàs deffendre los camps ni les alqueries que estaven fora la ciutat, e aquest esvaýa les nostres hosts» (A. Canals, *Scipió*, 48; *Providència*, 111, también 87). *Esvaiment* 'asalto, forzamiento, violación' en las *Costumbres de Tortosa*, S. XIII, ed. Oliver, p. 436.

Desvalía, desvalido, V. *valer   Desvalijador, desvalijamiento, desvalijar, desvalijo*, V. *valija Desvalimiento, desvalor, desvalorizar*, V. *valer*

DESVÁN, 'parte más alta de la casa, inmediata al tejado', de un antiguo verbo *desvanar* 'vaciar', derivado de *VANO* 'vacío, inútil'; propiamente significó 'lugar vacío entre el tejado y el último piso'. *1.ª doc.*: «*desvan de casa*: inane domus», Nebr.

También port. *desvão* íd. (ya h. 1500, en Resende, *Crón. de Juan II*). En castellano *Aut.* recoge varios ejs. de princ. S. XVII[1], y el vocablo figura también en Crist. de las Casas, Percivale (1591), Oudin (1607) y Covarr.[2] Formaciones semejantes son el gall. *desván* 'cada uno de los dos espacios vacíos dentro de la rueda del carro local' (J. Lorenzo Fernández, *VKR* XI, lámina de la p. 288), y por otra parte el sanabrés *trezbáṇ* 'desván, ático' (Krüger, *Gegenstandsk.*, 106). Semánticamente es análogo el arag. *falsa* 'desván, zaquizamí' (Borao), propiamente 'lugar falso o vacío'. No puede ser, sin embargo, un derivado nominal directo de *vano* ('lugar vacío', sustantivo), como admiten los lexicógrafos portugueses, pues no se explicaría entonces la falta de *-o* en castellano. Existió un verbo *desvanar*, del cual *desván* es postverbal (formado como *hilván*, *desmán*, *desliz*; véase lista, a propósito de *desdén*, en *DIGNO*), aunque este verbo está mal documentado. Sin embargo, Oudin (1607) cita *desvanar* 'chochear, devanear' («resver, radoter»), con su postverbal *desván* «resverie, folie, vaineté, vuidange, vacuité» (Terr. lo declara desusado); de este *desvanar* sale seguramente el moderno *devanarse los sesos* (ya *Aut.*) 'meditar mucho en una cosa, cansando la cabeza', propiamente 'devanear', y el cub. y mej. *devanarse* 'retorcerse de risa, llanto, dolor, etc.' (Malaret, *Dicc.*, comp. *Supl.*), Tabasco *devanarse* 'revolcarse' (*el muchacho se devanaba por el suelo*), *devanado* 'desaseado, andrajoso' (R. Duarte), y a su vez la forma antigua de *devaneo* fué *desvaneo*, documentada en el *Canc.* del S. XV (Cej., *Voc.*) y hoy en Chile y Puerto Rico (Malaret). Otro postverbal de *desvanar* se halla en la frase *salir en desvano* 'salir de costado, dar en falso', que aplicada a un golpe de espada se lee en la *Gr. Conq. de Ultr.*, 47b.

El parecido de *desván* con el cat. *envà* 'tabique', cat. ant. *envan*, oc. *anvan*, *envan*, «auvent, séveronde d'un toit, hangar», fr. *auvent*, así como el del sanabr. *tresván* (¿de un verbo *tras-vanar*, o cruce de *desván* con un sinónimo?) con el cat. *trespol* 'techo o piso de una habitación', son meramente accidentales.

[1] Agréguese «¿Aquestos sacristanes, / que como gatos andan mis *desvanes*, / hante arañado, o quieren arañarte?», Quiñones de B., *NBAE* XVIII, 651.— [2] La explicación semántica de éste «por ser inhabitable, y sobre el tal suelo está la texa vana, sin cubierta de çaquizamí, se dixo *desván*», no es pertinente, aunque es cierto que el tejado de teja sin enmaderado (zaquizamí) se llama *a teja vana* (Acad., s. v. *zaquizamí*). El desván propiamente dicho es el llamado *desván gatero* o deshabitado, mero lugar vacío entre dos techos.

Desvanar, V. *desván*   *Desvanecedor*, *desvanecer*, *desvanecido*, *desvanecimiento*, V. *vano*
Desvano, V. *desván*   *Desvarar*, V. *resbalar*
Desvariable, *desvariado*, *desvariamiento*, *desvariar*, *desvario*, V. *vario*   *Desvasar*, V. *vaso*   *Desvastigar*, V. *vástago*   *Desvelamiento*, *desvelar*, *desvelo*, V. *velar*   *Desvencijar*, V. *vencejo* y *binza*   *Desventaja*, *desventajoso*, V. *ventaja*   *Desventura*, *desventurado*, V. *venir*   *Desvergonzado*, *desvergonzamiento*, *desvergonzarse*, *desvergoñado*, *desvergüenza*, V. *vergüenza*   *Desvezar*, V. *avezar*   *Desviación*, *desviador*, *desviamiento*, *desviar*, V. *vía*   *Desvirar*, V. *vira*   *Desvirgar*, V. *virgen*   *Desvirriar*, V. *birria*   *Desvirtuar*, V. *virtud*   *Desyerba*, *desyerbador*, *desyerbar*, V. *hierba*   *Deszocar*, V. *zoco*   *Deszumar*, V. *zumo*   *Detallado*, *detallar*, *detalle*, *detallista*, V. *tajar*   *Detardamiento*, *detardar*, V. *tardo*   *Detasa*, V. *tasar*   *Detector*, V. *techo*   *Detención*, *detenedor*, *detenencia*, *detener*, *detenido*, *detenimiento*, *detentación*, *detentador*, *detentar*, *detente*, *detentor*, V. *tener*   *Detergente*, *deterger*, V. *terso*

DETERIOR, 'de calidad inferior', tomado del lat. *deterior*, *-ōris*, 'peor, inferior'. 1.ª doc.: 1626, G. del Corral. *Deteriora* adj. f. rimando con *adora* en F. Pz. de Guzmán (cita de Lida, *J. de Mena*, p. 121n.).

Latinismo desusado y puramente libresco.

DERIV. *Deteriorar* [Covarr.[1]; 1612, Fr. Juan Márquez], tomado del lat. tardío *deteriorare* íd.; *deterioración* [1614]; *deterioro* [Acad. ya 1843].

[1] Oudin, 1616, pero no 1607.

Determinable, *determinación*, *determinado*, *determinamiento*, *determinante*, *determinar*, *determinativo*, *determinismo*, *determinista*, V. *término*   *Detersión*, *detersivo*, *detersorio*, V. *terso*   *Detestable*, *detestación*, *detestar*, V. *testigo*   *Detienebuey*, *detinencia*, V. *tener*   *Detonación*, *detonador*, *detonante*, *detonar*, V. *tronar*   *Detornar*, V. *torno*   *Detorpar*, V. *estropear*   *Detorsión*, V. *torcer*   *Detracción*, *detractar*, *detractor*, *detraedor*, *detraer*, *detraimiento*, V. *traer*   *Detrás*, V. *tras*   *Detrimento*, *detrítico*, *detrito*, *triturar*   *Deturpar*, V. *torpe*   *Deuda*, *deudo*, *deudor*, *deudoso*, V. *deber*   *Devalar*, V. *valle*   *Deván*, V. *avanzar*

DEVANAR, del lat. vg. *DEPANARE* íd., derivado del lat. *PĀNUS* 'hilo de trama puesto en la devanadera', y éste tomado del gr. dórico πᾶνος (ático πῆνος, -νους) íd. 1.ª doc.: h. 1400, Glos. del Escorial.

Tiene irregularmente *-v-* ya en los textos medievales (Glos. del Escorial, Nebr., PAlc.), debido a la confusión con *devanar*, derivado de *VANO* (vid. *DESVÁN*). *Depanar*, *depanadera*, en las aldeas de Bielsa (Badia). Para el port. dial. *depenar*, que es otra cosa, vid. *ESPIAR* II. Voz común a los varios romances: port. *dobar*, cat. y oc. *debanar* (el fr. ant. *devener* es de existencia dudosa), sardo *demanare*, it. *dipanare*, rum. *depînà*. Comp. *ESPIAR* II.

DERIV. *Devanadera* [h. 1400, glos. del Escorial y de Toledo]; gall. *devanadeira* (Sarm. *CaG.* 96v, 128v), *devandoira* (Saco Arce, también *davadoira*), gall. sanabrés y castellano local gallego (Cortés Vázquez, Vall.), Bergentiños *devanduira* (Crespo Pozo). *Devanador.*

Devandicho, V. *avanzar, decir Devaneador, devanear, devaneo,* V. *vano Devant,* V. *avanzar Devantal,* V. *delante Devantar,* V. *leve Devastación, devastador, devastar,* V. *vasto Devecer,* V. *pedir Devedar,* V. *vedar Develar,* V. *velo Devengar, devengo,* V. *vengar Devenir,* V. *venir Deviedo,* V. *vedar Devieso,* V. *divieso Devinto,* V. *vencer Devisa, devisar, devisero,* V. *dividir Devoción, devocionario, devodar,* V. *voto Devolución, devolutivo, devolver,* V. *volver Devorador, devorante, devorar, devoraz,* V. *voraz Devotería, devoto, devover,* V. *voto Devuelto,* V. *volver Dexiocardia, dextrina, dextro, dextrógiro, dextrorso, dextrórsum,* V. *diestro Deyección, deyecto,* V. *abyecto Dezmable, dezmar, dezmatorio, dezmeño, dezmera, dezmero, dezmía,* V. *diez Dezorrumarse,* V. *derrumbar Dí,* V. *y II.*

DÍA, del lat. vg. **DIA,* lat. DIES, íd. *1.ª doc.:* doc. de 978, Oelschl.

*DIA ha predominado en los tres romances ibéricos y en lengua de Oc; el clásico DIES en los demás romances; huellas castellanas de este último se conservaron en *disanto* y en las formas *dimiércoles* (doc. palentino de 1239), *dilunes* o *dillunes* en Juan del Encina y otros textos salmantinos y leoneses (M. P., *Oríg.,* 415; Pietsch, *Homen. a M. P.* I, 41-43), *diomingo* (< *didomingo*) en el *Fuero Juzgo* y hoy en el dialecto mirandés (alterado en *doimingo*); en los romances de Francia e Italia (y en forma minoritaria en catalán) el uso de DIES fué sustituído por el de su derivado DIURNUM (fr. *jour,* oc., cat. *jorn,* it. *giorno*): para esta lucha, vid. Karin Ringenson, *Studia Neophilologica* X (1937). Para el uso del nombre común *día* junto a los propios de días de la semana (*el día lunes fué..., lo hizo un día martes,* y frases análogas), usual en la Arg., Chile, Méjico, etc., y arraigado dialectalmente en la Edad Media, en particular en León y en Aragón, V. mi nota en *RFH* VI, 231-4, que me propongo ampliar con importantes datos en publicación especial (mientras tanto puede verse la citada nota de Pietsch). Más documentación aragonesa: «cada setmana el *día lunes»* doc. de Pozuelo (zona del Moncayo) 1245, «todos los *días viernes»* doc. del Cartulario de Veruela (ibid.) S. XIII (?), *Al-And.* X, 85, 88.

DERIV. *Adiar* 'fijar día, citar para un día señalado' [S. XIV?, Fuero de Navarra], de ahí *adiado* [Oudin, 1607] o *día adiado,* también simplificado en *día diado* [Covarr.]. *Dial. Diana* 'toque militar del alba' [Terr.][1], tomado del it. *diana* íd.

[Citolini, 1561; también en lombardo antiguo], del cual procede también el fr. *diane* [Rabelais, † 1553]; se le dió este nombre por llamarse así en italiano la estrella matutina o planeta Venus (ya documentado en la Edad Media), derivado del it. *dì* 'día' por ser la estrella del día (comp. Schmidt, *BhZRPh.* LIV, 90; *FEW* III, 72 y n. 8, que erróneamente cree es de origen español). *Dión* ast., aumentativo que se aplica al día pasado ya lejano (V).

Diurno, tomado del lat. *diūrnus* íd.; *diurnario, diurnal. Diuturno,* tomado de *diuturnus* íd., derivado de *diu* 'largo tiempo', que se relacionó con *dies* (vid. Ernout-M.); *diuturnidad. Diario* [1581, Fragoso]; *diarismo,* amer., *diarista; diariero* 'vendedor de diarios', arg. *Dīoso* [S. XIII, *Bocados de Oro;* 1605, *Pícara Justina*].

CPT. *Antedía* [h. 1350, *Crón. de Alf. XI*]. *Disanto* 'día festivo' [h. 1200, *Disputa del Alma y el Cuerpo*]; para éste y para *dilunes, dimiércoles* y análogos, vid. arriba. *Entre día* 'durante el día' [Nebr.]. *Triduo,* del lat. *trĭdŭum; triduano. Eudiómetro* del gr. εὔδιος 'sereno, tranquilo', formado con εὐ- 'bien' y un radical emparentado con el lat. *dies.*

¹ Falta C. de las Casas, Oudin, Covarr., Franciosini, Minsheu, *Aut.*

Diabasa, V. *base*

DIABETES, 'enfermedad caracterizada por la secreción de orina cargada de glucosa', tomado del lat. *diabētes* y éste del gr. διαβήτης 'sifón', 'diabetes', derivado de διαβαίνειν 'cruzar, atravesar, pasar', derivado a su vez de βαίνειν 'ir, venir'. *1.ª doc.:* Acad. 1884, no 1843¹.

Antes se había empleado en el sentido médico *diabética* [1589, Fragoso; *Aut.*], mientras que *diabetes* era 'sifón intermitente' [princ. S. XVIII]; en este sentido predominó después la variante *diabeto,* debida a una mala adaptación del fr. *diabète.* Vulgarmente, en España, Arg., Colombia (Cuervo, *Ap.,* § 937) y otras partes se pronuncia *diabetis,* por analogía de otros nombres de enfermedades, en *-itis.*

DERIV. *Diabético; diabetómetro.*

¹ Como palabra latina la define APal., 112d.

Diablícalo, V. *zaharrón*

DIABLO, tomado del lat. tardío *diabŏlus* y éste del gr. διάβολος íd., propiamente 'el que desune o calumnia', derivado de διαβάλλειν 'separar, sembrar discordia, calumniar', derivado a su vez de βάλλειν 'arrojar'. *1.ª doc.:* *diábolo,* h. 950, Glosas Emilianenses; *diablo,* Berceo.

La pronunciación trisilábica es general hasta el S. XV (Berceo; G. de Segovia, p. 63) y predomina en el XVI, pero desde el XVII (Góngora, Lope, etc.) es preponderante la sinéresis¹. Aunque Lope lo califica de palabra culterana (Romera, *RH* LXXVII, 297), no ha sido, en general, menos popular que *DEMONIO*. Para la explicación semántica de este helenismo, vid. Meillet, *Les Interférences entre Vocabulaires*, en *Ling. Hist. et Ling. Générale;* para otras precisiones de esta naturaleza, Amunátegui, *BRAE* XIV, 665-672. Popularmente toma acs. secundarias, p. ej. la adjetiva 'ladino, pícaro' en la Arg. (Ascasubi, *Santos Vega*, v. 7465). Es frecuente alterarlo intencionalmente, por eufemismo, en formas como *dianche*, *diantre* y otras semejantes; ast. *dianu* (V, que puede verse para fraseología), también gallego («a morte e o *diaño* axexan» Castelao 117.32). Como nombre de juguete la forma italianizante *diábolo* falta todavía en Acad. 1899.

Deriv. *Diabla* o *diablesa. Diablear. Diablejo. Diablillo* o *diablito. Diablura* [J. Ruiz, 468*d;* Jac. Polo, † h. 1650], se ha dicho también *diabladura* y en *Alex.*, 2454, aparece *diablería* (acentuación insegura). *Diabólico* [*Corbacho* (C. C. Smith, *BHisp.* LXI); Nebr.], tomado del lat. *diabŏlĭcus* y éste del griego διαβολικός íd.; *diablesco; endiablado* [Berceo, *Duelo*, 15*d;* en Berceo predomina *diablado, Mil.* 361, 727*c*, o *adiablado*, 260*a*], de ahí se sacó secundariamente *endiablar* (Cervantes, Quevedo), *endiablada. Diabolín. Diablícalo*, V. *ZAHARRÓN*.

¹ Comp. Robles Dégano, *Ortología*, pp. 304, 317.

Diacatolicón, V. *católico   Diacitrón*, V. *cidro Diacodión*, V. *codeína*

DIÁCONO, tomado del lat. tardío *diacŏnus* íd. y éste del gr. διάχονος 'sirviente', 'diácono'. *1.ª doc.:* Berceo, y ya en varios docs. de princ. S. XIII (Oelschl.).

Deriv. *Diaconado* [Nebr.] o *diaconato. Diaconal. Diaconar. Diaconía. Diaconisa*, tomado del lat. tardío *diaconissa.*

Diacrítico, V. *crisis   Diacústica*, V. *acústico*

DIADELFO, cultismo formado con el gr. δι-, forma prefijada de δύο 'dos', y ἀδελφός 'hermano', aludiendo a los dos hacecitos en que se agrupan los estambres de esta clase de plantas. *1.ª doc.:* falta aún Acad. 1899 (voz creada en latín por Linneo).

DIADEMA, tomado del lat. *diadēma* y éste del gr. διάδημα, -ατος, íd., derivado de διαδεῖν 'rodear atando', y éste de δεῖν 'atar'. *1.ª doc.: Corbacho* (C. C. Smith, *BHisp.* LXI); APal. 39*b*, 113*b*; la ponen en circulación F. de Herrera y Góngora, *RFE* XL, 132.

Deriv. *Diademado.*

Diado, V. *dia*

DIÁFANO, tomado del gr. διαφανής 'trasparente', derivado de διαφαίνειν 'dejar ver a través, ser trasparente', y éste de φαίνειν 'brillar', 'aparecer'. *1.ª doc.:* 1444, J. de Mena, *Laberinto*, copla 15; ya en Vidal Mayor, aunque no se entendía entonces.

Falta aún en APal., Nebr., Percivale (1591), pero ya está en Covarr., Oudin (1616) y Minsheu (1623); en tiempo de Gregorio Hernández (3r. cuarto del S. XVI) era palabra poco conocida (Cabrera, p. 67), pero ya la emplean Laguna (1555), Villalobos y Góngora (1613). Así Mena como Santillana, que lo emplea bastante, acentúan *diafáno* (Lida, *Mena*, p. 279). La misma terminación secundaria en -*o* en port. e it. *diáfano.*

Deriv. *Diafanidad. Diafanizar. Fenol* [falta todavía Acad. 1884], derivado culto del mismo verbo φαίνειν, por obtenerse este producto durante la fabricación del gas de alumbrado; *fénico*, íd. *Fenómeno* [h. 1730, M. Martínez, en *Aut.*], tomado del lat. tardío *phaenomĕnon* íd., y éste del gr. φαινόμενον 'cosa que aparece', participio de φαίνεσθαι, voz media del citado verbo; *fenomenal* [ya Acad. 1884]. *Epifanía*, griego ἐπιφάνεια, propiamente 'aparición'; *epifenómeno* [término filosófico raro; Unamuno, 1900, *Bull. Hisp.* LXI, 435] del pural griego ἐπιφαινόμενα 'las cosas que aparecen de pronto o después'.

Cpt. *Fanerógamo* [falta todavía Acad. 1884], compuesto de φανερός 'aparente', derivado del proplio verbo, y γάμος 'cópula, matrimonio'.

DIAFORESIS, 'sudor', tomado del lat. tardío *diaphorēsis* y éste del gr. διαφόρησις 'evacuación de humores', derivado de διαφορεῖν 'llevarse (algo)', 'hacer evacuar', y éste de φορεῖν 'acarrear', que a su vez lo es de φέρειν 'llevar'. *1.ª doc.:* Terr.

Deriv. *Diaforético* [1732, *Aut.*], de διαφορητικός.

DIAFRAGMA, tomado del lat. tardío *diaphragma* y éste del gr. διάφραγμα, -ατος 'separación, barrera', 'diafragma', derivado de διαφράττειν 'separar' y éste de φράττειν 'obstruir'. *1.ª doc.:* 1586, Fragoso.

Deriv. *Diafragmático. Diafragmar.*

Diagnosis, diagnosticar, diagnóstico, V. *conocer*

DIAGONAL, tomado del lat. *diagonalis* íd., latinización del gr. διαγώνιος íd., derivado de γωνία 'ángulo'. *1.ª doc.:* 1633, Lz. de Arenas, cap. 9, p. 9 y passim; 1725, Avilés (*Aut.*).

Falta aún APal., Nebr., Percivale, Oudin, Covarr., Minsheu.

Cpt. *Polígono* [1708, Tosca, *Aut.*] es otro compuesto de γωνία; *poligonal; poligonáceo. Trigono*, propiamente 'triángulo'; *trigonometría* [1727, Rz. Villafañe, Supl. a Lz. de Arenas, p. 138], *trigonométrico.*

Diágrafo, diagrama, V. *gráfico   Dial,* V. *día*

DIÁLAGA, tomado del gr. διαλλαγή 'cambio', derivado de διαλλάττειν 'cambiar', por los cambios de color que aparenta la diálaga según la dirección de la luz. *1.ª doc.:* Acad. 1899.

Dialectal, dialectalismo, dialéctica, dialéctico, dialecto, dialectología, V. *lógica   Diálisis, dialítico, dializador, dializar,* V. *análisis   Dialmes,* V. *almez   Dialogal, dialogar, dialogismo, dialogístico, dialogizar, diálogo, dialoguista,* V. *lógica   Dialtea,* V. *altea*

DIAMANTE, del lat. vg. DIAMAS, -ANTIS, alteración del lat. ADĂMAS, -ANTIS, íd. y éste del gr. ἀδάμας, -άμαντος, 'acero', 'diamante', derivado negativo de δαμᾶν 'domar, vencer', con el sentido primitivo de 'indomable, duro'. *1.ª doc.: Alex.*[1]; APal., 199*b*, 234*b*; Nebr.

Diamas aparece ya en tablillas de execración latinas (Jeanneret, p. 119). Probablemente el vocablo se alteró primero en *ADĬMAS, *ADĬMANTIS, por la acción fonética de la ley de las vocales breves internas del latín, y esta forma se cambiaría luego en DIAMAS, -ANTIS, por influjo de los numerosos helenismos en DIA-, y en particular por el de DIADEMA (que contenía diamantes); *ADĬMAS, -ANTIS, se aplicó también a la piedra magnética, por su dureza, y de ahí salió oc. ant. *azimant*[2] y fr. *aïmant* (hoy *aimant*), del cual se tomaron el cast. *imán* [Nebr., k7v°][3], port. *imã*, cat. *imant*.

DERIV. *Diamantado. Diamantar. Diamantino. Diamantista.* Cultismo: *adamantino* [1526, C. de Arcos], tomado de *adamantīnus* íd.

Imantar o *imanar; imantación* o *imanación.*

CPT. *Diamantífero.*

[1] *Adiamant* en *O*, 1309*a*, 1313*d*, 1324*c*. En su lugar *P* trae *adamante* en estos pasajes, y además *diamante* en *P* 1450*a*, *dimantes* en *P* 271*b*. No resulta claro cuál era la lección primitiva. *Diamán* en el *Canc.* de Baena (W. Schmid).— [2] En catalán arcaico *samant* o *asamant* 'imán' (Lulio, *Meravelles*, II, 68 y 72), forma aprovenzalada que procede de ADAMAS, -ANTIS.— [3] También en Lope (*Pedro Carbonero*, v. 943), Quevedo, Nieremberg, y ya en Oudin (1607), Covarr. y Minsheu; falta en Percivale. En Lope y en otros es femenino (*la imán*) por sobreentenderse *piedra imán.*

Diamargaritón, V. *margarita*

DIAMELA, 'gemela (especie de jazmín)', según la Acad. nombre puesto en honor del horticultor francés Duhamel (1700-1781). *1.ª doc.:* Acad. 1884, no 1843.

Gemela, que ya figura en Acad. 1843, parece ser corrupción del mismo nombre (según la ed. citada, el nombre se debería al olor mezclado de azahar y jazmín, pero en ediciones posteriores se ha suprimido esta explicación).

Diametral, diamétrico, diámetro, V. *metro   Diana,* V. *día   Dianche,* V. *diablo   Diandro,* V. *andrógino   Diantre,* V. *diablo   Diapalma* V. *palma*

DIAPASÓN, tomado del lat. *diapason* íd., y éste abreviación del gr. διὰ πασῶν χορδῶν 'a través de todas las cuerdas'. *1.ª doc.:* Nebr.[1]

[1] No está claro si en APal., 113*d*, es sólo voz latina o también castellana.

DIAPÉDESIS, tomado del gr. διαπήδησις íd., derivado de διαπηδᾶν 'saltar a través (de algo)', y éste de πηδᾶν 'saltar'. *1.ª doc.: diapedisis, Aut.; diapedésis,* Terr.; Acad. falta aún 1899.

Diapente, V. *cinco   Diapositiva,* V. *poner   Diaprea, diapreado,* V. *jaspe   Diaquenio,* V. *aquenio   Diaquilón,* V. *quilo   Diariero, diario, diarismo, diarista,* V. *día*

DIARREA, tomado del lat. tardío *diarrhoea* y éste del gr. διάρροια íd., derivado de διαρρεῖν 'fluir por todas partes', y éste de ῥεῖν 'fluir'. *1.ª doc.: diarría,* APal. 51*d*.

Como el vocablo no vuelve a hallarse hasta Covarr. (ya en la forma *diarrea*), Oudin[1] y Cienfuegos (1702), es posible que APal. lo cite sólo en calidad de voz latina.

DERIV. *Diarreico,* antes *diárrico. Reuma* [1555, Laguna; Covarr.], tomado de *rheuma* 'catarro' y éste del gr. ῥεῦμα 'flujo', 'catarro', 'reuma', derivado de ῥεῖν: datos, especialmente sobre el género, Rosenblat, *NRFH* VII, 110 n. 21; *reumático* [*Aut.*]; *reumátide; reumatismo* [*Aut.*]. *Romadizarse* [Nebr. «perfrigeo»], *-ado* [h. 1400, glos. del Escorial], semicultismo de *rheumatizare* íd.; también *arromadizarse* (*DHist.*); *romadizo* [h. 1400, glos. del Escorial y de Toledo; Nebr. «gravedo, rheumatismus»]; comp. campid. (*ar*)*romadìu* íd. (*ZRPh.* XXXIII, 667).

CPT. de ῥέος 'arroyo', 'corriente', derivado de ῥεῖν: *reóforo* (con φέρειν 'llevar'), *reómetro* (con μέτρον 'medida'), *reóstato* (con ἱστάναι 'fijar, detener').

[1] 1616, pero no 1607. Falta en Nebr., en C. de las Casas (1570) y en Percivale-Minsheu.

Diartrosis, V. *artritis   Diascordio,* V. *escordio   Diasen,* V. *sen   Diáspero, diásporo, diaspro,* V. *jaspe   Diastasa,* V. *estar   Diástilo,* V. *estilita*

DIÁSTOLE, tomado del lat. *diastŏle* y éste del gr. διαστολή 'dilatación', derivado de διαστέλλειν 'separar, apartar, dilatar', y éste de στέλλειν 'enviar'. *1.ª doc.: Aut.,* como masculino.

DERIV. *Diastólico. Paradiástole. Sístole,* de συσ-

τολή 'contracción', derivado de συστέλλειν 'reducir, contraer'. *Sistólico* (*sistálico* en Acad. 1936
es errata); *asistolia, asistólico*. *Perístole*, de περισ-
τολή 'contracción del vientre'; *peristáltico*.

Diastrofia, V. *estrofa*   *Diatérmano, diatermia*,
V. *termo-*   *Diatesarón*, V. *tetra-*   *Diatésico*,
diátesis, V. *tesis*   *Diatomea*, V. *átomo*   *Diató-
nico*, V. *tono*

DIATRIBA, tomado, por conducto del francés,
del lat. *diatrĭba* 'discusión filosófica', y éste del gr.
διατρῐβή 'pasatiempo, entretenimiento, conversación filosófica', derivado de διατρίβειν 'desgastar',
'pasar el tiempo, entretenerse', y éste de τρίβειν
'desgastar'. *1.ª doc.*: Terr., como palabra desusada; Acad. ya 1843.
Todos los idiomas modernos lo tomaron del
francés, donde *diatribe* ya se halla en el S. XVI.
De ahí su acentuación afrancesada, que no es la
del latín ni del griego, pero sí también la del it.
diatrĭba y del port. *diatríbe*. Cuervo, *Ap.*[7], p. 33,
cita una pronunciación *diátriba*, pero la considera
«error» de unos pocos.

DIBUJAR, palabra común a los tres romances
ibéricos y a las lenguas medievales de Francia,
significó primero 'representar gráficamente (escul-
piendo, pintando o dibujando)' y también 'labrar
(madera)'; el origen es incierto, pero es probable
que las lenguas iberorrománicas lo tomaran del
fr. ant. *deboissier* 'labrar en madera', 'representar
gráficamente', el cual derivaría de *bois* 'madera',
del mismo origen que nuestro BOSQUE. *1.ª doc.*:
debuxar, Berceo, *S. Mill.*, 455d; *dibuxar*, C. de
las Casas, 1570[1].
Cuervo, *Dicc.* II, 1211-2. Port. *debuxar*, cat.
dibuixar, ambos de igual significado que en castellano. Covarr., además de una etimología fonéticamente imposible (it. *buio* 'oscuro'), insinuó una posible relación con BOJ, idea prohijada por *Aut.*
con la justificación semántica «por hacerse los dibujos en tablas de esta madera»; a ella se adhirió
Cuervo, si bien con reservas, aludiendo a la frecuencia de la pintura en tablas de boj, y aunque
M-L., *REW*[1] 1430, se declaraba escéptico por razones morfológicas, en la 3a. ed. de su diccionario
sus escrúpulos fueron vencidos por un artículo que
dedicó Spitzer al problema, en *ZFSL* XLV (1919),
375-9.
La ac. moderna 'delinear en una superficie,
representando de claro y oscuro la figura de un
cuerpo' es predominante en el S. XVII, está claramente expresada en Covarr. y ya en Fr. Luis
de Granada[2], pero en toda la Edad Media, y aun
en el S. XVI[3], el significado es más amplio y se
refiere igualmente a representaciones en colores o
de relieve e igualmente en los tres romances ibéricos («entallada er *debuxada* toda a ymage a fay-
tura et a fegura de salamandras» *Gral. Est. gall.*

S. XIV, 136.11). Puede tratarse de pintura en
colores, como en *Alex.* 1630 (hablando de Apeles),
85 (escudo donde se pinta la tierra y la mar), en
González de Clavijo (pintura en mosaico) o en el
doc. catalán de 1404 citado por Ag., de donde
pasará a aplicarse a la pintura en la cara de la
mujer coqueta (Bernat Metge, *Somni*, a. 1398,
N. Cl. 111.4; Quiñones de B. *NBAE* XVIII, 683).
O de escultura en piedra, como en el *Canc.* de
Baena, 133, donde se habla de las que adornarán
un sepulcro. Pero lo más común y antiguo parece
ser 'entallar o labrar', particularmente en madera,
también en marfil, en piedra u otros materiales:
«si alguno *debuxase* o entallase para sí en piedra
o en madero ageno» (*Partidas*), «unes taules d'es-
criure, de vori, *deboxades*», «l coltell... ha lo manech e·l foure de vori e ha en lo manech ·vi· caps
deboxats» (inventario de Jaime II, 1291-1327, cita
de Spitzer, *Lexik. a. d. Kat.*, 43), «un retaulo de
libros, *deboxado*, et otras muchas cosas pintadas en
él» (inventario aragonés de 1469, *BRAE* IX, 119),
deboxadura 'talla, obra de escultura', en la *Hist.
Troyana* (h. 1270), 16.4, y todavía Nebr. se refiere
a lo mismo con su definición de *debuxo en escorche* como «cataglyphe»[4]. Finalmente el significado puede generalizarse hasta ser sinónimo de
'describir' (la religión musulmana está *debuxada* en
el Corán: Berceo; J. Ruiz, 1464, *debuxa* el amante modelo), 'adornar' («meresçe traher la tiesta /
debuxada de cornía», es decir de cuernos, Fr. D.
de Valencia, en el *Canc.* de Baena, n.º 497, v. 20),
o 'representar' en general (Sem Tob, copla 555;
Alex., 2386).
En la lengua de Oc la voz *deboissar* es corriente en la Edad Media (ya en Giraut de Bornelh, h. 1200), y en francés antiguo *deboissier* se
halla varias veces en el S. XIII (Raoul de Hou-
denc, en God.; Supl. del *Renart*) y sobre todo es
frecuente en el XII, con muchos ejs. en Chrétien
de Troyes y en Benoit de Sainte More; en Francia se halla ya la ac. 'pintar en colores'[5], pero en
general significa 'entallar, labrar en madera', vid.
Tobler, Raynouard y Levy (s. v. *deboissar* y *des-
boissadura*). Spitzer trató de reunir pruebas del
empleo del boj en las artes gráficas, mas aparte de
la referencia a una pila de agua bendita hecha de
boj y con imágenes labradas, toda su documentación se refiere a cuadernos de tablillas empleados
para escribir; los cuales, por lo demás, se podían
hacer de marfil (comp. el doc. catalán de arriba),
de cuerno o de maderas duras, entre las cuales
se menciona el boj, pero como menos frecuente
que el haya y otras. No está claro, por lo tanto,
por qué entre todos estos materiales se eligió solamente el boj para formar un verbo como *dibujar*.
Por otra parte, el escrúpulo morfológico que de-
tuvo a M-L. estaba bien fundado, y los paralelos
que citan Cuervo y Spitzer no pueden removerlo
satisfactoriamente: el caso de *deaurare* 'dorar', no
es comparable, puesto que el oro es la materia em-

pleada para dorar pero no el material en que se dora; los casos de *decolorare* y *deflorare* son absolutamente distintos, ya que el prefijo indica en ellos privación; y los de *depingere*, *describere*, *designare*, *delineare*, partiendo de verbos, tampoco son comparables, y sólo se podrían admitir como modelos imitados mecánicamente en una formación tardía e imperfecta, si la relación con el lat. BUXUM fuera la única posible y estuviera bien sentada desde todos los puntos de vista. Pero desde el punto de vista morfológico y semántico es mucho más comprensible que el fr. ant. *deboissier* se derivara de *bois* 'madera'[6], puesto que el entallado consiste justamente en sacar una parte de este material, ahondándolo con una gubia o utensilio análogo; el prefijo puede ser *des-* (lat. DIS-), más bien que el culto *de-* (lat. DE-), pues ya en el S. XII, es corriente el enmudecimiento de la *s* ante consonante sonora (comp. los muchos ejs. de *debiter*, *deboter*, *debriser*, en Tobler, *debuschier* por *desbuschier* en el *Roman de Rou*, etc.). Claro está que no tiene valor contra esta idea la objeción de Spitzer, de que entonces se esperaría *deboiser* con *s* sonora: los actuales *boisé* y *déboisé* son de creación moderna, y, por el contrario, *buisson* (bosquecillo), antiguamente *boisson* (éste y *boissoneus* ya en Chrétien de Troyes), nos muestra cómo se formaban los derivados de *bois* en el francés de la época. Siendo éste el idioma donde el vocablo se documenta en fecha más antigua, no es demasiado audaz el suponer que *dibujar* y sus congéneres constituyen uno de tantos galicismos artesanos que por entonces se tomaron, tanto más cuanto que el punto de partida pudo hallarse también en la zona septentrional del territorio occitano, donde también se pronunciaba *bois* por *bosc*, y se le daba el sentido de 'madera'[7]. Es posible y aun probable que ya en Francia existiera una variante *debuissier* (comparable al moderno *buisson*), que explicara la, *u* de las formas iberorromances[8]; si éstas fuesen derivados autóctonos de BUXUM no se ve por qué razón *deboxar* se habría cambiado en *debuxar*, puesto que el nombre de esta planta ha tenido siempre *o* en castellano y catalán.

DERIV. *Dibujo* [*debuxo*, Nebr.]. *Dibujador*. *Dibujante*. *Desdibujarse*.

[1] Esta forma, debida a un cambio de prefijo como el que presentan *difunto* y *diputar*, aparece hacia 1600. Hasta entonces, y todavía en Nebrija, Torres Naharro, Lorenzo de Sepúlveda, Fr. Luis de Granada, Fr. Luis de León y Percivale (1591) aparece sólo la forma con *e*. En el propio Las Casas figuran ambas formas y en Oudin (1607) *dibuxar* sólo está como referencia al artículo encabezado «*debuxar* o *debujar*», y aun en el *Peribáñez* de Lope (II, xviii, ed. Losada, p. 143) está el sustantivo *debujo*. Por otra parte, Cervantes emplea la forma con *i* en las *Novelas Ejemplares* (1613) y en la 2a. parte del *Quijote*, y

así escriben Covarr. (1611), Bartolomé Argensola, Minsheu (1623) y Quiñones de Benavente, así como Hojeda (1611) y Quevedo, si es que podemos hacer caso de la ed. Rivadeneyra. Comp. Cuervo, *Obr. Inéd.*, p. 101; Tallgren, *Est. sobre la G. de Segovia*, p. 51.— [2] «Primero le *debujó*, como con un perfil, una imperfecta imagen de justicia en la Ley; v después a ñ a d i ó en el Evangelio todos los c o l o r e s y m a t i c e s que faltaban para la perfección de esta imagen» (cita de Cuervo).— [3] «Cuando aquestas cerraduras / que cierran estos canados / fueren abiertas, y visto / lo en el paño *debujado*, / España será perdida / y todo en ella asolado», Lorenzo de Sepúlveda en el *Canc. de Romances* de Amberes, 1551, cita de M.P., *Floresta* II, 129, v. 34. Debe de ser representación en colores.— [4] También da «*debuxo, arte de debuxar*: antigraphice», «*debuxo, el mesmo debuxar*: antigraphia», donde parece tratarse de 'retratar' o 'representar' en general; y en «*debuxar traçando*: delinio» ya tenemos el sentido moderno.— [5] Así claramente en dos ejs. occitanos (Torcafol y *Prestre Johan*), y quizá ya en uno de los ejs. de la Crónica francesa de Benoit («palais... coverz e vous e lambruschiez, od colors peinz e *deboissiez*»). De ahí luego 'describir', 'imaginar' en dos ejs. franceses.— [6] Ac. de *bois* que ya aparece en el S. XII (Wace).— [7] Recuérdese que el ej. occitano más antiguo parece hallarse en Giraut de Bornelh, que era de Excideuil, y comp. lemosín *boi*, auvernés *bouei*. Wartburg, vacila en la cuestión: en *FEW* I, 453a, deriva *deboissier* de *bois* = *bosque*, pero en 666b y n.3, parte de BUXUM.— [8] *Deboxar* sólo aparece como castellano en el *Alex.* y en el citado inventario aragonés, *deboxadura* en la *Hist. Troyana*. En catalán los cuatro ejs. medievales presentan *o*; la *u* aparece en el *Miserere* de Pons, a fines del S. XVI; pero no disponemos de materiales abundantes para esta palabra catalana.

Diburar, V. *birria*   *Dicacidad, dicaz, dicción, diccionario, diccionarista, dicente, díceres*, V. *decir*   *Diciembre*, V. *diez*   *Diciente*, V. *decir*   *Diclino*, V. *clínico*   *Dicoreo*, V. *coro*   *Dicotiledón, dicotiledóneo*, V. *cotiledón*   *Dicotomía, dicotómico, dicótomo*, V. *anatomía*   *Dicroico, dicroísmo, dicromático*, V. *cromo*   *Dictado, dictador, dictadura, dictaduría, dictamen, dictaminador, dictaminar*, V. *dictar*

DÍCTAMO, tomado del gr. δίκταμον, variante de δίκταμνον íd. *1.ª doc.*: 1555, Laguna.

DICTAR, tomado del lat. *dictare* íd., frecuentativo de *dicere* 'decir'. *1.ª doc.*: Berceo.

Durante toda la Edad Media y el Siglo de Oro el vocablo vacila entre la forma *dictar* y *ditar*, que es la preferida todavía por Nebr., y mencionada como incorrecta por *Aut*. En la Edad Media el significado más corriente es el de 'componer (versos)', 'redactar (prosa)' (p. ej. Berceo, *Mil.*, 21c), para el cual comp. DECHADO; ya debió estar anticuado en tiempo de Nebr., quien define *ditar* solamente como «dezir lo que otro escrive». En el *Poema de Alfonso XI*, 1382c, *ditar lid cabdal* es 'declarar la guerra'.

DERIV. *Dictado* [Berceo, en el sentido de 'letra, a distinción de la música de un poema', *Mil.*, 847d]. *Dictador* [Berceo, *Mil.*, 866b: 'redactor, compositor'; en el sentido de 'poeta' en Juan de Mena (Lida); Nebr.: 'magistrado supremo con facultades extraordinarias'], tomado del lat. *dictator*; *dictadura* [Nebr.], antiguamente también *dictaduría*; *dictatorio*, *dictatorial*. *Dictamen* [Guevara, *Epístolas*, II, p. 222 (Nougué, *BHisp.* LXVI); Paravicino, † 1633: *RFE* XXIV, 313; en APal., 114b, sólo como palabra latina], tomado del lat. tardío *dictāmen* 'acción de dictar'; *dictaminar*, *dictaminador*. *Dictante*.

Dicterio, V. *decir*

DICHA, 'suerte feliz', del lat. DICTA 'cosas dichas', al cual se trasfundió en el lenguaje vulgar el sentido del clásico FATUM 'suerte, destino' participio de FARI 'decir, hablar', acepción basada en la creencia pagana de que la suerte individual se debía a unas palabras que pronunciaban los dioses o las Parcas al nacer el niño. *1.ª doc.*: J. Ruiz, 215a.

Aunque lo común ha sido siempre, y ya en Juan Ruiz, que tenga el sentido de 'suerte favorable', la fórmula *buena dicha*[1] o *dicha buena* (Nebr.) indica que el vocablo había podido tener buen o mal sentido, como el lat. FATUM, y como *ventura*, que empleado sin adjetivos tiende también al sentido de felicidad; lo confirman las locuciones adverbiales *por dicha* 'por ventura, por casualidad, seguramente' (Lope, *Peribáñez*, I, iv, ed. Losada, p. 97; otros ejs. del S. XVII en *Aut.*) o *a dicha* 'a lo mejor, posiblemente' (Montemayor, *Trabajos de los Reyes*, a. 1558, *RFE* XII, 54). Aunque el lat. DICTA no está documentado en este sentido, es probable que perteneciera ya al latín vulgar, puesto que reaparece no sólo en el port. *dita* sino además en el it. *detta* 'buena suerte en el juego', hoy desusado pero frecuente en los SS. XVI y XVII (Varchi, Lasca, Moniglia), y *disdetta* en el sentido opuesto sigue siendo usual en el día. Por lo demás, el vocablo castellano penetró en Italia: genov. *diccia*, también como término de jugadores, corso *liccia*, sardo *diccia*, y el toscano Buonarroti el joven (S. XVII) empleó *disdicciato* «senza detta nella giuoco» (Wagner, *Litbl.* XXXVII, 381-2); en catalán el castellanismo *ditxa* es poco popular y rechazado por el idioma literario; algo más arraigó *ditxós* 'dichoso', hoy todavía empleado aunque no en la lengua escrita, y en la hablada poco (sobre todo en sentido irónico), pero muy corriente

en los SS. XVI [ya en Pere Serafí, epitafio de Giberga] a XIX. En *Apol.* 275d y en Berceo (*S. Mill.*, 269d) *dicha* conserva el significado de 'dicho, palabras'. Para el sentido originario del lat. FATUM, vid. Ernout-M. y Walde-H., s. v.[2].

DERIV. *Dichoso* [Nebr.; APal. 144b, 157b], para más ejs., Cuervo, *Dicc.* II, 1212-3; port. y gall. *ditoso* («a sua filla *ditosa* e feliz» Castelao 233.24). *Desdicha* [1505, PAlc.; 1534, Boscán]; *desdichado* [APal. 220d], Cuervo, *Dicc.* II, 1041-2.

[1] «Tiches... eutiches, bien fortunado, de *buena dicha*», APal., 499b (comp. 142d). *Dizer a buena dicha* 'decir la buena ventura' se empleó como frase castellana en portugués: Moraes cita ej. de Garção (1724-72).— [2] Carecemos de datos ciertos sobre un hapax cat. *estar de dida* que aparece en una canción resumida por Milà i Fontanals, *Romo* 471, donde al preguntar el novio al cura cuándo le casará con su cortejada, una «mossa cuninya» (sic), le responde el cura: «el dia qu'els vingui bé / el dia qu'estiguin de *dida*», cf. cat. *dita* 'dicho, locución', muchas veces 'dicho gracioso' (por otra parte V. aquí s. v. DECIR, *dita* 'dicho, promesa de pago' y en DAlcM. s. v. *dita* §§ 1, 3a, 4, las locuciones *posar, estar* y *donar (en) dita*). No hay apoyo u objeción fonéticos ni semánticos firmes, pues en catalán una variante *dida* de *dita*, concebible (cf. *duda* junto a *duta*, participio *dur* 'llevar'), no suele hallarse, ni tampoco la ac. castellana de 'coyuntura favorable'; cf. por otra parte *dida* 'nodriza' con lo proverbial del buen trato que las nodrizas y amas secas reciben (CAlcM., refrán *d*).

Dicharachero, dicharacho, dichero, dicho, V. *decir*   *Dichoso*, V. *dicha*

DIDÁCTICO, tomado del gr. tardío διδακτικός íd., derivado de διδάσκειν 'enseñar'. *1.ª doc.*: Terr.; lo empleó también Jovellanos.

DERIV. *Didáctica*. *Didascálico* [Pinciano, † 1553; *Aut.*], tomado del lat. *didascalĭcus*, y éste del gr. διδασκαλικός 'didáctico, referente a la enseñanza', derivado de διδάσκαλος 'maestro'.

CPT. *Autodidacto*.

Didáctilo, V. *dátil*

DIDELFO, compuesto culto formado con el gr. δι-, forma prefijada de δύο 'dos', y δελφύς 'matriz'. *1.ª doc.*: Mz. y Pelayo (1876?); Acad. 1899.

Didimio, dídimo, V. *dos*   *Diecinueve, dieciochavo, dieciocheno, dieciochismo, dieciochista, dieciocho, dieciséis, dieciseiseno, diecisiete, diecisieteavo*, V. *diez*   *Diedro*, V. *dos*   *Dielda, dieldo*, V. *leve*   *Dieléctrico*, V. *electro*

DIENTE, del lat. DENS, DĔNTIS, íd. *1.ª doc.*: *Cid*.

La ac. especial *diente de ajo*, se halla ya en Nebr. Otras en Cej. IV, § 32. Para una locución arcaica *a dientes*, equivalente del fr. ant. *a denz*, aran. *de boca-dents* 'de bruces', de la cual existan supervivencias en el *Cid* y el *Alex.*, vid. Duncan McMillan, *Coloquios de Roncesvalles*, agosto 1955, Zaragoza 1956, 253-261.

Deriv. *Dentar. Dentado* [Nebr.]. *Dentadura* [1581, Fragoso]. Gall. *dentamia* 'dentadura' [«fulano tiene mala la *dentamia*» Sarm. *CaG*. 206*v*] Dentamína, plural de -amen. *Dental* adj. [*yerva dental*, APal. 363*d*]. *Dental*, m. (parte del arado) [h. 1400, Glos. del Escorial], del lat. dentale íd. *Dentario. Dentecillo. Dentejón, Adentellar* [«*adentellar*: mordeo», Nebr.] o *dentellar; dentellado, dentellada* [«*a dentelladas*: mordicus», íd.]; *dentellón*; este grupo de derivados no procede probablemente del lat. dentículus (> oc. ant. *dentelh, dentelhar, dentelhet*), como dice la Acad., sino de un lat. vg. *dentellus (it. *dentello*, fr. *dentelle*), pues no hay razón para creer que estas formas sean de origen forastero en castellano, como lo exigiría el tratamiento de -c'l-. *Dentera* [Berceo, *S. Dom.*, 281]. *Dentezuelo. Dentición*, tomado del lat. *dentitio, -onis*, íd.; *denticina. Dentículo*, tomado del lat. *dentículus; denticulado, denticulación, denticular. Dentina. Dentista. Dentón* [APal., 109*b*; Nebr.; en ambos como nombre de pez; 'pez como besugo y menor que el *prago* y la *pragueta*' (Sarm. *CaG*. 85*r*)]. *Dentudo* o *dientudo. Desdentar; desdentado* [Nebr.]. *Endentar, endentado. Endentecer* [*Aut.*] o *dentecer* [1624, Huerta]. *Interdental. Postdental. Danchado* [1725, Avilés], del fr. *denché* '(blasón) que tiene el borde dentado', de un derivado latino de dens, -tis¹; *dantelado* [1725], del fr. *dentelé* íd.

Cpt. *Tridente* [1444, Mena, *Lab.*, 11*e*; Nebr.], de *tridens, -tis. Dentífrico*, compuesto con el lat. *fricare* 'frotar'. *Dentirrostro*, compuesto con *rostrum* 'pico'. *Dentivano. Dientimellado*. Compuestos del griego ὀδούς, ὀδόντος, del mismo significado y origen que *dens: odontólogo, odontología; odontalgia* (con ἄλγος 'dolor'), *odontálgico; anisodonte* (con ἄνισος 'desigual'); *catodonte* (con κάτω 'abajo').

¹ Ha de ser denticatus o *dentiatus. En favor del primero, vid. *FEW*, III, 43*b*; en apoyo del segundo, defendido en el *REW*, 2562, suponiendo que *denché* sea forma dialectal picarda o normanda, puede invocarse además de un caso de *dancier* en el S. XIII, la forma ingl. *dancy*, citada por el propio Wartburg.

DIÉRESIS, tomado del lat. *diaerĕsis* y éste del gr. διαίρεσις 'división, separación', 'diéresis', derivado de διαιρεῖν 'separar' y éste de αἱρεῖν 'coger'. *1.ª doc.: diéresi*, APal. 128*b; diéresis*, 1580, Fdo. de Herrera.

DIESI, tomado del lat. *diĕsis* y éste del gr. δίεσις 'separación, disolución', 'diesi', derivado de διεῖναι 'separar, disolver', y éste de εἶναι 'enviar, echar'. *1.ª doc.*: 1618, Espinel (en plural).

La falta de -*s* parece indicar un italianismo musical, pero por lo menos hoy en día en italiano es más frecuente *dièsis* que *dièsi*. La acentuación discrepa de la griega y latina en ambos idiomas.

DIESTRO, del lat. dĕxter, dĕxtra, dĕxtrum (o dextĕra, dextĕrum) 'derecho, que está a mano derecha', 'diestro (como lo es la mano derecha)'. *1.ª doc.: Cid*.

Cuervo, *Dicc*. II, 1213-16.

Deriv. *Diestra* [Berceo]. *Adestrar* [*Cid*], forma general hasta el Siglo de Oro (presente *adiestra*, etc.), *adiestrar* tiende a generalizarse desde el S. XVIII (Torres Villarroel, Iriarte, Quintana, Duque de Rivas) y ya se citan ejs. en Zabaleta († h. 1670) y en Solís (1684); Cuervo, *Dicc*. I, 190-2; *adestrado, adestrador, adestramiento, adestranza* (o *adie-*).

Destral 'hacha pequeña', del latino hispánico dextralis íd., así llamado porque se maneja con la mano derecha [*Alex.*, 1908*b*; doc. de la Rioja Baja, 1289: M. P., *D. L.*, 130.29; Nebr.; Testamento de Fern. de Rojas, a. 1541; Covarr.; en todos ellos masculino, como en los dialectos franceses; femenino en un inventario aragonés de 1937, *BRAE* IV, 219, nº 89, como hoy en catalán y lengua de Oc; más datos, *RFE* VIII, 346], hoy se emplea *estral* o *astral* en el Alto Aragón (*RLiR* XI, 189) como nombre del hacha en general, y no hay duda de que así como en el Oeste del territorio lingüístico castellano el galicismo *hacha* sustituiría a *segur* o *machado* (como hoy se dice en portugués), en la parte oriental el estrato antiguo estaría formado por *destral*, que es el vocablo normal hasta el día en catalán, lengua de Oc y dialectos meridionales del francés (Poitou, Basse Gâtine, Franco Condado, francoprovenzal)¹; sin embargo, es probable que el significado originario sea el de 'hacha pequeña', que se maneja con sólo la mano derecha, por oposición a securis, cogida con las dos²; *destraleja* [Covarr.], parece indicar cierta extensión del género femenino en el primitivo, género que es probable fuese el originario, en vista de que dextralis fué adjetivo, junto al cual debe suplirse el femenino securis; *destralero. Destrejar. Destrero* ant. *Destreza* [APal., 202*d*; Nebr.], también se dijo *destrez*, ant. *Destrón* 'lazarillo' [Covarr.], llamado así porque da la mano derecha al ciego o porque le adiestra o conduce.

Dextro, tomado del b. lat. *dextrum* íd. (Du C.) así llamado porque solían darse 30 *dextra* de distancia alrededor de la iglesia; los *dextra* eran una medida de longitud llamada así porque se medía con la mano derecha. *Dextrina*: porque sus soluciones desvían la luz a la derecha; *dextrosa*.

Cpt. *Ambidextro*, tomado del lat. tardío *ambidexter*, compuesto con *ambo* 'ambos'. *Dextrógiro*, compuesto con el lat. *gyrare* 'girar' (el opuesto *levógiro* se formó con el lat. *laevus* 'izquierdo'). *Dextrorso*, tomado del lat. *dextrorsus*, y éste compuesto con *versus* 'vuelto, girado'; *dextrórsum*. *Dexiocardia*, compuesto del gr. δεξιός 'derecho' (del mismo origen que el lat. *dexter*) y καρδία 'corazón'.

¹ En Cerdeña es probable que *istrale* sea catalanismo, pues lo antiguo ahí sería *seguri*.— ² Comp. San Isidoro, *Etym.* XIX, xix, 11: «dolabra... securis simplex est. *Dextralis* dexterae habilis». En latín sólo se halla ahí y en glosas que repiten la definición isidoriana (*CGL* VI, 338).

DIETA, 'régimen de alimentación prescrito por los médicos', tomado del lat. *diaeta* y éste del gr. δίαιτα 'manera de vivir', 'régimen de vida'; en la ac. 'honorario que devenga un funcionario cada día en que está de comisión' parece derivar de la anterior en el sentido de 'lo que se le da para que coma', pero el influjo de DÍA hizo que se tomara por 'salario o retribución de un día asignado a varios profesionales y miembros de asambleas' y por 'jornada que hacen los funcionarios judiciales'; en la ac. 'junta que se celebra en ciertos estados confederados del centro de Europa' puede ser también el mismo vocablo grecolatino, quizá en su sentido de 'casa donde se vive', y luego 'casa, cuarto, pabellón', aplicado al edificio asignado a esas juntas y luego a las juntas mismas. *1.ª doc.*: h. 1250, *Setenario*, fº 11rº; 1.ª ac., APal., 270*d*; 'jornada forense', 1555, *N. Recopil.* I, vii, 18; 'salario diario del juez en comisión', *Aut.*; 'asamblea germánica', 1565, Illescas.

Ya en Cervantes y Quevedo la 1.ª ac. tiende a restringirse al matiz de 'reducción de la cantidad de comida' o 'privación de la misma' (vid. *Aut.*). Es común decir que las otras acs. no proceden del greco-latino *diaeta*, sino de un b. lat. *dieta* derivado de DIES 'día' (Diez, *Wb.*, 119; *REW*, 2633; Gamillscheg; Bloch; Favre en Du C.), y algunos precisan que este *dieta* no es más que una traducción latina del alem. *tag*, propiamente 'día', en el sentido de 'asamblea' (especialmente en compuestos como *landtag* o *reichstag*). En verdad el origen de esta palabra alemana debemos dejarlo en manos de los especialistas de este idioma, pero es de notar que el verbo *tagen* 'reunirse en asamblea', según Kluge, no aparece hasta el S. XIV, y es primeramente vocablo propio de Suiza y SO. de Alemania, tomado por Schiller del uso suizo al escribir su *Guillermo Tell*, e introducido así en el alemán literario; ahora bien, el b. lat. *di(a)eta* aplicado a las asambleas alemanas se halla ya en Juan Iperio, abad de San Bertino, quien escribía hacia el a. 1300; por lo tanto hay buenas razones para sospechar que sea, por el contrario, el alem. *tag* el que esté traducido del b. lat. *diaeta*, sentido falsamente como derivado de *dies*.

En cuanto a la formación de este vocablo del latín medieval, morfológicamente no es posible que derive de *dies*¹ y ha de explicarse de una manera u otra a base del clásico *diaeta*, sea por evolución semántica espontánea de este último, sea porque se empleara para traducir el alem. *tag* (en el supuesto de que éste fuese antiguo) a base de su aparente relación con *dies*. Ménage recordó los pasajes de Tácito, donde se nos informa de que los antiguos germanos celebraban sus deliberaciones en un banquete, y entonces deriva de *diaeta* en el sentido de «cenaculum», documentado en glosas; pero el etimologista francés parece jugar aquí con el sentido de esta palabra, que no debe entenderse en dichas glosas como 'lugar donde se cena', sino en el de 'piso superior', como se ve por la traducción griega ύπερῷον; esta ac. de 'piso, residencia, lugar donde se vive' y también 'aposento, pabellón' está ya documentada en gr. δίαιτα y en autores latinos como Plinio, Suetonio, Sidonio Apolinar y Petronio, y puede bastar para explicar la ac. germánica de 'asamblea', por el lugar donde ésta se celebraba; por otra parte, no se olvide que el verbo gr. διαιτᾶν es también 'hacer de árbitro, conciliar, apaciguar', ac. que se desarrolló en el griego medieval y pudo llegar a 'discutir' (vid. Du C.).

DERIV. *Dietar* o *adietar*. *Dietario* 'libro en que los cronistas de Aragón escribían los sucesos más notables' [Terr.; falta Acad. todavía en 1899], 'libro en que anotan los ingresos y gastos diarios de una casa' [Acad., falta todavía en dicha ed.], tomado del b. lat. *dietarium* (para cuya formación V. arriba, nota), quizá por conducto del cat. *dietari* (que ya es antiguo). *Dietético*, tomado del lat. tardío *diaeteticus* y éste del gr. διαιτητικός íd.; *dietética* [*Aut.* recoge ya, en la forma contaminada, *dietéutica*].

¹ Diez cita un b. lat. *dietim* 'diariamente' en Juan de Janua (1286), y hubiera podido agregar *dieticus* 'regular, diario', *dietare* 'aplazar' en el mismo autor, y *dietarium* 'obra de un día, libro diario' en otros escritores tan tardíos como éste. Pero claro está que *dietarium* es también derivado de *diaeta*, con el primer sentido de 'libro donde se anotan las compras de víveres', y que los demás son creaciones nuevas a base de *dietarium* y *diaeta*, sentidos como derivados de *dies*.

DIEZ, del lat. DĔCEM íd. *1.ª doc.*: *Cid*.

DERIV. *Deceno* [*Cid*; Berceo, J. Manuel, J. Ruiz, etc.]; *decena* [h. 1250, *Setenario*, fº9vº]; *decenar*, *decenario*. *Décimo* [Berceo, *Loores*, 127*d*; poco extendido en la Edad Media, en que *deceno* era general; *Celestina*, ed. 1902, p. 119; 1505, PAlc.; y frecuente en el Siglo de Oro], tomado del lat. *decĭmus* íd.; *décima*; *decimal* [1379, ley IV, i, 5, de la *N. Recop.*]. Duplicados populares de los anteriores son *diezmo* [*Cid*], propiamente la 'décima parte de la cosecha', todavía es adj. en el sentido de 'décimo' en Berceo (*Mil.*, 235); *diezma*, ant. y arag.; *dezmar* [Berceo], única forma admitida todavía por Nebr. y Covarr., pero ya Minsheu (1623) admite *diezmado* y *Aut.* reconoce que la forma con diptongo es más frecuente: del sentido de 'matar uno de cada diez', como término militar o administrativo, se pasó a la ac. moderna 'mermar fuertemente en número'; *dezmable, dezmatorio, dezmeño, dezmera, dezmería, dezmero* o *diezmero, dezmía. Diciembre* [*deziembre,* Berceo, Nebr.] del lat. DECĔMBER, -BRIS íd., que era el décimo mes del año en el cómputo romano; antiguamente también *decembrio* (*Alex.,* 78). *Denario,* tomado del lat. *denarius* íd., derivado de *deni* 'diez cada uno', que lo es a su vez de *decem. Décuplo,* tomado de *decŭplus* íd.; *decuplar. Decuria,* tomado del lat. *decuria,* íd.; *decuriato; decurión,* del derivado *decurio, -onis,* íd.; *decuriona-to. Decusato* (o *decusado*), tomado de *decussatus* íd., derivado de *decussis* 'el número diez'; abreviado: *decuso.*

Década [1601, Ant. de Herrera], tomado del lat. tardío *decas, -ădis,* y éste del gr. δεκάς, -άδος, 'decena', derivado del gr. δέκα, que es hermano del lat. *decem.*

CPT. *Dieciséis* [antes se dijo *seze,* Berceo, *S. Mill.,* 474; doc. de Castilla del Norte, 1269, M. P., *D. L.* n.º 61, lín. 26], del lat. SEDĔCIM, conservado en los demás romances excepto el portugués; *diez e seis* se halla ya en Nebr., pero es muy anterior; en la época arcaica se hallan ocasionalmente *diez e quatro* (como en el doc. de 1219 citado por Oelschl.), *dizetrés* (doc. de 1252, Staaff, 40.6; *1.ª Crón. Gral.*), y análogos, formas que todavía se emplean en algún punto de España, según M. P. [*Antol. de Pros.,* 172; para la reducción a *deci-* o *dici-,* vid. BDHA I, 116-7n.], *dieciseiseno, dieci-seisavo. Diecisiete, diecisieteavo. Dieciocho, dieciocheno, dieciochismo, dieciochista*; en Acad. 1936 falta todavía el corriente *dieciochesco* 'propio del S. XVIII'. *Diecinueve; diecinueveavo;* cultos *decemnovenal, decemnovenario. Diezmesino. Diezmilésimo. Diezmillonésimo. Diezmilímetro. Decenio* [1597, C. de Bobadilla], tomado del lat. *decennium* íd., compuesto con *annus* 'año'; *decenal,* tomado de *decennalis. Decenviro* o *decenvir,* del lat. *decemvir,* compuesto con *vir* 'varón'; *decenviral, decenvirato. Deci-,* forma culta prefijada del lat. *decem,* de donde: *deciárea, decigramo, decilitro, decímetro.* Compuestos de *décimo: décimotercero* o *decimotercio, decimocuarto,* etc. *Deca-,* forma prefijada del gr. δέκα 'diez'; de ahí: *decaedro* (formado con ἕδρα 'asiento', 'base de un cuerpo'), *decágono* (con γωνία 'ángulo'), *decagramo, decalitro, decálogo* (tomado del gr. δεκάλογος íd., compuesto con λόγος 'precepto'), *decámetro, decápodo* (con ποῦς, ποδός 'pie'), *decárea, decasílabo.*

Difamación, difamador, difamante, difamar, difamatoria, difamatorio, difamia, V. *fama Difa-*

rreación, V. *farro Diferecer, diferencia, diferenciación, diferencial, diferenciar, diferente, diferir,* V. *preferir Difícil, dificilísimo, dificultad, dificultador, dificultar, dificultoso,* V. *hacer Dificación, difidencia, difidente,* V. *fiar Dífilo,* V. *filo- II Difinir, difinidura,* V. *fin Difluencia, difluente, difluir,* V. *fluir Difracción, difractar, difrangente,* V. *fracción*

DIFTERIA, derivado culto del gr. διφθέρα 'piel', 'membrana'. *1.ª doc.:* Acad. 1884, no 1843. El nombre popular fué y es todavía *garrotillo.* DERIV. *Diftérico. Difteritis.*

Difugio, V. *huir Difumino,* V. *humo Difundidor, difundir,* V. *fundir*

DIFUNTO, tomado del lat. *defunctus* íd., participio de *defungi* 'cumplir con (algo), pagar una deuda', *vitā defungi* 'fallecer'. *1.ª doc.: defunto,* Berceo, *Loor.,* 76; *difunto,* 1588-1604, Lope, *La Hermosura de Angélica.*

La forma originaria con *e* se halla hasta Nebr. y Mariana; la moderna con *i,* debida a un cambio de prefijo como el ocurrido en *DIBUJAR* y *DIPUTAR,* se generalizó en el S. XVII, y aunque Covarr. registra las dos, Quiñones de B. miraba ya a *defunto* como vulgarismo, y sigue empleándose en esta calidad en Costa Rica, Aragón, Santander, Asturias (V) y otros puntos de España: Cuervo, *Obr. Inéd.* 101-2.

DERIV. *Difuntear* 'matar, asesinar', arg. [Ascasubi, *Santos Vega,* vv. 3922, 7589]. *Defunción* [*defunsión,* en textos aragoneses, uno medieval y el otro de 1630: *Aut.*], tomado del lat. *defunctio, -onis.*

Difuscar, V. *hosco Difusión, difusivo, difuso, difusor,* V. *fundir Digerible, digerir, digestibilidad, digestible, digestión, digestir, digestivo, digesto, digestor,* V. *gesto Digitado, digital, digitalina, digitiforme, digitígrado, dígito,* V. *dedo Digladiar,* V. *gladio*

DIGNO, tomado del lat. *dignus* íd. *1.ª doc.: dinno,* Cid, 2363; *digno,* Berceo, *Mil.* 715c (*A, I*).

Aunque Nebr. y APal. (115d) también escriben *digno,* lo común en toda la Edad Media fué pronunciar *dino,* y así lo declara todavía J. de Valdés; Cervantes rima asimismo *dino* con *peregrino* en la *Galatea.* Rimas semejantes en los SS. XVIII y XIX son ya licencia poética. Cuervo, *Dicc.* II, 1230-3.

DERIV. *Dignidad*[1] [Berceo]; *dignatario* [Larra, 1809-37, en Pagés; Acad. 1884, como voz reciente, no 1843], derivado culto del lat. *dignitas* 'dignidad' (con influjo de *dignatio,* b. lat. *dignativus,* y derivados análogos), comp. ingl. *dignitary* [1672], fr. *dignitaire* [1752], it. y port. *dignitário. Dignarse* [*deñar,* intr., Berceo, hasta Nebr.[2]; más tarde quedaría anticuado, pues Valdés pide permiso para formar *dinar* imitándolo del it. *degnare*], del lat. DIGNARE o DIGNARI 'juzgar digno': Cuervo, *Dicc.* II, 1229-30; *dignación. Indigno* [*Gr. Conq. Ultr.*, 289 (D. Alonso, *Leng. Poét. Góngora*); *Corbacho* (C. C. Smith, *BHisp.* LXI); APal. 147*b*, 209*d*]; *indino* o *endino*, ast. *endinu* (V), se han empleado popularmente hasta hoy en todas partes y en el sentido de 'travieso, malintencionado, perverso' (Cuervo, *Obr. Inéd.*, 149, con ejs. de los SS. XVIII y XIX); *indignidad. Indignar* [h. 1440, Mena, Santillana, Pz. de Guzmán; 2ª. mitad del S. XVI: Fr. L. de Granada, A. de Morales, 1577][3], tomado del lat. *ĭndĭgnari* 'indignarse, irritarse'. *Endinación* [1465, *BHisp.* LVIII, 89]; *indignación, indignante. Endeñado* 'irritado, enconado', arag., murc., variante popular del anterior (= cat. *endenyar, endanyar*). *Condigno*, tomado del lat. *condignus. Desdeñar*[4] [Berceo; gall. ant. *desdeñar*, *Ctgs.* 88.31, etc.] del lat. DEDĬGNARI 'rehusar como indigno, desdeñar', representado popularmente en todos los romances, Cuervo, *Dicc.* II, 1039-40 (se empleó también el cultismo *dedignar* en el S. XVII: ibid., 835); *desdeñable, desdeñado, desdeñador; desdén* [h. 1280, *1.ª Crón. Gral.* 181*a*27, 650*b*45; J. Ruiz, 481*b*], port. *desdém* [frecuente en las *Ctgs.*, en las acs. modernas, y *sen desdén* 'sin resistir, sin vacilar' 32.29, etc.], como no parece posible que se formara un postverbal consonántico en verbo de radical en *ñ* (los hay en -*n*: *hilván, desván, desmán, don, son*; y en -*z*: *desliz, disfraz*), ha de admitirse que se tomó del occitano de los trovadores *desdenh*, cat. *desdeny*; se dijo también *desdeño* (bastante usual por lo menos desde med. S. XV hasta h. 1572, H. de Mendoza, vid. Gillet, *Propaladia* III, 76)[5] o *desdeñanza; desdeñoso* [1256-65, *Partidas*; *Ctgs.* 195.173] para ejs., Cuervo, *Dicc.* II, 1040-1.

CPT. *Dignificar* [Ma. de Ágreda, † 1665], tomado del lat. tardío *dignificare* íd.; *dignificable, dignificación, dignificante.*

[1] Nótese la curiosa ac. figurada 'bocado selecto, manjar delicado' que tuvo gran desarrollo en oc. ant. *denhtat* (documentado en este sentido desde el S. XII, en Linhaure —cf. comentario de Tobler y Appel, *Chrest.* 87.33— y otros, Levy *PSW*) y fr. ant. *deintié*, de donde el ingl. *dainty*, todavía usual en ésta y acs. semejantes; aparece también alguna vez en el cast. medieval, p. ej. en el *Ysopete Ystoriado* (incunable de 1489), V. la cita que doy en mi *Juan Ruiz*, nota a la copla 765 B (p. 294*b*).— [2] Frecuente en los SS. XIII y XIV, vid. Cuervo (además *Apol.*, 656; *Gr. Conq. de Ultr.*, 501), y todavía una vez en el *Canc.* de Baena. Nebr.: «*Deñar, tener por digno*: *dignor*», «*Deñarse, siendo digno*: *dignor*».— [3] *Indignarse* en el sentido de 'irritarse, enconarse (una llaga o herida)' es aragonés [*Aut.*] y resulta de *endeñarse* (por influjo de *indignar*), descendiente popular del mismo verbo latino, comp.

cat. *endenyar-se* o *endanyar-se* íd.— [4] Vco. *erdeiñu* «mépris» según Duvoisin, «dégoût» ya Oihenart, con *erdeiñatu* «dégoûter, mepriser» ibid.; *destaiñ(a)* (*dezt-*) «desprecio, acto despectivo» en *Auñ.* II 76.17, 162. 15, «pulla, desdén» en cinco pueblos de la zona Marquina-Guernica (vizc.) según Azkue.— [5] El italiano *sdegno* pudo influir en parte de estos autores (difícilmente en los del S. XV); italianismo de todos modos es la variante rara *esdeño* que la Acad. registra como anticuada.

Digresión, V. *agredir   Digurar,* V. *birria*

DIJE, 'adorno o juguete que se cuelga del cuello de los niños', 'pequeña alhaja que suelen llevar por adorno los adultos', en portugués *dixe*, quizá vino de la idea de 'friolera, menudencia', y ésta de la de 'cuentecillo, patraña, enredo, bravata', formado con *dije*, pretérito del verbo DECIR. 1.ª doc.: 1605, *Quijote.*

En Cervantes puede designar las pequeñas alhajas con que se adornan las mujeres[1] o los hombres[2], o los pequeños juguetes y adornos de los niños (así los que permiten identificar a la Gitanilla). También en Quevedo es «evangelio, relicario, chupador, etc., que ponen a los niños en la garganta» (*Cl C.* XXXI, 233). En portugués «*dixes*: joyas, brincos, bonitos que atão nos cinteiros ás crianças, ou que trazem as mulheres, e homens nos relógios, etc.» (Moraes; no se citan ejs. de autores). Oudin (1607) define «*dixes*: babioles, bagues, affiquets, joyaux à pendre au col, comme en portent les petits enfants» y además «sornettes frivoles, contes d'enfants»[3]; Covarr.: «*Dix* y *dixes*: las cositas de oro, plata, coral, cristal, sartales, piedras, y las demás menudencias que cuelgan a los niños ordinariamente al cuello para acallarlos y alegrarlos, y aun dizen también que para divertir a los que los miran, para que no los aojen si les están mirando el rostro de hito en hito...; ir una muger cargada de *dixes* es quererse tratar como niña»; como etimología alude vagamente al árabe y a dos voces griegas que nada pueden tener que ver, pero agrega más razonablemente «algunos dizen ser palabra inventada por las madres, quando muestran a los niños las cositas que relucen... y los niños a todo lo que reluce llaman *dix*».

Quizá tenga razón Covarr., aunque la estructura del vocablo, sin oponerse a esta explicación, tampoco la corrobora; y convendría en todo caso hallar confirmación de la existencia de esta supuesta expresión infantil, en autor no preocupado por la etimología; favorecería esta idea el vco. vizc. *pitxi* 'dije, objeto de adorno', vizc., guip., lab. 'perla'; ronc. *bitxi* 'pendentif'. Mientras tanto, es lícito formular una conjetura verosímil. El pretérito de *decir* se empleó sustantivado en el sentido de 'enredo, chisme, habladuría': así el port. *dixe-*

medíxeme, en la locución *andar com dixemedíxe-mes*, es término chulo que significa «enredinhos, chocalhices [= habladurías]» (Moraes), «mexericos» (Fig.), y ya aparece en la *Eufrosina* de Ferreira de Vasconcellos (h. 1537), y Oudin nos confirma que *dije* significó 'patrañas frívolas', 'cuentos de niños': se trata de una sustantivación muy natural del *dije... dije...* que va repitiendo la comadre en su chismorreo; también *dizque* (del presente *dice que*) se ha empleado en el sentido de 'dicho, murmuración, reparo' (Acad.)[4]. De ahí se pudo pasar fácilmente a 'cosa insignificante, despreciable' y luego 'baratija, dije, alhajita', comp. el cambio paralelo sufrido por *CHISME* 'habladuría' y 'trasto insignificante, bártulo' y comp. otro caso semejante en *EMBUSTE*; cf. también *dinganduges* en Rosal, 1605. El judesp. *dišo* «petite garniture de la coiffure de l'habit» (*RFE* XXXIV, 43) se deberá a un empleo semejante de la tercera persona del mismo pretérito. La ac. originaria parece hallarse todavía en Cervantes, *Coloquio de los Perros*, (*Cl. C.*, p. 264), donde la huéspeda de una casa de mala fama, amenazada con la cárcel, responde con desafío: «Señor alguazil y señor escrivano: no conmigo tretas, que entrevo toda costura; no conmigo *dixes* ni *poleos*; callen la boca y váyanse con Dios; si no, por mi santiguada... que saque a plaça toda la chirinola desta historia, que bien conozco a la señora Colindres, y sé que ha muchos meses que es su cobertor el señor alguazil»[5]. Si esta etimología es cierta, podría sospecharse que el port. *dixe* sea castellanismo, lo cual es posible dada su fecha, pero no es necesario, ya que si bien hoy el pretérito portugués es *disse*, existió también la variante *dixe* (comp. la forma de la *Eufrosina*).

DERIV. *Indijado* 'adornado con dijes' (Acad.).

[1] «Teresa del Berrocal, / yo alabándote, me dixo: / tal piensa que adora vn Ángel, / y viene a adorar a vn gimio, / merced a los muchos *dixes*, / y a los cabellos postizos, / y a hipócritas hermosuras, / que engañan al Amor mismo», *Quijote* I, x, 35vº. Análogamente II, xxi, 78rº. Y en Polo de Medina se habla de «algun *dix* de alguna diabla» (*Aut.*).— [2] «Bolvió el moço... vestido a la soldadesca, pintado con mil colores, lleno de mil *dixes* de cristal, y sutiles cadenas de azero: oy se ponía una gala y mañana otra, pero todas sutiles, pintadas, de poco peso y menos tomo», *Quijote*, I, li, 267vº.— [3] Sale además en Victor (1609), que da el singular *dix* junto al plural *diges* y el diminutivo *dijecillo* (cita de Viñaza, p. 736). El singular *dix* se halla también en Covarr., en Polo de Medina y lo admite *Aut.* en calidad de primera variante. Puede ser forma primitiva, pero también secundaria (comp. *reloj* < *reloje*), sacada analógicamente del plural, de uso más frecuente. Minsheu (1623) «*diges* or *jueguitos*: rattles and toies for children to play with». Falta en Nebr., PAlc., Las Casas, Perci-

vale—[4] Así en la Arg.: «¿qué nombre o señas del asesino le dió? Con siguranza, ningunas... a *dizques* se refirió...», Ascasubi, *Santos Vega*, v. 3530.— [5] Los comentadores discrepan. Rodríguez Marín: «*Dijes*, del verbo *decir*, equivalente a *bravatas*, porque solían los jaques, cuando echaban una, añadir *dije*, o *y no más*, como dando a entender que *lo dicho dicho*, y que allí estaba el hombre para hacer que en un santiamén fuera *lo dicho hecho*; y por lo que toca a los *poleos*, llamábase *derramar poleo* o *juncia y poleo*, a decir blasonerías y jactarse de hacer y acontecer». Desde luego la explicación de *poleos* debe admitirse, y la de *dije* no es inverosímil. Schevill y Bonilla aclaran «*dijes* en el sentido de 'menudencias', que trae Covarrubias, y *poleo* en el de 'jactancias'», y remiten al *Viaje del Parnaso*. Amezúa desaprueba la traducción 'alharacas, ficciones o bravatas' que daba Arrieta, y a su vez propone «no florecitas, no burlas conmigo, aludiendo al poleo, flor campestre muy olorosa», lo cual satisface menos. La traducción de Arrieta y Rodríguez Marín ha pasado al artículo *dijes* 'bravatas', de la Acad. (introducido después de 1899). Creo se trata de 'enredos, chismes'.

Dilaceración, dilacerar, V. *lacerar*   *Dilación*, V. *preferir*   *Dilapidación, dilapidador, dilapidar*, V. *lápida*   *Dilatabilidad, dilatación, dilatado, dilatador*, V. *lato*   *Dilatar*, V. *lato* y *preferir*   *Dilatativo*, V. *lato*   *Dilatoria, dilatorio*, V. *preferir*   *Dilección, dilecto*, V. *elegir*   *Dilema, dilemático*, V. *lema*   *Diligencia, diligenciar, diligenciero, diligente*, V. *elegir*   *Dilogía*, V. *lógico*   *Dilucidación, dilucidador, dilucidar, dilucidario*, V. *luz*   *Dilución*, V. *diluir*   *Dilúculo*, V. *luz*

DILUIR, 'desleír', tomado del lat. *dĭlŭĕre* 'desleír, anegar', derivado de *lăvĕre* 'lavar'. 1.ª doc.: Acad. 1817, no 1783.

DERIV. *Diluente* [Terr.] o *diluyente*. *Dilución*, tomado de *dilutio, -onis*, íd. *Diluvio* [h. 1275, 1.ª *Crón. Gral.* 4b34; en textos judaicos desde 1410: *RH* I, 199; APal. 64d, 108d, 116b; Nebr.], tomado del lat. *dīlŭvium* 'inundación, diluvio', derivado de *diluere*; *diluviar, diluviano, diluvial, antediluviano, postdiluviano*. En latín es ya antiguo el deriv. *diluviare* 'inundar' (Lucrecio). De éste, quizá como descendientes semipopulares, pueden proceder algunas formas gallegas: compostelano *deloubar* 'dar a la ropa una primera lavadura' (*deseivar* y *desañar* en otras partes), y de ahí figuradamente pontev. *delouba* 'comilona, francachela, merendota' («hoy hubo gran *delouba* en tal parte») Sarm. *CaG.* 227r, mientras que otros dicen *delubar* 'dar de palos o de golpes' (y el sustantivo «le dieron una grande *deluba*» 184r); de *dilūviare* se pasaba normalmente a *deloivar* (> *deloubar* cambio frecuente también en Galicia como en Portugal) y con tratamiento más conservador *deluvar*; no hay que pensar en *deglūbare* 'descortezar' que no ha dejado huellas en romance ni explicaría las formas en *-ou-*. Los siguientes son también cultismos procedentes de otros verbos latinos derivados de *lavere*. *Ablución* [1633], tomado de *ablutio, -onis*, íd., derivado de *abluere* 'sacar (algo) lavando'. *Aluvión* 'avenida fuerte de agua', 'inundación' [Juan de Mena, † 1456, proemio del *Omero romançado*; princ. S. XIX, Duque de Rivas], tomado de *allŭvĭo, -ōnis*, íd., derivado de *allŭĕre* 'bañar'; es también frecuente, sobre todo entre geógrafos y geólogos, la ac. 'tierra traída por las aguas', pero la Acad. sólo la admite como propia de la locución compuesta *terrenos de aluvión*; *aluvial* [1860], derivado culto del lat. *alluvies* 'aluvión'. *Colutorio*, derivado culto de *collŭĕre* 'lavar, rociar'; *coluvie*, de *colluvies* 'reunión de aguas de lavado', 'mezcolanza sucia, heces'.

Diluir 'engañar', *dilusivo*, V. *ludibrio* *Dimanación*, *dimanante*, *dimanar*, V. *manar* *Dimensión*, *dimensional*, V. *medir*

DÍMERO, compuesto del gr. μέρος, -ους 'parte', 'miembro', con δι-, forma prefijada del gr. δύο 'dos'. *1.ª doc.*: falta aún Acad. 1899.

DERIV. *Pentámero*, compuesto del mismo vocablo con πεντα-, forma prefijada del gr. πέντε 'cinco'.

Dimes y diretes, V. *decir* *Dímetro*, V. *metro* *Dimiario*, V. *mur* *Dimidiar*, V. *medio* *Dimidor*, V. *dimir* *Diminuecer, diminuir, diminutivo, diminuto*, V. *mengua*

DIMIR, 'varear con largas pértigas los nogales, castaños y otros árboles, para echar abajo el fruto', ast., del lat. DĒMĔRE 'sacar, quitar'. *1.ª doc.*: h. 1800, Jovellanos, *Apuntamiento sobre el dialecto de Asturias*, en Rivadeneira; Acad. 1884, no 1843.

Reproduzco la definición de Rato (1891), que da además la variante *demir* (con referencia a *llimir*, que no sé si es errata por *dimir*¹; faltan ambos en G. Lomas, Munthe, Acevedo-F., Canellada, Vall., Schneider, Krüger *Gegenst.*, Fig.). En términos equivalentes se expresa Vigón (*dimir*). Arcaísmo local de la región asturiana, no señalado por los diccionarios etimológicos. DEMERE no ha dejado otros descendientes romances, pero ya en latín se aplicaba especialmente en el sentido de coger el fruto de los árboles: *demere fetus ab arbore*, Ovidio, *Heroidas*, 20, 9. Es imposible fonéticamente que venga de *demittĕre*, como sugiere la Acad.

DERIV. *Dimidor* (V).

¹ Quizá no lo sea, en vista de que reaparece s. v. *varexar*. Comp. *lliviesu* y *lluviesu*, s. v. DIVIESO.

Dimisión, dimisionario, dimisorias, dimitente,

dimitir, V. *meter* *Dimorfismo, dimorfo*, V. *amorfo* *Din*, V. *dinero*

DINÁMICO, tomado del gr. δυναμικός 'potente, fuerte', derivado de δύναμις 'fuerza, potencia' y éste de δύνασθαι 'poder, ser capaz'. *1.ª doc.*: Monlau, † 1871; Acad. 1884, no 1843.

DERIV. *Dinámica* [Terr.]. *Dinamia*, derivado culto de δύναμις; por abreviación se formó también *dina*. Otros derivados cultos del mismo vocablo griego: *dinamismo, dinamista, dínamo* [Acad. 1899] o *dinamo* [a lo que se inclina provisionalmente la Acad. en sus últimas normas] más que derivado es abreviación del compuesto *máquina dínamo-eléctrica*; datos acerca del género y acentuación, Rosenblat, *NRFH* VII, 111; *adinamia, adinámico*; *dinamita* [Acad. 1884, no 1843; P. A. de Alarcón, † 1891], *dinamitazo, dinamitero*, y (todavía no admitido por la Acad.) *dinamitar* 'hacer saltar con dinamita'. *Dinasta* [Terr.; Acad. 1884, no 1843], tomado del gr. δυνάστης 'príncipe, soberano', derivado de δύνασθαι; *dinastia* [Terr.; Acad. ya 1843], de δυνάστεια 'dominación, gobierno', derivado del anterior; *dinástico, dinastismo*.

CPT. *Dinamoeléctrico. Dinamómetro, dinamometría, dinamométrico*.

Dinar, dinarada, V. *dinero* *Dinasta, dinastia, dinástico, dinastismo*, V. *dinámico*

DINERO, del lat. DENARIUS 'moneda de plata que primero valía diez ases', derivado de DĒNI 'cada diez', y éste de DECEM 'diez'. *1.ª doc.*: doc. de 1081 (Oelschl.); *Cid*.

La *i*, que se halla también en port. *dinheiro*, cat. *diner*, gasc. *dinè*, langued. *diniè*¹, y en la forma *dinaro* de los antiguos dialectos de Lombardía y Véneto, parece debida a influjo de la forma griega δηνάριον, de origen latino, cuya η se pronunciaba *i* en la baja época, influjo que se ejercería durante el bajo Imperio o en tiempo de la dominación bizantina en el SE. de España, y se extendería gracias al comercio mediterráneo; el sardo *dina(r)i* indica un origen griego aún más tardío. En el sentido de 'caudal, bienes en numerario' se emplea hoy *dinero* como colectivo en singular (port. *dinheiro*), pero antes se dijo *dineros* (así en Tirso, *Vergonzoso* II, 505; Lope, ed. Rivad. XLI, 59), y sigue diciéndose así en el habla rústica de Andalucía y algunos puntos de América², y en refranes y dichos populares de todas partes (comp. cat. y gasc. *diners*). *Dinar* es la forma que el mismo vocablo latino tomó en árabe. El vco. *diru* 'dinero' parece más fácil que pueda venir de un romance antiguo *di(n)eiru* que no de *denariu* > *dēairu* > *diairu* > *diru*; hay un sul. *diharu*, Gèze (Uhlenbeck, *Vgl. Lautl.*) y un ronc. *deiru*. No parece que la *i* románica se pueda explicar por acción de la onomatopeya *din-din* (V. más abajo).

DERIV. *Dinerada* [Berceo, *S. Mill.*, 450; *Alex.*, 711; J. Ruiz, ed. Rivad., 953] o *dinarada* [*Cid; Berceo, Mil.*, 478; *Alex.* 1322, 1332]. *Dineral* [como nombre de medida, ej. medieval arag. en *Aut.*; ac. moderna, ya Acad. 1843; otras acs., Terr.]; *dineralada. Dinerillo. Dineroso. Dineruelo. Adinerar, adinerado. Din* [Espronceda, † 1842; Acad. 1884, no 1843], empleado en frases festivas en el sentido de 'bienes de fortuna' (opuesto a *don*, como símbolo de la hidalguía, o a la forma verbal *dan*), más que abreviación de *dinero* parece ser la onomatopeya *din-din* con que se imita el sonido de la moneda, onomatopeya apoyada por la forma análoga del vocablo *dinero*, Spitzer nos recuerda a este propósito el «Poderoso caballero / es don *Dinero*» de Quevedo; pero quizá fuese en el origen frase judaica, en que se jugara irreverentemente con la palabra semítica *din* (ár. *dīn*), empleada en judeo-español en el sentido de 'fe religiosa' (así en el *Seder P. Abot*, Salónica 1893, *BRAE* II, 81), tanto más probable cuanto que ya aparece en el S. XV en Juan Agraz, *Canc. Cast.*, S. XV, n.º 450, estr. 2 (*RFE* XL, 155). No sé si un **adín* se usó también en castellano, de donde habría pasado (o directamente desde el árabe de Tudela?) al vasco *adi(n)* «inteligencia», «atención», «intención» (hoy sólo guipuzcoano y vizcaíno) que no sé con qué fundamento Uhlenbeck, *Ond. La*, 36, declara «witheemsch» (con derivados *adierazi, adierrez, adigarri*, también éstos en vasco-francés y ya en Oihenart, S. XVII).

¹ Para formas occitanas con *i* en la Edad Media, vid. Levy, *Litbl.* XIX, 291.— ² Así en Mendoza (Arg.), en el periódico «Victoria», 30-VIII-1941. Lo más común, sin embargo, allí y en general en América es emplear *plata* en este sentido.

Dingolondango, V. *dengue*   *Dino*, V. *digno*.

DINO-, forma prefijada del gr. δεινός 'terrible', 'extraordinario', empleada para denominar grandes animales fósiles: *dinornis* 'avestruz antediluviano' (compuesto con ὄρνις 'ave'), *dinosaurio* 'reptil gigantesco' (con σαῦρος 'lagarto'), *dinoterio* 'elefante gigantesco' (con θηρίον 'animal'); los tres faltan aún en Acad. 1899.

DINTEL, del antiguo *lintel*, tomado del fr. medio *lintel* (hoy *linteau*) íd., que a su vez viene del lat. vg. LĪMĪTALIS, alteración del lat. LIMINARIS 'perteneciente a la puerta de entrada' (derivado de LĪMEN, -ĬNIS, 'umbral, puerta de entrada') por influjo de LĪMES, -ĬTIS, 'linde, límite'. *1.ª doc.: lintel*, 1588, J. de Pineda (Cej. VII, p. 411), y princ. S. XVII: Covarr., Lope¹; *dintel*, Calderón, y *Aut.* reconoce que ésta es ya la forma más usada.

El cambio de la consonante inicial se debe a la acción confluyente de la diferenciación en *el lintel* (como BULLA > *bulda*) y de la disimilación de las dos eles de la palabra. LIMITALIS, como adjetivo, se halla ya en inscripciones latinas; comp. arag. ant. *limdar*, (*l*)*indar* (Tilander, 456; *Fuero de Navarra*), cat. *llindar* 'umbral', oc. *lindar*, fr. ant. *linter* < LIMITARIS; (¿de ahí el leon. *entera*?, *Acad.* después de 1899, falta A. Garrote y G. Rey). Para la recta distinción semántica entre *dintel* y *umbral* (representante propiamente castellano de LIMINALIS), vid. Cuervo, *l. c.*

DERIV. *Dintelar*.

¹ *El Marqués de las Navas*, v. 1407. Véase otro ej. lopiano en Cuervo, *Ap.* § 621.

Dintorno, V. *torno*

DIÓCESIS, tomado del lat. tardío *diocesis*, lat. *dioecēsis* 'circunscripción', 'diócesis', y éste del gr. διοίκησις 'administración, gobierno', 'provincia', derivado de διοικεῖν 'administrar' y éste de οἶκος 'casa'. *1.ª doc.:* ley de 1480 en la *N. Recop.* I, iii, 13; APal. (*diocesi*), s. v. *parochia*¹.

Para la forma vulgar latina *diocesis, diocisis*, vid. *ThLL* V, 1223, y *Gnomon* XIV, 275. Predominó en este vocablo la acentuación griega sobre la latina, como ya observa *Aut.*

DERIV. *Diocesano*, antes *diocesal. Archidiócesis* o *arquidiócesis.*

Dioico, aplicado a las plantas que tienen las flores de cada sexo en pie separado, es compuesto de οἶκος 'casa' con la forma prefijada del número dos: δι-.

¹ El uso del adjetivo *diocenso* (o mejor *diocense*), citado por Oelschl. de Sahagún, a. 967, 'diocesano', prueba que *diócesis* se empleaba en el bajo latín hispánico (y sin duda en castellano) desde mucho antes.

DIONISIA, 'piedra que se aplicaba contra la embriaguez', tomado del gr. διονυσιάς, -άδος íd., derivado de Διόνυσος, nombre del dios del vino, compuesto con el nombre de Ζεύς (genitivo Διός), padre de los dioses. *1.ª doc.:* 1629, Huerta.

DERIV. *Dionisíaco*, tomado de διονυσιακός íd. Los siguientes cultismos proceden también de derivados o compuestos de Ζεύς. *Dionea*, 'planta droserácea', de Διωναῖα, epíteto de Afrodita. *Dioscórea*, formado con Διοσκορίδης, nombre del célebre botánico griego. *Diosma*, compuesto con δῖος 'divino' y ὀσμή 'fragancia'.

Dioptra, dioptria, dióptrica, dióptrico, V. *óptico   Diorama*, V. *panorama   Diorita*, V. *horópter*

DIOS, del lat. DĔUS íd. *1.ª doc.:* orígenes del idioma (Glosas de Silos, etc.).

En la época primitiva *Dios* se emplearía sólo como vocativo y sujeto (procedente del nominativo DEUS), y *Dio* (< DEUM) en los demás casos (así *colitura de Dio* en las glosas de Silos, 237, 2a. mi-

tad del S. X), estado de cosas comparable al que
presenta el catalán arcaico en Raimundo Lulio
(que distingue parecidamente *Déus* de *Déu*); pero
ya en doc. de 1097 figura *amor de Dios*, y la distinción está también abolida en el *Cid* y demás
textos literarios, con triunfo de la primera forma,
por el gran empleo del vocativo en oraciones y ex-
clamaciones. El acento, que estaba primero en Ja
i, pasó pronto a la vocal más plena, como lo documenta ya con muchos ejs. la versificación de Berceo y el *Alex.* Una forma *Dieus* se halla en doc.
aragonés de 1379 (*BRAE* VIII, 325). Hablando de
los dioses paganos, en todo el S. XIII es usual la
forma *los dios* (procedente de DĔOS): ejs. citados
en el glosario de la *Historia Troyana* (agréguese
entre otros *Gral. Estoria*, línea 407, en M.P., *Yúçuf*). Esta igualdad dió lugar al reproche que los
judíos españoles hacían a los cristianos de ser politeístas, mientras que en su dialecto empleaban
ellos *el Dío* para nombrar a Jehová. Más tarde entre los cristianos se introdujo el plural analógico
dioses (que ya introduce sistemáticamente el ms.
aragonés del *Alex.*, en el S. XV, pero la versificación prueba que el original traía *los dios*), empleado por APal., 115*d*, Nebr., etc. En gallegoportugués
la historia es paralela: allí *deus* (plural moderno
deuses)[1]. Es de interés el empleo de *Dios* como
sujeto de verbos impersonales relativos al tiempo
(*amanecerá Dios y medraremos*, *Quijote* I, xliii,
231; II, xiv, 49; *quando Dios amanece, para todos
amanece*, ibid. II, xlix, 184; «anoche, helando *Dios*,
a darle agua / me levanté tres veces en camisa»,
Quiñones de B., *NBAE* XVIII, 794*b*). Fraseología
asturiana en Vigón.

DERIV. *Diosa* [h. 1490, *Celestina*, ed. 1902, 80.
14; Nebr.; primero se dijo *deessa*, *Alex.*, 313*a*,
etc.; *Gral. Est.*, 304*b*11; Villena y J. de Mena en *Aut.*; APal., 10*d*, 15*d*, 119*d*; y todavía admitido como variante por Nebr.; que después se
alteró en *diosesa*, h. 1400, glosario de Palacio;
Garcilaso y Lope emplearon el latinismo *dea*].
Deal. *Deidad* [Mena (Lida); h. 1490, *Celestina*], tomado del lat. *deitas, -atis*. *Deísmo*, *deísta*.
Endiosar [1607, Oudin; Quevedo, 1626]; *endiosamiento*. *Semidiós*; *semidiosa*. *Divo* [Santillana (C.
C. Smith, *BHisp.* LXI); princ. S. XVII, Lope,
P. de Ribera], tomado del lat. *dīvus*, íd., variante
de *deus* empleada como adjetivo; *diva* [Fco.
Imperial (Lida, *Mena*, 142, 256)]. *Divino* [2.ª mitad S. X: Glosas de Silos; Berceo, etc.], tomado
de *dīvīnus* íd., derivado del anterior; *divinal* [*dev-
Berceo, *S. D.*, 486; 1413 (*BHisp.* LVIII, 89);
Nebr.; APal., 16*d*]; *divinidad* [Berceo], *divinizar*,
divinización. *Divinus* se empleaba también, ya en
latín, como sustantivo aplicado al adivino (que
pretendía anunciar los designios de los dioses): de
ahí *divino* 'adivinador' (Nebr.) o *devino* (doc. de
1267; *Alex.*, 386), pero lo común desde el principio del idioma es que por influjo de *adivinar* se
dijera *adivino* [*adevino*, Berceo, *S. Dom.*, 162;·

Alex., 1356; otros ejs. de esta forma en los SS.
XIII-XV en Cuervo, *Dicc.* I, 196-7, APal., 188*b*;
ast. *adevinu*, V; *adivino* desde Nebr. y Ercilla];
adivinar [*devinar*, Berceo, *Apol.*; *adevinar*, *Gr.
Conq. de Ultr.*, J. Ruiz, *Celestina*, ed. 1902, 9.11,
75.31, 120.27; hoy ast., V; *adivinar*, S. XVI;
Cuervo, *Dicc.* I, 195-6]; *adivinación*, *adivinador*,
adivinaja, *adivinamiento*, *adivinante*, *adivinanza*,
adivinativo, *adivinatorio* (con variantes arcaicas o
cultas sin *a-* o con *-e-*).

Como apéndice indico los derivados y compuestos del gr. θεός 'dios', aunque no es palabra emparentada con *deus*. *Ateo* [Covarr.; Lope], de
ἄθεος íd. (también se ha dicho *ateísta* desde Cervantes, aunque hoy se rechaza como forma de influencia inglesa, y lo es en el lenguaje actual);
ateísmo (en francés, alemán e inglés ya aparece en
la 2.ª mitad del S. XVI; no es cierto que en italiano sea ya del S. XIV: Migliorini, *Cos'è un
Vocabolario*, 90); *teísmo*; *teísta*; *diteísmo*, *diteísta*.
Apoteosis [Acad. 1843, no 1817]; de ἀποθέωσις
'endiosamiento', prob. por conducto del fr., donde
corría desde el S. XVI; *apoteótico* (raro y hasta
hace poco sustituído por *apoteósico*; recientemente
se ha puesto algo de moda en España).

CPT. *Adiós* [princ. S. XV: *Canc.* de Baena],
elipsis de *a Dios seas* o *a Dios seades* (h. 1400,
Glos. del Escorial); comp. cat. *adéu-siau*, gasc.
adichats). *Diostedé*. *Pordiosero* [1596, Fonseca,
Aut.], derivado de la locución *por Dios* (en *pedir
p. D.*), que ya en tiempo de J. Ruiz tendía a sustantivarse en el sentido de 'caridad': «el medio
de un pan conbrás, o las dos partes; / para *por
Dios* lo otro te mando que apartes», 1165*d*; *por-
diosería*; *pordiosear* [h. 1630, J. Polo], *pordioseo*.
Cultismos: *deicida* (formado con *caedere* 'matar'),
deicidio; *deificar* [Valera, Arévalo (Nougué, *BHisp.*
LXVI)], *deificación*, *deífico*; *deiforme*; *deípara*
(formado con *parere* 'dar a luz').

De θεός. *Politeísmo* [Acad. 1843, no 1817], *po-
liteísta*. *Teobroma*, con βρῶμα 'alimento'; *teobro-
mina*. *Teocrático*. *Teodicea*, creado por Leibniz
con el gr. δίκη 'justicia'. *Teogonía*; *teogónico*.
Teología [h. 1330, *Conde Luc.*; ejs. de la variante
quinientista *theulogía* en *Aut.*], del lat. tardío *theo-
logía*, gr. θεολογία; *teológico* [princ. S. XVII,
Aut.; *teological*, Nebr.]; *teólogo* [1251, *Calila*
24.224; Nebr.]; *teologizar*. *Teomanía*. *Teosofía*
[S. XVII, Cibdarreal, *Aut.*]; *teósofo*; *teosófico*.
Teúrgo, de θεουργός, compuesto con ἔργον 'obra';
teúrgia; *teúrgico*. *Panteísmo*, tomado del ingl. *pan-
theism*, compuesto con πᾶν 'todo'; *panteísta*; *pa-
nenteísmo* (de πᾶν ἐν θεῷ 'todo en Dios')[2]. *Pan-
teón* [Covarr.; no Nebr., APal., C. Casa, Fcha].

[1] Salvo que en Galicia el castellanismo *dios*
impuesto porfiadamente por el clero forastero,
pronto empezó a arraigar: un amigo filólogo que
no ha dejado el país me escribe: «ya nadie dice
Deus». Quizá exagere algo, pero no en los ambientes más accesibles (ya las canciones populares

recogidas por J. P. Ballesteros en el siglo pasado presentan *Dios*). Desde luego muchos escritores (como Castelao, 172.19, plur. *deuses* 41.9) siguen fieles a lo antiguo'.—² *Teodolito* es palabra de origen oscuro, aunque es improbable tenga que ver con θεός; falta todavía en *Aut.* pero en otros idiomas europeos se documenta desde el S. XVI. Quizá sea un compuesto formado arbitrariamente con θεᾶν 'mirar', ὁδός 'camino', y la parte central de la palabra *alidada*, instrumento que constituía la parte esencial del teodolito antiguo.

Dios, adv., V. *yuso* *Dioscóreo*, V. *dionisia* *Diosesa*, V. *Dios* *Diosma*, V. *dionisia* *Dioso*, V. *día* *Diostedé*, V. *Dios* *Dipétalo*, V. *pétalo*

DIPLOMA, tomado del lat. *dĭplōma, -ătis*, 'documento oficial', y éste del gr. δίπλωμα 'tablilla o papel doblado en dos', derivado de διπλοῦν 'doblar' y éste de διπλοῦς 'doble'. *1.ª doc.*: 1677, Pinel.

DERIV. *Diplomático* [Terr., 'lo que concierne a diplomas'; aplicado a los tratos entre estados: Acad. ya 1843], *diplomática* [Terr.], *diplomacia* [Quintana, 1.ʳ tercio del S. XIX; Acad. ya 1832]. *Epanadiplosis*, tomado de ἐπαναδίπλωσις íd., derivado de ἐπαναδιπλοῦν 'redoblar', derivado de διπλοῦς.

CPT. Otros compuestos cultos formados con el citado διπλοῦς: *diplococo* (con κόκκος 'grano'), *diplodoco* (con δοκίς 'varita'), *diplopía* (con ὄψ 'vista').

Dipneo, V. *neuma I* *Dipodia*, V. *pie*

DIPSO-, forma prefijada del gr. δίψα 'sed', con la cual se formó el compuesto *dipsomanía* [Letamendi, † 1897; falta aún Acad. 1899].

DERIV. *Dipsomaníaco*. *Dipsáceo* [Acad. 1899], derivado culto del gr. δίψακος, 'cardencha', planta que se hace en terrenos secos, derivado de δίψα.

CPT. *Polidipsia*.

DIPTONGO, tomado del lat. tardío *diphthongus* y éste del gr. δίφθογγος íd., derivado de φθόγγος 'sonido'. *1.ª doc.*: 1433, Villena (Viñaza, col. 779); ejs. de Santillana y del *Canc. de Baena* en W. Schmid, p. XVII; APal., 394*d*; 1587, Ant. Agustín; también en Aldrete.

Imprime ya APal. con la grafía moderna; *Aut.* advierte que esta forma es corrupción y atribuye la grafía *diphtongo* a Agustín y a Aldrete.

DERIV. *Diptongar, diptongación*.

CPT. *Triptongo, triptongar*, compuestos de φθόγγος con τρι-, forma prefijada del número tres.

Diputado, diputación, diputar, V. *disputar*

DIQUE, tomado del neerl. *dijk* íd. *1.ª doc.*: 1585, López Tamarid; Covarr.; 1625, C. Coloma. Cej. VIII, § 19. Pudo tomarse por conducto del francés, donde *dique* se halla desde el S. XIV a princ. XVII (después sustituído por *digue*: FEW III, 79*a*); pero coincidiendo su aparición con las guerras de Picardía y de Flandes, como observa *Aut.*, cabe un préstamo directo¹. Es innecesario rechazar el étimo arábigo propuesto por Tamarid y Urrea y aceptado con reservas por Covarr.

¹ Los especialistas podrán resolver la cuestión a base de la fecha en que la *i* larga neerlandesa (*ij*, hoy pronunciada *ai*) empezó a diptongarse; fecha que, por lo menos en parte del territorio, no debió estar muy alejada del S. XVII. Sabemos que en Amsterdam todavía no se pronunciaba diptongo en 1584 (Van der Meer, *Hist. Gramm. d. nederl. Spr.*, p. LXXIV); en otros puntos de su territorio lingüístico el germánico occidental ya diptongaba, en posiciones análogas, desde el S. XIV (franconiano del Mosela, etc; Behaghel, *Gesch. d. deutschen Spr.*, 1916, p. 165).

Dir, V. *ir* *Dirección, directivo, directo, director, directoral, directorio, directriz, dirigente, dirigible, dirigir*, V. *regir* *Dirimente, dirimible, dirimir*, V. *redimir* *Disantero, disanto*, V. *día* *Discantado, discantar, discante*, V. *cantar* *Disceptación, disceptar*, V. *concebir* *Discernidor, discerniente, dicernimiento, discernir*, V. *cerner*

DISCÍPULO, tomado del lat. *dĭscĭpŭlus* íd. *1.ª doc.*: Berceo, *Duelo*, 37*a*; *discípula*, *S. Or.*, 73*d*.

Común en la Edad Media es la forma sincopada *disciplo* (Berceo, *Loores*, 174¹; APal., 80*d*, 118*b*; leer así lo exige también el verso en J. Ruiz, 30*b*, aunque no lo apoyen *S* ni *G*), *deciplo* (Sem Tob, 285; *Rim. de Palacio*, 219), *diçipla* (*Apol.*, 494); Nebr. vacila entre *dis(c)ípulo* y *di(s)ciplo*.

DERIV. *Discipular. Discipulado. Condiscípulo.*

Disciplina [Vidal Mayor 3.61.2, 10, etc.; APal., 41*d*; Nebr.; *diciplina*, Herrera, 1580, cita de Cuervo, *Obr. Inéd.*, 143; la ac. 'azotes de penitente', ya en J. Ruiz, 1168*c*, y a princ. S. XVII: Covarr., Oudin, Quevedo, Nieremberg], tomado de *dĭscĭplīna* 'enseñanza, educación, disciplina'; *disciplinar* [APal., 188*b*; *dic-*, Nebr.; 'azotar', 1615, *Quijote*]; *disciplinado* [*-adamente*, APal., *l. c.*], del lat. tardío *disciplinatus* íd.; *disciplinable, disciplinal, disciplinante* [1604, Sandoval], *disciplinario, disciplinazo*.

¹ Es posible que los dos ejs. de la forma con *u* en Berceo se deban a enmiendas del copista, pues se hallan en fin de hemistiquio; aunque en *S. Or.* disponemos de los mss. *A* e *I*, que coinciden.

DISCO, tomado del lat. *dĭscus* y éste del gr. δίσκος íd. *1.ª doc.*: F. de Herrera, en traducción de Horacio, *RFE* XL, 155; Covarr., con referencia exclusiva a la Antigüedad.

Con ese carácter sigue estando en *Aut.*, aunque se le agrega la ac. astronómica. Falta en Percivale-M. (1591, 1623), Oudin (1616) y Nebr., y APal. se abstiene de emplearlo al traducir el lat. *discus.* Para un representante popular, vid. *DESGA*, y comp. Wartburg, *ZRPh.* XLVII, 576-9.

Deriv. *Discoidal.*

Cpt. *Discóbolo*, tomado de διοχόβολος, compuesto con βάλλειν 'lanzar'. *Discoteca*, formado con θήχη 'caja para depositar algo'.

DÍSCOLO, tomado del lat. tardío *dyscŏlus* y éste del gr. δύσχολος 'malhumorado, de trato desagradable'. *1.ª doc.:* Covarr.

Aunque figura con terminación romanceada en el *Regimiento de Príncipes*, a. 1494, traducido del latín, el traductor explica a continuación su significado, probando así que era voz desusada en castellano; APal. no lo emplea al traducir el vocablo latino; no forma parte del léxico de la *Celestina*, del *Quijote* ni de Góngora, y falta en Nebr., Oudin y Percivale-M.; el primer testimonio de su uso en un contexto castellano es de 1710 (Alcázar), pero todavía *Aut.* dice que era voz puramente griega. Hoy pertenece aun al vocabulario oral de la gente educada.

Discolor, discoloro, V. *color   Disconforme, disconformidad*, V. *forma   Discontinuación, discontinuar, discontinuidad, discontinuo*, V. *continuo   Discordancia, discordante, discordanza, discordar, discorde, discordia*, V. *corazón   Discoteca*, V. *disco   Discrasia*, V. *cráter   Discreción, discrecional*, V. *cerner   Discrepancia, discrepante, discrepar*, V. *quebrar   Discretear, discreteo, discreto, discretorio, discrimen, discriminación, discriminar*, V. *cerner   Discuento*, V. *contar   Disculpa, disculpable, disculpación, disculpar*, V. *culpa   Discurriente, discurrimiento, discurrir, discursante, discursar, discursear, discursible, discursista, discursivo, discurso*, V. *correr*

DISCUTIR, tomado del lat. *dĭscŭtĕre* 'quebrar', 'disipar', 'decidir', derivado de *quatere* 'sacudir'. *1.ª doc.:* med. S. XV, Juan de Mena, Gómez Manrique; APal. 92*d.*

Cuervo, *Dicc.* II, 1253-4. Además de estos autores latinizantes es de interés observar que *descutir* ya figura en el léxico rústico de Juan del Encina; sin embargo todavía no lo registra Nebr.; es frecuente en la 2.ª mitad del S. XVI (Fr. L. de Granada, Fr. L. de León, Mtro. Venegas). Antes del S. XV se empleaba con este sentido *contender* (ejs. en Cuervo, s. v.). La ac. castellana, ajena al latín clásico (comp., sin embargo, *discutere disceptationem* 'decidir una disputa', en Livio), aparece ya en escritores eclesiásticos del S. V, reemplazando a *disceptare* y *disputare*, y es común a todos los romances.

Deriv. *Discutidor. Discutible. Discusión* [1577,

Morales], tomado de *discussio, -onis. Discusivo.*

Los siguientes son también cultismos tomados de derivados de *quatere.* Concusión [1580, Herrera], de *concussio, -ōnis*, 'agitación, sacudida', 'extorsión', derivado de *concutere* 'sacudir a fondo, hacer vacilar'; *concusionario. Inconcuso* (*-samente*, 1648, Solórzano), de *inconcussus* íd., derivado de *concussus*, participio del anterior. *Concuasar*, ant., de *conquassare* íd., derivado de *quassare* íd.

Para *percutir* (variantes *percudir* y *percundir*), vid. *CUNDIR*; derivados cultos : *percuciente, percusión, percusor* (*percutor* se ha tomado del fr. *percuteur*, derivado regular en este idioma de *percuter* 'percutir'); *percocería* 'obra menuda de platería labrada a martillo' [Acad. ya 1817], parece tomado de un derivado del it. *percosso*, participio de *percuotere* 'golpear'; *repercutir* [1515, Fdz. Villegas (C. C. Smith, *BHisp.* LXI), *Aut.*], de *repercutere* íd.; *repercusión* [Aldana, † 1578 (C. C. Smith)], *repercusivo. Excusión*, de *excussio, -onis*, 'acción de sacudirse algo de encima'. Para descendientes populares de la misma familia, vid. *ACUDIR, SACUDIR.*

Disecable, disecación, disecador, disecar, disección, V. *secante   Disecea*, V. *acústico   Disector*, V. *secante   Diseminación, diseminador, diseminar*, V. *sembrar   Disensión, disenso*, V. *sentir   Disentería, disentérico*, V. *enteritis   Disentimiento, disentir*, V. *sentir   Diseñador, diseñar, diseño*, V. *seña   Disépalo*, V. *sépalo*

DISERTAR, tomado del lat. *dissertare* íd., frecuentativo de *disserĕre* 'razonar coordinadamente, disertar', que deriva de *serĕre* 'entretejer, encadenar'. *1.ª doc.:* 1619, Cabrera.

Cuervo, *Dicc.* II, 1254*b* (sólo cita ejs. del S. XIX). Falta APal., Nebr., Percivale-M., Oudin, Covarr.

Deriv. *Disertación* [1682, Mondéjar], *disertante, disertador. Diserto* [princ. S. XVII, Sigüenza, Jiménez Patón, Oudin], tomado de *disertus* íd., propiamente participio de *disserere.*

Los siguientes son también cultismos procedentes de derivados de *serere. Serie* [1499, Hernán Núñez], de *series* íd.; *seriar. Aserto* [Terr.; *Aut.* sólo registra como adj., de uso en la terminología forense aragonesa, con ej. de 1575], del lat. tardío *assertum* íd., propiamente participio de *asserĕre* 'conducir ante el juez', 'afirmar'; *asertivo* [*-ivamente*, h. 1539, Guevara, *Epístolas*, II, p. 34; 1589, Pineda], *asertor, asertorio; aserción* [med. S. XVIII, Torres Villarroel], de *assertio, -onis. Interserir*, ant., de *interserere* íd. *Insertar* [1644, Ovalle], del lat. tardío *insertare* íd., frecuentativo de *inserere* 'introducir, insertar'; se dijo también *inserir* [1502, ley de la *N. Recopil.*], procedente de este último. *Preinserto* ya estaría en doc. de 1391, *BHisp.* LVIII, 89 (pero ¿es segura la fechación de ese texto?

Muy sospechosa es la presencia en el mismo de otras palabras recientes como *dorso, dubio*); *inserto* [1605, *Quijote*], de *insertus*, participio del mismo; *inserción*. V. además *INƮERIR* y *DESIERTO*.

Disestesia, V. *estético*   *Disfagia*, V. *Ʈagocito*   *Disƭamar*, V. *ƭama*   *Disƭasia*, V. *aƭasia*   *Disƭavor*, V. *ƭavor*   *Disƭormar, disforme, disformidad, disformoso*, V. *forma*

DISFRAZAR, 'enmascarar', en port. *disƭarçar*, port. ant. *disƭraçar*, cat. *disƭressar*, íd., de origen incierto; como la forma *desƭrezar* existió también en castellano, y en los tres romances peninsulares el vocablo tuvo, especialmente en lo antiguo, la ac. 'disimular', es probable que derive de *ƭreza* y congéneres en el sentido de 'huellas o pista (de un animal)': entonces *disƭrazar* sería primitivamente 'despistar, borrar las huellas' y sólo después 'desfigurar' y 'cubrir con disfraz'; en cuanto a *ƭreza*, deriva del verbo *ƭrezar*, lat. vg. *FRICTIARE* 'rozar, frotar', a su vez derivado de FRICARE 'restregar'. 1.ª *doc.*: h. 1460, Carvajales en el *Canc.* de Stúñiga (*desƭraçada*), *Crón. de D. Álvaro de Luna* (*disƭrazar*); 1463, Juan de Lucena (*desƭraçar*).

Cuervo, *Dicc.* II, 1254-6. En castellano hallamos la forma con *-e-* en la sílaba media en el aragonés Jaime de Huete (h. 1528)[1], en Sánchez de Badajoz (1525-47)[2], en Lope de Rueda († 1565)[3] y quizá alguno más. En catalán la forma con *-e-* es constante, y el vocablo es allí muy antiguo, pues se documenta desde fines del S. XIV (Eiximenis, en *Dicc.* Balari) y abundantemente en el S. XV, desde el *Curial*, que es de h. 1450[4]: la forma antigua es *desƭreçar*, conservada hoy en Valencia (M. Gadea, *Tèrra del Gè* III, 70) y Baleares (*desƭrès* 'disfraz', Ferrà, *Comèdies* I, 13), y *disƭressar* la actual del Principado. En portugués, según Moraes, tenemos *disƭraçar* en el S. XVI (*Crón. de Juan III;* Duarte Nunes de Leão) y principios del siguiente (*disƭrace* 'disfraz', en Luis de Sousa, 1619), mientras que la forma moderna *disƭarçar* aparece en los sermones de Vieira (último cuarto del S. XVII)[5].

El orden cronológico, la menor extensión geográfica y la facilidad con que se traslada la *r* en portugués (*apertar, perguntar*, etc.), todo coincide en indicar que esta variante con *r* implosiva es secundaria; razón de más para rechazar la etimología de Diez (*Wb.*, 134), que derivaba *disƭrazar* de *ƭarsa*, creyendo por lo tanto que se aplicó primeramente al disfraz del comediante[6].

Me parece importante notar que en casi todos los ejs. del S. XV, y en otros antiguos, el vocablo tiene significados más abstractos que el de 'disfrazar, cubrir con máscara'. En Eiximenis es 'disimular, ocultar (su belleza, la mujer)', en el *Curial* es 'desfigurar, desmejorar la apariencia de una persona hasta hacerla irreconocible' («lo treballar no mancava. Per què en poch temps ells foren tan *desƭreçats*, que si aquells qui en la galera ab ells anaven los vessen, no·ls hagueren coneguts», *N. Cl.* III, 100)[7]; todavía 'disimular' en el Maestrazgo: «La Sultana... mal desƭreça / l'afany ab que s'interessa / pel vos cristià cavaller» *Seidia*, p. 105; sobre todo se nota la recurrencia de la idea de 'disimular', 'cubrir las apariencias': además del pasaje citado de la interpolación a Muntaner, que a lo más tarde puede ser de 1550, nótense los varios ejs. de J. Roig[8], y los muchos portugueses (Rodrigues Lobo en Vieira) y castellanos: «ninguno dellos sabe latín, y apenas buen castellano; y si alguno por no ser corrido lo *desƭraça* ['disimula'], barbarismos son sus fablas». J. de Lucena, «quiso disimular e *disƭrazar* el fecho», «disimulándolo e *disƭrazándolo* con la grandeza del ánimo suyo» *Crón. de Álvaro de Luna*, y demás ejs. del apartado *c* de Cuervo.

La existencia y frecuencia de este antiguo valor semántico, junto con la antigua forma en *-ƭre-*, me sugieren la idea de considerar a *desƭrezar* derivado de *ƭreza* 'pista o huellas': «*ƭreza*, en la Montería significa la señal u hoyo que hace algún animal escarbando u hozando» en *Aut.* (con cita de Argote, a. 1582), «el estiércol o excremento de los animales», «la señal que deja el pez quando se ha estregado en la piedra para desovar» (Covarr. y *Aut.*), mall. *ƭressa* con las mismas acs. y además «señal de haber caza, como escarbaduras en la tierra» (Amengual)[9], oc. ant. *ƭressa* 'pista de un animal' (con varios ejs. del S. XIII en Raynouard III, 398); se trata de un postverbal del verbo *ƭrezar* (ya *ƭreçar* en G. de Segovia, p. 80), que si en castellano es sólo 'despedir el estiércol los animales' (*Aut.*), en el cat. *ƭressar* ha conservado el sentido de 'marcar el curso de un camino' (*camí* [a]*ƭressat* 'trillado'), e indudablemente procede de *FRICTIARE* 'rozar, frotar', derivado de FRICARE (comp. *FEW* III, 788). *Desƭrezar* sería primitivamente 'borrar la freza o huella' y ɗespués 'disimular, desfigurar', comp. *despistar* que hoy popularmente, en castellano y en catalán, se emplea en el sentido de 'disimular' y 'hacerse el distraído'; confirman la idea Alpes Marítimos *desƭressà* «débrouiller, démêler» (Mistral), es decir 'descubrir la pista de algo, identificarlo' y el hecho de que en Mallorca es el propio *ƭressa* el que ha tomado el sentido de 'disfraz, máscara' y también 'pretexto, velo' (Amengual)[10]. El cambio de *desƭrezar* en *desƭrazar* podrá explicarse por dilación de la *a* tónica del frecuente *disƭrazado*; a no ser que, fijándonos en la mayor antigüedad del cat. *desƭressar*, admitamos que en castellano y portugués tenemos un catalanismo, con la pronunciación del catalán oriental, donde *e* y *a* se confunden ante el acento. Lo cual es muy verosímil.

Las demás etimologías que se han sugerido pueden rechazarse sumariamente[11].

Un crítico anónimo de la *RFE* (VI, 401) ya rechazó la de Brüch, *ZRPh.* XXXVIII, 683-4: **dis-*

fresar derivado de *fresar* 'guarnecer con franjas', cruzado con un *desfazar* < *DISFACTIARE, derivado de FACTUS, en el sentido de 'deshacer' > 'desfigurar'; observó oportunamente el crítico que de *fresar* (sólo aragonés, por lo demás) no era verosímil semánticamente el paso a la idea de 'vestir', como admitía Brüch. A su vez dicho crítico sugería con mayor verosimilitud (como ya hizo Covarr.) una relación con *FRAZADA* (de donde 'desfigurar con capas o frazadas'), pero bastará recordar que los testimonios más antiguos de este vocablo, de etimología bastante oscura, son de la forma *flaçada* o *fleçada*, que nos aleja de *disfrazar*. En cuanto a la de Cabrera, derivado de *faz*, no nos explica la *r*. Y no se piense en el alem. *fratze* 'máscara', pues el sentido antiguo de este vocablo (tomado del it. *frasche*) no es éste, introducido en el S. XVIII (Kluge), sino el de 'broma pesada'.

DERIV. Disfraz [*disfrez*, Sánchez de Badajoz; *disfraz*, Lope].

[1] «Quantis que / una que anoche topé / *desfreçada*, a vn callejón, / dile ansinas con el pie, / pensando que era melón». Como observa R. E. House, *MLN* XXX, 122, así figura en la edición coetánea, modernizada por Urban Cronan, *Teatro Español del S. XVI*, p. 86.— [2] «Como se tapa y *desfreza*», «para ir disimulada cumple fazer un *desfrez*», I, 328.— [3] «¿Quiere que diga la Santa que voy *disfreçado* escudriñándole los rincones de casa?», dice un rústico, a quien han puesto una capa que le tapa todo el cuerpo, *Comedia de los Engaños*, ed. Fuensanta, II, 189.— [4] Además de los ejs. de *Tirante el Blanco* y otros muchos que cita Ag., correspondientes a esta época, se pueden citar el *Dietari del Capellà d'Anfós el Magnànim*, también de mediados del siglo («y vench la reyna de Castella *desfreçat* ab si terç», en Villanueva, *Viaje Lit.* II, 241), J. Roig, *Spill* (1460), vv. 557, 1041, 3697, 5466, 6021, 12254 y los que cito textualmente más abajo. El vocablo figura además en la edición vulgata de Muntaner (2.º cuarto del S. XIV), cap. 44, que sería el ej. más antiguo del vocablo; donde se dice de la secreta embajada tunecí que recibió Pedro el Grande, con apariencias de rescate de cautivos: «los dos sarrahins anarensen ab ells, ab deu catius sarrahins, que hagueren comprats per *desfreçar*, que eren d'aquelles encontrades». Pero el ms. coetáneo, publicado por Nicolau d'Olwer (editorial Bárcino), omite las palabras *per desfreçar*, que serán probablemente una aclaración añadida por la ed. valenciana del S. XVI.— [5] Según el diccionario de Domingos Vieira también se hallaría en Rodrigues Lobo (1608, 1614), pero debería comprobarse en ediciones fidedignas.— [6] Nótese que *farsa* es galicismo en toda la Península Ibérica, y no muy antiguo; sería extraño que este importante derivado se hubiese formado sólo aquí y no en el suelo autóctono del vocablo. Nótese

también que la -ç- o -z- constante de *disfrazar* está en desacuerdo con la idea. La enmienda que propone Ford, *Old Spanish Sibilants*, 41 (mal citado por el *REW*, 3205), para salvar el fondo de esta idea, es aún más desafortunada: no vendría de *farsus* participio de *farcire* 'rellenar', como el fr. *farse* (hoy mal escrito *farce*), sino de un *DISFARTIARE, derivado del otro participio FARTUS del mismo verbo. Pero así ya nos alejamos de la farsa o comedia, y la idea de 'rellenar' en sí no ofrece base semántica aceptable. Es verdad que *effercire* y *defercire* existen en latín (y, por lo tanto, los participios EXFARTUS y DEFARTUS existieron probablemente), pero sólo significan 'rellenar, atiborrar'.— [7] También en J. Roig, 6021: «Fills alletar / ...lo cos afluxa, / los pits engruxa, / la faç *desfreça*».— [8] «A tració / yo ja dormint, / son fill venint / per son consell / ab lo coltell / per que·m matás, / com s'acostás, / hagué terror, / e fent remor, / moguí·m un poch: / *desfreçà·*l joch, / dix que·s burlava», «Tes passions, / e illusions / axí revesses, / quant pots *desfresses* / e les amagues», «elles sos tractes / entre tant clohen, / venir com l'ohen, / tot ho *desfressen*, / casa redrecen», vv. 1041, 12254 y 557.— [9] Que esto no es copia del castellano, se ve por la generalización de sentido 'señas, indicio', que registramos en textos mallorquines modernos: «Me'n vaig a defora per si veig *fressa* de res», «No he vist *fressa* de tal cosa», en G. Cortès, *Les Illes d'Or* VIII, 50, 71.— [10] De 'disimular, desfigurar' ¿se llegaría hasta 'esconder' o 'usurpar'? Comp. el pasaje citado por Cortesão de los *Inéditos de Alcobaça* (S. XIV o XV): «E tomou-lhe as cydades d'Israel, que lhe tijnha *dafarçadas* seu padre Azael».— [11] Cuervo se acercó mucho a la verdad al relacionar con el cat. *fressa* en el sentido de 'bullicio' (así hoy en el Principado, y también 'ruido'), idea que procede de la etimológica de *fressar* FRICTIARE 'rozar, frotar'. De ahí se podría llegar a 'ahogar el ruido', y, por lo tanto, 'disimular', pero es más forzado. En cuanto al sic. *sfrazziari* 'disfrazar', 'echar boato', y sardo *disfrassai, disfalsai*, son catalanismo o préstamos castellanos.

Disfrutar, disfrute, V. *fruto*   *Disfumar, disfumino*, V. *humo*   *Disgregación, disgregador, disgregante, disgregar, disgregativo*, V. *grey*   *Disgustado, disgustar, disgusto, disgustoso*, V. *gusto*   *Disidencia, disidente, disidir*, V. *sentar*   *Disílabo*, V. *sílaba*   *Disímbolo*, V. *símbolo*   *Disimetría, disimétrico*, V. *metro*   *Disímil, disimilación, disimilar, disimilitud*, V. *semejar*   *Disimulable, disimulación, disimulado, disimulador, disimular, disimulo*, V. *simular*

DISIPAR, tomado del lat. *dissĭpare* 'desparramar', 'aniquilar'. 1.ª doc.: APal. 18*d*, 105*d*, 108*d*, 115*d*; Nebr. (*dissipar bienes*); *desipar*, Corbacho

(C. C. Smith, *BHisp.* LXI), Cortes de 1518.

Se halla también en Fernando de Herrera, y es ya frecuente en el S. XVII: Cuervo, *Dicc.* II, 1261-3.

DERIV. *Disipable. Disipación* [Nebr.]. *Disipado. Disipador. Disipante.*

Disípula, disipular, V. *erisipela*

DISLALIA, formado con el gr. λαλεῖν 'charlar', 'hablar', y δυς-, que indica actos defectuosos. *1.ª doc.:* falta aún Acad. 1899.

DISLATE, 'despropósito', probablemente sacado del antiguo *deslatar* 'disparar una arma', de donde 'hacer algo violento o detonante'; en cuanto a *deslatar* parece ser derivado de *LATA* 'palo, viga', tomado en el sentido de 'cureña de la ballesta'. *1.ª doc.:* 1566, en el tudelano Arbolanche[1], 1574; Fr. L. de Granada; comp. Cej. VII, § 5.

Así, pues, nuestra palabra *dislate* aparece algo más tarde que su sinónimo *disparate*[2]. Pero en el sentido de 'acción de disparar o arrojar algo' *deslate* ya aparece en Juan de Mena (h. 1444) (*Lab.*, 175f, y su sentido quizá sea 'desbandada', acción de disparar a correr), y *deslatar* 'disparar' en Alonso de la Torre (h. 1440), y Nebr. registra ambos vocablos en esta ac.; la identidad de ellos con el vocablo moderno la confirman los lexicógrafos del Siglo de Oro: «*dislate or deslate:* shooting off» y «a jest, a foolish speech» (Percivale, 1591), «*deslatar o desparar:* descharger ou deslascher, descocher, tirer, comme harquebuse, arbaleste ou autre baston; dire ou faire des folies», «*deslate:* descochement, deslaschement de tels engins que dessus; folie, sottise» (Oudin). También en portugués *dislate* 'disparate' [h. 1650, Garcia de Mascarenhas] está junto a los antiguos *deslatar* 'disparar' y *deslato* 'disparo' (con cita medieval en Fig.). Como *disparar* también significó 'decir o hacer disparates' (Cervantes; Cuervo, *Dicc.* II, 1269a, apartado d), está bastante claro que de la ac. 'poner en movimiento una arma de lanzamiento' se pasó a 'decir cosas detonantes, hacer actos violentos o desatentados', por un tránsito ideal muy comprensible. Si *disparar* en este sentido fuese extraído secundariamente de *disparate*, y éste debido a un cruce de *desbarate* con el lat. *disparatus*, según he considerado posible en el artículo *BARATAR*, entonces podríamos también mirar a *dislate* como una creación posterior basada en una imitación mecánica o en una especie de juego de palabras; pero es más probable que *disparar* 'disparatar' sea evolución semántica espontánea y que a su influjo se deba el cambio de *desbarate* en *disparate*. De cualquier manera, la explicación del sinónimo que estudiamos a base de *deslatar* 'disparar' es segura. En cuanto al origen de éste, no es probable que se trate de un representante culto de un *DISLATA-RE, frecuentativo de DIFFERRE, según propone

Coelho (cita de Nascentes), seguramente partiendo del sentido de 'dispersar, diseminar', ni tampoco me convence DĪLATARE 'ensanchar' (de donde *'aflojar, soltar' y 'lanzar').

Lo más natural es partir del cast. *lata* 'palo sin pulir empleado para hacer la techumbre', 'viga en los navíos', port. *lata* 'viga en los navíos', 'vara transversal de una parra', puesto que el mismo vocablo en alemán, francés, catalán y otros romances tiene el sentido de 'tabla delgada', 'estaca', 'listón', 'vara'[3], y, por lo tanto, bien pudo aplicarse al palo o cureña de la ballesta, que es la que debemos considerar básica para la terminología de todas las máquinas de lanzar proyectiles. Es probable que en español ocurriera lo mismo que en francés, donde *bâton* se aplicó a la ballesta misma y posteriormente a armas de fuego como los arcabuces, mosquetes y fusiles (Littré, ac. 5, con ejs. del S. XVI, y quizá ya del XIII): una formación como *deslatar* sería entonces tan natural como el ant. *desballestar* 'desarmar la ballesta', cat. *desballestar* 'descomponer, desquiciar', puesto que al fin y al cabo *disparar* no es más que la negación de *parar* 'preparar, armar la ballesta'.

¹ «No hay *dislate* o desvarío / que no le concierte Amor» 104v5.— ² La anécdota que cuenta Covarr. de una vieja que al oír que el famoso Juan del Encina era el canónigo allí presente, le preguntó extrañada: «Señor, ¿es su merced el que hizo los *dislates*?», no sabemos si es cierta ni, aun si lo fuese, podríamos estar seguros de que estas palabras sean textuales. El caso es que las famosas coplas del eclesiástico salmantino (1496) se titulan «Disparates», y que la palabra *dislate* no figura en su texto.— ³ Cat. *llata* 'vara para coger fruta', 'rama delgada', 'madero perpendicular de una barrera' (*BDC* XX, 188), Pallars íd. 'caña de pescar' (*BDC* XXIII, 296), 'varita de abedul empleada para tejer cestos', Arán *lata* 'caña de pescar', b. lat. *latta* «asser» (es decir 'cabrio', 'viga') en varios glosarios hispánicos, desde el *Liber Glossarum* (h. 750) hasta el de Ripoll (h. 950: *Mod. Philol.* XII, 165 ss.), Viana do Castelo *lato* «caibro ou vara de madeira apodrecida na vinha e que só serve para queimar» (*RL* XXVIII, 272). V. acs. castellanas semejantes en mi artículo *LATA*.

Dislocación, dislocadura, dislocar, disloque, V. *lugar* *Dismendera,* V. *cuchipanda* *Dismenorrea,* V. *menopausia* *Disminución, disminuido, disminuir,* V. *mengua* *Dismnesia,* V. *mnemotecnia* *Disnea, disneico,* V. *neuma* *Disociable, disociación, disociador, disociar,* V. *socio* *Disolubilidad, disoluble, disolución, disolutivo, disoluto, disolvente, disolver,* V. *absolver* *Disón, disonancia, disonar, disono,* V. *sonar* *Disosmia,* V. *osmio* *Disparada, disparadero, disparador, disparar,* V. *parar* *Disparatado, disparatador, disparatar, disparate, disparato, disparatorio,* V. *baratar* y

comp. *dislate   Disparcialidad*, V. *parte   Dispa-*
ro, V. *parar*

DISPENDIO, 'gasto excesivo', tomado del lat.
dispĕndium 'gasto', derivado de *dispendĕre* 'dis- 5
tribuir (algo) pesándolo', aplicado a la moneda que
se pesaba antes de pagar, y éste de *pendĕre* 'pesar'. *1.ª doc.*: Covarr.; med. S. XVII, Luis Muñoz.
DERIV. *Dispendioso. Espender* o *despender*, ant.,
del lat. EXPĔNDĔRE 'pesar moneda', 'gastar', otro 10
derivado de PENDERE: el idioma vacila desde el
principio entre las dos variantes, la primera en *Cid*,
3238; Berceo, *Mil.* 627; J. Ruiz, 125*b*; *Refranes*
arag. del S. XIV (*RFE* XIII, 369); *Rim. de Pa-*
lacio, 464[1]; en autores del S. XVI (*Aut., exp-*), y 15
todavía usada hoy en la lengua culta, sobre todo
en la ac. secundaria 'vender al menudeo' (análogamente ya en Acad. 1843), si bien con la grafía latinizante *expender*, que ya admite Nebr.; la segunda en el *Cid*, 260; *Apol.*, 323*d*; *Elena y Ma-* 20
ría (*RFE* I, 55); Juan Manuel (ed. Knust, 50;
Rivad., p. 340); Sem Tob; Nebr.; y hay ejs. de
Garcilaso y de autores eclesiásticos del Siglo de
Oro (*Aut.*), así como en refranes, pero el vocablo
en esta forma, aunque no lo diga la Acad., está 25
hoy anticuado. De aquí, además de *despendedor*,
el antiguo *despesa* 'gasto', procedente del participio del mismo verbo, y *despesar* 'gastar'; junto
a *despesa* 'gasto' se dijo también *despensa* íd.
[1241, *F. Juzgo*; Juan de Mena], de donde 'pro- 30
visión que se hace de cosas comestibles' [Nebr.]
y luego 'lugar donde éstas se guardan' [Nebr. y
Fray Luis de Granada: *Aut.*]; *despensero* [Juan
de Mena, ¿'guardador' o 'distribuidor'?: «Troco
comenzó con vergüença a embermejeçer... ca 35
no sabía qué cosa eran amores Troco. Assí que
la ignorancia era en él *despensera* de la vergüença», en Lida, p. 135; «*despensero* que reparte»
Nebr.], 'guardián de las provisiones' [Nebr.]. *Des-*
pecio 'gasto', ant. [Acad. ya 1843] parece ser 40
alteración culta del lat. *expensio* íd., con influjo de
los numerosos abstractos en *-tio, -tionis*. De *ex-*
pender: *expendedor, expendeduría, expendición,*
expendio. Expensas [*espensa* 'gasto', Berceo, *Mil.*
630, h. 1460, Martínez de Toledo, *San Isidoro*, 45
Cl. C. 125.19; 1494, *Regimiento de Príncipes*],
de *expensus*, participio de *expendere*; *expensar*
amer. *Impender*, tomado del lat. *impĕndĕre* 'gastar,'
otro derivado de *pĕndĕre*; *impensa*.
¹ Pret. *espiso* en doc. de 1294, M.P., *Poesía* 50
Jugl., p. 459; *Oríg.*, 382.

Dispensa, dispensable, dispensación, dispensador,
dispensar, dispensario, dispensativo, V. *peso   Dis-*
pepsia, dispéptico, V. *pepsina   Dispersar, disper-* 55
sión, disperso, V. *esparcir   Dispertar*, V. *despier-*
to   Displicencia, displicente, V. *placer   Dispon-*
deo, V. *espondeo   Disponedor, disponente, dis-*
poner, disponible, disposición, dispositiva, disposi-
tivo, dispositorio, dispuesto, V. *poner* 60

DISPUTAR, tomado del lat. *dispŭtare* 'examinar o discutir (una cuestión)', 'discutir, disertar',
derivado de *pŭtare* 'limpiar', 'podar (una planta)',
'contar, calcular'. *1.ª doc.*: Berceo.
Latinismo antiguo, frecuente ȳa en toda la Edad
Media: Cuervo, *Dicc.* II, 1277-9.
DERIV. *Disputable; indisputable. Disputador.*
Disputante. Disputativamente. Disputa [Nebr.¹,
que distingue entre *disputación* y *disputa peque-*
ña; Ercilla, y frecuente en el Siglo de Oro], antes
se decía latinamente *disputación* [Berceo, J. Ruiz,
Crón. de Juan II, Alonso de la Torre; APal. 92*d*,
30*d*, 90*b*; y aún Nebr.].
Los vocablos que se indican a continuación son
también cultismos procedentes de derivados de
putare. Amputar [se empleó ya en la Edad Media,
en Aragón, pero como término forense: *Aut.*; ac.
moderna, ya Acad. 1843], de *amputare* 'podar',
'cortar'; *amputación* [Terr.].
Diputar [*deputar*, S. XIV, *Castigos de D. San-*
cho; no vuelve a aparecer hasta el S. XV; *dipu-*
tar, 1570, C. de las Casas]², del lat. *deputare* 'evaluar, estimar', en la baja época y en inscripciones
'asignar', 'diputar, destinar'; comp. Cuervo, *Dicc.*
II, 1239-41; *diputado, diputación.*
Imputar [h. 1440, A. Torre (C. C. Smith, *BHisp.*
LXI); 2.ª mitad S. XVI, Fr. L. de Granada],
de *imputare* 'inscribir en cuenta', 'atribuir, imputar'; *imputable, imputabilidad, imputación, impu-*
tador. Putativo [*Corbacho* (C. C. Smith); princ.
S. XVII, Ribadeneira], de *putatīvus* 'que se cal-
cula'.
Reputar [*Corbacho* (C. C. Smith); APal. 301*d*],
de *reputare* 'calcular', 'meditar'; *reputación* [*Cor-*
bacho (C. C. Smith); Paravicino, † 1633], *reputa-*
ble [Tirso, *Deleitar*, fol. 15*r*: «el vestido negro
tiene no sé qué de *reputable* y atractivo» (Nougué,
BHisp. LXVI)], *reputante. Suputar* [*Aut.*], de
supputare 'podar', 'calcular', latinismo nunca usual;
suputación [Paravicino, † 1633].
¹ Seguramente es anterior. Comp. el catalán,
donde la *Disputa de l'Ase* de Fr. A. Turmeda es
de fines del S. XIV, y la lengua de Oc, donde
hay varios ejs. medievales, aunque tardíos.— ² En
la ed. de 1591, de que dispongo, aparece *dispu-*
tar, por errata, según se ve por la traducción italiana y por el lugar alfabético, que corresponden
a *diputar* y no a *deputar* o *disputar*. La forma
con *i* se halla también en Percivale (1591), en
Covarr. (1611) y hay tres ejs. de ella en el *Qui-*
jote, junto a uno de *deputar*. Esta forma emplearon todavía Saavedra Fajardo (1640, 1655) y algún autor del S. XVIII, mientras que *diputar* ya
se hallaría en varios autores de la 2.ª mitad del
XVI, como Fr. L. de Granada y Fr. L. de
León, según Cuervo, pero convendría verificar en
ediciones mejores. Será modernización o errata
un caso de *diputar* en E. de Villena. En vista de
la fecha de esta *i* y de que el vocablo no figura
en la *Celestina*, APal. ni Nebr., como si se hubie-

ra hecho raro a fines del S. XV, cabría plantear la cuestión de si *diputar* se volvió a tomar luego del it. *diputare* (hoy anticuado), donde esta vocal puede explicarse fonéticamente. Pero es muy dudoso, en vista de que el mismo fenómeno, y por el mismo tiempo, se produjo en *DIFUNTO, DIBUJAR, DISFRAZAR, DISPARAR, DISLATE, DISCULPAR* y otros, en varios de los cuales no existía el modelo italiano; no está descartado el que la corriente partiera de algún caso de italianización, pero es más probable que procediese de la vacilación latinizante entre *de-, di-* y *des-, dis-*.

Disque, V. *guizque*   *Disquisición*, V. *querer* *Distancia, distanciar, distante, distar*, V. *estar* *Distender, distensible, distensión*, V. *tender* *Disterminar*, V. *término*

DÍSTICO, tomado del gr. δίστιχος 'que tiene dos hileras', 'dístico', derivado de στίχος 'hilera', 'línea de prosa o de verso', con δι-, forma prefijada de δύο 'dos'. *1.ª doc.*: 1587, Ant. Agustín.

Los dos artículos del diccionario académico proceden de un mismo origen.

DERIV. *Hemistiquio* [Lope, *Dorotea*], tomado del lat. *hemistíchium*, y éste del gr. ἡμιστίχιον íd., derivado del mismo vocablo, con ἡμι-, forma prefijada de ἥμισυς 'medio'.

DISTINGUIR, tomado del lat. *distinguĕre* 'separar, dividir', 'distinguir, diferenciar'. *1.ª doc.*: *dest-* Vidal Mayor 3.41.43; 1423, E. de Villena.

Hay ya otros ejs. del S. XV: Cuervo, *Dicc.* II, 1282-5; Nebr.: «*distinguir* o apartar uno de otro».

DERIV. *Distinguible. Distinguido. Distingo* [Terr.], de *distinguo*, primera persona del singular del presente de indicativo del mismo verbo latino, empleada en la lógica medieval y moderna para introducir distinciones. *Distinto* [A. de la Torre, h. 1440, varios ejs.; *distincto*, APal. 234*b*, 253*d*; *distintamente*, Nebr.], de *distinctus*, participio pasivo del mismo verbo latino, vid. Cuervo, *Dicc.* II, 1385-6; por lo común se ha dicho *distinto de* (*alguna cosa*) (ejs. de S. Juan de Ávila, y de varios autores de los SS. XVIII y XIX, en Cuervo), pero en varios lugares de América (p. ej. Arg.) y de España[1] se prefiere *distinto a*. *Distintivo. Distinción* [S. XIV: *Castigos de D. Sancho*; varios ejs. del XV; Nebr.], de *distinctio, -onis*, íd.; vid. Cuervo, *Dicc.* II, 1281-2.

[1] «Intenciones quizá *distintas a* las que...», «de manera *distinta a* como están en el autógrafo», «adjetivación *distinta a* la del original», José F. Montesinos, en *Teatro Antiguo Español* VI, 178, y VII, 156.

Distocia, distócico, V. *tocólogo*   *Dístomo*, V. *estoma*   *Distorsión*, V. *torcer*   *Distracción, distracto, distraer, distraído, distraimiento*, V. *traer*

Distribución, distribuir, distributivo, distributor, distribuyente, V. *atribuir*   *Distrito*, V. *estreñir* *Disturbar, disturbio*, V. *turbar*   *Disuadir, disuasión, disuasivo*, V. *persuadir*   *Disuelto*, V. *absolver*   *Disuria, disúrico*, V. *úrico*   *Disyunción, disyunta, disyuntiva, disyuntivo*, V. *junto* *Dita, ditero*, V. *decir*   *Ditado*, V. *dechado*.

DITIRAMBO, tomado del lat. *dithyrambus* 'composición poética en honor de Baco' y éste del gr. διθύραμβος, propiamente epíteto de Baco, después 'ditirambo, poema en su honor'. *1.ª doc.*: 1624, Jáuregui.

DERIV. *Ditirámbico* [Pinciano, † 1553]. *Ditirámbica* 'ditirambo', ant. [íd.].

Dítono, V. *tono*   *Diuresis, diurético*, V. *úrico*   *Diurnal, diurnario, diurno*, V. *día* *Dius*, V. *yuso*   *Diuturnidad, diuturno*, V. *día* *Diva*, V. *Dios*   *Divagación, divagador, divagar*, V. *vago*

DIVAN, 'sala en que se reunía el consejo que decidía los asuntos de Estado y de justicia entre los turcos', 'este consejo', 'banco sin respaldo con almohadones sueltos', del turco *diwán* 'sala de recepción, rodeada de cojines', que a su vez procede del persa *dīwān* 'tribunal, oficina, asamblea'. *1.ª doc.*: 1575, Román, 1.ª o 2.ª ac.

La 3.ª ac. (Acad. 1884, no 1843) se tomó del francés, donde ya se registra en 1665. En la de 'colección de poesías' (Acad. 1899) viene del persa, por conducto del francés o del inglés. Lope emplea una variante *duán* en el sentido de 'consejo de Estado turco'. Comp. *ADUANA*.

Divergencia, divergente, divergir, V. *convergir* *Diversidad, diversificación, diversificar, diversiforme, diversión, diversivo, diverso, diversorio, divertido, divertimiento, divertir*, V. *verter*

DIVIDIR, tomado del lat. *divĭdĕre* 'partir', 'dividir', 'separar'. *1.ª doc.*: 1423, E. de Villena.

Ya hay varios ejs. en el S. XV, vid. Cuervo, *Dicc.* II, 1295-7; Cej. IV, § 121; APal. 2*d*, 114*d*, 120*b*, 343*d* (pero falta en Nebr. y PAlc.). La forma *devisir*, que figura en *Alex.* 255*b* (*O*; *P* trae *dividir*), no deriva del participio *diviso* como opina Cuervo, sino está tomada de oc. ant. *devizir* (donde la *-z-* es representante normal de la *-D-*), lo mismo que el cat. ant. *divisir* (comp. el popular *deveir*, en las Vidas de santos rosellonesas del S. XIII).

DERIV. *Dividendo. Dividedero. Dividuo*, desusado, tomado de *dividuus* 'divisible'; *individuo* 'indivisible', 'individual' [h. 1440, A. Torre (C. C. Smith, *BHisp.* LXI); APal. 210*b*, 358*b*], 'persona' [Calderón], *individual* [Aldana, † 1578 (C. C. Smith); 1644, Ovalle], *individualidad, individualismo, individualista, individualizar, individuar, individuación. Subdividir, subdivisión*.

Diviso, participio anticuado de *dividir* [*Corbacho* (C. C. Smith); APal. 508*d*; 1499, Núñez de Toledo; más ejs. de los SS. XVI y XVII, en Cuervo, 1297*b*]. *Divisa* 'parte de la herencia paterna' [Berceo, *S. Mill.* 9*d*; varios ejs. de los SS. XI-XII en Oelschl.; 1348, *Orden. de Alcalá*, en *Aut.*; derivado *devisero*, en el Fuero Viejo de Castilla, S. XIII, cita de Cej., *Voc.*]; 'faja de un blasón', 'lema o mote del mismo', 'señal para distinguir a personas' [h. 1400, Glos. del Escorial, Villasandino (*devissa*) en *Canc. de Baena*, n.º 4, v. 37¹]; *devisa* o *divisa* en el vocabulario de med. S. XV publ. en *RFE* XXXV, 334 (V. para pormenores semánticos); *divisar* 'ver confusamente, a lo lejos' [*devisar*, *Apol.*, 263*d*; J. Ruiz, 1012*c*; forma hoy ast., V], propiamente 'discernir visualmente': es innovación semántica propia del castellano y el portugués (no enteramente ajena al catalán²), aunque el mismo verbo, en el significado etimológico 'dividir' y otros análogos, se formó en francés (*diviser*) y en lengua de Oc (*devisar*)³. *Divisible, divisibilidad, indivisible. División* [*Alex.*, 1752; reaparece y es frecuente en el S. XV: Cuervo, *Dicc.* II, 1297-8; APal. 154*b*], tomado de *divisio, -onis*, íd.: *divisional, divisionario, indivisión. Divisivo. Divisor; divisorio.*

CPT. *Pro indiviso; proindivisión.*

¹ *Bula*: divisa⯑ en los Glos. (lat. *bulla* 'clavo para adornar las puertas, para distinguir los días aciagos de los felices', 'distintivo de los jóvenes nobles, de los triunfadores, de los animales favoritos'); ⯑por el collar, *devissa* esmerada / que tiene por honra de Santa María, / vence, conquista la grand morería⯑, Villasandino. Falta en APal., Nebr., PAlc. y en el vocabulario de la *Celestina* y del *Quijote*; pero está en Covarr. y es frecuente desde med. S. XVII (Calderón, Solís). El significado heráldico apoya la opinión del origen francés emitida por *Aut.*, pero cronológicamente no está eso averiguado, puesto que en este idioma no se hace usual hasta el S. XVII (Bloch), aunque en el sentido de 'librea' ya se halla en el *Petit Jean de Saintré* (med. S. XV) y Tobler cita un ej. de h. 1350 (en el *Songe Vert*, 'señal distintiva').— ² Sólo conozco dos ejs. valencianos del S. XV: Auziás Marc (⯑quant la que am mon ull pot *divisar*⯑ rimando con *mar*, LXIX, 26) y *Tirante el Blanco* (Ag.). En cambio, como gall.-port. figura ya en las *Ctgs.*: ⯑de cima d'un outeiro... ante si *devisou* / a Terena que jaz en meo d'un val⯑ 275.32.— ³ La ac. 'vigilar' que tiene *devisar* en los *Trabajos de los Reyes* de Montemayor (1558), *RFE* XII, 51, puede venir de 'divisar'. Otra filiación semántica tendrán *devisado* 'grande, señalado' en *Alex.*, 711, y 'engañoso' en *Gr. Conq. de Ultr.*, p. 286, mientras que López de Ayala lo emplea en el sentido francés de 'dividido' (*Rim. de Palacio*, ed. Janer, 796). Carece de fundamento la antigua etimología latina que relacionaba *dividĕre* (indoeur. *u̯idh-*) con *vidēre*, (indoeur. *u̯id-*), suponiendo que aquél significara

originariamente 'distinguir, discernir con la vista'; de suerte que el sentido de *divisar* no debe interpretarse como arcaísmo latino.

DIVIESO, 'tumor inflamatorio y doloroso, con clavo en medio', voz exclusiva de la lengua castellana, de origen incierto, quizá del lat. DĪVĔRSUS 'apartado', 'opuesto', 'enemigo, hostil', tomado en el sentido de 'tumor maligno', o más bien de su equivalente céltico que en esta lengua tenía el sentido de 'esparcido, extravasado', que así se aplicó a la postema o absceso. *1.ª doc.*: *devieso*, 1251, *Calila y Dimna*, ed. Allen, 14.311¹; *divieso*, APal. 338*d*.

Se halla también en J. Ruiz², en los Glosarios del Escorial y de Toledo (*devieso* en ambos, traduciendo *ulcus*), en Nebr.³, y *Aut.* trae ejs. desde Fragoso (1581)⁴. Como se ve, las fuentes medievales escriben por lo común con *s* sencilla, también PAlc. (s. v. *nacido*) *divieso*, pero es sabido que en este punto casi todos los mss. son inconsecuentes, y la más autorizada, Nebr., trae repetidamente la grafía con *ss*; que la consonante sería sorda parece confirmarlo la pronunciación de los pueblos de Malpartida de Plasencia y Eljas, en Cáceres, que distinguen entre los dos sonidos (Espinosa, *Arc. Dial.*, 167).

Aunque exclusivamente modernas, tienen cierto interés las variantes *lliviesu* o *lluviesu*, empleada en Asturias (Rato), *lluvieso* o *luvieso* en la Montaña (G. Lomas), *livieso* en la Rioja (según el P. Sarmiento, *BRAE* XVII, 577)⁵. Estas formas se pueden explicar fácilmente como secundarias, sea por contaminación de *lóbado* y *lobanillo* (como sugiere Cuervo, *Obr. Inéd.*, p. 165), sea por la del port. *leicenço*, sea como debidas a una aglutinación del artículo a la forma *ivieso* del manuscrito *G* de J. Ruiz, que a su vez se explicará por deglutinación de una presunta preposición *de*⁶; no creo, por lo tanto, que se pueda atribuir a estas formas, de fecha muy moderna, la importancia básica que les da M. L. Wagner, en su etimología de la *Festschrift Jud*, 548-9 y 552. Este erudito, fijándose en estas variantes y en el port. *leicenço* 'divieso', quiere partir de ABSCĔSSUS 'absceso', con aglutinación del antiguo artículo portugués *lo*; en cuanto a la -*v*- de las formas españolas y a la *d*- de *divieso*, se deberían a un cruce con *dividir* y *división*, debido a la idea de la separación que se produce entre el divieso y el resto de la carne al hincharse aquél. Mas aparte de que esta idea semánticamente es forzada, y de que el artículo *lo* no es propiamente portugués (a no ser en grupos como *po-lo*, *por lo*), el cruce de un concreto como *divieso* con un verbo o un abstracto como los citados es inadmisible; y, en general, es inverosímil, dado el grave alejamiento fonético, que *divieso* tenga el mismo étimo que *leicenço*. Por lo demás, en el caso de la voz portuguesa (escrita así ya en la *Altaneria de* Fernandes Ferreira, a. 1612,

II, 24) el étimo ABSCESSUS, aunque menos inverosímil, está lejos de ser seguro: la *i* se explicaría por un desarrollo de la B, por lo demás, sólo conocido en cultismos (comp. *conceição* 'concepción'), pero no se da explicación alguna de la *n*, y me parece mucho más probable la etimología insinuada por C. Michaëlis (*RL* XIII, 318n.2), al igualarlo con el gall. *neixença, nascença* «nascida, furúnculo», cast. *nacencia* 'divieso' (comp. ADNATIO > *ANDANCIO*), cat. *naixença* («*n*. en los dits o donzella: paronychia» On. Pou 1575, p. 238)[7]: de **nacencio* saldría fácilmente **naicenço*, cambiado en *leicenço* por disimilación. Nótese la forma intermedia gall. pontev. *leixenzo* «tumor, divieso o carbunclo» recogido por Sarm., *CaG*. 181*v*, que es en definitiva la fuente de la afirmación de *GdDD*. 3718, aunque éste le achaca desenfadadamente el significado de «herida» para poderle suponer la etimología LAESIARE. Parece como si el Padre Sarmiento tuviera alguna reminiscencia de una forma *livieso* que él pone entre paréntesis (cf. *BRAE* XVII, 577, *supra*, p. 507*b*31), pero desde luego **leivenzo*, que también pone, es de su libre invención para justificar su imposible etimología lat. *livor*; ya entonces era usual *divieso* en el habla vulgar gallega (coplas 1063 y 1075).

Para *divieso*, materialmente es más aceptable el étimo DĪVERSUS, ya sugerido por la Acad. en sus ediciones recientes (falta aún 1899), y aceptado por el *REW*[3] 2700, y por Espinosa, puesto que *deviessos* en el sentido de 'diversos, varios' se halla en J. Ruiz, 502*a*, 1110*b* (ms. *G; S* da *divessos* o *diversos*)[8]. Pero no satisface la explicación semántica «separado, dicho del pus»[9]. Quizá podemos partir de la ac. 'enemigo, hostil', que tuvo DĪVERSUS ya en latín clásico: «victores *diversam* aciem Marti et Mercurio sacravere» (Tácito, 13, ann. 57, y otros ejs. en Forcellini, 3); y que evolucionando en romance dió *divers* 'malvado, cruel, perverso' en francés antiguo y medio y en la lengua de Oc medieval (*FEW* III, 107*a*). La idea fundamental de *divieso* será 'tumor maligno'[10].

Aunque esta etimología, que admití como única posible y no improbable en la 1.ª ed. de mi libro, no creo que se pueda rechazar sin fuertes reservas, me parece en 1975 que hay otra más persuasiva aunque en parte se funde en algunos detalles hipotéticos; tiene en todo caso las ventajas de partir de una base semántica más natural que la de 'hostil, perverso', que además es ac. poco extendida en latín y en romance. La raíz VERT- que ha dado los lat. *uerto* y *diuersus*, común a todas las lenguas indoeuropeas, alcanzó en las célticas su desarrollo máximo, y tuvo ahí un derivado en *dī-* que está bien documentado desde las fases más antiguas, lo mismo en céltico insular que en el continental, con la acepción 'derramarse, esparcirse, propagarse'. En aquel *dī-fort-* y *do-fort-* aparecen ya desde el irlandés antiguo con este mismo sign. («to pour, spill»); en el continente

tenemos un sustantivo DIVERTO- documentado muchas veces en el documento más extenso y antiguo del céltico de Galia, el Calendario de Coligny, que se remonta a la época de Augusto; el vocablo aparece siempre en la forma declinada *diuertomu*, seguramente en caso instrumental, cada vez que en este calendario de cinco años (sesenta y dos meses, con dos meses intercalares), se trata de un mes de 29 días y no de 28: está claro, pues, que significa 'con extensión, con propagación', y ha de ser un nombre de acción del mismo verbo que en irlandés, en el cual desde la idea de 'derramarse, esparcirse' se ha pasado a la de 'propagación, extensión'. Ahora bien, los participios pasivos en *-to-*, que existían en céltico como en latín, cuando afectaban a una raíz en -T- dando la combinación T-T, la asibilación que entonces surge en las lenguas indoeuropeas en general, en la mayor parte de las hablas célticas, lo mismo que en las itálicas, toma por lo común la forma SS. Luego hemos de esperar que el adjetivo participial correspondiente a esta raíz sería en céltico continental *DĪVERSSO- con la idea de un tumor que se propaga o destaca por encima de la piel circundante: en definitiva la idea del lat. *abscessus* y del griego ἀπο-στημα, y del derrame o extravasación de los jugos linfáticos. Esto además tiene la ventaja de que dados los matices diferentes que hay siempre entre las consonantes paralelas de lenguas diversas, se explicarán mejor las formas romances en *l-*, y más tratándose de la D céltica y la latina: aquélla pronto pasó, al menos ocasionalmente a δ al ir progresando la tendencia a la lenición, cf. cat. *vèrbol* junto al fr. *dartre* 'herpes' DÉRBIȚE ~ DÉRBITA; así pues se explicarían automáticamente el *(l)livieso* o *luvieso* de Asturias, Santander y Rioja y la forma *yviesso* del ms. de Juan Ruiz. Para la explicación del Calendario de Coligny, V. la monografía de Eóin Mac Neill, en *Ériu* X, 1926-28, pp. 1-67, esp. 36-37, cf. Weisgerber *Spr. d. Flk.* 15-18, 57. Las formas en *s* las tenemos precisamente bien documentadas en bastantes palabras de esta familia céltica, irl. med. tardío *fersat* = irl. ant. *fertas* 'fuste, huso, tapia', bret. med. *guersit* = ky. *gwerthyd* 'huso' (Pok. *IEW* 115.1)[11].

[1] «(La criatura) siente en la salida lo que siente el que tiene *deujesos* quando gelos abren».— [2] La liebre ofrece a don Carnal, hablando de doña Cuaresma: «yo le metré la fiebre, / darle he sarna e *diviesos* (G: e *yviesos*), que de lidiar nol miembre; / mas querria mi pelleja quando alguno le quiebre», 1090*c*.— [3] «*Botor, buva* o *deviesso*: abscessus, apostema», «*Podre de devieso*: helcodes». Falta en el orden alfabético.— [4] Comp. «*Deviesso*: a kind of swelling or soare», Percivale (1591), «*Diviesso*: un furoncle, un aposteme, un clou» Oudin.— [5] En Graus (Huesca) se emplea popularmente la forma literaria *divieso* (*BDC* VII, 73).— [6] «Le dió *diviesos*», frase frecuente hablando del alimento o de la causa del mal (como

ya ocurre en J. Ruiz), pudo entenderse en castellano antiguo como conteniendo un *de* partitivo.— [7] Esta otra variante *donzella*, en la que intervino una etimología popular, debe compararse también con la *d-* de *divieso* y con el cat. *donzell* ABSINTHIUM.— [8] A. Castro, en su ed. de los glosarios, cree que la forma antigua en *de-* postula DEVERSUS. No tiene ello mucha importancia, puesto que la ac. básica de éste es también 'apartado'. Pero la *e* puede venir de *i* por disimilación, aunque también exista el fenómeno opuesto. Y también pudo haber un cambio de prefijo DĪ- > DE-, meramente romance.— [9] Parece inspirarse en la explicación de Covarr. «quasi *diviso*, por ser una sangre podrida y dividida de la vital». Claro que esto fonéticamente no es posible (a causa del *ié*), y es forzado desde el punto de vista semántico.— [10] No hace falta rechazar el étimo de Pagés y Aguado *devexus* o *evexus* 'que se eleva', el cual habría dado **devejo*. El de Sarmiento (*BRAE* XVII, 577), lat. LIVIDUS 'lívido', es imposible, pues un sufijo *-eso* no existe. El nombre de lugar y de persona *Valdivieso*, o *Valdivielso*, quizá contenga otro representante popular de DIVERSUS en el sentido etimológico de 'bifurcado', y con tratamiento en parte semiculto de -RS-, como en *bolsa* BURSA.— [11] Cf. la forma *nirusa* de la participial NI-RUD-TA 'derruída', que documento en una inscripción del Noroeste hispánico en mi comunicación a los *Coloquios de Ling. y Epigrafía Prerromanas* de Salamanca, 1974.

Divinación, divinadero, divinador, divinal, divinar, divinativo, divinatorio, divinidad, divinización, divinizar, divino, V. *dios   Divisa, divisar, divisibilidad, divisibilidad, divisible, división, divisional, divisionario, divisivo, diviso, divisor, divisorio,* V. *dividir   Divo,* V. *dios   Divorciar, divorcio,* V. *verter   Divulgable, divulgación, divulgador, divulgar,* V. *vulgo   Diyámbico, diyambo,* V. *yambo   Diz, dizque,* V. *decir, guizque   Do,* V. *donde   Dobdar,* V. *dudar   Dobiello,* V. *ovillo   Dobla, doblada, dobladilla, dobladillar, dobladillo, doblado, doblador, dobladura, doblamiento, doblar, doble, doblegable, doblegadizo, doblegadura, doblegamiento, doblegar, doblería, doblero, doblescudo, doblete, doblez, doblilla, doblo, doblón, doblonada, doblura, doce, doceañista, docemesino, docén, docena, docenal, docenario, doceno,* V. *dos   Docente,* V. *doctor   Doceñal,* V. *doceta,   Doceta, docetismo,* V. *dogma   Docible,* V. *doctor   Docientos,* V. *dos   Dócil, docilidad, docilitar,* V. *doctor   Docimasia, docimástica, docimástico,* V. *dogma*

DOCTOR, tomado del lat. *doctor, -ōris,* 'maestro, el que enseña', derivado de *docēre* 'enseñar', *1.ª doc.: Alex.,* 44b ('maestro').

Después aparece en J. Ruiz y Juan Manuel, y en otros autores de los SS. XIV y XV. Cuervo,

Dicc. II, 1309-10. Aunque en alguno de los citados aparece la grafía *doctor,* se pronunció comúnmente sin la *c* hasta el S. XVII, como nota todavía Jiménez Patón (1614) y como escribe Nebr. (APal. *dottor,* 114d, 117d, 155d)[1]; vid. más datos acerca de la ortografía en Cuervo, *Obr. Inéd.,* 135 y ss. En una ley de 1462 (*N. Recopil.* I, vii, 1) se menciona como título universitario, pero ya era anterior con este carácter.

DERIV. *Doctorar; doctorando, doctoramiento* [Cartagena, *Questión,* p. 244a (Nougué, *BHisp.* LXVI)]. *Doctoral; doctorado.* Las palabras siguientes son también cultismos, procedentes de derivados de *docere. Docto* [*doto, dotto,* Santillana], *dotto* escribe también J. de Valdés (ed. Boehmer, 375), *doto* Fdo. de Herrera (1580), pero Jiménez Patón (1614) ya sólo reconoce *docto;* vid. Cuervo, *Dicc.* II, 1307-9; *Obr. Inéd.,* 143; de *dŏctus* 'enseñado', participio pasivo de dicho verbo; *doctitud.*

Doctrina [Berceo, *S. Mill.* 22], por lo común se escribió *dotrina* (*Apol.,* etc.) y todavía Herrera (1580), Juan Sánchez en 1586, Jiménez Patón, veintiocho años más tarde, y aun *Aut.* reconocen que muchos escriben así; de *doctrīna* íd.; *doctrinar* [Berceo], la forma *adoctrinar,* hoy quizá predominante, aparece a fines del S. XVIII [Scío], aunque el *DHist.* cita dos ejs. del XV, comp. Cuervo, *Dicc.,* II, 1310-11; *doctrinable, doctrinador, doctrinante, doctrinanza; doctrinal; doctrinario, doctrinarismo;* ast. *dotrinariu* 'libro de doctrina cristiana' (V); *doctrinero; doctriño.*

Dócil [*dócile,* 1515, Fz. Villegas (C. C. Smith, *BHisp.* LXI); 1535, J. de Valdés, como neologismo; ya emplean *dócil* Fr. L. de Granada y muchos autores del S. XVII: Cuervo, *Dicc.* II, 1307], de *docĭlis* 'que aprende fácilmente', 'dócil'; *docilidad* [1515, Fz. Villegas (C. C. Smith)], *docilitar.*

Documento [h. 1520, Padilla (C. C. Smith); en 1613 en el sentido de 'instrucciones, enseñanza' (*Ilustre Fregona,* ed. Hz. Ureña, p. 57; *Quijote* II, 43), 1640, Saavedra Fajardo, en la ac. 'enseñanza', única que recoge *Aut.*[2]; Terr. da ya la moderna], de *docŭmĕntum* 'enseñanza', 'ejemplo', 'muestra'; *documentar, documentado, documentación, documental.*

Docente [Acad. 1884, no 1843], del participio activo *docens, -tis,* de dicho verbo; *docencia* (falta aún en Acad. 1936).

[1] Sigue siendo popular en la Arg. y más o menos en todas partes (Tiscornia, *M. Fierro coment.* 409). Para acs. populares, vid. allí mismo. [2] A. de Palencia al definir la voz latina no le da equivalencia castellana.

Dodecaedro, dodecágono, dodecasílabo, V. *dos   Doga,* V. *duela*

DOGAL, 'soga para atar las caballerías o los

reos por el cuello', voz propia del castellano y el catalán, procedente del lat. tardío DŬCĀLE 'ronzal para conducir las caballerías', derivado de DŬX, -CIS, 'guía, el que conduce', con el sentido de 'soga del conductor'. *1.ª doc.*: Berceo (en rima:) *Mil.*, 371c, 800d; *Signos*, 36b.

En los tres casos se trata de la soga con que se ata a personas. Pero la aplicación a animales es también antigua, pues en el Fuero de Navarra (S. XIV, ed. Ilarregui, 1869, p. 126) se trata de una cuerda para trabar un asno, y un refrán aragonés de la misma época reza «a rocín comedor, *dogal* corto» (*RFE* XIII, 368, n.º 41); el vocablo figura además en la obra de otro aragonés coetáneo, Fernández de Heredia (*RH* XVI, 271, lín. 799). Como puede verse, en la Edad Media sólo he podido señalarlo en fuentes aragonesas o riojanas; quizá sea esto casual, pero coincide con el hecho de que es vocablo ajeno al portugués y muy vivo en catalán. Sin embargo, más tarde aparece en textos estrictamente castellanos: «*dogal o cordel*: funis, chorda» en Nebr., «*dogal o cordel*: un cordeau, un licol de pendu» (Oudin), y lo emplearon Mariana, Calderón, etc.

En cat., igual semántica; nótese particularmente la ac. 'morral que se pone a los animales para conducirlos al abrevadero', que Ag. atribuye a Borredá (Berga), la balear 'sobeo, correa con que se ata el yugo o el arado a los animales' (*BDC* XI, 82, 83) y la de 'soga del esclavo o del ahorcado' muy frecuente en la lengua moderna, que ya se documenta repetidamente en el S. XV[1]; no puedo señalar ejs. más antiguos en este idioma (a no ser el de la Crónica del Ceremonioso, fin S. XIV, registrado ahora en Alcover), pero no hay duda de que allí es genuino, por la presencia en autores muy castizos, lo popular de su empleo y la formación de derivados muy vivaces y desusados en castellano (*endogalar* 'esclavizar'). Es palabra existente también en vasco: *ugal, ubal, u(h)al*, 'correa', Michelena, *BSVAP* XI, 288. Fuera de España sólo conozco *dougàu* «carcan; sorte de collier de bois qu'on met aux cochons pour les empêcher de se frayer un passage à travers les haies» (Palay), en el gascón de Bayona.

La etimología hasta ahora no ha interesado a los romanistas, pues M-L. (*REW* 2810a) se limita a rechazar semánticamente la idea de Salvioni de relacionar con DŬX 'general' o con el romance DŬX 'manantial', y la de derivar de DŬCERE 'conducir' (ya sugerida por Covarr.) a causa de la Ŭ y de que el sufijo -ALIS no sirve para formar derivados postverbales; la de *Aut.* de que venga del ingl. *dog* 'perro', y el JUGALE de la Acad., no vale la pena de entretenerse en rechazarlas, pues su imposibilidad cronológica o fonética es obvia.

Ningún romanista se ha fijado en que DŬCALE ya existía en latín: figura en el Edicto de Dioclciano (a. 301), entre los artículos de cuero («capistrum equestre cum circulis et *ducali*»), en la gramática

del africano San Agustín (h. 400), en una vida anónima de San Frontonio Abad (publicada por Migne entre las obras del S. VI) y en varios glosarios latino-griegos y anglosajones, entre ellos el muy antiguo atribuído falsamente a Filóxeno (S. VI), y trasmitido en ms. del S. IX. El significado está claramente definido en el sentido de un ronzal para tirar de los animales: «dimisit servulus camelum cuius *ducalem* tenebat» en la vida citada, «ἀγωγεὺς ὁ τῶν κτηνῶν» (ronzal para caballerías) en dicho glosario (*CGL* II, 56.42; III, 370.38; además Du C.). Que se trata de un derivado de DŬX es evidente, pero no en el sentido de 'general', sino en el primitivo de 'guía, conductor': sabido es que Ovidio y Tibulo aplican este vocablo al pastor que camina a la cabeza de su rebaño; es formación paralela a la del gr. ἀγωγεύς 'dogal' (junto a ἀγωγεύς 'conductor, guía'), y a la del ags. *latteh* (junto a *latteov* «dux»), con que dichos glosarios traducen la voz latina.

[1] «Fon enforcada / al Mercadal, / hon lo *dogal* / li fon tallat, / car fon dubtat / concebiment: / gran moviment / al ventre veren», J. Roig, v. 3478 (a. 1460). Otro del *Recull d'Eximplis* sacado de un ms. de princ. S. XV, en Ag.

DOGMA, tomado del lat. *dogma, -ătis* íd., y éste del gr. δόγμα 'parecer', 'decisión, decreto', derivado del verbo δοκεῖν 'parecer, ser opinión (de alguien)'. *1.ª doc.*: 1599-1601, Ribadeneira[1].

DERIV. *Dogmático. Dogmatismo. Dogmatista. Dogmatizar* [h. 1580, Fr. L. de Granada: Cuervo, *Dicc.* II, 1311], *dogmatizante*, voz culterana según Tirso, Rivad. V, 375; *dogmatizador*.

Otros cultismos deriv. del verbo δοκεῖν: *doceta*, de δοκητής íd.; *docetismo. Docimasia*, de δοκιμασία 'prueba, ensayo' y éste de δοκιμάζειν 'poner a prueba', que a su vez lo es de δόκιμος 'creíble, probado'; *docimástico, docimástica. Paradoja* [J. de Valdés, *Diál. de la Lengua*, p. 136: «introduzir estos que estan medio usados: paradoxa» (Nougué, *BHisp.* LXVI); Covarr.], de παράδοξα íd., plural neutro de παράδοξος 'contrario a la opinión común' (de donde el raro *paradojo*); *paradójico*.

[1] APal. 120d, define *dogma* como palabra griega sin darle equivalencia castellana.

DOGO, 'mastín', del ingl. *dog* 'perro en general', por ser los dogos procedentes de Inglaterra. *1.ª doc.*: 1644, Martínez de Espinar.

Con el mismo sentido se ha extendido el vocablo a todas las lenguas romances y germánicas (*FEW* III, 114a; Skeat).

Dóla, V. *donde*   *Doladera, dolado, dolador, doladura*, V. *dolar*   *Dolaje*, V. *duela*

DOLAMA, 'enfermedad oculta de las caballerías', 'achaque que aqueja a una persona', origen incierto; probablemente del ár. *ẓulâma* 'injusticia, perjuicio', que es verosímil significara también 'queja' y 'enfermedad'. *1.ª doc.*: ᷱ1613, Cervantes[1].

La primera ac. es la que tiene en las *Novelas Ejemplares*. No hay otras autoridades antiguas. Hoy el vocablo tiene el segundo significado en casi toda la América española (arg., chil., per., panam., centroamer., cub., domin., portorr., yucat.), 'dolencia' en el Cibao dominicano (Brito), 'dolor' en el Ecuador y el Perú («ya no puedo: me mata esta *dolama*», Lemos, *Supl. a la Sem. ecuat.*, p. 153; Wagner, *VKR* XI, 52), mientras que el granadino Ganivet lo empleó en el sentido de 'queja' («para que se aguanten y no vengan luego con *dolamas*», *RH* XLIX, 429).

En vista de la antigüedad mucho mayor de la primera acepción, y siendo imposible que el sufijo *-ame* o *-ama* se agregara al verbo *doler*, me incliné en *RFH* VI, 174-5, a considerar el vocablo como leonesismo, con la forma que en este dialecto y en gallegoportugués revistió el sufijo colectivo latino -AMEN[2], y a identificar el radical con *dolo* 'engaño, fraude'; las acs. 'achaque', 'dolor' y 'queja' serían entonces secundarias y debidas al influjo semántico de *doler* y *dolor*. Puede pensarse en otras explicaciones romances: derivado colectivo de *duelo* 'dolor', como quiere Spitzer, *RFH* VII, 281n., aunque *duelo* tiende pronto a especializarse en el sentido de 'dolor por la muerte de alguien'; procedencia de DOLĀMEN 'acción de dolar', puesto que este verbo además de su ac. carpinteril, ha significado ocasionalmente 'herir, magullar': «sincipitis vetustissima particula mille plagis *dolata*» en Petronio, CXXXV, 4, y cinco ejs. en *Alex.* (970d, 1597c, 1852a, 1894b, 2075b[3]), pic. *douler* 'frapper, battre»; mas es probable que en todos estos casos haya conciencia de un uso metafórico (como está patente en el pasaje paralelo de la *1.ª Crón. Gral.* citado por Cej., *Voc.*), y -AMEN no es sufijo postverbal en romance. En definitiva, si el origen ha de ser europeo, la derivación de *dolo* es la menos objetable. Su punto débil es que *dolo*, al parecer ha sido siempre vocablo de técnica curialesca, carácter que se compadece mal con el sufijo vulgar y dialectal *-ama*; de suerte que para asegurar esta etimología habría que dar más pruebas de que el sentido básico de *dolama* fué el de 'fraude'.

Sin embargo, el caso es que existe otra posibilidad, que Dozy apuntó en las adiciones manuscritas a su ejemplar de mano del *Glossaire*: la raíz árabe *ẓ-l-m* 'abusar de algo, defraudar, perjudicar, acusar de injusticia', «injuriā afficere», bien viva y productiva en el lenguaje vulgar (R. Martí, s. v. *injuria, injuriari, tenebrae*; Beaussier). En efecto, hay un sustantivo *ẓulâma*, que en la lengua clásica significa «tort, injustice causée à qn.», ac. que nos explica las *dolamas* cervantinas tan satisfactoriamente como un derivado de *dolo*. Desde el punto de vista fonético es normal que la fricativa dental sonora enfática *ẓ* se represente por *d* en castellano, vid. Steiger, *Contr.*, 170-2 (*nadir, anadel* < *nâẓir*)[4]. De hecho la misma raíz dió descendencia romance con esta evolución: judesp. *adolme* 'violencia, opresión', judeocat. *adolmar* 'hacer violencia' < ár. *ẓulm* 'injusticia, opresión' (Blondheim, *Les parlers Romans et la Vétus Lat.*, 41). Ahora bien, con esta base arábiga se explican directamente las varias acs. de *dolama*. Sinónimo de *ẓulâma* en la lengua clásica es otro vocablo de la misma raíz, *mázlima*, que en vulgar significa 'queja, querella': «plainte, l'exposé qu'on fait en justice du sujet qu'on a de se plaindre» (Dozy, *Suppl.* II, 85c), y es probable que lo mismo ocurriera con *ẓulâma*. Recordemos, sobre todo, la historia semántica rigurosamente paralela de ACHAQUE, cuyo étimo era propiamente 'acusación', 'queja', y desde esta última ac. pasó ya en árabe a significar 'mal corporal', 'enfermedad'. De la idea de *queja*, se pasó por lo tanto a la de 'dolencia que *aqueja*'. No descarto, sin embargo, del todo (para esto y para *dolobre*, V. más abajo en DOLAR) una etimología sorotáptica (que convendría estudiar más despacio) relacionada con el eslavo común **dəlbǫ* «meisseln», «aushöhlen» y checo *dlubati* ⁓ *dlabati*, rus. ant. *nadolob(a)* «stadtumzäumung», rus. *doldo* ⁓ bulg. *dlató* «meissel», sbcr. *dúpsti* «aushölen» y prus. *dalptan* (< *dolb-ta*) «durchschlag», relacionado con el lit. *délba, dalba* «brechstange» y otras palabras bálticas (Pokorny, *IEW* 246), de qí cast. ant. **dolma* y de éste un **dolmar* y judeoesp. *adolmar* 'hacerse violencia', y entonces el cast. clas. y amer. *dolama*.

[1] *Dolamas* es la forma que figura en la edición príncipe de la *Ilustre Fregona*, 178vº. *Aut.* al citar ese pasaje da la forma *dolames*, m. pl., que no hallo confirmada en otras fuentes, ni figura en diccionarios anteriores (el vocablo falta en APal., Nebr., PAlc., C. de las Casas, Percivale-M., Oudin, Covarr. y Franciosini). La Acad., desde entonces, ha dado *dolames* como forma normal, agregando *dolama* (ya 1843) como variante. Pero la única forma que logro documentar es esta última.— [2] A los ejs. allí citados de *-ama*, pueden agregarse los azorianos *molhama* 'mucho caldo' (= *môlho*)', *dinheirama* 'mucho dinero' (*RL* II, 53).— [3] En *O* leemos parcialmente *dedolar*, pero *P* tiene siempre *dolar*, lección preferible métricamente.— [4] Es verdad que en posición de *tarqíq* se esperaría el cambio de *â* en *e* (*alquilé, algazel, arancel, alfajeme*). Pero en el lenguaje jurídico y en el habla arcaica la *a* se conservaba (*alcabala, alcaraván, fulano*), y nuestro vocablo puede hallarse en estòs casos.

DOLAR, 'desbastar madera o piedra', del lat. DŎLĀRE íd. *1.ª doc.*: Berceo, *S. Mill.*, 227, 228.

También figura en *Calila y Dimna* (ed. Allen, 54.1122), en la *Gr. Conq. de Ultr.* (p. 215) y véanse más ejemplos medievales en el artículo precedente; *duela* 'golpea con la azuela' h. 1460, Martínez de Toledo, *op. cit.*, 133.4.

No en portugués, pero gallego *doar* y *adoar* 'pulir, redondear los cortes de la madera', 'afilar instrumentos cortantes' (Sobreira, *DAcG.*), de donde seguramente *doas* o *adoas* 'cuentas de rosario' (ib. y Vall.), 'cuentas, abalorios de vidrio' (Castelao 182).

DERIV. *Doladera. Dolado. Dolador. Doladura. Dedolar* 'cortar oblicuamente alguna parte del cuerpo' [para el *Alex.*, vid. DOLAMA]. *Dolobre* [como ant. en Acad. 1817 (no 1783) y 1884, mención que se quitó en 1899], del lat. vg. DOLŬBRUM íd. (documentación de éste y de *dolubra* en Schuchardt, *Vokal. d. Vglat.* I, 170; *dolobrum* en el glos. del seudo-Cirilo, ms. S. VII; *dolubra* y *dolobra* en otros glosarios latino-griegos; *dolabrum* en otros y *dolabra* en latín clásico; para la explicación fonética, vid. *AILC* II, 141-2), quizá por conducto de una forma catalana, en vista de la -*e* (aunque en este idioma no me es conocido el vocablo, pero comp. allí *canelobre* 'candelabro').

Dolabra, por lo demás, sólo ha dejado alguna descendencia en francoprovenzal de Suiza (*REW, FEW*). Recogió Sarm. una interesante voz dialectal gallega: «*brós, abros*: es la hacha castellana o machado en tierra de Mirandela, hacia el origen del río Neira [al E. de Lugo y SO. de Fonsagrada]. Acaso es voz cortada del lat. *dolabra*». Descartadas las imposibles etimologías que agrega[1], ésta sería más o menos un cruce defendible si admitiéramos que de **doabra* (que habría sido la forma gallega) con el sinónimo *aixoa* ASCIOLA (vid. Crepo Pozo, s. v. *azuela*), de donde un *doabroa*, reducido por una especie de deglutinación (a causa de la apariencia absurda de **do abroa* como si fuese **del abroa*). Idea rebuscada y con muy escaso fundamento en lo documentado en la Península. Me inclino más hacia dos alternativas. Si *abrós* sale de un plural de **abroa* (cf. ASCIOLA > *aixó*, MOLA > *mó*, *Queiroas* > *Queirós*, etc.), no quedaría esto muy lejos del germ.-románico HAPIOLA 'hacha pequeña', conservado en la zona alpina lombardo-piamontesa, donde ha dado *piola* y el dim. *piolet* (tan difundido luego por los alpinistas); *REW* 4035. HAPIOLA es diminutivo del germ. occid. HAPJA > fr. *hache* (> cast. *hacha*) (cf. *REW*, etc., y Kluge, *Et. Wb.*, s. v. *hippe*), diminutivo formado con sufijo puramente romance. Sin embargo no sería desmesurado suponer que los longobardos emplearan este diminutivo híbrido, y ni siquiera podríamos mirar como absurda la hipótesis de que los suevos (al fin y al cabo altoalemanes como los longobardos y aun vecinos de ellos en la alta Renania) acarrearan tal formación hasta Galicia. Como resultado hispánico esperaríamos más bien una forma con -*p*- conservada, pues ante J pronto se geminó esta consonante (cf. *hippe*); sin embargo la comparación con el

gall.-port. *saiba* = cast. *sepa*, nos autorizaría, a pesar de todo, a admitir un resultado gall. *abiola* > *abo(l)a* (cf. AVIOLA > *aboa, aboo* 'abuela, -lo'). Habría que suponer todavía una temprana repercusión de líquidas acaso ya en el habla sueva **hapriola* o en un pregallego arcaico **abriola* > *abroa*. En resumen, esto es también rebuscado y se presta a objeciones diversas.

Quizá se trate pues de un vocablo prerromano. A sospecharlo nos anima el caso del celtismo gallego *cardeña* 'especie de hoz' y de muchas herramientas rústicas. Sólo en forma lejana percibimos alguna base para este supuesto. Nos consta que el céltico primitivo tuvo una palabra BROGI o BROGA en el sentido de 'linde, frontera': MROG-, del ieur. MER(E)G- (de donde salen lat. *margo*, germ. *mark* > gall. *marco* y el sorotápt. KOMMER(G)O- que he postulado para explicar el gall.-port. *cómaro, comareiro* 'linde'), vid. *IEW* 738.13ss.: irl. ant. *mruig*, britón. *bro*, galo *broga*. Pasar de la idea de 'corte, cortadura', admitiendo que se hiciera primero abstracta, a 'herramienta cortante' es por lo menos concebible: se trataría de una evolución semántica propia del celta ártabro. en lo fonético, por lo menos, estamos en regla: BROGA > *bro(a)*; de *a bro(a)* con artículo, dado el aspecto masculino de la terminación -*o*, es natural que la aglutinación hiciera *abró*, plural *abrós*, junto a la otra variante *brós* registrada por Sarm. Al fin nada nos prohibe suponer que ahí registró Sarm. las formas de plural que le trasmitieron sus informantes (quizá sin mucho detalle). Es cierto que algún diccionario (Vall. y los que le copian) ha registrado una palabra *bròsa* 'machado'. Como Vall. se limita a hacerlo remitiendo a *machado* sin aclaraciones, como pasando sobre ascuas, tenemos derecho a dudar. Pensado nos ha dado muchas docenas de pruebas de que esos diccionarios se fundan a cada paso en una mala interpretación de datos de Sarmiento; y ni siquiera nos impresiona el que el *DAcG* agregue *brosear* 'desbastar con el hacha' y un *brosedo*, pues también hubo académicos que elaboraron el material de Sarm. Algo más me impresiona que Acevedo-Fz. también nos dé *brosa* y aun *brosada* como gallego-asturiano (zona unos 20 km. al N. del alto Neira); y aun ahí nos quedan algunas dudas, mientras no tengamos otras confirmaciones. Pero sobre todo, es que es posible que una palabra de terminación algo anómala para un femenino, como era *abrós*, se volviera singular (cf. *Queirós* < *Queiroas*, que los portugueses escriben como si fuese singular) y que por influjo del género se cambiara (*a*)*brós*, en el lenguaje real en *brosa*.

[1] Entre ellas toda conexión con el fr. *brosse* 'cepillo de cepillar', puesto que ni tiene nada que ver eso con cualquier herramienta cortante, ni ha existido nunca tal palabra en España, ni de haber existido podría haber dado tal resultado fonético.

DÓLAR, del ingl. *dollar* íd., procedente del b. alem. *daler* (alem. *thaler*). *1.ª doc.*: Acad. ya 1899.

Dolda, V. *dudar*

DOLER, del lat. DŎLĒRE íd. *1.ª doc.*: *Cid*. Cuervo, *Dicc.* II, 1311-4[1].

DERIV. *Doliente* ['plañidero', Berceo, *Mil.*, 151, 416; 'enfermo', J. Ruiz, 82a. «*Doliente* dize el castellano por el que tiene... enfermedad...; y en Aragón... por triste o mezquino» vocabulario de med. S. XV, *RFE* XXXV, 330, ac. en relación con el cat. *dolent* 'malo, de mala calidad material o moral']; *dolencia* [h. 1295, *1.ª Crón. Gral.* 407b 27, 652b42; J. Ruiz, J. Manuel, en ambos autores también 'aflicción, desgracia']. *Dolido. Dolioso*, ant., 'doliente, enfermizo' (Berceo, J. Ruiz, *Canc.* de Baena, López de Ayala; hoy ast. *doliosu* 'dolorido', V), formación singular, como si hubiera existido *dolía (comp. *premioso* de *premia* y éste de *premir*; *grandioso* de *grandía*). *Dolor* [*Cid*; como femenino en Berceo, *Loores*, 70; *Apol.*, 186b; también en el *Lapidario* y en Santillana: Pietsch, *MLN* XXVII, 168n.5], del lat. DOLOR, -ŌRIS, íd.; port. y gall. *dor* f.[2]; *doloroso* [J. Ruiz], o *dolorioso* ant., por influjo de *dolioso*; *dolorosa*; *dolorido* [Berceo]; *dolorío* ant.; *dolora*. *Duelo* [*Cid*; la especialización moderna en el sentido 'dolor por la muerte de alguien' tiene raíces antiguas, Berceo, *Duelo de la Virgen*][3], del lat. tardío DŎLUS 'dolor' (*FEW* III, 121). *Adolecer* 'caer enfermo' [1251, *Calila*; *1.ª Crón. Gral.* 180a35, 407a2, 649b28], Cuervo, *Dicc.* I, 205-7; V. *ADONECER*; la ac. antigua de *adolecerse* 'compadecerse, dolerse' (Cuervo, § 3b) se halla también en el simple antiguo *dolecerse* (*Castigos de D. Sancho*, p. 224); gall. ant. *adoecer* 'caer enfermo' Ctgs. 209.1, 235.42, 45; *MirSgo.* 21.37, 37.27, 68.20; hoy especialmente 'contraer hidrofobia, rabiar' y luego 'enfurecerse' (*DAcG.*). *Condoler* [S. XIII, versión de la Biblia: Cuervo, *Dicc.* II, 342-4); *condolecerse* (Ercilla); *condolencia* [P. Isla, † 1781; Cuervo, *Ap.* § 993, reconoce que se ha imitado del fr. *condoléance*; la Acad., que todavía lo rechazaba en 1899, ha acabado por acceder al pedido de admisión que le habían hecho varios americanos, como el argentino Garzón en 1910, pero sigue siendo vocablo apenas usado en España]. *Indolente* [*Aut.*], tomado de *indŏlens, -tis*, 'que no siente dolor'; *indolencia* [íd.]. *Redol(i)ente; redolor.*

[1] Acerca del antiguo futuro y condicional *doldré, doldría*, véase allí, y agréguese Tiscornia, *BDHA* III, 171, especialmente para el uso en América. En el interior argentino existe *dolerse* con la ac. 'marchitarse' (O. di Lullo, *Los Animales y las Plantas en la Meteorología Popular*).— [2] Castelao 27.23. Con la locución adverbial pontev. *a dor* 'mezquinamente': «Con tiento y temor o miseria en dar: *bota o viño a dor*, casi con dolor», Sarm. *CaG.* 197v.— [3] Vco. *dolu* «luto»

en los tres dialectos vasco-franceses y en Esteríbar (a. nav.), «arrepentimiento» en los mismos dialectos y en el Roncal.

DOLICOCÉFALO, compuesto con el gr. δολιχός 'largo' y κεφαλή 'cabeza'. *1.ª doc.*: Acad. 1899.

DERIV. *Dolicocefalia* [falta aún en esta ed.], acentuación en contradicción con la de *macro-* y *microcefalia*.

Dolido, doliente, dolioso, V. *doler*

DOLMEN, del fr. *dolmen* íd., de formación incierta, probablemente tomado del córnico *tolmên*, propiamente 'agujero de piedra', aplicado en Cornualles a las estructuras naturales formadas por una gran losa que descansa sobre dos puntos de apoyo, entre los cuales puede pasar una persona o un animal. *1.ª doc.*: Acad. 1884, no 1843.

En francés se halla desde 1796. La etimología bretona que suele darse presenta dificultades más graves. Para esta cuestión véase *NED*. Es posible, de todos modos, que el arqueólogo francés que aplicó por primera vez esta palabra córnica a los dólmenes, creyera erróneamente que estaba formada con el bretón *tol* 'tabla', y que por tal razón la aplicara a esta construcción prehistórica.

DERIV. *Dolménico*.

DOLO, tomado del lat. *dŏlus* 'astucia', 'fraude', 'engaño'. *1.ª doc.*: Mena (C. C. Smith, *BHisp.* LXI); 1458, ley de la *N. Recopil.* V, xi, 2.

Voz culta, curialesca.

DERIV. *Doloso* [*dolosamente*, 1612, Márquez], tomado de *dolōsus* íd.

Dolobre, V. *dolar*

DOLOMÍA, del fr. *dolomie* íd., creado en 1792 con el nombre del naturalista *Dolomieu*, que estudió esta formación. *1.ª doc.*: Acad. 1884, no 1843.

DERIV. *Dolomita*, variante formativa del anterior; *dolomítico* [Acad. 1899].

Dolor, dolora, dolorido, dolorío, dolorioso, dolorosa, doloroso, V. *doler* *Doloso*, V. *dolo* *Dom*, V. *dueño* *Doma, domable, domador, domadura*, V. *domar* *Domanio*, V. *dueño*

DOMAR, del lat. DŎMARE íd. *1.ª doc.*: doc. de 1030, en Oelschl.; Berceo.

En este autor sale varias veces, también en J. Ruiz, APal. (93d, 210d, 213d, 256b), Nebr. («*domar* cosa fiera; *domar* so el iugo»)[1]. La ausencia total de formas diptongadas hace a este verbo sospechoso de semicultismo.

DERIV. Gall. *domear* 'domar' y 'doblar' (Sarm. *CaG.* 228r). *Domable. Domador. Domadura. Doma*

[Terr., con cita de autor que no puedo fechar. «La *doma* y castración de Galicia», palabras que serios autores atribuyen a Zurita, † 1580, no las tengo comprobadas]. *Indomable, indomabilidad, indomado. Indómito*, tomado de *ĭndŏmĭtus* íd., derivado negativo de *dŏmĭtus*, participio pasivo de *domare*. *Duendo* 'manso' [S. XIII, Espéculo, p. 360; *Lucidario*, en el ms. del S. XV[2]; Nebr.; 1570, D. Gracián], de *DŎMĬTUS*, participio pasivo de *DOMARE*. *Redomado* 'astuto y cauteloso' [1599, *G. de Alfarache, Aut.*], no parece ser derivado de *redoma* (por alusión a la leyenda del diablo encerrado en redoma), sino de *domar*, quizá en el sentido de 'mal domado, no domado del todo', hablando de caballerías, de donde 'falso', 'cauteloso', en vista del pasaje de Sigüenza (a. 1600) que cita *Aut.* «tiró coces y volvió atrás como mala bestia *redomada*», comp. el arg. *caballo redomón* 'mal domado' (Tiscornia, *M. Fierro coment.*, s. v.; A. Alonso, *El Probl. de la L. en Am.* 167); sin embargo, es insegura esta explicación semántica, pues estamos en el terreno resbaladizo de las voces de germanía, a las cuales perteneció originariamente este vocablo, que J. Hidalgo define «*arredomado*: astuto, sabio»; de todos modos, es probable que en la germanía se partiera también de la idea de animal mal domado, pues *arredomarse*, según dicho lexicógrafo, valía «escandalizarse» ('alborotarse, respingarse' parece ser el sentido en uno de los romances, publicado por Hidalgo, donde un rufián da consejos a su *marca*: «cobra partes y baratos / de la sangre ['dinero'] del rendido; / y si se te *arredomaren* / canta el verso del bramido ['avisa']» (Hill XXVII, 151) y *arredomar* 'juntar (apandillar los naipes de manera que se junten, hablando del tramposo)'.

[1] En Villasandino (*Canc. de Baena*, n.º 104, v. 4) leyó Pidal «por *domar* el mi denuedo». Pero en el ms. se lee *demás* en lugar de *domar*, en forma muy clara, y creo también se lee *es* por *el*, lo cual da un texto más satisfactorio.— [2] *RFE* XXIII, 40. No encuentro este capítulo entre los del ms. *A*, S. XIV. En castellano se aplica especialmente a las palomas, según ocurre ahí, en *Rinconete y Cortadillo* (*Cl. C.*, p. 195), en el *G. de Alfarache* (*Cl. C.* IV, 23.16), etc. En *Crescencia, carne duenda* será 'blanda' (esta y otras citas en *ARom.* VI, 504 n.). Existe también port. *dondo* 'muelle' (Vieira), 'hinchado' (Bluteau, vid. Leite de V., *Opúsc.* II, 104), «macío e nedio (verças, nabiças e afaces muito azeitadas)» (en Tras os Montes, *RL* V, 44). Gall. *dondo*: *cosa donda* 'blanda' (Sarm. *CaG.* 185r), 'manso, suave': «as feituras redondeadas e *dondas* das nosas montanas», «Os Pirineus quedan atrás... as terras baixas e *dondas* que baixan á ribeira» (Castelao 248.5, 221.20), «suave, blando, delicado» (Lugrís). De ahí el maragato *pan dondo* 'blando, suave' (*BRAE* II, 642). Para el b. lat. *domitus* aplicado a las tierras labradas, vid. M. P., *Oríg.* 331, n. 2.

Domellar, domeñable, domeñar, V. *dueño*

DOMÉSTICO, tomado del lat. *domestĭcus* 'de la casa, doméstico', derivado de *dŏmus* 'casa'. *1.ª doc.*: h. 1440, A. Torre (C. C. Smith, *BHisp.* LXI); h. 1490, *Celestina*, ed. 1902, 126.5; 1555, Laguna.

DERIV. *Domesticidad. Domestiquez*; el raro *domestiqueza* (h. 1440, Tafur; Garcilaso, † 1536), 'familiaridad', viene del it. *domestichezza* (Terlingen, 349). *Domesticar* [1386, López de Ayala, testimonio aislado algo sospechoso; frecuente desde fines del S. XVI, Fr. L. de Granada: Cuervo, *Dicc.* II, 1314-5]; *domesticado, domesticable, domesticación*.

De otros derivados de *domus*, también cultismos: *domicilio* [APal., 23*b*; Oudin; ejs. del S. XVII en *Aut.*], de *domĭcĭlium* íd.; *domiciliario, domiciliar*.

Dombo [Terr., con cita de Oudin: acaso se trate de una ed. tardía de este diccionario, pues en las de 1607 y 1616 no figura el vocablo; Acad. ya 1843] o *domo* [Acad. ya 1884] 'cúpula', tomado del fr. *dôme* m., íd. [1600], que a su vez procede del gr. δῶμα 'techo plano', voz emparentada con el lat. *domus* (*FEW* III, 122); para la forma con *b*, vid. *AILC* II, 134n.2.

Dómida, V. *tanda*   *Domientre*, V *mientras*   *Dominación, dominador, dominante, dominar, dominativo, dominatriz, dómina, domingada, domingo, dominguejo, dominguero, dominguillo, domínica, dominical, dominicano, dominicatura, dominico, dominio, dómino, dominó*, V. *dueño*   *Domo*, V. *doméstico*   *Dompedro*, V. *dueño*   *Don*, V. *donar* y *dueño*   *Dona*, V. *donar* y *dueño*

DONAR, del lat. DŌNĀRE íd., derivado de DŌNUM 'don', y éste de DARE 'dar'. *1.ª doc.*: 2.ª mitad del S. X, glosas de Silos, 95, 146, 172.

Figura también en el Fuero de Avilés, Berceo, *Apol.*, J. Ruiz, APal. («heredad es cosa... *donada* por testamento»), Nebr. («*donar*: dar gracioso»), etc. Sin embargo, no es seguro que no sea semicultismo, aunque antiguo. Por otra parte refuerza la seguridad de que había alguna base hereditaria, la evolución popular del port. *doar* «trasmitir gratuitamente» y el gall. *doar* «donar» (Lugrís), *doado* 'propio' (Lugrís), 'apropiado, adecuado, permitido' (Castelao)[1], 'mañoso' (Vall., Lugrís). La invasión de este verbo en el terreno semántico de *dar*, consumada en francés, lengua de Oc y catalán, se produjo quizá en una parte de Aragón, a juzgar por algunos antiguos fueros de esta zona lingüística, aunque el texto de los mismos presenta resabios de un modelo gascón o catalán[2]; comp. también el *donatu siegan* con que las Glosas Silenses (172) traducen el *sponsi tradantur* de su modelo latino.

DERIV. *Donado. Donante. Donador. Donación* [S. XIII: *Fuero Real* en la *N. Recop.;* APal. 238*d;* Oelschl. cita dos ejs. del S. XII, quizá latinizantes]. *Donadío,* ant. y dial. [1236, M. P., *D. L.* 278.4; *Fuero Real*], del lat. DONATĪVUM; duplicado culto: *donativo* [APal. 90*b*]. *Donatario.*

Donaire [Berceo, *Loor.* 224; h. 1250, *Setenario,* f° 3 v°; *Partidas* II, iv, proemio, sentido 'don natural'[3]; sentido moderno ya J. Ruiz, 596*b,* APal., Nebr.: «*donaire*: facetiae, sales, festivitas, comitas», y en la *Celestina,* ed. 1902, 30.3, 34.28, 'dicho gracioso'], tomado del lat. tardío y medieval *donarium* 'donativo'[4]: primero tuvo el sentido de 'dotes naturales'~ o 'virtudes' («una bibda sancta de grant *donario* [rimando con *vicario,* etc.]... una bibda lazdrada, / de treinta e dos annos que era descasada, / encubrié de cristianos muchos en su posada», Berceo, *S. Lor.,* 50*d;* «un físico que era bien andante e de buen *donario* en su melecinamiento» *Calila,* ed. Allen, 70.322; «El Criador que fizo todas las criaturas / con diversos *donarios* e diversas figuras», «Rasena la genta, fembra de grant *donario*» *Alex.* 2171*b* y 1795*d;* «doncella era muy entendida e muy sabia e era de muy buen *donario*», *Gr. Conq. de Ultr.*), como se advierte por el hecho de que el vocablo va acompañado de un adjetivo *buen* o *gran;* después se aplicó al mejor de los dones naturales, la gracia; la forma antigua *donario* se cambió al popularizarse el vocablo en *donairo* (así en el *Graal* castellano: C. Michaëlis, *RL* XI, 9), alterado luego por el influjo de *aire*[5], porque el vocablo se aplicaba frecuentemente al porte natural de una persona (así en el *Conde Lucanor,* ed. Hz. Ureña, enxemplo XXIV, p. 104)[6]; del mismo origen son el vasco *doari* 'regalo', cat. ant. *donari* 'gracia en el gesto' (ejs. de Bernat Metge, 1398, y del *Curial,* med. S. XV, en Ag.), port. *donaire,* port. ant. *doairo*[7]; derivado castellano: *donairoso* (S. XVII: Quevedo, Castillo Solórzano). Con significado análogo: *donoso* 'gracioso' [en Berceo es 'generoso', *S. Mill.,* 427; *S. Dom.,* 443*c;* J. Ruiz, 627*b;* significado vago en *Mil.,* 25*a,* quizá 'agradable'; sentido moderno ya en J. Ruiz, 169*c*], *donosura, donosidad,* ant. *donosia* [Arévalo, *Suma,* p. 272*a* (Nougué, *BHisp.* LXVI)]; gall. *donosiña* 'comadreja' (Sarm. *CaG.* 90*v*) resultado en el cual vinieron a coincidir un dim. de DOMNA (+ *-eziña,* cf. gall. *dóna de paredes,* cast. *comadreja*) con uno de *donoso* (cf. *bellidiña,* fr. *belette*). *Adonar, adonado,* 'proveer de virtudes naturales', ant. (Berceo, *Alex.,* y vid. DHist.*); desdonado* 'sin gracia, insulso' (*Canc.* de Baena, W. Schmid; *Corbacho* 126.2, 150.27; Nebr.; «sot, incivile, lourdault, mal-plaisant, messeant, insipide, fat, rustique», Oudin, 1607; 'desdichado', en Rodrigo de Reynosa, vid. ed. Gillet), *desdón* 'falta de gracia' (*Canc.* de Baena, f° 191 v° *b;* Nebr.; Oudin «sottise, malseance, incivilité, mal-plaisance, rusticité»). *Endonar.*

Don [*Cid,* y frecuente desde el S. XIII], forma postverbal que reemplazó a *dono* (Berceo, J. Ruiz, y otros testimonios antiguos en Oelschl.), descendiente del lat. DŌNUM íd. (de donde derivó DONARE); *dona* [*Cid;* Berceo, J. Ruiz, y otros en M. P., *Cid,* s. v.][8] 'dádiva', viene de DŌNA, plural del propio DŌNUM. También en el Oeste: port. ant. *doas* 'dones, presentes', gall. *doas* 'las cuentas del rosario', 'objetos de que se hacen las gargantillas' (Sarm. *CaG.* 76*v*) (partiendo de la idea de abalorios que se regalan a los niños, aldeanos, etc.); *herba das doas* 'hierba mora' porque sus granillos negros parecen cuentas de rosario (ib. 126*v*); y con aglutinación del artículo, gall. mod. *adoas* 'abalorios' («farto de engaiolar ós indios do Chaco con *adoas* de vidro» Castelao 182.13). *Donillero* 'fullero que agasaja a quienes quiere inducir a jugar' [1618, Espinel], de *donillo,* diminutivo de *don. Perdonar* [*Cid;* es intr. antiguamente, p. ej. en Berceo, *Mil.* 784*d,* 856*b,* 906*d*], del lat. tardío PERDONARE (documentado en el Esopo latino, *VKR* VI, 1), voz de uso general, y común a todos los romances de Occidente; *perdón* [1100, *BHisp.* LVIII, 359; *Cid;* ast. *perdones* 'confites que se llevan como recuerdo de una romería', V, s. v. *feries*], junto al cual se dijo también *perdonança* [*Rim. de Palacio,* 747; Nebr.]; *perdonable* [Nebr.]; *perdonador; perdonamiento; perdonante* (y el compuesto *perdonavidas*).

¹ «Sendo *doado* pensar que...», «é *doado* conxeturar que...», «a *doada* influencia», «*doadamente*» 93.19, 102.10, 44.7, y análogamente *doado* 74.3, 136.14, 197.25. Por lo demás, pronto penetró también en Galicia y se afirmó el uso del franco cultismo *donar* (rechazado en cambio por el portugués) apoyándose sin duda en el influjo de *dono, dona* 'dueño, dueña' y no sólo con el matiz de 'regalar' (Castelao 181.15) o 'conceder, reconocer' (82.31) sino a veces sencillamente 'dar', 'conferir': «*donas* a sensación» íd. 39.22 (cf. 32.12, 49.16).— ² «La justicia les *donga* vozers» (a las partes), Fuero de Jaca, «asegunt que avran rrazonat que lis *donga* justizi», Ordenanzas municipales de Estella (SS. XIII y XIV), citas de Tilander, p. 538. Esta forma de subjuntivo es corriente en gascón y en catalán vulgar (debida al influjo del contrapuesto *prenga* 'quite').— ³ «Palabra es *donaire* que han los omes tan solamente», cita de Cabrera.— ⁴ En la lengua clásica *donaria* es el lugar del templo donde se depositan las dádivas de los fieles. Pero el africano Arnobio (h. 200 d. C.) ya lo aplica a estas dádivas mismas, y en glosas hallamos también esta ac. («ἱερὰ ἀναθήματα» II, 55.54; «ἀναθήματα», III, 466.50, 479.37; «munera», IV, 508.14). También en el bajo latín español («ego et filiis et filiabus meis ista *donaria* Deo concedimus», escritura de D.ª Jimena Díaz, a. 1101 [*RFE* I, 16], «multa *donaria* oblata fuerunt... regi Francorum», en el Cronicón de Lucas de Tuy, a. 1236, *RFE* X, 354).— ⁵ *Donaire* ya en las *Partidas* y en Berceo, *Loores,* 224*b,*

pero no es imposible que en estos pasajes o en el de J. Manuel resulte de una modernización. Desde luego está en J. Ruiz, la *Celestina* y en APal. 86*d*.— [6] 'Nótese el chiste de Quevedo, prueba de que los dos conceptos solían relacionarse: «habiendo advertido la multitud de *dones* [= título de hidalguía] que hay en nuestros reinos... puesto que hasta el aire ha venido a tenerle y llamarse *don-aire*...», *Premáticas y Aranceles*, ed. Hz. Ureña, p. 162.— [7] Ya en el *Graal* portugués, vid. Michaëlis, *l. c.* Antiguamente se empleaba como en castellano: «três cousas avedes mester / pera cantar...: é *doair*' e voz e aprenderdes ben» (R. Lapa, *CEsc.* 150.3, 111.15, 230.2, 402.20), «homem de muy boo *doayro*», «avia a face leda e de boo *doayro*», en los *Padres de Mérida*, h. 1400, *RL* XXVII, 30. Hoy sigue empleándose dialectalmente: Évora *duairo* «o parecer», *bem aduairado* 'que tiene buen parecer o aspecto', allí mismo y en el Miño (dicho de una persona, de una herida: *RL* XXXI, 101; Leite de V., *Opúsc.* II, 469). Spitzer había tratado erróneamente del origen de *donaire* (*ARom.* IX, 71n.), pero luego rectificó con acierto (*RFE* XII, 236).— [8] La forma *doña* 'dádiva', 'alhaja', que cita como antigua la Acad., parece basada en *Cid*, 2654, donde es mala grafía, según M. P. No sé de dónde ha sacado la Acad. su otra ac., también antigua, 'ayuda de costa que se daba al principio del año a los oficiales de las herrerías', que ya figura en la ed. de 1843 (?).

Donastar, V. *denostar*   *Doncas*, V. *entonces*
Doncel, doncella, doncelleja, doncellería, doncellez, doncellil, doncellueca, doncelluela, V. *dueño*

DONDE, refuerzo del antiguo *onde* 'de donde' mediante la preposición *de; onde* procede del lat. ŬNDE, de igual significado. *1.ª doc:* *ond, onde*, orígenes del idioma (*Cid*, Fuero de Avilés, etc.); *don(d)*, *Cid*, *Reyes Magos*; *dont*, 1213, M. P., D. L., 43; *donde*, 1251, *Calila*, ed. Allen, 92.428[1].

Junto a *ond(e)* o *dond(e)* existió hasta el S. XIV[2] *o*, procedente del lat. ŬBĪ 'en donde'[3], y su sucedáneo *do*, que todavía sobrevive en el estilo poético[4]. La historia del uso de los dos vocablos concurrentes y sus variantes, y de la evolución de sus sentidos, es complicada de por sí, con la agravante de la desconfianza que deben inspirarnos muchas ediciones. No hay duda de que el castellano preliterario distinguiría consecuentemente entre *o*, con idea de reposo o de movimiento por donde o hacia donde[5], y *onde* reservado para la idea de procedencia, como en latín; en cuanto a *do*, equivaliendo a *de o*, sería sinónimo de *onde* (así ocurre comúnmente en los primeros monumentos, y todavía no sólo en el S. XV—Santillana, Hernando del Pulgar, en Cuervo, 1324*a*—, sino aun en Cervantes, vid. nota arriba). Sin embargo, pronto, y sobre todo desde el momento en que el antiguo

diptongo *ou* procedente de AU se confundió con *o*, coincidiendo el adverbio de lugar con la conjunción disyuntiva, hubo tendencia a emplear el compuesto *do* como equivalente y sustituto de *o* UBI, es decir, sin idea de procedencia (así ya en Berceo, *Sacrif.*, ed. Solal., 83; *Bocados de Oro*, ed. Knust, 76).

El doble sentido de *do*, acabó por traer consigo el empleo indistinto de *onde*, aun con idea de reposo o de lugar hacia donde o por donde. Sin embargo, esto no ocurriría en seguida. Los ejs. de *onde* con este valor son raros al principio y sospechosos, pero es indudable que esto ya ocurría en el S. XIV[6]. La variante *dond(e)* se crearía primero como mero refuerzo enfático de *onde* (está ya *dond* en los *Reyes Magos*), después quedaría como única expresión inequívoca de la idea de procedencia, y en definitiva acabó por contaminarse del doble valor de sus sinónimos *do* y *onde* (así ya en Sánchez Talavera, h. 1400, *Canc. de Baena*, n.º 531, v. 3, «non sabe *d o n d e* ymos nin *donde* venimos»). Pero el doble valor sigue vigente no sólo en el S. XV («limpia torne al lugar limpio *donde* vino», H. del Pulgar) sino aun en el XVI («*dónde* diablos venís», Torres Naharro; «a Alba, *donde* era natural», Sta. Teresa) y el XVII («meterme en un laberinto *donde* no me fuese posible salir», *Coloquio de los Perros, Cl. C.* II, 273; «la gran multitud desos robles nos impide ver *dónde* viene la voz», Tirso, *El Condenado* II, x, ed. Losada, p. 139; «la costumbre de la tierra *donde* venís», Lope, *Noche Toledana*, Rivad. XXIV, 204*a*; «—¿Dónde vienes? —De Toledo. —¿Adónde vas? —A Plasencia», Vélez de Guevara, *La Serrana de la Vera*, v. 2227; y aun, con significado figurado, a mediados del siglo, en Melo «Lleva el apetito... a grandes peligros... *donde* viene que yerran lo que podían enmendar», Rivad. XXI, 487*a*)[7]. Sin embargo, el deseo de evitar la ambigüedad condujo pronto a crear *de dónde* (que mirado históricamente contiene la preposición *de* tres veces), que ya se halla en la *Celestina*, en Torres Naharro y en un refrán citado por Valdés[8]. Desde entonces *onde* podía parecer una mera variante fonética y vulgar del más corriente *donde*, y aunque es todavía frecuente en la *Agricultura de Herrera* (1513), estaba condenado a una pronta desaparición en el idioma culto; en cuanto a la forma actual *onde* (y a sus contracciones *ande, ponde* y *pande*), tan frecuentes en el habla del vulgo de todas partes, es difícil asegurar lo que tengan de arcaísmos o de alteraciones fonéticas según el tipo *ejar* por *dejar*[9].

Entre las innovaciones más modernas me limitaré a citar el empleo de *donde* como preposición en el sentido 'en casa de', 'junto a', casi general en América y muy extendido en las hab... leonesas y del Norte castellano, para lo cual remito a mi nota de *RFH* VI, 236, y demás bibliografía allí citada[10].

DERIV. Del lat. *ubi* es derivado artificial el

lat. escolástico *ubicatio, -onis*, 'situación, estancia de algo' (creado por los lógicos de la baja Edad Media, a la manera de *quididad* y análogos): de ahí el cast. *ubicación* [h. 1630, Paravicino, *Aut.*], hoy empleado en América; de este substantivo se sacó luego el verbo *ubicarse* [*Aut.*], más tarde *ubicar* intr. 'estar situado' [ej. del andaluz Estébanez Calderón, h. 1840, en Román; «un casco de estancia... que *ubica* al Sud de esta ciudad», doc. arg. de 1838, Chaca, *Hist. de Tupungato*, p. 207; construcción anticuada], o tr. 'situar' (común en Arg., Chile y Perú, y deducible directamente del *ubicarse* de *Aut.*; el uso de este verbo en cualquier construcción ha sido siempre raro en España—la Acad. suprimió el vocablo en sus ed. de 1817-1843 y otras—y hoy es desusado allí, mientras que la enseñanza de las universidades y colegios coloniales logró popularizarlo en América del Sur).

Cpt. Para *o, do* y *donde*, vid. arriba. *Doquier* [*oquier, Fuero Juzgo, Fuero Real, Partidas; doquier*, Berceo, *S. Dom.*, 72; *doquiere, Mil.* 804a], *dondequier* [*Calila*, 146.108; raro, hoy sólo en verso], *doquiera* [*Celestina*, ed. 1902, 17.9], *dondequiera* [*Celestina*, 92.31; Nebr.], vid. Cuervo, *Dicc.* II, 1326-7. *Adonde, adondequiera* (vid. *DHist.* y Cuervo, *Dicc.* I, 207-210). *Ubicuidad* [*Aut.*], tomado del lat. escolástico *ubiquitas, -atis*, derivado del lat. *ubīque* 'en todas partes'; *ubicuo* [Acad. 1925, no 1884]; *ubiquitario*.

¹ Tratándose de esta palabra hay que contar con muchas modernizaciones de los copistas y, en ciertos casos, de los editores. Así en Berceo, *Loores*, 127, leemos *donde*, pero el metro exige *don* o mejor, dado que hay idea de reposo, *o* o *do*; en el mismo texto, 134, el metro confirma también la lección *on(d)* en lugar de *donde*. Hay que recordar bien esta salvedad cuando se usan los ejs. citados por Cuervo, *Dicc.* II, 1316-26; o Cej. IV, § 66.— ² Todavía en el *Caballero Plácidas*, en J. Ruiz y en el *Libro de la Montería.—* ³ Hay variante *u*, debida a la metafonía causada por la *-ī*. Existe el interrogativo *ú* en el portugués del Miño (Leite de V., *Opúsc.* II, 19), y también en hablas leonesas; en todas ellas y particularmente en gallego, se junta en las interrogaciones con la forma arcaica del pronombre átono neutro o de tercera persona: *u-lo?, u-la?* 'dónde está ello?, dónde está ella?' (Lugrís, p. 181), «escóitase falar de pintura galega: ¿*Ula?*» Castelao 22.25).— ⁴ Nebr. lo registra como variante y es aún frecuente en la *Celestina* (vid. Poston), pero pronto se iría haciendo raro su uso, fuera de la poesía o del estilo elevado o arcaizante: «Da cada día señales de la clara y generosa estirpe *do* desciende», Cervantes, *Galatea*, dedicatoria; «para... fama de la Mancha, *do* según he sabido, trae vuestra merced su principio y origen», *Quijote*, I, xlix. El caso es que Valdés, puesto a dar ejs., sólo sabe citar dos refranes (*Diál. de la L.*, 121.1). Hoy sobrevive dialectalmente, sobre todo en las

combinaciones interrogativas elípticas donde se junta con un pronombre átono de tercera persona, *dóla, adóla, (a)dólo*, etc., que aparecen ya en J. Ruiz, en el Arcipreste de Talavera (II, cap. i, «¿*adóle* este huevo?»), en Malón de Chaide («y vuestra cortesanía, ¿*dóla*?», Rivad. XXVII, 412b), en Quiñones de B. (*NBAE* XVII, 64), hoy siguen empleándose en Canarias (Cuervo, *Ap.*⁷, p. VIII), en Cespedosa (*RFE* XV, 246), en Asturias, en el judeoespañol de Marruecos, donde además se dice ¿*adóme, adóte, adó el hombre, adó el dedal?* (*BRAE* XIV, 567).— ⁵ No hay huellas en castellano de los adverbios *quo* y *qua*, de que se servía el latín en estos casos. El segundo se eliminaría al confundirse con *(a)cá* ECCUM HAC; el primero, quizá por parecer variante de *com* = *como*.— ⁶ Unos pocos ejs. de *on* o *don* en el *Cid* (v. gr., 1516), en *Apol.* (469) y en *Sta. M. Egipc.* (Rivad., pp. 309a y 315 b), pueden ser debidos a los copistas del S. XIV que nos transmitieron estas obras, tanto más cuanto que era fácil leer ŏ en vez de *o*.— ⁷ Por tradición literaria, en verso, se ha seguido admitiendo esta posibilidad hasta h. 1800: véase un ej. de Meléndez Valdés en Cuervo, 1316b.— ⁸ No trae sentencia *de 'donde* no mana, / loable al autor y eterna memoria», *Celestina*, preliminares; «¿*De dónde* bueno venís?», *Propal.* I, 321; «El abad *de donde* canta, de allí yanta», *Diál. de la L.*, 41.19.— ⁹ La confusión descrita sería causa, mientras no se restableció el equilibrio sistemático, de que nacieran esporádicamente otros usos sintácticos no justificados históricamente. Así *donde* 'por donde' en *La Ilustre Fregona*: «me volví a salir por los mismos pasos *donde* había entrado», *Cl. C.* I, 317.— ¹⁰ Ejs. de Castilla, en Mugica, *ASNSL* CXXII, 423 (pero las autoridades citadas son de autores gallegos y santanderinos, luego en rigor leoneses). Para el Norte de Portugal, vid. además Leite de V., *RL* III, 61, 67. La misma evolución se produjo en Sicilia y en Córcega (*annau unni so matri, unde noi*), y Bertoni supuso, sin lograr la aprobación de Rohlfs, que de ahí puede salir el it. *da*, it. ant. y calabr. *di*, como sustitutos del lat. *apud* (*Lingua e Cultura*, 1939, 90 y ss.; *ASNSL* CLXXV, 270).

Dondiego, V. *dueño   Dondio*, V. *domar   Doneador, donear, doneo*, V. *dueño*

DONFRÓN, ant., 'cierta tela de lienzo crudo', del nombre de la ciudad francesa de *Domfront* en Normandía, de donde debió importarse. *1.ª doc.*: registrado por la Acad. ya en 1817 (no 1783); falta en la lista de nombres análogos publicada por A. Castro, *RFE* VIII, 325 y ss.

Dongo, V. *dueño   Donguindo*, V. *guinda Donillero*, V. *donar   Donjuán, donjuanesco, donjuanismo*, V. *dueño   Donosia, donosidad, dono-*

so, donosura, V. *donar*   Doña, V. *donar* y *due-*
ño   *Doñaguil, doñear, doñegal, doñigal, dóñigo,*
V. *dueño*   *Doquier, doquiera*, V. *donde*   *Do-*
rada, doradilla, doradillo, dorado, dorador, do:adu-
ra, doral, dorar, V. *oro*

DORMÁN, 'chaqueta de uniforme llevada por
los húsares', alteración del fr. *dolman* íd., tomado
del alemán, donde a su vez viene del turco *dolā-*
mān 'traje largo y ceñido, de mangas estrechas',
pasando por Hungría. *1.ª doc.*: Acad. 1884, no
1843.

Bloch, s. v. Hay variante *dulimán* 'vestidura
talar de que usan los turcos' (Acad. ya 1843),
tomada del fr. *doliman* [1558], que se importó
directamente de Turquía.

DORMIR, del lat. DORMIRE íd. *1.ª doc.*: orígenes del idioma (*Cid*, etc.).

Cuervo, *Dicc.* II, 1327-30. Véase allí para construcciones y acs. especiales[1]. Ast. *durmir* (vid. fraseología en V).

DERIV. *Dormición*, ant. *Dormida* [h. 1600, Juan
Ramírez de Velasco, con referencia al Tucumán,
cita de A. Serrano, *La Metalurgia Diaguita*, en
La Prensa, 21-VI-1942, en la ac. 'lugar donde se
pernocta', hoy arg. (I. Moya, *Romancero* II, 245),
chil. y costarric., análogamente en Arequipa, según Ugarte; con referencia a aves, en Góngora].
Dormidera [APal. 71*d*, 82*d*, 327*b*, como nombre
de planta], hoy más común *adormidera* [h. 1560,
B. de las Casas]. *Dormidero. Dormido. Dormidor*
[Berceo]. *Dormijoso*, ant.; ast. *dormiyosu* 'soño-
liento' (V). *Dormilón* [*Celestina*, ed. 1902, 145.30;
C. de las Casas; Percivale; Ribadeneira; Cervantes; etc.][2]; *dormilona, dormiloso* ant., *adormilar-*
se: antiguamente, sin disimilación, *adormidado*
(Berceo, *S. Dom.* 7?22*d*), lat. DORMĪTARE. *Dormi-*
miento ant. *Dormitar* [Berceo, *Mil.*, 108; h. 1600,
Rivadeneira], tomado de *dormītāre* íd.; otros cultismos son: *dormitivo, dormitor, dormitorio* [Berceo].
Durmiente [*dormient, -te*, h. 1200, *Disputa del
Alma y el Cuerpo*; Berceo; como término náutico *durmiente* o *durmente* (éste, 1587, G. de Palacio, *Instr.* 140 v°), la última forma revela origen
it., cat. o port.]. *Adormecer* [h. 1250, *Setenario*,
f° 10v°; *Canc.* de Baena, p. 537; Nebr.][3]; *adorme-*
cedor, adormecimiento, ant. *adormimiento; ador-*
mentar (en Villena y en varios autores del S. XVI:
DHist.) está tomado del ít. *addormentare*. *Con-*
duerma (falta aún Acad. 1899). Gall. *durmiñento*
'adormecido, semiinconsciente' («a concencia *dur-*
miñenta da personalidade galega» Castelao 86.6),
formación analógica, especialmente de *medoñento*,
que deriva de *medoño*, pero parece venir de *medo*.
CPT. *Dormirlas* [1620, Franciosini; Terr.]. *Duer-*
mevela [Acad. 1884, no 1843].

[1] Del raro uso causativo, del que sólo cita Cuervo un ej. en Góngora (§ 1c), puede verse otro en
Lope, *El Cuerdo Loco*, v. 3040: «aquesa joya...

que infunde sólo / vn sueño en mortal desmayo /
...yo la tenía / en cierto casso amoroso / para
dormir vn marido».— [2] Para la formación, vid.
COMILÓN, que aparece por el mismo tiempo.
No se puede asegurar de cuál partió el sufijo.
Aquí puede tratarse de disimilación de un romance **dormidón*, aumentativo de *dormido*, comp.
adormidado > adormilado. Para la proliferación
americana, además de los casos citados en dicho
artículo, téngase en cuenta el especial desarrollo
en el Perú, donde corren *reilón, pegalón, conver-*
salón, tropezalona (Wagner, *VKR* XI, 51; Benvenutto M., *El lenguaje peruano*); para este último es superfluo el cruce en que piensa A. Alonso, *RFH* III, 160.— [3] Comp. *adormir* 'dormirse'
en un anónimo mozárabe de los SS. XI-XII, *Al-*
And. XVII, 111. *Atormecer*, empleado en el *Re-*
gimiento de Príncipes (1494: *DHist.*) y registrado por Nebr. («*atormecerse*: stupesco; *atormeci-*
do: stupidus; *atormecimiento*: stupor; *entorme-*
cer: atormecer»; *entormecimiento* 'entumecimiento (de los miembros)' en Laguna 1555) puede ser
cruce con *entumecer*. Sin embargo, compárense
casos como *turar* y *aturar* junto a *durar* (¿OBDU-
RARE u OBTURARE?), *atarazana < ad-darassana*, y
los cat. *retre* REDDERE, *atansar* ADDENSARE (y *ena-*
ter INADDERE, dudoso).

Dorna, dornajo, dorniel, dornillero, dornillo, V.
duerna

DORSO, tomado del lat. *dŏrsum* 'espalda'.
1.ª doc.: 1684, Moret[1].

Aut. dice que es voz del dialecto de Aragón, no
sé si fijándose sólo en que lo había usado el navarro
Moret, donde ya tiene la ac. moderna 'reverso de
una superficie plana (documento, retablo, etc.)'. En
fuentes aragonesas de 1391, 1479, 1482, 1484 (*Fs.
Wartburg* 1958, 585). No es imposible que se empleara primero en Aragón, pues DORSUM fué de uso
común en el sentido de 'espalda (de las personas)'
en el catalán y el gascón medievales; cabría entonces que el lenguaje jurídico aragonés lo tomara
del oc. ant. *dors*; pero como el único dialecto occitano en contacto directo con Aragón, el de Gascuña, así como el catalán, tenían sólo la forma
dòs sin r, debería suponerse entonces que hubo
readaptación al latín. En conclusión, el intermediario aragonés o gascón-catalán queda dudoso y es
más probable un cultismo, pues Terr. ya advierte
que es voz de botánicos y anticuarios, como hoy.
El popular *Dueso* existe como nombre de lugar.

DERIV. *Dorsal* [Terr.]. *Adosar* [falta aún Acad.
1884; ejs. modernos en *DHist.*], del fr. *adosser*,
derivado de *dos* 'espalda, dorso'. *Endosar* [*Aut.*;
Acad. cita variante *endorsar*], del fr. *endosser* [en
el sentido comercial, 1636]; *Aut.* dice que «es voz
puramente italiana», pero en italiano se dice *gi-*
rare (una cambiale); endoso [*Aut.*], *endosable, en-*
dosante, endosatario, endose. Dosel [*dosser*, h.

1500, *Canc.* de Castillo, I, 17, Cej., *Voc.; dosel,*
1611, *N. Recop.* VII, xii, 2], puede venir del fr.
dossier íd., como suele admitirse (p. ej. *FEW*
III, 147n. 2), pero en vista de la falta de diptongo
es más probable que proceda del cat. *dosser* íd.,
idioma donde *dòs* 'espalda' fué de uso común en
la Edad Media, y donde todavía subsiste en usos
'especiales[2]; *doselera, doselete, endoselar.*

CPT. *Extradós* [Acad. después de 1899; alterado
en *trasdós*: 1526, *BHisp.* LVIII, 359, Acad. 1817],
del fr. *extrados,* comp. de *dos* 'dorso' y lat. *extra*
'fuera'; *intradós,* comp. con *intra* 'adentro'.

¹ No lo emplea C. de las Casas (1570) para
traducir el it. *dosso.*— ² Mall. *anar a dòs* 'cabalgar sin silla' (*BDLC* VII, 331, mal escrito *anar
d'os); terrandòs,* plur. *-dossos,* nombre de un
hongo blanco en cuyo dorso suele haber tierra (se
escribe malamente *terrandós,* pero puedo atestiguar la pronunciación con *o* abierta y el plural
con *ss); tocar el dos* 'volver la espalda, marcharse', de uso general: es catalanismo el and. *tomar
el dos* (AV).

DOS, del lat. DŬŌS, acusativo de DUO 'dos'
1.ª doc.: orígenes del idioma (doc. de 1055 en
Oelschl., etc.).

El romance, como siempre, generaliza el uso del
acusativo latino. La ŭ se pronunciaba ǫ en latín
vulgar tardío y por lo tanto se confundió con la
ō siguiente, comp. cast. ant. *to, tos* TŬUM, TŬŌS,
so, sos SŬUM, SŬŌS (frente a *tu*[e] TUAM, *su*[e]
SUAM, después generalizados al masculino). El idioma antiguo había poseído un femenino *dúes* (*Cid,*
Berceo) o *dúas* (Fuero de Guadalajara, 1219; Sánchez de Vercial, h. 1400, Rivad. LI, 503), hermano del port. *duas,* cat. *dues,* y procedente del lat.
DŬAS, con la U cerrada ante A, según es regular;
después se perdió; no existe la forma *dúos,* que
algunos (seguidos por la Acad.) deducen falsamente de *dúas.*

DERIV. *Dosillo. Dual* (Acad. ya 1843), tomado
de *dualis* íd.; *dualidad* [Monlau, † 1871, Pagés];
dualismo, dualista [fin S. XIX, Menéndez y Pela-
yo], *dualístico. Duenario,* formado según el modelo de *novenario* (en latín es. *binarius). Düerno*
[*Aut.*], formado según el modelo de *cuaderno* (en
latín es *binus). Dúo* [1565, Fr. T. de Sta. María;
1596, Fr. H. de Santiago], tomado del lat. *duo*
'dos', empleado modernamente en este sentido, sea
por préstamo o por conducto del italiano, como
quiere Terlingen, 150; *düeto* [Acad. ya 1843], del
it. *duetto,* dimin. del anterior. *Dídimo,* dimin. del
gr. δίδυμος 'doble, gemelo', deriv. de δύο 'dos', del
mismo origen que la voz lat.; *didimio.*

CPT. *Entredós* [Terr.], imitado del fr *entre-deux*
[S. XII].

Doble [orígenes del idioma: *Cid,* Fuero de
Avilés, Berceo, etcétera; ast. *duble,* V], es dudoso
si la voz castellana y el port. *dobre* proceden de
DŬPLUS íd., o de su sinónimo DŬPLEX, -ĬCIS (am-

bos compuestos en latín con la raíz de PLICARE
'plegar, doblar'), aunque es más probable lo primero: aquél es el único que ha dejado descendientes en los demás romances (it. *doppio,* frprov.
doblo, doublo, droblo), pero no explica bien la -*e*
hispánica, pues no es muy verosímil un mero cambio de clase flexiva como el ocurrido en *libre* (según admite M. P., *Man.,* § 78) y menos puede
admitirse un provenzalismo o catalanismo (como
sugieren Poston, Richardson y otros)[1], en palabra
de esta clase; en cuanto a DŬPLEX, sería concebible
teóricamente una pronunciación vulgar reducida
DUPLES, que diera lugar a la formación de un acusativo analógico *DUPLEM (comp. los casos de FOR-
NIX > *furnia* o *forna,* CIMEX > *cima,* PULEX >
pŭlo, RUMEX > *roma, romaza,* que indiqué en *RFH*
VI, 152; y agréguese *oribe* sacado de *oríbez* AURĬ-
FĬCEM, falsamente tomado por un plural), pero el
predominio del nominativo singular sobre todos
los demás casos del singular y del plural es mucho
menos verosímil en una palabra como ésta que en
los sustantivos citados; como hay varios casos de
-*e* procedente de -U en palabras con *ó* tónica
—*cobre, golpe, molde, rolde, don*(e), *goldre,* quizá
boj(e) y *cuitre* (antes **coltro*)—, y como de una manera u otra deberán explicarse los postverbales castellanos en -*e* o cero (que pudieron partir de casos
frecuentes como *coste, toque, son*[e]), y como los
casos contradictorios (ej. *lodo*) no son numerosos,
me inclinaría a creer en una ley disimilatoria especial que cambiaría *doblo* en *doble* (de donde
analógicamente *triple* o *treble,* y *simple); doblo*
está documentado solamente como término jurídico [ley de 1640, *N. Recop.* III, xiv, 1, en *Aut.;*
sustantivado *pena del doblo* o *doblo,* ya Nebr.] o
como nombre de moneda, lo que viene a ser lo
mismo [*dobro* en *Sta. M. Egipc.,* 314], y por lo
tanto será adaptación parcial al cultismo *duplo;* se
han empleado también *tresdoblo, ciendoblo* y otros
semejantes, como adaptación de *triplus, centuplus,*
etc.[2]; de ahí también el femenino *dobla* [canción:
Apol., 189b; moneda: J. Ruiz, 826d; *Conde Lucanor,* 77.17], y su aumentativo *doblón* [1550, *N.
Recop.* VI, xviii, 6], con *doblonada,* y diminutivo
doblilla. Doblez [*APal.* 73b: «escudo... guarnido
de tres *doblezes* de cuero»; «*doblez: duplicitas*»,
Nebr.; aun en el sentido concreto fué primero
femenino, como en Argensola, 1609, aunque Babia, 1572-91, ya lo hace masculino, según *Aut.*],
significó primitivamente 'cualidad de doble' y sólo
después llegó a hacerse concreto[4]. *Doblero, doblería; dobladura* ant.; *doblete* [1406, arag., *VRom.* X,
143]. *Doblar* [*Cid*], del lat. tardío DŬPLARE 'hacer
(algo) doble'; para construcciones y usos especiales, vid. Cuervo, *Dicc.* II, 1299-1305; la ac. 'plegar' [*Alex.,* 1815], propia y exclusiva del castellano
y del port. *dobrar,* y ajena al cat., oc., fr., it., constituye una importante innovación semántica (comp.
doblegar) que hallamos asimismo en el calabr.
dubbrare y aun en el griego de Calabria *diplònnu*

(Rohlfs. *Sitzungsber. München*, 1944-6, V, 45); *doblado* [1100, *BHisp.* LVIII, 359], *doblada, dobladillo, dobladilla, dobladillar, doblador, dobladura* [S. XV, *Biblia med. rom.*, Gén. 23.9; Nebr.], *doblamiento; desdoblar, desdoblamiento; endoblar,* 5 *endoblado, endoble; redoblar* [Nebr.], *redobladura* [íd.], *redoblado, redoblamiento, redoblante, redoble, redoblón. Doblegar* [APal. 54b; *Celestina*, ed. 1902, 51.3; Nebr.; 2.ª parte del *Amadís*, vid. Cuervo, *Dicc.* II, 1306-7], del lat. DŬPLĬCARE 10 'doblar, hacer doble', que ya en Virgilio significa 'curvar', palabra también representada en catalán *doblegar*, bearnés *doubblegà*, retorrománico *dubalger* y rumano *induplecà*; teniendo en cuenta lo tardío de la aparición en castellano, lo exclusiva- 15 mente figurado del significado en este idioma (un solo ej. concreto, de Fr. L. de Granada) y la ausencia total en portugués, es verosímil que el cast. *doblegar* sea catalanismo del S. XV, pues el cat. *doblegar* es la palabra normal para 'doblar' (y 'do- 20 blegar'), y sus derivados *doblec* y *doblegable* se documentan desde princ. S. XIV (Alcover); *doblegable, doblegadizo, doblegadura, doblegamiento, redoblegar*. Cultismos: *duplo, dupla, dúplice* [h. 1520, Padilla (C. C. Smith, *BHisp.* LXI)], *duplici- 25 dad* [M. de Ágreda, † 1665], *duplicar* [1584, Rufo (C. C. Smith); Oudin, 1607; Argensola], *duplicado, duplicador* [*Canc. de Baena*, W. Schmid], *dúplica, duplicación, duplicativo, duplicatura; conduplicación; reduplicar, reduplicación*. 30

Doce [orígenes del idioma: Berceo, etc.; en lo antiguo tiene siempre *z* sonora]⁴, del lat. DŬŎDĔCIM íd., compuesto con DĔCEM 'diez'; *doceno* [Berceo], *docén, docena⁵, docenal, docenario; dozavo, dozavado;* y sus compuestos *doceañista, docemesino,* 35 *doceñal* ant. (< *doceañal);* formas cultas: *duodécimo, duodecimal, duodécuplo; duodeno,* tomado de *duodēni* 'de doce en doce' (por tener doce dedos de largo); *duodenal, duodenitis, duodenario;* helenismos: *dodecaedro, dodecágono, dodecasílabo,* 40 formados con el gr. δώδεκα 'doce', de formación paralela a la del lat. *duodecim.*

Doscientos, antiguamente *dozientos* [*Cid; Conde Luc.,* 262.15; todavía *ducientos* en *La Ilustre Fregona, Cl. C.,* 304, y en Lope, *Marqués de las* 45 *Navas,* v. 1989), prolongación fonética del lat. DUCĔNTI (acus. -TOS); *ducentésimo.*

Dosalbo, vid. *tresalbo, cuatralbo. Dosañal. Duomesino.* Compuesto de *doble: doblescudo.*

Duunviro o *duunvir,* tomado del lat. *duumvir,* 50 compuesto con *vir* 'varón'; *duunviral, duunvirato.*

Diedro, compuesto de δι-, forma griega prefijada del número δύο 'dos' y ἕδρα 'asiento, base'.

¹ El cultismo en que cree M-L., *REW*, s. v., claro está que no aclara nada.— ² Para *cuatrodo-* 55 *ble* y análogos, vid. Ebeling, *Litbl.* XXIII, 132-4.— ³ Del romance procede el vco. vizc. *tolez* o *toles* 'pliegue, dobladura', 'doblez, insinceridad' del cual existió una variante antigua *tobez* (con simplificación diferente del grupo consonántico 60

bl, ajeno a la fonética vasca) empleada en un ms. del vizcaíno Añíbarro, según el Supl. de Azkue. De ahí los derivados vascos *tolestu* 'doblar', *tolestura* y *tolostura* 'dobladura' 'falta de sinceridad' 'entrañas', etc.— ⁴ Más antiguamente *dodze,* como se halla todavía en Berceo, doble consonante que explica la conservación de la -*e* sin necesidad de acudir a la analogía de *onze, catorze* y *quinze,* como alguien ha supuesto (Hanssen, *Gramm.* § 57.1). Todavía en judeoespañol se pronuncian *dodze* y *tredze* o *dodže, tredže, doldze, treldze,* con consonantismo complejo, vid. M. L. Wagner, *Homen. a M. P.* II, 195; *dozze, trezze,* en Marruecos (*BRAE* XIII, 218); *dolze, trelze,* en leonés antiguo (M. P., *Dial. Leon.* § 12.5), cat. ant. y mod. *dotze, tretze.*— ⁵ Gall., ast. y montañ. *ducina* 'doce pares o *cobradas* de pescados, más una de corretaje: 26', Sarm. *CaG.* 105r; probablemente compromiso entre el cast. *docena* y su correspondencia fonética en gall.-port. *duzia* < *dozea.*

Dosel, doselera, doselete, V. *dorso — Dosificable, dosificación, dosificar,* V. *dar — Dosillo,* V. *dos — Dosimetría, dosimétrico, dosis,* V. *dar*

DOTE, tomado del lat. *dōs, dōtis,* 'dote que aporta la desposada', 'cualidades o méritos de alguien', derivado de *dare* 'dar'. 1.ª doc.: *docte,* princ. S. XV, *Canc. de Baena,* W. Schmid; *dote,* APal., 120d, 122b; Nebr.¹

Hoy tiende a generalizarse el uso como femenino, de acuerdo con el latín, pero el género masculino tuvo bastante extensión (así en Ovalle, 1644, y en Nieremberg su coetáneo) y todavía subsiste en refranes; como femenino se halla en textos más latinizantes (APal., ley de 1534 en la *N. Recopil.* V, ii, 1), y aunque la Acad. da el vocablo como de género ambiguo desde *Aut.* hasta su última edición², uno de los autores del diccionario de Autoridades, el Marqués de San Felipe, en 1714, replicando a Salazar y Castro, dice que el femenino «es más frecuente en los escritores de nota y hasta en los refranes» (*BRAE* I, 93). El masc. se debe a influjo de *don.* En la ac. traslaticia 'prendas, cualidades', *dotes* es hoy femenino.

DERIV. *Dotal* [1475, *BHisp.* LVIII, 359; Nebr.]. *Dotar* [princ. S. XIV, *Zifar* 12.8; Nebr.; *doctar, Canc. de Baena,* W. Schmid], *dotación, dotador, dotamiento, dotante.*

¹ Oelschl. cita doc. de 1097 hecho en Lérida, mas aparte de que esto corresponde al territorio de lengua catalana, se tratará de una forma latina que no prueba el uso vulgar del vocablo. En la Edad Media no parece haberse empleado otra cosa que *axuar, arras* o *casamiento* (Nebr.: «dote o casamiento de hija: dos»); falta *dote* en el glos. de los Fueros de Tilander, etc.— ² En la de 1884 lo daba como masculino, lo cual creía Cuervo mera errata (*Disq.* 1950, 174).

Dovela, dovelaje, dovelar, V. *duela*   *Dozava-do, dozavo*, V. *dos*

DRABA, tomado del gr. δράβη íd. *1.ª doc.*: 1555, Laguna.

DRACMA, tomado del lat. *drachma* y éste del gr. δραχμή íd. *1.ª doc.*: 1555, Laguna, como unidad de peso.

Como moneda se halla usado ya por Fr. L. de Granada. Ambas acs. pertenecen ya al griego. APal., 122*b*, define *dragma*, pero como voz latina, aunque ya le da plural castellano (114*d*). Covarr., Oudin y otros dan una variante vulgar *drama*; cf. *ADARME*, forma arabizante del mismo vocablo.

CPT. *Didracma.*

Draconiano, V. *dragón*

DRAGA, del ingl. *drag* íd., derivado del verbo *drag* 'arrastrar'; por conducto del fr. *drague*. *1.ª doc.*: 1879, Clairac; Acad. 1884, no 1843[1].

En francés se empleó desde 1676.

DERIV. *Dragar. Dragado.*
CPT. *Dragaminas.*
[1] Terr. cita *drag*, en calidad de voz inglesa, como nombre de un garfio o grada para labrar.

Dragante, V. *dragón*   *Dragar*, V. *draga*
Dragea, V. *gragea*   *Drago*, V. *dragón*   *Dragomán*, V. *truchimán*

DRAGÓN, del lat. DRACO, -ōNIS, y éste del gr. δράκων, -οντος, íd. *1.ª doc.*: *draco*, Berceo, *S. Dom.*, 333; *dagrón*, h. 1350, *P. de Alf. XI*, 803*b*; *dragón*, *1.ª Crón. Gral.* 13a41, 190b5; APal. 190*b*, 500*d*; *Celestina*, ed. 1902, 121.10.

La forma procedente del nominativo latino se halla también, en variante más popular *drago*, en J. Ruiz, 3*c*; *Alex.*, 988; Nebr.; hoy se conserva en el nombre de un árbol de la familia de las liliáceas, oriundo de Canarias [1706, F. Palacios]. Como nombre de un soldado de infantería trasportado a caballo hasta el lugar de la lucha, *dragón* se halla en castellano desde 1728, procedente de Francia; en este país y en Alemania aparece h. 1600, y según Kurrelmeyer, *PMLA* LVII, 421-34, su nombre se debe al de la pistola que empleaban estos soldados, la cual a su vez se llamaría así por el nombre de *dragón* que se daba a su gatillo. Comp. *ENDRIAGO* y *TRAGAR.*

DERIV. *Dragona* (para el empleo popular en Canarias, vid. Lugo, *BRAE* VII, 341). *Dragoncillo.* *Dragonear* [Terr.][1], hoy amer. *Dragonites. Dragontea* [1555, Laguna], variantes *dragontía* [Nebr.], *ṭaraqunṭīya* [h. 1106, Abenbuclárix, y otras variantes mozárabes, para las cuales vid. Simonet, 531], *taragontía* [h. 1490, *Celestina*, Aut.], *aragontía* [Nebr.; 1623, F. Calvo: *DHist.*], *tragontina* [Acad. 1925, no 1843]: tomado del lat. *dracon-*

tēa o *dracontīum*, y éste del gr. δρακόντειον o δρακόντιον íd. *Dragontino.* *Dragante*, 'figura heráldica que representa una cabeza de dragón mordiendo o tragando algo' [*Aut.*, con cita de autor reciente], dicho también *dragonete*; en cuanto a *dragante* parece tratarse de un cruce entre *dragón* y *tragante*, participio activo del verbo *tragar* (V., por lo demás, este artículo; el detalle de que el *dragante* está tragando algo, no figura en *Aut.* ni en Terr., sólo en Acad., ya 1843), compárese además la variante catalana *dragar* 'tragar'; en cuanto a *dragante* [1587, G. de Palacio, *Instr.* 141r°] o *tragante* 'madero dispuesto horizontalmente sobre la popa', será mero homónimo, procedente, por conducto del italiano, del gr. medio *τριχάνθιν, compuesto con χανθός 'ángulo' y τρι- 'tres', por la forma triangular del *dragante* (según H. Kahane, *Byzantion* XVI, 1942-3, 339-56); tampoco debe confundirse con *dragante* (Franciosini, etc.) variante de *TRAGACANTO*. *Draconiano*, formado con el nombre de Δράκων, célebre y severo legislador ateniense.
[1] «En la milicia es hacer el soldado el oficio de cabo de escuadra; éste, de sargento; y un oficial, el de ayudante.»

Dragontea, dragontía, dragontino, V. *dragón*

DRAMA, tomado del lat. tardío *drama, -ătis*, íd., y éste del gr. δρᾶμα 'acción', 'pieza teatral', derivado de δρᾶν 'obrar', 'hacer'. *1.ª doc.*: Covarr.; pero *Aut.* todavía no cita ejs. de autores.

DERIV. *Dramático* [*dragmático*, APal. 369*b*; *dramático*, 1580, Fdo. de Herrera], tomado del lat. *dramaticus* y éste del gr. δραματικός; *dramática; dramatismo; dramatizar; dramatizable; dramatización; dramón.*

Drástico [Terr.; Acad. 1884, no 1843], de δραστικός 'activo', 'enérgico', otro derivado de δρᾶν.

CPT. *Dramaturgo* [Acad. 1884, no 1843] de δραματουργός íd., compuesto con ἔργον 'obra'; *dramaturgia* [íd.].

Drapero, V. *trapo*   *Drasgo*, V. *trasgo*   *Drástico*, V. *drama*   *Drecho*, V. *derecho*

DRÍADE, tomado del lat. *dryas, -ădis*, y éste del gr. δρυάς, δρυάδος íd., derivado de δρῦς 'árbol', 'roble'. *1.ª doc.*: Garcilaso, † 1536.

Modernamente es tanto o más usada la forma *dríada*. La Acad. registra además una variante *dría* (falta aún en la ed. de 1899).

DERIV. *Drino* [Acad. ya 1843; *drina*, Terr.], tomado de δρυίνας 'serpiente que se oculta en el hueco de los árboles'.

Druida [Terr.], tomado del lat. *druĭda* íd., de origen galo, derivado del nombre céltico del roble (*dru-, daru-, derụa*), hermano de dicha palabra griega; la derivación se explica por las prácticas mágicas de los sacerdotes galos con el muérdago de roble; *druídico, druidismo.*

CPT. *Hamadríade* [1616, *Persiles*], de ἀμαδρυάς, compuesto con ἅμα 'juntamente'.

DRIL, tomado del ingl. *drill* íd., que parece ser alteración del alem. *drillich* íd., propiamente 'tela tejida con tres lizos', el cual a su vez lo fué del lat. *trilix, -ĭcis,* compuesto de *tri-* 'tres' y *licium* 'lizo'. *1.ª doc.:* Acad. 1884, no 1843; lo emplea ya Pereda.

En inglés *drill* se halla ya en 1743 (la variante más corriente *drilling,* desde 1640); en alemán ya aparece en la Edad Media. Posiblemente el francés lo trasmitió al español: allí se doc. desde 1855.

Drimirríceo, V. *rizo-*   *Drino,* V. *dríade*

DRIZAR, antic., 'izar o arriar las vergas', del it. *drizzare* 'levantar, enderezar', 'drizar', y éste del lat. vg. *DIRECTIARE* 'enderezar, levantar', derivado de DIRECTUS 'recto, derecho'. *1.ª doc.:* 1604, *G. de Alfarache.*

Vid. Vidos, *Parole Marin.,* 345-6. Es posible que tenga el mismo origen el mozár. *ad-dírša* 'orzar, navegar de bolina', documentado en un glosario medieval, como sugiere Simonet, s. v.; el mismo autor propone, por otra parte, con la aprobación de Dozy, *Suppl.* I, 434a, relacionar este *dirša* con *orzar,* lo cual sería posible admitiendo que hay errata de copia (*d* en vez de *w*) y vocales agregadas posteriormente.

DERIV. *Driza* [*triça,* 1555, Fz. de Oviedo; también en Eugenio de Salazar, h. 1573, G. de Palacio, 1587, fº 155 vº, y en Rojas Villandrando[1]; *driza, Aut.*], tomado del it. *drizza* íd., derivado de *drizzare,* porque las drizas se emplean para subir las velas, vid. Terlingen, 254, y Vidos, *l. c. Adrizar* [1722, Gili][2], 'enderezar la nave', del it. *addrizzare* 'enderezar', derivado de *drizzare.*

¹ La forma con *t-* se explicará por la rareza de la inicial *dr-* en palabras populares castellanas, que fué causa asimismo de las formas *TRAPO* y *TRASGO;* ayudaría el influjo de *troza* y del verbo parónimo *trizar.* Aparece *triza* también en poesía atribuída a «Tejada» en un cartapacio del S. XVII. La interpreté mal, fiándome de la puntuación errónea con que suele imprimirse, en *RFH* VI, 218n.2.— ² Ejs. posteriores en el *DHist.,* s. v. *adrisar* y *adrizar.*

Drobillo, V. *droga* y *joroba*

DROGA, palabra internacional de historia oscura, que en castellano parece procedente del Norte, probablemente de Francia; el origen último es incierto, quizá sea primitiva la ac. 'cosa de mala calidad' y proceda de la palabra céltica que significa 'malo' (bret. *droug,* galés *drwg,* irl. *droch*), que se habría aplicado a las sustancias químicas y a las mercancías ultramarinas, por el mal gusto

de aquéllas y por la desconfianza con que el pueblo mira toda clase de drogas. *1.ª doc.:* fin del S. XV, doc. en Fz. de Navarrete, *Col. de los Viajes y Descubr.,* citado en Zaccaria, s. v.; 1523, *N. Recopil.,* III, xvi, 2¹.

Sería de gran importancia en palabra de esta naturaleza poseer indicaciones exactas acerca de su aparición en los varios idiomas europeos; por desgracia, falta una indagación sistemática desde este punto de vista, y mientras no se haga, ni siquiera podremos estar bien seguros de si el vocablo es de origen nórdico o mediterráneo. He aquí los datos que se pueden reunir provisionalmente.

En Portugal, además de García da Orta (1563), figura en Freire de Andrade (med. S. XVII), y el derivado *drogaria* está ya en Mendes Pinto (1541) y en Juan de Barros, poco más tarde. El cat. *droga* ya aparece en 1437 y en otros textos del S. XV, y *drogueria* es frecuente en Jaume Roig, a. 1460 (Alcover); la variante *adroga* está ya en Onofre Pou, cuya primera edición es de 1575². Oc. *droga* está ya en los Fueros de Bearne (S. XV?) y *drogaria* en un cartulario que parece de la misma época; el primer ej. fechado con seguridad es de 1507. Del fr. *drogue* se cita ej. en poesía del S. XIV y en Rabelais (1552). El it. *droga,* según Baist, aparecería en el S. XV, pero no da pruebas; los testimonios de la Crusca y Tommaseo no son anteriores a 1520³; hay además testimonio del b. lat. *droga* en texto de 1526 escrito en Savona. En alto y bajo alemán el vocablo y sus derivados no aparecen antes de 1505, y allí son de origen francés, según Kluge. Sólo del ingl. *drug* tenemos información abundante, gracias al *NED,* y así sabemos que es allí muy frecuente desde 1377 (variantes *drogges, dragges,* variante que suele explicarse por confusión de los escribas con una vieja palabra anglosajona) y que *drogges* se halla ya en un texto latino de Inglaterra tan temprano como 1327; sin embargo, los filólogos ingleses se inclinan a creer que la fuente inmediata de este vocablo es el francés.

Aun cuando, desde luego, no será posible asegurar nada mientras no contemos con una averiguación sistemática, la información disponible lleva a sospechar un origen septentrional. No es imposible semánticamente la idea de Baist de que el vocablo se extrajera en Francia o Inglaterra del neerl. y b. alem. *droghe vate* 'barriles de mercancías secas' (documentado con frecuencia en textos del S. XIV), donde *droghe* es adjetivo en el sentido de 'cosas secas' y *vate* 'barriles'; separando esta palabra conocida, los mercaderes extranjeros habrían entendido que *droghe* significaba 'drogas, mercancías'. Es muy cierto que no todas las drogas son secas, pero una generalización de esta índole es fácilmente concebible, y como las especias se trasportan desecadas, es muy natural que un documento italiano del S. XVI, hablando de la importación de drogas, emplee la frase *cose secche di levante*, que apoya esta etimología[4]; nótese también que el francés posee un derivado indudable del neerl. *drōghe* en *droguerie* 'pesca del arenque' y *drogueur* 'pescador de arenques' (frecuentes desde el S. XVI: Jal, God.). El punto flaco de esta etimología está en que el tráfico de drogas, al menos tal como hoy concebimos esta noción, en la Edad Media se practicaba sobre todo y casi únicamente por el Mediterráneo y no por el Báltico o el Mar del Norte; una investigación encaminada a confirmar el étimo germánico deberá, por lo tanto, abordar el problema desde el punto de vista de la historia comercial o averiguar si inicialmente se entendió por *droga* algo diferente de lo que hoy (p. ej. pescado en salazón)[5].

Bloch, que también se inclina por la etimología neerlandesa, se hace eco sin embargo de una tentativa reciente de derivar el it. *droga* de un b. lat. farmacéutico *drogia* (de donde también el gr. bizant. *droggaia, droggarios*), alteración de *dragea*, del mismo origen que nuestro *gragea* (en su opinión, del gr. τράγημα 'golosina'); aunque esto es apoyar lo desconocido en lo problemático (vid. *GRAGEA*), y aunque por ahora no parece el vocablo ser muy antiguo en Italia (falta en Edler, *Gloss. of Medieval Terms of Business*, y en el *Lexicon Imperfectum* de Arnaldi), la idea de relacionar *droga* y *dragea* no es absurda, y la existencia del vocablo en el griego medieval sería argumento grave contra el origen nórdico, pero el hecho es que no se halla en diccionarios bizantinos ni romaicos (Suidas, Sophocles, Du Cange, Somavera, etc.); en definitiva, no es posible tomar en serio la idea no conociendo el texto original de esta tentativa etimológica, y no tengo por qué dudar que Wartburg ha tenido buenas razones al borrarla en la nueva edición de Bloch.

Otras etimologías pueden rechazarse sumariamente. Contra la de Saleman y Bartholomae (*ZFSL* XXX, 354), de que viene del iránico medio *dārūk* (más tarde *dārōg*, y después del S. VIII *dārū*) 'hierba', 'hierba medicinal', 'medicina', 'pólvora', está el hecho de no encontrarse huellas de este vocablo en árabe, turco ni griego, lenguas que hubieran debido servir de intermediario hacia Occidente. La de Seybold (*Zeitschr. f. deutsche Wortforschg.* X, 1908-9, 218-22), ár. *dawā* 'medicamento' (también pronunciado *dowā*), tropieza con la imposibilidad de explicar la *r*[6]. Pero mucho peor es la de Kluyver (ibid. XI, 7-10), ár. *durāwa* 'granzas, tamo, paja y polvo que vuelan al beldar', pues a la dificultad fonética invencible[7] se agrega aquí la total inverosimilitud semántica: que el tamizado de especias como la pimienta tiene importancia, es cierto, pero Kluyver no logra aportar prueba alguna de su idea de que *droga* significó primitivamente 'cerniduras de especias', y el propio Wartburg (*FEW*, III, 189-90), a pesar de aceptar con reservas esta etimología, sienta categórica-

mente el carácter secundario, y por lo general muy reciente, de las demás acs. del fr. *drogue*, que Kluyver quería explicar directamente por el árabe, y que constituían el argumento máximo en que basó su etimología; en cuanto a *droe, drogue, droge*, 'joyo', 'cizaña', que tan importante pareció a este autor, hoy sabemos que es palabra distinta, procedente del galo DRAVŎCA. Pero también es inaceptable partir de éste para *droga*, como sugiere Spitzer, *ZRPh.* XLII, 194n., pues aparte de que es arbitraria la base semántica de Kluyver, que él acepta al mismo tiempo que rechaza su étimo, necesita Spitzer suponer un oc. ant. *drauga, que no ha existido nunca. En definitiva, pues, no había aparecido hasta ahora otra etimología razonable que la neerlandesa, que está mal apoyada en su aspecto semántico e histórico-cultural, y salvando la posibilidad de que investigaciones futuras rectifiquen la creencia general de que no puede ser de origen anglosajón[8], no se ve entre las pistas exploradas hasta ahora ninguna que pueda conducir a alguna parte.

Ya que así está el problema, convendrá indagar la verosimilitud de otra idea nueva. Hasta ahora se han considerado secundarias las varias acs. peyorativas con que aparece el vocablo desde antiguo, así en francés como en inglés y en castellano. En Francia vale en general «ce qui est de mauvaise qualité» y «personne de peu de valeur», con ambos valores desde el S. XVII, y acs. semejantes están extendidísimas en los dialectos («mauvaise marchandise», «vieille ferraille», «mauvaise boisson», etc., *droguer* «frelater, falsifier», «vagabonder», «perdre du temps»), y de la fecha temprana de tales expresiones son prueba *drogueries* «menus objets», documentado en el S. XV, así en francés (vid. Littré) como en catalán (*Spill*, v. 2521), y el fr. *droguet* «grosse étoffe, sorte de drap léger» [1554]; en inglés tenemos *drug* en el sentido de «an unsaleable commodity» [1661] y el verbo *to drug* «to mix or adulterate» [1605]; en cast. *droga* 'embuste' [Quevedo, Fcha.] y 'trampa', ac. que ha de ser antigua, pues de ahí viene la de 'deuda', hoy tan extendida por América; en fin, el cat. *drogant* 'bribón', corriente en el S. XVII, y que ya aparece encontrarse en Eximenis, fin S. XIV (Alcover, s. v. *drugat*), extremo que hace falta comprobar.

Puede concederse a W. von Wartburg y a otros la posibilidad de que todas estas acs. deriven de la de 'droga' por el gusto desagradable de las drogas y medicamentos, mas por lo menos es seguro que el traslado semántico no puede ser directo, en el caso de *droguet* o de *drogant*. Por otra parte sería tan verosímil y seguramente más el suponer un proceso semántico en dirección opuesta, de suerte que un viejo adjetivo *drogue* se sustantivara como nombre del medicamento, no sólo a base de la idea de 'brebaje desagradable', sino también por la idea popular de que los medicamentos y ultramarinos poco conocidos son sustancias extrañas y perjudiciales, al menos poco dignas de confianza.

Así podríamos partir de un adjetivo bien arraigado en las lenguas célticas, general a todos los idiomas de esta familia: bret. *droug, drouk* adj. «mauvais», m. «mal», galés *drwg*, córn. *drog*, irl. y gaél. *droch* íd. (base DRUKO- o DRUKKO-, quizá emparentada con el ingl. *dry*, alem. *trocken* 'seco', V. Henry). Del bretón o del galés se habría propagado por Francia e Inglaterra, tomando el sentido de 'droga' en los puertos occidentales de estos países, centro mundial del tráfico de drogas, y de ahí lo habría propagado el comercio por todo el mundo. Que no tengamos documentación tan antigua del sentido etimológico como del que supongo secundario, ni es muy significativo, dada la escasa diferencia, de un siglo o menos, ni es extraño en vista de la poca atención prestada hasta ahora a aquel significado, y en todo caso se explicaría por ser más fácil hallar en los docs. el nombre de un objeto de comercio que una expresión de carácter afectivo.

Sólo quedaría por aclarar la duda de si hay que partir del francés o del inglés: en favor de éste habla la abundante documentación temprana de *drug* (circunstancia que puede ser accidental, pero no lo parece) y el mayor contacto del inglés con lenguas célticas modernas (aunque es sabido que los celtismos ingleses no son numerosos), mientras que la mayor abundancia de *drogue* en las acs. peyorativas parecería sugerir más bien una procedencia francesa.

El vocalismo inglés se explicaría más fácilmente como préstamo directo del galés, que el vocalismo francés como préstamo directo del bretón; faltaría examinar mejor si la *o* francesa (admitiendo que en francés fuese anglicismo) podía explicarse por diferencias de timbre entre la *u* del francés y la del inglés de los SS. XIII-XIV, aunque esto desde luego es verosímil.

DERIV. *Droguero; droguería. Droguista. Droguete* 'cierto género de tela' [*Aut.*], del fr. *droguet*, así llamado por ser tela de calidad inferior. *Endrogarse*, amer.

¹ También en Oudin (1607) y en Minsheu (1623). Aunque es sumamente inverosímil toda relación con *droga*, llamo la atención acerca del nombre *Druguiella*, que Oelschl. señala en 1148, en el Cartulario de Covarrubias. Tampoco tendrá que ver el toledano *drugo* 'burujón, peladilla' (Terr.), Maestrazgo íd. 'pedrusco, canto rodado' (G. Girona), que creo procedentes de *adruba*, variante antigua de JOROBA (comp. Cespedosa *drobillo* 'rebujón en el vestido mal puesto', de *adrobilla*). Kluge, ed. 8.ª, 10.ª y 11.ª, habla de un cast. y port. *droga* en el S. XIV, sin citar fuente. Puede deducirse que se trata de una interpretación de la frase de la 6.ª ed. del mismo diccionario, donde se dice que en estos idiomas el vocablo es más antiguo que en inglés, y que en éste aparece a fines del S. XIV; sin embargo, a continuación no se cita otra prueba que los *Collóquios dos Simples e Drogas da Índia* de Garcia da Orta, que son de 1563. Este pasaje parece ser de Baist, a quien había consultado Kluge; ahora bien, aquel autor, en su artículo posterior, de la *ZFSL* XXXII (1908), 298-301, dice categóricamente que en España el vocablo no se halla antes de la 2.ª mitad del S. XVI. Luego aquella frase debe entenderse sólo en el sentido de que Kluge consideraba que en inglés la palabra es de origen romance.— ² Debió ser forma arraigada y antigua, pues de ahí vienen los derivados *adroguería* 'tienda de comestibles' y *adroguer* 'tendero de esa tienda', muy populares y vivos.— ³ Giovanni da Empoli, que se refiere a flotas portuguesas. También aparece en Ramusio, en traducción de un original portugués de 1516, y en otros textos del S. XVI que se fundan en fuentes hispánicas, por lo cual cree Zaccaria que en este idioma es de origen español o portugués.— ⁴ La explicación que sugiere Seybold para esta frase que él cita, contraria a su teoría, es que habría nacido por la etimología «popular» que relacionara el vocablo con el alem. *trocken*, neerl. *droghe*, 'seco'. Pero el conocimiento de las lenguas germánicas que esto supondría en el redactor del documento italiano es completamente inverosímil.— ⁵ Para la etimología neerlandesa, vid. además Valkhoff, *Mots Français d'Origine Néerlandaise*, que no he podido consultar.— ⁶ Steiger, *Contr.* 85n.5, rompe una lanza en su favor haciendo notar que el cambio de acentuación a la sílaba penúltima es normal en voces de tal estructura. Pero claro está que no se halla ahí la dificultad. El paso de *dawâ* a *doa* y de ahí a *doga* sería en rigor posible, pero es imposible llegar hasta *droga* no habiendo razones objetivas para admitir un cruce, pues sólo así se podría explicar la aparición de una *r*, en palabra donde no existen otras líquidas (por lo tanto, el caso de *aldraba, estrella*, etc., a que se refiere Seybold, no es comparable.).— ⁷ La vocal de la sílaba inicial desaparece en dialectos árabes modernos, como dice Kluyver, y por lo tanto una forma *dṛâwa* (> *droga*) sería hoy posible. Pero dudo mucho que esto tenga antigüedad en ninguna parte. Desde luego, no se puede admitir tal fenómeno en el árabe de España. No hay caso alguno de ello en hispanoárabe, ni aun en su fase más tardía, representada por PAlc.— ⁸ Los anglistas afirman unánimemente que *drug* es vocablo de importación continental, pero quizá deba insistirse en buscar alguna relación entre *dragges*, la antigua variante inglesa de *drug*, y el ingl. *dredge*, y ver si no debe revisarse la opinión admitida—que supone a esta palabra origen romance—en vista de que Baxter-Johnson han hallado *dragium* «dredge, mixed corn» en el bajo latín británico desde 1291 (y en 1317, 1341,

1370), a pesar de que el fr. *dragée* no aparece hasta el S. XIV (¿no podría haber parentesco anglosajón con *to dredge*, a base del sistema de trillar grano por arrastre, o con *to dry?*).

Drogmán, V. *truchimán*   *Droguería, droguero, droguete, droguista*, V. *droga*

DROMEDARIO, tomado del lat. *dromedarius* íd., derivado del gr. δρομάς, -άδος 'corredor', 'dromedario', y éste de δραμεῖν 'correr'. 1.ª *doc.*: Nebr. Quevedo empleó *dromedal*.

DERIV. *Pródromo*, de πρόδρομος 'que corre por delante, que precede', otro derivado de δραμεῖν; *prodrómico*.

DROPACISMO, tomado del lat. *dropacismus* 'uso del dropacismo', y éste del gr. δρωπακισμός íd., derivado de δρῶπαξ 'dropacismo'. 1.ª *doc.*: Acad. ya 1843.

Drope, V. *hidro-*

DROSÓMETRO, compuesto del gr. δρόσος 'rocío' con μέτρον 'medida'. 1.ª *doc.*: falta aún Acad. 1899.

DERIV. *Droseráceo* [íd.], derivado culto de δροσερός 'húmedo de rocío', derivado de δρόσος.

Druida, druídico, druidismo, V. *dríade*   *Drugo*, V. *droga*

DRUPA, tomado del lat. *druppa* 'aceituna madura', y éste del gr. δρύππα íd., forma abreviada de δρυπετής 'maduro, que se cae del árbol', compuesto de δρῦς 'árbol' y πίπτειν 'caer'. 1.ª *doc.*: Acad. 1884, no 1843.

DERIV. *Drupáceo*.

DRUSA, tomado del fr. *druse* y éste del alem. *druse* íd. 1.ª *doc.*: Acad. 1884, no 1843.

Dúa, V. *dula*   *Dual, dualidad, dualismo, dualista, dualístico*, V. *dos*   *Duán*, V. *diván*   *Dúas*, V. *dos*   *Duba*, V. *duela*   *Dubiedad, dubio*, V. *dudar*   *Dubiello*, V. *ovillo*   *Dubitación, dubitativo*, V. *dudar*   *Ducado, ducal*, V. *duque*   *Ducentésimo, ducientos*, V. *dos*   *Dúcil, dúctil, ductilidad, ductivo, ductor, ductriz*, V. *aducir*

DUCHA, 'chorro de agua para limpieza o con propósito medicinal', del fr. *douche* íd., y éste del it. *doccia* 'caño de agua' y 'ducha', derivado regresivo de *doccione* 'caño grande', que procede del lat. DŬCTIO, -ŌNIS, 'conducción', derivado de DŪCĔRE 'conducir'. 1.ª *doc.*: Acad. 1884, no 1843.

El vocablo no ha llegado a penetrar en el castellano de ciertas partes de América—la Arg., p. ej.—, donde se emplea *baño de lluvia*, adaptación

del ingl. *shower bath*. El fr. *douche* en el sentido de 'caño' se halla desde el S. XVI y en el de 'ducha' aparece ya en 1640 (*FEW* III, 173b). Para las demás acs. de *ducha*, V. DUCHO.

DERIV. *Duchar*.

DUCHO, 'experimentado, diestro', en la Edad Media significaba constantemente 'acostumbrado' y procede del lat. DŬCTUS 'conducido, guiado', participio de DŪCĔRE; no es imposible que con él se confundiera DŎCTUS 'enseñado, sabio', pero no es necesario este supuesto y es poco verosímil. 1.ª *doc.*: Berceo.

Cuervo, *Dicc.* II, 1333; Pietsch, *Mod. Philol.* VII, 53-60 (y IX, 420). Todavía Nebr. traduce *ducho* por «assuetus, suetus, consuetus», y Valdés (*Diál. de la l.*, 105.6) advierte «nuestros passados dezían *ducho* por vezado o acostumbrado: a quien de mucho mal es *ducho*, poco bien se le haze mucho»; claro está que en Juan Ruiz, 246b, «Tu eres avaricia, eres escaso mucho, / al tomar te alegras, el dar non lo as *ducho*», significa 'no lo tienes acostumbrado', y en Juan del Encina «quien es *duecho* de dormir / con el ganado de noche, / no creas que no reproche / el palaciego vivir» o en Sem Tob, 81b, «(el mundo y sus fechos) quando al malo aprovechan / dañar al bueno ha *ducho*» el sentido salta a la vista.

Es más, aseguré que no hay ejs. de otra ac. en la Edad Media[1], y para dar con casos como «Tú en esto de arquitectura no eres muy *ducho*, y no entiendes de más órdenes que las *Ordenes religiosas*», donde *ducho* es ya 'entendido', hay que llegar hasta Moratín, o si se quiere al menos hasta Lope de Rueda, aunque en su «pudiéraste llamar bienaventurado, si fueras como yo *ducho* en amores» hay más de 'experimentado' que de 'entendido', y al fin ambas ideas son inseparables. El hecho es que la ac. 'diestro' todavía es enteramente ajena a los diccionarios del Siglo de Oro (Oudin, Covarr., Francosini, etc., que sólo dan la otra) y no aparece hasta *Aut.* y aun ahí sin cita de autores.

La ac. antigua hoy se ha anticuado en el castellano normal—en el proverbio del S. XV «el que no es *ducho* de bragas, las costuras le matan» (*Refranes de las Viejas*, n.º 292, *RH* XXV, 157) solemos sustituirlo por «el que no está *hecho* a bragas las costuras le hacen llagas»—, pero claro está que para la etimología debemos partir del contenido semántico medieval. Para éste no hay dificultad en partir de DUCTUS: al educador que cría a un niño, al pastor que acostumbra el ganado a seguirle, se aplica perfectamente el verbo DUCERE 'conducir'; el que se deja convencer por un discurso *ducitur oratione*, el carácter fácil de educar o de acostumbrar y el metal maleable son igualmente *ductiles*, de suerte que en un texto en bajo latín francés de 876 se habla de un *mandatarius legibus ductus*, que significa claramente 'perito, ejercitado' (Du C.).

Desde el punto de vista de la fonética histórica la etimología DUCTUS no es ya sólo posible, sino la única aceptable, pues DŎCTUS hubiera dado *docho en castellano, y *duecho* sólo en leonés, mientras que la forma normal *ducho* sólo se explica por DUCTUS, sea con el vocalismo ŭ que este participio tenía en latín clásico[2]—si pensamos en el tratamiento de *mucho* MŬLTUM y de *cuida* CŌGĬTAT (y aun *lucha*, *trucha* si son LŬCTA, TRŬCTA)— sea con el vocalismo ŭ analógico del resto del verbo DŪCERE (como ha ocurrido en cat., oc., fr. *duit*); en cuanto a *duecho*, subrayó Pietsch con razón que esta variante es muy frecuente y no es sólo aragonesa y leonesa, puesto que se halla en Berceo, en la *Crónica General*, en la *Comedia Florinea*, aun en el *Quijote*, y en muchos más textos (vid. además Rennert, *RH* XXV, 300). Desde luego, no puede extrañar en una lengua que conoce formas como *vergüeña* o *vergüenza* (VERECŬNDĬA), y donde junto a *cuida*, *cuita*, *buitre*, hallamos *cueda*, *cueta*, *buytre*; está fuera de duda que el arag. *duecho* 'timón del arado' procede de DŬCTUM (Rohlfs, *ASNSL* CLXVII, 249; Kuhn, *RLiR* XI, 18), y en muchos textos aragoneses pudo documentar Pietsch las formas *adueyto* e *indueyto* como participios de *aducir* e *inducir*; aun una forma como *muecho* por *mucho* puede hallarse en el *Fuero Juzgo*. Contra DŎCTUS está por otra parte el hecho de que esta palabra era ajena al romance ibérico y quizá ya al latín vulgar: para el glosador de Silos era tan desacostumbrada que se cree obligado a explicarla por *doctrinatus* (n.º 282).

Desde el punto de vista español la etimología no ofrece, pues, duda alguna[3]. Pero deben tenerse en cuenta las demás formas romances. Ahora bien, M-L. y Wartburg admiten en sus diccionarios (y aquél en *ZRPh.* XXVII, 252) la existencia de prolongaciones populares de DOCTUS, entre las cuales colocan el cast. *ducho*, *duecho*. Pero además de éste citan otras formas romances que deben indudablemente eliminarse de este artículo. Claro está que el it. *dotto* es un puro latinismo. El port. y gall. *doito* no puede separarse de la voz castellana, con la cual coincide del todo en su sentido, que es 'acostumbrado' en la Edad Media: «a velha non é *doita* da guerra» (*Canc. de la Vat.*, 1123, 7), «mulher... que a pesar, des quando nacera, non fora *doita*» (*Don Denís*, v. 451 y otros ejs. análogos citados por Lang, en su ed., p. 120, y en *ZRPh.* XXXII, 394), en gallego y berciano *ter d'adoito* 'tener costumbre', *estar adoito a* 'estar acostumbrado', *adoitar* 'soler' (C. Michaëlis, *ZRPh.* XIX, 535; *Homen. a M. P.*, III, 447-51), miñoto *era em doito* 'era costumbre' (Bluteau, en Leite de V., *Opúsc.* II, 106); otros casos como *e mal o doitearam* 'y le dejaron maltrecho' en las *Cantigas*, 182, y Baião *doutiar* 'cultivar', *doutío* 'cultivo' (A. de Azevedo en *RL* XI, s. v.), señalan semánticamente DUCTUS de un modo aún más claro; por otra parte debe tenerse en cuenta la existencia de

formas con *ui* en gallego antiguo (*Cantigas*, tomo II, p. 599, ed. Mettmann 406.24, en rima con *muitas*, *fruitas*, *luitas*), inconciliables con DŎCTUS, y aunque también hay casos de *oi* ahí («mui grandes coitas... quaes avemos *doitas*» 49.19), hay que tener en cuenta que el gallego cambia todo *ui* originario en *oi* (*froita*, *troita*, *loita*, etc.), y D.ª Carolina observa oportunamente que esta alternancia es la misma que vemos en *condoito* o *conduito* 'condumio, lo que acompaña el pan' (de ambas maneras ya en la *Crónica Troyana*), cuya descendencia de CONDUCTUM es palmaria[4].

¿Pero hay realmente representantes populares de DOCTUS en otros romances? Quizá sí, y ello no sería razón decisiva para lo hispánico, pero de todos modos es lícito dudarlo. Suele admitirse que el galés *doeth* 'sabio, hábil' es DOCTUS, pero el caso es que el sentido del bretón de Vannes *duah* (bret. ant. *doith-*) «rompu à» (Pedersen, *Vgl. Gramm.* I, 228), nos hace pensar en DŬCTUS, y es sabido que no escasean los ejemplos galeses de ŭ latina representada por *o* (vid. Pedersen), además de que nada obsta a que el vocablo se tomara del romance antiguo (cuando ya ŭ > *o*) y no del latín. Salvioni insistió repetidamente en que el piamontés *döjt* 'amabilidad, trato amistoso' es DŬCTUS y no DOCTUS (*Rom.* XXXI, 281; *KJRPh.* VII, i, 138 y 140) y debemos reconocerle más autoridad en la materia que a M-L. En cuanto al fr. ant., med. y dial. *duire* «acoutumer» y su participio *duit*, en el sentido de 'enseñar', 'educar', 'domesticar', 'acostumbrar', llegó hasta los umbrales de la época moderna, V. la documentación allegada por Sainéan, *La Langue de Rabelais* II, 123, 127, a lo cual agréguese que todavía en 1605 escribía Mercator en el comentario a su edición de Rabelais: «Les paysans... du Poitou sont une sorte d'hommes rioteuse qui aime et cherche les procez, *duite* et experte à faire trouver cinq pour quatre» (cita de Plattard, *François Rabelais*, p. 85). Wartburg lo coloca a un tiempo en DOCĒRE y en DŪCĔRE, aun reconociendo (III, 111a) que tal diferencia no existía para el sentimiento lingüístico francés; yo, en vista de que una forma *doisir* (comp. *noisir*, *plaisir*, *luisir*, *loisir*) no existe, agregaría: e indudablemente tampoco en la etimología. El único argumento sólido en favor de una pervivencia de DOCĒRE está en los dos ejs. de un oc. ant. *dozer* 'enseñar' (verbo hoy perdido), que cita Stichel, pero nótese que pertenecen al Boecio, texto lleno de latinismos desusados (*sanctum spiritum*, *omnipotent*, *carceral*, etc.), y a uno de los mss. de una versión valdense del Evangelio de San Juan (otro trae *ensenhar*), que, además de otras singularidades, tiene muchos ejs. de *u* por *o* (*cumprar*, *bucella*), y no menos latinismos desusados que el Boecio: se trata de versiones de originales latinos que trataban de conservar el vocabulario del original; fuera de esto queda un pretérito *duois* 'enseñó', en Arnaut Daniel, donde puede haber un compromiso de DUXIT con DOCUIT,

al que además no se puede dar mucho valor en un
poeta tan artificial y preocupado por la búsqueda
de rimas ricas, y sobre todo varios casos del participio *duoit* o *duoch* 'enseñado', reunidos por Levy;
y ni aun ahí podemos olvidar que la mayoría de
ellos se deben a enmiendas del lexicógrafo en lugar
de *duch* (DUCTUS) que trae el único manuscrito o
uno de ellos. En definitiva se puede admitir como
máximo (según sugieren Morf, *ASNSL* CXXV,
270n.1, y C. Michaëlis en el segundo de los artículos citados) que en estas formas, exclusivamente
occitanas, hay una adaptación del aislado DŎCTUS
(una vez perdido el verbo DOCERE) al participio de
DUCERE, pero ni siquiera esa fusión de las dos palabras me parece necesaria. En todo caso estimo
inadmisible la evolución semántica 'sabio, perito' >
'acostumbrado' que acepta D.ª Carolina.

Para la forma *lucho,* usual en varios países americanos (Colombia, Méjico, Cuba, Argentina) y debida seguramente a un influjo de *luz* y *lúcido* por
etimología popular, vid. Cuervo, *Ap.',* p. 763;
Pichardo, p. 161; *BDHA* IV, 293.

DERIV. *Aducho* 'enseñado, instruido' [A. de Cartagena, † 1456, *DHist.*]. *Ducha* [«cierto trecho»:
ductus», Nebr.] 'lista que se forma en los tejidos'
[otros dicen *lucha,* y en Madrid *ducha,* Terr.],
'banda de tierra que siega cada uno de los segadores caminando en línea recta' [en la Mancha, *Aut.,*
1732], de DUCTUS, -ŪS, 'trazo, trazado'.

¹ Como la experiencia coincide con la ciencia,
se dan casos como «eran *duchos* de lidiar» en
la traducción doscentista del *Libro de los Maca-
beos* citada por Cuervo, donde esto traduce el
lat. *docti ad proelium,* pero está claro que este
caso no es diferente del que le precede «bestias
bravas que son *duchas* de comer los cuerpos de
los omnes muertos», y debe entenderse del mismo modo. En Berceo, *Mil.* 149, «la madre gloriosa, *duecha* de acorrer» se refiere a la intercesión cien veces repetida de la Virgen en favor de
sus devotos; en *S. Or.,* 55c, la joven emparedada
ve en el cielo a «Bartolomeo, *ducho* de escrivir
passiones»: claro está que la habilidad narrativa
del santo varón no sería razón para que estuviera en el paraíso, pero sí su obra hagiográfica persistente, y si en *Apol.* 372d la mala mujer que
proyecta la muerte de Tarsiana, recurre para ello
a Teófilo porque «éste era *ducho* de texer tales
redes», es natural que se sirva de un delincuente
habitual. La traducción 'hábil' de Oelschl. o
'aprendido, diestro' de otros, no es oportuna en
tales casos.— ² La cantidad breve de *dŭctus* y
dŏctus está bien atestiguada por Probo y confir-
firmada por otros gramáticos latinos (Heraeus,
ALLG XIV, 451).— ³ Sería de interés comprobar la afirmación de *Aut.* de que en el *Regimiento
de Príncipes* (1494) *ducir* significa 'enseñar,
amaestrar'. El texto citado no es claro. Sería otra
confirmación de que *ducho* viene de DŪCERE.—
⁴ Deriv. gall. *adoitar* intr. 'soler, acostumbrar':

«*adoitamos* a decir...», «*adoita* ser de moldura»
Castelao 272.12, 96.32.

DUDAR, tomado en fecha antigua del lat. *dŭ-
bĭtare* 'vacilar', 'dudar', derivado de *dŭbĭus* 'vacilante, dudoso', que a su vez lo es de *duo* 'dos', por
las dos alternativas que causan la duda. *1.ª doc.:*
dubdar, Berceo; *dudar* se halla ya en mss. del
S. XIV (como *G* de J. Ruiz, 72c), pero *dubdar*
sigue siendo usual hasta el siglo siguiente.

Como es algo sorprendente que un verbo esencial como éste sea cultismo, y el fr. *douter* y oc.
doptar son populares, puede plantearse la cuestión
de si la *u* de *dudar* se debe a influjo de la -*b*- siguiente (*doudar > *du(u)dar*), comp. los casos
examinados s. v. *DULCE;* entonces podría mirarse *dudar* como voz hereditaria; pero el carácter
semiculto del it. *dubitare* (por su -*b*-), del cat.
dubtar (por la *u*) y del port. *duvidar* (por la *i*) es
indiscutible, y es probable que la voz castellana se
halle en el mismo caso. Una forma popular *dobdar*
(*Alex.* O, 1337d), *dolda* (docs. de Eslonza, 1272, y
de Potes, 1282, en Staaf, 81.42, 66.15), existió, sin
embargo, en textos leoneses. La variante *duldar*
(*Alex.* O, 1172; *dulda,* 438, 860, 1172) o *dultar*
(ibid., 862a; *dulta,* 690, 1406) presenta el tratamiento de la -*b*- implosiva que es regular en el mismo
dialecto. Para construcciones y acs. especiales, vid.
Cuervo, *Dicc.* II, 1333-6. En latín *dubius* podía
ya significar 'crítico, difícil, peligroso', de donde
dubitare tomó en romance el significado de 'temer', que es corriente en galorrománico (fr. ant.
douter, oc. ant. *dobtar,* fr. *redouter*), y que lo
fué en todo el castellano medieval (vid. Cuervo, y
muchos ejs. de Berceo, *Alex.,* J. Ruiz, *P. de Alfonso XI,* y López de Ayala en los glosarios de
Rivad. LVII), y hasta princ. S. XVII: vid. citas
de Tirso en M.P., *Cid,* p. 632¹. La construcción
transitiva, ajena a los demás romances, y que hoy
se restringe principalmente a los complementos
oracionales (*dudo que, dudo si*) o al pronombre
átono *lo,* era corriente en el Siglo de Oro aun con
complementos sustantivos².

DERIV. *Dudable, indudable. Dudamiento,* ant.
Dudanza, ant. [*Cid; Alex.,* 1252, 1561; *P. de Alf.
XI,* 149; *Yúçuf,* ed. Rivad., 30; etc.]. *Duda* [*dubda, Cid,* 'temor'³; 'duda', Berceo, *Mil.,* 180a]⁴; el
postverbal masculino *duldo,* que en castellano sólo
hallamos en *Alex.,* 595, 791, es el que ha predominado en otros romances (cat. *dubte,* oc. *dopte,*
fr. *doute*); *dudoso* [1251, *Calila*], para ejs. Cuervo, *Dicc.* II, 1336-8, formado igualmente en port.
duvidoso, cat. *dubtós,* oc. *doptós,* fr. *douteux.* Latinismos: *dubio* (*Alex.,* 2170d; 1.391; Garcilaso
—Pottier, *BHisp.* LVIII; D. Alonso, *La Leng.
Poét. de Góngora*—; en Góngora, y en el estilo
eclesiástico o escolástico, según *Aut.*), de *dŭbĭus*
íd.; *dubiedad. Dubitación. Dubitativo* [APal. 90d].
Dubitable, indubitable, indubitado [Oviedo, *Sumario,* p. 482a (Nougué, *BHisp.* LXVI)]. *Redutable*

ant., del fr. *redoutable*, de *redouter* 'temer'.

¹ Dos más del mismo autor y otra de Calderón, en A. Castro, ed. del *Vergonzoso en Palacio* I, 783.— ² Ejs. en Cuervo, 1334*b*, ε. Añádanse «no hay quien *dude* mis verdades», Ruiz de Alarcón, *Las Paredes oyen*, ed. Reyes, 235, «la fe de mis finezas *dudáis*», Calderón, *La Vida es Sueño*, I, vi, ed. Losada, p. 25, «¿eso *dudáis*?», íd., *El Alcalde de Zalamea*, III, xvi, ed. Losada, p. 167, «*dudo* el lecho aunque le toco», Rojas Zorrilla, *Cada qual lo que le toca*, v. 487, etc. En la Edad Media, además del uso transitivo de *dudar* 'temer', en el sentido propio hallamos ya esta construcción con *lo* (Jorge Manrique), con *alguna cosa* (*Calila*, ed. Rivad., 28*b*), con *si* (ejs. en Cuervo) y con *que* (donde otra construcción no era posible, dada la sintaxis medieval). Es posible que este último caso diera nacimiento a los demás.— ³ Así todavía en el S. XV: «si dineros, joyas preciosas e otros arreos... dados les sean, es *dubda* que a la más fuerte non derruequen», *Corbacho*, II, cap. i. Otros ejs. en M.P., *Cid*, s. v.— ⁴ Nótese la locución argentina *por las dudas* 'por si acaso, como precaución' (p. ej. Guiraldes, *D. S. Sombra*, p. 180), que se relaciona mejor con el sentido arcaico 'temor' que con el de 'duda'.

Duecho, V. *ducho*

DUELA, 'cada una de las tablas que forman las paredes curvas de los toneles', tomado del fr. ant. y dial. *douelle* íd., diminutivo de *douve*, *doue*, íd., que a su vez procede del lat. tardío DOGA 'tonel', y éste del gr. δοχή 'recipiente' (derivado de δέχεσθαι 'recibir'). 1.ª doc.: 1527, *Ordenanzas de Sevilla*; 1607, Oudin; 1681, *Recopil. de Indias*.

Para la voz francesa, *FEW* III, 114-5; para la latina, que se halla en Vopisco (S. IV) y en alguna glosa, Ernout-M., s. v. *Dovela*¹ [1637, Colmenares], 'piedra labrada en forma de cuña, que sirve para formar los arcos', es duplicado del anterior, tomado del fr. dial. *douvelle* [fr. *douelle* íd., 1694], comp. cat. *dovella* íd. Otro duplicado es el manchego *doga* 'duela' [Acad. 1899], tomado del cat. *doga*; y otro es *duba* 'muro o cerca de tierra' (Acad. ya 1843), del fr. *douve* 'zanja, o foso, llenos de agua', que procede del sentido latino de DOGA 'tonel'. Gall. *doélas* 'las tablas largas de la pipa' (Sarm. *CaG.* 98r, 63v, 204v), port. *aduelas*; gall. *estar en doelas* 'estar las pipas deshechas y esparcidas sus doelas' y aplicado a personas, *fulano ya está en doelas* 'cascado, carroño y casi moribundo' (ib. 204v). Sarm. señala también en Lemos *liobas* «doelas de las cubas, que son, no como pipas, sino como tambores y toscas» (ib. 136v): recuerda el fr. *lioube* 'muesca practicada en una tabla de madera' (voz de formación oscura, sinónima de *gueule-de-loup*, donde al parecer tenemos una forma dialectal de LUPUS, quizá combinada con *douve*),

pero significando cosa bien distinta: quizás haya coincidencia; en *lioba* debe de haber alguna contaminación (o al menos una evolución relacionada) con el grupo de *leúdo* (sanabr. *lloudo*, etc.) 'pan con levadura', vid. LEVE.

DERIV. *Duelaje* o *dolaje*. *Adovelar*.

¹ Vco. vizc. *dubel*, b. nav. y sul. *duel* 'duela'.

DUELO, 'desafío, combate entre dos', tomado del b. lat. *duellum* íd., alteración de sentido (debida a la etimología popular *duo*) del lat. *duellum* 'guerra', variante fonética arcaica de *bellum* íd. 1.ª doc.: A. de Cartagena, † 1456, pero dice que es voz de juristas y explica su sentido, lo cual prueba que no era usual en castellano; sigue siendo desusado en 1566, pues Urrea dice entonces que *duello* es el equivalente italiano del cast. *desafío* (Cabrera, p. 67); regístranlo ya Covarr. y Oudin, y lo emplea Mateo Ibáñez, h. 1700.

Para el uso de *duellum* en bajo latín, vid. Du C.

DERIV. *Duelista*.

Duelo 'dolor', V. *doler* *Duello*, V. *agua* *Duenario*, V. *dos*

DUENDE, 'espíritu travieso, que se aparece fugazmente', por lo común 'el espíritu que se cree habita en una casa'; significó antiguamente 'dueño de una casa', y es contracción de *duen de casa*, donde la primera palabra es forma apocopada de DUEÑO. 1.ª doc.: *duende* 'dueño', 1221, Fuero de Villavicencio (León), en Escalona, *Hist. de Sahagún*, p. 581; *duen de casa* 'duende', med. S. XV, Alfonsus de Spina, *Fortalitium Fidei*; *duendes*, APal. 233*b*, 198*b*.

Propuso ya esta etimología, aunque algo confusamente, Covarr.¹, pero no se le hizo caso²; más recientemente volvió a sugerirla el Sr. J. Elsdon, si bien con cierta vacilación, y la documentó en parte pero ya satisfactoriamente (*RFE* XXIII [1936], 66-67, comp. 198). En realidad está fuera de dudas. *Dueño* se apocopaba regularmente ante un complemento, paralelamente a *mano* > *man* (*man derecha*, etc.), *bueno* > *buen*, *primero* > *primer*, y análogos, y así resultaba *duen*: «ke *duen* de Santa María de Puerto ['el señor de Sta. María del P.'] metie abbat enna ecclesia», doc. de la Montaña, a. 1191, M.P., *D.L.*, 1. Al desaparecer el carácter general de la apócope, siguió practicándose, sin embargo, en la locución frecuente *duen de casa*³, y abreviadamente *duende*, que todavía significa 'dueño de una casa' en el Fuero de Villavicencio, como observa Muñoz Romero, *Col. de Fueros Municipales*, p. 179: «El *duende* estando delante non lo prinde nenguno, ne por nenguna calompnia non recuda a nenguno, sin quereloso»⁴.

Antiguamente se miraba siempre al duende como un personaje vinculado a una casa, que hacía en ella cuanto quería, como un dueño, y se le hacía equivalente de los Lares y Penates de la mitología romana: «*Lanee*... era fiesta fecha a los *duendes*», «Festo Pompeyo el qual afirma que los antiguos sacrificavan a los *duendes* hostiles pensando que ellos arredravan los enemigos» (APal.), «Lares quieren dezir lo que llamamos trasgos o *duen de casa*... parece que algunos no salen de algunas casas, como si las tuviesen por sus proprias moradas» (Antonio de Torquemada, a. 1570); conserva también la forma *duen de casa* Nebr., traduciéndola «incubus, succubus». Este tipo de denominación del duende es, por lo demás, común en muchos idiomas, pues en el vasco de Vizcaya se ha dicho *etxajaun* 'dueño de casa', por 'duende' (Azkue I, 287*b*, que ya aparece en 1562 en el vocab. alavés de Landucci), en inglés se le ha llamado *house-fairy*, y el alem. *kobold* 'duende' (al cual responde en anglosajón *cofgodu* «penates, lares») viene de **kubahulths* o de **kubawalds*, donde el segundo elemento es *walten* 'señorear', y el primero es el a. alem. med. *kobel* 'casa estrecha', ags. *cofa* 'cuarto', ingl. *cove* 'guarida'. Más tarde pudo emplearse *duende* en un sentido más amplio, sin relación necesaria con las casas (así Covarr. habla ya de duendes de las montañas y de las cuevas), pero esto es posterior, y aun ahora sigue callándolo la Acad. Vid. la amplia documentación que proporciona Yakov Malkiel en su estudio publicado en el *A. M. Huntington Testimonial Volume* (Wellesley College), pp. 361-92, que es exhaustivo y poco luminoso como todos los suyos y no aporta novedades de interés. Es inaceptable del todo la hipótesis de un étimo **DOMĬTEM* de DOMUS, según el modelo de PENATES, sugerida por J. Dirichs, ZRPh. LXVIII, 423 (formación inverosímil).

Del castellano pasó *duende* al portugués (ya en Moraes, sin ejemplos), y aun pudo allí alterarse en *duengo* (según el trasmontano Madureira, 1729, y según Monte Carmelo, 1767, Cornu, *Port. Spr.* § 205), por cambio de «sufijo», comp. *moenga* 'molienda'[5]. La ac. 'tela semejante al glasé' (ya Acad. 1843) se explica por sus destellos fugaces, como la aparición de un duende; la de 'ronda', propia de la germanía, por su aparición inesperada.

Otras etimologías propuestas pierden ahora interés: Diez, *Wb.*, 445, seguido por Spitzer, ZRPh. XLII, 19[6], y A. Castro, ARom. VI, 504n., creía que es una variante de *duendo* (V. DOMAR) 'domesticado' (de donde 'doméstico, familiar'), pero el caso es que la forma *duendo* no se halla nunca en el sentido de *duende* y esta -*e* final entonces no se explicaría; *duendo* 'duende' no me es conocido en castellano, pero sí se halla como castellanismo en el catalán del Maestrazgo (*Seidia*, pp. 77, 267). Apenas merece mención la de Brüch (DAEMONEM > **dómene* por cruce con DOMINUS, y después **dómite* por cruce con COMITEM: *Misc. Schuchardt*, 1922, p. 38).

[1] Hablando de los tesoros que se dice ocultan los duendes en los cimientos de las casas, y después de dar los equivalentes latinos del vocablo, continúa «nosotros por esta razón les llamamos *duendes de casa, dueños de casa,* y corrompido el nombre, y truncado, dezimos *duendes*». También A. de Guevara emplea en su *Menosprecio de Corte* la forma *duendes de casa*, aunque evidentemente no piensa en ninguna etimología.— [2] *Aut.* después de reproducir la base semántica de la etimología de Covarr., sale con la infeliz idea de derivar del ár. *duar* 'casa'.— [3] «Si... al óspede sospecta... lo *don de casa* iure... que per él... minos non á so aver», Fuero de Avilés, línea 58.— [4] Es decir, cuando no hay acusador (*quereloso*), no se permite prender los bienes de una casa, estando el dueño presente. La contracción *duende* puede entenderse de dos maneras, que no difieren esencialmente. O bien se omitió *casa* como innecesario, por emplearse siempre la forma *duen (de)* con este complemento, o bien se dijo primero *duende de casa* (y después *duende*) por reacción contra una supuesta haplología, o por influjo de la vacilación entre *on(d)* y *onde*, *en(d)* y *ende*, *fuen(t)* y *fuente*, etc., al mismo tiempo que *fuen(t) fría* se cambiaba en *fuente fría*. Es el mismo caso de *allén del mar* cambiado en *allende del mar*.— [5] Podría pensarse en un descendiente autóctono de un **DONĬMĬCU*, metátesis de DOMINICUS, pero es inverosímil.— [6] En *Lexik. a. d. Kat.*, 23, 44-45, había pensado primero en INDŎMĬTUS 'travieso', y después en *duendo* en el sentido de 'lustroso' que tiene *dondo* en ciertos dialectos portugueses, de donde luego 'brillante', 'de buen humor' y 'duende'.

Duendo, V. *domar*   *Duéñigo*, V. *dueño*

DUEÑO, del lat. vg. DŎMNUS, lat. DŎMĬNUS, 'dueño', 'señor'. *1.ª doc.*: *donno*, doc. Huesca, 1062-3 (Oelschl.); *dueño, Cid.*

Con la misma fuerza de palabra plenamente viva se ha conservado sólo en gallegoportugués *dono, dona*; en parte allí ha derivado *dona* hacia el sentido de 'esposa', anticuado en portugués, aunque sigue siendo vivo allá en el Brasil y las Azores, pero bien corriente en Galicia[1]. En catalán y occitano todavía se conservaba *don* 'señor, dueño' en el período arcaico, S. XII, y el catalán Cerverí de Girona, en la segunda mitad del XIII, lo emplea todavía cuando va vinculado a un nombre de lugar («los *don* de Roaix», etc.), pero esto era ya caduco entonces y desapareció en seguida. Historia análoga en Francia e Italia. Ha quedado el fem. cat. *dona*, it. *donna*, fr. *dame* en el sentido de 'dama', que en Cataluña e Italia ha acabado de sustituir FEMINA en el sentido llano de 'mujer' (en occitano ni esto).

En árabe la palabra *ḏū* 'dueño, propietario' (y su femenino *ḏât*), se empleaba con valor pronominal, equivalente a 'el de', o a un mero sufijo: *ḏū l-qarnáin* 'el de los dos cuernos (Alejandro el Magno)', *ḏū ṭalāṭ waraqât* 'el de las tres hojas, trébol', e infinitos ejemplos (vid. algunos en Dozy, *Suppl.* I, 491). Esta llamativa particularidad gramatical se imitó en el español de la Edad Media, diciendo, p. ej., *el dueño de la razón* por 'el demandante' (*Fuero Juzgo*, Fz. Llera, s. v. *domno*), y seguía empleándose en el Siglo de Oro, *el dueño de las quejas* 'el que se ha quejado' (Vélez de Guevara, *La Serrana de la Vera*, v. 3019), *el dueño de la historia* 'el que la inventó' (Ruiz de Alarcón, *Verdad Sospechosa*, ed. Reyes, 75) y muchísimos ejs. en Lope (*el dueño de aquella plática, d. del pleito, d. de la traición, d. de la pendencia, d. de la quistión, d. de aquellos pensamientos, d. de este romance, d. de aquellas quejas*: ejs. en la citada ed. de Reyes, y en la del *Marqués de las Navas* por Montesinos, pp. 206-7). Es uno de los casos más flagrantes de calco lingüístico árabe-hispano, al que se ha prestado, sin embargo, poca atención. No parece, en cambio, ser arabismo sino, como nota M. P. (*Poesía Ár. y P. Europ.*, p. 53n.), debido a una interdicción lingüística, la aplicación del masculino *dueño* a una mujer, que es común en el español clásico[2], probablemente para evitar el mal sentido que habría tomado *dueña* en el lenguaje amoroso[3]. Para la antigua apócope que sufría *dueño*, vid. DUENDE.

DERIV. *Dueña* [orígenes del idioma, ejs. en Oelschl., s. v. *donna;* nótese especialmente *illa duenna donna Urracka* 'la señora doña Urraca', en el doc. de S. Juan de la Peña, 1063, publ. por M. P., *Oríg.*, 46, donde se advierte el distinto tratamiento fonético de DOMINA como sustantivo tónico y como adjetivo-título átono], toma también el significado de 'señora, dama' [*Cid*], de donde especialmente 'dueña de servicio, mujer acompañante' [*Cid;* en lo antiguo podía ser joven, después se restringió a mujeres de edad], y, especialmente en textos hispanos orientales (comp. cat. *dona*[4] 'mujer', it. *donna*), 'mujer en general' (Berceo, *Mil.*, 50*b;* Alex., 951*d*, con el sinónimo *fembra* en 953*d;* inventarios aragoneses de 1362 y 1374: *BRAE* III, 225, II, 352).

Dueñesco (1615, *Quijote*). *Donear* 'galantear', ant. [*Alex.*, 334; J. Ruiz, ed. Rivad., 501; ms. G. del *Santo Grial*, *RFE* XIII, 298], calco de oc. ant. *domnejar* íd., derivado de *domna* 'dama'; *doneador, doneo;* más tarde se dijo también *doñear*.

Empleados como título de respeto, precediendo inmediatamente al nombre propio, los lat. DOM(I)NUS y DOM(I)NA, pronunciados sin acento, no sufrieron diptongación, y el primero se apocopó (comp. lo dicho acerca de *dueña*), de donde *don*[5] [h. 950, glosas Emilianenses], *doña* [doc. de 924, en Oelschl.].

Dóñigo o *dongo* o *duéñigo*, que aparecen en la toponimia, antes *dómnigo* (doc. de León 908, M.P., *Oríg.*, 181), del lat. vg. DŎMNĬCUS (comp. el du-

plicado *dominicus* y sus descendientes, más abajo), que ha dejado descendencia además en retorrománico y en sardo, vid. mi nota en *Festschrift Jud*, 579-80; de ahí *doñegal* o *doñigal* o *doñeguil* [J. Ruiz; frecuente en el *Canc.* de Baena], comp. M. R. Lida, *RFH* II, 116-8n. E. García Gómez (*Al-And.* XIX = 1954) ha estudiado un mozárabe *dwnkyr*, en el cual lo mismo puede sospecharse el equivalente de un **doñeguero* que una variante del documentado *doñeguil*, con el conocido cambio hispanoárabe de L en r (*BDC* XXIV, 76). *Adueñarse* [fin del S. XIX, Pérez Galdós, en *DHist.*]. Para el gall. *donosiña* 'comadreja' y gall. orient. *dóna de paredes*, V. DONAR.

Doncella [-z-, Berceo, *S. Or.*, 45; *Alex.*, 1712; más en Cuervo, *Obr. Inéd.*, 238], del lat. vg. *DOMNICĬLLA, diminutivo de DOMNA por DOMINA 'señora'; de ahí *doncellez* [1605, López de Úbeda, p. 160*b* (Nougué, *BHisp.* LXVI)], *doncellil, doncellería, doncelleja, doncelluela, doncellueca; doncel* [*donzel*, Berceo, *Mil.*, 718], del cat. *donzell* y éste del lat. vg. *DOMNICĬLLUS. Suele decirse que *doncella* y sus afines proceden de un lat. vg. DOMNICĔLLA (que en el *REW* figura sin asterisco y en el *FEW* con él), lo cual obligaría a creer que en castellano fuese palabra tomada del catalán (como indudablemente ha de serlo *doncel*, en vista de la caída de la -U). En realidad el vocablo no está documentado en ningún texto latino (a no ser en la baja Edad Media), pero la coincidencia del cast. con el port. y oc. *donzela*, el cat. *donzella* y el fr. ant. *damoiselle*, asegura su existencia en latín vulgar; pero la falta de diptongación en castellano, junto con el timbre vocálico de oc. ant. *donzęl, -ęla*, mall. *donzęlla* y cat. or. *donzęlla*, prueban que debemos partir de una base en -ĬLLUS, -ĬLLA, y que por consiguiente el femenino castellano es voz castiza, de acuerdo con su gran frecuencia y carácter popular desde los textos más arcaicos; el timbre cerrado de la vocal occitana (aunque negado arbitrariamente por Levy) está comprobado por docenas de rimas medievales (vid. muchas en Brunel, ed. de *Jaufré* I, p. LIV; R. Vidal, *Castiagilós*, en Appel, *Chrest.*, v. 445; *Girart de Rossilhon*, ibid., v. 311; Amanieu de Sescás, ibid. 100.4; etc.); para la pronunciación mallorquina, vid. Alcover, y la antigua ęn catalán oriental he podido comprobarla en muchos nombres de lugar, p. ej. en la zona de Ripoll (aunque hoy en Barcelona se ha incorporado al timbre más corriente del sufijo *-ęlla*). Para formaciones análogas en *-illus*, comp. *coricillum* (Petronio), *ipsitilla* (Catulo), *verticillus, auricilla*, etc. Para la historia semántica de *doncella*, y sobre todo de sus congéneres de Francia, proporciona datos Hilde Hofmann, en su tesis *Zu... DOMNICELLA im Galloromanischen*, Zürich 1939.

Domeñar [*domellar*, 2 ejs. S. XIII, trads. de la Biblia; *domeñar*, 1529, Guevara, y frecuente desde entonces; vid. ejs. en Cuervo, *Dicc.* II, 1314 y Oudin, Minsheu], suele explicarse (Cuervo;

REW, 2735) por un verbo del lat. vg. *DOMĬNĬA-RE, derivado de DOMĬNĬUM 'dominio' (comp. *OR-DEÑAR*, caso paralelo), que habría dado también el sobreselv. *dumignar* (presente *damogna*) 'dominar, sujetar'; tal vez con razón, pero es algo dudoso en vista de la sucesión de las formas y lo tardío de *domeñar*, aunque *domellar*[6] podría explicarse como disimilación de nasales; como el vocablo está muy aislado, así en España (falta en port. y cat.) como en los Alpes (falta en engadino), y como el primitivo DOMINIUM apenas ha dejado descendencia romance (sólo el nombre propio *Domeño* en Navarra y zona castellana de Valencia, cat. *Domeny*, pero la explicación del fr. *domaine* no es segura, y en todo caso no puede ser descendiente hereditario), deberá examinarse la posibilidad de un cruce entre *domar* y otra palabra, quizá *mellar* 'menoscabar'; *domeñable*.

Cultismos. *Dominar* [1423, E. de Villena; ejs. Cuervo, *Dicc.* II, 1315-6], de dŏmĭnare, íd., derivado de *dominus; dominante, dominación, dominador, dominatriz, dominativo; dómino*, o más comúnmente *dominó*, de dŏmĭno 'yo gano', primera persona del presente de dicho verbo latino, en el segundo caso pronunciado a la francesa; *predominar* [-*du*-, Corbacho (C. C. Smith, *BHisp.* LXI); Sz. de Figueroa, † 1639]; *predominación* [*Corbacho* (C. C. Smith)]; *predominante* [íd.; como voz astrológica, en la *Comedia Tebaida* (princ. S. XVI), p. 451]; *predominancia; predominio* [*Corbacho* (C. C. Smith)]. *Dómine*, del vocativo singular de dŏmĭnus 'dueño, maestro', empleado al dirigirle la palabra sus alumnos. *Dominio* [Vidal Mayor 5.20.13, 12; *Celestina*, ed. 1902, 20.33], de dŏmĭnĭum 'propiedad, dominio'; *demanial* 'relativo al dominio' [1648, Solórzano], del b. lat. *demanialis, domanialis*, íd., derivado del fr. *domaine* 'dominio', que es dudoso si viene de DOMINIUM o de DOMINICUS (*FEW* III, 130*b*), la Acad. define equivocadamente en razón de una falsa etimología. *Domingo*[7] [princ. S. XIII: *Disputa del Alma y el Cuerpo, Fuero de Guadalajara*, Berceo], descendiente semiculto del lat. (DIES) DOMĬNĬCUS 'día del Señor'; *domingada, dominguejo, dominguero, dominguillo*[8], *endomingarse, endomingado*; duplicados más cultos: *dominica, dominico* ant. y amer. (con las variantes afrancesadas *dominica, dominico*, predominante ésta por lo menos en España[9]); *dominical, dominicano, dominicatura. Condómino, condominio* (faltan aún *Aut.*).

CPT. *Dompedro. Dondiego. Donjuán; donjuanesco, donjuanismo*. Además vid. *DUENDE*.

[1] «¿Qués ser a miña *dona*?», «a miña nai e a miña *dona* cando sofrisen ó pé do meu leito» Castelao 285.1, 58.23.— [2] Por ej. Rojas Zorrilla, *Cada qual lo que le toca*, v. 529; Vélez de Guevara, *El Rey en su imaginación*, v. 385; íd., *La Serrana de la Vera*, v. 1602; Calderón, *El Mágico Prodigioso*, II, xxvi, ed. Losada, p. 223.— [3] Comp. la advertencia de Valdés «dizen *mi dueño* por

dezir mi amo o mi señor, y aunque sea buen vocablo para dezir: Adonde no stá su *dueño*, allí stá su duelo, y Dado de ruin, a su *dueño* parece, no es bueno para usarlo en aquella manera de hablar», *Diál. de la l.*, 105.20.— [4] Cast. *dona*, empleado en el *Libro de las Donas* (S. XV) o *Carro de las Donas* (1541), traducción de Eiximenis y en otros textos del XIV y XV, es catalanismo, más tarde italianismo.— [5] *Dom* como título de los cartujos y benedictinos no parece ser apócope fonética, sino la abreviatura de *dominus*, leída como si fuese palabra entera.— [6] Lo empleó también el madrileño Arriaza, † 1837.— [7] Vco. vizc. *domeka* 'domingo' equivalente al guip. *igande*, L. Mendizabal, *Lengua Vasca*; sin embargo, el que aparece en *Auñ.* es éste.— [8] De formación paralela es su sinónimo *matihuelo* [1598, Fonseca, en *Aut.*], diminutivo de *Matías* o de *Mateo*.— [9] *Dominico*, está ya en Cáncer, 1651, asegurado por la rima; *dominica* en el mismo y ya en Torres Naharro, 1517. La Acad. admitió *dominica* hasta 1853, después *dominica*, como dicen también en Bogotá, vid. Cuervo, *Ap* § 54; en la Argentina y seguramente en otras partes dicen *dominico* para 'fraile dominicano'. El galicismo es seguro pero ha de ser ya antiguo, aunque la discrepancia de América es desfavorable a la idea de relacionarlo con la venida de los monjes de Cluny.

Duermevela, V. *dormir*

DUERNA, 'artesa', ant. y ast., palabra hermana del port. *dorna* 'cuba para pisar la uva', 'aportadera para llevarla al lagar', y de oc. *dorna* 'jarro', 'olla de barro', de origen incierto: suele explicarse por un cruce de ŬRNA 'cazo', 'urna', con DŌLIUM 'tinaja', pero esto no justifica la vocal del portugués y castellano; es más probable que sea el mismo vocablo que oc. *dorn*, fr. antic. *dour*, fr. dial. *dorne*, 'medida de longitud', que pudo extenderse a una medida de capacidad, y luego a la vasija empleada para medirla; entonces vendría del céltico DŬRNO- (irl. *dorn*, galés *dwrn*, 'puño', bret. *dourn* 'mano'). 1.ª doc.: *dorna*, 910, doc. de León (Oelschl.); *duerna*, 1494, *BHisp.* LVIII, 89; 1514, Lucas Fernández (*Églogas*, p. 31); 1555, Hernán Núñez de Toledo[1].

Dorna aparece además en un doc. leonés-gallego, o gallego de transición, escrito en Villafranca del Bierzo en 1283, ya con la ac. portuguesa de 'cuba o tina para pisar la uva'[2]; *Aut.* lo da ya como voz antigua, y si hoy la Acad. le ha quitado esta calificación será sólo a causa de su supervivencia en Asturias[3]: *duerna* 'artesa de madera de una pieza, de figura circular, y que se emplea en las cocinas para fregar' (R), 'vasija grande de madera de una sola pieza, a modo de escudilla, para lavar el mondongo, etc.' (V), 'vasija para comer los cerdos' en Tineo (Acevedo), 'recipiente de madera para recoger la sidra que se exprime en el lagar', 'íd. donde se pela y prepara el cerdo después de matarlo', 'vasija de madera, redonda, de mucho diámetro y poco fondo, para amasar la torta' (Canellada); más común es en español el derivado *dornajo* 'artesa pequeña y redonda en que dan de comer a los bueyes y lechones', 'artesón para fregar y otros usos'[4], que ya aparece en el glos. del Escorial (h. 1400), en el *Quijote*, y en Covarr., Oudin («un auge, une huche») y C. de las Casas (1570: «albio, albulo, gavetone, truogolo»); el femenino *dornaja* está en el *Canc.* de Baena, con referencia a villanos y cochinos, y como complemento del verbo *majar* (p. 429). Del mismo vocablo romance es leve alteración el vasco *dorla* 'depósitos en que se hace la sal', Michelena, *BSVAP* XI, 288. El soriano (Vinuesa) *ornaja* 'artesa', *GdDD* 6990, es reducción vulgar de *la dornaja*; en cuanto a los «cast. *orna* y *ornajo*» son formas que este etimólogo, muy parco en asteriscos, supone, sin advertírnoslo, según su mala costumbre: éste es su modo de demostrar la falsa etimología URNA.

En gallegoportugués hay el port. *dorna* (marcado con vocal abierta por Moraes), que designa comúnmente un recipiente empleado en la vendimia y preparación del vino, pero también en la cosecha del trigo («pão», Moraes)[5], y en la primera ac. o en la de recipiente para vino aparece ya en doc. de 1258 («da erdade dos Fagildos 3 puzaes de vino na *dorna*', *PMH, Inquis.*, 344), pero en calidad de nombre propio está además en doc. de 1204 (Cortesão; comp. el nombre de lugar *Dornas*, citado por Schneider en Galicia, *VKR*, XI, s. v.); el derivado *dorneira* es 'tolva de molino' (en el Norte, Baião, según Krüger, *Gegenstandsk.*, 126; Fig.; Viterbo), y el castellanismo *dornilha* en el Algarbe es «tigela de madeira, em que se faz o gaspacho»; *dornacho* 'pequena dorna» tiene aspecto mozárabe por el sufijo; el gall. *dorna* 'embarcación pequeña' (Sarmiento, *BRAE* XV, 35 y *CaG.* 98v[6]; Vall.); Sobreira, que era de Ribadavia (Orense) lo emplea h. 1757, *Idea de un dicc. de la Leng. Gallega*, con el significado de 'fondo o sentina de un barco'; 'tinaja que se pone en los lagares para recibir el vino exprimido' [doc. de 1419] (Sarm. *CaG.* 168r, 68v), *pagar á dorna* 'pagar el vino en mosto' (ib. 63v).

M-L., *REW*, 9086, quiso explicar estas palabras por un cruce de ŬRNA 'cazo de sacar agua', 'urna cineraria, etc.', 'medida de capacidad, como media ánfora', con DŌLIUM 'tinaja', pero haciendo reservas en cuanto a la *d-* y el diptongo; y a esta etimología se adhirió García de Diego, *RFE* IX, 143-4. No hay que oponerse a la idea de los cruces de palabras cuando se producen entre vocablos coexistentes en un mismo territorio y de significado idéntico o casi igual, pero ante el connubio de un cazo con una tinaja para dar una artesa o una cuba de lagar, cabe preguntarse si estamos realmente ante este caso o ante algo comparable a la unión de una perra con un toro para engendrar una cabra; la comparación puede ser algo exagerada, pues los nombres de vasijas evolucionan semánticamente, pero de todos modos se trata de recipientes tan distintos que conviene estudiar el caso con ojos muy críticos. Ahora bien, no tenemos fundamentos para suponer que URNA viviera nunca en el romance peninsular: sus escasos y desperdigados representantes en el Norte y Centro de Italia y en Macedonia, se hallan muy lejos, y Rouergue *ourno* «jarre à contenir de l'huile, en terre ou en fer-blanc» (Vayssier) está tan absolutamente aislado que se tiene la impresión de una alteración puramente local de *dourno*, que existe en el mismo territorio y en una amplia zona alrededor; en cuanto a DOLIUM, ha dejado unos pocos y oscuros descendientes en Francia e Italia, y con el cat. dial. *doll*, palabra de uso puramente local, llegamos algo más cerca; de todos modos, estamos lejos de la evidencia de que URNA y DOLIUM pudieran cruzarse en el Centro y Oeste de España.

Y lo que agrava más nuestra duda es que así no explicamos de ninguna manera la vocal abierta del castellano y el portugués[7]. Creo, por lo tanto, muy justificado buscar si hay otras posibilidades etimológicas. Y en efecto, se hace difícil separar nuestro vocablo, propio de la zona de substrato celtibérico[8], de otro casi igual que se halla en Francia, procedente del galo. Ya hace tiempo (Diez, *Wb.*, 563; Glaser, *ZFSL* XXVI, 113; *REW*[1], 2754, *REW*[3], 2807; A. Thomas, *Rom.* XLI, 455; Dottin, *La Langue Gauloise*, p. 254; Jud, *ARom.* VI, 194; *FEW* III, 192b; Weisgerber, *Die Spr. der Festlandkelten*, p. 200) que se ha reconocido este origen al fr. ant. *dor*, fr. medio *dour*, oc. ant. *dorn* («*dorns*: mensura manus clausae», en el *Donatz proensals*), medida de longitud equivalente a un tercio o un cuarto de un pie; el significado queda lejos del hispánico y la forma tampoco es idéntica, pero abundan las formas intermedias que los unen[9].

El masculino existe también en España: *duerno*, citado junto a una amasadera y una mesa, en doc. de 1208 (Oelschl.), ast. *duernu* 'madero grande, cuadrilongo y hueco que sirve para salar tocino, recibir la sidra que fluye del lagar, etc.' 'madero grande... plano por arriba y ceñido de una pequeña banda, en el que se pica árgoma verde, paja y narvasu para los ganados' (R, V), 'recipiente de madera donde se echa comida a los cerdos' (Canellada), *dorniello* ya en 1309, *BHisp.* LVIII, 89, *dornillo* en APal.[10] y en Covarr.[11]; y asimismo existe el femenino, junto al nombre francés de medida, en el francés medio *dorne*, hoy usual en el Poitou, Saintonge y Anjou: *dorne* «giron, espace depuis la ceinture jusqu'aux genoux quand on est assis». Con razón subrayó Jud que estas formas dialectales se enlazan semánticamente con la ac. francesa 'medida de longitud', aunque el derivado *dornée* «un giron plein, ce que contient une dorne, contenu d'un tablier, ventrée (d'une femme, d'une chienne)», empleado en las mismas zonas y en la Basse-Gâtine, ya indica la posibilidad del paso a una medida de capacidad y viene a coincidir perfectamente con el port. *dornada* «aquilo que uma dorna pode conter», y el prov. *dournado* «contenu d'une aiguière, cruchée» (Mistral, Palay).

Pero la mayor importancia de estas formas, para nosotros, estriba en que presentan la misma vocal abierta que las hispanoportuguesas, pues la *o* en ellas es constante en los SS. XVI y XVII y hoy en día[12]. Y éste estaría lejos de ser el único caso de reliquia céltica de estructura semejante que vacila en su vocalismo entre *ǫ* y *ǭ*[13]. Y con este último vocalismo reaparece en el Sur de Francia, en forma indudable en vista de su significado, la voz castellana y portuguesa: oc. ant. *dǫrna* «cruche», Languedoc, Gascuña, Rouergue, Querci, Auvernia *dourno* «cruche, vase de terre à anses, terrine», «jarre à huile», «seau de cuivre», «cuvier» (Mistral), Bearne *dourno* «cruche, cruchon», Arán *dúrna* 'olla grande de barro, para cocer, o para guardar leche, compota u otros alimentos', *durnéta* 'puchero provisto de un mango', *durnè* 'fregadera'; Gers *dourno* 'cruche de terre cuite' y antes también nombre de una medida de líquidos, en la Coutume d'Artigue, también *dournet*, Polge, *Mel. Phil.* 1960, 21. De suerte que se impone admitir la idea de que la tendencia a la armonía vocálica -ŭ-A > -ŏ-A, tan desarrollada en el céltico insular, ya debió de iniciarse en los dialectos célticos continentales.

¿Bastará el significado diferente para afirmar que el vocablo hispano-occitano-portugués tiene diferente origen del francés-occitano? No me parece esto verosímil cuando la identidad de forma es tan completa que en ambas zonas se hallan la variante masculina y la femenina, la con ŭ y la con ŏ; tanto menos cuanto que en tierras de Oc, y en unas mismas comarcas, coinciden los dos significados ya desde antiguo, y Du C. nos documenta desde la Edad Media el uso de *dourn* «amphora, lagena» y «mensura brevis ad notandam materiei densitatem» en la zona de Toulouse y Carcasona[14]. Nadie estimará imposible el paso de 'medida de longitud' a 'medida de capacidad' ni el de ésta a 'vasija de contenido equivalente a esta medida'. El parecido de forma entre la artesa y las medidas de capacidad nos la muestra el detalle de que si D. Quijote se sienta sobre un dornajo, puesto boca abajo, otros han empleado de la misma manera un almud invertido. Por otra parte, es cierto que Jud indicó la probabilidad de que el céltico DURNO- expresara el puño cerrado (como hoy en Irlanda y País de Gales), pero la ac. 'mano' está documentada en bretón y pudo ya existir localmente en el antiguo céltico continental; ahora bien si junto al irl. medio *boss* 'palma de la

mano' se formó AMBIBOSTA, y de ahí el cast. *ambuesta* 'el contenido de las manos', también salió de ahí Morvan *boisse* «vase qui sert à mesurer du lait»[15] y el fr. *boisseau* 'medida de capacidad', con numerosos significados secundarios[16]; el lat. MODUS, MODIUS es 'medida', y éste es el significado originario, pero MODIOLUS designa un 'vaso de beber' y 'el artesón en que se mueve una rueda de noria', y el primero de estos significados se ha conservado en el Norte de Italia (*REW*, 5628). Por lo demás, también sería posible partir de la idea de 'puño cerrado', puesto que este puño puede contener algo: *DURNA (DORNA) pudo estar respecto de *DURNOS en la misma relación que *BOSTIA y *AMBIBOSTA respecto del irl. *boss*, o que *puñado* 'el contenido de la mano', respecto de *puño*, y de 'puñado' se pudo pasar a una vasija de capacidad equivalente.

DERIV. Duerno. Dorna. Dornajo. Dornillo; *dornillero*; *dorniel*. Gall. *dorneiro* 'el caño por donde sale el vino' (Tuy, Sarm. *CaG.* 229v y cf., p. 124). Para todos estos derivados vid. el texto.

[1] En el refrán «aquella llamo yo dueña, que tiene harina en la *duerna*.— [2] «Que chantedes ['plantéis'] este poulo ja dito de vinna... e dardes cada ano a nos e al nosso monesteyro ja dito, por elo, en foro, 3 cannados de vino d'aquel que Dios hy der, a la *dorna*», Staaff, 100.22.— [3] Krüger, *Hochpyr. A*, I, 103, habla también de León, dando la definición 'artesa para que coman los cerdos'.— [4] En Canarias es 'pesebre para las caballerías' (*BRAE* VII, 334, 342).— [5] En el Alentejo *adórna* «cova no meio da adega para depositar o mósto» (*RL* V, 54).— [6] Ya en un doc. de a. 1456: «Dornas, trincados e galeas» Castro Sampedro, *Docs. para la historia de Pontevedra* III, 38.— [7] Yo mismo había aceptado este cruce en mi *Vocab. Aran.*, observando que un cruce parecido debía admitirse para el cat. *dǫrca, dǫrc*, 'especie de botijo', oc. *dǫrca*, procedente de ORCA. Pero hoy creo que *dorca* se debe a la combinación de éste, no con DOLIUM, sino con *dorna*, con el cual sí coincide en significado, género y área geográfica.— [8] Nótese la ausencia total en Aragón y Cataluña, y la mejor representación en gallegoportugués y en las hablas leonesas que en Castilla.— [9] Quizá M-L. tuvo ya la idea de relacionar los dos vocablos, pues de otro modo no se explica la forma *DORNA que él supuso como básica del provenzal y el francés en la primera edición de su diccionario; en realidad, como observaron Thomas y Jud, nada hay en el nombre de m e d i d a que autorice a suponer un étimo femenino o una base con ŏ.— [10] «Parapsis... es plato de metal o de tierra o alguna gran escudilla, o catino, o almofia, o *dornillo*», 340d.— [11] Quizá de ahí venga el segoviano *dorniel* 'alcaraván', en calidad de forma mozárabe, por una comparación de forma, comp. el fr. *boisselière* «pie-grièche grise», derivado de *boisseau* 'medida de ca-

pacidad'.— [12] Comp. la forma que han tomado
FŬRNUS, DIŬRNUS, SŬRDUS, y palabras análogas en
esta misma zona de Francia, según el *ALF* (mapas 602, 728, 1258). En todas estas comarcas es
general la vocal *u* del fr. *four*, *jour*, *sourd*.— [13] En
el artículo *CORMA del *FEW* el fr. *corme*, registrado desde el S. XIII y hoy usual en la misma
zona que *dorne*, se opone a la ŭ que postulan el
curmi de Marcelo Empírico, el *cwrw* del galés,
el suizo alem. *gürmsch* y el auvernés *gourme;* en
BORNA (*REW*, 1220a) hay ǫ en general, pero
bourno en el Lemosín y *bourgno* en el Rouergue;
y véase aquí mismo el caso de AMBOSTA (s. v.
AMBUESTA).— [14] ¿Será casual el que tanto
aquí (doc. de 1308) como en el más antiguo documento portugués se emplee la *dorna* para contener vino?— [15] Comp. también el tipo GALOXĬNA
'ambuesta' (*FEW* IV, 48b), al parecer de origen
igualmente céltico, de donde formas como norm.
galaignie 'medida de capacidad'.— [16] 'Medida agraria', «chacun des cylindres qui composent un tuyau
de cheminée», «cylindre creux dans les moulins
où l'on prépare le tan» (comp. el port. *dorneira*
'tolva'), «cylindre de terre servant de moule au
fabriquant de pipes», «nasse» (*FEW* I, 454a).

Duerno, V. *duerna*   *Düerno, dúes, düeto,* V.
dos

DUHO, antill. antic., 'banqueta que servía de
asiento', del taíno de Santo Domingo. *1.ª doc.:*
1535, Fz. de Oviedo; Acad. falta todavía 1899.

Friederici, *Am. Wb.*, 241. Oviedo, el P. Las Casas y el P. Cobo están de acuerdo en que es voz
haitiana. Como hay variante *dujo*, se pronunciaría
con *h* aspirada. Algunos cronistas emplean las variantes *duro, turo* y *ture*. Según Malaret, *Dicc. de
Amer.*, hoy es voz anticuada y sólo *ture* sigue
empleándose en el habla campesina de Puerto
Rico.

DUJO, 'colmena', santand., origen incierto. *1.ª
doc.:* 1882, Pereda; Acad. falta aún 1899.

García-Lomas, *Dial. Pop. Montañés*, s. v. La
Acad. quiere derivar de DŌLIUM 'tinaja', pero a
ello se opone la *u* (habría dado *dojo*). En el sentido de 'colmena natural, formada en un tronco de
árbol hueco' se emplea *tojo* en la misma zona;
éste significa también 'tronco ahuecado, que suele
servir de asiento o de tajo en algunas casas de la
Montaña'. El origen de éste es claro, pues se trata
de la misma palabra que el cat. *tou* 'hueco', arag.
tobo íd., aran. *tuüt* íd., gasc. piren. *touit, touat,
touecat,* íd., gasc. *touo* «abri sous roche», arag.
toba 'caverna', que descienden de TŌFUS 'toba', por
la porosidad de esta roca: de ahí saldría *toho*,
pronunciado *tojo* en la Montaña[1]. Ahora bien,
esta palabra tiene una variante TŪFUS, de carácter
dialectal itálico, muy extendida en la Romania (fr.
tuf, etc.); quizá esté *dujo* por *tuho, tujo*, pero ¿a

qué se debería la *d-?* Tal vez a un cruce con
DUERNO.

[1] El burgalés y palentino *tojo* 'lugar manso y
profundo de un río; cadozo', podría ser la misma
palabra, pero más parece variante de TOLLO.

Dujo, V. *duho*

DULA, 'turno en el riego o en el apacentamiento de ganado', 'terreno comunal donde pacen
por turno, o juntamente, las cabezas de ganado de
los vecinos de un pueblo', 'rebaño comunal', del
ár. vg. *dûla* 'turno, alternativa, ocasión sucesiva de
cada uno' (ár. *dáula* 'cambio, vicisitud'), perteneciente a la raíz *d-w-l* 'sucederse, cambiar' *1.ª doc.:*
duulla, doc. de Arlanza, 931.

Dozy, *Gloss.*, 50; Eguílaz, 65; Dozy, *Suppl.* I,
477; Neuvonen, 72. La variante *adula* figura en
textos medievales aragoneses (*Estatutos de Zaragoza, Ordenanzas de Tarazona*, vid. DHist.); hoy
allí mismo significa 'suerte de tierra que riega la
acequia' (Borao). *Dula* aparece también en el aragonés L. Argensola († 1613), y *Aut.* hace constar que
es voz propia de Aragón, Navarra y tierras adyacentes, calificación dialectal que ha suprimido más
tarde la Acad. Cat. *dula,* íd. (doc. de Elche, 1378,
en García Soriano, 180; *Spill* de J. Roig, v. 6734),
port. ant. *adua* 'rebaño comunal', 'agua que se reparten varios regantes', 'llamamiento a la guerra',
'obligación de alistamiento', 'impuesto para la
exención del mismo o para la construcción de fortificaciones' (Fig.; vid. ejs. en Viterbo, que confunde con *anúduba,* arabismo independiente), en
la Beira «reunião de porcos de diversos donos aos
cuidados d'um cuidador que os recebe de manhã
e entrega á noite» (*RL* II, 243); de una variante
de éste se tomó el cast. *dúa* 'prestación personal
en las obras de fortificación' (Acad. ya 1843, como
ant., calificación hoy suprimida)[1], 'cuadrilla que se
emplea en ciertos trabajos de minas', en Salamanca 'porción de tierra que recibe el riego por turno'. Entre los sefardíes se ha conservado el uso del
vocablo castellano: «dula, lugar donde se reúnen
los burros de diferentes amos para ser conducidos
al pasto, mediante una pequeña remuneración» en
Marruecos (*BRAE* XV, 57)[2], *estar en la dula* 'estar colmado de riquezas' (es decir, propiamente
'tener el turno del riego') en Oriente (Yahuda,
RFE II, 355).

DERIV. *Dular. Dulero* o *adulero* (éste ya en los
fueros aragoneses de h. 1300, y otros ejs. en Tilander, 235-6). *Adulear* 'meter mucha bulla' (por los
gritos del adulero cuando llama los animales), arag.
[1726, *Aut.*].

[1] «Especie de servicio o servidumbre personal».
Está ya en Nebr.: «*Dua*, en griego *dulia;* servitus». La etimología en que pensaba el ilustre humanista es imposible, naturalmente.— [2] En el árabe marroquí 'sitio donde se reúne la manada después que viene del pasto' (Lerchundi).

DULCE, del lat. DŬLCIS íd. *1.ª doc.*: h. 950, Glosas Emilianenses, 117; también *Cid*[1].

Cuervo, *Dicc.* II, 1338-40. La *u* frente a la *o* de los demás romances, port. *doce*, cat. *dolç*, oc. *dous*, fr. *doux*, it. *dolce*, friul. *dolz*, vegl. *dolk*[2], haría pensar en un cultismo, según admite el *REW*, 2792; pero esto no es creíble en palabra de tal naturaleza. En realidad este caso no está aislado, antes forma parte de un tratamiento sistemático: *surco* SŬLCUS, *cumbre* CŬLMEN, *azufre* SŬLPHUR, *buitre* VŬLTUR, *cuitre* CŬLTRUM, y los muchos en *-uch-* < -ŬLT- (*escucha, mucho, puches*, etc)[3]. Véase lo dicho s. v. *CUMBRE*. Como indico allí, la forma *duz, duce* sería la originaria, con la L vocalizada en ʮ (o i̯) y cierre de la ŭ precedente por efecto de esta semivocal; *duz* se halla en J. Ruiz, 118*b*, 117*d*[4], 1055*b*, por ej.; Mateo Alemán emplea *aduzar* 'endulzar' en *G. de Alfarache*, todavía Nebr. admite *duce* (ya en *Calila*, ed. Allen 13.284), y esta forma figura en cronistas mejicanos del S. XVI y hoy se dice en Méjico, Costa Rica, Colombia, Asturias (V) y Santander (*BDHA* I, 235n. 1); la *l* de *dulce* se restituyó, no por latinismo, sino por una reacción de los altos estratos idiomáticos, la misma que impuso *alto, palpar, calza*, etc. (en lugar de *oto, popar, coz*).

DERIV. *Dulcedumbre* [1438, Mena; Guevara, *Epístolas*, I, p. 34 (Nougué, *BHisp.* LXVI)]. *Dulcera. Dulcero, dulcería. Dulcinea* [1605, *Quijote*]. *Dulzaina* [*duçaina*, h. 1400, *Canc.* de Baena, 198; *dulzaina*, 1607, Oudin; 1615, *D. Quijote*], tomado (lo mismo que el cat. *dolçaina*, it. ant. *dolzaina*) del fr. ant. y med. *douçaine* (S. XII-1500: Tobler II, 2048*b*; *FEW*), íd.; en J. Ruiz, 1233*aS* se halla *dulçema*[5], como nombre de instrumento musical (reemplazado por *gaita* en *G* y *T*), que puede representar la pronunciación tardía del fr. *douçaine* como *doucène* (comp. oc. *dossena* en 1480: *FEW* III, 175*a*), comp. M. P., *Poes. Jugl.*, 68; empleo figurado *dulzaina* 'dulce malo'; *dulzaino, dulzainero. Dulzarrón. Dulzón. Dulzura* [*APal.* 123*b*], antes *dulzor* [Berceo, *Apol., Alex.* 1977, J. Ruiz; *APal.* 54*d*, 123*b*, 151*d*; ambas formas en la *Celestina*] y el raro *dulceza* (< it.?); gall. *dozura* 'dulzura' y *dozur(iñ)a* 'lluvia muy blanda, suave y corta' (Sarm. *CaG.* 223r); *dulzurar, dulzorar. Endulzar* [Nebr.], *endulzadura*; antes también *endulcir, endulcecer, endulzorar* o *aduzar* [*G. de Alfarache*]. *Edulcorar*, tomado del b. lat. *edulcorare*, derivado del lat. *dulcor* 'dulzura'; *edulcoración*.

CPT. *Dulcamara* [Acad. ya 1843; *dulce-amara*, Terr.; *dulzamara*, Acad.], contracción de los lat. *dulcis* y *amara* 'amarga'. *Dulcémele* 'salterio' [Acad. ya 1843], parece ser el lat. *dulce mel* 'miel dulce', por lo agradable de su sonido (la Acad. propone el gr. μέλος 'melodía', pero así no explicamos la -*e* y resulta algo extraño este híbrido), comp. *dulcema*, variante de *dulzaina*. *Dulcificar, dulcificante*,

dulcificación. Dulcísono, tomado de *dulcisŏnus*, compuesto con *sonare* 'sonar'. *Findoz*, V. *HENO*.

[1] En Berceo *dulz*, en *Mil.* 234*d*, I, lección asegurada a pesar del metro, a pesar del ms. *A*; lo mismo puede decirse de 524*b*, a pesar de que ahí concuerdan los dos mss., pues Berceo no admite sinalefas.— [2] *Doz* se emplea en el habla sanabresa de Rionor, *doce* en la de Calabor (Krüger, *Homen. a M. P.*, 134, 138), *dolç* se halla en aragonés antiguo (h. 1200, *Cronicón Villarense, BRAE* VI, 215), *doce* en hablas aragonesas actuales, según Espinosa, *Arc. Dial.*, 9; *dolce* en *Alex. O*, 770*c*, 1331, 1970 (que *P* corrige en *dulce*).— [3] Quizá también *culpa*, comp. oc., it. *colpa*, fr. ant. *coupe*, pero aquí no es seguro en vista del uso religioso, que hace comprensible un cultismo, y de que el catalán tiene *culpa* (cat. ant. *colpa*, SS. XIII y XIV, pero derivados en *culp-* se hallan ya en textos muy puros desde h. 1400, *Eiximplis, Tirant*). Quizá también *urce* o *uz* ULĪCEM, que pudo tener ŭ puesto que el vocablo sólo se halla en Plinio, por lo tanto la filología latina no puede informarnos de la cantidad, la ʊ que supone M-L. se basa en el castellano y portugués (hay unas pocas formas dialectales italianas pero su tratamiento fonético me parece sospechoso), y se cree sea voz de origen ibérico (las vocales de los iberismos suelen ser breves). En *BDC* XXIV, 163, derivé el arag. *bulco* 'antojo, lunar' de ŬLCUS 'úlcera, herida'. El portugués vacila: *sulco* (¿culto?, comp. *rego* más común), *cume, abutre, escuita, muito*, etc., pero *enxofre, doce*. El catalán se separa ya: *solc, sofre, dolç, voltor, escolta, molt*, etc.— [4] En este pasaje los comentaristas suelen entender arbitrariamente 'guía', derivando del lat. DŬX, pero no hay tal palabra en castellano ni la ha habido jamás. El sentido es claro: se encarga al mensajero amoroso que sea «pleytés e *duz*», es decir, 'diplomático y amable (dulce)'. No hay dificultad en que el vocablo rime consigo mismo, pues J. Ruiz lo hace otras veces (*angosto* en 1704*a* y *c*), y aquí se trata de dos sentidos diferentes del vocablo.— [5] Comp. *dulcémele*, abajo.

Duldar, V. *dudar*   *Dulero*, V. *dula*

DULÍA, culto de ~, tomado del gr. δουλεία 'esclavitud', derivado de δοῦλος 'esclavo'. *1.ª doc.*: 1499, Núñez de Toledo.

DERIV. *Hiperdulía*.

Dulimán, V. *dormán*   *Dultar*, V. *dudar*
Dulzaina, dulzainero, dulzamara, dulzarrón, dulzón, dulzor, dulzorar, dulzura, dulzurar, V. *dulce*

DUNA, del neerl. *duin* (antiguamente *dûnen*) íd. *1.ª doc.*: 1643, Varén de Soto.

Aunque este autor y *Aut.* indican que se tomó durante las Guerras de Flandes, es posible que no se hiciera directamente, sino por conducto del francés, que a menudo emplearían los flamencos para entenderse con los españoles. En francés el vocablo se halla desde el S. XIII, pero es de origen neerlandés, aunque en este idioma viene quizá del céltico (Mahn, *Etym. Untersuch.*, 30-31; Franck, s. v.). La vieja palabra española, todavía muy empleada en la Arg., Chile y otras partes, es *MÉDANO*.

DERIV. *Duneta* 'la estancia más alta de la popa del navío' [Tosca, princ. S. XVIII, *Aut.; Acad.* ya 1843], del fr. *dunette* [1634] íd., diminutivo del anterior (*FEW* III, 180a).

Dundo, V. *tonto* *Dúo, duodecimal, duodécimo, duodécuplo, duodenal, duodenario, duodenitis, duodeno, duomesino, *dúos, dúas*, V. *dos*

DUPA, 'ignorante, bobo', 'al que engañan', gña., tomado del fr. *dupe* 'el que se deja engañar'. *1.ª doc.*: 1609, J. Hidalgo.

Ej. en un baile anónimo de la época, publ. por R. Salillas, *RH* XIII, 51. Para el origen de la voz francesa, vid. Riegler, *ARom.* VI, 171; Bloch, s. v. En francés aparece también (1428) como palabra jergal.

Dupla, duplado, dúplica, duplicación, duplicado, duplicar, duplicativo, duplicatura, dúplice, duplicidad, duplo, V. *dos*

DUQUE, tomado del fr. ant. *duc* íd., y éste del lat. *dŭx, dŭcis*, 'guía, conductor', que en el Bajo Imperio romano se aplicó a dignatarios de las provincias que ocupaban un alto cargo cívico-militar. *1.ª doc.*: *duc*, princ. S. XIII: Berceo, doc. de 1220 (Oelschl.), *Fn. Gonz.* 395 (con referencia al conde); *duque*, *1.ª Crón. Gral.* 406a28, 651a42; J. Ruiz, 586a.

La categoría nobiliaria actual no se fijó hasta más tarde en la jerarquía del feudalismo. Del francés, donde ya se halla h. 1100, pasó el vocablo a los tres romances hispánicos; el it. *duca* pasó por conducto del griego bizantino (que también había adaptado el lat. *rex* 'rey' en la forma ῥήγας: G. Meyer, *Lat. Lehnwörter im Neugriech.*, 55).

En castellano, de haberse tomado del latín directamente, habría dado *duz (comp., s. v. *DULCE); la forma primitiva *duc* denuncia claramente el origen forastero. En francés, donde subsistía la declinación con dos casos, era natural que del caso sujeto semiculto *dux* (= *ducs*) se extrajera un caso complemento *duc*.

Variante latinizante: *dux*.

DERIV. *Duquesa* [1435, *BHisp.* LVIII, 89; Nebr., con *-s-* sencilla]. *Archiduque* [h. 1517, 1583, *DHist.*], *archiduquesa* [1512, *BHisp.* LVIII, 89], *archiducal, archiducado*. *Ducado* [*Partidas*; en la ac. 'moneda', h. 1440, P. Tafur, viene del it. *ducato*, donde ya se halla en 1181: Terlingen, 290,

Aut.]; *ducal; ducial* [Valera, *Cirimonial*, pp. 163b y 164b (Nougué, *BHisp.* LXVI)].

Dura, durabilidad, durable, duración, durada, duradero, durador, duradura, V. *durar* *Duramadre, duramáter, duramen*, V. *duro*

DURAR, del lat. DŪRARE 'durar', también 'endurecer', 'tener paciencia, perseverar'. *1.ª doc.*: Cid.

Los latinistas no están de acuerdo entre si *durare* 'durar' es la misma palabra que en el sentido de 'endurecer' (Walde-H.), o si es primitivamente un vocablo diferente (Ernout-M.); de todos modos el sentido lingüístico de los antiguos debió percibirlo en ambos casos como dos acs. de un mismo verbo. Para construcciones y acs. castellanas véase Cuervo, *Dicc.* II, 1342-4; Cej. VIII, § 114. En la ac. latina 'mantenerse, perseverar' seguía empleándose en castellano hasta el S. XVII (Cuervo, *d*), y es aún más frecuente en la Edad Media, en que se halla aun como transitivo, en el sentido de 'sufrir, aguantar (algo o a alguien)' (*Alex.*, 289, 525, y Cuervo, 1343b). Nótese también la ac. 'tardar' (*Quijote* I, xxiv; *Gr. Conq. de Ultr.*, 537).

Es algo difícil averiguar si la palabra *turar* o *aturar*, que se halla desde Berceo hasta princ. S. XVII (Cej. VIII, § 114), en el sentido de 'sufrir, aguantar, perseverar' y en el de 'durar, subsistir', es mera variante fonética de *durar* (como podría serlo *atormecer* junto a *adormecer*, V. *DORMIR*) o es palabra diferente, procedente de OBTŪRARE 'tapar', 'cerrar estrechamente'[1], que sólo en parte llegó a confundirse con *durar* al tomar secundariamente el significado de éste; véanse ejs. en DHist., s. v. *aturar*, y en Cuervo, *Dicc.* II, 1344[2]. Es probable que este autor tenga razón al observar que el uso de *aturar* en Cervantes en el sentido de 'tapar, obstruir', coincidente con el it. *turare* 'cerrar' y el cat. y oc. *aturar* 'detener', debe hacernos inclinar por OBTŪRARE, comp. *atorar*, s. v. *TUERO*[3].

DERIV. *Durable* [Berceo; APal., 141d, 345d; Nebr.]; *durabilidad*. *Duración* [h. 1440, A. Torre (C. C. Smith, *BHisp.* LXI); Nebr.] antiguamente *durada* (1417, 1491, *Aut.*), *dura* [J. Manuel, *tura* en Nebr.], *duradura* o *duranza*. *Duradero*. *Durador*. *Durando* 'paño que se usaba en tiempo de Felipe II' [*Aut.*, refiriéndose a escrituras coetáneas], del fr. ant. *durant* 'duradero' (God.; Larousse lo da como vivo aún, pero poco usado), que en Francia no puedo documentar como nombre de paño, mas debió de aplicarse así, pues de él vendrá también el it. ant. *durante* «sorta di panno rinforzato». *Durante* prep. [h. 1440, Díaz de Gámez; antes se halla como adjetivo en el sentido 'que dura', 'duradero', 1382], vid. Cuervo, *Dicc.* II, 1343-4[4]. *Condurar*. *Endurar*, antic. 'sufrir, tolerar', 'diferir', 'economizar'; *endurador*. *Perdurar* [falta aún Acad. 1884], tomado del lat. *perdūrare* íd., derivado de *durare*; *perdurable* [1107, *BHisp.* LVIII, 89, p. 359; 1438, J. de Mena; Nebr.], *perduración*.

¹ De ahí el cultismo *obturar* [Acad. 1884, nº 1843]; *obturación*; *obturador* [voz anatómica, Terr.].— ² Si exceptuamos el catalán y occitano, donde es palabra básica del idioma y tiene significado más diferente, es en gallegoportugués donde *aturar* tiene más vitalidad: es frecuente ya, con el significado de 'soportar, tolerar', 'perseverar', en las *Ctgs.* y en fuentes medievales portuguesas (Azurara, etc.) y aun modernas; en gallego, y también como 'aguantar, resistir, soportar', aparece en escritores tan castizos como Añón, Curros (*DAcG.*) o Castelao: «o boticario don Saturio non *aturou* a falcatruada de Lela e mátase con solimán» (*Os Vellos non deben de namorarse*, 1941, 277.11). *Turar* con el valor de 'durar' se halla en el ms. *A* del *Proemio* del Marqués de Santillana, *RH* LV, 26, en la traducción del *De las Ilustres Mujeres* de Boccaccio, Zaragoza 1494, fol. 45rb, en el *Interrogatorio de Pupilajes* de la Universidad de Salamanca, de 1561, *RFE* XI, 420, Nebr. lo da explícitamente como variante de *durar* (y *tura* por *duración*), y véanse más en Cuervo. Es probable que haya una de tantas alusiones zahirientes a Nebr., o a alguien que usara su diccionario o gramática, en este pasaje del *Diál. de la L.* de J. de Valdés (84), prueba de que el autor rechazaba el uso de *turar*: «según a mí me han dicho, *turo* quiere dezir *duravit*, y *duro* toman por escaso… VALDÉS. En esso tanto mas os engañáis vos, no haziendo diferencia entre *duro*, con el acento en la *u*, que significa, como avéis dicho, escasso… y *duró*, con el acento en la última, que significa *durar*». Hoy *turar* y *aturar* siguen siendo corrientes en el judeoespañol de Monastir y de otras partes (*RH* LXXIX, 536, 542).— ³ Como el gall. *atuir* 'llenar, atestar' («este pozo está *atuido*», «*atueu -se* de terra») es ajeno al portugués (si bien se conoce en Tras os Montes) y no parece muy antiguo (aunque ya lo registre Sarm. *CaG.* 185r) me inclinaría a ver en él el resultado de un cruce de sinónimos entre *obturar*, *aturar* y *obstruir*. De todos modos, y pese a la extraña semejanza, no parece que se relacione con el cat. *atuir* 'abrumar', 'abatir irremediablemente', de significado muy alejado.— ⁴ En la Arg. se emplea alguna vez convertido en adverbio relativo (conjunción subordinante), en el sentido de 'mientras': «*Durante* presidí el Gobierno de B. Aires como su Gefe Supremo, estuve siempre gracias a Dios en mi entero juicio», carta de J. M. de Rosas, a. 1875, citada por Manuel Bilbao, *Tradiciones y Recuerdos de B. Aires*, p. 101. Es curioso comparar con un desarrollo paralelo cumplido siglos antes en el gerundio *durando*: «Senaar es logar de Babilón en que fué el campo *durando* los

ombres contendieron alçar la torre que llegase al cielo», APal., 445b.

Duratón, V. *duro*

DURAZNO, del lat. DŪRACĪNUS 'de carne fuertemente adherida al hueso' (melocotones, cerezas), 'de piel dura' (uvas). *1.ª doc.*: J. Ruiz, 862b.

Laguna (1555) lo emplea como término genérico para las varias especies de melocotón, como se hace todavía en la Arg., Chile, Perú, Nuevo Méjico, Canarias, Andalucía, etc. (*BDHA* IV, 52; Ciro Bayo, s. v.; *BRAE* VII, 334; Malaret, *Supl.*); lo mismo ocurre al parecer en J. Ruiz y en Lope, y *Aut.* todavía considera *durazno* como la palabra básica y *melocotón* como variedad particular; más ejs. de *durazno*, en Tirso (ed. de J. Ruiz por M. R. Lida); Nebr.; en APal. 262b, 357b; otras variedades del mismo fruto son *priscos, albérchigos, mollares*, etc. El vocablo latino se aplicó primero al melocotón de carne inseparable del hueso: parece ser voz compuesta de *durus* y *acinus* 'fruto' (Walde-H.), aunque del latín pasó al griego, y de ahí al árabe y al turco. Son formas mozárabes de origen latino directo *ḏurâǧnu* y *ḏurâǧni*, mientras que *duraqin, ḏurâqni* o *ḏurâqûnun* (Asín, *Glos.*, 104; Simonet, s. v.) vienen por conducto del árabe (M-L., *RFE*, VIII, 229; comp. Baist, *KJRPh.* IV, 320). El cat. *préssecs durans* designa los melocotones duros y de piel fuertemente adherida (a diferencia de los *mollassos*): lo he oído a gente de Gerona, Alcover registra un singular *durà* en el Ampurdán y Maresme, y «*durán préssech:* malum persicum» ya figura en el dicc. Torra [S. XVII]. Que venga de DURACINUM es bastante probable; en lo que se puede dudar es entre un castellanismo antiguo y un resultado autóctono (pues la evolución *duràzens, como ASINOS > *àsens*, y luego *duràens > *durans*, es natural, y la disimilación ante la -s del plural había de facilitar la caída de la -z-). Lo que podría hacer dudar de la etimología de la voz catalana es la existencia de un oc. *duran* aplicado a melocotones y cerezas de carne dura, que en este idioma difícilmente puede venir de DURACINUS según la fonética autóc-, tona; pero no habría dificultad en admitir que esta voz occitana, no localizada y sólo registrada por Mistral, sea catalanismo o castellanismo; según *FEW* III, 187, sería sólo de Niza y no existen otros representantes galorrománicos, salvo alguna forma suelta, alterada, dudosa o erudita. Vco. vizc. *duranzan*, vco.-fr. *duraza, duaxa, tuatxa* 'durazno', 'albérchigo'.

Aunque la etimología de DURACINUS como un compuesto es la más cierta, hay otras que no dejan de crear algunos problemas, sólo solubles con carácter definitivo mediante un estudio monográfico con mayor información de historia botánica. Keller, *Lateinische Volksemyologie*, 232, creía que *duracinus* era derivado de un *Duracium, forma latina de Δυρράχιον (hoy *Durazzo*), ciudad iliria: debe de haber en efecto convergencia de dos étimos, pero más bien parece que sea la conexión con Δυρράχιον la debida a etimología popular. Por otra parte, en la terminología botánica medieval y renacentista se empleó *rhodacenon*; ahora bien, la traducción que se ha dado a *rhodacenon* es precisamente 'melocotón', «lat. *persicus*, cat. *presseguer*»[1]. No puedo detenerme a investigar la justeza y antigüedad de esta identificación. El caso es que ya el naturalista bizantino Alejandro de Trales (h. 570 d. C.), VII, 323, identifica el ῥοδάχινον con la περσέα o πέρσειον, árbol frutal muy nombrado por los naturalistas griegos más antiguos, desde Hipócrates y Teofrasto[2]. De todos modos Alexander Trallensis es posterior en unos 600 años a Catón, donde ya aparece *duracinus* aplicado a frutos de piel dura. Toda la apariencia es pues que *rhodacinon* no es creación griega sino alteración (como etimología popular de ῥόδον 'rosa, rosal') del lat. *duracinus*, mediante metátesis.

DERIV. *Duraznero. Duraznilla. Duraznillo.*

[1] Así el dicc. catalán de On. Pou, a. 1575, p. 53. Las fuentes de Pou en este terreno no carecen de autoridad: su maestro fué el sabio Palmireno y además explotó las obras «De re hortensi» de Lázaro Bayfio.— [2] Éste se define como árbol que nace en Egipto con un fruto gustoso, próximo al tronco. En todo caso περσέα ha de ser lo mismo (al menos en fecha ulterior) que el lat. *persicus* 'melocotón'.

Durez, dureza, durillo, V. *duro*

DURINDAINA, 'espada' fam. antic., 'la Justicia' gnía., deformación del fr. ant. *Durendart* o *Durendal*, nombre de la legendaria espada de Roldán. *1.ª doc.*: *durindana* 'espada', 1604, *Pícara Justina*; *durindaina*, 'la Justicia', 1609, J. Hidalgo; id. 'espada', Quevedo.

Los malhechores dieron este nombre a la Justicia, por la espada con que la representaban. Para el origen del nombre francés, que según la sugestiva interpretación de Rohlfs sería *dur end art* 'arde (o escuece) mucho por su causa', vid. Rohlfs, *ASNSL* CLXIX, 57-64; comp. Spitzer, *Language* XV, 48-50; Roques, *Rom.* LXVI, 384-6; Långfors, *Rom.* LXII, 406. Desde luego la variante *Durendart* se halla en varios cantares de gesta (entre ellos el *Roland* rimado), y en todas las versiones medievales en otros idiomas (Roques, *Rom.* LXVI, 384-6); la forma común en español era *Durandarte*.

DERIV. *Durlines* [1609], gnía., 'criados de la Justicia', parece ser derivado de una mutilación jergal de *Durindaina*.

Durmiente, V. *dormir*

DURO, del lat. DŪRUS íd. *1.ª doc.*: Berceo; doc. de 1205 (Oelschl.).

Cuervo, *Dicc.* II, 1344-8; Cej. VIII, § 114. Además de las acs. especiales que ahí pueden hallarse, nótense 'malo' (Berceo, *Mil.* 753a, 871a), 'resistente (soga)' (íd. 893d), *en duro punto* 'en mala hora' (*Alex.* 977).

DERIV. *Adur* o *de dur* o *a duro* 'a duras penas' (todos en Berceo, y frecuentes en el S. XIII; vid. Cuervo, 1347b y 1348; *DHist.*), resultan de un cruce entre las locuciones romances *a duro* o *de duro*, y el adverbio preliterario **dur*, procedente del lat. DŪRE 'duramente'; también se empleó a *duras* (*Fuero Real* en *DHist.*), y hoy a *duras penas* por combinación con *apenas. Duramen*, tomado del lat. *duramen. Duratón*, gnía. [1609]. *Dureza* [APal. 159b; Nebr.], antes también *durez. Durillo. Endurecer* [Nebr.], *endurecimiento* [íd.]; también *endurar, enduramiento. Induración. Durullón* [S. XIV, refranes aragoneses: *RFE* XIII, 365, 371, 'dureza, chichón'], *durulló* en el catalán del Maestrazgo (G. Girona, p. 256)[1]. *Obduración.*

[1] La terminación parece imitada de la de *burujón* (arag. **burullón*). Aunque no es imposible una asimilación de **durallón*, comp. mall. *duralló* 'callo' (Ag.).

Duro, m., V *duho*   *Duunvir, duunviral, duunvirato, duunviro*, V. *dos*   *Dux*, V. *duque*

E

E, V. y

EA!, del lat. ĒIA íd. *1.ª doc.*: eya, Berceo, *Duelo*, 177; ea, 1328-35, *Conde Lucanor*, ed. Knust, 71.13.

También en J. Ruiz, en la *Celestina* (ed. 1902, 55.33, 79.33, 95.8), en Nebr. («ea, para despertar a uno: age») y es frecuente desde el S. XVI. Ejs. en Cuervo, *Bol. C. y C.* I, 433-4, y en *Obr. Inéd.*, p. 307. Normalmente es exhortativa, pero en Asturias ¡ea, ea! se emplea para arrullar a los niños (V). Se ha conservado también en port. *eia*, y hay algún ej. suelto en catalán[1] y occitano antiguos, y en hablas insulares de Italia (el rum. *ĭa*, parece ser de origen eslavo o albanés). Es posible que en latín sea de origen griego (εῖα íd., vid. Walde-H.). Representantes vascos, Michelena, *BSVAP* XI, 288.

[1] Figura algunas veces en el *Curial i Güelfa*, med. S. XV («*Ea*, cavaller, vós qui menats donzella en vostra companyia, sus, levats», N. Cl. II, 14). Vid. Diez, *Wb.*, 125

ÉBANO, tomado del lat. ĕbĕnus y éste del gr. ἔβενος íd. *1.ª doc.*: 1555, Laguna.

Aparece también en C. de las Casas (1570: «*Evano*: ebano, ebeno, hebeno»), Percivale (1591: «*évano*: eben wood, sugar chest», «*ébeno*: a blacke kinde of woode...»), Oudin (*ebano, ebeno* y *evano*) y Covarr. (*ebano* y *evano*). *Aut.* advierte que debe darse la preferencia a la grafía con -*b*- por razones etimológicas. Antes se había empleado en castellano *abenuz* (*avenuz*, invent. arag. de 1386, *BRAE* IV, 354; «*abenuz, árbol de madera negra*: hebenus», Nebr.), que, junto con el cat. *banús* y oc. ant. *avenuz* (raro, S. XIII, *FEW* III, 199), procede del ár. *'abanûs*, del mismo origen que la voz latina.

DERIV. *Ebanista* [1708, Palomino, en el sentido 'el que trabaja con ébano, marfil y maderas preciosas'; definición moderna, ya Acad. 1884]; *eba-* nistería. Derivado culto *ebenáceo*. *Ebonita* [Acad. 1899], del ingl. *ebonite* íd., derivado de *ebony*, forma inglesa del nombre del ébano.

Eborario, V. *ebúrneo*   *Ebriedad, ebrio, ebrioso*, V. *embriagar*   *Ebullición, ebullómetro*, V. *bullir*

EBÚRNEO, tomado del lat. *ebŭrnĕus* 'de marfil', derivado de *ebur, ebŏris*, 'marfil'. *1.ª doc.*: 1438, Juan de Mena.

Vuelve a aparecer en la *Celestina*, ed. 1902, 81.5, en Garcilaso, y ha seguido siendo palabra del estilo poético.

DERIV. *Eburno* 'marfil', ant. (?, ¿traducción exacta?, ya Acad. 1843), tomado de *eburnus* 'ebúrneo' *Eburnación*. *Eborario*, tomado de *eborarius* íd.

Ecarté, V. *carta*   *Eccehomo*, V. *hombre* *Eclampsia*, V. *lámpara*   *Eclecticismo, ecléctico*, V. *elegir*   *Eclesiastés, eclesiástico, eclesiastizar*, V. *iglesia*   *Eclímetro*, V. *inclinar*

ECLIPSE, tomado del lat. *eclipsis* f., y éste del gr. ἔκλειψις f. 'deserción, desaparición', 'eclipse', derivado de ἐκλείπειν 'abandonar' y éste de λείπειν 'dejar'. *1.ª doc.*: *eclipsis*, *Gran Conq. Ultr.* IV, 163 rº·b 33 (Cooper); *eclipsi*, APal. 106b, 128b, Nebr.; *eclypsi*, Juan de Mena (Lida); *eclipse*, *Celestina*, ed. 1902, 40.14; gall. ant. *ecrisi*, a. 1484[1].

Una forma popularizada *cris* la pone Cervantes en boca de Sancho (con inmediata corrección del Caballero), *Quijote* I, xii, 37, y figura también en la *Comedia Radiana* (1533-5); más datos en *CLISOS*. El cambio de género del vocablo se explica porque antiguamente los femeninos en *e*- llevaban el artículo *el* (como hoy los en *á*-).

DERIV. *Eclipsar* [APal., 128b; Nebr.; *escripsado* 'eclipsado' en Francisco Imperial (Lida, p. 256); *crisarse*[2] *el sol*, en la *Recopilación* de Sánchez de

Badajoz, II, 181]; *eclipsado*; comp. *CLISOS*. *Eclíptico*, tomado del lat. *eclíptĭcus* y éste del gr. ἐϰλειπτιϰός 'relativo a los eclipses'; *eclíptica* [1515, Fz. de Villegas (C. C. Smith, *BHisp*. LXI), 1547, Alonso de Fuentes], así llamada porque en la antigua astronomía se aplicaba a la línea en que se producían los eclipses.

[1] «Diso o Mestre da Orden que a 16 dias do mes de marzo, que seria 16 dias de luna, se faria hum *ecrisi* moito escuro, e que avia de durar tres horas, e seria tanto escuro que despois da morte de Jesuchristo non fora outro tal», doc. de Pontevedra, Sarm. *CaG*. 174r.— [2] De aquí el vco. *gerizatu* 'resguardado, protegido', *geriza* 'sombra', 'abrigo', Michelena, *BSVAP* XVIII, 1962, 95.

Eclógico, V. *elegir*

ECO, tomado del lat. *ēchō, echus*, íd., y éste del gr. ἠχώ 'sonido', 'eco'. *1.ª doc.*: 1570, C. de las Casas[1].

Aut. y los clásicos (ya Góngora, Lope y Quevedo) lo hacen masculino; lo mismo Moratín, pero lo hace femenino en su *Epístola a Andrés*, parodia del estilo· de Menéndez Valdés (ed. Acad. IV, 168).

Deriv. *Ecoico*.

Cpt. *Ecolalia* [1939, supl. a la 16.ª ed. de la Acad.], compuesto con λαλεῖν 'charlar, hablar'.

[1] También en Oudin y Covarr., y es frecuente desde Lope y Góngora. Quizá se halla ya en poetas anteriores. El pasaje de APal. «Vaticanus... donde se oyan bozes por *echo*, que es sonido que redunda en oquedad», 516b, apenas puede citarse como prueba del uso en castellano; tampoco es prueba clara el ejemplo de Santillana que cita Smith (*BHisp*. LXI): «si eco respondía a sus discordantes voçes».

ECONOMÍA, tomado del gr. οἰϰονομία (lat. *oeconomĭa*), 'dirección o administración de una casa', derivado de οἰϰονόμος 'administrador', 'intendente', y éste compuesto de οἶϰος 'casa' y νέμειν 'distribuir', 'administrar'. *1.ª doc.*: 1607, Oudin; 1620, Góngora; 1640, Saavedra F.

Deriv. *Económico* [1607, Oudin; Góngora; 1627, Lope], de οἰϰονομιϰός 'relativo a la administración de una casa'. *Economista. Economizar. Ecónomo* [1591, Percivale; 1607, Oudin; arancel de 1722 en *Aut.*], tomado de οἰϰονόμος; *eco-nomato*.

Otros compuestos de οἶϰος: *ecología* [falta aún Acad. 1899], compuesto con λόγος 'tratado', en el sentido de 'estudio del lugar en que vive o se halla algo'; *ecológico. Anteco* [1709], tomado de ἄντοιϰος 'el que vive del lado opuesto', formado con ἀντί 'enfrente, al otro lado'. *Meteco*, de μέτοιϰος 'que vive juntamente'. *Períoco*, de περίοιϰος 'que vive alrededor'.

Ecotado, V. *acotar*   *Ectasia, éctasis*, V. *tender*   *Ectodermo, ectópago, ectoparásito*, V. *extra*   *Ectopia*, V. *topografía*   *Ecuable, ecuación, ecuador, ecuánime, ecuanimidad, ecuante, ecuatorial*, V. *igual*   *Ecuestre, ecúleo*, V. *yegua*   *Ecuo, ecuóreo*, V. *igual*

ECZEMA, tomado del gr. ἔϰζεμα, -ατος 'erupción cutánea', derivado de ἐϰζεῖν 'hacer hervir', 'bullir, hormiguear', y éste de ζεῖν 'hervir'; por conducto del fr. *eczéma*. *1.ª doc.*: falta aún Acad. 1899.

La acentuación falsa (debiera ser *éczema*) es indicio de procedencia francesa; en esta lengua se halla ya en 1828.

Deriv. *Eczematoso*.

Echán, V. *escanciar*   *Echandillo*, V. *dechado*

ECHAR, del lat. JACTARE 'arrojar, lanzar', 'agitar', frecuentativo de JACĔRE 'echar, arrojar'; más exactamente: de *JĔCTARE, variante vulgar de aquél. *1.ª doc.*: *zetare*, 2.ª mitad del S. X, Glosas Silenses; *echar*, 1125, Fuero de Medinaceli (Oelschl.), *Cid*, etc.

El cast. *echar* y port. y gall. *deitar*[1] (ant. *geitar*[2])· también podrían responder fonéticamente al lat. cl. JACTARE, pero como las demás formas romances (it. *gettare*, oc. *getar*, cat. *gitar*, etc.)[3] corresponden a *JĔCTARE, es de suponer que el portugués y castellano no formarán excepción, tanto más cuanto que el arag. *itar*, presente *yeta*[4], se explica mejor por este último, que puede entenderse como resultante del influjo fonético de la J sobre la A (como en JENUARIUS, JENIPERUS), según quiere M-L., *Einführung*, § 119, aunque la antigua explicación a base de una aféresis de EJĔCTARE 'echar afuera, echar lejos' (derivado de JACTARE) es también posible, y se apoya en el rum. de Transilvania *aĭeptà* 'arrojar' (Tiktin, *Wb*. I, 476; Puşcariu, s. v.). Para construcciones y acs., Cuervo, *Bol. C. y C*. I, 434-75; Cej. IX, § 176.

Ya en latín se empleaba *jactare* en el sentido figurado de 'alabar', de donde el cultismo cast. *jactar*. [Ya Santillana escribió «el ánimo mío s'altiveçe, / se jacta e loa» (p. 288); h. 1540, A. de Guevara.]

Un sentido singular presenta *echar* en la locución *echar menos* o *echar de menos* 'advertir la falta de algo o alguien, tener pena por esta falta'; en la primera de estas formas la podemos documentar desde 1517, en carta de un secretario del Cardenal Cisneros, y con gran frecuencia en todo el S. XVI[5]; sigue siendo corriente en esta forma y en todas partes hasta primeros del S. XIX[6], y hoy todavía lo es en Colombia, en el habla rural del Oeste argentino[7], en Santo Domingo (*BDHA* V, 70) y en otras partes de América. En España hoy es general *echar de menos*, que aparece con frecuencia desde 1786 (Moratín, *El Viejo y la Niña*,

p. 344a; Jovellanos, *Mem. sobre espect.* p. 487a), y quizá pueda señalarse algún ej. anterior[8]; se debe a influjo de frases parecidas como *echar de ver*, *echar una libra de más*, etc. *Echar menos* es castellanización de la frase port. *achar menos* íd. (donde *achar* es nuestro *hallar* 'encontrar'), bien documentada desde princ. S. XVI y sin duda muy anterior[9]; hoy se ha hecho allá menos corriente, pero todavía se emplea en Tras-os-Montes (*RL* I, 203), y la variante *achar de menos* es usual en la Beira Alta y el Alentejo (Leite de V., *RL* II, 80n.1); también se dijo *hallar menos* en castellano, desde los SS. XIII y XIV (*1.ª Crón. Gral.*, 253b; *Castigos de D. Sancho*, cap. IV) hasta principios del XVII[10], como se dice *trobà mens* en el Valle de Arán y en otras hablas occitanas; pero ya a mediados del siglo precedente se daban cuenta algunos de que el viejo *hallar menos* estaba siendo suplantado por el *echar menos* aportuguesado, y en este sentido enmendó Lorenzo de Sepúlveda el texto de la *1.ª Crón. Gral.*, respetado en el S. XV por Rodríguez de Almela.

En esta locución castellano-port., *menos* conservó el valor del *minus* latino equivalente de 'no' (*vivusne sum vel minus* 'si soy vivo o no'), por manera que *hallar menos* era lo mismo que 'no hallar'; no se trata de un caso aislado, sino de toda una serie: *ser menos* 'faltar', traduciendo el lat. *deesse*, en las Glosas Silenses (252 *menos si fueret*, 278 *jet menos*), *aver menos* 'carecer de, faltar de, no tener' en el Fuero de Avilés y en refranes[11], *tener menos* en *G. de Alfarache*; partiendo de estos casos es natural que se crearan locuciones paralelas, como *hacer menos* 'hurtar' muy usual en los SS. XV-XVII[12] y otras[13], en particular, *hallar menos*, que estaba con respecto a *ser menos* en la misma relación que *hallar* respecto de *estar*.

Esta explicación histórica de *echar (de) menos*, dada por C. Michaëlis (*RL* II, 79-80) y Cuervo, y confirmada por A. Castro (*RFE* XII, 405), fué puesta en duda por Spitzer (*RFE* XXIV, 28-9), por lo extraño del préstamo de palabra tan conocida como *achar* 'hallar', con limitación a esta locución especial, y supuso se tratara más bien de una locución originalmente castellana formada con el verbo *echar* en las acs. 21 y 22 de la Acad.[14]; pero no reparó el Sr. Spitzer en que una locución como *echar la cuenta* no prueba que el verbo *echar* haya tenido jamás el sentido de 'calcular', como sería excusado afirmar que haya significado 'trazar' o 'coser' a base de frases como *echar una raya* o *echar ribetes*[15]; los paralelos arriba citados corroboran de un modo indiscutible la opinión de C. Michaëlis, y el préstamo se hace mucho más comprensible si indicamos que el portuguesismo *achar menos* fué primitivamente locución leonesa[16] propagada, desde los dialectos que decían *achar* por 'hallar', hasta el corazón de Castilla, donde es natural que se alterara en *echar menos*. Más pruebas del origen portugués o leonés en G. Colón,

ZRPh. LXXVIII, 75. Cegado por un prejuicio sigue Spitzer (*MLN* LXXI, 374-5; e insiste en *MLN* LXXIV, 143, con razones sin fuerza) cerrándose contra la explicación común de *echar (de) menos* como portuguesismo o galleguismo, y se niega a fijarse incluso en pruebas tan flagrantes como que aun la forma *achar menos* con *a* se emplea en ciertas hablas del lado español de la frontera portuguesa (V. mi nota 16). Acaba diciendo: «no alcanzo a ver las condiciones culturales en que pudo haberse realizado este préstamo concreto del portugués o el leonés al castellano». No lo creo, pues haría falta muy poca imaginación, y estoy seguro de que, una vez superada esta idea preconcebida, él mismo, con su maestría inigualable, en este aspecto como en tantos, acabará de iluminárnoslas. Por lo pronto es bien conocida la fama de «ratiños», calculadores o económicos, de que disfrutan gallegos, asturianos y trasmontanos en Portugal (donde el terminacho ha acabado por convertirse en adjetivo étnico conocidísimo) y en todo el mundo ibérico, y no lo es menos la forma como el gallego de extracción popular suele mezclar inextricablemente su lengua nativa con el castellano, cuando habla en este idioma: claro que al oírle tantas veces *achando menos* algo cuando *echaba* sus cuentas, el hombre de Castilla, Andalucía y América (más despreocupado o indolente en asuntos así) acabaría por imitar la frasecita, aunque identificando, claro está, este *achar* con su *echar* propio, y quizá fué precisamente esta falsa identificación la que confirió al giro una fuerza estilística especial, capaz de hacerle triunfar sobre el antiguo *hallar menos*, más intelectual y menos sugestivo: hasta aquí hemos de dar la razón a Spitzer y agradecerle su saludable insistencia. Con ella, por encima de la fría explicación, verdadera pero meramente filológica y libresca, de Michaëlis y Cuervo, nos ha obligado a entrever un proceso vivo y humano.

Para *echar de ver* 'reparar, advertir', frecuente desde Cervantes y Tirso, vid. Cuervo, p. 469[17].

DERIV. *Echada. Echadera. Echadero. Echadillo. Echadizo* [Nebr.]. *Echado. Echador. Echadura* [*Alex.*, 249]. *Echamiento. Echazón* [Acad. ya 1843]. *Echura* ant. [como tal, ya en Acad. 1843], de JACTÚRA 'acción de echar', derivado de JACĔRE; duplicado culto *jactura*. Derivados del culto *jactar*: *jactancia* [Valera, *Epístolas*, p. 8 (Nougué, *BHisp.* LXVI)], *jactancioso, jactante*. *Desechar* [Berceo; *Alex.*, 1459a: *O escribe deseiar, P -char*; frecuente en todas las épocas, vid. Cuervo, *Dicc.* II, 1043-5][18]; *desechado, desecho* [Nebr.]. *Enechar* [Nebr.: «*enechar como a la yglesia*: expono»], *enechado* 'expósito' [íd.].

Desechar un paso, desechar un trecho de camino, tomaron el sentido especial de evitarlos, cuando eran dificultosos o demasiado largos o presentaban otro inconveniente, prefiriendo en lugar de ellos otro trayecto. Como explica Const.

Suárez, *Vocab. Cubano:* «*Desecho:* trozo de camino formado por el mismo tránsito, que se desvía de una carretera para salvar un tramo peligroso
o en reparación. Así es como dice el pueblo...
puesto que es el punto donde se *desecha* el verdadero camino»; Pichardo: «*desecho:* camino provisional que se desvía del principal para *desechar*
algún mal paso, volviendo luego a reunirse».

Así decían ya los cronistas indianos del S. XVI;
Cieza de León, hablando del Camino del Inca:
«el camino por todas estas partes lo tenían siempre muy limpio; y si algunas sierras eran fragosas,
se *desechaban* por las laderas, haciendo grandes
descansos y escaleras» (Rivad. XXVI, 430*b*); Juan
de Castellanos, hablando de un español baquiano,
que se burla de conquistadores recién llegados y
ricamente ataviados: «Yo no correré con gente /
que trae tantas plumas en la frente. / Pues si
quieren subir un alto monte / o *desechar* un reventón ['subida escarpada'] acaso, / cada uno será
Belerofonte / ayudado de plumas de Pegaso... /
No yo, que siempre subo por escalas, / y flacos
alpargates son mis alas» (Rivad. IV, 290*b*). Se decía *desechar un paso p o r otro*, indicando con
éste el lugar por donde se pasaba, como se ha
visto por Cieza y se ve por Fz. de Oviedo: «Porque desde el pueblo iba todo el camino hecho de
calzada de tierra y piedra... e como sobre los malos pasos iba hecha calzada, la habían rompido [al
parecer = 'interrumpido'] en aquel paso, e con
trabajo lo pasaban *desechándolo* por otra parte»
(cito según Cuervo y Cej. IX, 253). De ahí el
sustantivo *desecho* 'paso que permite evitar un
mal trayecto': «Yendo pues su viaje cierto día, /
en un río se dió de gran fondura, / que para proceder los impedía, / el agua toda dél negra y
oscura; / era profundo, mas su travesía / como
de treinta pasos en anchura: / fueron por las orillas grande trecho, / y no pudo hallársele *desecho*»
Castellanos, ibid. 304*b*; más raramente *desecha:*
«aunque la cuesta es áspera y derecha, / muchos
a la alta cumbre han arribado, / adonde una
albarrada hallaron hecha / y el paso con maderos ocupado: / no tiene aquel camino otra
desecha, / que el cerro casi entorno era tajado, /
del un lado le bate la marina, / del otro un gran
peñol con él confina» Ercilla. Hoy *desecho* se ha
especializado en el sentido de 'atajo, paso hecho
para cortar camino' en P. Rico, Cuba, Honduras,
Salvador, Venezuela, Colombia, Ecuador, Bolivia
y Chile.

Quizá, contra lo que supone Cuervo, *Ap.,* § 199
(de quien tomo parte de los datos), estas locuciones no se crearon en América, pues también se
emplea hoy en Andalucía «*desechadero* m. Camino provisional para evitar un mal paso; trocha:
tomó el desechadero y adelantó camino» (AV); sobre todo no creo que se trate de un *desechar* negativo de *echar* en la frase *echar por aquí, por allá*,
sino de una aplicación especializada de *desechar esto*

por aquello. Pero era tan frecuente en las Indias
tener que tomar caminos nuevos, sea para evitar
las fragosidades de los Andes o los nuevos obstáculos que oponía constantemente la selva virgen, que el empleo de nuestro vocablo pudo generalizarse, volviéndose *desechar* sinónimo de 'trazar
un camino en general o abrir cualquier camino
nuevo': «... en sierras bien ásperas; y es de ver
el real camino cuán bien hecho y *desechado* va
por ellas, y cuán ancho y llano por las laderas y
por las sierras», «abajando por unas laderas, que,
puesto que por ser ásperas hace que parezca el
camino dificultoso, va tan bien *desechado* y tan
ancho, que casi parecerá ir hecho por tierra llana»
Cieza de León, 431*a* (= ed. Calpe, 1922, p. 271),
433*a*.

Y *desecho* toma el sentido de 'trocha, camino de la selva en general': «Un Fernán Váez y
un Fernán Bermejo, / soldados que hicieron grandes hechos, / muy diestros en sacar un rastro
viejo / por las selvas ocultas y *desechos* /...»
Castellanos, 260*b*. El *desecha* de Ercilla fué mal
comprendido por *Aut.* al definirlo «la salida precisa de algún camino, sitio u paraje», definición
que todavía conserva la Acad., lo propio que la
errónea grafía *deshecha*. Tampoco tiene que ver
con *deshacer* la otra ac. de *desecha* 'excusa, disimulo, coartada', de la cual reúne Cej. IX, 253-4,
una docena de ejemplos de los SS. XVI-XVII y
en la cual se parte de la idea de *desechar un pensamiento*, etc.

Trasechador 'prestidigitador' [1228, en el Concilio de Valladolid; h. 1430, P. del Corral; M. P.,
Poes. Juglaresca 30-31; En *Alex.* 1882*a*, quizá pasando por 'juglar en general, actor', la frase *un
bon trasechador* se aplica a un guerrero ávido de
pelear; «malicioso, cauteloso, *trasechador*, astuto»
APal. 261*b*; Ant. de Balbuena llamó a la ociosidad
«de ajenas vidas gran *trasechadora*», Pagés; falta
ya en Covarr. y *Aut.,* la Acad., 1925, no 1884,
lo ha exhumado con poco tino al identificarlo con
acechador, palabra independiente; no me es conocido el verbo *trasechar* que cita la Acad.; comp.
port. *tresjeitador*, cat. y oc. *tragitador*, fr. ant.
tresjeteor íd., *REW* 8843].

Echo 'tiro, acción de echar (piedras, los dados,
etc.)' [Berceo, *Sacrificio de la Misa* 71; *Alex.*,
879*d*[19]; *Gran Conquista de Ultr.*, p. 522]; en
vista del port. *eito* «seguimento o sucessão de
coisas que estão na mesma direcção» (en el Miño
«porção de trabalho realizado por uma pessoa») y
a eito «seguidamente, a fio», gall. *a eito* «arreo y
sucesivamente» (*muere mucha gente a eito en tal
lugar* Sarm. *CaG.* 209*v*), podría creerse que se
trata de ICTUS 'golpe' (del cual recoge el *REW*
algunos descencientes romances sueltos y bastante
dudosos: desde luego hay que borrar el port.
deitar, que es disimilación del ant. *geitar* JACTARE);
pero también puede tratarse—y es más probable—
de JACTUS disimilado en la etapa *yeito*, comp.

la disimilación que presenta *deitar*[20]. *Jeito* 'red para la pesca de la anchoa o sardina' [Acad. S. XX], del gall. o ast. occid. *xeito* o *cheito*, derivado de *xeitar*, variante fonética de *deitar* 'echar'. Son deriv. importantes en la lengua occidental, y ajenos al castellano, el port. *jeito* 'disposición, propensión, aptitud, hábito, gesto', etc., gall. *xeito* más o menos en las mismas acepciones, del cual cito algunos ejs.: 'manera, modo' «un novo *xeito* de eispresión», «falou-me diste *xeito*» Castelao 65. 22, 185.25, con la locución *a xeito de* 'a modo': «catro verbas a *xeito* de introducción», «ó *xeito* da natureza» 72.11, 47.21; mucho más en 26.12, 73.27, 73.20, 101.11, 11.20, 126.7, 126.15 y passim. De ahí los derivados *xeitoso* 'gracioso, gentil' («unha rapaza *xeitosa* de corpo, feitiña de cara...» 204.20), y *axeitado* 'apto, adecuado': «pezas *axeitadas* para traballos», «unha familia *axeitada* para turbar o corazón» 128.3, 214.1f., 25.20, *axeitar* 28.27. Por otra parte 'moda, gusto' (fr. *façon*), 'disposición, inclinación hacia' con el proverbio «torto ou direito, o *escriván* ao teu *jeito*» (a tu lado en los pleitos); y con la ac. material 'acto de echar la red': sardinas cogidas *ao jeito* 'de pronto', *ad jactum retis* (Sarm. *CaG.* 61*v*). En fin el verbo *enjeitar* 'eyacular': «aquel viejo no puede *enjeitar*» (*CaG.* 162*r*, 215*v*, y cf. pp. 171-172) y otras acs.: port. *enjeitar* 'abandonar (hijos)' 'desechar, repeler' [*engeytados* 'repudiados' *MirSgo.* 104.21].

Jáculo, cultismo, del lat. *jaculum* 'venablo', derivado de *jacĕre*; *jaculatoria* [Fr. L. de Granada] 'plegaria ardorosa', derivado de *jaculari* 'arrojar' y éste de *jaculum*; *jaculatorio*. *Eyacular* [Monlau, † 1871; falta aún Acad. 1899], tomado del lat. *ejaculare* íd.; *eyaculación*. Del fr. *jeter*, del mismo origen y sentido que *echar*, viene *jeton* 'ficha', y de éste el cast. antic. *guitón* [Acad. ya 1843] 'especie de ficha para tantear' (por confusión con GUITÓN 'pícaro'). *Rejitar* 'vomitar', del cat. *regitar*, derivado de *gitar* 'echar', 'vomitar'.

Hermano del lat. *jacere* es el gr. ἱέναι 'lanzar', de cuyo derivado πάρεσις 'aflojamiento' (de παριέναι 'soltar') se tomó *paresia*.

CPT. *Echacantos. Echapellas. Echaperros.*

Echacuervos [*echacuervo*, glos. del Escorial, h. 1400, con la traducción incomprensible *eparicus* (*Eparicus* estaría por *hepaticus*, derivado de ἧπαρ en el sentido de 'harúspice', que examina el hígado y entrañas de las víctimas', J. E. Gillet, *RPhCal.* X, 148-155)][21]; *echacorvería* [Nebr.], *echacorvear*. Rosal (1601) (V. Gili, s. v. *chacuervos*) expuso acerca de esta palabra una teoría etimológica infundada, según la cual *echacuervos* sería corrupción de un *nochacuervos* (mera suposición de Rosal) adaptación del grecolatino *nycticorax* 'buho', que habría tomado el sentido de 'hipócrita'; atribuye arbitrariamente dicha ac. a este vocablo teniendo en cuenta la noticia del humanista Pierio Valeriano (comentador de Virgilio en el S. XVI) de que el buho fué empleado por los antiguos

egipcios como jeroglífico e insignia del hipócrita. Sea esto cierto o no, importa poco, tratándose de algo tan remoto como los jeroglíficos egipcios: en nuestros tiempos no hay noticia alguna de que el buho o el cuervo se hayan tomado como emblema de la hipocresía, ni la hay de que *nycticorax* se empleara jamás en el latín hablado (aunque una variante *nocticorax* se encuentre en la *Epistula Alexandri*, S. IV, texto culto y helenizante, y en la forma *nyct-* aparezca en algún Padre de la Iglesia), ni menos de que se latinizara en *NOCTICORVVS (la documentación de *nycticorax* y alteraciones del mismo que reúne Mtz. López, *Bol. Fil. Chile* XI, 14, no creo que pueda servir nunca para el problema de *echacuervos*). *Echacuervos* parece ser propiamente el exorcista, el que *echa cuervos del alma ajena*, entendiendo por *cuervos* los diablos o almas condenadas: interpretación que dan Luis de Escobar (1545) y Juan de Arce y Otálora (c. 1550-5). La frase *echar el cuervo* significaría primitivamente 'ofrecer algo cuyos efectos se prometen y nunca se realizan', 'ganar dinero deshonestamente prometiendo cosas que no se cumplirán'. La primera y verdadera raíz de esta frase se halla en la historia del cuervo que soltó Noé desde el arca para que buscara tierra, y cuyo regreso, tras hacerse esperar indefinidamente, no se produjo jamás[22]. Aunque *echar el cuervo* materialmente se puede referir sólo al que Noé echó a volar, con ello se mezcló en la conciencia del pueblo (como me sugiere el Sr. García Yebra) la idea del graznido del cuervo, *cras cras*, que eternamente parece ofrecer algo para mañana, homonimia con que juega ya Juan Ruiz tantas veces (507*d*, 1256*c*, 1530*d*) y que también contribuye en forma clara a la fraseología usual del Siglo de Oro: «cuántas trampas, cuántas dilaciones, cuánto diferirlo de hoy a mañana, sin que mañana llegue, por ser la del *cuervo*, que siempre la promete y nunca viene», G. de *Alfarache* III, 182.9; «V. M. va crastinando lo que manda, de manera que pienso *vuela algún cuervo*» (Góngora, ed. Foulché III, 208). El echacuervos, en efecto, era el vendedor de bulas falsas o el expendedor de productos maravillosos, cuyos efectos se prometen pero nunca se realizan, como dice Covarr.: «los que con embelecos y mentiras engañan a los simples por vender sus ungüentos, azeites, yervas, piedras y otras cosas que traen, que dizen tienen grandes virtudes naturales». De ahí la frase *echar el cuervo* documentada por Nebr. y Oudin (V. nota), en ac. algo secundaria. Desde luego es inexacto, pues, que *echacuervos* sea sinónimo de 'hipócrita', como pretende Rosal, y aún más, el que sólo se aplique a los que «de noche y en oculto velan en torpezas, robos y deshonestidades». Más que el de hipocresía, el matiz típico de la idea es el del sujeto ridículo y despreciable (*Aut.*), aunque impostor: el que «echa cuervos», que no vuelven nunca ni pueden volver.

[1] Desde luego es inadmisible la afirmación harto

repetida de que *deitar* procede del lat. DEJECTARE.
Se trata, claro, de una disimilación de palatalidad (como ya explicó Grammont con referencia
a formas parecidas que salen en alguna habla
local occitana): *džeiṭar > ḍeiṭar > deitar*. Hechos iguales son corrientes en bastantes hablas
occitanas, catalanas, etc. (*denoulh* GENUCULU, *den-
tilla* < *llentilla* LENTICULA, cat. normal *dejú, de-
junar* JEJUNARE, hechos análogos en GINGIVA, etc.).
Los usos de *deitar* en la prosa gallega y portuguesa coinciden absolutamente con todos los
de *echar* en castellano, *gitar* en catalán, etc.;
p. ej. «morre *deitado* no esterco» ('yacente') en
Castelao 277.13, y los demás en 38.18, 100.7,
etc.— [2] Nótese en gallego, además de 'arrojar',
y *deitar-se* 'echarse a la cama' o 'a dormir', la
ac. intr. 'derramar líquido': «esta garrafa *deita*»
Sarm. *CaG.* 183v.— [3] Quizá convendría revisar la
necesidad de partir de *JECTARE, aun para el
catalán (y galorrománico e italiano), pues el
rosell. ant. *geta* ~ *gitar* (*Vidas Rosellonesas*
96vºb) sugiere la posibilidad de que *gita* sea
secundario (el fr. *jette* está en desacuerdo con
*JĔCTAT).— [4] *Itado*, Fueros de Aragón (h. 1300),
§ 92.2; *itarše* todavía en el *Recontamiento de Alixandre*, 105vº, S. XVI (*RH* LXXVII, 456). Presente de Indic., 3.ª pers., *yeta*, en los refranes del
S. XIV, *RFE* XIII, 370; Subj. *yeten*, Fueros de
Aragón, § 129.1; una forma *itas*, analógica del
radical del infinitivo, ya en este mismo texto,
§ 139.1. Hay además una forma más semejante
a la catalana: *gitar* y *chitar* en las Ordenanzas
de Estella, a. 1303 (citas de Tilander, p. 442).
Hoy *itar* se emplea en Echo y *chitar*, más al
Este, en Bielsa, con el derivado *chito* 'retoño' en
la Puebla de Híjar (*BDC* XXIV, 172); Michelena, *BSVAP* XI, 288, sugiere que del arag. *chito*
'retoño' pudiera salir el vasco *txito, txit(x)a*, 'polluelo'. Comp. *LLETA*, arag. *xitar* en *Aut.* Pero
hay que borrar del *REW* (4568, JACTARE) y del
Dicc. de Cuervo el arag. mod. *jetar* 'desleír' (*jetar
la salsa, jetar un ajo*), que viene del antiguo **exa-
tar* EXAPTARE 'desatar', equivalente del cat. *deixatar* 'desleír' (comp. s. v. *DESLEÍR*).— [5] Para ejs.
vid. Cuervo, *Bol. C.* y *C.* I, 467-9; *Ap.*, § 418. Se
pueden agregar muchos más de este siglo y del
siguiente: en el mejicano Francisco de Terrazas,
S. XVI, *RFE* V, 51; Pérez de Hita, ed. Blanchard
II, 54; Góngora, *Cartas*, p. 331; Lope, *Marqués
de las Navas*, v. 1908; íd., *La Corona Merecida*,
v. 1416; íd., *Fuenteovejuna* II, xv, ed. Losada,
p. 55; R. de Alarcón, *Las Paredes oyen*, ed.
Reyes, 185; Quiñones de B., *NBAE* XVIII, 665.
Román llama la atención sobre estas frases: «*echo
bien menos a* V. R.», «harto *menos* le *echaré*
acá», «por acá le *echan mucho menos*» en Sta.
Teresa (*Cartas* 76, 42 y 223), «Ha tiempo que
falto de casa y seré *echada menos*» (Castillo Solórzano, 1626, *Jornadas Alegres* III).— [6] «No
echaré yo *menos* por cierto aquellos que duros e

insensibles... Pero, cómo no *echaré menos*...»,
Memorias del Castillo de Bellver, Rivad. XLVI,
401b. Jovellanos, muerto en 1811, estuvo preso
en este castillo desde 1801.— [7] Lo he oído a gente
de Jujuy y de Mendoza (copla recogida en esta
ciudad «*echarás menoh* a su sombra», Draghi
Canc. Cuyano, 254). Desde luego esto es lo antiguo en la región, pues así escriben Sarmiento
(*Facundo*, ed. Losada, p. 236) y un jesuíta cuyano de fines del S. XVIII (Draghi, *Fuente Americana*, p. 40). Pero hoy creo que lo usual en
Buenos Aires y aun en la ciudad de Mendoza
es *ya echar de menos*.— [8] Uno hay ya en Pérez
de Hita (1604), ed. Blanchard II, 334, «le *avían
echado de menos* sus camaradas por no averle
visto después de comer». Pero está en contradicción con el uso general de la época y con
otro ej. del autor (nota 5), luego quizá no es
genuino.— [9] La emplea varias veces Gil Vicente
(«Gonçalo, *achando-a menos* [la liebre que le habían hurtado], diz...», III, 239), y el refrán «Quem
porcos *acha menos* en cada mouta le roncam»,
citado por Jorge Ferreira y por Camoens, está
también en Gil Vicente, y siendo refrán es prueba de que esta locución venía de muy atrás en
la Edad Media (citas de C. Michaëlis).— [10] «Fué-
sele pagar a la posada, donde *halló menos* la
bestia a la bestia; y aunque lo era mucho, sospechó que el gitano se le había hurtado», *Coloquio de los Perros*, Cl. C. II, 315. Tengo cuatro ejs. del *Guzmán de Alfarache* (Cl. C. III,
32.31; III, 142.26; IV, 142; V, 149.15). Otros
de Timoneda, Góngora, Valbuena, Cervantes, Espinel y Castillo Solórzano, citado en *BDHA*
V, 70; *RFE* XX, 188; Román, s. v.; Cuervo,
l. c.— [11] «Que no lo deo ni lo vendeo, mas que
de furto l'*a menos*», «lo don de casa iure... que
per él ...*minos* non a so aver», líneas 59 y 100,
lección comprobable en el facsímil. En el refrán
«Quien bueyes *ha menos*, cencerros se le anto-
jan», citado por Mal Lara (*RFE* XXII, 283), es
sinónimo de *echar menos*.— [12] «¿Dó mi gallina...?
¿Quién me la furtó? Furtada sea su vida. ¿Quién
menos me *fizo* della? Menos se le tornen los días
de la vida», *Corbacho* II, cap. 1. «Al meter las
cosas y sacarlas era con tanta vigilancia y tan
por contadero, que no bastara todo el mundo
hacerle menos una migaja», *Lazarillo*. «No se
quejarán con razón que en sus casas les han hecho *menos* una toca», en la 2.ª parte anónima
de esta novela, ed. Rivad., p. 102. «...Cebada salió el huésped de casa a dársela... sin que le hubiese *hecho menos*, a su parecer, un solo grano»,
La Ilustre Fregona, Cl. C., p. 251.— [13] *No ser
menos de* 'no poder dejar de' («deseaba que Toledo fuera puerto de mar, para podelle fenchir
de riquezas, porque no *fuera menos de* haber mi
mujer y hija alguna parte», 2.ª parte del Lazarillo, p. 105); *hacer menos que* 'dejar de' («Si le
diré lo que pasa? / No, que es fuerza obedezer /

al rey; pues no puede *hazer / menos* que entrar
en su casa», Lope, *La Corona Merecida*, v. 1762);
no poder menos de 'no poder abstenerse' es muy
corriente hoy en día y conocido.— [14] «Con las
voces *cálculos, cuentas* y otras análogas, hacer o
formar», «Suponer o conjeturar el precio, distancia, edad, etc., que nos son desconocidos: *qué
edad le echas?*». La primera figura ya en *Aut.*
(*echar la cuenta* o *una cuenta*, pp. 361, 365) aunque sin ejemplos.— [15] En la hipótesis de Spitzer
nos encontraríamos con un dilema, cuyos dos
miembros son igualmente inaceptables. O el port.
achar menos debería ser castellanismo (tomado
de *echar menos*)—lo cual es inaceptable en vista
del cast. ant. *hallar menos*, y de la presencia ya
en Gil Vicente—o de otro modo debiéramos admitir que el parecido entre el port. *achar menos*
y el cast. *echar menos* es una pura casualidad.—
[16] Así se pronuncia todavía en el habla de Hermisende, Sanabria (*RL* VII, 143). Y *achar* por
'hallar' se emplea en la parte alta de Asturias
(Rato), en el judeoespañol de Monastir (*RH*
LXXIX, 543), etc.— [17] Agréguense estos casos:
«Sevilla... que es amparo de pobres... que en su
grandeza no sólo caben los pequeños, pero no se
echan de ver los grandes», *Coloquio de los Perros, Cl. C.* II, 235; «Oh, qué mal me parecían /
estas lisonjas ayer, / y hoy *echo* en ellas *de ver* /
que sus labios no mentían», *El Burlador de Sevilla* I, 655; «Cómo *echáis de ver,* ¡oh impíos! /
que estoy sin espada», Calderón, *El Alcalde de
Zalamea* II, xxviii, ed. Losada, p. 142.— [18] Agréguense los materiales reunidos en el artículo reciente de Malkiel, *Misc. Coelho*, 201-214; y en
Cej. IX, § 176.— [19] Es probable que el original,
de fuerte dialectalismo leonés, dijese *a un decho
de dados* (*O echo*), semejante al port. *deitar*, pues
de otro modo no sería fácil explicar la variante *dicho* de *P.*— [20] Se pronunció por ICTUS C.
Michaëlis, *RL* III, 145, y por JACTUS Baist,
KJRPh IV, 312. El infinitivo latino correspondiente ĪCERE tiene la I larga perfectamente documentada. Entonces llama la atención la medición
ĬCTUS presupuesta por el portugués, aunque en
rigor podría tratarse del caso—muy raro, por lo
demás—de DĪCERE ∼ DĬCTUS. Acaso podría defenderse la opinión de Prisciano de que ICERE es
forma secundaria sacada de los compuestos de
JACERE (DEĬCERE, PROĬCERE, CONĬCERE, etc.), aunque la I sería un obstáculo; entonces el origen
último de *eito* quedaría en lo mismo. En todo
caso harán bien los latinistas en no fiarse de los
supuestos representantes romances de ICTUS, a los
que conceden demasiado valor Ernout-M. y Walde-H.— [21] Nebr.: «echacuervo, *nombre nuevo*:
quaestor temporis» (que será errata por *q. turpis*),
«echacorvería de aqueste: quaestus turpis», «*echar
el cuervo*: turpiter quaero»; Oudin: «echacuervo: un certain questeur deshonneste, un caffard,
mauvais prescheur», *echacorvería* (análogamen-

te), «*echar el cuervo*: faire une queste et levée
de deniers pour cause deshonneste». Percivale
(1591) «echacuervo: a deceiver, a coosener, one
that goeth from place to place and liveth by coos-
ening and deceit». Covarr., s. v. *cuervo* (ed. Noy-
dens, f.º 175vº, b), cita *echacuervos*, con sentido
plural, y cuenta una anécdota poco convincente
para explicar el origen de la locución. En el *Lazarillo* (102) figura *echacuervo* hablando del bule-
ro impostor (comp. Acad. 1843: «En lo antiguo
el predicador o cuestor que iba por los lugares
publicando la cruzada; hoy todavía en algunas
partes llaman así a los que predican la bula»).
En el *Quijote* figura el singular *echacuervos*, que
Aut. define 'hombre embustero, ridículo y despreciable'; en la *Pícara Justina* es 'alcahuete'.
Más ejs. en Fcha. No creo tenga esto nada
que ver con el sentido obsceno del lat. *corvus*,
que Georges documenta en Juvenal 2.63.— [22] *El
vuelo del cuervo* para lo que se va y no vuelve
era frase proverbial: así en el *Guzmán de Alfarache* (I, ii, 9; *Cl. C* II, 140.22), donde se aplica
a la desaparición de unos reales, gastados en vestidos, amores y viajes.

EDAD, del lat. AETAS, -ATIS, 'vida, tiempo que
se vive', 'edad', contracción del arcaico AEVĬTAS, y
éste derivado de AEVUM 'duración', 'tiempo', 'vida',
'edad'. *1.ª doc.*: orígenes del idioma (*Cid*, etc.).
Para ejs. medievales, vid. M.P., *Cid*, 634-5; clásicos, en Cej. V, § 51.
DERIV. *Coetáneo* [1684, Moret], tomado del lat.
coaetanĕus íd., derivado de *aetas*. *Eterno* [Mena
(C. C. Smith, *BHisp.* LXI); APal., 357d; Cej.
IV, § 51], tomado de *aetĕrnus* íd., contracción de
aeviternus (de donde el cultismo *eviterno* empleado
por Juan de Mena), derivado a su vez de *aevum*;
también se empleó el derivado *eternal* [*Corbacho*
(C. C. Smith); APal., 120b]; *eternidad* [APal.,
291b]; *eternizar* [Góngora], *eternizable, eternarse*
en Torres Naharro y otros clásicos (Gillet, *Propaladia*, índices). El primitivo *evo* [*Aut.*] se ha
usado también, pero sólo en poesía y en teología;
coevo; *eón* procede del gr. αἰών, hermano del lat.
aevum.
CPT. *Medieval* o *medioeval* [Acad. después de
1884], derivado culto del b. lat. *medium aevum*
'Edad Media'. ¿En qué país se crearía *medieval*?
En Italia parece documentarse algo antes que en
Francia y España, pues Ranalli (1868) y Tommaseo ya lo tachan de neologismo (Migliorini, *Cos'è
un Vocab.*, 81); pero nacería en inglés, donde se
registra desde 1827. *Medievalidad*; *medievalista*
(falta aún Acad. 1939), *medievalismo* (íd.).

EDECÁN, 'oficial auxiliar de un militar de grado superior', tomado del fr. *aide de camp* íd., propiamente 'ayuda de campo'. *1.ª doc.*: Terr.; Pagés
cita ej. de Espronceda; Acad. ya 1843.

EDEMA, tomado del gr. οἴδημα, -ήματος 'hinchazón', 'tumor', derivado de οἰδεῖν 'hincharse' y éste de οἶδος 'hinchazón'. *1.ª doc.*: 1581, Fragoso (cita de *Aut.*).

DERIV. *Edematoso* [íd.].

EDÉN, tomado del hebr. *ᶜeden*, propiamente 'deleite', aplicado al jardín donde vivieron Adán y Eva. *1.ª doc.*: Acad. 1884, no 1843.

DERIV. *Edénico*.

EDICIÓN, tomado del lat. *edĭtio, -ōnis*, 'parto', 'publicación', derivado de *ēdĕre* 'sacar a fuera', 'dar a luz', 'publicar'. *1.ª doc.*: 1553, Azpilcueta; 1607, Oudin[1]; fin del S. XVII, Mondéjar.

DERIV. Otros derivados cultos de *edere: editor* [Terr.], de *edĭtor, -oris*, 'autor, fundador'; *editorial* [Acad. ya 1884]; *editar* (desaprobado como galicismo por Baralt, 1855; admitido Acad. 1899), formado según el modelo del fr. *éditer* [S. XVIII]. *Inédito*.

¹ Falta en C. de las Casas, Percivale-M., Covarr.

Edicto, V. *decir*

EDIFICAR, tomado del lat. *aedĭficare* íd., compuesto de *aedes* 'casa, edificio' y *făcĕre* 'hacer'. *1.ª doc.*: 1107, *BHisp.* LVIII, 359; Berceo, *S. M.*, 107b[1].

Es bastante frecuente en fueros aragoneses, desde 1300 (Tilander, p. 367); fuera de esto no vuelvo a hallar ejs. hasta 1400, Glos. del Escorial, y a fines del siglo, en la *Celestina*, ed. 1902, 169.16, APal., 89b, y Nebr. Es dudoso que la forma *edivigare* de un documento leonés de 1034 (M.P., *Oríg.*, 250, 252) sea prueba de un uso vulgar del vocablo, como lo es el port. ant. *eivigar* (C. Michaëlis, *RL* III, 147).

DERIV. *Edificación* [Berceo; APal., 134b; Nebr.]. *Edificador* [APal., 231b; Nebr.]. *Edificante* [1454, Arévalo, *Suma*, p. 254a: «el nombre del *edificante*» (Nougué, *BHisp.* LXVI); échalo de menos Baralt, 1855; Acad. ya 1884]. *Edificativo* [1596, J. de Torres]. *Edificatorio. Edificio* [h. 1275, *1.ª Crón. Gral.* 13a12; h. 1300, Fueros de Aragón, § 302.3.3.; J. Ruiz; APal., 92b; Nebr.; *edivicium* citado por M. P., *l. c.*, es latín leonés], de *aedĭficĭum* íd.

Edículo, de *aedĭcŭlum* íd., diminutivo de *aedes*.

Edil [1545, Pero Mejía, con referencia a la Antigüedad], de *aedīlis* íd., así llamado porque entre otras funciones cuidaba de la conservación de los templos; *edila, edilicio, edilidad*.

¹ «Por complir su officio fizo hy sue capiella, / çerca del oratorio *edificó* sue siella». *Siella* tiene ahí, como en *Mil.* 166d, el sentido de 'estancia, morada'.

Editar, editor, editorial, V. *edición*   *Edrar*, V. *reiterar*

EDREDÓN, del fr. *édredon* íd., tomado del sueco *eiderdun* 'plumón del éider, especie de pato salvaje de los climas boreales', compuesto de *eider* y *dun* 'plumón'. *1.ª doc.*: Terr. (sólo 1.ª ac.)[1]; Acad. 1884 (no 1843), ambas acs.

Un ej. aislado de *erredón* en el sentido de 'almohadón para bohordar' acaso se halle ya en inventario aragonés de 1403[2]; pero es sorprendente pues en Francia el vocablo no aparece hasta 1700, aunque *edre* 'éider' se halla ya algunas veces (*FEW* III, 208a) en los SS. XIII, XIV y XVI; convendría, por lo tanto, verificar la lección: Pottier (*VRom.* X, 145) sugiere enmendar en *cordón*.

¹ Con la variante *ederdón*, que también se halla en Francia en el S. XVIII.— ² «119. Hun coxinet blanco... 120. Unas retrancas de rocin... 121. Dos *erredones* de seda con sus flocaduras el uno verde y el otro amariello y morado, pora bofordar. 122. Dos pendonetes», *BRAE* IV, 524.

Edrera, V. *hiedra*

EDUCAR, tomado del lat. *edūcare* íd. (emparentado con *dūcĕre* 'conducir' y *edūcĕre* 'sacar afuera', 'criar'. *1.ª doc.*: 1623, Minsheu; 1640, Saavedra Fajardo.

Más ejs. en Cuervo, *Bol. C. y C.* II, 85-86. Hasta entonces se había dicho siempre *criar*, que es la voz que emplea todavía Cipr. de Valera en su traducción de la Biblia, a fines del S. XVI, allí donde Scío, siglos más tarde, escribió *educar*.

DERIV. *Educable. Educador. Educando. Educativo. Educación* [1607, Oudin; 1612, Góngora; 1612, Márquez; 1632, citado como neologismo por Lope, *Dorotea* I, viii]; su aparición, anterior a la de *educar*, se adelantó por el carácter más material y limitado de su sinónimo *crianza*.

Edulcoración, edulcorar, V. *dulce*

EFEBO, tomado del lat. *ephēbus* 'adolescente' y éste del gr. ἔφηβος íd., derivado de ἥβη 'juventud'. *1.ª doc.*: Terr., el cual cita ej. de Lope, *Jerus. Conq.* (1609); Acad. falta aún 1899.

Efectista, efectividad, efectivo, efecto, efectuación, efectual, efectuar, efectuosamente, V. *afecto*   *Efélide*, V. *helio*   *Efímero, efemérides, efémero*, V. *efímero*   *Efeminado, efeminar*, V. *hembra*   *Efendi*, V. *auténtico*   *Eferente*, V. *preferir*   *Éfero*, V. *fiero*   *Efervescencia, efervescente*, V. *hervir*   *Eficacia, eficaz, eficiencia, eficiente*, V. *afecto*   *Efigiado, efigie*, V. *fingir*

EFÍMERO, tomado del gr. ἐφήμερος 'que sólo dura un día, efímero', derivado de ἡμέρα 'día'. *1.ª doc.*: *efímera* 'fiebre efímera', Covarr.[1]; íd., 1612, Márquez, *Gob. Crist.*; *efímero*, como adj. ya 1612, Góngora; 1641, F. de Arteaga, y a fines del siglo en Cornejo, pero seguiría siendo poco usual en 1732, pues *Aut.* al citar estos dos ejs. se equivoca en su clasificación gramatical.

El vocablo presenta huellas de la pronunciación pre-erásmica del griego, usual en el S. XVI, en la cual la η se pronunciaba como *i*. Con el significado de 'fiebre efímera' se ha empleado también el duplicado *efémera*, con la pronunciación erásmica, y como nombre del lirio hediondo, *efémero*. Tres ejs. de *fímero* en Lope, *BRAE* XXVIII, 136.

DERIV. *Efímera. Efemérides* [1610, Góngora 'libro en que se refieren los hechos diarios'; «al paso de las *efemeridas* de mis pulsos que, a más tardar, acabarán su carrera este domingo, acabaré yo la de mi vida» *Persiles* prólogo (ed. Schevill, p. LIX); Covarr.; Quevedo: en ambos, 'efemérides astronómicas'; las otras acs. aparecen ya en Acad. 1843, y Minsheu (1623) registra «*ephemeri* [?] day-bookes, or registers of everie severall day»], tomado del lat. *ephemĕris, -ĭdis*, 'diario, memorial diario', y éste del griego ἐφημερίς, -ίδος, íd. (en castellano el singular *efeméride* se emplea también en el estilo periodístico pero no lo autoriza la Acad.); aunque lo único disparatado es el empleo de la forma plural como singular, *una efemérides*, como han hecho algunos seudo-puristas). *Hemeroteca*, compuesto culto formado con ἡμέρα 'día' y θήκη 'depósito'.

¹ De aquí pasa a Oudin, 1616 (no 1607).

Eflorecerse, eflorescencia, eflorescente, V. *flor Eflujo, efluvio, efluxión*, V. *fluir Efugio*, V. *huir Efulgencia*, V. *fulgente Efundir, efusión, efusivo, efuso*, V. *fundir*

EGESTAD, ant., 'miseria, pobreza', tomado del lat. *egestas, -ātis*, íd., derivado de *egēre* 'carecer'. *1.ª doc.*: como antiguo ya en Acad. 1843.

DERIV. *Egeno* ant., 'escaso, miserable' [íd.], tomado de *egēnus* 'carente'. CPT. *Indigente* [h. 1440, A. Torre (C. C. Smith, *BHisp.* LXI); 1499, H. Núñez], de *indĭgens, -tis*, íd., participio activo de *indĭgēre* 'carecer', compuesto de *egere* con *inde* 'de allí, de ello'; *indigencia* [*Aut.*].

ÉGIDA, tomado del lat. *aegis, -ĭdis*, íd., y éste del gr. αἰγίς, -ίδος (acusativo αἰγίδα), derivado de αἴξ, αἰγός 'cabra', porque la égida o escudo de Zeus se hizo con la piel de la cabra Amaltea. *1.ª doc.*: Acad. 1843, no 1817; APal. 128*b*, define como palabra latina, pero dándole ya la forma moderna *égida*. Cej. IV, § 41.

DERIV. *Egílope* [1555, Laguna], tomado del gr. αἰγίλωψ, -ίλωπος íd., compuesto de αἰγίλος 'hierba de que se alimentan las cabras' (derivado del citado αἴξ) y ὤψ, ὠπός 'cara', 'aspecto', por el parecido entre las dos hierbas. *Egipán* [*-anes* 'seres rústicos', 1634, Cascales, *Cl. C.* 83], compuesto αἴξ y Πάν 'nombre del dios Pan'.

Eglesia, V. *iglesia Égloga*, V. *elegir Egocentrismo, egoísmo, egoísta,ególatra, egolatría, egolátrico, egotismo*, V. *yo Egregio*, V. *grey Egresión, egreso*, V. *agredir Egrija*, V. *iglesia Egual, eguar*, V. *igual Egüedo*, V. *igüedo*

EH!, interj., voz de creación expresiva. *1.ª doc.*: *Aut.*: «*he* se usa muchas veces como pregunta, para dar a entender no se ha oído o comprehendido lo que se dice a alguno».

Desde luego ha de ser mucho más antiguo, pues es voz común a los varios romances y otras lenguas modernas, y un ejemplo latino suelto se halla ya en una inscripción pompeyana, vid. Hofmann, *Lateinische Umgangssprache*, § 22 (comp. § 24). Comp. lat. *hem* 'eh'. Cej. IV, § 55. Sin embargo, en buena parte de América se reemplaza vulgarmente por ¿*ah*? (véase este artículo).

Eitán, V. *taita*

EJARBE, nav., 'unidad de medida que sirve para apreciar el agua que llevan las acequias, equivalente a la cuarta parte de una fila (medida que oscila entre 46 y 86 litros por segundo, según las localidades)', 'aumento de agua que reciben los ríos a causa de las grandes lluvias', de origen arábigo, procedente de la raíz *š-r-b*, que además de 'beber', significa 'ser regado (un terreno)'. *1.ª doc.*: ordenanza de 1220 en Yanguas, *Dicc. Hist.-Polít. de Tudela* (1823), s. v.; falta aún Acad. 1899.

Tampoco figura en los diccionarios aragoneses (Borao, Coll, Puyoles-Valenzuela) ni en el alavés de Baráibar. En 1823 se decía *jarbe* o *ejarbe* en Tudela. Dozy, *Suppl.* I, 740*a*, registra 'ser regado' como sentido de *š-rûb*, nombre de acción de la primera forma de *šárab* 'beber', según un texto vulgar, y el derivado *mášrab* significa 'canal' en un documento toledano de 1138 (ibid. 741*b*); Fagnan agrega *širb* 'derecho de uso del agua de riego', 'toma de agua', en el Mawerdí. Acaso se trate de *šarb*, plural *šârib*, 'que bebe, que absorbe', aplicado a los terrenos que están siendo regados de una vez, y de ahí la cantidad de agua que se necesita para regarlos. Pero más probable me parece que se trate de *šárba* 'sorbo, trago de cosa líquida', recogido por PAlc. (en textos egipcios 'vaso, taza': Fagnan) y perteneciente a la misma raíz, teniendo en cuenta que la *-a* se pronunció como *-e* en el árabe tardío, pronunciación que en la zona aragonesa pudo ya ser anterior.

EJE, del lat. AXIS íd. *1.ª doc.*: *ax*, Berceo, *S. Lor.*, 24*c*; *ex, Alex. O*, 939*d*¹; *exe*, h. 1400, Glos. de Toledo; h. 1460, *Crón. de Juan II*; APal. 16*b*, 96*d*, 198*d*; Nebr.

Conservado sólo en port. *eixo*, gall. *eixe*¹, cat. *eix* (hoy más usual *fusell* en el sentido propio), oc. *ais*; en francés y parte de los dialectos de Oc ha sido reemplazado por AXĪLE (*essieu, aissil*), en italiano por *AXALE (> *sala*). Para la forma culta *axe*, vid. *DHist.*; el duplicado culto *axis*, para 'vértebra segunda del cuello' está documentado desde 1728.

DERIV. *Axil. Axoideo. Enejar. Exa* f., ast., 'eje de madera, del carro', *encendése a un la exa* 'irritarse' (V). Aunque básicamente deben de ser dos palabras distintas, se confunde a menudo con *axis* el lat. *assis* 'table' (escrito también *axis*), que ha dejado descendencia romance en Italia y Francia (*REW* 732, con derivados *ASSICELLA 727a y ASSULA 736). Quizá de otro derivado *ASSIONEM saldría el gall. *arxón* «palo de una cepa que, sin formar parra, está arrimada al *arxón*», contaminado por la *r* de *erguer* 'levantar'[3].

¹ En el hemistiquio «el *exe* de fin argent» (811c) *exe* ha de corregirse en *ex* por razones métricas. En este pasaje el ms. *P* trae *axo* y en el otro *ax*, formas aragonesas en relación con la dialectal riojana empleada por Berceo.— ² Además se llama así en Muros a un pez, la raya negra o pastinaca marina (Sarm. *CaG.* 80v), sin duda por el punzón negro que tiene en la cola; debe de ser lo mismo —aunque alterado por influjo de *muxe* 'múgil'— el *uxe* (*uge*) que el benedictino da como pez muy grande, a manera de raya, y aunque le dicen que no es ni raya ni pastinaca ni torpedo (85r), después, al verla él mismo en Pontevedra se cerciora de que es la torpedo, y en Marín la identifica con la pastinaca (211r); además sabe que otros dicen *uja* o *hugia*, que califica de castellano (211r,·30 *A16r*), aunque algo vacilante sobre si es o no el mismo pez.— ³ Sarm. *CaG.* 76v, 77r, lo relaciona con *axon* que designa varios objetos en forma de vara (estilo del reloj de sol, pieza de la balista, etc.), pero esta palabra «latina» no es más que un pálido reflejo del gr. ἄξων 'eje', que naturalmente carece de descendencia romance.

Eje!, V. *ejido   Ejecución, ejecutable, ejecutadero, ejecutador, ejecutante, ejecutar, ejecutivo, ejecutor, ejecutoria, ejecutoria, ejecutorial, ejecutoriar, ejecutorio*, V. *seguir*

EJEMPLO, tomado del lat. *exĕmplum* 'ejemplo, modelo', 'ejemplar, reproducción, muestra', derivado de *exĭmĕre* 'sacar, extraer' y éste de *ĕmĕre* 'coger'. *1.ª doc.*: *enssienplo* 'acción notable', *Cid*, 2731; *exiemplo*, Berceo, íd., *Mil.*, 95b, *SLor.*, 26; *enxenplo* 1251, *Calila* 17.2; *enxiempro* en *Alex.* 1665c y *exemplo* en *APal.* 146b, tienen ya el sentido hoy predominante.

Sabido es que la ac. más corriente en la Edad Media es la de 'pequeña narración que puede servir de ocasión para una moraleja' (*Calila*, ed. Allen, 8.139; *Alex.*, 2196a; J. Ruiz, 311d; *Conde Luc.*, etc.). Por otra parte, no es raro que tome un matiz peyorativo («a todos se baldonava; / bien creyo que daquell tiempo / non fué fembra de tal *enxemplo*», *Sta. M. Egipc.*, v. 99), quizá en relación con la ac. 'mala pasada, acto pesado o cruel' 60

que ya es frecuente en latín, especialmente en el habla popular de Plauto (*Ep.*, 671; *Cap.*, 691; *Bac.*, 1092; César, *B. G.* I, xxxi, 12); en Almería y otras partes se emplea hoy el vocablo popularmente en el sentido de 'persona abyecta', 'haragán', 'niño travieso', etc.; comp. con esto el verbo *ejemplar* y variantes, abajo. En cuanto al desarrollo fonético corresponde en lo antiguo al de las palabras semicultas, casi populares (con x > *x* = *š*, o bien *nx*, *ns*, y diptongación; pero PL conservada), y modernamente toma forma enteramente culta, por reacción del modelo latino.

DERIV. *Ejemplar* v. [*enxemplar*, 'difamar' 1438, Corbacho, ed. P. Pastor, p. 56][1]. *Ejemplar* adj. [*ex-* desde 1541, *HispR.* XXVI, 275; 1611, Covarr.; 1682, Núñez de Cepeda), de *exemplaris* íd.; *ejemplaridad. Ejemplar* m. [*ex-*, APal. 146b; Nebr.], del lat. *exemplar* íd. *Ejemplario*.

CPT. *Ejemplificar* [Valera, pp. 75a, 81a (Nougué, *BHisp.* LXVI): Nebr.]; *ejemplificación*.

¹ «Ay otras maneras de algunas mugeres a los tales querer e amar por non ser *enxempladas* e disfamadas». Así en el ms., *desempladas* en las ediciones incunables. Covarrubias (s. v. *exemplo*): «*dexemplar* a uno vale deshonrarle, en lengua aldeana; estar *dexemplado*, estar infamado». Comp. salm. *enjemplar* 'manchar, ensuciar', 'propagarse, plagarse', extrem. *enjamplarse* 'plagarse, llenarse de insectos' (*BRAE* IV, 85; no viene de *enjambrar* como ahí se dice, aunque este verbo pudo influir fonéticamente), y especialmente el port. ant. *enxemprar* 'escandalizar' en Fernão Lopes (h. 1440), que Spitzer, *AILC* I, 48-60, relacionó con el port. dial. *insimprar* 'bautizar el niño cuando todavía está en el seno de la madre echando agua sobre el vientre de ésta' y con el lat. bíblico *exemplare* 'exponer a la ignominia pública, escarnecer'; por otra parte el gall. *enxemplar* era (según Sarm., técnico y práctico en el asunto) «dar o echar agua *de socorro* baptizando» (*CaG.* 210r). Comp. arriba *enxemplo* en sentido peyorativo. Es posible que confluyan en estas expresiones varias corrientes semánticas.

EJERCER, tomado del lat. *exĕrcēre* 'agitar, hacer trabajar sin descanso', 'hacer practicar', 'ejercitar, practicar', derivado de *ărcēre* 'encerrar, contener'. *1.ª doc.*: princ. S. XV: Santillana, E. de Villena, *Canc. de Stúñiga*; 1584, Hernando del Castillo; Quevedo; el verbo está también presupuesto por el participio activo, con régimen verbal, *exerciente*, que se lee h. 1450 en la *Crón. de D. Juan II*.

Cuervo, *Bol. C. y C.* II, 92-93

DERIV. La adopción general de este latinismo fué precedida por la de algunos derivados suyos; todos ellos, y los demás de *arcere* que se indican a continuación, son asimismo cultismos. *Exercivo*, ant. *Ejército* [*ex-*, Mena, Santillana (C. C. Smith, *BHisp.* LXI); APal., 11b, 79d[1]; 1545, P. Mejía; después de estos autores cultistas el vocablo ya aparece con tono popular en el *Quijote*, pero Nebr. y PAlc. sólo recogen todavía el medieval *HUESTE*], de *exĕrcĭtus, -ūs*, íd., propiamente 'cuerpo de gente instruída militarmente'. *Ejercitar* [ex-, 1406-12, G. de Clavijo; APal. 32b, 149d; Nebr.; y frecuente ya en todo el S. XV][2], de *exercitare* 'ejercitar a menudo'; *ejercitación* [Palencia, *Perfección*, pp. 348b, 349a, 387b (Nougué, *BHisp.* LXVI)], *ejercitador* [Nebr.], *ejercitante*, *ejercitativo*. *Ejercicio* [ex-, Corbacho (C. C. Smith); h. 1490, *Celestina*, ed. 1902, 39.15; APal. 93b, 146b, 181b; Nebr.; y muy frecuente en los clásicos], de *exercĭtium* íd.

Coercer [Acad. 1884, no 1843], de *coĕrcēre* íd.; *coerción* [ya Acad. 1843], tomado del lat. tardío *coerctio* íd.; *coercitivo* [íd.]; *coercible, incoercible*.

[1] «Agmen» es el *exercito* que va caminando extendido en longura», «classes clipeatas dixeron los antiguos las que llamamos *exercitos*».— [2] Cuervo, *Bol. C. y C.* II, 94-97.

Ejida, V. *ejido*

EJIDO, 'campo a la salida de un pueblo, común a todos sus vecinos, donde suelen reunirse los ganados o establecerse las eras', derivado del antiguo verbo *exir* 'salir', procedente del lat. ĔXĪRE íd., que a su vez era derivado de IRE 'ir'. *1.ª doc.*: exido, 1100, y en otros docs. de los S. XII y XIII citados por Oelschl[1].

Exitus aparece ya con este o análogo significado en docs. en bajo latín español, citados por el mismo autor. Para ejs. posteriores, vid. *Aut.* En forma parecida era corriente emplear el femenino *exida* al describir en escrituras las pertenencias de una propiedad («con entradas e *exidas*...», comp. M. P., *Cid*, p. 678). Hoy el vocablo subsiste en muchos lugares pero alterado en *lejido* o *lejío*, por aglutinación del artículo: así en Cespedosa (*RFE* XV, 148), en el Ecuador (Lemos, *Barbar. Fon.*, p. 39); en Riotinto (Huelva) es 'el lugar de las afueras donde se vierte la basura', en Huétor-Tájar (Granada) *un lejío de gente* es un gran concurso de personas, sin duda porque en el ejido se celebraban ferias y mercados (A. Castro, *RFE* I, 181); en la Arg. ha tomado la ac. 'término municipal, ámbito territorial de un municipio', y como allí es palabra de uso exclusivamente culto, muchos pronuncian bárbaramente *éjido*. El verbo *exir* (que naturalmente se pronunciaba con x = š) es de uso general en los SS. XII y XIII (*Cid*, Berceo, *Apol.*, *Alex.*, *Disputa del Agua e el Vino*, fueros de Castilla y de Aragón, vid. Tilander, s. v.)[2], pero ya J. Ruiz emplea exclusivamente *salir*[3]; sin embargo, otro resto suelto sobrevivió en la interjección «*exe*, como lo dezimos al perro: *exi*» (Nebrija). Para otro derivado, vid. *GIRA*.

DERIV. *Ejión* [Acad. 1884, no 1843], tomado del gr. ἐξίων, -οντος, 'saliente', participio activo de ἐξιέναι 'salir', palabra hermana de la lat. *exire*.

[1] Agréguese uno toledano de 1228 que figura en M.P., *D.L.*, 276.16.— [2] *Aut.* cita ej. de *exir* todavía en Alonso de Cartagena, † 1456, pero esto ya no corresponde al uso de la época.— [3] Nótense las formas flexivas *istrié* 'él saldría' (Berceo, *S. M.*, 209; *Mil.*, 337), y las dialectales *yex* 'él sale' (*Alex.*, 1166), *yexen* 'ellos salen' (*Alex.*, 217, 1665), leonesas, y *yexca* 'él salga', aragonesa (Fueros, § 68.2). La forma catalana correspondiente es *isca* (plural *iscam*, etc.) y aun impf. subj. *isqués* y pret. *isqué* (junto a *eixís, eixí*, tanto o más antiguos en las formas de pasado) y hay formas iguales en lengua de Óc y varios dialectos de otros romances. Hay además una interjección gallegoportuguesa *isca*: se emplea en el Brasil para azuzar o echar a los perros (cf. cast. ant. *exe* < EXI, con uso igual, cuya etimología ya vió Nebr.), y en gallego tiene la misma construcción que esperaríamos de un verbo que signifique 'salir': *hisca* «'voz con que se espanta y echa las gallinas': *hisca* d'ahí / galiña maldita, / *hisca* d'ahí, antes que agarre un pau!», «*hisca, hisca* de ahí, que vas despertar o meniño!» Castelao 234.5, recogida también por Lugrís (*Gram.*, p. 166), Carré (aplicado a los niños) y otros (pero no existe el verbo **hiscar* que han supuesto ellos y ya Vall.). Quizá sí existan, en cambio, las variantes *lisca* e *ix* (que G.ª de Diego, *Gr. Hist. Gall.* 154) cita ya (sin documentar ni etimologizar), aunque no las tengo confirmadas (*lisca* «largo, vete» sí la da Carré, y Lugrís da el inexistente verbo **liscar*, pero resultará de cruce de *isca* con *largo*). La dualidad *isca* ∼ *ix* parece comprobar EXI, EXEAT; sin embargo hace falta mayor estudio en la cuestión gallegoportuguesa; provisionalmente me pregunto si el cat. *oixque!* que se dice a los caballos para que arranquen o tuerzan a un lado (opuesto entonces a *o-lla-ó!* que se usa para el lado contrario) no sería también *oh-ixca!* 'oh, salga' (con *-e* < -AT como en catalán occidental).

Ejión, ejir, V. *ejido* e *ir*   *Ejonzado*, V. *gozne*

EL, artículo, del lat. ĬLLE (o de su acusativo ĬLLUM) 'aquel', que ya en la baja época se empleó vulgarmente como mero artículo, con tratamiento fonético propio de la pronunciación átona. *1.ª doc.*: orígenes del idioma, *Cid*, etc.

El estudio del artículo pertenece a la gramática histórica, no al diccionario. Véase M.P., *Man.*, § 100; *Oríg.*, 344-55; Cuervo, *Bol. C. y C.* II, 97-165; Oelschl., s. v.; etc. Puede agregarse algún pormenor. La forma arcaica *elo*, que aparece en las glosas Emilianenses, parece indicar que el punto de partida es ILLUM, con apócope por proclisis. Ante vocal se empleaba *ell* con carácter bastante general en los SS. XII y XIII (p. ej. Berceo, *Mil.*, 41a: *ell otro*); en el XIV este uso está en decadencia hasta quedar relegado al lenguaje villanesco, del cual es todavía característico en el Siglo de Oro (p. ej. *ell alcalde* en Tirso, *La Prudencia en la Mujer*, III, ix, ed. Losada, p. 255; vid. nota de M. P. a Vélez de Guevara, *La Serrana de la Vera*, p. 169). La forma masculina *lo*, que triunfó en occitano, catalán antiguo y portugués preliterario, es tan rara en español que sólo puede citarse algún ej. esporádico en documentos leoneses y aragoneses (*Oríg.*, 347 y 349), sin embargo, hay también uno en *Alex. O*, 789*b* («por *lo* laço soltar»); de ahí sale, por una diferenciación que en catalán antiguo es normal, *la uno*, forma que hallamos en inventarios aragoneses de 1362 y 1402 (*BRAE* III, 92, 359). Para *el* empleado como artículo neutro, vid. J. E. Gillet, *Tres Pasos de la Pasión*, p. 977. Para restos esporádicos y dudosos de un artículo procedente de IPSE, vid. *RFH* V, 16-18.

ÉL, pron., del lat. ĬLLE 'aquél', con tratamiento fonético propio de la pronunciación acentuada. *1.ª doc.*: orígenes del idioma (1135, Oelschl., etc.).

El estudio de este pronombre es también materia de la gramática histórica. Vid. M.P., *Man.*, §§ 93 y 94; *Oríg.*, 356-9; Oelschl., s. v.; Cej. VII, § 132. Los materiales complementarios que poseo son demasiado copiosos para resumirlos aquí; quizá vean la luz un día en trabajo aparte. Ast. *elli* o *ei* (V). Lo mismo en el teatro clásico que hoy en bable, se emplea este pronombre como tratamiento de respeto o frialdad, equivalente a *usted*.

Elaborable, elaboración, elaborador, elaborar, V. *labor   Elación*, V. *preferir   Elar*, V. *lar*

ELÁSTICO, derivado culto del gr. ἐλαστός 'que puede ser empujado o dirigido', 'dúctil', variante de ἐλατός íd., adjetivo verbal de ἐλαύνειν 'empujar', 'dirigir', 'lanzar'. *1.ª doc.*: Aut., *virtud elástica*, citado en el artículo *elasticidad*.

En griego ἠλάσθην, ἐλήλασμαι, son variantes tardías o dialectales de ἠλάθην, ἐλήλαμαι, formas flexivas del verbo ἐλαύνειν; ἐλατός se halla en Aristóteles. En inglés *elastic* se documenta desde 1653, en francés desde 1690.

DERIV. *Elasticidad* [1732, *Aut.*]. *Elástica* (en Cespedosa *lástica* 'chaleco de punto y con mangas': *RFE* XV, 142). *Elaterio* 'cohombrillo amargo' [Nebr., con el sentido latino], tomado de *elatĕrĭum* 'purgante activo sacado de esta planta', y éste del gr. ἐλατήριον 'purgante', derivado de ἐλαύνειν.

Elato, V. *preferir   Elayómetro*, V. *óleo*

ELCHE, 'cristiano renegado que se hace mahometano', del ár. *ᶜilǧ* 'extranjero no mahometano', que vulgarmente se aplicó a todos los que habían apostatado de su religión, y particularmente a los europeos que renegaban pasando al servicio de los moros. *1.ª doc.*: Ya en 1310 'embajador', Tratado entre Granada y Castilla, *BABL* III, 475; *elchi* 'embajador', Gz. de Clavijo, 1406-12; *elche* '¿mudéjar?', Pérez de Guzmán, † h. 1460; «tornadizo; perfuga, transfuga, defector», Nebr.[1]; 'renegado de procedencia cristiana y sus hijos', Mármol, 1600.

Haedo (1612) le da este mismo sentido, y Cervantes (*Quijote* I, xli, f°213v°) dice que así se llamaba en Argel a los moros de Granada o mudéjares. PAlc. dice que en el árabe de España *ᶜilch* valía «elche, tornadizo, enaziado». Dozy, *Gloss.*, s. v.; *Suppl.*, II, 159*b*; Eguílaz, 388-9[2]; Cej., *La L. de Cervantes*, s. v.

[1] De ahí Oudin (1607) «*elcne* o tornadizo: fugitif, qui se va rendre aux ennemis et tient leur party». La definición de Covarr. se basa en las de Nebr. y PAlc.; la de Minsheu, en la de Cervantes.— [2] Cita a Bocthor como testimonio de su aserción de que en África se distingue al que ha renegado del Islam del renegado del Cristianismo, llamando a aquél *murtádd* y a éste *ᶜilǧ*. Pero lo único que trae este autor es *murtádd* como traducción de «renégat, celui qui a renié le christianisme», y la voz *ᶜilǧ* no parece figurar en su diccionario. Luego los datos de Dozy parecen ser, como de costumbre, más fidedignos.

Eleagnáceo, V. *óleo*

ELÉBORO, tomado del lat. *hellebŏrus* y éste del gr. ἐλλέβορος íd. *1.ª doc.*: APal. 22*d*, 129*b*; 1555, Laguna.

La vieja palabra castellana es *VEDEGAMBRE*. La Acad. cita variante antigua *elébor*. Port. *heléboro* y demás formas, enteramente cultas, en todas las lenguas romances (pues ni siquiera en toponimia conozco nada con arraigo viejo). Una variante *ebro* que Sarm. (*CaG.* 133*r*) oyó en Santiago tampoco es representante popular (pues una -LL- se hubiera conservado como -*l*- en gallego) sino deglutinación del cast. *eléboro* de los estudiantes y farmacéuticos compostelanos, mal entendido por curanderos y aficionadillos locales como si llevara artículo castellano; lo popular allí es *herba da braña* o *cevadilla*. Quizá galleguización de un semicultismo **llavoiro* o **llavero* (< *helleboreus*) sería el gallego oriental *chaveiro*, pero más bien vid. *CLAVO*.

Elección, electivo, electo, elector, electorado, electoral, electorero, V. *elegir   Electricidad, electricista, eléctrico, electrificación, electrificar*, V. *electro   Electriz*, V. *elegir*

ELECTRO, 'ámbar', tomado del lat. *electrum* y éste del gr. ἤλεκτρον íd. *1.ª doc.*: 1555, Laguna; aunque APal. 129*b* y 109*b*, emplea la palabra *electro* varias veces en contexto castellano, empieza diciendo que es el *succino* o ámbar amarillo, «que los griegos llaman *electro*»; por lo demás, no ha sido nunca palabra de uso popular en castellano.

DERIV. *Eléctrico* [Terr., con cita de Navarro], derivado de *electro* por la propiedad que tiene el ámbar de atraer eléctricamente al frotarlo, comp. fr. *électrique* [1701], ingl. *electric* [1646]; *electricidad* [Terr.]; *electricista*; *electrizar* [Terr.; en 1805, A. de Capmany censura que se imite a los franceses usando el vocablo en lugar de *enardecer*, vid. Viñaza, p. 906; a la misma fuente se hará referencia en *RFE* XXVIII, 103], *electrizable*, *electrización*, *electrizador*, *electrizante*. *Electrón* [falta aún Acad. 1899]. *Dieléctrico*.

CPT. *Electrificar*, *electrificación*. *Electrocutar* y *electrocución* [faltan aún Acad. 1899], de las voces ingl. *electrocute* y *electrocution*, formadas con la terminación de *execute* 'ejecutar' y *execution*. *Electrodinámico*, *-ica*. *Electrodo*, del ingl. *electrode*, formado con el gr. ὁδός 'camino'. *Electróforo*, formado con φέρειν 'llevar'. *Electrógeno*. *Electroimán*. *Electrólisis*, con λύσις 'disolución'; *electrolítico*; *electrolizar*, *electrolización*, *electrolizador*. *Electromagnético*, *electromagnetismo*. *Electrómetro*, *electrometría*, *electrométrico*. *Electromotor*, *electromotriz*. *Electroquímico*, *-ca*. *Electroscopio*, formado con σκοπεῖν 'examinar'. *Electrotecnia*, *-técnica*. *Electroterapia*, *-terápico*. *Electrotipia*, *-típico*.

Electuario, V. *elegir*

ELEFANTE, tomado del lat. *elĕphas*, *-antis*, y éste del gr. ἐλέφας, -αντος íd. *1.ª doc.*: *elifant*, *Alex. O*, 2017b (*elefante* en *P*); *elefante*, 1251, *Calila*, ed. Allen, 45.840; *1.ª Crón. Gral.* 23a40; APal. 42d, 124d, 129d; Nebr.

DERIV. *Elefanta*. *Elefantino*. *Elefancía* [Nebr.; APal. 129d, cita como voz exclusivamente latina, pero ya hay ejs. de autores en el S. XVI: *Aut.*], tomado del lat. tardío *elephantĭa*; *elefantíasis*; *elefanciaco*.

ELEGANTE, tomado del lat. *elĕgans*, *-tis*, 'refinado, distinguido, de buen gusto', emparentado con *elĭgĕre* 'escoger, elegir'. *1.ª doc.*: 1479, D. de Valera (Gillet, *HispR*. XXVI, 276); APal. 108d (aplicado al lenguaje).

«*Elegante o galana cosa*», Nebr.; frecuente en los autores desde med. S. XVI; Cej. VII, § 59.

DERIV. *Elegancia* [1479, D. de Valera (Gillet); Nebr.], tomado de *elegantĭa* íd. *Elegantizar*.

ELEGÍA, tomado del lat. *elegīa* y éste del gr. ἐλεγεία íd., derivado de ἔλεγος íd. *1.ª doc.*: Nebr.; Garcilaso, † 1536; etc.

DERIV. *Elegíaco* [Juan de Mena (M. R. Lida); APal. 129d; Nebr.], tomado de ἐλεγειακός íd. *Elegiano* [Juan de Mena (Lida)]. *Elego* [1580, Herrera], de ἔλεγος 'elegía', voz poética y rara en castellano, que Lope hizo abusivamente adjetivo. *Elegio*.

ELEGIR, tomado del lat. *elĭgĕre* 'sacar, arrancar', 'escoger', derivado de *lĕgĕre* 'recoger'. *1.ª doc.*: *esliido*, *Alex.*, 2473d (*P*: *esleido*, *esleyeron*, 2602d, 2617c); *esleer*, frecuente desde el S. XIII (*Fuero Juzgo*) hasta h. 1400 (*Rim. de Palacio*, 822)[1]; *elegir*, Santillana.

Cuervo, *Bol. C. y C.* II, 336-43. La antigua forma *esleer* presenta evolución fonética popular, pero como el significado es siempre 'escoger para un cargo' parece ser más bien adaptación semipopular del vocablo latino que verdadero descendiente hereditario del mismo; posteriormente el influjo latino acabó por darle forma francamente culta; muchas veces es *eligir* (así Nebr.), más latinizante aún. En lo antiguo suele emplearse como verdadero participio el cultismo *electo* [Berceo, *S. D.*, 258], o *eleto* (*Canc. de Baena*, W. Schmid), frecuente con tal oficio en toda la Edad Media (a veces *eleyto*, como en J. Manuel, ed. Rivad., p. 307; *Gr. Conq. de Ultr.*, p. 442); más tarde suele reservársele para las funciones de adjetivo. De *electo* 'elegido para la bienaventuranza' se pasó a 'arrobado en éxtasis religioso' y de ahí *eleto* 'pasmado', 'espantado', que Terr. recoge como palabra viva y la Acad. (ya 1843) registra como anticuada.

DERIV. *Elegible*, *elegibilidad*. *Elegido*. *Elegidor*. *Eligiente*. *Elijan*. *Elección* [Berceo, *Mil.* 715d, 716b, 717b, etc.; *elición*, en Nebr. y en muchos], ejs. en Cuervo, *Bol. C. y C.* II, 333-5, tomado del lat. *electio*, *-ōnis*, íd.; *eleccionario*, usual en la Arg. y en general en América en lugar de *electoral*, pero no admitido por la Acad. *Electo*, vid. arriba. *Electivo* [Cartagena, *Discurso*, p. 207a (Nougué, *BHisp.* LXVI)]. *Elector* [Berceo, *Mil.*, 311; 1565, Illescas; comp. *esleedor* en J. Manuel, ed. Rivad., p. 304]; *electorado*; *electoral*; *electorero*; *electriz*. *Electuario* [*lectuario*, Berceo, *Sacrif.*, 35; *letuario*, *Apol.*, 488b; *Conde Luc.*, 290.22; J. Ruiz, 1333d; Rob. de Nola, p. 108; Covarr.[2]; *electuario*, 1680], tomado del lat. tardío *electuarium* íd., derivado de *electus* en el sentido de 'preparado con materiales seleccionados', popularizado en el gall. *leitoario* «nombre de una piedra que dicen es buena para la leche de las amas» Sarm. (*CaG.* 118r), de donde una formación retrógrada *leitor*: aunque el pueblo, por inspiración del nombre, lo aplicó a las mujeres que crían con su *leite*, se partiría de los electuarios y remedios que les daban antes, y sólo por etimología popular se le relacionó con LAC o, por una seudoetimología de curanderos y sabios como él, se les buscó enlace con la ἀλεκτωρίς o 'piedra de gallo' llegando por inspiración de tan erudita idea a aplicarles tales piedras[3]. *Ecléctico* [Terr., con cita de A. Piquer, de mediados del siglo], tomado del griego ἐκλεκτικός 'miembro de una escuela filosófica que profesaba escoger las mejores doctrinas de todos los sistemas', derivado de ἐκλέγειν 'escoger', vocablo hermano del latín *eligere*. *Égloga* [1449, Santillana, en Viñaza, col.

781; 1496, J. del Encina, *Canc.*, fº 104rº], tomado del lat. *eclŏga* 'selección, extracto', 'pieza en verso', 'égloga', y éste del gr. ἐκλογή 'selección', derivado del citado verbo; *eclógico*.

De otros derivados de *legere. Delecto*, tomado de *delectus, -ūs*, 'elección', derivado de *delĭgĕre* 'elegir'.

Diligente [*Gr. Conq. de Ultr.*, 395 (D. Alonso, *La Leng. Poét. de Góngora*); 1386, López de Ayala; *diligente = acucioso*, como neologismo, en el vocabulario de med. S. XV, publ. en *RFE* XXXV, 329; ejs. Cuervo, *Dicc.* II, 1238-9], tomado de *dīligens, -tis*, 'lleno de celo, atento, escrupuloso', participio activo de *dilĭgĕre* 'amar'; *diligencia* [h. 1375, *Crón. de Pedro el Cruel*; frecuente desde entonces, vid. ejs. en Cuervo, *Dicc.* II, 1236-8, y *Obr. Inéd.*, p. 189n.14; Cej. VII, § 59], de *diligentĭa* íd.; *diligenciar, diligenciero. Dilecto* [S. XVII, *Aut.*], tomado de *dilectus*, participio pasivo del citado *diligere; dilección* [Berceo, *S. D.*, 503; *Apol.*, 241a], de *dilectio, -onis*, íd.; *predilecto, predilección. Negligente* [Sz. de las Brozas, † 1600], de *negligens, -ntis* íd., participio de *negligere* 'descuidar'; *negligencia* [*Corbacho* (C. C. Smith, *BHisp.* LXI)]. *Selecto* [med. S. XVII, Fz. de Navarrete, *Aut.*], de *selectus, -a, -um*, participio pasivo de *selĭgĕre* 'escoger poniendo aparte'; *selectas; selección* [*Aut.*], *seleccionar* (no Acad.); *selectivo*.

¹ En textos aragoneses aun más tarde: doc. de 1458, en *BRAE* III, 240. A los ejs. citados por Cuervo pueden agregarse: Juan Manuel, ed. Rivad., p. 304; *Gr. Conq. de Ultr.*, p. 443. *Exleer, Zifar* 38.12.— ² Comp. cat. *lletovari*, usual desde el S. XIV por lo menos.— ³ Nos cita el propio Sarmiento un inventario de la orden de leprosos de Pontevedra fechado en 1574 (escrito en castellano) donde se describe una cadena de oro con una piedra o «perilla», que es «un *leitoario* con sus engastes de oro» y más arriba dice *una piedra leitor* (173v); y en otro de 1481 un dije llamado *pedra-peixe de 22 de prata con hum leytor* (120r).

Élego, V. *elegía   Eleito,* V. *elegir*

ELEMENTO, tomado del lat. *elemĕntum* 'principios, elementos', 'conocimientos rudimentarios'. *1.ª* doc.: Berceo, *Duelo*, 118: *los elementos* 'la naturaleza'; íd. en el *Conde Luc.* 273.23; «*elemento o principio*», Nebr.

Elemental [Nebr.]; también se ha dicho *elementar. Elementado.*

ELEMÍ, tomado del fr. *élémi* íd., de origen oriental, quizá procedente de Ceilán o de la India. *1.ª* doc.: Terr.; Acad. 1884, no 1843.

Cita Terr. el fr. *élémi*, del cual habrá de proceder la voz española, que no se conoce en fuentes anteriores. En francés se halla desde 1600, en inglés desde el S. XVII y ya en traducción editada

en 1543 de una obra latina publicada en Roma en 1517, que trae la forma *elimi;* independiente y traído quizá directamente de la India será el port. *gumi-leme* (Moraes; falta Fig., que sólo trae *alemi;* falta Dalgado). Ár. *lāmî* (vulgarmente y con artículo, *el-lemî*) documentado en fecha relativamente moderna, mas su aparición en el S. XVI y en autor muerto en 1659, hace creer que procederá directamente de Oriente y no a través del francés, como sospecha Lammens, 263; sea como quiera, no es seguro tampoco que el francés y el inglés lo recibieran por conducto del árabe. Hoy el elemí se trae sobre todo de Méjico, Brasil y Filipinas, pero la importación de Ceilán (God., Devic) o de la India (Larousse) parece ser más antigua. *NED*, s. v.; Devic, 33; incorrectamente *DGén.*, Eguílaz, Gamillscheg. Dozy trató del mismo vocablo en su *Gloss.*, 259, y en adición manuscrita al ejemplar de que me sirvo, copió, sacándolo de su ms. del Antākî († 1596), el pasaje que trascribo a continuación, supliendo las vocales: *zūfâ' raṭb hû al-maᶜrûf fî miṣr bi l-lāmî* [es decir: el hisopo tierno—o húmedo, maduro—en Egipto es conocido por *lāmî*].

Elemósina, V. *limosna*

ELENCO, 'catálogo, tabla o índice', tomado del lat. *elenchus* 'apéndice de un libro', y éste del gr. ἔλεγχος 'argumento, prueba'. *1.ª* doc.: *Aut.*

Palabra raramente usada hasta fecha reciente. Hoy en América (arg., chil., per., col., mej., portorr.) y menos en España, se han extendido, por influjo italiano, las acs. 'lista de los actores de una compañía de teatro', 'conjunto de esos actores'.

Eleto, V. *elegir   Elevación, elevado, elevador, elevamiento, elevar,* V. *leve*

ELFO, del ingl. *elf*, vieja palabra de la mitología germánica¹. *1.ª* doc.: falta aún Acad. 1899.

¹ Vid. Paul Barbier, *RPhCal.* I, 287-91.

Elgueja, V. *iglesia   Elidir,* V. *lesión   Elijable, elijación,* V. *lejía   Elijan,* V. *elegir   Elijar,* V. *lejía*

ELIMINAR, tomado del lat. *eliminare* 'hacer salir, expulsar', derivado de *līmen* 'umbral'. *1.ª* doc.: Acad. 1943, no 1832; Pagés cita ej. de Mesonero Romanos.

Quizá sirvió de intermediario el francés, donde *éliminer* se halla desde 1523 (*RF* XXXII, 53) y en varias fuentes de los SS. XVII y XVIII.

DERIV. *Eliminación. Eliminador. Eliminatorio. Limen*, poét., latinismo raro, tomado del citado *līmen, -ĭnis* (comp. UMBRAL); *liminar* (p. ej. *palabras liminares*), usual en la Arg., es latinismo de imitación francesa (o portuguesa). *Preliminar* [1685, Bart. Alcázar].

Elimosna, V. limosna

ELIPSIS, tomado del lat. *ellipsis* y éste del gr. ἔλλειψις 'insuficiencia', 'elipsis', derivado de ἐλλείπειν 'descuidar, dejar a un lado', derivado de λείπειν 'dejar'. *1.ª doc.*: Terr.

Duplicado de la misma palabra es *elipse*, como nombre de una figura geométrica [*elypse* o *elypsi*, grafía errónea, en *Aut.*], comp. fr. *ellipse* [1680], ingl. *ellipse* [1674]; para la filiación semántica véanse las explicaciones divergentes de Skeat, *NED* y Bloch.

DERIV. *Elíptico* [1732, *Aut.*], de ἐλλειπτικός íd. *Elipsoide*; *elipsoidal*.

CPT. *Elipsógrafo*.

Elisión, V. lesión

ÉLITRO, tomado del gr. ἔλυτρον 'envoltorio', 'estuche, vaina', derivado de ἐλύειν 'envolver'. *1.ª doc.*: Acad. 1884, no 1843.

ELIXIR, 'la sustancia específica y esencial de cada cuerpo, según los alquimistas', 'licor que constituye un remedio maravilloso', tomado, por conducto del b. lat. *elixir*, del ár. *'iksîr* 'piedra filosofal, polvos empleados para hacer oro, según los alquimistas'. *1.ª doc.*: Enrique de Villena, † 1433[1].

En su traducción latina de Razí, básica para toda la química medieval europea, Gerardo de Cremona († 1187) emplea la forma *exir*, y más raramente *sir* y *lachesir* (*Isis*, XII, 44). Otros alquimistas escriben en su latín *elixir*, *alexir*, etc. Claro está que *el-* es el artículo árabe. Aunque en árabe parece derivarse de la raíz *kásar* 'quebrar', el origen último del vocablo parece ser el gr. ξηρόν 'cosa seca', 'medicamento seco', de donde 'polvos' y especialmente 'piedra filosofal'. Vid. Dozy, *Gloss.*, 259; *Suppl.* II, 466b; Devic, 33; Mahn, *Etymol. Untersuch.*, 94-95.

[1] «Mas vos sed guiado de restituir / a la sequedad lo húmedo, cuanto / por partes iguales viniese a ser tanto / cual es la materia de vuestro *elixir*», en el *Libro del Tesoro*, traducido por este alquimista castellano: *RFE* XIX, 172. Luego se pronunciaba *elixír*; *Aut.* acentúa *elíxir* el ej. que cita de Quevedo, y esta pronunciación fué, en efecto, muy usual en España en el siglo pasado; puede explicarse por la pronunciación del bajo latín, o quizá es una deformación vulgar arbitraria (comp. it. *elişir*, *elişirre*).

Elocución, elocuencia, elocuente, V. locuaz

ELOGIO, tomado del lat. *elŏgĭum* 'epitafio', 'sentencia breve', que en bajo latín tomó el significado de 'alabanza' por influjo del gr. εὐλογία 'elogio'. *1.ª doc.*: 1605, *Quijote*; 1640, Saavedra Fajardo[1].

En su origen el lat. *elogium* no parece tener nada que ver con εὐλογία; Ernout-M. y Walde-H. están de acuerdo en considerarlo alteración de ἐλεγεῖον 'elegía, epitafio', influído por λόγος y el lat. *loqui*. En la Edad Media el vocablo tomó las más diversas acs., en particular jurídicas y desfavorables, vid. Du C., y Arnaldi, *Lexicon Imperfectum* (*Bull. Du C.*, X); pero además se halla con el significado de 'alabanza' en Papias y otros glosarios, entre otros el de Toledo, que trae «*eulogium*: buena fama o testimonio»; esta forma se halla también en escolios virgilianos: claro está que en ella hemos de ver una fusión de εὐλογία con *elogium*; es probable además que influyera la circunstancia de que los epitafios suelen ser laudatorios[2].

DERIV. *Elogiar* [1703, Interián de Ayala; Cuervo, *Bol. C. y C.* II, 348-9, sólo trae ejs. desde fines del S. XVIII]; *elogiable, elogiador; elogista; elogioso*, galicismo bastante arraigado ya, pero todavía no admitido por la Acad.

[1] APal.: «*elogio* es linaje y fabla adornada y fama y infamia y texto de malas fazañas y respuesta divina», 131b; pe:o éstos son los significados de la voz latina, y como el humanista palentino empieza este artículo definiendo el lat. *elogium*, no podemos considerar que para él fuese ya palabra castellana, aunque la castellaniza la terminación. *Elogio* falta en Nebr. y en los diccionarios del Siglo de Oro y es ajeno al vocabulario de la *Celestina* y de Góngora.— [2] Nótese que uno de los ejs. cervantinos reza «con diferentes e p i t a f i o s, *elogios* de su vida y costumbres» (*Quijote* I, lii, 74).

Elongación, V. luengo   Eloquio, V. locuaz

ELOTE, 'mazorca de maíz verde que tiene ya cuajados los granos', mej., centroamer., del náh. *élotl* 'mazorca de maíz ya cuajada'. *1.ª doc.*: 1575, B. de Sahagún.

Lenz, *Dicc.*, 307; Friederici, *Am. Wb.*, 244

Elucidación, elucidar, elucidario, V. luz   Eluctable, V. lucha   Eludible, eludir, V. ludibrio   Ella, ello, V. él   Emaciación, V. magro   Emanación, emanadero, emanante, emanantismo, emanantista, emanar, V. manar   Emancipar, emancipación, emancipador, V. mano   Emasculación, V. macho   Embabiamiento, V. babieca   Embabucar, V. Embaucar   Embachar, V. bache

. EMBADURNAR, metátesis del dialectal *embardunar*, derivado de un adjetivo *barduno 'barroso'* (también *barruno*, documentado), que a su vez deriva de *bardo*, forma dialectal de *BARRO*. *1.ª doc.*: S. XIV, *Castigos e Documentos de D. Sancho* («el puerco se *enbadurna* en el lixo del lodo» ms. E, «e. p. s. e. e. e. l. e en el lodo» mss. B y C, ed. A. Rey, p. 175; ed. Gayangos 162b); 1590, José de Acosta.

Corominas, *AILC* I, 160-2; *AILC* II, 179. Para
ejs., véase ahora Cuervo, *Bol. C. y C.* II, 352-3,
que ya habría indicado, en su original inédito, lo
esencial de la etimología que propuse en 1942. *Em-*
bardunar es corriente en la Arg. (*embardunar* es ⁵
también la forma navarra, Iribarren); de un compromiso entre esta forma y la general *embadurnar*
resultaría *embadunar*, empleado en algunos puntos
del mismo país (San Juan), de donde el chil. *emba-*
gunado 'embadurnado', 'empantanado' (E. Monte- ¹⁰
negro, *Mi Tío Ventura*, p. 246). El adjetivo **bar-*
duno no está documentado en esta forma pero sí
en la variante *barruno*: Va[l]lejo de Barrunas en
un documento de Juarros (Burgos) escrito en 1198
(M.P., *D.L.*, 195.19); y es de formación entera- ¹⁵
mente paralela a *terruno* 'terroso', que leemos en
el *Libro del Tesoro* de Enrique de Villena[1]; para
otros ejs. semejantes del sufijo *-uno*, vid. mi artículo. Existiría también **barduño*, del mismo sentido, pues de ahí deriva el antiguo *embarduñar*, ²⁰
empleado por APal.[2] y recogido como tal por la
Acad. [1843], hoy empleado en Bilbao (Arriaga)[3];
*barduño se formó con el sufijo de *terruño*, *vidu-*
ño y *retortuño*[4]. Existe también *embarrunar*, empleado en la Arg. (Garzón) y alterado como *em-* ²⁵
perrunar en Murcia (G. Soriano); y *embarrar*
'ensuciar con cualquier materia pegajosa' (América, León, Asturias) tiene el mismo sentido que
embadurnar y es derivado directo de *barro*. Para
bardo, variante de éste, viva hoy en Aragón y ³⁰
otras partes, véanse los artículos BARRO I y
BARDO II. Para la metátesis de la *r*, comp. DE-
LEZNAR[5]. Fonéticamente no es posible partir de
BITUMINARE 'embetunar', con *GdDD* 1054, lo cual
no explica la *-r-*, y teniendo que ser voz heredita- ³⁵
ria castellana habría que esperar **embedumbrar*.

DERIV. *Embadurnador*.

¹ «Dos vegadas habrá pasado la Luna... / y el
sol catará al grado que es / llamado sextil, sin
mengua ninguna; / seca la obra, bien roja el ⁴⁰
terruna, / fará la su muestra...», *RFE* XIX,
167.— ² «*Decolor*... *decolorare*... es *embarduñar*
y quitar el primer buen color», 105*d*; «*Santonius*
es color hosco y muy vil con que se *embardu-*
ñan los que no quieren ser conocidos de otros», ⁴⁵
433*b*, «*squalor* es sequedad *-ñada*», 469*d*.— ³ Es
lícito dudar de la existencia de un gall. *embar-*
duñar, pues sólo Cuveiro, pero no Vall. ni
otras fuentes fidedignas, recoge este vocablo.
Ahora bien, es sabido que Cuveiro tomó arbitra- ⁵⁰
riamente muchas palabras anticuadas del Dicc. de
la Acad. Española con el objeto de engrosar su
vocabulario gallego.— ⁴ Se podría sospechar que
embadurnar saliera de *embarduñar* (con metátesis, y paso del grupo inusitado *-rñ-* a *-rn-*), pues- ⁵⁵
to que ésta, y no *embadunar*, es la forma documentada antiguamente. Quizá sea así, pero observemos que *-uno* es sufijo más frecuente que
-uño.— ⁵ Puesto que *barruno*, con referencia al
terreno, y *terruno*, están documentados y son an- ⁶⁰

tiguos, no hay por qué pensar en que *embarru-*
nar venga de VERRES 'cerdo', como quisiera Malkiel, *RPhCal.* IV, 22. Él mismo aduce muchos
ejs. nuevos de adjetivos en *-uno* no derivados de
nombres de animales; varios, ya medievales. *Ba-*
rruno de *barro* es tan natural como *montuno* (copiosamente documentado por Malkiel) de *monte*.

Embaecer, V. *embaír*   *Embaído*, V. *desvaído*

EMBAÍR, 'ofuscar, embaucar, engañar', antic.,
significó en la Edad Media 'avergonzar, confundir'
y más antiguamente 'atacar, atropellar, maltratar',
y procede del lat. ĪNVADĔRE 'invadir', 'acometer',
derivado de VADĔRE 'ir'. 1.ª *doc.*: en las acs. antiguas, *Cid*; en la clásica, 1545, Pero Mejía (*em-*
baidor 'embaucador' ya h. 1400, Glos. del Escorial), y quizá ya en Berceo y el *Alex.*

M.P., *Cid*, pp. 637-8; Cornu, *Rom.* XIII, 301.
A los ejs. antiguos citados por M. P. pueden
agregarse los siguientes, donde el sentido está ya
flotando entre las tres acs.: «(Jesús) Fizo su oración derecha e complida, / tornó a su compaña,
fallóla adormida; / dixo le que velasse, soviesse
percebida, / que de temptación mala non fusse
embaída» (Berceo, *Sacrif.*, 72*d*), «Torna a nos tus
ojos, Tú, nuestro defensor, / refieri al diablo, su
mal *envaidor*» (íd., *Himnos*, 19*b*)[1]; en *Alex.*,
2206*c*, puede ser 'confundir' o quizá ya 'ofuscar,
engañar'[2]. Véase también el ej. gallego de las *Can-*
tigas, que cita Cej., *Voc.* La forma *envadir* de
Juan Ruiz y *envadir* 'invadir', 'acometer', 'contravenir', 'despreciar, insultar' de los Fueros de
Aragón (Tilander, 386), confirman la etimología
ĪNVADĔRE[3]. Como observa M.P. al cambio semántico de 'confundir' en 'ofuscar, embaucar' pudo
contribuir *sombaír* 'seducir, engañar' [1553, en las
Biblias judías de Ferrara y Constantinopla, *BRAE*
V, 361], SUBVADERE. En Colombia *embaído* es 'absorto', que está todavía muy cerca de 'confundido'
u 'ofuscado'[4]. De 'engañar (el tiempo)' o directamente de 'acometer, maltratar' vendrá el salmantino *embaír el tiempo* o *embaírse* 'entretenerse,
perder el tiempo' (Lamano; Sánchez Sevilla, *RFE*
XV, 257), analizado más detenidamente en el artículo DESVAÍDO.

DERIV. *Embaidor* 'embaucador, impostor' [Ber-
ceo, *Himnos*: para el sentido V. arriba; sentido
moderno desde h. 1400, *Glos. del Escorial*][5]. *Em-*
baimiento [2.ª mitad del S. XVI: H. de Mendoza, Fr. L. de Granada, en *Aut.*; *Coloquio de los*
Perros, *Cl. C.*, p. 312]. *Embaición. Embaecer* ast.
'embaucar' (V).

¹ También en J. Ruiz, 379*c*, donde se describe
como el Amor invade o seduce paulatinamente a
una mujer: «E si es dueña tu amiga que desto
non se conpone, / tu católica a ella cata manera
que la trastorne, / os, lingua, mens, la *envade*,
seso con ardor pospone, / va la dueña a tercia,
caridat a longe pone».— ² «Aquí quiso don Pluto

su palacio conplir / que non podiesse omne por nulla part foyr: / paró otras barreras pora omne *enbayr*, / que de una o otra non podies end guarir».— ³ Si la forma *ebayr* del *Cid* 3011 se hallase en otras partes, podríamos pensar en EVADERE, que en romance (cat. *esvair*, oc. ant. *esvazir*), y ya en latín clásico, tiene el mismo sentido de 'acometer' (vid. *DESVAÍDO*). Entonces *embaír* sería forma secundaria, con cambio de prefijo, como *enmendar*, *enmentar*. Pero no hallándose otros ejs. es más verosímil la opinión de M. P. de que en este ej. aislado hay olvido de la tilde de nasal, y debe leerse *embayr*.— ⁴ «Había tal dolor en las palabras de don Clemente, que nosotros apanentábamos no comprender. Franco se cortaba las uñas con la navaja. Helí Mesa escarbaba el suelo con un palillo, yo hacía coronas con el humo del cigarro. Tan sólo el mulato parecía *envaído* en la punzante narración», E. Rivera, *La Vorágine*, ed. Losada, p. 140.— ⁵ Castro cita uno del *Corbacho*, y Mugica (*ZRPh*. XXXV, 112) da otros tres antiguos. También *Coloquio de los Perros*, *Cl. C.*, p. 286; *Quijote* II, xlv, *Cl. C.* VII, 168.

EMBAJADA, tomado del oc. ant. *ambaissada* 'encargo', 'embajada', que procede en última instancia del galo AMBACTUS 'servidor', por conducto del germánico (gót. *andbahti* 'empleo', 'servicio', a. alem. ant. *ambaht*, ags. *ambiht*) o del b. lat. *ambactia*. 1.ª doc.: *enbaxada*, 1.ª mitad del S. XV, Rodrigo de Harana (coetáneo de Alfonso de Baena), *Canc. de Baena*, n.º 434, v. 2¹.

La fecha tardía de la voz castellana indica origen forastero; comp. cat. *ambaixada*, *ambaixador*, documentados desde 1325, mientras que en lengua de Oc y en italiano ya se hallan por lo menos desde el S. XIII. Sabido es que el fr. *ambassade*, *-adeur*, son italianismos muy antiguos; pero en italiano, aunque *ambasia* 'servicio' ya se halle en un texto latino de Lombardía escrito en 769, y *ambascia* 'pena, dolor' (< 'trabajo') (*Inferno* XXXIII, 96) y 'fatiga' o 'dificultad respiratoria' (*Inferno* XXIV, 52) ya aparezca en Dante, el tratamiento fonético del grupo -CTJ- o -HTJ- indica procedencia galorrománica, sin duda occitana. (Si el vocablo fuese indígena no podía dar otra cosa que -*zz*- o -*cci*-: *tracciare* TRACTIARE, *dirizzare* DIRECTIARE, *succiare* o *suzzare* SUCTIARE). Lo mismo indica la frecuencia del vocablo en fuentes del latín merovingio (*ambactia* en Columbano; *amba(s)sia*, *-ascia*, *-axia* 'encargo', en la Ley Sálica, *Lex Burgundionum*, etc), y el mayor desarrollo derivativo de esta familia léxica en el Sur de Francia, donde además de *ambaissada* y *ambaissador*, se hallan *ambaissar* 'cumplir un encargo' (en un texto del S. XV: *FEW*, s. v. AMBAHTJAN), *ambaissat* 'asunto', 'conducta', 'embajada' (concretado en aran. *ameixats* 'cacharros, recipientes'), *ambaissaria* 'embajada' (cat. ant. *embaxaria*, a fines del S. XIV). Sin embargo, tampoco en lengua

de Oc sería enteramente regular el desarrollo fonético de AMBACTIA en **ambaiça*, **ambaissa* (*ambaissada*, etc.), pues esperaríamos **ambaça* (*-assa*), comp. *traçar*, *dreçar*²; pero se concibe que entrando el vocablo tardíamente en el uso vulgar, ora procedente del germánico, ora tomado del bajo latín jurídico, el grupo -HTJ- o -CTJ- diera -*iç*- (> -*iss*-), y que este grupo occitano, al pasar a Italia y España se cambiara normalmente en -*x*- (= -*sci*-). Luego el origen italiano que preconiza Terlingen (163-5) sólo puede admitirse en el sentido de que esta antigua voz, tomada de la lengua de Oc, fué influída semánticamente más tarde por la evolución que había sufrido en Italia hacia la idea específica de 'mensaje de un soberano', 'representación diplomática', surgida en las cortes de los príncipes italianos y quizá especialmente en Venecia. Además de Terlingen, vid. Baist, *ZDW* IX, 32-33; Mahn, *Etym. Untersuch.*, 169-71; Kluge, s. v. *amt*; *REW*¹, 448 (rectificado en *ZRPh*. XXIX, 491); *REW*³, 408a; *FEW*, *l. c.*; Gamillscheg, *R.G.* I, 379³. Aunque el vocablo procede en definitiva del céltico, de ahí pasó pronto al germánico con gran arraigo y antigüedad: además del abstracto gót. *andbahti*, germ. occid. *ambaht*, isl. ant. *embætte* n. 'empleo, servicio' (éste, p. ej. en el *Nativitas S. Joh. Bapt. Homiliubok*, ed. Wisen, p. 10, por los años de 1200), al escandinavo pasó además AMBACTOS 'servidor', dando isl. ant. *ambótt* 'criada, muchacha' (p. ej. en el *Helgakviða* v. 41e). No está definitivamente averiguado si al romance pasó por conducto del bajo latín o del germánico, aunque de haber sido por éste me parece algo difícil explicar que -HTI- sufriera asibilación.

DERIV. *Embajador* [S. XIV, en el aragonés Fernández de Heredia, *Grant Crónica*, ed. R. af Geijerstam; 1463, Juan de Lucena: *ambaxiador*; Nebr. «*embaxador*, *faraute*: interpres»]; *embajadora*; *embajatorio*; *embajatriz*.

¹ También en Tafur y en J. de Mena, ambos h. 1445.— ² El caso de *faiçó(n)* FACTIONEM se debe a influjo de *faire* FACERE, *fait* FACTUM.— ³ Nótese la ac. 'engaño, malicia', que ha nacido en América (en el chileno Vicuña Cifuentes, *Mitos y Supersticiones*, p. 156; y en el argentino cuyano Draghi, *Canc.*, p. CXXI); procedente sin duda, de la frase irónica *brava* o *linda embajada* (ya en *Aut.*).

Embajiarse, V. *vaho*   *Embalar, embalo*, V. *abalar*

EMBARAZAR, 'impedir, estorbar', del leonés o del port. *embaraçar* íd., derivado de *baraça* 'lazo', 'cordel, cordón', *baraço* 'cuerda hecha de pelos sacados de la cola de un animal', de origen incierto, probablemente prerromano y acaso céltico (comp. irl. ant. *barr* 'copete, penacho'). 1.ª doc.: h. 1460, *Canc. de Stúñiga*, *Crón. de Álvaro de Luna*.

Cuervo, *Bol. C. y C.* II, 353-7[1]. Es muy notable esta ausencia total de un verbo tan importante en los textos anteriores a la segunda mitad del S. XV. Esto es importante por si puede sugerir un origen forastero; ahora bien, sólo si el vocablo procediera del francés podría admitirse la etimología *barra* propuesta por Diez y aceptada por Cuervo, pues sólo allí es posible la confusión de *-rr-* con *-r-*, que nunca ocurre en los romances de la Península Ibérica ni del Centro o Sur de Italia.

Importa, por lo tanto, fijar bien la cronología del vocablo en los varios romances. Y es el caso que en lengua de Oc es de aparición moderna; en escritores italianos no aparece antes de Davanzati († 1606), los primeros testimonios en este idioma se hallan en las traducciones de originales castellanos y portugueses debidas a Bainera (1507) y Ramusio (h. 1510), y aun el derivado *imbarazzo* aparece primeramente en A. Caro († 1566) y en Maquiavelo († 1527), vid. Zaccaria; en cuanto al francés, el primer testimonio de *embarrasser* es de un autor hispanizante y tan tardío como Montaigne (1580) y el primero de *débarrasser*[2] se lee en una traducción del castellano, la de las epístolas de Guevara, publicada en 1584 (*RF* XXXII, 41).

Todo indica, por lo tanto, que no sólo *embarazar* no es de origen francés, sino que debe dę ser de origen hispánico en los romances de Francia e Italia, lo cual equivale a descartar la derivación de *barra*[3]. En la Península, las fechas son más antiguas, y el vocablo presenta carácter más castizo y mayor amplitud semántica. Ya en catalán tenemos un ej. de Pere Marc († 1413), donde *embarassar a*, asegurado por la rima, presenta la interesante ac. 'enredar en, complicar, envolver'[4]. En portugués la carencia de vocabularios medievales, y la limitación de sus diccionarios de autoridades a la época renacentista, nos impide citar ejs. de la Edad Media, pero nótase que *embaraçar* ya figura varias veces en el más antiguo de los autores que esos diccionarios suelen estudiar, Gil Vicente, y hay muchos ejs. de la parte antigua del S. XVI (Mendes Pinto, Moraes Cabral, Jorge Ferreira, Juan de Barros, véanse Vieira y Moraes).

El primitivo de que procede *embaraçar*, según indicó Baist (*RF* XXXII, 894), a saber *baraça* 'correa con que se sujeta el lino a la rueca', 'cordón, cordel', *baraço* 'cuerda delgada', 'lazo para estrangular', es sólo port. gall. y leon. Se documenta en el idioma vecino con gran abundancia en la E. Media: *baraça* 'lazo para la caza' en el Foral de Ferreira d'Aves (1114-28), en el de Seia (1136)[5] y en otro de h. 1245 (citas de Cortesão), 'cinta para adornar los vestidos femeninos' en el gallego García de Guillade (med. S. XIII)[6], etc.; hoy sabemos que *baraça* 'cordel', 'correa', se emplea en la Beira (*RL* V, 171), gall. del Limia *baráθa* 'cordel, cordón' (*VKR* XI, 117) y de todas partes (Sarm.[7], Vall.), cast. de Galicia *baraza* 'cinta' (*BRAE* XIV,

106), Bierzo *baraza* 'cordón', 'cordel delgado', 'liga de las medias' (Fz. Morales), Sanabria *baráso* 'soga' (Krüger, *Gegenst.*, 227), ast. occid. *baraza* 'cinta, cuerda o cordón con que se ata algo', 'cinta con que las mujeres se atan el delantal o las sayas' (Acevedo-F.), *baraza*[8] o *baranza* 'liga' (Munthe).

Claro es que *embarazar* ha de venir de estas voces con el sentido primitivo de 'trabar', 'enredar', 'enmarañar', comp. los ejs. citados de J. Roig, Pere Marc y Joanot Martorell, y éste, castellano, de APal. (87*d*): «*compes... compedire* es juntamente *enbaraçar* ambos pies» [*compes* = 'traba para los pies']. Pero estando limitado el primitivo a las tierras gallego-portuguesas y a las hablas más occidentales del leonés[9], claro está que *embarazar* en castellano y en catalán ha de ser lusismo o quizá leonesismo; en cuanto a las formas registradas por algunos diccionarios clásicos—*baraza* «imbroglio, impedimento» en C. de las Casas (ed. 1591, falta en la de 1570; en *RFE* XL, 156, se cita *baraz* «imbroglio impedimento», de otra edición); *baraça* «a broyle, let, trouble» en Percivale (1591), «embarassement, brouillis, trouble, empeschement, empestrement» en Oudin (1607), *baraz* «brouillis, embrouillement, empestrement, empescheis» en el mismo—, está claro, por su significado verbal y abstracto y por lo vacilante de su terminación, que han de ser derivados secundarios del verbo *embarazar*. El origen gallegoportugués de nuestro vocablo está confirmado por la *ç* sorda que tenía antiguamente (en los dos textos de h. 1460 citados por Cuervo, *Obr. Inéd.*, p. 390n.; G. de Segovia, p. 82; APal. 159*d*, 205*b*, 216*b*, 318*b*; Nebr.; *embaraço* en la *Celestina*, ed. 1902, 42.12) y que conserva hoy en Malpartida y Serradilla de Plasencia (Espinosa, *Arc. Dial.*, 45), pues en castellano el sufijo *-ACEUS* toma la forma *-azo* con sonora.

Faltará indicar el origen de *baraça* y *baraço*; y en este punto será prudente guardar una marcada reserva, aunque desde luego puede rechazarse el étimo árabe *máras* 'cuerda', *márasa* 'cuerda delgada' (Dozy, *Suppl.* II, 581; *Gloss.*, 236), propuesto por Sousa y Eguílaz (339), pues el cambio de *m* en *b* no se justificaría en vocablo de esta estructura (la disimilación en la combinación *uma baraça*, que sugiere Cornu, *GGr.* I, § 120, tampoco es aceptable). Faltando toda otra pista es verosímil un origen prerromano, y el área geográfica es favorable al céltico. Así, pues, no es absurdo pensar, como hace Brüch, *WS* VII, 149[10], en un derivado del céltico *BARROS, bien representado en Francia (*REW* 964; *FEW*, s. v.), y comprobado, según indicó Thurneysen (*Keltorom.*, 44), por el céltico insular: irl. ant. *barr* m. 'copete, tupé', 'casco empenachado', 'cima o follaje de un árbol', en gaélico 'punta, extremo, fin', 'cosecha', córn. *bar* 'cumbre', bret. *barr* m. 'racimo, rama, grupo, cima, cumbre, cepillo, escoba'. Hay dos dificultades. El escrúpulo fonético que causa la *-r-* romance, frente a la *-rr-* céltica, es de consideración, aunque

no puede mirarse como dirimente, en vista de
nuestro desconocimiento de los dialectos célticos
de España; Brüch sugiere una disimilación de geminadas en la base *BARRACCIU > *BARACCIU, como
suele ocurrir en latín arcaico (*mamilla* diminutivo
de *mamma*, *ofella* de *offa*); esto es arriesgado, aunque no inconcebible, pues la c del sufijo -ACEUS
debió doblarse en portugués, si atendemos a su falta de sonorización. En cuanto a la semántica, no
apacigua mucho nuestras dudas el autor al comparar este caso con el del lat. *saeta* 'cerda' que Walde (pero no Ernout-M.) igualaba con al a. alem.
ant. *seid* 'cuerda, soga'; sin embargo, su idea puede
apoyarse en este aspecto citando el miñoto *baraço* «corda feita de cabelos de caudas de animais,
etc., para atar os carros» (en Melgaço, Leite de V.,
Opúsc. II, 339)[11]: en esta cultura primitiva del
Noroeste Ibérico se habrá conservado el tipo primitivo de *baraço*, pues bien podemos admitir que
si *barr* es hoy 'copete', 'penacho', 'cepillo', y Thurneysen considera el de 'punta frondosa' como su
significado básico, en las hablas celtibéricas se aplicara al rabo cerdoso de los animales: el derivado
adjetivo *BARACEUS sería el cordón hecho con este
rabo cerdoso[12]. Comp. *MARAÑA* y la etimología
que doy de *berrendo* en las adiciones a este diccionario.

DERIV. *Embarazado* [Nebr.]; *embarazador*. *Em-
barazo* [h. 1460, *Crón. de Juan II* y de *Álvaro de
Luna; Celestina*; Nebr.]; *embarazoso* [Ercilla:
Cuervo, *Bol. C. y C.* II, 357]. *Desembarazar*
[Nebr.; *Lazarillo*; más ejs. en Cuervo, *Dicc.* II,
1045-7]; *desembarazo* [Nebr.].

¹ Cita además el siguiente ej. de la *Crónica General* de Ocampo, ed. 1541: «E después que Diego Laynez *se embaraçó* con la villana, casó con
doña Teresa Núñez». Pero, como observa el propio Cuervo, *Obr. Inéd.*, p. 390n., esto es «error
notorio» por el *embraçar* que figura en la *Crónica del Cid*. No puedo comprobarlo por no tener
a mi alcance el tomo correspondiente de la ed.
de 1541; en la *1.ª Crón. Gral.*, ed. M. P., no
sé hallar nada parecido. Pero es bastante natural
que en el S. XVI se entendiera mal el *embraçar*
originario, por haberse anticuado este verbo en el
sentido de 'abrazar'.— ² Derivación simplificada
que se inspira en el modelo francés de *dépêcher*
frente a *empêcher*.— ³ Como observa Baist, un fr.
barras 'impedimento' no existe y oc. *barràs* es un
hapax que sólo significa 'barra gruesa de encina',
poco apropiado para servir de base semántica a
embarazar.— ⁴ «Del Payre Sant ay ausit, quan
trespassa / d'aycest exill al juhí destinat, / que
ditz: —er fos eu un bover estat, / qu'onor del
mon a peccatz *embarassa*», vid. Giese, *Anthologie der geistigen Kultur*, 212.25. «E per mala
cobesa *enbressat* de mantinent e·l pecat que eu
avia costumat retornava» *Vidas Rosellonesas P*,
fº6rºa1, traduciendo *illectus* de Voragine; el ms.
B trae *enlassat* en lugar de esto, que está clara-

mente por *enlaçat*. No traducen exactamente bien
el *illectus* del latín, pues éste es «attiré, charmé,
séduit, entraîné», pero sí aproximadamente, y en
todo caso *enlazar* en el sentido de 'poner un
lazo, hacer tropezar' es la ac. que tiene *embarassar* en Pere Marc, Jaume Roig y más o menos
lo mismo en el *Tirant*. Lo único que extra-
ñamos algo es que haya *enbressat* y no *enbaressat*
en el ms. *P*, dado lo arcaico de su fecha, pues ni
siquiera en otro más moderno sería muy natural
esta reducción fonética. Pero todo se explica por
influjo fonético de los cuasi-sinónimos *abraçat*
(de *braç* 'abrazado') y *enlaçat*. En este idioma
existe hoy *embarrassar* con -*rr*- en el Principado,
junto a *embarassar* (Baleares, etc.), pero de aquella
forma sólo conozco un ej. muy tardío (en Ag.),
posterior desde luego a la Edad Media, mientras
que los de *embarassar* abundan ya en el S. XV.
Aparte de los citados por Ag., ténganse en cuenta
Francesc Oliver, *Madama sense mercè* (h. 1460),
Rom. LXII, 485, *embaraçat* 'enmarañado' en el
Tirante (Fabra, *Gram. de la L. Cat.*, 1912, p.
316), y éste de Jaume Roig (1460): «La monja·l
cuyta / metent-lo ·n luyta; / com l'abraçàs, /
embaraça·s / lo seu speró / ab lo sacsó / de la
gonella; / cert, la parella / mal se tingueren: /
abdós caygueren» (v. 5878). Por lo demás el vocablo difícilmente puede ser autóctono en catalán y se comprende que al penetrar allí fuese
atraído por el influjo del castizo *barra*.— ⁵ «Homine qui... venatum occiderit in madeiro aut in
baraza, det I lumbum costal», *PMH*, *Leges* I,
371.— ⁶ «De pran non sõo tan louca / que ja
esse preyto faça; / mays dou-vos esta *baraça*, /
guardad'a cint'e a touca», ed. Nobiling, v. 376.
No sé si son el mismo o diferentes los ejs. del
mismo sentido que citan C. Michaëlis en el *Canc.
de la Vaticana*, poesía 309 (3r. cuarto del S. XIII:
ZRPh. XX, 211), y López Aydillo en la ed. del
mismo cancionero por T. Braga, 346 (*RH* LVII,
571); «em meio da praça, / em saia de *baraça*»
CEsc. ed. R. Lapa, 195.12 (y p. 670). No hallo
en Viterbo el ej. de 1126 de que habla Baist,
pero aquel diccionario hace referencia al empleo
de *baraço* 'soga del verdugo' en la Edad Media
(*senhor de baraço e cutelo*); «erro aquí á, colguen-
me d'un *baráceo*!» *CEsc.* edición de Rodríguez
Lapa 320.13 y p. 670.— ⁷ «Lazo formado con
un hilo torcido de pronto para atar algo con
dos hilos de la mazorca: faime ahí umha *baraza*»
Sarm. (*CaG.* 226v) o con un cordel, hilo, bramante, etc. (67v).— ⁸ Quizá de ahí, por metátesis, gall. *rabaza* «el moho verde del agua que
en Pontevedra llamábamos *moruxas*» (Sarm. *CaG.*
135v).— ⁹ Ahí puede ser también antiguo. Aunque *baraça* en el ms. leonés (*S*) de J. Ruiz,
1562c, es errata palmaria en vez de *barca*, por
el sentido y la rima, tal errata sería más fácil de
comprender si aquel vocablo fuese familiar al
copista.— ¹⁰ Este filólogo, por lo demás, no re-

laciona *embaraçar* con *baraça*, y, por el contrario, cita (p. 154) el fr. *embarrasser* entre los derivados de *barra*.— [11] Lo mismo ocurrirá en Baião en vista de la frase «còntáro quantos fios tinh'ó *baraço do saco*», *ibid.*, p. 88.— [12] A no ser que se tratara de un célt. *MRA(T)TIA con un sentido básico como 'enredo' (cf. las frases citadas por Sarm., supra, nota 7), en relación con el étimo de *BARATAR* (V. ahora *DECat*.) y con evolución fonética paralela; idea que se me ocurre tardíamente y que habrá que examinar con calma. La etimología arábiga que Asín (*Al-Andalus* 1939, 457) propuso para *embarazar* no conviene semánticamente: *báraz* significa sólo 'salir' o 'salir a recibir, salir a esperar (a alguno)'; el derivado *bâraz* es 'salir a la liza, salir a luchar (con alguien)' (Dozy, *Suppl*. I, 69-70); la evolución hacia 'oponerse' y luego 'estorbar', insinuada por Asín, es meramente hipotética y sería inverosímil. Nótese además que sería difícil de explicar la formación de un derivado en *em-* (puesto que ni *barazar* existe en romance, ni una 7.ª forma *imbáraz* existe en árabe); tampoco sería fácil el cambio de z árabe en ç sorda portuguesa y romance.

Embarbascarse, V. *Verbasco   Embarbecer, embarbillado, embarbillar*, V. *barba   Embarcación, embarcadero, embarcador, embarcadura, embarcar, embarco*, V. *barca   Embardunar, embarduñar*, V. *embadurnar*

EMBARGAR, 'embarazar, impedir', voz común a los tres romances hispánicos y a la lengua de Oc, procedente de un verbo *IMBARRICARE del latín vulgar o romance primitivo de esta zona, derivado probablemente de *BARRA (V. *BARRA*). *1.ª doc.*: Cid.
Indicó esta etimología Diez, *Wb.*, 445. En cada uno de estos cuatro idiomas parece ser voz antigua y castiza. No convence la opinión de Baist (*RF* XXXII, 896) de que sea un provenzalismo, en vista de que es palabra jurídica sin antecedentes en el bajo latín hispánico: en realidad conocemos demasiado poco ese bajo latín, muy mal representado en Du C., para poder afirmar nada, y el caso es que *sine ullo embargo* ya sale en un documento de 1020 escrito en Ovarra, en la frontera catalanoaragonesa (M.P., *Oríg.*, p. 323). Es dudoso que tenga el mismo origen el fr. ant. *embargier*, hápax que indica un suplicio en los *Miracles de Saint Eloi*[1].
DERIV. *Embargante* [h. 1340, *Crón. de Fernando IV*; ejs. en Cuervo. *Bol. C. y C.* II, 359-60]; *embargable; embargado; embargador; embargamiento. Embargo* [1020, vid. arriba; más ejs. Cuervo, *Dicc.*, en *Bol. C. y C.* II, 501-504; 'preocupación' en Berceo, *Mil.*, 709a]; del castellano proceden el fr. *embargo* [1626: *ASNSL* CLXXV, 132] y el it. *imbargo* [Algarotti, † 1764] o *embargo* «sequestro, detenzione per ordine di autorità»

[1827: Zaccaria]; *embargoso* ant. 'embarazoso' (Berceo, *Duelo*, 141). *Desembargar* [Berceo, *S. D.* 370c; Nebr.], *desembargo* [íd.].
[1] Según God. es 'clavar a la picota'; según Brüch, *WS* VII, 159, sería 'cubrir con un muro de tierra' (comp. *VARGA*).

EMBARNECER, 'engrosar, engordar', propiamente 'volverse corpulento', síncopa de *envaronecer 'hacerse hombre adulto', derivado de *BARÓN*. *1.ª doc.*: *embarnecido*, h. 1300, *Gr. Conq. de Ultr.*, 305a.
No es cierto que ahí signifique 'varnizado', como afirma Gayangos en su glosario, sino 'corpulento, que ha tomado carnes'; el infinitivo *embarnecer* se halla en 1515 y en el S. XVII (*Aut.*). Secundariamente 'adormecer' (pasando por 'entumecer'), en el argentino Leopoldo Lugones («una suerte de embriaguez que *embarnecía* visiblemente al oficial», *La Guerra Gaucha*, 102).
Puede desecharse la idea de que *embarnecido* esté por *embarnicido*, derivado de *BARNIZ* (por lo lustroso del que está gordo), pues el fr. ant. *embarnir* 'hacerse hombre', 'engordar' (Tobler III, 37a), que es inseparable de la voz castellana, es derivado evidente de *baron*.
DERIV. *Embarnecimiento*.

Embarnizadura, embarnizar, V. *barniz   Embarque*, V. *barca   Embarradilla, embarrado, embarrador, embarradura*, V. *barro   Embarrancar*, V. *barranco   Embarrar* 'untar', 'manchar', 'embadurnar', V. *barro   Embarrar* 'introducir una barra', V. *barra   Embarrilador, embarrilar*, V. *barril   Embarrotar*, V. *barra   Embarullador, embarullar*, V. *barullo   Embasamiento*, V. *base   Embastar*, V. *basta* y *basto   Embastardar*, V. *bastardo   Embaste*, V. *basta   Embastecer*, V. *basto I   Embate, embatirse*, V. *batir*

EMBAUCAR, 'engañar abusando de la inexperiencia o candor del engañado', del antiguo y dialectal *embabucar* íd., derivado de la raíz BAB- 'bobería', de creación expresiva, común a este vocablo y a *BABIECA* y *BAUSÁN, BAUSANA* (antes *babusana* o *baüsana*). *1.ª doc.*: *Embaücar* (4 sílabas), 1475, G. de Segovia (p. 64); otro ej. medieval en las *Mem. de la Acad. de la Hist.* VIII, 93.
Para esta y otras citas, y para acs., variantes y construcciones, vid. Cuervo, *Bol. C. y C.* II, 504-5; *Obr. Inéd.*, 161n.14, 298-9; *Ap.*[7], p. 188. Figura también en Nebr., y es frecuente desde la primera mitad del S. XVI (Venegas, Castillejo). *Embabucar* fué empleado por los americanos J. de Castellanos († h. 1607) y Sor Juana Inés de la Cruz, y hoy se conserva en Colombia, en Asturias y en otros puntos de España (lo empleó Ramón de la Cruz); de ahí la primitiva pronunciación *embaücar* y en el presente *embaúca*, asegurados por la

rima o el metro en Castillejo, Villaviciosa, Jovellanos y Maury[1] y exigidos por la Acad. hasta su
ed. de 1852; *embáuca* está ya en Tirso. En catalán antiguo se halla con el mismo sentido *emba-
buixar*, y en castellano mismo se dijo *embausa-
miento*. V. además Spitzer, *Bibl. dell'ARom.* II, ii,
138n.2.

DERIV. *Embaucador*. *Embaucamiento* [Nebr.].
Embaúco, ant.

[1] Así acentúa todavía Mz. Pelayo, *La Ciencia
Española* I, 282.

Embaulado, embaular, V. *baúl   Embausamien-
to*, V. *bausán, embaucar   Embazador, embazadura*, V. *bazo* I y *embazar*

EMBAZAR, 'pasmar', 'detener, embarazar', en
lo antiguo sólo se empleaba *embaçarse* 'quedarse
confuso, embarazado, tímido', derivado de *BAZO*,
víscera en la cual la medicina antigua suponía tener su sede el humor melancólico. *1.ª doc.: embaçado, Alex.* O, 1233b[1].

Está también *embaçado* en *Fn. Gonz.*, 490b
(«entramos un a otro fueron much enbargados /
fueron muy mal feridos e estavan *enbaçados*»), en
la *Gral. Estoria*, en la *1.ª Crón. Gral.* (402b44),
en el ms. *G* de J. Ruiz, 332d (más probable que
la lección de *S* encuentre la de *G, C*: «el lobo quando l' vido, luego fué *embaçado*»), en el *Corbacho*,
etc.[2] El verbo *embazarse* aparece más tarde, ya
está en el *Canc.* de Baena (W. Schmid), en Nebr.
«*embaçarse*: stupeo, stupesco», en *Guzmán de Alfarache* en el sentido de 'quedarse confuso' («*em-
bacéme* sin saber qué responder; mas como a otra
cosa no iba, le dije: sí, señor», *Cl. C.* II, 56.19),
que está también en el Mtro. Correas, y en otros
clásicos citados por *Aut.* De ahí se pasó al uso intransitivo *embazar* 'quedar sin acción' («así como
llegó, *embazó* y se estuvo quedo», *Quijote* I, xliv,
Cl. C. IV, 158), y finalmente al transitivo *embazar
a alguien* que sólo puedo documentar en Mariana
y una vez en el *Canc.* de Baena. Hoy el vocablo,
con este valor, es de uso popular en Asturias ('detener la marcha', Rato) y en la Arg. (E. del Campo, *Fausto*, v. 1106). *Embaçar* existe también en
portugués 'perder el habla o los sentidos', 'perder
la fuerza', y transitivo 'confundir', 'engañar,
burlar'. Lo antiguo es *embazado* 'atacado del bazo',
'melancólico', comp. el ingl. *spleen* 'bazo' y 'melancolía'; por lo demás, abundan los paralelos,
p. ej. Nykl, *Mod. Phil. Chic.* XXVIII, 483, llama
la atención sobre el hisp.-ár. *musárṭan* 'embaçado,
embarazado', en PAlc., propiamente 'atacado del
cáncer' y luego 'pasmado' 'embobecido', V. *ZARA-
TAN*.

DERIV. *Embazado* m., ant. 'pasmo' («Blitum es
bledo... piensa se venir del griego porque ellos
llaman *blas* al pasmo o *embaçado*», APal., 47d).
Embazado, adj., vid. arriba. *Embazadura* [-ç-,
Nebr.].

[1] «Cuemos quisieron ambos ferir a denodadas / ... dieron se los cavallos tan fieras pechu-
gadas... / cavallos e sennores cayoron *embaça-
dos* / fue grand maravija que non fueron quebrantados». El sentido es 'paralizado, inerte'. Como
observa Solalinde (*HispR.* IV, 79) no anduvo
acertado Willis al introducir en el texto de *O* la
lección errónea *embraçados* del ms. *P*.— [2] 'Embarazado, tímido': «¡O bien si lo sopiéssedes, como
es de mala luenga! ¡ravia Señor, allá irá! por
Nuestro Señor Dios, *embaçada* estaríades, comadre; ¡quién se la vee, simplecilla!», 2.ª parte, cap.
12. Valdés, *Diál. de la L.*, 106.19, comentando el
uso de *embaçada* en el sentido de 'preñada' dice
que a él le satisface más decir en ese caso *emba-
raçada*.

*Embebecer, embebecimiento, embebedor, embe-
ber, embebido*, V. *beber   Embecadura*, V. *beque   Embegar*, V. *pico*

EMBELECAR, 'embaucar, engañar con embustes y falsas apariencias', origen incierto; teniendo
en cuenta que en portugués antiguo significaba
'quedar aturdido' viene probablemente del ár. *báliq*
íd., o de otra forma verbal arábiga derivada de la
misma raíz. *1.ª doc.:* Quevedo; *embelecador*, 1615,
Quijote, II, iii, fº 10.

Del verbo *embelecar* en el Siglo de Oro sólo conozco el ej. de Quevedo que cita *Aut.* y otro del
mismo autor citado por Fcha., pero *embelecador*
se halla en el *Quijote*, en Quevedo y en Colmenares. Algo más frecuente era *embeleco*, que sale por
lo menos cinco veces en obras de Cervantes, una
en Góngora (1613), además en Quevedo y en Ruiz
de Alarcón, y está registrado en Oudin (1607:
«enredo») y en Covarr.[1] *Embelecarse* es vivo actualmente como sinónimo de *embelesarse* en judeoespañol (Yahuda, *RFE* II, 352, que no sé por
qué lo cree de origen aragonés), y *embeleco* en
muchas partes de América, donde por lo demás
tiene las acs. secundarias 'cosa fútil o frívola' en
Chile (Román), y 'aspaviento' en Santo Domingo
(Brito), de donde *embelequero* 'aspaventero, alar-
mista' (Puerto Rico, América Central, Méjico,
Ecuador, Perú y Chile, vid. Malaret). Más interesante que estas acs. me parece la aragonesa de
embelecar 'llenar de estorbos' (Berceo, Torres Fornés), pues tiene un eco curioso en portugués anticuado (Fig.) y hoy en el del Brasil, donde *embeleco* es 'obstáculo, estorbo' en el Nordeste (Lima-
Barroso) y particularmente en Pernambuco (Pereira da Costa), mientras en Bahía significa 'amorío,
enredo con mujeres'. Esto podría sugerir que *embelecar* se deba a un cruce de *embelesar* en su ac.
etimológica de 'aturdir' (Cuervo, *Dicc.*, s. v., apartado *a*) con el dialectal *embolicar* 'enredar, embrollar, embolismar' en la Litera (Coll A.), 'envolver,
enredar, liar' en Murcia (G. Soriano), 'engañar,
embaucar, engatusar' entre los judíos de Marrue-

cos (*BRAE* XV, 58), de conocido origen catalán, donde significa lo mismo, es palabra de antecedentes medievales (Ag.) y derivado evidente de *bolic* 'bulto, paquete', diminutivo de *bola*². También podría pensarse en un cruce de *embelesar* con el anticuado *avellacar* 'envilecer' («vilifacio», Nebr.)³, aunque en este caso se trata de palabra poco vivaz y que se presta menos desde el punto de vista semántico.

Pero el caso es que ambas ideas pierden mucha verosimilitud al tener en cuenta la gran antigüedad del vocablo en portugués. Aquí hallamos *embelecar* 'embaucar' en Jorge Ferreira (1547) y en Nunes de Leão (1606), y *embeleco* 'embuste, impostura' en Leitão de Andrada († h. 1629); también en Gil Vicente, *Serra de Estrela* (ed. 1912, I, 248, hacia el v. 100, un poco antes de la comedia), donde *nega se m'eu embeleco* parece claramente tener el sentido de 'salvo si me equivoco'; pero sobre todo interesan los ejs. que citan Moraes y Vieira de dos autores de la segunda mitad del S. XV, el cronista oficial Eanes de Zurara y su sucesor Rui de Pina, en los cuales *embelecar* significa evidentemente 'quedar aturdido o atónito de resultas de un golpe': «Dom Duarte... com a lança lhe deu tal golpe que, pero [o] Mouro trouvesse [= 'trajese'] boa cota, ouve-lh'a porém de passar, e lhe deu uma ferida com que o Mouro *embellecou*. E... tornou outra vez a elle de mão tenente, e acertou-ho por uma obertura que a cota tinha diante, e meteo a lança toda nelle...»⁴; en un tercer pasaje, debido a Eanes de Zurara, se habla de otro moro que después de una escaramuza «andou *embeleçado* antre os [cristãos] de pee, e bem podera ser em aquelle dia preso», y Vieira entiende «embaraçado, atrapalhado, enredado», pero se puede tratar del mismo sentido de 'aturdido de un golpe', aunque el golpe no se mencione⁵.

Ahora bien, esto recuerda extrañamente la sugestión etimológica que un desconocido trasmitió a los autores del Diccionario de Autoridades, donde se lee que *embelecar* «viene del verbo arábigo *embellek*, que significa entontecer». De hecho el verbo *báliq* (pronunciado vulgarmente *béleq*) significa en este idioma «attonitus fuit et obstupuit» (Freytag) y hay algún vocablo más, en esta raíz, de sentido análogo (*bálaq* «stultitia levior, non magna»). Como la séptima forma del verbo árabe tiene un significado intransitivo y pasivo, esta forma, en nuestro caso *'inbálaq* (pronunciado vulgarmente *'enbélaq*), había de significar 'quedar atónito o aturdido': efectivamente la séptima forma es frecuente, y sobre todo en árabe vulgar, en verbos de sentido muy semejante, como *'inḥámaq* «to be stupid or foolish» (calificado de vulgar e impropio por Wright, *Gramm. of the Ar. Lang.* I, 41C), *'indáwaḥ* «s'étourdir», *'indáhaš* «rester stupéfait», *'indáhal* íd. (los tres, vulgares en Egipto, según Bocthor). Por lo tanto un *'enbélaq* 'quedar atónito o aturdido'

sería muy natural en el vulgar de Marruecos o de España, y aunque no puedo documentarlo⁶, bien puede la noticia de *Aut.* estar fundada en un conocimiento directo del uso marroquí o morisco.

Sea así, o como derivado romance de *báliq* con el prefijo verbal castellano *en-*, es probable que *embelecar* venga del árabe. De 'quedar aturdido' se pasó a 'hacer aturdir' y 'embaucar'. Es verdad que son escasos los verbos romances procedentes de verbos arábigos, pero esta norma admite excepciones, como *halagar* o *achacar;* por lo demás, también podría pensarse en un *beleco procedente de *bálaq* 'tontería', del cual *embelecar* sería derivado⁷.

DERIV. *Embelecador.* (vid. arriba). *Embelecamiento. Embeleco* (vid. *arriba*), de ahí el vco. *enbeleku* 'estorbo' empleado en el dialecto vizcaíno de Guernica (*Sup. a Azkue₁*); *embelequero*.

¹ «*Enveleco* o *embeleco:* engaño o mentira con que alguien nos engaña divirtiéndonos y haziéndonos suspender el discurso por la multitud de cosas que enreda y promete» (s. v.), «*embelecos,* los engaños que nos hacen los embustidores y charlatanes, que nos sacan de sentido» (s. v. *veleño*). Parecidamente s. v. *embelesado,* palabra con la cual relaciona el vocablo Covarr.; pero claro está que no puede ser mero derivado de *BELESA* (de donde *embelesar*) ni de *BELEÑO,* por la *-c-*.— ² Que *embolicar* habrá alcanzado bastante extensión en el territorio de lengua castellana lo indica el andaluz *embolco* 'engaño, mentira' (AV), que es evidente cruce de *embauco* con *embolico.*— ³ Y *bellacar* íd., ya en el *Rim. de Palacio,* vid. aquí BELLACO.— ⁴ Así en la *Crónica do Conde D. Duarte de Menezes* de Rui de Pina, *Inéditos de Historia Portuguesa* III, 74. Moraes comprendió bien el sentido; la definición 'tambalear', de Vieira, no es afortunada. Zurara (ibid. II, 613), refiriéndose al mismo suceso, empieza una narración igual con palabras diferentes, pero el pasaje que nos interesa más es casi idéntico, con la diferencia de que dice «lhe deu uma ferida com que o fez *embelecar*»; salta a la vista, o que Pina copia a Zurara, o que ambos se fundan en una fuente común; como sabemos que Zurara fué al África para documentarse en su historia, estaríamos tentados de creer que se reproducen aquí las palabras de un testigo ocular, quizá de lengua arábiga, pero la identidad del pasaje es demasiado perfecta para que las dos narraciones sean independientes, y Pina debió copiar a su antecesor.— ⁵ Los cristianos no se deciden a atacarle por no herir el caballo, que necesitarían capturar vivo, «pero á fim vendo como se começava de sahir-lhes, derom duas lançadas no cavallo» (ibid. II, 275). La misma grafía *embeleçado* se repite en la misma frase y con referencia al mismo suceso en la página siguiente. En vista de esta grafía Cortesão cree que se trata de un *embelessar,* variante del port. *embelesar* 'arrebatar los senti-

dos', pero esta palabra tiene en portugués s sonora (por lo común escrita -z- en este caso, aunque arbitrariamente); por lo demás en el S. XV no sólo se distinguían en portugués, como hoy, la sonora y la sorda, sino que entonces tampoco era posible la confusión de ç con ss, tan poco posible como en castellano. Luego la errata estará en la cedilla, que no hubiera debido ponerse, y se deberá leer embelecado en este caso como en los demás.— ⁶ Falta en Freytag, Lane, Dozy, Beaussier, Fagnan, Lerchundi, Bocthor, PAlc., Spiro, Griffini y otros.— ⁷ No creo que haya relación entre *embelecar* y el fr. medio *embeliner* «capter, séduire», oc. mod. *embelinà* «enchanter, enjôler», Rabelais *beliner* «enchanter par de belles paroles», oc. mod. *belin* 'brujo', para los cuales da Sainéan, *Sources Indig.* II, 273n., una etimología nada convincente. Menos aún habrá relación con el it. *belletto* 'colorete para el rostro', *imbellettarsi* 'pintarse (las mujeres)'. Y tampoco puede pensarse en un derivado portugués de *belo* 'bello' con sufijo -eco, en el sentido de 'representar bella pero falsamente', pues no se aviene con ello el sentido del port. ant. *embelecar*.

Embeleñar, V. *beleño*   *Embelequero*, V. *embelecar*   *Embelesamiento*, *embelesar*, *embeleso*, V. *belesa*   *Embelga*, V. *amelga*   *Embeligro*, V. *ombligo*   *Embellaquecerse*, V. *bellaco*   *Embellarse*, V. *vello*   *Embellecer*, *embellecimiento*, V. *bello*   *Embeodar*, V. *beodo*   *Emberca*, V. *amelga*   *Embermejar*, *embermejecer*, V. *bermejo*   *Emberrenchinarse*, *emberrincharse*, V. *berrinche*

EMBESTIR, tomado probablemente del it. *investire* 'acometer, atacar con violencia' (más que del fr. *investir* 'sitiar'), procedente del lat. INVESTIRE 'revestir', 'rodear', derivado de VESTIRE 'vestir'. 1.ª doc.: 1554, 1561, Fr. L. de Granada.

Es también frecuente en autores poco posteriores: la *Araucana*, desde la primera parte, Fr. Luis de León, S. Juan de la Cruz, Malón de Chaide, etc. En Ercilla, Hurtado de Mendoza, Balbuena, Cervantes, Melo, etc., aparece como voz del lenguaje militar; en los místicos, en usos metafóricos derivados de esta misma procedencia; como es vocablo ajeno a Nebr., APal., la *Celestina* y, en general, a la Edad Media¹, debe ser italianismo militar del S. XVI. El mismo origen tendrá el cat. *envestir* 'acometer' (aunque sea de uso muy popular en Mallorca), y nótese además la ausencia del vocablo en portugués. Comp. *EMBUSTE*, p. 565b26-565b46.

En Italia *investire* tiene el mismo significado que en castellano y allí es palabra antigua, que se halla ya en Matteo Villani (S. XIV), en Giambullari (primera mitad del XVI), etc. La única duda la sugiere el fr. *investir* que, según observa Bloch, se halla en los SS. XIV-XVI en el sentido de 'acometer' y, sólo desde este último siglo, en el sentido de 'sitiar, rodear una plaza para atacarla', que es el que hoy ha predominado en este idioma. Desde luego, el vocablo francés no puede ser de formación popular (en vista de la *i*- y de la -*s*-), y como sus significados no existen en latín, es muy difícil que sea un mero cultismo, pero su sentido de 'sitiar' está más próximo al de 'rodear', que ya se documenta en latín clásico (*investire focum* 'rodear el hogar', frase de Mecenas citada por Séneca), y este sentido no se conoce en el italiano normal; esto podría sugerir la idea de que, a pesar de todo, el vocablo se originara en Francia y no en Italia; pero ello es improbable por la razón fonética expresada y porque en francés mismo la más antigua es la ac. 'atacar'. En definitiva, es probable que aun el fr. *investir* sea italianismo, y desde luego ha de serlo la voz castellana. Para el estudio de las acs. y construcciones de ésta, vid. Cuervo, *Bol. C. y C.* II, 514-21; nótese la tendencia a construir *embestir a* como si fuese intransitivo (p. 516).

Si bien hoy en día se tiende a fijar una distinción sinonímica entre *embestir* y *acometer* o *atacar*, reservando aquél para las acciones menos meditadas y más impetuosas (*el toro embiste* pero *el batallón acomete*), esto es moderno, pues Melo escribió «fué ajustado que los catalanes fuesen *embestidos* en sus fortificaciones».

DERIV. *Embestida*. *Embestidor*. *Embestidura*.

¹ *Envestir* 'investir' está en las *Partidas*, en el sentido de 'vestir, forrar, cubrir' en los *Castigos de D. Sancho* (p. 182), y en el de 'pintar (la cara) de colorete' en la *Celestina* (ed. 1902, 80.26 y 110.14): «las caras martillando, *envistiéndolas* en diversos matizes con vngüentos e vnturas». Pero éstas son acs. directamente derivadas de la idea de 'revestir', y en realidad deben considerarse vocablo independiente, derivado castellano de *vestir*. Comp. también «después que el corazón de la persona está embutido o *embestido* en males, mill maneras busca para complir aquello que la malvestad suya lo llama», en la *Crón. de Álvaro de Luna* (h. 1460), 107.

Embetunar, V. *betún*   *Embicadura*, *embicar*, V. *pico*   *Embijado*, *embijar*, *embije*, V. *bija*   *Embirra*, V. *birria*   *Embizcar*, V. *bizco*   *Emblandecer*, V. *blando*   *Emblanqueado*, *emblanquear*, *emblanquecer*, *emblanquecimiento*, *emblanquición*, *emblanquimiento*, V. *blanco*

EMBLEMA, tomado del lat. *emblēma* 'adorno en relieve', 'labor de mosaico', y éste del gr. ἔμβλημα íd., derivado de ἐμβάλλειν 'arrojar a (alguna parte)', 'injertar', 'insertar', y éste de βάλλειν 'lanzar'. 1.ª doc.: Covarr.; Gómez de Tejada y Fz. de Navarrete (med. S. XVII).

DERIV. *Emblemático*. *Émbolo* [Tosca, princ. S. XVIII], tomado del lat. *embŏlus* íd. y éste del gr. ἔμβολος 'pene', otro derivado de ἐμβάλλειν;

embolada; embolia [*embolía*, ya Acad. 1884]. *Embolismo*, tomado del lat. *embolismus* 'intercalación', derivado del mismo radical griego; *embolismal, embolismar, embolismático. Símbolo* [Covarr.; Lope], de *symbŏlum* 'señal para reconocerse', y éste de σύμβολον íd., derivado de συμβάλλειν 'juntar, hacer coincidir'; *simbólico* [S. XVII]; *simbolismo, simbolista, simbolizar* [Cervantes], *simbolizable, simbolización. Problema* [Covarr.], de *problēma* y éste del gr. πρόβλημα 'tarea', 'cuestión propuesta, problema', derivado de προβάλλειν 'proponer', que también deriva de βάλλειν; *problemático*.

Embobamiento, embobar, embobecer, embobecimiento, V. *bobo*   *Embocadero, embocado, embocador, embocadura, embocar*, V. *boca*   *Embocinado*, V. *bocina*   *Embochinchar*, V. *bochinche*   *Embodegar*, V. *bodega*   *Embojar, embojo*, V. *boja*   *Embolada*, V. *emblema*   *Embolado*, V. *bola*   *Embolar*, V. *bola* y *bolo*   *Embolco*, V. *embelecar*   *Embolia*, V. *emblema*   *Embolicar*, V. *embelecar* y *bola*   *Embolismador, embolismal, embolismar, embolismático, embolismo, émbolo*, V. *emblema*   *Embolotar*, V. *alborotar*   *Embolsar, embolso*, V. *bolsa*   *Emboltornarse*, V. *bochorno*   *Embonada, embonar, embono*, V. *bueno*   *Emboñigar*, V. *boñiga*   *Emboque, emboquera, emboquillar*, V. *boca*   *Emborrachacabras, emborrachador, emborrachamiento, emborrachar*, V. *borracho*   *Emborrar*, V. *borra*   *Emborrascar*, V. *borrasca*   *Emborrazamiento, emborrazar*, V. *borra*   *Emborricarse*, V. *borrico*   *Emborrinarse*, V. *borrasca*   *Emborrizar*, V. *borra*   *Emborronador, emborronar*, V. *borrar*   *Emborrullarse*, V. *barullo*   *Emboscada, emboscadura, emboscar, embosquecer*, V. *bosque*   *Embostar, bosta*   *Embotador, embotadura, embotamiento, embotar* 'dejar sin filo o punta', V. *boto*   *Embotar* 'poner en un bote', V. *bote*   *Embotarse*, V. *bota*   *Embotellado, embotellador, embotellar*, V. *botella*   *Emboticar*, V. *botica*   *Embotijar, embotija*   *Embovedar*, V. *bóveda*

EMBOZA, 'desigualdad con que suelen viciarse los fondos de los toneles' and., término local de origen incierto. *1.ª doc.*: Acad. 1817, no 1783.

Otra ac. andaluza es 'brote que arrojan los árboles y otras plantas, empleado para tapar el sol'. Quizá hay relación con el fr. *bosse* 'bulto, joroba' o con el cat. *embossar* (-*ossar*), 'obstruir un conducto', arag. *embozar* íd., del cual trataré en mi *DECat*.

Embozalar, embozar, embozo, V. *bozo*   *Embracilado, embracilar*, V. *brazo*   *Embragar, embrague*, V. *braga*   *Embrasar*, V. *brasa*   *Embravar, embravecer, embravecimiento*, V. *bravo*   *Embrazadura, embrazar*, V. *brazo*   *Embreado, embreadura, embrear*, V. *brea*   *Embregarse, bregar*   *Embreñarse*, V. *breña*

EMBRIAGAR, derivado del ant. *embriago* 'borracho', y éste del lat. vg. EBRIACUS íd., derivado de su sinónimo lat. EBRĬUS. *1.ª doc.*: h. 1400, Glos. del Escorial; también en varios textos del S. XV, en APal. 23*d*, 48*d*, 451*d*, y en Nebr.

Vid. Cuervo, *Bol. C. y C.* III, 264-6. *Embriago* era frecuente en los SS. XIII y XIV: Berceo, *Duelo*, 175; *Alex.*, 51; J. Ruiz, 546*a;* refranes aragoneses del S. XIV (*RFE* XIII, 368); Sánchez de Vercial, *Enxemplos*, 458, 505, 531; y todavía en APal. 41*b*, 60*d*, 258*d*, y Nebr. El verbo, que tiene menor extensión en romance (it. *ubbriacare*, cat. y port. *embriagar*, pero no en fr., y sólo oc. mod. *embriagà*), se crearía más tarde (el ej. del S. XIII que cita Cuervo, en realidad pertenecerá al XVI), en sustitución del arcaico *embeodarse*. Viceversa, h. 1400 el adjetivo *embriago* ya empezaría a anticuarse, pues en el Glos. de Toledo se le prefiere *embriagado*. En latín EBRIACUS aparece en numerosos textos vulgares, en Carisio, la Vulgata y la Ítala, la *Peregrinatio Aetheriae*, Comodiano, etc. (vid. *ALLG* XI, 306; *KJRPh.* VII, i, 58; *Wiener Sitzungsber.* CLXXXI, vi, 36), y ha dado port. *embriago*, cat. y oc. *embriac*, fr. ant. *ivrai*, it. *ubbriaco;* la -*m*- iberorrománica y occitana se explica por influjo del prefijo *en*- y por la rareza de los vocablos cuya sílaba inicial es *e⁴*.

Deriv. *Embriagador, embriagante*. Derivado de *embriago: embriaguez* [Glos. de Toledo; APal., 339*d*; Nebr.]. *Ebrio* [Lope; vid. Cuervo, *Bol. C. y C.* I, 434], tomado del lat. *ēbrĭus; ebriedad; ebrioso. Sobrio* [med. S. XVI, D. Gracián], tomado de *sōbrĭus* íd., derivado negativo de *ebrius; sobriedad* [APal. 461*b*].

Embribar, V. *bribón*   *Embridar*, V. *brida*

EMBRIÓN, tomado del gr. ἔμβρυον, -ύου, 'feto', 'recién nacido', derivado de βρύειν 'brotar, retoñar'. *1.ª doc.*: 1617, Góngora.

Todavía Lope en 1621 (*La Philomena*) lo consideraba voz típicamente culterana (Romera, *RH* LXXVII, 297); la terminación (que también hallamos en port. *embrião*, cat. *embrió*, it. *embrione*) indica que el préstamo se haría por conducto del francés, donde *embryon* ya se halla en el S. XIV. Deriv. *Embrionario*.
Cpt. *Embriogenia; embriogénico. Embriología; embriológico*.

Embrisar, V. *brisa*

EMBROCA, ant., 'cataplasma o puchada', tomado del lat. tardío *embrŏcha* íd., y éste del gr. ἐμβροχή 'fomento', 'loción', derivado de βρέχειν 'mojar'. *1.ª doc.*: 1491, *N. Recopil.*

Como anticuado ya en *Aut*. Es vocablo de la medicina latina en el bajo Imperio y en la Edad Media (Teodoro Prisciano, S. IV; traducción lombarda de Dioscórides, S. VI; recetas del S. XIII;

vid. *RF* XIV, i, 616; *ARom.* XXV, 15n.). No
debe confundirse este cultismo con *embrocar* 'vaciar una vasija', para el cual vid. *DE BRUCES*.

DERIV. *Embrocación* [Terr.; no figura en Oudin,
1616, contra lo que aquél dice].

Embrocar, V. *bruces*, *amurcar* y *broca*   *Em-*
brochado, *embrochalar*, V. *broche*

EMBROLLAR, del fr. *embrouiller* íd., probablemente por conducto del italiano o del catalán o de
ambos sucesivamente; el fr. *embrouiller* es derivado de *brouiller* 'confundir, mezclar', antiguamente *bröeillier*, que parece ser derivado del antiguo *breu* 'caldo, sopa', 'fango, espuma', procedente del fráncico *BROÐ (ags. íd., a. alem. ant. *brod*,
'caldo, jugo'). *1.ª doc.:* 1607, Oudin, «*ambrollar:*
brouiller, embrouiller, troubler»; *embrollar*, 1726,
Feijoo; *ambrollar* y *embrollar*, *Aut.*

Además *ambrollador* en Salas Barbadillo (1635),
y para *ambrolla*, algo anterior, véase abajo. El it.
imbrogliare, del cual quiere partir Covarr., parece
a su vez ser galicismo; por lo demás, es antiguo,
si es verdad que ya se halla en Domenico Caval-
ca († 1342), e *imbroglio* en Giordano da Rivalto
(† 1311), como dice Tommaseo; desde luego es
frecuente desde princ. S. XVI (Firenzuola, Sassetti, etc.). Pero ni la *a-* de la forma antigua *am-*
brollar ni el sustantivo más antiguo de esta familia, *ambrolla*, se explican por el italiano; el primero de estos pormenores podría indicar origen
francés directo, pero igualmente puede explicarse
por la intermediación catalana, y sólo en este idioma se halla el sustantivo *embrolla* 'embrollo', muy
popular en Cataluña y en Mallorca[1]. No tengo documentación antigua del vocablo en catalán[2], pero
no le creo allí menos antiguo que en castellano,
dado su carácter más popular. Es posible que el
catalán lo tomara de Italia; no hay testimonios en
occitano medieval. En todo caso, aun en Italia ha
de ser de procedencia francesa, pues sólo en francés [S. XIV] se le encuentra etimología. El fr. ant.
bröeillier (S. XIII) pudo formarse según el modelo
de *föeillier* (hoy *fouiller*) *FODICULARE. Para el francés, además de los diccionarios etimológicos, vid.
Spitzer, *Litbl.* XLV, 124 (rectificando su anterior
opinión de *ZRPh.* XL, 696; inaceptable la sugestión *BULLIARE de Schuchardt, *Roman. Etym.* II,
208).

DERIV. *Embrolla* [*ambrolla*, 1601, Rosal; 1604,
Palet; también Oudin, Covarr., etc., vid. Gili, *Te-
soro*; *embrolla*, *Aut.*]; *embrollador*; *embrollo*
[Terr.]; *embrollón*, *embrolloso*.

¹ It. *imbroglia* es sólo 'embrollón, individuo
que embrolla', por lo demás poco frecuente, y será sustantivación familiar de la tercera persona del
presente de indicativo de *imbrogliare*.— ² Ag. y
Alcover traen un ej. no fechado que no puede
ser de antes del S. XVI o XVII.

Embromador, *embromar*, V. *broma*   *Embro-
quelarse*, V. *broquel*   *Embroquetar*, V. *broca*
Embrosquilar, V. *brosquil*   *Embrujador*, *embru-
jamiento*, *embrujar*, V. *bruja*   *Embrutecedor*, *em-
brutecer*, *embrutecimiento*, V. *bruto*   *Embucia-
da*, V. *ambuesta*   *Embuchado*, *embuchar*, V.
buche

EMBUDO, del lat. tardío ĬMBŪTUM íd., abreviación de TRAJECTORIUM ĬMBŪTUM (participio de
ĬMBUĔRE 'mojar [en algo], meter [en un líquido]').
1.ª doc.: J. Ruiz; Nebr.

Del mismo origen it. *imbuto*, oc. y cat. *embut*,
port. ant. y dial. *embudo* o *embude* (cuya *-e* indica origen bordelés, como su sinónimo *funil*), pero
también podría ser mozarabismo pues *unbût* aparece en el poeta malagueño Ben-Mas⁣ʿûd (h. 1016,
G.ª Gómez, *Al-And.* XXXVII, 424) y algo alterado (*anbúb*) en PAlc. El nombre latino del embudo
era TRAJECTORIUM, pero IMBUTUM se halla en el
mismo sentido en el africano Víctor Vitense (S.
VI)[1], y no es vocablo hipotético como dice M-L.
Se ha venido suponiendo en Italia que el vocablo
procede de IMBŪTOR, lo cual no es posible en
lengua de Oc, catalán ni castellano, y aunque hoy
el área italiana sólo llega hasta Toscana, en dirección Noroeste, es verosímil la opinión de Jud
(*Litbl.* XXX, 296) de que anteriormente debía
unirse con la ibero-occitana a través del piamontés
y el francoprovenzal (que hoy han alterado el vocablo por influjo de *bossa* 'tonel'); por lo demás,
véase la monografía de Bertoni, *Le denominazioni
dell'imbuto nell'Italia del Nord*. La falta de asimilación de -MB- en -*m*- en castellano, catalán y
gascón (p. ej. aran. *emboeit*, con influjo de *boeit*
'vacío') se debe al sentimiento de que IM- era prefijo. La forma *ambudo* que aparece en el *Alfarache*
de Martí se debe al influjo del val. *ambut* (M. Gadea, *Tèrra del Gè* I, 396). Vco. guip. *imutua*.

DERIV. *Embudar* [Nebrija]; *embudador*. *Embudista* 'que hace embudos o enredos' [h. 1750 en
el salmantino Torres Villarroel, p. 368 (Nougué,
BHisp. LXVI)]. Gall. *embudado*: la lamprea está
embudada «cuando, enroscada, tiene en el lodo
metida la cabeza para chuparlo (la toma entonces
quien quiera)» Sarm. (*CaG.* 201*v* y cf. p. 185),
dialectalmente se emplea además «*emboutadas*;
en Noya lo mismo que *embudadas* y *embustes*[2], todo
de *imbuo*, *imbutum*, *embutada*, *emboutada*, voz
más gallega que *embudo*» como escribió más tarde
Sarm. (*CaG.* 224*v*). Con toda reserva (pues por
desgracia se nos enreda aquí el problema de *EM-
BUSTE* y el lamentable hábito de Sarm. de complicar los datos de hecho, que anota tan bien del
lenguaje hablado, con sus fantasiosas, cuando no
fantásticas conjeturas etimológicas) las apariencias
son de que no hay ahí formas etimologizantes gallegas ni latinas, sino un préstamo *embutada* del
gascón bordelés —la tierra de los vinateros—, préstamo enteramente paralelo al del cast. *fonil* (ingl.

funnel, vco. *unhil*, vid. *FUNDIR*): *embutada* habría significado 'acto de meter vino en el barril, etc., con embudo', complicándose luego con el influjo fonético de los gall. *empoutar* y *emboltar* INVOLVITARE, de que ya se ha hablado en este diccionario.

[1] «Plerisque aquam marinam, aliis acetum, amurcam... tamquam utribus, *imbutis* ori appositis... porrigebant», *Historia Persecutionis Vandalorum* I, § 2 (comp. P. A. Vaccari, *Bull. Du C.* I, 184-6).— [2] Aunque no sería posible rechazarlo del todo si alguien lo sospechase, en vista de que no disponemos del autógrafo de Sarmiento y su copista cae ocasionalmente en alguna distracción o infidelidad, no es preciso suponer que ahí tengamos una errata por *embudes* (Pensado no lo sugiere así aunque otras veces lo ha hecho), y más bien creo que sería excesiva suspicacia, teniendo en cuenta los datos y conjeturas a que nos obliga el problema etimológico de *EMBUSTE*.

Embuelga, V. *amelga*   *Embuelza*, V. *ambuesta*   *Embuñar*, V. *azuzar*   *Embullador*, *embullar*, *embullo*, V. *bullir*   *Embuñegar*, V. *boñiga*

EMBURRIAR, 'empujar', ast., leon., zam., santand., pal., burg., *empurrar* 'derrochar, dar con prodigalidad' salm., extrem.; del mismo origen incierto que el port. *empurrar* 'empujar', 'dar o encargar (algo) a la fuerza', gall. *apurrar* 'azuzar, irritar', probablemente variante de *apurrir* 'dar, alargar o alcanzar (algo a alguien)', procedente del lat. PORRĬGĔRE 'extender', 'presentar, ofrecer'. *1.ª doc.*: 1892, Rato; Acad. falta aún 1899.

Hoy *emburriar* se halla en los vocabularios dialectales de Asturias (Rato, Canellada), Santander (G. Lomas, con referencia a Pas y otras localidades occidentales), Bierzo (G. Rey) y Astorga (A. Garrote). Es evidentemente inseparable del port. *empurrar* 'empujar' (ya Moraes)[1], que además significa 'dar o hacer tomar (algo) a la fuerza'[2]; creo que esta última es la ac. etimológica: la hallamos también en el castellano de Extremadura: «y quieras que no, pos que me *empurró* en la aseitera tô el aseite que quedaba en el peyejo» (*BRAE* IV, 85). Creo, pues, que se tratará de un metaplasmo de *apurrir* PORRĬGĔRE 'alargar, ofrecer', de donde *empurreir* (presente *empurríe*)[3] y de ahí *empurriar* > *empurrar*; para un caso semejante de cambio de terminación, V. *ESPURRIAR* < ASPERGERE. En el mismo sentido nos orienta el salm. de Vitigudino *empurrar* 'dar con prodigalidad', 'derrochar' (Lamano). Del sentido de 'dar a la fuerza, imponer' vendrá el de «enviscar (= azuzar, provocar)», que se halla en el Bierzo y es el que tienen *apurrar* y *empurrar* en Galicia ('azuzar, irritar, exasperar', Vall.); de ahí el centroamer. *empurrarse* 'ponerse de mal humor, enfurruñarse' (Gagini). La *b* del leonés *emburriar* puede resultar de

la contaminación de un sinónimo, probablemente del ast. *embutiar* 'empujar' (vid. *EMBUTIR*).

[1] También gallego: «os emigrantes galegos son empurrados por causas imponderables» Castelao 259.10, 142.15.— [2] «Lançar de si pessoa ou cousa enfadonha, e remettel-a para outrem: *empurrar um negócio, uma história a alguem*, obligal-o a encarregar-se d'um negócio desagradável, constrangel-o a ouvir uma história sem interés algum», Vieira. «*Empurrar uma história a alguem*: contá-la a quem a ouve constrangidamente, e assim qualquer coisa de trabalho, que se empurra a outrem», Moraes.— [3] *Porreger* en gallego antiguo: «a mão lle *porregia*» *Ctgs.* 4.48.

Emburujar, V. *orujo*

EMBUSTE, origen incierto. *1.ª doc.*: APal. 298b[1].

La documentación que poseemos sobre la historia de este importante vocablo es escasa. Falta en Nebr. y en PAlc., y es ajeno al léxico de la *Celestina*; en autores sólo podemos citar un par de ejemplos de fin S. XVI (*HispR.* XXVI, 276), otros varios ejs. del *Quijote* y de Góngora, y los de Aldrete (1614) y Quevedo que cita *Aut.*; figura también en los léxicos de C. de las Casas (1570: «falsa mormoratione»), Oudin[2] y Covarr.; Castillo Solórzano es autor de *La Niña de los Embustes*, novela picaresca de 1632. Además de la ac. corriente 'mentira disfrazada con artificio', *Aut.* registra ya la de 'monería graciosa que hacen los niños pequeños' (s. v., y comp. s. v. *embustero*) y la de 'dije u otra alhajita curiosa pero de poco valor, de que gustan las mujeres', que ya figura en la *Dorotea* de Lope; ambas pueden explicarse bien como secundarias, así como la de 'murmuración falsa' atestiguada por Las Casas, pues los mismos desarrollos semánticos hemos observado en *CHISME* y en *DIJE*. En cuanto al verbo *embustir* 'decir embustes', hoy desusado, sería importante documentarlo bien, pues todas las apariencias son de que *embuste* es su derivado postverbal (comp. la variante *embusta* equivalente de *embuste* según Oudin), pero sólo lo hallamos en Oudin («tromper, engeoler, decevoir, tricher») y empleado por Quevedo; sin embargo, su existencia se confirma por la del derivado *embustidor*, que figura en el mismo autor (vid. *Aut.*, y Fcha.) y en el mismo diccionario[3].

Nada parecido en otros idiomas[4], excepto el portugués, que tiene *embuste*, *embusteiro* y *embustice*, en los mismos sentidos; el ej. más antiguo en este idioma es el de *embusteiro* en Bras Luis de Abreu (1726, Coímbra y Oporto) que cita Vieira; Fig. y Cortesão dicen que es castellanismo, lo cual es posible aunque no lo podemos asegurar ni desmentir.

Muy poco valen las opiniones etimológicas emitidas hasta ahora. La más defendible es la de Diez,

Wb., 75, que relaciona con el it. *imbusto* 'cintura' y 'busto, torso' (de donde *bellimbusto* 'petimetre'), derivado de *busto; cabría* pensar en un verbo *embustirse* en el sentido de 'ceñirse el busto' y 'emperejilarse, adornarse', de donde *embustes* 'oropeles, baratijas, perendengues' y luego 'falsedades': si bien no confirmada por los datos filológicos, esta evolución sería plausible, pero aunque *busto* es palabra ya antigua en Italia (Dante), como el sentido del cast. *embuste* no existe en italiano, y *busto* en castellano es italianismo tardío (sólo un par de ejs. a princ. S. XVII), traído por el movimiento artístico del S. XVI, no puede derivar de ahí *embuste*, que ya hemos documentado en 1490.

C. Michaëlis, *Roman. Wortschöpfung*, derivaba *embustero* de IMPOSTOR (y de ahí *embuste* secundariamente), opinión repetida por muchos y cuya imposibilidad fonética no se elimina suponiendo *IMPOSTŌRIUS o *IMPOSTARIUS (como hizo Foerster, *ZRPh*. II, 467); la existencia de *imposteira* en el Minho portugués (*RL* XXXVII, 26) carece de valor, pues es un cruce evidente del culto *impostora* con el popular *embusteira*[5].

La opinión de Baist (*ZRPh*. XXXII, 428), inspirada por *Aut.*, de que *embuste* es una forma dialectal del francés antiguo, *embuske*, equivalente a *embûche* 'emboscada', ni siquiera vale la pena discutirla.

En realidad, antes de emprender nuevas investigaciones sobre el origen de *embuste* deberá procederse a una búsqueda de más ejemplos en textos de los SS. XV y XVI, y partir de las acs. y variantes que ahí se hallen. Otras ideas que hoy podrían emitirse me parecen sin gran valor[6]. Quizá deba entonces seguirse una pista que hoy se dibuja vagamente. Llama la atención la frecuencia con que nuestra familia léxica se refiere a la hechicería (para esta relación semántica, comp. *CARÁTULA* y *ENGATUSAR*): Quevedo en las *Zahurdas de Plutón* aplica *embustidor* a los *ensalmadores* y *saludadores*, Cervantes empareja *embustero* y *encantador* en el *Quijote* (I, xxxiv, 132), B. L. de Abreu dice que los *adivinhadores* son en realidad *embusteiros*, y que esto no son aplicaciones ocasionales, sino que el vocablo solía designar al mago o brujo objetivamente lo prueba un pasaje de la *Dorotea* de Lope: «Dame, Celia, el escritorillo de los *embustes:* no os haga escrúpulo el nombre, que en verdad que no soi h e c h i c e r a, que le llamo así por las bagatelas que contiene» (comp. arriba esta ac. secundaria de *embuste*). Hay un pasaje de Cervantes, en la *Comedia de la Entretenida* (ed. Schevill, III, 74), que podría indicar algo más concreto: entre los enamorados que se valen de hechicerías se menciona a «otro presumido / que va a las *embusteras* / del cedacillo y havas, / y da crédito firme a disparates»[7].

Sugiere Spitzer (*MLN* LXXI, 375) que este *embustir* (de donde *embuste* sería postverbal) pudo tomarse de un fr. ant. *emboisdir* relacionado con *boisdie* 'engaño, fraude, traición', *boisdif* 'astuto, sutil, fraudulento', que no son sino variantes de los mucho más frecuentes *boisie*, *boisif* y el conocido verbo *boisier* (relacionados comúnmente con el germ. BAUSI, alem. *böse* 'malo'; etimología insegura, V. mi artículo *boig, DECat.*; y *EntreDLl.*, estudio *Noms Cat. Germ.*), la *d* se debería a contaminación por parte de *voisdie* 'habilidad, sutileza, astucia', derivado del conocido *visde* 'habilidad, prudencia, vivacidad'. No sería imposible que existiera ya en francés una variante *voistie* (y aun parece hallarse una vez en un ms. de *Les Loherains*) y aun agregaré yo que tanto menos cuanto que junto a *visde* existe y ha triunfado finalmente *vi(s)te* 'rápido'. De dicho *emboisdir*, o del todavía más incierto *emboistir*, se tomaría acaso el cast. *embustir*.

Todo esto me parece posible y ni siquiera puede calificarse de poco verosímil; pero son bastantes hipótesis y detalles discutibles: la existencia del verbo, la de la forma con *-t-* y la desaparición anómala de la primera *i;* tratándose de una lengua estudiada tan a fondo como el francés antiguo, los dos primeros reparos tienen fuerza considerable.

G. de Diego, *BRAE* XXXV, 197-202 (y *GdDD*), supone que *embustir* (del cual *embuste* sería derivado) sea alteración de *embestir*, idea arbitraria en lo fonético (pues no explica la *-u-* en absoluto) y en lo semántico, puesto que si bien *embestir* fué empleado con el valor de 'solicitar' por varios clásicos, y aplicado por Cervantes y Rz. de Alarcón a rameras y busconas, y por Gracián, Quevedo y Moratín a sablistas, y aunque concedamos que esta clase de gente suele «fingir grandes ahogos y empeños», no hay pruebas de que *embestir* haya significado jamás «solicitar con engaño», aunque lo asegure G. de Diego. De este artículo conviene anotar el hecho de que *embustir* 'engañar' fué empleado además por Alarcón y Calderón, y *embustidor* por Tirso y ya por González Dávila en 1606; además la vacilación entre *embuste*, empleado por Castillejo, y *embusto*, que se lee en Marcos de Isaba (1594), es nueva prueba de que aquél es derivado retrógrado, sea de *embustir* o más bien de *embustero*.

En conjunto hay que desechar la idea de G. de Diego, y dejar en estudio la de Spitzer, quizá en el mismo plano de probabilidad que la que sugiero más arriba. Y he aquí otra todavía, que es la que probablemente se llevará la palma.

Relacionar con el lat. IMPOSTOR desde luego es imposible por vía normal, como ya se ha dicho. Pero *emposteur* era corriente en francés medio (Rabelais, prólogo de *Pantagruel*, ed. Plattard, p. 5), y es de creer que también se pronunciara *empousteur*, dualidad general en esta época, como es sabido: *proufiter* (ibid., cap. 5, p. 24) junto a *profiter*, *tourmenter* junto a *tormenter* (cap. 4, p. 22), *pourtraicture* (cap. 4, p. 25) y *portrait, Bourdeaulx* (ibid.) y *Bordeaux, gousier* (*Grandgousier*) y *gosier, roustir* (cap. 14, p. 71) y *rôtir, cousté* (ibid., p. 45) y *côté, ouster* (16, 88) y *ôter, goubelet* (ibid.) y *gobelet, fourmer* (17, 93) y *former*, etc. Ahora bien, la imitación de *eu* como cast. *e* no la extrañaría nadie, y tampoco sería muy sorprendente, tratándose de sonidos de una lengua extranjera, nunca enteramente iguales, la de la *p* francesa como *b;* comp. los casos de *prebete* < *brevet* (s. v. *MARBETE*) y *PANTALLA* < *ventalla.* Tanto más cuanto que ayudaría la adaptación a la familia de los autóctonos *bosta* y *busto* (a esta influencia de etimología popular se reduciría la que he supuesto etimología verdadera). Y además puede tratarse de un influjo del gascón o el vasco, donde el cambio de MP en *mb* es de ley, y que geográficamente es lógico actuaran de intermediarios.

De hecho, por lo menos hoy en día, el vocablo está lejos de ser ajeno a la zona de lengua vasca. Me informa amablemente don Luis Michelena, a quien he acudido en demanda de información, de que en el vasco de Rentería no es hoy desusado *inbustero*, aunque vale más bien 'adulador' que 'embustero', y se dice *inbustekeri-an* '(andar) con halagos'; en el centro de Guipúzcoa *inbusteri* 'halago'; en el Baztán (alto-navarro) *inbuxteri* 'caricia' (comp. *lausengatu* y *balakatu*, ambos en el sentido de 'acariciar', pero etimológicamente hermanos de *lisonjear* y *halagar*). Es de creer que *inbusteri-a*, con artículo, se extrajera de *embustería*, que hoy se emplea en el castellano de Álava con el sentido de 'halago'. Aunque estos vocablos no parecen hallarse en las fuentes vascas de los SS. XVI-XVII, sí aparecen ya en el vizcaíno Fr. Bartolomé de Sta. Teresa, que parece haber escrito poco antes del año 1800, *embusteruba* (de *embusteru-a*, con artículo) 'el que siembra la discordia entre amigos' y *embusterija* (< *embusteri-a* íd.) 'el echar a perder la amistad y buena concordia'; y además los empleó repetidamente (a pesar de ser autor que se suele citar como modelo de vasco puro y conservador); otro pasaje del mismo: «oh miin *enbusteruaren* ezin esan legizan kalteak», 'oh perjuicios de la lengua embustera que no se pueden decir' (*Icasiguizunac* II, 213.1, cita de Azkue, *Morf.* 529.10). Desde luego, como advierte Michelena, no parece que *embuste* haya sido nunca popular entre los vascos, y su impresión es de que todo este grupo «no tiene demasiado aspecto de ser muy antiguo en la lengua». Pero es natural que vocablos romances trasmitidos a través de Vasconia en el S. XV y provistos de sufijos románicos, conserven todavía cierto resabio erdérico: luego basta la información obtenida para sospechar con buen fundamento que el fr. med. *empousteur* pasara desde Francia a Castilla a través del Bearne y el País Vasco, alterándose por el camino en *embuster(o)*, y que luego en Castilla se sacara de ahí el seudo-primitivo *embuste*. Éste,

sí, por lo tanto, es natural que sea del todo ajeno al vasco. En cuanto al sufijo de *embustería* pudo pegársele ya al vocablo en tierras gasconas[8]. Todo aquilatado, me parece que esta etimología de *embuste* y *embustero* es una de las más probables entre las indicadas hasta ahora.

Pero todavía hay que señalar otra pista que me parece conducirnos por los caminos más razonables, puesto que nadie negará que para un vocablo de esta clase es el terreno de las comparaciones e imágenes coloquiales el que, por decirlo así, proporcionaba el mejor caldo bacterial. Ya *Aut.* registraba *embudo* en sentido metafórico de «trampa, engaño y casi lo mismo que *embuste*; dolus, fallacia, techna», y el verbo *embudar* es «hacer embudos y enredos» según la Acad. ya en 1832; de ahí *embudista* 'que hace embudos o enredos', vid. *supra EMBUDO*. La importancia de tales usos para los antiguos avatares de la familia de *embuste* nos la revelan datos de las lenguas vecinas, pues en el *CaG* de Sarm. vemos emparejado *embuste* con la palabra *emboutada* o *embutada*, que viene de IMBUTUM (224*b* y V. arriba). En catalán el vocablo tiene hoy un uso socialmente muy general pero con el sentido algo evolucionado: «*embuts* circumloquis, etc., emprats per no dir clarament una cosa» (*DFa*); pero ésta ya no es hoy la acepción más viva sino la de 'tartajeo, acto de hablar confusamente o con palabras incompletas' (ejs. de ambos matices en escritores de la Renaixença cita AlcM.) de ahí el derivado *embuder* 'tartamudo, qui fa *embut* en parlar' (tarrag., en AlcM. § 1, con ej. de Narcís Oller). Me escribe J. L. Pensado que *embudea* 'tartamudea (la lengua)' ya está en el Epílogo en Medicina, aragonés, publ. en Burgos en 1494, y más o menos por la misma fecha aparece *embusts* en la ac. 'mentira' en la *Disputa* (valenciana) *de Viudes e Donzelles*: «Misser Guardiola, que és mestre dels mestres, / en qui jamés caben *embusts* ni finestres» (501). Claro está que todo esto puede venir en definitiva de la famosa *ley del embudo* = *lo ancho* para mí y *lo estrecho* para ti; cf. el ej. de la valenciana Rondalla de Rondalles del S. XVIII: «però vos dexen embutir *l'ambut* per l'ample, perquè yo ho sé de bona tinta» (AlcM. loc. *b*). Semánticamente esta evolución de *embudo* es pues totalmente satisfactoria. Para el cambio de *embude* en *embuste* hay que tomar en consideración dos posibles caminos. Siendo el ej. de *Viudes e donzelles* tan antiguo o más que el más viejo ej. en castellano, acaso esta alteración se habría engendrado en la lengua de Ausiàs Marc por ultracorrección de la mutilación *-sts* en *-ts* hoy general en catalán (*posts* > *pots*, *aquests* > *aquets*); y así, por castellanización de la forma catalana ultracorregida, se haría *embuste*, propagado por préstamo desde Valencia a Castilla. Otro testimonio catalán relativamente temprano, si bien en forma derivativa diferente pero en ambiente lingüístico conservador, aparece en un so-

neto del mallorquín Antoni de Verí, en 1623:
«mentira, de maldats *embustadora*, / cruel, imaginativa, / quimerista, / que mostrés alcançar tenir
conquista / del Océano...» (Bover, *Bibl. Escr. Bal.*
II, 498a, § 1323). En rigor *enbustero* pudo ser contracción de *embudistero*, ampliación del *embudista*
de Torres Villarroel: la haplología o una especie
de disimilación sui generis explicaría esa contracción, ayudando por lo demás el influjo de
impostor y alguna más de las palabras que hemos
indicado arriba como fuente normal de *embustero*.
En particular contribuiría el influjo del port. *embude* especie de torvisco para emborrachar los
peces, que en parte no es más que una alteración
fonética del port. *cigude* (V. los detalles de estas
formas portuguesas del nombre de planta en Pensado *CaG.* p. 185).

DERIV. *Embustir* y *embustidor* (V. arriba). *Embustero* [1605, Cervantes; 1610, Góngora; Oudin,
Covarr.], *embusteruelo*. *Embustear*.

[1] «Nebulo... dizense nebulones y tenebrones los
que con sus mentiras y *embustes* ponen en lo
que contratan vna niebla y tinieblas».— [2] «Tromperie, fraude, dol, finesse, surprise, déception,
baye, fable, tricherie».— [3] «Imposteur, vn homme
plein de tromperies et de finesses, donneur de
bayes et de cassades, tricheur».— [4] M. P., *Oríg.*,
298-9, cita un vasco *emauste* 'embuste', junto a
embustari 'embustero', como ejs. de la vacilación
del vasco en el tratamiento del grupo -MB-, conservado o asimilado. Pero *emauste* no existe, es
palabra forjada por Larramendi con *eman* 'dar' y
uste 'esperanza, opinión, creencia', para dar
una etimología, a todas luces falsa, del cast. *embuste*. Ni *emauste* ni *embustari* (castellanismo
evidente empleado por el propio Larramendi para
traducir *embustero*) figuran en los léxicos vascos
(Azkue, Lhande).— [5] Debemos recusar la posibilidad de un cambio fonético de P en *b* en posición inicial o postconsonántica, aunque se nos
recuerde el caso del port. *bostela, bustela*, 'pústula', *PUSTELLA* (Cornu, *GGr.* I², p. 983; Huber,
Litbl. XXVIII, 296), pues éste es un semicultitismo de procedencia médica (existe la variante
pustela, hoy vulgar) alterado en la lengua popular
por influjo de *bosta* 'excremento'.— [6] No creo
haya relación con la *bustuaria meretrix* o *carca-
vera* (Nebr.), prostituta que frecuentaba los sepulcros (*bustus*), de donde *'hechicera' o *'estafadora'. Ni creo que pueda venir del arcaico y
dialectal *busto* como término topográfico, pues
aunque Viterbo dice que el port. *bostello* era
«pequeño bosque, tapada» (de donde *embustirse
*'emboscarse' y *embuste* *'emboscada'), el significado real parece haber sido 'pastizal (para bueyes)', vid. aquí s. v. *BOSTA* y Leite, *RL* XXVI,
128.— [7] Se alude ahí a dos clases de hechiceras:
las que adivinaban por la suerte del cedazo, y
las muy conocidas que se servían de un montón
de habas (Schevill, p. 240, da una referencia que

no puedo verificar). He aquí cómo Amezúa, en
su ed. del *Coloquio de los Perros*, p. 616, describe (con abundancia de citas) el procedimiento
de estas últimas: «La suerte de las habas fué
también repetidísima: se ejecutaba tomando un
montoncillo de ellas, y tras de saludarlas... arrojábanse encima de un bufete o mesa; y si se
juntaban tres o cuatro, señalaban camino; seis
eran indicio de cartas, etc.» Me parece claro que
estas habas se tomarían con la mano echando
una *ambuesta* de ellas sobre la mesa cada vez.
¿No pudo de ahí salir un verbo *ambostir > embustir* para practicar esta suerte, y luego para las
hechicerías y engaños en general? Nada se opone
a ello, pero debería probarse mejor. ¿O se trataría de un derivado de *BOSTA* por el empleo
que los hechiceros hacen de varias inmundicias?—
[8] Hoy bearn. *impoustur* en Palay (o sea *impus-
tûr*). Sabido es que es general la trascripción del
eu francés como *ü* en las hablas occitanas. La
disimilación de *impustüria* en *impustería* o
imbustería sería normal en varios dialectos gascones, comp. aran. *hellüc* de *hillüc*, *delûs* de
dilûs, *mijò* de *müjò*, *bixò* de *büxò*, *pibu* de *pübu*,
etc.

Embutar, V. *empeltre*   *Embutiar*, V. *embutir*

EMBUTIR, 'llenar apretando', antiguamente *embotir*, derivado de *BOTO* 'odre', en el sentido de
'rellenar como un odre'. 1.ª *doc.*: *embotir*, 1406-12,
González de Clavijo; *embutir*, h. 1460, *Crón. de
Álvaro de Luna*; APal. 100b, 413d («*refertus*: bien
embutido, lleno y gruesso»); Nebr. («*embutir* o
recalcar: farcio»); vocabulario de med. S. XV,
publ. en *RFE* XXXV, 338.

Cuervo, *Bol. C. y C.* III, 266-9. También port.
embutir y cat. *embotir* íd. [1460 por lo menos:
J. Roig, *Spill*, 8101, 8110], it. *imbottire* 'acolchar
(muebles)'; cat. *botir* 'henchir, rellenar', *botit* 'relleno, hinchado, abotagado'. En Torres Naharro
«andan gordos, *embotidos*» (1517), en APal. «*replere* es henchir por somo y *embotir*» (416d). De
la ac. secundaria 'hacer obra de taracea', viene en
Méjico y Nuevo Méjico la de 'bordar' (*BDHA*
IV, 52). Quizá sea más antigua la de 'hacer entrar
a la fuerza o en lugar incómodo' (*Pícara Justina*,
Cervantes, etc.), pero también es secundaria, y no
puede justificar la etimología de Diez y Cuervo, germ. *BŌTAN* 'empujar, herir'. Fonéticamente
es evidente que no puede salir de un *BOTUS*, supuesto e inverosímil derivado regresivo de BOTU
LUS 'intestino' (como quiere *GdDD* 1106). Comp.
BUTIFARRA.

DERIV. *Embutido* [m., 1605, *Pícara Justina*]. *Em-
butidera*. *Rebutir*. Ast. *embutiar* 'empujar', *embu-
tión* 'empujón' (V), comp. *EMBURRAR*.

Embuzar, V. *azuzar*   *Emelga*, V. *amelga*
Emenagogo, V. *menopausia*   *Emendar*, etc., V.

enmendar   Ementar, V. *mente   Emer,* V. *ge-*
mir   Emergencia, emergente, emerger, V. *su-*
mergir   Emérito, V. *merecer   Emersión,* V.
sumergir

EMÉTICO, tomado del lat. *emĕtĭcus* y éste del
gr. ἐμετιχός íd., derivado de ἐμεῖν 'vomitar'. *1.ª*
doc.: Aut.

EMÍDIDOS, derivado culto del gr. ἐμύς, -ύδος,
'galápago'. *1.ª doc.*: falta aún Acad. 1899.

Emielgo, V. *mellizo   Emienda,* V. *enmendar*
Emiente, V. *mente*

EMIGRAR, tomado del lat. *emĭgrare* 'mudar de
casa', 'expatriarse', derivado de *mĭgrare* 'cambiar
de estancia, partir'. *1.ª doc.*: Acad. 1817, no 1783.
Emigración se halla ya una vez en el latinizante
Hernán Núñez (1499), pero *Aut.* observa todavía
que es latinismo desusado, y Terr. sigue reflejando
el mismo estado de cosas; la misma precedencia
cronológica se halla en francés entre *émigration*
y *émigrer,* y no hay duda de que estos vocablos
no empezarían a usarse popularmente en España
hasta la entrada en masa de nobles franceses a
raíz de los sucesos de 1789 y años siguientes. Lo
emplea ya Moratín.
DERIV. *Emigración* (vid. arriba); *emigrado* [1804,
Moratín; Acad. 1884, no 1843]; *emigrante* [Mo-
ratín; Acad. íd.]; *emigratorio. Inmigrar* [Acad. íd.],
tomado de *immigrare* 'penetrar, introducirse'; *in-
migración* [íd.]; *inmigrante; inmigratorio. Migración,* tomado de *migratio, -onis,* íd., derivado de
migrare; migratorio está en uso, pero falta aún
Acad. 1939. *Transmigrar; transmigración* [Mena,
Yl. (C. C. Smith, *BHisp.* LXI)].

EMINENTE, tomado del lat. *ēmĭnēns, -tis,*
'elevado, saliente, prominente', participio activo de
emĭnēre 'elevarse, formar eminencia', derivado de
minae 'saliente de una pared, de una peña'. *1.ª*
doc.: en doc. de 1438 hay *peligro eminente*[1], lo
cual parece ser alteración de *p. inminente; eminente*
'eximio', Santillana (C. C. Smith, *BHisp.* LXI),
APal. 146*d,* 'saliente' ibid., 149*b;* empleado ya
por el Mtro. Venegas (1537) y muchos autores del
S. XVI.
Cuervo, *Bol. C. y C.* III, 269-72.
DERIV. Los demás miembros de esta familia son
también cultismos. *Eminencia* [Santillana (C. C.
Smith); 1556-67, Fr. L. de Granada], de *eminen-
tia* íd.; *eminencial. Preeminente* [princ. S. XVII:
Ribadeneira, Villaviciosa], de *praeeminens, -tis* (o
praeminens) íd.; *preeminencia* [Cartagena, *Questión,* p. 235*a* (Nougué, *BHisp.* LXVI)]. *Inminente*
[1641, F. de Valverde; vid. *peligro eminente,* arri-
ba], de *ĭmmĭnēns, -tis,* part. activo de *imminēre*
'elevarse por encima de algo', 'estar muy próximo';
inminencia [falta aún *Aut.*]. *Prominente* [Acad. ya

1843], de *promĭnens, -tis,* part. activo de *promi-
nēre* 'adelantarse, formar saliente', otro derivado
del mismo; *prominencia.*
¹ Como observa Cuervo, p. 271, también se
expresaron así Céspedes y Meneses, Larra y E.
Hartzenbusch, y aunque se ha argumentado en
favor de esta práctica suponiendo una distinción
sinonímica, no parece esto justificado.

EMIR, del ár. 'amîr 'jefe, comandante, el que
manda', derivado de 'ámar 'mandar'. *1.ª doc.*: *mir,*
h. 1300, *Gr. Conq. de Ultr.,* 536; *amir* y *alamir*
en docs. del tiempo de Fernando IV (1295-1317),
DHist.; emir, Terr.; Acad. 1884, no 1843.
Amir se empleó también en el S. XIX (D. de
Rivas, Zorrilla). La forma *emir,* que hoy ha pre-
dominado, debió de tomarse del francés.
DERIV. *Emirato* (falta todavía en Acad. 1939).
CPT. *Miramamolín* [*amiramomellín,* h. 1295, *1.ª*
Crón. Gral.; miramamolín, h. 1600, Mariana], del
ár. 'amîr al-mu'minîn 'el jefe de los creyentes'.

Emisario, emisión, emisor, emitir, V. *meter*
Emoción, emocional, emocionante, emocionar, V.
mover   Emoliente, emolir, V. *muelle   Emolu-
mento,* V. *moler   Emotividad, emotivo,* V. *mover   Empacador,* V. *paca   Empacamiento,* V.
alpaca   Empacar, V. *paca   Empacarse, empa-
cón,* V. *alpaca*

EMPACHAR, procede probablemente del fr. ant.
empeechier 'impedir, estorbar' (hoy *empêcher*), por
conducto de oc. ant. *empachar* íd.; el fr. ant. *empeechier* es representante semiculto del lat. tardío
impĕdĭcare 'trabar', derivado de *pĕdĭca* 'traba',
'lazo', 'cadena' (que a su vez lo es de *pes, pedis,*
'pie'). *1.ª doc.*: h. 1385, López de Ayala¹.
Cuervo, *Bol. C. y C.* III, 272-4. La fecha tardía
confirma la procedencia forastera. Lo mismo podemos decir del it. *impacciare* [Dante], port. *empachar,* cat. *empatxar* [varios ejs. de Lulio, fin del
S. XIII, en el Dicc. Balari; y varios de Eiximenis,
fin del S. XIV, *Doctrina Comp.,* 319.17, etc.;
empatge 'empacho', doc. de 1360, *Homen. a M. P.*
III, 560]. Oc. ant. *empachar* es algo más antiguo,
pues es frecuente desde fines del S. XIII (G. Ri-
quier; *Sta. Doucelina; Guerra de Navarra* y muchos más), y aun se citan dos ejs. de principios
de este siglo (Dauphin d'Auvergne, Peire Cardenal), aunque el uno es incierto por el significado
y el otro por las vacilaciones de los mss. Pero el
fr. ant. *empeechier* se halla ya varias veces en el
S. XII.
Es indiscutible que el cat. *empatxar* y el port.
empachar han de ser extranjerismos, por su *-ch-*
(-tx-), que en estos idiomas es casi siempre de
origen extranjero, y en los raros casos de autoctonismo resulta de grupos consonánticos raros
y complejos que darían resultados muy diferentes
en los demás romances; la *-cci-* italiana (< -ccl-,

-CTĬ-) tampoco está de acuerdo con la -ch- castellana y provenzal. Ahora bien, si las formas meridionales tienen el mismo origen que el fr. *empeechier*, esto sólo puede resolverse en el sentido de que aquéllas han de proceder de éste, pues las variantes francesas *empedecer* y la frecuente *empeekier* (vid. Tobler) de ninguna manera podrían entenderse en la hipótesis de un occitanismo francés, y señalan inequívocamente el étimo IMPEDICARE.

El carácter autóctono de oc. *empachar* sólo podría salvarse a base de admitir que es palabra de origen independiente de *empêcher*; y como *empachar* tiene en Occitania una variante *empaitar*[2], parecería efectivamente tratarse de un étimo *IMPACTARE, frecuentativo de IMPINGERE (part. IMPACTUM) 'empujar', 'lanzar (contra algo)', como dijeron Diez (*Wb.*, 231) y Cuervo, y más recientemente L. Feiler (*RFE* XXIII, 190-2)[3]. Pero la evolución semántica sería difícil, y dada la completa identidad de sentido entre *empêcher* y *empachar*, tal separación etimológica es inverosímil, no habiendo razones ineludibles en su favor: conviene, pues, adherirse a la argumentación y a las conclusiones de M-L. (*REW* 4296). El proceso fonético del préstamo francés a las lenguas meridionales es muy explicable: el sentimiento de que a la *e* francesa en sílaba abierta y sin diptongar solía corresponder una *a* en lengua de Oc (*fève* ~ *fava*, *nez* ~ *nas*, *-ée* ~ *-ada*, etc.), condujo a cambiar *empêche* en *empacha*, tanto más cuanto que el timbre de la *e* < A (que era diferente del de *e* < E, y a veces se ha supuesto más larga que ésta) podía coincidir con el resultante de la contracción de las dos *ee* de *empeeche*; trasmitiéndose luego el vocablo de comarca en comarca, al pasar del Norte y Centro del territorio occitano, donde abundaban las *ch*, al Sur del mismo, donde este fonema era extranjero, se asimiló *empacha* al caso del occitano central *facha* FACTA, que en estos dialectos era *faita*, y de *empachar* se hizo *empaitar*; aunque en otras partes, predominando el sentimiento de su carácter francés y fundamentalmente extranjero, se conservó al vocablo la forma *empacha*: desde estas zonas pasó al castellano, directamente o por conducto del catalán; pero que en castellano no es palabra autóctona ni viene de un étimo *IMPACTARE lo indica ya la *a* radical, comp. *ahechar*, *pechar*[4].

IMPEDICARE es palabra conocida del latín tardío (Amiano Marcelino, S. IV; *Leges Burgundionum*; *ALLG* VIII, 450), y aunque no es derivado directo de su sinónimo clásico IMPEDIRE, ambos vienen en última instancia de PES; su evolución semiculta hasta el fr. *empeechier* no ofrece dificultad, ya que es paralela a la de PRAEDICARE > *preechier* (*prêcher*)[5].

Para las varias acs. y construcciones de *empachar*, vid. Cuervo; para *empacharse* 'tener algo que ver (con alguien)', vid. J. de Valdés, *Diál.*, 146, y otros ejs. en la nota de Montesinos[6].

DERIV. *Empachado*; *empachador*; *empachamiento* ant. (V. arriba). *Empacho*[7] [Palencia, *Perfección*, p. 372b (Nougué, *BHisp.* LXVI); 1475, *BHisp.* LVIII, 89; 1489: *N. Recopil.* II, v. 21; APal., 233b; Nebr.]; *empachoso*.

Despachar [1406-12, González de Clavijo, y frecuente en todo del S. XV; también *Celestina*, ed. 1902, 103.30; pero Nebr. prefiere *desempachar* y en J. Ruiz, 346c, según Ducamin, hay *despechados* y no *despachados*, como imprimió Sánchez, y es dudoso si el sentido es 'despachar sentencia' o más bien 'despojar', como derivado de PECHAR, o 'causar pesar', como derivado de DESPECHO], vid. Cuervo, *Dicc.* II, 1126-8; procede del fr. ant. *despeechier*, a través de oc. *despachar*[8], derivado del citado IMPEDICARE por cambio del prefijo en el negativo correspondiente; *despachada*; *despachado*; *despachaderas*; *despachador*; *despachamiento* ant.; *despacho* [1551, *N. Recopil.* IX, i, 6, *desempacho*, Nebr.].

[1] Varias veces en el *Rim. de Palacio*, desde la primera parte, y en el *Libro de la Caza*; muy frecuente en todo del S. XV. Se cita un ej. aislado, por lo demás de sentido oscuro, en un ms. bíblico que sería del XIII; pero esta fecha no está bien comprobada ni la ed. es satisfactoria. El caso es que es vocablo ajeno al ms. bíblico escurialense del S. XIII extractado por Oroz, y a muchas fuentes de este siglo (*Calila*, Berceo, *Apol.*), de la primera mitad del siguiente (J. Ruiz; *Conde Lucanor*) y aun algo posteriores (Glos. publ. por A. Castro). Se halla en APal. (169b, 211b), Nebr. («*empachar*: impedio»), etc. Hasta entonces lo que se empleó fué *empecer*. *Empachamiento* figura en el aragonés Fernández de Heredia, cuyas obras son de la 2.ª mitad del S. XIV.— [2] De ahí el cat. *empaitar*, de ·cuya identidad no debe dudarse, pues aunque hoy ha venido a significar 'acosar, perseguir', el sentido primitivo, documentado en las Vidas rossellonesas de fines del S. XIII, era 'impedir' (*AILC* III, 204).— [3] También Jud, *ZRPh.* XXXVIII, 17, alude pasajeramente a una relación con ac. ant. *pacha* 'pacto', lo cual, por lo demás, no es lo mismo (PACISCI nada tiene que ver con PANGERE; se trataría entonces de 'entrar en pactos o tratos' > 'enredarse con alguien').— [4] No hay necesidad de rechazar otros étimos propuestos, como el *IMPATTIARE, derivado de *pata*, soñado por Rice (*Lang.* V o VII; otro artículo en *Hisp. R.* III).— [5] Por lo demás existió también, con carácter de variante, la evolución popular *empegier*.— [6] La Acad. [ya 1843] cita una variante antigua *empechar*, que podría venir del fr. *empêcher* directamente, sin el intermediario occitano, pero no puedo confirmar su existencia.— [7] De donde el vco. *enpatxu* 'preñez de una viuda o soltera' en sul. y b. nav., y 'escándalo', que se encontraría en Leizarraga, pero más bien parece ser «estorbo, obstáculo» en éste (vid. el contexto que

proporciona Azkue).— [8] Es posible que tenga razón Nobiling, *ASNSL* CXXVI, 175, al admitir que *despachar* entró como término del tráfico comercial (aunque abundan quizá más entre los ejs. primitivos los de carácter administrativo), pero desde luego no la tiene al creer por esta razón que se tomaría del italiano.

Empadrarse, empadronador, empadronamiento, empadronar, V. *padre*   *Empajada, empajar, empajolar,* V. *paja*

EMPALAGAR, probablemente *empalagarse* 'sentir hastío de un manjar comido en demasía' es evolución de la idea de 'comprometerse excesivamente en algo' y procederá de *empelagarse* 'internarse demasiado en el mar', sentido conservado en catalán y portugués, derivado de *PIÉLAGO* 'alta mar'. *1.ª doc.*: 1386, López de Ayala[1].

Después de este autor se halla en Nebr., y con frecuencia desde princ. S. XVI. Cuervo, *Bol. C. y C.* III, 275-6. Con muchas reservas se adhiere éste a la opinión de Storm, *Rom.* V, 179, que supuso un verbo *IMPALATICARE, derivado de PALATUM 'paladar', de donde *empalalgar, forma leonesa, y por disimilación *empalagar*[2]; algo extraño es entonces que no se halle nunca la forma castellana *empalazgar, y es arriesgado suponer tal derivado latino para una voz exclusivamente castellana[3], pero sobre todo me parece que un *IMPALATICARE sólo podía evocar una idea placentera como la de 'gustar', 'aficionar (a alguien) a un manjar' o 'abrir el apetito'[4]. Netamente preferible es la etimología de M-L. (*REW* 6369), quien iguala *empalagar* al cat. ant. *empelagar-se* 'internarse en el mar'[5] y al port. *empegar-se* «engolfar-se, metter-se ao pego, ir da costa para o alto, emmarar-se ou amarar-se, engolfar-se: *empegou-se muito no mar*», con ejs. de Castanheda y J. de Barros (med. S. XVI).

PĔLĂGUS es efectivamente palabra bien popular en los romances ibéricos, cast. *piélago* 'alta mar', 'remanso profundo en un río', 'laguna honda' [*Calila*, ed. Allen, 187.14], 'abertura del odre para echarle el vino' [Nebr.], 'alta mar' [*Partidas*, en *Aut.*][6], cat. *pèlag* o *pèleg* con las tres primeras de estas acs. [Lulio], port. *pego*, antiguamente *pélago* «ribeiro, riacho, lagôa, açude, poço, tanque e qualquer ajuntamento e rêgo de água» (con abundantes ejs. desde el S. XI, en Viterbo), también 'alta mar' (*navegar para o pego*, Damião de Goes, † 1574), gall. *piago* 'pozo grande en un río' (Vall.; < *péago*, como *periódo* < *período*)[7]. M-L. parte de 'marear', de donde 'causar asco', lo cual sería plausible a base de que *empelagarse* 'hacerse a la mar' hubiese pasado a 'marearse', de donde luego un transitivo *empalagar* 'marear'. Quizá sea así. Pero veo otro camino más probable y más apoyado en los hechos. Nótense los sentidos figurados que nuestros vocablos toman en portu-

gués: «*empegoū-me* a alma num mar de receios» en Jorge Ferreira, «um *pego* de sabedoria, de desgraças», «no *pego* do pecado» (Héctor Pinto, † 1584), «*pego* de negócios» (António Pinheiro, † 1582), es decir, estamos dentro del mismo orden de ideas que evoca *engolfarse* en castellano: meterse en un mar, en una infinidad de negocios, de pecados, de estudios, o eventualmente de comida[8].

Y efectivamente el uso reflexivo *empalagarse* es antiguo y muy extendido en los clásicos: «nunca el Padre Eterno *se empalagará* de oír estas voces» en Fr. L. de Granada, y varios ejs. más de este autor, de Mateo Alemán y otros en Cuervo (incluyendo a algunos modernos)[9]. Una excelente confirmación hallamos en una glosa de Pinar (¿aragonés?) incluída en el *Canc.* de H. del Castillo (h. 1500), donde *empalago* significa 'compromiso', 'situación enojosa y sin salida'[10], como la del barquichuelo que se ha internado hasta lo alto; con esto pudo andar mezclada la idea de 'meterse en un piélago o pantano, empantanarse'[11]. Otra confirmación de la etimología PĔLĂGUS la proporciona *Aut.* al documentarnos el verbo *desempalagar* en el sentido de 'desembarazar el molino del agua estancada y detenida, que impide el movimiento del rodezno', lo cual en Portugal se dice *desempegar* «tirar a água de um *pego* ou reservatório» y en el Alentejo *desemblegar* (forma mozárabe con *b* < P, y -L- conservada; cita del *REW*); PAlc. traduce *empalagarse el molino* por un verbo arábigo (*šábak*) que suele significar 'enredarse, embrollarse' y ahí valdrá 'obstruirse por el agua estancada'.

DERIV. *Empalagamiento. Empalago* (vid. arriba); *empalagoso. Desempalagar* [Nebr.].

[1] Además del ej. que cita Cuervo hay otro muy parecido en el mismo *Libro de la Caza*, ed. Soc. de Bibliófilos, p. 57.— [2] Esta opinión procede en definitiva de Covarr., que daba *empalagar* como derivado de PALATUM, y ya acaso de Nebr., que pudo sugerir lo mismo con su traducción «palatum incrassare».— [3] De aquí pasó al sardo, logud. y campid. *impalagare* íd., y al portugués del Alentejo. En catalán es castellanismo reciente y de sabor forastero: lo corriente y popular es allí *embafar*.— [4] La idea de Montoliu, *BDC* IV, 15, de que *empalagar* viene de un *IMPĬCŬLARE, derivado de PIX '(la) pez', en el sentido de 'hacerse pegajoso' (cat. *pegalós* o *apegalós*), no es aceptable por muchas razones, entre otras la de que sólo con la fonética catalana sería comprensible, y el vocablo en realidad es ajeno al catalán.— [5] Así en Desclot: «les galeres partiren-se de Barcelona e prengueren de la mar molta en fora, per tal que no fossen vistes, tro que fossen en la armada del rey de França. E quant *se* foren ben *empelegats* e hagueren anat bé tres jorns o pus sobre mar...» (p. 325). El dicc. Alcover cita un par de ejs. de Raimundo Lulio («con les naus e·ls lenys son *enpeleguats* en la mar»). En el mismo sentido *s'empaleger* en un texto francés

de princ. S. XIV, referente a Chipre (*Le Fr. Mod.* VIII, 351), que ha de ser catalanismo.— [6] De ahí los derivados cultos *pelágico* y *archipiélago* [1522, Woodbr.], y el compuesto *pelagoscopio*.— [7] Gall. ant. *peego* 'balsa, meandro' («no rio a deitaron en ũu *peego* redondo» *Ctgs.* 215. 50). Por lo demás el port. *pego* se ha propagado a todo el país, aun el extremo SE. —de toponimia mozárabe, donde la caída de la -L- es fenómeno importado del Norte, pese al prejuicio de Silveira y de algún lusómano extranjero— de modo que en Elvas hay un *pego de Alvalade* en el Guadiana, *RL* XXIV, 197. Supongo que habría desinteligencia por parte de Sarm., cuando le dijeron «esta herba nace nos *pegos*» y entendió «un prado o veiga» (*CaG.* 132v, no hay más datos), obsesionado por el prejuicio etimológico que ahí expresa (desafiando la fonética) de que venga del lat. PAGUS. Claro que las *veigas* y prados brañosos están llenos de balsas y riachos y a ellas se refería el informante.— [8] Otra vía semántica quizá posible es la que nos sugiere Heródoto en la historia del intento de circunnavegación de África por parte del persa Sataspes, que habiendo pasado el Estrecho y doblado el Cabo Espartel o el Cantin toma rumbo directo al Sur, ἐς μεσεμβρίην, internándose en la vastitud del Atlántico; y allí *se empalaga* en un doble sentido, pues cansándose de la interminable travesía, por una alta mar sin costas visibles, decide volver atrás, sometiéndose a la muerte ignominiosa que le espera a manos de Jerjes (Hdt. IV, vid. *CANSAR*).— [9] Añádase «y si de vuestro amor *me empalagare*, / y al apetito vario, / buscare otro manjar extraordinario: / callar es lindo medio, / que andará Juan garrote de por medio», Quiñones de B., *NBAE* XVIII, 772. Y el de Sánchez de Badajoz (1525-47) que cita Cej., *Voc.*— [10] Un galán a quien su dama acusa de estar ya casado en León, exclama «si yo nunca entré en Castilla / ni allá en tierras de León. / Y por este juramento… / quiero luego en un momento / declarar mi pensamiento / por salir deste *empalago*: / con tal fe que yo's empeño… / que no entré, ni yo lo sueño, / sino cuando era pequeño, / que no sabía de amor» (I, 536).— [11] ¿Saldrá de ahí el cat. *desempallegar-se* 'deshacerse de un estorbo', y el más raro *empallegar* 'estorbar' que años atrás traté de explicar de otro modo (*BDC* XIX, 27)?, comp. tort. *desempelugà* (*BDC* III, 94).

Empalamiento, empalar, V. palo Empaliada, empaliar, V. palio Empalicar, V. palique Empalizada, empalizar, V. palo

EMPALMAR, 'juntar por sus extremos dos sogas, cuerdas, esteras, maderos o cosas semejantes', síncopa de *empalomar* 'atar con bramante', 'coser la relinga a la vela con ligadas fuertes', término náutico mediterráneo que al parecer procede del catalán, donde deriva de *paloma* 'amarra que se lanzaba desde la embarcación para unir a ésta con la playa', descendiente probable de lat. PALŬMBES 'paloma', por comparación del lanzamiento de la amarra con el vuelo de esta ave. *1.ª doc.*: 1587, G. de Palacio.

Cuervo, *Dicc. Bol. C. y C.* III, 276-7, documenta desde med. S. XVIII. *Aut.*, sin citar documentación, dice que viene de *palma* por comparación con la unión de las dos manos con los dedos intercalados; pero no habría entonces razón para formar un derivado de *palma* más bien que de *mano*; en cuanto a la conjetura de Cuervo «es posible que se designara así un modo de ensamblar en que la espiga recibiera este nombre a semejanza de la hoja de la palma, no de otra suerte que se dice *cola de milano* o de *pato*» (nombre de procedimientos de empalme citados por Baíls), es completamente hipotética.

Bien mirado, se impone desechar esta derivación de *palma* porque así no explicaríamos la forma antigua *empalomar*; y aunque es cierto que hoy distinguen los diccionarios náuticos entre *empalmar* y *empalomar*, reservando a éste el sentido de 'atar con bramante' y acs. análogas, el hecho es que nuestra autoridad más antigua emplea las dos formas con este último sentido: en su *Instrucción Náutica* G. de Palacio da la forma plena al definir el vocablo en su glosario («*empalomar* es guarnecer la vela con la relinga o con el grátil, que es una cuerda, y coserlo a la bela» 141vº), pero luego se sirve de *empalmar*, forma sin duda más coloquial, con valor análogo de 'sujetar' o 'atar', al definir otro término: «*durmentes* son los que hechan en los navíos por la parte de dentro, para sobre ellos *empalmar* las latas que hazen las cubiertas y sobrados en los navíos» (140vº); después *empalomadura* en 102vº.

En realidad es muy facil admitir una síncopa *empalomar* > *empalmar*, comp. *palmino* (asegurado por el verso) en D. Sánchez de Badajoz (*RFE* IV, 21), y el nombre de lugar catalán *Palmerola* < *Palomerola*[1], en docs. latinos *Palumbariola*. Ahora bien, el and. *empalomar* 'empalmar' («para subir tuvo que *empalomar* dos escaleras», A. Venceslada), confirma plenamente esta conjetura. En castellano moderno se ha ido reservando *empalomar* como término náutico en el sentido de 'coser la relinga y grátil con la vela' [h. 1573, Eug. de Salazar; 1696, Vocab. Marít. de Sevilla], y de ahí *empalomadura* 'ligada fuerte con que se une la relinga a su vela', junto al cual existe *empalmadura* 'juntura de dos cuerdas por los extremos' (ya en 1680).

Ambas voces son también catalanas, y allí cuentan con larga historia y numerosa familia. Su etimología es discutida, mas parecen razonables las conclusiones, arriba resumidas, del estudio de Vidos, *Parole Marin.*, 506-10, donde puede verse bibliografía[2] y amplia documentación. En catalán [1395, Alcover] hallamos fil d'empalomar 'bramante' (de ahí el murc. hilo palomar, G. Soriano; y el fr. poulemart, ya en Rabelais, etc.), y paloma o palomera 'amarra que se lanzaba desde la embarcación', ya documentado éste en 1283, y paloma desde 1331; del catalán procede también el cast. paloma 'cable para izar las vergas', y otras formas romances, entre ellas el genov. paroma (paloma en 1248) y parmaera (paromaria ya en 1210), que ha de ser de origen catalán en vista del tratamiento de -MB- (que en este dialecto debiera conservarse sin alteración). Desde Cataluña, directa o indirectamente, debió el vocablo extenderse por todo el Mediterráneo y hasta Portugal y N. de Francia, según las autorizadas conclusiones de Vidos. El latino palmare (de donde quiere derivarlo GdDD 4754a) no significa «unir», sino 'atar la vid a su rodrigón': claro que es inadecuado como base de empalmar, y no digamos ya de empalomar. V. además PALOMA.

DERIV. Empalmadura. Empalme [1633, Lz. de Arenas, cap. 20, p. 59, etc.; Acad. 1884, no 1843]. Empalomar y empalomadura, vid. arriba.

[1] En el término náutico la síncopa se registra en sus derivados indiscutibles fr. palmare 'amarra' [S. XIV] y genov. parmaea. V. también palmejar < palomejar, en mi artículo PALMA.— [2] Véase últimamente H. y R. Kahane, Italica XXIII (1946), 178-88; Byzant.-Neugr. Jahrbücher XV, 106. Rohe, en su monografía sobre la terminología náutica en Grau d'Agde, se adhirió a la antigua etimología de Montoliu (cat. paloma, alteración de caloma 'especie de cuerda náutica' < καλύμμα 'especie de red', por influjo de la sinonimia entre el cat. arcaico paloma PALUMBES y coloma 'paloma' COLUMBA), pero sin obtener la aprobación de Vidos, VRom. I, 179-80. Para los varios representantes del vocablo en los varios idiomas mediterráneos, romances, eslavos, orientales y griego, vid. Deanović, ARom. XXI, 277; Rohlfs, ZRPh. XLI, 455; Coray, VKR III, 351.

Empalomado, V. paloma   Empalomadura, empalomar, V. empalmar   Empalletado, V. paja   Empamparse, V. pampa   Empampirolado, V. capa (nota sobre papirotazo)   Empanada, empanadilla, empanado, empanar, V. pan   Empandar, empandillar, V. pando   Empandurrar, V. pantorrilla   Empanjarse, V. panza   Empantanar, V. pantano   Enpanturrarse, V. pantorrilla   Empanzarse, V. panza   Empañado, empañadura, empañar, empañetar, empañicar, V. paño   Empapamiento, empapar, V. papa   Empapelado, empapelador, empapelar, V. papel   Empapillar, V. papa III   Empapirotar, V. capa (nota sobre papirotazo)   Empapizarse, V. papa III   Empapuciar, empapujar, empapuzar, V. papo   Empaque, V. paca y alpaca   Empaquetador, empaquetadura, empaquetar, V. paca   Empara, V. pa-rar   Emparamarse, V. páramo   Emparamentar, emparam(i)ento, emparar, V. parar   Emparchar, V. parche

EMPARDAR, 'igualar, empatar', arag., arg., origen incierto. 1.ª doc.: 1720 (Gili); 1901, Coll y Altabás.

Este último lexicógrafo registra como voz de la Litera «empardar: igualar» y «estar en empardas: estar iguales». En Arg. empardar es palabra empleada en el juego del truco en el sentido de 'tirar una carta del mismo valor que la que ha jugado el otro', y en general 'empatar' (Garzón, Segovia); es frecuente sobre todo en la frase de los que no se empardan, de lo que no se emparda, 'sin igual, incomparable'[1]; pardear en Gabriel y Galán (DHist. s. v. ande) no sé si significa 'encontrarse dos que van de camino' (y probablemente en la misma dirección) o 'anochecer'; desde luego no significa 'parecer pardo' que es el sentido que le da la Acad.[16]. No tengo noticia de que empardar se emplee en otras partes de España o de América. Construir una base *IMPARITARE, derivada de PAR 'igual', sería tan fácil como inverosímil tratándose de un vocablo tan reciente y local, pero además sería imposible de justificar desde un punto de vista morfológico, puesto que -ITARE es sufijo frecuentativo que sólo se aplica a radicales verbales y no puede juntarse al radical nominal de PAR. Si supusiéramos un sustantivo *parda 'empate' procedente del nominativo lat. PARĬTAS 'paridad, igualdad' (comp. el empardas de la Litera), subsistiría la primera de estas objeciones. Un cruce de empatar con acordarse o concordar no es verosímil por no tratarse de voces bien sinónimas, y por no pertenecer estas últimas a la terminología del jugador. Una síncopa de emparedar en el sentido de 'cerrar el paso', 'hacer imposible la continuación de un juego' y de ahí 'empatar' no es verosímil semánticamente. ¿Tendrá razón Segovia al suponer que viene de pardo en el sentido de 'ni blanco ni negro', 'el que no gana ni pierde'? Es quizá lo más razonable, pero faltaría probar el uso de pardo en este sentido, cuando ni siquiera tengo noticia de que dicho adjetivo haya pertenecido a la terminología de los jugadores.

[1] «Se les va a aparecer un difunto de los que no se empardan», Rob. J. Payró, Pago Chico (1908), ed. Losada, p. 228. «Por una di esas casualidades que no se empardan, resulté eleto presidente del Club», de un cuento criollo publicado en una revista parroquial mendocina (1940).

Emparedado, emparedamiento, emparedar, V. pared   Emparejado, emparejador, emparejadura, emparejamiento, emparejo, V. par   Emparentar, V. pariente   Emparrado, emparrar, emparrillado, emparrillar, V. parra   Emparvar, V. parva   Empastador, V. pasta   Empastar, empaste, V. pasta y pacer   Empastelamiento, empastelar, V. pasta

EMPATAR, 'tratándose de una votación, de un juego, etc., obtener el mismo número de votos o de bazas los dos adversarios', vocablo de formación igual a la del it. *impattare* íd., o tomado del mismo; *impattare* es derivado de *patta* 'empate' en la locución *far patta*, propiamente 'pactar', 'hacer la paz (con alguien)', 'quedar en paz, sin ganar ni perder', donde *patta* es el lat. PACTA, plural de PACTUM 'pacto'. *1.ª doc.*: 1620, Franciosini («*empatar* en el juego: *impattare* nel giuoco»)[1].

También port. *empatar* 'igualar (votaciones opuestas)', 'no dar resultado (una lucha, por quedar iguales los competidores)', 'suspender, embarazar' (hoy popular en Portugal)[2], 'colocar (el capital) en situación de no dar lucro inmediato'[3]; cat. *empatar* (a veces vulgarmente *empetar*, con el presente analógico *empeta*) 'quedar iguales dos competidores', 'igualar una baza del contrario en el juego'.

El it. *impattare* «non vincer ne perdere al gioco, in una questione» se hallaría ya en Fr. Giordano da Rivalto (princ. S. XIV), según Tommaseo, y es frecuente en textos más tardíos (p. ej. en Magalotti, † 1712): deriva del anticuado *pattare* íd. (en Firenzuola, † 1543; Varchi, † 1565), o bien directamente de *far patta* (o *far pari e patta*), que significa lo mismo, *restare patti e pagati* 'quedar en paz' en Varchi. Está claro que *patti* es el plural de PACTUS, participio de PACISCI 'pactar', y que *far patta* es FACERE PACTA, plural de PACTUM 'pacto', en el sentido de 'ponerse de acuerdo (con alguien, para el finiquito de una deuda)', 'hacer la paz', comp. el cast. *estar* o *quedar en paz con alguien* 'no ser deudor ni acreedor'; así como se dice *vincer nel giuoco*, o *ganar una partida* (como *ganar una batalla*), se dijo pactar en el sentido de no vencer ni ser vencido, no ganar ni perder, y de hecho es corriente en italiano la frase *con certa gente non si può nè vincerla nè impattarla*, comp. el sic. ant. *apattati* «messi, accordati insieme» (en un texto del S. XIV: *ARom.* XX, 41).

Vieron ya la etimología Schuchardt, *ZRPh.* XXVIII, 98-99; Cuervo, *l. c.*; Baist, *ZRPh.* XXXII, 424; Jud, ibid. XXXVIII, 17. El it. *patta* pasó también al castellano en la frase *pata es la traviesa*, dicha cuando dos personas se hacen mutuamente un daño igual, y empleada por Cervantes en *La Ilustre Fregona* y *El Casamiento Engañoso* (*Cl. C.* I, 245; II, 197), *pata es para la traviesa* en Quiñones de B. (*NBAE* XVIII, 809a). Pese a las apariencias, *pata* 'empate' y su derivado *empatar* quizá no sean italianismos, síno semicultismos castellanos, pues aquél ya se halla a med. S. XV en el léxico estudiado por Huarte: «también dizen los que juegan *pata*, quando se juntan y igualan los puntos en el juego de manera que no gane nadie», *RFE* XXXV, 339. Hoy *pata* 'igual, lo mismo' en la Montaña (que nada tiene que ver con el vasco *bat* 'uno', contra lo que dice Mugica), e *pata*, *quedar pata* en Colunga (Vigón), y *pata* 'estamos iguales' en Andalucía (*RH* XLIX, 533-4), *estar patas* 'estar iguales', ¡*patas*! 'en paz' en Costa Rica, *ser, salir o quedar patas* 'quedar iguales en algún juego, suerte o votación' en Chile (Lenz, *Dicc.*, 564 y 892)[4]. De la idea de 'igualar' vendría *empatar* a expresar la de «juntar perfectamente dos cosas de hilo, cordel, tejido, etc., de manera que parezca una sola», en Cuba (Pichardo), y de ahí 'empalmar' en Puerto Rico, Méjico, Costa Rica, Colombia y Venezuela.

DERIV. *Empatadera* [*Aut.*], *empate* [íd.].

[1] Cuervo (en Lenz, *Dicc.*, 891-2) dice conocer ejs. de *empatar* en la 2.ª mitad del S. XVI, sin concretarlos. Pero un artículo *empatar* no figura en el orden alfabético del supl. al *Dicc.* de Cuervo. En la *Pícara Justina* (1604), ed. Puyol, I, 22, con el pretexto de que la narración se detiene por un pelo que embaraza la pluma de pato con que se escribe la historia, está escrito «No sé si dé rienda al enojo... viendo que se ha *empatado* la corriente de mi historia, y que todo pende en el pelo de una pluma de pato. Mas no hay para qué *empatarme*; antes os confiesso, pluma mía, que casi me viene a pelo el gustar de el que tenéis»; y aunque se puede discrepar de esta opinión, creo se trata del ej. más antiguo que tenemos por ahora, en el sentido de 'suspender y embarazar el curso de una resolución' (Acad., 3; *Aut.*), si bien el autor juega con el vocablo como si fuese derivado de *pato*; el ej. más antiguo de esta ac., por lo demás, está en Cancer († 1665); hay otro en la forma *ampatar*, en el tomo de Cortes aragonesas de 1664, cuya fecha precisa ignoro (*DHist.*).— [2] De esta ac., por cruce con *embellarse* 'enredarse' (vid. VELLO) podría salir el ast. *empataviellar* 'enredarse en diferencias en algún negocio' (V).— [3] En ese sentido en San Luis (Arg.): «Entonces vos querés decir... que yo me valgo del cargo / para empatar tu dinero», en romance recogido por I. Moya, *Romancero* II, 348.— [4] ¿Es otra cosa el cespedosano *pata* 'la cuarta parte de una cosa' (*RFE* XV, 259)?

Empatarañado, V. *maraña*   *Empataviellar*, V. *empatar*   *Empavesada, empavesado, empavesar*, V. *pavés*   *Empavonar*, V. *pavo*   *Empavorecer*, V. *pavor*   *Empecatado*, V. *pecar*   *Empecedero, empecedor, empecer, empecible, empeciente, empecimiento*, V. *impedir*   *Empecinado, empecinamiento, empecinar(se)*, V. *pez* II   *Empechar*, V. *empachar*   *Empedernir, empedernir*, *empedrado, empedrador, empedramiento, empedrar*, V. *piedra*   *Empega, empegado, empegadura, empegar, empego, empeguntar*, V. *pez* II

EMPEINE I, 'parte inferior del vientre entre las ingles', V. *pendejo*

EMPEINE II, 'parte superior del pie, entre la caña de la pierna y el principio de los dedos', 'parte superior del zapato', ant. 'uña del caballo', del mismo origen incierto que el fr. *empeigne,* cat. *empenya,* port. *empenha,* it. merid. *mpigna* 'parte superior del zapato', y quizá del mismo origen que el sardo campid. *péttini* 'coz', a saber del lat. PĔCTEN, -ĬNIS, propiamente 'peine', por comparación con la ramificación ósea que forma los cinco dedos del pie; por razones fonéticas es probable que todas las formas romances sean préstamos del francés. *1.ª doc.:* APal. 483*d:* «sura... se toma unas vezes por pierna e otras vezes se pone por parte del pie, en lo alto del *empeyne*».

Vuelve a salir en Fdo. Chacón (1546, *empeine del pie del jinete, Trat. Jineta,* cap. 5), en Percivale (1591), «*empéyne:* the instep of a foote; *empéynes,* the horne in a horse leg, on the inside neere the knees», en Oudin (*empeyne del cavallo, empeyne de çapato*), en Covarr. («*empeine* del pie, es lo que responde encima de la planta, quasi *in pie,* sobre el pie»); como 'uña de caballo' está en Laguna (1555) y en el sentido de 'parte superior del pie' en Márquez (1612).

Según Wagner (*Das ländl. Leben Sardiniens,* p. 100) debe de haber parentesco con el campid. *péttini* 'coz' (*kwaḍḍu ḍirat péttinis* 'caballo que tira coces', *kwaḍḍu pettinaḍori*), que primitivamente designaría la uña o pata del caballo; PECTEN aparece aplicado a una parte de las extremidades del caballo, seguramente ya la uña, en dos textos del S. IV, la *Mulomedicina Chironis* y Marcelo Empírico, y como vió d'Ovidio, *ZRPh.* XXVIII, 544-5, se tratará de PECTEN 'peine', aplicado al empeine del pie, por comparación con la ramificación de los cinco dedos y de las ramificaciones óseas que les preceden, y de ahí luego a la uña del caballo. El vasco *oin-orrazi* 'empeine del pie', literalmente 'peine del pie', confirma la etimología PECTEN; ya aparece en un texto trasmitido en ms. del S. XVI, pero sin duda más antiguo: vid. Michelena, *BSVAP* XI, 288.

Hay, sin embargo, dificultades que hicieron vacilar a Baist (*KJRPh.* VIII, i, 212), M-L. (*REW*[1], 4297), y llevaron a otros a buscar otras etimologías. No está claro el origen de la sílaba *em-,* aunque el mismo caso se da en *empeine* 'pubis', que viene indiscutiblemente de PECTEN (V. *PENDEJO*)[1]; quizá IN PECTINE quedaría soldado en época muy antigua, anterior al uso general del artículo (que no es muy antiguo tras preposición), y se aplicaría así a la parte de la piel del pie o del zapato que está *'en* el peine', es decir, sobre la articulación ósea que se comparó con un peine[2]. Por lo demás es evidente que el cast. *empeine* va con el fr. *empeigne* [*empeine,* S. XIII], oc. mod. *empegno,* cat. *empenya* [1696; ya *empena* en un doc. barcelonés de 1481[3], forma hoy conservada en Mallorca: Amengual; *BDLC* VII, 175], port. *empenha* [doc. de 1470-80, en los *Inéd. de Hist. Port.,* cita de Moraes], it. merid y sic. *mpigna,* sardo *impenna, impinna,* aplicados todos ellos a la parte superior del zapato. No hay gran dificultad en derivar

el fr. *empeigne* de PĔCTEN, comp. *peigne* 'peine'[4], pues las formas antiguas *empiegne, empiene* se explican por el influjo de *pied;* en vista de esta forma el *DGén.,* seguido todavía por Bloch, supuso un lat. vg. *IMPĔDĪNA 'lo que sirve para sujetar el pie', pero ya M-L. observó que esta formación era poco convincente desde el punto de vista morfológico y presentaba peores dificultades fonéticas (Gamillscheg, *EWFS,* por estas razones la modificó en *ANTEPĔDĪNUM). En realidad, las dificultades no están en francés, sino en las demás formas romances (excepto el castellano), que no se compaginan fonéticamente con PECTEN[5]: comp. oc. *empegno* con *penche* 'peine', cat. *empenya* con *pinte,* port. *empenha* con *pente,* it. *mpigna* con *pettine.* A ellas se junta el cast. antic. y hoy salm. *empeña* 'empeine del zapato' (dos ejs. en la *Pícara Justina,* ed. Puyol, III, 167), de donde por disimilación el salm. *empella* íd. (recogido por la Acad. ya en 1843).

Habrá que admitir que estas varias formas, que sólo significan 'empeine del zapato', son voces de la terminología de los cueros y de la zapatería, que han viajado desde las zonas industriales del Norte de Francia; pero ni así y todo desaparecen todos los obstáculos, pues la variante cat. *empena,* antigua, y conservada en el más arcaizante de los dialectos catalanes, se explica mal partiendo del francés y la alternancia entre *-na* y *-nya* (como en *pena ~ penya* 'peña' PINNA) produce el efecto de un vocablo autóctono; de todos modos siempre será posible considerar que *empena* viene del fr. ant. *empeine.*

[1] Pero este otro *empeine* pudo ser arrastrado por la palabra que estamos estudiando. Más difícil es que en ambos influyera EMPEINE III, de significado muy diferente.— [2] ¿O se trataría de un derivado *ANTEPECTEN 'parte anterior o externa del PECTEN' (de donde *ampeine > empeine)? Que sería lo más satisfactorio en el aspecto formativo. Pero falta confirmación filológica.— [3] Moliné i Brasés, *Consolat de Mar,* p. 232.— [4] De todos modos la forma regular del francés antiguo para 'peine' era *pigne,* según debía esperarse, y la moderna se debe al influjo del verbo *peigner.* Tal influjo era menos natural en la voz que significaba 'empeine de zapato', pero el cambio del uno pudo arrastrar mecánicamente el del otro.— [5] Tampoco con el improbable *IMPĔDĪNA, desde luego: comp. cat. *repetnar,* cast. *respendar* de RE-PEDINARE.

EMPEINE III, 'enfermedad del cutis, que lo pone áspero y encarnado, causando picazón', fué primitivamente *empeíne y viene del lat. vg. ĬMPEDĪGO, -ĪGĬNIS, íd., alteración no bien explicada del lat. ĬMPETĪGO, quizá por contaminación de IMPEDIRE 'estorbar, entorpecer, molestar'. *1.ª doc.* APal. 216*b,* 359*d*[1]; Nebr. («*empeine:* impetigo».

Después de estos lexicógrafos se halla en C.

de las Casas (1570), Percivale (1591)[2], Oudin y Covarr.; se lee también en Laguna (1555). Junto al port. *empigem* está el gall. *empinxe*[3] (Orense), *impinxa* (Pontevedra), Lis Quibén, *RDTP* I, 304-5; leon. de Babia y el Bierzo *empizna* 'herpe, efélide' (Gn. Álvarez). Una forma arcaica, de tipo fonético vasco-aragonés, y con conservación de la -T- del latín clásico, es el nav. riberano *petín* «sarpullido...» «mancha herpética...» (Iribarren), riojano íd. «eczema en la cara» (Magaña, *RDTP* IV, 293). Como ya indicó M-L., *ZRPh* VIII, 229, el cast. *empeine* y el port. *empigem* o *impigem* postulan un lat. vg. IMPEDĪGO en lugar del clásico IMPETĪGO, forma aquélla que quizá se explique por influjo de IMPEDIRE (no IMPEDICARE, como dijo M-L., que no ha dejado descendientes seguros en el romance hispánico, mientras que IMPEDIRE, -ESCERE, dejó *empecer*); IMPEDIRE, en efecto, se aplicaba especialmente a las enfermedades: *morbo impeditus*, Cicerón, *Verr.* 3, 63. En realidad IMPEDIGO no es forma hipotética, como admitía M-L., sino documentada en un glosario latino bastante antiguo, el del códice Vaticano 1260 (*CGL* III, 602.25[4]), conservado en ms. del S. X, y caracterizado por contener muchas voces del latín vulgar, entre ellas varias típicamente hispánicas, como *sarracla* 'cerraja', *cicala* 'cigarra' y *sarma* (errata por *sarna*); otra forma relacionada, *pendigo* (que quizá deba enmendarse en *pedigo*), se halla en el Disocórides latino escrito en Italia en el S. VI[5]. Los demas romances han conservado IMPETIGO (it. *impetiggine*, Badia *ampedin*) o PETIGO (Gardena *pédin* 'herpe de la vista', *ASNSL* CLXVI, 282; Lucca *pitiggine*, napol. *petinia*, calabr. *pitíyina*, rum. *pecingine*, *Rom.* LIII, 201). Además de la citada explicación de IMPEDIGO por etimología popular, podría pensarse en una variante arcaica y etimológica[6] pero esto es más dudoso.

En cuanto a la evolución fonética, el cambio de IMPEDIGINEM en *empeíyne*, *empeíne*, y luego *empéine*, con traslado de acento a la vocal más abierta (como en *veínte* > *véinte*, *reína* > *réina*), es regular, y en nada difirió de los demás casos del sufijo -IGINEM, al principio, hasta que en éstos se perdió la -e tras *n*, al mismo tiempo que BENE > *biene* pasaba a *bien*, convirtiéndose *holliyne* (FULLIGINEM) en *hollín*, y así *herrín*, *serrín*, *orín*, mientras se conservaba en *empeine* por hallarse tras diptongo; en Salamanca, *empeíne* se cambió en **empine* y luego *empina*, por influjo del género, que en latín era y allí sigue siendo femenino; *empina* tiene además la ac. secundaria 'corro de hierba más crecida que sobresale en un prado' (Lamano).

En la ac. 'hepática, planta criptógama parecida a un musgo', *empeíne* se halla ya en C. de las Casas (1570) y en Oudin; no es seguro si el nombre se le dió porque se emplea en la cura de los empeines (como afirma la Acad., quizá guiándose por el paralelismo del otro nombre *hepática*, que alude

a otra propiedad curativa), o porque en su calidad de musgo «que se extiende en las superficies húmedas y frías» se podía comparar con un herpe; esto es lo más probable: comp. *empina*, arriba; modernamente, además, en Andalucía, se ha aplicado a la flor del algodón [Acad. ya 1843].

DERIV. *Empeinoso* [Nebr.].

[1] «*Inpetigo* es *enpeyne*, vna manera de sarna alta y aspera, y que cresce en redondeza y afea la fermosura de los miembros do sale: y cunde a lexos», «*Petigo...* linaje de sarna: *empeyne*».— [2] «*Empéyne*: the tetter or ringworme, the itch».— [3] Gall. *expinxas* 'ronchas que nacen en los brazos' (Sarm., *CaG.* 67r).— [4] «*Impedigo*: id est sicca scabies rotunda et aspera, dicitur vulgo sarmam [sic]».— [5] «Aqua maritima... diaphoreticis quam maxime *pendiginibus* [*impetiginibus* en los mss. D y Th] adibetur. Tepida... prestolatur. Scavias, sernas et plurigines fomento adibita tollet», *RF* XIII, 179.— [6] Ernout-M. no ven claro el proceso semántico de la relación entre (IM)PETIGO y el lat. PETERE 'dirigirse a', 'atacar' (etimológicamente 'caer encima'); Walde-H. tratan de explicarla semánticamente con una aproximada equivalencia alemana *befall*, es decir, más o menos 'ataque'. Pero un nombre como *ataque* puede aplicarse a cualquiera enfermedad, ya que todas atacan al hombre; no es característico. Llamo la atención de los latinistas acerca de las citas de definiciones latinas que da Covarrubias, una de ellas del tratado en verso de Sereno Samónico (S. III: «Si vero vitium est, quod ducit ab impete nomen / hoc matutina poteris cohibere saliva»), pero las más oportunas son anónimas: «foedatio cutis s e r p e n s cum pruritu... ab impetu nomen deductum», «petigo, quod v i c i n a p e t a t, sese late summa cute diffundens». Esto es lo característico del herpe o empeine, el extenderse paulatinamente alrededor, como rampando, lat. *serpendo*, de donde el nombre it. *serpiggine* y probablemente el cast. *serpullido*; de suerte que la derivación semántica de *petere* (o de su derivado *impetus*), en el sentido de *quod vicina petit*, parece segura. Ahora bien, la raíz indoeuropea *pet-* 'caer' tiene una variante *ped-* (scr. *padyate*, eslavón *padǫ*) que no es ajena al latín (vid. Ernout-M.).

Empelar, empelazgarse, V. *pelo*

EMPELECHAR, 'chapear de mármol', 'unir chapas de mármol', alteración del it. *impiallacciare* 'chapear con chapas de madera buena', derivado de *piallaccio* 'tabla de madera aserrada', 'chapa de madera para chapear', derivado de *pialla* 'cepillo de carpintero', que a su vez procede del lat. PLANŬLA, diminutivo de PLANA 'doladera'. *1.ª doc.*: Acad. 1817, no 1783.

Empelotarse, V. *pelota*

EMPELTRE, 'injerto', 'olivo injertado', arag., tomado del cat. *empelt* 'injerto', de origen incierto. *1.ª doc.*: Acad. 1817 (no 1783), como nombre de una clase de olivo pequeño; Borao corrige 'olivo injertado', y la Acad. acepta esta corrección desde 1899 y agrega la 1.ª ac.; cita del aragonés Alej. Oliván (1849) en Pagés.

El cat. y oc. *empeltar* 'injertar' (ya en el S. XIII, R. Martí), de donde deriva *empelt*, tienen *ę* antigua como vocal tónica (aran. *empèut*, Quercy *empèu*, mall. *empèlt*, etc.), por lo tanto correspondería diptongo en aragonés si fuese voz castiza del dialecto. Desde el catalán ha penetrado en el murc. *empeltar* (G. Soriano), y desde el bearnés pasó en fecha muy antigua al vasco suletino *emphéltü* 'injerto', *emphéltat* 'injertar' (Larrasquet), alterado en Vizcaya y Guipúzcoa en la forma *mentu* 'injerto', *mentau* 'injertar' (Azkue); Michelena, *BSVAP* XI, 288, nos recuerda el vasco sul. *emphéltat* «greffer» y el guip. y vizc. *mendu* 'pua de injerto'. En Aragón *empelt* pasaría a **empelte*, y luego *empeltre* con repercusión de la líquida, forma que también aparece en el catalán del Ribagorzana y de la Litera (Alcover) (en el *REW* se cita un fr. ant. *empeautrer* que falta en Tobler y God., pero hay un alem. dial. *pelzen*). El origen de *empeltar* es discutido: véase por ahora Spitzer, *ARom.* XI, 97, y *ASNSL* CLXI, 231-2; M-L., *VKR* III, 14-15.

En definitiva, es probable que se trate de una alteración de **EMPUTARE¹* (< ἐμφυτεύειν), de donde proceden el fr. *enter* y el alem. *impfen*, y de donde vendrá también el navarro *embutar* (citado por A. Alonso, *RFE* XIII, 32), quizá alterado por influjo de *embutir*, o forma mozárabe trasmitida por los moriscos de la cuenca del Ebro y zona de Tudela; la alteración *empeltar* quizá se explique por influjo de PELTA 'escudo' o bien de PELLIS en el sentido de 'corteza' (más bien éste, a pesar de *FEW* IV, 583, pues PELTA no fué nunca popular en latín, y es fantástico el supuesto influjo del griego masaliota). Pero es problema difícil, que aplazo hasta la redacción de mi *DECat.* No se le escapará a Spitzer que las pruebas de popularidad latina de *pelta* a que alude en *MLN* LXXI, 375, son recusables: que un texto bajo-latino del S. XIV de nada sirve para el latín vulgar, que un ej. de un helenismo en una traducción del griego como es la Vulgata tampoco indica mucho, y que aunque el procedimiento de injertar en forma de escudo sea muy conocido (y ya lo documenta Jaume Roig en el S. XV al mismo tiempo que emplea la voz *empeltar*, v. 4006), esto no es indicio de que todas las expresiones romances de la idea de 'injertar' se funden en este procedimiento, y en el caso de *empeltar* esto pesa muy poco frente al hecho de que fr. *enter*, al. *impfen* y *embutar* indican inequívocamente la fuente ἐμφυτεύειν. Walther von Wartburg, *ZRPh.* LXVIII, 19-21, de acuerdo con su inverosímil teoría del influjo po-

pular del griego masaliota, supone que el oc.-cat. *empeltar* sea derivado directo del griego πέλτη.

DERIV. *Entado*, aplicado a las partes del escudo que están enclavijadas unas en otras [1725, en *Aut.*], del fr. *enté*, participio de *enter* arriba estudiado.

¹ De ahí, según notó Spitzer (*MLN* LIII, 135) el b. lat. *inpēto* «enxerir», corregido innecesariamente por el editor del glosario de Toledo.

Empella, V. *empeine* y *pella*   *Empellada*, empellar, V. *empellón*   *Empellejar*, V. *piel*   *Empeller*, V. *empellón*   *Empellicar*, V. *piel*   *Empellir*, V. *empellón*   *Empellita*, V. *pella*

EMPELLÓN, 'empujón recio', derivado del anticuado *empellir* o *empellar* 'empujar', que procede del lat. IMPĔLLĔRE 'impulsar' (derivado de PELLERE 'poner en marcha', 'agitar', 'golpear', 'rechazar'). *1.ª doc.*: APal. 211b, 216b¹; Nebr. («*empellón* o *empuxón*: impulsus»).

Se citan además ejs. de los SS. XVI y XVII (Fr. L. de Granada, Valverde, Acosta, Cervantes)². El verbo todavía se emplea algo en la forma *empellar*, que es ya muy antigua, pues se halla en el Fuero de Guadalajara (1219, cita de Oelschl.) y en el de Medinaceli (Cej., *Voc.*), en los leoneses publ. por Castro y Onís (219.22, 27; 220.24), más tarde en Nebr., en la *Comedia Florinea* (1559) y en el aragonés B. de Villalba (1577, vid. Fcha.), pero que ha de ser alteración de *empellir* [APal. 395d]³, en razón de las varias formas semejantes o comunes a las dos conjugaciones (p. ej. *empelló*, que figura en Nieremberg), y por influjo del sinónimo *empujar*.

En lo que concierne al origen de *empellir*, cabría dudar entre IMPELLERE (de cuyo frecuentativo IMPULSARE sale *EMPUJAR*) e ĬMPĬNGĔRE 'lanzar un golpe', 'empujar reciamente', que es el único que por lo demás ha dejado descendientes romances: rum. *împinge*, it. *impingere*, fr. ant. *empeindre*, oc. *empenher*, cat. *empènyer*⁴; en castellano **empeñir* habría podido convertirse por disimilación en *empellir*. Es preciso, sin embargo, rechazar esta última idea en vista de que *empelada* 'empujón' existió en portugués antiguo, y se halla en un texto de los SS. XIV o XV publicado en los Inéditos de Alcobaça (vid. Cortesão y Viterbo); ahora bien, esta forma es regular si viene de IMPELLERE (con el cambio de conjugación explicado), pero como descendiente de IMPINGERE, aun con disimilación, sólo podríamos esperar **empelhir* y **empelhada*⁵.

DERIV. *Empellada* 'empellón', ant. [J. Ruiz, 243d], gall. ant. *empelada* «andavan-se jogand' a cauçes e a empeladas» Ctgs. 254-16.

¹ «*Impingo*... dar empellón ofendiendo y con arremetida, lançar fuera».— ² Además en Quevedo, *Buscón*, ed. Castro, p. 197; Pérez de Hita, ed. Blanchard, II, 124; etc.— ³ «*Pugnus*, puño...

se dize de *empellir*». El participio *empellido* está en Fr. Luis de León, *Nombres*, Cl. Cast. II, 186.11 («*empellido*, de su lugar no se mueve»), y a base de él y de la etimología supuso *Aut.* un infinitivo *empeller*, que no hallo documentado inequívocamente en parte alguna, aunque es la forma que ha seguido dando la Acad. a este verbo.— ⁴ El participio es hoy, y ya desde h. 1400 (A. Canals; *Curial*), el analógico *empès*, pero lo antiguo debió ser *empent* (como si viniera de un IMPINCTUS, aunque no puede continuar esta forma latina, que habría debido dar **empint*, o en castellano **empinto*); de ahí el sustantivo cat. *empenta* 'empujón' y el derivado antiguo y dialectal *empentar* 'empujar', val. *espentar*. Aunque un caso aislado de *espentar* en el sentido de 'hincar, hundir' se halla en la *Crónica Troyana* de h. 1270 (vid. glos. de la ed. M. P., y comp. *RFE* XXI, 391-2), esta familia léxica apenas puede considerarse castellana, pues sólo se halla en Aragón y otras hablas orientales, donde es sospechosa de catalanismo o en todo caso mera continuación de una área lingüística catalana. *Empenta* 'puntal que se pone para sostener algo' figura en el albaceteño Sabuco (1587) y *empentar* es «voz del dialecto de Aragón» según *Aut.* (también de Cuenca y Este de Andalucía: Acad. 1936, a lo cual agregó posteriormente la Acad. [ya 1843] un «antiguo» y arag. *empenta* 'empujón' y *empentón*. Del participio clásico de *impingere* 'dar un golpe', a saber *impactus*, procede por vía culta el cast. *impacto* [como adjetivo. y sólo como término médico, en *Aut.*].— ⁵ El port. mod. *impelir* parece ser una mezcla del cultismo *impelir* equivalente al castellano (así *impelir* 'incitar, estimular', 'llevar [el viento, un navío]', en Camoens) y un antiguo y popular *empelir*, equivalente del castellano, en los sentidos 'chazar (la pelota)', 'echar (al enemigo)' (en Barreto, 1664), vid. Moraes.

Empenachado, empenachar, V. *penacho*   *Empendolar*, V. *péñola*   *Empenta, empentar, empentón*, V. *empellón*   *Empeña*, V. *empeine* II   *Empeñado, empeñamiento, empeñar, empeño, empeñoso*, V. *prenda*   *Empeoramiento, empeorar*, V. *peor*   *Empequeñecer, empequeñecimiento*, V. *pequeño*   *Emperador, emperatriz*, V. *imperar*   *Emperchado, emperchar*, V. *percha*   *Emperejilar*, V. *perejil*   *Emperezar*, V. *pereza*   *Empergaminar*, V. *pergamino*   *Empergar, empergue*, V. *pértiga*   *Empericutarse*, V. *cueto*   *Emperifollar*, V. *perifollo*   *Empernar*, V. *perno*   *Empero*, V. *pero*   *Emperrada, emperramiento, emperrarse*, V. *perro*   *Empersonar*, V. *persona*   *Empertigar*, V. *pértiga*

EMPESADOR, 'manojo de raíces de juncos, de que se sirven los tejedores de lienzo para atusar la urdimbre', del cat. *empesador*, derivado de *em-*

pesar 'dar adobo a los hilos de la urdimbre o del tejido', derivado a su vez de *empesa* 'este adobo', procedente del lat. IMPĒNSA 'gastos', 'ingredientes empleados para algo', de IMPENDERE 'gastar'. *1.ª doc.*: Acad. 1817, no 1783.

Para la voz catalana, hermana del fr. *empois* 'almidón', vid. Pons, *Vocabulari de les Indústries Tèxtils*, *BDC* IV, 95; Alcover. Se trata de un catalanismo propio de estas industrias, centradas en Cataluña. Vco. b. nav. y sul. *enpesa* 'almidón'.

Empesgar, V. *pez*   *Empestar, empestiferar*, V. *peste*   *Empetatar*, V. *petate*   *Empetrarse*, V. *pacer*   *Empetro*, V. *piedra*

EMPEZAR, derivado de PIEZA con el sentido primitivo de 'decentar (algo)', 'cortar un pedazo (de alguna cosa) y comenzar a usarla'. *1.ª doc.*: *empeçar*, Cid; vid. R. J. Cuervo y Fdo. Ant. Martínez en *Bol. C. y C.* VII, 1-17.

Aunque ya se halla, desde los textos más antiguos, como mero sinónimo de *comenzar*¹, se nota la frecuencia de la construcción con régimen directo de cosa, que es indudablemente la etimológica («si los pudiessen apartar a los del Campeador, / que los matassen en campo por desondra de so sennor: / el cometer [= el designio] fue malo, / que lo al no·s enpeçó, / ca grand miedo ovieron a Alfonsso el de León», *Cid*, 3542; «yo bergüença abría al mi Fijo rogar, / non sería osada la razón *empeçar*», Berceo, *Mil.* 780b; «Sennora, tu que esta cosa as *empeçada*, / fes me render la carta, / será bien acabada», íd., 818c; también 819b, etc.). Se comenzaría diciendo *empeçar el pan, empeçar la carne*, en el sentido de cortar de un alimento un primer pedazo o *pieça*, empleando esta palabra en este sentido, que es frecuente en los textos antiguos (*una pieça de carne*, J. Ruiz, 226b; *ferlo pieças*, Berceo, *Mil.*, 471c). *Empezar*, por lo tanto, fué equivalente de *encetar* o DECENTAR, de lo cual todavía quedaban resabios en la época clásica, pues Juan de Valdés recuerda la frase popular *si yo te empieço*, en el mismo sentido de *decentar* 'hacer que algo deje de estar sano (< entero), ulcerar'². Desde luego es ac. claramente documentada en el gallego del S. XIV: «passaron as lanças da outra parte, ata que *empeçaron* ēnas lorigas» (*Crón. Troyana* I, 256.11): 'hicieron mella'.

Empeçar tuvo siempre ç sorda (Cid; Berceo; *Fn. Gonz.*, 735d; Nebr.) y la sigue teniendo en las hablas que todavía distinguen ç de z, en Extremadura (Espinosa, *Arc. Dial.*, 27), en judeoespañol y en Portugal, lo cual ha permitido que en estos lenguajes se creara un verbo *empezar*, con z sonora, en el sentido de 'embadurnar de pez'³, que en castellano era imposible por la homonimia. *Empezar* es creación casi exclusiva del castellano, entre los romances, pues fuera de él sólo lo hallamos en el portugués de Tras os Montes y del Minho (*RL* V, 44, 226; XI, 154; Leite de V.,

Opúsc. II, 165), en algún texto portugués arcaico (Viterbo) y en gallego (*empezo* 'comienzo' en Vall.); una pronta desaparición en portugués se explicaría, por lo demás, gracias a la homonimia con el port. *empeçar* 'tropezar, chocar' (vid. *TRO-* 5 *PEZAR*). Aunque totalmente ajeno al catalán moderno y medieval, e inaudito en la mayoría de las hablas locales modernas de todas partes, forman excepción algunas del NO.: en Urgel, Ribagorza y comarcas vecinas se oye aun a personas del len- 10 guaje más castizo, desde Benavarre hasta Tárrega por lo menos, área tan extensa que lleva a sospechar que no es allí una penetración aragonesa. La vieja sinonimia con *comenzar* fué causa de que se creara la forma contaminada *compeçar* [*Cid*], 15 que también tuvo bastante extensión en Portugal (tres ejs. del S. XIV en Fig. y *RL* V, 218) y todavía se emplea o empleaba no hace mucho en las Azores, en el Minho y entre la plebe de Estremadura (*RL* V, 226; Monte Carmelo, *Orthogr.*, 20 501-2): es probable que a él se deba el cambio que en portugués sufrió *començar* en *começar*; cruzándose más tarde con *escomençar* resultó en cast. el villanesco *espezar* o *espenzar* (Tirso, *La Prudencia en la Mujer* III, ix, ed. Losada, p. 255). 25 Hoy los romanistas están de acuerdo en general acerca de la etimología de *empezar* (M. P., *Cid*, 644; *REW*, 6450; Ford, *Old Sp. Sibil.*, 51; Herzog, *Litbl.* XXIII, 122; G. de Diego, *RFE* IX, 151; Espinosa, *l. c.*). La duda de Diez, *Wb.*, 105-6, 30 acerca de que si *empezar* fuese derivado de *pieza* debería significar 'hacer pedazos', no es justificada, pues es otro el prefijo que se emplea para formar verbos de este sentido (*despedazar, destrozar, desmenuzar*, fr. *dépiécer*), y su imposible etimolo- 35 gía INITIARE se inspira en un falso análisis de *compe(n)çar* (que él cree desarrollo espontáneo de COMINITIARE). En cuanto a la idea de Parodi, *Rom.* XVII, 61, de que *empezar* venga de INCĬPĔRE íd., con metátesis y cambio de conjugación, además de 40 forzadísima en el aspecto morfológico, es imposible porque hubiera dado *empezar* con z sonora (o *embeçar* si la metátesis se hubiera producido después de la sonorización de las intervocálicas)⁴. Contra la indefendible etimología de Tilander, V. 45 mi artículo *PIEZA*.

DERIV. *Empezamiento* [-ç-, Berceo]. *Empiece*, fam. [falta aún Acad. 1899]. *Empiezo*, ant. y arg. [ya Acad. 1843]⁵; gall. *empezo* («deu *empezo*» 'comenzó' Castelao 28.19.

¹ «Detiénesle la lengua, non puede delibrar, / mas quando *empieça*, sabet, nol da vagar», *Cid*, 3308; «en quál razon *empieçe* nol puedo comedir», Berceo, *Mil.*, 769c; «empeçó a foyr ca querié escapar», íd., 380c.— ² «Si... amenazamos a un 55 moço o muchacho, queriendo dezir que lo castigaremos, dezimos: Pues si yo te *empieço*, y de la mesma manera dize Luciano *mu catirxato*, que quiere dezir me *empeçó*», *Diál. de la L.*, 24.8.— ⁵ Así en portugués y en la Biblia judía de Cons- 60

tantinopla (*BRAE* IV, 328).— ⁴ A lo más hubiera podido suponer un *INCEPTIARE (derivado del frecuentativo INCEPTARE), con metátesis muy antigua de la P y la C, pero esto es inverosímil y en ningún romance se encuentran huellas de tal vocablo latino.— ⁵ En *Alex. O*, 751, parece ser errata por *en preçio*, como trae P.

Empicar, empicarse, V. *picar*   *Empicotadura*, *empicotar*, V. *picota*   *Empiece*, V. *empezar*   *Empiema*, V. *pus*   *Empiezo*, V. *empezar, impedir*   *Empigüelar*, V. *pihuela*   *Empilonar*, V. *pila*   *Empina*, V. *empeine*

EMPINAR, del mismo origen incierto que *pino* 'levantado' (*tocar a pino, hacer pinos o pinitos, tenerse en pino*) y que el port. *empinar* 'enderezar, levantar en alto', *pino* 'pináculo, punto culminante', quizá derivados de *pino*, nombre de árbol, por la verticalidad y esbeltez de esta conífera. *1.ᵃ doc.*: Santillana; Nebr.: «*empinar o enhestar*: atollo».
Ya desde el 2.º cuarto del S. XV: *se empina*, Santillana, p. 133; *empinar* tr., Juan de Mena (*Vicios y Virtudes*, 24a), citas de los materiales inéditos del Dicc. de Cuervo. Es frecuente en autores desde Argote de Molina: «El asno... no se *impina* ni dispara como el cavallo», *Diálogos* (1.ᵃ ed. 1547), ed. Iowa, p. 122.1, y princ. S. XVII (Mariana, Cervantes, Lope, P. de Ribera, etc.), y se halla también en C. de las Casas (1570), Percivale, Oudin y Covarr. Se aplica en todos ellos al caballo y demás cuadrúpedos encabritados, al hombre que se levanta de puntillas, a las montañas y árboles, etc. En portugués es frecuente por lo menos desde med. S. XVI (Bernardino Ribeiro, J. de Barros, Moraes Cabral, Camoens). Hoy es de uso general en todo el territorio de lengua castellana, aunque se nota alguna mayor popularidad en el Oeste¹; el cat. *empinar-se* es castellanismo seguro, entrado como vocablo de equitación². De otras palabras de la misma familia hay noticias más antiguas: *tenerse en pino* o *tener pino* 'enderezarse, ponerse de pie', aplicado a un perro o a un asno que le imita, se halla ya en J. Ruiz, 1402a, 1404c; *hacer pino* 'levantarse de la cama' en la *Tragedia Policiana* (a. 1547), *NBAE* XIV, 19b; *ponerlo en pino* 'empinar el codo, beber', en el *Auto del Sacrificio de Abraham* (S. XVI, colección de Rouanet I, 12); *tañer* o *tocar a pino* 'doblar las campanas por los muertos, empinándolas, dejando su cabeza para abajo e inclinándola a uno y otro lado' (Lope, *La Dama Boba*, 272; Covarr.; y hoy en Andalucía: *RFE* XII, 406), de donde *empino* 'doble por los difuntos' en los *Baños de Argel* de Cervantes³; modernamente tenemos además salm. *pina* 'escalera', *hacer pinos* 'levantarse, al descansar, los segadores y otros obreros que trabajan encorvados', and. y gall. *pino* adj. 'derecho, en pie, empinado' (*estar pino* 'estar de pie': A. Venceslada; *una escalera muy pina*: Cotarelo, *BRAE* XIV, 129),

de donde *hacer pinitos* 'empezar a andar el niño o el convaleciente' [S. XVI, Malón de Chaide], *hacer pinicos* en Quevedo y otros (*Buscón, Cl. C.*, p. 51), *hacer pininos* en Andalucía, Canarias, Puerto Rico, Cuba, Colombia, Perú, Arg. y ya en un autor clásico (*BRAE* VIII, 426; *peninos* en Venezuela: Cuervo, *Obr. Inéd.*, 189); murc. *pinacho* 'cumbre, punta elevada' (G. Soriano), salm. y arag. *pineta* 'voltereta' (Lamano, Borao), ast. *apinar* 'colmar las medidas de áridos', *apinadura* 'colmadura' (V).

Esta misma familia de vocablos se halla en portugués: *pino* 'punto culminante, pináculo' (*o pino do dia o da noite*, ya S. XVI, Moraes; *o pino do verão, do inverno, da balança; posto a pino; fazer pino as crianças*), *fazer pinotes* o *pinotear* o *espinotear* 'corcovear las caballerías', minhoto *pinuras* 'alturas' (Leite de V., *Op.* II, 253), Limia *pinar* 'dar volteretas', 'fornicar', *pineta* 'voltereta' (*VKR* XI, s. v.), gall. *facer piniños* 'pinitos'[4].

Pasando a la etimología, la más natural es la de C. Michaëlis (*Homen. a M. P.* III, 464): se trata de un derivado de PĪNUS 'pino', por lo esbelto y vertical del tronco de este árbol, y el adjetivo *pino* y demás palabras en *p-* vienen también de este vocablo, sea directamente o como regresiones del verbo *empinar* (*apinar, pinar*); hay muchos paralelos semánticos, como el cast. *enarbolarse* 'encabritarse' y su equivalencia alemana *sich bäumen*, y como prueba de que aun árboles menos conspicuos por su verticalidad pueden servir para comparaciones de esta índole bastará citar el cat. *alzinat* 'casi vertical', *alzinar-se* 'enderezar el cuerpo', derivado de *alzina* 'encina'[5]. La dificultad más visible está en la *-n-* portuguesa, donde debiera haber *-nh-*, comp. *pinheiro* 'pino'; de todos modos ya C. Michaëlis hizo notar que *pino*, como nombre del árbol, era usual en portugués arcaico (Don Dinís, etc.)—sea por latinismo o por castellanismo—como sigue siendo lo usual en gallego (*pino bravo*, etc., en Vall., *Queixumes dos Pinos*, libro del poeta Pondal, a. 1886): muy bien pudo utilizarse este duplicado para la comparación que vemos en *empinar* y vocablos afines. Algo sorprende el gran desarrollo, sobre todo en gallegoportugués y leonés, de las formaciones secundarias como el adjetivo *pino*, pero no olvidemos los casos castellanos como *hueco* (y port. *oco*), sacado de *ahuecar* y éste de OCCARE 'mullir la tierra', exactamente paralelos. Luego ésta me parece por ahora la etimología más razonable, aunque se desearía encontrar más comprobaciones.

Aebischer, en un sabio estudio (*BDC* XXIV 127-157 del b. lat. de Cataluña *pinus* (documentado 7 veces en escrituras de 963, 974, 977 y 1033) trató de relacionar esta palabra, que tiene el significado de 'altura, cumbre' o quizá 'peñasco', con nuestra familia hispano-portuguesa, y explicó ambas por un *PĪNNU resultante del cruce del galo PĔNNOS 'cabeza, extremidad' con el cast. *pico*, cat. y oc. *pic* 'cumbre de montaña' que él supone de origen

ibérico, pese al hecho bien conocido de la ausencia de P- en esta lengua; *PĪNNU habría conservado la -NN- en la parte occidental (de donde el gall.-port. *pino, empinar*) y la habría simplificado en -N- tras vocal larga, por un fenómeno de fecha latina, que por lo demás sólo puede verificarse de manera indirecta por la reducción de -LL- a -L-, producida en condiciones semejantes, pero no en cast., sí en catalán y galorrománico[6].

Todo esto es muy audaz y demasiado construído. El hallazgo de ese bajo latino *pinus* es, sin embargo, interesante y quizá haya verdadera relación con *empinar* y voces afines, aunque estén éstas tan mal representadas (si es que lo están) en tierras catalanas (comp. los nombres de lugar citados en la n. 3)[7]. De todos modos, en una parte de los cjs. puede tratarse de *pinus* nombre de árbol, aunque en los demás el sentido será realmente 'roca' o 'cumbre'. Pero ¿prueba esto la existencia de una base *PĪNU 'cumbre'? De ninguna manera. Puede ser un caso arcaico de regresión, procedente en definitiva de PĪNUS 'pino', 'objeto empinado'. Sobre todo obsérvese que mientras no tengamos descendientes modernos de ese vocablo pre-catalán (pues el nombre de lugar actual *Pi* es el nombre de árbol) no conoceremos en realidad su forma verdadera y etimológica; es conocida la costumbre de los escribas merovingios y carlovingios de cambiar en *i* las *e* de las palabras vulgares para darles un aspecto más «latino» (*parilium* por el cat. *parell* 'par, pareja', *sita* por 'seda', *dodicina* por 'docena'): ahora bien, ¿quién nos asegura que bajo ese *pinus* de las escrituras no se oculta una forma vulgar *pen* relacionada con *peña* y con el lat. PĬNNA 'punta, cumbre'? En todo caso ese masculino *pen* o *peny* existe, contra lo que cree Aebischer (p. 138), que ya había pensado en esta posibilidad, pero sólo para rechazarla fundándose en la ausencia de semejante masculino; y no sólo existe, sino que es antiguo y sigue siendo vivo en la Cataluña actual: en la Sierra del Montmell (Bajo Penedés) he oído *peny* en el sentido de 'roquedal, conjunto de riscos'[8], y el mismo vocablo dió nombre al pueblo que antiguamente se llamaba *Els Pens* o *Es Pens*, al Noroeste de Vic, rodeado de sierras peñascosas, y que hoy se conoce con la pronunciación vulgar *Alpèns*[9]: tenemos ahí la alternancia bien conocida en catalán entre *n* y *ny* como representantes de NN *penya* y *pena; rata-pinyada* y *rat-penat; engany* y *engan; cànyom; cànem*). Me quedé muy corto al hablar sólo del Montmell a propósito de *peny*: en realidad el vocablo es muy vivo y de uso general en todo el Sur de Cataluña; en 1955 lo anoté en varias docenas de pueblos de toda la zona, desde el Bajo Llobregat hasta el Ebro. Si el *pinus* de los textos citados es el moderno *peny* o *pen*[10], y nada se opone a ello, es menester separarlo completamente de *empinar*, pues el diferente vocalismo indica origen distinto.

No creo tampoco que estuviera acertado d'Ovidio (*ZRPh.* XXVIII, 535-49) al creer que *empinarse* junto con el it. *impennarsi* 'encabritarse (el caballo)' proceden de PĬNNA 'punta', pues si éste sería representante popular, aquél tendría que ser cultismo, lo cual no es posible, dado que *IMPINNARE no existe en latín, a no ser que se confirme la existencia de un cultismo *pina* 'cumbre' popularizado en castellano, de lo cual sólo tenemos débiles indicios, para los cuales V. *PINA.* Por otra parte, y a reserva de posible rectificación por parte de los especialistas italianos, agregaré que *impennarsi* 'encabritarse', según los datos de Tommaseo, no se halla antes de la 2.ª mitad del S. XVII (en Dati, † 1676; Menzini, † 1704; y en el *Arte del Cavallo* de Santa-Paulina, publicado en 1696), es decir, en la época de máximo influjo español, y que por lo tanto tiene todo el aspecto de ser un castellanismo hípico, alteración de *empinarse* por influjo del autóctono *impennarsi* 'levantar el vuelo', que ya se halla en Boccaccio, y que no es derivado de PĬNNA 'punta', sino de PENNA 'ala'; en cuanto al lat. arcaico PĬNNUS 'agudo', véase lo que diré en el artículo *PEÑA*[11].

En la ac. 'levantar mucho el vaso para beber, levantando su fondo', 'beber mucho', *empinar* no tiene nada que ver con el gr. ἐμπίνειν 'beber ávidamente', como se ha dicho repetidamente, sino que es mera abreviación de *empinar la vasija* o *empinar el codo* (también frecuente), en el sentido de 'levantarlos'.

DERIV. *Empinada. Empinado. Empinadura. Empinamiento. Empinante. Empino* (vid. arriba). *Repinarse* [Acad. ya 1843]. *Repinaldo* 'manzana de forma alargada' [Acad. 1914, no 1843; ej. de Palacio Valdés en Pagés].

[1] *Empinado* 'orgulloso' en Zamora (Fz. Duro). Derivados de la misma familia, como *apinar* 'amontonar, apilar, llenar con exceso hasta formar copete', son propios de Asturias (Rato), berciano *pinar* 'enhestar' (*pinar el mayo:* levantarlo y ponerlo derecho, G. Rey), salm. íd. 'llenar con demasía cualquier recipiente', 'echar excesiva carga sobre la bestia o en un carro' (en la Ribera del Duero: Lamano).— [2] No es genuino, por más que lo dé a entender el dicc. de Alcover, aunque sin citar más que ejs. del S. XX, todos valencianos o insulares. Hay testimonio mallorquín de 1700, en Ag., y otro de *empignar-se,* también aplicado al caballo, en el rosellonés Miquel Agustí, 1617, forma que se debe al influjo del autóctono *repetnar* 'cocear' (J. Roig, 4388; Eiximenis, en *N. Cl.* VI, 30) y del rosell. y oc. *reguitnar* íd.: es frecuente el paso fonético de *-dn-* a *-gn-.* De ahí seguramente el rosell. *empinnat* 'airado, colérico' (Saisset, *Perpinyanenques,* 12, 64). Nada tiene que ver, en cambio, el occidental *empinyar-se* 'emborracharse' (Ag.), derivado de la frase vulgar *agafar la pinya.* Hoy *empinar-se* es de uso popular en Valencia y Mallorca, aquí aplicado casi únicamente a los caballos (Amengual), a las ovejas (*BDLC* VII, 176) y otros cuadrúpedos; pero no en Cataluña (aunque lo registre Labernia, que era del Maestrazgo), a no ser en el sentido de 'beber mucho', y aun en éste se siente como voz pintoresca y acastellanada.— [3] Dice Covarr.: «*Pina,* un mojón redondo y levantado, que se remata en punta; cerca de los labradores, cuando juegan a la chueca en el exido, son como puerta para salir y entrar por entre las dos *pinas;* y *pinae* significa las almenas sobre los muros». Claro está que esto último es el lat. *pinnae,* y que es abusivo deducir de ahí un cast. *pina* 'almena', como el que cataloga injustificadamente la Acad. [*Aut.*]. En cuanto al otro *pina* 'mojón', también ha pasado a los diccionarios posteriores, desde Franciosini hasta la Acad., pero no logro ver que *pina* esté documentado en parte alguna como nombre de un accidente topográfico, fuera de ahí. A no ser en la toponimia: según Madoz hay tres localidades llamadas *Pinilla* en Albacete, otras tantas en Guadalajara, en Burgos y en Soria, dos en Madrid, dos en Zamora y una en Valladolid, Salamanca, Segovia y Murcia, un *Piniella* en Oviedo; pero Pinilla de Arlanza se llama *Penniellam* en doc. de 804 (M. P., *Oríg.,* 163; más ejs. en Aebischer, *l. c.,* p. 138), por lo tanto se tratará de un diminutivo de *PEÑA,* con *n* por disimilación y *e > i* por metafonía ante *ie.* Menos clara es esta explicación en el caso de *La Font de la Pinella,* junto a Ares (Maestrazgo), en el *Pinela* del partido de Badajoz, el *Pineta* de Bielsa (Huesca), y en el nombre de lugar *Pina,* del cual hay un caso en Zaragoza, otro en la zona aragonesa de Castellón y otro en Mallorca (ya en el Repartimiento de S. XIII, con variante *Pínar*), a los cuales podrán agregarse el apellido portugués *Pina,* ilustrado por el cronista del S. XV, *Pinaplà,* collado en el término de Roquetes (Tortosa), y *Pinajarro,* sierra de la prov. de Cáceres. De todos modos no tenemos pruebas claras de que este nombre significara 'mojón', y un análisis riguroso del texto de Covarr. parece indicar que sólo se trata de un madero puntiagudo y cónico, colocado verticalmente junto a otro igual, a manera de mojones, para marcar la puerta en el juego de la chueca. De hecho este juego se llama hoy *de la pina* en Salamanca (Lamano) y allí se da también este nombre, probablemente con carácter secundario, a la bola o chueca empleada en él; de ahí *pinar* 'jugar a la chueca' en Lucas Fernández, a. 1514, ed. 1867, p. 189; *hacer el pino* significa algo parecido en el mismo pasaje (vid. Lamano, p. 578); comp. port. *pino da choca* «badalo de pao com bola no extremo» (Moraes). Ahora bien, este *pina* ¿significa propiamente 'mojón' y se llama así por su posición vertical y empinada, o más bien tiene que ver con *PINA* 'cada uno de los trozos de madera curvos que forman las ruedas de un carro

antiguo'? Y ¿hasta qué punto estamos ante el mismo vocablo que en las voces siguientes?: gall. *pino, pinallo, pinalleira*, 'timón del carro de bueyes' (*VKR* XI, lámina p. 288), port. y sanabr. *pino* (*pinho* en Barroso y otros lugares), *pinalho* íd. (Krüger, *Gegenstandsk.*, 200), berc., sanabr. y port. *pino* 'cuña de madera en el arado' (ibíd., 193, comp. 207, 226; G. Rey), salm. *pino* 'palito para clavar las pezuñas de los toros bravos' (ya en el Maestro Correas), santand. *pino* «palito para meter en un agujero (*pina*); tramo en la escalera de mano; tres haces de puntas de maíz; también «*piños*: cuñas» (G. Lomas), port. *pino* 'clavo de pino o de caña empleado por zapateros', trasm. *pinasco* «pino para jogar» (*RL* III, 64), gall. *piniscos* 'puntas o extremidades (del cabello, etc.)', *piniscar* 'despuntar una cosa, cogerla por las puntas como pellizcando', *depenicar* 'despuntar con la boca o con los dedos (una cosa), comerla poco a poco' (uvas, flores, brotes) (Vall.). Me inclino a juntar estas palabras, que se agrupan alrededor de la idea de 'punta' objeto puntiagudo', con la *pina* de Covarr., y a separarlas de *empinar* y su familia, cuya idea central es la de 'objeto erecto'. Comp. *PINA*.— [4] Para el extremeño *repiar*, que no pertenece a esta familia, vid. *HORROR*.— [5] Recuérdese también que *pino* se ha empleado como metáfora para 'mástil de la nave' (p. ej. en Ugo Foscolo: *WS* I, 115n.) y luego 'nave en general' (portugués). Y en el murc. *estar hecho un pino nino* (¿quizá alteración de *pinino*?) hay conciencia popular de que se trata de *pino, árbol*.— [6] Peor es aún la otra alternativa que sugiere para explicar la *-n-* castellana: una variante céltica dialectal **PĪNDO-* con asimilación romance de ND en *-n-*, fenómeno catalán (y apenas aragonés) pero no castellano ni portugués. Nada prueban los raros ejs. de este fenómeno que creyó hallar M. P. (*Oríg.*) en Castilla: todos tienen su explicación particular, fácil de advertir.— [7] No creo que exista el langued. *a pi* 'a pico' que cita Aebischer, sin duda de Mistral. Tiene Mistral un artículo *pic* 'pico de montaña', que encabeza, como de costumbre, con la variante rodanense *pi*, con caída regular de la *-c*, y dentro del artículo cita *pic* como forma languedociana, y más allá *a pi* 'a pico', sin localizar esta locución; luego ésta debe de ser rodanense, y por lo tanto no prueba la existencia de una forma en *-n* caída: la *-n* no se pierde nunca en el habla mistraliana.— [8] «Quan siguin sota el *peny*, tombin a mà dreta», frase anotada en febrero de 1932.— [9] He anotado la grafía *Es Pens* en varios documentos medievales del archivo de Vic. Un poeta llamado *Andreu d'Espens*, indudablemente oriundo de Alpens, es autor de composiciones coleccionadas en el Cancionero de los Masdovelles (mediados del S. XV), publicado por Aramon, I. de E. C., Barcelona, 1938 (*RFE* XXVI, 542). Ag. da otro ej. de *peny* 'peñasco', de 1880,

y el mismo vocablo figura ya en el diccionario de Jaume Marc, de 1371.— [10] El pallarés *peny* 'lámina cortante de un instrumento de labranza', que registré en *BDC* XXIII, 302, es la misma palabra, pero procedente del sentido de 'punta' que tenía también el lat. PINNA (duplicado PENNA), especialmente en el adjetivo *bipennis* '(hacha) de dos filos', comp. Lipari *pinna* 'punta del zapapico' (*VKR* III, 207).— [11] No hace falta refutar la arbitraria idea de Subak, *ZRPh*. XXXIII, 483, de que *empinar* viene del lat. SŪPĪNARE 'tender sobre la espalda' por cambio de seudo-prefijo.

Empingorotado, empingorotar, V. *pingorote*
Empino, V. *empinar*   *Empiñonado*, V. *piña*
Empiolar, V. *pihuela*   *Empíreo, empireuma, empireumático*, V. *piro-*

EMPÍRICO, tomado del lat. *empirĭcus* íd., y éste del gr. ἐμπειρικός 'que se guía por la experiencia', derivado de πεῖρα 'prueba, experiencia, tentativa'. 1.ª *doc.*: Covarr. (de donde pasa a Oudin, 1616, y a Minsheu); 1684, Solís.

DERIV. *Empirismo*.

Empitonar, V. *pito*   *Empizarrado, empizarrar*, V. *pizarra*   *Empizcar*, V. *guizque*   *Empizna*, V. *empeine*   *Emplantillar*, V. *planta*   *Emplastecer*, V. *aplastar*

EMPLASTO, tomado del lat. *emplastrum* y éste del gr. ἔμπλαστρον íd., derivado de ἐμπλάττειν 'modelar (sobre algo)', que a su vez lo es de πλάττειν 'amasar, modelar'. 1.ª *doc.*: Berceo, *S. Dom.*, 295*d*; J. Ruiz, 187*b*; Glos. del Escorial. APal. 130*d*, 339*b*, Nebr. y Torres Naharro traen la forma latinizante *emplastro*, que PAlc. al copiar a Nebr. en 1505 enmienda en *emplasto*; Lope de Rueda *empastro* (Gillet, *Propaladia* III, 790). Para más ejs. de aquellas dos variantes, vid. Cuervo, *Obr. Inéd.*, 217n.2. La pérdida de la *-r-* puede deberse a influjo de *APLASTAR, plasta* y su familia, o bien a una especie de disimilación (comp. el cat. *empastre*, vid. Ag., y J. Roig, *Spill*, vv. 1360, 2090).

DERIV. *Emplastar* (*-trar*, Nebr.); *emplastadura, emplastamiento. Emplástico* (vid. Cuervo, *l. c.*).

Emplazador, emplazamiento, emplazar, emplazo, V. *plazo*

EMPLEAR, tomado del fr. arcaico *empleiier* (hoy *employer*) íd., procedente del lat. IMPLĬCARE 'envolver, complicar', 'meter (a alguien en alguna actividad), dedicarle (a ella)', derivado de PLĬCARE 'plegar, doblar'. 1.ª *doc.*: Cid.

Es ya frecuente en ese texto, en Berceo, J. Ruiz y en toda la Edad Media. Se nota en estos autores la frecuencia del régimen *emplear la lança, emplear las armas*, que es también frecuente en francés antiguo (Chrétien de Troyes; Renart; etc.; vid. Tobler, III, 118.31 y ss.); entraría como vocablo de la terminología caballeresca. En *Alex.* 1008*O*, aparece una forma castizamente castellana *emplegar*, que hoy se ha conservado en Asturias 5 (*emplegar* o *empliegar*: Rato); así todavía en el *Cuento de Otas*, S. XIV, en el sentido cidiano de 'dar un golpe': «tan bien *enplegó* su golpe... que la corona de Roma fué por ende ensalçada» (f° 58r°); del mismo romance pasó *emplegar* al vas- 10 co ant. *enplegatu*, Michelena, *BSVAP* XI, 288. En Lope es frecuente *emplear* en el sentido de 'dar esposo a (una mujer)' (vid. nota de Montesinos al v. 2063 de *La Corona merecida*), que es también conocido en francés antiguo (Tobler, 117.37 y ss.); en 15 el verso 555 de la misma obra es 'tener relegado (en alguna parte)'. IMPLICARE se ha conservado en forma autóctona en otros romances (port. *empregar*, oc. ant. *emplegar*, it. *impiegare*; el catalán recurre a otras voces, *esmerçar*, *emprar*). El sentido ro- 20 mance apunta ya en latín en frases como *se implicare aliqua re*, *implicari certo genere vivendi*, *implicare se societate civium*, que son frecuentes en Cicerón.

DERIV. *Empleado*. *Empleo* [la fecha más antigua 25 de *empleo* parece ser *El Verdadero amante* I (Riv. XXIV, 5*c*) de Lope, que se cree de 1576, si bien retocada posteriormente (falta en Nebr. y C. de las Casas), que aparece también tres veces en las Cortes de 1351 (*Dicc.* Cuervo); princ. S. XVII: 30 *Aut.*, Oudin, Covarr.], J. Ruiz había empleado el femenino *emplea*.

CPT. *Empleomanía*.

Emplegar, V. *emplear*   *Empleita*, *empleitero*, 35 *emplenta*, V. *pleita*   *Empleo*, *empleomanía*, V. *emplear*   *Emplir*, V. *henchir*   *Emplomado*, *emplomador*, *emplomadura*, *emplomar*, V. *plomo*   *Emplumajar*, *emplumar*, *emplumecer*, V. *pluma*   *Empobrecedor*, *empobrecer*, *empobreci-* 40 *miento*, V. *pobre*   *Empoderar*, V. *poder*   *Empodrecer*, V. *podrir*   *Empoltronecerse*, V. *poltrón*   *Empolvar*, *empolvoramiento*, *empolvorar*, *empolvorizar*, V. *polvo*   *Empolladura*, *empollar*, *empollón*, V. *pollo*   *Emponchado*, V. *poncho* 45 *Emponzoñador*, *emponzoñamiento*, *emponzoñar*, V. *ponzoña*   *Empopada*, *empopar*, V. *popa*   *Emporcar*, V. *puerco*

EMPORIO, tomado del lat. *empŏrĭum* 'merca- 50 do' y éste del gr. ἐμπόριον íd., derivado de ἔμπορος 'viajante de comercio' y éste de πορεύεσθαι 'viajar'. *1.ª* doc.: P. de Ribera, † 1629.

Empós, V. *pues*   *Empotramiento*, *empotrar*, 55 *empotrerar*, V. *potro*

EMPOTRIA, que sólo aparece en *Alex.* 1326*aO*, como nombre de la *alectoria*, piedra que se halla en el hígado de los gallos viejos y a la que se 60 atribuyen virtudes milagrosas, parece ser corrupción del manuscrito en vez de *alectría* (del gr. ἀλεκτορία íd., derivado de ἀλέκτωρ 'gallo'), pues en el manuscrito *P* se lee *electa* en el mismo pasaje.

Empovinar, V. *polvo*   *Empozar*, V. *pozo* *Empradizar*, V. *prado*   *Emprendedor*, *emprender*, V. *prender*   *Emprensar*, V. *prensa*   *Emprenta*, *emprentar*, V. *imprimir*   *Empreñación*, *empreñador*, *empreñar*, V. *preñado*   *Empresa*, *empresario*, V. *prender*   *Emprestado*, *emprestador*, *empréstamo*, *emprestar*, *empréstido*, *esprestillador*, *emprestillar*, *emprestillón*, *empréstito*, *empresto*, V. *prestar*   *Empriesa* adj., V. *prisa* *Emprima*, *emprimación*, *emprimado*, *emprimar*, V. *primo*   *Empringar*, V. *pringue*   *Empuchar*, V. *puche*   *De empuesta*, V. *poner*

EMPUJAR, probablemente del lat. tardío IM-PŬLSARE íd., frecuentativo de IMPELLĔRE 'impulsar', derivado de PELLĔRE 'poner en marcha', 'agitar', 'golpear', 'rechazar'. *1.ª* doc.: *empuxar*, 1251, *Calila*, ed. Allen, 21.146, 28.354.

Aparece también *empuxar* h. 1300 en los Fueros de Aragón (Tilander, 139.18; *empuyssar* en el Fuero de Navarra), en el *Glos.* del Escorial, en G. de Segovia (pp. 50-51)[1], en Nebr., etc., y hoy se pronuncia con *x* sorda en judeoespañol (Subak, 166) y en gallegoportugués [*empuxar* *Ctgs.* 217.26, *MirSgo.* 51.8]. Es palabra inseparable de *pujar* (antiguo y judeoesp.[2] *puxar*) en el significado de 'hacer fuerza para pasar adelante o proseguir alguna acción venciendo estorbos' (en docs. leoneses de 1240 y 1254[3]; en Gonz. de Clavijo, 1406-12, *Aut.*, etc.), 'empujar' (APal., 424*b*: «ruere es *puxar* con todo el cuerpo segund fazen los que derrocando se baten a otros en tierra»), «tener dificultad en explicarse, no acabando de prorrumpir en la especie u deteniéndose en la ejecución de alguna acción» (*Aut.*), port. *puxar* «atrair; mover para si; arrastrar, arrancar; estirar; etc.»[4], que no deben confundirse con el otro *pujar* (antiguo, judesp. y port. *pujar* con sonora) 'subir', 'crecer', 'sobrepujar', 'aumentar el precio en almoneda, etc.'[5]. *Puxar* viene de PŬLSARE 'dar empujones, sacudir, golpear', frecuentativo de PELLĔRE.

M. P.[6], *Cid*, 811-2, propuso una base vulgar latina *PŬLSĬARE, derivada de PULSUS, participio de PELLERE, y para *empuxar* *IMPULSIARE, relacionado con IMPULSIO, -ONIS, que habría dado *empuxón* (hoy *empujón*), con cambio de género. Esto es teóricamente posible, pero estos *PULSIARE e *IM-PULSIARE no se hallan comprobados en ningún texto ni confirmados por otro romance, mientras que el fr. *pousser*, oc. ant. *polsar*, continúan induñablemente PŬLSARE. Ahora bien, como hizo notar Zauner, *Altspan. Elementarbuch* (comp. *RFE* XVI, 160), con la adhesión de M-L. (*RFE* XV, 283-4), el paralelismo del grupo -ŬLS- con el otro grupo

con consonante final dental, a saber -ŬLT-, —que
da -uịt- y después -uch- (mucho, puches, escuchar, buitre, cuitre, etc.)—, hace esperar que -ŬLS-
diera -uịs- y luego -ux-, tal como es paralelo el
tratamiento de -ALT- (soto, jota, otro, otero) y el
de -ALS- (La Sosa SALSA); comp. también el cierre
de la ŭ en DULCE y casos citados en este artículo, que presupone con carácter general una vocalización preliteraria de la L tras ŭ; los ejs. contrarios que se citan están basados en etimologías
falsas o dudosas (vid. POSO, SOSO, REBOSAR).
    DERIV. Empujada, ant. [empuxada, Alex., 32d]
y venez. Empujador. Empujamiento ant. Empuje
[Terr.], antes empujo [Aut.]. Empuxo 'empujón'
ya está en el F. Juzgo VI, v, 3 (112), del lat.
IMPŬLSUS. Empujón [Nebr., -xón], puede ser derivado de empujar (comp. empellón) o procedente
de IMPULSIO, -ONIS (vid. arriba). Rempujar o arrem-
pujar, vulgares en España y en América; rempujón
(p. ej. en el chileno G. Maturana, Cuentos Pop.,
AUCh. XCII, ii, 75). Para pujar véase arriba. De
ahí: pujo [«puxo de vientre: tenesmus» Nebr.],
de PŬLSUS, -ŪS, 'impulso', derivado de PELLERE.
    CPT. Pujavante [puxavante, S. XIII, L. de los
Cavallos 103.23; h. 1400, puxavan, Glos. de Toledo, con mala grafía estonber por escalper en la
traducción latina; puxavante, con sentido obsceno,
en el Canc. de Baena; «puxavante de albeitar:
scalprum ferrarium», en Nebr.], adaptación del cat.
botavant íd., con sustitución de botar por su sinónimo castellano puxar (compuesto con avant 'adelante'); será castellanismo el val. «puxavant: scalper
ferratorius» a. 1575 On. Pou, Thes. Puer. 36.
Comp. RFE XXVI, 503-4.
    Derivados de pujar 'subir' (estudiado en la nota
5): puja [«p. en almoneda: licitatio» Nebr.]; puja-
miento [Guevara, Epístolas, I, p. 355 (Nougué,
BHisp. LXVI)]; pujamen [pujament, SS. XVI-
XVII, Relación de Galeras, de Pedro Palomino,
RH XL, 70; -men, 1732, Fernández, en Jal] o
pujame [1611, Th. Cano, ibid.] 'orilla inferior de
una vela': junto con el gall. pušáme (VKR X,
200) y sus congéneres portugueses (J. M. Piel,
Misc. Coelho 321-3), parece haberse tomado del
cat. pujament íd. (BDC XII, 60), cambiándose la
terminación forastera -amén por el sufijo -amen o
-ame tan frecuente en términos náuticos (velamen,
maderamen, botamen, cardumen, y sus variantes
sin -n, RFH VI, 160n.2); en cuanto al cat. pujament, es derivado de pujar 'subir' (V. aquí lo dicho
s. v. ORZA), junto con puja 'cabo atado a la parte
inferior de la vela y empleado para echarla a la
derecha', de donde se tomó el cast. puja íd. [2.º
cuarto S. XV, Díaz de Gámez], mientras que la
variante cast. y port. poja se tomó del it. poggia,
hermano de la voz cat. (no es probable la etimología griega πόδιον, diminutivo de πούς 'pie' propuesta por Diez, que todavía aceptaba yo en
Homen. a Rubió i Lluch III, 300).
    Repujar 'labrar a martillo formando relieve'

[Acad. 1925, no 1884], del cat. repujar íd. (es oficio que cuenta con vieja tradición barcelonesa);
repujado. Sobrepujar [h. 1295, 1.ª Crón. Gral.
658a7; 1399, Gower, trad. de la Conf. del Amante, 26, 320, 341, 399; Nebr., s. v. pujar; J. de
Valdés, Diál. de la L. 117.22], del cat. sobrepujar
íd.; sobrepujamiento [fin S. XIV, Rim. de Palacio,
348]; sobrepujante; sobrepujanza.
    En cuanto a pujante [así ya 2.º cuarto S. XV,
Carvajales, Canc. de Stúñiga, 381; cat. puixant,
port. pujante] 'potente, poderoso', y el abstracto
correspondiente pujanza [pujança, Alf. de Monta-
ños, Canc. de Stúñiga, 270; 2.ª mitad S. XV, Fernando de la Torre, RH XV, 91, v. 167[7]; «exupe-
rantia» Nebr.; cat. puixança, port. pujança], en
definitiva no son derivados ni del antiguo puxar
ni del antiguo pujar, sino tomados del fr. puissant,
puissance (procedentes del lat. vg. POSSENS, -ENTIS,
en vez de POTENS 'potente', pero con influjo del
presente je puis), aunque al pasar por Castilla
sufrieron la natural atracción fonética de pujar
'sobrepujar', cambiando por lo tanto la š primitiva en ž.
    [1] Una sola vez (49n.2) sale en este texto la gra-
fía empujar, fuera de la rima, por confusión mo-
mentánea con el pujar de que hablaré.— [2] Benoliel, BRAE XIII, 223.— [3] «A vos o a quien voz
desta carta puxar, peche...», Staaff, 83.19, 84.19.
Como observa M. P., la fórmula latina que esto
traduce es «ad te vel qui tuam vocem pulsave-
rit».— [4] Ya en las Ctgs. 58.50, 125.33, 241.46.
Comp. «se lhe puxassem pela idëa, Deus nos
libre!», «e fosses tu lá com retólicas, cá che
puxaba as orêlhas», en el habla miñota de Castro
Laboreiro, Leite de V., Opúsc. II, 367.— [5] Éste
se tomó del cat. pujar 'subir', lat. vg. *PŎDIARE,
derivado de PODIUM 'podio de un circo', 'otero',
como prueba el tratamiento de la o y del grupo
DI: es palabra sólo representada, con este sentido, en cat., oc. y alguna habla italiana. Aparece
ya a fines del S. XIII, en la Gral. Estoria: «tra-
bajósse de comprar le poral rey; et pujó el precio
del moço a su peso de plata» (M. P., Yúçuf,
lín. 34), y luego es frecuente: J. Ruiz 41e (pujar
al cielo), 547a, 140h; G. de Segovia (pp. 50-51);
Nebr.: «pujar en almoneda: liceor» (ac. que hallamos en doc. de Niebla, 1419, M. P., D. L.
362.32), «pujar sobrepujando: supero» («está cierto que ha de pujar / a todos los reyes y aun ha
de ganar / la Tierra Santa de Jerusalém», Comedia de la Batalla de Pavía, ed. Gillet, p. 287),
otras veces intr. 'prosperar, tomar importancia'
(así, p. ej., en el Amadís: «si de tal fuerza 'como
de esfuerzo fuera, pujara a ser uno de los mejores
caballeros del mundo», Rivad., p. 91), judesp. de
Levante (Subak, p. 166) y de Marruecos (BRAE
XIII, 223) pužar 'crecer, aumentar'. Una forma
autóctona o medio autóctona puyar se halla en
Berceo (S. Or. 41d; otras veces la grafía vacila
entre puyar y el equívoco puiar, S. Or. 38, 40,

50, *S. Mill.* 661) y en autores aragoneses («en la cort d'amor *puyé | e puyando é caído»,* Pedro de Sta. Fe, *BRAE* XX, 82-83); *poiar* en *Alex.* 360*a,* 1109*c* («irá siempre *poiando* la tu buenaventura») puede ser castizo (comp. *pujar* y el ultracorrecto *pullar* en el ms. arag.). Hay ya algún caso antiguo de confusión entre *pujar* y *puxar*: «Endereçando sus cuernos assí como que cuida *pujar»,* 'hacer fuerza hacia adelante', en *Calila,* ed. Allen, 40.722, comp. con el ej. de González de Clavijo, que pertenecerá a *puxar,* aunque *Aut.* escribe con -*j*- según su costumbre de no atender a la grafía de las ediciones. Es dudoso el origen del maragato *pujar* 'llevar a cuestas, hacer fuerza para trasportar un objeto; sufrir, trabajar' (*que otros pujen las pestilencias de la vida, BRAE* III, 55).— ⁶ Contra lo que cree Wartburg, el *FEW* IX, 559*b* no ha aportado nada importante a la cuestión de si es PULSARE o *PULSIARE, pues aunque supone esta base para un grupito de formas dialectales del tipo *poussir* (con sentidos varios: «pousser», «croître», «faire partir», «tisonner le feu»), quedan limitadas a algunas hablas sueltas de Bélgica, Argona y Lorena, con algún derivado (de pertenencia dudosa) en los Vosgos y Borgoña; no hay nada en el lenguaje antiguo: un hapax *repucier* «regimber» en Bretaña, 1390, parece derivado de *puce,* y en todo caso su fonética le aparta de PULS(I)ARE. Salta a la vista que se trata de metaplasmos locales y sueltos de *pousser* PULSARE.— ⁷ Por lo demás estos textos no son completamente de fiar en cuanto a un respeto escrupuloso de la distinción manuscrita entre *x* y *j,* nótese *debajo* en el verso 5 de Torre. Sí lo es Nebr., pero su traducción «exuperantia» nos muestra que ya por entonces había actuado el influjo de *pujar* 'sobrepujar' no sólo sobre la pronunciación, sino aun sobre el sentido de *pujanza.*

Empulgadura, empulgar, empulguera, V. *pulgar   Empuntar,* V. *punta   Empuñador, empuñadura, empuñar, empuñidura,* V. *puño   Empurpurado,* V. *púrpura   Empurrar,* V. *emburriar   Empuyarse,* V. *púa   Emulación, emulador, emular,* V. *émulo   Emulgente,* V. *esmuciarse*

ÉMULO, tomado del lat. *aemŭlus* 'el que trata de imitar o igualar a otro', 'rival, émulo'. *1.ª doc.:* Villena, *Arte Cisoria (Dicc.* Cuervo), h. 1515, Fz. Villegas (C. C. Smith, *BHisp.* LXI); 1570, C. de las Casas.
También en Percivale, Oudin y Covarr., pero APal. 158*d,* 214*d,* al definir el lat. *aemulus* se abstiene de darle equivalente castellano. Lo emplea ya Cervantes en la 1.ª parte del *Quijote,* y también Góngora (1609) y Quevedo.
DERIV. *Emular* [1545, P. Mejía; también en Oudin y en el *Quijote,* pero APal. no da equiva-

lente a la voz latina; Tirso se burla del abuso que los culteranos hacen de *emular* (Rivad. V, 375)], tomado de *aemŭlari* íd. *Emulación* [Pulgar, vid. Cuervo]; *emulador.*

EMULSIÓN 'líquido de aspecto lácteo con ciertas partículas insolubles en suspensión', derivado culto del lat. *emŭlgēre* (participio *emulsus*) 'ordeñar', por el aspecto de las emulsiones. *1.ª doc.:* Terr.
DERIV. *Emulsionar. Emulsivo. Emulsor.*

Emunción, V. *emuntor   Emundación,* V. *mondo*

EMUNTORIO, derivado culto del lat. *emungēre* 'sonar, limpiar de mocos' (participio *emunctus*). *1.ª doc.: Aut.*
DERIV. *Emunción* [falta aún Acad. 1899].

EN, prep., del lat. ĬN 'en, dentro de'. *1.ª doc.:* orígenes del idioma (Glosas de Silos, etc.).
El estudio histórico de esta preposición pertenece a la gramática. Vid. M. P., *Cid* II, § 185, y pp. 299.16 y 300.8; Hanssen, *Gram. Hist.,* §§ 693-7; Lenz, *La Oración y sus partes,* § 329; Cuervo, *Ap.⁷,* § 394; Cej. VI, § 11. Algunas adiciones. No existía antiguamente, por lo menos en la forma en que hoy la entendemos, la oposición entre *en* como propia de los verbos que indican estancia en un lugar y *a* para acompañar a los de movimiento: *pasar en, llegar en, subir en* están en el *G. de Alfarache (Cl. C.* III, 24.3; V, 69.21; III, 25.26); *retirarse en, echar en, caer en* figuran con usos discrepantes de los modernos en Pérez de Hita, ed. Blanchard, I, 251, 252, 121; *caer en, hablar en el oído,* en el *Quijote* I, xxi *(Cl. C.* II, 182, comp. nota), II, xxv (VI, 152); y por lo menos no todas las construcciones semejantes que señala Cotarelo en J. de Valdés *(BRAE* VII, 280) se deben a italianismo; en la Edad Media esto abunda mucho más (Berceo, *Mil.,* 31*a,* 45*d,* 728*b,* 727*d,* 739*d,* 740*d,* 750*d,* 871*c,* etc.), y algo de ello se ha conservado en América; un caso particularmente llamativo es el de *ir en casa* (*de alguien*), vulgarismo muy extendido, que se halla ya en Pérez de Hita¹, persiste en andaluces del S. XIX, como Fernán Caballero y Juan Valera *(RH* XLIX, 382), y es hoy común en hablas de León y Castilla *(vete en ca tu tía* en un romance tradicional de Villarmentero de Campos, Palencia, *RH* L, 250; *voy an ca Alvira, an ca'l juez,* en Cespedosa, *RFE* XV, 251 y n.) y muy extendida en América (Kany, *Sp.-Am. Syntax,* p. 366), donde se ha atribuído absurdamente a galicismo o italianismo (tal construcción es imposible en estos idiomas), y seguramente en otras partes.
La construcción de *en* con gerundio temporal (*en llegando* 'cuando llegue, en cuanto llegue') no se ha desarrollado igualmente en todas partes: en

la Arg. se siente como forastera; para ésta y para la perifrástica tipo *en haciendo que haga*[2], vid. Bello, *Gram.* (ed. 1892), § 800, y pp. 52-53 y 81-82 de las notas de Cuervo. El uso de *en* más infinitivo, con el valor que hoy damos a *al* seguido de esta forma verbal, es propio de autores valencianos o en general orientales («*en oír* esto Heliato, se arrodilló a sus pies», Timoneda, *Patrañuelo*, ed. Rivad., 145; «*en no saber* quién sería la novia todos estaban suspensos», íd., 132; «*en verme* galán me ufané», en el *Alfarache* de Martí, Rivad., p. 374; en Fernández de Avellaneda, *BRAE* XXI, 350; «de... embidia ardían los Zegrís... *en ver* que los Abencerrages...», en el murciano Pérez de Hita, I, 97; también hay «*en tenerlo* conmigo, corría peligro...», en el *Alfarache* de Alemán, *Cl. C.* V, 142.6, pero aquí tiene algo de causal), y es continuación o imitación de la construcción catalana correspondiente, muy vivaz sobre todo en el País Valenciano, las Islas y la montaña del Principado, cf. Corominas, *NRFH* XII, 208 n. 2, Lope Blanch, ibid. XI 303ss., *Dicc. Constr.* Cuervo s. v. *en* § 10*b*; para el giro gascón correspondiente, que tiene valor diferente, igual a un verdadero gerundio, vid. Bourciez, *Homen. a M. P.* I, 635-7, y Millardet, *Ling. et Dial. Romanes*, 454 y ss.; también debe distinguirse de esto el uso castellano arcaico de un *en* expletivo como exponente del infinitivo sujeto («sólo *en* sométergelo, serié grand osadía», Berceo, *Mil.*, 802*d*; análogamente, ibíd., 93*a*, 715*d*; «*en* mantener ome huérfana obra es de piedad», J. Ruiz, 1707*a*; creo hay todavía un caso en el *Alfarache* de Alemán)[3].

En la locución *en adelante*, la partícula *en* no fué originariamente preposición, sino el adverbio de lugar procedente de INDE y equivalente a 'de allí', como se ve por la forma antigua *dent adelan(te)* (M. P., *D. L.*, 201.9 y 12; 61.17; 286.11) o *dende adelantre* (Staaff, 74.22), de donde *en(d) adelante* se extendió con carácter redundante a casos como *deste día denne adelantre* (ibíd., 47.10), *daquí en adelantre* (32.25), *de oy día en delantre* (31.11), *dende en adelante* (M. P., *D. L.*, 245.22), *de oy día en adelante* (301.22), *d'oy en adelante* (351.16)[4].

En Berceo y otros textos del S. XIII la preposición *en* se contraía con el artículo *la, lo, las, los*, dando *enna, enno* (*Alex.*, 1001, 1502), *ennas, ennos*, donde es dudoso si debe entenderse la *nn* como *ñ* o como *nn*; o bien, con ulterior abreviación, como en portugués, se halla *na, nos, nas*, en el ms. leonés del *Alex.* (557, 797, 1377, 1718, 2341, 1727). *Ena* y otras formas semejantes persisten hoy en leonés (M. P., *Dial. Leon.*, p. 310; Rato, s. v. *aborronar, ena*), pero también se hallan en el Valle de Arán y en el gascón pirenaico (*ena casa, ena pòrta, ena arribèra*, etc.), y en estas hablas se halla también la combinación *en* para la suma de *en* más el artículo masculino (*en camin, en portau, en txapèu*, etc.; *en et* [= *en el*] es im-

posible); aunque esto último no se ha señalado para el castellano[5], un caso semejante se presenta recurrentemente en Berceo (*en mundo, Mil.* 24*a; en punto*, 837*a; en puño*, 845*a*), y aunque puede interpretarse como supresión del artículo por ir tras preposición, según hace para Asturias M. P. (*Dial. Leon.*, 310), casi todos los ejs. que se citan de tal supresión son de masculinos[6], con la excepción de *en cabeza*, que será realmente análoga a los generales *en tierra* y *en cama*. Luego, por lo menos originariamente, se tratará del mismo fenómeno gramatical que en gascón.

[1] «Las damas de la Reyna se fueron... *en casa* de sus padres», ed. Blanchard I, 191 (también en Rivad. III, 560*a*).— [2] P. ej. «Por que sepa que no es suya, / *en dando que den* las doce», Calderón, *El Mágico Prodigioso*, I, xv, ed. Losada, p. 194.— [3] Casos sueltos, mezclados: J. de Valdés prefiere *tener razón en no contentarse* a *de no c.* (*Diál. de la L.*, 96); hoy el uso argentino opone *hacer algo en la tarde* al español *por la tarde*, pero aquello es lo que escribe Alemán, *Alfarache, Cl. C.* IV, 137; en locuciones como *de todo en todo* o *de uno en otro* el uso vulgar puede introducir otro *en*, diciendo *en todo en todo* (así *Auto de los Reyes Magos*) o *de en uno en otro* (*Quijote* II, xxv, *Cl. C.* VI, 140); *en* sustituye a *con* en Berceo, *Duelo*, 32, y *S. Dom.* 172; a *contra* en *Alex.* 4, 1808, y *Rim. de Palacio*, 94, 1397. Etc.— [4] Estas construcciones resultan de mezcla con las otras *d'aquí adelante* (M. P., 354.19), *deste dia adelantre* (Staaff, 41.30). [5] M. P., *Oríg.*, 346, menciona *ene* y otras formas en leonés antiguo.— [6] *En carru, en castañeu, en baúl, en teyau*; agréguese *en suelu*, Rato, s. v. *abicar*.

ENACIADO, ant., 'tránsfuga, el cristiano que se pasaba a los moros o el moro que pasaba a los cristianos', 'espía', del antiguo verbo *anaziar, enaziar* o *naziar* 'pasarse al enemigo', 'apartarse', debido a una confusión de dos participios activos árabes, *nâzi[c]* 'tránsfuga' y *nâziḥ* 'alejado', 'el que abandona' (o de los verbos correspondientes *náza[c]* y *názaḥ*). 1.ª doc.: *enaziado*, h. 1295, 1.ª *Crón. Gral.*, ed. M. P., 514.33.

Para documentación del vocablo en castellano, vid. M. P., *Infantes de Lara*, glos., s. v.; C. Michaëlis, *RL* XIII, 250-6; Cej. VI, § 79; Cuervo, *Obr. Inéd.*, 386*n*. Por este último vemos que en todas las ediciones que respetan la ortografía medieval aparece *enaziado* con *-z-*[1]. También Nebr. «*enaziado o tornadizo*: perfuga; transfuga». Se halla principalmente en textos de los SS. XIII y XIV (agréguese *Gr. Conq. de Ultr.*, 204, 216), y se aplica casi siempre al castellano que ha pasado a los moros y por su conocimiento del idioma y las costumbres cristianas les presta valiosos servicios guerreros o diplomáticos[2], o hace de espía dentro del ejército cristiano; alguna vez, empero, se trata de un moro renegado de su fe que presta los mismos servicios al rey de Castilla (así en dos pasajes de la Crón. de Alfonso XI). Define M. P. «los enaziados eran hombres que hablaban la lengua de los moros, y que servían a éstos de espías en la tierra de los cristianos y también, como prácticos en ella, guiaban las huestes en sus incursiones; prestaban otras veces iguales servicios a nuestra gente, y hacían a menudo el oficio de intermediarios o mensajeros entre los dos pueblos».

Se nota, sin embargo, que los textos jurídicos miran a los enaziados ante todo como reos políticos, a quienes se castiga con la pérdida de los bienes o de la vida; así ya en los pasajes del Fuero de Teruel trascritos por M. P.³, y especialmente en las antiguas leyes portuguesas, que nos muestran además el uso del verbo *anaziar*, o de su derivado *anaziador*: «de illos qui *anaziarent* ad Mauros, prendat rex suam mediam partem» (año 1136), «de *enaziador*, aprehendent illum quantum abuerit» (año 1114), en textos de la Beira Alta; o *anazado*, aplicado a un moro que se hizo cristiano, en una poesía del Canc. de la Vaticana (1012), escrita entre 1241 y 1244 (cf. *anaçado*, R. Lapa, *CEsc.* 406.6). Por la construcción más antigua *anaziar ad Mauros* se ve que el vocablo ha de significar primordialmente algo como 'emigrar' o 'huir, fugarse', de donde vendrá el participio *enaziado* de la misma manera que *el emigrado* o *el huído*. El vocablo sobrevivió en el lenguaje villanesco de Juan del Encina, donde *anaziar*, aplicado a una cabra, significa 'apartarse del rebaño' o 'quedarse atrás' («desta cabra he gran pesar / que comiença de *anaziar*, / no me doy con ella a manos, / que parió / y dos mielgos me dexó / entre aquestos avellanos»)⁴, y *estar anaziados* es 'quedarse apartados', como entendió bien D.ª Carolina⁵.

En vista de todo esto, y de que en *enaziado* se trata de una voz esencialmente fronteriza, me inclino a creerlo de origen árabe, como su sinónimo *elche*, y como el paralelo cristiano del *enaciado*, a saber el *EXEA*; puede tratarse de la raíz *názaḥ* 'estar alejado', 'estar ausente' «longe remotus fuit, procul abfuit domo sua», en la 8.ª forma «abiit, aufugit a domo», Freytag IV, 265; «he became distant or remote», «became far removed from his dwelling», Lane, 2784a), que Dozy documenta en textos occidentales en las acs. 'alejarse de, abandonar' y especialmente (en 8.ª forma) en el español Abenharith Aljoxaní († 971). No veo gran dificultad en que de *názaḥ* saliera directamente un verbo *naze(h)ar* y luego *anaziar* o *ennaziar*⁶, con prefijo romance. La forma sin prefijo se halla en el Fuero de Teruel y en Villasandino⁷. El paso de la *a* ante *ḥ* a *e* y luego *i*, no es obstáculo insuperable, especialmente teniendo en cuenta la confusión que parece haber existido en árabe entre *názaḥ* y *názah*⁸ en el cual, hallándose la segunda *a* en tarqíq, debía pronunciarse vulgarmente *e*; sin embargo, es

posible que no se trate de un descendiente directo del verbo, sino del participio activo correspondiente *nâziḥ* o del adjetivo verbal *naziḥ*, que significan 'alejado, a gran distancia', con lo cual se explicaría aún mejor el agregado de los prefijos *a-* y *en-*; en cuanto a la desaparición del *ḥ* no es extraña en castellano, y si alguien pregunta por qué no hallamos jamás huellas de él en los textos arcaicos ni en portugués, no olvidemos que de esta desaparición hay muchos ejs. en ambos idiomas (vid. Steiger, *Contr.*), y ya la *1.ª Crón. Gral.* escribe varias veces *annazea* (y no *annazeha*), justamente en un derivado de la propia raíz citada *názaḥ* (Neuvonen, p. 235).

Recientemente Steiger (*VRom.* X, 20) propone derivar del ár. *nâziᶜ* 'tránsfuga', bien documentado en el español Abenhayán y en otros autores medievales, participio activo de *názaᶜ* 'abrazar el partido de alguien', 'pasarse al enemigo', 'cambiar de religión', 'sublevarse' (Dozy, *Suppl.* II, 656-8)⁹. No cabe dudar, en efecto, de que hay relación entre estas voces y *enaciado* en sus acs. corrientes, y como tampoco cabe dudar de que la hay entre *enaziar* 'quedarse atrás', o 'fugarse' y el ár. *názaḥ* podemos aceptar la conclusión de que en España, donde el ᶜ y el *ḥ* enmudecían más o menos completamente, los dos vocablos árabes se confundieron en uno solo al pasar al romance.

No son aceptables las demás etimologías propuestas. El P. Tailhan, *Rom.* VIII, 612-3, relacionó con el verbo de las Glosas de Reichenau *anetsare* 'obligar, forzar', conjeturando un sentido 'hacer algara', 'algarero', que carece de fundamento; Cuervo, Car. Michäelis, Jeanroy (*Rom.* XXXVII, 296-9) y Gamillscheg (*R. G.* I, 221), recordando que esta palabra de las glosas procede del a. alem. ant. *anazan* 'compeler, incitar, instigar' (derivado de la palabra que hoy en alemán es *hetzen*), y que de ahí viene el fr. ant. *anesser* 'exhortar', su fr. *aniksi* 'azuzar al perro', y quizá el it. *annizzare*¹⁰, insistieron en la misma idea, que Cuervo explicaba semánticamente porque el enaciado instigaba al enemigo contra los suyos, y la singular evolución de sentido que entonces presentaría el participio *enaziado* se explicaría porque a veces este cristiano era enviado adrede y requerido o compelido por los suyos para hacer el papel de espía en el campo enemigo. Pero todo esto es muy forzado y rebuscado: la etimología no convence semánticamente y lo más probable es que el parecido meramente formal, y aun en esto imperfecto, entre *enaziado* y *anesser*, sea casual y se trate de dos palabras sin relación. Spitzer, *RFH* VII, 160-1, propuso últimamente un derivado del nominativo lat. *natio* 'nación', en el sentido de 'soldado extranjero' que tenía la voz *nación* en el S. XVI, o en el de 'paganos' que asumió *nationes* en los Padres de la Iglesia; de **nacio* vendría también el mall. *nàscia, nèscia,* 'raza, descendencia' (lo cual no es seguro)¹¹, y de ahí también el derivado cast. *ennaziado* o *anaziado* en el sentido de 'el que se ha hecho extranjero'. Esto no convencería de todos modos mientras no se hallasen testimonios directos de este **nazio* castellano, pero sobre todo no es posible porque entonces deberíamos tener *anaçiado* con ç sorda[12].

Es posible que del port. ant. *anaziar, anazado*, venga el *anãzar-se* 'apocarse, deprimir, menguar', que Cortesão señala en el norteño Castelo-Branco, comp. el cat. *migrat* 'desmirriado', si es que viene de MIGRARE. Según C. Michaëlis vendría también de ahí el port. *anaçar* 'revolver', 'agitar profundamente', que ya se halla en Mestre Giraldo (a. 1318), hablando de las tripas del caballo, y en Juan de Barros, hablando de las tempestades con respecto a las aguas del mar; no sería imposible llegar ahí desde la idea de 'sublevar', pero la ç sorda hace pensar en la posibilidad de un origen distinto[13].

¹ Hay *enasiado* en el *Poema de Alf. XI* y en la Crónica de 1344 (M. P., *Inf. de L.*, 277; con variantes manuscritas *anaziado, eneçiado, ençiado*, éstas debidas seguramente a escribas tardíos que no conocen la palabra y piensan en *necio*), pero es natural, pues estos textos escriben *fisiera, fortalesa, quinse, asás* (pero con ç las palabras que tenían la africada sorda).— ² «Fiso su carta para Ruy Vasques, ...en como le enbiava desafiar Alicante por el rrey Almançor, e... era fecha por lenguaje castellano, ca la fisiera un *enasiado* que sabia muy bien escrevir», Crón. de 1344, en *Inf. de Lara*, 277.— ³ «Los adalides e los *naziados* que fueren presos, el concejo de Teruel los faga matar...».— ⁴ *Canc.*, ed. 1496, fº XXIIIvº, a. Traduce amplificándolo el texto de Virgilio, *Bucólica I*: «hanc etiam vix, Tityre, duco: / hic inter densas corylos modo namque gemellos / ...reliquit».— ⁵ Los pastores que visitan a Jesús recién nacido dicen: «De los primeros seremos: / vamos, vamos, vamos Juan / .—LUCAS. Benditos los que verán / lo que nosotros veremos / .—MARCO. Aballemos, aballemos, / y no estemos *anaziados*». Ibid., fº CV, rº, b. La traducción del editor Cañete 'aneciados, atontados' es, naturalmente, arbitraria, de sonsonete. Quizá no tanto, aunque se guía por el mismo principio engañoso, la que da a *reñaziar* («hacerse el rehacio»): «PIERNICURTO. Quiçás que peor será / si te estás ende posado / .— JOHAN. Calla ya, que no vernán ... PIERN. Yérguete ora ende, Joan, / no estés ende *reñaziando* / . JOHAN. Anda, ño stes empuxando, / que nunca acá aportarán», *Auto del Repelón*, ed. Álvarez de la Villa, v. 270; puede tratarse de un derivado de *anaziar* en el sentido de 'quedarse atrás, entretenerse', con ñ sayaguesa. Pero este último puede ser otra cosa, vid. AÑACEA.— ⁶ La forma con e- es muy rara en portugués. Sólo *Cabeza del Enaziado* en un fuero de 1188-1230 (RL XXXV, 72).— ⁷ Hablando de uno a quien acusa de judío y descreído, ruega se le despoje de sus bienes, concluyendo con alusión a la conocida disposición foral: «esta ley es ordenada, / por derecho ordenado, / que padesca el *nasçiado*»: *Canc. de Baena*, n.º 183, v. 55.— ⁸ Que en sus varias formas significa 'alejar', 'alejarse, estar alejado', 'mantenerse lejos (de algo)'; «longius semovit abduxitque», «avertit, cohibuit», «remotus fuit ab...», «longe semovit exemitque», Freytag, IV, 269.— ⁹ *Enaciado* no es un híbrido como dice Steiger; puede mirarse como derivado de un cast. **nazi* < *nâzíᶜ* o considerar *anaziar* como adaptación cast. del ár. *názah* (o *názaᶜ*), pero ni lo uno ni lo otro sería verdadera hibridación.— ¹⁰ Pero éste y quizá la voz suiza van con el it. ant. *izza* 'cólera' y su derivado *adizzare*, que según el *REW*, 4558, son de creación expresiva.— ¹¹ Comp. *nacsi, nàquis*, 'pequeño, falto, incompleto', cuya etimología árabe demostré en *BDC XXIV*.— ¹² Una de dos: o era vocablo hereditario o bien culto o semiculto. En este caso tendríamos sorda en castellano y portugués (comp. *cansaçio, generaçio*, etc.). Si fuese hereditario, podría haber -z- sonora en castellano, pero sorda en portugués (EXMINUTIARE > port. *esmiuçar*, cast. ant. *desmenuzar*), y sobre todo no sería posible entonces partir del nominativo, sino del acusativo NATIONEM > **nazón*. Sólo para ser completo recuerdo que Morel-Fatio (*Rom. XXVI*, 319) había pensado en INITIATUS, por lo demás sin insistir en ello; y que Gayangos, en el glosario de la *Gr. Conq. de Ultr.*, dijo que venía del b. lat. *infaciatus*, derivado de *facies* 'cara' (de donde 'el que vuelve la cara', comp. cat. *caragirat* 'traidor'), pero este bajo latín, que falta en Du C., parece ser inventado para la etimología, y no explicaría la falta de -f- en las formas arcaicas y especialmente en las portuguesas.— ¹³ ¿O habrá cruce con AÑASCAR, que tiene el sentido de 'enredar, revolver'.

Enaciyar, V. *aceche*   *Enadir*, V. *añadir*
Enagora, V. *aun*

ENAGUA, del antiguo *naguas*, y éste del taíno de Santo Domingo, donde designaba una especie de faldas de algodón que llevaban las indias hasta las rodillas. 1.ª doc.: *naguas*, Fernández de Enciso, 1519; *enaguas*, h. 1580, Camargo; *nagua y enagua* ya en Calderón.

Cuervo, *Ap.*, §§ 199 y 818; Lenz, *Dicc.*, 340-1; Hz. Ureña, *RFE XXII*, 184; Frederici, *Am. Wb.*, 442-3. Para ejs. antiguos de *naguas*, además *BDHA IV*, 387¹; para la extensión actual, ibid., 61² y Lenz, *l. c.* Partiendo de frases como *estaba en naguas, salió en naguas*, esta forma se convirtió en *enaguas*, evitando así el que se entendiera *estaba en aguas* (comp. lo dicho en ENANO). Hoy vulgarmente se le aglutina en muchas partes la s del artículo plural, diciendo *senaguas* en el Bierzo, en Cespedosa (*RFE XV*, 158), en Albacete (*RFE*

XXVII, 238), etc. Del castellano pasó al port. *anágua*, cat. *enagos* m. pl., val. *sinagües*. Son imposibles las otras etimologías citadas por Nascentes. Para el uso en singular o en plural, vid. Cuervo, Lenz y Hz. Ureña.

Deriv. *Enagüetas. Enagüillas.*

¹ Otro de Lope en *MLN* XLIV, 401.— ² Se halla en el argentino Ascasubi, *Santos Vega*, 174; en Pío Baroja; se oye en Andalucía *nagüillas* (*RH* XLIX, 515).

Enaguachar, enaguar, enaguazar, V. *agua*
Enagüetas, enagüillas, V. *enagua   Enajenable,*
enajenación, enajenador, enajenamiento, enajenar,
enálage, V. *ajeno   Enalbar,* V. *albo   Enalbardar,* V. *albarda   Enalmagrado, enalmagrar,* V.
almagre   Enaltecedor, enaltecer, enaltecimiento,
V. *alto   Enamarillecer,* V. *amarillo   Enamorada, enamoradizo, enamorado, enamorador, enamoramiento, enamorar, enamoricarse,* V. *amar*
Enánago, enanarse, V. *enano   Enancarse,* V.
anca   Enanchar, V. *ancho   Enangostar,* V.
angosto

ENANO, alteración mal explicada del antiguo *nano*, procedente del lat. NANUS y éste del gr. νᾶνος (o νάννος) íd.; quizá debida a influjo del antiguo *enatío* 'deforme', o del lat. INANIS 'vano, nulo'. *1.ª doc.*: *enano*, 1293¹.

Es dudoso el pasaje del *Alex. O*, 1860d, «tanto dava por ella quanto por un *nano*», pues al metro convendría más *enano*, y *P* lee en este pasaje *taváno*, que parece más natural. *Ennano* está asegurado por el metro en Villasandino, *Canc.* de Baena, 126, *enano, -a*, está en J. Ruiz, 401*b*, 431*b*, y figura también dos veces en el glos. del Escorial, en Nebr. y en APal. (82*d*, 361*d*, 370*d*). Por otra parte se conserva *nano* en el glos. de Palacio y hoy en Salamanca, en el leonés de León y de Miranda, en la isla chilena de Chiloé (Cavada, *Dicc.*, p. 85) y en otras partes (Zamora V., *RFE* XXVI, 319). Cej. VI, § 74. Una forma análoga aparece en gallegoportugués: *enão* en el *Clarimundo* de Juan de Barros († 1571), *enano* en Jorge Ferreira († 1585), y C. Michaëlis (*ZRPh.* XIX, 186n.4) cita un *ēãyo* en el S. XIII como ej. de la grafía arcaica *ᶻy-* para *-nh-*, sin explicar su significado, pero atribuyéndole el étimo INANIUS; hoy tenemos *anão* en portugués normal, gall. *anano²,* miñoto *anaínho* (diminutivo de *anão*, con la variante *anáio*, que según Leite de V., *RL* XIX, 336, sería regresión de *anaínho*). Dado el timbre vago del vocalismo portugués y gallego, sobre todo en contacto con nasal, es natural que este *anão* (*-ano*) resulte del *enão* antiguo.

Pero ¿cómo se puede explicar esta *e-* agregada? Lo más probable es que se deba al influjo de *enatío* 'deforme', 'muy feo' (V. este artículo), influjo facilitado por la vacilación vulgar y portuguesa entre *enamorado* y *namorado, enemiga* y *nemiga, en(n)a* y *na*, y entre el mismo *enatío* y *natío*, lo cual pudo dar lugar a ultracorrecciones como *enano*, y aun el caso de *enagua* podrá explicarse así.

M-L., *REW*¹, 4334, propuso derivar *enano* del lat. ĪNĀNIS 'vacío', que muchas veces se hacía sinónimo de 'vano' y 'nulo, sin valor' (*tempus inane* 'plazo sin importancia', *Eneida* IV, 433). No hay duda de que este epíteto pudo aplicarse popularmente al enano, y la *-o* no podría causarnos escrúpulo, puesto que existió una variante vulgar *inanus* = *inanis* (en los Escolios de Juvenal, 15.23, en *CIL* VI, 28239, y en el glos. de Toledo). Por otra parte, claro está que no es lícito separar la voz hispano-portuguesa de las demás formas romances, cat. y oc. *nan*, fr. *nain*, it. *nano*, que vienen claramente de NANUS, y así se comprende que el propio M-L. admitiera conjuntamente *enano* como descendiente de esta voz latina (*REW*¹, 5819), y que en la tercera edición de su obra haya suprimido totalmente el artículo INANIS, sin intentar otra explicación de la anomalía; Spitzer, *ARom.* IX, 149n.³, y Leite de V. rechazaron asimismo la relación con INANIS.

Es verdad que decir con éste que ha habido «prótesis» es no decir nada, y que la razón en que funda su rechazo, a saber, que una *-N-* intervocálica hubiera caído, admitiría fácil réplica. Se concebiría que siendo NANUS un helenismo de introducción tardía (que desbancó al indígena *pumilio*) fuera deformado en INANUS en boca del pueblo, por confusión entre las dos palabras. El antiquísimo glosario del seudo-Cirilo (ms. del S. VII) traduce ἔμβρυον por *embryum* e *inani* (*CGL* II, 296.2); aunque haría falta confirmarlo, parece como si *inane* se empleara como nombre del feto o aborto⁴, al cual conviene la denominación 'nulidad' o 'fracaso', de ahí sería fácil pasar a 'enano'.

Realmente el problema no está definitivamente resuelto. Podríamos entender que en el texto a que aludía Carolina Michaëlis, había que leer (por la tilde mal puesta) *enaýnho*, como en miñoto *anaíño*. Pero debe de tratarse del vocablo que figura un par de veces en las *Ctgs.*, cuyos mss. escriben así: «que nos guarde de louc' atrevudo / e d'om *ēayo* e desconnoçudo», «muit' *eãyo* seria e orgulloso / quen ss'en esta facadeira, / se tu non es, s'assentasse» (406.61, 2.49). Y como observa Mettmann, en este pasaje está rimando con *estrãyo* 'extraño'; también la cuenta silábica indica más bien *eãyo* = *eaño* (o *ēaño*?). Traduce Mettmann 'vanidoso, presumido' y lo relaciona oportunamente con un abstracto *ēidade*, que parece ser 'insensatez' o 'injusticia', *Ctga.* 239.51: «começou-ss' arrepentir / de seus pecados e sentir; / mas aquel non quis descobrir, / de que fez grand' *ēidade*». Fuerza es reconocer que la hipótesis INANIUS 'vano', 'nulo', 'necio, alocado' cobra gran verosimilitud (acaso de un adverbio igual al neutro comparativo lat. *inanior*) y con ello se refuerza mucho la tesis de M.-L., pues el paso

de INANITATE a través de *ēāidade a ēidade estaría
en regla. Hace falta mayor documentación medieval portuguesa y castellana para acabar de despejar el problema, pues todavía sería defendible
la explicación de Leite de V.   5

También se puede pensar en un influjo del
vco epo 'enano': aunque Azkue sólo lo registró
en tres pueblos vizcaínos de la zona Guernica-
Marquina, y un dimin. vizc. epotxa, íd., da también epotu «quedarse enano» en vizcaíno y «hacer   10
que una planta se extienda y no se levante al
medrar». Podrá argüirse, sin embargo, que estas
palabras son sospechosas de préstamo, sea del lat.
PUTARE 'podar', sea del fr. nabot 'enano'; sin embargo la existencia de ipo 'persona de pequeña es-   15
tatura' en vizcaíno NO. y apo (Orozco, vizc.), opo
(Salazar), hace aumentar la perplejidad, al ver que
el vocablo vasco aparece con cuatro vocalismos.
¿Cuál es el primitivo? No se pueden hacer valer
títulos firmes; quizá epo tenga a su favor la cuali-   20
dad central de su vocalismo y el hecho de tener
los derivados epotxa y epotu (a Schuchardt, BuR,
60.5, cf. 31.5, se le pasaron por alto apo y epo;
sus vagas insinuaciones etimológicas no tienen
valor; pero en 60.30 llama la atención sobre el   25
b. nav. y vizc. pipor 'untersetzt' relacionado con
PIPER 'grano de pimienta' y un pepo empleado
en la jerga estudiantil de Turingia). Walde encabeza su artículo con gnanus; no sé si esta forma
tiene buen fundamento filológico: no hablan de   30
ella Ernout-M. ni Benoist-G. (y creo que tampoco
la exige el griego); Ernout cita nagnus, variante
manuscrita en Varrón, junto a nannus. Si gnanus
estuviese bien fundado, quizá la gn- explicaría una
evolución semiculta en en-. En fin, no estará de   35
más tener en cuenta que un nombre propio de
persona romano, o más bien prerromano, de forma
parecida a este grupo, está documentado en una
inscripción renana (CIL XIII, 7965) no localizada
con seguridad (quizá de los Sunuci, N. de Colo-   40
nia); vid. Weisgerber, Rhenania Germ.-Celtica, índices.

Otras posibilidades son más remotas. Dada la
tendencia castellana a alterar el radical de los adjetivos para asimilarlo al del verbo (V. DESNU-   45
DO, DELEZNAR, etc.), se concibe que un verbo
ennanar, derivado de nano, pudiera convertir a
éste en la forma moderna, pero este verbo es demasiado raro[5] para que su acción fuese de importancia. La idea de Diez, Gramm. I, 331, de que   50
la sílaba inicial es el artículo árabe aglutinado,
debería entenderse en el sentido de que es forma
de procedencia mozárabe, lo cual no se confirma,
pero no es idea aceptable porque el artículo era
siempre al- (an-, etc.) en hispanoárabe y no el-,   55
como en dialectos árabes actuales. Sea como quiera, el idioma favorecería la variante enano, que
evitaba la confusión con nana 'madre de familia'
o 'abuela' (REW, 5817.1, y ya en Berceo, para el
cual vid. BDHA II, 128-9, y aquí s. v. ÑOÑO).   60

En Santander enano (o inano, inánago), es un
reptil parecido a la culebra (G. Lomas); enánago,
como nombre santanderino de una culebra inofensiva y medicinal, ya en Terreros; otros dicen que
es el lución. ¿Hay relación con ANGUIS? No es fácil,
pero hay que estudiarlo mejor. En la Argentina
nánago (I. Moya, Romancero II, 320).

DERIV. Enanarse. Enanismo. Gall. ananuxo dim.
de anano 'enano' (Vall.): «facha de ananuxo ri-
soño» Castelao 221.25.

[1] «A García Yáñez, enano, para una siella quel
mandó dar el Rey, LXX mrs.», doc. de Valladolid, M. P., Poesía Jugl., 459. Al mismo personaje, en un doc. del año siguiente, se le llama
«García Yáñez, el nano» (ibid., 461).— [2] También
en el Limia, VKR XI, 261.— [3] Piensa en influjo
del nombre bíblico Onan. Pero esto tampoco
explica la e-.— [4] Nebr. traduce meaja de huevo,
es decir, 'germen del huevo', por ovi innanitas.
Es decir: ¿embrión del huevo? Pero no se
halla nada de esto en latín clásico, y aunque Nebr.
pudo seguir ahí una tradición de glosarios medievales, que por lo demás no hallo confirmada en
parte alguna (ThLL, Du C., Diefenbach, etc.),
es más verosímil que se trate de latinizaciones
tardías del cast. enano.— [5] La Acad. registra enanarse 'hacerse enano', como desusado (falta aún
en la ed. de 1899). Hay también un port. anani-
car 'hacer enano'.

ENARMONAR, 'encabritar', 'empinar', origen
incierto; quizá alteración de un *enarbonar por
enarbolar. 1.ª doc.: 1574, A. de Morales.

Se halla también en P. de Sandoval y en Covarr.
(de donde pasó a Oudin, 1616). No tiene relación
con ARMÓN 'avantrén', de origen germánico, galicismo de introducción reciente. Quizá entrara
desde el francés, donde se halla ars 'espaldas de
los caballos' (ARMOS) y dialectalmente armon 'pe-
tral' (REW 661; FEW, s. v.), pero no está claro.
No es inverosímil que enarmonarse sea alteración
de enarborarse (y con disimilación *enarbonarse).
Así parece indicarlo la forma del vocablo en el
gallego del S. XIV: «fézollo enarbornar do cavalo
en gisa que açerqua estevo de caer dél» (Crónica
Troyana II, 135.29). Pero no está claro el pormenor fonético, y convendría dar más pruebas.

ENATÍO, ant., 'feo, deforme', probablemente derivado del sinónimo *enato*, conservado en portugués antiguo, y procedente del lat. vg. ÍNAPTUS, lat. INEPTUS 'torpe', 'grosero', 'necio'. *1.ª doc.*: 1256-65, *Partidas*.

Se halla muchas veces en este texto legal (una vez *natio*, en II, p. 83) y figura también en la *1.ª Crón. Gral.*, 132*b*2, 195*a*21, *Gral. Est.* I, 301*a*9[1], y en la *Hist. Troyana* de h. 1270 («una gente que ha nombre Çenoçefalos, que es gente muy fea e muy *enatia* e muy departida de nosotros», 141.10; análogamente 167.12), «pero que o lugar muit *enatío* estava, a omagen, quant en si, mui bõo cheiro dava» *Ctgs.* 34.25. En Juan Ruiz, 403*c*, está *natío*[2]. En el glosario de la *Hist. Troyana*, debido a M. P. y sobre todo a su colaborador E. Varón Vallejo, se relaciona con *nativus* en el sentido de 'siervo', de donde 'villano', o bien en el del fr. *naïf* 'ingenuo', todo lo cual está bastante alejado semánticamente y no explica la forma preponderante *enatío*.

Una explicación preferible está implícita en una nota de G. de Diego (*BRAE* VII, 259), donde hablando de *niñato* 'becerrillo que se halla en el vientre de la vaca cuando la matan' [*Aut.*], se le deriva de *nonato* con influencia de *niño*, añadiendo: «de INNATU procede el arag. *enatizo* 'desmedrado, imperfecto de nacimiento'[3] y *natizo*», éste recogido por Borao, como sinónimo de *enatizo* y de *caloyo* ('recental; cabritillo destinado al regalo del paladar'). Creo que *niñato* viene también de ÍNNĀTUS 'no nacido' (Tertuliano, Prudencio), con alteración de *iñato por influjo de *niño;* y de una variante *enato* podrían derivar, con diferentes sufijos *enatizo* y *enatío* (comp. *bravío* de *bravo*, *crudío* de *crudo*, *tardío* de *tardo*), en el cual la idea de 'aborto' daría nacimiento a la de 'monstruoso, deforme' y luego 'feo'. Habría que suponer que el vocablo conservó la -*t*- por cultismo, lo cual no sería extraño si sólo lo encontráramos como término de medicina o biología popular equivalente de 'feto' o 'aborto', pero si admitimos que de ahí derivan *enatío* y *enatizo* con sufijos típicamente populares y con sentido ya muy diferente, hemos de reconocer que el vocablo era enteramente popular, y entonces se hace extraño el tratamiento culto de la -T-.

Ahora bien, el primitivo *enato* (de donde *enatío*) existió en gallego-portugués antiguo, pero con el sentido de 'feo', 'miserable': *da muit' ēata lo enata Morte, Ctgs.* 182.63, *a mais inata sela que el podesse aver; vestia-se o mais enhatamente que podia*, en los *Padres de Mérida* (h. 1400: *RL* XXVII, 32, 33), y estas formas nos orientan inequívocamente hacia la etimología INAPTUS, forma documentada en glosas (*CGL* V, 460.7, 503.47), aunque en sentido poco claro, pero de todos modos es la forma que debemos esperar en latín vulgar en lugar de INEPTUS. Para un *atío que parece haber existido junto a *ato* APTUS, vid. *TEZ*.

Parece ser arbitraria la definición 'ocioso, excusado, superfluo, fuera de propósito' que registra la Acad., ya en 1843, basada seguramente en una mala inteligencia del texto de las *Partidas* y en la falsa etimología INACTIVUS[4].

DERIV. *Enatieza*.

[1] Léase, de acuerdo con el ms. *B*, «quando... vió donna Termuth... que la su criança ['niño, crío'] se non fazié cosa *enatía*...».— [2] No es 'hermoso' como entienden Janer y Aguado: «ansy muchas fermosas contigo [= el Amor] se enartan; / con quien se les antoja, con aquel se apartan, / quier feo quier *natyo*, aguisado non catan: / quanto mas a ty creen, tanto peor baratan». No está opuesto a *feo*, antes es encarecimiento de la misma idea, 'deforme, monstruoso'. *G* trae *enatío* pero el metro recomienda la lección *natío* de *S*. En la copla precedente me parece preferible leer *ENODIO*, con este ms., al *enatío* de *G*, que al parecer desconocía aquella palabra, algo rara.— [3] Y 'de ánimo apocado y ruin'. Así en Peralta y en Borao.— [4] En otro sentido sale el vocablo en Sánchez de Badajoz, *Recopilación:* «yerbas de diversos bríos, / muy frías para ensaladas, / y las lechugas nombradas, / y otras de diez mil *natíos*», «uvas de cien mil naciones, / higos de estraños *nacíos*, / los tempranos y tardíos, / naranjas, limas, limones» (cita de *RFE* IV, 19, 20). Parece ser 'procedencia', pero no está claro si *nacio* es errata de *natío* o viceversa. Desde luego, en este sentido, deriva de NASCI.

Encabalgamiento, encabalgante, encabalgar, encaballado, encaballar, V. *caballo* *Encabar*, V. *cabo* *Encabelladura, encabellar, encabellecerse*, V. *cabello* *Encabestradura, encabestrar*, V. *cabestro* *Encabezamiento, encabezar, encabezonamiento, encabezonar*, V. *cabeza* *Encabrahigar*, V. *cabra* *Encabriar*, V. *cabrio* *Encabritarse*, V. *cabra* *Encabruñar*, V. *cabruñar* *Encabullar*, V. *cabuya* *Encachado, encachar*, V. *cacha* *Encadarse*, V. *cado* *Encadenación, encadenado, encadenadura, encadenamiento, encadenar*, V. *cadena* *Encaecer, encaecida*, V. *caer* *Encajadas, encajador, encajadura, encajar, encaje, encajerarse, encajero, encajetillar, encajonado, encajonamiento, encajonar*, V. *caja* *Encalabozar*, V. *calabozo* *Encalabriar*, V. *calabriada* *Encalabrinamiento, encalabrinar*, V. *calavera* *Encalada*, V. *calar* *Encalador, encaladura*, V. *cal* *Encalambrarse*, V. *calambre* *Encalamocar, encalamucar*, V. *calamocano* *Encalar*, V. *cal* y *calar* *Encalcar*, V. *calcar* *Encalmadura, encalmarse*, V. *calma* *Encalo*, V. *cal* *Encalostrarse*, V. *calostro* *Encalvar, encalvecer*, V. *calvo* *Encalzar*, V. *alcanzar* *Encalladero, encalladura, encallar*, V. *calle* *Encallecer*, V. *callo* *Encallejonar*, V. *calle* *Encalletrar*, V. *caletre* *Encamación, encamado, encamar*, V. *cama* *Encamarar*, V. *cámara* *Encambijar*, V. *cambija*

Encambrar, V. *cámara*   *Encambronar*, V. *cam-*
brón   *Encamentar*, V. *escamar*   *Encaminadu-*
ra, encaminamiento, encaminar, V. *camino*   *En-*
camisada, encamisar, V. *camisa*   *Encamonado,*
V. *cama II*   *Encamotarse* V. *camote*   *Encam-*
panado, encampanar, V. *campana*   *Encanalar,*
encanalizar, V. *canal*   *Encanallamiento, encana-*
llar, encanamento, encanarse, V. *can*   *Encanar,*
V. *calar*   *Encanastar*, V. *canastillo*   *Encande-*
cer, V. *cándido*   *Encandelar, cándano y can-*
dela   *Encandelillar*, V. *candela*   *Encandiladde-*
ra, encandilado, encandilador, encandilar, V. *can-*
dela   *Encanecer*, V. *cano*   *Encania(d)o, en-*
canijamiento, encanijar, V. *canijo*   *Encanillar*, V.
canilla   *Encantación, encantadera, encantado, en-*
cantador, encantam(i)ento, encantar, V. *cantar*
Encantar 'subastar', V. *encante*   *Encantar, en-*
cantusar, V. *engatusar*   *Encantarar*, V. *cántaro*

ENCANTE, 'venta en pública subasta o paraje
donde se hace', arag., murc., tomado del cat. *en-*
cant íd., y éste probablemente tomado de la lengua
de Oc, donde es contracción de la frase *en cant*
(se ven)? '¿por cuánto se vende?', pronunciada por
el subastador. *1.ª doc.:* 1481, en la traducción publicada en Zaragoza del *Speculum Vitae Humanae*
de Rodericus Zamorensis.

Figura también *encanto* en el murciano Saavedra Fajardo (1640), y la primera de estas formas
es hoy usual en Aragón; *encanto* arag., ya 1314,
BHisp. LVIII, 89. Observa *Aut.* que es «voz
antigua y de poco uso en Castilla». En catalán
se halla desde el S. XIII (Jaime I), y podría ser
autóctono, si es que las formas como *cant, catre,*
cart (QUANTUM O QUANDO, QUATTUOR, QUARTUM), tan
frecuentes en los antiguos textos, eran realmente
pronunciadas así, y no se trata de grafías imperfectas en vez de los usuales *quant, quatre, quart;*
de lo contrario deberá ser occitanismo: el francés
encan, que no aparece hasta el S. XIV o XV, y
se escribe entonces *inquant*, lo es también (y no
latinismo, como supone Bloch).

DERIV. *Encantar*, arag.

Encanto, V. *cantar* y *encante*   *Encantorio*, V.
cantar   *Encantusar*, V. *engatusar*   *Encanutar,*
V. *cañuto*   *Encañada, encañado, encañador, en-*
cañadura, encañar, encañizada, encañizar, encaño-
nado, encañonar, V. *caña*   *Encañutar*, V. *cañu-*
to   *Encapacetado, encapachadura, encapachar*, V.
capacho   *Encapado, encapar*, V. *capa*   *Enca-*
peruzar, V. *capa*   *Encapilladura, encapillar*, V.
capillo   *Encapirotar, encapotar*, V. *capa*   *En-*
capricharse, V. *capricho*   *Encapuchar*, V. *capu-*
cho   *Encapullado*, V. *capullo*   *Encapuzar*, V.
capucho   *Encara*, V. *hora*   *Encarado*, V. *cara*

ENCARAMAR, 'levantar hasta la cumbre', 'subir (a alguien o algo) a lugar alto o escarpado',
significó antiguamente 'amontonar', 'hacer que algo

se eleve en forma puntiaguda', 'ponderar en exceso', y parece ser metátesis de **encamarar*, hermano del b. lat. *incamarare* 'adulterar, desnaturalizar', cat. ant. y oc. ant. *encamarar* íd., lat. *came-*
rare 'construir en forma de bóveda', 'fabricar con
arte', derivados del lat. *camĕra* 'bóveda'. *1.ª doc.:*
1438, *Coronación* de Juan de Mena: «assí como
la cabra *se encarama* y sube pasciendo» (cita que
me proporciona D. Agustín del Campo); Nebr.:
«*encaramar*: fastigare, fastigiare»[1].

En Lope de Rueda es 'amontonar, acumular'[2],
significado apoyado y confirmado por el de *cara-*
millo 'montón desordenado de cosas' [Sánchez de
Badajoz, *Recopil.* II, 264][3], y de ahí 'chisme, enredo, embuste' (es decir = lo que se le acumula
a alguien), que se halla desde la *Celestina* y el
propio Sánchez de Badajoz (vid. *DHist.*), leon.,
maragato y ast. *caramiello* 'el tocado típico de las
gallegas, que éstas llaman *mouquelo*, pero en esta
tierra leonesa lo emplean sólo las casadas (las sol-
teras, suelto el cabello o en una especie de cofia)'
(Sarm. *CaG.* 149v, 154r2f.). Para datos sobre las
variantes de *caramillo* 'montón desordenado', etc.,
vid. Krüger, *Bibl. RDTP* IX, 82-83, 161-2. En
cuanto al origen de *caramillo* 'montón desordenado', que en el artículo *CAMARANCHÓN* dejo en
suspenso, si bien rechazando la posibilidad semántica de partir de *caramillo* 'flauta' (la indicación de
Krüger, p. 171, en este sentido, no es clara ni practicable), creo que se trata del resultado de un encuentro semántico entre *caramillo* 'flauta' CALAME-
LLUS, que proporcionó el cuerpo del vocablo, y
encaramar, que ha dado su contenido semántico. No
creo que estemos ante un préstamo del cat. *cara-*
mull (con cambio de sufijo), como sugiere Krüger,
p. 81: para ello es demasiado antiguo y popular el
arraigo del vocablo en castellano.

El problema etimológico del cat. *caramull* es a
su vez complicado, algo más sin duda de como lo
ven, harto superficialmente, Montoliu y los autores del Dicc. Alcover, seguidos por Krüger: un
sufijo *-ull* es muy poco vivo en catalán para haber
engendrado un vocablo tan antiguo e importante.
V. ahora el artículo del *DECat*. Parece claro que
hay ahí cruce del sinónimo *curull* (como digo en la
nota 3) o bien de CUCŪLLUS (teniendo en cuenta
que hay un port. *caramulo*, pero no **curulo*) con
otra palabra, pero en cuanto a ésta, surgen las dificultades: que se trate de un equivalente cat.-port.
de *caramillo*, como digo en esta nota, me parece
ahora inverosímil dado el carácter puramente hipotético de este equivalente, y dado el modo de formación de *caramillo* 'montón' en castellano, que
en cat. y port. (donde no hay *encaramar*) sería
imposible. CULMEN (según la idea de Montoliu) no
puede ser, pues éste no ha dejado descendencia catalana, y en cast.-port. no ha dado nada con el sentido que necesitamos. CUMULUS, como admite Krüger, sólo sería posible a condición de admitir que
existió un adjetivo **cómol* (port. **cômoo*), sinónimo

de *curull* en catalán preliterario. Quizá sea esto (comp. *trèmol* TREMULUS), pero es extraño que este **cómol* no haya dejado huellas directas en el catalán histórico.

De *caramillo* viene a su vez el vocablo villanesco *encaramillotar* 'encaramar' (Lope de Vega, *Las Batuecas*), y hoy *encaramillar* 'acumular objetos unos encima de los otros a manera de pirámide o columna', *encaramillo* 'aglomeración de objetos unos encima de los otros', en Cuba (Martínez Moles; Pichardo, p. 103); *encaramillarse* 'elevarse, ensalzarse' está ya en Gil Vicente y en Torres Naharro (V. la ed. de Gillet III, 335-6)[4]; para la relación semántica comp. el colomb. *encucurucharse* 'encaramarse' (Malaret, *Supl.*), derivado de *cucurucho*, por el amontonamiento de objetos que contiene el cucurucho. Otra ac. antigua de interés es la de 'ponderar o alabar en exceso', 'encarecer por extremo', que todos recordamos de Fr. Luis de León[5], y que reaparece en Malón de Chaide («todo esto junto es ocasión a que las lenguas libres se desmanden, y que *encaramen* y aseguren sus sospechas y las tengan por certezas»), en Covarr. (*encaramar*, «encarecer una cosa con mucho extremo») y aun, en el S. XVIII, en T. Villarroel (*Cl. C.*, 195).

En otro artículo, *CAMARANCHÓN*, he discutido la relación entre este vocablo y el nuestro, confirmada por el salm. *encaramanchar* 'saltar con fuerza para subirse a un sitio alto'; también *encaramanchao* 'encaramado' en el andaluz de Cabra, Rdz. Castellano, *RDTP* IV, 599. Ahora me parece claro que esta relación existe en el sentido de que ambos vienen en definitiva del lat. CAMĒRA (lat. vg. CAMĂRA) 'bóveda', en nuestro caso con el sentido de 'formar un montón en forma de bóveda', 'subir a la cumbre de un edificio', y por otra parte 'construir artísticamente' (de donde 'adulterar, falsificar, exagerar'). Por lo demás, es muy posible que el sentido de 'amontonar' pertenezca ya al étimo ante-románico del vocablo, que aunque pasa por ser propiamente griego (y quizá no sea más que esto), el hecho es que χαμάρα parece ser voz preindoeuropea en griego, como admitieron F. B. J. Kuiper, en *Museum*, Leiden, LIX, 1954, 4a, y Solmsen, *BPhil. Woch.*, 1906, 852-3 (el cual lo cree cario), pues el vocablo se presenta con varias acepciones aberrantes en las fuentes arcaicas ('plazas fuertes', etc.), y en particular obsérvese que en Heródoto aparece una vez en el sentido 'carro cubierto' (I, 199)[6] y en otro pasaje parece ser 'montón (de ramuja)' (ἄμαξαν χαμάρης φρυγάνων πλήσωσι) lo cual, en todo caso, está confirmado por dos glosas de Hesiquio χαμάρης· δέσμης 'fajina, haces' y χαμαρεύω· σωρεύω 'yo amontono', como observaron L. Weber (*Philol. Wochenschrift*, 1934, 1068-71) y Ph. Legrand en su ed. del historiador (G. Budé, 1960, IV, p. 88n.; cf. Boisacq, *Dict. Et. Gr.* 492n.; Pok., *IEW* 525.2). De este χαμαρεύω greco-asiánico pudo salir precisamente el románico *encaramar*, pasando por el latín coloquial.

Comp. el cat. ant. y oc. ant. *encamarar* 'desnaturalizar (una mercancía), adulterar, falsificar' (*FEW* II, 130a, s. v. CAMERA, sin explicación semántica)[7], sic. *cammararsi* 'contaminar', Reggio *ncammarari* 'supurar', Catanzaro *cambarare* 'corromper con dádivas', napol. *cammarato* 'echado a perder, infectado' (que no creo vengan de χάμμαρον 'acónito', como dijo Alessio, *ZRPh.* LIX, 245-6); b. lat. *incamarare* 'adulterare' (con ej. de los Estatutos de Marsella, en Du C.), lat. vg. *camarare* glosando a *foedare, inquinare, sordidare* en *CGL* V, 500.42, lat. *camerare* 'construir en forma de bóveda' (en Plinio, Ulpiano e inscripciones), 'disponer artísticamente' (*eloquium cameratum* en Casiodoro).

En definitiva, pues, se debió de pasar de la idea de 'construir en forma de bóveda' a 'construir artísticamente', de ahí por una parte a 'adulterar, desnaturalizar', y por otra parte 'exagerar, ponderar'; desde ahí, pasando por 'elevar en altura y dignidad', se pudo llegar hasta 'subir a un lugar alto y escarpado', o bien a esta idea se llegó desde 'construir en bóveda', pasando por 'acumular en montón'.

En realidad el origen de *encaramar* queda dudoso, pero no por falta sino por sobra de etimologías verosímiles. Verdaderamente hay tres posibles y las tres son muy defendibles: siguen siéndolo las tres después de confrontarlas. La primera es la expuesta antes; he aquí la segunda. En los *Diálogos de la Montería*, Barahona de Soto (h. 1580) dice que son equivalentes *perro de encamaro, perro de encarbo* y *perro de enramo*, empleados cada uno en diferentes lugares; este perro servía para obligar a la perdiz a subirse a lo alto de la carrasca (donde el cazador podía tirarle fácilmente) y esto se llamaba *encaramarse* o *encarbarse* la perdiz. Está claro que en otras partes (aunque esto no lo haga él constar) debía decirse *enramarse*. Y así vemos que la etimología de *encaramarse* sería en realidad otra: cruce de *encarbarse* con *enramarse*, derivado éste de *rama* y aquél de *carba*, como es natural, puesto que se trata de subirse a las ramas y precisamente a las de una carrasca, también llamada *carba* (cf. los datos que reúno en la nota 4, que así hay que juzgar de otro modo). Realmente hubo también contacto con INCAMARARE, pero éste podría ser secundario y aun reducirse sus efectos a la ac. 'encarecer por extremo, artificialmente'. Alguien quizá objete a la nueva etimología que de *encarbar* × *enramar* esperaríamos **encarramar*, pero no es objeción de peso, entre otras razones porque debió existir una variante anaptíctica **encarabar*, cf. *engarabitar* documentado en la nota 4 (con el cual relaciónese la variante *engarbar* con -*g*- también documentada en Barahona).

Veamos ahora la tercera posibilidad etimológica. La raíz *krm* es común y fecundísima en el árabe de todas las épocas, estilos y regiones: sus sentidos básicos son 'ser noble, ilustre, generoso', de donde se pasa a 'honrar, venerar, hacer reverencia, prestar homenaje' etc.; palabras como *káram* 'nobleza, aristocracia' y *karîm* 'noble, ilustre' pertenecen al vocabulario árabe más común y divulgado, desde el tiempo del Corán. Era también vulgar en España, como en todas partes: PAlc. define *karam* «onrar» «catar reverencia»; R. Martí análogamente, y da *karîm* 'ilustre' y *karâma* «convivium»[8]. PAlc. nos da un vasto repertorio de este último: «onor, onra, onra por los hechos notables, favor, insignias de onra, de vencimiento, merced por beneficios, magnificencia en los gastos», *bikaráma* 'famosamente'; en el Edrisí es «marque d'estime», en Abenjaldún «faveur surnaturelle», en las *Mil y Una Noches* 'consideración demostrada a alguien'; además *kârama* «traiter qn. avec générosité» en Abenalabbar y otros y *mákruma* «témoignage d'estime» en el Riyad an-Nofús de Cairuán.

Está claro que, así partiendo del verbo *kárama* como del sustantivo *karâma*, tan generales en árabe, se podría llegar a un derivado castellano *encaramar* 'ensalzar'. La idea sería más evidente tomando como base una 7.ª forma radical de esta raíz, que sería precisamente *'inkárama*. Esta forma se puede crear siempre, según las normas gramaticales, y suele tener un sentido medial-pasivo y reflexivo (*inkásara* 'hacerse añicos', p. ej., corresponde a *kásara* 'romper'), luego en nuestro caso *inkárama* valdría 'ensalzarse' 'volverse honorable' que coincide, tanto con el *encaramillarse* 'elevarse, ensalzarse' de Gil Vicente y Torres Naharro, y aun con el *encaramar* 'encarecer por extremo' de Fr. Luis de León, de Covarrubias, etc. Es verdad que no siempre existen todas las «stirpes» radicales del verbo árabe y la VII no figura en la mayor parte de las fuentes lexicográficas, pero aunque no se comprobara su existencia en ninguna de ellas (falta en Dozy II, 459, Belot y R. Martí) no sería razón terminante para negar que tuviera curso en el vulgar hispánico, ya que puede crearse siempre.

De todos modos es forma comprobada como usual hoy en Argelia, y precisamente en el sentido más adecuado para esta etimología: «être traité généreusement, reçu honorablement» (Beaussier). Por lo demás, también sería posible suponer un «cambio de prefijo» en la IV forma *'ákrama* «déclarer qn. généreux, lui faire honneur» (Belot), «gratifier» (Boqtor), «donner une hospitalité généreuse» (en un historiador magrebí de los extractados por De Goeje), «reconduire d'une manière fort honorable» (en un historiador de los Abadíes), o en las formaciones nominales *'ákram* 'más noble, más generoso', *'akrâm* «honorarios, salario» en el Edrisí y el Cartás. Ya Asín (*Al-And.* IV, 457) sugirió partir para *encaramar* del ár. *kárm(a)* 'viña', comparando *subirse en la parra* 'encolerizarse', lo cual no es absurdo, pues se puede sospechar que el enlace

semántico entre los sentidos básicos de la raíz *krm* y el sustantivo para 'viña' o 'vides' (que es lo que significa *karm*) se halle en la idea de 'vid que se encarama'; pero reconozcamos que ello no pasa de una hipótesis sin comprobación, pues 'parra' no es *karm* en árabe sino ⁽arîš⁾(a).

En conclusión, las etimologías I, II y III son defendibles casi por igual. No es verosímil que el parecido entre *encaramar* 'levantar algo hasta un lugar alto o escarpado', 'ponderar' y por otra parte el cat. y oc. *encamarar* 'construir en bóveda', b. lat. *incamarare* 'adulterar, desnaturalizar' y salm. *encaramanchar* 'saltar con fuerza para subirse' (junto a *camaranchón* 'bovedilla') sea fruto de una mera casualidad; pero tampoco lo sea el *encaramarse la perdiz* de Barahona con *encarbarse* y *enramarse*, ni que lo sea el del *encaramillarse* de Torres Naharro y *encaramar* (*la gloria*) de Fray Luis con el *karâma* 'fama, magnificencia' del árabe (y su derivado *inkárama*). Lo prudente fuera, pues, suponer que un vocablo procedente de CAMERARE, bajo el influjo del grupo del ár. *karâma* se refundiera con él, dando la palabra que nos interesa; y aun debe mirarse como probable que hubiese también aportación de *encarbarse*, dando en fin la forma única *encaramar*, que acumuló todas estas acs.

No es posible la etimología CALAMUS 'caña' (como *empinar* de *pino*), propuesta por G. de Diego, *Contr.*, § 93[9], puesto que no podría explicarnos el cambio de -L- en -r-, y es forzada semánticamente. Si en *carámbalo* (*-ano* es cambio de sufijo) hay -r-, es por disimilación, lo que no sería posible en *encaramar*; en cuanto a burg. *cárama*, Palencia *cárama*, *engrama*, *cambriza*, 'escarcha', no apoyan el étimo CALAMUS de *GdDD* 1255, pues no hay ahí la menor afinidad semántica con *encaramar* ni con CALAMUS: el origen de los nombres de la escarcha (a que ya me he referido arriba, s. v. *carámbano*) es oscuro. Los demás vocablos que cita ahí este filólogo tampoco vienen de CALAMUS.

DERIV. *Encaramadura* [Nebr.]. *Encaramillotar* (V. arriba).

[1] Es decir: 'elevar en forma puntiaguda', 'elevar en altura o en dignidad', *fastigatus* 'que se eleva en punta, en forma piramidal o de cumbrera de casa'. La ac. 'hacer trepar a lo alto' se halla ya en Argote de Molina (1582) y otros, que pueden verse en *Aut.* Añádase: «muger de piedra en lo espetado y tieso, / encaramada en dos chapines», Vélez de Guevara, *Serrana de la Vera*, v. 1596.— [2] «¡Ay, señora! En mi ánima si pensé que acabara hoy su madre. ¡Jesús, y si ha *encaramado* de disparates!», *Comedia Armelina*, ed. Acad. II, 105.— [3] De un equivalente catalán de *caramillo*, por cruce con el cat. *curull* 'colmo de medida', 'colmado, muy lleno' (< *COROLLIUM, derivado de COROLLA), vendría el cat. *caramull*, mozár. *qurqumûl*, íd (véase, sin embargo, más arriba: 591b45 y ss.).— [4] *Engarabitarse* 'subirse a lo alto' [*Aut.*, sin ejs.], hoy empleado en el Bier-

zo (G. Rey), en Murcia (G. Soriano), en el catalán de Valencia (Escrig) y en otras partes, parece ser derivado de *garabito* 'gancho, garabato (Acad., falta aún 1884), 'palo largo, encorvado en un extremo, que sirve para agarrar las ramas de los árboles a fin de coger la fruta', en el Bierzo (G. Rey), pues en la misma comarca es especialmente 'subir a lo alto de los árboles' (es decir, 'agarrándose como con garabito'), vid. *GARABATO;* nótese que en Salamanca *engarabitarse* es 'encogerse, entumecerse los dedos de la mano' (o sea 'quedar en forma de gancho'). El vocablo sufrió luego la contaminación de *encaramar,* de donde *engaramitáse* en Asturias (V), *encarapitarse* 'encaramarse' (con -*p*- por dilación de la sordez como en *Rápita* por *Rábita*), en el Ecuador (Lemos, *Semánt.*), *encaramitarse* en Colombia (Sundheim), *encaramicharse* en Sto. Domingo (Brito, Hz. Ureña, Patín, Maceo); vid. además Toro, *BRAE* X, 539-40. No creo que tenga que ver con esto el vocablo *carapito* que aparece en el *Fuero de la Novenera* como nombre de una medida de mosto o de suero (Tilander, p. 208; será la forma aragonesa de *cabrito,* de suerte que *cien carapitos de siero* significaría 'suero en cantidad como la que consumirían cien cabritos o que tenga el mismo valor que cien cabritos'). En cuanto a *engarbar* 'subirse la perdiz u otra ave a lo más alto de la carrasca o pino', vid. *CARBA.* Cf. también, más arriba, p. 592*b*47 y ss.— ⁵ «No cura si la fama /·canta con voz su nombre pregonera; / no cura si *encarama* / la lengua lisonjera / lo que condena la verdad sincera», *Qué descansada vida,* v. 13.— ⁶ Pero van Groningen (*Herodot Kommentaar*) entiende aun ahí 'baca o cubierta de un carro' («Wagenhuiven»), lo cual se acerca a la ac. del IV, 69.— ⁷ Para ejs. catalanes, vid. Ag., y añádase «si la dita roba o mercadería no será axí bona e fina... ans será trobada mala e *encamerada*», *Consulado de Mar,* CCXLVIII, ed. Buchon, p. 350; «les peixcadors / grans robadores... / peix de fer esch / venen per fresch; / lo d'Albufera, / riu de Cullera, / per peix de mar: / l'*encamarar* / saben bé fer», *Spill,* 7454.— ⁸ Partiendo de la idea de 'hospitalidad' (honra que se hace a alguno) que presenta en Aben-Djobair y en historiadores.— ⁹ En este sentido podría mencionarse el colomb. *caramero* 'palizada' (Rivera, *Vorágine,* p. 107), que ahora no puedo estudiar, pero que deberá explicarse de otro modo. El venez. *caramera* 'dentadura mal ordenada' parece indicar relacionar con *caramillo,* quizá en el sentido de 'cañaveral confuso'.

Encaramiento, V. *cara   Encaramillar, encaramillotar,* V. *encaramar   Encaramuallo,* V. *caramullo   Encarapitar,* V. *encaramar   Encarar,* V. *cara   Encaratularse,* V. *carátula   Encarbo,* V. *cárabo   Encarcajado,* V. *carcaj   Encarcavinar,* V. *cárcava   Encarcelación, encarcelador,*

encarcelar, V. *cárcel   Encarecedor, encarecer, encarecimiento,* V. *caro   Encargado, encargamiento, encargar, encargo,* V. *cargar   Encariarse,* V. *cara   Encariñar,* V. *cariño   Encarna, encarnación, encarnadino, encarnado, encarnadura, encarnamiento,* V. *carne   Encarnar,* V. *carne* y *engarnio   Encarnativo, encarne, encarnecer, encarnizado, encarnizamiento, encarnizar,* V. *carne   Encaro,* V. *cara   Encarpetar,* V. *carpeta   Encarranarse, encarrañarse,* V. *can   ·Encarre, encarriladera, encarrilar,* V. *carro   Encarrillar,* V. *carrillo   Encarroñar,* V. *carroña*

ENCARRUJARSE, 'retorcerse, ensortijarse', también *carrujado* 'ensortijado'; origen incierto, acaso de un lat. vg. *CORROTULARE, derivado de RŌTŬLA 'ruedecita'. *1.ª doc.*: 1588, Malón de Chaide, *Cl. C.* I, 238; el sustantivo *encarrujado* 'labor hecha en esta forma', ya en 1590, *N. Recopil.* V, xii, 22.

Está también en Cervantes y en Lope[1]. Juan Hidalgo (1609) cataloga *encarruxado* 'toca de mujer', no sé por qué, entre las voces de germanía. Define *Aut.* «retorcerse, ensortijarse, como sucede en el hilo quando está mui torcido, y en el cabello quando es mui crespo o está rizado y encrespado, o como sucede también en las hojas de algunas plantas, que naturalmente se retuercen». Hoy es palabra muy viva en América, especialmente en la Argentina[2], también en Chile, Perú y Méjico (Malaret, *Dicc.* y *Supl.*). *Carrujado* como sustantivo figura en una ley de la *N. Recopil.,* VII, xii, 1, dictada en 1534 y 1623 (ignoro si en la primera o en la segunda redacción), y Covarr. define el mismo vocablo como adjetivo: «*carruxado,* quasi corrugado, lo que está plegado con arrugas, como las tocas, espumillas de las damas». El brasileño *encorrugir* 'arrugar', 'hacer raquítico', *encorrugido* 'arrugado, resecado', 'encogido' (que según Viotti es voz jergal y se emplea en el estado de Sergipe, entre Bahía y Pernambuco), parece ser castellanismo.

En cambio, el minhoto *encorrilhar* 'arrugar', 'resecar', 'marchitar', será autóctono, y si está por *encorrulhar (lo cual es fácil en el vocalismo portugués), confirmaría el étimo *CORROTULARE, comp. el cat. *rullar* 'rizar el cabello', *rull* 'ensortijado', cuya procedencia de ROTULARE es segura (para la *u* castellana comp. el ast. y arag. *arrullar* 'arrojar' *ARROTULARE). Sin embargo, hay que acoger esta etimología con alguna desconfianza mientras no aparezcan más formas portuguesas y testimonios castellanos más antiguos que indiquen de qué fonema medieval procede la -*j*- y cuál era la procedencia dialectal del vocablo. Los artículos *CORROTULARE del *REW* y del *FEW* se basan en etimologías muy inciertas, por la anómala caída de la primera vocal (it. *crocchia,* fr. *crouler*). La idea de Covarr., CORRUGARE 'arrugar', a primera vista parece imposible fonéticamente, pero no lo sería si se demostrara que el vocablo fué oriundo del Sur de España o aparece en fuentes mozárabes.

El salm. y berc. *encorujarse* 'agacharse, encogerse, encorvarse' (Lamano, G. Rey) será voz independiente de la nuestra y derivada de *curuja* (*cor-*) 'lechuza'. El colombiano costeño *encurruscarse* 'retorcerse, ensortijarse, enmarañarse', 'encogerse para resguardarse del frío o con otro objeto' (Sundheim) es cruce de *ACURRUCARSE* con el vocablo local *enchurruscarse* 'churruscarse'. Es también dudoso el parentesco de *encarrujarse* con *carrujo* 'copa de árbol' (falta aún Acad. 1899).

No es inconcebible, por lo menos con carácter secundario, que exista relación entre *encarrujarse, curuja* y *acurrucarse*. Comp. *GANDUJAR*.

DERIV. *Encarrujado* (V. arriba).

[1] «Mochas vengalas e tocas; / mocha labrada camisa, / mocha media *encarrojada*, / mocha argentada botilia [= puntilla]», *Pedro Carbonero*, v. 373. Habla un morisco, cambiando, como es usual, la *u* castellana en *o*.— [2] «Me costó reconocerlo... en su perfecto atavío campero: amplias bombachas que se volcaban sobre unas botas *encarrujadas*, armadas de espuelas...», Héctor I. Eandi, *La Nación*, 10-I-1943; Leopoldo Lugones lo hizo transitivo «*encarrujaban* livianas muselinas» (*Guerra Gaucha*, 187).

Encartación, encartado, encartamiento, encartar, encarte, encartonador, encartonar, encartuchar, V. *carta*   *Encasamento*, V. *caja*   *Encasamiento*, V. *casa*   *Encasar*, V. *caja*   *Encascabelar*, V. *cascabel*   *Encascotar*, V. *cascar*   *Encasillable, encasillado, encasillar*, V. *casa*   *Encasquetar, encasquillador, encasquillar*, V. *casco*   *Encastar*, V. *casta*   *Encastillado, encastillador, encastillamiento, encastillar*, V. *castillo*   *Encastrar*, V. *engastar*   *Encatalejar*, V. *catar*   *Encatarrado*, V. *catarro*   *Encativar*, V. *cautivo*   *Encatusar, engatusar*, V. *caucho*   *Encauchado, encauchar*, V. *caucho*   *Encausar*, V. *causa*   *Encáustico, encausto*, V. *caústico*   *Encauzamiento, encauzar*, V. *cauce*   *Encavarse*, V. *cavar*   *Encebadamiento, encebadar*, V. *cebada*   *Encebollado, encebollar*, V. *cebolla*   *Encebra, encebro*, V. *cebra*   *Encefálico, encefalitis, encéfalo*, V. *cefálico*   *Enceguecer*, V. *ciego*   *Encelado*, V. *celo*   *Encelajarse*, V. *cielo*   *Encelamiento*, V. *celar*   *Encelar*, V. *celar* y *celo*   *Enceldamiento, enceldar*, V. *celda*

ENCELLA, forma de mimbres para hacer quesos y requesones', probablemente del lat. FĪSCĚLLA íd. *1.ª doc.*: Nebr., «*encella*: fiscina, fiscella».

Lo emplea también Lucas Fernández (1514: cita en Lamano), y sale en Villegas (Fcha.) y varias veces en Lope: de las descripciones de éste[1] resulta claramente que es exacta la explicación de *Aut.* «un género de canasta hecha de mimbres u de estera que sirve para formar los requesones y los quesos». Difícilmente puede separarse del port. *francelho* «barrileira ou mesa que tem em volta um sulco, em que se junta, e donde cai para um balde, o soro da coalhada, nas queijarias», en la Beira *francela* y en Évora *francelha* (Fig.), y del alto arag. *faxella* 'escurridero para el queso'[2], 'tabla sobre la cual se hace el queso' (Kuhn, *RLiR* XI, 62; *ZRPh.* LV, 629; Rohlfs, *BhZRPh.* LXXXV, § 272), en Ansó y Echo, gascón *herichèro*[3], *hrechèro, echèro, ichèro, eichèro* (desde el Bearne hasta el Ariège: Rohlfs; Palay, s. v. *echère, ichère, hechère*), langued. *faissèlo*, etc. (vid. *FEW*). Estas formas demuestran que el cast. *encella* está por un antiguo **hecella* representante de FISCELLA, por lo tanto debe desecharse la opinión de Spitzer (*RFE* XII, 233-4) de que va con el port. y salm. *cincho* y el fr. *sangler le fromage*, y procede del lat. CĪNGŬLUM 'cinturón, cincha', por medio de un verbo INCINGULARE; la forma antigua de la *encella* demuestra también que no era un cincho, sino una canastilla, como el lat. FISCELLA y su primitivo FISCUS.

La dificultad más visible está en el hecho de que el vocablo aparezca sin *h* aspirada en Nebr. y Lucas Fernández, que por su procedencia regional debieran conservar este fonema; pero puede ser una forma dialectal de las pastoriles tierras de Castilla la Vieja que se hubiera extendido, y además la intervención del prefijo *en-*, revelada por la *n* secundaria, bastaría para explicar la dificultad; sin embargo es curioso que la misma caída de *h-* se produzca en gascón. Más difícil es ver por qué tenemos *encella* y no **encilla*, como nos haría esperar la Ĕ latina. No sería absurdo postular una variante **FISCĬLLA*[4]. Pero creo preferible admitir que el arcaico **heciella*, al convertirse en **enciella*, sufrió el influjo de *cello* 'cincho', tanto más fácilmente cuanto que existía el verbo *encellar*, de suerte que esta etimología popular dió la impresión de que **enciella* era un caso ilógico de diptongación exagerada, que se eliminó. De este modo resulta tener algo de cierto la opinión de Spitzer.

Val. *fanzella* que *DAlcM* localiza en Artana, Valencia y Castellón, pronunciado con *z* en Castellón, aunque Pasqual Tirado lo escribe con *c*; Colón *BSCC* XXXIV, 296, asegura que se pronuncia con *z* en toda la Plana de Castellón, tanto en el sentido propio como en el figurado (quiere decir «semblança, manera, faisó», tal como lo usa P. Tirado). Esta coincidencia con el pg. *francela, -elha, -elho*, donde tampoco se explica la *-n-* y las otras dificultades fonéticas menores, hacen pensar que hay aquí gato encerrado. Es verdad que el arag. *faxella* (en Mora de Rubielos y Ansó, vid. nota 4), el gc. *h(er)ichèro* y el langued. *faissèlo* apenas permiten dudar de la etimología FISCELLA, y las etimologías de Spitzer y de Rohlfs (INCELLARE) quedan justamente refutadas por estas formas con *f-* y las gasconas con *h-* (el roncalés *encela* invocado por Rohlfs, de todas formas, tiene que haber pasado a través del romance, vista la *-c-*, y por tanto su carencia de *f-* no prueba nada, y la *-l-* vasca por *-ll-* tampoco nos enseña gran cosa o nada). Pero es probable que haya habido cruce con algún sinónimo, que explique la *n* del portugués, castellano y valenciano, y quizá también la -*z*- valenciana y la -*c*- portuguesa (donde se esperaría -*x*-); aunque entonces parece que la palabra que originó el cruce habría de empezar por *f*- y sería, por tanto, natural buscarla en árabe o mozárabe; sin embargo no encuentro aquí nada convincente: *š-nda* en Boqtor, *peliḥta* (-*eḥta*) en PAlc., *m[u]-ǧ[e]b[bi]na* en Lerchundi (no encuentro nada en Rd. de Bussy, ni R. Martí, ni el Belot fr.-ár.; tampoco nos enseñan nada estos artículos en Dozy, Beaussier ni Ferré). Es inverosímil que la *n* de *fanzella* se deba a influencia de *š-nda*; aunque *peliḥta* (de PLECTA, BDC XXIV, 40) dió el maestr. *fleitera*, tampoco esto nos explica nada, suponer un *f(e)lentera* para la evolución del mozár. *feleḥtaira* sería imaginable, pero tampoco explicaría bien las formas valenciana y portuguesa, aparte de que sería hipótesis demasiado audaz. Cabe contentarse admitiendo que un val. *faxella* pasó por disimilación a *facella* (el pg. dial. *francelha* parece ser de origen leonés y se podría explicar igual) y después, por influjo del cast. *encella* pasaría a *fancella*. Sin embargo, cuesta creerlo. Tampoco basta para explicar todo esto un influjo del verbo *encellar* que fácilmente habría podido dar cuenta del paso de *heciella* a *encella*.

DERIV. *Encellar* [Villegas: *Aut.*].

[1] Además del pasaje de la *Dorotea* citado en *Aut.*, véase: «¿Que es tan bella? —Yo la vi / quaxar una blanca *encella* / de leche cándida y bella, / una vez que a verle fui, / y junto a su mano elada, / nunca yo tenga opinión / si no parecía carbón / en las mimbres la quaxada», *El Cuerdo Loco*, v. 2089; «la cena se apercibe en pobre messa, / con negro pan y cándida quajada, / tan fresca, que por ella se vee impressa / mimbrosa *encella*, en torno dibujada», *Jerusalén Conquistada*, libro XVI. Modernamente se describen otros tipos de encella, como el de Salamanca «molde de barro vidriado y agujereado, por donde escurre el suero al hacer el queso», pero esto será secundario. *Encella* figura también en Percivale (1591): «*Encella* or *cesta*: a chest, a satchell»; y en Oudin: «*encella o cesta*, voyez *cesta; encella*: chaseret ou chasier».— [2] De ahí la ac. secundaria 'aro de madera' en Ansó (*una bacía de pino con dos faixellas de fayo*: BDC XXIV. 170).— [3] Esta forma, la portuguesa y la dialectal it. *friscelle* (Abruzos) presuponen una antigua base *FRISCELLA, con repercusión de la líquida.— [4] Sería regular si FISCELLA es el diminutivo de FĬSCĬNA (FISCIN-LA), como admite Thurneysen (Walde-H. prefieren mirarla como diminutivo de un *FISCULUS, y entonces FISCELLA sería normal). Del lat. FĬSCĬNA parece ser procedente el santand. *jezna, jelna, jelma* 'pieza de varas de avellano que se agrega a la carreta para que tenga más cabida' (G. Lomas), según *GdDD*; en 2811 indica

éste que *faxella* se emplea también en Mora de Rubielos (Teruel); lo he oído en Ansó. Si la pronunciación aranesa *ešḗra*, que anotó Krüger (*VKR* VIII, 88), es la verdadera, apoyaría este *FISCILLA. No tengo datos personales sobre el vocablo, pero los de Rohlfs contradicen unánimemente el vocalismo de Krüger.

Encenagado, encenagamiento, encenagarse, V. *cieno* *Encencerrado*, V. *cencerro*

ENCENDER, del lat. INCĔNDĔRE 'encender', 'quemar', 'incendiar', derivado de CANDĒRE 'ser blanco', 'abrasarse'. *1.ª doc.*: orígenes del idioma (*incentitu* en las Glosas de Silos, 38; *encender*, Berceo).

En lugar de INCENDERE (que es lo que ha persistido también en cat., oc., fr.), el gall. y port. (y el it.) han preferido ACCENDERE > *açender*; gall. *aceso* 'encendido' INCENSUM (Lugrís, *Gram.*, 118)[1]; tampoco es rara la variante *acender* en castellano medieval.

Nótese el antiguo participio fuerte *enceso* ĬNCĒNSUS (Berceo, *S. Mill.*, 215)[2], junto al cual existe, sin embargo, desde el principio, *encendido* (Gl. de Silos; *S. Mill.*, 23).

DERIV. *Encendaja* 'ramas o hierba seca para encender' (Acad. ya 1884, como voz de minería; también *incendaja*), comp. bearn. *encenalhe*, cat. *encenalls* 'virutas'. *Encendedor. Encendido. Encendiente. Encendimiento* [Nebr.].

Incendio [Corbacho (C. C. Smith, *BHisp.* LXI), APal. 295d], tomado de *incĕndium* íd.; *incendiar* [Terr.]; *incendiario* [1618, Espinel].

Incienso [*enciensso*, 1112, doc. de Covarrubias, Oelschl.; *incienso*, 1605, *Pícara Justina*], tomado del lat. *incēnsum* íd. (influído por *encender, enciende*); *incensar* (ast. *encensar*, V), *incensada, incensación, incensario* [1112, Oelschl.].

Incensivo, ant.; *incensor*, ant.

[1] *Acender candeas, acender o fogo*, Ctgs. 116.1, 345.74, MirSgo. 42.9, 43.28, 54.31, *en aquel monte fogo s'acendeu*, Ctgs. 307.21. Hoy sigue siendo esto lo normal; pero en parte se ha introducido *al*-: «*alcendé*-las velas dos pinos... o pino... *alcendéu* as súas velas, que estiveron *acesas* namentras o Viático non se perdeu nua revolta do camiño» Castelao 158.2, 6. Como se ve, se dice, en cambio, «unha candea *acesa*» (ib. 287.14), lo mismo que en Ctgs. 134.58, 422.31 («o aire, de fogo e de sufr' *aceso*»), MirSgo. 54.32, 119.8 (trad. *ardentem*); aunque también se halla ya el analógico *acenduda* en Ctgs. 255.126.— [2] Conservado en Asturias (R, V, Munthe).

Encenizar, V. *ceniza* *Encensar, encensuar*, V. *censo* *Encentador, encentadura, encentamiento, encentar*, V. *decentar* *Encepador, encepadura, encepar, encepe*, V. *cepo* *Encerado, encerador, enceramiento, encerar*, V. *cera* *Encercar, en-*

cerco, V. *cerco*   *Encerotar*, V. *cera*   *Encerra-*
dero, encerrado, encerrador, encerradura, encerra-
miento, encerrar, V. *cerrar*   *Encerrizar*, V. *en-*
rizar   Encerrona, V. *cerrar   Encertar*, V.
cierto   Enceso, V. *encender   Encespedar*, V. 5
césped   Encestar, V. *cesta   Encetadura, ence-*
tar, V. *decentar   Encia*, V. *hacia*

ENCÍA, del lat. GINGĪVA íd. *1.ª doc.*: *enzía*,
1251, *Calila*, ed. Allen, 13.266.

Tenía -*z*- sonora, como se ve también por APal. 10
181*b*. La evolución fonética es normal, vid. M. P.,
Man., §§ 38.3, 43.2, 47.2*b*. En algunas partes se
conservó la -*v*-, de donde la forma *enziva* (*Calila*,
ed. Rivad., 16; J. Ruiz, 434*cS*), hoy conservada 15
dialectalmente (Zamora V., *RFE* XXVI, 319), especialmente en el leonés meridional, donde hallamos *enciba, endiva, enžiba, žinžiba* o *henhiba* (Espinosa, *Arc. Dial.*, 75-78).

DERIV. *Gingival*, derivado culto. Otro es *gingi-* 20
vitis, que falta aún Acad. 1936.

Encíclica, enciclopedia, enciclopédico, enciclope-
dismo, enciclopedista, V. *ciclo   Encierra, encie-*
rro, V. *cerrar   Encilar* o *encilarse*, V. *silo* 25
Encima, encimar, encimero, V. *cima*

ENCINA, del lat. vg. ĪLĬCĪNA, derivado adjetivo
del lat. ĪLEX, ĪLĬCIS, 'encina'; probablemente pasando por el antiguo y hoy arag. *lezina* y des- 30
pués *lenzina*. *1.ª doc.*: *leçina*, 1043; *ençina*, 1124
(Oelschl.); Cej. VII, § 44.

Dentro del territorio lingüístico castellano todavía quedan huellas del simple ĪLĬCEM en el
nombre de lugar *Las Ilces* (agregado a Camaleño, 35
p. j. Potes), *Ilche* (p. j. Barbastro), y en su
derivado *la ilzera*, que hallamos en un documento
montañés de 1210 (M. P., *D. L.*, 4.13), y probablemente en el topónimo menor *L'Alzera* cerca
del pueblo de Torroja (Priorato): también *L'Al-* 40
dosa, aldea andorrana, sale seguramente de *Alzosa*,
colectivo de *elze*; pero el cast. vizcaíno *inces*
'bellotas de encina' (que Spitzer, *NM* XXII, 44,
cita de Trueba) ha de ser derivado retrógrado de
encina, pues de otro modo no se explicaría su 45
n. Otras formas romances (it. *elce*, log. *élighe*,
oc. *euze*) vienen de una variante dialectal itálica ĪLEX (documentada en Gregorio de Tours,
vid. Bonnet, p. 126), pero el español conservó el
lat. urbano ĪLEX. El adjetivo vulgar ILICINUS está 50
documentado en un escoliasta de Horacio y en una
inscripción (*ALLG* VI, 110; *CIL* VIII, 2165)[1],
en lugar del clásico ILICEUS o ILIGNUS. ILICINUS
se aplicaría primitivamente a la madera, al fruto
o al árbol mismo, pero en calidad de adjetivo, y 55
partiendo de estos grupos MATERIA ILICINA, GLANS
ILICINA y ARBOR ILICINA, acabaría por abreviarse
ILICINA como nombre del árbol mismo (hechos
semejantes ocurrieron en *HAYA, HIGUERA* y
otros nombres de árboles); sin embargo, en Aragón 60

se conservó ILICINA en la forma *lecina* como nombre de la bellota, en los valles de Bielsa, Echo,
Ansó (*BDC* XXIV, 173) y en otras partes (Otín
y Duaso). También en el nombre de lugar *Fuente*
la Encina (Burgos, Albacete), de FONS ILICINA
'fuente de las encinas', tiene carácter de adjetivo,
como se ve por las formas antiguas: *Fonte Leçina*,
1043 (Jusué, doc. 61), *Fonte Lezina*, 1201, 1213
(M. P., *D. L.*, 156.5, 21.3 y 6). Esta forma *lezina*
es la originaria del vocablo, conservada en aragonés; por propagación de la nasal se convirtió
en *lenzina* (*Lencinas* es hoy apellido) y después
se deglutinó la *l*-, como si perteneciera al artículo[2].
Así ocurre también en gallego y portugués, donde
azinha (< *lazinha* o *e(l)ezinha*) es la forma más
frecuente, y sin duda más antigua que *enzinha* o
anzinha (Cornu, *Portug. Spr.*, § 152). Es de la misma opinión Baist, *KJRPh.* VI, i, 393. Otros han
creído que *encina* viene del arcaico *elzina* (comp.
cat. *alzina*; it. ant. *elcina* en el napolitano Sannaz-
zaro, † 1534), así M. P., *Rom.* XXIX, 357; Cuervo,
RH II, 18; Hanssen, *Gram.*, § 154; Steiger,
BRAE X, 179; pero entonces difícilmente se explica el cambio de *l* en *n*, pues una dilación de
la nasal sería contraria a las tendencias del idioma
(la *l* implosiva está en posición más fuerte que
la *n* intervocálica) y no hay otros ejs. de tal fenómeno: no hay duda de que *elzina* se habría
convertido, como en catalán, en *alzina*, dada la
frecuencia de la inicial *al-*[3]. *Enzina* tenía -*z*- sonora en la Edad Media (Nebr.; APal. 171*d*, 203*d*);
las grafías arcaicas *leçina, ençina*, son anteriores
a la distinción gráfica entre los dos fonemas.

DERIV. *Encino* (usual en Nuevo Méjico, *BDHA*
I, 292, y otras partes de América; port. *azinho*).
Encinal [S. XV, Biblia med. rom., Gén. 11.23;
Nebr.] o *encinar*; gall. *aciñar* (Castelao 144.26).
Ilicíneo, derivado culto de *ilex, -ícis*.

[1] Simonet cita ej. de 914 en el bajo latín español.— [2] En el citado nombre toponímico la forma
Fuente el Enzina (doc. de 1377, M. P., *l. c.*) y
la moderna *Fuente la Encina* resultan de un falso
análisis de *lenzina*; la forma *Fonte de Lazina* de
1154 tiene un *de* analógico de otros nombres de
lugar, y el *Fonte el Elzina* de 1149 resulta de
cruce con la otra variante *Elzina*, resultante de la
síncopa de la segunda I de ILICINA, forma que
también se encuentra en el español primitivo (*ad*
Elçina retonda, doc. de 1063, *Ualle de Elzina*,
doc. de 1098, en M. P., *Oríg.*, 317; '*alğina* en
Abenbeclarix, citado por Simonet, s. v. *elchina*,
elzina en Vidal Mayor 4.24.2). Falsos análisis
parecidos se producirían en otros nombres de
lugar, como en *La Encina* de Salamanca, que
dió nombre al famoso poeta Juan del Encina,
para la forma exacta de cuyo nombre véanse
E. Giménez Caballero, *RFE* XVI, 59-69; M. Cañete, *Rev. Hisp.-Am.* I, 1881, 355-64.— [3] No es
pertinente comparar con el caso de *mortandad* <
mortaldad, de estructura muy diferente, y en el

que además ha intervenido la terminación frecuente -ndad (*cristiandad, hermandad, bondad,* etc.). Más semejante sería el caso de *Manrique* si viniera del antiguo *Malric* AMALIRIK (así en M. P., *D. L.*, 12.10), pero creo que aquél es nombre germánico diferente, compuesto con el elemento frecuente MAN-.

ENCINTA, del lat. tardío ÍNCINCTA íd., de origen incierto; probablemente su relación con CĬNGĔRE 'ceñir' es sólo aparente y debida a una etimología popular, pero cabe dudar si se trata de una alteración del lat. INCIENS, -TIS, o del gót. INKILTHO, ambos del mismo significado que *encinta*. 1.ª doc.: 1328-35, *Conde Lucanor*, 163.3; h. 1340, *Crón. de Fernando IV (Aut.*, s. v. *cinta*).

El lat. INCINCTA se documenta sólo en San Isidoro («*incincta*, id est s i n e c i n c t u, quia praecingi fortiter uterus non permittit», *Etym.* X, 151). El santo nos explica la idea popular de que se llamaban así porque su estado no les permite ceñirse fuertemente: entonces IN- sería privativo, e INCINCTA sería lo contrario de CINCTA 'ceñida'. El hecho es que en latín INCINCTUS no significa esto, pues es el participio de INCINGERE 'ceñir o rodear (algo)', donde IN- expresa la noción de que lo rodeado queda adentro. Recuerda Spitzer, *ZRPh.* XLVI, 613, la opinión de Covarr. y Ménage de que con ello se alude al niño, abarcado por la cintura de la mujer grávida; opinión a la cual Diez, Gamillscheg y Bloch[1] han preferido la de San Isidoro. Como indica oportunamente Hofmann, en la segunda edición del dicc. etimológico latino de Walde, es probable que ambas interpretaciones, las dos forzadas en su aspecto semántico, sean igualmente falsas, y que *incincta* no sea otra cosa que una deformación del lat. cl. INCIENS, -TIS (emparentado con el gr. χυεῖν 'estar encinta' y otras voces indoeuropeas); el paralelismo con PA-RĬĔTEM > PARĘTE, ABĬĔTEM > ABĘTE y análogos indica que INCIENTEM había de pronunciarse vulgarmente INCĘNTE; junto a éste se pudo crear un femenino *INCĘNTA (puesto que ya en latín se halla CLIENTA en lugar de CLIENS), el cual en tiempo de San Isidoro habría pasado a ÍNCĬNCTA por la etimología popular expresada por el santo, cuando ya la Ĭ se pronunciaba igual que una Ę. Esto es quizá lo más probable. Pero no debemos olvidar que 'encinta' se decía en gótico INKILTHO, vieja palabra de origen germánico (derivada de KILTHEI 'útero', y emparentada con el ags. *cild*, ingl. *child*, 'niño'). También ésta pudo alterarse en INCINCTA por etimología popular entre los contemporáneos de San Isidoro. Los descendientes romances, oc. ant. *encęncha*, fr. *enceinte*, it. *incinta* (falta en catalán y en portugués)[2], indican una área bastante extensa, que no sería, sin embargo, incompatible con el origen gótico, a condición de que el vocablo se romanceara en fecha temprana. Quizá INCIENS e INKILTHO se confundieron y alteraron juntos en latín vulgar[3].

V. ahora las citas eruditamente allegadas por Spitzer, *MLN* LXXI, 375-7, en apoyo de su etimología INCINCTA. Nadie discute que debemos partir de esta forma atestiguada por San Isidoro, pues es la única que explica el pormenor de las formas romances, pero no tomemos el consejo del sabio maestro en el sentido de hacer servir al santo como de venda o anteojeras que nos priven de mirar más allá. Más allá, y en el fondo de todo, está lo único antiguo en latín, INCIENS, alterado muy levemente por cambios minúsculos, que en parte eran fatales y en el resto naturalísimos y muy poco menos que fatales. Que las mujeres grávidas se han ceñido siempre, es archisabido, pero conviene no confundir el ceñirse con fajas, procedimiento racional, universal y seguramente eterno, con el ceñirse con cintas, que Spitzer nos documenta copiosamente en fuentes del latín tardío, desde Tertuliano, y en otras más modernas, del Oeste y Centro de Europa. Ahí estamos ante creencias y supersticiones que nada prueban contra INCIENS, y probablemente engendradas precisamente por el nombre latino y romance *incincta*: ¿qué iba a hacer sino ponerse una cinta b e n-d i t a la mujer que, así como así, estaba *en cinta*? (*nomen omen, similia similibus curantur...*). ¿Hay testimonios de tales cintas fuera del campo de irradiación del latín tardío y medieval? Aun si los hubiera, ¿bastarían para probar que INCIENS se extinguió sin tener que ver nada en la creación de su sinónimo y casi-homónimo INCINCTA? Pero el propio Spitzer reconoce que el que más había trabajado en el asunto, Waszink, declara que no se conoce nada de esto entre los griegos y romanos antiguos (no olvidemos que las fajas son otra cosa). Nada digamos de los juegos de palabras y rimas (*aceinte: enceinte, enchainte: chainte*, conciencia de la etimología popular que nadie discute). Ni de las re-creaciones tardías como el raro fr. ant. *enceinturer*. Y ya no vale la pena dar importancia a detalles como la construcción *incingersi in* o *di un bambino* (y no *per un bambino* como sería de esperar con la interpretación que se nos propone), puesto que de todos modos se pueden explicar fácilmente y de mil maneras.

No hay por qué creer, con M-L. (*REW*, 4351) que el cast. *encinta* sea cultismo, pues es normal que -ĬNCT- y -ŬNCT- den -*int*-, -*unt*-, en castellano (*cinta, punto*, etc.).

DERIV. *Encintar* 'empreñar', antic. (*encintarse* 'concebir' está en las biblias judías de los SS. XVI y XIX publicadas en Ferrara y Constantinopla, *BRAE* IV, 331).

¹ Trató también de *encinta*, C. Michaëlis, *Misc. Caix*, 126, que no tengo a mano. M-L. mantiene reserva.— ² El oc. *encencha* apenas existe: es un hápax recogido por Raynouard en una vieja edición de la Vida de S. Honorato: Levy subraya que no conoce testimonio alguno; a esta palabra

no se le da entrada en el dicc. de Mistral, y el *FEW* sólo la señala en el dicc. marsellés de Achard (más bien sospechoso); ha sido recogida en el *Atlas Ling. de la Lozère* (en diversas localidades de este departamento) en la forma *encento* (si no me engaño, allí habría de ser *encencho*; se tratará de un préstamo francés). Por otro lado, en italiano *incinta* es antiguo, ya en autores del S. XIII o XIV (Jacopone da Todi, Giovanni Villani, Aldobrandino).— [3] Wartburg, *FEW* IV, 624, se declara por el participio de INCINGERE 'ceñir' porque la mujer grávida tendría la sensación de estar ceñida, o entorpecida en sus movimientos. Sutil es esto, y ceñido no es entorpecido. Partir de INCIENS —dice— sería absurdo [!] porque sólo se aplica a las hembras de animales. Más que comprobar si esta preferencia de los clásicos es bien constante en este tipo del idioma, importa notar que en vulgar se aplicaba INCIENS lo mismo que PRAEGNANS tanto a la mujer como a las bestias, V. el testimonio de Carisio citado por Walde-H. Los argumentos sintácticos que da Wartburg no valen, puesto que, según reconoce él mismo, el verbo *incingersi* es de creación secundaria. El participio de INCINGERE es desde luego inaplicable, lo mismo con la interpretación de Wartburg que en la de Covarr. (entonces *encinta* se habría dicho de la criatura y no de la madre). Y en general es increíble que el parecido del tardío INCINCTA con INCIENS y con INKILTHO sea puramente casual.

Encintado, V. *cinta*   *Encintar*, V. *cinta* y *encinta*   *Encismar*, V. *cisma*

ENCISO, 'terreno adonde salen a pacer las ovejas luego que paren', palabra mal documentada, de origen incierto. *1.ª doc.*: Acad. 1817, no 1783.

No conozco otra documentación ni confirmación de la existencia del vocablo, ni falta en los diccionarios dialectales. Hay, sin embargo, un ayuntamiento de *Enciso* en la prov. de Logroño y un despoblado *Encisa* en el partido de Tudela, Navarra (Madoz). Dice la Acad. que viene de INCĪSUS 'cortado'. Quizá sea así, en el sentido de '(prado) separado de los demás (y reservado para las ovejas recién paridas)'. Pero el lat. INCĪDĔRE, cuyo participio es INCISUS, significaba más bien 'hacer un corte en algo', que 'separar con un corte', y aquel significado es el que conservó su único representante romance el fr. ant. *enciser*, procedente del frecuentativo INCĪSARE; por lo tanto deberíamos pensar más bien en la idea de 'prado cercado enclavado dentro de otro más grande'. Menos convendría aún INSCĪSSUS, puesto que SCINDERE (o su derivado INSCINDERE) significan ante todo 'desgarrar', y un derivado INSCISSUS, con IN- privativo ('prado no cortado, intacto') no sería verosímil por esta razón y por otras. Quizá se trate de una variante de *SENCIDO*, vulgarmente *sencio*, 'prado

intacto': una deglutinación *los sencíos* > *los encíos* sería fácil, y un cruce con el sinónimo *dehesa* (eventualmente un masculino **deheso* PRATUM DEFENSUM 'prado prohibido') explicaría la -*s*- de *enciso*. Pero antes de aceptar conclusiones será preciso conocer la fuente de la definición académica (no se trate de una interpretación fantasiosa del nombre de lugar), e investigar si hay formas documentales antiguas del nombre del pueblo de *Enciso*. Diego Jiménez de Enciso, descendiente de riojanos, murió en 1634, y un Enciso Castrillón es otro literato conocido del mismo tiempo; *Anzizu* es también apellido vasco, pero el vocablo no se halla en Azkue ni en Lhande.

Encizañador, *encizañar*, V. *cizaña*   *Enclaustrar*, V. *clausura*   *Enclavación*, *enclavado*, *enclavadura*, *enclavar*, *enclavazón*, V. *clavo*   *Enclavijar*, V. *llave*   *Enclavuñar*, V. *cabruñar*

ENCLENQUE, origen incierto, probablemente del occitano (langued. *clenc* 'enfermizo, enclenque', prov. *cranc* 'cojo, impotente, decrépito', bearn. *encrancat* 'derrengado, que sufre lumbago'), donde parece resultar de un cruce entre el autóctono *cranc* 'cangrejo' (lat. CANCER, -CRI) y el fr. ant. y dial. *esclenc* 'izquierdo' (procedente del a. alem. ant. SLINK íd.). *1.ª doc.*: Aut.

Dice este diccionario que es adjetivo usado regularmente como sustantivo, y vale «falto de fuerzas, mui débil, flaco y enfermo: y assí del que está postrado y caído de fuerzas, que apenas se puede tener en pie y anda enfermo, se dice que está hecho *un enclenque*». No trae ejs. y yo no los conozco anteriores al S. XIX (Bretón de los Herreros, etc.). Pueden desecharse sumariamente las etimologías antiguas. Lat. CLĪNĬCUS 'de enfermo', 'enfermo postrado en cama' (S. Jerónimo; «*clinicus*: paralyticus», *CGL* IV, 35.27, etc.)[1] no podía dar otra cosa que **llingo* o **clingo* (o bien **clínigo*, -*nego*, en forma semiculta). El lat. ENCLĪTĬCUS[2], gr. ἐγχλιτιχός, que aunque viene de ἐγχλίνειν 'apoyarse', no se le conoce otro significado que el gramatical 'enclítico', además de la suma inverosimilitud semántica tampoco es posible fonéticamente (habría dado **enchezgo* o **enclezgo*).

Poca luz se saca de las variantes dialectales: *encrenque* en el Oeste de Asturias (Acevedo-F.), *enquencle* en Cespedosa (*RFE* XV, 155), *inclenco* en Nicaragua (*BDHA* IV, 258), significan lo mismo que en castellano; *increnqui* en la Ribera salmantina del Duero (Llorente Maldonado) es 'travieso'; *manclenco* '(columna, puntal) falto de solidez', 'sin fuerzas, convaleciente de enfermedad grave', en el Ecuador y la Costa Colombiana (Lemos, *Sem.*; Sundheim), se debe a un cruce con *manco* o *mancado*, y en Cuba la alteración se ha agravado en la forma *macuenco* 'animal flaco, débil, de poca estimación' (Pichardo); hay también un cruce en el ast. *enxencle* 'lo que está delgado, sencillo, que no está fuerte' (Rato)[3]. En gallego-portugués los representantes del vocablo parecen ser modernos: gall. *clènque* 'enclenque, débil, enfermizo' (Vall., Cuveiro), *enclenque* íd., *encrenque* 'incrédulo' (Vall.), Arcos de Valdevez *mulher crenca* «descansada, vagarosa, tonha» (*RL* XV, 216), Beira *encrenque* 'persona inútil o floja', 'estafermo' (Fig.), Río Grande del Sur *enclenque;* de mayor interés es el port. *encrencar* 'atascar, inmovilizar' (*un carruaje*), 'crear dificultades, perturbar, confundir, embarazar' (*un negocio*), 'poner (a alguien) en compromiso, intrigar', *sítio encrencado* 'aquel en que hay tumultos y gente baja', *encrenca* 'dificultad, intriga, desorden' (Fig., faltan en los demás dicc.), Pernambuco y jerga de Río de Janeiro *encrenca* 'motín callejero', 'negocio intrincado', 'caso difícil, comprometedor' (Pereira da Costa; el mismo diccionario atribuye a los catarinenses las frases *ter uma encrenca* o *estar na encrenca* para 'caer enfermo'), brasil. jergal *encrencar* «enguiçar [hacer volver raquítico]» (Lima-Barroso); especialmente me parece orientador el miñoto *incarangado* 'enclenque, enfermizo' (*RL* I, 221), cuya relación con *carango* y *caranguejo* 'cangrejo' es evidente.

Creo que debemos relacionar *enclenque* con el langued. *clenc, -co,* 'enfermizo, raquítico, enclenque', prov. *cranc, -co,* que además de 'cangrejo' significa 'cojo, impotente, decrépito' (frecuente en las obras de Mistral, *la vieio cranco*), lemos. *clanc* íd., langued. *aclencà,* prov. *crancà* 'inclinar', *aclencat, crancat,* 'envejecido, gastado', Quercí *s'encrancà* 'engancharse, enredarse', todos ellos recogidos por el dicc. de Mistral, Rouergue *s'encrenquà, s'encronquà,* íd. (Vayssier), Puisserguier *s'aclencà* «s'affaisser, se pencher» (que en el *FEW* II, 784b, figura, con otras formas parecidas, en un artículo *CLINICARE, que debería suprimirse), aran. *clènco* 'tartamudo' (donde puede haber roce con la onomatopeya *queco*), bearn. *clencà, clincà,* 'inclinar', *cranc* 'lumbago, ciática', *cranquère* íd., *cranquet* 'cojo', *encrancat* 'que sufre de lumbago o de cualquier otra enfermedad' (Palay). Aunque las razones geográficas que invoca no tienen validez[4], creo estuvo afortunado Sainéan, *ZRPh.* XXXI, 280-1, al decir que *enclenque* venía de estas palabras occitanas, y que éstas procedían de *cranc* 'cangrejo' (lat. CANCER) por el andar titubeante de este animal; pero erró seguramente este lingüista al querer derivar de ahí el fr. *esclenc* 'izquierdo', cuya etimología a. alem. ant. SLINK íd. (alem. *link*) me parece bien sentada; además no es posible explicar fonéticamente el detalle de las formas occitanas con sólo CANCER. Así, aunque no creo probable, como afirmó Foerster (*ZRPh.* VI, 113-6) y aceptó Spitzer (*Neuphil. Mit.* XXIII, 85), que *enclenque* venga sencillamente de esta palabra francesa (el nexo semántico entre 'izquierdo', 'torpe' y 'débil' es evidente y se verifica en numerosas etimologías[5], pero no es verosímil la sustitución del prefijo

es- por *en-*, y es más claro el parentesco con las voces occitanas), sí creo que en lengua de Oc se cruzaron las dos familias de vocablos, o más exactamente el tipo *cranc* sufrió el influjo del *esclenc* de procedencia norteña, convirtiéndose en *clanc, clenc,* etc. Desde la lengua de Oc pasó el vocablo al cast. y luego al portugués.

Queda todavía una palabra gallega algo diferente, *crequenas. Estar de crequenas* 'estar inclinado' (Sarm. *CaG.* 68r), *andar en crequenas,* hablando a un lisiado de piernas extremadamente estevadas (Castelao 213.19), al que llama luego *encrequenado* y *encraquenado* (214.6, 224.6f.), *querquenado* 'en cuclillas' (Lugrís), *de* o *en crequenas* 'encogido sobre los pies, como el que hace aguas mayores' (Vall.). Falta aquí la *n* del grupo final *nk,* lo mismo que en el ast. *enclicau* 'enclenque, enfermizo, sin fuerza' (Rato), en lo cual se parece a *CUCLILLAS* y su grupo; mas por otra parte no hay vocablo *o* ni *u* sino *e* como en el grupo de *enclenque,* y el sentido participa de los dos. Debió de haber, pues, un cruce entre ellos.

[1] Sugerido por *Aut.* y aceptado por Baist, *ZRPh.* V, 550-1.— [2] Propuesto por Hofmann y Baist, *ZRPh.* VI, 435, y aceptado por M-L., *ZRPh.* VIII, 225-6, con reservas; pero en el *REW* ni siquiera menciona esta etimología.— [3] *Enclicau* 'enclenque, enfermizo, sin fuerza' es onomatopeya, vid. aquí *CLICA.—* [4] Se funda en que *enclenque* es ajeno al portugués, pero se halla en catalán. Ambas premisas son falsas. Un cat. *enclenc* no existe, aunque lo registre algún diccionario copiándolo de Labernia. Alguna vez hablando se emplea el castellanismo *enclenque* (raro por lo demás), pero la catalanización *enclenc* es arbitraria.— [5] El normando (Tôtes) *déclenqué* 'sin fuerzas', vendrá probablemente de *esclenc* o, como quiere Wartburg, del fr. *déclenché,* que tiene otro origen. Véanse otras formas, no sin analogía semántica con *enclenque,* en *FEW* II, 787 (KLINKA).

ENCOMIO, tomado del gr. ἐγκώμιον 'elogio', 'discurso panegírico', neutro del adjetivo ἐγκώμιος 'cantado en una fiesta o triunfo', que a su vez deriva de κῶμος 'fiesta con cantos'. *1.ª doc.*: Covarr.[1]

DERIV. *Encomiar* [Acad. 1884, no 1843]; *encomiador* [Acad. ya 1843]. *Encomiasta* [íd. 1884], de ἐγκωμιαστής, derivado de ἐγκωμιάζειν 'alabar'; *encomiástico* [fin del S. XVII, P. Sartolo], de ἐγκωμιαστικός.

[1] Con la interesante disculpa: «estos vocablos peregrinos me necessitan a explicar los demasiado curiosos y afectados que los han introduzido en nuestra lengua, y assi no me pongan a mí culpa, si los inxiero con los demás, que propiamente son castellanos». Alusión clara a los culteranos, que habrían puesto el vocablo en circulación, aunque no lo empleó Góngora. De Covarr. pasó a Oudin (1616) y a Minsheu. *Aut.* no cita autores anteriores al P. L. Muñoz (1639).

Encompadrar, V. *padre*   *Encompasar*, V. *paso*

ENCONAR, 'inflamar una llaga', 'irritar el ánimo', primitivamente 'manchar, contaminar', 'infectar', probablemente del lat. ĭNQUĬNARE 'manchar, mancillar', 'corromper'. *1.ª doc.*: Berceo.

Del uso vulgar de INQUINARE en la España medieval son testimonio las Glosas de Silos (2.ª mitad del S. X), que emplean la forma *inquinaren*, ya medio castellana por su terminación[1]. *Enconar* conserva con frecuencia el significado 'manchar', 'ensuciar', 'corromper', en el castellano arcaico: «Virgo, madre gloriosa... / Tú guia nuestra vida, que non la *enconemos*, / tu sei nuestra via, que non entropeçemos» (Berceo, *Himnos*, 13a), «Senyor, la tu vertud me deve anparar / que no·m puedan el alma garçones *enconar*» (*Apol.*, 403d; con ej. semejante del *Cavallero Zifar* en el glosario de Marden); «descendió al infierno recabdar su mandado... / paróse a la puerta, so rostro enboçado / que no la embargasse el infierno *enconado* / ...non querié longamiente morar enna sentina / ca toda era llena de mala calabrina», *Alex.*, 2261d; esta acepción se conserva todavía en el *Canc.* de Baena («en viles pecados jamás non *te encones*», p. 631) y en APal. («*incestare* es *enconar* o ensuziar», 207b, «*obsolutatus*... por ensuziado y *enconado*, no limpio», 318b; mismo sentido o el de 'infectar' en 92d, 204d, 213b, 501d) y modernamente en el judeoespañol: *enconar* 'manchar, deshonrar, profanar' en las Biblias de Ferrara y Constantinopla (*BRAE* IV, 331) «*enconarse* las manos por haber tocado algo impuro, tal como las partes vergonzosas o un cadáver, lo que exige una ablución inmediata para quitar el *encono*» (Yahuda, *RFE* II, 349), *incunadu* «to leave letrine without washing one's hands», *incunade* «menstruating woman» (Luria, *RH* LXXIX, 539); en Santander hoy un prado *enconao* es el que está lleno de malas hierbas (G. Lomas); es decir, lleno de impurezas, sucio.

El derivado *enconamiento* 'mancha, deshonra, mancilla', confirma este significado: hablando del famoso tributo de las cien mujeres que los castellanos debían entregar a los moros de Abderramen, escribe Berceo «nunqua fue en christianos tan fuert quebrantamiento / por meter sus christianas en tal *enconamiento*» (*S. Mill.*, 373b; el mismo hecho se califica de *suziedumne, manziella, una mala postiella, andaban afontadas*); en la Biblia de Ferrara el mismo vocablo corresponde a *suciedad* de la versión de Cipriano de Reyna, y otras veces el mismo vocablo hebreo se traduce por *boñiga* (L. Wiener, *MLN* XI, 89); en el manuscrito bíblico escurialense del S. XIII *enconamiento* es justamente el vocablo con que se traduce el *inquinamentum* 'inmundicia' de la Vulgata (Oroz, n.º 1025). Como notó Spitzer, de la idea de 'manchar, ensuciar' viene la ac. 'cargar la conciencia con una mala acción', que la Acad. registra todavía y que es conocida principalmente por un pasaje cervantino («se havía de *enconar*—como suele decirse—en tomarme a mí una sola oveja», *Quijote* I, xxvii, fº 124), pero que se halla también, refiriéndose a hurtos, en Sebastián de Horozco[2] (med. S. XVI) y en otras partes. De 'ensuciar, corromper' se pasó a 'infectar', como define Nebr. («*enconar*: contagio inficere; *enconamiento*: contagiosa infectio»), y así se halla ya en *Alex.*: «dieron salto en ellos unos mures granados, / eran los maleditos suzios e *enconados*, / tamaños como vulpes, los dientes regañados, / los que prendien en carne luego eran librados» (P, 2145b). Y desde 'infectar' o 'envenenar'[3] se pasó a las acs. modernas 'inflamar o irritar una llaga o herida' (que ya se halla una vez en *Alex.*, 984c, en la *Celestina*, ed. 1902, 3.27, y en el propio Nebr.) e 'irritar o exasperar el ánimo' (así, al parecer, ya en J. Ruiz, 356c); *enconado* tiene ya muy comúnmente en los SS. XIII y XIV el sentido de 'venenoso', material o figuradamente[4] (*yerva fuert enconada*, y *las bestias enconadas*, hablando de culebras, en Berceo, *Mil.* 507c y *S. Mill.* 30d; *Libro del Caballero e el Escudero*, 249a; J. Ruiz, 187a, 418d), aunque muchas veces no resulta claro si la idea es 'envenenado' o 'corrompido' y puede haber algo de las dos (*S. Mill.*, 118a, 171d; *Duelo*, 95a).

La etimología ĭNQUĬNARE es absolutamente clara y convincente desde el punto de vista semántico y conviene asimismo al cat. *enconar*, que significa, desde el S. XIV por lo menos, 'dar la primera leche a un niño, darle el primer alimento'[5], 'limpiar con alcohol los toneles antes de ponerles vino', es decir, propiamente 'embadurnar la boca al niño con leche, etc.'; ac. que se generalizó posteriormente, según nos informa el diccionario Torra (1651): «*enconar*: ensenyar principis ad algú; imbuo: ut imbuo puerum litteris; mentem, animum religione, pietate, bonis moribus;

imbuo testam, vas, dolium, uticulum bono odore, sapore, bono vino» (la ed. de 1757 agrega: *«enconar* la nafra: fer la primera cura; exulcero», que llegó a significar la idea opuesta a la castellana); pero esta generalización 'iniciar' la hallamos también en latín vulgar, en boca de Trimalción: «volo illum... aliquid de jure gustare. Habet haec res panem. Nam l i t t e r i s satis *inquinatus* est» (*Satyricon*, XLVI, 7). Anoté esta etimología en una papeleta de mayo de 1926, y me alegré luego de ver que Spitzer había llegado por su cuenta al mismo resultado (*RFE* XII, 238); mas posteriormente este erudito se arrepintió de su idea, por razones fonéticas, pues en su opinión los casos como *contía* por 'cuantía' o el vulgar *custión* por 'cuestión' no bastan para justificar el cambio de ĪNQUĪNARE en *enconar;* sin embargo, nada sorprendente hay en la hipótesis de que la pronunciación del latín vulgar *enkwenare* condujera a *enconar,* y aparte de los ejs. CINQUE > *cinco,* VENUĬT > *vino* y ECCUM ĬLLAC > *acullá,* que son más o menos discutibles (V. aquí s. v. *CINCO*), el fenómeno es normal y general en catalán—*engonal* ĪNGUĬNALE, *sangonera* SANGUĬNARIA (y *sangonent, sangonós, ensangonar,* todos derivados de SANGUĬN-), el nombre de lugar *Rigolisa* LIQUIRITIA (comp. fr. ant. *recolise,* ingl. *licorice* 'regaliz')—y en otros romances: port. *ingua* 'infarto de las ingles' < *éngoa* < ĪNGUĬNA, gall. ant. *sangõento* SANGUINENTUS (*Crón. Troyana* I, 240.29), siciliano *sangu* SANGUIS, *cincu* CINQUE, etc.

Lo raro del grupo QUĪ hace que casualmente no tengamos otros ejemplos castellanos, pero no me parece lícito dudar de la posibilidad del fenómeno cuando ya lo hallamos en fecha latina, alternando *sterculinium* con *sterquilinium*[6], *acufolium* con *aquifolium, inquilinis* con *incolinus,* y junto al propio *inquinare* está el vocablo infantil *cunire* = *cacare* (Heraeus, *ALLG* XIII, 168n.).

En cuanto a la otra etimología que propuso después Spitzer (*RFE* XVIII, 237), la verdad es que carece de toda verosimilitud semántica: el lat. CONARI 'intentar, probar', que parece haberse conservado en sardo (única huella romance, por lo demás), habría dado el sentido catalán de *enconar* pasando por 'ensayar', y el cervantino *enconarse en tomar* sería 'hacer la prueba' [?]; en cuanto a la ac. más antigua 'contaminar' vendría de la de 'hacer pujos o esfuerzos para vomitar' que tenemos en el uso médico latino y que se ha conservado en Cerdeña. Claro está que hay que abandonar esta idea forzadísima.

La antigua etimología de *enconar* (Diez, *Wb.,* 446; M. P., *Man.,* § 70; Cuervo, *Obr. Inéd.,* 233) es ingeniosa, pero nada convincente. De MELANCHOLIA 'hipocondría, melancolía' salió en castellano *malencolía* y *malenconía,* de donde por un falso análisis del vocablo se dedujo un nuevo simple *enconía* 'irritación, inquina', que por lo demás es muy poco frecuente y tardío, y parece exclusivo y

típico del lenguaje villanesco, como corresponde bien a una falsa creación de este tipo[7], y de este *enconía* se sacaría *enconar* y *encono*[8]. Pero una de dos: o *enconar* viene de *enconía* y entonces esperaríamos **enconiar;* o viene de *encono,* y éste de *enconía,* por una especie de cambio de sufijo abstracto, pero entonces es chocante hasta lo inverosímil la fecha extraordinariamente tardía de *encono* (sólo en *Aut.,* y sin ejs.; falta en APal., Nebr., Oudin, Covarr., etc.), posterior en quinientos años a la de *enconar,* al que debería preceder lógicamente[9]. Sobre todo es increíble que el cast. y el cat. *enconar* no tengan relación etimológica, y salta a la vista que éste nada tiene que ver con MELANCHOLIA.

En cuanto a la etimología de Brüch (*Misc. Schuchardt,* 29), galo **KUN-,* deducido del galés *cynu* 'levantarse', indoeur. **kewā* 'hincharse', es demasiado arbitraria y poco fundada en céltico para tomarla en serio[10].

DERIV. *Enconado* (V. arriba). *Enconadura. Enconamiento* (V. arriba). *Encono* [*Aut.;* comp. arriba]. *Enconoso* [1542, D. Gracián]. *Desenconar* [Nebr.; *Celestina,* vid. arriba; Fr. Luis de León; J. de Torres].

[1] «Pueri adulescentes se invicem coinquinantes, XL dies peniteant», glosado con las palabras «uno con altro—sese *inquinaren*» (138).— [2] «Si el mochacho de chiquito, / en tomar algo *se encona,* / desde aquello que es poquito, / después viene a lo muchito, / y a nada después perdona», «nadie se debe *enconar* / en lo ajeno y mal ganado, / porque al fin, a bien librar, / lo tiene bien de gormar / pagando mal de su grado», *BRAE* III, 717, 597.— [3] Los enemigos de Alejandro decidieron «buscar como le diessen collación *enconada*», *P,* 2310d.— [4] Desde ahí se pasaría quizá a 'escarpado', hablando de lugares (*Gr. Conquista de Ultramar,* «se uviaron a coger a las montañas o se asconder por los risquillos e por los lugares *enconados*» (I, 60r°a1, ed. de Cooper).— [5] Ejemplos en Ag.; además: «maleit sia qui m'*enconà,* com no m'hi mesclà realgar», B. Metge, *Fortuna e Prudencia,* 76.16; «lavats, bolcats, / o *enconats* / alguns ab mel, / los més ab fel», J. Roig, v. 8990; «pres al petit infant per los cabells e lança·l damunt lo moro e freguà·l fort que los ulls e la cara tot stava ple de sanch; e les mans li feu posar dins les nafres, e axí lo *enconà* en la sanch de aquell moro», *Tirant* IV, 74.— [6] Benveniste, *Or. F. N. en Ie.,* p. 9, deriva esta palabra de un arcaico **sterquen* con sufijo alternante *r/n* junto a *stercus, stercoris,* y gr. dial. στεργανος· χόπρων (Hesiquio). Luego sería QUI lo originario.— [7] No conozco otros ejs. que el de una égloga pastoril que cita Cuervo de la biblioteca de Gallardo, uno del romancero en Pagés, y éste de las *Coplas de unos Tres Pastores* de Rodrigo de Reynosa (fin del S. XV): «pues por esta cruz jurada / que has d'ir ante

el alcalde. / —Ahotas que sea embalde / tu jornada / pues que no te devo nada. / —No toméis más *enconía,* / havé gasajo y solaz / y conchavaos en paz», J. E. Gillet, *Philol. Q.* XXI, p. 33, v. 188; a lo cual se debe agregar el b. nav. *enkoniatu* «s'attrister» (también en Ainhoa, S. del labortano) y *enkoniadura* «tristesse». No niego que estos vocablos vascos y del castellano pastoril vengan de *malenconía,* pero bajo el influjo de *enconar* INQUINARE; son, pues, productos secundarios de escasísimo interés etimológico.— [8] Indudablemente Cuervo razona su etimología intachablemente desde el punto de vista sintáctico aduciendo pruebas de que *malenconía* significó 'ira, enojo, disgusto' en los SS. XIII-XV, y probando que *mal* era de uso frecuente en Berceo como mero intensivo (*mal espantado, mal embargado*); por lo tanto un **malenconiado* (que sólo se documenta en lengua de Oc) pudo fácilmente desdoblarse en *mal* y **enconiado.* ¡Pero el caso es que se trata de *enconado* y no de **enconiado!* En cuanto al influjo que la medicina antigua atribuía a la atrabilis en el enconamiento de las heridas, da una cita tardía y aislada, que puede fundarse en el sentimiento popular de que *enconar* era pariente de *malenconía.*— [9] Los testimonios de *enconía* aumentarían y se harían más antiguos si fuesen auténticos los dos del manuscrito P del *Alex.* («cogió con esta paz una *mala enconía*», «avié en essa quexa muy *mal enconía*», 316*b*, 2103*a*). Pero ambos son ajenos al ms. antiguo O (que da *malanconía, malancolía*), y por lo tanto sólo corresponden al S. XV, en que se escribió aquel manuscrito. Julia Keller supone que en el verso 1663*a* (de O), en que hablando de la simonía de los clérigos se dice que «ennas elecceones anda grant *brenconía*», la forma correcta sea la de P, *beniconía,* y que aquí se trate de una *bien enconía,* opuesta a *mal enconía.* Quizá fuí yo responsable de esta idea al recordarle que en el Valle de Arán, donde se ha producido el mismo falso análisis que en español, dicen *bona encolia* junto a *mala encolia,* en el sentido de 'buen' o 'mal humor'. Pero el caso es que según el metro la forma *beniconía* ha de ser una mera errata, y no está fuera de razón la idea de Morel-Fatio de que *brenconía* está por *brinconía* o *briconía,* derivado del fr. ant. y oc. ant. *bricon* 'bribón'. Por otra parte, es verdad que *brenconía* nos recuerda la forma minhota *branconia* que el *REW* (5470) cita como descendiente de MELANCHOLIA. Pero no hallo confirmada esta forma en ningún diccionario portugués ni en numerosos glosarios de la RL. M. P., *Antol. de Pros.,* p. 71, llama la atención acerca de la forma *desanconar* que figura en el pasaje citado de la *Celestina,* aunque sólo en la ed. de 1499 (pero *desenconar* en las demás, desde 1501), y la relaciona con el punto de partida *mal-anconía*; pero además de que está fundada en una sola edición y contradicha por el

enconar precedente, en todas las ediciones, claro está que la alternancia *en- ~ an-* (como en *amparar ~ emparar, asperar ~ esperar,* etc.), podría explicarse de muchas maneras.— [10] Trató también de *enconar,* C. C. Rice, *Language* XIII, 18-20.

Enconcharse, V. *concha*   *Enconía, encono, enconoso,* V. *enconar*   *Encontinente,* V. *tener* *Encontradizo, encontrado, encontrar, encontrón, encontronazo,* V. *contra*   *Encopetado, encopetar,* V. *copa*   *Encorachar,* V. *coracha*   *Encorajar, encorajinarse,* V. *corazón*   *Encorar, encorazado,* V. *cuero*   *Encorchador, encorchar,* V. *corcho* *Encorchetar,* V. *corchete*   *Encordadura, encordar, encordelar,* V. *cuerda*   *Encordio,* V. *incordio*   *Encordonado, encordonar,* V. *cuerda* *Encorecer, encoriación,* V. *cuero*   *Encornado, encornadura, encornudar,* V. *cuerno*   *Encorozar,* V. *coroza*   *Encorralar,* V. *corral*   *Encorrear,* V. *correa*   *Encorselar, encorsetar,* V. *cuerpo* *Encortamiento, encortar,* V. *corto*   *Encortinar,* V. *cortina*   *Encorujarse,* V. *encarrujarse*   *Encorvada, encorvadura, encorvamiento, encorvar,* V. *corvo*   *Encosadura,* V. *coser*   *Encostalar, encostarse, encostillado,* V. *cuesta*   *Encostradura, encostrar,* V. *costra*   *Encotrilado,* V. *cochino*   *Encovadura, encovar,* V. *cueva*   *Encovilarse,* V. *cubil*   *Encrasar,* V. *graso*   *Encreerse,* V. *engreírse*   *Encrespado, encrespador, encrespadura, encrespamiento, encrespar, encrespo,* V. *crespo*   *Encrestado, encrestarse,* V. *cresta* *Encreyente,* V. *creer*   *Encrinado, encrisnejado,* V. *crizneja*   *Encrucijada,* V. *cruz*   *Encrudecer, encru(d)elecer,* V. *crudo*   *Encruzado,* V. *cruz*   *Encuadernable, encuadernación, encuadernador, encuadernar,* V. *cuaderno*   *Encuadrar,* V. *cuadro*   *Encuartar, encuarte, encuartero,* V. *cuarto*   *Encubar,* V. *cuba*   *Encubertar, encubierta, encubierto, encubridizo, encubridor, encubrimiento, encubrir,* V. *cubrir*   *Encucar,* V. *cuca*   *Encuentro,* V. *contra*   *Encuenyar,* V. *concha* *Encuerar,* V. *cuero*   *Encuesta,* V. *querer*   *Encuevar,* V. *cueva*   *Encuitarse,* V. *cuita*   *Enculatar,* V. *culata*   *Enculestrarse,* V. *calostro* *Encumbrado, encumbramiento, encumbrar,* V. *cumbre*   *Encunar,* V. *cuna*   *Encuñar, encuño,* V. *cuño*   *Encureñar,* V. *cureña*   *Encurruscarse,* V. *encarrujarse*   *Encurtido, encurtir,* V. *curtir* *Enchancletar,* V. *zanca*   *Enchapado, enchapar,* V. *chapa*   *Enchapinado,* V. *chapín*   *Encharcada, encharcar,* V. *charco*   *Enchicar,* V. *chico*   *Enchilada, enchilado, enchilar,* V. *chile* *Enchinar, Enchinarrar,* V. *china*   *Enchiquerar,* V. *chiquero*   *Enchironar,* V. *chirona*   *Enchivarse,* V. *chivo*   *Enchuecar,* V. *chueco*

ENCHUFAR, 'ajustar la boca de un caño en la de otro', 'establecer una conexión eléctrica', de *chuf,* onomatopeya del ruido que producen ciertas conexiones, como la de ciertas tuberías de calefacción, ferroviarias, etc. *1.ª doc.*: Acad. 1884, no 1843.

En 1884 ponía la Acad., como ejs. de enchufe, los de las estufas y de los arcaduces de las cañerías. Quizá naciera el vocablo como término ferroviario para las conexiones entre dos vagones del ferrocarril, en las cuales es muy perceptible el ruido que puede representarse con la sílaba *chuf*. Desde luego no hay que pensar con Asín (*Al-And.* IX, 29; IV, 458) en derivar de un ár. *ǧáuf* 'hueco, cavidad'. No creo tenga que ver con *chufeta* o *CHOFETA*, nombre de una especie de braserillo, sin enchufes ni conexiones, que no parece haberse aplicado a otra clase de estufas.

DERIV. *Enchufe.*

Enchuletar, V. *chuleta* — *Enchumbar*, V. *chumbo* — *Endagora*, V. *ainda*

ENDE, ant., 'de allí', 'de ello', del lat. ĬNDE 'de allí'. *1.ª doc.*: Cid.

Cej. IV, § 57. Es también muy frecuente, sobre todo cuando precede al verbo, y en los textos más arcaicos en cualquier posición, la variante apocopada *end*[1], que puede pasar a *ent*[2] o reducirse a *en*[3]; en algún texto aragonés hallamos *ne;* tras vocal, y en particular tras *no* y otras palabras en *-o*, en este dialecto suele elidirse la primera *e*, resultando *no·nde* (y análogos), que algunos editores separan erróneamente en *non de;* mas, contra lo que supone el Sr. Georg Sachs, no existe una forma *de* procedente de ĬNDE[4]. Desde el S. XV el vocablo *ende* tendió a desaparecer del uso vivo en todo el territorio de lengua castellana, excepto en asturiano, donde se conservó con el sentido locativo «de ahí» o «de por ahí» (V), y en el dialecto aragonés, donde persistió, apoyado geográficamente en el catalán y el gascón; lo mismo que en estos idiomas, en Aragón llega alguna vez a ser meramente expletivo[5]. La ruina del uso de ĬNDE en castellano y portugués, fenómeno ajeno a los demás romances, se produjo casi al mismo tiempo que la de *i* 'allí', constituyendo un rasgo típico de estos dos idiomas, que ha tenido hondas repercusiones en su sistema sintáctico; la desaparición de *ende* fué algo posterior a la de *i*: de ahí que ciertos autores y mss. tardíos empleen también *ende,* como sustituto de *i*, con el significado 'allí'[6]; a ello ayudaría el uso de *por ende* 'por esto', 'por lo mismo', donde procede del lat. PROĬNDE, ocasionalmente toma también el significado 'por allí' («acaeció que pasaron *por ende* un día tres pescadores», *Calila*, ed. Rivad., p. 26). En su significado propio la locución *por ende,* sobrevivió a *ende* adverbio de lugar, y no sólo se halla en la *Danza de la Muerte* de h. 1400 (ed. Rivad., p. 400), en APal. (201*b*) y en Nebr., sino en autores posteriores, y algunos arcaizantes lo emplean todavía actualmente. El simple *ende,* partiendo de la ac. 'de eso', pudo también significar 'por eso'

(*Sta. M. Egipc.,* v. 14; *S. Or.,* 7; *Alex.,* 1302; *Alfonso Onceno,* 11; A. de la Torre, *Visión Delectable,* Rivad. XXXVI, 392*b*). Comp. *PERO.*

CPT. *Dende* 'de allí' [*den, Alex.,* 186; *dende,* Nebr.; etc.; J. de Valdés, *Diál. de la l.,* 105.13, lo admite todavía en poesía, pero ya no en prosa; Cej. IV, § 57], vulgarmente se confundió con *desde,* y así se emplea (entero o reducido a *ende* por vía fonética) en España y América, en todas partes (ya *dende que* 'desde el momento que' en la *Gr. Conq. de Ultr.,* 413, lección que debería verificarse); pero comp. lo que digo en *DESDE. Desende* 'desde entonces', ant., vid. *DESDE. Enta,* arag. ant. y alto a.ag. 'a', 'hacia' (hoy empleado desde Ansó hasta Venasque; también abreviado *ta;* se emplea igualmente en el gascón pirenaico y en el catalán de Huesca y del Segriá; ejs. antiguos en autores y textos aragoneses de los SS. XIV-XVI: Fuero de Tudela [Tilander, 266-7, 582], Fernández de Heredia [*RH* XVI, 268.713, 272.245, 273.872], Crónica de San Juan de la Peña [ed. Ximénez de Embún, pp. 12, 18, 20, etc.], ms. aragonés de *Alex.* 1117*c*, etc., Profecía aljamiada de fin S. XVI [*PMLA* LII, 635, 637, 643], *Recontamiento de Alixandre* [*RH* LXXVII, 462, 597], etc.), procede de una contracción de la forma *ent* arriba citada con la preposición *a,* vid. mis notas en *Vocab. Aranés,* s. v., y *VRom.* II, 160; a pesar de la semejanza casual con el umbriense *ta* 'a' (*ZRPh.* XLI, 457) que viene de INTUS AD, la preposición pirenaica no puede tener esta etimología (como sostuvo Rohlfs, *ASNSL* CLXVI, 148, y *BhZRPh.* LXXXV, §§ 107 y 435), puesto que la -*s*, que en Italia desaparece, se conserva sin excepciones en gascón, aragonés y catalán; la variante gascona *ena* comprueba, por lo demás, el étimo INDE AD, ya indicado por M-L[7]; es dudoso que haya relación directa con el murc. *inda* 'hacia', 'hasta' (Ramírez Xarriá; G. Soriano, p. XCIX), que más bien parece contracción moderna de *inde* 'desde' (procedente de *dende*) con *a;* en cuanto a *anda* 'hasta' empleado en el catalán del Maestrazgo (G. Girona) creo que es contaminación de *hasda,* alteración de *hasta* corriente en Valencia, con *dende.*

[1] Berceo, *Mil.,* 90*d*, 896, etc.— [2] P. ej., Berceo, *Mil.,* 815*b*, 908*d.*— [3] P. ej. en Juan Manuel, Rivad., LI, 309; Sánchez de Vercial, *Libro de los Enxemplos,* ibid., 482. Igualmente *em* en portugués antiguo (*Canc. de D. Denís,* v. 227, etc.).— [4] Véanse los ejs. en *RFE* XXI, 159-60, y XXII, 76. En la frase «quando aquella moneda peora... aquell qui la tendrá... tomará *de* nueva», no hay un caso de *ende,* sino de la preposición partitiva *de,* procedente del lat. DE, que es de rigor en frases de este tipo en catalán actual (y también en aragonés): p. ej. *dues cases velles i dues de noves.* Queda un solo ej. «segunt que mas o menos abrá *de*», en fin de frase, que es muy chocante; quizá haya errata u olvido del copista, de otro modo debería ser una forma abreviada del

partitivo *abrá de ello;* si se tratara de INDE, el orden sería diferente (*ende abrá*). A lo sumo podrá concedérsele a Sachs la posibilidad de que por una falsa interpretación de la contracción *no·nde* como si fuese *non de*, se extendiera analógicamente alguna vez el uso de *de* en frases semejantes. No sé si tiene que ver ahí la frase de la *Crónica Troyana* en gallego del S. XIV: «a resposta... non lle semellou boa nen lle paresçeu ben *de*, en tan mao contenente lle foy dita» (I, 117.15), lo cual habría que comprobar en el ms. y corroborar con otros ejs. Por analogía de la alternancia *ende = en* se dijo también *ide* en lugar de *i* (HIC) en aragonés antiguo.— [5] Quizá así se explique *ne* en el verso «deysamos vos *ne* açaga, donde prisiestes male», en el poema de *Roncesvalles*, v. 47 (M. P., *RFE* IV, 111, se inclinaría a suprimirlo).— [6] «Había *ende*, acerca dél, un león», *Calila*, ed. Rivad., p. 20 (pero el ms. *A* escribe «cerca de aquel plado avía», ed. Alemany); «fallaron *ende* la carne e traxérongela», ibid., p. 68; «otra mucha gente que se *ende* llegava», Enrique de Villena, *Arte de Trovar*, *RFE* VI, 167; «avía *ende* espessas vezes terremoto», APal. 4b; el ms. modernizante *E* del S. Domingo de Berceo evita el uso de *i*, a veces suprimiéndolo y otras veces cambiándolo por *ende* (así, 266a, 273c, 460c, 657d, 684c).— [7] Es sabido que (*i*)*nta*, tan parecido al arag., gasc. y cat. occid. (*en*)*ta*, está bastante extendido en los dialectos italianos (vid. Rohlfs, *It. Gr.* III, 113-4), ahí más bien en el sentido de 'en'; *int'* se documenta desde Barsegapè y hoy en muchas hablas del N. y S. de Italia; *ta < int'a* se emplea para el dativo en Perusa (ibid. II, 443); en algún punto, como la Valsesia (Alpes lombardo-piamonteses), el empleo es igual al iberorrománico: *par nutta ka m'askappa nta'l pra* «perché non scappi nel prato» (Spoerri, p. 735). Todo esto vendrá de INTUS AD, pero si la caída de la *-s* es normal en Italia, es imposible en los Pirineos, donde la etimología ha de ser diferente, al parecer INDE AD; por lo demás, en ciertas hablas italianas también se halla *ind* 'en' (vid. Rohlfs, § 859), que tampoco puede venir de INTUS, y éste sí es comparable a lo hispánico.

ENDEBLE, viene en definitiva del lat. vg. *ĬNDĒBĬLIS, variante intensiva de DĒBĬLIS 'débil', pero es probable que la voz castellana se tomara del fr. ant. y medio *endeble* 'enclenque, endeble'. *1.ª doc.: Quijote* I, xvi, fº 59.

Figura también en Oudin (1607) «*endébil* o *endeble*: débile, foible», y de ahí pasó a Minsheu. No conozco otros ejs. clásicos, hasta *Aut.* En francés antiguo es voz frecuente (Tobler, III, 276-7); hay también las variantes no tan corrientes *endieble, endeible* y *endable*, y el vocablo vivió hasta el período medio del idioma. No parece existir el oc. *endeble* que se cita en el *REW* (2491) (lo que sí se halla es oc. ant. *deble*, variante de *débil*), y

en cuanto a un cat. *endeble*, debe también borrarse, pues es castellanismo sin arraigo; M-Lübke (*REW* 4369), haciendo referencia a Salvioni, cita además friul. *indeul*. Pero el vocablo no existe tampoco en portugués (sí gall. *endebre* y *endièble*: Vall.), y esta ausencia de los idiomas vecinos junto a la fecha muy tardía en castellano es fuerte indicio de procedencia forastera. Covarr., s. v. *trefe*, emplea una forma *deble* con el mismo sentido (de aquí pasó a Oudin 1616, y a Acad., ya en 1843), pero será modificación de *débil*, bajo el modelo de los dos sinónimos *feble* y *endeble*[1]. La formación *ĬNDĒBĬLIS, con IN- intensivo en palabras peyorativas, no es rara en latín vulgar, donde hallamos IRRAUCUS 'ronco', IMPIGER 'perezoso', INSEGNIS 'indolente', y donde quizá se formó *INREPRŎBUS (A. Thomas, *Essais*, 289; G. Cohn, *Abhdlgn. Tobler*, 276); hay también INBRUTUS, sinónimo de BRUTUS (Löfstedt, *Beiträge zur Kenntnis der späteren Latinität*, pp. 117 y ss.).

DERIV. *Endeblez* (Acad. 1884, no 1843). *Endeblucho.*

[1] El cat. *deble* 'chiste', 'dicho popular', en Tortosa (*BDC* III, 93; Arabia, *Misc. Folklòrica*, 165), 'carácter de una persona, de un asunto', en Mallorca (Ag.), en ese sentido variante del más común *demble* (que Spitzer, *Lexik. a. d. Kat.*, explicó pertinentemente partiendo de la ac. 'trote, andares de un caballo', como procedente de DEAMBULARE), parece ser palabra independiente (aunque en la frase *pendre el deble a algú* hubiera podido entenderse en el sentido de 'verle el punto flaco'); quizá se relaciona con ella el and. *debla* 'canción andaluza, género del cante hondo hoy desusado por difícil' (Schuchardt, *ZRPh.* V, 275-6; A. Venceslada). De *deble* 'débil' vendrá el judesp. marroquí *deblearse* 'marchitarse' (*BRAE* XV, 54).

Endécada, endecágono, endecasílabo, V. *once*

ENDECHA, 'canción funeral', 'elegía', probablemente del lat. ĬNDĬCTA 'cosas proclamadas', participio neutro plural de ĬNDĬCĔRE 'declarar públicamente', 'proclamar', en el sentido (según es verosímil) de 'proclamación de las virtudes del muerto'. *1.ª doc.:* J. Ruiz, 1507a.

El poeta se refiere a su lamentación por la muerte de su amada D.ª Garoza. En el mismo sentido también en el glosario del Escorial (h. 1400), en APal. (69b, 299d), y es frecuente en los clásicos; véase una larga disertación en Covarr.; ejs. de Santillana y del *Canc. de Baena* en W. Schmid, p. XIX. La explicación semántica más verosímil me parece ser la que arriba se indica, debida a D. Américo Castro; y aunque no sería imposible partir de ĬNDĬCTA 'cosas no dichas', como sugiere Covarr. (quizá más en el sentido de 'cosas inefables', 'de las que no se puede hablar', tal como lo emplea Apuleyo, que en el de lo entrecortado del canto de la endecheras), me parece menos probable. *Endecha* es palabra exclusiva del castellano (de ahí port. *endecha*, ya en D. Francisco de Portugal, † 1632; se cita un gall. *endeita*, que sería autóctono, pero falta en Vall. y demás fuentes corrientes algo seguras). Podría pensarse, para la etimología, en partir de *endechar* y descomponer éste en *ende* y *echar* (¿en el sentido de su étimo JACTARE 'alabar'?), pero esta idea no es verosímil, y el vasco labortano y bajo navarro *deithore* 'lamento'[1] (¿INDICTURA, INDICTOREM?), suletino *deithoratu* 'entonar endechas por un difunto junto a su ataúd' (en Baja Navarra 'dar el pésame'), aportan una buena confirmación del étimo INDĪCTA (ésta es también la opinión de Schuchardt, *Wien. Sitzungsber.* CCII, iv, 24): sabido es que los prefijos latinos suelen eliminarse en los latinismos vascos. De *INDICTARE procede también el fr. ant. *enditier* 'indicar', 'dictar', 'redactar', 'informar', 'incitar, excitar', y de ahí parece haberse desarrollado el sentido del ingl. *to indict* acusar' (pron. *indáịt*), que no sólo es frecuente en *Knight's Tale* de Chaucer, pues se halla en el S. XIII (*enditen*), y aparece transcrito en bajo latín en la forma INDICTARE íd. (desde el año 1200), término exclusivo del latín de Inglaterra. Sarm. leyó «derraigarmos ou fundamentarmos, e montarmos e divisarmos *endicia* ou caloña» en un doc. berciano de 1259 (*CaG.* 145v), que parece contener un plural semiculto *indicia* o un abstracto *indictio*. Más cerca de este sentido y del latino se halla el ast. *andecha* «llamamiento de ruego a los vecinos para que en un día den juntos ayuda a labor agrícola determinada» (Rato), «servicio que se prestan mutuamente los labradores en trabajos agrícolas, sin más remuneración que la comida» (V).

DERIV. *Endechar* [cita de las *Partidas* en *Aut.*; APal. 299b; dos ejs. del S. XVI en Cej., *Voc.*; de ahí el val. ant. *endechar*, a. 1460, J. Roig, cita de Ag.]; *endechadera* [h. 1600: Inca Garcilaso, Cervantes], antes se dijo *endechera* [*endichera*, 1.ª *Crón. Gral.*, 41b34, aplicado a las Furias; *endechera*, h. 1500, *Canc.* de Castillo, en Cej.]; *endechoso*.

¹ Ya aparece dos veces en Leizarraga (1546) y en otro texto labortano de los Evangelios, Uhlenbeck, *Woordafl.*, 57 «weeklecht, gejammer»; quien añade a éste tres ejemplos más con un sufijo -*re* que tienen claramente un valor abstracto y parecen partir de sustantivos. Para él esta forma vendría de *dei(tu)* «llamar»; pero puesto que éste, de todos modos, viene de DICTUM, según Schuchardt, poco nos alejamos de *endecha* y su grupo, y no parece que se deba partir de *IN-DICTOREM; ¿quizá (si no es formación paralela sino puramente vasca) de *INDICTURA, pero adaptada a la formación vasca?

Endehesar, V. *dehesa*
Endelgadecer, V. *delgado*
Endejas, V. *dejar*
Endeliñar, V. *línea*

Endemás, V. *más* *Endemia, endémico*, V. *democracia* *Endemoniado, endemoniar*, V. *demonio* *Endentado, endentar, endentecer*, V. *diente* *Endeñado*, V. *digno* *Enderecera, endereza, enderezado, enderezador, enderezamiento, enderezar, enderezo*, V. *aderezar* *Endergar*, V. *endilgar* *Endeudarse*, V. *deber* *Endevotado*, V. *voto* *Endiablada, endiablado, endiablar*, V. *diablo*

ENDÍADIS, tomado de la frase griega ἕν διὰ δυοῖν 'una cosa por medio de dos', por conducto de una adaptación latina *hendiădys*. 1.ª doc.: Acad. 1884, no 1843; F. de Herrera, *Anot.*, p. 375.

ENDIBIA, 'escarola', de una voz común al latín (*intŭbus, intŭba*) y a las lenguas semíticas; aunque la historia antigua del vocablo no está averiguada, es más probable que en romance proceda del árabe (*'anṭûbiya, hindiba*) que del latín o del griego. 1.ª doc.: 1475, G. de Segovia (p. 48).

También en Nebr. («*endibia*: ierva conocida»), Rob. de Nola (p. 101), Laguna, etc. Aparece con -*b*- antigua, en Nebr. y en Segovia, asegurada aquí por la rima. Es voz común con el port. *endiva* (Moraes, sin autoridades; también *endívia* en diccionarios más recientes), cat. merid. *endívia*[1], oc. ant. *endivia* (un solo ej., hoy prov. y langued. *endivio, endivo, endévio*), fr. *endive* (ya en un texto del S. XIII o XIV), it. *indivia* (ya en Luigi Alamanni, à. 1546; también en Redi, † 1698, y en un texto anterior que no puedo fechar, traducido del francés por el Mtro. Aldobrandino). Es probable que las formas francesa y occitana vengan de la Península Ibérica, y no es imposible que la misma procedencia tenga la forma italiana; sin embargo, nótese que G. A. de Herrera (1513) dice que *endivia* se dice en Roma, y la denominación vulgar en Castilla era *lechuga*. En latín *intubus* e *intubum* son antiguos (desde Lucilio), y más tarde se halla *intŭba* (en Columela y Plinio Valeriano, a veces con -*y*-). En griego es tardío: ἔντυβον aparece en un geopónico y en una glosa latino-griega («*indivia*: ἔντυβον») de los Hermeneumata Einsidlensia, copiados en un códice de 1503 (*CGL* III, 265.65), y ἐντύβιον es sólo medieval (Du Cange, 930).

Entre las lenguas semíticas, la forma *hindab* se halla en arameo, y el vocablo está abundantemente representado en árabe: *'anṭûbiya* en las glosas mozárabes a Dioscórides (1219), en el malagueño Abenalbéitar († 1248), en el argelino Abderrazac y en árabe oriental, *hindeba, hindiba, héndiba* o *hindab* en varios dialectos africanos y en árabe antiguo, *h-n-d-bā* en hispanoárabe (R. Martí; vocalizado *húndebe* en PAlc.), vid. Simonet, 184-5; Dozy, *Suppl.* I, 859b. Fonéticamente las formas romances no pueden venir de las latinas (por la *d* y por la *i* postónica); sí podrían venir de un femenino correspondiente al b. gr.

ἐντύβιον, que es lo que suele admitirse desde
Diez (*Wb.*, 126), pero este rodeo a través del griego sería muy chocante en una palabra que en
griego ha de ser latinismo según los datos cronológicos y todas las apariencias; además esperaríamos entonces -*bbi*- en italiano (comp. *gabbia, rabbia*) y el paso de -*nd*- a -*n*- en catalán; además
en este idioma el área del vocablo indica origen
arábigo.

En cuanto al origen lejano, no hay acuerdo
entre los lingüistas (Ernout-M. y Walde pensaban
en origen griego, otros buscan en el antiguo egipcio), pero a la opinión de Lagarde (*Semitica* I, 61-
62, vid. *Göttingische Gelehrte Abhdlgn.* XXIII) y
de Muss-Arnolt (*MLN* V, 499-500) de que en latín
procede del semítico y concretamente del púnico,
se inclina últimamente también H. Bauer (vid.
Walde-H.). Aunque en árabe no tenemos noticias
de la base *'anṭibiya* o *hendibiya* que convendría
a las voces romances, estas formas corresponderían
a la combinación de las dos principales variantes
árabes conocidas, y nótese por lo demás que el
paso de -*nṭ*- a -*nd*- romance sería normal, puesto
que hay muchos casos de *ṭ* > *d* entre vocales y en
principio de palabra (Steiger, *Contr.*, 150, 151).

¹ Documentado desde el S. XIV (con la grafía
andivia) en el *Llibre de Cuina* del S. XIV (*Bol.
de la Soc. Castellon. de Cult.* XVI, 171: «si era
hom que agues calor de fetge, mit hi un poc de
licçons, o de *andivia*»). Ejs. del XVI en Ag. Hoy
es vocablo propio exclusivamente del País Valenciano, las Baleares y riberas del Ebro (Tortosa
y Scala Dei, en Arabia, *Misc. Folklòrica*, 162,
155); más al Norte se dice *escarola*.

ENDILGAR, palabra familiar, de sentidos múltiples—'dirigir, encaminar', 'facilitar, proporcionar', 'encajar, endosar' y, hoy en los dialectos del
Noroeste, 'ver con dificultad, divisar, comprender'—de
origen incierto; quizá sea variante leonesa del arag. *endizcar*, cast. *enguizgar*, 'incitar,
inducir a la pendencia', voz de creación expresiva
(para la cual vid. *GUIZQUE*). 1.ª *doc.*: *adilgar*,
1438, *Corbacho*¹; *endilgar*, fin del S. XV, Rodrigo de Reynosa².

Adilgar aparece también en G. de Segovia
(1475); «*endirgar*, voyez *endereçar*» (éste definido
«adresser, dresser, a c h e m i n e r, tendre vers
quelque lieu, aller»), en Oudin (1607)³; *endilgar*
'encaminar' en Covarr. (con la etimología DIRI-
GERE⁴; «*endilgar*: dirigir, encaminar, persuadir y
facilitar», «*endilgador*: la persona que facilita, persuade y dirige; es voz jocosa que regularmente
se toma en mala parte, y por alcahuete», en *Aut.*,
dato este último confirmado según parece por Sebastián de Horozco (med. S. XVI), pues según
Fcha. *endilgador* es 'alcahuete' en este autor⁵, y
esto coincide también con el ej. de *adilgar* en el
Corbacho y quizá con la frase *endilgalla a mal*
(según la ed. de 1575) o *endilgalla mal* (según la

de 1558) en el *Aucto de la Oveja Perdida* de Timoneda (*MLN* XLIV, 386n.3); *Aut.* cita además
dos pasajes de Quevedo: «o sobrescrito de Bercebú! pinta de Satanáses... *endilgadora* de pecados», «y añadió, viendo aprestados / dos pelluzgones de estopa: / el postrer moño me *endilgan*, /
por Dios que estamos de gorja»⁶. Según puede
verse, todos los ejs. de los SS. XV-XVII se reducen a las acs. 'dirigir, encaminar' o 'persuadir, facilitar, proporcionar'. Para Terr. era «voz rústica»
con el sentido de 'dirigir, enderezar, inducir'. La
Acad., después de 1899, ha agregado la ac. 'encajar,
endosar a otro algo desagradable o impertinente',
que es hoy la más extendida en el uso familiar
español.

Hoy en día es especialmente vivo *endilgar* en las
hablas del Noroeste, donde el ast. *endilgar* o *indirgar* (ambos en Rato) vale 'dirigir, encaminar'
y 'dejar a otro la carga, lo pesado de un negocio,
endosar'⁷, pero también, como agrega Munthe,
puede ser 'decir, recitar' en frases como *indílgaches una copla, endilgóyos utra comparanza* (comp.
endilgar mentiras en Pérez Galdós, cita de Pagés);
el otro sentido *endilgarse* 'encaminarse' y *endilgar
los pasos*, se conservará en Andalucía, a juzgar por
varios pasajes de Fernández Ávila (*Litbl.* XLV, 54),
también en la Arg.⁸ y en Chile⁹, y empleado absolutamente *endilgóse con elli* 'se fué', en Asturias,
mientras que el que ya conocemos por Reynosa es
corriente en el Ecuador «recomendar, enviar, emplear: *yo te endilgué esa buena cocinera*, decía
una señora» (Lemos, *Semánt.*, s. v.)¹⁰. Hasta aquí
todas las acs. se deducen fácilmente de la antigua
'dirigir', de donde 'encaminar', 'proporcionar', 'endosar', o bien 'dirigir la palabra', 'decir'. Pero hay
otras en el Noroeste que se apartan resueltamente
de este centro semántico (A), formando un grupo
que designaré con la letra B: ast. *indirgar* 'ver
con cuidado' (Rato), Bierzo 'ver apenas y rápidamente una cosa, distinguirla' (*ya no endilgamos a
Pedro, casi no se endilga*: Fz. Morales, G. Rey),
gall. *indilgar* 'ver, percibir con cuidado, trabajo,
curiosidad' (Vall.), finalmente en el Oeste de Asturias define Munthe *endilgar* con la palabra «urskilja», equivalente de 'distinguir, juzgar', y en Nuevo
Méjico se menciona *indalgar* como variante de
indagar (Espinosa, *RDR* I, 277), cuando en realidad será, como sugirió Spitzer, variante de nuestra
palabra, procedente de *andilgar* por metátesis. Es
difícil enlazar los dos grupos semánticos: la única
ac. que parece hallarse entre ambos, la trasmontana
'trabajar con actividad e inteligencia', está muy
localizada, y es más probable que sea un desarrollo
extremo de A sin relación con B. Pasar de la idea
de 'distinguir, divisar' a la de 'aclarar' y de ahí
a 'facilitar, arreglar' y finalmente 'dirigir', como sugirió primero Tallgren, sería ya algo forzado, pero
lo es aún más si invertimos la dirección de este
cambio semántico, como parece aconsejarlo la cronología de las acs.¹¹.

En cuanto a la etimología, las posibilidades son muchas, poco concretas y dudosas. Diez propuso el lat. DĒLĒGARE 'enviar (algo o alguien a otra persona o a alguna parte)', 'encargar (algo a alguien)'; Munthe, en vista de las acs. B, llamó la atención, de preferencia, hacia DĒLĬCARE 'aclarar un líquido', 'aclarar, explicar claramente', palabra del latín arcaico que parece ser variante de DELĪQUARE (derivado de LIQUARE 'hacer líquido'), aunque su relación con DELICATUS no está bien averiguada[12]. Tallgren, después de adherirse primero a la propuesta de Munthe (*Neuphil. Mitt.* XIV, 19-20), aprobó luego (ibid. XVI, 88-90) la actitud de M-L. (*REW*[1] 2536 y 4371) que había admitido conjuntamente los dos étimos, interpretándola en el sentido de que las acs. del grupo A procedían de DELEGARE y las de B de DELICARE[13]. Este origen doble no sería verosímil tratándose de dos palabras que habrían vivido en España desde la época latina: una de ellas aparecería desde los SS. XV-XVII y la otra sólo modernamente y en un rincón de la Península. Hay además una grave dificultad fonética en las dos, la constituída por la *i*[14]. En resolución, ambas etimologías aparecen hoy problemáticas ya que no imposibles[15].

Spitzer, *ARom.* XI, 396n., llamó la atención hacia la posibilidad de juntar a *endilgar* con la familia de *enguizgar, enguizcar, empizcar, envizcar,* y otras variantes con el sentido de 'azuzar, incitar', teniendo en cuenta que una de ellas es el arag. *endizcar* 'inducir a la pendencia': se trataría de una familia onomatopéyica o expresiva emparentada con *guizque* 'gancho, aguijón', y en leonés se pasaría normalmente de un *endizgar* a *endilgar,* y en otras partes a *endirgar* (como en Oudin, y en parte de Asturias). Semánticamente el paso de 'incitar' a 'inducir' y a 'encaminar', 'dirigir', etc., sería posible. Casi necesario sería entonces combinar esta posibilidad con la conexión que intentó Schuchardt (*ZRPh.* XL, 491-2, comp. *Wiener Sitzungsber.* CCII, iv, 23) entre *endilgar* en sus acs. B y el vasco *enthelegatu, endelegatu, endelgatu*[16] 'comprender, entender', vocablo propio principalmente de los dialectos vascos de Francia (*ent(h)elegatu* en Sule y en Roncal, *endelgatu* en Laburdi; *endelegua* 'inteligencia' allí mismo y *endelegija* en Guipúzcoa) que procede evidentemente del lat. ĪNTELLĬGERE íd.[17], introducido en fecha muy antigua en este idioma aborigen. Entonces el cast. *endilgar* podría tener el origen expresivo indicado por Spitzer, con las acs. del grupo A; y las del grupo B se deberían a la interferencia ocurrida en los dialectos del Cantábrico con dicha voz vasca, en fecha moderna. Esta combinación es posible, pero la relación entre *endilgar* y el tipo *endizcar - enguizgar* requeriría confirmaciones fonéticas y semánticas más claras para consolidarla[18].

DERIV. *Endilgador* (v. arriba).

[1] «Nunca otro casamiento faga quien este casamiento me *adilgó*», ed. Pérez Pastor, 220.18. Es decir, 'arreglar, facilitar, proporcionar'.— [2] «A mi no me marran amos / con que esté: / que me paguen buen porqué; / y tu piensa que lo sé, / que Antón me *endilgará* / un amo que me contente», *Coplas de unos Tres Pastores,* Gillet. *Philol. Q.* XXI, 32. Es decir, 'proporcionar'.— [3] Desde el cual pasaría a Franciosini: «*endirgar*: parola antica, vale incaminare, metter per la strada».— [4] De ahí pasó la variante *endilgar*—también referida a *endereçar*—a la ed. de 1616 de Oudin.— [5] Hoy se emplea obscenamente *endilgar* 'meter' con complemento directo de cosa. Creo pertenece al español común.— [6] Dado lo turbio del lenguaje del falsificado *Centón* de Cibdarreal, no se puede dar mucho valor a la cita de este texto: «e me *endilgaré* con el Adelantado, como vos Señor lo ordenáis».— [7] Con ésta y con la de 'proporcionar' se emparenta la gallega 'activar un negocio', también empleada en Tras os Montes «*indilgar*: trabalhar com actividade e inteligencia», «*indilgadeira*: mulher activa, diligente», como término de Escalhão, en Fig.— [8] «Su caballo había saltado un desagüe y se metía a un chilcal. Luego *endilgó* para la casa de D. Samuel Maturano», en el sanjuanino Borcosque, *A través de la Cordillera,* 165.— [9] «Fué en un almacén cuya puerta *endilgaba* al camino de Cancura, donde encontré al palenquero alemán que me contrató», E. Elgueta Vallejos, en *El Mercurio,* 14-XII-1941.— [10] Por lo demás *indilgar* vive también en Méjico, Guatemala y Colombia (Cuervo, *Obr. Inéd.,* p. 180).— [11] Es verdad que el it. *scorgere* 'divisar' y el cast. ant. y dial. *escurrir* 'acompañar, guiar' vienen ambos de *EXCORRIGERE* 'regir, corregir', como notó Tallgren, pero es relación muy indirecta, y las dos acs. se apartarían ya en latín, una de otra.— [12] Véase Walde-H., s. v. *delicatus* y *liqueo.* La glosa de Festo que relaciona *delicare* con *dedicare* parece resultar de una confusión; véase una glosa derivada de ahí en *CGL* V, 16.11 y 61.6. Otras glosas citadas en el *Corpus Glossarum Emendatarum* ('παρέλκειν', 'delirare') son aún más oscuras. Todo produce el efecto de un vocablo que pronto salió del uso y dejó de entenderse bien.— [13] Pero no parece haber sido éste el pensamiento de M-L., que al parecer se había olvidado ya del primer artículo al escribir el segundo. Así lo da a entender el hecho de que en la tercera edición de su diccionario suprimiera totalmente el artículo IN-DELEGARE.— [14] Para obviarla debería admitirse que *endelga* se cambió en *endielga* por analogía de otros verbos (como *riega* o *siembra* en vez de *rega, sembra*), y que luego éste se reduciría a *endilga,* como *viéspera* a *víspera, -iello* a *-illo* (aunque *mielgo, amielga, bieldo,* no reducen su diptongo en ninguna parte); sería preciso admitir entonces que el vocalismo de las formas acentuadas en el radical se extendiera posteriormente a todo el verbo. Serie de hipótesis

posible, pero inverosímil, que se hace increíble al considerar que no hay huellas del regular *endelgar* en texto alguno (hay, es verdad, un gall. *endergar* 'endilgar, enderezar', 'arrojar [p. ej. una pedrada]', pero esta forma aislada puede resultar de un cruce de *endilgar* con *enderezar*). La dificultad se agrava todavía en el caso de DELĒGARE, cuyo presente debiera dar *delega* y el infinitivo *deliar* o *delgar*.— [15] La relación con el cat. y oc. *endegar* 'encauzar', 'arreglar, aderezar', en la que insistió Tallgren, es del todo improbable dada la falta de *l*. Lo más aceptable parece hoy derivar *endegar* de oc. ant. *dec* 'mojón, límite', según propuso Spitzer, *Neuphil. Mitt.* XXII, 45 (la otra explicación dada en *Neuphil. Mitt.* XV, 166, puede hoy desecharse). En cuanto al mall. *endergar* 'arreglar', hacia el cual llama la atención Alcover, *BDLC* VIII, 147, es palabra local de fecha reciente, y de origen a su vez dudoso: ¿es derivado de *endergues* 'enseres, estorbos'? Faltan datos. Para *endilgar* propuso Subak (*ZRPh.* XXVIII, 359) derivar de *delgado*, teniendo en cuenta la ac. 'facilitar', pero es idea vaga e inverosímil.— [16] *Endelgamendu* 'comprensión, inteligencia' en Etxepare, *endelegamendu* (*endelegamendura*) 'uso de razón' Axular, 172 (cita en Michelena, *FAzk.* § 685.— [17] Otro representante de INTELLIGERE es el judeofr. *entiller* (o *entelgir*) 'comprender, hacer inteligente', para el cual vid. Blondheim, *Rom.* XLIX, 357.— [18] Partir exclusivamente de INTELLIGERE no es posible: desde luego el vocablo habría tenido que pasar por el vasco (por razones fonéticas), y no es aceptable un vasquismo que ya se hallaría en el *Corbacho* a principios del S. XV, y además en la forma *adilgar*.

Endirgar, V. *endilgar*   *Endolencias*, V. *andulencia*

ENDRIAGO, 'monstruo fabuloso combatido por los caballeros andantes', parece resultar de un más antiguo *hidriago*, cruce de *hidria* 'hidra, serpiente de muchas cabezas' con *drago* 'dragón'. 1.ª doc.: S. XIV o XV, *Amadís*, libro III, cap. xi (ed. Rivad., 228-9).

En el *Quijote* es nombre genérico: «matar *endriagos*», «peleando con algún *endriago*» (I, xxv, fº 108; xxxi, fº 153). La fuente del *Quijote* es el *Amadís de Gaula*, según el cual nació el Endriago de la unión del gigante Bandaguido con su hija, y le describe como un monstruo de rostro y cuerpo cubiertos de pelo y protegidos por conchas, con brazos de león, manos de águila y grandes alas. Según Spitzer, *ZRPh.* LV, 172, resultaría *endriago* de un cruce de *drago* con *diablo*. Pero, aunque en el *Amadís* se emplean las expresiones *este diablo* y *esta endiablada bestia* hablando del Endriago, el hecho es que es un monstruo y no un diablo, y además de que tal cruce habría debido producirse mediante un complicado proceso[1], la combinación ideada no nos explica la sílaba *en-*, cuya adición es difícil de explicar no tratándose de un término verbal ni relacionado con verbos. Por otra parte, la relación con *drago*, forma antigua de DRAGÓN (véase), es evidente, y la confirma todavía la variante portuguesa *endriaco*, citada por Fig. Pero tratándose de un monstruo es más probable que el cruce se produjera con el nombre de otro monstruo, la HIDRA, cruce tanto más fácil cuanto que los dos animales fabulosos solían identificarse («*hydra*, draco fuit multorum capitum» en las glosas de Plácido, *CGL* V, 26.4, 74.5, 109.34). Ahora bien, *hidria* se empleó como variante de *hidra*: «tal fayçó ha lo coratge com la serp que appellen *ídria*, que havia moltes testes», en una hoja catalana del S. XV (Ag.); variante que resulta de la confusión de *hidra* con *hidria* 'jarro'[2]. De la combinación de ambos vocablos salió primero *hidriago*, *hedriago*, y después el vocablo fué incorporado a las palabras de *en-* inicial (como *embriago* por *ebriago*, o *enmienda* por *emienda*, p. ej.).

[1] Los cruces se producen injertando los elementos iniciales o finales de un vocablo en el cuerpo de otro, de suerte que la nueva forma termina como el uno y principia como el otro, pero no se injertan los elementos mediales. *Diablo* × *drago* sólo podía dar *diago* o *dr(i)ablo*; sólo un segundo cruce de *diago* con *drago* habría podido dar *driago*.— [2] La confusión es recíproca, pues San Pedro Pascual empleó *ydra* en el sentido de 'jarro' en el *Llibre de Gamaliel* (S. XIII), *Misc. Fabra*, 173.

ENDRINA, 'ciruela silvestre, negra y áspera', viene de la forma antigua y dialectal *andrina* y ésta de una más antigua *adrina*, emparentada con el it. merid. (*a*)*trigna* íd., y procedente del lat. vg. PRUNA *ATRĪNA* 'ciruelas negruzcas', derivado de ATER, ATRA, ATRUM, 'negro'. 1.ª doc.: *Valle Andrinos*, en doc. de León, 915[1]; *Doña Endrina*, como nombre de la heroína del *Libro de Buen Amor*, llamada también *la fija del endrino* (S; *andrino*, G), J. Ruiz, 909a; *endrina*, 1373[2]; Cej. VI, § 24.

Un derivado del vocablo, *Val Andrinoso*, figura en doc. de Lerma, de 1148 (Oelschl.), y *endrinal* en el Fuero de Soria, § 10 (S. XIII); además *endrina* como fruta típica de León en Fr. Diego de Valencia, *Canc. de Baena* 502.32. La forma etimológica con *a-* se conserva hoy en Cespedosa (*RFE* XV, 137), en el portugués de Braganza (definida 'ciruela blanca', *RL* II, 115), ast. *andrinos* 'fruta silvestre muy azucarada' (Rato), y en Colunga todavía como adjetivo *prunu andrín* (Vigón). La alteración se explica por la mayor frecuencia de las palabras de inicial *en-*, que fué también causa del paso de *anviso* (ANTEVISUS) a *enviso*, *antenado* a *entenado*, *antena* a *entena*, *anea* a *enea*, *aneldo* a *eneldo*.

Endrina es vocablo exclusivo del castellano, aunque desde ahí pasó al portugués de Braganza, al gall. *endrina* (cuya *-n-* denuncia su carácter forastero) y al catalán de Tortosa *londrino* 'cascabelillo, variedad de ciruela chica y redonda, de color purpúreo oscuro, que suelta con facilidad el hueso' (Arabia, *Misc. Folklòrica*, 167). La propagación de la nasal, que causó el cambio de **adrina* en *andrina*, es también fenómeno frecuente (comp. *MANZANA, MANCHA, ENCINA < lencina < lecina*, etc.). Indicó este origen de *endrina* el filólogo rumano I. A. Candrea (*Grai şi Suflet*, III, 1927, 231-3; en el mismo sentido Bertoldi, *ARom.* XVIII, 1933, 224), indicando la identidad de la voz española con la denominación de la endrina en la Italia meridional, cuyo origen ya había sido visto por De Pasquali, De Gregorio (*St. Glott. It.* VII, 60) y Rohlfs (*ARom.* VII, 454): calabr. sept. *atręyę* y *trignu*, calabr. y salentino *trigna*, Basilicata *trignęle*, pullés sept. *tręgnę*, napol. *spina trigna*, Avellino *trigna*, Teramo *atrignola*, Potenza *latrigno*, Bari *atrigna*, sic. *prunu atrignu*[3]; paralelos semánticos son el vasco *arantzbeltz* 'endrino' (propiamente 'espina negra'), it. *spino nero*, fr. *nerprun*, fr. ant. *noire espine*, saboy. *nerette*, milan. *negrisò*; se ha supuesto que el fr. *airelle* 'endrina', procedente de Auvernia, sea otro diminutivo de ATER, aunque hoy se discute esta opinión (comp. *ZRPh.* XLIII, 513; *Rom.* LV, 126), y Salvioni quiso buscar la misma procedencia al piam. *luriun* íd., y si bien hoy se cree de origen céltico (Jud, *Rom.* LII, 535n.1, 337n.1) allí también vendría de un vocablo que significaba 'negro'. En cuanto al tesinés *endra* 'serbal' (para el cual comp. *ARom.* I, 206), quizá el parecido con *endrina* se deba a una casualidad, o acaso sea derivado regresivo de *endrino*. Desde luego nada tiene que ver *endrina* con el galés *eirinen* íd., a pesar del parecido que llamó la atención a Simonet (p. 20), pues aquella voz céltica procede de un antiguo **AGRANIO* (vid. *ARÁNDANO* y *MARAÑÓN*).

DERIV. *Endrino* [vid. arriba]; para el uso como adj. de color, aplicado en particular al caballo, sentido en el cual pasó al fr. *andrin* [1650], it. *andrino* [Oudin], port. *andrino*, vid. Vidos, *ARom.* XIV, 148.

[1] *Homen. a M. P.* III, 165.— [2] Hace referencia a un texto anterior: «Un livro... intitulado... Johannes de Sancto Mondo... et fina asi: dicitur *endrina* vel silvestris scariola [léase *ceriola*]», inventaiio aragonés, *BRAE* IV, 348.— [3] El sufijo suele explicarse como -ĪNEA, pero creo que tiene razón De Gregorio al identificarlo con el que figura en el sic. *firrignu* 'semejante al hierro' y otros vocablos sicilianos, el cual parece ser el mismo que el cast. *-eño*, cat. *-eny* (*ferreny* por ej.). Entonces la coincidencia con el español queda reducida al radical ATER. También es posible que en castellano el sufijo se agregara en fecha romance, sobre todo si es cierta la existencia del port. *adro* 'oscuro', citado en el *REW* 753, lo cual no logro comprobar; tampoco conozco el oc. *aire* citado en el mismo diccionario. Sin embargo, la vida de ATER en España está comprobada por el mozár. *'aṭramâlla* 'resina del pistacho', llamada ATRA MELLA 'mieles negras' porque es viscosa como la miel, y según Asín era una especie de almáciga negra (*Glos. Bot. de los SS. XI-XII*, p. 24).

Endrogarse, V. *droga*   *Endrómina*, V. *andrómina*   *Endulcecer, endulcir*, V. *dulce*   *Endulencias*, V. *andulencia*   *Endulzadura, endulzar, endulzorar*, V. *dulce*   *Endurador*, V. *durar*   *Enduramiento*, V. *duro*   *Endurar, durar* y *duro*   *Endurecer, endurecimiento*, V. *duro*   *Enea*, V. *anea*   *Eneágono*, V. *nueve*   *Eneal*, V. *anea*   *Eneasílabo*, V. *nueve*

ENEBRO, del lat. vg. JĬNĬPĔRUS (lat. JŪNĬPĔRUS) íd. *1.ª doc.*: Abenalÿazzar, † 1004 (M. P., *Oríg.*, 242); doc. de Lerma, 1148 (Oelschl.)[1].

Está también, h. 1400, en los Glos. del Escorial y de Toledo; en Nebr.; etc. JINIPERUS figura en el *Appendix Probi*, y se deduce de la grafía *inipyrus* de un glosario (*CGL* V, 303.22); se explica por una especie de asimilación como la de los casos reunidos por M-L., *Einf.*, § 119; de la misma forma proceden todas las romances, sin excluir el vasco *ipuru* ni el port. *jimbro, zimbro < *jibro < *jiebro*, ya documentado por la grafía *zimbrus* del glosario latino-arábigo del S. XI, pp. 289, 550[2]; de ahí el salm. *(en)jimbre, enjuimbre, enjumbre*; Unamuno recogió en Villarino y otros pueblos de dicha provincia *joimbre, j(u)imbre, jumbrio* (García Blanco, *U. y la Lengua Esp.*, 1952, p. 41). En Álava corre la variante aragonesa *jinebro*. Más variantes locales en *GdDD* 3630. La forma *junipero*, registrada modernamente por la Acad., no es propiamente castellana, sino mera adaptación innecesaria de la forma latina. *Ginebra* [Acad. 1817, no 1783], del cat. *ginebra* íd., que no es más que una mala grafía de *ginebre*, m. (de pronunciación idéntica), 'enebro', por las bayas de esta planta que se emplean en la fabricación de dicho licor; del fr. *genièvre* [1793] procede el arg. vg. *giñebra* [*Martín Fierro* I, 1186; *Fausto* de E. del Campo, v. 192]. Me ocuparé de la explicación de la *ie* francesa (mal explicada en el *FEW* V, 76) en mi *DECat.*

DERIV. *(E)nebral. (E)nebrina* [*nebrina*, en *Aut.*]. *Nebreda.*

[1] Del latín vulgar el vco. *jünpürü* sul., *ipuru* en Etxarri-Aranaz (punta SE. del guipuzcoano), *unpuru* ronc. y sul.— [2] La *z-* es ultracorrección antigua, según el modelo inverso de ZINGIBER > *jenjibre*. Una forma *zyniperum* se halla ya en el Codex Salmacianus poco posterior al S. IV (*ALLG* XV, 63-73).

Enechado, enechar, V. *echar*   *Enejar*, V. *eje*
Eneldo 'aliento', V. *alentar*

ENELDO, 'cierta planta umbelífera, *Anethum graveolens* L.', del antiguo *aneldo* y éste del lat. vg. *ANĒTHŬLUM, diminutivo de ANĒTHUM íd. (procedente del gr. ἄνηθον). *1.ª doc.*: *aneldo*, S. XIV, *Libro de la Montería*; *eneldo*, APal. 20d, Nebr.

Neldo figura en G. A. de Herrera (1513) según Pagés. Del mismo origen port. *endro* (< *áedlo*, con la misma evolución que en *vedro* VETULUS, Leite de V., *RL* II, 268), del cual procede un cast. ant. *yendro*, citado en el *REW*, 454, cuya existencia no puedo confirmar y el mozár. *anelto* en uno de los códices de Abenbeklarix. Quizá salga también de ANETHULUM un gall. *enllos* que Sarm. (*CaG.* 193r) oyó en Ribadavia, entendiendo «los primeros pimpollitos de las hierbas para el puchero» (*vai a coller uns enllos o enlliños*) fácil evolución semántica, si no es que fué realmente 'eneldo' (por mera incomprensión con el informante), pues siendo hierba aromática, como sus afines el comino y el hinojo, tal vez se emplee localmente con el fin de realzar el sabor del puchero. De ANETHUM descienden las demás formas romances, mozár. *aneto* en los demás códices de Abenbeklarix en Abenγólγol y Abenalγazzar (Simonet, 17), it. *aneto*, oc. y cat. *anet*, y el cultismo cast. *aneto*. Para la *e-*, vid. ANEA (*enea*), ENDRINA (< *andrina*). Para el antiguo *aneldo* 'aliento', V. ALENTAR.

Enema, ant., 'remedio que se aplicaba sobre las heridas sangrientas', V. *hemo-*

ENEMA, 'lavativa', tomado del lat. *ĕnĕma, -ătis*, y éste del gr. ἔνεμα, íd., derivado de ἐνιέναι 'echar adentro, inyectar', y éste de ἱέναι 'enviar'. *1.ª doc.*: Acad. 1884, no 1843.

Tiene poco uso en España, mucho más en América (Arg., etc.). La acentuación errónea y la fecha tardía indican que se tomó por conducto del ingl. *enema* [1681].

Enemicísimo, enemiga, enemigable, enemigadero, enemigo, enemistad, enemistanza, enemistar, V. *amigo*   *Éneo*, V. *alambre*

ENERGÍA, tomado del lat. tardío *energīa*, y éste del gr. ἐνέργεια 'fuerza en acción', derivado de ἔργον 'obra'. *1.ª doc.*: Covarr.; Paravicino, † 1633; Lope en la *Dorotea* III, vii (1632), lo califica de neologismo.

DERIV. *Enérgico* [*enérgicamente*, Paravicino, † 1633]; *energético* (raro). *Energúmeno* [1599-1601, Ribadeneira], tomado de ἐνεργούμενος 'influído por un mal espíritu', participio pasivo de ἐνεργεῖν, otro derivado de ἔργον. *Parergon*, tomado de πάρεργον 'obra u objeto accesorio'. *Sinergia*. *Ergástulo* [Acad. 1899], tomado del lat. *ergastŭlum* 'lugar donde encerraban a los esclavos para hacerlos trabajar', adaptación del gr. ἐργαστήριον 'taller, lugar de trabajo', derivado de ἐργάζειν 'trabajar', y éste de ἔργον; la variante *ergástula* (falta aún Acad. 1899) se debe a una mala adaptación del fr. *ergastule*. *Orgía* [ejemplo suelto en Boscán (C. C. Smith, *BHisp.* LXI); h. 1830, Hermosilla, Espronceda, que acentúan, con arreglo a la norma que habría debido prevalecer, *órgia*; Baralt, 1855, denuncia la acentuación *orgía* como debida a galicismo; la Acad. no le da entrada hasta la 2.ª mitad S. XIX, falta 1832; Cuervo, *Ap.* 102], del fr. *orgie* 'juerga' S. XVIII, antes 'ceremonia religiosa de carácter báquico', tom. del gr. ὄργια, 'misterio o ceremonia religiosa', plural de ὄργιον, de la misma familia que ἔργον; *orgiástico*.

CPT. *Exergo*, tomado del fr. *exergue*, y éste de la frase griega ἐξ ἔργου 'fuera de la obra'.

Enerizamiento, enerizar, V. *erizo*

ENERO, del lat. vg. JENUARIUS (lat. JANUARIUS) íd. *1.ª doc.*: *yenáįr*, h. 1150, Abencuzmán; *ianero* o *ianer*, doc. arag. de 1171; *jenero*, otro de 1192; *enero*, 1218, M. P., *D. L.*, 328.26.

Cej. IV, § 17. Las formas dialectales mozárabes, leonesas y aragonesas conservan la consonante inicial (vid. M. P., *Oríg.*, 241-2; además *ianero* en el ms. leonés del *Alex.*, 89a, y *genero* en el aragonés). JENUARIUS se documenta en numerosas inscripciones latinas (vid. M-L., *Einf.*, § 119), y de ahí proceden el it. *gennaio*, fr. *janvier*, logud. *bennarzu*, y probablemente el gall.-port. *janeiro* (a través de una forma duplicada JENNUARIUS), mientras que la forma española, el cat. *gener* y el gasc. *ge(r)*, representan más bien una variante reducida JENARIU; los demás dialectos occitanos vacilan entre las dos.

DERIV. Gall. *andar á xaneira* 'andar cachonda' por el mes en que ocurre esto a la especie felina[1].

[1] «Hai no meu hotel unha 'gata' que *anda á xaneira*; pero en coido que o finxe» Castelao 38.9.

Enertarse, V. *yerto*   *Enervación, enervador, enervante, enervar, enerve*, V. *nervio*   *Enescar*, V. *yesca*

ENFADAR, tomado del gallego-portugués, donde *enfadar-se* significaba en la Edad Media 'desalentarse', 'cansarse', 'aburrirse', y parece ser derivado de *fado* 'hado', 'destino, especialmente el desfavorable', quizá en el sentido de 'disculparse con la fatalidad', 'ceder a ella'. *1.ª doc.*: *enhadar*, Nebr., Hernán Núñez (1555); pero ya en el *Otas de Roma*, de la 1.ª mitad S. XIV; *enfadado*, Montemayor, 1558.

En el estudio de esta palabra se han dejado llevar los romanistas por una falsa apariencia, y por una cómoda pero inexcusable ignorancia de la historia del vocablo. M-L. (*REW*, 3223), Wartburg

(*FEW* III, 438n.9), A. Coelho, Nascentes, la Acad., y aun C. Michaëlis[1], coinciden en derivarla del lat. FATŬUS 'soso, insípido', 'insensato'. Como se cree que esta palabra no ha dejado descendencia popular en español ni en portugués[2], M-L. y Wartburg se ven lógicamente conducidos a afirmar que *enfadar* procede de Francia, derivándolo del fr. *fade* o de oc. *fat* 'soso, tonto'[3]; lo cual pareció tanto más natural cuanto que la *f* del cast. *enfadar* denuncia un origen forastero. Pero ni en castellano ha existido un adjetivo **fado* ni en lengua de Oc o en francés un verbo **enfadar* o **enfader*, pues claro está que el bearn. *enfadà* «dégoûter» es castellanismo reciente y meramente local, cuyo carácter saltaría a la vista aunque no lo denunciara manifiestamente esta *-f-* en tierra gascona[4]. Luego es imposible que *enfadar* proceda del Norte o del Este, y se impone examinar si puede venir del Oeste.

Ahora bien, llama la atención en seguida la fecha tardía del cast. *enfadar*, ajeno al vocabulario de todos los siglos medievales (*Cid, Berceo, Calila, Apolonio, Alex.*, Biblia doscentista, *Fuero Juzgo*, J. Manuel, J. Ruiz, glosarios publicados por Castro, *Canc.* de Baena, etc.)[5], y aun a la *Celestina* y a APal. Fuera de la forma rara *enhadar*, que sólo se halla en Nebr. y en los refranes de Hernán Núñez, y que parece un intento fracasado de castellanización fonética del vocablo portugués, el ej. más antiguo que conozco es el del *Otas de Roma*, 1.ª mitad del S. XIV; pero nótese que es texto leonés occidental, cargado de analogías gallegoportuguesas, y desde luego en el sentido de 'cansarse' («non *sse enfadava* de velar e de orar e de ayunar», f⁰ 93r⁰, ed. Baird, 145.15); el ejemplo siguiente, de 1558, pertenece a los *Trabajos de los Reyes* del portugués Jorge de Montemayor; después *enfado* aparece en Fray Luis de León, y *enfadar* es frecuente en Cervantes, Góngora, Quevedo y contemporáneos. Aunque se puedan agregar más adelante otros ejs. de esta época o levemente anteriores, siempre quedará el contraste con la gran frecuencia del gall.-port. *enfadar* en el S. XVI y en la Edad Media, a pesar del escaso material de que disponemos para la fase medieval de este idioma: está ya en las *Cantigas* de Alfonso X y en varios trovadores lusitanos coetáneos de este rey y de Don Denís, en la *Crónica Troyana* en gallego del S. XIV, en las Ordenanzas Alfonsinas de 1446, en la Crónica de Garcia de Resende (secretario de D. Juan, † 1495), y en muchos textos del período renacentista temprano, desde el *Palmeirim*, Juan de Barros, Jorge Ferreira, Juana de Gama y otros, que se pueden ver en Moraes y en Vieira. Basta esto para asegurar la procedencia portuguesa o gallega. Pero quedará el problema de ver si en este idioma viene de FATUUS o de FATUM, que si bien nos sentimos inclinados desde el principio a resolver en favor del último, en vista de la escasa o nula descendencia directa

que aquél dejó en el Oeste y Centro peninsular, en definitiva sólo podrá resolverse por medios semánticos.

Por lo pronto está bien claro que la ac. moderna 'enojar, encolerizar', se debe a una evolución reciente[6], todavía ajena al uso americano, de la Arg., Chile, etc., donde por lo demás *enfadar* es vocablo literario y de poco uso, nueva confirmación de su procedencia forastera. Lo clásico es 'aburrir, hastiar', véanse los ejs. del *Quijote* en el vocabulario de Cejador, los de Góngora en el de Alemany (cuya traducción «causar enojo» está desmentida en forma evidente por el contexto), y los demás de esta época en *Aut.* («si es que no os *enfada* oyr lástimas y desgracias. —No *enfadará*, señora mía», «estos dones, que por la muchedumbre deven de *enfadar* como los mosquitos», «el deleite del cuerpo, donde los principios son intolerable trabajo, los fines *enfado* y hastío, los frutos dolor y arrepentimiento», etc.), y las definiciones de Covarr. («*enfada* la arrogancia del hombre impertinente al repetir una cosa muchas vezes, la porfía del importuno, y otras muchas cosas, de que se han hecho discursos, que por nombre tienen *enfados*») y Oudin («ennuyer, attédier, fascher, importuner, saouler, degouster, desplaire, harceler»); agréguese la de Nebr. («*enhadar* lo mesmo que *enhastiar*»), y el pasaje de Montemayor: «los Reyes... no pueden ser mozos para hablar, ni viejos para descansar, ni *enfadados* para se recrear» (*RFE* XII, 49); *enfadoso* es 'aburrido', *desenfadar* (por lo común reflexivo) es casi siempre, hasta hoy, 'divertir, esparcir el ánimo' (ejs. desde Mariana y Cervantes, en Cuervo, *Dicc.* II, 1055) y *desenfado* es 'desembarazo, graciosa libertad'[7]. Este sentido es también normal en el portugués de hoy en día, en el verbo y en los típicos derivados *enfadonho* y *enfadamento* (además de *enfado*, común a los dos idiomas)[8], y es ya frecuente en los SS. XVI-XVII. Pero hay otro más antiguo.

La comparación de los varios ejemplos medievales basta para enseñarnos que entonces se empleaba *enfadar-se* siempre como reflexivo y con el sentido de 'desalentarse, cansarse, cesar (de hacer algo)': «Porque sol dizer a gente / do que ama lealmente: / —Se s'én non quer *enfadar*, / na cima gualardon prende»[9]; «aqueste jograr jogava / ós dados, com'aprendí / e descreýa tam muito, / que quantos seýan ý / foron én tan espantados / que se foron os mays d'ý; / mais él de viltar a Virgen / et Deus sol non *ss'enfadou*» (Alfonso X, Cantiga 238, estrofa 3)[10]; «e tenho que me fez Deus mui gran ben / en me fazer tan bõa don' amar, / e de a servir e non *m'enfadar*»[11]; «muitos ipócritas em todo-los estados, que despois de sua· morte *se enfadaram* de o ser, e foram conhecidos por quem eram», *Crón. de D Joâo II* de Garcia de Resende; de la misma manera *enfadado* 'cansado': la conocida cantiga en que D. Denís se queja del latoso inagotable, dice «e muit'*en-fadado* do seu parlar / sevi gram peça, se mi valha Deus, / e tosquiavam ['quedaban sin pestañas a fuerza de frotármelos'] estes olhos meus; / e quand'el disse: —Ir-me quer'eu deitar — / e dix'eu:— Boa ventura ajades / porque vos ides e me leixades» (*Canc.* de D. Denís, v. 2721, comp. C. Michaëlis, *ZRPh.* XIX, 204, *RL* III, 139, 187); «e moir'! e pois preto da mort'estou, / muito me praz; que *enfadado* vou / d'este mundo que é mal parado»[12].

Teniendo en cuenta que también en la *Crónica Troyana* del S. XIV *enfadamento* es 'trabajo, enfado' (según el glosario), se va naturalmente a la idea del *fado* portugués desventurado «o que parece acontecernos necessáriamente, sem o procurarmos, ou ainda forcejando por evitá-lo», que los diccionarios citados ejemplifican copiosamente en Camoens y en Jorge Ferreira; el antiguo plural neutro *fada* tomó el significado de 'sufrimiento, trabajo': *«poucas son as malas fadas:* frase equivalente a poco resta de trabajo, de sufrimiento» (en el dicc. gallego de Vall.), «cuidão que tudo o mato é ourégãos, e não sabem que cá e lá *más fadas* ha» (Camoens, citado por Cortesão); *fadário* es 'lidia continua, afán sin reposo' (*o fadário de Phineu entre as Harpias*, en Jorge Ferreira), 'mala vida, p. ej. la del corsario, el ladrón, la meretriz, el tahur' (Juan de Barros). No es que *hado* (ant. *fado*) y sus derivados sean del todo ajenos al castellano medieval, véanse ejs. semejantes desde Berceo y el *Apol.* («tovieron su carrera maldiziendo su *fado*», 327*b*) en *BKKR* y en el *Voc.* de Cej., y también produjo algún derivado y compuesto (como los *fadar* y *fadario*, tan frecuentes en portugués, y el *hadeduro* del Arcipreste). Pero indudablemente la misma familia muestra popularidad más amplia y duradera en el idioma vecino.

Y en éste se manifiesta más claro cierto rasgo típico de fatalismo popular, consolidado hoy en día con la expresión lírica de los *fados* famosos, que lloran las desventuras del hombre del pueblo, «o destino incontrastável, o *mau fado*, desculpa muito cómoda, invocada pelo povo, para disfarçar a pusilanimidade em resistir as tentações de não cumprir o dever, nem respeitar o decoro: *foi fado, foi sina!* ['fué el sino']», según la cita que Gonçalves Viana reproduce de un clásico[13]. No han valido de mucho las protestas de los grandes mentores nacionales: «chamão-lhe *fado mau*, fortuna escura, / o que é só Providência de Deus pura», dijo Camoens, y el predicador Vieira remachó «não está na mão dos *Fados*, senão nas nossas», pero la plebe siguió invocándolos, y en el Sur *o fado* acabó por designar el oficio de prostituta (nos dice G. Viana) y *fadista* es el rufián que de ella vive. Qué honda y melancólica flojedad respira la frase popular de Sá de Miranda: «disse ũa contra mim: —Qual vai Gonçalo? / —Como muitos, disse eu, vai *fadejando*» (p. 479), esto es 'obedeciendo al *fado*, pasando su *fadário*', y la réplica irónica de

sus amigas recuerda a la enamorada que no todos juzgan esta mala vida con tanta indulgencia. Sea como quiera, no puede extrañarse que *enfadar-se* expresara en ese humor la idea del renunciamiento fácil, del desaliento y la interrupción en el esfuerzo, en una palabra, que significara 'desanimarse y cesar'; en Castilla misma se halla esta ac. en las fases más antiguas de la adopción del vocablo: «quien *malas hadas* no halla, de las buenas *se enhada*», '¡hay quien se desalienta aun por la buena suerte!', dice un refrán recogido por Hernán Núñez y citado útilmente por Cejador en *La Lengua de Cervantes.*

Lo demás en la evolución es clarísimo: de 'cansarse' se pasó a 'aburrirse, fastidiarse' y de ahí modernamente a 'enojarse, entrar en cólera', de la misma manera que ocurrió con el cast. *enojar = in odio esse alicui*, o con el fr. *fâcher = fastidire*[14]. Palabras como ésta tienen un valor incalculable para el estudio histórico de las ideas y la psicología popular, pero la antigua etimología mecanicista permanecía ciega en su presencia.

Acepta Spitzer mi etimología con aplauso pero sugiriendo un retoque semántico, no apoyado por la documentación hispánica; y parece peligroso dejarse guiar ahí por el galorrománico, cuando el derivado en cuestión ha tenido en Francia vida tan raquítica, y tan dispar de lo hispánico. Por lo demás no es muy seductor el camino de *enfadado* 'embrujado' a 'que ha perdido la iniciativa', 'cansado'. *Enfadado* debería entonces aparecer mucho antes que *enfadar-se*, y si de aquél cito ejs. en el S. XIV (Don Denís), de éste ya abundan en las *Cantigas*, del XIII. Y ¿por qué habría de ser incompatible con mi explicación el prefijo *en-*? ¿De *por-se n a s mãos do fado* no se podía pasar a *en-fad-ar-se*? Si hay *enhastiarse* junto a *hastiarse*, ¿por qué no había de crearse *enfadar-se* junto a *fadar*? Y no tenemos por qué dudar de que se trate de un derivado antiquísimo: *enfadar-se* junto a *in fato esse* o *consistere* es paralelo a *enojarse* renovación de *in odio esse; sese in fatum dedere* bien podía pasar a SE IN-FAT-ARE. En cuanto al somero parecido señalado por V. Buescu (*Boletim de Fil.*, 1952, 20-36) con el rum. *desfătă* 'deleitar, divertir', es lejano y casual. *GdDD* 2708 interpretaría *enfadarse* como «estar de mal hado» (de donde 'de mal humor'), comparando con *estar de mala luna*, pero la historia semántica del vocablo muestra que no fué por ahí la evolución, sino a través de 'cansarse, desanimarse'.

DERIV. *Enfadadizo. Enfadamiento* [h. 1250, *e. nin enojo, Setenario*, 9.29]. *Enfado* [med. del S. XVI[15]]. *Enfadoso* [1605, *Quijote*]. *Desenfadar* [-*hadar* 'distraer, entretener' 1400, *Confissión del Amante,* 2.6, contiene portuguesismos procedentes de la versión original; íd., Nebr.]; *desenfado* [-*hado*, íd.], *desenfadamiento* [-*h*-, J. de Valdés].

¹ Es verdad que sólo lo indica poniendo entre paréntesis, en su glosario del Cancioneiro da Aju-

da (*RL* XXIII, 34), la palabra latina INFATUATUS junto al port. *enfadado*.— [2] En realidad sí dejó, pero por caminos fonéticos y semánticos apartadísimos de los que hubiera debido seguir para llegar a *enfadar*; V. *HOTO*.— [3] Permítaseme decir de paso que nadie puede sentirse satisfecho con la forma como suele explicarse la dificultad fonética que presenta en francés la etimología *fade* FATUUS; ni con el VAPĬDUS 'evaporado' de Gaston Paris, ni con el *FATIDUS de M-L. (*ZRPh.* XIX, 277), por «cambio de sufijo» de FATUUS, o por cruce con SAPIDUS (Wartburg). Basta una ojeada a God. (III, 695, y IX) en comparación con el artículo de Raynouard, para no poder escapar a la impresión de la escasa vitalidad y autoctonismo del *fade* francés frente a su hermano occitano: fuera de un ej. aislado de med. S. XII, en el *Tristan* de Beroul, y de cuatro más bien tardíos del S. XIII (*Roman de la Rose, Amadas et Ydoine*, G. de Coincy, Ph. Mousket), todos los ejs. son de fines de la Edad Media, en contraste con la gran abundancia en trovadores de los SS. XI y XII, desde Guillermo de Poitiers; frente a la gran riqueza de derivados occitanos (*fadet, fadelh, faduc, fadetz, fadeza, fadenc, fadejar, enfadezir*), hay en francés una escasez notable, dentro de la cual llaman la atención varios occitanismos flagrantes (*fadaise, fadasse*); casi todos los ejs. en francés antiguo presentan el significado secundario 'débil, lánguido', degeneración semántica típica de un extranjerismo. ¿Cómo no ha pensado nadie que *fade* ha de ser préstamo del oc. *fat, fada*, representante normal de FAT(U)US? Hubo generalización de la forma radical del femenino, impuesta en francés por el modelo de (*maus*)*sade, rade, malade, vide, hi*(*s*)*de*, y por la ausencia de adjetivos autóctonos que terminaran en -*at*, -*ade*. Me parece evidente que ahí tenemos una consecuencia lingüística de la fatuidad meridional frente a la severidad norteña, y que la historia del fr. moderno *fat*, provenzalismo reconocido unánimemente, se dió dos veces en el idioma.— [4] Así lo confirma la forma de Arrens *enfazà* (con -*z*- inexplicable si fuese autóctono), donde se ve cómo a este vocablo llegado de afuera se trató de asimilarle a la fonética local, que opone la -*z*- como representante de una -D- intervocálica a la -*d*- de los valles bearneses intermedios entre Arrens y el País Vasco. En cuanto al languedociano de Pézénas *enfadat* 'infatué', también forma suelta, es claramente un derivado moderno y local de *fat*. En catalán *enfadar* es castellanismo muy moderno y sentido como tal, bastante usado en todas partes, aun en Mallorca, pero allí, como en todo el territorio lingüístico, el derivado *enfado* revela su procedencia: no hay ej. antiguo alguno, ni los dan Ag. ni Balari ni yo los conozco; Alcover sólo da uno de 1565.— [5] Sólo *enfadamiento* en el *Setenario*, pero recuérdese que los leonesismos abundan en los textos alfonsíes.— [6] No figura en

Aut., pero sí en Terr. («irritar»). Cuervo sólo halla *desenfadar* 'quitar la cólera' en Ventura de la Vega († 1865).— [7] *Desenhadamiento* es una de las palabras españolas sin equivalente latino según Juan de Valdés, *Diál. de la L. Desenhado* en Nebrija. En las montañas del Pallars el castellanismo cat. *estar enfadat* ha conservado el sentido de 'aburrirse, padecer tedio' (oído en Tor).— [8] «O truão, bobo ou bufão era... um contraveneno do tédio, prompto sempre para encher o vácuo das horas d'*enfadamento*», Herculano.— [9] Cantiga de amigo atribuída a Martim Moxa, *Canc. da Ajuda*, v. 6784. Traduce D.ª Carolina: «wer *ausharrt*, wird selig».— [10] Si significara 'no le pesó', como cree Valmar, sobraría el *sol non* 'ni siquiera'. Claro está que es 'no cesó ni un momento'.— [11] Íd., ej. de Roy Queimado, ibid., v. 3279. C. Michaëlis: «in ihrem Dienste nicht *erlahme*».— [12] Joan Lopes d'Ulhoa, *Canc. da Ajuda*, v. 4684; según C. Michaëlis: «denn *unwirsch* geh ich». Este trovador (y los anteriores citados, más o menos) llegó a alcanzar la época de D. Denís, 1279-1325.— [13] *Apost.* I, 431.— [14] No creo haya necesidad de admitir influjo semántico de FATUUS en la ac. 'fastidiar, aburrir'. Si acaso sería a través de algún provenzalismo portugués, por lo demás raro, como el *fadeza* 'estulticia, locura' que aparece en la *Demanda do Santo Graal*, véase el glosario de Augusto Magne, y se trataría nada más que de una influencia auxiliar y secundaria. Prueba del carácter advenedizo y muy reciente de *enfado* en la zona oriental del dominio español es la mutilación *fado* 'enojo' que ha sufrido en Echo, *RLiR* XI, 163.— [15] En esta época era muy frecuente el género del *enfado* como composición poética (procedente del *enueg* trovadoresco), en que el poeta expresa fastidio por un abuso, ridiculez, etc. V. la documentación en la ed. de B. del Alcázar por Rz. Marín, p. 265.

Enfaenado, V. *faena*   *Enfalcado*, V. *falca*
Enfaldador, enfaldar, enfaldo, V. *falda*   *Enfangar*, V. *fango*   *Enfardador, enfardar, enfardelador, enfardeladura, enfardelar*, V. *fardo*

ÉNFASIS, tomado del lat. *emphăsis* íd., y éste del gr. ἔμφασις 'demostración, explicación', 'moraleja', 'expresión que deja entender más de lo que se dice, énfasis', derivado de ἐμφαίνειν 'hacer ver, mostrar, manifestar', que lo es a su vez de φαίνειν 'parecer, aparecer'. *1.ª doc.*: 1580, F. de Herrera; del texto de APal. 132b resulta que este lexicógrafo sólo define *emphasis* como voz latina, aunque en 133d quizá la emplee ya como castellana.

En griego y en latín era femenina, pero ya *Aut.* (s v. *émphasis*) la clasifica como masculino; algunos eruditos le conservan, empero, el género primitivo («nosotros sólo emplearíamos el artículo cuando *la énfasis* lo exigiese», Cuervo, *Ap.*[7], p. 255).

DERIV. *Enfático* [Lope]; algunos han empleado

recientemente un verbo *enfatizar*, imitación del ingl. *to emphasize*.

Enfastiar, enfastidiar, V. *hastío*   *Enfear*, V. *feo*   *Enfelgado*, V. *helgado*   *Enfeminado*, V. *hembra*

ENFERMO, descendiente semiculto del lat. ĬNFĬRMUS 'débil, endeble', 'impotente', 'enfermo', derivado de FĬRMUS 'firme'. *1.ª doc.:* anónimo mozárabe del S. XI, *Al-And.* XVII, 83; Berceo; *fermo* está ya en las Glosas de Silos, 99.

Aparece también en el *Apol.*, Juan Manuel, Juan Ruiz, y en muchos autores medievales, así como en APal. (2b, 105d, etc.) y Nebr., aunque su rival *doliente* es más empleado en lo antiguo; pero J. de Valdés da ya la preferencia a aquél (*BRAE* VII, 288). Cej. IX, § 166. Comp. *FIRME.*

DERIV. *Enfermedad* [Berceo]. *Enfermero* [Sta. Teresa]; *enfermería* [*fermería*, Berceo, *Mil.*, 245, 811d; *Duelo*, 86; *enfermería*, aparece también como variante en parte de estos pasajes]. *Enfermizo; enfermizar. Enfermoso. Enfermucho. Enfermar* [Berceo, *Mil.*, 711c]: en ese texto, en los Fueros de Aragón de h. 1300 (Tilander, § 328.2), en Nebr. y en muchos clásicos se emplea como intransitivo, pero el uso reflexivo *enfermarse*, que predomina en América (Cuervo, *Ap.*, 1907, p. 321; también en Chile, Arg., etc.) y en Andalucía (desde Almería hasta Cádiz[1]) y Galicia (Pardo Bazán), se halla también en Lope, en el *Alfarache* de Martí y en varios clásicos (Toro, *BRAE* VII, 622; Amunátegui, *Al través del Dicc.*, 203-8); *enfermante.* Duplicado culto es el ant. y forense *infirmar.*

¹ A Castro, *Lengua, Enseñ. y Liter.*, p. 77.

Enfermosear, V. *hermoso*   *Enfermoso, enfermucho*, V. *enfermo*   *Enferozar*, V. *fiero*   *Enferrucharse*, V. *hierro*   *Enfervorecer, enfervorizador, enfervorizar*, V. *hervir*   *Enfestar, enfestillar*, V. *enhiesto*   *Enfeudación, enfeudar*, V. *feudo*   *Enfiar*, V. *fiar*   *Enfielar*, V. *fe*   *Enfierecerse*, V. *fiero*   *Enfiestarse*, V. *fiesta*   *Enfiesto*, V. *enhiesto*   *Enfilado, enfilar*, V. *hilo*   *Enfingimiento, enfingir, enfinta, enfintoso*, V. *fingir*

ENFISEMA, tomado del gr. ἐμφύσημα, -τος, 'hinchazón', derivado de ἐμφυσᾶν 'insuflar, hinchar', derivado a su vez de φυσᾶν 'soplar'. *1.ª doc.:* Terr.; Acad. 1884, no 1843.

Enfistolarse, V. *fístula*   *Enfiteusis, enfiteuta, enfiteuticario, enfitéutico*, V. *fito-*   *Enfiuzar*, V. *hucia*   *Enflacar, enflaquecer, enflaquecimiento*, V. *flaco*   *Enflautado, enflautador, enflautar*, V. *flauta*   *Enflechado*, V. *flecha*   *Enflorar, enflorecer*, V. *flor*   *Enfocar*, V. *fuego*   *Enfogar*, V. *ahogar* y *fuego*   *Enfoque*, V. *fuego*   *Enforcar*, V. *horca*   *Enforcia*, V. *fuerte*   *Enforción*,

V. infurción   *Enformar*, V. *forma*   *Enfornar*, V. *horno*   *Enforradura, enforrar, enforro*, V. *forro*   *Enfortalecer, enfortalecimiento, enfortecer, enfortir*, V. *fuerte*   *Enfosado*, V. *foso*   *Enfoscadero, enfoscado, enfoscar*, V. *hosco*   *Enfotarse, enfoto*, V. *hoto*   *Enfrailar*, V. *fraile*   *Enfranque, enfranquecer*, V. *franco*

ENFRASCARSE, 'aplicarse con intensidad a un asunto', parece tomado del it. *infrascarsi* 'internarse en la vegetación', 'enredarse', derivado de *frasca* 'rama' (vieja palabra italiana de origen desconocido); pero esta palabra está mal estudiada, y la aparición bastante temprana del vocablo en los romances hispánicos, y la existencia de *frasca* 'abundancia de cosas nocivas', 'hedor', 'porquería' en catalán antiguo y en los dialectos del Noroeste hispánico, hacen dudosa esta conclusión. *1.ª doc.:* «*enfrascarse*: impedior, haereo», Nebr.

Aparece también en el *Quijote*, en historia debida al aragonés Lanuza (1623), en Espinel (1618 'trabarse, enredarse') y es frecuente en los autores clásicos; también en C. de las Casas (1570: «*enfrascar*: infrascare»), Percivale (1591: «*enfrascar:* to sticke faste, to be intangled, to intermeddle himselfe»), Oudin (1607: «*enfrascarse:* s'empestrer, s'embarrasser comme parmi des halliers et buissons») y en Covarr. (1611: «*enfrascarse:* encarçarse»). Abundan ya los italianismos en tiempo de estos autores, pero son raros todavía en tiempo de Nebr., y se reducen a algún sustantivo y vocablo técnico. En el mismo sentido que en it. y en Nebr. aparece en el catalán de Eiximenis (*Cercapou, N. Cl.* I, 44.1) y del *Tirant* (h. 1460), con *e* por etimología popular: «Ay, senyora, y com vos veig *enfrescada*, que resposta hera no'y poreu donar» (ed. príncipe, cap. 254; *N. Cl.* IV, 106). Pero también en portugués hallamos *gente enfrascada* (*no estudo, no jogo, nos vícios*), y ya en Sá de Miranda († 1558), en Jorge Ferreira (1554 o 1567) y en otros autores clásicos, con la variante *enfrascar-se em muitos pecados* en libro publicado en 1567 (vid. Moraes). En este idioma ha tomado modernamente el vocablo varios significados nuevos: 'enredar', en el Algarbe 'causar aburrimiento'[1], en otras partes 'volver encarnizado', 'hartar'[2] (Fig.), popularmente *enfrascar-se* 'embriagarse' (en los dos norteños Castelo-Branco y Macedo, vid. Cortesão y Fig.), en Tras os Montes 'andar metido en burdeles', en la Beira *enfrascado* 'aburrido, hastiado'. Ya *Aut.* señaló que algunos dicen *enfroscarse*, y hoy en Miranda de Duero *anfruscar-se* es 'emboscarse' (Leite de V., *Phil. Mirand.* II, 159), variante que cruzándose con ENFURRUÑARSE ha dado *enfurruscarse* 'enojarse, encolerizarse' en Aragón, Álava y Cespedosa (*RFE* XV, 260), *enforruscao* 'enfadado' en Extremadura (*BRAE* IV, 85), y de donde en Colombia se derivó el regresivo *furrusca* 'chamusquina, gresca, pelotera, gazapera', según Cuervo, *Ap.*, § 931.

Lo que más invita a buscar el origen en el italiano, además de que aquí *infrascarsi* se halla desde princ. S. XIV (Antonio Pucci), es la circunstancia de que en este idioma deriva evidentemente de *frasca* 'rama', 'fronda, espesura' (y *frasche* 'frioleras, enredos'), y aunque el origen de este vocablo es oscuro (pues el étimo *VIRASCA, derivado de VIRĒRE 'ser verde' por Diez y M-L., es, más que sospechoso, inaceptable fonéticamente, y tampoco satisface admitir un cruce con FRONS, -DIS[3]) nos basta saber que es palabra frecuente desde Boccaccio, y tiene mucho arraigo en Italia; es también sugestivo el hallar asimismo en Italia la variante *infruscarsi* [Fagiuoli, † 1742], que puede derivar de *frusco* o *fruscolo* 'ramita' (comp. *REW* 3529). De todos modos hay también huellas del primitivo *frasca* en la Península Ibérica, pues no sólo lo da Covarr., que por la vaguedad de su texto parece referirse más bien al it. *frasca*, sino Oudin (1607; «*frasca*: buisson, hallier»)[4]; sobre todo aparece un cat. ant. *frasca* en Eiximenis[5], y esp. *frasca* en varios dialectos del Noroeste, con varios significados que recuerdan los que ha tomado *enfrascar-se* en portugués moderno: salm. *frasca* 'raza, casta', 'abundancia de cosas nocivas' (*este brugo es una frasca tan mala, que va a ser casi imposible descastarla*), ast. «clase, en la ac. de idéntico» (V) (es decir, se empleará en la frase *de la misma frasca*; en efecto, así se dice en Sajambre, Fz. Gonzz., *Oseja*, 271, hablando de maderas y aun personas); Bierzo «hedor; epidemia; toda cosa molesta: *la frasca de este callejo no se resiste*», gall. «porquería, mierda» (y *enfrascarse* 'emporcarse', Vallad.), alent. *frascal* 'montón cuadrangular de leña o zarzas' (G. Viana, *Apost.* I, 475), 'casa de la era', 'lugar donde se guarda la leña seca' (Fig.) (y quizá ya en Ruy de Pina, 2.ª mitad del S. XV, vid. Moraes), *frascário* 'mujeriego, disoluto' (ya S. XVI), *frascaria* 'burdel'[6]. Es evidente que en todo esto se han producido cruces de homónimos y sinónimos.

Uno de ellos, el que ha engendrado la variante *enfroscar* parece fácil de descubrir: en Andalucía *enfroscar* es 'enfoscar' como término de albañilería (AV) y en Murcia *enfoscar*, además de 'oscurecer', es 'atrancar, embarazar, enredar', luego es claro que *enfrascarse* se cruzó con *enfoscarse*, derivado de *fosco* FUSCUS, dando *enfroscarse*, de suerte que uno de los argumentos que podían invocarse en favor del origen italiano (la coincidencia con it. *infruscarsi*) es endeble. En definitiva, se tiene la impresión de que el influjo del it. *infrascarsi*, que indudablemente actuaría en Cervantes y contemporáneos, encontraría ya la existencia previa de una voz *enfrascarse* antigua en la Península Ibérica, y acaso nacida originariamente en la forma sugerida en la nota 6.

DERIV. *Enfrascamiento*.

[1] Definido «tomar tédio a qualquer coisa, enjoar» en el vocabulario algarbío de Nunes, *RL* VII,

119.— [2] En alguna de estas acs., y quizá precisamente en la del Algarbe, parece emplearlo Mateo Alemán: «No entres donde no puedes libremente salir, no te pongas en peligro que temas, no te sobre que te quiten ni te falte para que pidas, no pretendas lisonjeando ni *enfrasques* porque no te inquieten», *G. de Alfarache*, *Cl. C.* II, 48.7.— [3] Hoy todos niegan o dudan de la otra etimología *frana* < VORAGĬNEM, que es la que se mencionaba como prueba de que la vocal inicial puede caer entre v- y r- causando el paso de v- a f-; se cree más bien en una relación con FRAGUM y FRANGERE. Últimamente Wartburg, *FEW* III, 770-1, ha propuesto derivar el it. *frasca* de *FRAXICARE 'romper', pero además de que este étimo es problemático por muchos conceptos (no se conoce un participio *FRAXUS) y no existe un verbo *frascare* en italiano, desde el punto de vista fonético es imposible así en el Norte (donde esperaríamos *frasgar o *frascegar) como en el Centro o el Sur de Italia, donde la síncopa no es posible en voz de tal estructura. El tipo *fracher* 'romper' del francoprovenzal, borgoñón y lorenés es más probable que sea FLACCARE (× FRANGERE), o si se quiere FRAGICARE, *FEW* III, 744; oc. ant. *frascar* es hapax dudoso.— [4] El murc. *forrascar* 'espesura, follaje' quizá sea metátesis de *foscarral* 'espesura', que si no es derivado de *fosco* 'oscuro' lo será de *fosque* 'bosque', variante fonética que en Murcia se produce espontáneamente (*los bosques* > *loh fosque*).— [5] 'Acto asqueroso o reprensible' criticando a muchachas descocadas: «com fan aquelles... qui per escusa de muntar e devallar de les bisties, o de cavalcar pus segur, sofiren alscuns abraçaments e palpunyar, e d'altres males *frasques*, qui s'acosten al propi» (eufemismo), *Llibre de les Dones*, cap. 53. Como es uno de los pasajes prosificados debe de ser no de fin del S. XIV como el *Llibre*, sino de mediados del siglo. También en nombres de lugar antiguos, valencianos y aun alguno del Principado (*Frasquet* en el Montnegre, nombre de un barranco muy selvoso, arcaico en vista del sufijo colectivo -ETUM).— [6] En cuanto a *frasca* 'loza, vajilla', parece ser mero derivado de *frasco* 'botella' (> 'vasija'), pero la ac. colectiva 'tren, bagaje' (ya en los SS. XIV y XV) puede relacionarse con *enfrascarse* a base de la idea de 'impedimenta'. El mismo vocablo existió en castellano arcaico, pues el ms. 7 de la Biblia de Alfonso X dice que David antes del combate con Goliat dejó «toda la *frasca* al cuidado de quien se la guardase», traduciendo de la Vulgata: «derelinquens ergo David *vasa* quae attulerat» (Scío, *Reyes* I xvii, 22). No sé si hay relación con *frasco* o *frasca*, que aparece en textos de los SS. XV-XVII en relación con camisas y otros atavíos (¿será algo como 'gorguera'?), p. ej. en *La Serrana de la Vera*, donde se describe a la protagonista tal «como la pinta el romance», «el cabello sobre el

onbro / lleva partido en dos crenchas / y una
montera redonda / de plumas blancas y negras; /
de una pretina dorada, / dorados *frascos* le cuelgan» (v. 2219), «66 dos cueros de onso; 67 una
camisa de ombre y otras *frasquas*» (invent. arag.
de 1469, *BRAE* IX, 120), «traía valona y no cuello abierto; y un tahalí con *frascos* por no tener
capa» (*El Buscón, Cl. C.*, p. 170), «lo que·n lo
clos [= monasterio] / après havia, / als no sabia: / sols perfumar, / e despensar / confits de
monges... / e lepolies; / les praderies, / aygues,
ramets, / perfums, pevets, / cordons, *frasque-
tes*, / trenes, bossetes, / flochs, agullés» (J. Roig;
v. 4995). El mismo texto hablando de las mujeres
recomienda «tu no adores / ses alcandores... / ni
t'acumules idolatries / per *frasqueries* / de quan-
tes son» (v. 10060).

Enfrascar 'meter en frasco', V. *frasco*   *Enfrenador*, *enfrenamiento*, *enfrenar*, V. *freno*   *Enfrentar*, *enfrente*, V. *frente*   *Enfriadera*, *enfriadero*, *enfriador*, *enfriamiento*, *enfriar*, V. *frío*
Enfrontar, *enfrontilar*, V. *frente*   *Enfroscarse*, V.
enfrascarse   *Enfuciar*, V. *hucia*   *Enfufar*, V.
azuzar   *Enfullar*, *enfullir*, V. *fullero*   *Enfundadura*, *enfundar*, V. *funda*   *Enfurcio*, *enfurción*,
V. *infurción*   *Enfurecer*, *enfurecimiento*, *enfu-
riarse*, V. *furia*

ENFURRUÑARSE, 'ponerse enojado', parece
ser alteración del fr. med. *enfrogner*, prov. *s'enfrougnà* (hoy fr. *se renfrogner*) 'poner ceño, poner
mala cara', derivado del fr. ant. *froigne* 'cara de
mal humor', que procede del galo *FROGNA* 'ventanas de la nariz' (galés *ffroen* íd., irl. *srón* 'nariz').
1.ª doc.: *Aut.*
Este diccionario define 'ponerse colérico y enojado, enfadándose y gruñendo contra otro, y hablando irritado contra él', y agrega que es «voz
bárbara y rústica»; no da ejs. Es voz bien viva
hoy en día y abundan los ejs. del S. XIX. No
era difícil que el prov. *s'enfrougnà* pasara a *enfu-
ruñarse* (como dicen en Chile: Román) por anaptixis y que la *r* se duplicara por el carácter expresivo del vocablo. Indicó esta etimología Schuchardt,
ZRPh. XXI, 201, en su erudito estudio acerca del
origen del fr. *renfrogner* y su familia, comp. galés
froenochi 'encoger la nariz' y vid. *FEW* III, 816-7
(menos aceptable Sainéan, *Sources Indig.* II, 54,
286).
Conviene no perder de vista, sin embargo, la
posibilidad de que *enfurruñarse* se explique por
elementos autóctonos de la Península. Por una parte hay el port. *enfronhar* 'enfundar, meter en una
funda', 'revestir', 'disfrazar, disimular'[1], 'hacer versado, instruido' (comp. el cast. familiar *enfundarse
en algo* 'ensimismarse en algún estudio o reflexión'), de donde fácilmente podía pasarse a 'ensimismarse', 'poner mal gesto', 'enfurruñarse'. Por
otra parte las variantes cubanas *enfuncharse*, *en-*

fuñarse, *enfuñingarse*, Astorga y Bierzo *refungar*
'refunfuñar' (A. Garrote, G. Rey), salm. *fungar*
'gruñir' (M. P., *Dial. Leon.*, § 8.1), junto con oc.
mod. *fougnà* 'hacer pucheros, mostrar mal gesto',
fougno 'mueca', muestran que existió también una
raíz expresiva sinónima *fuñ-*, *fung-* (o quizá *FUN-
DIARE*, *FEW* III, 867, en el caso del occitano), emparentada con el reduplicado *refunfuñar*, que fácilmente podía dar *enfurruñarse* cruzándose con
otro vocablo (comp. aquí *enfurruscarse*, s. v. *EN-
FRASCARSE*). Por ahora estas posibilidades parecen menos probables que el origen francés. El
«cast. *furruña* mal genio» no pasa de ser una forma
supuesta por *GdDD* 2941; no tengo comprobados
los ast. *furuñón*, *foruñoso*, 'de mal genio'.

DERIV. *Enfurruñamiento*.

[1] Derivado de la vieja voz portuguesa *fronha*
'funda', que también existió en leonés antiguo:
«un plumaço cum sua *frunna*» en doc. de Toro,
1099 (M. P., *Orig.*, 301). La etimología se ignora,
pues no convencen las varias sugestiones recopi-
ladas por Nascentes, y el cruce de FŬNDA con
fruncir, admitido por M. P., es inaceptable, puesto que no explica la *nh* palatal. La posibilidad de
que venga del céltico *FROGNA* 'ventanas de la
nariz', pasando de ahí a 'agujero', y a 'hueco
donde se mete algo, funda' no parece a primera
vista convincente en lo semántico, pero deberá
estudiarse con más calma.

Enfurruscarse, V. *enfrascarse*   *Enfurtido*, *enfurtir*, V. *fuerte*   *Engabanado*, V. *gabán*   *Engace*, V. *engarzar*   *Engafar*, V. *gafa*   *Engafe-
cer*, V. *gafo*   *Engafetar*, V. *gafa*   *Engabitar*,
V. *gavilán*   *Engaitador*, *engaitar*, V. *gaita*

ENGALABERNAR, antic. y colomb., 'embarbillar, acoplar', del cat. *engalavernar* 'hacer que
quede inmovilizado un objeto que se ha metido
dentro de otro (p. ej. la llave en la cerradura)',
derivado de *galaverna* 'cada una de las dos piezas
de madera con que se reforzaba el remo en el
escálamo', voz náutica, para cuyo origen véase mi
DECat. 1.ª doc.: 1633, López de Arenas.
«Anssí *engalavernado* el estrivo, se clave con
clavos que passen hasta la solera», dice este autor
sevillano (cap. 16, pp. 38, 177). Cuervo, *Ap.*[1],
§ 926, n. 4. Para el catalán véase el *Dicc. Fabra* y
el mallorquín de Amengual; en Mallorca *engalavernar* toma el significado de 'tullir, paralizar'
(*BDLC* III, 357; VII, 249; comp. Ag.) y 'engargantar, meter el pie en el estribo hasta la garganta'. Hoy es palabra sobre todo o solamente mallorquina (dicc. Alcover). El cat. *galaverna* se halla
ya en 1406, fr. *galaverne*, it. *calaverna* (Jal, *Gloss.
Naut.*).
Acerca de *galaverna* puede verse Vidos, *Parole
Marin.*, 417-9, y el artículo de los Kahane en
Ἐπετηρίς Ἑταιρείας Βυζαντινῶν Σπουδῶν, XXIII,
1953, 283-4, quienes creen viene del bajo griego

χαλαβρικά «the bandage around the pastern of a horse», documentado en griego desde los SS. IX y X, y en latín desde el S. V. La grave diferencia en la terminación, junto con la falta de testimonios náuticos del vocablo grecolatino, nos inducen a dudar mucho si no negar del todo el acierto de la idea.

Engalanar, V. galán   Engalgar, V. galgo y galga   Engalopitar, V. galope   Engallado, engallador, engalladura, engallarse, V. gallo   Enganchador, enganchamiento, enganchar, enganche, V. gancho   Engandujar, engandujo, V. gandujar   Enganido, V. arguello

ENGAÑAR, del lat. vg. *INGANNARE 'escarnecer, burlarse de alguien', derivado de la onomatopeya lat. GANNIRE 'ladrar, aullar', 'regañar, reñir'. 1.ª doc.: Berceo.

Vocablo común a todos los romances (aunque el fr. ant. enjaner, dialectalmente enganer, bastante frecuente, desapareció más tarde): port. y oc. enganar, cat. enganyar o enganar, engad. ingianer, it y sardo ingannare, todos con el mismo sentido y todos ellos, al parecer, responden fonéticamente a una base *INGANNARE[1]. En muchas glosas latinas tenemos formas evidentemente emparentadas: ingannatura 'sanna' (= 'mueca, burla') en las Glossae Nominum (trasmitidas en tres códices de los SS. IX y XII: CGL II, 576.37, 582.40, 591.55), inganare y deganare 'inridere, iniudere, deludere' en las Glosas de Reichenau (Francia, h. 820, n.º 129, 521, 657, 969), gannare y gannator traducidos por palabras griegas que significan 'escarnecer' y 'burlón' (en el glosario del seudo-Filóxeno, trasmitido en un códice del S. IX); como también GANNIRE, antigua voz latina usada desde Plauto, significa «inridere» además de «latrare» en las glosas (CGL IV, 346.5, etc.), es muy razonable la explicación de Rönsch (ZRPh. III, 102) y Goldberger (Glotta XX, 112; en el mismo sentido Jud, VRom. V, 304, y Walde-H.), de que *INGANNARE y estos antecedentes suyos sean variantes de GANNIRE; pudo influir el lat. tardío sannare 'escarnecer' en el cambio de conjugación, que por lo demás hallamos también en REGAÑAR. Está claro que de 'ladrar, aullar' se pasó a 'emitir voces de escarnio' y de ahí a 'burlar, engañar'; pero acs. más cercanas a la etimológica se hallan todavía en ciertas formas romances: fr. ant. rejaner y deganer[2] 'remedar' (el último es hoy normando), fr. orient. enjëné íd., rum. îngînà íd., macedorrum. angînare 'llamar al perro o a las ovejas'. Comp. GANA.

DERIV. Engañadizo. Engañador, engañante. Engaño [1073, Oelschl.], postverbal común con los varios romances, port. engano, cat., oc. engan, it. inganno, etc.; antiguamente también engañamiento y engañanza. Engañifa [1615, Cervantes; Ruiz de Alarcón, La Industria y la Suerte II, vi, 24; Quiñones de B., NBAE XVIII, 574], hoy engañifla

en Andalucía, Chile, Arg. (Ascasubi, S. Vega, v. 3904), etc. Engañoso [h. 1250, Setenario, fº 9rº; Calila, 44.803; APal. 36b, 205d; Nebr.]. Desengañar [1251, Calila, 36.589; Cuervo, Dicc. II, 1056-8]; desengaño [Nebr., etc.], o desengañamiento; desengañador.

[1] Sin embargo el catalán antiguo tiene constantemente la forma enganar (los casos antiguos de ny, muy raros, son dudosos), hoy general en las Baleares. Esta pronunciación está asegurada por las rimas, aun para el valenciano de los SS. XV y XVI (Spill, 476, 6920; Timoneda, BRAE V, 508). Si realmente enganyar fuese forma no genuina (como afirma Moll, AORBB II, 63), la correspondencia cast. ñ = cat. n, indicaría un étimo en -MN- más bien que en -NN-, lo cual nos volvería a la idea de Diez, Wb. 184, que relacionaba con el ags. gamen 'broma, escarnio', a. alem. ant. gaman 'juego, broma', ingl. game 'juego' (comp. Th. Braune, ZRPh. XL, 329-34); los demás romances no enseñan nada al respecto (salvo las formas rumanas citadas abajo). Pero como el étimo germánico presenta dificultades importantes, y hoy enganyar es absolutamente general y popular en todo el territorio continental de lengua catalana, habrá que dejar mejor establecida la procedencia castellana de esta forma (en la cual cuesta creer) antes de sacar consecuencias. Por lo demás es sabido que el catalán vacila a veces en el tratamiento de -NN-, presentando cànem junto a cànyom, pena junto a penya; pero es verdad que en estas palabras los ejs. de -ny- se hallan también en todas las épocas y dialectos; otras veces entra en juego una disimilación.— [2] Para representantes de este tipo en el castellano medieval, V. nota a desganar en el artículo GANA.

Engaño 'este año', V. año   Engaño, engañoso, V. engañar   Engarabatar, V. garabato   Engarabitar, engaramitar, V. encaramar y garabato   Engaratusar, V. engatusar   Engarazo, V. angazo   Engarbado, engarbarse, V. carba   Engarberar, V. garba   Engarbullar, V. garbullo   Engarce, V. engarzar   Engarcilar, V. engarzar   Engardajina, V. lagarto   Engargantadura, engargantar, engargante, V. garganta   Engargolado, engargolar, V. gárgol   Engaripolar, V. angaripola   Engaritar, V. garita   Engarmarse, V. garma

ENGARNIO, 'plepa: cosa o persona que no vale nada', voz familiar y reciente de origen incierto; acaso alteración leonesa de *encarno 'carnada que se pone al anzuelo'. 1.ª doc.: falta aún Acad. 1899.

El parecido con oc. mod. engarnà «couper du fruit par tranches pour le faire sécher; peler des prunes dans le même but» (Mistral; quizá variante de encarnà 'encarnar'), es vago, pero ya es más precisa la idea que evoca el santand. encarnar 'poner la carnada al anzuelo' (glosario de Sotileza).

No hay relación posible con el fr. *garnement* 'mal sujeto' (de *mauvais garnement*, propiamente 'traje malo, arrapiezo', derivado de *garnir* 'guarnecer'), pues no conozco un derivado *engarnir en francés ni en lengua de Oc. En cuanto al colomb. y venez. *angarrio, -a* 'persona o animal sumamente flaco y desmedrado' (Cuervo, *Ap.*, § 942; Tascón; Calcaño), salm. *engarrio* 'sujeto inhábil e inútil' (Lamano), el parecido será casual, V. *GARRA*. No conozco nada parecido en los dialectos ni en portugués o catalán, e ignoro la fuente del artículo académico, que importaría averiguar para disipar la sospecha de que *engarnio* sea errata por *engarrio*, o por *esgarnio* 'persona débil, sin fuerzas' (en Cespedosa, *RFE* XV, 260). Quizá, a pesar de todo, *engarnio* viene de *engarrio* (con alguna contaminación, como la de *encarne* 'cebo'): el salm. *engarrio* «molestia, estorbo», «sujeto inhábil e inútil» y *angarrio* «molestia», en vista de *engarriar* «entretener, pasar el tiempo holgando y haciendo como que se trabaja», vendrán de ANGARIARI (vid. *ANGARILLAS*) por vía semiculta, mientras que el salm. *anguerar* «entretenerse, ocuparse en el trabajo; negociar alguna cosa» procede de la misma fuente por vía popular (la forma *engorriar* de Lamano sale de *engarriar* por influjo de *ENGORRAR*, el cual no tiene ya relación con esto).

Claro que *engorrar* no puede venir de ANGARIARI (aunque Lamano lo insinúe con definiciones tendenciosas, y GdDD 523 caiga en el cepo).

Engarrafador, engarrafar, engarrar, engarriar, V. *garra   Engarridar*, V. *enrizar   Engarrio*, V. *engarnio   Engarro, engarronar*, V. *garra   Engarrotar*, V. *garrote   Engarzador*, V. *engarzar* y *alefriz*

ENGARZAR o ENGAZAR, 'trabar una cosa con otra formando cadena', 'engastar', palabra de historia mal averiguada y de origen incierto: probablemente de una forma mozárabe *engaçrar procedente del lat. vg. *INCASTRARE 'insertar, articular' (V. el artículo *ENGASTAR*). 1.ª doc.: *engarçar* y *engaçar*, 1607, Oudin.

Define este diccionario «enfiler en fil d'or, d'argent ou de fer; d'autres le prennent pour *engastar*». Covarr. da solamente «*engazar*: encadenar una cuenta con otra, con hilo de oro o de plata o de alambre»[1], y quiere derivarlo del hebreo. Las formas de autores antiguos que puedo comprobar son sin *r*: *engasadura* 'engarzadura, encadenamiento' (con seseo americano) en Ruiz de Alarcón († 1639)[2], *engasido* en Sebastián de Horozco († h. 1580)[3], *engazar* 'engarzar' en Quevedo (vid. Fcha.). Cita además *Aut. engazadora* en Quevedo («avuela *engazadora* de cuerpos, eslabonadora de voluntades») y *engace* en la *N. Recopil.*, ley de 1593 (hablando de joyas), en Antonio de Mendoza (1625: «*engace* de tantos cielos») y en G. del Corral (1628: *los engaces en estas prosas*); pero debe

tenerse en cuenta que *Aut.* prefiere como cabeza de artículo la forma sin *r*[4], y pudo generalizarla en los textos, según hace a menudo. Pagés cita *engarzar* en Quevedo y en Antonio de Solís, aunque no puedo comprobarlo. De todos modos es seguro que *engarzar* (-*çar*) por 'ensartar' aparece ya un par de veces en las *Soledades* de Góngora, a. 1613, ed. Foulché II, 60, 78. En portugués *engazador* se halla en F. M. de Melo († 1666), pero *engrazar* (ligera alteración de *engarzar*) ya figura en la *Hist. Trágico-Marítima* del S. XVI[5].

En cuanto al castellano, hoy domina la forma con *r*, pero mientras no aparezca más documentación y más segura no se puede asegurar cuál es la originaria. Si es *engarzar*, ¿cómo se explicaría la pérdida? No bastaría citar casos como *ALCACHOFA*, *MACHO* (que, por lo demás, no parece ser cierto que venga de MARCULUM) y análogos, pues *z* no es igual que *ch*, aunque hasta el S. XVI fué africada como ésta. De todos modos hay *almuezo* (del cual se hallan algunos testimonios en castellano antiguo y en los dialectos, así como el port. *almoço*, aunque éste podría explicarse por contaminación, vid. *ALMUERZO*), el caso de *nuerza* y alguno más coleccionado aquí en el artículo *ALFORZA*, quizá resulte de una ultracorrección; pudo ayudar además el influjo de *gaza* 'lazo náutico', pero no hay que pensar en considerar a *enga(r)zar* derivado de *gaza*, pues ésta es voz tardía (falta aún *Aut.*) y aquélla no se ha empleado como término náutico.

En cambio sería posible que viniera del leon. y gall. *ANGAZO*, port. *engaço*, pues aunque en León sólo se halla la ac. 'rastro', en Portugal es común con la de 'gancho', y *engazar* no es otra cosa que 'enganchar'; entonces debiéramos explicar *engarzar* por una contaminación[6]. Sin embargo, las acs. conocidas de los dos vocablos pertenecen a mundos semánticos distintos, y *engarzar* no ha tenido nunca, que sepamos, acs. agrícolas.

Hay que reconocer que no es que ésta sea objeción dirimente, pero invita a examinar atentamente el origen arábigo sugerido por la Acad. y que defendí en *BDC* XXIV, 55-56 y 287: *ḥáraz* 'objetos ensartados (hablando de abalorios)', *ḥáraza* 'abalorio', 'piedra preciosa engastada en una sortija' (Lane, 721), derivados de la raíz *ḥ-r-z* 'coser, agujerear' («suere» en R. Martí, p. 597). En su apoyo podemos mencionar la circunstancia de que *ḥárza* en el sentido de 'collar' era de uso vulgar en España (R. Martí, Abenalbéitar, en Dozy, *Suppl.* I, 361), y junto a éste pudo conservar el sentido etimológico de 'ensartadura de abalorios, engarce'. Entonces lo más fácil sería que de *al-ḥárza* hubiese salido *angarza, *engarza*, como el arag. *engorfa* sale de *al-gúrfa*, o el cat. dial. *angerra* de *algerra* 'jarra'[7]; aun puede sospecharse que en lugar de ser postverbal *engarce* sea el punto de partida de *engarzar* y venga de un *al-ḥarz*. Sea de esta manera o por otros caminos se podría explicar los pormenores formales de esta etimología, que en lo semántico satisface perfectamente[8], pero debemos reconocer que la falta de una forma *angarza o *algarce en español la hace muy hipotética.

En vista de ello aceptaré una solución mucho más sencilla. Como explico y ejemplifico en ES-CARZAR, JAGUARZO y ZAMBO, el grupo STR pasa en varias palabras mozárabes a çr, luego sim-plificado en z o traspuesto en rz. Enga(r)zar tendrá, pues, el mismo origen que su sinónimo ENGAS-TAR (véase), a saber el lat. vg. *INCASTRARE 'in-sertar, articular'.

Por lo demás, si la etimología árabe de engarzar ya tropezaba con dificultades, mucho más difícil era todavía derivar de la misma raíz, como hice en mi artículo, el cat. galze [1602] 'ranura' (arag. galce 'marco', 'regajo': Borao, Torres Fornés) y engalzar 'encajar mediante ranuras' [galzador, 1413, 1498], pues aunque se pudiera pasar de 'ensartar' a 'encajar' (y de ahí derivar regresivamente galze 'ranura'), el salto semántico es bastante fuerte y no está comprobado documentalmente; los casos de la ac. catalana en castellano pueden deberse a cata-lanismos técnicos recientes (and. engarzador 'cepi-llo usado en tonelería para hacer el jable de las duelas donde encajan los fondos del bocoy', AV[9]), y los de la ac. castellana en catalán pueden deberse también a un influjo secundario de aquel idioma sobre éste (así Vic engalzada «agafada d'ocells»). Del paso de r a l hay muchos ejs. en arabismos castellanos, pero escasos en los catalanes, y la re-lación entre galze y el término náutico cat. gresa 'ranura con varios usos en las barcas' es dudosa, a pesar del citado port. engrazar. Este vocablo ca-talán puede tener otro origen, y en cuanto a galze quizá tengan razón Alcover y Moll al atribuirle el étimo CALIX, ĬCIS, 'tubería' (BDLC X, 58; AORBB I, 221), nótese la definición de galze que repro-duce Griera (BDC XX, 140) «cada una de les ranures a c a n a l a d e s formades per les juntures de les portes»[10] (vid. además FEW, s. v. CALIX; y Schuchardt, ZRPh. XXVI, 414-8). Comp. el port. esga(r)çar, s. v. ESCARZAR.

DERIV. Engarzador (vid. arriba). Engarzadura (íd.). Engazo.

[1] De ahí el artículo engazar «enfiler un chape-let ou rosaire», agregado por Oudin en 1616.—
[2] «Quál encuentra y desbarata / una sarta de donzellas, / de quien son las manos bellas / en-gasaduras de plata», Las Paredes oyen, ed. Reyes, 152.—[3] Entremés v. 38. Forma comprobada con el significado de 'asido', aunque este hapax tiene escasa importancia, pues se trata de un evidente cruce de asido con engarzado.—[4] Advierte que «algunos dicen engarzar», pero «quitada la r, se suaviza la pronunciación».—[5] Hoy se ha agra-vado la alteración en la forma engranzar. La etimología grano, granizo, aceptada por Nascen-tes, no pasa de etimología popular, y engranzar sigue siendo vulgar actualmente. Vid. Moraes y Vieira.—[6] No creo pudiese ser la de ensartar,

que termina y empieza diferentemente. Más fácil sería engarfar, forma primitiva de engarrafar, tanto más cuanto que en Puerto Rico puede hoy decirse indiferentemente le engarfó o le engarzó en la bayoneta (Malaret, Supl.). Teóri-camente podría también pensarse en enzarzar, puesto que en Chile (Román) y en Colombia engarzarse es 'enzarzarse, enredarse (en discordias, etc.)', pero no es verosímil tratándose de una ac. reciente y nada más que americana.—[7] Sabida es, la frecuencia de la transcripción de al- por ar-; ahora bien, en vocablos que tienen otra r la di-similación conducía hacia an-.—[8] En cuanto al, paso de ḥ a g romance ya expliqué que es fre-cuente, y que en este caso pudo ayudar la con-fusión que vulgarmente se producía ya en árabe entre gárza 'punción con una aguja' y ḥárza. La primera de estas palabras es bien viva en Ma-rruecos según podemos apreciar por su paso al judeoespañol de este país: «garzá: el acto y efec-to de garzear», «garzear: hincar, clavar un aguja, un alfiler u otro objeto análogo en las carnes» (BRAE XV, 194).—[9] El murc. engarcilar 'embu-tir un pedazo de madera entre dos trozos que se encolan' (G. Soriano) me parece más bien alte-ración (bajo el influjo de engarzar o del cat. en-galzar) de un *encacilar 'encolar', emparentado con el port. acafelar 'tapar con argamasa', and. descacilar 'limpiar de mortero los ladrillos', y pro-cedente del ár. qafr 'asfalto, betún, pez'.—[10] En la zona que vacila entre saule y salze SALICEM y entre aulina y alzina ILICINA, el oc. gaule «jable, rainure» (Vayssier, etc.) pudo cambiarse en galze, pero esta es idea muy audaz y no comprobada en manera alguna.

Engasajar, V. *agasajar*   *Engasido*, V. *engarzar*

ENGASTAR, 'embutir una cosa en otra, como una piedra preciosa en un metal', del lat. vg. *IN-CASTRARE 'insertar, articular' (de donde INCASTRA-TURA, INCASTRATOR en textos vulgares y tardíos), de origen incierto, quizá alteración de un *IN-CLAUSTRARE que sustituiría al lat. INCLUDĔRE 'en-gastar'; la forma española es una alteración de encastrar debida a influjo del antiguo sinónimo engastonar, derivado de gastón 'engaste', que a su vez se tomó del fr. ant. y dial. caston íd. (hoy cha-ton), procedente del fránc. KASTO (alem. kasten) 'caja'. 1.ª doc.: APal. 208b[1], 534b; Nebr. («engastar como en oro: celo»).

Casi por el mismo tiempo aparecen engastar y encastar en un invent. arag. de 1492 (VRom. X, 145). Es frecuente desde el S. XVI (engaste en A. de Morales) y sobre todo desde principios del XVII (Cervantes, Mateo Alemán, Quevedo, etc.), pero no lo hallo en la Edad Media. Castoar y encastoar 'engastar' (así como castão 'engaste' y castoador 'engastador') aparecen en el gallego de las CEsc. («nuca achou castoador / que lh' o olho

soubess' *encastoar*», «bon mestre... / de *castoar*
pedras», «tan estreito lhi fez end' o *caston*, / que
lhi non pôd' i o olho caber» R. Lapa 375.6, 4, 11).
Lo normal en la E. M. es *engastonar*, frecuente desde Berceo y Alfonso el Sabio hasta el S. XVI (Cotarelo, *BRAE* VII, 538; *Alex.* 840*c*; *Gr. Conq. de
Ultr.*, 68; *Canc. de Baena* en W. Schmid; invent.
arag. de 1403 en *VRom.* X, 145; González de Clavijo en *Aut.*), *agastonar* 'proveer (de piedras preciosas)' en *Yúçuf* (h. 1300; v. 58*d* de la ed. M. P.),
encastonar 'engastar' en la moderna biblia judía de
Constantinopla (*BRAE* IV, 330); es derivado de
gastón 'engaste de piedra preciosa', documentado
por lo menos desde 1427 en un doc. toledano; *cas-
tón* en la Biblia citada (*BRAE* IV, 114). De la fecha
tardía deduce Terlingen, 145-6 (siguiendo a M-L.),
que procede del it. *incastrare* [Sacchetti, h. 1400],
que por lo demás significa 'insertar, articular', 'encajar', en términos generales; pero puestos a buscar un origen forastero, y dada la rareza de los
italianismos en el S. XV, quedan más cerca el cat.
encastar 'engastar', 'encajar', 'pegar' [muy frecuente desde el S. XIV: B. Metge; Eiximenis; cartas
publicadas por Coroleu; *Amic e Melis*], que tiene
también variante *engastar* [fin del S. XV, en el
Tirante; hoy en el Rosellón, con el sentido de
'pegar'[2]]; también cabría partir de oc. *encastrar*
[fin del S. XIII: *Sta. Doucelina*], del cual hay variante *encastar*, en ej. único pero asegurado por la
rima[3]. Es fácil comprender la alteración de *encastrar* en *encastar*: aquella forma producía el efecto
de un derivado de *castrar*, cuyo sentido de 'cortar,
mutilar' era contradictorio con el de *encastar*;
como suele ocurrir con los derivados sin jefe de
familia, el idioma buscó una nueva afiliación que
era fácil ver en el preexistente *encastonar*, *engastonar*. La contaminación de *gastar* no actuó hasta
después de perdida ya la *r*, y dió lugar a la sonorización *engastar* (-*onar*).

INCASTRARE perteneció indiscutiblemente al latín
vulgar, pues *incastratura* 'inserción, articulación (de
una mesa con otra)' figura ya en la Vulgata, y el
gramático Virgilio (S. VII) compara las conjun-
ciones con una *incastratura*; el vocablo está documentado también en varios glosarios antiguos, entre
ellos los atribuídos falsamente a San Isidoro (*CGL*
V, 589, 32; 620.14; 266.49; 490.15; 590.1; IV,
486.25), siempre en el sentido de 'articulación'
(«ancones, anconiscos»), e *incastratores* figura en
el *Liber Glossarum* radactado en España h. el
año 700 (*CGL* V, 24). Esta antigüedad, no posterior al S. IV, bastaría para dudar de un origen
germánico del vocablo (además KASTO no explicaría
la *r*), pero hasta ahora no se ha dado explicación
satisfactoria de la formación latina de *INCASTRARE.
Si la vieja derivación de CASTRARE 'cortar, mutilar' no satisfacía, tampoco puede contentarnos la
de CASTRUM 'campamento fortificado, ciudadela',
que admiten sin titubeos Antoine Thomas (*Rom.*
XXXVIII, 387), M-L. (*ZRPh.* XXXIV, 126; *REW*,

4344) y Wartburg (*FEW* II, 478*a*); el primero relaciona oc. *encastre*, fr. ant. *enchastre*, «châssis»,
«enceinte», «compartiment dans une huche» con
los *cerea castra* 'colmena' de Virgilio, pero claro
que esta expresión 'campamentos o fortalezas de
cera' es una mera metáfora poética que no puede
servirnos, y por lo demás no se enlaza de cerca
con el sentido de 'articular' o 'engastar'; menos
me persuade aún la explicación de Wartburg IN-
CASTRARE = *aneinander befestigen*; la índole abstracta del vocabulario derivado alemán (donde *fes-
tung* 'fortaleza' se codea con *befestigen* 'sujetar' y
lager 'campamento' está junto a *lage* 'situación',
p. ej.) se presta a esos equívocos y a esos escamoteos verbales, pero pocos admitirán que 'engastar'
o 'articular' sean propiamente 'construir una fortificación junto a otra', o 'encerrar (la joya) en una
ciudadela': el pensamiento popular no es tan gongorino.

Por otra parte si nos fijamos en que el oc. ant.
encastrar se decía de las reliquias de santos (un
dedo, un brazo, un pedazo del *lignum crucis*) en-
cerrados en un relicario (vid. Levy, s. v.; Du C.,
s. v. *incastamentum*, *incastare*), y aun se podía decir
en el sentido general de 'meter' (*flors en gaugz
s'es encastratz*, *flors en purtat encastrada*), nadie
extrañará que lo relacionemos con el b. lat. *in-
claustrare* 'encerrar', *inclaustrum* 'ámbito del monasterio' (fr. ant. *enclo(i)stre*), derivado de CLAUS-
TRUM 'clausura', 'encierro', lat. tardío CLAUSTRA f.;
tanto menos cuanto que 'engastar' se decía *includere* en latín clásico (*smaragdi auro includuntur*),
inclaudere, *inclausus*, en la latinidad tardía (*ThLL*
VII, 949.50ss., 957, 48-50), de suerte que todo el
mundo tenía bien viva la noción del nexo inmediato entre *claustrum* y éste *inclausus*, y en el
pasaje citado de la Vulgata hubo quien corrigió
incastratura en *inclaustratura*; por otra parte *includere* era también el vocablo para 'articular' en términos técnicos («in arte mechanica»: *ThLL* VII,
954, iii), con el significado del it. y lat. vg. *incastrare*. La reducción de -*claustr*- a -*castr*- (quizá
ayudada por la etimología popular que los citados
filólogos toman por etimología real) tiene explicación fonética en la disimilación de las dos líquidas
(como en TEMBLAR TREMULARE) y la reducción
del complejo nexo implosivo -*austr*- a -*astr*- (comparable a los oc. *anta*, *farga*, *entenerc*, *gay*, en vez
de *aunta*, *faurga*, *enteneurc*, *gauy*). De hecho la
reducción de CLAUSTRUM a *clastrum* está documentada en las Actas de San Benito (Du C.) y el caso
paralelo en CLAUSTRA aparece en el cat. or. y mall.
clasta 'patio', cat. ant. *clastra*, aran. *crasta* 'ayuntamiento, casa capitular' (vid. *Festschrift Jud*, 566),
con toda la numerosa familia que Wartburg coloca
erróneamente en su artículo CASTRUM: Aveyron
castre «petit parc dans une étable où l'on enferme
les veaux», gascón de Comminges *crasto* 'cárcel',
Delfinado *clastroun* (nótese la *l*), Niza *castroun*
«loge à cochon», langued. *encastrà* 'encerrar a los

corderos aparte de sus madres', Lozère, Velay
chastra 'colmena', etc.[4]. Por otra parte *caustra* por
'claustro' está en la Crón. Troyana en gallego del
S. XIV (II, 105.1). Comp. lo dicho s. v. *CÁR-
CAVA*.

Deriv. *Engastador. Engastadura. Engaste* [APal.
423*b*]. *Engastonar*, vid. arriba.

[1] «Inclusor... es el que en oro *engasta* piedras
preciosas».— [2] Hablando de una haba que se pega
a los dientes, Saisset, *Perpinyanenques*, 94. Esta
ac. y la localización rosellonesa hacen muy improbable un origen castellano, aunque lo normal
en catalán es *encastar*. *Engastament* 'engaste' se
lee también en el mallorquín Oleza, ms. de
1536.— [3] En lengua de Oc para explicar la falta
de *r* se puede pensar en el influjo de *(en)cadastar*
íd., derivado de *cadasta* (*REW* 1762).— [4] Posiblemente por ultracorrección nació el b. lat. *inclaustrum*, it. *inchiostro*, 'tinta', de ENCAUSTUM. Hay
también variante *inclastrum*, vid. Du C.

Engastonar, V. *engastar*   *Engatado, engatar,
engatillado, engatillar*, V. *gato*

ENGATUSAR, en este vocablo y en sus variantes vinieron a confundirse los antiguos *encantusar* íd. (derivado de *encantar* 'engañar con bru-
jerías'), *engatar* 'engañar con arrumacos' y *engaratusar* 'engañar con halagos', derivado de *garatusa*
'carantoña', que parece haberse tomado del oc. ant.
gratuza 'almohaza' (derivado de *gratar* 'rascar');
engatusar parece resultar de *engaratusar* bajo el
influjo de *engatar*. 1.ª doc.: *cantusar* y *encantusar*
h. 1534, en la *Celestina* de F. de Silva; *engatusar*
y *engaratusar*, *Aut.*; *garatusa*, 1618.

Vid. Rodríguez Marín, en su ed. crítica del
Quijote, II, lxxi (VI, 390-2); Cuervo, *BDHA* IV,
259*n.* (= *Obr. Inéd.*, 236); Tiscornia, *M. Fierro
coment.*, 410-11; *DHist.*, s. v. *cantusar. Cantusar*
es 'sustraer con engaños' en F. de Silva, en la *Comedia Selvagia* de Villegas, en una carta publicada
por Paz Melia (*Sales Españolas*), y parece 'despachar al otro mundo como por ensalmo' en el
Quijote. *Encantusar* es 'sustraer con engaños' en
F. de Silva, 'engañar, embelecar' en Lope de Rueda («algún bellaco y embaidor me l'ha 'ncantusa-
do», hablando de una muchacha), 'engañar' en dos
pasajes de Tirso, 'engañar con halagos' en Quevedo; Oudin define *cantusar* como «sonsacar» y
«débaucher, soustraire». Claro está que el vocablo
se explica por la merecida fama de impostores y
ladrones de que gozaban los encantadores (comp.
EMBUSTE), pero luego el vocablo hubo de alterarse no tanto por disimilación, como admite
Cuervo, como por el influjo de *engatar* 'engañar
con arrumacos (el gato a su dueño)', 'engañar al
ratón' (Covarr., s. v. *engatar* y *gato*), que en este
caso coincidía con el de *engaratusar* (no registrado
por *Aut.*, pero empleado en ese dicc., s. v. *cantusar*)[1]; éste a su vez sería alteración de **encaratusar*

(vid. *CARÁTULA*), derivado de *carátura* 'caracteres mágicos', del cual proceden, por otra parte,
carantoña y *carantamaula* 'halago engañoso'; claro
está que el cambio de *encaraturar* en *engaratusar*
se debería a su vez al influjo de *engatusar*, y de
engaratusar se sacaría *garatusa* 'caricia, halago'
[J. del Encina, *Repelón*, p. 118; Espinel, 1618;
Tirso, por las mismas fechas, aproximadamente],
también 'treta en un juego de cartas y en la esgrima', por lo menos en su contenido semántico,
aunque el origen primero del sustantivo *garatusa*
parece ser otro[2]. Que *cantusar* y *encantusar* procedan de *cantar, encantar*, parece muy natural.

De todos modos no deja de ser singular el
sufijo *-us-*, que apenas se halla en castellano[3], y
como el fr. ant. *chantuser* 'canturrear' [1165: *FEW*
II, 522*a*] queda algo lejos, y el murc. y and. *can-
tusear* 'canturrear' (G. Soriano, A. Venceslada)
coinciden con la noticia que nos da *Aut.* de que
en su tiempo *cantusar* 'engañar' era propio de Murcia, podríamos creer que proceden del catalán,
donde *cantussar* y *cantussejar* 'canturrear' son muy
vivos y donde el sufijo verbal *-uss-* (-UCI-) es muy
frecuente, comp. la forma *engatuzar* con *-z-* en la
Litera (Coll y A.).

En definitiva y en conclusión, tenemos aquí
un complicado nudo que se ha producido entre
tres familias de palabras de origen diferente. El
punto de partida puede ser *encantar*, como quieren Cuervo y demás, pero también pudo crearse
primero—y ello me parece más probable—*engaratusar* (derivado del galicismo *garatusa*), y alterarlo
después en *engatusar* y *encantusar* por influjo de
engatar y *encantar*, respectivamente: lo cual tiene
la ventaja de explicar la singular terminación *-usar*
sin echar mano del influjo catalán.

La Acad. desde 1791 registra también una variante *encatusar*, que por lo demás no documenta.

Deriv. *Engatusador. Engatusamiento.*

[1] Hoy se emplea *engaratusar* en Colombia, América Central y Méjico.— [2] Está ya en Arjona
(1603), y en Lope (*BRAE* XXIII, 369), pero el
sentido no es claro: quizá 'defecto'. En el *Estebanillo González* se emplea *garatusa* en relación
con el juego (*RH* LXXVII, 224). Moreto, en el
Lindo Don Diego (a. 1640), dice que es voz culterana, y Calderón la evita (Buchanan, *Homen. a
M. P.* I, 552, 558). Ast. *garatuxa* 'los primeros
nublados de una tormenta' (V). Un verbo *gratusar* (con *s* sencilla) figura ya en Guillén de Segovia (1475) con significado desconocido: Tallgren
(p. 54) se pregunta si tiene relación con el it.
grattugiare 'rascar', port. *garatujar* 'garrapatear';
quizá sí, pero no podemos estar seguros de que
el *gratusar* de Segovia tenga relación con el *engaratusar* moderno. De todos modos, como *garatusa* sale también en J. del Encina y Lucas Fernández (Cej., *Voc.*), y por lo menos en este último rima con *s* sonora (*rehusar*), es probable que
se trate de una voz de etimología diferente de la

de *engatusar*, que sólo después entró en contacto con él. Procederá del fr. ant. *gratu(i)se* «mauvaise laine qui tombe des peaux en les grattant» [S. XIV], *gratuser* «râper», oc. ant. *gratuza* «râpe de cuisine, étrille» (de donde el vco. lab. *garatošatu*; S. Pouvreau [S. XVII] da un *garatoxa* «étrille», b. nav. *karatosa* íd.), *gratuzar*, aunque el sufijo de estas palabras es de origen ignorado, La locución *dar garatusa* (vco. b. nav. *karatoxa* «careta, masque») 'embaucar, engatusar' es frecuente en los clásicos (Tirso, *La Villana de Vallecas*, 1.ʳ Acto, hablando de la hermana que se fuga en ausencia de su hermano; Quiñones de Benavente, *El Guardainfante*, 1.ª parte; Quevedo, en una sátira a la facundia de D. Juan Ruiz de Alarcón, dice de éste que «si suelta la tarabilla / a todos da garatusa»).— ³ *Mechusa* 'cabeza' en un romance de germanía, *RH* XIII, 69. Se emplea en algunos étnicos, como el colombiano *pastuso* 'natural de Pasto' (Rivera, *Vorágine*, ed. Espasa, p. 133), almeriense *antuso* 'natural de Antas' y alguno más. En el alto Aragón *-uso -osus* es regular (Kuhn, *Der hocharag. Dial.*, p. 170), pero claro está que no puede tener que ver con *engatusar*.

Engaviar, V. *gavia*   *Engavillar*, V. *gavilla*
Engazador, engazamiento, engazar 'engarzar', V. *engarzar*   *Engazar* 'poner gazas', V. *gaza*

ENGAZAR, 'en el obraje de paños, teñirlos después de tejidos', origen desconocido. 1.ª doc.: Acad. 1817, no 1783.

No parece posible relacionar con el valón *wais*, fr. *guède*, oc. *gaida* 'pastel', lat. merovingio *waisdus* (fránc. WAIZD, *REW*, 9486a); ni con el fr. ant. *gace* 'lodo' (*REW*, 9120a). Nada semejante conozco en catalán, portugués, francés, lengua de Oc, etc

Engazo, V. *engarzar* y *angazo*

ENGENDRAR, descendiente semiculto del lat. *ĭngĕnĕrare* 'hacer nacer, engendrar', 'crear', derivado de *genus, -ĕris.* 'origen, nacimiento, raza', que viene a su vez de *gignĕre* 'engendrar'. 1.ª doc.: orígenes del idioma (*Cid*, Berceo, Biblia del S. XIII, etc.).

Común a los varios romances hispánicos y al galorrománico: port., cat., oc. *engendrar*, fr. *engendrer*; el vasco *geñhatu* (o *geinha*) 'alimentar, sostener', 'procurar', 'ahorrar, cuidar', que según M-L. tendría el mismo origen, es propio de Sule y Baja Navarra (Azkue); Michelena (*BSVAP* XI, 289) rechaza la etimología latina del vasco sul. *geñha, geñhatü* 'economizar'.

DERIV. *Engendrable. Engendración. Engendrador. Engendramiento* [ms. bíblico escurialense del S. XIII]. *Engendrante. Engendro* [Lope]. Para el berc. *gendra* 'botoncito de los árboles' vid. *YEMA*. *Engenerativo*.

Yerno [1015, Oelschl.; ast. *xenru* V], del lat. GÉNER, -ĔRI, íd., de la misma raíz que GENUS.

Son cultismos derivados del lat. *gignere: generar, generante, generativo, generatriz, generable, generador, generación* [docs. del S. XII en Oelschl.; Berceo; del nominativo latino procede el judesp. *gerenancio*, en 1553 *generancio: BRAE* IV, 637]; *regenerar, regenerador, regeneración. Genital* [Berceo, *Mil.*, 193; APal. 395d, 215b; etc.], de *genitalis* íd.; *genitivo* [APal. 178d], del lat. tardío *genĭtīvus* (lat. cl. *genetivus*) 'natural, de nacimiento', 'engendrador', '(caso) genitivo'; *genitor* [Castillo Solórzano, † h. 1647], de *genitor, -ōris*, íd.; *genitorio; genitura; congénito* [ya Acad. 1843], de *congenĭtus* 'engendrado juntamente'; *ingénito* [Paravicino, † 1633], de *ingenĭtus* 'no engendrado'. *Ingenuo* [1640, Saavedra F.], tomado de *ingĕnŭus* 'nacido en el país', 'nacido libre', 'noble, generoso', de donde 'cándido'; *ingenuidad. Progenitor* [ya en Juan de Mena (Lida, p. 257; C. C. Smith, *BHisp.* LXI)], derivado del lat. *progignere* 'engendrar'; *progenitura* [Mena (íd.)]; *progenie* [Mena (íd.)] de *progenies* íd. Véase además el artículo GÉNERO. *Génesis* [1608, Oña], tomado del latín *gĕnĕsis* y éste del griego γένεσις 'creación', derivado de γίγνεσθαι 'engendrar', del mismo origen que *gignere; genético, genética; genesíaco; genésico; agenesia; genetliaco*, tomado de γενεθλίακος y éste de γενέθλιος 'relativo al nacimiento' (también *genetlítico*); *genetliaca. Epígono* (extrañamente escrito sin acento por la Acad.), de ἐπίγονος íd., derivado de ἐπιγίγνεσθαι 'nacer más tarde'.

CPT. *Indígena* [ya Acad. 1843], del lat. *ĭndĭgĕna* íd., compuesto con *inde* 'de allí'; *indigenismo* (falta aún Acad. 1936). *Primogénito* [*Corbacho* (C. C. Smith); 1619, ley de la *N. Recop.* en *Aut.*; el ms. bíblico del S. XIII emplea *primer nascido* o *primer fijo*], de *primogenĭtus* íd., compuesto con *primo* 'primeramente'; *primogenitura* [APal. 140b]; *primogenitor*; creado paralelamente: *segundogénito, segundogenitura. Primigenio*, de *primigenius* íd., compuesto con *primus* 'primero'. *Unigénito. Endógeno*, compuesto del griego ἔνδον 'dentro' con γίγνεσθαι (para otros compuestos en *-geno*, vid. el primer componente). *Hipogénico. Gonorrea*, compuesto de γόνος 'esperma' y ῥεῖν 'fluir'. *Perigonio. Poligenismo, poligenista. Gamopétalo* y *gamosépalo*, compuestos cultos formados con el gr. γάμος 'unión (de los sexos)', derivado de la misma raíz indoeuropea.

Engeñar, engeñero, engeño, engeñoso, V. *genio*   *Engeridor, engeridura, engerimiento, engerir, engero*, V. *injerir*   *Engestado*, V. *gesto*   *Engibacaire, engibador, engibar*, V. *giba*   *Englandado, englantado*, V. *landre*   *Englobar*, V. *globo*   *Englut*, V. *engrudo*   *Englutativo*, V. *gluten*   *Englutir*, V. *glotón* y *engullir*   *Engolado, engolarse*, V. *gola*   *Engolfa*, V. *algor-*

ʃa Engolʃar, V. *golʃo   Engolillado,* V. *gola
Engolondrinar,* V. *golondro   Engolosinador,* V.
gola   Engollamiento, engolletado, engolletarse,
V *engullir   Engomado, engomadura, engomar,*
V. *goma   Engorar,* V. *huero   Engorda, engordadero, engordador, engordar, engorde, engordecer,* V. *gordo   Engorgoritar,* V. *gorga
Engorra,* V. *engorrar*

ENGORRAR, ant., 'tardar, detener', origen incierto; parece tratarse de una alteración del ant.
engorar 'incubar (la gallina)', de donde 'estar inmovilizado' (para el cual V. HUERO), debida a
influjo de *engorra* 'gancho de hierro de algunas
saetas, que sirve para que no puedan sacarse de la
herida', probablemente voz independiente de la anterior, quizá procedente de *angorra,* y derivada de
anga 'gancho' (gót. *ANGA 'gancho, anzuelo', vid.
ANGAZO). 1.ª doc.: J. Ruiz.

«Tu que bien corres / aquí non *te engorres,* /
anda tu jornada» (1025d), «E tú, ¿por qué non
corres? / Andando e fablando, amigo, non *t'engorres*» (1465d); otro ej. de la ac. 'tardar': «con el
rato acuciado se repara e cobra en alguna manera
el día *engorrado*» Hernando de Talavera, NBAE
XVI, 95a. *Engorrarse* se halla también una vez
en el *Canc.* de Baena (W. Schmid), en Andrés
Bernáldez, *Hist. de los Reyes Catól.,* † 1513,
en Sánchez de Badajoz (1525-47) y en Timoneda
(† 1583, vid. M. R. Lida en su ed. de J. Ruiz);
Juan del Encina (1496) emplea muchas veces *engorrar* 'entretenerse, tardar' como intransitivo, y
Nebr. registra «*engorrar o tardarse: moror*» y «*engorrar a otro: cunctor*»; por otra parte, a diferencia de este sentido general, Villasandino (h.
1400) emplea *engorrar* en el de 'cansar, fastidiar,
ser molesto'¹, que hoy se ha conservado en Venezuela, y de donde procede el moderno *engorro.*
Por lo demás, el vocablo ya se anticuaba en el
S. XVI, pues Juan de Valdés (1534-6) dice que
más le contenta *tardar* que *engorrar* (Diál. de la
L., 106.19), Sánchez de las Brozas (1582) comenta
que es voz del «antiguo castellano», aunque Percivale (1591), Oudin (1607) y Covarr. (1611) siguen registrándolo sin observación, y hoy *engorrar, -rriar* 'entretenerse, divertirse', 'pasar el rato
holgando', sigue vivo sólo en dialectos, p. ej. en
Salamanca (Lamano)².

El del origen de *engorrar* bien puede decirse
que es un problema intacto, pues no son dignas
de discusión la etimología de Covarr.—derivado
de *hora*—ni la de Sánchez de las Brozas: derivado de *gorra,* por el mucho tiempo que tardaban
en ponérsela cuando llevaban el cabello largo. Lo
primero que ocurre es relacionar con *gorrón* y
gorrero 'el que come o vive a costa ajena', 'persona de mala vida' [ambos desde princ. S. XVII],
y con su primitivo *gorra,* en *comer* o *vivir de
gorra* [misma fecha], que con toda probabilidad
no son otra cosa que *gorra* 'prenda para cubrir la

cabeza', tomada como símbolo de la cortesía en
el refrán *buena gorra y buena boca hacen más
que buena bolsa* 'es muy útil ser cortés y bien
hablado' y en las frases *duro de gorra* (el que
aguarda que otro le salude primero) y *hablarse
de gorra* (saludarse sin hablarse) ya registradas por
Covarr., de suerte que *comer de gorra* pudo ser
'comer por cortesía, gracias a los muchos saludos
que el parásito prodiga', comp. *comer de bonete*
en el *Estebanillo González;* siendo esto así, el derivado *engorrarse* 'tardar' debería proceder del sentido de 'hacer el parásito, hacer el perezoso', evolución semántica larga que presupondría la existencia de *gorra* y de aquellos derivados mucho
tiempo antes de J. Ruiz; en realidad el nombre de
esta prenda no aparece antes del S. XVI, o a lo
sumo en el XV; además, siendo derivado de *gorra* en el sentido de 'gorrón', el vocablo debiera
tener sabor jergal como este su primitivo, cuando
el verbo *engorrarse* pertenece evidentemente al
lenguaje serio desde sus orígenes.

Tampoco hay probabilidad de relacionar con
engurrio 'melancolía', dado el origen semántico de
este vocablo (véase), que además no explicaría la
o del nuestro.

Es razonable, en cambio, relacionar con *engorar* 'incubar, empollar', 'sacar el polluelo del huevo (la gallina clueca) calentándolo con el contacto
prolongado de su cuerpo', ya documentado en la
Edad Media, ast., marag., santand. *gorar (guarar,
gurar, agorar)* 'ponerse cluecas las aves', para cuyo
origen V. HUERO. En efecto, bastará citar expresiones como el cast. *chocho* 'decrépito' (junto al
port. *chocho* 'huevo huero, incubado, podrido'),
clueco 'achacoso' (junto a *clueca*), cat. *cloc* 'enfermizo, achacoso', it. *chiocciare* 'estar enfermizo
o achacoso', 'cloquear', oc. *cloussejà* íd., para recordar con cuánta frecuencia van juntas las ideas
de 'empollar' y 'estar paralizado o inmóvil', de
donde tan fácilmente se pasaba a 'entretenerse,
tardar'.

Sólo falta explicar la *-rr-,* ya asegurada por la
rima en Juan Ruiz. Este cambio pudo realizarse
fácilmente por una contaminación, que difícilmente será la de *gorra,* por la razón cronológica indicada, pero que bien pudo venir del vocablo
engorra, que según Núñez de Guzmán (1499)
significaba 'gancho que llevan ciertas saetas para
que no puedan sacarse sin cortar carne', en los
versos de Juan de Mena (h. 1444): «Como el
ferido de aquella saeta, / que trae consigo la cruel
engorra» (citados *in extenso* por Cuervo, *Dicc.*
II, 981a, s. v. *descabullir*). En este sentido, *engorra* podría derivar de *engorrar* en el sentido de
'objeto que estorba y detiene (la cura)', pero nada
impide considerarla palabra independiente, como
sugiere Spitzer, *RFE* X, 171n., aunque antes que
derivarla del gr. ἀγχών 'ángulo', o del lat. ANGŬLUS, preferiría, en vista de las dificultades morfológicas que estos étimos ofrecerían, partir de una

forma castellana hermana del gall. *anga* 'hierro saliente en una caldera para cogerla', procedente del gót. *ANGA 'gancho, anzuelo', puesto que este vocablo debió tener antes mayor extensión, derivando de él el port. *engaço* 'gancho' y el leon. *angazo, engazo,* 'gancho para coger algas', 'rastrillo'; de *angorra fácilmente se haría *engorra.* Para asegurar esta etimología haría falta documentar más abundantemente este vocablo, y a ser posible probar con textos que aquélla fué realmente su forma originaria. Parecen confirmarla las acs. de *engorrarse* 'quedarse prendido o sujeto **e n u n g a n c h o**' y 'entrar una espina en la carne de modo que no se pueda sacar fácilmente' que registró la Acad. sólo después de 1899.

DERIV. *Engorra* ant. 'tardanza, detención' (Nebr.; A. de Salaya, 3r. 4.º del S. XVI, *PMLA* LII, 55); 'trozo de piel a modo de polaina con que se ciñe la pierna, para que no penetre en el pie ni tierra ni agua' [Correas, 1627], propiamente 'impedimento', conservado en Salamanca en esta forma o *angorra*[2]. *Engorro* 'embarazo, impedimento' [*Aut.*]; *engorroso* [1591, Percivale; Oudin].

[1] «Rey gentil, muy illustrado, / la vuestra merçed acorra, / ca ssy mi persona *engorra* / muerta la veo privado», *Canc. de Baena,* n.º 65, v. 67.— [2] También *engarriar,* por cruce con otro vocablo, probablemente *engarañarse, engarrañirse, engarrillarse* 'entumecerse' (quizá derivados de *garra* en el sentido de quedar con los dedos encorvados, comp. la sinonimia *desengarabitarse* en la cita de Maldonado que da Lamano). El sentido de *meter en angorras* 'incitar, estimular' (Sierra de Francia), no es fácil de comprender, a no ser que venga de 'molestar, importunar'.— [3] Para *engorra* 'gancho de flecha', véase arriba. La ac. 'juego infantil en que los muchachos saltan por encima de otro, que permanece con el cuerpo arqueado' quizá viene de la idea de 'gancho'.

Engoruñado, V. *engurria   Engorriar,* V. *engarnio   Engoznar,* V. *gozne   Engraciar,* V. *grado* II   *Engrama,* V. *encaramar   Engramear,* V. *ingrimo   Engranaje, engranar,* V. *grano   Engrandecer, engrandecimiento,* V. *grande   Engranerar, engranujarse,* V. *grano   Engrapar,* V. *grapa   Engrasación, engrasador, engrasar, engrase,* V. *graso   Engravecer,* V. *grave   Engredar,* V. *greda*

ENGREÍRSE, 'envanecerse', probablemente de *encreerse,* derivado de *CREER,* en el sentido de 'creerse superior, infatuarse'. *1.ª doc.:* 1251, *Calila.*

Es frecuente ya en ese texto con el significado moderno: «el que se *engríe* en su fuerça e quiere andar los caminos peligrosos, anda buscando su muerte», «el que quiere contender con el rey enviso e agudo e sabio, que non *se engree* por bien que Dios le dé, nin se desmaya su coraçon por grant miedo» (ed. Allen, 140.107, 118.608). For-

ma rara es el derivado *engreyeçerse* («et *engreyeçieron se* a sobir a la cabeça de la sierra», en el Pentateuco del S. XIV: Hauptmann, *Hisp. R.* X, 42), y fácilmente pudo crearse secundariamente, a la manera como *acaecer* se sacó de *caer, estremecer* de *tremer, bastecer* de *bastir, fenecer* de *fenir, guarnecer* de *guarnir, acontecer* de *contir* (CONTĬGIT). Pueden señalarse ejs. de las varias formas del presente[1], pero el lenguaje vivo ha tendido siempre a hacer defectivo el verbo, restringiéndolo a las formas de desinencia en *i* (*engreírse, se engreía, se engreirá,* etc.), apoyadas en el participio *engreído,* que es realmente la forma básica y la única de uso realmente popular (recuérdese la comparación *engreído como gallo de cortijo,* ya citada por *Aut.*), ya documentada con mayor frecuencia en *Calila y Dimna* (116.557, 119.647, 140.107, etc.), empleada por Villasandino, Pedro Morrera (*Canc. de Baena,* n.º 101, v. 21) y muchos más.

Por lo demás, lo más probable es que el infinitivo antiguo fuese *engreerse,* en vista de que en el presente son casi generales en la Edad Media las formas de presente en *e: engréese* en APal. (318b), *non se engrea,* rimando con *librea, emprea,* en Ferrán Manuel de Lando (*Canc. de Baena,* n.º 257, v. 89), *se engreyan* y *se engree,* en *Calila* (V. *COSTRIBAR* y arriba), y si una vez aparece *se engríe* en este texto es sólo en el ms. *A* (princ. S. XV), pero no en *B.* Lo que puede afirmarse aún más resueltamente es que la construcción transitiva *engreír a alguien,* admitida como posible, aunque rara, por *Aut.* (sin dar ejs.) y hoy por la Acad., es completamente extraordinaria y reciente. En vista de estos hechos, creo que debemos partir del participio *engreído* (de donde *engreírse* en lugar del primitivo *engreerse*), y mirar a éste como atenuación fonética de *encreído,* derivado de *creer,* en vista de que hoy *creído* es de uso popular en muchas partes y con el mismo sentido: lo he oído repetidamente en Almería para 'mimado' y 'presuntuoso', en Albacete registra Zamora V. «*creído:* soberbio, poseído falsamente de su valor» (*RFE* XXVII, 246), y en el Ecuador Lemos define «vanidoso, infatuado, orgulloso». El cambio fonético de *cr* en *gr* es natural tras *n* en posición pretónica, puesto que se observa a menudo en posición inicial, y efectivamente lo vemos realizado en *CANGREJO* CANCRICULUM en el cat. y oc. *congriar*<*concriar.* En el sentido de 'fiarse' (*1.ª Crón. Gral.,* 709b13: «aquellos en que la reyna donna Berenguella *se encreye* e fiava») y en el figurado 'prestar, dar crédito' (Berceo, *Mil.,* 631b, etc.) el uso de *encreerse* o *encreer* es bien conocido.

Me parece esta etimología más natural y mucho menos arriesgada que la que viene admitiéndose desde Diez (*Wb.,* 446; *REW,* 4430), lat. ĬNGRĔDĪ 'caminar con gravedad', voz latina que no se halla, que yo sepa, en autores vulgares, y de la cual el español *engreído* sería el único descendiente romance[2].

Deriv. *Engreimiento* [Sta. Teresa].

[1] «Que *se engría* el salmón de ver pagados/ por cada libra suya mil ducados», Quiñones de Benavente, *NBAE* XVIII, 583.— [2] El fr. ant. *engresser* 'perseguir', *soi engresser* 'apresurarse' (algunas veces 'empeñarse, excitarse', creo infundada la definición 'ser orgulloso', que da Spitzer, *VRom.* II, 207, vid. Tobler), procede de su frecuentativo ingressare, que sería la única forma popular, y por lo demás se halla semánticamente harto lejos de *engreírse*. También hay un adjetivo *engrès* ingressus 'impetuoso, grosero, ávido', pero insisto en que no hay necesidad de remontarse hasta el latín de los clásicos, cuando tenemos una obvia explicación castellana para este vocablo exclusivamente castellano.

Engreñado, V. *greña*   *Engrescar*, V. *gresca*
Engrifado, *engrifar*, V. *grifo*   *Engrillar*, *engrillarse*, *engrilletar*, V. *grillo*   *Engringarse*, V. *gringo*   *Engromar*, V. *broma* II   *Engrosamiento*, *engrosar*, *engrosecer*, V. *grueso*

ENGRUDO, 'masa de harina o almidón cocidos en agua, que se emplea para pegar papeles y otras cosas ligeras', antiguamente *englut* o *engrut*, procede del lat. tardío glŭs, -tis (lat. glŭten) 'cola', 'goma', 'muérdago' (con prefijo procedente del verbo *engrudar*), pero en romance se confundió con el germ. grŭts 'papas, gachas' (alem. *grütze*, fr. ant. *gru* íd., rosell. *grut* 'salvado'). 1.ª *doc.*: *englut*, Berceo; *engrut* o *engrudo*, 1251, *Calila*, ed. Allen, 6.79; *engrudo*, *Canc. de Baena*, n.º 391, v. 41.

Berceo, *Mil.*, 883c, trae *englut* (I; la variante *englute* de *A* no está de acuerdo con el verso); en *S. Dom.* 687 hay *englut* y *engrut* en los varios mss. Igual forma en *Apol.*, 281c, y *englud* en la *General Estoria* (ms. S. XIV, línea 424, citada por M. P. en su ed. de *Yúçuf*; *-ut*, ed. Solalinde I, 298a46); análogamente en su traducción gallega de la época «vitume que hé moy forte *englude*» 37.26, con variantes *englut* 209.24 y *engludo* 37.27, 31, 33, 35. *Engrudo* se hace luego general (APal. 5b, 100d, 530d; Nebr.). Se trata en lo antiguo de una clase de cola más fuerte que la que hoy entendemos por *engrudo*, pues en la *General Estoria* se aplica a la empleada para cerrar un sepulcro y traduce el lat. *bitumen;* en los *Milagros*, la toca de la Virgen, que queda pegada a las manos de los ladrones, «con *englut* ninguno non serié tan travada»; en *Calila* se aplica a la sustancia que pega los miembros de un ídolo; y en APal. se hace sinónimo de *cola* y de *visco;* todavía en Canarias se aplica hoy a la cola de cuero (*BRAE* VII, 335). El vocablo es inseparable del port. *grude* 'materia para pegar, extraída del cuero de algunos animales o del buche de

ciertos peces' (Moraes), cuyo derivado *grudar* ya se halla en los SS. XVI y XVII (Arraes, Vieira), y del cat. *engrut* 'cola', 'suciedad endurecida' (cuyo derivado *engrutar* se halla ya en el S. XV); oc. ant. *glut* y fr. *glu*, significan 'muérdago' y continúan el lat. glus, -utis, pura y simplemente. En castellano (desde Berceo), catalán, occitano y, predominantemente, en portugués, es masculino, pero femenino en francés, como en latín. La *-r-* catalana y castellana y la *-t-* de aquel idioma prueban que en España hubo confusión con la voz germánica que dió el fr. ant. *gru* 'gachas' (hoy su diminutivo *gruau*, de donde el ingl. *gruel*), fr. orient. *gru* y rosell. *grut* 'salvado', oc. ant. *grut* 'gachas' (ej. único), que proceden evidentemente de un antepasado del alem. *grütze* 'gachas', a. alem. ant. *gruzzi*, ags. grŷt íd., a. alem. med. *grûz* 'grano', traducido por 'salvado' (*furfur*) en ciertas glosas del alemán antiguo (Jud, *ASNSL* CXXVI, 136-37, 140-1; comp. Gamillscheg, *R. G.* I, 205; *EWFS*, s. v. *gru*); como formas originarias pueden admitirse fráncico *grŭt* y gót. *grŭts*, cuya existencia está bastante asegurada por el *grut* catalán del Rosellón. El encuentro entre las dos palabras era casi inevitable, dado su gran parecido formal y semejanza de sentido, comp. la definición de *engrudo* en *Aut.* «la talvina [=gachas] que se hace de harina desatada en agua...»

Deriv. *Engrudar* [*engludar*, Apol., 281c; *Gral. Est.* I, 298a51; *engrudar*, Nebr.]. *Engrudamiento* [*engludimiento*, Apol., 286a; *engrudamiento*, Nebr.]; *engrudador; engrudoso*, ant. (Nebr.).

Engruesar, V. *grueso*   *Engrumecerse*, V. *grumo*   *Enguacinar*, V. *agua*   *Enguadar*, *enguado*, V. *gueldo*   *Engualdrapar*, V. *gualdrapa*   *Enguano*, V. *año*   *Enguantar*, V. *guante*   *Enguar*, V. *inquina*   *Enguarina*, V. *anguarina*   *Enguatar*, V. *bata*   *Engüeda*, V. *igüedo*   *Enguedad*, V. *inquina*   *Enguedejado*, V. *guedeja*   *Engüente*, V. *ungüento*   *Engüeña*, V. *boñiga*   *Enguera*, *enguerar*, V. *angarillas*

ENGUICHADO, término de Blasón que se aplica a las trompetas liadas con cordones, del fr. ant. *enguiché* íd., derivado de *guiche* 'correa (del escudo, del cuerno de caza, etc.)', procedente del fránc. *withig* 'atadura de mimbres' (alem. *weide*, a. alem. ant. *wîda*, ags. *wîthig* 'mimbre'). 1.ª *doc.*: 1725, Avilés.

Enguijarrado, *enguijarrar*, V. *guija*   *Enguillotarse*, V. *guilla*   *Enguirnaldar*, V. *guirnalda*   *Enguizcar*, *enguizgar*, V. *guizque*   *Enguizgar*, V. *endilgar*

ENGULLIR, del antiguo *engollir*, y éste del preliterario (hoy catalán) *engolir*, derivado de gola 'garganta' (lat. gŭla), alterado bajo el influjo de *degollar*, de *gollete* y de *cuello* y sus derivados.

1.ª doc.: *engullir*, h. 1490, *Celestina*, ed. 1902; 106.18; *engollir*, 1517, Torres Naharro, *Soldadesca*, introito, v. 69.

Engollir figura también en Lope de Rueda (ed. Fuensanta II, 215); en el *Quijote*, *angullir* (I, xxiv, 102) o *engullir* (II, xx, 77), y éste en C. de las Casas (1570), en Covarr. y es frecuente en el Siglo de Oro. No conozco ejs. medievales (comp. *englutir*, abajo). La voz castellana y el port. y gall.[1] *engulir* íd. suponen una base con -LL- originaria, lo mismo que el it. *ingollare*, mientras que el cat. *engolir* corresponde a -L- sencilla, y lo mismo puede suponerse de oc. ant. *engolir*, *engolar*, y del fr. *engouler*. Claro está que esta última es la forma originaria, siendo derivados de los descendientes romances del lat. GŬLA 'garganta'; dada la conjugación divergente, no creo pueda aceptarse la existencia de un *INGULARE o *INGULIRE en latín vulgar, sino más bien derivación romance, aunque ya antigua, pues el descendiente castellano de GULA desaparecería pronto del uso corriente, arrinconado por *GARGANTA*: es verdad que hallamos *gola* en la *Pícara Justina*, pero debe ser voz de las montañas de León; Cervantes la emplea en un pasaje del *Quijote* (II, xxxix, 149), donde remeda con palabras forasteras el lenguaje bárbaro de los libros de caballerías decadentes («hizo f i n t a de querer s e g a r m e la *gola*»), y después la usó por italianismo algún poeta (Villegas, *Cl. C.*, p. 72); por lo demás sólo se emplea como nombre de una pieza de vestir, y también en este caso es primitivamente extranjerismo. Pero la conservación de *gola* como palabra viva en catalán y en lengua de Oc, y de su diminutivo *goela* en portugués (también *gulilla* 'garguero' o 'epiglotis' en el *Lazarillo*, *Cl. C.*, 113), es indicio de que el vocablo perteneció al latín hispánico y al romance primitivo de la Península. Sin embargo, el cast. *engolir*, pese a lo evidente de su carácter de derivado, quedaba así privado de jefe de familia, y en tal caso los vocablos son fácilmente atraídos a la órbita de otros grupos léxicos.

Una suerte semejante sufrió, al penetrar en España, el fr. *goulet* 'gollete' (*FEW* IV, 315b), convirtiéndose en *gollete* [1611, Covarr.; Góngora, etc.][2]; mientras que parece ser autóctono el *golliella* de los *Mil.* de Berceo («fincaron los gorgueros de la *golliella* sanos», hablando del ladrón a quien querían degollar, 155d), y pueden serlo también (comp. *FEW* IV, 316b, abajo) *gollizo* 'garganta de río o montaña' [Acad. 1817, no 1783; en la ed. actual se le da otra equivalencia, por confusión de números] y *gollizno* íd. [Acad. falta todavía 1884, pero lo da ya Aldrete en 1606, *Origen*, ed. 1674, f.º 49, v.º 2, sin definición, como ej. de C > g, con el falso étimo COLLINA]; también *GOLLERÍA*[3]. Claro está que por falta de una derivación conocida se relacionó a todos estos vocablos con *degollar* DECOLLARE (nótese el pasaje de Berceo, donde los degolladores tratan

de cortar la *golliella* o *engullidero*), y más vagamente con *cuello* y sus derivados *collar*, *collera*, etc., y por esto se cambió su -L- en-*ll*-[4].

DERIV. *Engullidor*. De *gollete* (V. arriba): *golletazo*; *engolletarse*, *engolletado* [1646, *Estebanillo*]. Del mismo origen parecen ser el hípico *engollar* 'hacer que el caballo por medio del freno lleve el pescuezo recogido' (Acad. 1843, 1884, después suprimido), *engollamiento* 'presunción, envanecimiento' (falta aún Acad. 1899).

[1] «Pónense a *engulir* araxiñas» Castelao 143.22 'aspirar anhelosamente aire fresco' (en una noche de bochorno).— [2] Es probable que en la traducción «gota que se cae de la *golleta*», que da el glosario del Escorial (h. 1400) al lat. *stilla*, se encuentre ya una variante de la misma palabra, latinizada también quizá en el «*gulitus*: papote» del coetáneo glosario de Toledo.— [3] No creo tenga que ver con *engullir* el port. *engulhar* 'tener ansias de vómito' [Rezende, fin S. XV], *engulho* 'náusea' (de donde el judesp. *enguyo*), contra lo que creen Spitzer (*Lexik. a. d. Kat.*, 80) y Yahuda (*RFE* II, 359); también gallego («o Arte 'novo' xa non se pode resistir sen *engullo*» Castelao 41.7) y *engullante* 'nauseabundo' («o en coiro tan noxento, tan *engullante...*" íd. 40.17). Su origen no es claro; más bien creería yo en un equivalente del it. *agognare* 'tener deseos, sentir avidez', cat. *angúnia* 'angustia', procedentes de AGONÍA 'lucha, agonía', con *n* propagada, y luego, en portugués, disimilación *n-nh > n-lh*. Pero quizá se trate más bien del antiguo *estrangulho* 'obstrucción de la garganta del caballo, que no le deja respirar' (1318, Mestre Giraldo), que C. Michaëlis (*RL* XIII, 314) derivó convincentemente de *STRANGŬLĬUM, sacado de STRANGULARE. *Estrangulho* pudo disimilarse en *estangulho* y luego se deglutinaría el elemento *est-* tomado por un demostrativo (comp. *angurria<estrangurria*).— [4] Quizá en alguna parte se conserven formas españolas con -*l*-, pero Panticosa *angulucioso* 'que come mucho' (frente a *angullir*, comer', *RLiR* XI, 110), no lo es, pues viene de Litera *anglucioso* (Coll A.), derivado de *anglucia* 'glotonería', y éste de *anglución* íd., que representa un *INGLUTTIO, -ŌNIS, derivado a su vez de INGLUTTIRE 'engullir', empleado por San Isidoro y conservado antiguamente en Castilla: *englutir* en APal., 464d.

Engurrar, V. *engurria*

ENGURRIA, 'arruga', ant., alteración de *engurra* (conservado en gallego), derivado de *engurrar* 'arrugar', antes *enrugar*, que a su vez deriva de *ruga*, lat. RŪGA 'arruga'; la *i* de la forma española, y el significado que el vocablo ha tomado en América ('deseo ansioso'), se deben a confusión del mismo con *angurria* 'retención de orina', 'micción dolorosa', procedente de *estranguria*, y éste tomado del gr. στραγγουρία íd. *1.ª doc.: engurria*, 'arruga', Nebr.

Cuervo, *Ap.*, § 942; G. de Diego, *Contr.*, § 341; Tiscornia, *M. Fierro coment.*, s. v. En Galicia existen hoy *engurra* (Sarm. *CaG.* 218v), *angurra* y *agurra* por 'arruga'[1], y hay también el verbo *enrugar* en gallego (Lugrís Freire, *Gram. do idioma galego*, p. 159) y portugués [S. XIV, *RPhCal.* VI, 94, §§ 2657 y 2528], gall. *engurrar, engurrado* (Sarm. *l. c.*) trasm. *ingurrar, ingurrichar* 'arrugar' (*RL* I, 212). Claro está que éste es metátesis de aquél y que el sustantivo *engurra* deriva del mismo; el caso del gall. *agurrar* y del ast. *agurriar* 'arrugar' (V) nos indica por lo demás que no hay por qué limitarse a una base latina IRRUGARE (según quiere G., de Diego, ya que puede tratarse de varios derivados puramente romances de *ruga*, cuyo diminutivo está asimismo metatizado en *gurrinha* 'arruga' en el Norte de Portugal (Ervedosa-do-Douro). La forma cast. *engurria*, con ast. y salm. *engurriar* 'arrugar (el pellejo, la fruta, etc.)' (también empleado, según veremos, en Tras os Montes), cast. ant. *engurriado* 'arrugado' (Nebr.), podría ser evolución de *engurrar*, con desarrollo de la *i* epentética leonesa, pero como la extensión rebasa los límites de este dialecto, es probable que la *i* se deba al encuentro con un homónimo: *angurria* «difficulté d'urine» (Oudin, 1607), «the strangurie, when one maketh water by drop meale, and that with great paine» (Minsheu, 1623), aceptado por la Acad. ya en 1884; se trata de *estranguria* [Nebr.] o *estrangurria*, disimilados primero en *estangurria* y luego mutilado por haberse tomado *esta-* como el demostrativo. La familia de *engurriarse* 'arrugarse' había tomado acs. figuradas, como la de *engurrio* 'encogimiento causado de pereza y melancolía' (así *Aut.*; hoy 'tristeza, melancolía' en Acad.), ya documentado en 1555 y 1627 (Núñez de Toledo, Correas) en el refrán «día de nublo, día de *engurrio*», Tras os Montes *desengurriar-se* «meter-se a confiança, perder o acanhamento» (*RL* V, 107, s. v. *tralhão); y* el encuentro con *angurria* 'retención de orina' (y por lo tanto 'ganas de orinar') no pudo hacer más que acentuar esta evolución dando lugar a que en América *angurria* significase 'ansia, deseo' (Leop. Lugones, *Guerra Gaucha*, 55: «con la natural *angurria* de rajar en dos al soldado»), 'deseo vehemente de comer' (*M. Fierro* I, 1556), 'avaricia' («grande era la *angurria* de los interesados en vender bien caro cosas que van a durar muy poco», Chaca, *Hist. de Tupungato*, 305), acs. argentinas, la útima también chilena, 'egoísmo, antipatía, despotismo' en Santo Domingo (Brito), etc. De una ac. análoga procederá el vasco guip. *inkurrio* 'rencor' (Schuchardt, *ZRPh.* XXXI, 32; *BhZRPh.* VI, 30), sin que haya necesidad de admitir con este erudito un cruce con *rencor*, o derivación de esta palabra. De 'encogimiento' se podía pasar a 'avaricia', como en Chile y Oeste argentino, e

interviniendo la confusión con 'estrangurria', salieron de ahí las demás acs.

Contra esta etimología se podría argüir quizá a base de ciertas formas asturianas (V. los derivados) y gallegas que presentan una -*r*- sencilla. En todo caso tiene firme y castizo arraigo, y parece antigua, la variante gall. *anguria* 'angustia, abatimiento' (Lugrís, p. 143): «tremendo de *anguria*», «as *angurias* da sua infelicidade», «a rillaren as *angurias* de non poder axudarnos» (Castelao 202.25, 220.2, 147.14). ¿Es esto lo más antiguo? El hecho de que Sarm. y el *DAcG.* no recogieran más que formas con -*rr*- (*angurra* documentado en poeta serio) sería argumento, aunque atacable, para ponerlo en duda. ¿O hemos de preferir una alternativa que se presenta naturalmente? El cat. *angúnia* 'angustia' (*anguniós, anguniar-se*) coincide con el *anguria* gallego y de aquél nadie duda que procede del gr.-lat. *agonía* con tratamiento semiculto y propagación de la nasal (por lo demás favorecida por el sinónimo *angoixa* 'angustia'); bastaría suponer una disimilación *angúnia* > *anguria* para justificar además la forma gallega; que realmente algo de esto ha existido en gallego tampoco se puede poner en duda, pues tenemos allí *angunir* 'causar mal de ojo' (Lugrís, algo alterado por el tipógrafo en «cansar») y el propio Castelao emplea una vez el verbo *agoniar*[2]. Pese a todo, el asunto requiere más estudio en gallego y sobre todo materiales históricos; pues, entre otras razones, la *r* se explicaría por la contaminación que anoto abajo, y por el hecho fonético, normal en muchos dialectos, de que *rr* se reduce a -*r*- ante *i̯*.

El artículo de Spitzer, *RFE* X, 170, es útil por la reunión de material, pero su explicación de *angurria* y derivados como procedente de CARILIUM 'nuez' o de *gruñir*, es inaceptable.

DERIV. *Engurriado, engurriamiento, engurrio*, vid. arriba. *Engurruñar* 'encoger, arrugar' [*Aut.*, sin ejs. y como voz «baja»; hoy santand., según Vigón], ast. *enguruñáse* (V), and. *engurruñido* 'encogido' (comp. Toro, *BRAE* X, 556), salm. *engurruñir* (Sánchez Sevilla, *RFE* XV, 161), gall. *enguruñado* 'encogido' (un niño *enguruñado de frío*, Sarm. *CaG.* 77v, 209v), *engruñarse* 'encogerse' (Lugrís; Castelao 64.14; también transitivo: «Pedro *engruña* os hombreiros» íd. 281.22), *engruñamento* (Castelao 36.1); de ahí, por cruce con ENGARABITARSE, el trasm. *ingorrobitar-se* «enjelhar-se» (Krüger, *Homen. a M. P.* II, 133, con *o* portuguesa pronunciada *u*), y por nuevo cruce de éste con *engurruñarse*, el alent. *engorrovinhar* 'arrugar' (*RL* XXX, 303), gall. *engromiñados, engrum-* 'muy juntos, rastreros y apiñados' (aplicado a los tojos, etc.), Sarm. *CaG.* 209v, con sus derivados regresivos: Sanabria *gurrubita* 'arruga' y alent. *gorrovinha;* en la forma de Cespedosa, Galicia y Canarias *engoruñado* 'encogido', 'agorullado' (*RFE* XV, 151; *BRAE* VII, 335), y en la gall. *engorrobellarse* 'arrugarse', actuó el influjo de *agorullarse*, derivado de *gorullo*³. Gall. *angurento* («xentes labregas, *angurentas* e cobizosas» Castelao 163.5).

¹ En el Limia, *engurra* es por lo común 'arruga', pero también 'verruga' (Schneider, *VKR* XI, s. v.).— ² «A Bélgica que ollei dende o tren fala dun traballo tan intenso que *agunía* o corazón» 48.4. Todos los catalanes diríamos ahí *angunieja* o *fa angúnia*.— ³ Quizá salga también de *engurruñir* el ast. *engruñu* 'juego de muchachos que se diferencia del de pares y nones en que hay que acertar el número de alfileres, botones o monedas que se tienen en el puño cerrado', *anduñu* en el Oeste asturiano (V).

Engurrio, engurruñar, engurruñir, engruño, V. *engurria* *Enguyo,* V. *engullir* *Enhacinar,* V. *haz* I *Enhadar,* V. *enfadar* *Enharinar,* V. *harina* *Enhastiar,* V. *hastío* *Enhastillar,* V. *asta* *Enhastío, enhastioso,* V. *hastío* *Enhatijar,* V. *hato* *Enhebillar,* V. *hebilla* *Enhebrar,* V. *hebra* *Enhechizar,* V. *hechizo* *Enhelgado,* V. *helgado* *Enhenar,* V. *heno* *Enherbolar,* V. *hierba* *Enhestador, enhestadura, enhestamiento, enhestar,* V. *enhiesto* *Enhetradura, enhetramiento, enhetrar,* V. *hetría* *Enhielar,* V. *hiel.*

ENHIESTO, probablemente del lat. ĪNFESTUS 'hostil, dirigido contra alguien', que se aplicó de preferencia a las lanzas y otras armas, tomando así la ac. 'levantado, derecho'. *1.ª doc.*: «Petram que sta *infestam*», doc. de Eslonza, 992 (M. P., *Oríg.*, 368); «del mojón... del pennueco *enfiesto*», doc. de Oña, 1118 (íd., 337); «*enhiesto*: elatus; supinus», Nebr.

Gall.-port. *enfesto*: ant. 'levantado patas arriba'¹, *enfestar-se* 'levantarse, rebelarse, resistir'², *enfesta* 'lo alto, el asomante' port. clás. (Moraes), *Rua da Enfesta* en la ciudad de Pontevedra, docs. de 1469 y 1545, Sarm. *CaG.* 178r, 179v, puede ser esto mismo (o quizá 'cuesta, subida'); Sarm. anotó *in infesta* 'caminando hacia arriba' opuesto a *in prono* en apeos gallegos en latín medieval (*CaG.* 74r). Hay dos etimologías posibles para el cast. *enhiesto*. La indicada arriba y el germ. *first* 'cumbre de una casa, lomo del tejado' (ags., a. alem. ant. y mod.), de donde viene el fr. *faîte*, etimología propuesta por Schuchardt, *Z. f. vgl. Spr.* XXI (1873), 434ss. (en el mismo sentido G. Paris, *Rom.* II, 378; *ZRPh.* XLI, 498; A. Coelho; Cej., *Voc.*; *REW*¹, 3321). En el otro sentido se pronunció Jud, *Rom.* XLIV, 630 (después de cierta vacilación en *ASNSL* CXXXIX, 96-97 y 498) y le siguieron G. de Diego (*Contr.*, § 319) y M.-L. (*REW*³, 4400a). Difícilmente se podrán aducir razones enteramente concluyentes. El vocablo germánico significó 'cumbre de una sierra', como todavía en alto alemán antiguo; la ī germánica está en desacuerdo con el *ie* castellano (el cambio en ᴇ que acusan el valón

fieste y otras hablas orientales de Francia, Gamillscheg, *R. G.* I, 247, es dialectal del fráncico, y no valdría para España, donde el vocablo ha de ser autóctono y no puede venir de este idioma), pero si FĪRST hubiese existido en gótico tendría ciertamente la forma *FAÍRSTS (es decir, fę̄rsts); de hecho, *festo* existe en portugués, ya antiguo en la locución *ir a festo* 'hacia arriba' y análogas³, todavía vivas en el Minho⁴; teóricamente se concebiría que la locución *estar en fiesto* soldara sus componentes convirtiéndose en un adjetivo *enfiesto*⁵. Los indicios siguientes, sin embargo, son favorables al origen latino.

Ya en los clásicos es muy frecuente aplicar INFESTUS a las lanzas, venablos y otras armas en disposición de ataque, y a los pendones del ejército en marcha contra el enemigo; lo mismo ocurre en español: *enfiestos los pendones* en J. Ruiz, 1086; y sobre todo se hallaría el punto de partida en *lanza enhiesta*, tan frecuente que la locución *no quedar lanza enhiesta*, que empleada entre otros por Guevara y Fr. L. de Granada (*Aut.*), quedó estereotipada para expresar el vencimiento de toda resistencia. Por otra parte, el uso de *enhiesto* (*infestus*) como adjetivo en el sentido de 'erguido, vertical', se halla desde mucho antes que el mencionado *ir a festo*, véanse los ejs. de 992 y 1118 arriba citados, y recuérdese que el adjetivo *enfiesto* es frecuente en Berceo (*S. Or.*, 106; *Signos*, 6), Alex. (796), la *1.ª Crón. Gral.* (c. 827), *Gr. Conq. de Ultr.* (323), J. Ruiz (ed. Rivad. 867, 1263, 1460), etc.⁶; de suerte que es más verosímil explicar la construcción portuguesa como modificación de *ir a 'nfesto*, donde el uso de *an*, sentido como variante fonética de *en*, pareció incompatible con las normas de empleo de las preposiciones *a* y *en*, siendo aquélla la propia de los verbos de movimiento; leemos, en efecto, «vai por esse rio de Coira *anfesto* pela vêa d'agua», en el Tumbo de Lamego, con fecha 1346 (Viterbo, 2.ª ed.), y ésta sería la forma primitiva, pues Cortesão registra *infestus* o *anfesto* con empleo parecido en un doc. portugués de 985 y en otros tres de h. 1260.

Infesta e *Infiesto*⁷ han quedado como nombre de lugar, frecuente en Galicia y Asturias: hay doce poblaciones llamadas *Enfesta* (alguna es *Enfestela* (-*fistela*, -*fostela*) la mayor parte de ellas en la mitad Sur de la provincia de la Coruña y en la mitad O. de la de Orense: lugares pequeños, salvo uno mediano encima de Santiago. Pero hay también un *Anfesta* cerca de Calaf, en Cataluña, y G. de Diego cita *monte enfiesto*, 'alto, elevado', en Huesca; y llegó hasta el catalán fronterizo de Las Vilas (Alto Isávena) donde una de las más vertiginosas laderas del gigantesco Turbón se llama *La Pala Enfiesta*; *fiesta* (sin duda reducción fonética de *efiesta* o *afiesta*, cf. *ifant* por *infante*, *ahorcar* < *enforcar*, etc.) aparece repetidamente en el sentido de 'lugar quebrado y desierto' en el tudelano Arbolanche (1566) «agora en el monte y *fiesta* / y agora en verde prado deleitoso» (26*v*20); en contexto análogo «en esta fiesta» (21*v*2); también emplea el adj.: «los infiestos montes», «techos muy inhiestos» 74*v*9, 127r12 (cf. Gnz. Ollé [5] en su ed. I, 276, 288). En otro sentido, una huella del primitivo significado 'enemigo, hostil', parece hallarse en la *1.ª Crón. Gral.*, donde *enfestarse* es 'rebelarse': «Gonçalo Perez sennor de Molina... començó a *enfestarse* contra el rey don Fernan- [10] do... et... parte del reyno de Castiella... corriégela et robávagela» (cap. 1035), comp. la ac. antigua 'levantar gente de guerra' que la Acad. ya registraba en 1843.

DERIV. *Enhestar* [*enfestar*, Berceo; *enhestar*, [15] APal. 144*b*]. *Enhestador*. *Enhestadura*. *Enhestamiento*. *Enfeſtillar* 'levantar' en el Recontamiento morisco de Alixandre, S. XVI, *RH* LXXVII, 597. Sustantivado: *enhiestos, infiestos, injiestos, inciestos*, 'pieza del carro' (en Cespedosa y otras locali- [20] dades salmantinas: *RFE* V, 267; *RFE* XXIII, 230, 231), gall. *anfesta, enfesta*, íd. («die Sohle und Deichsel verbindende Griessäule», Krüger, *WS* X, 66). Cultismos *infesto* 1580 [Fdo. de Herrera, *RFE* XL, 157]; *infestar* [S. XVII, *Aut.*], *infesta-* [25] *ción* [íd.].

¹ «Hũ cabrõ... estava *enfesto* dos pees de deante, arrimado aa mata, comendo das follas» *Gral. Est.* gall., princ. S. XIV, 228-9.— ² «O marido d'aquela dona, vio que eu que me lle *enfestava* [30] con o castelo, e queria manteer a fidelidade que prometera a seu sogro, queria-me por ende mal», *MirSgo*. 50.25.— ³ «Parte per Doyro *a festo* e vay ferir eno termho de Bruçóo», en doc. real de 1286, Leite de V., *Philol. Mirand.* II, 235.— [35] ⁴ «Subir *a fêsto* um monte» 'subirlo por la línea de máxima pendiente', Leite de V., *Opúsc.* II, 385, 490. En verdad no puede hacerse caso de la locución *linha de festo* 'línea de separación de las aguas', sólo recogida por Fig. (no Moraes, [40] Vieira, etc.), y que es copia indudable y reciente del fr. *ligne de faîte*. Para *festo* 'la longitud de un paño, opuesta a su anchura', que parece ser el mismo vocablo, véase la explicación semántica que da Cortesão.— ⁵ La grafía *en fiesto*, [45] refiriéndose a un edificio y en oposición a *derribado* (en doc. de Segovia, 1417, M. P., *D. L.*, 245.24), no prueba nada, dado lo caprichoso de la separación de palabras en estos escribas.— ⁶ Más documentación en Pietsch, *Sp. Grail Frag-* [50] *ments* II, 128-9, y en W. Schmid, *W. d. C. de Baena*.— ⁷ De este nombre de población, con carácter secundario, vendrá Colunga *infiestu* adj. 'variedad de manzana de color encarnado, de regular tamaño y muy gustosa' (Vigón). [55]

Enhilar, V. *hilo*   *Enhorabuena, enhoramala*, V. *hora*   *Enhorcar*, V. *horca*   *Enhornar*, V. *horno*   *Enhorquetar*, V. *horca*   *Enhotado, enhotar, enhoto*, V. *hoto*   *Enhuecar*, V. *hueco* [60]

Enhuerar, V. *huero*   *Enhumedecer*, V. *húmedo*

ENIGMA, tomado del lat. *aenigma, -ătis*, y éste del gr. αἴνιγμα 'frase equívoca u oscura', derivado de αἰνίττεσθαι 'dar a entender' y éste de αἶνος 'fábula, apólogo, moraleja'. *1.ª doc.*: h. 1600, Sigüenza (también Góngora, en 1610, y en Covarr., pero falta todavía en C. de las Casas y Percivale, y si APal. 133*d*, lo define, es como voz latina).

DERIV. *Enigmático* [Covarr.]. *Enigmatista. Parénesis*, de παραίνεσις 'exhortación, consejo', derivado de παραινεῖν 'aconsejar', y éste de αἶνος; *parenético*.

Enjabonado, enjabonadura, enjabonar, V. *jabón Enjaezado, enjaezar*, V. *jaez   Enjaguadura, enjaguar, enjagüe*, V. *enjuagar   Enjalbegado, enjalbegador, enjalbegadura, enjalbegar, enjalbiego*, V. *albo*

ENJALMA, del antiguo y dialectal *salma*, procedente del lat. vg. SALMA, lat. SAGMA, íd., que a su vez se tomó del gr. σάγμα, -ατος, 'carga', 'guarniciones', 'enjalma', derivado de σάττειν 'armar', 'rellenar'. *1.ª doc.*: *salma*, 1350-69, Sem Tob, copla 595¹; *ensalmo* o *enxalmo* Nebr., PAlc.; *enxalma*, 1554, Lazarillo.

Cej. IX, § 199. Hállase también *ensalma* en Sánchez de Badajoz (1525-47), *enjalma* en Covarr.; *Aut.* dice que aquélla ya no se usaba, y por otra parte cita una variante *xalma*. Hoy todavía dicen *salma* en Salas (Burgos: G. de Diego, *RFE* III, 306), y si en Cespedosa se oye *enjalma* 'saco de paja para el aparejo', sigue en cambio diciéndose *aguja de salmar* (*RFE* XV, 145). Juan de Valdés (*Diál. de la L.*, 86.18) prefiere *ensalmar* a *enxalmar*, pero lo hace fundándose sólo en que es de origen latino.

Desde antiguo existió la convicción de que la *x* en estas palabras se debe a una pronunciación morisca (según da a entender J. de Valdés, 40.3) y Covarr. dice explícitamente que *enjalma* es «cierto género de albardoncillo morisco, labrado de paños de diferentes colores; nombre arábigo», pero es declaración que puede basarse en este detalle fonético. Sea esto cierto o no, el caso no debe separarse del de *xastre* por *sastre*, *xabón* SAPONEM, *xugo* SUCUS, etc. Igual que en estos últimos casos hay la posibilidad de que la *x* se deba a influjo del verbo *enjalmar*, que hubo de actuar por lo menos en cuanto a la sílaba *en-*, y aunque el sentido del verbo no se presta claramente al sufijo EX- como el de *enjugar* EXSUCARE, sin embargo es concebible un *EXSAGMARE en el sentido de 'proveer de aparejo a la bestia de carga' (comp. EXAQUARE > *enjuagar*). En cuanto a la forma latina ya San Isidoro escribe, acerca de los *instrumenta equorum* «*sagma*, quae corrupte vulgo *salma* dicitur, ab stratu sagorum vocatur, unde et caballus sagmarius mula sagmaria» (*Etym.* XX, xvi, 5); nótese qu ya entonces era palabra femenina y no neutra, como en griego o en la Vulgata.

DERIV. Enjalmar [ensalmar o enxalmar, 1535, J. de Valdés; ensalmador ya en PAlc.]. Enjalmero o jalmero [Acad. ya 1843]. Salmer arq., tomado de oc. saumier 'bestia de carga', 'viga'; salmera; asalmerar. Somera procederá del fr. sommier, que tiene varias acs. etimológicas parecidas. Sumiller [1605, Pícara Justina], tomado del fr. sommelier 'oficial encargado de varios servicios referentes a los víveres y a la mesa', antes 'conductor de las caballerías', de *sommerier, derivado de sommier 'bestia de carga'; sumillería[2].

¹ «Cuerpo es el callar, / el fablar es alma; / animal el fablar, / el callar es la salma».— ² El pg. saimel, enxaimel, término de albañilería que Piel quiere derivar de SAGMA, creo más bien sea de origen árabe.

ENJAMBRE, del lat. EXĀMEN n., íd. 1.ª doc.: enxanbre, J. Ruiz, 414d; APal. 15b, 144d; Nebr.; etc.

En Asturias ensame (V). Voz común a todos los romances, port. enxame, cat. eixam, etc. Quizá del plural EXAMĬNA salió un cat. dial. *xamna colectivo de 'abejas' de donde (con tratamiento fonético dialectal o analógico) empord. xanes nombre de una especie de abejas negras (oído en Ventalló). DERIV. Enjambrar [enxambrar, Nebr.], de EXA-MINARE íd. (jambrar en Cespedosa, RFE XV, 142; ast. ensamar, V); enjambrazón; enjambradera; enjambradero.

Enjamplar, V. ejemplo   Enjaquimar, V. jáquima   Enjarciar, V. jarcia   Enjardinar, V. jardín   Enjaretado, enjaretar, V. jareta   Enjaular, V. jaula   Enjebar, enjebe, V. jebe

ENJECO, ant., 'incomodidad, molestia, perturbación, dificultad, pugna, resistencia', del ár. šiqq 'trabajo, molestia, dificultad', de la raíz š-q-q 'hender, partir', 'ser penoso', 'cansar'. 1.ª doc.: enxeco, h. 1250, Setenario, fº 4rº; doc. de Valladolid, 1255 (M. P., D. L., 228.20)¹; 1.ª Crón. Gral. 179b19.

Aparece también en las Partidas, en la Historia Troyana de h. 1270, en la 1.ª Crón. Gral. (Neuvonen, 204-5); además embargo nin enxeco en doc. de Uclés, 1314 (M. P., D. L., 324.24), y enseco 'resistencia, pugna' en la Gr. Conq. de Ultr. («había fallado grand defendimiento e muy grand enseco en tan poca yente de cristianos», vid. ed. Rivad., p. 547, 557). Lucas Fernández emplea todavía la forma leonesa enxelco², cuya l quizá venga de un esfuerzo por reproducir la geminada arábiga qq (comp. la diferenciación ḥáttà > hadta > hasta, y la l leonesa en casos como dulda < DUBĬTA, etc.); pero en esta época el vocablo ya habría salido del uso general, pues no figura en APal., Nebr., etc. Hay también gall.-port. ant. execo («se... / ouver paz deste execo en que anda», «e

viveu sempr' en exequ[e] en guerra» R. Lapa, CEsc. 280.20, 330.17; «haver hi volta e eixeco e peleja», doc. de 1340 citado por Viterbo), enxeco («non quer paz mais enxeco», en los Padres de Mérida, h. 1400, RL XXVII, 31), «damno, empecilho, multa, embirração, quizilia», todavía empleado en el S. XVI por Sá de Miranda, y del cual procede acaso el lisboeta géco 'deuda, especialmente la no pagada' (M. L. Wagner, VKR X, 19)³. La n que aparece en las formas romances no es razón para suponer que el cast. enxeco fuese portuguesismo, como admite Neuvonen (comp. ENJAMBRE arriba, enjalbegar, enjaguar, etc.). Para la etimología, vid. Dozy, Gloss., 261, y Neuvonen, l. c. En árabe clásico se halla šaqq y šiqq 'dificultad', 'molestia', 'trabajo, fatiga' (Freytag); Dozy, Supl., no da ejemplos vulgares, pero es raíz viva en el árabe actual de Marruecos: mešáqqa 'dificultad, trabajo', šáqqà [?] 'molestar, causar enfado, fastidio' (Lerchundi). Eguílaz, 390, prefiere šakk 'duda', que además de clásico consta que era hispanoárabe (R. Martí, PAlc.). Ambos étimos son igualmente posibles desde el punto de vista fonético, y es probable que en el árabe vulgar de España se confundieran poco o mucho, pues Boqtor (p. 269) traduce bilā šakk por 'sin dificultad, sin duda', pero desde el punto de vista semántico es preferible šiqq. No está fundada la distinción que hace la Acad. entre las varias acs. de enjeco, atribuyendo parte de ellas al étimo de ACHAQUE.

¹ «Contiendas e bajaras [= barajas] e juizios e muchos enxecos».— ² «Quiérome aquí rellanar / por perllotrar bien mi pena, / de enxelcos perhundos llena», ed 1867, p. 88.— ³ Tilander estudió en Homen. a Rubió i Lluch I, 331ss. un arag. ant. execo y execar, que quiere derivar de EX-AEQUARE. No puedo comprobar en qué funda este étimo, fonéticamente difícil, pues el trabajo no está actualmente a mi alcance.

Enjelco, V. enjeco   Enjemplar, enjemplo, V. ejemplo   Enjergado, enjergar, V. jerga I   Enjertación, enjertal, enjertar, enjerto, V. injertar   Enjimbre, V. enebro   Enjordiga, V. ortiga   Enjorguinarse, V. jorguín y hollín   Enjoyado, enjoyar, enjoyelado, enjoyelador, V. joya

ENJUAGAR, 'limpiar con agua clara lo enjabonado', 'limpiar la boca', del antiguo y dialectal enxaguar, y éste del lat. vg. *EXAQUARE 'lavar con agua', derivado de AQUA 'agua'. 1.ª doc.: enxaguar, 1475, G. de Segovia (p. 62).

Enxaguar también en Antonio de Guevara (1539, 1545), y enjaguar aparece en Tirso¹, Huerta y Lope, donde enjagua rima con agua y fragua (Cuervo, Ap., § 831); enjaguadura como eufemismo por 'vómito' en Quevedo, Buscón, Cl. C., p. 149. Hoy todavía es vulgar en Colombia, Ecuador (Lemos, Barb. Fon., 34), la Argentina (Alonso-Ureña, Gram. Cast. II, 193), etc. En Asturias viven enxaguar y *xaguar* 'quitar el jabón' y 'regar las plantas' (R), 'rociar con agua' (V), en el Alto Aragón *xaguar* y *xauá* (*RLiR* XI, 56). Es hermano del port. *enxaguar* 'lavar ligeramente', it. *sciaquare* 'enjuagar la boca', 'lavar ligeramente', oc. *eissagà* «mouiller du linge sale avant de le mettre à la lessive», «comburger une futaille», «abreuver, inonder», «rouir le lin ou le chanvre» (Mistral); con otro sentido cat. *eixaugar* 'sacar del agua (una red de pescar)', 'sacar las aguas de un lugar'[2], fr. *essaver* 'sacar con una pala el agua de un foso, de un arroyo, etc.' (más representantes galorromances en *FEW* III, 258-60)[3].

DERIV. *Enjuagadura* (vid. arriba). *Enjuague* [1708, Palomino]. *Enjuagatorio*. *Xaguadero* arag. ant. 'desaguadero' [*Ordenanzas de Daroca*, en *Aut.*], derivado con el sentido del cat. *eixaugar* (V. arriba).

CPT. *Enjuagadientes*.

[1] «Ninguno al enfermo quita / el agua, que no permita / siquiera *enjaguar* la boca», *El Vergonzoso en Palacio*, II, 50.— [2] También existió ahí, por lo menos en Valencia y en la variante fonética etimológica la otra ac. 'limpiar la boca', de donde el cpto. *exaguadent* 'bebida de postres': O. Pou, a. 1575, *Thes. Pue.* 194 (traduciendo, junto con *les darreries*, el lat. *bellaria*).— [3] Otro descendiente galorrománico de EXAQUARE, muy importante, ha quedado hasta ahora inadvertido. Aprovecharé esta ocasión para sugerir que lo es el fr. *échouer* 'fracasar' [S. XVII], que tanto y tan en vano ha dado que hacer hasta ahora a los etimologistas. Sabido es que el sentido, todavía propio y ciertamente primitivo, es 'varar (una embarcación)' o 'encallarla', con el cual ya aparece en el S. XVI, vid. Littré. Se trata de una forma dialectal de la costa atlántica, lo cual explica la aparición tan tardía del vocablo, en lugar de *eissaver* (empleado por el anglonormando Guernes de Pont-Sainte-Maixence), junto al cual se halla con mayor frecuencia en la Edad Media *essevier* «toucher le rivage, débarquer; arriver en général» (documentado en Normandía, Inglaterra y Lorena), *essever* «sortir, émerger de l'eau» en Chrétien de Troyes, hoy Anjou *essaiver* «tirer hors de l'eau (un filet de pêcheur)», y éste es también el sentido del cat. *eixaugar*. A juzgar por el desarrollo fonético es probable que fuese palabra picarda (Pas-de-Calais o Somme), pues ahí es donde se encuentra hoy *rechoer* «rincer à l'eau claire» (para todos estos datos vid. *FEW* III, 258-60, y God.) y de ahí procederá el fr. literario *échau* «canal d'écoulement» (documentado en Boulogne-sur-Mer por el *DGén.*, y hoy vivo en el habla picarda de los hugonotes de Friedrichsdorf). El tratamiento fonético x > -*iss*- > -*ch*- está hoy muy copiosamente representado en los dialectos franceses orientales, en los que abarca grandísima extensión (desde el Franco Condado hasta el Mosa y el Mosela, en el artículo citado del *FEW*), pero es también picardo, por lo visto, y aun es posible que no haya sido ajeno al normando o al anglonormando, si hemos de juzgar por los ingl. *cushion, bushel, usher, mushroom, crush, anguish, embellish, finish*, etc. En cuanto al paso de AQU a *aw* en este vocablo (de donde luego *aų* > *o* > *ou*), alcanza gran extensión en el francés antiguo y dialectal (*FEW*), particularmente en Valonia, pero también en el Este, y aun en el Oeste: bas manceau *essevoué* «rigoles», fr. med. *essouere, essaigouère* «évier», Poitou *essagouère* «rigole», Centre *saigoué* «marécage», y naturalmente en gascón (de donde también podría, en rigor, ser procedente *échouer*), pues son muchas las hablas gasconas que hoy reducen -*goua*- a -*oua*- (Valle de Arán, etc.), y nuestro vocablo está bien representado en otras hablas gasconas: land. *echagà* «épuiser un réservoir», *echac* «déversoir d'un étang», Cauterets *eschagat*, Bigorra *eschagat* 'chubasco', gascón *ichagà* «rouir du linge, comburger, etc.» (Mistral s. v. *eissaga*). Aunque corresponden a otro sentido de EXAQUARE bien diferente del que nos interesa, todas estas formas nos demuestran la posibilidad de la evolución fonética de este vocablo en *échouer*. Semánticamente no hay dificultad en llegar a 'varar o encallar una embarcación' desde el *eissaver* (*essever*) 'tocar a la orilla, salir del agua', tan frecuente en la Edad Media.

Enjubio, V. *sobeo*.

ENJUGAR, del lat. tardío EXSŪCARE 'dejar sin jugo, enjugar', derivado de SŪCUS 'jugo'. *1.ª doc.*: h. 1250, *Apol.*, 458c.

También en J. Ruiz y otros autores medievales; de uso general en todas las épocas, aunque en algunas partes tiende hoy a ser poco usado por el vulgo; Cej. VIII, § 85. Variante *ensugar* en la *1.ª Crón. Gral.*, 72a10, y hoy en ast. (V). Es palabra común a todos los romances. Comp. JUGO y ENJUTO. Para ejs. del lat. EXSŪCARE, que se halla desde Vitruvio, vid. *ALLG* XV, 72.152.

DERIV. *Enjugador*.

Enjuiciable, enjuiciamiento, enjuiciar, V. *juicio*

ENJULLO, 'madero cilíndrico del telar, en el cual se va arrollando la urdimbre', del lat. tardío ĪNSŪBŬLUM íd. *1.ª doc.*: ensullo, APal. 339b («*panus* es el *ensullo* en que la tela se pone para texer pannos»); «*enxullo de telar*: jugum», Nebr.

También *ensullo* o *enjullo* en Santaella (1.ª ed. 1496 o 1499; cita de Cabrera). De Nebr. pasó *enxullo* a C. de las Casas, Oudin y Covarrubias; Franciosini da además la variante *enxulio*; Terr., que puede verse para una descripción detenida del objeto, dice que en unas partes pronuncian con *ll* y en otras con *li*; falta en *Aut.*, y la Acad. (ya 1843) y Cabrera († 1833) dan preferencia a

esta última forma; sin embargo, es ultracorrección
de la otra según el modelo de la pronunciación
vulgar y dialectal *jullo* por *julio*. La *x* se explica
por dilación de la palatal *ll*, facilitada por la vacilación existente en voces como *enxugar* y *ensugar*, 5
enxiemplo y *ensiemplo*, *enxuto* y *ensucho*, *enxalma*
y *ensalma*, *enxeco* y *enseco*, etc. En cuanto a la
ll < B'L, estamos ante el mismo caso de *trillar*
TRĪBULARE (que en vista de nuestro vocablo no es
probable se explique por una variante itálica *TRI- 10
FLARE, según quiso admitir M-L.; nótese, por lo
demás, que lo que da -*ll*- en castellano es -FFL-,
pues *chillar* no tiene que ver con SIFILARE ni SIBI-
LARE); aunque este tratamiento no parece muy
natural, quizá -*b'l*- pasó primero a *l* geminada, 15
luego palatalizada en *ll* (comp. gall.-port. *falar* FA-
BULARE; ast. *Pola* y el antiguo *polar* en lugar de
Puebla, *poblar*).

El lat. INSUBULUM sólo se halla en San Isidoro
(*Etym.* XIX, xxix, 1) y en alguna glosa, por lo 20
tanto no tenemos pruebas directas de la cantidad
de su U tónica, pero el it. *subbio* (comp. *doppio*
DŬPLUS), y la forma castellana, indican que sería
ĬNSŬBŬLUM, como puede asimismo esperarse en
vista de los emparentados SŪBULA, SŪTUS, SŪTOR; 25
el rum. *sul* y el sardo *surbio* o *issulu* son indife-
rentes para la cantidad de la U; en cuanto al
sobreselv. *sughel* íd. (comp. engad. *subel* 'cinta
para trenzar, trenzado'), habrá sufrido una contaminación, así como el fr. *ensouple* y oc. *ensouble* 30
sufrieron la de SŬPPLEX 'plegable', pero en estos
idiomas existen también las formas regulares *en-
suple*, *ensuble*. Hay que rectificar por lo tanto la
cantidad INSŪBULUM que se indica en el *REW*
(4474) y en algunos diccionarios latinos. 35

DERIV. *Subilla* 'lezna' [*soviella*, *Alex.* 2009*d*;
«*suvilla o alesna*: subula», Nebr.; falta en Oudin
y Covarr. y *Aut.* se limita a citarlo de PAlc., de
suerte que parece estaba ya anticuado], de *SŪ-
BĔLLA, diminutivo de SŪBŬLA íd. (de la misma raíz 40
que INSUBULUM); también port. *sovela*, C. Michaëlis, *Misc. Caix-Canello*, 157; gall. *subéla* 'lezna
de zapatero' (Sarm. *CaG.* 97*r*).

Enjumbre, V. *enebro*   *Enjuncar*, V. *junco* 45
Enjunciar, V. *juncia*

ENJUNDIA 'gordura de cualquier animal', descendiente semiculto del lat. AXŬNGĬA 'grasa de cerdo'. *1.ª doc.*: *enxundia*, J. Ruiz. 1373*c*.
También en los glosarios del Escorial y de Pala- 50
cio, en APal. («*axungia, grossura*, dicha de *unción*,
enxundia», 40*d*) y en Nebr. («*enxundia*: adeps; non
axungia»). También port. *enxúndia*, junto al·cual
se hallan *enxunda* (Mestre Giraldo, 1318; dicc. de
Barbosa, S. XVII), *enxulha* (en el propio Giraldo, 55
en Fernandes Ferreira, 1612, en Monte Carmelo,
1767, y hoy en hablas norteñas) y además *enxunha*
(de donde *enxulha* por disimilación) y *enxunlha*
(vid. Cornu, *GGr.*² I, 221; C. Michaëlis, *RL* XIII, 60

310-2), también cat. ant. *ensunya* (de donde el
mod. *xulla* y el catalanismo cast. *CHULETA*), aran.
ansunya, it. *sugna*, engad. *songia*, logud. *assunza*.
Especialmente para las formas italorromances, también para las hispanas, V. el trabajo póstumo de
Jud, *VRom.* XIII, 220-65. La evolución fonética
debió de ser *ašúnžja* (con propagación de la nasal
e influjo del prefijo *en-*) *anxungia* (así en la *Cirugía*
de Vigo, 1537) > *enxunzia* (NG > *nz* es regular:
renzilla, franzir, etc.) > *enxundia* (quizá por pérdida disimilatoria del elemento sibilante de la antigua *z* = *dz*, a causa de la *š* anterior). La forma
enxunzia se conservó hasta hoy ligeramente alterada en la variante *juncia*, empleada en Malpartida
de Plasencia y otros pueblos de Cáceres, Sierra de
Gata y otros puntos de Andalucía y Castilla la
Nueva (Espinosa, *Arc. Dial.*, 39). Hay evolución
paralela en el caso de *espundia* (*espuncia* en Malpartida de Plasencia, Espinosa, *l. c.*) si viene,
como parece, de SPONGIA, aunque algunos han supuesto un *SPŎNGŬLA (véase artículo aparte), en
vista de casos como *escandia* SCANDŬLA, *sendos*
SINGULOS, etc., que también deberán tenerse en
cuenta para el caso de *enjundia* en vista de que
coexisten con *escaña, seños*, lo mismo que *enjundia*
con el regular *enxunha*. Hoy se pronuncia *infundia*
por ultracorrección en toda la América del Sur y
del Centro y en Cuba (*BDHA* I, 67n.; IV, 282).
En latín, AXUNGIA se halla desde Plinio, y también
en San Isidoro (*Etym.* XX, ii, 24 «*axungia ab
unctione vocata*», con variante *axuna* en el ms. *T*),
que ya vió correctamente la etimología, pues *axungia* es compuesto de *axis* 'eje' y *ŭngĕre* 'untar', con
el significado originario 'sebo'. No tiene que ver
con *ENJUNDIA* el cast. *ajonge*, para el cual vid.
AJONJOLÍ. Comp. *CHULETA*.

DERIV. *Enjundioso*.

Enjunque, V. *junco*   *Enjuramiento, enjurar*,
V. *juro*

ENJUTO, del lat. EXSŪCTUS, participio de EXSŪ-
GĔRE 'chupar', 'absorber', 'secar', derivado de SŪ-
GĔRE 'chupar'. *1.ª doc.*: *enxuto*, Berceo, *S. Or.*, 137.
También en J. Ruiz, 619*b*, y en otros autores
antiguos; *enxuto* Nebr.; Cej. VIII, § 105. EXSŪC-
TUS, conservado en todos los romances salvo el
francés, dió en castellano preliterario *eissuito*,
cuyo grupo -*it*- hubiera debido evolucionar en -*ch*-;
pero la disimilación, orientada por el influjo de
enjugar (*eissugar*) y de los participios como *roto,
escrito, frito* (apoyados en los en -*to* tras consonante, como *vuelto, abierto, puesto*, etc.), y algún
cultismo que ya debía circular, como *corruto, con-
duto*), redujo por lo general *eissuito* a *eissuto*,
de donde luego *enxuto*; lo mismo ocurrió en el
port. *enxuto* (pero gall. *enxòito*, y *enxuito* en el
Norte de Portugal: Leite de V., *Opúsc.* II, 22), en
el cat. *eixut* (-*uta*) y en ciertas hablas de Oc (*eissut;
junto a *eissuch, -uit*). En algunas partes se pro-

dujo la disimilación en sentido opuesto, de acuerdo con las normas fonéticas formuladas por Grammont, de donde *essuito* y después *ensucho:* así en doc. de Jaén, a. 1270 (M. P.; *D. L.*, 350.23), en la *Gral. Estoria* (M. P., *Yúçuf*, línea 346) y *ensuchu* hoy en Asturias (V; R, s. v. *ensuchu* y *corrales*). Aunque no había relación etimológica, se percibió *enjuto* como una especie de participio irregular de *enjugar*. La ac. 'delgado, seco', frecuente en autores clásicos (Cervantes, Ribadeneira) y ya en Nebr., se explica como *seco* en el mismo sentido. «Algunos dizen en Castilla *enxuto* al hombre delgado... por desnudo o salido de carnes» se lee en el vocabulario de med. S. XV publ. en *RFE* XXXV, 329.

DERIV. *Enjuta* 'especie de triángulo que el círculo inscripto en él deja en un cuadrado', término arquitectónico [Covarr.], se explica semánticamente por la escasa anchura de estos triángulos curvilíneos; *enjutar* 'rellenar las enjutas'. *Enjutar* 'enjugar', como término arquitectónico y de uso general en Aragón, Chile y Arg. (en el tucumano Fausto Burgos, *La Prensa*, 15-II-1942). *Enjutez*. Gall. *enxoitar* 'secar, enjugar' («*enxoitan as bágoas*» Castelao 163.19).

Enlabiador, enlabiar, enlabio, V. *labio   Enlace*, V. *lazo   Enlaciar*, V. *lacio   Enladrillado, enladrillador, enladrilladura, enladrillar*, V. *ladrillo   Enlagunar*, V. *laguna   Enlamar*, V. *lama   Enlaminarse*, V. *lamer   Enlanchar*, V. *lancha   Enlardar*, V. *lardo   Enlatar*, V. *lata   Enlazable, enlazador, enlazadura, enlazamiento, enlazar*, V. *lazo   Enlechar*, V. *leche   Enlechuguillado*, V. *lechuga   Enlegajar*, V. *ligar   Enlegamar*, V. *légamo   Enlejiar*, V. *lejia   Enlenzar*, V. *lienzo   Enlerdar*, V. *lerdo   Enligar*, V. *liar   Enlijar*, V. *lijo   Enlisar*, V. *liso   Enlistonado, enlistonar*, V. *lista   Enlobreguecer*, V. *lóbrego   Enlodadura, enlodamiento, enlodar, enlodazar*, V. *lodo   Enloquecedor, enloquecer, enloquecimiento*, V. *loco   Enlosado, enlosador, enlosar*, V. *losa   Enlozanarse, enlozanecer*, V. *lozano   Enlucernar*, V. *luz   Enluciado, enlucido, enlucidor, enlucimiento, enlucir*, V. *lucir   Enlustrecer*, V. *lustre   Enlutar*, V. *luto   Enllantar*, V. *llanta   II Enllenar*, V. *lleno   Enllentecer*, V. *lento   Enllocar*, V. *clueca   Enmadejar*, V. *madeja   Enmaderación, enmaderado, enmaderamiento*, V. *madera   Enmadrarse*, V. *madre   Enmagrecer*, V. *magro   Enmalecer*, V. *malo   Enmallarse, enmalle*, V. *malla   Enmangar*, V. *mango   Enmangarrillado*, V. *manganilla   Enmaniguarse*, V. *manigua   Enmantar*, V. *manto   Enmarañador, enmarañamiento, enmarañar*, V. *maraña   Enmararse*, V. *mar   Enmarchitable, enmarchitar*, V. *marchito   Enmaridar*, V *marido   Enmarillecerse*, V. *amarillo   Enmaromar*, V. *maroma   Enmascarado, enmascarar*, V. *máscara   Enmasillar*, V. *masa   Enma-

tarse, V. *mata   Enmechar*, V. *mecha   Enmelar*, V. *miel*

ENMENDAR, tomado en fecha antigua del lat. *emĕndare* 'corregir las faltas, enmendar', derivado de *menda* y *mendum* 'falta, error, defecto'. *1.ª doc.:* Cid (*emendare* ya en una glosa de Silos aclarando *recuperari*).

Aunque *enmendar* ya figura en el ms. de Per Abbat, la forma etimológica *emendar* predomina ampliamente en la Edad Media, es frecuente en Berceo (p. ej., *Mil.*, 784b, 813b[1]), y todavía es la forma general a fines del S. XV (*Celestina*, ed. 1902, 83.14, 87.19, 159.8; APal. 95b, 274b; Nebr.); aunque *enmendar*, variante debida a influjo del prefijo *en-*, es ya la forma empleada por Cervantes (*Quijote* I, ii, 4; II, xxiii, 90; liii, 204; lxii, 242) y otros autores clásicos, todavía se halla *emendar* en otros contemporáneos (como M. Alemán, *G. de Alfarache, Cl. C.* II, 129.11; Covarr.), y aun *Aut.* prefiere esta forma. Aunque el vocablo sea tan antiguo y nada tenga a primera vista que denuncie su carácter culto, el no presentar restitución de la forma plena del prefijo EX- (como en el fr. ant. *esmender*, oc. *esmendar*, cat. *esmenar*) revela que era semicultismo.

DERIV. *Enmendable. Enmienda* [*emienda*, Berceo, *Signos*, 43; *S. Mill.*, 456; etc.[2]], comp. *emiendo* (en rima en *Mil.*, 219e), *emendamiento* ant., y el culto *emendación* (*enm-*). *Remendar* [J. Ruiz; APal. 146b; «r. *vestidura o çapato:* resarcio», Nebr.], derivado del antiguo *emendar; remendado; remendón* [Nebr.]; *remiendo* [Nebr.].

Cultismos: *mendaz* [Terr.; Acad. 1884, no 1843], del lat. *mendax, -ācis*, íd., derivado de *menda; mendacidad; mendoso* [h. 1575, A. de Morales], del lat. *mendōsus* íd.; la Acad. cita un antiguo *mendacio* 'mentira'.

[1] En *Mil.*, 263b, *enmendar* sólo se halla en el ms. moderno de Ibarreta.— [2] También *emenda* 'satisfacción' en *Alex.*, 529; *imienda* 'revancha', *Fn. Gonz.*, 687; *emienda*, *Rim. de Palacio*, 443.

Enmenzar, V. *comenzar   Enmienda*, V. *enmendar   Enmiente*, V. *mente   Enmocecer*, V. *mozo   Enmochiguar*, V. *mucho   Enmohecer, enmohecimiento*, V. *moho   Enmoldado*, V. *molde   Enmollecer*, V. *muelle   Enmonarse*, V. *mona   Enmondar*, V. *mondo   Enmontadura, enmontar, enmontarse*, V. *monte   Enmordazar*, V. *morder   Enmostar*, V. *mosto   Enmostrar, V. mostrar   Enmotar*, V. *mota   Enmudecer, enmudecimiento*, V. *mudo   Enmugrar, enmugrecer*, V. *mugre   Enmustiar*, V. *mustio   Enneciarse*, V. *necio   Ennegrecer, ennegrecimiento*, V. *negro   Ennoblecedor, ennoblecer, ennoblecimiento*, V. *noble   Ennudecer*, V. *nudo   Enocar*, V. *hueco*

ENODIO, 'ciervo joven', palabra rara, de origen

incierto; probablemente del lat. ANNŌTĬNUS 'animal de un año', suponiendo que hubiese pérdida de la -N- final, por influjo portugués o por disimilación. 1.ª doc.: *enodio*, S. XIII, *Cantar de los Cantares* (II, 9; VIII, 14; *Festschrift Förster*, 122, 127), donde traduce el lat. *hinnulus* 'cervato' o 'muleto'.

No conozco otros testimonios indudables de la existencia del vocablo que éste y el de Nebr. («*enodio*, hijo de ciervo, *hinnulus*»)[1]; en J. Ruiz, 402c, es muy dudoso que deba leerse «el mas astroso lobo al *eñodio* ajoba» con el ms. *S*, suponiendo que la lección *enatio* de *G* sea debida al desconocimiento del vocablo por el copista de este último, y en todo caso ello ya sería indicio de lo poco conocido que era *enodio*. De Nebr. lo tomarían Percivale (1591: «*enódio*: the fawne of a stag»), Oudin (1607: «*enodio, hijo de cierva*: le faon d'une biche, il se dit aussi d'une autre beste»), lo cual parece revelar cierto conocimiento personal del vocablo), Terr. y la Acad. (1843: «cervato»; 1899 y ss.: «ciervo de tres a cinco años de edad»); según Pagés lo emplea también Scio en su traducción de la Biblia (comp. el *Cantar de los Cantares*).

Propuso Diez derivar *enodio* del lat. ēnōdis 'sin nudos', hablando de árboles y madera (derivado de *nodus* 'nudo'), por comparación de la cornamenta de un ciervo con el ramaje de un árbol y sus nudos[2]. Debería ser cultismo por el tratamiento de la -d- y otras razones, y habría un cambio de terminación difícil de explicar; pero la idea debe rechazarse por inverosímil en un cultismo, cuando no hay ningún testimonio de que se aplicara *enodis* a los ciervos o a animal alguno.

Indudablemente el lat. ANNŌTĬNUS 'de un año' era palabra popular, que dejó bastante descendencia romance: rum. *noatin* 'animal de un año', napol. *annutęlẹ* 'toro de un año', logud. *annodinu*, y de varios cambios de sufijo del mismo salen oc. *anotge*, fr. *antenois* y quizá cast. ANDOSCO, santand. *andruesca*; si hubiese vivido en portugués o gallego no hay duda de que debía dar *anôdio, que fácilmente habría pasado a *enodio* por influjo del prefijo *en-*. La gran abundancia de caza mayor en los montes portugueses explicaría el que el vocablo hubiese pasado al castellano en su forma lusitana; comp. la gran popularidad de *veado, gamo, corço*, etc., en Portugal. La antigüedad de las traducciones bíblicas castellanas explicaría hasta cierto punto el que el vocablo hubiese pasado a la tradición literaria castellana y no a la portuguesa. De todos modos es sorprendente no encontrar huellas en gallegoportugués. Por lo cual quizá sea preferible admitir que hubo cambio en *ANNŌTĬDUS, por disimilación de nasales, resultando así el sufijo de adjetivos -ĬDUS, más frecuente que -ĬNUS: la evolución en *anodio* (en-) sería entonces tan normal y genuina como la de LIMPIDUS en *limpio*, NITIDUS en *nidio*.

[1] El glosario del Escorial traduce *hinnulus* por *fijo de ciervo*.— [2] M-L., *REW*, 2874, reproduce la etimología de Diez, pero califica distraídamente de griega la palabra etimológica (claro que nada tiene que ver con ἐνόδιος 'que está en el camino'). Por lo demás, en su 3.ª ed. puso esta etimología entre paréntesis, es decir, como inadmisible, sin hacer comentario alguno.

ENOJAR, de oc. ant. *enojar* 'aburrir, fastidiar, molestar' y éste del lat. vg. ĬNŎDIARE 'inspirar asco u horror', derivado de la locución clásica IN ODIO ESSE ALICUI 'ser odiado por alguien'. 1.ª doc.: *enoyar* o *enojar*, Berceo; la última forma es frecuente y normal desde el S. XIII (*Apol.*, 154a; *Conde Lucanor*, etc.).

La forma *enoyar* de Berceo parece ser descendiente autóctono y directo de ĬNŎDIARE: léese en *S. Lor.*, 17, también en *S. Dom.*, 335E (ms. de la segunda mitad del S. XIV, pero *H*, de la misma época, y el moderno pero independiente *V* traen *enogedes*), *Mil.*, 778 (en el ms. antiguo *A*, pero el moderno e independiente *I* lee *enoias*, según Janer y Solalinde), *S. Mill.*, 44bA (pero -*j*- en *I*, Janer), *enoyamiento* en *S. Dom.*, 116E (pero -*jamiento HV*), *enoyo*, *S. Mill.*, 105 (sólo figura en *I*); en cambio, *ennoiariamos*, *S. Dom.*, 752 (sólo en *E*), *enoiada*, *Mil.* 818A, *I*; *enojoso*, *S. Mill.*, 45 (*A*, *I*); *S. Dom.*, 759 (*E*, *H*). Hallamos también *enojo* en *Fn. Gonz.*, 230c; *enogo*, *Tres Reyes*, 81. Se comprende que la forma occitana, como admiten M. P. (*Man.*, § 86.1) y M-L. (*Litbl.* XXII, 298; *REW*, s. v.), invadiese el castellano[1], dado el frecuente empleo en la lengua literaria de los trovadores, especialmente en el género satírico titulado *enueg*, cuyos versos solían empezar por la palabra *enoja·m* 'me desagrada' (Monje de Montaudon, etc.); no puede ser catalanismo (aquí es *enujar*) ni debida al influjo del castellano *ojo*, como había admitido Baist (*GGr.* I², § 32), ni puede ser forma autóctona, en vista del tratamiento que hallamos unánimemente en esta posición (*hoyo, royo, moyo, poyo*), pero es probable que la forma castiza, conservada por Berceo, influyera en el vocalismo de la aprovenzalada, pues en lengua de Oc está muy extendida la diptongación de la *o* en esta palabra (*enueg, enueja*, o *enuog, enuoja*), mientras en castellano no hay huellas de tal fenómeno, según corresponde a la evolución castellana del vocablo. Es frecuente en castellano antiguo la ac. 'hartar, cansar': «non se podían *enojar* de catar», traduciendo lat. *satis admirans*, en el *Purgatorio de San Patricio* (trad. leonesa del S. XIII: *Homen. a M. P.* II, 250); «ca los plazeres del mundo... duran poco, et aun de todos o de los modos se *enoja* el omne», Juan Manuel (*RF* VII, 461); «yo que nascí en casa pobre... agora *enójome* del panal de miel», *Estoria de los cuatro dotores* (ed. Lauchert, p. 79). El lat. vg. ĬNŎDIARE se halla en una traducción antigua de la Biblia (traduciendo una voz griega que vale 'inspirar asco u horror'), en una inscripción africana (*BDR* III, 111), en las Notas Tironianas y en otros textos; *inodiosus*, probablemente 'enojoso', en la *Declamatio Quintiliani* IX (*ALLG* III, 254; XII, 49). Se ha perpetuado en el it. *annoiare*, fr. *ennuyer*, oc. *enojar*, cat. *enu(t)jar* 'enojar' y port. *enjoar* 'causar asco' (junto al occitanismo *anojar* 'aburrir', 'enojar'). Además *enojar* y *enojo*, hoy *nojo*, que en Portugal parece aplicarse más bien a las náuseas que al mero asco. Gall. ant. *nojo* 'asco, repugnancia' (*MirSgo.* 70.18, 69.4) «desgosto, moléstia» (*Ctgs.* 116.30, 312.70); hoy *noxo* 'náuseas (de vómito)' (*noxos e fasquías* Castelao, 290.2, 'asco', «esmaguei unha chinche, e o noxo escorrentoume o sono» ib. 149.18, un perro vagabundo le da *noxo e compaixón* 141.13) 'ojeriza, aborrecimiento' («o noxo que lle inspira o catalanismo» 149.11) etc. (53.16, 62.16). De ahí el antiguo *nojoso* (*Ctgs., MirSgo.*), hoy port. y gall. *nojoso* (-*x*-) y *nojento* 'asqueroso' («encoiros *noxentos*» Castelao 39.7, 39.9; 28.20). Hoy *enojar* se ha hecho literario en el castellano de España, sustituído por *enfadar*, pero sigue siendo popular en América en general (Arg., Venezuela, Méjico, etc.), en consonancia con la preferencia sinonímica del portugués, gallego y asturiano (comp. *RFH* VI, 225); ast. *enoxar* «agriáse, enfadáse» (R), *enoxáse, noxáse* (V).

DERIV. *Enojadizo. Enojante. Enojo* [Berceo, *Tres Reyes, Fn. Gonz.*, vid. arriba], antes también *enojamiento* (íd.). *Enojoso* [Berceo]. *Enojuelo*.

¹ Occitanismo directo es *enoiatu* y *enoitu* «rendirse de fatiga» registrado en el vasco de dos pueblos navarros (Azkue), cf. cat. ant. *ujar* 'cansar' (quizá también deducido de *enujar* secundariamente).

Enólogo, enología, enológico, V. *vino Enorfanecido*, V. *huérfano Enorgullecedor, enorgullecer, enorgullecimiento*, V. *orgullo Enorme, enormidad*, V. *norma Enotecnia, enotécnico*, V. *vino Enquiciar*, V. *quicio Enquillotrar*, V. *aquello Enquina, enquinola*, V. *inquina Enquiridión*, V. *quiro- Enquistado, enquistarse*, V. *quiste Enrabar*, V. *rabo Enrabiar*, V. *rabia Enracimarse*, V. *racimo Enrafar*, V. *rafa Enraigonar, enraizar*, V. *raíz Enralecer*, V. *raro Enramada, enramado, enramar*, V. *ramo Enramblar*, V. *rambla Enrame*, V. *ramo Enranciar*, V. *rancio Enrarecer, enrarecimiento*, V. *raro Enrasado, enrasamiento, enrasar, enrase, enrasillar*, V. *raer Enrastrar*, V. *rastro Enratonarse*, V. *rata Enrayado, enrayar*, V. *rayo Enrebuñado*, V. *robín Enredadera, enredador, enredamiento, enredar, enredijo, enredo, enredoso*, V. *red Enrehojar*, V. *hoja Enrejado, enrejadura, enrejalar, enrejar*, V. *reja Enrevesar*, V. *revés Enriado, enriador, enriamiento, enriar*, V. *río Enridamiento, enridante, enridar* 'irritar', 'azuzar', V. *irritar*

ENRIDAR, ant., 'rizar', palabra mal documentada, quizá del fr. ant. *rider* 'fruncir (una tela)' (hoy *rider* 'arrugar'), que a su vez parece ser de origen germánico. *1.ª doc.:* Acad. 1817 (como antiguo), no 1783.

No conozco testimonios del vocablo castellano. El fr. *rider* significa frecuentemente 'fruncir (una tela)' en la Edad Media [S. XII], y parece ser descendiente del a. alem. *ridan* (a. alem. ant. *ga-ridan*, a. alem. med. *riden* 'dar vuelta, torcer', a. alem. ant. *reid* 'crespo, ondulado') o de un congénere suyo (vid. Bloch, s. v.; *REW*, 7301; con cierta discrepancia, Gamillscheg, *EWFS*, s. v.; no trata de ello en *R. G.*). Pero el significado preciso y la propia existencia del vocablo español son demasiado inciertos para afirmar nada de su origen. En realidad no podemos asegurar que el verbo *rizar* con que la Acad. lo define no sea un derivado del náutico *rizo*, procedimiento para disminuir la superficie de una vela, como podría darlo a entender el port. y cat. *arridar* 'tesar una vela'¹, it. *arridare*, fr. *rider*, para el cual puede verse Jal, en este último artículo. Parece confirmarlo la existencia del antiguo *rida* «cabo que se atessa en ayuda de la volina y quando va la nao a horça» (1587, G. de Palacio, *Instr.* 153vº).

¹ Alcover registra el vocablo catalán como usual en Barcelona, donde no lo he oído. Mi padre, que lo emplea en su tragedia *De Plaer no n'hi ha mai prou*, me dijo que lo había oído a gente de mar, pero no lo conocían los pescadores de Sant Pol a quienes interrogué.

Enrielar, V. *riel Enripiar*, V. *ripio Enriquecedor, enriquecer, enriquecimiento*, V. *rico Enriscado, enriscamiento, enriscar*, V. *risco Enristrar, enristre*, V. *ristra* y *ristre Enrizado, enrizamiento, enrizar* 'rizar', V. *rizo*

ENRIZAR, 'azuzar, incitar', ant., origen incierto, probablemente alteración de *ERIZAR*: primero se diría *erizarse* (un animal) 'enfierecerse', de donde luego *erizarlo*. *1.ª doc.:* 1241, *Fuero Juzgo*; 1251, *Calila*.

«*Enrrizó* a cada uno de ellos contra el otro» (ed. Allen, 59.1281), «lo que fizo Digna en te *enrrizar* contra Senseba non fue sy non por embidia» (ibid., 62.54); una vez sale la grafía con -*s*-: «pensó de yrse para Sençeba, por *enrrisarlo* contra el león» (ibid., 40.727). Allen en su glosario advierte que ésta es lección del ms. *A* (h. 1400) mientras que *B* (2.ª mitad del S. XV) trae *enridar*. Así figura, por lo demás, aun en *A*, en 63.89 («*enridándole* con tu mestura e con tu falsedad para matar a Sénseba») y 69.296 («lo mató sin culpa, salvo por que Digna lo *enrridó* e lo mezcló con envidia que le avía»). Está también en el *Fuero Juzgo*: «si algun omne *enriza* buey o can o otra animalia contra sí, quanto danno le fiziere el animalia tórnese a su culpa», «si el can que es *enri-*

zado mata o muerde algun omne...», «si algun omne faz algun *enrizamiento* con mano o con otra cosa a la animalia, e lo mata...», donde el vocablo romance está traduciendo las voces *concitare* e *irritare* del original latino (vid. *Fz. Guerra, s. v.*).

Lo más probable, como ya anotó Allen en su ed. de *Calila*, es que nuestro vocablo sea alteración de *erizar* (quizá por influjo del sinónimo *enridar*), puesto que la misma palabra se redujo en otro sentido a RIZAR, junto al cual hay también la variante *enrizar*; efectivamente, *ariçar* en portugués se empleó con el sentido de «instigo, incito» (así en glos. del S. XIV, *RPhCal.* VI, 87, § 1525). De *enrizarse* 'erizarse (un animal)', 'enfierecerse' se sacaría el transitivo *enrizar* 'azuzar'. Hay otras etimologías posibles, pero menos convincentes. La convivencia con el sinónimo *enridar*, cuya etimología ĪRRĪTARE es evidente (vid. *IRRITAR*), sugiere que *enrizar* sea una variante de este vocablo. Podría suponerse una base derivada *ĪRRĪTIARE, formada según la analogía de los casos que cito en *RPhCal.* I, 38, y aquí s. v. *BOSTEZAR*. Pero teniendo en cuenta la frecuencia del cruce de sinónimos en las expresiones para 'azuzar' (para lo cual disponía el idioma de muchas voces equivalentes), sería preferible suponer que *enrizar* sea *enridar* alterado por el influjo de *azuzar* o quizá de la variante de *enguizgar* (vid. *GUIZQUE*) que vemos en el santand. *inguisar* (Alcalde del Río), en el cat. *aquissar* o *atissar* y en la familia galorrománica del bearn. *enguissà*, langued. y prov. *aquissà*, prov. *atissà*, fr. ant. *enticier* (> ingl. *entice*), vid. *FEW* II, 711a.

Aun nuestro vocablo mismo sufrió cruces parecidos, pues es bastante claro que el ast. *encerrizar* 'enardecer' (V), 'encarnizar, animar a la pelea' (R), 'azuzar, irritar, estimular, encorajar', and., murc., albac. *encerrizarse* 'empeñarse tenaz y ciegamente en algo' (Acad., después de 1899; A. Venceslada), se debe a una combinación de *enrizar* con *encender* en el sentido de 'excitar' (ya en *Alex.*, 1101c)[1]; por otra parte el ast. *engarridar* 'azuzar, envalentonar' (< *enguerridar* < *enguirridar*) puede ser *enguizgar* sumado a *enridar*[2]. Como en gallego existe un *encirrar* (Vall.), por metátesis, *encerrizar* también puede ser combinación de *encirrar* con *enrizar*.

Nuestro vocablo era ya arcaísmo en el Siglo de Oro, pues Covarrubias sólo registra *enrizar* «irritar», «en lengua antigua» (de aquí Oudin: «*enrizar*, mot antique qui signifie incitar, irriter, provoquer», en la ed. de 1616, pero no en la de 1607); sin embargo lo emplea todavía alguna vez Lope[3]: «Las abes, antes que el sol, / o sus rayos las *enrrizen*, / Pedro Carbonero —dizen— / el cordobés español» (*Pedro Carbonero*, v. 1598), donde parece significar 'incitar al canto o a la alegría'[4].

[1] También se puede pensar en *incitar*, pero éste es vocablo más moderno y menos popular. Y también pudo contribuir *enzurizar*.— [2] Es impo-

sible fonéticamente la relación con RĪXA 'pelea' en que pensaba Gayangos (glosario de su ed. de *Calila*). Tampoco es posible relacionar con el alem. *reizen* 'excitar, irritar' y su familia germánica (a. alem. ant. *reizzen*, etc.), pues la forma gótica correspondiente, *wraitjan, no podía dar *enrizar*. Otra posibilidad sería derivar del anticuado *riza* 'estrago, destrozo', del cual procederán seguramente *arriça* «abomination» y *desrriçar* 'destruir, devorar' (en el Pentateuco del S. XIV: *HR* X, 39, 41), pero ni la explicación semántica a base de 'invitar al estrago' me parece verosímil, ni coincide la calidad sonora de la *z* antigua de *enrizar* con la sorda de esta otra palabra (bien atestiguada por el Pentateuco, por la grafía de la *Celestina*, XVIII, *Cl. C.* II, 168.23, y por la pronunciación actual de Malpartida de Plasencia: Espinosa, *Arc. Dial.*, 51). He aquí algunos testimonios de este vocablo: «comienzo a esgrimir mi espada... y... en un pequeño rato hice tal *riza* dellos, dando a diestro y a siniestro, que tomaron por partido apartarse de mí algún tanto», continuador anónimo del *Lazarillo* en 1555 (Rivad. III, 92), «¡Bravo toro es éste! / veisle en el arena escarba; / él hará más de una *riza*, / no se dormirá en las pajas» Lope (*Los Vargas de Castilla*, ed. Acad. X, 294), «grande es el daño, grande la perdición, grande la *riza* que el demonio hace en la juventud» *Alfarache* de Martí (Rivad. III, 418; otro, p. 408). Hoy en Malpartida de Plasencia vale 'destrozo o estrago (de la comida que cae al suelo, de objetos desparramados)' (Espinosa), salm. *derriza, -rricia*, 'destrozo, matanza (de los lobos en las ovejas, etc.)' (Lam.), Cespedosa *ricia* 'riza', *riciar* 'esparcir alguna cosa' (*RFE* XV, 139), *Aut. riza* «el residuo que queda del alcacer cerca de la raíz, después de cortado», «lo que dexan en los pesebres las bestias caballares por estar duro», *ricial* «se aplica a la tierra, en que, después de cortado el pan en verde, vuelve a nacer o retoñar algún otro», arag. *ricio* «campo sembrado, con sólo las espigas que en él quedaron, ya porque cayeron desgranadas, ya porque no se cosecharon» (Borao). No conozco ejs. anteriores al de la *Celestina*: «si mi espada dixesse lo que haze... ¿Quién destroça la malla muy fina? ¿Quién haze *riça* de los broqueles de Barcelona? ¿Quién revana los capacetes de Calatayud, sino ella?». El uso se parece tanto al de *hacer trizas* que me parece probable suponer se trata de una alteración de este vocablo, en virtud de una etimología popular que lo relacionó secundariamente con el antiguo *enrizar*: así *riça* habría conservado la calidad sorda de la africada de *triça*, y aunque es verdad que ignoramos si este vocablo tenía primitivamente *ç* o *z*, no hay razón para dudar de que se apartara en este punto del port. *destrinçar* y del oc. *trissar*.— [3] No es improbable la opinión de Cejador de que en J. Ruiz, 75d, «el ffuego sienpre quiere estar en la ceniza, / como quier que mas arde quanto mas se atiza; el omne quando peca, bien vee que desliza, / mas non se parte ende, ca natura lo *entiza*», deba corregirse *entiza* en *enriza*, puesto que en esta copla sólo disponemos del ms. *S* y no se conocen ejs. españoles de un verbo correspondiente al fr. ant. *enticier*, ingl. *entice*. En realidad esto es indudable, V. el facs. de este folio del ms. *S* en la propia ed. de Ducamin: es una *r* clara; lo propio hay que suponer del *entizar* de la *Gral. Est.* citado por Mtz. López, *Bol. Fil. Univ. de Chile*.— [4] Pero también podría tratarse de un significado más próximo al que hallamos documentado en gallegoportugués: *arriçar* 'adquirir fuerza y vigor', en García de Guillade (vv. 979, 985). Nobiling agrega en su edición: «*Arriçar* = dar vigor a, instigar, *Vat.* 994.8; *arrizado* = vigoroso, robusto, *Vat.*, 980.3; *Col.-Br.*, 383.14; 439.3 e 15; *CM* 31.6, 88.5, 205.4, 312.2; *riçado* = robusto, *Canc. Gall.* de Lang, v. 422; hoje segundo Cortesão *arriçar-se*, popular, 'arrastar a asa a alguem, namorar, galantear'»; además *cavaleiros ardidos et arrizados* 'briosos, gallardos, robustos' en las *Cantigas de S. M.*, 215, y gall. mod. *arrichado* 'atrevido, arriscado' (*RH* LVII, 569). Deberán estudiarse cuidadosamente los ejs. citados por Nobiling, y decidir entre las dos traducciones 'instigar' y 'dar vigor' que propone alternativamente, antes de poder decidir si este *arriçar* gallegoportugués tiene que ver con el cast. *enrizar*, lo cual desde el punto de vista semántico no es imposible, pero tampoco está claro. En la composición 1002.25 del *Canc. de la Vaticana*, debida al portugués Gonçalo Eanes do Vinhal (h. 1270) «pôs-mi o gran can *enriçado*, / que nunc'a morder fez fin» entiende Nobiling 'instigado, atizado' y Rds. Lapa (*CEsc.* 168) 'enfurecido', matices muy parecidos y ambos posibles. Desde luego tenemos nuestro vocablo en el trasm. *estar* o *andar enriçado* «muito arraçado, muito teimoso em alguma coisa... ideia de persistencia, da força de vontade, mesmo do phrenesi» (*RL* V, 47). También parecen contenerlo los dos ejs. siguientes que Moraes cita de Mousinho de Quevedo (h. 1600) y de Luis Pereira (fin S. XVI), si bien traduciéndolos «ouriçado, crespo» [?]: «o Turco *arriçado* com mágoa» y «os filhos da Leoa *arriçados*».

Enrobinarse, V. *robín*   *Enrobrescido*, V. *roble*   *Enrocar*, V. *roque* y *rueca*   *Enrodar*, *enrodelado*, V. *rueda*   *Enrodrigar*, *enrodrigonar*, V. *rodriga*   *Enrojar*, *enrojecer*, *enrojecimiento*, V. *rojo*   *Enrollado*, *enrollar*, V. *rollo*   *Enromar*, V. *romo*   *Enrona*, *enronar*, V. *enruna*   *Enronchar*, V. *roncha*   *Enronia*, V. s. v. *ironía*   *Enronquecer*, *enronquecimiento*, V. *ronco*   *Enroña*, *enroñarse*, V. *ironía*   *Enroñar*, V. *roña* y *enruna*   *Enroque*, V. *roque*   *Enroscadura*, *enroscamiento*, *enroscar*, V. *rosca*   *Enrostrar*, V.

rostro   *Enrubescer*, *enrubiador*, *enrubiar*, *enrubio*, V. *rubio*   *Enrudecer*, V. *rudo*   *Enruinecer*, V. *ruina*

ENRUNA, arag., albac., murc., 'escombros, cascotes', 'cieno, tierra de aluvión', del mismo origen incierto que el cat. *runa* íd.; fonética y semánticamente es más fácil partir del lat. RŬDĔRA 'escombros, cascotes', 'tierra de aluvión que ciega un río', 'tierra arcillosa empleada como abono' (plural de RŬDUS, -ĔRIS), disimilado en *RŬDĔNA, que del lat. RŬĪNA 'derrumbamiento, desmoronamiento, ruina'. *1.ª doc.*: Acad. 1817, no 1783; *enrona*, Peralta, 1836, y Acad. 1817.

Peralta, *Dicc. Arag.*: «*enrona*, escombros, desperdicios de obra», «*enronar*, envolver con escombros», «*enruena*: enrona»; la Acad. registra como aragonés «*enrona*: el conjunto de escombros, cascotes y desperdicios que salen de las obras, lat. *rudus*», ya en 1817, no en 1783, con la variante «provincial» *enruna*, que hoy localiza en Albacete, Murcia y Valencia, definiéndola «cieno, tierras y malezas que se depositan en el fondo de las acequias, zanjas, aljibes, etc.», *enrunar* «cegar o llenar de enruna una acequia, aljibe, etc.», en Murcia, «ensuciar con lodo u otra cosa análoga» en Albacete. Confirman la existencia de *enrona* y *enruna* en Aragón, Borao; la de *enruna* en Segorbe, Torres Fornés; la de *enrona* «escombro, cascote», *enronar* «echar *enrona* en algún sitio, o cubrir de *enrona* o tierra alguna cosa» (con variante *enroñar*, debida a contaminación de *ROÑA*, ya en 1695), en Murcia, García Soriano; la de *enronar* (presente *enruena*) 'enterrar (el cadáver de un animal)' en el alto-aragonés oriental de Plan, Gistáin y Bielsa, Casacuberta (*BDC* XXIV, 179); hay además una forma sin prefijo, más próxima a la catalana, en Gistáin, *ronal* 'lugar lleno de piedras y arena que suele el río inundar en sus avenidas' (Casacuberta); un nombre de lugar *Ronata* se halla en el valle de Tena (*RLiR* XI, 175). Del Alto Aragón pasó el vocablo al gascón de Barèges *enroùno* «amas de pierrailles, de décombres charriés par un torrent», *enrounà* «remplir d'*enroùno*; salir copieusement» (Palay), cuyo carácter advenedizo se advierte por la falta de prótesis ante *r-*, mientras que el bearn. *rune* «lieu couvert de rochers éboulés; ravine, excavation rocheuse (vieux)» podría ser más autóctono, si admitimos que *l'arrune* pasó a *la rune*, como sucede a menudo; con lo cual tradicionalmente se suele relacionar el nombre del *Pic de la Rhune*, aunque hay fuertes razones (como indicó Michelena, *BSVAP* XI, 289) para no creer en ello; aquí deberá también mencionarse el prov. *runo* íd., del cual cita Mistral un ej. en el escritor delfinés Augusto Boissier, de los Altos Alpes (1841), y en otro de allí mismo o de Provenza.

Sea como quiera, el vocablo es de uso general y ya antiguo en catalán: *runa* 'escombros, residuos de la construcción de una obra o de la

ruina de un edificio'[1], muy vivo y usual en todas
partes, aunque también aquí la sílaba inicial del
verbo *enrunar* 'llenar de escombros'[2] pudo contaminar el sustantivo, dando lugar a la variante
enruna «cascots, engrunes, trossos de paret o obra
derrocada» en el Maestrazgo (G. Girona), val. *enruna* «suciedad, hezes» (Sanelo, fin S. XVIII), que
he oído en Aitona (junto a Lérida) en el sentido
de 'aluvión que rellena un pantano', con el cual
ya se halla en doc. valenciano de 1591[3]. Se ha
dicho varias veces que el cat. *runa* procede del lat.
RŬINA (así se hace en el *REW* para el prov. *runo*),
para lo cual no habría gran dificultad semántica,
puesto que este vocablo llega a tener alguna vez
el sentido de 'escombros' en latín, pero sí fonética, pues RŬINA no podía dar otra cosa que *rovina*
o *roïna* (o a lo sumo *róina*, *rúina*), y de hecho
dió en catalán *rovina*, *ruvina*, 'lodo y aluviones
que traen las avenidas' (ya en 1489: *BDC* XXIV,
285).

En vista de ello me parece preferible, en lo
referente a *runa*, partir de RŬDĔRA[4] 'escombros,
ripio', plural de RŬDUS, -ĔRIS, que Suetonio (*Aug.*,
30) y otros emplean en el sentido de 'acarreos que
ciegan el cauce de un río', y el hispano Columela
(X, 81) le da el valor de 'tierra fértil, arcillosa,
empleada como abono'. Como la R- hispánica es
mucho más fuerte que la -R- interna, la disimilación
era casi inevitable y tenía que producirse por alteración de la segunda, dando *RŬDĔNA, cuya evolución en *runa* es normal (en catalán pasando por
*ru̯na, en aragonés por *rudna). Confirman la
etimología RŬDĔRA (disimilado en RUDĔNA) la forma
rudena («fangum, lapides et *rudenam*») de un doc.
del S. XIV, de Treviso, y el friul. *rudinaz* «calcinaccio, sfasciume», citados por Alessio, *RFE*
XXXVIII, 231 (aunque éste los relaciona con RUINA,
en oposición con la fonética). En cuanto a la forma
aragonesa *(en)rona* puede representar RAUDĔRA
(*RAUDENA), pues nos consta que RUDUS se empleaba vulgarmente confundido con RAUDUS, -ĔRIS,
'piedra en bruto', 'lingote sin trabajar', según observan Ernout-M.

Dejo para otros el estudiar si nuestra familia de
vocablos tiene en su forma plural una correspondencia en las hablas alpinas de Italia y Retia, pues
en cuanto al singular RUDUS es sabido que se conservó en el genov. *rüu* 'escombros', lomb. *rüd*,
rüf, emil. *rud*, Tesino *rüs* 'estiércol', engad. *arüd*
'cama de paja', 'hojas de abeto que sirven como
tal' (*REW*, 7422)[5].

DERIV. *Enruna* o *enronar* (V. arriba). *Desenronar* [-*rse* 'llenarse de tierra (una acequia)' Zaragoza 1627, *Al.-And.* XXXIV, 447].

[1] En el ej. barcelonés de 1615 que cita Ag. *runa*
parece tener la ac. 'murmuración', comp. *runar*
'reñir, reprender' en Batea, *runadera* 'ronquera'
en Borredá, pero esto no tendrá nada que ver:
se trata sin duda de una onomatopeya equivalente al cast. *run-run*. Sí en cambio corresponde

ahí el andorrano *runada* 'escarcha mezclada con
nieve' y el val. *runar* 'cascajo grande', 'campo de
piedras desprendidas de las montañas vecinas'
(Ag.).— [2] En el S. XIX, la manía descastellani-
zadora de algunos escritores mal orientados produjo a emplear *enrunar* con el valor de *arru̯nar*,
que creían castellanismo (!), de lo cual véanse
ejs. en Ag. y Balari; el idioma literario actual
ha rechazado este empobrecimiento artificial del
léxico catalán, conservando *enrunar* y *arru̯nar*,
cada uno con su matiz propio.— [3] «Les escures
de la cèquia... la arena e immundícia que de
aquella trahuen... aquella arena y *enruna*...» (*Anales del C. de Cult. Valenc.* VIII, 47).— [4] El empleo del plural RUDERA con valor colectivo era
frecuente, vid. Forcellini.— [5] Jud, *BDR* III, 74n.,
pone en duda que el milan. *runà* «franare», Cremona *rinà* íd., Brescia *renada* «frana», vengan de
RUINA. Scheuermeier, *BhZRPh.* LXIX, 108-9n.,
junto con el sobresilv., subselv. y engad. *rofna*
'ladera de pastos de suelo desigual', su. alem.
rüfene, estudió el engad. *röven*, subselv. y sobreselv. *rieven* de significado análogo, suponiendo
que aquél sea un *RÓVINA, variante inexplicada de
RUÏNA, y éste un falso singular sacado de *RÓVINA,
percibido como plural colectivo. Deberá revisarse
esta complicada e hipotética teoría para ver si los
existentes RŬDĔRE, RŬDĔRA no serían preferibles,
sobre todo teniendo en cuenta el vocalismo del
arag. *(en)rona* y *enruena* (¿analógico del verbo?).
Ascoli, *AGI* II, 425-6, creía que el friul. *rudinàz*
«calcinaccio» (es decir, 'yesón o argamasa que
cae de la pared', o sea lo que en catalán se llama
runa) viene de RUDUS, mientras que M-L. (*REW*,
7431) cree preferible RUINA en vista del venec.
ruvinazzo, it. ant. *rovinaccio*, pero quizá sean éstos los que han perdido la -D- intervocálica de
RUDUS, y la existencia de la antigua forma friulana
arudanaç (S. XV), señalada por el nuevo Pirona,
sería favorable a *RŬDĔNA < RUDERA; entonces el
friul. *rudìne* 'ghiaia' debería ser derivado regresivo. En cuanto a Aveyron, Tarn, Hérault *rou̯no*
«décombres, plâtras, les pierres et plâtres de nulle
valeur qui demeurent après qu'on a abattu un
bâtiment» (Vayssier, Gary, Mâzuc), langued. *rui-
no* íd. (Sauvages), parecen realmente procedentes
de RUÏNA, pero dada la perfecta coincidencia semántica con el cat. *runa*, y el vocalismo de Aveyron *s'arrounà* «se ruiner; se meurtrir, s'abîmer»
(Vayssier) cabe plantearse la cuestión de si no
hay aquí una superposición de RUINA sobre un
antiguo *RŬDĔNA (quizá a base de una evolución
*rozna > roina?). Gillet, *HispR.* VI, 175, a propósito del *desenruýnenos la posada* que figura en
un auto de 1590 (publicado por V. H. Buck) recuerda el arag. *desenronar* 'quitar la enrona'. ¿Con
razón? El caso es que nuestra familia lingüística
en español es exclusivamente aragonesa y murciana; *enruna* es ya desconocido en Almería, según me informa persona nacida en Bédar.

Ensa, V. *enza*　*Ensabanada, ensabanado, en-*
sabanar, V. *sábana*　*Ensacador, ensacar*, V. *sa-*
co　*Ensaimada*, V. *saín*　*Ensalada, ensaladera*,
ensaladilla, V. *sal*　*Ensalivar*, V. *saliva*　*En-*
salma, V. *enjalma*　*Ensalmadera, ensalmador*,
ensalmar, V. *salmo*　*Ensalmo*, V. *salmo* y *en-*
jalma　*Ensalobrarse*, V. *salobre*

ENSALZAR, 'engrandecer, exaltar, alabar', del
lat. vg. *EXALTIARE*, combinación del lat. EXALTARE
'levantar, ensalzar', con el lat. vg. *ALTIARE* 'levantar', ambos derivados de ALTUS 'alto'. *1.ª doc.*:
enxalçar, Berceo, *S. Dom.*, 45a, mss. *H* (2.ª mitad
del S. XIV) y *V* (copia moderna de uno del
S. XIII); *ensalçar* en el ms. *E* (2.ª mitad del
S XIV)[1].

Cej. VII, § 111. Es frecuente en los autores medievales (Juan Manuel, etc.) y clásicos (vid. *Aut.*);
Nebr.: «*ensalçar alabando; ensalçar, poner en alto:*
exalto, inalto». La variante etimológica *esalçar* en
la *1.ª Crón. Gral.* 190b8. También fr. ant. y med.
essalcier, hoy *exhausser*, «élever; glorifier, élever
en honneur; accomplir», oc. ant. *eissaussar*, cat.
ant. *exalçar* (que deberá pronunciarse con *x = š;*
ya en los SS. XIII y XIV: Lulio, *Meravelles I*,
106.13; IV, 229.1; *Corbatxo, BDLC* XVII, 101;
hoy el literario *exalçar* se pronuncia con *x = gz*).
No hay por qué suponer que en castellano y en
catalán sea galicismo, como quiere Bloch, *RLiR* XI,
335-8. Hoy en castellano es voz puramente literaria, sobre todo en América, donde el sentimiento
popular rechaza su significado al percibirlo como
derivado de *salsa*.

DERIV. *Ensalzador. Ensalzamiento* [-ç-, Cartagena, *Discurso*, p. 221b y 222b (Nougué, *BHisp*.
LXVI]; Nebr.]. .

¹ «Toda sancta eglesia fue con él *enxalçada*».
En *S. Mill.*, 457, «la fazienda rancada, los moros
enzálzados», el significado no está claro, pero ha
de ser 'derrotados' o 'muertos' (¿será irónico?, o
¿no tiene que ver con nuestro vocablo?). La
Acad (ya 1843) registra además una variante «antigua» *exalzar*.

Ensambenitar, V. *sambenito*

ENSAMBLAR, 'unir, juntar', especialmente
'ajustar piezas de madera', tomado del fr. ant. y
med. *ensembler* 'juntar, reunir', derivado de *en-*
semble 'juntamente' (procedente éste del lat. INSĬ-
MUL íd.). *1.ª doc.*: 1570, C. de las Casas.

Figura también en Covarr. y en Oudin (no en
Percivale, 1591); la primera autoridad que citó la
Acad. fué la de Ovalle (1644). Para el fr. anticuado
ensembler, vid. God. III, 234a-b, que da ejs. hasta
el S. XVI.

DERIV. *Ensamblado. Ensamblador* [1631, *HispR*.
XXVII, 134]. *Ensambladura* [1609, M. Alemán].
Ensamblaje [1661, Dávila]. *Ensamble* [Acad. ya
1843]. Antiguamente se empleó el galicismo *en-*

semble 'juntamente' en la Rioja y Aragón (en
textos de 1212, h. 1300, 1350, 1356, 1379, 1402
y 1519: M. P., *D. L.*, 113; Tilander, *Fueros*,
§ 79.4; *RFE* XXII, 28; *BRAE* IV, 209; VIII,
324; I, 477), en *Alex. P* (230c), y *ensembla* en
León (en docs. de 1233-1270: Staaff, XII-19;
XVII-5, LXXVI-3, LXXXVII-26, LXXXVIII-2,
XCIV-13), extendido por los comerciantes y por
la colonia francesa de Sahagún; *ensembra* aparece
también en Toledo (1212, M. P., *D. L.*, 270), en
Guadalajara (en su fuero de 1219) y aun en la
Gram. de Nebrija (*VRom.* X, 304), quizá por
otras colonias locales de francos; una huella aislada del mismo figura en Nebr. («*semble*: simul,
una, pariter»). *Simultáneo* [*Aut.*], derivado culto
(común a los varios idiomas de Occidente) del lat.
simultas, -ātis, 'competencia, rivalidad', con influjo
semántico de *simul* 'juntamente' (del cual no deriva
en realidad *simultas*, sino de su pariente *similis*
'semejante'); *simultaneidad* (*Aut.* le prefiere el hoy
anticuado *simultad*); *simultanear*.

Ensame, V. *enjambre*　*Ensancha, ensancha-*
dor, ensanchamiento, ensanchar, ensanche, V. *an-*
cho　*Ensandecer*, V. *sandio*　*Ensaneldar*, V.
alentar　*Ensangostar, ensangostido*, V. *angosto*
Ensangrentamiento, ensangrentar, V. *sangre*　*En-*
sangustiar, V. *angustia*　*Ensañado, ensañamien-*
to, ensañar, V. *saña*　*Ensarmentar*, V. *sarmien-*
to　*Ensarnecer*, V. *sarna*　*Ensartar*, V. *sarta*
Ensayalar, V. *sayo*

ENSAYO, del lat. tardío EXAGIUM 'acto de pesar
(algo)', del mismo origen que los clásicos EXĬGĔRE
'pesar' y EXĀMEN 'acción de pesar, examen'. *1.ª*
doc.: Berceo.

El significado castellano, común a todos los romances (it. *saggio*, fr., oc. *essai*, cat. *assaig*, port.
ensaio), debe venir ya de la época latina: el latinismo griego ἐξάγιον, de baja época, tiene ya el
significado 'comprobación', de donde era fácil el
paso a 'prueba' e 'intento'. La ac. 'obra literaria
didáctica ligera y provisional', que aparece a princ.
S. XIX, es copiada del fr. *essai*, ingl. *essay* (vid.
Baralt, s. v.). Para la evolución fonética de EX-
comp. ENSANCHAR, ENJUGAR (ens-), EN-
JUTO, etc.

DERIV. *Ensayar* [*Cid*, y frecuente en textos de
todas las épocas; 'emprender, acometer' en *Alex*.,
1131, 1836, 2110, 2137; para ésta y las varias acs.
divergentes en el *Cid*, vid. la ed. de M. P., p. 644;
Cej. IX, § 171][1]: verbo común con los varios romances: it. *assaggiare*, fr. *essayer*, oc. *essajar* (*ass-*),
cat. *assajar*, port. *ensaiar*. *Ensayado; ensayador;*
ensayamiento ant.; *ensay* o *ensaye*, del fr. *essai*;
ensayista (falta aún Acad. 1899), tomado del ingl.
essayist; ensayismo.

¹ La Acad. desde su primera edición registra
un *ensuyar* 'emprender' como antiguo documentándolo sólo en la *Crónica General* (*ensuyar un*

fecho muy extraño), pero claro está que es mera
errata de *ensayar*, que en esta ac. era frecuente
en lo antiguo. Es extraño que la Acad. siga conservando este inexistente vocablo *ensuyar*.

Ensebar, V. *sebo*   *Ensecar*, V. *seco*   *Enseco*, V. *enjeco*   *Enselvado, enselvar*, V. *selva*
Ensellar, V. *silla*   *Ensembla, ensemble*, V. *ensamblar*   *Ensenada, ensenado, ensenar*, V. *seno*
*Enseña, enseñable, enseñadero, enseñado, enseña-
dor, enseñamiento, enseñanza, enseñar, enseño*, V.
seña   *Enseñoramiento, enseñoreador, enseñorear-
se*, V. *señor*   *Enserar*, V. *sera*   *Enseres*, V.
ser   *Enseriarse*, V. *serio*   *Ensertar*, V. *injerir*
y *sarta*   *Ensiemplo*, V. *ejemplo*   *Ensierto*, V.
injerir

ENSIFORME, compuesto culto del lat. *ensis*
'espada' y *forma* 'forma'. *1.ª doc.*: Acad. 1884, no
1843.

Ensilaje, ensilar, V. *silo*   *Ensilvecerse*, V. *selva*   *Ensillada, ensillado, ensilladura, ensillar*, V.
silla   *Ensimismamiento, ensimismarse*, V. *sí I*
Ensinistrar, V. *izquierdo*   *Ensobear*, V. *sobeo*
Ensoberbecer, ensoberbecimiento, V. *soberbio*
Ensobinarse, V. *supino*   *Ensogar*, V. *soga*   *En-
solerar*, V. *suelo*   *Ensolvedera, ensolvedor, en-
solver*, V. *absolver*   *Ensombrecer, ensombrerado*,
V. *sombra*   *Ensoñador, ensoñar*, V. *sueño*   *En-
sopar*, V. *sopa*   *Ensordamiento, ensordar, ensor-
decedor, ensordecer, ensordecimiento*, V. *sordo*
Ensortijamiento, ensortijar, V. *sortija*   *Ensotar-
se*, V. *soto*   *Ensuciador, ensuciamiento, ensuciar*,
V. *sucio*   *Ensucho, ensulo*   *Ensueño*, V.
sueño   *Ensugar*, V. *enjugar*   *Ensullo*, V. *enjullo*   *Ensuyar*, V. *ensayo*   *Enta*, V. *ende*
Entabacarse, V. *tabaco*   *Entablación, entablado,
entabladura, entablamiento, entablar, entable, enta-
blerarse, entablillar*, V. *tabla*   *Entadía*, V. *todo*
Entado, V. *empeltre*   *Entalamadura, entalamar*,
V. *tálamo*   *Entalegado, entalegar*, V. *talega*

ENTALINGAR, 'amarrar al cable el ancla para
dar fondo', quizá del fr. *étalinguer* íd., de origen
incierto. *1.ª doc.*: 1587, García de Palacios.

También en Fernández, *Práctica de Maniobra*
(1732). El port. *talingar* se halla ya en Mendes
Pinto (1541), mientras que Jal sólo señala el fr.
talinguer (también *étalinguer* o *entalinguer*) en
1643 (vid. este diccionario, pp. 636b, 1423b, 84a) y
el *DGén.* más tarde. Quizá, sin embargo, sea voz
más antigua. De todos modos este detalle obliga a
acoger con alguna desconfianza la etimología de
Gamillscheg (*ZRPh.* XL, 527; aceptada en el *REW*,
8205a), que es, por lo demás, la única correcta
desde el punto de vista fonético[1]: neerl. **staaglijne*, compuesto de *staag* 'cable grueso que sujeta
los mástiles hacia avante' y *lijne* 'cuerda, cabo';
entonces el fr. *étalinguer* vendría de un sustantivo

*étalingue que designaría el cabo (*lijne*) empleado
para sujetar el ancla al *staag* (fr. *étai* íd.). Aunque
es corriente echar las anclas por la parte de proa
(Jal, 131b y 318a, s. v. *ancre de bossoir*), falta, sin
embargo, la justificación técnica del aspecto semántico, y sobre todo es extraño que así el fr. **étalingue* como el neerl. **staaglijne* sean meramente
hipotéticos.

DERIV. *Entalingadura* [1696, *Vocab. Marít. de
Sevilla*].

[1] La de Jal, ingl. *stall* 'fijar' y *ring* 'anillo', no
es posible por esta y otras razones. Para el agregado de la *g*, comp. fr. *boulingue* < neerl. *boe-
lijne*.

Entalonar, V. *talón*   *Entallable, entallador, en-
talladura, entallamiento, entallar, entalle*, V. *tajar*
Entallecer, V. *tallo*   *Entamar*, V. *tamo* y *contaminar*   *Entanamientras*, V. *mientras*   *Entan-
dar*, V. *tanda*   *Entanimientra*, V. *mientras*   *En-
tapecer*, V. *tupir, tupido*   *Entapetado*, V. *tapete*
Entapizada, entapizar, V. *tapiz*   *Entapujar*, V.
tapa   *Entaramingar*, V. *cuajo*   *Entarascar*, V.
tarasca   *Entarimado, entarimar*, V. *tarima*
Entarquinamiento, entarquinar, V. *tarquín*   *En-
tarugado, entarugar*, V. *tarugo*   *Éntasis*, V. *tender*   *Ente*, V. *ser* y *entre*   *Entear*, V. *tedio*

ENTECARSE, 'caer víctima de enfermedad crónica', alteración de **heticarse*, derivado de *hético*
'tísico', que a su vez se tomó del gr. ἑκτικός
πυρετός 'fiebre constante, tisis' (ἑκτικός 'habitual',
derivado de ἔχειν 'tener', 'estar'). *1.ª doc.*: *entecar*,
J. Ruiz, 1017c[1]; *entecado*, Berceo, *S. Mill.*, 316;
S. Or., 155; *S. Dom.*, 549, 608.

Spitzer, *Lexik. a. d. Kat.*, 63; G. de Diego,
BRAE VII, 256; Cej. VI, § 7. También cat. antic.
entecar-se, entecat, aran. *entecat*, con los mismos
sentidos que en castellano; cat. ant. *entec* 'dolencia, enfermedad' (SS. XIV, XV). Forma más
cercana a la etimología tienen el cast. *hético* 'tísico'
[1555, Laguna], o más cultamente *héctico*, también
hética 'tisis' [1732, y por cruce con *tisis: hetisía*;
Aut.]; cat. *ètic*; port. *ético* (anticuados *étigo* y *éte-
go*). De *entecarse* se sacó secundariamente el adjetivo *enteco* 'entecado' [*Aut.*], usual hoy en la Arg.
(R. Díaz, *Toponimia de San Juan*, s. v.) y otras
partes. Nota Lugo que modernamente *entecado* es
poco empleado en Castilla pero corriente en Canarias (*BRAE* VII, 341). La ac. de *entecarse* 'obs-
tinarse, emperrarse', en Chile y en León, es aplicación figurada.

DERIV. *Entecado, enteco*, para los cuales véase
arriba.

[1] «Boz gorda e gangosa, a todo omne *enteca*»,
hablando de la Serrana monstruosa. Sánchez y
Cejador entienden 'molestar', y éste cita el pasaje
de Lucas Fernández, 183: «Dios, ¡qu'estás lucio
y galido! / No t'*entecará* ya el lodo», donde es
'perjudicar'. En el *Spill* de J. Roig (1460, v. 9700)

es 'causar desmedro': «(Les menstruoses) si van per l'hort / los arbres sequen, / maten, *entequen* / herbes...». En Bernat Metge, a fines del S. XIV, existe ya un sustantivo postverbal *entec* 'perjuicio' («lo presseguer null *entec* / rebia per calor del sol», *Libre de Fortuna e Prudència*, 65.25). En vista de esos textos es más fácil rechazar la interpretación de *enteca*, en J. Ruiz, como adjetivo, que es la que ocurre primero y la que acepta Aguado, traduciendo 'fastidiosa', lo cual costaría más de relacionar con el sentido de nuestro vocablo.

Entegro, V. *entero*   *Entejar*, V. *teja*   *Entelar*, V. *tela*   *Entelequia*, V. *teleología*   *Entelerido*, V. *aterido*   *Entena*, V. *antena*   *Entenado*, V. *nacer*   *Entencia*, *entenciar*, *entención*, *entendederas*, *entendedor*, *entender*, *entendible*, *entendido*, *entendiente*, *entendimiento*, V. *tender*   *Entenebrar*, *entenebrecer*, V. *tiniebla*   *Entenza*, *entenzón*, V. *tender*   *Enteo*, V. *tedio*   *Entera*, V. *dintel*   *Enteralgia*, V. *entre*   *Enteramiento*, *enterar*, V. *entero*   *Entercarse*, V. *terco*   *Enterciar*, V. *tres*   *Enterecer*, V. *aterir*   *Entereza*, V. *entero*   *Entérico*, *enteritis*, V. *entre*   *Enterizo*, V. *entero*   *Enternecedor*, *enternecer*, *enternecimiento*, V. *tierno*   *Enternegado*, V. *terco* y *tiniebla*

ENTERO, del lat. ĬNTĔGER, -ĔGRA, -ĔGRUM, 'intacto, entero' (según la pronunciación vulgar ĬNTĔGRUM). *1.ª doc.*: 1100, *BHisp.* LVIII, 359; h. 1250, *Apol.*, 634d; *enteramiente* 1100, 1223, M. P., *D. L.*, 223.15.

También en la *1.ª Crón. Gral.* 667b39, *Zifar* 17.2, Juan Manuel, Juan Ruiz y muchos autores medievales; APal. 218d, 222b, 462d; Nebr.; etc. Como la evolución normal de -GR- fué -ir-, la Ĕ no podía diptongar en Castilla y *ei* se redujo a *e* igual que siempre. Para las varias acs., vid. *Aut.* y demás diccionarios; agréguese la de 'yerto, enterizo' que notamos en *Guzmán de Alfarache* (*Cl. C.* III, 174.3: «hace que no me mira y se pasa *entero*, como hecho de una tabla»). Forma semiculta es *entegro* (1155, *Fuero de Avilés*; *Can.* de Baena, W. Schmid), luego alterado en *entrego* (doc. de 1170, en Oelschl.; Berceo, *Mil.*, 53). Del todo culto el moderno *íntegro* [1640, Saavedra Fajardo].

DERIV. *Entereza* [APal. 218d; Nebr.], antes también *enterez* [APal. 529b]. *Enterizo* [Nebr.; para el sentido, V. arriba el de *entero*; para el uso en la Arg., Tiscornia, *M. Fierro coment.*, 429]; gall. orient. *enteliceira* 'planta que parece lechuga silvestre...' (Sarm. *CaG.* 140r); comp. *ATERIR*.

Entregar [*entregar*, en doc. leonés de 1252, Staaff, 39.22; *entregar* Berceo; *Partidas*; doc. de Toro, a. 1291, Staaff, 70.17; alterado en *entergar* en el *Cid*, también en Berceo, vid. M. P., *Cid*, 645, en la *Gr. Conq. de Ultr.*, 443, etc.], 'reintegrar, restituir', y después 'hacer entrega' [APal.

104b, 106b, 120b][1], procede del lat. INTEGRARE 'reparar, rehacer', derivado de INTEGER, con la misma evolución semiculta que sufrió el arriba citado *entrego* 'entero'; Colón, *Enc. Ling. Hisp.* II, 197, dice que en catalán *entregar* se encuentra desde 1393 (*DAlcM*, doc. mall.) y en la carta dotal de Auziàs Marc (*BSCC* XVII, 298) aparece en la acepción 'hacer entrega' [?] «un siglo justo antes que en castellano». *Entregado*, *entregador*; *entrega* [*Alex.*, 659c, 'satisfacción'; *entrega* 'restitución', Nebr.], también se dijo *entregamiento* y *entrego* m. ('acción de poner algo en manos de alguien', *G. de Alfarache*, *Cl. C.* V, 138.22; *entriego* en la ed. Rivad.

Enterar [Nebr., «enterar, restituir por entero: integro», «enterarse lo menguado: integrasco»], es derivado castellano del adjetivo *entero*, formado en fecha tardía, y tuvo al principio el sentido que tenía *entregar* en la lengua antigua, a saber 'restituir, reintegrar', único registrado en los dicc. de Fr. Domingo de Sto. Tomás (1560), C. de las Casas (1570), Percivale (1591) y aun el de Bertonio (1612) y conservado en el peruano Valverde (1657), y hoy todavía es 'pagar' en Colombia[2] y otras partes de América (Cuervo, *Ap.*, § 725), de donde *enterarse* ha pasado a 'cumplirse (un plazo)' en Chile (G. Maturana, *Cuentos Trad. en Ch.*, AUCh. 1934, iii, 29) y la Arg. (Draghi, *Canc. Cuyano*, 5, 569; G. House, *La Nación*, 10-VIII-1941); la ac. moderna 'informar' no aparece hasta Santa Teresa (1573), en Oudin (1607: «certifier, informer») y es ya frecuente en Cervantes, por lo común en la frase *enterarse en la verdad*[3], que sugiere que el punto de partida semántico sea la idea de 'reintegrarse o volver a la verdad'; pero me parece más probable que se pasara de 'pagar' a 'contentar, satisfacer (el deseo de saber algo)'[4], evolución que ya estaba en camino de cumplirse en el *entregar* medieval: «Frade, disso el bispo, téngotelo a grado, / porque obedecist tan bien a mio mandado: / maes aun non me tengo que so bien *entergado* ('satisfecho'), / si maes de tu façienda non so çertificado» (Berceo, *S. Mill.*, 80c; igual, con la variante *entregada*, en *Loores*, 212a), «acabada aquella fabla de la guisa que dicha es, el rey don Sancho, por que se non tovo por *entregado* de la respuesta que el rey don Alffonso le dava, demandol vista de cabo», *1.ª Crón. Gral.*, 498b1[5]; *enteramiento*.

Integrar; *integrable*, *integración*, *integrante*. *Integérrimo* [Góngora]. *Integral*. *Integridad*. *Integrismo*; *integrista*. *Reintegrar* [*Aut.*], *reintegrable*, *reintegración* [íd.], *reintegro* [íd.].

[1] Otras acs. de interés. 'Cobrar', opuesto a 'pagar', en Sem Tob, copla 650 («el dia con que plase / al que va ha *entregar* / de su debda, pesar fase / al que ha de pagar»). *Entregarse en algo* 'tomar posesión de ello' («quánto mexor es darle una bevida / con que se buelva loco, y en estando / ynábil para el ceptro del govierno, / con

gusto general obedezerme, / y *entregándome* yo *en* las fortalezas, / dar dellas y de mí, como a marido, / la posesión al duque?», Lope, *El Cuerdo Loco*, v. 685; análogamente en *La Ilustre Fregona*, *Cl. C.*, pp. 252 y 290), de donde quizá el mall. *entregar-se* 'presentarse'. *Entregar* 'dar de sí, alcanzar, poder cerrarse (un vestido)', en Cespedosa, *RFE* XV, 136. Véase además Hanssen, *Espicilegio Gramatical*, pp. 9-10 (tirada aparte de *AUCh*. 1911), y para el portugués antiguo, Nobiling, *ASNSL* CXXVI, 428-9. Para la conjugación antigua y dialectal del tipo *entriega*, que vemos en el Fuero Juzgo, en la *Comedia Josefina* de Carvajal, en el sevillano B. del Alcázar (ed. Rz. Marín, 144), en un pasaje arcaizante del *Quijote*, en *La Serrana de la Vera* de Vélez de Guevara (v. 3294), y hoy en la Arg. y en otras partes de América y de España, vid. Cuervo, *Obr. Inéd.*, p. 273, n. 13; Tiscornia, *BDHA* III, 142.—
[2] «Si no quieren ustedes servir de guías, *entérenme* una cuota equivalente a lo que un baquiano de buena voluntad pidiera por su servicio», E. Rivera, *La Vorágine*, ed. Losada, p. 79.— [3] La construcción es *enterarse en algo*, en la santa (*en que era bien que no fuesse adelante*) y por lo general en el *Quijote* (vid. el dicc. de Cej.), aunque aquí ya se halla también *enterarse de*, como en Fuenmayor (1595). Ej.: «Cuando Lorenzo vió a su hermana, y la acabó de figurar y conocer, que al principio la imposibilidad, a su parecer, de tal suceso no le dejaba *enterar en* la verdad... fué a arrojarse a los pies del Duque», *La Señora Cornelia*, ed. Hz. Ureña, p. 194.— [4] Comp. el ingl. *to be satisfied* 'estar seguro'.— [5] Del castellano procederá el cat. *enterar*, según suele admitirse (hoy la lengua literaria rechaza allí el uso del vocablo), aunque apenas es menos antiguo, pues *estar enterat de la veritat* ya se halla en documento barcelonés de 1601 (Moliné, *Consolat de Mar*, 320).

Enterocolitis, V. *entre*   *Enterrador, enterramiento, enterrar*, V. *tierra*   *Enterriar*, V. *tirria*   *Entesado, entesamiento, entesar*, V. *tieso*   *Entestado*, V. *testa*   *Entestar*, V. *atestar*   *Entestecer*, V. *tiesto* y *atestar*   *Entibación, entibador, entibar*, V. *estibar*   *Entibiadero, entibiar, entibiecer*, V. *tibio*   *Entibo*, V. *estibar*   *Entidad*, V. *ser*   *Entienza*, V. *tender*   *Entierro*, V. *tierra*   *Entiesar*, V. *tieso*   *Entigrecerse*, V. *tigre*

ENTIMEMA, 'especie de silogismo fundado en lo que parece claro', tomado del lat. *enthymēma, -ătis*, y éste del gr. ἐνθύμημα íd., derivado de ἐνθυμεῖσθαι 'deducir por un raciocinio', y éste a su vez de θυμός 'espíritu'. 1.ª *doc*.: princ. S. XVII (Paravicino, Quevedo; *Aut.*, s. v. *enthimema*).

Deriv. *Entimemático*.

Entina, V. *ontina*   *Entinar*, V. *tina*   *Entintar*, V. *teñir*   *Entirar*, V. *tirar*   *Entitativo*, V. *ser*   *Entizar*, V. *tiza*   *Entiznar*, V. *tizón*   *Entoadía, ento(da)vía*, V. *todo*   *Entoladora, entolar*, V. *tul*   *Entoldado, entoldadura, entoldamiento, entoldar*, V. *toldo*   *Entomizar*, V. *tomiza*

ENTOMOLOGÍA, compuesto culto del griego ἔντομον 'insecto' (derivado de ἐντέμνειν 'cortar a trozos', por los segmentos que los caracterizan) y λόγος 'tratado'. 1.ª *doc*.: Acad. 1884, no 1843.

Deriv. *Entomólogo; entomológico*.

Cpt. *Entomófilo*.

Entón, V. *entonces*   *Entonación, entonadera, entonador, entonamiento, entonar, entonatorio*, V. *tono*

ENTONCES, del lat. vg. *INTŪNCE*, íd., compuesto de IN 'en' y el lat. arcaico *TUNCE*, de donde salió el lat. TUNC 'entonces'. 1.ª *doc*.: *estoz* y *estončes* en el *Cid*; *estonz* y *entonz* en Berceo[1]; *entonçes*, h. 1250, *Setenario*, fᵒ 6vᵒ; J. Ruiz, 1469a (en el ms. *S*, escrito h. 1400, mientras que *G* y *T*, escritos un poco antes, traen *estonçe, entoçe*; en el propio *S* hay *entonçe* en 1282d y 1557d).

Hallamos además *estonz* (-*nç*) en *Alex.* 443 y en doc. leonés de 1246 (Staaff, 29.32); *estonçe* en *Fn Gonz.*, 69 (Rivad.); *estonzas* en *Alex.*, 1230; y todavía *stonces* en J. de Valdés, *Diál. de la L.*, 46.23, mientras que Nebr. ya da *entonces* (*Alex.*, 383, *entonça*, O). De la reducción *entoz*, ya documentada en un pasaje de Berceo, sale la forma asturiana *entós* o *ãtós*[2], mientras que el nuevomej. *ãtós* correspondería a *entonz* (*BDHA* I, 72); *entonce* vive en Cáceres, y hay *entuenci* en la Sierra de Gata y *entuences* en otras localidades de Salamanca (Araujo, *Est. de Fon. Kast.*, p. 15; Espinosa, *Arc. Dial.*, 11), forma que ya encontramos en comediógrafos del S. XVI (Lope de Rueda I, 148; II, 67; Rouanet, *Autos* III, v. 266), y que acaso se explique como *vergüenza* VERECUNDĮA; la reducción moderna *tonces* se oye vulgarmente en la Arg. y en otras partes; ast. *entós, entoncies, entoncia* (V). Una forma procedente de INTUNC, con la terminación clásica, se ha conservado en gallegoportugués (*entón, então*) y en algunas hablas leonesas (doc. de 1294, en Staaff, 101.95; ms. *O* del *Alex.*, 389d, 1686d), y es posible, pero dudoso, que de ahí venga el *entón* que hallamos en el Norte argentino (Alberto Córdoba, *La Prensa*, 29-VI-1941). Fuera del español y el portugués, los demás romances han perdido el uso de TUNC, por lo menos en su valor temporal (algunas hablas alpinolombardas conservan *tonc* o *tonca*, pero con el sentido de 'pues' que tienen el fr. *donc*, it. *dunque*, cat. *doncs*, oc. y cat. *doncas*[3]). En castellano se ha conservado la forma arcaica *TUNCE*, que ha de suponerse originaria respecto de la clásica TUNC, resultante de TUM íd. + la partícula demostrativa -CE (la misma que aparece en *hunc* ∼ *hunce*, en *nunc*, etc.; vid. Ernout-M.; Lindsay, *The Lat. Lang.*, etc.), sumándose a ella las preposiciones IN o EX: la combinación EX TUNC se halla ya en el galo San Avito († 515) y quizá en Apuleyo y Valerio Máximo (vid. Forcellini). La -*s* final es la llamada *s* adverbial.

¹ *Estonz* en *S. Or.* 134, *Duelo* 53, *Mil.* 18 y 54, *Sac.* 289; en una parte de estos pasajes hay variantes manuscritas *estonce* o *estonces*, pero el metro obliga a leer *estonz*; *entonze* en *S. Mill.*, 49, según el ms. *A* y *estonz* según los mss. modernos *ISR*, pero según el metro hay que leer así o *entonz*; *entoz* en *S. Mill.*, 363.— ² En tierras de Almería, en el habla rápida, se oye también *¿pwé ntóh ké?* (= *¿pues entonces qué?*).— ³ De ahí *doncas* en el *Fuero Juzgo*, citado por *Aut.* Para influjos occitanos en textos legales del castellano primitivo, vid. Lapesa, *Asturiano y Provenzal en el Fuero de Avilés*.

Entonelar, V. *tonel*   *Entongar*, V. *tonga*
Entono, V. *tono*   *Entontecer, entontecimiento*, V. *tonto*   *Entonz*, V. *entonces*   *Entoñar*, V. *tona y tonel*   *Entorcarse*, V. *torca*   *Entorchado, entorchar*, V. *antorcha*   *Entorilar*, V. *toro*   *Entormecimiento*, V. *dormir*   *Entornar, entornillar, entorno*, V. *torno*   *Entorpecedor, entorpecer, entorpecimiento*, V. *torpe*   *Entortadura, entortar, entortijar*, V. *torcer*   *Entosigar*, V. *tósigo*   *Entoz*, V. *entonces*   *Entozoario*, V. *zoo-*   *Entrabar*, V. *trabar*   *Entrada, entradero, entrado, entrador*, V. *entrar*   *Entramado, entramar*, V. *trama*   *Entrambos*, V. *ambos*   *Entramiento*, V. *entrar*   *Entramientre*, V. *mientras*   *Entramozo*, V. *altramuz*   *Entrampar*, V. *trampa*   *Entrante*, V. *entrar*

ENTRAÑA, del lat. INTERANĔA 'intestinos', neutro plural del adjetivo INTERANĔUS 'interno'. *1.ª doc.*: *entraina*, 2.ª mitad del S. X (Glosas de Silos, 239), grafía equivalente a *entraña*, que ya se halla en Berceo; comp. Cej. VI, § 11.

El adjetivo INTERANEUS, -ANEA, -ANEUM, y su neutro colectivo INTERANEA (Plinio, Columela; *Mulom. Chironis, ALLG* XIV, 123) no aparecen en latín hasta la época imperial (Plinio, Columela, etc.), y tendrían algún tinte vulgar, pues Vegecio al rehacer el texto de la *Mulomedicina Chironis* reemplaza aquél por *internus* (*ALLG* XII, 555). Son derivados de un adjetivo *ĬNTĔRUS, que se perdió después de dar el comparativo INTERIOR y el superlativo INTIMUS, pero quizá actuó de modelo el gr. ἔντερον. De INTERANEA proceden también no sólo el port. *entranha*¹ y cat. *entranya*² (antiguamente existió también *entràmenes* INTERAMĬNA), sino también las formas disimiladas oc. *entralha*, fr. *entraille*. Del castellano procede el it. *entragna* o *entragno* empleados desde poco antes de 1650

hasta Monti y Leopardi y caídos en desuso en el S. XIX (Zaccaria).

DERIV. *Entrañable* [APal. 221*d*, 377*d*; Nebr.]; también se dijo *entrañal* [Guevara, *Epístolas*, II, p. 298 (Nougué, *BHisp.* LXVI)]. *Entrañar* [Fr. Luis de León], también se dijo *entrañizar*. *Desentrañar* [1596, Fonseca], *desentrañamiento*. No conozco ejs. del adj. antiguo *entraño* 'interno' que la Acad. recoge ya en 1843.

¹ El gall. *entrana* (Castelao 202.32, 227.7; Vall.; etc.) no supone una base diferente: forma serie con *estrano, -ana, montana, espadana* (campanario de ∼).— ² Ya en el S. XIII, Lulio, *Doctr. Pueril*, p. 282.

Entrapada, entrapajar, entrapar, V. *trapo*   *Entrapazar*, V. *trapaza*

ENTRAR, del lat. ĬNTRARE íd. *1.ª doc.*: orígenes del idioma (*intrato*, en las Glosas de Silos; *entrar*, en el *Cid*, etc.).

Cej. VI, § 11. Para la construcción, que en la Edad Media y en los clásicos era *entrar en* o *entrar a* indiferentemente, mientras que hoy se ha fijado aquélla en España¹ y ésta en América, vid. Cuervo, *Ap.*, § 457².

DERIV. *Entrada* [1100; *BHisp.* LVIII, 359; *Cid*]. *Entradera* ast. 'escalera hecha en una cerca con piedras salientes a modo de peldaños, para servir de entrada a la heredad cercada' (V). *Entradero. Entrado. Entrador. Entrante. Entrático*, arag. Cultismos: *subintrar, subintrante, subintración*.

¹ Sin embargo el leonés, por lo menos en parte, va en este punto, como en otros tantos, con América: *entrar a* en Miranda de Duero, frente al portugués, donde a veces se dice así, pero generalmente se prefiere *entrar em* (Leite de V., *Philol. Mirand.* I, 473). Cuervo señala *entrar a* en el asturiano Jovellanos y además en los madrileños Moratín y Larra, pero aquél suele decir *entrar en* (dicc. de Ruiz Morcuende), y la otra construcción será arcaísmo literario en los dos.— ² Cuervo cita muchos ejs. de *entrar a* en clásicos y medievales, y no los da de *entrar en*. Conviene advertir, sin embargo, que esta última construcción no es menos frecuente desde los orígenes del idioma. Hay ya ejs. en el *Cid* (vid. M. P., p. 646) y en autores de todas las épocas, p. ej. *entrar en el baño, Conde Luc.*, ed. Hz. Ureña, p. 231; *entremos en nuestra idea, Quijote* II, lxxiii (*Cl. C.* VIII, 310). La variante *dentrar*, debida a influjo de *dentro*, favorecido por la ultracorrección de la tendencia vulgar a dejar caer la *d* entre vocales, es vulgar en toda América (hasta papiamento *drenta*, Hoyer, p. 56), pero también se oye en Aragón y en textos aljamiados de la misma procedencia (*Yúçuf* y Leyendas de José y Alejandro, en la ed. de M. P., § 38; Cuervo, *Ap.*, § 938; Corominas, *RFH* VI, 235).

Entrazado, V. *trazar*

ENTRE, prep., del lat. ĬNTER íd. *1.ª doc.*: orígenes del idioma (*Cid*, etc.).

El estudio de los usos de esta preposición, y los del prefijo correspondiente, pertenecen a la gramática, vid. M. P., *Cid*, 321, 390; Bello, *Gram.*, § 957; Hanssen, *Gram.*, §§ 497, 715; Cej. VI, § 11. Para la construcción americana *entre más... más* (o *entre más... menos*, etc., en el sentido de 'cuanto más...'), vid. Cuervo, *Ap.*, § 450 («el rico *entre más* gana, *más* se afana», refrán chileno, vid. Cannobbio). En antiguos documentos leoneses se hallan las variantes *ontre* y *untre* (así en doc. de 1185, escrito por notario portugués, Staaff, 2.6 y 9)[1], comp. el port. ant. *antre* (para el cual, vid. Leite de V., *RL* VIII, 69-70). En el idioma arcaico la combinación INTER (IL)LOS, INTER (IL)LAM se asimilaría dando en las hablas occidentales las combinaciones átonas *entelos, entela* (comp. gall.-port. *pelo, pela* PER ILLUM, PER ILLAM), como puede observarse en la *Crón. Troyana* en gallego del S. XIV[2]. De ahí ast. *entel, ente la* (*ente la verde y la madura* 'a medio sazonar' V), y de ahí luego ast. *ent'él, ent'ella, ent'elli, ent'ellos* (V).

DERIV. *Entro* prep. 'hasta', se halla sólo en algún antiguo texto aragonés (ejs. desde h. 1300, en Tilander, 386), procedente del lat. INTRO 'dentro', en abreviación de la locución INTRO USQUE 'hasta dentro de', y es corriente en cat. y oc. antiguos (*entrò* o *tro*). Cultismos: *interno* [med. S. XV, Diego de Burgos (C. C. Smith, *BHisp.* LXI); 1615, Villaviciosa], del lat. ĭntērnus íd., derivado de *inter*; *internar* [h. 1632, Conde la Roca]; *internado*. *Ínterin* [1575, Marmolejo, *H.ª Chile*, p. 203*b* (Nougué, *BHisp.* LXVI); 1595, Fuenmayor], tomado del lat. ĭntĕrim 'mientras tanto' o abreviadamente *inter*, en la locución *en el inter* [Marmolejo, p. 97*a* (Nougué, *BHisp.* LXVI); 1586, D. Torres], hoy muy empleada en la Argentina[3]; *interino* [*Aut.*], *interinar, interinario, interinidad*. *Interior* [Mena (C. C. Smith); h. 1570, Sta. Teresa], tomado de *interior, -ōris*, íd.; *interioridad*. *Íntimo* [h. 1440, A. Torre (C. C. Smith); h. 1580, Fr. L. de Granada], tomado del lat. ĭntĭmus 'lo que está más adentro'; *intimidad*; *intimar* [1492, *BHisp.* LVIII, 90; 1570, C. de las Casas], de *intimare* 'llevar adentro de algo', 'dar a conocer'; *intima, intimación, intimatorio*. *Intestino* [*entestinos, Calila* (*RFE* XL, 157); 1591, Percivale, en el sentido de 'tripas'; 1611, Covarr.; *estentinos, Alex.* 1925, ésta y la variante *estantines* viven hoy entre los judíos de Marruecos, en el Ecuador y en otras hablas vulgares —ast. *estantín*, V— y se halla ya en latín popular: *BRAE* XV, 61; *RFE* X, 77; *ASNSL* CXXXIX, 96, 497], de ĭntestīnus 'interior, intestino', *-tinum*, 'tripas', derivado de *intus* 'dentro', de la misma raíz que *inter*; *intestinal*. *Enteritis* [Acad. 1884, no 1843], derivado culto del gr. ἔντερον 'intestino', del mismo origen indoeuro-

peo que el lat. INTER; *entérico*; *disentería* [1555, Laguna], tomado del gr. δυσεντερία íd., formado con el prefijo δυς- que indica mal estado; *disentérico*.

CPT. *Enterocolitis* [Acad. 1899]; *enteralgia*, formado con ἀλγεῖν 'sufrir'.

Intrínseco [med. S. XV, Diego de Burgos (C. C. Smith)], tomado del lat. *intrinsĕcus* íd., compuesto con *secus* 'según, junto a'; *intrinsiqueza*, tomado del it. *intrinsichezza*, derivado del anterior.

[1] *Ontre* es muy frecuente también en la *Crón. Troyana* en gallego del S. XIV, en los *MirSgo.* (p. ej. 80.30), en las *Ctgs.* hay muchos casos (vid. Mettmann) y lo mismo en la *Gral. Est.* gall. («enlaçavan-as hũas *ontre* as outras» 88.29, etc.) y demás textos de la época. En las *Ctgs.*, es mucho más frecuente que *antre* y tanto o más que *entre*. No parece que se halle tanto en los textos antiguos de Portugal (no la citan los varios diccs. portugueses modernos ni antiguos que tengo a mano), aunque no falta algún caso, pues Gonçalo Eanes do Vinhal, que escribía h. 1269 y era mayoral de la Corte de Alfonso el Sabio, según Rds. Lapa era portugués, y escribió «non seguides *ontre* milhares» (Lapa, *Ctgs. d'Escarnho* 173.4) y Pedr' Anes Solaz, 2.ª mitad S. XIII, «a que oi *ontr'as* amenas» (Canc. Vat. 825.1 y 7). El cambio de *entre* en *antre* se explica fácilmente en una palabra átona, pero la o (o u) es mucho más difícil de comprender. Me parece bastante probable que se deba a un cruce con el gót. o suebo UNDAR, que además de 'debajo' significaban 'entre'. Esta ac., ya heredada del indoeur. ṇter, se documenta desde el principio en todas las lenguas germanas occidentales, y no es improbable que existiera en gótico, aunque ahí (como en escand.) sólo se documenta en compuestos, quizá casualmente.— [2] Análogamente *sober las*, con conservación de la *l* del artículo, combinación que luego se convierte en *sobre las*, en el mismo texto gallego (*sobre las armaduras tragia...*, f° 11 r° del ms.).— [3] Una mutilación popular análoga debió de dar nacimiento al vocablo del gallego actual *intre* 'momento': «é no *intre* en que... o fume das tellas, mesto e leitoso, vaise esparexendo no fondo do val», «faime cavilar no *intre* de vida en que foi escrito» Castelao 155.3, 191.10, 89.1, 89.24. La glosa de Lugrís «*intre*: interim» no es más que un supuesto etimológico, aunque quiera pasar por definición.

ENTRE-: se han omitido en este diccionario muchos derivados formados con este prefijo, cuando no son de uso frecuente ni presentan variantes de importancia respecto de la base semántica del primitivo.

Entreabrir, V. *abrir*   *Entreacto*, V. *acto*   *Entrecano*, V. *cano*   *Entrecava, entrecavar*, V. *ca-*

var   *Entrecejo*, V. *ceja*   *Entrecielo*, V. *cielo*
Entrecinta, V. *cinta*   *Entrecogedura, entrecoger*,
V. *coger*   *Entrecomar*, V. *coma* I   *Entrecor-*
tado, entrecortadura, entrecortar, V. *corto*   *En-*
trecruzar, V. *cruz*   *Entrecuesto*, V. *cuesta*
Entrechocar, V. *chocar*   *Entredecir, entredicto*,
entredicho, V. *decir*   *Entredós*, V. *dos*   *En-*
trefino, V. *fino*   *Entrega, entregado, entregador*,
entregamiento, V. *entero*   *Entregar*, V. *entero y*
apretar   *Entregerir*, V. *injerir*   *Entrego*, V.
entero   *Entrelazamiento, entrelazar*, V. *lazo*
Entrelínea, entrelinear, entreliño, V. *línea*   *En-*
trelubricán, V. *lobo*   *Entremediar, entremedias*,
V. *medio*

ENTREMÉS, tomado del cat. *entremès* 'manjar entre dos platos principales', 'entretenimiento intercalado en un acto público', el cual procede, quizá por conducto del fr. ant. *entremès* íd., del lat. ĭNTERMĭSSUS, participio de ĭNTERMĭTTERE 'intercalar', derivado de MĬTTERE. *1.ª doc.*: Juan de Mena y Alonso de Cartagena, ambos † 1456.

También se halla en las Crónicas de Juan II y de Álvaro de Luna, escritas h. 1460, en la de Enrique IV, que es de 1474-92 y en la de Lucas de Iranzo, de la misma época. En todas ellas tiene el sentido de 'diversión que forma parte de un acto público y solemne', p. ej. en un torneo, en la recepción de un príncipe, etc.; podía consistir en una justa en que tomaban parte caballeros, en bailes y cantos, etc.[1]; en Torres Naharro es 'divertimiento musical, serenata', y en Mena toma la ac. secundaria 'broma, burla' (Gillet, *Propaladia* III, 552-3). La primera indicación clara de que tomaban carácter dramático está en un doc. zaragozano de 1487, donde se habla de un *entremés de los pastores* representado en unos *cadalsos;* pero el vocablo no quedó fijado en el sentido definitivo de pieza dramática jocosa y breve, intercalada en la representación de una obra seria, hasta med. S. XVI, reemplazando así a lo que se había llamado *passo.* La otra ac., 'manjar secundario entre dos platos', se halla ya en APal. («acaesce saciedad y hartura viendo muchas maneras de *entremeses*», 435b).

En catalán ésta aparece desde 1381, y la otra se halla ya en Serradell (S. XV o más bien XIV), con gran abundancia desde la primera mitad del S. XV, y ya en 1415 (vid. Ag.; Cotarelo, *NBAE* XVII, pp. liv-lx; L. Rouanet, *Intermèdes Espagnols du XVII.ᵉ Siècle*, introducción; Cej., Voc.); recuérdese el desarrollo más temprano del teatro en la literatura catalana que en castellano. En Francia tenemos claramente aquélla ya en el *Roman de la Rose* (h. 1300), y ésta es la que debe figurar—a juzgar por el contexto—en el poema *Gauvain*, que parece ser del S. XIII; en cuanto al ej. más antiguo del vocablo, en Marie de France (fines del S. XII), el sentido es aplicación figurada que puede basarse en cualquiera de las dos[2]. No

es, pues, exacto que el sentido 'hors-d'oeuvre' sea más antiguo que el otro, y por lo tanto no hay fundamento suficiente para considerar que es compuesto francés de *entre* y el fr. ant. *mès* (hoy *mets*) 'plato o servicio en una comida'; es más probable que sea el antiguo participio de *entre-mettre* (puesto que *mis* es forma analógica y secundaria) o la continuación del participio del verbo latino correspondiente, ĭNTERMĭSSUS. La falta de *-o* en castellano denuncia claramente el vocablo como tomado del catalán; en este idioma no es posible decidir por ahora si es forma autóctona o procedente de Francia; desde luego debe rechazarse la idea de que alguno de estos vocablos venga del it. *intermezzo.*

DERIV. *Entremesear*, antiguamente *entremesar* [1605, López de Úbeda, p. 93*a* (Nougué, *BHisp.* LXVI)]. *Entremesil. Entremesista.*

[1] Así todavía en una pieza de la escuela de Juan del Encina, publicada en Valencia en 1537: «O qué altas alamedas / llenas de avezitas ledas / que cantan sus *entremeses*», Rennert *RH* XXV, 292. Análogamente en APal. 370*d* y en otro pasaje.— [2] Hablando de una cena se dice: «un *entremés* i out plenier, / qui mout plaiseit al chevalier: / kar s'amie baiseit sovent / e acolot estreitement», *Lai de Lanval*, v. 185. Para otros ejs. vid. God. IX, 488-9. La de 'entretenimiento, diversión' se halla todavía h. 1600 (Pasquier), pero es arbitrario decir con Gamillscheg que no aparece hasta esta fecha, pues el corto trozo de *Gauvain* que cita God. basta para ver que no se trata de un manjar («A un vallet a li rois dit / que il voist l'*entremes* haster»). Hay además otros ejs.

Entremetedor, entremeter, entremetido, entremetimiento, V. *meter*   *Entremiche*, V. *medio*
Entremiente, V. *mientras*   *Entremijo, entremiso*,
V. *meter*   *Entrencar*, V. *trenca*   *Entrenudo*,
V. *nudo*   *Entrenzar*, V. *trenza*   *Entrepalma-*
dura, V. *palma*   *Entrepanes*, V. *pan*   *Entre-*
pañado, entrepaño, V. *paño*   *Entrepernar*, V.
pierna   *Entrepezar*, V. *tropezar*   *Entrepier-*
nas, V. *pierna*   *Entrepretado*, V. *pecho*   *En-*
trés, V. *tres*   *Entresaca, entresacadura, entresa-*
car, V. *sacar*   *Entreseña*, V. *seña*

ENTRESIJO, 'mesenterio, tela llena de gordura que cubre el abdomen por delante, en medio del vientre', derivado de un verbo *entrasijar 'ceñir por las ijadas', también *trasijar*, que a su vez procede del lat. TRANS 'a través' + ĪLĬA 'vientre, ijadas'. *1.ª doc.: entresijo*, 1475, G. de Segovia (p. 51).

Por este texto vemos que se pronunciaba antiguamente con *s* y con *j* sonoras. *Aut.* cita ejs. de los SS. XVI y XVII, y agrega la locución *tener alguna cosa muchos entresijos* 'muchas interioridades, mucha reserva'. Hoy sigue empleándose en Cespedosa («*entresijo*: la manteca adherida al intestino», *RFE* XV, 273) y en otras partes; en Andalucía se le da el valor de 'comisura de los labios', a juzgar por el ej. de Estébanez Calderón (escrito con ceceo, *entrecijo*), que cita Cej., *Voc.* Pueden rechazarse sin vacilar la etimología de Tallgren (que equipara con el port. *entresseio* 'cavidad', 'tortuosidad', derivado de *seio* 'seno', a pesar de la imposibilidad fonética), y la de la Acad. (*INTRINSICULUS, diminutivo de INTRINSĔCUS 'interiormente', sumamente inverosímil, entre otras razones, porque este vocablo en latín es sólo adverbio). Por otra parte está claro que debe existir relación estrecha con el port. *entresilhado* «magro, enfraquecido; esgrouviado», *entresilhar* «tornar entresilhado; emmagrecer, enfraquecer» (Fig.), variante clara del cast. *trasijado* 'que tiene los ijares recogidos por no haber comido', 'muy flaco'. Claro está que hubo invasión del prefijo *entre-* en lugar de la antigua inicial *entra-*, tal como lo observamos, p. ej., en la *Celestina* en la forma *entreñable* (ed. 1902, p. 14.2). Quevedo en los *Sueños* emplea un vocablo *trasijo*, que Cej. explica (según Fcha.) como procedente «de *trasijado* o estrecho de ijares», y aunque ignoro el significado exacto por no hallarse este libro a mi alcance, es forma de todos modos interesante para el origen de *entresijo*. Este vocablo significaría primero 'la acción de ceñir por los ijares o flancos del cuerpo' y después se aplicaría a la tela que cubre el vientre de una parte a otra. La forma aragonesa es *entresillo* «sagí», viva en la Puebla de Híjar (*BDC* XXIV, 168; *RDTP* VII, 216). La segoviana *entrijo* «las tripas con la grasa del cerdo», empleada en Cuéllar, viene de *entre* + *ijar*; allí mismo *desentrijar* «separar la grasa de las tripas del cerdo», que puede ser *des-* + *entrijo* (o bien metátesis de *entresijar* > *esentrijar), *BRAE* XXXI, 154, 153. Al étimo *INTRORSICULUS de *GdDD* 3533a se opone entre otras cosas, además de la *-e-*, la *s* sonora del portugués y del castellano antiguo.

DERIV. Sajambre *desentrellizar* [< *desentresillar, con metátesis y adaptación al sufijo *-izar*] 'quitar la grasa pegada alrededor de la tripa del animal muerto' (Fz. Gonzz. *Oseja*, 249); *entrellenza* 'dicha grasa' (ibid., 258) quizá sea derivado regresivo del verbo.

Entresuelo, V. *suelo* *Entretalla, entretalladura, entretallamiento, entretallar*, V. *tajar* *Entretanto*, V. *tanto* *Entretejedor, entretejedura, entretejer, entretejimiento*, V. *tejer* *Entretela, entretelar*, V. *tela* *Entretención, entretenedor, entretener, entretenida, entretenido, entretenimiento*, V. *tener* *Entretiempo*, V. *tiempo*

ENTREVAR, gnía., 'entender', 'conocer', tomado del fr. jergal *enterver* 'entender', fr. ant. *enterver* 'interrogar', y éste del lat. INTERRŎGARE íd. 1.ª doc.: 1599, *G. de Alfarache*.

M. P., *RFE* VII, 36. Está también en *El Rufián*

Dichoso, el *Rinconete* y otras obras cervantinas, así como en romances germanescos publicados por Hidalgo (Hill, s. v.), quizá anteriores a M. Alemán. Juan Hidalgo (1609) registra *entrevar* 'entender' como voz de germanía. Lo más común es la frase *entrevar la flor* en el sentido de 'comprender una treta': así en *G. de Alfarache*, Cl. C. II, 70.12, 154.9, y en otros pasajes de esta obra, o en Ruiz de Alarcón, *La Verdad Sospechosa*, Cl. C., 35. Pero también puede llevar otro complemento: «CLARA: si vays, como ya os espero, / llebaos con vos a Mendoza. / MENDOZA [criado]: Encájome, ya lo *entrevo*» (Lope, *El Marqués de las Navas*, v. 822), «hay poetas... que escriben trovas que no hay diablo que las entienda. Yo, a lo menos, aunque soy Barrabás, éstas que ha cantado este músico de ninguna manera las *entrevo*» (*La Ilustre Fregona*, Cl. C., 277). En todas partes el tono es familiar, jocoso o popular, pero en el ej. siguiente, por lo menos, figura en frase netamente germanesca: «—No entendemos esa razón, señor galán—respondió Rincón—. ¿Qué no *entrevan*, señores murcios?—respondió el otro» (*Rinconete y Cortadillo*, Cl. C., 156). Más ejs. en Fcha. y en *Aut.* (aquí uno de M. Alemán y otro de Quevedo en el sentido de 'conocer'). Por la misma época, y aun antes, el fr. *enterver* pertenecía a un argot, como se ve por su aparición en *La Vie généreuse des Mercelots, Gueuz et Bohémiens* (1596), con toda probabilidad en Coquillart († 1510) y ya se documenta con abundancia en el S. XV (vid. Sainéan, *Les Sources de l'Argot Ancien*, II, s. v.); hoy en la jerga parisiense, con el significado 'saber' o 'entender' (A. Thomas, *Rom.* XLII, 402-3), y en una jerga del Jura es esto último; este significado se halla ya varias veces en romans y poemas de los SS. XIII y XIV (God., III, 262); pero el primitivo fué 'interrogar' (así en *Les Chetifs*), conservado también en oc. ant. *entrevar*. En francés está clara la evolución fonética INTERRO(G)ARE > INTERRUARE > *enterver* (como JANUARIUS > *janvier*); en lengua de Oc y castellano hubo luego trasposición de la *r* por influjo del prefijo *entre-*, pero ni la fecha, ni el significado ni el carácter germanesco permiten suponer que *entrevar* se tomara del occitano. Otros representantes populares de INTERROGARE, éstos con carácter autóctono, son el ast. *entrugar* (<*entreugar < *enterguar) 'preguntar, interrogar', ast. occid. *entroyar* 'preguntar' (Acevedo-F.), ast. *entruga* 'pregunta' (M. P., *RFE* VII, 35), y el rum. *întrebà*. La evolución semántica 'someter a interrogatorio a una persona', > 'entender sus propósitos' > 'entender' > 'conocer' es fácilmente comprensible.

DERIV. *Entrevo* [1609, romance de J. Hidalgo, en Hill].

Entrever, V. *ver* *Entreverado, entreverar, entrevero*, V. *vario* *Entrevista, entrevistarse*, V. *ver* · *Entricar*, V. *intricar* *Entriega, entriego*,

V. *entero* Entrijo, V. *entresijo* Entrillado,
entrillar, V. *trillar* Entripado, V. *tripa* En-
tristar, entristecedor, entristecer, entristecimiento,
V. *triste* Entrizar, V. *triza* Entro, V. *entre*
Entroido, V. *antruejo* Entrojar, V. *troj*
Entrometer, entrometido, entrometimiento, V. *meter* Entronar, V. *trono* Entroncamiento, en-
troncar, V. *tronco* Entronecer, V. *tronado*
Entronerar, V. *tronera* Entronización, entroni-
zar, V. *trono* Entronque, V. *tronco* Entro-
pezado, entropezar, entropiezo, V. *tropezar* En-
tropillar, V. *tropa* Entroyar, V. *entrevar*

ENTRUCHAR, 'entender', 'engañar', palabra
jergal, común al castellano y al port. *entrujar*, de
origen incierto; como antiguamente se encuentra
entrujársele a uno (algo) por 'parecerle (una cosa)'
quizá sea alteración de ANTOJARSE. 1.ª *doc.:*
entrujar y *entruyar*, Rodrigo de Reinosa, h. 1513;
entruchar, 1609, Juan Hidalgo.

Reinosa emplea el vocablo muchas veces como
verbo transitivo, al parecer ya con el sentido de
'entender, comprender', vid. Hill, s. v., y Cej.,
Voc.; igual en la *Farsa del Mundo* de Hernán
López de Yanguas (S. XVI), pero con interesante
variante en el vocalismo: «Hermitaño: ¿Porqué con
el Mundo tan gran amor tienes? / Apetito: Porque ha prometido de darme mil bienes. / Her.:
Mal has conocido su falso respecto. / Ape.: De
vero yo *entruejo* que nunca su aspecto / miraron
tus ojos, según que porfías» (Rouanet, *Col. de
Autos* IV, 411); y en la *Farsa Ardamisa* de Diego
de Nogueruela (Fcha.). Juan Hidalgo define *entruchar* como 'entender'[1] y *entruchado* 'entendido
o descubierto'. Pronto aparece el vocablo con el
nuevo sentido que *Aut.* define «atraer con disimulo y engaño, usando de artificios, medios y palabras para coger a uno y meterle en alguna dependencia», *entruchada* «operación hecha a escondidas con dissimulo, y de ordinario con malicia
y engaño; es término muy usado en Germanía»;
con complemento de cosa, *entrujar* es 'estafar, obtener con engaño', en el *Rinconete y Cortadillo:*
«las inmunidades de su cofradía... eran... entrar
a la parte desde luego con lo que *entrujasen* los
hermanos mayores, como uno dellos» (*Cl. C.,* 174,
que Rz. Marín entiende arbitrariamente por 'aportar al acervo común', pensando en derivar de
troje o *truja* 'depósito de la aceituna'), evolución
semántica fácil de comprender, pues *entruchar*,
lo mismo que *entrevar*, tendía como voz germanesca a llevar por complemento palabras que sig-
nificasen 'trampa, engaño, flor' (V. el ej. de Quiñones), y *entrevar la flor* o *entruchar la engañifa*
acababa por significar 'conocerla y practicarla'; el
caso es que hoy *entruchar* o *entruchilar* es simplemente 'engañar' en Salamanca, y el port. *in-
trujar, intrugir,* término jergal o meramente popular, es «burlar; lograr; desfrutar com astúcia»,
aunque el segundo puede conservar además el

sentido de 'comprender' (Fig.; Gonç. Viana, *Apost.*
I, 393).

Para el origen, sobre todo en vista del *entruejo* de López de Yanguas, pueden ser muy
orientadores los dos ejs. siguientes: «habrá doce
años y más que nascí, / por San Junco santo, según *se me entrueja* ['me parece, entiendo'], / que
ando cantando, diciendo en la igreja, / «la, sol, fa,
mi, re», y más que sabía» (Lope de Rueda, ed.
Acad. II, 400), «se me ha olvidado por do va /
la calle para la igreja; / mas ésta me lo dirá, / que
parez que viene acá / si quizás no *se me entrueja*»
(Seb. de Horozco, *Auto del Villano*), es decir, 'p
a no ser que sólo me lo parezca'. Parece claro que
esto es variante del verbo *antojarse*, con diptongación leonesa: de *antojársele a uno algo* se pasó
a *entrujar uno algo*, por un cambio de construcción del que hay muchos ejemplos. Del castellano
pasaría al portugués y al val. *entrutxar* (ya Sanelo). La alteración de *antojar* en *entrujar* puede
explicarse de varias maneras, pero quizá lo más
sencillo es suponer que hubo confusión parcial
de este vocablo con *antruejar* 'burlarse, hacer
bromas de Carnaval' (V. ANTRUEJO), con el
cual se acercó semánticamente al tomar *entrujar*
el significado de 'engañar, burlar a alguien'[2]. El
cambio de -*j*- en -*ch*- puede explicarse por influjo de *truchimán*, o bien admitiendo que a fines
del S. XVI el vocablo pasó del habla leonesa y
pastoril a la germanía de la Corte, donde ya se
había cambiado el sonido de ž en jota moderna,
mientras que aquél se conservaría en Extremadura y otras hablas occidentales, como todavía se
conserva en parte en Cáceres y Sierra de Gata.

No convencen las varias etimologías propuestas:
intruso (A. Coelho), *entorchado* o *truchimán* (Spitzer, *Lexik. a. d. Kat.,* 133n.), imposibles aquéllas
por razón semántica y ésta por no explicar la desaparición de -*man;* la única que merece discusión
es la otra propuesta alternativamente por este erudito fr. jergal *trucher* 'mendigar fraudulentamen-
te', que a su vez sería derivado del gasconismo
truc «tour d'adresse» (<'golpe', del germánico);
este vocablo es francés desde 1642 (su derivado
trucheur, ya en 1636), y podría ser algo más antiguo, pero no nos explicaría las tempranas formas españolas de comienzos del S. XVI, con su
j, su diptongo y su significado radicalmente distinto. Véase también M. L. Wagner, *VKR* X, 18.
Finalmente se deberá examinar la posibilidad de
que la forma primitiva sea el port. *intrugir* y que
éste venga del lat. *intellegere* (pasando por *entelgir, *entolgir*). Sumamente inverosímil una formación *INTRUSICULARE (*GdDD* 3536).

Deriv. *Entruchada. Entruchado. Entruchón.*

[1] Así en Quiñones de B.: «en ese mar de la
Corte / donde todo el mundo campa, / toda engañifa se *entrucha* / y toda moneda pasa», *NBAE*
XVIII, 574.— [2] Para completar la documentación
anoto que en la *Farsa de Juan de París* (1536)

entrujar llega al significado 'decir, intimar' (¿pasando por 'dar a entender'?): «Pues mi bendición / y también la del asno os *entrujo* que ayáys», dice un pastor a dos que se casan (Kohler, *Spanische Eklogen*, p. 347).

Entrudar, V. *antruejo* *Entruénzano*, V. *untar* *Entrugar*, V. *entrevar* *Entrujar*, *entruyar*, V. *troj* y *entruchar* *Entubar*, V. *tubo* *Entuences*, V. *entonces* *Entuerto*, V. *torcer* *Entullecer*, V. *tullir* *Entumecer, entumecimiento, entumirse*, V. *tumor* *Entunicar*, V. *túnica* *Entupir*, V. *tupir* *Enturbiamiento, enturbiar*, V. *turbio*

ENTUSIASMO, tomado del gr. ἐνθουσιασμός 'arrobamiento, éxtasis', derivado de ἐνθουσιάζειν 'estar inspirado por la divinidad', que a su vez procede de ἐνθουσία 'inspiración divina', y éste de ἔνθους 'inspirado por los dioses', derivado de θεός 'dios'. *1.ª doc.*: 1626, Pellicer.

DERIV. *Entusiasta* [Terr.; Acad. ya 1843], del fr. *enthousiaste* [1544], derivado culto de la citada palabra griega. *Entusiástico* [Terr.; 1851, Baralt], copiado del ingl. *enthusiastic* [1603], que a su vez se tomó de ἐνθουσιαστικός íd. *Entusiasmar* [Acad. ya 1843].

Enumeración, enumerar, enumerativo, V. *número* *Enunciación, enunciado, enunciar, enunciativo*, V. *nuncio* *Envacar*, V. *vaca* *Envaer*, V. *desvaído* *Envainador, envainar*, V. *vaina* *Envalentonar*, V. *valer* *Envalijar*, V. *valija* *Envanecer, envanecimiento*, V. *vano* *Envaramiento, envarar*, V. *vara* *Envarbascar*, V. *verbasco* *Envarescer*, V. *vara* *Envaronar*, V. *varón* *Envasador, envasar, envase*, V. *vaso* *Envedijarse*, V. *vedija* *Envegarse*, V. *vega* *Envejecer, envejecido, envejecimiento*, V. *viejo* *Envelar*, V. *velo* *Envenenar*, V. *veneno* *Enverar*, V. *vario* *Enverdecer*, V. *ver* *Envergada, envergar, envergadura*, V. *verga* *Envergonzar*, V. *vergüenza* *Envergue*, V. *verga* *Enverjado*, V. *verja* *Envernar*, V. *invierno* *Envero*, V. *vario* *Enversado, envés, envesado, envesar*, V. *verter* *Envestir*, V. *embestir* *Enviada, enviadizo*, V. *vía* *Enviajado*, V. *viaje II* *Enviar*, V. *vía* *Enviciar*, V. *vicio* *Envidar*, V. *invitar* *Envidia, envidiar, envidioso*, V. *ver* *Envido*, V. *invitar* *Envigar*, V. *viga* *Envilecer*, V. *vil* *Envilortar*, V. *vilorta* *Envinagrar, envinar*, V. *vino* *Envío, envión*, V. *vía* *Envirar, envirotado*, V. *vira* *Envisar*, V. *avisar* *Enviscar*, V. *visco* y *guizque* *Enviso*, V. *ver* *Envite*, V. *invitar* *Enviudar*, V. *viuda* *Envolatarse*, V. *alborotar* *Envolcarse*, V. *volcar* *Envoltorio, envoltura, envolvente, envolver, envolvimiento, envuelto*, V. *volver* *Enxencle*, V. *enclenque* *Enyerbarse*, V. *hierba* *Enyertar*, V. *yerto* *Enyesar*, V.

yeso *Enyescarse*, V. *yesca* *Enyugar*, V. *yugo* *Enyuntar*, V. *uncir*

ENZA, murc., 'señuelo', del val. *enza*, variante del cat. *enze* íd., procedente del lat. ĬNDEX, -ĬCIS, 'indicador, revelador'. *1.ª doc.*: *ensa*, 1903, en el aragonés de Segorbe (Torres Fornés); *enza*, en el murciano Orts, 1909 (García Soriano).

El cat. *enze* m. ha tomado hoy el significado traslaticio 'tonto, babieca', pero antiguamente se halla *fer enze de* 'hacer ademán de (algo)'; la ac. material se conserva en el Reino de Valencia, donde ha tomado la forma secundaria *enza* f. (*ensa* ya en los vocab. de Sanelo y de Lamarca, SS. XVIII-XIX), y de ahí ha pasado al castellano limítrofe de Segorbe (*ensa*), de Pedralva (prov. de Valencia: *enza*, Nicolau Primitiu, *El Bilingüisme Valencià*, p. 34) y de Murcia (G. Soriano, Lemus). Indicó ya la etimología Spitzer, *Neuphil. Mitt.*, 1913, 157ss. Otro representante hispánico de ĬNDEX es el port. *éndes* o *endês* 'huevo para atraer las gallinas a que incuben'; de esta forma primitiva, pero con un sentido comparable al catalán, debe venir el bazt. *endes* «personne négligée», que se pronuncia en Sule (con artículo) *endeza* (con *dz* = cat. *tz*).

Enzainarse, V. *zaino* *Enzalamar*, V. *zalama* *Enzamarrado*, V. *zamarra* *Enzarzar*, V. *zarzo*

ENZIMA, derivado culto del gr. ζύμη 'fermento', con el prefijo ἐν 'en, dentro de'. *1.ª doc.*: Acad. falta aún 1899.

Enzootia, V. *zoo-* *Enzoquetar*, V. *zoquete* *Enzunchar*, V. *zuncho* *Enzurdecer*, V. *zurdo* *Enzurizar*, V. *zuriza* y *suizo* *Enzurronar*, V. *zurrón* *Eñader*, V. *añadir*

EOCENO, compuesto culto del gr. ἠώς 'aurora' con καινός 'nuevo', por formar el punto de partida del terciario. *1.ª doc.*: falta aún Acad. 1899.

CPT. *Eolito* [íd.], compuesto de ἠώς con λίθος 'piedra'.

Eón, V. *edad* *Epa*, V. *upa*

EPACTAS, tomado del lat. *epactae* íd., y éste del gr. ἐπακταὶ ἡμέραι 'dias introducidos o intercalados', de ἐπακτός, adjetivo verbal de ἐπάγειν 'traer, introducir', derivado de ἄγειν 'conducir'. *1.ª doc.*: 1601, Mariana.

DERIV. *Epactilla*.

Epanadiplosis, V. *diploma* *Epanáfora*, V. *metáfora* *Epanalepsis*, V. *epilepsia* *Epanástrofe*, V. *anástrofe* *Epanortosis*, V. *orto-*

EPECHA, nav., 'reyezuelo', tomado del fr.

épeiche 'pico verde, especie de pájaro carpintero', el cual procede a su vez del a. alem. ant. *spech* id. (alem. *specht*). Es también vasco *epeix, txepeix*, 'reyezuelo' (a. nav. y vizc.): Michelena, *BSVAP* XI, 289. *1.ª doc.*: Falta aún Acad. 1899.

Gamillscheg, *EWFS*, 371*b*.

Epéntesis, epentético, V. *tesis*

EPERLANO, del fr. *éperlan* íd., y éste del fráncico *SPIRLING íd. (alem. *spierling*, neerl. *spirling*). *1.ª doc.*: Acad. 1817, no 1783.

Gamillscheg. *EWFS*, 371*b*.

Épica, V. *épico*   *Epicarpio*, V. *carpio*

EPICEDIO, 'endecha, elegía sobre un cadáver', tomado del lat. *epicēdīon* íd. y éste del gr. ἐπικήδειος 'fúnebre', derivado de κῆδος 'cuidado', 'luto', 'funerales'. *1.ª doc.*: 1580, Fernando de Herrera.

Cultismo muy raro. Se cita una variante *epiceyo*.

Epiceno, V. *cenobio*   *Epicentro*, V. *centro* *Epiceyo*, V. *epicedio*   *Epicíclico, epiciclo, epicicloide*, V. *ciclo*

ÉPICO, tomado del lat. *epĭcus* y éste del gr. ἐπικός íd., derivado de ἔπος, ἔπους, 'palabra', 'recitado', 'verso, especialmente el épico'. *1.ª doc.*: 1580, F. de Herrera.

Está también en el *Quijote* y en Covarrubias, pero no en APal., Nebr., la *Celestina*, C. de las Casas, Percivale ni Oudin.

DERIV. *Épica*.

CPT. *Epopeya* [Polo de Medina, † h. 1650], tomado de ἐποποιία 'composición de un poema épico', 'epopeya', compuesto con ποιεῖν 'hacer'.

Epidemia, epidemial, epidemicidad, epidémico, V. *democracia*   *Epidermis*, V. *dermatosis* *Epífisis, epifito*, V. *físico*   *Epifonema*, V. *fónico*   *Epigástrico, epigastrio*, V. *gástrico*   *Epiglosis, epiglotis*, V. *glosa*   *Epígono*, V. *génesis*   *Epígrafe, epigrafía, epigráfico, epigrafista, epigrama, epigramatario, epigramático, epigram(a)(t)ista*, V. *gráfico*

EPILEPSIA, tomado del lat. *epĭlepsĭa* y éste del gr. ἐπιληψία 'interrupción brusca', 'epilepsia', derivado de ἐπιλαμβάνειν 'coger, interceptar, atacar', y éste de λαμβάνειν 'coger'. *1.ª doc.*: *epilencia*, V. Burgos, 1494 (*DHist.*, s. v. *catalencia*); Ocampo, *Crón. Gral.*, 1543; *epilepsia*, 1582-5, Fr. Luis de Granada.

Figura también en Percivale (1591), Ribadeneira, Oudin y Covarr., pero no en APal., Nebr., la *Celestina*, C. de las Casas (1570) ni en fuentes medievales. Se empleaba antes *gota coral*; comp. también *ALFERECÍA*.

DERIV. Todas las palabras de esta familia son también cultismos. *Epiléptico* [*epiléntico*, APal., 19*b*, 86*d*, 136*b*; *epiléptico* ibíd., 65*b*, y Paravicino, † 1633], tomado de *epileptĭcus*, y éste de ἐπιληπτικός íd.

Analéptico, de ἀναληπτικός íd., derivado de ἀναλαμβάνειν 'volver a tomar, recuperar'. *Epanalepsis* [Fdo. de Herrera, *Anot.*, p. 101], de ἐπανάληψις 'repetición', derivado de ἐπαναλαμβάνειν 'volver a empezar'.

Catalepsia [*catalencia*, 1494, V. Burgos; *catalepsi*, med. S. XVIII, T. Villarroel; *catalepsia*, Acad. 1884, no 1843], de κατάληψις íd., derivado de καταλαμβάνειν 'apoderarse de', 'atacar (una enfermedad)'; *cataléptico* [APal., 65*b*], de καταληπτικός íd. *Prolepsis*, de πρόληψις, de προλαμβάνειν 'coger de antemano'. *Silepsis* [*Aut.*], de σύλληψις íd., de συλλαμβάνειν 'juntar'; *sílaba* [h. 1250, *Setenario*, f° 9r°; *Alex.*, 2d; APal. 17*b*, 453*d*, *sílabe*, 379*d*; -*ba*, Nebr., etc.], de *syllăba* íd., y éste de συλλαβή íd.; *silabario; silabear* (también se ha dicho *silabicar*, Nebr., *silabizar*, *silabar*), *silabeo; silábico; sílabo*, de *syllabus* 'lista, sumario'.

Epilogación, epilogal, epilogar, epilogismo, epílogo, V. *lógico*

EPÍMONE, tomado del gr. ἐπιμονή 'perseverancia', 'insistencia, desarrollo laborioso del discurso', derivado de ἐπιμένειν 'perseverar', y éste de μένειν 'permanecer'. *1.ª doc.*: 1580, F. de Herrera.

Término raro de retórica.

EPINICIO, tomado del lat. *epīnīcĭon*, y éste del gr. ἐπινίκιον íd., derivado de νίκη 'victoria'. *1.ª doc.*: Terr.; Acad. 1884, no 1843.

EPIPLÓN, tomado del gr. ἐπίπλοον íd. *1.ª doc.*: 1939, Acad., 16.ª ed., Supl.

Epiquerema, V. *quiro-*

EPIQUEYA, alteración del gr. ἐπιείκεια 'equidad', derivado de ἐπιεικής 'mesurado', 'equitativo'. *1.ª doc.*: 1454, Arévalo, *Suma*, p. 300*b* (Nougué, *BHisp.* LXVI); 1491, Rodrigo Zamorano (*Aut.*, s. v. *epicheya*). Nota de M. Bataillon, *RFE* XXXV, 119-22 (con datos desde 1493).

Episcopado, episcopal, episcopalismo, V. *obispo*   *Episcopio*, V. *telescopio*   *Episcopologio*, V. *obispo*

EPISODIO, tomado del gr. ἐπεισόδιον 'parte del drama entre dos entradas del coro', 'accesorio', derivado de εἴσοδος 'entrada', y éste de ὁδός 'camino' con prefijo εἰς- 'adentro'. *1.ª doc.*: 1615, *Quijote*.

También en Lope, pero falta todavía en Percivale (1591), Oụdin y Covarr. (1611).

DERIV. *Episódico. Éxodo* [1596, Fonseca], tomado del gr. ἔξοδος 'salida', derivado de ὁδός. *Método* [1611, Covarr.; 1639, L. Muñoz], del lat. *methŏdus*, gr. μέθοδος íd., propiamente 'camino para llegar a un resultado'; *metódico* [h. 1440, A. Torre (C. C. Smith, *BHisp.* LXI), Quevedo]; *metodizar; metodismo, metodista,* con el compuesto *metodología. Período* [APal., 80*b*, 356*b*], de *periŏdus,* gr. περίοδος; *periódico* [*Aut.*]; *periodicidad; periodicucho; periodismo; periodista, periodístico. Sínodo* [1499, Hernán Núñez, *Aut.*], de *synŏdus,* gr. σύνοδος 'reunión' [*la sinodo,* ya en Juan de Mena, *Lab.* 40g]. *Sinodal* [APal., 58*d*]; *sinodático; sinódico.*

CPT. *Odómetro* u *hodómetro,* compuesto culto de ὁδός con μέτρον 'medida'.

Epispástico, V. *pasmo   Epistaxis,* V. *estacte*

EPÍSTOLA, tomado del lat. *epístŭla,* y éste del gr. ἐπιστολή 'mensaje escrito', 'carta', derivado de ἐπιστέλλειν 'enviar un mensaje', y éste de στέλλειν 'disponer', 'preparar', 'enviar'. *1.ª doc.: pístola,* Berceo, *Sacr.,* 40, 42, 43¹; *epístola,* APal., 136*d* (aparece ya en las *Partidas,* según *Aut.*).

DERIV. *Epistolero* [*pistolero,* Berceo; 1330, invent. arag., *VRom.* X, 192; *epistolero,* doc. de 1209, Oelschl.]. *Epistolar* [Esquilache, † 1658]. *Epistolario* [1611, Covarr.]; *epistolio; epistólico. Pistolina* [*Canc. de Baena,* W. Schmid].

CPT. *Epistológrafo.*

¹ En *S. Dom.,* 38, deberá también leerse así: *evangelios e pístolas,* no *evang., epístolas,* según hace Fitz-Gerald.

Epístrofe, V. *anástrofe*

EPITAFIO, tomado del lat. tardío *epitaphĭum* íd., y éste del adjetivo gr. ἐπιτάφιος 'que se hace sobre una tumba', 'fúnebre', derivado de τάφος 'sepultura'. *1.ª doc.: pitafio, Alex.,* 309, 1638 *O* (P: *petafio*), J. Ruiz; *petafio,* Nebr.; *epitaphio,* 1449, Santillana (Viñaza, col. 787), 1611 (Covarr.), 1612 (Márquez).

Comp. *pitoflero,* s. v. *PITO.*

Epitalámico, epitalamio, V. *tálamo   Epítasis,* V. *tender*

EPITELIO 'tejido tenue que cubre las membranas mucosas', derivado culto de θηλή 'pezón del pecho'. *1.ª doc.:* Acad. 1884, no 1843; Monlau, † 1873.

DERIV. *Epitelial. Epitelioma.*

CPT. *Endotelio* [16.ª ed., 1939, Acad., Supl.], compuesto de ἔνδον 'dentro' y la terminación de *epitelio.*

Epítema, V. *bizma   Epíteto,* V. *tesis   Epítima, epitimar,* V. *bizma   Epítimo,* V. *tomillo   Epitomador, epitomar, epítome,* V. *tomo   Epítrito,* V. *tres   Epizoario, epizootia, epizoótico,* V. *zoo-*

ÉPOCA, tomado del gr. ἐποχή 'parada, detención', 'lugar del cielo donde un astro se detiene en su apogeo', 'período, era, época', derivado de ἐπέχειν 'estar encima', 'ocupar un lugar', 'suspender', y éste de ἔχειν 'tener', 'hallarse', *1.ª doc.:* 1682, Mondéjar.

Falta todavía en los autores y diccionarios del Siglo de Oro (*Quijote;* Percivale - M., Oudin, Covarr., Franciosini).

Epoda, epodo, V. *oda   Epónimo,* V. *onomástico   Epopeya,* V. *épico   Epoto,* V. *poción*

EPULÓN, tomado del lat. *epŭlo, -ōnis,* íd., derivado de *epŭlum* 'convite, banquete'. *1.ª doc.:* Terr., como voz de la antigüedad; Acad. ya 1843. Latinismo muy raro.

Equiángulo, V. *ángulo   Equidad, equidiferencia, equidistancia, equidistante, equidistar,* V. *igual   Equidna,* V. *equino   Équido,* V. *yegua   Equilátero, equilibrado, equilibrar, equilibre, equilibrio, equilibrista,* V. *igual   Equimosis,* V. *quimo*

EQUINO, 'erizo marino', 'moldura convexa', tomado del lat. *echīnus* 'erizo', y éste del gr. ἐχῖνος íd. *1.ª doc.:* Mena (C. C. Smith, *BHisp.* LXI), 1542, D. Gracián, 1.ª ac.; princ. S. XVIII, Tosca, 2.ª ac.

DERIV. *Antequino.*

CPT. *Equinococo,* compuesto con κόκκος 'gusanillo'; *equinococosis. Equinodermo,* compuesto con δέρμα 'piel'. *Equidna* 'mamífero monotrema, con púas como un erizo' [falta aún Acad. 1899], ha de ser debido a una confusión de la lengua culta entre ἔχιδρα 'víbora' y ἐχῖνος 'erizo' (igualmente fr. *échidne,* ingl. *echidna,* etc.).

Equino, 'relativo al caballo', V. *yegua   Equinoccial, equinoccio,* V. *igual   Equinococo, equinococosis, equinodermo,* V. *equino*

EQUIPAR, tomado del fr. *équiper* íd., procedente del escand. ant. *skipa* 'equipar un barco', derivado de *skip* 'barco'. *1.ª doc.: Aut.,* como «voz moderna».

Entró en calidad de voz náutica, única ac. que registra *Aut.;* después ha ido tomando otras acs. de la voz francesa. Anteriormente se había empleado *esquipar* 'tripular, dotar de personal una embarcación' (1587, G. de Palacio, 153r°; A. de Herrera, 1601; Argensola, 1609; vid. *Aut.*).

DERIV. *Esquipazón* 'tripulación' [Argensola,

1609]. *Esquiparte,* arag. 'especie de pala', del fr. ant. *esquipart* íd. (God. III, 391). *Equipaje* [1728, *Ordenanzas Militares,* en *Aut.*], entró como voz militar, en el sentido de 'equipo de los soldados', se aplicó después al 'conjunto de cosas que lleva un personaje en sus viajes' (ya *Aut.*), y de ahí pasó a tener el mismo sentido con referencia a los particulares; Baralt, 1851, hace notar que en los sentidos de 'tripulación' o 'coche' no es español, sino voz francesa, pero la primera de estas acs. ha sido después admitida por la Acad. *Equipo* [Acad. ya 1843, no 1832].

Equiparable, equiparación, equiparar, V. *igual Equipo,* V. *equipar   Equipolado, equipolencia, equipolente, equiponderancia, equiponderante, equiponderar,* V. *igual   Equisetáceo,* V. *yegua Equísimo,* V. *igual   Equitación,* V. *yegua Equitativo,* V. *igual   Équite,* V. *yegua   Equivalencia, equivalente, equivaler, equivocación, equivocar, equívoco, equivoquista,* V. *igual*

ER, adv., forma común al gallego-portugués antiguo, catalán y occitano, de una partícula ER 'ahora', 'todavía', 'también', de probable origen prerromano: parece ser una herencia de la lengua de los sorotaptos. *1.ª doc.:* en gallego-portugués ya en las *Ctgs.*, y en catalán ya en prosa dialectal del S. XIII.

El adverbio *er* es sumamente frecuente en los trovadores occitanos con el valor de 'todavía' y 'ahora', p. ej. «s'ieu anc un jorn fui gays ni amorós / *er* non ai joy d'amor ni non l'esper» (*Folquet de Marselha*), «vejaire l'es de cui que sia / que sa molher vol e enquęr: / maldiga Dieus aital don ęr» (*Flamenca,* v. 1080, 'que haya todavía un momento en que Dios maldiga o castigue un hombre así', pasaje que muestra que *er* rimaba con ę abierta); además se halla la variante *èra* con los mismos sentidos y ya desde el trovador más antiguo (G. de Poitiers) y muchas veces en rima (con ę), alguna vez también 'tout-à-l'heure' («quina cansó èra / selha que diziats *era* / quan ieu vinc aissí» (G. Figueira). *Er* y *era* 'ahora' aparecen también en trovadores catalanes y en prosa catalana del S. XIII, concretamente en las *Vides S. Rosell.*: «Diable ergulós, *era* est gitat sots los meus peus!», «*er* à nom Damiata» (137v2, 220v2, y vid. el glosario). Y esta partícula encuentra un eco no muy diferente, en cuanto al matiz semántico, en todo el período gallegoportugués antiguo, pero con matices y empleos fraseológicos muy independientes, desde Don Denís (en el cual es frecuentísimo), y aun desde Alfonso el Sabio (*Ctgs.* 36.31, 157.14, 348.17) pues todavía lo emplea bastante en el S. XVI un escritor tan castizo y popular como Gil Vicente (p. ej. I, 166, 172, 173): «graves coitas... mi podedes, se vos prouguèr, / partir mui bem, senhor, mais *èr* / sei que nom podedes» (D. Denís, v. 1206) ('ahora, todavía'), «quant'à, senhor, que m'eu de vos partí... quero

vos eu dizer / como prazer nem pesar nom *er* vi» ('todavía, de nuevo'), *nem er* 'ni siquiera, ni tampoco': «pero eu dizer quisesse, ...nem *er* poderia, / per poder que eu ouvesse, / a coita que o coitado / sofre que è namorado, / nem *er* sei quem m'o crevesse» vv. 770, 774[1]. Que no era sentido como una mera variante de *ar* (cuya procedencia de HAC HORA, aunque con dificultad, todavía llegaría a comprenderse) lo vemos por la locución *er ar* 'de nuevo, una vez aún' (C. Michaëlis, *ZRPh.* XIX, 67).

No hay que pensar en que esto pueda salir de HŌRA (como ocurre seguramente con el cat. *ara* 'ahora'). No tiene escape la idea de que esto sólo se explica como supervivencia de una partícula indoeuropea prerromana, que en el idioma madre tuvo la forma ʀ̥ alternando con ER y con OR, y el significado oscilando desde 'ahora' hasta 'todavía' y 'también': es común *ir̃* a las tres lenguas bálticas, en letón vale 'también', en prusiano y lituano 'y' o 'también', y con alternancia *er* en lituano antiguo, mientras que en prusiano este *er* valía 'hasta'; en fin, *ar* es lituano y letón como partícula interrogativa.

Variedad semántica que nos remite al gr. ἄρ, ἄρα (y alguna vez ῥα 'ahora', 'luego, por consiguiente', con las tres variantes vocálicas, puesto que en el griego arcaico cipriota se hallaba la variante ερ; y como en la lengua tocaria de Kuča reaparece esto como *ra-,* partícula enfática (Pok., *IEW,* 62.1-7), es forzoso admitir que fué expresión bien representada desde los períodos más antiguos del indoeuropeo, y por lo tanto debió de pertenecer también a la lengua de los sorotaptos, única fuente especial que puede explicar una partícula que dejó descendencia sólo en portugués, catalán y occitano, pero no en las demás lenguas romances; de su gran fecundidad en el indoeuropeo prehelénico es además testimonio indirecto la combinación griega importantísima γάρ < γε ἄρ 'en efecto' (véase mi comunicación al *Coloquio de Lenguas Prerromanas,* Salamanca, 1974).

[1] *Ar* con sentido de 'también, además', y en frases negativas, 'tampoco', es voz frecuentísima en las *Ctgs.,* donde aparece una veintena de veces. Está allí, aunque mucho menos frecuente, la variante *er* (36.31, 157.4, 348.17), y la ac. menos frecuente 'otra vez', que es la que aparece en los casos de *er* (p. ej. *por ela* o *er fez são*) y también en alguno de los de *ar.* Larga lista de esas frases de las *Cantigas* dió García de Diego, *Gram. Hist. Gall.,* 151 n. 2.

ERA I, 'fecha desde la cual se empiezan a contar los años', 'época larga', tomado del lat. tardío *aera, -ae,* 'número, cifra', 'era', originariamente plural de *aes, aeris,* 'bronce', 'dinero, cantidad'. *1.ª doc.:* 1100, *BHisp.* LVIII, 359; Berceo, *S. Mill,* 363; se halla también en las palabras que en el S. XIV agregó Per Abbat al *Cid,* en varios textos literarios de esta época y en multitud de escrituras anteriores, donde puede estar en latín.

En latín la primera ac. aparece desde el S. IV, y la segunda por primera vez en San Isidoro, *Etym.* V, 36.4; para su formación, vid. Sofer, 116, y Ernout-M., s. v. En el sentido de 'fecha, año', siguió siendo más o menos usual después de la abolición, en 1383, del cómputo según la era española, vid. J. de Valdés, *Diál. de la L.*, 106, y comp. *ERAL.*

ERA II, 'espacio de tierra donde se trillan las mieses', del lat. ARĔA 'solar sin edificar', 'era'. *1.ª doc.:* eira, doc. de Palencia, 938; era, doc. de Cardeña, 950 (Oelschl.).

Cej. V, § 81. La forma *eira* se conserva además en otros docs. leoneses. En cuanto a la forma mozárabe, no está representada por el arag. *alera* 'sitio donde están las eras de un pueblo' [1571, DHist.; Cej. VII, § 109], según quería Simonet, pues éste, de acuerdo con su significado, ha de ser un derivado *erera*, alterado por disimilación; la forma mozárabe sería *aira*, que según Giese, BhZRPh. LXXXIX, 134, se conservaría en el uso vivo y en la toponimia de una pequeña zona de la provincia de Cádiz, en el pueblo de Benamahoa y entre éste y El Bosque, mientras que en el resto de la comarca se dice *era*; sin embargo, en vista de este aislamiento, quizá se trate de una alteración de la *éra* en *láira*>*l'aira*[1]. La ac. 'cuadro pequeño de flores u hortalizas' está ya en Nebr. (*era de ajos o cebollas*); 'semillero', 'especie de cajón grande cuadrado donde se prensa la manzana en los lagares' en Asturias (V).

DERIV. *Alera,* vid. arriba. *Arel,* 'especie de criba grande de que se usa en algunas partes de Castilla la Nueva para cribar el trigo en la era' [Acad. ya 1843], tomado del cat. *erer* íd. (o procedente de la parte del Alto Aragón donde el sufijo -ARIUM da -er, pero el cambio de e pretónica en a y el de -er en -el es típico de los catalanismos); *arelar*[2]. *Ero* ant. [*eiro*, 1018; *ero*, 1109, Oelschl.][3]. *Eruela* [Acad. 1899, no 1843]. *Erío,* adjetivo que se aplica a la tierra sin cultivar [Acad. ya 1843], propiamente 'descampado o sin vegetación, a modo de era'; *ería* 'yermo, despoblado' [Berceo, *S. Dom.*, 378; *Duelo*, 20; J. Ruiz, 335, 1489d][4], hoy en Asturias 'terreno amojonado y parcelado, labrantío, en todo o en parte' (R, s. v. *eria* y *derrota*), 'íd. dedicado por lo común a una misma clase de cultivo y cerrado bajo una linde' (V); como se ve por estas definiciones y por el pasaje de las Ordenanzas de Ávila, lo esencial no es la idea de aridez, sino la de espacio libre; de ahí los derivados *eriazo* [1575, Fr. J. Román, en *Aut.*, que lo da como desusado]—hoy *liriado* 'terreno en año de descanso' en Malpartida de Plasencia (Espinosa, *Arc. Dial.*, 82), con aglutinación del artículo y evolución fonética normal en el dialecto—, y *erial* 'tierra sin cultivar'

[J. Ruiz, 747c; 1475, G. de Segovia, p. 64; h. 1480, Fr. Íñigo de Mendoza, en todos ellos como trisílabo, según corresponde al derivado de una voz en -ío, aunque después se ha hecho bisílabo; Cej. V, § 81; como adj. en el ms. tardío (S. XV) de *Calila*, ed. Rivad., pero no en Allen][5]. Otro derivado paralelo es el adjetivo asturiano *arizal* 'erial, pedregoso' (Rato), derivado de un *erizo. Erar* 'formar eras en los huertos' [*Aut.*]. Port. *eirado* 'terrado, azotea de una casa' [S. XVI, Freire, en Moraes], gall. íd. 'plazuela', 'galería' (Eladio Rdz.), 'la paja tendida en la era para ser majada o trillada' (Vall.), ya en documentos pontevedreses de 1484, 1503, 1509, donde parece tratarse de la 2.ª (o la 1.ª o 3.ª) de estas acs. gallegas (Sarm. CaG. 179r, 173r, 179v: «vay ao longo por parede do *eirado*, praza e terretorio que está cabo dela e topa con seu outon», 1509: será la segunda).

Cultismos: *área* [1600, Sigüenza], y su diminutivo *aréola; areolar.*

[1] Se ha dicho que los retrocesos de acento en hiato, cuando la primera vocal es más abierta que la segunda, no se producen popularmente en Andalucía, pero esto no parece verificarse en la zona gaditana, donde el propio Giese anotó *rújya*<*rodilla*, y en otras partes de su libro *réjna*<*reyina* (p. 189), *rójyo*<*rodillo* (pp. 195, 197), *alicáyo*<*alicaído*, y otros ejs. reunidos en las pp. 223-4 (p. ej., granadino *gláiya*<*gradilla*). Una observación en el mismo sentido, si bien con material más objetable, por fundarse sólo en el cuento de sílabas en coplas populares, publicó ya Toro Gisbert en *La Prensa* de B. A., 1939.—[2] En todo el Alto Aragón se dice hoy *aral*: Casacuberta, *BDC* XXIV, s. v.; Krüger, *Misc. Alcover*, 520; Elcock, *AORBB* VIII, 133; Kuhn, *RLiR* XI, 187, *ZRPh.* LV, 583; Bergmann, *Grenzgebiet*, 69. ¿Será errata por *aral* la forma académica? Quizá no, pues el cat. *erer* es también palabra bien conocida en todo su territorio lingüístico, y la variante *arer* se documenta como valenciana en Sanelo (junto a *erer*) y ya en Jaime Roig, v. 539; será palabra de la Mancha y procedente de Valencia más que de Aragón. Por lo demás, el étimo AREA, admitido comúnmente (Krüger, etc.), ofrece dificultades fonéticas (nótese la falta de diptongo radical en la forma occitana *erie(r)*, documentada ya en 1365 por Pansier y hoy en el Aveyron); trataré de esto en mi *DECat.*—[3] Es probable que aquí se confundiera el lat. AGER, AGRĪ, 'campo', con el derivado masculino de *era*, que tenemos indudablemente en el ast. *eru* 'era' (R) y en el arag. *ero* 'tablar de huerta', pues el significado es siempre 'campo labrado' en la Edad Media, como indica A. Castro, *RFE* V, 28, y contra lo que afirma M-L., *Litbl.* XLII, 42-43 (aun en J. Ruiz—V. los ejs.—, y en los *Castigos de D. Sancho*, ed. Rey, 197: «da Dios trigo en el tu *ero*, guárdete Dios de mal compañero»); más

ejs. en Pietsch, *RFE* X, 183-4; el ast. *eru* también significa 'heredad' (V). El tratamiento popular de AGR sería realmente *ér*, a juzgar por *ENTERO* y por el port. *cheirar* FLAGRARE. Sin embargo, el significado de *erío* y *erial* (de cuyo origen difícilmente puede dudarse en vista del gasc. *airiau* 'patio') prueba que también AREA podía dar un vocablo como *ero*, por lo cual quizá sea preferible no postular la supervivencia popular de AGER en castellano, tanto más cuanto que muchas de las formas romances que se atribuyen a este étimo son también equívocas (*REW*, s. v.) y otras serán cultismos. Un caso de *ero* 'campo' que figura en dos versos de una sola de las *Ctgs*. («o lavrador foi chegar do *ero*» 178.21 y 27) sólo interesa como documentación del vocablo castellano, pues en gallego genuino tendría que haber dado en todo caso *eiro*, lo mismo si el punto de partida fué AGER que si fué AREA.— ⁴ Hablando de las ovejas que coge el lobo: «vi como las degollava en aquellas *erías*», rimando en -*ía*. En el segundo pasaje se hace sinónimo de 'campo, tierra, paraje': «es ligero, valiente, byen mançebo de días... / tal ome qual yo digo non es en todas *erías*». Claro está que no puede ser 'tiempo, lugar', derivado de *ERA* I, como pretende Sánchez. Otro ej. figura en Seb. de Horozco, med. S. XVI, *Refranes Glosados*: «Ni el pescado en ell *eria*,/ni en el agua el animal,/pero carne, carne cría,/y peces el agua fría/y esto es cosa natural» (*BRAE* III, 593); no es lícito enmendar *en tierra cría*, según quiere Cotarelo, puesto que la misma voz aparecería rimando consigo misma). Otro en las Ordenanzas de Ávila, donde se prohibe pacer «en las *herías* e rastrojos de pan segado» (*BRAE* XVI, 642).— ⁵ Es arbitrario, como ya notaron M. L. Wagner, *Litbl.* XLVIII, 278, y Krüger, *VKR* VIII, 361, derivar de ARĬDUS, según hizo G. de Diego, *Contr.*, § 52. Una de dos: o lo más antiguo es *erial*, de donde *erío*, *eria*, serían regresiones—y entonces esperaríamos **ardal* como resultado de ARIDUS—, o lo son *ería* y *erío*, según indican los datos filológicos, y entonces ARIDUS es del todo inconcebible fonéticamente. Claro que la forma *ereal* de Soria, que hizo impresión al Sr. G. de Diego, es ultracorrección aldeana. En cuanto a *areal* (Soria) o *arial* (Cespedosa: *RFE* XV, 137, 269), se deben al influjo combinado de la *r* y de la posición inicial. Un vocablo análogo, *eriau*, *erial*, *iriau*, *airiau* 'patio de una casa de campo', corre en el Bearne, Landas y Gers, pero no puede ser simplemente AREALIS, como dice Lucas-Beyer, *VKR* XII, 193, sino probablemente AREA + -IVUS + -ALIS, como en castellano.

Eradicativo, V. *raíz*

ERAJE, arag., 'miel virgen', probablemente del gascón *herádžo* 'cizaña', primitivamente adjetivo con el significado de 'silvestre' y procedente del lat. ERRATĬCUS íd., contaminado por FĔRUS íd. *1.ª doc.*: Acad. 1817, no 1783; 1837, Peralta.

La forma más común en gascón, en languedociano y en el catalán del Pallars es del tipo *arratja* (*racha* también en el aragonés de Ribagorza: *ALC*, 305), vid. mi *Vocab. Aran.*, s. v. *aráǧa*, y *FEW* III, 241a. Pero en la Haute-Garonne se halla *heradžo* y en el Ariège *feradžo*, que Wartburg quiere explicar por cruce con FARRAGO 'herrén', probablemente suponiendo que el explorador del *ALF* no sabría distinguir, como solía ocurrirle, entre *r̄* y *r*; al mismo tiempo indica esta plausible etimología para la voz aragonesa. Pero ésta confirma que una forma con -*r*- debió existir más allá de los Pirineos (¿comp. *aradjo* en el Gers, según Durrieux?), y como la idea de 'herrén' está muy alejada, es preferible admitir la contaminación de FERUS, que en efecto se emplea como calificativo de las malas hierbas. En occitano antiguo, *anar arratge* es 'ir vagabundo', y el significado genérico debió conservarse en Gascuña, dando la voz aragonesa. Se tratará del citado *herádžo* o de un bearn. **heradye*.

ERAL, 'novillo de uno a dos años de edad', derivado de *ERA* I en el sentido de 'año' *1.ª doc.*: 1309, *BHisp.* LVIII, 359; doc. real de 1457 [J. Klein, *The Mesta*, 391]; Nebr.

Define éste: «*eral*, de un año: vitulus bimus», «*erala*, de un año: vitula bima». Hoy es 'ternero de dos años' en Cespedosa, *RFE* XV, 279. Se lee en Góngora (*Aut.*). No se ve relación semántica con *ERA* II. Sí, en cambio, puede haberla con *ERA* I, que acabó por hacerse vulgarmente sinónimo de 'año' (vid. la cita de J. de Valdés en dicho artículo), de suerte que *toro eral* era el 'toro de un año'. Efectivamente, en el Norte del Brasil, *toiro* o *boi erado* es el de cuatro años, y en el resto del país *erado* quiere decir 'viejo', hablando de animales; allí mismo se dice un *boi de cinco eras* 'de cinco años de edad', y en el Matto Grosso *erar* es 'comprar becerros de un año para la cría y engorde' (Fig.)¹.

¹ Éste podría en rigor ser derivado de un port. **eral*, de donde **era(l)ar*, pero esto es dudoso.

Erar, V. *era II*   *Erario*, V. *alambre*   *Érbedo*, V. *albedro*   *Erbio*, V. *itrio*   *Ercer*, V. *erguir*   *Erdidad*, V. *heredad*

EREBO, tomado del lat. *erĕbus* 'divinidad infernal', 'el infierno', y éste del gr. Ἔρεβος íd. *1.ª doc.*: Terr.; Acad. falta aún 1899.

La acentuación correcta *érebo*, postergada por la costumbre de descuidar el acento de las mayúsculas, podría restablecerse, pues es voz poética y rara.

Erección, V. *erguir*   *Erecer*, V. *ira*   *Eréctil*,

erectilidad, erector, erecha, erecho, V. erguir
Eremita, eremítico, eremitorio, V. yermo Eretismo, V. erístico Erga, V. ergotina Ergástula, ergástulo, V. energía

ERGO, tomado del lat. *ergo* 'por lo tanto'. *1.ª*
doc.: Terr. (claro que su uso es muy anterior).
DERIV. *Ergotista* [Acad. ya 1843], *ergotismo* 'sistema de los ergotistas' [Acad. 1884, no 1843], del
fr. antic. *ergotisme* [S. XVI], derivado de *ergoter*
[S. XIII] 'argumentar', que a su vez deriva de
ergo; *ergotizar* [Acad., 1899; ej. de Pérez Galdós
en Pagés], *ergotizante*.

ERGOTINA 'principio activo del cornezuelo de
centeno', del fr. *ergotine* íd., derivado de *ergot*
'cornezuelo de centeno', propiamente 'espolón del
gallo', de origen desconocido. *1.ª* doc.: Acad. 1899.
Claro que el fr. *ergot* 'cornezuelo de centeno' nada
puede tener en común (pese a *GdDD* 401) con
Alto Aller *erga* «grano de la escanda antes de haberle quitado la cascarilla en el rabil» (Rdz. Cast., 256),
que es el cast. *álaga*, lat. ALĬCA, con *é* secundaria,
probablemente metafónica; comp. allí mismo *eila*
'ala de cualquier ave' y *éliga* 'águila' (p. 205).
DERIV. *Ergotismo* 'conjunto de síntomas produ-
cidos por el abuso del cornezuelo de centeno'.

Erguecho, V. erguir

ERGUEN 'arbusto espinoso que crece en Andalucía, semejante a la sapotácea marroquí del
mismo nombre', voz oriunda de Marruecos, de
origen bereber o quizá árabe. *1.ª* doc.: 1ʳ. cuarto
del S. XIX, Rojas Clemente; Acad. falta aún
1899.
Según Colmeiro, *Enumeración de las Plantas*, II,
39, es la *Calycotome villosa* Link. (o *Cytisus lanige-
rus DC.*), mientras el árbol que recibe el mismo
nombre en Marruecos es la *Argania Syderoxylon
Roem.* (Íd., *Dicc. de los nombres de muchas plantas*, s. v.). Falta en los diccionarios árabes (aun en
Lerchundi, s. v.). Quizá tenga que ver con *al-
b[i]rqân* (en otro ms. *r-q-'-n*)[1], que el sevillano
Abenalauuam (S. XII) registra como nombre del
«alfóncigo (o pistachero) macho» (Dozy, *Suppl.* I,
550a), pues aunque el alfóncigo es terebintácea y
el erguen andaluz es una leguminosa, ambas familias pertenecen al orden de las caliciflóras y ambas plantas tienen como fruto una drupa oleagi-
nosa.
[1] No sería difícil que ambas lecciones fuesen
errores por *al-'irqân*.

ERGUIR, del lat. ĔRĬGĔRE íd., contraído comúnmente en *ERGĔRE*; ERIGERE era derivado de
RĔGĔRE 'dirigir'. *1.ª* doc.: *erzer*, Berceo, *Mil.*, 655c;
íd., *Sta. M. Egipc.*, 954; *erguir*, ibid., 670.
Cito las varias formas medievales que conozco[1]:
erzió a Dios los ojos, Berceo, *l. c.* (levantó, A, es

contrario al metro); *erzie el viento* y *grant manyana
se erguie* en *Sta. M. Egipc.*; *erger* (rimando en
-er), *Alex.* O, 512c, 2012b, *erguía* ibid. O, 2337a
(*erzer* y *erçía* en P); *yrguieren*, *Calila*, ed. Allen,
98.54; *de los de España yo solo me erzía*, *Fn.
Gonz.*, 396d; *tu ojo non se erzía*, J. Ruiz, 319c
(S); *yva se poco a poco de la cama yrguiendo*
ibid., 1180c (S, T; *erziendo* G); *començó la su
boz a erçer* ibid., 1441a (S; *erguir* T, contra la
rima *caer, comer, entristecer*); *incolumis... porque
está erguido y stable*, APal. 208b; *erguir(se)*, Nebr.;
«por levantar se solía dezir *erguir*, pero ya es desterrado del bien hablar, y úsalo solamente la gente
baxa», J. de Valdés, *Diál. de la L.*, 106.13; *Aut.*
sólo cita ej. de *erguido* en Antonio de Mendoza
(1625), y en conexión con la advertencia de Valdés
se nota la ausencia en el léxico de la *Celestina* y
en Covarr. y la vacilación formal de Oudin (*ergirse
o erguirse por levantarse*), pero el vocablo figura
dos veces en el *Quijote* (I, xiii, 44, y II, xxxv, 140),
y hoy es bastante vivo en la lengua literaria, aunque sobre todo con matiz figurado. Más vivo está
en gallegoportugués (*ergue-l-as mans*, *ergue-l-os
ollos ò cèo*, *uns èrguen a caza e outro-l-a matan*,
en Vall.; además intr.: *ergue a chuvia* 'escampa'
Sarm. *CaG.* 209v; port. *erguer*)[2]. De las dos formas radicales del castellano antiguo, *erguir* es analógica de la 1.ª persona singular del presente de
Indicativo y del presente de Subjuntivo, donde
ER(I)GO, ER(I)GAM, etc., debían conservar el carácter velar de la G; mientras que *erzer* es representante regular de *ERGERE* y de las demás formas
de la conjugación.
Del participio latino ĒRĒCTUS procede el antiguo *erecho* (Berceo, *S. Mill.*, 134; *Mil.*, 284) o
arecho (*Alex.*, P, 485b, 1214a), de donde el sustantivo *erecha* 'indemnización de guerra' (*Partidas*; doc.
de Santillana. a. 1056, en Oelschl.), vid. G. de Diego, *RFE* VII, 147, y *Contr.*, §§ 54, 213[3]; también
gall. ant. *ereito* (después, analógicamente, *ergueito*:
«unha alma tan *ergueita* e tan intelixente» Castelao
180, como *erguecho* en Juan del Encina, ed. Acad.,
412, *herguecha* rimando con *derecha* en Lucas
Fernández, ed. 1514, fº C iv vº b) y cat. ant. *eret*
(*anar cap eret*, 'con la cabeza alta', en Lulio, *Concili*, v. 474). La conjugación clásica latina ĔRĬGO,
ĔRĬGĔRE, ĒRĒXI, ĒRĒCTUM, era demasiado anómala
y complicada para poder conservarse en latín vulgar; un pretérito ERĒGI se halla en la Ítala (*Dan.*
10.10), y es muy probable que existieran ya *ER-
GERE y un participio *ERCTUS en latín vulgar: de
éste procede el cast. *yerto* 'tieso, derecho' [J. Ruiz,
1414c; *Canc. de Baena*, p. 150; ejs. de Quevedo
y Calderón en *Aut.*], junto con el gall. *erto*[4], cat.
ert (con *è* aun en Valencia: *Misc. Fabra*, 356,
361), engad. *iert*, it. *érto*[5], y el derivado cat. *èrtic*,
lomb. *érteg*. Las formas castellanas *yergue, yerto*,
parecen indicar un timbre *ĔRGO, *ĔRCTUS, en
latín vulgar, que reaparece en gallego (*èrgue*,
Vall.) y en lengua de Oc[6], si bien en desacuerdo

con el it. *érto*, calabr. *írjere*, *irta*, sic. *irta;* el modelo que actuaría para este cambio de vocalismo, más que PERGERE, ajeno al romance (como quiere Wartburg, *FEW* III, 240a), sería EXPĔRGISCI 'despertar', conexo semánticamente, y cuyo participio había sufrido el mismo cambio de EXPERRECTUS en EXPĔRCTUS (vid. *DESPERTAR); o* bien hubo abreviación fonética de la Ē ante RG como en PŬRGAŘE (> *porgar*) de PŪRUS.

DERIV. *Erguimiento.* Para la variante *ercer,* y para *erecho, arrecho, yerto y enertar,* vid. arriba. Gall. *soerguerse* 'enderezarse algo' («soerguense do banco» Castelao 224.12).

Cultismos: *erigir* [Pantaleón de Ribera, † 1629]; *erección* [princ. S. XVII: Góngora; Márquez, 1612], de *erectio, -ōnis,* íd.; *eréctil* [Acad. 1884, no 1843], *erectilidad; erector,* cultismo raro (fin del S. XVII, Sartolo).

¹ En Sajambre *erecida* 'cabra u oveja en celo', Fz. Gonzz., *Oseja,* 258.— ² No menos corriente en los escritores gallegos con las acs. elementales 'levantar un edificio' («os cruceiros presentan decote o nome de quen mandou ergué-los» Castelao 95.18, 95.14), 'levantarse de dormir' («eu son nugallán para erguerme» 181.2). *Erte!* 'arriba, levántate' (Lugrís) forma abreviada de *érguete.—* ³ Análogo a *erecho,* pero procedente de ARRĔCTUS, participio de ARRĬGĔRE 'enderezar, erizar', es el cast. antic. *arrecho* 'tieso erguido, brioso' [SS. XV-XVII: *Canc.* de Baena; *Canc.* de Montoro; Quevedo: *DHist.*], hoy vivo en Álava, Soria y Costa Rica, *arrechar* 'enhestar' (Nebr.), *arrechamiento* (h. 1500, Gordonio), gall. *arreitar, arreitado,* vid. G. de Diego, *Contr.,* § 64, y aquí *ARRECHUCHO.—* ⁴ «Tieso, inflexible», «tieso por el mucho frío», «asustado», Vall. No existe en Portugal, por lo menos en la lengua común. Lo que sí se encuentra allí es *hirto,* más o menos con las mismas acs. «inteiriçado, erecto, retesado, imóvel», a lo cual agregan algunos «crespo, hirsuto». Y es que, según muestra la ortografía y afirman los diccionarios, vendría del lat. *hirtus* 'erizado, velloso, rudo', y desde luego es verosímil que se dejara sentir sobre el vocablo el influjo de *hirtus* en la época renacentista. Se emplea también en gallego *irto* 'frágil, quebradizo (metal)' 'chillón (sonido)' Vall., 'rígido, áspero' Lugrís, y aparece ya en las *Ctgs.* («tan yrto se parou / ben come madeiro duro, que se non pode mover» 329.42). De ahí, por contaminación de *rígido* una variante *írtido* (los que miran una procesión se empujan «para dexergar de perto os *írtidos* atavíos» de uno que desfila con extraña vestidura, Castelao 219.26), minhoto *hírtego* (C. Michaëlis *RL* XIII, 23); gallego *urtigo* 'áspero, ríspido: *este hombre es urtigo'* (Sarm. *CaG.* 113r), no indica Sarm. el lugar del acento y aunque la etimología *ortiga* que propone indica que supone se acentúe *urtigo* (y entonces la idea etimológica de Sarm. sería convincente) la semejanza con *írtido* y análogos hace sospechar que se acentúa en la *u:* según esto, vendría de *írtido* por cruce con HORRIDUS (vid. el antiguo *orredeza* en *HORROR*); cf. *atúrdigo* 'áspero, dicho del pan' en Eladio Rdz. Pero HIRTUS no ha dejado ninguna descendencia romance y era palabra algo excepcional en latín, con un vocalismo sólo explicable por una procedencia dialectal o socialmente anómala (Pok., *IEW,* 445.39; Ernout-M.). Luego no sorprende que haya sido estéril en descendencia. Por otra parte es indiscutible que tenía Ĭ breve, así que tenía que confundirse con el vulgar ĔRCTUS de ERIGERE (el *ye-* del castellano es secundario debido al *ye* analógico que tenemos en *yergue*). Luego no hay bases sólidas que induzcan a poner en duda que el gall.-port. *hirto* duplicado de *erto,* viene de ĔRCTUS con la misma metafonía que *siso* 'seso', *isto* 'esto', *isso,* etc. En Galicia el influjo del verbo *erguer,* ayudado del modelo castellano, hizo que se creara *erto* junto a *irto.—* ⁵ Baist, *ZRPh.* VI, 119, admitió que *yerto* salía secundariamente del verbo *enertarse* y éste de un lat. *INERTARE, derivado de INERS, -ĔRTIS, 'inerte' (todavía en el *REW* se admite este étimo junto con ĔRCTUS, dualidad injustificable). Pero este *enertarse* es palabra muy rara (sólo registrada por Nebrija, que traduce «rigeo, rigesco», de donde pasaría a Oudin, pero falta en Covarr., y *Aut.*), y será él el derivado de *yerto,* tanto más cuanto que nada parecido se halla en los demás romances y el it. central *inert, nnerte* (¿cultismos?) significa 'grueso' (< 'perezoso': *REW* 4390). *Enyertar* figura como antiguo en la Acad. ya en 1843.— ⁶ Es verdad que Levy, *Petit Dict.,* imprime *ęrdre* «élever» y *dęrzer* o *dęrdre* 'lever, élever, dresser', pero las únicas rimas claras que veo en su diccionario extenso y en Raynouard son unánimes en favor de la *e* abierta (*ers: mers* MĒRUS; *erdre: perdre; derc: perc;* y dos casos de *dertç: certç*). En oc. ant. es más frecuente el derivado *derdre* o *dercer,* pero hay por lo menos un caso del subjuntivo *erga* en Gavaldan lo Velh y uno del participio *ers* 'levantado' en Gaucelm Faidit. El catalán Cerverí de Girona escribió en 1275 «ir(a) e mal sabor, / ses revenir, *ers* e aspra ma via» (hace mi camino más áspero y escarpado) 9/14.18.

Ergullir, V. *orgullo Ería, erial, eriazo,* V. *era* II

ERICÁCEO, derivado culto del lat. *erice* 'jara' y éste del gr. ἐρίκη íd. 1.ª *doc.:* Acad. 1884, no 1843.

Erigir, V. *erguir Erina,* V. *araña*

ERINGE, tomado del lat. *erynge,* y éste del gr. ἤρυγγος íd. 1.ª *doc.:* Acad. ya 1843.

Erio, V. *era* II

ERISIPELA, tomado del lat. *erȳsĭpĕlas, -ătis*, y éste del gr. ἐρυσίπελας, -ατος, íd., compuesto de ἐρεύθειν 'enrojecer' y πέλας 'cerca', por la propagación paulatina de las erisipelas y empeines. *1.ª doc.*: 1581, Fragoso.

Es vulgar la forma *desipela* o *disipela* en Extremadura, en Bogotá y en otras partes de España y de América (Cuervo, *Ap.*, § 751), también en gallego, y *dessipel·la* en catalán y en aranés: se explica por no existir la consonante *ere* en posición inicial (*está enfermo d'erisipela > de risipela > con disipela*). De acuerdo con la acentuación latina y griega se pronunció también *erisípela*, de donde *erisípula* (Covarr., Franciosini), ast. *decípola* (V), y las formas vulgares *disípula* o *isípula* registradas por *Aut.*; vco. (vizc., guip., bazt.) *disípula*.

Deriv. *Erisipelar* [1581, Fragoso]. *Erisipelatoso*.

Eritema (Acad. 1884, no 1843), tomado de ἐρύθημα 'rubicundez', de la misma raíz griega.

Cpt. *Eritroxíleo* (Acad. 1899), compuesto de ξύλον 'madera' con ἐρυθρός 'rojo', también de la misma raíz.

ERÍSTICO, tomado del gr. ἐριστικός 'consistente en discusiones', derivado indirecto de ἔρις 'disputa'. *1.ª doc.*: Acad. 1884, no 1843.

Deriv. *Eretismo* 'exaltación de las propiedades de un órgano' [Terr.; Acad. 1884, no 1843], tomado del gr. ἐρεθισμός 'irritación', derivado de ἐρεθίζειν 'provocar, irritar', procedente de la misma raíz que ἔρις.

Eritema, eritroxíleo, V. *erisipela*

ERIZO, del lat. ERĪCIUS (o HERĪCIUS) íd., derivado del lat. arcaico ER, ERIS, íd. *1.ª doc.*: J. Ruiz, 288d, 292d.

La -z- sonora está asegurada por la grafía de J. Ruiz, de APal. (78b, 124d), de Nebr., etc. Para las formas latinas, vid. Walde-H. En un área bastante extensa ha sufrido la contaminación de un vocablo en AU-: de ahí santand. *orizo, bolizo, burizo*, 'pericarpio de castaña' (G. Lomas), ast. *oriciu* «erizo» (G. Oliveros, 302), gall. *ourizo* 'erizo de tierra y de mar', 'pericarpio de castaña' (Vall.), cat. *oriç* 'erizo de mar' (Costa Brava); santand. *horcino, urcino*, 'erizo de castaña', fr. *oursin* 'erizo de mar'. Probablemente hay que partir de un lat. vg. *AURICIUM debido a la contaminación de AURICULA y AURIS empleados como nombre de conchas y moluscos (fr. *oreille de Vénus*, ast. *oreya de la Virgen*, fr. *ormer*, etc., FEW I, 180b § 2, 181 n. 16, 182).

Deriv. *Erizar* [J. Ruiz, 1188a; Nebr.; pero éste prefiere *enerizarse*]. Junto a *ourizo* (Sarm. *CaG.* 190r) hay también *orizo* en gallego (Vall.); cruce de un *orizarse* (= erizarse) con el sinónimo *arrepiarse* (< *horripilarse*, vid. HORROR) sería primero *arreporizarse, arp-*, disimilado en *alporizarse*

(-pur-) que Vall. y la *RAcG.* definen «erizarse el pelo», el P. Sobreira «encresparse», «mostrarse superior a otro», 'subir las pulgas, encresparse en cólera', 'ahuecar la lana', 'engalanarse, representar majeza' (*DAcG.*), 'erizar, irritar' (Lugrís), *alporizado* es frecuente en Castelao para 'soliviantado' (147), 'indignado, colérico' (196). *Erizamiento*; *erizado*. *Arcín*, ast. 'erizo de mar' (V). *Erizón* en la ac. 'asiento de pastor' [Acad. 1899] vendrá del cat. *eriçó* 'erizo', 'asiento de pastor'[1], pues esta planta es muy frecuente en el Maestrazgo; alto-arag. *abrizón* 'asiento de pastor' (cruce de *erizón* con *abrojo*), Victoriano Rivera, *Guía del Valle de Ordesa*, M. Espasa, 1929, p. 118. *Erizón* en la ac. 'peinado mujeril del S. XVIII, con aspecto de erizo' (falta aún Acad. 1899), del fr. *hérisson*. Vid. además RIZO[2].

[1] También *arizón* 'erizo de mar' (h. 1500: Vicente Burgos; *Canc.* de Castillo; *DHist.*) tendrá esta procedencia: el sufijo *-ón* tiene ahí valor diminutivo. Y *erizón* 'erizo de la castaña' en el aragonés de Jérica, B. de Villalba (1577), vid. Fcha.— [2] Para 'erizo' está muy difundido en los dialectos vascos un vocablo *triku* (a. nav., guip.) y *kiriki(ñ)o* (vizc.). Como prueba convincentemente Michelena, *FoLiVa*, 1971, 261-262, deben remontar a una base única, con la alternancia nada rara en vasco de *t-* con *k-*; pero no veo la fuerza de las razones que le conducen a renunciar a la etimología lat. ERICIUS que él mismo sugiere y a admitir un vago origen onomatopéyico, de lo cual no conozco casos para denominar el erizo en otras lenguas. Por el contrario, esto me parece idea acertada y sin gran dificultad fonética, pues junto a todo cambio inductivo existe una ultracorrección, y esto en vasco se aplica a casi todo cambio fonético de cualquier orden que sea; y al paso de *k(i)rik-* a *t(i)rik-* ayudaría aquí la ultracorrección. Que el caso no es el mismo que el de *tximino ~ tximu* es muy cierto, pero puesto que el área vasca de *triku* linda con la de las formas romances procedentes de ERICIUS, y la de *kirikiño* con la de las que vienen de ERICINUS, palabra documentada ya en latín, de donde santand. *arcino*, ast. *arcín*, fr. *oursin*, es natural admitir que también en vasco se perpetuaron ambas formas.

Ermador, ermadura, ermamiento, ermar, V. *yermo*   *Ermilla*, V. *alma*   *Ermiño*, V. *armiño*   *Ermita, ermitaño, ermitorio*, V. *yermo*   *Ermollar*, V. *armuelle*   *Ermollecer*, V. *armuelle*   *Ermun(i)o*, V. *inmune* y *municipio*   *Ero*, V. *era* II   *Erogación, erogar, erogatorio*, V. *rogar*   *Erosión*, V. *roer*.

EROTEMA, 'interrogación retórica', tomado del gr. ἐρώτημα 'pregunta', derivado de ἐρωτᾶν 'preguntar'. *1.ª doc.*: Acad. ya 1843.

ERÓTICO, tomado del lat. *erōtĭcus* y éste del gr. ἐρωτικός 'relativo al amor', derivado de ἔρως, -ωτος, 'amor'. *1.ª doc.*: 1580, F. de Herrera.

DERIV. *Erótica. Erotismo* [Lope].

CPT. *Erotomanía. Erotómano.*

Erra, V. *arre*   *Errabundo, errada*, V. *errar Erradicación, erradicar*, V. *raíz*   *Erradizo, errado*, V. *errar*

ERRAJ, 'cisco hecho con el hueso de la aceituna después de prensado en el molino', antiguamente *arrax* o *arraax*; a pesar de su fisonomía arábiga es voz de origen desconocido. *1.ª doc.*: *arraax*, Covarr.; *errax*, Quevedo, Ayala Manrique y *Aut.*

Dice Covarr.: «*arraax*, los osseçuelos de las azeytunas, quebrantados en la rueda del molino del azeyte, que exprimido dellos, y del hollejuelo, los suelen secar, y se gasta en los braseros de las damas, porque su fuego es apazible, y no haze daño a la cabeza, antes la conforta... quitado el artículo *a*, queda *r,ax*, nombre Arábigo que significa los hueseçuelos quebrados de las azeytunas: y es de raíz Hebrea, o por mejor dezir Caldea, del verbo *Rahaha*, conterere, et confringere, y hase de advertir, que la letra *aiin*, es una aspiración densíssima, que no se puede significar su pronunciación por escrito... y assí diremos, a Rahhahha, y corrompido arahax». Oudin, aunque no recogió el vocablo en su primera edición de 1607[1], llamada su atención por el artículo de Covarr., en la segunda (1616) da muestras de conocerlo personalmente: «*arrax*, charbon de noyaux d'olives; *fuego de arrax*, feu de charbon de noyaux d'olives, feu lent», «*arraax*, voyez *arrax*», «*raxa* o *arrax*, charbon de noyaux d'olives»; desde estos lexicógrafos pasó a otros posteriores: Minsheu, 1623 (*arrahax*), Franciosini, 1620 (*arrahax, arrax* «sansa, noccioli d'olive per abbruciare»), etc. Emplearon *errax* Quevedo y J. de Zabaleta (Cej. V, p. 426). Ayala Manrique (1693) advierte «aora para quitar el mal sonido de repetir una misma vocal, dezimos *errax* con dos sílabas no más», en su diccionario manuscrito comenzado en 1693, pero aumentado en fechas posteriores, con referencias ya a *Aut.* En éste se recoge también la variante *errax*, pero con referencia a *arraax*, y éste se define «carbón de huessos de azeituna con que haze un fuego muy apacible y durable para los braseros que se usan en las casas», siguiendo la cita de Covarr. Terr. agrega algunas precisiones: «*herrax*, el desecho de huesos, que queda de la aceituna... El herrax que queda en los Alfahares, es el mejor, más pronto y sin tufo alguno, y así tiene más subido precio: vulgarmente dicen *herraje. Herrax de encina*, después de curtidos los pellejos con el tan o polvos de la corteza de encina, queda una especie de pasta o herrax, con que a muy poca costa se pueden calentar los pobres; fr. *motte*; it. *vinaccia, scorza di quercia macerata*». En cuanto al dicc. vulgar de la Acad.,

definió primero «*erraj*, carbón menudo formado del hueso de la aceituna» (1843, 1884), para rectificar después en la forma reproducida arriba.

La etimología está por averiguar. En la forma que le da Covarr. tiene el vocablo fisonomía arábiga, pero esta forma no está confirmada en fuentes independientes[2]. De todos modos el origen arábigo no es improbable, pero no es posible precisarlo. Orientalistas tan eruditos como Engelmann y Dozy se contentaron con recoger el vocablo en su glosario con un interrogante; y la etimología que propone Eguílaz (p. 280), ár. *ráḥṣ*, que más que «bajo, vil», como él dice, significa 'blando, tierno, suave, flexible', en PAlc. 'cochío, fácil de cocer', además de presentar dificultades fonéticas (esperaríamos *arrahaz*), ofrece una base semántica inadecuada, e indudablemente hizo bien Steiger en rechazarlo (*Contr.*, 169). Covarr. parece referirse a un vocablo arábigo determinado, y su referencia a la letra *ᶜain* invita a buscar una raíz provista de este sonido, pero nada parecido se halla en los léxicos[3]; sin embargo, al hablar de una raíz caldea da la impresión de no conocer ningún étimo concreto[4]. Cej. dice que viene del «vasco *arrats* 'quemado'»; pero esta palabra vasca sólo significa 'noche'. Se trata en realidad de *err(a) ats* 'olor a quemado' (Michelena, *BSVAP* XI, 289), lo cual tampoco conviene. En cuanto al arag. ERAJE, estudiado arriba, queda muy lejos en lo semántico. No sería inconcebible que el bearn. *arratge* 'cizaña' (de donde viene ERAJE), tomado en castellano en el sentido de 'desperdicio del trigo', pasara a significar 'desperdicio en general' y luego 'cisco de aceituna', mas por ahora esto es muy hipotético.

Provisionalmente se podría creer que estamos ante un vocablo de la familia del vasco *erre* 'quemar' (Azkue; Michelena, *Apellidos V.*, § 219), tal vez *errauts* 'ceniza' o *erratz* 'codeso o piorno', 'brusco', 'retama' (íd., íd., § 218) (que significaría primeramente 'arbusto chamuscado', por la frecuencia con que se queman al incendiar los ribazos, compuesto al parecer con *atz*, hoy 'dedo', 'eje', mas antes pudo valer 'rama' o 'tallo') o *erraila* 'polvo de corteza'.

Pero lo más probable me parece que sea *erragin* 'combustible' (voz bien conocida en vizc. y guip., con la variante *errakin* en los demás dialectos), cambiado románicamente en *erráže* > *erraj*. Pudo trasmitirse por Navarra y Aragón, tierras siempre olivareras, donde la evolución correspondería bien a la fonética local, o bien pudo propagarse en fecha tardía, y con evolución fonética retrasada, desde los olivares de la Rioja, donde, hasta la conquista de Toledo en el S. XII, estuvo concentrada toda la producción aceitera de Castilla. La *a-* de Covarr. es fácil de explicar como secundaria, y en cuanto a la *aa* del mismo autor (si es que es algo más que una de las erratas que no son raras en este léxico), teniendo en cuenta que no está confirmada por otro autor alguno, la introduciría este lexicógrafo a su arbitrio, como acostumbra, para justificar su seudo-etim. caldea *rahaha*.

Mas por otra parte hay otra etimología no menos seductora, y es difícil decidirse entre las dos. Lo es la que sugiere GdDD 2897, lat. FRACES 'hez de la aceituna' (por más que *erraj* se aplique más bien al carbón de los huesos que a las heces de este fruto), a condición de admitir que este vocablo latino pasara a través del vasco, pues sólo ahí son posibles los cambios fonéticos de FR- en *arr-* (comp. FRAGA 'fresa' > *arraga*) y de -CE en *-txe*; es verdad que *-j-* no corresponde bien a *-tx-* (sólo a -x-), obstáculo grave, pero quizá no insuperable: el vocablo se tomaría del vasco antiguo de la Rioja y de la Ribera navarra, cuyos rasgos fonéticos no conocemos en detalle, pero sí sabemos que en este territorio vasco *etxe* 'casa' se volvía *exe* (de donde *Xavier < Exe-berri*; V. EXEA)..

Entonces *cagarrache*, compuesto de CAGAR, no se habría formado como sugerí en CAGAR, sino con el vasco común **arratxe* 'heces de aceituna', que es la forma que deberíamos esperar, lo cual parece preferible desde el punto de vista semántico, y los indicios geográficos que poseemos no son tan propicios a las procedencias mozárabe y catalana, que allí tomé en consideración, como a una procedencia vasca: en la Ribera tudelana de Navarra «llaman *cagarraches* a los artesanos» (Iribarren). Quizá también tenga razón GdDD al sugerir que los valencianos *farga, fragalada*, y el murc. *frágala* 'heces, lías del vino', pueden salir de **FRACAS* por FRACES (más que del étimo arábigo algo hipotético que sugerí en BDC XXIV, 17). Es grave, sin embargo, el escrúpulo que causa el hecho de que FRACES y su familia sólo se documenten en formas con CE, que no podían dar más que *če* o *çe* en mozárabe: no existe una variante **FRACAS* ni verbo **FRACARE*, etc.; el *Fragalos ~ Fargalos* (quizá acentuado *Fá-* o *Fargá-*) toponímico de Cullera podría dar que pensar en un **FRACULOS* con *ŭ* > *a*, pero queda sin explicar el val. *farga* y no es natural el dimin. m. del fem. FRACES; un **FRACĀLES* adj. o colectivo tampoco convence.

¹ La afirmación contraria de Gili, *Tesoro*, es infundada, según he podido comprobar en un microfilm de esta edición.— ² No es inverosímil que la alteración de *arrax* en *erraj* (-x) se deba a confusión con la palabra *herraje* 'conjunto de piezas de hierro, herraduras, etc.', derivado de *hierro* con el sufijo -*aje;* la confusión se produjo en los dos sentidos, pues si Terr. recoge el vulgarismo *herraje* para el desecho de los huesos de la aceituna, Pineda en 1589 habla de «las *cevicas* de las ruedas, que otros llaman *herrax*» (*Agric. Crist.*, diál. 4, § 20).— ³ ¿Pensará en *ra^cā́c* 'populacho, heces del pueblo'? Claro que esto no podía dar *erraj*. Nada parecido a este vocablo en las raíces *r-^c-š, r-^c-ǧ, ^c-r-š*, etc. 'Orujo de aceituna' se dice *kúsba* (persa *kúspa*) en el árabe de Egipto; 'heces del aceite' es *ṭaḥl az-záit;* 'carbón' se dice *faḥm* en todas partes.— ⁴ Quizá en relación con este *rahaha* «conterere» está el verbo *raḥḥ* 'pisotear', que figura en los diccionarios del árabe clásico, pero no sé que ningún vocablo de esta raíz tenga curso en el habla vulgar (falta en el Suplemento de Dozy).

ERRAR, del lat. ĔRRĀRE 'vagar, vagabundear', 'equivocarse'. *1.ª doc.*: orígenes del idioma, *gerrare, jerras*, h. 950, Glosas Emil.; *errar*, Berceo; *Reyes Magos*.

Cej. V, § 104. A las varias acs. y construcciones que registran los diccionarios, agréguese la antigua construcción transitiva con complemento directo de persona y significado de 'engañar' (*Alex.*, 914), u 'ofender, agraviar, faltar' («amigos... había fasta diez de que era cierto que por miedo de muerte nin por ningún recelo, que nunca lo *errarien*», *Conde Luc.*, ed. Hz. Ureña, p. 211; «todos bien sabemos que sin razón vos *yerra*», *Rim. de Palacio*, 506d, también 187, 537, 1117)¹.

DERIV. *Errada* 'error' [Nebr.]. *Erradizo* [Nebr.]. *Errado* ['pecador', Berceo; nótese en el femenino la ac. 'de mala vida, prostituída': «tenían nombrada a una mulata de Luis Maldonado, *herrada*, por Rreyna», en el *Memorial* de Rosas de Oquendo, h. 1600, RFE IV, 367]. *Errante* [h. 1520, Padilla (C. C. Smith, BHisp. LXI), h. 1580, Herrera (Macrí, RFE XL, 157), Quevedo]. *Erranza*, ant., 'error' [*gerranza*, Glosas de Silos; *errança*, Berceo, *S. Dom.*, 149]. *Errona. Yerro* [Berceo, *Mil.*, 122; *S. Dom.*, 242; *Setenario*, fº 2rº; *Buenos Prov.*, 4.15], antes también *yerra* (Berceo, *S. Dom.*, 181d, en rima; *Duelo*, 68), comp. cat. ant. *erra* íd.; en algunos puntos de América se emplea el vulgarismo *erro* (comp. *erra*, etc., como forma gauchesca de la conjugación del verbo: BDHA III, 190). *Deserrado* 'extraviado' [S. XIII: *Bocados de Oro*], *desarrar* ant. 'perder el ánimo, caer en la confusión' [Berceo; Cej. V, § 28], *desarramiento* [íd.], *desarro* 'confusión' [íd.]². *Radío* 'errante, perdido' (Berceo; J. Ruiz, 988, 989; anticuado después de la Edad Media: *Aut.* lo entiende mal; Cej. V, § 104), port. pop. *arredío* '(res) apartada del rebaño', port. liter. *erradío* 'vagabundo', de **ERRATĪVUS*, según indicó C. Michaëlis (RL III, 182; Baist, KJRPh. IV, 312); la aféresis se produjo en la frase *andar *erradío > andar en radio* (así Berceo, *Mil.*, 884d, *S. D.*). Cultismos: *Aberrar*, del lat. *aberrare* 'apartarse del camino'. *Errabundo* [J. de Mena]. *Erráneo*, ant. *Errata* [Calderón], del lat. *errata*, plural de *erratum* 'cosa errada'. *Errático* [*Canc. de Baena*; aunque registrado por Covarr. y, sin ejs., por *Aut.*, cayó en desuso, pero volvió a circular en el S. XIX por influjo francés: Baralt, 1855; alterado en *erróntico* por *errante*, Arévalo, *Suma*, pp. 259b y 304b, Nougué]. *Errátil* [Jáuregui], raro. *Erróneo* [h. 1440, A. Torre, Pz. de Guzmán (C. C. Smith); 1553, Azpilcueta], V. además s. v. *IRONÍA*. *Error* [Berceo; 'ofensa, agravio' en el *Rim. de Palacio*, 184, 538].

¹ En J. Ruiz, 1539c, *errar una cosa* es 'perderla, malograrla'.— ²La forma *arrar*, presente *arra*, es conocida en catalán, aun en el dialecto occidental, que no confunde la *e* y la *a* pretónicas: he oído este presente en el Sur del Principado, en Vilanova de Prades, El Vilosell y la Torre de l'Espanyol; el sustantivo *arra* 'yerro' figura en una carta catalana escrita en 1452 (*N. Cl.* IX, 91.13). Claro está que estas formas se deben al influjo de la *rr*.

Erredón, V. *edredón*   *Erritar,* V. *irritar*
Erronia, V. *ironía*   *Erubescencia, erubescente,* V *rubio*

ERUCTAR, tomado del lat. *eructare* 'eructar', 'vomitar'. *1.ª doc.: erutar*, 1607, Oudin; 1615, *Quijote* II, xliii, 161; *eructar, Aut.*

El término antiguo y popular es *REGOLDAR*. Todavía Sancho no entiende nuestra palabra, pronunciada por Don Quijote, quien explica cómo *regoldar*, avillanado por su sentido brutal, había caído en descrédito entre los educados «y assí la gente curiosa se ha acogido al Latín, y al regoldar dice *eructar*, y a los regüeldos *eructaciones*». Hoy el uso de *eructar* ya se ha vulgarizado. El mismo vocablo o el simple RUCTARE se ha conservado en otros romances con forma popular: gall.-port. *arrotar*, cat., oc. *rotar*, fr. *roter*, it. *ruttare*, etc.; su área penetra ligeramente en el dominio lingüístico español: Litera *rotar* (Coll A.), *rotar* y *rutar* en Asturias (Acad.), ast. *arrutu* 'regüeldo' (Rato).

DERIV. *Eructo* [*eruto*, ya Acad. 1832; *eructo*, también Acad. 1832, y ya el único en la ed. de 1884], antes se dijo *eructación* [1599, *G. de Alfarache*, en *Aut.*; 1615, *Quijote*, etc.]. Gall. *arroto* 'regüeldo', *teño arrotos* o *rotos* y *arrotar* 'regoldar' (Sarm. *CaG.* 59v, 229v), que es el vocalismo normal (*DAcG.*, etc.).

Erudición, erudito, V. *rudo*   *Eruela,* V. *era* II   *Eruga,* V. *oruga*   *Eruginoso,* V. *orín*

ERUMNOSO, ant., 'trabajoso, penoso', tomado del lat. *aerumnōsus* íd., derivado de *aerumna* 'tribulación'. *1.ª doc.*: Acad. ya 1843.

Latinismo muy raro.

Erupción, eruptivo, V. *romper*   *Ervato,* V. *servato*   *Ervellada, ervilla,* V. *arveja*   *Esbabayarse,* V. *baba*   *Esbarar, esbarizar, esbarrar,* V. *resbalar*   *Esbarrigado,* V. *barriga*   *Esbate, esbatimentar, esbatimento,* V. *batir*

ESBELTO, 'airoso y alto', del it. *svelto* 'alto y delgado moderadamente', 'ágil, desenvuelto en sus movimientos', participio de *svèllere* 'arrancar', y éste del lat. EVĔLLĔRE íd. *1.ª doc.*: *esvelto*, 1633, Carducho (Terlingen, p. 102); *esbelto, Aut.*

Terlingen, p. 105. C. de las Casas (1570) tra-

duce el it. *suelto* (es decir: *svelto;* va entre *suegliare = svegliare* y *suenare = svenare*) por el cast. *suelto*, que lo mismo puede entenderse como grafía de *svelto* que como equivalente de nuestro *suelto;* pero Carducho y *Aut.* documentan ya la palabra inequívocamente y como término de pintura. En Italia es mucho más antiguo, como que viene ya de la Edad Media, y lo emplea el Vasari († 1572) como término técnico de las Bellas Artes. Es metáfora fácilmente comprensible, pues el cuerpo esbelto es tan libre de movimientos como la planta arrancada de cuajo, y los miembros delgados parecen más claramente separados de su tronco; comp. la frase «poi guarda la sua *svelta* e bianca gola / commessa ben dalle spalle e dal petto» citada por Tommaseo de un rimador antiguo, así como el fr. *dégagé* y *élancé* (it. *slanciato*), y el propio cast. *suelto*. Pero es arbitrario admitir que el it. *svelto* pueda salir de esta voz castellana, según quisieron M-L. (*REW*, 8081: junto con la otra etimología) y Gamillscheg (*EWFS*, s. v. *svelte);* no Wartburg (*FEW* III, 252a). De it. pasó *svelto* al fr. *svelte* [1676] y a otros idiomas modernos.

DERIV. *Esbelteza* [1621, Lope], hoy reemplazado comúnmente por *esbeltez* [Acad. 1884, no 1843].

Esberi(d)o, V. *viril*

ESBIRRO, 'corchete', término que designa despectivamente al agente policíaco, del it. *sbirro*, derivado peyorativo de *birro* íd. *1.ª doc.*: 1614, Góngora; 1632, Lope; aparece ya en la *Lozana Andaluza* (1528), pero ahí el vocablo está literalmente tomado, en un estado de tránsito entre el italiano y castellano (*BHS* XL, 1963, 49).

Terlingen, 171-2. Empleado ya por Covarrubias, pero al parecer con carácter de voz italiana, y tampoco el pasaje relativo de Minsheu (1623) es prueba concluyente del uso castellano. Para Góngora, V. el dicc. de Alemany. En Italia ambas formas están en uso desde princ. S. XVI y antes. Para el origen de la voz italiana, que pasó también al fr. *sbire* [S. XVI], etc., se ha dudado entre el lat. BĬRRUS 'rojo' (*REW*, 1117; Gamillscheg, *EWFS*, 84a), el galo BĬRRUS 'manto', 'birrete' (Diez, *Wb.*, 358) y otras posibilidades, cuyo estudio pertenece al diccionario etimológico italiano.

Esberrecar, esberrellar, V. *berrear*   *Esbinzarse,* V. *binza*   *Esbirlas,* V. *soslayo*   *Esblandecer, esblandir,* V. *blandir*   *Esblanquiñado,* V. *blanco*   *Esblencar,* V. *blenca*   *Esbocillar, esborcellar,* V. *bocel*   *Esboligar, esborregar,* V. *resbalar*   *Esborullar,* V. *orujo*   *Esbozar, esbozo,* V. *boceto.*

ESBRONCE, arag., 'esfuerzo, sacudida, estremecimiento', emparentado con el bearn. *esbrounci-s* 'lanzarse impetuosamente' y el cat. *embranzida* (*esbr-*) 'ímpetu', procedentes del radical onomatopéyico BRONZ-, que expresa el ruido vibratorio del cuerpo lanzado o golpeado. *1.ª doc.*: 1901, Coll Altabás, *Vocab. de la Litera.*

Doy la definición de este autor, único que recoge el vocablo, no admitido hasta después por la Academia. El cat. *esbranzida* es variante vulgar de *embranzida;* Lespy recogió las voces bearnesas *esbrounci's* «s'élancer d'un mouvement impétueux» y *esbrouncide* «élan»; el cat. *brunzir* es 'zumbir'; en *embranzida* debió haber cruce con *brandar, brandir, esbrandir* (*AILC* III, 205), 'oscilar, blandir'. Estudiaré la cuestión en mi *DECat.* Comp. BRONCE, y el berciano *brangir* 'sacudir las ramas' (G. Rey), mas para este último vid. sobre todo el art. *ABRANGIR*, con el cual no es imposible se relacione de cerca el cat. *embranzida* (esbr-).

Esca, V. *yesca*

ESCABECHE, 'adobo con vinagre y otros ingredientes para conservar los pescados', del árabe, procedente de una forma vulgar **'iskebêğ*, en lugar del antiguo *sikbâğ* 'guiso de carne con vinagre y otros ingredientes'. *1.ª doc.*: F. del Pulgar, *Letras*, Cl. Cast. 79.6; 1525, Rob. de Nola[1]; 1575, Ambrosio de Morales.

El cat. *escabetx* íd. se halla ya no sólo en la Vida de Sta. Catalina, impresa en Valencia en 1499, y en el *Art de Coc* de R. de Nola (2.ª mitad del S. XV), citados por Ag., sino ya en un *Llibre de Cuina* del S. XIV («scabeig a peix ffregit», *Bol. Acad. B. Letras* XXIV, 53) y en el Dicc. de Jaume March (1371)[2]; de ahí, por lo demás, debió provenir el langued. ant. *escabeg*, documentado varias veces en los Estatutos latinos de la Iglesia de Magalona (1331) y el fr. antic. *escabesche* (S. XVI: Bertoni, *ARom.* III, 370-1), hoy en Namur y en Lieja *(e)scavèche* (*KJRPh.* IX, i, 176). La mayor antigüedad documentada de la forma catalana prueba que ésta no es castellanismo (según dicen M-L. y Steiger), pero no es razón decisiva para admitir que el vocablo árabe llegó al castellano y al port. *escabeche* por conducto del catalán; tampoco es segura esta conclusión en lo referente al Sur de Italia, donde Irpino *ascapéce* e. 'íd.' abr. *scapéce* f., napol. *ascapécia* o *scapece* f. (d'Ambra, Porcelli), sic. *schibbeci, scabbeci, scapeci*, pueden venir del iberorromance según admite Bertoni (comp. Gessler, *ARom.* XV, 340) o directamente del árabe por Sicilia[3].

La etimología arábiga fué ya indicada por Dozy, *Gloss.*, 261, señalando el árabe antiguo *sikbâğ* «mets aigre, fait de viande avec du vinaigre, ou de petits morceaux de viande avec du vinaigre, du miel, du sirop aigre, ou autres ingrédients», documentado en Freytag y en las *Mil y una Noches*[4], *sakbâğ* S. X, como nombre propio de Persia (frente a *muḥallal* del Magreb) de 'cierto plato o preparado de vinagre' según el Razí (su comentarista tunecí Abenalhaxxá todavía en la 1.ª mitad del

S. XIII lo cree necesitado de explicación, V. la cita de Dozy *Supl.* II, 559b, s. v. *laṭn*). En palabras de esta forma o semejantes es frecuente la metátesis y cambio de estructura silábica, tan poco violenta en un idioma como el árabe, donde sólo la armazón consonántica es firme: *escarlata* < *iškirlâṭ* < *siqillâṭ* < SIGILLATUM; marroq. *escordiya* 'zambullida' (Lerchundi) < *suğúrdiya* 'danza' (R. Martí), marroq. *esṭal* 'caldero' < *sáṭal* (comp. *ACETRE*); quizá por reacción contra la tendencia contraria, que vemos en acción en casos como *siqlab* < SCLAVUS (vid. *CICLÁN*); tunecí *sibnâḥ*, argel. *sᵉbnâḥ* < *isfinâḥ* (vid. *ESPINACA*); *šaqqála* o *seqála* < SCALA (Simonet); *saqmunīya* < SCAMMONEA; *šeṭba* < STUPPA; *šabúr*, hisp-ár. *šebír* < SPORO; *remolacha* < *armolaiṭa* ARMORACEA; *erqališ* < *regaliz; ruçál* (PAlc.) < *orzuelo;* marroq. *ruĉâṭa* < *horchata;* y el muy conocido Sevilla < *Esbilia* (Idrisí) < HISPALIS[5].

Es secundaria la ac. castellana 'menjurje para teñirse las canas' *(tintas, emplastos y escabeches*, en *G. de Alfarache*, vid. *TRAMPANTOJO), escabechar* 'teñir las canas' (*Licenciado Vidriera*, Cl. C., 69; *Coloquio de los Perros*, íd., 284).

DERIV. *Escabechar* [1613, Cervantes, vid. arriba]; *escabechado, escabechina.*

[1] Se aplica ahí al del pescado (p. 137), pero también a otras salsas (para berenjenas, p. 122). Se ha citado un *escaveche* de Nebr., pero no figura en la primera edición (1495) ni en APal. y otras fuentes contemporáneas.— [2] La forma mallorquina *escabetxo* (*BDLC* XI, 256; Moll, *AORBB* III, 65) se explica fácilmente como analógica del plural *escabetxos*. En la costa catalana es general la pronunciación *ǝskǝbéĉ*.— [3] Pudo haber influjo fonético de *škapǝĉá* 'pisotear', vivo en la misma habla que *škapéĉǝ* «salsa con aceto ed erbe aromatiche», en la cual *šk-* < it. *schi-* (*ZRPh.* XXXVIII, 277).— [4] La antigüedad del vocablo en árabe, según una referencia que no puedo verificar, está confirmada por las glosas de Habicht a ese texto (vid. Fleischer). Cree Oliver (*BRAE* XL, 70-71) que se debe poner en relación a *sakbâğ* con la voz *sakanğabín* «oxymel» (R. Martí, 119a506), que otros registran en las variantes *sikanğabin* (Belot) o *s[a]kanğ[i]bír* «gingebre» «oxymel» (adiciones a Beaussier) que sería compuesto del persa *sirkä* 'vinagre' y *anğubin* 'miel' según cita de Colin y Renaud. No es esto evidente: no sólo el argelino *sakanğibir* «gingembre» nos recuerda el gr.-lat. *zingiber* del *ᶜuṭmāniya* «espèce de sucrerie» en las *Mil y una Noches*, sirio *sakúb* 'especie de medicamento hervido que se vierte sobre un miembro' (Dozy, *Suppl.* I, 666b), al parecer derivado del verbo *sakab* o *'askab* «verser, repandre» —del cual *sakb* es nombre de acción normal— con muchos derivados (Dozy, l. c.). Por lo menos habrá cruce o contaminación con esta raíz arábiga y con dicho nombre greco-latino.— [5] La etimología ESCAM

VECTARE 'trasportar vianda' > 'prepararla para un trasporte largo' (*Rom.* XXIX, 346), sólo sería posible si la voz castellana fuese más antigua y constituyese la fuente de la catalana y del ár. *sikbâǧ,* cuando todo indica lo contrario, según ya subrayó Baist, *KJRPh.* VI, i, 388. Es probable que el vocablo árabe, de estructura poco común en semítico, sea a su vez de procedencia extranjera, pero en todo caso oriental; trátese del persa *sikibé,* según admitió la Acad. (seguida por Steiger, *Contr.,* 194), o del siríaco x'βσς «pressit, condivit (in aceto)», como prefería De Gregorio (*Rom.* LI, 537; cita también un árabe vg. *kebes* «conservò in aceto e sale la carne»), siguiendo las huellas de Fegali (*MSL* XXII, 17).

ESCABEL, 'tarima pequeña frente a una silla para que descansen los pies del que en ella se sienta', 'asiento pequeño y sin respaldo', tomado del lat. *scabĕllum* íd., probablemente por conducto del cat. ant. *escabell* íd. (hoy *escambell*). *1.ª doc.:* *escabello,* S. XIV, *Cast. D. Sancho,* 111; *escabelo,* h. 1460, *Crón. Juan II* (*Aut.*); *escabel,* 1607, Oudin.

Aut. no registra otra forma que *escabelo,* documentándola además en Fr. L. de Granada (*escabelillo* en Nieremberg); figura también en APal. («suppedaneum es *escabelo* que está so el pie», 477*d*), C. de las Casas (1570), Percivale (1591), Covarr. (1611) y la emplea Lope (Terr.); Oudin registra ambas y le imita Minsheu (1623); mientras que Sánchez de la Ballesta (1587) da *escabello,* y Terr., seguido por la Acad. (ya 1843) da la preferencia a *escabel,* que es efectivamente la forma moderna. Ella indica la probabilidad de que el vocablo entrara en Cataluña, donde lo implantaría la rigurosa etiqueta del rey D. Pedro el Ceremonioso: nótese la observación de *Aut.* «significa la tarimilla que se pone junto a la silla del Rey, Príncipe o Soberano, para que sobre ella assiente los pies»; ésta es, en efecto, la base semántica de la frase *servir de escabel a* (*la ambición de*) *alguien,* que es, en castellano como en catalán, aquella en que aparece el vocablo con mayor frecuencia. En este último idioma *escabell* se documenta desde 1430 (Ag.), comp. «tots aplatats, / fets l'*escabell* / jus los peus d'ell» en el *Spill* de J. Roig, a. 1460, v. 11701; después predominó allí la variante *escambell* (ya 1507) bajo el influjo de *escamell* (1503)[1], procedente de la otra forma latina *scamellum* (o de un **scambellum,* combinación de *scabellum* con *scamnum*)[2]. En Aragón entró otra forma *escabech,* procedente de Gascuña[3].

[1] De ahí el cast. *escamel* 'instrumento de espaderos, en el cual se tiende y sienta la espada para labrarla' [Acad. ya 1843].— [2] Para el gr. mod. *skambello,* que puede explicarse de otro modo, vid. *Wiener Sitzungsber.* CXXXII, iii, 7.— [3] «7. Una cadira de fusta. 8. Un *scabex.* 9. Dos mesas de fusta», inventario de 1497; «ocho *scabeges*» en otro de 1499 (*BRAE* IX, 267, 266).

ESCABIOSA, 'hierba dipsácea, de cuya raíz se saca un cocimiento empleado popularmente contra las afecciones del pecho', tomado del lat. *scabiōsa* íd., propiamente femenino de *scabiōsus* 'áspero, rugoso' (al parecer por lo velloso de las hojas), derivado de *scabies*[1] 'sarna'. *1.ª doc.:* *escaviosa,* Nebr.

Aut. quiere explicar el nombre por el empleo del zumo contra la sarna y roña, pero no tengo otra noticia de tal empleo; por el contrario, Laguna dice que se emplea «contra todas las passiones del pecho», y en Cataluña sigue empleándose popularmente esta poción como remedio popular para los niños acatarrados (Ag. cita la aplicación contra la *esquinancia* o angina de garganta, en un texto del S. XVI).

DERIV. *Escabioso* [Terr.] 'sarnoso', como término médico.

[1] Ésta se ha conservado en el vasco común *ezkabi* 'tiña', que se registra en muchos puntos del vizcaíno con el sentido de 'mariposa mayor' y en Marquina 'polvillo que dejan las mariposas', b. nav. *ezkabe* 'sarna de cuadrúpedos'.

ESCABROSO, 'desigual, lleno de tropiezos y embarazos', tomado del lat. tardío *scabrōsus* 'desigual, áspero, tosco, sarnoso', derivado del lat. *scaber, -bra, -brum,* íd., de la misma raíz que *scabĕre* 'rascar' y *scabies* 'sarna'. *1.ª doc.:* a. 1542, Guevara, *Epístolas,* II, p. 97 (Nougué, *BHisp.* LXVI); Fr. L. de León, *RFE* XL, 158; 1586, Ambrosio de Morales (*Aut.*); 1566, «bosques *escabrosos* del monte Pirineo» en el navarro culterano Arbolanche, 76*v*5; y 182*v*8.

En rigor podría ser hereditario, pero el carácter manifiestamente erudito que reviste el vocablo en otros romances (fr. *scabreux,* cat. *escabrós*), junto con la falta de testimonios antiguos, indica un cultismo. En Cespedosa, por cruce con *escabioso* (V. el precedente) se dice *escabrioso* (*RFE* XV, 139).

DERIV. *Escabrosidad. Escabrosearse* [*Aut.*]. *Escabro* 'género de roña que se cría en la piel de la oveja' [Covarr.], sustantivación del lat. *scabrum* 'sarnoso'.

Escabuchar, escabuche, V. *cavar* — *Escabullar, Escabullir,* V. *cascabel* y *escabullirse* — V. *capullo*

ESCABULLIRSE, 'escaparse de entre las manos como deslizándose', hermano del port. *escapulir-se,* cat. *escapolir-se,* it. *scapolarsi,* íd., con el adjetivo correspondiente cat. *escàpol,* it. *scàpolo,* 'huído, suelto, libre'; familia léxica de formación oscura y complicada, al parecer procedente de un lat. vg. *EXCAPULARE, derivado de CAPULARE 'enlazar (animales)', y éste de CAPĔRE 'coger'; de las formas romances, unas se alteraron por influjo de ESCAPAR, y la española sufrió la contaminación de *escullirse* 'resbalar', '*escabullirse*' (quizá de origen germánico) o de *bullir* 'menearse'. *1.ª doc.:* *esca-*

bollirse, S. XIV, Regla de los Dominicos; quizá ya *escabullirse* en el S. XIII[1]; *descabollirse*, h. 1444, Juan de Mena (*Laberinto*, 30*f*).

Hay además varios ejs. de *descabullirse* en la Crónica de Álvaro de Luna (h. 1460) y así la forma en *des-* como la hoy predominante son frecuentes desde el S. XVI; vid. Cuervo, *Dicc.* II, 980-1. Además Nebr.: «*escabullirse:* elabor; evado», «*descabullirse: elabor, delabor*»; APal. 21*b*: «*anguila* se dice... porque mientra con mayor fuerça se aprieta tanto más presto *se escabulle* de la mano»[2].

El port. *escapulir-se* 'escabullirse', 'escaparse', tiene uso hoy sobre todo en el lenguaje jergal[3] y dialectal[4], pero también se emplea literariamente[5], y es palabra bastante antigua, documentada desde med. S. XVI, en Juan de Barros y otros («o negro *escapulio* do arvoredo», «por desastre lhe *escapuliu* hũa nao», en el primer autor, pero el reflexivo se halla también en el *Flos Sanctorum*, ed. 1567: «crime de que não poderá *escapulir-se* com cautelosas palavras», Moraes)[6], por lo visto también tenemos *escapulir-se* y *descabulir-se* en Sá de Miranda (glos. de C. Michaëlis) y *escabulirse* en gallego[7]. Del cat. *escapolir-se* 'escabullirse' tengo sólo testimonios modernos: además del citado por Ag., tiene uso el vocablo en Cerdaña (*BDC* II, 53), en Barcelona como voz jergal (*BDC* VII, 33), y hoy ha rehabilitado su uso el idioma literario (*Dicc.* Fabra).

El it. *scapolarsi* (hoy es popular *scapolàrsela*) 'escabullirse' es voz antigua, a juzgar por Tommaseo, que la cita en Jacopone da Todi († 1306) y en Giovanni Villani († 1348). Junto a ella está el adjetivo *scàpolo* 'libre, suelto, no sujeto', hoy sobre todo 'soltero', ya documentado en Burchiello († 1448) y según Petrocchi desde el S. XIV (?), logud. ant. *scapulu* 'suelto, libre' (en los Estatutos de Castelsardo, S. XIV, *KJRPh*. VIII, 167, puede ser genovesismo, pero comp. campid. mod. *(i)scappu* íd.), cat. ant. *escàpol* 'escapado, fugitivo' (?, en las Costumbres de Tortosa, S. XIII, hablando de un marino), 'libre de una obligación por habérsele terminado el contrato, etc.' (seguro, y frecuente en el Consulado de Mar, cap. 106, 136, 228)[8], *fer escàpol* 'librar de un peligro' (en Bernat Oliver, *Excitatori*, 1.ª mitad del S. XV, p. 194), hoy mall. *escàpol* 'libre de un daño o peligro' (Ag.; Amengual; *BDLC* XII, 133), port. *escápole*[9] 'libre de obligaciones contractuales' (en Andrade Caminha, † 1589, y en antiguo texto de derecho comercial), hoy port. popular *escapo* (Fig.). ¿Son autóctonas estas palabras iberorromances o proceden de Italia?

Es, desde luego, difícil que sean autóctonas en portugués, pues el lugar del acento en *escápole* indica que su *-l-* no puede proceder de una *-LL-* doble, y la conservación de la simple intervocálica, la terminación en *-e* del adjetivo y el carácter jurídico de la expresión, todo indica un préstamo de la terminología catalana del Consulado de Mar[10]. Más

defendible es su carácter genuino en Cataluña, donde muestran tanta antigüedad y arraigo. Sin embargo, una de dos: a la *-p-* intervocálica italiana debería corresponder en catalán una *-b-* o frente a la *-p-* de este idioma deberíamos ver allí una *-pp-* doble. Como también en Italia el vocablo es muy antiguo y popular, es lícito pensar en un italianismo náutico[11]; pero no olvidemos que si en cuanto a la terminología de la navegación y la construcción naval hay más italianismos en catalán que catalanismos en italiano, en cuanto al d e r e c h o náutico, el pueblo del Consulado tenía más que dar.

Pero si no hay extranjerismo en ninguno de los dos idiomas, la conclusión forzosa es que una de las dos formas ha de haber sufrido alteración por contaminación de otra palabra. Si *escàpol* fuese derivado de *escapar*, lo cual no sería inconcebible desde el punto de vista morfológico[12], sería difícil de explicar la reducción italiana de **scappolo* a *scapolo*, y aun suponiendo un origen dialectal o forastero parece que el influjo de *scappare* hubiera debido determinar la adopción del vocablo con *-pp-*.

Desde luego es mucho más verosímil admitir como hacen D'Ovidio y M-L. (*REW* 1666 y 2965) que *scapolare* y *scapolo* vienen de **EXCAPULARE* 'librar del lazo', derivado de CAPULARE 'enlazar a un animal' (Columela) y CAPŬLUM 'lazo que lo sujeta' (San Isidoro); entonces la *-p-* catalana se debería al influjo de *escapar* y podemos sospechar que el cast. *escabullir* conserve la forma originaria con *-b-*, alterada en el cat. *escapolir* en virtud de esta contaminación. Como entonces sería extraño no hallar formas catalanas con *-b-*, será bueno indicar las pocas que conozco: «tement-me que no·m entremesclen en alguna difficultat, de la qual no·m puscha *descabollir*», en el valenciano Antoni Canals de fines del S. XIV (*Providència*, 86), «*descabullirse* o desembolicarse dels llaços: expedire, extricare, liberare se cassibus» hablando del jabalí que ha caído en una trampa (1575, On. Pou, *Thes. Puer.*, p. 58: Pou era de Gerona, pero vivía en Valencia y suele dar en primer lugar el vocablo valenciano y después el gerundense: aquél sería pues lo valenciano). En cuanto a la *-ll-* < *-l-* es fácil de explicar, sea por un proceso fonéticomorfológico como el cast. ant. *sallir* por *salir* (*saliera* > *sallera*, etc.)[13], sea por una contaminación, que podría ser la de *bullir* o más bien la de *escullirse ~ escullarse* 'deslizarse, resbalar', 'escabullirse', voz que estudio en artículo aparte.

Sin embargo, por coherente que sea esta explicación sugerida someramente por Parodi, *Rom.* XVII, 65, me apresuro a indicar la existencia de muchos puntos oscuros, que nos dejan en la duda. Si la formación de **EXCAPULARE* es intachable, un **EXCAPULIRE* sería menos natural. Hay huellas, por lo demás, de formas hispánicas en *-ARE*. Si el cast. *escapular* 'libertar algún bajel del riesgo o peligro que corre al doble un cabo, punta de costa, bajío, etc.' [Cabrera, † 1833[14]; Acad. ya 1843] es un italianismo o catalanismo moderno (mall. *escapollar* íd., Amengual), en catalán existió *escapolar* 'hacer escapar'[15], 'rescindir (a alguien) el contrato'[16], hay huellas de *escapular-se* en portugués (Gil Vicente II, 218), y no olvidemos el mall. *descapullar* 'escabullirse', 'huir de alguna dificultad con sutileza', 'salir bien de algún negocio arduo', *escapollar* 'doblar un cabo, etc.' (Amengual), el prov. *escapoulà* «sauver, guérir un malade, tirer d'affaire», «glisser, s'échapper», *s'escapoulà* «réchapper d'une maladie», y aun quizá el cubano *escabullarse* 'escabullirse' (Pichardo, p. 103)[17]. Más bien parece que el cat. *escapolir*, no documentado en la Edad Media, sea derivado romance del adjetivo *escàpol*.

Como éste en castellano no existe, ¿miraremos entonces el cast. *escabullir* como catalanismo antiguo? Parece confirmarlo la falta de síncopa de la vocal -o- ante -l-, fenómeno corriente en catalán (*tremolar* 'temblar', *núvol* 'nublo, nublado'), pero no en castellano. Pero entonces es sorprendente que la forma en -b-, que suponemos etimológica, y que es tan general en castellano, apenas haya dejado huellas en el idioma de origen, fuera del ej. aislado que cito de Canals[18]. A no ser que atribuyamos el cambio de un cast. *escablir*, autóctono, en *escabullir*, a la contaminación de *bullir*, idea poco atractiva[19].

DERIV. *Escabullimiento*.

[1] Según Scio (*Jueces* xvi, 20) un ms. bíblico atribuído a esta época trae la frase *comenzóse de escabullir*, si lo entiendo bien en lugar de la palabra *despertando* de la traducción de dicho autor, donde se habla de Sansón rapado por Dalila durante su sueño: «el cual, despertando de su sueño, dijo...» (Vulgata: *de somno consurgens*). No está eso bien claro ni es segura la fecha de este manuscrito. Lo es, en cambio, el pasaje de la Regla: «se vio muy gozosa quando se ovo dél *escabollida*» (Foulché, *RH* VIII, 505).— [2] Completando la documentación: «agora os quiero meter en un laberinto, de donde avréis menester para *descabulliros* otro que palabras», J. de Valdés, *Diál. de la L.*, 57.18; «sin contrapesa de carga que te duela, te podrás *descabullir* y desaparecer con la obscura sombra de la noche», Pérez de Hita, ed. Blanchard II, 259; «*descabullirse*: se despestrer, s'eschapper d'entre les mains de quelqu'un, se desveloper, se descharpir», Oudin, 1607; «teixpampa neua: *descabullirse*, escaparse echando a huir», A. de Molina, *Vocab. en l. mexicana y cast.*, 1571, 96r° y passim. La extraña definición de la Acad. (ya en *Aut.*) es copia de la de Covarr. «irse de entre las manos como bullendo y saltando», que en este autor se explica por el deseo de justificar su imposible étimo *bullir*.— [3] «A prisão não tinha a segurança precisa e o preso *escapuliu-se*», en el diccionario de gíria de Bessa (comp. M. L. Wagner, *VKR* X, 23n.3).— [4] «*Sca-*

pulir: fugir; ex.: *fulano escapuliu-se*» en Moncorvo (Tras-os-Montes), *RL* XIII, 124.— [5] Así Carolina Michaëlis, *Homen. a M. P.* III, 441.— [6] De aquí el deverbal *escapúla* 'subterfugio, escapatoria', frecuente ya en el S. XVI.— [7] Aparece en las poesías castellanas de Sá de Miranda (ed. R. Lapa, I, pp. 205, 279. No consta con seguridad si hay una variante *descabulir-se* en sus obras portuguesas, pues ahí discrepan los glosarios de C. Michaëlis y C. Almeida; en gallego no parece que realmente existiera esa forma; vid. J. L. Pensado, *Contr. crít. lexic. gallega*.— [8] Ac. no ajena al italiano, V. el proverbio *barca rotta, marinaio scàpolo*.— [9] El mall. *escàpol* sería adjetivo de dos terminaciones según Amengual, pero Ag. cita un caso de *escàpol* femenino.— [10] Por otra parte el port. *escabulhar* o *escabujar* «debater-se com pés e mãos, para se soltar de alguém» (Moraes, término rústico) puede venir del cast. *escabullirse*. Pero debió haber confusión con voces de otro origen, vid. Figueiredo y Cortesão, y el port. *escarbujar* íd. (al cual busca Schuchardt, *Roman. Etym.* II, 201, un parentesco con χέλυφος, poco convincente).— [11] Nótese que nada de esto se halla en lengua de Oc antigua. El prov. mod. *escap, escàpi, escape, escapo* (como masculino, según correspondería regularmente a un antiguo adjetivo en -*ol*, comp. *pibo* < oc. ant. *píbol*, *embourigo* < UMBILICULUM) 'sauf, hors de danger, libre', parece ser exclusivo de Provenza, a juzgar por las localizaciones de Mistral y por el lenguaje de los ejemplos.— [12] Comp. *llépol* 'goloso', 'escrupuloso con la comida', junto a *llepar* 'lamer' (comp. arag. *laminero*, cat. *llaminer* 'goloso'); el balear y cat. occid. *brèvol* 'frágil' (¿< *brègol?*) quizá venga del gót. BRĬKAN 'romper', aunque este ej. podría ser ya de formación germánica (¿gót. *BRIKULS?*), y *llepar* es también vocablo de parentela germánica. De todos modos no es imposible que alguna formación del tipo de la postverbal latina CREDULUS, TREMULUS, BIBULUS, etc., siguiera creándose en romance.— [13] Aun la -ll- de ENGULLIR, que arriba he explicado por una contaminación muy comprensible, podría comprenderse de este modo.—: [14] Está claro que no viene de SCOPULUS 'escollo', como supone éste.— [15] «Lo compte, vehent-se frustrat del socós a ell promès, ab son consell dellibera de *scapolar* la sua persona, e que se·n anàs», *La Fi del Comte d'Urgell*, aa. 1466-79, p. 27; otros ejs. del mismo texto leridano en Ag.— [16] «Que los patrons sien en libertat de haver e de donar tals mariners... per fugitius, e *escapolar* aquells quascuna vegada que contra faran», *Consulado de Mar*, ed. Moliné, p. 212.— [17] Pero éste puede ser causado por una etimología popular. En América es común sentir *escabullirse* y el americanismo *descabullarse* (vid. Malaret) como derivados de *cabuya* 'bramante'. Malaret, *Semántica Americana*, p. 98, al defender como buena esta etimología olvida el hecho ele-

mental de que no puede derivar de esta voz indígena antillana un verbo que ya es frecuente en
el español de la Edad Media.— [18] Hoy *escabu-
llir-se* se emplea alguna vez, pero se considera
generalmente castellanismo. Y de hecho no puedo citar ejs. en autores de lenguaje popular
ni recuerdo haberlo oído fuera de Barcelona.—
[19] Creer que *escabullir* sea simplemente cruce de
escapar con *bullir* es imposible, pues no hay la
identidad semántica necesaria para esos enlaces
de vocablos. Que a este último se deba la alteración de *escabolir* sí se comprendería fácilmente,
pues al fin y al cabo expresa un movimiento, recuérdese el derivado *rebullir* 'menearse sin salir
de un lugar', *bulle-bulle* «el inquieto que anda de
aquí para allí» (Covarr., s. v. *bullir*). El influjo
de *bullir* es probable que tenga que ver con el
cambio de SEPELLIRE en cat. ant. *sebollir* 'sepul-
tar' (aunque la o puede deberse al participio SE-
PŬLTUS), y creo que *ZAMBULLIR* tiene el mismo origen.

Escacado, V. *jaque*   *Escachar, escacharrar*, V.
cacho I   *Escaecer, escaencia*, V. *caer*

ESCAFANDRA, tomado del fr. *scaphandre* m.,
compuesto con la frase griega σκάφη ἀνδρός 'bote
de hombre (esquife para hombre)'. *1.ª doc.*: *esca-
fandro*, Acad. 1899; *escafandra*, 1901, Pagés.

En francés, desde 1812. La mala adaptación de
la terminación revela la procedencia francesa.

CPT. *Escafoides* [Terr.; Acad. 1899], compuesto
de σκάφη 'bote' y εἶδος 'aspecto'.

Escajo, V. *cuajar*

ESCALA, del lat. SCALA 'escalón', 'escala', 'escalera'. *1.ª doc.*: APal. 368*b*, 437*b*[1]; Nebr. («*escala
o escalera: scalae*»).

En latín solía emplearse *scalae* en plural, en el
sentido de 'escalones' o en el de 'escala' o 'escalera',
pero ya ciertos autores tardíos emplean *scala* en
singular para esta idea. Hasta hoy en Galicia se dice
las escalas (o bien *la escala*) por 'la escalera de una
casa' (Alvz. Giménez). La poca antigüedad de la
documentación hallada en castellano[2] se prestaría a
la sospecha de que *escala* sea cultismo en castellano; sin embargo debe tenerse en cuenta que si *escala* estaba reservado para la escalera de mano, había menos ocasiones en los textos para que saliera
escala que *escalera*, que reunía las dos acepciones.
Para la lucha entre los dos vocablos en romance, y
peculiarmente en Francia, debe verse el estudio de
Jaberg, *RLiR* VI, 91-123 (para el español, pp. 91n.
y 109); la razón de esta lucha se halla en la necesidad que sintieron varios romances de distinguir
entre 'escala, escalera de mano' y 'escalera de edificio', y a la intervención de la idea de 'escalón',
que a menudo se confunde con aquéllas. De ahí
que la lengua de Oc prefiriera *escalier* o *eschalier*

para 'escalera', desde sus orígenes, mientras otros
romances (it. *scala*, cat. *escala*) siguen empleando
el simple para 'escala' y 'escalera' sin distinción,
como hacía el francés antiguo; el fr. *escalier* se
introdujo en el S. XVI por influjo de la lengua
de Oc, apoyado por la imitación de Vitruvio, donde
se halla el plural SCALARIA (cuyo singular · puede
ser SCALARE o SCALARIUM, ambos en inscripciones)
'escalera'. De éste ha de proceder también el cast.
escalera, que contra la opinión de Jaberg, es de gran
antigüedad, como lo comprueba su paso al mozár.
escaláira 'escala o escalera' (PAlc.), marroq. *isgalíra*
'escalera en los barcos' (Lerchundi), y se extiende
hasta el bearn. *escalère* «échelle courte qui chevau-
che une haie» (como nota Rohlfs, *ASNSL* CLXIV,
152-3); el masculino *esqueiro* o *escairo* 'escala de
mano pequeña' se emplea en gallego y en el portugués del Minho, donde por lo demás se sacaría
del femenino gall. *esqueira* 'escala de mano'; el
port. antic. y dial. *escaleira* es castellanismo o cultismo; este idioma echó mano del derivado *escada*
'escala' y 'escalera' (< *escalada*[3]), quizá más en razón de las dificultades morfológicas que ofrecía el
anómalo femenino *escá* que por móviles de distinción semántica; *escaada* 'escala de mano' *MirSgo.*
51.13 y 20; *escaeira* 'escala de subir a una embarcación' *Ctgs.* 383.41. De ahí el gall. *escada*
'gajo o racimo de uvas o rama del mismo racimo' (Sarm. *CaG.* 60v, 159v); con una variante
escádea (ib. y 77v) que se deberá a una contaminación, quizá la de *códea* 'corteza de pan' (ib. 77v;
V. *CODENA*). La distinción entre *escala* y *escalera* la observan los autores clásicos, si bien no con
carácter absoluto («algunas veces» Covarr., «regularmente» *Aut.*), pues siempre se ha admitido también el uso de *escalera* para 'escala de mano', según
hace ya Berceo («las tapias eran mucho alçadas, /
non tenié por sobirlas *escaleras* nin gradas», *S.
Dom.*, 660*d*; pero *escalera* para la de los ángeles
soñada por Jacob, *S. Or.*, 42); en invent. arag.
desde 1331 'escala de madera de 3 ó 4 escalones'
(*VRom.* X, 46)[4].

En la ac. 'paraje o puerto donde tocan de ordinario las embarcaciones', la palabra tiene historia
propia: en castellano se documenta desde Gz. de
Clavijo (1406-12). Nació esta aplicación en el griego de Constantinopla, donde el latinismo σκάλα
se aplica desde el S. V d. C. a una escala de piedra
del muelle empleada para el desembarco, y después
pasó a 'muelle de desembarco' y a 'puerto de una
ciudad'; de ahí irradió a los demás puertos griegos y pasó por una parte a Italia, donde no aparece hasta 1082 (Venecia) y en los primeros siglos
se refiere siempre a los desembarcaderos de puertos
orientales; por la otra al turco, que lo propagó
por las lenguas balcánicas, y también pasó directamente al árabe, donde la hallamos desde 1154,
en el Idrisí (nacido en Ceuta); de Italia se tras-
mitiría a España (vid. Kahane, *Byz.-Neugriech.
Jahrbücher*, Atenas 1939, XVI, 33-58, que rectifica

en parte las conclusiones de M. L. Wagner, *ZRPh.* XXXIX, 96-101, y de Simonet, s. v.).

DERIV. *Escalera* [Berceo], vid. arriba; *escalereja, escalerilla, escalerón* ['peldaño' invent. arag. de 1397, *VRom.* X, 146]. *Escalar* [«*escalar* fortaleza», Nebr.]; *escalable*; *escalada*; *escalado*; *escalador*; *escalamiento*; *escalante*; *escalo*; *escalona. Escalar* m., arag., 'paso angosto en una montaña', del lat. vg. SCALARE 'escalera', citado arriba. *Escaleta* [Acad. ya 1843]. *Escalinata* [1803, Moratín; Acad. 1884, no 1843], del it. *scalinata* íd., derivado de *scalino* 'escalón'. *Escalón* [Berceo, *S. Or.,* 39], derivado común con varios romances: fr. *échelon,* oc. y cat. *escaló* (junto a *graó* y el cruce *esglaó*), y el cultismo o castellanismo port. *escalão; escalonar, escalonamiento. Escalafón* [Acad. ya 1843, como término militar, no 1832], palabra de formación oscura, quizá adaptación popular de una expresión francesa *échelle de fonds* 'escala de los fondos necesarios para pagar a la oficialidad' (del castellano procede el cat. *escalafó*).

¹ «Los combatientes léganse al muro y embaracan a los defensores tanto que pueden poner las *escalas*», «*scandere*: subir arriba quasi por *escala*».— ² Oelschl. cita *escala* 'vaso', 'copa', que ha de mantenerse aparte, y dos ejs. de *scala* en docs. del S. X, que serán más bien latinos.— ³ Éste penetra algo en las Asturias occidentales, donde lo recogió Munthe, pero no Acevedo, Fernández ni Rato. Figura también en el sentido de 'escala de asalto' en el ms. leonés del *Alex.* (2058*b*), pero el ms. aragonés trae *escalera.* En el *Rimado de Palacio,* 668*a,* podría significar 'escalera' o 'acto de subirla' y por lo demás quizá sea portuguesismo personal del autor, pues este pasaje lo escribió durante su prisión en Oviedes. No se comprueba, por lo tanto, el supuesto de Jaberg de que la innovación *escalada* 'escalera' sea común al castellano y al portugués.— ⁴ Por conducto del italiano (?) parece haber pasado *escalera* al gr. mod. ἰσκαλιέρα 'escala de cuerda', de donde el turco *iskalere* (Kahane, *Journ. Amer. Orient. Soc.* LXII, 252-3).

ESCALABORNE, 'trozo de madera ya desbastado para labrar la caja del arma de fuego', del cat. *escalaborn* 'esbozo', 'pedazo de madera desbastado', *escalabornar* 'desbastar la madera, esbozar', de origen incierto. *1.ª doc.:* Acad. 1884, no 1843.

En catalán es palabra muy viva en el Nordeste (Ampurdán, la Selva, Ripollés, Osona, Berguedá, Cerdaña), también empleada alguna vez en el lenguaje literario, vid. Aguiló y *BDC* XIX, 134. La he oído también en Arbucias, con *o* abierta, aplicada al esbozo informe de un tonel, en el Ampurdán aplicado al de una azada. Según Fabra, *escalabornar* significa además 'sacar uno o varios objetos de una colección, o de un todo'; según Ag., en Sta. Coloma de Queralt (Baja Segarra) se le da el sentido de 'perdulario, calavera, alocado'. No

conozco nada análogo en otros romances. Quizá sea casual el parecido con el ast. *escalaburniau* «enfermizo con sudor frío, de mal color y vientre suelto»¹, que Rato cita con referencia a Munthe, pero ni éste ni Acevedo-F. lo recogen en el orden alfabético; en Rato y en el ast. *escalabrón* 'descalabradura' (V) se inspiraría C. Michaëlis (*RL* III, 178n.) para suponer que el cat. *escalaborn* esté relacionado con el cast. DESCALABRAR (vid. *CALAVERA*)². Sí habrá relación con *bòrn* 'sector cilíndrico de corcho que se arranca de un alcornoque' (Gerona, Ampurdán, Vallés, en Alcover), *bornós* 'corcho mal formado' (en el Bajo Ampurdán, *BDC* XIII, 94), *bornoi* 'corona de corchos para sostener un arte de pesca flotante' (Costa de Levante, Baleares y Valencia), para cuyo origen se puede ver el *FEW,* s. v. BRUNNA, y *REW,* s. v. BORNA; y con el adjetivo *escalabursat* 'mutilado por la nieve o el rayo', aplicado a un pino, que leo en Cèsar August Torras, *Guia del Pirineu Català* III, 248 (Canigó). ¿Tendrá esta palabra un radical común con la nuestra, combinado en este caso con *burxar, bursar,* 'pinchar, tormentar' y en *escalabornar* con *born* y su familia? No sería imposible que este radical fuese justamente el verbo *escalabrar* (*esgalabrar*) 'descalabrar', del cual ya hay en catalán algún ej. en los SS. XV-XVI (Ag.), y que en Castellbò significa 'talar los árboles de un bosque sin dejar uno' según Griera, comp. *escalabornar* recogido por el propio diccionario en el sentido de 'romper la cabeza, las costillas, etc.'. V. además *calahuerna* y su familia, aquí s. v. *CALABOZO* II.

¹ Hay relación con *calabornu* 'lagarto', vid. *ESCUERZO.*— ² Quizá suponiendo un derivado **escalabró* y de ahí *escalabronar* > *escalabornar.* Pero esto es muy construído, poco fundado semánticamente, y no está de acuerdo con el timbre abierto de la *o* catalana. La forma *escalabronat* recogida por Aguiló es probable que sea secundaria.

Escalaburniado, V. *escalaborne* *Escalada, escalado, escalador, escalafón, escalamiento,* V. *escala*

ESCÁLAMO, del lat. vg. **SCALĂMUS,* alteración de SCALMUS (procedente del gr. σκαλμός íd.) por influjo del lat. CALĂMUS 'caña'. *1.ª doc.:* 1570, C. de las Casas; 1574, relación barcelonesa de *Lo que vale una galera,* en Jal, 742*b.*

Oudin, 1607, y Covarr., 1611, recogen las dos formas *escálamo* y *escalmo*; la primera figura asimismo en G. de Palacio (*Instr.,* 142 v°), en Cervantes y en Lope de Vega (*Dic. de Aut.*); *escalmo* quizá no sea más que un latinismo de lexicógrafos, que no conozco en otro texto que en la *Mecánica de Aristóteles,* por Diego Hurtado de Mendoza (1545), según cita de Keniston, *Syntax,* 401; pero no pasa de ser un latinismo de esta traducción del latín. La base **SCALĂMUS* está comprobada asimismo por el cat. *escàlem* (también escrito *escàlam* por influjo castellano), mientras que el fr. *échaume*[1], oc. *escalme*, y aun quizá it. *scalmo*[2], pueden corresponder fonéticamente a *SCALĂMUS o a SCALMUS[3]; comp. *scalomos* en el ms. *B* de San Isidoro, *Etym.* XIX, iv, 9. La contaminación con CALĂMUS se comprende bien por tratarse en ambos casos de helenismos y teniendo en cuenta la forma del escálamo. En parte del territorio de lengua castellana es más popular el sinónimo *TO-LETE*. Comp. *Homen. a Rubió i Lluch* III, 290.

[1] Quizá del fr. *eschalme* saldrá el pg. *enxama* íd. y no de SAGMA como quisiera Piel, *Pg. Fgn. d. Görresges.* VIII, 1968, 161.— [2] Comp. el toscano *calmo* 'esqueje de planta' < CALĂMUS. El sic. *skarmu* (Lipari, *VKR* III, 357) corresponde claramente a SCALMUS.— [3] El port. *escalmo* citado por algunos es voz antigua y rara (un ej. en Fig.; falta Moraes, Vieira, Cortesão), evidente latinismo en lugar de la voz port. corriente *tolete*.

Escalamuerzo, V. *escuerzo*   *Escalante, escalar*, V. *escala*   *Escaldado, escaldadura, escaldar*, V. *caldo*

ESCALDRIDO, ant., 'astuto, sagaz', tomado del cat. ant. *escaltrit* íd. (hoy *escⁿtorit* 'listo, alegre'), del mismo origen incierto que el it. *scaltrito* 'hábil, sagaz'. 1.ª *doc.*: S. XIV, *Castigos de D. Sancho*, 139a, línea 39.

No conozco otro ejemplo que el de este texto: «dijo el profeta: —Yo destroiré la sabidoría de los sabios, e la prudencia de los *escaldridos*, e la fortaleza de los fuertes del mundo». Para el cat. ant. *escaltrit*, mod. *escotorit*, vid. Ag. Spitzer, *ARom.* VI, 164-5, y VII, 393 (con la aprobación de M-L., *REW* 1783a), propuso derivar el it. *scaltrire* 'despabilar, avivar el ingenio, escarmentar' de CAUTE-RIRE 'marcar con fuego' (así en Pelagonio, S. IV), derivado del helenismo CAUTĒRIUM 'cauterio', comparando el mall. *escalivar-se* 'despabilarse, mejorar' (derivado de *caliu* 'ascuas'), recuérdese el proverbio castellano *de los escarmentados nacen los arteros* (o *los avisados*). Jud (*Rom.* LII, 200-201) se opone a causa del sobreselv. *scultrir* 'peinar el cabello', cuyo significado sería más primitivo por más concreto, y que se emparentaría con formas franco-provenzales y provenzales del tipo *decotti* o *des-coutissà* «démêler le fil, les cheveux», por lo demás de origen desconocido. Sin embargo, quizá estas últimas formas no tengan nada que ver, y el significado sobreselvano sea secundario, comp. cat. *eixerit*, que propiamente es 'astuto, despierto', pero significa también 'bien arreglado, lindo' (*una minyona eixerida*); en favor de la idea de Spitzer pueden citarse el it. antic. *scalterire* (Petrocchi) y la variante catalana *escuterit*, empleada por Eiximenis (fin del S. XIV: Ag.). El cast. *escaldrido* es alteración natural en un extranjerismo raro, debida a una contaminación, quizá la de *faldrido* 'ardido, audaz'.

Escaldufar, V. *caldo*   *Escalecer*, V. *caliente*

ESCALENO, tomado del lat. tardío *scalēnus* íd. y éste del gr. σκαληνός 'cojo', 'oblicuo'. 1.ª *doc.*: 1633, Lz. de Arenas, cap. 23, p. 79; *Aut.*

Escalentador, escalentamiento, escalentar, V. *caliente   Escalera, escalereja, escalerilla, escalerón, escaleta*, V. *escala*

ESCALFAR, ant., 'calentar', derivado de *calfar* conservado en el dialecto murciano y en otros romances, procedente del lat. vg. *CALFARE, lat. CA-LEFACĔRE íd., compuesto de CALĒRE 'estar caliente' y FACĔRE 'hacer'; las formas modernas están tomadas en parte del catalán *escalfar* íd. 1.ª *doc.*: 1152, doc. leonés, Oelschl.

Se halla también en la *1.ª Crón. Gral.* y en el *Libro de la Caza* de López de Ayala (Cej., *Voc.*), pero es palabra bastante rara aun en la Edad Media, comp. *RABM* I (1871), 255-6. Falta en BKKR, Glos. de Castro, APal., Nebr., Covarr. Modernamente *Aut.* lo registra sin ejs. como aplicado a los huevos cuando se echan a cocer en agua y quitándoles la cáscara (así en Moratín, 1803, *El Barón*, ed. Acad. II, 420), y al pan cuando se cuece demasiado formando ampollas (lo que suele decirse *olivado*)[1]; *escalfado*, como término de albañilería referente a la pared que forma ampollas; en Murcia, según G. Soriano, dicen *calfarse* por 'acalorarse, irritarse'. Lo especial de estas acs., y la localización geográfica de *calfarse* y de los ejs. más antiguos de *escalfador*, indican un origen catalán, por lo menos en parte: allí es vivo y usual *escalfar*, en todas las acs., como forma del Principado, y *calfar* del País Valenciano.

DERIV. *Escalfado. Escalfador* [invent. aragoneses de 1390 y 1497, *BRAE* IV, 355; II, 89; *esc. de arambre*] 'jarro en el cual tenían los barberos el agua para afeitar' [*Aut.*, con ej. del madrileño Zabaleta, 1654], 'braserillo que se ponía sobre la mesa para calentar la comida' [*Aut.*], 'aparato que emplean los obreros pintores para quemar la pintura al óleo'. *Escalfamiento* ant. *Escalfarote* 'bota para conservar caliente el pie y la pierna' [*Aut.*], tomado del it. antic. y dial. *scalferotto* [Galileo; hoy vivo en Venecia, Parma, Piamonte; ignoro por qué duda de la etimología Wartburg, *FEW*, s. v. EXCA-LEFACERE]. *Escalfecerse* arag. 'enmohecerse', Segorbe *escalfido* 'enmohecido' (que no vienen de *escanecerse, *escanecido, como dice *GdDD* 1347), comp. cat. *escalfeir-se* o *escalfir-se* íd., Aveyron *escloūfit* 'renfermé, odeur de renfermé' (contaminado por *claure* 'cerrar'), metaurense *calfiss, calfit* «ammuffire (detto segnatamente di pane, cacio e simili)» (Conti), y comp. el salm. *calecerse* de significado análogo (s. v. *CALIENTE*). *Escalfeta*, del cat. *escalfeta* íd.

[1] En estas acs. se halla ya en el autor leonés de la *Pícara Justina*, vid. Fcha., s. v. En cuanto a

escalfar *una dormidura* 'echar un sueño' citado allí mismo de un auto del S. XVI, quizá sea variante de *DESFALCAR* en el sentido de 'robar' (véase).

Escalfar, V. *desfalcar*   Escalfecerse, V. *caliente* y *escalfar*   Escaliar, escalio, V. *cuajar*   Escalibar, V. *caliente*   Escalinata, V. *escala*   Escalio, V. *cuajar*   Escalmo, V. *escálamo*   Escalo, V. *escala*   Escalofriado, escalofrío, V. *caliente*   Escalón, escalona, escalonamiento, escalonar, V. *escala*   Escalonia, escaloña, V. *ascalonia* y *chalote*   Escalpelo, escalplo, V. *escoplo*   Escaluñar, V. *calumnia*   Escalla, V. *escanda*   Escalle, V. *cañón*

ESCAMA, del lat. SQUAMA íd. *1.ª doc.: Lucano* Alf. X, Almazán; J. Ruiz, 1117d.

También en APal. 436b, y en Nebr. Ha de ser palabra tan antigua como el idioma. Al parecer sólo ha dejado descendientes populares en cast., port. (*escama*) y rumano (donde *scamă* significa 'hilas'); el término vulgar es *scaglia* en italiano, *écaille* en francés y *escata* en lengua de Oc y catalán, aunque también existen it. *squama*, oc., cat. *escama*, con carácter más o menos culto. La reducción de QUA a *ca* tras s parece ser regular; por lo demás es probable que ya fuese antigua, aunque su aparición aislada en un glosario latino conservado en ms. francés de fines del S. IX (*CGL* II, 557.6) tiene poco valor demostrativo en este sentido, y la forma lemosina *eschamo* (Mistral) y la francesa *eschame* (en traducción de la Halconería de Federico II, escrita en el Franco Condado y en el S. XIII: *ZRPh.* XLVI, 248) pueden explicarse por influjo del sinónimo *escata*.

DERIV. *Escamada. Escamado. Escamar* 'quitar las escamas a los peces' [Nebr.; Rob. de Nola, p. 173; ej. de Sánchez de Badajoz en Cej., *Voc.*], 'labrar en figura de escamas'; para la otra ac., vid. *ESCAMAR; escamadura* [Nebr.]. *Escamón* ast. 'gobio negro' (V). *Escamoso* [Nebr.]. *Escamudo*.

ESCAMAR, 'hacer entrar en cuidado o recelo', voz familiar y moderna, de historia oscura, relacionada con *escamonear*, de igual significado, y con el cat. *escamnar* 'escarmentar', probablemente derivados del nombre de la *escamonea* (gr. σκαμμωνία o χάμων, mall. *escamna*), por los efectos de este purgante drástico y maligno. *1.ª doc.: Terr.*[1].

La Acad. lo ha venido considerando aplicación figurada de *escamar* en el sentido de 'quitar las escamas', lo cual es poco verosímil en lo semántico y no explicaría las demás formas romances; así ya en 1843: «*escamar*, metafór., escarmentar o desazonar a alguno; *escamarse*, resentirse de alguno de quien se ha recibido daño y huir de su trato y confianza»; Pagés cita ejs. desde Juan Nicasio Gallego (1777-1853). *Escamonearse* se documenta desde antes, pues ya lo define *Aut.* (sin ejs.) como

«rezelarse, resentirse, y como rehusar y no querer hacer alguna cosa: y assí del hombre o bruto que rehusa y rezela executar lo que se le dice o se le obliga a hacer decimos que *se escamonea*»; hoy *escamonear* 'impacientar, inquietar' en la Sierra de Francia (Lamano). *Escamar* se emplea también en catalán, por lo menos en Barcelona, pero su carácter genuino es por lo menos dudoso y Fabra lo rechaza[2]; en Portugal ya Moraes registra «*velhaco escamado*: fino e cadimo»; Vieira «*tinha-se escamado*: fugido, escapado», «*escamalhoar-se*, termo popular: fugir, escapar-se»; Fig., como voz jergal: «*escamar-se*: zangar-se», «*escamado*: amuado; que fala mal de tudo», en el Brasil 'huir' y en el Minho *a escamar* 'a toda prisa', *escamugir-se* 'huir'[3]. El cat. *escamnar* es más antiguo, pues ya figura en la *Crónica* de Miquel Carbonell, fin S. XV, y en el *Miserere* de Pons, impreso en 1592[4]; en ambos el significado es 'escamar' o 'escarmentar', hoy bien vivo en Mallorca y en muchos puntos del Principado (no en Barcelona): lo he oído con la última de estas acs. en Oló (Bages) y en Tona (Osona), y Ag. lo señala en Vic y en Tortosa; hay además otras acs.: *escamnar-se* 'llagarse con la brida la boca del caballo' (1544), 'endurecerse la carne o las legumbres cuando se ha interrumpido su cocción' (en Badalona, según Ag.; Fabra)[5]. Ahora bien, junto a *escamnar-se* está el mall. *escamna* 'escamonea' (Amengual)[6], como junto al nombre castellano de esta planta está *escamonearse*; en el asturiano de Coaña dicen *escarmonar* 'escarmentar' (Acevedo; con r de *escarm[ent]ar*), y en Galicia *escaramoar* (Vall.). Del carácter dañoso y del gusto fuerte de la escamonea hay multitud de testimonios: Laguna, Fr. Luis de Granada[7], Covarr. (con cita de las *Partidas*), Ag., los numerosos ejs. del fr. ant. *escamonie* en los sentidos de 'amargura', 'veneno', 'agente de irritación' recogidos por Tobler, etc. Luego se comprende que el animal que comiese escamonea quedase *escamoneado* 'escamado'; comp. el nombre español de la misma planta *matacán* (Colmeiro), port. *tremoço de cão*, val. *matagós*.

Pero ¿en qué forma se habrá sacado *escamar* de *escamonear*? Quizá por derivación regresiva, acaso por medio de *escamón* 'receloso, el que se escama' [falta aún Acad. 1899, pero Pagés da ejs. de J. Valera y Pérez Galdós]; pero ¿no habrá parentesco más estrecho con el cat. *escamnar*, mall. *escamna*? Según todas las apariencias, de una forma como el gr. χάμων se derivaría un b. lat. **excamonare*, de donde el cat. *escamnar* y, con tratamiento semiculto o dialectal, el cast. *escamar*; de *escamnar*, a su vez, el postverbal *escamna*.

Pero quedan varios puntos oscuros. Los dos más antiguos testimonios catalanes, en R. Martí (como equivalencia de una voz árabe que traduce el lat. *disciplinare*, p. 349) y en la *Crónica* de Jaime I (fin S. XIII), presenta la forma *escatmar*, con el significado claro de 'escarmentar, castigar ejemplarmente[8]; en la glosa a R. Martí, pág. 349, que traduce el lat. *disciplinare* y el ár. *nišáᶜᶜaf*, la lección *scatmar*, comprobada en el ms., es enteramente segura, me dice Griffin. Quizá venga esto de *escannar* > *escanmar*, trasposición consonántica que no sería corriente, por cierto. Pero esto nos recuerda el ast. y santand. *escarmar* 'escarmentar' (Munthe, Rato, Acevedo-F., Canellada, Vigón, G. Lomas), y por otra parte el ast. *camentar* 'recelar' (Rato)[9]. Pueden explicarse como cruces diversos de *escamar* y *escarmentar*. ¿O habría ahí una reducción del etimológico *escarnmiento* a *escanmiento* (vid. *ESCARMIENTO*), de donde por una parte (es)camentar[10] y por la otra *escanmamiento* (ultracorrección de una supuesta haplología, por la mayor frecuencia de *-amiento*), y luego *escatmar* o *escarmar*?

Escatmar (> *escanmar* > *escamnar*), *escamar* y *escarmar* se explicarían fácilmente como derivados de *escátima* 'perjuicio': V. *ESCATIMAR* y cf. también el *scatmar* «disciplinare» comprobado en R. Martí, y por la rima *escatma*: *estatma* del *Torcimany* (h. 1390-1400), § 279. Con el significado de Jaime I y R. Martí coincide el del vasco suletino *azkamatu* «donner une frottée, une râclée, rosser un homme» «démêler, faire bouffer un écheveau» «éplucher». Sorprende no encontrarlo en el dicc. bearnés (de donde ha de haber entrado la palabra suletina), pues Palay sólo registra un *escamà* 'rompre les jambes, se fatiguer les jambes' quizá obviado por la supuesta etimología *came* 'pierna' en la mente del lexicógrafo.

DERIV. *Escama* 'recelo'; *escamón*; *escamonearse* (para los cuales, V. arriba).

[1] «*Escamarse*: resentirse, agriarse y mostrarlo en lo exterior; también como verbo activo: *le escamó con cuanto dijo*». Está fuera de toda posibilidad el admitir que *escamado* en Góngora, II, 102, aplicado a una foca, signifique 'receloso' según quiere el Sr. Alemany y Selfa en su Vocabulario. No hay duda que es 'cubierto de escamas'. Cierto es que la foca no las tiene, pero los pegotones de pelo mojado que cubren a este animal marino lo parecen, y no hay que pedir a un poeta la minuciosidad de un naturalista. Lo que sería inadmisible en la poesía gongorina es el tono vulgar y familiar del verbo *escamarse*.— [2] En Valencia, aparte de la ac. corriente, recoge Escrig 'reprender agriamente', *escamada* 'fraterna; reprensión agria, gran reprimenda', *escama* 'escándalo; desenfreno, desvergüenza, mal ejemplo'.— [3] Comp., para la terminación, la forma *escabujar*, citada s. v. *ESCABULLIRSE*. ¿Hay cruce con *fugir*?— [4] Me parece seguro que en el Poema catalán de la Vida Marina, de fin S. XIV, publicado por Massó i Torrents (*RH* IX, 244), hay que leer *escamnar* 'escarmentar' en lugar de la lección errónea: «Si·ls volets *escammar* / no·us hi cal may tornar».— [5] Comp. el and. *escamarse* 'tenderse o enmarañarse las siembras y granadas

a causa de las lluvias tardías' (AV). Griera dice que en catalán es además 'caerse la piel', pero resulta sospechosa esta ac. sin localizar.— [6] Convendría comprobar esta forma, que no se halla en otras fuentes: el Nebr. catalán de Antic Roca, a. 1560, sólo da *escamonea*; comp. Colmeiro IV, 51, y Rolland, *Flore Populaire* VIII, 62. En castellano el nombre de la *escamonea* puede documentarse en la forma *esclamonia*, desde López de Ayala, *Aves de Caça*, según este último botánico, y *escamonéa* se halla en Nebr., en Laguna (1555), en la *Pragmática* de 1680 y en los dicc. de Percivale (1591), Oudin y Covarr. *Escamna* podría resultar de una combinación de las dos formas griegas σκαμμωνία y κάμων, κάμωνος (Nicandro de Colofón, S. II a. de C.), comp. fr. ant. *scamone* (Roland), Montpelier *escamona* (íd.), oc. mod. *escamouno* (Mistral).— [7] «Dicen que si plantando una vid la entremeten en la raíz un poco de *escamonea*, todas las uvas que lleva nacen *escamoneadas*, y assí son dañosas» (*Aut.*).— [8] Así en las eds. Ag. (p. 140) y Casacuberta, basadas ambas en el ms. de 1343; Bagué en su traducción moderna dice 'escamar', que no es bien exacto. En cuanto a la forma mallorquina *escannar* (también escrito *escatnar*), citada por Ag., es mera pronunciación local de *escamnar*, pues en la Isla los vocablos como *condemnar* se pronuncian *condennà* (Dicc. Alcover).— [9] Sin embargo, Vigón lo da como equivalente de *encamentar* «dar orden con encarecimiento para hacer una cosa», el cual, según Rato, es «ensalzar, recomendar, hacer la relación del suceso preparando el ánimo a favor», y según Canellada «advertir y encargar mucho una cosa». Parece cruce fonético y semántico con *encarecer*. O más bien cruce de *encarecer* con el cast. ant. *escarmentar* 'avisar de un riesgo'.— [10] Con éste comp. el gall. *escamenta* «liquen, especie de moho que crece pegado a los árboles y piedras; dicen que es contra la ciática, la gota, mal de orina y llagas inveteradas» (Vall.).

Escambrón, V. *cambrón*   *Escamel*, V. *escabel*

ESCAMOCHO, 'desperdicio de comida', probablemente alteración de *esquimocho* 'muñón, cosa mutilada', derivado del antiguo *esquimar* por *ESQUILMAR* (véase); la moderna forma con *a* se deberá entonces al influjo de *escamar* 'quitar las escamas al pescado'. 1.ª doc.: *esgamocho*, h. 1480, Fr. Íñigo de Mendoza, NBAE XIX, 22[1].

También en la *Celestina*, ya en la ac. más corriente («¡No te sobrarán muchos manjares! No quiero arrendar tus *excamochos*», Cl. C. I, 255.7), y *esgamocho* en APal. («*pitissare* es bever esgamochos. Ca *piti* es en griego es bever», 365b) y en Juan del Encina («pues no habrian en ti *esgamocho* / si como tú dices fuese», *Teatro*, p. 240)[2]; *escamocho* en la *Comedia Florinea* (1554) y en G. de Alfarache; dos ejs. más del S. XVI en Fcha.;

Covarrubias explica «lo que sobra en los platos, de carne y huessos roídos»; Oudin «les restes de viande qui demeurent sur l'assiette ou au plat, ou bien du vin qui reste, reliefs de table, pieces, esclats»; and. 'granzas o desperdicios del grano después de cribado' (A. Venceslada); salm. *escamoche* 'desmoche; corte de leña; riza, destrozo' (Lamano). El verbo correspondiente a *escamocho* es más tardío y de forma vacilante: *escamochear* 'producir una colmena un enjambre pequeño como segunda cría del año' [Acad. ya 1843]; hoy la Acad. da (todavía no en 1899), como andaluz (falta AV, Toro Gisbert), *escamochar* 'quitar las hojas no comestibles a los palmitos, lechugas, alcachofas, etc.', y 'desperdiciar, malbaratar'; hond. *camochar* 'desmochar los árboles y otras plantas'. Si *escamochar* hubiese sido antiguo se podría explicar como cruce de *escamar* y *desmochar*. *Escamocho* podría interpretarse como mero derivado de *escamar*, pero me parece preferible la interpretación dada arriba, en vista de *esquimochón* 'muñón, miembro mutilado' (que figura en el ms. aragonés del *Alex.*, S. XV, 1022*a*) y del sentido predominantemente vegetal de *escamocho* y *escamochar*. La ac. propia de *esqui(l)mar* fué, efectivamente, 'cortar las ramas de un árbol'[3]. No me parece aceptable la vieja etimología de Covarrubias lat. ESCA 'comida' + MŎRSUS 'mordido', que sólo podía dar *escamueso;* tampoco con la modificación aceptada por M. P. en un artículo temprano (*Rom.* XXIX, 346-7), sustituyendo MORSUS por el cast. *mocho*, lat. MUTILARE, pues además de las dificultades formales, ello supondría la existencia de *esca* (o *yesca*) en romance en el sentido de 'comida', de lo cual no hay indicio alguno; el parecido con el it. *scamozzare* 'podar completamente un árbol' (de **capo mozzare* 'desmochar desde la cabeza') es sin duda casual; la derivación de *escama* fué ya aceptada por Baist, *KfRPh.* VI, i, 388. Es inverosímil admitir con *GdDD* 1434 que esta voz y *escamondar* contengan un *cap* de CAPUT (aun si consentimos en no hacer caso de la inexistencia de **camondar* y *camochar*, éste sólo en Honduras), por no haber en Castilla otros ejs. de tal forma *ca(p)-* prefijada; claro que la palabra *caltenerse* 'aguantarse' (< oc. *captener*), empleada en algún punto de Santander y Asturias, es uno de los occitanismos que no escasean en estas provincias desde la Edad Media.

DERIV. *Escamochar*; *escamoche*; *escamochear* (véanse arriba). *Escamondar* [h. 1530, Guevara, *Menosprecio de Corte, Cl. C.* 83.26] 'limpiar los árboles quitándoles ramas inútiles y hojas secas', es cruce de *mondar* 'limpiar' (en Salamanca 'podar') con su sinónimo *escamochar* 'quitar hojas inútiles de las plantas' (como hoy en Andalucía); no es ESCAM MŬNDARE 'limpiar las *hojas y ramas secas' (significado que no se sabe haya tenido nunca el lat. ESCA 'comida'), como admitieron M. P., *l. c.*, y G. de Diego (*RFE* VI, 123-4; éste con la alternativa MUTILARE, que foné-

ticamente no podía dar *mondar*, pues *ronda* no tiene que ver con ROTULA); ni CAPUT *MUTTIARE (en vez de MUTILARE) según quería Parodi, *Rom.* XVII, 61-62; ni es tan probable que venga de *escamar* (que no significó jamás 'podar los árboles'), cruzado directamente con *mondar*, según propuso Brüch, *ZRPh.* XXIX, 208; en cuanto al salm. *escaramondar* 'pisar y descascar los erizos de las castañas', Sierra de Gata *škořomondál* (*VKR* II, 84), se debe a un nuevo cruce con el salm. *escarolar* 'dejar bien limpia una cosa' u otra de las palabras en *escar-*, de sentido análogo, registradas por Lamano; *escamonda*, *escamondadura*; *escamondo*.

Escamujar 'podar someramente un árbol, especialmente el olivo' [*Aut.*], puede ser alteración directa de un *esquimujar, derivado de *esquimar*, o bien resulta del cruce del citado *escamochar* con *desmujar, forma castellana correspondiente a la leonesa *desmollar* 'podar' (así en Lamano, s. v. *escamollar*), procedentes ambas de MŬTĬLARE 'mutilar'; comp. salm. *escamollar* 'podar'[4]; *escamujo* [*Aut.*].

[1] Se refiere al trozo de carne que se corta en el acto de la circuncisión.— [2] De ahí probablemente *gamocho* como nombre de la tala; en gallego el bastoncito para jugar al *gamocho*, juego al que en Pontevedra decían *lipe* (Sarm. *CaG.* 211*r*).— [3] En el *Canc.* Satírico valenciano del S. XV *perpal de punta esquimada* es 'leño de punta desgastada' (Ag.). El antiguo *trasquilimocho* 'menoscabo, pérdida' (Acad., falta aún 1843), 'mutilado, trasquilado' [Quevedo] me parece un *esquilimocho, anaptixis de *esquilmocho, que sufrió la atracción de *trasquilar* = *esquilar*.— [4] M. P. suponía ESCAM MUTILARE, que debe rechazarse por la razón ya indicada.

Escamollar, V. *escamocho*   *Escamón*, V. *escama* y *escamar*   *Escamonda, escamondadura, escamondar, escamondo*, V. *escamocho*   *Escamonea, escamoneado, escamonearse*, V. *escamar*   *Escamoso*, V. *escama*

ESCAMOTEAR, 'hacer desaparecer con juegos de manos', 'hacer desaparecer algo hábilmente', tomado del fr. *escamoter* íd., de origen incierto, probablemente emparentado con el cast. *CAMODAR* 'hacer juegos de manos', 'trastrocar', que parece venir del lat. COMMŪTARE 'trocar'; es posible que el vocablo francés se tomara a su vez del español, adaptando su terminación a la frecuente terminación verbal francesa *-oter*. 1.ª *doc.*: *escamotar*, Acad. 1817, no 1783; *escamotear*, 1855, Baralt; Acad. 1884; Antonio Flores (1821-66).

Escamotar, según Pagés, está ya en Bretón de los Herreros (obras 1817-1867), pero ambas formas faltan todavía en *Aut.* y en Terreros (1787) y son ajenas al léxico de Moratín. Luego es arbitrario admitir, con Gamillscheg (*EWFS*) y Bloch, que del castellano procede el fr. *escamoter*, que ya se documenta en 1560 (Schmidt, *BhZRPh.* LIV, 67), y es voz nacida, o al menos fijada en su forma actual, dentro del ambiente de los salones franceses; según noticia de Rydberg, *KJRPh.* VI, i, 200 (fundada en la monografía de Schlessinger, *Die altfranz. Wörter im Machsor Vitry*, Maguncia, 1899), un fr. *eschamocier* 'hacer desaparecer furtivamente' se hallaría ya (?) en una glosa judeofrancesa de la 1.ª mitad del S. XIII. En cuanto al origen del fr. *escamoter*, es discutido. La idea de Diez, *Wb.*, 573—luego aceptada por Sainéan (*ZRPh.* XXXI, 280; *Sources Indig.* I, 328-9), M-L. (*REW* 8200), Gamillscheg, Bloch, etc.—, de que procede del lat. vg. *SQUAMARE* 'escamar, sacar las escamas', ofrece graves dificultades; este vocablo es ajeno al francés y muy raro y dudoso en lengua de Oc, y la *-s-* francesa revela una voz de procedencia forastera, por lo cual los partidarios de esta idea se han visto obligados a suponer que se tomó ora del español (lo cual no es posible según queda dicho), ora del occitano. Ahora bien, en esta lengua, *escamar* y *escama* no han sido jamás palabras populares (siempre se ha dicho *escatar* y *escata); en cuanto a *escamoutà* no se documenta allí hasta fecha muy reciente, y todavía en 1879 lo califica Vayssier de neologismo[1]. Hay además Rouergue *escomoutà* «égrener des gerbes ou des glanes avec un bâton», «faire tomber la partie brûlée d'une bûche» (Vayssier), que se emparenta probablemente con el piam. *scamoté* 'podar un árbol', it. *scamozzare* (vid. *ESCAMOCHO*): no es fácil que eso tenga algo que ver con nuestro vocablo, del que se halla muy alejado semánticamente, pues conviene siempre tener en cuenta la posibilidad de las homonimias. Ya Ménage derivaba *escamoter* de COMMŪTARE, y no andaba en ello tan descaminado como creyó Diez; desde luego tiene razón Mistral al llamar la atención sobre el cast. jergal *CAMODAR*[2] 'trastrocar', que en Nebrija todavía no es voz de germanía y significa justamente lo mismo que *escamotear*, lat. *praestigior;* sabido es que procede del b. lat. *commotare* 'alterar', resultado de una confusión entre lat. *commūtare* 'trocar' y *commŏtare* 'conmover, sacudir'. De ahí ha de venir la voz francesa; el pormenor de la evolución se nos escapa: no podemos asegurar si en francés viene del b. lat. directamente o por conducto del occitano, o si viene de una alteración del cast. *camodar* en la jerga de los jugadores franceses (como los demás términos de juego reunidos por Schmidt, *l. c.*); en este caso sería fácil explicar el cambio de *-oder* en *-oter*, por ser ésta una terminación francesa mucho más frecuente que aquélla.

DERIV. *Escamoteo. Escamoteador.*

[1] Hay también variante *escamboutà* en gascón y languedociano. Gaston Paris, *Rom.* XVIII, 148, derivaría del fr. *jouer de l'escambot* «sorte de baastel ou de gobelet», pero éste a su vez es de origen desconocido, y es probable que por el contrario *escambot* venga de *escamoter* con una ligera alteración por influjo de otro vocablo.— [2] Sajambre *escamudar* 'cambiar' (Fz. Gonzz., *Oseja*, 260).

Escampada, escampado, escampamento, escampar, escampavía, escampo, V. *campo*   *Escamudo,* V. *escama*   *Escamujar, escamujo,* V. *escamocho*

ESCANCIAR 'servir el vino en mesas y convites', del gót. **SKANKJAN* 'servir bebida' (alem. *schenken*, a. alem. ant. *scęnken*, ags. *scencan*, escand. ant. *skenkja*). *1.ª doc.: scançar*, doc. aragonés de 1062 (M. P., *Oríg.*, 45; *Homen. a M. P.* II, 101); *escanciar*, 1406-12 (Clavijo, vid. Cej., *Voc.*); APal. 207*d*; Nebr.

También port. *escançar* o *escanciar* (del cual el moderno *escancear* es alteración analógica); aquél parece ya encontrarse en una poesía de Joam Garcia, 3.ᵉʳ cuarto del S. XIII (aunque no es lección bien segura: C. Michaëlis, *ZRPh.* XX, 133). Junto a *escanciar* está desde antiguo el sustantivo *escanciano* 'escanciador' [Berceo; *Yúçuf*, 102; Nebr.; etc.], port. *escanção* («trage reposte trag' escançan / e traz çequiteiro», rimando en *-an*, R. Lapa, *CEsc.* 389.11) procedentes del gót. SKANKJA íd. (genitivo SKANKJANS), documentado en la forma *comes scanciarum* en la *Lex Wisigothorum;* mientras que el fr. *échanson* (fr. ant. *eschanz, eschançon*) procede de la forma fráncica correspondiente SKANKJO. Gamillscheg, *RFE* XIX, 139, y *R. G.* I, 357, junto con M-L. (*REW* 7973), se inclinan a creer que no se tomó directamente del gótico, sino a través del bajo latín, y que *escanciar* se sacó secundariamente de *escanciano;* ambas ideas me parecen discutibles y en todo caso innecesarias, pues la conservación de la *i* postconsonántica ante vocal es un hecho general en español (en contraste con los demás romances) no sólo en cultismos y semicultismos, sino aun en palabras populares de introducción ligeramente tardía, como debió serlo una voz tomada del gótico; en cuanto a la *-o* de *escanciano* (frente a la terminación de *guardián* < gót. WARDJA, WARDJANS), puede ser secundaria y debida a la vacilación entre *sacristán* y *sacristano*, *catalán* y *catalano* y análogos, comp. el mismo cambio en *ermitano* y *escribano;* y en general, a la mayor frecuencia del sufijo *-ano* en romance.

DERIV. *Escancia. Escanciador. Escanciano,* vid. arriba.

Echán 'escanciano' [Berceo; docs. de 1237, 1238, 1242], port. ant. *eychão* [1315, *ZRPh.* XX, 190], *icham, eycham* (C. Michaëlis, *RL* I, 305), están tomados del citado fr. ant. *eschanz*, íd., nominativo correspondiente al moderno *échanson*, según demostró R. Lapesa, *RFE* XVIII, 115-6.

ESCANDA, ESCANDIA o ESCAÑA, 'especie

de trigo', del lat. tardío SCANDŬLA íd. *1.ª doc.*:
scanda de *Asturias*, Cronicón Albeldense, escrito en
883 y 976 (*Esp. Sagr.* XIII, 435), entre «las cosas
célebres de España»; *'išqâlya*, S. XI, Glos. Latino-
Arábigo de Leyden; *escandia* h. 1285[1]; «*escandia,
especie de trigo*: far; ador», Nebr.; más documentación de *escanda* en el S. XV, *BHisp.* LVIII,
90; *escaña*, 1607, Oudin; 1611, Covarr.; *escanda*,
1616, Oudin; 1732, *Aut.*

La forma mozárabe *'išqâlya* (o *'išqâliya, 'ašqâliya*)
se halla también en Abenbuclárix (1106), Abenalbéitar, Abenalauam, Abulualid, Abentarif, y en el
árabe de Sicilia (Simonet, s. v. *excália*), así como
en el Anónimo de h. 1100 (Asín, *Glos.*, 139-140),
traducido por unos como «far, scandula», por otros
como «triticum spelta», o más vagamente como
una especie de trigo o cebada; de modo que semánticamente no es aceptable la idea de Colin
(*Hespéris* VI, 69) de que venga del lat. SECALE
'centeno', aunque sea exacto que hoy en la cabila
marroquí de los Jbâla septentrionales designe una
especie de centeno de espiga muy achatada. Hoy
escalla se emplea en Aragón (Borao, Coll A.), y la
Acad. lo registra desde 1899 como nombre del
carraón, especie de trigo semejante a la escanda;
port. *escândea* [1624, 1647: Moraes] o *escanda;
escanla* se halla en doc. gallego de 1266 (cita de
Fz. Guerra, en su ed. del *Fuero de Avilés*, p. 77)[2].
Hoy la *escanda* (Rato) se cultiva especialmente en
Asturias (M-L. cita variantes ast. *escaña, escalla*),
comp. Dantín Cereceda, *Distribución geográfica de
la escanda asturiana*, en *Estudios Geográficos*, Madrid, 1941, II, 739-97; secundariamente en esta
región toma además el sentido 'variedad de manzana de tamaño regular y de color verde, con
manchas pardas' (V), *esgaña* 'variedad de pera muy
desabrida' (V; artículo que al parecer borró el
autor en su ejemplar de mano, del que tengo microfilm). En latín se halla SCANDALA en Plinio, y
una variante de forma más latinizada, SCANDŬLA,
que figura en el Edicto de Diocleciano, en San
Isidoro (*Etym.* XVII, iii, 11) y en varios glosarios
(*CGL* III, 505.76; 429.64) es la que probablemente daría las formas romances; para la evolución fonética, comp. *AGALLA, ESPUNDIA,
SENDOS, COYUNDA, ENJUNDIA;* aunque el
port. *escândea* podría salir de SCANDŬLA (> *escán-
de(l)a*), admitiendo que el cast. *escandia* fuese portuguesismo. Nuestro vocablo, que en latín parece
ser de origen extranjero, se ha conservado, además
de España, en ciertas hablas italianas y en Cerdeña: logud. *isᶜándula* (M. L. Wagner, *ASNSL*
CXXXV, 117). Hay que rechazar la idea de Baist,
GGr. I², § 51, de que *escandia*, con *candial*, venga del ár. *qaṭnîya* (vid. *ALCANDÍA*). Lo que
ocurre es que, si bien este vocablo debió de tener
sus primeras raíces en Oriente, recibiría en el nuevo
ambiente hispano-mauritano una trasfusión de
sangre occidental, que seguramente, además de
afianzar su vitalidad, le cambió el sentido y aun

algo la forma. Los diccionarios clásicos lo vocalizan como *qaṭnîya*, y allí designa (además del
algodón) varias o todas las legumbres (habas, lentejas, guisantes, etc.). Todavía nuestros R. Martí
y el glosador leydense le reconocen esas acepciones: «vicia» dice R. Martí, pero él ya lo vocaliza
qaṭnîya, y además la emplea, al parecer, para una
especie de forraje («adaza vel melica») que hoy en
Túnez y Argelia se ha convertido en el nombre
del maíz y se vocaliza en todas partes con *a* (Dozy
II, 377*b*); en fin, en Granada *catnîa* se convirtió
precisamente en el nombre de la escandia, según
el testimonio de PAlc. No es extraño, pues, que
Baist se engañara, tomando por padre de la voz
española, el que en realidad fué, por decirlo así,
su hijastro. Estimo que se impone rectificar la
idea de Baist y no menos radicalmente que lo
indicado. De lo que no estoy tan seguro es de que
no hubiera algo de recíproco en la hibridación.
¿No habrá en la terminación *-ia* del castellano,
explicable en sí, pero no en forma tan clara, una
acción de rechazo? El hispanoárabe *qaṭnîya* 'escandia', que tanto ingrediente romance había ab-
sorbido, pudo a su vez contagiar su terminación
al castellano. Adviértase que según las normas
acentuales del vulgar hispánico el acento de *-î,
-îya* suele retroceder cuando la sílaba precedente
es larga. PAlc. ha respetado la acentuación purista,
pero es de creer que los moriscos pronunciaran
qáṭniya.

DERIV. *Escaño* 'escanda', ant. [Acad. ya 1843].
[1] M. P., *NRFH* VII, 50: no veo la necesidad
de pensar en un portuguesismo medieval.— [2] Vco.
(salac. y ronc.) *eskanda* 'especie de trigo'.

Escandalar, V. *escandelar* y *cándano*

ESCÁNDALO, tomado del lat. *scandǎlum* íd.,
y éste del gr. σκάνδαλον 'trampa u obstáculo para
hacer caer', 'escándalo'. *1.ª doc.:* 1374 y 1427,
BHisp. LVIII; 359. Nebr.

Hállase frecuentemente desde el S. XVI (Guevara, Azpilcueta, Pero Mexía, Sta. Teresa, etc.).

DERIV. *Escandaloso* [2.º cuarto del S. XV, Pz.
de Guzmán (C. C. Smith, *BHisp.* LXI), APal.
297*b*]; *escandalosa* 'vela pequeña que, en buenos
tiempos, se orienta sobre la cangreja' [Acad. 1899],
también cat. *escandalosa* (*BDC* XII, 30), denominación que no me es conocida en otros idiomas (por
lo demás comp. ingl. *to scandelize* 'reducir la
extensión de una vela', que, según el *NED*, es
alteración de un más antiguo *scantelize*). *Escan-
dalera. Escandalizar* [1251, *Calila*, 21.118; h. 1490,
Celestina, ed. 1902, 20.29, 125.28; Nebr.]; *es-
candalizador* [*Corbacho* (C. C. Smith)].

ESCANDALLO, 'sonda', 'evaluación aproxima-
da', del cat. *escandall* íd., y éste del genovés antiguo *scandaglio* 'sonda', procedente de un lat. vg.
*SCANDACULUM 'escala', 'graduación', 'medida', de-

rivado de SCANDĔRE 'subir', 'medir versos'. *1.ª doc.*ʾ 1587, García de Palacio, *Instr.* 153vº.

Vidos, *Parole Marin.*, 353-9. La ac. 'sonda' está bien documentada en García de Palacio, en un *Derrotero* de 1588, en *G. de Alfarache* (*Cl. C.* V, 150), en Oudin, Funes (1626), etc. Por otra parte la ac. 'prueba o ensayo que se hace tomando al azar muestras de algunos de entre muchos envases de una misma materia' figura en la Acad. ya en 1843; hoy en el Alto Aragón es 'promedio entre el peso de la oveja más gorda y la más flaca del rebaño' (comunicación del Sr. Odón de Apraiz), en Extremadura *vender al escandallo* se hace escogiendo el comprador las peores cabezas de ganado y el vendedor las mejores, y *precio de escandallo* es locución que ha pasado al uso común (López Estrada, *RFE* XXVI, 91-93). En catalán hay acs. parecidas, además de la fundamental 'sonda', que allí ya se documenta en 1344 (agréguese, J. Roig, *Spill*, v. 7018): igual ac. que en Aragón (más detalles en Ag.), 'liquidación' (Balari), 'lista o relación de nombres de personas' en Mallorca (*BDLC* XI, 55), *escandallar* 'consignar el nombre de alguien en lista' allí mismo (*BDLC* XI, 51), 'revolver hasta el fondo un montón de objetos en busca de alguien' (oído en Guixers, partido de Solsona), aplicado a la matanza de ovejas en Pere Corominas, *Les Presons Imaginàries*, etc.

El origen catalán de la voz castellana es seguro por la mayor riqueza semántica y antigüedad en aquel idioma, y se confirma por la variante *escandal* recogida por Minsheu en 1623; así lo reconocieron Vidos, M-L. y Consiglio (*RFE* XXVII, 438), y la opinión contraria de Terlingen, 254-5, carece de fundamento. En catalán, sin embargo, el vocablo no puede ser autóctono, a causa del tratamiento de -ND-, y vendrá del occitano *escandalh* 'medida (de líquidos, etc.)', en sus acs. generales, y del genovés en la ac. náutica 'sonda', comprobada allí desde 1268. La etimología, después de algunas vacilaciones y otras propuestas inaceptables (que pueden verse en el libro de Vidos), fué hallada por M-L., *REW*³, 7649a; nótese que en latín vulgar se formaban en -ACULUM nombres de instrumentos derivados de verbos en -ĔRE (comp. *BADAJO, CARAJO*). Hay variante oc. *escandilh*, it. *scandiglio*, que se ha extendido al turco, al griego y al árabe de Egipto (Kahane, *Journ. of the Amer. Orient. Soc.* LXII, 253).

DERIV. *Escandallar* [Acad. ya 1843].

ESCANDELAR, tomado del it. ant. y dial. *scandolaro* íd. (por conducto del cat. ant. *escandelar*), derivado del it. antic. *scàndola* 'tabla delgada para cubrir un techo', procedente del lat. SCANDŬLA íd. *1.ª doc.*: 1431-50, Díaz de Gámez.

Vidos, *Parole Marin.*, 382-6; Terlingen, 255. En el bajo latín de Génova hallamos *scandorarium* (o *scandolarium*), desde 1317, y los testimonios italianos del vocablo abundan en Venecia y en todas partes desde el S. XIV; de ahí el fr. antic. *esquandalar, escandola*[1], y el cat. *escandelar, -dalar* [1467]; el paso a través del catalán, donde el vocablo sufrió el influjo material del cat. ant. *escàndel* 'escándalo', es responsable del vocalismo castellano (Corominas, *Symposium* 1948, 115). En español leemos *escandelar* en el *Guzmán de Alfarache* (*Cl. C.* V, 160.9), en Tejada, en Covarr. (de ahí Minsheu) y *Aut.*; la variante *escandalar* no la conozco antes de Acad. 1843.

[1] Rabelais, *Quart Livre*, cap. 19, p. 91, emplea *escantoula*; Sainéan, *La L. de Rab.* II, 108-9, 469, documenta *scandolar* y formas semejantes con -*d*- en el sentido «chambre des galères destinées aux argousins».

Escandia, V. *escanda*   *Escandir*, V. *descender*   *Escanilla, escanil, escanillo, escano*, V. *escaño*   *Escansión*, V. *descender*   *Escantador, escantar*, V. *cantar*   *Escantillar*, V. *escantillón*

ESCANTILLÓN o CHANTILLÓN, 'regla, plantilla o patrón que sirve para trazar líneas y fijar dimensiones', del fr. *échantillon*, fr. ant. y dial. *escantillon*, 'patrón de pesos y medidas' (hoy 'muestra de un paño u otra mercancía'), debido a la fusión de dos familias etimológicas: *eschanteler* 'romper, descantillar' (derivado de *chantel* 'trozo que se corta de un pan, de un paño, etc.', diminutivo del fr. ant. *chant* 'canto, rincón', del mismo origen que *CANTO* II) y *eschandillier* 'contrastar o aforar medidas', derivado de *eschandil* 'patrón de medidas', emparentado con *ESCANDALLO*, y derivado del lat. SCANDĔRE 'subir', 'medir (versos)'. *1.ª doc.*: *chantillón*, 1644, Martínez de Espinar; *escantillón, Aut.*, s. v. *chantillón*.

Define este diccionario: «instrumento de madera o hierro, de que usan los oficiales para sacar iguales las piezas, sus molduras y labores: y es una regla pequeña, que en su mitad o extremidad tiene un rebaxo, el qual desde su muesca se aplica a la pieza, y la extremidad de ésta señala la cantidad y término hasta donde se debe cortar...»; cita luego el ej. de Mz. de Espinar, referente al limado del cañón de unas armas, y agrega el diccionario que en su tiempo era más común decir *escantillón*. La definición fué luego ampliada y generalizada en ediciones posteriores del diccionario académico. El de Terr. dice que en la Casa de la Moneda *escantillón* es un 'hierro para tomar el gruesso de las muñecas y los rieles que se van adelgazando', y que se aplica también a la fundición de campanas, remitiendo a su artículo *brocheta*. Para el origen del fr. *échantillon*, pueden verse Bloch, Gamillscheg (*EWFS*), M-Lübke (*REW* 7649a) y la bibliografía allí citada.

Pero no estará de más precisar que *escantillon* 'patrón' está documentado en el *Roman de Rigomer* (1.ª mitad del S. XIII), y puede mirarse como forma normando-picarda (o quizá como occitanismo), mientras que la forma *eschandillon*, que algunos citan, parece ser meramente hipotética (así Tobler III, 843*a*); en cambio está bien documentado el verbo *eschandillier* 'contrastar medidas' (God. III, 365*a-b*) y el sustantivo *eschandil* (ibid. 364*b*), ambos desde los SS. XIII y XIV: se nota la frecuencia con que aparece en textos lioneses; como el primitivo *eschandil(h)* o *escandalh* 'medida de capacidad' y su derivado *escandalhon* 'balanza pequeña' son especialmente vivaces en lengua de Oc, es posible que el fr. ant. *eschandillier* sea préstamo meridional. De todos modos me inclino a creer que *échantillon* no es una mera alteración de este vocablo o de un derivado suyo, como han dicho algunos, por influjo de *eschanteler* 'descantillar', sino que hubo una verdadera fusión de las dos familias, vecinas semántica y fonéticamente, fusión de la cual resultó el sentido moderno del fr. *échantillon* 'muestra' (propiamente 'descantilladura')[1], junto al sentido antiguo 'patrón' (debido a *eschandil*), y si a este último se debe la *-ll-* palatal, del otro viene la *-t-*. El cruce se reforzó en castellano, donde también existía *descantillar* 'quitar una porción lateral de algo', ya documentado en Nieremberg (1641), y derivado paralelamente, como voz autóctona, del cast. *cantillo*, diminutivo de CANTO II; hay variante *escantillar*, usada en Navarra y Aragón, a la cual por influjo de *escantillón* se le ha atribuído en la terminología arquitectónica el sentido de 'tomar una medida desde una línea fija'[2].

[1] Ya documentado en la Edad Media con la forma *eschanteillon*.— [2] Es errónea la sugestión de Cotarelo (*BRAE* VIII, 114-5) de que la *ch* de *chantillón* se pronunciara *c*. El galicismo es indudable.

Escanucar, V. *can* ·   Escaña, V. *escanda*   Escañarse, V. *caña*

ESCAÑO, 'banco de madera con respaldo', del lat. SCAMNUM 'escambel', 'banco'. *1.ª doc.: scanno*, 910, doc. de León; *escanno*, 972, íd. (Oelschl.).

Escanno se halla también en el *Cid*, en Berceo, en *Alex.* 815, *Apol.* 471, *Fn. Gonz.* 373, y en otros muchos textos medievales. En cuanto al *escaño para muertos* (*1.ª Crón. Gral.*, etc.), vid. M. P., *Inf. de Lara*, 2.ª ed., 216.6, 223.4, y p. 487; comp. mozár. *ixcanu* 'andas, litera' (Colin, *Hesperis* IV, 79); gall. *escano* 'ataúd' (Eladio Rdz.), especialmente el todavía abierto, donde llevan a un recién finado (Sarm. a. 1746, copla 357); ast. *escanu* 'banco de piedra estratificada en la orilla del mar' (V). Ya en latín designaba SCAMNUM un banco de madera, como el usado en los teatros, y el vocablo se ha conservado en todos los romances.

DERIV. *Escañero*. *Escañil*, 'escaño pequeño' en León [*Canc. de Baena*, W. Schmid]; antiguamente se empleó como adjetivo, *banco escanil (-anyl)* en Aragón, aa. 1365 y 1402 (inventarios publ. en

BRAE IV, 343, y III, 360), y éste es el valor originario del vocablo. *Escañuelo*. *Escanilla* 'cuna' en Burgos, de donde la ac. 'gaveta pequeña' que tiene *escanillo* en las Canarias (*BRAE* VII, 334); el ast. *escaniellu* significa 'cuna' en Ribadesella, 'cada uno de los cuatro maderos que atraviesan el pertegal del carro en la·parte en que se coloca la carga' en Colunga (V. s. v., y s. v. *trubiecu*).

Escaño, ant. ('cereal'), V. *escanda*   Escañuelo, V. *escaño*

ESCAPAR, del lat. vg. *EXCAPPARE 'salirse de un embarazo o estorbo', derivado de CAPPA 'capa' (por lo que incomoda el movimiento). *1.ª doc.: Cid*.

Frecuente ya en toda la Edad Media. Aunque la existencia de EXCAPPARE en el período latino no se halla comprobada documentalmente, puede darse por segura en vista de los descendientes que este vocablo ha dejado en todos los romances: rum. *scăpà*, it. *scappare*, fr. *échapper*, oc., cat. y port. *escapar*, íd., b. engad. *s-chappar* 'curarse (de un mal)'. Para la explicación semántica, vid. Diez, *Wb.* 283 (es aventurada e inverosímil la idea de Wartburg, *FEW* III, 270*a*, de que significara primitivamente 'colgar el hábito de fraile'); con razón llamó Diez la atención sobre el it. *incappare* 'caer en un peligro, en un error', 'dar con alguien, encontrarle casualmente': el derivado opuesto *EXCAPPARE, partiendo de CAPPA, vestido embarazoso por excelencia, significó primero 'librarse de un estorbo, de un peligro o de un mal', que es lo que significa casi únicamente en el *Cid*, como en la Engadina, y sólo luego pasó a 'huir' o 'alejarse de un encierro'. Nótese que en el período clásico puede llegar ocasionalmente, como verbo transitivo, a ser sinónimo de 'salvar': «llega con cuerdas palabras / y haz por *escapar* la olla», Vélez de Guevara, *El Rey en su Imaginación*, v. 635.

DERIV. *Escapada*. *Escapamiento* [Nebr.]. *Escape* [1626, Céspedes]. *Escapatoria* [1599, M. Alemán] (*escapatorio* en Góngora II, 201).

ESCAPARATE, 'especie de armario con puertas de cristal, para guardar cosas delicadas', 'hueco que hay en la fachada de las tiendas, resguardado con cristales, que sirve para colocar muestras de los géneros en venta', del neerl. antic. *schaprade* 'armario (especialmente el de cocina)', compuesto de *schapp* 'estante, armario' y una forma frisona correspondiente al neerl. *reeden* 'preparar'. *1.ª doc.: 1616, Cervantes.

En este autor, en Zabaleta (1660) y en *Aut.* aparece con la primera ac., mientras que hoy en España es más viva la segunda, y en el Oriente de Cuba, en Panamá, Colombia y Venezuela significa 'armario en general (p. ej. para ropa)', vid. Pichardo, Cuervo (*Ap.*, § 429) y Malaret (*Supl.*). Esta última circunstancia sugiere que el vocablo

se tomaría como término náutico para designar un
mueble de los buques, más bien que en tierra firme durante las guerras de los Países Bajos. Del
mismo origen es el port. *escaparate* «redoma; pe-
queno armário; cantoneira», mientras que el cat. *escaparata* f. 'mueble con caras de cristal para guardar la imagen de un santo' y el campid. *scaparatu*
'alacena para reliquias' (*RFE* IX, 230) .son préstamos castellanos; también el it. *scarabàttolo*, it.
antic. *scarabàttola*, 'armario de cristal para conservar bujerías', parece deformación de la voz castellana, como dice Redi († 1698), pues según Tommaseo sólo se halla desde la 2.ª mitad del S. XVII
(Bellini, Magalotti, Fagiuoli). En cuanto a la adaptación fonética, la *d* germánica pasó a *t* por ser
parcialmente sorda y por ser -*ate* terminación más
corriente en castellano; el grupo *sch*- que en neerlandés se pronuncia *sh*- (con *ch = j* castellana), no
existiendo este grupo en romance, fué cambiado
en *esc*-, el más próximo. El vocablo neerlandés, hoy
poco corriente (la variante *schapraai* parece serlo
algo más), es compuesto de *schap* 'recipiente', en
bajo alemán *schapp* 'estante, armario', oberdeutsch
schaff 'recipiente' (Kluge), de donde el it. *scaffale*
'estantería'; existió también en alto alemán medio
el compuesto *schafreite*, en glosarios antiguos de
este idioma *scafreita*, y hoy sobrevive en Suiza y
Vorarlberg. Indicó esta etimología C. Michaëlis,
RL III, 156 (*KJRPh.* IV, 342, 345).

Escapatoria, escape, V. *escapar*

ESCAPO, arquit. y bot., 'fuste de columna',
'bohordo', tomado del lat. *scapus* 'tallo de planta',
'fuste de columna'. *1.ª doc.*: *Aut.* (1.ª ac.).

ESCÁPULA, 'omoplato', término de anatomistas
y zoólogos tomado del lat. *scapula* 'hombro, omoplato'. *1.ª doc.*: Terr.

DERIV. *Escapular* adj. [Terr.]; *subscapular*. *Es-
capulario* [Berceo, *Mil.*, 200], tomado del b. lat.
scapularia, íd., neutro plural del adjetivo *scapularis*
'que cuelga sobre los hombros'; de ahí el derivado
escapulado 'provisto de escapularios', empleado por
Berceo, *Mil.*, 495.

Escapular 'doblar un cabo, etc.', V. *escabullirse*
Escaque, escaqueado, V. *jaque*   *Escara*, V. *asco*
Escarabajas, V. *carba*

ESCARABAJO, alteración, por cambio de sufijo,
de *escaravayo*, procedente del lat. vg. *SCARAFAIUS,
variante del lat. SCARABAEUS íd. *1.ª doc.*: *escara-
vaio*, S. XIII, ms. bíblico Esc. I·j·8 (Oroz, 228).

En este manuscrito aparece como traducción del
lat. *crabrones* 'abejorros', lo cual no es de ninguna
manera imposible, dadas las frecuentes confusiones
populares entre los dos insectos, a que me referiré
más abajo[1]. En los glos. del Escorial y de Palacio
(h. 1400) *scaravajo* y en Nebr. *escaravajo* se tra-

ducen por *scarabaeus* 'escarabajo'; el último habla
además del *escaravajo pelotero* y el *escaravajo verde*; *escaravajo* será también lo mismo en el Cazurro andaluz del S. XV que imitaba a J. Ruiz (M.
P., *Poesía Jugl.*, p. 466). En el *Libro de los Gatos*
(h. 1410, pero el ms. es poco cuidado y de h. 1500)
hay *escaravaco* (ed. Northup[2], p. 55; ed. Rivad.,
p. 553), comp. judesp. *escarabato* (Wagner, *RFE*
XXXIV, s. v.) y cat. *escarabat*. El it. *scarafaggio*,
el sobreselv. *scarvatg* (comp. *matg* 'mayo') y el oc.
ant. (hoy marsellés) *escaravai* (en otros textos *es-
caravach*) presuponen una base latina *SCARAFAIUS,
que M-L., *REW*, 7658, siguiendo las huellas de
Ascoli, supuso variante itálica del lat. SCARABAEUS.
El leon. *escarabayo* (M. P., *Dial. Leon.*, § 12.1)
podría ser la equivalencia fonética dialectal de la
palabra castellana (comp. *estropayo* 'estropajo', *pa-
yar* 'pajar'), pero también puede corresponder a
*SCARAFAIUS y a las citadas formas romances; todo
indica que será *escarabayo* la forma originaria, alterada en castellano por influjo del sufijo frecuente
-*ajo* < -ACULUM, que dialectalmente revestía la forma -*ayo*. En cuanto a la base dialectal supuesta
por M-L., se confirma por ciertas formas gloso-
gráficas: *scarabaius* (citada por Forcellini), *scarfa-
gius* (*CGL* III, 576.10: glosario latino-alemán,
conservado en ms. del S. X), *sacrabeius* (errata por
scarabeius, en *CGL* VII, con cita de *CGL* II,
338.25, que es el atribuído falsamente a Cirilo,
conservado en códice del S. VII). Por lo demás, la
cuestión es difícil debido a la oscuridad que envuelve el origen del lat. SCARABAEUS; suele citarse
como fuente de él (y así lo hacen todavía Ernout-
M., error no enmendado en la 3.ª ed.; falta en
Walde, como si fuese helenismo conocido) un gr.
σκαράβειος ο σκαράβαιος, pero como observa Forcellini, estas palabras no son griegas o no pertenecen por lo menos al griego normal (faltan Étienne, Liddell-Scott, Bailly); lo único que se halla
es κάραβος, bien conocido como nombre de una
especie de escarabajo, y Plinio (11, 28) cita como
griega una variante σκάραβος, no comprobada en
otras fuentes[3].

En estas condiciones, aunque no es posible asegurar del todo si tiene razón M-L., o bien Ernout-
M. (*Supl.*, p. 1105) al asegurar que el lat. vg.
*SCARAFAIUS[4] se debe al cruce con una forma osca
*CARAF(R)O, -ONIS, 'abejorro', equivalente del lat.
CRABRO, -ONIS, y padre del it. merid. *scarafone*
'abejorro', el cual a su vez recibiría la S- de SCARA-
BAEUS (comp. aquí *CAMBRÓN-ESCAMBRÓN*),
la opinión de M-L. es desde luego mucho más
verosímil, V. mi reseña de Ernout, *VRom.* XIII,
369. Las varias formas romances han sufrido otros
cambios de sufijo comparables al que he indicado
en el cast. *escarabajo* y el antiguo *escaravaco*:
port. *escaravêlho* (que antes fué *escaraveo*, así en
Monte Carmelo, 1767, *GGr.* I², § 8), gall. íd.
(Sarm. *CaG.* 91r, A21r; Vall.; Lugrís) o *esgara-
vello* (*CaG.* A21r)[5], cat. y oc. dial. *escarabat* (-*vat*),

fr. *escarbot*, *écharbot*, lo cual obliga todavía a mayor circunspección al juzgar la variante itálica. El aragonés de Fonz *escarabacha* (*AORBB* II, 259) será más bien cruce con *cucaracha*.

DERIV. *Escarabajear*. *Escarabajeo*. *Escarabajuelo*. Ast. *escarabayar* 'garrapatear' (V). Port. *esgravelhar* o *esgarabulhar* 'girar o revolver saltando (la peonza)', 'brincar, mostrarse inquieto'; gall. *esgarabellar* 'escarbar', 'inquirir curiosamente', 'sonsacar'[6]; gall. *trompo esgarabelheiro* («danzando como un ∽», Castelao 205.11).

[1] También para APal. parece ser animal volante: «cicindela es vna manera de *escarauaios* que buelan de noche y volando reluzen», 74b.— [2] ¿Deberemos leer *escaravato*? Quizás no, vid. *ALFAZAQUE*.— [3] En cuanto al σϰάραιβον·αἰμο-ποιόν, dado por Hesiquio, no sabemos si tiene que ver, pues el interpretamento es tan oscuro como el lema.— [4] La antigua forma *Scaravagius* (a. 955), *Escharavay* (SS. XIII, XVI, etc.), de varios nombres de lugar franceses *Charavet*, se explicará también por esta base, más bien que por un *SCARABETUM colectivo, como quiere Dufour, *Rom.* LIX, 321-2, 330-2. Un río o torrente sucio fué comparado con un escarabajo pelotero.— [5] Además «cierta parte del cuerpo en los pulpos y las jibias» Vall.— [6] «*Esgarabellou* (o reló) coa punta da navalla» *«tanto esgarabellou o señorito na miña tolería moza que deixeime pór o dente»* Castelao 227.7, 183.13.

Escarabicar, V. *escarbar*   *Escarambrojo*, *escaramojo*, V. *escaramujo*   *Escaramondar*, V. *escamocho*   *Escaramucear*, V. *escaramuza*

ESCARAMUJO, 'agavanzo, especie de rosal silvestre', origen incierto; pero probablemente relacionado con *CAMBRÓN* (véase). Viniendo éste del lat. CRABO, -ONIS, del cual existió una variante antigua *SCRABRO (it. *scalabrone*), *escaramujo* puede venir de un diminutivo lat. *SCRABRUNCŬLUS cambiado (por disimilación y metátesis) en *SCARAMBU-CŬLUS; teniendo en cuenta que la forma no disimilada *(S)CARAMBRUCULUS se ha conservado dialectalmente, cf. el arag. *escalambrujo*, 1720, sant. *calambrojo*[1], etc. citados más abajo, y cf. gall. *escambuñeyro*, *escaramuñeyro* (J. L. Pensado, *Opúsculos gallegos S. XVIII*). *1.ª doc.*: *escaramujo*, 1475, G. de Segovia, p. 51; «*escaramujo o gavança*: *cynosbatos*», Nebr.; el colectivo *escaramujal* ya figura en el Fuero de Soria (S. XIII), § 10, y *sarza escaramugera* en el *Libro de los Cavallos* (27.2) de la misma fecha.

Además se halla *escaramojo* en G. A. de Herrera (1513), en Fernández de Sepúlveda (1522)[2], según *Aut.* en Laguna (1555)[3], y hoy en Cespedosa (*RFE* XV, 277); *escaramujo* en varios autores de los SS. XVI, XVII y XIX; *escaramojo*, *-monjo*, y también *caramozo*, *caramonjo* o *caramojo* en Salamanca (Lamano; el último como propio de la tie-

rra de Alba); *caramujo* en el castellano de Galicia o León (Alvz. Giménez); *calambrojal* en Santander (y *calambrojo* como nombre del fruto), según G. Lomas; *calambrujo* está registrado por Máximo Laguna (h. 1870) y *escarambrojo* por Texidor (1871), formas contaminadas por *CAMBRÓN*[4]. En gallego y portugués existe *caramujo* «marisco como o caracol, que se acha nas praias e pedras á borda da água», que ya figura en los *Lusíadas*[5], según Fig. es univalvo, y según Vall. es una especie de múrice, perteneciente a los gasterópodos pectinibranquios; la Acad. registra también *caramujo* (después de 1899)[6] como nombre castellano de un caracol pequeño que se pega al fondo de los buques, pero la forma que Vall. da como castellana [o mejor, asturiana] es *caramuyo*[7]. Como observa Tallgren (*Gaya de Segovia*, p. 92), si es rojo como el múrice o púrpura, será esta su semejanza con el fruto encarnado del escaramujo, la causante de la idéntica denominación. Pero esto no nos acerca mucho a la etimología, pues se desconoce la de esta voz portuguesa (nada útil en Nascentes). M. P., *Rom.* XXIX, 347-8, recogió la de la Acad. (1844)—lat. SCARIA íd.—, anotando que el segundo término de la composición debió ser el lat. MŬL-LĔUS[8] 'encarnado'; de un diminutivo MULLEOLUS del mismo vocablo vendría el cast. *majuelo* 'espino albar'[9]. Baist (*KJRPh.* VI, i, 388-9) se opuso a esta etimología diciendo que *majuelo* como nombre del espino sería idéntico a *majuelo* 'viña nueva', por la posibilidad de trasplantar el majuelo, y diciendo que el color encarnado del escaramujo es poco característico, y que SCARIA es palabra desconocida en latín. Sin embargo, las bayas del escaramujo tienen un color rojo subido que llama la atención indudablemente, y Espinel ya dice que alguien «se paró colorado como un *escaramujo*» (*Aut.*). En cuanto a SCARIA, es verdad que no figura en los modernos diccionarios latinos (Forcellini-Perin, Gaffiot); pero Quicherat, *Addenda Lexicis Latinis*, París, 1862, recogió «*scaria*, arbuscula spinosa, pomum rubeum affert» en un glosario del Vaticano (*Classic. Auct.*, t. VII, 578) y «*scaria*, arbor spinosa, pomum tubereum [¿errata?] affert» en un glosario de la biblioteca de Sainte Geneviève, ms. del S. X; ciertamente que estos datos necesitarían confirmación[10]. En rigor podría admitirse, sin embargo, que el adjetivo ESCARIUS 'comestible' se aplicase como nombre del fruto del escaramujo y que de él salieran estos testimonios de SCARIA: las bayas de esta planta pueden comerse, y las comen sobre todo los niños, aunque son extraordinariamente estípticas, lo cual explica su empleo en medicina casera y el nombre castellano *tapaculo* (Terr.), *escarbaculo* (Colmeiro), cat. *gratacul*, fr. *grattecul*. *Escaramujo* sería entonces ESCARIUM MULLEUM, desde el cual podríamos llegar a *escaramujo*, sea por disimilación de *esqueromujo* o por anaptixis de *esquermujo*, con *e* > *a* en ambos casos por influjo de la *r* siguiente. También el caramujo molusco es comestible según Cotarelo (*BRAE* XIV, 110), y la caída de *es-* por deglutinación es posible. Lo más extraño sería que en gallego-portugués no haya *-ulho*, sino *-ujo*, forma que sólo sería fonética al Este de Santander, cuando en un nombre de molusco sería más natural un portuguesismo que un castellanismo[11]. *GdDD* 1251 confunde los nombres del escaramujo (agavanzo o rosal silvestre) con los del cambrón o espino (plantas muy distintas, pese a algunas contaminaciones locales), y pretende derivarlos casi todos (aunque para *cambrón*, 1329a, duda entre esto y lat. CAMUR 'encorvado', infundado en el aspecto semántico) de un *CALABRUCEUS, que deduce inexplicablemente de CALABRIX 'espino'. Entre las formas contaminadas: santand. *calambrojo* 'escaramujo'; por otra parte salm. *carmozo, -o(n)jo* (Lamano) y otras, que necesitan comprobación.

¹ Cf. por otro lado las formas alavesas *ascaracache, alcaracache, alcaracaz, alcaracayo* (Baraibar *RIEB* I, 145 s.) y las vascas *alkakaratz* guip., *arkakakats* vizc., *arkarakatxa* guip., *arkakarts* a. nav., que parecen tener alguna relación con las castellanas.— ² Según Colmeiro, II, 355.— ³ Pero Colmeiro dice que es *escaramujo* el que figura en este autor.— ⁴ *Caramuxo* sería gallego según el poco fidedigno Cuveiro, pero Valladares sólo registra esta palabra como nombre de molusco.— ⁵ Hay un monte *Caramujal* en las Islas de Cabo Verde.— ⁶ Al gall. *caramuxo* «caracolito de mar» (159v) «cochlea» se refiere repetidas veces Sarm., *CaG.* (V. la lista en la p. 514a). También habla del cast. *caramuyo* íd., aunque más bien por cita de otros (p. ej. Máthiolo, S. XVI, ib., 125v). Port. *caramujo* rimando con *curujo*, como nombre de un molusco que no se puede mover (quizá, pues, más bien, una lapa, en Gil Vicente, Inés Pereira, ed. princ. fº 214rº.— ⁷ *Escaramugo* (entiéndase *-ujo*) en este sentido ya en Percivale (1591).— ⁸ Es segura la cantidad breve de la U, en vista del cat. *moll* 'salmonete' (de marcado color rojo), venec. *molo* (que M-L. traduce «dorsch», bacalao o merluza). Como resultado de esta Ŭ esperaríamos *o* en castellano, pero quizá no sea decisiva esta dificultad, y por lo demás ya hemos visto que existe *escaramojo*.— ⁹ El cast. *majuelo* 'barbo' parece ser una confusión de M-L., *REW* 5732.— ¹⁰ Los testimonios de *scaria, scara, escaria*, en el *CGL*, no parecen tener nada en común con esto. Nada en Du C.— ¹¹ La idea de Tallgren de derivar *escaramujo* del ár. *qármaz* 'carmesí', con paso de *z* a *j* (como en *tijeras, quijo*, etc.), no es aceptable porque no nos explica la *u*. Es verdad que un tipo *carmosinus, -usinus*, se halla en bajo latín, pero nada más que en Italia e Inglaterra (V. CARMESÍ).

ESCARAMUZAR, 'sostener una refriega de poca importancia', voz común a todos los romances de Occidente, de origen incierto, quizá nacida en oc.

ant. *escar(a)mussar* íd., donde puede ser derivado de *s'escremir* 'pelear', de igual origen germánico que nuestro ESGRIMIR. 1.ª doc.: S. XIII (?), ms. bíblico n.º 7, citado por Scío, *La Santa Biblia, Reyes* I, xvii, 20[1].

Escaramuçar está también en Nebr., y Valdés lo cita entre los vocablos castellanos sin exacta equivalencia latina (*Diál. de la L.*, 138.1); figura en varios autores de fines del S. XV (Diego de Valera, Hernando del Pulgar) y del XVI (Pero Mexía, Hurtado de Mendoza). En cuanto al sustantivo *escaramuça*, se halla también en Nebr. («pugnae simulachrum»), y Terlingen (178-9) da media docena de ejs. del S. XV, desde el *Victorial* (1431-50) y Pero Tafur (h. 1440)[2]. Nótese que en todos los textos que distinguen la sorda *ç* de la sonora *z*, nuestro vocablo tiene *-ç-*. Es palabra también antigua en portugués (*escaramuçar, escaramuça*, con ejs. de la época renacentista en Moraes)[3], catalán (*escaramussar* y *escaramussa*, de éste da Ag. ej. del S. XIV; de ambos los hay a med. S. XV en *Curial* III, 196), lengua de Oc (*escaramussa* en la *Crónica de los Albigenses*, fin del S. XIV; *escaramussar* y *escaramussa* en el *Petit Thalamus* de Montpelier, med. S. XV), francés (*escarmoucher, escarmouche*, desde med. S. XIV, Jean le Bel, en la forma *escharmuche*; en Froissart *escarmucier, escarmuce*) e italiano [*scaramugio* y *scaramuccio* en Giov. Villani, † 1348; *scaramuccia*, como hoy, ya en Matteo Villani, † 1363; *scaramucciare*, desde G. di P. Morelli, † 1444].

A juzgar por los varios datos precedentes, el vocablo aparece en todas partes en el S. XIV; en castellano tenemos ejs. abundantes en el XV y uno aislado del XIII, que por desgracia no puede darse como bien seguro, mientras no se compruebe la cita de Scío y la antigüedad de ese manuscrito[4]. Un fuerte indicio de que el vocablo no es indígena en Castilla lo da la la *ç* sorda, según nota Cuervo, *RH* II, 21, pues el sufijo -UCĪ-, que tiene sorda en portugués, catalán y galorrománico, en castellano antiguo aparece con *-z-* sonora. Las formas francesas, con su *-ch-* final, la *-ou-*, la vacilación entre *esc-* y *esch-*, y la conservación moderna de la *s*, son de procedencia evidentemente forastera, italiana a juzgar por la *-ch-*; en Italia la variante *scaramugio* indica procedencia dialectal del Norte de Italia y la otra variante *scaramuzza* revela procedencia ibero o galorrománica. La única etimología razonable que hasta ahora se ha propuesto es la de Diez (*Wb.*, 284), que miraba *escaramuza* y sus congéneres como derivados del verbo it. *schermire*, fr. *escrimer*, cast. *esgrimir*; en favor de su idea llama la atención acerca del it. *schermugio*, variante que se halla también una vez en Giovanni Villani, y acerca del fr. ant. *escarmie*, variante del corriente *escremie* 'esgrima', 'lucha a pie, escaramuza, justa', de cuya relación con *escremir = escrimer*, no cabe dudar: *escarmie* se halla en Lefranc, *Champ. des Dames*, y en un ms. del *Roman de la Rose*.

De ser cierta esta etimología, creo deberá partirse más bien del verbo occitano *escarmussar* (comp. *escarmussa* en la Crónica Albigense), como derivado verbal diminutivo o despectivo de *escremir*, de donde *escremussar*, *esquermussar* (comp. el 5 fr. ant. *eskermir*), cuya *e* fácilmente podía convertirse en *a* delante de *r*. Efectivamente hay formaciones de este tipo en lengua de Oc (*cantussà* 'canturrear', *brandussà* 'agitarse, contonearse', derivados de *cantà*, *brandà*), como las hay en castellano 10 (*despeluzarse*, *carduzar*, aunque en realidad viene de *carduza*) y sobre todo en catalán (*cantussar*, *menjussar*, *afarrussar-se*, *esbatussar*, etc.)[5], mientras que no las hay o son raras en italiano (*sbertucciare* viene de *bertuccia* 'mona'; M-L., *It. Gramm.*, cita 15 ejs. de *-azzare*, *-ucchiare* y otros de sentido semejante, pero no de *-ucciare*). Las objeciones que se han hecho contra esta etimología de Diez (M-L., *REW*[1] 7998, y más rotundamente en *REW*[3]; Gamillscheg, *EWFS*) se reducen a la dificultad formal, que no me parece grave, pues la anaptixis (*escarmussar* > *escaramussar*) no es fenómeno inaudito en lengua de Oc (comp. *ESCARAPELAR*), y además la facilitaría el influjo de *esqueira* 'batallón' y de *escaran* 'bandido'. En cuanto a la 25 etimología propuesta por Spitzer (cruce de *escara* 'batallón' = fr. *eschiere*, con arag. *escamocho* 'enjambre', *Lexik. a. d. Kat.*, 53) y a la complicada y forzadísima de Brüch (*schermugio* de *SKERMUTIUM*, derivado de *schermire*, cruzado con *scaraffare* 30 'arrebatar'), ya las refutó Gamillscheg; y la de éste (del hápax occitano *escarar* 'macerar, torturar' y *mus* 'cara', pero el diminutivo es *musel* con *s* sonora) ya fué descartada con buenas razones por M-L. 35

DERIV. *Escaramuzador*. *Escaramuza* (V. arriba); de éste deriva *escaramucear* [1524, en Terlingen].

[1] En el pasaje de Scío «el ejército, que habiendo salido a dar la batalla, levantaba el grito en señal de combate», dicho manuscrito trae *para escaramuzar* (en lugar de las cuatro últimas palabras, según creo); la Vulgata dice «exercitus, qui egressus ad pugnam, vociferatus erat in certamine».— [2] Nótese la ac. especial 'singular batalla', en Pérez de Hita (ed. Blanchard I, 30): «El valeroso Moro 45 que assí oyó hablar al Maestre, le sobrevino una muy grande vergüença, por aver dilatado tanto la *escaramuça*.» No sé en qué consiste el *calzón en escaramuza* de que habla Mateo Alemán: «llevaba un calzón de terciopelo morado, acuchillado, largo 50 *en escaramuza*, y forrado en tela de plata» (*G. de Alfarache* II, 116.21).— [3] Es notable la existencia de una variante dialectal *scorrimaça* en Tras os Montes (*RL* I, 218), nacida probablemente del verbo *escaramuçar* > *escuramaçar*, y luego in- 55 flujo de *correr*, *correría*.— [4] El alemán *scharmützel*, que ya se halla en a. alem. medio, comprobaría la existencia en el Norte de Italia desde el S. XIII, si es exacto el dato de Kluge de que se tomó de allí en esta época. En Inglaterra, Chau- 60 cer, a fines del S. XIV, emplea *scarmuch*, después alterado en *skirmish* por confusión con el verbo ingl. medio *skirmishen*, procedente del fr. ant. *eskermir* 'esgrimir'.— [5] De Cataluña o de Castilla es menos probable que partiera el vocablo, pues ahí el verbo *esgrimir* aparece con *-g-*, y ha sido siempre menos popular.

ESCARAPELARSE, 'reñir arañándose', tomado del port. *escarpelar-se* o *escarapelar-se* íd., derivado de *carpir-se* 'arrancarse el cabello, arañarse, escarapelarse', procedente del lat. CARPĔRE (vid. *CARPIR*). 1.ª doc.: Vélez de Guevara († 1644), en Fcha.; 2.ª mitad del S. XVII, A. González de Rosende (*Aut.*).

Indicó ya que venía de EX-CARPERE Parodi, *Rom.* XVII, 62-63. El vocablo portugués está ya registrado por Moraes «*escarapelar*, v. ativo: arrepelar brigando, c a r p i r a cara, e cabellos; *escarapelar-se*, refl.», «*escarapela*, vulg., briga em que os brigosos se arrepellão e carpem»; Fig. agrega la 20 variante *escarpelar*. Claro está que no puede venir de *carpela* 'hoja que constituye el elemento esencial del ovario de las plantas' (como dicen Fig. y Cortesão), galicismo de uso exclusivamente botánico. La anaptixis *escarpelar* > *escarapelar* es de 25 tipo corriente en portugués, y el sufijo *-elar*, que en castellano sería *-ellar*, denuncia la procedencia lusitana[1]. Claro está que luego se entendió como compuesto de *cara* y *pelar*, pero no es de creer que sea ésta la etimología verdadera, pues esta clase de 30 formación parasintética sería extraordinaria en castellano. Por razones semánticas tampoco es aceptable que venga, como supuso Diez, *Wb.*, 448, del it. vg. *scarpellare*, it. *scalpellare*, 'trabajar la piedra o la madera con formón o escoplo', derivado de 35 *scalpello* 'formón, escoplo', lat. SCALPELLUM[2]. V., además, *GARAPIÑAR*.

DERIV. *Escarapela* 'riña' [1577, Bartolomé de Villalba; 1611, Covarr.; Quevedo; Colmenares], y después 'divisa compuesta de cintas de varios colores' (por el desacuerdo entre ellos, y por su abigarramiento) [*Aut.*]. *Escarapulla* 'riña', en un refrán citado por *Aut.*, presupone un verbo *escarapullar*, 45 formado análogamente a *escarapelar* (o bien contaminación de *PULLA*).

[1] *Carpellar* debió existir en castellano arcaico, de ahí el *carpellida* 'arañazo' de Berceo: «Metió la madre vozes, a grandes *carpellidas* / tenié con sus onçejas las massiellas ronpidas» (*Mil.*, 364a), que los editores suelen puntuar mal.— [2] La etimología SCARPINARE 'rascar', indicada por Puşcariu, *Etym. Wb. d. rum. Spr.*, § 1545, y M-L. (*REW*, 7663) es en sustancia la misma que la indicada arriba, pues este vocablo seudo-latino documentado en una glosa y hoy vivo en Rumanía, Engadina y Milán, no es más que un derivado de EX-CARPERE con pronunciación vulgar. Pero en la Península Ibérica no existen formas con *-N-* y por lo tanto es preferible un derivado en *-ELLARE*,

confirmado por *carpellida* a que me he referido, cuya -*ll*- no se explicaría por la contaminación de *pelar*.

Escarasar, V. *jasar*

ESCARBAR, 'rayar o remover levemente la superficie de la tierra, según suelen hacerlo con las patas la gallina y otros animales', 'limpiar los dientes o los oídos con las uñas o un objeto puntiagudo', voz común con el port. *escarvar*, de origen incierto, probablemente del lat. tardío SCARIFARE 'rascar', 'rayar superficialmente', 'herir levemente', 'escarvar', y éste del gr. σκαριφᾶσθαι íd. *1.ª doc.*: *escarvar*, J. Ruiz; el derivado *escarvitar* se lee ya en Berceo[1].

Los ejs. de J. Ruiz muestran ya los usos modernos: «Como dize la fabla del que de mal no·s quita: / *escarva* la gallyna e falla su pepita; / prové me de llegar a la chata maldita, / diome con la cayada tras la oreja fita», 977*b*; «andava en el muladar el gallo ajevío: / estando *escarbando* mañana con el frío, / falló çafir...», 1387*c*; «mayores que las mías tiene sus prietas barvas [la serrana]; / yo non vi en ella ál, mas sy tu en ella *escarvas*, / creo que fallarás...», 1015 *b* (rima con *parvas* y otro vocablo incierto). También en el *Canc.* de Baena (W. Schmid); en APal.: «El dedo... auricular, porque con él *escarvamos* las orejas» (115*d*); y en Nebr. «*escarvar*: scalpo, scalpto»; y abundan los ejs. desde el S. XVI. Del port. *escarvar* da Moraes varios ejs. desde med. S. XVI (*o cavallo escarva a terra com as unhas; a chuva escarva a terra; a enchente, o muro; a fome, as entranhas*), pero indudablemente también allí el vocablo es tan antiguo como el idioma, pues con una ligera variante *esgaravar* lo hallamos, según indicó C. Michaëlis (*ZRPh.* XX, 192), en el sobrenombre del poeta del 3.ᵉʳ cuarto del S. XIII Fernam Garcia *Esgaravunha*, '¡escarba, uña!', así llamado seguramente por sus uñas largas y afiladas, o tal vez por su propensión a «uñatear». No hay correspondencias seguras en otros romances, pues aun el cat. *escarbotar* 'quitar algo prominente desgastándolo, frotándolo o raspándolo', y su familia galorrománica, podrían ser derivados del mismo radical, pero hay otras etimologías por lo menos igualmente posibles, cuyo estudio aplazo para su ocasión propia[2].

La etimología más probable me parece ser la indicada arriba y admitida por Gonçalves Viana, *RL* I, 218n.2, y otros (Nunes, *Chrest. Arch.* LXXXI; Cornu, *Portug. Spr.*, § 185, etc.; comp. Schuchardt, *Romanisches und Keltisches*, Berlín, 1886, p. 22). SCARIFARE es palabra frecuente desde el S. I d. C., aunque en algunos códices se sustituye por la deformación posterior SCARIFICARE (debida a la contaminación de SACRIFICARE), véase Forcellini y *CGL* VII, y agréguense formas como *scarifatura* en el Dioscórides lombardo del S. VI

(*RF* XIV, i, 629) y en otros muchos textos vulgares; la identidad de significado es muchas veces completa: *superiorum dentium gingivas scariphant* o *reperitur in latere leporis acui os simile, hoc scariphare dentes in dolore suadent*, o también *veras gemmas non scariphant, in ficticiis scariphatio omnis candicat*, en Plinio, *ne quis velit parietes aut triclias inscribere aut scariphare* en una inscripción; el significado fundamental del gr. σκαρι-φᾶσθαι[3], de donde procede la voz latina, parece ser 'rascar', 'dibujar con rayas en la arena', derivado de σκάριφος 'punzón o estilo para escribir o dibujar', emparentado con el lat. *scribere* y el letón *skrīpát* 'hacer una incisión, rascar, escribir'. El tratamiento de la -F- intervocálica como -*v*- es normal, y es de notar el empleo frecuente del vocablo por parte del hispano Columela; el port. *escarafunchar* 'revolver con las uñas la tierra', 'escarbar con un palito los dientes', 'investigar con paciencia', empleado particularmente en el Algarbe (*RL* IV, 336), pero ya recogido por Moraes, confirma esta etimología. La de Baist, *ZRPh.* V, 233ss. (aceptada por M-L., *REW* 7636), no puede declararse del todo imposible: *SCABRARE sería un derivado posible de SCABER, -BRA, -BRUM, 'tosco, desigual', 'sarnoso', y de este significado podría venir el de 'rascar'; de *SCABRARE podía salir *escravar y de ahí *escarvar*, de la misma manera que INTEGRARE dió *entregar* y en castellano antiguo *entergar*, o como APPECTORARE > *apetrar* pasó a *apretar* y *apertar* (portugués). Sin embargo, hay que reconocer que esto es mucho más hipotético y que las etapas intermedias faltan todas en nuestra documentación. En cuanto a la etimología de Diez (*Wb.*, 448), aun cuando podría suponerse un gót. *SKRAPAN, en vista del ingl. *scrape* 'rascar', neerl. *schrapen*, escand. ant. *skrapa*, la -*v*- del portugués y del castellano antiguo se opondría a un étimo con -P- originaria. *Escarificar* [Terr.; Acad. 1884, no 1843], es duplicado culto, para cuya formación vid. arriba; *escarificación*, *escarificador*.

DERIV. *Escarbadero*. *Escarbador*. *Escarbadura* (Nebr.). *Escarbillos*. Ast. *escarabicar* 'escarbar', *esgargachar* 'escarbar la tierra las gallinas' (V): de *esgarbachar.

CPT. *Escarbadientes* [Nebr.]. *Escarbaorejas*[4].

[1] «Por acordar la cosa, mejor la compilar, / más de lueñe avemos la razón a tomar, / ca la raíz avemos bien a *escarvitar*, / desent sobrel cimiento la obra a sentar», *Sacrif.*, 144*c*.— [2] El sardo ant. *scarbare* 'destripar terrones', logud. *ischervare* íd., *cherva* o *chesva* 'terrón', según Guarnerio, *KJRPh.* VIII, i, 165, vendrían de CREPARE 'reventar'; otros prefieren CAESPES 'terrón, césped'. La relación con *escarbar* no es imposible, sin embargo, pero sí problemática, y no corresponde aquí el investigarla. Aunque el sdo. *cherva* viene en realidad de GLEBA (*CREPARE quizá) y de ahí deriva *scarbare* e *ischervare*, M. L. Wagner *RF* LXIX, 259.— [3] Suele admitirse que la *i* era larga, pero

no consta con seguridad, pues en latín sólo aparece en prosa y en griego casi siempre (aun en Aristófanes se puede dudar, dado su verso yámbico). Ernout-M. dan a entender que era breve.— [4] El término náutico *escarba* 'la junta de quillas, cintos o rodas' [1587: *Aut.*], parece ser de origen germánico y sin relación con *escarbar*, vid. Bugge, *Rom.* IV, 366-7; Ronjat, *RLR* LIX, 132; *REW* 7979a.

Escarcallar, V. carcajada   Escarcear, V. escarzar

ESCARCELA, 'especie de bolsa', tomado del it. *scarsella* (o quizá de oc. ant. *escarsela*) 'bolsa para dinero', 'bolsa de peregrino o de mendigo', diminutivo de *scarso*, del mismo origen y significado que el cast. *ESCASO*, que allí significó antiguamente 'avaro': por los ahorros que contenía la *scarsella*. 1.ª doc.: *escarçela*, 1475, G. de Segovia (p. 83).

Después de este ej. no los vuelve a haber hasta bastante más tarde: en Fz. de Oviedo (1546-8, Fcha.), C. de las Casas (1570; sólo en la parte italiano-castellana), Fr. Luis de León (1583-5), Góngora, Oudin, Covarr. y Nieremberg (h. 1640)[1]. El vocablo se halla también en francés, *escarcelle* (de evidente origen extranjero, documentado una vez en el S. XIII y después desde 1566), en oc. ant. *escarsela*, cat. *escarsella*, it. *scarsella*. En este idioma es antiguo, hoy algo provincial y anticuado, pero no olvidado; figura ya en Boccaccio y otros autores del S. XIV, y según Wartburg (*FEW* III, 271a) está documentado desde princ. S. XIII; en lengua de Oc lo hallamos desde h. 1200 (Peire Cardenal; frecuente desde el S. XIV); en catalán sólo lo cita Ag. desde 1430, pero la forma *escarseler* (hoy *escarceller*) 'carcelero'—documentada desde 1294 (*RLR* V, 514) y alteración de CARCE-RARIUS por influjo de la *escarsella* donde llevaba las llaves—atestigua indirectamente su existencia desde fines del S. XIII: sin embargo, como ahí el grupo *-rs-* no puede ser autóctono, la forma catalana sólo interesa como reflejo de la occitana. Como lenguas de origen, por lo tanto, sólo pueden tomarse en consideración la lengua de Oc y la italiana, pues en ambas *escars(o)* tenía corrientemente el significado de 'avaro' (anticuado en italiano después del S. XVI): dada la antigüedad del vocablo en ambos territorios lingüísticos, es probable que en los dos sea voz autóctona. Si la forma castellana viniera de la occitana, habría debido, en vista de la *-l-*, tomarse directamente sin el intermedio natural del catalán o del gascón; como los italianismos castellanos son raros antes del S. XVI, debería creerse en un occitanismo si se comprobara que *escarcela* era voz usual ya en la Edad Media, de otra manera deberá mirarse como procedente del italiano (según quiere Terlingen, 200). La *-c-* castellana se explica por el timbre de la *-s-* castellana,

diferente del que tiene en italiano y en muchos dialectos de Oc.

A esta etimología, aceptada por M-L., Wartburg y Bloch, prefería Gamillscheg (*EWFS*, 380b; *R. G.* I, 208; siguiendo a Diez y a Nigra) un derivado del germ. SKERPA 'bolsa de peregrino', oc. ant. *esquirpa*, con sufijo diminutivo -ICELLA, pero esto no sería posible fonéticamente en lengua de Oc, de donde debería suponerse oriundo el vocablo (no habría habido síncopa y en todo caso la sibilante sería -z- y no -s-)[2].

La ac. 'parte de la armadura que caía desde la cintura y cubría el muslo' (Covarr., y varios ejs. de h. 1600 en Terlingen; para la forma exacta vid. Leguina) se explica por tener la misma colocación que la *escarcela* 'bolsa'. El a. arag. *escarceles* 'angarillas para el estiércol' (*ZRPh.* LV, 591) puede venir de *escarcela*, pero con influjo de la familia léxica estudiada s. v. *CARTOLAS*.

DERIV. *Escarcelón*.

[1] El de la *Nueva Recopilación* citado en *Aut.* pertenece a una ley de 1534, pero adicionada en 1603, e ignoro a cuál de las dos partes corresponde el ejemplo. Falta *escarcela* en el léxico de la *Celestina*, de APal. y de Nebr.— [2] El supuesto picardo *esquerchelle* en que se funda Gamillscheg se halla solamente en un doc. de Lille del S. XV, junto al normal *escarcele;* el significado es oscuro, según God. 'legado enviado': aun admitiendo que se trate de nuestro vocablo, una forma tan aislada y tardía carece de fuerza, y debería mirarse como un falso «patoisement».

Escarceles, V. escarcela y cartolas

ESCARCEOS, 'pequeñas olas ampolladas que se levantan en la superficie del mar cuando hay corrientes', 'tornos y vueltas que dan los caballos cuando están fogosos o si el jinete los obliga a ello', 'rodeo, divagación', origen incierto; el significado originario parece ser el portugués 'gran oleada en un mar tempestuoso'. 1.ª doc.: 1634, Lope, *Gatomaquia*[1].

Nadie ha estudiado el origen de este vocablo. *Aut.* sólo recoge la 2.ª ac.[2]; la 1.ª aparece ya en Acad. 1817 (no 1783) y la 3.ª después de la ed. de 1899. Algo más antiguo es el port. *escarcéu* (antes escrito *escarceo*), del cual recoge Moraes bastantes ejs. del S. XVI, desde Mendes Pinto (1541); Jal agrega uno de los Comentarios de Albuquerque, obra publicada en 1557, pero basada en la correspondencia del descubridor (1453-1515). Allí significa «grande monte que o mar faz quando anda muito alterado», de donde 'acto de dar importancia a niñerías', 'tormenta doméstica'; como explica Albuquerque, el *escarceu* podía ser debido a la corriente de un río que desemboque cerca del paraje marino en cuestión, de donde pudo engendrarse la 1.ª ac. castellana, y de ahí pasar por comparación a la 2.ª y de ésta a la 3.ª El origen es completamente oscuro, pues el fr. *vent escars*, única expresión marítima que recuerda *escarceo*, significa propiamente 'viento escaso', y aunque puede llegar a ser 'viento contrario', 'viento inconstante, que cambia frecuentemente de rumbo' y lo mismo ocurrirá con el it. *scarso* (de donde procede la voz francesa)—pues de ɛhí viene el turco *eskarso* 'viento contrario' (Vidos, *Parole Marin.*, 360)—, con esto estamos todavía muy lejos del *escarceo* 'oleada'. Formalmente podría partirse de un diminutivo fr. **escarseau* 'golpe de viento', pero tal vocablo no aparece en fr. ni en oc. No es posible la etimología de Barcia, lat. CALX, -CIS, 'talón', a no ser que un **escalcear* se hubiese tomado de otro romance, diferente del portugués y del castellano (comp. *coz*, *couce*), o bien de algún dialecto (¿mozárabe?) cambiando luego la *l* en *r* por alguna contaminación: muy inverosímil. Más lo es todavía relacionar con el it. *scherzo* 'broma' (Pagés), que sólo se basaría en la 3.ª y más moderna de las acs., y supondría un it. **scherzeggio*, que no existe. Pero tampoco se ve relación semántica con *ESCARZAR*. Parece tratarse originariamente de una expresión náutica.

DERIV. *Escarcear*, 'hacer escarceos el caballo', arg., venez.

¹ Parece tratarse de la 2.ª ac. (¿o la 3.ª?): «Con otras gentilezas y *escarceos*, / alta demostración de sus deseos.» El ej. del Romancero que cita Pagés para esta ac. parece muy tardío.— ² Terr. sólo agrega que en la Marina se dice también de las vueltas y revueltas que da la nave.

ESCARCINA, 'espada corta y corva a manera de alfanje', quizá del it. *scarsino*, diminutivo de *scarso* 'escaso', o bien del oc. *escars* 'escaso', por la cortedad de la escarcina. *1.ª doc.*: 1626, en el aragonés Juan de Funes, *Chrónica de San Juan de Jerusalem* (Aut.).

No conozco otro testimonio. Leguina, p. 403, dice «algunos autores suponen que llevaba exclusivamente este nombre el terciado [espada corta] italiano del S. XVI». El port. *escarcina* 'alfanje de los persas' figura solamente en Fig., y según Cortesão vendría del it. *scarso*: no es improbable, pero *scarsina* falta en los diccionarios de este idioma. El poeta de Montpelier D. Sage (1567-1642), según Mistral, oponía el *ome d'escarsino* al hombre de paz; es palabra rara en lengua de Oc, que quizá signifique lo mismo que en castellano, aunque F. Mistral entiende 'enredo, pelea'. ¿Será occitanismo?

DERIV. *Escarcinazo* (Juan de Funes).

ESCARCUÑAR o ESCARCULLAR, 'escudriñar', murc., del cat. *escorcollar* íd. (vid. mi futuro *DECat.*). *1.ª doc.*: *escarcuñar*, Aut.; *escarcullar*, 1932, G. Soriano.

El cat. *escorcollar* está comprobado desde el S. XIII (Ag.). La primera de las formas murcianas

se debe a contaminación con el cast. *ESCUDRIÑAR*.

ESCARCHA, 'rocío de la noche congelado', origen desconocido. *1.ª doc.*: *escachar*, 1399, *Confissión del Amante*, 376.20¹; 1607, Oudin: «*escarcha* o *escarcho*: gelée blanche, frimat, bruine»; *escarcha*, 1634, Lope.

También en Ovalle (1642) y en Covarr. (1611): «el rocío de la noche helado: díxose así del sonido que haze cuando se pisa», explicación etimológica repetida por *Aut.*; pero si hemos de entenderla en el sentido de una onomatopeya, no convence, pues el vocablo no tiene aspecto imitativo. Es vocablo común con el port. *escarcha*, ya registrado por Moraes²; fuera del portugués no hay nada parecido en otros romances. La etimología no ha sido estudiada, pues no es aceptable, por razones semánticas y otras, la de Larramendi (recogida por Diez, la Acad., etc.): vasco **ekatxea* 'la pequeña tormenta', de *ekatx* o *ekaitz* 'tormenta' y *txe* 'pequeño'³. Ni siquiera podemos asegurar si debe partirse del sustantivo *escarcha* o bien de *escarchar*, *escarchado*. El verbo se halla en el sentido de 'cubrir de escarcha' en Lope, *El Cuerdo Loco*, v. 278 («cuando el alba el campo *escarche* / todo el ejército marche»), y en Oudin «géler blanc, grésiller, bruiner»; hay otras acs.: «rizar o encrespar» en Góngora (1613, «aquél las ondas *escarchando* vuela»), 'cubrir una tela de cierta labor de oro o plata' («ni sean osados de traher ni vestir brocado ni tela de oro ni plata... ni bordado ni recamado, ni *escarchado* de oro o plata», ley de la *N. Recopil.* dictada parte en 1534 y parte en 1623; «sus campos *escarchados*, que a millares / producen oro y plata a maravilla» en Góngora; «passamanos *escarchados*... un dedo de alto tienen de oro», en la *Dorotea* de Lope, 1632; ej. portugués del S. XVIII por D. Francisco Manoel, en Moraes)⁴: está clara la comparación de una superficie o una labor escarchada con la escarcha que cubre el terreno; «*escarchados*, nombre que dan los confiteros a los dulces que parecen sembrados de escarcha con varias puntas de azúcar», Terr.; «dícese del aguardiente cuando en la botella que lo contiene se hace c r i s t a l i z a r azúcar sobre un ramo de anís que en ella se introduce» (Acad. 1899); «salpicar una superficie de partículas de talco o de otra sustancia brillante que imite la escarcha» (Acad. después de esta fecha): en todas estas acs. la comparación con la escarcha resulta clara, y el carácter denominativo del verbo tampoco parece dudoso en vista de las fechas⁵; lo mismo puede todavía admitirse para la otra ac. técnica «en la alfarería del barro blanco, desleír la arcilla en el agua» (ya Acad. 1843). Pero la ac. que en Cespedosa tiene *escarcharse* 'partirse una cosa tirante, como la piel de un tambor' (*RFE* XV, 169), se relaciona con el cat. *escarxar-se* 'hacerse trizas algo al chocar con otro objeto' (Fabra), que Ag. localiza en el Campo de Tarragona y Puigcerdá (con ej. de fines del S. XIX), y Griera agrega las acs. 'aplastar la cabeza'[6], 'hender una pared', 'partir a hachazos el tronco de un árbol'[7]. No es fácil explicar este vocablo como derivado de *escarcha* 'rocío helado', más bien parece hermanarse con el it. *squarciare* 'rajar, despedazar', que suele explicarse por un *EXQUARTIARE 'descuartizar' (derivado de QUARTUS en el sentido de 'partir en cuatro'), sea que miremos la forma catalana como italianismo, llegado a través del prov. *escarchà* (Mistral; en el *FEW*, III, 316b, localizado sólo en los Alpes), o bien como mozarabismo. Pero es difícil que de este verbo *escarchar* proceda *escarcha*, dado el significado de éste; es verdad que el rocío helado suele presentarse en pequeños cristales sin solución de continuidad, como partidos y formando una superficie llena de altibajos (de ahí *escarchar* 'rizar, encrespar, bordar'), pero no es este punto de vista el que ha dado nacimiento a las denominaciones de la escarcha en los varios romances y otros idiomas[8]. En resumen las formas españolas y portuguesas dan la impresión de que el punto de partida es el sustantivo *escarcha* más que el verbo *escarchar*, y hacen muy problemática la idea de que haya alguna relación entre éste y ESCARZAR; menos inverosímil es la posibilidad de partir de una forma mozárabe de *EXQUARTIARE 'rajar' de donde derivaría *escarcha* con el sentido inicial 'pequeños fragmentos de hielo'[9]. Desde luego no puede venir de un *EXCREPITIARE (de CREPITARE 'estallar'), pese a *GdDD* 2534.

DERIV. *Escarchar*, vid. arriba; *escarchado*; *escarchada* 'hierba del cabo de Buena Esperanza cubierta de vesículas trasparentes y llenas de agua'; *escarche*; *escarcho* 'pez que en Valencia llaman rubio por el color que tiene' [*Aut.*][10].

[1] «Engendra nieblas e *escachar* e eladas» traduce «engendreth myst and the dewes and the frost» del original de Gower. Luego significa 'rocío'. ¿Es errata por *escarcha* o por *escachas*?— [2] *Canhão de escarcha* ya se halla en Galvão de Andrada (1678): es uno de los cilindros de metal que forman el freno a la jineta, según Vieira de superficie rugosa y áspera; según Fig. *escarchar*, además de «cobrir com flocos de neve» significa «tornar áspero, encrespar»; el mismo lexicógrafo califica *escarcha* de propio del dialecto trasmontano, pero Moraes, Vieira y H. Michaëlis registran el vocablo sin nota de dialectalismo.— [3] Es posible que un primer ej. del vocablo castellano aparezca en la forma *escacha* en Juan Ruiz: «Yo con miedo e arrezido prometíl una garnacha / e mandél para el vestido una broncha e una prancha. / Ella diz: —Dam mas, amigo, / anda acá, trete conmigo, / non ayas miedo al *escacha*» (966d). Puede ser que la Serrana, llevándose al Arcipreste a su choza, le exhorte a no tener miedo del frío o de una noche pasada a la intemperie,

como suele admitirse, pero ello está lejos de ser seguro o evidente. Agrava la duda la falta de *r* en el manuscrito, aunque es cierto que esta falta no está asegurada por la rima con *garnacha*, en vista del otro consonante imperfecto *prancha*.— [4] Covarr.: *escarchado* 'lo que está crespo, como oro escarchado'; Oudin, 1607, «*escarchado*, semé de petits grains comme du grésil, grésillé».— [5] El ast. *escarchau*, que Rato define «hielo, lleno de hielo, helado», significa además, como adjetivo, '(cielo) despejado': esto se explica por la trasparencia de la atmósfera en las mañanas de invierno cuando el aire se ha purificado por una fuerte caída de escarcha o rocío.— [6] Arabia, *Miscell. Folklòrica*, 160, halla la ac. 'aplastar' en el Priorato.— [7] Nótese especialmente *escarxir* 'salpicar', empleado en la Granadella, según Ag. Dice Griera 'salpicar, esparcir un líquido a gotas como el rocío', ac. que por desgracia no localiza, y por lo tanto no podemos juzgar si en esa comparación con el rocío hay algo más que una relación etimológica que Mn. Griera o su corresponsal creyeron ver con el cast. *escarcha*. Si este *escarxir* 'salpicar' se hallara en castellano deberíamos pensar si hay relación entre *escarcha* y el radical onomatopéyico del cat. *esquitxar*, val. *esquitar*, it. *schizzare*. Hay un port. *escachar* 'hender, partir, rajar' (comp. CACHO I, y quizá cat. *esqueixar* íd., de CAPSA), pero dudo que tenga que ver con *escarcha*. No sé tampoco si hay relación entre el cat. *escarxar* y *carxot* 'bofetón' (empleado en Vic, Tarragona, Tortosa y Valencia), cat. ant. *carxena* 'matanza'; Griera cita un *carxar* [?] que no conozco por otras fuentes.— [8] A veces predomina la idea de 'blancor': fr. *gelée blanche*, calabr. *janca, chiarìa*, ingl. *hoar-frost*; otras, la de 'rocío, humedad, llovizna': oc. *blasinado*, sardo *lentore*, calabr. *sirinu* (= cat. *sereni* 'rocío', de SERENUS), vasco *lan(t)zurda* (junto a *lantzar, lantzer* 'llovizna', quizá en relación con *lantza* 'lanza' y 'lanzar'; ¿comp. engad. *dscheta* de JACTARE?); otras, la de 'abrasar, agostar': napol. *uškę* (USTULARE), ár. *şirr* (o quizá 'cosa intensa, fuerte', comp. calabr. *mašcura, mašcurata* MASCULUS), lat. *pruina* (> it. *brina*, fr. *bruine*, quizá engad. *bra(g)ina*, emparentado con *pruna* 'ascua' y *prurire* 'quemar' > 'producir comezón'; a menudo se parte de 'hielo': port. *geada*, oc. *gelibre*, calabr. *gnelatura, jelatina, nivarrusa*, sardo *gelixìa*, ingl. *frost*, ruso *izmorozĭ*; en otras partes, de 'cuajar, coagular': gr. πάχνη y πάγος (calabr. *zirópacu* < ξηρός 'seco' + πάγος), relacionado con πηγνῦναι. Pero sobre todo hay palabras muy antiguas y de origen oscuro: it. *calaverna*, alto it. *galaverna*, que puede contener HIBERNUS 'invernal', pero cuyo primer elemento es idéntico al del alto it. *calabrosa* 'escarcha' (*AGI* XIV, 275), cat. *calabruix* 'granizo pequeño, escarchilla'; cat. *calamarsa* íd.; cat. *gebre*, oc. *gibre*, fr. *givre*, quizá de origen céltico (vid. *FEW*); ingl. *rime* <

hrîm (> fr. *frimas*), emparentado en fecha indoeuropea con la otra denominación germánica *hrîpa* que dió el alem. *reif;* svcr. *slana;* ruso *ínei;* vasco *inziarr* o *bitsuri.*— [9] *Escarchilla* significa 'granizo menudo que cae cuando hace mucho frío' en la Arg., Chile y otras partes de América del Sur, ac. sin duda secundaria, comp., sin embargo «*escarcha:* driven small snowe», agregado por Minsheu (1623) al dicc. de Percivale; de ahí *escarchillar* 'caer escarchilla'. En la Colombia atlántica *escarcharse* es 'desconcharse el enlucido de una pared' (Sundheim), por una comparación fácilmente comprensible con la blanca escarcha.— [10] Vall. dice que el *escarcho* en gallego se llama *escacho* y que es una variedad mayor de salmonete, *Mullus surmuletus.* Hay también un vco. vizc. *eskatxio,* en Fuenterrabía *katxo* 'pez parecido al besugo, muy rojo y de ojos grandes' (Azkue), a los cuales el Supl. agrega una variante *eskatz;* pero aquéllos y aun éste deben de ser de origen romance. Lo conocía muy bien Sarmiento, al parecer como nombre de Pontevedra: dice que es muy delicado, todo colorado y casi todo cabeza: en Baiona le llaman *rubio* y se parece al *crego* y al *pelrón* (*CaG.* 82r, 228r, 200r, A16r). La relación con *escarchar* no se ve clara; quizá tenga otra etimología. Como los nombres de peces, y sobre todo sus derivados, se aplican con frecuencia y con carácter secundario, a especies diferentes, se podría pensar en que de *squalus* (= prus. *kalis* e isl. ant. *hvalr* según los etimólogos) se derivara un *SQUALCULUS* que fonéticamente podría explicar así *escarcho* como *escacho.* Por ahora es conjetura poco fundada.

Escarda, escardadera, escardador, escardadura, escardar, escardilla, escardillar, escardillo, V. *cardo*

ESCARIADOR, término técnico de origen desconocido. 1.ª *doc.:* Acad. 1817, no 1783.

Definido así en aquella edición: «clavo de acero con punta, esquinado y dispuesto en figura de barrena, de que se sirven los caldereros para agrandar los agujeros en el cobre o hierro, y limpiar los calderos, cazos, etc.»; el verbo *escariar* para practicar esta operación no fué admitido hasta después de la ed. de 1899. Falta tal vocablo en los demás romances, excepto el portugués, donde Fig. define en términos semejantes: «*escariador,* instrumento de cerralheiro, com que se alargam furos, em trabalhos grosseiros» y el verbo *escariar* en términos análogos; pero según Moraes *escareador* es «instrumento que serve para embeber nas cabeças dos parafusos [= tornillos] fendidas, para os fazer andar, e desandar, apertando-os ou desapertando-os», y agrega cita de un texto que ·no puedo identificar; se trataría por lo tanto de un destornillador; para Vieira *escarear* es «embeber as cabeças dos parafusos de modo que fiquem ao nível da superfície da peça cravada por elles»: *prego esca-*

reado, toda a ferragem foi escareada. En Salamanca y en el Bierzo existe *escarearse* o *escariarse* en el sentido de 'asperearse la piel y llagarse por excesiva frialdad y aspereza del aire' (Lamano), 'endurecerse, secarse', *este pan está escariado, la tierra está escariada* (G. Rey), ast. *escariáu, -ada* 'reseco', *tierra escariada* (V), derivados evidentes de *ESCARA* 'costra'; pero no se ve en qué forma podía desarrollarse partiendo de ahí la ac. técnica: ¿tal vez 'llagarse' > 'agujerearse'? Tampoco es convincente, por razones formales y semánticas, relacionar con *escarificar* o con el lat. SCARIFARE 'rayar ligeramente', 'escarbar'. Derivar de *CARIES* y *cariar* es inverosímil tratándose de un término de caldereros, cerrajeros y mecánicos. En cuanto al cat. occid. y aran. *escarriar* 'sacar el grano de las gavillas dando con ellas contra un pedazo de tronco', que en algunas partes del Valle de Arán y de las Garrigas (Maials) es *escariar* (vid. mi *Vocab. Aranés*), se halla completamente alejado desde el punto de vista semántico.

DERIV. *Escariar,* vid. arriba.

Escarificación, escarificado, escarificador, escarificar, V. escarbar *Escarigüerzo,* V. escuerzo *Escariño,* V. cariño *Escarioso, escarizar,* V. asco *Escaritar,* V. garete

ESCARLATA, del hispanoárabe *'iškirlâṭa* íd., alteración del más antiguo *siqirlâṭ,* que a su vez lo es del ár. *siqillâṭ* 'tejido de seda brocado de oro', tomado del gr. bizantino σιγιλλᾶτος 'tejido de lana o lino adornado con marcas en forma de anillos o círculos', y éste del lat. TEXTUM SIGILLATUM 'paño sellado o marcado'. 1.ª *doc.:* escarlata, Berceo, *Signos,* 21; 1258, Cortes de Valladolid; *Fn. Gonz.,* 150b; más ejs., A. Castro, *RFE* VIII, 348.

Muy frecuente en toda la Edad Media y después. En fuentes mozárabes aparece ya en docs. de 1001 y de 1197 (Oelschl.). *'Iškirlâṭa* se lee en una escritura árabe mudéjar de Zaragoza[1]; es el nombre de unidad correspondiente al genérico *'iškirlâṭ* (o *'eškirlâṭ*), documentado en otras fuentes hispánicas o marroquíes, como Abensaíd (S. XIII), los *Hólal al-Mauṣiya* (1381) y PAlc., y en el uso actual de Marruecos (vid. Simonet, p. 190). Más antiguamente se había dicho en árabe *sikirlâṭ* o *saqirlâṭ* (*sikarlâṭ*), documentado en persa desde el S. XIII y como vulgar del árabe de Oriente y de África en el S. XVIII y en nuestros días; para el cambio árabe de *sik-* en *isk-,* V. lo dicho a propósito de *ESCABECHE.* Más antiguamente en árabe se halla *siqillâṭ* o *siğillâṭ,* desde el S. VII ('*iškīlât* en las *Mil y una Noches*)[2], el cual procede del gr. bizantino σιγιλλᾶτος, de procedencia latina; de una variante σιγιλλᾶτον procede el ár. *siqlâṭûn* 'tejido de seda azul brocado de oro': de ahí el cast. *ciclatón* 'seda adamascada brocada de oro' [*Cid;* más documentación en *RFE* VIII, 335-6][3].

En cuanto a *escarlata,* la historia de la tela designada con este nombre no presenta menos complicación. En el Imperio de Oriente no se distinguía por un color particular; ya en Oriente fué tejido de color azul, y más tarde conservando este color se convirtió en un paño lujoso de seda brocado de oro; en el Occidente musulmán, uno de los centros de producción más importantes fué Almería (Idrisí, S. XII), y allí solía dársele a esta tela preciosa el color rojo subido, fácil de obtener en esta tierra productora de la cochinilla, color que desde entonces se hizo característico de la escarlata; pero ya poco después había también pasado de la España musulmana a los países cristianos, y documentos hispánicos de 1253 y 1268 nos mencionan entre las mejores las escarlatas de Inglaterra, de Flandes y de Montpellier, hasta el punto de que en este mismo siglo se sabe que los musulmanes de España llevaban mantos de escarlata de importación cristiana (Almacarí). Véase Colin, *Rom.* LVI, 178-190, 418; Simonet y Castro *l. c.;* Karabaček, *Mitteil. d. oesterreich. Museums f. Kunst u. Industrie,* XIV (1879), 274-83; Weckerlin, *Le Drap Escarlate,* Lión, 1905.

DERIV. *Escarlatín,* ant. *Escarlatina* 'tela de lana de color carmesí' [léase así en lugar de *estar la tina,* en un inventario zaragozano de 1497, *BRAE* II, 88], 'fiebre eruptiva caracterizada por un exantema de color rojo subido'.

¹ Simonet vocaliza *excarlatha,* pero si no me equivoco el vocalismo pretónico *a* apenas está documentado como árabe en parte alguna, y pronunciándose vulgarmente la *i* ante *r* como *e* en árabe vulgar, el paso a *a* pudo producirse en romance por el influjo conjunto de la *r* y de la dilación vocálica.— ² La *r* se debería a una diferenciación de las dos *ll,* de la cual cita Colin otros ejs. semíticos. También cabría pensar en repercusión de la líquida, tras la *k,* en forma de *r,* que luego pasaría a final de sílaba.— ³ En bajo latín de España lo hallamos ya en textos de 922 (*Festschrift Jud,* p. 631), 1082, 1112 (Oelschl.). También *çiclatón* en Berceo, *S. Or.,* 143, *S. Dom.,* 232*a* (con variante ms. *esclatón* y la deformada *ojolatón); çicatrón* en la Crónica Troyana de h. 1260 (50.20), en la *Gr. Conq. de Ultr.* (109), la Crónica de 1344 (M. P., *Inf. de Lara,* glos.), etc.; *cisclatón* en *Alex.* 1338, 1798, etc. Documentación mozárabe en Simonet, s. v. *siclathón.* Se creyó que era derivado del grecolatino *cyclus* 'círculo', de donde grafías como *cyclas, cyclatus* (en Du C., y ya en R. Martí), pero esto es etimología «popular».

Escarmar, V. *escamar   Escarmenador, escarmenar,* V. *carmenar*

ESCARMIENTO, 'castigo ejemplar', 'desengaño adquirido con la experiencia', síncopa de *escarnimiento,* que en el S. XIII se halla con la primera de estas acs., además de 'escarnio' y 'daño infligido a alguno'; derivado de *escarnir,* del mismo origen que *ESCARNECER. 1.ª doc.:* h. 1260, *Fernán González,* 722*c*¹.

Fundamenté la etimología anterior en mi artículo de *RPhCal.* I, 79-81. Se recomienda por su sencillez, y la claridad de la evolución fonética y semántica que supone; puede considerarse asegurada sin duda alguna. *Escarnir* tiene en la Edad Media, además de su ac. propia, significados más amplios; además de los muy frecuentes y conocidos 'ultrajar' y 'chasquear, engañar', no es raro que valga por 'causar daño' o 'poner en aprieto': «el tu Estevan, que anda *escarnido*» (Berceo, *Mil.,* 255*c); en J. Ruiz *escarnido* es casi lo mismo que 'castigado' («non quis comer tozino, agora soy *escarnido*», 767*d),* y lo mismo ocurre en el catalán arcaico, donde vale a menudo por 'torturado' y 'castigado'²; en el *Cuento del Emperador Otas,* escrito en León, 1.ᵉʳ cuarto del S. XIV, *escarnir* es 'castigar con la pérdida de un miembro'³.

La mentalidad feudal de la Edad Media, con su obsesión de la fuerza física, prescindía de la noción de justicia que entraña el castigo, para no ver en él más que un escarnio al impotente para rechazarlo: actitud más brutal pero también más franca que la moderna, en que tantas veces se abusa monstruosamente de la palabra para introducir de un modo hipócrita la insinuación de algo justo en el sacrificio en masa de mujeres, viejos e infantes, llamando *expediciones de castigo* a los raids aéreos (alem. *strafen* > ingl. *to strafe*). Spitzer, *MLN LXXI,* 378, se adhiere a mi etimología si bien dudando de mi interpretación de la mentalidad medieval, que él juzga en forma más idealista: son las dos caras de la medalla, ambas existentes, no lo dude. Es una suerte no tener que experimentar cuál predominaba.

Escarnimiento aparece ya, no sólo en el mero sentido de 'daño, perjuicio' (manjares que «non traen ningún *escarniment*», «faz ennos moros grandes *escarnimientos*», en Berceo, *S. Dom.* 347*b),* sino ya propiamente en el de 'castigo ejemplar, escarmiento': «si ningunno a feyto lo que non deve, dar l'end emos pena atal que será honra nuestra e *escarnimiento* de los que son e l Regno» (doc. arag. de 1258, *RH* XXXVII, 105), «vuy lo diable axí poderosamént senyoreja algunes donzelles... que no és dupte que Nostre Senyor no faça a la fi un gran *escarniment* e *castic* per la gran superbia que han al cor» (Eiximenis, S. XIV, *Llibre de les Dones,* ed. 1495, fº XIX*b)*⁴. Según las leyes de la fonética histórica romance *escarnimiento* debía convertirse, perdiendo la *i* pretónica, en **escarnmiento,* y de ahí *escarmiento,* exactamente como *garniment* pasó en francés antiguo a *garment* (ingl. *garment* 'traje'), lo cual ocurrió siempre que el vocablo al tomar la nueva ac. 'castigo' se alejó y desgajó semánticamente de su familia etimológica *escarnir* ᴗ *escarnio.*

Inmediatamente se creó entonces un nuevo verbo derivado *escarmentar*, que en su más antiguo ej., en el *Cid* (v. 2536) todavía significa 'escarnecer, burlar'[5], también en el *Alex.* 439c, pero que ya tiene la nueva ac. en Berceo («por *escarmentar* otros serié descabeçado», *S. Dom.* 711) y en otros textos poco posteriores[6]. *Escarmento* y *escarmentar* se hallan también en portugués, ya desde las mismas fechas[7], y *escarment, escarmentar* en catalán[8]; b. nav. *eskarmentu* «accident».

Pueden considerarse eliminadas las etimologías anteriores, cuyo mismo número demuestra lo poco que satisficieron a los romanistas, y que por lo demás ofrecen graves dificultades de carácter fonético, semántico o léxico: Covarr. había pensado en el it. *schermo* 'defensa y reparo' (de origen germánico); Diez, *Wb.* 448, vacilaba entre una alteración de *escarnamiento* 'acto de descarnar' o un *escarmenantar* derivado de *escarmenar*[9]; Baist pensó primero en *EXCARPIMENTUM (de *EXCARPERE por EXCERPERE) en el sentido de 'aquello de lo cual se puede sacar o deducir algo' (*ZRPh.* V, 247), pero luego se rectificó en favor de la segunda idea de Diez (*KJRPh.* IV, i, 312); Carolina Michaëlis creía en una alteración de EXPERIMENTUM causada por el influjo de *escarmenar* o del ast. *escarmar* 'escarmentar' (*RL* III, 157-8), pero más tarde (*KJRPh.* IV, 345) se retractó en favor de una idea de Munthe (*escarmiento* < *escarmamiento* derivado del ast. y berc. *escarmar*[10], el cual a su vez significaría propiamente 'cardar', es decir provendría de CARMINARE, con lo que volvemos a la idea de Diez[11]); Subak imaginó (*ZRPh.* XXX, 139) un *EX-CARMIN-ITARE derivado de CARMEN 'verso, embrujo', y Spitzer (*AILC* II, 18-25) pensó en un *EX-CAR-IMENTUM 'encarecimiento'[12]. Para ver las dificultades o la suma inverosimilitud que presentan estos varios étimos basta enunciarlos, o reunir a lo dicho en el artículo de Spitzer y en el mío citado[13].

DERIV. *Escarmentar*, V. arriba. *Escarmentado*.

CPTO. El berc. *escaldamures* 'especie de tojo muy sutil y agudo con que rodean los tocinos contra los *mures* o ratones' (Sarm. *CaG.* 144v) debe de ser el resultado de una doble disimilación de *escarne-mures* (después atraído a la órbita de *escaldar* y quizá antes a la de *escardar*).

[1] Ya en el sentido corriente: «Ferió luego entre ellos... / en los pueblos paganos fizo grrand *escarmiento*, / falló e mató dellos a todo su talento». Figura asimismo en el *Conde Luc.* (ed. Knust, 90.3), en el *Rim. de Palacio*, 373a, en Nebr. («*escarmiento a otro*: exemplum alteri»), y en multitud de textos medievales y de todas las épocas.— [2] «Que per Diable sien tan longuament *escarnitz* entrò que, nuds de bé, les ànimes de lurs corses exquen», *Vidas de Santos Rosellonesas* del S. XIII (*AILC* III, 189).— [3] «Aquel que fincas, que fuese cierto que seria *escarnido* de uno de sus miembros», p. 405.43, traduciendo del original francés «que cil que remaindra sera si vergoigniez / con des membres a *perdre* iert a la cort jugiez». Vid. Herbert L. Baird, Jr., *A Linguistic Study of El Cuento muy fermoso del Enperador Ottas*, tesis de M. A. a máquina, University of Chicago, 1949, p. 39.— [4] *Escarnimiento de sangre* podría ser 'castigo sangriento' en Juan Manuel, *Conde Luc.* (ed. Knust 260.17). El contexto no es claro y los editores enmiendan [?] *esparcimiento*.— [5] «Por aquestos j u e g o s que ivan levantando, / e las noches e los días tan mal los *escarmentando*, / tan mal se conssejaron estos iffantes amos», véase el glosario de M. P.— [6] P. ej. en *Calila e Dimna* (ed. Allen, 165.132), en la *Carta Puebla de El Espinar*, a. 1297, *RH* XI, 250 («*escarmentar* e peyndrar a todos los que fallaren en la defesa sacando corteza»); en los *Fueros de Aragón* («*escarmentar* los malfeitores», Tilander, 153.4); en Sem Tob, copla 561; *Tratado de la Doctrina* de Pedro de Berague, copla 4; APal., 68d; Nebr.; etc.— [7] «Dos *escarmentados* se fazem os arteiros» (= cast. *de los escarmentados se hacen los arteros*), en un poeta del Canc. de la Vaticana, primera mitad del S. XIII, 155.5.— [8] Son también antiguos. *Escarment* en Jaume Roig, *Spill*, 726, h. 1460; *escarmentar*, en el mismo, 709. Probablemente se podrían señalar ejs. anteriores.— [9] Sería también la idea de Borao, que registra *carmenar* en el sentido de «escarmentar a uno», pero luego agrega «haberle dado un golpe fuerte, un pellizco», que será probablemente el único sentido real en Aragón.— [10] Para el cual V. ESCAMAR. Es sin duda un cruce moderno de *escamar* con *escarmentar*.— [11] En el mismo sentido G. de Diego, *Contr.*, § 223, y M-L., *REW* 2957; *GdDD* 2507 sigue empeñándose en tomar *escarmar* como punto de partida de *escarmiento*; pero *escarmar*, como se indica en la nota anterior, no es sino forma meramente local y reciente, resultado de un cruce de *escamar* con *escarmentar*; por lo demás no hay fundamento para creer que EXCARMINARE tomara en parte alguna el sentido moral de 'escarmentar' o 'escamar' (para *escarmonar* vid. ESCAMA).— [12] Ya el P. Sarmiento había remitido para el origen de *escarmiento* al artículo *scarimentum* de Du C.— [13] Después de mi artículo y por lo visto sin conocerlo, los autores del diccionario Alcover han propuesto con dudas la misma etimología.

Escarmonar, V. *escamar*

ESCARNECER, derivado del antiguo *escarnir* y éste de una forma germánica SKERNJAN (quizá gót. *SKAÍRNJAN, comp. a. alem. ant. *skërnôn* 'escarnecer, burlarse'). 1.ª doc.: *Cid*.

Lo más común en los SS. XII-XIV es *escarnir*, pero *escarnece* sale ya en el *Cid*, 3706, y *escarnezcan* en el *Conde Luc.* (ed. Knust, 177.11), mientras que las formas acentuadas en la desinencia pertenecen al verbo simple[1]; no conozco ejemplo alguno de éste en formas acentuadas en el radical y son muy raros los casos antiguos de *escarnecer* con acento en la desinencia[2], lo cual parece revelar en castellano arcaico la existencia de una alternancia incoativa con valor morfológico, como la que es general hasta hoy en catalán, italiano y galorrománico (*escarnir ∼ escarneix*). En el S. XV tiende a dominar ya la forma *escarnecer*, única que registra Nebr., y la más frecuente en APal. (66d, 78d, 106d, 108d, 110b, 216d, 23d; frente a *escarnir*, 88d, 436d, *escarnido*, 110b; *escarnecedor*, 41d, *escarnidor*, 51b, 292d), aunque el participio *escarnido* se halla todavía en pasajes arcaizantes del *Quijote* y de Mariana. El sentido en la Edad Media es muchas veces 'ultrajar' (*Cid*, etc.), que puede llegar hasta 'castigar' (vid. *ESCARMIENTO*), pero ya se halla también el sentido moderno y etimológico 'burlarse de' (*Alex.*, 1749b, etc.)[3].

M-L. (*REW* 7999) y Gamillscheg (*R. G.* I, p. 222) admiten que el cast. y port. *escarnir, escarnecer*, están tomados del galorrománico (fr. ant. *escharnir*, oc. *escarnir*, también *-ernir* en ambos idiomas) o del catalán, suponiendo explícita o implícitamente que el punto de partida es el fráncico *SKERNJAN (y quizá la correspondiente forma longobarda para el it. *schernire*). Pero la forma especial de *escarnio* y la gran frecuencia, antigüedad y productividad del verbo (comp. *ESCARMIENTO*) en la Península no se compaginan bien con ello; de suerte que quizá deba suponerse un gót. *SKAÍRNJAN aunque sólo se encuentren correspondencias en la rama continental y occidental de las lenguas germánicas: a. alem. ant. *skërnôn*, neerl. medio *schernen* 'poner en ridículo', b. alem. ant. *scern* 'engaño, escarnio' y su primitivo b. alem. med. *scheren* 'escarneçer', a. alem. ant. *scerôn* 'hacer travesuras' (Fick III, 455; *NED*, s. v. *scorn*; el ingl. med. *skarne* 'escarnecer' sólo aparece desde h. 1200 y parece ser galicismo). Para la *a* radical véase *escarnio*.

DERIV. *Escarnecedor*; ant. *escarnidor* (APal. 381b, que en Nebrija significa 'reloj de agua'). *Escarnimiento* [Berceo, junto a *escarniment*; vid. *ESCARMIENTO*] o *escarnecimiento* [Nebr.]. *Escarnio* [*escarno* 'engaño, error', h. 1200, rimando con *-arne*, en el *Auto de los Reyes Magos; escarnio*, Berceo, Apol., J. Manuel, J. Ruiz, APal. 255d, etc.], sustantivo de formación singular, como port. *escárnio, escarnho*, comp. cat. *escarn*[4], oc. *escarn*, fr. ant. *eschar* (> ingl. med. *scarn*, hoy sólo *scorn*), it. *scherno*; de una forma germánica hermana del a. alem. ant. *skern*, b. alem. ant. *scern*, neerl. antic. *scherne* íd.; la vocal radical *a* de la mayor parte de las formas romances verbales y nominales no está bien explicada, y en éstas no puede deberse a una alteración fonética romance, de suerte que deberá admitirse (a falta de otras razones para postular un germ. *SKARN-,

acaso gótico) contaminación de otro vocablo, ora romance (como *descarnar*, fr. *écharner*, it. *scarnare*, comp. la frase *sacar el pellejo*), ora ya germánico (escand. ant. *skarn*, b. alem. med. *scharn*, ags. *scearn*, ingl. dial. *scarn* 'estiércol', Fick III, 456).

[1] Hay muchos ejs.: *escarniremos*, en *Cid*, 2551, 2555; *escarnir*, S. Mill., 202a, S. Or., 185d; *Vida de S. Ildefonso*, 359; *Alex.*, 1460c; *escarnidas*, *Cid*, 2715, *Mil.*, 204b; *escarnido*, *Libre dels Tres Reys d'Orient*, v. 50; *Calila*, ed. Rivad., p. 27; *Gr. Conq. de Ultr.*, p. 630; *Apol.*, 33b, 654d; S. Mill., 206; *Conde Luc.*, 62.12, 235.3; J. Ruiz, 267a; *Alex.* 1293d, 1749b (escarnio? O, pero *escarnido* P).— [2] Sin embargo hay uno del infinitivo asegurado por la rima en *Alex.*, 1667d. En J. Ruiz, 866d, el metro aconsejaría enmendar *escarnecer* en *escarnir*.— [3] *Escarmiatu* «se moquer» prov. de Oihenart, pero parece que éste dice que en vasco significa «remedar» o «contrefaire».— [4] También hay algún caso del raro *escarni* en la Edad Media (*Viaje a Tierra Santa*, a. 1323, *Anuari de l'Inst. d'Est. Cat.* 1907, 374), aunque *escarn* es lo general; hoy suele decirse *escarni*, al parecer por castellanismo, pero en el campo se emplea *escarnot* (R. Casellas, *Sots Feréstecs*, etc.), derivado de la forma antigua.

ESCARO, 'pez acantopterigio que vive en las costas de Grecia', tomado del gr. σχάρος íd. 1.ª doc.: 1542, Diego Gracián, en su trad. de Plutarco.

Fuera de éste no se cita otro ej. que uno del médico Sorapán de Rieros (1615-6) (Pagés), de suerte que no parece haberse usado popularmente, a diferencia de lo que ocurre en el Sur de Italia (Rohlfs, *EWUG*). En cuanto a *escaro* 'que tiene los pies torcidos y pisa mal', no se halla tal palabra más que en la Acad. (ya 1884, no 1843) y es probable no sea más que una errata por *escauro*, mera trascripción del gr.-lat. *scaurus* íd.

ESCAROLA, procede del lat. tardío ESCARIŎLA íd., abreviación de LACTUCA ESCARIOLA, del diminutivo del adjetivo ESCARIUS 'comestible'; probablemente tomado del cat. *escarola*. 1.ª doc.: 1513, G. A. de Herrera.

Éste dice que vulgarmente en Castilla se le llamaba *lechuga romana*, en Roma le daban el nombre de *endivia*, y «otros», que no precisa, empleaban el de *escarola*; Espinel (1618) subraya su carácter de planta cultivada u hortaliza, frente a la achicoria, que es la especie silvestre; para Covarr. (1611, s. v. *endibia* y *escarola*) no es más que una de las especies de *endibia*, a saber *chicorias, camarrojas* y *escarolas. Escariola* figura en el Dioscórides latino [del S. VI] y en bastantes glosas (*CGL* III, 359.71, 16.37; *scariola*, V. 552.51)[1]; parece ser calco del gr. τρώξιμος, calco que tuvo éxito en el mercado por el significado de su nombre (Bertoldi, *VRom.* V, 92).

En romance, además del port. *escarola,* que ha de proceder del castellano por razones fonéticas, hallamos cat. *escarola,* oc. mod. *escariolo* o *escarolo,* fr. *escarole* (antes *escariole*) y toscano antic. *scariola.* Suele admitirse que la forma francesa viene del italiano (conclusión que el *REW* generaliza a todo el romance), pero en este idioma el vocablo es cultismo evidente y está menos extendido que *indivia,* y en Francia no queda fijada la forma *escarole* hasta el S. XIX (1834), mientras que antes se encuentran las formas cultas *scariole* (S. XIV), *escariole* (S. XVI) y sólo una vez *escarole* en un texto del XIV o del XV (God. IX, 507*a; FEW* III, 245*b*).

Por otra parte, de todas las formas romances la única que puede tener carácter popular, y explicar por lo tanto la desaparición de la I latina, es el cat. *escarola,* que puede ser grafía oriental por *esquerola:* de hecho el vocablo allí sólo se emplea al Norte de Tortosa (más al Sur *endívia*), a no ser en algún punto suelto del Sur valenciano, donde se pronuncia *asquerola*[2]; en el catalán occidental se pronuncia también así (anotado en los pueblos pallareses de Areu, Tor, Estaon y Esterri de Cardós), con el paso de *es-* a *as-* corriente en estas hablas; *esquirola* en Valldellou (pueblo cat. de Huesca), *asquiròla* en el Valle de Arán, que son evolución local de *esquerola.* Es muy probable que del catalán se extendiera el vocablo al castellano (comp. el *camarroja* de Covarr., catalanismo evidente, en este idioma es propiamente 'pierna o tallo rojizo'): recuérdese la abundante producción de hortalizas en las vegas de Valencia, Barcelona y Perpiñán. El hecho es que *escarola* está poco extendido todavía en América: en Chile, por lo menos, me informan de que es palabra desconocida, que allí se reemplaza por *achicoria.* En lengua de Oc y en francés moderno tendrá el mismo origen, a no ser que venga del Norte de Italia (comp. luqués *scarola,* genov. *scaola*).

Por comparación de forma pasó *escarola* a designar el 'cuello alechugado' [1605, *Píc. Just.*].

DERIV. *Escarolado* [1615, *Quijote*]; *escarolar.*

[1] Una vez la forma *scarola,* pero en glosario tardío, ms. Vaticano del S. X (*CGL* V, 504.48).— [2] Comunicación del Sr. J. Giner i March, relativa a Jijona.

Escarótico, V. *asco*

ESCARPA, 'declive que forma la parte inferior de la muralla de una fortificación hasta el foso', del it. *scarpa* íd., de origen incierto, quizá derivado de *scarpa* 'zapato' por comparación con el declive que forma el pie de una bota bajo su caña. 1.ª *doc.:* 1625, Coloma, *Guerra de Flandes;* comp. abajo los derivados *escarpado* y *contraescarpa.*

En italiano *scarpa* en la misma significación se halla desde Guicciardini († 1540); pero allí, además de ser término de fortificación, puede referirse a la base de cualquier pared o margen, y la locución adverbial *a scarpa,* aplicada a construcciones hechas en esta forma figura ya en Leonardo da Vinci († 1519) y en muchos autores del S. XVI (Soderini, Sassetti, etc.); además el vocablo es popular actualmente en todas las hablas del Norte de Italia, aunque no designando cualquier pendiente, según da a entender Gamillscheg (*R. G.* I, p. 392), sino precisamente, hasta donde puedo comprobarlo, la de una fortificación o de un margen (así en el Piamonte, y en Génova, según Casaccia). El vocablo italiano pasó también al fr. *escarpe* [S. XVI], en el mismo sentido; en los romances ibéricos es también italianismo militar de fecha moderna (así ya Terlingen, 215, 217): en castellano falta todavía en APal., Nebr., la *Celestina,* Percivale, Oudin, Covarr., Franciosini, y se nota que en 1570 Cristóbal de las Casas no cita *escarpa* al traducir el it. *scarpa;* no deben, pues, darse las formas iberorromances como autóctonas (según hace Parodi, *Rom.* XVII, 62-63) o mirarlas como prueba de que el vocablo debe proceder del gótico, lengua germánica común a Italia y a nuestra Península (según hizo Gamillscheg, *RFE* XIX, 242, *EWFS,* 381*b,* y *l. c.*).

En cuanto concierne a la etimología del vocablo italiano, su origen es discutible. El étimo de Gamillscheg (aceptado por M-L., *REW* 8009*a*), gót. **SKRAPA,* deducido del frisón orient. *schrapp* 'sostén, apoyo' (comp., con otro vocalismo, alem. *schroffe* 'peñasco'), tiene una base insuficiente en germánico y presentaría una grave dificultad fonética en la trasposición de la líquida: es más que problemático. Desde el punto de vista semántico no satisface partir del germ. SKARP 'agudo', 'tosco' (escand. y occid.), según quería Diez (*Wb.,* 284).

En cambio es concebible, tratándose de un término técnico de la construcción y fortificación, que el it. *scarpa* 'base de un muro' no sea otra cosa, según admiten los diccionarios italianos, que una aplicación figurada de *scarpa* 'zapato', para el cual véase ESCARPÍN (comp. otras aplicaciones figuradas en Génova: *scarpa dell'ancora, scarpa d'una carrozza*). La silueta del muro y su escarpa pudo compararse a la de una bota.

DERIV. *Escarpado* 'en pendiente oblicua' [aplicado a fortificaciones, 1609, Argensola], 'muy pendiente' [aplicado a peñas, etc., *Aut.*], y el verbo *escarpar* [Terr.], tomados del it. *scarpare, scarpato* íd.; de ahí el derivado postverbal *escarpe* 'escarpa' [Acad. 1884, no 1843; se ha empleado en la Arg.: en Mendoza *El Escarpe* era nombre de un barrio exterior de la ciudad, Chaca, *Hist. de Tupungato,* p. 261]. *Escarpadura. Contraescarpa* [1572, F. de Herrera, en Terlingen; 1623, Minsheu], del it. *contrascarpa* íd.

Escarpar 'raspar con el escalpelo', V. *escoplo*
Escarpe, V. *escarpa, escarpín   Escarpelar, escarpelo,* V. *escoplo*

ESCARPIA, 'clavo grande, con cabeza acodillada, alcayata', origen incierto, quizá tomado del catalán, donde *escàrpia* íd., se halla junto al dialectal *escarpi* o *escarpe* 'escoplo', procedente del lat. SCALPRUM íd. *1.ª doc.*: Ya en 1438, Juan de Mena, *Coron. 7h*, «colgar de agudas *escarpias*», en rima con *hárpias = harpías*. Estaría también en doc. de 1384, pero es el mismo que contiene *alcaicería* (V. éste); 1570, C. de las Casas, «*escarpia*: uncino».

Falta aún en APal., Nebr., PAlc., Percivale, Covarr., y es ajeno al vocabulario del *Quijote*, de Góngora, de la *Celestina* y a los varios existentes de autores medievales; aparece en Oudin (1607: «*escarpia:* un crochet»)[1], en *Aut.*, en Paravicino († 1633)[2]; en este autor, lo mismo que el verbo *escarpiar* en Roa (1615) y en Núñez de Cepeda (1682), se trata del clavo que lacera las carnes de una persona, y en particular Jesús crucificado. Parece, pues, que la forma acodillada no es esencial, sino únicamente el gran tamaño del clavo. Es difícil que se trate del germ. SKARP 'agudo, rudo, tosco', pues siendo voz exclusiva del castellano y el catalán, debería venir del gótico, y el citado adjetivo sólo se halla en escandinavo y germánico occidental; esta objeción no sería decisiva, teniendo en cuenta que buen número de palabras góticas no están documentadas, y desde el punto de vista semántico la etimología sería aceptable (comp. cat. ant. *agut*, it. ant. *aguto* 'clavo'), pero no explicamos entonces la terminación *-ia* y en general es sospechosa una reliquia gótica que no aparece hasta fines del S. XVI. *Escàrpia* es también usual en catalán (Labèrnia, Fabra), en especial como voz de carpinteros y albañiles (Griera), aunque no se citan ejs. antiguos, y junto a él hallamos *escarpi* o *escarpe* como nombre del escoplo en varias hablas occidentales y valencianas (según anoté en los materiales del Dicc. de dialectos del Inst. d'Est. Cat.)[3]: se trata de una disimilación del cat. ant. *escarpre* m.[4] (otra disimilación es *escaple*, en el valle de Barravés, *BDC* VI, 24, y en el del Flamisell: *Butll. del C. Excurs. de Cat.* XLVII, 23). Era fácil pasar del escoplo al clavo grande de crucificar, clavado a manera de escoplo; puede tratarse de uno de tantos términos de oficio tomados del catalán; comp. *escarpió* 'clavo grande', y *escarpra* 'punta que remata la peonza' en Sant Feliu de Guíxols, ambos citados por Griera[5].

DERIV. *Escarpiar* [1615, vid. arriba; *escarpiar*, junto con *escaramuçar, madrugar, acuchillar* y otros, está ya citado como vocablo sin traducción latina posible por J. de Valdés, *Diál. de la L.*, 138.1, pero es dudoso, pues el ms. trae *escampiar*, vid. ed. Montesinos]. *Escarpiador*, 'horquilla de hierro que sirve para afianzar a una pared las cañerías'. *En escarpión*.

[1] En la ed. de 1616 se le agrega un acento ocioso en la *i*, y la ac. «un crampon». De Oudin pasó a Minsheu (1623) «*escárpia*, a hooke, a tenter

hooke».— [2] Por comparación, *escarpias* 'orejas' en la germanía de Juan Hidalgo (1609).— [3] Griera cita solamente *escarpi* en Tortosa. *Escarpe* es forma valenciana según Sanelo. La forma más común en Valencia es *escapre* (Sanelo, Lamarca, Martí Gadea, Escrig).— [4] Abunda esta forma en los materiales antiguos del Dicc. del Institut, consultados por mí hace tiempo. También Ag. alude a ella. Yo la tengo anotada además en el Consulado de Mar, cap. 331 (*los scarpres*), y en doc. de 1481 (*escarpres*, Moliné, *Consolat de Mar*, p. 233). Es el representante normal del lat. SCALPRUM, pero con asimilación de la L a la r. Hoy el catalán central dice *escarpra*, femenino (*escàrpera* en Mallorca y en otras partes), gracias a la identidad de *e* y *a* átonas en su pronunciación.— [5] La relación con otros vocablos es más dudosa: cat. ant. *escarp* 'cierto instrumento de hierro' citado por Ag. del Consulado de Mar; Guienne *escarpiolo* «pièce qui fait la pointe d'une flèche d'arbalète» (Mistral).

Escarpidor, V. *carpir*

ESCARPÍN, tomado del it. *scarpino*, diminutivo de *scarpa* 'zapato', de origen desconocido. *1.ª doc.*: Nebr.: «*escarpín*: udo, pedulis».

Udo es 'especie de calzado de piel de cabra' y *pedulis* 'especie de calcetín grueso que se pone bajo o sobre las medias para dar calor al pie'; análogamente en Covarr. «funda de lienço que ponemos sobre el pie debaxo de la calça [= media], como la camisa debaxo del jubón», reproducido por *Aut.*; Oudin: «*escarpín*: chausson [= lat. *pedulis*], il se prend aussi quelquefois pour l'escarpin, qui est un soulier à simple semelle»; esta segunda ac. figura en Terr., como zapato ligero de danza, y está en la Acad. ya en 1843; la otra[1] figura claramente en una relación de 1574 (cita de Terlingen, 201), en Góngora, Quevedo, (Fcha.) y Lope (*Aut.*), y una de las dos en Gutierre de Cetina (h. 1550). No cabe dudar del origen italiano, puesto que en este idioma *scarpa* es la denominación normal del zapato en general (ya en Boccaccio, etc.). *Escarpes* figura como término sinónimo de 'zapatos' en Eugenio de Salazar (1568), pero Jiménez Patón (1621) y Cascales (1617) lo consideran italianismo crudo y sin arraigo: se trata evidentemente del plural it. *scarpe*; después sólo se registra en el sentido de 'pieza de la armadura que cubría el pie' (Acad. después de 1899).

En cuanto al origen del it. *scarpa* es oscuro. Brüch (*ZRPh.* XXXV, 636; XL, 647), partiendo de una forma aislada en alto alemán antiguo, *scharpe* 'bolsa', neerl. med. *scherpe, scharpe* 'bolsa que llevaban los peregrinos atada entorno al cuello', supone un étimo *SKARPA[2], que habría significado 'bolsa de cuero' y luego 'zapato de cuero'; reconoce el propio Brüch que el neerl. *scharpe* puede ser evolución del antiguo *scherpe*, con arre-

glo a las leyes fonéticas de este idioma, pero agreguemos que el citado a. alem. ant. *scharpe*, lo mismo que el alem. antic. *scharpe* 'cinturón', no pertenecen propiamente al alto alemán, en vista de
su *p* conservada, y han de ser préstamos del neerlandés o del bajo alemán, de suerte que tampoco
demuestran una A germánica antigua, que aun menos se puede apoyar en el b. alem. *schrap* 'bolsa'
y en el danés dial. *skrappe* (escand. ant. *skreppa*
'bolsa colgada alrededor del cuello'), de forma radical diferente: en conclusión, la etimología de
Brüch, que ya es audaz semánticamente, se basa
en un étimo reconstruído sin fundamentos[3].

¿Habrá que volver al étimo de Diez y Bertoni, germ. SKARP 'agudo'? Pero esta forma no podría ser longobarda, idioma que tomó parte en la
segunda mutación consonántica (P > (p)f) y es difícil que fuese gótica, pues en este idioma no hay
tal adjetivo documentado; sería lícito postularlo,
puesto que se halla en todos los demás idiomas
germánicos, pero antes hará falta confirmar documentalmente que el antiguo zapato italiano es el
de tipo puntiagudo que todos recordamos de ciertos grabados medievales.

Frings y Wartburg, *ZRPh.* LXX, 94-95, coinciden conmigo en rechazar la etimología germánica
de Gamillscheg y Brüch; pero se refugian en la
posibilidad de un gót. *SKARPÔ* f., de la raíz del
ingl. *sharp*, alem. *scharf*, si bien partiendo de la
ac. 'escarpa de fortificación', lo cual es invertir la
corriente natural de la evolución semántica: está
claro que hay que partir de la idea más fundamental, 'zapato', y seguramente abandonar del todo la hipótesis de un origen germánico, carente
de todo apoyo.

Sin embargo, sobre todo recordando el origen
oriental de *ZANCA* y otros nombres de calzado,
será bueno no olvidar el gr. χαοβατίνη 'calzado de
cuero', χαρπατίνη en Hesiquio. Nótese que *scarpetta* parece documentado antes que *scarpa*, puesto
que aquél ya es frecuente en Boccaccio y es apodo
de un miembro de la familia Ordelafi, coetáneo
de Dante. ¿Acaso se pasaría de χαρπατίνη a *scar-
pettina* (con *s-* peyorativa, como en *sgualrina*,
sbirro, *svista*, y demás que cito en mi reseña de
Rohlfs, III, 241, en *NRFH* X, 185) y de ahí se
extrajo luego *scarpetta* y finalmente *scarpa*? No me
parece demasiado audaz suponerlo. Tampoco debe
perderse de vista la posibilidad de un origen itálico prerromano o ilirio-lígur, pues una base KARP- 'zapato' está muy difundida en las lenguas indoeuropeas: lat. *carpisculum* 'especie de calzado', gr.
χρηπίς 'zapato', lit. *kùrpė* íd., pol. *kierpie* 'abarca
de corteza', escand. ant. *hriflingr* 'especie de zapato', y el derivado usual en céltico (< pre-célt.
KARP-): irl. ant. *cairem*, galés *crydd*, córn. ant.
chereor, bret. *kere(our)* 'zapatero' (V. Henry; Pedersen, *Vgl. Gramm. d. Kelt. Spr.* I, 94).

DERIV. *Escarpe* 'zapato', 'pieza de la armadura',
yid. arriba.

[1] Está hoy muy extendida en las hablas populares, Krüger, *VKR* VIII, 312-3; vco. ronc. *es-
karapin* «chausson, escarpin».— [2] M-Lübke, *REW*[3],
7981c, al aceptar la propuesta de Brüch, califica vagamente de «germánica» esta palabra, pero
Gamillscheg, *EWFS*, 381b, prefiere considerarla gótica, dándose cuenta de que el lomb. *scherpa* o *schirpa* demuestra que la forma del vocablo
en longobardo debió ser *SKERPA*. Claro está que
hay poquísima base para atribuir al gótico un
vocablo sólo documentado esporádicamente en algún dialecto del germano occidental; quizá por
esta razón se abstiene el propio Gamillscheg de
mencionar nuestro *scarpa* en *R. G.*— [3] Como
prueba de su etimología afirma Brüch que *scarpa*
significa 'bolsa de cuero', fr. *sacoche*, en muchas
hablas del Norte de Italia, citando como testigo
a Mario Roques (*Rom.*). Pero es cita de segunda
mano: dicho pasaje no es más que el resumen de
un artículo de Nigra, *AGI* XIV, 269ss. (n.º 15),
donde se pretendía demostrar que el lomb. *mas-
carpa* 'queso hecho con suero, quesito blanco' venía del lomb. *scherpa*, por lo tanto la existencia
de este alto it. *scarpa* 'bolsa de cuero' es sólo
una hipótesis de Nigra en apoyo de una etimología por cierto inaceptable.

Escarpión, V. *escarpia*   *Escarramar*, V. *descarriar*   *Escarrapiu, escarriar* 'arrancar flema', V.
desgarrar s. v. *garra*   *Escarrar, escarrerar*, V.
descarriar

ESCARRIO, burg., 'especie de arce', probablemente del vasco *askar* 'quejigo' o 'arce'. *1.ª doc.*:
Acad. después de 1899.

Del mismo origen el a. arag. *escarrón* 'arce de
los campos' (Ansó, Echo, Gavín, Fanlo), Lavedán
escarrouè íd. (Rohlfs, *BhZRPh.* LXXXV, § 14;
A. Kuhn, *ASNSL* CLXXIV, 201). El vasco *askar*
está citado por Azkue de un glosario manuscrito.

Escarrón, escarronero, V. *escarrio* y *carrasca*
Escarsela, V. *escarcela*   *Escartivana*, V. *carta*
Escarza, escarzador, escarzano, V. *escarzar*

ESCARZAR, 'castrar colmenas', voz común con
el port. *escarçar*, de origen incierto; quizá de un
mozár. *caçrar* y éste del lat. CASTRARE íd. *1.ª
doc.*: Villasandino, † h. 1425, *Canc. de Baena*, n.º
346, v. 22[1].

Tendrá probablemente el mismo sentido *escarçar* en Guillén de Segovia (p. 80), y el derivado
escarço 'acción de escarzar' figura en las Ordenanzas de Sevilla (1527): «si por ventura ante del
escarço y castrazon, y del enxambrazon, se mueren las abejas...» (cita de Pidal en su ed. del *Canc.*
de Baena); el vocablo falta en *Aut.*[2], Covarr. (1611)
y en la primera ed. de Oudin, pero éste lo recogió
en su ed. de 1616: «*escarçar la miel, castrar colmenas: chastrer les mouches à miel*». El port. *es-

carçar 'sacar la cera de las colmenas' parece ser antiguo, pues Moraes da ej. de las *Constituções da Guarda*, que no puedo fechar, pero creo pertenecen a la Edad Media; también figura en una obra del historiador Figueiredo (¿S XVII?), citada 5 ahí s. v. *ampolhar*. Nada análogo en otros romances.

Desde Cabrera y Diez se admitió que venía de CASTRARE 'castrar, capar', que alguien cita como ya latino en la ac. apícola, y que en todo caso debe ser muy antiguo, pues es ac. común al caste- 10 llano, al italiano, al provenzal y al fr. *châtrer* {S. XV: *FEW*]. La dificultad es fonética, y por esta razón rechazaron la etimología los romanistas más modernos; sin embargo, quizá no sea insuperable, pues aun despreciando la forma *carsare* 15 'castrar' que Diez cita de un glosario (y que, sin localizar, tiene poco valor), y prescindiendo de la probable etimología ZAMBO < STRAMBUS, no hay duda de que en mozárabe la evolución CASTRARE > *caçrar* sería tan normal como la de CASTRUM 20 en *Cáceres* y *ALCÁZAR;* y difícilmente podría esperarse en castellano otro resultado de esta forma mozárabe que **carçar,* comp. las metátesis sufridas por *ARCE* < *azre* ACEREM y por *ALBRI-CIAS* < *albiçras;* V. sobre todo los casos parale- 25 los de *ENGARZAR* y *JAGUARZO.* De todos modos nótese que no hay confirmación inequívoca de que *escarzar* sea mozarabismo, aunque no dejan de ser indicios de lo mismo la temprana aparición en textos sevillanos y del Sur de Portugal, 30 y la ausencia del vocablo en *Aut.* y Covarr.

Baist (*ZRPh.* V, 246), con aprobación de M-L. (*REW*, 2962) y C. Michaëlis (*RL* III, 143), reconstruyó un **EXCARPTIARE* 'entresacar' forma vulgar derivada de **EXCARPTUS* (en vez de EXCERPTUS), 35 participio de EXCERPĔRE íd., derivado de CARPERE: es un supuesto posible, pero muy hipotético. En cuanto á la base **EXQUARTIARE* 'rajar, despedazar' (it. *squarciare* y otras formas citadas s. v. *ESCAR-CHA*), preferida por Cornu, *GGr.* I², § 211n.3, en 40 vista del port. vg. *escorçar* (documentado sólo en Montecarmelo, a. 1767), no es adecuada semánticamente.

Secundarios así semántica como fonéticamente me parecen ser el arag. *escarzar* 'arrancar a un 45 árbol la corteza seca'³, el salm. *escarcear, -ciar,* 'entresacar de una mata de patatas las más gordas, dejando las pequeñas para que medren más' (Lamano), así como el burg. *escazar* 'castrar las colmenas' (G. de Diego, *Contr.,* § 224) y el ast. *es- 50 cazar* 'rebuscar, buscar en lo que ya fué cogido' (Rato), donde hay evidente influjo de *cazar⁴.* No todos los sustantivos que cito a continuación pueden derivar de *escarzar* en su sentido conocido, antes es probable que la mayor parte de ellos sean 55 meros homónimos de esta raíz, por lo que dudo puedan tenerse en cuenta para el origen de la misma.

DERIV. *Escarza* 'herida causada en el casco de las caballerías por haber entrado en él alguna china o cosa semejante y llegado a lo vivo de la 60

carne' [Arredondo, 1658, en *Aut.*]⁵, port. *escarça* íd. (ya en la *Cavallaria da Gineta* de Pinto: Moraes); quizá derivado del lat. vg. **EXQUARTIARE* supuesto por el it. *squarciare* y su familia (vid. arriba). *Escarzador* ¿'tirador'?, ant., hapax que figura en Gonz. de Clavijo (1406-12: *escarzadores de arcos*), voz de origen y existencia dudosos, recogida por *Aut.* Arco *escarzano* 'el que es menor que el semicírculo del mismo radio' [*Arcos escarzanos* en un doc. de 1526 (*BHisp.* LVIII, 359); choro *escaçano* en doc. extremeño de 1563-68 (*Rev. Est. Extremeños* XII, 1956, 315), cita de Mtz. López; más documentación del S. XVI en F. García Salinero, *Léx. de Alarifes de los SS. de Oro,* M. 1968, 109; 1709, Tosca, en *Dic. Hist. Leng. Española,* s. v. *arco*], portugués *escarção* «arco, por cima da padieira, para que esta não suporte o peso da construção superior» (Fig.), quizá del it. *scarso* 'escaso', que en este idioma también significa 'corto', pero no conozco un it. **scarsano* (comp. el nombre de lugar y apellido cat. *Torrescassana⁶*); de ahí probablemente el derivado regresivo *escarzar* 'doblar un palo por medio de cuerdas para que forme arco' [Acad. después de 1899]; *escazarí* ant. [como tal Acad. 1817, no 1783], 'escarzano', es palabra cuya forma exacta convendría confirmar⁷: *Escarzo* es derivado indudable de nuestro *ESCARZAR* en las acs. 'operación o tiempo de escarzar colmenas' [1527, vid. arriba] y 'panal con borra o suciedad'; pero en la de 'borra o desperdicio de la seda' [Acad. después de 1899] es alteración dialectal de *CADARZO;* y en el sentido de 'hongo yesquero' [Acad. ya 1843], 'materia fungosa que nace en el tronco de los chopos y otros árboles' en la Acad. como de Aragón, Rioja y Salamanca (de donde secundariamente 'trozo de árbol o de madera seco y podrido' y 'polvillo de la madera podrida' en las mismas regiones), el vocablo reaparece en el cat. *escarsí* 'Viscum laxum' (que Sallent localiza en los Puertos de Tortosa, *BDC* XVII, 19, y que yo recuerdo haber oído, creo en Besora, al Sur de Ripoll), que procede del lat. VĬSCUM QUERCĪNUM 'muérdago de encina': la forma cast. es regresión de **escarcino;* no puede tratarse de un descendiente del lat. hispánico VISCARAGO⁸ íd.

¹ «Osso pequeño gran colmena *escarça*», rimando con *magarça*.— ² Lo registran ya Cabrera († 1833) y la Acad. en 1817, no 1783.— ³ Con estas palabras y las dos siguientes se relacionan el gall. *esgazar,* que no sólo significa 'separar una rama de otra o del tronco' (Vall.), 'desgajar' (Lugrís), sino en general 'romper, quebrar': «o silenzo foi *esgazado* novamente por Melchor», *esgazadura* 'resquebrajadura': «a ferruxe non tarda en producir unha *esgazadura* do capitel» Castelao 203.22, 133.17. Además del port. *escarçar* 'castrar colmenas', cf. *esgarçar* 'rasgar desgajando los hilos de un tejido' intr. 'deshilacharse un tejido ralo', *esgaçamento* 'fisión, hendidura'.— ⁴ El port. *escarçar* se emplea también como

sinónimo de *esgarçar* según Fig. (también Moraes remite a un artículo *esgaçar-se*, que luego
olvidó). Pero como *esga(r)çar*, además de 'rasgar
un tejido separando sus hilos' es 'deshilacharse',
'abrirse un tejido ralo', no es probable que éste
tenga que ver con *ESCARZAR*, sino con *EN-
GARZAR*, en el sentido de 'desensartar' o 'deshacer una sarta'. *Escarçar* en el mismo sentido
se deberá a una confusión de parónimos.—
⁵ También *escarzura* según Terr., y de ahí un
verbo *escarzarse* 'sufrir escarza' (también port.
escarçar-se, Fig.), y un adjetivo *escarzo* 'el caballo
que la sufre'.— ⁶ Vendrá seguramente de oc. ant.
y bearn. *escassa(n)* 'lisiado, que anda con mule-
tas' (derivado de *escassa* 'zanco', 'muleta', del
fráncico *SKATJA* íd., vid. Gamillscheg, *R. G.*
I, 203; *REW*, 7984), de ahí *Torre escassana*
'torre mutilada' = *Torremocha*. Esto podría convenir también como étimo del arco *escarzano*
o incompleto, admitiendo que ya en lengua de
Oc hubiera habido influjo de *escars* 'corto, escaso', comp. el cast. *escazarí*. Nótese que el primitivo *escassa* 'corma' existió en catalán, donde lo
recogió el valenciano Sanelo; de ahí *escassa* 'pieza en la barrera de cerrar caminos' en Mallorca
(*BDLC* XIII, 5), junto al cual existe en Tortosa
una forma con *r*: *ascarsa* 'tramojo, barra que se
cuelga del cuello a los animales para que no se
escapen' (*BDC* III, 85). Pero el hecho es
que no conozco una expresión como *arco escarzano* en lengua de Oc o en catalán. Leo en Lz. de
Arenas (1633): «muchos maestros pasan por alto
el saber montear un arco, el qual es de importancia... para muchas ocasiones, y una dellas para la
lima y campana de la media caña; porque si levanta poco, siendo *escorzana* por el testero y gual-
dera, menos armarán las limas...»; parece tratarse
del mismo vocablo, y ésta es la forma en que se
lee en la ed. de 1912 (cap. 21, p. 60), aunque por
desgracia no estoy seguro de que no haya errata,
pues Mariátegui en su glosario da «*escasana*:
escarzana», forma que no se halla en el texto.
Si *escorzana* es la forma antigua, quizá se trate
de un derivado del it. *scorciare* 'acortar'. En resumen se trata de un vocablo técnico de historia
mal estudiada.— ⁷ Eguílaz, 391, cita *arcos escaza-
rís* en las Ordenanzas de Sevilla (1527), derivándolo de un ár. *qaṣarî* 'estrecho, prolongado', pero
no parece existir tal forma de adjetivo en árabe.
Lo que sí hay es *qaṣîr* 'corto, pequeño de talla'
(o 'somero', 'avaro', en vulgar, cuyo comparativo
femenino *qúṣrà* fué quizá mal entendido y mal
vocalizado por Eguílaz), pero a base de este vocablo no explicamos la sílaba es-. ¿Habría cruce de
escarzano con un arabismo *cacer* o *cazarí*? ¿Pero
cómo se explicaría la *î*? Se nota en el texto de
las Ordenanzas el contraste entre los plurales *ju-
bizíes* y *albañíes* y nuestro plural *escazaris*, diferencia que inspira sospechas. ¿Habrá mala lectura en vez de una forma acatalanada *escazans*?—

⁸ «Chamaeleon, quae Latine *viscarago* vocatur eo
quod viscum gignat; in quo haerent aves, quae
propria voluntate descendunt ad escam», S. Isidoro, *Etym.* XVII, ix, 70; de ahí el mozár. *biš-
karáin, biškaránya*, en Abenalbéitar y Abenyólyol
(Simonet, s. v.), b. lat. *vescarago* «aquifolium»
(Du C.). Está claro que *VĬSC(UM) QUERCĬNUM*
pasó a *(v)escarci(no)*; para la caída de la *v*-,
comp. *MERENDA VESPERTINA* > rosell. *espertina*
'merienda', cat. vulg. *escambrilla* < cat. *bescam-
brilla* < fr. *bruscambille*. El mozár. *iskarsûl* 'especie de acerolo de tres granos' (Asín, 255-6)
ha de ser otra cosa, si no hay error en la definición.

Escarzo, escarzura, V. *escarzar*

ESCASO, del lat. vg. *EXCARSUS* 'entresacado',
procedente de un más antiguo *EXCARPSUS*, participio vulgar del lat. *EXCERPĔRE* 'entresacar, sacar de
entre muchos', derivado de *CARPĔRE* 'coger'. *1.ª
doc.:* 1251, *Calila*, ed. Allen, 88.307, 15.336; *Buenos Prov.* 11.28; *1.ª Crón. Gral.*, 193b35.

Significa en *Calila* 'mezquino, avariento' y 'pobre, sin bienes'; también 'tacaño' en el *Conde
Luc.* y en J. Ruiz, 246a¹, y aunque en todos estos
textos aparece escrito con -*s*- sencilla, la pronunciación antigua fué sorda, como se ve por la grafía
escasso de autores más consecuentes, como APal.
(«tandem... significa *escassamente*») y Nebr. El
sentido etimológico sería el moderno 'no abundante' (*escaseza* 'escasez, carestía' en Sem Tob, 240),
procedente del de 'ralo', 'entresacado'. *Excarsa*
glosado como *excerpta* se halla en una glosa conservada en un ms. Vaticano del S. X (*CGL* V,
547.44), que según Loewe (*AGI* I, 22) sólo contiene materiales anteriores a la Edad Media; la
grafía más plena *excarpsus* figura en capitulares
carolingios desde el año 805 (Du C.). Se ha conservado en it. *scarso* (de ahí *ESCARCELA* y quizá *ESCARCINA*, vid.), oc. *escars*, cat. *escàs*, port.
escasso y fr. ant. *eschars, eschar*, vco. común
eskas «escaso, ruin, corto».

DERIV. *Escasez* [1626, F. de Navarrete], antes
escaseza ['avaricia', J. Manuel, Rivad., 236; J.
Ruiz, 247a; la misma forma todavía en Nebr. y en
Oudin]. *Escasear* [princ. S. XVII, Paravicino]. *Es-
casero*.

¹ Acepciones también muy corrientes en occitano y en catalán, sobre todo en la Edad Media.
Otra que pronto se desarrolla allá es la de 'impar' (indivisible por 2), hoy viva dialectalmente
en catalán, en particular en el derivado *els es-
cassers* (oído en el habla leridana de Soses, etc.).

ESCATIMAR, 'regatear mezquinamente', palabra propia del castellano y del portugués antiguo,
que en la época primitiva significa 'evaluar o rectificar minuciosamente', 'tergiversar, argumentar
capciosamente', del mismo origen incierto que el

antiguo *escátima* 'argumentación minuciosa', 'pleiteo capcioso', 'engaño', 'perjuicio', 'afrenta'; quizá sea éste derivado del gót. *SKATTJAN 'evaluar, calcular'. *1.ª doc.*: h. 1260, *Partidas*, *Libros del Saber de Astronomía*.

El verbo *escatimar* presenta varios matices de significado en la Edad Media. Es corriente que signifique 'evaluar o calcular minuciosamente': «si ell enclinamiento cayer entre dos linnas circulares, *escatima* lo que fuer entrellas amas, segund es dicho, et cata quál de los andamientos passa por la sennal... et si la sennal cayer entre dos andamientos, *escatima* lo que fuer entrellos, segund es dicho, et aquello annade sobrel andamiento mas cercano... et *escatimarás* la sennal quando cayer entre los annadimientos et entre las linnas circulares» (*Saber de Astronomía* III, 170-1); el matiz de minuciosidad o cuidado excesivo se destaca claramente en los casos siguientes: «partiremos por ellas el levador et el cerco... fata que sea partido cada uno de los dos cercos por 360 partes, assí como lo verás figurado en la figura. Et esto averlo as de *escatimar* quando fuer gran la lámina. Mas quando fuer pequenna, non a entre la verdat et lo que nos dixemos ante, cosa que sea connoscida a la vista dell ojo» (*Saber de Astronomía* III, 247); después de un cálculo detallado del tiempo que pasaron los hebreos en el Sinaí, dice la *General Estoria*: «este departimiento destos annos fezimos nos aquí porque todas quantas palabras la Biblia dize, dizen uno e dan ál a entender, e otrossí porque faze este departimiento maestre Pedro... e óvolo él de fazer por unos que *escatiman* la cuenta delos días sobre aquella yda e la salida de Egipto... e fazemos nos otrossí... por esta cuenta que será mester adelant en muchos logares» (I, 625*a*47); en el caso siguiente es 'discutir' con cuidado excesivo y aun quizá un tanto capcioso, pues se trata de los que argumentan sobre la respuesta de los judíos al preguntarles Moisés si cumplirían los mandamientos dictados por el Señor, criticando que dijeran «ferlo emos e seremos obedientes» y no «seremos obedientes e ferlo emos», y notando que *oboedire* es compuesto de *ob* 'contra' y *audire* y, por lo tanto, en realidad sería 'desobedecer', concluye: «Moysén, quando esta respuesta les oyó, non gela *escatimó*, mas tomó la sangre... e díxoles a todos: —Parad en esto mientes e venga vos emiente» (I, 430*b*22); en la *1.ª Crón. Gral.* es 'rectificar los detalles': «Manera es de los estoriadores... de emendar sienpre en las razones pasadas—que fallaron daquellos que ante que ellos dixieron, sy les vino a punto de fablar en aquella misma razón—alguna mengua, et de *escatimar* ye complir lo que en las dichas razones menguado fué. Et porque el dicho arçobispo non departió. en la estoria por quál razón el rey don Fernando atan arrebatadamente tornó a la frontera... quiérelo aquí la estoria contar»; y se llega también a 'reconocer con cuidado': «en estos tiempos secos será el venado

grande, e fará el rastro pequeño, e el Montero débelo *escatimar*» (*Montería de Alfonso XI*, en *Aut.*).

Por otra parte, desde la idea de 'discutir con cuidado excesivo' se va, según apunta ya la *Gral. Estoria*, a 'tergiversar, argumentar capciosamente', p. ej. en las *Partidas*: «Herejes son una manera de gente loca, que se trabajan de *escatimar* las palabras de N. S. Jesucristo, e les dan otro entendimiento contra aquel que los Santos le dan e que la Eglesia Romana cree»[1]; en este sentido deberá interpretarse el *escatimador* de Berceo, 'argumentador sofístico ' o 'pleiteador' (y no 'murmurador', como suele traducirse), donde habla de los tormentos infernales «por do más pecado habían»: «colgarán de las lenguas los *escatimadores*, / los que testiguan falso e los escarnidores» (*Signos*, 41*a*)[2]. El gallego Pero d'Ambroa (h. 1270) disputando con su ex-amigo Pedr' Amigo de Sevilha escribió en una copla de escarnio «ca, se acha por u m' *escatimar*, / non vos é el contra mi Pedr' Amigo, / e por aquesto perder-s'a comigo / e eu con el; ea, poi-l'eu começar, / tal *escatima* lhi cuid'eu dizer / que, se mil anos no mund'el viver, / que já sempr' aja de qué se vingar», R. Lapa en su glosario (*CEsc.* 336.15 y 19) define 'ofender' 'causar daño': será más bien eso último y aun más bien empleado como eufemismo en esta ac. pero con el sentido propio de 'regatear' 'discutir capciosamente', mientras que el sustantivo parece haber llegado aquí a significar casi lo mismo que 'afrenta'[3].

De aquí, por otra parte, sale el sentido del sustantivo *escatima*; en el *Fuero Juzgo* es 'argumentación porfiada y minuciosa': «los juyzios ordenados por gent fablar, quando por palavras estrannas fueren apuestos, et dichos escura mientre et dubdosa, lo que ende se engendra serán razones aviesas, et entenciones revueltas et mal tractadas, et faran aver a los demandadores tristicia et acrecimiento de dubda... Mas la antigua ley romana, los qui la pusieron devieran ende toller la dubda et la tractación. Ellos mismos engendraron la adversidat et la *escatima*, et echaron los omnes en turbación, atanto que ambas las partes non se podrien d e s c a r p i r, nin las razones de los dos p l e y t o s non se podrien avenir, nin la contienda non finaría...» (ed. 1815, p. XVI*b*); de la misma manera deberá probablemente entenderse el pasaje de las *Partidas* citado por *Aut.*: «e otrosí han de ser sin *escatima* e sin punto, porque no puedan del derecho sacar razón torticera»; el largo párrafo del *Fuero Juzgo* nos muestra como ya estaba en germen la ac. 'litigio, disputa, riña', que apunta en el portugués Azurara (h. 1470)—«as suas palavras sempre eram ditas mui mansamente, e fora de toda *escatema*, fazendo muitas amistades» (Moraes), es decir, 'sin ánimo de pelea o discordia'—, y que aparece consumada en el vasco actual, donde *eskatima* es palabra del dialecto bajo-navarro, usual también en el labortano de Guetaria y en el gui- puzcoano de Echarri-Aranaz y Andoain, con el sen- tido de 'disputa, riña, discusión'[4]. El matiz de cálculo financiero, no ajeno al vasco y fundamen- tal en el antiguo *escatimar*, no era tampoco ajeno a *escatima*, que con gran frecuencia sale en el sen- tido de 'rebaja tratándose de pagos', rebaja que iría acompañada de pretextos y argumentaciones legales: «nos otorgamos por fiadores... de dar... estas cartas... et sinon darvos tres mill e quinientos moravedís de la moneda de la guerra sin *escatima* e sin entredicho ninguno» (doc de Santillana, a. 1292, M. P., *D. L.*, 8, 29), «si alguno... aquest pagamiento quisiere minguar o crebantar o alguna *escatima* hi buschar, sea maledicto» (doc. de Os- ma, a. 1212, ibid. 208.26), «labradores non quieren derechament dezmar / aman unos a otros *escatimas* buschar» (*Alex. P*, 1796b), ac. que también era usual en portugués («e disserom que o Homem d'El-Rei he hi mui agastado, e lhes fazem muitas *escatimas*, e defendem mais do monte ca soíam», h. 1300, en Viterbo); no era raro que al agregarle el adjetivo, *mala escatima* llegara a la idea de 'per- juicio' o casi 'estafa' («que nos vos demos los tres mill e quinientos moravedís que nos diestes, sin *mala escatima* e s i n m a l a b o z», en el citado doc. de 1292, línea 21), y esta idea puede ya que- dar fijada sin el auxiilo de tal adjetivo, de donde: «rogo a ma madre, que sempre honrre e aguarde minha molher, e que lhy nunca busque *escatima*» (doc. de 1307 en Viterbo), «Patronio, un mio pa- riente bive en una tierra do non ha tanto poder que pueda estrannar [= 'rechazar', 'castigar'] quan- tas *escatimas* le fazen, et los que han poder en la tierra querrian muy de grado que fiziese él alguna cosa porque oviesen achaque para seer con- tra él» (*Conde Luc.*, ed. Knust, 135.7), «a mi contesce que he dos vezinos, el uno es omne a que yo amo mucho, et ha muchos buenos deubdos entre mi e él, porque·l debo amar. E non sé qué pecado o qué ocasión es que muchas vezes me faze algunos yerros e algunas *escatimas* de que tomo muy grand enojo» (íd., 187.18), «ante renunciaría toda la mi prebenda, / e desí la dignidad e toda la mi renta, / que la mi Orabuena tal *escatima* prenda» exclama el deán amancebado al conmi- narle el Papa a que deje a su concubina en el *Libro de Buen Amor* (1699c), «los de Extremadura estavan desavenidos con los de Castilla por algu- nas *escatimas* que recibieron en el ayuntamiento de Carrión» en una crónica real de principio del S. XIV, citada por Aguado; se comprende, pues, qué *escatimoso* se aplicara al pleiteador de mala fe: «ca luego que saben que tienen sus mercaderías e sus cosas aparejadas para irse, mueven demandas *escatimosamente* contra ellos ante los judgadores» (*Partidas*, en *Aut.*).

El sustantivo *escatima*, estudiado aquí, y este adjetivo derivado, no parecen hallarse después de med. S. XV, pero quedó el uso de *escatimar*, fijado

sobre todo en materia de dinero, y de la noción básica de 'calcular con minuciosidad' se llegó a 'ahorrar' o 'regatear mezquinamente', con que el vocablo ha subsistido hasta hoy, por lo menos en España[5], y que ya era la que presenta a princ. S. XV en Enrique de Villena: «cien partes de azogue, según es tan fina, / en oro muy fino la face trocar; / e si vos queredes más *escatimar* / en plomo faced esta operación / ca non se re- cela por la su ingresión / a todo metal en oro tornar», «non vos fatigue, amigo, la obra, / ni se *escatime* la vuestra paciencia, / que este es el punto de la vuestra herencia, / cuando a la pie- dra el blanco le sobra» (*Libro del Tesoro, RFE* XIX, 173, 170[6]).

Transcritos en extenso y analizados los ejs. me- dievales, con el objeto de mostrar el significado antiguo de nuestro vocablo, veamos qué etimo- logías se han propuesto. Larramendi consideraba (naturalmente) autóctona la voz vasca *eskatima*, mirándola como compuesta de *eskatu* 'pedir' y *eman* 'dar', comparando la frase castellana *da- res y tomares*, «que son causa de discordias, da- ños y agravios», y por una vez la idea del fan- tástico vascólogo encontró oídos no sólo en Diez (*Wb.*, 448), sino casi en M-Lübke (*REW*, 3101), que sólo le opone la diferencia semántica entre el vasco *eskatima* 'riña' y el cast. *escatimar*; pero ya hemos visto que esta diferencia es superable y que los dos vocablos son indudablemente de igual origen; lo que no creo aceptable dentro del vasco es la etimología interna de *eskatima* que da Larramendi, pues además de que no ex- plica la *i*, en una combinación de estos dos ver- bos no debería entrar la *t* de *eskatu* (también *eska*, en forma radical), *t* que sólo forma parte del sufijo infinitivo. No hay duda de que, por el contrario, *eskatima* es castellanismo en vasco, pues el vocablo tiene una fisonomía claramente forastera en este idioma, y el sufijo romance de *eskatimari* 'pendenciero' es testigo de la existen- cia del mismo sentimiento en la conciencia po- pular.

M. de Unamuno, *Homen. a M. P.*, II, 60, su- giere que *escatimar* sea meramente un cruce de *escamar* con *estimar*, idea inverosímil desde el punto de vista semántico e imposible por lo ana- crónico de la combinación: *escamar*, vocablo fa- miliar que aparece en el S. XIX dando origen a un viejo tecnicismo jurídico anterior al S. XIII (*escatima* ya en 1212, *escatimar* en Berceo). Sin embargo, la longitud desusada del verbo *escati- mar* sugiere naturalmente la idea de un cruce de sinónimos, aunque tales combinaciones suelen en- gendrarse más tarde y en el lenguaje vulgar, pero sobre todo sería preciso dar con dos vocablos pre- existentes y verdaderamente sinónimos: difícilmen- te puede satisfacer en lo semántico el verbo *ES- TEMAR* 'mutilar'[7], puesto que *escatimar* fué pri- mero 'calcular': luego una combinación de *escasear* (que por lo demás aparece mucho más tarde) con *estemar* no ofrecería base semántica adecuada; y aparejar *escasear* o *escamondar* con *estimar* sería operar con elementos que no son sinónimos; en rigor, podría pensarse en el hipotético **escatir* de que luego hablaré, cruzado con *estimar*, pero puestos a admitir la hipótesis **escatir*, es preferible un derivado a un cruce, tratándose de un vocablo tan antiguo y perteneciente a un vocabulario tan tradicionalista como el jurídico.

El Sr. M. Singleton, a quien se deben algunas de las citas que he transcrito arriba (aunque no logró interpretar su sentido), propuso en *Hisp. R.* VI, 216-7, partir del ár. *qáṭam* 'cortar, recortar, cercenar', poco conforme con el sentido antiguo de *escatimar;* pero como esto no explica la *i* castellana y no hay ejs. de arabismos con adición del prefijo romance *es-*, habría que suponer primero la existencia de un sustantivo **catima* procedente del ár. *qaṭima*[8] 'trozo, fragmento' que Belot recoge como vulgarismo actual, probablemente del Líbano, y de ahí derivar dentro del castellano el verbo *escatimar:* pero los casos de *destrozar* y *despedazar* nos muestran cómo el resultado de esta combinación no podía tener otro sentido que 'hacer pedazos', muy lejano del existente; por otra parte, las palabras de la raíz *qáṭam* son raras y poco conocidas en árabe, de suerte que deberá abandonarse toda la idea del origen arábigo[9].

Partiendo de la premisa de que el sentido básico de *escatimar* es 'calcular' (todavía Nebr. traduce por *imputare*, es decir, 'inscribir en una cuenta'), y del carácter jurídico del vocablo, es seductora la idea de relacionar con la familia del gót. SKATTS 'dinero', alem. *schatz* 'tesoro', gót. *skattja* 'cambiador de moneda', alem. *schätzen* 'evaluar el peso o valor de algo', tanto más natural cuanto que tenemos testimonios indudables del paso del vocablo gótico al romance: oc. ant. *escatz* 'tesoro' y *escat* 'medida de longitud equivalente a seis pies' (< ***'evaluación, acto de medir')[10]. La dificultad está en explicar la terminación *-ima(r)*, pues sería forzado postular un gót. **SKATTINÒN*[11] 'evaluar', cruzado luego con *estimar*. El verbo **SKATTJAN* en el mismo sentido está bien documentado, pues si el primitivo *schatz* pertenece a todas las familias germánicas, el verbo derivado también es antiguo y tiene gran extensión: a. alem. ant. *scazzôn* (a. alem. med. *schetzen* 'evaluar', alem. *schätzen*), b. alem. ant. *scattian*, escand. ant. *skatta;* luego un cast. **escatir* pudo salir de ahí, y es muy posible que el cat. *escatir*, bien conocido en el sentido de 'averiguar discutiendo', y a veces 'evaluar', tenga el mismo origen[12].

Entonces *escatimar* podría ser derivado de *escatima*, y éste, suponiendo que se acentuara *escátima*, sería uno de tantos derivados con sufijo átono, como *préstamo* [1030], y en particular como el port. *empréstimo* 'empréstito', *préstimo*

'servicio, auxilio', el adjetivo *préstimo, préstima* 'provechoso' (*prestar* 'ser útil'), *créscimo* 'parte excedente, residuos', *acréscimo* 'acrecentamiento', 'fiebre intermitente'. Como se ve, parece tratarse de un sufijo especialmente jurídico, comercial y científico, lo que conviene con la procedencia de los antiguos ejs. de *escatimar*, y nada más fácil en lo semántico que admitir para *escátima* el sentido básico de 'cálculo o evaluación minuciosa'. Reconozco que esta combinación tiene algo de hipotético, y sobre todo descansa en la base de la acentuación *escátima*, que, aunque la filología castellana no nos permita asegurarla del todo, está confirmada por la forma port. *escátema* y por el categórico dato catalán de h. 1393[13].

Y cabe todavía una tercera solución, quizá preferible: cruce de los dos sinónimos vigorosos AESTĪMARE y gót. SKATTJAN. El cruce debió producirse naturalmente en el ambiente bilingüe de los hispano-godos, bien cuando todavía hablaban su dialecto visigótico, bien inmediatamente después de romanizarse, cuando todavía su lengua estaba rellena de reliquias germánicas (V. *ESCAMAR*). Así se explicaría que pronto coexistieran (como en *estima* frente al lat. *áestimat*) las dos acentuaciones *escátima* y *escatima*.

DERIV. *Escátima*, ant. [1212] vid. arriba; *escatimador*, *escatimoso*, íd., éste figura con el sentido de 'capcioso' o 'tergiversador' en una cantiga gallega de escarnio de Alfonso el Sabio («guardadevos de seerdes *escatimoso* porteiro» R. Lapa *CEsc.* 35.23).

[1] Muy claro está el paso en el *Libro de los Estados*, ed. Rivad., p. 347a, donde hablando de los que argumentan sobre las palabras de la Biblia declara: «non se deben estas cosas fablar sinon con tales que lo entiendan verdaderamente como es, et aun con home que non quiera fablar en ello por manera de disputacion; ca los que disputan, catan puntos por que puedan tomar a su contrario por la palabra que dicen, et en estas cosas quien quisiere *escatimar* las palabras segun las puede home decir, por fuerza fincará mal el que lo dijo».— [2] Cej., *Voc.*, cita del *Caballero Zifar* la frase «bienaventurado es el que se *escatima* por otro» (ed. Michelant, p. 271), afirmando que significa 'escarmentar'. Pero lo único que se halla en este pasaje es «bienaventurado el que se *escarmienta*» (igual en la ed. Wagner). Habría confusión con las papeletas vecinas.— [3] El eminente filólogo acepta mi sugestión de acentuar *escátima*, de lo cual hay que tomar nota porque puede que tenga más datos que lo confirmen. Por más que no siempre me he sentido seguro de esta acentuación (dando quizá demasiado valor al hecho de que Ambroa suele acentuar sus endecasílabos en la 4.ª, 5.ª o 6.ª sílaba, pero no en la 3.ª), los datos que consigno en la nota 13 han confirmado esta acentuación definitivamente.— [4] Datos de Azkue. Según el sul.-bnav.

Oihenart (1638) 'debate, discusión' (Michelena, *BSVAP* XI, 289). En Andoain, 'derecho a reclamar una deuda' y la ac. dudosa 'empréstito'. Además, en Laburdi, *eskatimatu* 'disputar' y *eskatimari* 'pendenciero'. En el Fuero de Usagre parece significar 'subterfugio legal': «meta la verdad que lo non faze per otra *escatima*, si non porque sabe que ha valía de cavalo» (cita de Cei., que también menciona el Fuero de Soria).— [5] En la Arg. apenas es conocido el vocablo, y su lugar está ocupado por *mezquinar*.— [6] Partiendo de 'ahorrar' o 'rebajar' se llega ocasionalmente a usos como el siguiente, que Viterbo señala en Portugal: «todo o terço e quinto *escatimado* de todas as cousas que ella houvesse, assim movel como raíz», doc. de 1300.— [7] Parodi, *Rom.* XVII, 63-64, creía en una combinación de *estemar* con un elemento *ca-* procedente de CAPUT 'cabeza', pero esta incrustación en el centro de una palabra es imposible.— [8] Nótese, por lo demás, que tras la enfática *ṭ* esperaríamos como resultado castellano una *e*, y no una *i*, no sólo partiendo de la *î* arábiga, sino de una *i* breve o de cualquier otra vocal.— [9] Ya Singleton reconoce que Lane no admitió *qáṭam* en su diccionario del árabe normal, y Dozy, *Suppl.* II, 377a, confirma que esta exclusión se extiende al árabe vulgar, pues *qaṭîm* 'sodomita' y derivados, recogidos por R. Martí, son una adaptación, según la razonable explicación de Dozy, del lat. *catamitus* íd., a la estructura radical semítica. *Qáṭam* 'cortar' está ausente de los diccionarios vulgares (PAlc., Lerchundi, Griffini, Bocthor), que en este sentido traen el conocidísimo *qáṭaᶜ*, hasta el punto de que cabría pensar en un error de lectura, dado el gran parecido de forma de las dos letras árabes *ᶜ* y *m*. Pero no es así, pues hay alguna confirmación de la existencia de la raíz *qṭm*, aunque será rara y poco conocida: el lexicógrafo Kremer señala la octava forma en el sentido de 'lastimarse' (Fagnan), v Probst dice que *qaṭam* (futuro *yúqtum*; comp. *qátaᶜ*, futuro *yíqtaᶜ*) es vivo en Egipto en el sentido de 'partir o quebrar en dos partes'. A pesar de todo, como falta en el diccionario egipcio de Bocthor, mucho más rico y autorizado, ha de ser palabra rara y poco conocida, y el mismo Probst la omite en su parte germano-arábiga.— [10] *Escaz* está sólo en la *Canción de Santa Fe*, v. 176, rimando con *bratz* y otros vocablos en -*z* sorda; por lo tanto, hay que suponer un étimo en -CIU, o en -TTU con -*s* del caso sujeto o del plural (-*s* que pudo aglutinarse, pues ahí es complemento singular). Para *escat* 'medida', vid. Gamillscheg, *ZRPh.* XLI, 508.— [11] Con el frecuente sufijo denominativo -*inon*: *fraujinon* 'ser dueño', *lekinon* 'curar', *reikinon* 'dominar', *skalkinon* 'servir', etc. (Kluge, *Gotisch*, § 96).— [12] La etimología del cat. *escatir* presenta de todos modos un problema que debo

aplazar por ahora. La ac. 'averiguar discutiendo' no es sólo de la Plana de Vic, como dice Ag., sino de muchas comarcas, y hoy pertenece al catalán común y al de Barcelona mismo. En el sentido de 'medir la cantidad de una sustancia (contenida en una solución)' lo emplea Fabra (así en su diccionario, s. v. *acetímetre*, y creo recordarlo de otros trabajos del eminente filólogo), aunque no da esta definición en su artículo *escatir* y no la hallo confirmada en otras fuentes. Sea como quiera, la primera es conocidísima, y Vogel daba por segura (*Neukatal. Studien*, p. 115) la identidad etimológica de *escatir* y el alem. *schätzen*. Pero existe además la de 'escamujar (el olivo)', empleada en el Ampurdán y Garrotxa y en la provincia de Lérida (Ag.; *BDC* X, 111; *Costumari Català*, I, 126). Por otra parte, es verdad que en catalán antiguo sólo encuentro huellas de una ac. parecida a esta última, pues *escatir* es 'cortar las uñas y el pico' en Jaime Roig, *Spill*, v. 6607 (a. 1460). De suerte que no es posible rechazar decididamente la opinión de Moll (*AORBB* II, 30) de que *escatir* es lo mismo que *escatar* 'quitar rascando lo que forma una capa adherida a la superficie de algo', derivado de *escata* 'escama' —ya que de 'escamujar, podar' pudo pasarse figuradamente a 'aclarar un asunto, averiguarlo'. Por otra parte, si *escatar* y *escata* vienen de *EXCAPTARE, frecuentativo de EXCIPERE 'arrancar' (comp. piam. *scatar*, *sgatar*, *sgatè* 'rascar'), el cast. *escátima* también podría venir al fin y al cabo de este *escatar*.— [13] *Escátema* acentuaba Moraes, y *escatíma* acentuaba Diez, pero todos los lexicógrafos castellanos escriben sin acento. Vale decir que este vocablo salió del uso después del S. XIV, por lo tanto no significa mucho el que *Aut.* acentúe *escatíma*; en cuanto a Covarr., según acostumbra, no acentúa, y da *escatima* lo mismo que *septima*. La acentuación de *escatíma* como forma verbal había de conducir a la creencia de que el sustantivo también se acentuara así. Los dos únicos pasajes en verso, en el *Alex.* y en J. Ruiz, no nos enseñan nada, por desgracia. Pero queda la forma *escatema* de Azurara, cuyo vocalismo, por lo demás, implica casi necesariamente la acentuación esdrújula. En cuanto al vasco, sabido es que en este punto es indiferente. De todos modos podemos mirar como decisivo el dato de Lluís d'Aversó, que en su dicc. catalán de rimas, recopilado h. 1393 o seguramente poco después, figura *escátima* como voz esdrújula, rima única de *Fátima* (*Torcimany*, § 285). Aunque el vocablo no consta como catalán en otras fuentes, no se puede dudar de que es éste, y que Aversó, conociéndolo por lo menos como voz castellana, echó mano de él para dar con tan difícil rima.

ESCATOFAGIA, compuesto culto del gr. σκῶρ,

σχατός, 'excremento' y φαγεῖν 'comer'. *1.ª doc.*: Acad. después de 1899.

DERIV. *Escatófago.*

CPT. *Escatofilia* [íd.], compuesto con φίλος 'amigo'. *Escatológico* 'referente a los excrementos y suciedades' [íd.], compuesto con λόγος 'tratado'; *escatología.*

ESCATOLOGÍA, 'creencias referentes a la vida de ultratumba', compuesto culto de ἔσχατος 'último' y λόγος 'tratado'. *1.ª doc.*: Acad. después de 1899.

DERIV. *Escatológico* 'referente a estas creencias'; para el significado 'excrementicio', V. el artículo anterior.

Escavanar, escavillo, V. *cavar Escay,* V. *desgay Escayarse, escayo,* V. *cuajar*

ESCAYOLA, 'yeso espejuelo calcinado', 'estuco', tomado del it. *scagliuola* 'especie de estuco yesoso, adhesivo y resistente, al cual se juntan materias colorantes, para imitar piedras venosas', diminutivo de *scaglia* 'escama'[1]. *1.ª doc.*: «El alumbre que llaman de *escayola* no es jugo sino la tierra samia que llamavan aster los antiguos» A. Alonso Barba, *Arte de los Metales,* M. 1640, p. 5; Terr., con la misma ac. que en italiano; Acad. ya 1843.

Es posible que la *y* castellana naciera, durante el paso del vocablo por el catalán, por confusión con el cat. *escaiola* 'alpiste', que parece ser diminutivo de *escalla 'ESCANDA'* (y donde la *i* resulta de una disimilación, de tipo general en este idioma). En Valencia se pronuncia etimológicamente *escallola* (M. Gadea, confirmado por J. Giner).

¹ It. *scagliuola* [S. XVII], pero *allume scagliuolo,* especie de alumbre, ya en C. Angiolieri, h. 1300. Entre los dos parece haber relación, pero es posible que en parte sea meramente secundaria, por ser ambos derivados de *scaglia:* aquella especie de alumbre se llamaba σχιστή στυπτηρία en griego, *alumen scissum* en latín; un texto del S. XV, donde se le llama *alumen de scallola* parece indicar que ya entonces se creía derivado este alumbre del nombre de la escayola, y que, por lo tanto, el nombre de ésta ya se empleaba en el S. XV, Belardi, *Ricerche Ling.,* Ist. di Glott. Univ. Roma, IV, 1958, 180-183.

Escayu, V. *cuajar Escaza,* V. *cazo Escazarí,* V. *escarzar Escelerado,* V. *celerado*

ESCENA, tomado del lat. *scaena* 'escenario, teatro', y éste del gr. σχηνή 'choza', 'tienda', 'escenario'. *1.ª doc.*: 1577, P. S. Abril[1].

Tiene ya en este autor, además de la ac. 'escenario', la de 'cada una de las partes en que se divide un acto dramático', ya documentada en el latín tardío. Corrió también una forma *cena* en

castellano (vid. Rodr. Marín, *Quijote,* ed. 1927, III, 403).

DERIV. *Escenario* [Acad. ya 1843]. *Escénico* [*scénico,* APal., 490*b*].

CPT. *Escenificar, escenificación. Escenografía, escenógrafo, escenográfico. Cenopegias* 'fiesta de los tabernáculos', tomado del gr. σχηνοπηγίαι íd., compuesto de σχηνή en el sentido de 'tienda' y πηγνύναι 'clavar'. *Proscenio,* de προσχήνιον.

¹ APal. emplea *scena* en contexto castellano (391*b*), pero es dudoso que lo considere palabra castellana y no meramente latina. En todo caso, *scénico* es ya castellano para él (490*b*). C. de las Casas (1570) traduce el it. *scena* por *teatro,* dando a entender así que para él no había todavía un cast. *escena.*

ESCÉPTICO, tomado del gr. σχεπτιχός 'que observa sin afirmar', 'escéptico', derivado de σχέπτεσθαι 'mirar', 'observar'. *1.ª doc.*: *scéptico,* 1615, Suárez de Figueroa (*Aut.*); *escéptico,* Terr.; Acad. ya 1843.

DERIV. *Escepticismo.*

Escerrenado, V. *derrengar Escibar,* V. *cebo Escible, esciente,* V. *ciencia Escila* 'cebolla albarrana', V. *chirla Escíncidos, escinco,* V. *estinco*

ESCINDIR, tomado del lat. *scindĕre* 'rasgar', 'rajar', 'dividir'. *1.ª doc.*: Acad. después de 1899.

Algún ej. suelto podrá hallarse antes (el participio irregular *sciso* en el falsario Cibdarreal, S. XVII), pero hoy mismo sigue siendo cultismo raro, y su uso sólo se apoya en el del corriente *escisión.*

DERIV. *Escisión* [Terr., con cita de texto vizcaíno; Acad. ya 1843], tomado de *scissio, -onis,* 'corte, división'; hay duplicado *cisión. Cisura* [Palencia, *Perfección,* p. 364*b* (Nougué, *BHisp.* LXVI); 1632, Lope], de *scissura* 'corte, división'. *Cisoria* [1423, *Arte Cisoria,* título de un libro de E. de Villena], derivado culto de *scissor, -ōris,* 'cortador de carnes.' *Abscisa* [1772, Baíls], de *abscissa linea,* participio de *abscindĕre* 'arrancar, cortar, separar'; *abscisión. Excidio* ant., tomado de *exscĭdĭum* 'destrucción'. *Prescindir* [h. 1570, Sta. Teresa], tomado de *praescĭndĕre* 'separar', tomado en el sentido de separación mental; *prescindible; imprescindible. Rescindir* [Acad. S. XIX], *rescindible, rescisión, rescisorio. Cisípedo,* compuesto de *scissus* 'dividido' y *pes* 'pie'.

Escirro, escirroso, V. *cirro Escisión,* V. *escindir Esclafar,* V. *chafar Esclarea,* V. *clarea,* s. v. *claro Esclarecedor, esclarecer, esclarecido, esclarecimiento,* V. *claro Esclatar,* V. *estallar*

ESCLAVO, tomado indirectamente del gr. bi-

zantino σκλάβος 'eslavo' y 'esclavo', derivado regresivo de σκλαβηνός 'esclavo', y éste de *slově-
ninŭ*, nombre propio que se daba a sí misma la
familia de pueblos eslavos, que fué víctima de la
trata esclavista en el Oriente medieval. *1.ª doc.:* 5
esclava, S. XV, Biblia med. rom., Gén. 16.1, h.
1490, *Celestina*, ed. 1902, 129.15; APal., 449*b*
(*«serva, esclava o guarda»*); *esclavo* 'siervo', Nebr.

Se debió tomar del catalán, pues allí ya es
frecuente en la Edad Media (vid. Ag.), y los 10
catalanes importaron del Imperio bizantino muchos siervos eslavos y circasianos (*xerquesos*) en
la Edad Media; es posible que allí el vocablo
no se aprendiera directamente del griego y se
tomara del francés de los Cruzados [ahí S. XIII]. 15
Σκλάβος aparece en griego desde el S. VI, y en
el VIII toma ya el sentido de 'siervo'; es reducción de una forma anterior σκλαβηνός, cuya terminación se tomó por -ινός, desinencia de adjetivo. Vid. Kluge-Götze, s. v. *sklave*, y la biblio- 20
grafía allí citada; además Skok, *Mél. A. Thomas*,
1927, 413-6; Verlinden, *Bull. Du C.* XVII, 97-
128. Comp. *CICLÁN*, *ESLABÓN*. *Chau*, arg.,
fórmula de despedida, propia del habla familiar,
procedente de it. sept. (milanés, etc.) *ciau* íd.: 25
es la forma dialectal correspondiente al it. *schia-
vo* 'esclavo', empleada como término de cortesía
(a semejanza del cast. *¡servidor de usted!*), comp.
Spitzer, *ZRPh.* XXXVI, 702.

DERIV. *Esclavatura*, amer. *Esclavista*. *Esclavitud* 30
[princ. S. XVII: Covarr., Oudin, Góngora, Que-
vedo], también se dijo *esclavonía* [h. 1600, Mariana, Paravicino], derivado de *esclavón* 'habitante
de Eslavonia'. *Esclavizar*. *Esclavina* [J. Ruiz, 1205*a*,
G y *T*; *esclamina* en el ms. *S*; *esclavina*, Nebr., 35
definido «folliculus, pera [s]cortea», es decir, 'zurrón de cuero', pero en J. Ruiz ya tiene la ac.
moderna; de la mencionada antigua forma griega
σκλαβηνός, por la vestidura tosca que llevaban
los eslavos en peregrinación a Roma y a Com- 40
postela[1].

[1] Común a los varios romances (cat. *esclavina*,
fr. *esclavine*, etc.). Quizá uno de ellos sirvió de
intermediario. Del mismo origen vendrá el fr.
ant. *clavain* 'esclavina' (*enclavinné* 'vestido de 45
esclavina'), que en el *FEW* II, 769*b*, figura erróneamente en el artículo CLAVUS. Comp. *REW*,
8003*a*.

Esclavo, esclavón, V. *eslabón*   50

ESCLERÓTICA, derivado culto del gr. σκλήρωσις 'endurecimiento', derivado a su vez de σκληρός 'duro'. *1.ª doc.: esclirótica*, 1581, Fragoso;
esclerótica, Terr.; Acad. 1884, no 1843.   55
DERIV. *Esclerosis* (falta aún Acad. 1899), del
citado gr. σκλήρωσις; *esclerósico* o *escleroso*.
Esclerodermia, compuesto con σκληρός 'duro'
y δέρμα 'piel'.

Esclisiado, V. *clisos* *Esclucar*, V. *esculca*
Escluma, V. *espuma* *Esclusa*, V. *clausura*

ESCOA, 'cada una de las dos piezas de madera
adheridas por fuera al forro de la embarcación, y
paralelas a la quilla, destinadas a dar estabilidad
a la embarcación varada', del cat. *escoa* íd.[1], y
éste de *escosa*, participio arcaico del antiguo verbo *escondre* 'esconder' (lat. ABSCONSA, ABSCONDE-
RE íd.), porque las escoas van siempre ocultas
debajo del agua. *1.ª doc.:* Terr. (con cita de un
Dicc. Mar., que no sé si es el *Vocab. Marítimo
de Sevilla* de 1686); Acad. ya 1843.

Escoa es hoy usual en toda la Costa catalana
con el valor descrito arriba, y allí lo he oído
muchas veces (las definiciones de Terr. y de la
Acad. son incorrectas); se halla ya en el *Consulado de Mar*, cap. 21, cuya primera redacción se
remonta hasta el S. XIII, y en doc. de 1377 (Ag.,
s. v. *escoha*). La pérdida de una -s- intervocálica
es frecuente en catalán antiguo, y se produce generalmente cuando hay otra -s- o -ç- en el mismo
vocablo (comp. *enciam<encisam* INCISAMEN). Del
catalán ha de proceder también el fr. *escoue*, ya
documentado en 1622; en italiano hallamos a̓scosa
en Crescenzio (1607) y *scosa* en un ms. del S.
XVII; vid. Jal, en los artículos correspondientes.
Es seguro que el antiguo participio femenino de
escondre fué *escosa* en catalán, aunque casualmente sólo podamos documentarlo en lengua de Oc.

[1] Hay variantes *escova* y *escua*.

ESCOBA, del lat. SCŌPA íd., primitivamente
SCŌPAE 'briznas'. *1.ª doc.:* h. 1400, glos. del Escorial y de Toledo; comp. el colectivo *escobar*
desde 1135 (*escopare* desde 960: Oelschl.).

En la ac. 'mata leguminosa semejante a la retama' (con la cual se hacen escobas), se halla ya
en un juglar del S. XV, citado por M. P., *Poes.
Jugl.*, 304; como nombre de la misma mata o
de la retama se emplea *escoba* en el valle de Arán,
en el catalán del Pallars, en el Bierzo, Sajambre
(Fz. Gonzz., *Oseja*, 261), en dialectos portugueses,
alpino-lombardos, etc. (vid. mi *Vocab. Aran.*, y
Festschrift Jud, 575).

DERIV. *Escobar* 'sitio donde abunda la planta
llamada escoba' [vid. arriba; en Rodrigo de Reinosa, fin del S. XV, *Philol. Q.* XXI, 32, v. 162];
escobilla 'especie de brezo de que se hacen escobas' ['eškopéla, en el botánico mozárabe de h.
1100, Asín, p. 108]. *Escobar* 'barrer con escoba';
escobada, escobadera, escobado. *Escobajo* 'escoba
vieja', 'raspa del racimo sin uvas' [la 2.ª ac. ya
en APal., 409*d*, y ambas en Nebr.], es derivado
de escoba, si bien la 2.ª ac. parte del significado
'briznas', antiguo en latín (comp. el derivado lat.
scopus o *scopio* 'escobajo de racimo', del cual
fonéticamente no puede venir la voz castellana);
descobajar. *Escobazo*; *escobazar*. *Escobera*; *escobero*. *Escobeta*. *Escobiar* 'arañar: buscar y recoger

cuidadosamente alguna cosa', 'limpiar con la escoba el polvo de las rendijas o rincones', 'limpiar a uno el dinero, hurtándoselo o ganándoselo al juego', ast. (V); comp. *ESCOBIO. Escobilla* [en la ac. 'limaduras', ya en Nebr.; en esta ac. quizá procede del lat. SCŌBIS o *scobs*, con el cual lo traduce Nebr., pero la *-b-* (y no *-v-*) de la grafía nebrisense prueba cuando menos que en castellano el vocablo se confundió con *escobilla*, diminutivo de *escoba*, en sus demás acs.; por lo demás, SCOBIS se ha perdido sin huellas en los demás romances; de estas otras acs., la de 'cepillo' es hoy viva en Canarias, como en el port. *escova*, vid. Lugo, *Voces Canarias, BRAE* VII]; *escobilla* 'pichana, mata de que se hacen escobas' arg., 'scoparia dulcis' per., colomb., venez., cub., centroamer. (Malaret), *escubilla* 'mata que produce un ramaje que los supersticiosos toman por pelo de bruja' centroamer. (Gustavo Correa, *Publs. of the Middle Amer. Inst.,* Tulane Univ., XIX, 73*b*); *escobillar* 'cepillar' [*covillar*, en *seys tovallas para covillar los cálices*, invent. arag. de 1496, *BRAE* VI, 744, o quizá esté por *cobijar*], 'batir el suelo el bailador con los pies y con movimientos rápidos', arg. y chil, (Draghi, *Canc. Cuyano*, 412); *escobillado* 'acción de escobillar en esta forma' (Tiscornia, *M. Fierro coment.*, p. 105); *escobillón* [Acad. ya 1843] parece tomado del fr. *écouvillon* [S. XII], diminutivo autóctono allí del mismo vocablo latino, que por lo demás se ha perdido en francés. *Escobino. Escobizo. Escobo. Escobón* (ast. 'escoba hecha con ramas de brezo', V). *Escopetar* [Oviedo, *Sumario*, p. 509*b*: «ponen ciertos indios a cavar la tierra que llaman *escopetar*», y p. 510*a* (Nougué, *BHisp.* LXVI); Acad. ya 1843], tomado del it. antic. *scopettare* (Tansillo, † 1568), derivado de *scopetta*, diminutivo de *scopa* 'escoba'.

ESCOBÉN, 'cualquiera de los agujeros que se abren a ambos lados de la roda de un buque, para que pasen por ellos los cables o cadenas', voz común con el port. *escovém*, cat. *escobenc*, fr. *écubier*, de origen incierto; parece procedente del catalán, donde sería derivado regular del cat. vg. *escova* = *ESCOA* (V. éste). *1.ª doc.:* h. 1575, E. de Salazar, 39; 1587, García de Palacio.

El port. *escouvés* (pl.) se halla ya en los Comentarios de Albuquerque (h. 1500, publ. en 1557), y *escouvem* en Castanheda (1552); hoy la forma más corriente es *escovém;* el fr. *écubier* aparece en 1643 (*escubier*), 1634 (*escauban*) y ya en 1621 (*equibien*), vid. Jal. Así la terminación *-én* o *-em* en castellano y portugués, como en francés la *-b-* intervocálica, y el carácter vacilante de la forma del vocablo, parecen indicar origen forastero.

En cat. no conozco testimonios antiguos, pero es vocablo atestiguado independientemente por Ag. y recogido en la costa de Levante por Amades-Roig (*BDC* XII, 31, 75, 79, 112) y en Valencia por

Flores (*Misc. Fabra*)[1]; en este idioma se explica como adjetivo derivado normalmente con el frecuente sufijo *-enc;* el radical puede ser *escoa*[2], que tiene vulgarmente una variante *escova (-ba)* muy extendida (*BDC* XII, 31, 75). Es verdad que en la forma moderna de la barca los escobenes están bastante alejados de las escoas, aunque en línea recta de la dirección de estas piezas. ¿Habrá variado la construcción de los buques, o se aplicaría originariamente nuestro vocablo a los agujeros que tienen las barcas junto a la quilla y cerca de popa y proa (vid. los grabados de Amades, pp. 75, 78 y 83)? De ninguna manera es esto inverosímil.

[1] La forma *escobé* que figura en el dicc. mallorquín de Amengual carece de valor. Este diccionario no tiene información directa en materia náutica y suele adaptar arbitrariamente las formas castellanas.— [2] Así lo había sospechado Jal en su *Archéologie*, idea que abandonó en su Glosario para relacionar con el lat. *excubia* 'guardia, vigilancia', pero esta derivación es imposible morfológicamente, se basa en un vocablo que no ha dejado descendencia romance y no satisface en lo semántico, pues sería una extraña idea montar la guardia a través de los escobenes.

Escobera, escobero, escobeta, escobiar, escobilla, escobillado, escobillar, escobilleo, escobillón, V. *escoba   Escobina,* V. *escofina   Escobino,* V. *escoba*

ESCOBIO, ast., leon., santand., 'angostura, hoz, garganta o paso estrecho en una montaña o en un río', 'vericueto', origen incierto, quizá prerromano; o derivado de *ESCOBA. 1.ª doc.:* Acad. 1884, no 1843; según Rato, ya trató del vocablo Jovellanos († 1811).

Parece encontrarse ya en un doc. asturiano de 891: «terminis... per illo *estobio* de campo... pro illo *estobio* de parto» (*Esp. Sagr.* XXXVII, 338), donde la *t* deberá enmendarse en *c.* Cf. *Escorihuela* al E. de Alfambra, prov. de Teruel, *puerto de Escorihuela:* ya *Escobiola, Escorihuela* o *Escoriola* en algunos mss. del Fuero de Molina, princ. S. XIII, Mz. Pidal, *Cid*, 803-4; *Escobias* lugar montañoso en la Sierra del Barbanza (La Coruña), Mtz. López, *Bol. Fil. Chile* XI, 15. Rato atribuye la etimología SCŌPŬLUS 'peñasco', 'escollo', a Jovellanos; temo que la definición de Rato «los cerros que sobresalen en las cordilleras, por las rocas puntiagudas, que hacen difícil el tránsito» no esté inspirada más que en esta supuesta etimología, que no es posible fonéticamente, entre otras razones por la falta de diptongación de la o. G. de Diego, *Mod. Philol.* XVI, 579-84, sin advertir este detalle, trató de defenderla suponiendo la creación de un derivado regresivo *SCOPUS, tal como *pobo* viene de *PŌPUS por PŌPŬLUS; pero es proceso muy singular para que se repitiera a

menudo[1]. Más fidedigna me parece la definición
de la Academia [1884, no 1843], anterior a la de
Rato y por lo tanto independiente, pero confirmada por el propio Rato con la grafía *escoviu*.
Probablemente voz prerromana[2]; a no ser sencillamente derivada de *escobiar* (V. *ESCOBA*) con
el sentido primitivo 'rincón, rendija', lo cual sería
muy difícil si en verdad existe ya en el S. IX.

[1] GdDD 5987 pretende apoyar su *SCOPUS en el
it. ant. *scoppi* 'escollos': es enorme tener que
advertirle que este plural de *scoppio* corresponde
regularmente a SCOPULUS; más imposible todavía
es partir del lat. SCRUPEUS 'peñascoso', como también sugiere, en contra de la fonética.— [2] La base
tendría que ser algo como *SCŌPU o *SCŬPU con
i̯ secundaria leonesa (pues -PIU habría dado -*pio*)
si la grafía con -*b*- de 891 es auténtica; sin embargo también podría tratarse de una base en -BIU
o -VIU con un tratamiento como el que vemos en
los antiguos *gabia* y *labio*.

Escobizo, escobo, escobón, V. *escoba*   *Escobre,*
V. *colla*   *Escocar,* V. *coca*   *Escocedura, escocer,* V. *cocer*

ESCOCIA, 'moldura cóncava entre dos toros',
tomado del lat. *scŏtĭa* íd., y éste del gr. σκοτία
'oscuridad', 'especie de gotera', derivado de σκό-
τος 'tinieblas'. 1.ª doc.: *Aut.*

En el mismo sentido se empleó también *escota.*
Variante semipopular parece ser el sinónimo *es-
gucio* [1705, Tosca].

Escocimiento, V. *cocer*

ESCODAR, 'labrar piedras con la escoda, instrumento de hierro, a modo de martillo, con corte
en ambos lados, enastado en un mango', 'sacudir
la cornamenta, los animales que la tienen, para
quitarse los pellejos que tienen en ella', origen
incierto, quizá del lat. EXCŬTĔRE 'sacudir', 'arrancar', 'deshacerse de algo sacudiéndolo'. 1.ª doc.:
1.ª ac., Nebr.; 2.ª ac., R. Cabrera († 1833).

Escoda, como nombre del instrumento para escodar, ya aparece en APal. (120*d*) y en Nebr., y
en catalán desde 1410 (Ag.); hay también port.
escoda (además, port. *escodo,* según *REW,* 2998) y
oc. mod. *escoudo* íd. *Escodaderos* para los lugares
donde los venados suelen *escodarse* figura ya en
Juan Mateos (1634). El cambio de conjugación
entre EXCŬTĔRE y *escodar* es de un tipo poco corriente, de suerte que esta etimología, sugerida
por Cabrera y luego por el *DGén.* (según M.-L.,
pero no hallo semejante palabra en este diccionario), debe mirarse como insegura. Sin embargo, la
reunión de estos dos significados en un solo vocablo se explicaría así fácilmente y habría varias
maneras de explicar el cambio de conjugación;
quizá partiendo del frecuente y antiguo *escoda-
dero,* que saldría fácilmente de *escodedero,* o

admitiendo que *escoda* sea postverbal de un antiguo *escodir,* y de *escoda* se sacaría posteriormente el verbo *escodar.* En cuanto al vocalismo
diferente que presentan los demás verbos romances procedentes de derivados de -CŬTĔRE (*acudir,
recudir, sacudir*), no tiene por qué detenernos,
ya que se debe a la *i* siguiente, que en nuestro
caso no operaba. *Escodre* 'trillar', 'librar', 'robar'
es verbo conocido en la antigua lengua de Oc,
y *escudir* 'recoger el fruto (de los árboles)' se
halla en doc. castellano de 1310 (M. P., *Rom.*
XXIX, 350-1). Diez había propuesto derivar *escodar,* en la primera ac., de *codo,* en el sentido
de 'saliente en forma de codo', de suerte que
escodar sería en realidad cortar los retoños y salientes de la madera, pero el hecho es que *escodar* ha sido siempre término de cantero y no de
leñador, y entonces la forma catalana debiera ser
castellanismo (comp. cat. *colze* 'codo'), cuando se
documenta desde antes que en castellano. Antoine
Thomas (*Rom.* XLI, 453) hace notar que el vocablo *scota* que figura en Du C., como perteneciente al bajo latín, es inseguro y de fecha incierta, de suerte que sólo puede mirarse como
reflejo de las formas romances[1]; hay en efecto
un navarro *escota* (Acad.), cuya -*t*- está de acuerdo con la fonética del dialecto; en cuanto a la
etimología, piensa Thomas en un derivado del
lat. CŬTIS 'piel', opinando que *escodarse* es 'quitarse los pellejos', pero esto es muy inverosímil
cuando no hay descendientes populares de este
vocablo latino en los romances de Francia ni de
la Península. El parecido del duplicado cat. *escoda ~ escodra* (así en Mallorca: Ag.) con el latino
SCŬTA ~ SCŬTRA[2] 'plato, escudilla' es realmente
llamativo, pero el significado se opone a relacionar los dos vocablos, y el mall. *escodra* se deberá
seguramente a un influjo tardío de la pronunciación vulgar *escodra* = *esquadra.* Semánticamente
no está tan alejado el helenismo lat. SCŬTŬLA 'rodillo para transportar pesos', pero de todos modos habría graves dificultades fonéticas y semánticas en partir de ahí.

[1] Verdad es que parece ser antiguo en tierras
célticas, pues *scotta* 'hierro de dos puntas' aparece en una hagiografía merovingia (*Vita Aus-
tregisili,* ASS 20 de mayo, cita de Holder II,
1406), de suerte que tal vez no ande extraviado
J. Loth, *RCelt.* XLI, 56, al identificarle un nombre de persona *Scota* que aparece en un grafito
de la Graufesenque (Aveyron, S. I d. C.) y creerlo de origen céltico.— [2] El diminutivo SCUTELLA
tiene ū en romance (*escudilla*), pero es debido
al influjo de SCŪTUM, vid. Ernout-M.

Escodar, arag., 'desrabotar', V. *cola*   *Escofia,
escofiado, escofiar, escofieta,* V. *cofia*

ESCOFINA, 'especie de lima grande para desbastar', del lat. vg. *SCOFFĪNA, forma dialectal itá-

lica del lat. SCOBĪNA íd. *1.ª doc.*: J. Ruiz, 925*b*.

También en inventario aragonés de 1365, *BRAE* IV, 343, en el *Canc.* de Baena (W. Schmid), en Nebr. («*escofina para limar madera:* scobina»). En San Isidoro (*Etym.* XIX, xix, 15: «*scobina,* dicta quod haerendo scobem facit»), muchos mss. traen la variante *scofina* (*BCTK*)[1]. *Scobina* deriva en latín de *scobis* 'limaduras', y éste pertenece a la raíz de *scabĕre* 'rascar', que tenía *-bh-* en su original indoeuropeo; luego *scofina* sería la forma regular en osco-umbro. Así el it. *scoffina* y el frprov. *esofena, fufena,* como la forma castellana, suponen fonéticamente una base *SCOFFINA, que puede explicarse como latinización de dicha forma dialectal, a causa de la ausencia de palabras con *-F-* sencilla intervocálica en el fondo primitivo del latín. Llama la atención la conservación de una *-f-* en castellano: es probable que *escofina* sea asimismo término técnico de origen dialectal en nuestro idioma; procedente de otro romance no puede serlo, pues no hay italianismos tan tempranos y el vocablo tiene forma muy diferente en francés (*écoine*) y no existe en lengua de Oc, catalán ni portugués. La variante *escobina* 'serrín que hace la barrena', 'limadura de metal' [Acad. ya 1843] ha de ser latinismo.

DERIV. *Escofinar.*

[1] Lindsay en su ed. prefiere *scobina,* seguramente porque la forma *scobem* siguiente es indicio de que el autor empleara la forma con *-b-*. Sin embargo, existe también la lección *scofem* (así en Aldrete, *Origen,* 48r°1).

Escofión, V. *cofia   Escogedor, escoger, escogida, escogido, escogiente, escogimiento,* V. *coger   Escolanía, escolano, escolar,* adj., V. *escuela   Escolar* v., V. *colar   Escolaridad, escolariego, escolarino, escolástica, escolasticismo, escolástico,* V. *escuela*

ESCÓLEX, 'abultamiento a modo de cabeza, que en uno de sus extremos presenta la solitaria', tomado del gr. σκώληξ, -ηκος 'gusano', 'lombriz'. *1.ª doc.*: Acad. después de 1899.

Se olvidó el acento en la última ed. de la Acad., en el artículo correspondiente, pero figura en forma correcta s. v. *tenia.*

Escoliador, escoliar, escoliasta, V. *escolio*

ESCOLIMOSO, 'áspero, intratable, descontentadizo', derivado culto del lat. *scŏlўmos,* gr. σκόλυμος 'especie de cardo', propiamente 'espinoso como un cardo'. *1.ª doc.*: Covarr.[1].

Indica ya la etimología este autor, el cual define «el hombre áspero, intratable y de mal contento» (de ahí pasó a Oudin, 1616). *Aut.* da ej. Tirso (comedias: 1613-35). Hoy la deformación *esculumioso* 'escolimoso, reparado', es usual en Cespedosa (*RFE* XV, 139), y *esquilimoso* 'me-

lindroso, que hace ascos de todo', está registrado desde Terr. y Acad. 1843. Otro derivado que se formó es *escolimado,* que Oudin (1607) define «desdaigneux» y figura en el *Alfarache* de Martí (1602)[2]; Acad. ya 1843; de ahí el trasm. *escuimado* «escolhido, escrupuloso, principalmente no asseio da comida e na eleição da noiva» (*RL* V, 49)[3]. La buena etimología fué confirmada por Schuchardt (*ZRPh.* XXXIX, 721-2) y Ronjat (*RLR* LIX, 129), haciendo notar el aspecto muy espinoso del escólimo[4]; vid. también *REW* 7732.

DERIV. *Escolimado.* V. arriba.

[1] Cf. vco. alavés *kusumoso* «ascoroso» (de donde se extrajo quizá *kusma* 'asco', ambos en Landucci), *kusman agin* 'atragantarse' vizcaíno (Guernica), etc.— [2] «La secta de los tomistas es la más autorizada en estos tiempos, y la que universalmente siguen los más *escolimados*», ed. Rivad., p. 429.— [3] Los diccionarios portugueses registran un *escoimar* y *escoimado* (ya en el S. XVI), pero relacionándolo etimológica y semánticamente con *coima* CALUMNIA, quizá con razón; pero sin negar que ello haya contribuído, dudo que haya mucho de esto, en vista no sólo del trasmontano sino también del gallego *esgumiado* «escolimado, desmirriado, flaco» (Vall.), que en efecto fué empleado por Castelao: el enfermito que sobrevive una larga enfermedad sale «chuchado, *esgumiado,* decrebado» (218.8).— [4] Otra complicada etimología de Spitzer fué luego retirada por el propio autor (*ZRPh.* XL, 128).

Escolio, V. *escuela*

ESCOLIOSIS, 'desviación del raquis', derivado culto del gr. σκολιός 'oblicuo', 'torcido'. *1.ª doc.*: Acad. después de 1899.

ESCOLOPENDRA, tomado del lat. *scolopendra,* y éste del gr. σκολόπενδρα 'cientopiés'. *1.ª doc.*: 1555, Laguna, como nombre de un pez y de una planta; 'cientopiés', *Aut.*

ESCOLTA, 'fuerza militar destinada a resguardar o conducir a alguien o algo, o a acompañarlo en señal de reverencia', del it. *scòrta* 'acompañamiento', 'escolta', derivado de *scòrgere* (participio *scòrto*) 'divisar, observar', 'guiar', que procede del lat. vg. *EXCORRĬGĔRE* 'enderezar', 'rectificar el camino', derivado de CORRIGERE íd. (vid. *ESCURRIR*). *1.ª doc.*: h. 1530 (en dos relaciones referentes a la Batalla de Pavía [1525], poco posteriores al suceso), y frecuente en la 2.ª mitad del S. XVI (Terlingen, 185-6).

Al tomarlo del italiano los soldados españoles confundieron el vocablo con el it. *scolta* 'escucha', 'centinela', de donde la *-l-* de la forma española; esta confusión se refleja todavía en el artículo que Covarr. dedica al vocablo. B. de Mendoza (1595) emplea una variante *ascolta* (*DHist.*).

DERIV. *Escoltar* [*Aut.*; su existencia se deduce de la del derivado español *escoltazón*, ya documentado en 1544], del it. *scortare* íd.

Escolumbrar, V. *columbrar*   *Escollecho*, V. *coger*

ESCOLLO, tomado del it. *scoglio* íd., procedente del dialecto de la Liguria; el genov. *schêuggio*, oc. *escuelh* (> fr. *écueil*) y el cat. *escull* proceden de un lat. vg. *SCŎCLU, variante inexplicada del lat. SCŎPŬLUS 'peña', 'peñasco', 'escollo'. *1.ª doc.*: 1607, Oudin; íd. Góngora (ed. Foulché I, 288).

Se halla también, algo más tarde, en Quevedo, María de Zayas, *Novelas amor. y ejemp.*, ed. Amezua, p. 379 y en Ovalle, y de Oudin pasó a Minsheu (1623), pero falta en APal., Nebr., PAlc., Covarr., en el léxico de la *Celestina* y del *Quijote* y en otras fuentes medievales y clásicas. Góngora emplea el vocablo muchísimas veces, después de 1607 (*Polifemo*, *Soledades*, etc.), hasta el punto de que se convirtió en vocablo característico del estilo gongorino (vid. Alemany): esto indica palabra ajena al uso vulgar, italianismo reciente, apoyado en el lat. SCOPULUS; todavía en 1570 C. de las Casas no conoce al it. *scoglio* otro equivalente castellano que *peñasco*. También en portugués es palabra muy tardía: se lee en la *Malaca Conquistada* de Sá de Meneses (1634), en la *Eneida* de Franco Barreto (1664) y en Filinto († 1819), V. los dicc. de Moraes y Vieira; falta todavía en Bento Pereira (1647); ya lo registran los tratadistas del S. XVIII, Madureira (h. 1720 ó 30), Lima (1736) y Montecarmelo (1767), pero el más antiguo declara que es voz castellana[1]. La ausencia de nuestra palabra en la toponimia castellana y portuguesa, así como en los dialectos[2], y su frecuente uso figurado y el tratamiento fonético[3], son otros tantos indicios de su procedencia forastera; indudablemente los vocablos antiguos y populares fueron en castellano *arrecife*, *peñasco* y los préstamos *laja* y *farallón*. Otra cuestión es la del cat. *escull* (documentado desde princ. del S. XIV, en Muntaner, cap. 165; en el *Spill* de Jaume Roig, v. 12758, etc.), y hoy frecuente en la toponimia, por lo menos en las Baleares, y con pronunciación dialectal regular[4]: el tratamiento normal de la ŏ ante palatal muestra evolución autóctona. Lo mismo cabe decir del oc. ant. *escuelh* (documentado en el provenzal Raimon Feraut, princ. S. XIV), y si el fr. *écueil* deberá mirarse probablemente como occitanismo, no es por su fonética sino por su fecha moderna (un caso aislado de *escueil* en el S. XIV, pero todavía en el XVI empleó un autor la forma italianizante *escoigle*, prueba de que no era vocablo usual en el idioma).

El it. *scoglio* se halla desde princ. S. XIV (Fr. da Barberino, † 1348; Dante), pero su pala-

tal *gli* indica forzosamente procedencia lígur tanto si partimos de SCOPULUS como de *SCŎCLU. En cuanto al genov. *scheûggio* (= *skŏ̈gŏ*), oc. *escuelh* y cat. *escull*, sólo pueden explicarse fonéticamente a base de *SCŎCLU[5], pues, como observa Parodi (*AGI* XVI, 339), las variedades lígures, como la de Bussana, que distinguen entre -P'L- y -C'L- (o -LĮ-) tienen *scöju*, forma que corresponde a este último grupo y no al primero; debe rechazarse, por lo tanto, la opinión de M-L. (*ZRPh.* XX, 137), luego defendida por Vidos (*Parole Marin.*, 364-9)[6], de que la forma lígur procedía de SCOPULUS, gracias a la confusión que en el moderno (pero no en el antiguo) dialecto de Génova se ha producido entre -P'L- y -C'L-, y que desde Génova se propagó el vocablo a los demás romances, gracias a un maravilloso sentimiento de la correspondencia fonética en el vocalismo; este punto de partida sólo sería admisible para algunas formas italianas. La razón de la deformación de SCOPULUS en *SCOCLU es oscura, pero se relaciona evidentemente con el carácter advenedizo de la voz SCOPULUS en latín (< gr. σχόπελος), carácter que pudo dar lugar a toda clase de deformaciones (p. ej. SCOPELLUS < σχόπελος, de donde formas sicilianas y dalmáticas, vid. *Rom.* l. c. y LVIII, 258-60), sea por dilación de la c precedente, sea por asimilación al caso de MANUPULUS > MANUCLU[7], o sea por influjo de algún vocablo desconocido[8].

DERIV. *Escollar*. *Escollera* [Acad. ya 1843].

[1] A pesar de ello, se inclina Cornu, *GGr.* I², §§ 22, 137, a creerlo autóctono, con el mismo tratamiento que TRIBULUM > *trilho*. Esto parece resueltamente inaceptable, pues -P'L- no es -B'L-, y se hace notar la ausencia de *escolho* en numerosos glosarios portugueses de la Edad Media y del S. XVI, que he consultado. Lo que aparece con este sentido en autores medievales es *lagem* (vid. Cortesão y mi artículo sobre *LAJA*) y *penedo* (así en Azurara, 2.ª mitad del S. XV, vid. Jal), y éstas, junto con *rochedo*, *arrecife* y *penhasco*, son en efecto las expresiones castizas en portugués. Nótese también el uso preferentemente figurado de *escolho* (Fig., Filinto). La irregularidad de pronunciación, *escólhos* junto al singular *escôlho*, que llama la atención a Cornu, se explicará de la misma manera.— [2] Como he dicho s. v. *ESCOBIO*, no es creíble que este vocablo tenga que ver con SCOPULUS.— [3] El caso de *trillo* y *enjullo* debe mantenerse aparte pues que ahí se trata de -B'L-: comp. *doble*<DUPLUS. Como resultado de *SCŎCLU habríamos tenido *escojo* en Castilla y *escueyo (o *escuejo) en asturiano-leonés.— [4] S'Escuíd(a)urat es, p. ej., uno de los islotes que rodean a Ibiza (*BDLC* XII, 52).— [5] La afirmación, que viene repitiéndose desde Montoliu, de que en catalán -P'L- puede dar -ll- sólo se apoya en el caso de *escull*; los demás que se citan (*dollar*,

colla) se basan en etimologías falsas, y *poll* supone un dimisilado *PŌC'LU (comp. ribag. *coplle* *CŌPULU). El resultado bien conocido de -P'L- en catalán es -*bl*-: *doble, cobla, poble, reble, rublir*, etc. Una forma cat. *escoll*, citada por M-L., no existe.— [6] El propio M-L. abandonó esta opinión en *REW*³, 7738. Bertoni, *AGI* XXIV, 333-4, rechaza pertinentemente la de Vidos. Véase también Skok, *Rom.* LVII, 465-78, 610; en cuanto al origen veneciano, defendido por éste, no es posible por las razones que indica Vidos. Con el caso del venec. *scogio* comp., sin embargo, el venec. (*soto*)*scagio*, istr. *scaio* 'sobaco', que bien parece venir de SCAPULA 'hombro, espalda' (*RF* XIV, 439).— [7] Comp. STUPULA > STUC'LU > *estoulh* en ciertos dialectos gascones (*Vocab. Aran.*, p. 11), donde tampoco cabe hablar de un «cambio de sufijo».— [8] No de SPECULA 'atalaya', como quería d'Ovidio, pues sólo en el lenguaje poético podía llegar a significar 'montaña'.

Escomar, V. *cuelmo*

ESCOMBRAR 'desembarazar de escombros y estorbos', de un lat. vg. *EXCOMBORARE 'sacar estorbos', derivado del celta CŎMBŎROS 'amontonamiento', 'obstáculo' (irl. *commar*, galés *cymmer*), compuesto de COM- 'juntamente' y BERO 'llevar' (= lat. *fero*). *1.ª doc.*: *Cid*.

Es ya frecuente desde muy antiguo, pues se halla también en Berceo ('abandonar', *S. Mill.*, 30), en J. Ruiz ('limpiar, despejar', 1296*d*), en una redacción de los Fueros de Aragón hecha h. 1400 (Tilander, p. 375), etc.[1]; no es creíble, por lo tanto, que en castellano sea galicismo, según admitió M-L.[2]; también el catalán (*escombrar* 'barrer', etc.) y la lengua de Oc (íd., y *encombrar*=fr. *encombrer*) conservan solamente el verbo derivado, de suerte que conviene atribuir *EXCOMBORARE al latín vulgar, y aun quizá ya al céltico, puesto que el prefijo EK(S)- no era menos vivo en este idioma, y con el mismo valor que en latín. Sólo el francés conservó *combres* 'obstáculos', descendiente directo de *COMBŎROS; para esta etimología vid. M-L., *ZRPh.* XIX, 275, comp. J. U. Hubschmied, *VRom.* III, 133-5, Bertoldi, ibíd. III, 229-36 (no parece acertada la etimología CUMERA que propone H. Sperber, *WS* VI, 33). Se empleó alguna vez en castellano la variante *descombrar* (*Aut.*).

DERIV. *Escombro* [Oudin]; *escombrera*. *Escombra*. *Escombrado* 'lugar desembarazado' [A. de Salaya, 3r. cuarto del S. XVI, *PMLA* LII, 54].

[1] Hoy es vocablo poco usado en castellano, pero todavía Juan de Valdés (*Diál. de la L.*, 73.15) decía que *escombrar* era casi lo mismo que el it. *sgombrare*, y en Quiñones de B. *escombrarse* es 'carraspear', 'aclararse la voz' (*NBAE* XVIII, p. 595). En judeoespañol es vivo: *escombrar el* corazón es 'inclinarlo (hacia algo)' en el *Seder p. Abot* (Salónica, 1893), *BRAE* II, 82; *escombrar* parece significar 'barrer' (como en catalán) o quizá 'limpiar' entre los sefardíes de Marruecos (*el día que no escombrí, vino el que no pensí*, refrán, *BRAE* XIV, 221).— [2] La falta de diptongación en el cast. *escombra, escombro*, puede explicarse por influjo de la *m*, como en *conde, hombre*, etc.

ESCOMBRO, 'caballa', tomado del lat. *scŏmber, -ri*, y éste del gr. σκόμβρος íd. *1.ª doc.*: h. 1575, A. de Morales.

Es cultismo, comp. en Morales «la falta de los atunes se suplía acá [España romana] con los *escombros*, que n o s o t r o s llamamos haleches».

Escomearse, V. *mear*   *Escomendrijo*, V. *medrar*   *Escomenzar*, V. *comenzar*   *Escomerse*, V. *comer*   *Escomesa*, V. *meter*

ESCONCE, 'ángulo entrante o saliente', 'rincón', tomado del fr. ant. *escoinz, nominativo del fr. ant. *escoinçon* íd. (hoy *écoinçon*), derivado de *coin* 'rincón', procedente del lat. CŬNĔUS 'cuña'. *1.ª doc.*: 1543, F. de Ocampo.

Los primeros lexicógrafos que recogieron el vocablo parecen ser los autores de *Aut.*; citaron el pasaje de Ocampo «esta ribera va casi toda seguida y derecha sin que la mar haga por ella notables entradas... si no son dos *esconces* dissimulados, que le va ganando la mar sin casi sentirse», y el de Quevedo «Tuve dos mozos de silla, / por noticias y avizores / de la entrada de las casas, / puertas, ventanas y *esconces*»¹, y definieron «esquinazo, rincón, punta que hace alguna sala en alguno de los ángulos; lo que también se dice de otra o cualquiera obra o parage que hace esquinazo», agregando el adjetivo *esconzado* «lo que pertenece a *esconce*: como aposento *esconzado*, pieza *esconzada*»; el verbo *esconzar* «hacer a *esconce* una habitación u otra cosa cualquiera» está registrado por la Acad. sólo después de 1899. Lz. de Arenas (1633) emplea repetidamente *yzgonce* e *yzgonçado* (cap. 8, p. 10, etc.), que Mariátegui en su glosario define, respectivamente, «lo que le falta o sobra a un ángulo para ser recto» y «se dice de una pieza cuyos ángulos no son todos rectos». Sin relación con *esconce* debe de estar *conza*, empleado por el mismo autor (cap. 18, p. 42, etc.) en el sentido de «plantilla que sirve para formar los racimos de mocárabes, y con la cual se rodean las medinas de éstos» (quizá venga del it. *conciare* 'arreglar').

En port. también tenemos *esconso*, que puede ser sustantivo «o ângulo ou quina resaltada irregular do edifício», pero que además es adjetivo en el sentido de 'rombal' o 'romboidal' (hablando de una sala), de donde figuradamente *esconso do cervello* 'el que no piensa bien, que no tiene buen juicio', con ej. de Diogo Bernardes (nacido junto a la frontera gallega, † 1605) (Moraes); *o esconso d'al-*

guma coisa 'su irregularidad' (Vieira), *esconso* 'rincón, escondrijo', 'lugar oculto', *de esconso* 'de soslayo' (Fig.).

Me parece bien claro que el uso adjetivo, sólo portugués, es debido a una evolución secundaria y que se trata evidentemente de un término del lenguaje artesano, perteneciente al vocabulario de la construcción, y de procedencia francesa: la identidad semántica con el fr. ant. *escoinçon* es perfecta, pues God. define «*coin*, angle coupé, pierre ou bois posé dans un mur et saillant dans l'intérieur, pour porter une poutre ou quelque autre chose», y da ejs. muy abundantes desde 1334, comp. la ac. especial del ast. *esconciu* «pedazo con que las piedras de las jambas de las puertas y ventanas se sujetan a las paredes» (Rato); santand. *esgonce* o *esconce* 'gozne, articulación' (?, G. Lomas).

Ya Spitzer, *ZRPh.* XXXIX, 496-7, y Schuchardt, *ZRPh.* XLI, 256, relacionaron nuestro vocablo con *écoinçon*, pero la mala ordenación de las acs. en los diccionarios portugueses, y la confusión que Moraes hace con el sustantivo *esconsa*[2], les desviaron hasta admitir que el punto de partida era ABSCONSUS 'escondido'. La procedencia es tanto más segura cuanto que no puede dudarse de que existió un nominativo francés *escoinz, que aunque no figure en los textos se ha conservado en varias hablas francoprovenzales, borgoñonas y del Poitou: Châtellerault, Vaux, Versailleux, Clessé, Igé, Mâcon *écoin* «angle de bâtiment, de terrain», *terre en écoin* «formant une saillie angulaire», y en otros dialectos franceses, con ligera alteración, Alençon, Anjou, Bas-Manceau *décoin* «angle (surtout de rues)» (*FEW* II, 1536b); y que ha dejado huellas en el ingl. *asquint* 'al sesgo', ingl. antic. *askoyne* íd. (luego deformado en *askance* por influjo de otra palabra, vid. *NED* y Skeat), según indicó Weekley, citado por Spitzer; en el propio francés antiguo el sinónimo derivado *escoinceau* (1411) es prueba de la existencia de *escoinz[3]. Aunque Spitzer (*MLN LXXI*, 378) se adhiere por lo demás a mi interpretación, sugiere que, más que un nominativo antiguo *escoinz, sea un derivado retrógrado de *escoinçon*. Tiene razón probablemente pues si bien no deja de haber algún caso de tales nominativos en nombres de cosas (*grip* ⁓ *gripon*, nombre de barco, si bien el sentido primitivo es 'grifo, ave fantástica') y aun es posible que en otros como *bony* junto a *bugnon* se trate primitivamente de nominativos (*génerace*, junto a *génération* y análogos, no cuentan, por ser cultismos), el caso es que casi todos los casos de declinación imparisilábica en -*on* son de nombres de seres animados (y p. ej. UNIO sólo dejó huellas de su nominativo en anglosajón, no en romance). *Esconce* no viene de un *EXCOMPTIARE derivado de COMPTUS 'compuesto', como dice *GdDD* 2525. Comp. cast. GOZNE[4].

DERIV. *Esconzar, esconzado*, V. arriba; de aquí,

con metátesis, *escoznar*, que registra G. de Segovia en 1475; p. 55; comp. también el arag. *escuezno* 'pierna de nuez', que es algo metido en un verdadero *esconce; nuez escoznada* 'sacada de su cáscara' (S. XIII, *Libro de los Cavallos*, 36.19)[5]. *Esgonzar*, según G. Lomas, se aplicaría en Santander a la distensión violenta de las coyunturas.

[1] Pagés agrega otro ejemplo, de Bernardo de Balbuena.— [2] Se trata de una especie de lenguaje esotérico o convencional empleado por los monjes de ciertas órdenes, según Viterbo, que ni siquiera nos da ejs. portugueses ni manifiesta categóricamente que sea vocablo del portugués y no del bajo latín internacional. El sentido y el ambiente del vocablo es tan radicalmente distinto que no creo que este evidente cultismo, procedente de ABSCONSUS, haya tenido nada que ver con el port. *esconso* 'sesgo', 'rincón', a no ser en la mente de algunos lexicógrafos.— [3] La formación del diminutivo *écoinçon* es paralela a la de tantos como *escuçon, enfançon, tronçon, poinçon, parçon, Brabançon* (junto a *escu, enfant, tronc, pointe, part, Brabant*), tanto más fácil cuanto que el nominativo de *coin* era *coinz* con -*z* en francés antiguo. El prefijo *es*- quizá supone un verbo, pero comp. cat. *escurçó* 'víbora, culebra corta' junto a *curt* 'corto'. Partiendo de *écoinçon*, se formó después *coincer* (cuya *c* no es analógica de palabras en -*z*, como supone *FEW* II, 1533a) y los dialectales *égoincher, écoincie*, etc. (ibid., 1536b).— [4] No veo claro en qué forma puede tener que ver con *esconce* y su derivado *esconzado, esconzar*, el antiguo verbo del aragonés aljamiado *eškonçar* (presente *eškwença*) que Nykl señaló en el *Recontamiento de Alixandre*, 70, 74, 124vº y 98. Él define 'oponerse' en el primer ej., 'obtener' en el último y 'realizar, cumplir' en los otros dos; quizá la idea básica sea la de 'combatir', de donde 'oponerse' y por otra parte 'combatir por algo', de donde 'lograrlo', 'realizarlo, obtenerlo': «no á nenguno de los que m'*escuençe*(n), que no ponga Allah en sus corazones espanto», «[Alejandro] escribió a su maestro Arçatataliç [= Aristóteles] una carta que'l haçía a saber con lo que abia bisto, i lo que abia *esconçado*», y en la contestación de Aristóteles «ya me a llegado tus nuebas, i lo k'as *esconçado* de los espantos, i de las peleas i de los aferes fuertes i de las marabillas, i lo que t'a dado Allah del poder en la tierra», o en otra comunicación del conquistador: «ya bos a llegado lo k'an *esconçado* de mi los rreyes de toda la tierra, lo que m'an dado de los presentes i de pagar los espletes». Creo que en el último caso el sentido es más bien 'oponerse, combatir' (con régimen arabizante *de* en lugar de *a*) que lo que supone Nykl. Dudo mucho que éste se inspire bien al relacionarlo con el it. *sconciare* 'desordenar', 'echar a perder', lat. EX-COMPT-IARE (derivado de COMPTUS 'arreglado'), que M-L. (*ZRPh*. X, 172) había tomado como étimo de

esconce, sin verosimilitud semántica. Puesto que en catalán existe *acunçar* 'arreglar ingeniosamente', no sería imposible que algo de esto hubiera existido en aragonés, pero no me parece que esto nos pueda explicar el sentido de 'combatir por algo, lograrlo', y 'combatir, oponerse'. Todavía me parece más difícil, sin embargo, derivar este vocablo aragonés del cast. *esconce*, fr. *écoinçon*, a base de 'poner de sesgo, contrariar'. Lo más probable es que sean homónimos sin relación etimológica. Hoy en Venasque *escunsá-se* es 'encontrarse dos personas casualmente' (Ferraz). Sí irá, en cambio, con *esconce*, el mall. *en escunsa* 'oblicuamente' (*BDLC* IX, 315).— [5] Es imposible morfológicamente relacionar con el fr. *cosse* 'vaina de legumbre', como propone Sachs en el glosario de su edición.

Esconcio, V. *esconce*

ESCONDER, del antiguo *asconder* y éste del lat. ABSCONDĔRE íd., derivado de CONDĔRE 'colocar', 'guardar, encerrar, esconder'. *1.ª doc.*: *ascon-der*, Cid; *esconder*, J. Ruiz, 1073*b*, 1446*b* (pero *ascondido*, 1138*b*); APal. 2*d*, 89*d*, 235*d*; Nebr.

Cej. IX, § 178 En Berceo figura *esconder* (381*d*, 888*b*; *S. Mill.* 192, 240), junto a *asconder* (*Signos* 64, *Mil.* 348), pero aquella forma será modernización de los mss. del S. XIV o modernos, como lo es indudablemente en *S. Mill.* 69*d* (donde los mss. *ISR* traen *abscondida*). La forma con *a*- se halla también en *Fn. Gonz.* (ed. Rivad., 592); todavía en el Siglo de Oro es frecuente en el lenguaje vulgar (Lucas Fernández; *Quijote* II, xlvii, 78, y nota de Rz. Marín a la ed. *Cl. C.* III, 62; y aun, sin vulgarismo, en Tirso, *Burlador* II, 102) y sobrevive en Méjico (Cuervo, *Obr. Inéd.*, 171); más testimonios, *DHist.*, s. v. Comp. ACUSAR.

DERIV. *A escondidas* [«*escondidas de algo*, prep., *clam*», Nebr.]; *a escondidillas*. *Escondido* (como nombre de un baile popular argentino, vid. O. di Lullo, *Canc. de Santiago del E.*, 444; Draghi, *Canc. Cuyano*, pp. LXIII, 377). *Escondite* [Oudin «*el juego del escondite*, le jeu de clignemusette, qui se dit encor autrement, *el juego del esconder* ou *de quiquiriqui*»; Quevedo, en *Aut.*], derivado de formación singular, ajeno al portugués, quizá de una forma verbal *escondite* 'te he escondido' dirigida por el niño que juega a la cosa escondida, o más bien palabra debida a una mala inteligencia de oc. ant. *escondit* (*-ich*) 'excusa, justificación' (EXCONDICTUM), introducido como nombre de un género poético y entendido vulgarmente en Castilla como si significara 'ocultamiento'[1]. *Escondrijo* [*escondedijo*, S. XIII, *Bocados de Oro*; 1464, *Mingo Revulgo*; y otros ejs. en Cej., *Voc.*; *escondredijo*, APal., 256*d*; *escondridijo* íd., 469*b*; *escondedijo de ombres, de fieras*, Nebr.; *escondrija*, *Canc. de Baena*, p. 105; *jugar al escondrija* 1517, Torres Naharro, *Jacinta*, *Intr.* 71; *escondrijo*, 1570, C. de las

Casas; 1591, Percivale; forma que se generaliza desde princ. S. XVII, debida al cambio de *escondedijo* en *esconderijo* por disimilación y después *escondrijo*, como ya indicó Cuervo, *Ap.*, § 814, y *Obr. Inéd.*, p. 221; pero en Guatemala y el Ecuador ha quedado *escondijo* (Batres, Lemos), por haplología; comp. port. *esconderelo*, y el castellanismo *esconderijo*, dialectalmente *esconderilho;* caso paralelo es *hendrija*, y el ansotano *esconderero* 'escondrijo', *estenderero* 'cuerda para tender la ropa', *RLiR* XI, 223]. *Escondedero*. *Escondimiento* [APal., 67*d*]. El antiguo pretérito fuerte de *esconder* debió ser **ascuse* (lat. vg. ABSCŌNSĪ, it. *ascose*, oc. ant. *escos*), y el participio fué primero **ascoso* y luego *ascuso* por analogía del pretérito (*escoso* 'escondido' *Calila*, *RFE* XL, 118; «en un lugar *es-cuso*», *Ctgs.* 102.54)[2] de donde el antiguo adverbio *ascuso* 'secretamente, a escondidas, en la intimidad' (J. Ruiz, 472*cG*; *Alex.*, 1017) o *a escuso* (*Apol.*, 369*a*; *Alex.*, 2216; *Buenos Prov.*, 10.19; *1.ª Crón. Gral.*, 186*b*35; *Gral. Est.*, 297*b*45; *Fueros de Aragón*, h. 1300, § 160.2; *Conq. de Ultr.*, 278, 290) o *en ascuso* (*Alex.* 951*a*; *Fuero Juzgo*, p. 10) o simplemente *escuso* (*Leyenda de D. J. de Montemayor*, 8.20, h. 1470; pero la versión modernizada de 1504-16 reemplaza por *secreto*, mostrándonos así que aquél ya se había anticuado)[3], gall. ant. *a escuso* (*Gral. Est.* gall. 131.24 y *Ctgs.* 214.47, donde también tenemos *a escusa* 305.53); en textos tardíos se halla también *a escusa* en el mismo sentido [1599-1601, Ribadeneira en *Aut.*, s. v. *excusa*] o *a escusas* (APal., 101*b*; B. del Alcázar, ed. Rz. Marín, 71). De ahí se derivó un verbo *escusar* 'esconder, guardar' (comp. s. v. ACUSAR), confundido vulgarmente con *excusar*, pero reconocible todavía por su significado en la locución *a escusado* 'furtivamente' (D. Hurtado de Mendoza, ed. Knapp, p. 238), en *ropa escusada* 'la que no sirve y está guardada y de repuesto' (con ej. de Calderón en *Aut.*), *cuarto escusado* 'cuarto separado de los demás y destinado para guardar trastos y otras baratijas' [*Aut.*]*;* *escusador* o *escusón* 'avaro' (< 'el que guarda') en el altoaragonés de Echo y Loarre (*RLiR* XI, 209, 221); *escusero* 'traicionero' S. XV, Gillet, *HispR.* XXVI, 276-7; *escusera* 'la amante furtiva' (aplicado a las religiosas, en J. Ruiz, 1505*d*)[5], en valenciano antiguo «la muger pecadora que da mal exemplo sosteniendo amores con algunos» (con cita de un pregón de 1560), «puta» (en 1480), según Sanelo; *escusano* 'encubierto, escondido', aplicado a los centinelas ocultos (en A. de Cartagena, † 1456, *Aut.*, s. v. *excusano;* comp. Cabrera); *escusaña* en el mismo sentido y *a escusañas* 'a escondidas' [Acad. ya 1843, s. v. *exc-*]. *Recóndito* [Lope de Vega (D. Alonso, *La Leng. Poét. de Góngora*)], del lat. *reconditus*, otro derivado de *condĕre*.

CPT. *Escondecucas* arag. 'escondite'. *Excusabaraja* [*escusabarajas* en la *Pícara Justina*, 1605; Covarr., 1611][6].

¹ La forma salm. *escondiche* (Lamano) no resuelve la cuestión, ya que puede venir de oc. *escondich* o bien contener la forma gallega *che = te*.— ² Del participio, empleado a modo de adjetivo sustantivado, parece venir *paños de escusa* 'ropa de dormir' (< 'ropas íntimas'), citado por Aguado de la *1.ª Crón. Gral.*, 131a30. Comp. «camones y limas... tienen sus centros algo *escusos*» en Lz. de Arenas (1633), cap. 21, p. 60.— ³ Más ejs. en Cej., *Voc.*, y en el *DHist.*, s. v. *ascuso*.— ⁴ Hoy *escusado* 'retrete, cuarto para evacuar el vientre', que suele escribirse *excusado* y entenderse como expresión elíptica en vez de 'el que es excusado mencionar por su nombre', pero el caso de *retrete*, que en su origen significaba asimismo 'cuarto retirado', nos prueba su identidad con el *escusado* de *Aut.*, procedente de ABSCONSUS. No me parece que Cej. tenga razón al entender el *escusarse* de J. Ruiz, 519, como 'ocultarse'; aquí me parece ser 'rehuir (al amante), disculpársele'.— ⁵ Cej. cree es 'la que se excusa o rehusa', leyendo *e son muy escuseras* con el ms. *T*, pero es preferible la lección de *S* y *G* «son las religiosas / para rogar a Dios con obras piadosas; / que para amor del mundo son peligrosas, / e son las *escuseras* perezosas, mintrosas», es decir, que las monjas con amante son además perezosas y mentirosas.— ⁶ Compuesto de *escusar* 'guardar, esconder' y *baraja* en el sentido de 'cosa revuelta, mezclada'. La *excusabaraja* es una cesta de mimbres de gran tamaño, tapada, y para llevar cosas de uso común; es, pues, el equivalente de 'esconde-revoltijo'. Nótese la definición de Rato (p. 47): «cesto de mimbres de forma de cofre p a r a   g u a r d a r   r o p a», y además «baraja, barullo», por la confusión que reina dentro de la *excusabaraja;* y recuérdese el pasaje de *La Pícara:* «hazía un guisadillo, atendiendo siempre a dos cosas: la una, que llevasse poco coste, y lo otro que no fuesse muy sabroso; aquí anegava todas sus faltas, y solía dezir: —Mirad, hijas: una caçuela es *escusabarajas*, porque como allí s e m e t e   t o d o   c o n f u s o, huesso y pulpa, viene a tener verdad el refrán viejo que *A rio buelto, ganancia de pescadores*» (I, 109). Para las varias acs. actuales, en Cuba, Salamanca y Mérida, vid. A. Zamora V., *RFE* XXVI, 316-7. Además, por semejanza de forma designó un signo heráldico formado por una V con una barra atravesada (Pinel, 1677), y designa una boya con argollón, en la cual se anclan las embarcaciones. Hoy la Acad. interpreta erróneamente como derivado de *excusar*, escribiéndolo con *x* (como casi todos los descendientes de ABSCONSUS), y las interpretaciones empezaron desde antiguo: Covarr., afirmando que se le podía poner un candado, dice que se le llamaba así porque excusaba barajas o peleas sobre si se había o no sustraído algo, y esta interpretación ya era antigua si es cierta la anécdota heráldica que cuenta el Mtro. Correas (vid. La-

mano). Se hubiera podido pensar en ABSCONSA *VARALIA, a base de la etimología que propuso M. P. para *BARAJA*, con VARALIA 'de mimbres' y con ABSCONSA participio, y no *escusa* imperativo; pero entonces, una de dos: o ABSCONSA funciona como adjetivo, y en este caso el orden adjetivo + sustantivo sería extraño; o bien *VARALIA es el neutro plural del adjetivo VARALIS 'mimbreño' y ABSCONSA 'cosas guardadas', pero lo que es de mimbre no son las cosas guardadas, sino su envoltorio. Luego hay que abandonar la idea.

Esconjurar, esconjuro, V. *juro*   *Escontra, escontrar*, V. *contra*   *Escontroz*, V. *trozo*   *Esconyuela*, V. *concha*   *Esconzado, esconzar*, V. *esconce*   *Escopecina*, V. *escupir*

ESCOPETA, del it. antic. *scoppietta* o *scoppietto* íd., hoy *schioppetto*, diminutivo de *schioppo* íd., propiamente 'explosión, estadillo' (de donde el moderno *scoppiare* 'estallar'), procedente del lat. tardío STLOPPUS 'estallido que se produce con un dedo dentro de la boca', de origen onomatopéyico. *1.ª doc.:* 1517, Torres Naharro, *Soldadesca* II, 140; se habla ya de *escopeteros* en Castilla con referencia a 1480 (Gillet, *Propaladia* III, 463-4).

Terlingen, 206-7, cita ejs. sólo desde el inventario del Colegio de San Ildefonso, a. 1526. Los hay frecuentes desde el 3r. cuarto del S. XVI. Dice Cuervo, *Obr. Inéd.*, 410n., que en el reinado de los Reyes Católicos y poco después se mencionan las *espingardas* y *escopetas*, pero como menciona globalmente a Pulgar (h. 1490), Bernáldez (íd.), Ayora y Fz. de Oviedo (1535) no sabemos si las primeras de estas menciones se refieren a la escopeta o a la espingarda. En italiano se halla *scoppietta* en Leonardo da Vinci († 1519), *scoppietto* desde Maquiavelo (1520) y *schioppetto* desde Guicciardini (1509). Hoy lo más usual es el primitivo *schioppo*. En latín Persio empleó STLOPPUS en el sentido mencionado, y en glosas y textos merovingios se halla SCLOPPUS, que es alteración fonética regular del anterior (Diez, *Wb.*, 398; Ernout-M., s. v.) y ha dado multitud de descendientes romances (*REW*, 8270).

DERIV. *Escopetazo* [h. 1530, Terl.]. *Escopetear; escopeteo*. *Escopetero* [1480; para una ac. peyorativa secundaria, vid. Gillet, *l. c.*]; *escopetería* [1525, ibíd.]. *Escopetilla*. *Escopetón*.

Escopetar 'cavar tierra en las minas', V. *escoba*

ESCOPLO, del antiguo *escopro*, y éste del lat. SCALPRUM 'escoplo', 'buril', 'podadera', 'escalpelo', derivado de SCALPĔRE 'rascar', 'grabar, esculpir'. *1.ª doc.:* *escopro, Alex. P*, 1015c¹; *escoplo*, J. Ruiz, 1280b (como herramienta para injertar la vid).

En el glosario de Toledo y en el Fuero de Usagre aparece también *escopro; escoplo* ya en APal. (441b, como instrumento de escultor), y en Nebr.

(«scalprum ferreum»). La *l* es ultracorrección de la tendencia leonesa a cambiar el grupo *pl* en *pr*, no ajena al castellano vulgar, comp. *PLÁTICA* (menos probable es que interviniera la dilación consonántica antes de vocalizarse la L, como en el cat. dial. *escaple*, *escarpe*[2], etc., vid. *ESCARPIA*).

DERIV. *Escoplear* [Nebr.]; *escopleadura* o *escopladura*. Cultismo es *escalpelo* 'instrumento quirúrgico' [Terr.], también *escarpelo*, tomado del lat. *scalpellum* íd., diminutivo de *scalprum*; *escarpelar* 'abrir con el escalpelo'.

[1] El otro ms. trae una lección corrompida. La *r* está confirmada por la rima con *otro*, *logro*, *ombro*. Se trata del arma de un caballero.— [2] De una de estas formas catalanas se tomó *escalpo* 'cuchilla de curtidor' (como antiguo en Acad. 1843, nota que después se le ha borrado), de la otra viene *escarpar* 'raspar labores de escultura o talla' [Cabrera, † 1833; Acad. ya 1843; no procede directamente de SCALPERE como quería el primero].

ESCOPO, antic., 'objetivo, blanco a que uno tiende', tomado del lat. *scopus* y éste del gr. σκοπός íd., derivado de σκέπτεσθαι 'mirar'. *1.ª doc.*: h. 1600, Sigüenza.

Cultismo sólo usado por algunos autores de la Edad de Oro.

Escopro, V. *escoplo*

ESCORA, tomado del fr. ant. *escore* 'madero con que se apuntala una embarcación' (hoy *accore*), de origen germánico: neerl. *schoor*[1], fris. orient. *schôr* o *schore*, ingl. med. *schore* (hoy *shoar*) íd., probablemente del primero. *1.ª doc.*: 1587, G. de Palacio, *Instr.*, fº 91rº.

El port. *escora* 'puntal para una embarcación' se halla ya en 1508 (Jal, s. v. *varar* 2)[2]; el fr. *escore* ya en el S. XIV (según Vidos, *Parole Marin.*, p. 170). *Aut.* recoge sólo el verbo *escorar* «afirmar y assegurar qualquiera cosa en los navíos, para que no se caiga o ruede con los movimientos de él», con cita del Vocabulario Marítimo de Sevilla (1696), que también aparece en el glosario de G. de Palacio, s. v. De la idea de 'apuntalar el navío en seco de modo que quede inclinado, durante su construcción o reparación', vino la ac. intransitiva 'inclinarse el navío por cualquier causa (el viento, la carga, el agua que penetra en él)'. Saliendo del uso náutico, *escora* ha llegado a ser sinónimo de 'puntal' en general, en Galicia (Alvz. Giménez), 'pie-de-amigo, poste' (de donde *escorar* 'apuntalar una casa o techo cuando amenazan ruina', Sarm. *CaG.* 117r y cf. p. 112), *escorar* de 'apuntalar' en Cuba, León y Galicia (*BRAE* XIV, 117), y en Cuba y Honduras *escorarse* es 'arrimar el cuerpo a un paraje que lo resguarde'; en cuanto a *escora* 'línea del fuerte' debe de explicarse por ser ésta la línea alrededor de la cual se colocan las escoras en el astillero, y *escorar* 'llegar la marea a su nivel más bajo' puede comprenderse a base de la inclinación de borda del buque escorado, pero debe tenerse en cuenta la existencia de un homónimo, también de origen germánico, fr. *accore* (*escore*) 'ribera escarpada', 'cortado a pique', neerl. *schore*, ingl. med. *schore* (hoy *shore*). Vid. Baist, *ZDWF* IV, 258 (*REW* 7710a, 7711a y b).

[1] El grupo neerlandés *sch* suena como sonaría en castellano *sj*.— [2] También en Castanheda (1552), según Zaccaria, aunque dudo de la ac. 'cable de un mástil' que le supone este autor.

ESCORBUTO, del fr. *scorbut*, de origen germánico, emparentado con el neerl. *scheurbuik*, alem. *scharbock*, ingl. *scurvy* y otras formas germánicas, probablemente tomado de una antigua forma neerl. **schorbut* (hoy *schurft*), que designaba propiamente la tiña y otras enfermedades cutáneas análogas, y se aplicó a los escorbúticos por su estado físico lamentable (comp. el cast. *tiñoso* 'miserable, ruin'); las citadas formas germánicas parecen ser adaptaciones o alteraciones de la antigua denominación neerlandesa, creada por los navegantes holandeses de Groenlandia. *1.ª doc.*: Terr.

Kluge-Götze, s. v. *scharbock*; Skeat, s. v. *scurvy* y *scorbutic*; Sainéan, *Sources Indig.* II, 361[1]. El ruso *skrobot* 'rascadura, acción de rascar', del cual parten algunos (*REW* 8012; Bloch-W.), es palabra poco común[2] y como étimo es inverosímil, dada la historia de las navegaciones polares en el Occidente europeo; por lo demás, en este idioma la enfermedad se llama con el nombre internacional *skorbút* y no *skrobot*.

DERIV. *Escorbútico*.

[1] Cita testimonio francés de 1622 de que *scorbut* proviene del neerlandés. Ésta es la época en que el vocablo aparece en los varios idiomas europeos.— [2] El artículo de Vasmer, *Zeitschr. f. deutsche Wortf.* IX, 20-21, de que parten M-L. y demás, ha sido refutado por Götze en su nueva ed. de Kluge. El vocablo corriente en ruso para 'rascar' es *skrestí* (variante *skrebát*, part. *skrebjónnyj*). El sustantivo *skrobot* está hoy desusado; el verbo correspondiente *skrobotát* 'rascar' es sólo dialectal en ruso (falta en Makarov y en los más dicc.): según Pavlovsky es propio del Sur y Oeste de Rusia, es decir, las zonas menos indicadas en este caso. Por lo demás, la afirmación de Vasmer, de que *skrobot* es muy antiguo y existe ya en eslavón, se funda en una teoría etimológica de este lingüista que otros eslavistas (p. ej. Miklosich) niegan.

Escorcar, *escorchado*, *escorchapín*, *escorchar*, V. *corteza I   Escorche*, V. *corto*

ESCORDIO, tomado del lat. *scordion* y éste del gr. σκόρδιον íd. *1.ª doc.*: 1555, Laguna.
DERIV. *Diascordio*.

ESCORIA, del lat. scŏrĭA. *1.ª doc.*: Berceo; también en el *Canc. de Baena*, n.º 576, v. 31 (enmienda evidente de *estoria*) APal. 440*b*; Nebr.; Cej. IX, § 203; etc.

PAlc. 241*a*11, *escauria, -ríit* «escoria generalmente»; R. Martí, 18.552, *iškaṷriya, -at* «scoria ferri», íd. Abenbeklarix (pero de Dozy, I, 25*b*, no resulta claro si en los mss. de éste se halla o no con diptongo, y Lerchundi no confirma que se pronuncie así en Marruecos); además Simonet, p. 186, cita un topónimo *La Escáuria* en Ronda. Es notable que *scauria* y *scaurarius* se hallen ya en la *Lex Metalli Vipascensis* escrita en Lusitania en la época romana, de suerte que esta variante no parece que pueda explicarse por una ultracorrección mozárabe ni árabe, como los ejemplos que reuní en *RPhilCal.* I, 91. Todo el mundo está de acuerdo en que el latín *scoria* viene del gr. σκωρία (así Ernout-M.) y en que éste es derivado de σκώρ, σκατός 'excremento' (Pokorny *IEW*, 947). Esperaríamos que el derivado partiera en griego del radical σκατ-, de σκατός, más que del nominativo, pero quizá no sea ésta una dificultad grave[1]. El aparecer *scoria* en Plinio y *scauria* en la ley minera de Vipasco haría pensar en un vocablo hispánico con variación vocálica dialectal, quizá explicable por una lengua aborigen del país de las minas más famosas de la Antigüedad, e incluso que la variante con ō naciera acaso bajo el influjo de σκώρ por etimología popular griega. Pero como σκωρία se halla ya (si no estoy mal informado) no sólo en Estrabón sino en Dioscórides y en Aristóteles, cuesta mucho creer que un vocablo hispánico se hubiera propagado tan lejos ya en el S. IV a. C. Acaso es *scauria* la forma nacida por etimología popular, aunque ya antigua[2]. De todos modos parece que en las lenguas romances, aun las de España (salvo el rum. *scoare*?), el vocablo se presenta en forma culta. Por otra parte existen otros datos que refuerzan la sospecha de autoctonismo hispánico. El nombre de los importantes pueblos de *Escorihuela* (p. j. Teruel), el *Escorial* famoso y los dos *Escurial* (prov. Cáceres y Salamanca) sugieren antiguo arraigo toponímico; Michelena, *Apell. Vcos.* § 230 indica que el vasco *eskoria* 'tierra negra buena', recogido por Azkue en Vizcaya, y registrado ya como vasco por el Conde de Peñaflorida (S. XVII?) como *eskuria* «marga, especie de arcilla», es evolución semántica de 'escoria', y de ahí viene el nombre del pueblo de *Escoriaza* en Guipúzcoa (colectivo vasco = *Escorial*) y los apellidos vascos *Escorza* y, con el interesante *au*, *Escauriza* y *Escauriaza* (éste en Begoña, según Azkue, *Morf. Vca.* 804.10).

En conclusión, si el vocablo no nació en España romana, por lo menos parece seguro que aquí se alteró tomando *au* por influjo de alguna otra palabra; y es probable que el cast. *escoria* no sea cultismo, pues aunque AU evolucionara en *o*, la *i* ya no podía trasladarse a la sílaba tónica (cf. AU-

REA > *Oria, Hontoria, Coria, Soria*, etc.).

DERIV. *Escorial* [1563, *N. Recopil.*].

[1] Sin embargo resulta tan llamativo como si encontráramos *escorológico* en vez de *escatológico*, *témico* en vez de *temático*, *reumismo* o *réumico* por *reumatismo* y *reumático*.— [2] Ernout-M. indican que *scaurus* '(caballo) de pie defectuoso', 'cojo' debe de ser palabra latina y no tomada del griego, sino al revés; quizá sea, pues, una etimología popular latina la que alteró *scoria* en *scauria*. Es cierto que no hay unanimidad en la forma de juzgar este problema. El mejor fundamento del parecer de Ernout-Meiller es la existencia de un viejo nombre de persona latino *Scaurus*. Se observa, sin embargo, que Schulze no lo registra (quizá por creerlo erróneamente de origen griego). Holder registra un *Scaurus* en una inscripción hallada en Siria, quizá de origen galático, por los otros nombres que en ella figuran, y *Scauriniacus* en el Lemosín: ¿habría que pensar en un origen céltico? (cf. el tipo célt. SKOR ∾ SKER 'separar, cortar, desuncir' Pokorny, *IEW* 939.5, 939.18-26). El scr. *khora-* 'cojo' con el cual relacionan reservadamente Ernout-M., sería voz de origen munda según Pokorny, *IEW* 634n. (quien no recoge lat. ni gr. *scaurus* en su dicc.).

Escoriación, escoriar, V. *cuero Escorpera, escorpina, escorpio*, V. *escorpión*

ESCORPIÓN 'alacrán', tomado del lat. *scorpio, -ōnis* íd. (a su vez derivado del gr. σκορπίος). *1.ª doc.*: *escorpïón*, Berceo, *Signos*, 39.

También en el glos. de Toledo, en Nebr., y hay frecuentes ejs. clásicos. El silabeo culto con que Berceo pronunciaba esta palabra es indicio de que ya entonces la denominación popular era ALACRÁN, y, en efecto, en la segunda mitad del mismo siglo tenemos abundantes y explícitos testimonios de este hecho, que desde entonces ha permanecido constante en castellano; ignoramos lo que ocurría antes del S. XIII.

DERIV. *Escorpio*, del gr. σκορπίος. *Escorpioide. Escorpina* [1555, Laguna], alteración del lat. *scorpaena* y éste del gr. σκόρπαινα íd., propiamente 'escorpión de mar'[1]; variante más culta es *escorpena*; Rob. de Nola (1525) da *escorfeno* m. (p. 183).

[1] No está claro si se debe a un mero cambio de sufijo o si procede de una forma catalana *escorpina*, femenino de *escorpí* 'alacrán'. En cuanto a *ecorpera* [Acad. 1843], que seguramente deberá acentuarse *escórpera*, viene claramente del cat. *escórpera* (también *escórpora*), que desciende del gr. σκόρπαινα por vía popular. Gall. *escarapote* (?) «Coto escorpión, pez cuyas espinas producen dolorosas heridas» (Carré; GdD, *GrHGall.*, 170).

Escorrecho, V. *escurrir Escorredero, escorredor*, V. *correr*

ESCORROZO, 'disgusto, indignación', derivado del antiguo *corroçar* 'enojar', tomado a su vez del fr. *courroucer*, que procede del lat. vg. *CORRUP-TIARE íd., y en última instancia viene de RŬM-PĔRE 'romper', quizá por medio de COR RUPTUM 'corazón quebrantado'. *1.ª doc.*: *scorrozo*, 1514, Lucas Fernández (cita de Lamano).

Escribió Covarrubias († 1613), en un suplemento inédito a su Tesoro (cita de M. P.), «*escorroço*, palabra muy usada en Castilla y no entendida; dícese quando vemos alguna cosa mal echa y digna de que nos cause ira e indignación; es palabra francesa, *courrous*». Se halla, en efecto, la frase *lindo escorrozo* en varios clásicos[1]. *Aut.* da la definición «*regodeo*» como voz vulgar y picaresca. Aunque ésta fuese ac. secundaria (debida al empleo junto con *lindo*, que se entendió como irónico), pudo realmente existir, comp. *escorrozo* 'remilgo, melindre', y 'ademán de desprecio', hoy en Salamanca, y la primera de estas acs. parece hallarse ya en Pedro Espinosa († 1650)[2]. Según indicó M. P. (*Rom.* XXIX, 348), no viene del fr. *courroux*, al menos directamente, sino del cast. ant. *corroçar* 'enojar' que se lee en la *Danza de la Muerte*, de h. 1400 (verso 280), y ya en *Luc. Alf.* X, Almazán; hallamos también este vocablo y sus derivados en varios textos medievales de Aragón (desde h. 1300): *corroço* 'cólera' en Fernández de Heredia (*RH* XVI, 285, línea 1229), y en el sentido de 'dañar, maltratar': «si nenguno *corroçará* aquellos en las personas», «todo omne qui... envadirá, crebantará, corronprá e fará *corroçar* o fará mal en algunas de las cosas que ditas son», «quanto al *corroçamiento* et al danno que farán aquellos que guerrean entre sí mismos» (citas de Tilander, p. 328). Sin embargo, dada la localización de estos ejs., la rareza y fecha tardía del vocablo en Castilla, y su grandísima frecuencia en Francia, no debemos dudar de que sea galicismo, aunque antiguo. En cuanto al significado 'maltratar', documentado en Aragón y también, aunque muy raramente, en antiguos textos franceses (1170-S. XV; la otra ac. desde el S. X), podría tenerse en cuenta en la vieja discusión acerca de si *CORRUPTIARE viene en definitiva de ANIMUS CORRUPTUS 'ánimo enfermo' (*FEW* II, 1236; y otros) o de COR RUPTUM, según propuso Gaston Paris (*Rom.* XXVIII, 287-9; aceptado por Bloch; M-L. vacila); de todos modos la frecuencia mucho menor de esta ac. sugiere un carácter secundario, y así lo confirma el sentido de los descendientes romances de CORRUPTUM: fr. ant. *corot* 'aflicción', it. ant. *corrotto* 'duelo por un difunto' (documentado en bajo latín desde el S. XIII), sardo *corruttu* y el cast. ant. *corroto* 'mortificación' (una sola vez en Berceo, *Mil.*, 404, quizá galicismo); agréguese ahí el vasco a.-nav., guip. y vizc. *gorroto* 'odio' ('malquerencia' en 1596): Michelena, *BSVAP* XI, 289. CORRUMPERE es menos probable desde el punto de vista semántico, y los paralelos semánticos y formativos de otros idiomas apoyan el punto de vista de G. Paris: it. *cordoglio* 'aflicción', ingl. *brokenhearted*, rum. *cu inima ruptă* 'triste', etc.; en apoyo de COR RUPTUM ténganse en cuenta también los varios paralelos occitanos allegados por Pezard, *Rom.* LXXIII, 528.

[1] «A. ¿Abéys visto por aquí / dos mulas? —G. Cada momento / encuentro bestias. A. Contento / para pullas vengo. —G. A mí / me pesa que no vengáys / de muy buen gusto. ¿Soys mozo / de mulas? —A. Lindo *escorrozo*. / Soy el diablo», Vélez de Guevara, *La Serrana de la Vera*, v. 2792. Ej. parecido de Polo de Medina cita *Aut.*— [2] «Majadería es... santificar ala madre beata, porque dice con suspiro y *escorzo*: —Alabado sea el esposo de las almas—, y porque se arroba cuando la visita la mujer del veinticuatro», *Obras*, ed. Rz. Marín, p. 178. Falta saber si esta forma es errata por *escorrozo*, como es probable. Sin embargo, cabría derivarla de la variante fr. *courcier*.

Escorzado, escorzar, escorzo, V. *corto* *Escorzo*, V. *escuerzo* *Escorzón, escorzonera*, V. *escuerzo*.

ESCOSA adj. f., aplicado en Asturias a los animales hembras que dejan de dar leche, de donde, en castellano antiguo pasó a la mujer virgen, que no tiene leche: de EXCŬRSA 'escurrida' (de ahí *'agotada'), participio del lat. tardío EXCŬRRĔRE 'correr (un líquido)', 'escurrirse'. *1.ª doc.*: 1181, Fuero de Villabaruz.

Es frecuente en el sentido de 'virgen' en fueros antiguos, además del citado, el de Brihuega, el de Burgos (citado en Tilander, p. 440) y el de Guadalajara; también aparece en las versiones bíblicas del S. XIII y hoy se conserva con la misma acepción en judeoespañol[1]. Se pronunciaba con *ss* sorda (aunque alguno de los textos arcaicos citados no precisa esta distinción), según se ve por la grafía de la Biblia doscentista, la del Fuero de Burgos y la de G. de Segovia (p. 53), y por la pronunciación actual de los judíos; este detalle obliga a rechazar la etimología ABSCONSA 'escondida' que a Baist (*KJRPh.* VI, i, 389)[2] le parecía preferible dado el significado medieval. La buena etimología se debe a M. P., *Rom.* XXIX, 349-50. Subak, *ZRPh.* XXX, 150, propuso EXCŬSSA, participio de EXCŬTĔRE 'arrancar, arrojar, sacarse (algo) de encima' (de donde *'derramar'), que ninguna ventaja ofrece, pero es poco verosímil desde el punto de vista semántico. EXCURRERE 'correr lejos, correr del todo', en el sentido de 'escurrirse (un líquido)' parece hallarse ya en Paladio (S. IV), figura en textos medievales, y está confirmado por los romances (cat. *escórrer*, it. *scorrere*, rum. *scurge* 'agotar'): es desarrollo lógico de CURRERE 'correr, manar (una corriente de agua)', empleado por Virgilio y el autor del *Bellum Hispaniense*. En este caso el asturiano ha conservado una ac. más primitiva que la del castellano medieval, en el cual se pasó de 'la que ha quedado sin leche' a 'la que nunca la tuvo'. Formas portuguesas quizá emparentadas (*escouçar*, etc.) en Piel, *Misc. de Etim. Port. e Gal.*, 143 (pero comp. *GdDD* 2542a, 2538).

DERIV. *Escosa* f., ast., 'desviación de las aguas de un río para dejar en seco el cauce y pescar en los charcos que quedan'. *Escosar*, ast., 'cesar de dar leche un animal', 'secar el cauce de un río', 'secar (la sarna)'.

¹ *Escossedad* 'virginidad' ya en la Biblia de Ferrara (S. XVI). Vid. además Gaspar Remiro, *BRAE* IV, 631.— ² M-L. aceptó este punto de vista en la 1.ª ed. del *REW*, si bien respetando el étimo de M. P. para las voces asturianas; en la 3.ª ed. rectificó borrando el vocablo en el artículo ABSCONSUS, pero se le olvidó hacer la rectificación correspondiente en su artículo EXCURSARE.

Escosar, V. *escosa*   *Escoscar*, V. *cuesco*   *Escosedad*, V. *escosa*   *Escota*, V. *escocia, escoda*

ESCOTA, 'cabo que sirve para poner tirantes las velas', tomado del fr. ant. *escote* (hoy *écoute*), y éste del fráncico *SKŌTA* íd. (hoy neerl. *schote* o *schoot* íd., comp. escand. ant. *skaut* 'punta inferior de la vela', b. alem. med. *schôte*, ags. *scēata*, propiamente 'regazo', alem. *schoss* íd.). *1.ª doc.*: 1539, A. de Guevara¹.

El fr. ant. *escute* (= *escote*) ya se halla en el S. XII, en Wace (Jal), por lo tanto el vocablo no puede venir del neerlandés medio, y por razones semánticas y sobre todo fonéticas tampoco puede proceder del escandinavo. Vid. Gamillscheg, *R. G.* I, p. 199; Kluge, s. v. *schote*. Del francés se trasmitió el vocablo a los demás romances. Para la frase *ser uno como la escota de revés*, vid. Saralegui, *BRAE* XII, 404-5.

DERIV. *Escotín* [1587, G. de Palacio]. *Escotera* [íd.].

¹ Los ejs. que cita o a que hace referencia Jal, s. v. *escota*, son posteriores.

Escotadura, V. *escotar* y *escotilla*

ESCOTAR, 'cercenar un cuerpo de vestido por la parte del cuello y de los hombros', del mismo origen incierto que el port. *decotar* y el cat. y oc. *escotar* íd., probablemente derivado de *cota* 'jubón', 'cota de armas', por la sisa o corte que llevaban las cotas debajo de los brazos para dar juego a éstos. *1.ª doc.*: 1607, Oudin: «*escotar un jubón*: escolleter un pourpoint, lui oster le collet», «*escotado, jubón*, pourpoint escolleté, qui a le collet osté»; comp. *escotadura*, princ. S. XV.

Lo recoge también Covarr.¹, con valor adjetivo figura *escotado* en el falso Cibdarreal, h. 1630, y en una pragmática de 1680, y sustantivado, por

'traje escotado', en Calderón; desde el S. XVII, así el verbo como el postverbal *escote* [*Aut.*], son frecuentes². Del catalán, aparte un ej. algo incierto del *Dicc. de Rims* de Jaume Marc (1371: «*Escota per... scotar drap*»), hay ej. en 1760, pero de *escotadura* ya hay ej. rosellonés del S. XIV (Ag.), donde se refiere al traje de las mujeres, sea al escote del pecho o a la escotadura del nacimiento de los brazos; en lengua de Oc tenemos ej. medieval seguro procedente de Narbona (*garnacha escotada*)³. En portugués se dice *decotar* («*d. o vestido da mulher*, cortá-lo de sorte que o peito, e hombros fiquem pouco cobertos», ya en Moraes), gall. *decotar* (un árbol) 'cortarle las ramas' 'derramarlo' (Sarm. *CaG.* 200r, 204v).

La fecha tardía del cast. *escotar* puede anticiparse mucho si tomamos en consideración el derivado *escotadura*, que según *Aut.* «en los petos de armas es la sisa o parte cortada debaxo de los brazos, para poderlos jugar y mover», y luego «el corte dado al jubón o cotilla, por la parte superior que cubre y ciñe el cuello, u a otro qualquier género de vestido, para ajustarlo al cuerpo y pescuezo», pues ya lo hallamos h. 1400 en el *Canc.* de Baena (p. 482): se trata de la abertura de una cota de malla o de armas por debajo del brazo: «entiendo syn dubda ferir de saeta / e de açertarvos por la *escotadura*»⁴; hay otro ej. de 1604 (Sandoval) y otro sin fecha (citas de Leguina), que se refieren asimismo al punto vulnerable de la armadura. El dato más antiguo se halla en una cantiga del poeta portugués Martín Soárez que escribía por los años de 1230 y era de «Riba de Limia» según una rúbrica del cancionero de la Bibl. Nacional, o sea el valle del Limia (entre Douro e Minho): «muito vo-la *escotaron*, / ca lhi talharon cabo do giron» (R. Lapa, *CEsc.*, 298.4). *Hacer una escotadura* o *escotar* fué, por lo tanto, originariamente, cortar la cota, darle un corte: *es-cotar* (*des-cotar*, *de-cotar*). No es inverosímil que el port. *decotar* viniese ya formado de Francia (de donde se había importado la palabra *cota*, fráncico *KOTTA*): nuestro vocablo, en efecto, no es del todo ajeno al francés, donde God. recogió un ej. de *escoté* «tailler d'une façon particulière», hablando de telas en un texto de 1471, y Tobler halló dos de *descoter* 'herir, golpear' (< 'cortar'?); en Gautier de Coincy y en el S. XIV).

Desde luego debe abandonarse la etimología gót. SKAUTS 'extremo o punta (de un paño)', que aunque pudo significar 'regazo, seno' como en alemán (*schoss*), difícilmente podía pasar a 'escote', por su forma redondeada, como supuso Diez (*Wb.*, 448) y todavía admiten, con reservas, M-L. (n.º 7986) y Gamillscheg (*R. G.* I, p. 383); a lo cual se opone rotundamente la *o* (y no diptongo) del portugués y la lengua de Oc. Como dice M-L., es increíble la etimología céltica que insinúa Cuervo (*Dicc.* I, 158b). Por cierto que la etimología no es, como dice aquí algún dic. portugués, el hapax

decotes togae 'ropas usadas', palabra sospechosa
sólo conocida por una glosa de Festo, ni otro hapax
decotare empleado sólo por la Ley Sálica como
equivalente de excoriare 'desollar' o 'descortezar',
entre otras cosas porque no se explicaría la conservación de la -t- como sorda. En cuanto a los
vocablos para 'podar', vid. ACOTAR.

DERIV. Escotado, escotadura, escote 'corte en un
vestido', V. arriba.

¹ «Escoda... dixose assí quasi escota, y escotar
vale cercenar, y recoger una cosa, yéndola comiendo poco a poco, hasta ponerla en forma y en
talle: y esto haze la escoda con la piedra», «Escota es una maroma con que se tiempla la vela,
alargándola y acortándola, del verbo escotar, que
vale recoger, ceñir y ajustar». Como de costumbre, mezcla palabras distintas.— ² Pero faltan en
APal., Nebr., C. de las Casas, Percivale, en el
léxico de la Celestina y del Quijote, y al parecer
en el de Góngora (el ej. que trae Alemany será
de escotar 'pagar'). La variante descotar hoy conocida y aun preferida en muchas partes de España
y América, no la hallo antes del dicc. cubano de
Pichardo, y el de la Acad. de 1884.— ³ Otro menos claro de Nimes, pues se refiere a zapatos,
aunque podría tener el sentido de 'cortados, abier-
tos', en vista de la frase siguiente «sabatas de
dona, de vacqua, f e n d u d a s».— ⁴ Se trataba
por lo tanto del punto vulnerable en la armadura
del caballero. Luego así se podría entender el
escotadura que Nebr. define «qua via est proxi-
ma morti», 'por donde el camino es más corto
hasta la muerte', pues ahí la saeta podía acertar
el corazón. Pero no lo entendió así Oudin «escotadura: payement d'escot qui se fait à la fin;
métaphoriquement il se prend pour l'extrémité
de la vie, à laquelle on paye tout»; también
PAlc. interpreta con las palabras arábigas magrám,
gorm y tamxía, que significan 'contribución, escote'. Ambos lo entenderían mal.

Escotar 'pagar', V. escote

ESCOTE, 'pago de un gasto, especialmente el
de comida u hospedaje, y sobre todo si se hizo
en común y lo pagan a prorrata los participantes',
del fr. ant. escot íd. (hoy écot) y éste del fráncico
SKOT 'contribución en dinero' (neerl. schot, ags.
scot, ingl. shot, alem. schoss íd., derivados del
verbo ingl. shoot, alem. schiessen 'tirar', geld zu-
schiessen 'contribuir en dinero'). 1.ª doc.: escot,
Berceo, Mil., 392; escote, J. Ruiz, 1478; Nebr.
(«escote en el comer: symbolum»), etc.

Gamillscheg, R. G. I, p. 253; Kluge, s. v. schoss.
Del francés proceden asimismo el port. escote, it.
scotto, y aun quizá oc. y cat. escot.

DERIV. Escotar 'pagar un escote' [J. Ruiz, 241d,
1555; Nebr.; Góngora; como voz de germanía
«pagar lo que se come o se da», en J. Hidalgo,
1609].

Escotera, V. escota   Escotero, V. escueto

ESCOTILLA, 'abertura en el suelo de un buque, especie de trampa para ir de una cubierta a
otra, a la bodega, etc.', voz común con el port.
escotilha, fr. écoutille, ingl. scuttle; de origen incierto, quizá procedente del francés, donde puede
derivar de écouter 'escuchar' (AUSCULTARE), porque
las escotillas se han empleado para oír lo que dicen
los de abajo. 1.ª doc.: 1431-50, Díaz de Gámez.

Jal, s. v., cita otro ej. de 1567; en ambos designando el cuartel o tabla que cierra una escotilla
(comp. el fr. panneau 'cuartel de escotilla' y vulgarmente 'escotilla'); el port. escotilha ya aparece
en los Comentarios de Albuquerque (h. 1500), ahí
como nombre de la abertura, aunque Moraes le
da la otra ac., y el derivado escotilhão está también
en la Hist. Náutica del S. XVI; cat. ant. escotilla
en el Tirant (ed. Riquer, p. 530); el fr. antic. escoutille se documenta desde 1538 (Jal) y aparece
varias veces en Rabelais (1552); del ingl. scuttle
hay un primer ej., en la forma skottelle, en 1497,
scuttle desde Cotgrave (1660). En vista de la terminación -illa es común admitir que el lugar de
origen es Castilla, pero la temprana aparición en
Inglaterra obligaría a suponer que el vocablo ya
se había trasmitido a Francia bastante temprano
dentro del S. XV, época en que la marina castellana alcanzaba tan poco desarrollo que difícilmente pudo extender tan lejos sus creaciones léxicas.

Además no se hallan en castellano etimologías
convincentes¹. Suele decirse que es derivado del
verbo escotar o del sustantivo escote 'corte hecho en
un vestido alrededor del cuello o de los hombros';
pero además de que escotilla se halla desde mucho
antes que escote y esa aplicación de un término de
la moda femenina al rudo lenguaje de los marinos
no es muy verosímil, la forma de la escotilla difícilmente se puede comparar a la de un escote. Es
verdad que escotadura 'puerta o boquerón que se
hace para la tramoya en los tablados donde se
representa comedia' [Aut.] es menos antiguo que
la escotadura de los jubones y cotas, y no sería
inconcebible, aunque algo fantástica, la comparación de una cabeza humana que sale por una escotadura del teatro con la cabeza de la dama, rodeada
por el escote; de todos modos, lo lógico es que
este escotadura, más tardío y teatral, sea extensión
del vocablo más popularizado de los marinos, y no
al revés, y siendo secundario se comprende el cambio de terminación, debido a una comparación
que se haría en la jerga de los actores, mientras
que el cambio de escotadura en escotilla sería difícil de justificar morfológicamente. No creo, pues,
que haya relación genética entre nuestro vocablo
y el verbo escotar². Tampoco me convence la idea
de Le Duchat de partir de SCUTELLA 'plato, escudilla' (de donde 'cuartel de escotilla'), a pesar de
la identidad (por lo demás sólo moderna) entre el
ingl. scuttle 'fuente, plato' y scuttle 'escotilla', pues

si el vocablo fuese de origen romance no se explicaría la conservación de la -T- intervocálica ni la -o- (cuando *escudilla* tiene *u* romance en todas partes), y si fuese de procedencia inglesa no se explicaría la terminación -*ille* del francés, etc.

Rabelais indica el buen camino: «Mercure reguarde par la trappe des cieulx, par laquelle ce que l'on dict cza bas en terre i l z e s c o u t e n t, et semble proprement à ung *escoutillon* de navire»; abundan las denominaciones de aberturas semejantes, a base de la idea de curiosidad o espionaje traicionero, fr. *vasistas* 'postigo' < alem. *was ist das? '¿qué es eso?'*, fr. *judas* 'trampa en el suelo para oír o ver lo que hacen los del piso inferior'. También en los barcos hay que precaverse contra los posibles complots de la tripulación, reunida en la bodega. Morfológicamente podemos partir de *e(s)coutillon* [1552], dada la frecuencia del sufijo -*illon* en francés (*cendrillon, écouvillon, échantillon*, etc.), de donde *escoutille* sería derivado regresivo, para expresar una escotilla un poco mayor; algo parecido parece haber ocurrido más tarde en castellano mismo, donde *Aut.* registra *escutas* además de *escutillas*, cuya *u* es nueva prueba del origen francés[3].

DERIV. *Escotillón* [1587, G. de Palacio, 143rº; Calderón]. *Escotadura* 'abertura para las tramoyas', V. arriba, y s. v. *ESCOTAR.*

[1] La Acad. define la *escotera* como «abertura [pero G. de Palacio y *Aut.* dicen «roldana»] que hay en el costado de una embarcación, con una roldana por la cual pasa la e s c o t a mayor o de trinquete»; por lo tanto es derivado de *escota*, pero siendo abertura, ¿podría de ahí nacer *escotilla?* Muy difícil es, por razones morfológicas y otras.— [2] En la 3.ª ed. de su *REW* suprimió M-L. esta etimología, admitida en la 1.ª (7986).— [3] Verdad es que estas formas no parecen encontrarse en G. de Palacio, de donde las cita *Aut.* (sólo *escotilla* y *escotillón*), pero alguien las emplearía, de todas maneras, puesto que las admite *Aut.*

Escotín, V. *escota*   *Escotorrar,* V. *cueto*   Es-
cozarse, V. *cosquillas*   *Escozor,* V. *cocer*

ESCRAMO 'azcona', no es palabra castellana, sino citada por Ambrosio de Morales de la *Lex Romana Wisigothorum;* para su origen germánico, vid. Diez, *Wb.,* 449.

ESCRIBIR, del lat. SCRĪBĔRE íd. *1.ª doc.: es-*crivir, 1100 (*BHisp.* LVIII, 359); *Cid,* etc.

Tiene siempre -*v*- hasta el S. XVI en los textos que distinguen (Nebr., APal., etc.). La forma *escrevir* es muy corriente hasta el S. XVI en la lengua literaria y después en la vulgar (vid. Cuervo, *Obr. Inéd.,* p. 190, n. 25). Forma arcaica de interés es el pretérito fuerte *escripso* (grafía culta por *escrisso,* Berceo, *Mil.,* 182). En el participio fué común la grafía cultista *escripto* desde anti-

guo (hoy en los verbos derivados con prefijo, sobre todo en América), y como alguna vez se pronunciaba la *p,* de ahí nació la forma *escriuta* que leemos en los Fueros de Aragón de h. 1300 (Tilander, § 232.1).

DERIV. *Escribiente* (una forma quizá catalanizante *escribén* tuvo uso, pues aparece con el sentido de 'escribano' dos veces en Quiñones de B., *NBAE* XVIII, 661)[1]. *Escribimiento,* ant. *Escrito; escrita,* así llamada por las manchas de que está salpicada; *escritilla. Escritor* [-*iptor,* APal., 440*d;* Nebr.], Berceo dijo *escrividor. Escritorio* [deformado en *escriptor,* en el glos. de Toledo, h. 1400; *escritorio,* 1554, *N. Recopil.*], tomado del lat. tardío *scriptorium; escritorista. Escritura* [glosas de Silos; *Auto de los Reyes Magos*]; *escriturar; escriturario. Escribano,* del b. lat. SCRĪBA, -ĀNIS íd. (lat. SCRĪBA, -AE), primeramente *escriván* (doc. de 1111, M. P., *Oríg.,* 191), después *escrivano* [h. 1200, *Auto de los Reyes Magos;* doc. de 1202, en Oelschl.; etc.], que a menudo es 'autor, escritor' (como en el *Alex.,* 5, y aun en la época clásica); en Galicia *escribano* es nombre de pez, 'xorelo pequeñito, algo ancho' (Sarm. *CaG.* 199*v*); *escriba* es duplicado culto; *escribana; escribanía* (para ejs., *RFE* VIII, 350), en la ac. 'caja portátil con pluma y tintero, que traían los escribanos', de donde quizá 'alondra', como hoy en Cespedosa (*RFE* XV, 275); *escribanil; escribanillo. Sobrescribir* [Nebr.]; *sobrescrito.* Son cultismos los siguientes. *Adscribir* (o *ascr-*), de *adscribere* íd. *Circunscribir* [1432-50, Díaz de Gámez, vid. Cuervo, *Dicc.* II, 154], de *circumscribere* íd.; *circunscri(p)to, circunscripción. Conscripto,* poco frecuente en España, de *conscriptus. Describir* [princ. S. XV, Santillana, vid. Cuervo, *Dicc.* II, 1021-2], de *describere* íd.; *descripción, descriptible, descriptivo, descriptor, descriptorio. Inscribir* [S. XVII, Calderón, Manero; antes *escreuirse* 'asentarse' 1517, Torres Naharro, *Soldadesca* II, 128], de *inscribere* íd.; *inscribible, inscripción* [1588, Argote). *Prescribir* [1369-71, Leyes de Toro, en la *N. Recopil.*], de *praescribere* íd.; *prescriptible, imprescriptible, prescripción. Proscribir* [h. 1600, Mariana], de *proscribere* íd.; *proscripción, proscriptor, proscrito. Rescribir,* de *rescribere* íd.; *rescripto, rescriptorio. Suscribir* [o, muy cultamente, *subscribir; Aut.*], de *subscribere* íd.; *suscripción* [1660, Zabaleta], *suscritor (subscript-). Transcribir* [*Aut.*], de *transcribere* íd.; *transcripción; transcripto,* h. 1525, Alvar Gómez (C. C. Smith, *BHisp.* LXI).

CPT. *Infrascrito,* compuesto con el lat. *infra* 'abajo'.

[1] M. P., *Toponimia Prerrománica Hispana,* 156-7, cree que es variante fonética de *escribano* y da muchos ejs., desde el *G. de Alfarache.* Interpretación seguramente preferible, teniendo en cuenta la localización como forma rústica de Niebla y de Castilla la Nueva. Claro que el sufijo

es variante arabizada de *-ano*, con imela; de ninguna manera sufijo ibérico.

Escrihuelo, V. *esquilo*

ESCRIÑO, del lat. SCRĪNĬUM 'arca pequeña para libros y papeles', 'biblioteca', 'cajita de tocador'. *1.ª doc.*: Berceo, *Mil.*, 695, 'cesto para el dinero'. En APal. es también sinónimo de 'cesto' o 'vasija' (499*b*, 515*d*), y Nebr. define «*escriño, como arca*: scrinium». Según *Aut.* es sólo una especie de canasta de paja para recoger el salvado, o para dar de comer a los bueyes. En Salamanca y Zamora es el 'cascabillo de la bellota', en el portugués de Tras-os-Montes *scrinho* es un «cesto de verga barrado» (*RL* I, 218), etc.

ESCRIPIA, 'cesta de pescador de caña', ast., probablemente tomado de oc. ant. *escripa* (*esquirpa*) 'bolsa (de peregrino)', y éste del germ. SKRIPA (SKIRPA) 'bolsa', comp. neerl. med. y b. alem. *scherpe*, escand. ant. *skreppa* íd. *1.ª doc.*: *esquirpia* 'tejido de varas de avellano que forma los adrales del carro', 1892, Rato.

Según M. P., *Rom.* (1900), XXIX, 350, *escripia* se emplea en el Este y *esquirpia* en el Centro de Asturias, en ese mismo sentido. La Acad., después de 1899, recogió *escripia* con la definición que doy arriba, sin nota de dialectalismo (?), y Campuzano registra *estirpia* 'adrales' como santanderino, Pensado un gall. *estrepia* y un ast. *estripia* (*Symp. Cult. Ast.*, Ov. 1967, p. 360).

Mz. Pidal propuso como etimología el lat. SCIRPEA 'cesta de junco' (derivado de SCIRPUS 'junco'), admitiendo una base inexplicada *SCRIPEA. G. de Diego (*RFE* IX, 48; XII, 14; *Contr.*, p. 157) supone que este *SCRIPEA se debiera a un cruce, ya en latín, con SCRĪNĬUM 'arquita'. No habría gran dificultad semántica, pero estos cruces tan remotos son siempre difíciles de admitir cuando no hay confirmación en textos antiguos; sería preferible, de querer conservar esta etimología, suponer que el vocablo pasó a través del vasco (donde se explicaría la *k* conservada, la trasposición de la *r* y aun la *t* santanderina), pero el caso es que ni *escripia* ni otra forma con *i* se halla en los vocabularios vascos.

Por otra parte, tenemos en occitano antiguo *escripa* y *esquirpa*, ambos muy frecuentes desde el S. XII (*Ch. d'Antiocha*), en el sentido de 'bolsa de peregrino' o 'zurrón', hoy *escripo* «petite boîte qu'on met dans un coffre» (Mistral), gasc. *escripet, escrepet, escripel*, 'trampa para pájaros' (íd. y Palay), de donde el pallarés *ascripet* íd. (*VKR* IX, 162); en francés, junto a *escharpe*, *esquerpe*, tenemos muchas veces *escrepe*, en el mismo sentido (una docena de ejs. en God.). Análogo a *echarpe* es el vco. *eskarpa* «aro superior de un cesto» empleado en un pueblo vizcaíno y otro guipuzcoano. No hay duda de que la voz asturiana

viene de este vocablo occitano, con adición de *i* leonesa. Para el étimo germánico, vid. Falk-Torp, *Norw.-Dän. Etym. Wb.*, s. v. *skjerf*; Gamillscheg, *R. G.* I, p. 208. Nótese, rectificando a éste, que la *i* occitana no se armoniza con la base fráncica SKËRPA O SKRËPA que él postula, y supone una forma con I (que también se halla en el Norte de Italia), que es en efecto lo que corresponde a la Ë en fases más antiguas del germánico. Puede tratarse de una época arcaica del fráncico o quizá ya de un préstamo del germ. occid. *SKRIPA al latín vulgar (entonces *esquirpa* sería combinación de *escripa* con el fráncico SKËRPA); difícilmente de una voz gótica, idioma donde el vocablo no es conocido y en el cual deberíamos esperar *SKAÍRPA (o *SKRIPA).

Escripsado, V. *eclipse*   *Escrita, escritilla, escrito, escritor, escritorio, escritorista, escritura, escriturar, escriturario*, V. *escribir*

ESCRÓFULA, tomado del lat. tardío *scrofŭla* íd., diminutivo de *scrofa* 'hembra del cerdo'. *1.ª doc.*: Terr.

Cultismo, que tiende a reemplazar el popular *lamparón*. El lat. *scrofulae* es calco semántico del gr. χοιράδες (de χοῖρος 'lechón'), que a su vez fué imitado en romance: cat. *porcellanes* 'escrófulas'.

DERIV. *Escrofularia; escrofulariáceo. Escrofulismo. Escrofuloso.*

ESCROTO, tomado del lat. tardío *scrotum* íd. *1.ª doc.*: Terr.

Escrudiñar, V. *escudriñar*

ESCRÚPULO, tomado del lat. *scrūpŭlus* 'guijarro pequeño y puntiagudo', 'preocupación, aguijón, escrúpulo', diminutivo de *scrupus* íd. *1.ª doc.*: 1515, Fdz. de Villegas (C. C. Smith, *BHisp.* LXI); 1553, Azpilcueta.

También en Sta. Teresa y frecuente en Góngora, pero falta en Nebr., APal.: al parecer entró por conducto de la mística. La ac. 'peso equivalente a poco más de un gramo' se halla desde Laguna (1555).

DERIV. *Escrupuloso* [h. 1490, *Celestina*, ed. 1902, 126.30: *ásperos y escropulosos desvíos*, quizá en sentido algo diferente del propio; frecuente desde la 2.ª mitad del S. XVI, H. de Mendoza, etc.], tomado de *scrupulosus* íd.; *escrupulosidad. Escrupulillo; escrupulete. Escrupulizar* [Góngora; S. XVII, Valverde; F. de Navarrete escribió *escrupulear*].

Escrutador, escrutar, escrutinio, escrutiñador, V. *escudriñar*   *Escuadra, escuadrar, escuadreo, escuadría, escuadrilla, escuadro, escuadrón, escuadronar, escuadroncete, escuadronista*, V. *cuadro*

ESCUÁLIDO, tomado del lat. *squalĭdus* 'áspero, tosco', 'descuidado, inculto', 'sucio', derivado de *squalus* íd., de la misma raíz que *squama* 'escama'. *1.ª doc.*: M. J. de Larra (1809-37).

También en Bretón de los Herreros. Acad. 1884, no 1843. Aunque la Acad. registra el significado originario 'sucio, asqueroso', apenas se halla otro en castellano que 'flaco, macilento' (al parecer en Larra y Bretón de los Herreros, que Pagés cita para la otra ac.).

DERIV. *Escualidez*. *Escualor*, raro, tomado de *squalor* íd. *Escualo* 'nombre genérico de una familia de peces de escamas duras, como el tiburón y el tollo' [Terr.; allí y en Acad. 1843, sólo como nombre del tollo], tomado de *squalus* íd., del mismo origen que *squalus* 'tosco', 'sucio' (vid. Ernout-M.). Gall. *escalo* 'pescado de río, casi como trucha' en la provincia de Tuy (Sarm. *CaG.* 223r, A15v); se referirá a la misma localización al precisar «en Ponteáreas» en 134v con las grafías «escallo o *esquallo*», la cual Pensado, p. 211, considera sólo inspirada por la etimología SQUALUS, pero como Sarm. insiste en escribir el nombre latino como *squallus*, con dos *ll*, creo que la *ll* supuesta romance también será meramente etimológica.

Escucar, V. *esculca*

ESCUCHAR, del antiguo *ascuchar*, y éste de *ASCŬLTARE, forma vulgar del lat. AUSCULTARE íd. *1.ª doc.*: *scuitare, scuita*, 2.ª mitad del S. X (Glosas de Silos); *ascuchar, Cid; escuchar*, Berceo. Cej. IV, § 150. Se halla también *ascuchar* en *Alex.* 51, *Gr. Conq. de Ultr.*, 239, 574, 619, APal.[1], y hoy se oye todavía en boca de andaluces (Cuervo, *Ap.*[1], p. VIII); Nebr. sólo da *escuchar*. En Aragón *escueyta* (presente: *qui escueyta a forado, oye su mal fado*, refrán del S. XIV, *RFE* XIII, 369, n.º 64). Es antigua la ac. 'montar la guardia, prestar servicio de centinela' (*Gr. Conq. de Ultr.* y APal., l. c.; Nebr., «*escuchar de noche*: excubo»); de ahí *escucha* 'centinela nocturno' [*esc-, 1.ª Crón. Gral.*, 21a54; APal., 89b, 145d, 527b; Nebr., «*escuchas del campo*: excubiae»; y frecuente ya en la Edad Media; comp. lo dicho acerca de *ESCULCA*]. Es notable que a causa de la decadencia de *oír*, y huyendo del vulgarismo *sentir*, en la Arg. se esté empleando *escuchar* con el valor del primero de estos verbos, con grave mengua en la propiedad de expresión[2]. *ASCULTARE, forma disimilada, es la base común a todos los romances, vid. M-L., *Einf.*, 159 (normalización de esta forma es la grafía ultracorregida *opscultare* que se lee en *CIL* IV, 2360), cat. *escoltar*, port. *escutar*, gall. *escoitar*, que a veces (como lo argentino) es 'oír' (Castelao 24.26).

DERIV. *Escucha*, vid. arriba. *Escuchadera*. *Escuchador*. *Escuchante*. *Escuchaño*, adj. ant. aplicado al centinela o escucha, pero si esta forma, registrada por la Acad., existe realmente, no pue-

de ser más que alteración de *escusaño* (V. *ESCONDER*) por influjo de *escucha*. *Escucho; al escuchu* ast. 'en voz muy baja y al oído' (V). V. además *ESCOTILLA*. Variante culta de *escuchar* es *auscultar* [h. 1850, Campoamor, Llorente; falta aún Acad. 1843]; *auscultación*.

[1] 39d; *astuchar* es errata. En 386b *escuchar*. Más ejs. de *ascuchar* en *DHist.*, s. v.— [2] «Volvía yo a ofrecerle un festín de cáscaras y semillas a mi gallo, cuando *escuché* hacia el otro lado de la tapia alarmantes bullas de aletazos y revuelos», Juan Pablo Echagüe, *El Gallo de Doña Paula*; «esta copla se la *escuché* a un santiagueño», «he *escuchado* en Bahía Blanca una versión que me parece la más completa», I. Moya, *Romancero*, I, 83; II, 233. Es muy común oír a gente educada frases como *esta noche se han escuchado tiros*.

ESCUCHIMIZADO, 'muy flaco y débil', voz familiar, de fecha reciente y área local, origen incierto. *1.ª doc.*: Acad. 1884.

Aunque la Acad. no le atribuye nota de regionalismo, tengo sobre todo noticias del uso en hablas occidentales: extremeño *escuchimisao* «delgaducho, enfermizo; chupado y de mal color» (*BRAE* IV, 87), Vitigudino *escuchimizar* «estropear, desbaratar» (Lamano), santand. *escuchimizau* (citado por G. Lomas, 1.ª ed., pero no en la 2.ª, como si fuese sinónimo de *escuerzo* 'sapo', seguramente por error); sin embargo, es de uso familiar lo mismo en Madrid que en Salamanca; recuerdo haberlo leído en algún escritor cuidado, pero falta saber si lo había aprendido de fuentes orales, y no del diccionario[1]. ¿Cruce de *escurrido* 'estrecho de caderas, enjuto de carnes' con un *chamizado*, derivado de *chamizo* 'tugurio sórdido' (comp. *chamizar* 'cubrir de chamiza' en América del Sur)?

[1] Falta en los más importantes vocabularios regionales y americanos; Pagés no cita ejs.

Escucho, V. *escuchar*   *Escudado, escudaño, escudar, escuderaje, escuderante, escuderear, escuderete, escudería, escuderil, escudero, escuderón, escudete*, V. *escudo*

ESCUDILLA 'vasija ancha y en figura de media esfera, que se emplea para servir la sopa', del lat. SCUTĔLLA 'copita', 'bandeja'. *1.ª doc.*: *escudiella*, Aranceles santanderinos del S. XIII; *1.ª Crón. Gral.*, 180a7; *escudilla*, J. Ruiz, 1175a; APal., 44b; Nebr.

Más ejs. medievales en *RFE* VIII, 350. Hoy se emplea más en Asturias, Canarias y Cuba que en Castilla, y en aquellas islas tiene además la ac. 'taza', que puede ser etimológica (Vigón, Seb. de Lugo, Pichardo y Pérez Vidal, p. 178). En latín era SCŬTELLA, diminutivo de SCŬT(R)A íd., pero todos los romances representan una base *SCŬTELLA, debida al influjo de SCŬTUM 'escudo'.

Deriv. *Escudillar; escudillador* (para la alteración *escullador*, vid. *ESCULLIR*).

Escudir, V. *escodar*

ESCUDO, del lat. scŭtum íd. *1.ª doc.: Cid.* Frecuente en todas las épocas.

Deriv. *Escudar* [J. Ruiz, 1083c; Nebr.; etc.]; *escudado. Escudaño,* alav. *Escudero* [doc. de 1011, Oelschl.; *Cid;* etc.]; *escuderaje; escuderante; escuderear; escuderete; escudería; escuderil; escuderón. Escudete* [Nebr., s. v. *escudete* e *inxerir,* en las acs. 'nenúfar' e 'injerto'], probablemente tomado del cat. o del oc. *escudet* 'escudo pequeño', 'injerto de escudete'. *Escudillo. Escusón* [como término heráldico, Terr.], tomado del fr. ant. *escuçon* (hoy *écusson*) íd., derivado de *escu* 'escudo'. *Escuyer* [Acad. ya 1843], del fr. antic. *escuyer* (hoy *écuyer* 'escudero').

Cpt. *Escutiforme,* compuesto culto con el lat. *forma.*

ESCUDRIÑAR, del antiguo *escrudiñar,* procedente del lat. vg. *SCRUTINIARE íd., derivado de scrŭtinium 'acción de escudriñar o visitar', y éste de scrŭtari 'escudriñar, explorar, rebuscar'. *1.ª doc.: escodriñar,* 1076 (grafía imperfecta), doc. citado por Oelschl.; *escodriñar,* Berceo; *escrudiñar, 1.ª Crón. Gral.,* cap. 908, y *Canc.* de Baena, p. 336; *escudriñar,* APal., 19d, 66d, 149b, 441b.

La forma con *o,* debida a ultracorrección, se halla asimismo en Juan Manuel (ed. Rivad., 329; ed. Knust, 260.19; *ascodriñar* en el mismo autor, *DHist.*), en la *Vida de San Ildefonso* (Rivad., 298), en el *Canc.* de Baena (W. Schmid), en los glosarios de Toledo y del Escorial (*-ñal*), y todavía en APal., 117d; una forma con dilación vocálica (como *zurujano<cirujano*) estuvo en uso: *escudruñar,* en la *Gr. Conq. de Ultr.,* 236, Vidal Mayor, glos., y en Nebr. (más datos de ésta y las otras da Malkiel, *AGI* XXXVI, 65, n. 63), gall. ant. *escodruñar,* Ctgs. 175.32, 329.71. Las variantes semánticas son de escaso relieve. Este verbo sólo ha vivido en castellano y en el port. *escudrinhar,* muy frecuente, por lo menos, desde princ. S. XVI (con variantes alteradas *esculdrinhar* y *esquadrinhar,* aquélla por influjo del sinónimo *esculcar*) y gall. *escudrumar* 'escudriñar con la vista' (quizá partiendo de los citados *escudruñar, esculcar* y *esculdrinhar* con influjo de *escolmar,* vid. COLMO). Es muy dudoso que sea vocablo genuino en catalán, y no existe en los demás romances[1]. En latín se ignora la cantidad de la primera ĭ (pues SCRUTINIUM sólo aparece en prosa), pero el romance indica que sería larga; un verbo *scrutinare* figura en la Vulgata.

Deriv. *Escudriñable. Escudriñador* [APal., 358b]. *Escudriñamiento* [-uñ-, Nebr.]. El *escudriño* que como antiguo cita la Acad. (ya 1843) no me es conocido en romance. *Pescudar* 'preguntar, inqui-

rir' [Berceo, *S. M.* 239; Leyes de Moros del S. XIV ó XV, *Memorial Hist. Esp.* V, glos. pp. 427ss.; Nebr.; Juan de Padilla (1521), *Triunfo* II, iv, 16g; pero *perscudar* ya se anticuó en el S. XVI y Juan de Valdés, *Diál. de la L.,* 115.3, ya desaprueba su empleo; aunque Tirso, *El Vergonzoso en Palacio,* y Lope, *El Mejor Alcalde el Rey* I, xii, ed. Losada, p. 204, y otros autores de los SS. XVI-XVII, lo ponen todavía en boca de rústicos, vid. Gillet, *Propal.* III, 739], de *PERSCUTARE,* disimilación de PERSCRŬTARI 'escrutar, registrar'; *pescuda* 'pregunta' [Nebr.; J. de Valdés]. Son cultismos los siguientes. *Escrutar* [menciónalo Fz. de Villegas en 1515, pero más bien como voz latina que castellana (C. C. Smith, *BHisp.* LXI); Acad. 1884, no 1843], del citado *scrutari; escrutador* [Acad. ya 1843]; *imperscrutable. Escrutinio* [1572-91, Luis de Babia], del citado *scrutinium;* por cruce de *escrutinio* y *escudriñador* se formó *escrutiñador,* que se lee en ciertas ediciones del *Quijote,* pero en la edición príncipe (I, vii, fº 21 rº) figura *escrudiñador.*

[1] Lo registran ciertos diccionarios mallorquines y lo rechazan por lo común los del País Valenciano y del Principado; sin embargo, le dió entrada Fabra (*escudrinyar*), fundándose sin duda en los varios testimonios antiguos registrados por Ag. De ellos, los tres últimos pertenecen ciertamente al S. XVI, también el primero a juzgar por el lenguaje. Los otros dos son, aunque Ag. no lo diga, de Antoni Casals, que tenía predilección por este vocablo (otros dos ejs. del mismo: «pugar-se'n al sobiran cel per *escudrinyar* lo consell de Déu», *Libre de Providència,* p. 95; *escodrinyar* allí mismo, p. 120.1); Canals escribía h. 1400, pero era valenciano y empleó algunos más vocablos sospechosos de castellanismo. Hoy, por lo menos en Cataluña, se percibe *escudriñar* como vocablo castellano, y tiene uso rarísimo frente al castizo y popular *escorcollar.* Por otra parte, la metátesis de la R en la posición que la observamos en nuestro vocablo es fenómeno tan corriente en castellano como extraordinario en catalán. Creo decididamente que es castellanismo: el *escudrinyar* empleado en la industria corchotaponera (*BDC* XIII, 112-3; Griera), en el sentido de 'seleccionar tapones', no puede invocarse en contra, ya que puede ser castellanismo técnico, o tomado del lenguaje de los marinos de cabotaje, hoy muy acastellanado. M-L. en el *REW* cita un oc. *escudrinhar,* que no existe (falta Levy y Raynouard; la fuente es Diez, que lo da como provenzal moderno, pero falta en Mistral), y el it. *scrutinare,* que es cultismo procedente del *scrutinare* de la Vulgata.

ESCUELA, del lat. schŏla 'lección', 'escuela', y éste del gr. σχολή 'ocio, tiempo libre', 'estudio', 'escuela'. *1.ª doc.: escola,* doc. mozárabe de 1192 (Oelschl.); *escuela,* Berceo.

Frecuente en todas las épocas del idioma; pero algunas de las formas romances (fr. *école*, port. *escola*) muestran tratamiento fonético semiculto, indicio de que aunque el vocablo debió emplearse continuamente y sin interrupción desde la época imperial, se hallaría, como es natural, bajo el influjo de la forma latina. En el *Cid* aparece cinco veces la voz *escuellas*[1] en el sentido de 'sequito de un señor' o 'mesnadas que hacen la guerra con él', y en el mismo sentido se halla *schola* en varios documentos españoles en bajo latín, pertenecientes a los SS. X y XI; de la misma manera se emplea *schola* en el bajo latín portugués del S. XII, y todavía en la 2.ª mitad del S. XV emplea un par de veces Azurara la forma masculina *escol*; según indicaron Cornu (*Rom*. XIII, 301-2) y M. P. (*Cid*, pp. 655-6), este uso aparece ya en el Bajo Imperio, donde *schola* es 'compañía, división o cuerpo de ejército' para Vegecio, 'guardia del Palacio' para Procopio, y 'corporación o compañía' en el Código de Justiniano. Esta ac. pudo desarrollarse espontáneamente en latín, partiendo de 'conjunto de discípulos', de donde 'acompañamiento', 'cuerpo militar escogido', pero es más probable que se deba al influjo del germ. *SKŬLA 'división' (verbo *SKELAN 'dividir'), representado por el sajón ant. *skola* 'tropa', neerl. med. *schole*, neerl. *school* 'multitud', 'bandada de peces', ags. *scolu* 'tropa', 'multitud', ingl. *shoal* 'bandada de peces', 'multitud de personas', según apuntó Holthausen, *ZRPh*. XXXIX, 494[2].

DERIV. *Escolano*, arag., 'discípulo', 'sacristán', 'acólito', 'monaguillo' [Berceo; *Apol*., 286*b*], =cat. *escolà* íd.; *escolanía*. *Escolar* [Berceo]. Tomado del fr. ant. *escolier* 'sabio' (> ingl. *scholar*) el gall. *escoler* «el que creen ser *nubero* y *nigromántico*, o que es muy feo» (Sarm. *CaG*. 64*r*); gall. *escolar* 'enseñar la doctrina a los chicos', 'examinarlos de ella' (Sarm. ibid. 211*v*). *Escolaridad*; *escolariego*; *escolarino*. *Escolástico* [Nebr.], tomado del lat. *scholasticus* y éste del griego σχολαστικός íd.; *escolástica*; *escolasticismo*. *Escolio*, tomado del gr. σχόλιον 'explicación, comentario, escolio'; *escoliasta*; *escoliar*, *escoliador*.

CPT. *Escolapio*.

¹ Mz. P., p. 181, con razón declara inexplicable la -*ll*-: no es sostenible admitir, con él, que se trate de una mera grafía imperfecta, por más que haya algún caso comparable, pero esporádico en el ms. de Per Abbat, pues aquí se trata de una forma constante. Puede tratarse de la adaptación de la λ griega como -LL- en latín vulgar, de lo cual tenemos casos probables como *muelle*, cat. *moll* < μῶλος o *mollicina* junto a *molucina* < μολοχίνη y sobre todo el caso bien conocido e importante de CALLARE 'callar' < χαλᾶν. O bien habría influjo del sinónimo y parónimo *sequēla* 'séquito', que era más bien *sequēlla* en la E. Media (cf. *querella*, *gamella*, *camello*, etc.).— ² El vocalismo castellano *ue* prueba que no es

mero descendiente de la forma gótica, que habría sido *SKŬLÔ, sino del lat. SCHŎLA, con trasfusión del significado de este vocablo gótico.

ESCUERZO, 'sapo', origen incierto, probablemente emparentado con el cat. *escurçó*, it. dial. *scorzone* 'víbora', mozár. *'uškurǧûn* 'erizo', logud. *iscurtone* 'animal ponzoñoso mítico', que proceden del lat. vg. *EXCŬRTIO, -ŌNIS, lat. tardío CŬRTIO, -ONIS, 'víbora', derivado de CURTUS 'corto' por el tamaño reducido de esta culebra; el sapo pasaba por ser animal tan venenoso como la víbora. *1.ª doc.*: *escueso*, fin del S. XIII, *Elena y María*, *RFE* I, 58; *escuerço*, J. Ruiz, 1544*c*¹, Nebrija².

En *Elena y María* rima con *pescueço*, y como este ms. confunde *s* con *ç*, se trata de una grafía equivalente a *escueço*³. Es vocablo menos frecuente que su sinónimo *SAPO*; confirman Percivale (1591: «a toade»), Oudin y Covarr., y lo emplearon Laguna (1555) y Ovalle (1644), ambos insistiendo en el carácter venenoso del *escuerzo* (citas en *Aut*.); también lo empleó C. de Castillejo (Fcha.); hoy es palabra viva en la Arg.[4], y *escurcio* en Santander (G. Lomas, 1.ª ed.). Diez, *Wb*., 449, relacionó con el it. *scorzone*, y derivó ambos del it. *scorza* 'corteza de árbol', por lo rugoso de la piel del sapo; pero hoy sabemos que el it. ant. y dial. *scorzone*⁵ y el cat. *escurçó*⁶, ambos 'víbora', proceden del latín de glosas CURTIO íd. (*CGL* III, 444.64, 484.61, 305.17, 517.66; II, 576.5), o más precisamente de *EXCURTIO, -ONIS, que está respecto de aquél en la misma relación que el lat. vg. EXCURTUS (> rum. *scurt*, alb. *škurtę*, a. alem. ant. *scurz*, ags. *scéort*, ingl. *short* 'corto') con el clásico CURTUS, pues a pesar de las reservas de Walde-H. y Ernout-M. no hay por qué dudar de que CURTIO viene de CURTUS, por ser la víbora una culebra de escasa longitud. M-L., *REW* 2420, ha aceptado esta etimología para el italiano y el catalán, pero separando de ellos el cast. *escuerzo* lo coloca, fiel a la idea de Diez, en su artículo SCORTEA '(cosa) de piel', de donde procedería el it. *scorza*, fr. *écorce*, cat. *escorça* 'corteza'. El escrúpulo semántico que conduciría a esta separación puede eliminarse teniendo en cuenta: 1.º que el sapo pasa por ser animal muy ponzoñoso, como he documentado arriba, y se le relaciona popularmente con la víbora⁷; 2.º que se ha vacilado repetidamente en el significado del vocablo, así en Castilla como en Cataluña y en Italia, y el arag. *escurzón* (Coll A.), aran. *escurçon* 'escorpión', así como el mozár. *'uškurǧûn*, definido como 'erizo' por R. Martí, Abenǧólǧol y Abenbeclarix (Simonet, s. v. *oxcorchón*), nos aportan otras pruebas; 3.º que a menudo el vocablo designa un animal más o menos fantástico o fabuloso, como ocurre en Cerdeña (Spano, s. v. *iscurtone*), en Chile y en la Arg. Fonéticamente no hay dificultad en el tratamiento -ŬRTIO > cast. -*uerzo*, con trasposición de la ı postónica, comp.

NASTŬRTIUM *nastuerzo*, VERECŬNDĬA *vergüenza* (y
V. lo dicho en este artículo); la trasposición es sobre todo muy comprensible si se trata de un
semicultismo de magos y hechiceros. El piam.
scurs citado por Wartburg parece ofrecer otro
caso del vocablo en forma correspondiente al nominativo latino y no al acusativo, igual que en
castellano[8]. Es el nombre del sapo, en la forma
escuerzo, en bastantes puntos de Castilla la Vieja,
Guadalajara, Cuenca y Aragón, *escorzo* en la
Rioja, Almazán, Guadalajara, Cuenca, C. Real
y Huesca, *escarigüerzo* en algún punto de Asturias, *RDTP* IV, 482-3. Otras variantes dialectales en *GdDD* 2541: casi todas necesitan comprobación crítica (no existen cat. **escursa*, **escor-
sa*, etc.), muchas de ellas pertenecen a familias léxicas independientes (para *liscranzo*, vid. *ALI-
CANTE*), en otros casos sería concebible que vi-
nieran de *escuerzo* por evolución fonética (¿> **es-
cluerzo* > **escal(g)üerzo* > *escalabuerzo* > ast.
escalamuerzo?), pero quizá en realidad constituyan
vocablo independiente, tal vez en relación con el
tipo desconocido **ALADŎDIU, -ŎLIU (> **ANADOLIU
por disimilación), que postulan de concierto los
nombres de la culebra de cristal en cat.-oc. (*anull*,
naduelh, etc.) y en asturiano (*alagüezo*); también
en el leonés de Sajambre hay variantes *alagüeyo*,
aragüeyo, *aragüezo*, etc. (vid. Fz. Gonzz., *Oseja*);
desde luego es inadmisible la etimología **HELI-
COCEUS 'arrollado' de *GdDD* 3232.

DERIV. *Escorzonera* [*escuerçonera*, Monardes,
1565; *escorzonera*, 1575, A. de Morales; 1611,
Covarr.], tomado del cat. *escurçonera* [1587, *Libre de la Pesta*], derivado de *escurçó* 'víbora', por
emplearse esta hierba como contraveneno de su
picadura; el origen catalán está atestiguado por
Covarr. y Oudin, vid. Spitzer, *MLN* LVI, 243-4;
de donde el vocablo pasó también al fr. *scorzo-
nera* (nótese -*era*) y de ahí al fr. *scorsonère* [1670][9];
muy poco agrega Colón, *Enc. Ling. Hisp.*, pp. 205-
206.

[1] Increpando a la Muerte dice J. Ruiz: «nunca
das a los omes conorte nin esfuerço, / sy non
des que es muerto, que lo coma el *escuerço*»;
las demás rimas son *fuerço* y *mastuerço*. El significado parece ser más bien 'gusano' que 'sapo'
(cambio de sentido que estaría conforme con la
vacilación semántica a que me referiré); sin embargo, no es imposible que existiera la idea de
que también los sapos, animal repugnante, co-
mían cadáver. En lugar de esta lectura de *G* y
T, el ms. *S* lee *cogüerço*; evidentemente porque
este copista no conocía la palabra *escuerzo* o
se le antojó mal aplicada, y pensó impertinente-
mente en el *cogüerzo* o banquete fúnebre donde se comía en honor de un difunto. Algunos
romanistas han citado, a base de esta lectura, un
supuesto *cogüerzo* 'sapo'. Quizá de todos modos
podemos atender a las formas leonesas algo coincidentes *cogüerzo* y ast. *escarigüerzo* y *escala-

muerzo, y admitir que la variante de *S* (aunque
ajena a J. Ruiz) no es un error individual, sino
fruto de un cruce real con *cogüerzo* (vid. *CO-
GORZA*), por la idea de los sapos y culebras
que devoran un cadáver («ya me comen, ya me
comen, por do más pecado había» se oía cerca
del sepulcro de Don Rodrigo, según la fúnebre
leyenda). Quizá desde la idea de 'ser repugnante'
se pasaría al gall. merid. *congorzo* 'hombre alto
y mal hecho' (hacia Celanova, Sarm. *CaG.* 153*v*),
'palurdo, rústico' (coplas de Sarm. n.º 733), palabra que los diccionarios gallegos han estropeado
o mal interpretado fantásticamente (vid. Pensado,
ibid., pp. 71-72).— [2] «*Escuerço* o *sapo*: bu-
fo».— [3] «El tu barvjrrapado / que sienpre anda en su capa cerrado, / que la cabeça e la bar-
va e el pescueço / non semeja senon *escueso*».—
[4] La emplea el cuentista popular B. Lynch, *La
Nación*, 1-I-1940; un romance popular de Córdoba enumera «víboras, ranas y zapos, / *escur-
zos* y lagartijas» (I. Moya, *Romancero*, II, 319-
20), donde la falta de *e* se deberá sólo a errata.
Según se ve por este texto y por la definición
que cito arriba, se diferencia del sapo corriente.
El chileno *sapo fuerzo* parece ser ultracorrección
de ** ejuerzo* < **esgüerzo* (tanto el paso de *sg*
a *j*, como el de *jue* a *fue*, son frecuentes en este
país). Lo define Vicuña Cifuentes: «animal mitológico que se diferencia de los demás sapos en
que tiene el dorso revestido de una concha análoga a las tortugas... brilla en la oscuridad como
luciérnaga y tiene la vida tan dura que, para que
muera, es necesario reducirlo a cenizas» (*Mitos
y Supersticiones*, p. 85). Es posible que el ast.
escalamuerzu 'lagarto' sea debido al cruce de *escuerzo* con otro vocablo; según Rato, *calaborra*
sería lo mismo: si éste viene de **calamornu*,
ahí tendríamos este otro vocablo (comp. *ESCA-
LABORNE*).— [5] Documentado en el S. XIV y
en 1559, Vidos, *ARom.* XV, 471. De aquí pasó
esporádicamente a algún viajero y a algunos lexicógrafos franceses, *FEW* II, 1585*a*; también a
dialectos occitanos fronterizos. En Italia se documenta en varias hablas del Norte, en Luca, en
el cilentano *skurtsoṇe* «maschio della vipera»
(Rohlfs, *ZRPh.* LVII, 445); también sic. *scursuni*
y campid. *scruzzoni*, pero éstos me parecen, por
razones fonéticas, catalanismos.— [6] «Serps, *escur-
sons*, calàpets, vípares e de tots afarams», Antoni
Canals (valenciano, h. 1400), *Scipió e Aníbal*,
p. 44; «escorpions, / serps, *escurçons*», Jaume
Roig (íd., 1460), *Spill*, v. 8468. El lexicógrafo valenciano Sanelo (S. XVIII) definió *escurçó* como
«alacrán, sabandija ponzoñosa», pero luego sustituyó esta definición por «escuerzo»; es probable
que lo mismo él que Escrig, que también define
'alacrán' su *escursó*, tuvieran información deficiente. Según García Girona, en el Bajo Maestrazgo y
en otras partes de esta comarca el *escursó* es 'víbora'; en Benassal se dice *alcursó*, también hacia

Alcoy («dels alacrans en lo piu-piu, de les serps, sacres y *alcursons* giulant», M. Gadea, *Tèrra del Gè* I, 278), y en otras partes del País Valenciano (*BDC* IX, 19), pero el Sr. Giner i March me señala *escursó* en Jijona, Alcoy y Teulada. En Cataluña *escurçó* es muy conocido en todas partes como nombre de la víbora, y suele escribirse *escorçó*, debido a la confusión de *o* pretónica con *u* en el catalán oriental, que condujo la grafía oficial a modelarse por el italiano; pero he oído el vocablo en numerosos pueblos de dialecto occidental y siempre con *u* (Tor, Àreu, Farrera, Tavascan, Esterri de Cardós, Estaon, Granyena de les Garrigues, Pobla de la Granadella, Margalef, Bellmunt, Capçanes y Ascó). Esta *u* general es lógica, pues corresponde a la *u* de *curt* 'corto'.— ⁷ Además de los textos catalanes ya aducidos, véase la definición que da Segovia del *escuerzo* argentino: «especie de rana-sapo, verde, de regular tamaño, que a medida que se irrita se va hinchando hasta que concluye por estallar a pedazos. *Ceratophrys ornata*. La víbora le ataca siempre, y tras una dramática lucha, concluye ordinariamente por devorarlo». Claro que esto es folklore y no zoología, pero al lingüista le interesa más aquél que ésta.— ⁸ «Una segur et duos *escorçus*» en un inventario de Toro, h. 1050 (M. P., *Oríg.*, 29), no tiene que ver con *escuerzo*: es la misma palabra que el port. ant. *escorço*, especie de vasija, equivalente de *corticeira*, según Fig. Será derivado del citado tipo galo e italorrománico *écorce* ~ *scorza* 'corteza'. Vall. no confirma la existencia del gall. *escorzo* 'escuerzo', que citan algunos.— ⁹ El cast. *escorzón* 'escuerzo' registrado por la Acad. [ya 1843] es el cat. *escurçó*, mal entendido. El cast. *escorzuelo* 'granito en el ojo', que M-L. (*REW* 7742) cita con *escuerzo*, falta en los diccionarios, por lo menos en los fidedignos. Hay confusión con *ORZUELO*.

ESCUETO, 'libre, despejado, desembarazado', palabra exclusivamente castellana y documentada tardíamente, de origen incierto; quizá del b. lat. *scotus* 'escocés', que parece haberse aplicado a los hombres libres que viajaban expeditos, por la costumbre de dedicarse a la peregrinación, muy extendida entre los escoceses; pero la escasa documentación medieval relativa a esta cuestión, en Castilla, obliga a formular esta hipótesis con la mayor reserva. *1.ª doc.*: Covarr., «escueto, vale essento, desembaraçado, justo y ceñido; ver, supra, *escotar*».

Luego este lexicógrafo, sin dar otras pruebas, quería derivar *escueto* del verbo *escotar* 'hacer cortes a un vestido por la parte del cuello o de los hombros'; le imitó Oudin, que no habiendo recogido la palabra en su primera edición, de 1607, en la de 1616 agregó el vocablo definiéndolo «libre, exempt, desembaracé, habillé court et à la légère, bien ceint et troussé». Por la misma época halla-

mos el vocablo ya en uso, en el *Rinconete y Cortadillo* (1613, *Cl. C.*, p. 134): «traía el uno una camisa de color de camuza... recogida toda en una manga; el otro venía *escueto* y sin alforjas, puesto que en el seno se le parecía un gran bulto... que era un cuello de los que llaman valones»; 'sin alforjas', es decir, 'sin equipaje', es exactamente el matiz del derivado *escotero* «que camina a la ligera sin llevar carga ni otra cosa que le embarace» [*Aut.*], hoy en Asturias *escoteru* «el que viaja solo sin cargos ni obligaciones; lat. *expeditus*» (Rato), port. *escoteiro*, hoy vivo en Mozambique y en varios estados del Brasil, pero documentado en Portugal desde Jerónimo Ribeiro, en 1587 (Fig.)¹. Voz anticuada en el cast. general, se emplea en el sentido anotado, además de Asturias, en la Costa Atlántica de Colombia: «cuarquié día me latgo [= largo] y no tengo ná que lleváme... Pa eso ando *ecotero*» Ed. Zalamea Borda, *Cuatro años a bordo de mí mismo*, Bogotá 1934, p. 134; además según Sundheim se dice de la mujer que no tiene hijos y del ganado que no tiene rastra. Varios amigos colombianos me aseguran que se emplea también en departamentos del Interior. Más frecuente que esta ac. material de *escueto* es, desde el principio, otra más abstracta, y la única hoy usada, 'seco, estricto, sin adornos ni ambages': «Teresa me pusieron en el bautismo, nombre mondo y *escueto*, sin añadiduras ni cortapisas, ni arrequives de Dones ni Donas» (*Quijote* II, cap. v); véase en *Aut.* otra cita, de Quevedo. Faltan del todo los testimonios probatorios de que *escueto* se aplicara a la forma del vestido, según pretende Covarr. para apoyar su etimología, y el testimonio de Oudin, que pareció apoyo firme a Spitzer (*Lexik. a. d. Kat.*, 54n.), pierde toda fuerza una vez que sabemos que la mayoría de los añadidos de su edición de 1616 están sacados de Covarr., al cual traduce al pie de la letra en nuestro caso.

Que del tardío verbo *escotar* (derivado de *cota*) se pudiera derivar un adjetivo *escueto* sería bastante extraordinario en castellano, y la falta total de formas diptongadas en *cota* y en *escotar* acaba de persuadirnos de la falsedad de esta idea. Menos aventurado sería admitir que el cast. *escueto* es una adaptación del cat. y oc. *esclet*, de significado idéntico, y ya frecuente en la Edad Media²; el timbre velar de la *l* catalana habría sido imitado imperfectamente por medio de una *u* castellana. Sin embargo, esta explicación fonética es aventurada, pues no se pueden citar ejs. comparables, y el timbre velar de la *l* está menos acentuado ante vocal que en fin de sílaba.

No podemos dejar de atender esta vez a una sugestión de Cejador, en cuyo Vocabulario Medieval se lee el artículo «*Escoto*, hombre libre, hoy *escotero* y *escueto*, del que va solo. *Fuero lat. de Castrojeriz*». Se refiere al pasaje siguiente de este fuero del año 974 (Muñoz Romero, *Col. de Fueros y Cartas Pueblas*, p. 37): «Damus ad illos Caballeros ut... populentur suas hereditates ad avenientes et *escotos*, et habeant illos sicut infanzones», lo cual traduce así el fuero romanceado de la misma población (a. 1299): «que puedan poblar sus heredades de homes *forros* e avenedisos, e que los puedan haber por vasallos así como los han los fijos dalgo de Castiella» (p. 44). Siendo *escoto* sinónimo de *forro* (*horro*) designaría 'el hombre no esclavo' o 'el que habiéndolo sido alcanzaba la libertad', y era fácil que, como *horro*, llegara a significar 'libre, exento, desembarazado' (ac. 2.ª en el dicc. académico). Por otra parte es fácil que en nuestro caso se hubiese pasado de 'expedito' a 'libre' y no al revés. Ahora bien, los *scoti* o escoceses, incluyendo algunas veces en este nombre a los irlandeses y a los ingleses, confundidos con ellos, eran famosos en la Edad Media como peregrinos, que viajaban, en demanda de los santuarios, por toda la Europa occidental, como nos lo enseña la documentación reunida por Du C.: «Scoti... de finibus Hiberniae per universum orbem, diris saepe frigoribus ac aestivis solibus peregrinantur» en la Vida del Beato Mariano de Ratisbona, «Ante Brito stabilis fiet, vel musio muri / Pax bona, quam nomen desit honosque tuum» en un poeta medieval citado por Baluze; Stephanus Eddius, h. el año 700 ya se hace eco de las peregrinaciones habituales de los británicos, y el alemán Gretzer nos describe los Hospitalia Scotorum erigidos en toda Alemania para recibir la gente de esta nación, ya mencionados en un capitular de Carlos el Calvo; el escocés era comúnmente mirado como peregrino y vagabundo, con todos los vicios inherentes a esta calidad, según una fórmula baluziana, que le nota de mentiroso y le compara con bandidos, asesinos y músicos callejeros: «vadit tanquam latro, ad aura psallit, ut *Escotus* mentit, semper vadit tor(i)tus, et occidit quod nunquam vidit». Estos *escotos* bien podían ser los forasteros o advenedizos admisibles como vasallos de los hidalgos de Castrojeriz, y siendo peregrino el escoto, es natural que viajara expedito, horro o *escueto*. La diptongación de la o tónica, en un vocablo del bajo latín que se pronunciaría con o abierta, según era general en el latín de la Edad Media después de la reforma carolingia, no puede sorprendernos mucho, cuando este vocablo ya se había popularizado en Castilla en el S. X, y por otra parte entraría demasiado tarde para sufrir la sonorización de la -T- intervocálica. Para otras consecuencias lingüísticas de las peregrinaciones medievales a España, V. *GALLOFA* y *BRIBÓN*. Me apresuro a reconocer que convendría documentar esta hipótesis mejor de lo que permite la escasísima información que está a nuestro alcance sobre la palabra *escueto;* tanto más cuanto que ignoramos qué se hizo del vocablo en el largo período desde el S. X hasta el XVII.

DERIV. *Escotero*, vid. arriba.

¹ No sería inverosímil en principio derivarlo de *escote*, según quiere Moraes, porque el escotero va a comer y hospedarse en las posadas, pagando escote. Pero *escotero* es evidentemente inseparable de *escueto*, y una derivación regresiva en el caso de este último es increíble, tanto más cuanto que *escote* y su derivado *escotar* nunca han tenido diptongo *ue*.— ² Es vivo en Tortosa (*BDC* III), lo emplea el tarragonense Narcís Oller («—¿Que ha pres mal el Moreno?—s'atreví a preguntar en Pere, tot alarmat. L'Escanyapobres respongué amb un 'no' *esclet*», 'seco', *Obres Completes* I, 236), y es frecuente y muy extendido, aunque hoy no tiene curso en Barcelona. La ac. antigua es más bien 'puro': «del pits... *esclet*, blanxet e clar», en un *Conte d'Amor* de h. 1400 (donde A. Pagès quisiera arbitrariamente corregir *estret* 'estrecho', *Rom.* XLII, 185). En lengua de Oc figura ya en el *Donatz Proensals*, h. 1240, traducido «purus», y hoy lo hallo en el mismo sentido o en el derivado 'exactamente parecido' en diccionarios dialectales del Lemosín (*esclech, escrech, esclé*, fem. *escletso*, en Béronie y en Laborde) y de los Alpes (*esclet* en Arnaud-Morin y en Chabrand, *escrèt* en Honnorat). Claro está que es lo mismo que el it. *schiètto* 'escueto', y que viene de un fráncico *SLÍHT* = alem. *schlicht*, 'sencillo, puro, escueto'; el gót. SLAÍHTS que admite Gamillscheg (*RFE* XIX, 240; *R. G.* I, 390), podría convenir para el italiano, pero no para el catalán ni la lengua de Oc, donde la E breve y abierta del gótico (= AÍ) haría esperar cat. *esclit*, oc. *escliech* (*-ieit*).

Escueznar, escuezno, V. *esconce*

ESCULCA, 'espía, vigía, explorador', ant., del lat. tardío SCULCA íd., derivado de *SCULCARE 'explorar', tomado del germ. *SKULKAN (dan. *skulke* 'estar al acecho', 'ir furtivamente', sueco *skolka* 'espiar, acechar', 'hacer novillos, faltar a la escuela', noruego *skulka* 'acechar', 'dar miradas adustas o lúgubres', de donde el ingl. med. *skulken*, ingl. *sculk* 'ocultarse'), de la raíz SKUL- (isl. *skolla*, neerl. *schuilen*, b. alem. *schulen* 'ocultarse', ingl. *scowl* 'mirar airadamente'). 1.ª doc.: 1251, *Calila*, ed. Allen, 181.147.

Tiene el matiz de 'espía' o 'explorador internado en tierra enemiga' («non me rrespondió, e tove que era *esculca*, e fízelo prender e poner en la prisión»), que se opone al de *escucha* 'centinela en el frente de lucha' («tengo por bien de aguciar nuestros atalayas e nuestras *escuchas* entre nos e nuestros enemigos», ibíd., 97.37), por lo cual es muy dudoso, aunque sería posible, que este último sea alteración de *esculca* por etimología popular¹. *Esculca* se halla también en la *Hist. Troyana* de h. 1270, en el *Cuento de Otas* (fº 57vº), y en muchos textos de los SS. XIII-XV (hasta el *Regimiento de Príncipes*, 1494, y *Enrique Fi de Oliva*, 1498), después cae en desuso; también port. *esculca* en docs. de 1086 y 1286, hoy conservado en la toponimia del Norte de Portugal (Silveira, *RL* XXXV, 82-83); para documentación detallada, vid. mi nota en *RFH* VI, 226. Derivado de *esculca* o más bien descendiente directo del verbo germánico es *escular* 'registrar, indagar, escudriñar', documentado solamente desde Hernando de Talavera, *NBAE* XVI, 50a: «Murmuraron los amonitas contra el rey David, diciendo que no enviara David sus mensajeros por consolar a su rey sobre la muerte de su padre, mas a *escular* la tierra para ge la tomar», *Reg. de Príncipes* (1494), en Bibl. judía de Ferrara (1553), también en Quevedo, y hoy usual en el Centro y Oeste de Asturias, en Alburquerque (Extremadura), en Andalucía (Acad., después de 1899), en judeoespañol y en todos los países americanos ribereños del Caribe, así como en Galicia[2] y en Portugal (ahí deformado en *enculcar* o *inculcar*, por confusión con esta otra palabra); ast. *escucar, esclucar*, 'atisbar, espiar' (V)[3]; de ahí el dominicano *escurcutear* o *curcutear*, venez. *curucutear*, y aun quizá ecuat. *cucarachar* 'registrar, rebuscar' (Lemos).

Scolca 'espía' se emplea en el italiano de Pisa y Luca, de donde pasó al sardo ant. *scolca* 'organización defensiva y política de un pueblo', y el gr. biz. (σ)χοῦλχα se halla desde el S. VII (*Neuphil. Mitt.* XVI, 174; *ZRPh.* XXXV, 438-9, 443); en latín aparece *sculcae* en 592 y *exculcatores* en el mismo sentido de 'tropas escogidas que sirven de exploradores' en Vegecio (h. 400)[4] y en otros textos del Bajo Imperio. La etimología germánica en último término parece segura, vid. Jud, *Rom.* XXXVII, 460-1; Gamillscheg, *R. G.* I, p. 392; *REW*[3], 7753a; Skeat, s. v. *scowl* y *sculk*. La grafía *exc-* se debe a una falsa etimología, que algunos han defendido modernamente, pero no es aceptable semánticamente la relación con EXCULCARE 'exprimir el mosto pisando las uvas' ni es verosímil suponer que este derivado de CALCARE 'pisar', pasando por 'seguir la pista' pudiese llegar a 'espiar', pues difícilmente se armonizaría esto con el prefijo EX-; tampoco es probable en palabra tan temprana, y usual en Oriente, una síncopa temprana del verbo COLLOCARE, como la ocurrida en el fr. *coucher*, con el significado de 'montar guardia afuera' (comp. lat. EXCUBIAE), según quería Mikkola.

DERIV. *Escular*, vid. arriba.

[1] Como suele admitirse que el it. *scolta* es paralelamente deformación de *scolca* (así *REW*).— [2] 'Buscar con la vista, avizorar', 'escudriñar': «os seus ollos *esculcaban* no mar as terras deixadas pola popa», «a miña nai *esculcábame* cavilosa» Castelao 165.17, 195.8, 228.7.— [3] En el mismo sentido exactamente en valenciano, donde puede ser mozarabismo, pues no tengo otras noticias de la existencia en catalán: *escucar* es «espiar; mirar curiosament i dissimulada» en Benassal (Maestrazgo). Definición que inspira más confianza (entre otras razones porque allí tuvo el

AlcM informadores tan precisos como G.ª Girona y Carles Salvador) que la de «netejar de cucs» (desgusanar) que el propio dicc. atribuye a Onda guiándose por un uso mallorquín, lo cual puede ser cierto, pero debido al secundario influjo del cat. *cuc* 'gusano'. El caso es que también en el Sur, en el Valle de Albaida, debe de existir una acepción como la de Benassal, a juzgar por el nombre de lugar de un barranco en Castelló de Rugat, *Racó de la escucadora*, quizá en el sentido de 'vigía, atalaya' o en el de 'lugar de acecho'.—[4] Otros han leído *scultatores* en este autor. Lo más probable es que sea error de lectura, lo mismo que el antiguo *esculta* que registra la Acad. Comp., por lo demás, lo dicho acerca del it. *scolta*.

Esculcar, V. *esculca*

ESCULPIR, tomado del lat. imperial *scŭlpĕre* íd., alteración del lat. clásico *scalpere* 'rascar' y 'esculpir', por influjo de los derivados como *exsculpere* e *insculpere*. 1.ª doc.: APal., 68d, 199b, 219b; Nebr. («*esculpir, cavar en duro*: scalpo»); Garcilaso, son. XXX, v. 10.

Frecuente desde los clásicos (*Aut.*), pero siempre culto. Para la formación y fecha del lat. *sculpere*, vid. Ernout-M. Góngora empleó un participio irregular *esculto*, que está ya en J. de Mena (Lida, p. 397). *Escultor* [h. 1600, Mariana], tomado de *sculptor, -oris*, íd.; antes se dijo *esculpidor* (APal., 59d; Hernán Núñez de Toledo; Nebr.); *escultórico*. *Escultura* [1613, Góngora; Lope], tomado de *sculptūra* íd.; Nebr. registra *esculpidura*; *escultural*. *Insculpir*.

Escylumioso, V. *escolimoso*   *Escullador, escullar*, V. *escabullirse* y *escullirse*

ESCULLIRSE, 'deslizarse', 'caerse', 'escabullirse', Murcia, Almería, antiguamente *escullarse* (o *escullar*); voz de origen incierto, emparentada con el cat. *esquitllar(-se)* 'escabullirse', 'deslizarse algún objeto separándose del lugar donde se quería aplicarlo o clavarlo', 'ser resbaloso', oc. dial. *esguil·là, esquilhà*, 'deslizarse, escabullirse', it. ant. y dial. *squillare* 'deslizarse', quizá del gót. *USQUILLAN 'manar, brotar', 'escurrirse (el agua)', emparentado con el alem. *quellen*, a. alem. ant. *quëllan*, íd. 1.ª doc.: *excullado*, APal.; *escullirse, Aut.*

Se lee en este diccionario: «*escullirse*: deslizarse, caerse; es voz usada en el Reino de Murcia y otras partes; lat. *elabi*». La Acad. cambió esto en «*escullirse*: escabullirse», sin localización (ed. 1843, 1884, 1899), a lo cual ha agregado «*escullir*, intr., *murc.*, resbalar, caer» y «*escullón*, resbalón», también como de Murcia. García Soriano cita la frase «escalza y temblando *se esculle* hasta el huerto» del escritor regional V. Medina. Pero he oído frecuentemente este vocablo a gente de

Bédar (zona montañosa de Almería), donde *escullirse* es además 'escurrirse de las manos (como la seda, p. ej.)'; además gall. *esculirse* íd. (Vall.), y santand. *escullar, cullir* y *cullar* 'escurrirse, gotear' (G. Lomas), alt. sant. *escullar* «gotear; agotar», (*BRAE* XXXIII, 300), ast. *escuyar* 'escurrir el agua de una olla de castañas después de cocerlas' (V; en el Oeste *escolar*, derivado de *colar*). La variante *escullar* 'resbalar', señalada por García Soriano[1], es ya antigua, pues APal. define repetidamente *effetus* 'agotado por los partos', 'fatigado, desfallecido, esquilmado' con las palabras «*excullado*, vaziado, afloxado, fatigado» (126*d*), donde deberemos entenderlo en el sentido de 'caído, dejado caer'; and. *rescullar* 'resbalar' (A. Venceslada).

Está claro que esto no puede separarse del verbo catalán citado arriba, que en el habla común suele emplearse como reflexivo (*esquitllar-se* 'escurrirse de entre las manos [un pez, p. ej.]', 'escabullirse discretamente', 'escapar por la tangente [un instrumento]'), pero que también se oye como intransitivo en el sentido de 'resbalar, ser resbaloso' (*aquestes pedres esquitllen molt, posar sèu als pals perquè la barca esquitlli*, frases oídas en Rupit, Tavertet y Sant Pol de Mar; *esguitllada* 'resbalón', oído en Bovera); en el gascón del Valle de Arán *ezgillá-se* 'resbalar'[2], langued. *reskinlà* «glisser, patiner sur la glace», *esqilià* «fuir, se sauver», *desqilià* (es decir: *desquilhà*) «se sauver, s'en aller» (Sauvages), Hérault *resquiyà* «glisser» (Mâzuc)[3], Delfinado *squiliár* «glisser, échapper, disparaître» (Martin, *Le Patois de Lallé*, en el cual *lh* > *li*), Alpes-Cottiennes *esquiliar* «glisser sur une pente unie» (Chabrand); por otra parte, en Italia: Valdichiana (Arezzo) *sguillère* «scivolare», Versilia *sguillare*, Córcega *guillare* «sdrucciolare», Umbria *sguillarse* «sdrucciolarsi», *AIS*, mapa 847, Servigliano *sgwillà* «sguizzare» ('escapar el pez de la mano'), Bolonia *squillar*, Placencia *sguià*, Piamonte *sghiè*, Ventimiglia *sghiglià*, Menton *sguià* «scivolare», genov. *scüggià* «sdrucciolare, scivolare» (más detalles *ARom*. III, 402-3; V, 92; Pieri, *Misc. Ascoli*, 421ss.; Parodi, *Rom*. XVII, 64-65); el it. ant. *squillare* tendrá fundamentalmente el mismo sentido de 'deslizarse, escapar' en Boccaccio (*squillar fuori* hablando del fuego que salta, en el *Ninfale Fiesolano*), en Pulci († 1484, hablando de una ave que se desliza por el cielo) y transitivamente 'lanzar deslizando' («aveva una detta che *squillava* gli aguti cinquecento braccia discosto», 'tenía la suerte de lanzar los clavos a 500 brazas de distancia', en el Lasca, † 1584), aunque los diccionarios suelan dar las traducciones imperfectas 'volar rápidamente', 'arrojar'.

Me parece perfectamente claro, en contra de la opinión de Pieri, que nada tiene esto que ver con *squillare* 'sonar', sea que éste venga de *squilla* 'esquila, cencerro' o que se emparente con el ingl. y escand. *squall* 'gritar violentamente' (según prefiere Cipriani, *Rom*. XXXI, 135). Debe de tener

más razón Gamillscheg (*RFE* XIX, 254; y R. G. II, p. 153) al relacionar con el a. alem. ant. *quëllar*, 'brotar, manar', 'surgir' (alem. *quellen* íd., *quelle* 'manantial'): entonces el significado primitivo sería 'correr (el agua), escurrirse' y de ahí 'deslizarse'; no siendo voz exclusivamente italiana, como supone Gamillscheg, no deberemos partir de un longob. *QUILLAN, sino del gótico, donde el vocablo debería tener la misma forma, o más precisamente de un derivado *USQUILLAN, que incorporado tardíamente al léxico romance habría dado una forma romance con la *i* conservada y con -*tll*- o -*tl*- en catalán y en lengua de Oc. Es verdad que esta raíz no tiene gran extensión dentro de las lenguas germánicas; de todos modos la conjugación fuerte del alemán (*quillt, quoll, gequollen*) indica antigüedad considerable, el vocablo existió en anglosajón si bien en otro sentido (*collen* 'hinchado') y se señalan voces emparentadas en sánscrito (*galati* 'gotea') y en griego (βλύειν 'manar'). Los argumentos fonéticos de Spitzer (*MLN* LXXI, 378) contra la etimología germánica no valen mucho, precisamente por ser germanismo y por lo tanto voz tardía. Él sugiere una creación expresiva (comp. it. *sguisciare*, junto con *guizzare, sguicciare, -izzare*, que lo serían también, aunque expresan ideas algo diferentes), lo cual no quiero negar del todo, aunque es voz de estructura un poco complicada para que se creara espontáneamente en tantos lugares y con una misma forma fonética. De todos modos sus razones contra el germanismo no son firmes. En cuanto al cast. *escullar*, su relación fonética con *esquitllar* es de la misma naturaleza que la de *ENCONAR* con INQUINARE (véase dicho artículo). Y el cambio de *escullar* en *escullir* se debería a un influjo recíproco del que he supuesto ejerciera nuestra palabra sobre *escabolir* convirtiéndolo en *escabullir*.

[1] Al parecer sin relación con *escullar*, alteración fonética de *escudillar* recogida por la Acad. (falta aún 1899) y por García Soriano. De ahí, y no de un gót. *skúbla* 'pala' (alem. *schaufel*), viene *escullador* [Acad. ya 1843] 'vaso de lata para sacar el aceite en los molinos', como indicó Spitzer, *RFE* IX, 394n.— [2] Wartburg, *FEW* II, 568*b*, 569*b*, se equivoca extrañamente al transcribir este artículo de mi Vocabulario como *ezgilá-se*. Mi libro está en notación fonética, y se trata de una *l* geminada, como por lo demás corresponde a la -*tll*- catalana. Con otras hablas habrá cometido Wartburg el mismo error, y ello habrá contribuído no poco a convencerle de la etimología KEGIL. = fr. *quille* 'bolo', ciertamente errónea. Véase allí para más formas occitanas; también en la p. 567*b*, adonde han ido a parar algunas de estas formas.— [3] De ahí el fr. *resquiller* «s'accorder un supplément d'absence, de bon temps, de boisson» en el argot de los poilus (cita de Spitzer, *Litbl*. XLVI, 112).

ESCUNA, 'goleta', del ingl. *schooner* íd. *1.ª doc.*: Acad. ya 1843.

En cuanto al origen del vocablo inglés, que al parecer nació a princ. S. XVIII en los Estados Unidos, vid. Skeat; el holandés *schooner* parece venir del inglés y no al contrario, a pesar de la grafía fantasiosa adoptada en este idioma.

Escunsar, V. *esconce*

ESCUPIR, voz común con el cat., oc. y fr. ant. y dial. *escopir*, rum. *scuipì*, y emparentada con el port., gall. y ast. *cuspir*: éste procede del lat. CONS-PŬĔRE íd., y aquéllos probablemente de un derivado *EXCONSPUERE, que perdió la segunda s por disimilación. *1.ª doc.*: Berceo, *Duelo* 202, *S. Dom.* 692b.

También hallamos *escopir* en el *Conde Lucanor* (ed. Hz. Ureña, p. 192), Sem Tob (copla 123, ms. de la Bibl. Nac.), APal. (396b y 469b), Nebr., Lucas Fernández (ed. Acad., p. 227), etc.; *escupir* también en APal (145d). El cat. *escopir* aparece desde los más antiguos textos (*Homilies d'Organyà*, 36; fin S. XII); el fr. *escopir* se halla desde el S. XII (Wace), con gran frecuencia en toda la Edad Media, y hoy sigue empleándose en diversas variantes en Normandía, Valonia, Franco Conda-do, hablas francoprovenzales, etc. (God.; Hassel-rot, *VRom.* VI, 181); en rumano el vocablo pre-senta formas varias (*şchiopì, stuchì*, etc.), y se citan también verbos emparentados en el Friul, Sicilia y Cerdeña, aunque en estas islas debe de ser de procedencia hispánica. Aunque el gall.-port. *cuspir* (*cospir*) es general y antiguo [*cospir* 12.29 y otros tres pasajes en las *Ctgs*; «pois que ouveran já feita sa voda, / *cuspiron* as donas», *CEsc.* 182.2, 6][1] y se extiende hasta Asturias (*cuspir*, y *cuspiatu* 'salivazo', R, V, junto a *escupiatu* V), la variante española no es del todo desusada en el país vecino: *scupir* en las poblaciones norteñas de Guimarães y Arcos de Valdevez[2] (Leite de V., *Opúsc.* II, 256; *RL* XXXI, 299).

M-L., *ZRPh.* X (1887), 173, reaccionó contra la etimología indicada arriba, ideada por Cornu (*Rom.* IX, 130) y admitida posteriormente por él mismo (*Rom. Gramm.* II, 1894, § 119)[3], suponiendo como base un *SCUPPIRE de creación onomatopéyica. Esta idea no ha encontrado favor entre los críticos (G. Paris, *Rom.* XVI, 153; G. de Diego, *RFE* IX, 153; *Contr.*, § 131; y Puşcariu, *Etym. Wb. d. rum. Spr.*, § 1566, la rechazan decididamente)[4], y no merecía hallarlo, pues sus fundamentos son ende-bles. Que el alem. *spucken* sea onomatopéyico sería posible dada la inicial sp-, que tiene real efecto imitativo (aunque Kluge lo cree intensivo dialectal de *speien*, que va con el lat. *spuere*, lit. *spiauju*, gr. πτύειν: las dos opiniones pueden tener algo de cierto a un tiempo; Thurneysen, *ALLG* XIII, 1, cree que el reciente *spucken* es el fr. *escoupir* alterado por influjo de *speien*), pero en *escup-* la

impresión onomatopéyica es mucho más dudosa, pues aquí la que está de relieve es la *k*, que no hace mucho al caso. En cuanto a la dificultad que ve M-L. en la disimilación de la s, alegando que de haberse producido en fecha romana debería haber sonorización de la -P- en Occidente, y que es hecho demasiado particular para haberse pro-ducido independientemente en rumano y en los demás romances, ninguno de estos argumentos tie-ne fuerza[5], y no habría inconveniente en admitir que la s se disimilara en fechas distintas en la sucesión fonética *escuspir*, que tan fuertemente in-vitaba a la disimilación: tanto más fácil sería esta diferencia cronológica entre el Occidente y Ru-manía, cuando hasta hoy sigue habiendo una tan fuerte entre el cast. *escupir* y el ast. y port. *cuspir*, mucho más vecinos (V. además s. v. *VERBAS-CO*). En cuanto a separar etimológicamente estos dos vocablos, según hace él en el *REW*, es evi-dentemente imposible.

Por lo demás el tipo *cuspir* parece haber exis-tido aun en el Este de España, pues hay un cat. dial. *cuspinyà(da)* 'salivazo, escupitajo' en Torís (prov. Valencia), dicc. Alcover (s. v. *cosp-*); lo cual refuerza todavía más la etimología CONSPUERE del cat. y cast. *escupir*. Los demás pormenores foné-ticos son obvios, y el paso de -PUERE a -PĪRE es paralelo al producido en CONSUERE > *COSIRE, en Italia, Cerdeña, Retia y Cataluña[6].

DERIV. *Cuspida* y *escupida* 'saliva' ast. (V). *Es-cupidero. Escupidera. Escupidor*[7]. *Escupidura. Es-cupitajo*, o *escupitinajo. Escupitina* [*escopetina*, en el Fuero de Albarracín, Tilander, p. 390; Nebr.]; *escopecina* (Acad.; *escopezina*, APal., 77d, 397d, 469b); *escupo* (vulgarismo empleado hoy en Arg., Chile, Colomb. y And.: Toro, *BRAE* VII, 304); ast. *cuspaz* «apodo que se suele dar al muchacho que hace algún daño, increpándole» (V); *escupiña* 'saliva' o 'salivazo' en Murcia, Sanabria, Badajoz y Sayago (G. Soriano; Krüger, *S. Cipr.*; M. P., *Dial. Leon.*, § 15.1), también en ciertas hablas de Cataluña, *escopinya(da)* en Valencia y en Tortosa (*BDLC* IV, 281), y el verbo *escopinyar* en Noedes (Rosellón), lo cual prueba que la ñ no se debe a portuguesismo ni leonesismo; *escupina* en Mara-gatería (*BRAE* II, 645), como en otros dialectos catalanes (hablas orientales y Pallars; ya en el *Ex-citatori* de Bernat Oliver, primera mitad del S. XV, pp. 106, 151).

Esputo [*Aut.*], tomado del lat. *sputum* íd., deri-vado de *spuĕre* 'escupir' (del cual deriva el citado *conspuere*); *esputar*.

[1] Muchos derivados en port. y gallego, especial-mente *cuspe* (gall. ant. *cospe, Gral. Est.* gall. S. XIV, 209.23) 'esputo, saliva que se expele' (Vall.): «os cans lamben o *cuspe* zucarado dos señoritos» Castelao 151.17, 279.14; *cospiñar* 'es-cupir en las manos como preparándose para hacer algo que pide fuerza' (Sarm. *CaG.* 201r; Vall.).—
[2] En esta localidad hay casos de metátesis como

strepor, strebirar, strapassear, stransparente, sto-
rrejo, cusma, por *trespor, tresvirar, traspassar,*
transparente, torresmo, espuma (ibid., p. 295), de
suerte que tal vez *scupir* sea secundario.— [3] Pero
en el *REW* (8014) vuelve a su idea antigua.—
[4] Quizá Wartburg se adhiera a ella, puesto que no
hay artículo CONSPUERE O EXCONSPUERE en su diccionario.— [5] G. Paris observa que el supuesto
*EXCOPUERE pudo duplicar la P y conservarla
como BATTUERE, FUTTUERE.— [6] De nada sirve admitir influjo de TUSSIRE, con G. de Diego. Justamente éste da *toser* en castellano.— [7] Es 'escupidera' o 'estera' en Chile, Colombia y Andalucía:
Toro, *BRAE* VII, 622.

Escurana, escuraña, V. *oscuro   Escurar, escu-*
reta, V. *curar   Escurcutear,* V. *esculca   Escu-*
ro y derivados, V. *oscuro*

ESCURRA, 'truhán', tomado del lat. *scurra*
'chusco', 'bufón'. *1.ª doc.:* Acad. ya 1843.
Cultismo muy raro.
DERIV. *Escurrilidad,* tomado de *scurrilitas, -atis,*
íd.

Escurreplatos, escurribanda, escurridero, escurri-
dizo, escurrido, escurriduras, V. *correr   Escurri-*
lidad, V. *escurra   Escurrimbres, escurrimiento,*
escurrir, V. *correr*

ESCURRIR, ant., 'salir acompañando a uno
para despedirle', del antiguo *escorrir,* y éste del
lat. vg. *EXCORRĬGĔRE, de donde procede también
el it. *scorgere* 'acompañar', 'observar de lejos': derivado de CORRIGERE 'enderezar', 'corregir', 'rectificar el curso (de alguien o algo)'. *1.ª doc.: Cid.*
Además de las citas de textos del S. XIII que
pueden verse en M. P., *Cid,* p. 656-7, el vocablo
escorrir se halla en Berceo (*S. Dom.,* 367, 408),
Alex. 934, *Hist. Troyana* 142.29, y en otros textos
de la época. La etimología fué hallada por Cornu
(*Rom.* X, 78-80), agregando *escorrecho* 'sano, no
lisiado', en los *Castigos de D. Sancho*[1], y gall.-port.
escorreito íd. («ant'era tolleito / ...ora são andar e
muit' *escorreito*», *Ctgs.* 228.34, 77.33), procedente
del participio *EXCORRECTUS 'correcto'. *Escurrir*
sigue hoy empleándose en Santander en el sentido
antiguo. *Escorir,* en Acad. (ya 1843), es grafía
imperfecta.
[1] «Fijos... diógelos Dios... a muchos... sanos e
escorrechos e fermosos e sesudos e entendidos; e
a otros muchos feos e lisiados e locos e desenten-
didos», ed. Rey, pp. 39, 194, 143.4; con variante
ms. *escorrenchos* (ed. Rivad., p. 89); y *Calila,*
RFE XL, 158.

Escusalí, V. *excusalí   Escusano, escusaña, es-*
cusera, V. *esconder   Escuso,* V. *esconder y acu-*
sar   Escusón, escutiforme, escuyer, V. *escudo*
Escuyar, V. *escullir   Escuyarapiar,* V. *cuchara*

Esdeño, V. *digno*

ESDRÚJULO 'proparoxítono', 'género de verso que termina en un proparoxítono', del it. *sdrùc-*
ciolo íd., y éste de *sdrucciolare* 'deslizarse', de
origen incierto. *1.ª doc.: esdrujuelo* [?], 1575, Argote de Molina[1]; *esdrúxulo,* 1580, F. de Herrera.
Terlingen, 92. Todos los ejs., del S. XVI o principios del XVII que cita este autor, se refieren
al verso esdrújulo; pero Cervantes, *Novelas Ejem-*
plares, emplea el vocablo en el sentido de 'dicción
proparoxítona' (*Aut.,* s. v. *esdrúxulamente*). La
trascripción de la *cc* italiana por *x* castellana se
basa en una pronunciación dialectal de este idioma, que iguala la *c*[1] a la *sc*[1]; Cristóbal de las Casas
(1570), que todavía no conoce el vocablo como
castellano, da al italiano la forma *sdrusciolo,* y el
Marqués de Santillana convertía el it. *uccel(lo)*
'ave' en *uxel* (M. P., *Poesía Ár. y Poesía Eur.,*
p. 94).
M-L., *REW* 2686, duda de la etimología que
Ascoli propuso para el it. *sdrucciolare,* cifrada
en una base esquemática *DISROTEOLARE, diciendo
que esta formación difícilmente sería posible en
latín; sin entrar a fondo en el problema, que no
pertenece a este diccionario, haré notar, sin embargo, que el propio M-L. admite el étimo *RŎTĔUS
'semejante a una rueda', adjetivo derivado de ROTA,
como base de un conjunto de voces dialectales
italianas (*REW* 7390), y *ROTEOLARE para el it.
ruzzolare 'rodar', 'hacer rodar' (*ruzzolare per terra,*
ruzzolar giù dalla scala), que vendría de un diminutivo *ROTEOLA del indicado adjetivo[2]. Ahora
bien, el derivado *sdrucciolare* con prefijo EX- y -d-
epentética estaría en regla: *sdruscire* o *sdrucire*
EX-RESUERE, *sdraiarsi* EX-RADIARE. También port.
esdrúxulo y cat. *esdrúixol* [S. XVIII, ¿Mn. Re-
xach?].
DERIV. *Esdrujulizar.*
[1] Cito de Terlingen sin poder comprobar si esta
forma es algo más que una errata.— [2] La *u* del
it. *ruzzola* 'disco para jugar' es indicio de derivación retrógrada desde el verbo. Pero formas
dialectales como el abr. *rócȩlȩ,* indican más bien
un diminutivo átono i t a l i a n o de *rozza* (*roc-*
cia) procedente de *ROTEA.

ESE, pronombre que fundamentalmente designa
las cosas próximas a la persona a quien dirigimos
la palabra, del lat. ĬPSE, ĬPSA, ĬPSUM, 'mismo'.
1.ª doc.: es, Cid; essa ya 1100, *BHisp.* LVIII,
359; *esse,* 1202, Fuero de Madrid (M. P., *Oríg.,*
379).
El cambio de significado del pronombre de identidad IPSE hasta convertirse en un mero demostrativo se cumplió también en el port. *esse* y cat.
eix, probablemente como evolución del uso para
evitar repeticiones, semejante al que se practica
con *el mismo* en castellano moderno; en italiano
esto condujo a emplear *esso, essa,* como pronom-

bre personal de 3.ª persona. En Berceo algunas veces tiene todavía el valor de un mero anafórico, que casi podría traducirse por el moderno 'el mismo'[1]; como vestigio del valor primitivo quedaron frases donde *eso... que* está con el valor de 'lo mismo que' (vid. Hanssen, *Gram.*, § 539)[2]. Ocasionalmente ha podido emplearse como equivalente de *este* (Lope, *Pedro Carbonero*, v. 2176) o *aquel*: frases como *seis personas que llegaron ese día* son especialmente frecuentes en la Arg. (*BRAE* IX, 722), pero no son ajenas a los demás países. En la épica y en el romance *ese* se degrada al valor de una especie de artículo definido: «Reduán pide mil hombres / y el Rey cinco mil le dava. / Por *essa* puerta de Elvira / se sale gran cabalgada» (Pérez de Hita, ed. Blanchard I, 165, y véanse ejs. antiguos en M. P., *Cid*, 330.2); esta reducción, ocasional en castellano, se cumplió normalmente, y ya desde el romance primitivo, en Cerdeña y varias partes de los territorios lingüísticos catalán y occitano (mall. *es, sa); para muestras de este fenómeno en el bajo latín castellano y para supuestas huellas del mismo en Aragón, vid. mi nota en *RFH* V, 14-18.

La forma fonética regular *es*, empleada en el *Cid*, en el *Alex.* (1097, 2198), en Berceo (*Mil.*, 857d) y en otros textos de principios del S. XIII, fué reemplazada luego por *ese*, variante debida al paralelismo con *este*; *essi*, frecuente en Berceo y hoy ast. *esi* (V). En aragonés asume la forma *ex* o *exe* (más tarde a veces *ixe*), en estrecha relación con el cat. *eix* y oc. *eis*, procedente de una pronunciación vulgar latina ICSE, que en estos idiomas corresponde a una tendencia general (de donde *caixa* < CAPSA, *guix* < GYPSUM, etc.); para ejs. vid. Tilander, p. 406, además *exa ora* y *por ejso* en el ms. aragonés del poema *Roncesvalles* (*RFE* IV, vv. 33, 46), y comp. abajo *eleis(c)o* en las glosas silenses y emilianenses. Por lo demás vid. M-L., *REW*, 4541; *Rom. Gramm.* III, §§ 68-71; M. P., *Cid*, p. 672; Hanssen, *Gram.*, §§ 522, 539.

CPT. *Aquese* [*aqués*, *Cid*; *aquesse*, J. Ruiz, 294c], antic., de la combinación ECCUM IPSE, usual en latín vulgar, donde ECCUM es adverbio demostrativo equivalente de 'he aquí': del mismo origen, cat. *aqueix*, port. ant. *aquesse*, it. merid. *quessu*. *Esotro* 'ese otro', a veces mero equivalente de 'el otro' («asida de la manzera de un arado... y una aguijada en *esotra* mano», Vélez de Guevara, *La Serrana de la Vera*, p. 42; «vive allí [en el arca de Noé]... una donzella... que entre *esotros* animales, / entró, la inclemencia huyendo / de las aguas», íd., *El Rey en su Imaginación*, v. 1497). En la locución *él enese* 'él mismo', que aparece en las Partidas y en tres docs. del S. XII, se hallaría según R. Lapesa (*RFE* XXIII, 402-3) el lat. EN 'he aquí'; ello es muy incierto, dada la rareza de los descendientes romances de esta partícula reunidos por M-L., *REW*, 2866, algunos de los cuales necesitarían revisión crítica. *Tu eleisco* [grafía equi-

valente de *elexo*], 'tú mismo', en las Glosas de San Millán, 138, y *per sibi eleiso* 'por sí mismo' en las de Silos, 129, equivalente del cat. arcaico *eleix* (Homilías de Organyà, fin del S. XII), fr. ant. *en es le pas* 'justamente entonces', compuesto de ILLE 'aquel' e IPSE; para el tratamiento fonético, vid. arriba acerca del arag. *exe*. Con *eso* 'después de esto' ast., empleado al narrar hechos o contar cuentos (V). Véase, además, *MISMO, HORA* (*esora*).

[1] «Del pleyto de Teofilo vos querría fablar, / tan precioso' miraglo non es de olbidar, / ca en *esso* podremos entender e asmar / qué vale la Gloriosa qui [= si uno] la sabe rogar», «de la oración breve se suele Dios pagar, / nos *essa* non dexe el Criador usar», *Mil.*, 703c y 704d.— [2] «Eso te importa ir solo *que* acompañado», G. de Alfarache, Cl. C. II, 49.12. Y aun, sin comparación expresa, «eso se le dará que te ahorquen» 'lo mismo le dará' (ibid. III, 277.16; íd. I, 246; II, 49).

Eseible, esencia, esencial, esencialidad, esenciarse, esenciero, eser, eseyente, V. *ser*

ESFACELO, tomado del gr. σφάχελος 'gangrena seca'. *1.ª doc.*: Terr.; Acad. después de 1899.

La acentuación errónea se explica por haberse tomado del francés.

DERIV. *Esfacelarse.*

Esfandangado, V. *fandango*   *Esfarrapar,* V. *harapo*

ESFENOIDES, tomado del gr. σφηνοειδής 'de forma de cuña, cuneiforme', compuesto con σφήν 'cuña' y εἶδος 'figura'. *1.ª doc.*: Terr.; Acad. 1899.

DERIV. *Esfenoidal.*

ESFERA, tomado del lat. *sphaera* íd., y éste del gr. σφαῖρα 'pelota', 'esfera'. *1.ª doc.*: 1256-76, Alfonso X (Solalinde, *Antología* II, 81).

Fuera de las obras del Rey Sabio, en la Edad Media suele hallarse la forma *espera*: Zifar, 38.15; J. Ruiz, 1300b; Sem Tob, copla 641; *Canc. de Baena*, p. 278; *Celestina*, ed. 1902, 33.17; Nebr., s. v. *espera* y *media*. Era la forma del latín hablado: *spaera* en Catulo, etc.[1]. Contra ella protesta J. de Valdés introduciendo *esfera* (*Diál. Leng.*, 81. 20), que él da como pronunciación de su tiempo.

DERIV. *Esférico; esfericidad. Esferal. Esferista.*

CPT. *Esferoide; esferoidal. Esferómetro.* V., además, *ATMÓSFERA* y demás compuestos allí citados.

[1] También cat. ant. (e)spera, Lulio, *Meravelles* II, 15.

ESFIGMÓGRAFO, compuesto culto del gr. σφυγμός 'latido', 'pulsación' (derivado de σφύζειν 'agitarse') y γράφειν 'grabar', 'escribir'. *1.ª doc.*: falta aún Acad. 1899.

Cpt. *Esfigmómetro*, compuesto del mismo con μέτρον 'medida'.

Esfilas, V. *hilo*   *Esfinchar*, V. *hinchar*

ESFINGE, tomado del lat. *sphinx, -ngis*, y éste del gr. σφίγξ, -γγός íd., derivado de σφίγγειν 'apretar, cerrar estrechamente'. *1.ª doc.*: Aldana † 1578; Covarr.; 1613, Góngora, *Soledades*; 1616, Oudin; Santillana: *esphingo*; Mena: *espingo* (C. C. Smith, *BHisp.* LXI).

Deriv. *Esfíngidos. Esfínter* [Terr.; Acad. ya 1843], tomado del lat. *sphincter*, y éste del gr. σφιγκτήρ, -ῆρος, 'lazo, atadijo', 'esfínter', derivado del citado verbo.

Esfocicar, V. *hozar*   *Esfolar*, V. *desollar*
Esforción, V. *infurción*   *Esforiatarse*, V. *churre*

ESFORROCINO, 'sarmiento bastardo que sale del tronco, y no de las guías principales, de las parras o vides', origen incierto, quizá de *fornecino* 'bastardo'. *1.ª doc.*: *Aut.*

No conozco más documentación acerca de esta palabra, cuyo origen no se ha estudiado. Según la Acad. «tal vez del b. lat. *furacinus*, de *furax, -acis*, que roba», idea que debe desecharse resueltamente: este *furacinus* es un supuesto gratuito y sin la menor verosimilitud, puesto que *fūrax* no ha dejado descendencia romance, y además habría grandes dificultades fonéticas; no tan inverosímil es la idea de Pagés, de derivar de FURCA, como si dijéramos 'bifurcación, ramal': de todos modos un *FURCINA* o *FURCINUS* es desconocido en romance. Podrían hacerse otras suposiciones no más difíciles que ésta, como un *desforcino*, porque quita fuerza a los sarmientos principales; pero empezamos por desconocer dónde se emplea el vocablo, que a juzgar por la *f* conservada y el sufijo *-ino* puede sospecharse de uso o de origen dialectal: ahora bien, este dato sería punto esencial para buscar la etimología[1]. *Forrocino, -ofino, forracino*, es navarro, con el mismo sentido, y lo es también *fornecino* (Iribarren), que ha de ser la forma primitiva: luego es lo mismo que el antiguo *fornecino*[2] 'bastardo', con disimilación igual a la de *Ferrando* o *esparrancar*; de ahí luego el verbo *esforrocinar*, y finalmente *esforrocino*. Por cruce con *borde*: *borrocino* íd.; y, viceversa, *bordizo* y *rebordecer* pasaron a arag. *bornizo* y *rebornecer*.

Deriv. *Esforrocinar* [Acad. 1884, no 1843], 'quitar los esforrocinos para que se nutran mejor los demás sarmientos'.

[1] Según Borao la Acad. incluyó en 1852 el verbo *esforrocinar* como voz navarra; según él se dice *esforracinar* en Aragón. Si hubiese sido voz murciana, andaluza o extremeña, habría podido ser alteración de *esborracinar*, en relación con el cat. *borró* 'yema de árbol' (*REW*, 1414); pero no, siendo de Aragón.— [2] *Fornecino* aplicado a reto-

ños ya está en dos textos legales navarro-arag. del S. XIII y XIV (Vidal Mayor, glos.).

Esforzado, esforzador, esforzamiento, esforzar, V. *fuerte   Esfoyaza*, V. *hoja   Esfriar*, V. *frío   Esfuerzo*, V. *fuerte   Esfumación, esfumar, esfuminar, esfumino*, V. *humo   Esgambete*, V. *gamba I   Esgamocho*, V. *escamocho   Esgaña*, V. *escanda   Esgañar, esgañutar*, V. *desgañitarse, gaznate   Esgaravar, esgargachar*, V. *escarbar   Esgarduñar*, V. *ardilla   Esgaritar*, V. *garete   Esgarnio*, V. *engarnio   Esgarrar*, V. *garra   Esgarriar*, V. *descarriar   Esgolarse, esgoladero*, V. *gola   Esgonce, esgonzar*, V. *esconce   Esgrafiado, esgrafiar*, V. *gráfico*

ESGRIMIR, del fránc. *skermjan* 'proteger, defender, servir de defensa' (a. alem. ant. *scirmen* íd., alem. *schirmen*), probablemente por conducto de oc. ant. *escremir* 'practicar la esgrima'. *1.ª doc.*: *esgremir* 1283, *Libros del Acedrex*, 4.12; «vibrare», h. 1400, Glos. del Escorial y de Toledo; *esgrimir*, 1605, *Quijote* I, xix, 71.

También *esgremir* en Nebr. («*e. el esgremidor*: digladior»), que es la única forma que siguen registrando C. de las Casas (1570) y Percivale (1599); el presente era ya entonces *esgrimo, esgrimes*, etc. (según advierte el último de estos lexicógrafos): la moderna se debe a influjo de *esgrima*. Análogamente port. y cat. *esgrimir* [*esgremir-se*, fin S. XIII, Lulio, *Meravelles* II, 34]. En germánico el vocablo es propio del alemán, de suerte que sólo las formas galorrománicas pueden venir directamente del fránc. y quizá el it. *schermire* del longobardo (aunque éste puede ser también galicismo y la forma catalana podría ser autóctona); la española podría también proceder del catalán, o del fr. ant. *escremir*, pero la procedencia occitana de *esgrima* es clara y sugiere que *esgrimir* venga de allí mismo.

Deriv. *Esgrimidor* [APal. 181*d*, 231*d*, 362*d*; junto a *esgremidor*, 15*d*, 507*b*]. *Esgrimidura. Esgrima* [J. Ruiz, 1498*c*; que Janer traduce malamente 'espada'; *Canc. de Baena*, p. 395, v. 11; APal. 89*d*, etc.; Nebr., etc.], de oc. *escrima* íd. (el fr. *escrime* es italianismo tardío), derivado de *escremir* íd. Vid. además *ESCARAMUZAR*.

Esgroma, V. *espuma   Esguardamillar*, V. *cuadril   Esguardar, esguarde*, V. *guardar   Esguarriarse*, V. *cuadril*

ESGUAZAR 'vadear', tomado del it. *sguazzare* 'chopotear en el agua', *guazzare* 'vadear', derivado de *guazzo* 'aguazal' y antiguamente 'vado', de origen incierto. *1.ª doc.*: 1646, *Estebanillo González*.

Figura también en A. de Solís (1684) y en autores del S. XVIII; pero será probablemente anterior, pues, según Cabrera, D. Hurtado de Mendoza desaprueba el que el capitán Salazar[1] empleara el italianismo *esguazo* por 'vado', que figura también en Carlos Coloma (1625); falta en los diccionarios españoles del S. XVI y XVII. Documentación en Gillet, *Propaladia* III, 531. Por los autores que lo emplean se ve que era un italianismo propio de los militares. El vocablo entró también en otras acs.: *esguazar* «faire escouler l'eau d'un marest [= *marais*, 'marisma'] par des conduits», *esguazo* «escoulement d'eau par conduits» (Oudin; de donde pasó a Minsheu, 1623)[2], salm. *desguazarse* 'caerse de bruces', 'desprenderse' (Torres Villarroel, *Cl. C.*, 201; Lamano), cast. *desguazar* 'desbastar con el hacha un madero o parte de él' [Acad. 1884, no 1843], 'desbaratar o deshacer un buque total o parcialmente' [Acad. después de 1899], ast. *esguazar* 'despedazar, hacer trozos' (Rato), cub. *desguazar* 'romper, despedazar con volencia alguna cosa en su totalidad, de modo que no quede nada entero' (Pichardo), domin. *deguasao* 'maltrecho' (Brito).

Estas varias acs. se hallan ya todas, por lo menos en germen, en italiano: *sguazzare* 'disipar, echar a perder' (*sguazzare i quattrini, il salario*, en Sassetti y Buonarroti; *sguazzare le vostre fatiche*, en Mattio Franzesi); *esguazar* 'secar un pantano', es derivado natural de *guazzo* 'pantano', y es muy comprensible que los conquistadores hispanos aprendieran este vocablo en el país de las Marismas Pontinas y demás; en cuanto a *esguazar* 'vadear' partiría de frases como *si divertiva a vedere sguazzare la gente nel fango, il cane sbucò sguazzando nell'acqua fino alla pancia*, donde es 'chapotear', y por lo demás se codea con *guazzare* 'vadear' y *passare a guazzo* íd. Es verosímil que el derivado *sguazzare* se empleara en el mismo sentido en las hablas del Sur de Italia, y que allí lo aprendieran los soldados españoles: calabr. *sguazzare* «guazzare, sbattere liquidi, risciacquare» (Rohlfs).

En cuanto al origen del it. *guazzo* (pronunciado con *zz* sordas), no me parece muy verosímil, aunque Dante y Boccaccio lo empleen como sinónimo de *guado* 'vado', que sea una mera alteración de este vocablo (procedente como es sabido del lat. VADUM íd., con *gu* por influjo del fráncico *wad* o longobardo *wat* íd.), pues no se ve una manera razonable de explicar esta alteración, y no es aceptable decir que la *zz* es onomatopéyica, según admite M-L., *REW*, 9120a[3]. Deberá tomarse en cuenta la posibilidad de que *guazzo* 'aguazal' venga de *l'aguazzo* (entendido como si fuese un femenino, *la guazzo*, y luego masculinizado), descendiente semiculto del lat. AQUATIO 'riego', comp. engad. *ovazun, aguazun*, 'inundación', napol. *acquazze*, sic. *acquazzu*, venec. *aguazzo*, piam. *avasi* 'aguacero' (*REW* 578)[4]. Mas para ello se deberá estudiar hasta qué punto el oc. mod. *gassà* 'vadear, enjuagar' puede ser italianismo, lo cual no parece probable en vista del rosell. *gassot* 'aguazal' y de su familia dialectal galorrománica, que Sainéan, *Sources*

Indig. II, 119-20, quisiera derivar de un b. alem. o neerl. *wasse* 'aumento' (?), y más probablemente vendrá de AQUA con sufijo -ACEUM. Quizá a pesar de ello puede mantenerse AQUATIO para el italiano, cuya *zz* no puede corresponder a CJ, a no ser dialectalismo del Sur o del Norte, otra posibilidad que se deberá estudiar en forma más detenida.

DERIV. *Esguazo* (vid. arriba). *Desguace* 'acción de deshacer un buque'.

[1] Se referirá a Diego de Salazar, *De Re Militari*, a. 1536.— [2] Cat. *desguassar* 'desaguar, desembocar (una corriente de agua)', *desguàs* 'desagüe (p. ej. de un canal en un estanque)', que he oído particularmente en la región inundada del Bajo Llobregat.— [3] J. U. Hubschmied, *VRom.* III, 104n.1, quiere explicar la forma *gués*, que a veces se halla en lugar de *gué* en francés antiguo, a base de una pronunciación fricativa de la -D- del galo *WADON, emparentado con la voz latina. Es idea muy aventurada, y de escasa verosimilitud. Se tratará, a pesar de todo, de la -s del caso sujeto.— [4] Después de escrito este artículo, Malkiel (*RPhCal.* II, 63-82) defiende, en forma convincente, esta etimología, ya propuesta por Flechia y otros.

Escucio, V. *escocia*   *Esgüeda*, V. *igüedo*
Esgueva, V. *vaguada*   *Esguila, esguilar, esguilo*,
V. *esquilo* y *esquila* III

ESGUÍN, 'cría del salmón', origen desconocido, probablemente del vco. *izoquin*, primitivamente *izokina*, donde a su vez es palabra de origen céltico. *1.ª doc.*: *esguines* o *esguinos*, Terr.; *esguín*, Acad. ya 1817.

Esta ed. da una definición semejante a la actual, algo modificada en la de 1884 («salmón de menos de un año»). Terr. dice, si lo entiendo bien, que también pueden ser los híbridos del salmón y la trucha. Parece ser voz asturiana: «*esguin, nos* [es decir: plural *esguinos*], pez chico, asalmonado, de la familia de las truchas, que se pesca en el Nalón» (Rato). Quizá proceda de *esquina*, que parece haberse aplicado a la aleta dorsal de los peces, a juzgar por el and. *esquilón*, que tiene este sentido (A. Venceslada), y que será forma disimilada de *esquinón*, comp. cat. *esquena* 'espalda, dorso', fr. *échine* 'espina dorsal'. Probablemente (como me advierte Michelena, *BSVAP* XI, 289-90; *Emerita* XVIII, 470ss.) se tomó del vasco *izoki(n)* (en Pouvreau *içokina* 'salmón'), cuya forma primitiva hubo de ser *izokina*; según Azkue se dice hoy *izoki* en guip., *izokin* en lab., b.-nav. y en sendos pueblos vizc. y a.-nav. En vasco a su vez es palabra de origen céltico, sea directo (*RCelt.* V, 274) o más bien por conducto del lat. tardío ESOCINA, cuyo sentido no consta, aunque podría ser 'salmón pequeño'[1]; de todos modos ESOX, -OCIS, es bien conocido como nombre de un pez del Rin, por Plinio, San Isidoro y otros, y se tomó del célt. *ESĀKS o *ESOKS 'salmón' (irl. ant. éo, genit. iach; galés ehǣwc, córn. ehoc, bret. eok) (Stokes-B. 43, Walde-H., s. v.; Walde-P. I, 162). Desde luego la base no es *ESOQUINUS [!], como escribe GdDD 2472a. Otras rectificaciones a ese artículo: el vasco izoki no viene del primitivo celto-latino ESOX, pues es variante fonética vasca de izbkin; los santand. zancado y zancón (G. Lomas) no tienen nada que hacer aquí: no significan 'salmón', sino «el salmón después de efectuada la freza, período de gran enflaquecimiento», lo cual nos conduce a identificarlos con el santand. zancarillón 'flojo', derivado de ZANCA. Más atinado parece estar al derivar de ESOX (quizá precisamente, como él dice, de una variante (h)isex, -icis, del latín tardío) un port. ant. irze 'salmón', en vista de las variantes isces e irces que figuran en otro texto del S. XII. Nada que ver con el port. esquio 'alto y delgado', que viene de un preliterario *esquilo, en vista del bable de Cabranes esguilau 'estirado', 'delgado y alto' (de esguilar 'trepar', 'subirse a un lugar alto', para el cual vid. ESQUILO).

¹ Sólo figura en las Notas Tironianas, donde dice «piscis, piscina; esox, esocina», lo cual se ha interpretado en el sentido de que fuese un vivero de salmones, como piscina lo es de peces en general; pero cabe igualmente la otra interpretación. Es probable que sea una variante del célt. esox 'cría de la trucha' el nombre de persona galo Esuccus, pues dudo que sea casual el hecho de que sus cuatro testimonios aparezcan todos en lugares ribereños de ríos considerables (que llevan truchas todos ellos): CIL XIII, 3487 (entre los Ambianos junto al Somme), 3322 (Remi, Marne), 5366 (Sequani, Saône) y 11549 (junto a Basilea en el Rin): pudo ser nombre aplicado a los «críos» de pescadores, pero luego esos críos crecían y el nombre quedaba.

ESGUINCE, 'torcedura o distensión violenta de una coyuntura', 'ademán hecho con el cuerpo torciéndolo para evitar un golpe o caída', 'gesto con que se demuestra disgusto o desdén', derivado del antiguo esguinçar, probablemente 'desgarrar', hoy desguinzar 'cortar el trapo con un cuchillo, en los molinos de papel', emparentado con el cat. y oc. esquinçar 'rasgar', que procede del lat. vg. *EXQUĪNTIARE 'partir en cinco pedazos' (derivado de QUĪNTUS 'quinto'); el vocablo castellano parece ser catalanismo. 1.ª doc.: desguince, 1610, Góngora; esguince, 1613, Cervantes.

Ambos en la 2.ª ac.; la 3.ª aparece ya en Calderón, Comedia de Zephalo y Pocris, y de ella es una variedad la de 'melindre, gesto o monada', que Terr. documenta en el Sacristán de Pinos; la 1.ª no la hallo documentada hasta el dicc. de la Acad. (ya en la ed. de 1817), con la definición más exacta y clara que la actual: «descomposición que resulta o dolor que queda en una coyuntura o nervio después de un movimiento extraño y contra lo natural», ac. a la que pone nota de provincialismo andaluz; hoy, por lo menos, pertenece al uso común español, pero sobre todo al de los médicos; copio en parte la descripción más precisa, debida a patólogos especializados, que puede leerse en la Enciclopedia Espasa: «conjunto de lesiones producidas en una articulación por un movimiento forzado que no llega a luxarla... los efectos serán...: 1.º r u p t u r a de los ligamentos, 2.º desinserción de los mismos, y 3.º arrancamiento de una porción de hueso... Los músculos pueden, asimismo, d e s g a r r a r s e por distensión exagerada». Quizá este sentido de ruptura o desgarramiento precedió cronológicamente a los demás, aunque no pueda documentarse hasta más tarde; o en todo caso la idea de torcedura que se halla a la base de la 2.ª ac., y que podía también engendrar la 1.ª, sale de la de solución de continuidad sugerida por un movimiento brusco como el esguince cervantesco; puede compararse, hasta cierto punto, desgarro en el sentido de 'afectación de valentía, fanfarronada' o 'arrojo, desvergüenza, descaro' con esguince 'gesto de desdén' o 'melindre, monada'.

Las formas dialectales y las de otros romances indican que la idea básica fué la de 'ruptura': cat. esquinçar 'rasgar, desgarrar' (ya en el S. XIV: ej. del Legendario en Ag.; Filla de l'Emperador Contastí, N. Cl. XLVIII, 86), oc. esquinçar íd., ambos con derivado postverbal esquinç 'rasgadura, rasgón, desgarrón' (hoy localizados, según el FEW III, 317a, en el Hérault y en el Aveyron, pero más extendidos en realidad: esquissà «déchirer», en La Teste, Gironda; en el Bearne, etc.); hay también variante con g: Maestrazgo esguinzar, esguins (G. Girona), Arán esguinçà 'rasgar', bearn. esguinsade «piqûre suivie d'un jet de sang»; y ya en tierras de lengua castellana: murc. esjinzar (evolución normal de esguinzar en este dialecto) 'desgarrar', esjince 'desgarrón', 'esguince, movimiento para hurtar el cuerpo', desguinche 'desgarrón', desjince 'desgarrón, rotura del vestido', 'herida' (G. Soriano). La aplicación a lesiones del cuerpo no es sólo castellana, puesto que según Fabra el cat. esquinç se aplica también a roturas de la piel, y Mistral trae esquissà 'herniado', 'lisiado', esquissado «secousse, effort»¹.

Aunque Diez no la rechazara del todo, y Baist (ZRPh. V, 558-9) tratara de defenderla, es imposible la vieja etimología gr. σχίζειν 'dividir', no tanto por razones semánticas, cuanto por la imposibilidad de explicar la n, porque la z sonora griega no puede corresponder en ningún caso a una ç romance, y porque tampoco sería normal que el grupo SCHⁱ no se palatalizara; el recurso de Baist a un cruce con SCINDERE, SCISSUS, es una triste escapatoria, que por lo demás tampoco explicaría estas dificultades fonéticas. Hoy creo que todos estamos de acuerdo, con M-L. y Wartburg, en aceptar la otra propuesta de Diez *EXQUĪNTIARE 'partir en cinco', tomando este número como expresión vulgar de la cantidad indeterminada, puesto que el origen del sinónimo oc. *esquintar* es evidentemente *EXQUINTARE y esto forma una pareja rigurosamente paralela a la de *EXQUARTARE y *EXQUARTIARE, bien representada en italiano y en otras partes.

En cast. el verbo *esguinzar* apenas está representado, aunque leemos *esguinçar* aisladamente y sin traducción en G. de Segovia (1475: p. 89), y *desguinzar* como término técnico de la fabricación papelera se halla registrado por la Acad. ya en 1843 (en el mismo sentido *esquinzar* desde la misma fecha, y en el catalán de Mallorca *esquinçar*: Amengual), pero como esta industria es más antigua que en parte alguna en Játiva, y hoy sigue teniendo gran desarrollo en todas las tierras de lengua catalana, hemos de admitir que esta ac. especial procede de este idioma; en cuanto a las demás, la existencia del postverbal *esguince* sin su verbo, y su aparición en sentidos sólo secundarios y especiales, son también hechos característicos de un préstamo, según ya reconoció Baist, de suerte que apenas puede dudarse de que *esguince* está tomado del cat. *esquinç*. Cierto que también hay un gall. *esguizar* («a tortura das despedidas *esguizoulle* as entranas» Castelao 236.5). *Esguince* no tiene relación con *gozne* ni con su deriv. *esgonzarse* (*GdDD* 3116), aunque sí pudo éste influir en la -*g*- secundaria; la familia de *BINZA* es también independiente, a lo sumo pudo influir en la especialización semántica de *esguince*.

DERIV. *Esquinzador.*

¹ Estas formas occitanas sin *n*, sólo modernas, son secundarias, y naturales en un idioma que tan a menudo reduce formas como *pensar* a *pessar* y análogas.

Esguiriño, esguir(ri)o, V. *esquilo*   *Esguízaro*, V. *suiza*   *Esgurripiado*, V. *correr*

ESLABÓN, 'anillo de una cadena', del anticuado *esclavón* íd., que antes había significado 'esclavo' (V. este artículo), procedente del nombre de raza y de familia lingüística *eslavón* 'eslavo', por el tráfico de que fueron objeto en la Edad Media los individuos de este grupo étnico: se comparó el *eslabón* con un esclavo por la imposibilidad de separarse de su cadena. *1.ª doc.*: *esclavón*, S. XIII, *Libro de los Cavallos;* h. 1400, glosarios de Palacio, Toledo y El Escorial.

Ahí en el sentido de 'pedernal'; Nebr. registra además *eslabón de cadena*, y APal., 65d, habla también de *cadenas eslavonadas* y de sacar fuego con el *slavón de fuego* (83b); en cuanto a la grafía, sólo Nebr. (con su copiador PAlc.) escribe con *b*, pues también G. de Segovia (1475) da *eslavón* (con *v* asegurada por el orden alfabético), y en la *Celestina* (*Cl. C.*, 210) *escurrir eslavones* es 'salir de seso'. Cej. VII, § 37. Ya Spitzer, *Lexik. a. d. Kat.*, 56-60, explicó correctamente cómo todas las acs. del vocablo proceden de la fundamental 'anillo

de cadena': en particular, como dice Covarr., el hierro que sirve de pedernal tenía forma de sortijón, con dos vueltas de donde se ase, metiendo por ellas los dedos; en el *Libro de los Cavallos* es una especie de tumor que afecta a este animal (105.24)¹.

En cuanto al origen, el problema es mucho más sencillo de lo que se ha creído, por no tener en cuenta la antigua forma *esclavón*, todavía empleada por Mateo Alemán («al segundo día de su embarcación le faltaron de la cadena diez y ocho *esclabones*, que sin duda valían cincuenta escudos», *Cl. C.* V, 158.28), y que ya figura en Arévalo, («tomó un *esclavón* y una piedra y sacó fuego», *Suma*, p. 272a, Nougué, *BHisp.* LXVI) y en un inventario aragonés de 1478 («Setze anillos d'oro sinse piedras; unos *sclavonciquos* d'oro e otras menuderías d'oro», *BRAE* VI, 742); la forma *esclavó* sigue hoy viva en catalán, donde el vocablo es dialectal de Valencia, así en el sentido de 'miembro de una cadena' como en el de 'pedernal' (ya en 1575, trad. calybs... «pegar ab lo *esclauo* a la pedra» On. Pou, *Thes. Pue.*, 220; dicc. de Sanelo, Ros, Lamarca; hoy se oye en la provincia de Valencia, en Castellón de la Plana² y en Alicante³). Claro está que *esclavón* se redujo a *eslavón* como MUSCULUS a *muslo* y MASCULUS a *maslo*, o como ESTULA (M. P., *Oríg.*, 247) dió *Esla* en vez de *Escla*, según debía esperarse; y también está claro que *esclavón* viene a su vez del sentido de 'esclavo' que tuvo esta palabra en castellano mismo, a juzgar por el antiguo derivado *esclavonia* 'esclavitud', y en catalán, en vista de que *esclavó* es 'macho cabrío sin testículos' en Mallorca y Menorca (*BDLC* IX, 190, 192), es decir, 'eunuco', llamado por otro nombre *CICLAN*, otro vocablo éste procedente del gr. biz. σκλάβος 'eslavo' y 'esclavo'.

Casi no precisa rechazar las etimologías propuestas anteriormente: la de Spitzer es complicadísima en su aspecto formal y difícil de comprender en lo semántico, pues el enlace de *eslabón* con el arag. *eslava* 'pendiente lisa por donde resbala el agua' sigue oscuro en este aspecto, a pesar de los supuestos paralelos arg. *albardón* 'colina que alterna con una concavidad del terreno' (junto a *albarda*) y fr. *aube* 'pieza que une dos arzones de silla' (junto al port. *aba* 'ladera de montaña'), y es inverosímil en grado sumo que *eslava* pudiera salir de *ALABE* 'alero de un tejado', 'paleta curva', con suposición de un seudo-prefijo y traslado del acento. En cuanto a la de Brüch, *Misc. Schuchardt*, 44, gót. *SNÔBÔ (de donde *esnovón > *eslavón*), fundado sólo en el a. alem. ant. *snuoba* 'cinta, lazo' (un diminutivo significa además 'collarete', 'cadenilla'), es incomparablemente más audaz e hipotética que la indicada arriba⁴.

DERIV. *Eslabonar* [*eslavonar*, APal. 80d]; *eslabonador, eslabonamiento*.

¹ Especialmente temeraria es la idea de Brüch

de explicar *eslabón* 'especie de alacrán' como disimilación de un *nebón* procedente del lat. NEPA 'escorpión'. La explicación semántica a base del lazo casi perfecto que forma el eslabón al picar, dada por la Acad., está fuera de dudas: comp., en sentido inverso, *alacrán* en los sentidos de 'asilla para un botón de metal', 'pieza del freno en forma de gancho'.— ² J. Porcar, *Bol. de la Soc. Castellon. de Cult.* XIV, 250: «a colp de pedrenyera i *esclavó*».— ³ Derivado *esclavonaes* 'golpes de pedernal', Barnils, *Die Mundart von Alacant*, p. 91.— ⁴ Aun si pasamos por alto el pormenor morfológico de que este tipo de sustantivos suele trasmitirse al romance más bien en forma de masculinos en *-o: frasco* < FLASKÔ, it. *nastro* < NASTILÔ; o de femeninos en *-a*. Gamillscheg, *R. G.* II, p. 55, fijándose en el caso más raro del it. *fiascone* y de algún oscuro vocablo dialectal, no vacila en admitir que *SNÔBÔ dió efectivamente *eslabón*.

Eslamborado, V. *alambor*   *Eslardadizo*, V. *lardo*   *Eslección, esledor, esleer, esleíble, esleidor, esleír, esleito*, V. *elegir*   *Eslenarse*, V. *deleznarse*   *Eslesarse, eslisarse*, V. *deslizarse*   *Eslilla*, V. *islilla*

ESLINGA 'maroma provista de ganchos para levantar grandes pesos', del ingl. *sling* íd., probablemente por conducto del fr. *élingue* íd. *1.ª* doc.: 1587, G. de Palacio.

Transcribo la definición extensa de su *Instr. Náutica:* «es un pedaço de guindalesa que tiene en los dos cabos sus arças ['cabos que se fijan en las poleas de izar'], y en el seno otra, y assí cogen y abraçan las pipas con ella, para las cargar en la nao y descargar, y en las dichas arças juntan y afixan y amarran los aparejos o candeleta para yçar enla nao y sacar della para tierra la carga o pipas» (fº 141, rº). En *Aut:* «pedazo de guindaleta que tiene en los dos chicotes sus gazas o cabos, y en el seno u medio, cruzando el cabo, suelen formar otro, que enganchándole en el gancho del candeletón, en el hueco de los cabos que llaman hondas, cogen y abrazan las pipas y otras cosas, para cargarlas u descargarlas de los navíos». En inglés, *sling* (propiamente 'honda') es ya anterior al S. XV; el fr. *élingue* se documenta por lo menos desde 1687 (Jal, 621*b*); el port. *linga* (o *eslinga*) parece indicar que los romances hispánicos tomaron el vocablo del francés cuando ya la *s* no se pronunciaba, aunque parcialmente la restablecieran, gracias al sentimiento de las correspondencias.

Eslisar, V. *deslizar*   *Esliz*, V. *alud*   *Eslizón*, V. *deslizar*   *Eslociar*, V. *loza*

ESLORA, del neerl. *sloerie* 'eslora: madero que refuerza el barco de popa a proa', derivado de *sloeren* 'medir un barco'. *1.ª doc.: esloria*, 1611, Tomé Cano; *eslora, Aut*.

Ahí en el sentido de 'longitud que tiene la nave sobre la cubierta principal, desde popa a proa'. Cej. VII, § 83. La otra ac., 'madero de refuerzo que llega de uno a otro de estos extremos', aparece ya, en la misma forma *esloria*, en las *Leyes de Indias* (ed. 1680); Jal, 654, cree que esta ac. es secundaria, pero bien puede tener razón Baist al suponer que es la primitiva. *Aut.* acentúa acertadamente *eslória*; la acentuación en la *i*, que da hoy la Acad., carece de fundamento. El vocablo se halla también en francés, en la forma *aileure* (1573), en este sentido; *alleure* en 1621 (Jal, 104); *iloire* o *eslure* en 1691, íd.; hoy es *hiloire*. Es seguro que en francés no viene del castellano, como dijeron Jal, Littré y otros. Baist, *Zeitschr. f. deutsche Wortforschung* IV, 268-9, indicó la verdadera etimología. El verbo *sloeren* reaparece en bajo alemán en la forma *slûren*. No puede asegurarse si el vocablo castellano procede del neerlandés directamente o por conducto de un fr. arcaico *eslórie*, aunque esto último estaría de acuerdo con el modo normal de trasmisión de los germanismos náuticos, y es verosímil aun en el caso presente.

Esluir, V. *ludir*   *Esllava*, V. *lavar*   *Esmagar*, V. *amagar* y *desmayar*   *Esmaído*, V. *desmayar*

ESMALTE, del fráncico *SMALT íd. (alem. *schmelz* íd., procedente del verbo a. alem. ant. *smelzen* 'derretir, liquidar', sueco *smälta* 'fundir minerales', germ. *SMALTJAN), probablemente por conducto del cat. (u oc. ant.) *esmalt*. *1.ª* doc.: *esmalte* y *esmaltado*, S. XIV: *Castigos de D. Sancho*, y Cortes de 1348, vid. Castro, *Glos.*, 235.

Esmalte está también en el Glosario de Toledo (h. 1400)¹, en APal. (129*b*, 131*d*) y en Nebr. Cej. VIII, § 49. No tenemos noticias de la existencia de esta raíz germánica en gótico, y sabemos en cambio que los francos se dedicaban a la fabricación de cerámica (Gamillscheg, *R. G.* I, p. 232), es inverosímil por lo tanto que la voz castellana y portuguesa sea germanismo autóctono. Del cat. *esmalt* abundan los testimonios medievales²; en lengua de Oc, el vocablo tiene más comúnmente la forma *esmaut*, y en francés, donde *esmal* ya se halla en el S. XII, la *-t* se perdió por un proceso analógico desde fecha muy temprana y no se halla jamás en los textos³. Puede asentirse por lo tanto a la tesis del origen forastero de la voz castellana, aceptada por M-L. y Gamillscheg, en el sentido de que probablemente se tomó del catalán o quizá de la lengua de Oc.; G. Colón se adhiere a la tesis del origen catalán, no occitano, de la voz castellana (*Enc. Ling. Hisp.*, Occitanismos § 6, Catalanismos § 44).

DERIV. *Esmaltar* [S. XIV, vid. arriba], *esmaltador. Esmaltín. Esmaltina*. De una forma gót. *MILTJA 'bazo', o mejor quizá fem., sea *MILTI o

*MILTJŌ, cf. el género fem. del alemán *miltz* (emparentada con *schmelzen*, por la creencia de que esta víscera servía para digerir los alimentos; comp. a. alem. ant. *milzi*, ags. *milte*, escand. ant. *milti* 'bazo') desciende el arag. *melsa* (Cej. VIII, § 49) o *mielsa* íd. (Gamillscheg, *R. G.* I, p. 377); pero la *s* y el diptongo irregular de estas formas indican que se tomaron del cat. *melsa* y no directamente del gótico.

¹ Traduciendo una voz latina que significa 'calado, cincelado'. Comp., en Nebr., «esmalte o sinzel: emblemma».— ² Es verdad, como dice Castro, que uno de ellos es de fines del S. XV y otros dos de principios. Pero Ag. cita tres más, medievales también, sin fecha indicada, y el que trae la variante *ermaut* es de 1306; sin que haya razones firmes para creer que ninguna de las dos variantes sea préstamo occitano.— ³ Del fr. ant. *esmal* o *esmail* (hoy *émail*) puede salir la forma *asmal* empleada por Santillana (*DHist.*).

Esmarle, V. *esmerejón*

ESMÉCTICO 'detersivo', tomado del lat. *smecticus*, y éste del gr. σμηχτικός íd., derivado de σμήχειν 'limpiar enjugando'. 1.ª doc.: Acad. 1899.

DERIV. *Esmegma* m. 'secreción del prepucio' [falta Acad. 1936, pero es término médico usual], de σμῆγμα 'líquido para limpiar'.

Esmedrir, esmedrecer, V. *miedo*   *Esmegma*, V. *esméctico*   *Esmegón*, V. *amagar*   *Esmelgar*, V. *miel*   *Esmena*, V. *enmendar*   *Esmenar, esmeno*, V. *menear*   *Esmengar, esmingar*, V. *amagar*   *Esmerado, esmerador*, V. *mero*

ESMERALDA, del lat. SMARAGDUS m. o f., y éste del gr. σμάραγδος f., íd. 1.ª doc.: *esmaragde* m., *Alex. O*, 1307a (P: *esmeraldo*); *esmeralda*, h. 1295, 1.ª *Crón. Gral.* 661a52; inventario aragonés de 1400 (*BRAE* IV, 222).

La forma moderna figura también en el *Canc. de Baena* (junto con *esmerada*, W. Schmid), en APal. (31d, 186b, 234b, 460b) y, según *Aut.*, en Clavijo (1406-12); pero Nebr. prefiere *esmaragda*. Es posible que un femenino *SMARAGDA estuviera en circulación en latín vulgar o desde el romance más arcaico¹, pues este género se halla no sólo en el *esmeralda* español y portugués, sino en el fr. *émeraude* f. (aunque en la Edad Media el género de éste es vacilante: God. IX, 533), oc. ant. *maragda* o *esmerauda* (junto a *maracde, maraude, mer-*, m.)²; el masculino predomina en italiano *smeraldo* (pero *smeralda*, S. XIII), y en catalán antiguo (*maragde* m., 2 ejs. en Aguiló, y J. Roig, *Spill*, v. 8342, con uno de *smaragde;* hoy literariamente se da la preferencia a *maragda* f.). De todos modos, también es posible que la forma castellana viniera por conducto del francés, donde ya se documenta en el S. XII, y donde el cam-

bio de A en *e* se explica fonéticamente, así como en italiano, pero no según la fonética española³; la -*e* francesa podría corresponder a -US latino, y el cambio de género se explicaría por la inicial vocálica. El tratamiento de la G es el mismo que en *ENJALMA* y en *Baldac < Bagdad;* pero en la hipótesis de un galicismo temprano se explicaría por el paso de G a ʮ, y castellanización de esta ʮ según el modelo del sufijo -*aud* = -*aldo*.

DERIV. *Esmeraldino*.

¹ Aunque el *CGL* y Georges sólo documentan *smaragdus* o la grafía vulgar *zmaragdus*.— ² Hay variante griega μάραγδος.— ³ Cabría también explicarlo por influjo de *esmerar* 'depurar'.

Esmeramiento, esmerar, V. *mero*

ESMEREJÓN, de una forma germánica emparentada con el alem. *schmerl*, a. alem. ant. *smërlo, smiril, smirlin*, escand. ant. *smyrill*, íd.; probablemente es castellanización del fr. ant. *esmereillon* (hoy *émerillon*), que es derivado (romance o germánico) del fráncico *SMIRIL. 1.ª doc.: *esmerilón*, Aranceles santanderinos del S. XIII; *esmerijón*, fin S. XIII, *Espéculo*; *esmerejón*, Juan Manuel († 1348), *Libro del Cavallero e el Escudero*, p. 250a.

Esta forma figura también en López de Ayala¹, APal., Nebr. (traducido *halietus* o *nisus*), Fr. Juan de Lerma (S. XVI, *BRAE* XVII, 246), Martínez de Espinar (S. XVII), etc.; *esmerjón* se lee en Vélez de Guevara, *El Rey en su imaginación*, v. 974, y en una comedia atribuída falsamente a Lope (cita en la ed. de la obra de Vélez, p. 142); *esmerijón* en la *Gr. Conq. de Ultr.* En francés antiguo *esmerillon* (-*e(i)llon* en el S. XIII) es ya más frecuente que *esmeril* (God. IX, 533c; III, 496b); también en lengua de Oc se encuentra *esmerilho(n)* [2.ª mitad S. XII], junto a *esmirle* (S. XIII). Aunque Gamillscheg, *R. G.* I, p. 183, sólo admite como base un fráncico *SMIRIL, del cual *esmerillon* sería diminutivo francés, parece que estos hechos invitan a postular una base ya fráncica *SMIRILJO, emparentada con el a. alem. ant. *smërlo* (comp. Kluge, s. v. *schmerl*)², aunque de todos modos la terminación de esta antigua forma alemana no corresponde exactamente a la de la supuesta forma fráncica.

En todo caso, no sería prudente, en cambio, buscar a la forma castellana un origen gótico, pues a -O del fráncico y del alto alemán correspondería -A (gen. -ANS) en aquel idioma; es sabido que las aves de caza se importaban del extranjero, y así lo confirma la presencia de *esmerilón* en los Aranceles de Santander. En consecuencia, la forma castellana se tomaría del francés antiguo en una época temprana, cuando todavía el cambio de -LJ- en *j* no estaba cumplido en Castilla o era todavía muy reciente. Por lo demás, el vocablo seguiría tomándose del germánico en fechas posteriores, con la importación continuada de aves de caza, y del alto alemán *smërlo* y formas análogas procederán el it. *smerlo*, oc. ant. *esmirle*, cat. *esmerla* (S. XV: Roís de Corella); en aragonés penetró, desde Cataluña, la forma *esmarle* (¿errata por *esmerla?*), empleada en el S. XIV por Fz. de Heredia (Sachs, *RFE* XXII, 77). Ya en Francia se aplicó *esmerillon* a una pieza de artillería pequeña, como lo era el esmerejón entre los falcónidos; de una aplicación parecida de la variante francesa *esmeril* viene el cast. *esmeril* íd. [1625, Coloma].

DERIV. *Esmerilazo.*

[1] Cita de A. Castro, *RFE* VIII, 350.— [2] La vieja teoría según la cual esta voz germánica procedería a su vez del romance MERULUS 'mirlo' carece de fundamento, al parecer. Se trataría más bien del nombre de pez *schmerl*, muy antiguo en germánico, aplicado de un animal al otro por la gran pequeñez de ambos.

Esmeril 'cañón', *esmerilazo*, V. *esmerejón*

ESMERIL, tomado del gr. biz. σμερί, gr. ant. σμύρις íd. *1.ª doc.*: 1555, Laguna.

Hoy σμερί es vivo en la isla de Naxos (Sofer, p. 113); la forma latina *smyris* (así en San Isidoro, etc.) no podría explicar las formas romances. La historia de éstas está poco investigada. Del it. *smeriglio* (en el S. XVI también *smirillo*) no da Tommaseo ejs. anteriores a la primera mitad del S. XVI, aunque seguramente es anterior; el fr. *émeri* aparece desde 1486 (*emmery*; también *emeril* en el S. XVII); del cat. *esmeril* tenemos tres ejs. ya en 1422-24 (escritos *esmerill*, *-mar-*, que quizá sea forma real, en vista de *esmerillat* 'esmerilado' que Balari cita de un doc. de 1414-27). No es imposible que el vocablo fuese traído de Grecia al mundo romance por el comercio de los catalanes, según indicarían estas fechas, y en cuanto a España esto es muy probable. Téngase en cuenta que *-ill* e *-i(y)* alternan dialectalmente en catalán, desde antiguo, como representación de -ICULUM (*conill* y *coní*, *Castellvill* y *Castellví*), lo cual podría explicar la *ll* adventicia, aunque no cabe descartar del todo la posibilidad de un mero cambio de «sufijo» *-í* > *-il*, quizá por influjo de *beril(o)* (comp. BURIL).

DERIV. *Esmerilar* [1680].

Esmero, V. *mero*   *Esmestar*, V. *mesta*

ESMILÁCEO, derivado culto del lat. *smilax*, *-ăcis*, nombre de varias plantas (tejo, carrasca, correhuela, judía), y éste del gr. σμῖλαξ íd. *1.ª doc.*: Acad. 1899.

Esmirriado, V. *desmirriado*   *Esmola*, V. *limosna*   *Esmoladera*, V. *muela*   *Esmordigañar*, V. *morder*   *Esmorecer*, *esmorecido*, V. *morir* y

moler   *Esmorgar*, V. *amurca* y *órgano*   *Esmormiarse*, V. *gormar*   *Esmozar*, V. *mocho*

ESMUCIR 'ordeñar', *esmucirse* 'escurrirse una cosa de las manos', ast., santand., del lat. EMŬLGĒRE 'ordeñar': la segunda ac. se explica por una comparación evidente con la ubre que se escurre de entre las manos al practicar esta operación. *1.ª doc.*: *esmuirse* 'deslizarse, escurrirse, zafarse', arag., 1836, Peralta; *esmuciarse*, como montañés, Acad. 1817, no 1783; *esmucir*, ast., 1892, Rato (con cita de Jovellanos, † 1811).

Rato cita *esmucir la vaca acabao de parir*, donde es 'ordeñar', y *esmúcese como una anguila* 'escurrirse', mencionando la ocurrencia de Jovellanos, de derivarlo de MULCERE 'acariciar'; Vigón: *esmucise* 'escabullirse'. La forma aragonesa está confirmada por Borao y Coll A., y éste dice que es además 'coger las olivas con la mano, haciendo con ésta un movimiento parecido al que se emplea para ordeñar'; esto último y también 'ordeñar' significan las formas murcianas *esmuir* y *esmuñir* (Sevilla, Rodríguez Xarriá, G. Soriano).

Todas estas formas, sin excepción, son inseparables del cat. *esmunyir-se* 'deslizarse, escurrirse de entre las manos', que en Sant Hilari se aplica a plantas (*esmunyir cogula*: Griera, *BDLC* VII, 145) y en Tarragona y Valencia es 'ordeñar' (Moll, *AORBB* IV, s. v.), y del simple *munyir* 'ordeñar' y 'coger' (aceitunas, hojas) ciñendo la rama con la mano y haciéndola correr a lo largo de la misma' (Fabra). El origen de éste es bien conocido: lat. MŬLGĒRE 'ordeñar', alterado en *MUNGERE (comp. port. *mungir* o *munger* íd.; *monger* en las Ctgs. 52.23), por dilación, o por confusión con MUNGERE 'sonar, mocar'. La forma murciana *esmuñir* será catalanismo; las demás, descendientes autóctonos del derivado EMULGĒRE, que por una parte pasó a *esmullir > esmu(y)ir y por la otra, según es regular, a *esmu(l)zir; comp. arag. *muir* 'ordeñar'[1] (Borao), gall. *muxir* (RL VII, 220)[2]; la forma santanderina *esmuciar* es secundaria, partiendo de formas como *se esmució*. No hay por qué hacer intervenir el lat. MUCERE 'ponerse mohoso' (achacándole una ac. hipotética 'ponerse resbaladizo'), según hace G. de Diego, *Contr.*, §§ 210, 416, ni menos inventar un *MUCIDARE (§ 417). Variantes dialectales, en *RDTP* XI, 390-5.

[1] *Muir* o *muyir* es general en Navarra según Iribarren; *muidera* 'espacio de terreno, próximo a la borda, en el cual se ordeña a las ovejas' en Roncal y Salazar, y con referencia a estos valles lo emplea Azkue (*Dicc.* y *Supl.*) en sus artículos *olaa* y *saisgo*.— [2] «O que non lle da de comer a unha vaca non ten dereito a *muxi-la*» Castelao 255.23.

Esmuir, *esmuñir*, V. *esmucir*   *Esmurcirse*, V. *marchito*   *Esnalar*, V. *ala* I   *Esnidiar*, V. *ni-*

tido   *Esnoga*, V. *sinagoga* s. v. *acta*   *Esñalar*,
V. *ala*   *Esñizar*, V. *añico*

ESÓFAGO, tomado del gr. οἰσοφάγος íd., compuesto de οἴσω 'llevaré' y φαγεῖν 'comer'. *1.ª*
doc.: 1582-5, Fr. Luis de Granada.
DERIV. *Esofágico.*

ESOTÉRICO, tomado del gr. ἐσωτερικός 'íntimo', 'reservado a los adeptos', derivado de ἔσω
(o εἴσω) 'adentro'. *1.ª doc.*: Acad. 1884, no 1843.
DERIV. Formación paralela y opuesta es *exo-*
térico [Acad. íd.], de ἐξωτερικός 'externo, extranjero, público', derivado de ἔξω 'afuera'.

Esotro, V. *ese*   *Espacial, espaciamiento, espa-*
ciar, V. *espacio* y *explayar*

ESPÁCICO, ant., 'funesto, siniestro', 'aciago',
origen incierto, quizá de un visigótico *SPAKIGS.
1.ª doc.: 1417, E. de Villena.
Aut. la da ya como voz anticuada; define «funesto, triste y lo mismo que aziago», y agrega la
cita de Villena: «él ordenó e falló los días *espá-*
cicos, que los non sabientes corrompiendo el vocablo llaman aziagos». Desde luego una supuesta
alteración fonética de *ACIAGO* es inverosímil[1].
Tal vez se emplee hoy el vocablo en el Norte
leonés, a juzgar por el pasaje de Concha Espina,
La Esfinge Maragata, p. 176: «un *espácico* rumor llevó sobre el concurso estas palabras que
se condensaron en la frase hostil: ¡estos tíos serán ensalmadores!»[2]. ¿Se aplicaría primitivamente
al toque de muertos, llamándolo así porque se
toca *despacio* o *espaciosamente*, y de ahí pasó
luego a los días aciagos? No es imposible, pero
faltan confirmaciones documentales. Los griegos
ἀσπάσιος y ἀσπαστικός 'agradable, acogedor' y
σπαστικός 'que atrae, que sufre espasmos' tienen
sentido muy remoto. No hallo otras noticias acerca del vocablo en diccionarios dialectales leoneses,
ni en los portugueses y otros, extranjeros. Es bastante probable que se trate de un germanismo
autóctono del Centro de España, cf. isl. ant. *spā*
'presagiar' (< *spahōn); *spā* f. (*spāha) 'profecía',
presagio', *spār* 'profético' (< *spāhar), de donde
con «grammatischer Wechsel» deriva *spágandr* 'adivinación mágica', por otra parte *spakr* 'listo, astuto,
inteligente' y *spakligr* íd.[3]; estos dos últimos suponen al parecer una variante radical pregermánica
*SPE-G-, junto a *SPE-K-, base de la otra (Pok.,
IEW, 985, 987), aunque no es imposible que todo
sea SPEK- con alguna alteración local de índole
morfonológica; desde luego se trata de la familia
del lat. *spectare*, gr. σκέπτειν, σκοπεῖν recuérdese
ὡρό-σκοπος 'presagio, horóscopo'. Atendiendo a
este conjunto germánico, y dado lo incompleto de
nuestro conocimiento del vocabulario gótico es
verosímil postular un visigótico *SPAKIGS, formalmente afín, sobre todo, al esc. ant. *spakligr* y

también a *spágandr* y *spā*, que partiendo de la
idea de 'decidor del fatum', 'brujo presagiador',
pasara a significar 'fatal' y 'siniestro'. Mucho más
remota es la posibilidad de una relación con los
Spaci que parece fué el nombre de la tribu que
en tiempos romanos habitaba la zona de Vigo
(Sarm. *CaG.*, p. 48; el *Itinerario Antonino* da a
Vigo, según Holder, el nombre de *Vicus Spacorum*).

[1] Aun suponiendo que se pronunciara *espacico*,
habría toda clase de dificultades para llegar ahí
desde *egipcíaco*, étimo de *aciago*.— [2] Claro que
la escritora pudo tomar el vocablo del diccionario, pero no es muy probable, pues le da más
bien el matiz de 'siniestro' que el de 'aciago'. Ahora bien, la Acad. redujo su definición, desde 1843,
a la palabra 'aciago' y ya es más difícil que C.
Espina acudiera al Dicc. de *Aut.*— [3] Estos dos
aparecen, p. ej., ya en el *Volospa* 8 y 29*b*:
Herþǫr... fekk spioll spaklig ok spáganda 'el
Padre de los ejércitos obtuvo conocimiento y
embrujo profético'. El propio nombre de este
famoso poema éddico es un compuesto de *spā*
con *vǫlva* 'vidente'. Con *spakr* van isl. ant. *speki*
f. 'inteligencia, sabiduría' y *spekja* 'instruir, volver sabio'. No es familia ajena a las demás leng.
germánicas: a. y b. al. ant. *spāhi* 'sabio', 'diestro'.

ESPACIO, descendiente semiculto del lat. *spa-*
tium 'campo para correr', 'extensión, espacio'. *1.ª*
doc.: Cid.
Cej. IX, § 215. Es ya frecuente en la Edad
Media, en sus varias acs., aunque predominan entonces las secundarias 'sosiego', 'consuelo' (comp.
Gillet, *Propaladia* III, 856), 'plazo'; pero ya APal.
emplea la etimológica («ambulacrum es *espacio*
destinado para pasear por él») y Nebr. define
«espacio de tiempo o lugar: spatium».
DERIV. *Espaciar* ['explayar, consolar', 1251, *Cali-*
la, ed. Rivad., p. 61; 'mitigarse (el dolor)', *1.ª Crón.*
Gral. 662*a*7; 'alegrar, refrescar', J. Ruiz, 376*a*;
espaciarse 'holgarse, divertirse, solazarse', *Gr. Conq.*
de Ultr., p. 26; Sánchez de Bercial, *Libro de los*
Enxemplos, p. 531[1]; «*espaciarse*: spacior, deam-
bulor», Nebr.; «spatiari es andar aviendo dello
plazer: *espaciarse*», APal. 465*b*; *espaciado* 'desocupado, ocioso', *Rim. de Palacio*, ed. Rivad., 869];
espaciamiento ant. *Espacioso* ['silencioso, sereno',
Berceo, *Mil.*, 436; 'ancho', Mena (C. C. Smith,
BHisp. LXI), APal. 235*d*; *Celestina* (C. C. Smith),
«*espaciosa*: cosa tardía», Nebr.]; *espaciosidad.*
Espacial [1939, Supl. a la ed. 16 de la Acad.].
CPT. *Despacio* [*de espacio*, aplicado a persona
que está tranquila, con sosiego, J. Ruiz, 1303*a*;
en el sentido moderno no hallo noticias anteriores a Gz. de Clavijo, 1406-12, vid. Cuervo, *Dicc.*
II, 1124-6, y aunque ya en el *Cid* se emplea *por*
espacio en esta ac., v. 1768, es más corriente entonces *de vagar*—*Cid, Partidas*, J. Manuel, J. Ruiz,
etc.—como hoy en portugués; en el sentido actual se dijo también *aspacio*, así en Rojas Zorrilla

y en Torres Villarroel, vid. *DHist.*][2] ; *despacioso*.
[1] Más ejs. en Gillet, *Propaladia* III, 190-1. Esta ac., entre otras partes, es hoy viva en Chile: «nuestra vista *se espaciaba* por los cerros», G. Maturana, *D. P. Garuya*, p. 81.— [2] Para el sentido 'quedo, en voz baja', que ha tomado *despacio* en Asturias, Nicaragua y en todas partes desde el Ecuador hacia el Sur, V. mi nota, *RFH* VI, 231.

ESPADA, del lat. SPATHA 'pala de tejedor', 'espátula', 'espada ancha y larga', y éste del gr. σπάθη íd. *1.ª* doc.: *espata*, doc. arag. de 1090 (Oelschl.); *espada, Cid*.

Cej. IX, § 215. General y frecuente en todas las épocas. Como en todos los romances, reemplazó las voces clásicas *ensis* y *gladius*. Duplicado culto es *espata* 'bolsa que cubre el espádice' (por comparación de forma) vco. *ezpata* 'espada', 'espadaña'.

DERIV. *Espadada* [*Alex.*, 976, 993]; *espadado*. *Espadar* [1463, arag., *VRom.* X, 147; «*espadar lino*: carmino linum», Nebr.], derivado de *espada* en el sentido etimológico de 'pala de artesano' o 'espátula'; *espadador. Espadero* [*APal.* 17*d*]; *espadería. Espadaña* 'planta tifácea con hojas de forma semejante a una espada' [«*spadana*: spadix», h. 1400, Glos. de Palacio, trad. inexacta; «*espadaña, ierva*: acorus, gladiolus», Nebr.], también cat. *espadanya* íd. (no empleado en todas partes, no tengo ejs. antiguos); la forma del Glos. de Palacio, la mozár. *ešpatána* (en el malagueño Abennalbéitar, † 1248, cita de Simonet) y la ast. (R, V), gall. y port. *espadana* íd.[1] parecen indicar un extraño sufijo -ANNA (como en *PESTAÑA*) o acaso -AGĬNEM (propio de nombres de plantas, comp. el gall. *espadaina*); en cuanto a la derivación de *espada* por la forma de las hojas, es paralela al nombre lat. *gladiolus*, alem. *schwertlilie*, etc.; *espadañal* (ast. *espadanal*), *espadañar* [Oudin]; *espadañada* 'bocanada, golpe de sangre u otra cosa, que sale por la boca' [1555, 2.ª parte, anónima, del *Lazarillo*; 1603, Oña[2]], ac. singular, que tiene también el port. *espadana* [med. del S. XVI], puede imaginarse causada por una metonimia 'golpe de espada' > 'golpe de sangre que ésta causa', o quizá más bien, en vista del pasaje de Oña («del mismo horno salió una *espadañada* de fuego»), se trata de la comparación de la llamarada con una espada o espadaña, y de 'llamarada' se pasaría luego a 'bocanada violenta'. *Espadarte* 'pez espada' [h. 1400, *Canc.* de Baena, p. 481[3]; 1495, dicc. de Nebr.], también portugués, es adaptación del fr. ant. *espaart* 'provisto de algo en forma de espada' (*tors sauvages et espaarz* 'toros salvajes y con cuernos semejantes a espadas', en Chrétien de Troyes, *Yvain*, 286), derivado de *espee* 'espada', que hoy se conserva alterado en *épaulard* 'espadarte' (Rohlfs, *ASNSL* CLXIII, 315; Gamillscheg, *EWFS*, s. v.)[4], y en Galicia, en *espolarte*, que Sarm. oyó en

Muros (*CaG.* 82*v*) y cita entre el delfín y la *candorca* (en «660 Pliegos»), definido éste 'pez espada' en otros trabajos suyos, en que observa es enemigo del delfín: adaptación *espolón*, nombre que él mismo anota para el arma natural del espadarte. *Espadilla* [1463, arag., *VRom.* X, 147; en el sentido de 'remo que sirve de timón en los barcos menores' emplea Abulualid la forma mozárabe *'išpâṭa*, vid. Simonet]; *espadiella* ast. 'espadilla para espadar lino' (V); *espadillar; espadillazo. Espadín. Espadón* 'espada grande', 'personaje elevado'. *Espadachín* [1609, 'rufiancillo', como voz de germanía, J. Hidalgo; en el sentido moderno, Covarr.[5]; 1615, *Quijote*, etc.], tomado del it. *spadaccino* 'espadín' [1466-83, *Morgante*], 'espadachín' [Berni, † 1535], derivado de *spadaccia*, aumentativo de *spada* 'espada'. V. *HIERRO*.

[1] En la Beira y en la Sierra de la Estrella designa además la espadilla de espadar el lino (*VKR* IV, 287), y en el gallego del Limia es «cola del pez» (*VKR* XI, s. v.). El gall. *espadaina* 'campanario piramidal', quizá sea adaptación de la voz castellana; pero Castelao (entendido en vieja arquitectura local) escribe para eso «dende os campanarios da veiramar até as homildes *espadanas* da montaña» (296.7). No parece posible, en cambio, pensar que *espadana* pueda ser adaptación de la voz castellana según el modelo de *año* ∾ *ano, caña* ∾ *cana*; hay ya ejs. del port. *espadana* y sus derivados desde h. 1500 (Moraes), y el nombre de lugar colectivo *Espadanedo* (dos feligresías en lo alto de Tras os Montes y a la izquierda del bajo Duero) muestra que -*ana* es antiguo en este nombre de planta; en realidad los casos de -*ana* < -*aña* forman serie en gallego: *entrana, estrano, -ana, montana*.— [2] También en Martínez de Espinar. En el *Lazarillo* anónimo «dando... vueltas en el agua, y lanzando por la boca grandes *espadañadas* de ella» (Rivad., p. 94).— [3] La lección *espandarte* de Pidal es ajena al ms. (según W. Schmid), y sin duda carece de fundamento, aunque C. de las Casas (1587) dé *espaldarte*, con el cual y con el fr. *épaulard* podría uno sentirse tentado de relacionar esta forma. Entonces el fr. *épaulard* se explicaría mejor como hispanismo (según admitió Schuchardt, *ZRPh.* XXXII, 85) que al revés. Pero el *espaldarte* de las Casas es errata como tantas hay en esta mala edición, y ajena a la príncipe de 1570; va tras *espadaña* antes de *espalda*, y en la parte italiana-castellana el mismo autor trae *espadarte*. En suma, el sufijo -*arte* me hace inclinar por el origen francés.— [4] También es adaptación del francés el vco. *ezpalarte, -arta*, íd., cast. vascong. *esparlón*, fr. *espadon* (empleados por Azkue para traducir el nombre vasco. En otro artículo emplea *perlones*, nombre de pez —¿o marisco?— también ausente de *Acad. Man.*, acaso sin relación con aquel, V. la cita en el orden alfabético).— [5] De ahí Oudin, 1616, no 1607.

ESPÁDICE, tomado del gr. σπάδιξ, -ῐκος, 'rama de palmera arrancada con sus frutos', derivado de σπᾶν 'sacar', 'atraer', 'extraer', 'arrancar'. *1.ª doc.*: Acad. 1884, no 1843.

Deriv. *Espadón* 'eunuco' [Covarr., pero *Aut.* observa que es desusado], del lat. *spado, -ōnis*, y éste del gr. σπάδων, -οντος, íd., otro derivado de σπᾶν.

Cpt. *Espagírico* [Terr.], propiamente 'alquimista', tomado del lat. moderno *spagiricus*, empleado y probablemente inventado por Paracelso († 1541), que se ignora cómo lo formó, aunque algunos suponen que reuniendo las voces griegas σπᾶν y ἀγείρειν 'reunir'; *espagírica*.

Espadilla, espadillado, espadillar, espadillazo, espadín, V. espada   Espadón, V. espada y espádice   Espagírica, espagírico, V. espádice   Espahí, V. cipayo   Espajarado, V. pájaro   Espaladinar, V. paladino   Espalar, V. pala

ESPALDA, del lat. tardío SPATŬLA 'omóplato', antes 'espátula', 'pala de ciertos instrumentos', diminutivo de SPATHA que tenía esta última ac. y procedía del gr. σπάθη íd. *1.ª doc.*: Berceo, *Mil.*, 243¹; Cej. IX, § 215.

Esta palabra en la Edad Media muchas veces es más o menos sinónima de 'hombro': así en J. Ruiz, 1468b, el demonio se ofrece a sostener a un ahorcado si éste pone los pies sobre sus espaldas (parecidamente en el *Conde Luc.*, *BKKR*); el sentido básico seguiría siendo el de 'omóplato', como lo es claramente en la *Crónica de Alfonso XI*², como sigue diciendo Fragoso en 1581, y como lo es aún en catalán *espatlla* (frente a *muscle* 'hombro' y *esquena* 'dorso, espalda') y en portugués *espádua* (frente a *ombro* y a *costas* 'dorso'); pero la necesidad de un término popular para la parte posterior del tronco humano acabó por fijar el significado del vocablo castellano en este último sentido, mientras que el fr. *épaule*, el it. *spalla*, el cat., se orientaron hacia el de 'hombro', aunque en los últimos por lo menos la ac. primitiva no está olvidada, y en general todos los romances han vacilado o vacilan poco o mucho entre las tres ideas. En latín, *spatula* se aplica ya al omóplato de los animales, Apicio (S. II d. de C.) lo aplica al del cerdo y Vegecio (h. 400) al del caballo (V, i, 1). Manu Leumann, *VRom.* II, 470-2, supuso que este *spatula* podía ser regresión de *spacla* (según el modelo de *vetulus ~ veclus*), que a su vez sería metátesis de *scapula*, nombre normal de los omóplatos en latín clásico y popular (Plauto, Quirón, etc.); se funda para ello en que la *spatula* no era un instrumento curvo, sino plano, y por lo tanto no tenía semejanza con un omóplato: argumento del que se puede discrepar, y que está contradicho por los mismos paralelos que él aduce y otros que pueden agregarse, cast. *paletilla* 'omó-

plato', sardo *pala* íd., suizo alem. *schüfeli* 'plato del omóplato del cerdo' (derivado de *schaufel* 'pala'), y el propio *scapula* deriva del mismo radical que el gr. σκάπτειν 'cavar'; aunque las palas puedan no ser rigurosamente planas, ésta es, sin embargo, la propiedad que las caracteriza en la conciencia popular, e igualmente pudo emplearse la *spatula* como término de comparación.

En todos los romances la evolución fonética de SPATULA supone esta forma como punto de partida y no la sincopada *SPATLA > *SPACLA, lo cual se comprende teniendo en cuenta que este diminutivo se formó sólo en el latín imperial y en fecha más bien tardía, cuando el cambio de T'L en CL ya no se producía en el habla vulgar. El duplicado culto *espátula* se documenta en castellano desde 1488 (arag., *VRom.* X, 147) y 1555 (Laguna).

Deriv. *Espaldar* [Berceo, *Sacrif.*, 236d, donde es todavía adjetivo, en el sentido de 'postrero, final'; m., en 1600, ley de la *N. Recopil.*, *Aut.*]; *espaldarazo; espaldarcete; espaldarón. Espaldear. Espalder* [h. 1530, Guevara, *BRAE* XXXV, 51-56, y 1616, *Persiles*], del cat. ant. *espatler* íd. Del catalán *espatlla* 'hombro, espalda' se deriva *espatllat* 'el que tiene la espalda descoyuntada', 'estropeado', *espatllar* 'descomponer', *espatllar-se* 'matarse despeñándose' (eufemismo), y análogamente Bielsa *espaldar* 'despeñar' (Badia); no de un *EX-PELLITARE, de EXPELLERE 'expulsar', como en GdDD 2571. *Espaldera* [1362, arag., *VRom.* X, 147]. *Espaldilla. Espaldón; espaldonarse. Espaldudo. Espalera* 'espaldar', término de jardinería [Acad. ya 1843], tomado del it. *spalliera* íd.³ *Despaldar* o *desespaldar; despaldillar, despaldilladura. Respaldar* v. [*Aut.*], *respaldo* [íd.], *respaldar* m. [íd.], *respaldón.*

Cpt. *Espalditendido.*

¹ Ya en el sentido moderno: de un santo que no quiere auxiliar a un condenado se dice «tornóli las *espaldas*».— ² «Descosieron al rey el pellote et la saya en el hombro, et ungió el arzobispo al rey en la *espalda* derecha con olio bendicho», cap. 103, cita de Cabrera.— ³ Parece ser lo mismo que en Mendoza (Argentina) se ha castellanizado en la forma *espaldera*, aplicado al cultivo de la vid y otras plantas (Montagne, *Cuentos Cuyanos*; Chaca, *Hist. de Tupungato*, p. 84); de ahí *contraespaldera*, como nombre de un sistema de cultivo del mismo vegetal (*La Nación*, 8-XII-1940). En esta ac. *espaldera* está también registrado por la Acad., desde 1843.

Espalde, espalto, V. asfalto   Espalmador, espalmadura, espalmar, V. palma

ESPALTO, 'explanada en las fortificaciones', 'color oscuro, trasparente y dulce, empleado por los pintores para veladuras', variante fonética de ASFALTO 'betún de Judea'. *1.ª doc.*: 2.ª ac., Paravicino († 1633); 1.ª ac., *Aut.*

En el sentido de 'asfalto' se halla *espalto* en el

Arancel de Aduanas de 1782, y *aspalto* en el mismo texto y en Gordonio (S. XV), vid. *DHist.*, en este último artículo; también en italiano se empleó *aspalto* en este sentido, según Petrocchi. Como no hallo la ac. pictórica en los diccionarios italianos, es posible que en este sentido la aplicación sea meramente española. Pero como término de fortificación no cabe duda que procede de Italia, donde *spalto* (y también *spaldo* y *aspaldo*) se hallan empleados en los dos sentidos que la palabra *explanada* tiene en este arte militar: 'declive que se continúa desde el camino cubierto hacia la campaña' y 'parte más elevada de la muralla, sobre el límite de la cual se levantan las murallas'; en tal sentido o en el más vago de 'muro, parapeto' *spalto* es frecuente y antiguo en la vecina Península, y figura ya en Dante; estos sentidos procederán del de 'pavimento' que *spalto* tiene en *La Fiera* de Buonarroti (1618), y que a su vez se explicará por el material asfáltico empleado en hacerlo[1].

[1] Como ya indica M-L., *REW* 8115, no es posible la idea de Diez de derivar *spalto* del alem. *spalt* 'hendedura'; pero M-L. no propone nada mejor.

Espam(i)ento, V. *aspaviento*

ESPANTAR, del lat. vg. *EXPAVENTARE* íd., derivado de EXPAVĒRE 'temer', que a su vez lo es de PAVĒRE íd. *1.ª doc.:* Cid.

Frecuente en todas las épocas. La forma *espantar* de los tres romances ibéricos, también representada en algunas hablas del Sur y del Norte de Francia y del Sur de Italia, se explica por una disimilación *EXPAENTARE*, de fecha ya latina, y documentada en el it. antic. *spaentare*, comparable a la sufrida por PAVOR > cat. *paor*, it. *paura*, FAVILLA > FAILLA o VELLA(V)ICUS > oc. *Velay*[1].

DERIV. *Espantable* [fin S. XIV: *Revelación de un Hermitaño*, copla 12; *Rim. de Palacio*, 933]. *Espantada* [Berceo, *S. Mill.*, 66; *Alex.*, 911]. *Espantadizo* [Nebr.]. *Espantador. Espantajo* [Nebr.], ast. *espantayu* (V). *Espantanza*, ant. [*Sta. M. Egipc.*, 940]. *Espanto* [Berceo]. *Espante. Espantoso* ['asustadizo', Juan Manuel, Rivad., 242; 'que espanta', APal. 132b]. Y vid. *ASPAVIENTO*.

CPT. *Espantagustos. Espantalobos. Espantamoscas. Espantanublados. Espantapájaros. Espantavillanos.*

[1] Skok, *ARom.* VIII, 150; Jud, *VRom.* II, 312-3; *FEW* III, 304-5. *Espantar* es ya medieval en Gascuña, *spantare* se halla antiguamente en italiano, y hoy esta forma existe en Gascuña y Sur de Languedoc, en muchas hablas francesas, concretamente del SO., Centro y SE. (p. ej. *epâté* en Romont-Plagne, Suiza, *VRom.* II, 436), y en algunas del extremo Sur de Italia. Déjeseme aprovechar la ocasión para denunciar la inexistencia de la base bárbara *EXPAVITARE*, que se

viene admitiendo como étimo de oc. ant. *espautar* y de varias formas valonas (*REW*, 3038; *FEW* III, 306a), y que algunos han tomado como punto de partida para una imposible etimología del cat. *abaltir-se* 'medio dormirse, amodorrarse, adormecerse'. Como ya indicó Haust, los vocablos valones se explican igualmente por EXPAVENTARE y lo mismo hay que decir de oc. *espautar*, comp. oc. dial. *aun* y *au* < HABENT (creo existe también *auta* junto a *aunta* y *anta* HAUNITHA); está claro que *espautar* sale de *espauntar* (EXPAVENTARE) por simplificación del grupo implosivo complejo *aunt*.

Españar, *-añir*, *-añido*, V. *expandir*

ESPARADRAPO, probablemente del it. antic. *sparadrappo*, que parece ser compuesto de *sparare* 'rajar, partir por la mitad' (derivado negativo de *parare* 'preparar, adornar') y *drappo* 'trapo, paño, tela', porque el esparadrapo se aplica en tiras cortadas a lo largo. *1.ª doc.:* 1495; *espadrapo*, 1680, *Pragmática de Tasas*; *esparadrap*, h. 1764, Terreros; *esparadrapo* o *espatadrapo* en el cubano Pichardo (p. 103), 1836; *esparadrapo*, Acad. 1884, no 1843.

También fr. *sparadrap* [1314: *sparadrapu*], ingl. antic. *sparadrap* (1543-1728). En italiano se halla *sparadrappo* en Fioravanti (fin S. XVI) y en Garzoni (princ. S. XVII); en este último parece aplicarse a un ungüento o quizá a un emplasto adherente semejante al que caracteriza el actual esparadrapo, en el otro autor puede ser lo mismo o bien 'esparadrapo' en el sentido presente. Se citan formas *sparadrapum* o *spadrapor* en bajo latín, pero son reflejos tardíos de las formas romances. No hay inconveniente en suponer que el vocablo italiano sea más antiguo de lo que dan a entender los dos testimonios recogidos por Tommaseo, y que por lo tanto este idioma pueda ser el creador del vocablo, como sospecha Gamillscheg, pues sólo allí se le encuentra explicación lógica: sería un compuesto del tipo frecuente *sparapane, sparalampi, sparagrembo, sparavento, sparabicco, sparafucile*, y especialmente *sparafanone* 'fanfarrón' (de *fanone* 'vestidura solemne'); nótese que *drappo inglese* o *drappo d'Inghilterra* designa un tafetán empleado para proteger pequeñas heridas. En castellano *esparadrapo* parece ser vocablo tardío, entrado quizá indirectamente (es usual en España, pero no en la Arg.). De todos modos ya leemos «estos se llaman *esparadrapos*, especie de pasta o pegotes» en el *Epílogo en Medicina*, texto aragonés publ. en Burgos, 1495.

Esparajismo, V. *paroxismo*.

ESPARAVÁN, 'enfermedad de las extremidades inferiores del caballo', del mismo origen incierto que el fr. ant. *esparvain*, oc. ant. *esparvanh*, cat. ant. *espar(a)va(n)y*, it. *sparagagno* o *sparaguàgnolo*,

quizá de procedencia germánica. *1.ª doc.*: S. XIII,
Libro de los Cavallos, p. 55; Vidal Mayor *spara-*
vanya; «*esparavanes*: esparvins de chevaulx», Oudin, 1607; *esparavan*, Covarr., 1611; *esparavanes*,
1618, Espinel.

En catalán hallamos *sparvays* en la Cirugía de
Tederic, que por el lenguaje parece del S. XIV[1], y
sparavanys en el Cancionero Satírico Valenciano de
fines del S. XV; hoy en el Principado parece ser
general la forma *esparverany*[2]. Del occitano, o más
precisamente gascón antiguo, *esparvanh*, hay ej. de
princ. S. XIV (*Rom.* XL, 368). El fr. ant. *espar-*
vain aparece ya en el S. XIII[3] y a mediados del
XIV, y en forma más o menos alterada en numerosos textos posteriores (hoy se escribe *éparvin* o
épervin). Hay también port. *esparavão* [Moraes]
o *esparvão*, y del francés se pasó al ingl. *spavin*.
En italiano hallamos muchas formas, de las cuales
es *sparagagno* la mejor documentada [1590?, Fed.
Grisone], y hoy lo usual es *spavènio* (Petr.) o
spavento (Fanfani); además *sparaguagnolo*, *spara-*
guano; en bajo latín de Italia *spavenius* en Piero
de' Crescenzi (2.ª mitad del S. XIII, ed. 1486), y
el plural *spavani* (en Lorenzo, algo posterior, y en
Jordanus, 1.ª mitad del S. XIII, en eds. del
S. XVIII; también en el tratado siciliano de ve-
terinaria conservado en ms. de 1368, *ZRPh.* XXIX,
595).

Según indica Schuchardt, *An Mussafia*, 29-30,
estas formas, a pesar de su antigüedad, deben
ser posteriores a las con *r;* creo que se deben al
influjo parcial de una etimología popular, consumada en el caso de *spavento*, según explica Tommaseo («il cavallo... nell'alzare che fa i piedi di
dietro li tira in su violentamente... come se fosse
spaventato»). Bien puede tener razón Schuchardt
al suponer que estamos ante un germanismo, derivado del gót. SPARWA 'gorrión' u otro de sus
congéneres germánicos, por una comparación de
los movimientos convulsivos, y como nerviosos, de
la caballería atacada de esparavanes[4], con la agitación inquieta de este pájaro, lo cual parece comprobado por el nombre alemán de la misma enfermedad, *spat* (ya a. alem. med.), bávaro *spatz*,
idéntico al alem. *spatz* 'gorrión' (en sentido análogo, Falk-Torp, *Norw.-Dän. Etym. Wb.*, s. v.
spat II, aunque éstos, según su costumbre, quieren llevar el enlace de los vocablos hasta el indoeuropeo, quizá innecesariamente; también Brüch,
VKR VII, 258); sin embargo, el verbo gót. *SPAR-*
WINÔN 'agitarse como un gorrión', que Schuchardt
admitiría como base, debe abandonarse desde el
momento en que el fr. *éparvin* aparece indudablemente como ortografía errónea, y habría que buscar una base *SPARWANĮU, cuya terminación puede
ser romance o quizá originada en el propio germánico, ya que SPARWA (gen. SPARWANS), no es
voz exclusivamente gótica, sino común a los varios idiomas de la familia: luego puede pensarse
en un verbo *SPARWANJAN, formado como *WAI-

DANJAN, *BORGANJAN; o quizá más bien en un adjetivo gótico *SPARWANEIS 'comparable al gorrión'
(comp. lo dicho en *GUADAÑA*).

La etimología que propuso Gamillscheg, *EWFS*,
370, es buen ejemplo de construcción arbitraria:
con el antepasado del alem. *spat* y una forma fráncica equivalente del ags. *vane* 'disminución', 'decadencia', se habría formado un fráncico *SPADWÂNI
'decadencia causada por el esparaván', que sería el
étimo de las formas dialectales francesas e italianas tardías sin *r* (las con *r* se explicarían por el
fenómeno esporádico francés ejemplificado en ME-
DICUS > *mire*); en *R. G.* I, 198, trata de apoyar
esta idea explicando con el alem. *spat* vendría de
un fráncico *spadôn 'castrar', que postula a base del
caballus spaao 'castrado' que se lee en la Ley Sálica, pero el eminente filólogo había olvidado mo-
mentáneamente que este *spado* no es otra cosa que
el cultismo grecolatino *spado* 'eunuco', cuya presencia en el bajo latín de la Ley Sálica no puede
valer en absoluto como indicio de que tal vocablo
se empleara popularmente entre los germanos; por
lo demás, como él ya dice, nada tiene que ver el
esparaván con la castración.

Terminemos indicando que la terminación hispano-portuguesa *-án*, en lugar de *-año*, es indicio
de que en estos idiomas el vocablo será de origen
catalán o galorrománico.

[1] Griera, *BDC* XIX, 247. En ese texto es frecuente la grafía *y* = *ny*, comp. *roya*, p. 252, *des-*
trey, p. 247. No veo, en cambio, casos de *y* = LĮ
o CL (lo cual es en general mucho menos frecuente
en esta época), comp. *porreyl*, p. 251; *tall*, p. 253;
huyls, 225; *genoyll*, *jonoyl*, 256. Claro que es
arbitraria la etimología de Griera al relacionar con
per avall 'por abajo', y temo que su afirmación
de que el texto contiene «mallorquinismos» no
tenga mucho más fundamento que este supuesto
vay = *vall* (que por lo demás no sería posible en
mallorquín, donde LL no da *y*).— [2] Griera, *Tre-*
sor, cita localidades de todos sus ámbitos. Más
dudosa es la forma *esparverenc* que él cita sin
localizar, quizá fundándose en Labernia y lexicógrafos que lo copiaron. El valenciano Escrig da
esparvall. En cuanto a *esparver*, en este sentido,
es aún más dudoso, pues sólo lo dan Escrig y
Amengual, y aquél dice que es lo mismo que
esparavany; ahora bien, a éste le atribuye este
autor la ac. 'gavilán', copiando evidentemente el
diccionario de la Acad., y a esta supuesta ac. de
esparvany se referirá Escrig.— [3] Viene repitiéndose desde el *DGén.* que en ese texto aparece *es-*
parvin, pero esto parece ser errata de este diccionario, que remite al Suplemento de Godefroy.
Éste trae *esparvain*, como era de esperar, en el
texto citado (IX, 538a).— [4] Que esto es característico lo prueban las varias citas aducidas por
Tommaseo y otros. He aquí una de Giovanni
della Casa (¿h. 1700?): «sono alcuni che andando
levano il piè tanto alto, come cavallo che abbia

lo spavento». Esto indujo a Diez a pensar en una comparación con el vuelo alto del gavilán, fr. *épervier*, cat. *esparver*, pero ya es comparación más forzada, y los demás fundamentos de Diez se desvanecen al examinarlos. Es verdad que *Aut.* afirma sin pruebas que el cast. *esparaván* designa también una especie de halcón, pero no hay confirmación en ninguna fuente independiente, y creo se trata de una confusión con el catalanismo cast. *esparvel;* y ya hemos visto que el supuesto cat. *esparver* no parece existir en el sentido de 'esparaván'. En cuanto a la forma catalana moderna *esparverany*, se debe a la misma etimología popular que el it. *spavento*, a saber al influjo del verbo *esparverar* 'azorar, espantar', comp. el ast. *esparaván* 'aspaviento' (V), que comprueba cómo el pueblo en todas partes ve en los movimientos del caballo afectado de esparavanes un efecto del espanto.

ESPARAVEL, 'red redonda para pescar, que se arroja a fuerza de brazo en los ríos y parajes de poco fondo', del cat. occid. *esparaver*, cat. *esparver*, 'gavilán' y 'esparavel', y éste del fráncico *SPARWÂRI 'gavilán' (a. alem. ant. *sparwâri*, alem. *sperber*, b. alem. med. *sparwer*, neerl. med. *sperware*): se dió este nombre a la red en cuestión porque se lanza para coger peces al modo como el gavilán era arrojado por los cazadores para dar caza a otras aves. *1.ª doc.: esparver* 'gavilán', 1513, R. de Reinosa; *esparavel* 'red', 1568, J. de Mal Lara (citas de Pagés, que también señala el último en Antonio de Morga).

Aparece éste luego en Fonseca (1596), Oudin y Covarr. La explicación de este lexicógrafo «también se llama assí la red con que cazan los gabilanes mudados de aire, por una especie de ellos que llaman en lengua toscana *sparavero* y en francés *esparvier*», aunque pasó a *Aut.*, carece de fundamento, pues los gavilanes no se pueden cazar con red, y sólo se inspira en el deseo de hallar una justificación a la etimología. La explicación real la he dado arriba: ciertas especies de gavilán se emplearon, en efecto, para la caza de cetrería (Kluge, s. v. *sperber*). Según los germanistas, SPARWÂRI, voz exclusiva de los dialectos continentales del germánico occidental, era alteración de un *SPARWARO por influjo del sufijo -ÂRI, compuesto de SPARWO 'gorrión' y ARO 'águila', propiamente 'águila de gorriones', porque los gavilanes libres suelen dedicarse a la caza de estos pájaros; el gótico *SPARWAREIS supuesto por M-Lübke (*REW* 8126) no existió nunca: el it. *sparviere* se revela como galicismo por su terminación y no puede haber dudas acerca del carácter advenedizo de la voz castellana, de suerte que sólo son germanismos directos el fr. *épervier*, oc. *esparvier*, cat. *esparver* y algunas formas réticas, según corresponde a la procedencia fráncica del vocablo (Gamillscheg, *R. G.* I, p. 183). La forma *esparaver* es muy general

en las hablas occidentales del catalán: la tengo anotada de las Borjas Blancas y varios pueblos de las Garrigas (Granyena, Aspa, Castelldans, etc.), y de muchos del Pallars (Sarroca de Bellera, Valle de: Cardós)[1]. *Esparvel* en el sentido de 'gavilán' corre en Aragón, y es 'persona alta, flaca y desgarbada' en Navarra, y 'esparavel' en Ávila (Acad. después de 1899). *Espargüe* también en el Alto Aragón (Kuhn, *RLiR* XI, 94); la forma *espargüel* empleada en Caspe ha de ser germanismo autóctono, mientras que en Plan y Bielsa se dice *esparber*, en Gistaín *esparvere*, y *esparvede* en la Puebla de Híjar (*BDC* XXIV, 169).

[1] Igual anaptixis se produjo, por lo demás, en Italia: *sparaver* en el poema ítalo-francés *Karleto*, vv. 525, 1320 (*ZRPh.* XXXVII, 672).

ESPARCETA, 'planta forrajera: pipirigallo (*Onobrychis sativa* o *viciaefolia*)', tomado del oc. *esparseto* íd., de origen incierto. *1.ª doc.:* Terr.

Según Colmeiro, II, 243, Palau (1780) recoge *esparceta* y *esparcilla*, Cavanilles (1795-7) dió *esparseta* como valenciano, y Brotero (1788) *esparzeta* como portugués (aquí también *esparceto* y *esparceta*); la Acad. no le dió entrada hasta 1899. En el territorio de lengua catalana *esparceta* se emplea sólo en el País Valenciano, donde pudo entrar desde Castilla, y *esparcet* en el extremo Nordeste (Gironés, Ampurdán, Garrotxa y Rosellón)[1]: el nombre general de esta planta, muy corriente en Cataluña, es *trepadella*. En lengua de Oc *esparset* es propio de Provenza y el Bajo Languedoc, y el femenino *esparseto* de Gascuña y Guyena; de ahí pasó también al fr. *esparcette* o *esparcet* (éste ya en Olivier de Serres, S. XVI, con referencia al Delfinado). Dice Mistral que proviene de oc. ant. *espars* 'vaina de legumbre', pero tal palabra no es conocida en parte alguna. Es probable que sea derivado del verbo *esparsì* (oc. ant. *esparzer*) 'dispersar, esparcir' o del adjetivo *espars* 'esparcido, suelto' (del lat. SPARGERE, SPARSUS, íd.)[2], pero debo dejar a los técnicos agrícolas el cuidado de indicar cómo se explica esta denominación, quizá por el modo de sembrar la esparceta[3] o por la forma de las hojas, compuestas de hojuelas más pequeñas y separadas, lo cual puede haber dado lugar al nombre catalán *trepadella* (de *trepat* 'perforado, agujereado, bordado').

[1] Alcover localiza además *esparceta* en las ciudades de Gerona y Mahón; pero ahí será castellanismo esporádico.— [2] Es extraño que los léxicos occitanos no cataloguen este adjetivo, a no ser en el término poético *cobla esparsa* 'estrofa de versos sueltos', pues se trata de un vocablo común al catalán y al francés, que seguramente existiría también en el idioma intermedio.— [3] Pero la definición que Mistral da al verbo *esparseià* «semer en sainfoin», no parece referirse a una manera especial de sembrar; querrá decir 'sembrar (un terreno) de esparceta'.

ESPARCIR, del lat. SPARGĔRE íd. *1.ª doc.*: *es-parçir*, Berceo, *Sacrif.*, 78d[1].

Nebr. recoge, además de «*esparzir:* spargo, fundo», un verbo «*espanzirse el papel:* suffundor», «*espanzimiento:* suffusio», reproducidos por lexicógrafos posteriores (*Aut.* declara que no se usan): se trata de un cruce de *esparzir* con el antiguo *espandir*, procedente del lat. EXPANDĔRE (*espandido* 'extendido' en *Alex.*, 816c: *las alas espandidas por fer sombra mayor*), forma que sigue viva en gallego: «as bulras *espancíanse* mais» (Castelao 220.9), «alí o corazón se m'*espancia*» (en Vall., que define: «dilatarse, esparcirse, desahogarse»). La *z* sonora antigua explica el ast. *esparder* 'esparcir' (V). El arag. ant. *espraír* 'esparcir, derramar' (*Fueros de Aragón*, h. 1300, §§ 139.6, 139.20, 324.1) representa una trasposición *SPRAGIRE (Tilander, *Homen. a Rubió i Lluch* I, 331ss.). El portugués emplea todavía *espargir*, antes *esparger*; el gallego, con anaptixis, *esparexer* (otros *esparxer* y aun *esparguer*): «o fumo das tellas, mesto e leitoso, vaise *esparexendo* no fondo do val» (Castelao 155.5).

DERIV. *Esparcido. Esparcidor*; ast. *espardedor* 'el que malgasta su hacienda' (V). *Esparcimiento. Esparsión* [Aldrete, princ. S. XVII], cultismo muy raro, del lat. *sparsio, -onis*, íd. Gall. *espaxotar* «esparramar» Sarm. *CaG.* 111r: alteración de *esparxotar* deriv. de *esparxer* 'esparcir' (Vall.), quizá no puramente fonética sino ayudada por el sinónimo castellano DESPARPAJAR y formas afines, entre ellas el *desparpaxar* de APal., que a su vez debe de resentirse en su -x- del influjo de los gall. *esparxer* y *espaxotar*. V. además *ESPARCETA*.

Asperges [1605, *Pícara Justina*], voz tomada del lat. *asperges* 'rociarás', palabra con que empieza la antífona que dice el sacerdote al rociar el altar con agua bendita: futuro del verbo *aspergĕre* 'extender', 'salpicar', 'rociar', derivado de *spargere*; *asperjar* o *asperger*; ast. *asperxar* 'rociar con agua bendita' (V); *aspersión*, tomado de *aspersio, -onis*, íd., derivado de *aspergere*; *aspersorio*.

Disperso [*Aut.*], tomado del lat. *dispersus* íd., participio de *dispergĕre* 'esparcir, dispersar', derivado de *spargere*; *dispersión* [Aldrete, princ. S. XVII], tomado de *dispersio, -onis*, íd.; *dispersar* [h. 1830, Martínez de la Rosa, y J. N. Gallego, en Pagés; Acad. ya 1843], tomado del fr. *disperser* [h. 1327], derivado de *dispers* 'disperso': parece haber entrado como término militar.

[1] Es extraña la ç sorda, sobre todo habiendo manuscritos medievales de este pasaje. Por lo demás falta una sílaba a este verso. De nuestro verbo tengo ejs. posteriores no sólo en APal. (2d, 3d, 10d, 199b y d, 418d) y Nebr., sino en la *1.ª Crón. Gral.* 659b29, J. Ruiz 595b, Biblia med. rom., *Gén.* 4.14, en todos ellos escrito con *z*. En el *Conde Luc.*, 260.17 *esparcimiento* es enmienda del editor.

Esparder, V. *esparcir*   *Espargüel*, V. *esparavel*   *Esparlón*, V. *Espada*

ESPARO, tomado del lat. *sparus* íd., *1.ª doc.*: S. XIX.

Nombre de pez que apenas se ha empleado como castellano; no en la *Acad.*; Barbier en 1911, *RLR* XLII, 126, lo cita de una fuente moderna. El nombre castellano más extendido es *mojarra* o *mocharra*, sobre todo en Andalucía y alguna localidad del Norte, pero ahí está más extendido *prabo*, con su variante *pargo*; Pérez Arcas (S. XIX) cita éste y un *espargoi* (parece errata por *espargo*); vid. Lozano, *Nomencl. Ictiol.*, n.º 314. Pero el nombre latino del que los científicos han llamado *sargus annularis, diplodus ann., gadus ann.* y también *sparus annularis*, fué SPARUS, y éste se ha continuado en el it. *sparo*, oc. *espar* y gall. *esparo* (Vall. 'chopa'). Especialmente arraigada está su derivación cat. *esparrall* (localmente *esparall, -arai*). No parece posible separar de ahí un gall. *esparrigo* sólo recogido y no visto por Sarm. (*CaG.* 82r, A16v, cf. p. 198), que éste explica «pececito poco mayor que la piarda» (para *piarda* especie de anchoa, vid. 208r); gall. NE. *escarrapote* (< *esparracote*) 'pez menor que el besugo con tres espinas en el lomo, y venenoso' (en Viveiro, Sarm. *CaG.* 17r).

DERIV. Gall. SE. *esparrela* 'artificio de muchachos para coger pájaros: semicírculo de mimbre', Sarm. *CaG.* 221v.

Eparpillar, V. *desparpajar*

ESPÁRRAGO, del lat. ASPARĂGUS 'brote, tallito', 'espárrago', y éste del gr. ἀσπάραγος íd. *1.ª doc.*: J. Ruiz, 1165b[1].

Sparrago se lee en el glos. de Toledo, y *sparago* en el del Escorial (h. 1400); *esparrago* está también en APal. 35b, y en Nebr. La misma duplicación de la -R- que en castellano hallamos en el cat. *espàrrec* y el port. *espárrego*, pero en este idioma predomina la forma *espargo* (que corresponderá a una base con -R- sencilla), y en catalán se hallan también formas con -r- sencilla[2]; las de los demás romances corresponden a la forma latina. Es probable que la duplicación, no consumada aún en el glosario del Escorial, se deba al influjo de un parónimo: *espárrago* 'palo largo y derecho que sirve para asegurar con otros un entoldado' (Acad. ya 1843), 'madero atravesado por estacas pequeñas a distancias iguales, para que sirva de escalera en las minas' (Acad. ya 1884), 'barrita de hierro que sirve de tirador a las campanillas, y que va embebida en la pared' (Acad. después de 1899), 'madero en rollo que se usa para andamiadas, en Badajoz' (Acad. íd.), cat. *espàrrec* 'pieza de hierro, redonda, roscada por ambos extremos, para unir y reforzar dos piezas' (Griera, *Tresor*), que parece a su vez resultante de un cruce de ASPARAGUS con

el germ. SPARRA 'barra', 'viga' (a. alem. ant. *sparro,*
alem. *sparren,* sajón ant. *sparro,* neerl. med. e ingl.
med. *sparre,* escand. ant. *sparri),* de donde vienen
el cat. *esparra* 'puerta de un cercado' (Cerdaña,
Pallars, etc.), oc. *esparra,* fr. ant. *esparre,* vid. Ga- 5
millscheg, *R. G.* I, 378, y *RFE* XIX, 234.

DERIV. *Esparragado* [1605, López de Úbeda,
p. 82a (Nougué, *BHisp.* LXVI)]. *Esparragal* [Sa-
hagún, 1146, en Oelschl.]. *Esparragar; esparraga-*
dor; esparragamiento. Esparragón [Terr., con cita 10
de las *Orden. de los 5 gremios de Madrid]. Es-*
parraguera; -ro [Cervantes, en Pagés]. *Esparra-*
guina [Acad. 1899].

¹ Sólo en el ms. *G,* escrito en 1389. El ms. *S*
trae en su lugar *formigos,* que también satisface 15
por el sentido y por el metro.— ² El diccionario
mallorquín de Amengual da *espàreg,* y según Alcover en Manacor se pronuncia *espàrec* o *espàric*
(BDLC IV, 233). Una *Alcheria Axparagox* figura en el Repartimiento de Mallorca, 109. El 20
valenciano Sanelo anota juntamente *esparechs* y
esparrechs; en Mora de Ebro y otras zonas rústicas oí *aspàrics* o *aspàrecs,* y Arqués dice que
en Les Borges pronuncian *aspariguera* (¿pero
aspàrric?), BDLC VI, 50. Lo general en el ca- 25
talán continental (aun el Rosellón) es, sin embargo, *espàrrec,* y Alcover sólo registra *espàrec* en
las Baleares, en Fraga y en un pueblo de la
Conca de Barberá; desde luego es infundado y
arbitrario suponer, con los autores de este léxico, 30
que la forma con *-rr-* sea castellanismo, pues
en catalán actuó la misma causa que en castellano; además de *aspàrec,* oído en Montmagastre y
en varios pueblos de Urgel, anoté *espàro(l)s* en
Valldellou (cat. de Huesca), donde se trata de 35
ASPARA(G)U. También gall. *esparrigo* (Sarm. *CaG.*
82r, A16v; íd. silvestre 92r).

Esparrancado, esparrancarse, esparregar, V. *pa-*
rra   Esparratagarse, espatarracarse, -agarse, V. 40
pata   Esparsión, V. *esparcir*

ESPARTO, del lat. SPARTUM o SPARTON íd., y
éste del gr. σπάρτος o σπάρτον 'especie de retama
empleada para trenzar cuerdas', 'esparto'. *1.ª doc.:*
h. 1275, *1.ª Crón. Gral.,* 10a38; h. 1400, Glos. del 45
Escorial (con traducción latina ininteligible)¹.

Tan ›ién en APal. (468d) y en Nebr. El gr.
σπάρτος no es derivado de σπείρειν 'sembrar' (que
el esparto no se siembra), como se había dicho,
sino emparentado con σπεῖρα 'espiral', 'cuerda', 50
σπεῖρον 'tejido'; los griegos y romanos aplicaron
el nombre de una planta semejante a la retama,
que nace en Grecia y ya figura en Homero, al
esparto, planta nativa de España, empleada para 55
los mismos usos; no está, pues, en lo cierto Aldrete (*Origen,* p. 40vº1) al suponer que *esparto* sea
antigua voz hispánica prerromana. Por lo demás
en romance el vocablo sólo se ha conservado, con
carácter popular, en los tres romances ibéricos (it. 60

sparto sólo figura en traducciones de obras españolas del S. XVI: Zaccaria, s. v.), porque en el
territorio de los demás no crece el esparto.

DERIV. *Espartal* o *espartizal. Espartar. Esparteña*
'alborga' [Nebr.; comp. cat. *espardenya* 'alparga-
ta'; en la *Historia de los 4 Doctores* y quizá en el
glos. de Toledo, h. 1400, *esparteña* designa una
'mecha' o 'torcida de lámpara', vid. Castro, *Glos.,*
p. 225]². *Espartero* [h. 1400, glos. de Toledo;
Nebr.]; *espartería. Espartillo; espartilla.*

¹ Como en el glosario de Toledo el mismo vocablo *feto, fetonis,* traduce *espartero,* quizá sea
errata por *sertor, sertoris.*— ² Sul., bnav. y bazt.
espartin «espadrille».

Esparueda, V. *aspa   Esparvar,* V. *parva   Es-*
parvel, esparver, V. *esparavel   Espasmar, espas-*
mo, espasmódico, V. *pasmo   Espástico,* V. *pas-*
mo   Espata, V. *espada   Espatarracarse, espa-*
tarrada, espatarragarse, espatarrarse, V. *pata*

ESPATO, del alem. *spat* íd. *1.ª doc.:* Acad. ya
1843; probablemente se referirá ya a este mineral
el Arancel de Rentas de 1709 con la palabra *es-*
pato, que Terr. cree designa una droga.

En alemán el vocablo ya aparece en el S. XII;
en francés, que quizá sirvió de intermediario, desde 1753.

DERIV. *Espático.*

CPT. *Feldespato* [Acad. 1884, no 1843], del alem.
feldspat, compuesto con *feld* 'campo'; *feldespá-*
tico.

Espátula, espatulomancía, V. *espalda   Espatu-*
rrar, V. *despachurrar   Espaviento,* V. *aspavien-*
to   Espavorido, V. *pavor   Espayaderas,* V.
paja

ESPECIE, tomado del lat. *spĕcĭes* 'mirada', 'aspecto', 'apariencia', 'tipo, especie', 'mercadería', derivado del lat. arcaico *spĕcĕre* 'mirar'. *1.ª doc.:*
Corbacho, Mena (C. C. Smith, *BHisp.* LXI), Santillana, APal. 59b¹.

Especia 'droga con que se sazonan los manjares'
es duplicado del mismo vocablo, partiendo del
sentido ya latino de 'artículo comercial, mercancía': aunque es también cultismo, es más antiguo
y aparece ya h. 1250, *Apol.,* 488b; también *Sete-*
nario, p. 5.15; *Alex.,* 861 (aquí 'bebida, medicina');
J. Ruiz, 1388b (en rima con *precia);* mientras que
J. Manuel emplea en este sentido *especie (Conde*
Luc., ed. Knust, 140.2), forma que se lee también en invent. arag. de 1373 *(VRom.* X, 148) y
que hoy corre todavía en Cespedosa, p. ej. *(RFE*
XV, 274).

DERIV. *Especiero* [J. Manuel, *Conde Luc.];* es-
pecería [APal. 283b, 447b] o *especería* [doc. mozárabe de 1146, Oelschl.; 1406-12, Gz. de Clavijo;
etc.]. *Especial* [Berceo; J. Ruiz *(espicial),* APal.
380d, Nebr., etc.], de *specialis* íd.; *especialidad;*

especialista; especializar, especialización. *Especioso* [1639, Luis Muñoz; aisladamente en Berceo en el sentido de 'sosegado'], de *speciōsus* 'hermoso', derivado del sentido de 'bella apariencia' que también tiene *species; especiosidad. Especiota.*

CPT. *Especificar* [*Corbacho* (C. C. Smith), h. 1490, *Celestina*, ed. 1902, 121.33; 1543, *N. Recopil.*, en *Aut.*], del lat. tardío *specificare* íd.; *especificación; especificativo; específico* [APal. 210*b*], del lat. tardío *specĭficus* íd.

[1] Ya en el sentido que modernamente tiene el vocablo: «*carbaso* es una *especie* de lino»; también en Nebr.: «*especie de cosas*: genus, species», y frecuente desde el S. XVI.

ESPECTÁCULO, tomado del lat. *spectacŭlum* íd., derivado de *spectare* 'contemplar, mirar', y éste del lat. arcaico *spĕcĕre* íd. *1.ª doc.*: A. de Guevara, 1539.

Frecuente desde entonces, pero en 1490 APal. todavía traduce el lat. *spectaculum* con una circunlocución (466*b*).

DERIV. *Espectacular.* Los siguientes son todos derivados directos o indirectos de *specere*, todos ellos de carácter culto. *Espectador* [*espectator*, Cervantes, *Quijote* II, xxvi, 101; *Persiles* I, xxii; *espectador*, Terr.], de *spectator, -ōris*, íd. *Espectable* [*exp-*, h. 1600, Fco. de Amaya]. *Espécimen* [1732, *Aut.*], de *spĕcĭmen, -ĭmĭnis* 'prueba, indicio', 'muestra', 'modelo'; cultismo raro hasta ahora en España, algo menos en América, por influjo del ingl. y fr. *specimen. Espectro* [*Aut.*, con cita de Benito Pacheco], de *spectrum* 'simulacro, aparición'; *espectral. Especular* [Nebr.; frecuente desde princ. S. XVI; ast. *espicular*, V, forma que ya está en el *Canc.* de Baena, W. Schmid], de *speculari* 'observar, acechar', derivado de *specula* 'puesto de observación'; *especulación* [h. 1440, A. Torre (C. C. Smith, *BHisp.* LXI), h. 1490, *Celestina*, ed. 1902, 46.5]; *especulador; especulativo* [1454, Arévalo, *Suma*, p. 257*a* (Nougué, *BHisp.* LXVI); Nebr.], *especulativa.*

Circunspecto [1454, Arévalo, *Suma*, p. 285*a* (Nougué, *BHisp.*); 1592, Rivadeneira], de *circumspectus* íd., participio de *cĭrcŭmspĭcĕre* 'mirar alrededor'; *circunspección* [fin S. XVII, Solís, etc., en *Aut.*].

Conspicuo [h. 1700, Palomino], de *conspĭcŭus* 'en quien se juntan las miradas, visible, notable'. *Conspecto* [Valera, *Espejo*, p. 92*a* (Nougué, *BHisp.* LXVI)].

Expectación [Aldana † 1578 (C. C. Smith); fin S. XVI, *Aut.*], de *exspectatio, -ōnis*, derivado de *exspectare* 'esperar, estar a la expectativa'; *expectante* [*espetante*, *Canc.* de Baena, W. Schmid; falta *Aut.*]; *expectable* [S. XVII, *Aut.*]; *expectativa* [1377-1480 *N. Recopil.* I, iii, 14, *Aut.*].

Inspección [Quevedo], de *inspectio, -ōnis*, íd., derivado de *inspicere* 'mirar adentro'; *inspeccionar* [ya Acad. 1843]; *inspector* [1728, Ordenanzas Militares, *Aut.*], de *inspector, -oris*, íd.

Introspección [falta aún Acad. 1884], derivado culto de *introspĭcĕre* 'mirar en el interior'; *introspectivo* [íd.].

Perspectiva [1515, Fz. Villegas (C. C. Smith), 1632, Lope], del lat. tardío *perspectivus* 'relativo a lo que se mira', derivado de *perspĭcĕre* 'mirar atentamente o a través de algo'; *perspectivo* [1605, López de Úbeda, p. 61*a* (Nougué, *BHisp.* LXVI)]. *Perspicaz* [*Aut.*], de *perspĭcax, -ācis*, 'de vista penetrante', otro derivado de dicho verbo; *perspicacia* [fin S. XVII, Alcázar, Sartolo] o el raro y más tardío *perspicacidad*, probablemente copiado del fr. *perspicacité. Perspicuo* [1580, Fdo. de Herrera], de *perspĭcŭus* íd.; *perspicuidad.*

Prospecto [Acad. ya 1843], de *prospectus, -ūs*, 'acción de considerar algo', derivado de *prospicere* 'mirar hacia adelante, examinar, considerar'.

Respeto [*-ecto*, Corbacho (C. C. Smith); APal. 214*d* «acata la piedad por *respecto* a Dios y a padre y madre»; «*-ecto*: respectus», Nebr.][1], tomado de *respectus, -ūs*, 'acción de mirar atrás', 'consideración, miramiento'; *respetar* [*-ctar*, 1570, C. de las Casas], de *respectare* 'mirar atrás'; *respetable, respetabilidad; respetuoso; respectivo; réspice*, del lat. *respĭce*, imperativo de *respicere* 'mirar'.

Retrospectivo [Acad. 1884, no 1843], derivado culto de *retrospicere* 'mirar atrás'.

Sospechar [Berceo][2], del lat. imperial SUSPECTARE íd. (clásico SUSPICARI), conservado en todos los romances salvo el rumano y el francés; *sospecha* [*Cid*]; *sospechoso* [J. Ruiz, J. Manuel; Nebr. «*que sospecha*: suspiciosus; *de quien sospecha*: suspicatus»]; *sospechable*. Cultismos anticuados son *suspecto, suspección, suspición*; del lat. *suspicari* deriva *suspicaz* [Acad. S. XIX], lat. *suspĭcax, -ācis; suspicacia*. Para otros derivados de *specere*, vid. *ASPECTO* y los demás artículos allí citados.

CPT. *Espectroscopio, -scopia* [Acad. 1899], *-scópico*: compuestos de *espectro* con el gr. σκοπεῖν 'mirar'. *Espectrografía* [falta aún Acad. 1899], con γράφειν 'escribir, representar'; *-ógrafo. Espectrograma* [íd.], con γράμμα 'línea'. *Espectroheliógrafo. Espectrohelioscopio.*

[1] Nótese la antigua loc. prepositiva *respeto de* 'a causa de', «nunca el rey te castigara / *respeto de* tu muger» Lope, *La Corona Merecida*, v. 2480; de ahí *respecto que* 'porque', Pérez de Hita, ed. Blanchard, I, 2, 23, 241, ed. Rivad. 529*a*. La distinción entre los dos duplicados *respeto* y *respecto* es muy tardía, no anterior a *Aut.* Para la distinción entre *respecto a* y *respecto de*, vid. Cuervo, *Ap.*[7], p. 284; para *a este respecto*, ibid., p. 285.— [2] Nótese la construcción anticuada *sospechar en* 'sospechar de': «decid en quién sospecháis, gran señor», Lope, *El Cuerdo Loco*, v. 1040.

Especular, adj., *especulario*, V. *espejo   Especular* v., *especulativo*, V. *espectáculo   Espécu-*

lo, espejado, V. *espejo*   *Espedir,* V. *despedir*
Espedo, V. *espeto*   *Espedriega,* V. *áspero*
Espejar, V. *espejo* y *despejar*

ESPEJO, del lat. SPĚCŬLUM íd., derivado del lat. 5
arcaico *spěcěre* 'mirar'. *1.ª doc.: spillu,* h. 950,
Glosas Emilianenses, 115; *espejo,* Berceo.

Quizá deba partirse de una forma del latín vulgar *SPĬCŬLUM,* debida a una especie de cambio
de sufijo o a influjo de CONSPĬCĚRE 'mirar'; a tal 10
forma responden evidentemente el mirandés *espeilho,* el sardo *ispiju, sprigu,* el vasco *ispiḷu* (Guipúzcoa, Vizcaya) y en parte la lengua de Oc con
una forma *espęlh*¹; vid. M. P., *Orig.,* 176; el it.
spècchio, el cat. *espill* y el arag. ant. *spiello* (invent. 15
de 1406, *BRAE* III, 361) corresponden a la forma
clásica, y es dudoso cómo deba interpretarse la
variante emiliana (vid. M. P. y mi artículo
VIEJO). Espéculo [Acad. 1899], duplicado culto.

DERIV. *Espejarse* 'mirarse al espejo' [comp. lo 20
dicho, s. v. *DESPEJAR; «espejar, luzir algo:* illustro», Nebr.]; gall. *espellar* 'resplandecer (Castelao
286.3). *Espejado* [APal. 461*b*]. *Espejear; espejeo.
Espejero; espejería. Espejismo* [Acad. 1884, no
1843]. *Espejuelo* ['anteojo', Nebr.; hoy muy vivo 25
en Cuba y otras partes]; *espejuela* 'arco que suelen tener algunos bocados en la parte interior'
[ya Acad. 1843], quizá porque siendo de metal se
refleja en él la boca del caballo. Cultismos: *especular* adj.; *especulario.* 30

¹ Asegurada por la rima en Matfré Ermengau
de Beziers y en otros (*espęlha,* verbo, etc.). Pero
hay variante *espielh* en el poema *Vicis e Vertutz,* de la 1.ª mitad del S. XIV, citado por Raynouard. 35

Espeleología, espeleólogo, V. *espelunca*

ESPELTA, tomado del lat. tardío *spělta* íd. o
de su descendiente el cat. *espelta. 1.ª doc.:* APal.
13*d*; Nebr.

El tratamiento fonético de la *e* indica que no 40
es voz castellana popular. Como en latín es vocablo raro y muy tardío, es más probable que sea
catalanismo, según admitía M-L., *REW*¹, 8139; la
forma *aspelta* empleada en la trad. de Gordonio
(S. XV), puede explicarse por esta procedencia; 45
carece de fundamento la objeción del menorquín
Moll (*AORBB* III, 67) contra este préstamo, basada en que en catalán no es vocablo popular; lo
es mucho, por el contrario, por lo menos en el
Principado, quizá no en las Islas. Acaso existió 50
una forma propiamente castellana *espielta,* en vista del judeoespañol *espilta* (*BRAE* V, 355). Por lo
demás *spelta* no era voz propiamente latina, sino
de origen germánico, Jud, *ASNSL* CXXIV, 398.

DERIV. *Espélteo.* 55

ESPELUNCA, tomado del lat. *spelunca* íd. *1.ª
doc.:* h. 1600 (Sigüenza, Ribadeneira).

Para un descendiente popular, *espluga,* en el Alto
Aragón y Cataluña, vid. *AILC* II, 132-4. El vocablo latino procede a su vez del gr. σπῆλυγξ íd.
CPT. *Espeleología,* compuesto del gr. σπήλαιον
'caverna' (del mismo origen que σπῆλυγξ) y λόγος
'tratado'; *espeleólogo.*

Espeluznamiento, espeluznante, espeluznar, espeluzno, V. *pelo*   *Espellica*(r), V. *piel*   *Espender,* V. *dispendio*   *Espenjador,* V. *pinjar*   *Espentar,* V. *empellón*   *Espenzar,* V. *empezar*

ESPEQUE, 'palanca de madera de que se sirven
los artilleros', del fr. *anspect* (pron. *äspék*) íd., y
éste del neerl. antic. *handspaecke* íd. (hoy *handspaak*), propiamente 'palo de mano', compuesto de
hand 'mano' y *spaecke* 'palo, vara'. *1.ª doc.:* 1587,
G. de Palacio; 1609, Argensola.

Jal y *EWFS,* s. v. *anspect* [1694]. En G. de Palacio (148vº) es cada uno de los barrotes por medio de los cuales se da vuelta al molinete de levar
el ancla. El ingl. *handspike* (antes *hanspeck*) íd.,
viene también del neerlandés (*NED*), y el alem.
handspake, de la correspondiente forma frisona;
espeka «palanca para levantar objetos» en el vco.
de Oyarzun y Andoain (Guip.).

Espera, V. *esfera*

ESPERAR, del lat. SPĒRARE 'esperar, tener esperanza' *1.ª doc.: Cid* (y ya en las Glosas Silenses,
212, *speret,* subj., 3.ª pers.).

La variante *asperar* está muy difundida en el
castellano antiguo y clásico, desde *Alex.,* 184, hasta
Cervantes de Salazar (h. 1570)¹; sigue hoy empleándose vulgarmente en Aragón, Andalucía, Santander, Asturias (V), Miranda de Duero, Puerto
Rico, Cuba, Méjico y en judeoespañol (vid. *BDHA*
IV, 280; Malaret, *Semánt. Amer.,* p. 114; M. L.
Wagner, *BhZRPh.* LXXII, 221; Leite de V.,
Philol. Mirand. II, 163-4; Luria, *RH* LXXIX,
535), y corrió también en portugués antiguo (Lang,
Canc. de D. Denís, p. 121); el sentido de *asperar*
era casi siempre 'aguardar' (no 'tener esperanza'),
como define con precisión Juan de Valdés², aunque
éste reconoce que vulgarmente había confusiones y
asperança se halla en Don Denís, v. 389: lástima
grande que la lengua literaria haya renunciado a
esta útil distinción³, que APal. (218*b*, 326*b*) y Nebr.
tampoco observan, empleando *esperar* en los dós
sentidos. En vista de este valor semántico de *asperar,* no creo probable que se trate de un derivado
lat. *ADSPERARE,* y tampoco me parece verosímil
admitir un cruce con ASPECTARE en fecha latina
(Leite de V.), sino más bien influjo de *aguardar*
dentro del castellano (Cuervo). La innovación semántica en virtud de la cual SPERARE reemplazó a
ASPECTARE, es propia de los tres romances hispánicos y algunas hablas occitanas. No es buen castellano el procedimiento catalán⁴ de emplear *es-*

perar-se en el sentido de 'aguardar' (verbo sin equivalente especial en este idioma); aunque recurrió a él el valenciano Martí (*G. de Alfarache*, ed. Rivad., p. 376) por resabio de su lengua materna.

Para la construcción, V. las gramáticas; nótese que en el sentido de 'tener esperanza' se prefiere hoy en España poner el verbo subordinado en subjuntivo, sobre todo en proposiciones negativas (*espero que no haya guerra*), pero la construcción con futuro (*espero que no habrá*), la corriente en la Arg., es la empleada por J. de Valdés (vid. nota).

DERIV. *Espera* [Berceo, *S. Dom.*, 709], antes también *esperamiento. Esperable. Esperador. Esperante. Esperanza* [*Cid*], forma común a todos los romances, que en todas partes desterró el uso del clásico SPES; también se dijo *esperación*, pero es raro; *esperanzar, esperanzado. Desesperar* [en Berceo sólo es seguro *desperado, S. Dom.*, 652; *Duelo*, 210; *desesperado*, en *Mil.*, 520, debe enmendarse por razones métricas; sin embargo, *desperado*, *Loores*, 39, figura en verso donde falta una sílaba; *desasperado* está confirmado por el metro en *Alex.*, 1664; para más ejs. de ambas formas, todavía admitidas por Nebr., vid. Cuervo, *Dicc.* II, 1066-8], adaptación del lat. DESPERARE íd.; *desesperación* [Nebr.]; *desesperante; desesperanza; desesperanzar* [princ. S. XIX, Quintana, vid. Cuervo, *Dicc.* II, 1066].

¹ Más ejs. Cuervo, *Obr. Inéd.*, p. 174, n. 47; *DHist.*, s. v. Agréguese *Conde Luc.*, ed. Hz. Ureña, pp. 35, 74.— ² «Diziendo *asperad* en cosas ciertas, y *esperad* en cosas inciertas, como vosotros usáis de *aspettar* y *sperar;* y assí digo: *aspero* que se haga hora de comer, y digo: *espero* que este año no avrá guerra. Bien sé que pocos o ninguno guardan esta diferencia», *Diál. de la L.*, 83.6.— ³ Es difícil creer que no venga de este *asperar* 'aguardar' y del correspondiente sustantivo *aspera* = *espera*, una variante vasca *aspertu* que en compuestos como *aspertu-aldi* (*aldi* 'lapso de tiempo') ha tenido algún uso con el sentido de 'breve pausa': lo emplea el vizcaíno Txomin Aguirre (*Auñemendiko Lorea* I, 144.4) y *aspernarte* < *asper-arte* 'rato de descanso, intervalo' que Azkue anotó para su *Supl.* en Erro (Navarra). Cierto que el verbo *aspertu* es por lo común 'vengarse' o 'satisfacerse', lo cual parece derivado del lat. ASPER o del correspondiente verbo ASPERARE, -ARI. Pero pudo y debió haber cruce en vasco de las dos formas romances, pues *asper*, *aspertu* 'hastío, aburrimiento' y *asperen* 'jadeo', también bastante extendidos, apenas podrían servir para pasar de un significado al otro; pero serían más comprensibles como resultado de la combinación de dos homónimos de sentido y origen diferentes.— ⁴ Ya muy antiguo: «*esperatsvos* un poc», en Eiximenis, *Terç del Crestià* (1381-6), *N. Cl.* VI, 40. Cuando es transitivo se

dice *esperar* aun en esta ac. (ya en el S. XIII: *Set Savis*, v. 3129; *Consolat de Mar*, cap. 189).

Esperdecer, V. *perder* — *Esperecer*, V. *perecer* — *Esperezarse, esperezo*, V. *pereza* — *Espergurar*, V. *pérgola* — *Esperido*, V. *perecer* — *Esperiega*, V. *áspero*

ESPERMA, tomado del lat. *spĕrma, -ătis*, y éste del gr. σπέρμα 'simiente, semilla', 'esperma', derivado de σπείρειν 'sembrar'. *1.ª doc.*: 1555, Laguna.

Aplicado a la esperma de ballena el vocablo tiene la forma *espelma* en Vizcaya, Méjico, América Central, Colombia, Ecuador y Chile (*BDHA* I, 175n.; Lemos, *Barbar. jon.*, 13-14), y en catalán esta forma ha tomado el significado de 'vela, candela'.

DERIV. *Espermático. Espora* [Acad. 1899], tomado del gr. σπορά 'semilla', derivado del mismo verbo; también *esporo; esporidio*, diminutivo del mismo; *esporádico* [Terr.], tomado de σποραδικός 'disperso', otro derivado de σπείρειν.

CPT. *Espermatorrea*, compuesto con ῥεῖν 'fluir, manar'. *Espermatozoo* o *zoospermo* o *espermatozoario* o *espermatozoide*, compuestos con ζῷον 'animal'. *Esporangio*, compuesto culto de σπορά y ἄγγος 'vaso'. *Esporocarpio*, del mismo con καρπός 'fruto'. *Esporozoario. Esporofita*.

Espernada, espernancarse, V. *pierna* y *parra* I — *Espernejar*, V. *pierna*

ESPERNIBLE, derivado culto del lat. *spernĕre* 'despreciar'. *1.ª doc.*: Acad. 1843 (no 1817).

En aquella fecha se consignaba como voz andaluza, y así lo confirma Alcalá Venceslada; desde 1884 figura como aragonesismo, lo cual parece ser errata (nada dice Borao).

Esperón, esperonte, V. *espuela*

ESPERPENTO, 'persona o cosa muy fea', 'desatino literario', palabra familiar y reciente, de origen incierto. *1.ª doc.*: G. Laverde, 1878; Pz. Galdós, 1888 (*BHisp.* LXXIV, *La Realidad Esperpéntica* n. 6); 1891, Juan Valera.

«En las últimas páginas de *Pequeñeces* me presenta V. ya tan ajada y marchita, que parezco un *esperpento*», en la carta de *Currita Albornoz al P. Coloma;* en este mismo sentido lo recogen Pastor Molina como madrileñismo en *RH* XVIII (1908), 59, y Segovia (1910) como argentinismo; Ramos Duarte (1895) lo señala como mejicanismo de Veracruz definiéndolo «estantigua, endriago, cosa ridícula, papasal, pamema, centón» y cita dos ejs. de José Miguel Macías en el sentido de 'desatino literario', en el cual lo han empleado más tarde Ortega Gasset, Gómez de la Serna y muchos más, y lo ha favorecido particularmente Valle-Inclán. Se emplea también en Chile (Román, 1908-11) y seguramente en todas partes. La Acad. no lo recogió hasta después de 1899. No sé que nadie haya buscado la etimología.

El it. *spavento* 'espanto' se aplica a una mujer fea (*questa donna è uno spavento*) y *spèrpero* es en este idioma 'cosa echada a perder': del cruce de estos vocablos podría resultar *sperpento*, pero no tengo el menor indicio de que tal vocablo se haya empleado en italiano dialectal o literario. Como no es raro llamar 'fantasma' o *espantajo* a una mujer fea (vid. *ESTANTIGUA*), quizá debamos partir de una alteración vulgar de *espectro*, pronunciado *espentro* (como *epiléntico*): de ahí por cruce con *espíritu*, vulgar *espritu* (< *esperitu*), o con *espeluzno* 'escalofrío' saldría un *esperpentro* y luego *esperpento*. Pero todo esto es problemático. ¿O de un cruce de *perpetrar* con el vulgar *(d)esparatar*?

Esperriaca, esperriadero, esperriar, V. *espurriar* *Espertar, esperteyado, esperteza*, V. *despierto* *Esperteyo*, V. *víspera*

ESPESO, del lat. SPĬSSUS 'apretado, compacto, espeso'. *1.ª doc.*: *espesso*, doc. de 1011 (Oelschl.); *Cid*.

Común en todas las épocas, con *-ss-* constante en la Edad Media. Antiguamente tiene muchas veces el sentido de 'frecuente', sobre todo en la locución *espessas vezes* (APal. 4b, 6d, 7b), hoy conservado en italiano en el adverbio *spesso* 'a menudo'[1]. Por lo demás SPISSUS es vocablo común a todos los romances.

DERIV. *Espesar* v. [APal. 82b, 109b; Nebr.]; *espesativo*. *Espesar* 'monte muy poblado de árboles', comp. cat. occid. *espessa* f., íd., también friulano y alto-italiano (*RLiR* XII, 116); el retorrom. *spescha* íd. (con los nombres propios *Spessa* o *Böschen* junto a Coira, *VRom.* VI, 25-26, 95-96) representa *SPĬSSĔA*. *Espesura* [Berceo; APal. 182b, 249b, 302d; Nebr.; y frecuente en todas las épocas], más modernamente *espesor* [*Aut.*, como voz reciente, en el sentido de 'grosor'], antiguamente *espesedumbre* (*Gr. Conq. de Ultr.*, 451) o *espeseza*.

[1] Cat. ant. *espesses vegades*, en *La Filla de l'Emperador Contastí* (*N. Cl.* XLVIII, 76); *espès* 'frecuentemente' en Lulio, *Plant de Nostra Dona*, v. 65.

Espetal, espetar, espetellarse, espetera, V. *espeto*

ESPETO, ant., 'asador', del gót. *SPĬTUS* íd. (ags. *spitu*, ingl., neerl. *spit*, a. alem. ant. *spiz*, alem. *spiess* íd.). *1.ª doc.*: princ. S. XIII, *Sta. M. Egipc.*, v. 741; J. Ruiz, 1083b, 1179.

Spitus figura en las Glosas de Reichenau (S. VIII); para este vocablo germánico, vid. Kluge, *ARom.* VI, 308-9, *Etym. Wb. d. dt. Spr.* s. v.; Gamillscheg, *RFE* XIX, 243; R. G. I, p. 373; parece ser vocablo distinto del alem. *spiess* (con *i* larga en

los dialectos alemánicos, a diferencia del anterior), a. alem. ant. *spioz*, sajón ant. *spiot*, escand. ant. *spjôt*, 'venablo' (*speltum* < *speutum*, en las Glosas de San Gal, S. VIII-X, Kluge, l. c., 238), de donde el fr. *épieu*, oc. *espeut*, aunque el it. *spiedo*, procedente de este otro vocablo germánico, reúne ambos significados[1]; en cambio, el b. engad. *spait* 'aguja, punta', lomb. *spêd*, emil. *spei(d)*, sardo *ispidu*, y varias formas del Sur de Italia, proceden de *SPITUS*. *Espeto* sigue vivo en gallego (Alvz. Giménez; anónimo de 1850: *RL* VII, 211) y en portugués, ast. *espetu* 'palo o hierro pequeño y puntiagudo' (V); en aragonés antiguo y actual (Borao) se emplea *espedo* (invent. de 1331, 1379, 1497: *BRAE* II, 554, 710, 89; más ejs. arag. en *VRom.* X, 148, y en Cej., *Voc.*); en Torla (Alto Aragón) *espito* (*RLiR* XI, 75)[2]. Comp. *ESPITA*.

DERIV. *Espetón* [Lope], vocablo que hoy ha sustituído a *espeto*. *Espetar* [1251, *Calila*; *Alex.*, 1548; 1550, Gonzalo Pérez, en *Aut.*]; gall. *espetar* («o coitelo da traición *espetado* no peito» Castelao 84.5). *Espetal* ant. 'asador' [h. 1300, *Gr. Conq. de Ultr.*, p. 211]. *Espetera* [princ. S. XVII, P. de Ribera, Lope]. *Espetellarse* 'encontrarse inesperadamente, toparse' (derivado de un antiguo *espetiello*), oído a persona de la prov. de Palencia (*nos espetellamos con fulana*).

CPT. *A espetaperro* o *-perros* (para su extensión geográfica, Toro G., *BRAE* VII, 303); en Asturias significa 'a la fuerza' (V).

[1] De ahí una forma cast. *espiedo* 'asador', que la Acad. cataloga ya en 1817 como anticuada. APal. emplea *spiedo* como nombre de una arma [490d]. El francés antiguo tiene una variante *espiot* (Froissart, etc., vid. God. III, 533a), quizá tomada del alto alemán, de la cual procede el *espiote* empleado por el viajero español Gonz. de Clavijo (1406-12), vid. *Aut.*— [2] También tiene *i* el santand. *espitar* 'clavar, prender pinchos o alfileres' (G. Lomas).

Espezar, V. *empezar*

ESPIAR I, del gót. *SPAÍHÔN* 'acechar, atisbar, espiar' (a. alem. ant. *spëhôn*, alem. *spähen*, neerl. med. *spien* íd., sajón ant. *spâhi* 'hábil', escand. ant. *spâr* 'agorero'); ESPÍA, del gót. *SPAÍHA* íd. (pron. *spéha*). *1.ª doc.*: *espía*, h. 1300, *Caballero Zifar*, 404 («los *espías* que allá embió»); *espiar*, APal. 222b, Nebr.

Espía aparece también en Juan de Mena (vid. Consiglio, *RFE* XXVII, 439), APal. 436d y Nebr., y así el sustantivo como el verbo son frecuentes desde el S. XVI. Aunque en la Edad Media sufrieron fuerte concurrencia de *barrunte* y *BARRUNTAR* (de origen desconocido), y estaban limitados por otros cuasi-sinónimos como *enaciado, esculca, atalaya*, etc., parece que *espía* y *espiar* fueron ya antiguos en español, como lo son también en los romances vecinos (cat. *espia*, ya princ.

S. XIV, Muntaner; fines del mismo, Antoni Canals, *Scipió*, p. 43). No hay motivo alguno para creer que proceden del italiano, como supuso Terlingen, 180-1, aunque allí también aparezcan en el S. XIV: en todas partes serán germanismos autóctonos. La forma en -*a* del it. *spia*, oc., cat., cast., port. *espia*, y el raro fr. ant. *espie*, indica un étimo gótico en -A (genitivo -ANS), correspondiente al longob. *spëho*, que parece documentado por el it. *spione* (ya 2.ª mitad del S. XIII, Jacopone da Todi; de ahí fr. *espion*)[1]; la evolución fonética de *SPAÍHA en *espía* es paralela a la de MĔA > port. ant., cast., cat. ant., oc., it. *mia*, JUDAEA > *judía*, ROMAEA > cat. ant. *romia*, etc. (comp. Gamillscheg, *RG* I, 173; M-L., *REW* 8136, 8137). Nótese que *espiar* se ha convertido en el vocablo general para 'mirar', en Costa Rica así como en gran parte de las hablas gasconas y languedocianas y en el catalán del Rosellón.

DERIV. *Espiador. Espionaje* (Acad. 1884, no 1843), tomado del fr. *espionnage*.

[1] La forma *espión* alcanzó por influjo francés cierta difusión en el castellano de América en el S. XIX y concretamente en Venezuela, según advierte Baralt, *Dicc. de Galic.*, s. v.; y aun se dijo *espionar*. *Espión* está ya en Terr.

ESPIAR II, 'halar de un cabo para hacer caminar la nave', del port. *espiar* 'acabar de hilar el copo puesto en la rueca', 'espiar, halar', de origen incierto, quizá de un *SPĬNARE debido a un cruce del gótico SPĬNNAN 'hilar' con el romance *DEPANARE 'devanar' (port. *dobar*, port. ant. *debar*, dial. *spenar* y *depenar*). 1.ª doc.: *Aut.*

«En la náutica es ir sacando el navío, que está en peligro de encallar o varar, del baxío u banco de arena donde ha tocado, para que pueda navegar y evitar el riesgo que le amenaza de perderse», explica este diccionario; en ediciones posteriores de la Acad. la definición es más clara: «halar de un cabo firme en una ancla, noray u otro objeto fijo, para hacer caminar la nave en dirección al mismo». Este cabo se llama *espía*, según dice ya Fernández, *Práctica de Maniobras* (1732): «y no será malo, si el parage fuere estrecho y peligroso, llevar prevenida la lancha con su calabrote y anclote, para tender una *espía* y sacar el navío con promptitud» (Jal, 656); *Aut.* dice en el mismo sentido *echar espía*, y agrega otras aplicaciones secundarias del mismo sustantivo; Rabat *spija* «cabestan» (Brunot, *Vocab. Marit.*). El sentido primitivo del port. *espiar* ha de ser el de *espiar a roca* (= rueca) que Moraes define «acabar de fiar o linho ou lãa que estava nella». Creo que se comparó a los marinos que halaban un cabo hasta el ancla en que estaba fijado, con la hiladora que devanaba o hilaba hasta el fin. El sustantivo *espia*, que en portugués es además «corda que se prende em terra, e que serve de amarrar navios» (ya en Amaral, ¿S. XVI?, según Moraes), «corda que se ata na extremidade d'algum mastro... e outra ponta em terra» (íd.), «corda com que se puxa alguma coisa» (Fig.), es derivado de *espiar* 'halar'[1]. Para el origen de este verbo portugués se han dado explicaciones poco satisfactorias: Coelho había pensado en el germánico, citando alem. *spinnen*, ingl. *spin* 'hilar', pero este verbo germánico tenía una NN doble, que en portugués no podía perderse; M-L., *REW* 3047, parte del lat. EXPĪLARE 'saquear, robar, despojar', pero esto no es satisfactorio desde el punto de vista semántico, y se trata de un verbo que no parece haber existido en latín vulgar, pues no ha dejado otro descendiente romance[2].

Es mérito de C. Michaëlis, *RL* III, 158, el haber señalado variantes de gran importancia para el origen del port. *espiar*: en la Estremadura portuguesa se emplean *spenar* y *depenar*, y en gallego *espenar* es precisamente «hilar lo último del copo de lino, estopa o lana puesto en la rueca»[3], con variante *espiar* (Vall.), de donde los derivados *espiallo* o *espenacho* o *penecho* «lo último que se hila del copo de lino, estopa o lana, puesto en la rueca». La sabia filóloga piensa en un *EXPANARE, derivado del mismo PANUS 'hilo de trama puesto en la devanadera', del cual viene *DEPANARE > cast. *devanar*, port. ant. *debar* (hoy *dobar*): entonces las formas con -*n*- conservada se deberían a influjo de PENNA 'pluma' y a su derivado *penacho*; pero no hemos de olvidar que *penacho* es italianismo muy tardío en la Península Ibérica y que el primitivo PENNA no se conservó en el sentido de 'pluma' (sólo cast. ant. *peña* 'piel', que semánticamente queda ya muy apartado). Se habría podido pensar en que *EXPANARE diera *espãar* y por una ligera alteración fonética *espẽar > *espiar*, tal como *DEPANARE dió *debià* en gascón, pero el caso es que *DEPANARE no sigue este camino fonético en portugués, sino *debãar* > *debar* (así todavía en Sá de Miranda) y luego *dobar*, y por otra parte no sería verosímil explicar las formas gallegas y estremenhas con *n* a base de un influjo del cast. *devanar*, ya muy distante fonéticamente. Por otra parte *espiar* se refiere al hilado y no al devanado.

Ante todas estas dificultades me inclino a creer que algo hay de bueno en la idea de Coelho, y que el gótico (o suebo) SPĬNNAN 'hilar', bien documentado en esta forma, tanto en la lengua de Úlfilas como en alto alemán antiguo, pasaría al romance hispánico, de la misma manera que pasó ROKKA > *rueca*. De ahí un iberorromance *ESPENARE, que explica directamente el gallego y estremenho *espenar*, y que había de producir el efecto de forma emparentada con el iberorromance *DEPANARE 'devanar': de ahí los varios tipos cruzados *ESPENARE > port. *espiar*, y *DEPENNARE > estremenho *depenar;* la oposición entre DE- y ES- pudo ser además la causa de que *espiar* (*espenar*) tomara la ac. de 'acabar de hilar', de acuerdo con el sentido especial del lat. EX-. Piel, *RF* LXVII, 369, quiere que se trate de un cruce de *espenar*

(SPINNAN) no con DEPANARE, sino con el port. *esfiar* (EX-FILARE). Quizá sí, pero es muy dudoso, entre otras razones porque la variante estremenha *depenar* es indicio elocuente de que el encuentro fué realmente con DEPANARE.

¹ También se podría pensar que *espia* 'cabo de cuerda' sale de *espiar* 'hilar' en el sentido de 'cosa hilada o trenzada', y *espiar* 'halar la cuerda' sería entonces verbo denominativo derivado de *espia*. Pero nótese que *espiar* no es 'hilar' en general, sino 'acabar de hilar', y así me parece preferible la otra explicación semántica. En todo caso no cabe duda que las acs. náuticas son secundarias y que para la etimología debe partirse de *espiar* 'acabar de hilar'.— ² Aun el supuesto *PĪLIARE, del cual M-L. deriva el fr. *piller*, cast. *pillar*, parece tener otro origen completamente distinto, vid. PILLAR.— ³ El berc. *escarpenar* 'ahuecar la lana para facilitar el hilado', que me señala el Sr. García Yebra, es alteración de *escarmenar* por influjo de este *espenar*.

ESPIBIA 'torcedura del cuello de una caballería en sentido lateral', probablemente alteración de los antiguos *esteva* y *estibia*, propiamente 'esteva', por la forma torcida de esta parte del arado. 1.ª doc.: S. XIII, *Libro de los Cavallos*; *estinia*, citado de la Albeitería de Arredondo (1658) por *Aut.*, es errata por *estiuia* = *estivia*; *espibio*, o *espibión*, o *estibia*, *Aut.*

Define este diccionario «dislocadura en la nuca del celebro, u en los espondiles de la cerviz del animal, por la qual se encogen los nervios de la parte adonde se vuelve la cabeza, y se tuerce el pescuezo, y de la parte opuesta se relaxan y alargan: lo qual se suele ocasionar por algún golpe o caída, o por dormir trastornada la bestia debaxo del pesebre». Nada importante agregan los posteriores diccionarios de la Academia a esta definición, aunque la simplifican; en 1843 (no 1817) se añade la variante *espibia* explicando que es la «dislocación incompleta de las vértebras», mientras que el *espibión* es la dislocación completa, pero ya en 1884 se había borrado este matiz diferencial y se daba *espibia* como variante fundamental, añadiendo después las otras tres como secundarias. No conozco otros datos acerca del vocablo, que falta en el Tratado de la Jineta de F. Chacón (1551) y no parece existir en los demás romances; en castellano mismo sería ajeno al uso común, pues no hay mención alguna de la *espibia* en un libro típico como la Albeitería de García Cabero (1740). La triple forma *espibia* ∼ *espibio* ∼ *espibión* sugiere un abstracto latino femenino en -IO, -IŌNIS, pero nada análogo conozco en latín clásico, y nada análogo figura en los estudios que publicó C. Michaëlis sobre el vocabulario de la *Alveiteria* de Mestre Giraldo.

No sé que se haya emitido conjetura alguna acerca del origen de esta palabra, a no ser la de la Academia, que relaciona con lat. STIVA, cast. *esteva*, parte del arado, por su forma curva o torcida, que parece haber dado lugar al derivado *estevado*. Esto, en efecto, parece ser bastante seguro en vista de los datos del *L. de los Cavallos*: «Cap. 108, *De la enfermedad que dizen ystivia*. *Istivia* es una enfermedat que abiene al cavallo en el cuello. Et dizen que *istiva* es tal dolencia que non se puede el cavallo encorvar nin puede tender el cuello nin moverle... e otros sabios dizen tal dolencia *esteva*, porque se le torna un poco el cuello como *esteva* de arado» (p. 75). Luego parece tratarse de un vocablo formado cultamente por los albéitares, a modo de derivación latina en *-ia*, a base del lat. *stiva* 'esteva'.

En lo concerniente a la alteración *espibia*, se explica como debida a los traficantes gitanos, quienes quisieron ver en el vocablo la palabra *espibia*, que en su idioma significa 'castaña' (Borrow, Dávila, falta en Quindalé y Miklosich, e ignoro de dónde vendrá el vocablo, que difícilmente pudo salir de la India, dada la oriundez europea del castaño): compararían ellos con una castaña la hinchazón producida por la estivia.

Espicanardi, espicanardo, espiciforme, V. *espiga*
Espicio, V. *huésped*   *Espico, espigo(l),* V. *espliego*   *Espichar,* V. *espiche*

ESPICHE, 'arma puntiaguda, como chuzo, azagaya o asador', 'estaquilla que sirve para cerrar el agujero hecho a una cuba', origen incierto. 1.ª doc.: 1615; Cervantes¹.

No cita *Aut.* otro ejemplo y define con la primera ac. transcrita arriba, conservada en las ediciones posteriores de la Academia sin más que agregar tras *arma* las palabras *o instrumento*; no puedo agregar otro ej. ni citar fuente lexicográfica independiente para esta primera acepción. La segunda aparece en la ed. de 1899, como término de marina, con la redacción 'estaquilla que sirve para cerrar un agujero'²; en ediciones posteriores se agregó «como las que se colocan en las cubas para que no se salga el líquido o en los botes para que no se aneguen»; en el sentido de 'estaquilla que cierra el agujero de un tonel' *espiche* es usual en Mendoza, Argentina³; en Asturias se dice *espicha* «la estaca delgada y puntiaguda que se introduce en el boquete que se hace con el barreno al espichar el tonel» (R, V), 'espita' (Canellada). En Portugal el vocablo tiene más significados: *espicho* 'espiche de tonel'⁴ (ya Moraes), 'cada uno de los palitos con que se clava un cuero, poniéndolo tenso, para que se seque' y acs. figuradas⁵; *espiche*, variante popular y brasileña del anterior; *espicha* 'punta aguda del bichero', como término de marina designa varios instrumentos puntiagudos, en el Minho es 'espina de la cabeza de la lamprea' y 'especie de perforado de hierro, madera o hueso', etc.

En cuanto al verbo derivado, *espichar*, dice *Aut.*

que es voz de poco uso y significa lo mismo que *espetar*[6], o sea 'herir con arma puntiaguda'; en 1843 dice la Acad. que es 'pinchar', y desde 1884 agrega la ac. intransitiva y familiar 'morir'[7]; en Asturias «penetrar un cuerpo hueco con otro duro y punzante» y «barrenar un tonel y colocarle la espicha» (Rato); de las varias acs. que tiene este verbo en América nótense especialmente 'poner espita a un tonel' (Chile y Perú), 'soltar uno dinero u otra cosa mal de su grado' (Chile), 'agotarse el líquido de un tonel u otra vasija' (Arg., vid. ej. en Garzón), *espicharse* 'adelgazarse, ponerse como un espiche' (Cuba, Méjico; 'encoger el vientre' en Colombia y Venezuela). El port. *espichar* es 'ensartar el pescado por las agallas para curarlo al humo' (Moraes)—sentido en el cual es también andaluz (A. Venceslada) y lo empleó asimismo el asturiano Jovellanos, vid. Pagés—, 'perforar (un tonel)'[8], 'tender un cuero para que se seque, fijándolo con *espichos*', gall. *espichar*: «esta vara está *espichada* en el suelo» 'fija o clavada como las estacas en la viña', Sarm. *CaG.* 207r; y como intransitivo, además de 'morir', significa 'salir el líquido por el agujero de un tonel', 'salir con fuerza (el agua)'. Si estas últimas acs. fuesen las etimológicas podríamos derivar el vocablo del it. *spicciare* 'brotar (un líquido) impetuosamente', que ya se halla en Dante, y que viene a su vez del fr. ant. *despeechier*, como *impicciare* viene de *empeechier* (hoy *dépêcher*, *empêcher*): el sentido primitivo fué 'soltar'. Que este vocablo pasó a las lenguas hispánicas parece asegurado también por el colombiano *despichar* 'soltar (un cuerpo) la humedad que tiene', y luego, transitivamente, *despichar una naranja* 'aplastarla, despachurrarla' (Cuervo, *Ap.*[7], p. 475). ¿Hemos de creer que en todas partes se pasó, como en Bogotá, de 'brotar (el líquido)' a 'hacerlo brotar' y por lo tanto 'perforar', y pasar de ahí a 'ensartar'? ¿Y hemos de derivar *espiche* de *espichar* como instrumento para hacer esta acción' y luego 'arma puntiaguda'? No es imposible, pero los pocos datos cronológicos que poseemos invitarían más bien a creer que esto último es el punto de partida y no el de llegada.

En caso de que prefiramos tomar este otro punto de vista, y nos fijemos en que Cervantes pone el vocablo en boca de un soldado y al parecer en sentido algo vago y genérico, estaremos tentados de creer en un germanismo, tomado, durante las guerras del S. XVI, sea de los lansquenetes alemanes o de los defensores de Flandes, es decir, sea del alem. *spitz* 'puntiagudo', *spitze* 'punta', o del neerl. *spits* que reúne ambas acs. (de origen alemán, pero usual desde el S. XVI según Kluge); se concibe que la africada *ts*, ajena ya entonces al castellano, fuese transcrita por el fonema más parecido que quedaba, la *ch*, y se podría creer que el vocablo entrara al mismo tiempo en el sentido de 'estaquita para cerrar el barreno de un tonel', como voz improvisada en las orgías bá- 60

quicas de la soldadesca, puesto que los alemanes, y más los lansquenetes y flamencos, tuvieron siempre fama de grandes bebedores; las demás acs. se explicarían fácilmente, y ac. como la portuguesa 'punta aguda de un bichero' apoyarían este punto de vista. Pero quedamos en duda ante el hecho de que *spitze* es 'punta', pero no es el arma misma ni una estaquilla puntiaguda, y si bien cabe admitir tales traslados semánticos entre gente de idioma muy diverso y que no se entiende bien, harían falta más confirmaciones y documentación más completa acerca de la primera aparición del vocablo en español y en portugués. Las fuentes léxicas de que disponemos en ambos idiomas, y el especial arraigo del vocablo castellano en Asturias, Canarias y América, sugieren una voz de origen portugués o leonés, lo cual no sería favorable ni a la procedencia alemana ni a la italiana. Pero no se ve otra etimología razonable, pues la de Diez, *Wb.*, 449 (todavía admitida por la Acad.), lat. SPĪCŬLUM 'dardo', es imposible fonéticamente[9]. Tampoco me satisface admitir un cruce de *espetar* (o *espitar*, puesto que existe *espito*) con *pinchar*, pues entonces el resultado sería probablemente *espinchar*. Y nada en las familias germánicas *SPITUS 'asador' ni *SPEUT 'venablo' (vid. *ESPETO*) permitiría explicar la *ch* de *espiche*.

DERIV. *Espichar* (vid. arriba); *espicha* ast. 'convite que se celebra espichando una pipa de sidra' (V). *Espichón* 'herida causada con el espiche' [Acad. ya 1843].

[1] Un soldado bravucón que anda pidiendo dinero para las almas del purgatorio, dice que cuando llegue el momento de la pelea: «no ay sacar almas / del purgatorio entonces, sino *espiches*, / para meter en el infierno muchas / de la mora canalla que se espera», *Comedia del Gallardo Español*, en la edición de las *Comedias y Entremeses* por Schevill y Bonilla, I, 39, v. 15.— [2] De ahí cat. *espitja* 'tarugo de madera en forma de punzón, para cerrar un agujero en una barca', que me comunica el Sr. Giner i March como recogido en L'Escala.— [3] Lo leo en un anuncio del semanario de los vinateros, *Victoria*, 19-IV-1941.— [4] De una forma como ésta pudo sacarse un cat. *espínjol*, del cual saldría el cat. *espinjolar* 'espichar un tonel' (comp. cat. *bronja* < cast. *brocha*). He oído esta palabra en Sant Pere de Ribes. Claro que este origen es dudoso. *Espicho* por *espiche* y *espichazo* 'herido del espiche, pinchazo' se emplean también en Canarias (Pérez Vidal, p. 178).— [5] Viterbo cita de un doc. sin fecha «dous *espichos* de estanho para a Missa» y dice que es «galheta, ou pequeno pichel, e qualquer vaso que tenha bico». Si efectivamente es una vasija, nada tendrá que ver con nuestro vocablo, pero también es difícil relacionarlo etimológicamente con el germanismo de procedencia francesa *pichel*.— [6] Al influjo de *espeto* y *espetar* puede ser debida la forma *espechar* que la Acad. regis-

tra como anticuada, ya en 1843, y de la cual no tengo otra referencia.— ⁷ Según S. de Lugo y Pérez Vidal *espichar* en sus varias acs. es palabra poco empleada en Castilla y corriente en Canarias. La ac. 'morir' es germanesca (Besses y T. Rebolledo) y se emplea en Aragón, Vizcaya, Asturias, Cuba, Colombia, Arg., etc., vid. Tiscornia, *M. Fierro coment.*, p. 412; M. L. Wagner, *Bol. Inst. C. y C.* VI, 196-7.— ⁸ Testimonios del uso de esta ac. en los dialectos, en *VKR* X, 98; 'sacar la espicha para probar la sidra' ast. (V).— ⁹ Si *espiche* fuese de origen mozárabe podría representar un *SPĬCĔUM de la misma familia. Pero no hay testimonios de tal vocablo, ni otros indicios de una procedencia mozárabe.

Espicho, espichón, V. espiche   Espiedo, V. espeto   Espiella, V. espliego

ESPIGA, del lat. SPĪCA íd. *1.ª doc.*: Berceo.
Frecuente y popular en todas las épocas y común a todos los romances.

DERIV. *Espigar* [h. 1400, Glos. de Palacio 'coger espigas'; Nebr. íd.; etc.], el lat. SPĪCARE sólo tenía la ac. 'echar espiga (las plantas)', y para la de 'coger espigas' los varios romances tienen palabras diferentes (port. *respigar*, cat. *espigolar*, it. *spigolare*, fr. *glaner*), de suerte que *espigar* puede ser nueva creación romance; *espigado* [1290, p[a]ra éste y otros derivados, V. *BHisp.* LVIII, 359], *espigadilla*; *espigador*; *espigadera. Espigajo. Espigo*; ast. *espigu* 'la flor que corona el tallo del maíz, la que brota en el centro de la col, etc.' (V); *espigar* 'brotar el *espigu*' (V). *Espigón* [Nebr.]. *Espigoso* [APal.]. *Espigueo* [Acad. después de 1899]. *Espiguilla. Respigar*; *respigador*; *respigo. Respigón* 'especie de grieta que aqueja al caballo' [1551, F. Chacón, *Trat. de la Jineta*, cap. 14]. Comp. *ESPLIEGO*.

CPT. *Espiciforme. Espicanardo* [Nebr.] o *espicanardi* [1555, Laguna; ya '*ašpiquinárd*, o -*nárdi* o -*nárdo* en Abenbuclárix, a. 1106, vid. Simonet, s. v. *expico*], tomado del lat. *spica nardi* 'espiga del nardo'; también se dijo *espic* (S. XIII: *RFE* VIII, 351) o *espique* (*Gr. Conq. de Ultr.*, 352), tomado del cat. *espic* [S. XIII, Costumbres de Tortosa, ed. Oliver, p. 389], y en una escritura mozárabe toledana se lee '*aspîqura* (Sim.), que puede representar el lat. SPĪCŬLA 'nuez moscada', diminutivo de SPICA.

ESPILOCHO, antic., 'ruin, mezquino, sórdido', del it. *spilórcio* íd. *1.ª doc.*: Covarr.

La *spilorceria* es «la avaricia en las cosas pequeñas», como dice Lippi en su *Malmantile*. El editor de este poema, Paolo Minucci (1788), indicó razonablemente que *spilorcio* es derivado peyorativo de *pilorcio* 'retazo de cuero inservible', el cual derivará a su vez de *pilo* o *pillo* 'mazo de batán', 'pisón o machaca de curtidor', y éste del lat. PĪLA

'mortero', 'batán'. En castellano fué *espilo(r)cho* italianismo de poco arraigo: Cervantes pone en boca de D. Quijote las palabras «notable *espilorchería, como dice el italiano*».

DERIV. *Espilorchería* [1615, *Quijote*].

Espillador, espillantes, espillar, espillo, V. pillar   Espín, V. espina

ESPINA, del lat. SPĪNA 'espina vegetal', 'espina de pez'. *1.ª doc.*: Berceo (los ejs. anteriores que cita Oelschl. pueden ser latinos).

Frecuente, popular y común a todos los romances de Occidente[1]. El emplear ARISTA en el sentido de 'espina de pez' es innovación galorrománica (ya en el bordelés Ausonio, S. IV), que sólo se extiende a una zona Norte del territorio catalán (Vic, Solsona, Rosellón) y a la mayor parte de Occitania. Ast. *espina carnal* 'tumorcillo poco doloroso que sale en el cutis y cría materia' (V).

Los lat. *spina* y *spinus* son palabras patrimoniales en esa lengua y tan antiguas como el idioma, aunque sin hermandad clara con voces de las lenguas itálicas o afines. En apariencia podría existir un enlace con *spionia*, que Plinio y Columela emplean como nombre de una clase de vid de grandes uvas y muy resistente a la humedad; una vez Plinio la llama *spinea*, lo cual sugiere que sus sarmientos fuesen muy angulosos, pinchosos o puntiagudos, justificando así esta alteración que parece debida a etimología popular, pues no debemos creer que sea derivado del lat. *spina*, dado que Plinio nos informa de que era «Ravennati agro peculiaris», país de lengua enteramente ajena al latín; con razón admite pues Terracini (*Rivista di Filologia* XLIX, 429) que es un celtismo, si bien se abstiene de buscar un apoyo en las lenguas célticas, aunque quizá se acordara de que en éstas la idea de 'espina' se expresa con raíces en SKU̯E- (o SKU̯I-), de donde SP- en galo-britón.: brit. *spern* (< SKU̯ER(BH)-N-) y por otra parte SKU̯(O)I-, de donde el irl. ant. *scē* y sus derivados en *at-*: irl. *sciad* 'de los espinos', ky. *ysbyddad* íd., córn. *spethes*, bret. *spezad* 'zarzal', 'mata de endrinos espinosos' (con parentela ambos grupos en baltoeslavo, *IEW* 958); propongo, pues, admitir que el céltico meridional formara de esta última raíz un deriv. SPI-ON- paralelo al SPI-AT del céltico insular. No cabe ni siquiera descartar del todo la posibilidad de que el itálico SPI-NA procediera de esta misma raíz, puesto que el vocablo tuvo en umbro fuerte vida propia, donde parece que llegó a tomar el sentido de 'columna' (?) y como en todas las lenguas umbro-sabélicas SKU̯ da SP- (no en latín) cabría en lo imaginable que el lat. *spina* fuese préstamo de las demás lenguas itálicas y entonces podría ser pariente del SKU̯I- céltico y baltoeslavo; esto es menos probable, pues aunque la vaga familia SPI-, admitida en general por los etimólogos, e integrada además, con ampliaciones radicales diversas, por el lat. SPI-CA 'espiga' y por formaciones como SPI-D-, SPI-L-, SPI-R-, etc., desparramadas en todas las lenguas indoeuropeas (*IEW*, 981), no deja de aparecer como una grande, aunque vaga probabilidad.

DERIV. *Espín* [med. S. XVII: Saavedra F., Calderón]. *Espino* [*spino*, doc. de 1074, Oelschl.; APal. 410*b*; Nebr.; etc.], del lat. SPĪNUS íd. *Espinal. Espinar* m. *Espinar* v. [Nebr.]; gall. («co corazón *espiñado*» Castelao 226.3); *espinadura. Espinazo* [Berceo; APal. 54*d*, 59*d*, 145*d*, 467*b*; etc.][2]. *Espinel* 'especie de palangre con los ramales más cortos y el cordel más grueso', así llamado por los muchos anzuelos de que está como erizado [*Aut.*], según la Acad. vendría del cat. *espinell*, pero no me es conocido tal vocablo, y como el espinel se emplea en el Atlántico y Cantábrico, según *Aut.*, es más probable que sea de origen francés u occitano (comp. fr. ant. *espinel* 'lugar lleno de espinas', en God.). *Espinela*, 'décima', del nombre de Vicente Espinel († 1624), inventor de este género poético, según atestigua Lope en la *Dorotea. Espinela* 'especie de rubí', del it. antic. *spinella* íd. (hoy *spinello*). *Espinera* (ast. 'espino albar' V). *Espineta* [*Aut.*], del it. *spinetta* íd., probablemente derivado del nombre del inventor Giovanni Spinetti, veneciano, que firmaba *espinetas* en 1503 (vid. *NED*, s. v. *spinet*). *Espinilla* [Nebr.; en el sentido de 'barrillo' se refiere inicialmente al clavo del barrillo, vid. M. L. Wagner, *Festschrift Jud*, 554]; *espinillera; espinillo. Espinoso* [1166, doc. en Oelschl.], de SPĪNŌSUS íd.; cultismo, *espíneo*, tomado del lat. *spinĕus* íd.

CPT. *Espinapez* 'labor esquinada, en albañilería' [*espinapes*, 1527, *Ordenanzas de Sevilla*, que *Aut.* interpreta como si fuese el plural de un *espinápe*]. *Espinablo*, arag., alteración de *espinalbo*, comp. cat. occid. *espinau*, cat. ribagorzano *espinalgo* (Krüger, *Hochpyr.* A, I, p. 52), y el nombre de lugar colectivo *Espinalbet. Supraspina*, por hallarse sobre la espina dorsal.

[1] De ahí el vco. *espia* > *espi* «espina de los peces» (guip. y vizc.).—[2] Nebr. da «*espina de pescado o espinaso*: espina», que puede ser errata.

ESPINACA, del hispanoárabe *ʼispináḫ* íd. (también *izpináǧ*, ár. orient. *ʼisfánáḫ*, *ʼisbánáḫ*, ár. afr. *ʼisfanáǧ*), procedente del persa *ispānáḫ*. 1.ª doc.: J. Ruiz 1166*a*; APal. 104*b*; Nebr.; etc.

PAlc. registra *izpinág* como forma del árabe granadino, y los hispanos Abenalbéitar y Abenalauam emplean *ʼisfánáḫ*, variante que ya se lee en el Razí, a fines del S. IX. Las formas iberorromances port. *espinafre*, cast. *espinaca*, a. arag. *espinay*[1], y cat. *espinac*, postulan en común una base arábiga *ʼis-pináḫ*, cuyo *ḫ* dió *f* en unas partes, *k* en otras, según es corriente, y pudo también alterarse en *g*. Hay también una variante en -z-, asegurada por la rima, en Berceo: «todas las tus menazas / mas sabrosas me saben que unas *espinazas* / ... por-

fazas / ... torcazas» (*S. Lor.* 87*b*, *PMLA* XLV, 513). Las demás formas romances, fr. *épinard* [*espinarde*, 1331: *BhZRPh.* LIV, 32-33], it. *spinace*, lomb. *spinaz* (Salvioni, *KJRPh.* VIII, i, 141), parecen procedentes directa o indirectamente del iberorromance, lo cual es seguro en el caso del francés; también es probable que el gr. mod. σπανάχι, σπανάκι (más reciente es el romanismo σπινάκι) es de origen oriental: Gustav Meyer, *Lat. Lehnworte im Ngr.*, 62, supone que proceda de un lat. *SPINACEUM, derivado de SPINA, pero como observa Devic, pp. 33-34, la base semántica de esta etimología es endeble, pues sólo algunas clases de espinacas tienen unas pocas espinas en la semilla; la *i* romance parece haber nacido en España por etimología popular, y todo hace creer que el vocablo se originó en Persia, donde la planta crece espontáneamente (véase además Simonet, p. 276; Baist, *RF* IV, 401; Steiger, *Contr.*, 306).

[1] *BDC* XXIV, 169; *RLiR* XI, 88. Puede explicarse, sea por *espinahe, sea por el sentimiento de que la *ḥ* mozárabe en fin de sílaba solía corresponder a *y* aragonesa (*laḥte* = arag. *leite* LACTE).

Espinadura, espinal, espinapez, espinar, espinazo, V. *espina   Espinay*, V. *espinaca   Espinel, espinela, espíneo, espinera, espineta*, V. *espina Espinfarrado*, V. *despilfarrar*

ESPINGARDA, 'cañón de artillería algo mayor que el falconete y menor que la pieza de batir', 'escopeta de chispa, muy larga', del fr. antic. *espingarde, espringarde, espringale*, 'balista de lanzar piedras', 'cañón pequeño', derivado de *espringaler* 'saltar, retozar', y éste del fr. ant. *espringuer* íd., que procede del fráncico *SPRINGAN (a. alem. ant. y ags. *springan*, alem. *springen*, ingl. *spring*, escand. ant. *springa*). 1.ª doc.: *espigarda* [¿errata?], Jorge Manrique, † 1479; *espigarda*, 1482 (*HispR.* XXVI, 277), h. 1490, Hernando del Pulgar; Nebr. k6vº (s. v. *pelota*)[1]. Y en doc. [gallego] de 1481 (Sarm. *CaG.* 119*r*).

La primera noticia del empleo de esta arma en España está en la *Crónica de D. Álvaro de Luna* y se refiere al a. 1449. Vid. Terlingen, 208. Pero no hay razón para creer que la palabra se tomara por conducto del italiano (donde aparece desde el S. XIII), sino directamente del francés, en que el vocablo tiene su raíz y donde todavía era corriente en el S. XVI (*espingarderie* en Rabelais, vid. God. III, 531 y 551): el verbo *espringaler* sólo existe en este idioma, y la variante *esp(r)ingarde* puede salir de una forma verbal paralela *espringarder*, o derivar directamente de *espringuer* con sufijo -*ard*, todo ello en correspondencia perfecta con los hábitos morfológicos franceses. A lo más podría sospecharse que la invención de la espingarda escopeta se produjera en Italia (el asunto en Francia no se ha investigado), y que en esta ac. procediera de la vecina Península, pero la historia de esta arma está por escribir.

Deriv. *Espingardada. Espingardero* [1480, *BHisp.* LVIII, 359; 1517, Gillet, *Propaladia* III, 856]; *espingardería.*

¹ Más testimonios coetáneos en Cuervo, *Obr. Inéd.*, p. 410.

Espinilla, espinillera, espinillo, espino, V. *espina* Espinochar, V. *panoja* Espinoso, V. *espina* Espinzar. V. *pinzas* Espiocha, V. *piocha* Espión, espionaje, V. *espiar* Espiote, V. *espeto* Espique, V. *espiga* Espir, V. *híspido*

ESPIRA, tomado del lat. *spīra* 'espiral', y éste del gr. σπεῖρα íd. *1.ª doc.: Aut.*

Deriv. *Espiral* [*Aut.*, sólo como adj.; *espiral de los relojes,* Terr.]. *Espirilo*

Cpt. *Espiritrompa. Espiroqueta* [falta aún Acad. 1899], compuesto con el gr. χαίτη 'cabellera'.

Espiración, espirador, V *espirar* Espiral, V. *espira*

ESPIRAR, tomado del lat. *spīrare* 'soplar', 'respirar'. *1.ª doc.: espirar en Dios,* 'confiar e. D.', h. 1400, Gutierre de Toledo, *Canc.* de Baena, n.º 164, v. 20; «*espirar soplando, espirar echar el huelgo:* anehello, hallo», Nebr.; *el viento espira,* Garcilaso, † 1536.

Cultismo, siempre de escasa frecuencia. Muchas veces la grafía *espirar* corresponde más bien a los modernos *expirar, aspirar* o *inspirar* (*espirar* 'morir' en Mena (C. C. Smith, *BHisp.* LXI), Fr. Luis de Granada, etc.; «el Espíritu Santo... *espira* donde y como gusta, y en el alma que elige influye sus soberanos movimientos», Valverde, a. 1657; en el *S. Dom.* de Berceo, 199*c,* el ms. *E* da *aspirar* y *H espirar* [ambos de la 2.ª mitad del S. XIV], en el sentido de 'inspirar'; id. *1.ª Crón. Gral.,* 193*a*36).

Deriv. *Espiración. Espirador. Espiramiento* ('espíritu', 'Espíritu Santo', Berceo, *S. Dom.*, 287, 535). *Espirante. Espirativo.*

Espíritu [Berceo, *Mil.,* 792*d; Loores,* 1*b,* 5*b,* 150*b,* 152*d,* 153*a,* etc., por lo común contado como trisílabo, probablemente por la *s* líquida; pero *espirto* aparece en la *Estoria de los Godos* del S. XIII, y *espirtu* en versos de Hurtado Velarde y Fdo. de Herrera, vid. M. P., *Inf. de Lara,* 339.2, passim en Garcilaso; *espíritu,* pero contado como trisílabo en un Paso de 1520, J. E. Gillet, *Tres Pasos de la Pasión,* p. 951; sin embargo debe tenerse presente que hoy la pronunciación vulgar es *espritu,* en Cespedosa *esprito, RFE* XV, 138; *spirito,* APal. 14*b,* 106*d,* 188*b,* 467*d; espíritu,* Nebr., etc.], tomado del lat. *spīrĭtus, -ūs,* 'soplo', 'aire', 'espíritu'¹; *espiritual* [*espirital, Cid; spiral,* Berceo, con *s* líquida, vid. M. P., *Cid,* p. 670; *espiritual o espritual,* ya en Juan Manuel y Juan

Ruiz], *espiritualidad, espiritualismo, espiritualista, espiritualizar, espiritualización; espiritar, espiritado; espiritillo; espiritismo, espiritista; espiritoso* [1580, Fdo. de Herrera] o *espirituoso* [1581, Fragoso].

Aspirar [princ. S. XIII, *Sta. M. Egipc.,* Berceo, en ambas fuentes en el sentido de 'inspirar, infundir ideas', que debe ser alteración fonética de *inspirar;* en las *Partidas* en el sentido latino de 'lanzar el aliento hacia algo', que es probablemente el que todavía le dan J. de Acosta, 1590, y *Aut.;* la ac. 'pretender, poner la mira en algo', aceptado como neologismo italianizante por J. de Valdés, *Diál. de la L.,* ed. Mayans, 104; la moderna 'atraer el aire a los pulmones' parece ser galicismo del S. XVIII, y Terr. dice que es término de la Física; para ejs. vid. *DHist.,* pero como muchos están mal interpretados es preferible atenerse a Cuervo, *Dicc.* I, 725-7], tomado del lat. *aspīrare* 'echar el aliento hacia algo'; *aspiración* [h. 1250, *Setenario,* fº 10rº; S. XV, Juan de Mena, 'inspiración'; S. XVI, Sta. Teresa; *DHist.,* comp. Cuervo, I, 725]; *aspirado; aspirador; aspirante* [princ. S. XVII, Góngora: Cuervo, *Dicc.* I, 725*b*].

Conspirar [1528, A. de Guevara], tomado de *conspirare,* 'estar de acuerdo', 'conspirar', propiamente 'respirar juntos' (para construcciones y acs., vid. Cuervo, *Dicc.* II, 426-7); *conspiración* [1454, Arévalo, *Suma,* p. 286*b* (Nougué, *BHisp.* LXVI); APal. 58*d*]; *conspirado; conspirador.*

Expirar [todavía *Aut.* no admite otra forma que *espirar,* pero le da entre otros el sentido de 'morir' y de 'dejar de ser (una cosa)', con ejs. desde Fr. Luis de Granada, a. 1574], tomado de *exspīrare* 'exhalar', 'expirar'; *expiración; expirante.*

Inspirar [APal. 127*b* 'resollar', 'infundir ideas' 467*d; Aut.* no admite otras acs. que ésta y la de 'soplar blanda y suavemente', con ej. de ésta en Calderón y varios de aquélla; para *aspirar* y *espirar,* arcaicos en este sentido, y sin duda deformaciones de *inspirar,* véanse los apartados correspondientes], tomado de *inspirare* 'soplar adentro de algo', 'infundir ideas'; *inspiración* [Íñigo de Mendoza, p. 5 (D. Alonso, *La Leng. poét. de Góngora*)]; *inspirador; inspirante; inspirativo.*

Respirar [Berceo], del lat. RESPĪRARE íd.; *respirable; respiración* [Nebr.]; *respiradero* [Nebr.]; *respirador; respirante; respiratorio; respiro* [ya Acad. 1843]².

Suspirar [*sospirar, Cid,* Berceo; APal. 118*d;* Nebr.; PAlc.; C. de las Casas, 1570; Percivale, 1591; Oudin; Covarr.; *suspirar,* 1605, *Quijote* I, xii, 40; xxi, 86; II, lii, 198; pero todavía *sospirar,* II, viii, 16], del lat. SŬSPĪRARE 'respirar hondo', 'suspirar'; *suspirado; suspirón; suspiro* [*sospiro, Cid; suspiro,* Berceo, *Sacrif.,* 229*c* (pero *sospiro,* ibid. 34, 275); APal. 484*b;* Covarr.; etc.], *suspiroso.*

Transpirar [1555, Laguna], derivado culto de *spirare,* común con el fr. *transpirer* [S. XVI], it.

traspirare, ingl. *transpire* [1597], etc.; *transpira-ción* [como término médico, en *Aut.*]; *transpirable*.
CPT. *Espiritusanto*.
¹ También el gallego (y el portugués popular) vacilan entre *esprito* y *espírito* (Castelao 254.48, 26.21). El sentido de 'cuerpo volátil' (alcóhol, etc.) se desarrolló en el latín de la Edad Media. Gerardo de Cremona († 1187) emplea *anima* en este sentido (*Isis* XII, 42).— ² En las acs. 'rato de descanso', 'alivio', 'prórroga de una deuda', dada la aparición tardía del vocablo, cabe sospechar sea adaptación del fr. *répit* (<RESPECTUS): idea difícil de probar o rechazar. En portugués, la ac. 'prórroga' está desusada, y el cat. *respir* (Labernia y Fabra, pero no Ag. ni Amengual) es vocablo de sabor poco castizo (el valenciano Sanelo registra *respit*: «arrendament per 8 anys, quatre de ferm y quatre de *respit*»; lo incluyó Fabra en las adiciones póstumas a su dicc. y quizá sea vivo en el Rosellón, comp. oc. *respié(ch)*, *-eit*).

Espiroqueta, V. *espira*   **Espirriar**, V. *espurriar*

ESPITA 'canuto que se mete en el agujero de una cuba u otra vasija para que salga por él el licor que ésta contiene', en gallego 'clavo de hierro con que se asegura la llanta del carro', 'clavo de madera para asegurar la carga de las albardas', 'aguja de hueso para pasar una cinta por su jareta'; junto con el a. arag. *espito* 'asador' y el cast. *espito* 'palo largo a cuya extremidad se atraviesa una tabla, que sirve en las fábricas e imprentas para poner el papel a secar', procede del gót. *SPÏTUS 'asador, espeto', por comparación de esta herramienta puntiaguda, que se clava en la carne como la espita en la cuba o en la llanta. *1.ª doc.*: 1588, Juan de Pineda, *Paso Honroso de Suero de Quiñones* (*Aut.*); Covarr.¹.
Comp. ESPETO. El tipo germánico SPÏTUS ha dado descendientes con *e* y con *i*, según la fecha en que se introdujo: así bergamasco *spit*, a. arag. *espito* 'asador'², santand. *espitar* 'clavar, prender pinchos o alfileres' (G. Loma); y a menudo ha ampliado su significación: b. engad. *spait* 'aguja', 'punta'. Es posible que hubiera confusión parcial, por parte de los hispano-hablantes, con el gót. *SPIUTS 'venablo, pica'. Por otra parte, me parece seguro que el femenino *espita* no viene del sustantivo germánico directamente, sino como derivado del verbo *espitar* 'espetar, clavar' > 'clavar espita', aunque este verbo esté documentado bastante más tarde que el sustantivo; en este sentido téngase en cuenta la diferente terminación del berciano *espito* 'espita'. Para el significado del gallego *espita*, vid. Vall. y compárese el grabado en *VKR* XI, p. 288; *dar espita al vino* [calar el barril con vinguelete o barreno], Sarm. *CaG.* 127v (como expresión, al parecer, castellana). Es arbitraria la afirmación de Covarr. de que *espita* signifique también 'medida de un palmo', sólo inspirada en

el deseo de justificar su imposible etimología gr. σπιθάμη 'palmo'; sin embargo, esta ac. fantasma ha venido trasmitiéndose a las varias ediciones de la Academia y a otros diccionarios españoles. También es imposible, por razones fonéticas y semánticas, aceptar la sugestión de M-L. de que *espita* venga de *pipa* 'tonel' (*REW*, 8162). Indicó ya someramente la etimología correcta, sin dar pruebas, C. C. Rice, *Language* XVIII, 39.
DERIV. *Espitar* [ya Acad. 1843]. *Espito* [íd.].
¹ De ahí pasó a Oudin, que no tiene tal artículo en la ed. de 1607.— ² Existió también un cat. ant. *espit* 'espigón de hierro o asador', latinizado en un doc. de Sant Cugat, año 1022: «relia ['reja'] cum suo aper [= *apero*], *espidi* ferreo» (*Cartulario de St. Cugat* II, 133). El vocablo en Cataluña se perdió luego, sin dejar otra huella que el término de papelería *espit*, de igual sentido que en castellano, pero probablemente más castizo allí que en Castilla, dada la tradición antiquísima de la industria papelera en tierras catalanas.

Espito, V. *espeto* y *espita*   **Espizcar**, V. *pellizcar*

ESPLENDER, tomado del lat. *splendēre* 'brillar, resplandecer'. *1.ª doc.*: med. S. XV, Diego de Burgos; Rioja † 1659 (C. C. Smith, *BHisp.* LXI). Acad. 1843, como antiguo y poético.
Después suprimió la Acad. (ya 1884) la nota de anticuado, pero siempre ha sido vocablo muy raramente usado, y poético; los derivados son más vivos, aunque son también cultismos.
DERIV. *Esplendente*, poét. [Castillo Solórzano, † h. 1647]. *Espléndido* [2.º cuarto S. XV, Pz. de Guzmán; y otros escritores del XV y XVI (C. C. Smith); Oudin; Lope], de *splendĭdus* íd. *Esplendor* [ejemplos del S. XV en C. C. Smith; *esprandor*, h. 1350, *Poema de Alf. XI*, 1309; falta en APal., Nebr. y Covarr., pero es voz frecuente desde princ. S. XVII, y elemento característico del léxico gongorino], de *splendor*, *-ōris*, íd.; *esplendoroso* [ya Acad. 1884].
Resplandecer [Berceo, *Loores*, 179b¹; J. Ruiz, 290b; APal. 20d, 59d, 81d, 96b, 145b, 171d, 303b, pero *resplendecer*, 468b], de *resplendēre* íd., quizá (en vista de la *a*) tomado por conducto del fr. ant. *resplendre* o *resplendir*; *resplandeciente* [J. Ruiz, 1244b], es raro el anticuado *resplendente*; *resplandecimiento*; *resplandor* [*resplendor*, Berceo, *Mil.*, 850d; *SDom.*, 522c, 653a; *resplandor*, J. Ruiz, 1052d; APal., 39d, 171d, 172b (pero *resplendor*, 468b)].
¹ Pero nótese que esta ed. no es de fiar, y que todos los ejs. del sustantivo en Berceo (para los cuales sí contamos con ediciones fidedignas) traen la variante con *e*, *resplendor*.

ESPLÉNICO, tomado del lat. *splenĭcus* y éste

del gr. σπληνικός 'relativo al bazo', derivado de
σπλήν, σπληνός, 'bazo'. *1.ª doc.*: splénico, h. 1730,
M. Martínez (*Aut.*); esplénico, Terr.

DERIV. *Esplenético* [como ant., ya Acad. 1843],
del lat. tardío *splenetĭcus* íd. (el cat. *esplenètic* es
ya medieval, *Spill* de J. Roig, y quizá lo sería
también en castellano). *Esplenio* [ya Acad. 1843].
Esplenitis.

Esplín 'humor tétrico' [princ. S. XIX: Acad.
1843; Bretón de los Herreros], del ingl. *spleen*
'bazo', 'esplín', y éste del gr. σπλήν, que tiene
también la ac. 'hipocondría': se consideraba el bazo
como el centro causante de la melancolía.

Espletar, V. *explotar*

ESPLIEGO, 'planta aromática, empleada en sa-
humerios: alhucema, *Lavandula officinalis*', del
antiguo y aragonés *espligo*, descendiente semiculto
del lat. tardío SPĬCŬLUM, diminutivo de SPĪCUM
'espiga', así llamado probablemente por los ma-
citos o ramilletes en que suele venderse el espliego:
este mismo detalle sería el causante de la alteración de *espligo* en *espliego*, interpretado como
un derivado de *pliego*. *1.ª doc.*: *espligo*, S. XIV,
en el aragonés Fernández de Heredia, *Marco Polo*
(cita en *RFE* IX, 268); h. 1400, *Canc.* de Baena,
161 y 610 (pasajes asegurados por la rima en *-igo*);
espliego, Nebr., Laguna, Ambrosio de Morales, etc.

El lat. SPĬCŬLUM 'espliego' se halla ya en el seu-
do-Apuleyo, S. VI. Se conserva hoy *espligo* en el
Alto Aragón (*BDC* XXIV, 169); el catalán tiene
espígol (que se extiende hasta el aragonés fronterizo,
de la Litera); el vasco vizcaíno *izpiliku* corresponde
a la misma base metatizada ISPLICU que en castellano, y la forma roncalesa *izpiko* y alto-navarra
izpika (Azkue I, 453a) proceden del primitivo latino SPICUM, SPICA. Según los datos de *RDTP* VIII,
144-7, *espliego* se emplea en la mayor parte de
León y ambas Castillas, Navarra, Teruel, Albacete,
Jaén y Cáceres, *espigo* y *espico* en el Alto Aragón
(salvo Ribagorza, *espígol*), *esprego* en Galicia; *alhucema* en el Sur. Vittorio Bertoldi nos atestigua, con
otros propósitos, la gran extensión y antigüedad de
la venta del espliego en ramilletes[1]; a esta costumbre se debe el nombre moderno gascón *cabelhet*
(propiamente 'espiguita') y ella nos explica también
la denominación iberorromance SPICULUM, SPICUM,
SPICA; pero también nos da la explicación del
cambio de *espligo* en *espliego*, por la etimología
popular *plegar*, *pliego*; nacida ocasionalmente esta
forma *espliego*, el regular *espligo* se eliminó rápidamente, porque parecía una variante del tipo
castillo ∾ *castiello*, *avispa* ∾ *aviespa*, en desacuerdo
con la etimología *pliego*, que parecía evidente[2]. A
propósito del diminutivo SPICULUM permítaseme
recordar el cat. *espigolar*, it. *spigolare*, pues ¿qué
es 'espigar' sino formar una pequeña gavilla de
espigas sueltas sin cosechar?
G. de Diego (*ASNSL* CXXXIX, 97; *Contr.*,

§ 558) cree que *espliego* se explica por una base
*SPĬCŬLU, con cambio de sufijo (como en CUNĬCŬ-
LUM, LENTĪCULA), de donde *esplego*, que se emplearía en una amplia zona de Castilla (?, no dice
dónde), y después *espliego* por influjo de la vacilación entre *plega* y *pliega*. Pero claro está que una
vez admitidos el influjo de PLICARE es superfluo
suponer el inverosímil cambio de sufijo *SPĬCŬLU
(era fácil ver que ahí -ICULU no podía ser sufijo):
la forma secundaria y reciente *esplego*, así como
resplego y *respliego*, que también cita G. de Diego sin localizar, se explicarían justamente por el
citado influjo de *pliego* ∾ *plego* y el verbo *replegar*.

M-L. (*REW*, 8147) deriva nuestro vocablo, no
de un diminutivo de SPICA 'espiga', sino de SPICU-
LUM 'dardo, punta', lo cual no parece posible semánticamente; tampoco me parece probable que
la circunstancia de que el espliego tiene espigas
fuese lo que dió lugar a la denominación, pues lo
mismo ocurre con muchísimas plantas silvestres y
cultivadas, sino el detalle de que el espliego se
llevaba y expendía en pequeños mazos o gavillitas
de espigas, igual que los cereales.

[1] «Sui mercati della Riviera ligure... appaiono
i mazzetti di lavanda secondo l'uso antico...
in rocchette, cioè legati e accomodati in forma di
piccole conocchie... Per le vie di Montpellier
erbivendoli ambulanti offrono i mazzetti di lavanda al grido: *L'espaghètt per metre dins lou
cabinétt!*», *VRom.* V, 93-4.— [2] Hay otro vocablo
espliego, de significado oscuro, pero que difícilmente tendrá nada que ver con todo esto: «los
molinos... que son en *espliego* del mercado de
Aguilar», doc. de Campó, a. 1220, M. P., *D. L.*,
n.º 24, lín. 12. No creo tampoco que tenga relación
el a. arag. *espiella* que Kuhn traduce 'arista de
cereal' y Borao 'espelta', vocablo dudoso y de
origen oscuro (comp. Rohlfs, *ASNSL* CLXIX,
158).

Espligo, V. *espliego*   *Esplín*, V. *esplénico*

ESPLIQUE o ESPLINQUE, 'armadijo para cazar pájaros, formado de una varita a cuyo extremo
se coloca una hormiga para cebo, y a los lados
otras dos varitas con liga, para que sobre ellas
pare el pájaro', emparentado con oc. *esperenc(o)*,
esperlenc(o), *espringle*, íd., quizá procedente del a.
alem. ant. *sprinka* íd. (hoy *sprenkel*), de un anterior *springja*, derivado de *springan* 'saltar'. *1.ª
doc.*: *esplinque*, Acad. 1817, no 1783; *esplique*,
Acad. 1843-1936.

Convendría averiguar en qué parte de España
se emplea el vocablo y dónde vive la variante *esplinque*. Indicó esta etimología Diez, *Wb.*, 449, sin
obtener la aprobación de M-L., *REW*, 8186, ni
de Baist, *RF* I, 114-5. Éste se fundaba en que un
vocablo español no puede presentar la mutación
consonántica propia del alto alemán. Pero no advirtió que, además de ser el caso de *gj* > *k* algo

especial, no es probable que se trate de un vocablo
autóctono en España, sino de una palabra migratoria trasmitida por los dialectos occitanos. Ahora
bien, éstos presentan varias formas que no se han
tenido en cuenta: además de *esperenc* empleado 5
por el tolosano Goudelin y el agenés Jasmin, hay
langued. *esperlenc(o)*, gascón *espringle* y *esprengle*,
rodanense *esperenco*, Var *esperengo*, Niza *esperen-
clo*, Alpes *esparencho* (Mistral; Couzinié); la definición es «brai, reginglette, espèce de piège pour 10
attraper les petits oiseaux... forme un noeud cou-
lant où les oiseaux se prennent en becquettant
l'appât».
    Es difícil separar estas formas del a. alem. ant.
sprinka 'trampa', a. alem. ant. *springa*, neerl. 15
spring, ingl. *springe* 'lazo para coger pájaros', b.
alem. med. *sprinkel*, b. alem. *sprenkel* (> alem.
sprenkel); también es difícil, sin embargo, afirmar
por qué camino llegó el vocablo al Sur de Francia (quizá con *l* repercusiva secundaria), posible- 20
mente por conducto de algún dialecto francoprovenzal o francés oriental, pues ya sería más atrevido suponer un vocablo tomado directamente del
fráncico (adviértase, sin embargo, que -*engo* puede ser la forma originaria, alterada por el sufijo 25
-*enco* = -*engo*). Desde luego pueden rechazarse las
conjeturas de Baist (VIRGA PINGUIS 'varita con
muérdago', ac. que luego M-L. atribuyó al cast.
esplinque; o SPICULUM) y de Spitzer (SPINULA >
fr. *épingle* 'aguja', tan alejado semánticamente, 30
RFE XII, 235n.).
    Si la forma *esplique* fuese la única existente y
la otra no se pudiese comprobar, debería revisarse
esta etimología de la voz española y quizá admitir un origen onomatopéyico. Si existen ambas, 35
esplique se deberá a cruce con otra palabra (como
espeque).

Espluga, V. *espelunca*   *Espolada, espolazo,*
espoleadura, espolear, espoleta, espolín, V. *espuela* 40
Espolijarse, V *lijo*

ESPOLÍN, 'lanzadera pequeña con que se tejen
aparte las flores', 'cierto género de tela de seda,
fabricada con flores esparcidas', tomado del fr.
e(s)poulin u oc. *espoulin*, 'canilla de tejedor', di- 45
minutivo de oc. ant. *espol* íd., y éste del gót. *SPÓLA
íd. (a. alem. ant. *spuolo*, *spuola*, alem. *spule*, b.
alem. med. *spôle*, isl. *spôla*). 1.ª doc.: 1.ª ac., *Aut.;*
2.ª ac., 1627 (*Pragmática de Tasas*), Calderón 50
Gamillscheg, *R. G.* I, p. 373. Como el fr.
e(s)poulin sólo se halla en fecha moderna [1723],
y el fr. ant. *espole* es muy raro (vid. God.), es
probable que sea occitanismo; de todos modos la
voz española hubo de tomarse del francés o de la 55
lengua de Oc, y no puede ser germanismo autóctono, en vista de su significado muy especial y de
la ausencia del primitivo *espola.
    DERIV. *Espolinar. Espoleta* [*Aut.*], del it. *spo-
letta* íd., derivado de *spola* 'lanzadera' (del mismo 60

origen que la citada voz occitana), por la forma
hueca de ambos enseres.

Espolio, V. *despojar*   *Espolique*, V. *espuela*
Espolista, V. *despojar* y *espuela*   *Espolón, es-*
polonada, espolonazo, espolonear, V. *espuela*
Espolvorar, espolvorear, espolvorizar, V. *polvo*
Espondaico, V. *espondeo*   *Espondalario*, V. *es-*
puenda

ESPONDEO, tomado del lat. *spondēus* y éste
del gr. σπονδεῖος íd. *1.ª doc.*: 1732, *Aut.*
    DERIV. *Espondaico*.

ESPÓNDILO 'vértebra', tomado del lat. *spon-*
dўlus y éste del gr. σφόνδυλος íd. *1.ª doc.*: es-
póndil, 1581, Fragoso; *Aut.*, s. v. *estinia; espón-*
dilo, Acad. después de 1899.
    DERIV. *Espondilosis*.

ESPONJA, descendiente semiculto del lat. *spon-*
gĭa, que procede del gr. σπογγιά íd. *1.ª doc.*:
'*išbúnya* o '*išbúnga*, 1106, Abenbeclarix; *esponça*,
Aranceles del S. XIII; *espongia*, *1.ª Crón. Gral.*,
p. 54b; *esponja*, h. 1250, *Apol.* 514d; 1475, G. de
Segovia (p. 85n.); APal. 324b, 468b (*sp*-); Nebr.
(«*esponja de mar*: spongia; *esponja, piedra*: pu-
mex»).
    Cej. VIII, § 93. Es arbitrario el supuesto de
M-L., *REW* 8173, de que la forma *esponja* de los
tres romances hispánicos[1] sea galicismo, y de que
el fr. *éponge* proceda de un lat. vg. *SPONGA, que
representaría una especie de compromiso entre el
lat. SPONGIA, gr. σπογγιά, y la otra forma griega
σπόγγος. Esta forma *SPONGA no se asienta en
otra base que en un oc. *esponga* y venec. *sponga*[2].
Ahora bien, hoy todos los dialectos occitanos dicen
espounjo, y sólo en Provenza se emplea *espoungo;*
en la Edad Media, las formas más seguras son
esponja en Peire d'Alvernhe y *esponsia* en un texto
provenzal extractado por Levy, al cual corresponde
sponzia en otra cita de Raynouard, formas confirmadas por los cuatro ejs. de los derivados *espon-*
giós, *-ositat;* es cierto que este último autor cita
también, en mss. sin fecha (creo tardíos) vistos
por él e inverificables, un ej. de *esponga* y otro de
espongua, y aunque aquella forma y aun ésta puedan ser casos de la grafía *g = j*, puede concederse
como posible que correspondan a la moderna variante *espoungo* de Provenza; de todos modos,
como Provenza está mucho más afrancesada que
Languedoc y Gascuña, es verosímil que *espoungo*
resulte de una adaptación de la forma francesa
con ultracorrección según el modelo de *arrenger ∼*
arranger, longa ∼ longe, larga ∼ large, y esta forma pudo extenderse de allí al Norte de Italia.
    En todo caso, y aunque decidiéramos admitir
un tipo local *SPONGA (muy poco verosímil en sí),
no hay razones para suponer que el fr. *éponge*
proceda de él y no de la forma SPONGIA, común

a los varios romances (it. *spugna*, it. sept. *sponza*, fr. ant. *espongne*, Morvan *épougne*, campid. *sponge*, langued., gasc., lemos., auvern. *espounjo*, cast. *espundia*, cat., cast., port. *esponja*)[3], puesto que no se tiene noticias de una forma normanda o picarda *espongue* (al contrario ingl. *sponge* sugiere norm. *esponge*). Claro está que todas o casi todas las formas romances presentan tratamiento semiculto, según corresponde a un vocablo que antiguamente casi siempre aparecía con referencia a la esponja empapada en vinagre y hiel ofrecida al Crucificado (así en varios de los pasajes citados del cat. y oc. ant., en los de Ribadeneira y Mariana que figuran en *Aut.*, etc.); nótese también la forma más culta *espongia* empleada por Mariana, para una esponja bendita por el Papa.

Para variantes mozárabes o arabizadas, vid. Simonet, p. 195-6.

Deriv. *Esponjar* [APal. 469*b*; Nebr.]; *esponjadura; esponjamiento. Esponjera. Esponjoso* [*esponjoso*, APal. 396*d*; Nebr.]; *esponjosidad. Esponjario.*

[1] El cat. *esponja* es también muy antiguo. Grafiado *esponge* ya se lee en Lulio (fin del S. XIII), *Meravelles* II, 97; *espòngea* en Eiximenis (1381-6), *N. Cl.* VI, 52; *sponja* en Oliver, *Excitatori*, 172, y en J. Roig, *Spill*, v. 13980; también en J. March. Ag. cita una variante *sponga* sin localizarla, pero será caso de *g = j*, grafía tan frecuente en catalán antiguo.— [2] Aun el griego calabrés *spunga* procede de σπογγιά, según el autorizado dictamen de Rohlfs, *EWUG*, s. v. Y la forma *spunga* de Lecce, en que también se apoya M-L., no es más que esta forma moderna del griego provincial de Italia.— [3] Agréguese el arag. *espuña* 'polvo de la piedra esponjosa llamada tosca' citado por G. de Diego, *Contr.*, § 580 (falta Borao, Coll, L. Puyoles, Torres Fornés).

Esponsales, esponsalicio, V. *esposo*

ESPONTÁNEO, tomado del lat. *spontănĕus* íd., derivado de *sponte* 'voluntariamente'. *1.ª doc.*: *espontáneamente*, A. de Guevara, † 1545; *espontáneo* es frecuente desde h. 1600.

Deriv. *Espontaneidad. Espontanearse* [Acad. ya 1843]. *Espontil* [como ant., ya Acad. 1843], comp. lat. *spontalis*.

Espontigo, V. *puente*

ESPONTÓN, 'especie de lanza que usan los capitanes de infantería', del fr. *esponton* y éste del it. *spuntone* íd., derivado de *punta*. *1.ª doc.*: 1728, Ordenanzas Militares.

Citado por *Aut.* como «voz moderna tomada del francés» [allí h. 1600]; el it. *spuntone* (a veces *spo*-) aparece desde el S. XIV por lo menos (Petr.). No conozco otro testimonio español que uno de la Historia de Chile, del jesuíta desterrado Juan I.

Medina (Draghi, *Canc. Cuyano*, p. 511), a. 1776, escrita primitivamente en italiano.

Deriv. *Espontonada.*

Esponza, V. *esponja Espora, esporádico, esporangio, esporidio, esporo, esporocarpio*, V. *esperma Esporón*, V. *espuela Esporozoario, esporofita*, V. *esperma Esportada, esportear, esportilla, esportillero, esportillo, esportizo, esportón, esportonada, espórtula*, V. *espuerta*

ESPOSO, del lat. SPŌNSUS 'prometido', participio de SPONDĒRE 'prometer'. *1.ª doc.*: *esposa*, Cid.

En este texto sólo se refiere a las hijas del Cid, desde sus esponsales hasta la boda, pero en Berceo *esposo* ya tiene el sentido de 'marido' (*Loores*, 1*d*). Esta última ac. es corriente en toda la Edad Media; sería ya la ac. popular desde el S. XIII, aunque la etimológica 'prometido' o 'desposado, el que está contrayendo matrimonio', se mantuvo en un tono de lenguaje más elevado: Nebr. traduce *esposo* por *sponsus*, APal. 136*d* lo emplea en el segundo matiz, y todavía *Aut.* insiste en que éste es el verdadero sentido y aduce dos ejs. de Lope y de Valverde, si bien reconociendo que «el uso tiene introducido llamarse *esposo* y *esposa* los casados»[1]. Cej. IX, § 217. *Esposo* no ha sido nunca voz verdaderamente vulgar en el idioma, aunque en nada lo indica en castellano su evolución fonética, a diferencia de lo que ocurre en otros romances (fr. *époux*); sin embargo, no debe considerarse cultismo ni semicultismo, pero en todos ellos pertenecería al grupo de vocablos de forma influída por el latín de la Iglesia. Hoy pertenece en España al léxico noble, y en América presenta mayor tendencia a vulgarizarse. La metáfora consistente en comparar las manillas con unas *esposas* es ya antigua [J. Ruiz 497*c*: la lección *posas* de *S* es lapsus, comprobado por el metro; APal. 263*d*; Nebr.]; en buena parte de América *esposa* ha tomado el sentido de 'anillo episcopal', vid. M. L. Wagner, *RFE* XX, 177.

Deriv. *Esposar. Esponsales* [Paravicino, † 1633], tomado del plural del adjetivo latino *sponsalis* 'relativo a la promesa de casamiento'; de este plural neutro SPONSALIA salió la forma leonesa *esposayas* (1241, *Fuero Juzgo*) con su variante castellana *desposajas* y el latinismo *esponsalias* (comp. cat. *esposalles*); *esponsalicio. Desposar* [Nebr.], de DESPONSARE íd.; *desposado; desposorio* [Nebr.], también los antiguos *desposamiento* y *desposación; desposando.*

[1] Así lo hace, p. ej., Cervantes en *Las Dos Doncellas* (ed. Hz. Ureña, p. 152).

Espraír, V. *esparcir*

ESPUELA, del gót. *SPAÚRA* (pron. *spŏra*) íd. (a. alem. ant. *sporo*, alem. *sporn*, b. alem. med. y neerl. med. *spore*, ags. *spora*, escand. ant. *spori*).

1.ª doc.: espula (entiéndase *espuola*), doc. de 1062, en Oelschl.; *spuera*, doc. de S. Juan de la Peña, 1069 (M. P., *Oríg.*, 52); *espuela*, *Cid*, *Disputa del Alma y. el Cuerpo*.

La forma *(e)spuera* se halla también en *Elena y María*, S. XIII (aunque ahí la rima con *horas* obliga a leer *espuoras*), en el ms. leonés del *Alex.*[1], en inventario aragonés de 1374 (*BRAE* II, 343) y en las glosas aragonesas de Munich (h. 1400; *RF* XXIII, 248); *esporada* en Vidal Mayor (vid. glos.). También port. *espora*, pero la antigüedad de la forma con -*l*- está comprobada por el port. ant. *espola* y aun mejor por la forma berciana, de tipo gallego, *espòa* (Fz. Morales), gall. *espòa*, *espòla* o *espòra* (Vall.), pero Castelao emplea *espora* (298.20), que es ya la forma de la *Gral. Est.* gall. en el S. XIV (182.34). Este cambio consonántico podría explicarse por influjo del sufijo diminutivo -ŏLA, cast. -*uela*, pero el caso paralelo de *ESQUILAR* sugiere que la diferencia en el modo de articulación de la -*r*- intervocálica hispánica (más breve y fricativa) y la germánica pudo ser la causa de esta sustitución de sonidos, al menos en parte. Los demás romances, it. *sprone*, fr. *éperon*, oc. *esporon* y aun cat. *esperó* (*sporó* en las citadas glosas catalano-aragonesas de Munich, p. 250; *esporón* en invent. arag. de 1393, *VRom.* X, 148), lab. *ezproin*, bazt. *ezpore*, proceden del longob. o fráncico *SPO-RO; vid. Gamillscheg, *R. G.* I, 384.

DERIV. *Espoleta* 'horquilla que forman las clavículas del ave' [Villena, *Arte Cisoria*]: es posible que sólo secundariamente haya pasado esta palabra a insertarse entre las de la familia de *espuela*; pudo ser una adaptación del fr. *espaulette* en la que se tuvo la conciencia de que al *au* francés correspondía *o* en castellano. *Espolín* 'espuela pequeña' (*espuelín* en la Arg., J. P. Sáenz, *La Prensa*, 30-VI-1940). *Espolique* [Acad. 1817, no 1783] 'mozo que camina a pie delante de la caballería en que va su amo', porque le ayuda a ponerse y quitarse las espuelas; para el sentido y el sufijo, vid. Spitzer, *NM* XXII, 46; también *espolista*. *Espolada* [Berceo, *S. Mill.*, 221], también *espolazo*. *Espolear* [Nebr.]; *espoleadura*. *Espolón* [*Cid*], antiguo sinónimo de *espuela*—vid. M. P., *Cid*, 670-1, para detalles de forma—, probablemente adaptación del galorrománico *esporon* (véase arriba); 'espolón de ave' [Nebr.]; hay variantes antiguas *esporón* y *asperón*, y como galicismo náutico *esperón* [1539, A. de Guevara], además *esperonte* [ya Acad. 1843], como término de fortificación; *espolonar* [*Cid*] o *espolonear*; *espolonada* [*Cid*] o *espolonazo*.

[1] 84, 1611, 1806. P lee *espuela*, y el primer pasaje le da la razón, con la rima *avuela*, *escuela*.

ESPUENDA, arag., 'borde de un canal o de un campo', del lat. SPŎNDA 'armazón de cama', que en romance tomó la ac. 'borde de la cama'. *1.ª doc.*: *spuenna*, 1062, doc. de S. Juan de la Peña; «*espuenda*: margen de río, campo», 1836, M. D.

Peralta, *Dicc. arag.*; 'orilla o margen de río, arroyo, etc.', como vocablo navarro, Acad. 1817, no 1783[1].

El cat. *espòna*, oc. *esponda*, friul. *spuinde*, significan 'borde de la cama', traslado semántico fácil de comprender, puesto que el que se sienta en el borde de la cama lo hace sobre su armazón de madera, y que ya nos presenta cumplido San Isidoro: «*sponda* autem exterior pars lecti, pluteus interior» (*Etym.* XX, xi, 5). De ahí, por comparación, el paso a 'margen de un campo' o 'ladera inclinada', que es común al aragonés con el catalán occidental (desde el Pallars hasta las Garrigas, pero en el Priorato ya dicen *marges*), el gascón pirenaico (Rohlfs, *Le Gascon*, § 103) y los dialectos grisones y alpino-lombardos (*Festschr. Jud*, 571), y que puede llegar a 'margen de un río' en Navarra, y aun 'orilla de río o del mar' (it. *spónda*). Para el empleo toponímico, vid. M. P., *Oríg.*, 299-300.

DERIV. *Espondalario* o *espondalero* [h. 1300, Fueros de Aragón, vid. Tilander, 395], arag., 'albacea, testamentario', así llamado porque está al borde de la cama cuando el enfermo dicta testamento (según explica Vidal Mayor; comp. el sinónimo *cabeçalero*, que sirvió de modelo; documentado en el mismo, de *cabeçal* 'cabecera').

[1] Vco. *esponda* 'talud de un muro o terreno' sul., ronc., salac. y Arakil (SO. de Navarra), *ezponda* en los mismos dialectos y en dos pueblos guipuzcoanos, y ya en Leizarraga (1546).

ESPUERTA, del lat. SPŎRTA íd. *1.ª doc.*: 1331, invent. arag., *BRAE* II, 551, n.º 74; APal. 39*b*, 78*b*, 468*d*; Nebr.

También port. *esporta*, cat. ant., oc. ant. *esporta*, it. *sporta*.

DERIV. *Esportada*. *Esportear*. *Esportilla* [Nebr.; invent. arag. *VRom.* X, 148]; *esportillero*; *esportillo*. *Esportizo*. *Esportón* [1404, invent. arag., *BRAE* IV, 526, n.º 15]; *esportonada*. *Espórtula*, ast. [*Aut.*], tomado del lat. SPŎRTŬLA, propiamente diminutivo de *sporta*.

Espulgadero, espulgador, espulgar, espulgo, V. *pulga*

ESPUMA, del lat. SPŪMA íd. *1.ª doc.*: Berceo, *S. Dom.*, 690*c*.

Cej. IX, § 215. También APal. 249*d*; Nebr.; 1504, Woodbr. 'Velo' arag., 1362, *VRom.* X, 149. Conservado también en sobreselv. *spema*, logud. *ispuma*, rum. *spumǎ*, y el diminutivo *SPUMULA en varios dialectos italianos; los demás romances han aceptado el germ. SKŪMS: alban. *škumbę*, it. *schiuma*, engad. *s-chima*, fr. *écume*, oc., cat. (> campid.), gall. y port. *escuma* [*Gral. Est.* gall. S. XIV, 189.8; Castelao 105.6] (el it. *spuma* y el port. *espuma* [*Gral. Est.* gall. 249.10] son menos populares), y la forma *escuma* o *escoma* se halla incluso en judeoespañol (*BRAE* IV, 631), y *escluma* en el alto-aragonés de Ansó (pero *esbuma* en Bielsa; y la forma *esgroma* de Gistaín estará emparentada con el cat. *bromera*, de origen independiente; *BDC* XXIV, 168).

Deriv. *Espumar* [APal. 106d; Nebr.], hoy *espumear* en Andalucía y en el Salvador (Toro G., *BRAE* VIII, 501); *espumadera*; gall. *escumadeira* 'espumadera', Sarm. *CaG.* 79r; *espumador*; *espumante. Espumaje. Espumajo* [*Canc.* de Baena, W. Schmid] o más común *espumarajo* [princ. S. XVII: Nieremberg, Quevedo]; *espumajear; espumajoso. Espúmeo. Espumero. Espumilla; espumillón. Espumoso* [Nebr.].

ESPUNDIA, 'úlcera en las caballerías, con excrecencia de carne', probablemente representante semiculto del lat. SPONGĬA 'esponja', por la consistencia fungosa de estas excrecencias. *1.ª doc.*: S. XIII, *Libro de los Cavallos*, 104.13; 1546, *Albeitería* de Francisco de la Reina; 1551, F. Chacón, *Tratado de la Jineta*, cap. 14.

Explica *Aut.*: «enfermedad en la bestias caballares: y es una llaga sangrienta con algún tumor, cuyo nacimiento es sobre venas y arterias, y se arraiga no sólo en las partes carnosas, sino también en las nerviosas: con la diferencia de que las que nacen sobre las carnosas tienen mucha humedad y suelen crecer mucho; y las que se crían sobre las nerviosas, no tanto, aunque sí con callosidad y dureza».

Es vocablo muy bien documentado en el portugués medieval: *espunlha* en el *Canc.* Colocci-Brancuti, 338.6 y 12 y 446.6, siempre rimando con *unlha* 'uña'; R. Lapa, *CEsc.* 131.13; *espunlha* (1 ej.) y *esponlha* (2 ejs.) en la *Alveitaria* de Mestre Giraldo (a. 1318), *RL* XII, 53. Hoy gall. *espunlha* 'tumor de los caballos'; *spulha* o *pulha* es 'verruga en la mano o en el pie' en el Minho (*RL* XXIX, 264), 'verrugas de las manos' en Tuy (Sarm. *CaG.* 210r); en el Valle del Limia (Galicia) *espullas* son los espolones del gallo (Schneider, *VKR* XI, s. v.); y Castelao emplea *espulla* con el significado de 'verruga', 'tumor esponjoso': «as *espullas* heillas dar eu a el!», «o que mais o magou foi que lle imitase as *espullas* do nariz», «limpiei de *espullas* o nariz» (199.26, 28, 29). C. Michaëlis, *RL* XIII, 310-2, sentó ya la buena etimología, citando una parte de esta documentación, llamando la atención sobre la forma *esponias* que aparece en una glosa de med. o fines del S. XVI, y advirtiendo que estas excrecencias son esponjosas.

De hecho en un territorio tan alejado como el Campidano de Cerdeña *spongia* designa una «malattia dei cavalli alle gambe di dietro, it. *cappelletto*», según Spano[1]. Buena confirmación nos la proporciona la forma *ehpuncia* 'úlcera de las caballerías' empleada en Malpartida de Plasencia (frente a dos *espundia* de otras localidades de Cáceres y Sierra de Gata), Espinosa, *Arc. Dial.*, 39. Es forma para-

lela a *juncia* empleada en la misma localidad para 'enjundia', procedente de AXUNGIA, e igual que en este caso hubo en castellano el tratamiento normal NGI > *nzi* y luego *ndi*, con la evolución de la *z* sonora que es general en esta zona extremeña, y que en nuestro caso se ha extendido hasta el castellano central, por la ayuda que le prestaba la disimilación frente a la otra sibilante del vocablo; Sajambre *espuncias* 'respigones de las uñas' (Fz. Gonzz., *Oseja*, 268). En cuanto a las formas portuguesas, es fácil comprender el tratamiento semiculto SPONGIA > *esponya* (como en la glosa citada) > *espunya*, donde el grupo anómalo *ny* pasó luego a *nlh*, no tanto seguramente por vía fonética como por el influjo del conexo *unlha* 'uña'.

Sin razón postuló G. de Diego (*Contr.*, § 560) una base *SPONGULA 'esponjita' (con el tratamiento de *COYUNDA* y *SENDOS*), pues una vez demostrada la inexistencia del supuesto primitivo *SPONGA (vid. *ESPONJA*) carece enteramente de apoyo el tal diminutivo. Además convendría tener en cuenta que el gall. *espulla* tiene junto con la de «grano» la ac. «salpullido, erupción formada por muchos granitos o ronchas» (Carré). El propio GdD en su *GrHistGall.*, p. 74 lo relacionaba con un gall. *espoas* (no en Carré) que no localiza ni fecha; aunque algo de eso debe de haber, pues *espoar* es 'tamizar (pineirar) la harina por segunda vez para mejor limpiarla' evidente derivado de *pó* 'polvo'; mucho menos claro se ve que *espulla* resulte de un cruce de *espoas* con *ullas* 'uñas' (así GdD, *GrHistGall.*).

¹ M-L., *REW* 8173 y 8174, acepta la etimología de C. Michaëlis, y cita además un logud. *ispundzola* < *SPONGIOLA, también como nombre de una enfermedad de los caballos. Pero este vocablo tiene significado muy diferente en Spano, y M-L., que no cita fuente, pudo confundirse.

Espuña, V. *esponja*

ESPURIO, tomado del lat. *spŭrĭus* 'bastardo, ilegítimo'. *1.ª doc.*: *Partidas*.

Según indica Cuervo, *Obr. Inéd.*, 127n.8, la forma ultracorregida *espúreo*, hoy muy difundida, aparece ya en una impresión antigua de comedias de Lope (a. 1604) y en otros textos, sobre todo del S. XIX, pero cabe sospechar que en muchos de estos casos se deba a una falta del tipógrafo.

Deriv. *Espurcísimo*, ant. [como tal, ya Acad. 1843], superlativo del lat. *spŭrcus* 'inmundo', que se cree emparentado con *spurius*.

ESPURRIAR 'rociar alguna cosa con agua u otro líquido expelido por la boca'; antes, y hoy en Asturias, *esperriar*, en algunas partes *espurrir*, port. *espirrar*: proceden probablemente del lat. ASPĔRGĔRE 'rociar'. *1.ª doc.*: *esperriar*, h. 1750 (Torres Villarroel, en *DHist.*, s. v. *capirote*); *esperriar* (como ant.) y *espurriar*, Acad. 1817 (no 1783); *espurrir* en esta ac., Acad. después de 1899.

La etimología es de Cabrera, s. v. El vocablo pudo entrar por vía eclesiástica con un tratamiento semiculto como el INDULGENTIAS > *ANDU-LENCIAS*, pero la R implosiva, al perderse la consonante siguiente, se convirtió en *rr*, como en *GA-RRA*. El cambio de conjugación, y la *u* en lugar de *e*, se deberían al encuentro con *espurrir* 'estirar' y su afín *emburriar* ～ *empurrar* (vid. *APURRIR*, *EMBURRIAR*). *Esperriar* se emplea en el occidente de Asturias (Munthe), *espirriar* 'estornudar' en Colunga (V), y el port. *espirrar* es «lançar com força e movimento convulso o humor que pica as membranas do nariz», «estalar», «lançar de si», «rezingar» (ya en Ferreira de Vasconcelos, h. 1550, vid. Moraes; hay variante vulgar *espilrar*, en Ervedosa-do-Douro el sustantivo *spilro*, *RL* XXVII, 121), gall. *espirrar* 'estornudar' (Sarm. *CaG.* 108r). No es aceptable fonéticamente la etimología SPI-RARE que propuso Coelho (vid. Nascentes). La variante cast. *espurrear* es más tardía (Acad. 1884).

DERIV. *Esperriaca*, and. 'último mosto que se saca de la uva' [Acad. ya 1843]; *esperriadero*.

Espurrir, V. *apurrir* y *espurriar*   *Esputar*, *esputo*, V. *escupir*

ESQUEJE, 'tallo o cogollo que, separado de la planta, se introduce en tierra para formar otra nueva', tomado del cat. *esqueix* íd., derivado de *esqueixar* 'rajar (un cuerpo fibroso) según la dirección de sus fibras', 'desgajar una rama', 'rasgar', de origen incierto. *1.ª doc.*: Acad. 1843, no 1817.

Enmiendo la actual definición de la Acad. (ambigua y quizá mal entendida) con arreglo a la definición de 1843, la que da García Rey en su vocabulario del Bierzo y el ej. de Jacinto O. Picón citado por Pagés.

El verbo catalán *esqueixar* es palabra muy viva y usada, y de uso general en todos los dialectos del idioma[1]; Ag. y Alcover documentan desde med. S. XV, y además el derivado *esqueix*, en el sentido de 'breña', 'hendedura en un peñasco', aparece ya en Antoni Canals, h. 1400 (*Scipió e Aníbal*, 33; de ahí el actual *esquei*, nacido en el plural *esqueis*). La etimología presenta un problema cuyo estudio detenido aplazo hasta mi *DECat.* Desde luego puede rechazarse el tipo construído por C. C. Rice (*Language* VII, 259ss.), *SCHISTIARE derivado del gr. σχιστός 'partido'[2]. Es lícito dudar entre la solución sugerida por P. Fouché—derivado en EX- del tipo *QUASSIARE 'quebrantar', del cual figuran en el *REW*[3], 6940, algunos probables descendientes franceses e italianos, a los cuales debemos añadir el cast. *QUEJAR*—y la propuesta por Moll (*AORBB* I, 226): derivado de CAPSUS 'caja ó armazón de carro'.

Si fuese bien seguro el oc. ant. *escaissar* 'cortar con los dientes, desgarrar', que admite Levy (*Petit Dict.*), el problema quedaría resuelto en favor de Moll, pues éste sería un derivado claro de oc. ant.

cais, cat. *queix*, 'mandíbula', procedentes del citado CAPSUS (o de un derivado *CAPSEUM) (V. *QUI-JADA*). Pero un rápido examen de las pruebas en que se apoya este artículo, nos deja fuertes dudas. Se funda en un ej. único, de Guilhem Ademar (1.ª mitad del S. XIII), de interpretación dudosa, pues el verbo sólo figura en uno de los dos manuscritos, y aunque la definición de Levy es plausible si aceptamos la lección que él prefiere, el artículo de Mistral que le guió es todavía fundamento más endeble[3]. De todos modos sigue siendo posible que el cat. *esqueixar* y el langued. *escaissà* vengan de *queix* ～ *cais*, o deriven de CAPSA o CAP-SUS en otra forma; la idea básica de 'quebrar la caja o armazón' bien pudo evolucionar hacia el sentido de *esqueixar*, y también convendrá tener en cuenta el it. *scassare* 'forzar una caja, una puerta', etc.[4]

DERIV. *Esquejar* 'plantar esquejes' [Acad. después de 1899]. También se han empleado *desquejar* y *desqueje*.

[1] Véanse especialmente las definiciones bien precisadas de Fabra y Amengual; también Escrig. También en catalán occidental (oído en Esterri de Cardós, Borges Blanques y Cerviá, en las dos últimas localidades con la forma secundaria *esquixar*).— [2] Una de dos: o este vocablo estaría ya formado en latín vulgar, y entonces CHI se habría palatalizado, igual que CI, o el autor se lo imagina como creación romance, posterior al latín vulgar; pero entonces, además de que un derivado en -IARE sería inverosímil, el grupo -STI-ya no se hubiera palatalizado, puesto que ya no se palatalizaba CHI. En cuanto a oc. *esquissà*, que iría con *esqueixar*, en realidad es otra cosa: véase *ESGUINCE*.— [3] Mistral confunde, como le ocurre tantas veces, dos vocablos diferentes en un solo artículo. Por una parte el langued. *escaissà* o *escaichà*, empleado en la primera forma por un felibre de Narbona, en el sentido de 'destruir, despedazar', el cual corresponderá realmente al cat. *esqueixar*; y por la otra, *escachà* del dialecto rodanense—donde la *ch* significa en realidad *ts*, como es sabido—, cuyas acs., entre otras, son 'cortar, en el juego de cartas', 'recortar, reducir', 'romper la cabeza' y 'cascar (huevos)'; ahora bien, éstas vienen a ser las acs. del cat. *escapçar* < EX-CAPITIARE 'cortar la cabeza', y como es sabido *ps* se convierte hoy en *ts* en la pronunciación occitana. Luego nada tiene que ver el rodanense *escatsà* (mal escrito *escachà* por Mistral) con el langued. *escaissà*. Pero, ¿a cuál de los dos corresponde la definición «rompre avec les dents, briser, déchirer», que Levy tomó como base para interpretar el antiguo *escaissar*? Como es la que Mistral coloca en primer lugar, hemos de suponer que corresponde al rodanense, y, en efecto, el cat. *escapçar* puede significar también 'cortar con los dientes'. Luego este vocablo no parece ser aplicable a la interpretación del antiguo y dudoso

escaissar. Comp., también, los artículos *esquichà* de Palay y *escouyssà* de Vayssier. Del *FEW* II,. 316b, pueden agregarse Tarn *escaissà* 'écorner (des choses qui ont des angles)', prov. mod. *esqueissà* «briser», Aude *escaisso* 'morsure', Cantal *escaissar* «rompre les dents».— ⁴ En este sentido es derivado de *cassa* 'caja', mientras que *esqueixar* con su *e* nos muestra que no es derivado del vocablo catalán correspondiente, *caixa*. En el sentido de 'borrar, tachar algo escrito', *scassare* será el latinismo CASSARE. Pero con el sentido de 'roturar (un terreno)' ya nos acercamos al vocablo catalán, y en el Montale de Pistoia *scasciare* es 'desmoronarse un terreno por la acción de las aguas' (¿*EXCAPSIARE 'romper la armazón'?).

ESQUELA, 'carta breve', 'papel impreso o litografiado en que se hacen invitaciones o comunican noticias', probablemente es pronunciación vulgar del lat. *scheda* 'hoja de papel'. *1.ª doc.*: *eschela*, Aut.

«Tira de papel ancha de quatro u seis dedos, y de una tercia de largo poco menos, para notar y apuntar alguna cosa en resumen. Pronúnciase la *ch* como *k*. Es voz moderna, usada en las Secretarías y Oficinas de pluma, y tomada del griego *scheda*». Así en dicho diccionario. Hoy es voz corriente en las dos acs. anotadas arriba. Observa Cabrera (a propósito de *comilón*) que la pronunciación de la *-d-* como *-l-* es comparable a los vulgarismos *melecina* y *Cáliz*. A la verdad el caso es algo diferente, pues *Cáliz* es forma muy antigua y de un carácter peculiar, y *melecina* se comprende mejor como forma vulgar estropeada, entre otras razones por la posición pretónica; nótese la observación citada de que era vocablo de secretarías y oficinas, aunque esto no se opondría terminantemente a que hubiera entrado como vulgarismo. Tampoco bastaría hablar de un «cambio de sufijo», pues *-eda* no es terminación menos frecuente que *-ela*. Acaso se tomaría de viva voz del it. *scheda* en el S. XVI o XVII, y la *l* resulta de un esfuerzo malogrado por imitar el sonido extranjero de la *-d-* oclusiva e intervocálica; en este idioma *scheda* es palabra muy viva, y aun vulgarizada, en la forma *sceda*, ya a fines del S. XIV, y en el sentido de 'borrador', según testimonio de Buti, comentarista de Dante. Menos probable es que venga de *schedula*, diminutivo de *scheda* (como admiten Diez, *Wb.*, 94, y M-L., *REW*, 7681), pues sólo en el caso de ser semicultismo muy antiguo se explicaría la síncopa de la *u*, y entonces esperaríamos *esquelda como resultado; y de ser adaptación más reciente debería esperarse **esquédula*¹.

¹ De una vulgarización parecida de otra forma, muy diferente, de la misma palabra, nos da noticia APal. (437d): «*scedula*, pequeña epístola y breve carta: ya es nombre vulgar».

ESQUELETO, tomado del gr. σκελετός 'esqueleto', 'momia', derivado de σκέλλειν 'secar'. *1.ª doc.*: 1581, Fragoso.

Aparece luego en Covarr., Pant. de Rivera, Nieremberg, etc. El fr. *squelette* [S. XVI] y el ingl. *skeleton* [1578] son también tardíos, lo cual explica la adaptación directa de un vocablo griego sin pasar por la forma latina.

DERIV. *Esquelético. Esqueletado.*

ESQUEMA, tomado del lat. *schema, -ătis*, 'figura geométrica', y éste del gr. σχῆμα 'forma, figura', 'actitud', derivado de ἔχειν 'tener', 'comportarse'. *1.ª doc.*: Acad. 1884, no 1843.

DERIV. *Esquemático. Esquematismo. Esquematizar.*

Esquena, V. *esquina*

ESQUENANTO, tomado del lat. *schoenanthus* y éste del gr. σχοίνανθον íd., compuesto de σχοῖνος 'junco' y ἄνθος 'flor'. *1.ª doc.*: *esquinanto*, Terr. (con la equivalencia *pajameca*); *esquenanto*, Acad. ya 1843; *esquinante* íd.

Esquero, V. *yesca*   *Esquerro*, V. *izquierdo*

ESQUÍ, tomado, por conducto del fr. *ski*, del noruego *ski* íd. (pron. ši), propiamente 'leño, tronco cortado' (escand. ant. *skîđ*, alem. *scheit* 'leño'). *1.ª doc.*: Acad. 1925 o 1936.

DERIV. *Esquiar. Esquiador.*

ESQUICIAR, 'abocetar un dibujo', tomado del it. *schizzare* 'salpicar', 'esquiciar'. *1. doc.*: 1633, Carducho (Terlingen, 112-3).

Para el origen de la voz italiana, comp. *REW*, 8001 y 7680, y Sainéan, *Sources Indig.* I, 210 (por lo menos en el sentido de 'abocetar' sea palabra diferente del onomatopéyico *schizzare* 'salpicar', 'saltar vivamente', 'chispear', y procedente del gr.-lat. *schedium*; tendrá razón Migliorini al identificar ambas palabras, suprimiendo el artículo 7680 del *REW*: nótese la calidad sorda de las *zz*). La segunda *i* castellana se debe al influjo de *QUICIO* y *desquiciar*.

DERIV. *Esquicio* [1633]. *Mármol esquizado* 'mármol salpicado de pintas' [ya Acad. 1843], del it. *schizzato* íd.

Esquicio, V. *quicio* y *esquiciar*   *Esquienta*, V. *esquina*

ESQUIFE, tomado, por conducto del cat. *esquif*, del it. antic. y dial. *schifo* íd., y éste del longob. SKIF 'barco' (a. alem. ant. *skif*, alem. *schiff*, gót., ags. y escand. ant. *skip*, ingl. *ship* íd.). *1.ª doc.*: APal. 154d, 176d, 437b; «*esquife de nave*: scapha», Nebr.

En catalán *esquif* es frecuente desde med. S. XV por lo menos (V. ejs. en Ag., y agréguese, del *Curial,* h. 1450: «Neptú..., ja los minyons burlaran de tu, e ab tots los *esquifs* cavalcaran les tues mars», *N. Cl.* III, 47); ya en 1433, y el derivado *esquifat* en 1305, Colón (*Enc. Ling. Hisp.* II, p. 229). Del it. *schifo* registra Tommaseo ejs. desde h. 1500 (Giambullari, Ariosto, etc.), pero no cabe duda que es muy anterior. Hoy *schifo* es veneciano y de otros dialectos, y *schif* piamontés, milanés, comasco, etc. (Gamillscheg, *R. G.* II, p. 156); probablemente se tomaría del antiguo dialecto genovés, donde le correspondería la forma *schifo*: la *-e* es testimonio del paso a través del catalán. El camino migratorio seguido por el vocablo ya lo indicó dubitativamente Baist, *RF* I, 114, pero es innecesario su supuesto de que venga del germ. SKIP cruzado con el grecolatino *scapha* 'esquife': la coincidencia semántica con éste es casual, y debida al hecho de que los longobardos, como pueblo interior, no empleaban otras embarcaciones que los barquichuelos adecuados a la navegación fluvial. M-L., *REW* 7996, cita el fr. ant. *eschif* y el cast. y port. *esquife,* como prolongaciones directas del a. alem. ant. *skif;* pero, además de que sería extraño que un término náutico viniera en francés del alto alemán (y no del fráncico, donde sería *skip*), el citado fr. ant. *eschif* no es palabra conocida (falta en God.), y sólo se conoce el fr. mod. *esquif;* ahora bien, éste no aparece antes de 1549, y puede asegurarse que es de origen italiano. La variante cast. ant. *esquilfe,* que registra la Acad. ya en 1843, figura en el *Siervo Libre de Amor* de Rdz. de la Cámara, ed. *Soc. de Bibl. Esp.,* 1881, p. 80, según me comunican.

DERIV. *Esquifar* 'proveer de pertrechos y marineros una embarcación' (1575, Marmolejo, *H.ª Chile,* p. 144*b,* Nougué, *BHisp.* LXVI; 1696, *Vocab. Marít. de Sevilla*), es alteración de *esquipar* (V. EQUIPAR) por influjo de *esquife; esquifazón. Esquifada* [h. 1600, Mármol, Juan Hidalgo]; en el sentido 'bóveda de aljibe' [h. 1700, Tosca], derivado del it. *volta a schifo* íd., así llamada por la semejanza con un batel invertido.

ESQUILA, I, 'cencerro o campana pequeños', del gót. *SKĪLLA íd. (a. alem. ant. *scëlla,* alem. *schelle* íd.), tomado probablemente por conducto de oc. ant. *esquila.* 1.ª doc.: Cid.

La única expresión verdaderamente popular y pastoril ha sido siempre, en castellano, *CENCERRO;* en el castellano clásico *esquila* pertenece al léxico típico de la novela pastoril, y su extensión en este género se deberá a influjo del it. *squilla.* Pero el vocablo en el idioma es muy anterior a la época de influencia italiana, pues ya en el *Cid* se aplica al *esquilón* empleado por un atalaya de Valencia, y aunque en Castilla no vuelvo a tener testimonios hasta APal. («*esquila* o campanilla», 500*d*) y Nebr. («*esquileta* o *esquilón:* tintinnabulum»), en Aragón fué verdadero equivalente de *cencerro* desde mucho antes («qui furtará carnero

cencerrado... deve poner la mano dentro de aquella *esquila* d'aquel carnero...», h. 1300, Fueros publicados por Tilander, p. 187). Todo esto, junto con la antigüedad del diminutivo en *-eta* (Nebr.), indica que *esquila* en castellano no es germanismo directo, sino tomado de la lengua de Oc, donde esta forma es muy frecuente desde la Edad Media; si *esquila* fuese indígena en Castilla esperaríamos como resultado fonético del gót. *SKĪLLA una forma *esquella,* como en catalán. El a. arag. *esquilla*[1], *esquillota, esquillón* (*RLiR* XI, 182, 199), puede ser germanismo directo. En el mismo sentido enfoca el problema Gamillscheg, *R. G.* I, p. 389. El gót. *SKĪLLA está documentado indirectamente por el it. *squilla,* oc. ant. *esquila* (*-ela*) y el cat. *esquella,* y además por la forma *scilla* atestiguada en bajo latín, pero en fecha antigua.

DERIV. *Esquilada* 'cencerrada', arag. *Esquilar* 'tocar la esquila', abulense y salmantino. *Esquileta. Esquilón* (ambos en Nebr.).

¹ Vco. *ezki(l)la* 'campana' lab., salac., anav. y las Aldudes.

Esquila, II, 'esquileo', V. *esquilar*

ESQUILA, III, 'especie de crustáceo', 'cebolla albarrana', tomado del lat. *squilla* íd. 1.ª doc.: *esquilia,* como nombre de una hierba que la tórtola arroja para defenderse del lobo, APal. 513*b,* parece referirse a la 2.ª ac.; *esquila,* 1582-5, Fr. L. de Granada, 1.ª ac.

La ac. 'escribano de agua', ya Acad. 1843. Por lo menos en la 2.ª ac. (escrito entonces también *scilla*), en latín el vocablo procede del gr. σκίλλα íd.; Ernout-M. dudan de la comunidad de origen de las dos acs., pero nótese que la cebolla albarrana es también planta marítima. 'Camarón' se dice en Asturias *esguila* (R, V), en Santander *esquila* y en Vizcaya *quisquilla*[1] (V; Acad. después de 1884), por confusión vulgar con QUISQUILLA 'minucia'. V. además CHIRLA.

DERIV. *Esquilero* y probablemente el gallego SO. *esqueiro* [*esquieiro*?] 'boy: crustáceo como un cangrejo, de tenazas o *cocas* grandes, pero que no sirven para hacer tabaqueros' (Sarm. *CaG.* 211r).

¹ Vco. *ezkira* «quisquilla, camarón, muy apreciado como entremés» en Bermeo y Lequeitio.

Esquila 'esquirla', V. *esquirla*

ESQUILAR, del antiguo y arag. *esquirar,* y éste de una variante dialectal o tardía del gót. *SKAÍRAN (pron. *skĕran*) íd. (a. alem. ant., sajón ant. y ags. *scĕran,* alem. *scheren,* ingl. *shear,* escand. ant. *skëra*). 1.ª doc.: 1241, *Fuero Juzgo* (códice de Malpica, 2, 189, lín. 2); *esquirar,* h. 1300, Fueros de Aragón, § 297.1, *esquirado, -ar* Vidal Mayor (V. glos.); *desquilar,* h. 1400, Glos. del Escorial y de Toledo («tondere»)[1]; *esquilar* es frecuente en textos de todas partes desde h. 1600 (Covarr., y varios ejs.

de clásicos en *Aut.*).

Esta etimología fué indicada brevemente por Spitzer, *Neuphil. Mitt.*, 1913, 157, sin explicar la evolución fonética; en *BDC* XIX (1931), 31-32 y 42, la demostré por mi parte, llamando la atención acerca de la forma dialectal *esquirar*[2]. Esta forma, ya documentada en el aragonés medieval, es hoy usual en los altos valles de la misma región, desde Plan y Gistaín hasta Ansó[3]; en catalán se emplea en el rosellonés de Illa de Tet, según el *ALF* (mapa 1724, punto 795)[4]. De *esquirar* saldrá el andaluz *esquirrar* 'esquilmar, dejar sin recursos' (AV).

Cruzándose *esquirar ~ esquî(l)ar* con su sinónimo cast. ant. *tondir* (hoy *tundir*), cat. *tondre*, resultó en Asturias y en Santander *tosquilar* 'trasquilar' (*tosquîlense les oveies y la cabeza de la xente*: Rato), en San Ciprián de Sanabria *tesquilare* (Krüger), en portugués *tosquiar*[5], en el catalán oriental pirenaico y rosellonés *tosquirar*[6], languedociano, tolosano y gascón *tousquirà* (Sauvages, Doujat-V., Mistral; Rohlfs, *ASNSL* CLXXII, 144; *Bouts dera Mountanho* XXV, 29; *ALF*, m. 1724); en español y portugués el citado *tosquilar*, por repercusión de la líquida, se cambió en *trosquilar* (Santander, G. Lomas, s. v. *tosq-*; también *chosquilar*, *chusq-*, con pronunciación mojada de *tr-*), port. *trosquiar* (ya en el S. XIII: en las *Ctgs.* hay dos o tres casos: «ao trosquiar das ovellas» 147.2, etc.; *Canc. da Vaticana* 977; *Gral. Est.* gall. del S. XIV, 15.34, 15.35, 150.35)[7], y el citado *tesquilare* pasó a *tresquilar*[8], que por influjo del prefijo *tras-* se hizo después *trasquilar* [Valdés, *l. c.*, y *Corbacho*, ed. Pérez Pastor, 150.3, si no hay errata en la lectura de la abreviación]; el derivado *trasquirón* presenta todavía la forma etimológica con *-r-* en un inventario aragonés del año 1365 (*BRAE* IV, 343).

La actual forma cast. *esquilar*, que es también catalana (un ej. de h. 1400 en Ag.; otro coetáneo, *AORBB* III, 262), y el ·port. *esquiar*, presentan una alteración de la *-R-* del gót. *SKAÍRAN, que hallamos en el otro goticismo *ESPUELA < *SPAÚRA, y que puede explicarse, según he indicado en aquel artículo, por la diferente calidad de la *-R-* intervocálica germánica: esto es lo más probable en vista de la fecha antigua que la forma portuguesa señala a esta *-L-*; en nuestro caso pudo ayudar una disimilación de *trasquirar* hecha extensiva a *esquirar* y *tosquirar* (también podría haber influjo del otro vocablo pastoril *esquila* 'cencerro').

Más notable es la *i* romance en vez de la *ę* del gótico *SKAÍRAN: según indiqué en mi citado artículo, quizá se trate de una variante tardía en la pronunciación gótica (tal como sabemos que *ē* se cambió entonces en *ī* ·en este idioma), o de la pronunciación visigótica de la misma vocal, pues es sabido que los textos de Úlfilas representan el lenguaje de los ostrogodos: recuérdese que *AÍ* es una alteración secundaria de *ĭ* (debida a la *R* si-· guiente), que pudo no ser general en todos los dialectos góticos; sea como quiera, el mismo caso parece darse en *TIRAR* (por más que deba ahora desecharse la etimología germánica de este verbo), en oc. *guiren(t) < gót. WAÍRAN (vid. *GARANTE*), y aun quizá en *ESPÍA < SPAÍHA (pero vid. este artículo para este caso)[9]. Sobre el tratamiento del *AÍ* gótico como *I*, V. ahora además E. P. Hamp, *MLN* LXXI, 268.

DERIV. *Esquila* 'esquileo'. *Esquilador* [*desquilador*, Fuero de Usagre, S. XIII]. *Esquilo*, arag., rioj. De *trasquilar* (véase arriba) vienen *trasquila*, *trasquilador*, *trasquiladura*, *trasquiladero* (todos en Nebr.), *trasquilón* [*trasquirón*, 1365, vid. arriba].

[1] La forma *desquillar* del segundo de estos glosarios será mera grafía *ll* por *l*. La *d-* se debe a una ultracorrección, natural dada la procedencia dialectal de estos glosarios, de la tendencia aragonesa a reemplazar por *es-* el prefijo castellano *des-*. Por lo demás, J. de Valdés advierte que, a diferencia de *trasquilar*, *desquilar* «solamente pertenece al ganado» (*Diál. de la L.*, 85.8), y ésta es ciertamente la razón por la cual *esquilar*, como «vox ignobilis» falta en Nebr., APal., Percivale, Oudin, y en la mayoría de los autores medievales.— [2] Más tarde, en 1937, el Sr. Tilander publicó un trabajo en *Studia Neophilologica* IX, 49-65, donde documentaba el vocablo en detalle y exponía detenidamente la misma etimología, presentándola como si fuese nueva, pero sin aportar nuevas explicaciones.— [3] *BDC* XXIV, 169; *RLiR* XI, 105; *ZRPh.* LV, 624. Llamo la atención hacia la variante *eskerár*, empleada en Fablo (entre Broto y la Sierra de Guara), según A. Kuhn. ¿Tiene que ver con la *e* radical de SKAÍRAN? Pero nótese que es forma aislada.— [4] Otras huellas catalanas de la misma forma son *esquir* 'piel que pierde cada año la culebra', documentado por Ag. en un texto del S. XIII, y quizá *esquira* [J. March, a. 1371], 'odio, malevolencia' (Labernia), hoy *pendre de cap d'esquila* o *ésser el cap d'esquila* 'ser la víctima, el que paga por todos', antiguamente *pendre d'esquira* (Boades, S. XVII), o *haver en esquira* (Boeci, S. XIV), íd. (Dicc. Balari y Ag.). La forma moderna *cap d'esquila* parece revelar que se trata de una locución pastoril o pecuaria, referente a la cabeza de ganado que siempre sufre el esquileo; en el mismo sentido oí la frase *tomar por burro de esquila* a persona de Bédar (Almería). La forma antigua con *-r-* debe subsistir en alguna parte, pues es la que cruzándose con *tirria* ha dado *esquirria* 'tirria, malevolencia', facilitada por un corresponsal dialectal de Griera (*Tresor*, s. v.). En cuanto a la interpretación que da este autor a *cap d'esquila*, suponiendo que contenga *esquila* 'cencerro', es arbitraria e imposible, pues en catalán no se conoce otra forma que *esquella* en este sentido. *Esquira* figura también en Jaume Roig, *Spill*, v. 8136, donde no parece que *lo lit tira, ab gran*

esquira, deba entenderse 'las sábanas están tirantes por los grandes estirones (como los que recibe el animal trasquilado)', pues el mismo vocablo tiene evidentemente el sentido de 'inquina, malevolencia' en el Consulado de Mar, cap. 306 («capità no pot gitar algun hom de offici per alguna *esquira* que li haurà; si ell no era malmerint»), de suerte que en J. Roig deberá puntuarse «lo lit tira—ab gran *esquira* si molt se plany» entendiendo que se refiere a la violencia con que contesta la mujer. En vista de esto la interpretación propuesta arriba quizá deba mirarse como secundaria y *esquira* sería primitivamente 'odio, inquina'. Ahora falta averiguar si esto viene de *esquirar* 'esquilar' o del homónimo para 'desgarrar' (véase abajo).— [5] Ya en Don Denís († 1325). Quizá no tenga razón C. Michaëlis (*RL* III, 187; *ZRPh.* XIX, 540) al corregir a Lang su lectura *tosquiava estes olhos meus* (que éste entiende 'restregábame los ojos' de sueño o aburrimiento), en *tosquiavan e. o. m.*, suponiendo que sea lo mismo que *toscanejar* 'cabecear (de sueño)', 'pestañear, parpadear' (en algo parecido insiste R. Lapa, *CEsc.*, p. 757, pero desde luego no basta la traducción 'pestañear'). Es posible que esté acertada D.ª Carolina al interpretar éste como cruce de *tosquiar* con *pestanejar*, sin que por ello haya que corregir a Lang, cuya explicación 'trasquilarse las pestañas a fuerza de restregarlas' es irreprochable.— [6] Ya en el rosellonés Miquel Agustí, a. 1617 (Dicc. Alcover, s. v. *afogar*).— [7] También en glos. del S. XIV (*RPhCal.* VI, 80, § 857), en Pantaleão de Aveiro, S. XVI, *RL* XVI, 100, y hoy en Turquel (*RL* XXVIII, 248).— [8] Éste se halla desde el S. XIII (Fuero Juzgo; *Gral. Est.* 293*b*49; *1.ª Crón. Gral.* 410*a*42; *Biblia med. rom., Gén.* 31.19), y es también clásico (Nebr., *G. de Alfarache, Cl. C.* III, 17.15; etc.). Para la extensión en el Siglo de Oro y en los dialectos actuales, vid. *RFE* XXII, 70-71, y *BDHA* I, 87-88n., con la bibliografía allí citada. Del castellano sale el vasco *triskiłatu* (Azkue). La interpretación histórica de Cuervo *tras-esquilar* > *trasquilar* hoy no puede ya sostenerse.— [9] Para fr. *déchirer*, oc. *esguirar* (variante *esquirar*), 'desgarrar', que solía explicarse por un fráncico SKERRAN, véase ahora Gamillscheg, *R. G.* I, p. 223, que parte de un fráncico SKĬRAN. En alguno de los ejs. de oc. ant. *esguirar* (*esq-*) 'desgarrar', cabría traducir 'rapar, esquilar', como también sería posible explicar la *i* hispánica por influjo de este otro vocablo; lo cual, de todos modos, no es muy verosímil.

Esquilar 'trepar', V. *esquilo*   *Esquilazo*, V. *esquiraza*   *Esquilencia*, V. *esquinencia*   *Esquilero*, V. *esquila* III   *Esquileta*, V. *esquila* I   *Esquilfada, esquilfe*, V. *esquife*   *Esquilimoso*, V. *escolimoso*

ESQUILMAR, del antiguo *esquimar* 'dejar un

árbol sin ramas', derivado del dialectal *quima* 'rama de árbol' (Asturias, Santander y Vizcaya)[1], que procede del lat. vg. QUIMA (< gr. κῦμα 'brote, vástago tierno'); la forma *esquilmar* se debe al influjo de *QUILMA* 'costal', por el empleo de costales en la cosecha. *1.ª doc.*: *esquilmar*, doc. de 1207 (con *l* dudosa), 1212; Fuero de Sepúlveda (§ 225), S. XIII; *esquimar*, doc. de 1214; Fuero de Soria (§ 10), S. XIII.

Para más documentación de las dos formas, para detalles semánticos y para la etimología, véase mi artículo en *AILC* II, 134-140. *Esquimo* significa en Bédar (Almería) la acción de coger todos los chumbos de un ribazo, alquilado a este efecto por su dueño. *Esquimado*, pasando por 'despojado, depurado', tomó el significado de 'fino, puro' en gallego antiguo: *cem mil marcos de boo ouro fino et esquimado* en la Crónica Troyana (II, 172.5).

El sentido propio de *esquilmar* es 'chupar con exceso el fruto de la tierra', 'menoscabar, agotar una fuente de riqueza sacando de ella mayor provecho que el debido', que se explica bien partiendo de la etimología 'dejar un árbol sin ramas', según figura inequívocamente en los citados fueros del S. XIII y todavía en Cano y Urreta (1619); hoy sigue viva en el santand. *esquimbar* o *desquimbar* (para la *b* secundaria, véase mi artículo, p. 134, n. 2) y el gall. *esquilmo* designa las ramas o broza cortadas al roturar un terreno o para cubrir el suelo de los establos. La citada forma del latín vulgar está documentada por las grafías *cuima* 'tallo de col' de dos glosarios grecolatinos muy antiguos (*Hermeneumata Monspessulana* y otra colección Vaticana, trasmitidos por mss. de los SS. IX y X), y *cyima*, que figura también en el primero; obedece a la tendencia del latín vulgar a reemplazar el sonido mixto de la υ o *ü* griega por las dos vocales consecutivas UI (QUIRICUS < Κυριακός, LIQUIRITIA < γλυκύρριζα, CONQUILIUM < κογχύλιον)[2].

DERIV. *Esquilmo* [*esquilmo*, 1207; *esquimo*, 1214]; gall. *esquilme* «tojo rozado, para estiércol», Sarm. *CaG.* 231r. *Esquilmeño*, and. Para otro importante derivado, V. ESCAMOCHO (*esquimocho*).

[1] Señalado como santanderino por T. A. Sánchez (S. XVIII), en el glosario de Berceo, s. v. *cima*. Rato da *quimerites* «las copas, las puntas de las ramas de los árboles», como propio de Llanes. Según Pagés lo emplean los escritores dialectales Trueba (de las Encartaciones de Vizcaya) y Selgas, murciano (h. 1850); no es probable que lo tomaran del diccionario, pues todavía no figura en el de la Academia en 1884. En vasco *kima* es 'puntas de las ramas' en Vizcaya y 'renuevo de la col' en la Navarra francesa, ac. ésta que es la más frecuente del grecolatino *cyma*, *kimu* 'brote', 'ramillas de un año' guip. y vizc., hasta Arratia (inmediatamente al SE. de Bilbao), con el derivado *kimetz* 'brote, germen'. Dudo

mucho que venga de ahí «o meu *guimbo* de pano moretado» en gallego, a. 1381, entre los legados que se hacen de varios paños y vestidos (Sarm. *CaG.* 87v). A no ser que partiendo de la ac. vasca supusiéramos que ahí ha llegado a significar 'trozo, pieza (de género)' (para *-mb-* V. supra, *esquimbar*). Con el cast. dial. *quima* 'rama' relaciónese el cat. dial. *quimal* 'cada una de las ramas grandes en que se bifurca el tronco del olivo', que he anotado en Santalinya y en Llorenç de Montgai (partido de Balaguer), aunque en algún otro pueblo he oído *camal* y no puedo asegurar qué es lo primitivo. Yerra *GdDD* 2076 al derivarlo, no de *quima*, sino de un **quilma* 'rama', procedente de un diminutivo **CYMULA*; tampoco puede tomarse como indicio de la existencia de este **CYMULA* el ár. occidental *korunba* (Dozy II, 460), que viene indudablemente del gr. χορυφή 'cumbre', 'racimo de frutos' o de su variante χορυμβός (Pok., *IEW*, 575); a **quilma* califica *GdDD* de santanderino, gallego y cast. antiguo, pero en ninguna de estas hablas registran tal cosa los diccionarios, y Vitigudino *jirma* «rama de la escoba en donde brota la flor» (Lamano) nada puede tener que ver con esto; los demás representantes que atribuye al supuesto **CYMULA* no están mejor fundados (*cimbrear*, cat. *fimbrar*, desde luego es incompatible fonéticamente con tal base).— [2] Estimo dudosa la idea de Schuchardt, *BhZRPh.* VI, 20, de derivar el port. *gomo* 'brote' de *CUMA* por *CYMA*, dada la cantidad larga de la ʊ de κῦμα (el cruce con *GEMMA* que él admite sería en realidad superfluo). Sin embargo, nada puede asegurarse, pues también debemos considerar que el timbre extranjero de la ū podía reproducirse de varias maneras aproximadas. Gall. *gomo* (Vall., con cita de F. Añon: «depenicando os *gomos* das queiroas»). Hay variante *gromo* (empleada por el propio Vall.) y *agromar* (Castelao 223.1f., *DAcG.*) 'echar capullos o yemas las plantas' junto a *agomar* (*DAcG.*), gall. *gromar* 'germinar' («unha nova época que está *gromando* xa» Castelao 73.9), está claro que ahí tenemos influjo de *grumo* sobre *GEMMA*. Quizás haya pues ahí el producto de un antiguo cruce que acabó siendo triple: *grumo* × *guima* (por *quima*) × *GEMMA*; pero no quiero callar mi escepticismo ante la rebuscada combinación, ni mi sospecha de que ahí tenemos algo de prerromano; por lo demás, V. nota 1 a *GRUMO*.

ESQUILO 'ardilla', ant., santand., ast., probablemente del gr. σκίουρος íd., que pasaría a **SQUIRUS* por trasposición de las dos vocales; el vocablo griego es compuesto de σκία 'sombra' y οὐρά 'cola', propiamente 'el que se hace sombra con la cola'. *1.ª doc.:* *esquilo* 'piel de ardilla', Aranceles santanderinos del S. XIII; 1284-95, *Libro de la Casa de Sancho IV*, A. Castro, *RFE* VIII, 351-2.

Hoy se emplea en Santander y en Asturias (*es-*

quilu, en Rato)[1]. *Esquilo* en La Coruña, Orense y Pontevedra, *esguilo* en un pueblo de Lugo, cinco de Asturias, tres de León, uno de Palencia y dos de Santander, *esguiro* (o *esguiriño*) en cuatro pueblos de Lugo y en uno del occidente asturiano, *esquiriño* en uno de León, *esguirrio* en dos de la misma provincia; en la mayor parte de estas localidades existe el verbo correspondiente *esquilar*, etc.; finalmente *esquiruelo* en Ansó y Echo (*RDTP* VII, 690-1). También port. *esquiro* [doc. de 1349]. El campid. *skirru*, *isbirru*, 'marta', representa un diminutivo **SQUIRŬLUS* (M. L. Wagner, *ARom.* XVIII, 485-8). En cuanto a la -*l*- de la forma española, comp. *ESQUILAR*, etc. La trasposición **SQUIRUS* se explica en latín por lo inusitado del grupo *ıū* en la forma *SCIŪRUS*, empleada por Plinio; el mismo embarazo fué causa de la otra forma **SCURIUS*, de donde el it. *scoiàttolo*, fr. *écureuil*, oc. ant. *escur(i)ol;* estas últimas formas suponen un diminutivo **SCURIOLUS*, documentado en una glosa (*CGL* III, 569.76), mientras que *SCIRUS* (que puede resultar de la evolución fonética de nuestro **SQUIRUS*) figura en el galorromano Polemio Silvio (S. V), *ARom.* VI, 469; de una mezcla de **SCURIUS* y **SQUIRUS* resulta *squiriolus* (*CGL* III, 592.59, 614.36), y de aquél influído por *SCIURUS* saldrá *sciuriolus* (*CGL* III, 626.36). El cat. *esquirol* [1271, cita de Castro] puede venir de *SQUIRIOLUS* o quizá de *SCURIOLUS* (pasando por **escriol*, según parecería indicar el 'a. arag. occid. *escriuelo*, *BDC* XXIV, 168)[2]. *Esquirol* pasó como préstamo al castellano, donde figura en documentos de 1268 y 1273, y hoy se emplea en el alto aragonés oriental en su sentido propio; además tomó en aquel idioma el sentido de 'rompe-huelgas', obrero que sustituye a un huelguista', que luego pasó al castellano (Acad. después de 1899)[3]. Sobre los nombres romances de la ardilla, vid. P. Falk en *Mélanges K. Michaëlsson* (1952) 149-65, y en *Sprak. Sällsk. Uppsala Forh.* (1954), 29-36.

DERIV. *Esquilar*, burg., pal., santand., vizc. [Terr.], 'trepar a los árboles, cucañas, etc.'; ast. *esguilar* 'subir a un árbol ayudándose sólo de los brazos y las piernas' (V)[4]; *resquilar*.

[1] En cuanto a la otra forma asturiana *esguila*, que la Acad. recogió después de 1899, quizá haya confusión con *esguila* 'camarón', que es lo que trae Rato (vid. *ESQUILA*), confusión ocasionada por *esguilar*, variante del derivado *esquilar*.— [2] Forma de Ansó, confirmada por el Sr. J. Giner i March, en una encuesta realizada en 1935. A. Kuhn, *RLiR* XI, 94, sólo encuentra allí *esquiribélo*, y *esquirigüelo* en Sallent y Biescas (Tena), formas que pueden ser alteraciones de aquélla. En Lanuza (Tena) halla *esquirgüello* o -*guollo*, y en Loarre (Guara) *esquirgüelo*, que están ya más cerca del catalán. Para otros testimonios aragoneses y para el gascón, vid. Rohlfs, *BhZRPh.* LXXXV, pp. 59 y 154.— [3] El Sr. J. Vi-

la, *BDC* IV, 49-52, da para esta denominación una
explicación anecdótica, que con razón no convence a Spitzer, *Litbl.* XL, 178, el cual llama la
atención hacia el fr. *faire l'écureuil* 'desempeñar
un trabajo inútil'. En efecto, el aragonés B. Gra- 5
cián emplea *esquirol* en el sentido de 'persona
insignificante' («de los titibilicios, cascaveles y
esquiroles hazía hombres de assiento y muy de
propósito», *Criticón*, ed. Romera I, 244). De
'ardilla' se pasaría a 'hombrecillo que se mueve 10
mucho y sin motivo', 'mequetrefe, chisgaravís',
y de ahí es fácil llegar a 'persona insignificante,
sin carácter', y después 'rompe-huelgas'. Interpretación confirmada por el sinónimo ingl. *rat*,
propiamente 'rata'.— ⁴ El aran. *esguillà-se* 'des- 15
lizarse' y su familia, a pesar del parecido con
esquilar 'trepar', deben mantenerse aparte, a juzgar por la forma española de este vocablo (*ES-
CULLIR, escullar*).

Esquilón, V. *esquila* I y *esquina*   *Esquilla*, 20
esquillón, esquillote, V. *esquila*   *Esquimar*, V.
esquilmar   *Esquimar, esquimochón*, V. *escamocho*

ESQUINA 'ángulo exterior que forman dos superficies, canto', probablemente del germ. *SKĬ-
NA 'barrita de madera, metal o hueso', 'tibia', 'espinazo' (a. alem. ant. *scina* f. 'tibia', 'alfiler', alem.
schiene 'riel', 'barrita de madera o metal', neerl.
scheen, ags. *scinu* f. 'tibia', noruego dial. *skina*
'disco pequeño'), por comparación de una esqui- 30
na con un hueso saliente; es incierto si se trata
de una voz heredada del gótico o tomada en fecha
muy antigua del oc. *esquina* 'espinazo'. *1.ª doc.*:
en la ac. 'piedra esquinada que se lanza contra
el enemigo', en Díaz de Gámez (1431-50), Cej., 35
Voc.; en la ac. usual, APal.¹
    También en Nebr., y ejs. frecuentes desde med.
S. XVI. El significado no es 'ángulo' en general,
como dice M-L., sino precisamente la parte exterior de un ángulo, pues la interior es *rincón*: 40
«*esquina: angulus exterior*», como define Nebr.
Lo mismo significa el port. *esquina*, del que Moraes da varios ejs. clásicos, desde Rui de Pina
(h. el año 1500). Diez propuso como probable 45
la etimología germánica, comparando con el it.
spigolo 'esquina, canto' (*lo spigolo dell'uscio, delle
case, schiacciarsi il naso su uno spigolo*), procedente del lat. SPICULUM 'dardo', 'aguijón', 'punta',
pero M-L., *REW*, 7994, acoge esta etimología con 50
gran escepticismo, y Gamillscheg (en *R. G.*) ni
siquiera menciona el vocablo; Schuchardt, *ZRPh.*
XLI, 255, más resueltamente la rechaza, comparando con el fr. *encoignure* 'rincón', 'rinconera',
supone una base *EXCŬNĔA, de un verbo *EXCU- 55
NEARE, derivado de CUNEUS 'cuña' (fr. *coin* 'rincón'), pero esto sí que es imposible, por evidentes razones fonéticas.
    Los reparos que opone Meyer-Lübke contra 60

la etimología germánica son semánticos, pero este
escrúpulo no tiene fuerza: era fácil pasar de la
ac. 'espinazo', bien documentada en los demás
romances—cat. *esquena*, oc. *esquina*, fr. *échine*,
it. *schiena²*—, a la idea de 'canto', siendo el espinazo un hueso saliente y especialmente comparable a la esquina de un edificio; además el significado en el original germánico es más general,
y acs. como 'canilla, tibia' o 'barrita de metal o
madera' se prestaban muy fácilmente a la evolución hispánica; puede agregarse que el significado de los demás romances no es del todo ajeno
al castellano, pues el and. *esquilón* 'aleta dorsal de
un pez' (A. Venceslada) parece ser forma disimilada de *esquinón*, según confirma *esquena* íd.
(registrado por la Acad. ya en 1843) y tomado
evidentemente del cat. *esquena*; el significado hispánico se halla como en germen en la locución
adjetiva *a esquina d'ase* 'rematado en ángulo', que
es frecuente en lengua de Oc (Levy) y tiene su
equivalente en catalán; y la forma en *i*, igual a
la española, es casi general en aquel idioma y se
extiende hasta las hablas catalanas del extremo
Noroeste (*esquina* 'dorso, espalda', oído en   Vall
Ferrera), aunque en estos idiomas tiene la ac. 'espinazo, dorso'³.
    La dificultad surge solamente cuando tratamos
de precisar en qué forma penetró el vocablo
en las lenguas hispánicas. En germánico, el tipo
*SKĬNA pertenece casi únicamente al germánico
occidental, pero como ahí es muy antiguo, puesto
que se halla también en anglosajón y se conocen correspondencias en ciertos dialectos suecos y
noruegos, no es imposible admitir que existió
también un gót. *SKINÔ, y no habría dificultad
en suponer que un femenino gótico en -ô se romanizara en -a⁴. La dificultad mayor la presenta
la forma portuguesa, pues siendo ésta autóctona
esperaríamos *esquinha* y no *esquina*⁵. Es casi
inevitable, por lo tanto, admitir que *esquina* entró
tardíamente en portugués, a pesar de que allí está
documentado casi tan antiguamente como en castellano y presenta los mismos significados, el mismo carácter popular e igual riqueza de derivados.
En rigor, puede concebirse que un vocablo gótico sólo dejara descendencia en castellano y de
ahí pasara después al portugués (como supone
M-L. para *gana*), pero de todos modos es hecho
sorprendente, dado el arraigo particularmente fuerte del elemento germánico en el Oeste.
    ¿No es esto una invitación a que miremos
esquina como germanismo advenedizo en ambos
idiomas hispánicos, sobre todo cuando habría razones para creer que *SKĬNA perteneció sólo al
germánico occidental y no al gótico?⁶. Indudablemente, y la falta de testimonios de *esquina* anteriores al fin del S. XIV podría estar en relación
con ello; es verdad que este argumento no es
concluyente dada la escasa información de que
dispongo. Por otra parte, el significado diver-

gente del cast. y port. *esquina,* no documentado en lengua de Oc ni en los demás romances, pero más cercano al germánico, es muy favorable a la procedencia gótica. Hará falta más documentación para decidirse.

DERIV. *Esquinado* 'anguloso' [Nebr.; con significado peculiar en dos inventarios arag. de 1497, *BRAE* II, 87[7]]; *esquinadura. Esquinal* ('piedra labrada a dos caras para formar la esquina de un edificio' ast., V). *Esquinar. Esquinazo. Esquinela* 'espinillera', tomado del it. *schiniera* íd. *Esquienta* santand. [Acad. 1925 o 1936], 'cima o cresta de una montaña', parece relacionado con *esquina,* pero es forma difícil de explicar[8]. *Sosquinado* 'a bisel, oblicuo' ant. [fin S. XIV: «et taja las dos péñolas, tan bien la del ave como la que traes, *sosquinada,* por esta guisa», vid. grabado, Lz. de Ayala, *Caza;* y todavía en autores clásicos, vid. Cej. IX, pp. 72-73], de *so-esquinado;* de aquí *de o en sosquín* 'de través' [Acad. 1936], y el sustantivo *sosquín* 'golpe que se da por un lado cautelosa o traidoramente' [Quevedo, dos ejs. en Cej.; *Aut.*], 'golpe de soslayo' [Acad. 1936]; *en sosquino* 'oblicuamente, al sesgo' ant. en doc. de 1253 y en el *Libro del Ajedrez* de Alfonso el Sabio (vid. ed. Steiger, p. 405). Mettmann (en su glos. de las *Ctgs.* pp. 182 y 290) aporta una elocuente confirmación de esta etimología, con la cita de un pasaje de las *Ctgs.*: «alí jasian cavando un dia triinta obreiros / so *esquina* dũa torre» 364.22, que define «junto a y en posición oblicua»; por lo demás el sentido ahí puede ser simplemente 'bajo y a esquina de', cf. el cat. *al caire de* 'a la esquina de, al borde de' > 'junto a' que se codea con el cast. *al so-caire.*

[1] «Cuerpo entero que tiene ocho *esquinas* como veemos que las tiene un dado, la qual figura se dize cubo», 96*b;* «*exapla,* de seys ángulos o *esquinas,* o de seys dobleces», 144*d;* además, 12*b.* Está comprobado que esta ac. existía ya a fines del S. XIV, pues el ms. *T* de J. Ruiz, escrito en esta época, cambia el pasaje «va en achaque de agua a verte la mala *esquima*», lección difícil, pero comprobada por la rima, en «a fablarte a l'*esquina*».— [2] Hay también *i* tónica en el veglioto *skaina* (< *skina*) y serviocroato *škîna* 'dorso' (Skok, *ZRPh.* LIV, 496).— [3] No ofrece dificultad el admitir que la *ĭ* dió en unas partes *i* romance, en otras *e,* puesto que era una *i* abierta, intermedia entre los dos fonemas romances; de suerte que es innecesario hacer intervenir el influjo de SPĪNA, como quiere M-L.; la oposición entre oc. *esquina* y cat. *esquena* es enteramente paralela a la que hay entre oc. *esquila* y cat. *esquella* < gót. *SKĬLLA.*— [4] Hasta ahora se ha admitido eso en el caso del gall.-port. *laverca* 'alondra' < *LAIWERKÔ,* aunque últimamente Gamillscheg se inclina a preferir como base un suebo *LAWERKA.*— [5] Sabido es que la palatalización de la N tras la *ĭ* es solidaria y en cierto

modo idéntica a la caída del mismo fonema cuando se halla tras otra vocal. La opinión común es que este último fenómeno (y por lo tanto aquél) debe afectar también a los germanismos; así M-L. rechaza la etimología gót. *GRANUS* 'espiga' > port. *pagrana* (*REW* 3862), justamente porque no se ajusta a esta condición, y si admite que el port. *gana* puede venir del gót. *GAINÔN* es sólo a base de suponer que sea castellanismo, mientras que el port. ant. *gãar* y el actual *gado* 'ganado' serían representantes castizos del mismo verbo gótico; últimamente se ha retocado la etimología de Diez, gót. FON 'fuego' > port. *fona* 'chispa', porque violaba este supuesto, partiendo de un plural *FUN(U)NA.* Es difícil hallar pruebas absolutamente concluyentes de este punto de vista, pues claro está que el tratamiento de las terminaciones flexivas -IN o -AN (port. *guardião* < gót. WARDJAN-) no prueba nada, habiendo podido ser asimiladas a las romances correspondientes. Alguien podría argüir que la alteración de la -N- intervocálica portuguesa podía ya estar empezada en el S. VII, en que todavía algunos godos y suebos conservarían quizá su idioma nacional, y que por lo tanto, en voces tomadas tardíamente de estos idiomas, la -N- forastera, recién entrada y más sólida, ya no se alteraría, según ocurrió con buena parte de los vocablos que tienen oclusivas sordas intervocálicas. Pero en general todo indica que la sonorización de estas últimas sería muy anterior a la debilitación de la -N- intervocálica, y una prueba indirecta la tenemos en los arabismos, de los cuales hay varios que participan de la alteración de la -N- intervocálica: *Alcainça, almuinha, almoeda, albarrã, zaragatôa, mesquinho* (Cornu, *Port. Spr.,* § 126). Si estos advenedizos fueron todavía afectados por el fenómeno, con mayor razón debía serlo un germanismo autóctono, que a la fuerza hubo de ser anterior. De todos modos, este razonamiento no es del todo concluyente, pues es concebible una ley fonética más o menos caduca que no cesara de actuar algunas veces hasta un par de siglos más tarde.— [6] El it. *schiena* parece venir del longobardo, dialecto occidental, y no del ostrogodo; Gamillscheg admite una base longobarda *SKĔNA,* que también se halla como variante en alto alemán antiguo (*ZRPh.* XLIX, 337n.). El occitano y el catalán se creen procedentes del fráncico.— [7] La interpretación de Pottier (*VRom.* X, 149) es arbitraria, a no ser que haya errata.— [8] Falta en la 2.ª ed. de García Lomas. ¿Sería errata por *esquineta?* No sé si es este mismo *esquienta* el «segov. *esquiente* saliente de montaña» citado por *GdDD* 2558 (y que desde luego no puede venir de EXIRE); si alguna realidad existe bajo esto, quizá podría resultar de un cruce de *esquina* con *saliente.*

ESQUINENCIA, antes *esquinancia,* alteración popular del gr. χυνάγχη íd., propiamente 'collar de perro' (de χύων 'perro' y ἄγχειν 'apretar, estrangular'), por la sensación de asfixia propia de esta enfermedad. *1.ª doc.: esquinantia,* APal. 456*b* [5] («es hinchazón de la garganta, con fervor de sangre»); *esquinancia,* Nebr. («angina, synanche»; *esquilencia,* Venegas del Busto, 1540; *esquinencia,* Fr. Luis de Granada.

Más testimonios de la forma disimilada *esqui-* [10] *lencia* (hoy usual en Colombia, Honduras, Chile), en Cuervo, *Obr. Inéd.,* 226n. 7; *Ap.,* § 808. Formas parecidas en el port. *esquinência,* cat. *esquinància,* oc. ant. *esquinansia, -lansia,* fr. *esquinancie* [S. XIII], vid. *FEW* II, 1612; variantes en [15] *-enso, -éncia,* se hallan también en hablas occitanas. Esta *e* y la del castellano parecen indicar procedencia francesa (por la conciencia de que *-encia* equivale al fr. *-ance*); el cambio del originario *-ance* en *-ancie,* por una especie de exa- [20] geración culta, se explica también mejor en el Norte de Francia que en otras partes; en cuanto a la sílaba *es-* agregada en romance debió serlo por influjo del verbo fr. ant. *estrangler,* oc. *escanar* 'estrangular, asfixiar' (comp. Clermont-l'Hé- [25] rault *escaléncia,* piam. *scaransia,* y las variantes cat. *esquenencia*—Ag.—y *escanancia*—FEW—, de donde probablemente el derivado *escarransit* 'tacaño, mezquino', junto a *squirència* en J. Esteve)[1].

¹ *Esquilencia* y *esquinencia* figuran, como de- [30] formaciones rústicas del título *Excelencia,* en Lope, vid. *Teatro Antiguo Español* V, nota al verso 710.

Esquinzador, esquinzar, V. *esguince   Esqui-* [35]
par, esquiparte, esquipazón, V. *equipar   Esqui-*
rar, V. *esquilar*

ESQUIRAZA 'antigua nave de transporte', del it. *schirazzo* íd., de origen desconocido. *1.ª doc.:* [40] *esquiraço,* S. XVI (Crónica de Girón); *esquiraza,* como antiguo, Acad. 1817, no 1783.

El venec. *schierazo* aparece ya en 1499, el it. *schirazzo* es frecuente desde 1614; de ahí el fr. *esquirace* [S. XVI], del cual procederá la variante [45] castellana con *-a.* Vid. Vidos, *Parole Marin.,* 378-9. En 1587, G. de Palacio (*Instr.* 142 r.º): «*esquilazo:* especie de ciertos navíos que en Levante se usan».

Esquirihuelo, V. *esquilo   Esquiriño, esquirue-* [50]
lo, V. *esquilo*

ESQUIRLA 'astilla de hueso', probablemente tomado del francés, donde hoy es *esquille* íd., pero debió ser primero **esquilie,* pues viene por vía [55] semiculta del lat. tardío *schídla* 'viruta'. *1.ª doc.:* Terr.; Acad. 1884, no 1843.

El port. *esquirola* íd., aparece ya en Moraes (fin del S. XVIII); la vocal postónica será secun- [60]

daria, por influjo de los numerosos cultismos en *-ula, -ola.* En el Yucatán se emplea una variante *esquila,* según Ramos Duarte. La identidad semántica con el fr. *esquille* (también voz de cirujanos) es demasiado completa para que pueda ser debida a una casualidad; en francés el vocablo se documenta desde 1503 (*RF* XXXII, 60). Para otros descendientes romances de SCHIDIA, vid. *REW* 7689; se trata en definitiva de un helenismo, perteneciente a la familia de σχίζειν 'rajar, dividir, partir', comp. σχίδαξ 'astilla', 'viruta'. Al entrar en la Península Ibérica, el vocablo francés sufrió una alteración por influjo de otra palabra, quizá *chirlo* 'cicatriz', que pertenecía al mismo orden de ideas: de ahí la *r* española (por lo demás, también pudo ocurrir algo análogo a la transformación sufrida por *BIRLO, birla* < fr. *bille,* o por *chirla* < SCILLA); comp. *CARLETA.* Aun si existiera el gr. *skyros* 'desecho, residuo' (¿o *skiros*?), que M-L. (*REW* 8017) admite como étimo de *esquirla*—pero falta en los diccionarios, véase lo que dice Nascentes a este propósito—, faltaría explicar la *l,* y desde luego es inverosímil que *esquirla* tenga otro origen que el fr. *esquille.*

Esquirol, V. *esquilo   Esquirpia,* V. *escripia*
Esquisar, V. *pesquisa*

ESQUISTO, tomado del lat. *schistos lapis* íd., y éste del gr. σχιστός 'rajado, partido', adjetivo verbal de σχίζειν 'partir', 'disociar'. *1.ª doc.:* Acad. 1899.

DERIV. *Esquistoso.*

CPT. *Esquizofrenia* [Acad. después de 1899], compuesto de σχίζειν y φρήν 'inteligencia'.

Esquitar, esquite, V. *quitar*

ESQUIVO, de origen germánico, procedente de una forma emparentada con el ags. *scêoh* (ingl. *shy*), a. alem. medio *schiech* (alem. *scheu*) 'tímido', 'asustadizo', 'desbocado'; quizá descendiente de un gót. *SKIUHS íd. *1.ª doc.:* Berceo.

En castellano antiguo es muy frecuente y de gran variedad semántica. Además del sentido moderno 'huraño, arisco', ya documentado en APal.[1] y en Nebr.[2], es frecuente en la frase *fazerse esquivo* 'dejar de hacer algo, hacerse de rogar' (*Apol.,* 308c) o *fazer esquivo* (*algo*) 'dejar de hacerlo, omitirlo' (Berceo, *S. Dom.,* 352); además ha de ser antigua la ac. 'siniestro, horrible, malo, dañoso', que hallamos en tantos autores medievales (Berceo, *Mil.,* 754d, 644; J. Ruiz, 302b; *Danza de la Muerte:* «ya la Muerte encomiença a ordenar / una dança *esquiva* de que non podedes, / por cosa ninguna que sea escapar»), y que ha de relacionarse con el sentido del alem. *scheu* 'horror', *scheuen, scheusal,* etc.

Nuestra palabra *esquivo* no es menos frecuente ni de acepciones menos variadas en portugués[3], y lo mismo el cat. *esquiu*[4]. Este conjunto de hechos hispánicos no da la impresión de que el vocablo pueda ser galicismo en estos idiomas, como admiten M-L. (*REW*, 8002) y Gamillscheg (*R. G.* I, p. 247). Es verdad que el adjetivo germánico sólo lo tenemos documentado en una forma análoga a la romance en dialectos del germánico occidental, mientras que las formas escandinavas y aun las del bajo alemán corresponden a una antigua base germánica *SKUGWA- (vid. Kluge, s. v. *scheu*), lo cual invitaría a creer que todas las lenguas romances tomaron el vocablo directa o indirectamente del fráncico, y que por lo tanto las formas iberorrománicas y el it. *schivo* deben ser galicismos. Sin embargo, ni así evitamos graves dificultades de forma, pues en fráncico, como nota Gamillscheg, deberíamos tener una forma *SKEUH[5], que no pudo dar el fr. ant. *eschif* ni oc. *esquiu*; y el verbo debería ser *SKIUHJAN (comp. a. alem. ant. *sciuhen*), y no *SKIUHAN, según había creído M-L. Por estas razones opina aquel lingüista que de *SKIUHJAN vino el fr. ant. *eschivir*, del cual se sacaría secundariamente *eschiver* (oc. ant. *esquivir* es hapax, sólo documentado en un texto medio francés, frente al común *esquivar*), y también *eschif* y *esquiu* se habrían derivado, en romance, de aquel verbo. Como la forma más corriente aun en francés es *eschiver*, todo este modo de razonar es inverosímil.

Las dificultades desaparecerían admitiendo que las lenguas romances tomaron el vocablo, en fecha muy antigua, del gótico, donde el adjetivo, de existir, debía tener la forma *SKIUHS; el significado del verbo romance *esquivar* le da todo el aspecto de un derivado romance del adjetivo *esquivo* (el sentido del alem. *scheuen* es muy diferente), y en el mismo sentido puede interpretarse la vacilación francesa entre *eschiver* y *eschivir*. Este origen gótico explicaría también el menor arraigo del vocablo en francés, donde no tardó en perderse.

Deriv. *Esquivar* [*esquivado* 'desechado, despreciado', *Alex.*, 1810; 'evitar, desechar, eludir', J. Ruiz, 155c, 1361c; *Rim. de Palacio*, 71, 73; *Canc. de Baena*, W. Schmid; etc.]. *Esquivez*, antes también *esquiveza, esquividad*.

[1] «Garamantes... dizense extremos porque son *esquivos* y los tienen por muy remotos del consorcio de la humanidad».— [2] «*Esquivo*: refugus [= huidizo], vitabundus [que evita el encuentro de alguien]».— [3] Tienen interés sus matices semánticos en gallego: *esquívio* 'escaso, faltoso' (con variantes contaminadas *esquipio* y *esquipe*: quizá por *arripio* HORRIPILARE), Vall.; Lugrís (además de *esquivo* 'áspero, desagradable') registra *esquío* «escaso» (> *esguío* «vestido sin soltura, sin gracia»). Pero Castelao lo emplea con matiz meliorativo para 'sobrio (en arte)': «revélase un insuperable equilibrio de formas, forzas e pesos. Os cruceiros de tipo gótico, *esguíos*

e ben medidos, non perderon chisco de sua nobreza ao entraren na liberdade barroca» 130.31.— [4] 'Extraño, extraordinario', en la *Crón. de Jaime I*, 468.10. De ahí *esquivar*, que además de las acs. conocidas tiene la de 'escandalizar' en *La Filla del Rei d'Hongria* (*N. Cl.* XLVIII, 58); *esquivar-se* es hoy 'desbocarse (un caballo)', y *esquivat* 'desbocado', especialmente en la zona Gerona-Empordán, lo mismo que el alem. *scheu*.— [5] Lo mismo si partiéramos de un préstamo del germánico occidental común al latín vulgar.

Esquizado, V. *esquiciar*   *Estabilidad, estabilización, estabilizador, estabilizar, estable, establear, establecedor, establecer, establecimiento, establería, establero, establo*, V. *estar*   *Estabollar*, V. *batojar*   *Estabulación, estabular*, V. *estar*

ESTACA, quizá del germánico, si la palabra tuvo en gótico la forma *STAKKA (ags. *staca*, ingl. *stake*, neerl. med. *stake*, neerl. *staak*, escand. ant. *stjaki*, sueco *stake* íd.). *1.ª doc.*: *Cid*.

Es ya palabra frecuente en el idioma medieval: aparece un par de veces en J. Ruiz, en los glosarios del Escorial y de Toledo, en invent. arag. de 1403 (¿'parte del yugo'?, *VRom.* X, 149), en Nebr. («*estaca* para atar bestia; *estaca* para plantar»), el masculino *estaquiello* 'puntero que emplea un estudiante' está en Berceo (*S. Dom.* 36c), etc. No es menos frecuente y castiza en portugués, catalán [S. XIV], lengua de Oc, y en el fr. ant. *estache* íd., que ya se halla en la *Chanson de Roland* y es muy abundante hasta fines de la Edad Media; el italiano, con su *stécca* 'varita' se aparta formal y semánticamente y se acerca al a. alem. ant. *stëcko* 'bastón, vara', suponiendo un gót. *STIKKA. En cuanto a las formas ibero y galorromances, quizá no quepa dudar tampoco de su origen germánico, pero se ha vacilado acerca de su exacta procedencia[1]. Me aparto de las dos opiniones divergentes que ha sustentado Gamillscheg[2] para adherirme a la de M-L. (*Prager Deutsche Studien* VIII, 73), más satisfactoria. Aunque el vocablo no está documentado en los textos de Úlfilas, tenemos derecho a conjeturar su existencia en gótico, en vista de su gran extensión entre los dialectos germánicos, y teniendo en cuenta la presencia en dichos textos de otros vocablos muy semejantes, de la misma familia: *hleithrastakeins* 'acción de plantar o clavar la tienda (*hleithra*)' y *staks* 'cicatriz, señal de herida'. Aunque al ags. *staca* y demás formas emparentadas que he citado correspondería un gót. *STAKA con -k- sencilla, indicó M-L. que en la forma gótica habría generalización de la *kk* que estaba justificada como resultado de *kn* en los casos débiles: el caso se da en otras palabras góticas, y en nuestra familia de vocablos lo tenemos en el a. alem. ant. *stëcko* y congéneres. Comp. *ATACAR*.

Deriv. *Estacar* [1590, J. de Acosta]; en otros

romances, este verbo es más antiguo y ha dado lugar a la familia estudiada aquí s. v. *ATACAR* y s. v. *ESTACHA; estacadura. Estacada* [Nebr.]; *estacado* [1570, C. de las Casas]. *Estacazo* [1605, *Quijote*]. *Estacón. Estaquero. Estaquilla; estaquillar, estaquillador.*

¹ Sin embargo no me atrevería a descartar del todo un origen prerromano, en vista de que existe un umbro *stakaz* «statutus» (*katle tiçel stakaz est,* Tablas Eug. IIa15 = *catuli dedicatio statuta est,* participio de un verbo denominativo. Deriva éste de un **staka-,* formado como lat. *fodico, uellico,* etc., y como *aviekate* 'auspiciate' en las propias Tablas, según Ernout, *Dial. Ombr.,* p. 97; pero los comparatistas lo enlazan con el grupo de los ave. *staxra-* 'fuerte, riguroso', *staxta-* 'fijo, firme' (Benveniste, *Or. F. N. en Ie.,* 158), pelví *staft,* persa med. *staxm,* persa mod. *sitam* (Bartholomae, *Air. Wb.* 1591); *staxra-* es palabra bien conocida, y aunque *staxta-* (con el cual se combina un osetino or. *stawd*) parece ser hápax y con algún problema, la existencia de esta raíz en iranio y con la forma básica *stak-* es indudable; Pokorny, *IEW,* 1011.18, cita además un scr. *stákati* 'resiste', aunque éste no es védico ni clásico, y así él como Bartholomae combinan todo esto con todo un grupo de voces germánicas varias y algunas lituanas, etc., y otras de sentido ya más alejado y de pertenencia menos cierta, aunque volvemos a acercarnos a nuestra esfera semántica con el noruego *stagle* «pfahl» (palo, estaca o poste) y aun el isl. ant. *stakka* f. «stummel» (pedazo, chicote). De todos modos queda el hecho averiguado de una raíz indoeur. STEK / STĀK- 'estar fijo o en pie, objeto erecto', ampliación, como reconocen Benveniste y demás, de la raíz tan conocida STA-. Ese STAK- bien pudo existir en sorotáptico. Quedamos en duda entre esto y la etimología tradicional germánica del alem. *stecken* (que ya no tiene que ver con STA- sino con *stechen* 'pinchar, brincar'). Mas pese a las pequeñas discordancias o dudas fonéticas que presenta la etimología germánica, quizá debamos atenernos a ella, pues la estaca se emplea ante todo para sujetar el caballo y así pertenece a la esfera caballeresca. En rigor tenemos, pues, derecho a cerrar los ojos ante esas objeciones a que se presta la etimología germánica, aunque al juntárseles la grave anomalía formativa del seudoderivado *atacar / estacar,* me deja graves dudas.—
² Primero supuso un fráncico **STAKŌN,* emparentado con el neerl. med. *staken,* escand. ant. *staka* 'clavar o plantar una estaca', de donde el verbo *estacar* y secundariamente el sustantivo *estaca* (EWFS, 828a). Pero además de que la forma verbal más extendida es **STA(I)KJAN* (a. alem. ant. *stęcken*), desde el punto de vista romance es poco convincente partir del verbo cuando el sustantivo es en general más antiguo, y no puede admitirse que el cast. y port. *estaca* sean galo-

rromanismos (lo cual entonces sería forzoso), en vista de su gran antigüedad y sabor autóctono. Posteriormente, el propio Gamillscheg (*R. G.* I, p. 378) ha partido del gótico, pero suponiendo una forma **STAKA,* menos satisfactoria, pues aunque la -K- intervocálica en un préstamo tardío podía dar *-c-* romance, la existencia de un vocablo gótico en francés demuestra que el préstamo debió ser muy antiguo, anterior a la época merovingia, y entonces la -KK- geminada es necesaria. Deducción que es también poco segura: la pronta desaparición en francés puede interpretarse en el sentido de menor arraigo en esta zona, lo cual sería debido a una propagación desde el S. de Francia. Ahora bien, el hecho es que el vocablo germánico no se documenta con *-kk-* en ningún idioma, y aun en gótico tenemos formas con *-k-* sencilla. M-L. estaba empeñado en probar que no había casos de conservación de una sorda intervocálica en palabras de origen gótico, tesis cuya falsedad es segura (vid. *rico, sacar, brotar,* etc.).

Estación, estacional, estacionamiento, estacionario, estacionero, V. *estar*   *Estacón,* V. *estaca*
Estacte, V. *estalactita*

ESTACHA 'amarra de un buque', 'cable atado al arpón que se clava a las ballenas', del fr. antic. *estache* 'lazo, atadijo', 'amarre', derivado del fr. ant. *estachier* 'clavar', 'amarrar', y éste de *estache,* voz del mismo origen y significado que *ESTACA.* 1.ª doc.: *Aut.,* en la 2.ª ac.

Rato da como asturiano en el sentido de «cable que las embarcaciones dan a tierra, para que les sirva de punto de apoyo para maniobrar», y la Acad. (ya 1899) define además «cable que desde un buque se da a otro fondeado o a cualquier objeto fijo, para practicar varias faenas». Como catalán anoté *estatja*¹ en L'Escala, en el sentido de 'cable grueso para amarrar los buques en el puerto'. Podría imaginarse que éste sea CHORDA STATICA 'cuerda fija', pues *estatja* en otros sentidos es voz conocida y antigua en este idioma ('residencia, derecho feudal de residir en un lugar' [1123, *Rev. de Bibliogr. Cat.* VII, 10; 1408, *Privilegis d'Àneu, RFE* IV, f.° 2, v.°; *Curial* I, 25]): entonces el vocablo castellano (que falta en G. de Palacio, a. 1587) sería catalanismo náutico. Pero en vista de que no he hallado tal *estatja* en mis indagaciones del vocabulario náutico catalán en la Edad Media, y tampoco figura en Jal, me inclino a creer que la palabra empleada en L'Escala sea, por el contrario, castellanismo; y a buscar el origen de éste en el fr. antic. *estache* 'lazo, atadura', todavía corriente en el S. XV (God. III, 586b), hoy *étache* en los patois del Centro, del Borbonés y del Valais, según indicó ya Schuchardt. M-L., *REW,* 8218, se opone a este étimo porque en su opinión no es verosímil que palabra española relativa a la pesca de la ballena procediera del Centro de Francia; pero claro está que no es de ahí de donde saldría, sino de la costa occidental de este país, puesto que el vocablo había sido de uso general en francés; la mejor comprobación está en una Ordenanza naval francesa de 1364, citada por God. (III, 587a), donde se autoriza precisamente a los marinos de Castilla a «prendre *estaches* pour leurs nefs et navires, en touz les pors de noz dis royaume et seignorie...», es decir, en los puertos franceses: God. entiende 'amarre, derecho de amarre', pero igualmente se podría entender *prendre estache* como equivalente a 'amarrar', y por lo tanto *estache* 'amarra'.

¹ En rigor podría ser *estatge*, pues no tengo anotado el género, y la pronunciación catalana no distingue la *-e* de la *-a*.

Estad f., V. *estío Estada, estadal, estadero, estadía, estadio, estadista, estadística, estadístico, estadizo, estado, estadojo, estadoño, estadueño,* V. *estar*

ESTAFAR 'timar', primitivamente voz de germanía, del it. *staffare* 'sacar (el pie) del estribo', porque al estafado se le deja económicamente en falso como al jinete que queda en esta posición; *staffare* es derivado de *staffa* 'estribo', que procede del longob. *STAFFA 'pisada, paso' (a. alem. ant. *stapfo*, alem. *stapfe*, comp. ingl. *step*). 1.ª doc.: h. 1513, Rodrigo de Reinosa, en Cej., *Voc.* (el sentido no es claro); 1591, Percivale.

El sentido primitivo fué 'pedir dinero con algún pretexto y luego no devolverlo'; de ahí la ac. que registra Percivale, algo secundaria, «to begge in the imperative moode, to begge with a commaunde as sturdie beggers, and rogues doe, to robbe»; Covarr. precisa mejor «*estafar* a uno, engañarle; porque no ha guardado ley ni hecho su officio rectamente, fiándose el otro dél, especialmente cuando por engaño le ha sacado su dinero»; Oudin (1607) «*estafar:* engeoler, tromper, desrober», «*estafador:* engeoleur, pipeur, trompeur».

Ya Tirso en 1635 escribe «es la más discreta mujer... aquesa discreción / es el cebo de sus vicios; / con ésa engaña a los necios, / con ésa *estafa* a los lindos» (*El Condenado por Desconfiado* I, viii, ed. Losada, p. 109). Pero la procedencia jergal es clara por el contexto en que Quevedo lo pone en su *Buscón* (*Aut.*), y por la presencia en el vocabulario de Juan Hidalgo (1609): «*estafador,* el rufián que *estafa* o quita algo al ladrón», «*estafa,* lo que el ladrón da al rufián»; V. en Hill abundante documentación jergal del S. XVI. Hoy *estafante de xato* 'ladrón' se emplea en la jerga de los canteros de Pontevedra (*RFE* X, 198).

La explicación semántica la dió ya Covarr. *Staffare i piedi* es 'sacarlos del estribo' en el Arios-to, y otros clásicos italianos emplean el vocablo como intransitivo y sin complemento, en el mismo sentido; claro está que era fácil desde ahí pasar al uso causativo 'sacar a alguien los pies del estribo', 'dejarlo en vago, en falso', sobre todo al trasmitirse el vocablo a un idioma extranjero, y en la jerga de los soldados maleantes, que abundaban entre los ocupantes de Italia. Otros detalles en Terlingen, 308-9.

Spitzer (*MLN LXXI*, 379), aunque de acuerdo conmigo en cuanto al étimo y en cuanto a la procedencia italiana, propone una explicación semántica muy diferente, que a mi entender adolece de dos vicios fundamentales: la evolución supuesta sólo habría podido cumplirse en una lengua donde fuese vivo y popular el uso de *estafa* en el sentido de 'estribo', que no llegó a pasar o apenas llegó a pasar del italiano al castellano. Que no quede ahí ninguna posibilidad de equívoco: en su calidad de voz longobarda, *estafa* 'estribo' no pudo ser nunca palabra genuina en España, y ni siquiera como préstamo parece haber llegado a ser usual, a juzgar por la falta total de testimonios literarios; el único que verdaderamente llegó a trasmitirse fué el verbo *estafar*¹, y así hay que buscar en italiano, como lo he hecho yo, la explicación de la evolución semántica del verbo. El otro vicio de la explicación de Spitzer es palmario: a base de su idea sólo podríamos llegar a 'robar, saltear, despojar violentamente', sentido no sólo desconocido en castellano (ni siquiera el matiz ya diferente que define Percivale es de existencia segura, no confirmándolo los textos), sino imposible, puesto que es precisamente la falta de violencia lo que ha distinguido siempre el sentido de *estafar* del de *robar* o *saltear*.

DERIV. *Estafador* [vid. arriba]. *Estafa* [¿h. 1570?, *gorra en las estafas* 'lo que se quita al ladrón por el rufián', en el romance *Perotudo, RH* XIII, 37, para cuya fecha vid. Hill, *Poesías,* p. X, n.; J. Hidalgo, 1609; Quevedo, *Buscón,* ed. Castro p. 55; Oudin; en el sentido 'estribo' procede directamente del it. *staffa* íd., y es más raro, aunque figura en Oudin y Covarr., y de ahí viene la ac. 'capítulo', en que lo toma Castillo Solórzano, en 1631, *Hisp. R.* IX, 316, siguiendo la costumbre de la época de recurrir a las metáforas más variadas para evitar la palabra *capítulo;* acerca de esta palabra, vid. además Goldschmidt, *Festgabe Förster,* 1901]. *Estafero. Estafeta* [1515, Gillet, *Propaladia* III, 147 y HispR. XXVI, 277; 1516, en doc. escrito en Italia, Terlingen, 318-9], del it. *staffetta* íd., abreviación de *corriere a staffetta* 'correo especial que viaja a caballo', diminutivo de *staffa* 'estribo'; *estafetero; estafetil.*

¹ Como tantas veces el culpable es Covarrubias, que es el único que da la locución *andar a la estafa* 'andar pegado al estribo'. Por experiencia sabe Spitzer que no hay que creer nunca en los datos de este lexicógrafo cuando no están con-

firmados por los textos y se encaminan a probar una etimología. Seguramente tenemos ahí una locución italiana que él traspone al castellano. En cuanto a *caballero de estafa*, cuya fuente no cita Spitzer, es frase rara o desconocida, y puede ser también italianismo ocasional o sencillamente contener el postverbal *estafa*. Los ejs. de *estafa* que documento en mi diccionario son todos desde luego del postverbal.

Estafermo, V. *estar*   *Estafero, estafeta, estafetero, estafetil*, V. *estafar*

ESTAFILOMA, tomado del lat. *staphylōma*, *-ătis*, y éste del gr. σταφύλωμα íd., derivado de σταφυλή 'racimo', que lo es a su vez de σταφίς 'uva, pasa'. *1.ª doc.*: Terr.
CPT. *Estafilococo* [Acad. después de 1899], compuesto del citado σταφυλή con κόκκος 'grano'; *estafilococia*. *Estafisagria* [*estafisagra*, ya Acad. 1843; *-agria*, ya 1884], compuesto de σταφίς con ἀγρία 'silvestre'.

Estajo, V. *tajar*   *Estala, estalación*, V. *instalar*

ESTALACTITA, derivado culto del gr. σταλακτός 'que gotea', adjetivo verbal de σταλάττειν 'gotear'. *1.ª doc.*: «*estalactica* [errata] o *estalactites*», Terr.
DERIV. *Estalagmita* [*estalacmites*, mal definido, Terr.], derivado de σταλαγμός 'goteo, acto de gotear', 'estalactita'. *Estacte* [*stacte*, 1555, Laguna], tomado de σταχτή íd., femenino de σταχτός 'que gotea', adjetivo verbal de στάζειν 'gotear', emparentado con el citado σταλάττειν. *Epistaxis* 'flujo de sangre por las narices', de ἐπίσταξις íd., derivado del propio στάζειν.

Estalaje, V. *huésped*   *Estalo*, V. *instalar*
Estallacerse, V. *estancar*

ESTALLAR 'henderse o reventar de golpe', metátesis del antiguo *astellar 'hacerse astillas', derivado de *astiella* por ASTILLA (véase); del mismo origen, con *r* secundaria, es ESTRELLAR 'hacer pedazos arrojando con violencia', construído transitivamente. *1.ª doc.*: «*strider* es *stallar*, fazer son aspero topando una cosa con otra y dar de si *strallido*», APal. 437d; «*estallar rebentando*: crepo, strideo», Nebr.
Se halla también en C. de las Casas (1570: «scoppiare, schioppare»), Oudin, y se citan muchos ejs. desde principios del S. XVII (*Aut.*). *Astellar 'hacerse astillas' sufrió la metátesis sólo cuando al tomar el sentido secundario de 'reventar bruscamente' se debilitó su contacto semántico con el primitivo *astilla*, pues en otro caso el influjo de éste evitó la alteración fonética; así en Aragón hallamos *estellar* en el sentido de 'rajar leña, hacer astillas', con *e-* por influjo del prefijo *es-*

(como en el cat. *estella* 'astilla', *estellar* 'rajar leña'): «una faxina de lenya d'oliveras, *estellada*», en inventario de 1365 (*BRAE* IV, 343); y *astillar* «esclatter par morceaux» figura en la tradición lexicográfica desde el diccionario de Palet (1604, véase el *Tesoro* de Gili). El port. *estalar*, de idéntico sentido que *estallar*, se documenta desde el *Palmeirim* (1544)[1] y desde las *Ctgs.* («como fogo que *estala*», «*estalava*, ben come madeira mui seca» 163.19, 73.36); además sigue hoy siendo usual en gallego, donde lo registra Vall. (con las varias acs. que tiene en castellano), y ya Sarm. (219r), con distinción sinonímica, dicho del laurel en la lumbre, junto a *estourar* (aplicado al huevo, que estalla al fuego) y *estoupar*, cuando se habla de la castaña que revienta y salta (ibid. y A47v°).

Gall. *estoupar*, del que Sarm. habla varias veces, y con otras aplicaciones específicas (*parece que quere estoupar de risa*, íd. 59v), se lee hoy mucho en buenos escritores (p. ej. «tan famento, inda que tovese o fol estoupando de comida» Castelao 284.24) y debe de ser ya de fecha algo antigua; de todos modos la falta de documentación medieval y la ausencia completa en portugués y sus dialectos (nada en Fig., Mor., Cortesão, Viterbo, etc.) invita a creer que sea producto de algún cruce de *estalar* (quizá no sin intervención de *estourar*). Quizá podemos llegar hasta suponer alguna difusión local desde la alta Edad Media a un *ESTALPARE, producto del encuentro de *estalar* o sus predecesores con el germ. STAMPON-STAMPJAN (vid. ESTAMPAR, *estampir*); entonces el paso de ALP a *oup* se justificaría. Se presta esto a objeciones de tipo cronológico-geográfico, que quizá se puedan eliminar. Otra posibilidad sería que primero se dijera *espoutar y que el cruce con *estalar* actuara provocando la metátesis y alguna nueva matización semántica. Dicho *espoutar se diría inicialmente de un animal que revienta patas arriba, que queda «despatarrado», como derivado del gallego *pouta* 'pata', para el cual remitimos al artículo *PATA*.

En cuanto a *estrellar* [1583, Fr. Luis de León], que vulgarmente se ha derivado de *estrella*, no tiene en común con este vocablo otra cosa que la introducción secundaria de una *r*, que es también ajena al étimo de *estrella* (STĒLLA). La epéntesis de *r* no siempre ha estado limitada a la construcción transitiva y al matiz 'hacer pedazos arrojando contra algo': APal. y Mateo Alemán emplearon *dar estrallido* 'estallar', 'quebrar financieramente' (*Guzmán de Alfarache*, Cl. C., I, 95.25), en León dicen *restrallar* por 'crujir, restallar' y *restrallido, -llete*, 'crujido' (Puyol, *RH* XV, 7), *Aut.* registra *rastrallar*; en Portugal *estralar* por 'estallar' sale en Juan de Barros (h. 1550: Moraes) y Montecarmelo (1767); además el norteño Castelo Branco empleó *estrallada de riso* y *ramas a estrallar no fogo* (Cortesão), hoy *estralar* 'crepitar, henderse (vaso, huevo)' y *estraliscar* 'relampaguear' son gallegos (*VKR* XI, s. v.; Vall.)², y en el Minho portugués *strelar cum fome* 'reventar de hambre' (Leite de V., *Opúsc.* II, 512) aparece con el vocalismo de *estrellar*, pero con el sentido de *estallar*. Indicó ya brevemente esta etimología Parodi (*Rom.* XVII, 1888, 67-68) y la acogió M-L. en su *REW*, 740, para .*estrellar* y el port. *estalar* (si bien olvidando *estallar*). Ha de considerarse fuera de dudas³. Nótese que la metátesis vocálica que se ha producido en *estallar* es la misma que la ocurrida en el port. *estaleiro* por *ASTILLERO*.

DERIV. *Estallante*. *Estallido* [*stallido*, A. de Palencia, 423d, junto a *strallido*, 473d; *estallido*, Nebr.; Pagés cita ej. de Ercilla; figura en Covarr., que omite *estallar*; etc.], gall. *estalido*⁴. *Estallo* [1615, Cervantes], derivado raro en castellano, frecuente en gall.-port. *estalo* 'chasquido', 'azote' 'bofetón': *dar un estalo* 'fustigar'⁵. *Restallar* [*Aut.*]; naturalmente *restallar* no viene de RETINNIRE (como dice *GdDD* 5659): las formas locales o raras *restiñar* y *restañar* se deben a un cruce de los dos vocablos; *restallido* está en uso, aunque no figura en Acad. 1936 (para el leon. *restrallar*, V. arriba). *Estrellar*, véase arriba (en el sentido de 'freír huevos', pero no en los demás, existe también en port. *estrelar*); *estrelladera*; *estrelladero*; *estrellón* arg., chil., hond. 'encontrón'.

¹ Con sentidos secundarios significa 'quebrar, hacer suspensión de pagos' y *estalada* 'bofetada', ambos en el habla popular (Bessa).— ² «Estallar, saltar o sentirse» v. g. *estrálan as vigas*, «estallar o meter ruido», y el derivado *estralo* 'juguetito de papel triangular que los niños hacen para *estralar* al deshacerlo con aire' Sarm. *CaG.* 106r, 113v. También el regresivo *tralo* 'cañuto de saúco como escopetilla' que el propio Sarm., 102r, cree (confusión?) propio de Castilla, pero en 193v da la variante *tracle* como empleada en Tuy, que estudio en artículo aparte.— ³ Steiger, *BRAE* X, 172, había supuesto que *estallar* podía salir de **esllatar*, equivalente de cat. y oc. *esclatar*, fr. *éclater* 'estallar', de conocido origen germánico; indudablemente *esclatar* corre hoy en el argonés fronterizo de Litera (Coll), y lo empleó en el S. XIV el aragonés Fernández de Heredia (*RH* XVI, 257.355), pero salta a la vista que *esclatar* hubiera dado en castellano **eschaṭar* y no **esllatar*.— ⁴ «Se alguna vez traballan dalles *estalidos* o espinazo» Castelao 143.24.— ⁵ «Unha farra nova e asimismo un aviso de tres *estalos* que lle damos aos vellos» es como define Castelao su trilogía «Os vellos non deben de namorarse» (277.19).

Estallar, V. *tajar*

ESTAMBRE, del lat. STAMEN 'urdimbre'. 1.ª doc.: *esta[n]bre*, J. Ruiz, 414cG (masculino; *es-*

tanble, femenino, en el ms. leonés *S*).

También en inventarios arag., desde 1368 (*VRom.* X, 149), en APal. («paño que se texía con *estambre* de malvas», 260d; 245d; 506d), Nebr. («*estambre de lana: stamen ex lana*»), etc. Probablemente figura ya en *Alex.*, 792c, en el sentido de 'fuerza, resistencia (de un ejército)' (comprensible partiendo de 'urdimbre', 'consistencia') (*estambre* en el ms. fragmentario *B*, *estame* en el leonés *O*, mientras que *P* reemplaza por *levame*). El género ha vacilado en castellano (en latín era neutro): el femenino parece propio de las tierras occidentales, a juzgar por el manuscrito salmantino de Juan Ruiz y por el uso actual en Cespedosa de Tormes (*RFE* XV, 159).

DERIV. *Estambrar*. *Estambrado*. *Estambrera* 'pesebre' en Aguilar de Campoo (Burgos), según G. de Diego (*RFE* XX, 359), no parece ser derivado de *estambre*, sino que podría proceder de un homónimo, que saldría, por disimilación, del lat. STRAMEN 'cama del ganado' (comp. gall. *estrume* íd.). Este *estambrera* 'pesebre' o «cada división del establo», burg., tiene relación con el santand. *estambre* «cada una de las piezas de madera, fijas en el suelo y clavadas en las vigas del techo, que sirven para separar cada uno de los pesebres de un establo» (G. Lomas, 2.ª ed.), en vista de lo cual no está tan claro por el sentido que pueda venir de STRAMEN, pero desde luego no ha de proceder de STABULUM, como dice ahora *GdDD* 6303-4 (un santand. *estabrar* 'establear' invocado por él falta en G. Lomas). Tampoco aseguraré, aunque ya sería más razonable, que saliera del término náutico gr. σταμός, -ύνος, y de su diminutivo σταμυνάριον, de donde deriva el catalán *estamenera* 'cuaderna del buque', por comparación de forma. (V. mi artículo del *Homenatge a Rubió i Lluch*).

Estameña [princ. S. XIII, *Sta. M. Egipc.*, v. 806; J. Ruiz, 1242d; *estanbreña* en el ms. *T* por ultracorrección de la forma leonesa *estame* = *estambre*; *estameña*, Nebr.], de TEXTA STAMĬNĔA¹ 'tejidos de estambre, filamentosos', plural de TEXTUM STAMINEUM, neutro del adjetivo STAMINEUS, derivado de STAMEN, -ĬNIS; *estameñete*. *Estamíneo*, forma culta del citado adjetivo.

CPT. *Estaminífero*, compuesto culto de *stamen* 'estambre' y *ferre* 'producir'.

¹ STAMINEA (-INIA) como sustantivo ya figura en doc. latino leonés de 927 (*Festschrift Jud*, p. 632) y anteriormente en Álvaro Cordobés (cita de Cabrera, s. v.).

Estambrera, V. *estambre*   *Estamental*, *estamento*, V. *estar*   *Estameña*, *estameñete*, V. *estambre*   *Estamiento*, V. *estar*   *Estamíneo*, *estaminífero*, V. *estambre*   *Estampanar*, V. *estampar*

ESTAMPAR, de origen germánico, tomado probablemente del fr. *estamper*, antiguamente 'aplastar', 'machacar', después 'estampar', y éste del fráncico *STAMPÔN 'machacar' (a. alem. ant. *stampfôn*, alem. *stampfen*, escand. ant. *stappa*). *1.ª doc.:* Garcilaso (1503-36), cita de Pagés; 1570, C. de las Casas.

Frecuente desde princ. S. XVII, pero falta en la Edad Media y todavía a fines del S. XV (Nebr., APal., *Celestina*). *Estampar* es también tardío en los romances vecinos: los lexicógrafos portugueses no citan ejs. anteriores a Arraes (1589), y en lengua de Oc el vocablo no existe en la Edad Media; del cat. *estampar* abunda la documentación del S. XVI, p. ej. en el colofón del Vocabulario Catalán-Alemán publicado en Perpiñán en 1502, y para *estampa* 'acto de imprimir' hay referencias desde 1486 en Alcover[1]; pero aun ahí falta todo dato medieval, y no tenemos noticias de que *estampar* se empleara jamás con el sentido primitivo de 'machacar, aplastar'. El it. *stampare* es más antiguo, pues ya se halla varias veces en el Petrarca («dove vestigio uman l'arena *stampi*»), y el fr. *estamper* es muy abundante en la Edad Media, desde el S. XIII, sea en el sentido primitivo (muchos ejs. en God. III, 596), sea con referencia a las artes de impresión de sellos o marcas de cualquier clase (así *stamper* en 1425, God. IX, 557).

Este cuadro cronológico produce claramente el efecto de que el vocablo penetró en la Península Ibérica con la introducción de la imprenta. Sabido es que los primeros libros impresos aparecen casi simultáneamente en Barcelona y Valencia, y de allí el arte se extendió pronto a las ciudades de lengua castellana, de suerte que probablemente el catalán sirvió de intermediario; como las primeras impresiones francesas son algo anteriores a las catalanas y aún algo más lo son las italianas, cabe dudar si en ello se imitó un uso lingüístico italiano o el de Francia, más próxima[2]; en realidad, los primeros impresores en tierras catalanas, los Palmart, Rosenbach, Spindeler, son todos alemanes, y es probable que para entenderse con los operarios y negociantes del país se sirvieran primero de la lengua francesa. Por lo demás, esto importa poco, pues parece claro que el origen último del verbo en cuestión, dentro de los pueblos romances, debe buscarse en el Norte de Francia: sólo allí parece encontrarse en el sentido primitivo, aplicado a hierbas, fruta, azúcar, machacados, o al pisoteo de un objeto con los pies; si el vocablo germánico hubiera sido introducido por los longobardos presentaría *f* en lugar de *p*, de suerte que sólo podría plantearse el problema de si en Italia es antiguo galicismo o fué importado por los ostrogodos, pero como la forma *STAMPJAN ha de ser gótica, no es probable que en este idioma coexistieran dos formas de un mismo verbo, y por lo tanto *STAMPÔN sería únicamente fráncico, y a pesar de

su antigüedad la forma italiana procederá del francés, tanto más cuanto que sólo aquí hallamos la ac. primitiva. Luego la transmisión podemos formularla abreviadamente así: fráncico > fr. (> it. ¿>?) > cat. > cast. Por más que el germ. STAMP-sea voz común a todo el indoeuropeo, no hay que dudar de la procedencia germánica en romances pues se trata de una forma con Lautverschiebung, cf. scr. *stámbhate* 'apuntalar' (ya védico *RV* IV, 50.1a), gr. στέμβω, lit. *steñbti*, etc. (Pok. *IEW* 1012).

DERIV. *Estampa* [Garcilaso]; *estampilla* [*Aut.*], de donde el fr. *estampille* [1752: *BhZRPh*. LIV, 136-7], oc. *estampiho*[3], it. *stampiglia*, etc.; *estampillar*, *estampillado*; *estampero*, *estampería*. *Estampación*; *estampado*; *estampador*. *Estampido* 'ruido fuerte y seco' [1581, F. de Herrera, *RFE* XL, 159; 1607, Oudin; 1611, Covarr.; 1613, Cervantes] o *estampida* [h. 1570, Ercilla, en Pagés; 1611, Covarr.; 1623, Minsheu]: la ausencia de un verbo *estampir* (sólo *estampiñar* 'aplastar, estrellar' en el Bierzo: G. Rey[4]) es fuerte indicio de que *estampida* se tomaría de oc. ant. *estampida* íd. (> donde secundariamente *estampido*, según el modelo castizo *estallido*, *chirrido*, etc.); el oc. *estampir* 'retumbar', 'cerrar', 'taponar' (ya medieval), junto con el cat. *estampir* 'echar o arrojar violentamente, estrellar'[5], 'remachar (un clavo)', 'sujetar fuertemente un objeto clavándolo contra otro'[6], procede del gót. *STAMPJAN 'machacar' (deducible del ags. *stempen*, a. alem. med. *stempfen*)[7]; *estampidor* 'puntal, madero que se arrima a una pared ruinosa' [Borao], del cat. *estampidor* [1467]; *estampía* 'carrera impetuosa, partida brusca' [A. Flores, † 1866, en Pagés; Acad. 1884, no *1843*][8] o *estampida* [empleado popularmente en España, Méjico, América Central y Colombia, vid. Cuervo, *Obr. Inéd.*, 104, n. 13, documentado indirectamente por el angloamericano *stampede*, registrado desde 1834 y tomado de Méjico]: es dudoso si viene directamente de oc. ant. *estampida* 'disputa ruidosa', 'canción de danza de ritmo marcado con los pies', o por conducto del fr. ant. *estampie*, que es occitanismo (P. Meyer, *Rom*. XIX, 26), pero está documentado en el sentido de 'batahola, alboroto, lucha tumultuosa'.

[1] En general, *estampar* es el vocablo corriente en este idioma durante todo el S. XVI para *imprimir*, mientras que este cultismo abunda mucho más en los libros castellanos y portugueses de la época; p. ej., *imprimir* en APal. (1490), 125d; *enpremir* en el *Vocabulista* de PAlc. (1505), f.º aII, v.º, y *poner en impressión* en el *Arte* del mismo autor y fecha, f.º aIII, r.º; *impressa* en la *Question de Amor* de 1528 (*List of books printed before 1601 in the Hisp. Soc. of Am.*, p. 78); también en el *Vocabulario en lengua castellana y mexicana* de Molina (1571), f.º 2 r.º, en la licencia del *Arte da língua do Brasil* de Joseph de Anchieta (1594), etc.— [2] Es verdad que el

fr. mod. *estamper,* con su *s* conservada, parece mostrar huellas de un influjo italiano, lo cual puede estar en relación con la introducción temprana de la imprenta en Italia. De todos modos, nótese que la pronunciación *étamper* fué popular hasta hace poco (*Dict. Général*).— [3] Debe desecharse la idea de Levy de introducir *estampilha* en un texto medieval occitano donde el ms. trae el incomprensible *itanquilha.—* [4] Tal vez suebismo local, comp. gall. *estampinar* 'desconcertar, causar dolor de cabeza', santand. *estampanar* 'estrellar, arrojar con violencia', G. Lomas, ast. occid., *estamp(l)ar* (Munthe, Acevedo-F.). Sospecho que se debe postular un suevo *STAMPINÔN.— [5] «La tramuntana s'abraonava furiosa... *estampint-se* per les parets», Pous i Pagès, *Quan se ja nosa* II, 50.— [6] «El pop seguí lligant-lo i relligant-lo, amb els seus tentacles... *estampint-lo* a la roca», J. Ruyra, *Pinya de Rosa* II, 222.— [7] El ingl. *to stamp,* sin correspondencia en anglosajón, será galicismo.— [8] También en América: «desbandáronse a la carrera... ¡Aquí, Dólar, aquí, Martel!—gritaba yo de *estampía*», Eust. Rivera, *La Vorágine,* p. 88.

Estampía, estampida, estampiñar, estampir, estamplar, V. *estampar*

ESTANCAR, forma parte de una amplia familia de vocablos difundidos por toda la Romania, que además del port., cast., cat., oc. *estancar* 'detener el curso de una corriente de agua' y fr. *étancher* 'estroncar', comprende el it. *stancare* 'cansar', *stanco* 'cansado', 'izquierdo', fr. ant. y oc. *estanc* íd. y 'estanco, que no hace agua', alb. *štęnk* 'bizco', rum. *stîng* 'izquierdo'; por otra parte, el cat. *tancar* 'cerrar', oc. *tancar* 'cerrar', 'detener', sardo sept. *tancare* 'cerrar', cast. antic. *atancar* 'encerrar', 'restañar', 'atascar', 'apretar', finalmente, el corso *tancu* 'zarza', sardo y menorquín *tanca* 'terreno cercado', cat. *tanca* 'seto, cercado'; la etimología de este grupo de palabras, cuya idea central parece haber sido 'cerrar', 'detener', es incierta, probablemente prerromana, quizá del céltico *TANKÔ 'yo sujeto, yo fijo'. *1.ª doc.:* S. XIII, *Libro de los Cavallos;* APal., 470b: «stagnare es fazer estanque o quando el agua, que antes corría, comiença *estantar*»[1]; Nebr.: «*estancar, pararse:* sto, cesso», «*estancar a lo que anda:* sisto», «*estancarse el agua:* stagno, restagno».

En el ej. más antiguo es 'restañar': «tomar estiércol de bestia e ponérgelo en la palma... fata que la sangre sea *estancada*» (44.2). Sachs, el editor de ese texto, no encontró en el rico fichero del Centro de Est. Hist. otro ej. medieval que uno de la *Crónica de Enrique III,* escrita poco antes de 1407, donde se habla de unas aguas que no pudieron ser atapadas ni *estancadas*. Quizá haya sido palabra rara en la Edad Media. *Aut.* da muchos ejs. desde fines del S. XVI en la ac. corriente (Fr. Luis de Granada, López Pincia-

no), y en la de 'poner coto (a la venta de algo)' [Márquez, 1612]. El port. *estancar* significa también 'parar una corriente de agua', pero en lo antiguo predominan otras acs., también vivas actualmente: 'agotar, estroncar un líquido' [Azurara, 3r. cuarto del S. XV][2], 'agotarse, restañarse' 'cansar, fatigar, agotar las fuerzas' [R. Lobo, h. 1605][3], 'interrumpirse el comercio' [D. do Couto, h. 1600], 'monopolizar'. El cat. *estancar* es también equivalente semántico del vocablo castellano, pero en la Edad Media significa además 'estroncar (sangre)' (*Manescalia* p. p. Batllori, S. XV ó XIV, *AORBB* V, 214), *estancar-se* 'detenerse, cesar de andar' (*Curial,* h. 1450, II, 91, III, 73), ¿'cansarse'? o ¿'debilitarse'?[4], y *estancament* es un derecho feudal, quizá 'monopolio o prohibición del curso libre de mercaderías' (en textos jurídicos del S. XIII)[5]. Al oc. ant. *estancar* le son comunes las acs. catalanas y francesas del vocablo[6], y hoy *estancà* es 'detener (a alguno)' en muchas hablas gasconas (Valle de Aspa, Bagnères-de-Bigorre, Gers)[7] y languedocianas (Aveyron), con las variantes regulares según la fonética local.

No hay que detenerse en los vocablos francés e italiano, bien conocidos; recuérdese que *stanco,* además de significar 'cansado', se aplicó a la mano izquierda (según Petrocchi en los SS. XIV-XVI), como el rum. *stîng,* y que este sentido, del cual procederá el alb. *štęnk* o *štęngęrę* 'bizco', se explica partiendo del sentido italiano moderno, si tenemos en cuenta el fr. *gauche* 'torpe' > 'izquierdo', y el it. *manco* 'sin brazo' > 'izquierdo'. En cuanto a la *g* rumana, algo aislada, no lo está del todo si atendemos al mil. ant. *stangiarse* 'cansarse' (*REW*)[8], engad. *staungel, -gla,* 'cansado'[9]. El sentido de 'cansado' se halla además en portugués y en francés antiguo y en lengua de Oc[10].

En cuanto al subgrupo que podemos encabezar con el cast. *atancar,* sus acs. son inseparables de *estancar*. En castellano lo hallamos desde Pérez de Hita (1595) en los sentidos de 'restañar' (P. de Hita; Oudin), 'atascar (en el cieno)' (Huerta, en *DHist.; atanco* 'atolladero', D. de Vega, 1590), 'apretar' (Covarr.), *viudas atancadas* 'encerradas, modestas' (Pérez de Valdivia). El cat. *tancar* es el vocablo normal en este idioma para 'cerrar', en todos los matices de este concepto, en todos los dialectos catalanes y en todas las épocas[11]. No es menos frecuente en lengua de Oc, y ya en la Edad Media, y allí se extiende hoy, entre otras, a las hablas de Toulouse (Doujat-Visner), Tarn (Couzinié), Hérault (Mâzuc), Gard (Sauvages) y Bajos Alpes (Ârnaud-Morin); si no me engaño, ya no en el Norte del territorio occitano, y por ello no creo que aparezca una variante *tanchar*. El trovador catalán Cerverí de Girona (que escribía en 1255-1287) emplea *tancar* docenas de veces, y aunque suele gustar de las formas alemosinadas en *cha,* quizá no casualmente tiene siempre *tancar* y no *tanchar* según los mss. (en su poema 12.68 hay *tanca* con cinco rimas más en *-anca,* y aunque el ms. pone *cha* es sólo en dos de ellas, no en *tanca,* y en las demás pone *-ca*: probablemente la enmienda debe ser en el sentido de adoptar *branca* y *franca,* en lugar de *brancha, francha,* y no de elegir *-cha* para las otras cuatro). Además *tancare* se emplearía en toda Cerdeña, según Spano, aunque ahí puede ser catalanismo (pero según M. L. Wagner, *RLiR* IV, 11, es propio del Norte de la isla, donde los catalanismos abundan algo menos), y *stancar* 'cerrar' (*stancar porta per ensir e entrare*) en el lombardo Uguçon de med. S. XIII (*ZRPh.* IX, 327).

Procedamos al examen de la etimología. Que Diez pensara en el lat. STAGNARE 'estancarse', y Gröber en un derivado *STAGNICARE, era comprensible dado el escaso adelanto de la fonética romance en aquella época, pero hoy no podría disculparse que abrigáramos la menor duda acerca de la imposibilidad de esta etimología: la síncopa de la I, en un vocablo de la estructura de este último, en unas partes ni siquiera podía producirse, y en las demás habría ocurrido necesariamente después de sonorizarse la C en *g;* en el caso de STAGNARE la imposibilidad fonética salta a la vista. En vista de ello M-L., en la primera edición de su diccionario, n.º 8225, se limitaba a declarar desconocido su origen; pero en la 3.ª edición aceptó una inoportuna idea de Tilander, *Remarques sur le Roman de Renard,* 52-60: se trataría de un *STANTICARE 'detener', derivado de AQUA STANS (empleado por San Isidoro), 'agua quieta, estantía'. Con razón de sobra objetaron Jud (*Rom. L,* 124) y Gamillscheg (*EWFS,* s. v. *étancher*) que aquí hay también una dificultad insuperable. De ninguna manera podía *STANTICARE dar *stancare* en italiano (y aun menos el rum. *stîng*), en territorio donde la síncopa de las vocales internas es imposible o rara, comp. *dimenticare, vendicare,* it. merid. *spandecare* (*EXPANTICARE); ya M-L. se daba cuenta de ello, y por esta razón, dividió en su nueva edición el artículo *STANCUS de la primera en dos grupos de vocablos, que no tendrían relación etimológica, manteniendo en *STANCUS las voces rumanas, italianas y réticas junto con el adjetivo fr. ant. y oc. *estanc,* y traspasando al nuevo artículo *STANTICARE, n.º 8228*a,* los vocablos galo e iberorromances: triste recurso, pues bien se ve que el it. *stancare* 'cansar' y el port. *estancar* 'detener', 'estroncar', 'agotar', 'cansar' son inseparables, y que no lo son menos el fr. *étancher* y el adjetivo fr. ant. *estanc, -che,* 'impermeable, estanco', 'seco', 'cansado', oc. *estanc* 'turbado, tímido', 'cansado'.

En el aspecto fonético se dejó M-L. seducir por la igualdad de tratamiento del supuesto *STANTI-CARE > *estancar* y de SALMANTICA > *Salamanca;* aunque habría convenido citar otros ejs. —pues en un nombre de ciudad aislado, cabe siempre pensar si no hubo influjo cultista de la forma latina— po-

demos admitir la posibilidad de este tratamiento en un idioma como el castellano, donde -ATICUM da *-azgo,* JUDICARE > *juzgar* y VINDICARE > *vengar,* donde por lo tanto podíamos esperar *es-tant'gare,* y por influjo de la precedente *t* sorda (e insonorizable, por apoyada) la *-g-* podía volver a ensordecerse en *k.* Démoslo como seguro, y prescindamos de que el caso de PERTICA > port. *pír-tiga,* cast. *pértiga,* sugiera que el resultado normal fué otro; sin embargo tiene razón Gamillscheg al afirmar que el tipo de síncopa que admiten Tilander y M-L. apenas puede concebirse en otro idioma que en el francés del Norte: desde luego es imposible en lengua de Oc y en catalán, idiomas donde la C de -ĭCUS e -ĭCARE desaparece (gracias a su posición débil en fin de esdrújulo) antes que la I precedente, y por lo tanto -ATICUM da *-atge,* MEDICUS > *metge,* HERETICUS > *heretge,* JUDICA-RE > *jutjar,* VINDICARE > *venjar,* MANDICARE > *manjar (menjar);* lo que debía ocurrir tras una T apoyada es fácil de prever, pues la palatal *ǧ* debía ensordecerse en *č,* y así ocurrió, en efecto; testigos son MANTĬCA > *manxa* 'fuelle', *PANTĬCA > *panxa* 'panza', PERTICA > *perxa,* PORTICUM > *porxe,* y en el terreno verbal EXCORTICARE > *escorxar, grǒn-xar* 'columpiar, mecer' procedente de un *CRON-TICARE (en relación con el célt. *CRONTIARE o *CROTTIARE, de donde vienen cat. (*en*)*gronçar,* gasc. *croussà* íd. y el sustantivo frprov. *cros* 'cuna'); luego *STANTICARE habría dado *estanchar, -anxar,* en estos idiomas, sin duda alguna. Como sería temerario pensar en un origen castellano del cat. y oc. *estancar,* que son más antiguos y tienen significados diferentes, la etimología de Tilander se demuestra falsa por todos lados.

¿Qué decir del fantasma *EXTANICARE 'apretar' evocado por Gamillscheg a base de un galo *TAN-'delgado', a su vez fundado en una etimología imposible?[12]. Lo menos que se puede es aplicarle la misma objeción inexorable que él opone a Tilander: sólo en el Norte de Francia podía un étimo semejante sincoparse a tiempo para dar *étancher,* pero nunca el (*e*)*stancar*(*e*) de los demás romances. Así, pues, será inútil seguir buscando por los caminos seguidos hasta ahora, que han conducido a soluciones imposibles; pero mucho queda todavía, en los últimos planteamientos del problema, de los prejuicios creados por estos intentos fracasados; Bloch, aun negándose razonablemente a la escisión de nuestra familia etimológica en dos grupos, sigue pensando en un adjetivo *STANCUS de desconocido origen latino, en vista de su presencia en rumano, quizá sugestionado por este tipo espectral con que M-L. encabeza su artículo, a falta de otra cosa.

Pero advirtamos que el adjetivo, de extensión geográfica más reducida, ajeno del todo, o poco menos[13], a la Península Ibérica y escasamente representado en Francia, tiene trazas de estar sacado del verbo y ser uno de tantos «participî tronchi» de que tanto abunda la lengua italiana: el Ariosto y su coetáneo Alamanni todavía lo percibían así al darle un régimen claramente verbal: «*Dalla via stanca e dall*'estiva arsura, di riposare alquanto si consiglia». Del propio examen histórico del it. *stanco* en Tommaseo se saca la impresión de que su ac. 'cansado' no es la primitiva, aunque ya se halle en Dante, Petrarca y Boccaccio, y en todo caso nos consta que no es ésta la única y que tuvo otras más próximas a las del romance occidental: para el maestro de Dante, Guido Guinizelli, y para el Petrarca, *stanco* es 'débil', o 'mal parado' (para Lanci) (comp. *stancare* 'decrecer, desfallecer, flaquear' en el *Paradiso* dantesco), en otros es 'bajo, escaso', aplicado a aguas corrientes (ac. 2), sobre todo nótese que Dante lo emplea en el sentido de 'tímido' (como Arnaut de Maruelh), y un antiquísimo proverbio toscano, *porta stanca, diventa santa*, apunta hacia el sentido del cat. *tancada* 'cerrada' (no se olvide que el refranero suele conservar estratos lingüísticos ya enterrados en el lenguaje de su tiempo): todo esto sugiere, como en todas partes, la ac. 'parar' o 'cerrar' como básica En cuanto al rum. *stîng*, su significado tan secundario, la ausencia del verbo correspondiente (que no falta en ningún otro romance), y la falta de derivados, todo se junta para sugerir una procedencia forastera: puede ser un albanesismo, uno de los préstamos que tanto abundaron entre estos dos idiomas de pastores.

Por otra parte, aunque nadie lo haya puesto en duda hasta ahora, no hay razones sólidas para asegurar que el cat., oc. y sardo *tancar* sea derivado regresivo de *estancar*, y no el verbo primitivo, de acuerdo con las normas generales, tanto más cuanto que hay el cast. *atancar*: la opinión contraria sigue basándose, en el fondo, en la falsa relación con STAGNARE O STAGNUM; no niego que algo de esto pudo ocurrir en algún caso raro, como el del cat. *tibar* 'tender', cast. *entibar, atiborrar*, sacados al parecer de *estibar* STĪPARE, y un fenómeno análogo hubo, según la opinión común, en *attacher* o *attaccare* junto a *staccare* de *STAKKA, pero no es de buen método partir de estos ejemplos extraordinarios, cuando se trata de palabras de origen desconocido, frente a los centenares de ejemplos donde el verbo sin prefijo es primario; además de que *tancar* es palabra más antigua que *tibar* y corresponde a una idea de naturaleza esencial y básica en cualquier idioma[14].

Ahora bien, en todas las hablas de Cerdeña, *tancare* se codea con las *tancas* o 'terrenos cercados', 'fincas rústicas', popularizadas por las novelas de Grazia Deledda, en esta isla de los *nuraghes*, donde tantos vocablos rurales y topográficos son de origen prerromano: las subdivisiones de la *tanca* se llaman en Cerdeña *óspiles*, otra voz de origen ignoto y de raíces antiquísimas, según la autorizada opinión de M. L. Wagner. Exactamente con el mismo valor que en Cerdeña existe la *tanca* en

la más vecina de las islas catalanas, Menorca[15]; en la propia Mallorca, según Amengual, *tanca* es también «el huerto, prado u otro sitio rodeado de vallado, tapias u otra cosa», mientras que en el catalán continental *tanca* es solamente el 'seto' o cercado' que separa dos fincas, sentido más cercano al del verbo *tancar*. Hasta aquí nada nos hace sospechar que este sustantivo pueda ser anterior al verbo, pero en Córcega *tancu* o *tangu* designa el 'espino albar', el 'agavanzo' y otros arbustos espinosos como el enebro (*tancu cervunu*), y aun puede el plural *tanghi* aplicarse a las espinas del rosal[16] (*ALCors*. 535, 582, 740, y s. v. *aubépine*): Bertoni está convencido de que es palabra prerromana (*ARom*. V, 97). Claro está que este *tancu* 'arbusto espinoso' es inseparable del *tanca* 'seto' catalán y del *tanca* 'finca cercada' de las islas vecinas, puesto que los setos más primitivos se hacen de tales arbustos; pero ¿cuál de las dos es la idea primaria? Las dos evoluciones semánticas son igualmente concebibles, y un caso como el del gasc. *sèga* 'zarzal' y 'seto', derivado de SECARE 'cortar', lo mismo podría entenderse como derivado de la idea de 'separar', que como procedente de la de 'hacer rasguños' (de donde 'espino' y luego 'seto espinoso').

Sin embargo, por mi parte me inclino a creer que en nuestro caso el origen es verbal, que *tanca* deriva de *tancar* 'cerrar', y que éste es un celtismo procedente de *TANKŌ 'yo sujeto, yo junto', representado en antiguos nombres de persona como *Tancorix, Tanconus, Tancinus*, y continuado por el irl. ant. *con-téci* 'cuaja', *cétnaib* 'cuajarones', irl. med. *téchte* 'pertinente, justo', y por otra parte galés *tangc* f. 'paz' (propiamente 'fijación, pacto')[17]. Esta palabra céltica pasaría al latín vulgar dando un *TANCARE 'fijar, sujetar', que fácilmente explicaría el romance *tancar* 'cerrar' y *es-tancar* 'tapar la salida'—comp. fr. *fermer* = it. *fermare*, cat. *fermar* 'sujetar'—y de ahí luego las demás acs. romances. También es posible, y aun verosímil, que el derivado *EKTANKŌ (con el prefijo céltico EK- = lat. EX-) estuviera ya formado en céltico, y que de aquí, con romanizaciones varias, salieran *EXTANCARE (*estancar*) y *atancar*; V. mi artículo *New Information on Hispano-Celtic* en *ZCPh*. 1955.

Aunque esta raíz está bien representada en céltico, no lo está menos en balto-eslavo (cfr. ucr. *tjaknuty* 'ser provechoso') e indoiranio, lo cual permitiría atribuirle procedencia sorotáptica, muy de acuerdo con su arraigo especial en portugués y leonés (V. la nota 14) y su vitalidad máxima en catalán y en el Sur languedociano. De todos modos debe tratarse de una voz prerromana de la familia indoeuropea. No quiero con esto descartar la posibilidad de que el punto de partida sea más bien un *tancu* 'arbusto espinoso' (tal vez de origen mediterráneo), aunque es posibilidad más vaga e hipotética. Sea de ello lo que quiera, la extensión geográfica de esta familia no se opone a ninguna de las dos hipótesis. Cerdeña, Córcega y las Baleares son ricas en supervivencias prerromanas de orígenes varios, y a menudo con parentela hispánica. Recordemos las afinidades que M. L. Wagner ha señalado repetidamente entre los elementos prerromanos del sardo y el léxico vasco y del substrato pirenaico, y no podremos extrañar demasiado que una palabra céltica o mediterránea extendiera su área por el Sur y el Centro de Francia y hasta más acá de los Pirineos y pudiera propagar derivados a través y aun más allá de la Península italiana; aunque M. L. Wagner, *RF* LXIX, 249-50, piensa que los ejs. sardos *tanca* y *tancare* son catalanismos seguros.

DERIV. *Estancación. Estancado. Estancamiento. Estanco* 'estanque de agua' [1241, *Fuero Juzgo*, en *Aut.*; h. 1280, *Gral. Estoria*[18]; J. Manuel, ed. Rivad., p. 251; APal.][19], 'monopolio de mercancías' [S. XVI, P. Mejía]; como adjetivo, aplicado a las naves, no lo hallo antes de Terreros [h. 1764], aunque éste cita a Oudin (pero no figura en la ed. de 1616) y Sobrino: es de origen portugués o francés; *estanquillo*; *estanquero. Estanque* [APal.[20]; Nebr.[21]; 1600, Mariana]; *estanquero*[22].

[1] Léase *estancar;* la sustitución gráfica de *c* por *t* no es rara en esta edición.— [2] Cortesão señala *estanco* 'lago, estanque' en el mismo autor.— [3] De un cruce de esta ac. con *desfallecerse* sale el ast. *estallazése* 'quebrantarse las fuerzas, sentir desfallecimiento' (V).— [4] «Per divís ['discordia civil'] lo món *s'estanca* / de güelfos e gebelins», Turmeda, *Divisió de Mallorques* (fin del S. XIV), p. 139. El editor glosa 'se debilita', 'se despuebla'.— [5] Rovira i Armengol, *Usatges de Barcelona,* pp. 120 y 290; *Commemoracions de Pere Albert,* p. 153.— [6] De la antigüedad del oc. *estancar* puede juzgarse por el *estanc* 'estroncamiento de la sangre' en R. d'Avinhon (Gard, fin del S. XII), *ARom.* XXV, 77.— [7] Rohlfs, *BhZRPh.* LXXXV, § 368; *Rom.* XII, 576; Cénac-Moncaut, etc.— [8] Creo que el port. antic. *estanguido* «estancado, extenuado» (Fig.) es forma secundaria de *estanguado* «desfallecido, pasado de necesidad», como se dice en Cespedosa (*RFE* XV, 260), el cual a su vez es alteración evidente de *extenuado.*— [9] Éste sería italianismo según M-L.; comp. el sobreselv. *staunchel, -cla,* íd. ¿Se podría explicar la *g* rumana suponiendo trasmisión a través del albanés? Comp. el alb. *mengere* 'a la izquierda', citado por Tiktin, s. v. *sting,* junto al it. *mano manca.* Si fuese así, esto facilitaría la explicación de nuestra familia a base de un vocablo del substrato celta, lígur o mediterráneo.— [10] Un ej. medieval claro en Levy, *Suppl.-Wb.* Otro, de Arnaut de Maruelh (Perigord, fin del S. XII), me parece contener la ac. 'sobrecogido, turbado, tímido', que Mistral documenta en dos poetas del Hérault, pues Maruelh habla de lo que no debe ser el enamorado. Esta ac. viene fácilmente por la de 'parado, detenido', y a su vez se enlaza con 'can-

sado'.— [11] Se extiende hasta el aragonés de Venasque: *tancá* 'cerrar' (Ferraz). *Tancar* es muy frecuente desde el primer texto literario catalán, las *Homilías de Organyà,* fin del S. XII, p. 40. Como Ag. sólo da ejs. muy tardíos, indico algunos: S. XIII: *Vidas de Santos Rosellonesas,* fº 10, vº; *Ordonaments de Perpinyà* (1284-89), *RLR* IV, 509; *Costumbres de Tortosa,* p. 128; Lulio, *Doctrina Pueril,* p. 30; S. XIV: Eiximenis, *Regiment de Prínceps,* 120.31; *Terç del Crestià, N. Cl.* VI, 34; Antoni Canals, *Scipió e Aníbal,* p. 24; etc. En todos ellos se trata de cerrar puertas, ventanas o casas (en Eiximenis, de cerrar la garganta o de encerrar vestidos en un cofre).— [12] En mi estudio sobre el cat. *tany* 'vástago', fr. *taner* 'curtir' (*Archivum,* Oviedo, IV, 1954, 56-59) luego publicado, demuestro que estas palabras se basan en un tipo TANN- con *n* doble, que nada puede tener en común con este radical indoeuropeo. V. también, aquí, el artículo TENERÍA.— [13] Con fecha antigua no sé más que un ejemplo suelto en gallego: «lagõas *estancas* e limosas» *Gral. Est.* gall. 253.6. Sabido es que el participio trunco es formación más viva en gallegoportugués que en todos los romances, salvo el italiano.— [14] La variante verbal con *t-* inicial existió también en el Oeste hispánico. El port. *tanque* 'estanque, depósito de agua, en tierra firme o en los navíos, 'azud, represa (en el Brasil)', ya se empleaba en portugués en la 1.ª mitad del S. XVI, pues de ahí lo tomó el italiano Ramusio (I, 231) en esta época (cita de Zaccaria). Se emplea también en Galicia, Canarias y en muchas partes de América, particularmente Nuevo Méjico, Méjico, Venezuela y Curazao (papiam. *tanki* 'estanque' = hol. *vijver,* en Hoyer, p. 48); de la ac. 'aljibe de buque' ha pasado además a 'vasija de lata para beber, sacar agua de la caldera, etc.', en Galicia, Asturias, Sajambre (Fz. Gonzz., *Oseja,* 355), Santander, Vascongadas y Rioja (Arriaga, *Revoladas*; Cotarelo, *BRAE* XIV, 134, y bibliografía citada en *RFH* VI, 216). Ahora bien, como Vasco Díaz Tanco, que era de Fregenal de la Sierra, en el extremo SO. de Badajoz, y escribió desde 1500 a 1550, se hacía llamar también *Claridón del Estanque,* sabemos que en esta época *tanco* se empleaba como sinónimo de 'estanque' en el castellano de la Extremadura occidental. Hoy *tanque* es de uso muy vivo en el Norte de Portugal en el sentido de 'embalse' o 'piscina' (ejs. de Baião en Leite de V., *Opúsc.* II, 79, 86), ya citado como gall. por Sarm. (*CaG.* 228v), y esta familia parece extenderse hasta las Landas de Gascuña, donde se dice *tenqué* para «vaisseau vinaire pour faire la piquette» (Métivier). También pasó al vasco *tanga* 'acetre, pote, tanque', voz castellana esta última que por lo visto se emplea también en el País Vasco, ya que de ella se sirve Azkue para la traducción de la vasca. Además, de aquí el derivado vasco *tangart* (vizc., guip.) y *tankart* en Fuenterrabía para 'cubo de madera con un agarradero para sacar agua de las lanchas', *tangarte* en castellano vulgar del País Vasco (Azkue, s. v.). No sólo el vocablo americano o regional español no es anglicismo (según creían Alonso y Rosenblat), sino que por el contrario el port. *tanque* pasó al marata, guyerate y otras lenguas de la India (vid. *Dalgado*, s. v.; y Jules Bloch, *Journal Asiatique* 1919 o *RL* XXIV, 300) y de ahí al ingl. *tank* 'piscina' [1616], 'cubo, balde' [1690], y recientemente ha tenido la internacionalización bélica que todos conocemos. *Tanque* en muchos puntos de América es un verdadero estanque, no sólo un aljibe o depósito, y aun puede ser un laguito o laguna natural. Es frecuentísimo en la toponimia de Chile y de Colombia, entre otros países (*río Tanquecito, Quebrada Tanques,* Lagunas de *Tanque Chico* y *Tanque Grande,* lugares todos de 80 a 100 kilómetros al Sur de Bogotá). Más abundante todavía en Chile, parcialmente en la variante araucanizada *Tranque.* También en este vocablo existe la variante con *tr-* de que hablaré luego: chil. *tranque* 'depósito de agua, embalse', murc. *trenque.*— [15] «No podia calcular s'hora per es sol, com ho feia a sa *tanca*, sense rellotge ni un capso», Ruiz i Pablo, *Novelletes Menorquines*, 130; «vaig a fer quatre passes per aquelles *tanques* de devora Sant Climent [de Menorca], a on cau un sol...», Alcover, *BDLC* XI, 187. Se observará que aquí, como en Cerdeña, el vocablo aparece junto al arcaico artículo procedente de IPSE, testigo de la vieja hermandad de estas islas. Moll glosa en su edición del primer texto «espai de terra conradissa; clos de parèt seca».— [16] Habría que ver si partiendo de ahí se ha llegado al sentido del campid. *tancu* 'pedazo' («brano»).— [17] Comp. scr. *tankti* 'encoge', *ātanakti* 'hacer cuajar', raíz índica *tañc-*, ave. *tančišta* 'el más valiente, más enérgico', gático y persa ant. *taxma-* 'fuerte, enérgico', pelví *takik*, persa mod. *tahm* (Bartholomae, *Air. Wb.* 626, 638), lit. *tinkù* 'yo sirvo', *táikau* 'yo combino, arreglo', *pa-tinkù* 'yo gusto de (algo)', prus. ant. *pa-tickots* 'que ha recibido (el Espíritu Santo)' (Catec. I, 78), lit. *tìkras* 'justo', prus. ant. *tickra-* 'de la derecha, diestro' (Catec. I y II, 151), lit. *tónkus* 'espeso, frecuente'. Vid. Pok. *IEW* 1068; Walde-P. I, 725, Stokes-Bezz., 128. A los cuales quizá habría que agregar todavía, con una ampliación radical, el hitita *takš-, takkeš-*, pues aunque Pokorny, 1058, lo atribuye a la familia del lat. *texere*, gr. τέκτων es porque lo traduce como 'cambiar, emprender', pero Benveniste, más especialista de este idioma, interpreta «établir un accord», «accorder» —lo cual concuerda con el sentido de la raíz T(E)NK- en céltico—, de donde los derivados hit. *takšul* «entente, paix» y *takšeššar* «entente» con dos sufijos típicamente hititas (Benv., *Orig. F. N. en Ie.* 41 y 100). La base ieur. o paleocéltica es TN̥K- de ahí regularmente TENK- gáel., pero TANK- en celta continental

y en britónico. Se podría relacionar el corso *tancu* 'arbusto espinoso' con el oc. ant. *tanc* «partie du tronc d'un arbre qui est dans le sol» (Levy), hoy vivo en el Tarn, Aveyron y Bearne, St. Genis-les-Ollières *tàncot* «morceau de bois» (*Rom.* XX, 318), comp. la glosa del *Donatz Proensals* «*tanc:* parvum lignum a c u t u m» y Castres *tanco* «pieu planté pour arrêter», pero estos vocablos me parecen hermanos del cat. *tany* 'rama', 'nudo', oc. *tan* 'nudo, corteza' y de la familia del fr. *tan* y *taner* (V. aquí TENERÍA), aunque sufrieron la contaminación de *tanca* 'seto espinoso'.— [18] En M. P., *Poema de Yúçuf*, línea 334. Hay un ejemplo, también en la traducción gallega de la *Gral. Est.* (176.23).— [19] «Si dan... un *stanco* de agua en la India», 452b.— [20] «*Stagna: stanques,* que son lugares do el agua sta y no corre», 470b.— [21] «*Estanque de agua*: Stagnum, piscina».— [22] La antigüedad del cat. *tanca* es mayor todavía de lo indicado arriba, pues ya figura en un doc. de 1024, del Cartulario de St. Cugat («targa 1 et tancha 1»), donde se trata de un cierre o una charnela de un escudo u otra pieza de la armadura (II, 144).

Estancia, estanciero, V. *estar*   *Estancio,* V. *estantío   Estanco,* V. *estancar*   *Estandarol,* V. *estar*

ESTANDARTE, tomado del fr. ant. *estandart* 'insignia clavada en el suelo como símbolo representativo de un ejército', 'estandarte', deriva del germ. STANDAN 'estar en pie, estar enhiesto'; probablemente del fráncico, donde se le aplicaría como nombre la frase imperativa STAND HARD! '¡manténte firme!'; cf. it. *stafermo* quizá calcado de la misma frase germánica, cast. *tentetieso. 1.ª doc.: estandal,* h. 1260, *Partidas* (en Cej., *Voc.*); h. 1300, *Gr. Conq. de Ultr.*, 266; *estandarte,* «signum, vexillum» Nebr.

Stendale se halla también en el *Purgatorio* dantesco, XXIX, 79, y resulta, como la forma del castellano antiguo, de una adaptación del plural fr. ant. *estandarz* (*-rs*), como si terminara en el sufijo romance *-ar = -al¹*. Para ejs. típicos del uso más antiguo en francés arcaico y en bajo latín, vid. los reunidos por Brüch, *ZRPh.* XXXVIII, 682, y por God. III, 599, y IX, 560. De ellos resulta que el estandarte debía estar clavado verticalmente en el suelo, y que su caída era mirada como el signo de la derrota del ejército combatiente. Para el papel del *estandart* en las batallas francesas es típica la descripción que da Froissart (I, cap. 172) de la Batalla de Cocherel. El estandarte del Captal de Buch, clavado en el suelo en medio de un «buisson d'espines», es el punto de «ralliement» de los anglo-navarros, y una vez «rué par terre» la batalla se ha terminado (Jeanroy, *Extraits des Chroniqueurs Français*, p. 245 y comp. 231 y 247). He aquí la mejor explicación semántica de la etimología STAND HARD!, con la cual sólo en parte está de acuerdo Spitzer, *Rom.* LXXVI, 84-89. Este artículo contiene otros valiosos datos en apoyo de que *estandarte* contiene el germ. STAND. Pero en su opinión se trataría del sustantivo y no del verbo, y en cuanto a la terminación, cree que estamos ante el sufijo *-ard*, pese a la fecha reciente de las formaciones germánicas de este tipo. Por ello interpreta que es derivado, sólo f r a n c é s, de un sustantivo que no es francés, sino sólo germánico. A lo poco verosímil de esta hibridación se agrega la suma escasez de los ejs. antiguos de s u s t a n t i v o s derivados con este sufijo (adjetivos sí hay). Se apoya en la variante *estandal* [1190], sobre todo italiana. Pero ahí tenemos un cambio de sufijo muy semejante al caso de *Durendart ∽ Durendal* (ahí ayudado por la disimilación), donde también parece que sólo una de las dos formas es originaria y verdaderamente antigua. V. también Spitzer, *MLN* LXXIV, 144, con razones nada convincentes. No es nada difícil comprender por qué el vocablo aparece en las lenguas germánicas en forma romanceada, puesto que el fráncico es una lengua extinguida, sólo representada por el francés. Como ya subrayó Gaston Paris, *Rom.* XXXI, 417n., el vocablo aparece desde fines del S. XI (Foucher de Chartres), y en los textos más antiguos está siempre escrito con *a* ante la *n*, aun en los que todavía distinguían *en* de *an* fonológicamente[2]. Esto obliga a rechazar la antigua etimología EXTENDERE 'desplegar', que por lo demás tropezaba con la dificultad de que el sufijo francés *-art* no suele formar derivaciones postverbales y se aplica a nombres caracterizadores de personas. Por esto se ha vuelto a la derivación germánica de STANDAN, ya percibida por autores medievales.

El Prof. Ernst Gamillscheg, *ZRPh.* XLI, 529 (con aprobación de M-L., *REW*[3] 9714), propuso fráncico *STANDÔRD, compuesto con ÔRD, equivalente del alem. *ort* 'lugar', en el sentido de 'lugar para mantenerse (los soldados)'; pero como indicó Spitzer, *ZRPh.* XLII, 28, esto choca con el hecho de que *ort* significaba antiguamente 'punta' y la ac. moderna no aparece hasta muy tarde dentro del período del alto alemán medio, además es extraño que no haya rastro de la supuesta forma etimológica *estandort, que habría cambiado su terminación—según la teoría de Gamillscheg—por adaptación al sufijo francés *-art*. Brüch, *ZRPh.* XXXVIII, 682, supuso que se trataba de un mero derivado fráncico de STANDAN, con el sufijo correspondiente al fr. *-art* y al alem. *-ert*, derivado que en el idioma originario tendría la forma *STANDHARD; hoy en el alemán jergal existen algunas formaciones de este tipo procedentes de radicales verbales, tales como *sitterd* 'sillón', *pickert* 'horca de labrador', *püffert* 'aliento', y Brüch supone que alguna formación de este tipo pudo ya existir en fráncico, pero ésta es una hipótesis muy atrevida dada la fecha modernísima en que aparece

el citado tipo de vocablos alemanes, aun hoy bastante raro.

Pero en realidad, una forma *stanthart* 'estandarte' existe ya en alemán medio, y *standaert* en neerlandés medio, y aunque Kluge (que todavía cree en la etimología romance EXTENDERE) mira estas formas como galicismos, las explica como debidas a una etimología popular germánica en que el vocablo se interpretó como un imperativo *stand hard!* 'manténte sólido, firme', frase dirigida por el guerrero a su estandarte. Dejando aparte el problema de si en alto alemán medio es o no galicismo, que no importa mucho para el caso, no veo por qué razón la interpretación de Kluge debe ser nada más que una etimología popular; creo, por el contrario, que es la etimología verdadera. No hay duda de que el fráncico formaría el presente del verbo correspondiente al alem. *stehen* y al ingl. *stand* a base del radical STAND-, pues así lo hacían el gótico, el anglosajón, el escandinavo antiguo y el alto alemán antiguo y aun medio.

DERIV. ¿*Estanterol*?, vid. *ESTAR*.

[1] Comp. fr. ant. *Durendal* < *Durendart* (nombre de la espada de Roldán).— [2] Recientemente Bloch insiste en la antigua etimología EXTENDERE citando una forma *estendart* de la *Chanson de Roland* (que por lo demás ya no distinguía los dos fonemas). Pero como ya indicó G. Paris, esta cita, sacada del *DGén.*, se basa en una errata. El manuscrito de Oxford escribe claramente *estandart* en los tres pasajes donde sale el vocablo en este poema (3267, 3330, 3552).

Estandorio, V. *estar*   *Estanguado*, V. *estancar*   *Estangurria*, V. *estranguria*   *Estanque*, *estanquero*, *estanquillero*, *estanquillo*, V. *estancar*   *Estantal*, *estantalar*, *estante*, *estantería*, *estanterol*, V. *estar*

ESTANTIGUA, 'procesión de aparecidos', 'fantasma', 'persona muy alta, seca y mal vestida', antiguamente *huest antigua*, aplicado al diablo o a un ejército de demonios, y procedente del lat. HŎSTIS ANTĪQUUS, propiamente 'el viejo enemigo', que los Padres de la Iglesia aplicaron al demonio; en castellano *huest antiguo tomó el género femenino a causa del género de *hueste* 'ejército', procedente de HOSTIS. 1.ª doc.: *uest antigua*, Berceo, *Mil.*, 721d; la forma *estantigua* aparece ya en una de las primeras ediciones de la *Celestina* (*Cl. C.* I, 247.12, en la ed. V); importante documentación en Gillet, *HispR.* XXVI, 277-9.

Estudiaron el vocablo principalmente A. W. Munthe, *ZRPh.* XV, 228; C. Michaëlis, *RL* III, 159, y *RH* VII, 10-19; y sobre todo M. P., *RH* VII, 5-9, quien dió la interpretación definitiva (con cita de bibliografía completa). La antigua idea de la estantigua procede de la creencia germánica en la cabalgata nocturna del dios Wodan y sus seguidores, en constante marcha e incapaz de reposo, creencia que arraigó fuertemente en el folklore germánico y romance aun después de la muerte del paganismo; el pueblo identificó con esta cabalgata los ruidos desconcertados de las noches de tormenta y las alucinaciones vespertinas de los supersticiosos, pero el clero, incapaz de borrar esta tradición y deseoso de relegar al olvido las últimas huellas de la religión pagana, la identificó con una procesión de demonios o de almas condenadas a una cabalgata perpetua. Así lo entiende el autor de *Fernán González*: «Non es esta vyda sy non pora los pecados / que andan noche e día e nunca son cansados, / él semeja a Satán e nós a sus criados. [dicen los vasallos del Conde de Castilla] / Por que lidiar queremos e tanto lo amamos, / nunca folgura tenemos sy non quando almas saquamos, / a los de la *ueste antygua*, a aquellos semejamos» (335c); comp., en la *Celestina*, «válala el diablo a esta vieja, con qué viene como *huestantigua* a tal hora!». Todavía emplea *hueste antigua* Francisco de Villalobos en 1544; hoy en Asturias *la güeste* o *la güestia* es una procesión nocturna de almas en pena, en Galicia llaman *estantiga* o *compaña* a una 'procesión de muertos que golpea a la puerta de los moribundos' (Sarm. *CaG.* 64r, vid. los datos que reúne allí Pensado, p. 86, acerca del uso gallego del vocablo y del simple *hoste*, *hostia* u *hostea* en sentido análogo) y en el Minho portugués se habla de un «séquito fúnebre que algumas pessoas vêem em sonhos: levam um gaiteiro, com o bombo, e uma caixa em que tocam as *estántegas*», o sea los aparecidos (*RL* XXIX, 268); no es necesario mirar estas formas como castellanismos, sino como alteraciones del regular *ostantiga*, con invasión del prefijo *es-* (como *hospital* > *espital*); la última de ellas deberá su traslación acentual al influjo de *CANTIGA*, sustituído allí por el culto *cántiga*. Parece que en otras partes de Galicia se va todavía más lejos en la dirección del minhoto *estántega*, pues Lugrís (*Gram.*, 160) señala un curioso *estadea* 'fantasma mortuorio, transparente, blanco'; donde no sabemos si hay contaminación de *estadal* 'cirio, candela mortuoria' o de un adjetivo *estadío* = *estantío*; o si hay que pensar en una voz de etimología independiente (germanismo o celtismo) que no puedo precisar.

C. Michaëlis afirmó contra M. P. que el vocablo designó desde un principio la citada cabalgata germánica (conocida en francés antiguo por *La Mesnie Hellequin*, en catalán por *El Mal Caçador*, etc.), y que HŌSTIS tuvo siempre en él el significado romance de 'ejército, tropa', pero creo estuvo más en lo cierto el sabio español, pues aunque la superstición, sea germánica, el nombre es de procedencia latina clerical, y es indudable que Casiodoro (princ. S. VI), entre muchos, lo aplica al demonio individualmente, al decir que el alma es *ab antiquo hoste captiva* (*De Anima*, X, i, 29); al identificar la estantigua con el diablo los sacerdotes le dieron este nombre, aunque el pueblo, naturalmente, entendió *hostis* en el sentido de 'tropa' y no en su sentido clásico e individual, y así lo hizo femenino. Por lo visto todavía Berceo parece tomar *la uest antigua* por 'el demonio', con el cual dice que Teófilo tenía trato.

Estantín, V. *entre*   *Estantío, estanza*, V. *estar*

ESTAÑO, del lat. STAGNUM íd. *1.ª doc.*: h. 1250, *Setenario*, f.º 12 v.º; J. Ruiz, 1003d.

STAGNUM es la forma antigua y clásica en latín, y la que traen los mejores mss. desde Plinio hasta San Isidoro (*Etym.* XVI, xxiii, 2), vid. Georges, *Lat. Wortformen*; Graur, *Rom.* LIV, 507; G. Meyer, *Lat. Lehnworte im Ngr.*, 63; la grafía *stannum*, muy divulgada en la Edad Media y modernamente, sólo se halla en mss. inferiores. De aquélla proceden todos los descendientes romances. *Estaño* también en invent. aragoneses de 1444 (*VRom.* X, 149), en APal., 72d, Nebr., etc. Del homónimo STAGNUM 'estanque' proceden el cat. *estany*, oc. *estanh*, it. *stagno* íd., mas es dudoso que un cast. *estaño* en este sentido haya sido jamás palabra castiza, aunque lo empleara Aldrete en sus *Antigüedades de España*, seguramente por latinismo (de ahí pasó a *Aut.* y la Acad.), y ya el traductor del *De las Ilustres Mujeres* de Boccaccio fº 36rºb (1495).

DERIV. *Estañar* [Nebr.]; *estañador; estañadura. Estañero. Restañar* 'volver a estañar'; *restañadura.*

Estaquero, estaquilla, estaquillador, estaquillar, V. *estaca*

ESTAR, del lat. STARE 'estar en pie', 'estar firme', 'estar inmóvil'. *1.ª doc.*: orígenes del idioma (*Cid*, etc.).

El estudio de los varios usos, acs. y formas del verbo *estar*, en su aspecto actual e histórico, pertenece del todo a la gramática; me abstengo de publicar aquí parte alguna de mis materiales. Para una teoría, poco creíble, acerca de un influjo del substrato ibérico en el empleo de *estar* donde otros romances prefieren el verbo correspondiente a *ser*, vid. Schuchardt, *ZRPh.* XXXII, 354. Condiciones algo parecidas, en este punto, presentan el portugués y el catalán, aunque en ambos, y singularmente en el último, la extensión de *estar* es más reducida. Todavía algo más en italiano y en francés arcaico.

DERIV. *Estable* [*stabile*, 1155, F. de Avilés; *estable*, doc. de 1200; Berceo; APal. 158d; Nebr.; etc.], del lat. STABĬLIS íd.; *estabilidad* [*establidat*, *Alex.*, 285; *-bledat*, *Setenario*, fº 1 vº]; *inestable* [*instable*, tercer cuarto del S. XVI, Aldana, Herrera (C. C. Smith, *BHisp.* LXI)], *inestabilidad* [*inst-*, Garcilaso (C. C. Smith)]; *estabilizar* [Acad. después de 1884], *estabilización, estabilizador; establecer* [doc. de 1184, en Oelschl.; Berceo, junto a *establir*], *establecedor, establecimiento* [h. 1280, *1.ª*

Crón. Gral., 192*b*22; APal. 334*b*]; *estableciente*; *restablecer, restablecimiento. Establo* [doc. de 982, en Oelschl.], de STABŬLUM íd.; antiguamente se empleó también en su lugar el derivado *establía* [*Fn. Gonz.*, 84; *1.ª Crón. Gral.*, p. 55*a*; J. Ruiz, ed. Rivad., 1216, 1379; *Libro de los Gatos*, p. 554], hoy conservado en catalán; *establear; establero* o *establerizo* [Nebr.]; *establería*; derivados cultos: *estabular, estabulación. Estación* [J. Ruiz, 1262*d*], tomado del lat. *statio, -ōnis*, 'permanencia', 'lugar de estancia'; *estacional; estacionar* [Acad. 1899], *estacionamiento; estacionario* [Paravicino, † 1633, como término astronómico; para el influjo francés en el uso del vocablo, vid. Baralt, *Dicc. de Galic.*]; *estacionero. Estado* [Berceo, *Mil.*, 212; Nebr. «grado en que está cada caso», «*estado de la causa*: litis contestatio», «*estado*: el altura de cada uno»]; *estada* [h. 1295, *1.ª Crón. Gral.*, 657*a*34; J. Ruiz, 1302*b*]; *estadal* 'medida que primitivamente equivalía a la estatura de un hombre' [«medida de la estatura», «medida de cierto trecho», Nebr.]; en la ac. 'especie de candela o cirio' [Berceo, *S. Dom.* 553*b*; *S. Mill.*, 361; también en gallegoportugués, desde las *Cantigas*, vid. C. Michaëlis, *RL XI*, 18-23; Lang, *Canc. de Don Denís*, p. CI, n. 4; en catalán, Sanelo; Alcover, *BDLC XII*, 227; en aragonés, invent. de 1403 y 1497, *BRAE II*, 88] procede del b. lat. *statualis (cereus)*, de donde salieron asimismo el fr. ant. *estavel, -aval*, y el oc., port. y cat. *estadal*; este último designa una vela delgada y larga que se enrosca en espiral o en figura de librillo (Fabra, Griera, Ag., Escrig), y que por consiguiente da poca luz (según se deduce de *Tirant*, ed. Riquer, p. 521): primitivamente designó una vela con la cual se ceñía una estatua o (más tarde) una cruz (como explica Du C., s. v. *statuarium*), de ahí la forma en espiral: luego deriva de *statua* (V. abajo); Los Kahane (*Studii și Cercetări Ling.* —*Omagiul Graur*— III, 1960, 549-55) señalan el griego tardío στατήρ 'candelabro' (hapax del S. VI), junto con el lat. de glosas *statarium* íd. (*CGL* 197.57, 270.34), *cerostatarium* (*CGL* III, 368.4) y el lat. tardío *cerostatum* (SS. IV-IX); todos ellos vendrían de un b. gr. χηροστάτης íd. (no documentado hasta el S. XVIII), por mutilación de éste [cosa que no prueban: ¿por qué στατήρ no podría ser el primitivo, derivado de ἵστημι, y las variantes en *cero* resultaran de un cruce con χηροφόρον 'candelabro'?]. Στατήρ se alteraría en STATUALE por influjo de STATUA. Entonces la etimología que doy como verdadera sería solamente una etimología popular debida al uso explicado por Du C. y documentado ya por Uguccione da Pisa († 1210). Pero esta tesis necesita demostración más detenida en el aspecto «Wörter und Sachen» para ver cómo se pasa de 'candelabro' a 'vela', demostración que ellos no dan en absoluto (el documento catalán del S. XIV que citan como soporte de su explicación ergológica no dice en realidad nada de lo que

quieren hacerle decir, y su sentido queda completamente vago). *Estadero; estadía* [Acad. 1884, no 1843], *sobrestadía; estadista* [Góngora], *estadístico* [Terr., como poco usado], *estadística* [1776, Capmany, en Viñaza, *Bibliot.*, col. 1806, donde se enmienda la forma errónea *estatística*], adaptación del fr. *statistique; estadizo* [*Aut.*]; *estadojo*, ast. y santand., *estadoño*, ast., o *estandorio*, ast.[1]; *estatal; estatismo; estatura* [h. 1440, A. Torre (C. C. Smith); APal. 43*b*; h. 1600, Mariana], tomado de *statūra* íd. *Estamento* [Calderón], del cat. *estament* íd.; hay variante antigua *estamiento* [*Canc. de Baena*, W. Schmid]; *estamental. Estante*, ant. adj. [Berceo; doc. de 1219, en Oelschl.; APal. s. v. *idea*], m. ['estado', *Canc. de Baena*, W Schmid; ac. moderna, h. 1600, Sigüenza, también en portugués]; *estantería; estantal, estantalar; estantío* [h. 1280, *agua estantía* en la Gral. Estoria I, 159, y en el *Libro de los Cavallos* 84.26, leído *estancia* por errata evidente; APal. 225*b*, 232*b*]; *estancia* [1251, *Calila* 43.778; *estança*, Berceo, *Duelo*, 165; J. Ruiz, 141*a*; *Canc. de Baena*, W. Schmid; «*estança de veladores*: statio», «*estança donde alguno está*: mansio», Nebr.;` «*ergasterium... erga* en griego es obra y *sterio* estancia para obrar», APal. 138*d*], *estanciero*.

Estanterol, antic., 'madero a manera de columna, que en las galeras se colocaba hacia popa, en la crujía, y sobre el cual se afirmaba el tendal' [1587, G. de Palacio; 1627, en Jal; en francés aparece desde h. 1550, en la *Stolonomie* y en Rabelais, IV, cap. 19, ed. Plattard, p. 91; también it. *stentarolo* [1614]; Sainéan, *Rev. des Ét. Rabelaisiennes* VIII, 41, afirmó que venía del catalán, donde sería un derivado de STANS, -TIS, 'que está en pie', pero como no hay noticias del vocablo en este idioma, quizá no sea así, y sea más bien el italiano el idioma originario, aunque el cast. lo adaptaría a los numerosos catalanismos náuticos en -*ol*: la noticia de Jal de que el ESTANDARTE se colocaba junto al estanterol hace sospechar que sea derivado de este vocablo, comp. la antigua forma castellana *estandarol*, registrada por la Acad.; Vidos no trata del vocablo; Baist, *KJRPh.* VIII, i, 206, relaciona con *estanture*].

Cultismos. *Estatuir* [h. 1440, A. Torre (C. C. Smith); APal. 239*b*], tomado de *statuĕre* íd.; *estatuto* [1569, Ercilla (C. C. Smith); Quevedo], íd. de *statūtum* íd., participio neutro de dicho verbo, *estatutario. Constituir* [doc. de 1438, en Cuervo, *Dicc.* II, 432-4; Nebr.], tomado de *constĭtŭĕre* íd., *constitución* [Berceo], *constitucional, constituidor, constitutivo, constituto, constituyente, reconstituir, reconstitución, reconstituyente. Destituir* [h. 1570, Fr. L. de León], tomado de *destituere* 'abandonar, privar, suprimir', vid. Cuervo, *Dicc.* II, 1178-9; *destitución, destituible, destituidor. Instituir* [APal. 126*d*, 211*b*, 329*b*], tomado de *instituĕre* íd., *institución, institucional, instituidor, instituto* [APal. 390*d*, 229*b*], *instituta*, originariamente

plural del anterior, *institutor, institutriz, institu-*
yente. Prostituir [h. 1700, M. Ibáñez], tomado de
prostituere íd., *prostituta* [A. de Palencia, 391*b*],
del participio del anterior, *prostitución, prostíbulo,*
tomado de *prostibulum*[2], *prostibulario. Restituir* 5
[*Corbacho*, Mena (C. C. Smith); 1478 (*BHisp.*
LVIII, 359); APal. 358*b*, 413*b*, 270*b*], tomado de
restituere íd., *restitución* [2.° cuarto del S. XV,
Pz. de Guzmán (C. C. Smith); 1478 (*BHisp.*
LVIII, 359)], *restituíble, restituidor, restitutorio.* 10
Sustituir [Paravicino, † 1633; la Acad. prefiere la
grafía *substituir*], tomado de *substituere* íd., *susti-*
tución, sustituíble, sustituidor, sustituto, sustitutivo.
Estatua [APal. 139*d*], tomado del lat. *statǔa* íd.;
estatuar; estatuario, estatuaria. 15
Circunstante [APal. 219*d*], tomado de *circum-*
stans, -ntis, participio activo de *circumstare* 'estar
alrededor'. *Circunstancia* [h. 1260, *Partidas*], de
circumstantia 'cosas circundantes', plural neutro
de *circumstans; circunstanciado; circunstancial.* 20
Constar [1283, *Libros del Acedrex* 300.28;
APal. 113*d*, 184*b*, 341*d*][3], tomado de *constare*
'detenerse', 'subsistir', 'estar de acuerdo', 'constar'; *constante* [h. 1400, *Rim. de Palacio*, Nebr.],
inconstante [*Corbacho* (C. C. Smith); Nebr.]; 25
constancia [h. 1440, Díaz de Gámez; Nebr.], *in-*
constancia [íd.].
Contrastar [Berceo; *Apol.*, 185*a*][4], de CONTRA-
STARE 'oponerse'; *contrastable; contrastante, con-*
traste [APal. 318*b*, 'oposición'; *contrastre*, S. XVI, 30
en Cuervo, *Obr. Inéd.*, p. 210; de la ac. náutica
'cambio repentino de un viento en otro contrario', ya h. 1750 en Juan y Ulloa, *Noticias Secre-*
tas de América, ed. Madrid 1918, II, 260, procederá la de 'revés, contrariedad, lance adverso 35
de la fortuna', que es muy viva en la Arg.—ya
Sarmiento, *Facundo*, ed. Losada, p. 261—, aunque no la recogen los diccionarios, y también en
el Brasil], antiguamente *contrasto* [*I.ª Crón. Gral.*,
p. 51*a*], o *contrasta; incontrastable.* 40
Distar [Mena (C. C. Smith); Fr. Luis de Gra-
nada], tomado de *distare* 'estar apartado'; *distante*
[h. 1440, A. Torre (C. C. Smith), F. de Herrera
(Macrí, *RFE* XL, 158); h. 1600, Mariana, vid.
Cuervo, *Dicc.* II, 1280-1]; *distancia* [h. 1440, J. de 45
Mena; vid. Cuervo, *Dicc.* II, 1279-80], *distanciar.*
Instar [APal. 8*d*, 537*d*; h. 1600, Paravicino,
RFE XXIV, 314], tomado de *instare* 'estar encima', 'instar'; *instante* [*Corbacho* (C. C. Smith);
APal. 9*d*, 380*d*; Nebr.]; como adj. en F. de He- 50
rrera (*RFE* XL, 137), *instantáneo, instantánea;*
instancia [1325, *BHisp.* LVIII, p. 90; APal. 163*b*,
211*b*]. *Institor*, del lat. *institor, -oris,* íd. *Intersticio*
[Nebr.; S. XVII, *Aut.*], del lat. *interstǐtium* íd.
Obstar [1606, A. de Herrera], tomado de *ob-* 55
stare 'ponerse enfrente, cerrar el paso, oponerse';
obstante [*estante*, S. XVI, en Rouanet, *Colecc.*,
de Autos; otras citas modernas de variantes vulgares en Cuervo, *Obr. Inéd.* 153, nn. 17-19; *obs-*
tante, 1591, Percivale]; *obstancia; obstáculo* [1607, 60

Oudin], tomado de *obstacǔlum* íd.; *obstetricia*
[Acad. 1884, no 1843], derivado culto de *obstě-*
trix, -ǐcis 'comadrona', propiamente 'la que se
pone enfrente'.
Restar [APal. 418*b*], tomado de *restare* 'detenerse', 'resistir', 'restar'; gall. *rastar* 'estar murién-
dose, moribundo' (Sarm. *CaG.* 133*r*); *restante*
[APal. 73*b*, 105*b*]; *resta* [*Aut.*]; *resto* [1574, A. de
Morales]; *arrestar* [*restar*, h. 1300, *P. de Yúçuf*,
forma todavía empleada a princ. S. XVII por
Ruiz de Alarcón; *arrestar*, doc. de 1400; vid.
Cuervo, *Dicc.* I, 644-5; Cej. V, § 56], *arrestado,*
arresto; contrarrestar [Acad. ya 1843], *contrarresto.*
Sustancia [Berceo, *Mil.*, 661; la Acad. escribe
substancia, como ya APal. 47*d*, etc.], tomado de
substantia íd., derivado de *substare* 'estar debajo',
por calco del gr. ὑπόστασις; *sustancial; sustan-*
ciar, sustanciación; sustancioso; sustantivo [h.
1440, A. Torre (C. C. Smith); 1592, Rengifo],
tomado del lat. tardío *substantivus* 'sustancial',
'sustantivo', calco del gr. ὑπαρκτικόν, *sustantivi-*
dad, sustantivar; consustancial, consustancialidad;
transustanciar, transustancial, transustanciación.
Sobrestante [como adj., 1599, Percivale; 1614,
Cervantes; como m., 1680, *Recopil. de Indias*];
sobrestantía.
Supérstite, tomado de *superstes, -ǐtis,* 'superviviente'; *superstición* [h. 1440 (C. C. Smith);
APal. 92*b*, 482*d*], de *superstitio, -onis* 'supervivien-
cia', 'superstición'; *supersticioso* [1569, Ercilla (C.
C. Smith)].
Estadio [1542, D. Gracián], tomado del lat. *sta-*
dium íd., y éste del gr. στάδιον 'cierta medida
itineraria', 'estadio (que debía tener la longitud
de un estadio)', neutro de στάδιος 'estable, fijo',
y éste derivado de ἱστάναι 'colocar', hermano del
lat. *stare. Estático* [Terr., en un sentido médico
especial], *estática* [1700, Tosca], tomados del gr.
στατικός 'relativo al equilibrio de los cuerpos',
otro derivado del mismo verbo griego; *estatismo*
'inmovilidad'; *astático. Estatera* [S. XVI], 'balanza', cultismo poco usado, tomado del gr. στατήρ
íd. *Estela* 'monumento conmemorativo' [Acad. ya
1899], tomado del gr. στήλη íd. *Apóstata* [S. XIV,
Cast. de D. Sancho], tomado del lat. tardío *apo-*
stǎta, y éste del gr. ἀποστάτης íd., derivado de
ἀφιστάναι 'alejar'; *apostatar; apostasía. Catástasis*,
tomado de κατάστασις 'acción de establecer', 'plan-
teamiento de una cuestión', derivado de καθιστά-
ναι 'presentar, establecer'; *apocatástasis. Diastasa*,
tomado del fr. *diastase* íd., y éste del gr. διάστασις
'separación', derivado de διιστάναι 'separar'. *Éx-*
tasis [*éxtasi*, APal. 389*d*, forma que emplean todavía Sta. Teresa y otros místicos; *éxtasis*, Lope],
tomado del lat. tardío *ecstǎsis* íd., y éste del gr.
ἔκστασις 'desviación', 'arrobamiento', derivado de
ἐξιστάναι 'desviar', 'apartar'; *extasiarse* [h. 1800,
Moratín]; *extático* [1607, Oudin]. *Hipóstasis*, tomado de ὑπόστασις 'sustancia', derivado de ὑφι-
στάναι 'soportar, subsistir'; cf. H. Dörrie, Ὑπός-

τασις, *Wort u. Bedeutungsgeschichte*, 58 páginas, Nachr. d. Akad. Wiss. in Göttingen, 1955, n.º 3; *hipostático*. *Metástasis*, tomado de μετάστασις 'cambio de lugar', derivado de μεθιστάναι 'desplazar'. *Parástade*, tomado de παραστάς, -άδος íd., derivado de παριστάναι 'arrimar'. *Perístasis*, tomado de περίστασις 'circunstancias', derivado de περιστάναι 'estar alrededor'; *antiperístasis*. *Próstata* [Acad. 1884, no 1843], tomado de προστάτης 'que está delante', derivado de προιστάναι 'colocar al frente'; *prostático*; *prostatitis*. *Sistema* [princ. S. XVIII, *Aut.*], del lat. tardío *systēma*, y éste del gr. σύστημα 'conjunto', derivado de συνιστάναι 'reunir, componer, constituir'; *sistemático*; *sistematizar*, *sistematización*.

CPT. *Bienestar* [h. 1800, Moratín]. *Malestar* [Acad. ya 1843]. *Sinsustancia*. *Estafermo* [Covarr.; Oudin; h. 1623, *N. Recopil*. VII, xii, 3; otra documentación de la misma época aproximadamente, en Terlingen, 314; más datos históricos en Gillet, *HispR*. XXVI, 271] del it. *sta fermo* 'está firme, tente tieso'. *Histología*, compuesto de λόγος 'tratado' con ἰστός 'tejido', propiamente 'telar', derivado de ἰστάναι en el sentido de 'poner en pie'; *histólogo*.

¹ Vid. M. P., *Dial. Leon.*, § 4.2: *STATORIUM*. Vigón define «cada una de las estacas que se colocan a los extremos de los *povinos* del carro y sirven para contener la carga» (s. v. *estandoriu*), y agrega las variantes *estadoriu* en el Centro de Asturias, *estandóñiu* en el Valle de San Jorge, *estadueñu* en el Occidente (Posada de Rengos), *estadulho* en la Beira Alta y en Galicia.— ² Viene de *prostare*, del mismo sentido que *prostituere*, pero derivado de *stare* más directamente.— ³ En el sentido de 'tener (un verso) las sílabas que le corresponden', ya en Lope, *El Cuerdo Loco*, T. A. E., p. 6. Para ejs. y acs. de *constar*, vid. Cuervo, *Dicc*. II, 430-2; *constante* II, 428-9; *constancia* II, 427-8.— ⁴ Vid. Cuervo, *Dicc*. II, 498-500; Gillet, *Propaladia* III, 266.

ESTARCIR, del lat. EXTĔRGĔRE 'enjugar, limpiar', derivado de TERGĒRE íd. *1.ª doc.*: Palomino, 1708 (*Aut.*).

Del mismo origen y significado, cat. *estergir*; el oc. ant. *estèrzer*, fr. med. *esterdre* y rum. *şterge* son 'limpiar'. Como observa M-L., también podría tratarse de ABSTERGĒRE íd. El cambio semántico se explica por el procedimiento empleado en el estarcido, que *Aut.* describe: «traspassar el dibuxo ya picado a otra parte, e s t r e g a n d o sobre él una mazorquilla de carbón molido».

DERIV. *Estarcido*.

ESTARNA, ant., 'perdiz pardilla', tomado del it. *starna* 'perdiz pequeña'. *1.ª doc.*: 1527, Oviedo, *Sumario*, p. 494b (Nougué, *BHisp*. LXVI); Acad. ya 1817, no 1783.

En la ed. de 1843 (pero no en 1817) figura

como voz antigua, mención que posteriormente se ha borrado. Según *REW*, 8819, sería vocablo onomatopéyico.

Estatal, estatera, estática, estático, estatismo, estatua, estatuar, estatuaria, estatuario, estatuir, estatura, estatutario, estatuto, V. *estar*

ESTAY 'cabo que sujeta la cabeza de un mástil al pie del más inmediato, para impedir que caiga hacia popa', tomado del fr. ant. *estay* (hoy *étai*) íd., y éste del fráncico STÂG íd. (b. alem. med. *stach*, neerl. *stag*, ags. *stæg*, escand. ant. *stag*, ingl. *stay*). *1.ª doc.*: h. 1573, E. de Salazar (Fcha.); 1587, G. de Palacio.

Más documentación española y francesa en Jal, 664; para la etimología germánica, Gamillscheg, *R. G.* I, p. 199; Kluge, s. v. *stag*.

Estaya, V. *tajar*

ESTE I, 'oriente', tomado del ags. *ēast* íd. (ingl. *east*), probablemente por conducto del fr. *est*. *1.ª doc.*: *leste*, 1492, *Diario del Primer Viaje de Colón* (Jal, s. v.); *este*, *Aut.*

En G. de Palacio (1587) *lest* (39 r.º). Oudin (1607) registra también *l'este*, como forma propia del Océano, en oposición a *levante*, empleado en el Mediterráneo, y aunque escribe la *l* con apóstrofo, registra el vocablo en la letra *l*, reconociendo así que el artículo estaba aglutinado; también *leste* en Álvaro de Mendaña (1567) y en Minsheu (1623); otro testimonio de esta forma en el S. XVII, en Jal, s. v. *passar*. En portugués emplearon *leste* Juan de Castro († 1548), Damián de Goes († 1578), etc. En francés, el vocablo está documentado desde el S. XII, y así esta diferencia cronológica como la aglutinación del artículo francés indican que las lenguas hispánicas no tomaron el vocablo directamente del anglosajón. En los demás idiomas germánicos la palabra tiene, de acuerdo con las normas de correspondencia fonética, *au* u *o* inicial, de suerte que no cabe dudar de la procedencia anglosajona del fr. *est*; se trata de una vieja raíz indoeuropea *aus-* que designaba el alba o la salida del sol (= gr. ἠώς, lat. *aurōra*).

Será preferible tratar al mismo tiempo de los demás puntos cardinales. *NORTE, SUR* y *OESTE* proceden también del ags. *norþ, sûþ* y *west*, respectivamente, y creo que todos ellos por conducto del fr. *nord, sud* y *ouest*. *1.ª doc.*: *norte*, 1490, APal. 130b; *norte, sur* y *güeste*, todos ellos muchas veces, 1492, Colón, *l. c.*; *norte, sur* y *huest* (o *vest, vuest, oest*), en G. de Palacio 37ss.; comp. *oenoroeste* 'oesnoroeste', 1431-50, Díaz de Gámez (Jal, s. v. *poniente*).

Para documentación, vid. Wahlgren, *Studier i Modern Språkvetenskap* X, 1928, 105-145 (para el castellano, especialmente, pp. 129 y ss.). Agréguese que *sur* y *oeste* se hallan en Mendaña (1567), *norte, sur* y *oeste* en Ercilla, canto I (1569); completemos la documentación notando que Oudin (1607, 1616) da *norte, sur* y *oeste*, copiado por Minsheu (1623) y Franciosini (1620), que *norte* figura en muchísimos autores clásicos (Cervantes, Lope, Acosta, etc.; Cej. VI, § 88)[1] y que *sur* parece ser la forma constante en todos los siglos XVI y XVII, y sigue siendo casi la única en España hasta nuestros días, mientras *sud* no aparece antes de Sobrino (1734), aunque hoy tiene bastante extensión en América, predominando particularmente en la Arg.[2]. Aunque el origen del nombre de algunos de estos puntos cardinales podría hallarse en otras lenguas germánicas, el caso claro de *este* y también el de *sur*[3] indican que el origen de todos ellos deberá buscarse en anglosajón. Nada sólido permite tampoco sospechar que el francés no sirviese de intermediario para todos. En este idioma se hallan todos ellos desde el S. XII, y aunque su triunfo sobre las correspondientes denominaciones latinas o romances fué sólo paulatino en el interior y mediodía de Francia y en las narraciones de viajes terrestres, la documentación allegada por Wahlgren demuestra que en la navegación oceánica las denominaciones anglosajonas se generalizaron pronto.

Para el español, el único punto oscuro lo constituye el diferente tratamiento de la consonante final en el caso de *norte* y en el de *sur*, port. *sul*[4]. Esto no creo que pueda interpretarse suponiendo que la consonante final de *sur* corresponde al isl. ant. *súðr* o b. alem. med. *súðer*, según propone Wahlgren, pues se trata de formas muy diferentes de la española. Más bien podría sospecharse que *norte*, de acuerdo con su mayor frecuencia en lo antiguo, fuese el primero en ser asimilado, por razón de su empleo en el lenguaje poético y en la fraseología (*buscar el Norte, perder el Norte*), subrayado por Spitzer (*RFE* XVIII, 185-7). Así *norte* se habría podido tomar primero del francés, los demás nombres no llegaron a cuajar en este primer contacto, y sólo se generalizaron posteriormente en una oleada posterior tomada directamente del inglés medio, cuando ya los marinos hispanos se aventuraban más lejos en sus navegaciones; el castellano pudo transcribir la *ð* rehilante mediante una *r*. Sin embargo, *norþ* y *súþ* tenían en realidad la fricativa interdental sorda *þ* y no la rehilante sonora *ð* (comp. Kluge, *Gesch. d. Engl. Spr.* §§ 70-71, en el *Grundriss* de Paul), de suerte que debería partirse del adverbio *súðan* 'del Sur, desde el Sur', lo cual es inverosímil, y como la aglutinación del artículo en el caso de *leste* indica también origen francés, y no se ve una razón concluyente que explique el que *sur* se tomara en otra época o de otro idioma que *norte* y *este*, creo que la explicación es otra. *Nord* conservó bien su oclusiva final en francés, gracias a la posición post-consonántica,

y como la -*d* final era sorda, fué transcrita por *nort* > *norte* en castellano; en cambio, lo más frecuente en francés hasta fecha bastante reciente fué *su*, sin consonante alguna (Wahlgren, pp. 117-122), que altenaba con *surouest*[5] y aun *surest*: esto daba la impresión de un fenómeno de «liaison» francesa como *aimer* (= *emé*) junto a *aimer ardemment* (*emer ardamã*), y de ahí que en castellano se generalizara la forma *sur*. En cuanto al port. *sul*, creo que se debe al influjo de *suleste* y *su-loeste*, pues también para el Occidente se empleaba generalmente la forma con artículo aglutinado en el portugués del S. XVI (Wahlgren, p. 141): la oposición entre *suloeste* o *suleste* y *noroeste* o *nordeste* dió nacimiento a *sul* junto al primitivo *su* (duplicado que no resultaba extraño en un idioma donde junto a *os dias* y *a casa* se dice *todo-los dias, po-la casa*, etc.); posteriormente, *sul* se generalizó[6].

DERIV. *Nortada. Nortear* [1626, Corral][7]. *Norteño* [Acad. después de 1884]; muy empleado con referencia a las tierras del Cantábrico y del Norte argentino: en Chile y Perú se dice *nortino. Nórdico*, imitado del alem. *nordisch;* la forma purista *nórtico* es inusitada.

Sureño 'que habita en el Sur', muy empleado en Chile y hoy también en la Arg.[8].

CPT. Los compuestos con los nombres de dos o tres puntos cardinales se tomaron ya formados del francés y en éste del anglosajón, como indica Wahlgren. *Nordeste* [1492, Colón; *nordest*, G. de Palacio, 39 r.º]: la -*d*- es constante en esta palabra; *nordestal, nordestear* [1527, Oviedo, *Sumario*, p. 508a (Nougué, *BHisp.* LXVI)]. *Noroeste* [*norueste*, Colón; 1545, P. Mejía; Oudin; *noroest* y *noruest*, G. de Palacio, 72 v.º, 39 r.º; *noroeste*, S. XVII, Figueroa, *Hechos de Mendoza*]; *noroestear;* la diferencia entre *nordeste* y *noroeste* (sin d) procede ya del francés anticuado (*norouest*, pero *nordest*), donde se explica como se ha indicado arriba. *Nornordeste* [Colón]. *Nornorueste* [íd.] u -*oeste*.

Sudeste [ya Acad. 1843] o *sueste* (ésta la forma antigua, desde Colón hasta Oudin y Figueroa [G. de Palacio *suest*, 39 r.º]; todavía es general como nombre del sombrero impermeable, especialmente útil en las tormentas causadas por este viento; es también la forma del fr. antic. *suest*), o *sureste* (Acad.; forma rara en español, pero muy extendida en francés—*suroît*—y todavía empleada allí para el nombre del sombrero, y en general en el habla de los marinos). *Sudoeste* [ya Acad. 1843] o *sudueste* (Colón, Ercilla, Oudin, Figueroa, Pérez de Montalbán: 1632; *suduest*, G. de Palacio, 39 r.º) o *suroeste. Sudsudeste. Sursudoeste* o *sudsudoeste* (Colón: *sursudueste* y una vez *susudueste*). *Estenordeste. Estesudeste* [Colón: *lesueste*]. *Oesnorueste* [Díaz de Gámez, 1431-50: *oenoroeste;* Colón: *güesnorueste*] u *oesnoroeste* (la Acad. no admite otras formas). *Oessudueste* [Colón: *güe-*

sudueste, alguna vez *güestesudueste*], u *-oeste*.

¹ Es el único que figura en Covarr. y APal., y Zaccaria lo cita de varias fuentes de fines del S. XV, como Angleria y documentos de la colección Navarrete, y de ahí pasó al it. antic. *norte* (S. XVI, etc.).— ² Sin embargo, lo antiguo allí mismo fué *sur*, como lo prueban los derivados locales *surero*, *sureño* y *surestada*. Del predominio de *sud* en estos países, además de la influencia extranjera, es causante el influjo de *sudamericano* y *Sud-América*, donde la *-d-* triunfó más fácilmente por eufónica. Una excepción aislada a la nomenclatura española la constituye el valenciano Tosca (1651-1723), autor de tratados físicos y matemáticos, que emplea *est*, *ovest*, *nord* y *sud*. Coincidencia tan completa con las formas italianas no puede ser casual: este autor copia evidentemente un modelo escrito en este idioma. De Tosca pasaron estas formas a *Aut.* y ciertas ediciones de la Acad., pero no pueden mirarse como verdaderamente españolas.— ³ Frente al ags. *sûþ* están el a. alem. ant. *sund* y el escand. ant. *sunnan*, con la *n* etimológica conservada. El neerl. mod. *zuiden* es forma advenediza en lugar de la primitiva *zund*.— ⁴ Éste es de uso general, y está documentado desde Juan de Castro (1538).— ⁵ Wahlgren explica convincentemente esta forma, que es casi general, como analógica de *norouest*, resultante de *nordwest*, con desaparición de la *d* entre consonantes.— ⁶ Hay otra explicación del port. *sul*, quizá preferible en vista de que Juan de Castro dice *sul*, pero *sueste* 'SE.' y *sudueste* 'SO.'. El fr. *sud* ~ *su* fué sustituído en portugués por *sul* en parte porque en este idioma (que dice *idade*, *rede*, etc.) no existen palabras en *-d* final, y en parte porque la pareja *sul* ~ *sueste* parecía un caso de la alternancia frecuente en portugués antiguo entre la *-l* final y hiato intervocálico, como en *-al* frente a los plurales en *-aes*, el antiguo presente *sal* frente al infinitivo *sair*, *cal* frente a *caiar*, etc. Lo más probable es que estos factores colaborasen con los citados en el texto.— ⁷ En las Antillas significa 'lloviznar', de acuerdo con la ac. 'llovizna' que allí ha tomado *norte*, debido a que este fenómeno atmosférico es causado allí por el viento Norte.— ⁸ Falta en los diccionarios de argentinismos. Lo antiguo en la Arg. es *surero* (C. Bayo).

ESTE II, demostrativo, del lat. ĬSTE, ĬSTA, ĬSTUD, 'ese'. *1.ª doc.*: orígenes, 1100, *BHisp.* LVIII, 359; *Cid*; etc.

Cej. IV, § 57. En latín, ĬSTE se empleaba especialmente como demostrativo de las cosas próximas a la segunda persona del coloquio, y también con un matiz despectivo: es decir, con los valores típicos del demostrativo castellano *ese*, más bien que de *este*. Para los pormenores semánticos y empleos especiales, remito a las gramáticas; ast. *esti* (V), como en Berceo. Me limitaré a citar, como punto curioso, que el empleo de *éste* como muletilla o bordón, tan extendido en el habla vulgar moderna, no es más que la continuación del que se hacía antiguamente con *aquéste*, muy usado de esta manera, según comenta irónicamente Juan de Valdés (*Diál. de la L.*, 149.1)¹.

Cpt. *Aqueste* antic. [*Cid*]; todavía muy usual en el S. XVI y principio del XVII², pero sobre todo en el estilo arcaizante por poético o en un tono de prosa muy elevado, o bien, por el contrario, como vocablo rústico (véanse los ejs. en Cuervo, *Dicc.* I, 595-6), y así Quevedo en el *Cuento de Cuentos* vitupera ya el uso de *aqueste* por *este*, diciendo que es el vocablo «peor»: pudo influir en este sentimiento de los círculos idiomáticos cultos el desprestigio en que había caído el vocablo por su empleo como muletilla; *aqueste* procede del lat. vg. ECCUM ISTE 'he aquí: ¡éste!', generalizado después como mero equivalente de ISTE en el cat. y oc. ant. *aquest* e it. *questo*.

¹ «*Aqueste*, pues, assí, no sé qué... son bordones de necios..., que algunos toman a que arrimarse cuando, estando hablando, no les viene a la memoria el vocablo... unos ay que se arriman a *¿entendéisme?*... Otros se sirven de *aqueste*, y se sirven más dél que de cavallo de muchas sillas... Otros... diziendo: tomé y víneme y tomamos y vinimos». La razón por la cual *aqueste* era preferido a *este* con tal valor es fácil de ver: era más largo y dejaba más tiempo para hallar el vocablo rebelde a la memoria.— ² Todavía en la poesía del S. XIX, pero entonces es ya amanerado.

ESTEARINA, derivado culto del gr. στέαρ, στέατος, 'sebo'. *1.ª doc.*: Acad. ya 1884, no 1843.

Deriv. *Esteárico* [íd.]. *Esteatita* [íd.].

ESTEBA, 'cierta gramínea', tomado del lat. *stoebe*, y éste del gr. στοιβή íd. *1.ª doc.*: *steba*, 1555, Laguna (*Aut.*); *esteba*, Terr.

Deriv. *Estebar*.

Esteba 'pértiga', *estebar* 'embutir paño', V. *estibar*   *Estegomia*, V. *techo*

ESTELA 'rastro de oleaje y espuma que deja una embarcación', en portugués *esteira*, procede del lat. AESTUARIA, plural de AESTUARIUM, que tendría el sentido de 'agitación del mar', como AESTUS, -ŪS, del cual AESTUARIUM es derivado; aunque en la forma castellana no está bien explicado el cambio de *-r-* en *-l-*. *1.ª doc.*: la *stela*, 1573, E. de Salazar (*Cartas*, ed. *Biblióf. Esp.*, p. 49); *estela*, 1587, G. de Palacio, *Instr.* 142 v.º.

El port. *esteira* significa lo mismo que la voz castellana, y se halla ya varias veces en la *Crónica do Conde D. Pedro*, de Eanes de Azurara

(3.ᵣ cuarto del S. XV), vid. Jal; también en Mendes Pinto (1541), Juan de Barros (h. 1550) y en Freire de Andrada (S. XVII); es verdad que muchas veces se emplea en frases como *vogar pela esteira* o *vir na esteira de um navio*, en el sentido de seguir otra nave el rumbo de éste. pero esto no es razón para derivarlo del ingl. *to steer* 'gobernar una nave' (según hace Solano Constâncio), pues éste no es más que un empleo especial, derivado naturalmente del sentido general del vocablo. También es erróneo y aun absurdo derivarlo del it. *stella* 'estrella', según hacen Jal y la Acad., alegando que la estela brilla, como las estrellas. Pero tampoco es verosímil la etimología de Fokker, *ZRPh.* XXXVIII, 483, ár. *'istiṭâla*, nombre de unidad de *'istiṭâl* 'prolongación', que a su vez es nombre de acción de la décima forma del verbo *ṭâl* (comp. *DESTARTALADO*): esto no explica la forma portuguesa, y además es raro que una voz romance proceda de un nombre de acción arábigo. Quizá entreviera la verdad Cortesão al comparar *esteira* con *esteiro* 'estero', pero el significado de este vocablo portugués no tiene nada que ver hoy en día con el de *esteira*.

Es menester remontarse hasta el latín. Y aunque ahí no tenemos noticias seguras de que AESTUARIUM significara 'estela' u 'oleaje'[1], el hecho indudable es que AESTUS es 'agitación del mar', 'oleaje', 'fluctuación encrespada', 'marea', y el mismo debió de ser el sentido inicial de su derivado AESTUARIUM, de donde vinieron luego las acs. conocidas 'paraje inundado por la marea', 'laguna, marisma, piscina', 'desembocadura de un río'; sea partiendo del sentido inicial de AESTUARIUM, o suponiendo que *esteira* sea un derivado meramente romance de AESTUS, no hay dificultad alguna en explicar así esta voz portuguesa: la desaparición de la U en hiato tras dental, se da también en *estero*, port. *esteiro*, descendiente incontestable de AESTUARIUM, en *enero*, port. *janeiro*, de JANUARIUS, en el port. *janela* 'ventana', de JANUELLA, etc.; semánticamente comp. el fr. *remou(s)* 'estela' (Jal), propiamente 'remolino'. Una voz emparentada parece haber existido en catalán antiguo, donde *fer una estereya de galees* era 'formar una hilera de galeras que navegan una tras otra' en documento barcelonés de 1472 (Faraudo, *Misc. Fabra,* 154), significado en relación con el del port. *esteirar* «suivre une direction, une route; être dans les eaux d'un navire», y con los usos de *esteira* señalados arriba[2].

La dificultad está en la *-l-* cast., aunque ésta no puede ser dirimente en un idioma donde se dice *ESPUELA, ESQUILAR, ESQUILO,* en lugar de *espuera, esquirar, esquiro,* y lo mismo ocurre en tantos arabismos; de todos modos en nuestro caso cuesta hallar explicación convincente de la anomalía, pues el influjo de STELLA, aceptable quizá con carácter de etimología popular, sólo

sería posible en catalán o en italiano, y nuestro vocablo en estos idiomas parece ser castellanismo de escaso arraigo[3]; quizá sea *estela* un portuguesismo en castellano, según indicaría su mejor documentación y mayor antigüedad en este idioma; ahora bien, el cambio de *-r-* en *-l-* no extrañaría en un advenedizo; las terminaciones *-el(o)*, *-ela*, habían de sonar a los oídos castellanos como típicamente portuguesas, provenzales o francesas (puesto que en estos idiomas correspondían a los frecuentes sufijos -ELLUM, -ELLA), y así como en las palabras de procedencia galorrománica o catalana es frecuente la sustitución de *-(i)er, -era* por *-el, -ela* (*timonel, furriel, corcel, broquel, laurel, papel, dosel, charnela*), no sería extraño que marinos poco conocedores del portugués alteraran **estera* en *estela,* por sentirlo como voz extranjera, y que una vez nacida esta alteración se generalizase, porque evitaba todo equívoco con el más familiar *estera* 'alfombra de pleitas'.

[1] La definición de AESTUARIA «ubi duo maria conveniunt», en el glosario *CGL* V, 344.24, se referirá a la ac. 'desembocadura de un gran río', documentada en Tácito (*aestuarium Tamesae*). Un glosario anglosajón (*CGL* V, 341.47) traduce el mismo plural por «fleutas», que nos recuerda el ingl. *floods* 'olas', 'aguas', lo cual nos llevaría ya al sentido que necesitamos, pero creo que se trata del ingl. antic. y dial. *fleet* «a place where water flows; a creek, inlet, run of water», en anglosajón *fléot,* al fin y al cabo pariente de *floods.* Claro que todo esto nos confirma cuán fácilmente se pasa en todas partes de una de estas ideas a la otra.— [2] Es verdad que es extraño este sufijo *-eya.* Difícilmente puede ser -ITIA, que no forma derivados de sustantivos; tanto menos cuanto que la *-y-* antihiática, frecuente hoy en catalán oriental, apenas se halla en los dialectos occidentales, que es donde -ITIA da *-ea,* y no *-esa* como en aquel dialecto. Haría gran falta comprobar la lección en el manuscrito.— [3] En catalán lo emplea Verdaguer, que era de tierras adentro, y lo registran en su Vocabulario de la Pesca Amades y Roig (*BDC* XIV), aunque sin localizarlo, mas puedo asegurar que en realidad no lo emplean los pescadores, y que lo popular es *el deixant* o *les aigües d'una barca;* también Fabra lo excluyó de su diccionario. En Italia está hoy anticuado, y sólo se documenta *stela* en el diccionario de Neuman (1800) y *stella* en el de Stratico (1814); en italiano siempre se ha dicho *la scia.*

Estela 'estelaria', V. *estrella*
Estela 'monumento', V. *estar*
Estelado, estelar, estelaria, V. *estrella*
Estelarse, V. *destartalado*
Estelífero, esteliforme, estelión, estelionato, V. *estrella*
Estema, estemar, V. *estigma*
Estenar, V. *estero*
Estelo, V. *estilo*
Estelado, estelar, V. *estrella*
Estelarse, V. *destartalado*
Estellar, V. *estallar* y *estéril*
Estemple, V. *estampar*

ESTENOGRAFÍA, compuesto culto del gr. στενός 'estrecho' y γράφειν 'escribir'. *1.ª doc.:* Acad. 1884, no 1843.

Deriv. *Estenosis*, derivado de στενός. Cpt. *Estenógrafo. Estenográfico. Estenocardia*, compuesto con καρδία 'corazón'.

Estenordeste, V. *este   Estenosis*, V. *estenografía   Estentinos*, V. *intestinos*, s. v. *entre*

ESTENTÓREO, tomado del lat. tardío *stentorĕus* 'relativo a Sténtor, héroe de la Ilíada cuya voz era tan poderosa como la de 50 hombres juntos', gr. στεντόρειος, derivado de Στέντωρ. *1.ª doc.:* stentóreo, 1615, Villaviciosa (*Aut.*).

ESTEPA I, 'erial llano y muy extenso', tomado del ruso *step* f., íd., por conducto del fr. *steppe*. *1.ª doc.:* Acad. 1884, no 1843.

En francés, desde el S. XVIII.

Deriv. *Estepario.*

ESTEPA II, 'mata de la familia de las cistíneas', del hispano-latino STIPPA íd., de origen incierto; hay variante STIPA en los manuscritos de San Isidoro, que parece haber dado el port. *esteva* 'estepa negra'; en cuanto al it. *stipa* 'maleza de retamas, arbustos y fajina', no es seguro que sea el mismo vocablo. *1.ª doc.:* J. Ruiz, 219*b*.

El sentido es claro en este pasaje: «La sobervia e ira, que non falla do quepa, / avaricia e loxuria que arden más que *estepa*»; la corrección *estopa* propuesta en *BKKR* es impertinente en vista de la rima (*cepa, lepra*) y de que la estepa, especie de jara, es mata que se enciende con gran facilidad, como saben todos en las zonas de España donde existe esta mata (comp. el refrán «la estepa tan bien arde verde como seca», Aguado). Registran *estepa* Covarr. y *Aut.*, y lo emplearon Corral (1626) y muchos. En Cataluña la *estepa* es muy conocida como nombre de diversas variedades de *cistus*, particularmente el *cistus albidus* (vid. Fabra): el timbre de su vocal en los varios dialectos corresponde a una Ē o ǐ latina[1]. El port. *estéva* designa más bien la estepa negra, *Cistus Ladaniferus*; con la grafía *esteba*, y su derivado *estebal*, figura ya en Fernán Lopes (h. 1440), según Moraes[2], y no es inverosímil que ésta sea la única grafía autorizada, pues el vocablo parece hoy usarse sobre todo en el Norte (en vista de la cita de Castelo Branco, dada por Fig.), donde no se distingue oralmente entre los dos fonemas[3]; en Galicia se dice *estepa* o *esteva* (Vall.). En mozárabe 'ištibb o 'istibb está bien documentado en Abenalỳazzar († 1004), en el glosario botánico de h. 1100 y en otra fuente hispánica, como nombre del *cistus* (Simonet, s. v. *extip*; Asín, pp. 141, 225, 252-3), PAlc. equipara *iztĭpa* a 'jara', y en el árabe de Marruecos se dice hoy *eštepa* (Lerchundi). Alteración de *cepa* por adaptación a *este-*

pa: berciano *ecepa* (Villafranca, Vilela), Sarm. *CaG.* 141*v*.

Parece claro que San Isidoro (*Etym.* XVII, vii, 56, comp. XIX, xxvii, 2) se refiere a nuestra planta con su *sti(p)pa*, citada junto con arbustos como el torbisco, la caña, el madroño, el saúco, el boj, el ramno y el espino, con la explicación «*stipa* vocata propter quod ex ea stipentur tecta; hinc et stipula, per diminutionem»; Lindsay prefiere la forma *stipa*, quizá en razón de la etimología isidoriana, pero el ms. *T* da *stippa* (a la cual corresponde la forma española), *D* y *E* traen *stepu*, y *F stepa*: éste puede ser pronunciación vulgar de un STǏPA, del cual vendría la forma portuguesa. Si nuestro vocablo es de raíz latina, puede pensarse en emparentarlo con STĪPARE 'amontonar, apretar', o con STĪPŬLA 'rastrojo', y también con STĪPES 'tronco, rama', y además que hay que tener en cuenta que según Servio y Festo existiría un STIPA 'paja para embalar vasijas' (vid. Ernout-M., s. v. *stipula*)[4]. STIPARE desde luego se relaciona el colectivo it. *stipa* 'maleza de retamas, arbustos y leña menuda, monte bajo que llena los bosques', que en Dante es 'montón', según su comentarista Buti significaba 'seto', y para Simintendi, traductor trescentista de Ovidio, era 'rastrojo'; pero ni el sentido de la voz hispánica ni su tipo etimológico STĪPPA o STǏPA coincide con el de la voz italiana. Como por otra parte el área geográfica del nombre de planta *estepa* es estrictamente iberorrománico y no se halla ni siquiera en lengua de Oc, cabe sospechar un origen prerromano hispánico, a lo cual se inclinaba posiblemente M-L., *Homen. a M. P.* I, 80, al relacionar con él, en su estudio de la toponimia prerromana, los nombres de lugar *Estepa* (Soria) y *Estépar* (Burgos). Imposible partir del raro y local *estrepa*, que *GdDD* 6341 supone procedente de STĪPŬLA (cuya -P- se habría sonorizado), admitiendo que *istip* resulte de lo mismo con una insólita reducción mozárabe y que de ahí saliera luego *estepa*.

Deriv. *Estepar. Estepero. Estepilla.*

[1] *Estèpa* en Sant Pol, Montnegre, Vidreres y en general en catalán oriental; *astépa* en la Pobla de Cérvoles. En el Priorato se llama con los derivados *estepera* (estap-) o *esteperola*.— [2] No resulta bien claro que se refieran a una planta las dos menciones de *esteva* en doc. de 1258, relativo a la zona Duero-Tamega, y citado por Cortesão, *Subs.*; como nombre de lugar figuraría *Esteba* [?] en el mismo documento (íd., *Onom.*).— [3] Por lo demás, la -*v*- podría compararse con la del port. dial. *resteva* 'rastrojo' STIP(UL)A.— [4] El parentesco sería de fecha indoeuropea o al menos desde luego no latina. Recuérdese el griego στιβάς, -άδος 'yacija de paja o de follaje': en la Ciropedia, p. ej., Ciro recibe a Gobrias ἐπὶ στιβάδος κατακλινείς (V, II, 15), en un lecho de hojarasca, para mostrar al asirio

la austeridad de las costumbres persas. Para la familia del griego στείβω 'pisar, apretar' y del lat. *stipare*, vid. Pokorny *IEW* 1015; cf. además στιβαρός 'apretado, compacto' (en el cual Benveniste *Or. F. des N. en Ieur.*, 19, ve un tema indoeuropeo en -R / cero), prus. ant. *stebelis* 'cabellos' (Elbing, 69), scr. *stibhi-* 'mechón', paleoesl. *stĭblĭ* 'tallo', *stĭblije* 'rastrojo', letón *stiebrs* 'junco', lat. *stĭpes* 'palo, tronco', *stĭpare* 'estibar, atiborrar', fris. e ingl. *stipe* 'tallo, palo'. Esta variedad de significados y de formas, unas del tipo STĬP-, otras STIBH-, otras STIB-, otras STĬPP-, comprueba que el vocablo no tenía terminación bien fija en la familia indoeuropea y que lo mismo podía designar paja u hojarasca que camada de paja u otro vegetal de poco valor (de donde luego 'estibar' y 'compacto'), por lo tanto también la estepa.

ESTERA, del lat. STORĔA íd., probablemente pasando por **estuera*. 1.ª doc.: estera, APal. 472d[1]; «estera: stora [sic], stragulum sparteum», Nebr.; 1519, Woodbr.

Aut. agrega varios testimonios desde el año 1600; Cej. IX, § 194. No conozco documentación medieval: luego no es llamativo el que la forma *estuera* no esté documentada, pues no hay duda de que tales formas con *ue* arcaico no se encuentran ya nunca a fines del S. XV. Diez, *Wb.* 308, Ford, *O. Sp. Readings*, y M-L., *REW*, 8279, estaban de acuerdo en explicar *estera* como reducción fonética de **estuera*, donde *uer* sería el resultado regular de ORI. Pero se oponen a Hanssen, *BDR* III, 122, y M. P., *Man.*, §§ 13.2, 83.4, alegando el port., gall. y mirand. *esteira*, que supondrían un **STARIA* por cambio de sufijo. Si con ello se entiende que en castellano la terminación *-uera* ha resultado sustituída por *-era* (que suele corresponder a -ARIA), no me opongo, a condición de que se comprenda bien que el móvil primero de la sustitución fué el fonético (relacionado con el caso de *fr(u)ente* y *fl(u)eco*), como en **tisueras* > *tijeras* (TONSŌRIAS), *rasuero* > *rasero* (RASŌRIUM)[2], y en general en el sufijo *-d(u)ero* o *-t(u)ero* < -TŌRIUM, recuérdense los antiguos *cobertuera*, *cobdiciaduero*[3]; pero si se quiere decir que existió en latín o en romance primitivo una base **STARIA*, no creo que nadie acepte tan extraña hipótesis: -OREA no era ni podía ser percibido como sufijo en un vocablo que entonces se hubiera quedado sin radical.

Es forzoso e inevitable admitir que el gallegoportugués *esteira* es un castellanismo, medio asimilado con una ligera sustitución fonética, por más que esté documentado desde el S. XVI[4]: la forma advenediza fué bien acogida, quizá porque permitía distinguir de *estourar* 'estallar' y *estouro* 'estruendo, estallido'[5]. En cuanto a explicar el port. *esteira* por un **S(TA)TARIA* de STARE, como quiere Leite de V. (*RL* III, 266), no

hay que pensar en ello, tratándose de una voz interromance de etimología conocida; tampoco sirve de nada decir con J. J. Nunes (ibíd.) que se cambió **estoira* en *esteira* «para evitar» la confusión con HISTORIA. Obsérvese que el cast. *estera* se ha propagado también al fr. *estère* [1723] y al campid. *stera*. Descendientes castizos de la voz latina son el cat. *estora*[6], oc. ant. *estueira*, it. *st(u)òia*.

No podemos asegurar si STOREA tenía o larga o breve, pues sólo se halla en prosa (César, Livio, Plinio, S. Isidoro): la forma española puede corresponder a cualquiera de los dos vocalismos, el cat. *estora* postula imperiosamente Q (STŌREA habría dado **estuira*), mientras que la forma occitana[7] y la italiana corresponden a Q. Si, como admiten algunos (Ernout-M. no se pronuncian), STOREA es derivado grecolatino de στορεννύναι 'extender, alfombrar' (o del poético στορνύναι), su timbre vacilante se explicaría por el timbre cerrado y la cantidad breve de la ómicron griega.

DERIV. *Esterilla. Esterar* [Guevara, *Epístolas*, II, p. 89 (Nougué, *BHisp.* LXVI)]; *estero* 'acto de esterar'. *Esterero* [doc. mozárabe de 1141, cita de Oelschl.]; *esterería*.

[1] «*Storia* por *estera* que se lança sobre el suelo, porque dende se fagan strados de paños encima echados. Es de lana o de algun otro material, como de sparto».— [2] Un caso de reducción semejante parece presentar el antiguo *estero* 'custodia' de la *Disputa del Alma y el Cuerpo* (1201: *tos dineros que tu misist en estero*), correspondiente al ast. occid. *estoiro* 'departamento reservado en el arca', es decir, lo mismo que el port. *estojo*, gall. *estuxo*, ast. *estoyu* (Rato, Canellada), o sea el lat. STŬDIUM, quizá alterado localmente en **STŬRĬU*; la -r- asturiana se explica fácilmente por la frecuencia del sufijo *-oiru* en este dialecto (mientras que *-oyu* es terminación rara). Comp. el cast. ant. *estero* 'depósito' con fr. ant. *estuire* «réduit, cachette» empleado por Jean Bodel y otros, variante de *estu(i)de, estui*: *VRom.* IX, 244. Como en francés la representación semiculta de D intervocálica por -r- es un hecho general y aun normal, puede sospecharse que el ast. *estoiro* y el hápax cast. ant. *estero* resulten de una adaptación del fr. ant. *estuire*, tomado en préstamo.— [3] En el caso de este sufijo también ha vacilado M. P.: en § 13.2 habla de cambio de sufijo; en § 14.2, de una simplificación fonética. Esto último es indiscutible en vista de las formas antiguas, y en vista de que el gascón distingue por el timbre el sufijo *-dé, -déra*, con *e* cerrada (< *-dué*), de *-è, -èra*, procedentes de -ARIUM, con *e* abierta (*lauadé, abeuradé, debiadéra, arraséra, pletéra*—**APPLICTŌRIA*—, frente a *erbè, hustè, gè* 'enero', *hereuè* 'febrero', *mainadèra, crabèra*, etc.).— [4] Vieira cita ejs. en Mendes Pinto (1541), Soropita († 1622) y Manuel Bernardes († 1710), y Moraes señala el verbo *esteirar* en Juan de

Barros (h. 1550).— [5] Cuyo origen no se ha estudiado. Quizá correspondan a un cast. *estronar, comp. *estruendo;* en portugués correspondería *estroŭar* con ŭ antihiática, y de ahí *estorŭar* (como *apertar, entergar*) > *estourar.*— [6] De ahí cast. *estora* 'estera de carro' (Acad., después de 1899).— [7] Hay sólo dos ejs. medievales, uno de Narbona; otro de Raimon d'Avinhon (¿S. XIV?). Modernamente en Provenza se emplea el cultismo *estòri,* y Mistral cita un bearn. *estèiro,* pero éste falta en Palay.

Esteral, V. *estero*   *Esterar,* V. *estera*   Estercoladura, estercolar, estercolero, estercolizo, estercóreo, estercuelo,* V. *estiércol.*

ESTEREO-, forma prefijada de palabras cultas, procedente del gr. στερεός 'sólido, duro, robusto', 'cúbico': *estereometría* [1732, *Aut.*], compuesto con μέτρον 'medida', *estereométrico* [1709, Tosca]; *estereografía* [*Aut.*: stereo-], *estereográfico* [1708, Palomino] y *estereógrafo,* compuestos con γράφειν 'escribir, dibujar'; *estereotipia* [ya Acad. 1843], antes *estereotipa,* con sus derivados *estereotípico, estereotipar* y *estereotipador,* compuestos con τύπος 'impresión, huella, molde'; *estereoscopio* con su derivado *estereoscópico,* compuestos con σκοπεῖν 'mirar'; *estereotomía,* compuesto con τέμνειν 'cortar'; *estereocomparador. Estéreo* [Acad. 1884, no 1843], tomado del gr. στερεόν 'cubo'.

Esterería, esterero, V. *estera*   *Estérico,* V. *histérico*

ESTÉRIL, tomado del lat. *stĕrĭlis* íd. *1.ª doc.*: *estérile,* APal. 28b; Nebr.; *estéril,* 2.º cuarto S. XV, Pz. de Guzmán (C. C. Smith, *BHisp.* LXI); 1570, C. de las Casas.

El sinónimo popular *estil,* ya empleado como vulgarismo rural en el *Quijote,* en Fernández Ávila (Málaga, 2.º cuarto del S. XVIII), y hoy 'seco, caluroso', 'estéril, escaso' en Salamanca, *estiel* 'bestia machorra' en la Montaña, no creo que venga de STERILIS con -RL- > -ll- (como en *dejallo*), según admite Spitzer, *Litbl.* XLV, 54, pues me parece dudoso que haya verdadera relación con el montañés *estellar,* que G. Lomas define «dejar de ordeñar», pero más bien será 'rendir poca leche, gotear (la leche)' y provendrá de STĬLLARE 'gotear' (vid. *DESTELLO); aunque *astilencia* ya figure en las Cortes de 1377 («por la gran *astilencia* de menguamiento de los frutos de este año pasado que muchos labradores...», *DHist.*)[1], me inclino a creer que el sentido primitivo sea el salmantino 'caluroso, seco', y que se trate de un *estiil,* adjetivo derivado de *estío,* como ya apunta vagamente Lamano; de ahí se pudo pasar a *esteil* y *estiel.*

DERIV. *Esterilidad* [Palencia, *Perfección,* pp. 354b, 355b (Nougué, *BHisp.* LXVI); Nebr.]. *Esterilizar; esterilizador; esterilización.*

[1] En realidad creo que esto significa 'la gran carestía o hambre a causa de la escasez de frutos', y que se trata más bien de una disimilación de *abstinencia.*

Esterilla, V. *estera*   *Esternedero, esternerse,* V. *estrado*

ESTERNÓN, del fr. antic. *sternon* (hoy *sternum,* pron. *stęrnóm),* y éste tomado del b. lat. *sternum,* gr. στέρνον íd. *1.ª doc.*: 1730, M. Martínez (*Aut.,* s. v. *sternon);* Terr.

El fr. *sternon* figura en Furetière (1690): la terminación latina *-um* solía pronunciarse *-ŏ* en francés antiguo.

Esternudar, V. *estornudar*   *Estero,* ant. 'custodia',* V. *estera,* nota 2

ESTERO, del lat. AESTUARIUM 'terreno costeño anegadizo, que se inunda en la pleamar', 'laguna, marisma, piscina junto al mar', 'desembocadura de un gran río', derivado de AESTUS, -ŪS, 'agitación del mar, oleaje'. *1.ª doc.*: APal., «*estero,* acogida de barcas y morada de algund solitario», 471b; «*estero de mar:* aestuarium», Nebr.; 1513, Woodbr.

Oudin define *estero* como «le soupirail d'une cave», ac. que en latín conocen Plinio y Vitruvio, y *estero de mar* como «bras de mer, enflement de la mer, la rade ou rivage où la mer flotte et se debat». *Aut.* dice que es lo mismo que *albufera,* ·y éste lo define «laguna... que se origina de las crecientes del mar u de los ríos, que se difunden y derraman en tierras baxas y profundas, como es la de Valencia, que viene del mar, y las que en la Mancha forma el río Guadiana en su nacimiento»; agrega cita de Bartolomé Argensola (1609) «puso su navío en un *estero* que forma el río» y otra de Góngora «liberalmente de los pescadores / al deseo el *estero* corresponde»; Francisco Gaspar de Carvajal (1542) en su *Descubrimiento del Río de las Amazonas* habla de un pueblo «que estaba metido en un *estero,* donde se remataba una sabana o vega de más de dos leguas por la banda del río», ed. J. T. Medina, 1894, p. 67: parece tratarse de una población palustre. La Ac. en 1843 definía «caño o brazo que sale de un río y que participa de las crecientes y menguantes del mar, con lo que a veces es navegable», y hoy mantiene una definición semejante, siempre referente a la costa marítima.

En las tierras de América el vocablo tuvo y conserva vida más lozana, y a menudo se refiere a parajes del Interior continental, de acuerdo con una tendencia semántica que he estudiado en detalle (*AILC* I, 25); del artículo de Friederici, *Am. Wb.,* 246-7, pongo de relieve los testimonios siguientes: 'laguna que forman en su desembocadura los afluentes de un gran río', con referencia a Tierra Firme, Simón (1626); 'laguna que forma un arroyo en su desembocadura al mar', Portolá (California, 1770); 'canal que une dos ríos', Humboldt (*Voyage aux Régions Équinoxiales*, h. 1800); 'marisma en un valle', Belt (Nicaragua, 1874); 'laguna alargada en forma de canal', 'antiguo brazo de río o meandro desecado', Termer (Guatemala y Tabasco, 1942). Agréguese, en Venezuela, «sitio hondo en el cual van deteniéndose las aguas» (Picón Febres); en la Colombia amazónica «terreno bajo y lagunoso» (Rivera, Glosario de *Vorágine*, ej. en p. 77, ed. Losada); en Entre Ríos (Arg.) 'laguna llena de vegetación acuática' (E. Acevedo Díaz h., *Bol. Bibliogr. Arg.*, 1941, p. XXIX); en el Chaco, 'laguna formada por un río en las llanuras de suelo arcilloso' (íd., p. XXX); 'riachuelo de márgenes inundadas' en San Juan (Arg.), 'remanso de un río' en el Sur de Chile (*Guía del Veraneante*, 1942, p. 244); 'arroyo, riachuelo, torrente de alta montaña' en los Andes chilenos (Ortúzar; centenares de ejs. en la Carta chilena de Estado Mayor al 1:100.000). Con acs. semejantes a las españolas aparece *esteiro* en portugués; en la Gascuña marítima, *estèy* es «chenal, petit cours d'eau» (Palay, Mistral), fr. occid. *étier* «chenal allant de la mer à un marais», «chenal de moulin» (Bloch).

Como el vocablo presente no parece haberse conservado en otras partes, resulta ser término exclusivo de lo que podríamos llamar el romance oceánico[1]. Para otro descendiente del mismo vocablo latino y otras precisiones semánticas y fonéticas, vid. ESTELA.

DERIV. *Esteral* arg. 'estero en su ac. argentina'. *Estuario* [1708, Tosca], duplicado culto de *estero*; *estuación*, tomado del lat. *aestuatio, -ōnis*, íd. *Estiaje* [Acad. 1884, no 1843] 'caudal mínimo que en ciertas épocas del año tienen las aguas de río, estero o laguna', del fr. *étiage* [1783], derivado del fr. occid. *étier* 'estero', estudiado arriba; como el estiaje suele alcanzarse durante el verano, han supuesto algunos que el vocablo sea derivado de *estío*, pero además de que ésta es palabra poco popular en español, y el sufijo *-aje* es poco castizo en este idioma, las primeras documentaciones del vocablo corresponden al territorio lingüístico francés, en el cual no se ha conservado el lat. AESTIVUS (> *estío*). Dámaso Alonso en su artículo de la NRFH VII, 157-64, ha visto también que *estiaje* es galicismo y debe separarse del port. *estiar* 'serenar el tiempo', 'cesar de llover'; a esta opinión se adhiere M. L. Wagner en ZRPh. LXIX, 391, rectificando la identificación que había admitido en las pp. 364-5 entre estas dos familias, de las cuales la segunda ha de proceder de EXTENUARE 'hacerse menos densas (la lluvia y las nubes)', en vista de la forma *estenar* de Laciana, Astorga y Oeste asturiano; comp. TENUE.

[1] Alguna huella suelta parece hallarse, sin embargo, en la toponimia pirenaica catalana: *Estalavedra* (AESTUARIA VETERA), valle con lagunas en la alta Vall Ferrera; *Engolasters*, aldea a orillas de un lago en Andorra (< ¿*gola d'esters?*).

Esterquero, esterquilinio, V. *estiércol*

ESTERTOR, derivado culto del lat. *stĕrtĕre* 'roncar durmiendo'. 1.ª doc.: Terr.

Existe la misma formación en portugués (*estertor*) y como término muy culto en inglés (*stertor*), ahí documentado desde 1612. No hay duda de que el vocablo se formó en el latín moderno de ciertos tratados de medicina. También empleó *stertore* el italiano Redi (S. XVII), pero en Italia está hoy en desuso, y este autor está muy impregnado de españolismos, de suerte que *stertore* podría ser uno de ellos, aunque no tengo datos de la existencia del cast. *estertor* antes del S. XVIII (falta Oudin, Covarr., Franciosini, *Aut.*, etc.). Es voz ajena al francés (*râle*), al catalán (*ranera*) y a otros idiomas modernos.

DERIV. *Estertoroso*.

Estesudeste, V. *este*

ESTÉTICO, tomado del gr. αἰσθητικός 'susceptible de percibirse por los sentidos', derivado de αἴσθησις 'facultad de percepción por los sentidos' y éste de αἰσθάνεσθαι 'percibir', 'comprender'. 1.ª doc.: Acad. 1884, no 1843.

DERIV. *Estética*.

Anestesia [Acad. 1884, no 1843], derivado de αἴσθησις con el prefijo privativo αν-, *anestesiar* [Pardo Bazán, h. 1880 o 90]; *anestésico* [1865, Farmacopea]. *Disestesia*, íd., con el prefijo peyorativo δυσ-. *Hiperestesia; hiperestesiar*.

ESTETOSCOPIO, compuesto culto del gr. στῆθος 'pecho' y σκοπεῖν 'examinar'. 1.ª doc.: Acad. 1884, no 1843.

DERIV. *Estetoscopia*.

ESTEVA, del lat. vg. *STĒVA, que parece ser variante dialectal, umbro-sabélica, del lat. STĪVA, íd. 1.ª doc.: 1369, invent. arag., VRom. X, 149; h. 1400, Glos. del Escorial y de Toledo; APal. 48b, 50b, 472b; Nebr.

Del mismo origen port., cat. (> sardo *isteva*) oc. *esteva*, it. *stegola* (*STĒVULA*). Según puso de relieve M-L., *Einf.*, § 106, el vocalismo de estas formas no corresponde a la ī latina, bien comprobada por la métrica de Virgilio y Ovidio; aunque se ignora la etimología indoeuropea de STĪVA, no halla obstáculos la suposición de que su ī proceda de un antiguo diptongo EI, reducido a Ē en las hablas umbro-sabélicas. Algún resto suelto del clásico STĪVA parece haberse conservado (M-L., REW, 8269): Mistral cita *estivo* como forma propia de Marsella (pero *estevo* en el resto del territorio occitano), y en el leonés de Astorga y Maragatería se dice *tiva* (A. Garrote; Concha Espina, en *BRAE* III, 44; comp. *esteba*, s. v. *ESTIBAR);* otros son todavía más dudosos[1].

Deriv. *Estevón. Estevado* 'que tiene las piernas torcidas en arco, de suerte que juntando los pies quedan separadas sus rodillas' [«*estevado de piernas:* varus», Nebr.], por semejanza con la curvatura de la esteva, según ya indicó Covarr.[2]; el port. *estevado* (Fig.) y el cat. *estevat* (Griera, *Tresor*)[3] se aplican solamente al ganado.

[1] Escrig registra *estiva* junto a *esteva* como valenciano. La fuente de aquella forma puede ser el artículo «*estiba: esteba del arado*» del diccionário de Sanelo (S. XVIII), del cual no tengo otras confirmaciones. Como en el mismo folio 76 Sanelo registra «*estiba: castigo*», cabe dudar si no se trata de una interpretación del verso 623 de Jaume Roig, cuyo significado es oscuro a primera vista. Hablando del carácter variable de las mujeres dice «més que·l penell / les muda ·l vent /; may llur jahent / nunca [léase: *nunc'ha*] sa *stiba*, / ne hon fort tiba / llur flux voler, / mon vell saber / ha sdevengut». Entiendo 'nunca alcanza su estabilidad o equilibrio' (*estiba* 'acto de estibar la carga de un buque'), y más abajo ordeno «mon saber ha sdevengut vell». En cuanto a la forma *estepa* que Griera, *BDC* XI, 94, atribuye a San Feliu de Guíxols, tampoco tengo confirmación de tal forma, que con razón extraña M-L., y que ni siquiera recoge Griera en su *Tresor*.— [2] C. de Castillejo (1.ª mitad del S. XVI) habla de un *estevado de los brazos* (Fcha.) y Polo de Medina de un *estevado del cuerpo* (*Aut.*): la limitación a las piernas no es, pues, necesaria.— [3] Fabra lo excluyó, como si no fuese voz genuina, y mis materiales tampoco me permiten confirmarlo, pero Fabra lo agregó en 1946 a su dicc. en una lista de adiciones, de que tengo copia (no sé por qué no ha pasado a la ed. de 1954). Figura ya en diccionarios del S. XVI (Alcover). Griera localiza en Valencia y en Gaià (cerca de Manresa), y además cita *estevós* en el mismo sentido, en Igualada.

Estevado, estevón, V. *esteva   Estezado, estezar,* V. *tez   Estiaje,* V. *estero*

ESTIBAR, 'apretar, recalcar cosas sueltas para que ocupen el menor espacio posible', 'distribuir convenientemente todos los pesos del buque', del lat. STĪPARE 'meter en forma compacta', 'amontonar'. 1.ª *doc.*: med. del S. XV, trad. del Decamerón; 1481, en el *Espejo de la Vida Humana*, traducción del libro latino de Rodrigo Zamorano (donde parece significar 'atiborrado', vid. el texto en *Aut.*, s. v. *estivar);* 1490, APal. («*stipare* es *estibar*, apretar, cercar en derredor, ceñir y ayuntar», 89b; «*condensa*: cosas espesas, *estibadas* y oscuras», 89b; «*consitum: e.tibado* y de espesa sombra», 91d; «*Galgala* se interpreta rueda o cosa *estibada*», 174d; también 474d).

No es llamativo en un vocablo de uso principalmente náutico o comercial el que no se hallen ejs. antes del S. XV, y no hay fundamento alguno para suponer que el cast. *estibar* sea italianismo, como afirma Terlingen, 224-5, con extraña equivocación fonética; el it. *stivare* íd. (quizá de origen alto-italiano; aparece ya en Génova en 1253, Vidos, *Parole Marin.*, 386), o *stipare*, el langued. *estibà* 'poner tirante, tenso', prov. *estiblà* íd., cat. *estibar* 'estibar', port. *estivar* íd., serán también representantes autóctonos de la voz latina, que no hay motivo para suponer palabra migratoria en romance (con la excepción del fr. *estiver*, probablemente de origen italiano). En germanía, de la idea de 'apretar', 'atiborrar', se pasó a 'castigar' (Juan Hidalgo: *estivar*)[1].

Deriv. *Estiba* ['castigo', 1609, J. Hidalgo; «straw to stuffe a thing withall», 1623, Minsheu, sentido idéntico al que documentan en latín Servio y Festo para *stipa*, vid. ESTEPA; 'atacador', 1709, Tosca]. *Estibador. Esteba* 'pértiga gruesa con que en los navíos aprietan las sacas de lana unas sobre otras' [*Aut.*, s. v. *esteva*], que otros dicen *estiva* según el mismo diccionario, parece ser una alteración de *estiba* debida a la existencia de las dos variantes ESTEVA y (*es*)*tiva* como nombre de una parte del arado (V. este artículo); de ahí el derivado *estebar* 'entre tintoreros, apretar el paño en la caldera para teñirlo' [ya Acad. 1843]. *Atibar* 'sufrir: oprimir fuertemente con alguna herramienta la parte de una pieza de madera o de hierro opuesta a aquella en que se golpea para encajar otra, fijar un clavo, etc.' [como «americano» en Cuervo, *Dicc.* I (1886), 749], 'rellenar con zafras, tierra o escombros las excavaciones de una mina que no conviene dejar abiertas' [Acad. después de 1884], verbo formado con sustitución de *es-* por *a-*, por haberse percibido aquella sílaba como si fuese el sufijo negativo o extractivo procedente de EX-, de significación inadecuada para el caso: de un modo análogo se extrajo en cat. *tibar* 'poner tenso o tirante', en Valencia 'atibar (sentido americano)' (ya documentado en la Edad Media), del cual deriva el adjetivo postverbal *tip* 'ahíto, harto', y de ahí secundariamente *atipar* 'hartar'[2]. De *atibar* es derivado[3] *atiborrar*[4] [como voz vulgar en Ayala, 1693, vid. Gili, *Tesoro; Aut.;* ejs. posteriores en Cuervo, *Dicc.* I, 749a]; con *atiborrar* comp. alto-santand. *atibazar* v. refl. «obstruirse el esófago por la comida, por un golpe o por el miedo», *BRAE* XXV, 385. Con otro prefijo *entibar* 'estribar (en Arquitectura)' [1614, Aldrete], 'apuntalar (en Minería)' [*Aut.*]; *entibación, entibador.*

Constipar [*Aut.* 'cerrar y apretar los poros impidiendo la traspiración'; 'acatarrar', Acad. después de 1884], tomado del lat. *constīpare* 'apretar, atiborrar'; comp. COSTRIBAR; *constipación* [1542, Luis de Escobar], *constipado* m. [en el sentido de 'catarro' ya Acad. 1884 no 1832]; *constipativo.*

Estípite [*Aut.*], tomado del lat. *stīpes, -ĭtis* 'tronco', 'estaca', 'rama', según Ernout-M. emparentado con *stipare;* hay variante *estipe,* lat. *stips, -ipis.*

Estíptico [h. 1440, A. Torre (C. C. Smith, *BHisp.* LXI); 1555, Laguna], tomado del gr. στυπτικός 'astringente', derivado de στύφειν 'apretar', 'ser astringente', hermano del lat. *stipare.*

¹ Comp. «*estiba:* castigo» en el diccionario valenciano de Sanelo, pero comp. lo dicho s. v. *ESTEVA.—* ² El costarric. *atipar,* guat. y hond. *atipujar* 'hartar', como indico en *RFH* VI, 141n., habría de ser catalanismo, traído por los marinos, pero me parece más probable que se trate de una coincidencia casual, y que el centroamer. *atipar* sea alteración del más difundido *apipar* íd., derivado de *pipa* 'tonel', 'barriga': alteración por disimilación o por cruce con *atiborrar.* Nótese, empero, que hay otras llamativas coincidencias con el catalán en América Central: Costa Rica *ruco* 'rocín' (cat. *ruc* 'asno'), *por todo* 'en todas partes' (cat. *pertot*). Quizá estamos ante las huellas de una antigua e influyente colonia catalana.— ³ Me parece menos conveniente un cruce con un verbo *borrar* o *emborrar,* según suponen Cuervo y G. de Diego, *Contr.,* § 567; el fr. *bourrer* es palabra bien conocida, pero el verbo castellano correspondiente apenas se emplea. Además, como derivado, explicamos mejor la variante *atiburrar,* citada por Cuervo, *Ap.,* y empleada en Bogotá y en Costa Rica. Más variantes en G. de Diego.— ⁴ Forma análoga el ronc. *entiparratu* «estreñirse (hablando de bestias)».

Estibia, V. *espibia*

ESTIBIO, tomado del lat. *stibium,* y éste del gr. στίβι íd. (de origen oriental). *1.ª doc.:* 1555, Laguna.

DERIV *Estibina.*

ESTIÉRCOL, del lat. STĔRCUS, -ŎRIS, íd. *1.ª doc.:* *stiercore,* 2.ª mitad del S. X, Glosas Silenses; *estiércor,* Berceo; *estiércol,* J. Ruiz, 1389c (en los tres mss.); APal. 23b, 51b; 100d; 162b; etc.; Nebr.

Cej. IX, § 203. En latín clásico *stercus* era neutro, y entonces el acusativo STĔRCUS había de dar cast. **estiercos,* de donde *estierco,* que efectivamente se halla en doc. de Carrión de los Condes, a. 1243 (Staaff, 22.23), en el *Libro de los Enxemplos* (p. 537) de Sánchez de Bercial (fin del S. XIV), y que ha dado el port. y gall.¹ *esterco,* el leon. *istiercu* (en Sayago: M. P., *Dial. Leon.,* § 7.1) y otras formas romances (M-L., *REW,* 8244a y 8245). Me inclino a dar la razón a G. de Diego, *RFE* IX, 139, y *Contr.,* § 564, contra M-L., en el sentido de que la voz castellana, en su forma actual, y el port. arcaico *estércure,* con el lomb. *sterkol* (M-L.), suponen un masculino STERCUS, acusativo STERCOREM: en efecto, *stercus* concuerda con masculinos en varias glosas latinas (*CGL* III, 559.49, 538.35, 562.58, 581.54, 583.57: *stercus ca-*

prinus, stercus induratus, etc.), y aunque los mss. a que pertenecen estas glosas no son todos muy antiguos y es sabido que en la Edad Media reina gran confusión en el uso de masculinos y neutros, no tenemos tampoco fundamento para negar que esta confusión se hubiera ya producido en latín vulgar, en nuestro caso como en tantos más; en cuanto a considerar *estiércol* como postverbal de *estercolar,* como sugiere M-L., no es posible, pues no cabía otro postverbal que el existente *estercuelo* o a lo más un **estercól*².

DERIV. *Estercolar* [h. 1350, *Montería* de Alf. XI; Nebr.; el presente *estercuelo,* en Rojas Zorrilla, *La Viña de Nabot,* II, v. 200]; del gall. *esterco* es derivado *estercar* 'abonar' («que labredes e châtedes e *esterquedes,* zaredes a dita viña», doc. de Pontevedra a. 1426, Sarm. *CaG.* 169v); *estercoladura, estercolamiento, estercuelo;* hay variante *estercar* (presente *estierca, Canc.* de Baena, W. Schmid; en Cespedosa, *RFE* XV, 269). *Estercolar* m. *Estercolero* [h. 1400, *Rim. de Palacio,* 893]; *esterquero* [Nebr.]. *Estercolizo.*

Estercóreo, cultismo, del lat. *stercoreus. Esterquilinio* [Tirso, *Deleytar,* fol. 42r (Nougué, *BHisp.* LXVI)], tomado del lat. *sterquilinium.*

¹ «Morre deitado no *esterco*» Castelao 277.13.— ² Tampoco es verosímil que se extrajera del plural neutro STĔRCŎRA, que no tenía por qué cambiar la terminación, como no la cambió en las formas lomb. ant. *stercora* y port. ant. *estercora,* que cita M-L.

ESTIGMA, tomado del lat. *stĭgma, -ătis,* 'marca impuesta con hierro candente', 'señal de infamia', y éste del gr. στίγμα 'picadura', 'punto, pinta', 'marca con hierro candente', 'tatuaje', derivado de στίζειν 'picar, morder', 'marcar'. *1.ª doc.:* Terr. (como voz botánica o médica); Acad. 1884, no 1843.

DERIV. *Estigmatizar; estigmatizador. Astigmatismo,* derivado de la 2.ª ac. de στίγμα; *astigmómetro; astigmático* (usual, aunque la Acad. todavía no lo admite en 1936-9).

Estema 'pena de mutilación por pérdida de un miembro', arag. ant. [1247, fuero latino de Huesca, en Du C., s. v.; h. 1300, *Fueros de Aragón,* p. p. Tilander, § 66.1; en el *Fuero de Navarra* indica quizá lo mismo, en todo caso una pena afrentosa], y el correspondiente verbo *estemar* 'imponer la pena de mutilación' [Berceo, *S. Dom.,* 146d; *Apol.,* 460d¹; 1247, en el citado fuero latino, Du C., s. v. *extema*], proceden probablemente de STĬGMA y de su derivado STĬGMARE 'marcar con hierro candente' (empleado por Prudencio), según propuso G. de Diego, *RFE* VII, 135 (*Contr.,* §§ 565-6), V. también Tilander, *Studia Neophil.* XVIII, 1ss., pues la ĭ de este vocablo había de ser breve (de otro modo hubiera llevado acento circunflejo en griego); menos probable es que venga de *litem aestĭmare* 'fijar una pena pecuniaria, fijar el im-

porte de una condena', como sugería M-L., *ZRPh.*
XIX, 575-6, que no conviene semánticamente y
tendría que ser semicultismo (a diferencia de los
representantes conocidos de la misma voz latina:
asmar y *estimar*); fonéticamente no es posible, 5
como quería Parodi, *Rom.* XVII, 63-64, creerlo
variante del tipo oc., frprov., it. y sardo EXTRE-
MARE 'destruir, arrancar, suprimir, abolir' (*REW* y
FEW s. v.; *AILC* III, 136n.2).

¹ Es muy frecuente en textos legales aragoneses 10
de todos los siglos medievales: más ejs. en Du
C. y en Tilander. Como Berceo es riojano, no
parece que el vocablo se halle fuera de la zona
navarro-aragonesa en sentido amplio. Pero en fueros de Castilla se halla *justiciar un miembro*: «sil 15
tomaren en falta, pierda lo que oviere, e *justi-
cienle* una oreja» (Fuero de Alcalá de Henares,
§ 139). De suerte que su uso por el autor del
Apol. puede citarse como indicio de la procedencia aragonesa de su autor.   20

Estil, V. *estéril*   *Estilar*, V. *estilo, destellar*
Estilete, V. *estilo*   *Estilicidio*, V. *destellar*

ESTILO, tomado del lat. *stĭlus* 'estaca', 'tallo', 25
'punzón para escribir', 'manera o arte de escribir'.
1.ª doc.: 2.º cuarto del S. XV, Santillana; *Canc.
de Baena*, W. Schmid; *Coronación* de J. de Mena
(1438).

Se halla también a mediados del mismo siglo 30
en Pérez de Guzmán (Cabrera, s. v.), Nebr. registra «*estilo de dezir*: caracter dicendi» y lo emplea Garcilaso, pero no figura en el léxico de la
Celestina y todavía APal. (471*d*) parafrasea el sentido de la voz latina sin darle equivalencia caste- 35
llana¹; sólo Juan de Valdés lo emplea abundantemente (ejs. en *BRAE* VI, 507), quizá con influjo
italiano. En la ac. jurídica figura ya en las *Ordenanzas Reales de Castilla* (ed. 1490: *Aut*).

Como palabra hereditaria, cast. ant. *estelo* 'es- 40
taca, poste' [S. XIV, *Dem. del Sto. Graal*], vid.
Gillet, *HispR.* XXVI, 279; gall. *estelo* [ya en *CEsc.*
con los significados de 'estaca, pilar': «o mandaste
atar / cruamente a un *esteo* 115.4, 324.14, 21, cf.
320.5; 'parte de la silla de montar': «non tragerei 45
esteos / nen arções» 320.5], Sarm. dice que es
'pie de amigo' en Celanova (*CaG.* 134*v*) y Castelao
lo utiliza con el sentido de 'estaca': «non é o
mesmo sacar das canteiras un *esteo* de viña que
un mastro de cruceiro» 128.13. Cf. *REW*³ 8260 50
(estas formas no tienen nada que ver con el helenismo STĒLA que figuraba en la primera ed. del
REW).

DERIV. *Estilar* [Covarr.; 1637, Colmenares]: voz
de procedencia jurídica. *Estilete* [Acad. después de 55
1899], tomado del fr. *stylet* íd. *Estilista* [Acad.
1899; Eus. Blasco, 1844-1903, en Pagés]; *estilístico, estilística* [Acad. después de 1899]. *Estilizar*
[Acad. después de 1899]; *estilización*.

Tradicionalmente se había identificado el lat. 60

stilus con el gr. στῦλος 'columna', 'puntal' (con
el cual no está relacionado en realidad); de éste
son derivados *estilita*, gr. στυλίτης 'anacoreta que
vivía sobre una columna'; *diástilo*; *próstilo* y *anfi-
próstilo*. *Éustilo*, formado con la propia voz griega
y el prefijo εὖ- 'bien'. *Peristilo* [Acad. ya 1832],
del gr. περίστυλον íd.

CPT. *Estilográfico*, tomado del ingl. *stylographic*
[1880], hoy poco usado, compuesto de *stilus* 'punzón de escribir' y γράφειν 'escribir', en el sentido
'que escribe a manera de estilo'. *Estilóbato*, compuesto de στῦλος 'columna' y βαίνειν 'ir, andar'.
Polistilo. *Sístilo*.

¹ En 183*b* usa *stilo* en contexto castellano, pero
en el sentido de 'punzón para escribir'.

Estillarse, V. *astilla*

ESTIMAR, tomado del lat. *aestĭmare* 'estimar,
evaluar', 'apreciar, reconocer el mérito', 'juzgar'.
1.ª doc.: h. 1400, glos. de Toledo (= lat. *aestima-
re*); también en APal. 40*d*, 90*d*; Nebr. «*estimar*:
tassar, apreciar».

DERIV. De un derivado vulgar *ADAESTIMARE,
de igual significado que el primitivo, procede el
antiguo *aesmar*¹ (*F. Juzgo*), normalmente *asmar*
[*Cid*, muy corriente hasta princ. S. XV, y después
vivo en el habla rústica de las comedias del
S. XVI], otros representantes romances en *REW*
139; *osmar* se halla a veces en el mismo sentido,
a consecuencia de una confusión de nuestro vocablo con *osmar* 'oler', pues se trata propiamente de
una variante de *HUSMEAR*; *asmadero*; *asmadura*;
asmamiento; *asmoso*.

Estimación [*istimación* 1315, *BHisp.* LVIII, 90;
APal. 147*b*, 489*d*; Nebr.]; *estima* [APal. 177*b*,
467*b*; Nebr.]. *Estimable*; *estimabilidad*. *Estima-
dor*. *Estimativa*. *Estimatorio*. *Desestimar*. *Inestima-
ble*; *inestimabilidad*; *inestimado*. *Existimar*, tomado de *existimare*, íd.; *existimación*; *existimativo*.

¹ Vco. *asmatu* (vizc., guip., nav.) 'inventar', en
vizc. también 'percibir olores' y en sul. «prévoir,
flairer»; y de aquí *asmo* en los mismos dialectos
'invención, pretensión, ardid, barrunto, instinto,
propósito, proyecto', mientras que *asmu* es también «pensament» y «talent, esprit, ingéniosité»
en todos los dialectos, incluidos los tres de Francia.

ESTÍMULO, tomado del lat. *stĭmŭlus* 'aguijón',
'aguijada', 'tormento', 'estimulo'. *1.ª doc.*: *Corbacho*
(C. C. Smith, *BHisp.* LXI); 1567, Fr. L. de Gra-
nada¹.

DERIV. *Estimuloso*, ant. *Estimular* [Mena (C. C.
Smith); Fr. L. de Granada], tomado de *stĭmŭlare*
'pinchar', 'aguijonear', 'estimular'; *estimulación*
[Santillana (C. C. Smith)], *estimulador*; *estimu-
lante*.

¹ Falta no sólo en APal. y Nebr., sino todavía
en C. de las Casas (1570, traduce el it. *stimulo*

con varios vocablos castellanos como *garrocha*, *aguijón*, *incitamento*) y en Covarr.

Estín, estinar, V. *destinar*

ESTINCO, 'especie de lagarto de Egipto, cuya carne se considera afrodisíaca', tomado del lat. tardío *stincus*, corrupción de *scincus*, tomado del gr. σχίγχος íd. *1.ª doc.*: 'istínku, como nombre de la planta afrodisíaca testículo de perro o satirion, h. 1100, Botánico Anónimo Mozárabe (Asín, p. 115; en la p. 367 agrega que '*astínku* es nombre del bérbero o espina blanca en catalán); *scinco*, llamado *en las Boticas stinco*, 1555, Laguna.

«Satyrion dicta a Satyris propter incendium libidinis, quam vulgus *stincum* vocant» (S. Isidoro, *Etym.* XVII, ix, 43). Del animal este nombre pasó a la planta por las cualidades afrodisíacas de ambos; vid. Sofer, pp. 10, 169. También se han empleado en castellano *escinco* y *esquinco* (Acad.).

Estiñazar, V. *tener*

ESTÍO, del lat. AESTIVUM (TEMPUS) '(estación) veraniega', derivado de AESTAS 'verano'. *1.ª doc.*: *Lucano* Alf. X, Almazán; J. Ruiz, 1289*a*, 1352*a* (*estivo* en el ms. *G*).

Juan Ruiz, que hace a *verano* equivalente de nuestro 'primavera', según era general en la Edad Media (vid. Aguado, s. v.), emplearía *estío* como única denominación popular de la estación más calurosa del año. Más tarde, al introducirse *primavera*, este vocablo fué mero sinónimo de *verano* (así los emplea APal. 446*b*, 193*b*, 520*b*), conservando *estío* su valor originario (APal. 139*b*, 140*d*; Nebr.: «estio, *parte del año*: aestas»). Pero algunos, reservando *primavera* para el comienzo de esta estación, de acuerdo con el sentido de su componente *prima-*, tendieron a retrasar el valor de *verano* a los meses de mayo, junio y aun más tarde; así Cervantes distingue cinco estaciones («[a] la primavera sigue el verano, al verano el *estío*, al *estío* el otoño, y al otoño el invierno, y al invierno la primavera y assí torna a andarse el tiempo», *Quijote* II, liii, 202r°), y también Quevedo parece distinguir entre *verano* y *estío* (*Aut.*), pero ya antes de ellos otros habían empezado a emplear *estío* y *verano* como meros equivalentes, según hace Covarr., y así *estío* fué tomando el valor de un sinónimo superfluo, cada vez menos empleado; todavía José de Acosta (1590) lo emplea en prosa, mas por este tiempo, empieza a hallarse más en verso (Rojas Zorrilla, *Cada cual lo que le toca* II, 3310; Calderón, *Alcalde de Zalamea* II, xxiv, ed. Losada, p. 141; citas de Góngora en Alemany), y aunque todavía Cabrera († 1833) se empeña en decir que *verano* es 'primavera', ya *Aut.* había reconocido que esto sólo era verdad en el sentido etimológico; desde mucho antes del S. XIX había quedado *estío* confinado al lenguaje poético. En el

S. XIII se encuentran un par de ejs. del arcaico *estad* 'verano' AESTAS, -ATIS (vid. Sachs, glos. del *Libro de los Cavallos*). La sustantivación del adjetivo latino *aestivum* se produjo al mismo tiempo que la de *hibernum* y *veranum*, y aparece ya consumada en San Eugenio, arzobispo de Toledo (vid. Cabrera).

DERIV. *Estivada* [Acad. 1899]; gall. *estivada* 'la roza que se hace en el monte para quemar la broza y después arar la tierra y sembrarla de trigo o centeno'. *Estival* [APal. 233*b*, 462*d*; Nebr.] y *estivo* son cultismos. *Estuoso*, tomado del lat. *aestuōsus* 'caluroso'; *estuosidad*. *Estuante*. Para otros representantes de la misma familia latina, vid. ESTERO.

Estiomenar, estiómeno, V. *comer*   *Estipe*, V. *estibar*

ESTIPENDIO, tomado del lat. *stipendium* 'contribución pecuniaria', 'sueldo'. *1.ª doc.*: Fr. L. de Granada, † 1588; APal., 472*b*, castellaniza ya *stipendio*, pero no resulta claro que el vocablo se empleara ya por entonces en castellano.

DERIV. *Estipendiario* [1606, Aldrete]. *Estipendiar. Estipendial*.

Estípite, estipticar, estipticidad, estíptico, estiptiquez, V. *estibar*   *Estípula*, V. *rastrojo*

ESTIPULAR, tomado del lat. *stĭpŭlāri* 'hacerse prometer verbal pero solemnemente', 'prometer en esta forma'. *1.ª doc.*: *astiprar*, doc. leonés de 1233 (Staaff, XIII), forma semiculta; *estipular*, 1553 (Azpilcueta, en *Aut.*).

DERIV. *Estipulante. Estipulación* [*Ordenanzas R. de Castilla*, ed. 1490].

ESTIQUE, 'palillo de escultor, de boca dentellada, para modelar barro', del ingl. *stick* 'bastoncillo'. *1.ª doc.*: Terr. (con descripción detallada); Acad., después de 1899.

En francés *stick* ha tenido cierto uso para designar una varita de mano empleada por jinetes y aristócratas (cita de Charles de Bernard, † 1850, en Littré); es probable que el francés sirviera de intermediario.

Estira, V. *tirar*   *Estiracáceo*, V. *estoraque*   *Estirado, estirajar, estirajón, estiramiento, estirar, estirazar, estirazo, estirón*, V. *tirar*

ESTIRPE, tomado del lat. *stǐrps, -pis*, 'base del tronco de un árbol', 'raza, familia, estirpe'. *1.ª doc.*: Mena, Santillana (C. C. Smith, *BHisp.* LXI); Covarr. (de ahí Oudin, 1616, Minsheu, 1623, etc.); pocos años después lo emplea ya P. de Ribera (*Aut.*).

DERIV. *Extirpar* [1454, Arévalo, *Suma*, p. 288*b*]; Guevara, *Epístolas*, II, p. 366 (Nougué, *BHisp.*

LXVI); 1555, Laguna; 1607, Oudin], tomado del lat. *exstĭrpare* 'desarraigar', 'arrancar'; *extirpable*; *extirpación*; *extirpador*.

Estirpia, V. *escripia*   *Estítico*, V. *estibar*
Estivada, V. *estío*

ESTIVAL, ant., 'botín o borceguí', tomado del fr. ant. u oc. ant. *estival* íd. *1.ª doc.*: *estibal* 'bota', h. 1300, *Gr. Conq. de Ultr.*, 351.

Estival aparece también en el fuero aragonés de 1350 (Tilander, *RFE* XXII, 146-7), en C. de las Casas («*estivales*: usi, usati», a. 1570) y en Oudin (1607), y véanse otros testimonios del S. XVI en Fcha., pero ya Covarr. dice que «es voz italiana» y *Aut.* advierte que no tiene uso; Juan Hidalgo (1609) daba «*estival*: botín o borzeguí de muger» como voz germanía; en inventarios aragoneses de 1362 y 1397 aparece también la grafía *stibal*, con *-b-* (*VRom.* X, 150). Existió también en catalán antiguo, que pudo servir de intermediario: «borseguins, *estivals*, avarques e tota e qualsevol obra feta de cuyram» (doc. de 1481, en Moliné, *Consolat de Mar*, p. 232); pero era poco frecuente. Lo eran mucho, en cambio, oc. ant. *estival* (así y no con *-b-*, en Levy y en Mistral) y fr. ant. *estival* o *estivel*; en italiano *stivale*, como en ciertas hablas occitanas, es vivo todavía; el alem. *stiefel* es de origen romance. En cuanto al origen último, vid. Kluge, s. v. *stiefel* (AESTIVALIS), y con otra opinión, M-L., *REW* 8264 (derivado de STIPS 'madero'); en favor del primero puede alegarse la *-v-* de la forma oc. *estival*[1].

[1] Juan Hidalgo da también *estivo* 'zapato', pero puede ser una regresión jergal. Es verdad que el diccionario valenciano de Sanelo (S. XVIII) registra «*estiba*: botín, borceguí» (f.º 76), mas quizá se trate de una mala interpretación del pasaje de J. Roig citado s. v. ESTEVA.

Estival 'veraniego', *estivo* íd., V. *estío*   *Estivo* 'zapato', V. *estival*   *Estobar*, V. *estofar*   *Estocada, estocador, estocafís, estocar*, V. *estoque*

ESTOFA 'calidad de los tejidos', 'calidad, condición', ant. 'labor acolchada a modo de bordadura', del fr. ant. *estofe* 'materiales de todas clases' (hoy *étoffe* es principalmente 'paño'); éste parece ser derivado del verbo *estofer* 'preparar, guarnecer, aprovisionar', que procede probablemente del a. alem. ant. *stopfôn* (alem. *stopfen* 'rellenar', 'embutir', 'tapar', 'componer, remendar', b. alem. med. *stoppen*, neerl. ant. *stuppon*, ags. *forstoppian*, ingl. *stop* 'obstruir', 'tapar', 'detener'). *1.ª doc.*: «*estofa* o *estopa*: stuppa», Nebr.[1].

Aunque *Aut.* dice que *estofa* es especialmente la calidad de los tejidos, los ejs. que da sólo se aplican a la calidad de unas murallas (Mariana, h. 1600), de una persona (*Pícara Justina*, 1605)

o de una cita literaria (Sigüenza, h. 1600). C. de las Casas (1570) define «qualità»; Oudin «*estofa, materia*: estoffe, matière, qualité». El verbo *estofar* no lo hallo antes de Covarr. y Oudin; aquél define «cerca de los pintores vale descubrir el oro que está anublado con una sutil color, la qual queda por campo, y lo demás descubre el oro: y esto se labra con una puntica delgada» y «*estofado*, jubón, quasi *estopado*, porque lo hinchen de estopa, los curiosos de algodón, y comúnmente de lana»; éste: «*estofar*: estoffer», «*estofado*: estoffé, garni de bourre ou d'estoupe», «*estofar*: ouvrager d'or bruni et fillolure». No cabe duda que en español ambos vocablos son de fecha tardía, como lo son en catalán [S. XV; un primer testimonio en el Dicc. de Rimas de J. Marc, 1371], en lengua de Oc [dos ejs. del S. XV en Levy] y en italiano [S. XVII, en Tommaseo; nótese la calidad de término prestigioso entre los comerciantes de paños actuales, que confirma la procedencia forastera].

No hay que dudar que en todos los romances procede del francés, donde *estofe* se halla abundantemente y sin interrupción desde 1241, y el verbo *estofer* desde 1224; del francés pasó también al alem. *stoff* [1660, galicismo, por conducto del holandés] y al ingl. *stuff* 'materia, género' (ya inglés medio, pero ajeno al anglosajón). No es común que los germanismos franceses procedan del alto alemán, lo más corriente es que vengan del fráncico, del cual no podría proceder éste en vista de su *-f-*; por esta razón Gamillscheg y varios germanistas admiten que la palabra francesa no es de origen germánico, no tiene nada que ver con el alem. *stopfen* y su familia, y procede del gr. στύφειν 'apretar', 'tener sabor astringente', 'teñir con un cáustico que fija los colores'; pero esta teoría, propuesta primeramente en el defectuoso estudio de Baist, *RF* I, 112-3 (que da demasiada importancia a la tardía voz española), es muy inverosímil en vista de la ausencia de este vocablo en latín y de la falta total de huellas antiguas en la Italia medieval, además de que la ypsilon larga del griego difícilmente podría explicar la *o* francesa. Por lo tanto, desde el punto de vista geográfico todavía es preferible el origen alto-alemán, del cual proceden de todos modos buen número de vocablos franceses; vid. Bloch, s. v., y M-L., *REW* 8332. En cuanto a la voz germánica, es dudoso que sea de origen indoeuropeo directo (según admiten Götze y otros germanistas), quizá más bien procede del lat. STŬPPA, con el sentido primitivo de 'rellenar con estopa' (Kluge, 1920, etc.).

De *estofa* tal vez el salm. *estojar* 'engordar, crecer, desarrollarse', *estojado* 'grueso', 'lozano, hermoso' (ya Torres Villarroel), *estojoso* íd.; de todos modos no pueden venir de STUDIARE (*GdDD* 6376-7), ya por la *-j-* (sólo *-y-* sería posible); si realmente el vocablo estuviera ya en Juan del Encina, también existiría obstáculo fonético para relacionar con *estofa* y habría que buscar otra cosa.

DERIV. *Estofar* (vid. arriba; *estofado* 'aliñado, etc.'; *estofador; estofo*.

[1] Esta definición parece influída por una preocupación etimológica. También PAlc. (1505) registra «*estofa o estopa*» y le da como equivalencia la voz mozárabe *uchúp*, procedente del lat. STUPPA, pero sabido es que en su parte castellana PAlc. se limita a copiar a Nebr. Creo se trata de la ac. 'labor acolchada', que registra *Aut.* en primer lugar.

ESTOFAR 'guisar carne en estofado, o sea sazonándola con aceite, vino o vinagre y otros condimentos, en una vasija bien tapada para que cueza a fuego lento sin perder aroma', por su origen es variante del antiguo *estufar* 'calentar a modo de estufa o lugar herméticamente cerrado y caldeado artificialmente'; la historia del vocablo dentro del romance no es bien conocida: al parecer el it. *stufato* al pasar por Francia se convirtió en *estoufat, estouffade*, por influjo del fr. *étouffer* (ant. *estofer*) 'ahogar' (de origen incierto, pero independiente), y de Francia pasó a España; para la etimología de *estufar*, véase ESTUFA.

1.ª doc.: 1525, *estubar, estobar, estufar y estofar*, Rob. de Nola[1]; *estobar*, 1599, D. Granado, *Arte de Cocina*[2]; *estofar*, J. de Cancer, † 1665; el sustantivo y el adjetivo *estofado*, Covarr.

Como ej. del guiso cita este autor la pierna de carnero *estofada*: «a fuego lento se va ella cozido entre si, con solo el calor, y el tufo, que es un ayre denso, del qual se dixo *stuffa*; lat. *vaporarium hypocaustum*»; en el artículo *estufa*, agrega «carnero *estufado*, adereçado sin caldo, con sólo el calor, y el vapor que está dentro del vaso en que se *estofa* o *estufa*». La variante con *u*, aunque *Aut.* la declara «sin uso», no parece en este caso ser una suposición de Covarrubias con miras a la etimología, pues por una parte Oudin registra «*estufada carne o ahogada*: chair cuite a l'estuvee et composte entre deux plats», junto a «*estovada*: estuvee», y por otra parte las dos formas coexisten en portugués y en catalán: allí se dice hoy *estufado*, pero Moraes, aunque registra también esta forma, da la definición en el artículo *estofado*, citando la autoridad de un *Arte de Cosinha* que no puedo fechar; en catalán predomina *estofat*, pero en Mallorca es *estufat* con *u* (Amengual, Ag.)[3]. Para hacer la historia del vocablo en romance tropezamos con la escasez de nuestras fuentes en materia de nombres de guisos.

Los italianos *stufare* y *stufato*, con las acs. correspondientes a la voz española, están documentados en varios textos, todos los cuales creo del S. XVIII, y aunque en un *Purgatorio di San Patrizio* que probablemente será muy anterior se habla de unos hombres y mujeres, o sea almas condenadas, «*stufati*» en una «fossa piena di metallo bollente», no podemos estar, aunque es probable, bien seguros de que el autor piense en el guisado y no en la estufa donde se hace sudar al enfermo; de todos modos, el empleo de la locución *vivanda in stufa* 'viandas estofadas' [en Fagiuoli, † 1742], sin equivalencia material en los demás romances, es indicio del especial arraigo y antigüedad que tiene esta familia en italiano.

En lengua de Oc tenemos modernamente el femenino *estoufado* con las variantes dialectales *estoufau* alpina, *estoufat* languedociana y la afrancesada *estufèo* de la misma región. En francés aparece *étuvée* desde el S. XV, *estouffade* o *étouffade* desde 1752, y la forma intermedia *étouffée* sólo en 1878: claro está que la primera es forma francesa autóctona (en relación con *étuve* 'estufa'), la segunda es provenzalismo (e indirectamente italianismo) y la tercera resulta de un compromiso entre las dos. Es fácil comprender que en Francia el radical italiano *stuf-* cambiara su vocal en *ou* (*o* antigua), por influjo del autóctono *étouffer* 'ahogar', puesto que el mismo guiso o uno muy semejante se dice también *ahogado* o *rehogado*, por su cocción a fuego lento y en vasija bien tapada; luego es probable que de Francia proceda la voz española, a pesar de las reservas bien expresas a que nos obliga lo fragmentario de nuestra documentación[4]. En cuanto a las variantes *estubar, estobar* y *estovada*, de Nola, Granado y Oudin, se pueden deber a un cruce de las dos variantes francesas *étuvée* y *estouffade*, pero es más probable que se originaran en Cataluña por influjo del verbo *estovar* 'ablandar' (antiguamente 'ahuecar', derivado de *tou* TŎFUS 'piedra porosa').

DERIV. *Estofado* (Covarr.). *Estufador* 'olla en que se estofa carne'.

[1] Dice que se ponen higos en una «cazuela sobre las brasas; y bien atapada de manera que se *estufe* allí, y cuando estén *estofadas* y se habrá embebido en ellas toda la humidad del vino...» (p. 109); por descuido deja el género femenino correspondiente al cat. *figa* del original. En la p. 50 emplea *estubar* con el mismo valor, y en la p. 152 *estobar*.— [2] «Para asar el lomillo de la vaca en asador y para ahogarlo y *estobarlo*», f° 50 v.°; «si quisieres ahogarlo [el lomillo] o *estobarlo* en una olla, sácalo del asador algún tanto verde», f.° 51.— [3] Por lo demás, ni el portugués ni el catalán normales distinguen hoy oralmente la *o* de la *u* en esta posición, pero además de que el presente *estofa* o *estufa* permite distinguir, los dialectos de Lérida, Valencia y Mallorca separan los dos fonemas en la pronunciación, cualquiera que sea su posición respecto del acento.— [4] La *o* podría tener otras explicaciones. Entre otras cosas nótese que 'estufa', 'aposento caldeado', 'se decía en anglosajón *stofa* [S. VIII], escand. ant. *stofa*

(o *stufa*), neerl. *stoof*. Pero no creo que haya relación con estas formas tan alejadas. M-L., *REW* 3108, explica la *o* castellana como préstamo del napol. *stofare*, cuya *o* por su parte queda inexplicada. Pero es más probable que esta forma napolitana sea uno de los tantos hispanismos que pululan en este dialecto.

ESTOICO, tomado del lat. *stŏicus*, y éste del gr. στωικός íd., derivado de στοά 'pórtico', por el paraje de Atenas así denominado donde se reunían estos filósofos. *1.ª doc.: stoico*, h. 1440, A. Torre (C. C. Smith, *BHisp*. LXI); *stoicos*, APal. (472d, 4b); *est-*, Covarr.; Quevedo, etc.

Deriv. *Estoicismo. Estoicamente.*

Estoiro, V. *estera   Estojar, estojoso*, V. *estofa*

ESTOLA, tomado del lat. *stŏla* 'vestido largo', y éste del gr. στολή 'vestido', derivado de στέλλειν 'apercibir, aparejar, vestir'. *1. doc.:* Berceo, *Loores*, 219.

Aut. lo registra desde la traducción del Cartujano (a. 1500); también en la *Celestina*, ed. 1902, 117.17; inventarios arags. desde 1330 (*VRom.* X, 150).

Deriv. *Estolón* 'estola grande'. *Estol*, ant., 'acompañamiento' [Acad. 1817, no 1783], tomado del cat. *estol* 'escuadra, flota', 'bandada de gente', que procede del gr. στόλος 'expedición', 'escuadra', 'tropa', derivado del mismo verbo griego.

Estolidez, estólido, V. *estulto   Estolón* 'estola grande', V. *estola*

ESTOLÓN 'vástago rastrero que nace de la base del tallo', tomado del lat. *stolo, -ōnis*, 'retoño'. *1.ª doc.:* Acad. 1884, no 1843.

Voz técnica de botánicos.

ESTOMA 'abertura pequeñísima que hay en la epidermis de los vegetales', tomado del gr. στόμα, στόματος, 'boca'. *1.ª doc.:* Acad. 1899.

Deriv. *Estomático* 'perteneciente a la boca'; *estomaticón* 'emplasto que se pone sobre la boca del estómago' [J. Ruiz, 1336; *Canc. de Baena*, W. Schmid; Cancer, † 1665; como adj. en la *Pícara Justina*, 1605], relacionado popularmente con *estómago*[1], aunque propiamente no era más que el neutro griego del adjetivo anterior. *Estomatitis* 'inflamación de la mucosa bucal'. *Anastomosis* 'unión de unos órganos vegetales o animales con otros', tomado del gr. ἀναστόμωσις 'desembocadura', derivado de ἀναστομοῦν 'desembocar, confluir', derivado a su vez de στόμα; *anastomizarse*. *Dístomo*, formado con δι-, forma prefijada del número dos.

[1] Por la misma etimología popular se emplearon también *estomático* y un derivado *estomatical*, con referencia al estómago

ESTÓMAGO, tomado del lat. *stŏmăchus* 'esófago', 'estómago', y éste del gr. στόμαχος 'esófago', 'boca del estómago', 'estómago', derivado de στόμα 'boca'. *1.ª doc.:* 1256, Aben Ragel, *Libro Conplido*, 86b; J. Ruiz, 568a; APal., 164b, 324d, 472d; *Celestina*, ed. 1902, 91.3; Nebr.

Es cultismo muy antiguo y semipopularizado en su forma: reliquia suelta y estabilizada del llamado «latín popular leonés» (M. P., *Oríg.*, § 45). Ast. *estómadu* (V).

Deriv. *Estomagar* 'causar fastidio' [como refl., Nebr.], del lat. *stomachari* 'causar bilis', 'irritar'; *estomagante. Estomaguero. Estomacal* [1555, Laguna], derivado de forma más culta. Para influjo de *estómago* sobre derivados directos de στόμα. vid. ESTOMA.

Estonce(s), V. *entonces*

ESTOPA, del lat. STŬPPA íd. *1.ª doc.:* inventarios arag. desde 1330, *VRom.* X, 150; APal. 52d; 152d; 254d; 474d; Nebr.

La falta de documentación anterior ha de ser casual, pues no se puede dudar que el vocablo existió desde los orígenes del idioma. De los idiomas hispánicos pasó al mozárabe, donde *'uṣṭúbb* ya se encuentra en Abenalɏazzar († 1004), *'uštúbb* en R. Martí (S. XIII) y *uchúp* en PAlc.; vid. otras formas en Simonet, p. 558.

Deriv. *Estopada. Estopeño* [Nebr.]. *Estopilla* [1680; > fr. *estoupille*, 1726, vid. Vidos, *R. Port. Fil.* IV, II, 25-26). *Estopín. Estopón. Estoposo* [1732, *Aut.*]. *Estopaço* 'tela hecha de estopa' [invent. arag. de 1362 y 1365; *BRAE* III, 90; IV, 343], comp. ESTROPAȷO. *Estoperol* 'trozo de filástica vieja' [1604, G. de Alfarache, Cl. C. V, 173.5], del cat. *estoperol* (que Alcover documenta en este sentido en 1331), derivado de *estopa;* en el sentido de 'clavo corto de cabeza grande empleado en los buques para clavar chapas' [1587, G. de Palacio, *Instr.* 110 r.°; 1696, *Vocab. de Sevilla*, según *Aut.*][1], es vivo hoy en el catalán de Valencia (*Misc. Fabra*, p. 317) y se empleaba ya en la Edad Media en este idioma, pues a él parecen corresponder los ejs. que da Ag., y Jal cita uno de 1406 (s. v. *stoperol*); el it. *stopparolo*, documentado desde 1600 (Bosio), está hoy anticuado (*Diz. di Mar.*), y ha de ser de origen catalán o genovés; es derivado de un verbo *estopar* 'tapar, calafatear' (documentado en Génova); en catalán conozco los derivados *estopada* 'emplasto'—Ag.—, *estopissar* 'bizmar una herida', h. 1400, A. Canals, *Providència*, 96, 112, y *estopassar* 'empapar', S. XIV, Corbatxo, *BDLC* XVII, 104), operación que podía hacerse con estopa (de ahí su origen) o también con rumbos o chapas clavados mediante estoperoles.

[1] *Toperol* en Chile, Guzmán Maturana, *AUCh.* XCII, iii, p. 67.

Estopaza, V. *topacio*

ESTOPOR 'aparato que sirve para detener la cadena del ancla que va corriendo por el escobén', tomado del fr. *stoppeur* íd., y éste del ingl. *stopper* 'detenedor', 'estopor', derivado de *stop* 'detener'. *1.ª doc.*: Vallarino, 1842, en Pagés; Acad. 1899.

El nombre castizo, y único registrado por el dicc. de Fz. de Navarrete, era *capón* (o *boza*). Para el fr. *stoppeur*, vid. Littré. Del ingl. *stop* se tomó la voz de mando náutica *¡top!* [1831, Fz. de Navarrete; Acad. 1884, no 1843].

Estoposo, V. *estopa*

ESTOQUE, tomado del fr. ant. *estoc* 'punta de una espada', derivado de *estoquier* 'dar estocadas', 'clavar', del neerl. med. *stôken* 'clavar', 'pinchar', 'empujar', 'incitar', 'atacar', o de su antecesor el fráncico *STÔKAN*. *1.ª doc.*: princ. S. XIV, *Zifar* 28.23; h. 1400, Glos. del Escorial («*pugilio*: punnal o *estoque*»).

Aparece también en Nebr. («*estoque*: sica, gladius»), en invent. arag. de 1497 (*stoc*, en otra ac. ya en 1397: *VRom*. X, 150), y con frecuencia desde princ. S. XVI. El fr. *estoc* 'estoque' no parece ser muy antiguo, pues aunque Gamillscheg (*EWFS*) y Baist afirman que se halla desde el S. XIV, no encuentro en los diccionarios ejs. anteriores a 1467 (God. IX, 562c; comp. III, 615, Littré y *DGén*.), luego es probable que sea italianismo, según admite el *DGén*., pues el it. *stocco* se halla ya en la 1.ª y en la 2.ª mitad del S. XIV (Giov. Villani, Boccaccio). Sin embargo, *ferir a estoc* o *d'estoc* 'con la punta de la espada' aparecen en francés desde princ. S. XIII (*Guillaume le Maréchal*, primera parte del *Roman de la Rose*), y el verbo *estoquier* o *estochier* 'dar estocadas', 'clavar', del cual deriva aquella locución, se encuentra con gran abundancia desde la misma fecha (*Gaydon*). Se ha admitido, y así lo sostiene recientemente Bloch, que el it. *stocco* 'estoque, espada' procede del longobardo **stok* 'bastón', 'rama' (a. alem. ant. *stoc*, ags. *stocc*, ant. escand. *stokkr*, alem. e ingl. *stock* íd.), pasando quizá por la idea de 'percha', y las citadas voces francesas de la forma fráncica correspondiente, pero esto no convence desde el punto de vista semántico.

Pero es más probable, según ya indicó Baist (*ZRPh*. XXVIII, 108) y aceptan M-L. (*REW* 8272) y Gamillscheg, que el it. *stocco* sea uno de los galicismos tempranos que tanto abundan en este idioma en materias caballerescas y militares: nótese la falta de un verbo **stoccare* en italiano; desde luego el cast. *estoque*, según muestra su *-e*, no puede venir del italiano, y el cat. y oc. *estoc* serán también galicismos, a no ser que procedan directamente del fráncico, lo cual

es improbable dada la falta de un verbo **estocar*: en aquel idioma aparece *estoc* en el sentido de 'estoque' desde fines del S. XIV[1], y además se halla *ferir d'estoc* por la misma época y *estoc* en el sentido de 'estocada', ya a princ. de aquel siglo (Muntaner); iguales acs. aparecen en lengua de Oc y desde la misma fecha. Que el verbo fr. *estoquier*, de donde procede directamente el cast. ant. *estocar* (vid. abajo), es el punto de partida de toda la familia romance, es mérito de Baist el haberlo indicado. Sin embargo, no hay por qué partir, como él hace, precisamente del b. alem. med. *stôken* 'apuñalar', 'escarbar', 'clavar', sino más bien de su hermano el neerl. med. *stôken* 'clavar', 'pinchar', 'empujar', 'incitar', 'atacar', muy frecuente desde los más antiguos autores del idioma (Maerlandt, Kilian, véanse los diccionarios de Verwijs-Verdam, Oudemans, Franck); de éste proceden también los advenedizos alem. *stochen*, *stochern*, e ingl. *stoke*; se trata de un antiguo vocablo germánico relacionado apofónicamente con la familia del alem. *stechen* 'clavar, pinchar', y más de lejos con el propio *stock*. No habría por lo tanto inconveniente en admitir que el francés lo heredó de un fráncico **STÔKAN*, pero la mayor frecuencia de la variante *estoquier* sobre *estochier* (aunque éste es el que aparece en *Gaydon*) indica o que era vocablo de introducción tardía o que era especialmente propio de los dialectos picardo y normando, y ambas posibilidades, más que a un préstamo del fráncico, son favorables a un préstamo del neerlandés antiguo o de las fases más antiguas del neerlandés medio.

Lo único que llama la atención es que la ac. 'estoque' sea tan reciente en francés; quizá a pesar de todo se halle más antiguamente y, por ser ac. viva hasta hoy, haya escapado a la atención de los lexicógrafos, pero tampoco sería extraordinario que se trate de una innovación semántica nacida en el Sur de Francia, y de allí propagada a los demás romances, pasando de *ferir d'estoc* a designar así el arma más apropiada para herir en esta forma.

DERIV. *Estocar*, ant., 'dar estocadas' [1494, *Regimiento de Príncipes*], tomado del fr. ant. *estoquier*, véase arriba; en tiempo de *Aut.* estaba ya anticuado y sustituído por *estoquear*; de ahí: *estocador* o *estoqueador*; *estoqueo*; *estocada* [1490, *Celestina*, ed. 1902, 156.6]. *Estoquillo*, chil., arg. [fin del S. XVIII: Draghi, *Fuente Amer. de la Hist. Arg.*, 52], por lo cortante de su tallo.

CPT. *Estocafís* 'pejepalo' [*estocafrís*, Covarr., *Aut.*; *estocafís*, ya Acad. 1884], tomado del neerl. *stokvisch* íd., compuesto de *stok* 'bastón' (V. arriba) y *visch* 'pez'.

[1] B. Metge, *Libre de Fortuna*, 61.12; Eiximenis, *12èn. del Crestià*, en Ag.

Estora, V. *estera*

ESTORAQUE, tomado del lat. tardío *storax,
-ăcis* (lat. *styrax*), y éste del gr. στύραξ, -ακος, íd.
1.ª doc.: estorach 1488, invent. arag., *VRom.* X,
150; *estorac*, APal. 472*d*; *estoraque*, 1490, *Celestina*, ed. 1902, 18.21, 19.13; Nebr.; 1555, *Laguna*.
DERIV. *Estiracáceo*, derivado culto.

Estorbador, estorbar, estorbo, estorboso, V. *turbar   Estorcer, estorcijón, estorcimiento*, V. *torcer   Estordecido, estordido*, V. *aturdir   Estordegar, estórdiga*, V. *túrdiga   Estorneja, estornija*, V. *torno*

ESTORNINO, diminutivo romance del lat.
STŬRNUS íd. *1.ª doc.:* 1428, trad. de la D. Com.
atr. a Villena, canto V, estr. 14; APal. 537*d*;
Nebr.; Garcilaso; etc.
De la misma formación es el port. *estorninho*[1],
ast. *estornín* (V); los demás romances han formado
un diminutivo en -ELLUS: cat. *estornell*, oc. *estornel*, fr. *étourneau*, it. *stornello*, etc.; el primitivo
STURNUS se ha conservado en algunos dialectos
italorromances. San Jerónimo emplea STORNINUS
pero como adjetivo expresando lo de color semejante a esta ave. De ahí era natural que se extendiera una disimilación *estorlin(o)*, de la cual saldrán ciertas formas catalanas, aunque de aves no
bien iguales: ya el *REW* citaba un *estorlic*, y
Fabra define *estorlit* como «pedret» (compárese
escorpit forma dialectal muy extendida en el Norte
del Principado por *escorpí* 'alacrán'); por otra
parte hay una forma deglutinada *torlit* ave limícola
(*Burhinus oedicnemus*) cuyo color pardo rojizo no
difiere mucho del pardo grisáceo o negruzco del
estornino. Hay *torlits* en el Empordán, etc. (en las
lagunas de Castelló, de ahí *Els Torlits*, partida
poco más al N. entre Vilajuïga, Pedret y Paul).

[1] Gall. *estornino* o *estornillo*, esta última por
disimilación y al mismo tiempo cambio en el
sufijo equivalente -ICULU, Sarm. *CaG.* 91*r*, 114*r*
(al parecer, forma más general que la de
Pontevedra); Sarm. *l. c.*, le junta, percibiendo
la muy probable derivación, el gall. común *estornela* 'juguete o enredito que se componen los
niños con un palito con dos alas de papel encontradas, pegado en la punta de una vara, que
revolotea en torno al palito [más datos ib.] al
correr el niño contra el aire': llámanlo *tala* en
Castilla, *cepo* en Tuy y *lipe* o *estornela* en Pontevedra, *pitta* en Valladolid, *calderón* en el valle
de Mena, *churumba* en Rapariegos y *estornija*
en la Alcarria (ibid. 129*r* y p. 159); como enseñan
las formas en -*ija* y en -*ela* ha habido cambios
de sufijo, mas el punto de vista decisivo no es
el abstracto de dar vueltas del romance TORNARE
(voz poco vital en el antiguo uso luso-castellano),
sino el del revoloteo atontado del estornino, según
muestra también el sinónimo segoviano *churumba = turumbo*.

ESTORNUDAR, del lat. STERNŬTARE 'estornudar con frecuencia', derivado de STERNŬERE 'estornudar'. *1.ª doc.:* APal. 92*b*, 95*d*, 741*b*; Nebr.; etc.
Cej. IX, § 194. La variante primitiva *esternudar*,
hoy conservada en Méjico, figura también en Alfonso de Valdés († 1541); comp. abajo en *estornudo*, y vid. *BDHA* IV, 287; igual asimilación vocálica
se halla a veces en lengua de Oc y en el campid.
sturrudai, macedorrumano *sturrutare*, mientras que
los demás romances conservan el radical (*e*)*stern-*
(incluso el cat. *esternudar* y el port. ant. *esternudar*, hoy sustituído por *espirrar*) o lo alteran de
otra manera (it. *starnutare*, logud. *isturridare*,
sobreselv. *sturnidar*, oc. ant. *estrunidar*, etc.).
DERIV. *Estornudo* [1251, *Calila*, ed. Allen, 28.366;
J. Ruiz, 768*d*; glos. del Escorial; Nebr.; etc.], del
lat. tardío *sternūtus* íd. (en la trad. de Oribasio,
escrita en Ravena, principio del S. VI: A. Thomas, *Mél. Louis Havet*, 501ss.); la forma no asimilada *esternudo* figura en APal. 471 *b* (pero *estornudo*, 318*d*). *Estornutatorio*.

Estorpar, V. *estropear   Estorvisa*, V. *turbar
Estosegar*, V. *tos   Estotro*, V. *este   Estovar*,
V. *estofar   Estoyu* ast., V. *estuche   Estoz*, V.
entonces   Estozar, estozolar, V. *tozudo y tozuelo*

ESTRABISMO, tomado del gr. στραβισμός íd.,
derivado de στραβός 'bizco'. *1.ª doc.:* Terr.; Acad.
ya 1843.
DERIV. *Estrabosidad* [*estrambosidad*, Terr.]. *Estrabón* [Acad. como ant. ya en 1843], del gr.
στράβων 'bizco' (pero creo nunca existió realmente como voz castellana: la Acad. lo tomaría de
Covarr., que sólo lo da como explicación etimológica del nombre del célebre geógrafo de la Antigüedad).

Estracilla, V. *atarazar   Estrada*, V. *estrado*

ESTRADIOTE, 'soldado mercenario de a caballo procedente del Epiro o Albania', tomado del
it. *stradiotto* íd., vocablo de origen veneciano, procedente en último término del gr. στρατιώτης
'soldado', derivado de στρατιά 'ejército'. *1.ª doc.:*
1546-8, Fz. de Oviedo (Fcha.).
Covarr. registra *estradiote* 'el que va a la estradiota'.
DERIV. *Estradiota* [Lope de Rueda, † 1565]:
define Covarr.: «un género de cavallería, de que
usan en la guerra los hombres de armas, los quales
llevan los estrivos largos, tendidas las piernas, las
sillas con borrenas, do encaxan los muslos y los
frenos de los cavallos con las camas largas; todo
lo qual es al revés en la gineta»; lo emplearon
también E. de Salazar (1568), Sandoval (1604),
etc.; este modo de cabalgar era propio de los mercenarios albaneses de la república veneciana; en
el mismo sentido pasó al port. *estradiota*.

ESTRADO, 'sala donde se sentaban las mujeres para recibir visitas, y conjunto de alfombras, almohadas, taburetes y sillas que la amoblaban', 'tarima cubierta con alfombra, destinada a la presidencia en los actos solemnes', 'sala del tribunal donde los jueces oyen y sentencian los pleitos'; significó primitivamente 'yacija empleada como asiento', y procede del lat. STRATUM 'yacija', 'cubierta de cama', 'silla y enjalmas de montar a caballo', neutro de STRATUS, que es el participio pasivo de STERNĔRE 'tender por el suelo', 'alfombrar'. *1.ª doc.*: h. 1280, *General Estoria, RFE* XV, 28: «Paris... mandara... tender ropas e fazer *estrados* desso que los pastores fazien e tenien; e así como llegaron las deesas e Mercurio, fueron a seer»; *1.ª Crón. Gral.*, 665b30.

Cej. IX, § 194. En el *Poema de Alfonso XI*, 91, es 'lugar de recibimiento o de junta y audiencia'; en el *Conde Luc.* (ed. Knust, 27.17) y en J. Ruiz, 910b, es 'parte de la sala, elevada por encima del suelo, que sirve para recibir visitas', ac. que todavía se conserva en el *Quijote* («dijo que quería reposar un poco en tanto que Anselmo volvía. Camila le respondió que mejor reposaría en el *estrado* que en la silla... así le rogó que se entrase a dormir en él», I, xxxiii, *Cl. C.* III, 205); APal.: «*racina* son *estrados* ante los lechos como antecama» (409d), «*himenei* son *estrados* apuestos para bodas» (193d; además 43b, 79d); Nebr.: «estrado: stratum», «*estrado de almohadas*: pulvinar». Se comprende que el vocablo pasara a designar una 'tertulia de mujeres', valor que tiene todavía en el uso argentino del siglo pasado (Sarmiento, *Facundo*, ed. Losada, p. 116), y tenía ya bien claramente en el S. XV, pues del castellano o aragonés tomó el valenciano Jaume Roig su *strado*[1]. El mismo vocablo latino se mantuvo en el port. *estrado* íd.[2], rum. *strat* 'yacija de un animal', 'capa o tongada', it. ant. *strato* 'cama' (S. XIV). En *Alex.* 1094, el ms. *O* trae *estrado* como participio en el sentido de 'postrado en el suelo', hablando del protagonista prosternado ante un obispo, pero el ms. *P* lee en su lugar *prostrado*, y quizá sea esta lección preferible, pues no conozco en castellano otros testimonios directos de tan arcaico uso; sin embargo debió ser corriente en León[3], pues de un tal participio extrajeron el ast., gall.[4] y port. ant. y dial. su verbo *estrar* 'esparcir (paja, árgoma, castañas) por el suelo para hacer cama u otros objetos' (R), 'extender *estru* o *rozu* por un camino para hacer abono', 'esparcir por el suelo' (V). Es duplicado culto *estrato* 'masa mineral en forma de capa' [Acad. 1884, no 1843], 'nube en forma de faja'.

DERIV. *Estrada*, ant. 'camino' [*Alex.*, 962; voz de escasa frecuencia en la Edad Media, no tengo otro ej. que APal. 318d, «orbia ...es *estrada* y camino del mundo», y en 163d, donde se refiere a un camino de la antigüedad romana], del lat. STRATA O STRATA VIA 'camino empedrado', participio femenino del mismo verbo, que se conservó

mejor en el it. *strada*, oc. ant. *estrada*, fr. ant. *estrée*, alem. *strasse*, ingl. *street* (menos frecuente en la Península Ibérica, aunque el cat. ant. *estrada* se halla en textos jurídicos, como los *Usatges, N. Cl.*, p. 91, y el port. *estrada* parece haber sido más popular a juzgar por su actual empleo fraseológico, en Galicia *estrada* 'carretera' sigue vivo y popular[5]; vco. vizc. y guip. *estarta* «sentier, chemin»; en todas partes es muy corriente en el bajo latín); desde la segunda mitad del S. XVI [Fr. Luis de Granada] esta palabra muerta volvió a tomarse del it. *strada*, especialmente como vocablo militar y de fortificaciones, pero Hurtado de Mendoza, Cervantes, Covarr. y Minsheu atestiguan explícitamente su carácter de italianismo, vid. Terlingen, 319-20. En los altos valles de Santander se conserva todavía el verbo en su forma latina: *esternerse* 'tumbarse, echarse a la larga para descansar', *esternedero* 'lugar donde sestean los animales', etc. *Estru* ast. 'hoja, helecho, paja, caña de maíz y otros residuos vegetales que se recogen para *estrar*' (V). De *estrar* y *estru* deriva el gall. *estrume* que Sarm. iguala al *balume* arrojado por el mar y al estiércol (*CaG.* 83r, 154v, A17r, A100r) 'yacija del establo' («enriba do *estrume* hai unha vaca morta» Castelao 162.17, 279. 24) 'estiércol mezclado con materias vegetales' (Lugrís), port. *estrume* 'estiércol' 'abono vegetal de la tierra'. *Consternar* [1682, Cornejo], tomado del lat. *consternare* 'azorar, alocar de miedo, abatir', variante de *consternĕre* 'alfombrar', 'echar al suelo', derivado de *sternĕre*, aunque *consternado* se tomaría probablemente del italiano, donde ya aparece en dos autores del S. XVI (Migliorini, *Cos'è un Vocabolario*, p. 83); *consternación* [med. S. XVII: Palafox]. *Prosternarse* [Oudin, 1607; pero falta en Covarr., Percivale-Minsheu y *Aut.*; la Acad. no lo registra todavía en 1843, sí en 1884] pudo tomarse del lat. *prosternĕre* 'echar al suelo, prosternar', castellanizado según el modelo de *consternar*, pero en vista de que lo único antiguo en castellano era POSTRARSE, es más probable que *prosternarse* se imitara del fr. *prosterner* [S. XV]: lo mismo ocurriría con el port. *prosternar* (ya Moraes, pero sin ejs.) y el it. *prosternare* (la Crusca en 1767 sólo da *prostèrnere*). *Substrato* [Acad. después de 1884], tomado del lat. *substratus* 'acción de extender por debajo de algo', del participio de *substernĕre* 'extender en esta forma'; entró como término de Filosofía; después, de Lingüística (recientemente), según su modelo, se han creado en esta ciencia *superstrato* y *adstrato*, introducidos en castellano por Amado Alonso, 1940). *Estroma*, tomado del gr. στρῶμα 'alfombra', derivado de στορεννύναι, emparentado con *sternere*. Véase además POSTRAR.

CPT. *Estratificar; estratificación. Estratigrafía; estratigráfico. Estratosfera* (vid. *atmósfera*).

¹ «En casa mia... / cascuna sesta... / moltes enteses... / s'hi ajustaven / ... per dir rahons, / desvarions, / e maravelles / de cent novelles /

... yo be·u sentia, / mas no·m plahia / son negre *strado*», v. 2879; «aní per *strados* / de les senyores: / punts ni tisores / no s'hi tocaven, / ni·s practicaven / fusos, filoses», v. 3416; «En Çaraguossa / buidí la bossa, / tant aturant; / *strados* cercant / gran temps perdí», v. 3822. Otros ejs. medievales, catalanes y valencianos, en Ag. Del castellano viene también el fr. *estrade* 'estrado' [1680].— [2] En gallego: «érguese o pano e aparece un elegante, adobrado con moito señorío» Castelao 163.11.— [3] Ej. de «*estrado* in terra ante os pees del...» en texto portugués del S. XIV o XV, en Cortesão.— [4] «Un cortello inmundo *estrado* de palla e de sacos vellos», «o chan *estrado* de area do mar» Castelao 145.11, 208.1 f. *Estrar* 'alfombrar' ya en *MirSgo.* 75.30.— [5] Lugrís, p. 161: «tocoume ollar como erguían un cruceiro no cruce de duas *estradas*» Castelao 94.24.

ESTRAFALARIO, 'desaliñado en el vestido o en el porte', 'extravagante en las acciones o en el modo de pensar', voz familiar tomada del it. dial. *strafalario*, empleado en el Norte y en el Sur de la Península en los sentidos de 'persona despreciable', 'desaliñada', 'extravagante', 'enfermiza', de origen incierto; probablemente derivado de *strafare* 'exagerar', 'contrahacer'. *1.ᵃ doc.*: 1700, Antonio de Zamora, en *Aut.*

Cat. *estrafalari* [1776, Alcover] o *estrafolari* (así en Mallorca[1] y en otras partes; forma preferida en el idioma literario) y port. *estrafalário* íd. (sólo Fig.); de Aragón pasó *estrafalèrou* 'extravagante' y *estrafaleyà* 'hacer extravagancias' al gascón del Lavedán (Palay). Como indicó Spitzer (*AILC* III, 16-19), en la Península Ibérica el vocablo aparece aislado dentro del idioma y no presenta variantes fonéticas o semánticas locales que demuestren su carácter autóctono, mientras que en Italia, si bien es ajeno al idioma literario y parece serlo a las hablas centrales[2], está muy extendido, y con carácter popular, así en los dialectos del Sur como en los del Norte; observa Zaccaria que lo empleó ya el poeta napolitano Niccolò Capasso († 1745 «*strafalario*: uomo sfaccendato e miserabile») y su paisano Trinchera, y que en tiempo de Porcelli (fin del S. XVIII?) estaría ya desusado; cree es de origen español, pero en realidad no sería así, pues lo registran todavía en Nápoles los Filopatridi (1789), y está extendido por regiones demasiado diversas para tratarse de un hispanismo popularizado: sic. *strafalàriu* «persona spregevole, stracciona e villana; poverone; donna di mala vita» (Traina), calabr. *strafalaru* 'que habla difusa y confusamente' (Rohlfs), genov. *strafalajo* 'agusanado, malsano', '(persona) enfermiza', '(objeto) deteriorado, medio gastado' (Casaccia), piam. *strafalari* «sproposito, babbeo» (Levi), milan. *strafalàri* «avventato, disutile, sciamannone; chi opera alla sciamannata, alla peggio, senza cura» (Angiolini), Parma íd. «cervello balzano, uomo stravagante, strampolato, viluppo di bagatelle» (Ma-

laspina), Bolonia íd. 'descuidado en el traje y en la persona' (Coronedi).

El sabio etimologista Leo Spitzer llama la atención acerca del milan. *strafüsari*, que significa 'ungüento de estafisagria' y además «sciamannone, confusionario», Valsesia *strafusariu* 'sustancia medicinal diurética' e 'inepto, incapaz, que no sirve de nada'; como *strafusaria* y *strafizzeca* son en efecto nombres populares de la estafisagria en Italia, está claro que estas formas no son más que deformaciones populares, fáciles de comprender, del nombre grecolatino de esta planta, y le parece claro al sabio filólogo que significando *strafüsari* aproximadamente lo mismo que *strafalari*, éste debe ser también alteración de dicho nombre: esta alteración se debería a un influjo de *strafalcione* 'extravagante' (derivado de *strafalciare* 'equivocarse al segar', 'hacer disparates', que a su vez lo es de *falce* 'hoz') o bien al de *scrofularia*, otro nombre de planta también empleado en medicina popular. Tal idea no me parece imposible, aunque es fuerza reconocer que no está demostrada mientras no se hallen *strafalario* o sus variantes en el sentido de 'estafisagria'; mas apareciendo el vocablo en zonas italianas tan diversas, y no siendo verosímil admitir que fuese trasportado de una de ellas a todas las demás, es difícil creer que en todas partes se produjera este cruce casual: nótese que si el contacto fué con *strafalcione* se esperaría *strafalciario, y si fué con *scrofularia* la sílaba -fa- no se explica, y es imposible que en todas partes influyeran los dos vocablos conjuntamente.

Ahora bien, me llama la atención por otra parte el venec. *strafanòrio* «che casi strafanòri, fam. e iron., che casi strani!, che stupore!», junto con el abruzo *strafanèca* «cose di nessun valore»: estas formas sugieren que toda la terminación -*alario* o -*anorio* sea sufijo, y como hay además venec. *strafarosa* adj. «(donna) caricata, che altera e ingrandisce le cose; *mode strafarose*: stravaganti», derivado evidente de *strafare* «far più del che conviene; contraffare; *strafarse troppo*, si dice delle femmine che oltre al convenevole si raffazzonano, e p r e n-d e s i i n m a l a p a r t e» (Boerio), que nos recuerda el sic. *strafalària* «donna di mala vita», me inclino a creer que también *strafalario* vendrá de *strafare* en el sentido de 'exagerado', 'extravagante', o en el de 'falsificado', 'malo', sea con otra formación sufijal o con disimilación de una de las *r* de *strafarario*, -*orio*, ora en *l*, ora en *n*.

[1] P. d'A. Penya, en *Les Illes d'Or*, I, 49; *BDLC* XI, 255; Amengual. Ag. sólo registra *estrafalari* y Griera da un ej. de esta forma en el S. XIX. Así Labernia, pero Fabra y ya Bulbena prefieren -*folari*. En Barcelona se oyen hoy ambas formas, pero creo que la primera es más espóntanea. La *o* quizá proceda ya de Italia; o se deberá a influjo de *estrafolla* 'mentira', 'engaño' (así en texto del S. XIX, vid. Griera), 'estrafalario', 'persona informal, chismosa', que por su parte tiene pa-

rentela en el Sur de Francia y Norte de Ita- lia: Quercy *entrofouillà* «embrouiller, empêtrer» (Lescale), milanés *strafoià* «barbugliare, parlare confuso», *strafoión* «barbuglione», *strafoj* «donni- no o bambino leggiadro» (Angiolini).— [2] Spitzer cita el *Vocab. dell'uso toscano* de Fanfani, pero debe haber confusión con *strafizzeca* 'cosa nueva y extraña' y *strafalcione* 'hombre extravagante', únicos que aparecen en este libro. Tampoco lo hallo en léxicos de los Abruzos, Téramo, Roma- gna y Venecia.

Estragal, estrago, V. *ástrago*

ESTRAGAR, del lat. vg. *STRAGARE 'asolar, de- vastar', derivado de STRAGES 'ruinas', 'devastación' 'matanza'. 1.ª doc.: astragar, Berceo, S. Mill., 415; Mil., 326;´estragar, Apol., 101d.

Astragar es muy frecuente en los SS. XIII y XIV: véanse ejs. en *DHist.*; además: «el pesar nin la cuita non te tienen pro, mas desgastan et *astragan* el cuerpo et dan alegranza a tus enemi- gos» (*Calila*, ed. Rivad., p. 63), «*astragaban* los moros toda el Andalusia» (*Vida de S. Ildefonso*, v. 1013), *astragado* 'destruído, aniquilado' (*Hist. Troyana* de h. 1270, 43.3); todavía aparece como rústica esta forma en una comedia de Ruiz de Alarcón, a princ. S. XVII. *Estragar* se halla tam- bién, además del *Apol.*, en doc. vallisoletano de 1351 (M. P., *D. L.*, 231.28), en el *Poema de Al- fonso XI*, 92, 177, 601, en la *Vida de San Ilde- fonso*, 911 («malos nuestros pecados / nos han en todas guisas çiegos et *estragados*»), y tiende a ge- neralizarse en la lengua literaria desde el S. XV: así en Nebr. («*estragar: corrumpo*»), en Juan de Valdés («aunque no gastaríades la sentencia ni disminuiríades el encarecimiento, *estragaríades* de tal manera el estilo, que las cláusulas quedavan coxas», *Diál. de la L.*, 156.13). La ac. más frecuen- te en lo antiguo es la de 'devastar, arruinar (un país)', pero también se halla en el sentido de 'hacer matanza' («Si vençer nos pudieren, como venrran yrados, / sin cosimiento todos seremos *estragados*», *Apol.*), y despúes se hace típica la que hemos po- dido observar en Valdés. El vocablo existe también en portugués, ya en Don Denís, comienzo del S. XIV («ũa que Deus *estrague*», 'una mujer a quien Dios destruya o maldiga', v. 2402), y aun en las *CEsc.* («de que tempo podíades seer, / quand' *estragou* ali o Almançor?», R. Lapa 55.4); hoy en Galicia «destrozar; echar a perder una cosa: *este niño todos los juguetes estraga*» (*BRAE* XIV, 118), *destragar*, 'desperdiciar (comida)' (Alvz. Gi- ménez)[1].

El étimo *EX-TRAH-ICARE, con el sentido de 'arrui- nar, dilapidar' que tiene TRAHERE en Salustio, según propuso Parodi, *Rom.* XVII, 67, es menos probable desde el punto de vista semántico; se- guramente tiene razón M-L. (*REW*, 8282) en ha- ber corregido la base *STRAGICARE que propuso en

la primera edición de su diccionario, al darse cuen- ta de que MAGICUS da *meigo* (o *mego*): en efecto, no habiéndose perdido la ɪ en fecha muy antigua (antes de sonorizarse la -C-), ya la G debió haberse palatalizado hasta confundirse con la -ɪ- siguiente; de todos modos es preciso suponer *STRAGARE ya en latín vulgar, pues STRAGES hubiera dado *straye* desde el romance más arcaico, con el cual ya no podía formarse un derivado en -g-[2]. La antigua forma con *a*- podría hacernos suponer un *AD- STRAGARE, pero más probablemente será debido a influjo de *astroso, astrado.*

Hay 3 ejs. de oc. ant. *estragar* («agir ou parler follement» (Raynouard III, 224; *FEW* III, 333; *estragazi* 'mala costumbre' Levy III, 335), que Diez (*Wb.*, 578), partiendo de una definición arbitraria de Raynouard, y M-L. (*REW*, 3100), Wartburg (*l. c.*) y Rohlfs (*ASNSL* CLXXXIX, 384), se empeñan en derivar de un inexistente e inverosímil *EXTRA- VAGARE[3]; pero es imposible fonéticamente, pues no se habría perdido la -v-[4]. La ac. occitana se rela- ciona con la cast. 'echar a perder, corromper'. De ahí quizá también el fr. ant. *estraier* 'errar sin due- ño' (?, Tobler, o bien de STRATA, como *baïer* de BATARE). No existe el fr. ant. *estraveer* citado por M-L. (*estraver* 'acampar' viene de *tref* 'tienda').

DERIV. *Estragador. Estragamiento* [*astr*-, 1241, *Fuero Juzgo*, en *DHist.*; *estr*-, Nebrija]; posterior- mente *estrago* [*astrago*, Cortes de 1339, en *DHist.*; *estr*-, Nebrija]: no puede venir directamente de STRAGES, que hubiera dado *estray*.

[1] No es claro el sentido en *La Serrana de la Vera* de Vélez de Guevara, v. 3073, donde la des- honrada Serrana, ante los ruegos de su antiguo ofensor a quien se dispone a quitar la vida, ex- clama «no hay ruego que mi onrra *estrague*»; como no parece posible entender 'reparar', quizá habrá que interpretar 'no hay ruego que haga mella en (la reparación que voy a dar a) mi ho- nor'.— [2] En otros romances es parte de STRAGU- LARE: *REW*, 8282a, y cat. *estrall*.— [3] Es sabido que el fr. *extravaguer* se extrajo del b. lat. *ex- travagans*, creado cuando la compilación del Cor- pus de Graciano.— [4] «Haplología», como dice el *FEW*, no la pudo haber ahí no habiendo otra labial en la palabra.

ESTRAGÓN, 'hierba de la familia de las com- puestas, usada como condimento, *Artemisia Dra- cunculus*', del fr. *estragon* y éste del ár. *ṭarḫûn* íd., de origen incierto. 1.ª doc.: *taragona*, 1592, Ríos (en Colmeiro, III, 215); *estragón*, 1762, Quer, Terr., no admitido por la Acad. hasta 1899.

Es planta de jardines, de origen asiático. En francés se halla ya *targon* en Rabelais († 1553) y en Liebault (1601), el cual agrega que los jardineros la nombran *estragon*. El francés Ges- ner (1542) la llama en latín *tarchon*, y como este botánico conocía lenguas orientales, parece claro que el vocablo se introdujo por vía libresca.

Vid. Devic, p. 34*b*. En árabe se halla *tarḥún* desde el Razí (fin del S. IX), y a princ. S. XII se nos
señala la forma *terḥūnī* como persa. De cuál de
estas dos lenguas pasó a la otra, no nos consta;
se ha supuesto que venga en definitiva del gr. 5
δράχων 'dragón', por cierta semejanza, nombre
que se aplicó a la misma planta y a otras análogas
(*dragón de los herbolarios* en Cienfuegos, 1627,
dragoncillo, 1859; *dracunculus* en latín botánico;
comp. *DRAGONTEA* ~ *taragontía*), para lo cual 10
faltaría explicar la *ḥ*. Más bien parece que este
dragón sea etimología popular. Desde luego parece
claro que en la Península Ibérica es voz tardía
(port. *estragão* sólo desde h. 1800, Brotero). En
Abenɣólɣol (982) se halla *'ištargúnya*, pero como 15
nombre del Colchicum autumnale, planta sin relación con la nuestra, y Simonet (s. v. *extragónia*)
cree que debe leerse *'ištarangúlya*, derivado romance de STRANGULARE. Steiger, *Contr.* 233, sugiere que el fr. *estragón* venga de un hispánico 20
etragón < *et-ṭarḥún*, por ultracorrección francesa; no es creíble, pues esperaríamos *atragón* <
aṭ-ṭarḥún.

Estral, V. *diestro*   25

ESTRAMBOTE, 'género de composición poética', antiguamente *estribote*, del mismo origen incierto que oc. ant. *estribot*, fr. ant. *estrabot*, que
designaban composiciones satíricas, e it. *strambotto*, 30
nombre de una composición amorosa; como las
formas más antiguas son las desprovistas de nasal,
es poco probable como etimología el it. *strambc*
'zambo o estevado', lat. STRAMBUS 'bizco'; probablemente emparentado con *estribillo*, derivado de ES- 35
TRIBO, en vista de la antigüedad de esta denominación poética, documentada por el nombre árabe *markaz* 'apoyo, estribo' aplicado por Mucáddam
de Cabra en el siglo IX al estribillo de sus zéjeles.
1.ª *doc.*: *estribote*, Berceo, *S. D.*, 648; *estrambote*, 40
1445-9, Santillana, *Proemio al Condestable de Portugal*¹.

Acerca de esta palabra han disputado los eruditos. Además de los diccionarios etimológicos de
Diez (pp. 130 y 310), M-L. (n.º 8281) y Terlingen 45
(p. 93), tratan el asunto varios artículos especiales
de Gaston Paris (*Journal des Savants* 1889, 533-5;
Rom. XXVIII, 480), Francesco Novati (*Mélanges
Wilmotte*, 1910, 417-41), H. R. Lang (*Scritti in
onore di R. Renier*, 1912, 613-21) y J. Brüch (*Fest- 50
schrift Ph. A. Becker*, 1922, 199-215). A pesar de
las discrepancias que los separan, algunos puntos
están reconocidos por todos. Empecemos por la
documentación de las formas del nombre. En español *estribote* aparece desde Berceo y sigue em- 55
pleándose muchas veces en los siglos XIV y XV.
en el *Libro de Buen Amor* y en el *Canc.* de Baena; el *Alex.* traía *estribot* o *estrimbote* o *estranbote*²; sobre cuál de estas dos formas empleó el
Marqués de Santillana discrepan los manuscritos. 60

y la última se hace general en los escritores del
Siglo de Oro.

En lengua de Oc la palabra *estribot* se emplea
con frecuencia desde med. S. XII (Raimbaut d'Aurenga, Guerau de Cabrera). El fr. ant. *estrabot* es
palabra muy rara, sólo registrada dos veces, la primera en la segunda mitad del XII y después des-
cientos años más tarde. En cuanto a Italia, la forma
strambotto es general, pero ya veremos que no se
halla antes del S. XIV. La historia del sentido es
más complicada, pues se entrecruzan las cuestiones
de forma métrica con el significado que iba tomando el vocablo por el empleo literario que se
hacía del género. Berceo lo toma por 'denuesto,
frase de escarnio'³, y para el autor del *Alex.* es
'réplica embarazosa'⁴, evolución secundaria del matiz
anterior, que reaparece en el cat. *estribot, estaribot* o
*estirabot*⁵, y ambas acs. viven actualmente en el
francés dialectal de Bélgica: valón *strabot* «injure,
mot piquant, pointillerie», *rastraboter* «rabrouer,
riposter par des paroles piquantes», Lieja *dire des
strabotez* «rudoyer quelqu'un». Se explica este
matiz satírico porque el estribote era una combinación métrica eminentemente popular, adecuada para
el canto individual coreado por un grupo, y por lo
tanto oportuna para coplas y comentarios sobre
gente conocida. De aquí la naturaleza del *estribot*
galorrománico. En francés antiguo se trata de dichos o versos satíricos, pero no resulta claro si
están en verso o son meras frases epigramáticas.
En la antigua poesía occitana designa un tipo de
poema, de índole por lo regular no precisada, pero
el único ejemplar conservado y a nuestro alcance,
debido a Peire Cardenal, es una diatriba violenta
y obscena contra curas y frailes; en otro texto, en
Flamenca, el *estribot* es una de las poesías populares que se escriben sobre un marido muy celoso
que tiene encerrada a su mujer, y en otras partes
el vocablo va aparejado dos veces con el *sirventés*,
poema político o satírico. A medida que el estribote se iba alejando de su patria, su sentido se
iba haciendo más vago, hasta que en Italia ya sólo
conserva como distintivo fijo su carácter popular:
el it. *strambotto* es un género popular, de tema
en general amoroso; pero algo conservó del tono
satírico que había llevado consigo, pues siempre
se movió, dice Vittorio Rossi⁶, «con disinvolta an-
datura e talora con plebei ardimenti di frase»; y
en Sicilia, de donde todos lo consideran típico,
todavía se le define como «poesia scherzevole»
(Mortillaro); por otra parte, además del sentido
lírico, los dialectos modernos le conservan la ac.
'broma', 'tontería', 'extravagancia'⁷. El *strambotto*
italiano alcanzó grandísimo desarrollo literario, y
con su nuevo empuje renacentista volvió a España.

Claro está que entonces se hace general aquí la
forma *estrambote*, más semejante a la italiana. Pero
además el sentido es nuevo. En Góngora es un
poema amoroso, que representa al poeta como escrito por Macías el Enamorado (V. el vocabulario de

Alemany). A lo mismo se referirá Cervantes en los tres ejs. que de él se citan; en todo caso es claro el de la *Tía Fingida*, donde después de oír un soneto de esta naturaleza uno de los circunstantes exclama que no ha oído nunca mejor estrambote: desde luego no se refiere a una forma estrófica especial, pues es soneto de tipo corriente. No se trata de la ac. definida por *Aut.*: «versos o copla añadida al fin de alguna composición poética, especialmente en los sonetos, para mayor expresión, lucimiento y gracejo». Como observa Lang, esta ac. no se halla en Covarr., en Rengifo ni en fuente léxica alguna anterior a *Aut.*; este tipo de soneto no alcanza cierta frecuencia (sin que, por lo demás, sepamos qué nombre se le daba) hasta el S. XVII, y el ej. más antiguo es de 1569. Luego se trata de una evolución muy reciente[8], que por consiguiente no puede tomarse como base de la etimología, según hizo Gaston Paris. Dejemos, pues, los avatares modernos del género y atengámonos a su contenido más antiguo, y especialmente a la antigua forma estrófica designada con este nombre.

Los estudios de Lang y M. P. pusieron en claro lo que en la España medieval se entendía por *estribote*. Se trata de un esquema métrico ejemplificado muchas veces en Juan Ruiz, en el *Canc.* de Baena y en otras fuentes: «compónese de un dístico o villancico donde se enuncia el tema lírico de la composición, y que luego es glosado en varias sextinas, cada una de las cuales se forma con estos elementos: 1.º tres versos monorrimos; 2.º un verso llamado ʼvueltaʼ, porque vuelve a la rima del villancico inicial, y 3.º repetición del dístico o villancico»: «es la forma más popular entre los juglares castellanos», «el metro más usado en los cantos populares hasta el S. XVI, la forma típica castellana anterior a la popularización de las seguidillas y coplas que en el XVII privaron»; «el juglar, solo, entona los cuatro primeros versos de la mudanza o glosa, y con la rima de la ʼvueltaʼ da entrada al coro, compuesto de oyentes, para que canten en común el estribillo o villancico». El nombre *estribote* se halla, en efecto, cinco veces documentado, para este esquema métrico, en el *Canc.* de Baena, y a él se refiere sin duda el Marqués de Santillana. Los temas de estas composiciones eran siempre de tono popular, y de humor juglaresco: a Villasandino le sirven un par de veces para pedir dinero, se nota que uno de ellos es un violento cantar de escarnio (n.º 141), otro es una cantiga cazurra de J. Ruiz burlándose de sí mismo (115), el autor de otro lo sintetiza con las palabras «reíd con tal repullón»; luego la vena satírica no está ausente de ellos, y es natural que con este tono se trasmitiera a la poesía en lengua de Oc.

Este tipo estrófico era esencialmente propio de Castilla y Andalucía, región donde ya se localiza nada menos que a fines del S. IX. Desde allí, con el nombre de zéjel, se propagó por tierras musulmanas hasta el Irac, alcanzando boga extraordinaria en países tan lejanos desde algo antes del S. XII. En Occidente no abunda en el Cancionero portugués de la Vaticana, pero domina en el arte más popular de las *Cantigas de Santa María*. Al pasar los Pirineos se desdobla, apareciendo por una parte el tipo sin estribillo (también conocido en el zéjel musulmán) en la poesía más culta de los grandes trovadores, desde Guillermo de Poitiers; por la otra, la variante primitiva, con estribillo, aparece en cantos populares occitanos; en el *rondel* francés del S. XIII; y en Italia, en Fra Jacopone da Todi, coetáneo de Alfonso el Sabio, en laudes toscanas de los siglos siguientes, y en *frottole* de todas partes hasta el S. XVI.

M. P. expone detenidamente esta expansión en su libro *Poesía Árabe y Poesía Europea* (pp. 18-66), y documenta la exportación de cautivas andaluzas al Sur de Francia en el S. XI (pp. 32-35), cantoras que según testimonio de los contemporáneos conquistaron para su arte a los nobles occitanos de la época. Dudo que persista todavía el escepticismo con que algunos críticos acogieron las primeras demostraciones dadas por Ribera de una temprana influencia hispánica en la lírica de los trovadores. El testimonio lingüístico de los varios préstamos españoles en nombres occitanos de instrumentos musicales (V. *GAITA*) las corrobora útilmente. Y con ello cobra todo su significado aquella *cançon de razon espanesca* a que ya se refiere por el año 1000 el Poema de Santa Fe.

Esta expansión literaria y musical, y el paso consiguiente del tipo estrófico del estribote al mundo transpirenaico, ¿fueron acompañados o no de la exportación de su nombre? Un hecho hay que parece indicar que sí. Por Abenbassam (1109) y Abenjaldún sabemos que tradicionalmente se miraba al ciego andaluz Mucáddam de Cabra como el inventor del zéjel; Mucáddam vivía hacia el año 900, y según Abenbassam inventó para el estribillo de su zéjel la denominación arábiga *márkaz*, que significa precisamente ʼapoyo, estriboʼ (M. P., *op. cit.*, p. 20)[10], adecuada perfectamente a este pareado que iniciaba todo el poema y era el punto de partida de cada una de sus mudanzas. Ahora bien, como el *márkaz* era elemento extraño hasta entonces a la poesía árabe, su nombre debió ser ya traducción del romance *estribo*, pues nos consta que Mucáddam era poeta bilingüe; o si realmente se inventó esta denominación en árabe, muy pronto sería traducida al romance. Aunque no podamos documentar *estribillo* como término poético antes de Polo de Medina (hacia 1650), hallamos *estribo* en este sentido algo antes ya, en la *Pícara Justina*, año 1605 (ed. Rivad., 64-65); y aunque de todos modos sea fecha tardía, no podemos extrañarlo demasiado en vista de las tinieblas que envolvieron la poesía popular romance de Andalucía, primero por la dominación arábiga y después por las tendencias aristocráticas de la escuela poética andaluza de los períodos clásico y preclásico[11]. Siendo esto así es sumamente probable que *estribote* se formara en castellano como derivado de *estribo*, en el sentido de composición caracterizada por este elemento poético, y es natural que el derivado aparezca antes que el primitivo, gracias a su importancia mucho mayor. El sufijo *-ote*, aunque bastantes veces sea de procedencia galorrománica, también aparece en multitud de voces estrictamente castellanas, algunas ya documentadas desde muy antiguo: *chacota* [con *chacotares*, S. XIII], *capote* [S. XIV], *capirote* [1295], *cogote, cascote, barrote, gañote, garrote, mazacote, mogote, tagarote, picota, chirigota, pingorota, gaviota, maniota...* Mucho menos probable es que *estribot* se formara en lengua de Oc, aunque partiendo del español *estribo* 'estribillo'.

Pero lo que ya no es posible es que *estribot* se hubiese formado en la lengua de los trovadores, como derivado autóctono a base de la misma comparación que se hizo en España; pues entonces, como derivado de *estreup* (o *estriup*), nombre occitano del 'estribo', deberíamos tener **estreubot*. Es verdad que un verbo occitano *estribar* parece hallarse, aunque una sola vez, en la frase *mal estribatz clergues*, precisamente en el *estribot* de Peire Cardenal (v. 38); el sentido es oscuro: Levy declara no entenderlo y Appel sugiere con dudas 'clérigos que dan pasos en falso (que no se apoyan o estriban bien)'. Hay por otra parte *estrubar* en Sordel, y los derivados en *estreub-* o *estriub-* son lo normal. Así, aunque admitiéramos el *estribar* de Cardenal como forma válida, sin poner en duda lo correcto de esta lección, y por lo tanto concediéramos la posibilidad de un *estribot* occitano, siempre deberíamos hallar variantes como **estreubot* o **estrubot*, que en realidad no existen. La conclusión es que lo mismo que el nombre que el género han de ser de importación hispánica.

Desde tierras de Oc se propagó la voz al Norte de Francia y a Italia, y allí hubo de sufrir influencias perturbadoras. La alteración italiana *strambotto* es fácil de comprender: el carácter juglaresco y satírico del género permitió que se le viera una relación ideológica con el it. *strambo* 'de piernas torcidas', friul. *stramb* íd., venec. ant. *stramo* 'extraño, extravagante', veron. ant. íd. 'burlesco, divertido, retozón' (en glosario del S. XV: Mussafia, *Denkschr. d. Wiener Akad.* XXII, p. 211). Sin embargo, nótese que estos vocablos pertenecen especialmente al italiano en sus hablas septentrionales y toscanas, pero *estranbote* ya aparece en el manuscrito O del *Alex.*, escrito hacia 1300, y en el Marqués de Santillana. Como en la primera de estas fuentes todo influjo italiano es imposible, y difícil en la segunda, debe creerse que ya fuera de Italia se vió una relación entre *estribote* y un derivado romance de STRAMBUS, concretamente el término poético provenzal *rims estramps* 'versos sueltos, sin rima'. Ya hemos visto que fuera de

España se aplicó *estribote* a combinaciones estróficas diferentes del *zéjel*, conservando sólo el valor de composición popular, juglaresca o satírica[12]; ahora bien, una de de estas combinaciones, la representada por Peire Cardenal, es una larga tirada monorrima seguida de un verso *estramp* y más corto, que debe ser una reminiscencia de la vuelta del estribote español: hubo, pues, influencia de este término poético occitano, y en una época en que toda Europa estudiaba con ahinco la terminología trovadoresca, es natural que esta contaminación obrara en Italia, en el Norte de Francia (*estrabot*) y aun en la propia España, ocasionalmente. Nada de extraño tiene que los franceses e italianos confundieran en parte dos vocablos aprendidos conjuntamente en la poética provenzal[13].

Derivar *estribote* de *estribo* es tan natural que asombra pensar que sólo lo hizo Diez. La explicación está en que los romanistas suelen ser ante todo especialistas del francés y el italiano, con frecuente propensión a mirar como secundarias las formas de todos los demás romances. De ahí que casi todos se inclinaran por derivar de STRAMBUS 'bizco' o 'estevado'. Nada se opondría a esta etimología si sólo existiera la forma italiana, mas partiendo de *strambotto* sería muy difícil explicar las demás, mientras que el camino inverso está expedito. Como es imposible que *strambotto* perdiese su *m* por vía fonética, según parece dispuesto a admitirlo Gastón Paris, sería preciso creer en una alteración por etimología popular, debida al influjo de otra palabra, o mejor dicho otras, pues ninguna podría explicarnos *estrabot* y *estribot* al mismo tiempo[14].

Siendo esto así sólo podríamos insistir en tal empeño si se lograse demostrar que el *strambotto* italiano es más antiguo que sus hermanos romances. En realidad parece lo contrario, aun prescindiendo de Mucáddam de Cabra y limitándonos al S. XII, en que ya lo vemos bien afirmado en el Sur y aun el Norte de Francia. Alessandro d'Ancona, que en su libro *La Poesia Popolare Italiana* sentó firmemente las bases del estudio de nuestro género, cree que se extendió desde Sicilia al resto de Italia en el S. XIV, pero en realidad los autores conocidos de *strambotti* pertenecen ya al XV: en Venecia, Giustiniani, que escribía en la primera mitad; en los Abruzos, Serafino, y en Toscana el Poliziano, correspondientes al final de la misma centuria (Rossi, *op. cit.*, 223-5, 272; Ancona, 1.ª ed., p. 304); las dos grandes colecciones de *strambotti* estudiadas por Ancona (p. 431 y ss.) corresponden a los SS. XV y XVI. Por lo demás en este diccionario lo que más nos interesa es el nombre y no el género, que pudo haber tenido primero otra denominación. Ahora bien, de la palabra *strambotto* no recoge Tommaseo ej. anterior al *Morgante* de Pulci (1483); otro que hallo en Ancona (p. 435*b*), en una de las colecciones citadas, a lo sumo podría ser del mismo siglo. Mis esfuerzos por hallar testimonios más antiguos han sido inútiles. En verdad, la naturaleza de las fuentes a mi alcance no me permite asegurar nada, pero esta indicación provisional del S. XV puede asegurarse que no dista mucho de la verdad en cuanto a la fecha de la palabra[15]. Y aunque fuese bastante anterior siempre podría creerse que lo llevaran a Sicilia los provenzales de Carlos de Anjou, en el S. XIII, cuya influencia dejó tantas huellas en la escuela poética siciliana; de ninguna manera creo en la teoría de G. Paris, que atribuía el préstamo a los normandos invasores de Sicilia en el S. XI, puesto que el vocablo alcanzó tan poca boga en el Norte de Francia.

Sólo se apartó de STRAMBUS Brüch, para proponer una temeraria etimología germánica *STRÂPA 'vituperio' (de donde el alem. *strafe* 'castigo'), cuya imposibilidad nos revela su mismo artículo: se trata de un vocablo exclusivo del alto alemán, que según él hubo de pasar al francés desde el Rin medio en el corto espacio de tiempo (si tal tiempo hubo) en que ya en Francia la -P- latina había llegado a -v- y la -P- alemana no había sufrido todavía la segunda mutación consonántica; entonces se habría cambiado en -b- al pasar al francés, por una imitación imperfecta de la articulación peculiar de las oclusivas alemanas. Desde el francés se habría extendido a los demás romances. No sólo es hipotética la forma *STRÂPA, sino también el significado 'vituperio'. Y aun si olvidáramos por un momento que el vocablo es más raro en el Norte de Francia que en ninguna parte, deberíamos reconocer que es imposible acumular más condiciones inverosímiles.

Deriv. *Estrambótico* 'extravagante' [*Aut.*], quizá vino ya formado de Italia (se emplea por lo menos en Calabria, según Rohlfs), donde corresponde bien a las acs. dialectales de *strambotto* 'broma, tontería, disparate', citadas arriba[16].

[1] Ahí dice el autor que su abuelo Pero González de Mendoza († 1385) «usó una manera de decir cantares, así como scénicos Plauto e Terencio, también en *estrambotes* como en serranas». Otro manuscrito trae *estrimbotes*. Según Willis *estranbote* figura ya en el ms. *O* del *Alex.*, escrito h. 1300.— [2] En el ms. de París (2371*a*) hay que enmendar evidentemente *escribot* en *estribot*, y el de Osuna trae en su lugar *estrimbote* según Janer o *estranbote* (lección de Willis).— [3] «Dávanli prisión mala los Moros renegados / ... / Dávanli a las vezes feridas con açotes, / lo que más li pesava, udiendo malos motes, / ca llamávanlos canes, ereges e arlotes, / faziéndolis escarnios e laydos *estribotes*», *S. Dom.*, 648*d*.— [4] Después de afirmar que nadie pudo ser convertido en piedra, añade: «Sé que querrá alguno darme un *estribot*, / querráme dar enxenplo de la muger de Lot».— [5] La primera de estas formas en Ibiza, según Aguiló, en sentido de «tornada», 'estribi-

llo'; en el *Canc. Satíric Valencià* del S. XV parece tener ya el sentido moderno, que puede ser 'réplica desconcertante o incongruente' o bien 'salida inesperada, ocurrencia chistosa'. Las otras dos formas son usuales hoy en Barcelona; y, según Moll, en el Continente en general (*AORBB* III, 69).— [6] *Il Quattrocento*, en *Storia Letteraria d'Italia*, 1933, p. 233.— [7] «Ciance e panzane», «baggianata», «discorso fuori di proposito», «strafalcione», en los Abruzos y en todas las hablas de la Alta Italia, vid. Novati. Otra forma, con cambio de sufijo, *strambóccolo*, era «a kind of base railing or filthy composition», según el diccionario de Florio (1611).— [8] Sin embargo, aun en este desarrollo reciente reaparece el sentido burlesco. Ya Juan de la Cueva manifestó que los sonetos con estrambote habían de ser cómicos, y aunque E. Buceta (*RFE* XVIII, 239-51) no cree que esta norma sea general, reconoce que se aplica a la mayoría de los casos.— [9] M. P., *Poesía Juglaresca y Juglares*, 273-8; *Estudios Literarios*, 310-11, 332-3.— [10] Comp. Dozy, *Suppl.* I, 555*a*; y Ribera, *La Música de las Cantigas*, 1922, 66*a*, 69*b*, n.7. *Márkaz* significa 'apoyo, punto de apoyo', 'punto fijo', 'lugar para descansar', en el árabe moderno, y particularmente en el de Egipto (Bochtor). No hay por qué dudar de que sea ac. antigua, pues es la que corresponde al sentido de la raíz *rákaz* 'clavar, plantar en el suelo', 'estar fijo, firme', 'apoyarse (un arco)', etc., tan clásica como vulgar.— [11] En el sentido de 'estribo para montar a caballo' *estribo* y su derivado *estribera* son frecuentes en la Edad Media, desde el *Cid*.— [12] En Italia son estrofas endecasílabas en varias combinaciones de rimas, de las cuales, en su orden de sucesión cronológica, las más típicas son *abab, ababab* y *abababcc*.— [13] En lengua de Oc esta variante es sólo moderna: rodanense *estrambord*, marsellés *estrambot* 'extravagancia', 'entusiasmo'; un «mall[orquín]» *estrabot*, citado por M-L., no existe: es errata por «wall[onisch]».— [14] Tampoco hay que pensar en la variante latina STRABUS: 1.° porque no ha dejado descendientes populares en romance, 2.° porque si éstos hubiesen existido tendrían -v-. Como cultismo es palabra reciente en todas partes, y siempre ha pertenecido sólo a la técnica científica. Basta la -b- intervocálica del fr. ant. *estrabot* para comprender que ha de ser extranjerismo, si ya no nos advirtiera lo mismo la rareza del vocablo.— [15] No figura en los diccionarios y concordancias dantescos y petrarquescos; tampoco en el glosario de la Crestomatía de Monaci, ni en los citados glosarios de Mussafia. No están en Chicago las monografías de Tullio Ortolani, *Studio Riassuntivo sullo Strambotto*, Feltre, 1898, y Giovanni Giannini, *Sulla Forma Primitiva dello Strambotto Siciliano*, Lucca, 1910. Ya redactado este artículo, y publicado su núcleo en los *Estudios M. P.* I, 30-39, he recibido el excelente trabajo del Prof. E. Li Gotti (*Convivio* 1949,

698-708), donde se hace el balance de las investigaciones de varias generaciones italianas: a pesar de los esfuerzos dedicados a la historia de este género en Italia, no se ha encontrado allí composición de este nombre anterior a una de 1375, escrita en Toscana, y el vocablo, sin aplicación poética, aparece por primera vez en Génova h. el a. 1300 (en carta particular me habla el autor de un descubrimiento reciente en Génova y en el S. XIII, que no parece ser diferente). El Sr. Li Gotti llega a la conclusión de que el nombre llegó a Italia desde Provenza. Se refiere además a un trabajo reciente de Toschi donde se propone una etimología nueva, fr. *estrif* 'disputa', que no se puede aceptar, por evidentes razones fonéticas (haría falta **estrivot* y no *estrabot* en francés) y geográficas (*estrif* no existe en el Sur de Francia, pues es dudosa la forma *estrit* —que además termina en *-t* —citada en el *REW*, 8316). Sobre el it. *strambotto* (en parte en su relación con el *estribote* o *estrambote* castellano), V. ahora además el artículo de Ruggero M. Ruggieri en *Studi di Filologia Italiana* 1953, y los de Li Gotti en *Idea* (Roma, settimanale di cultura), 22 y 29-III y 5-IV-1953.— [16] La deformación *estrambólico*, corriente en Méjico, Sto. Domingo, Chile, Arg. y Paraguay (*BDHA* I, 179), y también en el portugués del Minho (Leite de V., *Opúsc.* II, 442), se debe, como indicaron Alonso y Rosenblat, a influjo de *retólico* y *melancólico*.

ESTRAMONIO, tomado del lat. moderno botánico *stramonium*, que probablemente procede del ant. *estremonía* 'astrología, magia'—deformación de *astronomía*—a causa de los efectos narcóticos del estramonio. *1.ª doc.*: *stramonia*, 1555, Laguna; *estramonica*, 1592, Ríos (Colmeiro, IV, 155); *estramonio*, Terr.; Acad. 1884, no 1843.

El ingl. *stramonium* aparece desde 1677; el fr. *stramonium*, desde 1694[1]. Faltan investigaciones acerca del origen. Las otras denominaciones castellanas citadas por Colmeiro, *higuera del infierno, nueza blanca del diablo, mata de infierno, berenjena del diablo*, port. *figueira do inferno, manico,* gall. *figueira do demo, herba do demo, figueira do inferno* o *infernal,* cat. *figuera infernal,* se explican por la creencia popular en los usos mágicos del estramonio (Sallent, *BDC* XVII, 21), creencia motivada por el efecto narcótico de esta planta. *Estramonio* viene seguramente del antiguo *estremonía* 'magia', 'astrología', que a su vez es deformación de *astronomía*; aquella forma se halla en *Alex.*, 1012b, en el *Canc.* de Baena (W. Schmid) (*estermonía* en la *Confissión del Amante*, de 1400, p. 144) y en el diccionario catalán de Esteve (1489), donde *estremonier* es 'mago', 'prestidigitador', y *estremonia* 'prestidigitación'; *estremonejaire* (o *austrom-*) es 'astrónomo' en el *Libre de Sidrac* occitano de med. S. XIII (Levy, *PSW* III, 350). El empleo narcótico del estramonio explica a su vez el aran. *estremonià* 'atontar, aturdir' y el port. *estremunhado* 'aturdido o atontado, hablando del que despierta'[2] (y aun acaso el cat. *estabornir* 'aturdir').

[1] El cat. *estramoni* ya a med. S. XV, en Auziás Marc (dicc. Alçover). Sería el más antiguo, según los datos disponibles, y es probable que no sea esto casual, pues a ambos lados de los Pirineos orientales es donde primero aparece *estremonia*.— [2] Inaceptables las varias etimologías que menciona Nascentes para esta voz portuguesa. No he podido ver el artículo de Spitzer en *Boletim de Filologia* VI, 204.

Estrangol, estrangul, V. *estrangular*

ESTRANGULAR, tomado del lat. *strangŭlare* íd. *1.ª doc.*: Terr. dice que es «voz jocosa» y remite a la *Dorotea* de Lope (1632), pero no figura en *Aut.*, Covarr. ni Oudin, y la Acad. no lo admite aún en 1843, sí en 1884.

Stranglatos fuerent aparece en las Glosas Silenses, 319 (2.ª mitad del S. X), pero es dudoso que fuese jamás vocablo vulgar, a pesar de la forma sincopada. El fr. *étrangler* y sus derivados se hallan desde el S. XIII; el it. *strangolare* es semicultismo muy antiguo [S. XIV].

DERIV. *Estrangulación. Estrangulador. Estrangol* 'especie de angina del caballo' [1658, Arredondo], palabra tomada de otro romance, quizá del catalán, donde se documenta en la *Manescalia* de Dieç (¿med. S. XV?, ed. 1523, dicc. Alcover); Griera, sin localizarla, acentúa *estràngol;* comp. port. *estrangulho* [1318, Mestre Giraldo, *RL* XIII, 314], it. *stranguglione,* fr. *étranguillon* íd. *Estrangul* 'pipa de caña o metal, que se pone en ciertos instrumentos de viento, para meterla en la boca' [1609, Lope, rimando con *azul*], es muy dudoso semánticamente que proceda de *estrangular;* la forma cat. *estràngul,* que sólo registra Griera, es dudosa.

Estranguria, estrangurria, V. *engurria*   Estrapada, V. *estrepada*   Estrapajar, V. *trapo*   Estrapalucio, V. *estropear*   Estrapar, estrapallar, V. *tripa*

ESTRAPERLO, 'práctica fraudulenta o ilegal', 'comercio ilegal', en particular 'venta a precios ilegales', de *Straperlo,* nombre de una especie de ruleta cuya suerte podía ser gobernada por la banca, formado con los nombres de los propietarios de la misma, Strauss y Perlo; al tratar de introducirla en España, el gran escándalo causado en la opinión democrática hizo fracasar el manejo, y el nombre se aplicó desde entonces a todos los negocios ilegales o fraudulentos. *1.ª doc.*: 'especie de ruleta', 1935; *3.ª ac.*, 1939.

DERIV. *Estraperlista* 'vendedor a precios ilegales' [1940].

Estrar, V. *estrado* y *postrar*

ESTRATAGEMA, f., tomado del lat. *strategēma* n., y éste del gr. στρατήγημα, -ήματος, 'maniobra militar', 'ardid de guerra', 'engaño astuto', derivado de στρατηγός 'general', compuesto de στρατός 'ejército' y ἄγειν 'conducir'. *1.ª doc.:* 1595, Fuenmayor.

Es ya muy frecuente desde princ. S. XVII (Aldrete; Lope; *Pícara Justina;* Oudin; Covarr.); de estos autores no se deduce el género, pero *Aut.* lo clasifica ya como femenino. Forma semejante tienen el fr. *stratagème* m. [S. XV] y el it. *strattagemma* m. (pero f. en el S. XVII); según Estienne, el francés lo tomó del italiano, y es verosímil que en castellano tenga también esta procedencia, pues de ser latinismo directo en los tres idiomas no es probable que en todas partes se hubiera cambiado en *a* la *e* de la sílaba antepenúltima.

Deriv. *Estrategia* [Acad. ya 1843], tomado del gr. στρατηγία 'generalato', 'aptitudes de general', otro derivado de στρατηγός; este último se tomó primero por conducto del fr. *stratègue* [1737; hoy más bien *stratège*], dándole la forma errónea *estratega* [Terr.], en el sentido etimológico de 'general griego'; después se le ha atribuído, por influjo de *estrategia,* el sentido de 'entendido en estrategia', y se ha intentado rectificar su forma en la correcta *estratego,* aunque aquélla sigue todavía empleándose bastante; *estratégico.*

Estratificación, estratificar, estratigrafía, estratigráfico, estrato, V. *estrado   Estratosfera,* V. *atmósfera*

ESTRAVE, 'remate de la quilla del navío', tomado del fr. ant. *estrave* (hoy *étrave*) y éste del escand. ant. *stafn* íd. (cambiado en *estavne > estavre > estrave*). *1.ª doc.:* 1708, Tosca.

Estraza, estrazar, estrazo, V. *atarazar   Estrecer, estrechadura, estrechamiento, estrechar, estrechez, estrecho, estrechón, estrechura,* V. *estreñir*

ESTREGAR, probablemente del lat. vg. *STRĪCARE íd., resultante del cruce de *STRĬGĬLARE 'almohazar' (derivado de STRĬGĬLIS 'almohaza') con FRĬCARE 'fregar, frotar'. *1.ª doc.:* *Refranes que dizen las viejas tras el huego,* atribuídos al Marqués de Santillana, † 1458 (ed. 1508 y 1541; frase proverbial *xo, que te estriego*).

Esta frase, que significaba propiamente 'no te muevas, que te estoy almohazando', dirigida a una caballería, se halla también, pero con la variante *estrego,* en la *Celestina* (ed. 1902, p. 27), en el *Quijote* («xo, que te *estrego,* burra de mi suegro», II, x, *Cl. C.* II, 190) y en colecciones de refranes. En cuanto a la conjugación en *e* o en *ie,* vacila la propia Academia, admitiendo esta última en su Gramática (1895), pero practicando la otra (*Dicc.,*

s. v. concomerse): *estriego* es algo más común, y ya se halla en la *Comedia Selvagia,* en Lope, Tirso y Quevedo[1], pero *estrego* se halla también en D. Gracián (med. S. XVI), en el Comendador Griego (1555)[2], y ya en APal. («*strigiles,* que son almohaças, se dizen porque *estregan* los cavallos», 473d). El diptongo es analógico, como el de *friego.*

Se empleó en el mismo sentido en portugués, así en los *Lusíadas* («os olhos contra seu querer abertos / mas *estregando* os membros estiravam», VI, 39), pero hoy apenas tiene otro sentido que el de 'estarcir' (por el frote necesario para esta operación): el portugués moderno, por influjo de *fregar,* lo ha alterado en *esfregar*[3]. Existe también *stricari* en siciliano y *stricare* en el dialecto de Calabria «fregare, strofinare, stropicciare» (Rohlfs). La etimología más satisfactoria es un cruce de FRICARE con *STRĬGĬLARE 'almohazar'[4], voz que es ajena al latín normal, pero que debió pertenecer al vulgar en vista de la coincidencia entre sus descendientes it. *strigliare,* fr. *étriller*[5], oc. *estrilhar,* cat. *estrijolar,* íd.; en efecto, *striclata,* traducido por ξυστρωτά 'cosas almohazadas', se halla en el glosario del seudo-Filóxeno (ms. S. IX) y *straglata* con la misma traducción en otro glosario latino-griego (*CGL* II, 189.23; III, 93.53). El propio *STRICARE se esconde bajo la forma vulgar *strigo,* traducida por ξύω 'yo almohazo', en el glosario del seudo-Cirilo (ms. del S. VII: *CGL* II, 378.45)[6]. C. Michaëlis (*RL* XI, 51) prefería suponer un lat. vg. *STRĬGARE derivado de un *STRIGA 'almohaza', que se sacaría de STRĬGŬLA íd., en calidad de seudo-primitivo; STRIGULA en vez de STRIGILIS se halla efectivamente en los Escolios de Juvenal, y es la base supuesta por ciertas formas dialectales italianas; pero *STRĬGARE es menos satisfactorio fonéticamente en vista del sic. y calabr. *stricare, -ari,* y en el propio castellano y portugués esperaríamos más bien *estriar* como resultado de *STRĪGARE, comp. *LIDIAR.* Baist había pensado (*ZRPh.* V, 562) en el gót. *STREIKAN 'rozar, pulir, tirar líneas' (a. alem. ant. *strîhhan,* alem. *streichen,* ags. *strîcan,* ingl. *strike,* escand. ant. *strŷkva),* que pudo latinizarse en *STRĪCARE, partiendo del participio *strîkans* y el pretérito plural *strikum;* pero él mismo desechó la idea por razones semánticas, y la existencia del vocablo en el extremo Sur de Italia le es también desfavorable. La propuesta de Parodi (*Rom.* XVII, 67) *EXTERĪCARE, derivado de TERERE 'desgastar', es menos satisfactoria desde todos los puntos de vista; y la de Gonçalves Viana (*Apost.* I, 426), *EXTERGARE por EXTERGERE 'limpiar alisando' (> *estarcir*), ha de rechazarse decididamente.

Deriv. *Estregadera. Estregadero* [Nebr.]. *Estregadura* [íd.]; *estregamiento. Estregón. Restregar* [Acad. 1843, no 1832], sustituye del todo a *estregar* en el habla vulgar de muchas partes; *restregadura; restregamiento; restregón.*

[1] Hoy en Cespedosa, *RFE* XV, 136; también

restriego en Almería y en muchas partes.— [2] Para las citas, vid. Cuervo, *Obr. Inéd.*, p. 266, n. 3, y nota 67 a la Gramática de Bello.— [3] El Sr. G. Tilander, *Misc. Coelho*, 281, supone, por el contrario, que el cast.-port. *estregar* viene de *esfregar* por un cambio fonético que a veces se produce en sueco. Propuesta inadmisible, claro está. Extraña idea la de fundamentar un cambio fonético romance con hechos de idiomas de un sistema consonántico enormemente distinto, como los escandinavos.— [4] Esto es ya esencialmente lo que propone M-L., *REW*, 8312.— [5] De éste o del italiano procede el cast. antic. *estrillar* 'almohazar' (como ant. ya en Acad. 1843).— [6] También Nebr. emplea este *strigare* para traducir su cast. *estregar*, junto con *stringere*.

Estrel, V. *estrella*

ESTRELLA, del lat. STĒLLA íd.; la *r* castellana, que se halla también en el port. *estrela* y en ciertas hablas del Norte de Italia, se debe a un fenómeno meramente fonético. *1.ª doc.: Cid.* etc.

La forma etimológica *estella* se conservó antiguamente en Aragón, pues aparece todavía en el *Cronicón Villarense* de h. 1210 («avía feito fer cielo d'aramne, e sol, e luna e *estellas*», *BRAE* VI, 207), como prolongación del cat. *estela* o *estel*[1]. *Strela* es usual en el dialecto italiano de Bolonia y *strella* se halla en textos de Módena copiados en 1377 (Bertoni, *BhZRPh.* XX, 92). Se ha venido repitiendo que esta *r* se debe a un cruce con ASTRUM (así M-L., *REW*, 8242), helenismo tardío en latín, cruce tan innecesario como inverosímil, pues ASTRUM no fué nunca vocablo de uso popular, ni en latín ni en ningún romance: los derivados *astroso, astrugo, desastre*, no prueban lo contrario, pues fueron primitivamente formaciones semicultas de los astrólogos. Tiene, pues, mucha razón M. P. (*Man.*, § 69) al mirar el fenómeno como puramente fonético. Se trata del conocido fenómeno de repercusión o anticipación de la otra líquida del vocablo, que ocurre con tanta frecuencia: *estrellar* (*ASTELLARE), port. *estralar*, fr. *brûler* BUSTULARE, *hojaldre, registro, rastrillo, rastrojo, aldraba, andrajo* (de *fald(r)ajo), faltriquera*, etc. (y V. la monografía de Niedermann, en *Festschrift Gauchat*, 1926).

DERIV. *Estrellar* 'sembrar de estrellas'; *estrellado* [Nebr.], *estrellada; estrellamiento*; gall. *estrelecer* 'salir estrellas'[2]. *Estrellar* adj. *estrellero* [h. 1200, *Auto de los Reyes Magos*; *1.ª Crón. Gral.*, 8b26)]; *estrellera; estrellería* [h. 1400, *Rim. de Palacio*, 22]. *Estrellón. Estrelluela.*

Cultismos. *Estelado. Estelar. Estelaria. Estelión* [1640, Saavedra F.], tomado de *stēliō, -ōnis*, 'salamanquesa', y en la jerga romana 'embustero, timador', derivado de *stella*; *estelionato* [1620, Liñan, *Avisos*, p. 170 (Nougué, *BHisp.* LXVI)] 'defraudación'. *Constelación* [ya 1444, J. de Mena, *Lab.*

266f; *constellación*, Nebr.; *-tela-*, 1499, Núñez de Toledo], tomado de *constellatio, -ōnis*, 'posición de los astros'.

CPT. *Estrellamar* [Lope]. *Estelífero. Esteliforme.*
[1] Hoy por el contrario se emplea *estrella* en el Principado y *estrela* en el País Valenciano, pero aunque tienen bastante extensión en la actualidad, estas formas son castellanismos. No se hallan nunca en la Edad Media, y la primera contradice la norma fonética catalana de simplificación de la -LL- tras vocal larga. Por lo demás, *estel* sigue vivo en gran parte de Cataluña, aun en su sentido propio (Alto y Bajo Pallars, Ribera de Ebro, Mallorca, y poco o mucho en todas partes; *estela* entre los pescadores de la Costa de Levante, etc.). La forma acatalanada *estrela* se emplea en todo el Alto Aragón, y en el Este también el masculino *estrel* (*BRAE* XXIV, 169).— [2] «O ceo *estrelecido* dá ilusión de frescor» Castelao 150.18.

Estrelladera, estrelladero, V. *estallar*   *Estrellado, estrellamar, estrellamiento, estrellar*, adj., *estrellar* 'sembrar de estrellas', V. *estrella*   *Estrellar* 'arrojar haciendo pedazos', V. *estallar*   *Estrellera, estrellería, estrellero, estrellón, estrelluela*, V. *estrella*   *Estremecedor, estremecer, estremecimiento, estremezo, estremezón*, V. *temblar*   *Estremonía*, V. *estramonio*   *Estremuloso*, V. *temblar*

ESTRENA, del lat. STRĒNA 'presagio', 'regalo que se hace en día festivo para que sirva de buen augurio'. *1.ª doc.:* J. Ruiz.

También en el *Canc.* de Baena (W. Schmid), en Nebr. y frecuente en el Siglo de Oro; conservado en todos los romances de Occidente; en castellano su esfera semántica quedó muy restringida al introducirse el arabismo ALBRICIAS y el latinismo AGUINALDO.

DERIV. *Estrenar* [J. Ruiz, 1714a, *estrenar a alguien con una dádiva; Canc.* de Baena; Nebr.: «*estrenar*: delibo, degusto»; 'cultivar por primera vez' (?) en Vidal Mayor, 4.41.4] derivado común con el port. *estrear*, cat. y oc. *estrenar*, fr. *étrenner*; las formas iberorrománicas tienen en común con el sardo *istrinare* (seguramente hispanismo) la ac. 'hacer uso de una cosa por primera vez', explicable por la costumbre antigua de hacer un regalo con tal motivo; *estreno. Estrenuo* 'fuerte, valeroso'. [2.º cuarto S. XV: «esforçava Thimoteo / a los extrenuos e magnos varones» Santillana, p. 287; 1457, Arévalo, *Vergel*, pp. 311b, 312b, 320b; 1628, Corral], tomado del lat. *strēnǔus* 'diligente, activo', 'enérgico' (aplicado sobre todo a soldados), emparentado con *strena*, por ser cualidad de buen augurio; *estrenuidad* [Valera (Nougué, *l. c.*); APal. 473b].

ESTRENQUE, 'maroma gruesa de esparto para el uso marino', del fr. ant. *estrenc* 'cierto cabo de

cuerda en los barcos' y éste del escand. ant. *strengr*
íd. (emparentado con el ingl. *string* 'cuerda de instrumento músico', 'cuerda delgada', alem. *strang*
'cuerda, soga'). *1.ª doc.*: 1519, Woodbr.; G. de
Palacio; 1589, J. de Castellanos.

Antoine Thomas, *Rom.* XXIX, 174-5. Los plurales *estrens* y *estrans* (a los cuales corresponde
un singular *estrenc*) se hallan ya en el *Roman de
Brut* del normando Wace (2.ª mitad del S. XII:
God. III, 641*b*). De ahí también la variante *estrinque* [Terr.], port. *estrinque* [Azurara, 3.ʳ cuarto S. XV, vid. Jal], que podría venir del ags.
string, pero es más probable que sea adaptación de
la voz francesa ya citada.

Estrenuidad, estrenuo, V. *estrena*

ESTREÑIR, del lat. STRĪNGĔRE 'estrechar'. *1.ª
doc.*: *estriñir*, *Lucano* Alf. X, Almazán; APal.;
estreñir: Alf. X; *Gral. Est.* II, 2, p. 27*b*42; Fdez.
de Heredia, *Grant Crónica*, ed. R. af Geijerstam.

En estos textos conserva la amplitud de sentido
del latín, así APal.: «angere... *estriñir*», 21*b*; «el
mar Helespóntico... vase a *estriñir* en spacio de
siete stadios... y desde allí ensánchase el mar e después tórnase a *estrechar*», 265*d*; aunque también lo
emplea en la especialización moderna: «*stiticus*...
el *estriñido*, que no puede assí salir del vientre
afuera», 472*b* (otros ejs. del vocablo en 20*b*, 33*b*,
166*b*, 316*b*). La ac. latina también en la traducción
del *Espejo de la Vida Humana* de Rodrigo Zamorano (1491), vid. *Aut.*, y en Nebr. «*estreñir o
apretar*: stringo». Desde el S. XVI sólo conozco
ejs. de la ac. moderna. En el *Libro de los Enxemplos* de Sánchez de Vercial († h. 1426), *astriñirse*
es 'reducirse, obligarse (a algo)', pero esto parece
más bien descendiente semiculto del derivado latino *se adstringere* íd. (más ejs. de *astreñir* en el
DHist.). La conjugación latina se ha conservado
sin cambio en el aragonés de Venasque, donde
estreñé es 'entornar (la puerta)' (Ferraz), ac. que
corresponde a la del gasc. *estrenhe* en el vecino
valle de Arán.

DERIV. *Estreñido. Estreñimiento* [APal.: «*stran-
guria* es *estriñimiento* de la urina», 473*b*; 21*b*].
Estrecho adj. [*streito*, 2.ª mitad del S. X, Glosas
Silenses; *estrecho*, Berceo; primitivamente participio de *estreñir*], de STRĪCTUS participio de STRĪN-
GĔRE[1]; *estrechar* [1475, *BHisp.* LVIII, 359;
APal., vid. arriba; Nebr.], innovación castellana,
común con el port. *estreitar*, debida al deseo de
evitar el equívoco con la ac. especial de *estreñir*,
pero ajena a los demás romances, que siguen empleando STRINGERE en el sentido general (cat. *es-
trènyer*, oc. *estrènher*, fr. *étreindre*, it. *stringere*,
etc.), y echan mano de otros sustitutos para expresar el sentido español (cat. *restrènyer*[2], fr.
constiper, etc.); se ensayó también el uso de *estrecer* (portugués ya en Sá de Miranda, también
cast. ant., vid. C. Michaëlis, *Misc. Caix*, 126-30),

que supone un *STRIGESCERE analógico del participio STRICTUS y de casos como *CONTIGESCERE >
(*a*)*contecer* en vez de CONTINGERE. *Estrechura*
[*Apol.*, 269*d*; *Zifar*, 53.6]. *Estrechamiento*; ant.
estrechadura. *Estrechez*; ant. *estrecheza, estrechía.
Estrechón. Estricia*, que la Acad. (ya 1843) registra
como ant. definiendo «extremo, estrecho, conflicto», *estrecia* 'apremio' en el Fuero de Tudela,
destreza íd. en los Fueros de Aragón de h. 1300
(Tilander, s. v.), *destricia* en otras partes, son
representantes semicultos del nominativo de *strĭc-
tĭo* (*-onis*) 'acción de apretar'; comp. fr. *détresse*
'apremio'. *Constreñir* [*constrinitu* y *constrictus*,
como participios pasivos, en las Glosas de Silos,
2.ª mitad del S. X; *costreynient*, part. activo,
doc. de 1184, Oelschl.; *costreñir*, h. 1300, *Gr.
Conq. de Ultr.*, 419; J. Manuel, Rivad., p. 297;
Nebr., etc.], de CONSTRĪNGĔRE íd.; *constreñimiento*
[1107, *BHisp.* LVIII, 359] variante semiculta *cons-
tringir*, cultos *constricción, constrictivo, constrictor,
constrictura, constringente*. Cultismos son también:
estricto [*estrictamente*, 1692, B. Alcázar] de *strĭctus*,
participio de *stringere*; *estrictez*, amer.; *astringir*
[1594, B. Pacheco], de *adstringere* íd.; *astringente*
[1578, C. Acosta], también *adstringente*; *astringen-
cia*; *astricción, astrictivo, astricto*. *Distrito* [1569,
Ercilla; h. 1570, Aldana; 1611, Covarr.; 1615,
Quijote, etc.], de *dĭstrĭctus, -ūs*, id., derivado de
distringere 'separar'. *Restringir* [1570, A. de Mora-
les]; *restringente; restringible; restricción* [*Aut.*];
restricto [íd.]; *restrictivo*.

De la misma raíz que *stringere* es el lat. STRIGA
(Ī?, Ĭ?) 'hilera de gavillas o mieses', de donde
viene probablemente, por extensión del significado, el port. *estriga* 'rocada de lino o cáñamo',
'trenza o mechón de cabello', gall. íd. «el cerrito
torcido y limpio de lino, que se pone en la rueca
para hilarse» (Sarm. *CaG.* 96*r*, 154*v*).

[1] Sustantivado en el sentido de 'paso estrecho
de mar', ya en APal.: «el qual *estrecho* se llama
Bósforo», 390*d*; 169*d*; Nebr. sólo trae *mar estrecho* en el mismo sentido, s. v. *mar*. Ast. *estrenchu*
'que tiene poco ancho' (V). No sé si la *n* es debida
a influjo de *estreñir* o al de *ancho*; comp. *felen-
chu* 'helecho'.— [2] Solución no ajena al castellano:
Nebr. «*restriñir*: restringo; *restriñidora cosa*: stip-
ticus»; también se ha empleado *restriñimiento*.

ESTREPADA, mar., 'tirón que se da a un cabo,
cadena', 'arrancada, aumento repentino de velocidad en marcha de un buque', del cat. *estrepada*
'acción de arrancar', 'sacudida, gran esfuerzo', derivado de *estrepar* 'arrancar, desarraigar, desgarrar',
del mismo origen que el fr. ant. *estreper* íd. (hoy
étraper), oc. mod. *esterpà*, quizá del lat. EXSTĬR-
PARE íd. *1.ª doc.*: 1831, dicc. de Fz. de Navarrete;
Acad. 1899.

Hoy define la Acad. 'esfuerzo que se hace de
cada vez para tirar de un cabo, cadena, etc., en
especial el esfuerzo reunido de diversos operarios',

'esfuerzo que para bogar hace un remero...', 'arrancada, 5.ª ac.'. El cat. *estrepar*[1] falta en los diccionarios comunes, pero lo he oído muchas veces, particularmente en la Costa de Levante (Sant Pol), en las tres acs. 'arrancar el monte bajo de un bosque, desarraigándolo' (a diferencia de *estassar*, que es cortarlo a ras del suelo), 'desgarrar o arrancar una pieza de red', 'romper bruscamente un cabo de cuerda'; Ag. registra *estrepada* como mallorquín, en lugar del común *estropada* (éste influído por *estrop* 'estrobo') 'sacudida, gran esfuerzo', y Fabra da a *estrapada* (homófono de *estrepada*) la ac. 'salto violento que da un caballo para desmontar a su jinete' (comp. el común *estrebada* 'tirón violento', derivado de *estrep* 'estribo'). Se trata evidentemente del mismo vocablo que el fr. ant. *estreper* (también *esterper* en God.) «arracher, extirper (surtout des plantes)», hoy *étraper*, oc. mod. *esterpà* «extirper; défricher; éparpiller», y su numerosa familia galorrománica, recogida por Wartburg, s. v. EXSTIRPARE. Estudiaré el problema detenidamente en mi *DECat*. Se duda como étimo entre EXSTĪRPARE y un germ. *STRAPPŌN, equivalente del su. alem. *strapfen* 'arrancar, pelar, desplumar' y emparentado con el alem. *straffen* 'estirar, poner tieso'; en favor del primero véase Spitzer, *ARom.* VIII, 146, y *FEW*, en pro del segundo Gamillscheg, *R. G.* I, 223, y II, 53; M-L., *REW*[3], atribuye la mayor parte de las formas a EXSTIRPARE, pero deriva el it. *strappare* 'arrancar' de un gót. *STRAPPAN. Esta voz italiana, palabra esencial del idioma, y de uso constante desde el S. XIV (Boccaccio, Buti), presenta dificultades fonéticas para el étimo latino, pero *strapà* es la forma empleada en Génova y Lombardía, *štrepar* en la Valtelina (*WS* III, 110; VI, 177), *streppà* «sterpare» en Servigliano (*ARom.* XIII, 269), y nótese que según Kluge la familia del alem. *straff* 'tieso' parece ser muy moderna y local [1691]; por otra parte el primitivo STĪRPEM ha sobrevivido en el port. *esterpe* o *estrepe* 'espino, púa' (*RL* XIII, 315, 436-8), y quizá el ast. *estrepu* «cibiella en forma de aro por el cual se introduce la rodilla doblada de una de las patas delanteras de la vaca, para que se deje ordeñar; tiene además otros usos» (V). De todos modos el origen catalán del vocablo náutico castellano es claro[2]. En cuanto al ant. *estrapada* 'vuelta de cuerda en el tormento o trampazo' [Terr.: «trato de cuerda, cierto suplicio militar, con que subiendo al reo por un madero, le dejan caer de golpe; y en la Marina lo ejecutan en la mesana; el mismo nombre se da al instrumento de este suplicio, y por la semejanza se dice de los volatines que dan varias vueltas en una cuerda»], procede del fr. *estrapade* íd., tomado del vocablo italiano *strappata* 'acción de arrancar'. Comp. *TRIPA*.

[1] Como presente he oído *estrepa*; creo que alguna vez se oye también *estrapa*. — [2] El oc. *estrepar*, que cita la Acad., sólo significa «piétiner», «grat-

ter la terre avec les pieds» (Levy, Mistral). Por lo demás este vocablo pertenece a la misma familia léxica.

ESTRÉPITO, tomado del lat. *strĕpĭtus, -ūs*, íd., derivado de *strĕpĕre* 'hacer ruido, resonar'. *1.ª doc.*: h. 1490, *Celestina*, ed. 1902, 166.6.

Aunque falta en Oudin y Covarr., lo emplean también Cervantes (*Quijote* I, xx, 79) y Quevedo (*Aut.*). Un gall. *estrebujar* que GdD, *GrHcaGall.*, 37, señala de las Poesías de Añón, 112, dudo mucho que sea derivado de lat. STREPERE (que no ha dejado descendencia popular románica): quizá de *estorb-uxar* (deriv. de *estorbar*), a no ser que se relacionara con el cat. ant. *tabuixar*, oc. ant. *tabussar, -ustar* «faire du tapage».

DERIV. *Estrepitoso* [ya Acad. 1843]; *estrepitosamente* [Terr.].

Estreptococia, estreptococo, V. estrobo 　 *Estrepu, ast., V. estrepada*

ESTRÍA, tomado del lat. *stria* 'surco', 'estría', a través del italiano. *1.ª doc.*: 1580; 1607, Oudin; 1637, Colmenares; *astría*, 1736, Fr. L. de S. Nicolás.

Falta en APal., Nebr., C. de las Casas (1570), Percivale (1591), Covarr. (1611). Vino a través del italiano, donde *stria* ya aparece en el S. XVI, empleado para traducir un pasaje de Vitruvio (Migliorini, *Cos'è un Vocabolario*, p. 86).

DERIV. *Estriar* [*coluna estriada*, 1580 (*BHisp.* LVIII, 359), Oudin; *istriado*, h. 1620, P. de Ribera, en *Aut.*]. Comp. *TRIAR*.

ESTRIBO, voz emparentada con el port. *estribo*, cat. *estrep*, oc. *estreup, estriup, estrieu*, fr. ant. *estrieu, estrief* (hoy *étrier*), de origen incierto, quizá germánico: las formas galorrománicas, al parecer, suponen un fráncico *STREUP, y la hispanoportuguesa podría venir de su correspondencia gótica *STRIUP(S), pero formas equivalentes no se hallan documentadas directamente en los idiomas germánicos, y aun falta el simple *estribo* en el romance hispánico medieval, hallándose solamente los derivados *estribera* y ESTRIBOTE. *1.ª doc.*: *estribo*, 1433, Villena[1]; 1490, *Celestina*, ed. 1902, 38.10[2]; «*estribo de silla*: stapeda, dixo Filelfo; *estribo de edificio*: profultura», Nebr.; el derivado *estribera* es frecuente desde el *Cid*[3].

Tampoco en portugués sé testimonios de *estribo* (que reemplazaría a un ant. *estrebo*)[4] anteriores a la *Crónica de Juan II* por Garcia de Resende, h. 1500 (Vieira; otros del S. XVI ahí y en Moraes); mientras que de *estrebeira* y *estrebeirar* ('dar con los estribos') hay ya documentación en una *CEsc.* de h. 1260 del magnate portugués A. Lopez de Baião (R. Lapa 57.8, 57.49), *estribeira* 'estribo', aparece también en la *Crónica Troyana* en gallego S. XIV, I, 242.28, y todavía se empleaba en en XVI (Vieira, Moraes). Esta relación cronológica podría sugerir que *estribo* sea un derivado regresivo de *estribera*; entonces éste, por carecer de primitivo, se haría sospechoso de galicismo, pues en francés *estrivière* (derivado analógico de *estrieu*) se halla ya en el S. XII; en cuanto a los otros derivados *ESTRIBOTE* y *estribar* (muy frecuente desde el S. XVI, así en portugués como en castellano), podrían ser provenzalismos; de todos modos nótese que *estribar* es palabra muy rara y dudosa en lengua de Oc (vid. *ESTRIBOTE*), mientras que en cast. hay muchos ejs. desde el *Canc.* de Baena (W. Schmid), y hay fuertes razones para suponer que no sólo *estribote*, sino *estribo* y *estribillo* en el sentido de 'expresión en verso que se repite antes de cada estrofa de una canción' debieron ser antiquísimos en castellano.

Como por otra parte no existe en la Península otro vocablo antiguo para la idea de 'estribo', y no es creíble que los jinetes españoles carecieran de denominación hasta el S. XII para objeto tan esencial, parece probable que *estribera* sea germanismo autóctono, y es verosímil que *estribo* existiera también desde el principio y su ausencia en nuestra documentación se deba a causas accidentales, o quizá a algún cambio en la forma del estribo, en virtud del cual fuese preferido durante cierto tiempo su derivado *estribera*. En los demás romances el primitivo predomina desde el principio.

Del cat. *estrep* recoge Alcover muchos ejs. desde princ. S. XIV, en Muntaner (el verbo *estrebar* ya a fines del S. XIV, en Eiximenis); además figura en el Consulado de Mar, cap. 309, aunque no creo que este pasaje corresponda a la versión original, del S. XIII, sino más bien al XIV; *balista de streb* se halla en R. Martí (p. 265), cuyo ms. es del S. XIII; y *streps*, como nombre de una especie de calzado basto, ya está en la versión antigua del *Blanquerna* de Lulio, fin S. XIII (*N. Cl.* II, 13.15).

En lengua de Oc la forma más antigua es *estreup* (B. de Born, 2.ª mitad del S. XII; *Jaufré*, h. 1225) o *estrieup* (*Daurel*, 3.ᵉ cuarto del S. XII), reducido también a *estriub* (G. de Tudela, 1.ª mitad del S. XIII); son posteriores las variantes *estriop* (h. 1250), *estrop* (h. 1300), *estruep* (S. XIV), *striu* (S. XV), y otras que no se pueden fechar; hoy *estrieu* (Burdeos, Perigord, Delfinado, etc.), *estreu* (Ródano, Lemosín), *estriop* (Albi), *estriu* (Bearne, Arán).

En francés antiguo *estreu* está ya varias veces en el *Roland* y en la Crónica de Bénoit (h. 1170), también son del S. XII *estrieu* (Wace), *estriu* (Chrestien) y *estrier* (en tres textos de la 2.ª mitad de esta centuria: *Eneas, Coronement Looïs*, Marie de France), que puede ser alteración de *estrieu*, por cambio de sufijo, o alteración analógica de *estrief*, el cual por lo general es tardío, pero ya se halla en el S. XIII y aun en el *Ogier* de Raimbert, que es de fines del XII (comp. el

plural *estriez* en los *Loherains*).

Por lo demás es natural que todas las lenguas romances hayan llamado el *estribo* con una palabra debida a los germanos, pues de éstos parece ser la invención de este arreo o su introducción en Occidente. Los griegos, romanos y persas cabalgaron siempre sin estribos y para montar saltaban sobre el caballo (ἀναπηδᾶν, Jenofonte *Anab.* VII, 2.20) o les subían a su dorso (ἀναβιβάζειν) un escudero o un hombre de confianza: Tiribazos, gobernador de Armenia, era el que tenía el cargo de hacer montar a Artajerjes (ἀνέβαλλεν, *Anáb.* IV, 4.4); de ahí ἀναβολεύς 'escudero' (Plutarco, *C. Graco* 7).

La comparación fonética e histórica de estas diversas formas galorrománicas podría conducir a una base común *STREUP (con EU > cat. *e*, reducción que se da en otros germanismos). Sin embargo, en bajo latín sólo hallamos *strepa* en varios textos franceses y alemanes de los SS. XI y XII (también en el glosario de Toledo), *strepus* en uno de 1110, *stribarium* en otro de procedencia alemana, todos ellos en el sentido de 'estribo'; el más antiguo de todos es *strepus* 'correa', 'estrobo', en el glosario latino-griego del seudo-Filóxeno (ms. S. IX), cuyo original era de los primeros siglos de la Edad Media. Otras denominaciones germánicas del estribo indican, en efecto, que primitivamente se empleó como estribo una correa. Pero como la base *strepus* no nos explica las formas galorrománicas con *u̯*⁵, es posible que tenga razón Kluge (*Sitzungsber. der Heidelberger Akad.* VII (1916), xii, 12-13) al admitir un prototipo germ. *STREUP o *STREUPA, hermano del lat. STRUP(P)US 'ESTROBO'; pero en ningún dialecto germánico está documentada una forma correspondiente, y así el a. alem. med. *strupfe* 'tira de cuero' (con el cual lo relaciona Gamillscheg, *R. G.* I, p. 180) como el lat. STRUPPUS o STROPPUS, parecen ser préstamos procedentes del gr. στρόφος, στρέφειν (así Kluge, *Etym. Wb.*; Ernout-M.), de suerte que *STREUP no puede estar relacionado con ellos apofónicamente; en cuanto al b. alem. med. *strippe* 'correa', con el cual lo compara Kluge en el trabajo citado, según el diccionario del propio Kluge va con el alem. *streifen* 'lista, gaya, faja' y el a. alem. med. *strei(p)fen* 'rozar', que parecen muy alejados fonéticamente. En definitiva, queda el hecho de que el estribo era desconocido en la Antigüedad, y aparece primeramente en Bizancio, en el S. VIII, así como entre los pueblos románicos y germanos de la alta Edad Media. Pero también se tropieza con grandes dificultades fonéticas para relacionar con la denominación germánica documentada, a saber a. alem. ant. *stëgareif*, alem. *stegreif*, ags. *stigeráp*, ingl. *stirrup*, escand. ant. *stigreip*, compuestos de *stëgôn* 'subir' y *raip* 'correa', 'cuerda', 'lazo': si admitimos con Gamillscheg (*EWFS*, 394b) que la forma fráncica de esta palabra sería *STĪGRÊP (para el tratamiento dialectal AI > Ê, vid. Gam., *R. G.* I, pp. 236-40), podríamos llegar en rigor al fr. ant. *estrief* pasando por *STRI(G)ÊP, pero difícilmente explicaríamos las demás formas francesas y las de otros romances[6].

Puede tomarse en consideración la posibilidad de que el fr. y oc. *estrieu* procedan de un lat. *STRÔPHUS 'correa', transcripción directa de la voz griega, que puede suponerse junto a la forma documentada STRÔPPUS (> cat. *estrop*, etc.; junto al cast. *estrobo*, que representará *STRǪPUS o *STRǪPHUS). Fonéticamente *STRÔPHUS pasaría a *strǫ(v)u* y éste a *estrueu*, disimilado en *estrieu* o *estreu*, tal como LǪ(C)U, FǪ(C)U, JǪ(C)U, fr. ant. *lieu, feu, jeu*. Entonces la variante oc. *estreup* sería cruce de *estreu* con *estrop* (< STRÔPPUS), el b. lat. *strepus, -pa*, sería latinización del *estreup* occitano por eliminación del diptongo no latino *eu*, el cat. *estrep* vendría del bajo latín (o ambos serían resultados divergentes, en el cruce supuesto), y el cast. *estribera* sería galicismo (de ahí después *estribo*); en cuanto al *strepus* 'estrobo' del seudo-Filóxeno sería lección errónea en vez del *stropus* que trae el ms. *d* del mismo glosario. Sin embargo, aunque todas estas suposiciones son plausibles, si bien hipotéticas, considerándolas separadamente, tantas hipótesis separadas y todas ellas necesarias, hacen que el conjunto resulte poco verosímil. Pero no lo es más (y está menos documentado) suponer con Rohlfs (*Münchener Sitzungsber.* 1944-6, VIII, 17) un fránc. (o más bien galorrománico) *STREBU derivado de STRÊBĒN 'esforzarse', 'moverse impetuosamente'; además nótese que así no se explica el oc. *estreup*, que difícilmente se comprendería como préstamo del francés.

DERIV. *Estribar* [h. 1400, *Canc. de Baena*, W. Schmid; Nebr.]; *estribación; estribadero* [1604]; *estribador* [Nebr.]; *estribadura* [íd.]. *Estribera* [*Cid*; vid. arriba]; *estribería; estriberón. Estribillo* [h. 1650; vid. ESTRAMBOTE]. *Restribar.* Comp. *COSTRIBAR.*

¹ «La *B* se pone por la *P*: *estribo*, avia de dezir *estripo*, derivándose de *pie*» (Viñaza, col. 775).— ² Raynouard, *Lexique Roman* III, 231*b*, cita un ej. de Lope de Estúñiga, *Canc. Gen.*, que sería, por lo tanto, de med. S. XV.— ³ También *Alex.*, 643*a* (en rima); *Gr. Conq. de Ultr.*, 58; Fuero aragonés de 1350 (*RFE* XXII, 148); Fuero de Navarra; Glosarios de h. 1400 publicados por Castro; todavía empleado por Argensola h. 1600. La forma aragonesa *stripera* en inventario de 1374 (*BRAE* II, 349), (e)*stribera* en otros desde 1369 (*VRom.* X, 150).— ⁴ Esta es la forma de que se sirve todavía Sarm. en el gallego de sus coplas: asonantando con *é* en la 513.— ⁵ Tampoco hay que pensar en explicar el cast. *estribo* como reducción de un *estriebo*, correspondiente a la forma catalana, y paralelo a *prisa* < *priesa*, pues la forma portuguesa y la del *Cid* nos demuestran que aquí la *i* ha de ser antigua.— ⁶ Con el silabeo·

STIG-REP podría imaginarse un *estiu̯rep,* pero sería muy forzado pasar de ahí a *estireu̯p* y *estreup*; o de un gót. *STIGRAIP a *STAIGRIP > *esteribo* > *estribo*.

ESTRIBOR, tomado del fr. antic. *estribord* (hoy *tribord*), de origen germánico, probablemente del neerl. *stierboord* íd., compuesto de *stier* (o *stuur)* 'gobernalle' y *boord* 'borda', porque el piloto se situaba antiguamente a este costado de la nave. *1.ª doc.*: *estribor*, 1526, Woodbr.; 1587, G. de Palacio, fº 143rº; *estriborda*, 1591, Percivale; *estribor* o *-orda*, 1607, Oudin; *estibor*, 1609, Lope, *Jerusalén* (esta forma disimilada es la que aparece en la ed. príncipe: Cuervo, *Obr. Inéd.*, p. 228); *estribord*, 1708, Tosca y *Aut.*; *estribor*, 1732, Fernández, *Práctica de Maniobras* (Jal, 1546*a*).

El port. *estribordo* aparece ya en 1541 (*Roteiro de Castro*, en Jal) y h. 1550 (Castanheda); de ahí pasó al it. *stribordo* [1578, en trad. del portugués; vid. Zaccaria, s. v.]. El fr. *estribord* aparece también en el S. XVI. También podría venir del escandinavo (isl. *styribord*, sueco y danés *styrbord)*, aunque lo documentado ahí en el idioma antiguo es *stjörnborði*. En neerlandés es más común *stuurboord*, pero Jal cita la forma *stierboord;* por lo demás, recuérdese que la *uu* neerlandesa suena *ü* larga.

Estribote, V. estrambote   Estricarse, V. inextricable   Estricia, V. estreñir   Estricarse, V. estricote

ESTRICNINA, derivado culto del gr. στρύχνος, nombre de varias solanáceas venenosas. *1.ª doc.*: Acad. 1884, no 1843.

AL ESTRICOTE, *andar, traer, tratar ~*, 'como un objeto sin voluntad, de mala manera', parece ser primitivamente locución del juego de pelota, donde *estricote* fué el palo empleado para dar al balón, procedente de un fr. ant. *estricot (hoy *tricot*) 'garrote', derivado de *estrique* 'rasero, palo cilíndrico que sirve para rasar las medidas de los áridos', tomado del neerl. med. *strike íd., derivado del verbo *striken* 'rozar', 'rasar' (a. alem. ant. *strîhhan,* alem. *streichen,* b. alem. med. *strîken,* neerl. *strijken*). *1.ª doc.*: J. Ruiz, 815*b*: «amigo, segund creo, por mí avredes conorte, / por mi vendrá la dueña andar *al estricote*».

Aparece también en una égloga de 1519¹ («y que antes que passe un año / vaya por ti *al estricote* / y se tenga por dichosa», Cronan I, 360), en Juan de Torres (1596, vid. Cej., *Voc.*), en el *Quijote* «tráele amor *al estricote*», I, xxvi, 117; «deve de andar mi honra... como dizen, *al estricote*, aquí y allí, barriendo las calles», II, viii, 27; también I, p. vii), en otras obras de Cervantes (*Pedro Urdemalas*, 1.ª jorn.), en Quiñones de B. (*Entremés de las Civilidades,* en una lista de locuciones vulgares), hoy en *Martín Fierro* I, v. 2097, etc. En el mismo sentido el port. *ao estricote* [Bento Pereira, 1647; Moraes; H. Michaëlis]. Oudin (1616) explica «*traer alguno al estricote:* jouer à la pelote de quelqu'un, en faire ce que l'on veut, s'en mocquer» y «*estricote:* tripot, jeu de paume, la bricolle au jeu de paume». La *bricole* es hoy 'rebote, rechazo (en el juego de pelota)', y aunque otra ac. no aparece en el *FEW*, como antiguamente el vocablo significó 'catapulta, máquina para lanzar piedras' cabe suponer que Oudin empleara ahí *bricole* en el sentido de 'palo para dar al balón'; aunque no hay fuentes castellanas que confirmen esta ac. de *estricote*, me parece verosímil, pues hay el fr. *tricot*, que significa 'garrote', junto con *trique* íd. y *estrique* 'rasero, palo para rasar medidas', y el verbo antiguo *estriquier* 'rasar una medida' (God. III, 653*c*): es sobre todo vocablo del Nordeste francés, y hace tiempo que se ha averiguado su procedencia del neerlandés o del bajo alemán: vid. Behrens, *ZRPh.* XXVI, 244-5; A. Thomas, *Mélanges de Philol. Fr.*, 101; Gamillscheg, *EWFS*, 865*b*; *REW*, 8314. Del mismo verbo francés, en el sentido de 'alisar los paños', «aplaigner», documentado por Thomas, vendrán el cat. *estricar* 'estirar las madejas de hilo teñidas o curtidas', 'poner tirante la ropa mojada, en un marco de madera con clavos, para que al secarse no se encoja' (Fabra), y el judesp. marroq. *estricarse* 'ponerse tieso', *estricado* 'tieso, yerto' (*BRAE* XV, 61)[2].

¹ Detalles sobre el vocablo en Gillet, *HispR.* XXVI, 280.— ² No creo deban juntarse estas palabras (según quiere M. L. Wagner, *VKR* IV, 242) con el port. *estricar* «die Taue ausbreiten, von einander lösen» (H. Michaëlis), es decir, 'separar, soltar unos de otros los cables o cabos de cuerda', que irá con el cast. ant. *estricarse* 'desenvolverse' como descendiente culto de *extricare* 'desenredar'. De ahí quizás el gall. *esterricarse* 'estirarse, alargarse, ponerse tirante, erguirse' (Vall.), 'estirar, tirar de alguna cosa' (Carré), o según Crespo Pozo (s. v. *estirar*) es *esterricar* y *estarricar* en localidades del Oeste gallego: «homes *esterricados* na porta das casas», «os mortos derrúbanse redondos *esterricados* nunha postura ridícula» (Castelao 144.28, 191.7f). Debió de haber previamente un catalanismo textil *estricado* con influjo, primero, de *estirar* (*estiricar*) y en seguida de *terra*. También es muy dudoso que se sacara de esta familia un gall. *atricar* 'aturdir, enfadar, estorbar' («no me *atriques*», Sarm. *CaG.* 77v, 206v, que podría explicarse a partir del fr. mod. *étriquer*, aunque quizá haya más relación con el oc. ant. *destrigar* 'retrasar', 'retener', 'perjudicar', deriv. del oc. y cat. *trigar* 'atrasar, -arse', 'tardar', lat. vg. TRĪCARE, del lat. TRICAE 'minucias', 'entretenimientos, entorpecimientos' (del cual a su vez yo no creo que haya que separar el port. y gall. ant.

trigar 'apresurar', *-garse* 'darse prisa' (ya en las *Ctgs.* 399.50), probablemente procedente de la idea de 'molestar, apurar' y no de un germ. THRĪHAN que no creo pudiese dar tal resultado fonético). Es verosímil que este *atricar* sea un préstamo occitano, si bien contaminado por la familia del presente vocablo.

Estrictez, estricto, V. *estreñir*

ESTRIDENTE, tomado del lat. *strīdens, -ntis*, íd., participio activo del verbo *strīdēre* 'chillar, producir un ruido estridente'. 1.ª *doc.:* Acad. 1817, no 1783.

DERIV. *Estridencia* [Acad. después de 1899]. *Estridor* [1444, *Laberinto* de J. de Mena; 1502-12, Cartujano, en *Aut.*], voz exclusivamente poética, tomada del lat. *strīdor, -ōris*, íd. *Estridular* [Acad. después de 1899], derivado culto del lat. *stridulus* 'estridente'. *Trismo* [falta aún Acad. 1832], tomado del griego τρισμός 'chillido', deriv. de τρίζειν 'lanzar un chillido', voz afín al lat. *stridere*.

Estrígil, estrillar, V. *estregar*

ESTRINGA, ant., 'correa o cinta con un herrete en cada punta, que sirve para atar los calzones, jubones y otras prendas', tomado del it. *stringa* íd., y éste probablemente del germánico, quizá gót. *STRIGGS (ags. *streng*, ingl. *string* 'cordel, cordón', neerl. *streng*, escand. ant. *strengr*). 1.ª *doc.:* Lope de Rueda, † 1565.

En este pasaje (*Cl. C.*, p. 57) un soldado dice «apriétame esta *estringa* del lado de la espada». Es un trozo cargado de vocablos propios de la indumentaria soldadesca, varios de ellos de evidente origen italiano (*ligagambas*). No conozco otro ej. que éste y otro muy análogo de Eugenio de Salazar (1568), por el cual se ve aún más claro que era palabra exclusiva de la soldadesca, especialmente la que había combatido en Flandes, Alemania o Italia, y no entendida por el pueblo castellano[1]. Es seguro, por lo tanto, que es italianismo. En Italia *stringa* es antiguo, pues ya se halla en los glosarios alto-italianos del S. XV publicados por Mussafia (*Beiträge zur Kunde der nordit. Maa.*, 1873, p. 112).

Gamillscheg, *RFE* XIX, 243, adujo la voz española como prueba de que ésta y el italiano vendrían del gótico, suscitando las dudas de Sachs (*RFE* XXII, 195); en *R. G.* I, p. 392, el propio Gamillscheg vacila entre este étimo y el lat. STRĪNGĔRE 'estrechar', preferido por M-L., *REW*, 8315. Claro es que partir de éste sólo sería posible a base de un derivado *STRĪNGA, ya existente en latín vulgar, lo cual resulta aventurado no habiendo otros representantes romances. Pero es el caso que San Isidoro menciona las *stringes* como pieza de vestir propia de los españoles de su tiempo: «quibusdam nationibus sua cuique propria vestis est, ut... Gallis linnae, Hispanis *stringes*» (*Etym.* XIX, xxiii, 1), y aunque no consta de qué prenda se trataba, Sofer (45-46) relaciona con la voz germánica o con el lat. STRINGERE, y Ernout-M. derivan de este último. Pero como derivado latino sería muy extraordinaria esta formación deverbal en -*es* en latín tardío. Me parece preferible entender que San Isidoro habla ahí del vestido de los godos de España, y que así nos atestigua indirectamente la existencia del vocablo gótico; éste podría ser un femenino *STRĬGGS (pron. *strings*) de tema en -*i*, romanizado en *stringa*. Dada la fonética italiana (comp. la variante it. *strenga*), podría tratarse también de un Īongob. *streng*, pero estimo aconsejable partir del gótico en vista de la forma isidoriana (además el a. alem. sólo conoce la forma *strang*).

¹ «Pues ¿qué campaña era aquella de Alemania (dice otro) en que estuvo nuestro capitán nuevo, donde hacía tanto frío que no se podían atar las ligagambas?... Otro dijo: —¿Qué animal es aquella *estringa* que no podían atar? Y ¿qué arbol es el fodro [< it. *fodero* 'vaina'], cuya hoja dijo que no podían sacar?», *Cartas*, ed. Bibl. Esp., p. 21.

Estrinque, V. *estrenque*

ESTRO, 'moscardón' 'estímulo ardoroso que inflama a los poetas y artistas inspirados', 'período de ardor sexual en los mamíferos', tomado del lat. *oestrus* 'tábano', 'delirio profético o poético', y éste del gr. οῖστρος íd. *1.ª doc.*: Acad. 1843, no 1817 (ej. de Mesonero Romanos—obras de 1822 a 1870—en Pagés).

ESTRÓBILO, tomado del gr. στρόβιλος 'peonza', 'piña'. *1.ª doc.*: Acad. después de 1899. Voz estrictamente científica.

ESTROBO, mar. 'pedazo de cabo que sirve para sujetar el remo al tolete y otros usos semejantes', procedente de una variante del lat. STRUPPUS íd.: sea STRŬPUS, que se halla en manuscritos de San Isidoro, o *STRŎPHUS, correspondiente al gr. στρόφος 'cuerda', 'correa', de donde se tomó la voz latina (derivado de στρέφειν 'dar vueltas', 'torcer'). *1.ª doc.*: *estrobo*, 1606, Haedo, *Topogr. de Argel*, pp. 154, 187; *estrovo* en un ms. del S. XVII, citado por Jal, s. v. *passarino*; íd., 1696, *Vocab. Marít. de Sevilla*; *Aut.*; *estrobo*, 1732, Fernández, *Práctica de Maniobras*, p. 43; Acad. después de 1899.

El vocablo castellano tiene amplio uso en las tierras ribereñas de los varios mares (oído en la costa chilena). También port. *estrovo* (Fig., Cortesão), junto a *estropo* [1647, Bento Pereira; Cortesão; Fig.], y gall. *estrobo*, que se hace con una *costrán* o un círculo de madera o de cuerda (Sarm. *CaG.* 79r). Los demás romances tienen formas correspondientes a STRŎPPUS: it. *strŏppa* o *strŏppo* (Pe-

trocchi, bajo la línea), prov. *estrop*, cat. *estròp* (el fr. *estrope* es advenedizo), pero langued. *estroup* (Mistral), vco. *estropo, -pu* (vizc. y guip.), Bera-Me. dan *estropada* «regata a remo» (no en Azkue, pero cf. cat. *estropada* 'tirón', etc.). El cast. ant. *estropo*, empleado por G. de Palacio (1587)¹, será catalanismo. *Strupus* aparece en los ms. *KMP* de San Isidoro (*Etym.* XIX, iv, 9)²; *struppus* en los demás.

DERIV. *Estrofa*, 'copla de versos' [*Aut.*], tomado del lat. *strŏpha*, y éste . del gr. στροφή 'vuelta', 'evolución del coro en escena', 'estrofa que canta el coro'; *estrófico; antístrofa*, tomado del gr. ἀντιστροφή 'contestación a una estrofa del coro'; *diastrofia*.

CPT. *Estreptococo* [Acad. después de 1899], compuesto de στρεπτός 'trenzado, redondeado', adjetivo verbal de στρέφειν, y κόκκος 'grano'; *estreptococia*. *Estrofanto*, compuesto del gr. στροφή 'vuelta' y ἄνθος 'flor'.

¹ «Escálamos... quando son dos, y se mete en medio el remo, se llaman *toletes*; y quando es uno solo, le ponen un mecate atado, y éste se llama *estropo*» (142 vº; también 98 vº, 100 rº).— ² También en un antiguo glosario latino-griego, *CGL* II, 432.30. Comp. *ESTRIBO*.

Estroma, V. *estrado*

ESTRONCIANA, del ingl. *strontian* íd., propiamente nombre de un pueblo de Escocia en el que se halló este mineral por primera vez. *1.ª doc.*: Acad. 1899.

En inglés desde 1789.

DERIV. *Estroncianita*. *Estroncio*, deducido secundariamente de *strontian*, por ser la base metálica de la estronciana.

ESTROPAJO, origen incierto, probablemente alteración de *estopajo*, derivado de *estopa*; aunque los estropajos se hacen de esparto, es verosímil que se hayan hecho también de estopa. *1.ª doc.*: 1386, López de Ayala, *Libro de las Aves de Caça*, ed. 1869, p. 20¹.

Aparece también en el glosario de Toledo (traducido con el b. lat. *meniculum*, cuyo significado exacto no se conoce), en una poesía de Francisco de Baena (*Canc.*, n.º 105.2: una mujer «revuelve con el dedo» un *estropajo*, comparándolo con una cosa floja) y es frecuente desde el S. XVI (*Aut.*). El port. *estropalho* íd., aparece por lo menos desde D. do Couto (h. 1600), pero es algo sospechoso de castellanismo en vista de que también existe la variante *estropajo* (Moraes). Dice Covarr. que el estropajo se hacía de paño vil y recio, pero esta declaración es sospechosa de estar influída por la etimología *estopa* que sustenta el autor «porque la tela de *estopa* es áspera y apropósito para este ministerio»; esta definición pasó a *Aut.*, tan respetuoso siempre con los datos de Covarr., aunque los académicos agregaron que «por extensión también se llama assí el mechón de esparto deshecho, con que se suelen fregarlas [las escudillas] para que queden más limpias»; la locución *lengua de estropajo* aplicada al que pronuncia indistintamente, y documentada por lo menos desde Quevedo, puede referirse al estropajo de esparto o quizá al de estopa, pero también se podría aplicar al de trapo, comp. la locución catalana equivalente *llengua de drap*. De todos modos ya Terr., pasando por encima de la tradición iniciada por Covarr., definió «rodilla o atado de esparto» y algo parecido hizo la Acad. en su diccionario vulgar (por lo menos desde 1843)[2].

Mz. Pidal (*Rom.* XXIX, 352) prohijó la etimología de Covarr., admitiendo una *r* epentética y llamando la atención sobre la forma *estropaço* del Fuero de Usagre, que designa claramente una clase de tela, sin duda hecha de estopa; el gasc. *estourpoul* sería otro ejemplo de esta epéntesis[3]. Baist (*KJRPh.* VI, i, 389) y M-L. (*REW*[1], 8321)[4] acogieron esta etimología con desconfianza, dando la preferencia a un derivado de STROPPUS 'estrobo'; y no hay duda de que semánticamente esta etimología es también posible, pues nada hay más parecido a un estropajo que un estrobo viejo. En relación con esto se pueden citar formas dialectales italianas que creo realmente derivadas de STROPPUS, aunque su significado general ya nada tiene que ver con el estrobo náutico: venec. *stropar* 'taponar, cerrar una abertura con un tapón', emil. *stròpa* 'brote tierno, retoño', Valmaggia *stròpa* 'cordel', 'atadura', y con este mismo sentido *stropazo* (*ligalo cum qualche stropazo*), en un poeta boloñés del S. XIV (*ARom.* I, 545). La dificultad para aceptar la etimología STROPPUS está en que se use este vocablo tiene en castellano la forma *estrobo* (*estropo* es más raro, y seguramente advenedizo, vid. este artículo).

En lo concerniente a la introducción de la *r* secundaria, que debe admitirse en la etimología STUPPA, no tiene por qué preocuparnos: lo más probable es que se trate de un fenómeno fonético, como admitieron M. P., A. Castro (*RFE* VI, 345) y Cornu (*Port. Spr.*, § 158), probablemente producido cuando todavía el sufijo tenía la forma *-aclo* o *-allo*, por repercusión de la líquida, como en *ristra*, *registro* y demás palabras que cito s. v. *ESTRELLA*. La forma *estopajo*, como variante de *estropajo*, figura efectivamente en varios diccionarios de los SS. XVII y XVIII, todos los cuales la tomarían de Oudin, que ya la registra en 1607, por lo tanto antes de la publicación de Covarr. y sin estar influído por la etimología de éste. Desde luego el mismo fenómeno hubo de producirse y la misma etimología ha de aceptarse para el it. *stroppaglio* 'taco de cañón', empleado en la *Pirotecnia* de Biringuccio (Venecia, 1540), vid. Tommaseo; sabido es que los tacos se hacen de estopa: en Italia normalmente se dice *stoppaccio*, pero en el

dialecto veneciano *stropolo*, con la misma epéntesis. En cuanto a explicar la *r* por cruce con *trapo*, según quiere G. de Diego, *RFE* IX, 134, no es necesario ni convincente, pues el resultado de la combinación de los dos vocablos hubiera sido necesariamente *estrapajo* y sólo un nuevo cruce de **estrapajo* con *estopajo* podía dar *estropajo*. Ahora bien, es verdad que la forma *estrapajo* existe en Burgos, Sanabria (Krüger, p. 53) y en León (A. de Valbuena), pero según indico acertadamente J. Casares (*Crít. Efímera*, I, 229-36) esta forma reciente es la que es debida a una alteración de *estropajo* por etimología popular.

DERIV. *Estropajoso*. *Estropajear; estropajeo.*

[1] No nos enseña nada acerca del material con que se hacían los estropajos, pues se trata de un empleo figurado. Hablando del halcón recomienda «que sea bien enplumado en la cola, que aya gran *estropajo* de pluma, et la pluma dura».— [2] Tiscornia traduce *estropajo* por 'trapo' en su edición de *Martín Fierro*, pero esta traducción, inspirada por Covarr., tiene escaso fundamento en el texto, que sólo trae *tratar al estropajo* 'vilmente'.— [3] Como no figura este vocablo en Mistral ni en Palay, creo procedería de un informe directo de Ducamin, relativo a su dialecto nativo, del departamento del Gers. *Estourpoul* puede venir de **estroupoulh*, con sufijo -ŬCŬLUM, según la fonética de este dialecto.— [4] En su 3.ª ed. este filólogo ha aceptado el étimo STUPPA rindiéndose a los argumentos de Castro.

ESTROPEAR, seguramente tomado del it. *stroppiare*, forma popular de *storpiare* 'lisiar', 'alterar, deformar'; éste viene probablemente del lat. vg. DISTURPIARE, y el cast. ant. *destorpar*, *estorpar*, 'lisiar' de DISTŬRPARE, variantes ambos del lat. DETŬRPARE 'desfigurar', 'marchitar', derivado de TŬRPIS 'feo, deforme'. *1.ª doc.:* 1599, *Guzmán de Alfarache*, Cl. C. II, 219.9[1].

Tiene ahí la ac. 'lisiar', hablando de un niño a quien hicieron víctima de manipulaciones encaminadas a convertirle en mendigo. Los ejs. que cita *Aut.* de Cervantes, Lope, Quevedo y otros clásicos corresponden todos a la ac. 'dejar cojo, manco o gravemente herido en un miembro', y a la misma se refieren Oudin y Covarr.; también ya Percivale (1591) parte de la misma idea básica al definir *estropear* «to racke with cordes stretched», 'separar (los miembros, en el tormento) con cuerdas'[2]. La ac. moderna 'deteriorar una cosa, echarla a perder' no la hallo hasta Acad. 1884 (no 1843). Como 'lisiar' es también el sentido normal del it. *stroppiare*, que pasó con este sentido al fr. *estropier* [S. XV], y como en castellano antiguo no existen en absoluto formas en *-ear*, es casi seguro, según indicó ya Cornu, *Rom.* XIII, 300-1, que nuestro vocablo es italianismo popularizado por las campañas del S. XVI en Italia[3]; del castellano, a su vez, pasó el vocablo al port. *estropear* 'lisiar', documentado en autores del S. XVII (Freire, Vieira)[4], y al mall. *estropetjar* 'echar a perder', 'mover violentamente'[5].

Por lo que hace a la etimología del vocablo italiano, que Fed. Diez quería derivar de TORPĬDUS 'entumecido' (cuya -D- no se hubiera perdido en italiano), tuvo también razón Cornu en llamar la atención sobre la importancia que para decidirlo tiene el cast. ant. *estorpar* o *destorpar*, de igual significado: «a los unos cortaban las cabeças e a los otros los braços e los *destorpavan* de muchas guisas» (*Gr. Conq. de Ultr.*, cap. 53), «yazien todos *destorpados* de todos sus cuerpos et de todos sus miembros» (*1.ª Crón. Gral.*, cap. 1019), «la forma *destorpada* tornó toda complida» (Berceo, *S. Mill.*, 328), «*estorpó* mas de mill, enforcó más de ciento» (*Alex.*, 146), *destorpar* 'afear, estropear' en la *Historia Troyana* de h. 1270, 78.6, 169.9; el sustantivo *destorpamiento* (o *estorpamiento*, en el cap. 34 de la misma obra) se refiere a una herida causada por una estocada que se ha llevado parte de la nariz y de los labios, en la *Gr. Conq. de Ultr.*, p. 47a, 39; en una miniatura de las *Ctgs.* «como a madre achou seu fillo *destorpado*» (146, M). Claro está que ahí tenemos un derivado de TŬRPIS 'deforme', como ya vieron Muratori, Cabrera y Cornu, y que en definitiva se trata de DISTURPARE, documentado en las Notas Tironianas (Forcellini) como equivalente de DETURPARE 'desfigurar', 'marchitar'; de la vida posterior de esta variante nos da fe el b. lat. EXTORPARE, que significa precisamente 'lisiar' en una ley dictada por el rey anglosajón Edmundo (S. X o principio del XI, vid. Du Cange). Ahora bien, en las mismas Notas Tironianas (42.60) se halla también DISTURPIARE[6], variante que explica sin la menor dificultad el it. *storpiare*. No hay obstáculo para admitir que *stroppiare* es alteración de aquella otra forma; esta última se halla ya en el Petrarca y otros textos de fecha incierta pero bastante antiguos[7], pero no es menos cierto que *storpiare* y sus derivados figuran ya varias veces en la Divina Comedia[8], y la gran mayoría de los ejs. de la forma metatética aparece en autores posteriores al S. XVII y de tono vulgar; los lexicógrafos están todos de acuerdo en que *stroppiare* es la forma «familiar» o «popular», y los escritores de la época clásica emplean la otra forma unánimemente o poco menos. Esta breve relación histórica puede no ser absolutamente inequívoca en su significado, pero de todos modos parece inverosímil que la forma dantesca y clásica *storpiare* sea debida a una trasposición, fenómeno eminentemente vulgar.

Creo, pues, que puede descartarse el étimo de M-L. (*REW*, 8333a), STŬPRARE. No negaré que la metátesis STRUPARE era fácil, y que de hecho hallamos *construpatio* en una glosa antigua recogida por Escalígero (*CGL* V, 597.63)[9], pero haría falta admitir una segunda trasposición de la *r* para llegar a la forma más antigua *storpiare*, y además en el caso

de STUPRARE ni se conocen variantes en -IARE ni otro significado que el de 'violar, deshonrar'. De suerte que la intervención de STUPRARE (STRUP-) en *stroppiare* me parece reducirse a una contaminación tardía, en virtud de la cual nació la forma con *r* traspuesta, que tampoco es inaudita en castellano antiguo[10], y la ac. 'violar' que se halla, aunque raramente, en ambos idiomas: *istorpiare vergini* en una traducción ciceroniana que se atribuye, sin duda falsamente, a Brunetto Latini; «andavan ya los Turcos muy tristes y licenciosos *estropeando* a muchos muchachos y donzellas, sin temor alguno de los moriscos ni del Rey Abenabó» (Pérez de Hita, II, 317)[11].

Apenas hay necesidad de rechazar otras dos etimologías mucho menos satisfactorias: osco-umbro *EXTORPIARE, forma construida a base del lat. EXTORQUĒRE 'torcer' por Gamillscheg (*ZRPh.* XLI, 535), y rechazada por Jud (*VRom.* XI, 235) con buenas razones; STROPHUS 'dolores cólicos' propuesto por Bourciez, *Annales de la Fac. des Lettres de Bordeaux*, 1889, 74ss.

DERIV. *Estropeo*. *Estropicio* [Acad. 1884, no 1843, Torres Fornés lo registra como propio de Segorbe, Vigón como asturiano], fam., resulta probablemente de un cruce de *estropeo* y el semicult. *estropacio* DETURPATIO (comp. *cansa(n)cio*, *anda(n)cio*, etc.)[12], con la terminación modificada por influjo de *desperdicio, perjuicio*, y otros ejs. de *-icio*. En cuanto al arag. *estrapalucio*[13] 'baraúnda, ruido, desorden' (Borao), puede tener razón Spitzer (*AILC* III, 19) al derivarlo de oc. ant. *treboloci* 'tumulto', representante culto de TRIBULATIO 'tribulación', pero más me convence, en vista del it. *stravolgere* 'desbarajustar', partir de *transvolutio* derivado de *transvolere* 'revolver o derrumbar allende de' (Prudencio, etc.) (o variante *extravolere, *extravolutio); aunque la voz aragonesa sufriría sucesivamente el influjo de *trápala* y de *estropicio*.

[1] Es de creer que su uso se hubiese extendido entonces recientemente, pues en 1570 C. de las Casas se abstiene de emplear el vocablo entre las varias traducciones que da del it. *storpiare*.— [2] Como el participio es *estropiado*, definido con las mismas palabras, y en el orden alfabético va entre *estropeçar* y *estropieço*, la forma *estropear* debe de ser errata de la ed. de Minsheu, por *estropiar*.— [3] Claro está que construir a base del español un *EXTURPIZARE (-IDIARE), como quiere C. C. Rice (*Language* VII, 259ss.), es arbitrario.— [4] La distinción puramente gráfica que hacen hoy algunos entre port. *estropiar* 'lisiar' y *estropear* 'atropellar' (que sólo en apariencia tiene que ver con *tropel*), es arbitraria o por lo menos secundaria.— [5] Moll, *AORBB* III, 69, lo da como uno si fuese genuino, pero es vocablo ajeno al idioma antiguo y además inaudito en Cataluña.— [6] A ella se refiere, en calidad de «Neu-bildung», Heraeus, *ALLG* XII, 49.— [7] En una traducción de Guido delle Colonne que algunos

atribuyen al S. XIV, pero no se cita edición anterior a 1475; en el poeta Messer Bini, editado en 1548. Véase Tommaseo.— ⁸ En *Inferno* XXVIII, 31, *storpiato* tiene ya la ac. 'lisiado', de suerte que la ac. preclásica 'impedir', 'estorbar', no es la más antigua, según podría suponerse. En *Purgatorio* XXV, 1, muchos comentaristas entienden *storpio* como 'impedimento', pero H. D. Austin, *RRQ* XXX, 15-17, da buenos argumentos para entender 'lisiado'.— ⁹ También en castellano se dijo *estrupo* (Vélez de Guevara, *El Diablo Cojuelo*, Cl. C., p. 16; Oudin; *Aut.*). El port. *estrupido* 'estrépito' (S. XVI), hoy *estuprío* 'ruido', 'alboroto, riña' en Salamanca, me parece labialización de *estrepido* = *estrépito*, más o menos influído por *estrumpido* 'estampido', que a su vez será este vocablo castellano alterado por aquél. Es verdad que hay también *estrúpo* 'rumor de gente revuelta' en Fernán Lopes (S. XV) y *estrupada* 'ráfaga', 'asalto' (véase Moraes), que deberían estudiarse cuidadosamente antes de decidir nada.— ¹⁰ «*Intartizare: destropar* y trastornar pervertiendo», *APal.* 218d; junto a: «*defrensam* llama Festo Pompeyo la cosa *destorpada* y raída», 106d.— ¹¹ En el mismo autor hallamos la ac. 'atropellar', debida, como en portugués, a influjo de este otro verbo castellano: «procuremos libertad para que de los codiciosos Christianos no seamos constreñidos ni *estropeados*», II, 14. Como palabra advenediza y recién llegada, estaba sujeta al influjo de las palabras autóctonas. *Falcones de braço torpicado* en el *Libro de la Caça* de Juan Manuel (ed. Baist, 73.3) parece ser un cruce de *destorpado* con *trompicado*.— ¹² Más ejemplos del caso en catalán, etc., reunimos ahora en *Vides de S. Rosell.*, n. 33 al fº 102 (a propósito de *abundaci*).— ¹³ Ronc. *estrapaluzio* «alboroto» (Azkue). La intervención de *trápala* está todavía más clara fonética y semánticamente en el vizcaíno *astrapala, astrapalada* 'alboroto' y 'hecatombe' (Azkue y *Supl. a Azkue₂*).

Estropezar, V. *tropezar*   *Estropicio*, V. *estropear*   *Estropo*, V. *estrobo*   *Estru*, V. *estrado*   *Estructura, estructuración, estructural, estructurar*, V. *construir*   *Estrueldo, estruendo, estruendoso*, V. *atuendo*

ESTRUJAR, 'apretar una cosa para sacarle el zumo', del lat. vg. *EXTORCULARE* 'exprimir en el trujal', derivado de TŎRCŬLUM 'trujal, molino de aceite', 'lagar', que lo es a su vez de TORQUĔRE 'torcer'; lo mismo que el cast. *trujal*, procedente del otro derivado TORCULAR, y que el cat. *trull*, oc. *truelh*, fr. *treuil*, procedentes de TORCULUM, nuestro vocablo sufrió una temprana trasposición de la R, cambiándose en *EXTROCLARE*. 1.ᵃ *doc.*: APal.: «*vinacia* son los que quedan en las uvas quando se *estrujan*», 527d; *strujar*, 378d¹.

Es frecuente desde Torres Naharro, Fr. Luis de Granada y Sta. Teresa², vid. Gillet, *Propaladia* III, 646-7, y *Aut.*; en este diccionario se escribe *estruxar*, grafía inspirada por la seudo-etimología *extra succum*, pero contradicha no sólo por Covarr. y Oudin, sino por la de los autores citados arriba, pertenecientes a la época en que todavía se distinguían *j* y *x* oralmente. Que la *-j-* es antigua, y por lo tanto esta consonante procede de una antigua *l* palatalizada, lo comprueba el berciano *estrullar* 'estrujar' (Fernández Morales), ast. *estruyar* 'estrujar, prensar' (R, V); por lo tanto, el gall. *estruxar* (Vall.) ha de ser castellanismo. Realmente *estrullar* es gall. antiguo («doulle... gran ferida na cabeça et *estrulloulle* todo los meolos e deitoullos fora» *MirSgo.* 62.19) y hoy sigue empleándose en torno a Lugo (Láncara), *estrollar* 'magullar' en Parga (Eladio, *Ape.*). Formas todas que presuponen una trasposición *EXTROCLARE* muy antigua; junto a la cual persistiría localmente la forma clásica, de donde primero *estorchar* y al fin *estruchar* empleado sobre todo en la costa Oeste: «*estruchar* a cachola coma quen *estrucha* un frasco de pintura», «un limón *estruchado* polo traballo» (Castelao, 87.26, 211.6, 171.16, 178.15, 201.26) y por cambio de prefijo *atrochar* o *atochar* en el Morrazo (Crespo: entre Pontevedra y Vigo)³ (V., por lo demás, RAJAR).

Fuera de estas lenguas sólo encontraremos en bearn. *estroulhà-s* «se battre et s'abîmer entre combattants» (Palay), landés *estrouillà* «fouler, laisser perdre», *estrouille* «résidu de fromage que la négligence des domestiques laisse perdre et mettre en litière» (Métivier, *Agric. des Landes*, 726), y el engad. *strucler* o *storcler* 'exprimir' (Pallioppi, s. v. *auspressen*), sobreselv. *struclar* 'apretar', 'estrujar'. Por otra parte, sin el prefijo hay el it. *torchiare* «metter sotto il torchio», Vaud *troiller*, que corresponden al verbo TORCULARE, documentado en el galorromano Venancio Fortunato, fin del S. VI. Vco. vizc. *truixu* «lluvia fuerte» (y en *Auñ.* I, 196.1 el adj. *truxutru* aplicado a una noche oscura y lluviosa); como en uno de los dos ejemplos vizcaínos que da Azkue sale *euri-truišu* (con *euri* 'lluvia') y sólo en el otro *truišu gogorrak* es 'chaparrón' o 'tiempo lluvioso', la relación semántica con esta familia gasc., franc. occ., etc., es bastante clara; cf. *Troissonat*, nombre que llevaba en 1578 el trozo de costa atlántica de la *commune* de Anglet (Bayona), donde se abrió una desembocadura del Adour. El tratamiento *u* de la *o* pretónica ante *j*, es el mismo que observamos en *trujal* < TORCULAR⁴ y en *PUJAR* < PODIARE (aunque éste no puede ser vocablo genuino, por su *-j-* < *-DJ-*). En vista de la antigua *j* sonora es imposible toda relación con el bearn. *estrussà* o *estruchà* «serrer, ranger, renfermer» (que Ronjat, *RLR* LV, 416, quisiera sacar de INSTRUERE [?]), fr. occid. *estruisser* 'arrancar las ramas de un árbol' (vid. Jud, *VRom.* III, 339), it. *strusciare* «logorare e sciupare stropicciando», istr. *strussi* pl. «travagli, fatiche, le quali logorano» (Babudri, *ARom.* XXIV, 274), o con el aran. *trixon* (< *truixon*) 'troncho de col', fr. ant. *trous de chou* íd., port. *trôcho* 'garrote'. Carece de valor la etimología de C. C. Rice, *EX-TRUSULARE, derivado de EXTRUDERE 'expulsar violentamente' (*Language* VII, 259ss.), que además es imposible en el aspecto fonético[5].

DERIV. *Estrujador. Estrujadura. Estrujamiento. Estrujón.*

[1] En *Calila y Dimna* (1251) la ed. Gayangos, p. 20, trae «cuando hobo acabado de sacar las cuñas, apretó la viga e tomóle dentro los compañones, e *estrujógelos*, et cayó el ximio amortecido», con la nota de que el ms. *B* trae en su lugar *machucógelos*. *A* es de fines del S. XIV o princ. S. XV, y *B* de fines del XV. Pero la edición Allen (20.80) sólo trae *machucógelos*, sin variante. En Nebr. no figura *estrujar*, pero sí en el diccionario de Pedro de Alcalá (1505): «*estrujar* o apretar». Cabrera cita *estrujar* de un texto antiguo (hablando de naranjas y de *estrujarles* el acedo), pero no tengo nota de la fecha.— [2] «Santa Teresa... para guiar a sus monjas... se desvive con escrúpulo religioso, se *estruja* (ac. teresiana), por hablar palabras suyas propias», M. P., *El Estilo de Santa Teresa*, en *La Lengua de Colón y otros Estudios*, p. 151. Otro ej. de la santa, en *Aut.*— [3] Cf. *truchar* 'prestar atención, escuchar, cuando se desconfía de algo', que sólo hallo en Carré, si bien lo que da Vall., *truchála orella* 'volver las orejas hacia atrás, las caballerías falsas, cuando uno se les acerca', ya parece ser lo mismo en una aplicación especial: de 'exprimir, apretar', a 'poner tenso' no hay mucha distancia. El P. Sarmiento empleó en 1770 un vocablo no definido en parte alguna, que puede derivar de ahí «en esto se palpa el desatino de admitir en Galicia por curas a unos *truchones* que no son gallegos ni saben una palabra de esa lengua» ['espías, esbirros, extranjeros inútiles?, 'estrujadores de dinero'?], cita de Pensado, *Disc. Apol.*, p. 21 (Bol R. Ac. Gall. 1973).— [4] TORCULAR 'lagar', 'molino de aceite', es ya clásico en latín, se halla en S. Isidoro *Etym.* XV, vi, etc. El cast. *trujal* es voz de provincias: no tengo noticias anteriores a *Aut.*, donde se da en la ac. 'molino de aceite' como provincial de la Rioja, y además 'tinaja en que se prepara la barrilla para fabricar jabón'; Cabrera agrega que es aragonés en el sentido de 'lagar'; el arag. ant. *trullar* se lee, en efecto, en inventario de 1374 (*BRAE* II; texto citado en ARGAMASA). También he oído *trujal* 'almazara' a gente de la Ribera navarra (Tafalla). Del propio TORCULAR saldrá el vasco *dol(h)are, tolare,* 'lagar' (lab. y a nav. de Bera y Oyarzun, punta NO.), *dolara* en guip. y vizc., *doilara* en el Txorierri (inmediato al N. y NE. de Bilbao) (TOR[C]LARE), y no de DOLIARIUM 'bodega' (como quería Rohlfs), Michelena, BSVAP

XI, 290. En la toponimia mozárabe de Portugal, Andalucía y Baleares se hallan bastantes nombres que probablemente vienen de TORCULAR. En el repartimiento de Mallorca sale varias veces un topónimo rural *Otrolláritx* (< *Trollareš*). En las Alpujarras (20 km. al S. de Granada) hay la villa de *Dúrcal*, que puede salir de *Turklál* con retroceso del acento normal en árabe vulgar y disimilación; el *Turcal* caserío cerca de Orellana (Badajoz), y es muy conocido el port. *Turquél* no lejos de la costa y al NO. de Santarén (cf. el léxico de esta localidad recogido por J. Diego Ribeiro, *RLu.* XXVIII, 102); algo menos lo es el río *Torgal* afluente del Odemira en el extremo SO. del Alentejo. En fin, entre Lisboa y Turgael hay otros dos pueblos cuyo nombre me parece resultar de un cruce de TORCULAR con una voz de sentido afín: *Turcigal* (a 35 km. de Lisboa) y *Toxofal* algo más al Norte, contaminación donde parece intervienen el romance *torcer* y quizá sus traducciones arábigas *zaḥain* (> *zafán*), *fât(i)l* o *ḥárza* 'trujal de aceite' (> *f-*). Fuera de tierras mozárabes: Trujal caserío cerca de Arnedo (Rioja), el rosell. *Trullars*, etc. Del cat. *trull* se tomó *trullo* 'lagar', que Acad. registra ya en 1843 (como voz provincial).— [5] Nada puede tener en común con *estrujar* el port. *estrugir* 'aturdir(se)', 'atronar', 'vibrar con estruendo' («los judíos con vihuelas, / que la ciudad se *estrujía*», portuguesismo en un romance de los judíos de Tánger, M. P., *Poesía Jugl.*, p. 140), que en vista de la antigua forma *estorgir* («el rei era ainda tam *estorgido* do colpe que adur se podia teer», en la *Hist. dos Cavalleiros da Mesa Redonda*, S. XIV, RL VI, 341), quizá proceda de *EXTŪRGĒRE 'hacer hinchar (de un golpe)', 'aturdir'.

Estruldar, V. *atuendo*   *Estrumpido, estrumpir,* V. *estampar* y *estropear*   *Estrupo,* V. *estropear* y *estupro*   *Estruz,* V. *avestruz*   *Estuación, estuante,* V. *estío*   *Estuario,* V. *estero*   *Estuba,* V. *estufa*

ESTUCO, tomado del it. *stucco* íd., y éste del longob. STUKKI 'pedazo', 'costra' (a. alem. ant. *stucki* íd., íd., alem. *stück* 'pedazo', ags. *stycce*, escand. ant. *stykki*). 1.ª doc.: «*stuco*, que es un material hecho de mármol y cal, y que reverbera de tal manera que...», 1569, Juan López de Hoyos (cita de Cabrera, p. 68).

Aparece también en C. de las Casas (1570), Ambrosio de Morales (1575), Gálvez de Montalvo (1582), Góngora, etc.; vid. Terlingen, 129; hubo variante *estuque*, documentada en 1563, *HispR.* XXVI, 280, y h. 1580, en Covarr., etc., que hubo de llegar por conducto del fr. *stuc* [S. XVI] o del cat. *estuc* [*stuco*, ¿1442?, en Alcover]. El it. *stucco* es ya medieval. Para el étimo germánico, vid. Gamillscheg, *R. G.* II, p. 164; Kluge, s. v. *stück*.

Deriv. *Estucar* [Acad. ya 1843]; *estucado; estucador* [Terr.]. *Estuquería. Estuquista.*

ESTUCHE, tomado de oc. ant. *estug* [pron. *estŭč*] íd., derivado del verbo *estujar* 'guardar cuidadosamente, ocultar', procedente del lat. vg. *STŬDĬARE 'guardar, cuidar', derivado de STŬDĬUM 'celo, aplicación, ardor, esfuerzo'. *1.ª doc.: estui* 'estuche, cajón', Berceo, *Mil.*, 674; *estux*, a. 1386; *stuch*, a. 1390, ambos en inventarios aragoneses (*BRAE* IV, 354, 518)[1]; «*estuche:* theca instructa; *estuche de punçones:* graphiarium», Nebr.

La forma de Berceo procederá de la variante occitana dialectal *estui* (en rima ya en el Conde de Poitiers, † 1127); también *estuyo* en inventario aragonés de 1381 (*BRAE* IV, 350), y hoy el ast. *estoyu* «fondo de la masera y del arca, que sirve de despensa», «cajoncito que dentro y a un extremo del arca tienen las labradoras para guardar dinero, alhajas, etc.» (R, V), que puede ser autóctono; V. además nota s. v. *ESTERA*. Del cat. *estoig* (o de la variante oc. *estog*, no tan frecuente como *estug*) procede el arag. *(e)stoch*[2]. De la lengua de Oc está tomado también el it. *astuccio*. Por otra parte, son genuinos el fr. *étui*, cat. *estoig* y port. *estôjo* (en relación con el asturiano), junto a los cuales existe el verbo fr. ant. *estoiier*, cat. y port. *estojar* 'guardar cuidadosamente, atesorar'; comp., con acs. más primitivas, calabr. *stuiare*, Canavese *stüié* 'asear', Vincenza *stozzare* 'sacudir el polvo', y otras formas dialectales italianas citadas en el *REW*, 8325.

Deriv. *Estuchado. Estuchista.*

¹ «Hun orinal con su *estux* de junco. Hun cresuelo con su cresolera de fierro», «Una cruç de Limoges... con su *stuch*».— ² «Unas balanças con su *stoch*, con 5 pesos de pesar moneda... Un *stoch* guarnido en cuero vermello», en inventario de 1397, *estoch* en uno de 1426 (*BRAE* IV, 218; VI, 738).

ESTUDIO, tomado del lat. *stŭdĭum* 'aplicación, celo, ardor, diligencia', 'estudio'. *1.ª doc.:* Berceo. Frecuente ya en toda la Edad Media: *Apol.*, Juan Manuel, J. Ruiz, APal. (134*b*, etc.), Nebr. Deriv. *Estudiar* [Berceo, y en los demás autores citados arriba], derivado común a todos los romances, así en forma culta como en la popular *estojar*, vid. *ESTUCHE; estudiador; estudiante* [1462, *N. Recopil.*, I, vii, 2], *estudiantil, estudiantina, estudiantino, estudiantón, estudiantuelo. Estudioso* [Mena (C. C. Smith, *BHisp.* LXI); APal., 88*b*, 355*d*, 443*d*, Nebr.]; *estudiosidad.*

ESTUFA, 'aposento herméticamente cerrado y caldeado artificialmente', 'lugar cerrado donde se coloca al enfermo que ha de tomar sudores', 'hogar encerrado en una caja de metal o porcelana, que se coloca en las habitaciones para calentarlas', del verbo *estufar* 'caldear un aposento cerrado', y éste probablemente de un verbo del latín vulgar *EXTŪPHARE 'caldear con vapores', adaptación del verbo griego ἐκτύφειν 'convertir en humo', 'avivar el fuego, atizar', derivado de τῦφος 'vapor' (o derivado en romance de *TŪPHUS, procedente de este sustantivo griego); se trata de un vocablo común a varios romances, pero no es probable que en castellano sea autóctono en su forma actual, sino procedente del it. *stufa*. *1.ª doc.: estuba* 'baño de vapor', h. 1300, *Gr. Conq. de Ultr.*, p. 525; *estufa*, APal. («zete son *estufas* secas: casas escalentadas con fuego», 547*d*), Nebr. («*estufa, baño seco:* calidarium», «*estufa como baño:* thermae»). Cej. VIII, § 133.

En el sentido de 'aposento calentado artificialmente' se halla también *estufa* desde Antonio de Guevara († 1545) y en otros autores posteriores alegados por *Autoridades* (agréguese Mira de Amescua en Fcha. y los citados por Friederici, *Am. Wb.*, desde 1540); de las dos primeras acs. citadas arriba hay ya ejs. en *Aut.*, la tercera aparece posteriormente en Acad. [1817, no 1783], y parece ya aludida por Terr. La variante *estuba*, rimando con -*b*-, está también en G. de Segovia, en 1475 (p. 48). El verbo *estufar* escasea en castellano: regístralo Covarr. en términos poco claros, y *Aut.* con la advertencia de que «tiene poco uso», y lo emplea Góngora. La forma *estuba* está además bien arraigada en catalán y lengua de Oc, aquí documentada desde Daudé de Pradas (h. 1225) allí ya en el S. XIV ('baño caliente', en la trad. del *Corbatxo*, *BDLC* XVII, 74; en Jacme Marc, a. 1371, «casa de bany; aquell que s'hi calfa»), en ambos idiomas hoy muy viva: 'retrete calentado con fuego que tienen los pasteleros para secar sus pasteles' en Mallorca (*BDLC* VII, 145), 'bochorno, calor sofocante' en el Ampurdán, Gerona, Olot y Guillerías, 'vaho que se aplica a los enfermos, a los toneles, etc.', en Tortosa y en otras partes (*BDLC* III, 86; Ag.; tort. *astubo(r)* 'bochorno'), 'estufa para calefacción' (oído en Santa Coloma de Queralt), etc. Por otra parte, los mismos sentidos o muy semejantes tienen el it. *stufa* y el fr. *étuve*, muy antiguos y populares en ambos idiomas.

La -*b*- catalano-occitana y del castellano antiguo ha de corresponder a una -P- intervocálica originaria, mientras que la -*f*- italiana supone una base con -F-; el francés podría en rigor corresponder a cualquiera de las dos, pero es más probable, sobre todo por razones geográficas, que proceda de una -P-; esta dualidad fonética puede explicarse por una diferente latinización de la -PH- griega, que en ambas formas suele pasar al latín vulgar. En castellano sería extraña la conservación de la -F- intervocálica, que se sonoriza en este idioma, y aun si en este caso alguna razón especial hubiese impedido el paso a sonora deberíamos entonces esperar que se convirtiera en aspiración; esto, unido a la mayor antigüedad de *estuba* en castellano, a la distribución geográfica de las dos variantes dentro de la Romania y a la mayor popularidad del vocablo en Italia, induce a creer que *estufa* es forma traída de Italia, aunque las relaciones con este país fuesen todavía poco activas en el S. XV; pero en términos de civilización no hay que extrañar la aparición de algún italianismo ya a fines del S. XV.

Ha sido tema de larga discusión la relación existente entre las formas romances y la familia germánica del alem. *stube*, ingl. *stove*, escand. ant. *stofa* o *stufa*, de significado idéntico, documentada en Inglaterra y en la Alta Alemania desde el S. VIII, y trasmitida desde muy antiguo por el germánico al finés, al lituano y al eslavo (*izbá* 'casa calentada'). Primero se creyó que también en romance el vocablo era germanismo, pero ya en 1900 Schuchardt (*Zeitschr. f. deutsche Wortfg.* I, 66) indicó que en romance había de ser autóctono, pues aquí vivía junto a su primitivo *TUFO*, venec. *tufo* 'vapor, vaho', Luca *tufa* 'bochorno', etc.; en el mismo sentido se pronunciaron después varios lingüistas, y M-L. (*Prager Deutsche Studien* VIII, 1908, 78-9; *REW*, 3108) acaba concluyendo que la semejanza entre el germ. *stuba* y las formas romances es puramente casual, pues en ambas familias lingüísticas se explica etimológicamente, y no hay posibilidad de enlazar fonéticamente el pormenor de las formas. No sería éste el primer caso de tales coincidencias; sin embargo, inspira desconfianza la triple división a que llega así este lingüista: **EXTUFARE, *EXTUPARE* y germ. STUBA; es más verosímil a priori que, puesto que dos de estos tipos llegan a resultados iguales, los tres orígenes deban reducirse a dos. Bloch admite que el oc.-cat. *estuba* viene del tipo *estufa* alterado por influjo del germánico, mientras que el fr. *étuve* saldría de *estufa;* pero extraño sería que la alteración germanizante se produjera en el Sur y no en el Norte: el dialecto germánico en cuestión sólo podría ser entonces el gótico; ahora bien, el gót. **STUBA* pasando al romance sólo hubiera podido dar **estuva* con *v.* Mucho más natural es la solución a que se inclinan Jud (*BDR* III, 6n.), Gamillscheg (*R. G.* I, 21), el dicc. de Kluge (ed. 1934) y otros, que manteniendo el doble tipo romance con *-F-* y *-P-*, consideran de origen romance el vocablo germánico, tomado cuando ya la *-P-* latina se hallaba en la fase *-b-:* la relación de *stuba* con el verbo *stiuban* 'sacudir', aunque esta operación pudiera practicarse durante el baño, es más verosímil sea fruto de una etimología popular que punto de partida de la etimología auténtica, y este influjo de *stiuban* (del cual *stŭba* pareció a los germanos variante apofónica) es el que explica la otra dificultad que hallaba M-L. para derivar la voz germánica del romance, a saber, la diferente cantidad de la vocal radical; aunque adoptada por los germanos, que tanto la necesitaban en sus climas, la estufa

fué invención romana, que nos consta todavía no conocían los pueblos del Norte en tiempo de Tácito (vid. Kluge). V. además el artículo de Wartburg, en *Word* X, 1954, 290-305, que ya no he podido tomar en cuenta.

DERIV. *Estufar* (V. arriba). *Estufilla. Estufista* o *estufero*[1]. Para otro derivado de este vocablo, vid. *ESTOFAR.*

[1] El murc. *estufido* 'bufido' no tiene que ver con *estufa,* sino con el cat. *estufar-se* 'hincharse de orgullo', alterado por influjo del cast. *bufido;* para M-L., *estufar-se* vendría de *TUFO* y su familia, pero quizá se trate más bien de **TŬFUS* variante de TOFUS, de donde *tou* 'hueco'.

Estultar, estulticia, V. *estulto*

ESTULTO, tomado del lat. *stŭltus* 'necio'. *1.ª doc.: estultamente,* M. de Ágreda, † 1665; *estulto,* Acad. 1817, no 1783[1].

DERIV. *Estulticia* [*Alexandre,* 1659c (Nougué, *BHisp.* LXVI); 2.º cuarto del S. XV, Pz. de Guzmán (C. C. Smith, *BHisp.* LXI); Castillo Solórzano, † h. 1647]. Es de origen incierto el cast. ant. *estultar* 'insultar, maltratar' [1251, *Calila,* ed. Rivad., 31, 39, 59, 64; J. Ruiz, ed. íd., 1330; otros ejs. en A. Castro, *RFE* XVI, 272-3; hoy en el judesp. marroquí 'reprender, regañar', *estulto* 'regaño, reprensión', *BRAE* XV, 61]: puede ser tomado del fr. ant. *estouter,* variante del muy común y antiguo *estoutoiier* 'maltratar, dejar malparado' (alguna vez 'ultrajar'), con influjo formal del lat. *stultus;* pero como *estouter* es forma muy rara (sólo dos ejs. tardíos en God.), es más probable, según prefiere Spitzer (*RFE* XVII, 183), creerlo latinismo, ya que un verbo *stultare* parece haber existido en la baja época, en vista de la glosa *stultatus* 'qui differre nescit' (variante *deferre*), que entiendo 'el que no sabe aplazar las cosas: impetuoso, precipitado' (*CGL* IV, 176.50; V, 393. 57; V, 246.12); a su vez esta etimología debe influir en el juicio que merezca la del fr. *estoutoiier* y de su primitivo *estout* 'audaz, temerario', 'soberbio', para el que se duda entre el a. alem. med. *stolz,* b. alem. med. *stolt,* fris. ant. *stult* 'orgulloso' (que Kluge creía de origen romance o latino, y que el racista Götze quiere ahora suponer genuinamente germ., a pesar de que no se halla en alemán antes del S. XII) y el lat. *stŭltus;* lo que desde luego no puede defenderse es la repartición de los vocablos franceses entre el latín y el germánico, como la practicó M-L., en *REW*[3] 8275a y 8328 (nótese que Gamillscheg no admite el fr. *estout* entre los germanismos estudiados en su *R. G.*).

Estólido [h. 1520, Padilla (C. C. Smith); Paravicino, † 1633], tomado de *stŏlĭdus* íd., que parece ser del mismo origen que *stultus;* *estolidez.*

[1] Pone ya *stulto* con terminación castellana APal. al traducir el lat. *stultus,* 474d, pero es dudoso

que se empleara entonces. *Aut.* observa que *estultamente* y *estulticia* «tienen poco uso». Casi puede decirse lo mismo en la actualidad.

Estuosidad, estuoso, V. *estío*

ESTÚPIDO, tomado del lat. *stŭpĭdus* 'aturdido, estupefacto', 'estúpido', derivado de *stŭpēre* 'estar aturdido'. *1.ª doc.*: 1691, Martínez de la Parra.

Dice *Aut.* que es «voz latina y de poco uso». No se halla en Nebr., la *Celestina*, el *Quijote*, Góngora, Oudin, Covarr.[1]. Tiene razón, por lo tanto, Baralt (*Dicc. de Galic.*, s. v. *imbécil*) al decir que es voz extraña a los clásicos castellanos y tomada del francés, donde en efecto es muy frecuente desde med. S. XVI (Rabelais). Pero desde princ. S. XIX, por lo menos, su uso se generalizó aun a los autores más castizos (Quintana, Valera).

DERIV. *Estupidez* [Terr.]. Los demás vocablos de esta familia son también cultismos. *Estupor* [1454, Arévalo, *Suma*, p. 252a (Nougué, *BHisp.* LXVI); 1515, Fdz. de Villegas (C. C. Smith, *BHisp.* LXI); 1574, Fr. L. de Granada; 1581, Fragoso; nótese que C. de las Casas, 1570, no registra estas voces ni las emplea como traducción de los it. *stupido, stupore*], de *stŭpor, -ōris,* íd. *Estupendo* [Aldana † 1579 (C. C. Smith); 1599-1601, Rivadeneira; 1605, *Quijote* I, ix, 27], de *stŭpĕndus* 'sorprendente', participio de futuro pasivo de *stupere.*

CPT. *Estupefacción* [ya Acad. 1843], *estupefactivo* [íd.], derivados cultos del lat. *stupefacĕre* 'causar estupor', de cuyos participios pasivo y activo vienen respectivamente *estupefacto* [Acad. íd.] y *estupefaciente.*

¹ APal., 474d, dice «*stúpido:* es pasmado», pero aunque le dé terminación castellana está claro que sólo está dando la traducción de una voz latina.

ESTUPRO, tomado del lat. *stŭprum* íd. *1.ª doc.*: APal. *stupro*, 216b, 411d (ya en contexto castellano y como voz conocida, sin explicación).

Frecuente desde Fr. L. de Granada, aunque siempre voz culta o jurídica. Para la variante *estrupo*, vid. ESTROPEAR.

DERIV. *Estuprar* [*estrupar*, 1605, *G. de Alfarache, Cl. C.* V, 79; *estuprar*, Quevedo], tomado de *stŭprare* íd. *Estuprador. Constuprar,* de *constuprare; constuprador.*

Estuque, estuquería, estuquista, V. *estuco*
Esturado, esturar, V. *asurar*   *Esturgar,* V. *torga* y *torca*   *Estuy, estuyo,* V. *estuche*

ESTURIÓN, tomado del b. lat. *sturio, -onis,* y éste del a. alem. ant. *sturio* íd. (alem. *stör*, b. alem. ant. *sturio*, neerl. med. *störe*, ags. *styria,* escand. ant. *styrja*). *1.ª doc.*: 1525, Rob. de Nola,

p. 170; *asturión*, 1624, Huerta; *esturión* (s. v.) y *asturión* (s. v. *sollo*), *Aut.*

El nombre popular castellano es *SOLLO.* La forma con *a-* se debe a la etimología popular *Asturias. Asturión* 'jaca' [Covarr.] es otro vocablo, derivado real del nombre de esta región.

Esturrear, V. *turrar*   *Esturunciarse,* V. *trozo*
Esvarar, esvariar, esvarioso, esvarizar, esvarón
V. *resbalar*   *Esverenar,* V. *vena*   *Esviaje,* V.
viaje II   *Esvilla, esvillar,* V. *velar*   *Etalaje,*
V. *instalar*

ETAPA, del fr. *étape* 'localidad donde pernoctan las tropas', 'distancia que se debe recorrer para llegar a ella', antiguamente 'mercado, depósito comercial', 'almacén para los víveres de las tropas en camino', tomado del neerl. med. *stapel* 'andamio', 'depósito' (ingl. *staple* íd., ags. *stapol* 'columna', 'puntal', b. alem. med. *stapel*). *1.ª doc.*: Acad. 1817, no 1783.

Admitido primero solamente como vocablo militar en el sentido 'ración de menestra u otras cosas que se da a la tropa en campaña o en marcha'. La ac. más primitiva 'cada uno de los lugares en que pernocta la tropa en marcha' figura ya en la ed. de 1884 (no 1843); la generalizada 'avance parcial en el desarrollo de una acción u obra', después de la de 1899. En francés, desde el S. XVI, y la variante *estaple* ya en 1280.

ETCÉTERA, tomado de la frase latina *et cetĕra* 'y las demás cosas'. *1.ª doc.*: Góngora, † 1627.

ÉTER, tomado del lat. *aether, -ĕris,* y éste del gr. αἰθήρ, -έρος 'cielo', 'fluido sutil que llena los espacios, fuera de la atmósfera', derivado de αἴθειν 'quemar'. *1.ª doc.*: 1547, A. de Fuentes (APal. 141d lo define, pero sólo como voz latina).

En la ac. química [Acad. ya 1843] se explica por lo ligero y volátil de este líquido.

DERIV. *Etéreo* [acentuado en la última *e*, Juan de Mena (Lida, p. 469); Lope]. *Eterismo. Eterizar; eterización. Etusa* [Acad. ya 1843, en la forma *etura*, que parece ser errata, corregida en 1899; falta en Colmeiro II, 511, 627], según la Acad. del gr. αἴθουσα, participio activo de αἴθειν. CPT. *Etilo* [falta aún Acad. 1939], compuesto de *ét(er)* y el gr. ὕλη 'materia'; *etílico* [Acad. después de 1899].

Eternal, eternidad, eternizable, eternizar, eterno,
V. *edad*

ETESIO, tomado del lat. *etesĭus,* y éste del gr. ἐτήσιος 'anual, que se repite cada año', derivado de ἔτος, ἔτους, 'año'. *1.ª doc.*: Sigüenza, h. 1600 (*Aut.*, s. v. *ethesios*).

ÉTICO, tomado del lat. *ēthĭcus,* y éste del gr.

ἠθικός 'moral, relativo al carácter', derivado de ἦθος 'carácter, manera de ser'. *1.ª doc.:* h. 1440, A. Torre (C. C. Smith, *BHisp.* LXI); Covarr.; 1616, Oudin.

Ética [íd.], tomado de *ethica,* y éste del gr. ἠθικά íd., neutro plural de ἠθικός.

CPT. *Etopeya* [Terr.], tomado de *ethopeia,* y éste del gr. ἠθοποιία 'descripción del carácter' compuesto con ποιεῖν 'hacer, describir'.

Ético 'consumido', V. *entecar*   *Etílico,* V. *éter*

ETIMOLOGÍA, tomado del lat. *etymologĭa* 'origen de una palabra', y éste del gr. ἐτυμολογία 'sentido verdadero de una palabra', compuesto de ἔτυμος 'verdadero, real', y λόγος 'palabra'. *1.ª doc.:* desusado en el S. XIII como se ve por la deformación *chimologia* en una traducción como el Vidal Mayor 4.42.8; h. 1440 A. Torre, con sentido impreciso (C. C. Smith, *BHisp.* LXI); *ethimologia,* APal. 141*d* («dende procede non fallarse la *eth.* de todos los nombres porque la imposición de algunos non fue segund la qualidad de que se engendraron»); también Nebr. en 1492 empleó el vocablo, aunque dándole el valor de 'morfología' (vid. Viñaza, col. 378); para el uso en el S. XVI, ya con el significado moderno, vid. Viñaza, col. 1618 y ss.

DERIV. *Étimo* [Acad. lo da como ant., ya en 1843; pero hoy vuelven a usarlo los lingüistas, con aplicación a la palabra de donde desciende otra etimológicamente], tomado de ἔτυμον 'sentido verdadero', neutro del adj. ἔτυμος. *Etimológico* [Aut.]. *Etimologista* o *etimólogo. Etimologizar; etimologizante.*

ETIOLOGÍA, tomado del lat. *aetiologĭa,* y éste del gr. αἰτιολογία íd., compuesto de αἰτία 'causa' y λόγος 'tratado'. *1.ª doc.:* 1580, Herrera (cita de Terr.), como término retórico; íd. médico (Terr.).

DERIV. *Etiológico.*

ETIQUETA, 'ceremonial que se observa en las casas reales, o en los actos de la vida pública y privada', tomado del fr. *étiquette* 'rótulo o marbete, especialmente el fijado a las bolsas donde se conservaban los procesos', extendido por Carlos V al protocolo escrito donde se ordenaba la etiqueta de corte. *1.ª doc.:* Esquilache, † 1658: «aunque no es en verde libro, / deste Jardín de Borgoña / la *etiqueta* por escrito» (*Aut.*).

Ya h. 1670 el vocablo se había introducido de España a Italia (*etichetta*): vid. en Zaccaria el testimonio de Magalotti; también desde España pasó a Francia la nueva ac., según atestigua Voltaire (*DGén.*). En el sentido de 'marbete' se opuso la Acad. a su introducción durante mucho tiempo: falta todavía en la ed. de 1899, aunque ya circulaba antes de 1855 (Baralt). Este sentido primitivo se halla ya en francés en 1387 (de ahí el ingl. *ticket* 'billete, boleto', que está alcanzando gran extensión en la América española, pronunciado *tiquete* o *tíquete*); es derivado del fr. ant. *estiquier* 'fijar, atar', que procede del neerl. *stikken* íd. (comp. ingl. *stick* 'permanecer fijo', alem. *sticken* 'bordar', etc.). En cuanto a la etimología del fr. *étiquette* es seductora la idea de Furetière (adoptada por Ch. Beaulieux, *Rom.* LXXIII, 239) de que se trate de una pronunciación afrancesada de la frase latina «*est hic quaestio* inter N et N» que se ponía como inscripción en el saco de cada proceso.

DERIV. *Etiquetero.*

ETITES, tomado del lat. *aëtītes,* y éste del gr. ἀετίτης íd., derivado de ἀετός 'águila', por hallarse según creencia de los antiguos en los nidos de águilas. *1.ª doc.:* 1605, López de Úbeda, p. 57*a* (Nougué, *BHisp.* LXVI); Nieremberg, † 1658.

ÉTNICO, tomado del gr. ἐθνικός 'perteneciente a las naciones', derivado de ἔθνος, -ους, 'raza, nación, tribu'. *1.ª doc.:* h. 1630, en la falsificación atribuida a Gómez de Cibdarreal (en éste y en Saavedra Fajardo, diez años más tarde, en el sentido de 'pagano', explicable por la aplicación que los judíos traductores de la Biblia hicieron de ἔθνη a los pueblos extranjeros, politeístas). *Ennico* 'pagano, no hebreo', 2.ª mitad S. XIII, versión bíblica I-j-6, *HispR.* XXIV, 223. Allí mismo propone Margh. Morreale leer *ennico* en J. Ruiz 869*c* (en rima con *-ico*) en lugar de la lección *tenico* de Ducamin y *cenico* de Cejador; propuesta nada convincente, pues el contexto pide algo que signifique 'vil' o 'apocado'. Quizá *cenico* cruce de *cevil* 'ruin, vil', y 'apocado', 'cruel' con su sinónimo *inico = inicuo* (V. *CIUDAD* e *IGUAL*).

CPT. *Etnografía, etnográfico, etnógrafo. Etnología, etnológico, etnólogo.*

Etopeya, V. *ético*   *Etusa,* V. *éter*   *Eubolia,* V. *abulia*

EUCALIPTO, derivado culto del gr. καλυπτός 'cubierto, tapado', adjetivo verbal de καλύπτειν 'tapar', 'esconder', con el prefijo εὐ- 'bien'; así llamado por la forma capsular de su fruto. *1.ª doc.:* 1849, Alej. Oliván (Pagés); Acad. 1884, no 1843.

Oriundo de Australia, el eucalipto se ha aclimatado en España y América del Sur, alcanzando sobre todo gran desarrollo en los países costeños del Pacífico; popularmente su nombre se pronuncia allí *ocalito,* de donde la formación de un seudo-primitivo vulgar *ocal,* bastante común en Chile, Perú y Ecuador.

EUCARISTÍA, tomado del gr. εὐχαριστία 'reconocimiento', 'acción de gracias', 'eucaristía', derivado de εὐχάριστος 'agradecido', y éste de χα-ρίζεσθαι 'complacer, hacerse agradable'; sacramento que simboliza la última Cena, cuando Jesús distribuyó el pan entre los Apóstoles dando gracias a Dios. *1.ª doc.*: 1311-1350, Ley de Alfonso XI, *N. Recopil.* I, i, 5.

Véanse en Du C., s. v. *eucharistia*, los pasajes evangélicos y de Pablo referentes a la Cena.

DERIV. *Eucarístico.*

EUCOLOGIO, compuesto culto de εὐχή 'oración' y λέγειν 'escoger'. *1.ª doc.*: Acad. 1899.

Eucrático, V. *idiosincrasia*   *Eudiómetro*, V. *día*   *Eufemismo, eufemístico*, V. *hablar*   *Eufonía, eufónico*, V. *fono-*

EUFORBIO, tomado del lat. *euphorbium*, y éste del gr. εὐφόρβιον íd. *1.ª doc.*: 1555, Laguna.

Según Plinio (V, i, 16; XXV, xxxviii, 1), de *Euphorbos*, nombre del médico de Juba, rey de Mauritania († 18 a. d. J. C.), que halló esta planta en el Atlas. Aparece ya en Dioscórides (h. 50 d. d. J. C.). Otros creen que se explica por el gr. εὔφορβος 'gordo', por ser planta grasienta. Existió una variante popular *alfervión*, de origen mozárabe, de donde el antiguo *fervión* (h. 1350, *Montería de Alf. XI*), port. *alforfião* y *alforfes* [1319], vid. C. Michaëlis, *RL* XIII, 233-6. Covarr. registra una variante *gurbión* (citando a Nebr., que no trae tal vocablo); no hay que creer que haya confusión del lexicógrafo con *gurbión* 'torzal', pues realmente la forma *gorvión* 'goma de euforbio' aparece repetidamente en el *Libro de los Caballos* (101.30, 102.40), aunque sólo en un manuscrito tardío (S. XV): habría evolución semipopular *(a)vorbión > gurbión*.

DERIV. *Euforbiáceo.*

Euforia, eufórico, V. *preferir*   *Eufótida*, V. *foto-*

EUFRASIA, tomado del gr. εὐφρασία 'alegría', derivado de εὐφραίνειν 'alegrar', y éste de θρήν 'mente'. *1.ª doc.*: 1555, Laguna; *eufragia*, 1607, Oudin (forma que C. de las Casas, en 1570, registra como italiana).

Eugenesia, eugenésico, V. *engendrar*

EUNUCO, tomado del lat. *eunŭchus*, y éste del gr. εὐνοῦχος íd., compuesto de εὐνή 'cama' y ἔχειν 'guardar'. *1.ª doc.*: APal. 143d.

Eupatorio, V. *padre*   *Eupepsia, eupéptico*, V. *pepsina*   *Euritmia, eurítmico*, V. *ritmo*

EURO, tomado del lat. *eurus*, y éste del gr. εὗρος íd. *1.ª doc.*: Mena (C. C. Smith, *BHisp.* LXI); 1590, J. de Acosta.

Éustilo, V. *estilo*   *Eutanasia*, V. *atanasia*   *Eutrapelia, eutrapélico*, V. *tropelía*   *Evacuación, evacuante, evacuar, evacuativo, evacuatorio*, V. *vacío*   *Evad, evás, evades*, V. *haber*   *Evadir*, V. *invadir*   *Evagación*, V. *vago*   *Evaluación, evaluador, evaluar*, V. *valer*   *Evanescente*, V. *vano*   *Evangeliario, evangélico, evangelio, evangelista, evangelistero, evangelización, evangelizador, evangelizar*, V. *ángel*   *Evaporable, evaporación, evaporar, evaporatorio, evaporizar*, V. *vapor*   *Evás*, V. *haber*   *Evasión, evasiva, evasivo, evasor*, V. *invadir*   *Evección*, V. *vehículo*   *Evenir, evento, eventual, eventualidad*, V. *venir*   *Eversión*, V. *verter*   *Evicción*, V. *vencer*   *Evidencia, evidenciar, evidente*, V. *ver*

EVITAR, tomado del lat. *evītare* 'evitar (algo), huir (de algo)', derivado de *vitare* íd. *1.ª doc.*: 1490, *Celestina*, ed. 1902, 74.9, 80.28 («por *evitar* prolixidad»); APal. 392b.

DERIV. *Evitable. Evitación* [1465, *BHisp.* LVIII, 90]. *Evitado. Vitando*, tomado de *vitandus*, participio de futuro pasivo de *vitare. Inevitable* [APal. 454b].

Eviterno, evo, V. *edad*   *Evocable, evocación, evocador, evocar*, V. *voz*

EVOHÉ, tomado del fr. *évohé*, mala adaptación del lat. *euhoe* o *evoe*, tomado del gr. εὐοῖ, grito de las bacantes. *1.ª doc.*: Terr.

Evolar, V. *volar*   *Evolución, evolucionar, evolucionismo, evolucionista, evolutivo*, V. *volver*   *Evónimo*, V. *nombre*   *Ex*, V. *ese*   *Exa*, V. *eje*   *Exacción*, V. *exigir*   *Exacerbación, exacerbamiento, exacerbar*, V. *acerbo*   *Exactitud, exacto, exactor*, V. *exigir*

EXAGERAR, tomado del lat. *exaggerare* 'terraplenar', 'colmar', 'amplificar, engrosar', derivado de *agger* 'terraplén'. *1.ª doc.*: 1599, *Guzmán de Alfarache*[1].

En éste y en otros pasajes de esta obra es 'encarecer, ponderar', matiz que también aparece en Cervantes[2] y en otros ejs. clásicos, citados por *Aut.* Muy frecuente es hoy vulgarmente la pronunciación *desagerar* en España, en la Arg. (O. di Lullo, *Canc. de Santiago*, p. 311, con la ac. 'desacreditar'), etc.

DERIV. *Exageración* [F. de Herrera, *RFE* XL, 159; 'encarecimiento', *Quijote*]. *Exagerado. Exagerador. Exagerante. Exagerativo.*

[1] «Ella no sabía qué hacer ni cómo podello alegrar; aunque con dulces palabras, dichas con regalada lengua, risueña boca y firme corazón, *exageradas* con los hermosos ojos que las enternecían con el agua que dellos a ellas bajaba, así le dijo», *Cl. C.* I, 200.25.— [2] «Los poetas de aquel tiempo tuvieron ocasión donde emplear sus plumas *exagerando* la hermosura y los sucesos de

las dos tan atrevidas cuanto honestas doncellas»,
Las Dos Doncellas, Cl. C., 154.

Exagitado, V. *acta   Exalapar,* V. *alabar*
Exaltación, exaltado, exaltamiento, exaltar, V. *alto*

EXAMEN, tomado del lat. *exāmen* 'fiel de la
balanza', 'acción de pesar', 'examen, averiguación'.
1.ª doc.: Corbacho (C. C. Smith, *BHisp.* LXI);
APal. «Fortuna... se llama ciega, que sin algund
examen de merecimientos tan bien favorece a los
malos como a los buenos», 144*d*; *esamen,* Nebr.
    DERIV. *Examinar* [J. Ruiz, 351*a*, con variante
manuscrita *esaminar,* que es como escribe Nebr.,
frente a *examinar,* APal. 118*d*], tomado de *exami-*
nare 'pesar', 'examinar'; *examinación* o *examina-*
miento ant.; *examinador* [*es-,* Nebr.]; *examinan-*
do; examinante.

Exangüe, V. *sangre   Exanimación, exánime,*
V. *alma   Exantema, exantemático,* V. *antología*
Exarca, exarcado, exarco, V. *anarquía   Exarde-*
cer, V. *arder*

EXARICO, arag. ant., 'aparcero morisco', 'siervo de la gleba, morisco', del ár. *šarîk* 'partícipe',
'compañero', derivado de *širk* 'lote, parte, asociación'. *1.ª doc.: xariko,* doc. de Tudela, 1115; *exa-*
rich, en fueros del S. XIII.
    Para la etimología y más variantes (*axarich, axa-*
rique, etc.) y para más testimonios de las citadas,
vid. Neuvonen, 128-9; E. de Hinojosa, *Mezquinos*
y Exaricos (en *Homen. a F. Codera,* 1904, 527-8);
Tilander, 403-4; Cej. IX, § 209; Dozy, *Gloss.,*
355; Eguílaz, 312, 392. Claro está que debe pronunciarse *ešaríko* o *eharíko.* Los exaricos eran
antiguos propietarios musulmanes, convertidos por
los conquistadores en aparceros o siervos de la
gleba, adscritos a sus antiguas propiedades.
    DERIV. *Exariquía* o *exaricanza* 'aparcería' (Ti-
lander, p. 402). *Jaricar,* murc., 'reunir en un mismo caz las hilas de agua de varios propietarios';
jarique [Acad. S. XX], en Murcia, abstracto correspondiente al mismo significado, en Álava 'número de cabezas de ganado que pueden pastar
gratuitamente en los montes comunales'.

Exartigar, V. *artiga   Exasperación, exasperan-*
te, exasperar, V. *áspero   Exaudible, exaudir,* V.
oír   Excandecencia, excandecer, V. *cándido*
Excarcelable, excarcelación, excarcelar, V. *cárcel*
Excava, excavación, excavador, excavar, V. *cavar*
Excedencia, excedente, exceder, V. *ceder*

EXCELENTE, tomado del lat. *excellens, -ntis,*
'sobresaliente, que excede de la talla de otro',
participio activo de *excellĕre* 'ser superior', 'sobresalir'. *1.ª doc.:* 1433, Villena (C. C. Smith, *BHisp.*
LXI), 1490, *Celestina,* ed. 1902, 77.31, 91.6; APal.
379*b* («*preminet:* es más *excelente* que los otros;

dende *preminens...* el que parece más *excelente*
que los otros»).
    Falta en Nebr., pero está en ley de 1497 (*N.
Recopil.* V, xxi, 1), como denominación de una
moneda, y es frecuente en el S. XVI; Boscán,
Garcilaso, Sta. Teresa, Fdo. de Herrera y Oudin
escriben *ecelente,* J. de Valdés *escelente* (Cuervo,
Obr. Inéd., 134-143); *Aut.* impone la grafía culta.
    DERIV. Los siguientes vocablos son también cul-
tismos. *Excelencia* [*Eçelençia,* 1444, J. de Mena,
Lab. 23*d; Celestina,* 78.24], de *excellĕntia* íd. *Ex-*
celso [med. S. XV, Santillana, Gz. Manrique,
D. de Burgos (C. C. Smith, *BHisp.* LXI); h. 1580,
Herrera (Macrí, *RFE* XL, 159); princ. S. XVII:
Lope, Pant. de Ribera], de *excĕlsus* íd., participio
pasivo del propio verbo; *excelsitud. Celsitud,* de
celsitudo 'elevación', 'grandeza', derivado de *celsus*
'elevado', participio del inusitado *cellere,* de donde
deriva *excellere. Precelente,* de *praecellens,* íd.,
participio activo de *praecellĕre* 'sobresalir'.

Excentricidad, excéntrico, V. *centro   Excep-*
ción, excepcional, excepcionar, exceptación, excep-
tivo, excepto, exceptuar, V *concebir   Excer(p)-*
ta, V. *carpir   Excesivo, exceso,* V. *ceder   Ex-*
cidio, V. *escindir   Excipiente,* V. *concebir*
Excitabilidad, excitable, excitación, excitador, ex-
citante, excitar, excitativo, V. *citar   Exclamación,*
exclamar, exclamativo, exclamatorio, V. *llamar*
Exclaustración, exclaustrar, excluible, excluir, ex-
clusión, exclusiva, exclusive, exclusivismo, exclusi-
vista, exclusivo, excluso, V. *clausura   Excogita-*
ble, excogitar, V. *cuidar   Excomulgación, exco-*
mulgado, excomulgador, excomulgar, excomunica-
ción, excomunión, V. *común   Excoriación, ex-*
coriar, V. *cuero   Excrecencia,* V. *crecer   Ex-*
creción, excremental, excrementar, excrementicio,
excremento, excrementoso, excretar, excreto, ex-
cretor, excretorio, V. *cerner   Excrex,* V. *crecer*
Exculpación, exculpar, V. *culpa   Excullado,* V.
escullir   Excursión, excursionismo, excursionis-
ta, V. *correr   Excusa,* V. *acusar   Excusaba-*
raja, V. *esconder   Excusable, excusación, excu-*
sada, excusadero, V. *acusar   Excusado,* V. *es-*
conder y acusar   Excusador, V. *acusar*

EXCUSALÍ, 'delantal pequeño', procedente del
it. septentr. *scossal* 'delantal' (que a su vez deriva
de *scos* 'regazo', descendiente del longob. *skauz*
íd. = alem. *schoss*), trasmitido probablemente por
conducto de un diminutivo oc. **escoussali(n). 1.ª*
doc.: escusalín, Aut.
    Dice este diccionario que es «voz francesa nue-
vamente introducida», pero no se conoce tal vocablo francés; tampoco figura en los principales
diccionarios occitanos (Mistral, Palay), pero este
idioma debió servir de intermediario en vista de
la vacilación castellana entre las terminaciones *-ín*
e *-i:* ya Terr., aun respetando la forma de *Aut.,*
observa que *escusalí* es más usado, y ésta es la

forma que empleó, en rima, Moratín (según Pagés; otro ej. del mismo en el dicc. de Ruiz Morcuende) y la que había adoptado la Acad. ya en 1843. En todo caso no puede dudarse de que la fuente del vocablo castellano es la voz dialectal del Norte de Italia: genov. *scösâ* «grembiule; un pezzo di panno-lino, o d'altra materia, che tengono dinanzi cinto le donne, e pende loro insino su i piedi; simile lo usano gli artigiani, ma corto» (Casaccia), piam., lomb., venec. y emil. *scossal*, sobreselv. *scussal*, engad. *squassel* (comp. *REW* 7986). En cuanto a la *x* de la grafía académica, bien podría decirse en este caso que era «excusada».

Excusano, V. *esconder*   **Excusanza**, V. *acusar*
Excusaña, V. *esconder*   **Excusar**, V. *acusar*
Excusión, V. *discutir*   **Excuso**, V. *esconder* y
acusar

EXEA, ant., 'guía o mensajero que se enviaba a tierra de moros', del hispano-árabe *šíᶜa* 'guía, acompañante', de la raíz arábiga *š-y-ᶜ* 'acompañar'. *1.ª doc.*: 1116, Carta Puebla de Belchite.

Nebr. registró «*exea*: explorator». Se trataba ya entonces de un vocablo viejo, del que pronto no quedaría memoria. Los lexicógrafos posteriores se fundan todos en el testimonio de Nebr., al que Covarr. y *Aut.* citan explícitamente; el último de-clara que «no tiene uso», y la redacción lacónica del artículo de aquél hace el efecto de que para él era también palabra muerta: «*exea*: el que sale a des-cubrir campo, *explorator*, Anton. Nebriss(ensis)»; *Aut.* se funda a su vez en Covarr., parafraseán-dole: «el que sale a descubrir campo, para saber si hay seguridad en él de enemigos». Claro está que estas explicaciones, así como la de Oudin (1607) «un guetteur, un espion», deben tomarse solamente como interpretaciones de la lacónica ex-plicación de Nebr. «*explorator*», palabra latina de sentido general que puede significar 'el que va a la descubierta', 'el que practica un reconocimiento', 'espía', 'batidor' y aun 'investigador'. Por lo tanto necesitamos testimonios más antiguos y explícitos para averiguar el verdadero sentido del vocablo.

En la Crónica de Jaime I, el rey, durante la con-quista de Murcia, envía un mensaje a la ciudad musulmana de Elche antes de proceder a atacarla: «enviam missatge a Elx per un trujaman nostre, ab la *Exea*, ab nostra carta, e que·ns enviassen 2 o 3 sarrahins dels bons de la vila, e que par-làssem ab ells» (ed. Aguiló, p. 426); luego aquí se trata de un mensajero real de confianza que lleva un mensaje pacífico a territorio enemigo en tiempo de guerra. También figura en varios textos forales. El fuero latino de Teruel (§ 507, ed. Aznar, p. 278), y en términos casi idénticos el de Cuenca (cap. 41.3, ed. Allen II, 109), definen con bastante extensión la función de los *exeas* (o *ejeas*, como hoy deberíamos pronunciar). «*De foro et officio exea-rum*... Omnis *axea* antequam intret in illo officio,

det fidejussores valituros in concilio, ut requa quam ipse d u x e r i t sit salva, tam in eundo, quam in redeundo. Nam ipse *axea* debet pectare omne damp-num quod in arequa evenerit... *Axea* itaque rixan-tibus arequarum judicet[1] et justiciam faciat in are-qua... Et quilibet *axea* pro *exeatico* de c arietibus vel capris sive ovibus, accipiat unum aureum... Et de unoquoque bove vel bacha accipiat 2 solidos... et de asino 6 denarios... Similiter de captivo, qui pro pecunia exierit, decimam partem illius redemp-cionis habeat... de mauro qui pro cristiano exierit, habeat unum aureum... *Axea* vero procuret capti-vum in sua domo et custodiat[2] quousque ad terram propriam ipsum d u c a t. Et pro cibo illo *axea* unum aureum... accipiat». Es decir: se trataba de un guía cuya misión era conducir ganados y recuas del territorio cristiano al musulmán o viceversa, y también llevar cautivos rescatados, en ambas direc-ciones. Del Fuero de Alcázar, que es adaptación casi inalterada del de Alarcón (Cuenca), se deduce el mismo concepto: «si el defendedor dixiere que aquella cosa que la compró en tierra de moros, firme con el *exea* o con dos vezinos daquella re-qua... *axea*» (cita de Cej., *Voc.*). Se comprende que los ejeas eran personajes importantes: cono-cedores prácticos del terreno, sólo ellos podían con-ducir, sin peligro, por los pasos de las sierras, a mercaderes y mercancías, fuera del camino de las algaras y lejos del pillaje de la almogavaría cris-tiana; tenía que ser hombre arraigado y con ami-gos a ambos lados de la línea, mozárabe o mudéjar con preferencia, y conocedor del habla vulgar de las dos zonas, aunque no precisamente del árabe correcto, por lo cual se daba el caso de que le acompañara un truchimán, como en la Crónica del Conquistador.

Por otra parte también existía el peligro de que el ejea traicionara a quienes en él se con-fiaban; se comprende, pues, que los fueros, según hemos visto, los obligaran a juramentarse o a dar la garantía de «fidejussores» dignos de crédito; por lo tanto no podemos extrañar que en la Carta Puebla de Belchite se les mencione entre moros y cristianos y junto a los almotalefes o jurados musulmanes, puesto que ellos eran también fun-cionarios juramentados: «dono et concedo tibi Galin Sangiz, et ad posteritas tua, ut habeas tuos almotalefes et *exeas* de moros et de christianos» (*Esp. Sagr.* XLIX, 329)[3].

Ningún erudito ha estudiado hasta ahora el origen del vocablo, y los varios recopiladores de arabismos, Engelmann, Dozy, Eguílaz, Steiger y Neuvonen, ni siquiera lo mencionan: quizá por haber dado fe al parecer de la Academia (ya 1884), de que *exea* viene del lat. EXIRE, porque «s a l e a descubrir el campo». Pero claro está que así no explicamos la terminación -*ea*, y además esta ex-plicación parte de la idea falsa de que el ejea era una avanzada o explorador de un ejército. Es evi-dente que *exea*, como su paralelo pro-musulmán el *ENACIADO*, ha de ser arabismo, puesto que en el Repartimiento de Mallorca hallamos un *Rahal Annexee* (p. 8), que en la p. 71 reaparece en la forma *Campo de Abnexee:* salta a la vista que esto ha de ser *Ab(e)n ax-Xea* (Ibn aš-Šiᶜa), 'el hijo del guía'[4].

Y, en efecto, Ramón Martí registró el ár. *šiᶜa* traduciéndolo por «ductor», es decir, 'conductor, guía', y dándole como equivalente el ár. *qâ'id* «qui conduit, qui mène, conducteur; chef, commandant». Se trata de un derivado normal de la raíz *š-y-ᶜ*, que significa justamente 'acompañar, seguir (a alguien)' (Beaussier, Belot, Bocthor), 'enviar, ser enviado' (PAlc., R. Martí), «reconduire quelqu'un et lui faire ses adieux» (Beaussier, Belot), etc.[5] *Exea* era vocablo exclusivo del catalán, el aragonés y el castellano conquense, a juzgar por la procedencia de los testimonios medievales, más al Oeste no parece hallarse otra cosa que *enaziado*. Parece tratarse de una creación del hispano-árabe oriental, lo cual nos explica el hecho de que el vocablo falte por completo en los diccionarios clásicos, en el argelino de Beaussier y en el granadino de PAlc. Según veo por *Rom.* LXXII, 553, la misma etimología arábiga que adopto la propone también Gorosch (*Studia Neophil.* XXIII, 37-48). Observa Pottier que el topónimo arag. *Ejea*, en cambio, es de origen vasco (*etxea* 'casa'), como indicó M. P.

DERIV. *Exeático* (que en romance sería **exeatge* o **exeazgo*), Fueros de Teruel y Cuenca.

¹ Cuenca: «*Axea* judicet rixantibus arrequariorum».— ² La versión romance traduce «la *exea* curie el cativo en su casa et piense d'él bien» (Tilander, p. 517).— ³ Yerra sin duda Dozy, *Gloss.*, 176-7, en su artículo *almostalaf*, al deducir de ahí que *exea* era el equivalente cristiano del almotalefe musulmán, jurado que podía tener funciones varias, entre ellas la de inspector de pesos y medidas, que así atribuye erróneamente Dozy a nuestro *ejea*.— ⁴ Quadrado, en su comentario de ese texto (pp. 448 y 521), cree que se debe corregir *Annazehe* 'quinta o casa de recreo', comp. aquí AÑACEA, pero esta enmienda es arbitraria. Como el rafal en cuestión figura en el término de Palma, es inseguro que corresponda a la montaña que el mapa de Chías o el Militar Itinerario llaman *Egea*, pues ésta se halla cerca de Algaida.— ⁵ Todos los datos semánticos acerca de *exea* coinciden en el sentido de 'guía' o 'mensajero'. Sólo PAlc. se aparta, posiblemente, traduciendo *exea* con el ár. *faquíq*. En realidad ignoramos lo que significaba esta voz del árabe granadino, aunque estará en lo cierto Dozy (*Suppl.* II, 275a) al interpretarlo como pronunciación tardía de *fakkâk;* Dozy, basándose exclusivamente en la interpretación que da Oudin a la glosa de Nebr., «*exea:* explorator», imagina que este granadino *fakkik* significaría 'espía', pero nada veo en la raíz *f-k-k* que autorice esta suposición; R. Martí traduce «chirurgus», que puede entenderse 'algebrista', puesto que *fakk* es «être démis, déboîté, luxé (pied, épaule)»: tampoco esto conviene para nuestro *exea*. Como la misma raíz significa también «relâcher, mettre en liberté (un esclave, un captif)», acaso *fakkik* fuese el redentor de cautivos, lo que en efecto constituía una de las funciones más importantes del ejea.

Exebrar, V. *parar*   *Execración, execrador, execramento, execrando, execrativo, execrar, execratorio,* V. *sagrado*   *Exedra,* V. *cátedra*   *Exégesis, exegeta, exegético,* V. *hegemonía*   *Exención, exentar, exento,* V. *redimir*   *Exequátur, exequial, exequias, exequible,* V. *seguir*   *Exercivo,* V. *ejercer*   *Exergo,* V. *energía*   *Exfoliación, exfoliador, exfoliar,* V. *hoja*   *Exhalación, exhalador, exhalar,* V. *hálito*

EXHAUSTO, tomado del lat. *exhaustus* íd., participio pasivo de *exhaurire* 'vaciar de agua', 'agotar', derivado de *haurire* 'sacar (agua)'. 1.ª doc.: 1614, Aldrete; *inesausto* Herrera, *RFE* XL, 159.

DERIV. *Exhaustivo* [falta aún Acad.; recuerdo haberlo oído como término erudito a un académico de la Española, ya en 1928; comp. ingl. *exhaustive*].

Exheredación, exheredar, V. *heredar*   *Exhibición, exhibicionismo, exhibicionista, exhibir, exhibita,* V. *prohibir*

EXHORTAR, tomado del lat. *exhortari* íd., derivado de *hortari* 'animar, estimular, exhortar'. 1.ª doc.: Santillana, pp. 99, 105; 1584, H. del Castillo.

DERIV. *Exhortación. Exhortador. Exhortativo. Exhortatorio* [Oviedo, *Sumario*, p. 478 (Nougué, *BHisp.* LXVI)]. *Exhorto* [*Aut.*].

Conhortar [*Cid*; 'alentar al combate' en las *Partidas* y *Crón. Gral.*; usual hasta princ. S. XVII, con alguna tentativa de restauración en poetas y arcaístas del S. XIX], más cultamente *cohortar*, procedentes del lat. *cohortari*, vulgar CONHORTARE, 'exhortar, animar'; en realidad esta voz, común con el cat. y oc. *conhortar*, no tiene que ver con *confortar*, aunque en español se confundiera semántica y sintácticamente con este verbo, vid. Cuervo, *Dicc.* II, 375-6; *conhortamiento; conhorte; aconhortar* [h. 1500, *Canc.* de Castillo, usual en todo el S. XVI]; *desconhortar* [med. S. XIII, *Buenos Prov.*, 18.18; 1.ª *Crón. Gral.*, 20a48, 411b31]. *Dehortar*, tomado de *dehortari* 'disuadir'. *Hortatorio*.

EXHUMAR, tomado del b. lat. *exhumare* íd., derivado del lat. *humus* 'tierra'. 1.ª doc.: *Aut.*

En el bajo latín se halla por lo menos desde el S. XIII (Du C.).

DERIV. *Exhumación. Exhumador. Inhumar* [Acad. 1884, no 1843], tomado de *inhumare*, que con aplicación a las plantas ya se halla en Plinio. *Tras-*

humar [*Aut.*]; *trashumante* [*Aut.*]; *trashumación.*
Humus [Acad. 1884, no 1843], tomado de *humus*
'tierra'.

Exicial, exida, V. *ir*

EXIGIR, tomado del lat. *exĭgĕre* 'hacer pagar,
cobrar', 'exigir, reclamar', derivado de *ăgĕre* 'empujar'. *1.ª doc.*: 1607, Oudin, «*exigir:* exiger, de-
mander».
  Falta en APal., Nebr., Covarr., en el vocabulario
de la *Celestina,* del *Quijote,* de Góngora, y en general en los clásicos; *Aut.* sólo lo registra en el
sentido de 'cobrar', documentándolo en las Ordenanzas Militares de 1728; Terr. lo registró ya en
la ac. moderna. Hoy la lengua literaria y el habla
de la gente educada le da el matiz de 'reclamar
imperiosamente', pero el bajo pueblo atenúa su
significado hasta hacerlo sinónimo de 'pedir' o 'su-
plicar', así en España como en la Arg.[1].
  DERIV. Todos los vocablos de esta familia son
también cultismos. *Exigente* [*Corbacho* (C. C.
Smith, *BHisp.* LXI). Baralt consideraba galicismo
inadmisible, y la Acad. lo rechazaba aún en 1843,
ya no en 1884; en realidad el influjo francés actuaría poco o mucho en la adopción del verbo
mismo, puesto que en el idioma vecino este cultismo ya se documenta en el S. XIV]; *exigen-
cia* [1607, Oudin; *Aut.* además de la ac. 'cobranza'
registra ya en la de 'urgencia, instancia']. *Exigible,*
o *exigidero. Exiguo* [Juan de Mena; Cervantes;
Aut. como voz poco usada], de *exĭgŭus* 'de pequeña talla, corto, exiguo'; *exigüidad. Exacción* [1545,
P. Mejía], de *exactio, -ōnis,* 'cobranza', derivado
del siguiente. *Exacto* [1607, Oudin; corriente ya
en autores del S. XVII, *Aut.;* hoy suele pronunciarse *esacto,* aun entre la gente culta, según reconocen Navarro Tomás y Cuervo, *Obr. Inéd.,*
pp. 146, 151], de *exactus* íd., propiamente part.
pas. de *exigere; exactitud; exactor.*
  De otros derivados de *agere. Pródigo* [*Conde
Luc.*], de *prodĭgus* íd., derivado de *prodĭgĕre* 'empujar por delante', 'gastar profusamente'; *prodigar*
[Berceo]; *prodigalidad* [h. 1440, A. Torre (C. C.
Smith, *BHisp.* LXI); Nebr.], del lat. tardío *prodi-
galĭtas, -tis. Redacción* [Acad. ya 1843], de *redac-
tio, -ōnis,* nombre de acción de *redĭgĕre* 'hacer
regresar', 'reducir (a cierto estado)'; *redactar* [íd.],
derivado culto de *redactus,* participio de dicho verbo; *redactor. Transigir* [*Aut.*], de *transĭgĕre* 'hacer
pasar a través (de algo)', 'concluir (un negocio)',
'transigir'; *transigente, transigencia; intransigente*
[Acad. 1884, no 1843; parece haber surgido en
1873 como calificativo de los republicanos federa-
les insurgentes; del español pasó al francés en
1875: *BhZRPh.* LIV, 94-95], *intransigencia; transacción* [1597, Castillo Bobadilla], de *transactio,
-ōnis,* íd., derivado de *transactus,* participio de dicho verbo: de la pronunciación vulgar *transación*
se ha sacado en América un verbo *transar* 'transi-

gir', vulgarismo generalizado hoy en la Arg. y en
muchas partes del Continente (Cuervo, *Ap.,* § 905;
Bello, *BDHA* VI, 63; Hz. Ureña, íd. V, 198, etc.).
Para otros derivados de *agere,* vid. *ACTA.*
  [1] «Señora, se lo *decijo* como un servicio», Guiraldes, *D. S. Sombra,* ed. Espasa, p. 153.

Exilio, V. *salir   Eximente, eximición, eximio,
eximir,* V. *redimir   Exinanición, exinanido,* V.
inane   Exir, V. *ir* y *ejido   Existencia, existente,* V. *existir   Existimación, existimar, existimativo,* V. *estimar*

EXISTIR, tomado del lat. *exsistĕre* 'salir', 'na-
cer', 'aparecer', derivado de *sistĕre* 'colocar', 'sentar', 'detener', 'tenerse'. *1.ª doc.:* 1607, Oudin.
  Falta en Nebr., APal. y Covarr., y es ajeno al
léxico de la *Celestina,* del *Quijote* y en general a
los clásicos; *Aut.* no cita ejs. anteriores a 1700
(M. Ibáñez, I. de Ayala).
  DERIV. *Existente* [h. 1440, A. Torre (C. C.
Smith, *BHisp.* LXI); princ. S. XVII: Lope, Para-
vicino]. *Existencia* [1490, *Celestina,* ed. 1902, 5.6].
Coexistir. Asistir [2.ª mitad S. XVI: Fr. L. de
Granada, Fr. L. de León, Hurtado de Mendoza;
el ej. que Cuervo atribuye al S. XV, puede corresponder al XVII; vid. Cuervo, *Dicc.* I, 710-3],
de *assistĕre* 'pararse junto a (un lugar)'; *asisten-
te, -a; asistencia; asistimiento. Consistir* [h. 1400, *Canc.*
de Baena; vid. Cuervo, *Dicc.* II, 420-1], de *consis-
tĕre* 'colocarse', 'detenerse', 'ser consistente', 'consistir'; *consistente* [Nieremberg, † 1658]; *consistencia; inconsistente* es anglicismo ya aceptado por la
Acad. (1884) y por Baralt; *inconsistencia* [Terr.];
consistorio [Berceo, J. Ruiz, Nebr., etc.], de *consis-
tōrium* 'lugar de reunión'; *consistorial. Desistir*
[Santillana, vid. Cuervo, *Dicc.* II, 1093-5], de *de-
sistĕre* íd.; *desistimiento* o *desistencia. Insistir* [Me-
na (C. C. Smith); 1499, Hernán Núñez de Toledo],
de *insistĕre* íd.; *insistente, insistencia. Persistir*
[1607, Oudin; frecuente desde la 2.ª mitad del siglo: Moret], de *persistĕre* íd.; *persistente; persistencia. Resistir* [*registir,* h. 1440, Pero Tafur, y algo
más tarde en Gómez Manrique, vid. Cuervo, *Obr.
Inéd.,* p. 97; *resistir, Corbacho* (C. C. Smith),
APal., 212*b,* 417*b,* 459*d*], de *resistĕre* íd.; *resistente,
resistencia* [Santillana, Fr. Íñigo de Mendoza, Pérez
de Guzmán, Nebr. (D. Alonso, *La Leng. Poét.
de Góngora*), Boscán (C. C. Smith)]; *resistible;
resistidor; resistivo. Subsistir* [1607, Oudin; 1687,
N. de Betissana], de *subsistĕre* íd.; *subsistente;
subsistencia.*

Éxito, V. *ir   Éxodo,* V. *episodio   Exoftal-
mia,* V. *oftalmo-   Exoneración, exonerar,* V. *one-
roso   Exorable, exorar,* V. *orar   Exorbitancia,
exorbitante,* V. *órbita*

EXORCISMO, tomado del lat. tardío *exorcis-
mus,* y éste del gr. ἐξορχισμός 'acción de hacer pres-

tar juramento', 'exorcismo', derivado de ἐξορχίζειν 'tomar juramento (a alguien) en nombre de Dios', y éste de ὅρχος 'juramento'. *1.ª doc.*: Berceo.

DERIV. *Exorcista* [Berceo], tomado de *exorcista* y éste del gr. ἐξορχιστής íd.; *exorcistado*. *Exorcizar* [Paravicino, † 1633], tomado de *exorcizare* y éste del verbo griego arriba citado; *exorcizante*.

Exordiar, V. *urdir*   (E)*xordigar*, V. *ortiga*
Exordio, exordir, V. *urdir*   *Exornación, exornar*, V. *ornar*   *Exosmosis*, V. *osmosis*   *Exotérico*, V. *esotérico*

EXÓTICO, tomado del lat. *exotĭcus* y éste del gr. ἐξωτιχός 'de afuera, externo', derivado de ἔξω 'fuera'. *1.ª doc.*: 1614, Aldrete.

DERIV. *Exotiquez, exoticidad* [ambos Acad. después de 1899] o *exotismo* [usual, aunque rechazado por la Acad.; fr. *exotisme*, ya 1866].

EXPANDIR, tomado del lat. *expandĕre* 'extender', 'desplegar', 'expandir', derivado de *pandĕre* 'extender', 'desplegar', 'abrir'. *1.ª doc.*: «por miedo que *se* non *espanda* el tesico en su cuerpo», 1251, *Calila*, ed. Allen, 59.1276 (Gayangos, p. 30).

También en *Alex.*, 844c, y en Torres Naharro, *Tinelaria*, Intr. 27. Vocablo siempre poco frecuente y hoy desusado en España, pero empleado entre los sefardíes (*BRAE* II, 82), Sto. Domingo (*BDHA* V, 62), la Arg. y Chile. Lo registra Covarr. (*esp-*), pero ya *Aut.* advierte que no tiene uso. Sin embargo, del cruce de *expandir* con *esparzir* resulta *espanzir*, registrado por G. de Segovia (p. 84), Nebr. y PAlc. Dudo de que venga del lat. EXPAN-DERE (según quiere *GdDD* 2562) el ast. *españir* 'abrirse, estallar las castañas' (R; el ej. que da, prueba que no es *españar*, como dice éste), *espáñiu* 'estallido de un trueno, cohete, etc.': tendría que ser suponiendo que el significado de este sustantivo se dedujera secundariamente del de 'abrirse las castañas' (por el estallido que acompaña esta acción), y entonces no habría que pensar en una asimilación itálica *EXPANNERE (como *GdDD*), sino en una contaminación de *espandir* por *frañir* 'quebrar'.

DERIV. *Espandidura* ant. 'extensión, amplitud, espacio' (*Canc.* de Baena, M. Schmid). *Expansión* [Terr., como término de física][1], tomado de *expansio, -onis*, íd.; *expansionarse; expansivo* [Terr.]; *expansible, expansibilidad*.

[1] Álvarez de Toledo, h. 1700, emplea el abstracto *expanso* (*Aut.*).

Expatriación, expatriarse, V. *padre*   *Expave-cer*, V. *pavor*   *Expectable, expectación, expec-tante, expectativa*, V. *espectador*   *Expectoración, expectorante, expectorar*, V. *pecho*   *Expedición, expedicionario, expedicionero, expedido, expedi-dor, expediente, expedienteo, expedir, expeditivo, expedito*, V. *impedir*   *Expelente, expeler*, V. *compeler*   *Expendedor, expendeduría, expender*,

expendición, expendio, expensar, expensas, V. *dis-pendio*

EXPERIENCIA, tomado del lat. *experientia* íd., derivado de *experiri* 'intentar, ensayar, experimen-tar'. *1.ª doc.*: *espiriencia*, h. 1400, *Canc.* de Baena, p. 55; *esperiencia*, 1490, *Celestina*, ed. 1902, 30.24 y passim (una vez escrito *exp-*, 21.25); *experientia*, APal., 148b, 148d; Nebr. vacila entre *exper-* y *esper-*; todo a lo largo del S. XVI y XVII sigue vacilándose entre *espiriencia* y *esper-* (Cuervo, *Obr. Inéd.*, 197, 134-45), y hasta *Aut.* no tiende a ge-neralizarse la grafía con *x*.

DERIV. Los demás vocablos de esta familia son asimismo cultos. *Experimento* [APal., 30d, 466b; *esper-*, *Celestina*, 30.23; Nebr.; véase Cuervo, *l. c.*, para la grafía con *s* o *x* en el S. XVI], de *experi-mĕntum* 'ensayo', 'prueba por la experiencia'; *ex-perimentar* [*exp-*, h. 1440, A. Torre (C. C. Smith, *BHisp.* LXI), APal., 117d, 183b, 492d; *esper-*, Nebr.; *espirimentar*, Sta. Teresa, *Vida*, 48; *Mor.*, 76]; *experimentación; experimentado* [*esper-*, Ce-lestina, 63.23, 93.28]; *experimentador; experimen-tal* [h. 1440, A. Torre (C. C. Smith)]. *Experto* [*Corbacho* (C. C. Smith); 1480, *N. Recopil.* II, iv, 1], tomado del lat. *expĕrtus* 'que tiene experien-cia', participio de *experiri*; en el sentido sustantivo de 'perito' es galicismo reciente (Acad. ya 1884, no 1843), no popularizado hasta después de la primera guerra mundial, por influjo de la Sociedad de · Naciones (así en italiano: Migliorini, *VRom.* II, 272). *Perito* [*peritísimo*, 1595, Fuenmayor; *pe-rito*, h. 1700; Palomino], de *perĭtus* 'experimenta-do', 'entendido', derivado del mismo primitivo que *experiri; peritación; pericia* [1553, Azpilcueta], de *perītĭa* íd.; *pericial*. Véase, además, PELIGRO.

Pirata [Villena, etc. (J. A. Pascual, *La Trad. de la D. Com. atr. a E. de Aragón*, p. 186); Alvar Gómez (C. C. Smith, *BHisp.* LXI); Covarr.], tomado del lat. *pīrata* y éste del griego πειρατής 'bandido', 'pirata', derivado de πειρᾶν 'intentar', 'aventurarse', de la misma raíz que *experiri; pira-tear; piratería; pirático*.

Expiación, expiar, expiativo, expiatorio, V. *pío*
Expilar, V. *recopilar*

EXPILLO, 'matricaria', origen desconocido. *1.ª doc.*: Acad. 1817, no 1783.

No tengo otras noticias de este vocablo, que no figura entre las denominaciones de la matricaria o magarza reunidas por Colmeiro (III, 202) ni en-tre las del Peganum Harmala (ibid., I, 580-1). No veo ninguna razón para creer que la grafía con *x* sea correcta. Tampoco se ve relación semántica con gnía. *espillo* 'lo que se juega, o se quita'.

Expiración, expirante, expirar, V. *espirar*   *Ex-planación, explanada, explanar*, V. *llano*

EXPLAYAR, 'ensanchar, dilatar, difundir', derivado de *playa* en el sentido de 'extenderse rápida y fácilmente', como hace la marea por una playa llana. *1.ª doc.*: 1582-5, Fr. L. de Granada, «como las aguas del mar, quando crecen y *se explayan* sobre la tierra».

Explayado en el sentido figurado de 'extenso, difuso' está ya en Antonio de Mendoza (1625) y *explayarse el raudal de mis gemidos* 'difundirse, extenderse' en Quevedo; en 1635-41 Vélez de Guevara denuncia *explayarse* como vocablo demasiado frecuente en los culteranos (*Diablo Cojuelo, Cl. C.*, p. 279); Oudin define *esplayar* en otro sentido «sortir de la rade, s'estendre en la mer». Más frecuente es todavía en el portugués clásico: *espraiar* intr. 'extenderse el agua de la marea' («a agua deu prestamente com elle por um enseio, que por uma parte d'aquelle rochedo se fazia, e *espraiava* logo com a maré») y figuradamente 'alargarse mucho (en palabras)', ambos ya en Bernardino Ribeiro († 1552) («cousas desta qualidade, em que a Nação Castelhana *espraia* muito»), luego 'esparcir', 'extenderse', 'dilatarse', 'lanzar a la playa' y en sentido contrario 'dejar playa descubierta' (hablando de la marea), todos ellos muy frecuentes en el S. XVI (Juan de Barros, Ferreira de Vasconcellos, Castanheda, Camoens, etc., vid. Moraes y Vieira).

En vista de esta mayor frecuencia y antigüedad en portugués es verosímil que en castellano entrara desde el idioma vecino. Es posible, pero no absolutamente necesario, que haya relación con el sentido de 'ladera suave en el interior' que tuvo *PLAYA* originariamente, o con el de 'espacio descampado y plano, lejos del mar' que tienen hoy *playa* y el adjetivo *playo* en la Arg. (*AILC* I, 28; comp. III, 13). Por otra parte cabe la posibilidad de que haya relación con el adjetivo *explaius*, documentado en un texto latino tardío, de un tratado de Agrimensura (*Gromatici Veteres*, 312.18), o por mejor decir que éste sea prueba indirecta de la existencia de un verbo lat. **explagiare*, derivado del étimo de *playa*, y del cual procederían así nuestro *explayar* como el adjetivo *explaius* en cuestión, del cual pueden salir el rum. *splaĭŭ* 'muelle (de desembarco)' y el it. *spiaggia* 'playa' (no atestiguado antes del S. XVI, según Aebischer, *VRom.* I, 225ss.); esto es posible, pero tampoco está asegurado.

La ac. de *explayarse* 'espaciarse, irse a divertir al campo' ya aparece en *Aut.*, pero como propia de «algunas provincias», y según Sevilla sería especialmente murciana, aunque G. de Diego (*RFE* VII, 385) le objeta que hoy es de empleo general[1]; si este origen provincial estuviera asegurado, sobraría motivo para sospechar que se haya tomado del catalán, donde *esplaiar-se* es hoy muy general y popular, y aunque no puedo señalarlo en textos antiguos, no es inverosímil la hipótesis de Montoliu (*BDC* III, 70) de que salga del cat.

ant. *espaiar-se* 'distraerse, solazarse' (ejs. de los SS. XIV y XV, en *AILC* III, 13)[2], equivalente fonético del cast. *espaciarse* (en este sentido en la *Gr. Conq. de Ultr.*, 26; *Libro de los Gatos*, ed. Rivad., p. 531); comp. Maestrazgo *esplai* 'espacio libre' (G. Girona), Gósol *esplaciar-se* 'entretenerse' (Ag.); como el resultado fonético de PLAGIA en catalán es *pla(t)ja*, deberíamos entonces admitir que en Cataluña se produjo un cruce entre el autóctono *espaiar-se* y el castellanismo *esplaiar-se* 'extender', del cual resultó el uso de éste con el sentido de aquél, que más tarde desde el catalán se comunicó al castellano provincial y por fin al común. De todos modos haría falta más documentación para asegurarlo, y no debemos olvidar que una ac. completamente figurada se ha producido también, de un modo espontáneo, en el it. *piaggiare* «secondare con parole lusinghevoli l'altrui opinione ad effetto di venire cautamente a fine del proprio pensiero».

DERIV. *Águila explayada*, V. *PLEGAR*.

[1] La otra ac. 'confiarse de alguna persona, comunicándole algo íntimo, para desahogarse', no la admitió la Acad. hasta después de 1899.— [2] Nótese sobre todo que el sust. *esplai*, sin equivalente castellano ni portugués, es en catalán más vivo que *esplaiarse*, y tiene incluso dialectalmente un uso adverbial e interjectivo, vid. *DAlcM*. Éste supone alteración de *espai(ar)* bajo la influencia de *plaure* y *plaer*, idea que parcialmente debe ser acertada (sin embargo hay que tener en cuenta que el *DAlcM*. no da ejemplos de *esplai(ar)* anteriores al S. XIX).

Expletivo, V. *cumplir*   *Explicable, explicación, explicaderas, explicador, explicar, explicativo, explícito*, V. *plegar*

EXPLORAR, tomado del lat. *explōrare* 'observar, examinar', 'practicar un reconocimiento', 'explorar'. *1.ª doc.*: *esplorar* 1607, Oudin; 1612, Márquez.

Falta en APal., Nebr., Covarr., y es ajeno al léxico de la *Celestina* y del *Quijote*.

DERIV. *Explorable*. *Exploración*. *Explorador*. *Exploratorio*.

EXPLOSIÓN, tomado del lat. *explōsio, -iōnis*, 'abucheo, acción de expulsar ruidosamente (a una persona o animal)', derivado de *explōdĕre* 'expulsar ruidosamente', derivado de *plaudĕre (plodere)* 'golpear las manos, aplaudir'; tomado en el sentido de 'manifestación ruidosa', 'estallido'. *1.ª doc.*: Moratín († 1828), cita de Pagés; Acad. 1817, no 1783.

Capmany en 1776 ya manifiesta la falta que hace el latinismo *explosion*, muy empleado en francés [1701] en el sentido moral, al traducir de este idioma al castellano, y observa que *desahogo* no es buen equivalente castellano (Viñaza, col. 1805).

DERIV. *Explosivo* [Acad. 1884, no 1843]; como

opuesto a éste formaron los lingüistas *implosivo* [Acad. 1939, Supl.], y de ahí *implosión*. Comp. el siguiente artículo.

EXPLOTAR, 'extraer de las minas o de otra fuente natural la riqueza que contienen', 'sacar utilidad de un negocio o industria', 'sacar provecho de algo abusivamente', tomado del fr. *exploiter* 'sacar partido (de algo)', 'esquilmar', antiguamente *esploitier* 'emplear', 'ejecutar', derivado de *esploit* 'ventaja', 'provecho', 'realización', que a su vez procede del lat. EXPLĬCĬTUM 'cosa desplegada o desarrollada', neutro del participio pasivo del verbo EXPLĬCARE 'desplegar', 'desenredar', 'desarrollar'. *1.ª doc.*: 1855 y 1874, Baralt; Acad. ya 1884, no 1843; cita de P. de Madrazo (1816-98) y de J. Valera (1824-1905) en Pagés.

Baralt lo desaprueba como galicismo usual, que podría reemplazarse mediante *beneficiar, utilizar, sacar partido, socaliñar*. La mejor equivalencia hubiera sido *esquilmar*, pero este galicismo entró con tanto ímpetu que pronto se resignó la Acad. a darle entrada. La falta de un verbo correspondiente al sustantivo *explosión*, también de procedencia francesa (el neologismo *exploser* no empezó a emplearse en francés hasta 1849), y la semejanza material de *explosión* con *explotar* hicieron que en español se usara este verbo, con carácter abusivo, en el sentido de 'estallar' o 'hacer explosión' (desaprobado ya en 1916 por Cotarelo, *BRAE* III, 96), y aunque se trata de un verdadero barbarismo, y de un duplicado perfectamente innecesario de *estallar*, sigue este uso bastante vivaz hasta hoy en día, y es dudoso que se logre desarraigarlo. En la ac. bárbara 'estallar' *GdDD* 2579a pretende absurdamente considerarlo descendiente genuino del mismo *EXPLICITARE que el fr. *exploiter*, pretextando que lo mismo significa *espletar* en Valencia y Murcia. No hay tal, o por mejor decir, la coincidencia, meramente casual, es muy imperfecta: *espletar* vale 'brotar con fuerza las plantas', de donde 'manifestarse bruscamente un mal' y, en fin, 'prorrumpir' (*espletar a plorar*), pero nunca 'estallar, hacer explosión'.

Esta base latina no dejó descendencia popular en castellano, pero sí en todos los romances vecinos: oc. ant. *esplech, -eit* 'provecho' 'acto de gozar' 'herramienta', cat. *esplet* 'cosecha', y el verbo *esplechar* 'emplear, gozar' 'cumplir', *espletar* 'esquilmar'. Hermano de éste parece ser (*RL* III, 146) el port. *espreitar* 'espiar, acechar' que ya aparece en las *Ctgs.* (24.25, 264.33, 345.21) y se extendió hasta Galicia, donde todavía se emplea localmente, por lo menos en el interior de la región (*espleitar* y *espr-* 'acechar lo que se habla', en Verín, Ape. a Eladio; Carré). Por lo demás a esta evolución semántica del vocablo contribuiría el influjo de los dos sinónimos de forma parecida, *espiar* y *aseitar* (= cast. *acechar*).

DERIV. *Explotable. Explotación. Explotador.*

Exployada, V. *plegar*   *Expoliación, expoliador, expoliar*, V. *despojar*   *Expolición*, V. *pulir Exponedor, exponencial, exponente, exponer*, V. *poner*   *Exportable, exportación, exportador, exportar*, V. *portar*   *Exposición, expositivo, expósito, expositor*, V. *poner*

EXPRIMIR, del lat. EXPRĬMĔRE 'exprimir, estrujar', 'hacer salir', 'expresar', derivado de PRĔMĔRE 'apretar'. *1.ª doc.*: *1.ª Crón. Gral.*, p. 75 (D. Alonso, *La Leng. Poét. de Góngora*); APal., 240b («lagar en que se *exprime* la uva»), 540b («lagar donde se pisan las uvas o se *exprime* el olio»), 149d.

En el mismo sentido primitivo se halla también en J. de Acosta (1590), en Cervantes, etc. Con la excepción de APal., la grafía cultista con *x* es rara hasta *Aut.*; escriben *esprimir* C. de las Casas (1570), Covarr., Oudin, Franciosini, aunque ya se halla *exprimieron* en el *Quijote* (II, xvii, 60rº). Sin embargo el vocablo era indudablemente representante popular de la voz latina, y la grafía con *x* es injustificada históricamente; conservado en los varios romances: port. *espremer*, cat. y oc. *esprémer*, fr. *épreindre*, it. *spremere*, todos los cuales suponen probablemente una recomposición EXPRĔMĔRE. La antigua forma castellana sería *esprimir*, reemplazada por la moderna como reacción contra el caso de *escrevir, vevir*, etc.; y en el presente **esprieme > esprime*. La ac. culta 'expresar' se halla ya en APal. (111b, 226b), en Fernando de Herrera, etc.

DERIV. *Exprimidera. Exprimidero. Expremijo* [*Leyes de la Mesta*, ed. 1569, cuyo lenguaje corresponde a fecha bastante anterior], comp. *entremijo* s. v. *METER*. Los demás vocablos de esta familia son cultismos. *Expreso* [*Corbacho* (C. C. Smith, *BHisp.* LXI); 1523, *N. Recopil.* II, iv. 28; *espreso* 1467, *BHisp.* LVIII], de *exprĕssus*, 'declarado', 'destacado', 'expresado', participio pasivo de *exprimere*; *expresión* [*-ssión*, APal., 169b; *espr-*, Celestina, ed. 1902, 58.4], de *expressio, -onis*, íd.; *expresar* [Santillana, p. 299, *BHisp.* LVIII, 90; 1490, *Celestina*, 57.30] derivado culto de *expreso*, empleado también por Quevedo, registrado por Oudin (*espressar*), etc.; *expresivo* [*Aut.*]; *expresividad*, neologismo de lingüistas; *inexpresable*.

Comprimir [h. 1440, A. Torre (C. C. Smith); 1555, Laguna], de *comprĭmĕre* íd.; *comprimente, comprimible, comprimido*. *Compreso* [1555, Laguna], antiguo participio irregular de *comprimir*; *compresa*; *compresible, compresibilidad*; *compresión* [1433, Villena (C. C. Smith)]; *compresivo*; *compresor*.

Deprimir [med. S. XVI, D. Gracián], de *deprĭmere* íd.; *deprimente, depresión* [Quevedo], de *depressio, -onis*, íd.; *depresivo* [h. 1800, Jovellanos, vid. Cuervo, *Dicc.* II, 910b]; *depresor*. *Imprimir* [*Corbacho* (C. C. Smith); APal., 100b,

125*b*, 213*d*; «imprimir como los libros: *imprimere*», Nebr.; para otros ejs. del S. XVI, vid. s. v. *ESTAMPAR*], de *ĭmprĭměre* 'hacer presión (en algo), marcar una huella'. *Imprimar* 'disponer los lienzos para la pintura' [1708, Palomino], parece ser duplicado del anterior, tomado del fr. *imprimer* 'imprimir', que además se emplea en frases como *imprimer des dessins sur des étoffes, imprimer la toile d'une première couche de couleur*[1]; *imprimación* [Paravicino, † 1633]; *imprimadera, imprimador. Imprimátur*, del presente de subjuntivo, voz pasiva, del verbo latino *imprimere*, en el sentido de 'sea impreso'. *Impreso* [1528, cita s. v. estampar], participio irregular de *imprimir*, lat. *imprĕssus*; *impresión* [Mena, *Lab.*, 266; -*ssión* APal., 205*d*; Nebr.]; *impresionar* [Nieremberg, † 1658], *impresionable, impresionante*; *impresionismo, impresionista. Impresor* [Nebr., 1499, H. Núñez de Toledo], *impresora. Imprenta* [*ynplenta* 'marca de un sello', 1399, *Confissión del Amante*, 367; «*emprenta* o impressión», Nebr.; *libro de emprenta* 'libro impreso' invent. arag. de 1497 (*BRAE* II, 94); *emprenta*, 1607, Oudin, también *imprenta; impr-*, Quevedo], tomado del cat. *empremta*[2] 'impresión o huella (de un sello, de un pie, etc.)' [S. XIII, Lulio, en Alcover], 'imprenta' [1482; de ahí los derivados *emprentar*, S. XIII, y *empremtador*, ya 1482; *emprentar* también se empleó alguna vez en castellano, por lo menos en Santillana, pp. 276, 285 («mas *emprentadas* [las penas] el ánimo mío / las tiene, como piedra la figura»)]; la voz catalana es femenino de *empremt* [Lulio], participio normal del cat. ant. *emprémer* 'imprimir, dejar una huella' [Lulio, *Meravelles* III, 34, 90], procedente del lat. IMPRIMERE íd.; el cast. *imprenta* se revela como advenedizo por la falta de diptongación de la vocal tónica y por la conservación de la -*t*- sorda.

Oprimir [*apremir, Alex.*, 2460; forma alterada empleada todavía en el S. XV por APal. y Castrogeriz, vid. *DHist.*; *oprimir* [Mena (C. C. Smith); APal., 10*b*, 121*b*, 317*b*; ejs. desde princ. S. XVII, en *Aut.*], de *opprĭměre* íd.; se dijo también *opresar*, derivado del participio irregular *opreso* [1454, Arévalo, *Suma*, pp. 274*b*, 275*b* (Nougué, *BHisp.* LXVI)]; *opresión; opresivo; opresor*.

Reprimir [h. 1440, A. Torre (C. C. Smith); h. 1550, P. Mejía], de *reprimere* íd.; *reprimenda* [*Aut.*]; *represión; represivo; represor*.

Suprimir [*Aut.*], de *supprimere* 'hundir', 'ahogar, suprimir'; *supreso; supresión* [1674, Vidos]; *supresor*.

Presión [*Aut.*, como voz de boticarios], de *pressio, -ōnis*, 'acción de apretar', derivado del simple *prĕměre*. Para otros derivados, populares, de éste, vid. *PRENSA* y *PREMIA*.

[1] Es difícil que sea derivado de *primus* 'primero', pues este derivado hubiera debido formarse en romance, y ni un adjetivo *primo* es usual en este sentido en castellano, ni en italiano, donde lo es, existe un verbo **imprimare*.— [2] Del fr. *empreinte* 'huella', de igual origen, por confusión parcial con el anticuado *improntare* 'tomar en préstamo' (< fr. *emprunter*), sale el it. *impronta* 'huella, marca', de donde el cast. *impronta* [Acad. 1899]; en el mismo sentido empleó *imprenta* en el Norte de Italia A. Galli (S. XV: *ZRPh.* XLV, 577). Aunque anticuado literariamente, '*mprontare* 'prestar' se emplea todavía en Bari (Rohlfs, *It. Gr.* III, 68).

Expropiación, expropiador, expropiar, V. *propio* *Expuesto*, V. *poner* *Expugnable, expugnación, expugnador, expugnar*, V. *pugna* *Expulsar, expulsión, expulsivo, expulso, expulsor*, V. *compeler* *Expurgación, expurgador, expurgar, expurgatorio, expurgo*, V. *purgar* *Exquisitez, exquisito*, V. *querer* *Extasiarse, éxtasis, extático*, V. *estar* *Extemporal, extemporáneo*, V. *tiempo* *Extender, extendimiento, extensible, extensión, extensivo, extenso, extensor*, V. *tender* *Extenuación, extenuar*, V. *tenue* *Exterior, exterioridad, exteriorización, exteriorizar*, V. *extra* *Exterminable, exterminación, exterminador, exterminar, exterminio*, V. *término* *Externado, externo*, V. *extra*

EXTINGUIR, tomado del lat. *exstĭnguĕre* 'apagar'. 1.ª *doc.*: h. 1580, Fr. L. de Granaaa; ya en 1490, APal. (149*b*) emplea el vocablo con desinencia castellana al traducir la voz latina, pero de ello no se deduce con seguridad el que ya entonces fuese usual.

DERIV. *Extinguible. Extinción. Extinto. Extintor.*

Extirpable, extirpación, extirpador, extirpar, V. *estirpe* *Extorsión*, V. *torcer*

EXTRA, preposición latina con el significado 'fuera de', que ha alcanzado considerable empleo castellano en calidad de prefijo, así como en algún uso preposicional, y también, más recientemente, como adjetivo y sustantivo. 1.ª *doc.*: *Aut.* señala ya el uso «*extra* del sueldo» 'además del sueldo'.

Los usos adjetivos y sustantivos no los registró la Acad. hasta después de 1899[1].

DERIV. Los que se citan a continuación son todos cultismos. *Exterior* [h. 1490, *Celestina*, 23.14, 64.11, 71.4: *est*-], del lat. *exterior, -ōris*, íd., comparativo de *extĕrus* 'externo', del cual *extra* es forma adverbial; *exterioridad. Exteriorizar* [desaprobado como barbarismo, en lugar de *manifestar, revelar, patentizar, evidenciar*, por E. Cotarelo, en 1917, *BRAE* IV, 381; pero la Acad. le dió posteriormente entrada]; *exteriorización. Externo* [1607, Oudin; 1640, Saavedra F.], de *extĕrnus* íd.; *externado. Extremo* [*estremo*, J. Ruiz, 1184*c*; APal., 149*d*; y bastante frecuente en todas las épocas, sobre todo desde el S. XVI, pero en la Edad Media apenas se usaba otra cosa que *estremado*, único que registra Nebr.], de *extrēmus* íd., primitivamente superlativo de *extĕrus*; *extremidad* [Santillana (C. C. Smith, *BHisp.* LXI)]; *extremoso* [Acad. ya 1843]; *extremista*; *extremar* 'discernir, distinguir', 'fallar' (propiamente 'separar') [frecuente desde el S. XIII en español y en portugués, con la grafía *estremar*, y al parecer con el carácter de derivado popular de *extremus*: Setenario 43.17, *Partidas* (*RL* I, 88), *Elena y María* (*RFE* I, 67), *Castigos de D. Sancho*, ed. Rey, 102, 103; Don Denís, *Canc.*, v. 427; comp. *destremar* en *Alex.*, 2392; hoy conservado en Asturias 'separar una cosa de otra (R, V)[2], comp. prov. *estremà* 'guardar, poner en su sitio']³; posteriormente 'llevar al extremo'; de ahí *extremado* [*estr-*, Nebr.], *extremadura* [*estr-*, Berceo, *S. D.*, 180, concepto geográfico que se fué extendiendo hacia el Sur a medida que adelantaba la Reconquista, y en este autor no se aplica todavía a la zona actual; Nebr. define «ovium hiberna»]; *extremeño* (antes se dijo también *extremadano*).

CPT. *Extremaunción*. *Extrínseco* [Cartagena, *Discurso*, p. 206*b* (Nougué, *BHisp.* LXVI); 1515, Fz. de Villegas (C. C. Smith); Lope], de *extrinsĕcus*, compuesto latino de *secus* 'a lo largo de' y *extrim*, forma adverbial perdida que valía lo mismo que *extra*. *Ectodermo*, compuesto del gr. ἐκτός 'fuera', pariente de *exterus*, y δέρμα 'piel'. *Ectópago*, compuesto del mismo con πηγνύναι 'clavar, fijar'. *Ectoparásito*.

Algunos de los derivados, formados con el prefijo *extra-*, no se han tenido en cuenta en este diccionario, cuando el sentido del otro componente es claro y no son voces importantes. Para un derivado popular, vid. *EXTRAÑO*.

¹ Una forma popular de la misma preposición *yestra* 'excepto' se empleó en la época preliteraria y se documenta en las Glosas Silenses, 285, con la grafía *gestra*.— ² *Estremar* 'separar, distinguir' en el gallego de las *Ctgs.* (265.70, 404.63) y de la *Gral. Est.* (15.31). De ahí gall. mod. *estrema* 'frontera' (que separa): «un estilo que traspase as *estremas* de unha nación» Castelao 85.17.— ³ Con el derivado del lat. *extremus* parece haberse confundido en romance un vocablo independiente, el griego στρέμμα, -ατος, 'luxación' y 'retortijón de los intestinos', muy empleado como término de albeitería en griego y en lat. tardío *stremma* f., con sus derivados *stremmare* 'luxar' e *instremmare* 'reducir o enderezar una luxación' en Quirón, Pelagonio y Vegecio (Wölfflin, *ALLG* X, 424, comp. 547). Nótense especialmente logud. ant. *istrumare* 'destruir', 'abortar', oc. ant. *estremir* íd. (*AILC* III, 136, n. 2), *estremar* 'arrancar, abolir, suprimir', it. *stremare* 'reducir, cercenar', frprov. *étremà* 'ahogar, asfixiar', bearn. *estremà* 'quitar', etc. (*FEW* III, 334), Sajambre *estremar* 'sacar la leche mazada del *ballico*, separada ya de la manteca' 'apartar los jatos de la vaca cuando maman' (Fz. Gonzz., *Oseja*, 270). Es difícil

precisar hasta qué punto ha influído EXTREMUS en todo esto, y si acs. como 'fallar' y 'guardar, poner en su sitio' vienen de este adjetivo latino o más bien de INSTREMMARE 'reducir una luxación'.

Extracción, extracta, extractador, extractar, extracto, extractor, V. *traer*   *Extraición*, V. *traición*   *Extradós*, V. *dorso*   *Extraente, extraer*, V. *traer*   *Extralimitación, extralimitarse*, V. *límite*

EXTRAÑO, del lat. EXTRANĔUS 'exterior', 'ajeno', 'extranjero', derivado de EXTRA 'fuera'. 1.ª doc.: *estraño*, Cid.

Muy frecuente en todas las épocas del idioma. Como se trata de vocablo popular y hereditario, sólo está justificada la grafía con *s*, que fué general (con la excepción de APal. 149*d*) hasta fines del S. XVII, vid. Cuervo, *Obr. Inéd.*, 136-9. Nótese la ac. clásica 'extraordinario' (*Guzmán de Alfarache*, Cl. C. I, 117.10; Vélez de Guevara, *El Rey en su Imaginación*, v. 718; y muy frecuente), que a veces llega hasta 'excelente' (Lope, *El Cuerdo Loco*, v. 687). Para su valor ponderativo medieval, M. Morreale, *RFE* XXXVI, 310-7. Para el gall. *estrano* (Castelao 236.1, 270.5f.), V. ENTRAÑA.

DERIV. *Extraña*. *Extrañero*. *Extrañeza*, antes también *extrañez*. *Extrañar* [*extraniasset*, 1091, en Oelschl.], vocablo que tenía antiguamente acs. muy diversas: 'desterrar' (p. ej. en el doc. citado de 1091), 'exigir la responsabilidad de un delito, culpar' (*Conde Lucanor*, ed. Hz. Ureña, p. 139; frecuente en la Crónica de 1344 y en la de Alfonso XI, vid. M. P., *Inf. de Lara*, Glos.), 'prescindir de (algo)' (*Cavallero Zifar*, ed. Wagner, 15.2: «maravíllome porque *estraña* el rey mi servicio en tales guerras como estas en que él está»; parece ser también el sentido en *Lucanor*, p. 207), 'hacer superfluo' («MENDO. Merced recibo de vos. DUQUE. La amistad de entre los dos / *estraña* la cortesía», Ruiz de Alarcón, *Las Paredes Oyen*, ed. Reyes, p. 154); en el S. XIX los puristas exigen el empleo de *extrañar* como transitivo en el sentido de 'sentir extrañeza por algo', con complemento directo de la cosa que causa este sentimiento (Baralt sospecha, sin motivo, que la construcción popular *extrañarse de algo* se deba a imitación del fr. *s'étonner*; vid. además Hartzenbusch, en Cuervo, *Ap.*[7], p. LXIV, y el pasaje correspondiente de Cuervo); nótese además la ac. argentina 'echar de menos (a alguien)' («nadie *extraña* a Juan»: F. E. Mendilaharzu, *La Prensa*, 13-X-1940), o 'añorar (un país, etc.)'; *extrañación*; *extrañamiento*. *Extranjero* [APal. 40*d*; *estrangero* 1396, *BHisp.* LVIII, 359; *estr-*, *Celestina*, ed. 1902, 41.14, que es también la grafía de Nebr., Las Casas, Covarr., Oudin y hasta fines del S. XVII], tomado del fr. ant. *estrangier* íd., derivado de *estrange* 'extraño', del mismo origen que esta voz castellana[1]; *extranjería*; *extranjerismo*; *extranjerizar*; *extranjía*, y la formación seudo-latinizante de *extranjis*.

[1] Baralt, 1855, desaprueba el que se use como sinónimo de 'extraño, ajeno', y también como sustantivo en el sentido de 'los países extranjeros'; empleo este último admitido por la Acad. después de 1899.

Extraordinario, V. *orden* *Extravagancia, extravagante*, V. *vago* *Extravasación, extravasarse*, V. *vaso* *Extravenar*, V. *vena* *Extraversión*, V. *verter* *Extraviado, extraviar, extravío*, V. *vía* *Extremadano, extremado, extremar, extremaunción, extremeño, extremidad, extremista, extremo, extremoso, extrínseco*, V. *extra* *exuberancia, exuberante, exuberar*, V. *ubre* *exudación, exudado, exudar*, V. *sudar* *Exulceración, exulcerar*, V. *úlcera* *Exultación, exultar*, V. *saltar* *Exutorio*, V. *indumento* *Exvoto*, V. *voto* *Eyaculación, eyacular*, V. *echar* *Ezquerdear*, V. *izquierdo* *Ezquerro*, V. *izquierdo*

F

*Faba, fabada, fabago, fabaraca, fabayón, fabea-
ción, fabeador, fabear,* V. *haba   Fabla, fablable,
fablado, fablador, fablante, fablar, fabliella, fablis-
tán, fablistanear,* V. *hablar   Fabo,* V. *haya
Fabordón,* V. *bordón*

FÁBRICA, tomado del lat. *fabrĭca* 'oficio de
artesano', 'arquitectura', 'acción de labrar o componer', 'taller', 'fragua', abreviación de *ars fabrica*
'arte del obrero o artesano', derivado de *faber,*
que en latín designa a este último. *1.ª doc.*: Mena,
Santillana (C. C. Smith, *BHisp.* LXI); APal.,
47b («un varón que intervino en la *fábrica* de la
torre de Babilonia»), comp. 92b y 150d; Nebr.;
1502, *N. Recopil.,* I, ii, 1.

Cej. IX, § 181. Frecuente desde el S. XVII
(*Aut.*). Para duplicados populares, vid. *FRAGUA*
y *FORJA.*

DERIV. Son también cultismos los siguientes vocablos. *Fabricar* [*fablicar,* h. 1400, *Canc. de Baena,* 411; *fabr- Rimado de Palacio* (D. Alonso,
La Leng. Poét. de Góngora); APal. 81d, 100b,
150d, 474b; «fazer por artificio», Nebr.; *Aut.* allega
ejs. de h. 1600, a los cuales se puede agregar el
de Paravicino citado en *RFE* XXIV, 313], de *fabricare* o *-ari* 'componer, modelar, confeccionar';
fabricación [Nebr.]; *fabricador* [Nebr.]; *fabricante; fabrical* adj. [1454, Arévalo, *Suma,* p. 255b
(Nougué, *BHisp.* LXVI)]. *Fabriquero. Fabro* 'ar-
tífice', vocablo correspondiente al lat. *faber, -bri*
íd., que la Acad. registra como ant. [1843], y del
cual no conozco ej. castellano. *Fabril* [1499, H.
Núñez de Toledo; fuera de ese texto latinizante
sólo cita *Aut.* uno de Palomino, a. 1708, y dice
que es voz anticuada; no empezó a ser verdaderamente usual hasta el S. XIX], de *fabrīlis* 'propio
del artesano'.

En cuanto a *fabrido,* que la Acad. da como
ant. [1817, no 1783], en el sentido de 'labrado'
o 'fabricado', no parece tener otro fundamento

que un verso famoso de Jorge Manrique («las
dádivas desmedidas, / los edeficios reales / llenos d'oro, / las baxillas tan *febridas,* / los enriques
e reales / del thesoro / ...¿dónde iremos a bus-
callos?», copla XIX, donde el significado real,
según observa Cortina en su ed., es 'bruñida, resplandeciente'; la ed. de 1490 trae *febridas,* y *fa-
bridas* la reproducción de 1512 por Barahona,
mientras Gómez Manrique en el *Planto de las
Virtudes y Poesía,* que parece haber sido modelo
de las famosas Coplas, da también *vaxillas febridas*[1]; se trata indudablemente de un catalanismo, el verbo *febrir* 'bruñir, acicalar'[2], común
en la lengua de Auziás, cuyo origen es incierto,
pero es probable resulte del fráncico *FŬRBJAN*
'limpiar, pulir' (a. alem. ant. *furban,* a. alem. med.
fürben íd., fr. *fourbir,* oc. *forbir,* it. *forbire* 'bruñir, pulir', Aosta y Lorena *frebir,* ya documentado en un texto escrito en Flandes en el S. XV,
FEW III, 882b), quizá alterado por influjo del
lat. tardío *fabrire* 'fabricar', o más bien de su
compuesto *orfebre, orfebrería*[3]; en cuanto al and.
fabrir 'construir, labrar' (*fabrir una reja de arado*),
parece ser latinismo independiente.

[1] Hay otros dos ejs. de *arneses febridos* en la
Crónica de Juan II (h. 1460) y en el falsario
Cibdarreal, citados y mal traducidos por *Aut.*
También en el fuero aragonés de 1350 y en otros
textos citados por Tilander, *RFE* XXII, 23 y
132.— [2] Los textos que distinguen la *e* átona de
la *a,* escriben siempre *e*: J. Roig, 2554 (Chabás;
malamente *fabrir* en Ag.), 2617; *Llibre de Tres,*
n.º 18; *Tirante* I, 192 y 258. Ag. da dos ejs. de
la grafía *fabrir,* en un texto del S. XIV, y otro
de 1444, a los cuales agréguese A. Canals, *Scipió,*
62, pero en este manuscrito abundan las grafías
orientales, debidas al copista, y las muestras co-
piadas de aquellos dos presentan asimismo varios
ejs. de confusión de *e* con *a.* En vista de esta
e constante cabría incluso dudar del influjo de

fabrire y pensar si no hay una trasposición espontánea (?), como la que aparentemente se ofrece en el fr. *navrer*—si es que es germanismo (= alem. *narbe*)—, con una especie de diferenciación de la *o* en *e* entre las dos labiales (comp. *clotell* > *clatell, si molt convé·* > *si mel convé, plourà* > *pleurà*). Volveré sobre el problema en mi *DECat.* De todos modos, no creo tenga que ver con el fránc. FARWJAN 'colorear' (*REW*, 3207), según quisiera Tilander.— [3] Nótese la variante *febrería* en un anónimo aragonés del S. XV («perlas, oro, *febrería*», *Canc.* de Stúñiga, p. 175).

Fabuco, V. *haya   Fabueño*, V. *favor   Fábula, fabulación, fabulador, fabular, fabulario, fabulesco, fabulista, fabulizar, fabulosidad, fabuloso*, V. *hablar*

FACA, 'cuchillo grande, con mango de madera o hueso, con punta y filo muy cortantes, y de forma levemente arqueada', probablemente tomado del port. *faca* 'cuchillo (en general)', documentado desde más de trescientos años antes y de uso más general; el origen de éste es incierto, mas parece ser aplicación figurada de *faca* 'jaca, caballo pequeño', por una metáfora de tipo jergal. *1.ª doc.*: Fernán Caballero (obras 1849-62), en Pagés; Acad. 1884, no 1843. En portugués, 1535.

Lo admitió la Acad. en el sentido de 'cuchillo corvo', al cual agregó (después de 1899) la ac. 'cualquier cuchillo de grandes dimensiones y con punta, que suele llevarse envainado en una funda de cuero'. Hoy es vocablo especialmente andaluz[1], extremeño y salmantino («cuchilla; navaja de tamaño grande»), en Ciudad Rodrigo *faco* 'cuchillo' (Lamano)[2]; también 'cuchilla' entre los sefardíes de Marruecos (*BRAE* XV, 188), y *facón* 'cuchillo grande, recto, puntiagudo, con gavilán, que los gauchos usan como arma de pelea' en la Arg. y Uruguay[3]. Esta área geográfica es favorable a la admisión de una procedencia portuguesa. En este idioma, el vocablo se documenta desde el S. XVIII por lo menos: *faca* en el Caballero de Oliveira (1741-2, cita de Vieira), éste y *facão* en el dicc. de Moraes (fin de siglo), con cita del último en F. Alpoim, *Exame d'Artilheiros e Bombeiros*, que creo también del S. XVIII; *faca* se halla también en Bluteau, publicado en 1712, pero cuyo lenguaje corresponde más bien a fines del S. XVII. Ya en tiempo de Fz. de Oviedo era conocido *faca* como voz portuguesa, no castellana, y se hacía notar su identidad con *faca* 'hacanea' (vid. *JACA*): «el portugués al cuchillo llama *faca*, e a una hacanea assí mismo la llama *faca*», hablando de casos de homonimia en las varias lenguas americanas y romances (ed. príncipe, 1535, VII, cap. 16 fº 83*v*; ed. Ac. Hist. p. 303*b*). Hoy en portugués es el término general para 'cuchillo', hasta el punto de que *cutelo* sólo designa un sable corto o varias

especies particulares de cuchillo; a diferencia de la *faca* andaluza, la portuguesa puede no tener punta y sí solamente filo; por lo demás, regionalmente designa otros instrumentos parecidos; p. ej., en Barroso, la lámina de hierro que hace de puntero en el reloj de sol (*RL* XXXV, 239).

El origen no se ha estudiado seriamente hasta ahora. Desde luego es preciso rechazar la etimología de Eguílaz (393), hispanoár. *fárħa* 'cuchillo de un palmo' (R. Martí), que de ninguna manera podía dar la forma romance (una forma *faca* no existe en árabe, a pesar de lo que equívocamente da a entender Eguílaz). Tampoco es admisible la propuesta por A. Coelho y Gonçalves Viana (*RL* I, 206), lat. FALCŬLA 'hoz pequeña', que sólo podía dar *falcha*. Lo más probable me parece ser la sugestión de Baist (*RF* IV, 400) de que sea lo mismo que el port. *faca* 'caballo lindo y esbelto', 'jaca, caballo pequeño', del mismo origen que nuestro *JACA* (*faca* en el *Quijote*). La dificultad semántica puede superarse suponiendo que se trate de una metáfora jergal, sea partiendo de la forma corva de la *faca* andaluza comparada con el espinazo de una jaca, sea admitiendo que el fadista portugués parangonara su instrumento por excelencia con el caballo inseparable del caballero. La verdad es que hoy *faca* no es palabra jergal en el idioma vecino[5], mas pudo serlo primitivamente, y el uso de la faca o el facón como armas de pelea, en Andalucía y en la Arg., sería conservación de este estado de cosas primitivo[6], a no ser que se tratara de una palabra sorotáptica. A este propósito no quiero silenciar un vago indicio: una etimología muy seria y más concreta que se ha propuesto para *DAGA* y para *DALLE* supone que estas palabras sean representantes «ilirios» (área mesapio-ligur) de una raíz indoeuropea en DH-; como este concepto etno-lingüístico no se distingue netamente del lenguaje de los Urnenfelder y el sorotapto representaba la BH-, y aun seguramente otras aspiradas sonoras, por F-, no sería por cierto descaminado postular junto a DAKA (> *daga*) un sorotapto *FAKA. A la vista está lo audaz de la idea. Lo decisivo sería averiguar si en Portugal *faca* es más antiguo que el S. XVI, y si (puesto que *faca* 'hacanea' no puede datar de antes de 1400) pertenece o no al léxico acarreado hasta el Portugal mozárabe (del Ribatejo para el Sur) desde el Norte y desde Galicia. De lo cual no hay pruebas. Tanto más importante por ahora el dato de que en gallego no es voz reciente (no figura, que yo vea, en los léxicos gallegos medievales) ni suena a importada desde Portugal: Sarm. en 1745 ya catalogó «*faca* 'navaja', en especial la que es algo *corva*» (*CaG.* 114*v*; «muy común» Crespo Pozo), «*facada*, golpe de navaja». Mi impresión es que el tono estilístico del vocablo y los datos filológicos no son muy alentadores en este sentido, aunque hay una freguesía de *Vila Facaia* (no muy al Norte del Tajo, pero más cerca de Coímbra, 40 km. al SE.) cuyo raro sufijo (sólo toponímico) reforzaría vagamente esta sospecha.

DERIV. *Facón*, vid. arriba.

[1] En Andalucía se extiende a toda la región, llegando por el Este hasta Almería.— [2] Es curiosa la variante andaluza *efaca* registrada por A. Venceslada («el tío echó mano a la *efaca* y se quedó solo»). No me la explico sino suponiendo que al principio significaría 'acto de echar mano a la navaja', como alteración de **desfaca = desenvaine*.— [3] Vid. Tiscornia, *M. Fierro coment.*, con citas desde h. 1850. La variante *alfajor*, documentada desde Hidalgo (h. 1815), parece ser eufemismo popular y pintoresco, con sustitución por el nombre del conocido dulce argentino.— [4] Partiendo de la forma disimilada FACULA (Columela, Catón) podríamos llegar sólo a **falha*. Podría imaginarse otra variante **FACCULA* (que habría dado **facha*), pero deducir de ahí un derivado regresivo **FACCA* sería absolutamente inverosímil. Por lo demás, habría insuperables dificultades semánticas.— [5] Creo que tampoco lo es en la zona catalana en torno a Alicante, donde se emplea para una navaja de hoja ancha, p. ej. en Monóver (glos. de S. Guarner a *L'Oncle Canyís* de J. Amo y A. Mtz.-Ruiz, 1973, p. 152).— [6] Más arriesgado sería suponer que al entrar en Portugal el fr. *hache* 'hacha, segur', mientras por una parte daba el port. *facha* 'hacha de armas', por otra parte hubiese sido hiper-nacionalizado, por decirlo así, convirtiéndolo en *faca*, según el modelo de *roche ᴗ roca*, *vache ᴗ vaca*, etc.; pero claro está que una faca es muy diferente de un hacha, aunque sea de armas; y el hecho de que en la Arg. los dos modos de atacar con el facón se llamen *herir de punta y hacha* (es decir, con la punta y con el filo, vid. *Martín Fierro*), no prueba mucho en cuanto a la posibilidad de este cambio semántico. Más inverosímil todavía sería suponer una adaptación del alem. *hacke* 'azada', *hacken* 'cortar', que por lo demás no se ve por qué camino habría podido llegar a Portugal. Admitir que *faca* sea vieja voz mozárabe de origen prerromano, conservada en Portugal y Andalucía y hermana del enigmático *daga* (con el cual se hallaría en la misma relación que el lat. FALCULA frente al lígur **DACLA > DALLE*), me parece muy arriesgado. Aunque es excesivo afirmar que sea inverosímil una voz prerromana con F- en esta parte de la tierra hispánica donde el sorotáptico se caracterizaba precisamente por responder con esta misma consonante a la F- latina procedente, como ocurría aquí, de una aspirada sonora del indoeuropeo. Desde luego sería de esperar en mozárabe conservación de la -ᴋ- intervocálica. En conclusión es idea audaz, pero no tanto que quepa descartarla resueltamente.

Faca 'jaca', V. *jaca*   *Facción, faccionar, faccionario, faccioso*, V. *hacer*   *Facecia, facecioso*, V. *faceto*   *Facedor, facendera, facer*, V. *hacer*   *Facera*, V. *acera*   *Facería*, V. *haz III*   *Facerir*, V. *herir*   *Facero*, V. *haz III, acera y acerico*   *Faceruelo*, V. *faz y acerico*   *Faceta*, V. *faz*

FACETO, tomado del lat. *facētus* 'elegante', 'gracioso, juguetón'. *1.ª doc.*: 1517, Torres Naharro; 1596, López Pinciano; 1605, *Pícara Justina*.

También en Juan de la Cueva (Gillet, *Propaladia* III, 711-2). Cultismo de trasmisión italiana, que siempre ha sido raro (*Aut.*); hoy tiene curso en Méjico.

DERIV. *Facecia* [antes de 1524, *HispR.* XXVI, 280; 1605, *Píc. Just.*], tomado de *facētīa* 'broma', 'agudeza', 'chiste'; *facecioso* [Lope], ambos desusados.

Facial, V. *faz*   *Faciana*, V. *hazaña*   *Faciar*, V. *haz I*   *Facienda, faciente, fácil, facilidad, facilillo, facílimo, facilitación, facilitar, facilitón, facimiento, facineroso, fación, facionado*, V. *hacer*   *Facistelo*, V. *facistol*

FACISTOL, 'atril grande, puesto sobre un pie alto, que permite leer a los que han de cantar de pie en el coro de la iglesia', antiguamente *facistelo* 'asiento especial de que usaban los obispos en funciones pontificales', tomado de oc. ant. *faldestol* 'facistelo', 'facistol' (o del fr. ant. *faudestuel*, respectivamente), procedente del fránc. **FALDISTŌL* 'sillón plegable' (b. alem. ant. *faldistôl*, a. alem. ant. *faltstuol*), compuesto de FALDAN 'plegar' y STŌL 'sillón, trono'; la alteración de -ld- en -c- se debe a influjo del port. ant. *cacistal* (hoy *castiçal*) 'candelabro'. *1.ª doc.*: *fagistor*, 1330, inventario arag. (*BRAE* II)[1]; *facistelo*, h. 1350, Crónica de Alfonso XI; *facistol*, 1607, Oudin[2]. Cej. IX, § 181.

La variante *facistol* está también en el sentido moderno en Luis Muñoz, h. 1640, y *facistor* en un documento badajoceño de 1497 (Mz. López), en Covarr. y en Espinel (*Cl. C.* LI, 165), forma que hoy se halla en uso en Venezuela con el sentido figurado de 'farolero' (Calcaño); comp. REFITOLERO. En bajo latín *faldistola* aparece en el sentido de 'sillón' en un glosario alemán del S. XI (Kluge, *ZRPh.* XLI, 681). La alteración fonética ha de ser debida a un cruce con otro vocablo, según ocurrió en italiano antiguo (*palchistuolo*, debido a *palco*) y en occitano-catalán (*forastol, farestol*, cat. *faristol*, que también significan 'atril'). *Facistol* existe también en portugués (Fig., no Moraes). En la Península Ibérica la palabra responsable de la alteración pudo ser el actual port. *castiçal* 'candelabro', otro importante enser eclesiástico, puesto que según demostró C. Michaëlis (*RL* XI, 25-27) este vocablo tuvo originariamente la forma *cacistal*, documentada en la variante *canicistale* en doc. gallego de 955. La ac. 'pedante, farolero' se explica por los muchos libros que tiene en manos este personaje. La de 'persona abofeteada', por los golpes que recibe el libro de coro, sostenido por el facistol, al marcar el ritmo. Para la ac. 'persona abofeteada, objeto golpeado', R. Rozzell, *MLN* LXVI, 155-66.

Por otra parte el vocablo fué latinizado en *faldistolium, faldistorium* (con el sufijo de *consistorium*, etc.), de donde el cast. *faldistorio* 'asiento de los obispos' [L. de Babia, h. 1600].

¹ Esta forma se repite en inventarios aragoneses de los años 1493 y 1496, con el sentido de 'facistol, atril': «Hun *fagistor* de fusta con las grayllas para el avangelio», «hun *fagistor* de esfila, forrado de tela negra, con franchas vermejas y negras», «un cubre altar... un *fagistor* de altar, pintado», *BRAE* VI, 744, 744; IX, 623. En 1390 aparece *faxistol* (*BRAE* IV, 518). En este último texto no veo ejemplos de confusión de la *x* con la *j*; sí en cambio en el de 1496. La misma forma, pero metatizada en *fastigor* (entiéndase *fastijor*), aparece dos veces en el testamento del aragonés G. García de Santa María, de 1519 («los Bártulos en aquella misma tabla, con la tabla e *fastigor* que está detrás del estudio»), *BRAE* I, 473, 475.— ² Definido «un pulpitre, tribunal».

Facón, V. *faca*   *Facsímil(e), factible, facticio, factitivo, factor, factoraje, factoría, factorial, factótum, factura, facturación, facturar*, V. *hacer* *Fácula*, V. *hacha* I   *Facultad, facultar, facultativo, facultoso*, V. *hacer*   *Facundia, facundo*, V. *hablar*   *Facha* 'figura' V. *haz* III   *Facha* 'hacha', V. *hacha*   *Fachada, fachado, fachear*, V. *haz* III

FACHENDA 'vanidad, jactancia', tomado del it. *faccènda* 'quehacer', 'faena', en frases como *avere molte faccènde* 'tener mucho trabajo, muchos negocios', de donde *Dottor Faccenda* o *Sèr Faccenda* 'el que se da aires de tener mucho que hacer, andando sin objeto de una parte a otra'; procedente del lat. FACIENDA 'cosas por hacer'. 1.ª doc.: Terr.

Dice éste: «*Faccenda*, pronunciada la *c* como *ch*, como los italianos, cuya es la voz; lo mismo que chisgaravís, bulle-bulle, hombre que hace del hacendoso sin hacer cosa de provecho». Acad. registra ya *fachenda* en 1817, como adj. familiar 'vano, jactancioso', y posteriormente como sustantivo, en el sentido de 'vanidad, jactancia', del cual cita Pagés ej. en Ramón de la Cruz (1731-1794). El vocablo se emplea hoy en muchas partes: Ansó y Echo *fachenda* 'lujo' (*RLiR* XI, 214), Venezuela *fachenda*, en el mismo sentido que en España (Picón Febres), etc.; el empleo adjetivo, bajo el influjo del frecuente sufijo *-ento*, ha dado lugar a la forma canaria *fachento* 'individuo lleno de presunción, de vanidad'. También cat. *fatxenda* 'vanidad' [S. XIX; deriv., 1766, en Alcover], gall. *fachenda* (Castelao, 219.22). Comp. *FAENA*.

DERIV. *Fachendoso* (en Echo, *l. c.*). *Fachendón*. *Fachendista*. *Fachendear* (*faccendar*, según Terr.).

Fachoso, V. *haz* III   *Fachuco*, V. *hacha* I *Fachudo*, V. *haz* III   *Fachuela*, V. *hacha* II *Fada, fadar*, V. *hado*   *Fadiga, fadigar*, V. *fatigar   Fado*, V. *hado*   *Fadrubado, fadubrado*, V. *joroba*

FAENA, del cat. ant. *faena* 'quehacer, trabajo' (hoy sólo valenciano, en el Principado *feina*), procedente del lat. FACIENDA 'cosas por hacer', neutro plural del participio de futuro pasivo de FACĔRE. 1.ª doc.: 1596, Fr. Hernando de Santiago (*Aut.*).

En este autor y en Saavedra Fajardo (1640) sólo como término náutico; también Oudin, seguido por Minsheu (1623), dice «c'est un terme usé des mariniers»; de éstos pasó a los galeotes, y de ellos a la germanía, donde ya Juan Hidalgo registra «*faena*: tarea» en 1609; Cej. IX, § 180. Es, pues, uno de tantos testimonios del influjo catalán sobre el léxico de los marinos, y ello explica también la extensión alcanzada en las Antillas, Méjico y América Central, con referencia al trabajo de las haciendas. Sin embargo, pronto se generalizó, y ya Mateo Alemán (1599) lo aplica a quehaceres domésticos; pero siempre ha conservado el matiz de trabajo material, mientras que en la lengua de origen significa cualquier quehacer o trabajo por realizar. No es de creer que tenga que ver con nuestro vocablo la voz *faena* del *Canc. de Baena* (n.º 386, v. 26), de significado oscuro.

En catalán, *faena* es el resultado regular del lat. FACIENDA, una vez eliminado en latín vulgar el grupo vocálico IE (como en PARĬĔTEM > PARĘTE, ABĬĔTEM > ABĘTE): luego estamos ante un duplicado del cast. *hacienda;* la forma catalana *faena* es general en la Edad Media, con raras excepciones, y aunque hoy en Cataluña y Baleares se ha cambiado en *feina*—siguiendo una norma fonética propia del hiato—, la forma antigua se conserva no sólo en el País Valenciano, sino en varios puntos del Principado y de la Cataluña francesa, con ligeras alteraciones (*faiena* en Sort, *fena* en Codalet y Perpiñán¹, p. ej.); de una manera análoga se altera espontáneamente el vocablo castellano en Chile: «*feina*: faena, el sitio donde se establecen los trabajos» (Guzmán Maturana, *D. P. Garuya*, glos.).

DERIV. *Faenero*, and. y chil. *Enfaenado*. *Faenar* 'sacrificar (reses)', arg. (L. Franco, en *La Prensa*, 9-VI-1940); *faenamiento* 'acción de faenar' arg.

¹ De ahí *fener* 'laborable (día)', general en la Plana de Vic, en Llagostera, en muchos puntos de Mallorca, etc. Viceversa *fayner* en el valenciano Jaume Roig, v. 2506.

FAETÓN, 'carruaje descubierto', de *Faetón* (gr. Φαέθων, -οντος), figura de la mitología antigua, hijo del Sol, que gobernó el carro de su padre. *1.ª doc.*: Terr.

Fagáceo, V. *haya*   *Fagarro*, V. *haya*   *Fagistor*, V. *facistol*

FAGOCITO, 'corpúsculo de la sangre y los tejidos, que devora bacterias y cuerpos nocivos', compuesto culto del gr. φάγος 'comilón' (de la raíz de φαγεῖν 'comer') y κύτος 'célula'. *1.ª doc.*: Cajal, *Histología*, 1898; princ. S. XX, Pagés.

Deriv. *Fagocitosis*. *Disfagia*, derivado de φαγεῖν con el prefijo δυς- 'mal'.

Cpt. *Polifagia*; *polífago*.

FAGOT, tomado del fr. antic. *fagot* íd., propiamente 'haz de leña', de origen desconocido; se le llama así por desmontarse en varias piezas, comparándolo a un conjunto de trozos de madera. *1.ª doc.*: Acad. 1843, no 1817.

Voz común, en su sentido propio, al fr. y oc. *fagot*, it. *fagotto*; en francés aparece ya h. 1200, en lengua de Oc es más tardío (S. XV)[1], en italiano los diccionarios no lo documentan antes de 1600, mas es posible que ahí sea antiguo; Battisti dice que el it. *fagotto* 'haz' aparece desde el S. XIV, y que el instrumento musical fué inventado por el ferrarés Afranio en el S. XVI, aunque el nombre no se documenta hasta el XVII. La relación que se ha supuesto con el gr. φάκελος 'haz' es sumamente inverosímil. Vid. Brüch, *ZFSL* LII, 408ss.; Schultz-Gora, *ASNSL* CLVII, 261-3; Sainéan, *Sources Indig.* I, 330; Dauzat, *Essais de Géogr. Ling.*, N. S., 1938.

Deriv. *Fagotista*.
[1] No sólo la fecha indica que es voz importada en este idioma, sino también la *f-* del gasc. *fagot* (Arán, Bearne); Palay lo rechaza como galicismo.

Fagüeño, V. *favor*

FAISÁN, tomado de oc. ant. *faisan*, y éste del lat. *phasianus*, tomado a su vez del gr. φασιανός íd., propiamente 'del Phasis', río de la Cólquide, de donde se trajeron estas aves. *1.ª doc.*: *Partidas*, III, ed. 1807, t. II, p. 718; *Cifar*, ed. Wagner, p. 126; J. Ruiz, 1086*b*; Nebr.

Como *avestruz*, es voz tomada de los antiguos bestiarios occitanos.

Deriv. *Faisana*. *Faisanero*. *Faisanería*.

Faispa, V. *chispa*

FAJA, del lat. FASCĬA 'venda', 'faja', 'sostén del pecho', derivado de FASCIS 'haz'; de procedencia dialectal o tomado de otro romance ibérico. *1.ª doc.*: APal. 17*d*, 154*d* («*fascia* es *faxa* con que cobrimos el pecho y revolvemos en torno al cuerpo», 239*d*; *faxa* y *faisa*, Nebr.; *Aut.* da ejs. desde 1593 (*N. Recopil.*).

Se nota la fecha tardía del vocablo, ajeno al vocabulario del *Cid*, Berceo, *Apol.*, *Calila y Dimna*, ms. bíblico escurialense del S. XIII, *Conde Luc.*, J. Ruiz, glosarios de h. 1400, y otros textos medievales, incluyendo los glosarios recién publicados del *Canc.* de Baena y de los inventarios aragoneses. Aparece, en cambio, *fášša* como mozárabe en el S. XIII (R. Martí: «*fascia, pueri vel equi*»), y en el sentido de 'haza, campo labrado' sale ya en textos aragoneses del S. XI (escrito *fasca*), 1101 (*fassa*), 1140 y 1147. La única forma verdaderamente castellana, según la fonética histórica, era *HAZA*. *Faja* pudo tomarse del aragonés, del leonés (donde M. P., *Oríg.*, 313, documenta la forma *fexa* 'haza' en 1104), del mozárabe (aunque la forma toledana era *faisa* todavía en tiempo de Nebr., vid. su *Dicc. cast.-lat.*, s. v. *faxa*), del gallegoportugués o del catalán[1]. En apoyo de este último puede citarse la gran antigüedad de la industria textil catalana: el fr. *catalogne* 'frazada, manta' se documenta desde 1468 (*FEW* II, 488), y hoy este vocablo, o *Valencia*, con el mismo sentido, son usuales desde Rumanía y Turquía hasta Saintonge y el Canadá. M. P., *Man.*, § 4.6, se inclina por el aragonés, a lo cual no se pueden oponer objeciones ni aportar por ahora confirmación decidida. Variante de *faja* parece ser el ast. *faches* 'el pañal y la mantilla en que se envuelve a los niños de teta' (V); la Acad. registraba *facha* como antiguo por 'faja' ya en 1843.

Deriv. *Fajar* [*faxar*, Nebr.]. La ac. de *fajarse* 'pelearse', tan viva en Cuba y otros países septentrionales de la América española, procede del germanesco *faxar* 'azotar' [1609, Juan Hidalgo, etc.], que a su vez se explica por la forma como el látigo se arrolla en torno al cuerpo del azotado; *fajazón* cub. 'pelea'. *Fajado* [*morueco f.*, S. XV, Biblia med. rom., Gén. 31.8]; *fajadura*; *fajamiento*; *fajeado*; *fajero*; *fajín* [Acad. 1884, no 1843]; *fajo* 'paños de recién nacido' [Ágreda, † 1665; comp. *HAZ* I]; *fajón*; *fajuela* [*faxuela*, APal., 154*d*]. *Fajardo* [*faxardo*, 1680, *Pragm. de Tasas*, en *Aut.*], 'cubilete de masa de hojaldre, relleno de carne picada y perdigada, con manjar blanco y otras cosas', quizá más que derivado directo de *faja* sea el apellido *Fajardo* (comp. Covarrubias), que por lo demás no es seguro sea derivado de nuestro vocablo. *Refajo* [*Academia* S. XIX]; gallego *refaixo*[2].

[1] Aquí suele distinguirse hoy entre *faixa* 'faja' y *feixa* 'haza', duplicados fonéticos, el segundo debido seguramente al influjo de *feix* 'haz'. Pero en Serós (Lérida), en los Puertos de Tortosa y en Castellón de la Plana, he oído el primero en la 2.ª ac., y viceversa se emplea *feixa* 'faja' en el catalán de Gavasa (Huesca: *Butll. del C.*

Excurs. de Cat. VI, 195).— ² «Alargar o *refaixo*» Rosalía, *Cantares Gal.*¹, p. 143; Castelao 291.1.

Faja 'antorcha', V. *hacha* I   *Fajares*, V. *haz Fajeado*, V. *faja   Fajella*, V. *encella   Fajero*, *fajín*, V. *faja   Fajina, fajinada, fajo*, V. *haz Fajol*, V. *alforjón   Fajón, fajuela*, V. *faja Falacia*, V. *fallir   Falagar, falago, falagüeño, fala- guero*, V. *halagar   Falandrajo*, V. *andrajo Falanduria*, V. *farándula*

FALANGE, tomado del lat. *phalanx, -gis*, y éste del gr. φάλανξ, -γγος, 'garrote, rodillo', 'línea de batalla', 'batallón, tropa', 'multitud'. *1.ª doc.:* 1607, Oudin; 1616, Villegas; *-nga* Mena, *Yl.* (C. C. Smith, *BHisp.* LXI).

DERIV. *Falangeta. Falangina. Falangio; falangia- no. Falansterio*, del fr. *phalanstère*, voz creada por el sociólogo francés Fourier en el S. XIX, como derivado de *phalange*, con la terminación de *mo- nastère* 'monasterio'.

Falapio, V. *harapo   Falar*, V. *hablar*

FALARIS, tomado del lat. *phalāris*, y éste del gr. φαλαρίς íd. *1.ª doc.:* 1624, Huerta.
Apenas puede considerarse castellana esta voz, empleada por el traductor de Plinio. No dejó des- cendencia en romance este helenismo ni sus deri- vados, salvo un nombre de planta it. *paleo*, que al parecer viene de *PALERIUM, pues *phaleris* se empleó también como nombre de planta. En cuanto al ave, hay un gall. *píllara*, que según F. J. Rodrí- guez y Vall. se acentúa así y sería menor que la gaviota y muy hermosa; supongo que Rodríguez lo saca de Sarm.¹, quien sugiere que venga de *phalaris* [< φαλαρίς, deriv. de φάλαρα 'especie de chapa ornamental, etc.']. En lo semántico no es esto inverosímil, pues *phaleris* era una especie de *fúlice* o *foja* gallinácea costeña. Pero difícilmente un vocablo así pudo trasmitirse si no es por vía culta y no habría explicación razonable de la al- teración fonética a no ser por algún cruce con algún nombre popular más o menos sinónimo (acaso *polla de agua*). Así y todo, la idea sería forzada, a no ser que hubiese existido algún re- presentante semipopular del vocablo grecolatino con *p-* inicial, de lo cual ni hay noticia ni es probable. Mejor pensar en una onomatopeya del chillido del ave.

¹ «*Píllara*. Ave de la orilla del mar; las hay pequeñas como mirlos y siempre andan a la orilla, y hay *pillaras* reales que salen a tierra, grandes como gaviotas y con el pico colorado (Isla de la[s] Pillara[s], donde anidan, costa Norte de la ría de Arosa)», Sarm. *CaG.* 188*v*, 91*v*, A20*v*.

Falaz, V. *fallir*

FALBALÁ, tomado del fr. *falbala* íd., que a su vez parece ser adaptación del lionés *farbéla* 'fran- ja' (acentuado en la *e*), voz de creación expresiva. *1.ª doc.: Aut.*
Advierte este diccionario «hoy comúnmente se dice *farfalá*», aunque encabeza su artículo con la forma *falbalá*. Con sentido muy análogo se em- plea también *faralá*, registrado por la Acad. ya en 1817, como voz andaluza; según cita de Pa- gés, el madrileño Ricardo de la Vega (1894) em- pleó *faralares*. Para el origen de la voz francesa, vid. Spitzer, *ARom.* VIII, 144-5; Gamillscheg, *EWFS;* Wartburg, *FEW* III, 397*b*, 401*a*. Aunque la anécdota que atribuye la introducción del vocablo francés al cortesano M. de la Langlée (poco antes de 1692) no fuese cierta, de todos modos parece seguro que entonces se había generalizado recien- temente el uso del vocablo. Las variantes espa- ñolas indican que en castellano intervinieron tam- bién factores expresivos. Comp. el arag. *farandola*, otro nombre del *falbalá* (vid. *FARÁNDULA*).

FALCA, arag., murc. (y santand. *halca*), 'cuña de madera', mar. 'cada una de las tablas delgadas que se colocan de canto, y de popa a proa, sobre la borda de las embarcaciones menores, como protección suplementaria', origen incierto, proba- blemente del hispanoár. *fálqa* 'astilla de madera', de la raíz *f-l-q* 'hender, rajar'. *1.ª doc.:* 1555, Ca- beza de Vaca, *Relación*, p. 13; Juanelo, *Los 21 Libros de Arquitectura*, t. III, fol. 300a18; 1607, Oudin: «un petit coin de bois que l'on met au bout plus menu d'une cheville, après qu'elle est fichée, pour la faire tenir: un clou, cheville ou crampon»; *falcado* «garni de cloux ou de cram- pons»; Franciosini, *Vocab.*; 2.ª ac., 1696; 1593, Diego de Guadix, *Vocab.*; «*falcas*, las tablas que se ponen de galón a galón, sobre la borda, para mayor adorno y seguridad de la gente», *Vocab. Marit. de Sevilla (Aut.);* Fernández, *Maniobras de los na- víos*, 1732, p. 105.
La Acad. en 1817, 1843 y 1884 sólo registra el vocablo como aragonés, sinónimo de *cuña;* en 1899 vuelve a introducir el significado náutico, y posteriormente ha agregado, poniéndola en primer lugar y sin calificación alguna, como si perten- ciese al lenguaje común, la ac. 'defecto de una tabla o madero que les impide ser perfectamente lisos o rectos"¹. La ac. 'cuña' es hoy aragonesa (Borao, Torres Fornés) y murciana (G. Soriano), además *halca* o *jalca* se emplea en Santander (G. Lomas) en el sentido de 'cuña de madera'. En catalán, *falca* es voz de uso general, en este mis- mo sentido, y se aplica especialmente a las cuñas que se ponen debajo de una puerta para que no se cierre, o debajo de una mesa u otro mueble para que no oscile².
En Portugal *falca* es 'segmento de tronco (*toro*) escuadrado, con cuatro caras rectangulares' (Mo- raes, etc.), y en algunas partes 'pedazo o reba-

nada de pan' (en el Alentejo: *RL* IV, 64; XXXI, 104; Fig., sin calificación dialectal), que será especialización del mismo significado, comp. cat. *tascó* 'zoquete de pan', propiamente 'cuña'; de esta ac. de *falca* procede el port. *falquear* (también *falquejar* o *falcar*) 'escuadrar (un tronco)' (ya Moraes)[3]. Se nota que esta ac. general o no náutica de *falca* aparece en fecha bastante moderna, exceptuando el testimonio de Oudin (1607), pues no conozco testimonios portugueses anteriores a fines del S. XVIII, ni catalanes anteriores al XIX.

Como término náutico, *falca* aparece ya en Génova en 1291[4] y en 1441[5], en Marsella en el S. XIII[6], en catalán ya en 1331 (Alcover, y «*falques* de popa a proha», ¿S. XV?, Ag.)[7], en portugués en Azurara (3.er 4.º del S. XV) y en Juan de Barros (med. S. XVI), vid. Vieira y Moraes; en cuanto al fr. *fargue* (1678, 1694), *falque* (1777: Jal, 684a; *BhZRPh.* LIV, 123), ha de ser tomado del catalán, lengua de Oc o genovés, y el gr. φάλχει «contrequille» procederá de Italia. Hoy en la costa catalana, según he observado en Sant Pol y en L'Escala, las *falques* son cuadrilongos de madera delgada que constituyen la parte superior de la *orla* o borda de las barcas: van encajadas en ranuras de los *macarrons* o barrotes verticales, junto con los cuales constituyen la mitad superior de la orla, mitad que, para mayor comodidad del remar o de la calada, suele sacarse cuando la barca se hace a la mar. A esta descripción corresponden los datos que se deducen de los pasajes medievales citados arriba[8]. En todo caso, *falca* en este sentido se halla siempre en plural, con excepción del citado estatuto marsellés del S. XIII, donde la construcción *alta de falca*, por lo demás, no se opone a que se dijera comúnmente *falcas* en plural[9].

Por nota de Baist (*ZRPh.* XLI, 592-3) sabemos que *falca* 'cuña' y 'segmento de tronco escuadrado' procede del hispanoár. *fálqa* 'astilla de madera' («astella ligni»), documentado en R. Martí (S. XIII) y derivado regularmente del conocido verbo *fálaq* 'hender', 'rajar' (de donde vienen asimismo *faliqa* en R. Martí y *faláqa* en PAlc., con igual significado, y *fílqa* 'fragmento' en otros autores). No hay inconveniente en derivar del mismo a nuestro *falca*, en el sentido de 'pieza de madera que constituye la borda'. No veo necesidad de separar esta última ac. derivándola de *hálqa* 'recinto', 'cercado', según propuso Dozy (*Gloss.*, 263) y admitió todavía Baist, aunque estos autores sólo conocían el masculino *hálq*, pero *hálqa* se halla con igual significado en varios autores vulgares (Dozy, *Suppl.* I, 317a). Esta etimología sólo se haría verosímil si pudiera probarse que primero se dijo *la falca* para el conjunto de la borda, de lo cual realmente no existe indicio, según he explicado[10].

Deriv. *Falcar* 'asegurar con cuñas' [Oudin, vid. arriba; arag., murc.; santand. *jalcar* 'acuñar',

'calcar']. *Falcaje* [Diego Ufano, *Tratado de Artillería*, 1613, p. 55].

Cpt. Lo es probablemente el port. *falcatrua* 'ardid; artificio para engañar; fraude'. Es palabra de antiguo arraigo, ya muy comentada por los preceptistas de los SS. XVII-XVIII: Nunes de Leão dice que es plebeyo por 'engaño', Moraes define «peça cuidada com que levemente se engana alguem», Bento Pereira da el verbo *falcatruar* como vulgar por «enganar com falcatrua», Fig. documenta *falcatrueiro* '(negociante) que hace sus cuentas con *falcatrúas*' en un autor del siglo pasado. Son también gallegos *falcatrúa* y *falcatruada* 'traición, trampa, mala acción' (Vall.)[11] y Crespo P. dice que como sustitutos de engaño son muy comunes en la zona de Redondela; y en el sentido de 'zancadilla' se extiende además *falcatrúa* por Asturias (R) y alterado en *francatrúa* llega hasta el oriente de la región (V). En fin R. Lapa ha identificado el vocablo (mal copiado *falcacrua* en el mejor de los dos mss., *falçaqua* en el otro) en una cantiga de escarnio del clérigo gallego Arias Nunes (h. 1285), asegurado por la rima (con *crúa*, *múa*, *súa*, etc.), donde se queja de un atropello «e alí me lançaron a min a falcatrúa» pues los enviados de un merino vicioso le robaron acémila y cama y le dejaron en cueros (*CEsc.* 71.10)[12].

En vista de tan firme y antigua documentación gallegoportuguesa hay que desechar la sugerencia provisional, que di en la primera edición, de que viniese de una palabra francesa muy hipotética *desfalque-troe* formada por el verbo *défalquer* (= DESFALCAR) y el fr. ant. *troe* 'arca', y se impone pensar en un cpto. formado en gallego-portugués y con elementos de esta lengua. Debe de ser *falca* 'pedazo de palo' en un empleo figurado partiendo de 'garrotazo', pues localmente *falca* toma el sentido de 'acto de pedir limosna' (Alentejo, según Fig.), cf. el cast. *sablazo*. Y el segundo elemento será de la familia de TRUÁN, port. *truão* que Moraes y Cortesão documentan copiosamente en la Edad Media y SS. XVI-XVII en el sentido de 'impostor, embustero'. Luego *falca-truăa* y sus derivados *falcatruaada* > gall. *falcatruada* y port. *falcatruar*. De éstos *falcatrúa* sería derivado deverbal o regresivo.

[1] Quizá procedente del sentido de 'cuña puesta debajo de algo'.— [2] La cuña de madera o de hierro para rellenar un hueco es más bien *tascó* (Cataluña). En Mallorca, asimismo, la *falca* ha de ser precisamente de madera, pues la de hierro que se coloca en el mango de una herramienta es *gangaia* (*BDLC* VIII, 261). La cuña para hender, en Cataluña sólo se llama *tascó*.— [3] La frase «novecentos carros *falqueados*», dos veces en los Inéditos de Alcobaça (SS. XIV-XV), no parece contener este verbo. A pesar de la -*e*-, parece tratarse del carro *falcato* de la Antigüedad, o armado de hoces. *Falquear* se emplea en el mismo sentido en el castellano de Extremadura (*BRAE*

IV, 90).— ⁴ «Facere barcam unam pegatam, completam, furnitam cum clavis, *falchis*, timono et timonaria», Jal, 242*b*.— ⁵ «*Farche* pro orlo», varias veces entre los objetos que sirven para la fortificación de una nave o coca, ibíd., 674*a* y 683*b*. De ahí *castellum infarchatum* en varios pasajes del mismo estatuto, 853*a, b*.— ⁶ Se preceptúa que la galera sea alta 3 palmos menos cuarto «de *falca*», o sea de borda u orla, Jal, 679*a*.— ⁷ Y el verbo *enfalcar* ya en 1394: «que la nau sia *enfalquada* de popa a proha, a los castells e los sobrepons», Jal, 632*b*; *falcàs* 'parte de la proa' en 1626, Ag.— ⁸ Comp. la descripción del francés Guillet (1678) transcrita por Jal: «*fargues*: planches qu'on élève pendant un combat, sur l'endroit du plat-bord... entre les deux châteaux, pour tenir lieu de pavois et de garde-corps, affin de defendre le pont, et oster a l'ennemy la vue de ce qui s'y passe»; también sirven para defensa en Azurara: «os mouros... começaron de se poer a ponto metendo remos e *falcas*, para averem mais alta defensom».— ⁹ En la Acad. (1899 y ss.) la definición «tabla delgada...» en singular se deberá solamente a un defecto de técnica de la definición. Lo mismo ocurriría en el vocabulario catalán de Amades y Roig (de donde *falca* pasó a Fabra). En ambos idiomas este uso está contradicho por el uso en plural, que aparece allí en el Vocabulario de Sevilla y aquí en el propio texto de Amades (*BDC* XII, 34 y 83).— ¹⁰ En la Colombia amazónica se emplea *falca* en el sentido de 'gran canoa techada' (Rivera, *Vorágine*, p. 114 y glos., ed. Losada). Ignoro la génesis semántica de esta ac., así como la del arg. septentr. *falca* 'alambique' (Carrizo, *Canc. Pop. de Jujuy*, glos.), pero es muy dudoso que salga de un *falca* 'borda'. En la misma Colombia se emplea *falcas* en plural en el sentido de 'cerco que se pone como suplemento a las pailas, especialmente en los trapiches' (Cuervo, *Ap.*, § 530).— ¹¹ «O boticario... non a turou a *falcatruada* de Lela [que le puso cuernos] e mátase con solimán da sua propia botica» Castelao 277.11.— ¹² El contexto admitiría el sentido que propone con dudas R. Lapa 'grillos o cadena para prender criminosos'. En primer lugar no le prenden pues le abandonan desnudo «no meio da rua». El verbo *lançar* podría sugerir como básico el matiz asturiano de 'zancadilla' pero de hecho el sentido es 'fulminar un atropello' probablemente precedido de asechanza. En definitiva 'engaño' barbaridad engañosa'. No es cierto que en árabe *falga* signifique 'anillo', creencia que ha desorientado al prof. R. Lapa.

Falcada, falcado, V. *hoz* *Falcar*, V. *falca* y *hoz* *Falcatrúa*, V. *desfalcar* *Falce, falciforme*, V. *hoz* *Falcilla*, V. *vencejo* II *Falcinelo*, V. *hoz* *Falcino*, V. *hoz* y *vencejo* II

Falcirrostro, V. *hoz* *Falcón, falconete, falcónido*, V. *halcón*

FALDA, 'faldón, cada una de las partes de una prenda de vestir que cae suelta sin ceñirse al cuerpo', 'parte de una ropa talar, o de un vestido de mujer, desde la cintura abajo', 'regazo', del germánico; probablemente del fráncico *FALDA 'pliegue' (a. alem. med. *valte* f., a. alem. ant. *falt* m., ingl. med. *fald*, hoy alem. *falte*, ingl. *fold*, derivados del verbo gót. *falthan*, a. alem. ant. *faldan*, ags. *fealdan*, escand. ant. *falda* 'plegar'), por conducto del catalán o de la lengua de Oc. 1.ª doc.: Berceo.

Ahí y en J. Ruiz (137*d*) tenemos la 1.ª ac. (las *faldas* del manto de una dama, las del vestido de un niño), que aparece también en los glosarios del Escorial y de Toledo («fimbria»), en APal.¹, en Nebr. («lacinia»), etc.; en el sentido de 'regazo' está ya en el *Conde Lucanor* (ed. Knust, 133.14), y la aplicación especial a la vestidura femenina se deduce ya en Nebr. de *halduda* y *poner haldas en cinta*, y figura claramente en Argote de Molina (1582) y autores posteriores. Hasta el S. XV, naturalmente, hay *f-* en todas partes; APal. emplea *falda* y *halda*, Nebr. sólo este último, y *Aut.* trae abundantes ejs. de los dos en textos del S. XVI y primera mitad del XVII; en Cervantes y en Góngora *falda* ya predomina ampliamente sobre *halda* (vid. los diccionarios de Cejador y Alemany), que parece sólo forma aldeana o de tono popular en estos autores, y se observa también que los ejs. de Quevedo y Calderón figuran en alguna frase hecha, que el último califica, además, de «baja»; Cej. VII, § 115.

El predominio de la forma con *f-* difícilmente podrá explicarse por cultismo o arcaísmo: ha de ser debido a cierto resabio extranjero que el vocablo conservaría desde sus orígenes. Con ello coincide la observación de Gamillscheg, *RFE* XIX, 144, y *R. G.* I, p. 260, de que si el vocablo viniese del gótico (lo cual sería indispensable, de ser autóctono en Castilla) habría dificultad en explicar la *d*, pues la consonante *th* del gótico suele transcribirse en romance por *t*; es verdad que M-L., en sus estudios sobre la onomástica hispánica de procedencia germánica, demostró que en bastantes nombres propios el romance transcribió por *d* la *th* gótica, quizá por haberse sonorizado ésta en los últimos tiempos de la vida de este idioma: de todos modos, no conocemos otros ejs. en apelativos, y como por otra parte un sustantivo correspondiente a *falda* sólo se documenta en germánico occidental, será preferible admitir que la voz castellana y su hermana portuguesa se tomaron del catalán o de la lengua de Oc, donde *falda* tiene los mismos sentidos y procede del fráncico². Comp. el préstamo de *FAJA*. Para las variantes *faldra* y *fralda* vid. *ANDRAJO*.

DERIV. *Faldamenta* o *faldamento*. *Faldar* [1496, invent. arag., *VRom.* X, 151]. *Faldear; faldeo*. *Faldero*. *Faldeta* (salm. *jaldeta;* también como término de armería, Acad. S. XX, comp. Leguina, s. v. *halda*). *Faldillas* [1497, invent. arag., *l. c.;* 1627, *Aut.*, de ahí el it. *faldiglia* «sottana intirizzita, guardinfante», ya en el *Orlando Furioso*, en Varchi, etc., vid. Zaccaria; y probablemente el cat. *faldilla* 'falda de mujer'[3], que aunque ya se documenta en 1515, en val., mall. y cat. occid. se sustituye por *faldeta*, ya en Timoneda y el *Tirant*]; *faldellín* [1616, *Persiles;* de ahí it. *faldiglino*, ya en el Ariosto, y cat. *faldellí*]. *Faldón* [1393, invent. arag., *l. c.;* Covarr.]; ast. 'enaguas de lienzo que usan las mujeres' (V). *Faldudo* [*Canc.* de Baena, W. Schmid; *halduda*, Nebr.; *falduda*, Quiñones de B., ed. Cotarelo, p. 525][4]. *Faldulario* 'falda vieja, desaseada y despreciable' [*Aut.*], también *fandulario* o *andulario* [Hartzenbusch], este último en su ac. 'persona sin domicilio fijo', influído por *andar*. *Enfaldar* [1605, López de Úbeda, p. 52*b* (Nougué, *BHisp.* LXVI)]; *enfaldador; enfaldo*. Derivados de la variante *halda* son varias formas correspondientes a las anteriormente citadas y *haldada; deshaldo*. Comp. *ANDRAJO* y *FALTRIQUERA*.

CPT. *Faldinegro*.

[1] «*Lacinia...* es *falda* de vestidura rota y apedaçada», 35*d;* «*pinnula:* manto con *haldas* luengas que pende», 362*d;* además 35*d.* — [2] Acs. secundarias de interés: *halda* 'saco grande' (vid. Baist, *RF* IV, 375); *haldas* 'ramas inferiores de los árboles' (G. A. de Herrera, 1513), hoy *jaldas* en Cespedosa (*RFE* XV, 143). — [3] Cierto es que *-illa* -ĪCULA es muy vivo y genuino en catalán: *cordill* 'cordel', *forquilla* 'tenedor', etc. — [4] *Haldudo* como nombre de villano en el *Quijote* I, iv, *Cl. C.* I, 119. *Jardúa* 'mujerona', 'mujer de mala reputación', en Bédar (Almería), recuérdese el *haldear* característico de la Celestina.

Faldiquera, V. *faltriquera*   *Faldistorio*, V. *facistol*   *Faldón*, V. *falda*   *Faldrido*, V. *ardido*   *Faldriquera*, V. *faltriquera*   *Faldudo, faldulario*, V. *falda*

FALENA, 'especie de mariposa nocturna', tomado del gr. φάλαινα íd. *1.ª doc.:* Acad. después de 1899.

Falencia, falescer, V. *fallir*

FALEUCO o FALEUCIO, 'cierto verso latino', tomado del lat. *phaleucium* (también *phalaecum* o *phalecium*), y éste del gr. φαλαίχειον, derivado de Φάλαιχος, nombre de su inventor. *1.ª doc.: phaleuco*, *Aut.*

Falfa, fálfula, V. *fárfara*   *Falibilidad, falible*, V. *fallir*   *Fálico*, V. *falo*   *Falido, falimiento*,

falir, V. *fallir*   *Falifa, falifo*, V. *alifa*

FALISCO, 'cierto verso latino', tomado del lat. *faliscum* íd. *1.ª doc.:* Acad. ya 1884, no 1843.

Falispa, falmega, V. *chispa*

FALO, 'miembro viril', tomado del lat. *phallus*, y éste del gr. φαλλός 'emblema de la generación, que se llevaba en las fiestas báquicas'. *1.ª doc.:* Acad. después de 1899.

Voz reciente introducida por los estudios arqueológicos y etnográficos.

DERIV. *Fálico*.

FALONDRES, CAER DE ∼, 'caer de golpe, con todo el cuerpo', mar., ast., cub., venez., también cat. *de folondres* íd.; de origen incierto: podría ser germánico, o bien derivado del cat. dial. *folondrar-se* 'inclinarse y torcerse hacia un lado', alteración de *esfondrar-se* 'hundirse', oc. ant. *fondrar* 'derribar, demoler', derivados del lat. vg. FUNDUS, -ŏRIS, 'fondo'. *1.ª doc.:* 1831, dicc. de Fz. de Navarrete; 1836, Pichardo (1875); Acad. después de 1899.

Dice Pichardo: «voz marítima mui usada con los verbos *ir, soltar, caer de falondres*, esto es de golpe... y de manera que la caída sea de todo el cuerpo». Es también venezolano (según la Acad. y Malaret. Es que creo lo sacan de Calcaño, definiendo 'de golpe, de repente'), y asturiano: «*caer de falondres:* de cabeza, de cara, sin defensa». Creo se trata de un vocablo náutico catalán, aplicado primitivamente al buque de vela que se tumba sobre un costado. En catalán no puedo documentarlo más que en Mallorca, donde *caure, anar, pegar* o *tirar-se de folondres* son muy vivos y usuales como equivalentes de *caure de costellam* 'caer de costado', véanse ejemplos en Amengual, Ag., Alc., *BDLC* VII, 129, y los varios de Alcover citados por Spitzer (Griera cita de Llucmajor una variante *falondres*). Indudablemente el vocablo se emplea solamente en esta locución adverbial, y no hay que dejarse engañar por la imperfecta definición del primero de estos diccionarios «*folondras*, f., *costellam*», que no es más que una referencia al artículo *costellam*, donde a su vez se da la frase *caure de costellam* como equivalente a *caure de folondras*. El verbo *folondrar*, según el mismo, es 'inclinar y torcer una cosa hacia un lado, ladear', con la advertencia de que también se emplea *folondrar-se*. Me parece probable que éste sea alteración fonética de *fondrar*, con *l* por repercusión de la otra líquida, y luego anaptixis: **flondrar > folondrar*. *Fondrar* se halla en occitano medieval en el sentido de «démolir», y *esfondrar* es palabra catalana bien conocida, sinónima de 'hundir', 'derribar', fr. *effondrer;* pero de la existencia del simple *fondrar* en catalán da fe el nombre de lugar *Fondrats*, junto a Tagamaɳent (al sur de Vic). Creo puramente casual la semejanza con el ingl. *flounder,* antiguamente 'tropezar', hoy «to struggle violently and clumsily; to plunge, to roll and tumble about in or as in mire», que se cree forma nasalizada del neerl. *flodderen* 'chapotear en el barro'. En cuanto al neerl. med. *vlonder* 'pasadera sobre una zanja', 'travesaño de una cruz', 'carga pesada', noruego dial. *flundra* 'piedra plana', de los cuales quiere sacar *falondres* Spitzer (*Lexik. a. d. Kat.,* 68-69), están bastante lejos semánticamente[1], y más lo está el fr. *fronde* 'honda', oc. *froundo* íd., *en froundo* «comme avec une fronde, avec force et rapidité», en que también piensa. No se puede tomar en serio la etimología *FOLLUNDULA de Brüch (*Misc. Schuchardt,* p. 52), palabra que él supone como resultante de un cruce de FOLLIS 'fuelle' con FUNDULUS 'pistón que sube y baja', la cual además se funda en la premisa falsa de que *folondres* significa 'costillas', como sustantivo. Otro vocablo de la misma familia parece ser el cat. tarraconense *falandró* 'aro de hierro plano que se pone alrededor del cubo de las ruedas de carro' (*BDC* VI, 44), también empleado para jugar los niños.

[1] Quizá esta etimología sea cierta, teniendo en cuenta que en inglés dialectal *flounder* es el nombre de las mapas o puntas del ancla que se clavan en el fondo. *Caer de falondres,* que Navarrete define 'de golpe, a peso', *venirse de falondres una cosa* 'soltarla de pronto y enteramente', serían propiamente 'como el ancla al dar en el fondo'. Documentado sólo desde 1853, y Fz. de Navarrete no registra esta voz inglesa como de uso náutico, pero sí lo es con esta ac. en neerlandés, y es más antigua ahí, podría haber pasado de este idioma así al inglés como al castellano. Lo que inspira desconfianza ante un origen nórdico, y me hace vacilar entre éste y el catalán, es que el vocablo falte en portugués (Amorim) y en francés (Jal), intermediario obligado entre el castellano y el germánico. La calificación de «voz bárbara» que le da Navarrete más parece indicio de un origen provincial que nórdico; que es término reciente en castellano lo comprueba el que en el S. XVI lo mismo se decía *de romanía* (G. de Palacios y Vocab. Navaresco). Por otra parte, mientras no se documenten en catalán *fondrar* o *flondrar* la etimología catalana será incierta asimismo, y la existencia sólo en Baleares podría ser también indicio de procedencia náutica extranjera.

Falopo, V. *harapo*

FALORDIA o FALORIA, 'cuento, fábula, mentira', arag. y murc., quizá catalanismos, *falòrnia* o *falòria* en catalán, *falorge* en el S. XIII, fr. ant. y med. *falourde* íd.; probablemente emparentado con el alto it. *faloja* 'hoguera en señal de regocijo', y el logud. *falordia* 'festín, banquete,

regocijo'; acaso se trate de una voz viajera, de procedencia griega (φλογία 'llamas'), que al penetrar en la Romania occidental caería bajo el influjo semántico de FALLĔRE 'engañar'. *1.ª doc.: Aut., falordia.*

Falordia es la forma recogida por los lexicógrafos aragoneses Peralta, Borao y Torres Fornés; el primero registra además *faloría* (errata, seguramente, por *faloria*), y *faloria* es la forma murciana (G. Soriano). En catalán tenemos, con el mismo significado, *falòrnia* en el Principado e Islas, *falòria* en el País Valenciano [1776], Tortosa y el catalán del Bajo Aragón (*BDC* III, 97; IX, 71). Hay relación evidente con el fr. ant. y med. *falourde* «tromperie, grosse plaisanterie», bastante frecuente en los SS. XIII-XVI (*FEW* III, 388a), prov. *falourdo* (también alterado en *falibourdo,* rodanense *falabourdo,* por influjo de *bourdo* 'mentira'). Éste podría ser una especie de derivado de FALLĔRE 'engañar', pero entonces las formas iberorromances debieran ser galicismos, a causa de la *-l-;* por otra parte, el sufijo *-ourde* no es claro, y finalmente una forma *falorge* («no creats nuyla *falorge*» asonando con *corda*) se halla ya en catalán en el S. XIII (*Set Savis,* v. 530: Mussafia, *Denkschriften der Wiener Akad.* XXV, 231).

Sobre todo es inverosímil separar nuestro vocablo, y especialmente el antiguo *falorge* (mera grafía de *falorja*), del b. lat. *falodia, fallodia, fallogia,* que aparece media docena de veces en textos de Bergamo, Piacenza y Este, desde 1386 a 1447, con el sentido de «faces in signum laetitiae accensae» (Du C.), y bajo el cual se ocultarían formas vulgares como *falòdia* o *faloggia;* inseparable de éstas por el sentido, pero relacionado por la forma con el catalán, es el logud. *falordia* «banchetto, convito, festino, baldoria» (Spano). Esta última palabra podría ser alteración de la it. *baldòria*[1], puesto que *b-* puede pasar a *f-* por una ultracorrección frecuente en este dialecto; pero es forzoso abandonar la idea cuando se conocen las formas alto-italianas e iberorromances. En rigor no sería imposible admitir un étimo doble para aquéllas y para éstas, pero el sufijo es demasiado singular y demasiado difícil de explicar en unas y otras, para que tal supuesto resulte verosímil.

Por otra parte, hay relación evidente, cualquiera que sea su naturaleza, entre *falodia* 'hoguera de regocijo' y el it. *falò* 'fuego de poca duración', que también se ha empleado en el mismo sentido que *falodia* (véase ej. en Du C.); esta relación fué admitida por G. Serra, en un artículo que no está a mi alcance (*Dacorom.* V, 457), y por M-L. (*REW* 6463). Sea que *falò* venga del gr. φανός 'linterna', 'lámpara', 'antorcha' (según admite Rohlfs, *EWUG,* n.º 2294), o de φάρος 'faro', con influjo de φανός (según parece ser la idea de M-L.), el sufijo *-odia* quizá sea también de origen griego, comp. las formas citadas por Rohlfs, Tarento *fanóyə* 'fuego de señal', Gargano *fanóya* 'llamarada', 'fuego de señal', calabr. *fanóyu* 'hombre derrochador', y quizá el calabr. *fasóddia* 'burla'. ¿Se tratará de una extensión de la terminación de palabras como μελῳδία, ῥαψῳδία, τραγῳδία? Deberé dejar este extremo a los especializados en el griego bizantino y moderno.

Pero aun si tal extensión no se hubiese producido en griego, palabras como μελῳδία 'poesía lírica', κιθαρῳδία 'canto con cítara' ὑμνῳδία 'canto de himnos', y análogas, a un auditorio romance podían darle la impresión de un sufijo helenizante *-odia* que indicara, sea una fiesta con canciones (μέλη), con himnos, etc., sea una noción colectiva, y de cualquiera de las dos maneras se explicaría la formación de un *falodia*, sea como 'fiesta' o como 'conjunto' de hogueras. O acaso se trate de un *φανώδεια, abstracto derivado del helenístico φανώδης 'brillante' (que Sophoclês cita en Galeno).

Sea de ello lo que se quiera, en principio no sería nada inverosímil que un helenismo italiano *falodia*, al cruzar los Alpes y los Pirineos, hubiera caído bajo el influjo semántico de FALLERE 'engañar', y pasando de 'demostración de regocijo' a 'chanza' y por otra parte a 'alharaca', hubiese llegado hasta 'paparrucha'; ni que el sufijo extraordinario *-odia* sufriese el influjo del latino *-oria*[2], resultando *falòria* o la forma de compromiso *falordia*, y en francés *falourde* a causa de *bourde*, *balourde*, etc.; la forma logudoresa procedería de la alta Italia, pero habría sufrido después el influjo de la forma catalana con *r*[3].

[1] Según propusieron Spano y Nigra, con aceptación de Guarnerio (*KJRPh.* I, 143; VI, 192), y aun de M. L. Wagner, *ARom.* XX, 352.— [2] Comp. lo ocurrido en catalán con el antiguo *desodi* 'discordia', derivado intensivo de ODIUM, hoy *desori* 'desorden, desbarajuste'.— [3] Según el artículo reciente de G. Alessio, *RLiR* XVIII, 1954, 7-12, *falodia* y *fallogia* no son más que latinizaciones del it. dial. *faloja* 'hoguera', y éste provendría del gr. φλογία, plural de φλογίον, diminutivo de φλόξ -γός, 'llama', propagado tardíamente al romance desde el Hexarcado de Ravena, cuando ya el grupo FL- se había alterado en *fj*-romance. Esta idea me parece convincente, y aun no me parece necesario admitir un cruce con *falliva* 'chispa' para dar cuenta de la anaptixis de *a* entre F y L, que puede explicarse por lo desusado del grupo FL- en italiano. Entonces *faloja* pudo cambiarse en *faloria*, *falordia*, fuera de Italia, por influjo de *historia* y del fr. *bourde*. En cuanto a que el it. *falò* sea una reducción fonética de *faloja*, como quiere Alessio, quizá sea ya poco probable, pues (aun admitiendo que tal reducción fuese posible en italiano) esto no nos explicaría el cat. y piam. *faró*. Más bien podemos creer que *falò* sea alteración de *faró* (φαρός) bajo el influjo de *faloja*, que por su parte se cambió en *fanoja* por la acción de φανός.

Falquía, V. *fasquía*

FALSO, del lat. FALSUS íd., propiamente participio pasivo de *fallère* 'engañar'. *1.ª doc.*: 2.ª mitad del S. X, Glosas Silenses; *Cid*, etc.

Es vocablo frecuente y popular en todas las épocas del idioma; la conservación de la *f*- y del grupo *al*[1] sólo indica que prevaleció en él la pronunciación de las clases cultas, a causa del frecuente empleo en apreciaciones morales, emitidas sobre todo por el clero y los elementos más instruidos y de habla más cuidada; comp. *FALTA*.

DERIV. *Falsa*, arag., murc., albac., 'desván, henil', así llamado porque aparenta ser el techo de la casa, cuando en realidad hay todavía una habitación más (comp. *desván*, propiamente lugar vacío, cat. *sostre mort*, port. minhoto *falso* 'desván para objetos arrumbados', Leite de V., *Opúsc.* II, 489, en otras partes 'escondrijo' o 'sótano', Azores *falsa* 'desván, altillo'; para la explicación semántica, vid. Krüger, *Hochpyr.* A, I, 131, preferible a Rohlfs, *ASNSL*, CLXIX, 158; para la extensión del vocablo, éstos y *RLiR* XI, 101; *ZRPh.* LV, 584; *BDC*, XXIV, s. v.; *RFE* XXVII, 247, García Soriano, Rz. Xarriá); *falsilla*, pauta', arag., albac., mej. (también val.: Lamarca); *falsilla*. *Falsar* 'quebrar', 'infringir, quebrantar', 'falsear, hacer traición', 'dejar, desamparar', 'faltar', 'mentir', ant. (*Cid; Berceo, Mil.*, 91c; *Loor.*, 94, 114; *Alex.*, 356, 629, 1498, 1543; *Calila,*, ed. Rivad., p. 35; *Yúçuf* íd., 67; J. Ruiz, 1103; APal., 205d; Nebr.; C. de las Casas, a. 1570; pero falta ya en *Aut.*, que sólo admite el siguiente); posteriormente *falsear* [Sigüenza, a. 1600; Oudin, 1607, admite las dos formas; comp. *falsiado* invent. arag. de 1374, *VRom.* X, 152]; de ahí los derivados *falsada*, *fals(e)ador*, *falseamiento*, *falseo*. *Falsario* [h. 1250, *Setenario*, f° 13v°; Nebr.]. *Falsedad* [*Cid*, Berceo, *Partidas*; APal., 153b, 394b; Nebr.]; *falsía* [J. Ruiz, 848; APal., 171b]; antiguamente *falsura* [1385, *Rim. de Palacio*, estr. 408]. *Falsete* [1605, *Pícara Justina*; ac. dudosa en el *Canc.* de Baena, W. Schmid], imitado del fr. *fausset* [S. XIII]. *Falsío. Refalsado*.

CPT. *Falsaarmadura. Falsabraga. Falsarregla. Falsificar* [Covarr.; pero *falsificación*, ya en Villena, princ. S. XV; y *faltificado*, quizá errata, *Canc.* de Baena, W. Schmid], *falsificado*, tomado del lat. tardío *falsificatus*, íd., *falsificación*, *falsificador*. *Falsopeto*, vid. *BALSOPETO*.

[1] *Fasso* escrito con dos *ss* largas, en *Alex.*, 159d, es errata de copia del escriba, por la fácil confusión de la *l* con la *f*.

FALTA, del lat. vg. *FALLĬTA*, femenino del participio *FALLĬTUS* 'faltado', de FALLĔRE. *1.ª doc.*: Berceo.

Frecuente en todos los siglos[1], aunque de tono algo menos popular que *falla*, por lo menos en ciertas épocas; véase, en este artículo, la observación de Valdés. Sin embargo, el tratamiento de la F- y el del grupo -AL- no debe interpretarse como debido a un cultismo, ni mucho menos a un catalanismo (según quiere M-L.), sino de la misma manera que el caso paralelo de *FALSO*. Cabría dudar si lo primario es el sustantivo *falta* o el verbo *faltar* [J. Ruiz, 278*d*; APal., 105*d*, 106*b*, 106*d*, 209*b*, 231*b*; Nebr.: «desum, deficio»], que podría corresponder a un frecuentativo vulgar *FAL-LITARE, comp. el participio vulgar *fefellitus*, en Petronio, 61.8. *Faltar* existe también en portugués (ya frecuente en el S. XVI), catalán[2], lengua de Oc [1467] y en italiano antiguo [S. XIII: Fr. Giordano da Rivalta, Matteo Villani, etc.]; sin embargo, la ausencia del verbo en francés, donde existe el sustantivo *faute*, y la fecha más tardía del verbo en lengua de Oc, en algún otro romance y aun en castellano, hace algo más probable el carácter primario del sustantivo.

Deriv. *Faltar* [vid. arriba]; gall. *faltexar* 'faltar o escasear ciertos artículos' (*non faltexa en Ribadavia pescado*, Sarm. *CaG*. 186*v*). *Falto* adj. [1565, Sta. Teresa; Cervantes, *Viaje del Parnaso*; *Entremés del Juez de los Divorcios*, NBAE XVII, 4[3]], como no aparece en autores medievales (comp. *faltoso*), no es probable que sea continuación directa del lat. vg. *FALLĪTUS (aunque hay también port. *falto* y cat. ant. *falt*, J. Roig, v. 15520, raro); *faltoso*, ant. [APal., 106*b*, 189*b*, 218*d*; Nebr.]; ast. 'falto, tonto' (V). *Faltón*.

[1] Nebr. define 'culpa' y 'mengua'.— [2] Vivo en todas las regiones, aunque también es popular *mancar*. Pero aunque Ag. no cita ejs. medievales, no basta ello para dudar de su carácter genuino: tampoco los cita de *falta*, que sin embargo es ya frecuente en Jaume Roig (2330, 6551, 15158) y seguramente en todas las épocas. Y realmente el dicc. Alcover cita ahora ejs. de ambos desde el S. XIII.— [3] «Nadie hay con quien no riña, ora sobre el precio *falto*, ora sobre que le llegan a la fruta».

Faltrero, V. *faltriquera*.

FALTRIQUERA, es alteración de las formas antiguas y dialectales *faldiquera* y *faldriquera*, derivadas de *faldica*, forma diminutiva y amanerada de *falda*: al principio el adjetivo *faldiquero* significó 'mujeriego, pegado a las faldas de las mujeres', y se aplicó a la faltriquera, que primitivamente era sólo la bolsita que se ataban las mujeres del pueblo a la cintura y llevaban debajo de las faldas. *1.ª doc.*: *faldriquera*, 1563, Timoneda, *Sobremesa*, ed. Rivad., p. 181; *faltriquera*, 1570, C. de las Casas (junto a *faldiquiera*, errata por *faldiquera*); *faldiquera*, Lope (en Fcha.). Cej. VIII, § 115.

La forma etimológica de que debe partirse, *faldiquera*, sobrevive hoy en Andalucía (Cuervo, *Obr. Inéd.*, 240), Extremadura (*fard-*, ibid., 55), Salamanca (Lamano), Cespedosa (*RFE* XV, 157), Mé-

jico (*BDHA* IV, 305), etc., y pasó al sardo del Campidano (*RFE* IX, 234) y al italiano de Nápoles[1]; en judeoespañol se oye *haldiquera* en Marruecos (*BRAE* XV, 223), *aldiquera* en Brusa y Constantinopla, y con sufijo *-uca*: *falduquera* en Salónica, Karafería, Monastir (también en salmantino), *falduquera* y *falcudera* en Bosnia (*Homen. a M. P.*, II, 202; *VKR* IV, 243; *ZRPh.* XXX, 171; *RH* LXXIX, 529; *RFE* XVII, 132).

Falda desarrolla en muchas partes una *r* secundaria, por repercusión de la otra líquida: gall. y port. ant. *faldra*, port. mod. *fralda*, cast. *faldrilla* (S. XV: Cuervo, p. 241), y vid. *ANDRAJO*; de ahí que apareciera una forma *faldriquera*, empleada por Timoneda, Quevedo y Calderón (*Aut.*), además por Cervantes (*Rinconete*, *Cl. C.*, pp. 142, 154; *Coloquio de los Perros*, 323), Quiñones de B. (*NBAE* XVIII, 772), en el *Buscón* (*Cl. C.*, p. 201), etc., y hoy conservada en las Antillas (Pichardo, p. 110; *BDHA* IV, 305), Venezuela (Seijas), Sanabria (Krüger, *S. Cipr.*, § 31), y pasada al catalán del Maestrazgo (G. Girona, p. 316); con metátesis tenemos *fraldiqueira*, como portugués, ya a princ. S. XVI, en Gil Vicente (otros ejs. en Gonçalves Viana, *Apost.* I, 474). Finalmente *faltriquera* se halla ya en varios textos clásicos (también *G. de Alfarache*, *Cl. C.* I, 91.20). Esta forma ha resultado inexplicable para varios eruditos: Spitzer, *Neuphil. Mitt.* XXII, 47, llamó la atención acerca del jergal *faltrero* 'ladrón, ratero' (Acad. ya 1843), que debe interpretarse como derivado abreviado de *faltriquera* en el sentido de 'ladrón de bolsas'; pero no satisface explicarla por influjo de *paletoque*, según hacía Spitzer, ni por el de *saltar* (como propuso más tarde, ibid. XXIII, 32), por los saltos que va dando la faltriquera al andar[2], ni por el de *fieltro* (como quiere Brüch, ibid. XXII, 116-7), pues ni las faltriqueras se han hecho nunca de fieltro ni existe la forma *feltriquera que así esperaríamos; contra esta última explicación puede además alegarse que también existe *faltiquera*, sin la *r*: así en Galicia (*-eira*: Vall.), en la provincia argentina de Catamarca (Avellaneda) y en un texto popular que cita Cuervo. Lo que ocurre en gallego en los pueblos del Limia (*VKR* XI, s. v.) es digno de nota: donde no se dice *faltiqueira* o *faltriqueira*, se emplea *faldrigueira* con dos sonoras. Se trata, pues, de un mero hecho fonético: dilación de la sordez o de la sonoridad, comparable al caso de *súpito* por *súbito* o al de *Rápita* (o *Rábida*) por el ár. *rábiṭa*.

La explicación semántica de nuestra denominación es obvia: todavía hoy, como ya notan Covarr. y Rato, la faltriquera es ante todo la bolsa postiza que se atan las mujeres del pueblo debajo de la falda; aunque *faltriquera* se ha aplicado subsiguientemente a bolsillos masculinos, éstos son solamente, según nota ya *Aut.*, los dos bolsillos laterales de los calzones o pantalón, muy análogos a la faltriquera femenina, y nunca los bolsillitos de-

lanteros o traseros del pantalón ni los de la chaqueta han llevado este nombre. La explicación del
sufijo -ica o -uca es también fácil de dar, si tenemos en cuenta el adjetivo port. *fraldiqueiro*, que
no sólo se aplica al perrito faldero, sino también
al hombre o niño mujeriego, o que no se separa
de su madre (Fig.); se trata, pues, de un diminutivo afeminado o amanerado *faldica*: el hombre
o niño *faldiquero* estaba, por decirlo así, siempre
pegado a las faldicas, y a la bolsa faldiquera se le
aplicó el mismo epíteto por traslación.

DERIV. *Faltrero*, véase arriba.

[1] En *uova faldicchire*, *Diz. Napol.* de Porcelli,
a. 1789; se refiere a los llamados en castellano
huevos de faltriquera, especie de dulce seco hecho con azúcar y yema de huevo, y así llamado
por ser la única clase de huevo que es prudente
llevar en una faltriquera. También campid. *gwef-
fus de faldikéra*.— [2] Cita un cat. *la que-salta* íd.,
que no me es conocido, y que bien puede existir,
pero con este influjo esperaríamos hallar en alguna parte un *saltiquera*, que no existe.

FALÚA, probablemente del ár. *falûwa* 'potranca', que también significa 'pequeña nave de carga'.
1.ª doc.: *falúa*, 1582 (Jal, 681a); Lope, *La Infanta
desesperada*, ed. Acad. I, 239b; 1611, Covarr.; la
forma hoy anticuada *faluca*, aparece entre 1653
y 1673, en Varén de Soto (cita de *Aut.*).

Hoy *feluca* entre los judíos de Oriente (Yahuda,
RFE II, 350), *fluka* entre los de Marruecos (*BRAE*
XV, 190); cat. *faluga* (M. Parets, S. XVI, Ag.),
faluca (1561? Alc., 1637 Ag.)[1]; port. *falúa* 'embarcación de remo estrecha y larga, con tolda, que
abunda en la desembocadura del Tajo' (Vieira, Moraes); fr. *felouque* [1606, en la forma *falouque*];
it. *feluca* (o *filuca*). En árabe corre *flûka* o *felûka*
'bote, barco pequeño' en Marruecos (Brunot, Lerchundi, Dombay), *falûka* en Egipto (Bocthor) y en
varios vocabularios que suelen reflejar el uso de
Argelia (Marcel, Beaussier, etc.), *felluga* en Malta.
Dozy, *Gloss.*, 264-6, se niega a considerar indígenas
estas formas, que serían adaptación de las romances,
y cree debe partirse del ár. *ḥarrâqa*, propiamente
'barca desde la cual se lanzaban materias infla-
mables', y después 'especie de galera en general',
del cual procederían *haloque*, que figura en las
Partidas como nombre de una especie de nave pequeña, y también *faluca* y *falúa*; desde luego esta
etimología es imposible fonéticamente, pues jamás
la -*l*- puede venir de una -*rr*- doble. Por otra parte,
Dozy niega que exista relación entre *falûka* y el
árabe clásico *fúlk* 'navío', vocablo que sólo se encontraría en poetas y sería ajeno al árabe hablado
de la Edad Media (véanse también los argumentos
morfológicos del *Suppl.* II, 281)[2]; Devic (p. 36a),
Eguílaz (p. 394-5) y Steiger (*Contr.*, p. 115), adu-
cen en contra de esta opinión datos y razones que
aunque no carecen de fuerza, aún menos pueden
calificarse de decisivos[3]. Podríamos admitir como

posible el paso romance de *falûka* a *faluga* y el de
éste a *falúa*, pero la desaparición de una -*g*- secundaria antes del S. XVII sería muy extraña. En
cuanto a *falucho* 'embarcación costanera con vela
latina' [Acad. 1843, no 1817][4] puede explicarse,
según propone Steiger, por sustitución de la terminación -*uca*, percibida como sufijo peyorativo,
por su equivalente -*ucho*; pero más bien como
un mero despectivo de *falúa* con añadidura de este
sufijo[5].

Completo la documentación reuniendo las formas citadas por Jal: cast. *falúa*, aa. 1582, 1588
y 1638, *falucho* 1841 (p. 681, con descripción detallada; así aparece también en Espinel, *Escud.*
3.10, en la ed. Rivad. XVIII, 459a, pero es probable que sea una alteración del editor, del mismo
modo que *faluga*, forma que presenta la ed. príncipe de *La Española Inglesa* de Cervantes, *Nov.
Ej.*, f° 109 v°, se convierte en *faluca* en la Rivad. I,
157b), fr. *falouque* (entre 1639 y 1650, p. 680a),
felouque, 1681 y 1685 (342b, 265a), it. *filughetta*,
1606, *filuca*, 1614 (696a), *feluca*, 1630 y 1657
(962b, 339b). Ahora bien, de estos datos y de los
reunidos arriba, resulta que la forma más antigua
en los tres romances ibéricos es la terminada en
-*úa*, seguida en catalán por su sucedánea en -*uga*,
y que aun en italiano ésta se halla antes que *feluca*; en cuanto a las formas francesas, son meros
reflejos de las italianas o de otras formas medite-
rráneas, y por lo tanto tienen escaso valor. Esto
me conduce a una idea nueva. Es probable que
tuviera razón Dozy al considerar que la voz *falûwa*
del Makrizí, que además se halla ya en una narración de h. 1370 relativa a Alejandría (*Göttinger
Nachrichten* 1882, 448), no tiene nada que ver con
fúlk y no sea más que una aplicación figurada del
árabe común *falûwa* 'potranca', ac. figurada muy
comprensible, pues según nos explica el historiador egipcio, la *falûwa* es un barquichuelo destinado a transportar provisiones de boca y otros objetos.

Sabida es la frecuencia con que nombres de
animales se han aplicado a naves de tipos especiales: *galera* procede del gr. γαλέα 'comadreja'
cárabo y *carabela* vienen de κάραβος 'cangrejo', y
Vidos en su monografía sobre la primera de estas
palabras agrega muchos ejemplos del caso. En el
nuestro la *falûwa* se parecía a una caballería en
servir para el transporte de objetos, pero siendo
pequeña le cuadraba mejor el nombre de potranca
que el de yegua. No habría dificultad en admitir
que *falûwa* con este valor se trasmitió al cat. *falua*
ya en el S. XIV (J. Marc), y que la misma forma
emergió en Castilla doscientos años más tarde al tomar incremento la marina castellana con los descu-
brimientos oceánicos; la variante *faluga*, con -*g*- antihiática, es de explicación evidente, y su terminación pudo cambiarse en -*uca* en España misma
por ser este final de vocablo, más frecuente que -*uga*,
o si se quiere la variante con -*c*- pudo nacer a

modo de toscanización al trasmitirse este arabismo hispánico desde Génova a la costa toscana y al Mediodía de Italia: entonces el cast. tardío *faluca* y el fr. *felouque* serían italianismos; finalmente el vocablo, así alterado, volvió a los dialectos africanos, donde será de origen europeo, como ya afirmó Dozy.

De hecho las variantes en *-uca* son la única dificultad que presenta esta etimología, dificultad superable en la forma indicada. La lección *felwa* propuesta por Dozy (en lugar de *falûwa*), además de ser hipotética, no sería obstáculo aun si estuviese asegurada, pues de hecho sabemos que en el sentido de 'potranca' el vocablo tiene las variantes *fílwa* y *falûwa* (también *fílw*, *falûw* y otras, para el masculino 'potro'), pero la que en el árabe de España se empleaba era la segunda, ya que PAlc. registra *felú* y *felúa*, por lo demás en el sentido de 'borrico, borrica'. De hecho nos consta que el masculino *fílw* 'potro' se empleaba también en el S. X en el sentido de 'chalupa de un navío', según las *Merveilles de l'Inde* de Buzurq ben Xahriar (cita de Brunot, *Vocab. Marit.*, s. v.). Que en el árabe de Egipto el vocablo tiene otros empleos figurados lo comprueba la expresión *f-l-waᵗ* *az-ẓahr* 'espinazo' (*ẓahr* 'espalda'), recogida por Bocthor[6].

[1] La forma *ffalua*, como rima en *-úa* en Jacme Marc, a. 1371, será lo mismo, aunque no consta su significado. De ahí la comparación *colls com a faluques*, hablando de muchachas altas y delgadas, en el valenciano Martí Gadea, *Tèrra del Gè* II, 48. También en italiano se dice que una persona alta y seca *pare una feluca*. En Cataluña la comparación es *petit com una faluga*.— [2] Como *fúlk* no puede arrancar del significado de la raíz semítica *f-l-k* 'ser redondo', es probable que venga del gr. ἐφόλκιον 'chalupa que se lleva a remolque'. Entonces *falúka* no podría explicarse como otro derivado de la misma raíz, a no ser partiendo de un *falúk* plural de *fúlk*, pero observa Dozy que no hay tal plural y que la forma verdadera del plural es *fúlk*, idéntica al singular.— [3] Eguílaz llama la atención hacia la forma *f-l-wa* 'barquichuelo', empleada por el egipcio Makrizí (princ. S. XV), que él lee *falûwa*, mientras Dozy (*Suppl.* II, 282a) vocaliza *fálwa*. Es verosímil que tenga razón Eguílaz en este punto.— [4] De ahí el ár. marroquí *falûču*, de origen español (Lerchundi, s. v. *falucho*).— [5] En la Arg. *falucho* es el sombrero de dos picos y ala abarquillada que usan militares y diplomáticos. Se explica porque la *falúa* sirve para los jefes de marina y autoridades de los puertos, que pueden llevar esta especie de sombrero. Comp. it. *cappello a feluca* íd.— [6] Friederici, *Am. Wb.*, 250, estudia nuestro vocablo aduciendo bibliografía de interés. Pero es inadmisible su idea de que sea voz malayopolinesia, pues con referencia a Oceanía no aparece el vocablo hasta 1672, y como observa él mismo los dialectos filipinos no poseen la letra *f*. Por el contrario, las formas indígenas que él cita no son más que la voz española estropeada. Ya impreso este artículo aparece el de los Kahane en *NRFH* VII, 56-62, que pretenden derivar «el término mediterráneo *faluca*» del ags. *hulc* «especie de embarcación». Mala idea siempre la de explicar una palabra mediterránea por un étimo nórdico, pero además hay toda suerte de dificultades fonéticas, y en particular la epéntesis de vocal entre *l* y *k*, fenómeno inconcebible si se trata de la vocal tónica. Sin duda existe en inglés medio una variante *holok*, mucho menos frecuente que la otra, con una anaptixis nada rara en este idioma; pero ni que decir tiene que esta *o* secundaria es átona y que nunca habría podido atraer el acento. El ags. *hulk* dió por cierto un fr. ant. *h(o)ulque* y gasc. *holque*, pero nada que ver tiene con esto el romance *falu(g)a*, y casi nada el gasc. *halop* (*f-*), que aparece dos veces en textos del S. XV, y que los Kahane quisieran arbitrariamente «corregir» en **halok*: se trata de la voz gascona bien conocida *calup*, *-op* (vid. *CHALUPA*), levemente alterada por influjo del sinónimo *holque*.

Falucho, V. *falúa* *Falla* 'defecto', V. *fallir* *Falla* 'hoguera', V. *hacha*

FALLA, 'especie de mantilla que empleaban las mujeres antiguamente para adorno y como abrigo para salir de noche', del fr. *faille* íd., de origen incierto. 1.ª *doc.*: Aut. («cobertura de la cabeza, que *no ha muchos años* usaban las mujeres...»); ej. de Moratín, en Pagés.

Comúnmente se admitió (*DGén.*; *EWFS*; *REW*, 3163) que esta palabra, documentada principalmente en las hablas del Nordeste francés, pero ya desde el S. XIII, venía del neerl. *falie*, pero Wartburg (*FEW*) se abstiene de registrar este étimo, y Bloch advierte que otros creen, por el contrario, que la voz neerlandesa es la que viene del francés; el vocablo, efectivamente, tiene aspecto de romanismo. Modernamente el fr. *faille* ha pasado a designar un género especial de tejido, y en este sentido se trasmitió recientemente al castellano en la forma *faya* (Acad. después de 1899).

Fallada, *fallador*, V. *fallir* *Fallador*, *fallamiento*, V. *hallar* *Fallanca*, *fallancón*, V. *fayanca* *Fallar* 'decidir', V. *hallar* *Fallar* 'frustrarse, etc.', V. *fallir*

FALLEBA, 'varilla de hierro acodillada en sus dos extremos, sujeta en varios anillos y que puede girar por medio de un manubrio, para cerrar las ventanas o puertas de dos hojas, asegurando una con otra o con el marco', del ár. vg. *ḫallâba* 'tarabilla para cerrar las puertas o ventanas'. 1.ª *doc.*: 1680, *Pragm. de Tasas*, en Aut.

Indicó esta etimología Eguílaz, 394, con la aprobación de Steiger, *Contr.*, 230. El vocablo árabe sólo está documentado en Marruecos (Lerchundi, s. v. *taravilla;* falta Dozy, Beaussier, Tedjini, etc.). No tiene documentación antigua ni está clara su explicación semántica dentro de la raíz *ḫ-l-b,* pues *ḫallâba* en el árabe común e hispánico (glos. de Leyden) sólo es conocido en el sentido de 'engaño, falacia'; sin embargo es probable que en nuestra ac. se parta de *ḫilb* 'garra, zarpa', *miḫlab* íd. y 'gancho', y el verbo *ḫálab* es conocido vulgarmente en las acs. 'disparar, esgrimir' y 'atar' (Dozy, *Suppl.* I, 389a). Sea como quiera, el marroq. *ḫallâba* sería difícil de explicar fonéticamente como hispanismo, y tiene fisonomía semítica, de suerte que no dudo de que es el étimo y no un préstamo de la voz española. En castellano debió de existir una variante antigua *halleba,* pues sólo ésta puede explicar el cat. *lleba* o *barra-lleba,* ambos sinónimos de *falleba,* que difícilmente podrían comprenderse como arabismos directos; el primero se halla desde 1816 (Ag.) y ya en el diccionario de Belvitges (primeros años del S. XIX)[1]; por lo demás, en el Campo de Tarragona, donde se distingue oralmente entre *b* y *v,* pronuncian *lleva* (*BDC* VI, 46), y en las comarcas de Lérida y Tortosa, así como en todo el País Valenciano, se emplea *falleva,* pronunciado con *v* labiodental en las zonas que distinguen los dos fonemas (*BDC* XX, 159, comp. p. 163), mientras que el mallorquín Amengual da la forma alterada *fallepa.*

[1] Ag. cita además un ej. de *lleva* en 1491, pero el sentido no está claro y más bien parece tratarse de un homónimo.

Fallebot, V. *piloto*

FALLIR, ant. o poco usado, del lat. FALLĔRE 'engañar', 'quedar inadvertido'. *1.ª doc.:* Cid.

Es muy frecuente en los SS. XII-XIV, en las acs. 'faltar', 'engañar', 'abandonar', 'pecar', 'errar': *Sta. M. Egipc.;* Berceo, *S. Mill.,* 195 (*faldrie,* condicional); *Calila,* ed. Rivad., p. 59; *Alex.,* 362, 471, 2236, 358 (aquí en el futuro *faldrás); Fn. Gonz.,* 191; J. Ruiz, 943; *Rim. de Palacio,* 14, 61 (*fal,* 3.ª pers. del pres. de Ind.), 77, 394, 1112; *Canc.* de Baena (W. Schmid). Pero falta ya en APal. y Nebr., y *Aut.* sólo recoge el antiguo participio y hoy adjetivo *fallido,* y aunque hoy vuelve a hallarse alguna vez, y la Acad. lo consigna, es sólo como reflejo de *fallido,* más o menos ayudado por el influjo extranjero o latinizante. Esencialmente le ha sustituido su derivado *fallecer.* La conservación de la F- en esta familia de vocablos puede explicarse en parte por su carácter arcaico y en parte por las mismas razones que en *FALSO* y *FALTA.*

DERIV. *Fallido* [Berceo, *S. Mill.,* 281; *Rim. de Palacio,* 174; ejs. de Quevedo y Mz. de la Parra, en *Aut.*]; *fallidero* ant.; cast. de Galicia *fallidoso* 'faltoso' (*esta tierra está fallidosa de trigo,*

Sarm. CaG. 189r). *Fallimiento,* ant. 'engaño', 'falta' [-*ment,* Berceo, *S. Mill.,* 3; *Mil.,* 633; -*mente,* J. Ruiz, 355; -*miente, Fn. Gonz.,* 16, 413; -*mento,* Berceo, *Mil.,* 708c, 785c; -*miento, Alex.,* 146, 1835; J. Manuel, Rivad. LI, 323; *Alf. XI,* 323; *Rim. Pal.,* 1318]. *Fallecer* [*Cid;* frecuente ya en la Edad Media, en las mismas acs. que el primitivo *fallir:* Berceo, *Mil.,* 818b; *Alex.,* 558; *Fn. Gonz.,* 101; *Poema de Alf. XI,* 559; Sem Tob, copla 206; *Rim. de Palacio,* 295, 424; *Canc.* de Baena; más tarde que *fallir,* en el S. XVI, se anticuó también, y J. de Valdés advirtió que le gustaba más *faltar;* desde entonces, fuera de algún autor arcaizante, sólo se halla como eufemismo equivalente a 'morir'; aunque *ser fallecido* es ya 'morir' en 1438, según me comunica D. Agustín del Campo]; *fallecedero; fallecedor; fallecido; falleciente; fallecimiento* [h. 1250, *Setenario,* f° 8v°]. *Fallía,* ant., 'falta, falsedad' [J. Ruiz 32, 259, 821; *Canc.* de Baena]. *Falluto* 'falso, de pura apariencia', 'que promete y no cumple, que deja esperar y traiciona', arg., urug. (Segovia, 213; Garzón; Quiroga, en *BRAE* XVII, 324), 'cobarde' portorriq. (Malaret), 'vano, huero' murc. (Lemus, G. Soriano), interesante mozarabismo, conservado a los dos extremos de Andalucía (Algarbe *falhudo* «mal cheio; chocho; *noz falhuda, cabeça falhuda*», Fig.) y trasmitido desde allí a América, procedente de un lat. vg. *FALLŪTUS* 'fallido', participio de FALLĔRE; para la terminación mozárabe -*uto,* comp. *CAÑUTO.*

Falla 'falta' ant., 'defecto' [*Cid;* Berceo, *Mil.,* 87b; *Loor.,* 53; *Alex.,* 545, 842; *Apol.,* 543b; J. Ruiz, 1076c; *Alf. XI,* 46; *Danza de la Muerte,* 169; *Canc.* de Baena, W. Schmid; Nebr.; J. de Valdés lo considera anticuado y dice que le gusta más *falta: Diál. de la lengua,* 107.6; *Aut.* sólo lo cita brevemente en Juan de Mena; y Acad. lo da como anticuado, y sólo después de 1899 lo admite en la ac. 'defecto de una tela', que probablemente será de origen forastero, tomada del catalán, donde *falla* sigue vivo, o del provenzal, donde *faio* es precisamente «endroit d'une toile moins serré que le reste»; sin embargo *falla* 'falta' sigue vivo hoy en Colombia y Chile], del lat. vg. FALLA 'defecto', documentado en glosas y conservado en el it. *falla,* cat. *falla;* en cuanto a *falla,* como término geológico, 'quiebra que los movimientos del terreno han producido en el suelo' [Acad. 1884, no 1843], procede del fr. *faille,* de origen dialectal valón (Haust, *La Houillerie Liégeoise,* 1926), que sale de un lat. vg. *FALLIA* 'defecto', de formación paralela (*FEW* III, 391), comp. en España el sayagués *faya* 'montaña escarpada' (M. P., *Dial. Leon.,* § 8.1). De *falla* proceden el adj. *fallo* 'desfallecido', alav., nav., 'no granado, falto', chil. (Draghi, *Canc. Cuyano,* p. 234) y el verbo *fallar* 'frustrarse', 'perder resistencia' [Nebr. «desum, deficio»], 'poner un triunfo por no tener el palo que se juega' [Góngora]; cat. *fallar* íd., port. y gall. *falhar* 'dejar de haber'[1], 'no cumplir'; *fallada*; *fallador*; *fallo* 'el que falla en los naipes', 'acción de fallar'.

Desfallecer [1241, empleado en el *Fuero Juzgo; Buenos Prov.*, 12.11; con las variantes antiguas *defallecer* y *defallir*, vid. Cuervo, *Dicc.* II, 1069-71]; *desfalleciente; desfallecimiento* [1251, *Calila*, 32.484; Nebr.].

Cultismos: *falible* [Nieremberg, † 1658], *infalible* [1457, Arévalo, *Vergel*, p. 311*b* (Nougué, *BHisp.* LXVI); F. de Herrera, *RFE* XL, 160], *falibilidad* [*fabilidad*, 1.ª mitad S. XVII, Rojas Zorrilla, *Cada qual lo que le toca*, v. 1392]; las formas antiguas *falir, falimiento*, etc., registradas por la Acad., serán grafías imperfectas de la pronunciación *fallir*. *Falencia* [Paravicino, † 1633; hoy vivo en la Arg., Chile, Honduras, en el sentido de 'quiebra financiera', pero el impresor del general San Martín en 1819 lo emplea en el sentido de 'falta, carencia', cita de A. Gárgaro, *La Nación de B. A.*, 25-IV-1943; antiguamente se empleó *fallencia* o *-ença* 'engaño, error, falta': Berceo, *Mil.*, 782*c; Apol.*, 22; *Alex.*, 41, 264; J. Ruiz, 250; *Danza de la Muerte*, 26; *Vida de S. Ildefonso*, 956; en el último *falencia* debe de ser grafía imperfecta de la *ll*]. *Falaz* [Mena; 1499, Núñez de Toledo], de *fallax, -ācis*, 'engañoso'; *falacia* [Mena, A. Torre (C. C. Smith, *BHisp.* LXI), APal., 351*d*, 381*d*].

[1] «Non *fallan* autores que...» Castelao 122.15.

Fallisca, V. *chispa*   *Fallo* 'decisión, sentencia', V. *hallar*   *Falluto*, V. *fallir*

FAMA, tomado del lat. *fama* 'rumor, voz pública', 'opinión pública', 'fama, renombre'. *1.ª doc.*: h. 950, *Glos. Emil.; Disputa del Alma y el Cuerpo;* Berceo, etc.

Frecuente en todas las épocas del idioma, pero debe de ser semicultismo en vista de la *f-* y de la perfecta conservación del significado latino, y los numerosos empleos fraseológicos tomados evidentemente de este idioma; por esta última razón puede decirse lo mismo de los demás romances, y el fr. ant. y med. y el gasc. *fame* se revelan además como cultismos por razones fonéticas.

DERIV. Muchos derivados presentan además señales de cultismo flagrantes. *Famoso* [*Corbacho* (C. C. Smith, *BHisp.* LXI); Nebr.], de *famōsus* íd. *Afamar* [h. 1400, *Canc. de Baena*], *afamado* [íd.; antes *famado*, Berceo, *Mil.*, 47; *Alex.*, 2115; *Rim. Pal.*, 325, 589; *Canc. de Baena*]. *Difamar* [1397, *BHisp.* LVIII, 395; APal., 114*d*, 393*b*; Torres Naharro, vid. Gillet, índice; también se dijo *disfamar*, F. *Juzgo* en *Aut.*, y *desfamar*, Nebr.], de *diffamare* íd.; *difamación* [*Corbacho* (C. C. Smith)]; *difamador; difamante; difamatorio, -oria; difamia. Infamar* [*enfamar*, 1475, G. de Segovia, 70; *inf-* Mena (C. C. Smith), APal., 106*b*, Nebr.], de *infamare* (comp. *enfamamiento*, J. Ruiz 1423); *infamador; infamante; infamativo; infamatorio. Infame* [1398, *BHisp.* LVIII, 359;

APal., 147*b*, 153*b*, 212*b*, Nebr.], de *infāmis* íd., antiguamente también *infamoso; infamia* [Berceo; APal., 110*b*, 203*b*, 212*b*, Nebr.], de *infamïa* íd., antiguamente también *infamidad*.

Famélico, V. *hambre*

FAMILIA, tomado del lat. *famīlia* 'conjunto de los esclavos y criados de una persona', 'familia', derivado de *famŭlus* 'sirviente', 'esclavo'. *1.ª doc.*: Berceo.

Ahí en la ac. 'conjunto de los feligreses'; según las *Partidas* abarca a los parientes y a los criados; en el sentido moderno aparece ya en APal., 121*d*, 153*d*, y Nebr., y es usual ya en el Siglo de Oro[1]; Cej. IX, § 181.

DERIV. *Familiar* [*Corbacho* (C. C. Smith), APal., 153*d*; Nebr.; la ac. 'demonio que tiene trato con una persona', es usual en el Siglo de Oro como sustantivo (por abreviación de *demonio familiar*): G. de Alfarache, *Cl. C.* IV, 69; *Quijote* II, v, *Cl. C.* V, 108*n.*; *Buscón*, íd., p. 219; de ahí seguramente 'culebra doméstica que tienen ciertas familias criollas', usual en el campo de Mendoza, Arg.], tomado de *familiaris* íd.; *familiaridad* [*familiaridat* 1374, *BHisp.* LVIII, 395; Nebr.], *familio* o *famillo* ant., 'criado' [*-lio*, Palencia, *Perfección*, pp. 357*a*, 359*a* (Nougué, *BHisp.* LXVI); ambos en APal., 521*d*]; *familiarizar* [Quevedo]; *familiatura; familión. Fámulo* [*Aut.*], tomado de *famŭlus* 'criado' (V. arriba); *fámula* [Calderón]; *famular; famulato; famulicio.*

[1] Pero en Rojas Zorrilla, *Cada qual lo que le toca*, v. 627, se trata de los criados de un personaje. Véase en la ed. de Castro cita contemporánea en el mismo sentido. Para la variante *familla* de Torres Naharro, V. la ed. Gillet, índice.

Famoso, V. *fama*   *Fana, fanado*, V. nota s. v. *fanático*

FANAL, tomado del it. *fanale* íd., y éste del gr. vg. bizantino φανάρι, diminutivo del gr. φανός 'antorcha', 'linterna', 'lámpara'. *1.ª doc.*: 1570, C. de las Casas; 1574, relaciones citadas por Terlingen, 256, y por Jal, 350*b;* de la misma fecha aproximadamente es el ej. sacado de la relación de la batalla de Lepanto citado por Jal, 1524*b.*

Frecuente desde h. 1600, vid. *Aut.*, pero todos los ejs. de esta época se refieren exclusivamente al uso náutico, y este matiz predomina todavía en la actualidad. En Cuba es 'faro': «los empleados del Gobierno dicen *faro;* los demás *Fanal de Roncali*, etc.; *farola* dice el pueblo...» (Pichardo). En Génova y en la Costa Toscana ya corre *fanar* o *fanale* en el S. XIII (Vidos, *Parole Marin.*, 388-90), y de ahí pasó seguramente a los demás romances, desde luego al francés [S. XVI] y al castellano, quizá también al catalán[1]. Sin embargo se nota el empleo de *fanâr* en mozárabe (R. Martí;

PAlc.; Juan León, morisco granadino de 1514, vid. Simonet, s. v.; y en varios dialectos norte-africanos), que ha de ser helenismo directo. Φανάρι es diminutivo genuino en griego y no derivado con el sufijo latino -ARIUM, según cree Vidos; en griego, la forma clasicista φανάριον está documentada desde el S. X.

¹ El vocablo tiene en este idioma mucha mayor amplitud semántica y social que en castellano, pues es el equivalente normal de *farol*. Podría ser helenismo directo. Pero Alcover no cita ejs. anteriores a 1561, y aunque esto puede ser casual, se nota asimismo la ausencia en occitano antiguo. La Crónica de Marsili (S. XIII), citada por Jal, s. v., emplea *lanterna* con el valor de 'fanal náutico', y lo corriente en toda la Edad Media es *faró* (vid. *FAROL*).

FANÁTICO, tomado del lat. *fanaticus* 'perteneciente al templo', 'servidor del templo', 'inspirado, exaltado, frenético', hablando de los sacerdotes de Belona, Cibeles y otras diosas, los cuales se entregaban a violentas manifestaciones religiosas; derivado de *fanum* 'templo'¹. *1.ª doc.*: Terr.

Se tomó seguramente por conducto del francés, donde ya aparece en el S. XVI, y donde fué muy divulgado por la literatura racionalista del S. XVIII.

DERIV. *Fanatismo* [Terr., pero Acad. 1843 califica todavía de neologismo], del fr. *fanatisme* [1688] íd. *Fanatizar* [Acad. ya 1843], del fr. *fanatiser* [1752]; *fanatizador*. *Profano* [ya en Juan de Mena (Lida, p. 257); 1499, Hernán Núñez], de *profanus* 'lo que está fuera del templo', 'profano', derivado de *fanum*; *profanidad, profanía*; *profanar* [h. 1520, Padilla (C. C. Smith, BHisp. LXI); 1573, Mármol], de *profanare* íd., *profanación, profanador, profanamiento*.

¹ Aunque algunos arqueólogos, como Jovellanos (Pagés), y humanistas (APal., 386d) han empleado este vocablo latino dándole terminación castellana, *fano*, no puede decirse que tal vocablo haya existido jamás en español. En las *Coplas de Mingo Revulgo* se habla del «pastor de Cerro Fano» y el comentarista Pulgar quiere que esto contenga la voz latina y signifique «sacerdote del templo», pero no es posible. Probablemente será nombre de lugar equivalente a *Cerro Mocho*, comp. gall. *fanar* 'despuntar las orejas, desmochar' (ya señalado por el P. Sarmiento, BRAE XV, 37), port. *fanar* íd. y 'circuncidar', y los nombres de persona y de lugar portugueses y castellanos reunidos por Silveira, RL XXXV, 73. Interesa ante todo la antigüedad del vocablo, que aparece en el sentido de 'mutilar, cortar (las orejas)' una vez en las Ctgs. («outros das orellas porende foran *fanados*»). Rodrigues Lapa (CEsc., p. 699) señala *fanar* 'fallecer, morir' en dos documentos gallegos de 1287 y 1299, y propone leer *seer fanado* 'mutilado, lisiado' (como eufemismo por 'muerto'

o idea aproximada) y *fanar-se* 'quedar mutilado' en dos cantigas de escarnio de mediados del S. XIII; en ambos casos se trata de una lectura a base de lecciones divergentes de los dos mss., lectura nueva e incierta, no coincidente con la de los filólogos anteriores, pero bastante apoyada y aun probable: se trata de una cantiga (185.21) del prestigioso trovador compostelano João Airas y de una tensón del juglar Juião Bolseiro, mencionado en una ctga. de escarnio de Alfonso el Sabio, fechable en 1255-8, que contiende una vez con Joan Soárez Coelho (quien escribía hacia 1240 o a lo más tarde 1260) y quizá era también gallego, siendo enemigo pertinaz del gallego Guillade), y la otra vez contiende con Rodrigues Tenorio, que a juzgar por su segundo nombre sería también gallego.

Agréguese el ast. *fana* 'desprendimiento de tierras' (V, s. v. *argayu*), que fonéticamente se aleja mucho del it. *frana* 'barranco, quebrada'; *fanadura* 'circuncisión, corte, amputación' ya se halla en Panteleão d'Aveiro, 2.ª mitad del S. XVI (RL XVI, 95), y *fañado* 'con las orejas mochas' aparece en la *Montería de Alfonso XI* (cita de Aut., mal traducida, según observó Sarmiento), y el hecho de que Vall. emplee *fañar, fañado* como traducción cast. del gall. *fanar* 'mutilar, dejar mocho' hace sospechar que se emplee la forma con ñ en hablas leonesas; registran gall. *fanar* «mutilar, cortar, cercenar» Lugrís, «dejar mocho» Vall., pero Figueiredo lo da como gallego en el sentido de 'marchitar' y con éste lo emplea escritor tan castizo como Castelao («unha *fanada* ilusión», «Galiza conta con algo mais que unha hestoria *fanada*» 168.19, 300.25).

A no ser que haya relación con el nombre de persona prerromano *Fan, Fáñez*, el origen y afinidades de este radical FANN- se desconoce, pues claro está que si FANARE 'consagrar' > 'circuncidar' sería ya muy audaz en lo semántico, fonéticamente es imposible.

Son hechos que se impone tomar en consideración en el problema del origen del fr. *faner*, oc. *fanar* 'marchitar', para el cual Gamillscheg piensa en un radical prerromano FANN- (para él, céltico [!] a pesar de la F-); Bloch y Wartburg (FEW III, 461b) quieren volver al étimo FENUM (lo que obligaría a separar del vocablo hispánico) con razones no carentes de fuerza, pero menos aún concluyentes, de suerte que M-L. (REW, 3241) permanece indeciso; mi opinión es que debe desecharse la idea, atendiendo a que *fanar* es ya medieval en occitano (con una *a* que agrava mucho las dudas inspiradas ya por la francesa) y la *n* galloportuguesa y ñ leonesa apuntan claramente a -NN-. Desde luego debe descartarse sin más examen la sugestión de Gamillscheg de que haya habido zonas del celta continental que participaran en el cambio de v- en F-, exclusivo del irlandés y ahí seguramente poco antiguo; la rechazaron ya Bertoldi, Dottin y también Weisgerber (*Sprache d. Festlandkelten*, pp. 46 y 56), pues si bien éste da cuatro vocablos en F-, el único donde la F- no va seguida de *r* (posición única en que el celta continental conoció este fonema) es un oscuro nombre de planta (*fesmerion*) de celticidad improbable. La localización y la esfera semántica del vocablo hacen pensar en un origen prerromano, pero lo mismo la *f-* inicial que el área galo-lusitana se oponen a un origen iberovasco o cético, y apuntarían netamente al sorotáptico; sin embargo no veo en el léxico indoeuropeo raíces en *bh-* o en *gʷh-* que se presten a sugerir una etimología sorotáptica concreta (el scr. *bhinnaḥ* 'hendido', *IEW* 116, el célt. insular *ben-* 'cortar', *IEW* 117, el celto-latino *battuo* 'golpear', *IEW* 111, cf. 114.15, quedan demasiado lejos en todos los sentidos). En cambio hay base mucho más seria para creer que nuestro tipo *FANNARE* tenga íntima afinidad con el románico común *AFFANNARE* 'afanarse', 'trabajar penosamente', quizá partiendo de 'torturar' > 'mutilar'; con la ac. 'marchitar', cf. el ast. *afañau* 'enteco, ruin (hablando del maíz y el trigo)'. Deriv. de *fanar*: gall. *fanancos* 'matorrales de plantas impenetrables que circundan los pantanos' (Sarm. *CaG.* 195v): no tendrá que ver con *fango*, en vista del sufijo claramente prerromano; del lado semántico se explica porque estas plantas suelen crecer poco lozanas por los aluviones y continuos desbordes del agua. V. *FANECA*. Sea como quiera, el artículo *fano* deberá borrarse del diccionario académico. La voz latina no ha dejado otro descendiente que el nombre de lugar asturiano *Fano* (M. P., *Oríg.*, 234), pues aun el arag. *Fanlo* puede estar en relación con el nombre de persona gótico *FANDILA*, para el cual vid. J. J. Nunes, *Homen. a M. P.* II, 591.

FANDANGO, origen incierto, quizá de **fadango*, derivado de *fado* 'canción y baile populares en Portugal' (del lat. *FATUM* 'hado' porque el *fado* comenta líricamente el destino de las personas). *1.ª doc.*: Datos de princ. S. XVIII, empezando por 1705, Adolfo Salazar, *NRFH* II, 159; *Aut.*; *fandanguillo* en una mojiganga de princ. del XVIII, citada por Tiscornia, *M. Fierro coment.*, p. 415).

Según *Aut.* es «baile introducido por los que han estado en los Reinos de las Indias». Ejs. dieciochescos en el dicc. de Ruiz Morcuende. Hoy ha quedado como típico de Andalucía. En la Arg., y ya a principios del siglo pasado (B. Hidalgo), significa 'fiesta gauchesca (en la que suele haber baile)', mientras *fandanguillo* es nombre de un baile criollo especial (vid. Tiscornia, *l. c.*, y p. 106). Acaso tenga razón Fernando Ortiz (*Afronegr.*, 202) al derivarlo del mandinga *fanda* 'convite', pues ya *Aut.* advierte que «por ampliación se toma por cualquier función de banquete, festejo u holgura a que concurren muchas personas». La ac. 'bulli-

cio' o 'desbarajuste' es hoy usual en todas partes. De ahí port. y extremeño *esfandangado* 'mal puesto o mal vestido, desaseado' (*BRAE* IV, 88). Carece de apoyo la opinión de que *fandango* derive del ár. *fandûra* 'guitarra' (B. Pottier, *Les Langues Néo-Latines* XLII, avril 1947, 22-25).

Aebischer, *RLiR* XXX, 1966, 88-96, documenta *fandango* en varios mss. españoles de los primeros años del S. XVIII, uno de ellos de 1705, en los cuales se habla de un *fandango de Cádiz* y de un *fandango indiano*, y en una relación de 1725 donde se describe este baile como una danza indecente popular en la provincia de Quito. Sin embargo, ni en ésta, ni en otras fuentes consta que fuese danza de indios, y al contrario la localización concreta en Cádiz y la localización de conjunto de las danzas de esta época (zarabanda, chacona, etc.), así como la documentación referente a Portugal, conducen a creer que la danza de Quito sería propia de los criollos y llevada a las Indias por los marineros andaluces y portugueses; en todo caso, consta que era ajena a la Nueva España. Es pues arbitraria en sí la idea de Aebischer de buscar su origen en quichua, y nos obliga a rechazarla de plano el hecho elemental de que la *f* es fonema inexistente en esta lengua. No tiene peso alguno el hecho de que la forma **fadango* no esté documentada, como tampoco se dice **queridango* (a pesar de que a Aebischer se le haya deslizado esta errata), sino *querindango*.

Mucho más razonable sería suponer que primitivamente se dijo **fadango*, derivado del port. *fado* 'canción popular, y baile y música con que se acompaña' (propiamente letra que comenta el 'hado' o *fado* de las personas): realmente el *fandango* es tan usual en el Brasil y en Portugal como en España, y *Aut.* afirma que vino de las Indias. El sufijo despectivo o afectivo *-ango* aludiría al carácter desenvuelto de los fandangos. La propagación de la nasal, como en *manzana, roncín, rincón*, port. *geringonça, Mendonça*, etc. En una palabra, *fandango* frente a *fado* es exactamente paralelo de *querindango* junto a *querido*. En apoyo de esta conjetura puedo citar el nombre de *fado batido* que se da a un fandango especial; en las tabernas de Lisboa «as bailadas são uma espécie de fandango, o *fado batido*, executado por ambos os sexos com tregeitos e meneios indecorosos» explica C. Michaëlis (*Canc. da Ajuda* II, 905) y agrega en nota que lo de *batido* se refiere a los choques de muslo con muslo que caracterizan este fandango. La propia D.ª Carolina nos informa de que la existencia del *fado*, si bien con diferente estructura métrica, ya está documentada en el S. XVI (p. 907), para todo lo cual se funda en la *História do Fado* de Pinto de Carvalho. Hubo, pues, tiempo para la formación y alteración de un derivado en *-ango*, y un nombre peyorativo era adecuado para llamar semejantes tipos de baile; *cantar esfandangado* opuesto a *guaiado* 'plañidero', como nombre de un género popular y autóctono más agitado, alegre y sentimental que el rígido romance a la castellana, ya aparece en Gil Vicente, Inés Pereira, ed. 1912, II 334.

DERIV. *Fandanguero* [*Aut.*, con cita de una comedia que no puedo fechar].

FANECA, 'especie de abadejo pequeño, propio del Cantábrico', probablemente del gall.-port. *faneco* 'mocho', 'desorejado', derivado de *fanar* 'despuntar las orejas, desmochar', para el cual véase nota s. v. *FANÁTICO*. *1.ª doc.*: *Aut.*, «pececillo muy pequeño que se halla en los mares de Galicia».

También de Portugal, donde ya lo registra Bluteau (1712); y en Galicia Sarm. (*CaG.* 80r, 103r, 81v, A15r): «pez como trucha, pero *muy ancho*, del sabor del badexo, y de la carne y tamaño del *corvêlo*; comida sin grasa, de enfermos, por lo cual le llaman *frango* [pollo] *do mar*». Acad. 1843 y 1884 y Vall. coinciden en explicar que es de cabeza achatada[1] y que se trata del *Gradus barbatus*. La forma de la cabeza corresponde, pues, al significado del gall. y port. *faneco*.

Por otra parte P. Barbier, *RLR* LVII, 296-7, estudia el origen de *alfaneca* y *faneca* 'phycis blennioides' y 'phycis mediterranea', recogidos por Carus (II, 575-6) en la ictiología mediterránea de Cisternas: sería el ár. *fanâk* 'especie de garduña africana' (vid. aquí s. v. *ALFANEQUE*), pues otros peces de los géneros *phycis* y *motella* llevan nombres que significan propiamente 'hurón' o 'comadreja', «por una analogía de forma y quizá de olor». Esta etimología puede ser cierta, pero es poco verosímil que el nombre de un pez gallego tenga etimología arábiga; el dato de Cisternas parece ser inseguro (los peces citados, aunque también gádidos, son distintos), pues el *Gadus Barbatus* (o *G. luscus*) es pez del Atlántico, muy raro en el Mediterráneo (Carus), y el nombre *(al)faneca* parece ser desconocido en las costas andaluzas: falta en Medina Conde, quien nos informa de que en Málaga los gádidos en cuestión se llaman *escolar*. En este sentido deberá enmendarse el artículo 3182 del *REW*.

[1] «Rostrum obtusum» (Carus II, 572). Acad. 1899 y 1936 dicen «cabeza apuntada». ¿Será errata por *despuntada*?

FANEGA, 'medida de capacidad para áridos, equivalente más o menos a 55 litros', 'espacio de tierra en que se puede sembrar una fanega de trigo', del ár. *faníqa* 'saco grande, costal', 'fanega, medida de capacidad equivalente al contenido de un saco'. *1.ª doc.*: doc. mozárabe de 1164 (Oelschl.); doc. toledano de 1191; Fuero de Guadalajara, a. 1219.

Muy frecuente ya en todo el S. XIII. Vid. Neuvonen, p. 129; *VRom.* X, 152. En doc. del Norte castellano del a. 1274 se habla ya de «12 *hanegas* sembradura de heredat», que puede pasar por el ej. más antiguo de la 2.ª ac. y de la variante con *h-*[1]. Contra la afirmación de Dozy (*Gloss.*, 266) y Neuvonen, la ac. 'medida de capacidad' se halla ya en árabe (cita del Mocaddasí en Dozy, *Suppl.* II, 285a), y por lo tanto no hay fundamento para sospechar que uno de los tres romances hispánicos la trasmitiera a los otros dos: en los tres es indudablemente arabismo directo. El cat. *faneca*, como medida de avena, figura ya en doc. de 1152 (*Rev. de Bilblgr. Cat.* VI, 17)[2], y el port. *fanga* ya en 1209, con la grafía *faanga* (Cortesão, s. v.), que indica se trata de una evolución fonética de *fanega* > *fãega* > *faãga* > *fanga*, y no de un ár. *fánqa* que sólo cita el Becrí: este escritor era de Huelva, muerto en 1093, y aunque habla de Córdoba citará ahí una forma romance del vecino Portugal. En algunas partes de este país se emplea, sin embargo, *faneca* «medida de quatro alqueires» (en la Beira, *RL* V, 172), arabismo más tardío.

DERIV. *Fanegada. Faneguero*; ast. 'el propietario de fincas que tiene muchas rentas y las percibe en grano' (V).

[1] Ésta se emplea hoy, p. ej., en la Arg.: Chaca, *Hist. de Tupungato*, p. 291.— [2] De ahí *fanecada* como nombre de medida agraria, empleado sobre todo en el País Valenciano.

Fanequí, V. *arlequín*   *Fanerógamo*, V. *diáfano*

FANFARRÓN, voz de creación expresiva, que del castellano ha pasado a los demás romances; de origen igualmente expresivo son el ár. *farfâr* 'liviano, inconstante', 'parlanchín', 'rompedor', it. *fànfano* 'hablador, enredón', *farfanicchio* 'hombre vano y frívolo, pero presumido', fr. *fanfare* 'música rimbombante', etc. *1.ª doc.*: *panfarrón*, 1514, Lucas Fernández (p. 112); 1535, J. de Valdés, *Diál. de la L.*, 22.22[1]; *fanfarrón*, 1555, Laguna.

No siempre se aplicó a personas ni siempre fué su sentido francamente peyorativo: Laguna habla de *rosarios fanfarrones* 'ostentosos, arrogantes, vistosos' y el autor de *La Pícara Justina* (1605) de un *fanfarrón escudo de piedra*. De todos modos lo común, y ya en el Siglo de Oro, es el matiz moderno. *Panfarrón* se halla además en la *Comedia Selvagia* del toledano Alonso de Villegas (1554: *RFE* XIII, 284) y un verbo *panfear* en el sentido de 'charlar' o 'fanfarronear' se lee en el *Corbacho* (1438) I, cap. 30 (ed. Simpson, p. 92). Por otra parte *fanfarrón* figura no sólo en los autores citados, sino también en Fr. Damián de Vegas (1590), Cervantes (1605), Espinel (1616), Huerta (1626), Vélez de Guevara († 1644: *La Serrana de la Vera*, v. 393), en C. de las Casas (1570), Oudin y Covarr., *fanfarronear* está en varios autores contemporáneos, *fanfarria* aparece desde Bartolomé de Villalba (1577, vid. Fcha.), luego en Lope y Quevedo, y *fanfarrear* ya en J. de Lucena (1483), según *Aut.*

Por lo tanto no se puede decir que la variante con *p*- sea anterior, y se tratará de una mera variante en la base onomatopéyica. El radical es simplemente *fanfa*- o *panfa*- y lo demás pertenece ya al sufijo, con valor aumentativo muy apropiado para el caso, comp. el *panfear* del *Corbacho* y la voz *fanfa* «favola, ciancia, commedia» recogida por C. de las Casas, que aunque muy rara, según observa M. P. (*ZRPh*. XXX, 677), reaparece en el port. *fanfa* 'fanfarrón' y *fanfar* 'fanfarronear', 'replicar con insolencia' (Fig.). En portugués *fanfarrão* y su familia se hallan desde h. 1537 (Ferreira de V.) y 1560 (Mendes Pinto), con el vulgar *fanfúrria* 'fanfarronada' (1664) y el gall. *fanfurriña* íd. (*VKR* XI, glos.), que pasó al cast. *fanfurriña* «enojo con leve motivo pero con alguna furia» (*Aut*.).

En este idioma el vocablo puede ser tan autóctono como en castellano; ya el cat. *fanfarró* [S. XVII], reciente y poco asimilado (otros dicen -*arron*), es castellanismo; el fr. *fanfaron* [1611: Cotgrave; 1627: *BhZRPh*. LIV, 187] está atestiguado como tal por los autores contemporáneos, vco. *panparroi* íd., de donde *panparroikeri* 'vanagloria' en D. Aguirre, *Auñ*. I, 102.25, a. nav., guip., vizc. *panparreri* 'fanfarronería' (Azkue); el it. *fanfarone* [fin del S. XVII, en trad. del castellano; *fanfarroneria*, 1579, en trad. del portugués, vid. Zaccaria] es considerado hispanismo por todos, y De Gregorio (*St. Glott. It.* VII, n.º 251) da pruebas de lo mismo en particular para sus formas dialectales siciliana y napolitana. En el estudio del origen se ha hecho demasiado caso de la opinión de Eguílaz (p. 395), que deriva del ár. *farfâr* 'liviano', 'inconstante', 'hablador'[2]. Este vocablo pertenece a la raíz *farfar* 'agitar', 'ser inconstante', 'romper', 'enredarse', pero el sustantivo y aun el verbo fueron siempre ajenos, según creo, al árabe vulgar[3]. Basta esta razón para rechazar la etimología arábiga admitida por Attilio Levi (*ZRPh*. XXX, 675-80), M-L. (*REW*, 3194)[4], Gamillscheg (*EWFS*, s. v.), y aun Spitzer (*Neuphil. Mitt.* XV, 168) y Bloch.

A la base de esta aceptación está únicamente el consabido prejuicio contra las creaciones expresivas: el primero de estos autores llega a afirmar temerariamente que «un' onomatopea per significare un concetto morale è cosa per se stessa assurde e inconcepibile»: sabido es, por el contrario, que el caso se da a cada momento en creaciones expresivas. Tampoco puede defenderse, como ya observó Gamillscheg, la separación del fr. *fanfare* y los demás miembros de esta familia expresiva: con palabras de Monet (1636), citadas por Sainéan (*Sources Indig.* II, 12), podemos decir que el fanfarrón puede ser, al fin y al cabo, «un homme de guerre se présentant avec *fanfare* ('ostentatio') à la vue d'une garnison pour attraire quelqu'un au combat». La única separación estriba en que *fanfare* es expresivismo creado en francés [1546][5], *fanfarrón* en español, *fànfano* en italiano [h. 1600], etcétera, pero como resultado de una misma con-

cepción popular.

DERIV. *Fanfarria, fanfarrear, fanfarronada, fanfarronear, fanfarronería, fanfarronesca, fanfurriña*: para las fechas vid. arriba.

[1] Citado entre las voces de origen griego. Desde luego Valdés pensaba en un compuesto con παν-'todo', 'mucho', quizá παμφανῶν 'muy brillante'. Claro está que no hace falta buscar un origen tan lejano; por lo demás el vocablo en cuestión es exclusivamente homérico y poético. Un *παμφωνῶν 'que levanta mucho la voz' (de φωνεῖν), tendría además el inconveniente de ser voz inventada.— [2] Freytag: «levis mente, inconstans, multiloquus, omnia frangens». Los adaptadores modernos entienden los dos últimos miembros «que habla mucho, pero enredándose y disparatando» (Kazimirski) o bien «brisetout» (Belot).— [3] No sólo faltan a Lerchundi, Bocthor, PAlc., Fagnan, Frisoni, etc., sino también a R. Martí, Beaussier y el *Suppl.* de Dozy (que sólo traen el verbo *farfar* y sólo en el sentido de 'romper' o en el de 'aletear', con un solo testimonio del mismo en el último). — [4] En la 3.ª ed. el vocablo árabe se ha vuelto turco (!). Inaceptable del todo es el supuesto de Levi y M-L. de que *fanfarrón* vino del árabe por conducto de un it. *fanfaro* (*farfaro* en el *REW* por errata), hipotético y sólo deducido de los modernísimos tosc. *fànfera* 'burla', nap. *nfanfarirsi* 'confundirse'.— [5] El primero de los ejs. de *fanfare* en francés, si no me engaño, es de Rabelais y tiene el sentido de 'fanfarronada': «faictes comme l'entendez; je resteray icy attendant l'issue de ces *fanfares*» replica Pantagruel cuando Frère Jean se alaba de vencer facilísimamente a las Andouilles sólo con la ayuda de los cocineros (IV, cap. 39, p. 149). Siendo así no es imposible que sea también préstamo del cast. *fanfarria*.

FANGO, del cat. *fang* 'barro', de origen germánico, emparentado con el gót. *fani* íd., escand. ant., ags. *fen*, fris. ant. *fenne*, b. alem. ant. *feni*, a. alem. ant. *fenna* 'pantano'. 1.ª doc.: Terr.

Este autor cita el vocablo brevísimamente como un equivalente «anticuado» de *lodo*, y remite a *parafango*. Luego parece que en su tiempo sólo se empleaba este compuesto, y que el autor confunde «anticuado» con catalán o dialectal. La Acad. lo admite ya en 1817 (no 1783). Los más antiguos ejs. citados por Pagés son de Espronceda y del aragonés Oliván (1849), en éste como término agrícola, en aquél ya en el significado figurado que después predominó en español: hoy es principalmente 'vilipendio, degradación' (*hundirse en el fango*, etc.). Falta totalmente en *Aut*., Covarr., Oudin, Nebr., APal., en los principales autores medievales y clásicos y aun en el léxico de Moratín. Un primer ej. del femenino correspondiente, copiado del provenzal, se halla en el Marqués de Santillana, *Doctrinal de Privados*: «Refrénevos discrición / apartadvos de tal *fanga*, / que si entra por la manga / sale por el cabeçón» (en *Canc.* de Castillo, I, 101*b*). El vocablo es muy popular en catalán, *fang*[1], NO. de Cataluña *fanga*, y debió entrar de ahí, quizá a través de Aragón[2], o como término de los transportes (teniendo en cuenta *para-fango*); como lugar de origen no es probable la lengua de Oc, pues en vista de la fecha sólo se hubiera podido trasmitir popularmente y por vía oral, pero el gasc. *hanga* hubiera dado otro resultado; y tampoco el italiano es verosímil en vista de la fecha tan reciente. La ausencia total del vocablo en gallego-portugués confirma el carácter advenedizo en castellano.

Para la extensión geográfica de los tipos *fanh, fanc, fanga* en lengua de Oc, y del fr. ant. *fanc*, fr. *fange* 'barro', fr. orient. *faigne* 'pantano', véase *FEW* III, 410-2. El gót. FANI puede explicar este último y oc. ant. *fanh*, gasc. *hagne*, landés *hanhà* (Millardet, *Textes*, Gloss.), aran. *hanyàs*, pero no las formas galorrománicas *fanc, fanga, fange*[3], ni el cat. *fang, -ga*, it. *fango* (ya en Dante, *Inf.* VII, 129). Para éstos se han hecho varias tentativas. Gamillscheg, *RFE* XIX, 148, y *RG* I, 370, cree que a pesar de todo vienen de FANI, comparando *tengo* de TENEO, pero claro está que esta comparación no conduce a nada, puesto que aquí se trata de un desarrollo verbal analógico, a base de *teño* por analogía de la vacilación entre *tingo* (TINGO) y el analógico *tiño, plaño* y *plango*, etc. La idea de G. de Diego, *RFE* IX, 139, cruce con *ciénago*x, es insostenible también, ya que este vocablo falta en los territorios donde *fango* es antiguo.

Tampoco puede aceptarse (a pesar de la aprobación del *REW*, 3184*a*) la idea de Brüch, *ZFSL* LII, 418ss., de un *FANIGS adjetivo (= ags. *fennig* 'cenagoso'), pues el desarrollo fonético de éste debiera concordar con el de palabras como MANĬCU, que ha dado it. *mànico*, cat. *mànec*, oc. *mànec, man-gue, margue* o *manje*, según los dialectos, pero en ninguna parte *mang*, o MONĬCU > cat. *monjo, monge*, oc. *monge, mónegue, morgue*. Quedamos, pues, reducidos a postular un germ. *FANG no documentado en dialecto germánico alguno, pero equivalente del scr. *paṅka-* 'barro, lodo', 'pantano', 'ungüento': idea ya sugerida por Wilh. Schulze, *Sitzungsber. d. preuss. Akad.* 1910, 792, y aceptada por Walde (*Lat. Etym. Wb.*, s. v. *palus*), Feist (*Got. Etym. Wb.*). Cierto apoyo se le puede prestar observando que FANI representa una prolongación sufijal PAN-JO- de la raíz PAN- representada por el célt. *an*, y que la otra prolongación PAN-KO- está representada en germánico mismo por el derivado PṆK-TO-, que ha dado el alem. *feucht* 'húmedo' (vid. Kluge, s. v.). No se olvide que tenemos un conocimiento muy fragmentario del vocabulario gótico, que es de donde hubo de venir esta palabra romance, dada su extensión geográfica.

Queda desde luego un grave escrúpulo que todos sienten. Aunque el dicc. de Walde-Pokorny (II, 5) apadrinó la idea, y la aceptó Wartburg, no sin

reservas, Pokorny en su obra más crítica[4] la eliminó del todo. Si se quiere evitar lo que siempre tiene de inverosímil postular un germanismo cuyo étimo no se documenta en ningún dialecto germánico, se podría suponer que *fanh* se convirtió en *fang* por influencia del verbo *afangar* 'embarrar, enlodar' [S. XIII, en oc.; 1412, en cat., S. Vicente Ferrer, *Sermons* I, 25.13], para el cual supondríamos un derivado romance AD-FANI-CARE, comp. cat. *amarg*, cast. *amargo*, debidos a AMARI-CARE. Pero creo más convincente atribuir la misma alteración al influjo de la familia léxica constituída por cat. *fangar* 'remover la tierra con laya, layar', *fanga* 'laya' [1337], oc. ant. *fanga* íd. (ej. de Montpelier en Raynouard; hoy parece olvidado en oc.), it. *vanga* y *vangare*, procedentes del lat. VANGA 'laya', que en otro tiempo pudo tener extensión mayor en la Romania, y que a su vez debe su *f*-al influjo de *fango*. Habría una especie de simbiosis entre los dos grupos de vocablos, debida al hecho de que la operación de layar es una de las más importantes en la vida agrícola y suele practicarse especialmente en terrenos regados o arcillosos.

DERIV. *Fangal* [ya Acad. 1817] o *fangar*. *Fangoso* [ya Acad. 1817].

CPT. *Parafango* [Terr.], no admitido por la Acad. 1936 (ha predominado *guardabarros*).

[1] Hasta hoy *fango* sigue teniendo un empleo y una amplitud semántica incomparablemente más estrechos que el cat. *fang* (= *barro* y LODO, V. éste).— [2] Falta, sin embargo, en los vocabularios aragoneses: Borao, Coll, Puyol-V., Torres F., Casacuberta, Elcock; claro está que porque ya lo había admitido la Acad.— [3] La *g* fricativa de éste no sale de una ɪ, como se ha dicho, sino de una *g* oclusiva, como se ve por el norm. *fangue*, de donde se tomó el bret. *fank* (aunque sea éste masculino, comp. bret. *brank* m. < norm. *branque* = fr. *branche*).— [4] Este fascículo de su *IEW*, p. 807 y el tomo correspondiente de mi *DCEC* aparecieron casi juntos, ambos en 1955.

Fano, V. nota s. v. *fanático*

FANTASÍA, tomado del gr. φαντασία (> lat. *phantasĭa*) 'aparición, espectáculo, imagen', 'imaginación, fantasía', derivado de φαντάζειν 'aparecerse', y éste de φαίνειν 'aparecer'. 1.ª *doc.*: Berceo, *Mil.*, 433*b*[1]; *S. D.*, 70.

Figura también en J. Ruiz, 57*c*; en Gómez Manrique (*A la Muerte del Marqués de Santillana*, copla 25); en APal., 25*b*, 153*d*, 166*d*, 173*b*; en Nebr., y es frecuente en Juan de Valdés (*BRAE* VI, 507). Tiene desde el principio, con ligeras variaciones, el sentido moderno, y parece haber sido de uso constante, aunque no muy frecuente, desde el S. XIII. Sin embargo, Juan de Valdés lo pone en su lista de palabras italianas, de las cuales quisiera «poder aprovecharse para la lengua castellana», pero agrega, después de *fantasía*, «en la sinificación que lo tomáis acá»: luego se trata del sentido específicamente italiano 'capricho', 'voluntad caprichosa', que por lo demás no logró Valdés aclimatar en español (comp., además, la ed. de [5] Boehmer, pp. 514 ss., y Gillet, *Propaladia*, índice); cf. además Gillet, *Studia Spitzer* 1958, 211 ss.

Deriv. *Fantasioso* [Calderón]. *Fantasear* [*-iar*, *Celestina* (C. C. Smith, *BHisp.* LXI); Nebr.]; *fantaseador*. Del lat. vg. pantasiare 'soñar', 'tener [10] pesadillas', salen el cat. *panteixar* 'jadear', oc. *pantai(s)sar* 'soñar' y el and. *pantoseo* 'acción de jadear' (oído en Bédar, Almería). Algunos han empleado recientemente *fantasista*, que expresa un matiz nuevo, imitándolo del francés. *Fantástico* [15] [*Corbacho*, A. Torre (C. C. Smith), Villena, *Doze Trab. Herc.*; Nebr.; *-tigo*, Mena, *Coronación*; *Canc.* de Baena, W. Schmid], tomado de *phantastĭcus*, y éste de φανταστικός íd., derivado de φαντάζειν. *Fantasticado* [1444, J. de Mena, *Lab.* [20] 269c]. *Fantasma* [Berceo; J. Ruiz; Nebr.], tomado de *phantasma*, y éste de φάντασμα 'aparición', 'imagen', 'espectro', otro derivado del mismo verbo; una variante vulgar *pantasma* ha estado en uso desde el S. XVI por lo menos[2], y hoy es [25] usual entre la gente rústica de toda España (según L. R. Castellanos, *RFE* XXIV, 227) y de muchos puntos de América[3]; esta variante debe explicarse como pronunciación vulgar de la grafía castellana *phantasma*, tan extendida antiguamente[4], aunque [30] más bien *p-* por *ph-* ya viene indirectamente o por analogía del lat. vg., de donde proceden las formas principalmente galorrománicas oc. ant. y mod. *pantaissar* 'soñar', 'sufrir de una pesadilla' phantasiare, cat. *panteixar* 'jadear', fr. ant. *pantaisier*, [35] hoy *panteler* 'jadear', cat. empord. *panxegar* 'respirar hondo, anhelosamente' (influído por *panxa* 'panza'); también gall. *pantasma* y desde ahí *pantasía* 'fantasía'[5]. En cuanto al mozár. *bantáuma* o *bíntáuma* 'muérdago persa' (Asín, p. 212-3; Dozy, [40] *Suppl.* I, 117a; Simonet, pp. 441-2), procede del lat. vg. pantauma < pantagma (comp. fr. *fantôme*), tomado oralmente del griego e influído por otros helenismos en *-gma*, etimología explicable, según da a entender el botánico anónimo, y ex[45] plica Asín, por la idea de un «ente quimérico y maravilloso que aparece sin causa razonable que explique su origen», a causa de la falta de raíz del muérdago (no de epithymum, según quería Simonet); *fantasmón*. *Fase* [1708, Tosca, en *Aut.*, [50] s. v. *phase*], tomado de φάσις 'aparición de una estrella', derivado de φαίνειν 'aparecer'; aplicado sólo, primeramente, a las fases de la Luna.

Cpt. *Fantasmagoría* [Acad. ya 1843], palabra forjada en francés, *fantasmagorie*, en 1801 (ingl., [55] 1802), para designar una exhibición de ilusiones ópticas por medio de la linterna mágica, en forma de figuras que parecen acercarse creciendo hacia los espectadores: el segundo elemento que sirvió para fabricar el vocablo es incierto, quizá [60] *alegoría* por su uso en el sentido de representación plástica; *fantasmagórico*. Compuestos de *fase* son *polifásico* y *trifásico*.

[1] Las gentes que presencian el milagro de la mujer encinta respetada por la marea «tenién que *fantasía* las avié engañadas».— [2] Popularmente es femeninp y más lo era antes en que lo empleaba así aun la gente culta, como el gallego Sarmiento: «*avexón* en Tuy... se llama la *pantasma* o espectro» (*CaG.* 230r); «Sacad esa *pantasma* fuera, señores aríolos, que cierto es cosa espantosa», en el dominicano Cristóbal de Llerena, a. 1588, *RFE* VIII, 126; «ninguna mujer que tuviere buenos ojos y buena boca... puede ser hermosa ni dejar de ser una *pantasma*; porque en preciándose de ojos, tanto los duerme, y los arrulla, y los eleva, y los mece y los flecha, que no hay diablo que la pueda sufrir», Quevedo, *Libro de todas las cosas* (*Obras, Cl. C.* IV, 139). Otros en J. E. Gillet, *Hisp. R.* IX, 318, y M. L. Wagner, *Fernández y Ávila, Inf. de J. Cristo*, *BhZRPh.* LXXII, 226.— [3] En Chiapas y Querétaro, Méjico (*BDHA* IV, 294); oído en el campo mendocino, Arg.; etc. En esta forma y en general en la ac. 'persona disfrazada que sale de noche a asustar a la gente', suele el vocablo emplearse como femenino.— [4] Una vez nacida la forma con *p-*, claro que el pueblo la relacionó con *espantar*, de donde nacieron variantes como *epantasma*, empleada en el Cibao dominicano (Brito), pero no creo que la alteración sea *debida* al influjo de este verbo, como dice Wagner, *l. c.*— [5] Un vampiro: «o *pantasma* chegouse a... o pescozo da rapaza», «como arañas *pantasmaes*», «pon freno á *pantasía* dos nosos canteiros», «mil *pantasías*» Castelao 187.11, 147.5, 128.16, 163.12.

Fantochada, fantoche, V. *infante*   *Fañado*, V.
fanático, nota   *Fañoso*, V. *refunfuñar* y *gangoso*

FAQUÍN, probablemente tomado del fr. *faquin* íd., del cual parece tomado asimismo el it. *facchino*, que posteriormente influyó en el uso del vocablo español; el fr. *faquin* se considera derivado del fr. med. *facque* 'bolsillo', 'saco', que a su vez procede del neerl. *fak* 'bolsa'. 1.ª doc.: 1445, *Coplas de Ay Panadera*.

Para antigua documentación castellana, vid. Terlingen, 309-10, y *Aut.*, s. v. *fachín;* el influjo italiano en el uso del vocablo está atestiguado por la indicación de Paravicino «*fachín*, que llaman en Italia». No entraré a fondo en la cuestión de la prioridad entre el vocablo francés y el italiano, para la cual y para la etimología, vid. Wartburg, *FEW* III, 375-6, con la bibliografía allí citada (agréguense últimamente las notas de Tagliavini y Prati en la revista italiana *Lingua Nostra*, volúmenes I, página 111 y V, página 58). Rabelais lo emplea en *Gargantua* capítulo 2 y en el

Tiers Livre III, cap. 37, p. 169 ('mozo de cuerda, ganapán'). Sainéan, *La L. de Rab.* I, 138-9, documenta copiosamente *faque* en los SS. XV y XVI, y dice vagamente, sin citar fuentes, que *faquin* ya se halla en el S. XV en el proverbio «baston porte paix, et le *faquin* faix». En cuanto a su afirmación de que *faque* no puede venir del neerl. *fak* porque en parte de estos testimonios aparece escrito *fasque*, claro que no tiene valor porque ya en el S. XV la *s* era muda en esta posición. Otro artículo de Sainéan en la *Rev. des Ét. Rabelaisiennes* V, 405-6. En italiano se documenta ya en 1494 (no parece estar comprobado el uso por Boccaccio); ya se halla en Venecia en 1442, y aunque Battisti admite origen italiano con etimología desconocida, Prati señala un texto toscano de 1573 donde todavía se le llama «voce forestiera», admitiendo el origen francés; en este idioma sólo desde 1534, pero sólo aquí se le encuentra un primitivo del cual derivarlo, en el vocablo *facque*, S. XV, y en esta época se llamaron *compaignons de la facque*, voz jergal; por otra parte, difícilmente se pueden señalar italianismos directos y comprobados en el español del S. XV, a no ser en categorías semánticas especialísimas, y por lo tanto el testimonio de las *Coplas* de 1445 puede hacerse valer como prueba indirecta de que *faquin* existía ya entonces en francés.

FAQUIR, tomado del ár. *faqîr* 'pobre, mendigo', aplicado a los santones mahometanos de la India; tomado por conducto del inglés [1609] o del francés [1653]. *1.ª doc.*: Terr.; Acad. ya 1884, no 1843.

Far, V. *hacer*   *Farabusteador, farabustear*, V. *filibustero*

FARADIO o **FARAD**, del nombre del físico inglés Faraday († 1867). *1.ª doc.*: princ. S. XX, Pagès.

Faragulla, V. *frangollo*   *Faralá*, V. *falbalá*

FARALLÓN o **FARELLÓN**, 'roca alta y tajada que sobresale en el mar', amer. 'íd. en tierra firme', del cat. *faralló* 1.ª ac. (o del it. merid. *faraglione*), y éste probablemente de un *FARALIONE metátesis del gr. φαλαριῶν, participio activo del verbo φαλαριᾶν 'estar blanco de espuma'. *1.ª doc.*: *farallón*, 1431-50, Díaz de Gámez (Cej. *Voc.*); 1493 (Woodbr.); *farellón*, 1590, José de Acosta.

Aut., que sólo recoge la primera forma, define vagamente «isleta o punta de tierra que se entra dentro del mar», pero el texto que cita de Acosta prueba que se trata de islas o peñascos rodeados de mar: «En algunas islas o *farellones*, que están j u n t o a la costa del Pirú, se ven de lejos unos cerros todos blancos». La Acad., ya en 1817, rectificó correctamente: «el islote o picacho alto que sobresale en el mar, y está en forma escarpada», y da la preferencia a la variante *farallón*. Ésta se halla en Pérez de Hita: «tomaron puerto en el *Farallón* de la mesa de Roldán, entre Almería y Vera» (*Guerras de Granada* II, 27). En España es hoy vocablo de la costa mediterránea, y especialmente se halla en la zona de lengua catalana, donde no son raros los islotes escarpados con el nombre de *El Faralló* o *Faraió*, según puede comprobarse por los mapas detallados; Ag. cita un *Farelló*, roca del muelle de Tarragona. y Amades y Roig definen *farallons* como «rocas pequeñas esparcidas por el fondo del mar» (*BDC* XIV, 28 y 88), ac. que no conozco directamente (de ahí sacó la suya Fabra) y que acaso exista; sin embargo, nótese que estos autores parecen referirse también a la definida arriba, puesto que agregan que son peligrosas para las barcas; hay variante *forelló* (ibid. p. 29), debida a la etimología popular *fora* 'fuera' (que así expresan los pescadores la idea que la gente de tierra define con las palabras *mar adentro*).

En tierras de América, *farellón* se emplea también para un islote peñascoso[1]; pero lo típico de allí, de acuerdo con las tendencias semánticas americanas (Corominas, *AILC* I, 10-11, 26), es la aplicación de este término marino a la topografía del interior, con referencia a grandes peñascos de las montañas: así *farallón* en el Este de Cuba (Pichardo, s. v.), en los Andes chilenos y en la Arg., particularmente en el Norte y Oeste[2]. Muy frecuente también en las Cordilleras colombianas: son famosos los *Farallones* del Valle del Cauca, *Farallones de Gachalá* y *de Medina*, unos 70 kms. al Este de Bogotá, etc.; en este país siempre con *-a-* ante la *-ll-*. En Italia, el vocablo se localiza en Capri y en Sicilia, y un *Faraglione di mare* se menciona cerca de Civitavecchia h. 1500 (*Diz. di Marina*). Hay también el port. *farelhão* (Fig.; C. Michaëlis, *RL* III, 162); los *Farilhões*, en efecto, son por ej. un grupo de isletas en el Atlántico, unos 20 kms. mar adentro de Peniche, al Norte de Lisboa. C. Michaëlis, M-L. (*REW*, 6463) y el *Diz. di Marina*, creen se trata de un derivado de *faro*, por ser islas donde se ponían farolas, y el último cita *faraglione* 'faro grande' en el diccionario marino de Guglielmotti (1884) y *fariglione* 'faro pequeño' en el de Bustico (1933); pero claro está que estas definiciones, que el citado *Dizionario* sólo acoge con reservas, no son más que interpretaciones seudo-etimológicas del vocablo que nos interesa.

Ahora bien, *faraglione* difícilmente podría explicarse como derivado de *faro* en italiano (en catalán mismo sería inexplicable entonces la forma dialectal *faraió*), y de hecho el *farallón* suele ser demasiado pequeño para que en él quepa un faro. Creo, pues, más verosímil la etimología griega, alusiva a las oleadas que cubren los farallones. La forma más conocida del verbo griego es φαληριᾶν,

pero deriva de φαλαρός (jónico φαληρός) 'salpicado de blanco'. Es vago y harto arbitrario el
supuesto de Battisti de que *faraglione* sea supervivencia prerromana. Claro que no sale de un *FRA-
GULO, -ONIS, relacionado con FRANGERE, como dice
GdDD 2906 (el ast. *frayón* tampoco prueba la
existencia de tal base latina, pues es derivado romance del ast. *frallar*).

¹ Así, p. ej., en la *Guía del Veraneante* de los
Ferrocarriles chilenos, 1942, p. 114, con referencia a la costa de Concepción.— ² *Fareyón* o *fa-
riyón*, oído en los Andes mendocinos. Con referencia a Catamarca o la Rioja: A. Franco, *La
Nación*, 14-XII-1941; Quiroga en *BRAE* XVII,
324 (aquí el colectivo *farallonal*); en Jujuy: H.
Carrillo, *La Prensa*, 5-X-1941; para Salta, vid.
mi nota citada. Todos ellos dan la variante *farallón*.

FARAMALLA, 'enredo o trapaza', 'charla abundante, rápida y sin sustancia', 'cosa de mucha apariencia y poca entidad', procede del antiguo *farmalio* 'engaño, falsía', el cual es metátesis del b.
lat. hispánico *malfarium* 'crimen', resultante de un
cruce de *nefarium* 'crimen nefando' con *maleficium* y otras palabras en *male-* de sentido semejante *1.ª doc.*: *farmalio*, Cronicón Albeldense, a.
883; *faramalla*, *Aut.*

Fué M. P. (*RFE* XI, 311-3) quien señaló la
relación evidente entre *farmalio* y *faramalla*, y probó que el significado de aquél era 'engaño, falsía';
así lo confirma Berceo en el *Martirio de San Lorenzo*: «el varón beneíto, quito de mal *farmario*»
(rimando con *vicario* y *donario*), v. 50*a*, donde
mal no hace más que confirmar el sentido del
sustantivo, según es usual en Berceo; y el *Libro
de Apolonio*, 646*d*: «Tarsso e Mitalena tuyas son
sin *famario*». *Faramalla*, según *Aut.*, es «enredo
u trapaza» y «el estilo de hablar mucho, de prisa
y sin sustancia: y al que habla de esta suerte se
dice que es un *faramalla*»; sus demás acs. pueden verse en las ed. recientes del dicc. académico;
ast. *faramalla* 'embustero, enredador, tramposo',
zaramalla 'trapacero' (Rato). Falta ahora hallar la
etimología, y me parece no puede ponerse en duda
la identidad de *farmalio* con el b. lat. portugués
malfairo o *malfarium*, documentado por Du C.
en dos textos, el segundo de los cuales es de
primeros del S. XV (puesto que se refiere a la
coronación del rey D. Enrique) y el primero parece anterior; el significado es claramente «scelus,
flagitium», según ya indicó el colector: «mulier
si fecerit *malfairo* viro suo cum homine altero...
cremetur cum igne»; se trata de un adulterio,
en ambos casos.

No deja de ser extraño que el prof. Leo Spitzer, que ya se había ocupado de esos textos (*Litbl.*
1914, 205) y había reconocido en el vocablo una
evidente alteración de *nefarium* por influjo de
maleficium y palabras análogas¹, no se diera cuen-

ta posteriormente, al tratar de *farmalio* en *RFE*
XI, 416-7, que éste era la misma palabra, suponiendo, en desacuerdo con los textos, que *farmalio* significaba 'pacto bueno o malo', y relacionándolo con oc. ant. *fermalha* 'tratado', derivado de
FIRMARE (otras palabras emparentadas con este *fermalha* pueden verse en *ARom.* IV, 381). Para mí
es claro que *malfario* sufrió metátesis en España
gracias a la etimología popular, que veía en él
un compuesto del cast. ant. *far* 'hacer' y *mal*.
Pero la forma primitiva todavía se conserva en
Andalucía: «*mar fario* y *güen fario* significa lo
mismo que mala y buena sombra», citado de los
Cantos Populares de Rodríguez Marín (III, 346n.)
por Toro Gisbert; no hay que decir que el contrapuesto *güen fario* es innovación popular mo-
derna².

En cuanto a la etimología de Moll (*Supl.*,
n.º 1442, y *BDLC* XIII, 353-5), que supone a
faramalla catalanismo, derivado de *feram* 'muchedumbre ávida', etc., derivado a su vez de FERUS
'fiero', no la creo probable, porque obligaría a
separar del *farmalio* antiguo y porque no parece
que el vocablo sea antiguo en catalán (Ag. y Alcover no citan ejs. antiguos)³: estimo, pues, que
en lugar de colocar las acs. del cat. *faramalla* 'engaño, intriga', 'mentiroso, embrollón', en último
lugar, según hace Moll, debe encabezarse con ellas
el artículo.

DERIV. *Faramallero* [*Aut.*]. *Faramallón* [íd.].

¹ A propósito de la etimología de Montoliu,
BDC I, 43, que de ahí deriva el cat. *fer malbé*
'echar a perder', etimología muy dudosa (vid. más
bien Spitzer, *BDC* III, 29-30).— ² A. Venceslada
define 'augurio, sino, buena o mala suerte' y trae
más ejs.— ³ Por lo menos en Mallorca, *faramalla*
ha de ser palabra advenediza, posiblemente de
origen castellano (o a lo sumo tomada del catalán literario), puesto que su *ll* se pronuncia -*ll*-
y no -*y*-, como ocurre en este dialecto con la
continuación de los grupos latinos LI y CL: comp.
en el diccionario de Amengual, *faramalla* frente
a *mortaya*, *baraya*, *cagayó*, *fuya*, *fiy*, *paya*, *bo-
rrayó*, *ay*, *uy*, etc., *faramalla* frente a *rondaya* en
el texto de Aguiló citado por Alcover, etc.

FARAMONTANO, del port. y gall. *foramontão*
compuesto de *foro* 'fuero, tributo foral' y *monte*
por su contribución a los servicios de monte y
caza. *1.ª doc.*: en portugués 1037-1065 (*Livro
Preto*); un dato castellano que se cita de 814 está
aislado en la documentación antigua, mal fechado,
y necesita confirmación.

Es palabra más gallegoportuguesa que castellana,
aunque parece haber tenido arraigo más o menos
considerable en el reino de León y en la Extremadura leonesa, en los cuales ha tomado la forma
con un encabezo, mientras que en portugués es
foramontão. Como el arraigo en Castilla es nulo,
y en Galicia y Portugal fué bastante denso, voy

a atenerme esencialmente, y con carácter provisional o definitivo, a la opinión bien documentada de los eruditos portugueses, pues al fin y al cabo de lo que trato ante todo es de rectificar una opinión aceptada precipitadamente en la primera edición de este diccionario. Aquélla es ya la de J. de Sta. Rosa de Viterbo en su *Elucidário,* que constituyó el punto de partida básico de los estudios medievales en Portugal. He aquí, por lo demás, cómo la resume Moraes: «*foramontão* adj. e sust. Os lugares ou casáes e emphiteutas que pagavão *foro* de *montaria* ou caça de veação; ou servião os Senhores nas montarias». No veo que esta opinión histórica, que al mismo tiempo implica claramente una etimología, haya sido puesta en duda en Portugal, a no ser en términos vagos[1].

A ella se atiene también Figueiredo, sin más que agregar otra acepción sustantiva: «casa ou lugar que pagava o *foro* imposto sobre as casas de prostituição», lo cual es sin duda secundario y tendrá más de eufemismo o de ironía que de oriundez: también ahí había «foro» y había, si se quiere, «caza», aunque no de montería. Otra exposición más desarrollada y que pone más de relieve el carácter personal, que debió de ser el básico, y que por lo demás todos admiten, la reproduzco de la «Grande Enciclopédia Portuguesa e Brasileira», pero quedamos en lo mismo, etimológicamente y aun en todos sentidos: «nome antigo dos enfiteutas, colonos ou caseiros que pagavam ao directo senhorio... o *fôro de montaria* ou *de monte.* O género em que se fazia o pagamento variava com os foros: constava de peças de caça, obrigação de correr os *montes* com armas e cães na companhia do senhorio, etc. Havia foramontãos do rei, dos fidalgos, das ordens religiosas, dos bispos e abades. Nas Inquirições· de D. Dinis, de 1290, verifíca-se que Nouman, lugar da freguesia de S. Miguel-de-Queirã, tinha uns 12 homens que eram *foramontãos.* Em Paço-de-Volharigues também a maior parte da herdade era de *foramontãos* do rei».

En lo fonético sólo conviene precisar que *foramontão* sale de *foro-mont-ão* por disimilación; y que agravándose la disimilación en tierras leonesas, como es natural donde se decía *fuaro* o *fuero* pero ya no *foro,* allí se vuelve *faramontano:* tengo motivos para sospechar que la administración ha trasegado esta forma más o menos castellana a la toponimia gallega, donde consta oficialmente *Faramontanos* o *Faramontaos* pero dudo que allí sea autóctona la *a* de la primera sílaba.

Conviene ahora completar la documentación en sentido de mayor antigüedad, aunque sea ateniéndonos a la aplicación toponímica. Gracias al admirable *Onomástico Medieval Português* de Cortesão sé que un topónimo *Foramontanos* ya aparece en el Livro Preto da Sé de Coímbra, conservado en la Torre do Tombo, y en las Inquisitiones portuguesas de 1258 figura un *Fora montaos* en las de la primera clase, y un *formontanos,* lugar al parecer diferente, en las de la segunda; con ello nos remontamos continuamente hasta la mitad del S. XI, que es la fecha del Livro Preto, y con textos publicados con tanta crítica como los Portugaliae Monumenta᾽ Historica.

Ante esta documentación en *For-* (que no me era conocida) se impone desechar la etimología, y aun la definición que aceptó el *DCEC* de un trabajo, por lo demás serio y que conocía más a través de Klein[2], que por análisis directo: la monografía del erudito extremeño Vicente Paredes Guillén, «Historia de los *framontanos* celtíberos» (Plasencia, 1888). De él procede la definición que di en mi edición primera, «mojón en forma de animal o de persona (comparable a un fraile) que marca las cañadas de Castilla». Por lo demás no traté del vocablo en un artículo, sino rápidamente en un par de líneas dedicadas a los compuestos de *FRAILE.* Me predisponían a hacerlo en esos términos la aplicación del cat. *frare* y del propio cast. *fraile* a una infinidad de peñascos serranos y de objetos agrícolas, sin contar los *frailejones* colombianos, cardos gigantescos que me habían impresionado en excursiones por los páramos andinos del Norte. Además ni Paredes ni Klein mencionaban otra forma que la secundaria, con síncopa *framontanos,* forma por lo demás rara, que sólo se conoce por Paredes y por un pueblo salmantino *Cabeza de Framontanos* en el partido de Ledesma. No me fijé mucho en que Klein dejaba en bastante duda la opinión de Paredes[3]. Pero lo más decisivo claro está que es el contenido semántico, histórico y jurídico del vocablo, que no es el que suponía Paredes sino el demostrado por la erudición portuguesa. Y yo recordaba también los toros y verracos de piedra del territorio carpetovetónico, las divinidades de origen totémico, asociadas a animales, las téseras hospitalarias de figura bestial, precisamente muy documentadas en Celtiberia, los famosísimos Toros de Guisando, las *bichas* y verracos con que el vulgo castellano ha designado las toscas esculturas, cada vez más misteriosas, los *toricos* ya *comentados* por los clásicos de Castilla[4]. Lástima que Paredes no lograra casi otra documentación que la toponímica, como que ese término ha permanecido ajeno a la lexicografía española.

Por lo demás también es forzoso rechazar, para evitar que desoriente, otra teoría histórica y etimológica sustentada por un historiador tan grave como Justo Pérez de Urbel, pero sentada sobre fundamentos históricos, no sólo inaplicables como aquéllos, sino todavía más endebles y si no me engaño indocumentados. Se trataría de hombres «salidos fuera de las montañas» y establecidos en Castilla. Cedo la palabra a Gonzalo Arias, que expone el caso no sin malignidad, pero con ironía nada injusta, acusando a Fray Justo de «desarrollar con empaque científico esta interpretación: "al penetrar en la llanura se convierten en *foramontanos*" (p. 200); "la tierra *foramontana*" y "la repoblación *foramontana*" (pp. 201-204) significan en la pluma de Pérez de Urbel la tierra situada al sur de la Cordillera Cantábrica y la repoblación de la llanura castellana»[5].

Realmente es asunto «grave» sustentar algo tan trascendental como el estudio de la repoblación en la Reconquista, sobre fundamentos meramente toponímicos, por lo demás mal comprendidos[6]. No ignoro que se da una cita de unos Anales Castellanos, «exierunt foramontani de Malacoria et venerunt in Castiella», atribuídos al año 814. Poco sabemos de estos anales, y empiezo por no saber nada de esta fecha, que desde luego, por lo menos en cuanto a la forma lingüística citada, ha de ser falsa (nótese la diptongación, y por si fuera poco, en un texto culto); y de todos modos atiéndase a que del propio contexto citado se desprende que este Malacoria[7], de cuyos foramontanos se habla, no estaba en Castilla.

Porque en todo caso no podemos menos que confirmar el fundamento geográfico del rechazo de Arias. Según los datos de Madoz (que por lo demás no intenta definir el vocablo) hay, si no cuento mal, 9 pueblos llamados *Faramonta(n)os* en Galicia, y nada más que dos en la provincia de Zamora y Cabeza de Framontanos en la de Salamanca, pero a la propia raya de Portugal (por lo menos uno de los zamoranos está en el partido de Alcañices, también fronterizo). A lo cual debemos agregar los numerosos topónimos y antropónimos portugueses antiguos y modernos. En una palabra, el nombre de lugar que nos interesa es sólo gallegoportugués, y en masa, con un par de casos en el área leonesa fronteriza. Pero no hay ninguno en Castilla[8].

¹ Es verdad que Cortesão en su obra menos importante, los *Subsídios*, aun reconociendo que en bajo latín (portugués) es *foramontanu(s)*, se pregunta si no podría venir de *foramentão*, con lacónica referencia a los topónimos *Fermentelos* y *Fermentões*; pero salgan éstos de FERMENTUM o de FERVENTEM por nasalización, el apoyo que den a construcción alguna es vaguísimo, y la idea, inaplicable a una institución de seguro contenido jurídico.— ² *The Mesta*, Harvard 1920, pp. 17-18.— ³ Mejor informado sin duda, la rechaza en cambio Caro Baroja, sin vacilación, en *Los Pueblos de España*, pp. 186 y 354. Pero se limita Caro a desechar por anacrónica la inferencia que de ahí sacaba Paredes acerca de la existencia de una transhumancia pastoril de fecha «celtibérica», y no habla Caro del contenido histórico real de la palabra ni mucho menos de la etimología.— ⁴ De que tanto nos habla también Caro Baroja en otros pasajes, pp. 180, 182, 186, etc.— ⁵ Cito de la revista española de París *El Miliario Extravagante* (noviembre de 1963, pp. 59-66) que tan útiles, curiosos y aun cuidadosos

datos reúne acerca de una especialidad capital para nuestros historiógrafos, la historia de la vialidad romana y visigótica.— ⁶ Las citas son de la monografía de Castilla primitiva incluída en la *Historia de España* publicada tras la égida de Mz. Pidal, tomo VI, aunque ya apenas bajo su dirección.— ⁷ No trato de precisar dónde está «Malacoria». Dudo que se trate de la pequeña ciudad portuguesa de Mogadouro, muy próxima a los dos Faramontanos leoneses, pues su nombre no coincide mucho en lo fonético, aunque no se olvide que la -L- se pierde en portugués y que cayendo los *Cimos de Mogadouro* sobre el Duero hubiera sido natural una contaminación por parte de *Douro*.— ⁸ Puede el venerable historiador silense invocar en su descargo que tomó la idea de una serie de artículos publicada por Víctor de la Serna. Se trata del ingenioso periodista que escribía en *ABC*. Recogiólos luego con el título «Nuevo viaje de España: la ruta de los foramontanos». Pero esto carece de base seria.

FARÁNDULA, 'pandilla, cuadrilla, especialmente la de comediantes vagabundos', 'profesión de farsante', probablemente tomado de oc. *farandoulo*, f., 'danza rítmica ejecutada por un grupo numeroso de personas que corren dándose la mano', 'el grupo de personas que danza en esta forma', derivado del verbo *farandoulà* 'bailar la *farandoulo*', que parece ser alteración de *brandoulà* 'oscilar, tambalearse, contonearse' por influjo de *flandrinà* 'haraganear, remolonear'; *brandoulà* es derivado de *brandar* 'oscilar, menearse, agitarse' propiamente 'blandir', derivado a su vez de *bran* 'espada', de origen germánico (V. *BLANDIR*); *flandrinà* lo es de *flandrin* 'persona alta y desgarbada', 'remolón, roncero' y éste de *Flandres* = cast. *Flandes*, por el carácter flemático y el andar desmadejado que se atribuye a los habitantes de este país. 1.ª doc.: 1603, Rojas Villandrando.

En la clasificación que hace este autor (*Viaje Entretenido*, libro I) de las clases de compañías y representantes, leemos que la «*farándula* es víspera de compañía: traen tres mujeres, caminan en mulos de arrieros, y otras veces en carros, tienen buenos vestidos, hacen fiestas de Corpus a docientos ducados». Algo más tarde aparece el vocablo en los diccionarios de Covarr. y Oudin, así como en la segunda parte del *Quijote* y en el *Buscón*, en los cuales se halla ya en transición hacia el sentido de 'profesión de cómico'[1]. Pero no fué éste el único significado que tuvo nuestro vocablo en la Península. También pudo ser una pandilla o grupo cualquiera de personas que se entienden para cualquier fin: dice *Aut.* que «se toma por algún trato, exercicio o comercio en que entran varias personas; y assí se dice: *todos son de la farándula*» y «por traslación se toma por trapaza, embuste o enredo para engañar o halucinar a otro»[2]; esto último puede explicarse de varias maneras, pero desde luego contribuyó a ello el hecho de que los faranduleros se entregaban a su profesión con carácter ocasional, como uno de tantos medios más o menos lícitos de salir de apuros económicos, como pone de relieve Rodríguez Marín citando la copla popular «a la farandulica, / faranduleros; / a la farandulica, / que no hay dineros» (*Quijote*, ed. crít. IV, 236). Sea como quiera, la idea fundamental es la de 'pandilla vagabunda', como se ve también por el port. *farândola* «bando de maltrapilhos; súcia (= reunião de pessoas de má índole ou de má fama)». El matiz peyorativo es bien visible en los testimonios anteriores y en los dos siguientes, de forma algo alterada, que son los más antiguos en iberorromance: *farandúraz* (rimando con *señúraz = señoras*), en boca de una gitana, en Gil Vicente (1.ᵉʳ cuarto del S. XVI), en el sentido de 'bagatelas, cosas despreciables', cat. antic. *farendures* íd. (1565, Alcover), y *falanduria* (rimando con *injuria*) en una ac. como 'atrevimiento, temeridad' en la *Historia de Santa Orosia* del aragonés Bartolomé Palau (h. 1524)[3].

Ya Diez, el primer autor que se preocupó seriamente del origen de *farándula*, se dió cuenta de que debía existir relación con oc. *farandoulo*, de donde el préstamo fr. *farandole* (*Wb.*, 450), pero sugirió derivarlos a ambos de un antecesor del alem. *fahrende* 'vagabundos, gente nómada', 'aventureros', que antiguamente había también significado 'juglares'; de una forma antigua de esta palabra (FARANDI) pudo salir un **faranda*, del cual *farándula* sería diminutivo romance; dejemos a un lado la extrañeza de este sufijo latino y culto pegado a un radical alemán: la mayor dificultad está en que, según ya vió Diez, el vocablo hubiera debido tomarse del alto alemán en su fase antigua, o sea antes del S. XI, y como geográficamente ello se explicaría sólo suponiendo intermediarios la lengua de Oc y el francoprovenzal, debiéramos hallar el vocablo en Francia desde la Edad Media, cuando en realidad no se documenta allí hasta 1771 (Bloch) y en España hasta el S. XVI o XVII. M-L., en la primera edición de su *REW*, 3149, y Wartburg, *FEW* III, 374, acabaron de quitar a la idea toda su verosimilitud, partiendo de la locución alemana *fahrende leute*, sinónima de *fahrende*, y suponiendo que se tomara durante la Guerra de los Treinta Años o en la de Sucesión: pero claro está que es inaceptable el cambio que se supone sufrido en romance por la terminación -*deleute*.

La buena explicación está indicada, con cierta vaguedad, en el libro de Spitzer, *Lexik. a. d. Kat.*, 77[4]. Quizá pueda admitirse con este filólogo, aunque no es necesario, que el cast. *farándula* procede de un oc. ant. **farándola*, mientras que las formas paroxítonas de Gil Vicente y Bartolomé Palau, así como el nav.-arag. *farandola* 'faralá, volante', ya corresponden al moderno *fa-*

randoûlo, con el traslado del acento que han sufrido modernamente todos los esdrújulos en lengua de Oc[5]; la falta de documentación antigua para esta forma occitana no puede extrañarse demasiado, tratándose de un idioma sólo bien estudiado en los períodos de su vida que corresponden a los SS. XII-XIII y XIX-XX. Lo más probable es que el préstamo no sea anterior a 1500 y se hiciera partiendo de la acentuación oc. *farandoúlo*: el acento esdrújulo será innovación operada en castellano. En lengua de Oc, junto a *farandoulo* hallamos el langued. *barandello* 'danza en redondel', con la locución adverbial *en barandello* «en troupe»: luego está claro que de 'danza en grupo' se pasó a 'grupo, pandilla', y por otra parte se confirma la relación de nuestra familia con la de *brandà* y *brandoulà*, alterada por la anaptixis *bra-* > *bara-*, y luego *fara-*[6], gracias al encuentro con la familia del fr. y oc. *flandrin*. La amplia zona de contacto semántico de ésta con aquélla resulta bien clara del artículo FLANDERN del *FEW* (III, 605b), donde leemos formas como prov. y langued. *flandrino* «grande dégingandée», St.-Pons *flandrin* «fashionable, faraud», Nantes *flandrin* «lent à se mouvoir», en otras partes «fainéant et traînard», «paresseux», prov. *flandrinà* «fainéanter, lambiner»; agréguese prov. *farandèu* «gauche, sans gêne et sans tournure, un peu niais», junto al cual *barandet* «personne insouciante, changeante et ennuyeuse» corrobora la íntima fusión de las dos familias léxicas paralelas. Hay un vago parecido entre el oc. *farandoulo* y el iranio oriental (sákico) *falaembulai* 'alrededor' tomado del gr. παρεμβολή 'recinto' (Bailey, *Trans. Phil. Soc. L.* 1945, 9, y *BSOAS* XII, 319-332). Aunque a través de la jerga militar de los romanos llegaron a Francia notables iranismos (como *frapper*, etc.) aquí el parecido semántico y fonético es tan vago que probablemente se debe a una mera casualidad. Fuera de alguna documentación, nada agrega útil el artículo de Eugène Kohler («Histoire d'un mot: *farandole*», *Mélanges Hoepffner*, 1949, 127-138), quien sigue creyendo que el provenzal lo tomó del castellano, y admitiendo las insostenibles etimologías alem. *fahrende leute* o germ. *fara* 'familia'. Apenas hay que decir que no es posible partir de un **FERIANDUS*, con *GdDD* 2733a.

DERIV. *Farandulero* [Sánchez de las Brozas, † 1600, *Aut.*]. *Farandulear*. *Farandúlico*. *Farandola*, vid. arriba.

[1] «En mi mocedad se me iban los ojos tras la *farándula*», «encarecióme tanto la vida de la *farándula*», véanse las citas en *Aut.* De todos modos, nótese que aquí estamos todavía en el sentido básico de 'c o m p a ñ í a de comediantes'. Al aldeano que era el joven Alonso Quijano se le iban los ojos tras las farándulas que pasaban por su pueblo, y por *vida de la farándula* debe entenderse concretamente la que lleva la com-

pañía andariega de este nombre, aunque tomada ya la farándula en ambos casos como símbolo de la clase histriónica.— [2] De ahí *farandulero*, tal como figura en el pasaje de los *Sueños* de Quevedo citado por *Aut.* «pero un verdugo mui enfadado, replicó: *Farandulero* es el señor, y pudiera haver ahorrado aquesta venida». Comp. la definición del port. *farândula* y *farandulagem* en Moraes «pessoa ou c o i s a d e p o u c a c o n t a, como são farçantes».— [3] Verso 2052. El editor Fernández Guerra pretende que es 'charlatanería', inspirándose en una supuesta relación con el gall.-port. *falar* 'hablar', pero claro está que un derivado de este verbo occidental es imposible en el dialecto aragonés.— [4] En el mismo sentido Sainéan, *Sources Indig.* II, 324. Pero el origen último no es onomatopéyico, como él y en parte también Spitzer dan a entender.— [5] Sin embargo, en realidad es muy dudoso que una acentuación *farándola* existiera jamás en lengua de Oc, a no ser que partamos de una fecha inverosímil por lo muy arcaica, en que todavía existiesen presentes verbales esdrújulos (perdidos aun en iberorromance), y por consiguiente postverbales esdrújulos. Como también en la Península *farandúra* (*-uria*) se halla antes que *farándula*, es más verosímil admitir que esta acentuación proparoxítona se deba a ultracorrección de la tendencia aragonesa a hacer paroxítonos los esdrújulos: entonces el cambio se produciría al pasar este vocablo occitano por Aragón antes de entrar en Castilla. Por lo demás, *farandúla* se halla también en Góngora («su determinación no dissimula / ... / de convertir en Nuncio la Anunciata / y su congregación en *farandula*», ed. Foulché III, 10), y bien mirado ignoramos cómo acentuaban sus demás contemporáneos que emplean el vocablo.— [6] Una anaptixis semejante presenta el oc. *faragoulo* 'cirio' < *fragoulo* < FACŬLA, hallado en doc. de 1550 por Pansier, *Hist. de la Langue Prov. a Avignon*, V, 177.

Faranga, V. *haragán*   *Farangulla*, V. *frangollo*   *Faraón*, V. *faro*   *Faraute*, V. *heraldo*   *Farda* 'tributo', V. *alfarda*   *Farda* 'lío', V. *fardo*   *Farda*, V. *alefriz*

FARDA, 'corte o muesca que se hace en un madero para encajar en él la barbilla de otro', del ár. *farḍ* 'muesca'. *1.ª doc.*: 1633-65, Fr. Lorenzo de San Nicolás.

Lo recoge la Acad. ya en 1884 (no 1843). Pagés reproduce este pasaje del citado técnico arquitectónico madrileño: «la espera[1] es una *farda* que se hace en los pares[2] para que el jabarcón[3] descanse con su barbilla»[4]. Según indica la Acad., es voz de origen arábigo, aunque no es *fárḍa* «corte, muesca», como dice este diccionario, sino *farḍ* «incisura, crena» (Freytag), «entaille» (Bocthor), de la raíz *fáraḍ* «faire des coches, des en-

tailles (dans le bois)»; del plural de este *farḍ*, a saber, *firâḍ*, vendría según Dozy el cast. *ALEFRIZ*, pero esta última etimología es poco probable (V. el artículo). La semejanza con *ALFARDA* 'pares' (véase) es casual.

[1] «Escopleadura que empieza desde una de las aristas de la cara del madero y no llega a la opuesta».— [2] «Los dos maderos que forman la pendiente de una armadura por uno y otro lado».— [3] Variante de *jabalcón*: «Madero ensamblado en uno vertical para apear [= apoyar] otro horizontal o inclinado».— [4] «Corte dado oblicuamente en la cara de un madero para que encaje en el hueco poco profundo de otro».

FARDACHO, 'lagarto', arag., del mismo origen que el cat. merid. *fardatxo*: cruce del ár. *ḥardûn* 'lagarto' con el preislámico valenciano de origen bizantino *sarvacho*. *1.ª doc.*: Acad. 1817 (no 1783), como palabra provincial; el derivado *fardachina* 'lagartija' ya figura dos veces en un inventario aragonés de 1374 (*BRAE* II, 342).

En mis artículos de *BDC* XXIV, 20-22, y *RFH* V, 12-14, estudié la extensión del vocablo, su origen y variantes en catalán, en aragonés y en árabe; véanse allí los pormenores. Aunque ya en 1884 había suprimido la Acad. toda mención regional en su artículo *fardacho*, no tengo noticia de que esta palabra española se haya empleado nunca fuera de Aragón, donde puedo señalarla en algún punto de los valles pirenaicos (Panticosa, etc.), pero sobre todo en el Bajo Aragón y en la llanura del Ebro; en la Puebla de Híjar corre la variante *fardazo*, donde tenemos la forma castellana del sufijo -ACEUM, en lugar de la mozárabe -*acho*, que ha predominado en el resto. En catalán se emplea *fardatxo* desde el Ebro, incluyendo el Priorato, hasta el extremo Sur del dominio lingüístico (son falsas y ultracorregidas las formas *fardajo* y *fardaig* que citan algunos vocabularios valencianos)[1], y ahí también es mozárabe, por la *tx* y la *-o*, la forma del sufijo. En forma paralela se explica el cat. dial. *farditxa* o *esfarditxa* (en el Priorato, cerca de Tortosa), con terminación mozárabe, pero aquí diminutiva, pues significa 'lagartija'. En algunos puntos del Alto Aragón, Navarra, Álava y en Tarazona, existe una variante *gardacho* 'lagarto', que aparece ya en el S. XIII, Vidal Mayor 4.38.79, explicable por otra trascripción del fonema semítico *ḥ*, y otras variantes debidas a cruce con el tipo *sangartana* 'lagartija', vid. *RFH*, *l. c.*

De un particular interés es el valenciano *sarvatxo* 'lagarto'. No creo ya en que aquí tengamos, como admití todavía en el *DCEC*, el resultado de una transcripción aproximada del *ḥ* extranjero, pues con esto no nos esperaríamos la -*v*-[2] y los ejemplos de *ḥ* > *s* que reunía ya en *BDC* XXIV, 22 son pocos, no todos claros y sólo hay otro en palabra de origen árabe. Por cierto, el gall. de Tuy *sardón* 'lagarto arnal' (Sarm. *CaG.* 208r y p. 227), el port. *sardão*[3] 'especie de lagarto verde' y su derivado *sardonisca*[4] coinciden tanto con el ár. *ḥardîm* en su terminación, que tampoco ahí es razonable dudar de esta etimología, pero cabe admitir que su *s-* se deba a la contaminación de un sinónimo romance, que para Schuchardt sería *salamandra*; sin embargo, nos acercamos más en lo semántico atribuyéndolo a un nombre prerromano de la lagartija, de la familia del cast. *sabandija*, port. *sevandilha, -ija*, vco. *segundilea* (y variantes), cat. *sargantana*.

Volviendo a *sarvatxo*, sus áreas y las del val. *fardatxo* alternan desde el Sur al Norte del país: *fardatxo* en Elche, Jijona, Teulada y hasta Alcoy, luego reaparece en la zona central, desde el Júcar (Carlet) (lo que hace que éste sea el vocablo más conocido en todo el País) y hasta la Plana de Castellón y el Alto Maestrazgo (Benassal); viene luego otra faja de *sarvatxo* en el Bajo Maestrazgo (Vilafamés, Les Coves de Vinromà); en fin otra vez *fardatxo* desde Alcalá de Xivert hasta Alcañiz, incluyendo ambas márgenes del Ebro hasta el Norte del Priorato; pero desde Margalef, La Horera de Montsant y Siurana empieza ya el área del cat. estricto (y literario) *llangardaix* y del tarrag. y rosell. *lluert*. Todavía habría una tercera zona de *sarvatxo* cerca del Ebro, más al O., entre Reus, Mequinenza y Lérida, en la comarca de las Garrigas (Maials, Llardecans, Sarroca de Segrià, ya no en Seròs ni Lérida), pero allí se dice hoy *sardatxo*, evidentemente un compromiso entre *sarvatxo* y el más extendido *fardatxo*. Pero la zona más amplia de aquél y aquélla donde se presenta con mayor arraigo es alrededor de Albaida y al Este de Alcoy. Según Martí y Gadea se emplea en el valle de Seta (a la gente de Balones les llaman *sarvatxos*, etc.)[5], es general en la ciudad de Albaida y la tengo recogida personalmente en Carrícola y demás pueblos de Benicadell; por el Oeste alcanza por lo menos hasta Aielo de Malferit (ahí como topónimo *Lloma del Sarvatxo* y creo también vivo) y por el Este supongo llegará incluso a estas dos ciudades[6].

Ahora bien, llama la atención la coincidencia de esta área con la de la larga ocupación bizantina en tiempo de los visigodos, de la cual es probable que date el nombre mismo de Gandía (*Candia* en el Rep. de Valencia, seguramente de Κανδία 'Creta'), zona que además coincide con la de *Hemeroscopeion* (junto a Denia o Xàbia) y sus vecinas factorías griegas de la Antigüedad. Ni siquiera la venida de los árabes cortó esta acción, pues nos consta que en el S. VIII-IX Mallorca, todavía cristiana, recibió algún socorro bizantino, y no creo que el reino de Todomir, en el S. VIII, que reproduce el área de la dominación bizantina, no continúe en mucho la tradición de ésta.

Puesto que -ακι(ν) es la forma más vivaz de sufijo diminutivo en griego moderno y medieval, y aun empiezan sus casos más viejos en el de la Antigüedad, me parece increíble que no haya relación entre *sarvatxo* y su sinónimo griego σαῦρος, σαύρα, pues aunque no tengo a mano documentación de σαυράκιον, no es casi necesario buscarla, tratándose de un sufijo de uso tan general. Sabido es que el griego αυ pasó pronto a pronunciarse *av*: es fenómeno muy antiguo, que dialectalmente se iniciaba ya en los SS. III y aun quizá IV a. C. (Beocia, Panfilia) y que pronto se fué extendiendo hasta generalizarse[7], quizá ya durante la época imperial. Nuestros valencianos de la época visigoda oían pues, ciertamente, *savrákio(n)* a sus dominadores bizantinos. Y recordemos la grandísima difusión de los mitos, leyendas y folklore referente al lagarto y al dragón entre los griegos. ¿Hará falta recordar a sus famosos matadores helénicos, desde el paganismo ('Απόλλων σαυρόκτονος, etc.) hasta Γεώργιος, el santo cristiano? Si σαῦρος tendía a especializarse en el gran saurio matado por el santo, el lagarto vulgar tenía que ser desde entonces un σαυράκιον. El foco de la devoción de San Jorge en Occidente es la costa de lengua catalana. *Sant Jordi*, patrón de Cataluña, no fué menos popular en la Valencia medieval: hermosos retablos como el de Martorell nos lo prueban en todas partes, y no parece improbable que entre esto y la ocupación o el antiguo comercio griego exista algún nexo. Sea como quiera no parece casual la perfecta coincidencia del área principal de *sarvatxo* con la del dominio bizantino. El nexo *vr*, ajeno al latín y exótico para oídos romances, sufrió trasposición en *rv*, y el tratamiento de -ΑΚΙΟ como -*atxo* es normal en todo el mozárabe.

En una palabra, me parece claro que *fardatxo*, más que a un espontáneo «cambio de sufijo», se deba a un verdadero cruce entre *ḥardûn* y el preislámico *sarvatxo*, propio de la tierra valenciana. Claro está que ambas formas tuvieron que propagarse hacia el Norte, y acaso no fué extraña a esta propagación la resonancia popular hispánica de las leyendas helenísticas y hagiográficas[8]. Al propagarse hacia el Norte, de acuerdo con variantes fonéticas bien documentadas por la toponimia, se extendió a las áreas locales donde c[e] y aun -c[i]- no daba č sino š (*Cabrafeixet* CAPRIFICETUM, algo al N. de Tortosa): allí correspondía, p. ej. *fardaixos*, que en plural está en el *Llibre del Roser* del S. XVI, y cuyo singular pudo ser *fardaixo* o más bien *fardaix* en forma catalanizada (registrada ésta por varios diccionarios). El raro sufijo del catalán central *lla(n)gardaix* ha quedado hasta ahora sin explicación, aunque se admite que parte de un *llagart* hermano del cast. *lagarto*. Ahora vemos claro que aun en éste se trata de un caso de propagación del mozárabe *fardaix(o)* ∽ *sarvatxo*.

Imposible fonética y semánticamente es el étimo ár. *firḍiḥ* 'alacrán', admitido por la Acad. (palabra además ajena al árabe hispánico y magrebí, recogida sólo por una fuente tan sospechosa como Kazimirski).

Deriv. *Fardachina* (vid. arriba).

[1] Podría ser auténtica una forma val. *ardacho* citada por A. Boscá, *Geogr. Gen. del Reino de Valencia*, I, p. 513, pero como no la oí en parte alguna durante mis encuestas en todo el País, creo más bien que resulta de una mala partición en *els sardatxos*. También García de Diego, '*RFE* IX, 149-50, menciona un cast. *hardacho*, cuya fuente desconozco, y, según Griera, *AORBB* I, 1, 35, *fardacho* se dice en Calatayud, pero *ardacho* en Murcia. En castellano, aun en Aragón, sí pueden ser estas formas resultado del *ḥ-* del árabe *ḥardûn*, a no ser que ahí también se trate de la deglutinación indicada; será bueno esperar confirmación en fuentes más seguras.— [2] Habría que pensar en un cruce con el ár. *ḥirbâ* 'camaleón', palabra ya clásica (Belot) y empleada por el Harírí (1143), el famoso narrador, nacido en Básora. La emplea también dos veces el granadino Abenaljatib, pero es en su *Mi'yâr*, composición de estilo sumamente artificioso, en prosa rítmica y con algunas rimas en ciertos pasajes, que aunque afirma dar las cualidades del reino de Granada, es sobre todo un mosaico de frases ingeniosas y rebuscadas y de palabras raras y poéticas, muchas de las cuales son de Oriente (la publicó Simonet en la 1.ª ed. de su *Descr. del R. de Granada por los autores árabes*, donde he podido cerciorarme de que en ese sentido su valor histórico es relativo, y el lingüístico se reduce a la forma de sus pocos topónimos). Dije en mi primer trabajo que *ḥirbâ* significa 'lagarto' además de 'camaleón' fiándome de R. Martí, pero éste traduce *stellio* en primer lugar por *wázgaᵗ* y *'umm ḥubaiš* y sólo después da *ḥirbâ* y otra traducción: cuando R. Martí da tantas, suele ocurrir que sólo la primera o primeras son exactas y las demás son equivalencias aproximadas o voces conexas en alguna forma. Así es como lo entiende Dozy I, 265*a*. Tampoco es bien seguro que *ḥardûn* haya poseído el sentido de 'camaleón', aunque PAlc. tenga un artículo «camaleón, especie de lagarto: *hardón*», lo cual puede referirse a este último por ignorancia del equivalente árabe de 'camaleón'; por lo demás el lat. *stellio* no es el lagarto corriente (*lacertus*) sino una especie de lagarto manchado; R. Martí, además de servirse de esta palabra latina, contiene como glosa el cat. *dragó*, que es una especie de lagartija corta y negruzca que vive en las paredes y ruinas. El vocalismo es en todas partes *ḥirbâ* y en Egipto y Siria *ḥirbâya* (Boqtor, Mohit), también R. Martí da *ḥirbâ* (así en la p. 591 como en la p. 85, aunque en ésta vocaliza *ḥi-* y *ḥa-* a la vez, pero quizá sólo por vacilación o como notación aproximada de la pronunciación *ḥi-* o *he-* del árabe vulgar). En una palabra, no son nada exactas la equivalencia semántica y el parecido fonético de *ḥardûn* y *ḥirbâ*, y además ni siquiera es seguro que un *ḥirbâ* se empleara en

el árabe vulgar de Occidente, pues R. Martí no deja de incorporar algunas palabras orientales en sus colecciones de sinónimos y el vocablo falta en PAlc. y parece ser hoy ajeno al árabe de Argelia (falta en Beaussier).— [3] Aunque existe un pueblo *Sardón* en la provincia de Salamanca y otro en la de Valladolid, no es de creer que se relacionen con el port. *sardão*. Puede existir un nombre así como orónimo o topónimo menor (tipo *Lloma del Lagarto*) y aun como topónimo mayor, si lleva terminación colectiva (*Lagartera*, *Lacertales*), pero no se entendería que un pueblo se llame 'lagarto'. Claro que hay homónimos (cat. occ. *sarda* 'páramo' y sobre todo leon. *sardu*, *zarzo*, aquí s. v. *ZARZA*).— [4] Para *sardonisca* y su variante *sardanisca* vid. Leite de V., *Opúsc.* II, 97 y *Etnogr. Pg.* II, 181; hay todavía *asalagarta*, otro caso de cruce: éste con *lagarto*. El primer testimonio de la voz portuguesa puede verse en el b. lat. *sardonis*, traducido por *estuerço* (evidente errata por *escuerço*), por más que esta palabra se halle en el Glosario de Toledo de h. 1400. Con el cat. dial. *sardatxo* y port. *sardão* podrían ir los rioj. *sardeta*, *sardilleta*, *zarc(ill)eta* 'lagartija', pero es más probable que salgan de *ardeta*, etc. (arag. *ardacho*), contaminado por el sinónimo rioj. *sarrondija*, *serr-*, *celongrina* (*GdDD* 3212), que irá con *SABANDIJA*.— [5] Joan Amades, *Geografía Popular*, p. 92, con referencia al pueblo de Balones, junto a Cocentaina, escribe *serbatxo*, dato de interés geográfico, pero sin valor alguno en lo fonético.— [6] La mayor parte de estos datos los he comprobado en los pueblos mismos que menciono; para los demás V. mi citado artículo.— [7] Cf. Lejeune, *Phon. Myc. G. A.* §§ 244, 44.— [8] No hay que mostrarse pedante en estos mitos con la naturaleza del animal. El dragón ha sido para unos una enorme serpiente, para otros una lagartija (cat. *dragó*), para el pueblo una araña gigantesca (el dicho vulgar catalán es *Sant Jordi mata l'aranya*), para los más un ingente lagarto alado.

Fardaje, fardel, V. *fardo*

FARDO, sacado por regresión de los antiguos *fardel* íd. y *fardaje* 'equipaje', de origen incierto, probablemente tomados del francés, donde *fardel* 'fardo' (hoy *fardeau* 'peso') y *farde* íd. son muy antiguos y de etimología dudosa: aunque hoy *fárda* tiene bastante extensión en árabe con este significado, en esta lengua el vocablo se halla sólo en fecha reciente y no tiene enlace claro con el significado de la correspondiente raíz semítica, por lo cual es probable que sea de procedencia europea; teniendo en cuenta que el cat. *farcell* 'fardo' viene probablemente de *FARTICELLUM*, diminutivo del lat. FARTUM 'relleno', es posible que el fr. ant. *fardel* resulte de una metátesis *FARCITELLUM*. 1.ª *doc.*: *fardel*, h. 1400, Glos. del Escorial; *fardaje*,

h. 1400, *Canc.* de Baena, p. 99; *fardo,* 1570, C. de las Casas («fagotto, viluppo»).

Fardel se halla también en APal.[1], en la *Celestina* (*Cl. C.,* p. 156), en ley de 1503 (*N. Recopil.* IV, ii, 4), en el *Lazarillo* (*Cl. C.,* p. 95), y todavía en Covarr. y en varios autores clásicos; *Aut.* y Acad. se abstienen de calificarlo de anticuado, aunque en su sentido propio hoy lo es, en el lenguaje común. *Fardaje* aparece en la *Caída de Príncipes* empezada por López de Ayala h. 1360 y terminada por sus continuadores en 1422, también en la *Crónica de Juan II* (h. 1460), en *Flores y Blancaflor* (1.ª ed., 1512), y *Aut.* lo califica de anticuado; ast. *fardaxe* 'zurra de nalgadas' (V). En cuanto a *fardo,* figura también en la *Descripción* de Mármol (1573) y en Oudin y Covarr.[2]; *farda* 'bulto o lío de ropa' es voz de germanía en Juan Hidalgo (1609). Toda nuestra familia de vocablos falta del todo en fuentes anteriores al S. XV e incluso en Nebr. y PAlc. Esta fecha y las terminaciones *-el, -aje,* revelan claramente procedencia galorrománica. En efecto, el francés es el romance donde la hallamos primero: *fardel* es allí muy frecuente desde el año 1300, y dos ejs. del mismo vocablo o de su diminutivo se documentan ya unos cien años antes en *Huon de Bordeaux* y en el Reclus de Molliens (God. III, 722; IX, 600); además un primitivo *farde,* femenino, aparece con el mismo significado en el último de estos autores y en otros dos pasajes de un texto de la época. Los ejs. medievales de oc. *fardel* son más raros y algo .más tardíos, pero hay uno en Guiraut de Bornelh, h. el año 1200. Del cat. *fardell* no conozco ninguno antes de 1460 (*Spill,* v. 3297; J. Esteve; *Xàvega dels Notaris,* Valencia, 1604, *RH* L, 308)[3]; el vocablo antiguo en este idioma, y el único usual todavía en el Norte y centro del territorio, es *farcell,* ya frecuente en el S. XIII[4]. En italiano, en cambio, el radical *fard-* vuelve a tener antigüedad y arraigo, pues no sólo *fardello* es corriente en la actualidad, sino que se halla en literatura desde fin del S. XIV (F. Sacchetti) y desde el XV (*Morgante*); además Edler señala ejs. de *fardello* en 1260 y 1340, *fardo* en este mismo año y *fardolino* en 1370[5].

El significado en todas partes, por lo menos en la Edad Media, es 'paquete, fardo, bala', especialmente de ropa o telas («bundle of silk», «bale or package», Edler; *bala o farcell de roba,* en el Consulado; *fardel de dras,* en francés), a veces de otras mercancías (*de formatges III farcells que no sien cordatz,* Lleuda de P.). ¿De dónde partió el vocablo en romance? Más bien de Francia que de Italia, puesto que el ej. italiano más antiguo y el de 1370 están fechados en Troyes y en Avignon, y que los numerosos testimonios del b. lat. *fardellus* reunidos por Du C. (desde 1252) proceden todos de Francia o de Flandes, ninguno de Italia. Harán falta investi-

gaciones más completas para decidir inapelablemente este punto, pero los materiales de que ahora disponemos sugieren un origen francés de la palabra italiana, y la fecha tardía del cat. *fardell* es también desfavorable a una procedencia mediterránea.

Diez, *Wb.* 134, quiso derivar nuestro vocablo del ár. *farḍ* (o *fárḍa*) 'muesca', 'contribución' (V. aquí FARDA y ALFARDA), con el cual no hay relación semántica posible. M-L., *REW*[1], 3193, y Wartburg, *FEW* III, 416-9, siguieron sus huellas, confundiendo además este vocablo árabe con el étimo de Devic e involucrando el oscuro problema del gasc. y langued. *fardas* 'vestidos' (> fr. *hardes*), que deberá estudiarse especialmente[6]. Digna de discusión es, en cambio, la etimología arábiga propuesta por Devic (y aceptada por Baist, *RF* IV, 379; Eguílaz, 396; Dozy, *Suppl.* II, 250b; y Steiger, *Festschrift Jud,* p. 661): ár. *fárda* 'fardo, bala de mercancías'. La duda está solamente en si este vocablo es de origen europeo en árabe o es arabismo en romance, puesto que no hay relación evidente con el sentido de la raíz arábiga *f-r-d.* Es cierto que la explicación semántica ideada por Devic es concebible; *fárda* es en general un miembro de una pareja de cosas iguales, y pudo aplicarse a cada uno de los dos bultos que se cargan a un animal haciéndose contrapeso mutuo: sabido es que este sistema de carga está en uso, y el viajero La Roque atestigua que se practica en Arabia. Que de ahí pudo tomar *fárda* el significado general de 'fardo de mercancías' claro está que es posible, pero falta probarlo, y mientras no se documente la existencia de esta ac. en árabe antiguo será preciso ponerlo en duda. Ahora bien, orientalistas tan autorizados como Freytag y Silvestre de Sacy han afirmado que *fárda* 'bulto de mercancías' es extranjerismo en árabe, y para refutarlos de nada sirve citar, como hacen Devic, Eguílaz y el propio Dozy, vocabularios y autores recientes, que sólo prueban su empleo en el árabe actual de Argelia, Egipto y Arabia (ahí ya en 1776, Niebuhr); el único que puede tener algún peso es el pasaje de las *Mil y una Noches* citado por Dozy, donde se habla de una *fárda* de alfombras[7], pero ahí el vocablo sólo aparece en una de las dos versiones de esa colección narrativa, y la otra trae *šíqqa* 'mitad': luego no tenemos la prueba de que significara 'fardo en general', sino solamente 'mitad de una carga', y además ignoramos cuál de las dos versiones es la auténtica, y aun si lo supiéramos una prueba aislada carece de fuerza, tanto más tratándose de una recopilación de fechas diversas y en parte muy modernas, como las *Mil y una Noches.*

En espera de que los orientalistas acaben de resolver la duda con pruebas más abundantes y positivas, es excesivo el hecho de que nadie haya siquiera buscado una etimología europea al vocablo; pues, además de otras posibilidades[8], la indudable relación entre el fr. *fardeau* y el cat. *farcell* invitaría a relacionar con FARCIRE 'rellenar, atiborrar': ahora bien, *farcell* es palabra muy antigua, documentada continua y abundantemente desde el S. XIII (V. arriba). La denominación FARTUM 'relleno' (sustantivo en Plauto, Plinio y Columela) convendría a una bala de mercancías, y su diminutivo *FARTICELLUM[9] ería muy apropiado como nombre de un fardo, objeto más pequeño; éste nos explicaría *farcell* y un tipo *FARCITELLUM, que pudo ser metátesis de aquél o bien formación posterior a base del participio tardío FARCITUM, daría cuenta del fr. *fardeau*, puesto que la relación visible con este participio había de retrasar la síncopa de la vocal pretónica hasta el momento en que este fenómeno se produjo en *malade* de MALE HABĬTUS y voces análogas. El fr. ant. *farde*, palabra bastante rara, sería formación regresiva, como lo es ciertamente el cast. *fardo*.

DERIV. *Farda* gnía. (V. arriba); *fardia ledra* 'dineros menudos' gnía. [J. Hidalgo, *ledro* es el conocido adj. 'que vale poco', el origen del primer elemento es dudoso]. *Fardarse* 'proveerse de ropa' [1646, *Estebanillo*, propiamente 'cargarse', V. nota 6]. *Fardaje* y *fardel*, *fardelejo*, vid. arriba. *Fardero*; *fardería*. *Enfardelar* [*Aut.*], posteriormente *enfardar*; *enfard(el)ador*, *enfardeladura*.

[1] «Cassidilis es *fardel* o çurrón de pastor», 63d; «crumena: *fardel* o bolsón», 99d; además 222d y *fardelejo* en 264d.— [2] El it. *fardo*, raro y anticuado, será portuguesismo, pues se halla en Sassetti, que escribía en Portugal y en la India h. 1580. En cuanto al ej. de 1340 recogido por Edler, puede ser regresión autóctona, paralela a la española.— [3] Estos ejs. son valencianos. Hoy también es palabra usual allí (Escrig, Griera) y en el Sur del Principado (oída en Tortosa, Reus y Valls), pero ajena al dialecto central, contra lo afirmado en el diccionario Alcover.— [4] Lleuda de Perpiñán, a. 1288, *RLR* IV, 506; *Consulado de Mar*, cap. 27 y 328. De allí pasó al aragonés, donde hallamos *farzel* en inventario de 1393 (*BRAE* IV, 520, n.º 23), y un derivado en otro de 1375 («hum costal de sarria, *farcellado*, el qual fue desligado e fueron trobados en el dito costal dotze cuyraças... Otro costal de sarria *farzellado*», *BRAE* IV, 213). Moll, *AORBB* II, 36, explica *farcell* como una contaminación de *fardell* por *farcir* 'rellenar', pero el caso es que aquél aparece 200 años antes que éste.— [5] Wartburg agrega sasarés *fardellu* en 1316. Como no cita fuentes, no hago caso de las fechas de 1535 y fin S. XIII que asigna a los cast. *fardo* y *fardaje*.— [6] Un origen arábigo es difícil en vista de que el vocablo falta en Italia y en la Península Ibérica. No conozco el arag. *farda* 'traje' que cita Wartburg: falta en Borao, Coll y Puyoles-V.; debe de tratarse del artículo «*farda*:

bulto o lío de ropa» registrado por la Acad., que en eds. anteriores figura como voz de germanía, y en *Aut.* igual, con cita de J. Hidalgo. En cuanto al gall. y port. *farda* 'casaca, librea', 'uniforme', del cual no conozco ejs. anteriores a Moraes, pudiera pensarse en un origen francés, dada su aplicación militar; quizá el gasc.-langued. *fardas* 'vestidos' saliera de nuestro vocablo pasando por 'bulto de ropa'. Pero desde luego no puede haber relación con el ár. *fard* 'traje', que Diez cita de Freytag (Belot sólo trae *firâd* en este sentido) y que es palabra ajena al idioma vivo, según observa oportunamente Dozy, *Gloss.*, 380. Comp. *fardarse*, abajo. El sentido 'proveerse de ropa' con que aparece esta palabra en el *Estebanillo*, 1646, que cito arriba, es inseparable del port. *fardar* 'vestir de uniforme', gall. antic. *fardeta* 'chaqueta con faldones'. Este grupo más que del fr. *fardeau* y afines, vendrá del fr. *hardes*, germanismo con *h* aspirada (*REW*, 4041), quizás algo influído por el port. *fatos* 'prendas de vestir' (*HATO*). De todos modos no parece bien fundado el vocablo *fardar* que han admitido varios filólogos portugueses (T. Braga, Machado, R. Lapa, *CEsc.* 428.31). Con el significado de 'vestir' en un juglar Cladeiron de fines del S. XIII, quizás aragonés y que no domina bien la lengua: el verso *Non se faz cedo por farpar peliça*, tal está trasmitido por los dos mss. existentes (el de la Bibl. Nac. de Lisboa y el Canc. de la Vaticana; éste, menos bueno, coincide con el otro salvo cambiar *cedo* en *todo*), ha sido enmendado arbitrariamente sustituyendo *farpar* por *fardar*, a pesar de que aquél es 'gastar una piel, cambiarla en *farpas* o sea harapos': una pelliza no se convierte en harapos tan aprisa como un vestido de tela o paño. No se ve claro cuál es el sentido de *fardar* en la *Gral. Est.* gall. («chegou Rrachel cõ a grey do seu padre, ca ella a tragia et *fardava* et a pascoava» 286.7), quizá 'saciar de pasto' como variante de *fartar* contaminado por el grupo de *fardo*, *fardel*, *fardas*, cf. especialmente el cit. cat. *farda* 'materia sin valor, de relleno' que también se emplea con el matiz de 'comida de engorde, con escaso valor nutritivo'. De todos modos, no es de creer que tenga relación con el fr. mod. *harde* 'hato de ganado', pues este otro germanismo (*REW*, 4112) era *herde* en la E. Media; o mejor se trata sencillamente de un compromiso entre *fartar* y *guardar* en sentido pastoril, pues el otro ms. trae en lugar de esto: «apacie et la guardava».— [7] Reconozco que se me había pasado un vocablo análogo en PAlc., aunque no en este sentido pero sí en otro no muy distante: en masculino *fard* «capacho de fruta», «cesto de vendimiar» (PAlc. 139a6, 167a35, rectifico una perturbadora errata del Suppl. de Dozy, que disculpa mi inadvertencia; el plural es *afrád*, indicio, aunque no seguro, de arraigo y antigüedad); agrega Dozy que el mismo vocablo sale en dos pasajes de las *Mil y Una Noches*, que según Lane (*Manner and Customs*) contiene la ac. «Panier de feuilles de palmier» hoy usual en Egipto. ¿Se pasaría del sentido de 'capacho para transportar fruta' al de 'fardo de hortalizas' y de otras mercancías? Es bien concebible. Quedan todavía oscuros varios puntos para admitir el origen arábigo: la génesis semántica de *fard* desde la raíz arábiga *frd* de sentido tan diferente (¿'ser solo' > 'desplegar, desarrollar, extender', egipcio, *Mil y Una Noches*, y de ahí clás. 'embalar aparte', 'meter en cestos o fardos'?), la vía por la cual el vocablo pasó primero al francés y de ahí a los romances meridionales (¿impedimenta militar de los Cruzados?), y la clase de relación o falta de relación con el cat. *farcell*. En conclusión, el problema sigue oscuro y deberá ser estudiado de nuevo en colaboración de romanistas, arabistas e historiadores del comercio y transportes.— [8] Sainéan, *Sources Indig.* I, 156, compara sugestivamente el it. *farda* 'excremento', en Oudin 'lodo' y 'escupitajo', junto al fr. *fard* 'colorete' (de conocido origen germánico), con el caso del it. *belletta* 'lodo' y *belletto* 'colorete'. Ahora bien, *farda* 'excremento' se relaciona con el cat. *farda* 'broza, maleza, hojarasca', 'desperdicio, materia sin valor, relleno', que a su vez podría darse la mano con *fardeau* y su familia.— [9] Hay *farticulum* en Titinio y FARTALIA en Antimo y hoy en el Sur de Francia (*FEW* III, 422b).

Farellón, V. *farallón*

FARES, murc. antic., 'tinieblas de Semana Santa', forma alterada del cat. *fasos* 'maitines y tinieblas del Jueves, Viernes y Sábado Santos', procedente del lat. *phase* 'pascua', y éste del hebreo *phesach* íd. *1.ª doc.:* Aut.

García Soriano dice que este vocablo murciano es desusado, y Sevilla niega su existencia. Puede ser errata de lectura por *fases*, o bien adaptación de la forma catalana anticuada *fars*, mencionada por Cañete (en Borao, s. v. *fasos*), ultracorrección del mismo tipo que el cat. ant. *nars* NASUS. El vocablo catalán era vivo todavía en Barcelona durante la infancia de mi padre, en la frase *anar a picar els fasos* 'golpear las puertas de las casas el día de Jueves Santo' (vid. además Ag.). El origen fué ya señalado por Spitzer, *Lexik. a. d. Kat.* 67 y 160; comp. «phase: pascha», *CGL* IV, 546. 60. El cordobés *las fares* 'las mejillas' (A. Venceslada), de origen incierto (V. HAZ), no puede tener relación.

Farfalá, V. *falbalá*   *Farfallón, farfalloso*, V. *farfullar*

FARFÁN, 'individuo de ciertas familias españolas que pasaron a Marruecos en el S. VIII y, habiendo conservado la religión cristiana, regresaron a Castilla en 1390', quizá del ár. *firhân*, plural de *farh* 'hombre vil, cobarde', 'bastardo'. *1.ª doc.:* h. 1400, *Canc.* de Baena[1]; 1600, Mariana.

Aut. define «soldado de a caballo, que siendo Christiano servía a sueldo de los Reyes Mahometanos», fundándose en el pasaje de Mariana. Figura también en González Dávila (1638) y, según Pagés, en Bernardo de Balbuena. La definición actual la viene dando la Acad. desde 1884, y la etimología indicada arriba figura en las últimas ediciones de este diccionario. *Farh* es propiamente 'polluelo', 'pichón', 'retoño de planta', en España se empleó en el sentido de 'hijo (legítimo o ilegítimo)' (R. Martí) y *farh an-nahal* en el de 'enjambre de abejas' (PAlc.), y hoy en Argelia es «bâtard, adultérin» (Beaussier). Según Freytag, valdría además 'hombre vil, cobarde', ac. que no hallo confirmada en Dozy, en Lerchundi, etc. Tampoco tengo confirmación vulgar para el plural *firhân*, que Belot registra con otros 5 plurales, algunos de ellos documentados en España y en Marruecos. Comp. el siguiente.

[1] Recuerdo haberlo hallado, en rima, en un pasaje donde se enumeran personajes como el renegado o el elche. No hallo la nota.

FARFANTE, 'jactancioso, fanfarrón', de oc. *forfant* 'bribón', participio activo de *forfar* (o *forfaire*) 'cometer un crimen', derivado de *far* 'hacer' con el prefijo peyorativo *for-*; en iberorromance el vocablo pudo tomarse por conducto del italiano o del francés y sufrió el influjo fonético y semántico de *fanfarrón*. *1.ª doc.:* 1605, *Pícara Justina* (Fcha.); 1611, Covarr.

Define éste «el burlador, engañador, parlero y palabrero», y de él pasó a Oudin (1616, no 1607); *Aut.* sólo cita a Covarr., como si ya no fuese voz usual; la Acad. desde 1884 califica de voz familiar, mientras que el vocablo fundamental, ya en *Aut.*, es *farfantón* «el hombre hablador, jactancioso, que cuenta pendencias y valentías». El cat. *farfant* conserva el valor originario de 'bribón', y es usual en Vic (Ag.) y en Menorca (*BDLC* VIII, 238; ¿Mallorca?: ibid. XIII, 308), mientras que en Mallorca se ha alterado en *parfant* o *parfando* (*BDLC* IX, 120; VIII, 238; *parfandetjar* 'holgazanear', ibd. VII, 191), comp. *panfarrón* junto a FANFARRÓN[1]. Oc. *farfant* «forfante, hâbleur, charlatan», citado en autores languedocianos por Mistral, y *fourfant* en autores provenzales. Para el origen del fr. *forfante* «coquin, personnage qui se vante impudemment» [h. 1540; *forffant*, S. XV] y del it. *furfante* 'bribón', véase últimamente el *FEW* III, 351b; oc. ant. *forfan(t)* sólo está documentado en el Levy pequeño, pero es fácil suponerlo a base del verbo *forfar*[2]; el it. *furfante* es frecuente desde princ. S. XVI (*forfante* en las *Novelle antiche*, Petrocchi) y pudo derivarse directamente del verbo *furfare, forfare* [M. Villani,

S. XIV], pero en definitiva su origen ha de ser galorrománico, puesto que las formaciones con *for-* no son italianas, y nótese que Petrocchi califica a *furfante* de poco popular. Una variante *forfante*, procedente de Italia sin duda, aparece en un par de textos de los SS. XVI y XVII (Gillet, *Propaladia* III, 486). En cuanto al cambio semántico de 'bribón' en 'fanfarrón' pudo ser debido a influjo de esta palabra, y también pudo ser espontáneo, comp. *«furfante:* charlatán» en C. de las Casas. Por lo tanto, me parecen improbables las modificaciones que Bloch introduce en la explicación admitida por Wartburg. En cuanto a la etimología arábiga de M-L. (*REW*, 3194), partiendo del mismo origen que para *FANFARRÓN*, falla por las mismas razones que en éste, y está claro que el sic. *farfanti* es el que viene de España y no viceversa. El ár. *farhân* «content, aise, bien aise, joyeux, charmé de» (Beaussier, Belot, pero no en Dozy, ni R. Martí), propuesto por Asín (*Al-And.* IX, 29), debe rechazarse por razones geográficas (tratándose de palabra mucho más viva y antigua en oc. e it. que en cast.) y por ser poco adecuado semántica y fonéticamente (no explica la variante más antigua en *fo-*, *fu-*).

Deriv. *Farfantón* [*Aut.*]. *Farfantonada* [1708, Palomino]. *Farfantonería.*

[1] El tortosino *marfanta* 'mujer de mala vida' se debe a un cruce con el arabismo *marfana*, vid. *BDC* XXIV, 26.— [2] De ahí el participio pasivo *forfat*, documentado varias veces en el S. XV por los glosarios de Pansier.

Farfar, V. *farfullar*

FÁRFARA I, 'tusílago, uña caballina (hierba)', tomado del lat. *farfărus* íd. *1.ª doc.*: 1555, Laguna.

FÁRFARA II, 'telilla que tienen los huevos de las aves por la parte interior de la cáscara', origen incierto, quizá del ár. *hálhal* adj. 'claro, sutil' (hablando de tejidos). *1.ª doc.*: *harfala*, c. 1275, *Gral. Est.*[1]; *halhara*, 1606, R. Fontecha, *Dicc.*[2]; *fárfara*, *Aut.*, «aquella telilla que tiene el huevo arrimada a la cáscara, por la parte interior, que abraza la clara y la hiema».

Cita además la loc. adverbial *en fárfara*, aplicada al huevo sin cáscara y con sola la fárfara, y también «para expresar que alguna cosa quedó a medio hacer o sin la última perfección». Todo indica que es variante fonética del mismo vocablo el artículo *alara* de dicho diccionario: «úsase solo esta voz en esta phrase: *huevo en alára*, por la qual se entiende el huevo que pone... qualquier ave, o que se halla en su vientre, con la primera túnica solamente, blando, y sin aquella dureza de su cáscara exterior». Cej. VII, § 109. Terr. agrega otra variante: «*algara* se llama en los huevos aquella telilla que tienen, y que poco a poco se va endureciendo y hace cascara; y así... dicen estar los huevos *en algara;* algunos la toman por lo mismo que la farfara»; Acad., ya en 1843, admitió esta forma diciendo que es la telilla del huevo, cebolla, ajo, puerro, etc. El acento *alára* de *Aut.* y la falta de acento de ambas formas en las ediciones recientes del diccionario académico implicarían que estas formas son paroxítonas, pero no es conclusión segura, pues *Aut.* contiene inadvertencias en materia de acentos, en palabras poco frecuentes, y adviértase que Terr., que pudo ser la fuente de la última variante, olvida el acento de *cascara* y *farfara*. Eguílaz acentúa *álara*, pero tampoco es testimonio concluyente, y además cita inmediatamente a la Acad., como si fuese su única fuente de conocimiento del vocablo; por otra parte, este autor emplea la forma *en jájara* en el cuerpo del artículo que dedica a *fárfara*, y que será la pronunciación granadina del vocablo. Variantes: Palencia *gárgula*, zamor. *fárfula*, salm. *falfa*, extrem. *fárfara*, santand. y burg. *fálfula*, burg. *álgara*, *ángara*, Soria *álara*, segov. *fárfara*, *gárgara*, Ávila *álgara*, Castilla la Nueva *fálfara*, *gálgara*, *álgara*, *falfa*, and. *gárgara*, murc. *gárgaro*, bilb. *fálfula* (en Aragón *binza*, cat. *tel de l'ou*), *RDTP* II, 148-9; *GdDD* 3198.

En calidad de etimología para *alara* y *algara* propuso Dozy (*Gloss.*, 56) el ár. *galâla* 'telilla', cuyo uso en Egipto atestigua Bocthor, s. v. *pellicule*, *peau très mince;* el sentido propio y ya antiguo era 'túnica sutil y trasparente, para hombre o mujer', «camisia de panno subtili» en R. Martí, empleada en este sentido en España y en varios autores vulgares (Dozy, *Suppl.* I, 220a). No habría gran dificultad fonética, pues existe en romance algún ejemplo de eliminación del *ģ* arábigo, aunque es fenómeno raro (V. *ANDORRA*), sea por haberse convertido en *ᶜain*, sea en *ḥa;* entonces *algara* podría resultar de *algalala > *algala* (haplología) > *algara* (disimilación). Eguílaz quiso hacer extensivo este étimo a *fárfara*, sin manifestar escrúpulos fonéticos, pero con razón se niega Steiger (*Contr.*, 240n.2) a seguirle, pues aun admitiendo el paso hipotético de *galâla* a *ḥalâla*, desde ahí sólo llegaríamos a *falara* o a lo sumo *fálara*, admitiendo una supuesta variante arábiga con otro vocalismo[3]. Por ello Steiger acepta el étimo propuesto por un anónimo en las ediciones recientes del diccionario académico: «ár. *hálhal*, tela sutil». Los diccionarios del árabe clásico registran, en efecto, este vocablo y su variante *halhâl*, pero sólo como adjetivo, junto al verbo *hálhal* 'hacer muy claro y sutil (un tejido)', 'cerner (la harina) por un tejido sutil'. No habría gran dificultad en suponer que *ģilda hálhala* 'piel sutil' se abreviara y sustantivara en *hálhala*, y el paso de éste a *fárfara*, y dialectalmente a *jájara*, *álara* o *álgara*, sería natural[4]. Causa algún escrúpulo, sin embargo, la falta de *hálhal* y su familia en las fuentes del árabe vulgar (Dozy, PAlc., Bocthor, Lerchundi, Fagnan, Probst)[5], aunque parece que en Argelia se emplea hoy el derivado *muhálhal* «délabré (vêtement, terrasse)» (Beaussier).

Quizá sea idéntico a nuestro vocablo el término *alara* mencionado entre varias clases de velos litúrgicos en un inventario de San Salvador de Vimaranes, del año 959, que Steiger (*Festschrift Jud*, p. 647) quiere presentar (sin lograr convencerme) como errata en lugar del *alfagara, alhajara*, de otros textos (ár. *ᶜiǧāra* 'velo de altar'). Otra palabra que se roza con ésta es el gall. *varfa* «el filamento que se quita a la baya de las judías verdes y tirabeques, cuando se trata de utilizarlos para vianda» (que sólo encuentro en Vall. y no en portugués). Pero también se roza con *gárbula*, -*gola* 'vaina de legumbre', 'simiente de lino' y su étimo VÁLVULA y la -*f*-, que estorbaría para partir de VÁLVULA o de un étimo céltico, nos hace pensar en el sorotáptico. En efecto, es enorme la extensión en casi todas las familias indoeuropeas de palabras de la raíz ṾEL- o ṾELṾ- o ṾOL- 'envolver', para designar algo parecido al lat. VÁLVULA: scr. *varútram, vallih, valayah*, arm. *gelum*, griego Ƒέλυτρον, Ƒέλυμος, ƑέλƑαρ, (> εἶλαρ), ƑέλƑυμα (εἴλυμα) latín *inuolūcrum, ualuǒla, uulua*, lituano *váltis*. El sentido preciso de todo esto es a menudo 'cubierta, envoltorio, funda' ἔλυτρον, *varútram*, latín *involucrum, ualuǒla*) y cuando más se aleja es para llegar a 'volumen', 'lo que rodea' y tras la -L siguen muy variadas amplificaciones radicales (-*tr*-, -*t*-, -*m*-, -*l*-, -*cr*-, ṃ) y las hay todavía en -*eis* y en -*er*- ～ -*or*-; vid. Pok. *IEW* 1141-1144. Sería pues lícito y fácil admitir que un congénere de VÁLVULA hubiese pasado al lenguaje sorotáptico con la variante radical ṾOL-BHĀ o ṾƏL-BHĀ, de donde sorot. *VALFA. Para la -*r*- de -*l*-, cf. *arfiler, argazo*. Como la etimología arábiga del cast. *fárfara* no ha quedado nada clara, y el gall. *varfa* difícilmente podría salir de dicho arabismo (por la *v*- y por razones geográficas) quedamos pues en duda entre el árabe y el sorotáptico.

[1] «E membrana dizen en latín por el *harfala* del huevo», t. II, L, p. 221a.— [2] «Algarichi, la *halhara* de los huebos», fol. 8a.— [3] Una confusión de este *fálara* con *fárfara* 'tusílago' sería muy inverosímil.— [4] Es verdad que estando las *aa* arábigas en *tarqīq* debería esperarse su paso a *e*; de todos modos, hay casos como *alualualo* (Neuvonen, p. 270), o el judesp. *auaualás* 'albórbolas'. De ser auténtica la acentuación *alára, algára*, ese traslado de acento sería natural en el vulgar de España; además de que también se halla *halhâl*.— [5] El nombre árabe de la fárfara de huevo es hoy *ṣefâq* en Marruecos (Lerchundi, s. v. *algara*), *hárša* en Egipto (Boqtor, s. v. *pellicule au dedans d'un oeuf*).

FARFARO, 'cura, clérigo', gnía., origen incierto. *1.ª doc.*: Juan Hidalgo, 1609, «*farfaro*: clérigo». Figura también en uno de los romances de

germanía publicados por este autor, en el cual se ve que se acentuaba en la sílaba penúltima (vid. la cita en *Aut.*, y más extensa en Hill y en Pagés), aunque Terr. y la propia Acad. en 1843 y 1884 acentuaron *fárfaro*. El étimo alem. *pfarrherr* 'cura párroco' (forma coexistente con la más común *pfarrer*), sugerido por la Acad., presenta dificultades: puede admitirse que la *h* aspirada se trascribiera por *f*, pero la terminación acentuada -*áro* no es imitación natural de -*err*, aunque en rigor puede suponerse que el matiz abierto de la *e.* alemana fuese remedado exageradamente por medio de una *a*. Además no resulta claro por qué caminos pudo introducirse en la germanía un vocablo del alto alemán; pues desde luego no pudieron aprenderlo los soldados españoles en Flandes, ya que no hay forma neerlandesa correspondiente al alem. *pfarr* 'parroquia', y si la hubiera empezaría por *pa*-. ¿Lo tomarían quizá de los esguízaros o suizos a sueldo de España? En resumen, es etimología dudosa.

FARFOLLA, and., albac., 'envoltura de las panojas del maíz, mijo y panizo', en Murcia y Este de Andalucía *perfolla* y *pellorfa*, en Aragón *barfolla* íd. y 'hollejo de la uva y de las legumbres', en catalán *pellofa* y *pellorfa* 'hollejo', oc. *perlofo, peloufo*, probablemente derivados de PELLIS 'piel', con sufijo -*ofa*; en castellano, donde ha de ser catalanismo o mozarabismo, de *pellorfa* o de **perllofa* se pasó a *perfolla* y *farfolla*. *1.ª doc.*: 1920, Toro Gisbert, *RH XLIX*, 449.

En el sentido de «espatas secas del maíz, que sirven para hacer jergones» anotó este vocablo, tomándolo de viva voz, probablemente en Málaga, de donde procede la mayor parte de su información oral. Lo confirma Américo Castro, granadino[1]; la Acad. no lo recogió hasta 1925 o 1936: no le señala carácter dialectal, pero desde luego no pertenece al español común; también lo recogieron Alther[2], que investigó en Jaén[3] y Granada, y A. Zamora, en Albacete (*RFE XXVII*, 251). *Perfolla* 'envoltura de la mazorca del maíz' es murciano (así Acad., ya 1884; G. Soriano; Sevilla) y andaluz (A. Venceslada), pero creo que en esta región es propio de la parte oriental, pues Venceslada recogió mucho en Jaén, yo lo he oído en Almería y G. de Diego cita *parfolla* en Granada; de ahí el verbo *desperfollar* en Murcia, pero aquí también se dice *pellorfa* (G. Soriano). En la forma albaceteña *perifolla* 'hojas que recubren la cebolla del azafrán' (A. Zamora) hay confusión parcial con PERIFOLLO, aunque el influjo de las dos palabras pudo ser recíproco. *Barfolla* tiene en el Bajo Aragón el sentido de 'revestimiento del maíz' (Puyoles-V.), y en la Litera el de 'hollejo de las uvas' y 'vaina seca de los cereales' (Coll A.); *gallarofa*, otra variante aragonesa (Acad., después de 1899), sale de **barallofa*, como *gald(r)ufa* de *baldufa*.

Estos mismos son los sentidos del cat. *pellofa* (*o abierta*), que es la forma más difundida en este idioma[4], y está ya documentada en el valenciano *Tirant lo Blanc* (h. 1465); hoy lo general en el reino de Valencia es *pellòrfa*, como en Murcia (ya en Sanelo, S. XVIII), en Tortosa *parallofa* (*BDC* III, 104), y en Tarragona y otras partes *pellerofa* (*BDC* VI, 48; Aguiló; Amengual). Tenemos luego prov. *pelofo*[5], gasc. *peloho*, langued. *pelhofo* y *peloufo* «peau de fruit; écale de légume; pellicule; épluchures, pelures; spathe du maïs; balle de l'avoine; peau de grain de raisin, de châtaigne, de haricot», La Teste *pelohe* «peau des légumes, pois, fèves, etc.» (Moureau)[6], Rouergue *peloufo* «balle d'avoine» (Vayssier), *perlouófo* «enveloppe, peau, pelure de certains fruits» (íd., s. v. *cufèle*). Esta última forma nos sugiere el origen de la -*r*-, hoy tan extendida en España, pero ajena todavía a la forma valenciana del S. XV y hoy a la gran mayoría de las formas occitanas y catalanas: habría influjo del prefijo *per*-, pero en catalán *perllofa* sufrió metátesis (*pellorfa*) o anaptixis (*parallofa*) seguida de otra metátesis (*pellerofa*); a no ser que *pellorfa* se deba al influjo del val. *corfa* 'cáscara', de origen arábigo (Corominas, *BDC* XXIV). El vocablo en Francia se extiende todavía más al Norte, pues *palòf*, *palouhe* y *pọlũh* se oyen en Lorena en el sentido de 'mondadura de patata y de varias frutas', 'corteza' (Horning, *ZRPh*. XXI, 194). En cambio es dudoso que tenga que ver con *perfolla*, a pesar del extraordinario parecido, el calabr. sept. *pẹrfúlẹ* m. 'salvado', pues tendría que ser hispanismo, pero no es improbable la etimología de Rohlfs (*ZRPh*. XLVI, 162) *FURFUREUS (> *PURFULEUS), derivado de FURFUR íd.

Como etimología de nuestro vocablo, lo más natural es admitir que viene de PELLIS 'piel', cat. *pell*, con un sufijo despectivo, que se halla también en el cat. *butllòfa* 'ampolla' (BULLA) y en la familia del fr. med. *baloffe* 'cascabillo de la avena o del trigo', hoy frprov. *baloufe*, Var *baloufo*, Perigord *boloufo*, Tarn-et-G. *balofo*, Gers *baloho*, Landas *baluhe*[7], y la de oc. *galhofo*, *calhofo*, *calo(u)fo* 'cáscara verde de la nuez', Morvan y Lorena *calof*, Poitou *chalofre* íd., Quercy *golofo* 'hollejo del grano de maíz'[8]; que este sufijo sea de origen gálico dialectal (según admite Gamillscheg, *ZRPh*. XLIII, 563-5, como alteración de -USTA), o apofonía de los no menos oscuros y frecuentes -*ufa* (cat. *baldufa*, *barrufa*, *magarrufa*, *castellufa*), -*ifa* (cat. *espellifar*, *empastifar*, *esborifar*, *esgarrifar*), -*afa* (oc. *pelafo*, *palafo* «pelure de châtaigne»), el hecho es que tal sufijo existe, y la sinonimia con el ampurdanés *pellòina* «les pellofes del raïm trepitjat» (en Llofriu, *BDLC* IX, 94) comprueba que es realmente sufijo agregado a *pell* y no elemento radical. No creo en la idea de Horning de que el tipo *palòf*, *peloufo*, sea metátesis del oscuro FALUPPA 'pajita', 'objeto sin valor', documentado en un glosario del S. X y hoy conservado en el Norte de Italia, al que Horning por una serie de metamórfosis y avatares extraordinarios supuso padre de varias series de vocablos galorrománicos (*frippe, frapouille, feupe, pelfre, frapper, envelopper*...), pues a su vez este FALUPPA es forma (romance al fin y al cabo) inexplicada, y más sencillo que echar mano de un cruce con PELLIS para explicar la -LL-, es partir simplemente de este otro vocablo. Pero más increíble todavía es basarse en MALA FOLIA, 'hojas malas', 'hojarasca', conforme a la idea de G. de Diego (*Contr*., § 385), con extraño cambio de M- en b- y luego en p-, lo cual además es poco satisfactorio para el sentido y se oponen a ello las formas catalanas y galorrománces, que G. de Diego no toma en consideración. La semejanza de *perfolla* con FOLIA ha de ser secundaria, en vista de éstas y del vocablo documentado en el *Tirante*. El and. *farfolla* será alteración de *perfolla* por dilación consonántica, o será idéntico al arag. *barfolla* con el cambio regular de *las barfollas* en *la(h) farfollah*. En cuanto a la forma aragonesa puede ser de origen mozárabe o debida a una contaminación.

---

[1] *Lengua, Enseñanza y Literatura*, 1924, p. 72.—
[2] *Beiträge zur Lautlehre der südspanischen Mundarten*, Zürich, 1935, p. 57.— [3] De ahí el derivado *farfollar* 'preparar la hoja para el jergón' en Quesada (Jaén), Rodr. Castellanos, *RFE* XXIV, 227.— [4] Oído en Esterri de Cardós (Pallars), en Barcelona y en general en el centro y Norte del Principado. También en Benavarre (Huesca), *BDC* VII, 76 (*pallofa*), en Mallorca (Amengual) y en el Rosellón (*ALF*, mapas *balle, bogue, brou de la noix, cosse*).— [5] Es la forma que encabeza el artículo de Mistral, y hay cita de un autor de la Vaucluse.— [6] La -*l*- de esta forma gascona, de la citada por Mistral y de Gers *pelouho* «épluchure» registrado por Palay, está en desacuerdo con la -LL- postulada por las formas languedocianas, catalanas, españolas, a la que correspondería -*r*- en gascón. Como lo muestra la ac. «épluchure» ha habido cruce ahí con PILARE 'pelar'.— [7] Para cuya terminación supone Wartburg una combinación con ULVA, fonéticamente inadmisible (*FEW* I, 221, n. 20).— [8] Desde Schuchardt, *Roman. Etym.* II, 51, y *ZRPh*. XXIX, 327, se suele explicar esta familia por el gr. χέλϋφος, -ους, 'corteza o piel de un fruto', 'cáscara', pero como reconoce M-L. (*REW*, 4688) hay dificultades tan graves y complicadas, que será mejor abandonar la idea, como lo ha hecho Wartburg, que no estudia esta familia en su letra K o C. Si se insistiera en la idea de Schuchardt se podría admitir que desde este vocablo se extendió el «sufijo» a los demás, pero será preferible explicarlo como derivado del fr. *écale*, *écaille*, pues el modelo *calofo* falta del todo en iberorromance, donde *pellofa*, *perfolla* y congéneres tienen tanta extensión; el cat. *clova* y *clofolla* 'hollejo', 'cáscara', que Schuchardt derivaba del

mismo tipo griego, queda muy alejado fonéticamente de todo esto, y presentaría otras dificultades para derivarlo de κέλυφος; vendrá del céltico
(vid. *NUEZ*).

FARFULLAR, 'hablar muy de prisa y atropelladamente', 'hacer algo con tropelía y confusión',
hermano del port. *farfalhar* 'hablar neciamente',
cat. *forfoll(ej)ar* 'revolver', 'tocar groseramente', oc.
farfoulhà, fourf-, 'revolver', fr. *farfouiller*, íd., dialectalmente 'hablar en forma confusa', it. dial. *far-
fogliar* íd., de origen onomatopéyico. *1.ª doc.*:
Covarr.
De ahí pasó a Oudin (1616, no 1607), a Minsheu
y a *Aut.*, que no cita otro autor. Evidentemente es
inseparable del port. *farfalhar* «falar tolamente»
(que Cornu, *GGr.* I, § 137, quisiera derivar de
FORIS FABULARE, imposible fonéticamente), del arag.
farfalloso 'tartamudo, tartajoso' [*Aut.*], cast. fam.
farfallón 'chapucero' [Acad. después de 1899], y
del cat. *farfallós* 'farfalloso'[1]. En vista de estas formas resulta ya muy difícil creer, como suele hacerse, que es galicismo, tomado de *farfouiller* [1552]
«fouiller au milieu des choses en les brouillant»,
en Cotgrave (1611) «to fumble or mess about in
dirt, in water», en dialectos del Este y alguno del
Oeste «bredouiller, bégayer» (*FEW* III, 668), y suponer que el fr. *farfouiller* venga de *fors-fouiller*
(*FODICULARE), o bien de una reduplicación de
fouiller (Wartburg) o de un cruce de éste con *farcir*
'rellenar' (íd.), tampoco del neerl. med. *vervuilen*
'podrirse' (alem. *verfaulen*), según prefiere P. Barbier, *RLiR* VI, 220-2. Según reconoce el propio
Wartburg, en la ac. 'tartajear' el vocablo tiene demasiada extensión dialectal en Italia, desde el Piamonte hasta los Abruzos[2], y es demasiado antiguo
allí y en el Sur de Francia[3] para que este galicismo
sea verosímil. Se impone admitir en todas partes
un origen simplemente onomatopéyico, comp. el
sinónimo antiguo de Bormio *fafognare* o *far fa-
fogne* (*ARom.* V, 241), ast. *aforfugáse* 'atropellarse
en la conversación', 'trabajar con demasiada prisa'
(V), port. *fanhoso* 'farfalloso', etc. (en el mismo
sentido Sainéan, *Sources Indig.* II, 55)[4].
DERIV. *Farfulla. Farfullador. Farfullero. Farfalloso* (V. arriba). *Farfallón* (íd.). Alteración de este
último será *fargallón* 'el que hace las cosas atropelladamente', 'el que es desaliñado en su aseo'
[Acad. 1817, no 1783], en el cual, empero, ha de
haber influído la familia del hispanoár. *fárg* 'argamasa', que ha dado el val., tort., Priorato *farga,
fargalada* 'heces del vino o del aceite', 'inmundicia'
[fin del S. XIV], que estudié en *BDC* XXIV, 17-
18[5]; ast. *fargatada* 'montón de frutas, granos, etc.,
que caen o se echan a granel en algún sitio', *a
fargataes* 'a montones', *esfargatáse* 'desmoronarse,
deshacerse' (V), comp. *FRAGUA*.
[1] Ya en la *Rondalla de Rondalles* valenciana del
S. XVIII (Ag.). Lo tengo anotado hoy en autores
tarragonenses (Puig i F., *Cercle Màgic*, 313) y

valencianos (M. Gadea, *Tèrra del Gè* III, 16;
etc.) y en general en el Sur (Gandesa: Amades,
Excursions III, 103), pero creo se usa también
más o menos en el Centro (Fabra; Bulbena y
Vogel *farfollós*).— [2] *FEW* III, 671b. Agréguese
Como *farfojà*, emil. *farfujär* «parlare confusamente».— [3] El milanés ant. *forfolia* 'chapotear' ya
h. 1300; oc. *forfolia* «fouillis», a. 1431.— [4] Comp.
«la memoria del pueblo cuidó del tesoro del romancero español cuando el habla era su único
medio de difusión. A veces, algún ilustre pasante
de Salamanca o París... anotaba y guardaba por
curiosidad lo que oía del grato *farfar* de ese pueblo» en el argentino Pablo Rojas Paz, *La Prensa*,
25-VIII-1940.— [5] Agréguese el gall. *estar co a
farħaleira* 'menstruar' (*VKR* XI, s. v.), y el adjetivo mall. *farg, fargo*, 'indolente', 'desaliñado'
(*BDLC* VI, 273; *AORBB* VII, 29; Amengual),
que en el Maestrazgo y en Tortosa sólo se aplica
a un tipo de aceitunas de clase gorda (G. Girona;
Moreira, *Folklore Tort.*, 22). *Fàrgalos*, topónimo
mozárabe, es despoblado en el término de Sueca
(ya en 1804, *Geogr. Gen. del R. de Val.* II, 121).
En el vocablo castellano cabría ver también un
cruce de *farfallón* con el cat. *malfargat*, que a veces se oye en el sentido de 'desgarbado, desaliñado' y contiene el verbo FABRICARE. Para ambas
posibilidades convendría conocer el área geográfica de *fargallón*, que por desgracia ignoro.

Fargallón, fargatada, V. *farfullar*   *Farináceo, farinato, farinetas*, V. *harina*

FARINGE, tomado del gr. φάρυγξ, -γγος, íd.
1.ª doc.: *Aut.* (s. v. *pharinge*).
DERIV. *Faríngeo. Faringitis.*

Fariña, fariño, V. *harina*   *Fario*, V. *faramalla
Farjear*, V. *alfarje* II

FARMACIA, tomado del gr. φαρμακεία 'empleo de los medicamentos', derivado de φάρμακον
'medicamento'. *1.ª doc.*: 1706, Félix Palacios, en
Aut. (s. v. *pharmacia*).
DERIV. Son también cultismos: *fármaco* [P. de
Ribera, † 1629], de φάρμακον. *Farmacéutico* [1706,
Palacios], de *pharmaceuticus* íd., y éste de φαρμα-
κευτικός íd., derivado de φαρμακεύς 'el que prepara medicamentos', y éste de φάρμακον; por ultracorrección se dijo también *farmacético*.
CPT. *Farmacopola* [1611, Covarr.; Lope], de
φαρμακοπώλης íd., compuesto con πωλεῖν 'vender'; *farmacopólico. Farmacopea* [1706, Palacios],
de φαρμακοποιία 'confección de drogas', compuesto con ποιεῖν 'hacer'. *Farmacología; farmacológico.
Polifarmacia.*

Farmalio, farmario, V. *faramalla*

FARNACA, 'lebrato', arag., del ár. *ħárnaq* íd.

1.ª doc.: 1495, *Epílogo en Medicina*, texto aragonés publicado en Burgos: «los gazapos e farnacas e liebres pequeñitas»; 1836, Peralta.

Codera, *Discurso de Entrada en la Acad Esp.*, pp. 10-11; M. L. Wagner, *RFE* XXI, 243-4; Corominas, *BDC* XXIV, 22-23. El vocablo aragonés se emplea en todo el Alto Aragón, desde Echo a Ribagorza, en el Valle del Ebro (Puebla de Híjar), en el Este de Navarra, etc. Además *farnaca* es catalán, conocido allí en todo el Sur del dialecto occidental hasta la latitud de Áger-Montmagastre-Sta. Coloma de Queralt[1]; aunque no constaba en los Pirineos, en catalán oriental ni en la Huerta de Valencia (datos personales, completados con los del Inst. d'Est. Cat.). En realidad, por el Norte llega por lo menos hasta el Montsec, y lo tengo comprobado de St. Esteve de Llitera, Tragó de N., Corçà, Peralba, Montmagastre, Colldelrat y Tudela de Segre. Me dijeron en Senet (límite con el Valle de Arán) que allí no se emplea (porque allí no hay liebres), pero saben que en otras partes se dice *farnaquetes*. En árabe recogen el vocablo Freytag (I, 481; II, 296), los tres glosarios hispánicos y hoy se emplea en el Sáhara argelino y en algunos puntos de Oriente; además es persa (*ḫírniq*, Steingass), y aunque no consta con seguridad el idioma de origen, no parece semítico, por su estructura cuadrilítera, ni hispánico a causa de la *f-* o *ḫ-*. Aunque Steingass dice lo contrario, es probable que en árabe sea préstamo del persa, donde parece haber parentesco evidente con *ḫergoš* 'liebre', compuesto de *goš* 'oreja' y *ḫer* 'asno', ambas palabras de abolengo iránico; si es verdad que hubo una «nota poetessa preislamica» *Al-Hirniq* en Arabia (Gabrieli, *Onom. Ar.* 81) sería más bien semítico que persa, aunque en iranio pudo sufrir una etimología popular (adaptación a *ḫergoš* 'liebre' y al sufijo de adjetivos *nāq*). El traslado del acento es regular en el vulgar hispanoárabe. Hay un Φαρνάχης, Φαρναχος, nombre de persona escita, al cual corresponde *Parnakka* en persa cuneiforme (Benveniste, *Titres et NP en ir. anc.* 90), y osetino *faernig* (digor *faernug*) 'afortunado, rico' (Benv. *Ét. Ossètes*, 127), persa ant. *arnah* 'gloria', Pok., *IEW* 881.22, Bailey; pero claro que no tendrá relación con *ḫirniq*, ár. *ḫárnaq*, dada la consonante inicial, por más que al persa ant. *farnah* corresponda en el Avesta **arənah-* (Bartholomae *Air. Wb.* 1870-1872).

¹ Hacia el Sur es palabra conocida hasta la comarca de Morella inclusive, pero ya no en el Maestrazgo.

FARO, tomado del lat. *pharos* 'faro', 'fanal', y éste del gr. φάρος íd., primitivamente nombre propio de la isla de Pharos en la bahía de Alejandría, famosa por su faro. *1.ª doc.*: 1611, Covarr.: «las [atalayas] que están sobre el mar, cuando son fuertes y sumptuosas, se llaman *faros*...» (s. v. *atalaya*).

El vocablo falta todavía en Nebr., APal. (que en 154*b* describe el *pharos* grecolatino, pero sin darle equivalencia castellana), C. de las Casas, Percivale, Oudin; el propio *Aut.* se refiere todavía a Covarr., y advirtiendo que otros le dan el sentido de 'estrecho de mar', sólo cita dos testimonios de h. 1600 relativos al *Faro* o Estrecho de Mesina. El vocablo tardó, pues, en hacerse de uso común en castellano, y todavía es ajeno en la actualidad al lenguaje popular, vid. la cita de Pichardo, s. v. *fanal*. Sin embargo, el uso en la toponimia, y particularmente como nombre de las ciudades riojanas de *Haro* y *Alfaro*, muestra cómo tuvo cierto arraigo en algunos puntos desde la alta Edad Media (comp. los dos testimonios del empleo toponímico, h. 1200, en Oelschl.). Fueron sinónimos populares *hacho*, *fanal* y el derivado *farol(a)*. En cuanto a *farol* [*farahon*, 'luz que se lleva de noche en la hueste', Juan Manuel, a. 1330, *Libro de los Estados*, 320*b*, líneas 7, 11, 13, 19; *farón*, 1430 (Woodbr.), Nebr. («*faron para las naves*: pharus»); *farol*, 1492 (Woodbr.), 1519 en la descripción del viaje de Magallanes por Pigafetta (Jal, 111*b*), y por los mismos años en una obra castellana de Gil Vicente II, 303][1], aunque parezca derivado diminutivo es probablemente tomado, como término marítimo, del cat. ant. *faró* íd.[2], y éste de un gr. bizant. φαρός[3], debido a una contaminación de los sinónimos griegos φάρος y φανός; comp. el it. *falò* 'hoguera', piam. *farò*, venec. y sic. *fanò* (etc.: *REW*, 6463; Rohlfs, *EWUG*, 2294): al pasar el vocablo al castellano se vaciló en darle la forma *farón*, que le correspondería como equivalente de la terminación cat. *-ó*, porque este sufijo, diminutivo en catalán, era aumentativo en castellano, y por lo tanto no correspondía al tamaño de los faroles, y sintiéndolo como voz forastera se prefirió agregar una *-l*, dándole así la apariencia del sufijo *-ol*, diminutivo, de forma catalana (pero en este idioma no existe *farol* si no es en fecha muy reciente y en tierras valencianas, por lo cual debe mirarse como castellanismo)[4]. Para la *-l-* del it. *falò*, vid. *FALORDIA*.

DERIV. *Farola* [1836, en el cubano Pichardo, s. v. *fanal*; Acad. 1884, no 1843]. *Farolazo. Farolero* [*Aut.*; 'vano, ostentoso'[5], Acad. 1884, no 1843, comp. el italiano *falotico* íd. y el referido artículo de Carolina Michaëlis]; *farolería*; *farolear* 'fachendear' [Acad. ya 1843], *faroleo. Farolillo. Farolón.*

¹ *Farón* también en Antonio Agustín, † 1586, y en Percivale (1591). *Farol* ya en C. de las Casas, en el *Quijote*, Covarr. y Oudin, *Aut.* lo cita de Calvete de Estrella (1552) y está en muchos autores del S. XVII. La forma catalanizante *faraón* se halla además en el aragonés-valenciano B. de Villalba (1577), vid. Fcha. En portugués *farol* ya aparece en varios textos de h. 1500 (C. Michaëlis, *RL* III, 162).— ² En cat. muy frecuente en los SS. XIV y XV (ya Muntaner), véanse citas co-

869

rrespondientes a este idioma en Ag. y en Du C. (s. v. *faronus*); además figura ya en la Crónica de Jaime I, S. XIII, cap. 54 (vid. Jal), en el *Excitatori* de Bernat Oliver (p. 137) y en muchos textos medievales. La forma *faraó*, que también pasó ocasionalmente al castellano y al languedociano (un ej. de Agen en Levy), y que en catalán se halla en varios textos de los SS. XIV-XVI, y ya en Muntaner, sólo tiene explicación posible en catalán, como resultado de una ultracorrección, según el modelo de los sustantivos abstractos en *-aó* (-ATIONEM), que vulgarmente tendían a contraerse en *-ó* (*regó, llauró, naixó, picó(r)*, antes *-aó*): en efecto, *faró* se emplea hoy, y esto debe de ser antiguo, como abstracto femenino en el sentido de 'resplandor vago' (Ruyra, *Pinya de Rosa* II, 165; *La Parada*, 142; Guasp, *Illes d'Or* IX, 140) o bien 'hedor que echan las lámparas de aceite' (Mallorca y Menorca: Ag. *AORBB* III, 42). Claro está que sería absurdo suponer que la forma *faraó* se deba a influjo del nombre propio *Faraón.—* ³ No hallo esta forma, citada por M-L., *Rom. Gramm.* I, § 16, en las varias fuentes a mi alcance (Estienne, Liddell-Scott, Sophocles, Kumanudes, Hepites, Somavera, Du C., *CGL*, etc.). Pero su existencia parece segura.— ⁴ Claro está que no basta explicar el supuesto cambio de *farón* en *farol*, como hace C. Michaëlis refiriéndose a los casos de *español, aranhol, linhol* (< *-ón*), en los cuales la *-l* es disimilatoria. En cuanto a *cerol* y *cerón*, son ambos alteraciones del mozár. o cat. *cerot* < gr. χηρωτή.— ⁵ Para su extensión dialectal, vid. Toro G., *BRAE* VIII, 505.

FAROTA, 'mujer descarada y sin juicio', murc., etc., del ár. *ḥarûṭ* 'mujer mala'. *1.ª doc.: Aut.*

De ahí vasco *farata* 'presuntuosa, vanagloriosa' en los *Refranes* de 1596, Michelena, *BSVAP* XI, 290. Figura en *Aut.* como voz provincial de Murcia y otras partes; en Acad., 1843, como provincialismo sin más precisiones; hoy, como término familiar. El derivado *farotón* fué empleado por Bretón de los Herreros (Pagés). Indicó la etimología Eguílaz (1886), 397, 431, agregando el equivalente *jarocha* como provincialismo de Málaga; la Acad. desde 1899 registra *jarocho* «en algunas provincias, persona de modales bruscos, descompuestos y algo insolentes»; en Méjico es 'ranchero, hombre del campo de la provincia de Veracruz' (R. Duarte), 'nativo de Veracruz' (D. Rubio)¹, 'brioso, arrogante, jarifo' en la Costa Atlántica de Colombia (Sundheim); *jarocho* no procede del lat. ғ⊏ʀox, *GdDD* 2738 (un *feroche* es italianismo esporádico, todavía no arraigado). Del mismo origen, según indica muy bien Steiger (*Contr.*, 231, 354), son probablemente el sic. *garúḍḍu* 'obstinado', y el miñoto *farota* 'oveja vieja' (puesto que *ḥarûṭ* también significa «animal rétif»). El vocablo arábigo figura en Freytag, no en Dozy, pero hay en vulgar varias

palabras de la misma familia y de significado conexo (*Suppl.* I, 363a). Hay que abandonar la etimología de Schuchardt, *ZRPh.* XXVIII, 131 (comp. Goldschmidt, *Festgabe Förster*), según el cual vendría de oc. ant. y cat. *faraut* 'heraldo', cast. *faraute* 'entrometido', que a su vez vienen del fr. ant. *heraut* 'heraldo', de origen germánico, pues como observa M-L., *REW*, 4115b, no hay ejemplo de que una H- germánica dé *f-* en lengua de Oc; y, en efecto, no hay tal oc. y cat. *faraut*, pues en catalán es castellanismo reciente, y en el primer idioma sólo se hallan dos ejs. gascones medievales, en los que *faraut* no es más que una grafía ultracorregida de *haraut* con *h* aspirada; ahora bien, el paso de *faraut* a *farota* sólo se hubiera explicado de haberse tomado el vocablo del occitano, donde el raro *haraut* sólo significa 'heraldo'.

DERIV. *Farotón* (V. arriba). *Jarochar* y *farotear*, ambos colomb., 'alborotar, retozar, triscar' (Sundheim).

¹ «Nos hallábamos en un campo de *jarochos*, mitad bandoleros y mitad pastores, que conducían numerosos rebaños a las ferias de Grijalba», R. del Valle Inclán, *Sonata de Estío*.

Farpa, V. *arpa*, *harapo* y *zarpa*   *Farpado*, V. *harapo*

FARRA, 'algazara', 'juerga, parranda', arg., urug., voz común con el brasil. *farra* 'diversión ruidosa', 'orgía', y con el vasco *farra* o *parra* 'risa', probablemente de origen onomatopéyico. *1.ª doc.:* 1910, vocab. arg. de Garzón, Segovia (p. 213) y C. Bayo.

Malaret¹ da este vocablo como también chileno, peruano y ecuatoriano, mas no parece ser más que rioplatense en su origen; para Chile la fuente de Malaret y de la Acad. es el poco fidedigno Echeverría Reyes, pero Z. Rodríguez y Román, más autorizados, no registran *farra*, y, en efecto, la expresión corriente en el país transandino es *remolienda*; en el Ecuador, Lemos, *Sem.* 92, considera *farra* argentinismo de introducción reciente en aquella república, y lo mismo ha de haber ocurrido en el Perú y en Chile. En portugués el vocablo es brasileño, aunque no sólo del Sur, como se afirma en ciertas ediciones de Fig., sino de todo el país (Nascentes, *Linguajar Carioca*; Lima-B.; para el Norte: Pereira da Costa); en San Pablo significa 'burdel'. ¿Será de origen castellano en el Brasil o de procedencia brasileña en el Río de la Plata? Nada puede asegurarse. En favor de esto último puede alegarse el hecho de que en portugués metropolitano existen vocablos probablemente afines: *farroma* 'bravata, jactancia', voz popular (Vieira; *RL*, 1887, p. 47), con sus variantes *farronca* «voz grossa; jactância; ostentação; bazófia; em Carrazeda, papão, côca, fantasma», en el Brasil *farromba* y *farruma*, en otras partes *farronfa* (para lo semántico comp. *rumba* en el artículo RUMBO); además, con sentido más alejado, existieron *farrão* y *farrém* (éste ya en Pinto Pereira, h. 1575), variantes fonéticas de *farragem* 'mezcolanza' FA-RRAGO.

Sin embargo también en España se pueden hallar puntos de apoyo; aun dejando aparte el 5 salm. y extrem. *farraguas* 'muchacho travieso, mal encarado' (Lamano; *BRAE* IV, 90), euya relación con *farra* es dudosa, está especialmente el vasco *farr-a*, *parr-a* (guip., a. nav.), *farre-a* (guip., a. nav.), *barre-a* (vizc., b. nav.) 'risa', 'burla', *barra* 10 ronc., salac., en *Auñ.* II, 66.3 *barrea* «la sonrisa»; Azkue no acepta la forma *bar(r)* que Bera-Me. da como básica, *farranda* 'fanfarronada'[2], *barregarri* 'gracioso, ridículo' (b. nav., ronc.)[3]. Según Michelena, *BSVAP* XI, 290, se emplearía también en gall. 15 actual y en sentido análogo al del vasco. El ár. *fáraḥ* 'fiesta, festín' (que no pudo dar *ALIFARA*) tampoco habría dado el arg. *farra*, pues en España se pronunciaba *faráḥ*; *GdDD* vacila entre este étimo (371) y el más absurdo todavía lat. FERIARI (2723b), 20 atendiendo al nav. *furriela*, *furriola*, «merendola, banquete campestre», «juerga, bullicio» (Iribarren), Mérida *furiola*, *furiona*, «juerga, comilona» (Zamora V.), Vitigudino *furriona* «bulla, gresca, algazara» (Lamano), que tampoco tienen relación con 25 *farra*: teniendo en cuenta que en Navarra *furriela* es además «mujer descarada, sargenta» y *furriel* «individuo sucio, astroso, puerco», se ve que estamos ante el nombre del cabo furriel, encargado, como es sabido, de organizar las comilonas de los 30 militares; en cuanto a *furriona* y *furriola*, están contaminados por el sinónimo *merendona*, que en Navarra se emplea disimilado en *merendola*. Para la relación semántica con la voz rioplatense, comp. el arg. *tomar* o *tener a uno para la farra* o *para* 35 *farrearlo* 'para burlarse de él'; esta ac. de 'burla, broma' será la originaria de *farra* en todas partes, de donde pasó a 'algazara ruidosa' (Garzón) y luego a 'orgía'. Ahora bien, una *f* vasca que se cambia en *p* o en *b* indica una voz que, si bien no per- 40 tenece al viejo fondo del idioma, tiene que ser un préstamo ya algo antiguo o bien palabra onomatopéyica. Me parece más probable esto último, y me inclino a creer que la onomatopeya *farr-* se crearía independientemente en el País Vasco y a ambas 45 orillas del Paraná y el Río de la Plata para expresar la noción de 'risa o burla ruidosa'.

A pesar de lo claro que es que en todo esto hay mucho, y aun lo más, de expresivo-onomatopéyico, haremos bien en no descartar la idea de que la 50 aportación de la familia romance de FAR, -RRIS, *farro* y FÁRRAGO, haya tenido asimismo importancia inicial en la formación de este complejo léxico. Nos informa Sarm. de que en su tiempo se empleaba *arrandas* para las papas o farros de avena 55 en el gallego del Nordeste (Viveiro) y *papas aveas* alrededor de Santiago (*CaG.* 182r). Desecho su sugerencia de que sea vocablo introducido desde el asturiano, pues en Asturias la *fa-* se habría conservado sin cambiarse en *(h)a-*, tanto como en 60

gallego. Pero esto lleva a suponer que se había empleado en el Norte de Galicia **farranda* o **parranda* en el sentido de 'papas, puches', aunque el cruce con el sinónimo *aveas* condujo a la forma *arrandas*. Si *parranda* es de origen vascoide (es decir, vizcaíno o montañés oriental) FARRAGINEM > *parranda* se explicaría fonéticamente: la idea básica en lo semántico sería la de *parranda* «merienda de negros», «merendola» > 'comilona, juerga'. Cf. el vco. b-nav. *farranda* 'fanfarronada', los port. *farrém*, *farrão* 'mezcolanza' (donde el étimo en -AGINEM está a la vista) y el port. pop. *farronca* «bazofia», arriba citados. Enlaza también a *farria* y *fanfarria* con la familia de *farro* el doble sentido del gall. *farria* que comento s. v. *FAIRO*.

DERIV. *Farrear*. *Farrista*. *Parrandear*, *parrandeo*, *parrandero*, *parrandista* (V. la nota).

[1] Cita además el verbo *farrearse* (*algo*) en el sentido de 'gastárselo en juergas' en el porteño Francisco Grandmontagne, que escribía h. el año 1900.— [2] Comp. el cast. *parranda* 'jolgorio, fiesta, juerga' [Acad. ya 1884, no 1843; ya en el cubano Pichardo, 1836], al que creo vasquismo. En el Oeste argentino designa una 'reunión de gente humilde en que se bailan cuecas, gatos y malambos' (Chaca, *Hist. de Tupungato*, p. 311), en el portugués de los Arcos de Valdevez es «reuniaõ de gente moça para dançar com música e descantes» (*RL* XXV, 185), que a su vez se da la mano con el trasm. *parrana* 'pereza', *fazer parrana* 'trabajar con poca voluntad' (*RL* XII, 114). Dudo que haya relación con el port. *mamparra* 'pandilla de vagabundos y juerguistas', en el Brasil 'pordioseo' y 'subterfugios, evasivas', según propone Sílvio de Almeida (*RL* XV, 355-6), que quisiera partir de *perro* como símbolo de la pereza. En vasco hay también el lab. *farrandari* 'currutaco', *farrandatu* 'mostrarse ceñudo, orgulloso' (Azkue). En cuanto a *farras* 'indolente, abandonado', *farraskeri* 'ordinariez' *farraskiro* 'burdamente, rápidamente', *farrasta* 'barredura', *farrastatu* 'deshojar las cañas', 'desparramar el grano', 'barrer', quizá queden aparte y vengan del cast. *barrer*.— [3] Véase el diccionario de Azkue y el glosario del Cancionero de Manterola, en el cual se halla un ej. de *farra* en el donostiarra Serafín Baroja (p. 250), S. XIX. Además Navarro Tomás, *Homen. a M. P.* III, 609.

Farraguas, V. *farra*   *Farramplín*, V. *ramplón*
Farrapas, V. *farro*   *Farrapera*, V. *hierro*   *Farrapiezo*, V. *harapo*   *Farrear*, *farrista*, V. *farra*

FARRO, del lat. FAR, FARRIS, n., 'especie de trigo', 'espelta', 'harina', pero no puede ser forma oriunda de Castilla, quizá es italianismo. *1.ª doc.*: APal.[1]

Transcribo de Covarr.: «Dize el Dr. Laguna, sobre Dioscórides, lib. 2, cap. 87, que se haze de trigo y de cevada, remojado el uno y el otro grano, 60

y después despojado de su corteza, de suerte que
el *farro* de cevada y la ptisana de los Griegos son
una mesma cosa. Ordinariamente en España se
haze del grano de la cevada limpio y quebrantado
y descortezado: del qual se haze escudilla para los 5
enfermos, refresca y sustenta.» Rob. de Nola (1525)
da la receta para el potaje de *farro* (p. 68) y para
el *farro de harina de arroz* (p. 199). Por otra parte
Nebr. da otra ac.: «*farro* o escandia: *far, ador*»,
y, en efecto, Juan Márquez (1612), hablando de 10
una tormenta, dice que el granizo agostó todos los
cultivos «excepto el trigo y el *farro*, que eran algo
más tardíos». La *f-* castellana indica que no es
palabra popular en el Centro de España, y como
vocablo de esta índole no puede ser cultismo, ha- 15
brá de ser de procedencia forastera o dialectal. Lo
más probable es que en la ac. descrita por Laguna
sea italianismo, pues este autor dice «el llamado
farro en Italia» (vid. *Aut.*), y en la otra será vocablo dialectal, aragonés, mozárabe o leonés[2], quizá 20
lo último en vista de la popularidad que allí revela
el derivado *farrapas*.

DERIV. Como FAR en latín era neutro y tenía
el acusativo igual al nominativo, es natural que en
romance predominara, por lo menos en parte, el 25
consonantismo FAR- sobre FARR-: lo mismo que FĔL
y MĔL neutros predominaron sobre FELLIS, MELLIS,
etc., en nuestro caso, olvidado en latín vulgar el
uso del genitivo, dativo y ablativo, sólo quedaban
como formas vivas un singular FAR en el sentido 30
de 'harina' y un plural FARRA en el sentido de
'puches' o 'especie de trigo' (más tarde sustituído
por *FARROS o *FARRI, de donde un nuevo singular
*FARRU). De ahí que de FAR se derivara el gall.-
port. *farelo*[3] 'salvado', ast. occid. *fariełṣu* (Munthe); 35
y por otra parte se formó también *FARICULUM
(clásico FARRICULUM), de donde el cast. *harija* 'polvillo que el aire levanta del grano, cuando se muele,
o de la harina cuando se cierne' [Nebr.: «*harija*
de molino o aceña: pollen»; 1565, Venegas; Cej. 40
V, § 238], cuya terminación femenina puede explicarse sea por un plural neutro *FARICULA, sea
por influjo de FARINA (que también es derivado de
FAR, aunque ahí la -R- sencilla se explica por una
simplificación fonética del latín arcaico); me atengo 45
esencialmente a la opinión de Diez (*Wb.*, 458) y
G. de Diego (*Contr.*, § 241), descartando por improbable semántica y morfológicamente la del *REW*
3197, que prefiere un «cambio de sufijo» de FA-
RINA[4]. *Fárrago* [B. Gracián, 1657; *Aut.* acentúa 50
farrágo y lo mismo hace todavía en sus versos
Iriarte, † 1791, vid. Cuervo, *Ap.*, § 112], tomado
del lat. *farrāgo, -āginis*, 'mezcla de varios granos',
'compilación de poco valor'; *farragoso; farraguista*.
Farrapas 'fariñas' ast. (M. P., *Dial. Leon.*), *farra-* 55
pes f. pl. 'gachas compuestas de harina de maíz,
cocida con agua y sal' (V); comp. alent. *farrapos*
«bolos feitos de farinha, ovos, açúcar, manteiga de
vaca e canela», *RL* XXIX, 220, Beira *farropas*
«leite coagulada», *RL* II, 248, port. *farripas, fa-* 60

rrepas «cabeladura rala, grenha», *farroupo* 'cerdo',
farroupilha 'individuo mal vestido' (pero comp.,
por otra parte, *desfarrapado, s. v. HARAPO*);
gallego local *tierra farria* 'la que parece compuesta
de pedazos de pizarrillas y se deshace entre los 5
dedos', que Sarm., *CaG.* 242 *v*, localiza en Lou-
rizán, cerca de Pontevedra, pero en Castro Cal-
delas, no lejos de allá se dice *echar farrias* por
'fanfarrias' o 'fanforriñas' (243*r* y cf. p. 98). Cultismos recientes son *confarreación* y *difarreación*. 10
  [1] «*Ador* es un linaje de *farro*» 8*d*, «cantabrum
es *farro* de que se pasturan los canes, de ahecha-
duras de trigo y de salvados» 57*b*; además 166*d*,
173*b* y 56*b*.— [2] Fonéticamente el paso de FARRE
a *farro* se explica en Italia por un hecho de analogía a base del plural, muy difundido en este
idioma. El cat. *farro* puede representar FARRE fonéticamente (comp. *verro* < VERRES), con -*o*
como vocal secundaria de apoyo tras RR. Del port.
farro [Moraes] podría sospecharse que sea extranjerismo, en vista de la discrepancia consonántica con el diminutivo *farelo* 'salvado', que parte
del neutro FAR, pero en vista del tipo *farrapos*
creo será autóctono.— [3] Sabido es que en port.
el vocablo aparece por lo menos desde princ.
S. XVI (Gil Vicente); Sarm. lo da en gallego
como «salvados de los que no se hace pan» (más
groseros que el *relón* o *ximón*), *CaG.* 227*r*.—
[4] No es posible, por razones fonéticas, partir del
ár. *harîsa* 'frumentum' (R. Martí), *harîs* 'molido',
según quiere Eguílaz (p. 420), pues la *s* arábiga
sólo podía dar *ç* (o a lo sumo *x*), pero no la -*j*-
sonora antigua, comprobada por Nebr.; el testimonio de *Tienda de la Hariza* citado por Eguílaz no tendrá que ver con *harija*, sino será nombre propio, como entendieron los editores, semejante al aragonés *Ariza* (en el Cid, *Fariza*).

FARRUCO, 'gallego o asturiano recién salido
de su tierra'; de ahí, por la ingenuidad y audacia
del joven inmigrante, 'valiente, impávido'; es forma popular y diminutiva del nombre de pila *Francisco*, muy usual en aquellas regiones. *1.ª doc.*:
Acad. 1884, no 1843 (1.ª ac.); después de 1899,
en la 2.ª ac.

  Comp. *CURRO* 'andaluz', otra forma del nombre Francisco: ambos proceden de *Facurro* (*Pacurro*) por alteraciones divergentes. Apodo similar
es *paco* 'moro rebelde que tira escondido contra
los españoles' [Acad. 1914 ó 1899]; *paquear, pa-
queo*. Nótese que en gallego *Farruco* no tiene la
menor connotación despectiva ni aun diminutiva.
Don Farruco de Tal, Doña Farruca de Cual, figuran a montones en las genealogías de hidalgos (ya
no sólo *marulans*) publ. en *Terra de Melide*, 1933,
p. 229 y passim. Asín (*Al-And.* IX, 30) quiere
disociar etimológicamente el vocablo en sus dos
acs. (lo cual ya es inadmisible) derivando la primera de un ár. *farrûq* 'muy tímido' y la segunda
de un *fârûq* 'valiente' (¿habrá ahí interpretaciones

más o menos arbitrarias del nombre de persona *Fārûq?*). Los dicc. clásicos sólo traen el último, pero con el primer significado; sin embargo, los dos faltan en las varias fuentes vulgares (Dozy, Beaussier, Lerchundi) y es sumamente inverosímil buscar origen arábigo a un vocablo afectivo y que no aparece hasta el S. XIX; además hay que hacer notar que la pronunciación real de *-rûq* en el árabe hablado es *-rôq*.

Farrusco, V. *arisco*

FARSA, tomado del fr. med. *farse* (hoy *farce*) 'pieza cómica breve', femenino de *fars* 'rellenado, relleno', participio de *farcir* 'rellenar', del lat. FAR-CIRE íd. *1.ª doc.*: Gil Vicente (1505) y L. Fernández (1514), 1520, H. López de Yanguas, *Farsa Sacramental en Coplas*; 1537, *Farça a manera de Tragedia*, obra anónima impresa en Valencia (*RH* XXV, 283ss.); *farsa*, 1555, Medina (*Aut.*).

Falta todavía en APal., Nebr., etc., pero está ya en C. de las Casas (1570), Covarr. y contemporáneos. De las Farsas de Gil Vicente algunas son anteriores a 1520 [1505], pero están en portugués. En francés se documenta *farse* desde 1476, y el verbo derivado *farser* 'bromear, escarnecer' ya en el S. XIII, lo cual supone la existencia del primitivo desde tan antigua época; del francés proceden también el it. *farsa*, cat. y port. *farsa* (en éstos, como en castellano, el grupo *rs* se hubiera asimilado, de haber sido castizos). La aplicación de *farse* a una pieza cómica breve se explica probablemente porque éstas solían intercalarse a modo de relleno en la representación de un misterio o auto de sacramental (Bloch; otra explicación en el *FEW* III, 416a).

DERIV. *Farsante* [*farçante*, a. 1600, en el valenciano Tárrega, *RFE* II, 305; *fars-* 1611, Covarr.; 1615, *Quijote*], del it. *farsante* íd., derivado, en este idioma, del galicismo *farsa*; *farsanta*; *farsantería*. Son anticuados *farsador* y *farsista*, y el verbo *farsear*. *Farseto* 'jubón relleno de algodón' [1605, *Quijote*], tomado del it. *farsetto* (de ahí también el ngr. φάρσος, Byz.-Ngr. *Jb.* XV, 98; el cat. *fasset* puede ser genuino).

Farte, V. *harto*

POR FAS O POR NEFAS, locución cultista imitada de la latina *fas atque nefas* 'lo lícito y lo ilícito'. *1.ª doc.*: 1553, Azpilcueta.

Fascal, V. *fasquía*　*Fasces, fascículo*, V. *haz*

FASCINAR, tomado del lat. *fascinare* 'embrujar', derivado de *fascinum* 'embrujo'. *1.ª doc.*: 1600, Sigüenza.

No era reconocido como voz castellana en tiempo de APal., que describe el significado de la voz latina sin darle equivalencia castellana (154d).

DERIV. *Fascinación* [h. 1440, A. Torre (C. C. Smith, *BHisp.* LXI)]. *Fascinador. Fascinante.*

Fascioso, V. *hastío*　*Fascismo, fascista*, V. *haz*　*Fase*, V. *fantasía*　*Faséolo, fásoles*, V. *frijol*

FASQUÍA, 'pieza del arnés del caballo (quizá cincha)', 'listón largo que sirve para formar los tablones que se ponen en los costados de la embarcación', del hispanoár. *faṣqîya* 'cincha del caballo', 'estola sacerdotal', y éste del gr. helenístico y mod. φασχία, tomado a su vez del lat. FASCIA 'faja, franja'. *1.ª doc.*: h. 1260, *Partidas* y *Alex.*

El primero de estos textos trae «las cuerdas que son para tirar el navío, son ansí como el cabestro e las *fazquias* con que atan el cavallo»[1]; en *Alex.*, 105b, leemos que el caballo de Alejandro «fue luego bien guarnido de freno e de siella, / de *fazquía* de precio e d'oro la fiviella» (*fasquía* en *P*), y en 1819c vuelven a mencionarse las *fazquías* entre los «guarnimientos» de los elefantes de Poro (con acento asegurado por el verso: «de tornos con *fazquías*, fuertes aguisamientos»). Del *Libro de los Cavallos* (37.1, 65.18) se deduce que la *fazquía* era un arnés que pasaba por debajo del vientre del animal o poco más de un palmo delante de su ijada. Y en un inventario aragonés de 1403 se enumeran «Hun peytral de la gineta. Huna *fazquia* con sus fierros» (*BRAE* IV, 523). Nada se opone por lo tanto a que se trate de una cincha, pues los *fierros* del inventario pueden ser lo mismo que la *fiviella* del *Alex.* No creo en la definición 'bocado, freno' que propone Steiger (*Festschrift Jud*, 667, n. 3), y por consiguiente tampoco en su étimo *ḥásaka* «pointes de cuivre adaptées au mors du cheval» (recogido por Dozy, *Suppl.* I, 286b, en Abenalauam), que además no explicaría la terminación *-ía*.

Por lo demás, la verdadera etimología ya hace tiempo que se conoce (Simonet, 199-200; Dozy, *Suppl.* II, 271a; Baist, *RF* IV, 380; M-L., *RFE* VIII, 229): *faṣqîya* «fascia», «cingula», figura en R. Martí, *fasqîya* en el Códice canónico escurialense de 1049, como nombre de la estola o banda de tela que los sacerdotes oficiantes traen alrededor del cuello y colgando a ambos lados del cuerpo (comp. hebr. rabínico *fasqía* «faja de pecho, lista de toca, faldilla, ligas»)[2]. Como ya vió Simonet, el vocablo ha de ser en definitiva de origen latino, de FASCIA 'faja', pero según indicó M-L., el *q* y la acentuación son prueba de que no llegó directamente al árabe, ni menos al español, sino a través del griego, donde efectivamente se halla φασχία en papiros del S. III, en glosas grecolatinas y en otros textos tardíos, y hoy sobrevive en el lenguaje moderno, especialmente en el griego de la Magna Grecia, con el sentido de 'mantilla, pañal', 'haz, fajo, paquete' (Rohlfs, *EWUG*, 2299).

En España, desde la idea de 'faja, cincha' se

pasó a 'listón que forma el canto de los tablones en los costados de la embarcación' (1696, *Vocab. Marít. de Sevilla,* citado por *Aut.*), y en general a las acs. portuguesas «tira de madeira; parte estreita e alongada que se separou de um tronco de madeira, serrando; ripa» (Moraes, Fig.). Del mismo origen será el val. *faixcar* «cudria, trencilla de esparto» (Lamarca) o *feixcar* «cordeta d'espart cru» (M. Gadea, *Vocab.*), «soguilla de esparto crudo en forma de trenza, de un dedo de grueso, con que se ensogan los serones y espuertas» (Escrig), actividad que se expresará con el verbo *faixcar*[3]: probablemente son contracciones de **faixquiar.*

En fin, otro descendiente mozárabe de la misma familia latina, pero no del derivado FASCIA, sino del primitivo FASCIS 'haz', es el arag. *fascal* «conjunto de muchos haces de trigo que se hace en los campos al tiempo de segar y corresponde cada uno a una carga» [*Aut.*], hoy vivo particularmente en la Puebla de Híjar (*BDC* XXIV, 170), por otra parte en portugués *fascal* 'montón de espigas o de haces de paja' (ya SS. XV y XVI: Moraes), pero también en árabe vulgar de España y de Marruecos: *fášqar* 'montón' (R. Martí; Abencuzmán, en Simonet, 207)[4], 'montón de cualquier fruto' (Lerchundi), «meule de gerbes établie près de l'aire à dépiquer» (en la cabila de Anjra, junto a Ceuta: Colin, *Hesperis* VI, 74) y como verbo 'amontonar gavillas o mieses' (R. Martí), probablemente también el argelino *fáskara* o *faskâr* 'madeja' (Roland de Bussy, Beaussier). Estos vocablos suponen un colectivo hispanolatino **FASCALE,* derivado ya antiguo de FASCIS, y a pesar de los escrúpulos de M-L. (*REW,* 3214) el único punto oscuro en esta etimología, y de importancia por lo demás secundaria, es si en Aragón y en Portugal el vocablo desciende directamente del latín local o se tomó del mozárabe[5].

No tiene que ver con nuestro *fasquia* el homónimo gall. y leonés para 'asco': en gallego 'náusea, gana de vomitar'[6], en la *Pícara Justina* en la ac. de 'asco que se toma de una cosa por su mal olor' (ed. Puyol, II, 225), con el verbo *fasquiar* 'fastidiar, molestar' (ibid. I, 157), que ha de ser cruce de *fastiar* (= *hastiar*) con *asquear*[7].

DERIV. *Fazquiar* 'cinchar (el caballo)' [S. XIII, *Libro de los Cavallos,* 65.19].

[1] Así en la ed. de la Acad. de la Historia II*a,* p. 265, *Partida II,* xxiv, 8. Giese, *Waffen nach der Sp. Lit.,* 122, cita la variante *hazquias.* La ed. de Greg. López (1565, reprod. Madrid 1848) trae *falquias,* forma leonesa o más bien errónea, debida a una mala lectura de la *s* larga como *l.* Aunque no cita nuestro texto legal, a él se referirá Covarr. al decir que *falquias* es voz antigua equivalente a falsas riendas o cabezón doble de dos cabestros. En efecto, *Aut.,* que reproduce este pasaje de Covarr., cita como prueba la ley de Partidas, y de ahí ha pasado el falso *falquía* a la Acad., que todavía conserva este artículo, en lugar de suprimirlo, como debiera. Al citar este error Covarr. prueba no conocer el vocablo más que por dicho texto legal, y por tanto no podemos dar valor a su explicación semántica, que no está probada por el contexto.— [2] *Faşqîya* 'bofetón', 'pescozada', que aparece asimismo en R. Martí, no creo que sea, según quiere Simonet, arabización de *pescozada,* sino el mismo vocablo nuestro, tomado en el sentido de 'cinchazo, cintarazo'. Acaso venga figuradamente de la misma ac., con el sentido básico de 'fustigar' el verbo *fáškal* que R. Martí traduce por 'confundir, afrentar, avergonzár, recriminar' y el egipcio Bocthor por «buter, chopper» (¿y aun *fásqal* 'separarse de', Dozy, *Suppl.* II, 267*a?*); comp. el verbo val. *faixcar* citado en la nota siguiente. Pero también podría ser el *fasquiar* de la *Pícara Justina,* estudiado abajo, o bien forma mozárabe de *fisgar.*— [3] Que leo en M. Gadea, *La Tèrra del Gè* I, 106: «un roll de cordell que van *faixcant* del manoll del espart que duen al sobaco».— [4] Algo de esto existe en el catalán de Valencia, donde es con seguridad de ascendencia mozárabe. En Silla, en cuya «Marjal» existe la *Carretera de Fatxacaret,* me afirmaron que esto venía de un nombre de persona, lo cual me guardaré de refrendar, sin atreverme a desmentirlo. De todos modos, otros datos valencianos que ahora no tengo a mano.— [5] El prov. mod. *fasco* «amas de gerbes» (que Mistral sólo documenta en un autor de Provenza), y que el *FEW* III, 430*a,* relaciona oportunamente con el sasarés ant. *fasca* «bündel» y el vasco *mazka* 'montoncito de heno', más que un antiguo **FASCA* variante morfológica de FASCIS (Wartburg) es probable que sea derivado regresivo de **FASCALE* o de un **FASCARIUM* representado hoy por Alpes Marítimos *fasquiero* «meule de blé». En cuanto al oc. *fasquié* o *fastié,* cat. *fester* 'tedero', especie de parrilla donde se ponen teas para alumbrar o para la pesca al candil, presenta todavía otros problemas.— [6] «Noxos e *fasquías»,* una futura madre «esmaiábase de *fasquía»,* Castelao 290.2, 233.1. No portugués.— [7] No veo claro si el extrem. *jasquear* 'jadear' (*BRAE* IV, 92) procede de ahí o tiene que ver con el arabismo *fasquía,* o viene de un **jadasquear* relacionado con *jadear.*

Fastidiar, fastidio, fastidioso, V. *hastío   Fastigio,* V. *hastial   Fastigor,* V. *facistol*

FASTO '(día) en que era lícito en Roma tratar negocios', '(día) feliz', tomado del lat. *fastus, -a, -um,* íd., derivado de *fas* 'lo lícito o permitido'. 1.ª *doc.:* 1615, Suárez de Figueroa (cita en *Aut.,* s. v. *nefastos*); Acad. 1884, no 1843.

En plural *fasti* designaba el calendario donde se anotaban los días fastos, luego un calendario en general, y finalmente los anales en que se conservaba memoria de los hechos notables. En este sen-

874

tido último el vocablo ya se registra en *Aut.*

DERIV. *Nefasto* [1615, Suárez de Figueroa], tomado de *nefastus* íd. *Nefario* [*Celestina* (C. C. Smith, *BHisp*. LXI); Quevedo; 1626, Pellicer], tomado del lat. *nefarius* 'malvado', derivado de *nefas* 'cosa ilícita', que a su vez lo es de *fas*.

Fasto m., *fastuoso*, V. *fausto*   *Fatada*, V. *fatuo*   *Fatal, fatalidad, fatalismo, fatalista, fatídico*, V. *hado*

FATIGAR, tomado del lat. *fatīgare* 'agotar, extenuar, torturar'. *1.ª doc.*: APal.[1]

Fatigar y *fatigado* («cansado») figuran también en Nebr., y *Aut.* da varios ejs. de los Siglos de Oro, desde 1499. Faltan, por lo general, en los autores medievales. Sin embargo, *fatigación* está ya en las *Consolaciones* del Antipapa Luna (fines del S. XIV), p. 569, y *fadiga* se halla desde J. Ruiz y el *Canc. de Baena* (W. Schmid)[2]. En cuanto al arag. ant. *fadiga* o *fatiga de dreito*, como término jurídico, documentado desde h. 1300, se trata en realidad de una palabra aparte, que ni siquiera es seguro que venga del lat. *fatigare*; trataré de ella en mi *DECat.*; mientras tanto puede verse Tilander, 406-7 (aunque no es artículo satisfactorio en lo semántico).

Fatiga [*fadiga* 'apuro, preocupación' en J. Ruiz, 648*d*, y *Canc.* de Baena, p. 506; *fatiga*, APal., 164*b*; «*fatiga del anima*: angor; *fatiga del cuerpo*», Nebr., y frecuente desde el S. XVI]. *Fatigación*, ant. (V. arriba). *Fatigador. Fatigoso* [Aldana, † 1578 (C. C. Smith, *BHisp*. LXI); F. Herrera (Macrí, *RFE* XL, 160); 1605, López Pinciano].

[1] «Effe(c)tus... *fatigado*, desmayado, quebrantado, sin tener affeto o querer», 126*d*. Otro ej. de *fatigado*, con la sinonimia *cansado* en 106*b*, y otro de *fatigar* en 213*d*.— [2] Esta forma semipopular ha tenido bastante extensión en el cat. *fadigar* y *fadiga* íd. (p. ej. en las *Costumbres de Tortosa*, p. 449). De una forma como ésta sale el vasco antiguo *adicatu* 'cansado' en los *Refranes* de 1596, Michelena, *BSVAP* XI, 290; comp. la *-c-* del it. *fatica*.

Fato, V. *hado, hato, fatuo* y *oler*   *Fatula*, V. *fótula*

FATUO, tomado del lat. *fatŭus* 'soso, insípido', 'extravagante', 'insensato'. *1.ª doc.*: Paravicino, † 1633.

Le da ya terminación castellana APal., 155*d*, en su definición del lat. *fatuus*, pero no es claro, según el contexto, que se empleara ya en castellano; falta todavía en Nebr., C. de las Casas, Percivale, Oudin y Covarr., y el segundo de estos lexicógrafos traduce el it. *fatuo* por *loco*, mostrando así que no consideraba castellana la palabra. Hoy se ha vulgarizado en la forma *fato* 'tonto' en Aragón, la Rioja

y Asturias (R y V, s. v. *fatu*).

DERIV. *Fatuidad* [1528, Guevara]. *Infatuar* [1696, Cornejo], tomado de *infatuare* íd.; *infatuación. Fatada* ast. 'dicho o hecho propio de un fatuo', *fatura* ast. 'fatuidad' (V).

Fau, V. *favo* y *haya*   *Faucal, fauces*, V. *hoz II*

FAUNO, tomado del lat. *faunus* íd. *1.ª doc.*: APal. («*Fana* se dizen de los *faunos*, o porque ende apparescan ymajenes de demonios»), 153*d*.

También en la *Crónica General* (1543) según cita de *Aut.*; F. de Herrera, *RFE*, XL, 133.

DERIV. *Fauna* [Acad. 1884, no 1843], del lat. mod. *fauna* íd., inventado por Linneo en 1746, a base del lat. *Fauna*, nombre de una diosa de la fecundidad, hermana de *Faunus*.

FAUSTO m. 'pompa, lujo extraordinario y ostentoso', alteración del lat. *fastus, -ūs*, 'orgullo, soberbia, altanería', por confusión con *faustus* 'favorable, auspicioso'. *1.ª doc.*: Ya en el *Corbacho* y Mena (C. C. Smith, *BHisp*. LXI, sin precisar la forma de la palabra); *fasto*, Sánchez de las Brozas, † 1600; *fausto*, 1596 (Fonseca).

Influyó también la *u* del derivado *fastuosus* y la circunstancia de que *infaustus* significaba lo mismo que *nefastus*. El hecho es que la confusión se practicaba ya vulgarmente en la Edad Media y aun en la Antigüedad, como lo muestran *fauste* 'orgullosamente' en el Glosario del Escorial, y el citarse *faustuosus* y *faustuaris* junto con *fastus* e *infaustus* en las Notas Tironianas, 94.7. *Aut.* cita además *fasto* en Paravicino († 1633) y *fausto* en Ribadeneira (1600). Hoy *fasto* está anticuado en este sentido.

DERIV. *Fastuoso* [*fastoso*, Álvar Gómez, † 1583; *faustoso*, D. Gracián, 1548, y Palafox, med. S. XVII; *fastuoso*, Cornejo, 1696], tomado de *fastuōsus* íd. *Infausto* [Oudin, 1616].

Fausto, adj., *fautor, fautoría*, V. *favor*   *Favarcera*, V. *abacero*

FAVILA, tomado del lat. *favilla* 'ascua', 'chispa'. *1.ª doc.*: 1626, Pellicer.

Voz exclusivamente poética, y rara.

FAVO, leon., 'panal', del lat. FAVUS íd. *1.ª doc.*: *fabo*, 1605, *Pícara Justina*, vid. glos. de la ed. Puyol; *havo*, 1607, Oudin.

Sabido es que la *Pícara Justina* está llena de leonesismos. Hoy se emplea *favo* en Salamanca (Lamano), el Bierzo (G. Rey) y otras hablas leonesas, así como en portugués. El Maestro Correas dice que en su tiempo decían *favo* los asturianos y *havo* los labradores (de Salamanca quizá, de donde era Correas) (*Vocab.*, p. 86). Con sufijo sale también de ahí el vasco vizc.[1] *aba, abai, abe, abao, abau*, vizc. ant. *abaa* (*Refranes* de 1596), Michelena, *BSVAP*

XI, 290. Otra variante muy curiosa es *mago* empleada en Torrelobatón (Vallad.) anotado por el P. J.
Sobreira (fin S. XVIII); el cambio F- en *m*- recuerda un fenómeno fonético que es normal en vasco.
Pero no perdamos de vista el hecho de que el lat.
fauus es una palabra de etimología desconocida y
sin parentela indoeuropea (la etim. aceptada por
Walde no lo fué ya en el libro de Walde-Pokorny)[2], debe de haber relación con el gall. *maga*
«la cera exprimida» (*magueiro* 'comprador de cera'),
pero es más difícil que pueda haberla con el cast.
(h)ámago (cat. *àmec*), que designa algo muy distinto y es palabra acentuada en la *á*- inicial (hecho
éste que nadie ha discutido, aunque haya dudas
en la etimología). Que haya alguna relación entre
mago y *(h)ámago* es posible, pero es verosímil que
sea por contacto secundario, no por hermandad
etimológica. En realidad no está descartado ni
mucho menos que el vasco *abao* más que préstamo
del latín sea hermano preindoeuropeo de éste y
que *mago* ∽ *maga* represente otra variante del
mismo preindoeuropeo. Recuérdese además que el
germ. *waks*- 'cera' no es descendiente de la misma
raíz ꭒEBH- 'tejer' y sí lo es de una raíz paralela
ꭒEGH- del mismo sentido y con núcleo común.
   La razón de la eliminación en cast. y su reem-
plazo por la creación secundaria *panal*, y quizá
de su eliminación en todo el romance, puede verse
en la homonimia con otro término rústico, FAGUS
'haya' (a. arag. *fau*, *favo*, 'haya', y por otra parte
rum. *fag* 'panal'). En el sentido médico de 'avis-
pero, enfermedad cutánea' es latinismo, registrado
por la Acad. ya en 1884 (no 1843).
   [1] *Abao* en el vizc. de Lequeitio y Marquina (<
aboa, y sin artículo *abo*).— [2] Es inverosímil suponer que se trate de una metátesis de un itálico
*ꭒAFOS o *ꭒOFOS (cf. CAVA ∽ COVA) hermano del
germ. *waba* 'panal' (de ꭒEBH- 'tejer').

FAVOR, tomado del lat. *favor*, *-ōris*, 'favor, simpatía', 'aplauso', derivado de *favēre* 'favorecer',
'aplaudir', 'demostrar simpatía'. *1.ª doc.*: Corbacho,
Mena, Santillana (C. C. Smith, *BHisp.* LXI);
APal. («*faveo*... es dar *favor* a otri», 155*d*; «*plau-
sus*... es muestra de alegría y *favor* popular», 367*b*).
Cej. VIII, § 131. Figura también en Nebr., C.
de las Casas (1570), Covarr., etc., y *Aut.* da muchos ejs. desde Fuenmayor (1595).
   DERIV. *Favorecer* [*Corbacho* (C. C. Smith);
APal. 8*d*, 15*b*, 155*d*; Nebr.; *Aut.* desde Sta. Teresa
y Zurita; ej. de *favorido* en Guevara; *favorizar* en
el *Canc.* de Baena, W. Schmid][1]; *favorecedor*;
fevoreciente; *desfavorecer* [1486, Pulgar, vid. Cuervo, *Dicc.* II, 1071-2; *desfavorido* en Santillana
y en el *Canc.* de Stúñiga]. *Favorable* [Mena (C.
C. Smith); APal. 112*d*, 150*d*; Nebr.], tomado de
favorabĭlis íd.; *desfavorable* [Alcalá Galiano † 1865,
en Cuervo, *Dicc.* II, 1070*a*; Acad. 1884]. *Disfavor*
[Nebr.], se ha dicho también *desfavor*. *Favorito, -a*
[Acad. ya 1843], tomado del fr. *favori*, *-ite* [1535],

que a su vez es italianismo (con este valor emplea
favorecido J. de Valdés, *Diál. de la L.*); en español
ha sustituído a los clásicos *privado* y *valido*, que
hoy tienden a caer en desuso, según observa con
desaprobación Baralt (con valor de adj. lo empleó
ya Moratín).
   Fautor [1595, Fuenmayor; Cej. VIII, § 130],
tomado del lat. *fautor*, *-ōris*, 'defensor, partidario',
derivado de *favere*; *fautoría*. *Fausto*, adj. [h. 1600,
Argensola], tomado de *faustus*, íd., derivado del
propio verbo; *infausto* [F. de Herrera, *RFE* XL,
160]. *Favonio* [1626, Huerta], o en forma popular
fagüeño (Cabrera, † 1836; Borao) o *fabueño*
[*Aut.*], formas aragonesas, del lat. FAVŌNĬUS 'céfiro, viento del Oeste' (así todavía en Panticosa,
RLiR XI, 92, pero en otras partes es el del Sur; cat.
occid. pirenaico *fogony*, *BDC* II, 80, alem. *föhn*,
vasco *apoñu* [Schuchardt, *ZRPh.* XLI, 347], y otros
descendientes modernos en *REW* 3227). Para la
evolución de FAVONIUS en vasco *apoñu*, y para
las variantes de éste, vid. Michelena, *BSVAP* XI,
290 (quien por lo visto supone metátesis [v]AFONIU).
   [1] De interés es la ac. 'proteger ocultando', 'esconder': «Cuando lo veidan venir... las maires corrían a las casas para esconder a los niños más
grandes y *favorecer* en la farda a los chiquitines»,
Guzmán Maturana, *Cuentos Tradicionales en
Chile*, *AUCh.* XCII, 2.º trim., p. 65.

Faya 'tejido', V. *falla* I   *Faya* 'peñasco', V.
fallir

FAYANCA, 'cosa de poco valor', 'postura sin
firmeza', 'engaño', en portugués *faianca* 'objeto
grosero, mal hecho', de origen incierto; como tiene *-y*- antigua es seguro que no puede venir de
fallar ni del lat. FALLĚRE 'engañar'. *1.ª doc.*: dar
fayanca, 1620, Tirso; Lope.
   Según el anotador de los *Clásicos de la Lit. Esp.*
(citado por Fcha.) significaría 'engañar' en este
autor; al mismo pasaje puede referirse la Acad.
(después de 1899) con su ac. desusada «vaya, burla». La ac. 'engañar' es clara en la *Villana de Vallecas* de Tirso: «si hay pan cocido a buen hora /
iré a Madrid. —¿Sabéis vos / vendello? —¿Pues
soy yo zurda? —Los cortesanos si os ven / temo
que *fayanca* os den» (I, xiv, p. 78; Bonilla en su
ed. cita ej. de *hacer fayancas* en el mismo sentido
en otra comedia de Tirso). También está en G.
Correas. *Aut.* recoge *fayanca* en las acs. «la postura del cuerpo en la qual hai poca firmeza para
mantenerse», pero agrega «assí se dice que una
cosa está hecha *de fayanca*, quando está sin la debida perfección y hecha de prisa»; Terr. da la
locución *de media fayanca* «mal, y de mala manera». Del castellano debió de pasar al catalán,
donde es palabra rara, y del Sur: maestr. *fallan-
ques* 'falsedades, embusterías' (G. Girona), val.
fallanca «simulación o engaño simulado; se usa
regularmente en el juego de naipes» (Escrig)[1], cat.

fallanc 'fofo (árbol, sarmiento)' (en Montblanc, según Griera), *fallanca* «agachamiento del anca; se emplea mucho en el juego de *trenca porrons*» (Joaq. Ruyra, glos. de *La Parada*), lo cual aclara Griera: 'doblamiento del anca de una bestia por cansancio o exceso de carga'.

En portugués es donde el vocablo es más antiguo y hay gran probabilidad de que proceda del portugués en todas partes. *Cousa de faianca* es 'objeto grosero, mal obrado', ya en el *Arte de Furtar* de Antonio Vieira (h. 1670), véase la cita extensa en el dicc. de Domingo Vieira; de ahí el derivado *fayanqueiro* 'vendedor que tiene puesto de venta en la feria', ya dos veces en el Fuero de Beja (¿S. XIII?), vid. Cortesão, hoy contraído en *fanqueiro* 'vendedor de lienzo' (ya en la *Eufrosina* de Ferreira, 1535, en Cortesão), y su derivado *fancaria* 'comercio del fanqueiro', 'obra o mercancía grosera', que ya aparece en el Tratado de Feo (1609), y António Veira identifica el pasaje citado *cousa de fancaria* con *cousa de faianca*[2]. En la ac. 'vendedor ambulante' debió pasar también a España, pues en Murcia se llama *fayanco* la caja, escaparate o vitrina de dicho vendedor—y en este sentido lo empleó el alicantino Azorín—y en general el 'fardo o carga' (G. Soriano). Por otra parte hay en Portugal otras acs. secundarias de entre las que hemos hallado en España: Vila Real *faianca* «torto das pernas, cambado» (*RL* XII, 97), *trazer ou pôr qualquer coisa á fancaia*[3] (assim como um chapéu) «ás tres pancadas, mal, torta, etc.» en Tras os Montes (*RL* V, 89), Évora *coisa faianca* «coisa raca» ['mala'], *faianca* 'atrevimiento, insolencia' (*RL* XXXI, 102).

Como un caso de yeísmo en Lope o Tirso, y aun en *Aut.*, sería cronológicamente imposible, y como este fenómeno es completamente desconocido en portugués, no hay que pensar en que *fayanca* venga de *fallar* ni menos del lat. FALLERE, aunque el vocablo al pasar modernamente al catalán haya caído bajo la atracción de esta etimología popular, y lo mismo suceda ya en algún punto del dominio español: Bierzo *fallancón* 'flojo, débil (persona)', 'vacío, sin fruto (almendra, nuez)' (G. Rey). Pero ¿cuál es la etimología verdadera? Nadie lo ha estudiado, que yo sepa. Como el sufijo *-anco, -anca*, es conocido (V. mi nota en *Festschrift Jud*, 582-3), la dificultad está sólo en el radical.

Recientemente ha recogido la Acad. (después de 1899) un artículo *fallanca* 'vierteaguas de una puerta o ventana', es decir, techadillo que se les pone encima para proteger de la lluvia al que se asoma. Esto recuerda el gall. *fayado* (Alvz. Giménez), gall. sept. montañés *fayado* 'desván para trastos viejos' (V. Risco, *Terra de Melide*, p. 335, véase también *SABAYA*), *fayavo* 'sobrado, desván' (ya en *Aut.*), Oporto *faiao* 'techo de tablas' (Krüger, *Gegenstandsk.*, 82), ast. occid. *fayar* 'echar piso a una sala', *fayao* 'desván', todos los cuales es probable que vengan del gall.-port. *faia* 'haya', por

hacerse los techos de tablas de este árbol. Naturalmente viene la idea de que *faianca* en su sentido portugués común, y en el español de ahí derivado, designara al principio un objeto construído con madera de haya, que es conocida por su gran ligereza o poco peso, y que de ahí se pasara a 'objeto liviano, de poco fuste o valor' (comp. Montblanc *fallanc* '(madera) fofa'), de donde 'engaño', 'mala postura', etc.; de todos modos me causa fuerte escrúpulo el hecho de que si bien la madera de haya es ligera de peso, en cambio pasa por ser de gran resistencia[4].

DERIV. *Afayancarse* 'tropezar en algún objeto saliente en el suelo', 'apuntalarse con los pies en alguna parte' (oído en Almería). *Fayanco*, V. arriba.

[1] El Sr. J. Giner March me confirma que en la capital valenciana se emplea en el juego de cartas, pero sería equivalente del cast. *fallo*, lo cual será ac. secundaria o se basará en un informe confuso. En un texto popular de la capital leo *fer una cosa de fallanca* 'engañando, haciendo trampa' (*Pensat i Fet* 1952, 26).— [2] En el Brasil la contracción se extiende al primitivo *fanca* «conjunto de fazendas para vender; objetos de fancaria».— [3] Esta forma metatética se ha alterado más en *pôr* o *pé á facaia* «a maneira do fadista, gingando» (es decir, 'inclinándolo, bamboleándose'), en el norteño Camilo Castelo Branco (Cortesão, Fig.), cuyo significado nos recuerda a su vez el definido por *Aut.* y por Griera.— [4] Desde luego hay que rechazar la idea de que *fayanca* sea compuesto de *anca*, como probablemente opinaban Griera y Ruyra, a juzgar por sus definiciones, pues el primer elemento en que ellos piensan es *fallar*, y ya he dicho que esto es imposible. Aun menos es posible un *afancayar > afayancar*, con metátesis como en el cat. *eixarrancar < eixancarrar*, derivado de *anca*: pues no existe una variante *fanca*, con la H- germánica representada por *f-* según ocurre a veces en castellano; ni tampoco pudo existir, ya que estos casos de *f-* son siempre germanismos tomados del francés y la *cᵃ* conservada se opondría a una procedencia francesa.

Fayar, V. *fayanca*   *Fayo*, V. *haya*   *Fayuela*, V. *hoja*   *Faz*, V. *haz* III, *acera* y *acerico*   *Fazaleja, fazaleta, fazalilla*, V. *haz* III   *Fazaña*, V. *hazaña*   *Fazferir*, V. *zaherir*   *Fazo*, V. *fazoleto*

FAZOLETO, 'pañuelo de sonarse', antic. y raro, del it. *fazzoletto* íd. 1.ª doc.: 1611, Covarr.

Sólo este autor documenta el vocablo en castellano; de él pasó a Minsheu y a *Aut.*, que lo declara sin uso. Covarr. explica que lo habían traído de Italia los cortesanos o los soldados. Para el origen de la voz italiana, controvertido, vid. Skok, *ARom.* V, 252-8; Gamillscheg, *R. G.* II, s. v.; Rohlfs, *ASNSL* CLXVIII, 257. Forma abreviada y usada realmente en España, pero sólo en germanía, es *fazo*, registrado por Juan Hidalgo (1609).

Fazquía, fazquiar, V. *fasquía.*

FE, del lat. FĬDES 'fe, confianza', 'crédito', 'buena fe', 'promesa, palabra dada'. *1.ª doc.:* orígenes del idioma : *Cid,* etc.

El lat. FĬDEM dió *fee* y después *fe* (como *pie* PEDEM, *ve* VIDET). Aquella forma se halla algunas veces en la Edad Media y aun en el S. XVI : 3 ejs. en doc. de 1206 (Pietsch, *MLN* XXIV, 163), uno en el *Conde Lucanor* (ed. Knust, 267.3), varios en el *Canc.* de Baena (W. Schmid), en San Juan de la Cruz (*Cl. C.,* p. 5), etc. : es forma frecuente, que con carácter ocasional pudo pasar a *fey* (*Fuero Juzgo*). La conservación de la F- no indica propiamente cultismo ni semicultismo, sino que es un caso más de predominio de la pronunciación de las clases ilustradas sobre la del vulgo, única que en la época primitiva admitía haches aspiradas (comp. *FALTA, FALSO,* etc.). La pronunciación *he* existió, por lo demás, y es frecuente en el habla villanesca, tal como figura en el teatro del Siglo de Oro, en las locuciones aseverativas *a la he* y *mia he:* ejs. de aquélla en J. Ruiz, 930, 965; Lope, *Cl. C.* XXXIX, 130; Vélez de Guevara, *La Serrana de la Vera,* v. 1115, etc. Del cast. arcaico *a la fede* (= cast. ant. *a la he*) vendrá el vasco *alafede* 'a fe', Michelena, *BSVAP* XI, 291.

DERIV. *Fiel*[1] [*Cid;* Berceo; etc.; una forma *fidel* se halla en documentos arcaicos y en el propio Berceo, vid. Oelschl.], de FĬDĒLIS íd., derivado de FIDES; la *f-* no se ha conservado por efecto del diptongo moderno, como se ha dicho, ni para huir de la homonimia con *hiel* (Steiger, *BRAE* X, 171), sino por la misma razón que en *fe:* recuérdese que se pronunció *fiel* sin diptongo hasta fecha muy tardía[2]. En el lenguaje de la superstición gallega los *fies* o *fés de Deus* son 'espíritus nocturnos, fantasmas, espectros' (Sarm. *CaG.* 64*r*); en el Norte de Portugal pasaron los *fiéis de Deus* a designar «monticulos de pedras formados a pouco e pouco por viandantes junto de cruzes assinaladores de mortes naturais ou violentas» para «fazer peso sobre o cadáver, para este não voltar ao mundo com intento de perseguir os vivos» (cf. Pensado, p. 87). *Fidelidad* [1490, *BHisp.* LVIII, 359; 1595, Ribadeneira], tomado del lat. *fidelitas, -atis;* antes se dijo *fieldad* [doc. de 1206, Oelschl.; *General Estoria, RFE* XV, 27; *Rim. de Palacio,* 369; *fialdat, Gr. Conq. de Ultr.,* 121, 435], que es todavía la forma empleada, no sólo por la de Villena y otros autores citados por *Aut.,* sino la de Nebr., C. de las Casas, Oudin y Covarr. (V. además *fealdad,* s. v. *FEO*). *Fidelísimo. Infiel* [Nebr.]; *infidelidad. Infidente; infidencia. Pérfido* [1444, J. de Mena, *Lab.* 185*g;* princ. S. XVII, Villaviciosa, *Aut.*], de *perfidus* íd.; *perfidia.*

CPT. *Fedatario. Fehaciente* [Acad. ya 1843]. *Fementido* [Berceo, *Mil.,* 744*b*][3]. *Fidedigno* [1600, Sigüenza], tomado de la locución latina *fide dignus* 'digno de fe'. *Fideicomiso* [B. Argensola, † 1631], tomado del lat. *fidei commissum* 'confiado a la fe'; variante *fidecomiso; fideicomisario; fideicomitente.*

[1] Para el *fiel* de la balanza, véase artículo aparte.— [2] Así lo cuentan en sus versos Lope, *La Corona Merecida,* v. 1922; *Pedro Carbonero,* v. 541; Rojas Zorrilla, *Cada qual lo que le toca,* vv. 676, 824; Ruiz de Alarcón, *La Verdad Sospechosa,* ed. Reyes, p. 49 (pero ya *fiel* en la p. 103).— [3] También port. *fementido,* cat. ant. *fementit* (*Curial* II, 190), oc. ant. íd., fr. ant. *foi menti.*

Fe, adv., V. *he*   *Fealdad, feamiento,* V. *feo*

FEBLE, antic., 'débil, flaco', en numismática 'falto en peso o en ley', tomado del cat. *feble* 'débil', que procede del lat. FLĒBĬLIS 'lamentable', 'afligido'. *1.ª doc.:* Berceo, *S. Mill.,* 41[1].

También *Alex.* y *Canc.* de Baena (W. Schmid). No es raro en la Edad Media, aunque poco popular; Nebr.: «*feble:* cosa flaca; debilis». Covarr. dice que es «palabra francesa». B. Alcázar (1695) lo aplica a un barco, y ni *Aut.* ni la Acad. lo consideran anticuado en su ac. general, aunque en realidad no está en uso; *Aut.* lo admite como sustantivo en el sentido de 'flaqueza'. No hay duda de que en estos usos tardíos se dejó sentir un influjo francés. Pero en la Edad Media no puede considerarse galicismo, puesto que entonces se pronunciaba *foible* en el Norte de Francia. El cat. y oc. *feble* (junto al duplicado *frèvol*) no deben considerarse galicismos, según admite el *FEW* III, 617, por la misma razón y porque son frecuentes y populares desde el S. XIII (Consulado de Mar, Costumbres de Tortosa, *Senescal d'Egipte,* etc.), vid. mi *DECat.* Como término de monedería *feble* figura ya en ley de 1497 (*N. Recopil.* V, xxi, 19). *Flébil* es duplicado culto que conserva el sentido latino y aparece desde Fz. de Villegas, 1515 (C. C. Smith, *BHisp.* LXI) y Villamediana († 1622).

DERIV. *Febledad* [Nebr.]. *Feblaje. Afeblecerse* [1494, V. Burgos, vid. *DHist.*].

[1] «Los *febles* e los sanos», 'enclenques, flacos, enfermos crónicos'.

Febrático, V. *fiebre*

FEBRERA, 'cacera: zanja o canal por donde se conduce el agua para regar', vocablo mal documentado, de origen desconocido. *1.ª doc.:* Acad. 1817, no 1783.

No conozco otra fuente e ignoro dónde se emplea la palabra.

Febrería, V. *fábrica*

FEBRERO, descendiente semiculto del lat. *februarius* íd. *1.ª doc.:* doc. de 1129 (como nombre propio ya en 1102).

Cej. VIII, § 129. La forma popular *hebrero* es frecuente en los clásicos: Nebr.; Lope, *El Cuerdo*

Loco, v. 2177; *Aut.* cita ejs. en el Inca Garcilaso y en Esquilache. En latín la forma vulgar fué FE-BRARIUS (*Appendix Probi,* Inscr., etc.), de la cual procede el castellano.

DERIV. *Febrerillo.*

Febricitante, V. *fiebre* *Febrido,* V. *fábrica* *Febrífugo, febril,* V. *fiebre* *Febrir,* V. *fábrica* *Fecal, fécula, feculento,* V. *hez*

FECUNDO, tomado del lat. *fecŭndus* 'fecundo, fértil, abundante'. *1.ª doc.:* Santillana, Pz. de Guzmán (C. C. Smith, *BHisp.* LXI); 1591, Percivale.

Aparece también, con frecuencia, en Góngora (desde 1610, ed. Foulché I, 435; vid. Alemany), y en otros culteranos como Paravicino (*RFE* XXIV, 313), pero falta en APal., Nebr. y Covarr., y C. de las Casas sólo traduce el it. *fecondo* por *abundante, abundoso.*

DERIV. *Fecundidad* [Paravicino, † 1633]. *Fecundar* [Fr. L. de León; Góngora], tomado de *fecundare* íd.; *fecundable; fecundación; fecundador; fecundante; fecundativo; fecundizar* [muy común según *Aut.*]*, fecundización, fecundizador, fecundizante.*

Feto [1543, Luis de Escobar], tomado del lat. *fētus, -ūs,* 'ventregada, producto de un parto', de la misma raíz latina que *fecundus* y que *femina* 'mujer'; *fetación; fetal; superfetación. Jeda* adj. f., santand., '(vaca) recién parida y que está criando' [*feta* íd. en el bajo latín del Norte de Burgos, a. 903, vid. M. P., *Oríg.,* 415], descendiente popular del lat. FĒTA 'preñada', 'recién parida' (comp. bearn. *hedo* 'mujer o animal recién paridos', *BhZRPh.* LXXXV, § 183, y *feda* 'oveja en general', en el Rosellón, lengua de Oc, valles italianos de los Grisones y otros dialectos alto-italianos, Tirol y Friul, ac. ya documentada en el S. VI: *RFE* VIII, 408); comp. *FEO; jedar* santand. 'parir los animales', de FETARE íd.

Fecha, fechador, fechar, V. *hacer* *Fechillo,* V. *pestillo* *Fecho, fechor, fechoría, fechura,* V. *hacer* *Fedatario,* V. *fe*

FEDERAR, tomado del lat. *foederare* 'unir por medio de una alianza', derivado de *foedus, -ěris,* 'tratado, pacto', 'alianza'. *1.ª doc.:* Acad. después de 1899, pero ya sería usual en 1873.

DERIV. Los derivados son también cultos. *Federación* [1463, Lucena; como antic. en *Aut.,* nota que le había quitado la Acad. ya en 1843, no en 1817], de *foederatio, -onis,* 'alianza'. *Federal* [Acad. 1843, no 1817]; *federalismo; federalista. Federativo. Confederar* [h. 1460, *Crón. de Álvaro de Luna;* Nebr.; vid. Cuervo, *Dicc.* II, 349-50], de *confoederare* 'unir por tratado', 'asociar'; *confederado; confederación* [1469, *BHisp.* LVIII, 90; Nebr.], antes también *confederanza; confederativo.*

Fedoriento, fedroso, V. *heder* *Fégado,* V. *hígado* *Fehaciente,* V. *fe* *V. haz* I *Feladiz,* V. *hilo* *despato,* V. *espato* *Felencho, felequera,* V. *helecho* *Felfa,* V. *despilfarrar* *Feeza,* V. *feo* *Feje,* V. *feo* *Feldespático, feldespato,* V. *espato* *Felguera,* V. *helecho*

FELIBRE, 'poeta occitano moderno', de oc. *felibre* íd., vocablo de origen desconocido, tomado en 1854 por Mistral y los demás fundadores del movimiento poético en lengua de Oc, de una canción popular local. *1.ª doc.:* Acad. 1899.

Wartburg, *FEW* III, 446-7, resume las opiniones etimológicas que se han emitido. Ninguna de ellas (incluyendo la de Jeanroy, *Rom.* XXIII, 463-5, prohijada por el propio Mistral —vid. Alcover—, que parte del cast. *FELIGRÉS*) cuenta con apoyo filológico suficiente.

Felicidad, felicitación, felicitar, V. *feliz* *Félidos,* V. *felino*

FELIGRÉS, del lat. vg. hispánico FILI ECLESIAE 'hijo de la iglesia'. *1.ª doc.: filigrés,* doc. leonés de 1245[1]; *feligrés, Canc.* de Baena (W. Schmid); 1535, Juan de Valdés[2].

Propuso ya esta etimología Cabrera, y apoyada por otros (*Rom.* XXIII, 464; *AGI* XV, 486), fué demostrada por G. de Diego, *Contr.,* § 253. Indicó aquel autor el empleo de esta locución en el latín visigótico: «ad concilium trahant... aliquos de *filiis ecclesiae* secularibus», en el concilio tarraconense de 516, canon 13; éste llamó la atención acerca del gall. ant. *fiigreje* íd. y su derivado *fiiglesía, fiiglisía, fliguesía* (hoy *freguesia* 'feligresía, parroquia'), cuya *l* conserva todavía la de ECCLESIA, mientras que la forma en *-eje* debe corresponder precisamente a una base latina en -ESĮE. Más documentación arcaica: *filegleses,* doc. de Oscos, a. 1265 (F. Guerra, *F. de Avilés,* p. 77), *ffiligreses* y *felegreses* en doc. de León, a. 1286 y 1289 (Staaff, 67.24, 69.7, 9, 18); en Galicia: «dederunt *filiigleses* de sancta maria», doc. de 938 (*BRAE* XVI, 73), *feligreses,* a. 1155 (*Esp. Sagr.* XLI, ap. n.º 11). Como lo muestra la forma romance más antigua, el *filiigleses* de 938, se trata del nominativo plural FILII ECLESIAE 'hijos de la Iglesia' (o acaso del vocativo singular FĪLĪ ECLESIAE con que el párroco dirigía la palabra a sus fieles): al cambiarse el genitivo ECLESIAE en **iglesįe > iglés,* según era regular fonéticamente, las tres *ii* consecutivas se confundieron en una sola, y más tarde *filiglés* pasó a *feligrés* por disimilación vocálica y consonántica; en cuanto al gall.-port. *freguês* (ant. *feegrés* o *freegrés, Cantigas de Santa María* LXV, 2), perdió la -L- intervocálica y trasladó la -r- por metátesis. Queda descartada por las formas antiguas la etimología FILIUS GREGIS 'hijo de la grey', propuesta por Covarr. y Diez.

DERIV. *Feligresía* [1573, Mármol; *felegresía* 1302, *BHisp.* LVIII, 90].

[1] *Filigreses*, Staaff, 26.9.— [2] «Conténtame a mí tanto, que lo uso no solamente para significar los que son sujetos al cura de una parroquia..., pero para sinificar también los que acuden al servicio de alguna dama», *Diál. de la l.*, 107.9.

FELINO, tomado del lat. *felīnus*, íd., derivado de *feles* 'gato'. *1.ª doc.*: Acad. 1899.

DERIV. *Félidos* [Acad. después de 1899].

FELIZ, tomado del lat. *felix, -īcis*, íd. *1.ª doc.*: Berceo.

Sale ya tres veces en este autor, si bien no conozco otros ejs. medievales (C. C. Smith, *BHisp.* LXI, proporciona algunos del S. XV), no figura en Nebr. ni PAlc., APal. sólo traduce el lat. *felix* por *dichoso* y *bienaventurado*, y aun C. de las Casas (1570) hace lo mismo con el it. *felice*; pero ya A. de Guevara emplea *felice* en castellano, y *Aut.* da muchos ejs. de *feliz* desde Fr. L. de León. Formas como el port. *feliz*, cat. *feliç*, son cultismos evidentes fonéticamente, y probablemente tiene el mismo carácter en los demás romances de Occidente.

DERIV. *Felicidad* [Santillana (C. C. Smith); APal., 157b], tomado de *felícitas, -tatis*, íd. *Felicitar* [Villamediana, † 1622], tomado de *felicitare* 'hacer feliz', ac. que le conserva su primera autoridad castellana; en la de 'congratular, dar el parabién' era galicismo impropio según *Aut.* (Baralt lo admite ya); *felicitación*. *Infeliz* [S. XV (C. C. Smith)]; *infelicidad*.

Felón, felonía, V. *follón*

FELPA, voz común con el port., cat. e it. *felpa* íd., oc. *feupo* f. 'hilachas', fr. ant. y dial. *feupe* 'harapo', de origen incierto; en castellano es probable que sea de procedencia galorrománica. *1.ª doc.*: J. de Timoneda († 1583)[1].

También en Percivale (1591) «unshorne velvet; flush; shag», en Covarr. (1611)[2], en Lope, etc. El port. *felpa* en la ac. 'melena del león' ya aparece en la Crónica de G. de Resende (h. 1500: Moraes), y hoy significa lo mismo que en castellano (ya Moraes)[3]. En catalán sólo da Aguiló ejs. de la forma metatética *pelfa* [1652], pero las dos serán más antiguas. En lengua de Oc, además del actual *feupo* «effilure; filandres» (Mistral) se halla ya [1]el-*pir* (= *felpier*), como nombre de oficio (¿'fabricante de felpa'?), en un cartulario medieval, de Limoges. El it. *félpa* se halla ya en Bracciolini (1618) y otros autores de fines del S. XVII y posteriores o infechables; además aparece en unas alegorías manuscritas, que según Tommaseo serían de 1375, lo cual hace falta comprobar. El fr. ant. *feupe* se halla en el anglonormando Frère Angier, que escribía en 1214 (*Rom.* XII, 205); es palabra rara en lo antiguo, aunque no tanto su variante *pelfre, peuffe*, también anglonormanda, de los SS. XII-XIV, y

hoy *feupe* está esparcido por varios dialectos muy separados entre sí[4]; V. aquí s. v. *DESPILFARRAR*, y el trabajo de Horning, *ZRPh.* XXI, 197-8; XXV, 742-3; XXX, 76.

En cuanto a la etimología, me parece vano querer partir de una base FALUPPA 'pajita' (documentada en glosarios del S. X, y hoy viva en hablas del N. de Italia), con violentas alteraciones fonéticas y cambios semánticos, como quiere este autor, entre otras razones porque este vocablo del bajo latín es de origen ignorado a su vez. Las fuertes variantes de esta amplia y vaga familia, tal como la ha expuesto últimamente Wartburg (*FEW* III, 395ss.)[5], sólo podrían comprenderse a base de una raíz de creación expresiva, comp. Sainéan, *Sources Indig.* II, 225. Pero las condiciones expresivas u onomatopéyicas de una raíz *flp-* no son evidentes, y desde el punto de vista semántico me parece más que dudoso que el tipo FELP- ~ PELF- tenga que ver con FALUPP- y aun con FRIPP-. Ahora bien, teniendo en cuenta el hecho de que en francés el vocablo es propio primitivamente de los textos anglonormandos, y recordando que hay otros nombres de paños procedentes de Inglaterra y de su temprana industria textil (p. ej. *CARISEA*, que ya se halla en España y Marruecos en los SS. XII-XIII), será preciso revisar la doctrina admitida comúnmente de que el ingl. *pelf, pelfrey, pilfer*, es de origen francés; como *pelf* ya se halla en inglés h. 1300 (*NED*, Skeat) quizá sea de raíz germánica o de creación insular, y extendido de allí a Francia y luego al resto de la Romania.

En la Argentina *felpa* ha tomado modernamente el sentido de 'paliza' (Draghi, *Canc. Cuyano*, p. 141). Comp. *HARAPO* y *HARPILLERA*.

DERIV. *Afelpar* [Quevedo: *DHist.*], o *felpar* [*Aut.*]. *Felpeada* 'paliza' (en el argentino R. J. Payró, *Pago Chico*, ed. Losada, p. 46). *Felpeyu* ast. 'el césped que se recoge cuando se labran las tierras' (en Villaviciosa, V, s. v. *fieltru*). *Felpilla*. *Felpo*. *Felposo*. *Felpudo*.

[1] «Esas trenzillejas / *felpa* que lleváis», *BRAE* III, 564.— [2] «Quasi *filelpa*, a filis, porque es una cierta tela de seda, toda de cabos de hilos».— [3] Quizá derivan de ahí los gall. ant. *falpaz* 'bribón' (?) (*Ctgs.* 105.17) y *enfalfar* 'matar a uno despeñándole' (*Ctgs.* 107.23 y en la leyenda de la miniatura de F) con la misma -*f*- que en *filfa* y *DESPILFARRAR*. Comp. tal vez *flerpa* 'copos de nieve' en el Minho (Leite de V., *Opúsc.* II, 349), para cuyo significado comp. Piacenza *falopa ad nef* íd. (*REW*, s. v. *faluppa*).— [4] Además el vocablo tiene muchos derivados en Francia, entre otros *pelfrer* 'saquear' (en la *Vie St. Edmund*, anglonormanda, del S. XII; *Rom.* LXII, 399); oc. ant. *folpidor* 'el que echa a perder' en el occitano Marcabrú (S. XII), *Litbl.* XXIII, 79, etc.— [5] El alemán, más exactamente suabio, *felbel*, no es el étimo de la voz romance, como dice Acad., sino préstamo romance.

Felpeyo, V. *felpa* y *harapo*   *Felpilla*, *felpo*, *felposo*, *felpudo*, V. *felpa*   *Felquera*, V. *helecho*   *Felús*, V. *foluz*   *Fellón*, V. *follón*   *Femar*, *fematero*, V. *fiemo*   *Femencia*, *femenciar*, V. *hemencia* y *mente*   *Femenil*, *femenino*, V. *hembra*   *Fementido*, V. *fe*   *Femera*, V. *fiemo*   *Femia*, *feminal*, *femineidad*, V. *hembra*

FEMINELA, 'pedazo de zalea para cubrir el zoquete cilíndrico que forma la extremidad de la lanada o instrumento para limpiar y refrescar el alma de las piezas de artillería después de haberlas disparado', del it. *femminella* 'mujercita', 'hembrilla de varias piezas mecánicas', diminutivo de *femmina* 'hembra'. *1.ª doc.*: Acad. 1899.

Femíneo, *feminismo*, *feminista*, V. *hembra*

FÉMUR, 'hueso del muslo', tomado del lat. *femur*, *-ŏris*, 'muslo'. *1.ª doc.*: h. 1730, Martín Martínez, *Osteología* (cita de Terr.); Acad. 1884, no 1843.

DERIV. *Femoral*.

Fenal, *fenazo*, V. *heno*   *Fenda*, *fendedura*, *fender*, *fenderilla*, *fendiente*, *fendilla*, V. *hender*   *Fendrís*, V. *rendija*   *Fenecer*, V. *fin*

FENECÍ, and. antic., 'estribo o contrafuerte de arco', origen desconocido. *1.ª doc.*: «Con los *fenecíes* tocantes al dicho cruzero» 1570, *Rev. de Est. Extrem.* XII, 1956, 321 (Mtz. López); Acad. después de 1899.

Tiene fisonomía arábiga, pero no hallo nada en los diccionarios de este idioma. Nadie, que yo sepa, ha estudiado el origen, ni tengo datos acerca de la documentación del vocablo (que no hallo en López de Arenas).

Fenecimiento V. *fin*   *Fenecho*, V. *helecho*   *Fenestra*, *fenestraje*, V. *hiniestra*   *Fenicado*, *fenicar*, *fénico*, V. *diáfano*

FÉNIX, tomado del lat. *phoenix*, *-īcis*, y éste del griego φοῖνιξ, *-ιχος* íd. *1.ª doc.*: Mena, Pz. Guzmán (C. C. Smith, *BHisp.* LXI) 1570, C. de las Casas («*fenice*: ave *fenix*»; falta en la parte cast.-it.); 1582-5, Fr. L. de Granada.

Es difícil deducir de APal., 157*d*, si en su tiempo se empleaba ya como voz castellana. Agrego un ejemplo de Lope: «en la Arabia más desierta, / u donde *la fénis* muerta / buelbe a alegrar el Oriente» (*Pedro Carbonero*, v. 2443).

Fenogreco, V. *heno*   *Fenol*, *fenomenal*, V. *diáfano*   *Fenollo*, V. *hinojo*   *Fenómeno*, V. *diáfano*

FEO, del lat. FOEDUS, *-A*, *-UM*, 'vergonzoso', 'repugnante', 'feo'. *1.ª doc.*: Cid.

Muy frecuente y popular en todas las épocas Cej. VIII, § 141. En la Edad Media predomina la ac. moral 'torpe, vergonzoso' (*Cid*, 1677; Berceo, *S. Dom.*, 690*d*; *Mil.*, 784*b*; J. Ruiz, 16*d*; Glos. de Toledo; APal., 156*d*; cita de la Crón. del Rey Rodrigo en M. P., *Cid*), pero también se halla ya algunas veces como concepto estético, opuesto al de hermosura corporal: Berceo, *Mil.*, 734*c*; *Conde Lucanor*, ed. Knust, 95.8 («omne fermoso en la cara nin *feo*»; «quien *feo* ama, hermoso le parece» en los refranes de B. de Garay, 1541). Conserva este estado de cosas el mismo predominio que podía notarse en latín, y que sería etimológico, lo mismo si preferimos la etimología de Ernout-M. que la de Walde-H.; y hoy todavía el habla arcaizante de América se opone a la de España dando a nuestro adjetivo aplicaciones más amplias: *olor feo*, *gusto feo*, son muy frecuentes en la Arg., Chile, Colombia y Méjico por lo menos, en lo cual hoy me inclino a ver un caso de conservación, más que de innovación (como hacía en *AILC* I, 181).

El tratamiento fonético del lat. FOEDUS, en cast., es notable: no sólo se hubiera debido perder o aspirar la F-, sino que la -D- se conserva por lo general inmediatamente detrás del acento (el caso de *creo* puede deberse a *creer*, y en los de *fe*, *pie* y análogos ayudaría la posición casi final, desde el romance primitivo, en que la *-E* tendía a perderse). Es verdad que la forma regular *hedo* existe: J. Ruiz, 961*a*, la pone en rima con *queda* y *vereda* («la gaha, rroyn, *heda*»), en el ambiente lingüístico de las serranas, lleno de rusticidad; y todavía h. 1400, Juan García de Vinuesa hace rimar «comiendo pan duro e *hedo*» con *Salizedo*, en el *Canc. de Baena* (n.º 391, v. 55). La forma *feo* no puede considerarse cultismo, atendiendo a la pérdida de la *-d-*, ni vulgarismo castellano, por la conservación de la *f-*; creo será forma leonesa, pues este dialecto tiende a eliminar toda -D- intervocálica: *núo*, *desnuar*, *suar* en el *Cuento del Emperador Otas*, de marcado sabor dialectal leonés; los castellanos de las ciudades aceptarían en este caso la pronunciación leonesa, más cortesana (por ser la de la capital del Reino, cuando Castilla era condado) y también como más clara y al abrigo de equívocos, puesto que *mujer heda*, lo mismo podía significar 'fea' que 'recién parida' (FĒTA, V. s. v. FECUNDO). La conservación del lat. FOEDUS es uno de los rasgos arcaicos del castellano y portugués (*feio*, antes *feo*): en los demás romances resultó caduca esta vieja palabra latina (aun el sardo *feu* es sólo castellanismo, según M. L. Wagner, *ARom.* XIX, 16, y en Córcega procederá de Cerdeña).

DERIV. *Feote*. *Feotón*. *Feúco*. *Feúcho*. *Fealdad* [fin del S. XIII: *Bocados de Oro*; J. Ruiz, 932*a*: «nunca digas nonbre malo nin de *fealdat*»; *Danza de la Muerte*, 416: «Muerte, non me espanto de tu *fealdad*»; *fialdad*, Corbacho, ed. P. Pastor, 260.17], antes de estas fechas, y aun después, significa 'prenda', 'encargo de confianza', 'feudo'[11]: el vocablo procede etimológicamente de FĬDELITATEM, que se cambió fonéticamente, primero en *feeldad*, y después en *fealdad*, ayudando el influjo de los numerosos abstractos de esta terminación (*igualdad, maldad*, port. *lealdade*, etc.): pero una vez alterado así el vocablo, se oscurecía el nexo fonético con *fiel*, e interviniendo el influjo de *frialdad* y *crueldad* se empezó a emplear *fealdad* como abstracto correspondiente a *feo*; antes se había dicho *feeza* y se han empleado *feúra* (ast., V, etc.) y otros[2]. *Afear* [h. 1300, *Gr. Conq. de Ultr.* en DHist.]; en lo antiguo también *enfearse* [Nebr.]; *desfear* [*Partidas* en Pagés]. Cultismo: *defedación*.

[1] Berceo, *S. Mill.*, 406c: «ellos se vos alzaron con vuestras *fialdades*». *Fialdade* en las *Cantigas de Sta. María*, 239. *Ffialdat*, en doc. de Burgos, a. 1315 (M. P., *D. L.*, n.º 205, lín. 27). «Ninguno hidalgo non deve vender de las heredades que tiene en *fealdat*», «un omne comanda en *fealdat* a un otro cinquenta moravedis», Fuero de Navarra (citas de Tilander, pp. 313, 359); *tener fealdat* es 'gozar el usufructo en viudedad, sin derroche y con castidad' en varios textos legales navarro-aragoneses desde el S. XIII, vid. Vidal Mayor s. v. Y otros que he aducido s. v. *FE*. Borao registra *fialdades* 'rehenes' y en el *Recontamiento de Alixandre* figura *fayaldaje* «contribution» (RH LXXII, 598).— [2] Acerca de este origen de *fealdad* véanse más detalles en el atinado trabajo de Malkiel, *Univ. of Calif. Publ. in Ling.* I, v, 189-214, que se inclina a creerlo galicismo (del fr. ant. *fealté*), lo cual es posible. Para enmiendas importantes a la explicación de Malkiel, V. *FRIALDAD*.

Fer, V. *hacer*   *Feracidad*, V. *preferir*   *Feral*, V. *fiero*   *Feraz*, V. *preferir*   *Feredad*, V. *fiero*   *Féretro*, V. *preferir*

FERIA, descendiente semiculto del lat. FĒRĬA 'día de fiesta'. *1.ª doc.*: doc. de 1100, en Oelschl.; Berceo.

Cej. VIII, § 129. En latín clásico *feriae* se halla solamente en plural y con el significado de 'día festivo', pero el latín cristiano, desde el S. V, lo empleó en singular para designar cada uno de los días de la semana: uso conservado en portugués (*segunda feira* 'lunes', *terça feira* 'martes', etc.) y basado en el deseo de evitar las designaciones paganas *dies Martis, dies Mercurii*, etc.[1] En Berceo todavía *feria* es 'fiesta' (*Mil.*, 831c). Pero ya desde antiguo se generalizó la costumbre de celebrar con mercados junto a los santuarios e iglesias los días de las grandes fiestas religiosas, y de ahí que mientras *fiesta* ensanchaba su área semántica, *feria* pasaba a quedar restringido a la nueva ac., en que designaba estos mercados; así ya en J. Ruiz, 1312c, APal. 86b (y Nebr., junto a la ac. antigua). Para la historia semántica en romance, V. el excelente

resumen del *FEW* III, 464[2] El origen eclesiástico del vocablo se refleja en su tratamiento semiculto; una variante más vulgar *heria* se halla como forma rústica en los refranes de Hernán Núñez y en el *Quijote* (vid. el dicc. de Cejador). Ast. *feries* f. pl. 'confites que se llevan como recuerdo de una romería para los deudos y amigos' (V). Cat. *fira*, port. (y gall.) *feira*.

DERIV. *Feriado* [1369, N. Recopil. IV, iv, 2; APal., 158d], hoy *día feriado*, anticuado en España, sigue muy vivo en tierras americanas. *Ferial* [APal., 114d]. *Feriar* [APal., 167d: «forum... logar espacioso dexado en la cibdad para *feriar* mercadorías»; Nebr.: «*feriar* una cosa a otra: commercor»; 'trocar' en Rojas Zorrilla: «su viña me a negado, aunque *feriarla* quería / a otra heredad», *La Viña de Nabot*, v. 882; *Cada qual lo que le toca*, v. 600 y nota de A. Castro a este pasaje; más ejs. análogos en Fcha.]; *feriante*, port. (y gall.) *feirante* 'vendedor en feria' («*feirantes* de cabalos» Castelao, 108.9). *Ferieru* ast. 'tratante de ganados que va de feria en feria' (V).

[1] Hubo algún intento de introducción de este sistema de denominación en España. *Aut.* se refiere a una disposición de San Silvestre, y cita un pasaje de Sigüenza (1600), «repartió el Psalterio por todas las *ferias* de la semana», que tiene carácter culto; el que agrega del Fuero Real parece dudoso. Quizá se extienda a algún punto del territorio leonés, pero ahí lo típico es *di(a) lunes*, V. aquí s. v. *DÍA*. Sin embargo, en el Norte leonés y en Galicia ha existido el tipo con *feria* (aunque no tan extendido como en Portugal), por lo menos *sestaferia* (y variantes) como nombre del 'viernes', desde Santander, pasando por Colunga, hasta el bable occidental y la zona compostelana; el vocablo aparece muy alterado variamente según las localidades y especialmente en una forma *estafeira* que en gallego antiguo se documenta con gran frecuencia desde med. o fin S. XIII hasta 1472 y que hoy perdura en bable occidental; V. los datos de J. L. Pensado, *Acta Salmant.* n.º 51, 25-28, quien no acierta a explicarse esta mutilación; indudablemente se trata de un caso de deglutinación en las frases frecuentísimas *hoy es (s)estaferia, (todas) las (s)estaferias* y análogas, por confusión con la *s* precedente, alteración consolidada por la etimología popular (*esta feria*); por lo demás aun en gallego, este sistema de denominación tiene carácter menos general que en portugués: hallamos *luus* (1466) o *luns* 'lunes', aunque junto a *quartafeira* (1466, 1471), *quintafeyra* (1472) y hoy dominan *luns* y *martes*, aunque *mércores, joves* y *venres* son más raros (V. los datos de Pensado).— [2] Con dos rectificaciones iberorromances: *feira* es la forma normal en portugués y no un galicismo; y el salm. *jera* nada tiene que ver con FERIA (V. mi artículo).

Feridad, V. *fiero*   *Ferido, feridor*, V. *herir*
Ferino, V. *fiero*

FERLÍN, 'moneda antigua equivalente a la cuarta parte de un dinero', del fr. ant. y med. *ferlin* 5 íd., y éste del ags. *feorðeling* 'cuarta parte', derivado de *fēower* 'cuatro'. *1.ª doc.*: 1612, Fr. J. Márquez.

FEW III, 462a.

Fermata, ferme, V. *firme*   *Fermentable, fermentación, fermentado, fermentador, fermentante, fermentar, fermentativo, fermento*, V. *hervir*

FERNANDINA, 'cierta tela', del fr. *ferrandine* 15 'tela de seda con trama de lana o de algodón', que se cree derivado de *Ferrand*, nombre de un industrial lionés que empezó a fabricarla. *1.ª doc.*: Terr. cita el testimonio de un Arancel de Rentas y Diezmos, y agrega que entre los comerciantes 20 de su tiempo no se daba ya razón de la misma; Acad., ya 1843, afirma que era una tela de hilo.

Para el vocablo francés, documentado en el S. XVII, vid. *DGén.*, s. v. En España se cambió *ferr-* en *fern-* porque *Ferrando* y *Fernando* son 25 aquí variantes de un mismo nombre.

Ferocía, ferocidad, feróstico, feroz, V. *fiero*
Ferpa, V. *harapo*   *Ferrada, ferrado, ferrador, ferradura*, V. *hierro*   *Ferraina*, V. *herrén*   *Ferraje, ferramienta*, V. *hierro*   *Ferrán*, V. *herrén* 30
Ferrapía, ferrar, V. *hierro*   *Ferre*, V. *alferraz*
Ferrehuelo, V. *ferreruelo*   *Ferreña, férreo, ferrería*, V. *hierro*   *Ferrera*, V. *alferraz*   *Ferrero*, V. *hierro*

FERRERUELO, 'capa más bien corta y sin capilla, que cubría solamente los hombros, el pecho y la espalda', del antiguo *ferrehuelo*, y éste del ár. vg. *feriyûl* 'especie de capa o blusa', el cual 40 procede a su vez del lat. PALLIŎLUM 'manto pequeño', diminutivo de PALLIUM 'manto, toga'. *1.ª doc.*: *herreruelo, Registro de Representantes*, publ. en 1570 y atribuído a Lope de Rueda († 1565); *ferreruelo*, 1611, Covarr., y ya en 1528, en *La* 45 *Loçana Andaluza*, ed. 1952, p. 106 (como nombre de una canción), aunque ahí puede tratarse del diminutivo de *herrero*.

Véase mi artículo en *PMLA* LXIII (1948), 719-26. Acerca de la diferencia entre el *ferreruelo* y la 50 *capa* me escribe la Prof. Ruth Kennedy, que dispone de un libro de modas de 1618 y prepara un importante trabajo acerca de los vestidos de la época: «había muy poca diferencia en tamaño o en longitud cuando se publicó este libro, pero en 55 el S. XVI, cuando la capa a la moda era larga, habría bastante. La diferencia típica estaba en la falta de capilla, como ya pone de relieve el *Registro de Representantes*»¹. El mismo vocablo se halla también en port. *ferragoulo* [1589, Fr. Ama- 60

dor Arraes], en it. *ferraiuolo* [en un estatuto toscano de 1562, y en A. Caro, † 1566] y en ngr. φεραιόλο [1659]. En España fué sobre todo frecuente durante el S. XVII. La *f-* española (que al principio se trató de reemplazar por *h-*, pero sin éxito)² indica origen forastero, y el sufijo portugués *-oulo* es también típico de los extranjerismos y mozarabismos; en italiano el vocablo se extiende a casi todos los dialectos, desde Liguria, Lombardía y Venecia hasta Sicilia, y las formas dialectales, 10 casi todas en *-iolu, -ajuolo, -ajol*, sin *-r-* entre la segunda y la tercera sílaba (consonante que sólo habría caído en los dialectos toscanos), prueban que el vocablo no tenía el sufijo romance -ARIUS, otra confirmación del extranjerismo. 15

En cuanto al origen, apenas cabe duda razonable de que la fuente es el ár. magrebí *faryûl, feryûl, firyol*, empleado en Rabat, Tánger, Tetuán, en las cabilas ceutíes, en Argel y en Malta, y que según indicó Colin (*Hespéris* VI, 73-74) está em- 20 parentado con el mozár. *pallyûl, balyûl, palywél* 'manto' y procede del lat. PALLIOLUM. El cambio de P- en *f-* es frecuente en los latinismos del árabe, aun en los propios a los dialectos del Magreb y de España: mozár. *furrîn* 'alopecia', bereb. *furi*, 25 ár. argelino *ferina* < PORRĪGĬNEM (Simonet, p. 230); Schuchardt, *Rom. Lehnw. Berb.*, 42); cat. *fleitera* < mozár. **fleḥta, piléḥta* < lat. PLECTA; *fälaṭûra* «coma» R. Martí, p. 360, que Simonet, 210, deriva de un **PILATURA* = fr. *chevelure*; ár. 30 *fullûs, fîrsiq, isfánǧ* < lat. PULLUS, PERSICUM, SPONGIA (vid. BDC XXIV, 40); '*asfaråǧ* < ASPARAGUS; '*isfanâǧ* > '*ispanâḫ* (vid. *ESPINACA*); '*isfannâriya* < SAPONARIA, etc.; como prueba de que el fenómeno ocurría en la costa africana me bastará re- 35 cordar el nombre del Rif < lat. RĪPA; pero se trata, por lo demás, de un hecho conocidísimo. La forma *ferregüelo* está efectivamente documentada en Rojas Zorrilla († 1647), *Cada qual lo que le toca*, v. 225 (el ms. es coetáneo), y *herreuelo* lo está indirec- 40 tamente por la forma *reuelo* que se lee en doc. catalán de 1597 (Ag.); nueva confirmación de mi etimología.

El árabe magrebí *faryûl* puede ser un resto de la latinidad mauritánica, conservado como es 45 natural en la zona costeña, o bien puede ser alteración del mozár. *pallyûl*. Esto último parece lo más probable en vista de un informe que me comunica el Sr. David Griffin, y que si no me engaño acabará de convencer de la justeza de esta 50 etimología a los más escépticos. En un documento mozárabe toledano de 1161 aparece un *f-r-w-y-l al-áḥmar* junto con unos zapatos y unas calzas, entre los objetos integrantes de una donación (González Palencia, doc. 1014, vol. III, p. 383, lín. 7 55 del final). No cabe duda de que se trata de un ferreruelo rojo y de que debemos vocalizar *fariwîl* y pronunciar *fariwél* (comp. *zaragüel* = *sarāwîl*)³. *Feriyûl* pasó en castellano, primero a *ferrehuelo*, y luego a *ferreruelo*, como *romeo, galea, trinchea* 60 pasaron a *romero, galera, trinchera*. Tratándose de una prenda típica de trabajadores portuarios y marinos, y en vista de la fecha algo tardía de aparición en romance, se puede creer en una trasmisión por el trato comercial y guerrero de los [5] europeos con las ciudades de la costa africana, y que sirviera de vehículo la lingua franca (otro vocablo trasmitido de este modo parece ser *FONDA*), pero la temprana documentación toledana prueba que debió de haber varias trasmisiones[4]. [10]

Nada ganamos, si no es más complicaciones, trayendo el mozárabe *fariyûl* de un gr. περιβόλαιον como quieren H. y R. Kahane, *RPhilCal.* XXI, 1968, 509-10.

[1] Para la longitud del ferreruelo véase la cita de [15] Calderón en la ed. de Rojas Zorrilla, pasaje citado abajo.— [2] Véase en mi artículo lo dicho acerca de la sustitución de la forma *herreruelo*, propia de la ed. príncipe del *M. de Obregón* de Espinel, por *ferreruelo* de las ediciones subsiguientes. Algo [20] parecido ocurrió en el *Marqués de las Navas* de Lope (v. 992), donde el autógrafo trae *herreruelo*. Ésta fué, pues, una forma purista del primer momento, que no logró cuajar.— [3] El arag. ant. *ferret* «sorte de cape» que Pottier encuentra en [25] inventarios de 1397 y 1402 (*VRom.* X, 153) resultaría de *feriwél* por cambio de sufijo, si realmente se trata de una capa. Pero temo que haya una confusión, como la habrá desde luego en el cat. *ferret* que cita Pottier, y que significa algo muy [30] diferente.— [4] El Sr. Max L. Wagner me comunica una opinión que me siento obligado a hacer pública: «Su demostración no me ha convencido plenamente. Si estas palabras procedieran realmente del mozár. *pallyûl*, ¿cómo puede ser que [35] tengan *f*- en los dialectos norteafricanos? Precisamente el maltés *firyol* demuestra de un modo evidente que se trata de un vocablo tomado del romance, y en particular del sic. *firriolu*. En Malta es donde menos pueden esperarse viejas pala- [40] bras arábigas para objetos de civilización. Estoy convencido de que las demás formas arábigas que V. cita son también romanismos». A pesar de mi respeto por los conocimientos del sabio lingüista, que acabo de demostrar haciendo público [45] su parecer, he de decir que en este caso debe rechazarse decididamente. Es extraño, como dejo dicho arriba, que el Sr. Wagner halle dificultad en la *f*- magrebí. De ser romanismos las formas arábigas sería casi forzoso partir del sic. *firriolu* [50] para explicarlas, pues aun el it. *ferraiuolo* es muy diferente de ellas; pero ¿cómo pudo un vocablo dialectal siciliano llegar hasta la costa atlántica de Marruecos? Nadie lo creerá. Y suponer que sólo una parte de estas formas procede de Italia, y el [55] resto viene del port. *ferraioulo* (variante rara de *ferragoulo*), no sería menos inverosímil y tropezaría con dificultades fonéticas. En cuanto a la extrañeza que el Sr. Wagner manifiesta porque el vocablo no se halla en árabe antes del S. XVIII, [60]

de ninguna manera puedo admitir que esto sea un obstáculo: sabido es que los escritores árabes evitan por purismo los vocablos extranjeros que pululan en Marruecos y Argelia, y aun los mismos de estirpe arábiga que nacieron allí. Un indicio indirecto de la antigüedad de *faryûl* en Marruecos puede verse en su plural fracto *frâwul;* puede señalarse algún caso suelto de plurales fractos en palabras de fecha reciente, pero es caso menos frecuente, como ya hizo notar Colin. Y la nueva documentación de 1161 desvanecerá del todo esta sospecha. En cuanto a la presencia de *firyol* en Malta, no veo cómo puede aducirla como prueba de su carácter romance el Sr. Wagner, cuando él mismo insistió con razón sobrada en la relativa escasez de los italianismos malteses, limitados en su mayoría «a la administración, la civilización y la política» (*ZRPh.* LII, 647). Termina mi distinguido corresponsal poniendo en duda los ejs., que cito en mi artículo, de voces árabes trasmitidas al romance por la lingua franca. Aunque esto es secundario en mi argumentación, es fácil formular reservas a algunas de sus afirmaciones. Sé muy bien que *papaz* 'sacerdote' no es palabra propiamente arábiga, sino de origen griego, pero esto no hace al caso, puesto que los españoles sólo la conocieron como «nombre que dan en las costas del África a los sacerdotes christianos» (*Aut.*), y por lo tanto es probable que la oyeran de los marroquíes y argelinos que les hablaban en lingua franca. Sin duda el fr. *maboul* es palabra reciente, pero ¿en qué se entendieron los primeros conquistadores franceses con los africanos, sino en la lingua franca que éstos les hablaban y en la que injirieron con seguridad este vocablo árabe? Y que el genov. *camallo* 'mozo de cuerda' tiene congéneres en los Balcanes, también importa poco, pero resulta forzado suponer que un vocablo árabe, vivísimo en Occidente (PAlc.; Dozy, *Suppl.* I, 328a) tuviera que pasar por Turquía, como quiere mi contradictor, para llegar hasta Génova: es mucho más natural que los comerciantes genoveses lo aprendieran en el vecino Argel de los *camalli* de allí, que les hablaban en lingua franca, vestidos con su *faryûl* típico. *Camalo* es usual en el castellano empleado en Tánger, según me comunicó mi maestro D. Maximiliano Alarcón, y allí no ha de proceder ni de Turquía ni de Génova, sino directamente del árabe por la lingua franca local.

Ferrete, ferretear, ferretería, ferretero, férrico, ferrificarse, ferrizo, ferro, V. *hierro   Ferrionero,* V. *hierro   Ferrocarril, ferrocarrilero,* V. *carro   Ferrojo,* V. *cerrojo   Ferrón, ferronas, ferropea, ferroso,* V. *hierro   Ferrovial, ferroviario,* V. *carro   Ferrugiento, ferrugíneo, ferruginoso, ferruja, ferruñar, ferruñento, ferruza,* V. *hierro   Ferseta,* V. *feseta   Fértil, fertilidad, fertilizable, fertilizador, fertilizante, fertilizar,* V. *preferir*

FÉRULA, tomado del lat. *férŭla* 'cañaheja', 'palmeta'. *1.ª doc.*: 1555, Laguna.

Aut. registra ya la frase *estar bajo la férula de
alguien*, donde propiamente significa 'palmeta'. Para
el duplicado popular, V. *CAÑAHEJA*.

Deriv. *Feruláceo.*

Fervencia, férvido, ferviella, ferviente, V. *hervir
Fervión,* V. *euforbio   Fervollar, fervor, fervorar,
fervorín, fervorizar, fervoroso,* V. *hervir*

FESETA, murc., 'azada pequeña', tomado del
cat. *fesset* 'azadoncillo', diminutivo de *fes* 'azadón,
azada pequeña', y éste del ár. *fá's* 'hacha, segur',
hispanoár. *fâs* 'azadón' *1.ª doc.*: 1929, *ferseta*
«eixartell», en Almoradí (Alicante), *BDC* XVII,
55; 1932, *feseta*, en Orihuela (ibid.), G. Soriano;
Acad. después de 1899.

Como catalán, *fes* es de uso general en el País
Valenciano [1388; Sanelo S. XVIII] y en Tarragona
(*BDC* VI, 44); el diminutivo *fesset* es también
valenciano (Sanelo *feçet*) y mallorquín (*fasset* «xapeta», Amengual; *BDLC* VII, 301). Para la voz
arábiga y su uso en España, vid. Dozy, *Suppl.* II,
236a. Indicó ya esta etimología Steiger, *Contr.*,
p. 113. El parecido con el ast. *fesoria* 'azada' (FOS
SORIA) es casual.

Fesol, V. *frijol   Fesoria,* V. *foso   Festeante, festear, festejador, festejante, festejar, festejo,
festeo, festero, festín,* V. *fiesta*

FESTINAR 'apresurar, precipitar', chil., col.,
venez., centroam., mej., tomado del lat. *festīnare*
íd. *1.ª doc.*: 1251, *Calila*, ed. Allen, 44.797.

No tengo otros ejs. españoles, pero por la amplia
extensión en América indica que debió tener cierto
uso en la metrópoli antes del descubrimiento
(Smith, *BHisp.* LXI, lo duda por la escasez de
ejemplos antiguos de esta palabra); no creo que sea
creado en el Nuevo Mundo como derivado regresivo de *festinación*, según admite Cuervo, *Ap.*,
§ 905: el hecho de que *Aut.* registrara sólo este
sustantivo, por haberlo hallado en Sor María de
Ágreda († 1665) (aparece también en Pz. de Guzmán, C. C. Smith), es debido a una casualidad,
pues ambas palabras serían de uso poco frecuente.

Deriv. *Festinación* (vid. arriba). *Festino* adv.
'pronto, rápidamente', ant. (*Reyes de Oriente*,
v. 104; *Sta. M. Egipc.*, v. 1363; J. Ruiz, 535d;
Padilla, C. C. Smith), tomado del lat. *festīno* íd.,
adverbio correspondiente al adjetivo *festīnus* 'rápido', emparentado con *festinare*: dado el aislamiento en romance es probable no fuese del todo
popular, aunque también aparece muchas veces en
el gallego de las *Ctgs. festiño, festío. Festinante*
[h. 1520, Padilla (C. C. Smith)]. *Festinancia* [1454,
Arévalo, *Suma*, pp. 291a, 292b, 293a (Nougué,
BHisp. LXVI)].

Festival, festividad, festivo, V. *fiesta*

FESTÓN, 'especie de guirnalda', tomado del it.
festone íd., derivado de *festa* 'fiesta', así llamado
porque los festones se emplean como adorno en
las festividades. *1.ª doc.*: 1567, doc. de Toledo.

Terlingen, 130-1. En italiano figura ya en libro
de 1521, y es muy frecuente en todo el S. XVI,
p. ej. en Firenzuola († 1543); de Italia pasó también al fr. *feston* [1533], port. *festão*, cat. *fistó*.

Deriv. *Festonar* o *festonear; festoneado.*

Fetación, fetal, feticida, feticidio, V. *fecundo
Fetiche, fetichismo, fetichista,* V. *hechizo   Fetidez, fétido,* V. *heder   Feto,* V. *fecundo   Fetor,* V. *heder   Feúco, feúcho,* V. *feo*

FEUDO, tomado del b. lat. *feudum*, latinización
del fr. ant. y oc. ant. *f(i)eu* íd., que procede probablemente del fráncico **FĔHU* 'posesión, propiedad' (gót. *faíhu* 'bienes', a. alem. ant. *fihu* 'ganado',
alem. *vieh* íd., ags. *feoh*, ingl. *fee* 'paga'). *1.ª doc.*:
h. 1260, *Partidas*; *feubdo, 1.ª Crón. Gral.*, 653b32;
-*ubda* ibid. 665a29.

Para documentación castellana, vid. M. P., *Cid*,
p. 777. Acerca de la discutida etimología, V. principalmente *FEW* III, 442-5 y la bibliografía allí citada (comp. Gamillscheg, *EWFS*, s. v. *fief*; Bloch).
Del estudio más reciente del jurista H. Krawinkel,
en *Forsch. zum dt. Recht*, Weimar 1938, 156 pp.,
pueden sacarse datos jurídicos de interés, pero su
tesis de una etimología FISCUS 'fisco, tesoro público', 'producto tributario de un feudo', es inadmisible desde el punto de vista lingüístico, como
indica Lerch, *RF* LIV, 437-44; otro pequeño resultado es que el b. lat. *feudum* o *feodum* no aparece antes del año 1010, y los testimonios anteriores, en particular el de 884 que solía citarse, son
falsificaciones. Como *feum* ya se halla en 960,
fevum en 990, y las formas romances más antiguas
suponen también una base sin -D-, se agravan todavía las dificultades fonéticas, antes ya insuperables, que se oponían al étimo FOEDUS 'pacto', defendido por varios y últimamente por Brøndal,
Donum Natalicium Schrijnen, 1929, 447-52; también disminuye la verosimilitud del étimo **FEHŌD*
'posesión en ganado', 'bienes muebles', defendido
por Braune y Gamillscheg, y que ya era difícil en
vista de la posición del acento. Desde el punto de
vista semántico la etimología que admito es satisfactoria, pues es natural que en el feudalismo
el vocablo germánico para 'bienes, propiedades (en
general)' se convirtiera en 'bienes feudales'[1], y se
reservara *alodio*, propiamente 'posesión completa',
para la propiedad libre. Desde el punto de vista
fonético no hay dificultad alguna para explicar el
cat. ant. *feu* ni la forma *fieu* que es casi general
en lengua de Oc, así como los derivados oc. *fevatge, fevatier*, etc., cat. ant. *fevater* y *dret fevi* 'derecho feudal'[2]; también se explica así la mayor parte

de las formas del francés primitivo (*FEW* III,
442*b*), pero otras ofrecen dificultades: *fiet* sing. y
fiez pl. compl., en *Roland*, 472, 76³ y en algún
otro texto arcaico; con ellas coincide la -*z*- de las
variantes occitanas *feuzal, feuzatge, feuzament*, do- 5
cumentadas en los SS. XII y siguientes, aunque
el radical *fev*- no es menos frecuente ni antiguo;
de todos modos estas formas postulan aparentemente una base con -*D*- y, junto con el b. lat.
feudum, podrían apoyar hasta cierto punto la eti- 10
mología *FEHÔD (si no FOEDUS). De una forma romance emparentada con éstas quizá sale el vasco
vizc. *dedu* 'honra, decoro', Michelena, *BSVAP* XI,
291. La evolución semántica sería igual a la del románico *honor* 'feudo', si bien en sentido opuesto. 15
Como por otra parte estas etimologías presentan dificultades fonéticas mucho mayores, las variantes en
cuestión podrían explicarse según quiere Wartburg
por influjo del b. lat. antiguo *alodum* 'alodio', pero
me parece preferible admitir que hubo una etimo- 20
logía popular que relacionó *feu* con el fr. arcaico
fedal 'vasallo', *fedalté* 'vasallaje' y correspondiente
oc. *fezaltat*, que venían de FIDELIS, pero que debieron percibirse popularmente como derivados de
feu: de ahí el *fiet* de *Roland* y el oc. *feuzal*, etc.⁴. 25
El lector acoge con curiosidad muy escéptica el
anuncio de Aebischer (*Mélanges Hoepffner*, 1949,
178n.), de que se propone demostrar que esta palabra viene del greco-lat. *emphyteusis*; sin duda
debe de pensar que el vocablo pasó a las demás 30
lenguas romances y al bajo latín desde el francés,
y ahí habría tenido desarrollo fonético estrictamente
hereditario ([*em*]*phy*[*t*]*eus*[*is*]), lo cual parece algo
contradictorio con la naturaleza jurídica del vocablo y con la conservación de *eu*; además la tras- 35
misión a los demás romances y al bajo latín no
habría podido ocurrir antes del S. XII, en que
acabó de perderse en francés la -*T*- intervocálica,
fecha demasiado tardía.

DERIV. Feudal [1612, J. Márquez]; *feudalidad;* 40
feudalismo; feudatario; feudista; enfeudar o *feu-
dar, enfeudación.*

¹ Tanto más cuanto que las últimas investigaciones de Benveniste, *Voc. Inst. Ie.* I, 47-61 (especialmente 58, 60) tienden a probar que no sólo 45
en el ieur. *peku*, sino particularmente en su descendiente germ. *fëhu* el sentido de 'ganado' es
secundario, y que en germánico el matiz fué
'bienes muebles' y aun 'bienes en general': en
ags. *féoh* es sobre todo 'riqueza' y 'bienes mue- 50
bles', fris. ant. *fio* 'dinero, propiedad', ingl. *fee*
'paga' 'posesión' 'feudo'.— ² Así hay que leer y
no *feuater, feuí*, como imprime Rovira, en las
Commemoracions de Pere Albert, N. Cl., 159,
164.— ³ Predominan ahí, sin embargo, las formas 55
sin dificultad *fiu*, 432; *feu*, 866, 2680; *fius*, 820;
feus, 3399.— ⁴ Suponer que esta etimología popular sea la verdadera, y que *feu* se formara como
derivado regresivo del fr. *feauté, f(e)euté*, no sería
posible aun si admitiéramos que el vocablo occi- 60

tano era préstamo francés: se opondrían a ello
las formas b. lat. *fe(v)um* del S. X y la predominante *feu*, etc., del *Roland*, en una época en que
la -*D*- de FIDELITATEM todavía no había caído, ni
la *L* se había vocalizado en *u*. 5

Feyez, V. *hez*

FEZ, 'gorro usado por los moros', del nombre
de *Fez*, capital de Marruecos, donde se fabricaban
los *feces*. *1.ª doc.*: Acad. después de 1899.
Devic, 36*b*; *FEW* III, 482*a*; Bloch.

*Fia, fiable, fiado, fiador, fiadora, fiadura, fiadu-
ría*, V. *fiar*   *Fiambrar, fiambre, fiambrera*, V.
frío

FIAR, del lat. vg. *FĪDARE, modificación del lat.
FĪDERE íd. *1.ª doc.*: orígenes del idioma: *Cid*, etc.
Todos los romances que conservan este verbo,
es decir, todos los de Occidente, suponen el metaplasmo *FĪDARE. De que éste ya existía en el
S. V es indicio el derivado *fidamen*, que aparece
en un poema latino de esta época (Ernout-M.). En
el castellano medieval, donde es muy frecuente,
predominó en este verbo la pronunciación de las
clases educadas, a causa de su carácter jurídico:
de ahí la conservación de la F-, que no autoriza,
sin embargo, a considerarlo cultismo ni semicultismo. Para acs. antiguas, vid. *Aut.*¹

DERIV. *Fía. Fiable* [APal., 363*b*]. *Fiado* [h. 1572,
D. H. de Mendoza]. *Fiador* [doc. de 1074, Oelschl.]²;
fiadora; fiaduría [1348, *N. Recopil.* V, xvii, 5]. *Fiadura* [1232, 1262, *BHisp.* LVIII, 360; J. Ruiz,
1039]. *Fianza* [*fidanza*, doc. de 1095, Oelschl.; *fian-
ça*, Berceo], supone un *FĪDANTIA, común a todos
los romances de Occidente, en lugar del lat. IDEN-
TIA) *afianzar* [1588, Cortes de Castilla, *DHist.*;
1599, G. de Alfarache, vid. Cuervo, *Dicc.* I, 231-
2], *afianzador, afianzamiento. Fido*, cultismo anticuado y raro, del lat. *fidus* 'fiel', del mismo origen
que *fidere. Afiar*, ant.; *desafiar* [*Cid*; vid. Cuervo,
Dicc. II, 947-9]³, *desafiación* ant., *desfiadero, desafiadero, desafiador, desafío* [Nebr.] con sus equivalentes antiguos *desafiamiento* y *desafianza*, y el
cultismo *difidación. Confiar* [h. 1440, *Seguro de
Tordesillas*, vid. Cuervo, *Dicc.* II, 357-9; Nebr.;
es notable la ausencia en fuentes anteriores
—Oelschl., *Cid*, Berceo, *Apol., Conde Luc.*, J. Ruiz,
Glos. de Castro— que coincide con la fecha tardía
del fr. *confier* (S. XV), y la no muy arcaica de
oc. ant. *confizar* (princ. S. XIII), cat. *confiar* e it.
confidare (ambos fin S. XIII)], formado por los
varios romances occidentales a imitación del lat.
confidêre, íd.; *confianza* [h. 1400, *Canc.* de Baena,
vid. Cuervo, *Dicc.* II, 355-7]; *confiable, confiado,
confiador; confiante; desconfiar* [fin S. XV, APal.,
Bat. Campal; vid. Cuervo, *Dicc.* II, 1009-10]⁴;
desconfianza [Nebr.]; *desconfiado; desconfiante*⁵.
Confidente [princ. S. XVII: Cuervo, *Dicc.* II,

359-60], tomado del lat. *confidens, -ĕntis*, 'el que confía', 'atrevido'; *confidencia, confidencial. Enfiar*, ant.

¹ En los sentidos 'confiar' y 'garantizar' es todavía frecuente a princ. S. XVII: «*fíame* este instrumento», Rojas Z., *Cada qual*, v. 2573; «escucha, que *fío* satisfacerte», Ruiz de Alarcón, *La Verdad Sospechosa, Cl. C.*, p. 44; «yo *fío* que si la mujer pudiesse castigar al marido como el marido a la mujer, pocas mujeres avría quexosas, y aun pocos maridos que ossasen ser traviessos», cita de Rojas Zorrilla en *La Viña de Nabot*, ed. A. Castro, p. 247; Vélez de Guevara, *La Serrana de la Vera*, v. 373.— ² La ac. 'correa que lleva la caballería...' (hoy muy viva en el Plata: Granada, *BRAE* VIII, 361; J. P. Sáenz, *Equitación Gaucha*, en *La Prensa*, 30-VI-1940), está especialmente relacionada con el significado cetreril 'cuerda larga con la que se soltaba al halcón cuando empezaba a volar y se le hacía venir al señuelo', ya documentada en el S. XV, en Evangelista, *ZRPh.* I, 241.— ³ Raras .y antiguas son las variantes *desfiar* (*Alex.*, en Cuervo) y *defiar* [Acad. ya 1843]; *defianza*. Comp. it. *sfidare*, fr. *défier*, pero cat. y port. *desafiar*.— ⁴ Comp. fr. *se méfier*, cat. *malfiar-se*.— ⁵ Es raro el cultismo *difidente* [S. XVII: Cuervo, *Dicc.* II, 1228-9]; *difidencia*.

Fiasco, V. *frasco* e hijo   *Fiat*, V. *hacer*   *Fibra, fibrina, fibrocartilaginoso, fibrocartílago, fibroma, fibroso*, V. *hebra*   *Fíbula*, V. *hebilla*   *Ficar*, V. *hincar*   *Ficción*, V. *fingir*

FICE, 'cierto pez marino', tomado del lat. *phycis* y éste del gr. φυχίς íd. *1.ª doc.*: 1624, Huerta.

DERIV. *Fuco*, rioj., 'alga de color aceitunado' [Acad. después de 1899], tomado del lat. *fūcus* 'planta marina que da un tinte rojo', y éste del gr. φῦχος, 'alga', del cual es derivado φυχίς.

Ficoideo, V. *higo*   *Ficticio, ficto*, V. *fingir*   *Ficha, fichar, fichero*, V. *hincar*   *Fidear*, V. *fideo*   *Fidedigno*, V. *fe*   *Fideero*, V. *fideo*   *Fideicomisario, fideicomiso, fideicomitente, fidelidad, fidelísimo*, V. *fe*

FIDEO, palabra creada en el romance mozárabe y extendida desde ahí a los tres romances ibéricos y a los dialectos occitanos, francoprovenzales, italianos y rumanos; parece formada con el verbo *fidear* 'crecer', 'extravasarse, rebosar', hoy conservado en judeoespañol, y derivado a su vez del ár. *fâḍ* (imperativo *fíḍ*, etc.), íd.: los fideos recibirían este nombre por su propiedad de aumentar de tamaño al cocerlos. *1.ª doc.*: *fidêuš* en Abenaljatib, † 1374, y ya en el Xecurí¹; *fideos*, 1525, Rob. de Nola, p. 83; 1541, Fernán Flores (V. la cita s. v. *HORMIGOS*); 1607, Oudin².

Covarr. y *Aut.* describen también los fideos, y el último cita testimonios en una pragmática de 1680.

Las autoridades cristianas más antiguas se hallan en catalán, donde *fideus* ya figura en el diccionario de J. Esteve, impreso en 1489, y en documento de 1429 (Aguiló); el diccionario Balari cita más autoridades antiguas, entre ellas una de 1500 aproximadamente; además, me comunica un erudito tan serio como Marçal Olivar una cita de un texto catalán, en un inventario, creo que valenciano, «paropside una cum aliquot *fideus*»³. Existe también bién la contraprueba de su especial arraigo y variedades en la toponimia catalana de substrato mozárabe: *El Fidèu* es nombre de una partida del término de Guadasséquies (entre Játiva y Albaida) y se referirá al exceso de agua o desborde de las acequias. *El Fidèu* está en la parte alta del término, pero como este municipio es pequeño, se riega más o menos todo, aunque a esa parte sólo llegará el agua cuando las acequias van muy llenas. Palabra de la misma raíz que la de la famosa acequia de *Alfait* en la Huerta de Valencia, cf. el andaluz *alfaide* cit. más abajo. Ahí tenemos pues el vocablo en su originaria acepción etimológica, mientras que en los otros varios datos recogidos en mi investigación toponímica del dominio lingüístico se trata de la pasta y de sus derivados, o bien existe duda entre las dos acepciones: en La Pobla Tornesa vi la «Caseta dels Fidèus» (a más de medio camino de la sierra al pueblo, luego ya seguramente en tierra regada y así no juraría que el informe de mi guía, de que había habido una máquina de fabricar fideos, sea cierto); ya no cabe duda en cuanto al nombre de persona «El Fidever» en Vilafranca del Maestrazgo, ni en cuanto a *Cá's Fidever*, casita rural, ésta en Mallorca, en el término de Deià⁴. En fin, de que en Valencia *fideu* es de origen mozárabe y no traído con la Reconquista catalana hay un testimonio terminante en el timbre de la *ę* que, no hallándose ante una *u* de origen dental, supone necesariamente procedencia arábigo-mozárabe, y ya hemos visto que en este timbre coinciden los tres testimonios recogidos, de procedencia dispar e independiente. Del port. *fidéus* no hay autoridades, aunque ya figura en Moraes a fines del S. XVIII.

En Italia se halla solamente desde 1599, en una fuente genovesa, escrito *fidelli*. Por lo demás sabemos que hoy *fidêous* (pron. *fidéųs*) se emplea en varias localidades del Hérault, Gard y Provenza; *fidées, fideï*, en Saboya y Suiza francesa; *fideli*, en la alemana; y en Italia se extiende por dialectos de todo el país, exceptuando Toscana y Sicilia⁵, pero no Cerdeña⁶; también el idioma literario y común ha permanecido reacio a esta denominación de procedencia forastera, y sólo emplea *spaghetti* o *vermicelli* (de donde el fr. *vermicelle*). Finalmente el vocablo se extendió hasta el rum. *fideà*, f. (dial. *fedeà*), donde designa sólo los que se expenden en el comercio, no los de elaboración casera; y hasta el neogriego φιδές o φίδιον⁷. Mucho antes que entre los cristianos hallamos el vocablo en la España nusulmana: *fidawuš* (o sea *fidéuš*) en Abenaljatib († 1374) y ya en el Xecurí. Además figura en el almeriense Arbolí (S. XV) y, en Marruecos, en Almacarí (1631); hoy *fidêuš*, *fedáuš*, y formas análogas siguen siendo usuales en este país, en Argelia y aun en el lejano Egipto[8]. Por lo demás, la estructura fonética de estas formas denuncia a la legua su procedencia hispánica o romance.

Pero como la gran antigüedad de la documentación mozárabe y la considerable de los documentos catalanes, muy anterior a los hallados en Italia, no puede ser casual, es verosímil que *fideos* sea palabra creada en el Andalús, quizá en su parte oriental, y transmitida desde allí a Europa por Valencia y Cataluña, donde es conocida la antigua tradición con que cuenta la fabricación de pastas para sopa. El área del vocablo en el Sur de Francia, exclusivamente languedociana y provenzal, comprueba, en efecto, que *fideus* se propagó desde Barcelona. La propia Acad., nada sospechosa en esto, ya dijo que *fideo* es un préstamo del catalán. Y yo mismo puedo en esta ocasión añadir pruebas que imponen este supuesto. Bernart Alart, el sabio e ilustre archivero y romanista rosellonés, en su monumental *Inventari de la Llengua Catalana* (todavía inédito, para humillación de los eruditos catalanes y vergüenza del Estado francés) reunió de primera mano seis testimonios del vocablo (tan claros como «media libra de fideus» en bajo latín 1383) procedentes todos del dominio catalán, desde 1377 y años intermedios hasta 1433; un poco más tarde ya había pasado a Aragón, donde se lee «dos costales de cueros de buey: dos quintales de *fideos* e muytas otras mercaderías e ropas partiendo de one tierra de Barbaría, do havía cargado las ditas mercaderías» (*Bol. de la Acad. de Bones Lletres de Bna.* V, 295).

El análisis lingüístico arroja resultados acordes. Es verdad que se ha propuesto una etimología italiana, especiosa por cierto. Se trataría de **filelli*, diminutivo de *filo* 'hilo', disimilado en *fidelli*, y cambiado en *fideus* al pasar por Provenza, en el curso de la transmisión desde Génova a España. Tal es la idea de Flechia[9]. Pero es imposible porque la vocalización de *-el* en *-eu* no es anterior, en el dialecto provenzal, a finales del S. XVI (Ronjat, *Gramm. Istor.*, II, 310), es decir, unos trescientos años más tarde de la aparición de *fidéuš* en mozárabe. Sólo Bellaud de la Bellaudière, en 1595, generaliza la vocalización, mientras que en textos de fines del S. XV y mediados del siguiente sólo se halla tras *a*, y no siempre. Por el contrario será el prov. *fideus* el que, al transmitirse a Génova en fecha tardía (1599), sufrió la adaptación al sufijo italiano *-elli*, al cual el *-eus* provenzal solía corresponder. Ya Merlo (*It. Dial.* II 285n.) hizo objeciones a la etimología de Flechia y Schiaffini por razones cronológicas y de fonética genovesa. Pero no siendo provenzal la terminación *-eu*, *-eo*, sólo puede ser española, ya que tal sufijo es ajeno

al árabe y a los demás romances que poseen el vocablo, aun el catalán. Y en efecto, sólo un dialecto español nos ofrece el verbo del cual puede derivar *fideo*.

Fidear significa 'crecer, prosperar, sobresalir', y *fidearse* 'desbordar (un líquido), extravasarse, rebosar', en el dialecto de los judíos españoles de Marruecos (Benoliel, *Bol. de la R. Acad. Esp.*, XV, 190): se dice, por ejemplo, que el café, la leche, etc., están «fervidos *fideándose*» (ibíd., XIII, 533); es decir, 'derramándose'[10]. Creo que se trata de un vocablo heredado de los moriscos, que al ser expulsados de España se establecieron en el Norte de África, y conservaron durante algún tiempo su habla romance: nada de extraño, pues, que transmitieran vocablos a los otros hispanohablantes de la zona. Por lo demás, nada se opondría a considerar que *fidear* es palabra llevada desde España por los sefardíes, cuyo lenguaje estaba ya muy sometido al influjo árabe antes de la expulsión.

Ya Benoliel reconoció que el vocablo es de raíz árabe, y para mí no cabe duda que se trata del verbo *fâḍ* 'abundar, desbordarse, derramarse, propalarse', perteneciente al árabe común, y en particular a las hablas vulgares de España y del Magreb, puesto que PAlc. lo registra en el sentido de «sobrar lo que queda», y en formas derivadas «colmar la medida», «rebossar lo lleno»; Ramón Martí lo traduce por «redundare» y «superfluere»; y otros occidentales por 'crecer' (Dozy, *Suppl.*, II, 293b); de suerte que el sustantivo correspondiente *fáiḍ* era «rebossadura, colmadura de medidas» (Alc.), y era corriente en el Andalús con el valor de 'creciente de un río' y 'pleamar' (Dozy, *Gloss.*, 100), de donde el andaluz *alfaide*, que tiene este sentido.

Está a la vista que *fidear(se)* es un híbrido de raíz semítica y terminación romance, como los que vemos en tanta abundancia en los textos aljamiados y judeoespañoles, y como los que ya apuntan en el lenguaje del hispanoárabe Abencuzmán y sus coterráneos[11]. En efecto, muchas formas del citado verbo tienen *i* como vocal radical: *fíḍtu* 'yo me desbordé', *nafíḍu* 'yo me desbordo', en el árabe literal, y aunque Alcalá da el vocalismo *faḍt*, *nifâḍ*, como propio del dialecto granadino, esta conjugación no sería general en España, y en todo caso él mismo, como imperativo, registra *fiḍ*, que es la forma de todas partes.

Muy probable me parece que se llamara 'crecimientos' a los fideos por la propiedad bien conocida que tienen estas pastas, filamentos finísimos cuando crudos, de multiplicar varias veces su grueso al cocerlos[12]. Nótese, por lo demás, que no es *fideos* la única denominación de esta pasta que procede de la España árabe, pues el antiguo nombre castellano *aletría* (conservado en Murcia y entre los judíos de Oriente) viene del ár. *iṭriya*.

[1] Creo que este médico, cuyo Tratado sobre la Disentería estudió Dozy en un manuscrito de

Leyden, no sería posterior al S. XIII, pues su nombre, derivado de Segura, ciudad musulmana del reino 'de Murcia (vid. *Moslem Encyclopedia,* s. v. *Sekūra*), nos indica que probablemente nacería allí antes de la reconquista definitiva, ocurrida h. 1260.— ² «Taillerins de paste ou d'autre chose molle». Además da *fideo* como equivalente de *fasol, legumbre, une espèce de pois,* en lo cual debe de haber una confusión con los sinónimos *judigüelos* y *figüelos* (vid. *FRIJOL*).— ³ Por desgracia en las notas no queda claro si la fecha es 1438 o 1348, pues hay contradicción en las dos copias.— ⁴ También conviene atender a las razones que me da D. Josep Giner i March: «Las tierras del mediodía valenciano no son trigueras pero comen mucho pan, de importación, los de allí tienen fama de 'ser molt paners', luego es muy natural que hicieran pastas: el pan de trigo no lo han comido en abundancia hasta el S. XX, y hasta el XIX comieron en todos los pueblos 'pa de dacsa' (maíz). Del poco trigo que compraban era natural que hicieran *fideus* pues en aquella parte del País no se cosecha arroz; por lo demás aun en la Huerta de Valencia se consumen muchos fideos. No es éste el caso de Andalucía, tierra más rica en trigos y menos en actividad manufactora o culinaria, y el primer libro que trae el cast. *fideo* (Nola) es una traducción del catalán, cuyo texto originario es de un catalano-hablante que creo valenciano».— ⁵ A las citas de Schiaffini (*ARom.* VIII, 294-301) y Wartburg (*FEW* III, 539a, y 542, n. 85) pueden agregarse Fermo (Marcas) *fidilini*; Metauro *fedelin*; Abruzos *fetelin* (*BhZRPh.* XI, 65.)— ⁶ Donde el origen catalán o español es evidente, según reconoce Wagner, *RFE* IX, 234: campid. *findéus*, logud. *findéos*. No es raro que tales *nn* parásitas aparezcan en los hispanismos sardos.— ⁷ La acentuación y la terminación de la primera forma, además del sentido forzado, me impiden creer en la etimología de Flechia, griego ὄφις, ὄφεως 'serpiente', o su diminutivo ὀφίδιον. No importa que esta última forma hoy se emplee también en el sentido de 'fideo': es por etimología popular.— ⁸ Véase Simonet, 213-4; Lerchundi, *fedáux.* Por tratarse de una publicación poco accesible extracto los datos que publica Dozy en su *Lettre à M. Fleischer... sur le texte d'Almakkari,* p. 178. Los manuscritos de este autor traen *f-d-w-š* y *f-d-w-s*; el del Xecurí, *fidawš*; Dombay y Paulmier, *f[i]dâwš* «turundae»; Hélot, *f[i]dâwš* «macaroni» y *f[a]dâwîš* «vermicelle»; Daumas, *fedaouch,* íd; Boqtor, *f[i]dâwš* «pâton, morceau de pâte pour engraisser les volailles» (significado alterado, que no podemos extrañar en país tan remoto como Egipto).— ⁹ *AGI* II, 345-6. La aceptó y desarrolló Schiaffini, *l. c.,* con la aprobación del *REW,* núm. 3306, y el *FEW.* La de Attilio Levi, *fidelin < fidalin < filadin = it. filatino* (*ARom.* IX, 215), viene a

resultar en lo mismo.— ¹⁰ No hallo noticias en otras hablas hispánicas, ni siquiera en varios glosarios del habla de los sefardíes de Oriente.— ¹¹ En el judeoespañol de Constantinopla los verbos formados con una raíz turca, como *adladear, agidear, arlanear, abladear, basear, baxladear,* etc., se cuentan por docenas (M. L. Wagner, *Judsp. von Konstantinopel,* § 165). Algo parecido ocurría ya en el lenguaje de los moriscos, donde se hallan muchos verbos, como *açaguear,* formados con una raíz arábiga, y donde abundan más todavía los ejemplos del tipo de *harremar* 'prohibir' (< *harram*), *halegar* 'crear' (< *halaq*), *mashar* 'frotar', *açajdar* 'adorar', etc. (Nykl, *Recontamiento de Alexandre, RH* LXXXVII, glosario). El árabe *hárab,* cast. *harbar* 'trabajar aprisa y malamente', es *jarbear* entre los judíos de Marruecos. Etc.— ¹² Menos probable creo que el nombre aluda a la forma de fabricarlos descrita por Covarrubias: «los van colando por ciertos peroles agujereados, y apretando la masa sale por ellos igual, y larga cuanto quieren». Esta forma de salir podría calificarse de 'rebosadura', como traduce Alcalá. Para descripción y grabados de la maquinaria empleada en la elaboración popular y tradicional de los fideos en Mallorca y Bajo Aragón, V. la explicación y grabados del dicc. Alcover, s. v. *fideuer.* No hay necesidad de insistir en que *fideos* no puede proceder del latín *fides* 'lira', en algunos textos 'intestinos', y quizá 'cuerdas de los instrumentos musicales', según quieren Covarrubias y Simonet, pues esta palabra no ha dejado descendencia en ningún romance. Véanse, además, las pertinentes objeciones fonéticas y morfológicas de Flechia.

Fido, V. *fiar*   *Fiducia, fiduciario,* V. *hucia*

FIEBRE, descendiente semiculto del lat. FĔBRIS íd. *1.ª doc.:* Berceo.

Cej. VIII, § 129. También en J. Ruiz, 1090b (con variante *hiebre* en el ms. *G*), APal. 136b, y Nebrija (*fiebre,* pero s. v. *declinar* trae *hiebre*).

Pero la denominación realmente popular fué siempre *calentura* (Nebr.); en *fiebre* debemos ver el vocablo empleado por los médicos y gente culta, lo cual nos explica la conservación de la F-¹

DERIV. *Febril* [1555, Laguna], antiguamente *febrático,* hoy en la Arg. *afiebrado* [*La Nación,* 9-VI-1940] o el menos común *fiebroso* [*Los Andes,* 16-VI-1940]. *Febricitante.*

CPT. *Febrífugo.*

¹ Conservación que no es normal ante *ie,* según se ha dicho algunas veces. Véase lo que digo en *RFH* VI, 244. A los ejs. que allí cito agrega M-L. (*ASNSL* CLIX, 309) el de *enhiesto,* abundando en el mismo parecer.

Fiel, V. *fe*

FIEL (DE LA BALANZA), antiguamente *hil,* *fil* o *filo,* viene del lat. FĪLUM 'hilo', que San Isidoro emplea como nombre del fiel: apocopado en la locución compuesta *fil de la balanza,* fué confundido con la palabra *FIEL,* de otro origen. 5 *1.ª doc.: fil* y *fiel,* APal.[1]

También aparece *fil* en Fonseca (1596: «quando las balanzas están en el *fil*»), en Quevedo («el *fil* de las balanzas»), y figuradamente en J. de Acosta (1590: «estando ella en medio del mundo 10 como en *fil*») y en el *Quijote* («pues están en un *fil* las razones de condenarle o absolverle»), vid. *Aut.,* donde se observa que «ya más comúnmente se dice *fiel*»; además Cej. cita de la Ordenanza de la Moneda de 1497: «el maestro de 15 la balanza reciba en *fil* e dé en *fil* la dicha obra e moneda», y G. de Diego (ed. de J. de Ávila, p. 204) señala la misma forma, también en la locución *en fil,* en Hernando de Zárate (1592), y agrega una variante *hil* sin citar ejemplos; véase 20 además el juego del *fil derecho* descrito por *Aut.*

Del *fil* o *filo* de la balanza parece venir la locución *ser (una hora) por filo* 'ser una hora en punto', bien conocida en los romances del Conde Claros y de Don Gaiferos, y en varios cancioneros y 25 libros de caballerías del S. XVI, comp. en *Aut.* los versos de Calderón «Esta misma noche sea, / y la hora, quando *en filo* / de su mitad, la divida / la Luna en dos equilibrios», y la explicación que da Lope a *filo* «media noche, y no sin 30 causa, tomado de la proporción del peso, que estando en igual balanza, se llama *filo*» (Cejador, *La Lengua de Cervantes,* s. v.).

S. Isidoro emplea *filum* en el sentido de 'fiel de la balanza', como ya observó Cabrera: «examen est 35 *filum* medium quo trutinae statera regitur, et lances aequantur» (*Etym.* XVI, xxv); es aplicación figurada muy natural por la delgadez de esta pieza metálica. Pero en la locución compuesta *filo de la balança* se apocopó la *-o* de *filo,* y al quedar 40 desconectada esta forma de *hilo* o *filo,* una etimología popular la alteró en *fiel,* variante que en nuestra ac. ya se halla en Nebr., en el B. Juan de Ávila († 1569) y en otros autores del Siglo de Oro, como H. de Santiago y A. de Mendoza 45 (*Aut.*). El juego de la etimología popular es comprensible, pues la observación de la lengüeta o fiel de la balanza asegura la fidelidad del peso; y sería todavía más comprensible y aun inevitable si, como parece, los fieles o inspectores de 50 pesos y medidas [Nebr.; 1556, *N. Recopil.* V, xxiii, 1], y consiguientemente otros funcionarios y personajes como el fiel o juez de campo, el fiel ejecutor [1499, *N. Recopil.* III, ii, 3], etc., derivaran su nombre del fiel de la balanza, por una 55 metáfora no menos natural: la función del fiel de pesos es, en efecto, asegurar la exactitud de las operaciones en forma comparable a la utilización del fiel de la balanza. Es verdad que el fiel de campo o juez de desafío ya figura en las 60

Partidas, el *Cid* y en muchos textos medievales citados por M. P. en su ed., pero esto no sería obstáculo insuperable para esta derivación. De los demás romances, sólo los hispánicos presentan huellas claras del FILUM isidoriano: *fiel da balança* es también portugués y al fiel contraste se le llama *fiel da balança* en el mismo idioma, mientras que *fiel entre partes, fieis do campo, fieis de Deus,* ya se documentan allí en la Edad Media (Moraes). En catalán, las denominaciones corrientes en el día son *piu* o *llengüeta de la balança,* de otros orígenes, pero el vocablo hispánico se conservó en algunos puntos, alterado por otra etimología popular: el valenciano Sanelo (S. XVIII) registra «*pes al fi* = peso al fiel», con adaptación al adjetivo *fi* 'fino, delgado', y lo mismo parece ser usual en Mallorca[2], donde también se dice *al fi de migdia* 'al punto de las 12' (*BDLC* XIV, 210)[3]. Extensiones traslaticias del fiel de la balanza serán otras acs. técnicas como el fiel de la ballesta, el del arcabuz, el fiel o clavillo que asegura las hojas de las tijeras [J. de Valdés, *Diál. de la L.,* 127.9], etc.

DERIV. *Fielato* (antes *fielazgo*); a veces *fieldad* se ha tomado en la misma ac., lo cual ha de ser secundario; *enfielar.*

[1] «Examen... es el *fil* que judga la egualdad del peso, de manera que se pesa [sic] yguale ambas balanças», 144*d;* «modulari es tener en *fil* como peso», 285*d;* «peso momentáneo es el que estando en *fil* tanto de una parte como de otra, con poquito se apesga», 286*d.* En cuanto a *fiel,* sólo aparece en 511*b:* «trutina... es la medianía del *fiel* del peso, que por egual examen faze pender las balanças».— [2] «Estimada, vós poreu / posar la balança al *fi;* / retirau-la devés mi, / que no us ne penedireu», en una copla popular, Moll, *Amoroses,* p. 21.— [3] En Francia no parece haber nada, pues el fr. *fléau de la balance* y el oc. *flau (flóu, fleu) de la balanço* (Mistral) serán realmente aplicaciones especiales de FLAGELLUM, vid. las acs. intermedias anotadas por Wartburg, *FEW* III, 596, col. 2, §*b.*

FIELTRO, junto con el fr. *feutre,* cat. y oc. *feltre,* port. e it. *feltro,* procede del germ. FILT íd. (alem. *filz,* a. alem. ant. *vilz,* b. alem. ant. *filt,* ingl. y ags. *felt*), pero el diptongo castellano y la *r* de todos los romances son de origen incierto, aunque es probable que se expliquen por una alteración meramente romance. *1.ª doc.:* APal., «cento, -nis, el que algo faze de *fieltro* y el que coje viles tributos en la plaça», 70*d.*

Nebr. da la forma *hieltro* («cilicium, textum cilicium») y *fieltro* es frecuente en el Siglo de Oro (*Aut.*)[1]. El origen germánico de esta familia romance no parece ofrecer dudas, pero el estudio de su pormenor fonético debiera abordarse de nuevo, con espíritu menos constructivista y con mayor sentido histórico-filológico que el empleado por Brüch (*ZRPh*. XXXVI, 70; *RLiR* XI, 68), M-L. (*Einf.*, § 42) y Gamillscheg (*EWFS*, s. v.; *R. G.* I, p. 231); véase la actitud ya más circunspecta adoptada por Kluge, s. v. *filz*, y por Wartburg (*FEW* III, 525-6). No sabemos mucho 5 de las fechas respectivas de las varias formas romances. En francés *feltre* (después *feutre*) aparece desde el S. XII; la fecha del cast. *fieltro* es, por ahora, mucho más tardía, aunque *çapatos de cordovan feltrados*, en el fuero aragonés de 10 1350 (*RFE* XXII, 18), y el derivado *feltrer*, que Gili Gaya (*Homen. a M. P.* II, 113) cita de un doc. oscense del S. XII, sin dar el significado, permiten adelantarla: pero nótese que éstas son formas aragonesas; agregaré que también en len- 15 gua de Oc puede fecharse a fines del S. XII (Bertran de Born), en catalán desde 1179[2] (Miret i Sans, *El més antic text literari cat.*, p. 21) y es frecuente desde el XIII (Costumbres de Tortosa, 412), y en portugués desde los primeros años del 20 mismo siglo (Cortesão). Pero poco sabemos del italiano, y en castellano debiera procederse a una indagación especial. Tratándose de un género que puede ser susceptible de elaboración industrial, hay motivos para sospechar que se difundiera des- 25 de un centro determinado, quizá el NE. de Francia, a los demás romances; y sobre todo hay lugar a esta sospecha en el caso del español, dado lo rudimentario de la actividad industrial en la Castilla de la Edad Media: ello daría cuenta de 30 la conservación de la *f-*, que presentaría dificultades si el vocablo fuese germanismo autóctono (para el tratamiento ante *ie*, V. *FIEBRE*), y que en un caso así no puede explicarse por influencia culta, semiculta o de la pronunciación edu- 35 cada.

Partiendo de esta procedencia única, y aunque el b. lat. *filtrum* ya aparece en glosas desde el S. VIII, sería fácil explicar la *r* como un caso de repercusión romance de la otra líquida; así 40 nos ahorraríamos la suposición de un plural germ. *FILTIR, tomado por singular, cambio morfológico nada verosímil en vocablo de este significado, tanto más cuanto que este plural no está documentado en germánico, que yo sepa. Por lo demás, la 45 *r* puede considerarse repercusiva, aun si admitimos que este germanismo penetró en romance por varios puntos, como podrían darlo a entender los datos cronológicos: se trataba, en efecto, de un fenómeno fonético muy fácil, que se reproduce 50 en el caso del fr. ant. *fautre* 'ristre' < alem. *falt*, *falz*, pues sería demasiado casual que aquí también se hubiera conservado el plural prehistórico en -IR, como admite el *FEW* III, 394. Todavía más arriesgado es suponer con M-L. la alternan- 55 cia vocálica sing. *FELT, plur. *FILTIR, con el objeto de explicar el diptongo castellano (el fr. *feutre* y el it. *feltro* suponen una E, de acuerdo con las formas germánicas, y los demás romances son más o menos ambiguos; no sé si es antigua la 60

pronunciación pisana *fèltro* (Rohlfs, *It. Gr.* § 48) frente a la florentina *féltro*. Por otra parte, en gótico el vocablo debiera tener necesariamente la forma *FILT(S), de suerte que Brüch se ve obligado a buscar en un étimo suebo la explicación del diptongo español[3]. Todo esto es temerario, pues la E de *FELT y la R de *FILTIR deberían excluirse mutuamente, aunque ambas coinciden en el castellano *fieltro*; y además todo esto es innecesario, pues de ser *fieltro* de procedencia francesa su diptongo se explicaría simplemente como el resultado de su hispanización según modelos como *chastels ~ castiello, temps ~ tiempo, feste ~ fiesta*, etc.

Verdad es que en todos estos casos tenía *e* abierta el francés antiguo, y el *ie* castellano no corresponde a una *e* cerrada como la de *feutre*. Pero quizá sea excesivo esperar una aplicación irreprochable de pequeños detalles de la fonética histórica en el caso de préstamos lingüísticos. Por otra parte, no hay por qué creer que el vocablo penetrara directamente desde el Norte de Francia, antes es verosímil que primero pasara por Cataluña, donde lo hemos documentado desde el año 1000, y sabido es que ante *l* todos los dialectos catalanes cambian la *ẹ* en *ę*. Se trata, pues, del mismo caso que en el arag. *mielsa* 'bazo', tomado del gót. *MILTJA por conducto del cat. *mẹlsa* (vid. *ESMALTE*).

Véase ahora el trabajo de Brüch, *Wiener Sitzber.* CCXXXV, v (1960), 48 pp.; a pesar de la longitud, este trabajo aporta poquísima novedad; está destinado a refutar la opinión de Flasdieck (*Buchreihe de Anglia* II, 1952, 133-157) y la mía, en la forma meticulosa y con el nimio detalle con que suele proceder el autor. En lo esencial coincidimos el germanista especializado Flasdieck, yo y ya Mohl, *ZRPh.* XXVI, 601 (citado por el propio Brüch): el vocablo germánico sólo está atestiguado en germ. occid., falta en escandinavo y en germánico oriental, y aun en inglés y anglosajón sólo tiene una representación parcial y limitada, luego habría razón de sobra para rechazar la suposición de que existiera en suevo, por más que esto indigne al Sr. Brüch (p. 38); pero la principal razón por la que rechacé el origen suevo era porque un término de civilización como éste no es posible que se extendiera a toda la Península Ibérica desde el suevo, dialecto que apenas dejó alguna huella romance. Brüch, p. 36, no puede hacer más que confirmar que la supuesta base germ. en -*r* está completamente indocumentada, así en alto alemán, como en neerlandés, lenguas donde el vocablo, sin embargo, está atestiguado desde los orígenes de las lenguas literarias respectivas, y en todas las demás lenguas germánicas donde aparece.

La explicación del Sr. Brüch de que el hipotético *filtir* pasara al romance partiendo de una ac. 'pelos del fieltro', pese a las varias y rebuscadas razones ergológicas que sugiere en la pág. 9, es forzadísima e inverosímil. La forma como rechaza la explicación de la -r romance por repercusión (p. 34) sólo muestra el atraso en que vive el Prof. Brüch, que todavía no conoce sobre este asunto bibliografía posterior a la gramática de M-L., escrita hace 70 años, y no, por ejemplo, el trabajo básico de Niedermann (*Fs. Gauchat*) ni los de Grammont y demás estudios posteriores. Por lo demás, el Sr. Brüch se entretiene en reprocharme insignificancias como el haber citado algún libro en su última edición o el haber escrito *filz* con minúscula cuando Kluge lo cita con mayúscula (!) y él no vacila, en cambio, en atribuir sus ideas a Kluge, cuando éste sólo había dicho que las formas romances con -r- eran «valiosas» para el estudio de la morfología del vocablo en germánico, pero se abstuvo muy bien de decir que constituyeran una prueba de la existencia de un plural en -r: está claro que sólo pensaba que debían estudiarse más detenidamente. Como indiqué yo, y como lo hacía Flasdieck por el mismo tiempo, el timbre de la E tónica del vocablo vacila entre Ę y E en todas las lenguas romances, en particular en portugués, catalán, occitano, italiano y aun en francés mismo: nótese el *fieltre* que el propio Brüch cita de un autor medieval del Hainaut; luego podemos dar ya por bastante segura mi sospecha de que en todas las lenguas romances es un préstamo del francés, procedente de las manufacturas de Picardía, Flandes y Hainaut. Su objeción contra el préstamo fundada en que los galicismos y catalanismos terminan siempre en -e, es de una total ingenuidad (recordemos docenas de tales préstamos terminados en -o desde los orígenes del idioma, como *orgullo*, *patio*, *bruno*, *ardido*, *trozo*, *buído*, *gayo*, *íngrimo*, *lacayo*, *basto*, *escandallo*, *garbino*, *rullo*, etc. y V. todavía muchos más en el *DCEC* IV, 1101-2). En las págs. 45 a 48 trata de rechazar la etimología del fr. ant. *feutre* admitido por Gamillscheg, Wartburg y Frings; cualquiera que sea el juicio que merezca en definitiva esta etimología, es evidente que no se admitiría fácilmente esta refutación, inspirada en el deseo de deshacerse de un argumento contra la posibilidad de explicar la -r de *fieltro* como un agregado secundario.

Filtro [1706, *Aut.*], es tomado del b. lat. *filtrum* 'fieltro' y 'filtro', denominación aplicada porque los filtros se pueden hacer de fieltro. A. Kuhn, *RLiR* XI, 68, cita con el primero de estos significados el a. arag. *filtro* (Ansó, Panticosa), *filtre* (Sallent), pero debería asegurarse mejor esta definición. Ast. *fieltru* 'el césped que se recoge cuando se labran las tierras' (V).

DERIV. *Fieltrar* (ej. de *feltrado* arriba). *Filtrar* [1706, *Aut.*]; *filtración*; *filtrador*; *filtrante*. *Infiltrar*; *infiltración*.

¹ La glosa «*Filtrum: fierro*» en el glosario del Escorial, h. 1400, quizá deba enmendarse en *filtrum: fieltro*, pero también cabe enmendar en

ferrum: fierro.— ² En realidad nos consta que en Cataluña era ya usual en 1011, por una forma latinizada («ipso tapido, et ipsos badlenguos II et *feltro* I») del Cartulario de Sant Cugat (II, p. 88).— ³ No hay huellas seguras del vocablo germánico más que en los dialectos occidentales, pues no se halla en escandinavo antiguo, y las formas sueca y danesa podrían ser préstamos del bajo alemán. En estas condiciones es también arriesgado asegurar que ya se encontraba en un dialecto germánico tan arcaico como el suevo.

FIEMO, arag., del lat. vg. FĔMUS, alteración del lat. FĬMUS 'estiércol', por influjo del sinónimo STĔRCUS. *1.ª doc.*: 1379, invent. arag. (*VRom.* X, 153); «unos ganchos de fierro pora cavar *fiemo*», invent. arag. de 1404, *BRAE* IV, 527; *fiemo* y *fimo* en Vidal Mayor (y cf. *Arch. de Fil. Arag.* V, 156); Borao¹.

Según las ed. recientes de la Acad. se emplea también en Navarra y la Rioja, y Alcalá Venceslada lo recogió en algún punto de Andalucía, desde luego en su parte oriental, probablemente en Jaén. Las lenguas romances se han repartido entre los dos sinónimos latinos FIMUS y STERCUS, permaneciendo aquél en francés antiguo, lengua de Oc y catalán (*fems*), y éste en portugués, castellano, italiano y rumano; en esta repartición el aragonés y dialectos españoles adyacentes se han inclinado por el grupo catalán-galorrománico; repartición que debe de ser antigua, pues, según observa M. P., *Oríg.*, 404, así como las glosas galorrománicas de Reichenau creen preciso explicar *stercore* traduciéndolo por *femus*, las de Silos, procediendo al revés, glosan *femus* mediante el cast. arcaico *stiercore*. Sin embargo, un derivado de FEMUS, a saber, *FĔMĬTA* (comp. fr. *fiente*, oc. *fenta*, *fenda*, cat. *femta*) se ha conservado en Castilla en la forma *hienda* [h. 1400, *Canc.* de Baena, vid. Cej. VIII, § 131, y *Voc.*; APal. 293d²]. Para detalles acerca de la historia de FIMUS ↝ FEMUS en el latín tardío, vid. *FEW* III, 544-9, y Walde-H., s. v. El cultismo *fimo* figura en *Aut.* como vocablo empleado por los médicos.

DERIV. *Femar*. *Fematero* (comp. cat. *femater*). *Femera*.

¹ Éste cita además el glosario del *Memorial Histórico Español*, que corresponde a textos de moriscos aragoneses del S. XVI, por lo menos en parte. Acerca de la extensión en Aragón, vid. Rohlfs, *BhZRPh.* LXXXV, § 270, y Casacuberta, *BDC* XXIV, 170. Cej. VIII, § 131.— ² «Muscus... es una *hienda* de un animal que nasce en la India». También Nebr., Covarr. y Oudin. Según *Aut.*, es «voz que se usa en las Boticas», y cita de una pragmática de 1680 «cada libra de *hienda* de lagarto, no pueda passar de doce reales». Es decir, era vocablo de uso poco común. Hoy *fienda* se conserva en judeoespañol y

hienda figura en la Biblia de Ferrara (*BRAE* IV, 635).

Fienda, V. *fiemo*   *Fiera* 'berro', V. *berro*

FIERO, del lat. FĔRUS 'silvestre', 'feroz' *1.ª doc.*: orígenes del idioma: *Cid*, etc.

Cej. IX, § 166. Muy frecuente en todas las épocas. La forma con *f-* conservada parece haber sido siempre general[1], y se explicará por predominio de la pronunciación de la gente educada, más que por un verdadero semicultismo (comp. *FIEBRE, FALTAR*): el término más vulgar en lo antiguo parece haber sido *BRAVO*. En la Edad Media presenta a veces matices vagos: en Berceo, *Mil.*, 720*d*, o en Lope[2], por ej., es 'terrible'. De ahí que en América haya pasado a significar 'malo' en la Arg.[3], o 'feo' allí[4] y en Colombia, Méjico[5] y el interior ecuatoriano (Lemos, *l. c.*); fenómeno semántico en relación con *feo* 'malo', y del cual hay ya antecedentes en España, pues *fiero* por *feo* se emplea en Ribagorza[6], *Aut.* da un ej. en Agustín de Salazar († 1675), y *feróstico* tiene el mismo sentido en Andalucía (Toro Gisbert).

DERIV. *Fiero* m., 'bravata, baladronada' [1599, *G. de Alfarache, Cl. C.* III, 19.4, y otros ejs. en el mismo]. *Fiera* f. [J. Ruiz, 393*d*]. Cat. *ferum* f. 'olor fuerte' a veces casi 'hedor', sobre todo de ciertos alimentos que se cuecen, de ciertos animales a menudo silvestres, de algunos hombres, etc.; port. dial. *farum* m. 'mal olor' (Algarve), 'olor a mosto' (Minho) y port. clásico y mod. *faro* 'olor que exhalan ciertas personas, bestias y objetos', 'olfato de los animales', gall. *ferún* «tasto» ['sabor u olor desagradable'] «esto ten *ferún*», que Sarm., *CaG.* 231*v*, conocía de Pontevedra, si bien agrega una variante *farún*, que An. Otero anota en el gall. sept. «olor ferino que despiden los animales del monte» (Carballo, apéndice a Eladio Rdz.); *ferume* «olor y sabor que a silvestre tienen algunas plantas y a montaraz varios animales». Como *faro* ya se documenta copiosamente en sus dos acepciones en los clásicos portugueses del S. XVI (Moraes) se ha tomado de ello indicio de que la etimología es FLAGRARE (cf. cat. *flaire* = port. *faro*); pero rechazo la idea porque el tratamiento fonético FLAGR- > *faro* presentaría inexplicable irregularidad, y esto ya ha dado la gall.-port. *cheiro, cheirar*, cat. *flaire, flairar*, incompatibles con *faro*; también los pormenores fonéticos y semánticos de *ferum* así en el Este como en el Oeste hispánico se explican mejor por un deriv. de FERUS 'fiero, fiera'; si bien las variantes gall.-port. en -*um* corresponden a -UNU, y las catalanas, con la gallega en -*ume*, postulan claramente el colectivo -UMEN, se pasa con facilidad y frecuentemente de lo uno a lo otro (cat. *bestiar cabrum* -UMEN, cast. el *chotuno* 'hedor a choto', etc.); luego creo seguro que el port. *faro* se extrajo secundariamente de *farum*,

en lo cual no hay tropiezo alguno, puesto que existe *fartum* «cheiro resultante de ranço, nauseabundo, bafio» con *farto*, gall. *bravún* = *farún* y tantos casos análogos. *Fiereza* [*fereza*, Berceo, *Mil.*, 473; *S. Mill.*, 78; *fiereza*, Nebr.]; también se dijo *feredad* o *feridad* [1457, Arévalo, *Vergel*, p. 388*b*]. *Enfiérecerse*. Cultismos: *éfero*, del latín *effērus. Feral. Feroz* [*feroçe* 1444, Juan de Mena, *Laberinto* 48*h*, 189*b*, 274*c*; APal., 440*b*, 159*b*; Nebr.; *feroz*, h. 1570, A. de Morales], de *ferox, -ōcis*, íd.; *ferocidad* [Santillana (C. C. Smith, *BHisp.* LXI); APal. 117*d*, 159*b*, 504*d*; Nebr.], que también se dijo *ferocia* [1555, Laguna]; *enferozar. Feróstico* 'díscolo', 'muy feo' [Acad. 1869, no 1817; ejs. andaluces en Toro G., *RH* XLIX, s. v.], debido a un cruce de *feroz* con el tipo cat. *feréstec* 'feroz', 'arisco', que a su vez es el lat. vg. FORASTĬCUS (*FEW* III, 707-8), derivado de FORAS 'fuera', modelado según DOMESTICUS. Hermano del lat. *ferus* es el gr. θηρίον 'animal', de donde deriva θηριαχή 'remedio contra el veneno de los animales', 'contraveneno'; de éste se tomó el lat. *theriăca*, y de ahí, por vía culta, el cast. *triaca* [*atriaca*, 1251, *Calila*, hasta Nebr. y Covarr.; *triarca*, *G. Conq. de Ultr.* 444*b*; *thriaca*, S. XVII; Núñez de Cepeda, *Aut.*; *theriaca*, 1555, Laguna; para formas mozárabes, vid. Colin, *Hespéris* VI, 63]; *triacal; triaquero* [*atr-*, Nebr.]; *triaquera*.

CPT. *Fieramente* (nótese el antiguo *feramente, fieramient(r)e*, 'mucho', vid. ejs. en *BKKR*). *Fierabrás* ['fanfarrón', Terr.; 'niño travieso', Acad. 1884, no 1843; no es de origen inglés, según afirma Puigblanch en 1828, vid. Viñaza, col. 1653, sino tomado del francés, donde ya se emplea con la primera de estas acs. desde 1718, o bien aplicación directa del nombre del gigante Fierabrás de los libros de caballerías]. *Pantera* [1570, C. de las Casas; Covarr.; en la *Pícara Justina* es una especie de ave], lat. *panthēra*, tomado del gr. πάνθηρα, formado con θήρ 'fiera' y πᾶν 'muy, enteramente'. Ha dado en Francia e Italia bastante descendencia en la ac. secundaria 'red o trampa para cazar pájaros'; el mismo origen tendrá el gall. *panterno* o *pantenro* 'armadijo para cazar pájaros', como indica J. L. Pensado, *Acta Salmant.* n.° 51, pp. 74-76, parcialmente disimilado en *panterlo*; pero no hay que pensar en un diminutivo *Pantherulus* sino en una contaminación de *pan tierno*, gall. *pan tenro*, explicable por las migas de pan que se ponen como cebo.

[1] Aunque *fiero* existe en las aldeas andinas del Ecuador (Lemos, *Barb. Fon.*, 55) y seguramente en otros puntos de América, pero puede ser alteración moderna de *fiero*, como *jamilia* de *familia*, etc.— [2] «¡Qué *fiera* y espantosa voz!», *Dineros son calidad*, Rivad. XLI, 70-72.— [3] *Agua fiera* 'de mal gusto, impotable', en Mendoza. Ejs. en Draghi, *Canc. Cuyano*, pp. XXXVII, 142, 302. También se emplea como adverbio 'mal' («habla muy *fiero* de usted», en Ascasubi, *Santos Vega*,

v. 2820; 'extraordinariamente', ibid., v. 88). «*Fiero*
torian los perros. *Fiera* 'ta la noche» en Alberto
Córdoba, *La Prensa*, 4-VIII-1940.— ⁴ Tiscornia,
BDHA III, 199; Draghi, *Canc. Cuyano*, 214,
295, 306.— ⁵ *BDHA* IV, 54.— ⁶ Saroïhandy, *Primer Congrés de la Ll. Catalana*, p. 333.

Fierra, fierro, V. *hierro*

FIESTA, descendiente semiculto del lat. tardío
FĔSTA íd., primitivamente plural del lat. FESTUM
íd., y éste del adjetivo FESTUS, -A, -UM, 'festivo',
emparentado con FĒRIA. *1.ª* doc.: princ. S. XIII
(*Disputa del Alma y el Cuerpo*, etc.: Oelschl.).
Cej. VIII, § 129. La forma propia de Berceo
parece ser la más culta *fésta* (*Mil.*, 55, 61, 65;
S. Mill., 302), aunque también se halla *fiesta*
en *Mil.*, 43 y 52 (?, ed. Janer y Solalinde). Por
lo demás, *fiesta* es general desde antiguo, aunque
su *f-* conservada es explicable en vocablo de carácter eclesiástico. Acerca de las formas del vocablo en latín vulgar y en los demás romances, vid.
Collin, *ALLG* XIII, 457, y *FEW* III, 482-4.

DERIV. *Fiestero* o *festero. Enfiestarse. Festín*
[Quevedo], tomado del fr. *festin* [1382], que a su
vez procede del it. *festino. Festivo* [APal. 159*d*],
antiguamente se dijo *festival* (Berceo, *Sacrif.*, 92;
Mil., 29; *Canc. de Baena*, W. Schmid; también
en el Siglo de Oro: *Aut.*, que ya lo considera
anticuado); el sustantivo moderno *festival* nada
tiene que ver con este adjetivo anticuado, pues
es anglicismo reciente (Acad. después de 1899),
y todavía con sabor extranjero; *festividad* [Ber-
ceo]. *Festejar* [med. S. XV, Amadís, Rodrigo Cota, etc.: Gillet, *Propaladia* III, 551-2; 1570, C.
de las Casas; Fr. L. de Granada; un derivado
se halla ya en APal.: «*Bacchanalia*, juegos... en
los quales pecavan sin ser penados los *festejado-
res*», 41*b*]: existiendo ya en el S. XV, no pudo
tomarse del it. *festeggiare*, sino del cat. *festejar*¹
(a causa de los fastuosos festejos de las corona-
ciones en la Corona de Aragón. V. las citas de
Cotarelo, en *NBAE* XVII, pp. liv-lx); la variante
festear, empleada antiguamente (1605, López Pinciano) y hoy en Aragón, Murcia y Valencia, se
explica por el mejor sentimiento de la correspondencia de los sufijos entre los dos idiomas, en
estas regiones limítrofes; *festejo; festejador; festejante. Festexero* ast. 'el que suele andar de festejo en festejo'. *Fiestona* 'la fiesta de Corpus' ast.
(V). Vid *FESTÓN*.
¹ Éste, además de la ac. castellana, tiene la de
'cortejar (a una mujer)' y más comúnmente 'ser
novio y novia'. A Castro, *La Peculiaridad ling.
rioplatense*, 147, dice que *festejar* 'galantear' se
halla en la *Himenea* de Torres Naharro, y es
hoy usual en la Arg.; no lo he oído ahí nunca,
ni lo confirma Malaret, que sólo trae un mej.
festejar 'azotar, golpear' y per. *festejo* 'jarana',
sin duda no relacionados con esto.

Fiez, V. *hez*   *Figle*, V. *bugle*

FIGÓN, 'tabernucho, bodegón donde se guisan
y venden cosas ordinarias de comer', significó antes 'figonero', y primitivamente 'sodomita pasivo',
derivado de *figo* (V. *HIGO*) 'tumor anal', por la
creencia vulgar de que estas excrecencias proceden de la práctica del vicio contra natura: olvidado su sentido propio, se aplicó este nombre
insultante a los figoneros como término despectivo. *1.ª* doc.: 1603, Fr. Ant. Pérez (Cej. VIII,
p. 457); 1604, *Guzmán de Alfarache*, Cl. C. V,
68.9; *Pícara Justina*, vid. Fcha.

En los tres textos y en el *Soldado Píndaro* significa 'figonero', y lo propio ocurre en Covarr.,
Oudin¹, Céspedes y Meneses (1626, *Aut.*), Vélez
de Guevara (Fcha.), y aun en la *Puerta de las
lenguas*, ed. 1661²; mientras que en ley de 1636
(*N. Recopil.* IV, xxv, 45) y en Fernández de Navarrete (h. 1665) ya designa el bodegón mismo,
y en Quiñones de B. († 1651) puede tener ambos
significados³; Lope forma un adjetivo *figonal* 'lo
perteneciente al figón'. Pero Covarr. nos advierte
además: «Por... similitud dizen los Latinos *higos*
a las almorranas... Ordinariamente proviene de
causa natural... pero dizen suele recrecerse a los
pacientes abominables del pecado nefando: y en
este sentido tiene Marcial muchos epigramas, entre los quales pondré aquí uno... De lo dicho se
entenderá lo que significará esta palabra *figón*,
quando por afrenta dizen a uno *sois un figón*».
Efectivamente, la forma *figo*, con *f-*, y también
higo, se ha aplicado en castellano mismo a los
tumores y excrecencias del ano: «*marisca* es *figo*
en el asiento», APal. 266*d*⁴ (*marisca* es como llaman esta enfermedad Marcial y Juvenal). Y aunque Covarr. pretende que *figón* 'bodegonero' es
otra palabra, procedente del it. *fegato* 'hígado',
esto es imposible fonéticamente, y todo indica
que se trata de un término insultante aplicado
a los figoneros por sus rivales más distinguidos,
los mesoneros, fondistas y pasteleros. Esta aplicación pudo cuajar gracias a que pronto se olvidó
el significado propio del vocablo, como ya atestigua *Aut.*; sin embargo, Góngora parece emplearlo todavía en su sentido obsceno en I, 276 (vid.
Alemany).

DERIV. *Figonero* [1605, *Píc. Justina*, según *Aut.*].
¹ «*Vendeur de choses bonnes à manger, espèce
de cabaretier*», ed. 1616, falta en 1607, luego
se inspira en Covarr.— ² «El pastelero, *figón* o
otros que venden golosinas, traen del molino la
flor mas regalada de la harina y las ordena, haze
y saçona para ponellas en el aparador o tablero»,
RH XXXV, 145.— ³ «¿Es varón? —Pues, ¿qué ha
de ser? —Por las señas, empanada de *figón*: gran
ropa y poca menestra», *NBAE* XVIII, 530.—
⁴ De ahí quizá el val. *figonet*, que Martí Gadea
empleada en el sentido de 'moño pequeño' (*Tèrra
del Gè* I, 155, 227).

Figüelo, V. *frijol*

FIGURA, tomado del lat. *fĭgūra* 'configuración, estructura', 'figura, imagen', 'forma, manera de ser', derivado de *fíngĕre* 'amasar, modelar, dar forma'. *1.ª doc.*: Berceo.

Cej. VIII, § 19. Frecuente en todas las épocas. Tiene forma culta en todos los romances. Una variante semipopular *fegura* ha sido vulgar en todas las épocas, pues ya se halla en el ms. *T* de J. Ruiz (1214*b*) y en otro pasaje del mismo poeta, según el ms. *G* (444*d*), ambos de fines del S. XIV; en el *P. de Alf. XI* y el *Canc.* de Baena (W. Schmid); en el Siglo de Oro[1], y hoy tiene bastante extensión en España (Cuervo, *Obr. Inéd.*, p. 47, n. 5; santand., ast., V, etc.). Para acs. antiguas y modernas, vid. *Aut.*[2] Para la historia semántica del vocablo en romance, vid. la monografía de Erich Auerbach, *Figura, ARom.* XXII, 436-89.

DERIV. *Figural*, ant. (*Canc.* de Baena). *Figurero; figurería. Figurilla*[3]. *Figurín* [Acad. 1843, no 1817; Bretón de los Herreros, en Pagés], del it. *figurino* [princ. S. XVI: B. Cellini, con ligeras variantes de sentido]. *Figurón* [Quevedo].

Figurar [2.ª mitad S. X, Glosas de Silos; Berceo; etc.], tomado de *fĭgūrare* 'dar forma', 'representar'; *figurable; figuración; figurado* [1283, *Libros del Acedrex* 382.12]; *figurante; figurativo*. *Desfigurar* [h. 1260, *Partidas*; vid. Cuervo, *Dicc.* II, 1072-3]; *desfiguración*. *Prefigurar; prefiguración. Transfigurar* [*trasfigurar*, Nebr.]; *transfigurable; transfiguración* [*tras-*, Nebr.].

Figulino [1708, Palomino, *Aut.*], tomado de *fĭg(u)līnus* 'de barro, de alfarero', derivado de *figulus* 'alfarero', otro derivado de *fingere*.

[1] Vélez de Guevara, *La Serrana de la Vera*, vv. 1205, 2311.— [2] *Figura* 'imagen' en el *Rim. de Palacio*, 747, 751. Como masculino es 'hombre entonado que afecta gravedad e importancia: figurón' u 'hombre ridículo y de mala traza': Rojas Zorrilla, *Cada cual lo que le toca*, v. 66 (y nota); cita en Vélez de Guevara, *El Rey en su imaginación*, ed. T. A. E., p. 49 (otra de Quevedo en *Aut.*).— [3] No figura en los diccionarios la locución argentina *verse en figurillas* (*para hacer algo*) 'en situación difícil, en un apuro'.

FIJO, tomado del lat. *fixus* 'clavado', 'fijo', participio pasivo de *figĕre* 'clavar'. *1.ª doc.*: *En signo fixo* 1256, Aben Ragel, *Libro Conplido*, 87*b*; *estrellas fixas*, 1283, *Libros del Acedrex* 372.9; APal.[1]

Falta en Nebr., PAlc., y en los autores medievales, pero ya figura en Fdo. Chacón (1546, *Trat. Jineta*, cap. 7), C. de las Casas, Covarr. y Oudin, y aunque *Aut.* no da ejs. hasta fines del S. XVII, cita uno de *fixamente* en el Comendador Griego (1499); también lo emplearon Cervantes y Gón-

gora. Es, pues, cultismo que se generalizó en el Siglo de Oro. Lo es también en los demás romances (nótese que el port. *fixo* y el cat. *fix* se pronuncian con *x* = *ks*), y aun quizá en el it. *fisso* (éste quizá sólo en su forma moderna, pues será popular como participio del hereditario *figgere*, comp. el participio antiguo y hoy literario *fiso*)[2]. Un resto aislado de FĪXUS en el latín popular quizá se conservó como sustantivo en el extremo Norte de Castilla, donde *fixo* aparece con el sentido de 'hito, mojón' en docs. de los SS. X-XIII (Oelschl.); pero en Castilla mismo lo general fué *HITO*, procedente del participio vulgar FĪCTUS, y en cuanto al citado *fixo*, creo más bien que será cultismo del lenguaje notarial, con *x* pronunciada *ks*, pues en esta misma zona hoy se dice *hiso* 'hito' en Santander, *finsu*, (*a*)*finsar* 'amojonar' en Asturias (V; R, s. v. *acotar*, *acutar*, *fitu*, *leira*, *ería*; *finso* 'mojón' y *finsar* «delimiter» en doc. asturiano de 1497, *BHisp.* LVIII, 90), *jilso* en el vizcaíno Terreros, con *ns* o *ls* < *x*, como en *epilensia*, *epiléntico*, comp. *RONDA* < *robda*, etc. (hay que desechar la idea de que vengan de **FICTIARE*, según propone G. de Diego, *BRAE* VII, 250, pues éste hubiera dado formas con -*z*-). Existieron también derivados FIXORIUM y FICTORIUM (cf. s. v. *FISGAR*) en el sentido de 'mojón, linde' de donde el topónimo cat. *Fitor* (B. Empordán y Salses) y el bearn. *Fichons* pueblo del cantón de Arzacq [*Fixoos* S. XII, *Fixo(n)s* 1513, 1675] (P. Raym.).

DERIV. *Fija* f.[3] *Fijeza* [fin S. XVII: Mz. de la Parra]. *Fijar* [1570, C. de las Casas; 1600, Mariana; Quevedo; falta aún en Covarr.; Cej. VIII, § 19][4]; en la ac. 'notar, reparar, advertir', *fijarse* fué de uso general (citas en Toro Gisbert, *BRAE* VIII, 1921, p. 495) mucho antes de que lo admitiera la Acad., que sólo le ha dado entrada en eds. recientes[5]; *fijación; fijado; fijador; fijante; fijativo*.

Prefijo 'fijado previamente' [1580, Fdo. de Herrera], m. 'afijo antepuesto' [Acad. 1884, no 1843; tomado de *praefixus*, participio de *praefigere* 'clavar o fijar por delante o de antemano'; *prefijar* [Quevedo]; *sufijo* [Acad. íd.], de *suffixus*, participio de *suffigere* 'clavar por debajo'[6]; *afijo* [Acad. íd.]; *postfijo; transfijo, transfixión*.

[1] «Manet... está *fixo* y quedo», 236*d*; «firmamentum, por cielo en que están las estrellas *fixas*», 162*d*; 212*b*.— [2] Desde luego, la *f*- española se debe al carácter culto del vocablo y no, como quería Steiger (*BRAE* X, 171), al deseo de evitar la homonimia con *fijo* 'hijo'; como la antigua *x* no se confundió con la *j* hasta fin S. XVI, no hubo peligro de tal homonimia, por esta razón, hasta algunos siglos después que la *f*- de FILIUS se aspiró en el lenguaje hablado, y hasta unos cien años más tarde de generalizarse aun la grafía *hijo*. El cambio de la *x* de FIXUS en *š* y luego *ḥ* (= *j*) se debe exclusivamente a la gra-

fía, como en *ejército* y análogos.— ³ Comp. la locución argentina *a la fija* 'con éxito', *M. Fie rro*, I, 1636 (con nota de Tiscornia), y II, 632 En el lenguaje gauchesco, *fijo* puede tener el matiz de 'fuerte, firme' (*ibid*. I, 1180), que por lo demás se halla también en otras partes.— ⁴ Comp. fr. *fixer*, desde 1503 (*RF* XXXII, 66). Un verbo paralelo se creó en todos los romances, por la misma época aproximadamente.— ⁵ Para los arg. *fija* 'especie de arpón' y *fijar* 'pescar o cazar con él', vid. FISGAR.— ⁶ Falta todavía en Acad. el verbo *sufijar*, empleado por lingüistas y gramáticos. Alguna vez también se ha dicho *sufijal*.

Fil, V. *fiel (de la balanza)* y *filarete*   *Fila, filáciga*, V. *hilo*

FILACTERIA, 'especie de amuleto, consistente en un pedazo de pergamino con trozos de la Escritura, que solían llevar los judíos atado al cuerpo', 'cada una de las inscripciones parecidas que se ponen en representaciones gráficas', tomado del lat. *phylacterium* íd., y éste del gr. φυλακτή- ριον 'salvaguardia', 'preservativo', 'amuleto', derivado de φυλάττειν 'guardar, preservar'. *1.ª doc.: phylacteria*, Covarr. (s. v. *filateria;* aunque no está claro si lo emplea como palabra castellana o latina); *filacterio*, Terr.; *filacteria*, Acad. ya 1817. El cambio de terminación se explica por el plural lat. *phylacteria*. Comp. *FILATERÍA*.

DERIV. *Anafilaxis*, derivado culto del mismo verbo griego, con el prefijo άνα- 'de nuevo'. *Profilaxis* [Acad. 1884, no 1843], derivado culto del gr. προφυλάττειν 'tomar precauciones', 'prevenirse', derivado a su vez de φυλάττειν (también se emplea *profilaxia*); *profiláctico; profiláctica*.

CPT. *Gazofilacio* [1596, Fonseca], tomado del gr. γαζοφυλάκιον 'palacio donde se guardaba el tesoro público', compuesto de dicho verbo griego con γάζα 'tesoro'.

Filadillo, filadiz, V. *hilo   Filaila*, V. *fileli Filamento, filamentoso, filandón, filandrada, filandria*, V. *hilo   Filantropía, filantrópico, filántropo*, V. *filo- I   Filar*, V. *hilo, filarete* y *filatero*

FILARETE, 'red que se echaba por los costados del navío, dentro de la cual se colocaban ropas para defensa de las balas enemigas', del cat. *fileret* o del it. *filaretto* 'cada una de las pequeñas tablas que se ponían sobre la borda del navío para apoyar las fajas de ropa que desempeñaban este oficio', derivado del cat. *fil* 'hilo', 'hilada de tablas con que se ceñía el buque en construcción', y éste del lat. FĪLUM 'hilo'. *1.ª doc.:* Oudin, 1607: «*filaretes de nave:* une sorte de filets que l'on tend sur le tillac du navire, quand on va combattre, ponts de cordes».

Aut. da la definición transcrita arriba y cita ej.

en la *Circe* de Lope y en el *Persiles* de Cervantes (1616), en cuyo texto *filaretes* podría también corresponder, por lo demás, a las tablas que se designan en italiano con este nombre. El it. *filaretti* figura ya en Pantero-Pantera (1614), vid. Jal, s. v. *filaro*, y es derivado de este último vocablo, documentado desde Crescentio (1607) y que designaba cada una de las hileras de tablas que forman los costados de la nave, colocadas en dirección transversal a la de las cuadernas; el sentido de *filaretti* se ve más claro por el de sus equivalentes franceses *garde-fou* y *lisse de batayole*, definidos y figurados en Jal, 269*b*. En cuanto al cat. *fileret*, lo documenta Alcover en el S. XVI, y además hoy es muy vivo en la Costa de Levante (oído personalmente en Sant Pol y en L'Escala; registrado y representado por Amades-Roig, *BDC* XII, 36, 81, 89): en la actualidad designa el reborde interior que limita los corredores de la barca, entre éstos y el hueco de la misma, y que impide la entrada del agua. Es probable, por lo tanto, que *fileret* existiera con el mismo sentido que *filaretto* en las antiguas galeras catalanas. El port. *filerete* significa lo mismo que en español [princ. S. XVII: Lavanha]. En favor del origen italiano de la voz castellana puede alegarse la existencia de *filares* en el *G. de Alfarache* (Cl. C. IV, 138)¹, que significa lo mismo que el it. *filari* y está tomado de éste, como lo muestra la representación del sufijo -ARIUM > it. dial. -*aro*. Pero en sentido contrario se nota que *fil* designa en castellano la 'hilada de tablas con que se ceñía el buque en construcción' (Jal, 934*a*)², forma de evidente origen catalán, y que constituye el punto de partida de los derivados *filaro* (cat. **filer* o *filera*) y el secundario *filaretto, fileret;* la explicación semántica del mismo resulta clara si comparamos las denominaciones francesas de la misma cosa, *fil de hourdy* (Jal, ibid.), es decir, 'hilo de urdimbre' y *lisse* (< lat. LICIUM 'lizo'): el fil o hilada de tablas con que se empezaba a construir la embarcación se comparó con la urdimbre de hilos de una tela, enlazada con la trama, que en este caso eran las cuadernas.

¹ «Viendo cargar el viento en demasía... fué menester amainar de golpe la borda... Pusieron los remos encima de los *filares;* a los pasajeros y soldados los hicieron bajar a las cámaras muy contra su voluntad.»— ² Comp. la locución *a fil de roda* en G. de Palacio, 156 r.º.

Filarmonía, filarmónica, filarmónico, V. *filo- I Filástica*, V. *hilo   Filatelia, filatélico, filatelista*, V. *filo- I*

FILATERÍA, 'palabrería', 'tropel de palabras que un embaucador ensarta para engañar', antes *filatéria*, tomado del lat. *phylactēria*, plural de *phylacterium* 'pedazo de pergamino con versículos de la Biblia, que los fariseos y judíos medievales llevaban como amuleto o como atributo religioso' (V. *FILACTERIA*). Observa Spitzer que esto no es sólo de los judíos medievales, pues siguen haciéndolo los de ahora en sus plegarias cotidianas de la mañana. *1.ª doc.*: 1525-47, Sánchez de Badajoz.

En una farsa de este autor, el teólogo, ante las argucias del pastor, replica: «Deja ya tu *filatería;* / volvamos a mi proceso», y el vocablo rima con *materia* (*Recopil.*, ed. 1882, I, 108). Así acentúa también el Canc. Satírico Valenciano de fines del S. XV (Ag.). En el *Viejo Zeloso* de Cervantes afirma el protagonista que donde las mujeres «se mancan, donde se estropean, y adonde ellas se dañan, es en casa de las vezinas y de las amigas. Más maldades encubre una mala amiga, que la capa de la noche; más conciertos se hacen en su casa y más se concluyen, que en una semblea». Por eso él tiene encerrada a la suya «porque es más simple Lorenzica que una paloma, y hasta agora no entiende nada dessas *filaterías*», ed. Schevill-B., IV, 153. Estos editores citan el pasaje de Castillo Solórzano (ed. 1632): «leyó el papel, no menos enamorado que sucinto, que, como el galán tenía más vivo el ingenio a puras dietas, excedió en la prosa al galeno, que sólo tiraba a las sustancias, sin andarse por los arrequives de la *filatería*». Véanse más citas en Fcha. (B. de Villalba y Espinel) y en *Aut.* (Ambr. de Morales). Ignoramos cómo acentuaban estos autores, pero *Aut.* acentúa gráficamente la *i*, y Covarr. advierte, en el mismo sentido, «el acento en la penúltima». Éste describe: «el tropel de palabras que un hablador embaucador ensarta, y enhila, para engañarnos y persuadirnos lo que quiere», «el que nos viene con muchos enredos de palabras y cuentos» (de ahí pasó a Oudin, 1616, falta en 1607).

Moraes cita como portugués *phylactérias*, empleado en esta forma o en la variante estropeada *filastérias*, por Paiva de Andrade (h. 1600) en el sentido etimológico; en el de 'sutilezas' «usar das *phylacterias* da industria» en el Conde da Ericeira; en el de 'amuletos o remedios supersticiosos' en dos textos en bajo latín; «minúcias e sutilezas misteriosas e supersticiosas» en Ferreira de Vasconcellos (1547), vid. Moraes, s. v. *fi-* y *phy-*. En italiano se empleó *filatèra* (o *filattèria*) en el sentido de 'retahíla, cantidad de cosas' desde Fr. da Barberino († 1348) hasta Buonarroti (princ. S. XVII). Es evidente que del sentido de 'amuletos, remedios supersticiosos', 'inscripciones de palabras mágicas' se pasó a 'retahíla de palabras del embaucador' (comp. el sentido peyorativo tomado por otros términos mágicos en castellano, como *CARANTOÑA* o *EMBUSTE*). Así *REW*, 6473a. Aunque Covarr. admitió la relación con *phylacterium*, yerra al partir del sentido de 'cenefa', y rechazar una interpretación análoga a la que doy, aunque la apoya él mismo con citas de San Jerónimo

y Nicolás de Lira. Para el uso en francés antiguo, vid. *DGén.*, s. v. (nada en Blondheim). Inútil decir que nada tiene que ver con *hilo*, a pesar de Covarr., *Aut.* y la Acad. El sentido abstracto que había tomado el vocablo hizo que pasara a las palabras en *-ería* trasladando el acento. De ahí que se creara luego un secundario *filatero* 'el que usa de filaterías' [*Aut.*], que ya existiría antes, pues en la jerga germanesca, según ya observó J. Hidalgo en 1609, se interpretó popularmente en el sentido de 'ladrón que hurta cortando alguna cosa' (por la cuerda o hilo que cortaba), y de ahí se sacó un verbo *filar* «cortar sutilmente».

DERIV. *Filatero* y *filar*, vid. arriba.

Filaucía, filautía, filautero, V. *filo-* I | *Filazón*, V. *hilo* | *Filderretor*, V. *hilo*

FILELÍ, tomado del ár. *filālī* 'perteneciente a Tafilelt (Tafilete)', ciudad de Berbería donde se hacía esta tela fina para albornoces. *1.ª doc.*: 1573, Luis del Mármol.

Vid. Dozy, *Gloss.*, 268-9; Covarr. Figuradamente se ha empleado la variante *fililí* en el sentido de 'delicadeza, sutileza, primor', «y assí se dice que una Dama *está de fililí*», según explica *Aut.* (claro que no tiene que ver originariamente con *filis*, como supone este diccionario, aunque las dos locuciones se influirían recíprocamente). Es probable que de la pronunciación vulgar hispanoarábiga *filêli* (o del femenino correspondiente *filêlia*) saliera, agregándosele un cambio de terminación de carácter expresivo, *alhilelia > lilaila* 'tejido de lana muy delgado, del cual se hacen en Andalucía mantos para las mujeres pobres, y también se hacen mantos capitulares para los caballeros de las órdenes militares', 'impertinencia ridícula' [*Aut.*], que se ha querido relacionar con *LELILÍ*, aunque éste nunca tuvo este sentido[1].

En cuanto a *lilao* 'ostentación vana en las palabras o en el porte' [Quevedo, *Aut.*; Cej. VII, § 48] no es, como dije en el *DCEC*, una forma castellana de la familia de *filelí*, sino un préstamo de una palabra portuguesa muy diferente: *leilão* 'venta en pública almoneda', 'subasta pública' (Moraes, Fig., y un *leilamento* figura en Viterbo, creo ya en doc. medieval); de ahí *leiloar* 'pregonar en plaza pública', 'vender en almoneda', también *aleiloar*. De Portugal pasó a Galicia, donde ahora se registra en acepciones secundarias parecidas a la de Quevedo: *andar ó leilán* «de ceca en meca, sin más que entretener la vista y detenerse a hablar con el primero...», *lilán* 'friolera, fruslería, nada entre dos platos' (Vall.); pero ya hay también algún lexicógrafo que registra la ac. 'almoneda' (como ant. *Irm. Fal.*; un *leiloyo* en Carré; y puede que sean la misma palabra los dos *leirán* que registró A. Otero para el Apéndice a Eladio Rdz., con significado no bien claro).

En todo caso, el vocablo consta con sentido claro

en viejos documentos transcritos por Sarm.: «quiñon... que eu comprei por pregoes e por *leilaes*» (Pontevedra a. 1381), *CaG.* 88*r*, 74*r*, 131*v*.

La etimología según Fig. sería un ár. *al-ilon* que no me es conocido, y no es vocablo de aspecto muy arábigo. Por lo demás no sé que se haya averiguado el origen del vocablo portugués. Pero la raíz que significa esto mismo en árabe es bien conocida y de ahí puede salir fonéticamente el nuestro sin dificultad grave: *dällâl* 'almonedear', 'publicar bienes', PAlc. 82.10 (y Lerchundi), *dellíl* 'pregonero (que vende cosas)', PAlc. 353*b*36, y ya en R. Martí[2].

Es la misma raíz que con el sentido de 'probar, explorar' ha dado *ADALID*. Dozy, *Suppl.* I, 455, señala además el verbo *dallal* «vendre à l'en can», ya varias veces en las *Mil y una Noches*, «être courtier» en un doc. árabe de Sicilia, *dallâl* «courtier», «crieur qui annonce et décrit les objets perdus» en el Mohit, *dilâla* 'en chère, vente publique' en dicc. de Argelia y Egipto. Puede, en efecto, tratarse de la forma articulada *al-dällâl* 'el pregonero, el subastador': con asimilación de *ld* en *l* y disimilación de la *-l* final en *-n* se haría *alelán* y quizá el diptongo *eil* quiere imitar la *ll*; por lo demás, a juzgar por casos como *alloza, albellón, Badajoz*, etc., parece que entre los moriscos esta *ll* doble tomaba matiz más o menos palatal.

¹ Comprueba esta etimología el cub. *filaila* 'tela de estambre parecida a la cúbica, pero regularmente labrada' (Pichardo). En Colunga *lilainas* 'impertinencias, tonterías' (Vigón) (comp. Baist, *RF* IV, 377).— ² De donde, por lo demás, se dan traducciones algo vagas: *dall* y *dilâla dall* 'tradere', etc. (100*a*, 348, 579).

Fileno, V. *filis*   *Filera, filete, filetear, filetón*, V. *hilo*   *Filfa*, V. *despilfarrar*   *Filia*, V. *filo-* I *Filiación, filial, filiar*, V. *hijo*

FILIBOTE, 'pequeña embarcación semejante a la urca', del fr. *flibot* y éste del neerl. *vlieboot* íd., primitivamente embarcación (*boot*) empleada en el Vlie. *1.ª doc.*: h. 1680, *Recopil. de Indias*.

Aut. cita *flibote* en Tosca (1708). Para el fr. *flibot* (también *filibot*), vid. *DGén.* y Jal: se halla desde h. 1600. Del neerlandés pasó también al ingl. *fly-boat* [1577], donde fué relacionado secundariamente con *fly* 'mosca'. Para el origen, vid. *NED*, s. v.; Diez (*Wb.*, 596), el *REW* (3395) y Gamillscheg (*EWFS*, s. v.) parten del inglés, mientras que en el *FEW* no hay artículo *fly-boat*.

FILIBUSTERO, palabra de historia mal estudiada: aparece primeramente en el ingl. antic. *flibutor* (hoy *filibuster*) y parece tomada del neerl. *vrijbuiter* 'corsario', compuesto de *vrij* 'libre' y *buiten* 'saquear', 'hacer botín'; la *-s-* debió de agregarse en las Antillas, quizá por influjo del cast. *farabustear* 'hurtar con mañas'; a no ser que

naciera de una falsa grafía francesa. *1.ª doc.*: 1836, en el cubano Pichardo (ed. 1875)[1]; Acad. 1884 (no 1869).

En inglés se halla ya *frebetters* en 1570, más claramente «*theeves* and *flibutors*» en 1587, *freebooters* en 1598, *frybuters* en 1622, y el verbo *freeboot* 'piratear' desde 1592. En neerlandés la locución *op vrijbuit gaen* 'entregarse (= ir) a la piratería' ya se halla antes del S. XVI, y el correspondiente sustantivo personal *vrijbuiter* pasó también al alem. *freibeuter* [1579], al inglés y a las lenguas escandinavas (vid. Kluge). En francés tenemos *fribustier* en 1667 y 1690, *flibustier* en 1690, pero todavía *flibutier* en Ménage († 1692), y ya en 1701 se nos advierte que la *s* del verbo *flibuster* se pronunciaba. Es posible que naciera de una falsa grafía con *s* muda, en el francés de las Antillas.

En castellano es notable la muy tardía aparición del vocablo: como nota *El Averiguador* (1871, pp. 136-7), Cárdenas Cano en 1723, y otros autores que se ocupan de la piratería en el Mar Caribe, sólo se refieren a los filibusteros con el nombre de *piratas* o *corsarios*, y aunque Pezuela en su moderna *Historia de la Isla de Cuba*, refiriéndose a la ocupación de la isla de la Tortuga por estos malhechores h. 1640, diga que empezaron a llamarse *filibusteros*, se referirá con esto al uso en francés o en inglés. De todos modos es posible que el vocablo empezara a circular vulgarmente como castellano en boca de algunos marinos, y a esto puede también deberse el cambio de **flibutero* en *filibustero*, por influjo del cast. *farabustear*, voz de germanía que Juan Hidalgo (1609) traduce por «buscar» (pero esto debe entenderse, no en el sentido del fr. *chercher*, sino en el de 'hurtar o estafar mañosamente', que es el que tiene en germanía), y *farabusteador* «ladrón diligente». El origen de éstos es otro: se trata sin duda del it. *farabutto* 'bribón', dial. *frabutto* y el verbo *farabuttare*, que al pasar al español tomaron la *s* del sinónimo *buscar*[2]. Debe rechazarse la etimología de Schuchardt (*ZRPh.* XXVIII, 132), que quería derivar *farabutto* del cast. *faraute* (vid. *HERALDO*), a lo cual se oponen no sólo el acento, sino también la aparición de *frabutationes* 'engaños, estafas' en doc. italiano de 1340, citado por el mismo: quizá se trate más bien, como sugirió Pietsch en una anotación marginal al ejemplar de que me sirvo, de una deformación popular del cultismo latino *fraudationes* íd. (contaminado por *fabbricare, frabicare*). El it. *farabutto* saldría también del germ. *freibeuter* según Contini, *Estudios M. P.* I, 149-162. Esta forma es alemana moderna, no «germánica»; aun dejando en suspenso el aspecto semántico, me pregunto si la idea es compatible con los *frabutationes* de 1340, teniendo en cuenta que hasta entonces se pronunció ī en vocablos como *frei*, en lugar del *ei* posterior.

Volviendo a *filibustero*, no creo con Schuchardt que las voces germánicas sean deformaciones de las

romances, por etimología popular, en vista de la
antigüedad mucho mayor del vocablo germánico,
y no creo, desde luego, que *filibustero* sea alteración de *farabusteador*, en vista de la fecha reciente
del vocablo en castellano; en cuanto a oc. mod. ⁵
felibusto (*farabusto*, *faribusto*) 'piratería', 'bribone-
ría', ha de ser galicismo.

Aebischer, *RLiR* XXXIII, 37-52, rechaza el
origen anglo-neerlandés, y quiere partir del término germanesco español *finibusterre* o *finisterre* ¹⁰
'la flor y nata (de la picaresca)' 'la horca, el fin de
la vida' documentado desde Cervantes (V. aquí
s. v. *FIN*) que se habría aplicado a esos delincuentes hijos del patíbulo. Aunque algo más audaz
semánticamente que la otra, esta etimología la ¹⁵
aventaja en el detalle fonético de explicar más
sencillamente la -*s*-, pero es ventaja muy compensada por los demás detalles fonéticos, el cambio
de -*erre* en -*ero* y el de -*n*- en -*l*-, que así queda
enteramente injustificado; sobre todo queda el ²⁰
hecho decisivo de que un vocablo documentado
en varias lenguas germánicas desde el S. XVI
(Aebischer lo echa de menos en algunas fuentes
germano-francesas de esta época, pero reconoce su
presencia en otras) y que en castellano sólo apa- ²⁵
rece en el S. XIX, difícilmente puede proceder de
esta última. De todos modos, debemos concederle
que la aparición de la -*s*- parece ser debida al influjo germanesco *finibusterre* más bien que a una
ultracorrección gráfica y tanto o más que al *fara-* ³⁰
bustear.

DERIV. *Filibusterismo*.
¹ Lo cita solamente (p. 110) como «corrupción»
de *flibotero*, palabra que falta en su diccionario.
Esto debe tomarse como una suposición etimo- ³⁵
lógica de Pichardo, que relacionaría con *FILI-
BOTE*, según han hecho otros; mas no parece
haber relación originaria entre las dos palabras.—
² De *farabuttare* vendrá también *zarabutero* 'embustero' que *Aut.* registra como andaluz; luego ⁴⁰
ha agregado la Acad., como familiar, la variante
zaragutero, con el verbo *zaragutear*, -*butear* 'embrollar'.

Filicida, filicido, V. *hijo*   *Filiche*, V. *alferecía* ⁴⁵
Filiera, filiforme, filigrana, V. *hilo*   *Filili*, V. *fi-*
leli   *Filindrajo*, V. *andrajo*   *Filipéndula*, V.
hilo

FILÍPICA, tomado del lat. *philippica* (*oratio*) ⁵⁰
'discurso relativo a Filipo', en memoria de los pronunciados por Demóstenes contra el rey de Macedonia. *1.ª doc.*: Acad. 1843, no 1817 (Terr. aplica sólo a las de Demóstenes, Cicerón y Voltaire,
sin referirse a un uso común). ⁵⁵

FILIPICHÍN, 'tejido de lana estampado', origen
desconocido. *1.ª doc.*: 1680, Pragmática citada por
Aut.

Alcover da ejs. del cat. *filipitxí* en 1724 y 1789. ⁶⁰

¿Tal vez cruce de *FILELÍ* con el nombre de otro
tejido?

FILIS, 'gracia y delicadeza en decir las cosas',
del nombre poético de mujer *Filis* (gr. Φυλλίς),
tan empleado en la lírica del Siglo de Oro, que
llegó a tomarse vulgarmente como cifra de la delicadeza poética: primero se dijo que un escritor
no tenía Filis, cuando prescindía de los primores
líricos en boga, y después se generalizó la locución.
1.ª doc.: Quevedo († 1645), *Cuento de Cuentos*¹.

También figura *saber poco de filis* en el *Diablo
Cojuelo* (1641) de Vélez de Guevara (vid. Fcha.).
A veces ha llegado a significar casi lo mismo que
'melindre, remilgo': «El mismo melindre y *filis*
de las limeñas las constituye una inclinación natural en toda moda»². En catalán *estar de filis* es
hoy equivalente de 'estar de buen humor' o 'estar
de humor apropiado (para hacer algo)'.

DERIV. Por influjo de *Filis*, otro nombre de personaje poético, el masculino *Fileno* tomó el valor
de 'delicado, afeminado': así, aunque sustantivamente, emplea Calderón *filenos* por 'petimetres,
hombres delicados y de nimia elegancia' (*Aut.*) y
Góngora se había servido varias veces de esta palabra, como nombre propio de un personaje enamorado «más gallardo que la palma» (vid. Alemany):
parece tratarse del gr. Φίλαινος, figura histórica
sin relación con el caso, de cuyo nombre se sir-
vieron éste y otros poetas sin otro motivo que el
parecido con *Filis* y con el gr. φιλεῖν 'amar'. De
filis 'delicadeza' deriva el familiar *filustre* 'finura,
elegancia' [en el andaluz Javier de Burgos, 1897,
en *RH* XLIX, 452], con sufijo jergal (comp. cat.
jergal *filustrar* 'mirar', derivado de *filar* íd.); de
ahí a su vez el venez. *filustrín* 'pisaverde, currutaco' (Rivodó) y el hond. *filustrino* 'desconocido,
flaco'.

¹ En una retahíla de locuciones vulgares: «Que
si no calla le advierto que le ha de costar la torta
un pan, y que entiendo poco de *filis*; que no se
ponga conmigo a tú por tú, y me crea que estoy
muy amostazada...», *Cl. C.* IV, 185.— ² Gregorio
de Cangas, *Compendio histórico... del Reyno del
Perú*, Madrid, 1772 (cita de R. H. Valle, *La Prensa de B. A.*, 25-VIII-1940).

Filo, V. *hilo*   *Por filo, a filo*, V. *fiel*

FILO- I, elemento prefijado de compuestos
cultos procedente del gr. φιλεῖν 'amar'. *Filólogo*
[*Aut.*], del lat. *philŏlŏgus*, y éste del gr. φιλόλογος
'aficionado a las letras o a la erudición', 'erudito,
especialmente en materia de lenguaje', compuesto
con λόγος 'obra literaria', 'lenguaje'; *filología* [íd.];
filológico [íd.], *filológica* 'filología' [Pellicer, † 1679].

Filomela 'ruiseñor' [1624, Huerta, con variante
filomena, que también se empleó poéticamente,
por confusión con el nombre propio de mujer;
2.º cuarto del S. XV, Pz. de Guzmán (C. C. Smith,

BHisp. LXI)], del griego ψιλομήλα , nombre propio de la hermana de Procne, cambiada en ruiseñor. *Filósofo* [Berceo; *Setenario* f.º 7 v.º; *Calila* 17.1], del lat. *phĭlŏsŏphus,* y éste del gr. φιλόσοφος 'el que gusta de un arte o ciencia', '(el) intelectual', 'filósofo', compuesto con σοφός 'sabio, conocedor, entendido'; *filosofía* [h. 1250, *Buenos Prov.* 8.14; *Conde Luc.*], del gr. φιλοσοφία (lat. *philosophĭa);* *filosófico* [h. 1515, Fz. Villegas (C. C. Smith); 1596, J. de Torres]; *filosofar* [Mena (C. C. Smith); APal. 472*d*; Nebr.] del latín *philosophari,* griego φιλοσοφεῖν *filosofador; filosofal* ['filosófico', *Canc.* de Baena, W. Schmid; Paravicino, † 1633][1]; *filosofastro; filosofismo.*

Filantropía [Covarr., pero como «nombre griego»; falta en *Aut.;* está en Terr.; Capmany, en 1776, critica a los que no se atreven a decirlo en castellano, teniéndolo por voz francesa, vid. Viñaza, p. 906], de φιλανθρωπία 'sentimiento de humanidad', 'afabilidad', 'afición por el hombre', compuesto con ἄνθρωπος 'hombre, persona'; *filántropo* [Terr. propone que se diga *filantropes;* Acad. 1884, no 1843; empleado por Juan Valera y Pérez Galdós], de φιλάνθρωπος; *filantrópico.*

Filarmónico [Acad. 1843, no 1817], compuesto culto con ἁρμονία 'armonía'; *filarmónica; filarmonía.*

Filatelia [Acad. después de 1899], compuesto con ἀτελής 'gratuito', 'franco o exento de pago', aplicado al sello indicador de que el envío debía hacerse sin otro cobro (comp. *franqueo);* *filatélico; filatelista.*

Filaucia ant. [1618, Villegas, que acentúa *filáucia*] o *filautia,* de φιλαυτία 'egoísmo', compuesto con αὐτός 'sí mismo'; *filautero. Pánfilo* [Covarr.] expresión coloquial de escolar humanista, tomada del gr. πάμφιλος 'el que es todo amor', compuesto con πᾶν 'todo'; *panfilismo.* Son derivados de φιλεῖν: *filtro* 'bebida amorosa' [*Aut.*]. de *philtrum,* gr. φίλτρον, íd.; *filonio* [h. 1570, E. de Salazar, p. 18], de *philonium* íd., derivado del nombre de su inventor, *Philon,* derivado del verbo citado; *filia,* extraído de compuestos como *bibliofilia.*

[1] La *piedra filosofal* recibió este nombre porque la alquimia o química se miraba como una de las materias de estudio básicas del filósofo. Todavía *Aut.,* s. v. *phósphoro,* emplea *philosópho* en el sentido de químico.

FILO- II, elemento de derivados y compuestos cultos, tomado del gr. φύλλον 'hoja'. *Filodio* [Acad. 1899], mala adaptación del fr. *phyllode,* tomado del gr. φυλλώδης 'análogo a una hoja'. *Áfilo. Anisófilo.* privativo formado con ἴσος 'igual'. *Dífilo. Filomanía. Filoxera* [Acad. 1884, no 1843], compuesto con ξηρός 'seco'; *filoxérico.*

Filón, V. *hilo   Filonio,* V. *filo- I   Filopos, filoseda, filoso,* V. *hilo   Filosofal, filosofar, filosofastro, filosofía, filosófico, filosofismo, filósofo,*

V. *filo- I   Filosomía,* V. *físico   Filoxera, filoxérico,* V. *filo- II   Filtración, filtrador, filtrante, filtrar, filtro* 'aparato para filtrar', V. *fieltro   Filtro* 'brebaje amoroso', V. *filo- I   Filustre, filustrín, filustrino,* V. *filis   Filván,* V. *hilo*

FILLÓ, 'cierta fruta de sartén', del gall. *fillò* o *fillòs* 'hojuela compuesta de harina, leche, sal y agua', alteración de *folloa,* procedente del lat. FOLIŎLA 'hojitas, hojuelas', diminutivo plural de FOLIUM 'hoja'. *1.ª doc.:* 1560, Martínez Montiño, *Arte de Cozina* (cita de *fillos* en plural, con olvido del acento, en *Aut.*).

DERIV. Variantes fonéticas leonesas del mismo vocablo son *fiyuela* (León) íd. y *filloga* (Zamora) 'morcilla hecha con sangre de cerdo, arroz, canela y azúcar'. M-L., *REW* 3523, había constituído un artículo *FRIXEOLUM* 'fruta de sartén', diminutivo del participio clásico de FRĪGĔRE 'freír' (a saber, FRIXUS), del cual vendrían el genov. *friscièu* [= -*ö*][1] y el «port.» *freixó;* a éstos agregó en su 3.ª ed. un logud. *frisòlas* y sasarés *frísoli,* y, por consejo de G. de Diego (*Contr.,* § 269), un cast. *frisuelo* y salm. *frijuela* (no *frijuelo).* Bien mirado, *FRIXEOLUM* es una formación extraña, que además de presuponer un adjetivo *FRIXĔUS* no documentado en parte alguna, y cuya justificación semántica no alcanzamos a ver, parte del participio arcaico FRIXUS, y no de FRICTUS, que es el participio único, o casi el único, conservado en romance[2]. En realidad, *FRIXEOLUM* es un caso claro de étimo fantasma. El cast. *frisuelo* no está documentado más que en la Acad. [ya 1817], como segunda ac. del provincial *frisuelo* 'judía', y con la definición «especie de masa frita en sartén»; pudiera haber ahí alguna confusión académica de otra palabra diferente con el citado descendiente de PHASEOLUM 'judía', pero lo más probable es que sea forma local debida a una mala pronunciación de un leonés *frižwéla* o *friswéla,* descendiente de FOLIOLA, con *r* por repercusión de la otra líquida. Las formas salmantinas que cita Lamano son *friolla* (Ciudad Rodrigo), procedente de *friyóla* < FOLĪOLA, y *frijuela,* que en Vitigudino es «torta frita con aceite» y en la Sierra de Francia «bodrio con que se condimenta el farinato [embutido de pan amasado con manteca de cerdo, sal y aceite]». El supuesto port. *freixó* que cita M-L. de C. Michaëlis (*RL* III, 133) en realidad es gallego, según esta autora[3], y por lo tanto su *x* puede venir de una *j* sonora antigua: ha de ser leonesismo, también procedente de FOLIOLA, o quizá resultado de una disimilación gallega *frežóla* > *frežó(l)a* > *frežó* > *freixó.* Las formas sardas citadas arriba pueden estar tomadas del español, y por lo demás no se encuentran ni en Spano ni en M. L. Wagner, *Hist. Lautlehre.* Y la genovesa deberá analizarse detenidamente por un especialista para ver si también puede ser hispanismo o si es diminutivo moderno de un antiguo participio *frišo* FRIXUS, conservado aisladamente en este dialecto. Desde luego *FRIXEOLUM no ha tenido nunca más existencia que el imposible e innecesario FRIX-INCUS admitido por el mismo G. de Diego para el arag. *FRAJENCO* 5 (véase este artículo).

¹ «Frittella; vivanda di pasta tenera, quasi liquida, con erba, mele ecc., fritta nella padella con olio».— ² De FRIXUS solamente suelen derivarse el fr. *fressure* y cat. *freixura* 'asadura, entraña', pero 10 esta etimología, aun si estuviera bien asegurada (muchos romanistas no creen en ella), supondría que FRIXUS tenía ĭ y no ī como el supuesto *FRIXEOLUM.— ³ Vall. define «h o j u e l a hecha, o cocida, en piedra», y escribe *freijò*.

Filloga, V. *filló*   *Fimbria*, V. *franja*   *Fimencia*, V. *mente*   *Fimero*, V. *efímero*   *Fimo*, V. *fiemo*

FIMOSIS, tomado del gr. φίμωσις íd., derivado de φιμοῦν 'amordazar con bozal', y éste de φιμός 'bozal'. *1.ª doc.*: Terr.; Acad. 1899.

FIN, descendiente semiculto del lat. FĪNIS 'lí- 25 mite', 'fin'. *1.ª doc.*: orígenes del idioma: *Cid*, etcétera.

El género femenino, hoy desusado en la lengua culta, se hallaba ya en latín, y era frecuente en la Edad Media: Berceo, *Mil.*, 87b, 911b; *Apol.*, 30 97c; *Conde Luc.*, 115.14; *Canc.* de Baena (W. Schmid); y aunque el género masculino es ya el que se halla en APal. (92d, 162b), y predomina ampliamente en Cervantes, el femenino no es enteramente ajeno a la lengua de este autor («la 35 *fin* del mundo», *Quijote* I, xxxviii, 200; *La Gitanilla*, *Cl. C.* I, 17, y vid. nota ahí), y aún se dice actualmente *hacer algo para la buena fin* en el habla popular de varias zonas.

DERIV. Vid. *FINO. Final* [princ. S. XV, *Canc.* 40 de Baena, W. Schmid; Nebr.¹]; *finalidad; finalista; finalizar* [1728, Ordenanzas citadas en *Aut.*]. *Finar* [*Cid*; muy frecuente, sobre todo en la Edad Media: Berceo, *Mil.* 99d, 711a; *Fn. Gonz.*, 123, 576; Sem Tob, 3; etc.; *finarse* 'fallecer', *Alf. XI*, 45 84]; *finable* [*Canc.* de Baena]; el port. y gall. *finar* no son castellanismos, aunque sí (por su *n*, no *nh*) formas semicultas (*xa finou* 'falleció', *día dos finados, tocan a finado*, Sarm. *CaG.* 228v); por lo demás, se decía en las afueras de Ponte- 50 vedra *defiñar* o *desfiñar* 'irse muriendo o desfalleciendo' («María ya se vay *defiñando*» íd. ib.); *finada* ant. [*Alex.*, 1674; *Apol.*, 319d]; *finado* [APal. 284d; Nebr.; etc.]; *finamiento* [*Canc.* de Baena; Nebr.]; *finanza* [Baralt, a. 1851, y Cuervo, *Ap.*, 55 § 993, critican el empleo de este galicismo innecesario por 'hacienda', y hasta hoy ha progresado poco en España, .pero tiene considerable arraigo en la Arg. y otros países americanos; según Acad., ya 1884, se empleó antiguamente en el sentido de 60

'fianza' o 'rescate'], del fr. *finance*, derivado del antiguo *finer* 'finiquitar', 'pagar', derivado a su vez de *fin*; *financiero* [a pesar de las críticas de Cuervo y de Baralt, que se empeñaba en sustituirlo por *rentista, asentista*, o adjetivamente *rentístico*, se ha generalizado, y ya lo admitió la Acad. en 1899].

Finir ant. [Juan de Mena; Álvar Gómez, † 1535], hoy se emplea en Venezuela, Colombia y Chile, pero allí es sospechoso de galicismo; *finible*; vid. *FINTA*; antes se había dicho *fenir*, y de ahí salió el derivado *fenecer* [h. 1250, *Setenario* f.º 2 v.º; J. Ruiz; muy frecuente; APal. 3d, 76d, 104d, 106d, 133d, 218d; Nebr.; todavía vivaz actualmente en el uso rural, aunque ya tiene sabor arcaico en el *Quijote*]²; *fenecimiento* [Nebr.]. *Defenecer* 'dar el finiquito a una cuenta'; *defenecimiento* [*Ordenanzas de Zaragoza*]. *Finito* [2.º cuarto del S. XV, Pz. de Guzmán (C. C. Smith, *BHisp.* LXI); 1567, Orozco], tomado del lat. *fīnītus* íd., y empleado sobre todo como antónimo de *infinito* [ya en Santillana («terribles e -s males», p. 483). APal. 213b; Nebr. *infinido* o -*ito*; el vulgarismo *anfenito* en Torres Naharro, 1517, vid. *DHist.*]; *infinidad* [Berceo; *finidat* 'multitud'; *Alex.* 2369], que vulgarmente también se ha dicho *sinfinidad*³, por influjo del sinónimo *sinfín* o *sinnúmero*; *infinitud*; *infinitivo* [APal. 213b]; *infinitesimal* aparece en francés desde 1743, procedente del inglés [1655] (Wartburg, *ZRPh.* LXVIII, 109), desde uno de los cuales debió de pasar al cast. *Finítimo* [1596, Fuenmayor], tomado de *finítimus* 'limítrofe'.

De una continuación semiculta de DEFINITUS: gall. *infinto*, cruzado con *enfindo* 'infinito, innumerable' (*enfinda virtude*) 'imponderable' en G. de Resende, *enfinta* 'innumerable' en Bento Pereira (citas de Sarm., *CaG.* 215r): llamaban *infintos* en Pontevedra (y aun *infindos* ib. 225v) las matrículas que se hicieron del número de vecinos para el regimiento de milicias, y las cañamas en donde están asentados los vecinos con el tributo que pagan (ib. ·105r); *infintar* o *enfintar* (un despacho) 'notificarlo' (225v).

Afín [1513, G. A. de Herrera], tomado de *affīnis* 'limítrofe', 'emparentado'; *afinidad* [h. 1460, *Crón. de Juan II*]; *parafina* [Acad. 1884, no 1843], compuesto con el lat. *parum* 'poco' por su naturaleza neutra y la poca afinidad que muestra con otras sustancias.

Confín [1438, doc. citado por Cuervo, *Dicc.* II, 360-1, que debe consultarse para los sentidos del vocablo], tomado del lat. *confīnis* adj. 'contiguo, confinante'; *confinidad; confinar* [1406-12, G. de Clavijo; vid. Cuervo, *Dicc.* II, 361-2]; *confinante* [fin S. XVI: Hurtado de Mendoza; vid. Cuervo]; *confinación; confinado; confinamiento*.

Definir [*diffinir*, Mena (C. C. Smith), Nebr.], tomado de *definire* 'delimitar', 'definir'; *definible; definición* [*diffinición*, Villena (C. C. Smith),

Nebr.]; *definido*; *definidor*; *definitivo* [al parecer se halla ya *difinitivo* en doc. asturiano de 1380, *BHisp*. LVIII, 90; Balt. Alcázar, † 1720]; *definitorio*.

CPT. *Finiquito* [J. del Encina, *RFE* XL, 161; 1554, *N. Recopil.*, en *Aut.*], de *fin* y *quito*, éste en el sentido de 'libre, pagado de una deuda'; *finiquitar* [como neologismo, en Acad. 1884]. *Finibusterre* [1609, J. Hidalgo], de la locución lat. *finibus terrae* 'en los fines de la tierra'. *Trifinio*.[1] La locución adverbial derivada es comúnmente *al final* 'al fin', pero popularmente se oye en Buenos Aires *a la final* (César Bruto, en *Cascabel*, oct. de 1942), como ya en catalán antiguo.— [2] *Fiinceu* (pret. 3.ª pers.) *MirSgo*. 76.26, escrito *fiiniceu* ibid. 81.15.— [3] P. ej. en la Arg.: A. Ghiraldo, *La Prensa de B. A.*, 29-XI-1942.

Finca, fincabilidad, fincable, fincar, V. *hincar*
Finchado, finchar, V. *hinchar*   *Findoz*, V. *heno*
Fineta, fineza, V. *fino*

FINGIR, tomado del lat. *fíngĕre* 'heñir, amasar', 'modelar', 'representar', 'inventar'. *1.ª doc.*: 1300?, *Gran Conq. Ultr.* (quizá introducido en la ed. princeps) III 62vºa37, 78vºa38 (Cooper); h. 1440, A. de la Torre (C. C. Smith, *BHisp.* LXI); APal. 86*d*, 118*d*, 162*b*; Nebr.

Duplicado popular es *heñir* [Nebr.; 1600, Sigüenza, en *Aut.*][1]; documentación de ambos en Cej. VIII, § 19.

DERIV. *Fingido. Fingidor* [APal. 369*b*]. *Fingimiento* [Nebr.]. *Ficción* [*fictión*, APal. 151*b*; *fición*, Nebr.], tomado de *fictio, -ōnis*, íd.; *ficto* [Corbacho, Mena (C. C. Smith)]; *ficticio* [princ. S. XVI: A. de Guevara]. *Finta* 'amago de un golpe' [*Aut.*; Cej. VIII, § 19], tomado del it. *finta* íd., propiamente femenino del participio de *fingere*. *Enfingir* [*enfiñir*, *1.ª Crón. Gral.* 182*a*25]; *enfingimiento*. *Enfinta* [princ. S. XIV, *Zifar* 17.22] o *infinta* [*Crón. Gral.*; *Zifar* 17.8], antiguo participio del verbo anticuado *infingir*; *enfintoso* o *infintoso* [fin S. XIV, L. de Ayala]. *Efigie* [Aldana, † 1578 (C. C. Smith); Herrera (Macrí, *RFE* XL, 161); 1615, *Quijote* II, xiv, 51], tomado de *effígies* 'representación, imagen', derivado de *effingere* 'representar, imitar'; *efigiado. Confingir.*

Hintero 'mesa para heñir' [*Aut.* dice que se halla en Nebr., pero no figura en la 1.ª ed. del *Vocab. de Romance en Latín* ni en la del diccionario latino-castellano; sí en Oudin], del lat. vg. *FINCTŌRIUM*, derivado de *FINCTUM* por FICTUM, participio de FINGERE; de donde *hintuero > hintero*.[1] Comp. *fingir los adobes* en Cespedosa, *RFE* XV, 281. Ej. de *fingere* 'amasar (pan)' en doc. latino de León, a. 1020, en Cabrera. El presente es *iñe* en Cespedosa (*RFE* XV, 272), etc.

Finible, finibusterre, V. *fin*   *Finiestra*, V. *hi-niestra*   *Finiquitar, finiquito, finir, finítimo, finito*, V. *fin*

FINO, adjetivo desarrollado por los varios romances de Occidente a base del sustantivo *fin*, en el sentido de 'lo sumo, lo perfecto', y después 'sutil', etc. *1.ª doc.*: princ. S. XIII, *Disputa del Alma y el Cuerpo*; Berceo, *Mil.*, 28, 320*c*.

Se halla también en *Apol.*, J. Manuel, J. Ruiz, *Canc. de Baena*, etc. En *Alex.* 97*d*, se halla la variante *fin*, que puede ser la originaria («mucho era más blanco que es el *fin* cristal»; *P* da un texto diferente). Común a todos los romances occidentales; es inadmisible la afirmación de M-L. (*REW* 3315) de que en castellano y portugués es italianismo. La -*n*- del port. *fino* sólo demuestra que es palabra de creación tardía y semiculta; la *f*- del castellano le es común al adjetivo con el sustantivo *fin*. El it. *fine* (más común que la variante *fino*, que sólo se emplea con el matiz material de 'sutil, delgado') prueba que nuestro adjetivo procede efectivamente del sustantivo *fin*, y no, como se ha dicho a veces, del verbo *finire* o de su participio *finitus*. Como observa Wartburg, *FEW* III, 567*b*, hay que partir del uso figurado latino *finis boni* 'el sumo bien', *finis honorum* 'el cargo más alto', de donde la ac. francesa de *fin* como 'extremado, perfecto' [S. XII], le *fin fond*, etc., perdida en los demás romances.

DERIV. *Fineza* [*Cartujano*, 351 (D. Alonso, *La Leng. Poét. de Góngora*); princ. S. XVI, Guevara]. *Finura* [1728, Ordenanzas citadas por *Aut.*]. *Fineta* [Acad. después de 1899], del cat. *fineta* (*BDC* IV, 106). *Finústico* [Acad. después de 1899]; *finustiquería. Afinar* [Berceo, *RFE*, XL, 161; 1288: Cuervo, *Dicc.* I, 237-8]; *afinación*; *afinador*; *afinadura*; *afinamiento. Desafinar*; *desafinación*; *desafinado. Refinar* [Aldana, † 1578 (C. C. Smith, *BHisp.* LXI); Covarr.]; *refinación*; *refinadera*; *refinadura*; *refinamiento*; *refinería*; *refino* [Covarr.].

Finquero, V. *hincar*   *Finsar, finso* ast., V. *fijo*

FINTA 'tributo que se pagaba al príncipe en caso de grave necesidad', parece tomado del port. *finta* íd., probablemente femenino de *finto* por *findo* 'acabado', lat. FĪNĪTUS, en el sentido de 'finiquitado, liquidado, pagado'. *1.ª doc.*: 1553, Azpilcueta.

Único ej. que conozco en castellano. En portugués se halla *finta* 'contribución extraordinaria' ya en texto legal del S. XV (Cortesão), y hoy sigue siendo vivo (Moraes, Fig.); además hay *fintar* 'distribuir una contribución', *fintar-se* 'escotarse', del cual cita Vieira ej., probablemente medieval, en la *Monarchia Lusitana* de B. de Brito (h. 1600). Como *finto*, según Viterbo, es variante de *findo* 'acabado', alteración comprensible por el influjo del latinismo *finito*, creo se trata de un desarrollo semántico como el del fr. ant. *finer* 'pagar, finiquitar'. En todo caso, parece claro que la voz castellana viene del portugués, pues sólo ahí es posible la reducción fonética de FINIT- a *find-* (*fint-*).

Finta 'ademán, amago', V. *fingir* *Finura, finústico, finustiquería*, V. *fino*

FIÑANA, 'variedad de trigo fanfarrón de aristas negras', probablemente del nombre del pueblo de Fiñana, en la provincia de Almería. *1.ª doc.*: 1849, Alej. Oliván (Pagés, s. v. *salmerón*); Acad. 1899.

Entre las producciones agrícolas de esta vieja población (reconquistada por los Reyes Católicos), cita Madoz en primer lugar el trigo, comp. *FONTEGÍ*. Los nombres de las demás variedades de trigo fanfarrón que cita Oliván, *jijona* y *salmerón*, proceden también de nombres propios.

FIORD, del noruego *fjord* íd. *1.ª doc.*: Acad. después de 1899.

Algunos han empleado la forma castellanizada *fiordo*.

Firma, firmal, firmamento, V. *firme*

FIRMÁN, 'decreto del soberano, en ciertos países de Oriente, especialmente Turquía', del persa *firmān* 'decreto'. *1.ª doc.*: Acad. ya 1884, no 1843.

FIRME, del lat. vg. FĪRMIS, lat. FĬRMUS, íd., *1.ª doc.*: doc. de 1100, BHisp. LVIII, 360; Cid. Cej. IX, § 166. Frecuente y popular en todas las épocas. La conservación de la F- se explica por un predominio de la pronunciación de las clases educadas, en esta voz de significado moral, ayudada por el gran uso de *firmar* y de *firme* 'testigo o fiador' en el lenguaje notarial y jurídico. No se puede hablar de un verdadero cultismo tratándose de forma ajena al latín clásico, y menos aún de galicismo (como había supuesto De Forest, con desaprobación del crítico de la RFE VI, 330). La forma FIRMIS se halla en la Ítala, e *infirmis* es aún más frecuente en textos vulgares: ambas se deben al influjo de los opuestos *fortis*[1], *debilis*, etc. (Walde-H.; en el mismo sentido Leite de V., RH V, 422; comp. *contente*, s. v. *CONTENTO*); el neutro *firme* se halla también en los *Hermeneumata Vaticana*, glosario antiguo conservado en ms. del S. X (CGL III, 429.10). El mismo origen tienen el port. *firme* y el vasco a. nav. *irme* 'firme, sólido', mientras que el vasco vizc. *errime* viene de una trasposición *FRIMIS (guip. *irmatu*, *iṛmotu*, vizc. *irmetu* 'fijar, clavar') y el guip. *ermu* es FĪRMUS y también *bermu* «solide» en el labortano de Bardotze (según notó M-L., ASNSL CLXVI, 52, 56). Más representantes vascos cita Michelena, BSVAP XI,

291. La I larga está documentada por la grafía con *i longa* en varias inscripciones latinas, vid. Niedermann, VRom. V, 178; Seelmann, *Die Aussprache des Vglat.*; Heraeus, ALLG XIV, 421; y comp. Ernout-M. para lo irregular del vocalismo I (breve o larga) en latín, que según la etimología indoeuropea ha de ser un vocalismo «popular». Los demás romances tienen formas procedentes de FĪRMUS, también documentado por inscripciones y gramáticos. Formas intermedias son las arag. *firmo* («compromís *firmo* de qualesquier pleytos», doc. de 1473, BRAE IV, 24) y *ferme* 'fiador, el que da fianza', en doc. de 1063 (M. P., *Oríg.*); de donde procede el vco.-fr. *berme* 'fiador', que también se había usado mucho en la Navarra española (datos en Michelena, FoLiVa. I, índice) y modernamente Azkue sólo lo encontró en tres dialectos de Francia; de aquí *bermatu* 'afianzar' y otros derivados. Comp. *ENFERMO*.

DERIV. A *firmes, de firmes* 'firmemente, de veras', loc. adv. ant. [Berceo, *Mil.*, 484; *Loor.*, 194; *Alex.*, 199]. *Firmeza* [h. 1250, *Setenario*, f.° 14 v.°; APal. 213b, junto a *firmez*, 373d; *firmeza*, Nebr.; para el sentido de 'brazalete', 'agnus', vid. J. Sarrailh, RFE XXII, 57; para el de 'especie de baile', vid. Carrizo, *Canc. Pop. de Jujuy*, glos.]; antiguamente se dijo *firmedumbre* [Berceo, *S. Mill.* 113, 471; *Loores*, 6; *Alex.*, 1680; *Calila*, ed. Rivad., 37, 44]. *Firmar* [2.ª mitad del S. X, Glosas de Silos; *hirmar*, Cej. IX, § 166]; *firmante, firmamiento* ant.; *firmón*; *firma* [doc. de 1206, Oelschl.]; 'cuello de la camisa' ast. (V). *Firmamento* [Santillana (C. C. Smith, BHisp. LXI); APal. 162d], tomado del lat. *firmamĕntum* 'fundamento, apoyo', adoptado en la Vulgata para traducir el griego bíblico στερέωμα 'firmamento', propiamente 'construcción sólida', y éste, calco del hebr. *rāqīaᶜ* 'extensión' y luego 'firmamento', mal comprendido por los traductores, porque en siríaco significaba 'solidez' (NED)[2]. *Firmal* [*firmalle*, h. 1400, *Canc.* de Baena, W. Schmid (cf. Gillet, HispR. XXVI, 280); h. 1440, Pero Tafur; Nebr.; s. v. *joya*; comp. Terlingen, 335-6; *firmal*, Acad. 1936, no 1869], del cat. *fermall* (u oc. *fermalh*, fr. *fermail*, de uno de los cuales se tomaron también el it. *fermaglio* y el port. *firmal*); *fermata* 'calderón', del it. *fermata* 'parada, detención'.

Afirmar [Berceo; *ahirmar* en Sta. Teresa; vid. Cuervo, *Dicc.* I, 239-42; *hirmar*, como provincial, ya Acad. 1843], tomado de *affirmare* 'consolidar', 'afirmar' (en algunas acs. es derivado popular de *firme*); *afirmación*; *afirmado*; *afirmador*; *afirmante*; *afirmanza*; *afirmativo, -ativa*; *hirma* [Acad. ya 1843].

Confirmar [doc. de 1100, BHisp. LVIII, 360; Berceo; vid. Cuervo, *Dicc.* II, 362-5], tomado del lat. *confirmare* íd.; *confirmación* [doc. de 1100; Nebr.]; *confirmador*; *confirmamiento* [doc. de 1100]; *confirmante*; *confirmativo*; *confirmatorio*. *Refirmar* [H. del Pulgar, † h. 1493, APal. 253b,

Aut.], del lat. tardío *refirmare* 'reparar, asentar'; Acad. 1843 lo da como antiguo, y lo es hoy en España, pero no en la Arg., aunque aquí es culto. ¹ Nótese que ya *fortis* resulta también de un viejo metaplasmo en lugar del lat. arcaico *forctus*, lat. dial. *horctus*, únicas variantes de formación normal según la morfología indoeuropea (Pokorny, *IEW* 140.32).— ² Aunque esta explicación histórico-semántica se acepta generalmente, quizá no sea necesaria, pues son muchas las lenguas donde el cielo se designa con una palabra que significa 'cosa dura, firme, pétrea', cf. scr. *açan-* y *açman-* 'roca, piedra' y 'cielo', ave. gát. *asan*, ave. td. *asman* con el mismo sentido doble, gr. ἄκμων 'yunque' y dial. 'el cielo', pertenecientes a la familia indoeuropea del griego ἄκων, ἀκόνη, el esl. *kameni* 'roca', etc. (Pok., *IEW*, 19).

FIRULETES, 'arrequives, adornos rebuscados', arg., per., de una forma gallegoportuguesa **ferolete*, por *florete*, derivado de *flor*, que en este idioma tiene las variantes vulgares *felor* y *frol*. *1.ª doc.*: 1903, Ricardo Palma.

Este lexicógrafo peruano, en sus *Papeletas Lexicográficas*, define «flores retóricas, adornos ridículos: *no me venga Ud. con firuletes* es frase muy usada». No lo es menos en la Arg.; Ciro Bayo define «adornos, requilorios; dibujos en cosa o en persona», Garzón «adorno o guarnición de una cosa, particularmente si es de mal gusto»; también lo recoge Segovia, con la indicación evidentemente imposible de que es de origen italiano. Tiene además el sentido figurado de 'filigranas, acciones rebuscadas que hace alguien'¹. No parece usarse en Chile, por lo menos no lo trae Román. En cambio hallamos en Cuba vocablos emparentados: «*afilorar* o *afirolar*: arreglar, componer; también *afirolarse*», «*afilorado* o *afirolado*, vulg.: arreglado, compuesto, adornado con simetría, esmero y curiosidad» (Pichardo), y *firulístico* se aplica en Cuba y Puerto Rico al negro que abusa de la *s* (es decir: que hace firuletes de pronunciación, vid. Malaret, *Supl.*)².

Claro está que se trata de derivados de *flor* y que *firuletes* está por *floretes*. *Papel florete* y *azúcar florete* son los de primera calidad o de calidad refinada, *florete* es lienzo entrefino de algodón, y *floreta* en el sentido de 'la flor del cordobán' se halla ya en la pragmática de 1680 (*Aut.*); mayor proximidad semántica presenta todavía el derivado *floretear* 'adornar o guarnecer con flores alguna cosa', ya en Argote de Molina (1588), y el mismo matiz del americano *firulete* tiene el santanderino *floriqueteo* (G. Lomas). Por lo demás, la forma fonética de *firulete* le denuncia como uno de tantos occidentalismos americanos, que hubiera debido agregar a mi larga lista de *RFH* VI. Precisando más: ¿es leonesismo o lusismo? Lo primero no sería imposible, puesto que *frol*, *froles*, se emplea en La Bañeza (León) y *frores* en Salamanca

(M. P., *Dial. Leon.*, § 12.4). En gallegoportugués tenemos analogías más precisas, pues además de que *frolete* es la forma gallega por *florete* (arma) y *frolido* 'gracioso, elegante' (Vall.), mientras *floretear* o *floretar* son 'adornar (de flores)' en Portugal y *floreta* 'adorno que imita flor', 'paso de danza' (Fig., Moraes); por otra parte *frol* es forma extendidísima, la variante con anaptixis *folor* figura ya en Don Denís (v. 1860, ed Lang; comp. C. Michaëlis, *ZRPh.* XIX, 196), y hoy *felôr* es usual en el dialecto miñoto (Leite de V., *Opúsc.* II, 490), donde por lo demás forma parte de todo un conjunto de hechos análogos: *felauta* por *flauta*, *afelita* por *aflicta*, *pelanta* por *planta*, etc. (citas de Leite y de Lang).

Sea que *felorete* se transformara en **ferolete* por metátesis, o que *frolete* tomara una *e* por anaptixis, que también es fenómeno frecuente en el grupo *fr* (Cornu, *Port. Spr.*, § 187), podemos estar seguros de que existió en dialectos gallegoportugueses la forma que nos hace falta, y sabido es que **ferolete* se pronuncia en este idioma con la *o* igual a *u* y con una *e* pretónica relajada de timbre palatal, bastante análoga a una *i*. Todo indica, pues, que *firulete* y *afirolar* fueron llevados a América desde Portugal o Galicia, o a lo sumo desde la zona más occidental del dialecto leonés. Mucha mayor dificultad habría en derivar de *FILIS*, *filustre*.

¹ Lo he oído muchas veces en aquel país. P. ej. «estos puebleros tuitos son iguales; cuando van al campo te hacen *firuletes*», A. Sampol de Herrero, *La Prensa*, 21-IV-1940.— ² Según F. Ortiz, *Ca.*, 240, es palabra del Oriente cubano. En lugar de esto en el resto de Cuba se dice *superferolítico* «adj. inventado para designar el habla o actitud petulante y pretenciosa, especialmente de los llamados *negros catedráticos*» (*Ca.*, 23): es pronunciación vulgar cubana en lugar de *superfirolístico*. O bien al revés será ésta la variante correcta si hay que partir de un **firolito* = *firulete*. Recientemente el vocablo se ha propagado desde Cuba al uso general [Acad. 1936] con el valor de 'excesivamente delicado, fino y primoroso'. Sabido es que los medio cultos, por ultracorrección de la pronunciación vulgar cubana, dan en este país en la flor de introducir *ss* injustificadas en fin de sílaba. Es lo que se llama el *hablar fisno*.

Firulístico, V. *firulete*　　*Fisán*, V. *guisante*
Fisca, *fiscalla*, V. *fisgar*　　*Fisco*, V. *pellizcar*

FISCO, tomado del lat. *fiscus* 'espuerta de juncos o mimbres', 'la espuerta en que se tenía el dinero', 'tesoro público'. *1.ª doc.*: 1471, *BHisp.* LVIII, 90. APal. 117*d*, 395*b*, 426*b*, 133*d* («*enfiteuticum*, lo que se toma de los manifiestos bienes del fisco»).

Figura también en Nebr. y en Covarr., y *Aut.*

cita ejs. desde princ. S. XVII.

DERIV. *Fiscal* [«*fiscal, del rei*: fiscalis», «*fiscal de esparto*: fiscus», Nebr.; adj. 'referente al fisco', 1606, *N. Recopil.* II, xiii, 16; m. 'el que representa al ministerio público en los tribunales', 1532, *N. Recopil.* I, iii, 30; el vocablo figura también en C. de las Casas, Covarr., etc.], tomado de *físcalis* 'referente al fisco'; *fiscalía; fiscalizar* [Calderón; Quevedo dijo *fiscalear*], *fiscalizable, fiscalización, fiscalizador*.

Confiscar [1471, *BHisp.* LVIII, 90; Nebr.; 1574, A. de Morales], de *confiscare* 'incorporar al fisco'; *confiscación* [1435, *N. Recopil.* V, xviii, 1]; *confiscable*.

FISGAR, 'pescar con fisga o arpón', 'burlarse diestramente', probablemente del lat. vg. **FĪXICARE*, derivado de *FĪGĔRE* 'clavar, hincar', participio *FĪXUS*. *1.ª doc.*: 1605, *Pícara Justina*.

En este libro, en Oudin (1607), en Juan Hidalgo (1609), en Quevedo, en Quiñones de B.[1] y en *Aut.* sólo en la ac. 'burlarse con disimulo'; la ac. primitiva 'pescar con arpón' no la veo documentada hasta Acad. [1817, no 1783]. Pero no hay que dudar de su antigüedad, puesto que *fisga* 'tridente' ya se halla en 1519. El portugués tiene también *fisgar* en ambas acs., y además en la de 'ver cosa que se esconde, entender como adivinando, husmear, atisbar', (< 'pescar por los aires'), que Moraes documenta en el *Hospital das Letras*, y que figura también en las ediciones recientes de la Acad. como castellana. Ast. *fisgar* 'rasgar' (V).

Quizá sea la misma palabra el mozár. *fáškal* 'afrentar, envilecer, recriminar, vituperar' y 'mofarse' (R. Martí, y vid. Simonet, s. v. *faxcal*), pero hay otras posibilidades (vid. aquí s. v. *FASQUÍA*).

La etimología más probable es **FIXICARE*, comp. el cat. *fitora*, oc. *fichouiro*, 'fisga, harpón de pescar' < **FĪCTŌRĬA*; así Ulrich, *ZRPh.* IX, 429; Schuchardt, ibid. XXIV, 415; *REW*, 3336; G. de Diego, *Contr.*, § 255; a pesar del escepticismo de Baist. *RF* VI, i, 390, fundado en la conservación de la F-, pero debe tenerse en cuenta que siendo originariamente vocablo de pescadores, y procediendo sin duda de la costa Atlántica y Cantábrica, es natural que predominara en él el fonetismo leonés y gallegoportugués[2]. Es improbable semánticamente que proceda del gót. FISKÓN 'pescar', que sugería Diez, y hay además dificultades de otros órdenes (vid. Schuchardt), y en particular fonéticas. Es verdad que parece haber existido variante con -c-, pero ésta en rigor puede también explicarse por **FĪXICARE* y además está mal documentada[3].

Desde luego no creo posible separar *fisga* 'burla' de *fisga* 'harpón' y derivar aquél del it. *fischiare*, según propone M. L. Wagner (*ZRPh.* XXXIX, 513; comp. Spitzer, *Litbl.* XLII, 401): la metáfora 'rajar con tridente' > 'zaherir', 'fisgar' es muy comprensible (nótese que *fisgar* es 'escar-

necer con disimulo')[4]. Finalmente, aunque *fisga* signifique también 'rendija' en portugués, y lo mismo se diga *fisgua, firjua*, en gallego del Limia (*VKR* XI, s. v.), no creo que se pueda partir de un **FĪSSĬCARE* 'hender', derivado de FISSUM, participio de FINDERE, como propuso Nobiling, *ASNSL* CXXVI, 424, pues es seguro que este participio tuvo siempre ĭ breve, como el verbo FĬNDĔRE, véanse los varios representantes romances en el *REW*, y lo mismo hay que decir desde el punto de vista latino e indoeuropeo: en los participios puede haber vocal breve en lugar de la larga del presente (DĬCTUS, DŬCTUS), pero no al revés, a no ser en los participios del tipo TĔCTUS con sonora ensordecida, y en nuestro caso concreto el parentesco con el scr. *bhinnáḥ, bhittam* (Ernout-M.) indica vocal breve; finalmente nótese que la fonética histórica latina habría alterado un **FĪSSUM* originario, si hubiese existido, en **FĪSUM*. La ac. 'rajadura, rendija' se explicará a base de 'rajar con tridente', o a lo sumo podremos admitir con Schuchardt que *fisga* en esta ac. se debe a un cruce con un **fesgar *FĪSSĬCARE* o a la influencia semántica de *hender*.

DERIV. *Fisga* ['tridente para pescar', 1519 (Woodbr.), 1590, J. de Acosta; Oudin; 'burla', 1605, *Quijote*; J. Hidalgo; Covarr.], la primera ac. en portugués ya en Juan de Barros, h. 1550 (Vieira)[5]; no se explica bien la ac. asturiana 'grano de la escanda descascarada' (R; ¿porque está descascarada?), 'pan de escanda' (Acad.), 'escanda' (*Aut.*, V). Gall. *bisga* 'instrumento para coger lenguados, de redes' (Sarm. *CaG.* 99r), forma alterada por contaminación de un sinónimo con *b-*: éste podría ser *bidente* o bien *volante* 'instrumento de redes para coger merluzas' (Sarm. *l. c.*) o *visgal* (doc. de Pontevedra a. 1786), hapax de sentido y etimología inciertos ('especie de tramallo' ??)[6] o del port. *varga* 'arte de pesca de lenguados' (cf. aquí s. v. *VARGA*); cf. los datos de Pensado, *CaG.*, p. 180. Estos cruces y contaminaciones son naturales en nombres de instrumentos que se van sustituyendo por otros arreos nuevamente introducidos. Alguno de ellos, sin embargo, podría ser muy antiguo. Puesto que la *francada* es una especie de fisga o tridente «de c i n c o dientes con que se clavan las sollas arrojándosela como si fuese dardo» (Sarm. copla 1053, *CaG.* 99r), procedimiento de pesca antiquísimo, me siento tentado de ver ahí una alteración, por influjo de *fisga*, de un **prancada < *penquerada*, procedente de un cpto. céltico de los ártabros: **PENKUEDNTA* 'cincodientes' > -DATA disimilado en -*rada*. Pero es idea audaz y rebuscada y conviene desconfiar. Cf. por lo demás el cat. dial. *franquet* 'cangrejo'. *Fisgador. Fisgatu* ast. 'rasgón' (V) *Fisgón* [Quevedo]; *fisgonear; fisgoneo*.

[1] «Con una niña de quince / se casan estos setenta, / de cuyos bríos está / *fisgando* naturaleza», *NBAE* XVIII, p. 507.— [2] También se funda

en la -*g*- para su escepticismo, pero justamente la sonorización debía producirse en castellano antes que la síncopa, en vocablo de tal estructura. Y en cuanto a que el primer documento se refiere a las Indias, no interesa mucho para el origen, ya que no puede ser americanismo un vocablo con *f*-; por lo demás, el texto de Juan de Barros es anterior todavía al de Acosta.— ³ En castellano sólo conozco *fisca* 'arpón de tres dientes para pescar' y *fisquear* 'pescar con fisca' en la isla chilena de Chiloé (Cavada), donde hay que contar con la posibilidad de una araucanización fonética. En catalán tenemos *fisca* 'fisga, burla' en Mallorca (Moll, *Amoroses*, 105), *fiscar* 'satirizar' (Mallorca, S. XVIII), *fiscó* 'burlón' (Mallorca, Ampurdán, según Ag.) y *fisconada* 'burla', frecuente en mallorquín (*BDLC* VI, 96; VIII, 210; Guasp, *Les Illes d'Or* IX, 138). Pero se trata de palabras ajenas a la mayor parte del territorio lingüístico y documentadas recientemente, lo que sugiere un castellanismo; parece confirmarlo el hecho de que en catalán no se conoce el sentido primitivo, expresado allí por *fitora*, aunque no falta algún diccionario que cite *fisca* como sinónimo de este vocablo. Nótese especialmente que el catalán no emplea -*ó* como sufijo de agente. Quizá en catalán se trate más bien del it. *fischiare* o de una combinación de él con *fisgar*. El cespedosano *fiscalla* 'chusma, canalla' (*RFE* XV, 260) es oscuro semánticamente, comp. Canarias *fisca* 'pedacito', 'moneda de 10 cuartos' (S. de Lugo).— ⁴ La comparación con el fr. *ficher* 'hincar' y *se ficher* 'burlarse' no es muy válida, pues este último nació esencialmente como eufemismo de *foutre*.— ⁵ En la Argentina *fija* 'lanza corta, arrojadiza para pescar o para matar carpinchos' (Rogelio Díaz, *Toponimia de San Juan*, s. v. *Riquilimpoche*; Esquer Zelaya, *La Prensa*, 15-VI-1941), con el cambio habitual de -*sg*- en -*j*-; también el verbo: «¡nadie como él para *fijar* sábalos y moncholos!», M. Booz, diario *Los Andes*, 15-IX-1940.— ⁶ Sin embargo, lo más natural sería admitir que este *visgal* es un simple error de lectura por *visgas*.

Fisián, V. *guisante*

FÍSICO, tomado del lat. *physĭcus* 'físico', 'relativo a las ciencias naturales', y éste del gr. φυσικός 'relativo a la naturaleza', derivado de φύσις 'naturaleza', y éste de φύειν 'nacer, brotar, crecer'. *1.ª doc.*: Berceo (*físico* y *fíxigo*).

La ac. común en la Edad Media es 'médico, el que profesa la medicina' (*Calila*, ed. Rivad., 38; *Alf. XI*, 342; *Danza de la Muerte*, 360; *Canc. de Baena* (W. Schmid); APal. 83*d*; Nebr., en *Aut.*, que dice era ya «de poco uso»; según Acad. se emplearía todavía en pueblos de Castilla; *físigo* íd., invent. arag. de 1378, *VRom.* X, 154); la moderna ya en Villegas, a. 1618: «verdades physicas», 'naturales, reales'.

DERIV. *Física* f. [h. 1250, *Setenario*, fº 11rº; *Buenos Prov.*, 13.7; *Bocados de Oro*, en *Aut.*].

Apófisis, de ἀπόφυσις 'retoño', 'saliente de un hueso'. *Epífisis*, de ἐπίφυσις 'excrecencia'. *Epífito*. *Hipófisis*, formado con el prefijo ὑπο- 'debajo'. *Sínfisis*, formado con συν- 'juntamente'. *Enfiteusis* [h. 1260, *Partidas*: *emphitéosis*, forma preferida aún por *Aut.*; *emphitheusis*, 1612, J. Márquez], tomado del lat. *emphyteusis* íd., derivado del gr. ἐμφυτεύειν 'injertar'; *enfitéutico*; *enfiteuticario*; *enfiteuta*.

CPT. *Metafísica* [h. 1440, A. Torre (C. C. Smith, *BHisp.*; 1584, P. S. Abril], de la frase griega μετά τά φυσικά 'después de la física', referente a las obras que Aristóteles escribió después de su Física; *metafísico* [1605, López de Úbeda, p. 61*a* (Nougué, *BHisp.* LXVI); Gómez de Tejada, med. S. XVII]. *Fisonomía* [*filosomía*, h. 1490, *Celestina*, ed. 1499, Foulché, p. 52; *fisonomía*, Nebr.; también se ha dicho *fisionomía*, y hoy vulgarmente en España *fisolomía*: Cuervo, *Obr. Inéd.*, 230], derivado culto de *fisónomo* [Nebr.], tomado del lat. *physiognōmon*, -ŏnis, y éste del gr. φυσιογνώμων 'el que sabe juzgar la naturaleza de una persona por su fisonomía': compuesto con γνώμων 'conocedor'; *fisonómico* [Terr.], del lat. *physiognomĭcus*; *fisonomista*.

Fisiocracia, compuesto culto con κρατεῖν 'dominar'; *fisiócrata* [Acad. 1899].

Fisiología [Terr.], tomado del gr. φυσιολογία 'estudio de la naturaleza'; *fisiológico* [APal. 270*d*]; *fisiólogo*.

Fisioterapia, compuesto con θεραπεία 'curación'. Los siguientes son compuestos con φυτόν 'vegetal', derivado de φύειν. *Fitófago*, con φαγεῖν 'comer'. *Fitografía*; *fitográfico*; *fitógrafo*. *Fitolacáceo*, derivado del lat. mod. científico *phytolacca*, compuesto con *lacca* 'laca'. *Fitología*. *Fitopatología*. *Fitotomía*, compuesto con τέμνειν 'cortar'.

Fisión, V. *hender*   *Fisípedo*, *fisirrostro*, V. *hender*   *Fisonomía*, *fisonómico*, *fisonomista*, *fisónomo*, V. *físico*   *Fisquear*, V. *fisgar*   *Fistol*, V. *refitolero*

FÍSTULA, tomado del lat. *fĭstŭla* 'caño de agua', 'tubo', 'flauta'. *1.ª doc.*: «*Fístola, dolencia*: *phystula*», «*Fistola de ojos*», Nebr.¹

La misma forma en Laguna (1555). La variante *fístula* aparece primeramente como término poético en Lope, en el sentido de 'flauta', y *Aut.* reconoce su uso en la ac. médica, pero prefiriendo *fístola*. *Fistra*, como nombre de planta [Acad. ya 1843], es variante semipopular. Con carácter plenamente popular se conservó FÍSTULA 'pequeño caño de agua' como *fecha* en gallego con el sentido de 'pequeña cantidad de líquido' > 'gota', 'sorbo', que es también frecuente en la toponimia, y ahí documentado desde 1115, Limia *ficheira* 'chorro de agua entre peñas', como indica J. L. Pensado, *Acta Salmant.* n.º 51, 29-33.

DERIV. *Fistular. Afistular* o *fistular, fistolar* [así Guevara, princ. S. XVI]. *Fistuloso.*

¹ En APal. 56*d*, es dudoso si *fistula* figura como palabra latina o castellana.

Fisura, V. *hender   Fitango,* V. *suripanta Fito,* V. *hito   Fitófago, fitografía, fitográfico, fitógrafo, fitolacáceo, fitología, fitopatología,* V. *físico   Fitoria,* V. *hito   Fitotomía,* V. *físico Fiucia, fiuza,* V. *hucia   Fiyuela,* V. *filló Fizar, fizón,* V. *hito   Flabelicornio, flabelífero, flabeliforme, flabelo,* V. *flato*

FLACO, descendiente semiculto del lat. *flaccus* 'flojo, fláccido, dejado caer'. *1.ª doc.:* Berceo.

Frecuente ya en la Edad Media, aunque entonces significa comúnmente 'sin fuerzas, débil' (Berceo; *Apol.; Conde Luc.;* APal. 8*b*, 51*b*, 104*d*. 131*b*, 527*b*; 'enfermo, doliente', *Gr. Conq. de Ultr.,* 604). Pero pronto se fué concretando más su sentido y ya Nebr. recoge la ac. 'magro, delgado'; al mismo tiempo se acentuaba su carácter popular, hasta el punto de que hoy pertenece a un nivel social más bajo, dentro del lenguaje, que el sinónimo *delgado:* los animales en todas partes son únicamente *flacos,* no *delgados,* y en la Arg. y en otras tierras la gente vulgar no emplea nunca este último adjetivo aun hablando de personas. Ast. *flaque* 'flaco' (V).

DERIV. *Flacucho;* ast. *flacuxu* (V). *Flacura. Flaqueza* [APal. 202*d*, 215*d;* Nebr.]. *Flaquera,* salm. *Flaquear* [h. 1600, Mariana]. *Desflaquecése* o *aflaquecése* ast. 'desmayarse'. *Enflacar* ast. 'enflaquecer' (V). *Enflaquecer* [h. 1250, *Setenario,* f° 8v°; Nebr.; *flaquecer,* h. 1350, *Montería de Alf. XI;* otros dijeron *enflacar*]; *enflaquecimiento (deflaquecimiento,* como ant., ya Acad. 1843). *Fláccido* [*flácido,* Letamendi, † 1897, en Pagés; *flácc-,* admitido Acad. después de 1899, pero aquella forma sigue predominando], tomado de *flaccǐdus* íd.; para un duplicado popular, vid. *LACIO; flaccidez.*

FLAGELO, tomado del lat. *flagěllum* 'látigo, azote'. *1.ª doc.:* Mena (C. C. Smith, *BHisp.* LXI); 1584, H. del Castillo.

En castellano apenas se ha empleado más que en el sentido figurado 'azote = calamidad' y creo lo mismo del portugués; pero en cat.-oc. y francés ha tenido amplio uso *flagel(l)* y *fléau,* y el cat. *flagell* y gasc. *laget* (*hala-*) pertenecen a la cultura popular agrícola; gall. *fragélas* [probablemente *-xelas*] se empleaba para 'azotes' en el NE. (Viveiro) en tiempo de Sarm. (*CaG.* 236*v*).

DERIV. *Flagelar* [1382, *Revelación de un Ermitaño,* copla 23; poco frecuente: falta *Aut.; Acad.* 1884, no 1843], tomado de *flagellare* íd.; *flagelación* [Paravicino, † 1633; *Aut.*]; *flagelante* [Covarr.; Terr.]; *flagelador.*

FLAGICIO, ant., 'delito atroz', tomado del lat.

flagǐtǐum íd. *1.ª doc.:* 1499, Núñez de Toledo.

Latinismo crudo, raramente usado.

DERIV. *Flagicioso.*

FLAGRAR, tomado del lat. *flagrare* 'arder', 'ser ardiente'. *1.ª doc.:* Villamediana, † 1622.

Latinismo poético muy raro, empleado por los culteranos. Algo más corrientes son los derivados, aunque todos son cultismos.

DERIV. *Flagrante* [1444, J. de Mena, *Lab.* 142*e* «curvas *flagrantes*» ('ardientes'); Paravicino, † 1633; Quevedo]; la locución *en flagrante,* forma preferida actualmente por la Acad., procede del lat. *in flagranti crimine,* pero lo corriente fué *en fragante* (Cervantes; *Aut.*) y hoy lo más usual es *in fraganti* (a pesar de la fundada censura de Cuervo, *Ap.,* § 808, y *Obr. Inéd.,* p. 216 y n. 16)¹. *Flagrancia.*

Conflagrar [Acad. después de 1884], de *conflagrare* 'incendiarse, consumirse en llamas'; *conflagración* [1580, Herrera].

Deflagrar, de *deflagrare* 'quemarse del todo'; *deflagración; deflagrador.*

¹ *En fraguante,* ant. (Acad.), por etimología popular.

Flaire, flairina, V. *fraile   Flama, flamante, flamear,* V. *llama*

FLAMENCO, del neerl. *flaming* 'natural de Flandes'. *1.ª doc.:* *flamenqo,* Juan Manuel, † 1348, como nombre de la palmípeda *Phoenicopterus roseus* (Cej., *Voc.*); también *flamengo* en el mismo autor, *L. del Cab. et el Escud.,* Rivad. LI, 251*a*.

Con el mismo valor aparece en Covarr. (no en la 1.ª ed. de Nebr.), en Huerta (1628), etc. No hay razones de peso para separar etimológicamente este nombre de ave del adjetivo étnico. Sin duda es cierto, y nos lo confirma Buffon, que nunca ha habido fenicópteros en Flandes, pero la explicación de este autor, admitida por Wartburg (*FEW* III, 600*b* y n. 8), Bloch y otros, de que es derivado occitano de FLAMMA con sufijo *-enc,* por el llamativo color rojo de su plumaje, es poco convincente desde el punto de vista semántico-estilístico¹, y sólo podría admitirse por necesidad; no dudo de que fué realmente el color el detalle decisivo², pero lo más probable es que esta denominación se refiera en último término a la tez colorada de los flamencos, como prototipo de la gente nórdica a los ojos de la población romance: sabemos, en efecto, que *flamenco* se emplea como adjetivo aplicado a personas en el sentido de 'encarnado de tez', pues Desclot (fin del S. XIII) dice que D. Jaime el Conquistador era de «cara vermella e *flamenca*» y la Acad. nos advierte (después de 1899) que «se aplica a las mujeres de buenas carnes, cutis terso y b i e n c o l o r e a d o»³; lo más verosímil es también que la heroína del poema occitano de *Flamenca,* mujer del Centro de Francia, famosa por su hermosura, recibiera este nombre por la misma razón, en contraste con el cutis más pálido de las provenzales⁴.

En cuanto a la ac. andaluza 'agitanado', 'achulado', 'de aspecto gallardo', está documentada en fecha reciente (1870, Demófilo, *ZRPh.* V, 250) y la Acad. no la admitió hasta 1925 (más ejs. en Toro G., *RH* XLIX, 453); era todavía neologismo en 1897: «muy *flamenco*, como se dice ahora, no sé por qué», J. Valera, *Genio y Figura*, cap. 4. Schuchardt (*ZRPh.* V, 251) admite que *flamenco* y *germano* 'hombre de mal vivir, que habla germanía' significaron fundamentalmente 'gitano', en memoria del hecho histórico del paso de los gitanos a través de Alemania (concepto geográfico confundido en España con el de Flandes) antes de llegar a España. Pero es probable que el nombre de la germanía española tenga que ver con las germanías valencianas o hermandades del pueblo ligadas contra la nobleza, y en cuanto a *flamenco*, no ha significado jamás 'gitano' con carácter étnico, y su aparición tan tardía desaconseja relacionarlo con hechos del S. XVI o anteriores: creo verosímil que la idea básica en este caso sea 'gallardo, de buena presencia', de ahí 'de aspecto provocativo y agitanado (hablando de mujeres)' (vid. el ej. de Rz. Marín en Toro G.), y la aplicación al cante flamenco será secundaria. Con esto volvemos en definitiva a la idea de los colores vivos. La evolución semántica sería, pues, 'gallardo, de aspecto provocativo (mujer)' > 'de aire agitanado' > '(canto agitanado'⁵. Creo que son Isidoro de las Cajigas y Fermín Requena, cronista de Antequera, quienes han difundido la idea de que el nombre del cante flamenco vendría del de unos inmigrantes árabes, campesinos expulsados del Magreb en el 740 por un levantamiento africano, que habrían llevado el nombre de *fellah mencus* «campesino exiliado». Que *fallâḥ* significara 'campesino' puede aceptarse, aunque en árabe clásico y occidental más bien es 'cultivador'; pero no está claro lo que sea este *mencus* ('desterrado' es *manfî*; *mankûs* '(enfermo) que ha recaído', *manqûṣ* ha podido significar 'disminuído', pero ni el uno ni el otro son 'desterrado'). Por lo demás la idea es absolutamente inverosímil desde el punto de vista de la historia del vocablo y de la historia del cante flamenco, y presenta todavía otras graves dificultades fonéticas y semánticas.

Como sustantivo, *flamenco* se ha empleado en el sentido de 'cierta especie de cuchillo' en Andalucía y en el Plata (Cuervo, *Ap.*, § 676n.), denominación relacionada con la fama de los cuchillos de Bolduque y de Malinas (vid. *BALDUQUE*)⁶.

Deriv. *Flamenquería. Flamenquismo. Flamenquilla* [Paravicino, † 1633].

¹ Hubiera sido más natural una denominación como *rogenc* o *vermelhenc;* un derivado **flamenc* no es imposible que significara de 'color de llama', pero no es probable como denominación popular.

Nótese que los ejs. de *foguenc* que cita Levy significan todos 'ardiente', y aunque Raynouard da uno en verso donde es sinónimo de *vermelh*, se trata ahí de un epíteto poético y ocasional, no de una denominación viva (no hay un artículo **fouguen* en el diccionario de Mistral). Por lo demás, nótese que el oc. mod. *flamen* no aparece hasta fecha reciente, y si bien Rabelais lo documenta indirectamente con su fr. *flamant*, de todos modos mucho más antiguo es Juan Manuel. He aquí los pasajes de Rabelais: «oranges *flammans* (qui sont phoenicopteres)» (*Gargantua*, cap. 37, ed. 1919, p. 188), «un Phoenicoptere, qui en Languegoth ['lengua de Oc'] est appellé *Flammant*: les oeilz avoit rouges et flamboyans comme un pyrope» (IV, cap. 41, p. 156).— ² Menos sugestivo me parece el andar vacilante del flamenco, que Sainéan, *Sources Indig.* II, 369, relaciona con el prov. *flamen, flamand*, 'indolente, roncero' y con la flema de la gente de Flandes.— ³ En Puerto Rico es 'delgado, flaco' (Navarro Tomás, *El Esp. en P. R.*, 199).— ⁴ Recuérdese además el pasaje de Cervantes citado por Diez «en las teces de rostros tan lustrosos parecéis de padres *flamencos* engendrados».— ⁵ Pudo haber influjo de la idea de Flandes como país de la abundancia (*no hay más Flandes* en Quevedo, y otras locuciones citadas por Fcha. y muy estudiadas por otros), pero sería vago e indirecto. No convence la relación con *pícaro* < *picardo* formulada vagamente por Mulertt, *VKR* III, 135, 144-8.— ⁶ Entre los judíos de Marruecos *flamengo* designa a los judíos de procedencia europea (*BRAE* XIII, 521; XIV, 139; XV, 521), seguramente a causa de que los sefardíes portugueses refugiados en Holanda se tomaron como representativos. Jud, *Rom.* XLIII, 603, cita port. *flamengo* 'estafador, bribón' y sardo *frammengo* 'débil, ligero, pobre, hombre de poca fe', denominaciones que podrían tener relación con *flamenco* 'achulado', pero más bien creo serán ecos de la mala fama que gozaron en España los financieros flamencos del tiempo de Carlos V. Insisto en el detalle, a mi entender decisivo, de que para los andaluces *flamenco* no es calificación peyorativa, sino todo lo contrario. Véase, además, *FARÁNDULA*.

Flámeo, flamero, flamígero, flámula, V. *llama*

FLAN, tomado del fr. *flan*, y éste del fránc. FLADO, -ONS, 'torta' (a. alem. ant. *flado*, alem. *fladen*, neerl. med. *vlâde*, ingl. med. *flathe*). *1.ª doc.*: Acad. 1843, no 1817.

FLADO figura ya en el galorromano Venancio Fortunato, a fines del S. VI (Kluge, *ARom.* VI, 304). Fr. ant. *flaon*. En castellano hubo variante antigua *flaón* [1560, Martínez Montiño; Oudin; *Aut.*; Terreros; todavía preferida por la Academia, 1843], tomada del catalán *flaó* íd. Gamillscheg, *Romania Germanica* I, página 205), que pasó también al logudorés *fraone* y calabrés *fragune*.

DERIV. *Flanero.*

FLANCO, tomado del fr. *flanc* 'costado, ijada' y éste del fránc. **HLANKA* (a. alem. ant. *hlanca* 'cadera', 'articulación', alem. *gelenk* 'articulación', escand. ant. *hlekkr* 'eslabón'). *1.ª doc.:* h. 1700, Mateo Ibáñez.

Falta todavía en Covarr., Oudin, etc.; el último traduce el fr. *flanc* con las palabras castellanas que indico arriba, sugiriendo así que entonces *flanco* no se hallaba en uso. Entró como término militar, heráldico y de fortificación, que es como lo emplean Ibáñez, Tosca y Avilés, y sigue siendo el único empleo castizo.

DERIV. *Flanquear* [1625, C. Coloma]; *flanqueado; flanqueador; flanqueante; flanqueo. Flanquís* [1725, Avilés], adaptación del fr. *flanchis* íd.

Flaón, V. *flan   Flaquear, flaquecer, flaquera, flaqueza,* V. *flaco   Flascón,* V. *frasco*

FLATO, 'acumulación molesta de gases en el tubo digestivo', tomado del lat. *flatus, -ūs,* 'soplo', 'flatulencia', derivado de *flare* 'soplar'. *1.ª doc.:* 1454, Arévalo, *Suma,* pp. 261*ab*; *Vergel,* p. 33*a* (Nougué, *BHisp.* LXVI); APal.[1]

Es anticuado en la ac. poética 'soplo de viento' [princ. S. XVII: Villamediana, Huerta]. En la ac. médica figura ya en *Aut.* La idea de que un flato podía causar la muerte, expresada por este diccionario, se mantiene en las zonas rurales del Oeste argentino (Chaca, *Hist. de Tupungato,* p. 448; en una lista de causas de defunción); por lo demás en el uso ciudadano de aquella zona puede significar 'angustia, susto' (*te voy a contar el flato que he pasado esta tarde*), mientras que en Colombia, Venezuela, América Central, Méjico y ciertos puntos de España (Cuervo, *Ap.,* § 593n.) es 'hipocondría, melancolía, murria, morriña, esplín, tristeza'; como castellanismo empleado en Cataluña designa un dolor al costado, de causa vaga.

DERIV. *Flatoso,* antes *flatuoso* [1581, en la *Cirugía* de Fragoso]. *Flatulento* [1555, Laguna]; *flatulencia.*

Flabelo [Berceo, *Mil.,* 324; Acad. después de 1899], tomado de *flabellum* 'abanico', derivado de *flare.* Para derivados populares de *flare* vid. *HINCHAR, RESOLLAR, SOPLAR.*

CPT. *Flabelicornio. Flabelífero. Flabeliforme.*

[1] Aplicado al hálito de una centella o acción a distancia: «Fulgur... se atribue al tatto y al *flato* y al pavor de los animales que se aterecen», 171*d.*

FLAUTA, voz común a los varios romances de Occidente, de origen incierto, probablemente tomada de la lengua de Oc: en su formación es posible que intervinieran factores onomatopéyicos, pero con ello su creación no queda explicada,

pues difícilmente puede ser casual el gran parecido con oc. ant. *flauja, flaujol,* cat. *flabiol,* fr. *flageolet,* 'caramillo, flauta dulce', oc. *flaujar* 'tocar el caramillo', procedentes de un derivado de FLARE 'soplar'; quizá el oc. ant. *flautar* 'tocar la flauta' resulte de un cruce del lat. tardío *flatare* íd. con el oc. *flaujar. 1.ª doc.:* J. Ruiz, 1230*c* (sólo en el ms. *S,* que es de h. 1400)[1].

Con posterioridad figura en APal. (33*d*, 39*b*, 42*d*, 56*d*, 499*b*), en Nebr. (en la 1.ª ed. *fauta* por errata, ya enmendada en PAlc.) y es frecuente desde el S. XVI (*Aut.*). Más antiguos en castellano son los sinónimos *ALBOGUE* y *CARAMILLO;* y el vasco *txistu,* cast. *CHILLAR,* documentan la existencia popular del lat. FISTULA en España. Representantes vascos da Michelena, *BSVAP* XI, 291. El port. *frauta* (hoy también *flauta*) está ya en Camoens (G. Viana, *Apost.* I, 464). El cat. *flauta* se documenta desde princ. S. XIV (Muntaner), y la variante acentual *flaüta* tiene allí gran extensión dialectal[2]. De oc. ant. *flauta* (también *flaüt*) hay derivados ya h. 1200, y hoy la pronunciación *flaüto* es casi general. El fr. ant. *flaüte* (hoy *flûte*) se halla ya en el S. XII. Del it. *flàuto,* fuera de un ej. dudoso de B. Latini (S. XIII), sólo hay testimonios desde la primera mitad del S. XVI (Firenzuola); en Sicilia *falaguto* o *fiuto* se hallan desde 1500 (*ZRPh.* XLII, 93).

Estoy en principio de acuerdo con la tesis de Spitzer (*ZRPh.* XLIII, 332-3; XLII, 31), aceptada por M-L. (*REW,* 3360) y Wartburg (*FEW* III, 612-4), de que la forma *flaüta* tiene carácter onomatopéyico, o por lo menos resulta tenerlo; pero en cuanto a la formación del vocablo, es preciso decidirse: diciendo que el vocalismo *a-ú* es imitativo, pero que *fl-* se debe al tipo **FLABEOLUM* y voces emparentadas, se obtiene una fórmula libresca, «construída», y sin mucho significado real. A no ser que pueda probarse la existencia de un vocablo rigurosamente sinónimo y puramente onomatopéyico que se cruzara con **FLABEOLUM,* sería preciso, para mantener la tesis de creación onomatopéyica, suponer que todo el radical *flaüt-* nació por imitación, lo cual en sí no sería imposible al fin y al cabo. Pero no parecen existir casos paralelos. Y teniendo en cuenta que *flauja*[3], *flaujol,* y análogos no se crearon por onomatopeya, se hace también inverosímil que *flauta* se creara así. Atiéndase a que con ello no dudo que *flaüta* sea onomatopéyico en sus efectos, pero sí en su origen[4]. Quizá el porvenir nos reserve una confirmación de la idea de Diez (*Wb.,* 141-2), todavía aceptada por Kluge, de partir de FLATUS 'soplo', aplicado por Horacio al sonido de la flauta, o más bien de FLATARE que es precisamente 'tocar la flauta' en el africano Arnobio (h. 200 d. C., vid. Du C.); comp. *flator* 'flautista' en *CGL* II, 254.54; V, 22.24, 69.25 y en Festo. Un **flatar,* cultismo romance, bien pudo cruzarse con oc. *flaujar, flaujolar*[5], puesto que eran verdaderos sinónimos, dando el verbo *flautar*, que es muy antiguo en lengua de Oc, en francés se halla desde el S. XII, y en castellano tenemos *flautador* en APal. 33*d* («quien canta con *flauta*»). Entre mi punto de vista y el de Spitzer, que ahora (*MLN LXXI*, 379) vuelve él a defender con tanto ingenio como habilidad dialéctica, hay bien poca diferencia en el fondo. Los dos admitimos que en *flaüta* se combinan elementos hereditarios latinos con elementos onomatopéyicos; diferimos levemente en el grado en que admitimos estos últimos. Sin duda no vale la pena insistir mucho en convencernos del todo el uno al otro. ¿Que por qué había de contener *flauta* un elemento culto, no conteniéndolo *flaujol*? Pues claro que la flauta es ya instrumento de músicos profesionales y el caramillo o *flaujol* es de pastores. Puesto en el terreno semántico su razonamiento cojea, mientras que el mío se impone cuando digo que el que asegure que *flauta* ha de ser onomatopéyico, por el efecto onomatopéyico que la sílaba *flau-* le produce, pierde de vista que *flaujol* tiene la misma sílaba y todo el mundo sabe que nada tiene de onomatopéyico en su etimología. *Flautar* es obviamente inseparable del lat. *flatare*, absoluto sinónimo suyo, documentado hasta el S. III y en glosarios de la Alta Edad Media, y no lo es menos de *flaujolar*, también sinónimo, así que era casi inevitable el cruce entre *flatar* y *flaujolar*, dando *flautar*. En fin, a lo que me opongo no es a la idea del cruce de sinónimos, sino al cruce de fórmulas abstractas como «el elemento onomatopéyico *aüt*» cruzado con «FL- de FLABEOLUM». En los casos que me echa en cara Spitzer hablo de cruce de sinónimos concretos: *carraspear*, de *escarrar* con *raspear*; *gaznate*, de *gasguete* con **ganate* (< ár. *qanât*); o bien se trata de una palabra que no cambia esencialmente y sólo toma un sonido levísimo y de poco relieve fónico (lo cual se llama contaminación más que cruce): *uppe* + aspiración, *grihgo* (de *griesgo*) + la *ṅ* típica del inglés[6].

Del verbo *flautar* nacería en lengua de Oc el derivado *flauta*. La lírica trovadoresca pudo extender el vocablo a los demás romances[7], y la dificultad estaría sólo en las formas con diéresis. De todos modos, nótese que el silabeo *fláu-ta*, *flau-tar*, tiene más extensión en el occitano medieval que en el moderno: aquél figura en uno de los manuscritos del Delfín de Auvernia, y éste en el mismo y en Bonifaci Calvo. Si partimos del verbo podemos explicar el silabeo *flaüt*, *flaüta*, como secundario y analógico: antes de vocalizarse la *l* de *saltar* y palabras análogas, no había o había muy pocos verbos en *-aṵta*, mientras que *flaüt* se apoyaba en los innumerables vocablos en *-ut* y no faltaban formas verbales en *-uta*, como las del verbo *deputar*, *refutar*, *(re)butar*, etc. Una vez creada, la forma *flaüta* se propagó gracias a su efecto imitativo. Y téngase en cuenta que un desdoblamiento secundario *fla-u-tar* fácilmente pudo nacer en un texto cantado, y luego extenderse

favorecido por su carácter onomatopéyico.

También podría pensarse en **FLATUARE* (deriv. de FLATUS, -ŪS, como TUMULTUARE, TONITRUARE, etc.), de donde **flatüar* y la metátesis *flaütar*, generalizada por su valor imitativo. O bien, si nos fijamos en que así el tipo **FLABEOLUM* como el rodanense *flaveto* parecen ser alteraciones de FLABELLUM, fr. ant. *flavel* 'caramillo', por cambios de sufijo, sería lícito también admitir que *flaüt* (< **flavut*) es otro cambio del mismo tipo, del cual salieron luego *flaüta* y *flaütar*.

DERIV. *Aflautado* [S. XIX: DHist.], o *flautado*, *flauteado*. *Enflautar*; *enflautador*; *enflautado*. *Flautero*. *Flautillo*. *Flautín*; con la variante argentina *flauchín* (o *flauchón*, *flauchento*) 'aflautado', 'flacucho' (*RFH* VI, 32). *Flautista*. *Flautos*.

[1] Los dos manuscritos más antiguos, *G* y *T*, traen *rota*, otro instrumento musical. Nótese que la medida del verso supondría que *flauta* era bisílabo. Comp. M. P., *Poesía Jugl.*, p. 70.— [2] [1378]. En rosell., ibic. (*BDLC* XIII, 32), tarrag. (*BDC* VI, 44) y en varios puntos del País Valenciano: Alcoy (M. Gadea, *Tèrra del Gè* I, 222), Castellón (*Bol. Soc. Castellon. de Cult.* XVI, 119) y maestr. (G. Girona). Una casa de campo *La Flaüta* se halla junto a Riner (partido de Solsona).— [3] Éste es oc. y cat. ant., documentado en el *Curial*, ed. Aramon II, 122: «scuts verts e unes *flauges* pintades, e letres qui deyen: *flauges* son». Los editores enmiendan abusivamente **flanges*, supuesta e improbable variante del galicismo *franja*. Pero entonces el lema no tiene gracia. Se trata de la ac. figurada «sornette, cancan», documentada en lengua de Oc, y el lema es una de las habituales manifestaciones jactanciosas: 'son necedades (las amenazas de mis enemigos)'. Hoy *flauja* significa 'necia' en Mallorca, lo mismo que *flaüt* en Tremp, según Ag.— [4] Las demás etimologías que han circulado son peores desde luego. No digamos nada de la combinación de notas *fa-ut-la* o *fa-la-ut*. El cruce de *flaujol* con *laüt* 'laúd', admitido por Gamillscheg y Bloch en sus diccionarios, es tan inverosímil como el connubio de una gata con un ratón. Aquel filólogo renunció así a su imposible combinación anterior **FLABŪTUM* 'rico en sonidos'. No lo es menos el **FLATUTITARE* de Horning (*ZRPh.* XXII, 484).— [5] Aquél en Raimbaut d'Aurenga, h. 1150, éste en Peire Cardenal, h. 1200. El fr. *flageoler* ya en el S. XIII.— [6] Por lo demás, en este último caso me atengo más bien provisionalmente a esta explicación de otros, y quizá habría que buscar algo más concreto.— [7] La *l* italiana y el grupo *fl-* en castellano y portugués indican origen forastero.

FLAVO, tomado del lat. *flavus* 'amarillo', 'rubio'. 1.ª doc.: 1604, *G. de Alfarache*.

Latinismo muy raro.

Flébil, V. *feble*   *Flebitis, flebotomía, fleboto-*
miano, V. *fleme*

FLECO, del antiguo *flueco*, descendiente semiculto del lat. *flŏccus* 'copo de lana', 'pelo de los
paños'. *1.ª doc.: flueco* («muscus es una yerva muy
blanda como *flueco* de la lana»), APal. 293*d*.
También Nebr.: «*flueco de la lana:* floccus»,
la misma forma es la empleada todavía por Laguna, Fr. Luis de León (Fcha.), el Inca Garcilaso,
Cervantes y Tirso (Pagés), la única que registran
Oudin y Covarr., y figura todavía en una pragmática de 1691 (*Aut.*). Por otra parte, *fleco* figura ya en pragmática de 1680; *Aut.* prefiere
todavía aquélla, pero la Acad., ya en 1843, da
ésta como básica, y hoy reconoce que *flueco* está
anticuado. Es algo extraño que un vocablo de este
significado tenga forma semiculta en castellano y
en portugués (*froco*, también *floco*), lo que no
ocurre en los demás romances; tampoco se explicaría por su naturaleza semántica el que en él
hubiese predominado la pronunciación de las clases elevadas (como en *FALTA, FALSO* y análogos), y como no hay que pensar en aragonesismo, ni en extranjerismo, en vista de la diptongación regular, quizá la dificultad se explique por
un influjo latino-eclesiástico, debido al uso de flecos en adornos litúrgicos.

DERIV. *Flequillo; flequezuelo; floquecillo* ant.
Flocar, ant., 'tirar, lanzar (algo a alguien)' (ejs. en
églogas del S. XVI, desde J. del Encina, *RFE*
XL, 162; en Alonso de Salaya, 3.ʳ cuarto del
S. XVI: *PMLA* LII, 55), también cat. *flocar*
'pegar', 'echar' (de uso no general; Bulbena, Ag.,
Fabra; ya en Jaume Roig: «l'humit si·t toca / la
mort te *floca*», v. 9724), explicable semánticamente
por el significado de 'brizna, objeto despreciable'
que tenía el lat. *floccus; flocadura* 'fleco' [h. 1400,
Canc. de Baena, p. 482; Nebr.: «villorum flocci»];
floqueado. Un arag. ant. *floca* [1373], con sus
derivados *flocado, flocadera* y *flocadura*, está en
invent. medievales (*VRom.* X, 154-5).

FLECHA, del fr. *flèche* íd., de origen incierto,
quizá emparentado con el neerl. med. *vlieke*, b.
alem. ant. *fliuca* íd., y procedente de la forma
fráncica correspondiente *FLEU(K)KA*. *1.ª doc.: fre-*
cha, 1397, invent. arag. (*VRom.* X, 154); princ.
S. XV, *Danza de la Muerte*, 8.

Voz tardía en castellano, que desde fines de la
Edad Media tiende a sustituir al autóctono *SAE-*
TA. También en el *Canc.* de Baena (W. Schmid),
en Nebr. («*frecha:* sagitta, spiculum») y en Juan
del Encina (Cej., *Voc.*), en la misma forma. *Fle-*
cha es muy frecuente en el *Canc.* de Stúñiga (p.
ej., p. 130), es la forma empleada por Cervantes,
Lope y otros clásicos, y es ya la recogida por C.
de las Casas (1570), mientras que Percivale, Oudin y Covarr. registran ambas. La variante con
-r- se explica por el carácter impopular de la ini-

cial *fl-* en castellano antiguo; de la misma manera port. *frecha* e it. *freccia*, pero oc. *flecha* y
cat. *fletxa*, todos ellos también galicismos, y asimismo lo son el neerl. *flits* y el alem. dial. *flitz,*
flitsche, que no aparecen antes del S. XVI (Kluge,
s. v. *flitzbogen*).

En cuanto al francés *flèche*, es menos antiguo
en este idioma que el hoy anticuado *saete*, pero
aquél aparece ya en el *Eneas*, 3.ʳ cuarto del S.
XII, donde parece designar el asta de la saeta.
Los textos más antiguos escriben el vocablo en
la misma forma que hoy, y la grafía *flesche*, que
algunos han citado, es tardía, perteneciente a textos donde la *-s-* implosiva carece muchas veces
de valor fónico[1]. Es verdad que este punto necesitaría investigación más detallada, pues la posición ante *ch* es de tipo especial, y deberíamos
estar seguros de que la grafía del *Eneas* es realmente concluyente en este punto, como lo parece; en su apoyo tiene poco valor la forma picarda
flecque de la Gesta de los Duques de Borgoña,
pues esta obra es de h. 1400, fecha en que las *ss*
ya eran mudas. Más fuerza tiene el hecho de que
el catalán Ramón Vidal de Besalú ya empleara
la forma *flecha* h. 1200 escribiendo en lengua de
Oc², y puede ser decisiva la variante catalano-
occitana *fleca* si es autóctona, ya que al menos
sabemos que es antigua³. Queda la duda de que
al pasar *flèche* del francés a la lengua de Oc y
al catalán, pudo adaptarse a la fonética de estos
idiomas, según el modelo *sèche ⁓ seca, pèche*
⁓ peca; lo cual, por lo demás, es poco probable
en sí (comp. *empêche > empacha, empatxa*), y
menos teniendo en cuenta la antigüedad considerable de Muntaner en la literatura catalana. Hoy
vive todavía *fleca* en Ampurdán y Rosellón con el
sentido secundario de 'esqueje, rama empleada para injertar' [1617].

Esta falta de *-s-* ante *-c-*, que así tenemos casi
asegurada, es una de las objeciones que pueden
hacerse a la etimología céltica propuesta con reservas por Thurneysen (*Keltorom.*, pp. 59-60) y
Jud (*Rom.* XLIX, 396-8)[4]: el irl. ant. *flesc* f.
'vara, varilla, bastoncito' supone un antiguo *VLĬS-*
CA (o *VLESCA: Jud), al que pudo corresponder
*FLĪSCA (o regionalmente *VLISCA) en galo: de
ahí procederían el lomb. *vis'cia*, venec. *vischia,*
Poschiavo y ladino dolom. *viscla* 'vara', *viścula*
'látigo' (Lardschneider)[5]. Por otra parte en irlandés el vocablo pertenece hoy a la terminología
del cáñamo y el lino y significa también 'gavilla',
'manojo (de cáñamo o lino)', 'guirnalda', de lo
cual parece derivar el langued. *fleco* o *flesco, flis-*
co, «paquet de chanvre en cordon», «poignée de
javelle mal battue, poignée de foin compacte, mèche
de cheveux»: a esto no hay más objeción que
la dificultad en explicar las formas occitanas sin
-s-, que desde luego son las predominantes, mas
por otra parte la diferencia semántica con el fr.
flèche es tan completa que aun si se comprobara

el origen céltico de esta voz occitana, sería prudente separar de este problema el del vocablo francés[6]. En resumen, todo aconseja desechar la etimología céltica, por lo menos para el fr. *flèche*[7]. Gamillscheg, *EWFS*, s. v. (y *R. G.* I, p. 177), partió del antepasado del neerl. med. *vlieke* 'flecha', que según él sería un fráncico *FLIUGIKA, derivado hipocorístico del verbo FLIUGAN 'volar', y M-L. (*REW*[3], 9424*a*) y Wartburg (*FEW* III, 622-4) se han adherido a la idea, el último haciendo notar que esta hipótesis está también apoyada por el b. alem. ant. *fliuca*[8]. Pero, como observan W. Bruckner (*VRom.* I, 142) y Brüch (*VKR* VII, 256), esta base *FLIUGIKA es inaceptable desde el punto de vista morfológico, pues tales hipocorísticos en fecha antigua sólo derivan de verbos. Es menester rectificarla en *FLEUKKA o *FLEUKA, que puede explicarse como derivado de dicho verbo, sea con sufijo -JŌ(N) (Bruckner) o -NŌ(N) (Falk-Thorp, Kluge, Brüch), ya que ambas consonantes provocan la reduplicación y ensordecimiento de una G precedente, desapareciendo después. No hay dificultad en la representación romance del fránc. EU o IU como *e*, pues el segundo elemento de este diptongo suele desaparecer al pasar al francés (SPEUT > fr. ant. *espiet*, y nombres propios en THIUDI-, como *Tibaut, Tibert, Tion, Tianges*; más ejs. en Gamillscheg, *R. G.* I, p. 247).

DERIV. *Flechar* [*frechar*, Nebr.; *fl-*, Mariana, Lope]; *flechador*; *flechadura*. *Flechazo*. *Flechero* [*fr-*, Nebr.]; *flechera*; *flechería*. *Flechilla* (para la ac. arg., vid. A. Alonso, *El Probl. de la L. en Amér.*, p. 150). *Desflechar* [«*desfrechar arco*: retendo», Nebr.; *desfechar* (?) como and., Acad. ya 1843]. *Enflechado*.

[1] Así en ciertos mss. del *Roman de la Rose* citados por God., o en un fabliau de la colección Montaiglon citado por Tilander, *Rom.* LII, 465, que si bien lo hace rimar con *bertesche* 'fortificación', carece de autoridad en este punto, puesto que escribe *meïme* 'mismo' y *poterre* o *porterne* < POSTERULA.— [2] En catalán se halla el galicismo *fletxa* desde Eiximenis, fin del S. XIV (Balari).— [3] Como occitana la cita el Levy pequeño, pero falta en el grande, en Raynouard y en otras fuentes lexicográficas a mi alcance. La hallaría aquel lexicógrafo en uno de sus últimos esquilmos, inéditos. Tiene por lo tanto mucha importancia el único testimonio catalán, que se halla en Muntaner, h. 1325: «abans que no soferissen les *fleques* dels arcs dels turcs», cap. 205. Así en la edición parcial de Nicolau d'Olwer (*N. Cl.* VII, p. 59), hecha según el manuscrito *C*, fechado en 1392. Lanz, en la suya, trae «...no ferissen les *fleches*...», lo cual parece ser modernización, pues Lanz se basa en la tardía edición de Valencia, de 1552. Para disisipar la sospecha de que Nicolau haya podido «normalizar» una grafía *fleches* del manuscrito (sospe- cha improbable tratándose de este editor), indicaré que el glosario traduce *fleques* por 'fletxes', pero con interrogante, de suerte que el editor no parece haberse fijado en la forma de la edición de Lanz o de Valencia. El sentido del contexto, por lo demás, es claro.— [4] Jud apenas habla del fr. *flèche* y se refiere casi únicamente a las palabras occitanas y alto-italianas mencionadas luego, de significado muy diferente.— [5] Otras formas dialectales que recoge M-L. no existen en realidad. M-L. se opone a la etimología céltica porque estas formas con *i* supondrían una base con ī. Quizá otra dificultad mayor está en que el b. engad. *vis-cha* y el frl. *visçhe* parecen relacionarse con estas formas, a pesar de que suponen una base VISCA, de la cual el otro tipo podría ser un diminutivo VISCULA. Ahora bien, aunque *vis-cha* es hoy varita en general, según Pallioppi habría significado primitivamente 'vareta para coger pájaros con liga', y en efecto el friul. *visçhade* es «fuscelletto impaniato che si adatta sui vergelli per prendere gli uccelletti». ¿No pudo ocurrir el mismo tránsito semántico en el tipo VISC(U)LA, con paso de 'vareta para pájaros' a 'varilla', y de ahí a 'látigo'? En definitiva, todo podría reducirse al lat. VISCUM 'liga, muérdago': uno de los dos tipos correspondería al it. *visco* y el otro a *vischio*, venec. *vischio*.— [6] Recoge *fléco* y, como variantes menos importantes, *flésco* y *flisco*, el diccionario del Aveyron de Vayssier. El de Castres (Tarn) da *fleco* «poignée de filasse, de chanvre». Además *fleco* está en Sauvages, que suele reflejar el habla del Gard (aunque recoge vocablos languedocianos de otras partes), y Mistral da *flèco* (con variante secundaria *flesco* del Rouergue, seguramente fundada en Vayssier) citándolo en el felibre Lafare-Alais, que era del Gard, y el derivado *flecado* en Langlade, que era del Hérault. Es decir: la forma sin *s* es la del Gard, Hérault, Tarn y la mayor parte del Aveyron, mientras que *flésco* y *flisco* sólo nos resultan documentados en puntos del Aveyron, no sabemos cuáles. Ahora bien, el grupo -SCA se conserva hoy intacto en todo el territorio de aquellos tres departamentos y en todo o casi todo este último, que se halla ya en el límite de la alteración de la s: véase *ALF*, mapa 607 (*fraîche*), y los datos detallados de Ronjat, *Gramm. Istor.*, § 322. Luego no cabe atribuir la forma *fleco* a una alteración fonética normal de *flesco*, sino que, al contrario, será ésta la que puede resultar de aquélla por una ultracorrección de la zona fronteriza. Pienso volver a tratar de este vocablo languedociano a propósito del cat. *flequer* 'panadero' en mi *DECat.*— [7] Para esta cuestión puede tener importancia el cat. *flesca* 'canuto de hierro con que el vidrio fundido se saca del horno' (Labernia, *Dicc. Cast.-Cat.*, s. v. *puntel*; falta en Fabra).— [8] *Flêke, fliéke* 'flecha larga', están bien documentados en el b.

alem. medio (Schiller-Lübben, Lübben-Walther). Gallée restituyó un b. alem. ant. *fliuca* a base de las formas alteradas *fluica* y *flukhe*, que se hallan en dos glosarios.

FLECHASTE, 'cada uno de los cordeles horizontales, ligados a los obenques, de medio en medio metro, de arriba abajo de estas cuerdas que bajan de lo alto de los palos: sirven a la marinería para subir a la parte alta de la arboladura', parece alteración del plural catalán *fletxats*, del participio del verbo *fletxar* 'flechar', nombre que se dió al *flechaste* por comparación con la cuerda de un arco, de la cual parte el obenque hacia arriba, como una flecha. 1.ª *doc.: aflechate*, 1587, G. de Palacio (en Gili, *Tesoro*).

Esta misma forma se halla en Oudin (1607), en el Vocabulario de Marina de 1614, en el de Avello de 1673, en el de F. Gamboa, de 1690, y en otros que copiaron de Oudin; aparece dos veces en Lope de Vega (*DHist.*). En el *Vocabulario Navaresco* de 1600 aparece *aflechade; flechate* y *aflechate* en manuscrito de 1614-21 citado por Jal; *aflechaste* en Fernández de Navarrete, 1675, y finalmente *flechaste* en el Vocabulario Marítimo de Sevilla (1696), en *Aut.*, y es la forma más generalizada desde entonces. En portugués se dice *enfrechate* o *enfrechadura*. En francés *enfléchure*, y en catalán *fletxadura* (Fabra; Amades-Roig, BDC XII, 36), mientras que la forma *fletxast*, que recoge este último vocabulario y el valenciano de Flores, puede ser forma menos castiza, tomada del castellano, pero es más probable que bajo esta forma se oculte el cat. *fletxats*, que estos autores, guiándose por el castellano, tomarían por una pronunciación simplificada de *fletxasts*. Es natural que un cat. *fletxats* o *afletxats* resultase difícil de imitar por la marinería castellana, y que mientras unos lo adaptaron más correctamente en *aflechate*, *aflechade*, o *flechate*, los menos conocedores del idioma levantino alteraran en -*aste* la terminación -*ats*, muy difícil de pronunciar para labios castellanos (algo análogo ocurrió con *guindaste*). Aunque no puedo documentar el cat. *fletxat* (excepto en la forma *fletxast*, probablemente inexacta por *fletxats*), no tiene esto nada de extraño, dado lo fragmentario de nuestro conocimiento de la terminología náutica del catalán antiguo; *afletxar* en el sentido de 'herir con flecha' se halla en la *Història de Jacob Xalabín* (S. XV), y hoy *afletxat* significa 'parecido a una flecha' (Alcover).

DERIV. *Flechadura* significaría 'conjunto de los flechastes', según Acad. (desde 1899), pero el uso de *las flechaduras* en plural, por parte de Pérez Galdós (cita de Pagés), parece indicar que en realidad es sinónimo de *flechaste*, como en catalán y en francés.

Flechazo, flechera, flechería, flechero, flechilla,

V. *flecha* *Flegma, flegmasía,* V. *flema* *Fleja, flejar,* V. *fresno*

FLEJE, 'tira de chapa de hierro con que se hacen aros para asegurar las duelas de cubas y toneles y las balas de ciertas mercancías', antes 'aro de madera para asegurar las duelas', del cat. dial. *fleix* 'fresno', 'fleje', debido a un cruce del cat. *freixe*, lat. FRAXĬNUS, 'fresno', con el verbo *flixar* o *fleixir* 'doblegar', 'hacer ceder o aflojar', procedente del lat. FLEXARE 'doblar, encorvar', frecuentativo de FLECTĔRE íd. 1.ª *doc.*: Acad. 1817, no 1783; 1840, Boy, *Dicc. de Comercio.*

Estos diccionarios definen «círculo de hierro o de madera fuerte y correosa con que se aprietan y aseguran las duelas de que se compone un tonel», definición que más tarde (ya 1899) se rectificó en la forma indicada arriba. En catalán, *fleix* en este sentido es ajeno al uso común, aunque parece emplearse en Valencia, a juzgar por el diccionario de Escrig; lo que desde luego es muy vivo, así en este reino como en las Baleares, es *fleix* en el sentido de 'fresno' (Escrig; Amengual; *BDLC* XI, 332; Guasp, *Les Illes d'Or* IX, 148), en lugar del *freixe* del Principado, *freix* en ciertas partes del catalán occidental[1]. Esta forma *fleix* se debe a un cruce de *freix(e)* con el antiguo verbo cat. *flixar* 'hacer ceder o aflojar'[2], que en Valencia tomó la forma *fleixir* 'doblegar' (Sanelo, S. XVIII), oc. ant. *se fleissar* «se détourner», «se dérober», *fleis* «retenue, abstinence», procedente de FLEXARE 'doblar' (comp. *FEW* III, 619-20). La forma *flixar* con *i* es muy general en catalán y se debe a las formas acentuadas en el radical FLĔXO, FLĔXAS, etc., y al sustantivo FLĔXUS (> cat. ant. *flix* 'cordaje viejo', 'filástica'), donde la ĕ breve latina debía convertirse en *i* según la fonética histórica catalana, mientras que antes del acento debía conservarse la *e*, alternancia que luego se niveló por vía analógica; sin embargo, algunas huellas del radical pretónico *fleix-* parecen haberse conservado, pues Escrig registra *fleixar-se* 'ahorrarse un gasto'[3]. Sea como quiera, está claro que este verbo fué la causa de que *freix* 'fresno' se cambiara en *fleix*, porque la madera de este árbol, conocida por su resistencia y elasticidad, es la que se empleaba para hacer aros de tonel y flejes. Giner i March, después de interrogar a tres amigos que negocian en vinos o toneles en la ciudad de Valencia, me confirma que hoy se emplea allí *fleix* para el aro de hierro de los toneles y cubas. Antes se hacían de madera estos aros, y todavía se hacen los de toneles y cubas pequeños: esta madera era de fresno. Según el Sr. Moltó el fleje de embalar también se hacía antes de tiras de fresno, y todavía lo hace así la casa Chartreuse de Tarragona. Esas tiras se arrancan de la base del tronco del árbol con una herramienta especial, parecida a una azuela. Dicha madera de fresno se llevaba a

Valencia desde Cataluña. Agrega: «el *fleix* de les bótes s'ha d'adobar, per augmentar la flexibilitat de la fusta, banyant-lo o posant-lo a remulla, i llavors es *fleixa* i es clava». Oyendo en Valencia *assegurar una bóta amb fleix*, y frases análogas, los operarios castellanos asimilaron el vocablo en la forma *fleje*, que luego se aplicó también a la tira de hierro empleada con los mismos fines. Sólo casualmente coincide con el sustantivo *fleje* el adj. asturiano *flexe* 'endeble', cruce de los sinónimos *floxo (FLOJO)* y *FEBLE*[4].

[1] En Pallars y Ribagorza, por ej. (Krüger, *Hochpyr.* A, I, 48; Violant, *Butll. del C. Excurs. de Cat.* XLVII, 22). Esta forma supone un FRAXUS, documentado en latín vulgar y en otros romances (Svennung, *Untersuch. zu Palladius;* M-L., *Wiener Sitzungsber.* CXLV, v, 49; Rohlfs, *ZRPh.* XLIX, 114; Brüch, *ZRPh.* LV, 507-8) *Flaixi* corre también en el aragonés de Bielsa (Rohlfs, *Lescun,* p. 21).— [2] «Que *flixar* al criminós... la pena... de la lei... sia misericòrdia, ja Déu no ho vulla, ans açò appellen los teòlecs 'cruel miseració', e és capital peccat», Eiximenis, *Doctrina Compendiosa,* p. 56. Dos ejs. de *flixar,* intransitivo, 'ceder', en Ag.; los demás que da este diccionario son del muy común *flixar-se* 'abstenerse (de algo)', 'contentarse (con poco)'. Otros en Balari.— [3] También Spitzer, *Lexik. a. d. Kat.,* p. 32, cita un cat. ant. *fleixar* en los *Set Savis* (S. XIII), aunque lo único que yo anoté en ese texto es el común *flixar-se* 'contentarse', v. 1227. Sea como quiera, *fleixar* 'doblar' está documentado en un texto valenciano de fin S. XV (dicc. Alcover).— [4] Fonéticamente *fleje* no puede ser representante castellano del lat. FLĔXUS; por la misma razón tampoco puede ser un mero descendiente catalán o galorrománico del mismo vocablo, que hubiera dado allí *flix* y aquí **flieis* o **flis*.

FLEMA, tomado del lat. *phlĕgma, -ătis,* 'mucosidad, humores orgánicos', y éste del gr. φλέγμα 'inflamación', 'mucosidad' (que los antiguos creían causada por una inflamación), derivado de φλέγειν 'inflamar'. *1.ª doc.:* *fleuma, Alex.,* 1317c[1]; *flema,* S. XIII, *Libro de los Cavallos,* 24.20; J. Ruiz, 1102c[2].

También en APal. («excrementum se dize lo que escopimos con abundancia de *flema*», 145d), pero *fleuma* en 365b y 419d; forma que se explica por vocalización de la g latina, y se halla también en el catalán antiguo y moderno ('persona que va a la suya con habilidad y sin meter ruido' o 'cualidad de la misma'). El significado traslaticio 'lentitud y tardanza en las operaciones' (explicable por la idiosincrasia de las personas linfáticas o flemáticas) se documenta ya en la *Vida de Cristo* de Fonseca (1596), en Oudin, etc., y como es común que tome el matiz de 'sangre fría en situaciones difíciles', puede llegar ocasio-

nalmente hasta 'atrevimiento'[3]. Es posible que la ac. se extendiera a otros idiomas desde la Península Ibérica, aunque también pudo desarrollarse allí espontáneamente: Zaccaria observa que en italiano la emplea por primera vez Sassetti en calidad de voz portuguesa, h. 1580, y se hace común en el S. XVII, relacionándolo con el «sosiego» que los italianos estimaron característico de los españoles (> it. *sussiego*); en francés aparece en el S. XVII, y en inglés desde 1578. En conclusión, este influjo es dudoso, aunque muy posible.

DERIV. *Flemático* [*Corbacho* (C. C. Smith, *BHisp.* LXI); 1555, Laguna], tomado de *phlegmaticus;* también *flemudo. Flemoso. Flemón,* se empleó en el sentido de 'esputo', como aumentativo de *flema;* en el de 'tumor, inflamación aguda' [1624, Huerta], sale del lat. *phlegmŏne,* y éste del gr. φλεγμονή íd., derivado del mismo radical; en el *Canc.* de Baena, *flemón* parece ser 'flemático' (W. Schmid); *flemonoso. Desflemar* [Guevara, *Epístolas,* II, 117; Laguna en Pagés (Nougué, *BHisp.* LXVI)]. *Flegmasía,* tomado recientemente de φλεγμασία, sinónimo del anterior. *Deflegmar.*

Flogisto, de φλογιστός 'consumido por el fuego', otro derivado de φλέγειν; *flogístico, antiflogístico. Flogosis,* de φλόγωσις íd.

[1] Cierta piedra preciosa «faz a las nodrizes aver leche sobeja, / faz purgar la *fleuma,* magar sea aneja». *P* deforma en *fenbra.*— [2] «El primero de todos que ferió a don Carnal / fue el puerro cuelloalvo, e ferió lo muy mal: / fizole escopir *flema,* esta fue grand señal». En 293a el ms. *S* trae la forma leonesa *frema* («con la mucha vianda e vino creçe la *frema*»).— [3] «Él dize que tiene action / a Sicilia, por varón, / que nunca la an eredado / henbras. CELIA. ¡Anda, *flema* tiene!», Vélez de Guevara, *El Rey en su Imaginación,* v. 767.

FLEME, tomado de oc. ant. *flecme,* y éste del lat. vg. *fleutŏmus* o **flegtŏmus,* alteración del lat. *phlebŏtŏmus,* y éste del gr. φλεβοτόμος íd., compuesto de φλέψ, φλεβός, 'vena', y τέμνειν 'cortar, hacer una incisión'. *1.ª doc.:* *flevi,* 1365, inventario aragonés, *BRAE* IV, 343 (forma alterada por nuevo influjo culto del lat. *phlebotomus*)[1]; *fleme, Aut.*

Fleuthomum aparece en San Isidoro, como variante del ms. *C* (en lugar de *fleot(h)omum* o *flebotomum* de otros manuscritos, *Etym.* IV, xi, 2), y en otros textos latinos (Niedermann, *VRom.* V, 183). La forma occitana puede resultar de una variante **FLEGTŎMUS,* por ultracorrección de la pronunciación *fleuma* o *sauma* en vez de *phlegma, sagma;* de la misma base proceden el fr. *flamme* (fr. ant. *flieme*), ags. *flýtme,* ingl. *fleam,* a. alem. ant. *flietuma,* alem. *fliete.*

DERIV. Formas más cultas son: *flebotomía* [*Aut.*],

flebotomar 'sangrar' [Lope, en *Aut.*], *flebotomia-
no* [*Aut.*]. Derivado culto de φλέψ es *flebitis* 'inflamación de las venas' [Letamendi, 1897, en Pagés; Acad. después de 1899].

¹ «Unos *flevis* de sangrar bestias. Una scofina...» 5

Flemón, flemonoso, flemoso, flemudo, V. *flema*

FLEO, 'especie de gramínea', tomado del gr.
φλέως, -ω, 'especie de mimbre o junco acuático'. 10
1.ª doc.: Acad. 1925 o 1936.

Flequezuelo, flequillo, V. *fleco*   *Fletador, fletamento, fletante, fletar* 'alquilar nave', V. *flete*

15

FLETAR, 'frotar, restregar', and., murc., centroamer., antill., venez., colomb., chil., del antiguo término náutico *fretar*, y éste del cat. ant.
y dial. *fretar* íd., hermano de oc. *fretar*, fr. dial.
freter, de origen incierto: como no puede venir 20
del lat. vg. FRĬCTĀRE (frecuentativo de FRĬCĀRE
'frotar') por razones fonéticas, quizá proceda del
germánico (ingl. *fret* 'rozar', 'desgastar', 'corroer',
ags. *fretan*, sueco *fräta* 'corroer', neerl. med. y
mod. *vreten* 'devorar, consumir', a. alem. ant. 25
frëzzan, alem. *fressen* 'devorar', gót. *fraïtan* 'consumir', 'devorar'), sea del fráncico o, como término náutico, del anglosajón o del escandinavo.
1.ª doc.: *fretar* 'frotar, rozar', término náutico,
1604, *G. de Alfarache, Cl. C.* V, 173.4¹; *fletar*, 30
1892, en el guatemalteco Batres Jáuregui.

En catalán el vocablo, aunque falta en los diccionarios, figura ya en el Consulado de Mar (S.
XIII o poco más tarde): «si alguna nau tendrà
proís, e perçò que·l proís no *frete* ne s'encaste, 35
haurà y posat senyals que·l sospenan» (cap. 201,
p. 241 de la ed. Pardessus), y hoy corre en muchos puntos: en Valencia (Escrig), en la Costa
de Levante (oído a los pescadores de Sant Pol,
intransitivamente y hablando de un cabo de cuer- 40
da, como en el Consulado, pres. *freta*), en el Rosellón (Misc. Fabra, 192, «fregar fortament»; «de
pler sos companys se *fretaven* les màs», Saisset,
Perpinyanenques, p. 48), y Griera (*Tresor*) lo recoge en el sentido de 'frotar' y otras acs. deri- 45
vadas, por desgracia sin localizarlo. Del catalán
pasaría al castellano en calidad de término náutico, como otros tantos: hoy se emplea en Murcia, Guatemala, Puerto Rico, en el Centro de
Cuba y en la isla chilena de Chiloé, mientras 50
que el derivado *fleta* 'fricción' se oye en Colombia y Venezuela y el sinónimo *fletación* en Andalucía (AV.) y en el Cibao dominicano (vid. *RFH*
VI, 141n.)²; también pasó a algunas hablas gallegoportuguesas: *fretar(e)* 'frotar (las manos)' en 55
el Limia (*VKR* XI, s. v.), miñoto *fretas* «fricções;
dar fretas: dão-se com a mão, com um pano de
estopa...» (*RL* XXIX, 256); *fretar los pulsos con...*
(para curar la sarna) en el gallego de Sobreira
(Orense) (J. L. Pensado, *Opúsculos gallegos* S. 60

XVIII), que no hay que explicar por un cruce,
sino como forma más antigua y castiza. Lo disperso de estos testimonios, su localización geográfica y la ausencia en los dos idiomas literarios,
son buena prueba del carácter advenedizo de ese
término, traído por marineros.

En la antigua lengua de Oc, en cambio, aparece desde el S. XIV o XV, y hoy se presenta
con carácter compacto en todo el territorio lingüístico; se extiende además al francoprovenzal,
a varios dialectos de Borgoña y del Centro de
Francia, y aun a alguna localidad de Champaña
y Bretaña, y se hallan un par de ejs. franceses
en los SS. XIII y XIV (*FEW* III, 784-5); en
el resto del territorio francés aparece sustituído
por *frotter*, desde el S. XII. La etimología lat.
vg. FRĬCTĀRE 'frotar', admitida por Wartburg con
cierta vacilación, es imposible porque esta base
hubiera dado **frechar* en una parte de las hablas
occitanas y **freitar* en el resto, y la terminación
hubiera sido -i y no -a, como es en realidad, en
francoprovenzal, y -ier y no -er en francés antiguo; no es admisible la extensión, que supone
Wartburg, de las formas de otros dialectos al territorio occitano que tiene -ch- < -CT-, pues no
se habría producido con este carácter unánime y
general y corroborado por los hechos franceses
correspondientes³. Spitzer (*ARom.* VII, 390-3;
ZRPh. LVI, 76) se inclina a creer que así *fretar*
como *frotter* son puras onomatopeyas, como lo
serían por otra parte el fr. *frôler* 'rozar' y el it.
frullare 'zumbar', 'levantar el vuelo', 'batir (huevos, chocolate)'.

Tal origen onomatopéyico me parece claro para
estos últimos, pero el efecto expresivo de la combinación *frl*- me parece destruído con la sustitución
de la *l* por la *t*: la impresión brusca producida
fónicamente por *fretar* no me parece sugerir la
idea de un roce. Lo que sí podría admitirse es
la solución que él propone como alternativa: que
fretar tenga otro origen y *frotter* resulte de un
cruce del mismo con el onomatopéyico *frôler*⁴;
el hecho de que éste no se halle con seguridad
antes del S. XV (aunque Gamillscheg cita un
testimonio anterior dudoso) no puede ser objeción decisiva, como cree Gamillscheg (*EWFS*),
tratándose de un vocablo expresivo, que no sale
fácilmente en la literatura primitiva. Pero entonces ¿cuál es el origen de *fretar*? Por lo menos
habrá que pesar cuidadosamente la posibilidad de
un origen germánico. Ahora bien, la familia de
vocablos citada arriba está documentada y es antiquísima en todos los dialectos teutónicos: se
trata de un verbo de conjugación fuerte (gót. *fraïtan, frat, frêtum, fraïtans*), derivado de *itan* 'comer', con el prefijo peyorativo *fra-* (= alem. *ver-*).
La ac. 'rozar', 'desgastar', 'corroer', se halla ya
en inglés medio, reaparece en sueco, y en gótico
el sentido de 'consumir, derrochar (el patrimonio)'
(Lucas XV, 30) ya apunta hacia la misma direc-

ción. No es, pues, demasiado audaz suponer que se hallara en el fráncico *FRETAN; por lo demás, puede tratarse asimismo de un término náutico tomado del anglosajón o del escandinavo, y ni siquiera se puede descartar del todo un origen gótico, puesto que ya hay algún germanismo tardío de esta procedencia que conserva sin sonorizar la -T- sencilla entre vocales[5].

El fr. *frotter* pasó al castellano desde fecha bastante antigua: *frotar* se halla ya en el *Libro de los Cavallos* del S. XIII (79.8, comp. *Hisp. R. VI*, 301-2), y aunque es raro en la Edad Media, reaparece en APal. (204*d*, 436*d*) y en Diego Gracián (1542), pero en la época clásica es más frecuente la variante ultracorregida *flotar*, que ya aparece h. 1400 en Ferrant Manuel de Lando (*Canc. de Baena*, n.° 362, v. 13, *flotarse*, aplicado obscenamente a una mujer), y es la forma empleada o registrada en la *Pícara Justina*, en Oudin («fomenter») y en Covarr., y la preferida todavía por *Aut.*

DERIV. *Frotación. Frotador. Frotadura. Frotamiento. Frotante. Frote. Fratasar* 'igualar con el fratás la superficie de un muro enlucido o jaharrado, a fin de dejarlo liso, sin hoyos ni asperezas' [Acad. 1925 o 1936], quizá de un cat. *fretassar, derivado de *fretar* (vid. arriba); *fratás* 'instrumento empleado para esta operación y consistente en una tablita lisa, redonda o cuadrada, con un taruguito en medio para agarrarla' [íd.]; comp. abr. *fratazze* «piccolo pennello usato dai muratori», *fratazzolę* 'fratás', Siena *sfratazzo*, íd., *sfratazzare* 'fratasar', citados por Finamore, y la familia de vocablos dialectales extendidos por toda Italia, que reúne M-L. (*REW* 3505): es difícil que sean catalanismos, aunque no se ve explicación en italiano para la *a*, que en catalán se aclararía por sí misma; de todos modos, aunque *fratás* venga en definitiva de Italia, hubo de pasar por Cataluña, pues no parece existir en lengua de Oc (Mistral, *FEW*).

[1] El *DHist.* señala la variante *afretar* en la misma novela.— [2] Acaso el cespedosano *rete* 'raspe, frotamiento' (*RFE* XV, 261) resulte de un cruce de *frete con *roce*. Es difícil asegurar si el domin. *flete* «discusión; apuesta» (Brito) viene de ahí o del otro *fletar*.— [3] El caso de *frechar* en los Alpes del Delfinado, en un aislamiento absoluto, no tiene valor: ha de ser debido a una contaminación local u otra alteración. *Fretà*, p. ej., es la forma registrada por los diccionarios del Quercy, Lemosín, Tarn y Aveyron (Lescale, Béronie, Gary, Vayssier), donde la *-ch-* es general. Tampoco el friburgués ant. *freta* 'golpe' (S. XVI) presenta el vocalismo que correspondería a FRICTA.— [4] Que el contaminador sea *froisser* 'ajar', como propuso Brüch, no es posible, porque hubiera dado *froiter.— [5] *Fretado*, aplicado al escudo cubierto de barras entrelazadas [1725, Avilés], de donde *frete* [íd.] 'enrejado en

un escudo', viene del francés, donde se extraería del dialectal *frettoir* 'rastrillo' (*FEW* III, 784*b*, párrafo 3.°), derivado de *freter* 'frotar, rozar'. *Afretado* 'provisto de franjas o freses' (Acad.) es errata por *afresado* (*DHist.*).

FLETE, 'precio estipulado por el alquiler de una nave', del fr. *fret*, y éste del neerl. med. *vraecht* íd., vocablo que desde el frisón se extendió a las demás lenguas germánicas, equivalente del a. alem. ant. *frêht* 'salario' (formado con el prefijo *fir-* y un vocablo hermano del ags. *êht* 'propiedad, adquisición', perteneciente al mismo radical que *âgan*, ingl. *own*, alem. *eigen* 'propio'). 1.ª doc.: «*frete* que paga el passagero: *naulum*», Nebr.; *flete*, 1478 (Woodbr.), 1570, C. de las Casas; el verbo correspondiente aparece desde el S. XIII, vid. abajo.

Flete está también en G. de Palacio (1587), Ribadeneira (h. 1590-1600), Percivale (1591), Oudin, Covarr. y otros autores clásicos. El fr. *fret* ya está en el S. XIII, y de ahí pasó a oc. ant. *fre(i)t*, al port. *frete* y al ingl. *freight*; mientras que los demás romances, y en particular el italiano (*nolo*) y el catalán (*nòlit*) conservaron el grecolatino NAULUM. En germánico, el vocablo se extendió desde Frisia a los varios idiomas de la familia, y en particular al ingl. *fraught* y alem. *fracht*, tomando el sentido de 'carga de un navío'. Vid. Kluge, Skeat, Gamillscheg (*EWFS*) y Bloch; el supuesto de M-L. (*REW*, 3468) de que *fret* 'flete' venga del fr. *frais*, fr. ant. *frait*, 'gasto, expensas', no es verosímil, atendida la identidad semántica con el vocablo neerlandés y frisón. En el castellano de América generalizó *flete* su significado en el de 'pago de cualquier medio de transporte', de acuerdo con la tendencia continental a extender los términos marinos al uso terrestre (*AILC* I, 12; Cuervo, *Ap.*[7], p. 434), y de aquí pasó en el Plata a designar el 'caballo' mismo con que este transporte se practicaba y luego un caballo cualquiera (ya en el *Santos Vega* de Ascasubi, v. 3731; vid. Tiscornia, *M. Fierro coment.*, vocab., s. v.)[1].

DERIV. *Fletar* 'alquilar una nave' [*afretar*, h. 1260, en las *Partidas*, *RFE* VIII, 345; y en la *Crón. de Pero Niño*; *afletar* también en las *Partidas* y en González de Clavijo, según *DHist.*; *afleitar*, 1.ʳ cuarto del S. XIV, *Cuento del Emperador Otas*, p. 393.43[2]; 1494, *N. Recopil.* III, xiii, 1; *fretar*, Nebr., y en Sánchez de Badajoz, vid. Cej., *Voc.*; *fletar* 'alquilar' en Lope, Fcha. y en otros clásicos citados por *Aut.*][3], gall. *fretar* ya en las *Ctgs.* 267.30. *Fletador. Fletamento* o (ant.) *fletamiento* (*afletamiento* y *afretamiento* ya en las *Partidas*, *DHist.*). *Fletante. Fletear* 'transitar (una recua de mulas)' (en el argentino E. Wernicke, *La Prensa*, 29-XI-1942).

[1] El sinónimo raro *nólit* (Nebr.) o *nólito* (1440) se tomó del cat. *nòlit* íd. (1284; cat. *noli* 1394,

noliejar S. XIII), que procede indirectamente del gr. ναῦλον íd., vid. Corominas, *Homen. a Rubió i Lluch* III, 304-5; y para los datos cronológicos Colón, *Enc. Ling. Hisp.* II, 216.— [2] Nótese en esta forma, como en oc. ant., la conservación del diptongo etimológico. En el pasaje del *Otas* que ahí cito (fº 50rº, ed. Baird, 6.1) significa, empero, 'cargar (una nave)'.— [3] «Quedá a Dios *tiangues* bellos, / donde las de turca blanca / se van a beber *atole* / y a *fletarse* por dos cañas», hablando de Méjico, en Rosas de Oquendo, h. 1600 (*RFE* IV, 358), muestra el sentido de 'alquilarse' extendido en términos generales (V. lo dicho arriba de *flete*), a no ser que se trate de *fletarse* por 'frotarse' dicho obscenamente, vid. el artículo anterior. La extensión semántica americana ha dado lugar a una serie de acs. secundarias: 'soltar, espetar' en Chile y Perú, *fletarse* 'colarse' en la Arg., 'marcharse' en Cuba, Méjico y en algún autor español (Toro G., *BRAE* VIII, 497) (V. detalles en diccs. de americanismos).

Fleuma, V. *flema*

FLEXIBLE, tomado del lat. *flexíbílis* íd., derivado de *flectére* 'doblar, encorvar'. *1.ª doc.*: 1585, Fr. L. de Granada.

Poco frecuente aún en el Siglo de Oro: se halla también en el *Quijote*, pero falta en APal., Nebr., C. de las Casas, Oudin, Covarr., y no pertenece al léxico de Góngora.

DERIV. *Flexibilidad. Inflexible. Flexión* [1708, Palomino], tomado de *flexio, -onis*, íd., otro derivado del mismo verbo; *flexional. Flexor. Flexura. Flexuoso* [Góngora].

Circunflejo [Quevedo], tomado de *circumflexus*, participio de *circumflectere* 'describir una flexión alrededor'. *Inflexión* [*Aut.*], tomado de *inflexio, -onis*, 'dobladura', derivado de *inflectere* 'doblar'. *Reflejo* [Góngora; *Aut.* sólo desde Ag. de Salazar, † 1675; este vocablo y los siguientes son tardíos, faltan en el *Quijote* y en los diccionarios del Siglo de Oro], tomado de *reflexus, -ūs*, 'retroceso', derivado de *reflectere* 'doblar hacia atrás', 'volver a pensar en algo'; Tosca, 1708, trató sin éxito de aclimatar *reflectir* (ya escribió *reflectir* Juan de Mena: Ind. pres. 6 *reflecten*, V. el texto citado en Lida, p. 135), pero el idioma prefirió el derivado *reflejar* [ya Acad. 1817]. Modernamente y como término de física se ha introducido el anglicismo *reflectar*, al mismo tiempo que se tomaba *reflector* [Acad. después de 1884] del mismo idioma (o quizá por conducto del francés). *Reflexión* [1708, Tosca; sign. figurado, *Aut.*], de *reflexio, -onis*, íd.; *reflexionar* [*Aut.*]; *reflexivo* [h. 1700, I. de Ayala].

FLICTENA, tomado del gr. φλύκταινα 'pústula, vesícula', derivado de φλύζειν 'manar'. *1.ª doc.*: Acad. 1884, no 1843.

Flocadura, V. *fleco*   *Flogístico, flogisto, flogosis*, V. *flema*   *Flojel*, etc., V. *flojo*

FLOJO, del lat. FLŪXUS 'fluido', 'flojo, suelto, dejado caer', 'débil', 'blando', propiamente participio de FLŬĔRE 'manar'. *1.ª doc.*: *floxo*, Berceo, *Mil.* 153b, ms. *A*[1]; J. Ruiz, 523d; *floxamente*, *Conde Luc.*, ed. Knust, 68.3.

Está también *floxo* en APal. (76b, 131b) y en Nebr. («*floxa cosa en el cuerpo*: laxus, fluxus», «*floxo en el ánimo*»), y es frecuente en el Siglo de Oro y en todas las épocas del idioma. También port. *froixo* (o *frouxo*, por la equivalencia de *oi* y *ou* en este idioma), que está ya en el *Palmeirim* (1544) y en otros textos del S. XVI (Vieira, Moraes); cat. *fluix*, documentado por lo menos desde med. S. XV (B. Oliver, *Excitatori*, p. 52; J. Roig, *Spill*, v. 4097), y una vez en el XII (*fluis*, en forma aprovenzalada, en Guillem de Berguedá); en ambos idiomas con el mismo significado que en castellano; castellanismos parecen ser el bearn. *flouch*, gasc. *floche* [S. XVI] íd.[2], de donde el fr. *floche* [1611], aplicado solamente a la seda; también lo es el it. *flòscio*, que no aparece hasta Sassetti (en carta de 1581 desde Lisboa) y Buonarroti (1618), vid. Zaccaria[3].

Es inaceptable la etimología de Gröber, *ALLG* III, 508, a pesar de la aprobación de Schuchardt (*Roman. Etym.* I, 57) y M-L. (*REW*, 3375), según los cuales así el it. *floscio* como el cast. *flojo* vendrían del fr. *floche* '(seda) floja', que a su vez saldría del fr. ant. y med. *floche* 'copo, objeto velloso' [S. XIV], femenino correspondiente a FLŎCCUS 'copo de lana': claro está que es invertir los términos el derivar un adjetivo popular y básico en el idioma, como *flojo*, documentado desde el S. XIII (vid. *aflojar* y *deflojado*, abajo), de un término técnico de uso especialísimo, que aparece sólo en el S. XVII, como es el caso del fr. *floche*; éste, por el contrario, es el que ha de venir de España. Los escrúpulos fonéticos de M. L. Wagner (*RFE* XI, 270n.) contra el étimo FLUXUS son los que moverían ya a estos filólogos, pero estos escrúpulos carecen de solidez: la conservación del grupo FL- se debe al carácter moral del vocablo, que explica el triunfo de la pronunciación de las clases educadas, como ocurrió en *FLOR, FLACO* y otras palabras semejantes; en cuanto a la cantidad de la primera U de FLUXUS, aunque algunos diccionarios latinos aseguren que era larga (así Walde-H., pero no Ernout-M.), se fundan solamente en deducciones indirectas y dudosas; parece tratarse de un alargamiento secundario, que no se generalizó en romance (vid. *FEW*, *l. c.*), como lo indica la oposición entre el cast. *flojo* y el cat. *fluix* adj., y aun éste podría explicarse como semicultismo o por influjo del sustantivo culto FLUJO, cat. *fluix*.

En América, y particularmente en la Arg., *flojo* se ha hecho sinónimo de 'perezoso' y de 'cobarde', matices que se hallan ya en germen en ciertos usos españoles.

DERIV. *Flojedad* [-x-, A. Palencia, *Perfección*, p. 369b (Nougué, BHisp. LXVI); APal. 111d, 202d, 236d, 240d; Nebr.]; también se dijo *floxura* [*Rim. de Palacio*, 118; APal. 333b][4] y modernamente *flojera*, sobre todo en la Arg., donde significa 'pereza'. *Aflojar* [-x-, Berceo, *Loor.*, 22; *Partidas*; vid. Cuervo, *Dicc.* I, 243-4; *defloxado* 'flojo', *Alex.*, 32]. *Flojear. Flojel* 'plumón de pájaro para rellenar almohadas, etc.', 'pelillo que se saca del paño' [1273, inventario de Toledo: *RFE* VIII, 340; *fluxel*, invent. arag. de 1497: *BRAE* II, 89], lo mismo que el port. *frouxel*, ha de ser tomado del cat. *fluixell* íd. [1335, dicc. Alcover; doc. de 1416, en Moliné, *Consolat de Mar*, p. 356; *Spill*, vv. 526, 8469], diminutivo de *fluix* 'flojo' (no es convincente el étimo FLOSCELLUS 'la flor y nata', propuesto por Cornu, GGr. I, § 137, vocablo sin descendencia romance; en lo semántico comp. el tipo *FLŪXĬNA, derivado de FLUXUS, del cual proceden oc. *floissina* y fr. *flaine* 'funda de almohada', REW, 3392, y FEW s. v., y quizá, como galicismo, el port. *fronha*); *flojuelo* en Álava y la Rioja.

[1] «Fallaron con alma, alegre e sin daño / ... / Quando lo entendieron los que lo enforcaron / tovieron que el lazo *floxo* gelo dexaron». El otro ms., por lo común más arcaizante en la selección de palabras, trae *falso;* pero el ms. *A* es de princ. S. XIV.— [2] En el *FEW* III, 646-7, como si fuesen autóctonos, pero la f- y la o son pruebas inequívocas de extranjerismo. En el Valle de Arán se emplea *aluxá* por 'aflojar (los cordones, etc.)', cuya fonética parece autóctona, pero falta un adjetivo *lúx*, y en parte del valle se dice *fluxá:* probablemente el vocablo en todas sus variantes será catalanismo más o menos adaptado a la fonética local.— [3] Migliorini, *VRom.* II, 268, observa que *bioscio* (Panzini) no puede fonéticamente ser duplicado de *floscio* «iberismo no antiguo». En la jerga de Roma se emplea *froscio* 'afeminado' (*VRom.* I, 278n. 1).— [4] Hoy en Asturias 'debilidad en el estómago', 'falta de fuerzas físicas' (V).

Floqueado, floquecillo, V. *fleco*

FLOR, del lat. FLŌS, FLŌRIS, íd. *1.ª doc.*: orígenes del idioma: *flore*, h. 950, Glosas de San Millán; *flor*, Berceo, etc.

En este vocablo, como en el anterior, predominó la pronunciación de las clases educadas, en parte a causa de los numerosos tropos y empleos figurados, en parte por influjo de la letanía y el uso en oraciones; lo mismo ocurrió en el port. *flor*[1] (o *frol*); en este último idioma se ha conservado la forma rigurosamente popular *chôr* en el dialecto trasmontano y en derivados como *chorecer* 'florecer' (en Sá de Miranda), *chorudo, chorume* (Cornu, GGr. I, § 135); es posible que una

forma castellana paralela *llor* se conserve, deformada por etimología popular, en la variante *lloro*, en Cespedosa de Tormes, donde se dice que los cereales *ya están en lloro* cuando están floridos, como sugirió Sánchez Sevilla (*RFE* XV, 151); de ahí quizá Campoo *lloría* 'semilla y residuo de hierba que queda en el suelo del pajar' (G. Lomas, p. 320), aunque por el sentido no está claro. Sin embargo, se deberá estudiar mejor si un postverbal de *llorar* no sería semánticamente posible. El género, que en latín era masculino, se ha hecho femenino en todos los romances, exceptuando el sardo y el italiano (donde sin embargo se dice *la fiore* para 'la flor y nata'—Jaberg, *ASNSL* CLXX, 146—, y el femenino es general en las hablas it. del Noroeste). Para acs. especiales y usos fraseológicos, vid. *Aut.* y Acad. Algunas adiciones sueltas van a continuación. Para la locución *a flor de*, vid. J. Vising, *Donum Natalicium Oscar von Sydow*, 1933. *Entender la flor* 'entender el engaño, darse cuenta del lazo que le tienden a uno', p. ej. en Quevedo, *Buscón, Cl. C.*, p. 231 (muy frecuente en la forma germanesca *entrevar la flor*). *Traer por flor* 'hacer gala de un mal proceder', Pérez de Hita, *Guerras de Granada*, ed. Rivad., 533b[2]. En el sentido de 'menstruación de la mujer', está ya en Nebr.[3]; en bajo latín se documenta desde la primera mitad del S. XIII, y una denominación paralela, en las formas correspondientes, se conoce en lengua de Oc, francés, italiano, rumano, inglés, alemán, y en lenguas eslavas, bálticas y africanas: es probable, por lo tanto (aunque no puede descartarse del todo la vieja etimología FLUOR 'flujo'), que se trate de un uso metafórico de *flor*, sea por el color de la sangre o porque el menstruo se comparó a la flor que precede al fruto o niño; vid. Spitzer, *ASNSL* CXXXIX, 89-94, y *Mém. de la Soc. Néophilol. de Helsingfors* VII, 255; Sainéan, *Sources Indig.* II, 337.

En la Arg., *flor* se emplea como adjetivo aplicado a campos y vegetales en el sentido de 'fértil, fecundo', 'lozano' (*un campo flor*, R. Hogg, *La Prensa*, 8-IX-1940; *33000 hectáreas de campo flor*, y frases análogas, en anuncios judiciales, p. ej. *Los Andes*, 1-XII-1940; *vieran qué parral más flor*, en el mendocino L. Ceriotto), con lo cual debe de relacionarse la frase adjetiva del lenguaje gauchesco *de mi flor* 'excelente, inmejorable'[4].

DERIV. *Flora* 'conjunto de las plantas de un país' [Acad. 1884, no 1843], del nombre de Flora, diosa de las flores en latín. *Florar; florada* arag.; *floración*, cultismo. *Floral*, íd. [Terr.]. *Floraina gnía.* [1609] 'engaño', vid. arriba *flor* en el mismo sentido. *Florear* [1609, J. Hidalgo]; 1626, Céspedes]; *floreado; floreo* [APal. 10d]. *Florecer* [Berceo], de FLORESCĔRE 'empezar a florecer'; *florecedor; floreciente*, con el superlativo culto *florentísimo; florecimiento*, y el culto *florescencia; florido* [h. 1330, *Conde Luc.*], correspondiente a un infinitivo arcaico *florir*, lat. FLORĒRE, que es el que se ha conservado en todos los romances salvo el castellano y el portugués; *floridez*. *Florero*. *Floreta* [1680, en *Aut.*]. *Florete* 'espadín embotado' [*Aut.*], tomado del fr. *fleuret*, y éste del it. *fioretto* íd., que al parecer designó primero el botón que cubría la punta del florete y luego el arma misma[5]; en la ac. adjetiva 'de primera calidad (papel, azúcar)' [*Aut.*], del cat. *floret* 'la flor y nata, la flor de la harina, etc.'; *floretear*, *floreteo*; *floretista*; y vid. *FIRULETE*. Gall. *chorimas* (o *choridas* y *chirimas*) 'las flores del tojo' en la Sierra del Seixo (entre Pontevedra y el Sur de Lugo), donde se oye también en la copla *D'aquela banda do rio / dein un abrazo a un toxo rechorido / a um rechorido toxo* (Sarm. *CaG.* 206v, 207r, 215v); el orensano A. García Ferreiro es autor del libro de poesías *Chorimas* (1890). *Florín* [1374, invent. arag., *VRom.* X, 155; *Canc.* de Baena, W. Schmid; 1414, doc. de Toledo], adaptación del it. *fiorino* [1252] por conducto del cat. *florí* [1346, Mateu], que fué primitivamente el nombre de una moneda florentina marcada con el lirio de los Médicis (Terlingen, 290-1); deriv. independiente and. or. *florín* 'vulva', el cual más bien será alteración de *forín*, diminutivo de *furo*, 'agujero' (vid. *HORADAR*) con repercusión de líquida ayudada por la etimología popular; quizá reliquia mozárabe, a juzgar por la *f-* y la falta de *-o*. *Florista*. *Florón* [se hallaría ya en doc. de 1495, de la colección guadalajareña a cuyos problemas me he referido s. v. *ESCARPIA*, etc.; 1640, Ovalle, Saavedra F.], tomado del it. *fiorone* íd. (de donde procede también el fr. *fleuron* [1302]. *Flósculo* [h. 1800, Jovellanos, en Pagés; Acad. 1884, no 1843], tomado del lat. *flosculus*, diminutivo de *flos*. *Aflorar* 'apurar algo para sacar su flor o parte selecta' [princ. S. XV, E. de Villena, *DHist.*]; 'salir a la superficie' [Cortázar, 1875; Acad. después de 1884], en esta ac., tomado del fr. *affleurer* [1379]; *afloramiento*. *Desflorar* [Fuero de Vizcaya, S. XIV?, en *Aut.*; Nebr.]; *desfloración*; *desfloramiento* [Nebr.]. *Desflorecer* [Nebr.]; *desflorecimiento* [íd.] *Eflorecerse*, tomado de *efflorescere* 'abrirse las flores'; *eflorescente*; *eflorescencia*. *Enflorar*. *Enflorecer*. *Transflorar* [1708, Palomino, *Aut.*]; *transflor*; *transflorear* [*Aut.*]. *Inflorescencia*.

CPT. *Flordelisar*, comp. *lis*, s. v. *LIRIO*. *Floricultor* [Acad. 1884, no 1843], *floricultura* [íd.], formados según el modelo de *agricultor*, *-cultura*. *Florífero*. *Florígero*. *Florilegio* [Terr.; Acad. 1884, no 1843], formado con el lat. *lĕgĕre* 'coger (flores, etc.)', según el modelo del gr. ἀνθολογία, de componentes paralelos.

[1] *Frol* era lo normal según la fonética histórica del idioma, aunque en portugués ha predominado la forma culta; en gallego luchan ambas, pero *frol* ha conservado más vitalidad que en Portugal. En todas partes el vocablo es muy rico en acs. traslaticias, comparables a la cast. *dar en la flor*

de... 'tener la gracia'. Con arreglo a la morfología gallega el plural de las voces en vocal tónica más *-l* es en buena parte o todo el territorio en vocal + *s*: *fel*: *fes*, *cuadril*: *cuadrís*, luego *frol*: *fros*. Parece que como concreción y extensión de aquellas acepciones figuradas *fros* ha tomado el sentido de 'trebejos', 'hato', que ya registró Vall. en su Supl. y que Eladio Rdz. precisa: «trebejos, trastos, utensilios caseros», «hato, conjunto de ropas precisas para el uso», aunque en estas acepciones ha pasado a ser del género masculino y no se emplea en singular. Seguramente empezando por un valor despectivo-indignado o desaprobador se diría también *non des òs fròs* 'no muevas los hombros' (< 'deja quietos tus trebejos'), de donde habrá acabado por tomarse *os fròs* como sinónimo de 'los hombros', registrado primeramente por Vall. (no Sarm., ni Cuveiro, etc.) así en dicha frase como en calidad designativa: sólo lo veo confirmado por Carré[3] (*frós*) y Eladio Rdz. Todavía habría que estudiar mejor una idea que he desechado provisionalmente como demasiado audaz y poco verosímil. Que tengamos en este nombre de los hombros una palabra del substrato sorotáptico. Hay una raíz indoeuropea BHREN- 'descollar, destacarse, dar frente' de donde procede sin amplificación consonántica el irl. ant. *braine* y córn. *brenniat* 'proa de un barco', 'canto, borde', y con varias amplificaciones (-T-, -D-, etc.) el letón *bruô dinš* 'cumbrera del tejado', ags. *brant* 'alto, escarpado' y el lat. *frons*, *frontis* 'frente' (Pok. *IEW* 167): las formas célticas parecen reflejar una base BHRONI-, algo análogo a lo que correspondería en plural un sorotáptico *FRONES 'lo alto de algo' > 'los hombros'. Pero aunque no parece que esto pudiera dar otra cosa que *fros* en gallego, me siento muy escéptico. Además sólo los especialistas en dialectología gallega pueden despejar la cuestión definitivamente explicando: 1.º qué extensión dialectal y qué matiz fraseológico y afectivo tiene ese *fros* 'hombros', 2.º el timbre de la vocal, 3.º en qué medida el área del vocablo coincide con los plurales del tipo *-ós* < *-ONES* y *-ós* < *-OLES*.— [2] «Mira, Jarifa, cuánta es la malicia de los que esto usan y *traen por flor*...» Comp. en el *Buscón* (276.2): «Dejo de referir otras muchas *flores* porque, a decirlas todas, me tuvieran más por ramillete que por hombre...», y *tener por flor* en la Acad.— [3] La primera edición trae la forma «*flos de la muger*: menstruum», que quizá es mera errata, enmendada ya en PAlc.— [4] «Después de eso una estacada / de ñandubay *de mi flor*, / tan pareja y tan fornida...», Ascasubi, *Santos Vega*, v. 804. Ejs. de Leopoldo Lugones, en *BRAE* IX, 719, donde se cita uno andaluz de Juan Valera [?]. Pero quizá es alteración de un *de mil flores*, con caída disimilatoria de la primera *l*, y paso de *flores* a *flor* a causa del supuesto singular *mi*, comp. la frase *como mil flores* para explicar «el primor, gracia y aseo de alguna cosa», ya citada por *Aut*.— [5] De ahí parece derivado del antiguo *floretada* «talitrum in frontem», 'papirote dado en la frente', pero es extraño que ya aparezca en Nebr. (de ahí pasó a Oudin).

FLORESTA, 'selva o monte espeso y frondoso', 'lugar ameno poblado de árboles', tomado del fr. ant. *forest* f. (hoy *forêt*) 'selva', de origen incierto, quizá de un fráncico *FORHIST, colectivo de FORHA 'pino' (a. alem. ant. *forha*, alem. *föhre*, ags. *furh*, ingl. *fir*, escand. ant. *fura*, íd.). *1.ª doc.*: J. Ruiz, 1289c («anda muy mas loçano que pavón en *floresta*»), 1475a; Cej. IX, § 162.

Floresta es frecuente en el *Canc.* de Baena (W. Schmid). También Nebr. «*floresta:* viretum; nemus», y a menudo en los libros de caballerías, siempre con el sentido de 'bosque grande y espeso', que todavía conserva en *G. de Alfarache* (en pasaje que imita y menciona estos libros) y en la mayor parte de los pasajes del *Quijote* («passavan sin dormir muchas noches en las *florestas* y despoblados», «hallaron una *floresta* o bosque, donde don Quixote se emboscó»). Pero en castellano, gracias al accidente fonético de la repercusión de líquida, *foresta* se cambió en *floresta*, forma afianzada gracias al influjo de *flor*, y desde entonces este extranjerismo literario empezó a sufrir en el uso común la acción semántica de este vocablo, y se tendió a aplicarlo no a una selva áspera, sino a un lugar deleitoso, cubierto de árboles, pero también de flores; evolución que ya se inicia en Nebr. (1.ª ac.) y en el *Quijote* («una apazible *floresta* de tan verdes y frondosos árboles compuesta», I, cap. 50, fº 263), y está ya consumada en autores de fines del mismo siglo (vid. *Aut*.). Hoy la Acad. no reconoce ya otra ac. que ésta y la figurada 'reunión de cosas agradables y de buen gusto'. El vocablo francés pertenece a la terminología oficial y administrativa desde la época merovingia [648], y de allí pasó al bajo latín y se extendió a todos los idiomas vecinos: ingl. *forest*, alem. *forst* [h. 800], it. *foresta* [Aebischer, *ZRPh*. LXI, 122-5], cat. ant. *forest* f. [o *aforest*, con el artículo aglutinado, muy frecuente ya en R. Lulio, fin S. XIII; más ejs. *BDLC* VIII, 179-80], port. *floresta*.

La etimología del fr. *forêt* se ha discutido por mucho tiempo y todavía no es posible pronunciarse de un modo definitivo acerca de la propuesta últimamente por Gamillscheg (*R. G.* I, 212 y n.) e indicada arriba, que tiene sobre las demás la ventaja de explicar satisfactoriamente la terminación, bien documentada en germánico y en fráncico con valor colectivo[1], al mismo tiempo que aclara el radical en forma convincente; el germanista W. Bruckner la declara definitiva en su reseña de *VRom*. I, 142, y personalmente me inclino por el mismo parecer. Sin embargo cf. el oc. a. *forest* 'caserío en despoblado' que cito en *FUERA* y la

objeción de Wartburg (en Bloch-W.), que desde luego no es de las que no tengan réplica. Para las etimologías anteriores, véase especialmente Baist, *Zeitschr. f. dt. Wortforschung* XII, 235ss.; y W. Kaufmann, *Die galloromanischen Bezeichnungen für den Begriff Wald*, Zürich, 1913; y *FEW* III, 708-10.

DERIV. *Florestero* 'el guardián de un bosque' [1532, Feliciano de Silva]. *Forestal* [Acad. 1884, no 1843], tomado del b. lat. *forestalis*, derivado del fr. ant. *forest*.

[1] En romance el vocablo tomó el género del lat. *silva*, al cual venía a sustituir *forest*.

Floreta, floretada, floretazo, florete, floretear, floreteo, floretista, floricultor, floricultura, floridez, florido, florífero, florígero, florilegio, florín, V. *flor*

FLORIPONDIO 'nombre de varios arbolitos sin fruto, del género Datura, oriundos del Perú y hoy extendidos por casi toda América, que producen una gran flor solitaria, de olor delicioso, sobre todo de noche, pero perjudicial si se aspira mucho tiempo', compuesto de *flor* con un segundo elemento de origen incierto. *1.ª doc.*: 1590, J. de Acosta; 1607, Oudin; también en Ovalle, 1644, y según Malaret, *Semánt. Amer.*, 99, en A. de Herrera, 1601.

Hoy se extiende desde el Uruguay y el NE. argentino, Bolivia y el Perú por todos los países de la costa occidental hasta Méjico y a Cuba y Venezuela. Hay las variantes *floripón* (Uruguay, Arg.[1] y S. de Colombia), *florifundio* (en ciertos estados de Méjico: Guanajuato, Guerrero, Oajaca y Querétaro, según R. Duarte y *BDHA* IV, 289), *floricundio* (Yucatán) y *floripundia* (Guatemala y Nicaragua: Cuervo, *Obr. Inéd.*, 194), todas las cuales, excepto la primera, se explican como deformaciones vulgares de un cultismo. Parece formación latinizante creada por algún naturalista, con lo cual coincidiría la observación de Acosta de que «algunos» le dan este nombre. Pero no está claro cuál sería el segundo componente de la palabra, ya que *pondus, -ĕris*, 'peso', no es muy apropiado al sentido: difícilmente podrá decirse que una flor sea pesada por grande que sea[2]. Para la terminación comp. la voz *garipundio* empleada tres veces por Lope, una de ellas en una lista de vocablos culteranos, *BRAE* XXVIII, 139 (epíst. 11.ª, v. 207, *Obras Sueltas* I, 425).

[1] Principalmente en el Nordeste (Segovia). En el Oeste arg. creo que el floripondio es poco conocido; sin embargo hallo también *floripón*, en rima, en una copla popular recogida en Mendoza y S. Juan (Draghi, *Canc. Cuyano*, p. 93).— [2] A pesar de que es árbol originario del Perú no hay que pensar en un origen quichua en cuanto al primer elemento, ni aun suponiendo que se trate de una deformación de un vocablo de este idioma por influjo del cast. *flor;* pues no sólo es ajena

al quichua la letra *f*, sino también los grupos iniciales de consonante más líquida. Sin embargo, es lícito plantear la cuestión de si es un híbrido. Ahora bien, *-puni* es sufijo quichua muy frecuente: pospuesto a verbos y pronombres es enfático, junto a sustantivos tiene también este valor y el de identificación, y sufijado a adjetivos les da un valor de superlativos absolutos: *wasipúni* 'la casa inconfundiblemente', *miḷaịpúni* 'feísimo'. Pronto empezaron a hablar muchos indios peruanos una mescolanza de quichua y castellano, a la cual se refieren ya Concolorcorvo y el propio Inca Garcilaso, y de la cual hay actualmente numerosas manifestaciones en el Norte argentino, en Bolivia y Perú—p. ej. *vidala*, hipocorístico de *vida* con sufijo quichua, de donde el diminutivo doble *vidalita* y luego *vidalítay* 'vidita mía', con nuevo elemento quichua; *picana* 'aguijada', de *picar* con sufijo instrumental de la misma procedencia—; en este lenguaje híbrido, empleado para entenderse con los conquistadores, no sería sorprendente que hubiera surgido de una manera más o menos ocasional una formación *floripuni* (paralela a *wasipuni, apipuni, simipuni* y tantos otros) para decir 'la flor misma, la célebre flor, la flor por excelencia', de donde saldría la forma hoy rioplatense y colombiana *floripón*, difícil de explicar como alteración de *floripondio*; éste, por otra parte, sería latinización debida a un naturalista. Por lo demás, nada de esto se halla en los diccionarios quichuas bajo los varios nombres de la 'flor' (*aịna, waịta, sisa, tika*), pero el hecho es que no logro hallar el nombre quichua del floripondio (falta en Abregú, y en el Vocab. Cast. Quich. de Ayacucho y Junín por los Franciscanos). Tampoco creo que se trate del aimará *panti* 'flor'. Pero acaso *floripondio* no sea, al fin y al cabo, más que la deformación del adjetivo *floribundus*, que se emplea en la terminología científica de los botánicos (p. ej. *thymus floribundus* 'tomillo salsero', Colmeiro IV, 325). Hoy *floripondio* se emplea en Buenos Aires y en otras partes en el sentido figurado de 'adorno presuntuoso y llamativo'. En Bogotá, además de la ac. 'adorno presuntuoso y llamativo' (*ciertos predicadores gustan de emplear mucho floripondio*), me dicen que tiene empleo concreto como nombre de cualquier flor de gran tamaño.

Florista, florón, V. *flor   Floronco,* V. *hurto Flósculo,* V. *flor*

FLOTA, tomado del fr. *flotte* íd., y éste del escand. ant. *floti* 'escuadra, flota', 'balsa, almadía' (del verbo escand. *flȷóta,* ags. *flêotan,* a. alem. ant. *fliozan,* alem. *fliessen,* que significan 'flotar' y 'manar'). *1.ª doc.*: h. 1260, *Partidas*[1].

Aparece también en la *1.ª Crón. Gral.* 21a52, 661a45, en el Poema de Alfonso XI (h. 1350)[2], en el glosario del Escorial (h. 1400: «clasis: *flota* o

navío»), en APal. («conclassare es ayuntar *flotas*», 89b; también 297b), en Nebr. («*flota de naves juntas:* classis») y es muy común desde el descubrimiento de América. En francés antiguo se citan más ejs. de *flotte* en la ac. 'grupo de personas, animales, cosas' que en la que nos interesa, pero esto puede ser debido al hecho de que aquella ac. no es común, como la otra, en el idioma literario moderno y por lo tanto llamó más la atención a los lexicógrafos del francés antiguo, que, como Godefroy, sólo se proponían al principio explicar palabras difíciles para el lector moderno. Se ha citado, sin embargo, y repetidamente, un ej. de la *Chançun de Guillelme* (h. 1060) donde *flote* es ya escuadra de naves, pero algunos (p. ej. Bloch) objetaron que ahí podría tratarse de una especialización ocasional de significado. De ahí que muchos filólogos afirmaran que, en francés, *flotte* 'escuadra' es hispanismo (así Schmidt, *BhZRPh.* LIV, 124-5, en su libro sobre los hispanismos del francés), y que la mayoría se preocuparan más de buscar un étimo para la ac. genérica 'grupo de cosas', que parecía el significado básico. Un resabio de esta tradición persiste en los diccionarios de M-L. y Wartburg, pues aunque éstos (siguiendo una de las desafortunadas etimologías de Brüch) ya admiten el étimo germánico arriba citado en el caso de *flotte* 'escuadra' (3383a; III, 640), siguen buscando aparte la etimología del vocablo en su ac. general (3385; III, 641); esta etimología sería el lat. FLUCTUS 'fluctuación, movimiento', que si es sumamente inverosímil en su aspecto semántico, fonéticamente obliga al temerario supuesto de que el francés lo tomó de Italia en la época merovingia, cuando todavía FL- no se había convertido allí en *fi-*.

Ahora bien, el fr. ant. *flotte* en su sentido náutico es mucho más frecuente de lo que suele creerse, pues Jal cita varios ejs. en Guillaume Guiart (1307), que deberán verificarse; pero desde luego es seguro el de Benoit, *Chronique des Ducs de Normandie* (h. 1170)[3]. Luego se impone sacar la conclusión de que *flotte* 'grupo de seres o cosas' no es más que una aplicación figurada de *flotte* 'escuadra', y que el vocablo pasó desde Francia a Italia, donde es mucho menos frecuente. Y no queda, por lo tanto, obstáculo que se oponga a la etimología escandinava de A. Sjögren, *Rom.* LIV, 387-9, admitida por Wartburg, puesto que el escand. ant. *floti* (= alem. *flosse* 'almadía') tenía ya el sentido de 'escuadra, flota' y además el de 'almadía' (Cleasby - Vigfusson), que también se halla en francés antiguo, desde el S. XIII. Como en tantos términos náuticos el vocablo se propagó de allí para el Sur: lo hallamos ya en dos textos medievales de Burdeos, de donde pasó al castellano y al port. *frota*. En la ac. 'muchedumbre de cosas o personas' el vocablo se propagó también a los tres romances hispánicos (en castellano, ya en Pedro Tafur, h. 1440, Cej., *Voc.*; en Fr. L. de Granada; el P. Sarmiento se agregó en 1746 a una *flota* de 120 animales que porteaban cada uno 6.000 pesos desde el Ferrol a Madrid (*CaG.* p. 39). En italiano la ac. 'escuadra' parece ser de origen hispano-portugués, pues aparece primeramente a fines del S. XV y principios del XVI, en traducciones de estos idiomas o en escritos redactados en la Península Ibérica (Zaccaria). Del romance se propagó también al bajo y altó alemán [1368, vid. *MLN* XXXVI, 485-6].

Deriv. *Flotilla* (pasó al fr. *flotille*, ya en 1723, al it. *flottiglia*, alem. *flottille*, etc.). *Flotar* [1525, Woodbr.; 1587, G. de Palacio, *Instr.*, 144rº; 1607, Oudin, desde donde pasó a Minsheu; pero falta en Covarr., que sólo habla de *flotar* 'frotar', aunque lo derive de *fluctuare*, y falta todavía en *Aut.*; Terr.], tomado del fr. *flotter* íd., que parece derivar del fráncico *FLOTAN[4] (neerl. med. *vloten* 'ir en barco', 'nadar'), vocablo germánico de la misma raíz que el escand. *floti* estudiado arriba, vid. *FEW* III, 638-40[5]; *flotable*; *flotación*; *flotador*; *flotadura*; *flotamiento*; *flote* [1478, Woodbr.].

[1] «La primera es *flota* de galeas e de naves, con poder de gente, bien assí como la grand hueste, que faze camino por la tierra», II, xxiv, 1, cita de Jal.— [2] «Las vuestras *flotas* guarnidas / que vos guardan los puertos, / por tormenta son perdidas, / e muchos christianos muertos», 1119*a*. Reaparece en la forma aportuguesada *frota* en 1117*d* y 1126*b* («las *frotas* de la mar»).— [3] «—Cent nex arriva, ce m'est vis, / er seir au port de Veneris. — / ... / L'evesque a la merveille oïe / ... / enveie au port e a la mer / por si faite chose esprover. / Cil virent la *flote* au rivage / e tante nef e tante barge / dum moct furent espoentez», v. 1329, ed. C. Fahlin.— [4] Este fráncico *FLOTAN es muy arriesgado: M-L., que sigue a Brüch, parte del ags. *flotian*, que por lo que dice Skeat s. v. *float*, parece ser poco frecuente y derivado secundario; Wartburg, tanto en *FEW* III 638-40, como en Bloch-W. se abstiene de postular un verbo fráncico y solamente parte del neerl. med. *vlot* 'flots', *vloten* 'être emporté par le courant, couler, nager', y encabeza su artículo con un «alt. nied. frk. *FLOT- 'das fluten (levantar olas), strömen (manar), treiben (poner en movimiento)'». Como observa Skeat, este neerl. med. y mod. *vloten* parece ser derivado de *vlot*, único que tiene afines fuera del neerlandés; y de hecho el vocalismo *o*, que parece natural en un sustantivo derivado de una raíz indoeuropea en (E)U, no lo parece nada en un verbo. Como en francés el subst. *flot(s)* es aproximadamente tan antiguo como el verbo *flotter* (éste ya en el Roland, pero aquél en Wace, Chrétien y otros del S. XII, vid. Godefroy, y hay variante en -*ue*- también en el S. XII) no es inverosímil que lo único heredado del fráncico sea el sustantivo *flot(s)* y que *flotter* sea derivado románico de éste, o bien una combinación romano-germánica FLUCTUARE × fráncico FLOT.— [5] Las dificultades

para derivar del lat. FLUCTUARE son insuperables: hubiera dado *llochar en castellano, y *floitier en francés.

Flotar 'frotar', V. *fletar*   *Flueco*, V. *fleco*

FLUIR, tomado del lat. *flŭĕre* 'manar, correr, escurrirse (un líquido)'. *1.ª doc.*: 1709, Tosca.

Latinismo poco frecuente, estrictamente propio del lenguaje escrito. Son también cultismos sus derivados, algunos de uso más frecuente.

Deriv. *Fluente* [1580, F. de Herrera]; *fluencia*. *Fluctuar* [Boscán (C. C. Smith, *BHisp.* LXI); Covarr.; Lope], del lat. *fluctuari* 'agitarse (el mar)', 'ser llevado de una parte a otra por las olas', derivado de *fluctus, -ūs*, 'ola', y éste de *fluere*; *fluctuación* [APal. 143*d*]; *fluctuante*; *fluctuoso* [J. de Mena, *Lab.* 12*a*]. *Flúido* [1555, Laguna; los poetas de princ. S. XIX, y ya Jovellanos, lo cuentan como trisílabo acentuado en la *u*: Cuervo, *Obr. Inéd.*, p. 310; pero la pronunciación popular *fluído* tiene gran extensión, sobre todo en el uso industrial], de *flŭĭdus* íd.; *fluidez*. *Flujo* [*Fluxo*, APal. 41*d*, «balaustia son las cabeças de las granadas, que valen contra el *fluxo*»; también 51*d*, 113*d*, 246*b*; frecuente desde el S. XVI; en la ac. náutica, 1587, G. de Palacio, *Instr.*, 147vº: «marea se llama el *fruxo* y *refruxo*»; nótese la variante *flux de sangre*, que *Aut.* califica de barbarismo], en la ac. 'emisión de un líquido orgánico' es descendiente semiculto del lat. *fluxus, -ūs*, 'acto de manar un líquido', comp. cat. *fluix*, port. *froixo*, de igual sentido que la voz castellana, y demás formas romances citadas en el *REW*, 3394, y para la vocal tónica comp. FLOJO. *Flúor* [Acad. 1884, no 1843], de *fluor, -ōris*, 'flujo'; *fluorina* o *fluorita* [íd.]; *fluorescencia* [Acad. después de 1899]; de donde el compuesto *fluorhídrico*. *Fluvial* [h. 1440, A. Torre (C. C. Smith); Covarr.], de *flŭvialis*, íd., derivado de *fluvius* 'río'. *Fluxión* [1555, Laguna], de *fluxio, -onis*, 'acto de correr un líquido'; *fluxible*, *fluxibilidad*.

Afluir [1849-62, Fernán Caballero], de *afflŭĕre* íd.; *afluente* [1772, Baíls; *DHist.* y Cuervo, *Dicc* I, 245*a*]; *afluencia* [1515, Fz. Villegas (C. C. Smith)]; *aflujo* [1599, L. Mercado].

Confluir [h. 1444, J. de Mena], de *conflŭĕre* íd.; *confluente*; *confluencia*.

Defluir. Difluir; difluente; difluencia.

Eflujo. Efluvio [Nieremberg, † 1658], de *effluvium* 'acto de manar'; *efluxión*, *eflujo* ant.

Influir [parece hallarse en Mena, según M. R. Lida, p. 260; 1499, H. Núñez de Toledo; falta APal., Nebr., C. de las Casas, Covarr., pero está ya en Quevedo y hay otros ejs. del Siglo de Oro, aunque entonces son más frecuentes los sustantivos derivados], de *inflŭĕre* 'desembocar en, hacer irrupción, penetrar', aplicado en la Edad Media a la influencia de los astros; *influencia* [Corbacho (C. C. Smith); Fr. L. de Granada, † 1588; ya en

Cervantes y Góngora y frecuente en el Siglo de Oro][1]; *influjo* [Boscán (C. C. Smith), F. de Herrera, *RFE* XL, 162; 1605, *Quijote*; 1618, Góngora; y en muchos clásicos], de *influxus, -ūs*, íd.; *influyente*, antes *influente*.

Refluir; refluente. Reflujo [*refruxo*, 1587, G. de Palacio, 147v°; *refluxo*, Góngora].

Superfluo [Mena, *NBAE* XIX, 122a; *superfluidad* [h. 1440, A. Torre (C. C. Smith); APal. 18d; Nebr.]; *superfluencia.*

[1] El derivado galicista *influenciar*, rechazado por la Acad. y por los buenos escritores en general (Cuervo, *Ap.*, § 892), conserva sin embargo mucho uso en España y en América. En su lugar se emplea *influir* como transitivo, única construcción que la Acad. reconoce a este verbo; pero la intransitiva es también irreprochable, y figura ya en la 1.ª ed. de la Acad. con la autoridad de Pinel y Monroy (1676).

Flujel, V. *flojo*   *Flujo*, V. *Fluir*

FLUX, 'en ciertos juegos, la circunstancia de ser de un mismo palo todas las cartas de un jugador', del cat. *fluix* 'flujo', 'abundancia', o del fr. *flux* íd. y 'flux', ambos del lat. *fluxus* 'acto de manar un líquido' (comp. *FLUIR*). *1.ª doc.: fazer flox* 'soltar (a un animal)', Fuero de Tudela, S. XIII o XIV[1]; *flux*, como nombre de un juego, 1539, A. de Guevara.

En este autor se menciona como juego propio de los catalanes[2], y aunque los dicc. apenas traen *fluix* como voz catalana en este sentido (salvo Alcover [fin S. XV] y Escrig, que no es fidedigno), podemos creer, en vista del estado de la lexicografía catalana, que es voz poco conocida que se anticuó. En francés hallamos *flux*, desde 1490, en el mismo sentido que en castellano, y también como nombre del juego mismo donde podía darse el lance del flux, es decir, tal como emplea el vocablo Guevara; pero no se olvide la expansión internacional de la terminología catalana de los juegos de cartas (vid. *NAIPE*). He aquí los textos franceses: «En sommes nous là? —dist Panurge. —Passe sans *fluz*!» (III, cap. 35, p. 160), lo que Plattard explica «passons outre!; expression employée par le joueur à qui manquaient des cartes de même couleur»; y Sainéan (*La L. de Rab.* I, 416, 284, 286): «passe outre, ne t'en soucie guère (le coup étant nul)». Él mismo cita ej. de *jouer au flux* en Eloy d'Amerval a princ. S. XVI y hace referencia a un ej. del XV. En autores clásicos castellanos *flux* es frecuente como expresión proverbial de una situación gananciosa[3], o en otras expresiones literales y metafóricas que aluden evidentemente al lance referido arriba, vid. Aut. y Fcha.; de ahí también el colomb. y cub. *flux* 'terno de pantalón, chaleco y chaqueta de una misma tela' (Cuervo, *Ap.*, § 520). Como el que hacía flux lo ganaba todo, *hacer flux* se dijo irónicamente del que «consumió y acabó enteramente

con alguna cosa, como su hacienda y la ajena, quedándose sin pagar a nadie» (*Aut.*), y de ahí 'quebrarse, acabarse una cosa' en el Maestro Correas (1627); *quedarse aflús* en la Arg. es 'sin nada', Tiscornia, *M. Fierro coment.*, 371.

En el *Lazarillo* del aragonés Juan de Luna (1260) *hacer flux* es 'ventosearse', y esta frase, así como la citada arriba del Fuero de Tudela, parecen ser préstamos al adjetivo cat. *fluix* 'flojo, blando' (de donde *afluixar-se* 'ventosearse').

[1] «Qui encarnizare baca, buey, thoro o quoalquiere otra bestia, et fiziere algun daynno... non es aylli pena ni periglo alguno, si doncas el tenedor o tenedores de la cuerda maliciosamente non fiziessen *flox* o soltura». Cita de Tilander, p. 298.— [2] «Es privilegio de la galera que allí todos tengan libertad de jugar a la primera de Alemania, a las tablas de Borgoña, al alquerque inglés, al tocadillo viejo, al parar ginovisco, al *flux* catalán, a la figurilla gallega, al triunfo francés, a la calabriada morisca, a la ganapierde romana, al tres, dos y as bolonés», *Arte de Marear*, cap. 8.— [3] En el *Estebanillo González* (1646) se dice de una mujer de vida alegre que es «más batida que una estrada, / más navegada que el Sur, / más combatida que Rodas, / más gananciosa que un *flux*» (Rivad. XXXIII, 354). «Viendo sus naipes, hallólos todos de un linaje y con el alegría de ganar la mano, dijo en el mismo punto: —...tengo *flux*» (*G. de Alfarache, Cl. C. I, 140.9*).

Fluxibilidad, fluxible, fluxión, V. *fluir*

¡FO!, interjección con que se indica asco o se expresa sentir mal olor, amer., canar., and., ast., de creación expresiva. *1.ª doc.:* 1836, en el cubano Pichardo (1875); 1846, en S. de Lugo, como voz de Canarias.

Cuervo, *Ap.*, § 473; Toro G., *RH* XLIX, 454; *BRAE* VII, 336; Pérez Vidal, 107-8. Vigón lo da como asturiano. En América se extiende desde Chile a Méjico y las Antillas, al parecer en todas partes excepto la Arg. Figura en obras de los andaluces Fernán Caballero y Muñoz Pabón. Es también gallega, y usual en el portugués de Madera. Tiene antecedentes lejanos: *fufae* «interjectio mali odoris» en el *CGL* IV, 240.2, y el lat. *fu*, gr. φεῦ, interjección de desdén o aversión (fr. *fi*). Con el mismo valor figura *po* en *Guzmán de Alfarache* (*Cl. C.* III, 166.26), que también corre en Cuba (Pichardo) y en gallego (*pó, pó, pó* para abominar de una cosa sucia, y *facer o pó pó* 'excretar' hablando de los niños, Sarm. *CaG.* 66v), también gall. *fô* interjección de asco (íd. ib. 191r); *pu* o *puf* [1625, P. Espinosa, *Obras*, p. 196.15] en otras partes. Con valor diferente: ¡*pum*!, que expresa una explosión.

FOBIA, 'aversión apasionada contra algo', extraído de compuestos como *hidrofobia, anglofobia, claustrofobia,* etc., formados con el gr. φοβεῖσθαι 'temer'. *1.ª doc.:* Acad. 1925 o 1936.

Fobia, V. *hoya*

FOCA, tomado del lat. *phoca* y éste del gr. φώκη íd. *1.ª doc.:* Covarr.; 1626, Lope, *La Circe,* III, v. 283; 1663, Gómez de Tejada.

El antiguo nombre popular fué *buey marino,* según APal. 165*b;* hoy se llaman *lobos marinos* en la Arg. y en Chile; en otros romances VITELLUS MARINUS o VITULUS MARINUS (*REW,* 9406; cat. *bellmarí* > arag. ant. *belmarín,* invent. de 1397, *BRAE* IV, 217, n.º 19); el cat. *bellmarí* es préstamo del mozárabe, donde ya el malagueño Aben-Albeitar (II, 117*d,* med. S. XIII) nos describe como una foca un animal que en el Magreb se llama *al-bäl marîn,* aunque los manuscritos vocalizan defectuosamente *albul marîn* en B, *alb-l morîn* en A: cita de Dozy, *Suppl.* I, 107 y aunque éste da una interpretación (insostenible en lo semántico) *pollo marino.* Por lo demás, como algunos viajeros árabes de la India dicen que la foca recibe en aquellos mares un nombre que se traduce por 'viejo del mar' quizá la base sea más bien VETULUS que VITULUS, a no ser que hubiera calco en árabe de la equívoca expresión romance.

Focal, V. *fuego*

FOCÉIFIZA, 'especie de mosaico que se halla en la arquitectura musulmana de España', del ár. *fusáifisa* íd. *1.ª doc.:* Acad. 1884, no 1843.

Según Acad. 1884 se ve en la mezquita de Córdoba y otros monumentos hispanomusulmanes. Aunque la Acad. no acentúa el vocablo, la estructura de la voz arábiga no permite otra acentuación que la esdrújula. Para el vocablo arábigo, vid. Freytag; Belot; Dozy, *Suppl.* II, 266*b;* según aquél en árabe podría venir del gr. ψῆφος 'guijarro'. En español ha de ser arabismo culto, de arqueólogos (no está en Lz. de Arenas, 1633).

Focete, V. *hoz* I   *Focilar,* V. *fusil*   *Focín,* V. *hozar*   *Focino,* V. *hoz* I   *Foco, fóculo,* V. *fuego*   *Focha,* V. *foja*   *Foder, fodidenculo,* V. *joder*

FODOLÍ, 'entremetido, hablador; que pretende aconsejar, mandar o intervenir donde no le llaman', del ár. *fuḍûlî* íd., derivado de *fuḍûl* 'chismorreo, entremetimiento', plural de *faḍl* 'cosa sobrante', derivado a su vez de *fáḍal* 'sobrar, estar de más' *1.ª doc.:* Alonso del Castillo, intérprete de Felipe II, que reinó de 1555 a 1598.

También en Oudin «un homme qui se fourre partout et en lieu où il n'a que faire»[1]. Val. *fodelí* «hombre que se mete donde no es parte» (Ros, Sanelo). Falta en *Aut.* y Acad. 1843 (no 1884), y

Terr. lo da ya como anticuado. Para el vocablo arábigo, documentado en clásico y en vulgar de España y de África, vid. Dozy, *Gloss.,* 269-70; *Suppl.* II, 266.

[1] Así en la ed. de 1616, no en la de 1607. Falta en Covarr. y en Percivale-Minsheu. Dozy cita la misma definición del diccionario de Victor, pero no dice si es la ed. de 1609 o la de 1637. Luego ignoro de cuál de los dos lexicógrafos partió este artículo, luego reproducido por Franciosini, cuyo diccionario es de 1620, aunque yo empleo la ed. de 1735.

Fodongo, V. *heder*

FOFO, voz de creación expresiva, de una raíz paralela a la de BOFE, *bufar* y *bufado. 1.ª doc.:* «Tierra blanda e *fofa»* h. 1300 en la traducción cast. de Abenbasal, *Al-And.* XIII, 393; Nebr.: «*fofo, cosa ueca:* turgidus, mollis».

También en A. de Guevara, *Menosprecio,* Cl. C. 80.3 (1539), J. de Acosta (1590) y Covarr.; también G. Herrera, *Agric.,* cit. *DHist.* II, 1014, § 14. Hoy se dice en el mismo sentido *bofo* en Aragón, Murcia, Honduras, Guatemala, Venezuela y Colombia. Vid. Cuervo, *Ap.,* § 807; *Obr. Inéd.,* p. 213; Schuchardt, *ZRPh.* XIII, 527. No hay duda de que existe relación semántica con *bufado* y con *bofe,* por lo liviano y esponjado del pulmón; pero más que de una dilación consonántica *bofo* > *fofo,* se tratará de dos raíces expresivas paralelas. Para la raíz FOF-, FUF-, vid. *FEW* III, 835, y *REW,* 3411; además Riegler, *ARom.* VII, 10-11, y agréguese Valtelina *fofa* «la farina leggiera che nel macinarsi vola per aria e si deposita sui corpi vicini» (Longa, *WS* VI, 185). También port. *fôfo* y cat. *fofo* (Fabra), íd. El arg. *fofadal* 'tremedal', más que mero derivado parece ser alteración de *bofadal,* empleado en el mismo país (Segovia, 430), y éste a su vez de *buhedal,* de otro origen, pero atraído por *bofo* ↝ *fofo* (vid. *BODÓN*).

Fofadal, V. *bodón*   *Fogaje, fogar, fogarada, fogarear, fogaril, fogarín, fogarizar, fogata, fogón, fogonadura, fogonazo, fogonero, fogosidad, fogoso, fogueación, foguear, fogueo, foguero, foguezuelo,* V. *fuego*   *Foín,* V. *haya*   *Foja,* V. *hoja*

FOJA, 'ave zancuda, *Fulica atra,* semejante a la cerceta', del cat. *fotja* íd., que parece ser forma mozárabe de Valencia y Mallorca, procedente del lat. FULIX, -ĬCIS (variante de FŪLĬCA) íd. *1.ª doc.:* *foxa,* 1577, en el aragonés-valenciano Bartolomé de Villalba, *El Peregrino Curioso,* 65; *foja,* Covarr.

Dice éste «ave de lagunas, y ribera de la mar; de éstas ay muchas en el albufera de Valencia, y entran con unos arquillos y a bodocazos las derrucan con los arcos». *Aut.* cita solamente la autoridad del murciano Diego de Funes (1621), escribiendo *foxa*[1]. Como se ve, todos los testimonios castellanos son demasiado tardíos para determinar si tenía antiguamente la sonora *j* o la sorda *x*, y todos ellos se refieren a Valencia o a Murcia, sugiriendo procedencia catalana. El traductor de Robert de Nola (1525) lo considera palabra ajena al cast.: «ánades salvajes, que en Valencia llaman *fotjas*» (p. 90). En efecto, en catalán hay documentación más antigua: *fotja* está ya en Eiximenis (1381-6)[2] y en J. Esteve (1489). Pero es verdad que no se ve camino para explicar *fotja* como representante fonético catalán de FŬLĬCA, como ya indicaron M-L. (*REW* 3557), y Tallgren (*Glanures Cat.* II, 27), lo cual conduce a Wartburg (*FEW* III, 843) a suponer que así en catalán como en castellano el vocablo se tomara del sic. *forgia*. En realidad, si no es fácil comprender el cambio FULICA > *fotja* en catalán, las dificultades fonéticas en siciliano son mucho mayores; la forma más común en este dialecto es *foggia* (Traina), idéntica fonéticamente a la catalana, y *forgia* quizá no sea más que una alteración por etimología popular; pero cualquiera de las dos variantes que se tome como básica, es imposible llegar a ella según la fonética local, sea partiendo del clásico FULICA o de su variante FULIX (Cicerón; *CGL* V, 360.38), FULICE (*CGL* IV, 79.25; *funicae* IV, 520.34): en efecto, la ŭ daría *u* en siciliano, la ɪ postónica debiera conservarse y la c intervocálica no se podía sonorizar en esta habla del Sur de Italia[3]. Por lo demás, el catalán no se enriqueció con sicilianismos durante la dominación catalana en Sicilia, sino con algún italianismo, pero el siciliano tomó ciertamente bastantes vocablos catalanes; luego no hay duda que *foggia* es uno de ellos. El problema fonético se despejaría si existiera una forma francesa u occitana **fouge* o **folja* (resultante regular de FULICA según la fonética de estos idiomas), pero lo único que Wartburg ha hallado es oc. ant. *folca* y prov. *foulego*, de los cuales quizá sea hermano el cat. ant. *folges*, en doc. rosellonés de 1275[4], plural cuyo singular será *folga*. Pero la forma normal catalana es *fotja*[5]. Para explicarla debemos tener en cuenta la gran abundancia de fojas en las Albuferas de Valencia y de Alcudia, ya atestiguada por Covarr.; Eiximenis también vivió gran parte de su vida en Valencia y creo que J. Esteve era valenciano. De allí ha de proceder el vocablo, y como término mozárabe no hay dificultad en explicar el cambio de FŬLĬCEM (de donde vienen también el it. *folice* y el modenés *foldza*), primero en **fóleča* y luego **folǧa*, sonorizándose la *č*, sea como intervocálica o por influjo de la pronunciación arábiga; tampoco la desaparición de la *l* tras *o* puede sorprender en mozárabe, donde se hallan formas como *faučél* FALC-ELLU, *šáuṣ* SALSUM, *báuṣ* = cast. *balsa*, *páuma* = *palma*, *šáut* = *soto*, *táupa* = *topo*, además de que puede tratarse de una reducción catalana como en *sofre* SULPHUR, *om* ULMUS, el dialectal *cotze* por *colze*, etc.

Nada tiene que ver con *foja* o FULICA el valen-

cianismo *ALHOJA* 'alondra' (vid.), contra lo que supuso Cabrera, p. 14. El arag. *focha* 'gallina de agua' (Borao) viene también del catalán de Valencia; una forma *floja* citada por M-L. ha de ser alteración castellana por etimología popular. G. de Diego, que erróneamente cree se trata de una ave marina o gaviota, quiere partir de la forma *focha*, al parecer suponiéndola de origen gallego, y postula una base **FŬLCŬLA*, diminutivo de un FULCA, que él supone documentado (?): *Contr.*, § 273; pero está claro que la forma reciente *focha* es secundaria. El duplicado culto *fúlica* está ya en Acad. 1843.

[1] Las tentativas de hallar documentación anterior han sido inútiles. El vocablo no figura en la copiosa enumeración de aves objeto de caza que se lee en el *Libro del Caballero e el Escudero* de D. Juan Manuel (p. 250), ni en las similares de López de Ayala, *Libro de la Caza*, ed. Bibl. Esp., pp. 48, 51, o en el capítulo 45 del mismo libro, donde debiera figurar, pues enumera las aves de paso. Un examen rápido del *Libro de la Caza de las Aves* de D. Juan Manuel tampoco ha dado resultados.— [2] «Tords grossos, tudons, *fotges* e carn de caça», *Terç del Crestià*, N. Cl. VI, 51.— [3] Comp. PULĬCEM > sic. *pùlici*, CIMĬCEM > *cìmicia*.— [4] *RLR* IV, 358. Quizá sea idéntico el documento de la misma procedencia que Ag. fecha en 1278 y que el editor de este dicc. ha creído poder singularizar en *folja* (?). Hoy en el Rosellón se dice *folliga* (Companyó, citado en *BDC* X, 73) o *foliga*, que no puede acentuarse *fòliga*, como se hace en el dicc. Ag., puesto que el rosellonés actual no posee palabras esdrújulas.— [5] He oído *fóčę* en el Prat de Llobregat, y me señalan *fóča* en Carlet, al SO. de la capital valenciana. Alcover recoge *fóǧę* en los pueblos mallorquines de Alcudia y Artá (*BDLC* VI, 32; IX, 39), y en su dicc. señala *fòtja* en muchos pueblos valencianos. Es regular el cambio de ŭ en *o* abierta en sílaba inicial (*Estudis Romànics* III, 208), y el ensordecimiento moderno de la *ǧ* es general en Carlet y corriente en el Prat. Hay una pronunciación rústica mallorquina *fòrja* (Alcover), coincidente con la variante siciliana, cuya *r* no aseguraré que continúe la L del étimo.

Fojo, V. *folía*   *Fola*, V. *ola*   *Folar*, V. *folía*   *Foleto*, V. *helecho*   *Folga, folgado, folgamiento, folganza, folgar, folgo, folgueta*, V. *holgar*   *Folguín*, V. *golfo*

FOLÍA, ant. 'locura', 'imprudencia', 'maldad', después nombre de varias especies de cantos y danzas, tomado de oc. ant. *folia* 'locura', derivado de *fol* 'loco', que procede del lat. FŎLLIS 'bolsa, saco', 'cabeza vacía, hombre fatuo o loco'. 1.ª doc.: *folía* en la ac. antigua, Berceo, *Mil.*, 77c (A); J. Ruiz, 670c; en la ac. moderna, 1525-47, Sánchez de Badajoz, II, 273.

En la ac. antigua es más corriente la forma *follía*,
que ha de proceder del catalán: la hallamos, p. ej.,
en Berceo, *Mil.*, 900*d*; *S. Or.*, 85; *Alex.*, 316, 737;
Fn. Gonz., 84; *Sta. María Eg.*, 316; *Vida de
S. Ildefonso*, 299; J. Ruiz, 1586, 1663; *Rim. de* 5
Palacio, 22; *Canc.* de Baena (W. Schmid). Más
ejs. de ambas formas en Cej., *Voc.* Que ambas han
de ser de origen forastero, resulta claro por la rareza y carácter advenedizo del adjetivo de donde
deriva nuestro abstracto: *fol* 'loco, desatentado, 10
baladrón, presuntuoso' no se halla más que en
Berceo, *Mil.*, 89, 193; *Alex.*, 1091, 1557, 1742; y
dos veces en el *Canc.* de Baena (los demás ejs. que
cita W. Schmid son gallegos); y el tratamiento fonético del vocablo, sobre todo con su falta de dip- 15
tongación (comp. el duplicado *FUELLE*), es prueba flagrante de su procedencia galorromance. Este
extranjerismo arcaico sale del uso en su ac. propia
después del S. XIV, pero el gran empleo que los
trovadores hicieron del mismo en su lírica, fué 20
causa de que permaneciera como nombre de una
canción y subsiguientemente de un baile o paso
de danza.

Aut. da varios ejs. clásicos y dice que es una
danza portuguesa, donde los instrumentos tocan 25
tan aprisa y ruidosamente que parece han perdido el juicio; esta explicación semántica del
paso de 'locura' a 'danza' es posible, puesto que
Fig. dice también que la *folia* portuguesa tiene
música rápida y estrepitosa, aunque debería ave- 30
riguarse cuál es la fuente de estos datos; pero
desde luego hay otras explicaciones posibles, pues
la *follia* o *folia* catalana[1] es una copla amorosa a la
cual no cuadran los dictados de ruidosa o rápida,
pero sí se explica fácilmente por la mención que 35
el enamorado hace de su *follia* o 'locura', de acuerdo con un tipo frecuentísimo de denominación
lírica. Por lo demás los textos castellanos confirman
en parte la existencia de *folías* portuguesas (Mármol, Ant. Agustín, en *Aut.*), pero otros las men- 40
cionan como puramente castellanas, según ya también reconoce *Aut.*, y corrobora la Acad. en sus
acs. 2 y 4 y en el derivado *folijón*[2]. En Portugal
el vocablo parece haber caído bajo el influjo de
la raíz indígena *esfolar* 'excoriar, arañar' (vid. 45
DESOLLAR), de donde puede venir el matiz de
'baile desenfrenado', y el subsiguiente de 'paliza,
tunda', común con el canario *folía*, que por lo
demás tiene también el sentido de 'esparcimiento
en que alternan el canto y el baile' (junto al por- 50
tuguesismo isleño *folar* o *refolar* 'excoriar, desollar',
vid. Pérez Vidal; *folía* se conserva como género
lírico en Murcia (Lemus, *Voc. Pan.*). También
en Galicia aparecen extensiones figuradas: *fo-
liada*, además de 'reunión de gente en el campo 55
para bailar la muñeira' (Vall., Lugrís) significa
'riña, gresca' y seguramente por contaminación
de éste aparece además *folica* 'baraja, montón
desordenado'[3]; *encheselle o corpo de folia* «tiene
asomos de putear» (Sarm. *CaG.* 199r). 60

DERIV. *Folijones* 'son y danza que se usaba en
Castilla la Vieja' [*Aut.*]; ast. y gall. lucense *folixa*
'jolgorio, juerga' (V; Apéndice a Eladio Rdz.);
Lugo *folixeiro* 'juerguista'. *Folión*, que sería 'música ligera de gusto popular' según Acad., pero del
cual no conozco otro testimonio que Sánchez de
Badajoz II, 273, donde es 'la persona que canta
y baila folías': en realidad es gall. para 'gran
fiesta' (Lugrís, Carré). *Foliar* 'cantar folías' (en
Sánchez de Badajoz, *l. c.*)[4].

[1] La forma aprovenzalada *folia* es valenciana (G.
Girona; Ag.), y *follia* es del Principado en general. En el Pallars corre una forma *julia*, que no
es fácil de explicar, si no es por cruce con el
fr. *joli*.— [2] Estaban a la moda en tiempo de Cervantes: «toquen sus zarabandas, chaconas y *folías* a l u s o», *La Ilustre Fregona*, Cl. C., p. 269;
«Suban los ganados, / por el monte mismo / que
cubrió la nieve, / a pacer tomillos, / (*Folía*) Y a
los nuevos desposados / eche Dios su bendición»,
Lope, *Peribáñez* I, esc. 1.ª, ed. Losada, p. 95.
Más ejs. en Fcha.— [3] «O caricaturista... deixa a
unha beira a *folica* dos métodos e das reglas»,
Castelao 32.13.— [4] *Foxo*, que aparece dos veces junto con *atavaleros, tamborines, panderete-
ros, truhanes, tañedores de cuerda y trovadores*,
en la Crónica del Condestable Miguel Lucas, de
1461 (M. P., *Poesía Jugl.*, 62, 294), puede ser
castellanización errónea del cat. *foll* 'loco', 'bufón'
(según el modelo de *foja ~ fulla, paja ~ palla*),
suponiendo que sea grafía que sustituyó a *fojo*
en una edición tardía.

Foliáceo, foliación, foliar, foliatura, V. *folio*
Folicular, foliculario, folículo, V. *fuelle*   *Folija,
folijones*, V. *folía*   *Folio, foliolo*, V. *hoja*   *Folión*, V. *folía*

FOLKLORE, tomado del ingl. *folk-lore* íd.,
compuesto de *folk* 'gente, vulgo' y *lore* 'erudición', 'conjunto de hechos y creencias' (de la misma raíz que *learn* 'aprender'). 1.ª *doc.*: Acad. 1925
o 1936.

En inglés desde 1846. La pronunciación mejor
y más corriente es *foclór*.

DERIV. *Folklórico, Folklorista*.

FOLUZ, 'cornado, tercio de una blanca', ant.,
del ár. *fulûs*, plural de *fáls* 'moneda pequeña de
plata o cobre'. 1.ª *doc.*: *folluz*, Oudin, 1607 (1616);
foluz, 1611, Covarr.

Falta en *Aut.* Terreros remite a los *Orígenes* de
Mayans. La Acad. da además *felús* como nombre
de una moneda marroquí. Para el origen vid. Dozy,
Gloss., 270 (Eguílaz, 399), quien deriva la voz
arábiga del gr. φόλλις, a su vez de origen latino.

Folla, V. *hollar*   *Follada*, V. *hoja*   *Follado,
follador*, V. *fuelle*   *Follaje, follajería*, V. *hoja*
Follar, V. *afollar, fuelle, hoja y hollar*   *Follaran-*

co, V. *ojaranzo*   *Follero*, V. *fuelle* y *hollar*
Folleta, *folletero*, V. *fuelle*   *Folletín*, *folletinesco*,
folletinista, *folletista*, *folleto*, V. *hoja*   *Folleya*,
follico, V. *fuelle*   *Fólliga*, *follisca*, V. *hollar*

FOLLÓN, ant. 'iracundo', antic. 'cobarde, vil', del
antiguo *fellón*, y éste del cat. *felló* íd., que junto
con oc. ant. y fr. *felon* 'cruel, malvado', 'vil, traidor', viene probablemente del fránc. *FĬLLO, -ONS,
'verdugo', derivado del germ. FILLJAN 'desollar', [10]
'azotar' (a. alem. ant. *fillen*, b. alem. ant. *fillian*,
neerl. med. y mod. *villen*, derivados a su vez de *fell*
'piel'). *1.ª doc.:* Cid.

Este vocablo, que ya en el Siglo de Oro estaba
anticuado y pertenecía al estilo arcaico de los li- [15]
bros de caballería, ha sido repetidamente mal entendido por los filólogos castellanos, desde *Aut.*
hasta nuestros días, por haberlo relacionado con
fuelle y con su derivado *follón* 'ventosidad sin
ruido', 'cohete que se dispara sin trueno', que no [20]
tienen relación con él[1]. La confusión arranca, como
tantas veces, de Covarr., que sin escrúpulo suele
dar como significados reales los que él imagina
para sus etimologías: «*follón:* el holgaçan que está
papando viento como el fuelle, floxo, que cada [25]
quarto se le cae por su parte». Esta ac. no se
verifica en ninguna parte, ni en el pasaje de las
Partidas, único que en su apoyo cita *Aut.* («e después quando son grandes han de ser *follones* contra los que con ellos viven»), pues como la prepo- [30]
sición *contra* se opondría a entender 'holgazán',
habrá que interpretar, como es común en la Edad
Media, 'traidor' o 'colérico'; sin embargo, hasta
hoy mantiene esta ac. la Acad., aunque en lo complicado de su segunda ac. ya revela el apuro en [35]
que se hallaron los lexicógrafos para comprender
el sentido de los ejs. reales: «vano, arrogante, cobarde y de ruin proceder». Sabido es que en el
Quijote es palabra favorita del protagonista, aplicada constantemente a los enemigos de la caballería [40]
andante: «llamándolos de alevosos y traidores, y
que el señor del castillo era un *follón* y mal nacido
caballero» (I, iii, *Cl. C.* I, 143), «te juro... que si
pudiera subir o apearme, que yo te hiciera vengado
de manera, que aquellos *follones* y malandrines [45]
se acordaran de la burla para siempre» (I, xviii,
Cl. C. II, 31). Son vanos los esfuerzos de los
comentadores, obcecados por la tradición lexicográfica, para hacernos entender 'jactancioso' o 'insensato': es evidente que *follón* en el estilo caba- [50]
lleresco era lo mismo que 'traidor' o 'malandrín'[2].

'Traidor' es, en efecto, el significado en el pasaje
del *Emperador Otas* (S. XIV) citado por M. P.
(«los *follones* traydores»)[3]; *follonía* es análogamente 'carácter traicionero', en el mismo texto: «quan- [55]
do deviera parar mientes a bien, detóvolo la *follonía*, mucho fue escarnidor e baratador...» (f° 54v°).

Pero la ac. más generalizada en la Edad Media
es 'iracundo'; nótese, para disipar la sospecha de
una mala inteligencia, cuántas veces se trata in- [60]

cluso de una ira justificada, por lo menos a los
ojos del encolerizado: Alejandro, humillado por
el tributo que pagan a Darío todos los reyes de
Grecia, «comie todos los labros con la gran *follonía*» (*Alex.* 24a); si el conde Berenguer Ramón [5]
en el *Cid*, 960, «dice una vanidad» es porque
está[4] muy *follón*, y lo está porque el Cid le corre
su tierra, por lo cual «ovo grand pesar e tóvoslo
a grand fonta»: me atrevo, pues, a contradecir
la glosa 'fanfarrón' de M. P., que no veo corro- [10]
borada en texto alguno si no es en los lexicógrafos
tardíos que se inspiran en Covarr.; en Juan Ruiz,
307d, el poeta, increpando al Amor, afirma «Rencor e homecidio criados de ti son / ... / dizes
muchos baldones, asy que de rondón / mátanse [15]
los baviecas desque tu estás *follón*», es decir, 'caprichudo, colérico': el Amor lanza calumnias o
ultrajes, y los necios se matan por él. De que
antiguamente se identificaba a *fellón* con *follón*
no puede caber duda cuando repetidamente apa- [20]
recen como variantes manuscritas el uno del otro:
en *S. Dom.*, 149a, el santo perdona al rey «las
erranças que dizes con la grant *fellonía*», «dizes
con la grant y r a palabras desapuestas», así en
el ms. *E*, pero *H* y *V* traen *follonía*. Ahora bien, [25]
los ejs. de *fellón* en el sentido de 'iracundo' podrían citarse por docenas: Berceo, *Mil.* 34d, 561,
777d, 889c; *S. Mill.*, 203 (*enfellonarse* 'enfurecerse' *S. Lor.* 45); *Alex.*, 86, 121, 203, 1052b, 1636b;
Cantigas VIII, 144; etc. El cat. ant. *felló* en este [30]
sentido, y sus derivados *fellonia* y *enfellonir-se*,
no sólo son sumamente comunes en la Edad Media
desde los más antiguos monumentos, sino que hoy
siguen siendo usuales con el mismo significado.
La asimilación *fellón* > *follón* pudo ser espontánea, [35]
como en *rondón*, que acabamos de ver en J. Ruiz
(más ejs. del fenómeno en *AILC* I, 145, 168), pero
aquí la ayudaría el influjo del otro advenedizo
follía, *fol* 'loco, insensato' (V. *FOLÍA*).

Para el origen germánico del vocablo, *felon* en [40]
francés, podemos atenernos a los resultados ob-
tenidos por Frings y Wartburg (*FEW* III, 524):
el tratamiento dentro de la fonética dialectal germánica prueba que sólo pudo ser fráncico, lo cual
confirma lo que ya podríamos sospechar con los [45]
datos filológicos, a saber, que en castellano ha
de ser vocablo advenedizo, importado con la terminología feudal; así se explica también la ausencia de formas castellanas con *h-* y el carácter
menos popular del cast. *follón* en comparación [50]
con el catalan. De este idioma, y no del francés
o de la lengua de Oc, ha de venir *fellón* o *follón*,
en vista de su *-ll-*.

El duplicado *felón* 'desleal, traidor' es galicismo
reciente (Acad. 1884, no 1843), aunque su deri- [55]
vado *felonía* está ya en Mariana y en algún otro
clásico (*Aut.*)[5].

DERIV. *Follonía* (vid. arriba). *Follonería* [B.
Gracián]. *Felonía* (vid. arriba).

[1] Tampoco la tiene el moderno y familiar *fo-* [60]

llón 'enredo, confusión, desbarajuste' (*todos hablaban a la vez y se armó un follón sin igual*), no registrado por la Acad., pero muy usual en Madrid y en otras partes: es aumentativo de *folla*, 4.ª ac., que a su vez pertenecerá a la familia de *HOLLAR*.— ² Aun en los ejs. de Juan de Castellanos que cita Rodríguez Marín en sus notas, se trasluce el significado antiguo 'colérico': nótese que los indios a quienes se califica de *follones* se quejan de que les han robado.— ³ Comp. «Nario... es oltrajoso *follón*» en APal. 295*d*, si bien aquí también podría ser 'colérico'.— ⁴ *Ser* debe entenderse, naturalmente, como 'estar' en este pasaje.— ⁵ En favor de la identidad de *follón* con el fr. *felon* no se pronunciaron, que yo sepa, otros etimologistas que M-L. (*REW*, 3304) y el anónimo B. de la *RABM* 1874, 29. La Acad. se mantiene fiel a la etimología de Covarr., y a ella se adheriría G. de Diego cuando afirma que el *FILLO no quedan restos en España, a no ser el gall. *felo* 'máscara, danzante' [?], *RFE* VI, 284-5. Junto a éste anotó Sarm. (*CaG.* 123*v*) en Santiago y Orense *feno* «centulo» (mascarón horrendo en las procesiones) y «coco, come-niños». Como no hay que esperar ejemplos de conservación de casos rectos en España, supongo que uno y otro están por *felno*, extraído del oc. ant. *felnia* 'furor, cólera' (muy frecuente en vez de *felonía*), forma importada a Santiago por los peregrinos.

Follosas, V. *fuelle*

FOMENTO, tomado del lat. *fomĕntum* 'calmante, bálsamo, lenitivo', 'alimento del fuego', derivado de *fovēre* 'calentar', 'mimar', 'animar'. *1.ª doc.*: María de Ágreda, † 1665.

Latinismo literario, que sólo en fecha reciente ha empezado a hacerse común; falta en Covarr. y Oudin, y es ajeno al léxico del *Quijote* y de Góngora.

DERIV. *Fomentar* [Covarr., Oudin; 1612, Márquez; es frecuente en Góngora y en muchos clásicos], tomado del lat. *fomentare*, que sólo tiene la ac. médica; *fomentación* [h. 1600, Mariana]; *fomentador* [Aldana, † 1578 (C. C. Smith, *BHisp.* LXI)]. *Fomes* o *fómite*, latinismo crudo sólo empleado por algunos místicos del Siglo de Oro [Ribadeneira, h. 1600], imitados por Quevedo: del lat. *fōmes, fōmĭtis*, 'alimento de la llama', otro derivado de *fovēre*.

Refocilar [1605, *Quijote*; Cej. VIII, § 131], de *refocilare* íd., derivado de *fōculum* 'calentador', y éste de *fovere*; seg. Sarm. (*CaG.* 164*v*) se empleaba en gallego *refusilada* por 'vanidosa, satisfecha, soberbia'; *refocilación, refocilo*.

Fonación, V. *fónico*   *Fonas*, V. *hondo*

FONDA, 'establecimiento público donde se da hospedaje y se sirven comidas', probablemente del francés de Oriente *fonde* 'establecimiento público donde se hospedaban los mercaderes y se almacenaban y vendían sus mercancías', procedente del ár. *fúndaq* íd.; pero no está averiguado por qué camino entró este vocablo tardío en el uso español. *1.ª doc.*: 1770-94, Ramón de la Cruz; L. F. de Moratín, † 1828 (V. el vocabulario de Ruiz Morcuende); h. 1835, Mariano J. de Larra (Pagés); Acad. 1817, no 1783. Está también en el gaditano Gnz. del Castillo (último decenio del S. XVIII), II, 385. Menciona las fondas españolas el viajero francés Alexandre de Laborde, h. el a. 1800: *Al-And.* XI, 477.

Falta todavía en *Aut.* y en Terr. (h. 1764), en Covarr., Oudin, etc. En el uso español, la *fonda* es una hospedería mejor que la posada ciudadana o el mesón rural; en el S. XIX podía llegar a ser un establecimiento de lujo (nótese el calificativo «con decencia» en Acad. 1843), y aunque hoy ha sido superada por el *hotel*, todavía he alcanzado a conocer viejos establecimientos excelentes que llevaban este nombre en Barcelona y en ciudades catalanas de segundo orden. Porque *fonda* es vocablo tan vivo y arraigado en catalán como en castellano. Figura allí ya por las mismas fechas que en cast.: en 1797, en el *Calaix de Sastre* del Barón de Maldà (*El Collegi de la Bona Vida*, p. 145); aparece después en el diccionario catalán de Belvitges (1803). Los Sres. Cayetano de Planella y Fivaller y N. M. Fabra, independientemente el uno del otro, afirmaron en *El Averiguador* I (Madrid, 1871), 323, que el vocablo procedía de una acreditada hostería o casa de comidas de Barcelona, cerca de Santa María del Mar, que en el S. XVIII llevaba el nombre de *la Casa Fonda* 'casa honda', y más tarde, al ser imitado su nombre por otras hosterías, se le llamó la *Fonda de Santa María*, de donde el nombre se habría propagado a toda España. La idea no es absurda, pero debe inspirarnos desconfianza, como todas las historias etimológicas que nadie comprueba documentalmente[1].

Tanto más cuanto que es muy difícil, si no imposible, separar a nuestro *fonda* del ár. *fúndaq* o *fúnduq*, y la Acad. no sólo identifica el origen de aquél con el de las formas castellanas *ALHÓNDIGA* y *fundago*[2], sino que recientemente (después de 1899) ha agregado un artículo «*fondac*, m.: en Marruecos, hospedería y almacén donde se negocia con las mercancías que llevan allí los traficantes». Desconociendo la fuente de este artículo, sin negar la existencia de la institución, que es sumamente conocida, no podemos dar mucho valor a la forma que da este artículo al nombre, y es preferible acudir a la fuente auténtica, el Vocabulario Marroquí de Lerchundi, donde hallamos la siguiente definición: «En Marruecos hay varias alhóndigas: la de los comerciantes, donde se venden varios géneros, y sirve también de mesón, parador o posada a los forasteros acomodados: *féndaq et-teǧār* o *es-selá*[c]»; no interesan las demás clases, pero esto nos basta para ver que si desde el punto de vista semántico el árabe de Marruecos proporciona una base satisfactoria, rónéticamente la misma no sirve, pues la *é* marroquí no puede explicar la *o* castellana; y que esta forma es ya antigua en este país se verifica por el port. *alfândega*, que será de origen marroquí.

Hay que desechar, pues, la idea de un vocablo que se hubiese trasmitido por Jibraltar a Andalucía en fecha moderna, pero mucho más imposible todavía es suponer que *fonda* sea palabra heredada de los árabes de España, aunque éstos la empleaban en forma muy semejante, lo mismo en el sentido que en cuanto al sonido[3]: pues sería entonces inconcebible que el vocablo no apareciera hasta fines del S. XVIII, y además todos los casos análogos indican que el *-q* no hubiera desaparecido sin dejar huellas: el cast. *alhóndiga* y el cat. *alfóndec* son los descendientes reales de esta voz hispanoárabe, y su forma se separa radicalmente de *fonda*[4]. Estas dificultades desaparecen, como ya indicó Baist (*RF* IV, 390 y 376), si tomamos en cuenta el fr. ant. *fonde*, atestiguado abundantemente en Joinville (Tobler-L.), y en documentos en francés y en bajo latín, pertenecientes a los SS. XII y XIII, y escritos todos en Siria, Palestina y Chipre (God. IV, 55*b*; Du C., s. v. *funda*). Después del artículo que el historiador mercantil Wilhelm Heyd dedicó a la institución de la *fonde* en 1880[5], no puede caber duda de que este vocablo procede del *fúndaq* árabe, descendiente a su vez del gr. πάνδοχος 'hospitalario', πανδοχεῖον 'hostería'[6].

Los orientalistas definen el *fúndaq* como equivalente del *ḥān* —caravanserrallo u hospedería para viajeros—, y en Sicilia su descendiente it. *fóndaco* designa una posada para el público en general y para sus caballerías (Heyd, p. 624). Pero en tiempo del reino cristiano de Jerusalén, los jefes cruzados, de lengua francesa, adoptaron el vocablo en la forma *fonde*, de acuerdo con el genio de su idioma, que no admitía voces paroxítonas de final consonántica, y le dieron el valor más común en las escalas de Levante, y el que más interesaba a sus necesidades haciendas: el de un edificio perteneciente al Estado, donde además de hospedarse los mercaderes, depositaban allí sus mercancías, las exponían a la venta, concluían sus tratos y les servía a ellos para percibir sus deudas, y al príncipe para cobrar el tributo que exigía a todo comerciante. También los traficantes italianos y catalanes del Levante medieval adoptaron el vocablo arábigo, dándole la forma *fóndaco* o *(al)fóndec*, acomodada a su idioma respectivo, y al obtener ellos el privilegio de un *fóndaco* aparte para los de su nación, tendió a introducirse un distingo entre estas palabras, como nombre de la institución privativa, por una parte, y la forma afrancesada *fonde*, por la otra, nombre que el señor francés daba a la institución común a los comerciantes de todos los países, sin excluir a los indígenas. Se comprende por lo tanto que *fonde*, diferenciado del *fóndaco* privativo, fuese más apto para convertirse en nombre de la posada abierta a todo el público, como ocurrió en Sicilia, y que con este valor el vocablo pasara a España.

¿Por qué camino? Ahí queda la dificultad, pues este fr. *fonde* del S. XIII, no está separado de la *fonda* nuestra por una distancia cronológica menos grande que el vocablo hispanoárabe. Después del S. XIII, no tenemos otro testimonio de la vida del vocablo que el del florentino Pegolotti, que en 1340 emplea, con referencia a Acre, la forma italianizada *fonda*, explicando «cioè la piazza dove si vende», pero éste es el único documento del vocablo que Edler ha hallado en el italiano de los SS. XIII a XVI; en francés mismo, a partir del S. XIV se adoptan las formas italianizantes *fondique*, *fontègue* (Heyd, p. 620, n. 1), y el antiguo *fonde* parece olvidado. El salto cronológico que debe darse para llegar hasta nuestro *fonda* es tan grande, que vuelven las dudas, y nos preguntamos si al fin y al cabo no estamos ante un espejismo etimológico, y si la historia de la Casa Fonda catalana no será la verdadera.

No lo creo, sin embargo. Mas para asegurar la solución deberá hallarse el camino que siguió el vocablo desde Oriente hasta España. Desde luego puede descartarse la posibilidad de que lo trajeran los mercaderes catalanes de la Edad Media, pues la falta de documentación en catalán antiguo[7] es obstáculo tan insuperable como en castellano. Quizá, a pesar de todo, haya algo de cierto en la procedencia barcelonesa, pero sólo en el sentido de que este neologismo de procedencia levantina, al ser dado como nombre de la Fonda de Santa María, fuese identificado por el pueblo con el adjetivo *fonda*, y desde Barcelona la extendiesen los viajantes de comercio a tierras de lengua castellana. Pero no es probable que a Barcelona llegara directamente desde el Levante en el S. XVIII: quizá sea cierto el dato de N. M. Fabra de que los dueños de la fonda mencionada eran italianos, y éstos traerían la denominación. Pero el caso es que después de Pegolotti no hallo tampoco documentación italiana, a no ser que el anticuado *fonda* en el sentido de 'abundancia de objetos' (SS. XVI y XVII), hoy genov. *fondëa* «copia... de' frutti e de' fiori» (Casaccia), venga de la idea de 'mercado, emporio' que ya tiene la *fonda* de 1340 (y no de *fonda* 'bolsa'). Quizá lo más probable sea que el vocablo pasara desde las Escalas de Levante a la lingua franca de los puertos africanos, y que ésta lo trasmitiera a España, sea por Andalucía o por Barcelona, al renacer el comercio catalán a fines del S. XVIII (comp. el caso análogo en *FERRERUELO*). Nada como esto explicaría tan bien la falta de documenta

ción durante largos siglos; entonces el ár. marroquí *fónda* 'hospedería', que Lerchundi califica
de «voz española», pertenecería en realidad a la
lingua franca y sería el padre y no un retoño
del cast. *fonda*. Para decidir la cuestión hará falta
una averiguación especial sobre la parte de España donde puede documentarse el vocablo por
primera vez[8].

Deriv. *Fondista* [ya Acad. 1817].

[1] N. M. Fabra asegura que el nombre se lo
daban por estar en paraje hondo, como lo es en
efecto el barrio de Santa María, lo cual es poco
convincente. Según el otro comunicante, sería
por el largo patio o corredor que se debía cruzar para llegar al salón de comidas, lo cual en
sí es posible. Sabido es que *fondo* es el adjetivo
corriente en el catalán hablado, con el valor del
cast. *hondo*.— [2] Para el primero véase el artículo
correspondiente; el segundo aparece en Mármol,
Descripción del África (1570), *Aut.* Será forma
tomada oralmente en el Magreb, que quizá debería acentuarse *fúndago*.— [3] PAlc. traduce *fóndaq*
o *fúndaq* por 'bodegón' y 'mesón', y el derivado
mozárabe *fondaqáir* es 'mesonero'. Juan López
de Velasco dice que en árabe *fondaque* es 'bodega' (Covarr.). Un doc. de Tudela, de 1115,
anterior a la reconquista de esta ciudad, dispone
que «V christianos de mercaders pausent in illas
alfondecas» (Dozy, *Gloss.*, 139).— [4] Wartburg,
FEW III, 869b, habla de una «derivación regresiva», pero esta fórmula no tiene sentido en
este caso, puesto que *-iga*, *-ago*, átonos, no son
sufijos vivos. Además la falta de artículo aglutinado y la conservación del carácter extranjero de este arabismo en español.— [5] *Sitzungsberichte d. Akad.
der Wiss. zu München*, 1880, 617-627.— [6] Quedó rechazada la otra etimología propuesta por
Du C., y seguida por Diez y Todd (*MLN* I,
285), que identificaban con el it. *fonda* 'bolsa',
b. lat. *funda* íd., delfinés *fonde* «besace».— [7] El
Nebrija catalán de 1560 sólo trae *hostal, posada
y taverna. Fonda* falta en Ag., Balari y Alcover.—
[8] Una fonda barata se llama en catalán *fonda
de sisos*. Nadie tenga la idea de relacionar esta
denominación con las *accises* o tributos que co-
braban los príncipes cristianos de Oriente a los
traficantes del *fúndaq*, o con las *Assises de Jérusalem*: aquel nombre viene de los seis cuartos
(cat. *sis*) que costaban las comidas en estas fondas, que mi padre me había descrito *de visu*
más de una vez; V. su libro *El Perfecte Dandi*,
pp. 68, 72, donde habla de estas comidas. En
catalán se dice *fer parada i fonda* para hacer un
alto prolongado durante un viaje. ¿Sería lícito
deducir de ahí que *fonda* tiene que ver con el
verbo *fondejar*, cast. *fondear*, 'anclar (una embarcación)'? De hecho, existe *fonda* 'fondeadero'
en genovés, y de ahí viene la frase cat. *estar a
la fonda*, fr. y oc. *a la fonde* 'estar fondeado'

(Jal). Pero no creo que *fonda* 'hotel' se dedujera
de ahí, y la primera de las frases citadas puede
venir de la terminología de los viajes en diligencia, donde las paradas prolongadas se aprovecha-
ban para comer en una fonda.

Fondable, V. *hondo*   *Fondac*, V. *fonda*
*Fondado, fondeadero, fondear, fondeo, fondeza,
fondigonada, fondillón, fondillos*, V. *hondo*   *Fondista*, V. *fonda*   *Fondo, fondón, fondonero, fondura*, V. *hondo*   *Fonébol*, V. *honda*

FONÉTICO, tomado del gr. φωνητικός 'relativo al sonido', derivado de φωνεῖν 'hacer oír la
voz', 'hablar' y éste de φωνή 'voz'. *1.ª doc.*: Acad.
1884, no 1843.

Deriv. *Fonética* [íd.]. *Fonetismo. Fonetista. Fonación* [íd.], como los siguientes, es derivado culto de φωνή. *Fonema; fonemático* adj., *fonemática*
f., formados h. 1945 por Amado Alonso. *Fónico*
[Acad. íd.]. *Áfono; afónico; afonía* [P. A. de Alarcón, ed. 1882]. *Epifonema* [F. de Herrera, *RFE*
XL, 162], de ἐπιφώνημα 'interjección', derivado
de ἐπιφωνεῖν 'llamar a alguno por su nombre'.
Eufonía [*euphonia*, 1433, E. de Villena, en Viñaza,
col. 775; falta *Aut.*; *eufónia*, Terr.; *-ia*, ya Acad.
1843], de εὐφωνία 'voz hermosa', 'armonía en los
sonidos', comp. *cacofonía*, s. v. *CACO-*; *eufónico.
Perífono; perifonía; perifonear*.

CPT. *Fonendoscopio*, compuesto con ἔνδον 'dentro' y σκοπεῖν 'examinar'. *Fonógrafo* [Acad. 1899;
ejs. en Echegaray y Pardo Bazán], con γράφειν
'escribir, grabar'; *fonografía; fonográfico; fonograma. Fonolita*, con λίθος 'piedra'. *Fonología* [Acad.
1884]; *fonológico; fonólogo. Fonómetro*. Añádase
fonosimbólico, que uso en la pág. xxxii, n., del
vol. I del *DCEC*, pero que ya se empleó anteriormente. *Polifonía* [Acad. S. XIX], *polifónico* o *poli-
fono. Sinfonía* [*Aut.*], de συμφωνία 'armonía, concierto, sinfonía'; *sinfónico; sinfonista*.

Fonil, V. *fundir* y comp. *aducir*

FONJE, 'blando, esponjoso', voz rara y mal
documentada, del mismo origen incierto que el
cat. *flonjo* íd. *1.ª doc.*: Acad. 1817 (no 1783).

En esta edición figura ya la definición «blando,
muelle o mollar y esponjoso», que se ha mantenido hasta hoy, pero en las últimas ediciones se
le ha agregado la nota de palabra poco usada.
En efecto, nunca la he oído ni hallado en mis
lecturas, y Pagés no cita más ej. que uno de A.
Rojo y Sojo, escritor sin mérito ni interés, cuya
obra es un mosaico artificioso de palabras extravagantes sacadas del diccionario académico. Quizá
más que castellana sería palabra gallega (o fronteriza), pues allí existe el muy semejante *foncho*
'hueco, hinchado, presumido' (Vall., Lugrís) con
enfoncharse 'envanecerse, engreírse, llenarse de vanidad' (Vall.) y *enfonchado*[1]. Debe de haber exis-

tido en portugués (aunque tampoco allí es corriente) dado que hay una freguesía de *Vila Fonche* en el Norte, cerca de Arcos de Valdevez, concejo fronterizo con la Limia gallega.

En todo caso el catalán *flonjo* sí es palabra muy [5] viva, con el significado de 'mullido, muy blando', aplicado a lechos, almohadas, carnaduras, etc., o 'esponjoso' con aplicación a la masa de ciertos pasteles y otros manjares; la pronunciación más común es *flònjo*, aunque algunos dicen *flónjo*; [10] Balari cita bastantes ejs. del S. XIX, a los cuales se podrían agregar muchos más, y Ag. menciona una variante valenciana *flonx*. No hay testimonios anteriores: el más antiguo que conozco es el del diccionario de Esteve-Belvitges (1803); falta en el [15] Nebrija catalán de 1560.

Schuchardt, *Roman. Etymologïen* I, 52-53, supuso que la forma primitiva era la castellana, de la cual *flonjo* saldría por contaminación de *fluix* 'flojo' o de *flac* 'flaco', y que ambos venían de [20] un adjetivo *FŬNGĔUS* 'parecido al hongo, esponjoso', derivado de *FŬNGUS* 'hongo', idea rechazada por M-L. (*REW*[1], 3587) y M. de Montoliu (*BDC* IV, 22) como fonéticamente imposible; Montoliu cree que el cat. *flonjo* viene del cast. *flojo* por [25] contaminación de otro vocablo, quizá *esponja*. Estas afirmaciones son demasiado rotundas, pues el propio *esponja* nos muestra cómo no siempre es *ñ* el resultado del grupo NGI, y en nuestro caso el influjo del primitivo FUNGUS pudo retrasar la [30] evolución del grupo, aun tratándose de un vocablo del latín vulgar, ajeno al clásico; por otra parte, la *-o* catalana no es de ninguna manera, como dice Montoliu, una prueba de origen castellano, por el contrario, esta terminación es normal en [35] palabras muy genuinas, tras grupos de consonantes, cuando la vocal tónica es una *o* o una *u*, y más aún en adjetivos o sustantivos de dos géneros: *monjo* 'monje', *motllo*, *moro*, *suro*, *cuiro*, *sostro* y numerosos vulgarismos barceloneses y [40] mallorquines que en nada se parecen a vocablos castellanos (vid. *Estudis Romànics* III, 214-5).

Por el contrario, la *-e* del castellano *fonje* es la que costaría explicar por la *-u* latina, y dada la rareza del vocablo podría sospecharse que venga [45] de un cat. **fonge*, luego alterado. Pero entonces quizá sería preferible partir del documentado FŬN-GĬDUS («παχύς, fungosus», en *CGL* II, 434.58), del cual procede el adjetivo *fùngetu* «floscio» del dialecto italiano de Lecce; del mismo podría pro- [50] ceder, con carácter semiculto, el fr. dial. *fonge* 'blando' que se emplea en tres dialectos del Jura, Vosgos y Ardenas (*FEW* III, 878); en catalán, FUNGIDUS habría dado primero **fóngeu*, fem. **fóngea*, que pudo pasar fonéticamente a **fonju*, *fonja* [55] (comp. *nèdo(l)* < *nèdeu* < NITIDOS, *púdo(l)* < PU-TIDUS, y por otra parte el mall. *teba* fem., del antiguo *tébea* TEPIDA), o analógicamente a *fonge* (comp. *sutze* en vez del antiguo *sútzeu* SUCIDUS). Schuchardt agrega el lomb. orient. *flǫgn* o *sflǫgn*, [60]

Bormio *sflẹgn*, y el sic. *sfúncidu*, *sfúncitu* 'esponjoso, blando (aplicado a la carne de los animales que se ha dejado pasar un poco para que sea más tierna)', 'debilitado, flaco', 'flojo, flaco (aplicado a la carne de una persona)', 'humedecido (pan)', reconociendo empero que se puede pensar en relacionarlos con el lat. vg. SFONGIA, SFUNGIA, estudiado en su *Vokalismus* II, 117; III, 204. Así es en efecto, puesto que SFUNGIA por 'esponja' se halla en manuscritos de San Isidoro (*Etym.* XII, vi, 60; XIV, i, 3) y, según creo, de Cicerón (véase la cita de éste que da Lindsay en su ed. del santo; además Sofer, p. 157); la transcripción de una π griega por *f* latina es ultracorrección corriente en latín vulgar (vid. GOLFO), y en España y Sicilia puede tratarse del ár. o mozár. *'isfónğa*, *'isfánğa*, etc., 'buñuelo' y 'esponja', procedente de la misma voz griega (V. Simonet, s. v. *esfáncha*). Cabría además partir del mozár. *fúnğu* o *funğél*, como nombres de hongos (Asín, *Glos.*, 124-5), procedentes de FUNGUS, puesto que es normal en árabe la transcripción de la G latina por *ğ*.

Pero antes de elegir entre estas varias posibilidades lejanas, es preciso averiguar los antecedentes próximos del cat. *flonjo* y del cast. *fonje*. El único fundamento sólido que podían alegar M-L. y Montoliu, para su escepticismo frente a la etimología de Schuchardt, consiste en la ausencia de documentación antigua de la voz catalana. Ahora bien, este fundamento es muy real y lleva a sospechar que se trate realmente de una catalanización del cast. FLOJO, aunque no, como dice el último autor, cuando la *j* castellana se pronunciaba todavía *ž*, pues justamente *flojo* tuvo *š* antigua (= *x*), y entonces hubiera dado necesariamente cat. **floixo* o **flonxo*; sino precisamente después de la confusión de los dos fonemas del castellano antiguo en la *j* moderna. Para la *n* no habría necesidad de buscar ninguna contaminación, pues esta consonante nace espontáneamente ante una *j* en la adopción de palabras castellanas, v. gr. *encongir* < *encoger* y *bronja* < *brocha*, y en valenciano aun en palabras forasteras de otras procedencias, p. ej. *llonja* (< fr. *loge*), *rellonge* 'reloj', semicultismo. En resumen, la procedencia castellana del cat. *flonjo* es muy posible en sí.

¿Y el cast. *fonje*? Si no tuviéramos otras pruebas de esta forma del vocablo, dada la pésima documentación de esta voz castellana, podríamos contentarnos con sospechar una papeleta lexicográfica mal transcrita o mal leída en vez de **flonje* (forma catalana que pudo pasar al aragonés u otro dialecto castellano), u otra corrupción cualquiera de la voz catalana. Para ello no sería obstáculo el gall. ant. *fonje* «blando, muelle, esponjoso», pues el único que lo cita es Cuveiro (falta en Vall. y en los glosarios gallegos de Jiménez, de Schneider, de Cotarelo y de Leite de V.), y sabido es que este detestable diccionario está lleno de palabras tomadas sin escrúpulo del diccionario de la Acad. Española, y calificadas de «antiguas» para rehuir el reproche de inexactitud que le hubieran hecho los conocedores del gallego actual. Pero sí es obstáculo el trasmontano *fonjo*, *fonjinho*, «(pan- no) muito débil, (tecido) muito pouco consisten- te», recogido por Moreno en Mogadouro, en el SE. de la provincia (*RL* V, 90), y reproducido luego por Fig. en su diccionario portugués. Co- mo es difícil que la coincidencia de este *fonjo* con el cast. *fonje* sea casual, vuelve a cobrar ve- rosimilitud la explicación de Schuchardt, aunque a reserva de más numerosas y antiguas confir- maciones[2].

[1] «Vivía feito un azacán: él, que fora o mozo *enfonchado* da vila, por quén toleaban as mozas de mais porqué!» Castelao 211.2.— [2] Nada hallo en glosarios leoneses: Rato; Acevedo-F.; G. Rey; G. Lomas; Lamano; Leite de V., *Est. de Philol. Mirand.*

Fonografía, *fonográfico*, *fonógrafo*, *fonograma*, *fonolita*, *fonología*, *fonológico*, *fonólogo*, *fonóme- tro*, V. *fonético*   *Fonsadera*, *fonsado*, *fonsario*, V. *foso*   *Fontal*, *fontana*, *fontanal*, *fontanar*, *fon- tanela*, *fontanería*, *fontanero*, *fontano*, *fontanoso*, V. *fuente*

FONTEGÍ, 'variedad de trigo fanfarrón', origen incierto; probablemente de *fontexí*, gentilicio de una localidad del SE. de España llamada *Fontes* (que los moriscos pronunciaban *fónteš*). *1.ª doc.*: 1849, en el aragonés Alejandro Oliván, *Manual de Agricultura* (Pagés); Acad. 1899.

Es probable que este nombre proceda de un nombre propio de localidad, donde crezca el fon- tegí, como ocurre con otras dos clases de trigo fanfarrón: *jijona* (citada por el propio Oliván y por la Acad. ya en 1843), procedente del nombre de la ciudad valenciana, y *FIÑANA* (V.). Pero Madoz no cita ninguna localidad llamada Fontegí, y por otra parte este vocablo tiene la fisonomía de un gentilicio arábigo. Probablemente se trata- rá del derivado de una de las numerosísimas po- blaciones llamadas *Fuentes*, en forma mozárabe *Fóntex*, de donde el étnico *fontexí*. Como Fiñana está en Almería y Jijona en Alicante, quizá este *Fontex* fuese también del SE. de España, pero es difícil identificarlo. Simonet cita *Fwéntex* en Toledo, y un *Fontes* del S. XII en Aragón, pero claro está que puede tratarse de un tercero, por- que los *Fuentes* actuales son numerosísimos (para un étnico derivado del plural español, recuérdese el nombre del *Wakaxi*, autor de la elegía árabe de Valencia, que era de *Huecas*). Etimología con- firmada por un bando de la Almotacenía de Va- lencia de 1322: «stabliren... conseyllers de la Ciutat que la dinada del pa de ròs deu pesar més que la dinada del pa de blanch 3 onçes, avén esguart a la bellea del pa et a la farina que ret més lo blat moresch [seguramente 'alforfón, trigo sarraceno'] que no fa la sexa ['candeal']» (dicc. Balari, s. v. *bat*].

Fontezuela, *fontículo*, V. *fuente*   *Foñico*, V. *fuñar*

FOQUE, tomado del neerl. *fok* íd., derivado de *fokken* 'izar (una vela)', probablemente por conducto del fr. *foc*. *1.ª doc.*: 1696, *Vocab. Marít. de Sevilla*, en *Aut*.

Jal cita ej. castellano de 1732, y francés de 1757, aunque en este idioma ya aparece en 1736 (*FEW* III, 677); el mismo autor explica que el uso del foque es raro o inexistente antes del S. XVIII. Sin embargo, según Kluge, las voces ger- mánicas, neerl., b. alem., danés y sueco *fok* o *focke*, se hallan desde h. 1500, y derivan del neerl. *fokken*, b. alem. antic. *focken*, 'izar la vela'. Al- teraciones por etimología popular son el cat. *floc*, it. *flocco* o *fiocco*, ár. magrebí *fluk*, dalm. *flok*, ngr. φλόχος. El *maraguto* o *marabuto* que cita *Aut*. como sinónimo, según Jal es en realidad otra vela.

CPT. *Petifoque* [Acad. después de 1884], del fr. *petit foc* 'foque pequeño'.

Foradador, *foradar*, *forado*, *foraida*, V. *horadar*   *Forajido*, V. *ir*   *Foral*, V. *fuero*   *Forambre*, *forambrera*, *foramen*, V. *horadar*   *Foráneo*, *fo- rano*, *foraño*, *foras*, *forastero*, V. *fuera*   *Forcate*, *forcatear*, *forcaz*, V. *horca*   *Forcejar*, *forcejear*, *forcejeo*, *forcejo*, *forcejón*, *forcejudo*, V. *fuerte*

FÓRCEPS, tomado del lat. *forceps*, *-ĭpis*, 'te- nazas'. *1.ª doc.*: Acad. 1884, no 1843.

Pagés cita dos ejs. del S. XIX.

Forciar, V. *fuerte*   *Forcina*, V. *horca*   *For- cir*, V. *fuerte*   *Forco*, *forchina*, V. *horca*   *Forense*, V. *fuero y fuera*   *Forero*, V. *fuero*   *Forestal*, V. *floresta*   *Forfante*, V. *farfante*

FÓRFOLAS, ant., 'caspa gruesa', del lat. FŬR- FŬRES íd., plural de FURFUR, -ŬRIS, 'salvado'. *1.ª doc.*: 1513, traducción castellana de Gordonio.

Aut.; falta en diccionarios anteriores. La Acad., ya en 1843, lo da como antiguo. Mozár. *furfúlya* (R. Martí, S. XIII), *furfúlla* (PAlc.) 'caspa de la cabeza'. Hoy parece conservarse en el judeoespa- ñol de Marruecos, donde se dice que una mujer es *liviana* ('ágil') *como la forfolá* (*BRAE* XIII, 533), que puede entenderse 'como el salvado'; sin embargo, esto es dudoso, pues el mismo vocablo se define «girándola de papel con que juegan los muchachos» en el mismo trabajo, tomo XV, p. 194. Del mismo origen será el port. *farfalhas* 'li- maduras, bagatelas', en vista de que en Tras os Montes *forfalhas* y en Miranda de Duero *forfa- lhicas* significan 'migajas de pan' (Leite de V.,

Philol. Mirand. II, 330), que parecen representar un derivado *FURFURALIA (quizá disimilación del documentado FURFURARIUS), de donde *forfralhas disimilado en *forfalhas.* Otro representante hispánico parece ser el adjetivo canario *forfolino* o *forforiño, farforiño,* 'falto de peso, escaso, corto', aplicado a un clase de libra y a varias mercancías, 'falto de importancia (aplicado a persona)', 'natural, ilegítimo (aplicado a los hijos)' (vid. Pérez Vidal), cuya idea básica será 'ligero como el salvado'; las formas en *-iño* indican un antecedente gallego-portugués, pero no hallo el vocablo en este idioma. Sin embargo, creo que el gall. *polpizo* 'sarna menudita' (Sarm. *CaG.* 186*v*) saldrá de FÚRFUR-ICIUM por un juego complejo de cambios inductivos: *polfrizo* (disim.) > *polprizo* e influjo de *pulpa; furfuraceus* está documentado y el log. *farfaruzza* (*REW*, 3595) supone *FURFURU-CIUS, -A.* Para representantes de FURFUR en romances no ibéricos, vid. *FEW* III, 895; *REW*, 3595.

DERIV. *Furfuráceo* 'parecido al salvado', cultismo. *Forfolino, -iño,* V. arriba.

Forgar, forgaxa, V. *fragua*   *Forigar,* V. *hurgar*
Forillo, V. *fuero*   *Forínseco,* V. *fuera*   *Forista,* V. *fuero*   *Forja, forjado, forjador, forjadura, forjar,* V. *fragua*

FORLÓN, ant., 'especie de coche sin estribos, colgada la caja sobre correones y puesta entre dos varas de madera', origen desconocido. *1.ª doc.: furlón,* 1723, pragmática citada por *Aut.; forlón,* h. 1800, Moratín, Jovellanos, en Pagés; Acad. ya 1817.

Falta en *Aut.* y Terr. Parece haber ej. del cat. *forló* con el mismo significado en el S. XVIII (Ag.; pero falta en el vocabulario de los oficios de transporte, de Amades, *BDC* XXII). Nadie ha estudiado el origen del vocablo ni veo nada análogo en otros idiomas. Ingl. *furlong* o *furlough,* fr. *forlonger* 'prolongar' (con su derivado *forlonge*) y fr. *frelon* 'abejorro' (dial. *forlon*), 'brusco', así como el it. *furlano, furlana* (o *forl-*) 'friulano', 'especie de danza', tienen significados demasiado lejanos todos ellos.

FORMA, tomado del lat. *fōrma* 'forma, figura, imagen, configuración', 'hermosura'. *1.ª doc.:* Berceo.

Cej. IX, § 166. Es semicultismo muy antiguo: figura ya en las Glosas de Silos y en doc. de 1206, aunque en estas fuentes no podemos estar seguros de que figurara en calidad de palabra castellana, pero también en otros textos medievales (V. los derivados), en APal. (46*d,* 143*b,* 161*b,* 213*d*), en Nebr., y es muy frecuente desde el S. XVI. *Horma* es duplicado popular [*forma,* h. 1400, Glos. del Escorial; APal. 54*b; horma,* Nebr.; Cej. V, § 135]; ast. *forma* 'hormilla' (V).

DERIV. *Hormazo* 'golpe de horma'. *Hormero.*

Hormilla. Ahormar. Los derivados siguientes son cultos o semicultos. *Formar* [Berceo; J. Ruiz; frecuente en todas las épocas], de *formare* íd.; *formable; formación; formador; formadura; formamiento* ant. (*Canc.* de Baena, W. Schmid); *formante; formativo; formatriz. Formaje 'queso'* [h. 1106, Abenbuclárix; *Canc.* de Baena; Nebr.; como voz de gnía., 1609, J. Hidalgo; *formajo,* quizá italianismo, 1627, Gonzalo Correas: M. P., *Oríg.,* 407-8n.; no puedo documentar la ac. 'encella' que la Acad. da como no desusada], tomado del cat. *formatge* íd. (comp. fr. *fromage,* lat. vg. *FORMATICUM), así llamado porque se hace con *forma* o encella. *Formal²* [Nebr.; *formalmente,* APal. 501*b; formal* m. 'especie de vestido', invent. arag. de 1390, *VRom.* X, 156], de *formalis* 'referente a la forma'; *formaleta; formalidad; formalismo; formalista; formalizar* [*Aut.*]; *informal, informalidad. Formero; formalete* < cat. *formaret* íd. (Ag.), diminutivo de *former* = *formero. Formón* [1603, Oña]. *Fórmula* [h. 1600, Rivadeneira], de *formŭla* 'marco, regla', 'fórmula'; *formulario* [«*f. de notas*», Nebr.], de *formularius* 'referente a las fórmulas jurídicas'; *formular* v.; *formular* adj.; *formulismo, formulista.*

Conformar [Berceo; frecuente desde la E. Media, vid. Cuervo, *Dicc.* II, 365-9], de *conformare* 'dar forma', 'adaptar'; *conformación; conformador. Conforme* [1.ª mitad S. XV: Santillana, A. de la Torre; para ejs., acs. y valores gramaticales, vid. Cuervo, *Dicc.* II, 369-72], del lat. tardío *conformis* 'muy semejante'; *conformidad* [íd.; Santillana, J. de Mena; vid. Cuervo, *Dicc.* II, 372-4]; *conformista; disconforme; disconformidad.*

Deformar [1553, Azpilcueta; *dif-* 1515, Fz. Villegas (C. C. Smith, *BHisp.* LXI)] de *deformare* íd.; *deformación; deformador; deformatorio. Deforme* [1553, Azpilcueta] o *diforme* [h. 1438, Corbacho, Pz. de Guzmán (C. C. Smith); Nebr.] o *disforme* [h. 1600, Cervantes, Villaviciosa, Góngora], tomados, con mayor o menor alteración, del lat. *deformis* íd.; *deformidad* [*diformidad,* Nebr.].

Informe adj. [Aldana, † 1578 (C. C. Smith); Quevedo], de *informis* íd.; *informidad. Informar* [1444, J. de Mena, *Lab.* 293; APal. 166*b,* 204*d*; Nebr.], de *informare* 'dar forma', 'formar en el ánimo', 'describir' (también se dijo *enformar*); *información* [1444, J. de Mena, *Lab.* 269*f*; Nebr.; *enformación* 1394, 1414, *BHisp.* LVIII, 360] (alguna vez *informamiento*); *informador; informante; informativo; informe* m. [*Aut.,* con ej.].

Reformar [Berceo; Nebr.], de *reformare* íd.; *reforma* (antiguamente *reformación,* de donde *reformista*); *reformable; reformador; reformativo; reformatorio.*

Transformar [Berceo; *trasf-,* Nebr.], de *transformare* íd.; *transformación* [*trasf-,* Nebr.], alguna vez *trasformamiento; transformable; transformador; transformante; transformativo; transformismo; transformista.*

CPT. *Uniforme* [h. 1440, A. Torre (C. C. Smith);
h. 1590, J. de Acosta; m., *Aut.*], de *uniformis*
íd.; *uniformidad, uniformar* [princ. S. XVII, Villamediana, *Aut.*], *uniformador. Multiforme*, de *mul-
tiformis* íd. *Triforme* [Mena, 184; *Cartuxano*, 345
(D. Alonso, *La Leng. Poét. de Góngora*)]. Además
véanse *HERMOSO* y *HORMAZO*.

¹ Cf. también el dim. árabe *furáĵma min súqar*
por 'pan de azúcar' (diminutivo árabe de un
mozár. *forma*) en un doc. de un morisco valenciano de 1595 (Harvey, *Al-And.* XXXVI, 1971,
103.5, 114); además Dozy, *Suppl.* II, 216*b* documenta el mozár. *fúrma* en la ac. «zimbarra»
(especie de 'guadaña') [cf. *formón*] en PAlc., y
en el de «quantité de raisins disponibles pour
être pressés» en Abulwalíd.— ² En ciertos usos
locales y antiguos el gall.-port. *formal* sustantivado, además de aplicarse a ciertos predios enfi-
téuticos y sus documentos acreditativos, se generaliza hasta designar un sitio de residencia, la
zona de cierto tipo de cultivo o lugar de asiento
de tal o cual objeto poseído (V. los datos de
Viterbo, Moraes y Fig.). Así se halla en documentos pontevedreses de 1387 y 1469 «estando
en un *formal* e eixido que foi casa», «o dito
forno esteve en *formal* e fondamento a sesego
dêl», «la meadade de aquel *formal* e exido». No
hay que dudar de esta sustantivación, pues el
minhoto *formalidade* también vale «quinhão de
terra em partilha». Se trata del **territorium for-
male* de algo en un sentido paralelo al de *fondamento* que le acompaña en la segunda de las
citas que he dado: 'lo bien fundado', 'lo formal',
rigurosamente paralelos, se vuelven 'asiento legal
de construcción o cultivo'.

Formentar, V. *hervir*   *Formiato, formicante,
fórmico*, V. *hormiga*

FORMIDABLE, tomado del lat. *formĭdabĭlis*
'temible', 'pavoroso', derivado de *formidare* 'temer'. *1.ª doc.*: APal. 166*d*, pero es dudoso que
ya estuviera entonces en uso; C. C. Smith, *BHisp.*
LXI, da ejemplos sólo desde 1596; Paravicino,
† 1633, *RFE* XXIV, 313.
DERIV. *Formidar* ant. [1415, *BHisp.* LVIII, 90;
Acad. ya 1843], latinismo muy raro, tomado de
dicho verbo. *Formidoloso* [Lope], no menos desusado que el anterior, aunque la Acad. no lo diga,
tomado de *formidolosus* íd.

Formiento, V. *hervir*   *Formol*, V. *hormiga
Formón, fórmula, formular, formulario, formulismo, formulista*, V. *forma   Fornáceo, fornacino,
fornaguero, fornalla, fornazo*, V. *horno   Fornecer, fornecimiento*, V. *fornir   Fornecino, fornel,
fornelo, fornica, fornicación, fornicador, fornicar,
fornicario, fornicio*, V. *horno   Fornecino, forracino, forrocino, forrofino*, V. *esforrocino*

FORNIR, ant., 'abastecer, proveer', del cat. *fornir* (más bien que del fr. *fournir*) íd., antes *fromir*
'realizar, ejecutar', y éste del germánico, probablemente del fráncico *FRŬMJAN (a. alem. ant.
frumjan, b. alem. ant. *frummjan*, alem. *frommen*,
'ser útil, aprovechar', 'ejecutar', derivados del germ.
fruma 'primero', 'excelente'). *1.ª doc.*: invent. arag.
de 1375¹.
En catalán medieval es vocablo de suma frecuencia en el mismo sentido; pero en autores
arcaicos, como Lulio, aparece varias veces la forma etimológica *fromir* 'cumplir, desarrollar' (vid.
Misc. Fabra, p. 154). En el Siglo de Oro el verbo
fornir se había ya anticuado en castellano, si bien
quedaba como voz de germanía con el matiz de
'arreciar, reformar' (J. Hidalgo), y siguió vivo, con
carácter de adjetivo, el participio *fornido* (V. abajo). En lengua de Oc coexisten también *formir* y
fornir con los mismos sentidos, mientras que el
francés tiene constantemente *fo(u)rnir* desde el S.
XII; no es seguro que el it. *fornire* (que evolucionó hacia la idea de 'terminar') sea autóctono:
la forma realmente castiza allí parece ser *frum-
miare*. El cambio del cat. *fromir* en *formir* es de
tipo corriente (comp. *forment* < FRUMENTUM), y
el de éste en *fornir* se debe a una disimilación
de labiales (quizá apoyada por el influjo de *guarnir* o *finir*), de la cual hay varios ejs. idénticos:
FORMICA da *forniga* en muchas hablas catalanas,
fourni en gran parte de Francia, *furnică* en rumano; el antiguo PODIUM FRUMICI ha dado cat.
Puiforniu, etc. (vid. *Misc. Fabra*, p. 123)².
No constituye un adelanto la nueva etimología
propuesta por Gamillscheg (*R. G.* I, p. 224), que
supone *formir* venga de FRUMJAN, pero *fornir* de
un fráncico *FRŌNJAN (= alem. *fröhnen* 'trabajar
obligadamente a beneficio del señor'), aunque la
hayan aceptado M-L. (*REW*³, 3531*a*) y Rohlfs
(*ASNSL* CLXVI, 315)³; pues además de que el
matiz especial de este verbo no se descubre en
romance en parte alguna, es sumamente inverosímil y constituye una complicación innecesaria
esta coincidencia de dos voces germánicas independientes: la sucesión cronológica de *fromir* y
fornir en catalán y en lengua de Oc prueba realmente que se trata de un solo vocablo⁴.
DERIV. *Fornido* 'recio', propiamente 'bien provisto de carnes y de fuerzas' [1609, Juan Hidalgo;
Lope], palabra de mayor vitalidad antigua en portugués, donde el verbo *fornecer* 'abastecer' es muy
clásico (Barreto en Moraes, etc.) y *fornido* se halla
no sólo en autores del S. XVI (Fr. Antonio Vieira
en Cortesão) sino que ya aparece en la trad. gallega de la *Gral. Est.* de princ. S. XIV («Abraã
creçeo logo e fezo-se fornydo» 131.29). *Fornición.
Fornimento* o *-miento* [1454, Arévalo, *Suma*,
pp. 270*b*, 295*a* (Nougué, *BHisp.* LXVI)]. *Forni-
tura* [*Aut.*], tomado del fr. *fourniture* en fecha
moderna. *Fornecer* [med. S. XV: Juan de Mena;
Crón. de Juan II; Nebr.]; *fornecimiento* [Nebr.].

[1] «Que las armas que... tenía en las ditas casas del senyor Rey, quel dito Merino en *forniesse* la Aljafería», *BRAE* IV, 213; también en otro de 1492, ibid. III, 362. En textos de Castilla no aparece hasta la *Caída de Príncipes*, texto iniciado a fines del S. XIV por López de Ayala y continuado en 1422 por A. de Cartagena y J. de Žamora (cita de *Aut.*).— [2] Jud, *Rom.* L, 623, recuerda además el caso del fr. *épargner* opuesto al it. *(ri)sparmiare*, otro germanismo. Claro está que los germanismos, como todos los extranjerismos, estaban más expuestos a esta clase de accidentes fonéticos.— [3] Por lo demás, como observa Wartburg (*FEW* III, 831a, n. 9), esta etimología ya la propuso Haberl y la rechazó Brüch con buenas razones.— [4] Puestos a cambiar, preferiría partir del lat. FRŬNISCI, participio FRUNĪTUS, 'disfrutar', cuyo sentido no quedaría más alejado que el de *FRŌNJAN, y tendría la ventaja de no postular sin pruebas la existencia de un vocablo en romance, pues nos consta que FRU-NISCI era de uso vulgar, por los pasajes de Plauto y los varios ejs. que Petronio pone en boca del vulgarísimo Trimalción (XLIII, 6; XLIV, 16). Pero es preferible no complicar los problemas con convergencias, siempre inverosímiles.

Foro, V. *fuero*   *Forón, forondo, foroño, foroñoso, foroto*, V. *orondo*   *Forqueta*, V. *horca*   *Forradura*, V. *forro*

FORRAJE, tomado del fr. *fourrage* 'hierba de prados empleada como pienso', derivado del fr. ant. *fuerre* íd., y éste del fráncico *FŌDAR 'alimento' (a. alem. ant. *fuotar*, alem. *futter*, neerl. med. *voeder*, ags. *fôdor*, escand. ant. *fôdr*, emparentados con el ingl. *food* íd.). *1.ª doc.*: 1547, Pedro de Salazar.

El «Bachiller de Arcadia», identificado por algunos con D. Hurtado de Mendoza, reprende a Salazar el empleo de esta palabra «italiana». Es probable, en efecto, que el vocablo lo aprendieran los españoles en Italia, en donde el galicismo *foraggio* se introdujo en el S. XVI; pero también L. de Ávila y Zúñiga en 1548 emplea ya *ferrage* (con su derivado *ferragero*), forma influída por el oc. y cat. *ferratge* íd., procedente en parte del lat. FARRAGO, -ĬNIS, 'herrén'. Vid. Cabrera, pp. 69 y 80. En todo el Siglo de Oro abunda *forraje*, pero sólo como término militar. Para el origen del vocablo francés, vid. *FEW* III, 659-62; Gamillscheg, *R. G.* I, p. 196.

DERIV. *Forrajear* [1640, Colmenares]; *forrajeador. Forrajero, -era.*

Furriel [*furrier*, 1517, T. Naharro; *furriel*, h. 1640, Gillet, *Propaladia* III, 426], del fr. *fourrier* 'oficial encargado de la distribución del forraje y otros menesteres conexos', derivado del fr. ant. *fuerre; furriera, -ela.*

FORRAR, tomado del cat. *folrar* (también *forrar*) o del fr. ant. *forrer* íd., derivados del cat. ant. *foure*, fr. ant. *fuerre*, 'vaina (de un arma)', 'estuche', procedentes a su vez del gót. FŌDR 'vaina' o de su hermano el fráncico *FŌDAR (a. alem. ant. *fôtar*, alem. *futter*, neerl. *voeder* 'funda, revestimiento, forro'). *1.ª doc.*: *forar*, muchas veces en invent. arag. de 1444, *BRAE* II, 558, 559; *forrar*, APal. 347b; *forradura* se halla ya en el glosario del Escorial h. 1400, y *foradura* en invent. arag. de 1411, *BRAE* IV, 530, n.° 37 (comp. Pottier, *VRom.* X, 156).

Además tenemos *forar* 3 veces, y *enforar* una vez, en invent. arag. de 1492 (*BRAE* III, 362, 364); *enforrar*, otra vez, en APal. («vestido doblado o *enforrado*», 273d), «*enforrar* vestidura» en Nebr., en A. de Guevara, y *enforradura* en la Crón. de Juan II (1460); y *aforrar* es forma muy corriente desde princ. S. XV (*Canc. de Baena*) hasta la actualidad, vid. *DHist.* y Cuervo, *Dicc.* I, 245-6 (un ej., aislado, de las Cortes de 1268, es muy sospechoso de modernización); sólo esporádicamente aparece una forma más castiza *ahorrar*: en un doc. de h. 1300 (también sospechoso), publicado en las *Memorias de Fernando IV* (*DHist.*) y en la Crónica de Andrés Bernáldez († 1513), vid. M. P., *Poesía Jugl.*, 99, n. 2. En cuanto al sustantivo *forro*, es tardío [1599, *Guzmán de Alfarache*], y un poco antes se halla *enforro* [invent. arag. de 1465, Pottier; Nebr.] o *aforro* [Timoneda], de suerte que no hay duda de que es postverbal y no descendiente directo del germ. FŌDR, como ocurre también con el cat. mod. *folro*[1], port. *forro* o *forra*, it. *fòdera*, 'forro': la única ac. antigua en el sustantivo es 'vaina', 'estuche' o 'funda' (it. *fòdero*, cat. ant. *foure*, oc. ant. *froire*, fr. ant. *fuerre*)[2]. Así la *f-* como la *-rr-* españolas, y la fecha tardía del vocablo (que falta, p. ej., en los Aranceles santanderinos del S. XIII y en la copiosa documentación coetánea reunida por A. Castro en el correspondiente glosario: *RFE* VIII, IX y X), indican que *forrar* no puede ser germanismo autóctono en castellano ni en portugués. No creo, pues, que se trate de un germanismo tomado del latín vulgar al germánico pre-dialectal, sino de préstamos hechos por el fráncico al francés, por el gótico al italiano, y por cualquiera de los dos a la lengua de Oc y catalán. La vacilación del aragonés antiguo entre *-r-* y *-rr-* lo mismo puede interpretarse como indicio de origen francés que por adaptación del cat. ant. *foure*, *fourrar*[3].

DERIV. *Forro, forradura, aforrar, enforrar*, etc., V. arriba. *Enforrotar* ast. 'atar a la cotilla el cordón que sirve para ceñirla al cuerpo' (V). Gall. *forra* 'cuñita, especialmente la que se pone debajo del rebo o hipomoclio cuando él está bajo' (Sarm. *CaG.* 106r), *forriña* 'cuña para que un objeto no se caiga' (íd. 182r). Gall. pontev. *ferrudo* (disim.): *zapatos ferrudos* «fuertes, no por clavos de hierro sino por ser de dos suelas fuertes» (Sarm. *CaG.* 224*v*).

¹ Con -*o* regular según la fonética catalana en voces de tal estructura.— ² No creo que esté en lo cierto Simonet al identificar con nuestro vocablo el hispanoár. *furw* empleado por Abencuzmán (mitad del S. XII) en el sentido de 'abrigo': se trata sin duda de otra vocalización de la voz semítica *farw* o *fárwa* 'pelliza'.— ³ En catalán el vocablo es muy antiguo. *Foure* 'vaina' se halla en rima en Anselmo Turmeda, a. 1398 (*Divisió*, 135), en el contemporáneo *Amic e Melis* (*N. Cl.*, 140), y en muchos inventarios desde princ. S. XV (también *fouro*); la variante rosellonesa *foyre*, en doc. de 1409 (*Ruscino* I, 145). El verbo *folrar* ya en el *Terç del Cristià* (1381-6), *N. Cl.* VI, 53. La variante *forrar*, que creo también castiza y reducción de *folrar*, desde el S. XIV (*Corbatxo*, 104), y es frecuente en el *Spill* y en el *Tirant*. Hoy *folro* y *forro* son populares ambos en el Principado. No conozco el cat. ant. *feure* que citan Gamillscheg, *R. G.* I, 175-6, y otros, aunque sería posible como evolución de *foure*. La forma con *u* es evolución regular catalana de la -D- germánica, y la -*l*- puede resultar de la evolución de esta *u* (*malaut* > *malalt*, *raïu* > *raïl*, rosell. *elra* < cat. *heura* HEDĔRA). Entonces la forma occitana *folrar*, *folradura*, bastante frecuente en textos medievales tardíos del Languedoc occidental, debería ser catalanismo, lo cual, tratándose de un artículo susceptible de importación comercial, es muy comprensible. La frecuencia de esta variante occitana hace pensar en la posibilidad de un tratamiento especial del grupo germánico -DR-, cuando ya este grupo romance había evolucionado en -*ir*- en este idioma, pero no hay casos análogos, y en general esto me parece menos probable. La forma genuina en lengua de Oc ha de ser *foire*, documentada en el Rosellón, y en el *Jaufré* y el *Fierabrás*, en las variantes alteradas *froire* y *froile*.

Forrascar, V. *enfrascarse* y *socarrar*   *Forro*, V. *forrar* y *horro*   *Fortacán*, V. *hurtar*   *Fortachón, fortalecedor, fortalecer, fortalecimiento, fortaleza, forte!, fortepiano, fortezuelo, fortificación, fortificador, fortificante, fortificar, fortín, fortitud,* V. *fuerte*

FORTUNA, tomado del lat. *fortūna* 'fortuna, suerte, azar', derivado del defectivo *fors, fortis,* íd. *1.ª doc.*: med. S. XIII, *Buenos Prov.* 29.20; *Zifar* 9.7; Villasandino, † h. 1425, *Canc. de Baena,* n.º 215, v. 11; 1448, *Diál. de Bías contra Fortuna,* por el Marqués de Santillana.

Es cultismo poco usado en la Edad Media (falta *Cid*, Berceo, *Apol.*, *Calila*, Ms. bíblico I j 3 del Escorial, J. Ruiz, *Conde Luc.*, Glos. publ. por A. Castro). Figura también en APal. (89*d*, 167*b*,

aunque se refiere sobre todo a la Antigüedad) y en PAlc. (con sentido desfavorable); es frecuente ya en el Siglo de Oro. Quizá más antigua en los textos es la ac. 'borrasca', que ya figura en el aragonés *Yúçuf* h. 1300 (53*b*) y en varias fuentes desde 1400. M. R. Lida, *J. de Mena,* p. 245, cita otros ejs. cast. de la ac. 'borrasca', y llama la atención hacia un pasaje de Heródoto donde se habla de las naves naufragadas «en las presentes fortunas» (τύχῃσι). El derivado *fortunal* ya en el *Marco Polo* (S. XIV), otro texto aragonés (vid. C. Consiglio, *RFE* XXVII, 441). Se trata de un vocablo esencialmente mediterráneo, que surge contemporáneamente en Italia, Occitania y Cataluña¹, en el S. XIII, que en la misma época ya aparece extendido al Norte de Italia, y que más tarde se propaga al árabe, hoy muy arraigado y popularizado en el Norte de África (ya PAlc.; vid. Simonet, s. v.), y en los varios idiomas balcánicos.

A pesar de Vidos (*Parole Marin.*, 399-403), no hay razón para buscar un punto de origen único y suponer que éste sea Italia: se trata de un vocablo común a los varios romances mediterráneos, que si no procede del latín vulgar (nótese el *procella fortunae* de Séneca), vendrá de todos modos de la fase romance más antigua. Sin embargo, la conservación constante de la *f-* y la aparición inicial en textos aragoneses invitan a creer que en Castilla, país interior o cantábrico (quizá no en Andalucía), es importación procedente del Este, y en definitiva catalana; no es posible, dada la fecha, suponer importación italiana, como hace Terlingen, 232. En cuanto a la explicación semántica, me inclino a creer, como ya hizo Tallgren (*Neuphil. Mitt.* XXII, 53-58), que es eufemismo, destinado al principio a evitar lo alarmante de voces como *procella, tormenta, tempesta,* etc.; no creo, con Wartburg (*FEW* III, 737), que deba partirse de la idea de 'desgracia', que está poco extendida y en parte es tardía entre los representantes romances del vocablo; V., además, Jud, *Neuphil. Mitt.* XXII, 154; Spitzer, *Lexik. a. d. Kat.*, 78; M. L. Wagner, *RFE* X, 232n.

DERIV. *Fortunal* ant., no parece ser adjetivo, como dice la Acad., sino sólo m. como sinónimo de 'tormenta' (V. arriba). *Fortunoso. Afortunado* [h. 1400, *Canc. de Baena*, vid. *DHist.*], de donde el raro *afortunar*; también *fortunado* [1256, Aben Ragel, *Libro Conplido*, 86*a*, 87*b*]. *Infortunio* [ya 1444, Mena, *Lab.* 196*g*; 1570, Mármol], tomado de *infortūnĭum* íd.; *infortunado* [h. 1540, P. Mejía]; *infortuna* [1256, Aben Ragel]; *infortuno*; *infortunar* [1256, Aben Ragel].

Fortuito [APal. 64*d*, 167*d*], tomado de *fortūĭtus* íd., otro derivado de *fors.*

¹ Muy frecuente en toda la Edad Media (Muntaner, etc.), y ya en el S. XIII, puesto que se halla en todas las partes del Consulado de Mar (cap. 70 y passim). La documentación más an-

tigua parece ser la de Peire Cardenal, que corresponderá aproximadamente al año 1200.

Forzado, forzador, forzal, forzamiento, forzante, forzar, forzosa, forzoso, forzudo, V. *fuerte*

FOSA, tomado del lat. *fŏssa* 'excavación', 'fosa', 'tumba', 'canal', propiamente participio femenino de *fŏdĕre* 'cavar'. *1.ª doc.:* 1542, Diego Gracián.

Aparece también en C. de las Casas (1570), Covarr. (1611) y en muchos autores del Siglo de Oro. Pero la forma antigua y popular fué el duplicado *fuessa* [doc. de 1200, Burgos; Berceo; *fossa, Alex.* 1471; *huesa,* S. XV, Biblia med. rom., Gén. 23.6; *uesa* en la Crónica de Corral (h. 1430), con variantes *huesa* y *fuesa* en los mss. del S. XV, y *sepultura* en la ed. de 1587: M. P., *Floresta* I, 263.23; muy frecuente en toda la Edad Media, todavía en APal., 27*b*], que por lo común tiene la ac. de 'tumba'[1], y en el cual ha predominado modernamente el consonantismo *huesa,* contrario a la norma fonética, debido al influjo de *hueso,* y quizá de un antiguo *huessa* 'osamenta' (así el cat. *òssa*), del plural latino ŏssa[2]. No confundamos esta palabra con el cast. ant. *huesa* 'pieza de la armadura o defensa de las piernas del caballero', procedente del germ. HOSA íd. (cf. alem. *hosen* 'calzones'), que ya figura en el *Cid* y se trasmitió a todos los romances de Occidente: *osas* está también en documentos gall. y leoneses de la E. Media (desde 1062) y todavía a mediados del S. XVIII vivía en Rengos (entre Galicia, Asturias y el Bierzo) como nombre de las medias botas que empleaban los jerónimos (Sarm., *CaG.,* p. 116).

DERIV. *Foso* [1547, Pedro de Salazar, desaprobado como italianismo por el «Bachiller de Arcadia», vid. Cabrera, p. 80, y Terlingen, 218], tomado del it. *fosso,* como término militar que sustituyó los antiguos *cava* y *cárcava. Husillo* 'cada uno de los conductos por donde desaguan los lugares inundados'[3], and. [*Aut.,* 1739]. *Fosado* ant. [APal. 97*b*, 150*d*, 168*b*]; *fosada,* ant., *fosadura* ant.; *fosal,* ant. y arag., comp. cat. *fossar* íd. (la Acad. registra también *fosar* m.). *Fosar,* v., raro. *Fosura,* ant. *Fósil* [Acad. ya 1817], tomado del lat. *fŏssĭlis* 'que se saca cavando la tierra', derivado de *fodere; fosilizarse, fosilización, fosilífero. Fesoria,* ast., 'azada' (V), es descendiente popular de FOSSŎRĬUM íd. (San Isidoro), derivado directo de FODERE; *fesoriada* ast. 'azada' (V). *Enfosado,* veter. *Fonsado,* ant. 'campamento', y después 'ejército' [*fosado,* doc. leonés de 980, M. P., *Oríg.; honsata,* en el Fuero aragonés de Asín, a. 1132; ibid., p. 223; comp. *ALMOFALLA;* es voz frecuente en toda la Edad Media hasta el *Rim. de Palacio,* 1560; vid. M. P., *Cid,* s. v.], de FOSSATUM 'foso', y después 'campamento', ac. que ya pertenecería al latín vulgar, pues se extiende al gr. biz. φουσσᾶτον 'campamento' y 'ejército' (G. Meyer, *Lat. Lehnw. im Ngr.,* 72)—de ahí al alb. *fšat* y al rum. *sat* 'pueblo', vid. Skok,

ZRPh. L, 518-9—, al siríaco *fosatun* y al ár. *fussâṭ* (Simonet, s. v. *fuxtál);* la *n* secundaria se explicará quizá por influjo de *fondo* (cat.-oc.-fr. *fons*) o por propagación de la *n* en la frase frecuente *ir en fo(n)sado (llevar en fosado,* en el doc. de 980), cristalizada en la variante *enfosado,* que parece hallarse en Berceo, *Signos,* 73*c*[4]; de ahí pudo extenderse la *n* a *fonsadera [fonssatera,* Silos, 979, M. P., *Cid,* 808.4; *ffonsadera,* Uclés 1242, M. P., *D. L.,* 319.12; y Vignau, *RABM,* 1871, 79-80; *fossateira,* Valpuesta, 1011, M. P., *Oríg.*], y a *fonsario* 'huesa' [Villasandino, *Canc.* de Baena, n.º 142, v. 72; Biblia med. rom., *Gén.* 23.4; *honsario,* Nebr., h2v°; *alfonsario* y *honsario,* Simonet, p. 10; comp. *fossalario* 'cementerio', Berceo, *Mil.,* 107; *fossario* íd., *Alex.,* 1471].

[1] No será variante formativa antigua un gall. *foxa* 'tumba': «dentro da *foxa,* enrriba do ataúde» Castelao 122.7. Variante fonética al estilo de *xastre* por *sastre* y algunas otras formas gallegas, o debida al influjo de *caixa de mortos,* pues es ajeno al portugués y poco común: los diccionarios registran sólo *foxo* 'cuneta' (Vall.). Sentido amplio también en APal: «aracuncule son pequeñas *fuessas* como surcos de arado».— [2] Como se ve por la falta de aspiración en Nebr.: «*uessa para enterrar:* fossa, scrobs».— [3] «Inmundos» por errata en la Acad.— [4] A lo cual no se opone necesariamente el *fonsarium:* ὀρυγεύς (excavador), del *CGL* III, 326.25, puesto que esta glosa figura en manuscrito del S. IX, de procedencia incierta, y que pudo sufrir el influjo del cast. *fonsado.*

Fosario, V. *hueso   Fosca, fosco,* V. *hosco*
Fosfatado, fosfático, fosfato, fosfaturia, V. *fósforo*
Fosfeno, V. *foto-*

FÓSFORO, tomado del gr. φωσφόρος, adj., 'que lleva la luz, que da luz', compuesto de φώς, φωτός, 'luz' y φέρειν 'llevar'. *1.ª doc.:* como nombre poético del lucero del alba, h. 1625, Pantaleón de Ribera; nombre del metaloide, *Aut.;* 'pajuela fosfórica para encender luz', J. Selgas, † 1882; Acad. 1884, no 1843.

DERIV. *Fosforita. Fosfórico* [Acad. ya 1843]. *Fosforecer* [*-escer,* Acad. 1884], *fosforescente* [íd.], *fosforescencia* [íd.]. *Fosfato* [íd.], *fosfatado; fosfático. Fosfuro.*

Fosforero. Fosforera. Fosforito, arg., 'personaje pequeño y vivaz' (comparado con un fósforo); cub., 'persona muy delgada'.

CPT. *Fosforoscopio. Fosfaturia.*

Fósil, fosilífero, fosilización, fosilizarse, V. *fosa*
Foso, V. *fosa   Fostachón,* V. *mostachón   Fosura* V. *fosa   Foto,* V. *hoto*

FOTO-, primer elemento de compuestos cultos, procedente del gr. φώς, φωτός, 'luz'.

CPT. *Fotocopia; fotocopiar. Fotofobia; fotófobo.*

Fotófono. Fotogénico. Fotometría, fotométrico, fo-tómetro. Fotosfera. Fototerap·a. Fotografía [Pagés cita en P. A. de Alarcón, cuyas obras son de 1855-81; Acad. 1884, no 1843; en francés y en inglés el vocablo está en uso desde 1839, año de la invención—vid. *NED*—, pero hasta principios del último tercio del siglo estuvieron más divulgados *daguerr(e)otipo* y *-tipia*, después caídos en desuso al abandonarse el procedimiento primitivo]; *fotográfico; fotografiar; fotógrafo.* Desde el desarrollo de la fotografía, se han creado otros compuestos con *foto-*, donde en realidad este elemento es forma abreviada de *fotografía: fotogénico* (en la ac. reciente 'que tiene buenas condiciones para ser reproducido fotográficamente') [Acad. ya 1936], del ingl. americano *photogenic* [en este sentido falta todavía en el Webster de 1934], difundido por el cine; *fotograbar, fotograbado; fotolitografía, fotolitografiar, fotolitográfico; fototipia, fototípico; fototipografía, fototipográfico.*

Fosfeno, compuesto de φώς 'luz' y φαίνειν 'aparecer'.

Para otro compuesto de la misma palabra griega, vid. *FÓSFORO.*

Fotingo, V. *fotuto*

FÓTULA, and., 'clase de cucaracha', origen incierto; como también se dice *fatula* y se cita otra variante *bétula*, quizá sea palabra mozárabe, procedente del lat. vg. *BLATTŬLA* íd. *1.ª doc.:* 1535, Fernández de Oviedo.

Escribe este autor (*Historia Gen. y Nat. de Indias,* XV, cap. 5): «*De las cucaraças que en el Andaluçía llaman fótụlas. Las fótulas son unas cucaraças leonadas, e assí del tamaño de las que hay prietas en el reyno de Toledo; pero estas otras son mas lixeras e vuelan quando quieren, e son importunas e incontables e de mal olor. E pocas caxas o arcas de ropa se pueden excusar dellas, porque luego se meten dentro e aun dañan la ropa. Diçen algunos que estas no las avía en esta cibdad de Sancto Domingo ni en esta isla de Haytí o Española, e que vinieron de España, con las caxas de los mercaderes; e assí hay muchas en todas las partes que en estas Indias hay poblaçiones de chripstianos. En toda España yo no las he visto sino en el Andaluçía, e desta otra parte de la Sierra Morena haçia el Andaluçía, çerca ya de Córdoba y de Sevilla, e muchas más en las costas e puertos del Andaluçía e del reyno de Granada, porque no me paresçe que se quieren llegar a tierras frías. Tienen unas alas, como los escarabajos, con que cubren otras que están debaxo de aquéllas, muy delgadas; e todas son de color leonado, como tengo dicho, pero unas más escuras que otras*»[1]. Resumió estas indicaciones *Aut.,* y de ahí pasó el artículo al diccionario académico, que en 1817 definía «cucaracha de Indias» y hoy lo da como antiguo y andaluz para «cucaracha voladora». No hallo confirmación

del vocablo en diccionarios anteriores, ni en glosarios dialectales modernos (A. Venceslada, Toro G., G. Soriano, A. Zamora Vicente), ni en los idiomas vecinos.

Sólo nos consta que en la isla de Puerto Rico se emplea *fatula,* acentuado en la *u. Fatula* es ya frecuente en Bernal Díaz del Castillo (que contiene pocos indigenismos): «El pan cazabe que traíamos, muy mohoso y sucio de *fatulas»* cap. 14, lo cual se repite casi en los mismos términos en los cap. 40 y 41. Navarro Tomás (*Esp. en P. R.,* 181) supone indigenismo, pero la *f* no es fonema taíno ni americano. Para relacionar con el lat. vg. *BLATTŬLA* 'cucaracha' (it. *piàttola,* Cosenza *jàttula),* diminutivo de BLATTA íd. (> port. *barata),* haría falta suponer que *fótula* es alteración de *lah*bótulah,* con el paso de *b-* a *f-* tan frecuente hoy en Andalucía y Murcia tras el artículo plural (p. ej. murc. *fotinchado < botinchado),* lo cual es difícil de admitir en el S. XVI, pero quizá no imposible (comp. *FOTUTO);* podría suponerse vocablo mozárabe[2], con pérdida de la primera L por disimilación, pero todavía faltaría explicar el cambio de Á en ó, aunque Steiger (*Contr.,* 311 y 294) reúne varios ejs. hispanoárabes de esta alteración fonética, algunos de los cuales junto a labial o a dental enfática (V. también *ALMODROTE).* Las variantes *fatula* y *bétula* serían favorables a esta etimología y la vacilación acentual se explicaría fácilmente en un mozarabismo. Hermana de la palabra port. *barata* es la forma *brata* registrada en ocho pueblos de la provincia de Zamora y en tres de Jaén, según *RDTP* IV, 626-8; el *DHist.* documenta *barata* en Suárez y Figueroa, J. T. Medina dice que se emplea en Chile y ciertas eds. de la Acad. lo atribuyen al Perú (lo cual niega Benvenuto). Interesa especialmente el hecho de que *fótula* no aparece en parte alguna de la citada lista de *RDTP* de nombres regionales españoles de este insecto. Para la propagación de las cucarachas gracias al comercio con las Indias, vid. *CUCARACHA.*

¹ Con referencia a F. de Oviedo he visto citar una forma *bétula,* no localizada. Ignoro dónde se halla esta variante.— ² Nada análogo en Simonet, ni en PAlc., s. v. *escaravajo.*

FOTUTO, 'bocina, caracola, trompeta', antill., venez., colomb., panam.; voz americana, cuya exacta procedencia es incierta: se duda entre el Perú y la zona del Mar Caribe. *1.ª doc.:* h. 1565, Aguado (Venezuela y Nueva Granada).

Véase la documentación en Friederici, *Am. Wb.,* 253. Figura también, con referencia a la misma zona, en Juan de Castellanos, h. 1580, más recientemente en Simón (1626) y en Oviedo Baños (1723), y autores modernos mencionan *botutu, bututo,* y formas análogas, como propias de las lenguas indígenas de Venezuela, donde *botuto* se emplea también en castellano (L. Alvarado). Sin embargo, la forma hoy más extendida es la ya antigua *fotuto*, en Cuba, Puerto Rico, Santo Domingo, Venezuela, Costa Atlántica de Colombia y Panamá. Por otra parte *pututu* 'trompeta de un caracol grande' aparece ya como quichua en González de Holguín (1608), a la misma zona incaica se refieren Pedro Pizarro (1571) con su *botuto* 'trompeta'[1] y Guaman Poma en 1613 con su *pototo* o *putoto* 'flauta', *pututu* existe también en aimará, hay *bototo* 'corteza de calabaza vacía usada como recipiente' en el Ecuador (Lemos, *Barbarismos*, p. 92) y *butute* en Honduras (Membreño).

La zona de vitalidad de *fotuto*, sólo alrededor del Caribe (en ninguna parte es tan vivo como en Cuba)[2], y la mayor antigüedad de la documentación de esta procedencia, sugieren que el origen se hallara en el Mar Caribe, desde donde los conquistadores pudieron difundir el vocablo hasta el Perú: el cambio de *f-* o *b-* en *p-* sería natural, pues aquellas consonantes no existen en quichua. Sin embargo, Henríquez Ureña (*BDHA* V, 129) y Friederici creen en una procedencia incaica, y hay también buenas razones en este sentido: el testimonio temprano de González de Holguín, y sobre todo la fisonomía del vocablo, que recuerda la de *purutu* > *POROTO* 'judía, habichuela', *COROTOS*, y otros vocablos de esta procedencia; si es verdad que hoy *putu* es en quichua 'calabaza de corteza dura que sirve de cántaro para medir la chicha'[3], nuestro *pututu* podría derivar de ahí tal como *purutu* parece derivar de *puru* (también 'calabaza de corteza dura', Gz. de Holguín), según supone Lafone Quevedo. El argumento estructural da gran fuerza a la derivación quichua, pero debemos precavernos siempre ante los parecidos casuales.

Ni siquiera podemos decir que esté bien asegurada la procedencia indígena, pues *bu-tu-tu* sería una excelente onomatopeya, no sin analogías en el romance europeo: bearn. *tute* 'bocina de pastor', *tutà* 'tocar la bocina o caracola', cast. *tútano* o *TUÉTANO*, procedente de la idea de 'tubo' (como oc. *tudel*, fr. *tuyau*). Los *botutos* pudo pasar a *loh fotútoh*, por un cambio fonético corriente en el castellano de la zona antillana, no menos que en el de Andalucía (comp. *FÓTULA*), y por otra parte cambiarse en *potuto* en el Perú a causa de la falta de *b* en quichua. Las dos etimologías onomatopéyica y americana pueden, finalmente, conciliarse, admitiendo que sea onomatopeya surgida en varias partes de América[4]. Dejo la solución en manos de los americanistas especializados. Desde luego debe separarse de todo esto el portorriqueño y colombiano atlántico *fotuto* 'arruinado, enfermo, fastidiado' (corre también en el cast. de Tampa, Florida), que es préstamo del cat. *fotut* íd., de origen obsceno[5]. Quizá se emplea también en variedades castellanas de España: Azkue en su *Supl.* traduce por «pan fot...» el vco. guip. *otairo* variante de *ogiarro* 'pan esponjado'. Comp. *BOTA* I.

[1] Vid. nota s. v. *BOTA* I.— [2] Enrique D. Tovar afirma, según Malaret, que *fotuto* se emplea también en el Perú, pero es dato aislado que debería comprobarse, y no confirmado por el diccionario de Arona.— [3] Este dato es adición de Lobato (1901) a su ed. de González de Holguín. No figura en el diccionario de Lira, pero el significado es análogo al que da Lemos para *bototo*, y Lira trae en cambio *putuku* 'cabeza hueca, calavera' y *putuka* 'instrumento músico de percusión parecido al bombo'.— [4] Comp. en favor de esta idea las otras denominaciones *pululu* y *t(r)ut(r)uca* citadas por Malaret, *Supl.*— [5] Fernando Ortiz, *Catauro*, busca el mismo origen al cub. *fotingo* 'automóvil pequeño' (que según Malaret se emplea también en Méjico, Panamá, Perú y Puerto Rico), teniendo en cuenta que en partes de Cuba significa además 'posaderas de mujer', pero me parece más en lo cierto Malaret al derivarlo del ingl. *Ford*, pronunciado vulgarmente *fot*.

Foya, foyo, foyoso, V. *hoya*   *Fozayo*, V. *hoz* I

FRAC, del fr. *frac* íd., tomado probablemente del ingl. *frock* 'hábito de fraile', 'bata de mujer o de niño', 'frac', tomado a su vez del fr. *froc* 'hábito de fraile', y éste del fráncico *HROKK 'chaqueta' (b. alem. ant. *hroc*, a. alem. ant. y neerl. med. *roc*, alem. *rock*, ags. *rocc*, escand. ant. *rokkr*). 1.ª doc.: h. 1835, M. J. de Larra (*fraques*, plur.); Acad. 1843, no 1817.

Vid. Kluge y Bloch, s. v. La *o* breve inglesa se pronuncia casi como una *a*. El alem. *frack* aparece en 1774, y se tomaría por conducto del francés, donde el vocablo se ha registrado desde 1767. También se ha empleado en castellano *fraque*. El galicismo *froco* 'hábito de fraile' (151.47) o *froque* (399.55), con su despectivo *frocaz* (82.29) se había empleado en gallego antiguo en las *Ctgs.*, donde el castizo *froco*, cast. *fleco*, facilitaba su adopción.

FRACASAR, 'destrozar, hacer trizas', 'hacerse pedazos, naufragar (embarcaciones)', antic., hoy 'frustrarse, tener resultado adverso (una empresa)', tomado del it. *fracassare* 'hacer trizas, destrozar', 'quebrar ruidosamente', derivado del anticuado *cassare* 'romper' (tomado a su vez del fr. *casser* íd., procedente del lat. QUASSARE 'quebrantar'). 1.ª doc.: 1588, relación acerca de la Armada Invencible.

Para documentación, vid. Terlingen, 359-61 (comp. *Symposium* 1948, 110-111). Para las acs. antiguas recuérdese que Don Quijote habla de «hender Gigantes, desbaratar exércitos y *fracasar* armadas» (I, xxv, 108v°), uso gramatical que era corriente por estas fechas en nuestro verbo. Pero pronto pasó el verbo a emplearse intransitivamente como sinónimo de 'naufragar, romperse una nave en los escollos' (ejs. de h. 1650 y 1700 en *Aut.*), y luego generalizando su aplicación 'malograrse, frustrarse cualquier empresa o intento' (ya 1625). En italiano *fracassare* y *fracasso* se documentan desde Dante y Boccaccio, y aquél es derivado normal de *cassare*, formado con el prefijo peyorativo *fra-* (*fraintendere*, *frapporre*, *frastornare*, *frastagliare*, *fraprendere*, etc.); en cuanto a *cassare*, era corriente en textos medievales florentinos y 'de otras partes (Petrocchi; Monaci, *Crest. It.*)[1].

DERIV. *Fracaso* [1615, Cervantes; Paravicino, † 1633, *RFE* XXIV, 313]. *Fracasado*.

[1] *Afracaseme* en Lucas Fernández no pertenece a un inexistente verbo *afracasar*, como entendieron los autores del *DHist.*, sino que evidentemente es *afrácaseme*, de *afracar = aflacar* 'enflaquecer'.

FRACCIÓN, tomado del lat. tardío *fractio, -ōnis*, 'acción de romper', derivado del lat. *frangĕre* 'romper, quebrar'. *1.ª doc.*: 1607, Oudin.

DERIV. Los derivados y compuestos son también cultos con las excepciones indicadas. *Fraccionar; fraccionable; fraccionamiento; fraccionario. Fractura* [1555, Laguna], de *fractūra* íd.; *fracturar. Frágil* [med. S. XV, J. Tallante (C. C. Smith, *BHisp.* LXI); F. Herrera (*RFE* XL, 133); 1570, C. de las Casas; h. 1600, Ribadeneira], de *fragĭlis* íd.; *fragilidad* [*Corbacho* (C. C. Smith)]. *Fragmento* [1570, Laguna; 1604, Palet (D. Alonso, *La Leng. Poét. de Góngora*); 1607, Oudin; Lope], de *fragmĕntum* íd.; *fragmentar; fragmentación; fragmentario. Fragor* [Acad. ya 1817, como ant.], de *fragor, -ōris*, 'ruido de algo que se rompe', 'estruendo'; *fragoroso. Fragoso* [APal. 168b[1], 169b, 197d; *fagroso, Canc.* de Baena, W. Schmid], de *fragōsus* 'áspero', 'escarpado', 'rocoso'; de este adjetivo se sacó por regresión un sustantivo FRĂGUM 'lugar fragoso, peñascoso', 'paraje lleno de maleza', 'breña', en latín hispánico, ya documentado en San Isidoro[2], que dió el cat. y oc. *frau, afrau* (V. mi DECat.), y de cuyo plural FRAGA procede el port. y gall. *fraga* 'lugar fragoso, altibajos, breñas, matorral' (ejs. desde el S. XV en Moraes), recogido como español por la Acad. (desde 1899)[3]; también se halla *frágua* (escrito así o *frágoa*) en portugués, asegurado por la rima en Camoens y ya documentado en Azurara (fin del S. XV: Moraes), que acaso represente un diminutivo *FRAGŬLA, y del cual ha de estar tomado el derivado extremeño *fragüin* 'arroyuelo que corre saltando entre piedras en terreno fragoso' (*BRAE* IV, 90).

Confracción; confragoso. Difrangente; difracción; difractar. Infrangible. Infringir [Acad. ya 1843], de *infringĕre* íd. (participio *infráctus*), derivado de *frangĕre; infracción* [1642, Ovalle]; *infracto; infractor* [*Aut.*].

Refringir, de *refringĕre* íd., otro derivado del mismo verbo; *refringente; refracción* [1640, Saavedra]; *refracto; refractor, refractivo; refractar; refractario* [*Aut.*], de *refractarius* 'peleante, pendenciero'.

Refrán [princ. S. XIV, E. S. O'Kane, *HispR.*, 1950, 1-14; med. S. XV, *Refranes que dizen las viejas tras el huego;* Antón de Montoro; Nebr. «proverbium; deverbium»], el sentido primitivo fué 'estribillo', en el cual, según E. Cotarelo, está documentado desde el S. XIII (*BRAE* IV, 242-59; no era raro que el estribillo de ciertas canciones consistiera en refranes, como en el sentido de 'proverbio' se empleó anteriormente *fablilla, fazaña, enxemplo, vierbo*), tomado de oc. ant. *refranh* 'estribillo', derivado de *refránher* 'reprimir' y 'modular', y éste de *fránher* 'romper'; del oc. *refranh* viene el vasco (guip.) *errep(a)in* 'estribillo' (antiguo *errefayna* 'refrán'), Michelena, *BSVAP* XI, 291. De la lengua de Oc se tomaron igualmente el cat. *refrany* 'proverbio' [así ya en el *Tirant*, cap. 100, ed. Riquer, p. 229] y el fr. *refrain* 'estribillo'; *refranero, refranesco, refranista. Refrangible; refrangibilidad.*

En el castellano arcaico y dialectal se conservó el verbo FRANGĔRE en el uso popular, de donde *frañir* (*1.ª Crón. Gral.*, 6a22) o *frañer* antiguamente (ejs. de E. Villena y del *Canc.* de Castillo en Cej., *Voc.*) y hoy en Asturias (Canellada, etc.), el antiguo *franzir*[4], ast. *francir* 'cascar las nueces y avellanas' (V), y otros representantes hispánicos, indicados por G. de Diego, *Contr.*, § 263, así como el cat. arcaico *frànyer* (participio *frant*), *Usatges*, 92, 61; los santanderinos *freñir* y *afreñir* 'romper terrones' (G. Lomas), éste también burgalés según *GdDD* 259, no vienen de AFFRINGERE, sino de *frañir* con leve alteración, quizá debida al influjo de *frecho* (FRACTUS), antiguo participio de *frañir*; cita también un ast. *afrellar*, que no será cruce de esto con *estrellar*, sino con *frallar, frayar* (V. abajo). *Frangir* es duplicado culto, anticuado y siempre raro; *frangible; frangente* [Calderón], tomado del it. *frangente* íd., propiamente 'rompiente', 'tormenta', ac. anticuada; más descendencia popular dejó todavía el participio FRACTUS (ast. *frecha* 'raja', etc.), para la cual vid. M. P., *Oríg.*, 91-93; G. de Diego, *RFE* XV, 340. *Frayar* ast. 'herir el pie o la mano con un golpe' (V): lo mismo que el campid. *fragiare* 'tener una matadura' y fr. ant. *fraillier*, parece representar un lat. vg. *FRAGULARE (M. P., *RFE* VII, 12; *REW* 3479); *frayón* 'tronco de árbol muy corpulento y nudoso', 'piedra inferior del molar' ast.; *frayu* 'greda marnosa' ast. (V). V., además, FRANGOLLO.

CPT. *Franhueso, frangüesu*, ast. (Canellada; V), berc. *franguesos* (Sarm. *CaG.* 145r, A20r) 'quebrantahuesos'; compuesto de *frañ*, imperativo arcaico del citado *frañer*, y *hueso*.

[1] «*Fraga*... son logares de montaña *fragosos* y pedrosos».— [2] «Fraxinus vocari fertur quod magis in aspera loca montanaque *fraga* nascatur», *Etym.* XVII, vii, 39. *Fraga* 'matorral' en escritura española de 1124 (Du C.).— [3] Para nombres de lugar mozárabes de este origen, vid. Simonet, s. v. También en el Sur de Italia: Cilento *fraga* 'de-

rrumbamiento del terreno' (*ZRPh.* LVII, 438).
La ac. agregada posteriormente por la Acad. «entre madereros, la madera inútil que es necesario cortar para que las piezas queden bien desbastadas en la primera labra» quizá proceda de la idea de 'maleza, broza'.—⁴ «Dos camisotes de lino *franzidos*», invent. arag. de 1362, *BRAE* III, 225. De ahí un compuesto **franzialadro* > *frasnialadro* 'Centaurea polymorpha (planta de viñas)', en el Bajo Aragón, propiamente 'rompe-arado' (con trasposición consonántica como en *gozne* < *gonce*), comp. el cat. *Trencaaladre*, nombre de lugar en el término del Boixar (partido de Morella).

Frada, fradar, frade, fradear, V. *fraile   Fradre,* V. *hermano   Fraga,* V. *fresa* y *fracción   Frágala,* V. *erraj*

FRAGANTE, 'oloroso', tomado del lat. *fragrans, -antis,* íd., participio activo de *fragrare* 'echar olor'. *1.ª doc.:* 1554, Jerónimo de Sempere, autor del *Libro de Cavallería Celestial del Pie de la Rosa Fragante;* 1607, Oudin.

Aunque falta en Nebr., APal., etc., no es inverosímil que sea anterior, pues el cat. *fragant* se halla desde fines del S. XIV (Eiximenis, *Regiment,* 25.4, 30.18; Canals, *Arra d'Ànima,* 156, 160). *Aut.* se empeña todavía en preferir la forma más cultista *fragrante.* FRAGRARE vivió con carácter popular en catalán (*flairar*), en portugués (*cheirar*) y en otros romances [gall. y port. *cheirar* 'oler, echar olor' *Ctgs.* 34.28 etc.]; de ahí *cheiro* 'olor' [*Ctgs.* 34.26] 'hedor' [*MirSgo.* 69.18] *maa cheiro* 'hedor' [*Ctgs.* 102.45].
DERIV. *Fragancia* [*flagrancia,* 1542, 1613 y en Quevedo; *fragrancia,* med. S. XV (C. C. Smith, *BHisp.* LXI), 1605, *Quijote; fragancia,* h. 1600, Mariana], vid. Cuervo, *Obr. Inéd.,* p. 219n.15.

Fragante, en ~, V. *flagrar   Fragaria,* V. *fresa*

FRAGATA, del it. *fregata* (dial. *fragata*) íd., de origen incierto; como todas las tentativas etimológicas realizadas hasta ahora han fracasado, y habiendo sido la fragata hasta el S. XVII una chalupa ligera, remolcada comúnmente por los navíos mayores, deberá tenerse en cuenta la posibilidad de que recibiera su nombre del uso en caso de naufragio, por abreviación de *naufragata* o *barca naufragata,* donde la primera sílaba *nau-* se tomaría por una variante del término genérico *nave. 1.ª doc.:* 1535, Juan de Valdés, en carta desde Nápoles.

Desde Italia el vocablo se propagó a los varios romances y a otros idiomas, pero en todos ellos es de aparición más tardía. Para la documentación española, ya abundante en el S. XVI, vid. Terlingen, 245. El cat. *fragata,* desde 1535. El fr. *frégate,* desde el S. XVI, apareciendo por primera vez en variante *fragate* en un texto marsellés de 1525.

Pasó también al árabe moderno y al turco, y a los varios idiomas germánicos [S. XVI], eslavos, etc. Pero en Italia ya hallamos *fregata* en Boccaccio, h. 1350, y en 1362 reaparece esta forma en una carta latina de la reina de Nápoles, aunque escrita en Provenza. Esta anterioridad cronológica y la terminación inequívocamente italiana indican claramente que éste es el idioma que dió origen al vocablo.

Para estos hechos y para una discusión de las varias etimologías propuestas, vid. Vidos, *Parole Marin.,* 406-12, y Jal en los artículos correspondientes. La explicación de Brüch (*ZFSL* LII, 476), ár. *ḥarrāqât,* plural de *ḥarrâqa* 'navío incendiario', tropieza entre otras dificultades con la imposibilidad fonética de explicar la caída de la primera vocal ante *rr,* y las demás etimologías no ofrecen menor dificultad; de suerte que hay casi unanimidad de los etimologistas (V. últimamente el *Diz. di Mar.*) en declararlo de origen desconocido. La tentativa última de Vidos de resucitar el étimo de Jal, gr. ἄφρακτος 'sin puente (aplicado a un navío)', está lejos de ser más convincente (como nota incidentalmente G. Maver, *VRom.* V, 219): suponer que este vocablo se cambiara en **afracáta* por influjo del b. lat. *navis barbotata* o *incamatata* 'nave protegida con tablas o cueros', además de fundarse en una forma completamente hipotética, es inverosímil en grado sumo, o por mejor decir es un juego de letras y no una combinación de sonidos, sólo posible en el papel y no en el lenguaje oral; se necesitaría el influjo de un vocablo que terminara en *-cata,* pues la *c* de la terminación *-cta,* asimilada a la *t* desde fecha muy antigua, y ya antes puramente implosiva, era inapta para convertirse en una *-c*plena e intervocálica¹.

Que la fragata de la Edad Media y de la época renacentista era una embarcación menor, una mera chalupa, y más bien pequeña, es un hecho subrayado largamente por el propio Vidos, y por Jal y el *Diz. di Marina.* Define éste: «palischermo [= chalupa] più piccolo della feluca, senza coperta..., addetto al servizio delle navi maggiori». En el ej. más antiguo, Boccaccio llama a una misma embarcación, ora *barca,* ora *fregata.* Todavía Covarr. en 1611 lo acentúa: «b a t e l e j o, que suele llevar consigo la galera, y la echa a la mar quando ay necessidad de llegar con ella a tierra». No era raro, como dice Jal, que se llamara *fragata* al «canot d'un navire», que a veces iba a remolque de la nave grande (doc. de 1541, en Jal, 718*b*), pero que otras muchas se llevaba adentro, de lo cual cita varias pruebas, p. ej. en los Estatutos de San Juan de Jerusalén (1603): «que les galères dans lesquelles on mettra les esquifs et les petites *frégates* sortent promptement du port... après qu'on aura m i s d e d a n s, comme nous avons dict, les chaloupes et les esquifs...»; el más antiguo doc. francés, de 1525 (Jal, 1318*b*), menciona una *fraguate,* junto con dos *barques,* entre los accesorios que se colocarán junto al timón de la nave Saincte-Marie Bonaventure; etc.

Me parece claro que esta fragata debieron de emplearla los tripulantes para salvarse en caso de naufragio del buque grande, y aunque este uso no fuese el único a que podía destinarse ese tipo de chalupa (que en el S. XVI sirvió muy frecuentemente de aviso), es natural que impresionara la imaginación más que los otros, y que en recuerdo de los casos en que fragatas habían ya prestado este servicio se diera a este tipo de embarcación el nombre de *la naufragata*, por oposición con los botes menores o las chalupas de más porte, inadecuados para semejante menester; esto pudo ocurrir en una época en que el latinismo *naufragare* no fuese todavía de uso general en el habla vulgar, y en que la marinería más ruda, poco conocedora de este verbo, pudo tomar el elemento *nau-* por el nombre genérico 'nave', tanto más fácilmente cuanto que según Vidos el vocablo nació en Sicilia y Nápoles, donde el catalán (que dice *nau*) era de uso corriente desde el S. XIII; la variante italiana con *e* pudo nacer, sea por etimología popular de *fregare* «frettare la nave» (*Diz. di Mar.*), sea por una variante **naufregare*, comparable al *nafregare* de las glosas de Silos y de San Millán. En Italia *fragata* se emplea hoy en Sicilia y en Nápoles, pero no se halla documentada en textos antiguos; en español y catalán, por el contrario, es la forma más común en todas las épocas (quizá debido a que el catalán, que pudo servir de intermediario, confunde oralmente la *e* y la *a* pretónicas), aunque no falta algún testimonio antiguo de *fregata* (Rosas de Oquendo, h. 1600, *RFE* IV, 344), y de ahí vendrá el santand. *freata* (Cuervo, *Obr. Inéd.*, p. 159n.2).

[1] Nótese además que no hay noticias del gr. clásico ἄφρακτος después del S. II, por lo menos aplicado a embarcaciones, y que Vidos cae en la misma inverosimilitud que reprocha a Brüch de tomar como étimo de un nombre de embarcación un nombre en plural, en nuestro caso el neutro πλοῖα ἄφρακτα, pues el femenino de nuestro adjetivo era ἄφρακτος idéntico al masculino.

Frágil, *fragilidad*, *fragmentación*, *fragmentar*, *fragmento*, *fragor*, *fragoroso*, *fragosidad*, *fragoso*, V. *fracción*

FRAGUA, antiguamente *frauga*, y éste de **fravga*, **FRABĬCA*, procedente del lat. FABRĬCA 'arte del herrero', 'fragua', 'arquitectura', derivado de FABER 'herrero', 'artesano'. *1.ª doc.: frauga*, h. 1210, *Cronicón Villarense*, *BRAE*, VI, 201[1]; *fragua*, h. 1400, Glosarios publ. p. A. Castro[2].

Cej. IX, § 181. La forma *frauga* figura también muchas veces en los fueros de Zamora publ. p. J. R. Serra (1242), *fraugua* en el de Alba de Tormes (citas en Tilander, p. 425), todos ellos con referencia a la del herrero; hoy sigue siendo *frauga* la

forma usual en Miranda de Duero (Leite de V., *RL* VII, 297) y en Santa Cruz de Sanabria, *fraugua* en otros pueblos de esta comarca (Krüger, *Homen. a M. P.* II, 125). Las formas de los demás lenguajes ibéricos son diferentes (cat. *farga*, arag. ant. *froga*, *frauca*, etc.) aunque en port. predomina la semejante al castellano: *frágoa*, pero en la toponimia y dialectos se hallan allí también *Frávegas*, *Frádegas*, *-digas*, y los diminutivos *fradizela* y *Fragozelas*[3]. Con reducción del diptongo *au*, corrió también la forma *froga*, que Oudin define «argamasa» y Terr. 'construcción hecha de ladrillos' (así también Acad., ya 1843, hoy como ant.)[4]; *forga* 'fragua' Vidal Mayor. El *Dict. Top. des BPyr.* de P. Raymond dice que el nombre de *Banka* que en vasco lleva el pueblo de *La Fonderie* en el valle de Baigorri viene de «une forge de fer (en basque *banca*) qui y est établie». No da más datos ni pruebas; tal palabra vasca, por lo menos en Azkue y Bera-Me. no está documentada; y Azkue da un b. nav. *banka* 'banco' con dos interrogantes y sin documentación que no parece ser más que una interpretación etimológica del mismo NL. Cuál de las dos interpretaciones tiene fundamento lo ignoro. La evolución fonética de un **FRABCA* podía en rigor dar **brarka* (disimilable en *barka* o en *b(a)ranka*) y aun podía dar directamente **branka*. Pero no se acaba de ver claro cómo desde ahí se podía llegar a *banka*. Hace falta confirmar el dato de P. Raymond.

DERIV. *Fraguar* [*fraucar*, doc. de Sobrarbe, h. 1090, M. P., *Oríg.*; *fraugar*, h. 1210, *Cron. Villarense*, *BRAE* VI, 200, 'construir': «que fuessen *fraugar* el temple de Iherusalen, qui era destruito»; *frauguar moneda*, en los Fueros de Aragón de h. 1300, Tilander, § 265.1; *fraguar portal*, en el Fuero de Sobrarbe, ibid., p. 425], de FABRĬCARI 'modelar', 'manufacturar', 'fabricar'[5]; variante fonética, con reducción del diptongo *au*, es *frogar* 'construir con ladrillos' [Terr.; Cej. IX, § 181] (hoy antic. según la Acad.), de donde la metátesis *forgar*, que en Asturias significa 'dolar, cepillar la madera' (M. P., *Rom.* XXIX, 352; con derivado *forgaxa* 'virutas', V, cuyo sufijo según el mismo sería -ATĬCA). Con evolución fonética paralela, el francés hizo *forger*, que pasó pronto al castellano en el sentido de 'dar la primera forma con el martillo a una pieza de metal' y en la forma *forjar* [invent. arag. de 1406, *BRAE* III, 361, mal entendido por Pottier; Nebr.[6]], cuyos sentidos fueron ampliándose en siglos sucesivos, por nuevo influjo francés, más o menos resistido por los puristas: Lope lo aplica a herreros, pero todavía Alcalá Galiano en 1846 recomienda decir siempre *fragua* y no *forja*, a no ser hablando de plateros (Baralt, s. v.).

Forja [Nebrija; Cejador IX, § 181]; *forjado*; *forjador*; *forjadura*; *forjicar* ant. (*Canc. de Baena*, W. Schmid).

Fraguado. Fraguador. Vid. además ast. *fargatada* s. v. *FARDO*.

[1] Ahí en el sentido de 'construcción': «los fillos d'Israel quando tornoron de Babilonia... vinieron a la *frauga* del temple».— [2] En el del Escorial es ya 'fragua de herrero' («carbonarium»).— [3] Joaq. da Silveira, «O lat *fabrica* na li. e na top. pg.», *Biblos* XI (1935).— [4] Es 'mampostería' en Alonso de Proaza, corrector de la *Celestina, Cl. C.* II, 215.10; vid. otros ejs. en esta ed. y en Fcha.— [5] *Frauar* y otras variantes de la misma palabra siguen empleándose en el sentido de 'fabricar, edificar' entre los judíos de Marruecos (*BRAE* XV, 191) y de Oriente (*RFE* XXXIV, 57).— [6] *Alforjar* en López de Úbeda, 1605 (*DHist.*), quizá por etimología popular.

Fragüin, fragura, V. *fracción*

FRAILE, tomado de oc. *fraire* 'hermano', y éste del lat. FRATER, -TRIS, íd. *1.ª doc.:* *ffrayre*, 1174; *fraile*, 1187 (Oelschl.).

La antigua forma genuina fué *fradre* (doc. de 1085; Berceo, *S. Mill.*, 85a) luego disimilado en *frade* (1.100, *BHisp.* LVIII, 360; *S. Mill.*, 80a) forma empleada todavía en el *Poema de Alf. XI*, copla 1549, por influjo gallego-portugués, pues esta forma, una vez perdida en Castilla, se refugió en el idioma occidental, donde todavía sigue en vigencia[1]. Del cast. ant. *fradre*, el vasco ant. *faderra* 'monje', 'ermitaño', vizc. ant. *parrahu, perrau,* 'ermitaño', Michelena, *BSVAP* XI, 291. Pero desde fines del S. XI, con la reforma cluniacense y la afluencia de monjes franceses, se extienden en castellano formas extranjeras: la francesa *frere* (docs. de 1206, 1215 y 1219, Oelschl.), la catalana *frare* (docs. de Toledo, 1215, y Plasencia, 1218; Berceo, *S. Dom.*, 217c, ms. *E*; disimilada en *frale* en el ms. *T* de J. Ruiz, 1238b, 1239a, 1240a), pero sobre todo la oc. *fraire*, que es la predominante en Berceo y pronto tiende a generalizarse; sin alteración sigue empleándose hasta el S. XV (Cuervo, *Obr. Inéd.*, 220n.5), pero lo común es que se cambie en *fraile* por disimilación; por una mezcla con la forma francesa aparece también *freire* (1174, *BHisp.* LVIII, 360; Berceo) o *freile*, que es todavía la forma admitida, junto a *fraile*, por Nebr.; vulgarmente *fraire* ha tenido gran extensión en España y América (Cuervo, *l. c.*; *M. Fierro* I, 1334; II, 4006, etc.); vid. además Staaff, XII, § 7; *flaires ataos* ast. 'calados que se hacen en los vuelos de las sábanas y en los de las· fundas de almohadas'; *grillu flaire* 'el que tiene las alas blancas' ast. (V). Las formas apocopadas *fray, frey* (que ya están en el *Canc.* de Baena, W. Schmid), se deben al empleo proclítico frente al nombre propio. Sustituído tempranamente por *HERMANO*, en el sentido etimológico sólo se conservó en algún texto arcaico (*Apol.*, 591d: *fradre*). Del fr. *frère* se ha tomado el ast. *freru* 'el que pide limosna para un santo' (R, V).

DERIV. *Freira* ant. 'monja' [Berceo, *Mil.*, 874a, 888a; *S. Or.*, 57, 63; *fraila* o *freila*, Nebr.], todavía empleado en portugués. *Frailada. Frailar* o *enfrailar, afrailar, frailear. Frailecillo* 'ave fría' [Nebr. «atricapilla»]; *frailecito; frailezuelo. Frailejones* he visto en inmensas cantidades en los montes y páramos al Este de Bogotá. A la denominación pudo contribuir el tacto aterciopelado de las hojas (al que se hallaría algo de frailuno), pero más bien creo que se tratará de la forma: el frailejón seco queda con frecuencia reducido a una especie de tronco, de la talla y grueso de un cuerpo humano, pero su forma cilíndrica y su color gris le hacen comparable a una persona en hábito de fraile; en ciertas quebradas y páramos aparecen como en procesiones interminables. *Frailesco,* también *frailero, frailengo, fraileño* o *frailuno*; anterior *frailego. Frailía* [*freiría* 'monasterio', Berceo, *Mil.*, 81d; *Alex.*, 389;· *freylía*, 'estado religioso', J. Ruiz, 1451; *fralía, Canc.* de Baena; *fleylía*, J. Ruiz, 1247] o *frailería. Frailillos. Frailote. Frailuco. Flairina* ast. «orite o paro de cola larga» (V).

Cofrade [*confrare*, 1197, Oelschläger; *cofrere*, 1470, *BHisp.* LVIII, 360, 90; *confradre*, 1206; *Apol.*, 591c; *confrade*, Juan Ruiz, 897, 1701; *cofrade*, 1505, PAlc.], ha conservado la forma genuinamente castellana; para el juego de la disimilación en este vocablo y en su derivado *cofradía*, y variantes a que dió lugar, vid. Cuervo, *Obr. Inéd.*, 216n.1; de *confradría* se pasó a *confradería* en el gallego del Padrón (Sarm. *CaG.* 188r); *cofrada; cofradero.*

Fraterno [h. 1440, A. Torre (C. C. Smith, *BHisp.* LXI); h. 1600, Rivadeneira, Argensola], tomado del lat. *fraternus* íd., derivado de *frater*; *fraterna* [Pérez de Hita, a. 1600, ed. Blanchard, 242]; *fraternidad* [APal. 168b]; *fraternal; fraternizar* [denunciado como galicismo por Baralt]. *Confraternar* (se ha dicho con frecuencia *confraternizar*, de forma afrancesada); *confraternidad. Fratría,* tomado del gr. φρατρία, derivado de φράτωρ 'miembro de la misma fratría o confraternidad', voz de igual origen indoeuropeo que el lat. *frater*.

CPT. Acerca de *foramontano,* V. ahora artículo separado. *Fratricida* [h. 1520, Padilla (C. C. Smith); 1565, Illescas], tomado de *fratrĭcīda* íd., compuesto con *caedĕre* 'matar'; *fratricidio*.

[1] «Decía un *frade* galego que...» (Castelao 131. 18; Vall.; Sarm. *CaG.*, sólo en la ac. 'fraile de las basquiñas' 185r). Cervantes, al poner esta forma en boca de un catalán (*Quijote* II, lx, 235rº), cae en una confusión entre catalán y gallego. De ahí *fradar* 'afrailar' en Asturias y Santander, con su derivado *frada*; y el ant. *fradear*.

FRAJENCO, 'cerdo de uno a dos años de edad', arag., del germ. FRĬSKĬNG 'cerdo joven' (a. alem. ant. *frisking*, b. alem. ant. *ferskang*, alem. dial. *frisching*), derivado de FRĬSK 'fresco, joven'. *1.ª doc.:* *fragenco* 'cerdo de dos años', Peralta, *Dicc. Arag. Cast.*, 1836.

Borao *frajenco* «cerdo de media crecida, ni bien de los llamados de leche, ni bien de los de cuchillo», Coll Altabás *frechenco* 'cerdo de seis u ocho meses que se destina para el cebo'; *fraxenco, fraxengo, flajenco* 'el cerdo cuando ya ha dejado de ser lechón' (Casacuberta, *BDC* XXIV, s. v.; Kuhn, *ZRPh.* LV, 617; *RLiR* XI, 71, 106), *fra(i)xenca* 'puerca joven' (Rohlfs, *BhZRPh.* LXXXV, § 292). El área del vocablo continúa en las vecinas hablas gasconas: *rechen(c)* «pourceau qui sans être adulte, est néammoins sevré» (Palay), aran. *erešénk* 'cerdo de entre uno y dos años', y en otras occitanas existen derivados regresivos o con cambio de sufijo: rouerg. *fráysso* «jeune truie» (Vayssier, s. v. *primo*), Lalbenque (Lot) *fraįsót* 'cerdo joven' (*VKR* VI, 69); luego el femenino oc. ant. *fraissenja*, fr. ant. *fressange* [1250], hoy conservado en hablas de los departamentos del Nord, el Pas-de-Calais y Bélgica (*FEW* III, 812); *frisinga, fresinga, fresenga*, se halla en textos medievales de Módena (1025) y de Milán, y hoy en hablas de Sicilia y otras del Sur de Italia. Para el estado de la cuestión etimológica es satisfactorio el resumen del *FEW*. El consonantismo de las formas italianas parece indicar importación galorrománica, por lo menos en las del Sur; tampoco es improbable que en aragonés se trate de un viejo occitanismo, mas por otra parte el tratamiento regular del grupo -SCĬ- indica que el vocablo no pudo tomarse del fráncico en fecha tardía, sino que entró ya en el período del latín vulgar, y debió venir ora del fráncico en fecha muy temprana, ora del gótico o de ambos a la vez; este préstamo temprano se explica por el empleo de los cochinos jóvenes como pago de tributos feudales a los señores, de lengua germánica. El arag. *frescuado, -uada*, 'oveja o cabra de tres a cuatro años', parece ser una modificación del mismo germanismo, pero el sufijo no es claro[1]. Desde luego *frajenco* no puede derivar de FRIXUS 'frito' como supuso G. de Diego, *Contr.*, § 270.

El gall.-port. *reixelo* o *rexelo* 'corderito de leche' podría ser un paralelo algo lejano de *frajenco*. Hasta ahora no se ha indagado su etimología. Pero es palabra antigua, aunque no sea de uso general en un país ni en el otro. En Portugal se emplea hoy en dialectos del Norte —Minho y Tras os Montes— y del Sur (Alentejo), con el sentido de «leitão» o 'cabrito' y anteriormente 'chivo de la cabra montés', en trasmontano 'carnero joven' y en jerigonza 'cerdo'; en la grafía *rexelo* confirma Fig. el uso en Tras os Montes y el Alentejo y explica que es cordero o cabrito y aun cualquiera res ovina. Cortesão (*Subs.*) documenta *reixello* (y variantes gráficas antiguas *reiselo, raixelo, raxillus*) en textos forales de 1231, 1255, 1260 y S. XIV; de los contextos que cita se deduce que se trata de un animal buscado por su piel pero de menor precio que un cerdo o que una potranca —junto con los cuales se cita— y por lo tanto seguramente un ovino o cabruno joven. En gallego Sarm.

da la pron. moderna *rexelos* y en docs. antiguos *reixe(l)los*, que define «corderitos de leche» (*CaG.* 70v, 90r), si bien también admite «u otro animalito» y cita en particular un doc. pontevedrés de 1326, donde se lee «quatro armentios e 20 reixellos e duas porcas» (87v). Crespo Pozo dice que según un romance recogido en Velle (cerca de Betanzos) es 'cabrito'; en más lugares encuentra la equivalencia 'cordero', especialmente en el orensano Lameiro, el cual especifica que es uno en sazón de ser sacrificado, pero en general se está de acuerdo en que debe tener menos de un año o poco más. Lo recogen también F. J. Rodríguez, Carré y Eladio Rdz. partiendo de Sarm., si bien el último precisa que las acs. 'cabrito' y 'carnero' son meramente locales.

El caso de *frajenco* (FRISK) o cast. *recental* como nombre de otras reses de esta edad nos lleva a pensar en algún vocablo que tenga el sentido básico de 'reciente'. Y la ausencia de toda base romance o germánica adecuada fonéticamente (puesto que RECENS no podría explicar la -*x*- ni se adaptaría a la terminación) sugiere un vocablo prerromano. Ahora bien se cree (*REW* 7240; Bloch-W.) que el céltico de las Galias poseyó un adjetivo *RISKOS o *RESKOS hermano del germ. FRISK y del cual descendería el fr. *rêche* (o *rèche*), normando-picardo *re(s)que* [S. XIII], que se presenta con las acs. «apre au goût», «rude au toucher» y '(animal) repropio o reacio' («rétif»). Propongo, pues, partir de un diminutivo céltico *RISKILLOS del mismo adjetivo, con sufijo bien documentado en los restos del céltico continental (Holder; Giamillos en el calendario de Coligny, etc.; y los topónimos occitanos que he reunido en BzNfg. VIII 266, 296). Hay además un verbo gallego *rechar* que podría ser derivado de un RISKO-LO-, derivado céltico con un sentido como 'agudo, penetrante' y de ahí *RISCOLARE > *rechar*, verbo afectivo de vago sentido laudatorio equivalente de *burgar*: Sarm. recoge y explica ambos como 'lucir, quemar' en un sentido figurado: *tal vestido lle sé que recha = María vai tan guapa que burga* (deriv. de las *burgas* ardientes), *CaG.* 202r.

Conviene advertir que lo mismo en el caso del fr. *rêche* que en la presente etimología operamos con la atrevida hipótesis de una palabra céltica enteramente hipotética, aunque defendible mediante comparaciones con palabras de varias lenguas indoeuropeas. M-Lübke apenas adujo razones. Se puede alegar en su apoyo una amplia combinación con otras familias indoeuropeas, pero advierto que lo hago sin apoyarme en las opiniones recibidas en las obras básicas de los comparatistas. La etimología indoeuropea del germ. FRISK empieza por ser incierta; es palabra común a todo el germánico occidental (ags. *fersc* a. al. ant. *frisk*, ingl. *fresh*, al. *frisch*, etc.) y aun probablemente a las otras ramas germánicas, pues aunque no se documenta en gótico y el carácter algo vacilante de sus formas en las lenguas escandinavas inspira algunas dudas su gran extensión en toda la familia y su propagación al romance induce a creer que pertenecería al germánico común. Parece ser lo mismo que el lit. *préskas* y el paleoslavo y eslavo común *prĕsnŭ* (< *prĕsk-nŭ* 'ácimo, cenceño, sin levadura' y 'tierno' aplicado al pan Kluge-M. s. v. *frisch*; Walde, II 89; Trautmann, *Balt-Sl. Wb.* 231, Vasmer-Trubačev *Etim. Slovaři Russk. Iazyka* s. v. *présnyj*). Todo esto se remonta a una base ieur. PRISKOS / PROISKOS. En mi opinión se puede enlazar esto con formas de otras lenguas indoeuropeas, de morfología y significado algo distintos pero combinables: lat. *priscus* 'arcaico' que junto con el arm. *erēc* 'antiguo' suponen PREISKO-, crét. πρεῖσγος ['anterior' ?], let. *priè(k)ša* 'anterior', prus. ant. *prēisiks* 'enemigo', *prescors* 'reyezuelo (pájaro)' (Glos. de Elbing 703; *IEW* 812.12, 30, 42). La idea básica sería en todas partes 'anterior, primitivo', 'que está al frente' (> 'fresco', etc.), pues se trata de derivaciones paralelas partiendo del ieur. *prei* 'ante'.

¹ Acaso haya relación con Sajambre *llivanco* 'cría del cerdo, cuando pasa de las siete semanas' (Fz. Gonzz., *Oseja*, 299 que sugiere una etimología inaceptable), si puede hallarse algún cruce que explique la *ll-* (< *fl-?*) y sobre todo la -*v-*. Puede ser el de *LAVANCO*, animal de tamaño parecido, a no ser que éste se explique como he sugerido en aquel artículo para el sinónimo asturiano *llabancu*, pese a la *i* de la variante leonesa.

Frajino (-*x-*), V. *fresno*   *Frallar*, V. *farallón* y *fracción*

FRAMBUESA, tomado del fr. *framboise* íd., y éste del fráncico *BRÂMBASI* 'zarzamora' (a. alem. ant. *brâmberi*, alem. *brombeere*, compuesto de a. alem. ant. *brâma*, neerl. *braam*, 'zarza', y a. alem. ant. *beri*, alem. *beere*, neerl. *bes*, ingl. *berry*, gót. *basi*, 'baya, frutita silvestre'), con la inicial alterada por influjo del lat. FRAGA 'fresa'. GdDD 2900 sugiere que el fr. *framboise* salga de FRAGA AMBROSIA, etimología todavía más audaz que especiosa, que dudo pueda tomarse en serio; en todo caso el vocablo castellano es galicismo. *1.ª doc.: Aut.*

El vocablo penetró en castellano cuando todavía *oi* se pronunciaba en francés como *u̯é*. Para el origen de la voz francesa, y para el pormenor de su evolución fonética y semántica, vid. *FEW* I, 494. La variante provincial *sangüesa* [Acad. 1843, no 1817; cita del leonés A. de Valbuena en Pagés] es alteración del vulgar *frangüesa* por etimología popular inspirada en el nombre de *Sangüesa*, villa de Navarra. No conozco otro sinónimo castizo que el arag. *CHURDÓN*, pero *MAYUETA*, *MERUÉNDANO* y *AMIÉSGADO* designaron bayas semejantes y quizá también la propia frambuesa.

DERIV. *Frambueso* [*Aut.*].

FRÁMEA, tomado del lat. *framĕa* íd. *1.ª doc.*: h. 1625, Pantaleón de Ribera.

Término raro, sólo arqueológico o poético.

Framontano, V. *faramontano*.

FRANCACHELA, 'comida de dos o más personas para regalarse o divertirse con extremado regocijo', parece ser derivado de *FRANCO* en el sentido de 'banquete íntimo, sin ceremonias', pero no consta dónde ni cómo se formó la derivación. *1.ª doc.*: Terr., 'convite, banquete, merienda'; 1787, Jovellanos, *BHisp.* LXI, 380, v. 177; 1792, L. Fz. de Moratín, ed. Acad. II, 188.

Pagés cita de Scío (1791) «de que resultan frecuentes desórdenes y pecados, como acontece en las comilonas y otros bullicios de *francachelas*», donde el sentido quizá no sea precisamente el moderno, sino más bien algo como 'actos bulliciosos celebrados entre amigos'. Sea como quiera, en la Arg. *francachela* significa 'trato excesivamente franco, familiar y desembarazado', junto al cual está *francachón* 'excesivamente franco, llano, sencillo e ingenuo en su trato, aun con personas con quienes no se tiene una relación familiar' (Garzón), y Toro Gisbert (*RH XLIX*, 455) señaló la frase «con las risas entró la *francachela*» en Cristóbal de Castro (nacido en Iznájar, en 1879), que indica el matiz de 'franqueza alegre' como existente también en Andalucía. ¿Dónde se formó el vocablo, con el singular sufijo -*ela*? Quizá resulte de *francachera* por disimilación. Pero como hay ejs. de un sufijo mozárabe -*achela* o -*ichela*, equivalente dialectal del castellano diminutivo -*ecilla* (V. a propósito de *habichuela*), tal vez hay que pensar en un mozarabismo andaluz. El vocablo no existe en portugués, que yo sepa. ¿O será un derivado italiano dialectal o anticuado? Sin embargo en italiano sólo veo el adjetivo *francaccio* (Petrocchi), equivalente del arg. *francachón*¹.

¹ Comp. Lión *francada* «frasque, fredaine, débauche», en St.-Étienne «faute, défaillance», que en el *FEW* III, 762n.8, se explica semánticamente por «action d'un homme libre qui ne connaît pas de retenue» (?).

Francalete, V. *franco*   *Francatrúa*, V. *desfalcar*

FRANCESILLA, 'especie de ciruela que se cultiva mucho en la comarca de Tours', 'especie de ranunculácea', 'panecillo de masa muy esponjosa', se les dió este nombre por haberse traído de Francia o imitado de los panecillos semejantes que se hacen en este país. *1.ª doc.*: Terr., como nombre vulgar de la anémona.

Según Acad. 1817, como nombre de la especie de ciruela era ya anticuado, pero la ed. de 1843 no lo considera anticuado para la ranunculácea.

Francia, V. *fronda*   *Francir*, V. *fracción*

FRANCO, 'libre, exento', 'liberal, dadivoso', 'de trato abierto', tomado del germ. FRANK, nombre de los francos, dominadores de Galia, que constituyeron allí la clase noble, exenta de tributos; sea por conducto del bajo latín galicano o del francés más arcaico. *1.ª doc.*: doc. de 1102 (Oelschl.); *Cid*. Vid. M. P., *Cid*, 695, para usos antiguos del vocablo. El origen francés (u occitano-catalán) está asegurado, por lo menos parcialmente, por la forma *franc* del *Alex*. (*6b*, ms. *O*), plural *franques* en la *1.ª Crón. Gral.*, 649*b*8. Tiene también la ac. 'noble, generoso' en la época antigua (*Alex.*); además puede entonces designar, sea a los franceses en general (sin distinción de raza germánica o galo-rromana) (así en *Elena y María*, fin del S. XIII: *RFE* I, 88), o a los catalanes (vid. *Cid*).

DERIV. *Francote*. *Francalete* [pragmática de 1680: *Aut.*] «correa con hebilla que sirve para trabar la rueda del carro y otros oficios semejantes', del cat. *francalet* íd. (Ag.; Fabra; Amades, *BDC* XXII, 142), así llamada porque sólo permite una libertad limitada al animal que tira del carro. *Franqueza* [h. 1250, *Setenario*, 5r°; J. Ruiz, 172*d*]. *Franquicia* [Covarr.]. *Franquía*, náut. [h. 1764, Terr.; antiguamente 'franquicia, libertad', *1.ª Crón. Gral.*, vid. Cejador], el port. *franquia*, que conserva acs. más generales, se halla ya en Mendes Pinto (3.r cuarto del S. XVI). *Franquear* [1251, *Calila*, ed. Allen, 185.248; 1255, *Fuero Real*, en *Aut.*; 1570, C. de las Casas]; *franqueable*; *franqueamiento* o *franqueo*. *Enfranquecer* antic. [1482, Rodrigo Zamorano]. *Enfranque* [Terr.; Acad. después de 1899], 'la planta más estrecha de la suela del calzado, entre la planta y el tacón', del cat. *enfranc* íd., derivado de *enfranquir* 'coser las piezas de cordobán o tela del calzado para juntarlas con la suela', en ac. corriente 'libertar, manumitir' (quizá a base de la idea de 'ennoblecer, dar forma elegante'). Y vid. *FRANCACHELA*.

CPT. *Francmasón* [*framasón* o *francmasón*, Terr.], del fr. *francmaçon* [1740], calco del ingl. *free mason* [1646], propiamente 'albañil libre'[1], porque la francmasonería se cobijó al principio bajo los privilegios concedidos a la corporación de los albañiles; *francmasonería*; también *masón*, *masonería* y *masónico*. *Francocuartel*. *Francotirador*, que se ha empleado no pocas veces, es galicismo no admitido por la Acad. (< *franc tireur*) en lugar del castizo *guerrillero*.

[1] Fr. *maçon* 'albañil', de origen germánico (*REW* 5208). Del francés se derivan el antiguo *mazonería* [«*maç-*: scalptura, staturia», Nebr.], y los técnicos o dialectales *mazonar*, *mazonado*, *mazonadura*; *mazonear*; *mazonero*, *mazonera*.

FRANCOLÍN, del mismo origen incierto que el cat. *francolí*, it. *francolino*; quizá sea voz procedente del Languedoc. *1.ª doc.*: «*francolín*, ave: attagen, attagena», Nebr.[1].

También en el *G. de Alfarache*, en el *Quijote*

y en Covarr.; Fcha. cita en Lope de Rueda y en Mira de Amescua. El cat. *francolí* ya aparece en 1442, 1447, 1456 (Carreras Candi, *Miscell. Hist. Cat.* I, 123, 125, 127), en J. Esteve (1489), y el femenino *francolina* en el *Spill* de Jaume Roig (a. 1460), v. 1728. En lengua de Oc hallamos modernamente *francoulí, -lino*, y *francoulo* (forma regresiva). El fr. *francolin* aparece desde el Libro de Marco Polo (SS. XIII-XIV) y en Caumont (1418). El it. *francolino* es ya muy antiguo (Fazio degli Uberti, med. S. XIV), y hoy parece ser allí más popular que en otros romances (comp. Rolland, *Faune Pop.*, X, 224, 227). *Franquillinus* aparece en el bajo latín del libro *De Venatione* del emperador alemán Federico II (1215-50). Es forma singular, que recuerda el lat. FRINGUILLA 'pinzón', pero como no hay ningún parecido entre las dos aves, debemos creer que se trata de una latinización fantasiosa de la voz romance por influjo de esta palabra latina. La opinión común es que el fr. *francolin* es italianismo, y así Terlingen, 327, cree que también lo ha de ser la voz española, fundándose en su aparición tardía, pues él no la cree anterior a 1600; pero el caso es que ya está en Nebr. y que en tiempo de PAlc. (1505) ya había pasado del castellano al árabe granadino, cuando en esta época apenas llegaban italianismos, por lo menos directos, al castellano. Sin embargo, dada la antigüedad y popularidad de la voz italiana, el hecho de que en francés aparece primeramente en una traducción de este idioma, y la fama de los francolines de Milán, de la que se hace eco Cervantes en el *Quijote*, pudiera ser que *francolín* fuera italianismo tomado por conducto del catalán.

En cuanto al origen de la voz italiana, no ha sido estudiado por los romanistas. Lo más probable parece ser que se trate de un diminutivo de *franco* en el sentido de 'noble', pues el francolín se consideraba la más noble de las gallináceas, comp. «la gente villana siempre tiene a la noble... un odio natural... como el gallo al *francolín*» (G. de Alfarache, *Cl. C.* I, 232). Las afirmaciones de Simonet de que el francolín procedía de Franconia, y de Nascentes de que se le nombró así por la prohibición de matarle a causa de su rareza y buen gusto de su carne, no están documentadas. También cabría partir de una forma germ. FRANKLÍN, diminutivo de FRANK 'franco', sea como nombre de persona aplicado a esta ave como a tantas otras (tipo *martín pescador*), sea por un origen franconiano. C. Michaëlis (*RL* III, 167-8) afirma que el port. *frangão* 'gallito joven que ya no es polluelo' tomó este nombre de *franco = francés*, por ser el gallo el símbolo nacional de los franceses, que ya había dado origen a la denominación latina *Gallus*; paralelamente podría suponerse que *francolín* se formara como diminutivo del mismo, puesto que el francolín es una gallinácea[2].

Como el origen de *francolín* en realidad sigue ignorado, conviene tener en cuenta la pista siguiente. En el cap. 37 de *Gargantua,* Grandgousier come una cena gigantesca de toda clase de aves enviadas por el seigneur des Essars y otros señores del Poitou, entre las cuales figuran: «gualinottes, hostardes, hutaudeaux, ramiers, cercelles, buours, courtes, pluviers, *francolys,* tyransons, tadournes, pochecullieres, hegronneaux, foulques, aigrettes, cigouignes...» (ed. Plattard, p. 130; omito unas pocas que no hacen al caso); en el cap. 59 del *Quart Livre* del propio Rabelais se enumeran los componentes de otra cena colosal, la de los Gastrolatres, y entre ellos figuran «ciguoignes, ramiers, tadournes, aigrettes, cercelles, butors, courlis, foulques, gelinottes, heronneaux, otardes, otardeaux, pluviers, pochecuillieres, courtes, tyransons, *francourlis...*» (p. 214).

Aunque en los dos casos he omitido unos pocos vocablos, se observará que la gran mayoría son unas mismas aves, aunque varias de ellas aparecen en ligeras variantes fonéticas o dialectales de la una a la otra vez (*buours* = *butors, hegronneaux* = *heronneaux,* etc.). Luego parece claro que los *francourlis* del *Quart Livre* son lo mismo que los *francolys* del *Gargantua,* y de estos últimos ni siquiera cabría dudar que son francolines, tanto más cuanto que es conocido el consumo que se hace de esta ave en festines opíparos. Por otra parte, en la segunda retahila aparecen los *courlis,* luego es de creer que la gente de paladar exigente como los Gastrólatras rabelesianos no desdeñaban este manjar, y la afirmación de Sainéan (*La L. de Rab.* I, 179) de que era muy buscado para los grandes banquetes no estará desprovista de fundamento. Ahora bien, el *courlis* 'chorlito' es una zancuda acuática del tamaño de una *aigrette,* especie de garza (V. la cita de Belon en Littré), y el francolín es del tamaño de una gallina o una perdiz, luego no parecen ser muy diferentes.

Y así cabe pensar que *francolys* salga de *franc courlis* por disimilación; lo de *franc* se explicaría, sea por la nobleza del francolín y el aprecio en que se le tiene (V. la cita del *Alfarache* más arriba), o sea más bien por el sentido de «doux, apprivoisé, opposé à sauvage, *fou*» que tiene la palabra *franc* en el Saintonge (Jônain) y en el Poitou (según varios glosarios citados por el *FEW* III, 761a13), que es precisamente la zona de Francia de donde proceden todos esos nombres de aves citados por Rabelais[3]: el francolín puede vivir en cautividad, aunque entonces no canta (vid. Littré), mientras que el *courlis* es sólo animal bravío. Como el *courlis* se llama *courli* en el Languedoc, *coureli* en otras partes del Sur de Francia (Mistral, s. v. *courreli*), habría que suponer que el vocablo se propagó desde el Languedoc y regiones vecinas a las demás lenguas romances, pues como en esta región -*i* corresponde a -INUS, es natural que fuese adaptado en la forma it. *francolino,* cast. *francolín,* fr. *francolin,* y que sin embargo en el Oeste de Francia conservara todavía la forma en -*is* en tiempo de Rabelais. Hará falta todavía investigar mejor el asunto antes de decidirse, pero desde luego la idea es verosímil.

En Méjico *francolín* y en Chile y el Ecuador *francolino* se han aplicado como adjetivos a los gallos sin cola, «quizás por tener el francolín corta y caída la cola» (Román).

[1] No lo hallo en la copiosa lista de aves cazadas que da el Infante D. Juan Manuel en el *Libro del Caballero e el Escudero* (Rivad. LI, 250).—

[2] Nótese, empero, que la etimología apuntada del port. *frango* es más que dudosa. No hay duda de que la forma originaria fué *frángano* (> *frángão,* ya en 1220), *fránganus* en 1238, vid. Cortesão, s. v. Y entonces no se explica la *g,* y difícilmente se puede admitir la terminación como sufijo átono. *Franga* se emplea para decir 'gallina' en varios puntos de la Beira, Alto Alentejo y Tras os Montes (*RPF* XI, mapa 2). Puede postularse, al menos provisionalmente, un tipo prerromano *FRA(N)GĀNOS 'cacareador', acaso céltico, si se le hallara raíz SREG- o SRENG-. ¿O sería sorotáptico? *Franganillo* es apellido español. Todavía es *frângoo* en la Falcoaria de Pero Menino (S. XIV), aunque se ha conjeturado que ya sea esto el *frango* empleado en rima con *mango* y *tango* en una *CEsc.* gallega de Alfonso el Sabio (35.30). R. Lapa enmienda para ello la lección del Canc. de la B. Nac. de Lisboa, *Con estas petei e frango* en *pato ei e frango,* lo cual es ingenioso pero muy inseguro y él mismo sugiere una alternativa.— [3] Parece haber errata en la edición de Plattard debida a la incorrecta colocación de la nota 25: figura en el nombre que precede inmediatamente al *francourlis.* Si en realidad la nota se refiere a éste, sería según Plattard el «nom vendéen du grand courlis». Por desgracia, no está a mi alcance el glosario de Lalanne, de donde suelen los especialistas sacar sus datos acerca de los términos vendeanos de Rabelais.

FRANELA, del fr. *flanelle* y éste del ingl. *flannel* íd., antes *flannen,* que a su vez procede del galés *gwlanen* 'paño de lana', derivado de *gwlan* (antes *vlan-*) 'lana', del mismo origen indoeuropeo que esta palabra castellana. 1.ª doc.: Acad. 1817, no 1783; Pagés cita ej. de Bretón de los Herreros.

En francés desde 1650, en inglés ya en 1503. Thurneysen, *Keltorom.,* 59; Skeat, s. v.; *FEW* III, 606.

Frange, V. *franja*   *Frangente, frangible, frangir,* V. *fracción*   *Frangle,* V. *franja*

FRANGOLLAR, ant., and. y amer., 'quebrantar el grano del trigo', del mismo origen que el gall. y berc. *faragulla, f(a)ragulla,* 'migaja de pan', y otras palabras gallegoportuguesas, derivadas seguramente del lat. FRANGĔRE 'romper, quebrantar' y su fami-

lia, aunque el modo de derivación es incierto. *1.ª
doc.*: «*far* es linaje de trigo que solían *frangollar*
o quebrantar quando aun no usavan muelas»,
APal. 154*b*.

El sustantivo derivado *frangollo* 'trigo machaca-
do y cocido que se come a modo de potaje' figura
en el *Estebanillo González* (a. 1646), vid. *Aut.*
Tiene gran extensión en América: *frangollo* 'trigo
o maíz triturados' en Chile y la Arg.¹, 'dulce seco
hecho de plátano verde pulverizado con azúcar,
etc.', en Cuba y Puerto Rico (Pichardo), en los
mismos países y en Méjico y el Perú es 'mescolanza, revoltijo, comida mal guisada y hecha de
prisa', y el verbo *frangollar* es 'hacer las cosas de
prisa y mal' en la Arg., Bolivia y Méjico (Garzón,
Bayo, Quirarte)²; *frangollón* es el que obra así, no
sólo en la Arg. y Méjico (G. Icazbalceta), sino
además en Andalucía, según testimonio de Toro
Gisbert (¿Málaga?: *RH* XLIX, 455). Ahora bien, el
mismo *frangolho* 'trigo quebrantado groseramente
para comerlo' existe en portugués (Fig.), según
Moraes en el de Madera y otras islas. En este idioma parece ser término oriundo del Norte, pues allí
encontramos *frangulho* o *farangulho* 'hojitas de
pino secas', en localidades miñotas (Monção y
Melgaço: Leite de V., *Opúsc.* II, 400, 348); acs.
más semejantes a la castellana reaparecen en Galicia: en el Limia *farangulus* 'restos de masa que
quedan pegadas en la artesa' (*VKR* XI, s. v.), según Sarm. gall. *frangullas* 'migajas de pan o de
otra cosa'³, en el castellano de Galicia *farangulla*
'pizca' (vocabulario anónimo de h. 1850, *RL* VII,
212), en el Bierzo *faragulla* 'migaja' (Fz. Morales).
Para parentela leonesa y gallegoport., GdDD 2904.
Teniendo en cuenta que el ast. *frayar* 'magullar a
golpes' (Rato) representaría *FRAGULARE según M.
P., y la misma base explicaría el frprov. *fràliat*,
efralie «briser, déchirer» (ya documentado en francés medio en un autor de esta zona), y el logud.
fragiare 'desollar' (Spano) (vid. *FEW* III, 748*a*),
podría suponerse para nuestra familia de vocablos
una forma derivada *FRAGULIARE, parcialmente influída por FRANGĔRE. El modo de formación del
supuesto *FRAGULARE no está muy claro, pues
difícilmente puede derivar directamente del verbo
FRANGERE (FRĒGI, FRACTUM), a no ser que se relacione con voces más o menos oscuras del mismo
grupo, como el vulgar FRAGUM (vid. *FRACCIÓN*)⁴.
Quizá podría partirse de *FRAGORARE derivado de
FRAGOR, con disimilación de la R, y entonces la
coexistencia de *FRAGORIARE (> *FRAGOLIARE) sería
más natural; y aunque es cierto que FRAGOR tiene
por lo común el sentido secundario de 'estruendo',
de todos modos el sentido de 'fractura' está en
Lucrecio⁵.

El carácter general del vocalismo *fra-* en iberorromance y la considerable antigüedad del verbo
frangollar son desfavorables a la etimología de Parodi (*Rom.* XVII, 68), que sin conocer las formas
castellanas quería identificar las gallegas con el

venec. y lomb. orient. *frégola*, friul. *frégule*, Como,
Poschiavo y Valtelina *frígola*, napol. *frécola*, y, con
sufijo correspondiente al it. *-uglia*, Milán y Como
freguja, Pavía *farguja*, Génova *freguggia*, todos
ellos 'migaja de pan' (*freguzola* ya en el glosario
veronés del S. XV: Mussafia, *Denkschriften der
Wiener Akad.* XXII, 160; Salvioni, *RIL* XXXIX,
484), derivados de FRĬCARE; la semejanza, tratándose de voces tan remotas, y ajenas al galorrománico, puede mirarse como fortuita⁶.

En resumen, el étimo es dudoso, pero la relación
con la familia de FRANGERE parece segura y desde
luego la *-ll-* revela un luso-galleguismo o leonesismo, como tantos hay en América, aunque propagado desde antiguo por Castilla la Vieja, de
donde era Alonso de Palencia.

DERIV. Gall. *desfrangullar* 'quebrar, desmenuzar,
pulverizar' («xa me sentía *desfrangullar* nas suas
poutas de ferro», Castelao 199.18, 27.9). *Frangollo*
(V. arriba); de *farangollo* (comp. gall.-port. *farangulho*) parece ser variante fonética el and. *zarangollo* 'juego de cartas parecido al truque' [Acad.
1936]; de ahí derivado regresivo arag. *zaranga*
'fritada parecida al pisto'.

¹ Román; Garzón; Chaca, *Hist. de Tupungato*,
262; Quiroga, *BRAE* XVII, 325; Rogelio Díaz,
Topon. de S. Juan, s. v.— ² *Frangollador* 'domador chapucero', M. *Fierro* II, v. 1459.— ³ *CaG.*
105*r*. De él lo toman Cuveiro y Vall., agregando
aquél *fragulla*, y cambiando éste en *farangulla* o
faragulla; «*frangulliñas* de pan» Castelao 224.2.—
⁴ Comp. los tipos *FRAGICARE y *FRAGELLARE del
REW, basados en voces dialectales italianas y
francesas. ¿Pero no se tratará más bien, en aquel
caso, de FLACCARE (con R de FRANGERE), y en
éste, de FRAGĬLIS (que también podría explicar el
supuesto *FRAGULARE)?— ⁵ Un *FRANGUCULARE es
poco satisfactorio. Derivados de este tipo suelen
partir de un sustantivo. Así *SUBMERGUCULARE
(*REW*, 8381) viene de SUBMERGUCULUS (> *somorgujo*), el cual es diminutivo del sustantivo
MERGUS, con influjo de SUBMERGERE.— ⁶ Excepto
en lo que puedan tener de influídas por FRANGERE algunas formas como el *fragalia* del *Libro
delle Tre Scritture*, a que se refiere Salvioni, y
quizá la forma de Pavía.

FRANGOTE, 'en el comercio marítimo, especie
de fardo que es o mayor o menor que los regulares
de dos en carga', parece tratarse de un empleo
figurado del port. brasileño *frangote* 'muchacho',
derivado del port. *frango* 'pollo, gallo joven'. *1.ª
doc.*: *Aut.*

No hay otra fuente para este vocablo que *Aut.*,
cuya definición copio arriba; de ahí pasó a la Acad.
(y a Terr., que al transcribirlo comete una confusión reveladora del poco conocimiento que tenía
del mismo). Recogen el port. *frangote* el diccionario brasileño de Lima-Barroso y el portugués de
Fig. (con cita del escritor brasileño José Américo

de Almeida). Para el origen de *frango*, V. una conjetura en mi artículo *FRANCOLÍN*, nota.

Frangüeso, franhueso, V. *fracción*

FRANJA, tomado del fr. *frange* íd., fr. ant.*frenge*, y éste del lat. FĬMBRĬA 'borde de un vestido', 'franja'. *1.ª doc.: francha*, invent. arag. de 1406 (*BRAE* III, 361); *franga*, íd. de 1492 (ibid., 364)[1].

Escrito *franxita* el diminutivo aparece ya en el testamento de Fernando de Rojas (en Talavera, prov. de Toledo)[2], a. 1541; *franjuela* en el aragonés Calvete de Estrella (1552); *franja* en Quevedo, etc. Falta todavía en Nebr. y APal., pero ya está en Covarr. y *Aut.* El duplicado *fimbria* 'borde inferior de la vestidura talar' ha de ser culto, por la conservación de la F-, y así parecen confirmarlo los ejs. de Lope y de Valverde (1657) que cita *Aut.*; el cat. *fímbria* es de uso popular y puede ser hereditario. Pero las formas hereditarias de los demás romances presentan todas la metátesis de la -R- a la primera sílaba, como en francés (oc. ant. *fremna*, rum. *frînghie*), fenómeno que es posible venga ya del latín vulgar. *Frange* (1677, Pinel), como término de blasón, según *Aut.* sería la «división del escudo de armas, hecha con dos diagonales que se cortan en el centro»; a pesar de esta definición, que necesitaría comprobarse, no puede, por razones morfológicas, venir del lat. FRANGERE 'cortar', y se tratará sin duda del fr. *frange*, que se emplea efectivamente como término heráldico, y pudo aplicarse a una franja que cruzara diagonalmente un escudo; en cuanto al otro término de blasón *frangle* 'faja estrecha que sólo tiene de anchura la décimoctava parte del escudo' (1725, Avilés), aquí es la forma, con su -*l*- inexplicable, la que está seguramente corrompida.

DERIV. *Franjar* o *franjear*. *Franjón*. *Franjuela*.

[1] «Una cubierta de brocado carmesí... con botón de seda y *frangas* de diversos colores». Otros en *VRom.* X, 156. *Franza* estaría con el mismo sentido en el *Canc.* de Baena, W. Schmid.— [2] «Una tovajita de hilo de algodón, nueva, con unas *franxitas* de seda nuevas», *RFE* XVI, 377.

Franqueable, franqueado, franqueamiento, franquear, franqueo, franqueza, franquia, franquicia, V. *franco* *Frañer, frañir*, V. *fracción* *Frao*, V. *fraude* *Frasca*, V. *enfrascarse*

FRASCO, probablemente del gót. *FLASKÔ 'funda de mimbres para una botella', 'botella' (a. alem. ant. *flasca*, alem. *flasche*, escand. ant. *flaska*). *1.ª doc.:* 1570, C. de las Casas; 1604, *Guzmán de Alfarache*.

La forma *flarco* «a bottle» (errata por *flasco*) está ya en Percivale (1591), el derivado *frasquería* 'caja con frascos' en Bartolomé de Villalba (1577), y *flascón* en invent. arag. de 1373[1]. Aunque falta en Nebr., APal., los glosarios de h. 1400, y en los varios textos medievales de que existen glosarios[2], es probable que sea voz antigua, en vista de que *frasca*, que en el sentido de 'impedimenta' ya figura en un ms. bíblico del S. XIII (vid. *ENFRASCARSE*) —y esto es probablemente lo que significa en un invent. arag. de 1469 (*VRom.*, X, 156)—, ha de ser una especie de colectivo de *frasco*, en el sentido de 'envases, recipientes, fardos'. En todo caso sólo podría admitirse, a lo sumo, que el español tomara el vocablo del port. *frasco*, de uso muy popular a juzgar por la abundancia de derivados, y ya antiguo, pues allí *frasca* (en la ac. citada) se halla ya varias veces en los SS. XIV y XV[3]; en efecto, no hay otro romance de donde la forma española pudiera tomarse[4]. Todo invita a creer que *frasco* es germanismo autóctono en la Península Ibérica, procedente del gótico, aunque romanizado en fecha algo tardía, cuando ya se había iniciado la palatalización del grupo FL- latino: de ahí que en este germanismo se conservara el grupo inicial sin cambiarse en *ll*-, pero a causa de la rareza del grupo *fl*- en voces antiguas, el español y el portugués lo sustituyeron por *fr*-, fenómeno que se da en otros casos, y en portugués con gran frecuencia.

La oposición entre fr. ant. *flasche*, oc. ant. *flasca*, por una parte, port. y cast. *frasco* e it. *fiasco*, por la otra, y finalmente el fr. *flacon*, oc. ant. *flescó*[5], cat. *flascó*, arag. ant. *flascón*, indica claramente una base germánica de la declinación débil femenina, que en fráncico había de tener la forma *FLASKA (como en a. alem. ant.), en gótico había de ser *FLASKÔ, y en todas partes había de tener formas como *FLASKUNS o *FLASKÔNS en los casos oblicuos: de ahí los tres tipos romances, de entre los cuales, según es de esperar, el gót. *FLASKÔ es el que se perpetuó en español y portugués. La existencia de esta forma gótica está atestiguada indirectamente por el lapón *lasko*, préstamo recibido de esta rama germánica cuando los godos vivían todavía en lo que hoy es Rusia, según ocurre con muchos germanismos de las lenguas ugrofinesas.

Flasco, -onis, que se halla en autores latinos de baja época (Enodio, h. 500; S. Gregorio el Magno, h. 600; Paulo Diácono, S. VIII; *CGL* V, 505.49)[6], ha de venir también del gótico, y San Isidoro, como más erudito, latinizó el vocablo en la forma *flasca*, dando la preferencia al género gramatical sobre la terminación fonética[7]. No todos los lingüistas están de acuerdo en creer que nuestro vocablo sea de origen germánico, aunque sí la mayoría; pero en favor de la procedencia germánica están las terminaciones características de los romances y la imposibilidad de hallar una etimología latina (la relación con VASCULUS es imposible fonéticamente), mientras que en germánico es fácil hallarle una explicación indoeuropea a base de la raíz PLEK-, que significa 'tejer, trenzar', aludiendo a la cubierta de mimbres que según San Isidoro se designaba así[8].

DERIV. *Frasquera* ['heladera' Juan de la Mata,

1791, según Leira]. *Frasquete. Enfrascar. Fiasco* [Acad. 1884, no 1843], del it. *fiasco* 'botella', 'fiasco'.

[1] «Un candelero... Un *flascón* de quatro sueldos. Una mesa...», *BRAE*, IV, 347.— [2] Está en Oudin (*frasco* y *flasco*), Covarr. y *Aut.*— [3] El hecho de que los diccionarios no permitan documentar el port. *frasco* antes de med. S. XVIII (Caballero de Oliveira) carece de importancia, dadas las escasas autoridades que suelen dar estas obras.— [4] Es evidente que no puede venir del it. *fiasco*, como pretende M-L. (*REW* 3355). Tampoco del oc. *flasca*, en textos tardíos *flasco*, pues éste es femenino, y se hubiera convertido en cast. *flasca* o *frasca*; por otra parte el vocablo es raro en lengua de Oc.— [5] Así deberá acentuarse, naturalmente, esta forma que en el *FEW* III, 607a, se presenta extrañamente como paroxítona. En cuanto a las formas languedocianas modernas del tipo *flàscou* citadas allí mismo (a no ser que se trate de traslados acentuales del antiguo *flascon*) serán, como el fr. med. *flasque* 'frasco de pólvora' [1535], hispanismos propagados por las guerras del S. XVI, con *fl-* por influjo de las formas indígenas; también en catalán corre el castellanismo *flasco* o *frasco.*— [6] Pirson, *KJRPh.* VII, i, 68; Sofer, 132-133.— [7] San Isidoro explica claramente que se trata de una funda para proteger una botella. Como de costumbre, el santo busca un étimo griego y cree hallarlo en φιάλη («pro vehendis et recondendis *fialis* primum factae sunt, unde et nuncupatae»), no como dicen Kluge-Götze en el romanismo bizantino φλασχίον. En cuanto al φλάσχων de Hesiquio (Alejandría, S. III), puede ya ser un vocablo del gótico de los Balcanes; por lo demás, la forma trasmitida por el ms. es en realidad φάσχων, aunque verosímilmente errónea.— [8] En favor del origen latino han argumentado Thurneysen y Kluge. Pero éste en sus ed. de 1899 y 1924 se expresa con gran reserva dejando el problema como insoluble, aunque notando que el ags. *flasce* es raro y tiene aspecto extranjero. Sólo la ed. última, retocada por Götze, se pronuncia resueltamente en favor del latín, pero ello será debido a este filólogo. Meringer, Schröder y Brüch (*Einfluss d. germ. auf d. vglat.*, p. 6), seguidos por M-L., Wartburg, Gamillscheg (*R. G.* I, p. 203; II, p. 18), Ernout-M., Walde-H., Falk-Torp y otros, admiten el origen germánico. Brüch (*Beiträge zur Gesch. d. dt. Spr.* LVI, cuad. 3) observa que el alb. *plaf* 'manta' corresponde a la misma base indoeur. PLOKSKO-'objeto tejido', que podemos tomar como substrato del germ. *flaska*.

FRASE, tomado del lat. *phrasis* 'dicción, elocución, estilo', y éste del gr. φράσις 'expresión, elocución', derivado de φράζειν 'explicar, hacer comprender'. *1.ª doc.*: *frasis*, m., 1532, *Don Florisel de Niquea*; *frase*, f., 1604, Jiménez Patón.

El masculino *frasis* en el sentido de 'lenguaje',

fraseología' está en otras obras del S. XVI y en el *Quijote* (I, xlv, 242; vid. Cej., *La Lengua de C.*, s. v.), mientras que *frase* en femenino, como en griego y latín, tiende a hacerse general desde princ. S. XVII (vid. Cej., *l. c.*, y *Aut.*).

DERIV. *Frasear. Antífrasis* [Nebr., *Gram. Cast.*], tomado del gr. ἀντίφρασις íd. *Paráfrasis* [Covarr.], de *paraphrăsis*, gr. παράφρασις íd.; *parafrasear, parafraseador; parafraste; parafrástico. Perífrasis* [*Aut.*], de περίφρασις íd.; *perifrasear* [Quevedo]; *perifrástico.*

CPT. *Fraseología* [Acad. ya 1843, no 1817], compuesto culto que parece nacido en Inglaterra [1644; fr., 1812]; *fraseológico.*

Frasnialadro, V. *fracción*   *Frasquera*, V. *frasco*

FRASQUETA, 'cuadro con que en las prensas de mano se sujeta al tímpano y se cubre en los blancos la hoja de papel que se va a imprimir, a fin de que no se manche', probablemente del cat. *fresqueta*, adaptación del fr. *frisquette* íd., sustantivación del fr. med. y dial. *frisquet* 'vivaracho', 'coquetón' (porque la frasqueta sirve para la limpieza y buena presentación de la página impresa), diminutivo del fr. ant. *frisque*, que se tomó del neerl. *frisch* 'fresco', 'frescachón, de aspecto saludable'. *1.ª doc.*: 1615, Suárez de Figueroa (*Aut.*).

El cast. *frasqueta*, cat. *fresqueta* (Ag.), oc. *fresqueto* y fr. *frisquette* designan un mismo enser tipográfico. En francés el vocablo está documentado desde 1584: *FEW* III, 810b; es probable, por lo tanto, que desde allí se propagara a los otros tres romances, y que en lengua de Oc y catalán sufriera al hacerlo una adaptación a la voz autóctona *fresquet* (diminutivo de *fresc* 'fresco'), que correspondía aproximadamente al sentido del fr. med. *frisquet*; la forma castellana, en su *a*, presenta huellas del paso por el catalán oriental (donde *e* suena como *a* antes del acento), de conformidad con el hecho de que la imprenta entró en España por la zona de lengua catalana. Para el origen del fr. *frisquette* me parece convincente la explicación semántica sugerida por Wartburg y reproducida arriba.

Gamillscheg, *EWFS*, s. v., cree que por el contrario la voz francesa (que él cree documentada sólo desde el S. XVII) viene del español; ahí estaría en relación con «*frasquia*, regla de madera», para la cual remite a su artículo *frasque*, donde no hay referencia alguna a tal palabra ni a *frasqueta*, ni posibilidad semántica de explicar este último; en realidad tal vocablo *frasquia* no es conocido, y supongo se tratará de *fasquía* 'listón de madera en los buques', sin relación con todo esto.

Frasquete, V. *frasco*   *Fratás, fratasar*, V. *fletar   Fraterna, fraternal, fraternidad, fraternizar, fraterno, fratres, fratría, fratricida, fratricidio*, V. *fraile*

FRAUDE, tomado del lat. *fraus, -dis*, 'mala fe', 'engaño', 'perjuicio'. *1.ª doc.*: APal. 287*b*, «*moneta*... se dize porque amonesta que no aya *fraude* en el metal nin en el peso».

En el fuero aragonés de 1350 se lee la forma acatalanada *frau* (femenina como en latín y en catalán antiguo)[1]: «si alguno... defraudará o fará *frau* a los ditos fueros, que sobre la dita *frau* los jurados... puedan façer provissión» (*RFE* XXII, 28); en otros textos de la misma procedencia *frao* (Acad.). Falta *fraude* en los autores medievales de los cuales existe glosario, y todavía en Nebr. y C. de las Casas, pero es ya usual en los clásicos (1579, *N. Recopil.* V, xiv, 9; Cervantes; Góngora; Ribadeneira).

DERIV. *Fraudar* ant. *Defraudar* [1350, vid. arriba; Cuervo, *Dicc.* II, 843-6, cita ejs. desde fines del S. XV], tomado de *defraudare* íd.; *defraudación*; *defraudador*. *Fraudulento* [Santillana (C. C. Smith, *BHisp.* LXI); 1607, Oudin] tomado de *fraudulĕntus* íd.; *fraudulencia*; *fraudulosamente* ant.

[1] También femenino en el *Quijote*, pero ya masculino en 1579, en Ribadeneira y en *Aut.*

Frauga, V. *fragua*

FRAUSTINA, 'cabeza de madera en que se solían aderezar las tocas y moños de las mujeres', origen desconocido. *1.ª doc.*: *Aut.*

Ni semánticamente ni desde el punto de vista morfológico es aceptable que pueda venir del lat. *fraus* 'engaño', como propone *Aut.*; a lo sumo podría salir de *farabustear* 'estafar' (vid. s. v. *FILIBUSTERO*), pero no me parece probable. No conozco otra fuente del vocablo que *Aut.* (de donde pasó a la Acad.).

Fray, V. *fraile*   *Frayar*, *frayón*, *frayu*, V. *fracción* y *frangollar*   *Frayón*, V. *farallón*

FRAZADA, 'manta de cama', del cat. *flassada* íd., vocablo común con la lengua de Oc, que desde estos dos romances se extendió a muchos dialectos del Norte de Francia y de Italia, y a Grecia; origen desconocido. *1.ª doc.*: *fraçada*, 1541, Antonio de Guevara (Cuervo, *Obr. Inéd.*, 290).

También aparece *fraçada* en el *Libro de la Cámara Real* de Fernández de Oviedo (p. 205), en el *Guzmán de Alfarache* y en el *Quijote* (I, xvi, 56), y lo empleó Nieremberg († 1658). Como observa Cej. en su glosario de esta obra, es voz caída en desuso en el castellano de España, por lo menos en el habla común, aunque todavía la empleaba en su castellano el judío portugués Manuel de León h. 1690. Pero es de uso general en la mayor parte de América, aunque allí predomina vulgarmente la forma *frezada*, que era ya antigua[1]: así en la Arg. (Ascasubi, *Santos Vega*, 337; oído en Mendoza, aunque la forma correcta se reputa *fraza-*

da), en Chile (Echeverría Reyes, 43), en el Ecuador (Lemos, *Barb. Fon.*, s. v. *fresada*), en Colombia, Méjico y Nuevo Méjico (*BRAE* IV, 54), en Cuba (Pichardo, p. 110): ni ahí ni en la Arg. se emplea *manta*.

La escasa antigüedad del vocablo en castellano, el cambio de *fl-* en *fr-*, y la ausencia total en portugués, comprueban que *frazada* es voz advenediza, como ya reconocieron Cuervo y los Sres. A. Castro y A. Steiger en su nota de la *RFE* VII, 371-2. Pero en lugar de partir del occitano, es preferible admitir un origen catalán, en vista de la antigua fama de las frazadas catalanas, que fué causa de la difusión de *Catalogne* o *catalana* como nombre de la 'frazada' por los dialectos de toda Francia [1468] y del Norte de Italia (*FEW* III, 488), y de *valensana* con el mismo valor en Venecia, de donde el turco *velenče* y el rum. *velinţắ* (*ARom.* X, 477); para otros tejidos cuyo nombre es de origen catalán, vid. *FAJA*. A la misma razón obedece el que el nombre cat. *flassada* se propagara no sólo al logud. y campid. *frassada*, *fressada* (*RFE* IX, 233), sino al sic. *frazzata* (Wagner, *Arch. Stor. Sardo* III, 386), Catanzaro *fersata* (Rohlfs), florentino ant. *farsata*[2], venec. *filzada*, Comelico *filθáda* (*ARom.* X, 114), istr. *sfilsada*, y finalmente al ngr. φελτσάδα 'manta de lana para cama' en Zante y Cerigo (G. Meyer, *Roman. Lehnw. im Ngr.*, 95), probablemente de importación veneciana. El extranjerismo del grupo inicial *fl-* fué causa en italiano como en español, del cambio de *fl-* en *fr-* y, ocasionalmente, de una trasposición de la líquida. Por otra parte es más probable que procedan de la lengua de Oc el bergamasco ant. *fresada* (S. XV), *frasata* en antiguos textos de Como y de Bellinzona (Bertoni, *ARom.* II, 215), el suizo alem. *flasaden*, y las varias formas *flassade*, *flassarde*, *flossoie*, que circulan por el Norte de Francia en los SS. XIV-XVII (*FEW* III, 589).

En cambio no cabe duda de que *flassada* es autóctono en tierras catalanas y occitanas, dada su completa popularidad y la extensión a todo el dominio lingüístico catalán y a todo el Este, Nordeste, Centro y Sur de las tierras de Oc, desde los Alpes hasta el Velay (Vinols), el Tarn-et-Garonne (Meyer, *VKR* VI, 54) y Toulouse (Doujat-Visner)[3]. Aunque predomina *flassada*, la variante oc. *flessada* (comp. el vulgarismo americano)[4] no es tan «lokal beschränkt» como afirma Wartburg, pues se extiende al Bearne, Toulouse, Haute-Garonne, Tarn-et-Garonne[5], Castres (Couzinié), Tarn (Gary), Aveyron (Vayssier, Peyrot) y Cantal (Lhermet), aunque en algún punto de éstos coexiste con *fla-*. La antigüedad en los dos idiomas es grande: desde med. S. XII, por lo menos, en ambos[6].

Dejando aparte las fantasías de Covarr., se han propuesto algunas etimologías más o menos discutibles, pero sin solidez. La de Enno Littmann y Rohlfs (*EWUG*, n.º 2306)[7], a pesar de la aprobación de M-L. (*ASNSL* CLXV, 111; *REW*[3],

9659) y de M. L. Wagner (*Byzant.-Neugriech.*
Jahrbücher VIII, 208), debe rechazarse como inadecuada, sobre todo en lo fonético: el ár. *fárša*,
aunque sea de uso vulgar y de raíz indiscutiblemente arábiga (verbo *fáraš* 'extender por el suelo',
'alfombrar', 'amueblar'), y aunque su significado
se acerque bastante ('caɪna para dormir, cama rica'
PAlc.; 'alfombra', R. Martí; 'estrato, capa de una
sustancia', Abenalauam; 'colchón', Bocthor; el derivado *farašíya* llega a designar las 'mantas' en un
texto moderno: Dozy, *Suppl.* II, 253), de ninguna
manera podía dar *flassada*, pues no se explica la
ç (= *ss*) como representación de una *š*, ni la trasposición constante de la líquida y su cambio en *l*,
ni tampoco la terminación⁸. Hay que abandonar la
idea.

Tampoco se puede derivar de FILUM 'hilo', según ya propuso Du C., aunque fuese posible
justificar una derivación FĪL-ISS-ATA, con síncopa
de la ɪ inicial ante vocal igual, como en QUĪRĪTARE
> *gritar*⁹ (Castro-Steiger), que no es el caso, pues
no existe tal sufijo.

El serviocroato de Ragusa *flèkta* «coperta da letto
con lenzuolo», de probable origen romance, parece
derivado de FLECTĔRE 'doblar' o del gr. πλέϰτη
'cuerda trenzada' con influjo de FLECTERE (Skok,
ZRPh. L, 500; LIV, 482); esto nos podría sugerir
una base *FLECTIATA 'doblada' para nuestro vocablo, la cual convendría fonéticamente, puesto que
las formas en *e* son numerosas y antiguas, y las
en *a* podrían comprenderse como casos de dilación
vocálica; pero tal hipótesis sería difícil de justificar
desde el punto de vista morfológico (los derivados
vulgares en -IARE suelen partir de adjetivos o participios y no del radical del infinitivo; comp. sin
embargo *BOSTEZAR* y *RPhCal.* I, 38) y no es
evidente desde el punto de vista semántico.

El florent. ant. *farsata* 'forro', 'almohadilla', 'colchón', ngr. φάρσος 'vestido' (> it. *farso* 'jubón';
Kahane, *Byzant.-Ngr. Jahrbücher* XV, 98, 103),
sugieren la posibilidad de que a pesar de las apariencias tenga que ver *flassada* con FARCĪRE 'rellenar' (de donde 'colchón' > 'manta'), pero las formas antiguas con ç exigen en nuestro caso una
base con Cɪ, y aunque supusiéramos un *FARTIATA
(del participio FARTUS) sería extraña la unanimidad
de las formas occitanas y catalanas con *l* y con
metátesis de la líquida, desde las primeras apari-
ciones de la palabra.

Desde luego el vocablo no tiene que ver con el
verbo *frisar*, a pesar de la Acad.

La base de Wartburg, *FLACCIATA, derivado de
FLACCUS, satisface fonética y morfológicamente,
pero mucho menos en lo semántico (puesto qùe
FLACCUS es 'fláccido, dejado caer' o bien 'débil, magro', y no 'blando, dobladizo') y además extraña
la falta de huellas del verbo *FLACCIARE en ro-
mance¹⁰.

Lo prudente, en conclusión, es declarar por ahora el fracaso de nuestros esfuerzos, y contentarnos

con notar que sólo *FLECTIATA o *FLACCIATA se
acercan de lejos a lo posible, pero de ninguna manera a lo demostrado.

DERIV. *Frazadero*.

¹ «Sirba lo que he bebido de *frezada*, / y la señora bota de almohada (tiéndese sobre la ier-
ba)», Vélez de Guevara, *La Serrana de la Vera*,
v. 2626.— ² Definido «coltrone» ('colcha') en las
fuentes que cita M. L. Wagner (*Studi Dant.* IX,
98ss.; Schiaffini, *Testi Fior.*, 314); por lo tanto
no cabe duda en la identidad del vocablo. En
cuanto al it. antic. *farsata* que Tommaseo y Petrocchi definen 'forro del jubón' y que en la otra
ac. 'almohadilla que se pone dentro del casco
para proteger la cabeza' ya figuraría en Sacchetti
(S. XIV) y Berni (principio del XV), habría que
analizar bien los textos y acs. para ver si es el
mismo vocablo, o viene realmente de FARSUS 'relleno', como parece a primera vista. Las demás
formas que cito arriba significan todas 'manta de
cama'.— ³ Me faltan testimonios del Lemosín, y el
bearn. *flassade* (Palay) no tiene forma autóctona,
comp. la variante alterada *flechade* en Lespy y
en Palay, muy propia de un vocablo importado.
Pero *flaçada* está en escritura landesa de 1268
(*Rom.* III, 441; Luchaire, *Recueil*, p. 87), y *fles-*
sada en un ms. del S. XIII que parece corresponder al Norte del Quercy (*ARom.* XIII, 447).—
⁴ En catalán la forma con *a* parece ser general
antigua y modernamente. Es la que he oído en
el Pallars y la que Griera (*BDC* XX, 305) da
como general en catalán occidental y valenciano.
Sabido es que los demás dialectos no distinguen
a de *e* en esta posición. Atendiendo a este pormenor es lícito sospechar que parte de las formas
castellanas venga de la lengua de Oc, pero no
debe olvidarse que el efecto acústico de una *a*
pretónica catalana es tan próximo o más a una
e que a una *a*.— ⁵ Sólo en una de tres localidades
de esta zona oyó Meyer una forma *fressado* con
r, rarísima en occitano y catalán. La primera
mano que escribió el manuscrito del *Llibre de*
Tres catalán del S. XIV o XV, había escrito *fras-*
sada, forma luego enmendada en la normal (*Rom.*
XII, 233).— ⁶ Además de la documentación que
traen Du C. (s. v. *flaciata, flansada, flassada, flas-*
sana, flassargia, flassata, fleciata, flessiata), Raynouard, Levy y Ag. (*flessiata* en el Languedoc
ya h. 1150), leo en documentos latinos de Cataluña de 1175, *flazada*, *flas-* (*Cartulario St. Cugat*
III, 259), *flazata* y *flaciata* en 1179 y 1292 (Miret,
El més antic text literari català, p. 21; *RH* XLVI,
251), *flassada* en la Lleuda de Cotlliure de 1249
(*RLR* IV, 248), en Muntaner (cap. 171) y en el
Llibre de Tres citado arriba; oc. ant. *flezada* en
doc. del Aveyron de h. 1160 (donde *z* representa
la africada sorda), Brunel, *Les Plus Anciennes*
Chartes en langue provençale, 94.18, en los dos
textos del S. XIII citados arriba, etc. Bambeck,
BhZRPh. CXV, 157-8, agrega además *flessada*

en el Albigés en 1269, *fleciata* en 1314 y *flecia* desde princ. S. XIII, ambos en el Forez, *flazaa* en la Vaucluse 1157, etc.— [7] Él mismo la da como segura en *Litbl.* LVI, 250, y *ASNSL* CLXIV, 157.— [8] M-L., como de costumbre, trascribe inexactamente (con *s*), y así él como Rohlfs y Wagner citan el vocablo como si fuese *faršat*, pero se trata del «*ţa marbuta*», que no se pronunciaba nunca, a no ser cuando había enlace íntimo con un sustantivo inmediatamente unido, y aun esto se perdió en el árabe vulgar tardío de España. Ni siquiera nos queda el recurso de partir de un plural *faršât*, pues nuestro vocablo no lo formaba en esta forma: el plural fracto *firâš* era constante, según el testimonio de PAlc. y Dozy.— [9] La segunda ı en nuestro caso no sería igual a la primera, sino breve, puesto que se supone que diera *e*.— [10] En apoyo de *FLACCIARE podría citarse el detalle de que un documento de Alba de Tormes, escrito en 1595, trae tres veces *mantas fraçadas* como adjetivo (*RFE* XXV, 501), y también Covarr. se expresa así a propósito de *cachera*. Pero ya se ve que son testimonios muy tardíos, que deben mirarse como secundarios, en vista de la falta de antecedentes de tal uso en los idiomas originarios, catalán y occitano.

Freata, V. *fragata*   *Freba*, V. *hebra*

FRECUENTE, tomado del lat. *frequens, -tis*, 'numeroso, frecuentado, populoso', 'asiduo', 'frecuente'. *1.ª doc.*: 1515, Fz. Villegas (C. C. Smith, *BHisp.* LXI); 1591, Percivale; 1594, Góngora (ed. Foulché I, 179); *frequentemente* h. 1600, en Sigüenza.

APal. explica el significado del lat. *frequentes*, sin darle equivalencia castellana, C. de las Casas (1570) traduce el it. *frequente* por el cast. *frequentado*, pero no admite todavía un cast. *frequente*. El vocablo falta también en Nebr. y Covarr. y no pertenece al léxico del *Quijote*. Facilitó la penetración y arraigo en castellano la falta de un adverbio que expresara lo mismo que el fr. *souvent* o el ingl. *often* (= a menudo) en una sola palabra, de donde la pronta extensión de *frecuentemente* y *con frecuencia*.

DERIV. *Frecuencia* [1515, Fz. Villegas (C. C. Smith); 1605, *Quijote* I, xxxiii, 160; Argensola; falta C. de las Casas, etc.], tomado de *frequĕntĭa* 'concurso, afluencia', 'abundancia'. *Frecuentar* [med. S. XV (C. C. Smith); 1528, A. de Guevara; C. de las Casas, 1570; Góngora; etc.], tomado de *frequentare* íd.; *frecuentación*; *frecuentador*; *frecuentativo* [APal. 169b, como término gramatical].

Frecha, V. *flecha* y *fracción*   *Frechenco*, V. *frajenco*   *Fredor*, V. *frío*

FREGAR, del lat. FRĬCARE 'fregar', 'restregar', 'frotar'. *1.ª doc.*: 1251, *Calila*, 25.259; h. 1400,

glos. de Toledo y del Escorial.

También en el *Corbacho* (ed. Pérez Pastor, p. 209), en Nebr., y *Aut.* cita muchos ejs. de los SS. XVI y XVII. El presente fué *frega* sin diptongación por lo menos hasta el S. XVI: así en el *Corbacho*, en López de Villalobos († 1559)[1], y la *refrega* aparece en Álvarez Gato (2.ª mitad del S. XV, vid. Cuervo, *Obr. Inéd.*, 266n.1), pero Covarr. emplea ya el presente *friega* (s. v. *fregadero*), y *Aut.* registra los sustantivos *friega* y *refriega*, citando el último en Cervantes y en López Pinciano (h. 1600). La esfera semántica del verbo *fregar* se vió pronto reducida en castellano, en comparación con el latín y con otros romances, por la concurrencia con ESTREGAR, FROTAR y ROZAR, mostrando tendencia a quedar reducido a la expresión de faenas domésticas. La ac. figurada 'fastidiar, jorobar' es sospechosa de italianismo en la Arg., donde es frecuente (Payró, *Pago Chico*, ed. Losada, p. 138), pero como en el verbo y en sus derivados se da también en Chile, Bolivia, Perú, Colombia, América Central y Méjico (Malaret), es de creer que hay coincidencia casual con el italiano. Cultismo es el ast. *fricar* 'herir el pie o la mano con un golpe' (en Llanes y Ribadesella, V). Vco. *ferekatu* «restregar» lab., bazt.; «acariciar» lab.; aquél ya en Axular (S. XVII).

DERIV. *Fregadero*. *Fregador*. *Fregadura*. *Fregajo* 'estropajo', siendo voz de galeras puede ser calco del cat. *fregall* íd. *Fregona* [Cervantes: *Quijote*; *La Ilustre Fregona*]; también *fregatriz* (humorístico: Lope, *El Marqués de las Navas*, v. 452; citas de Lope y de Quevedo en *Aut.*), *fregata* ant.; *fregón* 'que fastidia, satírico' en América (*M. Fierro* I, v. 1166); *fregonil*. *Fregotear*; *fregoteo*. *Friega* [1732, *Aut.*]. *Esfregar* ast., port. 'estregar' (V); vid. ESTREGAR. *Refregar* [Nebr.]; *refregamiento*; *refregadura*; *refregón*; *refriega* (vid. arriba). *Cofrear* ant. 'estregar, frotar' [h. 1540, A. de Guevara]. Cultismos: *africado*; *confricar*, *confricación*; *fricar*, ant. (S. XVII: *Aut.*); *fricación* (S. XVI: *Aut.*), raro modernamente (también se han dicho *fregación* y *fregamiento*); *fricativo*; *fricción* [1555, Laguna].

[1] «¿Quién no cura a su caballo?... ¿Quién no le *frega* y le rasga y le alimpia?», *RFE* IV, 258.

Fregata, V. *fragata*   *Freidor*, *freidura*, *freiduría*, V. *freír*   *Freila*, *freilar*, *freile*, V. *fraile*

FREÍR, del lat. FRĪGĔRE íd. *1.ª doc.*: el participio *frito* ya en el ms. *G* (a. 1389) de J. Ruiz, v. 1085c; *freír*, h. 1400, glos. del Escorial.

Aquél está también en APal. 170b, y ambos en Nebr.[1]. Partiendo del participio *frito* se ha formado un nuevo infinitivo *fritir* en el cast. de Galicia (Alvz. Giménez), *fretir* en Cespedosa de Tormes (*RFE* XV, 164) y en el campo salmantino (Araujo, *Est. de Fon. Kast.*, p. 15)[2], *fritar* en Colombia y también en Salamanca.

DERIV. *Freidor; freidura* [Nebr.] o *fritura; frei-duría. Fritada* [*Aut.*]; *fritanga*, arg., chil., per., guat., mej., salm., santand. (y en la escritora gallega Pardo Bazán: *BRAE* VII, 457; VIII, 432; Amuná-tegui, *Borrones Gram.*, 249-51; Acad. después de 1899, sin nota de regional). *Fritillas. Refreír; refrito. Sofreír* [1525, Rob. de Nola, p. 57; Oudin]; *sofrito*.

¹ Que también emplea *freído*.— ° Es más antiguo de lo que parece, pues *fretidera* traduciendo el lat. *cremium* ('chicharrón') ya se halla en APal. 97*d*, y *fritiendo* junto al infinitivo *freír* allí mismo, 169*d*. Pudo nacer esta forma por influjo de *fritar* y de la vacilación ante formas como *friendo* y el vulgar *friyendo. Fretir* también en J. del Encina, donde toma el sentido secundario de 'arrojar' (pero no viene de FERIRE como quisiera Macrí *RFE*, 167): partirá de la idea del rayo que «frie» o hiere, comp. la imprecación del cat. pirenaico: *llamp te fregis!* o la frase castellana *freir a palos*.

Freira, freire, freiría, V. *fraile Fréjol,* V. *frijol*

FRÉMITO, tomado del lat. *frèmĭtus, -ūs,* íd., derivado de *frĕmĕre* 'emitir un ruido sordo', 'gruñir'. 1.ª *doc.*: 1463, J. de Lucena.

Latinismo crudo sólo empleado por traductores preclásicos y poetas culteranos. *Fremir* figura en APal. 537*b*, con aplicación a la voz natural de ciertos animales. En el Oeste, este vocablo es popular o popularizado: port. *fremir* 'ser ruidoso', 'meter estruendo', gall. *fremer* 'bramar'¹.

¹ «Tamén soupo *fremer*, pero deseguida cavilou que... non é un monifate para marcar o paso...» Castelao 224.2f.; Vall.

Frenar, frenería, frenero, V. *freno*

FRENESÍ, tomado del lat. *phrenēsis, -is,* 'delirio frenético', y éste del gr. tardío φρένησις íd., derivado de φρήν, φρενός, 'diafragma', 'entrañas', 'alma', 'inteligencia, pensamiento'. 1.ª *doc.*: *frenesi, frenesia* y *frenesis,* APal. 169*b*¹.

Frenesia es también la forma adoptada por Nebr., C. de las Casas, Oudin y Covarr. *Frenesi,* como masculino, ya en Nieremberg († 1658). No se han estudiado como debieran los cambios de género y acentuación de este cultismo; sólo podemos asegurar que ya Calderón (*La Vida es Sueño*) y *Aut.* acentuaban *frenesí* (*frenesía* en Percivale, 1591), y este diccionario académico consideraba anticuada la forma de Covarr.; la acentuación moderna se debe a la rareza de los vocablos terminados en -*i* átona, y al influjo de la variante *frenesía,* que ha predominado en italiano y en francés, frente al port. y cat. *frenesí* (pero *frenesia* en los SS. XV y XVI en este idioma) y prov. *frenèsi*.

DERIV. *Frenético* [APal., vid. cita arriba; Nebr.; *Quijote;* etc.], tomado de *phrenētĭcus* íd.

CPT. *Frenología; frenológico; frenólogo. Frenopatía; frenópata.* Todos ellos compuestos cultos del citado φρήν.

¹ «Una telilla que... corrompiéndose engendra *frenesi*: assi que *frenesis* se dize passion quando aquesta tal telilla se daña, y dende dizen frenetico al que padece *frenesia*».

FRENO, del lat. FRĒNUM 'freno, bocado'. 1.ª *doc.*: doc. de 962 (Oelschl.); *Cid.*

Cej. IX, § 166. Es ya frecuente en escrituras del período arcaico, y en textos de todas las fechas (vid. Castro, *RFE* IX, 267).

DERIV. *Frenillo* [Covarr.]; *afrenillar* [h. 1570, Zurita; comp. cat. *afrenellar,* que ya es medieval], también *frenillar* (Cervantes). *Frenero; frenería. Frenar* [un ej. en el *Canc.* de Baena, W. Schmid; 1591, Percivale; 1607, Oudin; Quevedo] no parece ser continuación del lat. FRENARE íd., pues todavía *Aut.* dice que es voz «de poco uso»: será, pues, derivado de *freno,* que sustituyó a los más antiguos *refrenar* y *enfrenar* (nótese que hoy todavía no se dice normalmente *desfrenar,* sino *desenfrenar,* aunque se observa recientemente cierta tendencia a reservar el último para los usos figurados). *Enfrenar* [Nebr., hoy anticuado, por lo menos en la mayor parte de sus acs.]; *enfrenador; enfrenamiento; desenfrenar* [Nebr.], *desenfrenado, desenfreno* o *desenfrenamiento* [Nebr.] o *desenfrenación. Refrenar* [Berceo; J. Ruiz; Nebr., etc.], de REFRENARE; *refrenamiento* [Nebr.]; *refrenable; refrenada. Sofrenar* [Nebr.]; *sofrenada* [íd.].

Frenología frenológico, frenólogo, frenópata, frenopatía, V. *frenesí*

FRENTE, del lat. FRŌNS, -TIS, íd. 1.ª *doc.*: *fruente,* doc. de 1124 (Oelschl.)¹; *frente,* Nebr.

Fruent o *fruente* es también la forma empleada por Berceo, Juan Manuel (Rivad. LI, 400), Juan Ruiz, López de Ayala (*Rim. de Pal.*, 355), y los autores del *Alex.* (1091, 1712), *Fn. Gonz.* (599), *Libro de los Enxemplos* (p. 485), *Canc.* de Baena (W. Schmid) y glosario del Escorial; todavía APal. (19*d*, 23*b*, 58*d*, 170*b*). La reducción fonética de *ue* a *e* tras líquida (comp. *CULEBRA,* y véanse las gramáticas históricas) es regular. En latín clásico *frons* era por lo común femenino, género conservado en español, portugués, italiano y rumano, mientras que el galorrománico, el catalán², el rético y el sardo han preferido el masculino, que ya se halla en Plauto y otros autores de tinte vulgar³, incluso en manuscritos de San Isidoro (*Etym.,* ed. Lindsay, XII, i, 52). Como término de fortificación, por imitación del francés, se introdujo el género masculino en castellano, que luego se ha extendido a otros usos militares⁴ y más recientemente políticos. Para *frente* como adverbio y preposición, vid. abajo, en los compuestos.

DERIV. *Frentero. Frentón.* Derivados de la antigua forma *fruente* son los siguientes. *Frontal [Alex.,* 99; Nebr.; *frental* en la biblia judeoespañola de Constantinopla, *BRAE* IV, 636]; *frontalero; frontalera; frontalete. Frontero* [1124, Oelschl.; *Alex.,* 778; como adverbio, en Cervantes, *La Señora Cornelia,* ed. H. Ureña, p. 173; como prep., 'frente a', *G. de Alfarache, Cl. C.* I, 225.27]; *frontera [Cid,* vid. M. P. en su ed.]; *frontería; fronterizo* [1607, Oudin]. Gall. *fronteira* 'puerta de una casa' (Castelao 260.23). *Frontil* [Acad. ya 1843]; *afrontilar; enfrontilar. Frontino* [doc. de 1085, M. P., *Oríg.,* 272]. *Frontón [Aut.]. Frontudo* [APal. 170b].

Afrontar [doc. de 888; 'lindar' 1212, M. P., *D. L.,* 208.56; 'ofender' *Calila,* 24.231, 72.398, 151.264] y *afrentar* [fin del S. XV] fueron primitivamente variantes de una misma palabra, sin distinción semántica (la primera tenía en la Edad Media formas como *afruenta):* para la forma como se fueron separando, vid. Cuervo, *Dicc.* I, 246-8; se trata de un derivado común a todos los romances de Occidente; *afrenta [afruenta,* h. 1260, *Partidas, Fn. Gonz.; afrenta,* med. S. XV: G. Manrique]; *afrentador; afrentoso; afrontación; afrontado; afrontador; afrontamiento.* Port. ant. *frontar* 'proponer, requerir', del cual Moraes da muchos ejs. en textos de hacia el S. XIV; se extendió algo hacia Galicia: en un foro de Tuy de 1540 es también 'proponer, ofrecer': *sin que primero fronten al dicho cabildo si lo quiere por el tanto* (Sarm. *CaG.* 198r).

Confrontar [h. 1400, *Canc. de Baena;* vid. Cuervo, *Dicc.* II, 376-7]; *confrontación; confrontante. Confrentá(da)* almer. 'la parte de la dentadura correspondiente a los incisivos, sin los molares'.

Enfrentar y *enfrontar* (faltan ambos en *Aut.)* son derivados modernos, modelado el segundo conforme a *afrontar.*

CPT. *Enfrente* [h. 1600: Mariana, Cervantes]; más moderno es todavía el adverbio *frente* (que falta aún en *Aut.,* y según Acad. 1817 y 1843 es sólo de uso familiar), o por mejor decir la locución prepositiva *frente a*[5], que parece ser abreviación del más antiguo *frente a frente de* [1615, *Quijote* II, xxxv, 136]; la loc. adverbial *frente a frente* se halla ya en 1582 (Argote de Molina).

Frontispicio [1570, C. de las Casas], tomado del lat. tardío *frontispĭcium* íd. (compuesto con *spĕcĕre* mirar'), quizá tomado por conducto del italiano (donde *frontispizio* se documenta desde la misma fecha, como supone Terlingen, 131 (comp. fr. *frontispice,* 1529, que quizá procediera también de Italia); el sinónimo *frontis* [h. 1700, B. Alcázar] parece ser abreviación de *frontispicio.*

[1] *Fruente* en el doc. de 921 ha sido incluído en este artículo, aunque dubitativamente, por un lapsus, pues es el participio del verbo latino *frui.*— [2] Pero es femenino en Andorra, Pallars y Ribagorza; por otra parte el masculino se extendió a parte del Norte de Italia.— [3] Como ya dejan suponer los romances, este género sólo sería

parcial o regional en latín vulgar. En el habla vulgarísima de Trimalción es femenino *(frontem expudoratam, Satyricon,* XXXIX, 5).— [4] La ac. 7, 'línea de territorio continuo en que combaten los ejércitos con cierta permanencia o duración', falta todavía en Acad. 1914, pero ya se popularizó en España en la guerra de esta fecha.— [5] *Frente de* en la Argentina: *BDHA* III, 210

Freñir, V. *fracción*

FREO, 'canal estrecho entre dos islas o entre una isla y tierra firme', tomado del cat. *freu* 'estrecho de mar', que procede del lat. FRĒTUM íd., pero es incierta la explicación de la *-u. 1.ª doc.:* Tofiño (1732-95), *Derrotero del Mediterráneo,* p. 158: «dicha punta es una de las que terminan los *freos* o canales que hay entre Ibiza y Formentera»; Acad. 1899.

En catalán *freu* se halla desde el S. XIII (Jaime I; *Cons. de Mar,* cap. 67, ed. Pardessus, 114), y sigue hoy siendo popular en la Costa de Levante (oído en Sant Pol, Blanes y Lloret, con *e* abierta en aquellas dos localidades), en Mallorca e Ibiza, etc.; se aplica especialmente al canal entre una isleta y tierra firme. Del catalán ha pasado a oc. mod. *friéu* (vivo en Marsella y costa provenzal, Mistral) o *fréu.* Por lo demás, el lat. FRETUM no ha dejado descendientes romances (Wartburg cita, empero, un venec. ant. *frieto,* cuya *t* si no es muy arcaica indica cultismo). Ofrece dificultad la *u* catalana, donde se esperaría *-t,* pues en este idioma *-u* puede representar D o TJ, pero no -TU. Se ha explicado diversamente. Subak *(Litbl.* XXIV, 246) sugiere un préstamo del genovés, pero es idea sin fundamento, pues el vocablo no existe en este dialecto. Griera *(BDC* VIII, 19) afirma que la irregularidad se debe al deseo de diferenciar este vocablo de *fred* 'frío'; pero es idea confusa e inadmisible, pues la homonimia puede influir en el sentido de que, entre dos formas preexistentes, se dé la preferencia a la que no es homonímica, pero nunca puede causar el n a c i m i e n t o de una forma que por lo demás no pudiera producirse[1]. M-L. *(REW* 3499) parte de un plural FRĒTOS, que puede prescindir del asterisco, pues el masculino FRETUS, -I, se halla en Varrón y otros autores arcaicos (y en el tardío Jordanes, vid. Ernout-M.); su idea es que si ADSATIS dió el cat. *assau* y los infinitos plurales en -TOS sólo han dado cat. *-ts* por analogía del singular, FRETOS pudo ser tratado como ADSATIS (> *assadz* > **asád* > *asáu,* como HERĒDEM > *eréd* > *eréu).* En cuanto al uso de FRETOS con valor de singular fundará M-L. esta presunción en el uso del plural FRETA en los clásicos; pero sabido es que entonces significa metonímicamente 'el mar' *(pastor cum traheret per freta navibus...:* 'pasos marítimos' > 'el mar'); cuando se aplica al estrecho de Sicilia, al de Gibraltar y a otros semejantes tomados individualmente lo veo siempre en singular (vid. Forcellini); además, mientras se dijo *illos fretos* era imposible que pasara a *freu*, pues el artículo plural hubiera mantenido la conciencia de la pluralidad e impedido por lo tanto que diera otra cosa que *frets*; sería menester 5 suponer que en un momento dado se tomara FRE-TOS por un neutro en -US (como CORPUS, etc.): por lo tanto esta explicación es muy hipotética e inverosímil.

También lo es la que propuse en *BDC* XIX, 10 25n.: partir de un derivado *FRĒTĔUM; es posible, sin embargo, que así como se llamó *fretense mare* al estrecho de Sicilia y *Oceanus fretalis* al canal de la Mancha, se hablara también de *mare fretĕum* para los estrechos entre islas, expresión luego sus- 15 tantivada.

Me inclino ahora a admitir como más probable que cuando los vocablos en -ETU se pronunciaban ya -*edu* (con *d* oclusiva) y los en -ADU sonaban -*aðu*, el influjo de otros términos marítimos de sig- 20 nificado conexo, como GRADUS 'desembocadura de un río', 'puerto' (> cat. *grau*) y VADUS 'vado' (> cat. ant. *guau;* nótese que los estrechos entre una isleta y tierra firme son a menudo vadeables) cambiara *fredu* en **freðu,* de donde *freu*[2]. 25

DERIV. de la palabra latina: *transfretar; transfretano.*

[1] En *BDC* XVIII, 140, empeora todavía su explicación suponiendo que los «regulares» *fret* < FRETUM y *freu* < FRIGIDUM trocaron sus formas; 30 pero *fred* 'frío' no viene de FRIGĬDUM (que hubiera dado *frègeu), sino de FRIGDUM (> it. *freddo,* fr. *froid,* cast. ant. *frido*), y la D apoyada no puede vocalizarse en *u* (comp. LARDUM > *llard,* etc.). Por lo demás, nótese que *fret como resul- 35 tado de FRETUM debía tener otro timbre vocálico que FRIGIDUM en catalán oriental y balear, y por lo tanto no había hominimia.— [2] Mistral apunta que *freu* podría venir del ingl. *frith* 'brazo de mar', o mejor dicho de un antepasado suyo. Esta 40 palabra aparece primeramente en 1600, antes (y hoy también) era *firth,* que es préstamo del isl. *firðir,* plural de *fjörðr* 'fiord'. Derivar la voz catalana de la inglesa no es posible por razones geográficas, y el gótico o el normando no podían 45 tener una base que explicara la forma catalana.

Frere, V. *fraile*   *Fres,* V. *friso*

FRESA, tomado del fr. *fraise* íd., alteración no 50 bien explicada del preliter. y hoy dial. *fraie* (del lat. FRAGA íd.) o del fr. antic. *fraire* (del lat. FRAGARIA 'fresera', del cual *fraise* pudo ser modificación fonética. *1.ª doc.*: Covarr.

Este lexicógrafo, citando a Laguna (1555), dice 55 que en tiempo de éste no se conocían las fresas en España, y dicho autor da solamente como nombre romance el it. *frauli* y el fr. *freses* (comúnmente escrito *fraises*), de donde se tomó la palabra española, según atestigua Covarr. En realidad las fresas 60 fueron siempre conocidas en España, como prueban los nombres antiguos *MAYUETA* y *(A)MIÉS-GADO,* que este autor cita de un Calepino, pero notando con razón que «no son nombres usados universalmente»; los demás romances hispánicos han permanecido refractarios al galicismo *fresa:* cat. *maduixa, fraga* o *fraula,* port. *morango, -ga,* gall. *(a)morote;* tampoco penetró en la América del Sur, donde se dice *frutilla,* y en Asturias *fresa* es sólo la de jardín y las demás llevan el nombre de *miruéndanu.* Pero aunque la fresa era conocida, sobre todo la silvestre, raramente era objeto de cultivo, antes de que se extendiera por Europa, en el S. XVII, la afición a esta fruta, que empezó entonces a cultivarse intensamente en el Norte de Francia: de ahí la expansión del nombre francés al español, y al flamenco *freze.* Para la historia del vocablo francés, vid. Horning, *ZRPh.* XXVIII, 513-34; Schuchardt, *ZRPh.* XXIX, 221; *FEW* III, 748-9. En España el vocablo se hace pronto de uso corriente, según indican los pasajes de Quevedo y de Esquilache citados por *Aut.,* y Oudin lo toma de Covarr. en su segunda edición (1616). El nombre latino *fraga* sólo se conservó popularmente en Aragón, así como en el País Vasco (*arraga* en Irún, Salazar y Sule; Azkue da también *arraba* y *arrama* en a. nav., sin precisar donde, y *arrega* en los tres dialectos vascofranceses) y en la Cataluña occidental; aunque Laguna lo da como vocablo de uso vulgar sin restricción (?).

Es opinión admitida comúnmente que el fr. *fraise,* documentado desde el S. XII, sea una alteración del dialectal *fraie,* no documentado antes del XVIII (*FEW* III, 748), por contaminación de *framboise;* aunque la admitan Horning, M-L. (*REW* 3480), Wartburg (*FEW* III, 749b) y demás, me parece difícil de creer (si la *f-* de *framboise* se explica recíprocamente por influjo de FRAGA, esto presta verosimilitud a la etimología corriente). Tampoco habrá contaminación de *cerise* (Spitzer, *MLN* LXXIV, 144) que por el sentido se prestaba menos que *framboise.* Se ha concedido poca atención al fr. med. *fraire,* empleado por Rabelais («Quaresmeprenant a... les intelligences, comme limaz sortans des *fraires*» IV, cap. 30, p. 123), y sin embargo me parece resolver el problema en forma más sencilla. Se trata, en mi opinión, del representante de FRAGARIA, que aunque no sea latín clásico es el vocablo empleado por los naturalistas, seguramente desde tiempo inmemorial, y que ha dado numerosas formas occitanas (así o en la variante masculina FRAGARIUM), desde el Océano hasta Provenza: bearn. *arraguè,* aran. *haraguèra,* Marsella, Aix *fraguier,* desde donde por el Isère y la Saboya llega con más o menos continuidad hasta Bélgica. FRAGARIA tenía que dar *fraiiere en francés antiguo, y éste pasaba a *fraire* y *fraise* ni más ni menos que CATHEDRA > fr. ant. *chaiere,* fr. med. *chaire,* fr. *chaise*; cf. el caso de *mortaise* (s. v. *MORTAJA*) con -*s*- desde el S. XIII, junto al cual se halla también *mortaira, -oire*. Es verdad que *chaise* se documenta sólo desde 1380 y *chaeire* (que ya será lo mismo que *chaire*) en el S. XII (*FEW* II, 506), mientras que *freise* ya aparece en este mismo siglo, pero hay que notar que en *fraise* la -*s*- estaba favorecida por la disimilación.

DERIV. *Fresal. Fresero; fresera. Fresón*. Del latín: *fragaria* (Laguna).

FRESAR, 'gruñir o regañar' ant., 'mezclar la harina con el agua antes de amasar' albac., 'labrar metales por medio de la fresa, herramienta de movimiento circular continuo', del lat. vg. *FRĒSARE 'rechinar con los dientes', 'moler, machacar, triturar', frecuentativo del lat. FRENDĔRE íd. (participio FRĒSUM); la última ac. castellana se ha tomado del fr. *fraiser*, y no es seguro tampoco que las demás sean genuinas. *1.ª doc.*: «*fresar una cosa con otra: infrico; fresar como havas: frendeo; fresada cosa: fresus; fresadas de cevada: ptisanum ordeaceum*», Nebr.

Aunque de Nebrija reprodujeron estos artículos PAlc., Percivale y Oudin, y de éste pasaron a otros diccionarios (C. de las Casas sólo trae *fresadas de cevada*), debieron quedar pronto anticuadas estas acs. o más bien serían siempre de uso poco común, pues a nada de eso se refieren Covarr. ni *Aut.*, y estos vocablos no figuran en los glosarios medievales y clásicos de que disponemos, ni tampoco se hallan en gallegoportugués. La Acad. ha desenterrado el anticuado *fresada*, con la definición 'cierta vianda compuesta de leche y manteca', y ha agregado (también desde 1843) el verbo *fresar* «gruñir o regañar», asimismo anticuado. El galicismo *fresar* de los técnicos es reciente (Acad. después de 1899). Hoy sólo tengo noticias del uso popular del vocablo en un par de hablas orientales, en Albacete (vid. arriba) y en la Litera, en el sentido de 'moler sal entre dos piedras' (Coll A.). En efecto, es palabra bien representada en catalán y en galorrománico: cat. *fresar* 'mezclar la harina con la levadura para amasar' y 'desmenuzar el maíz para hacer sopas', usual en la zona pirenaica, y el general *fresar* 'desovar los peces, frezar' (ya *fresada* y *fresades* con la definición castellana en el Nebrija catalán de 1560, que no es testimonio seguro), gasc. *heresà* «décortiquer, frotter légèrement» (Rohlfs, *BhZRPh.* LXXXV, § 271), oc. ant. y mod. *fresar* «fraiser des fèves», fr. *fraiser* «écosser et piler des fèves», «briser la pâte en la séparant par des pétrissages faits à l'aide de la paume», y demás formas antiguas y dialectales, que revelan gran popularidad y arraigo en el país vecino (*FEW* III, 777-9). Es fácil comprender el tránsito semántico de 'rechinar con los dientes' a 'regañar' (comp. *REÑIR*), y el de 'moler, machacar' a 'machacar habas', 'amasar (pan)', 'fresar con fresadora'.

DERIV. *Fresa* 'herramienta para fresar' [Acad. después de 1899]. *Fresado* 'acción de fresar'. *Fresadora*.

FRESCO, del germ. occid. FRĪSK 'nuevo', 'joven', 'vivo', 'ágil', 'atrevido' (a. alem. ant. *frisc*, alem. *frisch*, neerl. med., fris. ant., ags. *fersc*). *1.ª doc.*: *Cid*.

Frecuente y popular desde la Edad Media y en todas las épocas. Pero antiguamente sólo parece hallarse el matiz general 'reciente': en el *Cid* 'recién estrenado', en Berceo y J. Ruiz 'recién hecho', en el glosario de Toledo *pescado fresco*, también en APal.[1], y sólo desde Nebr. puedo documentarlo aplicado a la temperatura; una cronología semántica paralela puede observarse en germánico y en galorromance (*FEW* III, 811). Es germanismo general a todos los romances de Occidente, aun el sardo, y aunque sólo lo hallamos en la rama occidental de las lenguas germánicas, no debe suponerse tomado del fráncico, sino del germánico occidental común por el latín vulgar (comp. Gamillscheg, *R. G.* I, 226). Como término de pintura, nació en italiano, al principio empleado sólo como adverbio: *pintado de fresco* [1564] o *al fresco* [fin del S. XVI], y sólo después como sustantivo [fin del S. XVI]; en la lengua de origen el primer uso se documenta ya a principios del S. XV y el segundo desde el XVI, vid. Terlingen, 113[2].

DERIV. *Fresca. Frescachón. Frescal* [*Aut.*]; *frescales. Frescor* [Nebr.] o *frescura* [íd.]. Especial del port. y gall. es la ac. 'olor refrescante' (*frescurina* Castelao 279.16). *Frescote. Fresquedal. Fresquera* [Acad. 1899], se roza semánticamente con *frasquera* (vid. *FRASCO*), del cual podría ser alteración, como lo es el amer. *fresquería* ('botillería') de *frasquería. Fresquero. Fresquista* [1708, Palomino]. *Refrescar* [Berceo: 'renovar', 'arrepentirse'; término de juegos en los *Libros del Acedrex*, 350.28; Nebr. «recentare»; 1493, Woodbr.]; *refrescador; refrescadura* [Nebr.]; *refrescamiento; refrescante; refresco*.

[1] «*Strenuus*: fuerte, para mucho, *fresco*, velante [?], que derrocando a otros desecha la adversidad», 473*b*.— [2] Para otras acs. secundarias, vid. *Aut.* y Acad. En la Arg. puede significar 'sobrio, que no ha bebido': «veía visiones a toda hora y en todo lugar, porque sólo excepcionalmente estaba *fresco*», Chaca, *Hist. de Tupungato*, 325.

Frescuado, V. *frajenco*   *Fresera, fresero*, V. *fresa*

FRESNO, del lat. FRAXĬNUS íd. *1.ª doc.*: *fréxeno*, 932; *frexno*, 1084; *freisno*, 1188; *fresno*, 1210 (para éstas y otras formas de escrituras arcaicas, vid. M. P., *Oríg.*, 95, y Oelschl.).

Arag. ant. *fraxno* (invent. de 1404, *BRAE* IX, 118), mod. *fraxino* (*RLiR* XI, 53). Común a todo el romance. Para la variante vulgar *FRAXUS y sus representantes en España, vid. *FLEJE*. Pero no es de creer que el arag. *fleja* y *flejar* procedan de esta forma[1].

DERIV. *Fresnal; fresneda* (comp. las formas toponímicas del Oeste *Frejenal, Frejeneda,* y vid. M. P., *l. c.*). *Fresnillo.*

CPT. *Acafresno* o *acafresna* 'serbal', en Asturias (vid. Colmeiro, en *DHist.*), cuyo primer elemento es oscuro.

¹ Acad. después de 1899. L. Puyoles-Valenzuela registran el primero en Miralbueno (Zaragoza). Del cat. occid. *freixa,* singular analógico sacado del plural *freixes,* que sólo puede corresponder a FRAXINOS. Si *fleja* fuese forma autóctona en Aragón no se explicaría la pérdida de la N, si viniera de FRAXINUS, ni la *-a* si continuara a *FRAXUS.

Freso, V. *friso   Fresol,* V. *frijol   Fresón,* V. *fresa   Fresquedal, fresquera, fresquería, fresquero,* V. *fresco   Fresquilla,* V. *prisco y albérchigo   Fresquista,* V. *fresco   Fretar, frete,* V. *fletar* y *flete   Fretir,* V. *freír   Frey,* V. *fraile   Frez, freza,* V. *disfrazar   Frezada,* V. *frazada   Frezador, frezar,* V. *disfrazar   Fría,* V. *frío   Friabilidad, friable,* V. *frívolo*

FRIABLE, tomado del lat. *friabĭlis,* íd. *1.ª doc.:* Acad. 1832, no 1780.

DERIV. *Friabilidad.*

Frialdad, frialeza, friático, V. *frío   Fricación,* V. *fregar   Fricandó,* V. *fricasé   Fricar,* V. *fregar*

FRICASÉ, del fr. *fricassée* íd., propiamente participio de *fricasser* 'guisar un fricasé', que parece ser compuesto de *frire* 'freír', y un verbo *casser* 'desmenuzar', quizá idéntico a *casser* 'romper'. *1.ª doc.:* *fricasea,* 1560, Martínez Montiño; *fricasé, Aut.*

Después de dar la definición todavía conservada hoy por la Acad. en su artículo *fricasea,* y que creo reproducida de Montiño, *Aut.* agrega «oy se sirve con diferentes salsas y se llama *fricasé*». La Acad. ha separado en dos artículos diferentes, con diferentes definiciones, la forma anticuada *fricasea* y la moderna, pero en realidad el pormenor de estas definiciones es inseguro. En francés, por lo menos, la *fricassée* es un plato de carne cortada en pedazos y guisada en una salsa. El verbo correspondiente y el sustantivo se hallan desde el S. XV, y desde el francés literario se han propagado a todas las hablas de Francia y a varios idiomas extranjeros; en ciertas épocas *fricasser* ha llegado a ser el sustituto de *frire* 'freír', cuyo uso se había anticuado como transitivo (Oudin en 1616 traduce *fricasser* por *freír*). Pero en su sentido propio el vocablo parece ser un compuesto de dos verbos, a la manera de *tournevirer*¹, cat. *giravoltar,* etc.; según Wartburg, *FEW* III, 791*b,* 796*a,* el segundo elemento no sería *casser* 'romper' (lat. QUASSARE), sino el antiguo *quacier,* sólo documentado un par de veces en escritores del S. XII (en las acs. 'coagular' y 'agachar'), y hoy

conservado en Valonia y en alguna otra habla del Este, en los sentidos de 'machacar', 'herir' y análogos, procedente de un lat. vg. *COACTIARE 'aplastar' (de COACTUS 'reunido', 'apretado'): la razón que alega Wartburg es que QUASSARE no justificaría las formas lorenesas como *fricassier* y normandas como *fricacher.* Podemos aceptar, provisionalmente y con reservas, esta tesis, si bien observando que la fuerza demostrativa de estas formas de los bables modernos es débil cuando se trata de un término creado en la capital y propagado por la cocina parisiense y el idioma literario; aun si *casser* fué QUASSARE, la conciencia de un falso sufijo *-asser* explicaría estas formas dialectales. Sea lo que quiera de este detalle, en lo fundamental esta etimología es probable y muy superior a las de Diez y Gamillscheg, ya refutadas por M-L. (*REW,* 3491). Por influjo del sufijo verbal frecuente *-asser* se creó luego la impresión de un radical *fric-,* sentido como variante del *fri-* de *frire,* y de ahí nacieron otros derivados de fecha más tardía, como *fricot* 'guisote' o *fricandeau* «morceau de veau lardé, cuit dans son jus et qu'on sert sur de l'oseille» [1552], el cual pasó también al cast. *fricandó* [Terr.] y para el cual vid. *FEW* III, 793*a,* apartado *c*².

¹ Análogamente creo que el fr. *rigoler* es compuesto de *rire* y *goler=gueuler.*— ² Sainéan, *Sources Indig.* I, 326, opina que el sentido básico es el del champañés *fricandeau* 'golosina, regalo' (no citado por Wartburg), lo cual me parece poco fundado.

Fricativo, fricción, friccionar, friega, V. *fregar   Friera, frieza, frigente, frigerativo, frígido, frigorífico,* V. *frío*

FRIJOL, 'judía, habichuela', del lat. FASEŎLUS íd., y éste del gr. φάσηλος íd.; en castellano el vocablo debió de tomarse del galleoportugués (gall. *freixó*), y quizá parcialmente del mozárabe. *1.ª doc.:* *frisoles,* 1492, Nebrija, *Dicc. Lat.-Cast.,* s. v. *phasiolus.*

No conozco testimonios medievales. En el diccionario castellano-latino sólo registra Nebr. «*faso o legumbre:* phasellus», errata evidente en lugar de *fasol, legumbre,* ya rectificada en la ed. de 1516 (*fassoles* según Cuervo)¹. Fernández de Oviedo (1535) escribe muchas veces *fesoles* y *fresoles,* con predominio de aquella forma, y *frijoles* aparece en una disposición del Cabildo de Santiago de Chile, en 1547. En América la habichuela se llama universalmente *frijol* desde Méjico y las tres islas antillanas hasta el Perú (el quichuísmo POROTO, de uso general en la Arg. y Chile, se oye también hasta el Ecuador, y como nombre de una especie particular hasta más al Norte); en todas partes, sin excepción, el acento cae en la o². Cuervo, en efecto, afirma que «en Bogotá, como en toda la América española, hacemos agudo el vocablo» (*Ap.*

§ 113c); hoy quizá deba modificarse esta afirmación en cuanto a la capital colombiana: el Prof. Fdo. Ant. Martínez, que es cauqueño, pero vive en Bogotá, me dice que los bogotanos dicen hoy más bien *fríjoles*, pero, según él mismo y los Prof. L. Flórez y Sánchez Arévalo, en el Cauca, en Antioquia y en Santander se dice *frisóles* (realmente veo los nombres de lugar *El Frisol, La Frisola* y *La Frijola* en una lista de toponimia menor antioqueña), y lo mismo ocurrirá en el Huila, a juzgar por el nombre de lugar *El Frisol*. Ahora bien, sólo la acentuación sobre la *o* está comprobada en poetas del S. XVI: Juan de Castellanos (*frisoles* y *frijoles*) h. 1590, y Álvarez de Toledo (*frisoles*)³ h. 1600; acentuación indicada gráficamente por Víctor (1609), Franciosini (1620) y Minsheu (1623). Por otra parte, *fríjoles* se dice hoy en Sevilla (A. Venceslada), y *fréjoles* en Cespedosa de Tormes (*RFE* XV, 140), en Sajambre (donde se emplea para 'judía pinta más redonda que las habas', y en Quintanilla 'la que está verde y se come con vaina', Fz. Gonzz., *Oseja*, 272) y en el Oeste de Asturias (Acevedo), aunque aquí su -*j*- demuestra que no es palabra popular; pero aun en España está muy extendida la otra acentuación: *frijón* en Andalucía (Toro G., *RH* XLIX, 456) y en Alburquerque (Extremadura: *BRAE* IV, 90), *frejón* en el extremeño Gabriel y Galán y en las Sierras de Béjar y de Francia (Lamano), *frixól* en Asturias (Rato) y *fiźón* o *fiźoléta* en judeoespañol (Yahuda, *RFE* II, 354; Wagner, *RFE* XXXIV, 56-57).

La vocal *o* tónica conservada, y la -*j*- como representación del grupo latino SĬ, denuncian claramente un origen gallegoportugués, o bien (o quizá sólo parcialmente) mozárabe. Como realmente el portugués dice *feijão* (antiguamente *feijoes*, vid. Cortesão) y el gallego *freixó* o *feixoo* o *feixon* (antiguamente *feijoo*, Cantigas, 157.4)⁴, formas que con arreglo a la fonética de este idioma se pueden explicar como ligeras alteraciones de la regular allí (*feijoo*), por cambio de sufijo, lo más probable es que los cast. *frijol* y *frijón* sean adaptaciones de las formas gallegoportuguesas (comp. *FAROL* o *farón*, del originario *faró*). Por otra parte, no son éstos los únicos descendientes hispánicos del lat. FASEŎLUS, pues está también el cat. *fesol*, de donde *fesolo* en el aragonés de Fanzara (prov. de Castellón, *Geogr. Gral. del R. de Valencia*, pp. 168-80), y la forma *fesol* o *fasol* arriba citada de Nebrija y Fz. de Oviedo, mientras que *frisol* es mezcla de los dos tipos; finalmente, hubo también algún descendiente propiamente castellano: ast. occid. *feisuelu* (Munthe), murc. *frisuelo* (*Aut.*), y *figüelo* 'habichuela muy pequeña', que he oído en las montañas de Almería, resultante de un cruce de *fisuelo con el nombre *judihuelo* que da a la misma legumbre Laguna (comp. *judía*, que en tiempo de Oviedo, I, 285, era propio de Aragón). Es arbitraria la acentuación *fásoles* que

da la Acad. a este catalanismo poco extendido; no existe el *fájol supuesto por *GdDD* 4997 —*fajol* es 'alforfón' y tiene otro origen, V. este artículo— y el étimo *PHASŬLUM de este autor es fantástico e imposible.

La gran variedad de denominaciones del frijol, habichuela o alubia, ast. *faba*, se explica por el hecho, documentado por Lenz, de que la variedad europea de esta legumbre era poco productiva, de suerte que su uso popular sólo se extendió después del descubrimiento de América, gracias a las variedades originariamente americanas: entonces se propagaron denominaciones locales, especialmente las de los dos romances peninsulares colaterales, en cuyo territorio esta legumbre sería de uso más extenso; como sigue siéndolo todavía hoy en Cataluña y en Asturias-Galicia que en Andalucía y otras regiones de lengua castellana. Por otra parte, al popularizarse el nuevo nombre sufriría en su acentuación el influjo del nombre de otra legumbre, el guisante, llamado en gran parte de España, con nombre de procedencia catalana, *pésol* (o *pésul, présul*), o mozárabe (*brísol, grijol*) (vid. *GUISANTE* y mi artículo de *RPhCal.* I, 89), de donde además las formas cruzadas *brisuelo* 'frijol' y 'guisante' en Murcia y *prijol* en Chiapas (*BDHA* IV, 294), y la confusión total que hace Covarr. entre las dos legumbres⁵.

En cuanto a la *r* epentética de *frijol, frisol, fresol*, no puede descartarse del todo que se deba al influjo del lat. *faba fresa* 'haba pelada', como quería Cuervo, pero como esta *r* no se halla en las lenguas portuguesa y catalana, de donde procede el vocablo, y como también aparece en el alb. *frašuļe*, deberá mirarse más bien como resultado del proceso meramente fonético de repercusión de la líquida, que se produce también en los citados nombres del guisante.

¹ PAlc. (1505) rectificó en *fasola*. *Fasoles* aparece también en Mármol (1570), vid. *Aut.*— ² Vid. Cuervo, *Ap.*, §§ 113c, 777; Lenz, *Dicc. Etim.*, s. v. *poroto* (donde queda más documentación americana de *frijol* y variantes en los SS. XVI-XVII); *BDHA* IV, 193; V, 155; Arona; Malaret. Aunque Tobar dice que en el Ecuador es *frejol* y según Lenz la gente culta se empeñó en introducir esta forma en Chile, habría que comprobar hasta qué punto es popular tal variante. Además Lemos, *Barb. Fonét. del Ecuador*, p. 54, advierte que el pueblo jamás cambia *frijol* en *frejol*.— ³ Esta forma es también la de Laguna (1555: *Aut.*), Oudin y Covarr.— ⁴ Sarm. diferencia entre *fexisons* (*CaG.* 91v) —sin duda nombre de la habichuela, dado el contexto— y gall. *freixôs, froixôs* y *froxônes*, nombres que en otras partes de Galicia dan a lo que *tarrélos* en el Ferrol y *alforxónes* en Asturias (ib. 162r, A41, A97v, datos todos de 1745), denominación de una especie de criadillas o bulbos o nabitos, bus-

cados por los niños y los cerdos: según sus libros botánicos, serían *nocellas* en otras partes y *terrenoix* en francés, y echarían una flor umbelífera. Al parecer, se trata también de descendientes del lat. *phaseolus*, diferenciados como nombre de una planta comparable pero distinta. La forma ast. *alforxón* parece indicar algún contacto (secundario y tardío en castellano) del *ALFORFÓN*.—
[5] Claro está que la acentuación *fréjol* o *fríjol* no tiene que ver nada con la del gr. φάσηλος, puesto que las formas romances parten del lat. FA-SEÓLUS, según indica la vocal tónica.

Frijón, V. *frijol*   *Frijuela*, V. *filló*

FRINGÍLIDOS, derivado culto del lat. *fringilla* 'pinzón'. *1.ª doc.*: Acad. después de 1899.
DERIV. *Fringilago*, nombre del paro carbonero, que J. Huerta (1628) cita del naturalista Conradus Gesnerus: no se trata por lo tanto de una palabra castellana, sino perteneciente al bajo latín.

FRÍO, del lat. FRĪGĬDUS íd. *1.ª doc.*: *frido*, doc. de Cardeña, a. 931 (Oelschl.); *frío*, doc. de Castilla del Norte, a. 1212.
Cej. VIII, § 36. *Frido* es también la forma asegurada por la rima en Berceo, aparece además en *Apol.*, J. Ruiz, *Canc. de Baena*, se documenta en el aragonés de los fueros medievales (Tilander, p. 426), y está todavía conservada por la tradición del romancero en el romance de *Fontefrida*, impreso en el S. XVI. Pero el plural *Frías* ya aparece como nombre propio en doc. de Oña de 1177, y es la forma documentada en el glosario del Escorial (h. 1400), en APal. y Nebr. y en muchos textos literarios de la Edad Media (más detalles en M. P., *Oríg.*, 270). Las dos formas proceden de bases diferentes del latín vulgar: *frío* representa seguramente el clásico FRĪGĬDUS, pasado regularmente a *fríyio* > *frío*, con el mismo tratamiento que todos los adjetivos en -ĬDUS, mientras que la forma vulgar FRIGDUS del Apéndice Probi o FRIDUS de las inscripciones pompeyanas (*Rom.* LXVI, 380) explica el cast. ant. *frido*, puesto que la -D- intervocálica tras el acento suele conservarse en Castilla[1]. Los demás romances parten de FRĪGDUS, entre ellos el cat. *fred* y alguna forma suelta del aragonés antiguo: *Fonte Freda* en doc. de S. Juan de la Peña, de 1059[2]
La ac. 'sin gracia ni agudeza, soso', 'sin chiste', está extraordinariamente extendida en el Siglo de Oro, y es muy singular entre las lenguas romances, pues sólo se halla igualmente en portugués[3] y queda muy lejos de otras acs. figuradas conocidas en romance, como 'flemático' o 'impotente'[4]. Pero su frecuencia en español no puede dejar de llamar la atención[5]. Quizá deba explicarse por calco semántico del árabe, donde *bârid* 'frío' significa además 'necio' («sot», «silly, abusive»), como puede verse en las citas que Dozy (*Gloss.*, 66)

alega del Becrí (S. XI), de Almacarí, de las Mil y una noches y de Bocthor, y que este matiz fácilmente evolucionaba hasta el de 'sin gracia, soso', lo atestigua el arabismo español *ALBAR-DÁN* 'bufón, necio'. Cierto es que un significado casi igual al cast. («insulsus, ineptus») se encuentra en lat. clásico, y no es raro en Gelio, Quintiliano y Cicerón, donde, p. ej., *frigida* se opone a *salsa* (vid. Forcellini, s. v., § III, y s. v. *frigide*). Pero importa también el hecho de que nada de esto se haya conservado en galorrománico, cat. ni it., de suerte que por lo menos habrá que admitir que la conservación de este sentido latino se debió al influjo del árabe. Comp. GILÍ.
DERIV. *Fría. Frialdad* [1386, Lz. de Ayala, *L. de las Aves de Caça*; S. XV, ms. bíblico I-j-3, *Biblia Med. Romanceada*, p. 10, § 22], procede de *frieldad* (que se halla en APal., 49b, 169d, 175d, 420d, junto a *frialdad*, que está sólo en 291b), y éste debe explicarse probablemente por evolución fonética del lat. FRĪGĬDĬTAS, -TATIS, íd., pasando por *friyeddade*[6]; sinónimos antiguos fueron *frior* (*Alex.* 891; *Gr. Conq. de Ultr.*, 61), *friúra* [Berceo, *Mil.* 613; *Canc. de Baena*, W. Schmid; etc.; hoy venez., leonés y ast., V], *frieza* y el secundario *frialeza*; port. *friagem*, gall. *friaxe* (Sarm. *CaG.* 199v) 'frialdad'. *Friático* [Timoneda, aquí nota 5]. *Friera* 'sabañón' [Nebr.], de significado en realidad concreto, pero cercano a un abstracto, comp. *ceguera*, *sordera* (que acaso partieron de ahí); gall. pontev. *frieiras* 'sabañones' (Sarm. *CaG.* 187v). *Friolento* [*fridoliento*, Berceo, *Mil.*, 708b; *frioliento*, Covarr.; *friolento*, que aparece en el leonés A. de Guevara, h. 1540, y en Laguna, hoy es asturiano y empleado en la Arg. y muchas partes de América, donde parece ser occidentalismo: *RFH* VI, 224-5] es alteración de *friorento* (hoy asturiano occidental, gallego y portugués; *frigoriento* ant. en la Acad.), derivado de *frior*, como lo es también *friolero* [*Aut.*; hoy preferido en España], y lo son los anticuados o dialectales *friolego* (Cervantes, vid. Fcha.), *friolengo* (Covarr.) y *friolenco* (arag.: Borao; *RLiR* XI, 214); junto a *friolero* está *friolera* 'dicho o hecho sin gracia', 'cosa sin importancia' [1660, Zabaleta; *Aut.*], cuyo significado proviene del arabizante *frío* 'sin chiste', analizado arriba[7]. *Frión. Fiambre* [*carne fiambre* (en rima con *calanbre*) ya en Villasandino, *Canc. Baena* fº 23 vº *a* (= ed. 1851, p. 61) en una poesía dirigida al rey Enrique, probablemente Enrique III (1390-1406); *carnes fiambres* 1444, J. de Mena, *Lab.* 266a; *fiambre*, trisílabo, en 1475, G. de Segovia, viď. Tallgren, 63; Covarr.; *Quijote* I, xxvi; secundariamente adjetivo ya Quevedo; y el castellanismo cat. *carns fiambres*, h. 1460, *Tirant*, cap. 104; *ansalada o fiambre* 1575, O. Pou, *Th. Pue.* 191. Cej. VIII, § 36], de *friambre*, derivado de *frío* con sufijo colectivo, comp. port. ant. *friame* frecuente en la Edad Media (*gallinha freame* en

las *Cantigas* 158.16, C. Michaëlis, *RL* III, 166-7)⁸; *fiambrera* [Covarr.]; *fiambrar*. *Enfriar* [Nebr.]; *enfriadera, enfriadero, enfriador, enfriamiento*. *Resfriar* [Nebr.]; *resfriador*; *resfriadura*; *resfriamiento* [Nebr.]; *resfriante*; *resfriado* [S. XVII: *Estebanillo*; hoy usual en España] o *resfrío* [*Aut.*: «del estilo vulgar y baxo»; hoy usual en la Arg.]. Cat. *refredar* 'enfriar, resfriar', port. *esfriar* 'enfriar' y *resfriar* íd. y 'resfriar'; una forma así, *refriar o arrefriar* pasó en gallego a *arrufiar* (ambas en *DAcG.*)⁹, por disimilación consonántica y asimilación vocálica; gall. *refrecer* 'enfriar', 'enfriarse' (Sarm. *CaG.* 198v), que más que de REFRIGESCERE 'enfriarse' —puesto que ni éste ni FRIGE(SCE)RE han pervivido en romance— será cruce de *refriar* con *calecer* ∽ *aquecer* 'calentar', *arrefecerse* (P. Sobreira, *DAcG.*). Cultismos: *frigente*; *frígido* [h. 1440, A. Torre (C. C. Smith, *BHisp.* LXI)], duplicado de *frío*, con sus derivados *frigidez* y *frigidísimo*. *Frigerar* y más comúnmente *refrigerar* [h. 1620, Huerta], de *refrigerāre* íd., derivado de *frigus, -ŏris* (de igual origen que *frigidus*), secundariamente 'reparar las fuerzas' [*Aut.*]; *refrigerante* [Fr. L. de León]; *refrigeración*; *refrigerativo* o *refrigeratorio*; *refrigerio* [Mena (C. C. Smith); h. 1540, D. Gracián].

CPT. *Frigorífico*.

¹ El port. *frio* igual puede corresponder al cast. *frido* FRIDUS (comp. *crua* = cast. *cruda*, port. *desnua* = cast. *desnuda*) que al cast. *frío* < *friyio*, comp. port. *lê* < *lee* < LĔGIT, *empurrar* < *empurrir* < IM-PORRIGERE (vid. *EMBURRIAR*). De todos modos, lo primero es más probable en vista del port. *frigir* < FRĪGĔRE, *fugir* FUGĔRE.— ² *Fredas* en Valpuesta, a. 1011, se deberá seguramente a un notario provenzal o catalán, como el que influyó en el Fuero de Avilés (vid. la monografía de Lapesa. Las demás formas que cita M. P. son ya catalanas, aun la de Ovarra, que corresponde a la zona catalana de Huesca.— ³ Moraes cita «riamos de coisas *frias*, de alguns, que agudezas vendem» de Sá de Miranda.— ⁴ Aun el it. *freddura* 'bagatela', 'cosa sin importancia' (muy clásico ya en este idioma, vid. Tommaseo, s. v.), procede de un orden de ideas diferente.— ⁵ Conozco ya ej. de principios del S XV, en Juan A. de Baena, *Canc.*, n.° 397. Puede documentarse docenas de veces en Lope, Tirso, Ruiz de Alarcón y otros autores teatrales. Covarr. advierte «llamamos *frío* al hombre que no tiene brío ni gracia en cuanto dice»; Cervantes escribe en el *Quijote* (II, lxxii, 272) «deve de ser algún grandíssimo bellaco, *frío* y ladrón juntamente»; Juan de Valdés: «por evitar un *frío* sonido que al parecer hazen dos enes juntas, la una se convirtió en *g*» (es decir, 'desagradable para los oídos castellanos' y por lo tanto 'sin gracia'), *Diál. de la L.*, 92.10; Timoneda: «lo que nos importa para ti y para mí, porque no nos tengan por *friáticos*, es que estando en

conversación, y quieras decir algun contecillo, lo digas al propósito de lo que trataren», *Sobremesa*, ed. Rivad., p. 169. Citas de A. de Guevara y de Góngora en *Aut.* y en Alemany; otras en la ed. de *Cada cual lo que le toca*, de Rojas Zorrilla, por A. Castro, p. 228, y otras en Fcha. V. además lo que digo de *friolera*.— ⁶ Comp. la monografía de Malkiel, *Univ. of Calif. Publ. in Ling.* I, v, 199-201. Cree Malkiel que *frialdad* se creó según el modelo de *fealdad*, en lo cual discrepo de él. Creo, por el contrario, que fué la preexistencia de *frieldad* ∽ *frialdad*, y la de *crueldad* (que el pueblo relacionaría directamente con *crúo*, variante antigua de *crudo* muy extendida, en el sentido de 'cruel': Berceo, *Mil.* 295c, *S. D.* 353d, *Duelo* 24), la que hizo posible que *fieldad* ∽ *fealdad* 'encargo de confianza' FĬDELITATEM fuera relacionado con *feo* y pasara a significar 'fealdad'. Nada se opone a ello, puesto que la aparición de esta última ac. y la del vocablo *frialdad* (según la documentación que nos ofrece Malkiel) son simultáneas: aquélla aparece en J. Ruiz y en textos de h. 1400 (pues, como Malkiel recalca, es dudoso que el texto actual de los *Bocados de Oro* sea anterior a estas fechas), y éste se halla ya tres veces en el S. XIV, al cual corresponden López de Ayala, la *Confisión del Amante* y el glosario de Toledo, y el port *frieldade* se halla ya en Pero Menino, tercer cuarto del S. XIV. Es lícito, por lo tanto, conjeturar que *frialdad* fuese anterior a *fealdad* en su sentido secundario. En cuanto a la evolución fonética FRIGID(I)TATEM > *frieldad* > *frialdad*, ayudó naturalmente el influjo de *igualdad, mortaldad, maldad* y análogos; la *l* < ᴅ es la llamada *l* leonesa, con lo cual estaría de acuerdo la procedencia occidental que sospecha Malkiel, en vista de la temprana aparición en Pero Menino y en un traductor castellano de su obra.— ⁷ Vid. ejs. aragoneses medievales de *fri(d)o* en el sentido de 'ineficaz, sin efecto, vano' en Tilander, p. 426; ac. que se relaciona a un tiempo con *frío* 'sin chiste' y con *friolera* 'bagatela'. Claro está que la coincidencia semántica de *friolera* con el lat. FRĪVŎLUS es casual, y no autoriza a buscar el origen de aquél en esta voz latina, que no ha dejado descendientes en otros romances ni vive como adjetivo popular en castellano. Se engañan, pues, Cabrera, s. v., y Baist, *RF* I, 131 (también S. O. en *El Averiguador Universal* IV, 1882, 134, se expresó según creo en el mismo sentido).— ⁸ A pesar de los argumentos históricos de D.ª Carolina, no puede caber duda que el port. mod. *fiambre* es castellanismo, según reconocen Nobiling, *ASNSL* CXXVI, 425, y M-L. (*REW*). ⁹ Intransit. «Noite: a terra non *arrufía*, pero... da ilusión de frescor» Castelao 150. 19, 187.11, 126.27; reflex. 'enfriarse mucho, helarse' o 'resfriarse': «-rse c'o bafo griseiro da mañán» Castelao 222.7.

Friolla, V. *filló*

FRISA, 'tela ordinaria de lana', probablemente del b. lat. *tela frisia* 'tela de Flandes importada por barcos frisones'. *1.ª doc.*: Berceo, *S. Or.*, 118 (rimando con *guisa, camisa* y *Pisa*).

Aparece también en los Aranceles santanderinos del S. XIII y en las Cortes de 1268, vid. A. Castro, *RFE* IX, 267; Steiger, *BRAE* X, 33, y *RFE* VII, 381; *FEW* III, 806a; Vidos, *Nieuwe Onderzoekingen over nederl. woorden in Romaansche Talen, rede uitgesproken aan de Univ. te Nijmegen*, 1941, pp. 5-7. La *-s-* es también sonora en otros textos medievales (Ford) y hoy en Cáceres (Espinosa, *Arc. Dial.*, 184). Sigue empleándose en el Siglo de Oro (*G. de Alfarache*), y hoy se conserva en Astorga como nombre de una manta de lana fuerte que usan las maragatas para cubrirse la cabeza (Garrote). Los paños flamencos en el S. XIII eran llevados a los puertos franceses y españoles por la marina frisona: de ahí el nombre. También mozár. *'ifríǧa* (en escritura de Almería, SS. XIV-XVI: Simonet, 232), fr. *frise* [1294][1], cat. *(drap) frisó* [S. XIV], piam. *friz*, milan. *frisa*, logud. ant. *frissa*[2]. La ac. marina 'tira de paño u otra materia con que se hace perfecto el ajuste de dos piezas en contacto' [Acad. después de 1899, en port. 'pelo del paño', 'paño que tiene frisa', Moraes, 'porción de lana con que se calafatan las portinholas de navíos para que no entre el agua' Fig.][3], parece ser especialización de la anterior. En cuanto a *(caballo de) frisa* 'especie de palizada' [Terr., con la variante *frisia*], suele explicarse por el empleo de esta obra defensiva en Frisia durante las guerras españolas en Flandes, de donde el nombre alem. *spanischer reiter* y el fr. *cheval de frise* [1572]; nótese, empero, la fecha reciente de la documentación española, que sugiere se tomara el vocablo del francés.

DERIV. *Frisar* 'levantar y rizar los pelillos de algún tejido' [1490, *Celestina, Cl. C.*, 218; «*frisar como paño*: refrico», Nebr.]: sabemos por ley de la *N. Recopil.* (VII, xiii, 12, vid. *Aut.*), del año 1511, que las frisas se frisaban «con cardas de emborrar», como seguía practicándose hasta hace poco en el interior de la Arg.[4], por lo tanto esta derivación es irreprochable semánticamente; en el mismo sentido se emplea *friser* en francés [h. 1570], de donde luego la ac. generalizada 'rizar el cabello' [1552], que ha disfrutado gran extensión moderna a otros idiomas (it. *frisare*, ingl. *frizz* [1620], alem. *frisieren*); Gilliéron, seguido por Spitzer (*Litbl.* XLI, 391), Wartburg (*FEW* III, 794), y otros (comp. Sainéan, *Sources Indig.* I, 198), admitió que el fr. *friser* era alteración de *frire* 'freír' (de donde 'rizar' porque se hace con hierros calientes o porque las viandas fritas se retuercen como cabello rizado), alteración explicable por un fenómeno de morfología francesa comparable al cambio de *liant* 'leyendo' en *lisant*;

entonces el cast. *frisar* debería ser galicismo, pero esta explicación, además de presentar dificultades desde el punto de vista francés (según observaron Dauzat y M-L., *REW*, 3518), es inaceptable teniendo en cuenta que en español el vocablo está documentado desde un siglo antes que en el idioma vecino[5]. Partiendo de la idea de 'cardar', se pasó a 'refregar' [1609; 'rozar' en francés, 1611][6], y de ahí a 'parecerse mucho (una cosa con otra)' [h. 1600, Rivadeneira], a veces 'rivalizar'[7].

DERIV. *Frisado. Frisador. Frisadura. Frisón* 'caballo traído de Frisia, corpulento y de pies anchos' [Lope], 'grande, corpulento (aplicado a cualquier cosa)' [Quevedo].

[1] Separado injustificadamente en dos grupos etimológicos por Wartburg (*FEW* III, 794a y *l. c.*).— [2] Ya en el Condaghe de Trullas, de los SS. XII-XIII. Fecha notablemente temprana, si el vocablo no fué interpolado en una copia posterior (comp. Guarnerio, *RIL* XLVI, 253, 269). M. L. Wagner, *VRom.* V, 145, cree se trata de un catalanismo temprano, que si aquella fecha es cierta debería haberse llevado allá por los comerciantes catalanes antes de la conquista de la Isla por los reyes de Cataluña-Aragón (S. XIV). ¿O llegaría desde Génova?— [3] La ac. náutica debe de ser ya antigua en portugués, y de ahí vendrá el mayor desarrollo semántico de *frisar* en esta lengua —ajeno según creo al gallego—: *frisante* 'terminante, concluyente', etc.— [4] «El cardado o sea la producción de la *frisa* en el tejido se obtenía pasando sobre la tela estirada la cápsula o cabeza de la carda (*cardencha*, dipsacus fullonum)», Chaca, *Hist. de Tupungato*, 301. Ahí *frisa* es el «pelo de algunas telas, como el de la felpa» (Acad., ac. 5, desusada fuera de la Arg. y Chile), y en este sentido el vocablo es postverbal de *frisar*.— [5] Otros testimonios antiguos: «una loba de paño negro, *frissada*, ya medio tenida», invent. arag. de 1497, *BRAE* II, 91. No hay que hacer caso de la *ss* tratándose de un texto de Aragón, donde el ensordecimiento es muy anterior a la fecha de otras regiones. En la Farsa de Alonso de Salaya (3.ʳ cuarto del S. XVI) parece significar 'azotar': «si llegasse / —yo os prometo— no le abonda / que al hijo de la cachonda / delante no lo *frisasse*» (ed. J. Gillet, v. 49), ac. documentada en la *Pícara Justina* (1605, vid. *Aut.*) y en germanía por el vocabulario de Juan Hidalgo (1609), y que se explica bien partiendo de 'refregar' (también en J. Hidalgo) y 'cardar'.— [6] La explicación semántica que da Wartburg para derivar esta idea de la de 'rizar', pasando por 'hacer vibrar una cuerda' [1636], es forzadísima. Es esta última aplicación especial la que deriva de la otra.— [7] «Ya su atrevimiento quería *frissar* con Alexandro, como Diógenes y imitar las libertades de los filósofos con los reyes», Lope, *El Cuerdo Loco*, ed. Montesinos, p. 6. No parece que el cat. *frisar* 'estar impaciente' tenga

que ver con esta familia de vocablos. Moll, *AORBB* II, 45, propone derivarlo de *FRICTIARE 'rozar', a base del piafar y rascar de los caballos impacientes. No lo creo, porque *FRĪCTIARE, como lo prueban sus descendientes reales (*REW* 3506) y la derivación de FRĬCARE, tenía ĭ, y por lo tanto hubiera dado *fressar, comp. *fressa* 'ruido', que tendrá este origen. Pero tampoco puede ir con el cast. *frisar*, porque la forma antigua parece ser *frissar*, documentada en Francesc de la Via (S. XV), hoy muy viva en Mallorca y también en el Norte de Cataluña (oída en el Alto Ampurdán, Ripollés y Guillerías), en parte con el sentido secundario de 'tener prisa'. Quizá deba suponerse un *FRĪCTIARE, derivado de FRĪGĔRE 'tener frío', y relacionado con el fr. *frisson* 'escalofrío': de 'estremecerse de frío' se pudo pasar fácilmente a 'estremecerse de impaciencia' o 'concomerse de picor' (*frissar*, dicc. Torra y Lacavalleria, S. XVII).

FRISO, emparentado con el fr. *frise* íd., b. lat. *frisium* o *frisum* 'franja de adorno', por otra parte con el it. *frégio* 'friso', oc. ant. y cat. ant. *fres* 'friso', 'cenefa', fr. ant. *fresé* 'adornado con galón o guarnición', y finalmente con el ár. *'ifrîz* 'alero: saliente en una pared para defender de la lluvia'; el vocablo es antiguo en árabe, pero de origen extranjero, y dentro de Europa aparece primeramente en Italia, pero no consta cuál es el origen en definitiva. 1.ª *doc.*: 1611, Covarr.; Quevedo.

De Covarr. pasaría a Oudin (1616, no 1607): «*frisa o friso*, frise, sorte d'ornement en Architecture», y a otros vocabularios posteriores. C. de las Casas (1570) no conoce todavía el vocablo y traduce el it. *fregio* por «borde; guarnición de ropa o tira», tampoco APal., Nebr., ni las fuentes medievales. En francés, *frise* es femenino y aparece en 1544. El cat. *fres* se halla por lo menos desde fin S. XIII (Lulio) y es ya frecuente en el XIV y en el siguiente; de ahí pasaría al arag. ant. *fres*, documentado en 1496 y quizá en 1362[1]; también Oudin registra *freso*, «frangeon, petite frange». En lengua de Oc, *fres* y sus derivados *fresar*, *fresel*, *fresadura*, son ya frecuentes desde la primera mitad del S. XIII (*Flamenca; Cansó de la Crozada;* estatutos montpelierenses del S. XIII; *Vida de St. Honorat;* etc.). En cuanto al it. *frégio*, no sólo es muy frecuente en su forma vulgar desde los orígenes literarios (Dante, Giov. Villani, Boccaccio, etc.), sino que las formas latinas *frisium*, *frisum*, *friseum*, citadas con abundancia por Du C., proceden en su mayoría o totalidad de este país: hay varios ejs. de los SS. XIII, XIV y principios del XV, y el del Cronicón del monasterio de Sanctus Trudo parece corresponder al S. XII.

Por otra parte, Dozy, *Gloss.*, 270-1, llamó la atención oportunamente hacia el ár. *'ifrîz* «corona et supercilium parietis ad pluviam arcendam», que Freytag cita de los diccionarios clásicos del Fai-

ruzabadí (S. XIV) y del Ÿauharí (fin del S. X), y que hoy significa 'friso arquitectónico' en el vulgar de Egipto; pero como observan Dozy y Freytag, y lo indica la estructura del vocablo, el ár. *'ifrîz* debe ser palabra de procedencia extranjera[2], según aquél quizá del gr. ζωφόρος 'friso', que los árabes habrían mutilado quitándole la primera sílaba y alterando el vocalismo. Quizá sea así, y cronológicamente hay margen de sobra para sospechar que las voces romances vengan de este vocablo árabe; pero ¿por qué camino? Desde luego no por el castellano, pues no se explicaría la -s-, y la fecha tardía del vocablo en nuestro idioma revela carácter culto y procedencia forastera. Como la *î* en contacto con *r* tiene en árabe un sonido muy abierto, casi igual a *e*, el it. *fregio* quizá podría explicarse como tomado directamente del árabe, aunque la *g* sería algo sorprendente; la forma catalana no presentaría dificultad como arabismo, y desde allí pudo propagarse *fres* y sus derivados a los idiomas de Francia, pero si el vocablo entró por España es algo sorprendente no hallar formas antiguas de este arabismo en castellano (pues la *s* del arag. *fres* impide mirarlo como tal); en cuanto a las formas con *i*, deberían mirarse entonces como resultado de una latinización culta, que del bajo latín habría pasado al francés y al castellano. Pero este conjunto de hechos presenta dificultades muy sospechosas, y no debemos olvidar que el origen de la voz árabe no está asegurado. Hace falta un estudio monográfico que parta de una cuidadosa investigación histórica.

Otras etimologías están peor apoyadas. Partir de las *Phrŷgiae vestes* 'trajes bordados', o del *opus phrŷgium*, como han hecho muchos (así parece anunciarlo el *FEW* III, 796a), presenta grave dificultad fonética en todas partes, excepto en italiano; suponer que *frégio* se latinizara falsamente en *frisium* (según modelos como el dialectal *bagio* BASIUM), y que de ahí salieran *frise*, *friso*, y, por cruce con *frégio*, el cat. y oc. *fres*, es muy atrevido y nada verosímil; partir de un fr. ant. *freis, caso sujeto correspondiente a PHRŶGIUM, todavía lo es más, y no explica bien la forma occitanocatalana; con razón se opusieron Diez, *Wb.*, 148, y M-L. (*REW*, 3518) a esta etimología. En cuanto a derivar, con éste, *friso* de FRISA 'tela rizada' y el fr. *fresé*, *fraise*, etc., de FABA FRESA 'haba pelada', además de inverosímil semánticamente es practicar una separación etimológica que nada justifica. Suponer que se trata del nombre nacional de los frisones, que en germánico primitivo significara 'rizado' (a lo que se inclinaba Diez, y aceptan Kluge y Gamillscheg), es muy hipotético desde el punto de vista germánico (sólo fris. ant. *frisle* 'cabello rizado'), se apoya en una etimología falsa del fr. *friser* (vid. FRISA) y tropieza con dificultades fonéticas (vid. *REW* 3518), y sobre todo con el hecho de que el vocablo ya existía en el árabe oriental por lo menos en el S. X. Para un descendiente español de esta voz arábiga, V. *ALEFRIZ*.

Lo más verosímil por ahora parece un arabismo propagado desde el catalán, con cambio de *s* sonora en *gi* italiana, como es normal en voces de procedencia transalpina.

[1] En esta fecha aparece *fros*, que será errata de impresión o de lectura (*BRAE* III, 225). En 1496: «Hun manto blanco de nuestra Dona, viejo, de cendal blanco e vermejo, con *fres*, forrado de tela negra», *BRAE* VI, 744. Pottier (*VRom.* X, 157) conjetura que también sea errata un *fues* que aparece en 1330.— [2] Quizá sería conducente estudiar si *'ifrîz* puede ser variante, con aplicación semántica secundaria, del ár. *ibriz* '(oro) puro' (que del árabe pasó también al persa). Esta palabra arábiga sale del greco-lat. ὄβρυζα (latín *obrussa*, *obryza*) 'copela del oro' *aurum ad obrussam* 'oro puro, copelado' (cuya etimología hitita ha estudiado Benveniste, *Hitt. et Ieur.*, 1962, 126ss.).

Frísol, frisuelo, V. *frijol*   *Frisuelo* 'fruta de sartén', V. *filló*   *Fritada, fritanga, fritar, fritillas, frito, fritura*, V. *freír*   *Friura*, V. *frío*

FRÍVOLO, tomado del lat. *frīvŏlus* 'fútil, insignificante', 'frívolo, liviano'. *1.ª doc.*: APal.[1]

Falta en Nebr. y C. de las Casas, pero está ya en Covarr. (1611) y en varios autores del S. XVII, desde J. Márquez (1612), vid. *Aut.*

DERIV. *Frivolidad. Frivoloso* ant.

[1] «*Leve* quiere dezir ligero, sotil, de ningund valor, y *frívolo*, de poco momento», 242*b*. También *palabras frívolas*, s. v. *frivolum*, 170*b*.

FRIZ, 'flor del haya', origen desconocido. *1.ª doc.*: Acad. 1925 o 1936.

Nada se podrá averiguar mientras no sepamos la fuente y localización del vocablo (falta en Lamano, G. Lomas, Rato, Acevedo-F., G. Rey, Vall., Fig., y en Krüger, *Gegenstandsk.*). Es difícil que se trate de un gall. *frois*, plural de *frol* 'flor'.

Froga, frogar, V. *fragua*   *Froncia*, V. *fronda*

FRONDA, tomado del lat. *frons, frondis*, 'follaje, fronda'. *1.ª doc.*: Terr.[1]

Latinismo poético o perteneciente al lenguaje de tono elevado. Raramente *fronde*. El francés [S. XV] contribuiría a su reintroducción en el S. XVIII. En latín vulgar se formó un colectivo FRONDĬA, del cual proceden por vía popular el salm. y extremeño *froncia* 'rama o fronda de la retama', 'ramujos', port. ant. y gall. *fronça* ('hojarasca y ramaja, especialmente de las escobas de retama', 'sus puntas', Sarm. *CaG.* 76*v*), algunas formas galorrománicas y varias itálicas y rumanas, para las cuales vid. G. de Diego, *RFE* VII, 142-3;

Espinosa, *Arc. Dial.*, 34; *FEW* III, 818*b*; *REW*, 3530; en la Sierra de Gata se halla la forma *francia*, y en portugués *franças* 'ramas pequeñas de los árboles', debida seguramente a un cruce con *frasca* (de ahí el nombre de la *Sierra de Francia* en Salamanca).

DERIV. *Frondoso* [1611, Covarr.; Góngora; ejs. de fin S. XVII en *Aut.*], tomado del lat. *frondōsus* íd.; está más arraigado que *fronda*, pero no es hereditario, como cree M-L.; *frondosidad*.

[1] Lo emplea ya esporádicamente Juan de Mena, *Coronación*, copla 34, v. 8, en rima con *ondas*, para la hojarasca que ensucia el agua de una fuente; el propio poeta explica 'hojas de árboles' en su comentario.

Fronda 'vendaje', V. *honda*; 'funda', V. *funda* y *orondo*   *Fronde*, V. *fronda*   *Frondio*, V. *orondo*   *Frondosidad, frondoso*, V. *fronda*   *Frontal, frontalera, frontalero, frontalete, frontera, frontería, fronterizo, frontero, frontil, frontino, frontis, frontispicio, frontón, frontudo*, V. *frente*   *Frotación, frotador, frotadura, frotamiento, frotante, frotar, frote*, V. *fletar*   *Fructífero, fructificable, fructificación, fructificador, fructificar, fructuario, fructuoso, frucho*, V. *fruto*   *Fruente*, V. *frente, fruir*   *Frugal, frugalidad, frugífero, frugívoro, fruición, fruitivo, frumentario, frumenticio*, V. *fruto*

FRUNCIR, probablemente tomado del fr. ant. *froncir* 'arrugar, fruncir' (hoy *froncer*), de origen germánico; quizá se trate de un fráncico *WRUNKJA* 'arruga', emparentado con el a. alem. med. *runke*, ags. e ingl. *wrincle* íd. *1.ª doc.*: *fronzir*, Cid (aplicado a una cofia y a la cara, 789, 1744, 2436, 2437).

Fronçir, con *ç* sorda («las camissas *fronçidas*, los paños de mellynas»), sale en J. Ruiz 1394*d* (*S* y *G*; sustituído por *labradas* en *T*), y *frunzir* en el *Corbacho* (*mangas frunzidas*, vid. Cej., *Voc.*) y en Guillén de Segovia (1475; p. 84)[1]; entre los sefardíes de Marruecos se pronuncia hoy *frunzer* con sonora (*BRAE* XIII, 232; XV, 191); *frunza* f. 'pliegue' en Fr. Pedro de Colunga, *Canc. de Baena*, n.º 82, v. 39[2]. El hecho de que el vocablo no aparece en los glosarios de h. 1400, APal., Nebr. ni PAlc., podría interpretarse en el sentido de que era poco popular o de uso no general, pero está ya en Covarr., y *fruncir* o derivados aparecen en el *Quijote* y en muchos autores del Siglo de Oro (Sigüenza, Lope, Quevedo, etc.), vid. *Aut.* De notar es que en varias de estas fuentes se aplica a ropas. (Cid, J. Ruiz, Baena, Corbacho, Lope, Covarr.), aunque también se refiere a la boca (Quevedo, dos veces) o a la cara (Cid); de ahí *ciprés fruncido* 'encogido' > 'triste, lúgubre' (Góngora), *dueña fruncida*, absolutamente, 'que afecta modestia y encogimiento', en el *Quijote*[3], y después *fruncir* 'mentir u oscurecer la verdad'

(Sigüenza, dos veces); la aplicación al entrecejo parece ser moderna [Acad. 1884, no 1843], y quizá sea galicismo reciente⁴.

Descartado como étimo el supuesto *FRONTIRE de Diez (derivado de FRONS 'frente'), que no podía dar otra cosa que *frontir o *fruntir en los varios romances, y teniendo en cuenta la existencia de fruncetura 'arruga' en las Glosas de Reichenau, el antiguo glosario galorrománico del S. IX, atestado de germanismos, es sumamente probable que fruncir sea uno de ellos, como sugirió Kluge (Vorgeschichte der altgermanischen Dialekte, en el Grundriss de Paul, § 13) y aceptaron Hetzer (BhZRPh. VII, 37), M-L. (REW 4219) y Gamillscheg (EWFS, s. v.; R. G. I, p. 265). Si, como opinan estos autores, se trata de un fráncico *HRUNKJAN, sería preciso admitir que el cast. fruncir y el port. franzir íd. (ya en Rodrigues Lobo, † 1622) son antiguos galicismos, lo cual nada tendría de sorprendente tratándose de términos referentes al vestido: a ello nos obligaría, no sólo el hecho de tratarse de una voz fráncica, sino también el paso de HR- a fr-, que es frecuente en los germanismos franceses, pero sin ejemplo en los hispánicos (vid. Gamillscheg, R. G., l. c.); desde el punto de vista francés no habría dificultad, pues froncir es frecuente en este idioma desde el S. XII y con los mismos usos que en cast., y la forma moderna froncer se explica como derivada del postverbal fronce 'arruga'⁵.

Es verdad que quedan ahí varios puntos oscuros. La z sonora del portugués, también predominante en castellano antiguo, se halla igualmente en occitano⁶ y aun en catalán antiguo⁷, y del castellano pasó al campidanés⁸; ahora bien, esta sonora está en desacuerdo así con la forma francesa como con el étimo germánico en -NKJAN. Si sólo la halláramos en castellano y portugués, no vacilaría yo en interpretar esta z como una alteración natural en un extranjerismo, como én el caso de ARZÓN (< fr. arçon); el influjo de un verbo autóctono bastaría para explicarlo, y éste podría ser el antiguo franzir 'romper, quebrantar', de FRANGĔRE (vid. FRACCIÓN), lo cual además nos explicaría la a de la forma portuguesa; pero el reaparecer la z en lengua de Oc resulta sospechoso, pues aunque la forma occitana también podría ser extranjerismo de procedencia francesa, hay la agravante de que en este idioma no se ve cuál pudo ser la palabra inductora⁹. Teniendo esto en cuenta, y pensando especialmente en el port. franzir, ocurre plantear la cuestión de si es posible hallar otra etimología. En rigor cabría pensar en un derivado de fronça o froncia 'hoja', 'follaje', 'ramujos' (vid. FRONDA), suponiendo que fruncir fuese primitivamente 'ajar como hojas secas', lo cual tendría la ventaja de explicar mejor el port. franzir, pues aquel sustantivo reviste precisamente en Portugal la forma frança; pero hay graves objeciones: 1.ª frança ～ fronça tiene ç

sorda en portugués y también en el dialecto extremeño de Eljas (vid. Espinosa, Arc. Dial., 34), aunque es verdad que NDI podía dar sonora en castellano; 2.ª esto nos obligaría a separar etimológicamente el vocablo hispano-portugués del galorrománico, pues en Francia son muy raros los representantes de FRONDIA, y fonéticamente esta base nunca podía dar nç en francés. No olvidemos, por otra parte, que froncir se halla junto a fronzir, tanto en lengua de Oc como en castellano, y nos reafirmaremos en la conclusión de que estamos ante un germanismo propagado desde el Norte de Francia a los demás romances, que en España y Portugal sufrió el influjo de los autóctonos franzir y fronça ～ frança.

Queda, sin embargo, otra oscuridad desde el punto de vista germánico. Como apoyo del citado fráncico *HRUNKJAN no tenemos en rigor más que el escand. ant. hrukka, bastante aislado y alejado del germánico occidental, pues aun el a. alem. med. runke puede corresponder más bien a un tipo independiente *WRUNKJA, según admite Kluge (Etym. Wb., s. v. runzel), del cual proceden el neerl. med. wrinckel, ags. e ingl. wrincle, 'arruga', a su vez apoyados en la relación probable con el ags. wrenc, ingl. wrench 'torcer', por otra parte con el germ. occid. wring- 'torcer', y desde más lejos quizá con el lit. rùkti 'arrugarse', lit. raũkas, lat. rūga 'arruga' (raíz indoeur. WRENG- ～ WRENK- alternando con RUG- ～ RUK-). No es muy verosímil que en este punto el fráncico vaya con el escandinavo y se aparte del germánico occidental y, en particular, de su próximo pariente el neerlandés. También hay que reconocer que la raíz HRUNK-, tan poco representada, junto a su sinónimo WRUNK- de las demás lenguas germánicas, resulta sospechosa. Sería concebible en principio que el grupo inicial WR-, tan ajeno al romance, hubiese sido sustituído por FR- al romanizarse. Y que si la mayor parte de las lenguas escandinavas modernas reducen WR- a r- (comp. dan. rynke y sueco rynka 'arruga', equivalentes del isl. hrukka), hubiera algún caso de ultracorrección hr- por wr- ya en escandinavo antiguo. Sólo los germanistas podrán decidirlo. Reconozcamos que los dos únicos casos seguros de WR- en francés (garagnon WRANJO y garance WRATJA) presentan otro tratamiento, pero pudieron existir dos tratamientos concurrentes, quizá por razones cronológicas. Tampoco el oc. ronsar, cat. arronçar 'encoger', que Gamillscheg (R. G. I, p. 379), deriva convincentemente de un gót. *HRUNKJAN, hermano del vocablo fráncico¹⁰, apoyarían sólidamente la existencia de la raíz germánica HRUNK-, pues ahí no habría dificultad en admitir la reducción de *WRUNKJAN a *RUNCIARE¹¹.

DERIV. Frunce [Acad. 1899, no 1843; Pereda; Concha Espina, La Esfinge Maragata, vid. BRAE III, 43; para la Arg. vid. arriba]. Fruncidor. Fruncimiento.

CPT. *Carifruncido* [Pérez de Montalbán, † 1638].
[1] Cuervo, *Obr. Inéd.* 403, cita además Argensola y Casas.— [2] También sonora en Malpartida de Plasencia *frundil* 'recoger y unir el paño al remendar un agujero'. Los ejs. que Espinosa (*Arc. Dial.*, 99-100) reúne para probar una sonorización general de la *ç* tras sonante, en castellano, no son pertinentes: *bronze* tiene sonora siempre y en todas partes, también la tienen en otros idiomas *zurcir* (ant. *surzir*) y *borzeguí*, y en cuanto a *arienço* tiene sorda antigua según M. P., *Oríg.* 73-74 y 279; *arzón* tiene explicación aparte.— [3] En Mendoza oí varias veces *fruncida* en el sentido de 'orgullosa', aplicado a mujeres. Es vocablo muy vivo en América del Sur: *frunce* 'arruga, fruncido o plisado (que se hace a un vestido)', oído en Mendoza, y *Baños del Frunce*, nombre antiguo de unos baños en San Juan (*Los Andes*, 9-VII-1940); *ir uno adonde se le frunza* 'adonde quiera o le dé la gana', Payró, *Pago Chico*, ed. Losada, p. 251; *fruncir* 'apretar, encogerse' (hablando de uno que aguanta el deseo de evacuar), G. Maturana, *Cuentos Tradicionales en Chile*, AUCh. XCII, ii, p. 79. Más ejs. argentinos en Tiscornia, *M. Fierro coment.* I, v. 256.— [4] También en Portugal es reciente y quizá afrancesado el grupo fraseológico *franzir as sobrancelhas* (o *a testa*, o *sobr'olho*). C. Basto, *RL* XXXVI, 45-52, lo señala en Castelo Branco y en Eça de Queiroz, mientras que Camoens dice siempre *carregar o rosto* o *carregar-se no vulto*.— [5] Igualmente se podría suponer que éste viene de *HRUNKJA* íd. (= a. alem. med. *runke*), y que de él derivan *froncir* y *froncer*, como prefiere M-L.— [6] *Fronzir* sale en el *Donatz Proensals* (ed. Stengel, 37.21), dos veces en la *Cansó de la Crozada* (1.ª mitad del S. XIII), vv. 4279 y 5180, y una vez en *Flamenca* y en el *Libre de Sidrac*. En el *Girart de Rossilhon* hay *froncir* o *fruzir*, según los mss. Por otra parte, *froncir* en Peire Vidal y en los *Auzels Cassadors*. Hoy Mistral da como básica la forma *frounci*, que es también gascona (Palay), pero *frounzi* es languedociano (hay cita de A. Bigot, que era de Nimes) y rouergat (Vayssier) (comp. *ZURCIR*). Otra oscuridad está en la ac. 'romper, quebrantar', que aparece repetidamente en la *Cansó*, comp. *fronir* o *frunir* en el mismo sentido en la propia *Cansó* y en otro pasaje del *Girart de Rossilhon*, que no se sabe si es otra palabra.— [7] En catalán es palabra poco arraigada. Hoy se considera forastera y está en desuso. En la Edad Media hay un ej. rosellonés de *fronsir* en el S. XIII o XIV, 3 de *fronzir* en el XIV y en el *Art de Coc* escrito en Nápoles en el XV, que en rigor podría ser castellanismo, como lo será ciertamente en la *Rondalla de Rondalles*, texto valenciano del XVIII. Además *mamelles fronsides* en el *Corbatxo* (S. XIV), *BDLC* XVII, 105, y *jaqueta froncida* en inventario valenciano de 1459 (*Bol. Soc. Castellon.*

de Cult. XVI, 136).— [8] La ausencia del vocablo en el Logudoro confirma su procedencia hispánica. M-L., *Altlogud.*, 60, y M. L. Wagner, *ARom.* XIX, 23, llaman la atención hacia la *z* sonora.— [9] FRANGERE sólo aparece allí en la forma *franher*. Es verdad que hoy en una amplia zona central del territorio (Sur de Auvernia y Lemosín, y Norte del Rouergue y el Quercy, vid. Ronjat, *Gramm. Ist.*, § 336) NG^e da ng^e y no nh, y como tras R y L es normal que la G^e se convierta en z (*sorzer, borzés, esparzer, folzer, molzer*), puede suponerse que también existiera un **franzer* o **franzir* 'romper' en lengua de Oc, lo cual se relacionaría con el *fronzir* 'romper' de la *Cansó de la Crozada* (comp. perig. *genziva* GINGIVA). De todos modos, el hecho es que tal **franzir* no está documentado.— [10] M-L., *REW* 4219, explicaba la palabra catalano-occitana por el a. alem. ant. *runza* (alem. *runzel*) 'arruga' (procedente de **WRUNKITA*); pero como no parece existir un fr. ant. *roncier*, es imposible admitir una voz del alto alemán en catalán y occitano.— [11] La existencia del vocablo en gótico ¿autorizaría a revisar el extranjerismo del cast. *fruncir*? No lo creo, pues entonces nos privaríamos de toda explicación para la z sonora castellana y portuguesa.

Fruña, V. *enfurruñarse* y *orondo*

FRUSLERA, 'especie de latón de poca consistencia', antiguamente *fuslera*, del lat. FUSILARIA, derivado de FUSILIS 'fusible, fundido' (y éste de FUNDĚRE 'fundir, derretir'), porque la fruslera sólo se labraba en fundición. 1.ª *doc.*: 1256-76, *Libros del Saber de Astronomía*.

En esta obra, II, 117, se dice que la esfera o *espera* se puede hacer de «oro, plata, arambre, fierro, estanno o plomo, et quantas mezclas se fazen destos metales, cuemo son el *ceni* et la *fuslera*»; en I, 164, al tratar del asunto en detalle, se recomienda hacer la esfera de latón, y después de enumerar las cualidades de los demás metales ya mencionados, pasa a hablar de las aleaciones («estos metales bueltos unos con otros»), y concretamente del *ceni*, «de que fazen bazines et aguamaniles et acetres», desaconsejando su empleo porque «quiebra como vidrio», y de «la *fuslera*, otrossí, que fazen della aguamaniles et serviellas et morteros et pilas pora salir agoa, et es muy buena para muchas cosas, mas non conviene pora esto, ca si fues delgado quebraría, et si fues muy gruesso pesaría mucho; demás este metal non se labra tanto dotra guisa cuemo e c h á n d o l o e n f o n d i z ó n, et por eso non es bueno pora espera». Tenemos ahí una justificación semántica enteramente fidedigna de esta etimología que ya debió ser entrevista por Nebr. al traducir *fuslera*, por «aes fusile vel coronarium» (*Dict. Hisp.-Lat.*, g5v°), y de ahí recogida por Covarr.[1]

Aunque en el S. XIII los entendidos distinguían, según hemos visto, fué corriente más tarde hacer de f(r)uslera, cení y latón verdaderos sinónimos. Así R. Martí (p. 153) da la forma mozárabe fuǧláira y la arábiga šīnî como traducciones del b. lat. auricalculum (lat. oricalchum 'latón'), aunque es verdad que sólo el último, en la p. 263, lleva la glosa romance «lauton proprie»; PAlc. traduce fuslera por el ár. cíni; y en el Arancel de Aduanas de 1782 se lee «latón, alatón, azófar o fruslera en hojas planchas, cada libra treinta mrs.» (DHist., s. v. azófar). Emplean además la forma etimológica fuslera Gómez Manrique, Antonio de Montoro, cierto auto del S. XVI[2], Lope de Rueda[3], dos inventarios aragoneses de 1390 y 1403 (BRAE IV, 355, 523), etc.[4] Hoy, perdida la f- inicial, es vivo uslero, salm., vallad. y chil., con el sentido de 'fruslero, cilindro de madera [antes, de fruslera] que se emplea en la cocina para extender la masa' (como el sentido 'palo' en mitiva fuslera). Por otra parte, Aut. cita ya ejs. de fruslera en el S. XVI[5]: es forma con repercusión de la líquida. La etimología FUSILIS está confirmada por un documento gallego de 1030, donde este adjetivo se aplica al latón: «offero... signos ['campanas'] duos ex metallo fusiles [léase metallo fusile?] illo uno de CXL libras quos mii laborarunt in Samanos d e m e o a l a t o n e» (doc. publicado por Steiger, Fs. Jud, 639-40)[6]. Y ya San Isidoro distinguía entre dos clases de aes, el cyprium ('cobre') o dúctil y el fusile[7].

Otras etimologías pueden rechazarse sumariamente. M-L., RFE VIII, 238, pensó en un derivado de FOCĪLE 'pedernal', pero él mismo reconoció ya que no explicaba el significado[8]. FOLIARIUS 'en planchas u hojas', propuesto por Simonet, es imposible fonéticamente. Es inútil construir un *FRUSTULARIA, derivado de FRUSTŬLUM 'pedacito' (a base de la idea de Covarr.), puesto que FUSILARIA está mejor apoyado histórica y semánticamente. Por lo demás, FUSILARIUS en el sentido de 'fundidor' está documentado ya en el glosario latino de los Hermeneumata Monacensia (CGL III, 163.42, vid. Funck, ALLG VIII, 377). Debe suponerse que se llamó a la fruslera AERA FUSILARIA 'metales de fundidor, de fundición' (o, si se comprueba el dato de Covarr., FRUSTULA FUSILARIA), y que luego se prescindió del sustantivo y se sustantivó el adjetivo.

DERIV. Fruslero 'vano, frívolo' [1605, Pícara Justina, en Aut.]. Fruslería 'friolera, bagatela' [1605, Pícara Justina, en Aut.][9]. Fruslar (sólo en Oudin, 1607, «fruzlar: mocquer, brocarder»)[10].

¹ Éste habla en estos términos del vocablo, del que da la forma fluslera: «las rasuras que salen de las pieças de açofar quando se tornean, que en si valen poco y quando las recogen hazen bulto; pero echadas a derretir se buelven en muy poco; tales son las palabras vanas y prolixas de los charlatanes y habladores, que si los

apurais tienen poca sustancia. Dixose fluxlera quasi fusilera, y interpuesta la l fluslera, a fundendo, porque recogida la fluslera se hunde [= funde]». Esta definición de fruslera como raeduras de latón, que no puedo corroborar ni desmentir, pasó de ahí a Aut. y a la Acad. Nótese que Covarr. la da como explicación del sentido de 'cosa fútil' (hoy fruslería), pero esta explicación no es indispensable, pues basta lo quebradizo de la fruslera, documentado por los astrónomos de Alfonso el Sabio, y en general bastaría ya el escaso valor del latón en comparación del oro: es corriente decir que algo es latón en el mismo sentido que oropel o cosa de pura apariencia (cat. oratòria de llautó, etc.).— ² Vid. las citas en Cuervo, Obr. Inéd., p. 230, n. 4, que erróneamente cree fuslera disimilación de fruslera.— ³ «El serpentino de fuslera que se forjó en la casa de la fundación de Málaga», en Medora, ed. Acad. I, 246. Como deberá leerse fundición, tenemos ahí otro testimonio del labrado de la fruslera en fundición.— ⁴ «Coculum [vasija de cocina] se llama qualquier vaso de fuslera», APal. 82b. Parola de fuslera 'palabrería' en Francisco Pacheco, Sátira apologética (DHist., s. v. casquileve).— ⁵ Ej. del uso popular en Quevedo, Cuento de cuentos, ed. Cl. C. IV, 182.— ⁶ En otro documento de esta colección quizá se trate de oro forjado: «crucem auream fusilem cum lapidibus preciosis ornatam», Santiago de Compostela, a. 911 (p. 631.16).— ⁷ «Regulare aes dicitur quod ab aliis ductile appellatur, quale omne Cyprium est. Ductile autem dicitur eo quod malleo producatur, sicut contra fusile qui tantum funditur», Etym. XVI, xx, 8.— ⁸ Desorientó a M-L. la ǧ mozárabe, que él creía equivalente de č < c¹; pero, como indiqué en mi estudio acerca de guisante (RPhCal. I, 92n. y cf. aquí s. v. CHIRIVÍA), la ǧ se emplea también como representación de la s sonora, paralelamente a š equivalente de s sorda.— ⁹ «Por ser fruslería, / que de bóbilis bóbilis se hacía», Quiñones de B., NBAE XVIII, 505. Cej. VIII, § 114.— ¹⁰ Trae además fruzlera «mocquerie, brocard», con variante fruslera; y «fuslera: fonte, métal de fonte, bronze» (deducido de Nebr.).

FRUSTRAR, tomado del lat. frustrari 'engañar', 'hacer inútil, frustrar'. 1.ª doc.: S. XVI: Rouanet, Colección de Autos; Gregorio López Madera.

Vid. las citas en Cuervo, Obr. Inéd., p. 218, n. 12. En el primero de estos textos aparece frostada, en el segundo frustarse, que Cuervo supone errata; fustrarse en G. Quijano, 1784. Hoy corren las dos formas disimiladas fustrar (Esp., Méj., Nic., Col., Ec., Chil.) y frustar (Costa Rica, Venez.). Aut. cita el correcto frustrar en Quevedo y Solís. Es voz perteneciente en todas partes al lenguaje culto, sobre todo al uso jurídico.

DERIV. Frustración. Frustráneo. Frustratorio.

Fruta, frutaje, frutal, frutar, frutecer, frutería, frutero, V. fruto

FRÚTICE, tomado del lat. frútex, -ícis, 'arbusto'. 1.ª doc.: 1762-4, Quer, Flora Española, cita de Terr.; Acad. ya 1843.

Término del lenguaje botánico.

DERIV. Fruticoso. Infrutescencia [Acad., Supl. 1939].

FRUTO, descendiente semiculto del lat. frúctus, -ūs, 'usufructo, disfrute', 'producto', 'fruto', derivado de frūi 'disfrutar'. 1.ª doc.: fruitu, 2.ª mitad del S. X, Glosas Silenses; fruto, doc. de 1192 (?) en la Esp. Sagr.; Fuero de Guadalajara, a. 1219 (Oelschl.).

Berceo conoce la forma popular frucho (Sacrif., 181d), y aunque otras veces se halla en sus obras fructo (Mil. 15b) o fructu (S. D., 412d; E fructo) o fruto (Loores, 23), falta saber hasta qué punto estas variantes eran algo más que una grafía latinizante. De todos modos, es posible que él tratara de pronunciar así; como suele enseñar D. Américo Castro, fruto era la forma empleada por el eclesiástico que recibía los frutos en calidad de diezmo, que a la larga se impuso sobre frucho, forma empleada por el labrador que los entregaba. El antiguo radical fruch- se mantuvo bastante tiempo en ciertos derivados. Hay también fruto en portugués moderno, pero los demás romances presentan formas rigurosamente hereditarias: fr., oc., cat. fruit, gall. ant., port. ant. fruito (Ctgs. 80.20 y passim, todavía en Camoens); froito en gallego y ya aparece así en los MirSgo. 87.9 (froytas 56.12) pero oi < ui es evolución fonética normal del gallego moderno y no presupone otra base que FRŪCTUS.

DERIV. Fruta [princ. S. XIII: Berceo; Fuero de Guadalajara]; en la baja época se halla lat. fructum como neutro, de aquí un plural fructa, documentado desde fines del S. VII, que todavía puede funcionar como plural en italiano (le frutta), pero que además se encuentra en el francés dialectal del SE., en lengua de Oc y en los tres romances ibéricos, y en todas partes ha tomado valor colectivo; así todavía en español: comer fruta; pero también se halla desde antiguo con valor singular, aplicado a los frutos comestibles de las plantas (Nebr.: «fruta como quiera: pomum»; junto a «fruto de la tierra: fruges»]; como observa Aut., se llaman comúnmente frutas «aquellas que sirven más para el regalo que para el alimento», y así el vocablo pudo emplearse como sinónimo de 'postre'[1], de donde luego fruta de sartén «pasta de harina, a que se suele añadir huevos y azúcar, hecha en diferentes figuras, y frita después en manteca o azeite» [así Aut.; Nebr. «fruta de sartén: bellaria»; fruta de sartén, p. 129, o fruta a secas, p. 132, Rob. de Nola; Quijote II, xx]. Frutaje. Frutal [fructal, Berceo, Mil., 26,

43; sust. m., 1242, M. P., D. L. 94.11; frutal, APal. 82d; Nebr.]. Frutar 'fructificar' [1640, en el murciano Saavedra Fajardo; Aut. como propio de Murcia y otras partes; comp. cat. fruitar íd.]. Frutecer. Frutero; frutería. Frutier [Aut.], cargo palatino introducido por Carlos V del ceremonial de la Casa de Borgoña, con nombre tomado del fr. fruitier. Frutilla [1590, J. de Acosta, ya con referencia a las Indias, pero en sentido genérico de 'fruto pequeño'; en 1644, el chileno Ovalle lo emplea ya como nombre de la fresa, Aut. dice que es propio del «Perú», y hoy es el nombre de esta fruta en el Río de la Plata, Chile, Perú y Ecuador][2]; frutillar; frutillero.

Con forma más culta: Fructuario. Fructuoso [frutuoso h. 1440, A. Torre, Santillana (C. C. Smith, BHisp. LXI); APal. 326b; Nebr.; fruttuoso, APal. 217d; fructuoso, 160d, 170d], de fructuōsus íd.[3]. Disfrutar [defrutare, b. lat., fuero de Nájera, 1076; desfrutar, 1222, Fuero Viejo; esfruitar Vidal Mayor, glos.; disfrutar, Terr., que sigue prefiriendo todavía desfrutar, como sus coetáneos; Acad., en 1843, prefiere ya disfr-], del b. lat. exfructare (doc. español de 905, de donde proceden asimismo el it. sfruttare 'esquilmar' y el port. desfrutar 'sacar el fruto de algo', 'vivir a costa de alguien'; vid. Cuervo, Dicc. II, 1256-7; disfrute.

Otros vocablos derivados del lat. frūi 'disfrutar' y palabras emparentadas con él. Fruir [Mena (C. C. Smith); h. 1540, A. de Guevara], cultismo raro; fruente; fruitivo; fruición [h. 1440 (C. C. Smith); h. 1580, Fr. L. de Guevara], mucho más usual que el primitivo. Frugal [1607, Oudin], tomado de frugalis 'sobrio, que observa la templanza', derivado de homo bonae frugis 'hombre honrado', donde frugis es genitivo de frux 'producto, fruto'[4]; frugalidad [íd.; 1611, Covarr.]. Frumentario [Terr.; Jovellanos] y frumenticio, derivados de frumentum 'trigo', 'grano', que lo es a su vez de frui.

CPT. Fructífero [h. 1440, A. Torre (C. C. Smith), APal. 160d]. Fructificar [frutificar, h. 1440, A. Torre (C. C. Smith); Nebr.; un duplicado popular fruchiguar se empleó entre los judíos, está ya en la Biblia de Ferrara, 1553, y en la de Constantinopla: BRAE IV, 636]. Fruticultura (también se emplea fruticola, que falta en Acad.).

Frugífero. Frugívoro, compuesto de frux 'fruto, producto de la tierra' y vŏrare 'comer, devorar'.

[1] Comp. «Bellarium [= 'golosina, postre'], que es todo lo que se da por fruta a la segunda mesa, segund son mançanas y las nuezes que se dan a la postre en las comidas: y assí dize Varro son bellaria mayormente las frutas que no tienen miel», APal. 47d.— [2] No sólo de la fragaria chilensis, especie de fresón oriundo de Chile, sino de cualquier especie de fresa; por lo menos es así en la Arg.— [3] En forma popular, alterada por influjo de fruchiguar (vid. abajo): fruchiguoso, en

la biblia judeoespañola de Constantinopla, *BRAE* IV, 636.— ⁴ Con carácter hereditario FRŪGEM sólo se ha conservado en el gall. ant. *frugem* 'fruto, producción (de la vid)' (1435) y gall. mod. *fruxe* [med. S. XVIII] 'fruto de la tierra', hoy 'cria de cerdos' en Lemos y el Páramo, ast. occ. *fruxe* 'familia, linaje', J. L. Pensado, *Acta Salmant.* n.º 51, 40-44 (dudoso que venga de ahí el rioj. *(a)fri(z)* 'fruto del haya', del cual cita una variante *frui GdDD* 2953 que quisiéramos ver comprobada).

FÚCAR, 'hombre muy rico', del nombre de la familia alemana *Fugger,* que prestó grandes sumas a la monarquía y a la nobleza españolas en los SS. XVI y XVII. *1.ª doc.:* 1604, *Guzmán de Alfarache.*

Ahí ya aparece como nombre común, sinónimo de 'ricachón' o 'millonario'. *Fúcar* como forma española del nombre propio de los famosos banqueros aparece en la *Miscelánea* de Zapata (1592) y en otros textos anteriores, ya en las Cortes de 1552, que reclaman contra los privilegios que se les habían concedido. Vid. Morel-Fatio, *RFE* IX, 288-90. Sabido es que la *g* tiene sonoridad muy imperfecta en alemán, lo cual explica la transcripción por *c* castellana; en Suiza y en otras partes del territorio de lengua alemana se emplea la *gg* doble como artificio para representar la *k* sorda pero no aspirada, igual a la *c* oclusiva romance.

Fucia, V. *hucia*   *Fucil, fucilar, fucilazo,* V. *fusil   Fuco,* V. *fice*

FUCSIA, derivado culto del nombre de Leonhard Fuchs, famoso botánico alemán del S. XVI, en cuya memoria dió este nombre a la planta el viajero francés Charles Plumier, que en 1693 por primera vez la describió. *1.ª doc.:* Acad. 1899.

DERIV. *Fucsina* [Acad. 1899], al parecer nombrada así por el color rojo oscuro de la flor de la fucsia y por coincidir su nombre con el alem. *fuchs* 'zorra', traducción del fr. *Renard,* que era el nombre de la casa industrial que fabricó primeramente la fucsina, en Lión, h. 1860.

Fuchina, V. *huir   Fududinculo,* V. *joder*

FUEGO, del lat. FŎCUS 'hogar', 'hoguera', 'brasero'. *1.ª doc.:* orígenes del idioma: *fogo,* 1155, Fuero de Avilés; *fuego,* Berceo; doc. de Burgos, 1219 (Oelschl.).

Cej. VIII, § 131. En la baja época se empleó FOCUS en el sentido de IGNIS 'fuego', por lo menos desde el S. IV (*FEW* III, 658a, y n. 39; pero Walde-H. mencionan ya a Plauto). Algo del sentido etimológico se conserva en la ac. 6 'hogar, vecino de una localidad que tiene casa y hogar', ya en A. de Guevara (1528): «Thebas...

llegó a tener ducientos mil *fuegos*», que se mantiene igualmente en bajo latín y en los demás romances de Occidente. H. 1500, cuando se imponen las formas con *h-* aspirada, hasta entonces reemplazada por *f-,* en la lengua literaria, algunos prefirieron la forma aspirada *huego,* aun ante el diptongo *u̯e;* así Nebr., en el lugar alfabético de su diccionario castellano-latino (pero *fuego* s. v. *llama,* y ambas formas en el artículo *hogar*). Sería andalucismo del autor (el castellano viejo APal. sólo conoce la forma *fuego,* 12b, 156b, 165b, etc.). Hoy la forma *juego* predomina en leonés oriental y en el habla vulgar de varios países americanos (Arg., Chile, etc.); ast. *fueu, fuebu* (V).

DERIV. *Fueguecillo; fueguezuelo. Hogar* [*fogar,* Berceo, *S. D.,* 234; *hogar,* Nebr.; Cej. VIII, § 131], de FOCARIS¹, que en el latín hispánico sustituyó a FOCUS; *hogareño; hogaril,* murc., o *fogaril,* and.² y arag. [invent. de 1331 y 1497: *BRAE* II]³. *Hoguera* [*foguera,* Berceo]; FOCARIA en latín sólo significa 'cocinera', pero en España es formación antigua (común con el portugués, catalán y ciertas hablas del Norte de Italia), pues de ahí pasó al árabe y bereber marroquíes (*fgîra, lfgîrt, feghîra,* 'hoguera', 'brasero') y se extendió hasta el Nilo (Colin, *Hespéris* VI, 75); *foguera* ast. 'verbena que se celebra por la noche en la víspera de alguna festividad' (V). *Hogaza* [doc. de 1056, etc., Oelschl.], de FOCACIA, plural de FOCACIUM, documentado en la Ítala en el sentido de 'panecillo cocido bajo la ceniza'⁴; es voz común a todos los romances de Occidente, y de ahí pasó a varios idiomas germánicos y balcánicos; desde España debió de pasar al árabe de Tetuán y de Tánger *foqqâṣa* (o *faqqôṣa),* Colin, *Hespéris* VI, 74. *Trashoguero* [h. 1540, D. Gracián; así, p. ej., en Cespedosa, *RFE* XV, 281; comp. el ant. *trasfogar, RFE* X, 131; rioj. *trasfuego*], con *trashoguero* comp. el fr. ant. *treffouiere* íd., *VRom.* IX, 186. *Fogaje.* Gall. *fogaxe* 'ardor, fogosidad' («a *fogaxe* patrioteira» Castelao 196.20), port. *fogagem* 'inflamación de la piel'. *Fogarada. Fogaral* ast. 'hoguera hecha en el hogar' (V). *Fogarear. Fogarizar. Fogata* [1646, *Estebanillo*]. *Fogón* [*del navío* ya a med. S. XVI, en la *Vida* de Alonso Henríquez de Guzmán (*Col. de Docs. Inéd. Hist. Esp.* LXXXV, 231-2); 1570, C. de las Casas; 1590, J. de Acosta; 1591, Percivale; Covarr.], es notable la conservación de la *f-* en esta palabra y su fecha tardía (falta Nebr., APal. y los varios glosarios medievales); como además el valor del sufijo (frente a FOCUS 'hogar') es diminutivo, hay fuerte motivo para sospechar que fuese catalanismo náutico al principio, y luego extendido a otras aplicaciones: nótese que en la Argentina, Chile y América Central significa 'fogata', más en consonancia con el valor del sufijo *-ón* en castellano; el cat. *fogó* tiene mucha mayor amplitud semántica que en castellano, pues es la palabra normal para 'hornillo', se halla ya en 1403, y aunque hay también port. *fogão,* puede éste tener el mismo origen catalán[5]; es verdad que el bereb. *Θafkunt* 'hornillo' (Schuchardt, *Rom. Lehnw. im Berb.,* 54) indica que el tipo *FOCONE ha de ser antiguo, mas pudo ser vocablo del Oriente peninsular tras-mitido desde ahí al África; en conclusión, *fogón* es probable que sea inicialmente catalanismo; y si no, habrá de ser mozarabismo; *fogonadura; fo-gonazo; fogonero; desfogonar. Fogoso* [F. de He-rrera, *RFE* XL, 133; 1570, C. de las Casas; 1611, Covarr.; 1626, Huerta], no está bien averiguado que este vocablo tardío no esté tomado del fr. *fougueux* íd. [1589], derivado de *fougue* 'fogosidad' [h. 1580], el cual se tomó del it. *fóga* FŪGA: al parecer se trata de un italianismo-galicismo, que pareció derivado de *fuego* por una coincidencia casual; *fogosidad. Foguear; fogueación; fogueo. Enfogar,* ant. *Foco* [1708, Tosca], propiamente 'hogar', duplicado culto de *fuego; fóculo; focal; enfocar* [Acad. después de 1884], *enfoque.*

[1] Sólo documentado como adjetivo, en San Isi-doro, como nombre del pedernal, *petra focaris.* Del mismo origen port. y cat. *fogar,* pero en am-mos idiomas es expresión poco corriente. En ca-talán se emplea en Mallorca, y cabe sospechar castellanismo. De todos modos la expresión nor-mal es *llar* en catalán y *lareira* en portugués, ambos procedentes del lat. LAR 'dios del hogar' (V. aquí *LLAR);* también en el it. *focolare* deberá verse un compuesto de este vocablo con FOCUS, y no un derivado de explicación difícil, como su-pone M-L. (*REW*). El fr. *foyer* podría corres-ponder a la misma base que la forma española, pero en vista del oc. *foguier* suele partirse de FOCARIUM para los dos.— [2] También *fogarín.*— [3] Para la extensión en el Alto Aragón, vid. Casa-cuberta, *BDC* XXIV, s. v. Se extiende a parte del catalán occidental: Fraga (*BDC* IV, 40) y Pirineos; en Arcavell, límite de Andorra, oí *fu-garill;* en el valenciano de Elche es 'ventana de la nariz' (*BDC* XVII, 54). Vid. además *BDC* XX, 260.— [4] Vid. *ThLL* VI, 986.6 ss.; Niedermann, *ARom.* V, 438. En San Isidoro «Panis... subci-nericius, cinere coctus et reversatus: ipse est et *focacius»,* *Etym.* XX, ii, 15.— [5] Fuera de la Penín-sula sólo prov. mod. *fougoun;* el it. *focone* es sencillamente aumentativo de *fuoco.*

Fuelgo, V. *holgar*   *Fuellar,* V. *hoja*

FUELLE, del lat. FŎLLIS 'fuelle para el fuego', 'odre hinchado', 'bolsa de cuero'. *1.ª doc.: folle,* en varios documentos leoneses desde 922 (Oelschl.); *fuelle, Alex. O,* 1876b[1].

En los antiguos textos leoneses citados por Oelschl. tiene el sentido de 'saco' (*folle zumach* 'saco de zumaque') u 'odre, pellejo', ac. hoy bien viva en Asturias y Galicia: *un fuelle de harina* 'costal', en el castellano de Galicia (Alvz. Giménez; *BRAE* XIV, 119), en gallego *fol* 'saco' (*un fol de zucre,* Castelao 239.14) y figuradamente 'barriga' («inda que tivese o *fol* estoupando de comida» íd. 212.4f.). La ac. moderna y ya latina 'fuelle para el fuego' está ya en las Cortes de 1357 (II, 96) y en APal. (165b, 163b, 81d); en estos textos y en doc. de 1050 (M. P., *Oríg.,* 29) es masculino, como en latín y hoy en día, pero como otros vocablos de la 3.ª declinación latina pudo pasar al género femenino: así en Santillana, en Nebr. («*fuelle pequeña para soplar:* folliculus»), en el *Buscón* de Quevedo (ed. Castro, p. 199) y hoy en judeoes-pañol de Marruecos; de ahí luego la terminación *fuella,* que tiene el vocablo en el glosario de To-ledo y en López de Ayala (citas en Castro, *Glos. Lat.-Esp.,* 222).

DERIV. *Follar* 'soplar con fuelle' [*Aut.*][2] o *afollar* [1706, Stevens], forma ésta favorecida quizá por-que en lo antiguo evitaba la homonimia con *follar* 'hollar, pisar'; *follado* 'calzón muy hueco' [1613, Cervantes][3]; *follador; follero* o *folletero; follicu* ast. 'saco de cuero de cabra o de oveja para echar en él granos y harinas' (V); *follón* 'ventosidad sin rui-do', 'cohete que se dispara sin trueno'. *Hollejo* [*fo-llejo* 'piel de la uva', h. 1400, glos. de El Escorial; *hollejo: los hollejos de la cevada, las miesses con hollejos,* APal. 81d, 345b; «*h. de legumbre; h. de culebra; h. de cualquier cosa:* foliculus», Nebr.], del lat. FOLLĬCŬLUS 'saquito', 'hollejo (de las le-gumbres y frutas), cascabillo de los cereales'; *ho-lleja* ant.; *folleya* ast. 'corteza y albura del árbol' (V); *hollejuelo, hollejuela; deshollejar* [Nebr.]; du-plicado culto *folículo* [1629, Huerta]; *folicular; fo-liculario* [h. 1800, L. Fz. de Moratín; Acad. 1884 o 1889] del fr. *folliculaire* 'periodista insignificante o despreciable' [S. XVIII, Voltaire], sentido ex-plicable por haberse tomado erróneamente por un derivado del lat. *folium* 'hoja']. *Trasfollado; tras-follo. Holleca* [Acad. ya 1843] 'herrerillo', quizá de *fuelle* por los huecos de árbol en que suele hacer el nido. *Folleta* [1646, Estebanillo], tomado del it. *foglietta* íd. [S. XVI], diminutivo de un **foglia,* que parece procedente de un lat. vg. **FOLLIA,* va-riante de FOLLIS 'odre' (*FEW* III, 687), V. ade-más *DESOLLAR* y *FOLLÓN.*

Gall. *folepa* 'copo de nieve', y como variante santiaguesa *folerpa* (Sarm. *CaG.* 185v): se sirven de ésta Lugrís (s. v.) y escritores de Ribadavia y Arousa: Eladio Rdz. y Castelao[4]; llega hasta Monçón, más allá del Miño, y más adentro de Portugal hay *folerca* y *folheca.* Muchísimas varian-tes, sufijales y aun radicales, en las hablas de toda Galicia (*falopa, falerpo, ferepa* y otras muchas) han sido coleccionadas por los autores del Apén-dice a Eladio Rdz., s. v. *felepa:* la variante origina-ria me parece que se halla en la raíz de la forma más difundida *fole(r)pa,* a base de la idea de cosa fofa y hueco como un fuelle o saquito vacío; sin embargo, debe de haber contactos con el proteico y ubicuo tipo romance FALUPPA de las glosas de la Edad Media, al cual se le achaca mucha progenie de la que no es padre y que de todos modos no ha sido menos prolífico que lo que de dudoso e impalpable tiene su origen último, cf. lo que sobre esto he dejado escrito en el último párrafo de *CHISPA* y *REW*, 3173. En cuanto a si el gall. SE. *foleca* 'pájaro que se va al torvisco' (Sarm. *CaG. A20v*, 221r) viene de ahí o más bien de *fol(e)* 'alocado', y aun de FULICA, puede verse además Pensado ib. p. 235, aunque esto último me parece bien difícil[5].

¹ «Non valien diez *fuelles*», como expresión de cosa de poco valor, que Janer traduce 'pellejo, hollejo, cosa despreciable', lo cual es posible, pero como *P* trae «non valien çinco sueldos» es probable que *fuelles* sea interpretación del copista en lugar de una grafía *fuellos*.— ² Figuradamente 'soltar una ventosidad'; y 'practicar el coito', ac. del lenguaje vulgar (Besses), que del castellano ha pasado también al gallego (Schneider, *VKR* XI, s. v.). No debe comprenderse como 'tocar el órgano' según quiere Spitzer (*BhZRPh*. LXVIII, 319), sino por el movimiento rítmico del que sopla con fuelle. Quizá vengan del diminutivo FOLLĬCŬLUS (si bien alterado por el influjo de otras varias palabras y sufijos) las diversas formas gallego-port. y leonesas para 'castaña vacía' allegadas por *GdDD* 2858 y 2860 (*folecla* disimilado en *fonecla, -ecra, folerca*, etc.).— ³ Gnía. *follosas* 'calzas'; con esto relaciónese el argot anterior *fouillouse* 'bolsa (de dinero)' empleado por Rabelais (III, cap. 41, p. 186; y Sainéan, *Les Sources de l'Argot Anc.* I, 24-34), que bien debe de ser hispanismo, puesto que es derivado claro de *fuelle*, desde donde tan fácilmente podía llegarse a 'calzas' como a 'bolsa'; la ac. francesa debió de existir también en España. Spitzer, *MNL* LXXIV, sigue a Sainéan admitiendo que es derivado francés de *feuille* 'hoja', lo cual no es posible ni por el sentido ni por la forma del sufijo.— ⁴ Libro de poesías *Folerpas*, a. 1849; «a cadela morta semellará unha *folerpa* de neve» 163.17.— ⁵ Es dudoso si deriva del nombre del pájaro o de un *foleca* y *folepa* arriba citados, en el sentido de 'desinflado' un gall. *esfolecado* 'flaco, macilento' de Sarm. (*CaG.* 213v).

FUENTE, del lat. FŎNS, -TIS, íd. *1.ª doc.*: orígenes del idioma: *fuant*, doc. de 938; *fuent, Cid*; etc. (Oelschl.), esta forma en 1100 y quizá ya en 1031, *BHisp.* LVIII, 360.

En latín *fons* era masculino, pero cambió de género desde el S. IV como otras palabras de la 3.ª declinación, y así aparece en todos los romances que conservan el vocablo, es decir, todos excepto el rumano, el rético occidental y el francés; en italiano antiguo todavía a veces se halla, sin embargo, como masculino. La ac. 'plato grande para servir las viandas' es innovación semántica del castellano, ajena a los demás romances, aun los hispánicos, excepto el dialecto portugués del Minho

(Leite de V., *Opúsc*. II, 349) y según creo el gallego; procede en definitiva del lat. eclesiástico *fons* en el sentido de 'pila bautismal' [S. IV; vasco *ponte*], nombre que recuerda los tiempos primitivos de la Iglesia, cuando se bautizaba en las fuentes de agua; de ahí se extendió a un aguamanil para lavarse («*fuente para lavar manos*», Nebr.), y aunque Covarr. sólo llama todavía *fuentes* a los «platos grandes de plata»¹, *Aut.* ya agrega «de plata, peltre o barro». La ac. 'exutorio de una llaga' ya figura en el bajo latín del glosario de Palacio (h. 1400) y en Covarr. y Cervantes.

DERIV. *Fuentada. Fuentezuela* o *fontezuela. Fontículo* 'fuente de una llaga', cultismo. *Fontal. Fontana* [Santillana (C. C. Smith, *BHisp.* LXI)], abreviación del lat. FONTANA AQUA 'agua de fuente', que en francés y retorromance sustituyó totalmente al lat. FONS; en otros romances obtuvo cierta boga, en parte por imitación del francés o del latín galicano, y en parte por una tendencia popular abortada a reemplazar el primitivo, como en el Norte de Francia; el ant. *fontaina* (*Alex.*, 1934) revela claramente su procedencia francesa; en italiano se estabilizó como variante culta (de origen seguramente afrancesado), en el sentido de 'fuente artificial o arquitectónica', y de ahí pasó como voz poética al castellano del Siglo de Oro [Garcilaso]; de ahí los derivados *fontanero* [1640, Colmenares], *fontanería; fontano; fontanoso*. Por otra parte la toponimia y ciertos derivados muestran huellas de cierta vida popular, preliteraria, de FONTANA en castellano (como en portugués, lengua de Oc y catalán); de ahí el diminutivo *fontaniella* [doc. 1074-1210, Oelschl.], de donde hoy *hontanilla* 'fuentecita' en Segovia (Vergara), y el colectivo *hontanar* [*fontanar*, Berceo, *Sacrif.*, 66], hoy en la toponimia y empleado como término poético, comp. *fontanal* «lugar de fuentes» en Nebr.; *hontanarejo. Fontasca* ast. 'poza hecha al pie de un ribazo para recoger el agua pluvial que se filtra a través de la tierra' (V).

¹ No es de creer que se partiera del aguamanil de los reyes, por una especie de metonimia desde el jarro en que se traía el agua, llamado figuradamente *fuente*, según cree Covarr. El origen eclesiástico resulta patente por el ej. de Colmenares (1640), citado por *Aut.*, donde se aplica a una fuente de plata llevada a un altar. De *fuente* 'pila' puede venir 'hueco de la palma de la mano, o del pie' (Nebr.).

Fuer, V. *fuero*

FUERA, del antiguo *fueras*, y éste del lat. FŎRAS 'afuera'. *1.ª doc.*: orígenes del idioma: *fueras*, h. 950, Glosas Emilianenses; *Cid; fuera, Cid*.

Vid. Oelschl.; Cej. IX, § 162. En latín tardío y vulgar FORAS o FORIS reemplaza casi totalmente a EXTRA (pero *gestra* = *yestra* 'excepto' en las Glosas de Silos); la segunda de estas formas predomina en francés y retorromance, la primera en rumano, dalmático, sardo e italiano, y de ella procede también el cast. arcaico *fueras*, corriente en el *Cid*, Berceo *Alex.*, y en docs. de los SS. X-XIII; por analogía de los numerosos adverbios con y sin *-s* final—la llamada *-s* adverbial, por lo común agregada—, como *ante(s)*, *entonce(s)*, *aína(s)*, etc., se crea una variante *fuera*, que ya aparece en el *Cid* y en Berceo (p. ej., *Mil.*, 709*b*, 742*d*), y tiende a generalizarse desde el S. XIII; lo mismo ocurre con el port., cat. y oc. *fora*. Para acs. y usos sintácticos, V. *Aut.*, gramáticas, y el artículo de Cuervo para *afuera*, citado abajo[1].

DERIV. *Forano* [doc. de 1131: Oelschl.; Berceo, *Sacrif.*, 89; más ejs. G. de Diego, *RFE* VII, 146; gnía. de J. Hidalgo], del lat. tardío FORANUS [h. 500]. *Foráneo* [quizá en 1449, *BHisp.* LVIII, 90; h. 1600, Ribadeneira], cultismo eclesiástico tomado del b. lat. *foranĕus*[2]; para *foraño*, V. HURAÑO. *Forastero* [«*forastero* o *estrangero*», Nebr.; Cervantes; Quevedo, etc.], tomado del cat. *foraster* [1123; Eiximenis, vid. Balari], grafía del dialecto oriental, en lugar de *forester*, oc. ant. *forestier*, derivados de oc. ant. *forest* 'aldea, caserío fuera de la población', que es derivado a su vez de FORAS con la terminación de AGRESTIS, SILVESTRIS, etc. (de la lengua de Oc proceden también el it. *forestiere*, fr. *forestier*; vid. *FEW* III, 704*a*, 706*a*). *Forense* 'forastero', ant. [Mena (C. C. Smith, *BHisp.* LXI); Acad. 1843].

CPT. *Afuera* [*adfToras*, doc. de 1050, Oelschl.; *Cid*; vid. Cuervo, *Dicc.* I, 248-50]. *Fuerasaca* ast. 'agregación' V. *SACAR*. *Defuera* [Berceo, *Mil.*, 872*a*; *Aut.*]. *Forínseco*, cultismo formado según el modelo de *extrínseco*. *Fuerarropa*, *hacer* ~. El lat. *foras* derivaba de *fores* 'puerta exterior', voz hermana del gr. θύρα 'puerta': de éste es compuesto θυροειδής 'semejante a una puerta', de donde el cast. *tiroides*; *tiroideo*; *paratiroides*. De *fores* es compuesto *triforio*.

[1] Adiciones sueltas: *de fuera parte* (*venir* ~), p. ej. en APal. 444*d*, y en la *Crónica Sarracina* de Corral (h. 1430), en varios mss.; resulta de un cruce de *venir de fuera* con *venir de otra parte*; *fuera que* 'después de', Berceo, *Mil.*, 706*d*; *fuera de que* 'además de que', Lope, *Pedro Carbonero*, ed. Montesinos, pp. 120-1.— [2] Muy vivo hoy y de aplicación general en la Arg.: Ascasubi, *Santos Vega*, vv. 7497, 12381. Se están extendiendo mucho y abusivamente sus acs. en Méjico y muchos países americanos, por calco del íngl. *foreign*.

FUERO, del lat. FŎRUM 'recinto sin edificar', 'la plaza pública', 'la vida pública y judicial', 'los tribunales de justicia'. 1.ª *doc.*: orígenes del idioma: doc. de 931, etc. (Oelschl.)

Cej. IX, § 162. El significado originario en castellano es 'lo conforme a la justicia', 'el derecho' («En vida traxi grant avaricia / ... / por esso so agora puesto en tal tristiçia / qui tal faze tal

prenda, *fuero* es e justicia», Berceo, *Mil.*, 250*d*). De ahí se pasó, concretando, a 'compilación de leyes' (*Fuero Juzgo*), más especialmente 'código privativo de un municipio', y por otra parte, conservando la ac. abstracta, 'jurisdicción, competencia a que está sometido alguien conforme a derecho' (*fuero militar*, *fuero eclesiástico*; comp. «*fuero*, *por juzgado*: forum», Nebr.). Empleado en muchas acepciones y con sentido muy general, el vocablo a menudo formaba frases estereotipadas y podía en ellas sufrir el apócope de su vocal final («pedioron ge los pueblos un general pedido / que *fuer* lles diesse de todo tan complido / qual en Jherusalem avié estableçido», *Alex.* 1115*c*); lo cual ocurría regularmente en la locución *a fuer de*, que primero significó 'con arreglo al fuero (de un lugar)' y después 'a la manera de': aquello es lo que significaba en frases frecuentes como *a fuer de* (*la*) *tierra* (p. ej. en doc. arag. de 1172, M. P., *Oríg.*, 212), pero luego se generalizó hasta expresar lo último: «se hincó de rodillas ante su padre, el cual le abrazó con grandísimo contento, *a fuer del* que tuvo el padre del Hijo Pródigo cuando le cobró de perdido» (*La Ilustre Fregona*, *Cl. C.*, p. 231). FŎRUM sólo se ha conservado como término popular, en su sentido jurídico, en castellano y en el port. *foro*[1], también algo en catalán y occitano medievales (pero el carácter castizo del cat. *fur* no es seguro, vid. *DECat.*, y en lengua de Oc el vocablo pertenece sobre todo al extremo SO., y aun de ahí desapareció con la Edad Media); por otra parte, el macedorrum. *for* conservó el sentido de 'plaza', de donde el de 'precio en el mercado', conservado en el francés medieval. Como duplicado culto, *foro* 'jurisdicción para sentenciar causas', 'los tribunales', aparece ya en Ribadeneira, h. 1600, y en *Aut.*, y por alusión al foro o plaza de los romanos, 'parte del escenario opuesta a la embocadura y más distante de ella' [Calderón].

DERIV. *Fuerista* o *forista*. *Foral*. *Forense* [h. 1600, Argensola], antes *forero* [*Moneda forera* 1309, *BHisp.* LVIII, 360; 1361, *N. Recopil.* II, xv, 16; Nebr.]. *Forillo*. *Aforar* 'otorgar fueros' [h. 1290, *1.ª Crón. Gral.*, DHist.], 'tasar el precio de una mercancía' [1680, *Recopil. de Indias*]; gall. *aforar* 'medir (la justicia) cuánto vino llevan las pipas de los cosecheros' (Sarm. *CaG.* 98*v*)], ac. tomada del fr. ant. y med. *aforer* íd. [S. XIII-XVIII], donde deriva del fr. ant. *fuer* 'tasa'; de ahí modernamente 'calcular la cantidad de agua que lleva una corriente' [S. XIX]; *aforado* 'privilegiado' [Berceo, *RFE* XL, 163]; *aforador*; *aforamiento*; *aforo*, antes *afuero*; *desaforar* 'quebrantar el fuero o la ley' [h. 1600, Mariana], *desaforado* 'atropellado' [*1.ª Crón. Gral.*, p. 38*a*], 'el que obra sin respetar las leyes, atropellándolo todo' [1644, Ovalle], 'desenfrenado' [1605, *Pic. Justina*], 'excesivo, monstruoso' [1578, *La Araucana*]; *desafuero* [*desaffueros* 1295, *BHisp.* LVIII, 90].

¹ En Galicia tomó además el sentido de 'dominio directo sobre una propiedad (con arreglo a justicia)', y de ahí 'contrato por el cual se cede este dominio' y 'derecho que por ello se paga'.

FUERTE, del lat. FŎRTIS íd. *1.ª doc.*: orígenes del idioma: doc. de 932 (Oelschl.), etc.

Cej. IX, § 169. La ac. propia es frecuente en todos los tiempos; la derivada peyorativa 'difícil, duro, malo, funesto' es corriente en la Edad Media, Berceo, J. Manuel, J. Ruiz, etc. («ovieron en *fuert* punto las naves a partir», *Apol.*, 106a). También es corriente entonces el empleo adverbial, en cuya virtud *fuert* o *fuerte* significa 'mucho', como en francés («fue en la abadia el baron assentado, / con la fazienda pobre era *fuert* enbargado», Berceo, *S. D.*, 215b; *S. Mill.*, 171; *Alex.*, 439, 565); después del S. XIII este uso tiende a desaparecer, aunque todavía se emplea *fuerte* como adverbio 'fuertemente' («la nave de Sant Pedro pasa grande tormenta, / e non cura ninguno de la ir a acorrer / ... / asy la veo *fuerte* padesçer», *Rim. de Palacio*, 794d), lo cual se hace raro en el Siglo de Oro y en el actual castellano literario, pero sigue vivo en el habla popular de América. Como término de fortificación, el sustantivo *fuerte* [1595, Fuenmayor] pudo imitarse del fr. *fort* [1265]. *Forte*, como voz de mando en faenas marineras, es italianismo o catalanismo.

DERIV. *Fuertezuelo* o *fortezuelo*. *Fortachón*. *Fortaleza* ['recinto fortificado', Berceo, *Loores*, 165b; *Apol.* 615a; *Conde Luc.*, ed. Knust, 8.26; 'reciedumbre, fuerza', Berceo, *S. Lor.* 71c; J. Ruiz, 1582c], tomado de oc. ant. *fortalessa* (o *-aleza*, menos común)¹, ya con ambas acs., hermano del fr. *forteresse*, ambos derivados de FORTIS con el sufijo galo- e italorrománico -ARICIUS, disimilado en este caso²; no se trata, por lo tanto, de una voz abstracta en su origen (formada con el sufijo -ITIA), sino de un adjetivo sustantivado (como *fuerte* 'fortaleza'), comp. M-L., *R. G.* II, § 417; Antoine Thomas, *Essais*; Grammont, *Dissim. Conson.*, 132; *REW*, 3457; *FEW* III, 734b; de ahí en castellano se derivó secundariamente el verbo *fortalecer*³, inicialmente en el lenguaje militar, después en el general; verbo ajeno al francés, occitano y catalán (sólo port. *fortalecer*, junto a *fortalezar*); *fortalecedor*; *fortalecimiento* [Nebr.]. *Fortín* [Calderón]. *Fortitud*, cultismo anticuado. *Confortar* [Berceo], de CONFORTARE íd., vid. Cuervo, *Dicc.* II, 374-5; *confortable* (en la ac. 'cómodo' es anglicismo muy reciente); *confortación; confortador; confortamiento; confortante; confortativo; conforte* o *conforto*. *Contrafuerte* [*contraforte* (de calzado) 1493, *BHisp.* LVIII, 90; Lope], antes *contrahorte*. *Enfurtir* [1511, *N. Recopil.* VII, xiii, 16], término de pelaires, derivado, como esta palabra, del catalán (*enfortir* 'fortalecer'), también se dijo *enfortir* e *infurtir*; *enfurtido; infurto*.

Fuerza [*forza*, doc. de 1115; *fuerça, Cid*; el leo-

nés *forcia* en *Alex., O*, 2153; ast. *fuercia*, V; Cej. IX, § 169], del lat. tardío FŎRTĬA íd. [S. III: Comodiano, Firmicus Maternus, etc.: *ALLG* XII, 287; XIII, 452; *Wiener Sitzungsber.* CLXXXI, vi, 23], vocablo que sustituyó al lat. VIS en todos los romances de Occidente. *Forzar* [2.ª mitad del S. X, Glosas Silenses], derivado común a todos los romances occidentales; *forzado; forzador; forzamiento; forzante. Forzal. Forzoso* [-*çoso*, 1505, PAlc.]; *forzosa. Forzudo. Forcejar* [APal. 190d; 506d «trasmittere es embiar en logares lexanos e *forcejar*»], tomado del cat. *forcejar* íd. [fin del S. XIV, *Dotzèn del Crestià*]; también *forcejear*, pero como indica Rufino J. Cuervo, *Dicc.* I, pp. xlv-xlvi, la forma *forcejear* es muy reciente [h. 1835, Larra], y aunque figura repetidamente en obras de J. Rz. de Alarcón y de A. de Solís, es sólo en eds. del S. XIX, mientras que las publicadas en los SS. XVII y XVIII traen *forcejar*, confirmado por la medida del verso; *forcejo* o *forcejeo; forcejón; forcejudo. Forcir* (?). *Enforcia* ant. *Esforzar* [*Cid*], derivado común a todo el romance occidental; *esforzado; esforzador; esforzamiento* o *esfuerzo* [*Cid*]. *Reforzar* [1570, C. de las Casas]; *reforzado; reforzador; refuerzo* [*Aut.*].

CPT. *Fortificar* [*Corbacho* (C. C. Smith, *BHisp.* LXI)].

¹ El b. lat. *fortalitium* se halla en el Languedoc desde 1060.—² En portugués antiguo hallamos con frecuencia *forteleza* (vid. Malkiel, *Univ. Cal. Publ. Ling.* I, v, 213, n. 188; *Gral. Est.* gall. 59.15, 138.5), donde puede reflejarse el vocalismo del fr. ant. *fortelece*.—³ Anteriormente se dijo *afortalezar* (*1.ª Crón. Gral.*, 344b2; *Mem. de Fernando IV* II, 480; gall. ant. *fortelezado, Gral. Est.* gall. 58.11, *afortelezar* ib. 97.36, 162.15, 162.16), donde se ve claramente como fué *fortaleza* el punto de partida; partiendo de formas ambiguas como el subjuntivo (*a*)*fortaleze* se formó luego *fortalesçer* [*Gral. Est.* I, 292a4; Nebr.], *afortalecer* (*Gral. Est.* I, 292b46; *1.ª Crón. Gral.* 652a43); abreviadamente se dijo también *afortalar* (*1.ª Crón. Gral.* 649b; López de Ayala; *Orden. de Sevilla*). Díjose asimismo *enfortalecer* (h. 1400, Glos. del Escorial).

Fuerza, V. *fuerte*   *Fuerzo*, V. *escuerzo*
Fuesa, V. *fosa*   *Fueyo*, V. *hoya*   *Fufar, fufo,*
fuga, fugacidad, fugada, fugar, fugaz, fugible, fú-
gido, fugitivo, fuguillas, fuidizo, V. *huir*   *Fuina,*
V. *haya*   *Fuirarse*, V. *churre*   *Fuisca*, V. *chis-*
pa   *Ful*, V. *fullero*   *Fula*, V. *fullero*

FULANO, tomado del ár. *fulân* 'tal'. *1.ª doc.*: 1155, Fuero de Avilés.

En árabe *fulân* es adjetivo con el mismo valor del cast. *tal* (*šây fulân* 'tal cosa'), aunque puede también sustantivarse, tal como se emplea en castellano. En el idioma medieval se empleaba también como adjetivo: «por alma de un monge de *fulana* mongía», Berceo, *Mil.*, 170d; «un pez de los peces de *fulana* isla... vi un home en *fulán* logar, que es encantador», *Calila*, ed. Rivad., p. 75; «descomulga a *fulano* ome», *Partidas* I, ix, 33; uso que se anticuó antes del S. XV, en que un corrector del *Libro de los Engaños* (S. XIII) enmendó *fulana* tierra en *tal* tierra. Neuvonen, 199-200. De *fulán* vendrá quizá el vasco vizc. *ulain* 'tal', Michelena, *BSVAP* XI, 291. En algún punto de América se hallan usos parecidos a aquella construcción arcaica; así el venezolano Picón Febres escribe «si hay algo desabrido en el mundo es el *fulano* manjar blanco», y aunque puede sospecharse que ahí tengamos una innovación secundaria, el reaparecer la aplicación de *fulano* a cosas en Andalucía[1] refuerza la sospecha de un arcaísmo. La forma inicial de este extranjerismo fué *fulán*, que vemos en Berceo, *Mil.*, 736a; *Alex.*, 1832; en fueros de Aragón (Tilander, § 29.1, y p. 429), y todavía en textos del S. XV: *don Fulán* (rimando con *darán*) en Villasandino, *Canc. de Baena*, p. 652, y en la Cuarta Crónica General, escrita h. 1460[2]; por analogía de adjetivos en *-ano* que podían apocoparse, cuando enclíticos, en *-án*, se introdujo luego la forma *fulano*, que se generalizó. El mismo arabismo se ha introducido en portugués *fulano*, junto al cual existió antiguamente *fuão*, gall. ant. *foan*; en aquella forma las consonantes intervocálicas pueden haberse conservado por influjo del árabe, más bien que del castellano, como sospecha Neuvonen. El vocablo permaneció, en cambio, ajeno al catalán. En Aragón hallamos también una variante *folén* (varias veces en Tilander, *l. c.*) que corresponde a la pronunciación tardía del árabe vulgar hispánico; análogo a este *folén* es la forma *fuleno de tal* que he anotado en Castellonroi (zona catalana de Huesca). La forma normal *fulân* fué vulgar en hispanoárabe sólo en fecha muy arcaica, lo cual es indicio de la gran antigüedad de este arabismo en romance.

[1] Se emplea en lugar de una cosa cuyo nombre no se recuerda o no se quiere decir: «dame el *fulanillo* de la navaja», por el afilador (Toro G., *RH* XLIX, 457).— [2] «Vedes vos aquel pendón? Es de tal concejo; e aquel otro, de *fulán* ricoomne», *RFE* X, 365. Como en la frase paralela, será adjetivo, aunque mal puntuado por el editor.

Fular, V. *hollar*   *Fulastre*, V. *fullero*

FULCRO, tomado del lat. *fŭlcrum* 'sostén, puntal', derivado de *fŭlcire* 'sustentar, apuntalar'. *1.ª doc.*: Acad. 1899.

Latinismo raro.

DERIV. *Fulcir*, ant. [Acad. ya 1843], del citado *fulcire*. El berciano *refucir* tr. 'arremangar' (Fernández Morales) parece ser descendiente popular de su derivado REFULCIRE íd., comp. Tarento *affruticare* 'arremangar', derivado del participio FUL-

TUS (otros representantes populares en *REW* 3554 FULCIRE, 3563 *FULTORIUM, 3564 FULTUS, y 7162 *REFULTA).

Fulera, V. *horadar*   *Fulero*, V. *fullero*

FULGOR, tomado del lat. *fŭlgor, -ōris*, 'relámpago', 'brillantez, resplandor', derivado de *fŭlgēre* 'relampaguear', 'relucir, brillar'. *1.ª doc.*: Santillana (C. C. Smith, *BHisp.* LXI); 1580, F. de Herrera.

Empléanlo también Góngora, Villamediana y otros poetas culteranos, pero falta todavía en Covarr. y C. de las Casas, que traduce el it. *fulgore* por *resplandor*. Hoy ha dejado de ser término exclusivamente poético.

DERIV. Todos los derivados son también cultismos. *Fulgente* [Mena (C. C. Smith; fin S. XV, Juan de Padilla (Lida, *Mena*, 450); F. Herrera *RFE* XL, 163; Gallegos, 1626], del participio activo de dicho verbo. *Fúlgido* [Santillana (C. C. Smith); Juan de Padilla (Lida, *Mena*, 450); Lope], de *fŭlgĭdus* íd. *Fulgurar* [F. Herrera, *RFE* XL, 163; Villamediana, † 1622; *-rear*, Santillana (C. C. Smith)] de *fŭlgŭrare* 'relampaguear', derivado de *fulgur, -ŭris*, 'relámpago', del mismo radical que *fulgere*; *fulguración*; *fulgurante* [APal. 42b]; *fulguroso*; *fulgurita. Confulgencia. Efulgencia. Refulgente* [h. 1520, Padilla (C. C. Smith); F. de Herrera, *RFE* XL, 163; Oudin, no Covarr.; *Aut.* sin ejs.], de *refulgens, -tis*, íd., participio activo de *refulgēre* 'resplandecer'; *refulgencia* [M. de Ágreda, † 1665]; de ahí se sacó recientemente un verbo *refulgir*, poco usado (falta en *Aut.*).

Fulminar [h. 1440, A. Torre, Santillana (C. C. Smith); F. de Herrera y Fr. Luis de León, *RFE* XL, 163; Góngora, frecuente, y típico de su estilo; Covarr., 1611; Quevedo; falta en C. de las Casas y en el léxico del *Quijote*], de *fŭlmĭnare* 'lanzar el rayo', 'caer (el rayo)', derivado de *fulmen, -ĭnis*, 'rayo', y éste de *fulgere*; *fulminación*, *fulminador*, *fulminante*; *fulminatriz. Fulminato*; *fulmínico. Fulmíneo* [h. 1444, J. de Mena]; *fulminoso*.

Fulguera, V. *helecho*   *Fulí*, V. *hollín*   *Fúlica*, V. *foja*   *Fulidor*, V. *fullero*   *Fuliginosidad, fuliginoso*, V. *hollín*   *Fulminación, fulminador, fulminante, fulminar, fulminato, fulminatriz, fulmíneo, fulmínico, fulminoso*, V. *fulgor*

FULLERO, origen incierto; hay relación con el antiguo y dialectal *fulla* 'arte del fullero', 'mentira, impostura', pero no consta cuál de estas palabras deriva de la otra, y por lo tanto no es seguro que sean tomadas del cat. *full, fulla*, 'hoja', 'defecto que tiene el metal, las monedas, etc.' (del lat. FŎLIUM). *1.ª doc.*: 1570, C. de las Casas[1].

Oudin (1607) traduce «joueur de passe-passe, il se prend aussi pour un couppeur de bourses, parce qu'il joue subtilement des mains, bavard, jongleur, pipeur», y *fullería* «piperie au jeu, baverie, causerie»; Covarr. (1611): «el jugador de naypes, o dados, que con mal término y conocida ventaja gana a los que con él juegan, conociendo las cartas, haziendo pandillas, jugando con naypes y dados falsos, andando de compañía con otros que se entienden para ser, como dizen, tres al moíno». Ésta es, en efecto, la ac. conocida, que *Aut.* reproduce, y cita varios ejs. clásicos, desde 1612².

No es palabra propiamente jergal, pues además de que no es rara en el léxico de Góngora, no la explica Juan Hidalgo en su vocabulario de germanía, y en cambio la emplea para traducir el jergal *florero;* y sin embargo tampoco estaba distante de este especial ambiente lingüístico, pues Quevedo dice «porque él era jugador, y lo otro diestro (que llaman por mal nombre *fullero*)» (*Buscón*, ed. Castro, p. 193)³. Aunque *fulheiro* ha pasado al portugués, parece ser allí palabra reciente, tomada del castellano, pues no se conoce documentación anterior a Moraes.

Apenas se estudió el origen: pues no podemos tomar en serio las suposiciones de Covarr. (< **fallero* 'que engaña') y de Sánchez de las Brozas (fr. *follier*, es decir, fr. med. *folier* = fr. ant. *foloier* 'hacer locuras', 'engañarse'; gr. φαυλίζειν 'tener por vil, despreciar'); sólo M-L. (*REW*³, 3416) tomó en consideración el derivarlo de un cat. *fuller*⁴, que vendría de FOLIUM 'hoja', pero poniéndolo en duda por falta de explicación semántica. En verdad ésta no sería dificultad insuperable. Por lo pronto, hoy en Bilbao *fullero* es 'barquillero' y *fullas* 'barquillos' (Arriaga, *Revoladas*, glos.), de que éste procede del cat. *fulla* 'hoja' no cabe dudar: sabido es que los actuales barquilleros ambulantes de España suelen llevar una especie de ruleta, a la cual juega el comprador de barquillos, y cabría imaginar que de ahí se hubiese pasado a 'coime, jugador profesional', pero poco verosímil es que estos hechos locales y modernos se dieran ya en la España del S. XVI.

Ahora bien, Rodrigo de Reinosa, h. 1513, habla ya de un personaje que era «en arte de *fulla* maestro mayor» (Hill, s. v.), es decir, 'en arte de fullería', y hoy *fulla* significa 'mentira, impostura' en Aragón (Borao). La gran antigüedad de *fulla* obliga a tenerlo en cuenta como posible primitivo de *fullero*, y su actual proximidad a Cataluña hace pensar en que venga realmente del cat. *fulla* 'hoja' o *full* 'hoja de papel'. Sabido es que una de las trampas más corrientes consiste en marcar los naipes, para conocerlos, con algún doblez u otra señal⁵: bien pudo esto llamarse 'hacer hoja' y pasar de ahí *fulla* a 'arte del tramposo'⁶. Y, por otra parte, *full* es también «defecto que altera la homogeneidad en algún punto de una masa» (Fabra), «especie de escama o laminilla delgada que se levanta en los metales al tiempo de batirlos» (Amengual, Griera), «en las piedras una raya o defecto de unión de la misma calidad, que

hace dificultoso el labrarlas, porque se suelen romper por allí, y también suele haberla en los vidrios» (Ameng.), *fullat* 'pieza de loza que tiene *full*', *fuller* 'cuchillo con el mismo defecto' («en la casa del ferrer / ganivet *fuller*») (Griera); yo mismo he oído en el Priorato *una sària molt fullera* hablando de un serón de mala calidad, que se deshilachaba: así *fuller* pudo significar 'de mala calidad, fallado' y aplicarse luego en castellano al jugador de mala condición, tramposo. El hecho es que *fullero* es palabra que aparece en el S. XVI reemplazando al antiguo y castizo *tahur*, y si por una parte la *f-* la hace ya sospechosa de procedencia forastera, ésta es justamente la época de auge del hampa valentina, en que la capital del Turia tenía fama internacional como lugar de diversión desenfrenada⁷: desde ahí pudo el vocablo propagarse a la germanía de Castilla, y no olvidemos que esta misma palabra viene de las famosas *germanies* o hermandades valencianas, que en el S. XVI lanzaron un alzamiento democrático contra el absolutismo real. Para otros catalanismos germanescos, vid. *BOCHÍN, FUÑAR, BORNE* (?), *CELLENCA, cadira, faena, ficar, fornido, formaje, portar, corullero*, etc. Una certeza satisfactoria acerca de este origen no podemos por ahora alcanzarla⁸. Spitzer aprueba mi etimología catalana (*MLN LXXI*, 379), pero sugiere que el cat. germanesco *fulla* pudo tener además el sentido de «petite lame de métal qu'on place sous une pierre fausse pour la faire ressortir», documentado para el fr. *feuille* desde 1549 y para el ingl. *foil* desde 1581. De ahí 'arte de falsificación de joyas' = *art(e) de fulla* y luego *fullero*. A los eruditos hispanistas tocará comprobarlo.

Ni siquiera podemos estar seguros de que el *fulla* de Reinosa sea el primitivo de *fullero*, y no un derivado regresivo de éste, que sólo por casualidad coincidiría con el cat. *fulla* (por lo demás, sólo *full* me es conocido en el sentido de 'defecto' en este idioma). Otros derivados regresivos ha habido probablemente: *enfullir* es asturiano en el sentido de 'hacer trampas' (Rato), y *enfullar* figura en la Acad. ya en 1884; derivarlos de FOLLIS en el sentido de 'sacar la piel' (> 'expoliar'), como quiere Spitzer, *ZRPh.* XL, 226, me convence semánticamente tan poco como a M-L. (*l. c.*); es verdad que la objeción fonética de este filólogo podría eliminarse partiendo de *enfullir* y derivándolo de FOLLĔRE, que aparece en S. Jerónimo para 'moverse en vaivén como un fuelle', de donde quizá venga también el rum. *foi* 'hormiguear', y seguiríamos así entre los derivados de FOLLIS 'fuelle'; pero claro está que todo esto es muy arriesgado. En cuanto a *follón*, que además de 'cobarde' y 'pedorrero' es 'tahur, fullero' en Asturias, no creo que nos autorice a partir de este germanismo (vid. *FOLLÓN*) para derivar de ahí *fullero*, por cambio de sufijo: la dificultad fonética sería demasiado grande.

Finalmente, no podemos dejar de pensar en que *fullero* y *fulero* podrían tener un origen común, lo cual nos apartaría decididamente de la etimología catalana, y más bien haría pensar en un étimo con -LL- que hubiera dado -*l*- sencilla en portugués, de donde la forma *fulero* habría pasado al español; pero el hecho es que no hay un port. *fuleiro*. Fulero (Acad. después de 1899) es en Aragón y en Murcia 'lo que no es de recibo (moneda defectuosa o de baja ley, p. ej.)', 'de malas mañas o equívoca conducta', 'de mal gusto (prenda de vestir)' (Borao, Sevilla), en Granada 'malo, desdichado, sin gracia' (Toro G., *RH* XLIX, 457), en la Arg. 'malo' y 'feo' (Garzón, Dellepiane), en todas partes es palabra marcadamente plebeya, y en Cataluña pertenece al caló con el sentido de 'presuntuoso, engañoso' (*BDC* VII, 11 y ss., s. v.); junto a él están *fulastre*, que la Acad. traduce 'chapucero, hecho farfulladamente', y P. Galdós empleó en el sentido de 'desgraciado, de mala suerte' (*año fulastre*), y *ful*, que es ya palabra propiamente jergal y vale 'falso, sin valor (moneda, etc.)', 'apócrifo' (*policía ful*), 'malo (hablando de la salud)', gíria brasileña *fuloso* 'mentiroso' y *fulecar* 'perder en el juego todo lo que se llevaba'. Si fuese verdad que *fulastre* en Andalucía vale «moldeador de sombreros», se relacionaría con *fula* «moldeo de sombreros» (AV), el cual seguramente se tomó del fr. *fouler* 'abatanar' (FULLARE); entonces *fulastre* podría venir de un fr. *foulard* de sentido análogo, tal como *pillástre* sale de *pillarte* < *pillard*, y *sollastre* de *souillard*. Pero todas las apariencias son de que este significado de *fulastre* sólo lo ha supuesto *GdDD* 2960 en vista de *fula*; es más probable que *fulastre* sea *pillastre* cruzado con *ful*, y en todo caso ni *ful* ni *fullero* pueden tener nada que ver con el fr. *fouler*. Como *fulero* es también leonés, según la Acad., no sería sorprendente que todo esto viniera del port. *fulo* 'lívido', 'negro amarillento', 'irritado, furioso', que también penetró en el gauchesco argentino en las acs. 'desvaído de color' y 'atónito, azorado', y es ya antiguo en Portugal (J. de Barros, h. 1550): que su origen está en el lat. FŬL-VUS 'amarillento', 'overo', con pérdida de la v ante u, después de la época en que se perdió la -L- intervocálica, me parece claro a pesar de los escrúpulos de Rohlfs (*ASNSL* CLXVIII, 319). Pero claro está que a base de FULVUS no podríamos explicar ni el significado ni la -ll- de *fullero*. Tanto más cuanto que, en realidad, el origen de *ful* y de toda su familia castellana parece ser otro, no menos incompatible con *fullero*: el gitano *ful* 'estiércol, porquería', con derivados típicamente gitanos y arraigado en los varios dialectos de este idioma, vid. M. L. Wagner, *Notes Ling. sur l'Argot Barc.*, 58-59[10]; como ya observa Wagner, *fulero* pudo sufrir el influjo de *fullero*, pero la estirpe de los dos vocablos ha de ser fundamentalmente distinta.

En cuanto a *fullero* sugiere Wagner (*Bol. C. y C.* VI, 198-9), con duda, que venga del murc. *farfullero* 'farfullador' y 'trapalón, embustero', pero no es verosímil que una palabra tan antigua y general salga de un dialectalismo muy localizado y reciente, y difícilmente podría admitirse tal mutilación de la palabra.

DERIV. *Fulla*, vid. arriba. *Fulleresco. Fullería* [1607, Oudin]. *Fullear* 'hacer trampas' [Terr., con cita del dicc. de Herr.]. And. *tranfulla* 'fullería' AV (cruce de *fulla* con *trampa*), algarb. *trafulha* íd.

[1] «Furo ['ladrón furtivo'], guanciatore [él mismo traduce *guanciatore* por 'jugador de manos' y 'fullero'], mariolo ['rufián']».— [2] Agréguese: «ni todos los alguaciles se conciertan con los vagabundos y *fulleros*», *Coloquio de los Perros*, Cl. C., p. 269. Más ejs. del S. XVII en Fcha.— [3] Hoy sigue bastante viva en todas partes, sin excluir a América; en el Norte argentino se citan las formas vulgares *jullero* (Carrizo, *Canc. de Jujuy*, glos.), *julleriando* (del verbo *fullerear*, íd., *Canc. de Tucumán*). Andaluz *fullería* 'tramposo' (A. Venceslada).— [4] En realidad no hay tal palabra catalana o es dudoso. No la conozco como viva ni figura en diccionarios fidedignos. Sólo en el valenciano de Escrig, pero es sabido que éste se apropia muchas voces puramente castellanas. Sin embargo no descarto la posibilidad de que tenga arraigo en el catalán de Valencia. La de Alcover, pero sin documentarla ni localizarla.— [5] Tal vez se refieran a esto Covarr. y *Aut.* con lo de «haziendo pandillas», expresión que no figura en *Aut.* Juan Hidalgo da «*panda, pandillar el naipe*, lo mismo que juntar» (no define *juntar*); *Aut.*: «*apandillar*, metafóricamente es juntar en el juego de los naipes la suerte o algún encuentro»; Oudin: «*pandilla*, un pacquet ou liasse de cartes ou de lettres; pasté au jeu de cartes», «*pandillar*, faire un pasté aux cartes»; Vittori *apandillar* «fare il pastello nel giuoco delle carte»; Stevens «to pack the cards». Es decir, ¿hacer que un grupo de cartas vayan siempre juntas? Covarr.: «*pandilla* de jugadores de naipe cosarios, y tahures, que juntan las cartas quando quieren, tomando para sí el flux corrido o la primera».— [6] En el *Quijote*, II, xlix, 185, sale tres veces *fullero*, pero algo antes tenemos una variante *fuellero*, puesta en boca de un personaje de habla popular y pintoresca; como el lance sucede en Aragón cabría imaginar que Cervantes quiso emplear una forma aragonesa, y luego al hablar él mismo u otro personaje recurre a la forma normal; tendríamos entonces un derivado de la forma arag. *fuella* = cat. *fulla*, cast. *hoja*. Pero esto no es muy verosímil, y mucho más probable que se trate de una errata de la edición príncipe.— [7] Recuérdense los versos de Juan de Mena en que una ramera se jacta de que «aun en el burdel de Valencia tuvo cadira» (V. aquí *CADERA*), la afirmación famosa del italiano Bandello, que escribió de Valencia «non è in tutta

Catalogna più lieta e gioconda città», etc.— [8] Todavía queda *fulletería* 'adorno postizo' en Malón de Chaide (Fcha.), que debe de relacionarse con los ornamentos de follaje y no queda muy lejos de la idea de 'fullería'.— [9] Estanislao del Campo, *Fausto* (a. 1866), vv. 359, 810.— [10] Un escrúpulo suscita el germanesco *fulidor* «el ladrón que tiene muchachos para que le abran las puertas o casas de noche» (1609, J. Hidalgo). Si este vocablo pertenece a la familia de *ful* dificultaría la procedencia gitana, pues en 1609 no hay todavía palabras de este origen en español. Se podría pensar también en un préstamo del alem. merid. y suizo *fûl* 'podrido', 'malo' (alem. *faul*), y en voz jergal no sería absurdo admitir un préstamo de alguna jerga alemana, aunque no se ve claro el conducto por el que se hubiese trasmitido el vocablo, pues en Italia sólo lo conocemos en la jerga alpina de Val di Sole (*ful* «ciarlatano, testa sventata», falta en Mirabella, Calvaruso y en muchos diccionarios de dialectos italianos).

Fulletería, V. *fullero*   *Fullingue*, V. *hollín*
Fullona, V. *hollar*   *Fumable, fumada, fumadero, fumador, fumante, fumar, fumarada, fumaria, fumarola, fumiaco, fumífero, fumigación, fumigar, fumigatorio, fumín, fumista, fumistería, fumívoro, fumo, fumosidad, fumoso*, V. *humo*   *Funámbulo*, V. *funicular*

FUNCIÓN, tomado del lat. *fŭnctio, -ōnis*, 'cumplimiento, ejecución (de algo)', 'pago (de un tributo)', derivado de *fŭngi* 'cumplir (con un deber, una función)'. 1.ª doc.: 1657, Valverde.

Falta todavía en Percivale-Minsheu, Oudin, Covarr., Franciosini; *Aut.* cita otros ejs. de fines del S. XVII. Entraría como término médico, según muestra el primer ej. Pronto se popularizó.

DERIV. *Funcional. Funcionar* [Baralt, 1855, lo califica de «galicismo redondo», pero se inclina a tolerarlo con aplicación fisiológica o mecánica; en francés desde 1787, y ya una vez en el S. XVII; Acad. 1884, no 1843]. *Funcionario* [Baralt reconoce que ya iba arraigándose este galicismo, aunque *empleado* debía preferirse; Acad. 1884, no 1843]. en francés desde 1789. *Fungible* [Acad. 1899], término jurídico, derivado culto de *fungi* en el sentido de 'consumir'. *Perfunctorio*, de *perfunctorius* íd., derivado de *perfungi* 'cumplir del todo, salir del paso'.

FUNDA, tomado del lat. tardío *fŭnda* 'bolsa', en latín clásico 'honda' y luego 'red de pescar', de donde 'bolsa'. 1.ª doc.: *funda* (S), o *hunda* (T), J. Ruiz, 1623a.

Está ahí en un sentido figurado; el Arcipreste, después de sus fracasos amorosos, encarga a su alcahuete: «búscame nueva *funda*». Figura también en el ms. *P* de *Alex.*, 2485b, hablando de la de un escudo (donde *O* trae *fronda*)[1]. La variante aragonesa *fundia* («tres *fundias* de fluxel») se halla en inventarios de 1469 y 1497 (*BRAE* IX; II, 89). Y «*funda de almohada o colchón:* fascia» está ya en Nebr., de donde pasó a PAlc., que traduce *fúnda*, como si esta voz hubiera pasado al hispanoárabe. *Funda* en el sentido de 'bolsa' se halla ya en Macrobio (princ. S. V), y procede de la idea de 'red, bolsa de red'; en el sentido de 'red de pescar' hay comparación con la honda de cazar pájaros (comp. cat. *esparver* 'gavilán' > 'red de pescar'). FUNDA se conservó popularmente en el it. antic. *fonda* 'bolsa', hoy sólo 'bolsa de piel para pistolas', y en calidad de cultismo en el cat. *funda* [1515], y port. *funda* 'sostén de los pechos'.

DERIV. *Enfundar* [Nebr.]; *enfundadura*.

[1] Esta forma se explicará, como el fr. *fronde* 'honda', por influjo de *FRŬNDŬLA* (> it. *frombola* 'honda'), diminutivo de FUNDA con R por repercusión (Niedermann, *Festschrift Gauchat*). Ast. *flunda* (V). A su vez es posible que haya relación entre este *fronda* y el port. *fronha* 'funda', si es que éste sale de un *FRŬNDĔA*; comp. *ENFURRUÑAR* y *ORONDO*.

Fundación, fundacional, fundador, V. *hondo*
Fundago, V. *fonda*   *Fundamental, fundamentar, fundamento, fundar*, V. *hondo*   *Fundente, fundería, fundible*, V. *fundir*   *Fundibulario, fundíbulo*, V. *honda*

FUNDIR, tomado del lat. *fŭndĕre* 'derramar', 'desparramar', 'derretir, fundir'. 1.ª doc.: h. 1250, *Setenario*, p. 43.9; *fondir, Conde Luc.*, ed. Knust 78.15; APal. 173d: «*fusile*, que se *funde* con grand fuego regalándose».

También Nebr.: «*Fundir metales:* conflo; *fusorio, en que funden*», Covarr. y *Aut.*; y figura en el vocabulario del *Quijote* (I, xxi, 84), etc. El vocablo popular castellano fué siempre *derretir*, lo cual explica el que *fundir* tenga carácter de cultismo; junto a él vivió con voz hereditaria *HUNDIR*, para la cual V. artículo aparte; en el mismo artículo el americano *fundir* 'arruinar'.

DERIV. *Fundente. Fundería* [1704, *Orden. Militares*], tomado del fr. *fonderie* íd. *Fundible* [APal. 414b]. *Fundición* [«*fusile:* que padece *fundición*», APal. 173b; 1609, Argensola]. *Fundido. Fundidor.*

Fonil, 'embudo con que se envasan líquidos en las pipas' [1587, G. de Palacio, *Instr.*, 143v.°], tomado del bordelés *fonilh* 'embudo' procedente del lat. vg. *FŬNDĪCULUM*[1], lat. INFŬNDĪBŬLUM íd.[2], derivado de INFŬNDĔRE 'echar un líquido en un vaso', y éste de FUNDERE; como indicó Brüch (*ASNSL* CXLIV, 257) *fonilh* y *enfonilh* se hallan en la Edad Media en textos occitanos de la Dordogne y del Lot-et-Garonne, y hoy se extiende por Gascuña, desde donde se ha propagado hasta el Puy-de-Dôme, Aveyron y Tarn, luego corresponde a la zona donde ND se reduce a -*n*-, y desde Burdeos, gran centro exportador de vinos y situado en la parte

Norte de esta zona, el vocablo se difundió al ingl. *funnel* [S. XV, *fonel*][3], bret. *founil*, cast.-port. *fonil* y vco. *fornil* y *funil*, éste en Sule y Amicuze (entre Sule y B. Nav.), *onil* vizc. (y parte del guip. y a. nav.), *txonil* vizc., *umil* en Guetaria (lab.), *unil* sul. (*unhil* S. XVII, Pouvreau), *huneł* b. nav. y sul.; en español el vocablo entró como término náutico, según advierte *Aut.*, y esto explica la mayor generalidad de su empleo en gallegoportugués, idioma de un pueblo esencialmente marino; también es de uso general en otras zonas occidentales, como Sanabria (*Homen. a M. P.* II, 165), Extremadura (*BRAE* IV, 90), Canarias (Pérez Vidal, 100); y en Puerto-Príncipe ha tomado obscenamente el valor de 'ano' (Pichardo); no es, como se ha dicho, un verdadero gasconismo, como lo es el vasco-francés *un(h)il*, *huneł* (M. L., *ASNSL* CLXVI, 53), pues entonces deberíamos tener *h-* en castellano, pero en la zona bordelesa la *F-* latina se conserva ya, por lo menos parcialmente, y más en la Edad Media[4].

Fusentes o *husentes* [ambos Acad. 1899], se aplicaba a las aguas del Guadalquivir en menguante, cuando vertían hacia la mar: la formación no es clara, quizá venga de un *(y)usentes*, hermano o hijo del fr. *jusant* 'marea baja', alterado por influjo de FŪSUS, participio de FŬNDĔRE 'derramar'. *Fusible*, derivado culto de dicho participio; *fusibilidad*. *Fúsil* 'fusible' [Covarr.], tomado de *fūsĭlis* íd. (comp. FRUSLERA); *fuslina* [Acad. ya 1843], tomado de un dialecto o de otro romance. *Fusión* [Acad. ya 1843], de *fusio*, *-ōnis*, íd.; *fusionar*; *fusionista*. *Fusor* (comp. *fusorio*, arriba).

Fútil [1693, Sartolo], tomado del lat. *fūtĭlis* '(vaso) que pierde', 'frágil', 'frívolo', derivado del mismo radical que *fundere* 'derramar'; *futilidad*.

Circunfuso.

Confundir [*cofonder*, Cid; íd. y *confonder*, Berceo; *confundir*, Mena (C. C. Smith, *BHisp.* LXI); APal. 418*b*: «Babel donde divinamente fueron confundidas las lenguas»; en la Edad Media significaba 'echar a perder, destruir'[5]], de CONFŬNDĔRE 'mezclar', 'enredar, hacer confuso'; *confundible*; *confundiente*; *confundimiento*; *confuso* [como mero participio de *confonder*, en Berceo; como adjetivo, S. XV: Cuervo, *Dicc.* II, 379-80; F. de Herrera, *RFE* XL, 133]; *confusión.*

Difundir [S. XVI: Fr. L. de Granada, F. de Herrera; vid. Cuervo, *Dicc.* II, 1229], tomado de *diffŭndĕre* íd.; *difundidor*; *difuso* [h. 1525, Alvar Gómez (C. C. Smith)]; *difusión*; *difusivo*; *difusor*.

Efundir [1438, J. de Mena], cultismo raro, de *effundere* íd.; *efuso*; *efusión* [ya estaría en doc. de 1449 (*BHisp.* LVIII, 90), S. XVII, *Aut.*]; *efusivo.*

Infundir [h. 1440, A. Torre (C. C. Smith); S. XVI: Fr. L. de Granada, Fr. L. de León], de *infŭndĕre* 'echar (un líquido en una vasija)'; *infuso* [Mena (C. C. Smith); como voz astrológica ya en la *Comedia Tebaida* (princ. S. XVI), p. 451; Lope]; *infusión* [h. 1440, A. Torre (C. C. Smith)];

infusible, *infusibilidad*; *infusorio* (porque se echa junto con el líquido). *Infosura* [1658, Arredondo; *infusura* S. XIII, *Libro de los Cavallos*, 93.25], enfermedad de las caballerías que según aquel autor y *Aut.* era causada por exceso de comida, del lat. tardío *infūsūra* 'alimento ingerido', con disimilación vocálica como en el vulgar *sepoltura.*

Perfusión, derivado de *perfŭndĕre* 'bañar completamente'.

Profuso [G. de Salas, † 1651], de *profūsus* íd., participio de *profundere* 'derramar extensamente'; *profusión.*

Refundir [M. de Ágreda, † 1665], de *refundere* 'volver a fundir'; *refundición*; *refundidor.*

Rehusar [*refusar*, Berceo; en J. Ruiz, 239*a* es 'resistirse, recalcitrar' hablando de un asno; en Sem Tob, pasaje citado a propósito de *deprender*, es 'retroceder, perder'; sentido moderno en Berceo, *Castigos de D. Sancho* 214, Nebr., etc.], de *RE- FŪSARE* (conservado en todos los romances de Occidente), derivado de REFŪSUS, participio de REFUN- DERE 'derramar', 'rechazar' (más bien que de un cruce de REFUTARE con RECUSARE, como supuso Thurneysen, *ALLG* XIII, 2); *rehús* granad. (*h* aspirada), *r(e)ús* bilb. (Arriaga, Supl.), alav., sor., *rebús* burg. 'desecho, rezago' (G. de Diego, *RFE* VII, 137). Cat. y gall.-port. *refusar*[6].

Sobrehusa and. 'guiso de pescado con salsa', de SŬPERFŪSA 'derramada por encima'.

Sufusión, de *suffusio*, *-onis*, derivado de *suffundere* 'extender por debajo'.

Transfundir [1433, Villena (C. C. Smith); h. 1600, Ribadeneira], de *transfŭndĕre* 'echar un líquido de un vaso a otro'; *transfusible*; *transfusión* [*Aut.*] o *trasfundición*; *transfusor.*

[1] Casi puede considerarse documentado, pues FU(N)DIBULUM 'embudo' se halla en *CGL* IV, 345.54, y V, 599.36, e INFIDICULUM (que deberá leerse INFUNDICULUM O INFUDICULUM) se lee en *CGL* III, 326.43.— [2] De ahí el compuesto *infundibuliforme*.— [3] Sabido es que el mercado inglés, gran consumidor de vinos, los importó siempre de Francia, y en su mayor parte de Burdeos, sobre todo en la Edad Media, en que Burdeos y la Guyena pertenecían a Inglaterra. De ahí que gran parte del vocabulario inglés relativo al vino y a la tonelería esté constituído por evidentes occitanismos (no galicismos); además de *funnel*: *colander* 'coladero' < oc. *colador* (cuya *-d-* ya había desaparecido en francés cuando la conquista de Inglaterra por los normandos o se hallaba a punto de desaparecer y tenía el valor fonético de la *th* sonora inglesa); *spigot* «peg for insertion into a gimlet-hole in a cask» < oc. *espigot* (comp. fr. ant. *espiot*); *rack* «to draw off wine from the lees» < oc. *arracar*, derivado de *raca* 'heces, zupia'; *noose* 'lazo con nudo corredizo' (empleado para sujetar barriles y odres transportados en caballería) < oc. *nos* NŌDUS (comp. fr. *noeud*); *puncheon* 'punzón', 'cuba' < oc. *pounchoun* (aunque podría ser el norm.

poinchon, el origen occitano es más probable en vista de los demás casos).— ⁴ M. L. Wagner, *ASNSL* CXXXIX, 96, desorientado por la gran extensión del tipo *fonil*, supuso que procedía de un lat. vg. *FUNIBULUM (o algo parecido), debido a un cruce con el gr. χωνίον. En este caso debemos dar la razón a Brüch, pues la teoría de Wagner es insostenible a todas luces: la *f-* castellana y la terminación -*il* hispanoportuguesa obligarían a admitir un galicismo de todas maneras, pero además de que no hay un fr. ant. *fonil*, la explicación por el bordelés es mucho más sencilla y satisfactoria. El artículo de Wagner, en que este filólogo eminente cede a su excesiva propensión a admitir cruces de palabras, es francamente desafortunado: salta a la vista que el lat. vg. (*i*)*stentinae* se debe a una sencilla metátesis de *intestinae* (de tipo corriente: *Cocentaina* < COSTENTANIA < CONTESTANIA; y al revés los muy extendidos *Contasti*(*n*) y *Contastinople* en vez de CONSTANTINUS y CONSTANTINOPOLIS), y no a un cruce con el gr. ἔντερα, que no presenta analogía fónica con *istentinae*, sino con *intestinae*, y si en algo pudo influir habría sido para impedir y no para favorecer la metátesis.— ⁵ Siempre en la forma *cofonder* (*conf-*) y más tarde *cohonder* [*Canc. de Baena*], que todavía recuerda J. de Valdés, pero como anticuada: «ya no dezimos... *cohonder* por gastar o corromper... en aquel refrán que dize: muchos maestros *cohonden* la novia», *Diál. de la L.*, 104.4; pero todavía la emplea Cervantes como propia del lenguaje popular de Sancho (*Quijote* I, xxv, Rivad. 312*b*). Por entonces ya el vocablo había sufrido la influencia fonética y semántica del latín clásico *confundere*, de donde el moderno *confundir*. Para toda la historia del verbo, vid. Cuervo, *Dicc.* II, 377-9.— ⁶ En gallego y portugués, además de 'denegar' es 'rechazar', ac. en la cual, en ambas zonas de la lengua, aparece además en la forma *refugar*: «non hai razón pra *refusar* a pintura orfista», pero también «as cachafullas que *refugaron* os reloxeiros», «o galego, somentes *refugado* polos senoritos» Castelao 228.3, 243.21. Parece debido a un cruce con *fugar*, pero como éste es más bien reflexivo que transitivo y no es usual en portugués, no es inverosímil postular un *REFUSICARE (formación correcta en lat. vg., aunque no aparezca en otros romances) > *refusgar (con *s* sonora, eliminada directamente o por disimilación de un intermedio de *refurgar).

Fundo, V. *hondo*

FUNERAL, tomado del lat. *fūnerālis* 'perteneciente a un funeral', derivado de *fūnus, -ĕris*, 'funeral, ceremonia fúnebre'. *1.ª doc.*: 1590, J. de Acosta.

Falta todavía en Covarr. y en C. de las Casas (1570), que traduce el it. *funerale* por «cosa de muerte o dolorosa», pero lo emplean Góngora y

Paravicino (*RFE* XXIV, 313).

DERIV. Los derivados son todos cultismos. *A la funerala. Funeralias* ant. *Funerario* [APal. 172*d*; pero falta Covarr. y *Aut.*], de *funerarius* íd.; *funeraria. Funéreo. Fúnebre* [Quevedo], de *fūnĕbris*, otro derivado de *funus: funebridad* ant. *Funesto* [F. de Herrera y Fr. Luis de León, *RFE* XL, 164; 1605, *Quijote*, I, xiv, 48; falta todavía en Covarr.], de *fūnĕstus* 'funerario', 'funesto', también derivado de *funus; funestoso; funestar*.

Funero, V. *funículo*   *Fungar*, V. *refunfuñar*,
Fungible, V. *función*   *Fungosidad, fungoso*, V.
hongo

FUNÍCULO, tomado del lat. *fūnĭcŭlus* 'cordón, cuerdecita', diminutivo de *funis* 'cuerda'. *1.ª doc.*: Acad. 1884, no 1843.

Término técnico de botánica.

DERIV. *Funicular* [Terr., como término técnico de física; en la ac. moderna, h. 1901, Pagés]. Derivados populares de FUNIS son el ast. *funeru* 'cada una de las cuatro clavijas de madera que se ponen a los bordes del *pertegal* para pasar por ellas la cuerda con que se ata la carga del carro' (V), port. *fueiro*; el gall. *fungueiros* «los *estadullos* [cast. estadojos], palos o estacas que se levantan en el carro» (Sarm. *CaG.* 95*r*, 130*r*) no creo que corresponda a una base FUN-IC-ARIU, sino de *fũeiro* con una nueva concreción consonántica de la nasalidad, como la de *uɳa* UNA o de *engadir* INADDERE; cat. dial. *funills* «cordills dels àrguens», sant. *junaza* 'soga de crin para sujetar la hierba de las carretas' (G. Lomas); de un cast. o gasc. *la hun (> **l'aun*) > Lequeitio *agun* 'cuerda de una pulgada de espesor'.

CPT. *Funámbulo* [1684, Solís], tomado del lat. *funambulus* íd., compuesto con *ambulare* 'andar', propiamente 'el que anda en la maroma'.

FUÑAR, gnía., 'revolver pendencias', del cat. *fonyar* (dial. *funyar*) 'hundir (en una masa)', 'amasar', 'manosear', 'murmurar, regañar', y éste del lat. vg. *FŬNDIARE 'hurgar, revolver', derivado de FUNDUS 'fondo'. *1.ª doc.*: 1609, Juan Hidalgo.

Aut. cita además ej. de Quevedo y Hill los da de romances de germanía, publicados por el propio Hidalgo. Se trata de otro catalanismo germanesco, procedente quizá de Valencia (véase FULLERO). Allí Escrig registra *funyar* y *funyir* «mamullar; mascullar; regañar», y Sanelo (150*r*°) ya encontró *funyir* = *marmolar* ('murmurar, gruñir')¹. El sentido fundamental de la voz catalana parece hallarse en el ampurdanés Pous i Pagés: «amorrar-lo damunt del plat, fent-li *fonyar* la cara en la vianda fins que s'ofegués» (*Quan se fa nosa* II, 191), donde es 'hundir en una masa'; por otra parte en Tortosa *funyar* es 'henyir', 'amasar el pan' (*BDC* III, 98), sentido que reaparece en *BDC* XVI, 28. Fabra y Ag. definen 'amasar el pan' y «prémer i masegar (alguna cosa) fent amb la mà els mateixos moviments que per a fonyar una pasta», según el último en Ibiza significa 'pisar, pisotear', y Griera dice que en Súria y en Cornet (no lejos de Manresa) es 'pisar la uva en el lagar'; de Boadella (Alto Ampurdán) tengo anotado *tenir les glans en fonya* 'tener las bellotas en el fondo de un cubo, cubiertas de agua, para que se conserven más tiernas'. Claro está que en la ac. 'amasar' hay cruce con el lat. FĬNGĔRE, cat. *fènyer* 'heñir', como se ve también por la forma *fonyir* «fonyar, fènyer» recogida por Ag. en Vic, y por el tortosino *funyidó* 'tabla de la amasadera' (*BDC* III, 98), pero *fonyar* es voz originariamente distinta, y hermana de la familia galorrománica de *FUNDIARE, que Wartburg (*FEW* III, 867-9) halla en todas las hablas occitanas y en muchas francesas, con las dos acs. fundamentales de 'hurgar, revolver' y 'gruñir, refunfuñar, poner hocico'. Volveré a tratar más detenidamente del vocablo en mi *DECat*. Desde luego creo que el contacto con la familia onomatopéyica de *refunfuñar* es secundario.

DERIV. *Fuñador* [1609, J. Hidalgo]. *Fuño* 'pelea' [íd.]. *Fuñicar* 'hacer una labor con torpeza o ñoñería' (Acad. después de 1899), en León 'hurgar' (Puyol, *RH* XV, 5); *fuñique* 'inhábil y embarazado en las acciones', 'meticuloso, chinche'. *Foñico*, and. 'hojas secas de maíz' (Toro G., *RH* XLIX, 454). Ast. *afoñicar* 'arrimarse una persona a otra molestándola con sus movimientos, comúnmente hablando de los niños' (V).

¹ Es verdad que en 150 vº da «*marmolar, sunyir: regañar*», y *sunyir* también figura en Escrig «regañar; dar muestras de enfado; reñir; refunfuñar», que en apariencia se relaciona con *suny* 'ceño, zuño', vocablo oscuro y de existencia mal asegurada, por lo demás. Pero dejando aparte *sunyir* «igualar el borde de algunas cosas de metal, de forma cóncava, frotando sobre una superficie plana, áspera y dura; es término de plateros», que será vocablo diferente, parece muy natural que o *funyir* o *sunyir* sean malas lecturas el uno del otro, y creo que será este último el erróneo.

Fuñate, V. *uña*	*Fuñingue*, V. *hollín* *Fu-*
ñique, V. *fuñar*	*Fuñir*, V. *hollín* *Furacar*,
furaco, V. *horadar*	*Furción*, V. *infurción*
Furente, V. *furia*	*Furfuráceo*, V. *fórfolas*
Furgón, V. *hurgar*	

FURIA, tomado del lat. *fŭrĭa* 'delirio furioso', 'violencia', derivado de *fŭrĕre* 'delirar', 'estar furioso'. *1.ª doc.*: *Corbacho* (C. C. Smith, *BHisp.* LXI); 1449, Santillana (Viñaza, col. 783).

Cej. IX, § 166. Está también en APal. («*furiosus*, el que... a manera de fieras se ayra con *furia*», 173b) y en Nebr. («*furia* o *furor*»)¹, y es frecuente en el Siglo de Oro (*Aut.*). Hoy ha pasado hasta el uso vulgar en todas partes (de ahí la pronunciación americana *juria*: Ascasubi, *BDHA* III, 203; Dra-

ghi, *Canc. Cuyano*, p. XCI)².

DERIV. Los derivados son también antiguos cultismos. *Furioso* [*Corbacho* (C. C. Smith); APal. 3b, 41b, 173b, 194b; Nebr.; es ya muy clásico, y hoy aún más popular que *furia*], de *fŭrĭōsus* íd. *Furente* [*furiente*, S. XV, *Canc. de Stúñiga*, glos., forma influída por *furia* y *furioso*, comp. cat. *furient*; *furiente* como trisílabo y como tetrasílabo, en 1475, en G. de Segovia, p. 64; *furente*, cultismo poético, Bocángel, † 1656], de *furens, -éntis*, participio activo del citado *furēre*. *Furibundo* [Mena (C. C. Smith); h. 1580, Fr. L. de León, *RFE* XL, 165; 1605, *Quijote*], de *fŭrĭbŭndus* íd., derivado de *furere* (comp. *BARAHUNDA*). *Furor* [Santillana (C. C. Smith); APal. 169b: «*fremere* es mostrar por expression de boz el *furor* de la voluntad»; 173b, 217b; Nebr.; ya frecuente en los clásicos, pero hoy menos popular que *furia*], de *furor, -ōris*, íd. *Enfurecer* [1570, C. de las Casas; frecuente en los clásicos], derivado semiculto de *fŭrēre*; *enfurecimiento*; *enfuriar* es palabra de existencia incierta en lo antiguo, pues sólo se halla en la falsificación *Centón Epistolario* hecha en Italia (it. *infuriare*), aunque hoy se ha creado como derivado vulgar en Salamanca.

¹ En el glosario de Palacio (h. 1400) es glosa latina y no castellana (Castro, p. 369).— ² *Furrieta* «bravata, fanfurriña y expresión de ira o enojo» (*Aut.*) parece ser un cruce de *furia* con *rabieta*.

Furiola, -iona, V. *farra*	*Furlón*, V. *forlón*
Furnazas, V. *horno*	

FURNIA, antill., ast., and., canar. 'sima', 'bodega bajo tierra', palabra de origen leonés, hermana del gall.-port. *furna* 'caverna', y del cat. pirenaico *forna* íd., y procedente de una base *FORNIA, emparentada con FORNIX, -ĬCIS, 'bóveda', 'túnel', 'roca agujereada', o con FŬRNUS 'horno'. *1.ª doc.*: *furna*, 1555, en el extremeño Cieza de León; *furnia*, en el cubano Pichardo, 1836 (1875).

Véase mi artículo en *RFH* VI, 151-2. En las dos Antillas mayores *furnia* es 'sima, concavidad subterránea vertical', en Puerto Rico y en Asturias (Rato, s. v. *agüería*) es un 'sumidero o agujero por donde se escurren las aguas'; también se cita como vocablo perteneciente al léxico andaluz en el sentido de 'bodega bajo tierra' (Acad. después de 1899, pero no Toro G., y A. Venceslada sólo en la 2.ª ed.), y al gitano en el de 'cueva' (Borrow, a. 1840), pero ahí ha de ser de origen romance, quizá andalucismo.

En gallego *furna* es 'caverna, gruta, concavidad profunda hecha en las rocas' (Carré; no Vall.), 'socavo que hace el mar' (G. de Diego, *RFE* IX, 145), y en portugués 'cueva, caverna', 'cavidad en un roquedal, roca sobresaliente que forma abrigo' [J. de Barros, h. 1550, y otros ejs. clásicos]; los portugueses debieron de emplear también *furna* en la ac. gallega, pues Bernardo Rodrigues, princ.

S. XVI, cita un topónimo *As Furnas* en la costa marroquí, junto a Arcila (*Al-And.* XIX, 165). Como derivado romance de *forno* 'horno' o como descendiente de FORNAX, -ĀCIS, 'hornalla'[1], el port. *furna* no se explicaría a causa de la *u*. Se impone considerar que *furna* viene de la forma *furnia* conservada en español, cuya *i̯* nos explica la *u* tónica, por metafonía (comp. port. *chuva* = cast. *lluvia, estudo* < *estúdio*, etc.).

Para la etimología, puede partirse del lat. FORNIX 'bóveda', que en Livio ya significa 'túnel' y en numerosos glosarios tiene las acs. 'roca agujereada', 'peña hueca'[2]; como el latín vulgar vacilaba entre -x y -s (*milex, locuplex, poplex* en el *Appendix Probi*), FORNIX pudo cambiarse en FORNIS, femenino, cambiado a su vez en *FORNIA, que nos explicaría directamente *furnia* y *furna;* por otra parte existiría una variante *FORNA, de donde el pallarés *forna* 'agujero en una roca, cueva pequeña'[3], que al parecer se prolonga en territorio francés a juzgar por el bearn. *hourne* «réduit obscur, caverne» (Palay) y por el nombre de lugar *La Fourno* en el Aude, y los numerosos *Fournes* del mismo departamento (*Fornas* a. 1101; a. 1246), vid. Sabarthès, *Dict. Topogr. de l'Aude;* formas más parecidas al pall. *forna* pudieron existir en cast.: dos pueblos hoy llamados *Hornilla* figuran con el nombre de *Horna* en el Becerro de las Behetrías del S. XIV, en el término de Merindad de Castilla la Vieja, partido de Villarcayo; *Las Hornillas* es nombre de un cerro junto a la Estancia del Salto, en Potrerillos, prov. Mendoza (Arg.). También cabría suponer, aunque menos probable, que FORNĬCEM dió primero *fórnez, *fornes (comp. AURIFĬCEM > *oríbez* y luego *oribe, Uribe,* etc.), y de ahí *fórnea > *furnia.* En cuanto al port. *cafurna* 'cueva, escondrijo', gall. *cafurna* 'caverna, antro profundo' (Carré; «socavón del mar» GdD, *GrHcaGall.* 74: cruce con *caverna*), prov. *cafourno* 'caverne, repaire, cahute' (*FEW* III, 907*b*, 908*b*), pueden derivar de un verbo CON-FŬRN-ARE (cat. *encofurnar* 'meter en un escondrijo'), aunque influído en portugués por el vocalismo de *furna*[4]. O bien se puede suponer un COVA *FŬRNĔA o *FŬRNA 'cueva a manera de horno', que en unas partes se contraería en *COFURN(E)A por haplología de las dos labiales V-F, y en otras se simplificaría en *FURN(E)A.

Para el uso en Canarias, vid. Régulo Pérez, *Rev. de Hist. de la Lag.,* n.º 84, 483-4.

[1] Cornu, *Port. Spr.,* § 28, dice que ha de venir de FORNAX a causa de la forma *furnas* «lugar escuro e subterrâneo» mencionada por el trasmontano Madureira (1739). Pero esta deducción sólo sería legítima si Madureira hiciera constar que *fûrnas* es un masculino singular, lo cual no es el caso. Seguramente se tratará del plural del femenino *furna,* que ya está empleado como tal dos siglos antes por Juan de Barros; vid. la cita in extenso en Vieira.— [2] Para descendientes populares de FORNIX, vid. *HORNACINA*

y *fornaguero* 'lujurioso' (*Alex.,* 2210*d*, en relación semántica con el derivado *fornicare*), cast. *hornaguero* 'flojo, holgado'. El santand. *hornía, jornia, jornillo, -ijo,* 'cenicero contiguo al fogón' (G. Lomas) parece ser *FORNICULA.— [3] Aunque FORNIX, a juzgar por Prisciano (Keil II, 165.11), parece que tenía ŏ, *forna* se pronuncia con *o* cerrada. Pero claro está que el vocablo ha sufrido el influjo de *forn* 'horno'. En documento sevillano de 1294 (M. P., *D. L.,* 355.15) aparece *fuerno,* al parecer con el valor de 'horno' (pero comp. *ffornos* en la línea 46); no es ésta la única singularidad dialectal de este documento, que emplea *fizon* por 'hicieron'. Quizá sea aquélla una forma mozárabe explicable por ultracorrección de las formas mozárabes con ŏ no diptongada; pero cabe también pensar en FŎRNIX, sea por diptongación directa o por metátesis *furnia* > *fuirna* > *fuerna.*— [4] El cat. *cofurna* 'chiribitil' quizá sea provenzalismo reciente; comp. la forma autóctona *Coforns* en la toponimia de Pardines (Valle de Ribes). La idea de Spitzer, *RFH* VII, 281, parece ser que *furnia* viene de la cruce de FURNUS con CAVĔA 'cavidad', 'jaula'; quizá, pero me deja escéptico este cruce con una terminación átona, que ni siquiera afecta a la consonante precedente; desde luego creo imposible que *cafurna* resulte de otro cruce de *furna* con CAVEA, pues esta palabra tiene *g-* en todos los romances ibéricos.

Furo, V. *horadar* y *huraño*　*Furona,* V. *orondo　Furor,* V. *furia　Furriel, furriera,* V. *forraje　Furriela, furriola, furriona,* V. *farra　Furrieta,* V. *furia　Furro,* V. *huraño　Furrusca,* V. *enfrascarse　Furtador, furtar, furtiblemente, furtivo, furto, furúnculo,* V. *hurtar　Furundungo,* V. *orondo　Fusa, fusado,* V. *huso　Fusca, fuscar, fusco,* V. *hosco　Fuselado, fuselaje,* V. *huso　Fusentes, fusibilidad, fusible,* V. *fundir　Fusiforme,* V. *huso　Fúsil,* V. *fundir*

FUSIL, 'arma de fuego', tomado del fr. *fusil,* que en la Edad Media significaba 'pedernal' o 'eslabón de encender fuego', se aplicó luego al pedernal que chocando con el rastrillo de un arma de fuego dispara el arma, y finalmente al arma misma o fusil de chispa, que funcionaba de esta manera; el fr. *fusil* procede del lat. vg. *FOCĪLE 'pedernal', derivado de FOCUS 'fuego'. *1.ª doc.*: 1728, Ordenanzas Militares (*Aut.*). Cej. VIII, § 131.

En el idioma vecino se documenta como nombre de arma de fuego desde 1671, y como nombre del pedernal aparece desde 1180. Del mismo origen son el it. *focile* [Dante], oc. ant. *fozil* y port. *fuzil,* todos ellos 'pedernal' o 'eslabón de encender'[1], y este vocablo se extiende a ciertas hablas leonesas: León *fucil* (vid. nota), y *hocil* 'eslabón de encender', con *h* aspirada, en Fregeneda y en Casillas de las Flores (Salamanca: *RFE*

XXIII, 228-9). De ahí deriva el port. *fuzilar* 'relampaguear' (por comparación con los destellos del pedernal) y el cast. ant. *foçilar* íd., empleado por el sevillano Francisco Imperial, *Canc. de Baena*, n.º 226, v. 265; de León el vocablo pasó a América, donde hoy *fucilar* (malamente escrito con *s*) se emplea en Cuba, *fucilazo* 'relámpago' en Puerto Rico, y *refucilar*, *refucilo* (*refo-*), con los mismos sentidos, en el Ecuador y en la Arg.; vid. *RFH* VI, 144n.². Es arbitraria la etimología de MzPidal (*Fs. Wartburg* 1958, 523-7) lat. *(re)focĭlare* 'calentar, reanimar' sentido del cual no puede deducirse de ninguna manera el de 'relampaguear' (además de que la *ĭ* de la palabra latina no habría dado una *i* romance). La derivación de FOCĪLE 'pedernal' es en cambio evidente. Mz. Pidal se funda sólo en una forma *rebocilar* o *regocilar*, pero ésta es una variante meramente local de Ribadesella, como subraya él mismo, y no hay que pensar siquiera en que esta *b* o *g* sea sonorización de una -F- latina intervocálica, entre otras razones porque Ribadesella está ya en la zona que aspira la F y en posición intervocálica puede llegar a enmudecerla del todo[1] (de donde luego la -*b*- o -*g*- antihiática). Que el vocablo leonés pasara a América directamente o por conducto de Andalucía (donde lo emplea Fdo. de Herrera) son posibilidades igualmente admisibles.

Ni en el cast. común ni en cat. parece haber habido descendientes autóctonos de *FOCILE. En fr. el resultado regular era *foisil*, documentado en los ejs. más antiguos, pero pronto se halla *fuisil* y después *fusil*, lo cual quizá se explique por influjo de *fusée* 'cohete', de significado análogo, o más bien por el fr. dial. *fu* 'fuego', forma dialectal extendidísima en la Edad Media. No es probable que en francés *fusil* 'fusil' proceda del italiano (como quiere M-L., *REW* 3399), tratándose de una invención del fin del S. XVII, según observa el *FEW* (III, 650-1); más bien debe creerse que el it. *fucile* 'fusil' sea el fr. *fusil*, influído formalmente por el antiguo *focile* 'pedernal'.

DERIV. *Fusilazo* [*Aut.*]. *Fusilero* [1728]; *fusilería* [íd.: *Aut.*]. *Fusilar* [Acad. 1843, no 1817]; *fusilamiento*.

¹ En portugués también 'eslabón de una cadena', que será aplicación secundaria del eslabón o pedazo de metal empleado para encender fuego: en castellano ha habido la evolución semántica inversa. En Valdavido (León) *fucil* ha llegado a significar el eslabón que sirve para colgar el caldero en el hogar, pero esto no autoriza a suponer un CATENA *FOCILIS, como cree Wartburg.— ² No conozco la fuente de que se sirve Minsheu (1623) al definir *fócil* (léase *focil*) «a little flash or flame of fire suddenly made and quickly out again, as of gunpowder or such like; also a steele to strike fire with, a tinder boxe; also the name of a certain bone in the armes». La Acad., desde 1899, registra *fucilar*

'fulgurar, rielar', como poético (en ediciones posteriores además 'producirse fucilazos en el horizonte'), *fucilazo* 'relámpago sin ruido', que han de ser voces dialectales, y no italianismos como dice la Acad.

Fusión, fusionar, fusionista, V. *fundir*

FUSIQUE, 'pomo en cuya extremidad hay unos agujeritos por donde sorbe la nariz el tabaco en polvo', ast., gall., probablemente derivado de *focicar* por *hocicar* 'meter el hocico' (V. *HOCICO*). *1.ª doc.*: Acad. 1817, no 1783.

La Acad. cita además la variante *fosique*, y según parece (Eguílaz) hay variante gall. o ast. *fuxique*; Vall. da en el mismo sentido el gall. *fuchique*. Ahora bien, *fuxicar*, *fuchicar* o *fochicar* es en esta lengua 'escarbar, hurgar', 'ponerse a hacer una cosa y no saber hacerla', 'entretenerse en cosas de poca importancia', acs. derivadas evidentemente de la de 'hocicar'; port. *fuxicar* 'echar a perder', 'arrugar' (en el Minho, etc.), brasil. *fuxico* 'chisme, intriga'. Desde luego hay que renunciar a la etimología de Eguílaz ár. *faŭšíq* 'especie de bomba lanzada con fusil', palabra rara en este idioma, de significado muy diferente, e inadecuada para explicar un regionalismo del NO. de España.

La -*s*- no viene directamente de -*c*-, sino que es el resultado de la adaptación del sonido forastero -*x*- al castellano.

¹ El propio Mz. Pidal, p. 528, nos lo prueba al darnos a conocer la forma *doín* 'delfín' empleado en Ribadesella.

Fuslera, V. *fruslera*   *Fuslina*, V. *fundir*
Fuso, V. *huso*   *Fusor*, V. *fundir*

FUSTÁN, palabra común a los varios romances y al árabe hispánico y moderno, de origen incierto, tal vez arábigo. *1.ª doc*: *fustayn* (es decir: *fustañ*), doc. de la Rioja Baja, a. 1289 (M. P., *D. L.*, 130.24).

El origen de este vocablo no se ha estudiado seriamente. Diez, *Wb.*, 150, formuló brevemente una conjetura. Baist la negó[1] y propuso otra, pero sus dos notas (*RF* IV, 380; y *ZRPh.* XVIII, 280) no revelan un estudio más detenido. De los demás autores, unos han repetido la conjetura oriental de Diez, dándola como más o menos cierta[2], y otros han admitido la etimología europea de Baist como hecho averiguado[3]; se nota el silencio de los orientalistas competentes (Dozy, Devic, Steiger, Neuvonen); por lo demás, Baist, en su crítica a Diez, no hace más que repetir sin citarle los argumentos y datos aducidos por Simonet.

Estas razones no resuelven el problema. Se trataría, según la primera hipótesis, del nombre de la ciudad de *Fusṭâṭ*, antiguo suburbio del Cairo, donde se supone fabricada esta tela, sin que este

dato de hecho sea inverosímil ni tampoco esté
documentado; a ello replica Simonet, coreado por
muchos, que entonces debiera haberse empleado el
gentilicio árabe *fusṭāṭî* y no el nombre de la ciudad misma. Pero el hecho es que en realidad no
habría gran diferencia, pues el hispanoárabe tras-
ladaba el acento en gentilicios de esta estructura,
y así como de *barrānî* hizo *barrâni* y de ahí *al-
barrán*, deberíamos esperar que el hispanoár. *fus-
ṭâṭi* (< *fusṭāṭî*) se romanizara en **fustat*, que bien
pudo cambiarse en *fustán*, sea por razones de orden general, a causa de la terminación forastera,
tal como *ᶜaqrab* o *siqlab* pasan a *alacrán*, *ciclán*,
sea ayudando el influjo del casi-sinónimo *barragán* (> alem. *barchent* 'fustán'). La clave del problema no se halla, pues, ahí.

Tampoco decide la cuestión el examen de las
varias formas empleadas en árabe moderno. Que el
ár. (Siria, Egipto, Palestina) *fustân* o *fustân* «cotte,
jupe, robe pour femme», turco *fistân*, y que el
árabe de España y Argelia *fusṭân* 'fustán' son de
origen romance, es probable, en vista de la alternancia *s ~ š* y *t ~ ṭ*, y la forma *fušṭâl* de PAlc.
aumenta la impresión de inseguridad que produce el vocablo; pero en materia comercial son
muchos los casos de vocablos orientales, que han
vuelto de Occidente al árabe moderno junto con
una nueva elaboración del producto (comp. *ES-
CARLATA*), y el de *fustán* puede ser uno de
ellos: de hecho sabemos que en el S. XII se
llevaban fustanes de Italia a Siria (Scheludko). Es
verdad que el que haya una relación con el *Fusṭâṭ* del Cairo no consta en parte alguna, y mientras este punto no se indague, conviene dejarlo
a un lado. Lo importante sería confirmar si el
fustán es de origen oriental, como asegura un
autor tan bien informado como Gay (*Gloss. Archéologique*), aunque reconociendo que en el S.
XII ya se había adoptado en Francia; todavía
en el XIII una fuente occitana citada por Scheludko menciona como lugares de producción del
fustán sólo Barcelona y Lombardía, o sea Italia,
lugares europeos, pero que constituían entonces las
puertas de entrada del comercio oriental en Europa.

La documentación filológica no resuelve la cuestión. En Italia y en Francia el vocablo es antiguo,
como se ve por la fecha de las formas romances,
it. *fustagno* [1255], fr. ant. *fustagne*, hoy *futaine*
[S. XIII], ingl. *fustian* [h. 1300], y más por la
gran frecuencia del b. lat. *fustanium*, *fustanum*,
fustana, en fuentes de estos países, con un ej. de
fustanius en 1160, procedente de Francia. Pero
también es antiguo en la Península Ibérica. Las
citas del cat. ant. *fustani* (alguna vez *fustany*) son
abundantes desde 1249 (Alcover) y ya aparece en
1202 («I capud de *fustani* et I capam de vesti-
bus», *Cartul. de St. Cugat* III, 361); mall. *fus-
taina*.

En cast., además del documento de 1289, tenemos *fustany* y (dos veces) *fustanyo* en inventario

aragonés de 1397 (*BRAE* IV, 218), *fustán* y *fustanyo* en otros posteriores, y ya *fustanyón* en uno
de 1365 (Pottier, *VRom.* X, 158), *fustán* h. 1400,
en el Glosario de Palacio, *hustán* a med. S. XV
en Gómez Manrique, etc. En portugués, *fustam*
(pl. *fustaes*) aparece en 1123, 1186, 1254 (Cortesão), *fustã* ya en las Cantigas de Alfonso el Sabio
(599). Del hispanoár. *fusṭân* tenemos testimonio en
los Viajes de Abenbatuta, debidos a la colaboración de un español y un marroquí, a princ. S.
XIV. En total, el vocablo aparece casi simultáneamente en todo el Occidente, y si la gran antigüedad del vocablo en portugués es favorable a
un origen árabe, los testimonios del bajo latín
galicano apenas le quedan en zaga, y aun acaso
se le anticipen.

Examinemos, pues, el origen europeo propuesto
por Baist. El b. lat. *fustaneum* sería una traducción monacal del grecolatino *xylinum* 'algodón'
(Plinio), formado con el gr. ξύλον 'madera' y 'árbol', por el origen vegetal de este tejido: así como
un glosador medieval lo imitó llamándolo *lana
de ligno* (vid. Du C., s. v. *bombax*), otros habrían
formado *fustaneum* a base de *fustis*. Poco convincente es este bautizo de un producto comercial en los claustros; ni era el fustán la única
tela de algodón usada, para apropiarle como específica una denominación que debiera ser general, ni es verosímil que para ello se partiera del
vocablo *fustis* 'bastón, garrote', que sólo en Cataluña y tierras de Oc había tomado el sentido
de 'madera': lo probable es que cualquier monje, aun catalán, puesto a forjar una denominación
latina, hubiera pensado en *lignum* y no en *fustis*.
Para corroborar esta etimología debería probarse
muy sólidamente que la palabra se creó en Cataluña, para lo cual no nos basta saber que desde
Barcelona se exportaban fustanes en el S. XIII.
Tampoco es posible un derivado catalán meramente romance, atendiendo al evidente carácter
culto de la terminación *-ani*, fr. *-aine*.

Quedamos, pues, en duda. Tanto más cuanto que
existe otra posibilidad de explicación arábiga. El
Qamûs, diccionario del árabe clásico escrito en
Oriente a princ. S. XV nos informa (vid. Freytag) de que *fussâṭ* era una tienda de campaña
hecha de algodón[4]; ahora bien, esta palabra, que
propiamente significaba 'campamento' (es idéntica
en su origen al cast. *FONSADO*), tenía una variante *fusṭâṭ*, de la cual procede el nombre del
suburbio del Cairo, y que era la variante empleada en el árabe de España, pues R. Martí la traduce por «tabernaculum» ('tienda') y PAlc. por
'pabellón de cama'; argelino *fasṭâṭ* «tente» (Beaussier). Este *fusṭâṭ*, aunque en definitiva de origen
latino, se empleaba desde muy antiguo en el árabe
de Oriente, de África y de España, y puesto que
n o s c o n s t a que designaba una tienda de algodón, sería razonable suponer que los cristianos
al ponerse a fabricar telas de este género le die-

ran el nombre arábigo de un objeto hecho del mismo género, que les era bien conocido por las guerras de la reconquista (Pottier (*BHisp.* LVIII, 360) llama la atención hacia una forma *fusteda* (que aparece en unas ordenanzas granadinas de la seda en 1515) como favorable a la etimología ár. *fuṣṭâṭ* que ahí propongo; lástima que no cite el contexto). Entonces el vocablo habría podido partir del castellano y portugués (pues en catalán y galorromance no se explicaría tan bien el cambio de terminación) y al propagarse a los demás idiomas se le habría dado la forma latinizante *fustani* (> fr. *futaine*). Este último detalle es una dificultad que quizá sea posible explicar[5].

DERIV. *Fustanero.*

[1] Por lo demás, Baist la atribuye a Defrémery, quizá por una confusión de iniciales, pues no veo nada relativo a *fustán* en la reseña que este erudito publicó del Glosario de Dozy en la *Revue Critique* (1868) y en el *Journal Asiatique* (1869).— [2] P. ej. el *NED*, Skeat, M-L. en su primera edición (*REW*[1] 2463), Scheludko (*ZRPh.* XLVII, 429-30), Eguílaz.— [3] Wartburg, *FEW* III, 920a; M-L., *REW*[3], 3618.— [4] «Tentorium ex gossypio factum», comp. *fustán* «pannus gussipinus» en Nebr.— [5] Es posible que se deba partir de un ár. *fuṣṭâṭī* 'tela de tienda, tela de algodón', romanizado en **fustadi* en catalán, y después *fustani* por disimilación (comp. *tossuderia > tossuneria*) ayudada por el sufijo *-ani*. Las formas castellanas *fustayn, fustany*, más bien indican origen catalán que lo contrario. Pero no se olvide que en materia de artículos fabricados y objeto de tráfico pudo haber corrientes entrecruzadas Además, la falta de aglutinación del artículo *al-* es desfavorable al origen castellano y portugués. Quizá entrara el vocablo por Cataluña sufriendo el influjo del tipo *barragán* en su terminación. En conclusión, los detalles del problema quedar oscuros. Ato unos cabos sueltos antes de cerrar los autos. La forma *fusta* 'tejido de lana' (Acad., no *Aut.*) y la ecuatoriana y venezolana *fuste* 'vestido interior femenino de seda o algodón', 'enaguas blancas' (Lemos, *Sem. Ecuat.*), no creo que se puedan citar como apoyo de la teoría de Baist, pues siendo tan modernas parecen más bien derivados regresivos. En otros puntos de América, las enaguas de algodón se llaman *fustán*, p. ej. en Chile (Draghi, *Canc. Cuyano*, p. 151). Dudo que tenga fundamento Belot al afirmar que el ár. *fustân* viene del persa.

Fustdolz, V. *heno*

FUSTE, del lat. FŪSTIS 'bastón, garrote'. 1.ª doc.: 1131, doc. de Calatayud (Oelschl.); *Cid*, v. 1586, «armas de *fuste*».

En la Edad Media el uso del vocablo fué muy amplio y repetido. Con gran frecuencia tiene sentidos próximos al latino, como 'vara, madero' (= *blago*, Berceo, *S. M.*, 148c; = *biga de lagar*, J. Ruiz, 190c; «sen fierro e sen *fuste* yo te faré morir», *Alex.*, 121d); otras veces, igual que *palo*, viene a indicar la materia de que los fustes están hechos, y a hacerse sinónimo de 'madera' («arma de *fuste* nin de fierro non deben vender nin prestar los cristianos a los moros», *Partidas* V, v, 22; *Calila*, ed. Rivad., p. 15; *Libros del Acedrex* 286.28; *Gr. Conq. de Ultr.*, p. 412); este significado es el que se ha hecho predominante en catalán y en lengua de Oc, convirtiéndose el vocablo en el sustituto del lat. *lignum*; esta ac., que *Aut.* todavía señala en un texto medieval como la Crónica General, pero editado en el S. XVI, en castellano no cuajó del todo, y lo común es que los ejs. queden en un estado ambiguo, pudiendo también tomarse en el sentido etimológico (comúnmente se trata de *armas de fuste*; «la escala...si era de *fuste* resio mucho consideraba», *Rimado de Palacio*, 646c). Lo normal así en latín como en castellano es que *fuste* sea masculino, pero aparece también un femenino *fusta*, alteración común en voces de la 3.ª declinación, que en este caso se vió favorecida por la sinonimia con LIGNA y MATERIA; es la forma predominante en catalán (ya en doc. de 1129, aunque *fust* sigue vivo en la Edad Media, y hoy en algunas partes como Mallorca y el Pallars), y existió también en español, sobre todo en el de Aragón (*BRAE* II, 553; Tilander, *RFE* XXII, 133-4; además Castro, *RFE* IX, 267; Pottier, *VRom.* X, 158).

Alcanzó esta forma uso más extenso en algunas acs. especiales, en particular en la de 'vara flexible empleada como látigo', 'rebenque', que es viva sobre todo en América (Cuervo, *Ap.*[7], p. 454; Tiscornia, *M. Fierro coment.*, p. 471), pero también en España (Acad. ya 1843; ejs. de Larra, L. Coloma y Pardo Bazán, en Pagés), y ha dejado huella antigua en el vasco *usta* (M-L., *ASNSL* CLXVI, 53). Por otra parte, lo mismo que *leño* tomó la ac. de 'buque', también *fusta* se convirtió en el nombre de una especie de galera[1], ac. en la cual es muy probable que sea de origen catalán, donde en la Edad Media es nombre genérico para 'embarcación': de ahí también venec. *fusta* (ant. *fusto*), albanés íd. [1635], gr. cipriota φούστα 'barco pirata' [S. XVI][2].

Por lo demás, *fuste* es la forma predominante, y aunque sigue empleándose después de la Edad Media el vocablo, su uso se restringe, quedando relegado a algunas acs. técnicas y figuradas, lo cual explicará la conservación de la F-, en palabra que difícilmente puede mirarse como cultismo, y desde luego no es extranjera ni dialectal; *Aut.* cita ej. de Calderón en la ac. 'armadura de madera de la silla del caballo', y como también designa el palo en que está fijado el hierro de la lanza y armas semejantes, se comprende que de ahí hayan partido las acs. abstractas 'fundamento de una cosa no material' y 'nervio o sustancia de algo' (*hombre de fuste*), que son las más vivas en la actualidad.

DERIV. *Fustado. Fustanque* 'palo', gnía. [1609, J. Hidalgo]; *fustancado. Fustero* [Acad. ya 1817; cat. *fuster* 'carpintero', ac. que según esta ed. sería provincial en castellano (?)]. *Fusto,* a. arag. 'pieza de madera de hilo'. *Fustumbre,* ant. *Afuste* [1595, B. Mendoza; *DHist.*] 'armazón en que se montan las piezas de artillería', adaptación del fr. *affût* íd. [1437], derivado del fr. ant. *afuster* 'poner un objeto en estado de prestar servicio', derivado a su vez de *fust* 'fuste'. De *fuste* 'especie de barril' es deriv. un gall. *fustete* 'el mayor es de 12 moyos de vino' (aunque hay quien lo confunde con el *tonel,* que tiene 17 ó 18 moyos), Sarm., *CaG.* 203v. V. además HOSTIGAR.

¹ 1428, Woodbr. Documentación de *fusta* (nave) en Castilla en el S. XV, *NRFH* V, 237-8. «*Fusta, género de nave*: navis *fusa*», Nebr., g5vº. «Subí, qual digo aquella peña, adonde / las *fustas* vi que ya a la mar se hazían»; en poetas del S. XV, *RFE* XL, 164. Cervantes, *Los Baños de Argel,* ed. Bonilla-Schevill I, 301.11. Ahí como en griego se trata de naves piratas. Otro ej. en la *Silva de varia Lección,* citado *RFE* XIV, 277.— ² Kahane, *Byz.-Ngr. Jb.* XV, 104.

FUSTETE, '*Rhus cotinus,* terebintácea de cuya madera y corteza se hace un cocimiento para teñir de amarillo las pieles', probablemente del ár. *fústaq,* nombre de otra terebintácea, la *Pistacia Vera* o alfóncigo. *1.ª doc.*: 1552, *N. Recopil.* VII, xvii, 25.

El port. *fustete* se halla ya en Moraes (con cita de un ej., creo moderno, sin fecha); de oc. *fustet* hay dos ejs. medievales, uno de Narbona y otro del S. XIV; de ahí procedió el fr. *fustet,* también *fustel,* documentado desde 1340; finalmente, el cat. *fustet* aparece ya en el S. XIII (doc. de 1249, y Costumbres de Tortosa). Vid. mi nota en *BDC* XXIV, 15. Allí propuse derivarlo del ár. *fústaq* (o *fústuq*) 'Pistacia vera', árbol de la misma familia, cuyo nombre deriva del gr. πιστά-χιον o del persa *pistah*¹. Como el acento se traslada al final del vocablo hispanoárabe en palabras de esta estructura, sólo falta indicar que la *-t* se debe a uno de esos cambios de terminación que se producen con frecuencia en palabras de origen árabe: *ḥilâl* > port. *alfinete* 'alfiler', *bannî* > *albañil,* *tabaq* > cat. *tabà,* '*anbîq* > cat. *alambí,* y véase el artículo dedicado a *FUSTÁN;* es verosímil que el vocablo entrara por el catalán, en vista de la cronología documental, y allí el cambio era aún más fácil. Sea como quiera, *fustique* existe como variante castellana, según Colmeiro (*Dicc. de los Nombres de muchas plantas;* no en su *Enumeración* II, 22), y Terr. recoge *fustoc* 'madera amarilla que sirve para los tintes'; comp. también el cat. *festuc,* como nombre del alfóncigo [1249]. No creo que se trate de un mero derivado

de *fuste,* aunque la madera del fustete se emplee para el tinte, lo cual no es muy característico; también se emplean las hojas y ramas para curtir los cueros, según *Aut.* Comp. *ALFÓNCIGO.*

¹ Según veo ahora, el *DGén.* ya había propuesto esta etimología. Gamillscheg, *EWFS,* se negó a admitirla por tratarse de una planta diferente, y declaró que el origen es desconocido. Pero es cambio leve, y son frecuentes los cambios de significado en plantas poco frecuentes en Europa. En Cuba, *fustete* ha pasado a designar un árbol silvestre, abundante en el Este de la Isla, cuya madera se emplea para tintes (Pichardo). Según Colmeiro, la *Maclura tinctoria.*

Fustigación, fustigador, fustigante, fustigar, V. *hostigar Fustique,* V. *fustete Fusto, fustumbre,* V. *fuste Futir,* V. *futre*

FUTBOL, tomado del ingl. *football* íd., compuesto de *foot* 'pie' y *ball* 'pelota'. *1.ª doc.*: Acad. después de 1899.

La acentuación inglesa *fútbol* es general en América¹ y gana terreno en España, donde la otra tenía hasta hace poco bastante arraigo. No ha logrado generalizarse el neologismo *balompié,* calco muy literal del nombre inglés, que sólo alcanzó cierta difusión en la prensa madrileña.

DERIV. *Futbolista.*

¹ Vid. *La Prensa* de B. A., 29-III-1941.

Futesa, V. *futre Fútil, futilidad,* V. *fundir Futir, futraque, futrar,* V. *futre*

FUTRE, 'lechuguino', arg., chil., per., ecuat., probablemente del fr. *foutre,* propiamente 'practicar el coito' (lat. FUTUERE), que en derivados y compuestos toma el mismo sentido o acs. muy análogas. *1.ª doc.*: 1910, en el argentino Segovia¹ y el chileno Román.

Más datos acerca de la extensión, y conjeturas etimológicas, en Toro G., *BRAE* VIII, 427-9. Nota Román que es palabra muy peyorativa para la gente popular, pero no para las clases altas. Port. *futre* 'hombre despreciable, mal vestido', *futricar* 'negociar', 'trapacear', 'echar a perder'. Indicó Lenz que podía ser palabra importada de Francia por chilenos ricos que trajeran de allá esta exclamación popular francesa, que el vulgo aplicó luego a los que la usaban. A ello se opone Román citando *futraque* 'especie de levita', empleado por autores españoles como P. Baroja y L. Coloma (hoy desusado según la Acad.), y que luego pasó en Andalucía a designar un señorito elegante (citas de Estébanez Calderón y de Pereda)²; es tránsito semántico natural, puesto que la levita es prenda característica del elegante, comp. la frase chilena *futre de la leva, se te acaba la leva y te queda la c.*

Pero que *futraque* sea palabra gitana, como dice Román, parece falso (falta en Quindalé, Borrow). Más bien creo que fué el que llevaba levita el que dió nombre a esta prenda de vestir que al revés. Y como en Chile se emplea *futreque* como sinónimo de *futre* (Román), hay que pensar ˙en el fr. popular y dialectal *foutriquet* «personnage remuant, intriguant», «freluquet», «blancbec qui se pavane», «petit homme remuant et prétentieux», etc., vid. *FEW* III, 927-8; se trata de un derivado de *foutre*, como otros por el estilo (así *jean-foutre* «personne sans dignité», «homme malhonnête», «mauvais drôle», etc., ibid. V, 46).

Fácilmente se pasaría de *foutriquet* a *futreque,* y de éste a *futraque* por influjo del sinónimo *fraque;* y en cuanto a *futre,* lo mismo puede ser abreviación semi-jergal de estas palabras que aplicación directa de la exclamación francesa *foutre,* como supuso Lenz. Para otras palabras procedentes de este verbo francés, vid. el arg. *futrar* 'fastidiar', gall. *futrarse* 'ensuciarse', col. *futrir,* chil. y portorr. *futir,* en Toro G., *BRAE* VIII, 429, Segovia, Malaret, etc.; ast. *futirse* 'burlarse' (*La Olla Asturiana*), *¡futro!* ast., 'interjección de enfado'; y quizá *¡fute!* ast. 'voz para espantar los gatos', y *afutar* 'empujar', *futar* 'abrirse paso por entre la gente cuando se apiña, o por entre la maleza' ast. (V). El mismo origen tiene *futesa* 'fruslería, nadería' [Acad. 1884, no 1843; citas de Bretón de los Herreros y del peruano R. Palma en Pagés], tomado del fr. popular *foutaise* íd. [1808], o del cat. *fotesa,* derivado de *foutre* (*FEW* III, 927*b*), cat. *fotre.* V. además *FOTUTO.*

[1] Estaría cayendo en desuso en la Arg., según este autor. Para el uso en Cuyo, vid. Draghi, *Canc.,* p. CXXIII.— [2] La noticia particular, recogida por Román, de que *futre* se emplea en Vitoria como en América no la confirma el vocabulario alavés de Baráibar; pero *futre* en el vco. de Irún y Fuenterrabía 'buitre' es alteración vasca del cast. *buitre;* ¿vendría de aquí el cast. *futre?*

Futreque, futrir, futro, V. *futre*   *Futura, futurario, futuro,* V. *ser*